LA LÉGION ÉTRANGÈRE

HISTOIRE ET DICTIONNAIRE

Sous la direction
d'ANDRÉ-PAUL COMOR

Préface
d'ÉTIENNE DE MONTETY

ROBERT LAFFONT

Cet ouvrage a été publié
sous la direction de Christophe Parry

ISBN : 978-2-221-11496-4
Dépôt légal : mars 2013 – N° éditeur : 50684

ONT COLLABORÉ À CE DICTIONNAIRE

Luc Binet : major, service historique de la Défense, division de la symbolique de la Défense.
Xavier Boniface : professeur d'histoire contemporaine à l'université du Littoral Côte d'Opale.
Thierry Bouzard : historien spécialisé dans les musiques militaires, doctorant en histoire à l'ULCO.
Walter Bruyère-Ostells : maître de conférences en histoire contemporaine à l'Institut d'études politiques d'Aix-en-Provence-CHERPA.
Jean-Paul Cahn : professeur de civilisation allemande à la Sorbonne.
Pierre Carles : colonel (er), docteur ès lettres.
Bénédicte Chéron : docteur en histoire, chercheur associé à l'IRICE.
François Cochet : professeur d'histoire contemporaine, université de Lorraine-Metz.
André-Paul Comor : maître de conférences honoraire à l'Institut d'études politiques d'Aix-en-Provence.
Alain-Jacques Czouz-Tornare : historien, docteur en histoire franco-suisse.
Olivier Dard : professeur d'histoire contemporaine, université de Lorraine-Metz.
Michel David : lieutenant-colonel, docteur en histoire.
Jean-Marc Delaunay : professeur émérite d'histoire contemporaine, université Paris-III Sorbonne nouvelle.
Jean Delmas : général (2S), ancien directeur du SHAT.
Éric Deroo : chercheur associé au CNRS.
Benoît de Diesbach Belleroche : généalogiste historien à Fribourg.
Aurélia Dusserre : agrégée, docteur en histoire, université de Provence-TELEMME.
Damien Dutailly : sergent-chef, rédacteur à *Képi blanc*.
Henry Dutailly : colonel (er), docteur en histoire.

Olivier FORCADE : professeur à l'université de Paris-Sorbonne.
France Marie FRÉMEAUX : docteur en littérature comparée.
Jacques FRÉMEAUX : professeur à l'université de Paris-Sorbonne, membre de l'Institut universitaire de France.
Bernard GAINOT : maître de conférences honoraire à l'université Paris-I.
Émilie GALLET-MORON : cartographe.
Frédéric GUELTON : colonel (er), docteur en histoire.
Raymond GUYADER : conservateur du musée de l'Uniforme légionnaire, IILE, Puyloubier.
Philippe GUYOT : lieutenant-colonel, conservateur du musée de la Légion étrangère, 2004-2008.
Hubert HEYRIÈS : professeur en histoire contemporaine à l'université Paul-Valéry Montpellier-III.
Antoine IBANEZ : colonel (er), AET : 1955 Billom 1961 Autun 1963 La Flèche 1964 Aix-en-Provence 1966, chef de corps de la 13e DBLE de 1990 à 1992.
Jean-Charles JAUFFRET : professeur des universités à l'Institut d'études politiques d'Aix-en-Provence, directeur du master de recherche d'histoire militaire comparée, géostratégie, défense et sécurité.
Philippe LAFARGUE : adjudant-chef, service historique de la Défense.
Marie LARROUMET : docteur en histoire militaire.
Christine LEVISSE-TOUZÉ : directrice du Musée du général Leclerc de Hauteclocque et de la libération de Paris et du musée Jean-Moulin de la Ville de Paris.
Patrick LOUVIER : maître de conférences à l'université Paul-Valéry Montpellier-III.
Daniel MADELÉNAT : professeur émérite à l'université Blaise-Pascal Clermont-II.
André MARTEL : professeur émérite à l'Institut d'études politiques d'Aix-en-Provence.
Jacques MÉNY : président de l'association Les amis de Jean Giono de 2005 à 2010.
Jean-Luc MESSAGER : lieutenant-colonel, chef du service information et historique de la Légion étrangère (2000-2002).
Chantal METZGER : professeur des universités, université de Lorraine (Nancy).
Eckard MICHELS : professeur au Birkbeck College, Londres.
Étienne de MONTETY : directeur du *Figaro littéraire*.
Jean-François MURACCIOLE : professeur en histoire contemporaine à l'université Paul-Valéry Montpellier-III.
Alexis NEVIASKI : docteur en histoire, conservateur du patrimoine.
Andrzej NIEUWAZNY : maître de conférences à l'université Nicolas-Copernic, Torun (Pologne).

Bernard PESCHOT : maître de conférences honoraire à l'université Paul-Valéry Montpellier-III.
Douglas PORCH : professeur au Department of National Security Affairs, Naval Postgrade School, Monterey (États-Unis).
Rémy PORTE : lieutenant-colonel, docteur habilité à diriger des recherches.
Robert RIDEAU : général de corps d'armée (2S), président de la Fédération des sociétés des anciens de la Légion étrangère (FSALE).
Charles RIDET : major (h), documentaliste.
Michel ROUCAUD : archiviste historien au service historique de la Défense.
Gérald SAWICKI : agrégé et docteur en histoire.
Antoine SCHÜLÉ : historien de la sécurité et de la défense.
Franck SEGRÉTAIN : historien, biographe du chef de bataillon Segrétain.
Julien SOUPLET : administrateur de l'Assemblée nationale.
Fritz TAUBERT : professeur de civilisation germanique à l'université de Bourgogne.
Jacques VERNET : colonel (er), docteur en histoire.
Jean-Noël VINCENT : colonel (h), historien.

Comité scientifique :

François COCHET, Jean-Marc DELAUNAY,
Général Jean DELMAS, Olivier FORCADE, Jacques FRÉMEAUX,
Jean-Charles JAUFFRET, André MARTEL, Douglas PORCH.

« LA PROMESSE DE L'EXTRAORDINAIRE »

par Étienne de Montety

À la mémoire du général Yves de Belloy
de Saint Liénard (1929-2012),
ancien officier des 1er et 2e REC.

« À quatre sous par jour de solde, on se console avec Épictète
et avec cette proposition que seul l'homme
qui n'a rien possède encore la possibilité de devenir tout. »
Ernst Jünger

Il faut se méfier des bibliothèques d'enfant. En apparence celle-là était un meuble sans âge, avec deux portes recouvertes d'un fin grillage. À l'intérieur, sur des étagères, des dizaines de titres semblaient attendre le chaland. Des ouvrages verts, roses, rouge et or, d'où il se dégageait une odeur de colle et de vieux papier. On pouvait prendre au hasard *Sambo le petit Camerounais*, *Trois hommes sur un bateau*, *Un corsaire de quinze ans*, *Sans famille* (deux tomes), *La Princesse aveugle*, *Dadou gosse de Paris*, Et pour les garçons plus âgés, *Leclerc et ses hommes*, de Pierre Nord.

Comment se présentait *Le Capitaine Fracasse* ? Pourquoi cet ouvrage retint-il l'attention de l'enfant ? Y avait-il un comédien dessiné sur la couverture ? ou un mousquetaire arborant un magnifique chapeau à plumes ? Sur la reliure, il y avait un masque et deux fleurets. Et surtout ce titre, éclatant comme une sonnerie de clairon, un branle-bas de bataille. L'enfant découvrit l'histoire du baron de Sigognac, vingt-cinq ans, qui traîne son infortune dans un château des courants d'air, dans les Landes ; une nuit de frimas, le jeune homme donne l'hospitalité à une troupe de comédiens ambulants. Le lendemain, il décide de les suivre. Disparaît alors le baron de Sigognac. À sa place va naître le capitaine Fracasse, qui jouera à la scène les rôles de matamore et, à la ville, affrontera l'épée à la main les sicaires du duc de Vallombreuse et les bandits de grand chemin.

L'enfant ne savait pas encore que le roman de Théophile Gautier peut être lu comme une allégorie de la Légion étrangère ; ne date-t-il pas de 1863, année de la bataille de Camerone ? L'enfant ne vit pas davantage que c'est par temps de neige, dans un paysage aussi blanc qu'un képi, que Sigognac quitte sa première vie. Et pour rejoindre qui ? Une troupe hétéroclite, où l'on trouve une duègne espagnole, un Scapin échappé de la *commedia dell'arte* italienne, un Léandre du théâtre grec : une métaphore pour toutes les nationalités que l'on trouve à la Légion. D'ailleurs Sigognac, sitôt sa nouvelle identité endossée, descend avec ses compagnons à l'hôtel « des Armes de France », à Poitiers. Est-ce assez pour vous convaincre ?

C'est assez et c'est beaucoup. L'enfant en déduisit qu'un homme peut à tout moment changer de vie et de nom, pour accomplir sous un masque ce que la Fortune lui a réservé. À douze ans, cette découverte est proprement considérable.

Et comme on ne se remet jamais complètement de ses lectures d'enfance, ces coïncidences lui reviendraient à l'esprit, plus tard, quand il découvrirait *La Bandera*, le roman de Mac Orlan. Soit l'histoire de Pierre Gilieth, un petit truand de Rouen, errant dans Barcelone. Descendu à l'hôtel des Îles, rue du Cid-Campeador (encore le théâtre), il s'engage à la légion espagnole pour fuir une histoire tragique. On le constate : Corneille, son héroïsme et son *Illusion* sont secrètement nichés au cœur des deux romans, et reliés à la Légion étrangère par un lien mystérieux. *La Bandera*, c'est la légion espagnole, le Tertio, la petite sœur de la française, mais irriguée par le même esprit. « Une troupe de légionnaires qui, par principe, est composée d'aventuriers, forme un ensemble moral assez difficile à définir. Les légionnaires ne sont pas des bandits, il existe des bandits à la Légion comme il en existe dans toutes les collectivités d'individus qui ne sont sélectionnés que par l'estimation de leur force physique, de leur courage et de leur mépris pour la mort violente. Ce mépris de la mort violente, à part quelques exceptions nées d'un désespoir absolu, ne s'acquiert que par l'orgueil d'être un sacré légionnaire[1]. » Gautier, Mac Orlan, c'est la même philosophie de l'homme, qui passe par l'aventure en vue d'un salut toujours possible.

Il y aurait encore le *Journal d'un curé de campagne* de Bernanos. En apparence, rien de commun entre ces trois livres. Un antagonisme, même. Pourquoi diable les avions-nous sur la même étagère ? Les états d'âme d'un pauvre prêtre ? La misère de la soutane. On est loin des ors de la troupe du seigneur Hérode, ou de la belle gueule d'un soldat d'un régiment d'Afrique. Et puis on ouvrit le livre. On y lut d'abord ceci : quand le curé de Torcy fait la connaissance d'Olivier de Tréville-Sommerange, celui-ci lui déclare d'emblée : « Vous ignorez peut-être que je sers au Régiment étranger. — Au régiment ? — À la Légion

1. Pierre Mac Orlan, *La Bandera*, Gallimard, coll. « L'imaginaire », 1931, p. 54.

quoi… Le mot me dégoûte depuis que les romanciers l'ont mis à la mode[1]. » Les romanciers l'ont mis à la mode au point d'en dégoûter « M. Olivier ». Pour lui complaire, il y aurait bien d'autres façons de parler de la Légion.

Le propos peut être strictement militaire. En 2010, la Légion étrangère compte 7 768 hommes répartis en 445 officiers, 1 801 sous-officiers et 5 442 légionnaires. Elle se compose de onze régiments : huit en métropole et trois outre-mer. Par exemple, le 1er régiment étranger de cavalerie (REC), le 1er régiment étranger de génie (REG) et le 2e régiment étranger d'infanterie (REI) appartiennent à la 6e brigade légère blindée de l'armée de terre. Le 2e régiment étranger de parachutistes (REP) à la 11e division parachutiste. Veut-on des statistiques ? La moyenne d'âge des engagés est de vingt-trois ans ; 80 % d'entre eux sont d'origine étrangère. La Légion compte aujourd'hui près de 146 nationalités. Elle recrute environ 1 000 hommes par an pour 10 000 candidats.

Ces informations ne disent rien de la singularité de la Légion étrangère. Faut-il aborder le sujet par un biais historique ? Pourquoi pas ? Cette troupe a des titres. Créée le 9 mars 1831, elle a participé à la plupart des opérations militaires menées par la France. On trouve des régiments engagés au Mexique (1863), contre les Prussiens (1870), dans la Première Guerre mondiale (1914), puis la Seconde (1939). La France lui est redevable de hauts faits d'armes : Son Tay, Tuyen Quang (Tonkin), Narvik (Norvège), Bir Hakeim (Libye), Kolwezi (Zaïre). Chaque fois on a envie de citer, pour le panache, ce cri du général de Négrier : « Je vous envoie où l'on meurt. » Mais l'armée française est riche en exploits militaires qui ne doivent rien à la Légion. Sur le terrain de la gloire, celle-ci doit partager. Sans remonter à Marignan et Arcole, il y a les combats de Champagne (1915), la libération de Colmar (1945), Diên Biên Phu (1954). La Légion n'en est pas absente, mais elle n'y est pas seule. Alors ?

C'est la littérature à ne pas en douter qui lui confère son essence particulière. Dans les romans de l'entre-deux-guerres, le légionnaire est donc à la mode. Il faut dire qu'il permet de mêler dans un seul personnage le mystère (une origine lointaine, fascinante, inquiétante), l'aventure (il y a des combats dans le Sud saharien), de l'amour (l'homme sans racines a le cœur large et généreux, ses tatouages en font foi). Les romans populaires et le cinéma ne se privent pas de le mettre en scène. Qu'on regarde les affiches des années 1930 qui colorent les grands boulevards : *Un de la Légion* (avec Fernandel), *Les Hommes sans nom*, *Le Grand Jeu*, *Morocco* (avec Gary Cooper). Et même Laurel et Hardy sont dans *Les Deux Légionnaires*.

1. Georges Bernanos, *Journal d'un curé de campagne*, Plon, 1936, p. 294.

Et la chanson n'est pas en reste. Qui ne connaît Marie Dubas et son *Fanion de la Légion* ? et Édith Piaf, frémissante : « Il était mince, il était beau, Il sentait bon le sable chaud, mon légionnaire » !

Romans, cinéma, chansons, le légionnaire s'installe. Il prend place à côté du soldat en pantalon garance (époque *Les Grandes Manœuvres*) et du poilu (*Ceux de 14*). Le souffle de l'épopée militaire est là mais s'y ajoutent le piment de l'outre-mer, le soleil, les amours mouvementées, les nourritures fortes, l'adversité toujours latente des autochtones.

L'image est désormais bien établie : képi relevé sur le crâne, chemise ouverte, visage hâlé, parfum de canaille et de voyage, le légionnaire roule les mécaniques, fait palpiter les filles, effraie les mères. Elle a la vie dure, cette réputation, pas toujours usurpée : *tous n'étaient pas des anges*… Aussi tenace que celle du marin : vers 1985, alors que Sidi-Bel-Abbès est loin, que les Pavillons noirs sont oubliés, Axel Bauer chante *Cargo de nuit* et Vivien Savage *La P'tite Lady*, une goualante qui fera se trémousser les adolescents : « J'vais pas t'laisser partir avec un légionnaire en perm, / J'vais pas t'laisser séduire par le premier marin qui traîne, / J'vais pas t'laisser dormir toute seule si t'es libre ce week-end, / car tu as comme un p'tit chat sauvage dans les yeux / qui ressemble au tatouage que j'ai dans l'cœur, / Y a pas d'erreur »…

On comprend que le cliché ait agacé Bernanos : trop lisse, trop banal, il ne prend pas en compte le paradoxe qui veut qu'on trouve de tout à la Légion : des aventuriers et des distraits, des brutaux et des artistes, des monte-en-l'air et des aristos. Les hommes qui la composent ne sont pas tous blonds, ils ne sentent pas tous le sable chaud.

Y cherche-t-on des héros, on en rencontrera, mais pas à coup sûr. D'où vient alors que la Légion suscite facilement l'emphase ? De ceci, peut-être : même quand la réalité n'est guère héroïque, elle peut être triviale ou honteuse, il se trouvera toujours quelque chroniqueur pour la rehausser d'un mot, épique ou théâtral. L'esprit romanesque souffle où il veut. Ainsi, l'un des chantres de la Légion étrangère, Georges Blond, fait quelque part le portrait du lieutenant Vinoir : officier de la Grande Guerre, décoré de la Légion d'honneur et de la croix de guerre. Tel Conan le héros de Roger Vercel, le temps de paix ne vaut rien à Vinoir : libations en tous genres, filles, dettes. Sa folle vie le conduit à Bel-Abbès où il tente de se racheter en s'engageant comme simple 2e classe. En vain. Ivre et désespéré, il se suicide. Rien de glorieux : l'épisode révèle une face sombre de la Légion. Mais Blond de lui prêter ces mots, dans une lettre à son chef de section : « Mon lieutenant, cachez la vérité à ma mère et ma sœur. Dites-leur que je suis mort pour la France. » Joli canevas pour un romancier ayant de la compassion pour la pauvre âme humaine.

S'ils ont pu céder à la caricature, des écrivains ont aimé, c'est-à-dire compris la Légion. Frédéric Sauser, qui s'engagea en août 1914, sous le nom de Cendrars, fut blessé en Champagne un an plus tard, ce qui lui coûta sa main, *La Main coupée*, titre d'un livre magnifique. On y lit cet aveu : « Être un homme. Et découvrir la solitude. Voilà ce que je dois à la Légion et aux vieux lascars d'Afrique, soldats, sous-offs, officiers, qui vinrent nous encadrer et se mêler à nous en camarades, des desperados, les survivants de Dieu sait quelles épopées coloniales, mais qui étaient des hommes, tous. Et cela valait bien la peine de risquer la mort pour les rencontrer, ces damnés, qui sentaient la chiourme et portaient des tatouages[1]. »

« Être un homme et découvrir la solitude » : Bernanos aurait-il refusé cette formation ? D'autres écrivains ont esquissé des portraits de légionnaires selon leur cœur. Nous avons cité déjà Mac Orlan et son Pierre Gilieth. Mais Maurice Leblanc (Luis Perenna dans *Les Dents du tigre*), Robert Brasillach (Siegfried Kast dans *Les Sept Couleurs*), Joseph Kessel (Le Bison dans *L'Armée des ombres*) s'y sont aussi risqués. Leurs personnages sont incroyablement courageux, ou silencieux, ou mystérieux. Dans *L'Obéissance*, l'écrivain contemporain François Sureau donne pour le lieutenant Verbrugge cette mention insolite : « Notre légionnaire faisait depuis 1910, sous le pseudonyme de Sylvanoff, une chronique dans le *Père Peinard* et son nom a donc été inscrit au carnet B en qualité d'anarchiste[2]. »

D'autres encore, moins fameux, ont écrit sur le sujet – mais pourquoi les tenir à l'écart s'ils nous ont instruit ou amusé ? La mémoire des hommes n'a pas gardé le souvenir d'Arthur Nicolet. Pour ce qu'on en sait, c'était un Suisse qui s'engagea à dix-neuf ans, en 1931. Il fut secrétaire du général Rollet – le père de la Légion –, à Sidi-Bel-Abbès ; peut-être à cause de son brin de plume ? Nicolet a laissé une chronique un peu canaille de son séjour en Afrique du Nord, dans les rangs du 1er Étranger. Avec lui, on quitte le grand style pour gagner les rivages fleuris de la jactance. C'est, à sa manière, un Alphonse Boudard sous le kébour : « Pour échapper au sort commun, je n'eus d'autre ressource que de m'engager à Sidi Bouillabaisse dans la Légion myrelingue, sous les trois couleurs d'Orléans, et m'y voici encore insouciant et fidèle. Mektoub, c'était écrit[3]. » Mais il serait injuste de réduire Nicolet à un gavroche de régiment, maniant l'argot et les arabismes, les installant au cœur de la langue française. L'écrivain vaut mieux que ça. Les bonnes anthologies de poésie ont conservé quelques-uns de ses vers, qu'on aime à réciter :

1. Blaise Cendrars, *La Main coupée*, Gallimard, coll. « Folio », 1975, p. 158.
2. François Sureau, *L'Obéissance*, Gallimard, 2007, p. 22.
3. Arthur Nicolet, *Mektoub*, Éditions des Antipodes, 1949, p. 156.

Baroudeur parfumé de poudre et de tabac,
J'ai porté ma fortune et mes coups d'estomac
Aux seize vents des antipodes.
Ivre j'ai vu griller à travers mille fleurs
Prismes chantants percés de flèches de couleurs
Les minarets et les pagodes[1].

Des poètes à la Légion ? Associer ces deux mots, c'est risquer la collision : on imagine déjà l'eau et le feu, la délicatesse d'un côté, la brutalité de l'autre. C'est oublier que la poésie de Villon, celle de Rutebeuf sont nées dans des tavernes qui n'avaient rien à envier – question raffinement – au foyer du légionnaire que fréquentait Nicolet. Et Cendrars lui-même… Lui a bien vu le sujet : « C'était des hommes de métier, dit-il de ses frères d'armes. Et le métier d'homme de guerre est une chose abominable et pleine de cicatrices, comme la poésie[2]. »

Lors, faut-il s'étonner que la Légion, cet univers de rêve et d'illusions, produise des poètes, à moins que ce ne soient les poètes qui n'aillent à elle ? Qu'on songe à Rimbaud. Son œuvre faite, il partit pour l'Abyssinie, comme on disparaît. Il aurait pu tout aussi bien gagner Marseille, et au fort Saint-Jean contracter un engagement qui l'aurait mené aussi en Afrique. Il aurait aimé la dureté décapante de la Légion étrangère, l'aurait reçue comme une entreprise de purification intérieure.

Assez ! voici la punition. – *En marche* !
Ah ! les poumons brûlent, les tempes grondent ! La nuit roule dans mes yeux, par ce soleil ! le cœur… les membres…
Où va-t-on, au combat ? Je suis faible ! Les autres avancent. Les outils, les armes… le temps[3] !…

Mais la Légion ne compte pas Rimbaud Arthur dans ses effectifs. À défaut, elle s'honore d'avoir compté d'autres poètes. Il faut évidemment s'entendre sur le mot : on trouvera parmi eux des faiseurs de rimes, des pasticheurs de Rostand ou Heredia, mais pas seulement. De nombreux vers de légionnaires nous émeuvent par leur simplicité, leur sensibilité et la fraîcheur des mots qui s'en dégagent. On nous permettra de sortir de l'anonymat un dénommé Kurt, auteur d'un sonnet, le moins classique de la poésie française, le plus chaotique, mais pas le moins touchant :

1. Arthur Nicolet, « La rose des vents », dans *Anthologie de la poésie légionnaire (1885-2000)*, Éditions Italiques, 2000, p. 110.
2. Blaise Cendrars, *La Main coupée*, *op. cit.*, p. 158.
3. Arthur Rimbaud, *Une saison en enfer*, dans *Œuvres complètes*, Robert Laffont, coll. « Bouquins », 2004, p. 145.

Petit fleur, moi soldat, même chose ton frère ;
Moi aussi c'est fait blanc… képi blanc légionnaire,
Et bientôt habiter chez toi dans ton maison[1].

Avec Alan Seeger, la Légion a possédé un authentique poète. Il est d'ailleurs connu, cité, même sous la coupole de l'Académie française, et la chronique assure que ses vers étaient parmi les préférés du président John F. Kennedy. Seeger était un fils de famille américain, diplômé de Harvard. Échoué à Paris avant la Première Guerre mondiale, il écrivit dans les journaux du moment et composa de la poésie. En août 1914, il s'engagea au 2e régiment de marche du 2e Étranger. Le légionnaire Seeger tomba devant Belloy-en-Santerre, le jour de la fête nationale américaine, le 4 août 1916. La chronique assure que, blessé au fond d'un trou, il chanta longtemps des refrains du répertoire populaire français, avant de s'éteindre. La paix revenue, son père offrit à l'église du village où son fils avait perdu la vie une cloche qui porte le nom du jeune trouvère. À Belloy, l'angélus est sonné par la « Alan Seeger ». Un de ses poèmes est devenu fameux, peut-être à cause de son titre : *I have a rendez-vous with Death*... (« J'ai rendez-vous avec la Mort… »), qui ressemble à une funeste prédiction :

But I've a rendez-vous with Death
At midnight in some flaming town,
When Spring trips north again this year,
And I to my pledged word am true,
I shall not fail that rendez-vous[2].

(« Mais j'ai rendez-vous avec la Mort, / À minuit, dans quelque ville en flammes, / Quand le printemps repartira vers le nord, cette année, / Et je suis fidèle à la parole donnée : / Je ne manquerai pas ce rendez-vous. »)

S'il n'est pas seulement un baroudeur, si aucune acception ne le circonscrit complètement, alors, qu'est-ce qu'un légionnaire ? Il faut revenir à Bernanos, qui a mieux que personne défini sa singularité car il s'est moins attaché à son apparence qu'à son essence. Que dit au curé de Torcy Olivier de Tréville-Sommerange (Ah ! que cela nous touche qu'un officier de Légion porte le nom d'un capitaine de mousquetaires, cela élargit les parentés) ? Il lui explique la mentalité du légionnaire : « La loi du monde, dit-il, est le refus – et nous ne refusons rien, pas même notre peau – le plaisir, et nous ne demandons à la débauche que

1. « Petit fleur blanc » (1953), dans *Anthologie de la poésie légionnaire (1885-2000)*, *op. cit.*, p. 154.
2. « I have a rendez-vous with Death » (1915), dans *ibid.*, p. 31.

le repos et l'oubli, ainsi qu'à un autre sommeil – la soif de l'or, et la plupart d'entre nous ne possèdent même pas la défroque immatriculée dans laquelle on les met en terre[1] »…

Des hommes qui ne refusent rien, même pas leur vie, quand tout est calcul, qui ne demandent que l'anonymat et la pauvreté, quand l'époque vénère l'inverse : les *people* et l'argent. L'effacement de soi quand la mode est à l'ostentation. Et l'imprudence quand le monde est si prudent, et le beau geste quand le commun est économe, par souci d'efficacité. Ces mots rejoignent la définition fulgurante que donnait du légionnaire Joseph Peyré : « Nous sommes des irréguliers[2]. »

Cendrars a illustré, dans *La Vie dangereuse*, quelques traits de cette « irrégularité ». Alors qu'il se prélasse à bord d'un cargo sur l'Atlantique, il fait la connaissance d'un des inspecteurs de la compagnie, un dénommé Delœil. Bientôt, calés dans des fauteuils, sirotant un whisky, les deux hommes constatent qu'ils ont combattu dans le même secteur en Champagne. Delœil se souvient qu'une section de légionnaires était venue perturber une contre-batterie en chahutant parmi les pièces, montant sur les canons et s'exposant devant les bouches. Des diables. Comment aurait-il oublié, Delœil, ces soldats fantasques et imprudents au milieu des bombardements ? En partant, raconte-t-il à Cendrars, les « lascars » avaient emporté une barrique de vin volée au mess des officiers. À ce récit, Cendrars se redresse et rectifie la position, théâtral : « Je me présente : matricule 1529, caporal à la Légion. C'est moi votre voleur ! Mes hommes étaient tous saouls et c'est pourquoi ils ne tenaient pas en place entre les roues, sous la gueule de vos canons. Ah, elle est bien bonne[3] ! »

L'« irrégularité » est donc autre chose qu'un héroïsme magnifique. Olivier de Tréville le lâche au prêtre : « Avouez-le : notre ordre n'est pas le leur[4]. » Il y a dans l'engagement total de ces hommes quelque chose qui ressortit à la métaphysique. Qu'on s'en persuade en relisant *L'Escadron blanc*. En apparence, c'est un roman pour adolescent, signé Joseph Peyré, qu'on aurait pu trouver dans la bibliothèque grillagée. Il relate l'épopée du lieutenant Marsay et du maréchal des logis Belkheïr. À la tête de légionnaires montés sur des méhara, ces deux-là vont souffrir de la soif, du vent, des sauterelles, des cailloux coupants, acharnés à rejoindre une bande de pillards. Beau départ pour l'aventure. En réalité, la quête hallucinée de Marsay sous le soleil du désert, c'est celle du capitaine Achab dans *Moby Dick*. Les pillards du désert comme la baleine

1. Georges Bernanos, *Journal d'un curé de campagne*, *op. cit.*, p. 297.
2. Joseph Peyré, *L'Escadron blanc*, Grasset, coll. « Cahiers rouges », 1965, p. 34.
3. Blaise Cendrars, *La Vie dangereuse*, Grasset, coll. « Cahiers rouges », 1987, p. 33.
4. Georges Bernanos, *Journal d'un curé de campagne*, *op. cit.*, p. 296.

sont un prétexte. C'est vers un autre but que court l'inflexible officier de Légion : la gloire, les limites de soi, le rachat de quelque forfaiture, la mort – qui sait.

Si l'on veut bien réfléchir, la sotériologie, l'étude du salut, joue un rôle important à la Légion étrangère. Ce corps est celui de la deuxième chance. Contre toute prudence, il accepte des hommes au passé guère recommandable, parfois même inquiétant, mais désireux de « se refaire », comme on dit au jeu. Le légionnaire est un joueur de poker qui accepte de remettre sa vie à chaque tour de cartes et de composer avec la chance et la déveine. Loin de décourager cet individu incertain, la Légion va l'aider dans son entreprise. C'est une troupe inactuelle et éternelle qui mystérieusement relève le défi de la promesse de saint Paul : « Devenez l'homme nouveau. » Ernst Jünger formule cette idée de refondation avec son style, teinté de nietzschéisme : « J'eus tout le temps durant cette marche de m'entretenir avec mes pensées. Il y avait surtout deux chimères d'espèces très différentes qui captivaient mon esprit. [...] La première était fondée sur une prédilection très nette pour un moi glorifié, autrement dit sur le désir de remanier la vie de fond en comble, en sorte qu'elle fut conforme à mes goûts[1]. »

Un romancier a bien vu cette dimension surnaturelle de l'être humain, qui cherche à se survivre sinon à ressusciter, c'est Alexandre Dumas, l'auteur du grand roman de « l'homme nouveau » : *Le Comte de Monte-Cristo*. Monte-Cristo est un personnage apparenté au légionnaire. D'ailleurs, du fort Saint-Jean d'où les légionnaires partaient pour l'Afrique et qui surplombe le Vieux-Port, l'on peut voir l'île du château d'If. Les deux forteresses se regardent, comme deux tours jumelles. Ici, le légionnaire qui vient de contracter un engagement passe ses premières heures et fait connaissance avec la discipline. Là, Dantès est enfermé : If est son fort Saint-Jean. C'est entre ces murs qu'il meurt à son ancienne vie, après avoir reçu l'instruction de l'abbé Faria, et part vers une autre existence, riche en aventures, dans un linceul blanc. Sous le nom de Monte-Cristo, Dantès accomplira bien des exploits.

Dans *Jeux africains*, de quoi s'entretient Herbert Berger avec le médecin du fort Saint-Jean, le docteur Goupil, tandis qu'il regarde la mer du haut du fort et rêve d'aventures ? De Monte-Cristo. Ce faisant, il s'attire cette remarque de l'officier : « Ah ! Un homme de lettres ! Je m'étais bien douté de quelque chose de ce genre[2]. »

Quand on songe que notre époque est largement fondée sur la mémoire, qu'elle a érigé la transparence en valeur absolue, exige la « traçabilité » des marchandises et des hommes (grâce aux cartes de paiement, aux

1. Ernst Jünger, *Jeux africains*, Gallimard, coll. « Folio », 1970, p. 31.
2. *Ibid.*, p. 106.

téléphones portables), au nom de la santé et de la sécurité, le destin de Dantès, de Berger et, plus généralement, celui que la Légion étrangère offre aux hommes apparaissent comme une dangereuse singularité : « Notre ordre n'est pas le leur »…

Le corollaire de cette caractéristique de la Légion est qu'elle accepte la possibilité du secret, car elle tient celui-ci pour une condition de la liberté. Quand Internet se présente comme un univers, aimable et terrifiant, d'où rien ne disparaît, où une information, une vidéo peuvent se démultiplier à l'infini et pour l'éternité, au risque de condamner définitivement celui qu'elles poursuivent, ruinant les possibilités de l'oubli, foulant aux pieds la prescription, la Légion propose une chose inouïe, mais fragile et menacée : l'effacement.

C'est une raison profonde pour laquelle l'écrivain, qui est l'homme des masques, se sent attiré par elle. Lui qui a pour vocation d'adopter, voire de multiplier les identités d'emprunt se reconnaît aussitôt. Loti, D'Annunzio, Malraux, Gary, la littérature moderne possède ses « légionnaires » au sens propre ou figuré ; c'est-à-dire des hommes en fuite qui, désireux d'échapper au regard inquisiteur de leurs contemporains, retrouvent en permanence, sous un autre nom, avec une autre histoire, les couleurs d'une autre vie.

Dans *Les Misérables*, autre roman contemporain de l'essor de la Légion (1862), Jean Valjean partage la condition du légionnaire. Échappant à son passé grâce à un homme de Dieu, Mgr Myriel, l'ancien bagnard est devenu M. Madeleine, homme de bien luttant de tout son être pour se racheter. Et oublier sa faute. Le monde (et ses lois) est incarné par l'inspecteur Javert, obstiné à le pourchasser pour lui rappeler sa faute, la lui faire payer. Javert a pour lui la morale. Valjean est riche d'une sagesse supérieure : la possibilité du rachat.

Observons de plus près ce qui se passe à la Légion étrangère. L'engagement obéit à un processus qui n'est pas sans lien avec l'accueil dont s'enorgueillissent sous toutes les latitudes les sociétés humaines. Toutes s'honorent de recueillir le passant, de lui assurer le gîte et le couvert. Pèlerin, colporteur ou fuyard, il est d'abord un homme qui a faim, froid et sommeil. L'Église catholique est fidèle à ce précepte. Dans un monastère, un presbytère, un homme trouvera toujours refuge, dussent ses hôtes encourir pour cela la colère des hommes. L'Église a hébergé et hébergera longtemps voleurs, mauvais maris, collabos, sans que cela signifie qu'elle ait quelque indulgence pour le vol, l'abandon de domicile conjugal, la traîtrise. Mais elle tient que le pécheur vaut mieux que sa faute. L'oubli, qu'on le nomme pardon ou prescription, est la noblesse d'une société. À condition que le coupable se rachète. Il faut pour cela lui offrir une deuxième chance. À la Légion, cela prend la forme d'un engagement sous identité d'emprunt.

L'admission à la Légion étrangère relève d'un rituel quasi religieux. Les premiers contacts entre le postulant et l'institution sont une véritable confession. Il y a l'aveu : l'homme doit raconter sa vie, sans rien laisser dans l'ombre. Mieux vaut prendre les devants qu'être un jour rejoint par son passé. Il y a ensuite l'absolution : l'institution décide d'accepter le voleur de Mobylette, le mauvais mari, le militant politique, à charge pour lui de devenir un soldat au service de la France. Puis viendra la réparation par le rachat. Et il y a aussi ceci : le secret, qui vaut pour le prêtre et pour l'officier recruteur. Ni l'un ni l'autre ne pourront jamais raconter à quiconque ce qu'ils savent du nouveau venu ni, surtout, s'en prévaloir jamais auprès de lui. À la Légion, il est interdit d'interroger un homme sur son passé. L'engagement est à cette condition. C'est un pacte, comme celui qui lie le prêtre au pénitent. On oublie tout, pour pouvoir tout exiger.

On sera peut-être étonné de la longue analogie opérée entre la Légion étrangère et l'Église catholique. Le rapprochement n'est pas fortuit. Il vient de loin. Un refrain célèbre du répertoire légionnaire ne manque pas de le rappeler :

> Y a des avocats, des médecins,
> Des juges, des marquis, des roussins,
> D'anciens notaires…
> Même des curés qui sans façon
> Baptisent le Bon Dieu d'sacrés noms
> Aux Légionnaires…

Bernanos, qui nous a inspiré cette idée, met dans la bouche du légionnaire de Tréville ces mots : « Des prêtres ? Ça n'est pas les prêtres qui manquent là-bas. Tenez l'ordonnance de mon commandant est un ancien curé du Poitou[1]. » Et si l'on est las des chansons et de la littérature, on aura recours au témoignage de l'histoire contemporaine. Dans un de ses livres, Hélie de Saint Marc raconte un fait qui remonte à la guerre d'Algérie. Une compagnie de Légion vient d'avoir un accrochage et compte de nombreux blessés. L'un d'eux, gravement touché, ne passera pas la nuit. Il demande un prêtre. L'aumônier du régiment se trouve à plusieurs heures de là. Le commandant de la compagnie se souvient alors d'un de ses hommes dont on dit qu'il était prêtre avant son engagement. Il le convoque et lui dit ceci : « Je ne devrais pas te poser cette question, aussi tu n'es pas obligé de répondre. Que faisais-tu avant d'être légionnaire ? » L'homme hésite une seconde et lâche : « Curé, mon capitaine. — Tu étais curé… Alors écoute, je n'ai pas d'ordre à te donner dans ce domaine mais tu as là-bas un camarade

1. Georges Bernanos, *Journal d'un curé de campagne*, *op. cit.*, p. 294.

en train de mourir ; il réclame un prêtre… Tu pourrais aller lui donner un coup de main pour l'aider à passer de l'autre côté. » Le légionnaire hésite une seconde puis murmure : « J'y vais. » Et l'officier voit son légionnaire s'approcher du blessé, s'agenouiller et tracer un signe de croix en prononçant des paroles à mi-voix[1].

Le changement de vie, pittoresque ou trivial, fait la richesse de ce que Sureau nomme un « monastère d'incroyants[2] ». On y trouve toutes les nationalités, toutes les classes et tous les métiers dissimulés sous l'uniforme. Ces vies enfouies sont le bonheur de l'écrivain. Dans son *Histoire de la Légion*, Georges Blond raconte le destin d'Aage de Danemark. L'allure de cet authentique prince, ses frasques, sa prodigalité en firent une des personnalités les plus populaires de la Légion de l'entre-deux-guerres. Les anecdotes le concernant sont innombrables – on allait écrire légion. Un jour, ce grand noceur festoyait avec ses camarades dans un restaurant réputé d'Alger, au point qu'un client, importuné, se présenta à eux pour demander le calme. C'était un notable de la ville qui déclina gravement ses titres pour justifier son intervention. Le prince se leva : « Monsieur, permettez que je me présente à mon tour : commandant Aage, chef de bataillon à la Légion étrangère, prince de Danemark, fils, petit-fils, arrière-petit-fils de rois, et je n'en fais pas un plat[3]. » Aage était en effet un arrière-petit-fils maternel de Louis-Philippe, qui, à la suite d'un revers de fortune, avait décidé de s'engager. Fort en gueule, buvant sec, cognant avec entrain, c'est peu dire que le prince se trouva à l'aise dans cet univers d'hommes.

Giuseppe Bottai n'était pas fils de roi mais ministre de l'Éducation nationale de Mussolini. Excusez du peu. Après la destitution du Duce, à laquelle il participa, et la prise de Rome par les Alliés, il fut contacté par les autorités françaises qui lui proposèrent de s'engager. Sous le nom d'Andréa Battaglia, il participa à la campagne de France dans les rangs du 1er REC puis d'un régiment de marche. Après l'armistice, il servit dans un centre de convalescence et dans un bureau de recrutement à Strasbourg. Réformé en 1948, le sergent Bottai quitta le service armé, puis rentra en Italie où il fut amnistié et devint directeur d'un grand journal.

Zinovi Pechkoff est mort en 1966, sa tombe est au cimetière de Sainte-Geneviève-des-Bois. On peut y lire simplement : « Légionnaire Pechkoff ». L'information est exacte. Mais Pechkoff fut aussi général, ambassadeur de France, grand-croix de la Légion d'honneur. Or cette simple mention de légionnaire, il la préféra aux autres, au moment de se

---

1. Hélie de Saint Marc et August von Kageneck, *Notre histoire*, Les Arènes, 2002, p. 228.
2. François Sureau, *L'Obéissance*, *op. cit.*, p. 44.
3. Georges Blond, *Histoire de la Légion étrangère*, Presses de la Cité, 1981, p. 200.

présenter devant Dieu. Zinovi Sverdlov était le fils adoptif de l'écrivain Maxime Gorki (de son vrai nom Pechkoff). Engagé en 1914, sous le nom de son père adoptif, il fut blessé, comme tant d'autres, mais poursuivit sa carrière à la Légion. Devenu officier interprète, il commandera au Maroc, rejoindra la France Libre en 1940 avant de finir une carrière fort remplie comme ambassadeur en Extrême-Orient où il eut pour admirateur le général MacArthur, qui s'y connaissait en fortes personnalités.

Aage de Danemark, Giuseppe Bottai, Zinovi Pechkoff ont écrit chacun dans leur style un chapitre du livre d'or de la Légion. Ils font partie de son histoire. D'autres se situent, plus vaguement, entre réalité et fiction. La frontière est parfois floue. Bien malin celui qui se vanterait de la tracer sans risque de se tromper. Hervé de Broca se situe dans cette zone incertaine. Sa postérité prospère à l'abri des puissants projecteurs qui risqueraient par trop de le dévoiler. Qui le connaît aujourd'hui ? Qui connaît davantage le sergent Burgens, du 3e REI ? Les lecteurs de Lucien Bodard et Paul Bonnecarrère. Mais que savent-ils vraiment de ce personnage baroque, qui fut dans l'Indochine en guerre une manière de Falstaff superbe et amoral ? Aux dires de ses biographes, Hervé de Broca serait né en 1894. Ancien élève de l'École normale supérieure, il aurait servi au cabinet d'Édouard Herriot. Il aurait aussi été « sous-secrétaire d'État dans un gouvernement du maréchal Pétain ». C'est du moins ce qui se disait à Cao Bang vers 1947. Condamné à mort par contumace à la Libération, il s'engagea à la Légion étrangère. Il était alors âgé de cinquante et un ans. La justice civile essaya de le récupérer. La Légion s'y opposa : elle ne connaissait pas Hervé de Broca, mais le légionnaire Burgens. En dépit de son âge avancé, il partit pour l'Indochine. Sous-officier exemplaire, il tira un jour son commandant d'unité d'une situation embarrassante : pendant une opération, un village avait été incendié et le haut commandement demandait un rapport, menaçant d'une enquête. Le sergent Burgens se souvenant de ses années à l'ENS entreprit la rédaction du document et le rédigea en deux exemplaires. En deux langues pour être exact, français et latin. C'est ce dernier qui fut envoyé en métropole. Le document passa d'état-major en état-major, jusqu'à Paris. Les plus instruits l'annotèrent, saluant l'excellente qualité du style. L'affaire fut classée sans suite. Elle valut à Burgens une exceptionnelle popularité.

Versé à l'état-major du colonel Constans à Lang Son, Burgens impressionnait, parlait avec l'autorité et la culture d'un officier supérieur : Pétain, de Gaulle, l'Indochine, les États-Unis, il avait un avis autorisé sur tout. On le confondait avec Constans lui-même. Il lui servit de major-dome. Dans ce pandémonium qu'était Cao Bang à la veille de sa chute, il organisait les plaisirs du maître des lieux, veillant à la qualité du champagne et se portant garant des fastes requis par la situation. La légende est vite venue enjoliver un tableau déjà largement pourvu. On raconte que, le matin, le sergent Burgens se présentait à la porte de la chambre des invités, escorté de deux prisonniers viêt-minh. « Voici deux coolies, explique-t-il aux hôtes, pour vous masser le dos pendant votre douche. » On raconte encore que pour complaire à un amiral américain qui avait émis le vœu de dîner avec une princesse locale, Constans avait ordonné au sergent Burgens de dénicher coûte que coûte l'oiseau rare. Celui-ci se présenta au dîner, sous les traits d'une femme dont la beauté parut satisfaire l'Américain. Ébloui, il ne vit pas que la magnifique Asiatique semblait plus habituée des bordels de la ville que de ses palais. Leur conversation le mit au septième ciel : la femme ne parlait ni anglais ni français et c'est Burgens qui, imperturbable, s'était improvisé traducteur, interprétant à sa guise les propos des deux convives pour la félicité de l'officier américain, envoûté par son hôtesse d'un soir.

Le cas de Broca est exceptionnel. En lui, on trouve l'opprobre et la rédemption, la page sombre de Vichy et celle du rachat par l'engagement – nonobstant quelques entorses à la morale civique. On trouve surtout un personnage hors norme, gentleman trafiquant, ordonnateur de fêtes démesurées dans un pays à feu et à sang. Du pain bénit pour l'historien ou le romancier. Oui mais lequel ? Bodard, ni Bonnecarrère, n'était amateur de références. La note de bas de page n'était pas leur fort. Ils préféraient le récit à ses sources. Les spécialistes de Vichy sont aujourd'hui bien en peine de retrouver ce « sous-secrétaire d'État ». Il n'y a pas davantage trace de lui dans les cabinets de la IIIe République. Et la Légion étrangère d'aujourd'hui ne connaît pas le légionnaire Burgens : pas de fiche d'engagement, de matricule, de dossier. L'histoire d'Hervé de Broca a-t-elle été imaginée par un écrivain plus soucieux de pittoresque que de vérité historique ? Non : des officiers d'Indochine se rappellent Burgens et la légende qui l'entourait. Serait-il parvenu à faire disparaître la moindre trace de son passé, à l'exception de quelques pages à la limite de la mythologie ? Dans tous les cas, l'affaire est passionnante. L'histoire de Burgens, son passé et ses frasques de Cao Bang, soustraits à la justice et aux historiens, appartiennent au romancier. À lui de s'en saisir.

La Légion étrangère est, dans l'imaginaire national, le lieu de l'« ailleurs », autrement dit celui du rêve, du miracle et de la séduction. Avec elle, la France réalise son rêve de l'universel. La Légion traînera toujours derrière elle un parfum venu du Sahara, d'Indochine, de Guyane ou du Pacifique. C'est un parfum entêtant, troublant. Cet effluve vigoureux, la Légion l'a d'ailleurs rapporté d'un endroit inédit : le Mexique. C'est là, loin de la métropole et de ses dépendances, que s'est déroulé l'acte fondateur de l'existence de la Légion. En 1863, l'empereur Napoléon III décidait d'envoyer des troupes pour soutenir l'archiduc Maximilien. Parmi les soldats français, deux mille légionnaires chantaient :

« Eugénie les larmes aux yeux, nous venons te dire adieu. » On n'est pas plus galant.

En apparence, Camerone est une anecdote. C'est un lieu-dit où se déroula un pauvre combat mené par une poignée de légionnaires retranchés dans une ferme, qui tinrent tête, de longues heures durant, à une troupe supérieure en nombre. Rien de comparable à Essling, à Rocroi, à Waterloo même. Et pourtant : « La vie plutôt que le courage abandonna ces soldats français », dit le récit officiel de l'épisode. En résistant, les hommes du capitaine Danjou retardèrent les Mexicains et permirent à leurs camarades de la colonne qu'ils rejoignaient de se rendre à bon port. Mission accomplie. C'est avec des événements qui ont les apparences de l'échec que se forgent les religions et les mythes. Du siège de Camerone est né le mythe de la Légion ; Camerone est désormais son *triduum* pascal. Chaque 30 avril, la Légion, où qu'elle se trouve, a pour tradition d'organiser une cérémonie en mémoire de ce combat et de ses morts. Le récit du siège est attentivement lu et écouté.

À Diên Biên Phu, à quelques jours de la chute du camp retranché, les légionnaires parvinrent tout de même à célébrer Camerone. La veille du 30 avril 1954, le sergent-chef Edmond Bernucci, du 2e REI, fit récupérer par sa section des caisses parachutées la veille. Peintes en rouge et vert, elles contenaient du Pernod, du cognac et du beaujolais : un envoi des copains de l'arrière. Les bouteilles furent bues au milieu des bombardements[1]. L'ennemi, qui put leur ôter vie ou liberté, ne parvint pas à les priver de cette fête. Aujourd'hui à Aubagne, comme jadis à Sidi-Bel-Abbès, « Camerone » revêt la solennité d'une liturgie : sur la « voie sacrée », au cours d'une cérémonie millimétrée, la main en bois de Danjou est portée avec la révérence que l'on aurait pour une relique de la Vraie Croix. Certains légionnaires poussent loin la vénération pour ce combat fondateur. À la fin des années 1980, à Calvi, un sergent s'était fait tatouer sur le dos la scène, telle qu'on peut la voir au musée de la Légion, peinte par Jean-Adolphe Beaucé. Cette œuvre d'art lui valait l'ébahissement des jeunes légionnaires et l'admiration des filles sur les plages de Corse.

Jünger a risqué cette hypothèse : la Légion s'est illustrée au Mexique, en Crimée ou en Indochine, mais son « ailleurs » se situe en Afrique, parce que c'est sur ce continent que la France a pris conscience de son destin universel – si elle en a un : « J'acquis un jour la certitude que l'Éden perdu se trouvait quelque part dans les ramifications du Nil supérieur ou du Congo. [...] J'en vins finalement à l'idée de m'engager à la Légion étrangère, afin d'atteindre ainsi la lisière au moins de la terre

1. Giorgio Adamo Muzzati, *Là où l'on meurt peut-être*, Éditions Italiques, 2004, p. 347.

promise pour pénétrer ensuite à l'intérieur par mes propres forces, non sans avoir naturellement pris part d'abord à quelques combats, car le sifflement des balles me paraissait une musique des sphères qu'on ne connaît que par les livres[1]. »

À la recherche de charmes qui émaneraient du delta du Nil et du Congo, le héros de Jünger s'engage, avec pour seul trésor au fond de son havresac un livre : *Les Mystères du continent noir*. Il a vu juste : l'histoire de la France outre-mer s'y est déroulée largement. Il suffit pour s'en convaincre de se pencher sur une vieille carte du monde. L'Indochine mise à part, c'est en Afrique que la France a principalement choisi de jouer son rôle de puissance mondiale porteuse d'une civilisation et de valeurs : les territoires coloriés en rose sur les mappemondes l'attestent. Elle a vite renoncé à l'Amérique, aux « arpents de neige » du Canada, à la baie de Rio, aux bayous de Louisiane. Elle ne s'y sentait pas elle-même. En revanche elle fit avec l'Afrique un mariage d'amour, compliqué, tumultueux mais non dépourvu de passion. Contemporaine des premiers pas de la France en Afrique (le siège d'Alger date de 1831), la Légion étrangère contractera un pacte de sang avec le continent noir. De la bataille de Maison-Carrée (1831), puis du siège de Zaatcha (1849) jusqu'à la présence de la 13e demi-brigade de Légion étrangère (DBLE) à Djibouti (qui vient de prendre fin), en passant par la prise de Kolwezi (1978) et les innombrables séjours de ses régiments au Tchad ou en République centrafricaine, c'est dans le creuset de feu de l'Afrique que la Légion étrangère s'est forgée.

Un légionnaire de Kessel confesse que cet attachement tient du virus, qui s'écrie : « C'est drôle, chaque fois que je pense à la campagne de Libye, il me prend une soif sans fin, comme si je me trouvais dans le désert avec les vents de sable qui vous dessèchent la gorge, et ces rêves qui vous suivent tout le temps, de la bière fraîche… Quand on a mené cette vie-là pendant des mois et des mois, il en reste toujours quelque chose dans le corps et dans la tête[2]. » Soif d'action et donc soif d'Afrique : Keren, Tobrouk, Bir Hakeim. Sur cette terre à conquérir, à pacifier, à coloniser, les histoires d'hommes ne manquent pas. Elles atteignent presque toutes aux dimensions de la légende. Fût-elle maudite.

Ainsi en est-il de Klems, natif de Düsseldorf, où son père faisait négoce de vins au début du XXe siècle. Qui aurait pu imaginer que le nom de ce brave homme d'Allemand serait un jour associé à celui du redoutable Abd el-Krim ? Dans les années 1920, ce grand chef du Rif se souleva contre la présence espagnole et française au Maroc. En 1912, cela faisait plusieurs années que Klems avait quitté l'honorable enseigne familiale.

1. Ernst Jünger, *Jeux africains*, *op. cit.*, p. 15.
2. Joseph Kessel, *Tous n'étaient pas des anges*, Plon, 1963, p. 210.

Il avait vécu à Paris, en Orient, gagné de l'argent, dépensé plus encore avec des filles. C'est l'enfant prodigue, sans le retour à résipiscence : à bout de ressources, il s'engagea à la Légion au Maroc et devint le sergent fourrier de sa compagnie. Puni pour la mauvaise gestion de son magasin – ses précédentes affaires auraient dû attirer l'attention de ses chefs… –, il fut dégradé. Cette humiliation le poussa à déserter. Il rejoignit les rangs des Rifains, qui se battaient contre les Espagnols. Bon soldat, il fit merveille dans les rangs insurgés. Il se convertit à la religion de ses nouveaux maîtres, et Abd el-Krim lui confia le commandement de son artillerie. Il gagne le surnom de « el Hadj Aliman » – « le chef allemand ». Après la défaite de ses nouveaux maîtres, il se cacha. Sa tête fut mise à prix en Afrique du Nord. Il fut trahi par sa maîtresse, jugé par un tribunal militaire, condamné à mort, et sur intervention des autorités allemandes envoyé au bagne à Cayenne[1].

Si la Légion étrangère s'est faite en Afrique, l'Afrique a aussi été pour partie façonnée par elle. Au Maghreb, notamment, la Légion a été pleinement elle-même : pas seulement une troupe combattante mais une troupe bâtisseuse. Au Maroc, sur la route qui va de Midelt à Erfoud, au lieu-dit « Foum Zabel », on trouve un imposant tunnel qui porta longtemps à son entrée l'inscription suivante : « La montagne barrait la route. Ordre fut donné de passer quand même. La Légion l'exécuta. » Et à sa sortie : « L'énergie de leurs muscles et leur indomptable volonté furent leurs seuls moyens. » En Algérie, entre Boufarik et Douera, dans les marais de la Mitidja, une route a reçu le nom de « chaussée de la Légion ». Est-ce son homonymie avec ses devanciers romains ? La Légion a l'esprit fondateur. Partout où elle passait, elle bâtissait : routes, villes, fortins. Qu'était Sidi-Bel-Abbès avant 1843 ? Un mausolée érigé en souvenir d'un pieux ermite, à quelques dizaines de kilomètres d'Oran. Son emplacement idéal, la présence d'eau et de bois favorisèrent le développement d'un fort puis d'une ville. Elle fut pendant plus d'un siècle une ville à part entière, avec ses quartiers espagnol et arabe, sa place Bugeaud, son « village nègre ». Le chef de corps du 1er Étranger en était le maire. Elle fut aussi, avec le quartier Vienot (du nom d'un chef de corps du 1er Étranger tué devant Sébastopol), le centre névralgique de la Légion : jusqu'en 1962, pas un homme n'entra à la Légion étrangère ou n'en sortit sans passer par « Bel-Abbès », longtemps appelé « Biscuitville »…

Voici pour le point de vue des historiens militaires. Celui du légionnaire Nicolet est, dirons-nous, complémentaire : « Au Palmier rouge, au Moulin vert, au Chat blanc, au Soleil bleu, à la Lune Rousse, les primards

1. Pierre Montagnon, *Légionnaires d'hier et d'aujourd'hui*, Pygmalion, 2006, p. 151.

étaient bien accueillis. Délicieuses mauresques, sultanes citron aux yeux de gazelle, fruits exotiques, [...] lourdes Européennes en costumes de bain qu'avaient fourguées là Bébert-pour-les-dames, Jojo-la-terreur et Cucu-la-Praline, ces dames ventriloquentes dansaient langoureusement aux bras chevronnés des légionnaires idylliques et sentimentaux au son d'un phonographe éraillé[1] »...

Comme elle accompagna la France dans son implantation en Afrique du Nord, la Légion étrangère vécut, plus que toute autre troupe, par le sang et l'humiliation, la déchirure lorsque la France quitta cette terre, au milieu du XXe siècle. Les régiments étrangers furent lourdement engagés dans les combats de la guerre d'Algérie. L'un de ses chefs les plus prestigieux, le colonel Jeanpierre, trouva la mort en mai 1958, au djebel Mermera. L'hélicoptère d'où il commandait une opération fut abattu par un tir rebelle. La Légion fut aussi associée à la terrible bataille d'Alger au cours de laquelle les autorités politiques lui confièrent des opérations de basse police qui n'étaient pas pour elle. Enfin, le 1er REP fut le fer de lance de la sédition d'avril 1961 qui vit quatre généraux se lever contre la politique menée par le général de Gaulle. Après l'échec du putsch et la reddition de ses chefs, l'unité la plus prestigieuse de l'armée française fut dissoute. Auparavant, le chef de l'État avait annoncé à son ministre des Armées, Pierre Messmer, que c'est toute la Légion étrangère qui allait payer la désobéissance de quelques-uns. Ce que Louis-Philippe avait créé en signant un décret, le Général pouvait le défaire d'un même trait de plume. Messmer, qui avait été un des héros de Bir Hakeim, se rebiffa, peut-être pour la seule fois de sa carrière. Il tint tête à son chef, livide, dents serrées, et obtint que sa chère Légion étrangère fût graciée. En plaidant pour elle, il se souvenait de l'été 1940, de son départ de France et de son engagement dans la jeune 13e DBLE de Magrin-Vernerey qui venait de s'illustrer à Narvik, en Norvège. Il se souvenait de la campagne de Syrie, des combats fratricides devant Damas, face à un détachement du 6e REI, resté fidèle au gouvernement Pétain. Le légendaire Amilakvari avait refusé d'ouvrir le feu sur ses frères d'armes.

Il se souvenait des morts de ces heures sans gloire, comme celle de Jacques Tartière. Qui était-il, ce légionnaire parmi d'autres ? Le petit-fils de Georges Feydeau, qui s'était fait un nom au cinéma (sous le pseudonyme de Jacques Terrane il a donné la réplique à Michèle Morgan dans *La Loi du Nord*). À la déclaration de guerre, quoique de nationalité américaine, il était parvenu à prendre part à l'expédition de Norvège au sein de la « 13 ». Dans ses rangs, il combattit en Érythrée, en Syrie. Le 18 juin 1941, dit la chronique, alors que l'adversaire venait de se rendre, Tartière rentrait à moto vers ses lignes lorsqu'il fut tué d'une balle.

1. Arthur Nicolet, *Mektoub*, *op. cit.*, p. 70.

À la Légion se réalise encore le vieux rêve français de l'intégration, qui est l'inverse du multiculturel : accueillant des hommes du monde entier, sans discrimination, la Légion étrangère ne se paie pas de mots sur la « diversité » dont ces hommes seraient porteurs ; au contraire, elle leur fait revêtir un « uniforme » : la France. Ils viennent du Brésil, de Russie, du Maroc. Ils ont déposé à l'entrée du quartier leur nationalité, leur langue, leurs traditions. L'intégration est à ce prix. Leur recrutement est comme un écho de l'état de la planète : par un jeu de vases communicants, la Légion absorbe les soldats perdus des guerres des cinq continents. Vers 1920, elle prit l'accent russe (notamment au 1er REC) : la révolution bolchevique avait conduit bien des soldats et des officiers blancs de l'armée Denikine à gagner Bel-Abbès. Quinze ans plus tard, la présence d'Espagnols et d'Italiens disait mieux qu'un long discours les événements que vivaient ces pays.

Les Allemands furent longtemps nombreux à la Légion, Dieu sait pourquoi. Les chants de la Légion en gardent quelques accents : « Adieu vieille Europe, que le diable t'emporte… ». En 1897, une épidémie de typhus s'abattit sur l'armée française en Algérie. Parmi les victimes, on comptait un légionnaire dont la carrière avait été exemplaire. Son commandant de compagnie, qui recueillit son dernier soupir, apprit de la propre bouche du mourant qu'il était un prince de Hohenzollern, cousin de Guillaume II et général de division allemand. On raconte que, sitôt informé, le Kaiser envoya dans le port d'Oran un croiseur pour récupérer la dépouille de ce prince de la Maison de Prusse. Et est-ce par égard pour cette troupe chérie de ses sujets et de ses cousins que le même Kaiser accepta en 1914 que les soldats de la Reichswehr portent sur leur vareuse, à côté de la croix de fer, la médaille militaire et leurs décorations des guerres coloniales gagnées dans les rangs de la *Fremdenlegion* ? En 1945, on conçoit davantage que des réprouvés de la Wehrmacht ou de la Waffen SS aient cherché à fuir : la guerre en Indochine requerait des hommes et l'on était alors peu regardant sur le CV des candidats – on estimait que la dure vie du soldat en Extrême-Orient et les combats feraient justice des crimes éventuellement commis par ces hommes. Cela ne veut pas dire que la justice s'arrêtait toujours à la porte du quartier Vienot, à Sidi-Bel-Abbès. Parfois, elle y entra pour s'y accomplir.

Quand la Légion étrangère accueillit dans ses rangs Eliahu Itzkovitz, de nationalité roumaine, que connaissait-elle de lui ? Savait-elle que la famille de ce jeune Juif avait été exterminée par un de ses compatriotes roumain, un nazi du nom de Stanescu ? Savait-elle que le jeune Eliahu avait appris que son bourreau avait quitté la Roumanie et s'était engagé à la Légion sous un nom d'emprunt ? Servant alors dans l'armée israélienne, Itzkovitz demanda sa mutation dans la marine et, à la faveur d'une escale, déserta et s'engagea à son tour dans la Légion à Marseille.

Dans les mois qui suivirent son engagement, le jeune légionnaire enquêta discrètement et parvint à se faire muter au 3e Étranger à Haiphong, là où servait le criminel. Le hasard d'une opération dans la jungle indochinoise les mit fortuitement en présence. Pendant une opération, Itzkovitz marchait derrière Stanescu. Leur groupe de combat était dispersé. Soudain il l'appela par son nom. L'autre se retourna stupéfait d'être ainsi nommé à plusieurs milliers de kilomètres de chez lui, loin du lieu de ses crimes. Itzkovitz dit simplement : « Stanescu, je suis un des Juifs de Chişinău », avant de l'exécuter froidement. À son chef, il déclara plus tard que Stanescu et lui étaient tombés dans l'embuscade d'un tireur isolé. Il n'y eut pas d'enquête. À la fin de son contrat, Itzkovitz se présentera devant les autorités israéliennes et comparaîtra devant la justice : pour désertion. Il écopera d'un an de prison[1].

Cette histoire en marche n'est pas finie. À partir des années 1980, les Slaves ont remplacé les Allemands. L'accent russe, ou yougoslave, l'accent prussien. Des Irlandais, militants de l'IRA, mêlés à des attentats en Ulster vinrent se faire oublier à Aubagne. Des hooligans britanniques à qui l'air des stades ne valait rien les rejoignirent. Depuis un quart de siècle, de jeunes Chinois tentent l'aventure. Et des beurs, délaissés des cités de banlieue, qui ne savent pas que la troupe qu'ils rejoignent a laissé une partie de son cœur dans le pays de leurs pères.

À l'inverse, quand éclata le conflit en ex-Yougoslavie, de nombreux légionnaires quittèrent leurs régiments – légalement ou avant expiration de leur contrat… – pour rejoindre les rangs serbes, croates ou bosniaques. Ces jeunes pays avaient besoin d'hommes pour encadrer leurs troupes nées de la guerre civile. Le sergent Miljenko Filipovic, chuteur opérationnel au 2e REP, quitta la Légion, regagna son pays et devint commandant des forces spéciales croates. Quand l'armée française fut envoyée en Bosnie, dans le cadre de l'ONU, on assista à des retrouvailles, sous le signe de la Légion. Dans la grande tradition. On raconte ainsi qu'eut lieu une rencontre très officielle entre un général croate, chef du conseil de défense, et son homologue des forces de l'ONU. Chacun arriva escorté de sa suite. Les deux hommes se saluèrent d'égal à égal : courtoisement mais avec détachement. Puis le général croate exécuta un garde-à-vous tonitruant devant l'officier français qui accompagnait le dirigeant onusien, aboyant un « Mes respects mon colonel ! » : celui-ci avait été son commandant de compagnie quand, quelques années plus tôt, lui-même était sous-officier dans un régiment de Légion.

C'est entendu : la Légion étrangère est faite pour le curieux, le rêveur, l'écrivain. On n'est pas obligé d'être de ceux-là. Des esprits réalistes pourront objecter que cette institution recèle des zones d'ombre, soigneu-

1. Georges Blond, *Histoire de la Légion étrangère*, *op. cit.*, p. 297.

sement enfouies (dissimulées, diront-ils) sous ses pages glorieuses ; c'est possible. D'estimables élus pourront diligenter contre elle des rapports parlementaires consécutifs à des faits divers, de graves rédacteurs en chef commander des enquêtes à charge pour leurs magazines, dénonçant la violence, l'arbitraire, l'injustice régnant dans ses rangs, pourquoi pas : cela s'est déjà vu. La Légion n'est pas au-dessus de la morale, ni des lois de la République. Sa dissolution fut envisagée à gauche, au lendemain de l'opération militaire de Kolwezi. Après 1981, les engagements de la France au Tchad et au Liban mirent vite à la raison les socialistes. Chacun pourra dénigrer la Légion, la caricaturer, la détester. C'est le jeu. C'est même le revers de la fascination qu'elle exerce sur beaucoup.

Vieille maison battue par le vent de l'histoire, bousculée par les mutations du monde moderne, riche de son passé mais vigoureuse par la jeunesse de ses membres toujours renouvelés, elle n'en a cure. Elle sait qu'on ne pourra rien, qu'on n'a jamais rien pu contre ce que Jünger appelle « la promesse de l'extraordinaire ».

ÉTRANGERS AU SERVICE DE LA FRANCE

par Bernard Peschot, Bernard Gainot,
Michel Roucaud et André-Paul Comor

Le service étranger en France sous l'Ancien Régime

L'utilisation régulière de soldats étrangers dans les armées constitue une donnée constante du jeu international de l'Europe moderne. Même la Prusse frédéricienne, qui a pourtant tenté de concentrer son processus de militarisation sur ses ressources propres, n'a pas su s'en passer pour consolider sa puissance militaire. Cette pratique émerge au seuil de la première modernité avec l'apparition et la consolidation des grands États territoriaux, au même titre que la diplomatie et en corrélation avec les premiers effets de la révolution militaire sensibles dès la fin de l'époque médiévale. Les raisons en sont avant tout politiques. Comme dans la diplomatie matrimoniale, il s'agit grâce à des tractations de nouer des liens avec certains États en termes d'alliance et d'aide réciproque : de là découlent les premiers exemples de transferts consentis de puissance militaire, humains et techniques. Le conseiller militaire de Louis XIV, le marquis de Chamlay, écrit en 1711 : « Par politique, il faut conserver les régiments étrangers, non pas tant si l'on veut pour le service qu'on en tire, que pour s'affectionner en quelque façon les nations dont les officiers sont. »

C'est ce que souhaite la France : obtenir une alliance pérenne avec la meilleure infanterie de l'époque – les Suisses –, attirer dans la mouvance royale une clientèle de princes – pour Louis XIV les principautés allemandes –, enfin étendre l'influence française sur les marges européennes – en Pologne, en Suède, en Hongrie. Il s'agit aussi de profiter de soldats d'une haute qualité militaire. L'infanterie suisse s'est imposée sur les champs de bataille au XVe siècle, époque pendant laquelle le combat en ordre serré requiert des compétences qu'une professionnalisation accrue – un dressage permanent – permet seule d'obtenir. À ce titre, les Suisses sont à l'avant-garde de ces mutations dans l'art de la guerre, ce qui explique leur notoriété et leur valeur multiséculaire. Certains corps étrangers ont par ailleurs été des précurseurs en matière de tactique, ainsi les weimariens des années 1640 qui ont aidé à reconstituer efficacement la cavalerie française. L'histoire dite « bataille » témoigne à plusieurs reprises de la valeur de ces régiments étrangers qui forcent la victoire ou compensent l'échec par une bonne contenance au feu.

Il s'agit enfin de priver ses éventuels adversaires des mêmes recours, et le mot attribué au maréchal de Saxe dresse de façon tout à fait positive le bilan comptable de ce système : « Un Allemand nous sert pour trois hommes : il en épargne un au royaume, il en ôte un à nos ennemis et il nous sert pour un homme. »

En France, ces usages remontent au XVe siècle, d'abord pour la Maison du Roi à partir de Charles VII : ce sont les gardes écossais de Louis XI dont le romancier Walter Scott a laissé une évocation séduisante au chapitre VI de son *Quentin Durward*. Le même roi initie la pratique suisse au prix de négociations (traité de 1474 exécuté une seule fois en 1480) et de recrutements ponctuels sur le fondement d'un volontariat d'ailleurs prohibé par les instances fédérales. Sous les Valois, les troupes de la grande ordonnance ont pu aussi contenir une part d'étrangers, parfois importante. Mais cette politique ne deviendra une donnée fondamentale et stable de la structure de l'armée royale qu'à partir du règne de Louis XIII. Certes, les proportions vont naturellement varier en fonction de l'alternance des périodes belliqueuses, qui accroissent les besoins, et des accalmies qui consacrent en partie la disparition des régiments étrangers. Cependant, il est assez tôt devenu évident que le maintien en temps de paix d'effectifs étrangers importants constituait une nécessité, car, la guerre revenue, la concurrence de la demande sur le marché international du recrutement pouvait rendre l'offre extérieure plus aléatoire.

Les excès des guerres de Religion françaises ont entraîné la stigmatisation des mercenaires étrangers, reîtres et lansquenets germaniques en particulier. Les états généraux demandant leur disparition, Henri IV tenta en vain de renoncer à leur service. Au début du XVIIe siècle, la tradition étrangère du service de France ne subsiste donc plus que dans la Maison du Roi, avec la compagnie écossaise des gardes du corps, les cent-suisses (ceux du « dedans ») et en 1616 le régiment des gardes suisses pour la garde extérieure du souverain (ceux du « dehors »). Le véritable tournant est franchi avec Richelieu. À partir de l'intervention de la France dans la guerre de Trente Ans (1635), une conjoncture nouvelle et durable poussant à l'appel intensif aux étrangers se dessine en effet : croissance numérique des armées, manque de confiance envers des régnicoles levés en hâte et mal préparés, préférence donnée à des professionnels éprouvés, nécessité politique de ménager certaines alliances dont celle avec la Suède. L'opinion du cardinal ministre est claire : « Il est presque impossible d'entreprendre avec succès de grandes guerres avec des Français seuls. Les étrangers sont absolument nécessaires pour maintenir le corps des armes, et si la cavalerie française est bonne pour combattre, on ne peut se passer de l'étrangère pour faire les gardes et supporter toutes les fatigues d'une armée [...]. Notre nation, bouillante et ardente aux combats, n'est ni vigilante à se garder, ni propice à former des desseins ou des entreprises qui ne se peuvent exécuter sans peine. » La remarque laconique de Puységur en 1713 résume bien cette alternative : les soldats étrangers coûtent deux fois plus cher mais ils désertent deux fois moins.

En 1635, un peu plus de 21 % d'étrangers servent la France. Dès l'origine, ce recrutement porte essentiellement sur des fantassins. Alors qu'il n'y a que 7 à 8 % d'étrangers dans la cavalerie, un quart de l'infanterie est d'origine externe. Les difficultés du recrutement dans la dernière partie de ce conflit vont accélérer le processus : la part d'étrangers passe de 31 % en 1644 à 44 % en 1651 puis à 56 % en 1656 – Louis XIII a levé durant son règne soixante-deux régiments étrangers ! En 1661, Louis XIV tient d'abord à conserver certains de ces régiments jugés indispensables : ils représentent alors 32 % de l'infanterie et un quart de l'armée. Puis, si dans un premier temps le Roi-Soleil a voulu pour des raisons budgétaires limiter cette ressource – lors de la guerre de Dévolution les étrangers ne sont plus que 11 % –, l'on retrouve à partir de la guerre de Hollande les proportions anciennes des années 1640 : 25 % de l'infanterie et 22 % de l'ensemble. Vers la fin du règne de Louis XIV, le pourcentage d'étrangers baisse : supérieur à 23 % en 1706, il passe à 16 % en 1710. La raison en est l'incorporation des miliciens qui a permis d'éviter un recours substantiel au recrutement étranger. Toutefois, avec la croissance globale des effectifs, le nombre de fantassins étrangers – 24 000 hommes en 1684 – atteint 75 000 en 1690, 96 000 en 1706 et 60 000 en 1710.

Sous Louis XV, la réforme de Choiseul qui fait disparaître douze régiments étrangers stabilise le pourcentage à environ 22 % de l'ensemble. Cette proportion semble constituer une constante sur la longue durée – 12 % des effectifs en temps de paix et autour de 20 % en temps de guerre. Les variations s'opèrent entre les basses eaux des années 1709-1717 et les hautes eaux de 1757. La première période correspond à un processus de démobilisation : six régiments sont dissous et les autres voient leurs effectifs réduits. Le retour des guerres entraîne le gonflement des pourcentages : 24 % au moins pour la guerre de Succession d'Autriche (sans doute davantage, car les régiments de hussards dits « français » renferment des étrangers difficiles à comptabiliser) et 27 % en 1757 – année où le nombre de régiments étrangers atteint son apogée : 37 dans l'infanterie – mais au total 60 bataillons seulement – et 4 dans la cavalerie.

Après le ministère Choiseul, les évaluations sont sujettes à caution. D'un probable quart en 1778, on passe à 21 % en 1789 et, hypothétiquement, entre 16 et 17 % en 1792. En effet, les étrangers ne sont plus aussi prisés après les revers de la guerre de Sept Ans et le principe même de ce recrutement est critiqué. On lui reproche un coût trop élevé sans certitude absolue d'efficacité sur le terrain. Il est vrai que le prix en est élevé, surtout celui des Suisses qui forment l'entité étrangère la plus privilégiée de l'armée : de 1741 à 1748, un Suisse touche 37 % de plus qu'un Français ; un Allemand 33 % de plus et les autres, Irlandais, Italiens, Wallons, de 24 à 25 % de plus. Les chiffres estimés du coût de revient sont de l'ordre de 122 livres par an pour un Français contre 160 à 178 livres pour un Wallon ou un Allemand. En outre, des considérations morales perturbent le débat : on en vient à mettre en cause l'« obligation mercenaire » qui peut contraindre le soldat à combattre ses compatriotes. Mais même après Choiseul, le système de recrutement garde son caractère archaïque : c'est le roi qui continue de traiter avec un particulier – un colonel –, un prince ou encore un État souverain. Les Suisses seuls font ici exception.

Ces soldats viennent de partout. Louis XIII a levé huit « nationalités », Louis XIV onze. Les courants de recrutement les plus notables sont ceux où existe une tradition locale qui pousse au mercenariat : en Écosse, en Suisse, en Corse. Les aléas de la conjoncture politico-religieuse introduisent en outre de nouveaux arrivants, ainsi les Irlandais catholiques et jacobites de l'exode après 1690. Les flux s'adossent aussi aux intérêts de la diplomatie. Ici le recrutement étranger est un bon révélateur de la situation internationale : les troupes bavaroises ou celles de l'évêché de Liège sous Louis XIV cartographient la zone de la clientèle française. La spécialité reconnue de certaines populations pousse également à les appeler, ainsi les Hongrois sont-ils réclamés pour la cavalerie légère des hussards – sans même parler dans ce cas précis des visées antiautrichiennes qu'ils partagent avec les Français.

C'est toutefois l'Allemagne qui constitue d'une manière assez régulière – surtout au XVIIIe siècle – le bassin de recrutement le plus riche. Véritable réservoir d'hommes, le Saint Empire romain germanique est à l'origine de la suprématie du « pied allemand » à la fin de l'Ancien Régime. En 1760, les Allemands représentent 47,3 % de l'infanterie étrangère devant les Suisses (29 %), les Irlandais et les Écossais (16,5 %), les Liégeois (7,8 %), les Italiens et les Corses (3,7 %). Si l'on compare avec les estimations de 1740 – 65,5 % pour les Suisses et 16,7 % pour les Allemands –, le renversement de la situation est éclairant.

À la fin du XVIIIe siècle, les efforts de clarification administrative font en effet apparaître cinq catégories dans le classement par pied : Allemand, Suisse, Irlandais, Liégeois et Italien. Mais il y a souvent des écarts entre cette attribution régimentaire « nationale » et l'origine réelle des recrues. Même les Suisses n'y échappent pas : à partir de 1766, on relève dans leurs corps quatre catégories administratives de soldats : Suisses, fils de Suisses, sujets du roi de France et étrangers. La plupart de ces régiments ont vu se modifier leur caractéristique d'origine : c'est ainsi que les régiments dits « irlandais » regroupent aussi écossais et déserteurs de l'armée anglaise. Et d'ailleurs, sous Louis XV, les régiments « hongrois » sont en fait garnis d'Allemands.

À la veille de sa disparition, la monarchie française d'Ancien Régime peut faire ses comptes : des dizaines de milliers de fantassins étrangers se sont risqués au service de la France. Ils étaient environ 50 000 hommes en 1711, à la fin du grand siècle louis-quatorzien ; la guerre de Sept Ans en retient 40 000 en 1760 ; ils ne sont plus que 28 000 en 1789 et peut-être 25 000 en 1792 au moment où les Suisses se font massacrer aux Tuileries pour l'honneur et au nom d'une tradition vieille de trois siècles.

Bernard Peschot

Les légions étrangères au service de la France révolutionnaire

Le principe du mercenariat est condamné par les penseurs des Lumières, au premier rang desquels Montesquieu, Rousseau, Guibert et Servan. Il est totalement antinomique de l'armée nationale qu'ils appellent de leurs vœux. La Révolution concrétise ces orientations : en juillet 1791, les régiments étrangers sont intégrés à l'armée française. Si l'Assemblée ne ferme pas la possibilité d'un recrutement de corps étrangers, ceux-ci doivent désormais être prioritairement recrutés en France, et sous le contrôle étroit des législateurs. De 1792 à 1799, c'est essentiellement sous la forme de légions que les étrangers en corps vont être intégrés à l'armée nationale. La question se pose à la fin de l'année 1791 et au début de l'année 1792, lorsque les groupes de réfugiés qui ont fui leur pays à la suite de la répression des mouvements révolutionnaires demandent l'autorisation de constituer des unités armées, à l'instar des bataillons de volontaires.

Une « légion » est un corps d'armée, remarquable par son nombre et regroupant plusieurs armes : infanterie, cavalerie et parfois artillerie, comme le rappelle Mathieu Dumas le 24 avril 1792 : « J'entends par légions des corps formés de la réunion des deux armes de troupes légères. » La création de légions n'est pas une spécificité révolutionnaire. Le maréchal de Saxe, et d'autres réformateurs militaires du XVIIIe siècle, comme Choiseul, avaient envisagé cette possibilité, à la fois comme référence au modèle antique (la légion est le pivot de la réforme de l'armée romaine sous Marius, le fer de lance de l'aventure impériale) et comme un type de grosse unité bien adaptée au contexte de la « petite guerre » de ce XVIIIe siècle. Le représentant Beaupuy rappelle cette disponibilité tactique à la tribune de la Législative le 18 février 1792 : « Aller en avant de l'armée, soit pour former des avant-gardes, soit pour battre la campagne ; savoir des nouvelles de l'ennemi, intercepter ses convois, tomber sur les équipages pendant une action, tenter des entreprises hardies, éclairer la marche des armées ; fatiguer nuit et jour l'ennemi, en le forçant à être toujours sur ses gardes ; à couvrir ses convois, ses fourrages, à pourvoir à la sécurité de ses postes, exposés à de continuelles alarmes, et à être souvent enlevés ; à assurer le repos, la tranquillité et l'abondance de l'armée, par une activité infatigable à épier tous les mouvements de l'ennemi, par une connaissance exacte du pays, de ses ressources, et de la disposition des habitants, par une correspondance journalière et suivie que les chefs de corps doivent entretenir avec le chef de l'armée qui, prévenu et bien informé, a le temps de calculer ses moments, ses marches, et par conséquent de préparer des succès et d'éviter des revers ; enfin, ces corps sont, sans une armée et dans des mains habiles, des instruments qui se prêtent à tout, et sont bons à tout. » Une unité militaire ne se définit toutefois pas uniquement par son emploi tactique, mais aussi par l'origine des hommes qui la constituent.

Le recrutement des légions serait prioritairement tourné vers les soldats des colonies, ceux renvoyés pour patriotisme, des « baroudeurs » (« ceux, braves et intrépides, vivant au jour la journée, aimant le genre de vie que mènent en campagne les hommes des troupes légères et qui, dans l'espoir d'acquérir de la gloire, et dans l'espoir de trouver des hasards heureux, affrontent sans crainte toute espèce de danger »), mais aussi des étrangers déserteurs. Amalgame étrange, qui préside pourtant continuellement à la formation de ce type d'unités tout au long du siècle. Ajoutons que ces unités sont généralement recrutées sur place, par les commandants de légions, et bien souvent équipées et soldées à leurs frais. C'est comme si, dans l'urgence, on faisait appel à des formes militaires antérieures au processus de professionnalisation qui s'est imposé en France depuis plus de un siècle.

En août 1792, une proclamation répond au manifeste du duc de Brunswick et adopte « d'avance tous les étrangers qui, abjurant la cause [des ennemis], viendront se ranger sous ses drapeaux et consacrer leurs efforts à la défense de sa liberté ». La création des légions étrangères au service de la cause révolutionnaire hésite ainsi entre deux images qui vont rapidement se révéler incompatibles : un rassemblement de patriotes fortement motivés idéologiquement et un corps prétorien d'« enfants perdus » dévoué à ses chefs, mais dangereux pour la liberté publique.

La première vague de création des « légions étrangères » eut lieu au cours de l'été 1792, en application de la loi du 31 mai de la même année. Celle-ci prévoyait de constituer les légions non par recrutement spécifique, mais à partir d'individus extraits spécialement des troupes de ligne. Une assez grande latitude était laissée aux trois commandants d'armée pour la réalisation de cette opération, en fonction de leurs besoins particuliers. Toutefois, le cadre institutionnel comme les applications furent dérogatoires à cette loi. Chaque légion est constituée par une capitulation, à savoir un texte législatif propre à chacune d'elles, qui fixe sa formation et son organisation. Il y a donc un cadre général d'organisation et des dispositions spécifiques pour le recrutement réglées par les articles de la capitulation (la légion germanique ne doit être composée que de déserteurs étrangers, la légion allobroge que de savoyards, piémontais ou suisses, etc.). Le recrutement est donc infléchi vers des spécificités propres à chaque unité.

La loi du 1er août 1792 sur les légions prévoyait la formation d'une « légion franche étrangère », noyau de la future légion batave. Ne pourront y être admis que des étrangers ; et ne sont « réputés étrangers que ceux des Français qui n'auraient obtenu des lettres de naturalisation que depuis le 1er janvier 1789 ». Ainsi la capitulation du 6 août 1792 fonde-t-elle la « légion germanique ». Un comité des fédérés germains, établi à Paris, nomme les officiers, après vérification du comité de la Guerre. Le conventionnel Anacharsis Clootz joue un rôle fondamental dans la formation de cette légion qui recrute des Allemands, des Prussiens, des Hollandais, tout aussi bien que des Français.

Puis la capitulation du 8 août 1792 fonde la « légion des Allobroges », dont le général Montesquiou est chargé de contrôler la levée, à Grenoble. Le relais est pris par Kellermann, qui souhaite rassembler une élite militaire de la jeunesse savoyarde, aux sentiments révolutionnaires prononcés. Le club des Allobroges de Paris couvre l'enrôlement militaire ; ses dirigeants sont presque tous officiers dans la légion, à l'image de son président Amédée Doppet, qui en devient le lieutenant-colonel.

Le général Dumouriez quant à lui joue un grand rôle dans la formation de la « légion batave », aidant par des subventions secrètes le Comité batave de Paris à la former. Ledit comité recrute parmi les Bataves réfugiés à Dunkerque et à Saint-Omer. Cette légion prend la suite de la légion franche étrangère : elle est officiellement constituée le 5 mars 1793 sous le nom de « chasseurs-tirailleurs nationaux bataves ».

Un processus identique conduit à la formation de la « légion des Belges et des Liégeois unis ». Un comité de réfugiés belges avait entrepris des démarches auprès de l'Assemblée législative pour obtenir l'autorisation de la lever. Elle fut organisée dès avril 1792, surtout à Lille et à Givet, mais le décret définitif de formation fut rendu le 20 juillet suivant. Toutefois le comité était traversé de nombreuses divisions, et une « légion liégeoise » s'était formée dès le mois de mai 1792, issue d'une branche dissidente du comité, plus radicale.

Un décret du 2 août 1792 établissait enfin une véritable prime à la désertion : tout soldat étranger qui vient servir dans les armées françaises reçoit une pension de 100 livres et une gratification de 50 livres. Il aura en outre le même statut que les nationaux.

Mais la formation des légions étrangères répond aussi parfaitement à une volonté de propagande révolutionnaire. La création militaire est dès lors subordonnée à un dessein politique, ainsi qu'en témoigne la formation de la dernière légion, la « légion des Américains et du Midi », en septembre 1792. Si le recrutement la distingue des formations spécifiquement « étrangères », puisque les légionnaires sont massivement membres de la communauté antillaise de Paris, elle s'en rapproche par les objectifs clairement politiques de son principal initiateur, le mulâtre Julien Raymond. Il s'agit de faire reconnaître la citoyenneté pleine et entière des libres de couleur par la voie militaire.

L'existence de ces légions fut éphémère : le principe de leur réorganisation et de leur fusion dans l'armée nationale fut posé dès le décret du 21 février 1793, application spécifique des dispositions de l'amalgame. La légion germanique alors devint suspecte, et dénoncée comme telle le 4 mai 1793 : les chefs seraient des intrigants et des aventuriers, le nombre de déserteurs allemands y serait beaucoup trop important et plusieurs officiers auraient des opinions contre-révolutionnaires. Le corps est dissous en juin.

L'affaire est le prétexte à toute une campagne menée contre les légions, orchestrée par Marat et relayée par les principaux dirigeants montagnards. La part prise par des généraux « félons » – comme Dumouriez – dans la formation des légions belges et bataves faisait craindre que ces dernières ne deviennent l'ossature d'une garde prétorienne. En outre, les liens entre les comités de réfugiés et les Girondins ne plaidaient pas en leur faveur. Plus largement, l'opinion révolutionnaire évolue vers une défiance croissante envers les étrangers, et la guerre de propagande révolutionnaire est discréditée. Les éléments les plus « patriotes », parmi les Allobroges, ou les officiers de couleur, se fondent dans l'armée régulière. Les légionnaires ne sont pas loin d'être considérés comme des mercenaires par les révolutionnaires les plus radicaux. Le décret du 9 pluviôse an II (28 janvier 1794) réorganise l'infanterie légionnaire en la fondant dans les nouvelles demi-brigades. Il est suivi par celui du 21 ventôse an II (11 mars 1794) qui fait de même pour la cavalerie légionnaire.

Le renouveau des légions sous le Directoire. L'expansion des armées françaises en Europe, à partir de 1794-1795, allait permettre d'avoir de nouveau recours aux légions avec un cadre législatif différent : enrôlement des patriotes étrangers réfugiés, recrutement local par les autorités militaires, contexte de guerre de propagande patriotique. Les premières réapparitions sont des tentatives conjoncturelles ; ainsi Hoche, pour l'expédition d'Irlande, forme-t-il le 2 novembre 1796 les régiments partiellement irlandais de Lee, O'Meara, Ferdut et La Châtre, ainsi que le corps des chasseurs de Lamoureux pour bâtir une « brigade étrangère ». Cette tentative fut poursuivie ultérieurement par le général Humbert, en vue de l'expédition de 1798.

La formation de « légions polonaises » est proposée par le général Dombrowski en 1796 : elles « serviront de noyau et de pépinière d'une armée à former pour la Pologne ; elles appelleront à elles, par le seul fait de leur existence, les émigrés et les déserteurs polonais de l'armée autrichienne ; elles se nourriront, au contact de l'armée française, des principes républicains, qu'elles rapporteront dans leur pays ». Le 9 janvier 1797, une convention est signée entre Dombrowski et l'administration générale de la Lombardie, mise en place par Bonaparte. Deux légions se formèrent ainsi en Italie, l'une commandée par Dombrowski, l'autre par Kniaziewicz.

En 1798-1799, au cours de l'expédition d'Égypte, le commandement militaire prit l'initiative de lever localement un certain nombre d'unités, et notamment la « légion maltaise », à partir des soldats des régiments qui étaient au service de l'ordre de Malte avant la prise de l'île par les Français. Puis, sur place, des troupes indigènes furent organisées : la « légion grecque », dirigée par Papas Oglou et formée de Turcs passés aux Français après la bataille des Pyramides (juillet 1798), ainsi que la « légion copte », sous les ordres du général Yacoub, formée de chrétiens qui avaient combattu les mamelouks avec le général Desaix en haute Égypte. Il faut encore ajouter la 21e demi-brigade d'infanterie légère, partiellement composée d'esclaves éthiopiens et soudanais achetés aux trafiquants arabes par le général Kléber, et le corps des « mamelouks », appellation générique qui recouvre aussi bien d'anciens partisans des beys que des Orientaux qui ont pris le parti des Français lors de la campagne de Syrie.

Le 6 novembre 1798, dans un tout autre cadre, le général Joubert forme deux « légions helvétiques ». À la suite d'une capitulation avec la toute nouvelle République helvétique, le 19 décembre 1798, six demi-brigades sont formées pour étoffer les effectifs des précédentes légions.

La « légion des Francs du Nord » a été formée quant à elle le 8 septembre 1799 pour recruter les habitants de langue allemande des pays situés entre Meuse et Rhin et entre Rhin et Moselle – donc les pays de la rive gauche du Rhin récemment départementalisés mais où la loi de conscription Jourdan-Delbrel ne s'applique pas. Elle reçut un grand nombre de Hollandais, de Belges, de Prussiens, de Hongrois, et fut commandée par le général Eickemeyer, de Mayence.

Vers la même époque (été 1799), une « légion vaudoise » fut levée parmi les patriotes des vallées alpines, et réunie ensuite à la force armée du Piémont par Masséna.

La « légion italique » fut officiellement formée le 8 septembre 1799 à partir des patriotes italiens réfugiés en France à la suite de l'effondrement des républiques-sœurs italiennes et devant la poussée des forces des monarchies européennes. Elle comprend des Cisalpins, des Piémontais, des Romains et des Napolitains, bref, une sorte de creuset de l'unité italienne, commandé par le général de brigade Lechi.

Une « légion du Danube », enfin, fut organisée (également aux termes de la loi du 8 septembre 1799) parmi les Polonais qui combattent les Autrichiens en Allemagne. Elle est commandée par Kniaziewicz.

Le Consulat reçut donc en héritage un contingent d'unités étrangères constituées en légions, assez nombreux. Il allait organiser ce potentiel de façon bien différente.

Bernard Gainot

Les troupes étrangères dans les armées napoléoniennes au service du Grand Empire

L'expression « troupes étrangères » était usuelle au début de l'Empire, mais sans signification institutionnelle. Ces troupes portaient le nom de la nation dans laquelle se faisait le recrutement, sans distinction entre les unités recrutées en vertu d'un traité militaire, comme les régiments suisses, et celles recrutées par simple décret du pouvoir exécutif français. Par ailleurs, le terme « étranger » désignait les unités mixtes où diverses nations se côtoyaient. Ce n'est qu'en août 1811 que l'expression « régiments étrangers » apparut officiellement dans l'administration militaire française.

Classées dans les troupes hors ligne, ces unités grossirent les armées de Napoléon dès le Consulat, tout en répondant à différentes logiques politiques : symbole des campagnes révolutionnaires passées (mamelouks), ralliement ou surveillance des ennemis d'hier (prisonniers de guerre, opposants politiques), persistance de traditions d'Ancien Régime (Suisses), instauration d'un Grand Empire intégrant des États vassaux (Croates, Hanovriens, Polonais).

Les « étrangers » recrutés dans les nouveaux départements par conscription ne seront pas traités ici. Cependant, il est nécessaire de rappeler que la conscription fut pour Napoléon l'un des moyens d'intégration de ces nouveaux territoires à la France. De même ne seront pas étudiés les étrangers qui formèrent des régiments de ligne français : les Toscans qui constituèrent en 1808 le 113e régiment d'infanterie de ligne (RIL), les Hollandais en 1810 rentrant dans la formation des 123e, 124e, 125e et 126e RIL, les Hanséates formant le 127e RIL, enfin les Westphaliens qui composèrent le 129e RIL.

Le Consulat et les régiments suisses. Sous le Consulat, différentes unités composées d'étrangers furent créées, tels le « bataillon de chasseurs d'Orient », formé en 1802 des débris des légions copte et grecque levées en Égypte, les mamelouks, rattachés à la garde consulaire, les 1er et 2e bataillons étrangers, formés le 3 mars 1802 et composés de déserteurs de diverses nationalités, le « bataillon irlandais », formé le 31 août 1803, et la « légion hanovrienne », formée par décret le 13 avril 1804. Au total, plus de 3 000 étrangers étaient mis à la solde de la France. Ce chiffre est avancé par le colonel Carles dans son article sur les étrangers du *Dictionnaire Napoléon* (Fayard, 1987). Jean-François Brun, quant à lui, rapporte, en se fondant sur la *Notice historique sur l'organisation de l'armée depuis la Révolution jusqu'à nos jours* publiée en 1905 par le ministère de la Guerre, un effectif de troupes étrangères de plus de 40 000 soldats à la fin du Directoire et de plus de 12 000 hommes en 1804. Cette différence s'explique notamment parce que le chiffre escompté n'est pas le chiffre estimé, mais aussi par l'apport des contingents recrutés au titre de la conscription auxquels s'ajoutent ceux du recrutement « hors ligne ».

À côté de ces troupes disparates se trouvaient les troupes suisses, formant un ensemble à part, héritage de l'Ancien Régime. Quatre régiments suisses furent ainsi formés par un traité militaire conclu entre la France et les cantons helvétiques, la capitulation générale de 1803. Ce besoin de corps auxiliaires s'était fait sentir dès novembre 1798 avec l'engagement de demi-brigades helvétiques, mais en 1803, à nouveau, des régiments suisses capitulés allaient servir sous les bannières françaises.

Par la capitulation du 27 septembre 1803, donc, le Premier Consul reprenait des institutions héritées de l'Ancien Régime et modelées selon sa volonté pour servir sa propre politique. Huit mois plus tôt, un « acte de médiation » signé à Paris avait restauré les structures fédérales après l'épisode de la République helvétique. L'organisation des dix-neuf cantons paralysait le gouvernement central, réduisant les pouvoirs de la Diète helvétique et du Landammann annuel. Le Premier Consul se réservait un droit de regard comme « médiateur ». Forte de sa position, la France allait négocier à nouveau dans le sens de ses intérêts. Le 27 septembre fut donc conclu à Fribourg un nouveau traité d'alliance et une capitulation militaire de vingt-cinq articles entre le général en chef Ney, ministre plénipotentiaire de la République française en Suisse, et les commissaires de la Diète suisse. Remplaçant le traité d'alliance du 1er août 1798 ainsi que la convention du 18 novembre de la même année, ce nouveau traité se référait à celui de paix perpétuelle de 1516 et à l'acte de médiation de 1803. Son article 1er proclamait paix et unité entre les deux républiques. Les articles suivants fixaient les conditions et les modalités d'application de l'alliance défensive conclue entre la France et la Suisse. Quant à la capitulation militaire, elle rappelait dans son préambule que : « Le premier consul de la République, et la Diète helvétique, au nom des dix-neuf cantons suisses, [étaient désireux] de renouveler et comprendre dans une capitulation générale, celles qui ont été conclues antérieurement entre les deux États et qui fixaient l'organisation des régiments suisses, que la France entretenait à son service. » Cette capitulation rapprochait les nouveaux régiments du service capitulé d'Ancien Régime, tout en intégrant les éléments de 1798.

Ses trois premiers articles prévoyaient l'organisation des 16 000 hommes engagés volontairement et librement par la République française. Quatre régiments de 4 000 hommes étaient levés. La capitulation fixait de plus un dépôt de 1 000 hommes par régiment, prêts à maintenir les effectifs au complet. Chaque régiment était composé d'un état-major et de quatre bataillons, chaque bataillon de huit compagnies de fusiliers et d'une de grenadiers. L'article 10 rétablit la place de colonel général des Suisses : « Cet officier supérieur commandera les troupes suisses qui seront à Paris, et il aura la surveillance sur les autres ; il sera nommé par le Premier Consul. Il y aura en outre deux généraux de brigade, pour surveiller l'instruction, le service, l'administration et la discipline des quatre régiments capitulés. »

Le recrutement des troupes pouvait se faire sur toute l'étendue de la Confédération et les régiments n'avaient aucun caractère cantonal, ce qui constituait une rupture avec l'Ancien Régime. Une interdiction était faite à ces Suisses : « Les troupes suisses qui seront au service de la France, ne seront jamais employées que sur le territoire continental de l'Europe. » Enfin, les hommes avaient la garantie de rentrer chez eux si le territoire helvétique était menacé.

Les régiments créés par la capitulation de 1803 montrèrent leur bravoure et leur fidélité à l'empereur des Français : lors de la campagne de Russie, ils perdirent 9 000 hommes. Le 3e régiment helvétique fut cité à l'ordre de l'armée pour ses faits de bravoure lors de la bataille de Polotsk, qui eut lieu du 18 au 20 octobre 1812. De même, les régiments helvétiques s'illustrèrent lors du passage de la Berezina. Au total, 30 000 Suisses servirent Napoléon, dont la moitié furent tués. Le 2 avril 1815, toutefois, un décret impérial ordonna la dissolution des régiments suisses en raison du serment qu'ils avaient prêté à Louis XVIII lors de la première Restauration.

La multiplication des unités étrangères de 1805 à 1811. La campagne de 1805 provoqua la création d'un bataillon valaisan et l'augmentation des effectifs suisses, irlandais et hanovriens. Outre cette augmentation, un régiment regroupant chouans repentis et soldats de diverses nationalités (Hongrois, Bohémiens, Prussiens, Suédois, Russes, Autrichiens, Polonais, Hanovriens, Saxons, Bavarois, Suisses, Belges, etc.) fut créé le 30 septembre 1805, qui prit le nom de son colonel, La Tour d'Auvergne. Deux mois plus tard, le 1er novembre 1805, le régiment d'Isembourg fut créé à son tour avec notamment des prisonniers russes et autrichiens.

Pour les campagnes de 1806-1807, Napoléon demanda à la Suisse 4 000 hommes. De surcroît, un régiment de pionniers blancs non armé était créé avec des prisonniers autrichiens et les deux régiments étrangers portés à deux bataillons et envoyés en Italie. Les 1re et 2e légions « du Nord » virent également le jour avec des déserteurs polonais et prussiens, puis furent fusionnées en une seule unité.

Après Iéna, plus de 35 000 soldats ennemis furent faits prisonniers par les Français. Napoléon décréta alors la création de deux autres régiments étrangers, le régiment de Prusse et celui de Westphalie, avec un recrutement fondé sur le volontariat des prisonniers.

Lors de la campagne de Pologne de 1807, au milieu d'une population amie, l'Empereur reprit à sa solde la légion de la Vistule, rebaptisée « légion italo-polonaise » en 1808, et y incorpora la cavalerie polonaise de Naples. Le 1er régiment de chevau-légers lanciers « polonais » de la Garde impériale fut également créé cette année-là.

Après que la principauté de Neuchâtel eut été cédée à la France par la Prusse, un bataillon s'y créa. Par ailleurs le traité de Presbourg ayant cédé les sept îles Ioniennes à l'Empereur, des unités y furent levées : chasseurs à cheval ioniens, bataillon « septinsulaire », compagnies d'artillerie, de sapeurs, de vétérans, de gendarmes ioniens et « septinsulaires ». Aux 24 000 étrangers nouvellement mis à la solde de l'Empire s'ajoutaient encore les hommes des unités anciennement constituées, portant le nombre d'étrangers au service de la France à 34 000 au 1er janvier 1808.

Avec la guerre d'Espagne et l'extension de celle à l'est, un plus grand besoin d'hommes se fit sentir. Le recrutement d'étrangers fut donc utilisé en plus de la conscription et de la mise à disposition de contingents alliés. En mai 1808, une légion portugaise fut levée. Dans le même temps, la 1re légion de la Vistule fut restructurée et les régiments suisses maintenus à leur effectif maximal. Les régiments dont les hommes étaient originaires d'Europe du Nord envoyèrent des bataillons en Espagne, tandis que les troupes portugaises étaient affectées en Allemagne.

En 1809, les 4e, 7e et 9e régiments du grand-duché de Varsovie furent mis au service de la France, à l'instar des chasseurs illyriens, ces derniers recrutés parmi les Croates de la province militaire. Une nouvelle unité fut créée et affectée sur l'île d'Elbe : le 3e bataillon étranger. La création de la 2e légion de la Vistule fut également décidée, cependant cette troupe ne fut pas portée au complet et ses effectifs se virent reversés dans la 1re légion. De plus, avec l'augmentation du nombre des prisonniers espagnols fut décidée la création du régiment Joseph-Bonaparte avec les éléments les moins contestataires. Le reste de ces effectifs fut regroupé en bataillons de pionniers espagnols. Le bataillon irlandais, qui s'étaient vu adjoindre un deuxième bataillon, reçut en 1809 trois autres bataillons d'étrangers venus de pays différents, et tous formèrent le régiment irlandais. Enfin un régiment albanais fut réuni aux troupes françaises.

L'année 1810 fut marquée par le traitement inhumain réservé aux prisonniers français enfermés sur les pontons anglais. L'Empereur, en réaction, décréta le 20 août le renvoi dans les dépôts de prisonniers de tous les Anglais, Hanovriens, Écossais et Irlandais servant dans les régiments étrangers. Il semble que le régiment irlandais protégé par le ministre de la Guerre, le maréchal Clarke, ne fut pas touché par cette mesure. Parallèlement, un régiment illyrien et des régiments espagnols furent levés. Ainsi, plus de 60 000 étrangers étaient à la solde de l'Empereur au début 1811 – pour 1812, Jean-François Brun comptabilise plus de 99 000 soldats composant les troupes étrangères au service de la France.

Le déclin, du Grand Empire aux Cent-Jours. À l'été 1811, alors que l'Empire atteignait son apogée avec 130 départements et de nombreux États vassaux, l'Empereur décida de modifier le statut et le recrutement des corps étrangers. Par décret du 3 août 1811, les régiments de La Tour d'Auvergne, d'Isembourg, irlandais et de Prusse devinrent les 1er, 2e, 3e et 4e « régiments étrangers ». Napoléon eut en outre la volonté de supprimer les corps irréguliers : la légion hanovrienne était dissoute le 9 août, le bataillon valaisan le 16 septembre. Des exceptions demeuraient cependant, tels les régiments espagnols, la légion de la Vistule et la légion portugaise.

Pendant la campagne de Russie, ces troupes combattirent à côté des troupes françaises et des troupes alliées. En Russie, comme en Espagne, elles subirent de lourdes pertes, et en 1813 leur recomplètement s'avéra difficile. Le nombre de soldats étrangers à la solde de la France était alors retombé en dessous de 40 000. Les revers de l'Empereur, de même que les renversements d'alliances, étaient propices aux défections. À l'exception des Suisses, les régiments étrangers étaient considérés comme peu sûrs par Napoléon. Par décret du 25 novembre 1813, le 4e régiment étranger fut donc supprimé, ainsi que le régiment d'Illyrie, les six régiments croates et le régiment Joseph-Bonaparte. Les hommes de ces unités furent regroupés dans des bataillons de pionniers croates et un régiment de pionniers espagnols. Il en fut de même pour la légion portugaise et le régiment de hussards croates. D'autres bataillons de pionniers accueillirent les soldats allemands retirés des 1er et 2e Étrangers.

Après la première abdication de l'Empereur, il ne restait plus qu'environ 8 000 soldats étrangers, en majorité de nationalités suisse et polonaise, à la solde de la France. La première Restauration réduisit ces effectifs à 3 500, mais, à son retour de l'île d'Elbe, Napoléon, dont le besoin en soldats était vital, crut voir dans les étrangers et parmi les habitants des anciens départements du Grand Empire un fort potentiel de recrues. Par décret du 11 avril 1815, un système de corps par nationalités fut donc adopté. Cinq régiments furent d'abord institués, le 1er piémontais, le 2e suisse, le 3e polonais, le 4e allemand, le 5e belge, puis le 6e espagnol par décret du 15 avril, le 7e irlandais par décret du 2 mai et le 8e italien par décret du 20 mai. En réalité, un peu moins de 3 000 étrangers furent recrutés et seuls les Suisses, les Polonais et les Espagnols firent campagne. Ces régiments furent licenciés en septembre 1815.

L'intégration des troupes étrangères, en somme, a pris plusieurs formes de 1792 à 1815. C'est tout d'abord un héritage d'Ancien Régime : les capitulations de 1792. Mais c'est aussi le produit d'une conjoncture, celle de l'« âge des révolutions » qui commence en 1783, et qui voit les réfugiés politiques se constituer en légions. Pour des raisons pratiques, mais aussi de principe, la voie choisie fut rapidement celle de l'amalgame et de la fusion dans l'armée nationale, plutôt que celle de corps auxiliaires. Puis, à l'époque du Consulat, les choix du Premier Consul se situent en partie dans la continuité de l'Ancien Régime : l'apport essentiel en unités étrangères est le fait des cantons helvétiques. Au cours de l'expansion impériale, de 1804 à 1811, les unités d'origines et de statuts divers se multiplient. En général, leur constitution n'est pas le résultat d'un contrat mais d'un acte unilatéral. Dans une dernière phase, une volonté d'organisation et de régularisation du système se manifeste, mais la campagne de Russie interrompt ce processus et provoque l'effondrement des effectifs étrangers au service de la France.

Alternent donc des logiques de création et de fusion. Cependant l'aspect pragmatique l'emporte toujours. On constate, dans les armées napoléoniennes, la coexistence de ces multiples formes d'utilisation des troupes étrangères ; résurgences d'Ancien Régime, levées spontanées, intégration des unités auxiliaires. C'est seulement en 1811 que les régiments étrangers sont organisés comme unités à part entière de la Grande Armée. La période napoléonienne fut donc une période de transition dans l'emploi des troupes étrangères : avec la constitution d'unités par simple voie réglementaire et la diversification du recrutement, la voie était ouverte pour des unités étrangères au recrutement multinational. Ce sera la Légion étrangère, constituée en 1831.

Michel Roucaud

De 1831 à nos jours

Les crises qui ont jalonné l'histoire des régiments étrangers n'ont pas réussi à donner raison aux hommes politiques qui avaient approuvé la création d'une légion avec le secret espoir de sa rapide dissolution, une fois les affaires d'Algérie réglées. Recours provisoire pour certains mais aussi « variable d'ajustement » d'une armée engagée dans les opérations ultramarines, la Légion connaît le sort des autres armes confrontées aux réformes et à l'évolution de la politique extérieure comme de celle de la défense nationale. Cependant, en dépit de la faiblesse de ses effectifs, son rôle grandit et elle réussit à améliorer son image dans l'armée d'abord, dans les milieux politique et l'opinion ensuite. Elle gagne une réputation méritée de troupe disciplinée et solide sous le Second Empire. La reprise des expéditions coloniales relance l'intérêt du recrutement étranger en complément de l'armée coloniale et des troupes indigènes de l'armée d'Afrique. Entre la Première et la Seconde Guerre mondiale les Français découvrent la Légion dont le loyalisme et la solidité résistent à toutes les attaques et campagnes destinées à la discréditer. L'apogée est atteint pendant les deux guerres de décolonisation. Le départ d'Algérie ouvre la page d'une autre histoire : une Légion plus proche, moins mystérieuse.

1831-1880 : Le temps des épreuves. Grâce à l'énergie, à la détermination et au savoir-faire des officiers français, la petite troupe des débuts de la conquête de l'Algérie gagne rapidement en cohésion. En effet, rien n'est assuré avec ces volontaires, pour la plupart réfugiés politiques sans ressource, parfois aussi anciens soldats, dont la conduite n'est pas exempte de critiques sévères de la part des chefs de l'armée d'Afrique. La cession à l'Espagne parfois interprétée comme une mesure d'éloignement qui peut satisfaire certains milieux politiques est un premier avertissement entendu par les officiers de la deuxième formation créée fin 1835 et connue sous le nom de « nouvelle Légion ». Entre janvier et mars 1855 à Sébastopol, pendant la guerre de Crimée, les légionnaires font oublier dans les tranchées les déconvenues des opérations de l'occupation de l'Algérie utile. L'éphémère Légion « suisse » reste encore dans les mémoires comme une ultime tentative pour retrouver la source traditionnelle du recrutement étranger (1855-1856). Désormais, le commandement n'hésite plus à engager la troupe plus aguerrie et intégrée au sein de l'armée d'Afrique. La brève campagne d'Italie est un champ d'expérimentation d'un théâtre d'opérations en Europe (1859). L'envoi (tardif) du régiment étranger au Mexique a été diversement commenté mais les légionnaires vont ouvrir dans l'humble hacienda de Camerone l'une des plus belles pages de leur histoire un certain jour d'avril 1863, quelques semaines après avoir débarqué à Veracruz. Mais Napoléon III est prêt à abandonner à leur sort les légionnaires : ils échappent de peu à une nouvelle cession à l'empereur Maximilien pour lui permettre de se maintenir au pouvoir. Le régiment n'est pas la seule unité étrangère à participer à la guerre de 1870 : le commandement autorise la mise sur pied d'une « légion garibaldienne ». Menacée de disparition par extinction du recrutement en provenance d'Europe centrale et orientale, elle bénéficie de l'arrivée des réfractaires d'Alsace et de Moselle qui permet de justifier son maintien afin d'éviter d'éventuelles contestations du gouvernement allemand.

1880-1914 : Les expéditions coloniales ; la consolidation. Le recrutement étranger répond en partie aux besoins exprimés par le haut commandement : il s'agit de mettre sur pied des unités blanches aptes au service outre-mer à partir des années 1880 – marquées par la conquête du Tonkin, les expéditions au Dahomey, au Soudan, au Sahara comme dans les confins algéro-marocains. La Légion est étroitement associée aux étapes de l'expansion, au point d'être parfois assimilée à une troupe coloniale (le malentendu est dissipé avec l'adoption de la loi du 7 juillet 1900 portant création des troupes coloniales). Les légionnaires du combat de Chott Tigri (1882) sont même salués comme des héros par les députés de la IIIe République naissante, et les deux combats livrés à El-Moungar en 1900 et 1903 attirent l'attention de chefs militaires qui n'hésitent plus à faire appel aux légionnaires pour d'autres tâches que des travaux de piste auxquels ils sont souvent attachés ou des opérations de police dans le Sud algérien. La lente conquête du Maroc est semée d'embûches en raison des rivalités franco-allemandes : les légionnaires allemands sont désormais un enjeu qui va peser pendant des décennies dans les relations entre les deux pays.

1914-1945 : La reconnaissance par l'impôt du sang. L'afflux des étrangers volontaires en 1914 est un sujet d'étonnement qui se transforme en admiration devant la belle conduite des unités de marche engagées sur le front français et au sein de l'armée d'Orient. La nation est reconnaissante à la Légion au même titre qu'aux troupes « régulières ». Après la guerre, par ailleurs, le haut commandement est naturellement mieux disposé à son égard depuis que le pouvoir politique a prévu d'augmenter ses effectifs. Le Maroc devient alors la deuxième terre d'élection des régiments étrangers qui opèrent également au Levant et au Tonkin.

En 1939, le gouvernement prend des dispositions afin de faciliter l'engagement pour la durée de la guerre qui permettent de créer quatre régiments. Entre 1940 et 1945, le loyalisme des légionnaires n'est pas pris en défaut malgré les divergences entre ceux qui rallient la France Libre après la défaite et ceux qui restent fidèles au maréchal Pétain, suivant leurs officiers « légalistes et attentistes ». La reprise des combats en Afrique du Nord en novembre 1942 fait le reste : toutes les énergies sont tendues pour la libération de la France. Après la campagne de Tunisie (novembre 1942-mai 1943), la 13e demi-brigade de Légion étrangère (DBLE) est en Italie (avril-juillet 1944) alors que le 1er régiment étranger de cavalerie (REC) et le régiment de marche de Légion étrangère (RMLE) participent à ses côtés, au sein de la Ire armée française, aux campagnes de France et d'Allemagne. *In fine*, la tourmente de la Seconde Guerre

Théâtres d'opérations et implantation de la Légion 1831-1962

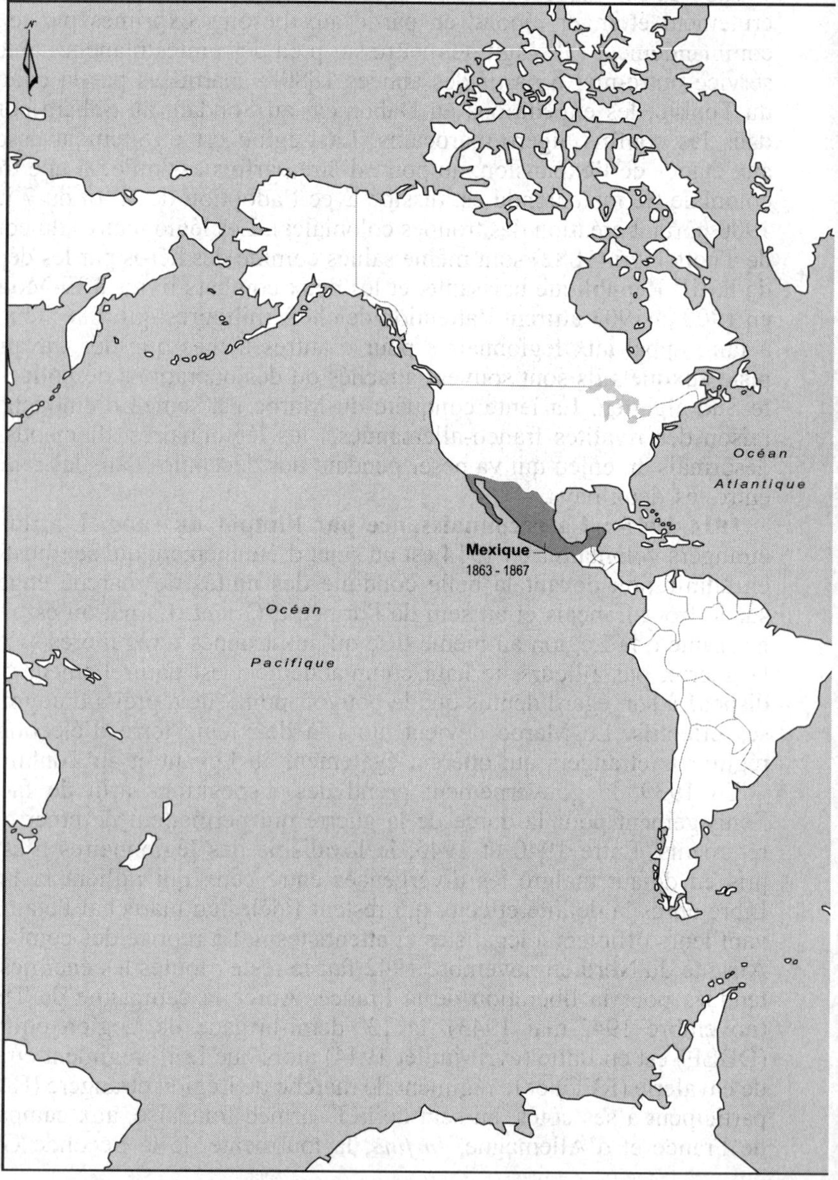

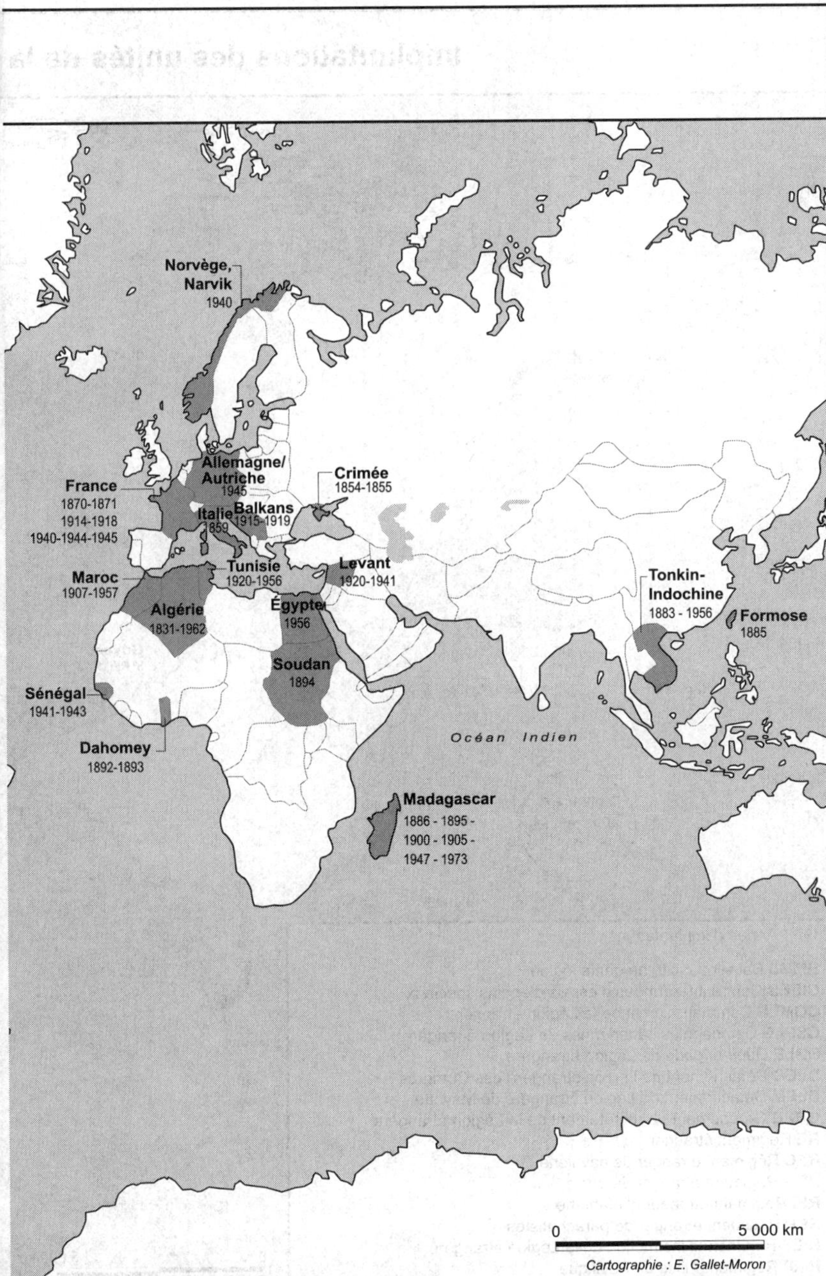
Norvège, Narvik
1940
Allemagne/ Autriche
1945
Crimée
1854-1855
France
1870-1871
1914-1918
1940-1944-1945
Italie
1859
Balkans
1915-1919
Tunisie
1920-1956
Levant
1920-1941
Maroc
1907-1957
Algérie
1831-1962
Égypte
1956
Tonkin-Indochine
1883 - 1956
Formose
1885
Soudan
1894
Sénégal
1941-1943
Dahomey
1892-1893
Océan Indien
Madagascar
1886 - 1895 - 1900 - 1905 - 1947 - 1973
0
5 000 km
Cartographie : E. Gallet-Moron

Implantations des unités de la

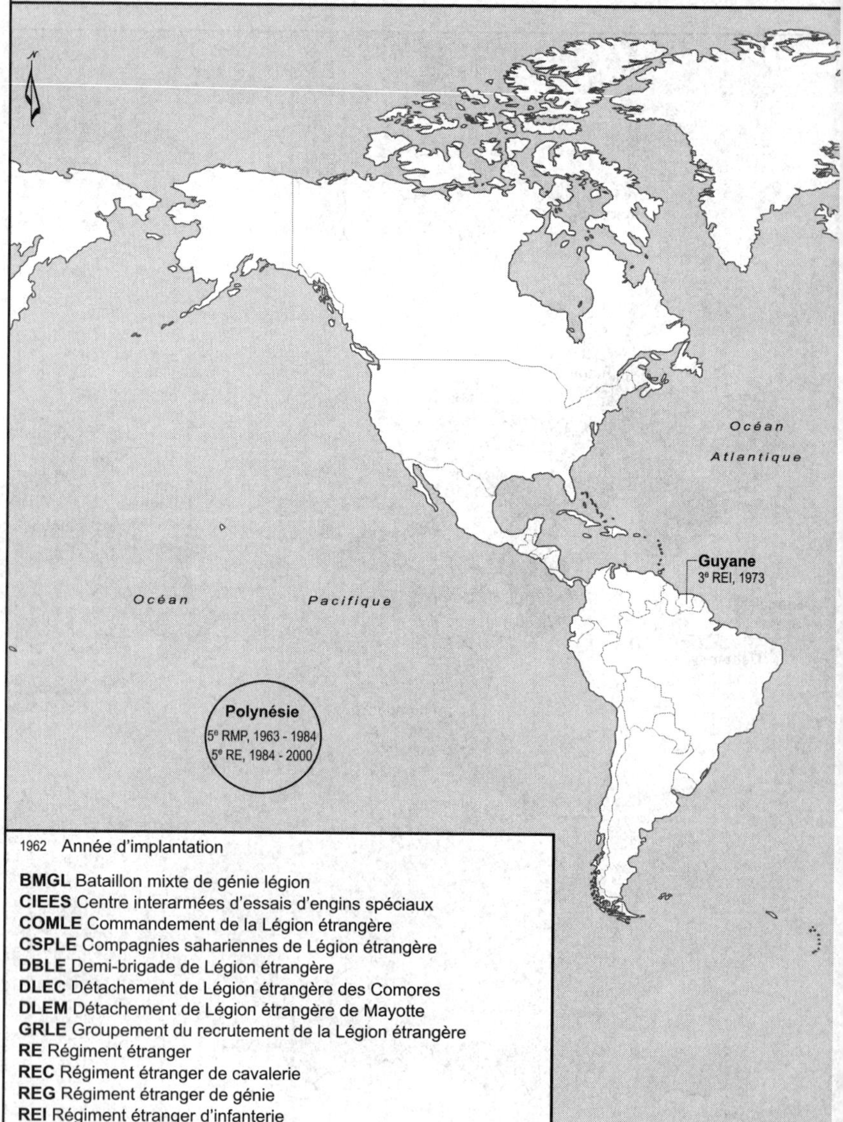

1962 Année d'implantation

BMGL Bataillon mixte de génie légion
CIEES Centre interarmées d'essais d'engins spéciaux
COMLE Commandement de la Légion étrangère
CSPLE Compagnies sahariennes de Légion étrangère
DBLE Demi-brigade de Légion étrangère
DLEC Détachement de Légion étrangère des Comores
DLEM Détachement de Légion étrangère de Mayotte
GRLE Groupement du recrutement de la Légion étrangère
RE Régiment étranger
REC Régiment étranger de cavalerie
REG Régiment étranger de génie
REI Régiment étranger d'infanterie
REP Régiment étranger de parachutistes
RILE Régiment d'instruction de la Légion étrangère
RMP Régiment mixte du Pacifique

Légion étrangère depuis 1962

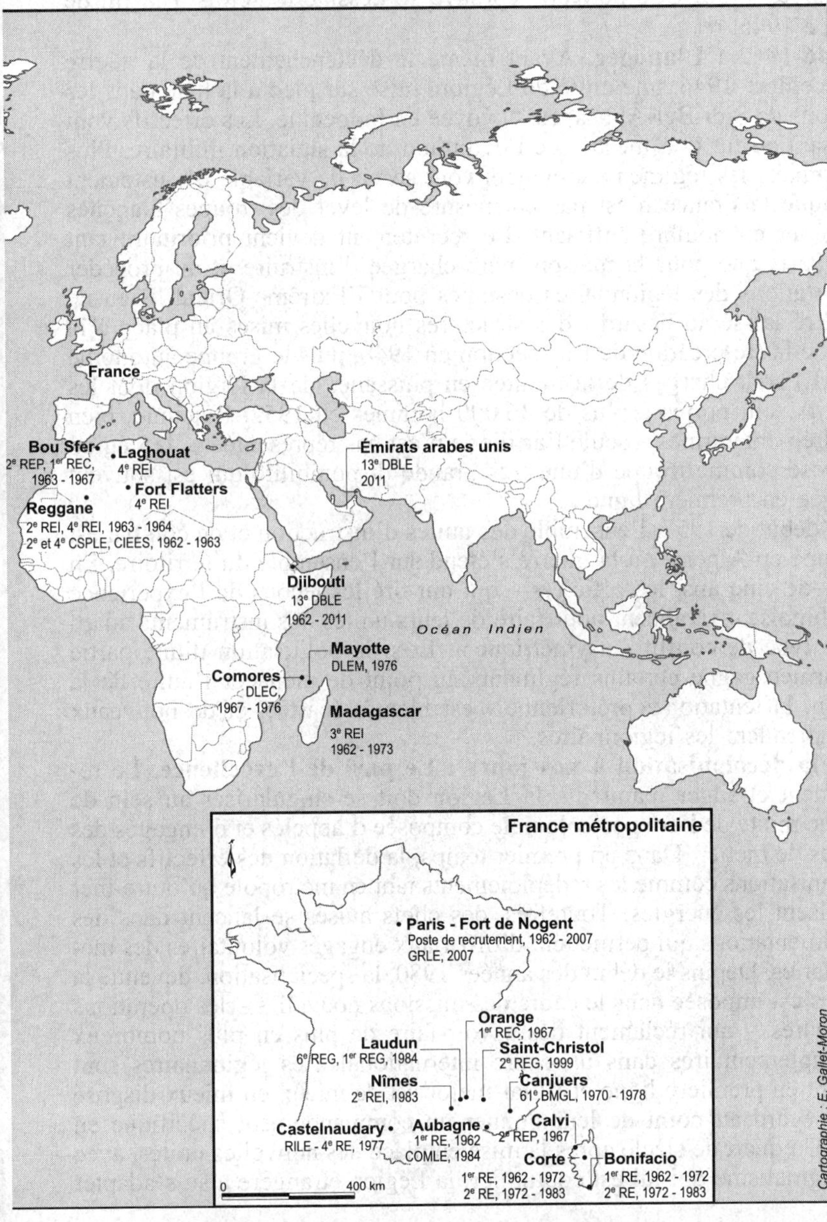

mondiale n'a pas entamé la solidarité et l'unité de la Légion qui avait réussi à écarter les tentatives de déstabilisation de l'Allemagne dans les années 1930. Une nouvelle épreuve se dessine toutefois à la fin de l'année 1945.

1946-1962 : L'apogée. Avant même le déclenchement de la guerre en décembre 1946, une unité de Légion, mise sur pied à la hâte dans les environs de Sidi-Bel-Abbès, est envoyée en Indochine. Les effectifs vont croissant au fur et à mesure de l'évolution de la situation militaire. Plus que jamais, les régiments étrangers vont servir de variable d'ajustement alors que la France n'est pas en mesure de lever des troupes blanches de métier en nombre suffisant. Le recrutement devient prioritaire tant pour Paris que pour la maison mère chargée d'instruire et de procéder aux rotations des légionnaires désignés pour l'Extrême-Orient. Rien ne doit être laissé au hasard : des structures nouvelles mises en place à la suite de la (re)création de l'inspection en 1948, puis le groupe autonome (GALE) sont chargés de la montée en puissance de la Légion dont les effectifs sont portés à plus de 36 000 hommes en 1952. Rajeunie, bien encadrée, interarmes – seule l'artillerie n'est pas représentée –, la Légion s'impose comme troupe d'une très grande disponibilité qui est souvent engagée en première ligne.

Au début de 1957, l'ensemble des unités d'instruction et de combat est regroupé en Algérie où la guerre s'étend sur l'ensemble du territoire. En moins de cinq ans, les officiers – qui ont tiré les leçons de l'expérience indochinoise – rivalisent pour faire de leurs unités des instruments adaptés au type de conflit « asymétrique ». Et si la politisation d'une partie de l'armée gagne certains régiments au point de menacer l'unité de la Légion, la tentation « prétorienne » est bientôt écartée, et de nouveaux défis attendent les légionnaires.

De la décolonisation à nos jours : Le pari de l'excellence. Le recrutement étranger maintenu, la Légion doit se singulariser au sein de l'armée mixte de l'ère postcoloniale composée d'appelés et d'engagés des troupes de métier. Dans un premier temps, la déflation des effectifs et les réorganisations comme les redéploiements tant en métropole qu'outre-mer mobilisent les énergies. Toutefois, des chefs avisés se lancent dans des expérimentations qui permettent d'offrir aux engagés volontaires des métiers variés. Depuis le début des années 1980, la spécialisation, devenue la règle, s'est imposée dans le cadre des missions nouvelles – les opérations extérieures – qui réclament des savoir-faire de plus en plus nombreux et complémentaires dans un cadre international. Les légionnaires sont souvent en première ligne et l'État-major est de mieux en mieux disposé à leur égard au point de leur donner un commandement spécifique en 1984. Un quart de siècle après la mise en place des nouvelles unités, avec un pragmatisme qui lui est coutumier, la Légion étrangère a su s'adapter au nouveau recrutement dans un contexte international plus mouvant. La fin de l'« ordre militaire français » qui, depuis 1996, a sonné le glas des armées de masse et le retour progressif aux armées professionnelles de l'Ancien Régime, donne une nouvelle légitimité à la Légion qui occupe une place singulière et enviée dans l'armée de terre du XXIe siècle.

André-Paul Comor

UN DICTIONNAIRE POUR UNE INSTITUTION ET UNE SOCIÉTÉ MILITAIRE D'EXCEPTION

par André-Paul Comor

« L'armée est un bon livre à ouvrir pour connaître l'humanité. »
Alfred de Vigny

Singulière à plus d'un titre, la Légion étrangère occupe une place à part dans l'armée française depuis sa création en 1831. Longtemps objet de la curiosité inquiète du public ou de l'hostilité de certains pays pourvoyeurs d'engagés volontaires, elle a réussi à surmonter toutes les crises menaçant son existence. Le halo de mystères qui l'entourait à l'origine a laissé le champ libre à un imaginaire que la presse, la littérature et le cinéma ont largement contribué à diffuser jusqu'à nos jours. Les historiens qui ont longtemps hésité à se lancer dans l'étude de ce corps militaire ont emboîté le pas au grand universitaire marseillais Pierre Guiral, proche de Jean Brunon, premier conservateur du musée de l'Empéri de Salon-de-Provence, qui, à l'université de Provence, avait initié les premières recherches sur les régiments étrangers. Il prenait le relais des juristes, en première ligne depuis le début du XXe siècle pour répondre aux campagnes venues de l'étranger contre la Légion. Entre-temps, le champ des recherches s'est élargi aux autres sciences humaines et sociales.

Pourquoi un dictionnaire sur la Légion ? Simplement pour répondre aux attentes du public, lui livrant les résultats des travaux les plus dignes d'intérêt et se plaçant avant tout dans le renouveau de l'histoire militaire qui connaît un essor remarquable depuis plusieurs décennies, notamment dans l'université française. Le temps du « Livre d'or » – celui de la mémoire légionnaire – désormais révolu, et en dépit de la masse de publications sur le sujet qui pouvait faire hésiter un éditeur à tenter l'aventure, le projet éditorial a aussitôt séduit Christophe Parry et Jean-Luc Barré, éditeur et directeur de la collection « Bouquins ».

L'adoption de l'ordre alphabétique s'est imposée : il permet en effet une lecture aisée et un mode d'exposition de plus en plus répandu. Sans prétention à l'exhaustivité, l'ouvrage comprend plus de huit cent cinquante entrées rédigées par les spécialistes français et étrangers qui ont répondu à l'appel à contribution. Hors des sentiers battus d'une vulgate née sous la plume de mémorialistes et thuriféraires admiratifs qui font la part belle à l'héroïsme et au sacrifice des légionnaires, les nombreuses mises au point participent au renouvellement attendu des connaissances sur de nombreux sujets rarement pris en compte dans les nombreux ouvrages de vulgarisation.

Si l'histoire occupe la première place, elle n'est pas pour autant confinée aux seuls récits des combats, batailles et conflits au cours desquels les volontaires des régiments étrangers se sont illustrés : les travaux les plus récents permettent d'éclairer le lecteur sur la sociologie de cette société masculine et de mieux cerner la personnalité complexe du légionnaire. Les grandes figures, mieux connues aujourd'hui grâce aux biographies qui leur ont été consacrées, côtoient la foule « des hommes sans nom » vantés par Jean des Vallières, ces « héros subalternes » et anonymes aux destins contrastés. Les articles consacrés aux maladies et aux pathologies, aux plaisirs (l'alcool, les femmes, le bordel militaire de campagne), à l'acculturation apportent des éclairages inattendus, nouveaux à plus d'un titre, sur la vie quotidienne du légionnaire au temps des colonies. Le lecteur est plongé dans ce microcosme, le plus souvent imaginé et imaginaire depuis la fin du XIXe siècle. Fallait-il renoncer à comprendre les racines de la « légende noire » qui colle encore à la peau des légionnaires ? Nul ne s'étonnera de la place dédiée à la littérature (souvenirs ou Mémoires, journaux et romans), à la presse, aux représentations en général (la chanson, le théâtre, l'opérette) et au cinéma en particulier. Contrairement aux critiques et aux réserves souvent justifiées des historiens, les œuvres de fiction sur la Légion, où l'invention voire le mensonge sont fréquents, sont « plus révélat[rices] des passions humaines que le reportage impersonnel et qui se donne pour authentique », ainsi que le souligne Léon Riegel dans l'introduction de son maître ouvrage *Guerre et littérature* (1978). La ligne de partage entre le mythe littéraire et la réalité rapidement franchie, le lecteur est invité à déchirer le voile et à mieux connaître cette société jugée impénétrable.

Le savoir-faire de la Légion dans la construction de sa mémoire n'est pas sans rappeler ces lieux de mémoire que Pierre Nora a magistralement mis en lumière : de l'information à la communication, c'est tout le faire-savoir des communicants de l'institution qui est analysé par les auteurs les plus qualifiés. L'engouement marqué du public pour la littérature de guerre ou sur la guerre, qui a conduit les chercheurs à en comprendre les ressorts et à dégager les lignes de force d'une culture militaire originale, justifie pleinement la place tenue par les articles consacrés à la mémoire et aux traditions.

Les aspects les plus neufs relèvent de l'histoire des relations internationales, plus exactement des relations franco-allemandes marquées par des crises et des tensions qui ont jalonné le premier XXe siècle (1900-1962). Les notices sur l'Allemagne éclairent d'un jour nouveau les origines et la nature réelle de cet antagonisme marqué par la montée et la persistance des nationalismes jusqu'au traité de l'Élysée (22 janvier 1963). C'est pourquoi les questions relatives aux sujets tabous – la désertion, les mutineries, les prisonniers, l'espionnage et le contre-espionnage – sont exposées en s'appuyant sur les thèses récemment soutenues en Allemagne et en France. Si le recours aux volontaires étrangers était courant dans les armées européennes sous l'Ancien Régime, notamment en France depuis les capitulations conclues avec les cantons suisses, la France et l'Espagne (depuis 1920) sont les seuls pays à conserver ce mode de recrutement qui a connu des aléas au cours du XIXe siècle. La *Bandera* (ou légion espagnole) occupe la place qui lui revient : une importante mise au point rappelle l'antagonisme franco-espagnol à l'origine de la création de ce corps et la politique équivoque des gouvernements espagnols de la fin du XIXe siècle à la fin de l'ère franquiste. De même, qui a souvenir de l'existence d'une légion britannique engagée dans la guerre carliste alors même que la première (ou ancienne) Légion étrangère était cédée à l'Espagne ? Les Anglais ne lèvent-ils pas en outre pendant la guerre de Crimée une légion recrutée dans les États allemands ? Les responsables politiques français n'ont pas moins obéi aux mêmes exigences au cours de la Grande Guerre en levant de nouvelles « légions » de volontaires étrangers, formations éphémères auxquelles le pays menacé a recours depuis les guerres révolutionnaires : une fois encore, le dictionnaire innove et donne les premières réponses.

Jusqu'à la fin de la guerre d'Algérie, les régiments étrangers appartiennent à l'armée d'Afrique : il faut attendre la grande réforme de 1996-1997 pour que cette subdivision d'arme soit – enfin ! – considérée comme « partie intégrante de l'armée de terre française ». La question posée par sa reconnaissance « tardive », ajournée à plusieurs reprises, est exposée dans une notice (« Armée française, place de la Légion étrangère dans l' ») qui pose les jalons d'une introduction à l'histoire politique de la Légion. En effet, le maintien de la politique du recrutement étranger – rarement relevée par les historiens et les politologues – poursuivie par tous les régimes qui se sont succédé depuis la création de la Légion étrangère, parfois contre l'avis de certains généraux, n'a pas encore trouvé d'explication entièrement satisfaisante.

Le dictionnaire est précédé d'un texte – « Étrangers au service de la France » – sur la « préhistoire » de la Légion étrangère. Nous ne pouvions en effet faire l'économie d'un rappel sur le service capitulé suisse remontant au XVIe siècle ni sur la levée des légions de la Révolution et du Premier Empire, et ledit texte constitue la mise au point la plus récente sur le sujet. Enfin, il a paru utile de présenter à destination d'un public peu averti de la chose militaire un historique succinct de la Légion depuis sa création. Un dictionnaire doit être pratique et utile ; il comprend, outre une chronologie comparée, une bibliographie inédite, les premières discographie et filmographie sur la Légion, des cartes, plans et croquis, ainsi que des tableaux accompagnant divers documents et planches d'insignes. Une courte anthologie fait de surcroît découvrir l'âme sensible qui se cache derrière le légionnaire anonyme. Le public dispose désormais d'un outil de travail inégalé à ce jour.

Derrière l'historien que je suis et qui s'est donné avec passion dans cette aventure se cache aussi un homme qui ne peut oublier la dette contractée depuis son enfance à l'égard de la Légion. Des raisons personnelles expliquent *in fine* l'intérêt marqué pour cette société militaire. Né à Sidi-Bel-Abbès, bercé par la musique principale de la Légion, comment aurais-je pu oublier ces années rythmées par la vie de garnison de la maison mère des régiments étrangers ? et plus encore – signe tangible de cet esprit de solidarité spécifique à la Légion – par l'élan de générosité du service du moral et des œuvres de la Légion étrangère pour aider et entourer ma famille éprouvée ? Le fils du soldat étranger qui découvrait dans les livres d'histoire et de géographie la France, « princesse des contes » évoquée par l'homme du 18 Juin, marqué à jamais par la proximité des légionnaires et les échos de la guerre d'Indochine, spectateur de la tragédie algérienne, ne pouvait effacer de sa mémoire l'extraordinaire expérience humaine dont il était témoin.

REMERCIEMENTS

Le directeur de la collection « Bouquins », Jean-Luc Barré, doit être remercié pour la confiance qu'il a témoignée à ce projet. Le soutien de la direction de la mémoire, du patrimoine et des archives (DMPA) du ministère de la Défense a en outre permis de lancer la publication : qu'il me soit permis de remercier, en son sein, Joseph Zimet puis Laurent Veyssière ainsi que Christian Léourier.

J'ai eu le privilège de diriger une équipe d'une rare qualité dont la disponibilité et l'enthousiasme ont permis de surmonter bien des difficultés lors des mises au point et des arbitrages dont j'assume l'entière responsabilité devant le public. Honoré de leur amitié, je suis reconnaissant à tous les contributeurs d'avoir suivi les « instructions » avec le souci de respecter scrupuleusement la ligne éditoriale.

J'exprime ma gratitude aux généraux Champfleury, Bouquin et de Saint Chamas, commandants de la Légion étrangère, pour leurs encouragements et les facilités accordées pour consulter les archives du service de documentation du quartier Vienot d'Aubagne. Au général Rideau également, président de la FSALE, qui a accepté de prendre la plume et de participer à l'œuvre commune. Le lieutenant-colonel Frédéric Daguillon, les chefs de bataillon Pierre Ansseau et Bertrand Morel, les capitaines François Hervé-Bazin et Géraud Seznec n'ont pas ménagé leur temps pour satisfaire les nombreuses demandes des auteurs ou de l'éditeur.

Les collaborateurs extérieurs et bénévoles méritent une mention spéciale : les professeurs Friedrich Taubert, Jean-Luc Susini et Andreas Buerkl pour les traductions des notices en allemand, le lieutenant-colonel (er) Jean-Philippe Ollier pour les textes américains, sans oublier Chiara Basso-Milanesi (Institut d'Études politiques d'Aix-en-Provence) qui m'a été d'un grand secours pour des traductions de l'italien. Le colonel Yves-Jean Baubiat, ancien rédacteur en chef de *Képi blanc*, m'a fait bénéficier des résultats de ses recherches bibliographiques. Mes appels ont été entendus également par le général (2S) Jean Boÿ, le médecin général Crocq, l'amiral Philippe de Gaulle, le commissaire général (Air) Pierre Lambert, le père Piersonnier sj, Guy Perrier, Jean-Charles de La Chapelle et Hugues Kéraly auxquels je dois bien des précisions sur des points rarement abordés jusqu'à nos jours. Aussi riches d'enseignement ont été les informations communiquées par le docteur Armin Lang du Militärgeschichtliches Forschungsamt (MGFA) de Potsdam, les professeurs Huber Peter de l'université de Bâle et Raymond Kevorkian de l'Institut français de géopolitique (Paris-VII), de Pierluigi Scolè du Centro interuniversitario di studi e ricerche storico-militari, de Jean Meyer (universités de Perpignan et de Mexico), de Damien Carron (docteur de l'université de Fribourg), enfin de Pierre Thoumelin (université de Caen). De même, l'historien allemand Heinz Schütte et le jeune chercheur de l'université de Bâle An Lac Truong Di m'ont communiqué les résultats de leurs recherches sur les « Doktors germaniques » du Viêt-minh.

Mes remerciements s'adressent également au lieutenant-colonel Jean-Louis Riccioli, conservateur du musée de l'Empéri, qui m'honore de son amitié et qui a autorisé la reproduction d'œuvres du peintre aux armées Pierre Benigni, au major (h) Charles Ridet, qui a notamment contribué à l'enrichissement iconographique de ce livre, ainsi qu'à Étienne de Montety, légionnaire honoraire de 1re classe, qui a bien voulu le préfacer.

Mlle Annick Besnard s'est montrée, comme à l'accoutumée, d'une rigueur exemplaire dans les premières relectures. Les conseils de Marie-Agnès Pichon, Marie-Catherine Delorme et d'Émilie Gallet-Moron (cartographe) ont été précieux dans l'une des phases délicates de la mise au point de l'ouvrage, dont la fabrication a été assurée chez Robert Laffont par Emmanuelle Coppeaux-Haution, la correction par René Clémenti et les relations avec la presse par Agnès Dumortier.

Last but not least, la vigilance toute militaire (mais après tout c'est un ancien parachutiste), la compétence, la courtoisie et l'amitié de mon éditeur, Christophe Parry, ont largement contribué à ce que nous puissions soumettre ce dictionnaire à la curiosité des lecteurs. Puisse celui-ci les satisfaire et éviter ce que Rivarol nommait « les mots trop vieux, les mots trop nouveaux et les expressions trop guindées »…

André-Paul Comor

CHRONOLOGIE

Année	Événements français et internationaux	Légion étrangère
1481	Louis XI fait appel aux Suisses.	
1516	Capitulation avec les Suisses (François Ier).	
1671	Nouvelles capitulations avec les cantons suisses.	
1792	**10 août :** prise des Tuileries, chute de la monarchie. **Août-septembre :** création de légions étrangères.	
1796-1799	Renouveau des légions sous le Directoire.	
1803	**27 septembre :** signature à Fribourg (Suisse) d'une capitulation.	
1805-1815	Mise sur pied d'unités étrangères au sein de la Grande Armée. L'Europe coalisée contre la France.	
1830	**14 juin :** débarquement de Sidi-Ferruch, en Algérie. **27-29 juillet :** Trois Glorieuses. **Novembre :** début de l'insurrection polonaise.	**1er avril :** dissolution du régiment de Hohenlohe à Marseille transformé en 21e Léger.
1831		**10 mars :** ordonnance de Louis-Philippe créant la Légion étrangère.
1833	Début de la première guerre carliste (Espagne).	
1835		**28 juin :** cession de la Légion à l'Espagne. **16 décembre :** ordonnance créant la nouvelle Légion.
1837		**2 juin :** mort du colonel Conrad en Espagne. **13 octobre :** prise de Constantine ; mort du colonel Combe.
1838		**8 décembre :** licenciement de l'ancienne Légion.
1840-1847	Conquête de l'Algérie.	

Année	Événements français et internationaux	Légion étrangère
1841		Doublement de la Légion étrangère (1er et 2e régiments de la Légion étrangère).
1843		Création d'un poste militaire près de la koubba de Sidi-Bel-Abbès.
1849		**5 janvier :** décret portant création de la ville de Sidi-Bel-Abbès. **18 mai-26 novembre :** siège de Zaatcha.
1854	**23 mars :** la France et l'Angleterre déclarent la guerre à la Russie. **19 novembre :** début de la guerre de Crimée.	
1855		**17 janvier :** décret impérial créant une deuxième Légion étrangère composée uniquement de Suisses. **2 mai 1855 :** mort du colonel Vienot devant Sébastopol. **8 septembre** : prise de Malakoff.
1857	Nouvelle campagne en Algérie.	**24 juin :** prise d'Icheriden (Algérie).
1859	**23 janvier :** alliance franco-sarde contre l'Autriche. **Avril :** début de la guerre d'Italie.	**4 juin :** bataille de Magenta ; mort du colonel de Chabrières. **24 juin :** bataille de Solferino.
1862	Début de l'expédition du Mexique (1862-1867).	Dissolution du 2e RE et transformation du 1er RE en « régiment étranger ».
1863		**30 avril :** combat de Camerone.
1866		**1er mars :** combat de San Isabel.
1870	**19 juillet :** déclaration de guerre de la France à la Prusse. **4 septembre :** proclamation de la IIIe République.	Trois bataillons de la Légion participent à la guerre (armée de la Loire) et à la répression de la Commune.

1875		Le régiment étranger (re)prend le nom de « Légion étrangère ».
1881	Expédition française en Tunisie. **22 avril :** début de la révolte de Bou Amama (Sud oranais). **12 mai :** traité du Bardo.	**8 décembre :** création de la 1re section montée de Légion étrangère (colonel de Négrier).
1882		**26 avril :** combat de Chott Tigri.
1883	Expédition du Tonkin.	
1884		**2 décembre :** dissolution de la Légion étrangère ; création des 1er et 2e régiments étrangers.
1885		**23 janvier-3 mars :** défense de Tuyen Quang.
1886		Création du régiment de marche d'Afrique au Tonkin.
1892	Expédition du Dahomey. Expédition de Formose.	Participation à la colonne Dodds, au Dahomey (août-novembre). Le 4e bataillon du 1er Étranger est engagé à Formose.
1895	Expédition de Madagascar.	**Mai-octobre :** engagement au sein du régiment d'Algérie.
1900	Pénétration dans les confins algéro-marocains.	**30 juillet :** premier combat d'El-Moungar (Sud oranais).
1903		**2 septembre :** second combat d'El-Moungar.
1907	**7 août :** débarquement français à Casablanca. **31 août :** Triple Entente (alliance entre la France, le Royaume-Uni et la Russie).	Création du 1er régiment de marche du 2e Étranger (Maroc occidental).
1908	**25 septembre :** affaire des déserteurs de Casablanca.	
1911		**Mai-juillet :** colonne de Fès.
1913		Création du 1er régiment de marche du 1er Étranger (Maroc oriental).

Année	Événements français et internationaux	Légion étrangère
1914	**3 août :** l'Allemagne déclare la guerre à la France.	**1er août :** appel « aux étrangers amis de la France » de Riccioto Canudo et Blaise Cendrars. Engagement massif d'EVDG (engagés volontaires pour la durée de la guerre). Création des 2e, 3e et 4e régiments de marche du 1er Étranger, du 2e régiment de marche du 2e Étranger.
1915	**23 mai :** entrée en guerre de l'Italie.	**25-28 septembre :** combats autour de la ferme Navarin. Création du régiment de marche de Légion étrangère (RMLE) et du régiment de marche d'Afrique en Orient.
1916	**21 février :** début de la bataille de Verdun. **1er juillet-23 octobre :** offensive franco-anglaise sur la Somme.	**4-6 juillet :** combats à Belloy-en-Santerre (RMLE) ; mort d'Alan Seeger, le 4.
1917		**20 août :** combat de Cumières (secteur de Verdun).
1918	**15 juillet :** offensive allemande sur la Marne. **Septembre :** retraite générale allemande sur la ligne Hindenburg.	**26 avril :** combats du bois de Hangard, dans le Santerre. **18-31 juillet :** le RMLE combat autour de Château-Thierry. **1er-13 septembre :** combats de Laffaux (ligne Hindenburg).
1921		Création des 3e et 4e REI ainsi que du 1er REC.
1925	Entrée de la France dans la guerre du Rif. Révolte druze au Liban.	Participation de trois bataillons à la guerre du Rif. Création du service de la division d'Oran (SDO). **17 septembre :** combat de Messifré. **20-24 novembre :** combat de Rachaya.
1929		Création du service d'immatriculation de la Légion étrangère (SIL).

1930	Centenaire de l'Algérie. Exposition coloniale de Vincennes.	Création du 5e REI (Tonkin).
1931		**Mars :** création de l'inspection de la Légion étrangère ; fêtes du centenaire de la Légion. Transformation du SDO en Bureau de Légion Afrique (BLA).
1933	30 janvier : arrivée au pouvoir d'Adolf Hitler.	Création du dépôt commun des régiments étrangers (DCRE).
1934	Fin de la pacification du Maroc.	Mesures de prévention à l'encontre des engagés allemands. **15 janvier :** dissolution de l'inspection de la Légion étrangère.
1937		**17 février :** création du bureau des statistiques de la Légion étrangère (BSLE).
1938	**15 mars :** Anschluss et rattachement de l'Autriche au IIIe Reich.	
1939	**12 avril :** décret autorisant les résidents étrangers âgés de dix-huit à quarante ans à contracter un engagement dès le temps de paix dans l'armée française. **1er septembre :** Hitler envahit la Pologne ; début de la Seconde Guerre mondiale. **7 septembre :** décret abrogeant celui du 12 avril, n'autorisant que les engagements dans la Légion étrangère.	Création des 11e et 12e REI ainsi que du 2e REC.

Année	Événements français et internationaux	Légion étrangère
1940	**2 avril :** invasion de la Norvège par l'armée allemande. **Mai-juin** : bataille de France. **10 juin :** l'Italie déclare la guerre à la France et à la Grande-Bretagne. **22 juin :** signature de l'armistice franco-allemand à Rethondes. **24 juin :** signature de l'armistice franco-italien à Olgiata près de Rome.	Création de la 13e DBLE, des 22e et 23e RMVE. **28 mai :** prise de Narvik. **1er juillet :** ralliement de la 13e DBLE à la France Libre.
1941	Mise en place des commissions d'armistice. **2 mai :** coup d'État proallemand de Rachid Ali en Irak. **14 mai :** Vichy autorise l'Allemagne à utiliser les aérodromes de Syrie. **8 juin-14 juillet :** guerre de Syrie ; armistice de Saint-Jean-d'Acre (le 14 juillet). **22 juin :** Hitler envahit l'URSS (opération « Barbarossa »).	**Mars-avril :** campagne d'Érythrée. **8 avril :** prise de Massaoua (13e DBLE). **22 juin-2 juillet :** résistance de la garnison de Palmyre.
1942	**26 mai :** offensive italo-allemande sur le front de Gazala (Cyrénaïque). **8 novembre :** débarquement anglo-américain en Afrique du Nord. **11 novembre :** invasion de la zone libre par la Wehrmacht.	**26 mai-11 juin :** bataille de Bir Hakeim. **23-24 octobre :** combat d'El-Himeimat. **24 octobre :** mort du lieutenant-colonel Amilakvari.
1943	**13 mai :** reddition des forces de l'Axe en Tunisie. **3 juin :** à Alger, création du Comité français de la Libération nationale. **3 septembre :** débarquement allié en Italie. **8 septembre :** annonce officielle de l'armistice avec l'Italie, signé le 3 septembre et tenu secret.	Participation de la Légion à la campagne de Tunisie (1er REC, REIM et 13e DBLE).

1944	**4 juin :** prise de Rome par les Alliés. **6 juin :** débarquement en Normandie. **15 août :** débarquement franco-américain en Provence. **25 août :** libération de Paris. **23 novembre :** la 2e DB de Leclerc libère Strasbourg.	Engagement de la Légion (RMLE, 1er REC et 13e DBLE) en France.
1945	**9 mars :** coup de force japonais en Indochine. **6 et 9 août :** bombes atomiques larguées sur Hiroshima et Nagasaki. **8 mai :** capitulation allemande à Berlin. **2 septembre :** capitulation japonaise.	Retraite de la colonne Alessandri (5e REI) du Tonkin vers la frontière chinoise.
1948		**1er mars :** mort du lieutenant-colonel Brunet de Sairigné. (Re)création de l'inspection de la Légion étrangère. **Mai-novembre :** création des 1er et 2e BEP.
1949	**1er octobre :** proclamation par Mao Tsé-toung de la république populaire de Chine communiste.	Dissolution du DCRE et création du dépôt commun de la Légion étrangère (DCLE).
1950	**25 juin :** début de la guerre de Corée.	**1er septembre :** création du groupement autonome de la Légion étrangère (GALE). **Septembre-octobre :** combats et désastre de la RC4.
1954	**21 juillet :** accords de Genève ; fin de la guerre d'Indochine. **1er novembre :** début de la guerre d'Algérie.	**7 mai :** chute du camp retranché de Diên Biên Phu (1 et 3/13e DBLE, 3/3e REI, 1er et 2e BEP).
1955	**18-24 avril :** conférence de Bandung. **14 mai :** traité de Varsovie. **20 et 21 août :** massacres du Constantinois.	**1er juillet :** transformation du GALE en commandement de la Légion étrangère (COLE). **1er décembre :** création du 1er et du 2e REP.
1956	**Octobre :** début de la crise du canal de Suez.	**6 novembre :** le 1er REP débarque à Port-Fouad en Égypte.
1957	**Janvier-septembre :** bataille d'Alger.	Le COLE devient inspection technique de la Légion étrangère (ITLE).

Année	Événements français et internationaux	Légion étrangère
1958	**Janvier :** début en Algérie de la bataille des Frontières. **13 mai :** émeutes insurrectionnelles à Alger. **1er juin :** retour au pouvoir du général de Gaulle comme président du Conseil. **4 octobre :** promulgation de la Constitution de la Ve République.	**29 mai :** mort du lieutenant-colonel Jeanpierre.
1959	**Février :** début des opérations du plan Challe.	
1960-1977	Signature d'accords de défense (8) et d'accords d'assistance militaire technique avec les États africains.	
1961	**22-25 avril :** putsch d'Alger.	**30 avril :** dissolution du 1er REP.
1962	**5 juillet :** indépendance de l'Algérie.	**24 octobre :** la Légion quitte Sidi-Bel-Abbès..
1967		Dissolution du 2e REC, des 2e et 4e REI. Évacuation des bases de Reggane et Mers el-Kébir.
1969		**Avril :** début des interventions au Tchad.
1972		Reconstitution du 2e régiment étranger ; création du groupement de la Légion étrangère.
1976		Transformation du groupement d'instruction de la Légion étrangère (GILE) en régiment d'instruction de la Légion étrangère (RILE). Intervention à Djibouti.
1978		**19 mai :** le 2e REP saute à Kolwezi (Congo) dans le cadre de l'opération « Bonite » (fin de l'opération le 6 juin).
1982	**6 juin :** début de l'opération « Paix en Galilée » au Sud-Liban menée par Tsahal ; Force multinationale de sécurité à Beyrouth.	**21 août-septembre :** évacuation des *fedayin* palestiniens par le 2e REP.
1984		Création du 6e REG et du COMLE.

1990	**Août :** invasion du Koweït par l'Irak ; la France participe à la coalition internationale contre les troupes de Saddam Hussein.	
1991	Implosion de la Yougoslavie : début de la guerre civile.	Participation de la Légion à la guerre en Irak au sein de la division Daguet.
1993-1995		2e REI, 2e REP et 6e REG au sein de la FORPRONU en ex-Yougoslavie.
1996	**22 février :** le président Chirac annonce sa décision de supprimer la conscription.	2e REI et 2e REP dans l'opération « Salamandre » en ex-Yougoslavie.
1997		Intervention à Brazzaville (opération « Pélican ») : 2e REP, 1er REC et 2e REI.
1998	**28 octobre :** loi qui met fin au service militaire obligatoire en France.	
1999	**23 mars-10 juin :** frappes aériennes de l'OTAN sur la Yougoslavie.	**1er juillet :** création du 2e REG. 2e REI, 2e REP, 1er REC, 1er (ex-6e REG) et 2e REG au sein de la KFOR.
2001	**11 septembre :** attentats de New York. **7 octobre :** début de la guerre en Afghanistan et des opérations aériennes (résolution 1386 de l'ONU).	2e REI, 2e REP, 1er REC, 1er et 2e REG au sein de la Force internationale d'assistance et de sécurité (FIAS) en Afghanistan.
2003	Crise ivoirienne.	Opération « Licorne » : 2e REI et 2e REP.
2006	**12 juillet-14 août :** deuxième guerre du Liban (intervention d'Israël).	FINUL 2 : 1er et 2e REG.
2011		La 13e DBLE quitte Djibouti pour les Émirats arabes unis.

DICTIONNAIRE

A

AAGE DE DANEMARK (1887-1940). – L'arrivée au Maroc dans la Légion de Christian Aage, issu d'une famille princière, ne passe pas inaperçue. En effet, comte de Rosenborg, petit-fils du roi Christian IX, il est aussi un descendant du roi Louis-Philippe par sa mère, la princesse Françoise Amélie d'Orléans, sœur de Jean III duc de Guise.

Il reçoit une formation d'officier et participe avec l'armée grecque à la deuxième guerre balkanique contre la Bulgarie en 1913. À la fin de la Grande Guerre, capitaine d'état-major, il fait un stage au 16e bataillon de chasseurs à Metz. Marié depuis juillet 1914 à la princesse Mathilde Émilie Françoise Marie Calvi di Bergolo, il doit faire face à un revers de fortune, et rejoint la petite phalange de Danois autorisés à servir à titre étranger dans la Légion étrangère en conservant son grade. Sa décision n'est cependant pas due au hasard : il se souvient de la forte impression laissée par la visite chez ses parents du lieutenant Selchauhansen, officier de la Légion qui a trouvé une mort glorieuse le 2 septembre 1903 au deuxième combat d'El-Moungar, dans le Sud oranais. Il commence une carrière classique d'officier de troupe au 2e régiment étranger d'infanterie (REI) basé à Meknès et participe aux opérations dans la région de Taza en 1923 et dans le Rif en 1925. Le ministère des Affaires étrangères lui confie une mission aux États-Unis entre décembre 1925 et mars 1926 qui est à rapprocher de celles du commandant Pechkoff dans l'entre-deux-guerres. Ces deux officiers étrangers deviennent des ambassadeurs de la France et de son armée – notamment de la Légion –, dont le prestige est immense depuis l'engagement d'une élite intellectuelle francophile pendant la Première Guerre mondiale. À son retour, Aage de Danemark intègre la 48e promotion de l'École supérieure de guerre (1926-1928). Le nouvel officier d'état-major doit toutefois patienter jusqu'en février 1935 pour commander des légionnaires comme chef de bataillon. En juillet 1935, il est muté au 3e REI et prend le commandement du

1er bataillon en novembre 1937. Il meurt le 29 février 1940 à Taza (Maroc). Sa disparition survient la veille du passage du détachement du 3e REI à destination de Sidi-Bel-Abbès pour compléter les effectifs de la demi-brigade de montagne en formation. Selon sa volonté, il a été inhumé au carré de la Légion au cimetière de la maison mère avant que ses cendres soient déposées en octobre 1962 avec les restes du général Rollet et du légionnaire Zimmermann au pied de la montagne de la Sainte-Victoire à Puyloubier. La Légion cultive la mémoire de cet officier qui a incarné la grandeur et les servitudes du service étranger de personnalités devenues, depuis, des figures montrées en exemple aussi bien aux jeunes engagés qu'au grand public.

André-Paul COMOR

Bibl. : Aage de Danemark, *Mes souvenirs de la Légion étrangère*, Payot, 1936.

ACTION SOCIALE. – Les premières initiatives d'action sociale au profit des légionnaires remontent au début de la conquête de l'Algérie. Elles s'expliquent par la nature du recrutement d'une part, par le caractère singulier du théâtre d'opérations ultramarin, d'autre part. Dès 1834, la création d'un centre de repos à Alger permet d'accueillir les nombreux malades et blessés. Puis le relais est assuré à la fin du XIXe siècle par d'anciens légionnaires qui viennent en aide à leurs camarades après leur libération. Ces premiers secours se révèlent très vite insuffisants avec la montée en puissance de la Légion étrangère après la Seconde Guerre mondiale. Le général Rollet s'en était inquiété dès les années 1920, mais à Sidi-Bel-Abbès la question est clairement posée à la fin des années 1940 en raison des problèmes soulevés par la gestion par le dépôt commun des régiments étrangers (DCRE) de plusieurs milliers d'hommes. Le commandement cherche alors à améliorer le bien-être du légionnaire dans des casernements surpeuplés et sous-équipés ; le sort des libérables est pris en compte. L'élan donné par le colonel Gaultier donne naissance en décembre 1950 au fonds central des œuvres légionnaires (FCOL) qui met fin à l'existence des caisses noires assurant le financement d'activités sociales ciblées. Ainsi des secours et des avances aux légionnaires et à leurs familles pourvoient-ils au nécessaire (vestiaire pour les libérables, couverture médicale) grâce aux ressources internes (fermes du Kreider et de Khamisis, produits de l'artisanat). Trois ans plus tard, le 1er juin 1953, le foyer d'entraide de la Légion étrangère (FELE) remplace le FCOL.

Le service du moral et des œuvres de la Légion étrangère (SMOLE) est chargé quant à lui, à partir de 1953, de gérer un complexe qui comprend, outre un foyer central d'approvisionnements pour les unités (et la gestion de la salle de cinéma de la maison mère), le service information et historique (SIHLE) comprenant la rédaction de *Képi blanc*, la salle d'honneur (et le musée), enfin le service historique. Le nouveau service assure l'assistance administrative des anciens en attente de pension, d'un certificat de domicile, d'une carte de séjour ou de permis de travail. Il est également en relation avec les consulats étrangers afin de régler les problèmes de leurs ressortissants et visite les anciens légionnaires dans les structures hospitalières ou pénitentiaires. À Noël, le SMOLE prépare et envoie cadeaux et livres aux unités combattantes. *In fine*, la solidarité se manifeste lors du décès d'un ancien sans ressources et sans famille : les frais des obsèques sont pris en charge par le service du moral.

En mai 1965, le SMOLE change d'appellation et devient le service du moral

/ foyer d'entraide (SM/FELE), devenu en 2002, à l'issue de la dernière réorganisation née de la professionnalisation des armées, bureau d'action sociale et d'entraide de la Légion étrangère-foyer d'entraide de la Légion étrangère (BASELE/FELE). Le commandement de la Légion a clairement défini les missions de ce service unique en son genre dans l'armée française : assurer le bien-être et préserver le moral du légionnaire ; faciliter son insertion dans la société française et, enfin, apporter une aide matérielle et morale à ceux qui éprouvent des difficultés. Ce service donne à la solidarité légionnaire tout son sens. Sa reconnaissance par l'armée est aussi le fruit des longs efforts d'officiers qui ont toujours considéré cette « mission » comme partie intégrante de leur fonction. Pour éviter d'éventuelles confusions et distinguer ce qui relève de missions différentes, deux services ont vu le jour : la division communication information (DICLE) et la division histoire et patrimoine (DHPLE) également implantées au quartier Vienot à Aubagne.

André-Paul COMOR

ADIEU VIEILLE EUROPE. – Le légionnaire est à la mode dans les années 1930. En utilisant son image, le cinéma puis les chanteuses de music-hall vont contribuer à établir sa légende dans la population. Les combats de la guerre du Rif et ceux du Levant en ont probablement fourni le prétexte.

Adieu vieille Europe, si typiquement Légion, a pourtant une origine civile puisqu'il a été créé pour le film d'Adolphe Osso *Le Sergent X* sorti en 1931. Les paroles sont de Simon Delyon et la musique a été écrite par René Mercier et Henri Forterre. C'est l'époque où le cinéma est devenu un loisir grand public. En 1936, une chanson composée pour le film de Jacques Séverac *Les Réprouvés* va aussi passer dans le répertoire militaire sous le nom de *Chant des bat' d'Af'* ou *Le Bataillonnaire*. Là encore, le souvenir de son origine a été oublié par la troupe.

Adieu vieille Europe est chanté en français et en allemand dans le film et ne comprend pas de deuxième couplet. Une partition de concert est éditée par les éditions Salabert en 1932 avec accompagnement pour piano et ukulélé et un couplet supplémentaire. Ces versions diffèrent sensiblement de celle publiée dans les recueils légionnaires. Les paroles du film font référence au héros (Félicien) et il n'y a pas de « damnés » mais des « maudits » (film) ou des « vaincus » (concert). La référence à l'Algérie ne figure que dans la version militaire. Les paroles des chansons civiles sont plus légères et personnelles en adoptant la première personne du singulier dans la version du film et en instaurant un dialogue avec l'auditeur dans la version concert. En prenant un ton impersonnel, la version légionnaire accentue la solennité du chant. D'une position personnelle plus apte à émouvoir le spectateur, le chant militaire devient une profession de foi collective. Cette évolution apparaît aussi dans la conclusion du chant. « À travers le grand bled ardent / Nous marcherons en chantant » termine la version concert en lui donnant un ton joyeux. Dans la version légionnaire, la fin est devenue « Il nous faut du soleil, de l'espace, / Pour redorer nos carcasses » en empruntant ces deux vers au premier couplet et en concluant ainsi le chant sur une image martiale. Dans les paroles allemandes du film, la différence est encore plus sensible. La référence au diable a été supprimée quand est introduite une petite amie (*Mädel*), que c'est le bonheur que l'on va trouver (*ja stets mein Glück*), pour conclure en affirmant que « Nous sommes les seigneurs du vaste monde »

(*Herren der weiten Welt sind wir*). Cette version allemande verse carrément dans la propagande de recrutement.

Nous ne disposons pas de renseignements sur l'usage de ce chant par les légionnaires avant sa publication dans le recueil *Chante Légion* édité en Indochine en 1951. Depuis, *Adieu vieille Europe* figure dans tous les recueils de la Légion.

Refrain :
Nous les damnés de la terre entière,
Nous les blessés de toutes les guerres,
Nous ne pouvons oublier
Un malheur, une honte, une femme qu'on adorait.
Nous qu'avons l'sang chaud dans les veines,
Cafard en tête, au cœur les peines,
Pour recevoir, donner des gnons, crénom de nom,
Sans peur en route pour la Légion.

1. Adieu vieille Europe,
Que le diable t'emporte,
Adieu vieux pays
Pour le ciel si brûlant de l'Algérie,
Adieu souvenirs, notre vie va finir,
Il nous faut du soleil, de l'espace,
Pour redorer nos carcasses.

2. Salut camarades,
Donnons-nous l'accolade,
Nous allons sac au dos, flingue en main,
Faire ensemble le même chemin,
À nous le désert,
Comme au marin la mer,
Il nous faut du soleil, de l'espace,
Pour redorer nos carcasses.

Thierry BOUZARD

La partition ci-contre est conforme à l'édition de 1993 du recueil officiel, page 62.

AFRIKA KORPS (Allemands dans la Légion étrangère, 1939-1945). – Comme en 1914, les étrangers affluent vers l'armée française à la veille de la Seconde Guerre mondiale, particulièrement des républicains espagnols, des Italiens, des Slaves et des Juifs d'Europe centrale. Face à cet afflux (3 050 volontaires pour la seule Légion et pour la seule année 1939), l'autorité militaire est embarrassée. Alors que la plupart de ces étrangers, poussés par l'antifascisme et l'antinazisme, souhaitent s'engager dans l'armée régulière, le commandement, redoutant leur excessive politisation, les confine soit dans des régiments de marche de volontaires étrangers (RMVE), hâtivement constitués et sorte d'annexe de la Légion étrangère, soit dans la Légion elle-même (alors que très peu souhaitent s'y engager), soit tout simplement dans les camps qu'a créés le décret-loi Daladier du 2 novembre 1938 relatif à l'internement des « étrangers indésirables ». Après la déclaration de guerre, les Allemands posent un problème spécifique. En 1914, il avait été décidé ne pas engager les légionnaires étrangers contre leur propre pays : Allemands, Autrichiens ou Bulgares avaient été envoyés ou maintenus dans les garnisons africaines de la Légion. En 1939, les autorités politiques et militaires hésitent. Dans un premier temps (décret du 8 septembre 1939), le gouvernement interdit les engagements d'Allemands, d'Italiens et d'Autrichiens dans l'armée. Puis, il se ravise et un arrêté du 13 octobre 1939 autorise les engagements des Allemands et des Autrichiens, mais seulement à la Légion et sans qu'aucun texte précise s'ils peuvent être employés en opération contre leur pays d'origine.

Environ 1 500 Allemands se retrouvent ainsi enrôlés à la Légion étrangère en septembre 1939. Après la défaite de la France, leur position devient intenable. Un grand nombre d'entre eux, humiliés de servir dans une armée vaincue, ne cachent pas leur intention de retourner dans leur pays. Au camp de Koléa (Algérie), en août 1940, 320 légionnaires allemands déclenchent une sorte de mutinerie antifrançaise. Et en octobre, ils sont presque 1 000 en Algérie à réclamer haut et fort leur rapatriement en Allemagne. En outre, le gouvernement allemand multiplie les pressions de toutes sortes sur Vichy pour récupérer « ses » légionnaires, à l'exception notable des Juifs. L'article 19 de la convention d'armistice impose à Vichy de fournir à la commission allemande d'application la liste des soldats de l'armée de l'armistice, ce qui lézarde le « sanctuaire » qu'offre traditionnellement la Légion à ses hommes. Malgré la résistance de Weygand, commandant en chef en Afrique du Nord, qui envoie les plus exposés en Indochine, Vichy cède peu à peu. Dès l'automne 1940, des légionnaires allemands volontaires commencent à regagner l'Allemagne. À la fin de 1941, il ne reste plus qu'environ 700 Allemands à la Légion contrôlée par Vichy, sans compter environ 200 autres légionnaires allemands engagés dans les Forces françaises libres (FFL) gaullistes (ils servent presque tous à la 13e demi-brigade de Légion étrangère qui a rallié la France Libre après la campagne de Norvège). Au terme de mille pressions de la part du Reich, Vichy finit par ordonner, le 31 mars 1942, que tous les légionnaires allemands rencontrent un délégué militaire allemand pour trancher leur destin. La plupart choisissent de regagner la mère patrie, alors qu'Hitler leur offre de se « racheter » en souscrivant un nouvel engagement dans les rangs de la Wehrmacht. La plupart de ces ex-légionnaires allemands sont réunis dans le 361e Infanterie Regiment (constitué au début de 1942), lui-même intégré à la 90e Leichte Division (ex-Afrika Division) de l'Afrika Korps. L'engagement de cette division contre le camp de Bir Hakeim en juin 1942 conduisit à des combats fratricides et impitoyables entre légionnaires allemands (de la 13e DBLE) et ex-légionnaires allemands : 200 du côté FFL et sans doute autour de 600 du côté de l'Afrika Korps. Les 200 Italiens de la 13e DBLE avaient déjà dû surmonter les mêmes cas de conscience en Éthiopie (printemps 1941) et de nouveau à Bir Hakeim face à la division « Ariete ».

Témoin de ces combats, Hermann Eckstein (né en 1918) s'est engagé dans la Légion en 1938. Après la campagne de Norvège, il rallie la France Libre en Angleterre. Il sert à la 13e DBLE et est grièvement blessé à Bir Hakeim : la main arrachée, il rampe une partie de la nuit de la sortie avant d'être fait prisonnier au petit matin, complètement épuisé, par les Allemands de la 90e Leichte Division. Ces derniers (l'ont-ils reconnu ? est-il à ce point épuisé qu'il n'est même plus en mesure de parler ?) font mine de le considérer comme un soldat français et le remettent aux Italiens, alors que les ordres d'Hitler sont de passer par les armes tous les « rebelles ». Soigné en Italie, il sera échangé en 1943, retournera en unité et finira la guerre dans une garnison du Levant.

De fait, la situation juridique des légionnaires allemands des FFL relevait d'un inextricable imbroglio juridique. Si, en suivant une interprétation stricte du droit international, on pouvait considérer comme « hors la loi » les Français qui continuaient le combat contre le Reich après l'armistice du 22 juin 1940, qu'en était-il pour les étrangers des FFL, et en particulier des Allemands ? On sait que Rommel, à la fin de la bataille de Bir Hakeim, après un message sans équivoque de De Gaulle à la BBC menaçant de faire fusiller tous les prisonniers allemands de l'Afrika Korps tombés entre les mains des FFL, se résolut à traiter les FFL, allemands ou pas, en soldats réguliers. Cela dit, rien ne permet d'affirmer, en consultant les archives allemandes ou les carnets de Rommel, que celui-ci savait que des Allemands se trouvaient face à lui à Bir Hakeim. Si l'on fait exception de quelques poignées d'Allemands antinazis engagés dans des groupes de maquisards en France et en Bohême, la bataille de Bir Hakeim offre donc l'exemple unique d'un affrontement fratricide entre Allemands passés par la Légion étrangère au cours de la Seconde Guerre mondiale.

Jean-François MURACCIOLE

Bibl. : Eddy Bauer, *La Dernière Guerre, ou Histoire controversée de la Deuxième Guerre mondiale*, t. IV, *Les Fronts de l'année 1941*, Atlas, 1984 [1973] • Louis Berteil, *L'Armée de Weygand*, Albatros, 1975 • Paul Carell, *Afrika Korps*, traduit de l'allemand par François Ponthier, Robert Laffont, 1966 • Douglas Porch, *La Légion étrangère, 1831-1962*, traduit de l'américain par Pierre Chambes, Fayard, 1994 • Philip Rosenthal, *Il était une fois un légionnaire*, traduit de l'allemand par Louis Mézeray, Albin Michel, 1982.

AFRIQUE, la Légion étrangère en. – Avec la fin de l'aventure algérienne de la Légion étrangère, en 1962, les unités sont redéployées. Une partie d'entre elles participe à la garde des ultimes restes de l'ex-empire colonial ; l'autre, après quelques années consacrées à la sécurisation des grands ports d'Arzew et Mers el-Kébir, se trouve positionnée, pour la première fois de l'histoire de la Légion, sur le sol métropolitain ou de la Corse. Cette implantation place ces unités de Légion dans une position nouvelle de disponibilité pour intervention, en rupture complète avec les missions récurrentes qui prévalent depuis 1831, souvent résumées dans la dualité « légionnaire et bâtisseur » – celui qui assure, par son fusil ou par sa pioche, la conquête, le développement et la pérennité coloniale.

Si Madagascar et le territoire des Afars et des Issas reçoivent chacun un régiment de Légion, le 3e régiment étranger d'infanterie (REI) sur la Grande Île et la 13e demi-brigade de Légion étrangère (DBLE) sur les bords de la mer Rouge, c'est certes pour y prolonger ce genre de missions qui prendront fin cependant en 1973 pour le premier cas et en 2011 pour le second. En revanche, à Calvi, Bonifacio et Orange, trois régiments vont se réformer et devenir des outils de combat rénovés, au service de la politique d'intervention française. De façon empirique, construite ou sous la pression d'un risque jugé trop important par les plus hautes instances de la République, les légionnaires reprennent ainsi le chemin de l'Afrique à travers trois engagements typiques.

En 1969 au Tchad, lors de l'insurrection du Front de libération nationale du Tchad (Frolinat) contre le régime du président Tombalbaye, des légionnaires parachutistes (CPLE) ou motorisés (CMLE) renouent avec le combat anti-insurrectionnel (opération « Bison »). Leur mission dure près de un an. Cette intervention est une réussite qui marque le début du retour en confiance de l'institution légionnaire dans l'esprit des hommes politiques. Elle conduit également, dans la décennie qui suit, à l'expérience d'une grande unité de réaction, structurée autour du commandement du groupement de la Légion étrangère (GLE). Dénommée « Force terrestre d'intervention » (FTI), elle évoluera ensuite en 31e brigade d'intervention, avant de disparaître dans la restructuration de l'armée française de 1984 (création de la Force d'action rapide, ou FAR).

Cette FTI aura l'occasion d'être engagée à l'issue de l'affaire de Loyada (Djibouti, février 1976), lorsque la tension avec la Somalie nécessite un renforcement sensible des forces françaises sur le territoire de la toute jeune république de Djibouti. Deux ans plus tard, dans le cadre de l'opération « Tacaud », elle fournira une partie des troupes impliquées dans des opérations de combat très audacieuses entre Abéché et Ati, au Tchad. Le 1er régiment étranger de cavalerie (REC) et le 2e régiment étranger (RE) participent largement à cette démonstration.

Enfin, le troisième mode est illustré de façon éclatante par l'intervention à Kolwezi (mai 1978). Le saut opérationnel du 2e régiment étranger de parachutistes (REP), au complet, dans un rapport des forces très défavorable et face à un ennemi qui, ayant franchi les limites du pillage et du meurtre, était supposé offrir une très forte résistance, symbolise le choix du recours aux légionnaires lorsque le risque opérationnel dépasse le seuil estimé acceptable par l'opinion publique.

L'intervention au Liban sort du cadre de l'étude africaine, mais confirme l'utilité d'une grande unité comme la 31e brigade pour les interventions extérieures. Avec la création de la FAR et le rôle d'intervention confié à ses divisions interarmes, la Légion étrangère est confirmée dans ses deux rôles africains : la présence « prépositionnée » à Djibouti (13e DBLE) et l'intervention depuis la métropole, puisque ses quatre régiments opérationnels (infanterie, cavalerie, parachutiste et génie) font partie de la FAR, dans la 6e division légère blindée ou dans la 11e division parachutiste. Des interventions récurrentes sont alors menées au Tchad, avec les opérations « Manta » puis « Épervier ». Elles permettent au tout jeune 6e régiment étranger de génie (REG) d'acquérir une expérience opérationnelle et de s'illustrer. Au début des années 1990, l'épicentre des interventions est décalé temporairement dans les sables saoudiens, mais les poussées de fièvre répétées de l'Afrique noire nécessitent des interventions nombreuses : les événements insurrectionnels de Port-Gentil en 1991, l'effondrement du régime Mengistu en Éthiopie en 1991 (opération « Godoria »), les catastrophes humanitaires de Somalie depuis 1992 (mandants Onusom – Opération des Nations unies en Somalie – et opération « Oryx »), les affrontements entre Hutus et Tutsis en 1994 (opération « Turquoise »), les révoltes militaires à répétition de la Centrafrique en 1996 et enfin la guerre civile de la république du Congo-Brazzaville en 1997. Dans l'ensemble de ces actions, l'intervention des légionnaires n'est plus spécifique. Ils arment indifféremment des unités prépositionnées – la 13e DBLE à Djibouti et dans une moindre mesure le détachement de Légion étrangère à Mayotte –, des unités en missions de courte durée – quatre mois programmés – ou encore des unités d'intervention, le plus souvent dans la cadre du dispositif d'alerte Guépard, assuré depuis la métropole. Ce lot est celui de tous les autres régiments de la FAR. Cet état de fait ne fera que se renforcer après l'adoption du recrutement professionnel pour tous les corps de troupe de l'armée française, en 1997, qui établit *de facto* un plan d'équivalence face aux missions opérationnelles.

Philippe Guyot

AGADIR. – Située dans le sud-ouest du Maroc à la limite du Haut-Atlas et de la plaine du Sous, Agadir est occupée par l'armée française au printemps de 1913 pour assurer la sécurité des confins sahariens menacée par la révolte des tribus déclenchée après la signature de la convention du 30 mars 1912 établissant le protectorat. La ville sert ponctuellement de garnison pour les unités de Légion engagées dans la conquête puis la pacification du Sud marocain. Après les dernières opérations de réduction de la dissidence au cœur de l'Atlas, notamment dans le Tafilalet et le massif du Sahro, le camp Alibert abrite à partir de 1934 un bataillon du 4e régiment étranger d'infanterie (REI) comme force de souveraineté. Entre 1945 et le repli des régiments de la Légion étrangère sur l'Algérie, en 1957, Agadir devient la base du groupement porté de Légion étrangère du Maroc (GPLEM). Après l'indépendance du Maroc (3 mars 1956), certaines compagnies portées sont versées au 4e REI replié à la frontière algéro-marocaine. D'autres sont dirigées sur la Mauritanie à Fort Gouraud et Fort Trinquier pour constituer le groupement tactique no 2.

André-Paul COMOR

ÂGE D'ENGAGEMENT. – *Voir* ENGAGEMENT.

AÏN-EL-HADJAR. – Village de colonisation (dont le nom signifie « Source de pierre ») situé à 1 015 m d'altitude à 8 km au sud de Saïda, fondé en 1877 par la Compagnie des chemins de fer algériens et devenu chef-lieu de commune en 1885. La petite localité est le siège de l'une des nombreuses garnisons de la Légion étrangère dispersées dans l'Oranais. Une tentative de désertion collective d'engagés volontaires allemands, qui se rendent maîtres d'un train, y est déjouée *in extremis* en 1908. En 1912, Aïn-el-Hadjar accueille la 12e compagnie du 2e régiment étranger (RE) avant de devenir centre d'instruction du 1er RE en 1938. La compagnie forme principalement des élèves caporaux, et un centre de repos permet de recevoir des permissionnaires. Pendant la Seconde Guerre mondiale, jusqu'au début de 1943, les légionnaires sont chargés de la surveillance des assignés à résidence du camp d'internement pour étrangers.

André-Paul COMOR

AÏN-SEFRA, garnison d'. – La localité située à 1 030 m d'altitude sur la voie de chemin de fer métrique reliant Oran à Colomb-Béchar, au pied des monts des Ksour, traversée par l'oued Breidj, occupe une place particulière dans l'histoire et l'imaginaire de la Légion étrangère. Ce carrefour de pistes à la pointe sud-est du Maroc, distant de 450 km du chef-lieu du département d'Oran, devient un centre d'occupation en 1882, après la révolte de Bou Amama, avant d'attirer l'attention de Lyautey qui fait construire en 1894 une redoute abritant une importante garnison. En 1900, les 22e et 24e compagnies du 2e régiment étranger (RE) occupent les lieux avant de céder la place au 2e bataillon (d'instruction) du 1er RE jusqu'en 1937. En 1904, la ville est dévastée par une crue de l'oued Sefra qui emporte l'aventurière Isabelle Eberhardt. Pendant la guerre d'Algérie, dès 1955, les légionnaires de la 23e compagnie du groupement porté de Légion étrangère (GPLE) y tiennent garnison, avant de céder la place l'année suivante au 2e régiment étranger d'infanterie (REI) au complet, de retour d'Indochine. À la suite des accords d'Évian et de l'indépendance de l'Algérie en juillet 1962, le regroupement des régiments de Légion dans le Sud renforce un temps la garnison de l'ancienne résidence de Lyautey avec l'arrivée du 5e REI.

André-Paul COMOR

AIX-EN-PROVENCE, dépôt d'. – La ville accueille pendant la campagne du Mexique (1863-1867) le dépôt de la Légion étrangère d'Oran. De plus, entre décembre 1864 et janvier 1867, les candidats à l'engagement sont reçus à la caserne Forbin, dépôt du 7e régiment d'infanterie de ligne en garnison à Aix-en-Provence où ils reçoivent l'instruction avant leur acheminement vers le Mexique. La compagnie de dépôt a instruit ou acheminé 61 officiers et 5 809 gradés et légionnaires en renfort vers le Mexique.

André-Paul COMOR

AKA, capitaine Paul (1882-1948). – Après les cérémonies du centenaire de la Légion étrangère en 1931, la musique et l'orchestre du 1er régiment étranger d'infanterie (REI) ont été considérés comme les égaux de la musique et de l'orchestre symphonique de la Garde républicaine de Paris. Ce niveau d'excellence a été atteint grâce à la compétence, la ténacité et l'autorité de Paul Aka. Né à Bordeaux (Gironde) le 5 septembre 1882, il s'engage à dix-huit ans comme musicien au 11e régiment d'infanterie (RI). Six ans plus tard, il passe au 1er RI où il est successivement caporal tambour et tambour-major. Reçu au concours de sous-chef de musique, il est muté au 6e RI le 11 mai 1909. Il y reste dix ans. Pendant la Grande Guerre, le sous-chef de musique devient chef de section de ravitaillement puis de brancardiers. Il est gazé, reçoit la médaille militaire et mérite trois citations.

Nommé chef de musique de 3e classe (sous-lieutenant) le 29 décembre 1918, Paul Aka est muté huit mois plus tard au 1er REI. Il y servira jusqu'à son départ en retraite le 4 septembre 1938 avec le grade de capitaine chef de musique. Son action s'exerce dans trois directions. Inventeur, il dépose deux brevets d'invention qui révèlent sa volonté d'améliorer les conditions de travail des musiciens militaires. Le premier est une embouchure pour instruments de cuivre évitant « la fatigue et la courbature des lèvres ». Le second est un métronome qui tient dans un boîtier de montre de gousset ; il semble avoir été commercialisé sous le nom de « cadencia ». Chef de musique, il reconstitue celle du 1er REI que la guerre a désorganisée. Tout en se soumettant aux contraintes imposées par les opérations au Maroc en 1925 et 1926, il ne cesse de l'améliorer. Il crée un orchestre symphonique et un orchestre à cordes qui donnent des concerts d'une très grande qualité en Afrique du Nord. La musique du 1er REI est une école de musique : elle forme les instrumentistes de toutes les musiques régimentaires de la Légion à partir d'un recrutement inégal en nombre et en qualité d'une année sur l'autre. En dépit de ce handicap, Paul Aka parvient à former de très bons musiciens grâce à la rigueur qu'il entretient dans le fonctionnement de l'école et au choix judicieux des formateurs. Des impératifs statutaires (il n'y a qu'un commandant chef de musique : celui de la Garde républicaine de Paris) ne lui permettent pas d'être promu au grade supérieur. Il se retire à Montbéliard (Doubs) où il dirige l'harmonie Peugeot et l'école de musique qu'il crée jusqu'à son décès le 29 septembre 1948. Il était officier de la Légion d'honneur depuis juillet 1936. En concluant cette notice, il convient d'associer au souvenir de Paul Aka celui de tous les musiciens qui ont contribué au rayonnement musical de la Légion de 1919 à 1939.

Henry DUTAILLY

Sources : SHD-Terre, 8Ye 48785.

ALCOOL ET ALCOOLISME. – *Voir* PLAISIRS DU LÉGIONNAIRE.

ALESSANDRI, colonne. – *Voir* CHINE, RETRAITE DE.

ALESSANDRI, général Marcel Jean Marie (1895-1968). – Curieux destin que celui du général Alessandri qui, officier de la coloniale, aura commandé un régiment de Légion ! Originaire de Boulogne-sur-Mer, Marcel Alessandri entre à Saint-Cyr en juillet 1914 (promotion « La grande revanche »). Sous-lieutenant en 1915 dans les rangs du 8e régiment d'infanterie, il combat à Verdun, à Soissons, sur la Somme et dans les Flandres, se distinguant particulièrement comme commandant d'une compagnie de mitrailleuses. Sa brillante conduite au feu lui vaut six citations durant la guerre et la croix de chevalier de la Légion d'honneur dès 1916. À l'issue de la guerre qu'il termine comme capitaine, il fait le choix de l'infanterie coloniale et participe aux opérations de pacification au Maroc où il obtient, en 1922, une nouvelle citation. Après un séjour en Afrique-Occidentale française au sein du 3e bataillon de tirailleurs sénégalais, il suit les cours de l'École de guerre en 1928 avant d'être promu chef de bataillon en 1930. De retour au Maroc pour les dernières opérations de pacification, il sert à l'état-major de Taza puis au 6e régiment de tirailleurs sénégalais. Il est de nouveau cité en 1933. Suivent des affectations en métropole, à l'état-major des troupes coloniales puis comme instructeur à l'École de guerre où il est promu lieutenant-colonel en 1936.

C'est en mars 1939 qu'il embarque pour l'Indochine où il exerce les fonctions de sous-chef puis de chef d'état-major du général commandant supérieur alors que se produisent les agressions japonaise et thaïlandaise. Promu colonel en mars 1941, il est sollicité pour prendre le commandement du 5e Étranger à la suite du décès accidentel du chef de corps pressenti pour remplacer le colonel de Cadoudal. En novembre 1942, peu avant d'être promu général, il est à la tête de la 2e brigade du Tonkin. En mars 1945, promu général de division, il prend le commandement du groupement ouest du fleuve Rouge dont le 5e Étranger constitue la pièce maîtresse. Ses dispositions clairvoyantes lui permettent de limiter les effets du coup de force japonais du 9 mars et il parvient à rassembler l'essentiel de ses troupes sur la rive gauche de la rivière Noire. De là débutera l'épopée héroïque de la colonne qu'il parviendra à conduire jusqu'en Chine et qui portera son nom. Commandant supérieur des troupes françaises en Chine et délégué général pour l'Indochine en juin 1945, il devient délégué du haut-commissaire en août puis commissaire de la République et commandant militaire au Cambodge en octobre 1945. Rapatrié d'Extrême-Orient en 1946, il revient en Indochine en 1948 comme commandant des forces terrestres et, en 1949, commandant de la zone opérationnelle du Tonkin. Son troisième séjour se déroule de septembre 1952 à juin 1955 dans les fonctions de conseiller militaire auprès du gouvernement vietnamien. Il quitte alors le service actif. Chef de guerre, administrateur et diplomate, douze fois cité, grand officier de la Légion d'honneur, le général Alessandri s'éteint le 26 décembre 1968 à Paris.

Michel DAVID

• *Voir aussi* : Chine, retraite de.

ALGER, bataille d'. – La bataille d'Alger débute en janvier 1957 lorsque le général Massu, convoqué le 7 par le ministre résident Robert Lacoste, se voit confier la tâche d'éradiquer le terrorisme du Front de libération nationale (FLN) dans la Ville blanche. Le même jour, un arrêté délègue à l'autorité militaire les pouvoirs de police dévolus en principe à l'autorité civile et qui ont été renforcés l'année précédente par la loi sur les pouvoirs spéciaux (12 mars 1956). Jacques Massu est donc le maître de la situation. Son commandement s'exerce non seulement sur Alger, mais sur toute la zone Nord algérois qui comprend Alger-Sahel (le Grand Alger et sa banlieue) et des secteurs comme Blida, Aïn-Taya, Fort-de-l'Eau. Sur Alger-Sahel, la 10e DP (division parachutiste) comprend 4 régiments : le 1er RCP (régiment de chasseurs parachutistes), commandé par Georges

Mayer et chargé de Maison-Carrée et de la banlieue est ; le 2e RPC (régiment de parachutistes coloniaux), commandé par Albert Fossey-François et qui opère dans les quartiers sud (Hussein Dey compris) ; le 3e RPC, commandé par Marcel Bigeard, qui s'occupe des quartiers nord (dont la Casbah) ; enfin le 1er REP (régiment étranger de parachutistes), composé de légionnaires et qui est chargé d'une zone qui va du pied de la Casbah (square Besson) aux limites d'Hussein Dey, soit les Tagarins, la Redoute, Belcourt, le clos Salembier et le Ruisseau. La sectorisation mise en place est la norme mais Massu a été soucieux du danger d'un cloisonnement trop strict : chaque régiment peut donc exploiter les renseignements obtenus et remonter des filières, même si cela le conduit à se déployer sur le territoire en principe couvert par une autre unité. Si chaque régiment est jaloux de ses prérogatives, des coopérations existent, en particulier lorsqu'il s'agit de se transmettre des prisonniers pour interrogatoires : le 1er RCP et le 1er REP collaborent ainsi à l'occasion. Au total (si on ajoute le génie parachutiste, la garnison d'Alger, un groupement de gendarmes mobiles et huit compagnies de CRS), Massu peut compter à la mi-janvier 1957 sur environ 10 000 hommes. Il lui faut coordonner un ensemble disparate et il s'appuie pour cela sur ce qu'il a nommé une « équipe spéciale », elle-même dirigée par un spécialiste du renseignement, servant au 1er RCP, Paul Aussaresses. Formé au Bureau central de renseignements et d'action et ancien du 11e Choc, ce dernier s'est défini comme « le chef d'orchestre de la contre-terreur ». Il faut compter aussi avec Marcel Bigeard, décrit par Massu comme « un pilote dans cette aventure » et qu'il avait « été amené à [...] donner en exemple à [s]es autres régiments pour les résultats qu'il obtenait ! ». Le 1er REP ne forme donc qu'une partie du dispositif mis en place. Disposant d'un poste de commandement installé villa Sésini, il est à l'origine dirigé par Albert Brothier auquel le lieutenant-colonel Jeanpierre succède rapidement. Son officier de renseignement est le capitaine Faulques.

Lorsqu'ils quittent Zéralda pour Alger dans la nuit du 14 au 15 janvier 1957, certains légionnaires, à commencer par Brothier, n'ont pas oublié les opérations conduites en ville en Tunisie en 1952 et qui leur avaient valu le qualificatif de « tueurs du cap Bon ». Le déploiement de la 10e DP ne change rien à la détermination du FLN qui, le 26 janvier 1957, commet des attentats retentissants dans des établissements largement fréquentés par les Européens (l'Otomatic, la Cafétéria, le Coq hardi). Les légionnaires sont donc plongés immédiatement dans le quotidien d'une lutte pour laquelle ils pratiquent, dans leur secteur, les mêmes activités que les autres régiments : patrouilles, vérifications, recherche et exploitation du renseignement, ce qui peut signifier des interrogatoires musclés et renvoyer à la question de la torture. Les légionnaires contribuent aussi, avec d'autres unités, à des opérations de grande ampleur, notamment quand il s'agit de briser la grève du 28 janvier 1957 lancée par le FLN tant dans les services publics que dans les entreprises. Salués par de larges secteurs de l'opinion algéroise, la présence des légionnaires et leurs modes opératoires heurtent les milieux « libéraux » ; et ce d'autant que le 1er REP opère dans des quartiers peuplés principalement d'Européens. Certaines interventions tournent mal. On retiendra une opération visant Amar Ouzegane, ancien dirigeant du Parti communiste algérien rallié au FLN, l'un des principaux rédacteurs de la plate-forme de la Soummam et une des chevilles ouvrières de la grève du 28 janvier qui conduit la compagnie du REP jusqu'aux portes de l'appartement de fonction du maire d'Alger, le « libéral » Jacques Chevallier, où il aurait été localisé : les légionnaires ne peuvent l'ouvrir et sont repérés, ce qui provoque un scandale public dès le lendemain.

Ce n'est pas le seul. Si au début du mois de mars 1957 les légionnaires du 1er REP réussissent à mettre au jour un réseau de soutien au FLN impliquant des ecclésiastiques (dont l'abbé Barthez) et différents civils européens (dont Nelly Forget et Raymonde Peschard, une poseuse de bombe), les suites de cette opération, marquée par l'arrestation du professeur Malan, ami d'André Mandouze, provoquent un véritable tollé. Ces affaires et les méthodes utilisées sont à rattacher aux débats sur la torture qui démarrent en métropole et sont marqués par différentes publications (*Contre la torture* de Pierre-Henri Simon, notamment, sort en mars 1957) ainsi que par une mobilisation politique qui se traduit par la demande de commissions d'enquêtes. L'impact est d'autant plus fort concernant les légionnaires qu'ils sont souvent en première ligne dans des dossiers mettant en jeu les Européens.

Le 15 avril 1957, le 1er REP rejoint Zéralda avant de repartir dans le djebel. Ces trois mois comptent dans l'histoire du régiment dont le nom reste attaché à la bataille d'Alger et suscite encore nombre de polémiques et de controverses. L'opprobre qui frappe dès cette époque l'ensemble des parachutistes dans de larges secteurs de l'opinion métropolitaine n'épargne pas les légionnaires du 1er REP mais elle n'a pas son équivalent chez les Européens d'Algérie, pour l'essentiel acquis à l'Algérie française et qui créditent les parachutistes de l'éradication (temporaire) du terrorisme. En même temps qu'il imprègne les contemporains et les mémoires, l'engagement du 1er REP dans la bataille d'Alger marque le régiment. Cette expérience d'une guerre menée en zone urbaine le singularise par rapport aux autres unités légionnaires en même temps qu'elle lui a donné une leçon de choses grandeur nature de ce qu'était l'organisation du FLN.

Olivier DARD

Bibl. : Général Aussaresses, *Services spéciaux. Algérie 1955-1957*, Perrin, 2001 • Jean Delmas, *La Bataille d'Alger*, Larousse-France Inter, 2007 • Jacques Massu, *Le Soldat méconnu*, entretiens avec Alain-Gilles Minella, Mame, 1993 • Pierre Sergent, *Je ne regrette rien. La poignante histoire des légionnaires parachutistes du 1er REP*, Fayard, 1972.

ALGÉRIE, conquête de l' (1831-1881). – Le retour en métropole à l'automne 1830 du gros du corps expéditionnaire qui avait débarqué à Sidi-Ferruch le 14 juin et pris Alger le 5 juillet suivant impose l'envoi de renforts. La Légion étrangère, partie intégrante de l'armée d'Afrique, créée pour la circonstance, est aussitôt envoyée dans l'ancienne capitale de la Régence ottomane. Le cadre chronologique (1831-1881) correspond au renforcement de la présence française et à la mise en place progressive d'une administration civile destinée à durer. En revanche, les opérations lancées pour réprimer la dernière grande révolte dans le Sud oranais (celle du marabout Bou Amama, en 1881-1882), permet d'ouvrir un nouveau front en direction du Sahara et des « confins algéro-marocains », préparant la lente conquête du Maroc achevée en 1912.

Les premiers légionnaires foulant le sol de l'Algérie ne se doutent pas qu'ils ouvrent l'une des pages de l'histoire de la Légion étrangère. En effet, la décision de recruter des volontaires étrangers a été dictée autant par des considérations de politique intérieure (la crainte de désordres en France

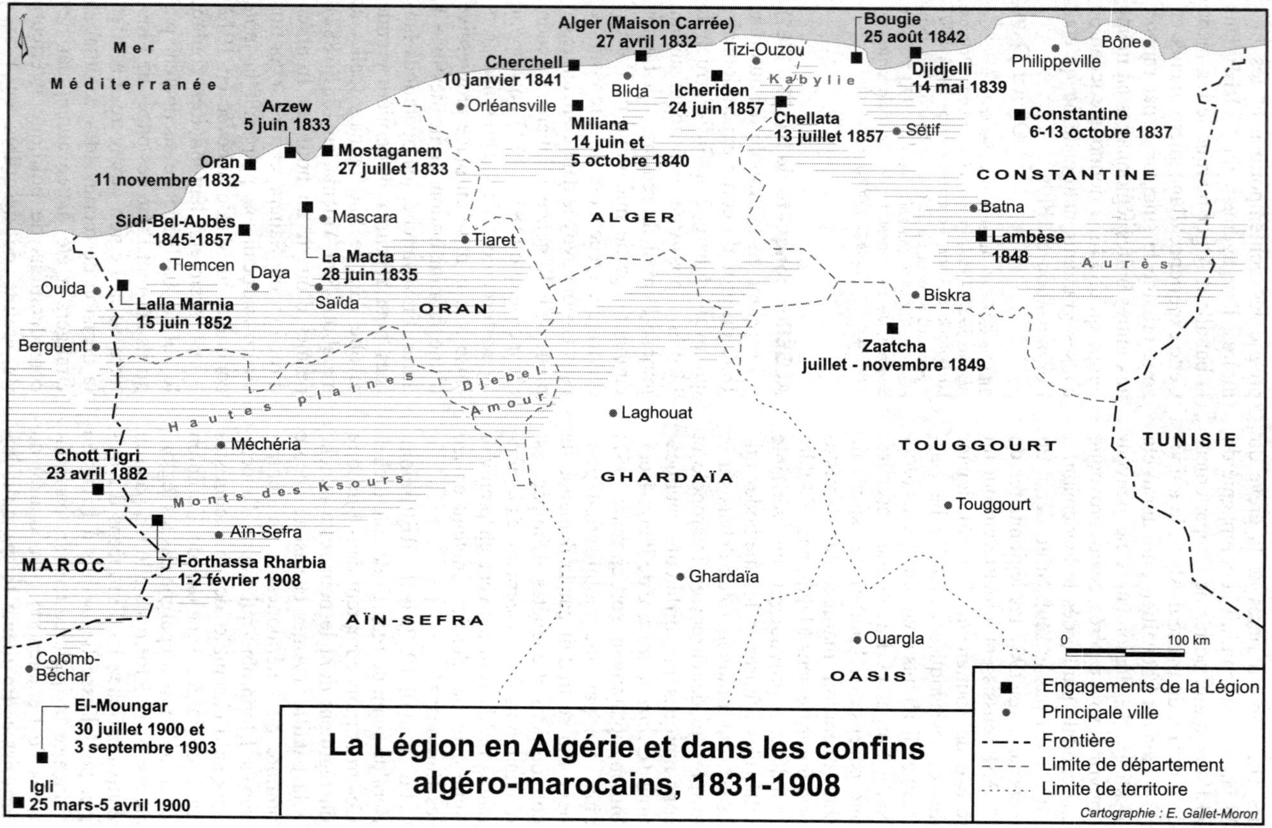

La Légion en Algérie et dans les confins algéro-marocains, 1831-1908

métropolitaine dus à l'arrivée de nombreux réfugiés politiques) que par les besoins de l'armée d'assurer l'occupation (restreinte dans un premier temps) et le contrôle des populations autour des villes de la zone côtière (Oran, Arzew, Mostaganem, Alger, Bougie et Bône). Ces soldats, parfois expérimentés, doivent se soumettre à une discipline qui se durcit après des déconvenues lors des premières épreuves du feu. Malgré de faibles effectifs, qui dépassent rarement 5 000 hommes, le premier défi à relever par la Légion (sous des dénominations diverses) est celui de l'adhésion à un esprit de corps spécifique, seul capable de la distinguer des autres corps de troupe de l'armée d'Afrique à laquelle son sort est étroitement lié. Si l'instruction du « légionnaire » – qui ne sera désigné officiellement sous ce nom qu'en Crimée à la bataille de l'Alma (24 septembre 1854) – ne suffit pas à le faire remarquer dans les premières colonnes, la discipline ainsi que des chefs mieux choisis contribuent à renforcer la cohésion et l'efficacité que l'on attend d'une troupe de métier. Cependant les légionnaires sont souvent employés à des missions d'« intérêt général » : ouvertures de routes, travaux d'assainissement ou constructions de postes et de colonies militaires comme leur future maison mère de Sidi-Bel-Abbès. Leur réputation de bâtisseurs n'est pas usurpée : peu ou prou, les légionnaires tiennent à signaler le passage de la Légion dans tous les territoires où elle intervient comme dans les lieux de garnison, même provisoires ou transitoires.

Mais l'action, maîtresse du ressort – et du moral – des armées, arrache rapidement les hommes à la routine et parfois même à l'ennui de la vie de garnison. Pendant des décennies se succèdent, en alternance avec les travaux, les colonnes dont la mobilité est réduite par les impedimenta et le convoi de ravitaillement pour les fantassins. Les harcèlements de cavaliers prompts aux décrochages disloquent la troupe, lourdement équipée jusqu'au retour du général Bugeaud en 1841, et donc lente à manœuvrer. La troupe en marche est le plus souvent surprise par un adversaire maître d'un terrain qu'il connaît parfaitement. Tout comme ses camarades des autres corps de la jeune armée d'Afrique, le légionnaire n'est pas préparé à la guérilla faite d'embuscades et de harcèlements où l'ordre serré n'est pas approprié au théâtre d'opérations. Toutefois, il va rapidement se montrer à la hauteur de l'enjeu. Après les simples coups de main, le temps des combats plus intenses et de la discipline du feu à la fin des années 1840, vient celui d'un redressement durable avec des officiers de valeur qui font de ces bataillons une troupe solide. Les premières inspections avaient en effet relevé les carences du commandement et l'absence notoire de discipline : parmi les indices retenus, la désertion plus fréquente dans les bataillons étrangers est l'un des sujets de préoccupation des chefs de l'armée d'Afrique naissante.

La conquête. Les légionnaires subissent le baptême du feu le 7 avril 1832 au sud d'Alger. Le premier engagement sérieux près de Maison-Carrée, le 23 mai, est resté célèbre quant à lui en raison de la disparition d'une section et la mort du premier officier, le lieutenant Cham. Dans les années qui suivent, les bataillons nationaux interviennent épisodiquement : dans la province d'Alger à Koléa en septembre 1833, au sein d'une colonne commandée par le colonel Bernelle ; dans la province d'Oran les 26-28 juin 1835 alors que la déroute de la colonne Trézel harcelée par Abd el-Kader dans les marais de la Macta est contenue par les légionnaires qui ne parviennent cependant pas à éviter le repli sur Mostaganem.

La rivalité entre les Italiens du 4e bataillon et les Polonais du 5e bataillon est mise en cause par le commandant de la Légion, le colonel Bernelle, qui décide alors d'amalgamer les unités. La « nouvelle Légion » participe au siège et à la prise de Constantine le 13 octobre 1837 et perd son premier chef de corps, un ancien officier d'Empire, le colonel Combe. La montée en puissance avec le renfort de volontaires espagnols porte le nombre de bataillons à cinq en août 1840. Les légionnaires sont de plus en plus éprouvés par les fièvres (le 4e bataillon compte 61 % de pertes), les marches et les travaux – comme à Miliana assiégée de juin à octobre 1840 –, mais ils n'ont pas cédé aux sirènes de la désertion. L'occupation s'étend vers le sud et l'ouest dans les années 1840 : la Légion s'installe à 80 km au sud-ouest d'Oran, sur le site de Sidi-Bel-Abbès appelé à devenir leur maison mère jusqu'à la fin de la présence française en Algérie. Des faits d'armes remarqués contribuent heureusement à restaurer son prestige dans l'armée d'Afrique après les affaires de désertion du bataillon espagnol au printemps de 1840 qui suscite bon nombre de commentaires dont celui du général de Saint-Arnaud. Le 16 juillet 1849, à Zaatcha, dans l'oasis du même nom, tenue par les Ouled-Sahnoun entraînés dans la révolte par l'ancien caïd, Bou-Ziane, les légionnaires du 2e régiment étranger (RE) subissent un échec lors d'un assaut audacieux mais précipité décidé par leur chef, le bouillant colonel Carbuccia. Le général Herbillon, commandant de l'expédition, ne remet pas en cause le courage et le mérite de la troupe qui est engagée dans le siège de l'oasis (7 octobre-26 novembre) mais retirée sur Biskra le 10 novembre après l'arrivée de nouveaux renforts. Deux ans plus tard, le 1er bataillon et les compagnies d'élite du 3e bataillon du 2e régiment de Légion étrangère se distinguent dans l'expédition contre les tribus kabyles de Philippeville et de Djidjelli commandée par le général de Saint-Arnaud. En effet, si la colonne est surprise le 9 mai 1851 près du col de Fedj Menazel, les légionnaires réussissent à contenir les assauts pendant cinq heures, montrant leur solidité, résultat d'une discipline de feu exemplaire.

Jusqu'à la fin de la guerre franco-allemande (1870-1871), les unités sont dispersées dans l'ouest de l'Algérie ou font partie des renforts destinés aux corps expéditionnaires de Crimée (1854-1856), d'Italie (1859) et du Mexique (1863-1867). Les légionnaires s'enracinent dans l'Oranais, alternent les tournées de police et les travaux qui font leur réputation. La Légion, toutefois, alors en grande partie en France métropolitaine, n'est pas engagée dans la répression de la révolte du bachaga Mokrani en Kabylie entre le 16 mars et le 8 octobre 1871.

Les chefs militaires de la IIIe République ne reviennent pas sur l'éventualité d'une dissolution du (seul) régiment étranger : l'arrivée des jeunes Alsaciens-Lorrains qui refusent de servir le IIe Reich permet son maintien comme force de souveraineté en Algérie. Un demi-siècle après sa création, la relance de la politique d'expansion coloniale par la France donne un nouvel élan au recrutement de volontaires étrangers dans l'armée française.

Ses règles comme ses particularismes distinguent la Légion qui a fait ses preuves lors des guerres européennes et l'expédition du Mexique, complétant son expérience algérienne. On ne saurait trop rappeler le prix payé par les légionnaires dont le sort était loin d'être enviable, au même titre que les soldats de l'armée dite « régulière ». Primes et solde dérisoires, exposition aux épidémies et fièvres de toute sorte, fatigues et service exigeant : les rapports comme les témoignages dignes de foi relèvent l'usure du légionnaire – homme souvent fatigué et vieilli par les campagnes – qui renouvelle rarement son contrat.

André-Paul COMOR

Bibl. : Douglas Porch, *La Légion étrangère, 1831-1962*, Fayard, 1994.

ALGÉRIE, guerre d' (1954-1962). – Le 1er novembre 1954, plus de la moitié des effectifs de la Légion étrangère sont en Indochine et le dépôt commun des régiments étrangers panse les blessures de Diên Biên Phu. En attendant le rapatriement d'Extrême-Orient des régiments, le commandement assure la transition en s'attaquant aux problèmes soulevés par le recrutement, l'instruction et l'emploi d'une troupe usée et fatiguée. En effet, les huit années de combats incessants et meurtriers en Indochine ont creusé les rangs des unités. La tâche n'est donc pas de tout repos. Les séquelles de la guerre – notoirement les désertions en augmentation sensible – comme le nécessaire recomplètement des effectifs vont peser dans les premières mesures adoptées pour redresser la situation. Dès septembre 1954, à l'issue d'une dernière inspection en Indochine, le colonel commandant le groupement autonome de la Légion étrangère (GALE) s'ouvre de ces problèmes au général Ely, commandant en chef et commissaire général en Indochine. La reprise en main devient prioritaire afin de conserver au plus haut degré possible la discipline, l'instruction et la cohésion de la troupe.

Le regroupement en terre africaine. Dans les premiers mois du conflit, le 1er régiment étranger d'infanterie (REI), seul régiment implanté en Algérie, est en mesure de lever un bataillon de marche dépêché dans l'Ouarsenis pour la première mission de maintien de l'ordre. Ses personnels sont en partie issus des compagnies de passage de la maison mère, des pelotons d'élèves gradés et des compagnies d'instruction de Saïda, de Mascara, du Kreider, de Bedeau et de Méchéria. Puis vient le temps du repli et du regroupement des régiments maintenus en Indochine et au Maroc.

Le 15 décembre 1954, le 3e REI, très éprouvé et affecté par une vague de désertions lors de la traversée de la mer Rouge et du canal de Suez, débarque le premier à Alger. Ses quatre bataillons sont aussitôt dirigés vers Djidjelli et Sétif avant d'être engagés dans la région d'Arris. Puis vient le 2e REI, qui rejoint l'Algérie en février 1955. Ses légionnaires « pitonnent » en Petite Kabylie dès juin 1956. Le 1er bataillon étranger de parachutistes (BEP), quant à lui, débarque à Mers el-Kébir le 25 mars 1955. Regroupé dans le Sud constantinois, il est transformé en régiment le 1er septembre suivant.

Les retours se succèdent au cours de cette année 1955 : la 13e demi-brigade de Légion étrangère (DBLE) arrive entre juin et juillet, et est dépêchée dans le Constantinois pour participer au rétablissement de l'ordre après les massacres de Philippeville et d'El-Halia des 20 et 21 août ; le 2e BEP débarque à Oran le 18 novembre – il sera également transformé en corps régimentaire ; pareillement, le 1er régiment étranger de cavalerie (REC) arrive en novembre, et retrouve provisoirement son ancienne garnison de Sousse (Tunisie) abandonnée depuis 1939. Le retour du régiment du Tonkin, le 5e REI, s'échelonne pour sa part de février à avril 1956, alors que la guerre s'est installée dans l'ensemble du territoire algérien, plus particulièrement dans l'Est.

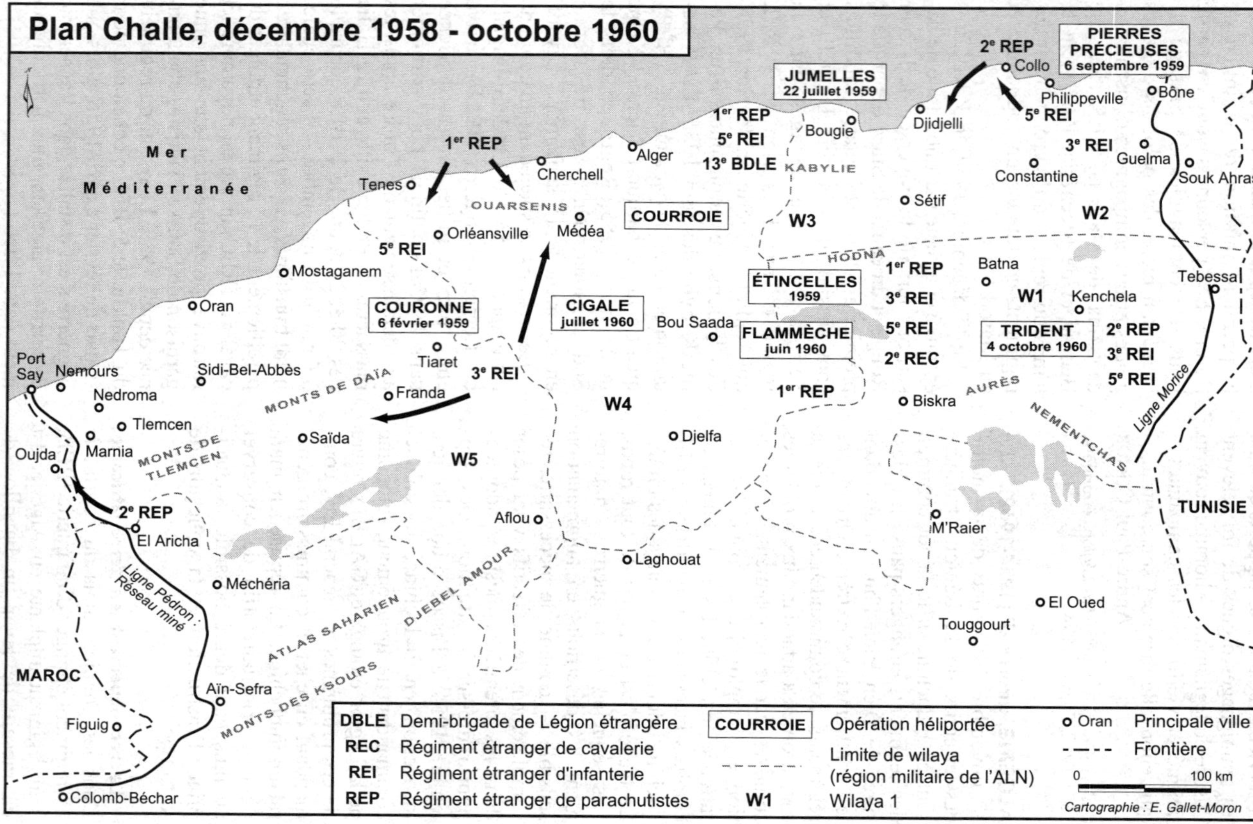
Plan Challe, décembre 1958 - octobre 1960
Mer
Méditerranée
PIERRES PRÉCIEUSES 6 septembre 1959
JUMELLES 22 juillet 1959
COURROIE
CIGALE juillet 1960
COURONNE 6 février 1959
ÉTINCELLES 1959
FLAMMÈCHE juin 1960
TRIDENT 4 octobre 1960
1er REP
2e REP
5e REI
3e REI
13e BDLE
2e REC
W1
W2
W3
W4
W5
KABYLIE
OUARSENIS
HODNA
AURÈS
NEMENTCHAS
MONTS DE DAÏA
MONTS DE TLEMCEN
ATLAS SAHARIEN
DJEBEL AMOUR
MONTS DES KSOURS
Ligne Morice
Ligne Pédron : Réseau miné
MAROC
TUNISIE
Collo
Philippeville
Bône
Djidjelli
Bougie
Alger
Cherchell
Tenes
Médéa
Orléansville
Mostaganem
Oran
Port Say
Nemours
Nedroma
Tlemcen
Marnia
Oujda
Sidi-Bel-Abbès
Tiaret
Franda
Saïda
El Aricha
Méchéria
Aïn-Sefra
Figuig
Colomb-Béchar
Aflou
Laghouat
Djelfa
Bou Saada
Sétif
Constantine
Guelma
Souk Ahras
Tebessa
Batna
Kenchela
Biskra
M'Raier
Touggourt
El Oued
DBLE Demi-brigade de Légion étrangère
REC Régiment étranger de cavalerie
REI Régiment étranger d'infanterie
REP Régiment étranger de parachutistes
COURROIE Opération héliportée
Limite de wilaya (région militaire de l'ALN)
W1 Wilaya 1
Oran Principale ville
Frontière
0 100 km
Cartographie : E. Gallet-Moron

Une seconde phase de regroupement prend place entre octobre 1956 et mars 1957 avec le repli du 2e REC et du 4e REI, le régiment du Maroc qui abandonne, pour le secteur de Tébessa, les garnisons réparties entre Agadir et Midelt au sud et Meknès et Fès au nord. Désormais, la Légion peut aligner en Algérie une dizaine de régiments et trois compagnies sahariennes portées (CSPL) au Sahara, réparties entre Aïn-Sefra (1re CSPL), Laghouat (2e CSPL) et Sebha au Fezzan (3e CSPL).

La transition (1955-1957). Le retour et le redéploiement en Algérie se font dans un climat tendu. Tous les régiments, sans exception, touchés par une baisse sensible du moral relevée par les chefs de corps, ont dû faire face à plusieurs vagues de désertions. Malgré les difficultés du recrutement depuis 1954, le commandement décide de renforcer le dispositif de filtrage et de procéder à la radiation des engagés volontaires fichés selon la « cotation du degré de nocivité ». Ce fichage permet de prévenir certaines désertions par un contrôle renforcé des candidats à l'engagement dont le passé est jugé compromettant ou dangereux pour l'institution.

La Légion retrouve sa physionomie de l'après-Seconde Guerre mondiale avec une proportion élevée d'Allemands – 50 % au plus fort du conflit. Le rajeunissement de la troupe constitue par ailleurs un atout dans le type de guerre à mener en Algérie qui impose une préparation physique intense. Aussi la durée de l'instruction portée à vingt semaines permet-elle une meilleure prise en main de l'engagé. Le renforcement de la discipline assure de surcroît une plus grande cohésion au sein d'une troupe rajeunie, soumise aux influences extérieures et aux appels à la désertion. Le redressement est assuré en grande partie par l'amélioration de l'encadrement, notamment en sous-officiers plus dynamiques, afin de compenser le déficit en officiers. Les « anciens » quant à eux font naturellement bénéficier les jeunes recrues de leur expérience indochinoise et les préparent au combat rapproché et au tir d'instinct. À la fin de l'année 1957, la réorganisation des régiments est pratiquement achevée et ouvre la voie aux innovations tactiques attendues tant à Alger que parmi les officiers, impatients d'en découdre avec les *moudjahidin* de plus en plus entreprenants. À noter qu'en août 1958 les régiments de la Légion étrangère représentent moins de 5 % des effectifs de l'armée de terre engagés dans cette guerre qui pourtant les concerne plus particulièrement en raison de leur attachement à la terre algérienne. Le défi pour la Légion est ainsi à la mesure de l'enjeu du conflit qui implique toute l'armée française.

Le redressement : 1958-1960. Tous les régiments ne sont naturellement pas logés à la même enseigne, et deux, de création récente, se détachent du lot : les 1er et 2e REP, désormais unités « interarmées » avec un effectif théorique de 1 200 hommes et rattachés pour emploi à la 10e et à la 25e division parachutiste (DP) créées en juillet 1956. Les parachutistes légionnaires ravissent dès lors la vedette aux autres régiments, d'autant que le 1er REP fait l'expérience de la guerre urbaine au sein de la 10e DP lors de la bataille d'Alger, de janvier à mars et d'août à octobre 1957. La recherche du renseignement devient une tâche prioritaire confiée à des soldats pourtant peu préparés aux missions de police. Quoi qu'il en soit, le lieutenant-colonel Jeanpierre exige de ses subordonnés autant d'efficacité que dans le djebel. À cet égard, l'arrestation de Yacef Saadi le 24 septembre comme la mort d'Ali la Pointe le 8 octobre dans l'explosion de la cache de la Casbah où il s'abritait comblent ses attentes et rehaussent encore le prestige du 1er REP. D'autres missions attendent les deux REP, l'Armée de libération nationale lançant en effet dans la « bataille des frontières » des katibas bien équipées et mieux encadrées pour forcer les barrages entre décembre 1957 et mai 1958. Bientôt, le 2e REP, familiarisé avec un terrain difficile qui constitue sa zone d'activité – la presqu'île de Collo, la région de Philippeville et des Aurès –, est bien préparé à subir le choc.

Pendant six mois, de part et d'autre des lignes Morice (frontière algéro-tunisienne) et Pédron (frontière algéro-marocaine), quatre régiments de Légion dont les 3e et 4e REI, en tant que troupes de secteur, vont tester leurs capacités d'adaptation à la nouvelle forme de guerre. Au plus fort de l'offensive, entre avril et mai 1958, le 1er REP perd malheureusement son chef, le lieutenant-colonel Jeanpierre, *alias* « Soleil » (son nom de code radio), tué le 29 mai au cours de la manœuvre qu'il dirige à partir de son hélicoptère Alouette. Les impressionnants « tableaux de chasse » du 1er REP témoignent rapidement de l'engagement des légionnaires, de la pugnacité de l'adversaire mais aussi d'un style de commandement qui suscite des réserves parmi les officiers éprouvés par le rythme imposé. Les efforts de l'inspection technique de la Légion étrangère (ITLE) et de son chef, le général Gardy, pour une sélection plus sévère des candidats à l'engagement et une instruction plus poussée, donnent les résultats attendus. Désormais, les engagés volontaires sont préparés au combat au cours de l'instruction par insertion dans les unités engagées dans les opérations de secteurs autour de Sidi-Bel-Abbès. Aussi le général Salan, gagné aux thèses de la « jeune armée », se résout-il à une réorganisation des unités insuffisamment manœuvrières. Pour la Légion, l'attention se porte dans un premier temps sur les 3e et 5e REI et sur la 13e DBLE. Il est alors décidé d'y abandonner le modèle d'unité dit « TED 107 » (tableau d'effectifs et dotations), trop lourd. Restent sur la sellette les deux régiments d'infanterie portée, les 2e et 4e REI, qui sont transformés en groupements de compagnies portées pour répondre à la tactique retenue par Alger. Quant aux deux régiments de cavalerie, les 1er et 2e REC, ils perçoivent un matériel moderne, les engins blindés de reconnaissance (EBR), plus adapté au théâtre d'opérations. Ces régiments de secteur et/ou affectés aux missions ingrates et peu glorieuses de la « herse » subissent des pertes relativement élevées, eu égard à l'importance des engagements, et souffrent du sort qui leur est réservé au profit des unités des « réserves générales » mises sur pied en décembre 1958 par le général Challe à son arrivée à Alger. Ils ne supportent pas d'être cantonnés à une guerre défensive, qui ne peut convenir aux légionnaires, et l'esprit de corps en pâtit. Au dédain parfois affiché par leurs camarades plus chanceux s'ajoute une relative désaffection de l'inspection à leur égard. La reprise en main, cependant, se traduit par une accalmie sur le front des désertions dont le taux diminue sensiblement – par ailleurs les défections touchent les jeunes engagés à l'instruction, rarement des légionnaires blanchis sous le harnais.

Six des dix régiments de Légion sont alternativement engagés dans les grandes opérations de contre-guérilla entre février 1959 et octobre 1960. Le 5e REI et le 2e REP sont de l'opération « Couronne » dans l'Ouarsenis en février 1959 pour neutraliser les zones refuges d'Oranie ; le 1er REP, les 3e et 5e REI ainsi que la 13e DBLE, de la grande opération « Jumelles » commandée directement par Challe entre juillet et octobre pour détruire le potentiel militaire de la wilaya 3 en Kabylie – et dans le massif du Hodna, sauf la 13e DBLE, pour poursuivre les katibas : c'est l'opération « Étincelles ». Entre-temps, « Pierres précieuses », dans le Constantinois, permet dès le 6 septembre au 2e REP, plus tardivement aux 3e et 5e REI, de se distinguer jusqu'en août 1960. Sans aucun répit, les légionnaires, toujours sur la brèche, sont appelés dans les dernières offensives de la guerre : « Courroie » et « Flammèche » dans le Sud autour de Djelfa et Biskra avec le 1er REP et le 2e REC en juin 1960, « Trident » enfin en octobre de la même année dans la région de Khenchela avec le 2e REP et les 3e et 5e REI. L'Atlas saharien n'est pas négligé : déjà, en décembre 1957 et janvier 1958, le 1er REP avait été engagé au côté de la 4e CSPL entre Touggourt et Laghouat. Les autres compagnies sahariennes remplissent les missions de surveillance des secteurs qui leur sont assignées, réussissant à accrocher et à neutraliser des éléments infiltrés ou de passage.

La tentation politique (1961-1962). La manifestation publique de désaccord avec la politique du gouvernement émanant du chef de corps du 1er REP, entre le 6 et le 8 décembre 1960, est le premier signe de l'engagement « partisan » de la majorité des cadres du régiment. Toutefois, l'équipée burlesque et quelque peu rocambolesque du colonel Dufour ne fait pas l'unanimité parmi ses camarades pour lesquels l'unité de la Légion doit être préservée. Un mois plus tard, à la veille du référendum sur l'Algérie, un nouvel incident survient le 7 janvier 1961 sur la ligne Morice : trois commandants de compagnie refusent de répondre à l'ordre d'opération pour le lendemain et restent au bivouac.

La participation de plusieurs régiments de la Légion à la révolte des généraux entre le 21 et le 25 avril secoue la vénérable institution dans ses profondeurs et met en péril son unité. Des officiers de Légion, et non des moindres, jouent un rôle central dans la préparation comme l'exécution du coup de force d'Alger. Toutefois le colonel Brothier – qui a commandé le 1er REP –, approché à Bel-Abbès par le général Gardy, tergiverse mais ne cède pas. Pour les plus anciens, le souvenir des affrontements fratricides lors de la guerre de Syrie entre juin et juillet 1941 est encore trop frais dans les mémoires. La tentation prétorienne rejetée par la majorité, la reprise en main de la troupe se fait dans la discrétion. La dissolution du 1er REP – ainsi que des trois autres unités en pointe du coup de force d'Alger, les 14e et 18e régiments de chasseurs parachutistes et le groupement des commandos de l'air – le 30 avril, jour anniversaire de la bataille de Camerone, ne donne lieu à aucune manifestation particulière. Le ralliement des unités était en grande partie suspendu à l'évolution du mouvement, et force est de constater que les attentistes – ou légalistes – ont sans aucun doute réussi à éviter la disparition de la Légion tout entière. Cependant, quelques officiers, sous-officiers et légionnaires désertent et choisissent d'entrer dans la clandestinité au sein de l'Organisation armée secrète (OAS). L'ingérence politique manifeste était le fait d'un petit nombre : 21 officiers directement impliqués, moins de 50 sanctionnés sur plus de 620 au tableau d'effectifs. La menace de dissolution écartée, les sanctions tombent mais la discipline est aussitôt rétablie. Pour autant, si les légionnaires repartent apparemment sans états d'âme, le cœur n'y est plus. Le moral est au plus bas, les désertions reprennent : l'inaction, l'absence de perspectives pour un légionnaire qui veut bouger et ne déteste rien plus que la caserne et les corvées expliquent bien des départs. Le redéploiement des régiments dans le Sud algérien ne laisse que peu de choix au légionnaire en fin de contrat. L'indépendance de l'Algérie sonne le glas de la présence française en Algérie, notamment celle de la Légion.

Le 25 octobre 1962 le dernier détachement du 1er régiment étranger quitte la ville après une dernière veillée aux flambeaux dans la cour du quartier Vienot. L'institution tire les leçons d'une expérience politico-militaire en s'insérant de plain-pied et sans arrière-pensée dans la nouvelle armée. La page tournée, malgré une épuration sans précédent depuis la Seconde Guerre mondiale, le ministre des Armées donne leur chance aux officiers pour faire des régiments étrangers le fer de lance des forces d'intervention en voie de formation.

André-Paul COMOR

• *Voir aussi* : Frontières, bataille des ; Putsch des généraux.

Sources : DHPLE, JMO des 1er et 2e REP, 1er, 2e, 3e, 4e REI, 1er et 2e REC, 13e DBLE.

Bibl. : André-Paul Comor, « Les officiers de la Légion étrangère et la tentation politique ? », dans Jean-Charles Jauffret (dir.), *Des hommes et des femmes en guerre d'Algérie*, Autrement, 2003, p. 476-493 • *Id.*, « La Légion étrangère dans la guerre d'Algérie 1954-1962 », *Guerres mondiales et conflits contemporains*, n° 237, janvier-mars 2010.

ALLEMAGNE, la Légion étrangère et l' (1870-1962). – La Légion étrangère a fasciné l'Allemagne pendant le siècle qui coïncide avec les grands affrontements avec la France, au point de déclencher des tensions hors de proportion avec les enjeux représentés par cette troupe bien peu nombreuse mais attractive pour une certaine frange de la jeunesse d'outre-Rhin. Au début du XXe siècle, les passions se déchaînent : les spéculations les plus insensées sur les méthodes de recrutement et le nombre d'engagés ou sur la discipline en vigueur dans les régiments étrangers circulent dans l'Empire allemand. La question revêt une importance particulière dès lors que les responsables politiques et les autorités militaires estiment qu'elle peut être soulevée à des fins de politique intérieure ou de politique étrangère. C'est ainsi que se dégagent quatre périodes pendant lesquelles la Légion a pu mobiliser des énergies dans les milieux nationalistes, les états-majors politiques et chez les publicistes toujours prêts à déclencher – parfois sur ordre – des campagnes de presse.

1871-1914 : les rivalités coloniales. Jusqu'en 1900, le refus de nombreux Alsaciens et Lorrains des départements annexés de servir dans l'armée impériale suscite les premiers incidents avec le gouvernement français, qui accepte de les engager à titre étranger. Ainsi le chancelier Bismarck accorde-t-il une certaine importance à la reprise du recrutement allemand dans la Légion étrangère, notamment après le dédoublement du 1er régiment étranger en 1884, l'une des conséquences de la reprise de l'expansion coloniale (Tunisie, Tonkin). Mais les critiques les plus sévères proviennent des cercles nationalistes et pangermanistes qui vont se manifester bruyamment. L'Union pangermaniste fondée en 1892 et l'Association de défense allemande lancent des campagnes destinées à discréditer la politique militaire de la France, accusée de recruter des mineurs dans l'Empire. Cependant, la question marocaine est à l'origine de nouvelles tensions entre les deux pays.

Les années 1905-1913 sont en effet marquées par des incidents qui mettent en vedette la Légion, le plus souvent en rapport avec des affaires de désertion tant en Algérie qu'au Maroc où les agents du Reich se montrent très actifs. L'émotion est à son comble après l'affaire de Tanger (31 mars 1905) et le débarquement à Casablanca en août 1907 du corps expéditionnaire français. En septembre 1908, la tentative avortée de désertion de cinq légionnaires – dont trois de nationalité allemande – provoque une crise diplomatique et *in fine* la reculade de l'Allemagne au grand dam des pangermanistes, ulcérés par le recours à l'arbitrage de la cour internationale de La Haye. Les passions se déchaînent et l'opinion publique allemande est ébranlée par la publicité faite autour de nombreuses publications sur la Légion, les campagnes d'affichage et les représentations théâtrales qui dénoncent les mauvais traitements subis par les légionnaires. La Grande Guerre fait passer au second plan la question de la Légion étrangère et met un terme aux campagnes de presse.

1919-1933 : La république de Weimar. La défaite du IIe Reich et l'occupation de la Rhénanie vont faire resurgir le débat dans un pays en crise dont l'armée est réduite à 100 000 hommes. Les chefs militaires de la Reichswehr, l'armée « croupion » autorisée par le traité de Versailles, s'inquiètent des facilités accordées à la France pour recruter des volontaires en Allemagne. Entre 1920 et 1930, les postes ouverts par l'armée française sont pris d'assaut par d'anciens soldats ou de jeunes chômeurs. Les nouvelles tentatives pour discréditer l'armée française en général et la Légion en particulier ont alors peu d'effet. Les campagnes s'avèrent contre-productives malgré l'emploi de gros moyens dont le film de propagande qui occupe une place de choix.

1939-1945 : La lutte ouverte. L'arrivée au pouvoir du nouveau chancelier le 30 janvier 1933 sonne l'heure des grands bouleversements politiques, sociaux et économiques ainsi que celle du durcissement de la position officielle à l'égard de la Légion. Les nazis en effet ne se contentent pas de réactiver la propagande des partisans de la révision du traité de Versailles et d'autres mouvements nationalistes. Alors que l'Empire et la république de Weimar ne pouvaient que dissuader des jeunes à l'engagement, le nouveau régime fait donner la Gestapo. Toute allusion à la Légion est désormais prohibée ; un arsenal juridique répressif adapté est mis en place pour tarir le recrutement allemand dans la Légion étrangère. Dès avril 1933, de surcroît, un camp de concentration est ouvert à Kislau dans le pays de Bade pour accueillir les légionnaires en fin de contrat afin de « faciliter » leur retour dans la mère patrie. Ils font l'objet d'une surveillance étroite de la part de la Gestapo quand ils ne sont pas exclus de la société, parfois même réduits à la mendicité. Ces mesures répressives ne parviennent cependant pas à empêcher de jeunes Allemands de se réfugier dans les régiments étrangers. Au printemps 1939, la législation est encore durcie avec la décision de retirer la nationalité allemande aux légionnaires. La défaite de la France en juin 1940 change provisoirement la donne : le IIIe Reich pense donner le coup de grâce avec l'application des conventions d'armistice et les commissions chargées de veiller à leur application en Afrique du Nord. Les demandes de rapatriements de légionnaires allemands et autrichiens sont en partie honorées par la France. Dans un premier temps, ces « rapatriés » – sous surveillance étroite – ne sont pas incorporés dans des unités combattantes. Les états de service des anciens légionnaires connus pour avoir affiché en Afrique du Nord leurs sympathies sont suffisants pour autoriser leur emploi dans une unité créée au sein d'une unité spéciale, le 361e Infanterie Regiment de la 90e Leichte Division de l'Afrika Korps, engagée contre les Anglais et les Forces françaises libres sur le théâtre libyen, notamment lors de la bataille de Bir Hakeim (26 mai-11 juin 1942). En 1943, la question de la relève des personnels devenant de plus en plus préoccupante, et la plupart des légionnaires se comportant bien au feu (du côté allemand), les nationaux-socialistes lèvent les restrictions relatives à l'engagement d'anciens légionnaires mais uniquement pour les formations devant faire leurs preuves.

1945-1965 : Vers l'apaisement. En 1945, les autorités allemandes ne sont pas en mesure de s'opposer au recrutement des anciens soldats ou de prisonniers. Pendant près de deux décennies, qui correspondent aux guerres d'Indochine et d'Algérie, des milliers de jeunes gens n'hésitent pas à braver les avertissements ou les interdictions en se présentant aux bureaux de recrutement de la zone d'occupation française, dans le sud-ouest de l'Allemagne (ces bureaux ne ferment qu'en 1955 lorsque la République fédérale recouvre la souveraineté nationale par les traités de Paris, le 23 octobre 1954). Ces jeunes volontaires sont issus souvent de familles de réfugiés ou d'expulsés des provinces allemandes de l'Est, annexées par les Soviétiques et les Polonais. Déracinés par la guerre, ils ont des difficultés à s'intégrer dans le marché du travail des zones d'occupation occidentales. À partir de 1950, l'opinion publique est à nouveau fortement sensibilisée au fait que nombre d'Allemands servent dans la Légion ou cherchent à y entrer.

En République fédérale, la discussion est moins le fait du gouvernement que celui des médias indépendants, avides souvent d'informations à sensation, ainsi que du Parti social-démocrate d'Allemagne (SPD) alors dans l'opposition. En 1953-1954, les discussions culminent dans le cadre de la Communauté européenne de défense. Elles retombent toutefois rapidement avec la fin du statut d'occupation en mai 1955. Jusqu'à cette date, le recrutement pour la Légion a lieu directement sur le territoire allemand, un héritage de la politique d'occupation pratiquée par la France qui ne semble plus être en phase avec l'ère nouvelle de coopération franco-allemande. Le gouvernement fédéral cherche cependant à minimiser cette question pour ne pas brusquer la France et ainsi mettre en péril l'intégration politique et militaire de l'Allemagne fédérale dans le camp occidental – associée à la reconnaissance de la souveraineté nationale, objectif qu'il estime prioritaire dans le contexte de la guerre froide.

En outre, le gouvernement du chancelier Adenauer, qui n'est pas en position de force, cherche le soutien de Paris à partir de 1953 dans les crises de Berlin. Il est mieux disposé à l'égard de la France, prêt à ne pas aborder les problèmes qui fâchent comme la question épineuse des jeunes Allemands engagés dans la Légion, plus particulièrement les nombreux mineurs, âgés de moins de vingt et un ans. Le SPD en revanche juge sévèrement la position du gouvernement qui met en péril les intérêts allemands dans le tiers-monde en soutenant la France lors des débats de l'ONU sur la question algérienne.

De son côté, la RDA s'approprie la thématique de la Légion pendant les guerres d'Indochine et d'Algérie lors de campagnes officielles qui cherchent à présenter Bonn comme le bras armé de cet impérialisme américain et français qui, prétend-elle, non seulement n'entreprendrait rien contre l'engagement d'Allemands face à des mouvements de libération en Indochine ou en Afrique du Nord, mais encore y pousserait. Par là même, Berlin-Est cherche à se présenter auprès des États asiatiques et africains émergents comme la « meilleure » Allemagne, nettement engagée dans la lutte contre le colonialisme. La RDA cherche avant tout à rompre son isolement diplomatique, tout au moins dans le tiers-monde naissant.

À l'inverse, la position trop souple du gouvernement fédéral sur la question de la Légion est perçue par le SPD comme un signe de faiblesse et un manque d'ambition en politique étrangère de la part des chrétiens-démocrates au pouvoir depuis 1949. La France reste un partenaire privilégié en dépit du contentieux qui ne doit pas faire obstacle au rapprochement voulu par les responsables politiques des deux pays. La fin de la guerre d'Algérie, la réduction sensible des effectifs de la Légion qui s'ensuit ainsi que l'approfondissement des relations franco-allemandes à la suite du traité de l'Élysée (22 janvier 1963) mettent fin à cette discorde remontant à la fin du XIXe siècle.

Eckard MICHELS
(traduit de l'allemand
par Jean-Luc SUSINI)

Bibl. : Jean-Paul Cahn et Klaus-Jürgen Müller, *La République fédérale d'Allemagne et la guerre d'Algérie, 1954-1962*, Le Félin, 2003 • Eckard Michels, *Deutsche in der Fremdenlegion 1870-1965 : Mythen und Realitäten*, Paderborn, Schöningh Verlag, 2006.

ALLEMANDS, volontaires. – Le recrutement allemand est resté élevé entre la création de la Légion étrangère et la fin de la guerre d'Algérie. Traditionnel, constant – en dépit des aléas de la politique militaire de la France –, indispensable pour remplir les tableaux d'effectifs mais aussi particulièrement prisé par le commandement, il n'a cessé de poser des problèmes nés d'un paradoxe, voire d'une ambiguïté que les historiens ont rarement relevée. Les archives françaises révèlent certaines des questions soulevées, de manière récurrente, par l'appel aux germanophones en général et aux Allemands en particulier. Des études récentes en Allemagne mettent aussi en lumière la nature particulière des relations entretenues avec la France autour de la Légion étrangère. Depuis l'unité de l'Allemagne, les considérations de politique extérieure ont souvent prévalu et provoqué dans les deux pays des tensions et des crises, de la reprise de l'expansion coloniale à la fin du XIXe siècle aux guerres de décolonisation du XXe siècle.

Jusqu'en 1870, les nationaux en provenance des États de l'ouest et du sud de l'Allemagne (Bade, Wurtemberg et Bavière), attirés par le mirage africain ou poussés par la nécessité, s'engagent sans aucune difficulté dans les bureaux de recrutement de l'est de la France. Avec les Suisses et les Belges, ils représentent le contingent sur lequel la Légion peut compter en raison de leurs aptitudes et de leur sens de la discipline, particulièrement appréciés des officiers français. On ne dispose malheureusement pas d'états permettant de chiffrer avec exactitude les effectifs pour la période. La guerre de 1870 et le nouveau rapport des forces né de l'unification de l'Allemagne pouvaient tarir cette source de recrutement, qui devient désormais une pomme de discorde entre la France de la « revanche » et l'Allemagne inquiète du redressement comme de la politique étrangère du vaincu de 1871. Mais, de 1880, date à laquelle le recrutement allemand est à nouveau autorisé, jusqu'à la Première Guerre mondiale, les volontaires d'outre-Rhin n'hésitent pas à braver les autorités et une opinion publique influencée par les campagnes lancées par les ligues pangermanistes et coloniales. Le recrutement allemand est alors à la fois un enjeu international et un défi permanent pour le commandement français. Insupportable aux militaires allemands comme aux pangermanistes, il est cependant considéré par certains officiers français comme dangereux. À la suite de l'affaire des déserteurs de Casablanca, qui a fait grand bruit et inquiété les dirigeants des deux pays, et de la tentative de détournement d'un train à Aïn-el-Hadjar à quelque temps de là, les responsables militaires s'interrogent en effet sur l'opportunité de réduire ce recrutement allemand. En 1909, le pourcentage des légionnaires allemands au 1er régiment étranger (RE) – 22 % – est à rapprocher de celui des Français – 25 % – et des Alsaciens-Lorrains – 11 %.

Pendant la Première Guerre mondiale, le gouvernement français applique à la lettre la convention de La Haye (article 23, chapitre I, 1re section, annexe 4) du 18 octobre 1907 qui stipule l'interdiction faite « à un belligérant [de] forcer les nationaux de la partie adverse à prendre part aux opérations de guerre dirigées contre leur pays, même dans le cas où ils auraient été à son service avant le commencement de la guerre ». Dans le cadre général des mesures préventives prises par le haut commandement pour maintenir la cohésion et le moral des unités, des camps d'internement sont ouverts pour certains des légionnaires originaires des empires centraux. Les hommes dont la conduite n'a pas été jugée exemplaire sont dirigés vers Saint-Affrique, Rochefort et Saint-Michel de Frigolet. En revanche, les bons sujets sont regroupés dans les bataillons des deux régiments de marche (1er régiment de marche, ou RM, du 1er RE et 1er RM du 2e RE) mis sur pied à la demande du général Lyautey pour assurer la sécurité du protectorat dégarni de ses troupes dépêchées sur le front français. Il convient de rappeler que 2 965 Austro-Allemands et Ottomans ont contracté un engagement volontaire pour la durée de la guerre (EVDG) entre le décret du 3 août 1914 et le 1er juin 1915. De plus, la loi du 16 août 1915, en s'appuyant sur l'article 3 de la loi du 5 août 1914, autorise ceux qui le souhaitent à servir dans un régiment français. Une cinquantaine d'Austro-Allemands EVDG témoignent de leur fidélité à la France en optant pour cette solution.

La défaite des empires centraux et le traité de Versailles ont entraîné sur les routes de l'exil un certain nombre d'anciens soldats désœuvrés et désorientés par l'évolution de leur pays. Pour certains, la Légion au Maroc offre l'occasion de porter à nouveau les armes, sans états d'âme, au service de l'ancien ennemi. Dès 1918, Lyautey réclame en effet des renforts, et le chef du cabinet militaire de Clemenceau, le général Mordacq (ancien officier de Légion), se montre favorable au recrutement de volontaires en Allemagne et dans l'ancien empire austro-hongrois. C'est ainsi qu'en novembre 1919 Mordacq n'hésite pas à envoyer des officiers à Vienne (capitaine Tscharner) et à Budapest (lieutenant Wolokoff) – missions toutefois écourtées en raison des réactions des responsables politiques des deux pays (celle à Berlin réclamée par Lyautey n'est pas acceptée en raison de l'état des relations avec la république de Weimar qui a du mal à accepter le « diktat » de Versailles réduisant son armée à 100 000 professionnels).

La décision de créer de nouveaux régiments permet de faire un large appel aux Allemands, appel facilité par la présence de forces d'occupation en Rhénanie de 1919 à la fin juin 1930 (évacuation de la troisième zone rhénane de Mayence). Entre 1924 et 1937, la part d'engagés volontaires originaires d'Allemagne s'élève à 50 %, soit

9 439 sur un total de 18 929 recensés par les services. Élevé entre 1929 et 1934 (40 % à 37 %), ce recrutement diminue jusqu'en 1938 en raison des mesures prises par les autorités du IIIe Reich. Entre 1933 et 1938, par l'effet conjoint du redressement de l'économie allemande et d'une intense propagande contre la Légion associée à des dispositions visant à discréditer et à diaboliser les anciens légionnaires, la part moyenne d'engagés allemands diminue jusqu'à atteindre 11,47 % en 1938, alors qu'affluent les Autrichiens et les Tchécoslovaques fuyant les persécutions nazies. Le service d'immatriculation de la Légion étrangère (SIL) assure alors une surveillance étroite des engagés volontaires contactés par des agents nazis au Maroc et par des pasteurs protestants en Algérie. Il en est de même pour les communistes et anciens spartakistes.

Avant même le déclenchement de la Seconde Guerre mondiale, le gouvernement prend des dispositions pour protéger les légionnaires originaires du IIIe Reich mais aussi pour éviter de mettre en péril la cohésion des unités. Cependant, dès octobre 1939, les camps de concentration de la Petite Roquette (Paris), du Vernet (Ariège), de Rieucros (Lozère) et des Milles (Bouches-du-Rhône) reçoivent les anciens légionnaires allemands et autrichiens résidant en métropole dont le sort est réglé par une « commission interministérielle permanente de criblage ». Des libérations sont prononcées sur intervention de certaines personnalités, des vétérans contractent un engagement pour la durée de la guerre, d'autres restent internés jusqu'à l'invasion de la zone libre en novembre 1942. Entre l'armistice du 22 juin 1940 et le débarquement anglo-américain du 8 novembre 1942, les responsables du régime de Vichy cherchent à régler le problème posé par les légionnaires allemands qui réclament le rapatriement dans leur pays. À cet égard, dans une dépêche adressée au 19e corps d'armée à Alger, le 2 octobre 1940, le secrétariat à la Guerre précise que « c'est de son plein gré dans l'intérêt de son moral et non en exécution d'une clause de l'armistice, que la France a été amenée à proposer au Reich la remise de 220 légionnaires dont le contrat était expiré ou en cours de résiliation et désireux d'être rapatriés en Allemagne ». Parmi eux, certains reprennent du service dans la Wehrmacht et font campagne dans l'Afrika Korps jusqu'en mai 1943. En revanche, la Légion assure la protection des engagés recherchés par les commissions d'armistice, notamment en les éloignant d'Afrique du Nord.

Mais les premiers engagements de volontaires allemands reprennent en Afrique du Nord quelques mois après la capitulation en Tunisie des forces de l'Axe, le 12 mai 1943. Les premières directives pour les postes recruteurs seront diffusées dès le 7 novembre 1943. Les camps de prisonniers visités par les officiers de Légion permettent de compléter les effectifs pendant les derniers mois de la guerre et de créer les premières formations en partance pour l'Indochine. Dans la zone française d'occupation en Allemagne (et en Autriche), le recrutement reprend comme aux lendemains de la Grande Guerre et, jusqu'en 1950, la Légion fait campagne et recrute au point de provoquer de vives réactions des autorités allemandes. Les incidents se multiplient, en effet, alors que se mettent en place les nouvelles institutions de la République fédérale et le lancement, à quelques mois de distance, du projet de coopération européenne du ministre des Affaires étrangères Robert Schuman (9 mai 1950) et de celui de René Pleven concernant la défense de l'Europe (la future Communauté européenne de défense). Cependant l'attirance d'une partie de la jeunesse allemande pour la Légion ne faiblit pas jusqu'à la fin des années 1950. Ainsi le dépôt commun des régiments étrangers de même que le groupement autonome de la Légion sont-ils contraints d'enfreindre la règle du non-dépassement de 30 % d'engagés de la même nationalité. Au 2e régiment étranger de cavalerie, en mai 1951, 43 % des légionnaires sont allemands ; il en est de même au 2e régiment étranger d'infanterie. Jeunes, voire très jeunes – l'âge médian ne dépasse pas vingt-trois ans pendant toute la période –, ces volontaires viennent d'horizons disparates.

À la fin de la Seconde Guerre mondiale se côtoient des prisonniers de la Wehrmacht et des SS qui ont réussi à tromper la vigilance des officiers du SIL, des anciens des Jeunesses hitlériennes et des jeunes sans ressources. Au milieu des années 1950, à l'heure du « miracle allemand », les campagnes contre la Légion sont contreproductives : de très jeunes hommes n'hésitent pas à braver les interdictions et s'engagent après – et malgré – la défaite de Diên Biên Phu. Pendant la guerre d'Algérie, les rangs de la Légion comptent encore de nombreux Allemands au grand dépit des gouvernements de la RFA et de la RDA. Entre 1961 et 1963, la Légion perd cette source de recrutement qui, au cours du long débat sur la Communauté européenne de défense, avait suscité ce commentaire du général de Larminat, favorable au rapprochement franco-allemand : « Se figure-t-on que c'est par supercherie et truquage que la Légion étrangère française est l'une des premières du monde, alors qu'elle repose essentiellement sur l'alliage franco-allemand ? Microcosme peut-être ; mais quand un tel alliage résiste au feu comme il résiste depuis un siècle, l'on peut admettre qu'il y a des bases autres que le hasard, l'intérêt, le goût de l'aventure. » La réconciliation voulue par le général de Gaulle, scellée par la signature du traité de l'Élysée le 22 janvier 1963, marque aussi la fin du contentieux sur la Légion étrangère – parfois qualifiée de légion franco-allemande – qui avait empoisonné les relations entre les deux pays pendant un siècle.

André-Paul COMOR

Sources : SHD-Terre, 3H 93, 3H 259 et 262, 3U.
Bibl. : Edgar de Larminat, *L'Armée européenne*, Berger-Levrault, 1952, préface de René Pleven • Alexis Neviaski, *Képi blanc, casque d'acier et chemise brune. Une tentative subversive vue par les archives françaises*, thèse (non publiée) soutenue sous la direction de Jacques Frémeaux, Paris-IV Sorbonne, juin 2009.

ALMA, bataille de l' (20 septembre 1854). – La bataille de l'Alma est la première bataille opposant des armées modernes dans laquelle un détachement de Légion étrangère est intervenu : il s'agit d'un bataillon de marche commandé par le chef de bataillon Nayral et formé de quatre compagnies de grenadiers et de quatre compagnies de voltigeurs venant des deux régiments.

Les armées française et anglaise débarquent en Crimée le 14 septembre 1854 et aménagent aussitôt le camp qui leur servira de base d'opération. À partir du 19, elles marchent à l'ennemi et le découvrent rangé en bataille sur un plateau dominant la vallée de l'Alma. La bataille s'engage le lendemain en fin de matinée.

L'infanterie française franchit l'Alma, pose ses sacs à terre et se rue à l'assaut du plateau. La conduite du combat échappe aux généraux et aux officiers supérieurs. Indifférent à l'agitation qui l'entoure, le bataillon de Légion manœuvre comme à l'exercice, prend pied sur le plateau et couvre la mise en batterie de l'artillerie. Celle-ci intervient sans tarder. Timoré et peu manœuvrier, le commandant de l'armée russe ne saisit pas l'occasion offerte par la confusion régnant dans le camp français pour contre-attaquer. Sans doute est-il impressionné par la résistance que les légionnaires opposent à plusieurs bataillons russes. À 17 heures, les Russes se replient, laissant les forces franco-britanniques maîtresses du terrain.

Le 20 septembre 1854, la Légion a réussi un « examen de passage ». Elle était considérée comme une force de souveraineté tout juste apte à combattre une guérilla et à réaliser de grands travaux. Ayant servi d'exemple aux meilleurs, elle est désormais jugée capable de combattre efficacement dans une guerre européenne.

Henry DUTAILLY

ALSACIENS-LORRAINS. – « La Légion étrangère est la plus belle troupe que je connaisse – voici dix ans que je la mène au feu sous toutes les latitudes – et c'est une grande joie de commander à de tels hommes, endurants, éprouvés, propres à toutes les besognes, composée en grande majorité d'Allemands et d'Alsaciens, bonne race disciplinée, dévouée, simple », écrit en 1904 le futur maréchal Lyautey.

Assurément les Alsaciens-Lorrains forment entre 1871 et 1914 une bonne part de l'ossature de la Légion étrangère. Une statistique du comité d'études relève pour la période 1870-1917 38 344 engagements d'Alsaciens-Lorrains dans la Légion étrangère. Entre 1882 et 1885, il y aurait 45 % d'Alsaciens-Lorrains et entre 1899 et 1905, 20 % contre 30 % de Français d'origine et 25 % d'Allemands. Fin 1897, le 1er régiment étranger compte sur un total de 7 066 hommes 1 612 Français, 1 551 Alsaciens-Lorrains et 1 441 Allemands. Le bureau de recrutement de Nancy reflète bien cette tendance. En 1896, sur 298 étrangers engagés, 51 % sont des Annexés, 37 % des Allemands et 12 % d'autres nationalités.

Les conséquences de la guerre de 1870 provoquent cet afflux des Alsaciens-Lorrains à la Légion. Des restrictions sont d'abord apportées jusqu'en 1880 au recrutement allemand. En juin 1871, le ministère de la Guerre trouve les effectifs étrangers trop considérables et limite l'engagement aux seuls volontaires alsaciens-lorrains et suisses. En 1874, le général Chanzy, gouverneur général de l'Algérie, demande la suppression du corps en raison du danger d'un trop grand nombre d'Allemands à la Légion sur son territoire. On décide toutefois de ne rien faire et de laisser les choses en l'état. Dans le même temps, l'introduction à l'automne 1872 du service militaire allemand obligatoire dans le *Reichsland* accélère l'émigration des Alsaciens-Lorrains en France et leur engagement dans la Légion étrangère. En Lorraine annexée, les défections sont massives jusqu'au tournant des années 1880 (72 % d'insoumis de 1872 à 1875) puis se stabilisent autour de 35 % jusqu'en 1895. Si les motivations pour s'engager sont variées – motifs d'ordre privé, manque de travail, etc. –, le patriotisme joue un rôle important. En 1884, le commissaire spécial de Saint-Dié constate que les nombreux Alsaciens arrivent généralement « pleins d'ardeur et de bonne volonté » et semblent disposés à endosser avec un « véritable enthousiasme le costume militaire français ». Pour cette raison, les engagements se déroulent parfois en groupe. Ainsi, en octobre 1891, 5 Annexés originaires du même village près de Phalsbourg se présentent ensemble au commissariat spécial d'Igney-Avricourt pour être dirigés vers Nancy. En avril 1892, trois autres réfractaires sollicitent le commissaire de Briey. Ils sont animés d'un « véritable sentiment de haine envers le service militaire allemand », une de leurs connaissances vient de mourir après dix-huit mois d'hôpital au 109e régiment d'infanterie (RI) de Karlsruhe à la suite d'« actes de brutalité et de vexations » subis en tant qu'Alsacien-Lorrain. Les procès-verbaux d'interrogatoire des déserteurs de l'armée allemande par la gendarmerie confirment que, à côté de la volonté de « ne pas servir l'Allemagne », les mauvais traitements, infligés en particulier par les sous-officiers allemands, arrivent en tête des motifs d'engagement. Le prestige incarné par la Légion explique enfin l'attrait des Alsaciens-Lorrains pour cette institution. En 1884, un jeune légionnaire originaire de Strasbourg raconte que la Légion étrangère est « un des premiers régiments de France », ayant à son actif plus de cinquante batailles et combats. Aucun régiment ne peut rivaliser avec elle pour le tir et la marche, y compris les turcos et les zouaves. La discipline y est de fer mais on y marche droit. S'il s'y trouve des gens de toutes sortes, les Alsaciens et les Lorrains sont « généralement les meilleurs sujets » alors que les punis, les soldats des compagnies de discipline, ceux qui couchent le plus souvent à la prison, se récoltent « parmi les Belges, les Flamands et les Italiens ». « Un jeune homme qui se conduit bien, est partout, et ici surtout, bien vu et avance vite. » Entre 1883 et 1895, 12 Alsaciens-Lorrains sont parmi les 23 sous-officiers promus sous-lieutenants à titre étranger. Les Annexés sont aussi nombreux à faire campagne outre-mer. « Ce n'est un secret pour personne », confie l'Association générale d'Alsace-Lorraine, que « ce sont les volontaires alsaciens-lorrains qui ont supporté au Tonkin le principal effort de deux ans de combats acharnés ». En 1886, 500 Lorrains annexés dont 120 originaires de Metz se battent au Tonkin.

S'engager dans la Légion n'est pas sans risque. Insoumis à la loi militaire allemande, les Alsaciens-Lorrains s'exposent à être arrêtés, condamnés à 40 jours de prison puis incorporés de force dans l'armée allemande s'ils retournent dans leur pays natal. Les archives fourmillent de ces destins atypiques, à l'instar de ce Mulhousien qui après avoir servi dans les régiments étrangers, et au Tonkin, retourne en Alsace et à peine arrivé est emprisonné à Colmar, s'évade, franchit les cols vosgiens enneigés et sollicite un nouvel engagement dans la Légion. De même, après un premier engagement en 1900 et huit campagnes, cet Alsacien de Bouxwiller, titulaire de la médaille coloniale – agrafe Sahara –, est à son retour incorporé de force au 83e régiment d'infanterie allemande. À sa libération, il s'engage de nouveau dans la Légion en 1911.

Les services d'espionnage allemands tentent d'utiliser des agents appartenant ou ayant appartenu à la Légion étrangère. Sur les 130 agents secrets immatriculés des services de renseignement (SR) allemands de la frontière occidentale en 1914, 6 % font ou ont fait partie de la Légion. Deux sont encore en activité : l'agent Str 40 implanté en Afrique du Nord et l'agent S 14 au Tonkin. Rares sont parmi eux les Alsaciens-Lorrains, comme l'agent Str 5, maître de chai à Benfeld, que le SR allemand destine à devenir un agent U (saboteur) au moment de la mobilisation.

Les autorités allemandes cherchent plutôt à enrayer par tous les moyens le recrutement des Alsaciens-Lorrains. Amorcée dès les années 1880, la campagne contre la Légion s'articule autour de grands thèmes récurrents et emploie divers supports comme des brochures, des articles de presse, des interviews de « légionnaires repentants » ou des conférences données dans les corps de troupe. Les journaux officieux insistent fréquemment sur le « sort malheureux » des engagés alsaciens-lorrains, qui s'exposent, comme l'écrit le *Straßburger Post* du 7 décembre 1885, à être séparés pour toute leur vie de leur famille. Les comités pangermanistes se font l'écho des « mauvais traitements » subis par les volontaires alsaciens-lorrains. Dans leurs conférences données devant les soldats, les officiers allemands représentent la Légion comme « un véritable bagne où les hommes pour conquérir des colonies à la France meurent de faim et de soif et endurent les plus grandes fatigues sans avoir même l'espoir d'une récompense ». En 1911, un déserteur lorrain du 131e RI allemand de Morhange révèle qu'un civil vient tous les quinze jours à la caserne expliquer à chaque compagnie que les légionnaires seraient « en colonne chargés comme des mules, que, lorsqu'ils tombent de fatigue, ils seraient abandonnés là, sans secours, à la merci des sauvages, des fauves et même de nos troupes noires, qui viennent leur ouvrir le ventre, etc., etc. ». De même, la presse allemande s'empare de tous les noms des soldats de la Légion venant à mourir pour un motif ou un autre et les publie à plusieurs reprises avec des commentaires où les désillusions sont dépeintes sous un jour des plus sombres. Après l'affaire de Casablanca, cette campagne redouble de vigueur. En 1909, une enquête officielle est diligentée pour rechercher l'existence d'agences de recrutement à la frontière, qui pousseraient les soldats allemands à la désertion et faciliteraient leur engagement dans la Légion. L'échec de cette enquête (ces agences n'ont jamais existé) n'empêche pas la publication d'articles parlant d'enrôlements forcés. Le principe en est toujours le même : un individu fait la connaissance d'un Alsacien-Lorrain, lui offre à boire et profite de cette occasion pour lui faire signer un engagement sous le prétexte d'un contrat de travail. La fabrique de Nancy se révèle être une caserne. Une variante le fait se réveiller après une nuit d'ivresse dans le bureau de recrutement de Belfort. En 1911, la campagne allemande reçoit un encouragement officiel du général von Heeringen, ministre de la Guerre de Prusse, qui répond au Reichstag à l'interpellation du député Erzberger : « Nous aussi nous désirons que le peuple allemand soit informé du singulier état de choses qui existe à la Légion étrangère. »

Les exagérations de la propagande allemande se révèlent contre-productives. En 1887, un Annexé de Budange-les-Fameck reçoit des nouvelles de deux légionnaires lui exprimant « leur contentement sur le sort qui leur est fait en Algérie ». En 1911, le commissaire spécial d'Igney-Avricourt Louis-Othon Fischer constate, en interrogeant des déserteurs allemands, que des légionnaires adressent fréquemment des lettres à leurs camarades pour les engager à aller les rejoindre. Nombreux sont donc les Alsaciens-Lorrains qui s'enrôlent au titre des régiments étrangers à la déclaration de guerre. Ils sont 10 002 en 1914 et 11 854 au 1er avril 1915, représentant un peu plus du tiers des 32 000 étrangers engagés dans l'armée française. L'état-major réfléchit depuis 1887 aux modalités de cet engagement et édicte en janvier 1913 des « instructions relatives aux mesures à prendre à l'égard des étrangers en cas de mobilisation ». Un service des Alsaciens-Lorrains s'établit à Besançon sous la direction du lieutenant-colonel Albert Carré. Par la loi du 5 août 1914, tout Alsacien-Lorrain qui contracte un engagement volontaire au titre d'un des régiments étrangers recouvre la nationalité française et peut s'engager dans un autre corps.

D'une certaine manière, l'hymne de la Légion, *Le Boudin*, rappelle encore aujourd'hui la place qu'occupèrent jadis les Alsaciens et les Lorrains au sein de l'institution.

Gérald SAWICKI

Sources : Archives départementales de Meurthe-et-Moselle, 1J1303, 4M193, 4M219, 1R1157, 1R1161, 1R1183 • Archives départementales des Vosges, 4M109, 4M516, 4M524 • SHD-Terre, fonds Moscou, carton 1022, dossier 1483.

Bibl. : Lieutenant-colonel (er) Pierre Carles, « Survol de l'histoire du sous-officier de la Légion étrangère 1831-1981 », *Revue historique des armées*, numéro spécial « Légion étrangère 1831-1981 », 1981 • André-Paul Comor, *La Légion étrangère*, PUF, 1992 • Lieutenant-colonel Henry Dutailly, « Les officiers à titre étranger 1831-1939 », *Revue historique des armées*, numéro spécial « Légion étrangère 1831-1981 », 1981 • François Roth, *La Lorraine annexée. Étude sur la Présidence de Lorraine dans l'Empire allemand (1870-1918)*, 2e édition, Éditions Serpenoise, 2007 [1976].

AMÉRICAINS, volontaires (1914-1915). – Statistiquement, eu égard au nombre d'engagés étrangers, les Américains volontaires pour servir dans la Légion étrangère pendant la Première Guerre mondiale furent peu nombreux en août 1914 devant les bureaux de recrutement de la capitale française. Cependant, à côté des Italiens et ressortissants de l'Empire russe, leur présence symbolique dans les rangs de la Légion revêtait un caractère particulier. En effet, ces jeunes gens étaient majoritairement issus des milieux aisés ou fortunés de la côte est des États-Unis, instruits – pour la plupart diplômés des grandes universités –, francophones et francophiles. Leur attachement à la culture française – ils n'avaient pas oublié les leçons de l'histoire commune des États-Unis naissants et de la France de Louis XVI – et à la démocratie explique ce choix spontané dans ce petit cénacle parisien. L'opinion publique d'outre-Atlantique se passionnait pour l'aventure de cette avant-garde dont l'enthousiasme, le goût juvénile du risque comme la bravoure sur le champ de bataille annonçaient déjà l'élan des citoyens américains qui allaient répondre à l'appel des armes et suivre leur exemple à la suite de l'entrée en guerre de leur pays le 2 avril 1917.

Le 5 août 1914, suivant l'exemple de Ricciotto Canudo qui avait lancé dès le 31 juillet un appel aux étrangers de la capitale française, un groupe d'Américains prit la même initiative à l'adresse de ses compatriotes. L'histoire a retenu les noms de René Phélizot (originaire de Chicago), William Thaw (Pittsburgh), Jules James Bach (Saint Louis) et James Stewart Carstairs (Philadelphie). Près de cinquante résidents américains répondirent à l'appel et se rassemblèrent le 25 août pour défiler derrière un drapeau américain porté tour à tour par Phélizot et Alan Seeger, un étudiant de Harvard. Le cortège remonta l'avenue de l'Opéra jusqu'à la gare Saint-Lazare par la rue Auber et tous ces hommes embarquèrent pour Rouen où se trouvait leur centre d'instruction de base. Entre-temps, d'autres volontaires – de nombreux étudiants qui abandonnèrent leurs études – s'embarquèrent pour la France. Parmi eux, Paul Rockwell, Henry Farnsworth et Edmond Genet, d'ascendance française. Tous animés par une passion commune de la gloire associée à un réel et profond amour de la France.

Parmi les 11 366 volontaires étrangers engagés au cours des neuf premiers mois du conflit, les quelque 200 Américains, bien que partageant les mêmes raisons de combattre et les mêmes valeurs que leurs camarades, se distinguaient donc par leur rang social et leur niveau d'instruction supérieur à la moyenne. Aussi ne comprirent-ils pas pourquoi leur engagement volontaire pour la durée de la guerre (EVDG) comportait l'obligation de servir dans la Légion étrangère, dont ils connaissaient la mauvaise réputation à l'étranger, et la plupart s'inquiétèrent du sort auquel ils pouvaient éventuellement s'attendre. Parmi ceux qui avaient manifesté le désir de quitter la Légion pour un régiment français de l'armée « régulière », Alan Seeger, tué dans ses rangs le 4 juillet 1916 à Belloy-en-Santerre, fit partie des quelques Américains finalement restés fidèles à leur engagement initial. Il avait cependant déploré que les volontaires pour raisons patriotiques soient ballottés dans « un régiment composé presque exclusivement de rebuts de la société, d'individus fuyant la justice et de brutes commandées par des sous-officiers qui nous traitaient tous sans la moindre considération [et] de la même façon qu'ils avaient de traiter en Afrique des gamins indisciplinés ». De leur côté, les vétérans d'outre-mer acceptaient mal la cohabitation avec ces hommes de la ville qui avaient échappé à « l'exténuante école africaine des postes isolés de la faim et de la soif et [qui] pourtant prétendaient au titre de légionnaires ». Ces Américains étaient ainsi devenus la cible des soldats endurcis qui multiplièrent insultes et provocations : en mars 1915, par exemple, Phélizot fut blessé au cours d'une rixe qui tourna mal. Le climat dans certaines unités se dégrada à tel point qu'il fut envisagé de séparer les Américains des autres EVDG et légionnaires. La plupart obtinrent une affectation dans des unités régulières ; certains, comme Rockwell, furent versés, à leur demande, dans l'escadrille La Fayette sous commandement français. Toutefois, les pertes subies par les régiments étrangers lors des campagnes d'Artois et de Champagne en 1915 creusèrent tellement les rangs que le commandement fut contraint de regrouper les effectifs restants dans le régiment de marche de la Légion étrangère (RMLE). La reprise en main par un encadrement choisi permit de redresser la situation, de remonter le moral atteint par les pertes, et les légionnaires se montrèrent dignes de leurs anciens. Selon le témoignage de Seeger, qui dans l'une de ses nombreuses lettres à sa mère se disait heureux parmi ses bons camarades, la Légion avait acquis « une réputation extraordinaire et nous étions parmi les meilleurs. Maintenant que nous faisons partie de la division marocaine, notre chance de voir de grandes choses est plus grande que jamais… La plus grande gloire sera peut-être ici et c'est pour la gloire que je me suis engagé ». Les mêmes sentiments animaient Henry Farnsworth qui était resté au côté des légionnaires. De même, en novembre 1917, Ivan Nock, auquel avait été proposé de rejoindre l'armée américaine, refusa en faisant valoir qu'« aucun régiment américain ne sera jamais aussi glorieux que la Légion étrangère ». Comme beaucoup de vétérans de la Grande Guerre, les volontaires américains de « la première heure » s'efforcèrent de conserver l'esprit de solidarité et de camaraderie qui les animait dans les tranchées. Dans ce dessein, une Association des volontaires américains dans la Légion étrangère 1914-1918 fut créée dès 1919 avant de regrouper également les anciens pilotes de l'escadrille La Fayette et de se transformer en Association des Américains combattants volontaires dans les tranchées et dans l'aviation de l'armée française 1914-1918. De plus, pour rappeler le sacrifice des Américains volontaires de 1914-1915, un monument à la leur mémoire fut inauguré sur la place des États-Unis à Paris le jour de l'*Independence Day* (4 juillet) de 1923.

Douglas PORCH
(traduit de l'américain
par Jean-Philippe OLLIER)

Bibl. : Paul Ayres Rockwell, *American Fighters in the Foreign Legion 1914-1918*, Boston-New York, Houghton Mifflin Co., 1930.

AMICALES D'ANCIENS LÉGIONNAIRES. – Rendus à la vie civile, nombre de légionnaires rencontrent des difficultés d'adaptation, et l'on doit à un ancien sous-officier des régiments étrangers, Émile Maurer, devenu ingénieur après avoir quitté l'uniforme cinq ans plus tôt, d'avoir pris l'initiative en 1898, à Paris, de créer la première amicale d'anciens légionnaires : il s'agit de La Légion, société de secours aux anciens officiers, sous-officiers et soldats des régiments étrangers. Elle se propose de venir en aide aux anciens livrés à eux-mêmes, souvent sans ressources, sans famille et sans domicile fixe.

L'élan est donné pendant la période « gauloise » (1870-1900) de la Légion avec le premier réseau d'amicales dans l'est de la France – Nancy, Belfort, Reims, Mulhouse, Troyes –, première zone de recrutement et de réinsertion, à Marseille mais également outre-mer – Alger, Tunis et Hanoi – et à l'étranger. Le cas des amicales suisses ne manque pas de singularité. En effet, en vertu d'accords diplomatiques (dits « capitulations militaires ») passés entre les cantons et la monarchie française, les Suisses ont fourni à celle-ci un fort contingent de soldats depuis Louis XI, entre 1476 et 1480, se constituant ainsi une solide tradition au service de la France. Toutefois, la législation fédérale, depuis l'adoption de l'article 94 du code pénal militaire (1927, révisé en 1950), soucieuse de neutralité, condamne les Suisses qui ont servi à la Légion étrangère sans avoir fait de service militaire dans leur pays. Le différend pendant les guerres d'Indochine et d'Algérie donne lieu à une violente campagne de presse en 1959. Depuis, la question n'est plus à l'ordre du jour et le département politique fédéral (DPF) se montre plus ouvert dans l'application de cet article 94 du code pénal militaire. Par la suite, le maillage des amicales ne cesse de s'étoffer, tant en France qu'à l'étranger. Animé par des bénévoles, ce réseau évolue avec les aléas des implantations des unités de Légion, les nationalités représentées et la conjoncture internationale – guerre froide et décolonisation.

La plupart des amicales d'Afrique du Nord voient le jour entre les deux guerres mondiales, pendant la « période marocaine » de la Légion : à Oran, Sidi-Bel-Abbès, Rabat, Casablanca et Marrakech. Ainsi, lors des cérémonies du centenaire de la création de la Légion étrangère, à Sidi-Bel-Abbès, vingt-huit des sociétés de secours mutuels, des centres d'entraide aux réformés et libérés et autres amicales d'anciens légionnaires sont-ils représentés, parmi lesquels les délégations suisses de Berne, Bâle, Brienne, Lausanne et La Chaux-de-Fonds se distinguent par l'importance de leurs délégations. À quelques exceptions près (Metz, Bordeaux, Lille, Longwy), les amicales métropolitaines sont créées quant à elles après la Seconde Guerre mondiale. L'installation définitive des anciens devenus français par naturalisation explique la croissance du nombre des sociétaires et des amicales, dans l'Est et le Nord d'abord – Montbéliard, Épinal, Dunkerque, Colmar, Le Havre, Forbach, Verdun, Thionville, Saverne –, dans le Grand Sud ensuite – Hyères, Marmande, Montpellier, Nice, Nîmes, Alès, Carcassonne, Béziers, Orange, Toulon, Perpignan, La Ciotat, Toulouse, Pau ou Agen. Depuis le redéploiement des régiments étrangers sur le territoire métropolitain, ces anciens se retrouvent dans les amicales proches des garnisons d'Aubagne, Loudun, Saint-Christol, Orange, Nîmes et Castelnaudary.

Par ailleurs, dans l'entre-deux-guerres, les anciens légionnaires retournés dans leur pays, restés fidèles à la troupe dans laquelle ils ont servi, se regroupent au sein d'amicales au Luxembourg et en Belgique. Pour leur part, et malgré les préventions du gouvernement et de la population après la Seconde Guerre mondiale, les anciens d'Indochine et d'Algérie n'hésitent pas à s'afficher dans les amicales de RFA d'abord, de l'ancienne RDA ensuite, après la chute du mur de Berlin.

Jusqu'à la fin des années 1960, la Fédération des sociétés d'anciens de la Légion étrangère (FSALE) compte trois associations aux États-Unis. La première à San Francisco est présidée par le colonel (er) Nicolaï, la seconde à Chicago par le sergent (er) Hubscher et la troisième à New York par le chef d'escadron (er) Djintcharadzé. Sans être exhaustive, la liste s'allonge avec les récentes initiatives aux Pays-Bas, en Grande-Bretagne, en Italie, en Espagne, plus récemment au Sénégal et en Australie. Les plus nombreuses d'entre elles, de type vertical, regroupent tous les anciens qui en expriment le désir. D'autres, de type horizontal, n'acceptent l'adhésion que de sociétaires répondant à certains critères : service accompli dans une arme spécifique – notamment les parachutistes – ou appartenant à une nationalité donnée comme les anciens légionnaires chinois. En 2008, la création de l'Amicale des veuves et épouses d'anciens et d'actifs de la Légion étrangère illustre la volonté de resserrer les liens au sein de la famille légionnaire.

En France, la plupart de ces associations de type loi de 1901 ont choisi de s'affilier à la FSALE. L'adhésion à une amicale permet à ses membres de bénéficier des services d'action sociale de la Légion étrangère sous réserve de respecter les règles définies par la FSALE, avant tout suivre à la lettre le code d'honneur de l'ancien légionnaire qui permet de maintenir la cohésion et une discipline quasi militaire. De plus, afin d'éviter d'éventuels dérapages au cours des cérémonies officielles et des rassemblements, la FSALE s'est donné un règlement intérieur. Le port d'une tenue dite « d'ancien légionnaire » est ainsi exigé. Elle est constituée d'un blaser bleu marine (avec, éventuellement, l'insigne de l'amicale), d'un pantalon gris, d'une chemise blanche, de la cravate verte et du béret vert avec l'insigne de la Légion étrangère. En été, la chemise est remplacée par une chemisette à col ouvert. Le port du képi blanc est exclusivement réservé à la Légion d'active : il n'est autorisé que pour les amicales étrangères dans le cas où les militaires de l'armée nationale portent également le béret vert.

La FSALE a en outre diffusé un règlement sur les emblèmes et drapeaux des amicales, en 1987. Depuis, ceux-ci portent une cravate vert et rouge et peuvent être personnalisés. À l'exception des amicales de Belgique dont les drapeaux aux couleurs nationales françaises sont traversés en diagonale par les trois couleurs nationales belges, noir, jaune, rouge, ceux des amicales implantées à l'étranger sont vert et rouge pour ne pas heurter le sentiment national (légitime) de leurs compatriotes.

Marie LARROUMET

Bibl. : Comité de la mémoire (FSALE), « Solidarité », *Les Cahiers de la mémoire*, n° 9, 2004.

AMILAKVARI, lieutenant-colonel Dimitri (1906-1942). – Dimitri Amilakvari est né à Gori en Géorgie. Il descend des Zedguinidzé, vieille famille dont la noblesse remonte avant les croisades et qui, à la suite du sacrifice de l'un de ses ancêtres pour sauver le roi, a obtenu la charge héréditaire de grand écuyer de la Couronne géorgienne ainsi que celle de commandant de la cavalerie cosaque du Caucase. Après la révolution bolchevique de 1917, la famille est contrainte à l'exil en raison de sa fidélité au tsar. Elle rejoint Istanbul où Dimitri fait ses études dans une institution britannique. En 1922, la famille se fixe en France. Deux ans plus tard, Dimitri Amilakvari est admis à l'École spéciale militaire de Saint-Cyr en qualité d'élève officier étranger (promotion « du Rif », 1924-1926). À l'issue, il est nommé sous-lieutenant et affecté au 1er régiment étranger stationné en Algérie. Promu lieutenant en 1926, il se marie en 1927 avec la princesse Irène Dadiani, de la famille régnante des Mingrélie, puis il rejoint le Maroc en 1928. Il est alors affecté à la 1re compagnie du 1er bataillon du 4e régiment étranger d'infanterie (REI) qui est stationné à Marrakech. En 1931, le lieutenant Amilakvari est muté à la 3e compagnie avec laquelle il prend part aux opérations de pacification du Maroc. Ainsi, le 30 mai 1932, son bataillon est chargé d'occuper le plateau des Izeroualem sur lequel une forte concentration ennemie est signalée. À cette occasion, il reçoit son baptême du feu et se distingue en mettant en déroute les rebelles. Il est alors cité pour la première fois à l'ordre de la division. À la tête de ses légionnaires, il participe à toutes les opérations dans le sud du Maroc. En juillet 1934, il prend le commandement de la 1re compagnie mais retrouve la « 3 » dès septembre. Promu capitaine le 1er janvier 1937, il rejoint le 1er REI au mois de mars de la même année pour commander la compagnie d'instruction de mitrailleuses.

L'inaction lui pèse, aussi se porte-t-il volontaire le 20 février 1940 pour le 2e bataillon de marche formé à Sidi-Bel-Abbès qui doit faire partie de la 13e demi-brigade de montagne de Légion étrangère (DBMLE) destinée initialement à aller combattre en Finlande. Le lieutenant-colonel Magrin-Vernerey lui confie le commandement de la compagnie d'accompagnement no 2 (CAB2). Finalement, la demi-brigade est dirigée vers la Norvège et, le 13 mai, les légionnaires débarquement de vive force à Bjerkvik. La CAB2 s'empare de la cote 98 dominant le camp d'Elversgaart. Légèrement atteint par un éclat d'obus le 18 mai, Amilakvari participe cependant aux combats de la prise du port de Narvik. En Angleterre, après la folle équipée du réduit breton de juin, il n'hésite pas un instant et choisit de poursuivre la lutte en se ralliant à la France Libre.

Désormais son sort est lié à la 13e DBLE qui est de toutes les batailles menées par les Forces françaises libres (FFL). Promu chef de bataillon à l'issue de la campagne d'Érythrée et la prise de Massaoua le 8 avril 1941, il parvient fin juin à éviter pendant la guerre de Syrie l'affrontement direct avec les éléments du 6e régiment étranger. Promu au grade de lieutenant-colonel, il prend le commandement de la « 13 » renforcée et rééquipée pour la guerre du désert. À Bir Hakeim, il est au côté du général Kœnig et réussit, au prix de lourdes pertes, à ramener les 2e et 3e bataillons derrière les lignes anglaises lors de la sortie dans la nuit du 10 au 11 juin 1942. Au début de la grande offensive déclenchée le 24 octobre 1942 par le général Montgomery contre les forces germano-italiennes massées sur un large front s'étalant de la mer à la dépression de Qatara, le chef de corps de la demi-brigade est tué lors de l'attaque du piton rocheux de l'Himeimat, à l'extrême-sud du dispositif allié.

Chef de guerre exigeant, le lieutenant-colonel Amilakvari laisse le souvenir d'un officier proche de ses hommes, estimé de ses camarades, unanimes pour reconnaître ses grandes qualités d'homme et d'officier étranger prêt à tous les sacrifices pour sa patrie d'adoption. Chevalier de la Légion d'honneur, croix de guerre de 1939-1945 et des théâtres d'opérations extérieures avec cinq citations, il fait aussi partie de la cohorte des Compagnons de la Libération distingués par le général de Gaulle. La promotion 1954-1956 de l'École spéciale militaire de Saint-Cyr porte son nom.

Alexis NEVIASKI

Bibl. : André-Paul Comor, *L'Épopée de la 13e demi-brigade de Légion étrangère, 1940-1945*, Nouvelles Éditions latines, 1988 • Jean-Christophe Notin, *1 061 Compagnons, histoire des Compagnons de la Libération*, Perrin, 2000.

« À MOI LA LÉGION ! ». – Citation historique, dont l'usage moderne tend à dénaturer le sens initial. Ces quatre mots, prêtés au capitaine Leroy de Saint-Arnaud, futur maréchal de France, auraient été prononcés lors des combats pour la prise de Constantine, le 13 octobre 1837. Au cours de cet assaut, les colonnes d'attaque rencontrent une forte résistance. Celle des zouaves de Lamoricière est arrêtée par l'explosion d'une grosse mine. Elle doit être relayée par celle des fantassins légers et des légionnaires du colonel Combe qui crie : « En avant ! En avant ! » Le capitaine de Saint-Arnaud, qui menait personnellement une cinquantaine de légionnaires, affirme, dans une lettre à son frère, avoir répondu : « À moi la légion, à la baïonnette, ce n'est rien, c'est de la mitraille, en avant ! En avant ! » Cette expression, maintenue dans son contexte, devient célèbre et finit même sur les chromos publicitaires des Chocolats Carpentier à la fin du XIXe siècle, bien que les tenues représentées soient celles de tirailleurs. Reprise comme titre par le légionnaire Paul Ravon pour son ouvrage de 1955 relatif à la Légion étrangère en Indochine, elle marque encore la capacité des légionnaires à se regrouper dans les combats parfois confus, pour relancer un assaut ou mobiliser une résistance.

Mais depuis la fin de la Première Guerre mondiale, sous la plume de différents auteurs qui diffusent la légende de la Légion étrangère, que celle-ci soit idéalisée ou diabolisée, l'expression « À moi la légion ! » change de sens. Placée dans la bouche du légionnaire esseulé ou d'un civil sympathisant, en difficulté, elle devient une sorte de cri de secours, un sésame qui permet d'avoir accès à l'aide d'autres légionnaires qui parviennent à l'entendre. Ce n'est toutefois qu'avec l'arrivée de la Légion sur le sol métropolitain en 1962 que l'expression prend son sens ultime. Désormais en sécurité sur le territoire national, le légionnaire n'est plus couramment sujet au guet-apens, à la situation de combat difficile où il risque l'isolement face à plusieurs adversaires. En revanche, le besoin d'une solidarité spécifique pour Monsieur Légionnaire, cet étranger venu servir un pays dont il ne reçoit que peu à peu les droits, notamment sociaux, a conduit à un aménagement de l'expression. Désormais, ces mots sont d'un usage presque courant pour demander une aide, soit à la Légion étrangère en général, soit à un légionnaire en particulier. Enfin, il reste notable que depuis 1837, le recours à ce cri reste un geste ultime, dernière chance dans les combats, comme dernier secours dans la vie quotidienne.

Philippe GUYOT

ANCIENNE LÉGION. – Après l'échec des révolutions de 1830, les demandeurs d'asile politique affluent en France où ils sont regroupés par nationalité dans des dépôts administrés par des officiers français. L'entretien de ces réfugiés coûte cher et leur oisiveté constitue une menace pour l'ordre public. Faute de pouvoir les expulser, le gouvernement s'inspire de l'exemple médiéval des grandes compagnies : les réfugiés sont invités à s'engager dans des unités qui seront transférées en Afrique. Par ce moyen, on renforce le corps expéditionnaire sans faire appel au contingent tout en respectant l'interdiction constitutionnelle d'employer des troupes étrangères sur le territoire continental du royaume. Le maréchal Soult, ministre de la Guerre, s'appuie sur trois règles pour appliquer la loi du 9 mars 1831 instituant la Légion étrangère.

La Légion, tout d'abord, « asile pour le malheur », est un corps provisoire : dès qu'un pays adoptera une loi d'amnistie, les étrangers concernés par cette loi souhaiteront rentrer dans leur pays. Cela amène à prévoir des engagements de trois à cinq ans (les Français s'engagent pour sept ans).

Les bataillons, ensuite, sont formés dans les dépôts d'étrangers. De ce fait, ils sont nationaux. L'urgence impose d'accepter l'engagement d'hommes ne possédant pas de pièces d'identité.

Enfin, l'engagement des Suisses est interdit sauf dérogation. Il sera seulement fait appel à quelques dizaines d'entre eux pour donner un caractère français à l'administration des bataillons.

Les trois bataillons allemands devaient être formés à Langres (Haute-Marne). Faute de casernements, ils le seront à Bar-le-Duc (Meuse). Leur recrutement mêle des éléments difficilement conciliables : des réfugiés politiques qui rêvent de rentrer dans leur pays les armes à la main, des émigrants qui espèrent trouver un emploi en Afrique et des déserteurs. Le quatrième bataillon ne peut atteindre son effectif théorique (26 officiers, 912 sous-officiers, caporaux et soldats) : les Espagnols qui doivent le former hésitent à s'engager ; ils attendent une amnistie qui interviendra en 1834. Elle provoque la dissolution du bataillon. Son numéro est repris par le bataillon polonais.

Le cinquième (italien) et le septième (polonais) bataillon ont un encadrement presque exclusivement national qui entretient un chauvinisme exagéré dans les unités. Il en résulte des rivalités néfastes qui sont en partie responsables de la défaite de la Macta en juin 1834. Le sixième bataillon est dit « belge ».

Dès le second semestre 1831, les cinq premiers bataillons rejoignent l'Afrique : la région d'Alger pour les bataillons allemands et italiens, celle d'Oran pour le bataillon espagnol. Les hommes déchantent, car leurs espoirs sont déçus. Les casernements sont parfois des taudis ; l'alimentation est médiocre ; l'eau très minéralisée et souvent croupie favorise la consommation exagérée de vin. Ces carences engendrent trois maux. La mauvaise qualité de l'eau fait accepter l'alcoolisme comme un mal inévitable combattu par la répression. La pénurie favorise les ventes de vêtements et de matériels pour se procurer du vin et des aliments sains ; elles conduisent devant un conseil de guerre qui juge sans indulgence. La désertion tente les plus audacieux : en passant chez les Arabes, les déserteurs espèrent trouver de meilleures conditions de vie et satisfaire leurs rêves d'exotisme. Rares sont ceux que cette expérience ne déçoit pas. Ces faits donnent une mauvaise réputation à la Légion. Les généraux qui l'inspectent l'estiment perfectible. Dans ce dessein, le colonel Stoffel, jugé trop laxiste, est remplacé par le colonel Combe puis par le colonel Bernelle. Cette reprise en main s'accompagne de l'éloignement d'officiers trop âgés ou médiocres.

L'amélioration constatée ne garantit pas l'avenir de la Légion, d'autant qu'elle existe en vertu d'un service à titre étranger qui n'est pas encore défini par la loi. Ce vide juridique facilite sa cession à l'Espagne en août 1835. Ladite cession intervient alors que le commandement s'interroge sur l'intérêt qu'il y aurait à conserver des bataillons nationaux. Le colonel Bernelle estime qu'il faut les supprimer. La cession à l'Espagne qui regroupe tous les bataillons en un même lieu lui permet de réaliser cette réforme.

Henry DUTAILLY

• *Voir aussi* : Bataillon belge.
Bibl. : Joseph Nicolas Bernelle, *Histoire de l'ancienne Légion étrangère, créée en 1831, licenciée en 1838*, Marc-Aurèle, 1850.

ANDOLENKO, Serge (1907-1978). – Serge Andolenko est né le 13 juin 1907 à Volotchisk en Russie dans une vieille famille de militaires. Contraints à l'exil en raison de la révolution de 1917, ses parents s'installent à Paris. Le jeune Russe s'y intègre avec aisance, et fait de solides études secondaires qui le conduisent à préparer le concours d'entrée à Saint-Cyr, qu'il intègre comme élève officier à titre étranger dans la promotion « du Rif » (1924-1926). À sa sortie, il rejoint la Légion étrangère qu'il sert pendant une vingtaine d'années au sein des 1er, 3e, 4e et 6e régiments étrangers d'infanterie (REI). Naturalisé français en mai 1928, il fait campagne en Algérie, au Maroc et au Levant.

Il participe à la guerre de Syrie en juin-juillet 1941 mais refuse de se rallier aux Forces françaises libres malgré l'appel amical de son ancien camarade de promotion à Saint-Cyr, le commandant Amilakvari. À la fin de la Seconde Guerre mondiale, il est à l'état-major de la 3e division d'infanterie algérienne en qualité de chef du 2e Bureau sous les ordres du général de Monsabert. Après la guerre, il sert en Allemagne, à l'inspection de la Légion étrangère à Paris puis comme chef de corps du 5e REI en mars 1956 avant d'intégrer le Centre des hautes études militaires. Il termine sa carrière comme attaché militaire à Vienne et est alors admis dans la 2e section du corps des officiers généraux en 1963.

Passionné d'histoire militaire, le général Andolenko est l'auteur de nombreux ouvrages sur l'armée. On retiendra *Les Drapeaux de la Grande Guerre 1914-1918, pris, perdus, sauvés* en 1945, *Recueil d'historiques de l'armée française* en 1949 et, clin d'œil de l'officier français d'origine russe, *Aigles de Napoléon contre drapeaux du tsar* en 1969. Titulaire de neuf citations dont cinq à l'ordre de l'armée, il est commandeur de la Légion d'honneur, du Nicham Iftikar et du Ouissam Alaouite. Par ailleurs, il est décoré de la Bronze Star Medal des États-Unis. Il meurt le 17 août 1978 à Miglos dans l'Ariège, et avec lui disparaît l'une des dernières figures de ces sujets de l'ex-Empire russe engagés – ou admis comme officiers à titre étranger – à la Légion étrangère et restés fidèles à leur patrie d'adoption.

André-Paul COMOR

ANONYMAT. – La Légion étrangère offre l'asile à l'homme qui cherche à s'abstraire de la collectivité, à fuir sa vie passée, à retirer à la loi l'occasion de s'appliquer. Le placement sous anonymat dépasse la possibilité de s'engager sous une identité déclarée. Il ne résulte pas de la volonté du légionnaire mais de la décision du commandement au moment de l'engagement, en fonction des risques que déclare courir le candidat. L'anonymat que procure la Légion vaut en effet pour tous, sauf pour la Légion elle-même. Les officiers garantissent ensuite le secret, au besoin contre le légionnaire s'il venait à se mettre en danger. Le régime de l'anonymat est strict : incapacité juridique, mais aussi interdiction de sortie hors du quartier et absence de contact avec le monde extérieur. Il prend fin par décision du commandement, une fois le danger écarté ou la peine encourue prescrite.

Eu égard à la sélection importante des candidats et au refus de la Légion étrangère d'accueillir les auteurs de crimes et de trafic, le placement sous anonymat tend à décliner. Il concerne désormais moins d'un légionnaire sur cent.

Julien SOUPLET

Bibl. : *Actions et recherches sociales*, revue interuniversitaire des sciences et pratiques sociales, n° 2, université de Paris-Val-de-Marne, 1990.

APOLLINAIRE, Guillaume (1880-1918). – Guillaume Apollinaire n'a pas été légionnaire ; il aurait dû l'être. Alors qu'il est parisien mais étranger d'origine incertaine, né en Italie le 26 août 1880 et de nationalité russe puisque sa mère – Angelica de Kostrowitzky dont il porte officiellement le nom, Apollinaire étant son second prénom – est polonaise, c'est dans les rangs de l'armée régulière qu'il fait la Première Guerre mondiale.

Il semblerait qu'il ait d'abord essayé de rejoindre les rangs de la Légion, mais on a refusé sa candidature. Est-ce à cause de son allure, de sa corpulence (en 1914, il pèse 85 kg pour 1,69 m) qui a pu laisser supposer un mauvais état de santé ? Il s'est finalement engagé comme artilleur le 6 décembre 1914, ayant déposé en même temps une demande de naturalisation. Affecté comme soldat de 2e classe au 38e régiment d'artillerie, il arrive sur le front en avril 1915, dans la région de Reims. Il occupera plusieurs types de postes : canonnier-conducteur, agent de liaison à cheval, brigadier fourrier. Promu maréchal des logis, il sera encore observateur puis chef de pièce à la batterie. Passé ensuite au 96e régiment d'infanterie, il obtient le grade de sous-lieutenant en novembre 1915 et la nationalité française le 9 mars 1916.

Continuant d'écrire même quand il se trouve en première ligne, il compose des poèmes bientôt publiés sous le titre *Calligrammes*, et rédige des articles qui rendent compte de la réalité quotidienne des combattants. Il parle souvent des légionnaires. De l'un d'eux, il fait même un petit portrait à l'aquarelle : *Le Caporal de la Légion*, qui ressemblerait plutôt à un soldat de fantaisie mais il a une longue barbe taillée en pointe et se tient debout au milieu des flammes… Plusieurs des amis du poète, des peintres d'origine étrangère pour la plupart, ont intégré les rangs de la Légion. Célébrant leur courage et en général celui des fantassins, Apollinaire insiste sur la nécessité de rester joyeux en dépit de tout. Sans doute sait-il bien qu'il faut parfois composer avec le cafard qui ronge la vaillance enjouée qu'il se plaît à vanter : « Le cafard, ce monstre bizarre issu de l'imagination fébrile des forçats et des légionnaires », dit-il dans un numéro du *Mercure de France* en citant une remarque humoristique du biologiste Félix Le Dantec (1869-1917) qui vient de mourir. Et quand, dans le *Bulletin des écrivains*, il évoque la mémoire d'Alan Seeger, le poète américain qui, jeune légionnaire, vient d'être tué devant Belloy-en-Santerre le 4 juillet 1916, il écrit : « J'ai appris que jusqu'au bout, il avait fait la guerre avec la même joie superbe qui l'animait lors de son engagement. »

Lui-même vient d'être blessé, le 17 mars 1916, dans le bois des Buttes devant Berry-au-Bac : il a reçu plusieurs éclats d'obus dans la tête. Il reçoit la croix de guerre le 17 juin 1916 et sera réformé le 11 mai 1917. À la fin de l'année suivante, très affaibli – autant par sa blessure que par son travail incessant –, il est atteint par l'épidémie de grippe espagnole. Il meurt le 9 novembre 1918.

France Marie FRÉMEAUX

Bibl. : Annette Becker, *Apollinaire, une biographie de guerre*, Tallandier, 2009 • Claude Debon, *Guillaume Apollinaire après* Alcools : *Calligrammes, le poète et la guerre*, Lettres modernes Minard, 1981 • Michel Decaudin, *Apollinaire et la guerre*, Lettres modernes Minard, 1976.

ARKHANGELSK. – Situé au sud de la péninsule de Kola et de la mer Blanche, au fond de la baie de la Dvina, Arkhangelsk est au début de la révolution russe une ville de 50 000 habitants, capitale administrative de la Russie du Nord, dont le port a pris une importance particulière après la fermeture des détroits turcs à l'automne 1914. Désormais point d'entrée le plus proche pour les hommes et surtout les matériels que l'Entente fournit à la Russie en guerre, il abrite le déchargement de quelque 600 navires par an à partir de 1915. Après la première révolution russe, bien que répondant comme à Petrograd à l'appellation commune de « Soviet », l'autorité locale non seulement n'est pas dominée par les bolcheviques, mais encore compte dans ses rangs des membres de droit représentants des partis de droite et du centre. Rouges et Blancs, ces derniers soutenus par les Occidentaux, s'opposent pour le contrôle de la région et du port. Londres y exerce une influence prépondérante (un comptoir anglais est ouvert dans la ville dès le XVIIe siècle) et à partir du 2 août 1918 l'essentiel des contingents militaires alliés débarqués est – comme à Mourmansk – britannique. Tchaïkovski, socialiste modéré, y organise un gouvernement de Russie du Nord et reste directement soutenu par les Anglais jusqu'au coup d'État monarchiste du 7 septembre 1918. Replacé au pouvoir quelques semaines plus tard, il participe à la conférence de Paris.

La réalité des capacités militaires du gouvernement local russe reste très faible et malgré les efforts des commandants en chef anglais (Poole, puis Ironside) pour former de nouveaux officiers, équiper et entraîner les compagnies, les unités sont peu fiables : « De valeur militaire moins que médiocre », selon le général Janin. Un croiseur et un porte-avions britanniques ainsi que le croiseur français *Amiral-Aube* appuient les premières troupes mises à terre : 900 Français du 21e colonial, 450 Britanniques, 75 Américains, 50 Polonais, 30 Italiens. Les conditions atmosphériques particulièrement rudes de l'hiver 1918-1919 compliquent les opérations militaires pendant que l'Armée rouge organise des forces puissantes. Enfin, la vie quotidienne extrêmement difficile des troupes débarquées conduit à une baisse rapide de leur moral et mène à des manifestations d'insubordination. L'arrivée de renforts britanniques et surtout américains en septembre ne change rien (le corps expéditionnaire a pour consigne de « tenir la ville jusqu'à ce que l'armée du gouvernement russe soit capable de prendre l'offensive ») et la mésentente règne entre les chefs alliés À la mi-mars 1919, le 21e colonial est relevé et remplacé par 450 officiers et légionnaires. Si les combats sont particulièrement durs, ils n'ont pas l'ampleur des grandes opérations de la guerre civile dans le sud de la Russie et en Sibérie. Les légionnaires s'y distinguent donc certes par leurs capacités militaires traditionnelles, mais surtout par la discipline qui ne cesse pas de régner dans leurs rangs, et qui contraste avec le laisser-aller général qui gangrène les autres unités occidentales. Après six mois d'une campagne désastreuse, l'Armée rouge lance en novembre 1919 son ultime offensive contre le secteur tenu par le contingent américain. La ville est « libérée » par la 6e armée bolchevique, mise sur pied dans la région, le 21 février 1920.

Rémy PORTE

Bibl. : Jean-David Avenel, *Interventions alliées pendant la guerre civile russe (1918-1920)*, Economica, 2001.

ARMÉE D'AFRIQUE. – L'armée d'Afrique constitue l'un des deux ensembles de ce qu'il est convenu d'appeler les troupes coloniales françaises, l'autre partie étant représentée par les troupes de marine. Le nom d'armée d'Afrique, donné d'abord au corps expéditionnaire organisé en 1830 pour l'expédition d'Alger, désigna ensuite l'armée qui procéda, pendant près de quarante ans, en particulier sous le commandement de Bugeaud (1840-1847), à la conquête de l'Algérie. Le terme cessa d'être officiel après 1870, mais continua d'être employé pour désigner l'ensemble des troupes stationnées en Afrique du Nord, et en particulier celles qui, comme la Légion étrangère, y conservèrent leur portion centrale.

L'effectif de l'armée qui procède à la conquête de l'Algérie s'élève en moyenne à 80 000 hommes. La Légion étrangère est, avec les zouaves, les bataillons d'Afrique et les chasseurs d'Afrique, un des corps permanents européens spécialement créés pour renforcer les unités régulières de métropole, qui forment alors l'écrasante majorité du corps d'occupation. Par ailleurs, des unités indigènes (tirailleurs et spahis), mais aussi temporaires (les goums), permettent de tirer parti des ressources locales. Les opérations consistent surtout à occuper le pays et à combattre les guerriers des tribus, en une interminable et sanglante série de « petites guerres ». La mission politique de l'armée est soulignée par la présence des officiers des bureaux arabes, qui se spécialisent dans les relations avec les chefs locaux. L'armée d'Afrique se distingue en Crimée (1854-1855), en Italie (1859) et au Mexique (1861-1867), avant de s'illustrer dans la malheureuse campagne contre la Prusse, notamment les tirailleurs à Frœschwiller (6 août) et les chasseurs d'Afrique à Sedan (2 septembre).

Après la défaite, l'armée d'Afrique devient officiellement le 19e corps d'armée, qui s'élargit à la Tunisie, occupée en 1881. Les effectifs se réduisent (55 000 hommes en 1910). À partir de 1905, des appelés figurent dans ses rangs, avec l'introduction de la conscription pour les citoyens français, y compris les Juifs et « néo-Français » (naturalisés récents). La conscription des indigènes n'est introduite qu'en 1912, avec beaucoup de limitations. Le dispositif est de plus en plus axé sur le risque d'une guerre en Europe, où des transferts sont prévus en cas de guerre. Cependant, la proportion de professionnels demeure importante. Les régiments d'Afrique participent, aux côtés de leurs grands rivaux des troupes de marine, aux campagnes d'Indochine, du Dahomey et de Madagascar. Une poignée d'entre eux participent à l'occupation du désert, avec la création des territoires du Sud et des compagnies sahariennes mises sur pied par Laperrine.

La conquête du Maroc, entreprise sous Lyautey, contribue, de 1903 à 1932, à forger de nouvelles troupes professionnelles et de nouvelles générations d'officiers sur un théâtre nord-africain. Une grande partie des éléments qui, au départ, forment l'ossature du corps expéditionnaire, arrivent d'Algérie ou de Tunisie. Le recrutement de troupes régulières et supplétives, la création d'un service d'affaires indigènes, les méthodes même de guerre sont dans le droit fil de la conquête précédente. Les effectifs, 80 000 hommes en moyenne, atteignent même 160 000 hommes en 1925, lors de la guerre du Rif. Il s'agit essentiellement d'une armée de métier. Contrairement à ce qui se passait lors de la conquête de l'Algérie, la proportion d'« indigènes » est très importante. En 1932, ils représentent plus de la moitié de l'effectif. Autre innovation, les troupes de marine participent aux opérations, avec des régiments d'infanterie coloniale et de tirailleurs sénégalais.

Mais l'armée d'Afrique commence à perdre contact avec le pays d'où elle est en grande partie issue. La Première Guerre mondiale, au cours de laquelle on peut évaluer à 73 000 Français et 180 000 « indigènes » le nombre de soldats fournis par les trois pays du Maghreb, et où les Européens d'Algérie ont perdu entre 12 000 et 15 000 tués ou disparus, aux côtés de 22 000 à 25 000 musulmans, a démontré la qualité de l'apport nord-africain sur le théâtre européen. Une partie des unités d'Algérie et de Tunisie est stationnée en France dès le temps de paix. D'autres sont constamment envoyées au Maroc. Les régiments du 19e corps ont tendance à être considérés surtout comme des centres de formation de nouvelles recrues et des dépôts pour les relèves.

Largement professionnalisées, très bien encadrées, les troupes nord-africaines comptent, en 1939, au nombre des meilleures troupes françaises. En 1940, les divisions d'infanterie nord-africaines (DINA) combattent courageusement, avant d'être entraînées dans la défaite commune. Dans l'ensemble, les chefs de l'armée d'Afrique, au premier rang desquels figure le général Noguès, se résignent à l'armistice et se refusent à se rallier à la France Libre, tout en s'efforçant de sauvegarder des effectifs suffisants pour permettre une reprise des combats. Mais les compromissions du gouvernement de Vichy paralysent les initiatives, et conduisent à une résistance sanglante et absurde lors du débarquement anglo-américain du 8 novembre 1942. Malgré tout, l'armée d'Afrique reprend le combat dès le 19 novembre lors de la campagne de Tunisie. Elle constitue, à travers les péripéties de la lutte pour le pouvoir entre Giraud et de Gaulle, la masse des troupes chargées de libérer la France, soit en constituant des unités propres (3e division d'infanterie algérienne, 2e division d'infanterie marocaine, 4e division marocaine de montagne, 1re et 5e division blindée), soit en renforçant des unités issues de la France Libre (1re division française libre et 2e division blindée).

Rééquipées en matériel américain, les troupes d'Afrique du Nord, associant Européens et musulmans en proportion équivalente, permettent à l'armée française de figurer très honorablement au sein des troupes alliées. Les traditions de l'armée d'Afrique restent fortes au sein du Corps expéditionnaire français (CEF) d'Italie, qui s'illustre notamment lors de la percée du Garigliano, sous le commandement du pied-noir Alphonse Juin, et de l'armée B, devenue Ire armée française, qui, sous le commandement de Jean de Lattre de Tassigny, débarque en Provence en août 1944, remonte la vallée du Rhône et mène la dure campagne d'Alsace avant de franchir le Rhin et d'atteindre le lac de Constance en mai 1945. Plusieurs régiments de la Légion étrangère participent aux campagnes de France et d'Allemagne insérés dans les divisions de la Ire armée : le 1er régiment étranger de cavalerie, le régiment de marche de la Légion étrangère et la 13e demi-brigade de Légion étrangère.

Mais ces campagnes ont laissé des traces. L'armée d'Afrique a été suremployée notamment lors de la dure campagne d'Alsace de l'hiver 1944-1945. Le moral de ses soldats, européens et indigènes, peu en phase avec une France qu'ils connaissent mal ou pas du tout, s'en ressent. Par ailleurs, l'Afrique du Nord se trouve dégarnie. Alors que l'agitation nationaliste se développe, 40 000 hommes seulement restent disponibles en Algérie et en Tunisie. La brutalité avec laquelle est réprimé le soulèvement de mai 1945 dans la région de Sétif s'explique en partie par la conscience de cette faiblesse. Le général Duval doit opérer avec des moyens relativement peu importants, évalués à une dizaine de milliers d'hommes, mais comptant surtout des professionnels, légionnaires, goums marocains, tirailleurs nord-africains et sénégalais.

Les neuf années suivantes ne marquent guère de changement. Quand la guerre d'Algérie commence, les troupes stationnées en Algérie ne dépassent guère l'effectif de 50 000 hommes. L'entretien du corps expéditionnaire en Indochine a absorbé les meilleurs cadres et les meilleurs soldats (environ 35 000 hommes au 1er novembre 1954). Les vieux régiments illustres ne sont plus que des unités de passage, dévolues essentiellement à l'instruction des contingents. Les troupes sont alourdies par un matériel souvent vétuste, ou conçu pour le théâtre européen, et commandées par des officiers et sous-officiers français trop souvent ignorants de leur langue et de leur religion, et d'ailleurs trop peu nombreux. Le général Cherrière, responsable de la 10e Région (qui a succédé au 19e corps), évalue à 15 000 hommes le contingent réellement capable de faire campagne. Il n'a sous la main pour réagir en urgence que deux bataillons de parachutistes, trois bataillons d'infanterie, arrivés en août et encore en période d'instruction, un bataillon de Légion improvisé, et deux escadrons blindés. Encore ces contingents, organisés essentiellement en vue d'une guerre européenne, n'ont-ils aucune formation au maintien de l'ordre. Les forces auxquelles incombent normalement celui-ci sont encore en plus petit nombre. La gendarmerie, pourtant en première ligne, souffre de nombreuses insuffisances.

En même temps, le moral des troupes « indigènes » paraît de moins en moins sûr. Le nationalisme gagne certaines unités, tandis que la dégradation des conditions de solde et de logement qui suit la guerre est mal vécue. Certes, cet état d'esprit est encore limité. Par ailleurs, la France pense pouvoir compter sur les anciens combattants des deux guerres, qui figurent avec leurs drapeaux dans les cérémonies officielles, et qui, pour beaucoup, ont conservé un grand souvenir de leurs années passées sous les armes. Mais leur place est-elle suffisamment reconnue ? Si certains vétérans de la Première Guerre mondiale ont bénéficié de l'accès à la citoyenneté, dans le statut personnel musulman prévu par les ordonnances de 1944, ceux de la Seconde Guerre mondiale n'accèdent pas aux mêmes privilèges. Nombre d'entre eux en sont confortés dans leur revendication d'indépendance.

Au total, on est bien loin de cette armée d'Afrique qui, selon le gouverneur Léonard, « avait su trouver un style où le Maghreb se reconnaissait ». La vénérable institution, largement inadaptée aux temps nouveaux, est déjà entrée dans la légende. C'est sur d'autres principes que se bâtit l'armée de la guerre d'Algérie. L'appel au contingent permet de disposer d'effectifs cinq fois plus nombreux que tous ceux qui ont jamais pu être déployés (plus de 500 000 hommes). Méthodes de contre-guérilla conçues en Indochine et techniques d'action psychologique ont tendance à faire mépriser les pratiques anciennes. Pourtant, la vieille « politique indigène » retrouve une vigueur nouvelle avec l'action des officiers de sections administratives spécialisées (SAS), successeurs des bureaux arabes. L'emploi massif des supplétifs (une centaine de milliers vers 1960) n'est pas, non plus, une nouveauté. Les traditions de l'armée d'Afrique sont soigneusement et fièrement conservées dans les unités qui en sont issues. Elles sont aussi en très haute estime auprès des Français d'Algérie, en particulier le *Chant des Africains*, remontant à la Grande Guerre, rendu illustre par les campagnes de 1944-1945, mais qui deviendra l'hymne de ralliement des partisans de l'Algérie française.

L'indépendance de l'Algérie et la volonté du général de Gaulle de refaire l'armée dans le cadre d'une défense entièrement revue aboutissent à envoyer définitivement au musée des unités qui symbolisent un passé encombrant. Dès 1964, les régiments de zouaves, de tirailleurs et de chasseurs d'Afrique disparaissent. Un seul régiment de spahis (héritier du 1er Spahis marocains, dont les cavaliers combattirent dans les rangs de la France Libre, puis de la division Leclerc) est maintenu. La Légion étrangère elle-même n'échappe que de peu à la dissolution. L'exécution officielle du *Chant des Africains*, jugée subversive, est proscrite. Il faut attendre une époque récente pour voir se reconstituer des unités de tradition : le 1er régiment de tirailleurs est reformé en 1994, le 1er régiment de chasseurs d'Afrique en 1998, le 68e régiment d'artillerie d'Afrique en 2004. Ainsi les traditions de l'armée d'Afrique perdurent-elles également avec les particularismes des régiments étrangers. Une journée nationale d'hommage aux harkis a été instituée depuis 2001. Ces gestes tendent à rappeler, peut-être trop peu et trop tard, la part que l'armée d'Afrique a tenue, pendant plus de un siècle, dans la vie nationale.

Jacques Frémeaux

ARMÉE FRANÇAISE, place de la Légion étrangère dans l'. – L'affirmation selon laquelle la Légion étrangère est partie intégrante de l'armée française ne doit pas faire oublier que le haut commandement a mis un certain temps pour reconnaître ses mérites et lui accorder le rang qu'elle pouvait et pensait devoir tenir. À cet égard, ses faibles effectifs jusqu'à la fin de la Première Guerre mondiale ne constituaient sans doute pas un atout. Cependant d'autres considérations sont entrées en jeu et ont évolué dans le temps jusqu'au tournant décisif de la professionnalisation des armées en 1997.

Le 15 mai 1831, la Légion compte 4 978 hommes, soit l'effectif d'un gros régiment d'infanterie sur la centaine que comprend l'armée de la Restauration. Jusqu'au début de la IIIe République, elle est marginalisée malgré les services rendus en Crimée, en Italie et au Mexique. Alors que le nombre de régiments français est passé de 90 à 138 entre 1836 et 1865, les effectifs de la Légion n'augmentent pas. Elle est même jugée encombrante par certains généraux, c'est pourquoi l'expédition du Mexique est l'occasion de l'éloigner ; en d'autres circonstances, Adolphe Thiers, trente ans plus tôt, avait décidé sa cession à l'Espagne (1835). Toutefois la relance de la colonisation et par là même des opérations militaires, en Afrique d'abord (Tunisie, Maroc, Afrique noire et île de Madagascar) et en Extrême-Orient ensuite (Cochinchine, Tonkin, expédition de Formose), conduit les responsables militaires à créer de nouvelles formations : ainsi la mise sur pied de plusieurs bataillons de Légion est autorisée après 1880 et levée l'interdiction du recrutement allemand. La conduite – souvent exemplaire – pendant la Grande Guerre des 28 614 légionnaires (dont une majorité d'engagés volontaires pour la durée de la guerre) au sein d'une masse de 1 865 000 hommes (août 1914) fait bonne impression sur le haut commandement qui se range à la recommandation de Lyautey et de Franchet d'Esperey de renforcer la Légion. Toutefois, l'appel aux volontaires étrangers dans l'entre-deux-guerres pour soutenir l'effort nécessaire à la « pacification » des zones insoumises du Maroc ne convainc toujours pas certaines sphères parisiennes alors même que l'Allemagne reste farouchement opposée à la Légion. Le pourcentage de légionnaires au sein de l'armée de métier passe de 22,2 % en 1928 à 15 % en 1936. De surcroît, au cours des années 1920, le long débat autour de la création de l'inspection illustre les difficultés de la Légion à faire reconnaître sa différence au sein de l'armée. La menace de la guerre change la donne : le gouvernement lève tous les obstacles, facilite et encourage l'appel aux étrangers. La Légion apparaît alors sous un jour nouveau, et sa participation à toutes les campagnes de la Seconde Guerre mondiale depuis l'expédition de Norvège légitime son intégration dans l'armée nouvelle issue de la Libération : les chefs qui l'ont vue à l'œuvre gardent le souvenir d'une troupe fidèle au service de la France.

Sous la IVe République, les généraux Béthouart, Juin, de Monsabert, Salan, Lorillot et Olié doivent parfois monter au créneau pour défendre cette Légion étrangère critiquée par les bureaux pour son esprit d'indépendance. Les rapports tendus entre le dépôt commun des régiments étrangers et le ministère de la Défense nationale mettent en lumière les interprétations divergentes de l'autonomie revendiquée par Sidi-Bel-Abbès depuis 1946 sans toutefois affecter durablement le climat de confiance réciproque qui va prévaloir jusqu'à la fin de la guerre d'Algérie. En effet, le recrutement étranger s'impose comme la variable d'ajustement pour une armée de métier éprouvée par des pertes élevées en Extrême-Orient et permet de répondre à l'impérieuse nécessité de compléter les effectifs du corps expéditionnaire. L'État-major souscrit aux propositions de création de nouvelles unités de Légion et va même jusqu'à faciliter le recrutement de volontaires dans la zone d'occupation française en Allemagne. Mais les méthodes employées sont loin d'emporter l'adhésion des responsables militaires, confrontés aux plaintes des autorités de la jeune république d'Allemagne fédérale. L'implantation à Vincennes du commandement des régiments étrangers – du groupement autonome de la Légion étrangère (GALE) en septembre 1950 à la dissolution de l'inspection technique (ITLE) en juillet 1964 – favorise un rapprochement durable avec le centre de décision des armées et, dès lors, la « normalisation » des relations entre la Légion et les hautes sphères de l'armée. Entre 1984, avec la mise en place du commandement de la Légion étrangère (COMLE) au quartier Vienot à Aubagne, et 1997, la Légion étrangère « rentre dans le rang ». En effet, la professionnalisation des armées met fin au cycle de l'histoire de l'armée mixte (conscription-troupes de métier) et à une situation singulière héritée de la colonisation.

André-Paul COMOR

Sources : Archives de France, 4 AG 243, 244 et 250 • SHD-Terre, 10T 252 et 10 H 184 • DHPLE, rapports sur le moral, DCRE, 1943-1950
Bibl. : André-Paul Comor, « Pouvoir politique, haut commandement et recrutement étranger de la Révolution à nos jours », dans *Aux vents des puissances*, Presses de la Sorbonne nouvelle, 2008, p. 245-262.

ARMISTICE, commission d'. – Les armistices franco-allemand et franco-italien signés respectivement les 22 et 24 juin 1940 prennent effet au 25 juin, infligeant à la France des clauses rigoureuses sans précédent : le IIIe Reich exige l'entretien de ses troupes d'occupation et 1 800 000 prisonniers sont détenus outre-Rhin jusqu'au traité de paix. La France démantelée est partagée par la ligne de démarcation, frontière hermétique s'étendant du pays de Gex à Saint-Jean-Pied-de-Port, à la frontière espagnole. La zone occupée allemande ampute les trois cinquièmes de la métropole, avec les côtes de la Manche et de l'Atlantique, incluant la quasi-totalité des sources d'énergie, des régions industrielles et agricoles. Le Reich s'octroie en outre tous les droits d'une puissance occupante et les fonctionnaires français doivent « collaborer » avec leurs homologues allemands. Le texte italien prévoit quant à lui une zone d'occupation italienne correspondant aux positions atteintes fin juin, et une ligne de 50 km à vol d'oiseau de celle-ci ainsi qu'en Tunisie et dans les territoires du Sud algérien suivant la zone frontalière de la Libye. Et l'intégrité de la côte française des Somalis doit être démilitarisée. Les deux protagonistes se sont partagé les théâtres et zones d'hégémonie : le sud-est de la France et l'Afrique du Nord sont sous contrôle italien.

Les clauses militaires du texte allemand (sans distinction entre la métropole et l'outre-mer) exigent la démobilisation et le désarmement des forces armées françaises sur terre, sur mer et dans les airs, la livraison du matériel et des armes à l'exception des avions et des navires de guerre, qui doivent être désarmés dans leur port d'attache du temps de paix. S'y ajoute la démilitarisation des zones occupées. L'article 19 prévoit la livraison de tous les ressortissants allemands désignés par le gouvernement du Reich (prisonniers de guerre et prisonniers civils, antinazis) en France et dans les possessions outre-mer. L'article 21 de la convention franco-italienne fixe les mêmes exigences.

La création d'une commission allemande d'armistice à Wiesbaden a pour but de contrôler l'exécution des clauses de l'armistice aux termes de l'article 22 de la convention franco-allemande. Auprès d'elle, « une délégation française est chargée de représenter les intérêts et de recevoir les ordres d'exécution de la commission allemande d'armistice ». Ses chefs successifs, les généraux Huntziger (juillet-septembre 1940), Doyen (septembre 1940-septembre 1941) et Beynet communiquent de Wiesbaden avec le gouvernement via la direction des services de l'armistice (DSA) établie à Vichy. Son homologue à Turin, la commission italienne d'armistice dépendant du commandement suprême italien, exerce les mêmes contrôles et doit veiller à l'harmonisation de l'application des mesures avec la convention allemande selon l'article 23 de la convention franco-italienne.

Les discussions essentielles à Wiesbaden (hormis les aspects économiques qui débouchent sur la création d'une commission spécifique) et à Turin portent sur le niveau d'effectifs de l'armée d'armistice, dite « armée de transition », en zone non occupée en France et en Afrique du Nord pour le maintien de l'ordre. L'armée d'armistice métropolitaine est limitée à 100 000 hommes. Pour l'Afrique du Nord, sous la pression des événements de Mers el-Kébir (3 juillet 1940) et de Dakar (23-25 septembre), la commission italienne d'armistice est amenée à revoir à la hausse les effectifs et autorise 120 000 hommes pour les forces terrestres, y compris 20 000 travailleurs non armés, niveau minimal pour le maintien de l'ordre et de la souveraineté française. Pour le reste de l'Empire, les effectifs sont fixés à 65 000 en Afrique-Occidentale française, 14 000 à Madagascar et Djibouti, 37 700 dans les mandats de Syrie et du Levant et entre 60 000 et 90 000 hommes en Indochine.

L'action des commissions d'armistice allemandes est axée dans un premier temps sur la France métropolitaine avec le contrôle du désarmement, la démilitarisation des places fortes et des ports. Des commissions de contrôle s'installent à Bourges pour l'armée de terre, l'armée de l'air et le contrôle des armements, un officier de liaison allemand étant adjoint à la commission italienne de Toulon pour le contrôle de la marine. La démilitarisation de l'Afrique du Nord, quant à elle, est jusqu'au printemps 1941 le domaine exclusif de la commission italienne d'armistice avec des sous-commissions de contrôle à pied d'œuvre en août 1940, tandis que la délégation de la DSA dépendant de la délégation des services de l'armistice à Vichy y est formée. Ces commissions de contrôle s'installent à Tunis (forces terrestres), Bizerte (forces navales) et Alger (forces aériennes) puis en février 1941 à Biskra et Ouargla pour le contrôle du Sud algérien. Par crainte d'extension de la dissidence, de l'évolution de la guerre en Méditerranée et l'envoi de l'Afrika Korps en Libye pour secourir les forces italiennes, une inspection du contrôle allemand forte de 200 hommes est installée au Maroc, à Casablanca. Des délégations allemandes doublent leurs homologues italiennes pour l'Algérie et la Tunisie.

S'ajoute encore la commission Kundt, du nom d'un haut fonctionnaire au ministère allemand des Affaires étrangères, membre de la commission allemande de Wiesbaden et spécifiquement chargé du rapatriement des ressortissants allemands et des Alsaciens-Lorrains. Les données chiffrées de ce rapatriement sont lacunaires pour la métropole. À l'inverse, l'on sait que le comité d'œuvre et de secours de Varian Fry, installé dans la région de Marseille, y a soustrait plus de 1 800 personnes, dont de nombreux intellectuels et artistes. En Afrique du Nord, les Allemands ont fait rapatrier quelque 600 ressortissants. Les archives indiquent avec certitude que les autorités françaises d'Afrique du Nord les ont protégés, dont le général Noguès, commandant en chef. Des Allemands refusant de combattre sur le front se sont engagés dans les rangs de la Légion étrangère pour la durée de la guerre (1 171 au cours de la seule année 1939 selon l'état numérique du dépôt commun des régiments étrangers daté du 1er janvier 1940) ; cependant, le général Koeltz, à la tête du 19e corps d'armée à Alger, précise dans une note du 4 septembre 1941 que « le gouvernement a proposé de son plein gré à la commission allemande d'armistice en juillet 1940, alors qu'aucune clause de la convention ne l'y obligeait, de rapatrier les légionnaires allemands désireux de retourner en Allemagne ». Il a eu soin de préciser que « les autorités françaises n'ont aucun intérêt à conserver ou à rengager des étrangers qui sollicitent leur rapatriement et dont le loyalisme est douteux ». Ils sont 972 à avoir fait ce choix à la fin de l'été 1940. Ces légionnaires allemands ont été soustraits au rapatriement par une mutation en Mauritanie et les vingt-cinq listes nominatives n'ont pas été remises. En revanche, les Allemands en fin de contrat (289) ou classés indésirables (236) en raison de leurs activités antifrançaises sont dirigés vers la métropole. Noguès a aussi dissimulé des légionnaires alsaciens-lorrains au camp de travail de Médiouna (Algérie).

Après l'invasion de la zone sud, le 11 novembre 1942, et du fait de l'évolution de la guerre, le rôle des commissions d'armistice s'efface devant celui des armées d'occupation.

Christine LEVISSE-TOUZÉ

Sources : SHD-Terre, 1P229 et 231.

Bibl. : Christine Levisse-Touzé, *L'Afrique du Nord dans la guerre 39-45*, Albin Michel, 1998 • Romain Rainero, *La Commission italienne d'armistice avec la France, 10 juin 1940-8 septembre 1943*, SHAT, 1995.

ARNAUD DE FOÏARD, général Paul (1921-2005). – Un résumé des services et des titres de guerre de Paul Arnaud de Foïard peut-il mettre en valeur sa forte personnalité et sa haute intelligence ? Non, sans doute. Une série de portraits décrivant l'officier de troupe à la Légion, le rédacteur en chef de *Képi blanc*, l'officier d'état-major, le commandant de grandes unités parachutistes et le directeur de l'enseignement militaire supérieur de l'armée de terre ne le pourrait pas davantage : la diversité des qualités que ceux-ci révèlent risque de masquer l'unité d'une existence entièrement au service de la France par les armes.

Le jeune homme qui surprend les correcteurs du concours d'admission à Saint-Cyr par l'originalité de ses dissertations et qui s'évade de France par l'Espagne en 1943 pour rejoindre l'armée d'Afrique se retrouve dans la marque personnelle faite de courage et d'audace raisonnée qu'il donne à chacun des combats qu'il mène en France, en Allemagne, en Indochine, au Maroc et en Algérie. Il se retrouve également dans le style qu'il imprime à *Képi blanc* lorsqu'il en est le rédacteur en chef, dans les études qu'il rédige à l'École supérieure de guerre et à l'État-major des armées ainsi que dans la rigueur, le dynamisme et l'efficacité qu'il communique à ses subordonnés du 2e régiment étranger de parachutistes et de la 11e division parachutiste. Il se retrouve enfin dans son action pour former les élites de l'armée de terre dont il dirige l'enseignement militaire supérieur pendant quatre ans.

Le général de corps d'armée Arnaud de Foïard a porté la main du capitaine Danjou le 30 avril 2005. Il est grand officier de la Légion d'honneur, médaillé militaire, grand-croix de l'ordre national du Mérite, titulaire de neuf citations dont quatre à l'ordre de l'armée et de la médaille des évadés ; il a été blessé deux fois. Il est mort à Nérac (Lot-et-Garonne) le 7 août 2005

Henry Dutailly

ARNAULT, général Paul (1911-1988). – Paul, Jean, Louis Arnault naît le 21 août 1911 à Cherbourg, d'un père acconier et lieutenant, porte-drapeau au 77e régiment d'infanterie (RI) en 1914. Après des études au lycée de sa ville natale et au prytanée militaire de la Flèche, il entre à l'École spéciale militaire de Saint-Cyr en octobre 1931 dans la promotion du « Tafilalet ». À sa sortie, il sert au 168e RI et au 149e régiment d'infanterie de forteresse sur la ligne Maginot, avant de rejoindre la Légion étrangère en Afrique du Nord en 1937. Il est alors successivement affecté au 3e régiment étranger d'infanterie (REI) au Maroc et au 3e bataillon du 1er REI en Algérie.

Volontaire pour l'expédition chargée de porter secours aux Finlandais, il fait campagne en Norvège comme chef de section à la 7e compagnie de la 13e demi-brigade de montagne de Légion étrangère (13e DBMLE). De retour en Angleterre, il est du petit noyau d'officiers de la demi-brigade qui répond à l'appel du général de Gaulle. Dès lors son sort est lié à celui de la 13e DBLE et de la France Libre. On le retrouve en septembre 1940 devant Dakar puis au Cameroun ; en 1941 en Érythrée et en Syrie, où il participe à la guerre sans états d'âme. Il prend part à tous les faits d'armes de son unité, en particulier à Bir Hakeim où, commandant un point d'appui en liaison avec la compagnie du capitaine Morel, il contient le 27 mai 1942 l'assaut de la division italienne « Ariete ». En octobre, il est aussi présent à El-Himeimat. Après El-Alamein et la rupture du front germano-italien, c'est la poursuite et la campagne de Tunisie comme commandant la compagnie antichar n° 13, sous les ordres du chef de bataillon Bablon. Promu lui-même chef de bataillon en février 1943, il est de surcroît fait chevalier de la Légion d'honneur puis Compagnon de la Libération (décret en date du 2 juin 1943). Les campagnes se succèdent : dernière offensive sur la ligne Mareth en Tunisie, Garigliano et poursuite jusqu'à Sienne en Italie, débarquement de Provence, remontée de la vallée du Rhône jusqu'en Alsace. Le 17 octobre 1944, il prend le commandement provisoire de la 13e DBLE. Adjoint au colonel de Lange, commandant la 1re brigade, il coordonne la création d'une tête de pont sur l'Ill depuis Benfeld, dans la nuit du 11 au 12 janvier 1945, et le repli des unités encerclées à Herbsheim et Rossfeld, sauvant ainsi d'une destruction certaine le 1er bataillon de Légion étrangère. La 1re division motorisée d'infanterie (DMI), ex-1re division française libre (DFL), est alors désignée pour réduire les dernières résistances allemandes de l'Authion en avril 1945, la « 13 » et les autres unités de la division étant ainsi privées de la campagne d'Allemagne.

Dès janvier 1946, Arnault est en Indochine avec la demi-brigade commandée par le lieutenant-colonel Brunet de Sairigné. À la suite de la disparition de celui-ci, il prend le commandement de la 13e DBLE, le 1er mars 1948. Original à plus d'un titre, le lieutenant-colonel Arnault fait construire en quelques mois une cité dans le camp d'Hoc Mon, baptisée « Arnaultville », à la fois centre d'accueil, d'instruction et de repos de la demi-brigade. Rapatrié en mai 1949, il sert jusqu'en 1958 successivement à la maison mère à la tête du service du moral et des œuvres de la Légion étrangère, comme chef de corps du dépôt commun de la Légion étrangère, puis au service d'immatriculation de la Légion étrangère à Vincennes. Le 1er janvier 1968, il quitte le service actif comme général de brigade, commandant la subdivision militaire du Vaucluse. Il se consacre alors à des œuvres diverses dont le comité de surveillance des prisons. Le général Paul Arnault meurt le 9 novembre 1988 à Sorgues où il s'était retiré. Commandeur de la Légion d'honneur, il totalise six citations avec croix de guerre 1939-1945 et deux citations avec croix de guerre des théâtres des opérations extérieures.

André-Paul Comor

Bibl. : André-Paul Comor, *L'Épopée de la 13e demi-brigade de Légion étrangère, 1940-1945*, Nouvelles Éditions latines, 1988.

ARNAULTVILLE. – Depuis le débarquement en Cochinchine de la 13e demi-brigade de Légion étrangère (DBLE) le 10 mars 1946, son poste de commandement était installé à Gia Dinh, dans la banlieue de Saigon. En avril 1948, un général convoitant l'emplacement proposa au colonel Arnault, successeur de Brunet de Sairigné, plusieurs autres sites. Arnault, piqué, balaya ces propositions et, à la fin du mois de mai, décida de partir planter sa tente dans une rizière, loin de Saigon et près du village d'Hoc Mon, où le 1er bataillon tenait le secteur. Il avait fait étudier le projet d'une installation durable, que l'on baptisa spontanément « Arnaultville », et choisit un terrain de 500 × 200 m à l'ouest d'Hoc Mon, bordant la route coloniale n° 1 de Saigon à Phnom Penh, à trente kilomètres au nord-ouest de Saigon. Le 1er juin, les plans et la maquette furent établis ; vers le 10 juin, les équipes de légionnaires et les coolies se mirent au travail.

Une première tranche de bâtiments sans étage pour l'état-major et deux autres pour les transmissions permirent au colonel Arnault de s'installer le 14 juillet 1948. Ensuite furent construits des chambres pour les officiers et le bâtiment-popote avec salle à manger et locaux annexes. Les matériaux, poteaux de pagode et tuiles étaient récupérés de plus en plus loin, parfois au prix d'une opération en zone rebelle. On abattit aussi de grands arbres qu'une scierie chinoise transformait en planches, en panneaux, en poutres. Sur place, on fabriqua des moellons en aggloméré de ciment et de mâchefer à la cadence de quatre mille unités par jour. Ces travaux, sous la direction du chef de la section de reconnaissance et d'observation (SRO), en réalité unité de sapeurs-pionniers, se prolongèrent jusqu'à la fin de l'année 1949. Les vingt-six bâtiments, équipés de l'électricité et de l'eau courante, formaient les trois côtés d'un quadrilatère dont le quatrième était sur la route coloniale et encadraient des carrés alternés de fleurs et d'arbres. Un dernier et imposant bâtiment, excentré, abrita le foyer, le cinéma et le bordel militaire de campagne, ou BMC.

Arnaultville n'était entouré d'aucune fortification sauf un blockhaus à chaque angle. Or il y avait, de l'autre côté de la route, un petit bois et un pagodon, d'où un tireur pouvait prendre sous son feu en particulier la salle à manger. En novembre 1949, à la suite de la visite d'inspection et des observations du général Monclar, le colonel Morel, successeur d'Arnault, fit creuser un fossé et élever un talus autour d'Arnaultville. On disposa une chicane devant la porte de la salle à manger et un canon de 40 Bofors placé dans un des blockhaus put prendre le petit bois sous son feu (ce ne fut jamais nécessaire). Un puits fournit l'eau, une centrale à fioul la lumière électrique et des projecteurs éclairaient le pourtour du camp toute la nuit. Entre le carré des bâtiments et la route, on aménagea des voies empierrées encadrant des carrés alternés de fleurs et d'arbres ; au centre s'éleva un mât de drapeau. À la vérité, malgré les fossés de drainage, les pluies de la mousson transformaient Arnaultville en marécage, et il pleuvait jusque dans les chambres à travers les fenêtres.

Quand les derniers éléments de la 13e DBLE quittèrent le Sud-Vietnam, en 1953, Arnaultville abrita un bataillon sénégalais, puis fut passé à l'armée vietnamienne en 1955.

Pierre CARLES

Sources : JMO de la 13e DBLE (1946-1954).

ARTEMOFF, Georges (1896-1965). – Né en Russie le 17 janvier 1896, Georges Artemoff, qui a obtenu une bourse de l'école de peinture, sculpture et architecture de Moscou, arrive à Paris en 1913. Quelques mois plus tard, la guerre éclate. Le 26 août 1914, il s'engage dans la Légion étrangère. Blessé le 10 février 1915 dans le secteur de Prunay-sur-Marne, il reçoit la croix de guerre le 3 janvier 1916. Réformé, il ne va pas arrêter là son expérience militaire. Il est vrai qu'il a été élève à l'école des cadets de Novotcherkassk. En 1917, c'est la révolution bolchevique. Dès le début, Georges Artemoff retourne en Russie. Il y rejoint les armées blanches et devient officier sous les ordres du général Wrangel. Mais bientôt survient la débâcle : « En ce temps-là, les armées de Koltchak, de Denikine et du baron Wrangel avaient été battues par les Soviets, tout ce qui restait encore debout de l'immense empire des tsars avait été dissous et c'est fou le grand nombre de Russes blancs qui venaient s'engager à la Légion, apportant à la folie des grandeurs bien connue et au cafard des légionnaires l'irrésistible désordre russe et le regain de la mégalomanie et de la mélancolie torturée des Slaves. Ce fut une époque faste pour la Légion et l'on reconstruisit même une Légion montée, des escadrons Tcherkesses », écrit Blaise Cendrars dans *Emmène-moi au bout du monde*. Douglas Porch, citant Adolphe Richard Cooper (*Douze ans à la Légion étrangère*), traite plutôt ces réfugiés russes de « mauvais soldats, indisciplinés, et de mauvais combattants manquant d'esprit de corps ».

Georges Artemoff est un peintre et non pas exclusivement un combattant, ni un aventurier. Ayant réussi à regagner la France, il reprend ses activités artistiques, s'installe passage de Dantzig (non loin des abattoirs de Vaugirard), dans l'atelier de la Ruche où Ossip Zadkine et Fernand Léger ont déjà travaillé. Il fréquente l'atelier de la Grande Chaumière où les mêmes Léger et Zadkine compteront parmi les enseignants au début des années 1930. Sa mort survient le 9 juillet 1965.

On peut noter qu'un légionnaire nommé Artemoff apparaît également – mais de manière furtive – dans le livre d'Albert Erlande *C'est nous la Légion*, sans que l'on puisse dire s'il y a une relation entre le peintre et le personnage du récit : un Cosaque qui, lors d'une permission, rend visite à des paysans provençaux dont l'accueil est d'autant plus chaleureux qu'il leur confectionne quelques bons plats de son pays natal. Un autre des camarades de l'auteur est également russe mais, au contraire du premier, il n'est pas nommé. Il vient de traverser pendant douze jours l'enfer du bois du Haricot, comme Albert Erlande qui le rencontre dans la tranchée des Cinq cents mètres. Les rats et les poux les empêchent de dormir. Car c'est la nuit : « Une nuit féerique : gelée blanche, brume aux couleurs d'arc-en-ciel sous la lune naissante. Et à cet instant même, calme parfait sur la plaine scintillante de givre. Le Russe s'extasie. Il est peintre. » Georges Artemoff ? Prunay-sur-Marne n'est pas très éloigné du Haricot.

France Marie FRÉMEAUX

ARTILLERIE LÉGIONNAIRE (1836-1945). – La Légion étrangère a parfois abrité en son sein des unités d'artillerie. La place et l'importance de ces formations varient selon les théâtres d'opérations et les besoins exprimés par le haut commandement.

Cédée par le roi des Français Louis-Philippe Ier à la régente d'Espagne Marie-Christine, l'ancienne Légion étrangère de 1831 constitue en Espagne en mai 1836 la toute première formation d'artillerie-Légion. Cette unité est dissoute en décembre 1839. L'expérience est renouvelée en 1866 au Mexique où il est question de rapatrier le corps expéditionnaire français en laissant le régiment étranger former une « division auxiliaire française » composée de fantassins, de cavaliers, de sapeurs et d'artilleurs. C'est ainsi qu'en octobre 1866 est créée à Querétaro une batterie d'artillerie, dissoute le 28 décembre 1866.

Au siècle suivant, la loi du 5 août 1920 autorisant la création d'un régiment étranger de cavalerie préconise également un régiment étranger d'artillerie. Si le projet n'aboutit pas, les 1er, 2e et 4e Étrangers reçoivent cependant en dotation des batteries et des cadres (sous-officiers et officiers) détachés de l'artillerie.

La section de 80 mm de montagne de la Légion du 1er Étranger. La section d'artillerie de la Légion dénommée « section d'accompagnement de 80 mm de montagne », devenue « section de 80 mm de montagne de Légion », a été constituée en Algérie, à Aïn-Sefra, le 15 mai 1925. Exceptionnellement, son personnel est entièrement légionnaire. Cette section est équipée de canons prélevés du parc d'artillerie d'Algérie du 19e corps d'armée, modèle 1878 de 80 mm d'artillerie de montagne de type « de Bange ». Après qu'elle a été engagée en 1932-1933 dans le Grand Atlas marocain, sa dissolution survient à la fin des opérations en 1934.

Les batteries d'artillerie de marche du 2e et du 4e Étranger. La Légion sert à nouveau de variable d'ajustement dans la dernière phase de réduction des zones dissidentes marocaines. La création de deux batteries répond aux besoins pressants du commandement. Ainsi sont créées le 15 mai 1932 la batterie de marche du 2e Étranger – encadrée par deux officiers et, pour partie, par des sous-officiers et des brigadiers du régiment d'artillerie coloniale du Maroc –, à El-Hajeb et à Marrakech, celle du 4e Étranger – encadrée par deux officiers et partiellement par quelques sous-officiers du 64e régiment d'artillerie d'Afrique. Ces deux unités sont engagées dans les opérations de l'Atlas, du djebel Sagho et du Tafilalet. En juillet 1935, elles quittent Ouarzazate et forment à Marrakech un groupement d'artillerie-Légion (GAL).

À partir du 2 septembre 1939, les deux batteries deviennent des batteries portées : celle du 2e devient la 1re batterie portée à Port-Lyautey et celle du 4e la 2e batterie portée à Agadir. Une 3e batterie portée est créée à Mogador le 1er juin 1940 par le 4e Étranger. Les deux batteries portées (2e et 3e) du 4e régiment étranger d'infanterie (REI) dissous le 15 novembre suivant passent au 2e REI : les trois batteries forment alors le groupement d'artillerie du 2e Étranger. Comme elles sont intégrées dans le groupement de défense du littoral marocain, leur emploi tactique et opérationnel dépend du front de mer, c'est-à-dire de la marine nationale. En 1941, elles tiennent les positions de Port-Lyautey (1re), Agadir (2e) et Safi (3e).

Le groupe autonome d'artillerie du Levant (1941). Le groupement, formé le 1er janvier 1941 à Homs au sein du 6e REI, est une formation de circonstance : la réorganisation des troupes du Levant et du dispositif de défense après la démobilisation de nombreux rappelés a dégarni certaines unités. Pendant la guerre de Syrie (juin-juillet 1941), les légionnaires vont servir trois batteries portées de canons de 75 mm modèle 1897, à quatre pièces chacune. La 1re batterie rentre dans la composition du groupement Barre, du nom du commandant du 6e Étranger, et s'engage dans des combats du côté de Djezzine. Les 2e et 3e batteries sont placées sur la côte sud de la ville de Beyrouth. La dissolution du groupement intervient le 15 septembre 1941, au camp d'Idron, près de Pau.

Les batteries sahariennes portées de Légion (1939-1943). Afin de préparer la défense des oasis du Sahara et appuyer l'action éventuelle des troupes sahariennes contre toute pénétration venant du Tchad passé à la France Libre, le commandement supérieur des oasis sahariennes préconise la formation d'unités d'artillerie. À Ouargla, la compagnie automobile de transport du territoire des Oasis (CATTO) se transforme en batterie saharienne portée de Légion (BSPL) à compter du 1er octobre 1940 et devient en avril 1941 la 1re BSPL. Une 2e BSPL est créée à Fort Flatters. En novembre 1942, après le débarquement anglo-américain, l'ennemi désigné change et le commandant du front est-saharien réclame les deux batteries pour les rattacher au « groupement saharien Légion » et barrer ainsi la route aux forces italo-allemandes progressant vers Biskra et Négrine. Après la prise de l'oasis du Ghadamès, la 2e BSPL fait route avec la colonne du général Leclerc jusqu'à Sinaoen. De février à avril 1943, avec les troupes françaises du front sud-tunisien, les deux batteries sont engagées dans de nombreux combats. Elles sont dissoutes en décembre 1943.

La compagnie de canons d'infanterie de la 13e DBLE. En Cyrénaïque (Bir Hakeim) et en Égypte (El-Alamein), les légionnaires de la 13e DBLE s'improvisent artilleurs en recevant quelques canons du parc d'artillerie du Levant. Dissoutes en mai 1944, les trois batteries portées du groupement d'artillerie au 3e REI passent à la 13e DBLE pour former la compagnie de canons d'infanterie (CCI). L'unité, rattachée au bataillon de commandement, est engagée sur le front italien (Garigliano-Leucio). Elle se distingue aussi lors des opérations de dégagement de la ville de Hyères, dans le sud de la France.

Avec la fin de la Seconde Guerre mondiale s'achève l'histoire des batteries d'artillerie au sein même de la Légion étrangère.

Raymond GUYADER

Sources : DHPLE, JMO des 2e, 4e et 6e REI (1941) et de la 13e DBLE (1941-1944).

ARZEW. – Aujourd'hui terminal pétrolier et méthanier, la petite ville est bâtie à l'origine sur une plage basse et sablonneuse, à 37 km au nord-est d'Oran. En 1833, le 4e et une partie du 5e bataillon de Légion étrangère participent à la prise de la ville. Au début de la IIIe République, l'ancien fort, construit de 1842 à 1845 sur une colline qui domine le nord de la cité, sert de dépôt de convalescence de la Légion. Il accueille à partir de 1928 les malades qui reviennent du Tonkin. Entre 1932 et 1934, l'établissement est dans un premier temps ouvert aux permissionnaires des garnisons sahariennes et des confins algéro-marocains puis à tous les permissionnaires de tous les régiments (Afrique du Nord, Levant et Tonkin). Pendant la guerre d'Algérie, garnison initiale des tirailleurs algériens, la petite ville devient base arrière du 5e régiment étranger d'infanterie à la fin de 1958. Sur une colline, face à la mer, les légionnaires construisent aussitôt le camp « Armandville » qu'ils doivent abandonner en 1963.

André-Paul COMOR

Sources : DHPLE, rapport du lieutenant Arkhipoff, commandant du dépôt, sd.

ASCENSIO, Tony (1901-1976). – Né à Rio Salado, petite bourgade à proximité d'Oran, Tony Ascensio est issu d'une famille modeste d'ascendance espagnole. Il est apprenti en mécanique, et canalise son trop-plein d'énergie dans la boxe. Le 18 octobre 1917, comme bon nombre de jeunes Français ou étrangers au cours de la Première Guerre mondiale, l'adolescent n'hésite pas à tricher sur son âge pour contracter un engagement pour la durée de la guerre à la Légion étrangère. À l'issue de l'instruction, en janvier 1918, il rejoint le régiment de marche de la Légion étrangère (RMLE) alors engagé dans la Somme. Le 26 avril, à 5 h 45, le légionnaire Ascensio, voltigeur à la 10e compagnie du 3e bataillon, s'élance derrière le 1er bataillon pour reprendre le bois de Hangard, saillant qui contrôle les accès vers Amiens. Assez grièvement blessé au pied gauche, il est hospitalisé jusqu'à son complet rétablissement au début du mois de juillet. Le 18 août 1918, il est blessé une nouvelle fois lors d'un assaut dans la région de Villers-Cotterêts, près de la ferme Laffaux, sur le plateau de Dommiers.

À l'issue du conflit, abandonnant la mécanique, l'ancien légionnaire, médaillé militaire et décoré de la croix de guerre en février 1919, se consacre désormais exclusivement à la boxe. Il entame sa carrière à Oran et livre également quelques combats à Sidi-Bel-Abbès puis dans toute l'Afrique du Nord. Boxant dans la catégorie des poids coq ou des poids plume, il se constitue rapidement un brillant palmarès. Après plusieurs victoires en métropole, sa carrière devient internationale : sa notoriété dépasse les frontières et il mène des combats outre-Atlantique pour se mesurer aux plus grands. Son agressivité, sa combativité et sa puissance de frappe lui valent aux États-Unis le surnom de « Dynamite Tony ». Propulsé au premier rang mondial des poids coq à la fin des années 1930, il prépare les championnats du monde mais un très grave accident de cheval met un terme à sa carrière sportive. Il quitte alors définitivement le ring pour se consacrer aux jeunes sportifs. À la dure école de « Dynamite », qui emploie des méthodes d'entraînement américaines fondées sur une condition physique irréprochable, Marcel Cerdan, également originaire de Sidi-Bel-Abbès, connaît le succès – l'ancien légionnaire du RMLE goûte ainsi de nouveau aux joies de la victoire. En 1962, Tony Ascensio se fixe dans le Roussillon où il meurt en 1976.

Alexis NEVIASKI

ASILE LÉGIONNAIRE. – Lorsque le ministre de la Guerre, le maréchal Soult, déclare, en 1831, que la Légion est un « asile pour le malheur », il la considère comme une institution recueillant des exilés sans ressources. Depuis 1880, lorsque l'on parle d'asile à propos de la Légion, l'on donne à ce mot son sens originel de lieu inviolable dans lequel une personne poursuivie se réfugie. Or, cet asile ne possède aucune base juridique ou même seulement réglementaire, car « asile » ne figure pas dans les textes régissant la Légion.

L'asile légionnaire est en réalité une institution de droit coutumier qui se fonde à la fois sur la possibilité de s'engager sous une identité déclarée, la discrétion en toutes circonstances du légionnaire qui cache son passé et le secret professionnel qui s'impose aux cadres officiers et sous-officiers de la Légion.

Henry DUTAILLY

AUBAGNE. – Au pied du Garlaban, cher à Marcel Pagnol, la cité provençale, siège actuel de la Légion étrangère, abrite depuis l'indépendance de l'Algérie la garnison du 1er régiment étranger (RE), les services centraux de la Légion étrangère ainsi que le commandement de la Légion étrangère (COMLE) créé en 1984. Déjà, en avril 1859, les légionnaires du 2e RE, débarqués à Marseille et en partance pour l'Italie, font une halte venant de Sidi-Bel-Abbès et campent à Aubagne. Au début de la guerre d'Indochine, les camps de la Demande (Aubagne) et de Carpiagne servent de bases de transit et d'instruction sur le nouveau matériel britannique pour les légionnaires du 3e régiment étranger d'infanterie, nouvellement recréé. À la fin de la guerre d'Algérie, la décision d'implanter la nouvelle maison mère à Aubagne revient au ministre des Armées, Pierre Messmer, qui prend en compte la proximité de la zone aéroportuaire marseillaise dans le cadre de la politique de défense et de la constitution de forces de projection dont la Légion devait constituer le fer de lance avec la 11e division parachutiste et les troupes de marine. Les légionnaires prennent possession du camp de la Demande le 17 juillet 1962. Fin octobre, le dernier détachement en provenance de Sidi-Bel-Abbès rejoint le régiment.

André-Paul Comor

AUMÔNIERS MILITAIRES. – L'histoire de l'aumônerie de la Légion étrangère est à peu près la même que celle de l'ensemble de l'armée française. Si quelques prêtres et pasteurs accompagnent les troupes lors de la conquête de l'Algérie, c'est surtout à partir du Second Empire qu'est systématisé l'envoi de ministres des cultes auprès des soldats en opérations. Mis à part pendant la guerre de 1870, il n'y a pas vraiment d'aumônerie institutionnalisée avant la loi fondatrice de 1874. Mais un autre texte abroge celle-ci dès 1880, ne prévoyant de ministres des cultes – catholiques, protestants et israélites – qu'en cas de mobilisation. Un décret de 1913 officialise en outre la présence d'aumôniers auprès des corps expéditionnaires outre-mer. La pratique existait déjà puisque, lors de la conquête de l'Indochine, un pasteur s'occupait des légionnaires, parmi lesquels se trouvaient de nombreux protestants.

Sauf entre 1874 et 1880, le 1er Étranger n'a donc pas d'aumônier militaire attitré. Les légionnaires peuvent en théorie assister librement aux offices religieux civils à Sidi-Bel-Abbès ou à Saïda, mais, dans les faits, le commandement leur en laisse rarement la possibilité. Si les armées de la Grande Guerre ignorent officiellement l'existence d'aumôniers régimentaires – les seuls ministres des cultes reconnus sont affectés aux groupes de brancardiers de division et de corps d'armée –, des clercs mobilisés assurent néanmoins bénévolement le service religieux dans leur unité. C'est le cas du père Louis Rivet, un jésuite, lieutenant au 2e régiment de marche du 1er Étranger, qui se partage entre ses fonctions militaires et sacerdotales, avant d'être tué devant les Ouvrages blancs (en Artois) en mai 1915. Après la Grande Guerre, il n'existe toujours pas d'aumônerie structurée, mais les unités de Légion opérant au Levant et au Maroc reçoivent, comme toutes les troupes servant sur des théâtres d'opérations extérieures, l'assistance de quelques ministres des cultes. Aucun aumônier n'est cependant directement affecté en permanence auprès de la Légion. Le projet de faire nommer un pasteur au dépôt à Sidi-Bel-Abbès, porté par la Fédération protestante de France, échoue par ailleurs.

La Seconde Guerre mondiale marque un tournant du point de vue de l'aumônerie militaire. En 1939-1940, le service religieux de l'armée est déjà mieux organisé qu'en 1914-1918. Puis Vichy institue une aumônerie territoriale permanente, tandis que la France Libre prévoit des ministres des différents cultes qui sont assimilés, suivant leurs responsabilités, à des sous-lieutenants ou à des capitaines (décrets de 1940 et 1943 ; arrêté de 1941 pour le Levant). Désormais, chaque bataillon est accompagné d'un aumônier catholique. Deux d'entre eux accompagnent la 13e demi-brigade de Légion étrangère (DBLE) en 1941-1942, le révérend père (RP) Hirlemann, un missionnaire venu du Tchad, et l'abbé Stanislas Natlacen, *alias* Jean-Baptiste Malec, un prêtre slovène étudiant à Paris qui a rallié la Grande-Bretagne. Par la suite, la France combattante reprend ce système. Le père de Curzon accompagne le régiment de marche de la Légion étrangère (RMLE) et le 1er régiment étranger de cavalerie (REC) jusqu'en mai 1944, avant de céder sa place à l'abbé Gintz au RMLE. Peu nombreux, présents seulement à l'échelon des grandes unités, les pasteurs et les rabbins se partagent quant à eux entre plusieurs formations.

Le pasteur de Cabrol suit ainsi la 5e division blindée (DB), qui comprend, entre autres, le RMLE et le 1er REC. Mais sur le terrain, bien souvent, les légionnaires ne font pas trop la différence entre les confessions : l'essentiel, pour eux, est d'avoir le soutien moral et spirituel d'un « padre ». Ces aumôniers ne conservent plus leur tenue ecclésiastique mais revêtent un uniforme, ce qui les rapproche davantage encore des soldats. Leur présence permanente est confirmée après 1945.

En Indochine, le faible nombre d'aumôniers impose leur répartition par secteurs et non par unités – sauf quelques-uns affectés auprès des réserves générales, notamment aéroportées. Certes, à un territoire peut correspondre un corps, comme les secteurs de Bac Ninh et de Ke Sat dévolus au 5e, puis au 3e régiment étranger d'infanterie (REI), et dont l'abbé Yvan Heinrich a la charge pastorale en 1953, avant d'être envoyé à Diên Biên Phu. L'abbé Floch, du diocèse de Quimper et Léon et ancien résistant, est l'un des rares aumôniers à avoir assisté les légionnaires de l'Indochine (2e REI) à Aubagne (1er RE).

La dispersion des unités dans de nombreux postes ne facilite pas les contacts avec des ministres des cultes. En Algérie, les régiments de Légion appartenant aux unités d'intervention ont des effectifs trop restreints pour avoir un aumônier à plein temps. Le RP Louis Delarue, un oblat de Marie-Immaculée, suit à la fois le 1er régiment étranger de parachutistes (REP) et le 2e régiment de parachutistes coloniaux (RPC), qui appartiennent à la 10e division parachutiste (DP). En revanche, deux pasteurs sont affectés en permanence auprès de la Légion, tandis qu'un prêtre est également présent au 1er Étranger. En 1956, à la demande du métropolite russe en Europe occidentale, un pope, Dimitri Hvostoff, est nommé aumônier pour s'occuper des 350 légionnaires orthodoxes originaires d'Europe centrale et orientale. Le retour à la paix et l'installation en métropole ne modifient pas sensiblement cette organisation, puisque à quelques exceptions près les ministres des cultes continuent à se partager entre plusieurs régiments.

En temps de guerre, les aumôniers ont une fonction à la fois cultuelle, morale et humanitaire : ils doivent d'abord célébrer les offices de leur culte et, pour les prêtres catholiques, administrer les sacrements. Ils visitent aussi les unités, rencontrent les légionnaires et leur témoignent de la sollicitude, contribuant ainsi au maintien de leur moral. Dans une Légion où la discipline est stricte et l'encadrement exigeant, les aumôniers incarnent la charité, la compassion et l'écoute. En revanche, ils appliquent peu les méthodes pastorales modernes, comme l'Action catholique, autant parce qu'ils les connaissent mal qu'à cause de la diversité de leurs fidèles. Mais les légionnaires savent aussi qu'ils peuvent compter sur eux en cas de coup dur : au combat, l'aumônier assiste les mourants et aide à ramasser les blessés, parfois au péril de sa vie. C'est ainsi que l'abbé Malec a été lui-même touché en Tunisie puis en Italie. En même temps, plongés dans l'armée, certains aumôniers peuvent parfois faire preuve d'un esprit plus militaire – ou légionnaire – qu'ecclésiastique. Le RP Delarue, qui justifie moralement la torture à Alger en 1957, en est, d'une certaine manière, une illustration.

Xavier BONIFACE

Bibl. : Xavier Boniface, *L'Aumônerie militaire française (1914-1962)*, Le Cerf, 2001.

AURIOL, Maison du légionnaire d'. – Dès 1932, la précarité dans laquelle se trouvent certains anciens légionnaires attire l'attention du service d'immatriculation de la Légion étrangère (SIL) qui évoque alors la possibilité d'offrir un abri et une existence convenable dans une maison de retraite aux retraités et réformés. Pour mettre en œuvre ce projet, la Légion s'appuie sur une association déclarée le 16 avril 1931 à la préfecture des Bouches-du-Rhône. La Société des centres d'entraide aux réformés et libérés de la Légion étrangère a pour objet de faciliter le retour à la vie civile et le reclassement professionnel des légionnaires libérés. Aussi a-t-elle ouvert un petit centre d'hébergement à Marseille, au n° 21 de la rue des Treize-Escaliers, à proximité du dépôt de la Légion au fort Saint-Jean. Vingt-deux lits sont mis à la disposition des anciens légionnaires en transit, provisoirement hébergés moyennant une participation financière symbolique. Une nouvelle étape est franchie en décembre 1933, avec l'acquisition par l'association d'une petite propriété à Auriol et de quelques parcelles attenantes, au lieu-dit domaine de la Vède, du nom d'un petit cours d'eau qui traverse la propriété. Cette maison de retraite du légionnaire est inaugurée le 8 juillet 1934 par le général Rollet, qui vient spécialement d'Algérie. Il signe d'ailleurs lui-même le règlement de service intérieur.

Dès l'ouverture du centre, une quinzaine de légionnaires sont admis. Cependant, des difficultés financières secouent rapidement la structure, qui doit sa survie à l'aide apportée par une autre association, les Gueules cassées. Les pensionnaires ne restent pas oisifs : ils travaillent la terre dont certaines parcelles sont acquises en 1935. À la suite de nouvelles difficultés, l'association change ses statuts en 1938 : elle a désormais pour but principal de pourvoir au bon fonctionnement de la maison d'Auriol et accessoirement d'assister les hospitalisés et d'assurer aux morts des obsèques ainsi qu'une sépulture décentes. Elle change alors de dénomination et devient la Maison du légionnaire.

Après la Seconde Guerre mondiale, en 1946, Auriol demeure une structure associative mais le conseil d'administration est présidé par le colonel commandant le dépôt commun des régiments étrangers, assisté comme vice-président de l'officier commandant le dépôt de la Légion étrangère de Marseille. La Légion « d'active » s'implique dorénavant plus ouvertement dans le bon fonctionnement de la Maison du légionnaire. Aujourd'hui, elle est une composante importante du dispositif social destiné aux légionnaires rendus à la vie civile. La maison de retraite dispose de soixante-dix chambres individuelles et de dix chambres doubles. Elle peut donc accueillir quatre-vingt-dix pensionnaires, tous « anciens légionnaires » – condition indispensable pour être admis. Elle n'est pas la seule : l'ancien légionnaire doit également vivre en célibataire, être autonome physiquement, pouvoir payer la petite pension et être détenteur du certificat de bonne conduite.

Alexis NEVIASKI

Sources : SHD-Terre, 7N 1011 (2) supplément.

AVIGNON, dépôt d'. – En 1831, le général Ramorino, ancien commandant du 2e corps polonais, émigré à Paris, demande d'abord au ministre de la Guerre puis au président du Conseil que 130 officiers compatriotes, réfugiés en Autriche après l'échec de la révolution de Varsovie (29 novembre 1830), puissent former un bataillon au service de la France. En 1832, le ministre de la Guerre décide de former un bataillon de la Légion étrangère avec les Polonais du dépôt de réfugiés d'Avignon, et huit compagnies sont constituées entre 1832 et 1834. Au mois d'août 1914, le palais des Papes abrite le dépôt du 1er régiment étranger (RE) qui reçoit les engagés volontaires pour la durée de la guerre destinés à grossir les rangs du 2e régiment de marche du 1er RE en formation. Des légionnaires aguerris venus d'Afrique du Nord sont chargés de l'encadrement et de l'instruction de base.

André-Paul COMOR

AZAN, AZAM. – Quatre officiers ayant porté l'un ou l'autre de ces deux patronymes ont marqué l'histoire de la Légion entre 1836 et 1951 dans des domaines très différents. Jean-Jacques Azan (1796-1874), dont le nom est parfois orthographié Azam, sert à la Légion étrangère en Espagne avec les grades de sous-lieutenant et de lieutenant. Il est l'auteur de six lettres qui sont le plus ancien témoignage français connu sur la Légion étrangère.

Son petit-fils, Paul Azan (1874-1950), est un officier sorti de Saint-Cyr qui a terminé sa carrière général de corps d'armée. Il n'a pas servi à la Légion mais lui a consacré sa thèse de doctorat ès lettres qui est intitulée *La Légion étrangère en Espagne 1835-1839*. Rédigée au début du XXe siècle à une époque où l'histoire militaire est presque exclusivement événementielle, cette étude ouvre de nouvelles voies : l'histoire des combattants et celle de la société militaire y tiennent une grande place.

Albert Azan, né à Pignans (Var) le 19 mai 1885, n'est pas parent des deux précédents. Sorti de Saint-Cyr en 1906, il rejoint la Légion en 1912 et participe à la Première Guerre mondiale dans les rangs du régiment de marche d'Afrique (armée d'Orient). Après avoir suivi les cours de l'École de guerre (1921-1923), il sert en état-major puis commande un bataillon de chasseurs. Il revient à la Légion en 1932. Avec le grade de lieutenant-colonel, il est commandant en second du 4e Étranger puis chef de corps du dépôt commun des régiments étrangers ; avec celui de colonel, il commande le 1er Étranger. Promu général de brigade, il commande les confins algéro-marocains. Son appartenance à la franc-maçonnerie jusqu'en 1934 ayant été dévoilée, Albert Azan est mis à la retraite sur sa demande en application des règlements de l'État français excluant les francs-maçons de l'armée. Il participe à la Résistance en Provence (1943-1944). Réintégré dans les cadres à la Libération, il meurt à Toulon (Var) le 19 avril 1950. Il était grand officier de la Légion d'honneur et titulaire de quatre citations.

Le capitaine Henri Azam (1917-1991), enfin, a soutenu en 1950 une thèse de doctorat en droit sur *La Légion étrangère. Ses règles particulières*. Elle a été éditée par *Képi blanc* en 1951. Il a terminé sa carrière avec le grade de contrôleur général des armées.

Henry DUTAILLY

Sources : SHD-Terre, 13Yd 759.

Bibl. : Paul Azan, *La Légion étrangère en Espagne 1835-1839*, H. Charles-Lavauzelle, sd [1907].

B

BABLON, colonel Gabriel (1905-1956). – Fils d'un général d'infanterie, Gabriel Bablon devance son appel en 1923 et s'engage au 27e régiment de tirailleurs algériens (RTA) en Rhénanie. Nommé sergent à onze mois de service, il se retrouve avec une unité de marche de son régiment engagé dans la guerre du Rif où il reçoit le baptême du feu à M'Sila le 26 mai 1925. Malgré une blessure au genou, il combat à Halfa (16-18 juillet), Tammasert (26 août) et au poste de Dahar (10 septembre 1925) où il est cité une première fois. Admis à l'école militaire de l'infanterie de Saint-Maixent, nommé sous-lieutenant en 1928, il sert au 30e bataillon de chasseurs à pied, puis à sa demande rejoint la Légion étrangère en 1932.

Après six mois à la compagnie d'instruction des cadres du 1er régiment étranger d'infanterie (REI), le lieutenant Bablon rejoint le 4e REI à Agadir où il commande une section de la compagnie de mitrailleuses du 2e bataillon (CM2). Son action au combat du Tizi, le 22 septembre 1934, lui vaut sa deuxième citation. En décembre 1934, il est détaché au sein du groupement des makhzens d'Ouarzazate. Nommé capitaine en juin 1937, il prend le commandement de la CM2, son ancienne unité, jusqu'à la réorganisation de novembre 1940. Refusant l'Armistice, il quitte alors le Maroc pour Gibraltar afin de rejoindre la Grande-Bretagne où il contracte un engagement au titre des Forces françaises libres (FFL) le 6 janvier 1941. Après quatre mois au centre d'instruction de Camberley, puis un transit par les dépôts de Yaoundé et Beyrouth, il est affecté à la 13e demi-brigade de Légion étrangère (DBLE) le 28 octobre 1941 comme adjoint du chef de bataillon Babonneau. Il s'illustre particulièrement lors de la bataille de Bir Hakeim où il est blessé par des éclats d'obus à la cuisse et à la jambe gauche lors de la percée nocturne du 10 au 11 juin 1942.

Promu chef de bataillon le 25 septembre, il prend la tête du 2e bataillon de Légion (2e BLE) et se distingue lors de la phase initiale de la bataille d'El-Alamein. Le 23 octobre 1942, alors qu'il a pris pied, de nuit, sur le sommet de l'El-Himeimat, une violente contre-attaque allemande le contraint à se replier dans la matinée. Il reçoit alors le commandement des bataillons de la 13ᵉ DBLE qu'il mène au combat en Tunisie (djebel Garci 1943) puis en Italie. Après la courte campagne d'Italie, il participe au débarquement en Provence et aux combats de la vallée du Rhône. À l'automne, promu lieutenant-colonel, il rejoint la 10ᵉ division d'infanterie pour les combats d'Alsace.

En décembre 1945, il est de nouveau à la tête de la 13ᵉ DBLE qu'il conduit en Indochine, avant de prendre le commandement du 4ᵉ REI au Maroc le 1ᵉʳ avril 1948, pour trois années. Promu colonel en 1953 et admis à la retraite un an plus tard, il meurt le 27 mars 1956 à Anost (Saône-et-Loire). Il est inhumé à Vendargues, dans l'Hérault. Le colonel Bablon est en outre l'un des derniers promus Compagnons de la Libération (décret en date du 28 mai 1945).

Philippe GUYOT

BABONNEAU, colonel René (1904-1963). – Né le 18 juin 1904 à Nantes, René Babonneau intègre l'École spéciale militaire de Saint-Cyr en octobre 1924 (promotion « du Rif »). Sous-lieutenant en 1926, il rejoint le 11ᵉ bataillon de tirailleurs puis, devenu lieutenant, sert comme chef de section à la 3ᵉ compagnie du 171ᵉ régiment d'infanterie (RI). En 1930, il est affecté pour la première fois à la Légion étrangère, au 4ᵉ régiment étranger d'infanterie (REI). Il y reste trois ans puis devient momentanément chasseur à pied (16ᵉ bataillon). Il retrouve la Légion avec le 1ᵉʳ REI. Promu capitaine (1936), il prend le commandement de la compagnie de sapeurs-pionniers qui fait des travaux importants dans la région de Tébessa.

À la veille de la Seconde Guerre mondiale, il rejoint le 6ᵉ Étranger au Levant. En juin 1941, fait prisonnier par les Australiens pendant la guerre de Syrie, il rallie les Forces françaises libres après la signature de la convention de Saint-Jean-d'Acre (14 juillet 1941). De grande taille, puissant et enthousiaste, aimé et respecté de ses hommes, encouragé par le lieutenant-colonel Amilakvari, il convainc 80 légionnaires du 6ᵉ REI de le suivre dans l'aventure de la France Libre. En septembre 1941, promu chef de bataillon, il prend le commandement du 2ᵉ bataillon de la 13ᵉ demi-brigade de Légion étrangère (DBLE). Au début du siège de Bir Hakeim, le 27 mai 1942, son bataillon repousse l'attaque de la division « Ariete » en détruisant plus d'une trentaine de chars. Dans la nuit du 10 au 11 juin, lors de la sortie du camp retranché, il est à nouveau fait prisonnier. Transféré dans un camp en Italie, il réussit à rejoindre les lignes américaines le 20 juin 1944 après quatre tentatives infructueuses. Bien que diminué par les privations et ses blessures, il reprend du service à la 13ᵉ DBLE dès le 25 juin 1944. Moins de un mois plus tard, la croix de Compagnon de la Libération (décret en date du 9 septembre 1942) lui est remise en Italie par le général de Gaulle. Commandant en second de la 1ʳᵉ brigade de la 1ʳᵉ division française libre, il participe à la libération de Toulon et d'Hyères mais combat également sur le Doubs, en Haute-Saône et dans les Vosges.

En mars 1945, promu lieutenant-colonel, il prend le commandement du 158ᵉ RI avec lequel il libère l'île d'Oléron. Deux ans plus tard, en 1947, commandant en second du 2ᵉ REI en Indochine, il est victime d'un très grave accident de voiture. Remis de ses blessures, il reçoit le commandement du 6ᵉ Étranger en Tunisie (1949-1952) puis, affecté au groupement autonome de la Légion étrangère (GALE), met son expérience au profit de la formation des légionnaires et des jeunes officiers en stage à la maison mère. En 1954, il quitte la Légion étrangère pour prendre le commandement de la subdivision de Telergma. Le colonel Babonneau quitte le service actif en 1960 et se retire en Moselle, à Saint-Avold, où il meurt le 20 novembre 1963.

Alexis NEVIASKI

Sources : JMO de la 13e DBLE et de la 1re brigade française libre (1944-1945).

« BANANE, faire une ». – Ce n'est pas une expression spécifiquement légionnaire, mais elle est reprise dans le langage courant par celui qui se met légèrement en marge de la réglementation ou par le chef qui découvre l'infraction, sans que cela porte gravement à conséquence. Ces « bananes » sont assorties de punitions mineures, car à la Légion toute déviation se doit d'être relevée et/ou sanctionnée. L'expression est souvent employée quand le fautif a des circonstances atténuantes. « Faire une grosse banane » souligne la gravité de la faute.

Charles RIDET

BANDERA. – *Voir* LÉGION ÉTRANGÈRE ESPAGNOLE.

BARBASTRO, bataille de (2 juin 1837). – Fin mai 1837, le prétendant absolutiste au trône d'Espagne, don Carlos, fait mouvement de la Navarre vers la Catalogne afin de tenter de briser l'étau dans lequel les troupes de la reine-régente Marie-Christine de Bourbon l'ont enfermé.

Le 2 juin, les carlistes prennent leur déjeuner dans la petite ville de Barbastro, au bord d'une rivière. Le général Marcelino Oraa décide de les attaquer avec ses 18 000 hommes. Mais l'aile droite des gouvernementaux est mise en fuite à travers les oliveraies couvrant la ville du côté occidental. Pour éviter la déroute, une seule troupe fait front sur la seconde ligne de défense : la Légion étrangère, forte seulement de quatre compagnies, épaulée par un régiment de la garde royale. Une certaine stupeur marque les premiers instants lorsque les légionnaires voient sortir des bouquets d'oliviers… nombre de leurs anciens camarades. Don Carlos, en effet, a constitué sa propre Légion étrangère composée de déserteurs de la légion anglaise, de soldats sans solde de la garde royale et de légionnaires (1 510 déserteurs de 1835 à 1837, soit le quart de l'effectif initial). Ainsi 800 légionnaires carlistes vont-ils en découdre, dans une sorte de jugement de Dieu, avec leurs homologues commandés par le colonel Conrad. Sur la gauche, les gouvernementaux perdent pied. La Légion se retrouve seule. Son chef, le colonel Conrad, espère qu'en donnant l'exemple il pourra rallier les troupes qui se replient sous l'assaut carliste. Se déroule alors un spectacle unique dans l'histoire de la Légion, en dehors de l'épisode du Levant en 1941 : des hommes se reconnaissent, s'appellent de leur nom, se fusillent à bout portant ou s'étripent à coups de baïonnette dans une sorte d'expiation. Pour tenir malgré le nombre, au nom de la force morale, le colonel Conrad mène une ultime charge. Il est tué d'une balle au front. Tradition tant de fois appliquée par la suite, le corps du chef n'est pas laissé aux mains de l'ennemi, grâce aux efforts du capitaine Bazaine aidé d'un officier et d'un petit groupe de sous-officiers et de légionnaires. Bazaine conduit ensuite une retraite ordonnée, sous le feu, afin de ne pas se couper des troupes d'Oraa.

Sur les 800 hommes de la légion carliste, il n'en reste plus que 160 au soir de la bataille. Les deux légions se sont presque exterminées. La légion carliste est dissoute peu de temps après ; la Légion mène encore un combat victorieux à Astrain, en Navarre, sous le commandement du lieutenant-colonel Ferray, le 10 septembre 1837. Réduite à 222 hommes, cadres compris, la Légion est dissoute à la fin de 1838 et les survivants regagnent la France.

Jean-Charles JAUFFRET

Bibl. : Paul Azan, *La Légion étrangère en Espagne, 1835-1839*, Lavauzelle, 1905 • Douglas Porch, *La Légion étrangère, 1831-1962*, traduit de l'américain par Pierre Chambes, préface de Jean-Charles Jauffret, Fayard, 1994.

BARBE. – *Voir* SAPEURS, UNIFORME DES.

BARCARÈS, camp du. – Situé à quelques kilomètres au nord-ouest de Perpignan (Pyrénées-Orientales), le camp est construit dans l'urgence en février 1939 pour accueillir les réfugiés espagnols qui affluent de la frontière toute proche. Il sert également de centre de mobilisation pour les quelque 10 000 étrangers engagés volontaires pour la durée de la guerre (EVDG), rapidement équipés et instruits avant d'être intégrés au sein des trois régiments de marche de volontaires étrangers (RMVE), dits régiments « ficelles ». En outre, en mars 1940, un bataillon de marche destiné à renforcer le 6e régiment étranger d'infanterie en Syrie est mis sur pied avec de nombreux Espagnols républicains. En avril 1940, les derniers volontaires quittent le camp pour le front.

En 1955, à l'initiative de maître Maurice Vinciguerra, président de l'amicale des anciens du 21e RMVE, un mémorial est érigé sur la plage du Lido, face à l'entrée de l'ancien camp. Au pied des trois colonnes symbolisant l'engagement des trois régiments, une inscription rappelle le sacrifice des dix mille engagés volontaires étrangers.

André-Paul COMOR

Sources : Roger Houzel, *Une année parmi d'autres 1939-1940*, manuscrit conservé au Centre documentaire du musée de la Légion étrangère, sd, 71 p.

Bibl. : Jean Jaunâtre, *Un officier de Légion à l'épreuve des conflits*, Esprit du Livre, 2007.

BAR-LE-DUC, dépôt de. – Dès la création de la Légion étrangère, en mars 1831, le chef-lieu du département de la Meuse accueille le second dépôt de recrutement des premiers candidats à l'engagement. Les Suisses, les Allemands et les anciens du régiment de Hohenlohe forment les 2e et 3e bataillons nationaux sous le commandement des chefs de bataillon Moret et Kléber. En 1914 et 1940, un centre de recrutement y est ouvert pour l'accueil des engagés volontaires pour la durée de la guerre.

André-Paul COMOR

BARRAGES (guerre d'Algérie). – La Première Guerre mondiale a révélé le rôle du fil de fer barbelé (inventé en 1873 par l'Américain Joseph Gliden) dans le renforcement de la fortification de campagne en retardant, voire empêchant, l'abordage des tranchées ou des ouvrages défensifs. Déjà pendant la guerre des Boers en Afrique du Sud, afin de protéger les infrastructures essentielles à l'effort de guerre, les Anglais avaient mis en place des barrages de barbelés et de petits fortins (ou blockhaus) le long des principales voies de communication, principalement les voies ferrées. Kitchener en fait une arme offensive pour traquer les unités boers qui tentent de franchir le barrage.

Lorsque débute la rébellion algérienne, l'un des premiers soucis du commandement français est d'interdire, d'une part, l'entrée en Algérie des renforts en personnel et en ravitaillement de toutes sortes venant de Tunisie ou du Maroc et, d'autre part, tout passage vers l'extérieur de recrues qui iraient se former dans les camps de l'Armée de libération nationale (ALN) avant d'être renvoyées rejoindre les maquis, les katibas zonales ou locales en Algérie. Les effectifs rebelles stationnés en Tunisie passent en effet de 2 000 hommes en 1957 à 15 000 en 1960 et à 22 000 en 1962 ; ils sont dotés par ailleurs d'un matériel de plus en plus impressionnant (mortiers de 120 mm, obusiers de 122 mm). Au Maroc, les effectifs de l'ALN s'élèvent à 10 000 hommes en 1962. Ainsi le commandement français réalise-t-il très tôt la nécessité d'une surveillance et d'un contrôle rigoureux des frontières terrestres de l'Algérie. Les frontières aériennes et maritimes sont d'ores et déjà surveillées par les patrouilles maritimes et les stations de contrôle radar du trafic aérien. Les 150 km qui, face au Maroc, vont de Port-Say (aujourd'hui Macta Mezzig) à Colomb-Béchar, comme les 380 km, face à la Tunisie, qui s'étirent de La Calle (El Kala) à Négrine, vont être matérialisés par un obstacle qui répondra bien à ce qu'en attendent leurs promoteurs et leurs utilisateurs.

C'est d'abord face au Maroc que se développent l'idée puis la réalisation d'un obstacle en fil de fer barbelé, partant du rivage méditerranéen et se développant sur 10 km le long de la route nationale 7. Le 7 mai 1956, le général Pédron, qui vient de prendre le commandement de la division d'Oran, décide de faire construire un barrage. Simple « haie à vaches » à l'origine, cet obstacle s'épaissit de panneaux imbriqués entre eux (« trapézoïdales ») et se durcit par des mines antipersonnel (bondissantes ou « encriers ») autour et à l'intérieur des réseaux. Enfin, s'inspirant des clôtures des camps qu'il avait connus en Allemagne, le colonel Durr, ancien électromécanicien de la ligne Maginot, apporte l'idée d'une haie électrifiée sous haute tension. Des essais sont faits dans la région de Marnia (en Oranie). Début 1957, cette haie électrifiée est construite sur 10 km le long de la frontière marocaine. Au même moment, sur la frontière orientale, le repli des garnisons françaises de Tunisie impose de créer sans retard un obstacle aux activités de la rébellion. C'est pourquoi le ministre de la Défense nationale, André Morice, par décision signée le 26 juin 1957, affecte les crédits et les moyens en personnel et en matériel nécessaires à la création de barrages le long des deux frontières algériennes.

À l'est, la partie Bône-Tébessa doit être terminée pour octobre 1957, c'est elle qui restera dans l'histoire sous le nom de « ligne Morice ». À peine arrivé à Tébessa, le barrage est prolongé jusqu'à Négrine, sans haie électrifiée mais surveillé par une série de stations radar-canons. Un barrage avant est édifié de La Calle à Souk-Ahras, puis un « barrage des centres miniers » couvre Ouenza et El Merridj quasiment sur la frontière tunisienne et, un peu plus au sud, le centre minier du Kouif, avant de rejoindre la ligne Morice au sud de Tébessa et la doubler jusqu'à Négrine sous le nom de « ligne Challe ».

À l'ouest, la partie déjà réalisée dans le secteur de la demi-brigade de fusiliers-marins (DBFM) est prolongée vers le sud, en suivant la voie ferrée Saïda-Aïn-Sefra-Colomb-Béchar, quitte à s'éloigner de la frontière de 120 km, ce qui ne sera jamais le cas côté tunisien. Là encore, une portion du barrage est assurée par des postes radar-canons.

Créée à l'origine pour combattre en Algérie, la Légion étrangère ne pouvait qu'être pleinement concernée par la lutte contre les rebelles et en particulier par le maintien de l'intégrité territoriale des trois départements algériens. Les huit régiments de Légion vont connaître, à tour de rôle ou simultanément, la veille sur le *limes* algérien ou encore la surveillance du *Désert des Tartares*.

À l'ouest, sur la frontière marocaine, au sein d'un dispositif comprenant pas moins de 22 régiments, le 2e régiment étranger d'infanterie (REI), qui s'installe en mars 1957 à Aïn-Sefra, passe pratiquement tout le conflit algérien à surveiller le barrage. La mission du régiment est d'assurer la liberté de circulation sur l'axe routier et ferroviaire puis de réagir aux franchissements du barrage qui s'édifie progressivement vers le sud. En janvier 1958, une poursuite dans le sud de Géryville va ainsi durer vingt-quatre jours (djebel Tamedda). Puis ce sont les tentatives de passage massif contre lesquelles il faut lutter, à différents endroits : djebel Megress en janvier 1959, djebels Bou Hamoud et El Aouinet en avril, djebel Afzouz en juillet et djebel Béchar en novembre lors de l'opération « Amirouche » annoncée à grand renfort de publicité par le Gouvernement provisoire de la République algérienne (GPRA). Et encore en 1960 – djebel Chemarikh en avril (22 combattants de l'ALN sont tués), djebel Mzi (destruction d'une katiba renforcée, 159 rebelles tués), djebel Beni Smir (79 tués) – et en 1961 (djebel Ben Saïd, djebel Beni Smir, Le Goursiflane). Les premiers mois de 1962 consacrent la fin des unités de l'ALN dans le secteur du 2e REI, en même temps que celle des illusions des légionnaires.

Si ce dernier régiment de la Légion n'a pratiquement pas quitté sa zone sur la frontière marocaine, les autres vont connaître tous les secteurs de l'Algérie, et seront sur les barrages à tour de rôle. En janvier 1958, sur le barrage est (ligne Morice), le 3e REI prend en charge le secteur de Duvivier (zone Est constantinois Nord), où il participe également à la grande affaire de la bataille dite « des frontières » avant d'être transformé en régiment d'intervention et de participer au plan Challe. Le 4e REI, venant du Maroc, est envoyé quant à lui en mars 1957 dans le Constantinois (zone Est constantinois Sud), à Bir El Ater, d'où il surveille la frontière tunisienne en attendant que le barrage arrive dans sa zone (juin 1959). Le régiment monte alors en secteur, de Guelma à La Calle, tenant des postes de compagnie égrenés le long du fil électrique. Après les opérations de ratissage, l'atmosphère se durcit lorsque les rebelles entreprennent des tentatives de passage accompagnées de harcèlement des postes. Les accrochages sont nombreux, comme les pertes chez l'adversaire, mais les pertes amies s'accroissent aussi. Le 4e REI poursuit cette mission jusqu'en 1962, date à laquelle il redescend dans les Nemencha contrôler l'arrière-pays du barrage, de Négrine à Guentis. Son dernier accrochage avec les rebelles a lieu à Chéria, le 9 mars 1962. Le 5e REI, dernier rentré d'Indochine (février 1956), est engagé en Oranie puis reçoit le secteur de Turenne, près de Tlemcen (1956-1958). Il est transformé comme le 3e REI en régiment d'intervention et participe aux opérations du plan Challe, des monts de Saïda aux Aurès. En octobre 1960, les deux états-majors tactiques sont envoyés dans le secteur de Géryville d'où le régiment regagnera Turenne pour se préparer à disparaître.

La 13e demi-brigade de Légion étrangère (DBLE), arrivant d'Indochine, relève le 3e REI dans les Nemencha en octobre 1955, tenant les postes et parcourant les pistes jusqu'à la fin de l'année 1958, où elle devient à son tour régiment d'intervention. Elle participe à l'application du plan Challe (opérations « Étincelles », « Jumelles », « Pierres précieuses », etc.). Après la bataille du liège dans la presqu'île de Collo (octobre 1960), qu'elle mène avec les 3e et 5e REI, elle est envoyée sur le barrage Est puis retrouve les Aurès (début 1961), passe en Kabylie, est envoyée sur le Bec de canard (face à la Tunisie), puis à nouveau dans les Aurès, avec un dernier retour au Bec de canard au moment du cessez-le-feu.

Enfin, les deux régiments étrangers de cavalerie (1er et 2e REC) sont engagés dans la surveillance des barrages. Le 1er REC arrive de Tunisie fin 1956 pour parcourir les hauts plateaux de Bou Saada à Aflou avant de percevoir en avril 1957 ses engins blindés de reconnaissance (EBR) qui remplacent les vieilles automitrailleuses AM.M8. Après un an de rodage et de raids expérimentaux, le régiment rejoint le secteur de Tébessa en mai 1958 pour faire la herse du col du Tenoukla à Bir Sbeikia. Accrochages et tentatives de franchissement ponctuent le quotidien, souvent nocturne, des légionnaires. En 1959, le régiment se déplace sur Batna et les Aurès-Nemencha, Morsott et Khenchela ; ses escadrons sillonnent tout le Sud constantinois, avec la même mission : assurer l'intégrité sinon l'efficacité du barrage. En août 1961, le 1er REC passe dans l'Oranais : Tlemcen, Marnia, Saïda d'où il partira pour la métropole en juin 1962. Quant au 2e REC, replié du Maroc en 1956, il est chargé du secteur présaharien qui va de Géryville à Batna, de Bou Saada à Laghouat et Touggourt. En février 1962, il est envoyé dans le sud des Aurès (Ferkane, Négrine) où le trouve le cessez-le-feu.

Expérience tactique originale, la surveillance des barrages a été une tâche ingrate et répétitive, mais elle a été l'occasion de hauts faits d'armes dont la Légion étrangère peut rester fière.

Jacques VERNET

Sources : SHD-Terre, 1H 1988 et 3130.

Bibl. : Douglas Porch, *La Légion étrangère, 1831-1962*, traduit de l'américain par Pierre Chambes, Fayard, 1994 • Revue internationale d'histoire militaire, *La Guerre d'Algérie. La défense des frontières. Les barrages algéro-marocain et algéro-tunisien 1956-1962*, Vincennes, 1997.

BARRE, général Fernand (1890-1993). – Natif de Cornies, dans l'Hérault, Fernand Barre s'engage pour trois ans au 154e régiment d'infanterie (RI) à Montpellier en mai 1908. En octobre 1912, jeune aspirant, il entre à l'école militaire d'infanterie pour être activé. À sa sortie, il est affecté au 96e RI puis au 3e régiment de tirailleurs à la veille de la Grande Guerre. Capitaine depuis 1916, deux fois blessé et cité à six reprises, il poursuit une carrière classique d'officier d'infanterie métropolitaine aux brillants états de service et sorti du rang comme nombre de ses camarades. Après un stage à l'état-major de la 1re division d'infanterie pour rejoindre l'état-major du 16e corps d'armée en avril 1920, il occupe pendant quinze ans des emplois peu valorisants : successivement aux services des communications et du ravitaillement aux armées, à la commission interalliée des chemins de fer en campagne en juin 1923, à l'état-major particulier de l'infanterie quatre ans plus tard, au centre de perfectionnement des sous-officiers de carrière de la Valbonne enfin. À l'issue de ce commandement, le chef de bataillon Barre découvre le monde de la Légion étrangère et l'Afrique du Nord en avril 1935.

Lieutenant-colonel le 1er janvier 1936, il quitte la maison mère de Sidi-Bel-Abbès pour prendre le commandement du groupement de Légion étrangère au Liban (GLEL) formé avec les unités cantonnées en Syrie et au Liban et renforcées par le 1er bataillon du 1er régiment étranger d'infanterie arrivé à Beyrouth au printemps. Pendant plus de deux ans, il remplit la délicate mission de commander le groupement, devenu régiment au début de la Seconde Guerre mondiale, dont les bataillons sont dispersés sur les deux territoires sous mandat français. En juin et juillet 1940, il affronte la mutinerie qui éclate à Baalbek parmi les jeunes engagés espagnols récemment arrivés du camp de Barcarès. De plus, son autorité est ébranlée par la crise morale qui touche les cadres du régiment – notamment les jeunes lieutenants qui veulent en découdre avec l'ennemi – en raison des ordres contradictoires du général Mittelhauser après la diffusion de la note du colonel de Larminat destinée à organiser le départ pour la Palestine des volontaires pour poursuivre la lutte aux côtés des Britanniques (Larminat, adjoint de Mittelhauser à l'état-major de l'armée du Levant, s'est évadé des arrêts de forteresse à Damas où il avait été placé le 27 juin 1940 pour avoir voulu entraîner les troupes françaises du Levant). Colonel depuis mars 1941, Barre commande le 6ᵉ Étranger pendant la guerre de Syrie sans parvenir à rétablir le climat de confiance propre à maintenir la cohésion de la troupe. C'est ainsi qu'il ne peut s'opposer au ralliement de plusieurs centaines de légionnaires aux Forces françaises libres (FFL). De retour en Afrique du Nord, il prend le commandement du dépôt commun des régiments étrangers le 1ᵉʳ décembre 1941 jusqu'au mois d'avril 1943, au plus fort de la crise du recrutement et de la campagne de Tunisie. Il quitte ensuite la Légion pour la division de marche de Constantine.

Pendant l'épuration de l'armée, le haut commandement ne lui fait pas grief de son loyalisme à l'égard du maréchal Pétain, notamment pendant la guerre de juin-juillet 1941. À la veille de quitter le service actif, il est admis en 1ʳᵉ section des officiers généraux (en décembre 1945). Le général Barre est élevé à la dignité de grand officier de la Légion d'honneur en février 1950. Il meurt le 5 décembre 1993 à Nice.

André-Paul Comor

Bibl. : André-Paul Comor, *L'Épopée de la 13ᵉ demi-brigade de Légion étrangère, 1940-1945*, Paris, 1988 • Henri de Wailly, *Syrie 1941. La guerre occultée, vichystes contre gaullistes*, Perrin, 2006.

BARRÈS, Claude (1925-1959). – À la guerre, ce sont souvent les fils qui meurent avant leur père. Hérodote le dit et, après lui, Marc Bloch dans *L'Étrange Défaite*, son livre paru en 1946 après qu'il a été arrêté par la Gestapo à Lyon, torturé puis fusillé le 16 juin 1944 : « La grande impiété de la guerre, c'est que les pères mettent les fils au tombeau. » L'un de ces enfants tués dans un combat qui épargne leur père est le fils aîné d'Ernst Jünger et se nomme comme lui Ernst, mais on l'appelle plutôt Ernstel. Il tombe en Italie le 29 novembre 1944, à l'âge de dix-huit ans. Un autre porte le nom d'Aymar de Martel. Il est porté disparu à la fin de l'année 1916 ou au début de 1917. Or, s'il a rejoint le front, c'est peut-être parce qu'il y a été poussé par son père. Celui-ci, Thierry de Martel, médecin considéré comme l'un des fondateurs de la neurochirurgie française, est le fils (né en 1875) de la romancière Gyp, autrement dit Sibylle Gabrielle Marie-Antoinette de Riqueti de Mirabeau, comtesse de Martel de Janville (1849-1932). Il se donnera la mort le 13 juin 1940, à l'entrée des Allemands à Paris. Son filleul arbore lui aussi un patronyme célèbre : Claude Barrès.

Claude Barrès est né le 22 mars 1925 à Paris. Il est le seul fils de Philippe Barrès (1896-1975), journaliste et homme politique, qui lui-même est l'unique enfant de Maurice Barrès (1862-1923) dont les livres, de *L'Appel du soldat* à *La Colline inspirée*, ont influencé un grand nombre d'écrivains. Héraut de l'épopée nationale, Maurice Barrès a vu la guerre comme « une force régénératrice, créatrice d'élans vitaux ». Sans doute est-il mort trop tôt pour que son petit-fils le connaisse mais celui-ci peut lire ses nombreux écrits. Il peut également écouter son parrain, Thierry de Martel, lui parler des aventures menées par différents personnages, tel le marquis de Morès, cet ancien officier sorti de Saint-Cyr qui désirait chasser les Anglais d'Égypte. Le 9 juin 1896, il a été assassiné au nord de Ghadamès, dans les confins du Sahara algérien et de la Tripolitaine, l'actuelle Libye. Sa veuve, dit-on, a engagé Isabelle Eberhardt afin de mener une enquête sur les raisons véritables de cette mort dont elle accusait l'armée d'avoir été l'instigatrice. Élevé dans cette ambiance d'exploits et d'idéal, de dévouement à de plus nobles causes, de dépassement de soi, le jeune homme rêve à son tour d'une vie héroïque.

Envoyé par son père à New York au début de la guerre grâce à la complicité de Pierre Lazareff, il en repart le 16 décembre 1942 à destination de l'Angleterre. Le 14 août, après avoir fait l'école des cadets de Ribbesford, le « Saint-Cyr des Forces libres », il est parachuté en France. Commence alors une longue suite d'engagements guerriers ponctuée par de nombreuses décorations et citations diverses. Après guerre pourtant, et une fois démobilisé alors qu'il est lieutenant, il entre d'abord à *Paris-presse*, le quotidien que dirige son père.

Claude Barrès est un athlète de 1,90 m mais il se sent déprimé. Ses exigences morales ne trouvent pas de terrain favorable où s'exprimer. L'atmosphère de la France lui pèse en ces lendemains de l'Occupation où la priorité semble être avant tout de se livrer au plaisir de consommer des biens matériels jusque-là peu accessibles. Il lui est impossible de s'adapter à une existence civile dépourvue de panache – « L'homme de guerre se morfond », écrit Éric Deschodt. Sa tentative de rejoindre les troupes coloniales n'aboutit pas du fait des procédures administratives interminables. C'est alors qu'en 1946, durant un reportage à Ouargla, il rencontre un jeune officier de la Légion étrangère. En sa compagnie et comme le fera un peu plus tard Jules Roy, il découvre le calme du désert mais aussi la possibilité de se consacrer à une entreprise estimable : l'aide aux populations algériennes dont il a par ailleurs perçu, en arrivant à Alger, l'hostilité vis-à-vis des Européens. N'est-ce pas là une route à suivre ? En 1948, il décide d'entrer à la Légion. Pour mieux échapper à ce qui l'accable, il accepte même de renoncer à ses galons. Il sera 2e classe.

La scène est narrée par un ancien légionnaire et futur correspondant du *Monde* en Indochine, Charles Favrel. À l'époque journaliste de *Paris-presse*, il a été dépêché auprès de Claude Barrès par son père. Sa mission est d'empêcher l'engagement : il obtient du médecin du centre de recrutement de Marseille qu'il ajourne le volontaire candide. Barrès va pourtant partir pour l'Indochine mais en tant qu'officier. Le 16 janvier 1948, il embarque sur le *Pasteur* afin de rejoindre le 2e bataillon colonial de commandos parachutistes. Tel que le voit Lucien Bodard, il est devenu ce qu'il souhaitait être, l'un des seigneurs de la guerre qui hantent la jungle et les rizières : « le plus romantique est un garçon mince et beau comme une lame [avec] tous les dons, tous les appuis, toutes les promesses… Il s'appelle Claude Barrès ». Il passe quatre ans en Extrême-Orient : Annam, Tonkin et Laos puis la Corée, de 1951 à la fin de 1952. Son séjour en Asie est entrecoupé d'une mission en Malaisie en 1949 et, un peu plus tard, d'une pause à Tokyo pour se remettre d'une blessure. Mais en vérité, il n'a pas participé aux grandes opérations dans lesquelles il espérait briller. Dès son retour en France, il repart pour l'Algérie ; pour la Légion, enfin : on lui a confié le commandement de la 2e compagnie du 3e bataillon étranger de parachutistes.

« Je suis tombé ici chez moi, note-t-il le 20 octobre 1953 ; non pas reçu comme un ancien de la Légion mais comme quelqu'un attitré à être ici. » Dans une lettre adressée à son père peu après son arrivée à Sétif, il écrivait déjà, le 31 mars de la même année : « Je ne connais pas de troupe plus agréable à commander, ni plus près de ce que l'on souhaite que celle-là. [...] Tenue, discipline, etc. Voici de l'armée active dans toute l'acception du mot. » Et pourtant, une fois de plus, il s'ennuie. Éric Deschodt le décrit ainsi : « Barrès marginal, Barrès atypique, insultant, insupportable, outré. Exagérant les défauts les plus voyants de la corporation qu'il a choisie – l'insolence, l'ivrognerie, le goût du tapage, de la bagarre et de la provocation jusqu'au vertige –, il n'en est pas moins de cette poignée d'hommes – officiers, sous-officiers, hommes de troupe – qui composaient à l'époque la société la plus fermée du monde, celle des conservateurs de la patrie. »

Cependant, le rendez-vous avec la gloire qui se confond facilement avec la mort se fait encore attendre. En juin 1958, il est de nouveau en Algérie, cette fois au 9e régiment de chasseurs parachutistes (RCP) sous les ordres du lieutenant-colonel Bréchignac. Il a été nommé capitaine. Après le commandement de la compagnie d'appui, il prend celui de la 5e compagnie de voltigeurs. Il n'a plus que le temps de revoir – le 28 mars 1959 – un autre ami de la famille, Pierre Lyautey (1893-1976), le neveu du maréchal. Deux mois plus tard, le 26 mai, il est mortellement frappé sur le djebel Harraba à l'est de Constantine. Son inhumation a lieu le mois suivant à Charmes, la petite ville où la famille Barrès a ses racines. On a trouvé dans sa poche le texte d'une prière qu'il avait composée : « Seigneur, je voudrais être de ceux qui risquent leur vie. Que, marqué de votre croix, je n'aie pas peur de la vie rude et dangereuse [...]. Les autres peuvent bien être sages, vous m'avez dit qu'il fallait être fou. D'autres pensent qu'il faut conserver, vous m'avez dit de donner. D'autres s'installent, vous m'avez dit de marcher »... Marcher, bien sûr : c'est la Légion !

Le 23 février 1961, un square de Neuilly-sur-Seine prend le nom de Claude Barrès qui, avec une dernière citation à l'ordre de l'armée, a été élevé à la dignité posthume de commandeur de la Légion d'honneur.

France Marie FRÉMEAUX

Bibl. : Éric Deschodt, *L'Orgueil du guerrier : Claude Barrès*, Perrin, 1994 • Charles Favrel, *Ci-devant légionnaire*, Presses de la Cité, 1963 • Pierre Lyautey, *Un héros révolté : Claude Barrès*, Julliard, 1959.

BATAILLON BELGE. – Une tradition initiée par le général Bernelle veut que le 6e bataillon de l'ancienne Légion étrangère soit un bataillon formé de Belges et de Hollandais. Elle est contredite par un témoignage anonyme publié le 8 mars 1834 dans *Allgemeine militär Zeitung* de Darmstadt (p. 160) affirmant que ce bataillon est allemand. L'examen des archives donne raison au premier, celui des registres matricules confirme les propos du second.

Après la proclamation de son indépendance en septembre 1830, la Belgique fait appel à des officiers français pour organiser et commander son armée. Comme la France, elle forme un corps recruté parmi les étrangers affluant sur son territoire. Ceux qui ne sont pas engagés sont dirigés vers la France qui en fait des légionnaires et pour quatorze d'entre eux des chasseurs d'Afrique.

En septembre 1832, l'armée belge licencie ses étrangers et les expulse soit vers leur pays soit vers la France et la Légion. L'examen des registres matricules montre que les Allemands provenant de l'armée belge ont été incorporés dans les trois premiers bataillons de la Légion.

La fin des hostilités avec les Pays-Bas réduit l'importance de l'armée belge. Quelques centaines des Belges libérés sont tentés par l'aventure algérienne et s'engagent à la Légion sans que leur pays cherche à les retenir : ils sont 482 en 1833, 336 en 1834 et 260 pour le premier semestre 1835. Une partie d'entre eux est affectée au 6e bataillon. Simultanément, le gouvernement belge pousse vers Lille et Givet, afin qu'ils s'engagent à la Légion, les Allemands qui continuent d'affluer sur son territoire. De 1832 à 1835, la Belgique s'est donc comportée plus ou moins ouvertement en agent recruteur de la Légion et se montre contrariée lorsque celle-ci est cédée à l'Espagne.

Le 28 mai 1832, le ministre de la Guerre décide qu'un sixième bataillon de la Légion sera formé à Nancy (aujourd'hui Meurthe-et-Moselle). Le choix de cette ville indique clairement qu'il s'agit de recruter des Allemands. Le transfert à Chaumont (Haute-Marne) de ce centre de formation ne modifie pas sensiblement ce fait. Les huit compagnies du bataillon sont formées entre le 1er juillet et le 7 décembre 1832 avec des hommes engagés pour plus de la moitié d'entre eux à Metz (Moselle) et Strasbourg (Bas-Rhin) et pour moins d'un quart dans les villes proches de la frontière belge. Les nationalités déclarées montrent que 707 engagés sur 898, soit 79 %, sont des Allemands. On ne compte que 42 Belges et 29 Hollandais soit moins de 9 % de l'effectif. À sa création, le 6e bataillon ne peut donc être considéré comme un « bataillon belge ». Lors de la cession à l'Espagne en 1835, toutefois, il regroupe le quart des Belges figurant sur les contrôles et se trouve être « le plus belge des bataillons ».

Henry DUTAILLY

Bibl. : Henry Dutailly, « Le 6e bataillon de l'ancienne Légion étrangère (1832-1835) était-il belge ? », *Revue belge d'histoire militaire*, XX-8, décembre 1974, p. 687-698.

BATAILLON DE LÉGION DE RUSSIE. – Formé à l'automne 1918 à Arkhangelsk par le capitaine Litschfousse et le lieutenant Moussy, et installé dans l'école principale de la ville, le bataillon de Légion de Russie recrute essentiellement parmi les nombreux réfugiés qui encombrent la région et la population locale, avec un contrat « pour la durée de la guerre » d'autant plus étonnant que les armistices ont été signés avec les puissances centrales et que la France n'est pas officiellement en guerre contre la Russie bolchevique. La mission militaire française avait ouvert un centre de recrutement dès le 15 août.

Déclarée opérationnelle le 3 décembre 1918 au terme d'une brève période d'instruction collective, la 1re compagnie est aussitôt engagée sur le front d'Obozerskaïa et le commandant Vitrey est nommé à la tête du bataillon en cours de constitution. La 2e compagnie rejoint à son tour les lignes en mars 1919 et le commandant Monod, lui-même officier légionnaire, succède à Vitrey. En juillet, enfin, la 3e compagnie et la compagnie de mitrailleuses prennent place sur le front, à la veille de l'ultime offensive de l'Armée rouge. En mai 1919, le bataillon est encadré par 17 officiers et comprend seulement 325 légionnaire instruits Malgré l'importance relative des effectifs coalisés (environ 24 000 Alliés et Russes antibolcheviques de diverses obédiences), favorisés par la démoralisation de leurs adversaires, par les conflits qui divisent les différents chefs de contingent, par les conditions topographiques et climatiques, les bolcheviques prennent d'autant plus rapidement l'ascendant que Français et Britanniques décident de quitter la région. La conduite au feu des légionnaires durant leur brève période d'engagement effectif est tout à fait digne de leurs traditions, mais ce maigre effectif est noyé dans une masse qui soit manque de détermination, soit se prépare au réembarquement.

Les légionnaires licenciés entre le 15 septembre et le 7 octobre 1919, les derniers hommes refusant de combattre dans l'armée blanche du général Ioudenitch quittent Arkhangelsk le 14 octobre. La plupart d'entre eux rejoignent les armées blanches sur les fronts de Russie du Sud et surtout des pays Baltes, où certains servent pendant plus d'un an tout en ayant conservé leur uniforme français.

Rémy PORTE

Sources : DHPLE, rapport du lieutenant Solovieff (1er RE) au sujet du bataillon spécial de Légion étrangère, Sidi-Bel-Abbès, 1932.

1er BEP (bataillon étranger de parachutistes). – En mai 1948, le besoin d'unités mobiles en Indochine pousse le commandement français à créer le 1er bataillon étranger de parachutistes (BEP), première unité de ce type au sein de la Légion étrangère. Malgré des *a priori* – le légionnaire, trop âgé, trop lourd, ne pouvant opérer que « pieds sur terre et rangs serrés », est inapte à faire un parachutiste –, le 1er BEP va rapidement devenir une unité d'élite du corps expéditionnaire au Tonkin.

Si « aucune troupe n'a mieux que la Légion manifesté le goût du risque et du combat de pointe, la décision de transformer des légionnaires en parachutistes doit d'abord surmonter les objections régulièrement avancées chaque fois que le corps a voulu adapter sa vocation d'infanterie de ligne », souligne l'historien Douglas Porch. Toutefois, deux officiers généraux, le commandant des troupes aéroportées (TAP) en Algérie Lecoq et l'inspecteur de la Légion étrangère Monclar, émettent un avis favorable. Le commandement de la première unité de légionnaires parachutistes est confié au capitaine Segrétain, considéré par ses chefs comme un « officier parfait et un technicien éprouvé ». En septembre 1948, après avoir fait breveter tous ses légionnaires, et soucieux de pouvoir engager son unité parachutiste dans les meilleures conditions, celui-ci réclame une formation complète de son bataillon en Algérie avant d'être envoyé au combat. Mais dans l'urgence, le bataillon rejoint l'Indochine dès le mois de novembre.

À son arrivée au Tonkin, le 1er BEP est aussitôt incorporé au groupement léger aéroporté (GLAP). En 1949, sous les ordres du chef de bataillon de Pontbriand, le GLAP comprend en outre le 2e BEP, débarqué le 9 février 1949 à Saigon, ainsi que la compagnie de marche du 2e bataillon du 1er régiment de chasseurs parachutistes (RCP). Jusqu'en avril, le 1er BEP est engagé dans des opérations de police, d'escorte de convois voire d'occupation de postes dans le delta du fleuve Rouge avant de participer au sein du GLAP à l'opération « Pomone ». Rapidement, le BEP s'impose dans le combat qu'il mène contre le Viêt-minh pour conserver le « delta utile » et apporter la guerre sur le terrain des rebelles dans ses « zones refuges ». Son chef a intégré cette nouvelle forme de guerre qu'impose le Viêt-minh (guérilla, harcèlement, guerre des postes et des routes…) et son bataillon obtient des résultats, notamment dans le « réduit » tonkinois. De plus, Segrétain, appliquant les préceptes du maréchal Gallieni, gagne la confiance des populations et obtient le ralliement à l'armée française de plusieurs villages.

Le BEP va recevoir « l'honneur douteux de jouer un rôle prééminent dans les deux grands désastres de la guerre d'Indochine : la débâcle de la RC4 et Diên Biên Phu », précise Douglas Porch. Fin août 1950, après bien des hésitations depuis l'inspection du général Revers en 1949 et la diffusion de son rapport, le général Carpentier, commandant en chef, décide l'évacuation des postes de That Khé à Cao Bang le long de la route coloniale n° 4 (RC4), soumise au harcèlement des régiments du Viêt-minh venus du sanctuaire chinois. Une colonne de 3 500 hommes à laquelle est rattaché le 1er BEP, placée sous le commandement du lieutenant-colonel Lepage, est chargée à la fois de tenir le poste clé de Dong Khé et d'assurer la communication entre cette ville et That Khé. Tombé aux mains des régiments viêt-minh le 18 septembre, Dong Khé ne peut être repris et rapidement l'opération tourne au désastre. Conformément aux ordres qu'il a reçus, Lepage éparpille ses troupes tout en cherchant à prendre contact avec la colonne du lieutenant-colonel Charton qui a évacué Cao Bang le 3 octobre. Les 35 000 Viêt-minh organisent une véritable chasse à l'homme dans les calcaires du Tonkin. Le 7 octobre, encerclé dans la cuvette de Coc Xa, Lepage donne l'ordre au BEP de « percer à tout prix ». Les restes de la colonne Lepage parviennent à s'échapper et à rejoindre la colonne Charton. Ordre est donné de rejoindre That Khé encore tenu par les Français. Sur les quelque 500 légionnaires parachutistes qui ont été largués pour cette opération, seuls 23 réussissent à rejoindre les lignes françaises. Le rapport mensuel de situation du BEP d'octobre 1950, signé par le capitaine Raffalli, comptabilise 20 morts au combat et 519 disparus dont le chef de bataillon Segrétain, mortellement blessé lors d'une embuscade. Le 1er BEP est dissous officiellement le 31 décembre 1950.

Recréé le 1er mars 1951, le 1er BEP participe à toutes les opérations au Tonkin jusqu'à la fin du conflit indochinois. Dans le cadre de l'opération « Castor » décidée par le général Navarre, il saute sur Diên Biên Phu le 21 novembre pour renforcer le 6e bataillon de parachutistes coloniaux du commandant Bigeard et le 2e bataillon du 1er régiment de chasseurs parachutistes du commandant Bréchignac arrivés la veille. Pendant le siège du camp retranché, le 1er BEP est chargé des contre-attaques hors du camp retranché lors de combats brefs mais intenses. En avril, à la suite des nombreuses pertes, les 1er et 2e BEP fusionnent et forment le bataillon de marche de la Légion étrangère (BMLE). Le 7 mai 1954, la garnison du camp se rend. C'est la « deuxième mort » du BEP qui perd 575 tués et disparus. Le bataillon est reformé à Hanoi. Son commandement est confié au capitaine Hélie Denoix de Saint Marc. Le 1er septembre 1955, le BEP qui a rejoint l'Algérie depuis février est transformé en régiment implanté à Zéralda, une petite localité située à quelques kilomètres à l'ouest d'Alger.

Franck Segrétain

Sources : DHPLE, JMO du 1er BEP.

Bibl. : Pierre Montagnon, *Les Parachutistes de la Légion, 1948-1962*, Pygmalion, 2005 • Douglas Porch, *La Légion étrangère, 1831-1962*, traduit de l'américain par Pierre Chambes, Fayard, 1994.

2e BEP (bataillon étranger de parachutistes). – Le 2e BEP est mis sur pied du 27 mars au 4 novembre 1948 par le chef de bataillon Burgière, du dépôt commun des régiments étrangers (DCRE). Il prend officiellement garnison le 1er octobre, à Sétif. Le 5 novembre, le capitaine Solnon prend le commandement du bataillon embarqué à bord du *Pasteur* à destination de l'Indochine. Il comprend un état-major, une compagnie de commandement du bataillon et 3 compagnies de combat. La première est composée des nouvelles recrues et encadrée par des anciens d'Indochine de la section Caillaud du 1er bataillon du 2e régiment étranger d'infanterie (REI). La 2e et la 3e sont formées à Fès au Maroc avec les personnels de la 4e demi-brigade de Légion étrangère et du DCRE.

En débarquant en Extrême-Orient, le 2e BEP s'installe à Kep au Cambodge, station balnéaire et centre de repos des fonctionnaires et des militaires. En vue de l'acclimatation des personnels, les premières missions consistent à assurer la sécurité des convois de Kep et les compagnies sont détachées, à tour de rôle, à Phnom Penh et à Saigon. Le 3 novembre 1949, le bataillon quitte le Cambodge et s'installe en réserve générale, à la disposition du général Carpentier, à Tan Son Nhut, aéroport de Saigon. Le 26 décembre, la compagnie du capitaine Caillaud saute au complet et mène son premier grand combat à Tra Vinh, à 100 km au sud de Saigon. Quelques jours plus tard, le 2 janvier 1950, le bataillon est entièrement aérotransporté à Dong Hoï, à 800 km de sa base. De novembre à décembre 1950, il est commandé par le capitaine Dussert puis par le chef d'escadron Raffalli. En 1951, les unités changent d'appellation et la 2e compagnie indochinoise de parachutistes de Légion étrangère (CIPLE) lui est incorporée ainsi qu'une compagnie de mortiers lourds. Le bataillon combat dans le delta du Mékong. Présent encore à Nghia Lo, sur la route coloniale no 6 (RC6), à Hoa Binh, lors de la défense de Na San, enfin à Lang Son, il participe à toutes les grandes offensives d'Indochine. Le 10 septembre 1952, son chef de corps est tué à l'ennemi. Le chef de bataillon Bloch le remplace, puis le capitaine Merglen de juin à octobre 1953.

C'est avec le capitaine Liesenfeld que le bataillon est largué sur le camp retranché de Diên Biên Phu, les 9 et 10 avril 1954. Après la contre-attaque du point d'appui Huguette, dans la nuit du 22 au 23 avril, il fusionne avec le 1er BEP pour donner le « bataillon de marche étranger parachutiste » (BMEP) aux ordres du capitaine Vial. Ce bataillon est dissous administrativement le 7 mai. Le 1er juin, le 3e BEP, commandé par le chef de bataillon Masselot, arrive en renfort en Indochine pour reconstituer le 2e BEP, qui quitte l'Extrême-Orient le 1er novembre 1955.

Son fanion arbore 7 palmes et la fourragère aux couleurs de la Légion d'honneur. Il a perdu 1 500 officiers, sous-officiers et légionnaires dont un chef de corps. Le 1er décembre 1955, il devient le 2e régiment étranger de parachutistes (2e REP), héritier, à la suite de la dissolution du 1er REP le 30 avril 1961, de toutes les unités parachutistes de Légion étrangère créées depuis 1948.

Charles RIDET

3e BEP (bataillon étranger de parachutistes). – Créée le 1er avril 1949 à Mascara, en Algérie, la 7e compagnie d'instruction parachutiste du 1er régiment étranger rejoint Sétif et devient le 3e bataillon étranger de parachutistes (BEP) à la date du 15 novembre. Sa vocation est essentiellement de pourvoir à la maintenance des effectifs de ses deux bataillons frères. Il est d'abord commandé par le capitaine Darmuzai, puis en 1951 par le chef de bataillon Brothier. Mis en alerte pour assurer le maintien de l'ordre en Tunisie, le bataillon s'installe le 26 janvier 1952 au camp de Bou Ficha, à 68 km de Tunis, et participe au maintien de l'ordre dans la région et notamment à l'opération « Mars », soit le ratissage du cap Bon. Du 4 au 10 février, il est à Sousse et intervient à Ksar Hellal, Saï Ada M'Saken puis à Sfax, à Gafsa et enfin à Kairouan et Monastir. Le 15 mai, le capitaine Dussert prend le commandement du bataillon qui rejoint Sétif le 2 juillet.

Le 4 mai 1954, il est désigné en renfort pour l'Extrême-Orient et rejoint Haiphong le 25 mai. Le 1er juin, il prend le nom de 2e BEP en fusionnant avec le bataillon de marche étranger de parachutistes (BMEP) formé avec les rescapés des 1er et 2e BEP. Parallèlement, le 3e BEP renaît en Afrique du Nord, où il continue à instruire les légionnaires parachutistes. Le 1er septembre 1955, il devient 3e régiment étranger de parachutistes (REP) et s'implante à Batna. Il est dissous le 1er décembre suivant. Ses effectifs rejoignent le 2e BEP devenu entre-temps régiment sous l'appellation de 2e REP.

Charles RIDET

1er BATAILLON FRANÇAIS DE L'ONU. – Lorsque la république démocratique de Corée du Nord envahit la république de Corée le 25 juin 1950, le vote du Conseil de sécurité de l'Organisation des Nations unies (ONU) condamnant l'agression est obtenu en raison de l'absence du représentant de l'Union soviétique depuis le 1er janvier. Faisant appel à la solidarité du monde occidental, les États-Unis invitent les États membres de l'ONU à venir participer à l'effort de guerre L'armée des Nations unies, composée en majorité de divisions américaines, comprend en outre des troupes britanniques auxquelles s'associe un fort bataillon français. La France, en effet, membre de l'ONU et de son Conseil de sécurité, ne pouvait se soustraire à cette demande, malgré sa situation politique intérieure délicate et son engagement en Indochine depuis décembre 1946, et même si elle ne disposait pas d'unité immédiatement disponible pour cet engagement. Pour honorer son vote du 27 juin, sur proposition du général Magrin-Vernerey (dit Monclar), inspecteur général de la Légion étrangère, le président du Conseil, René Pleven, appuyé par le ministre de la Défense nationale, Jules Moch, et le secrétaire d'État à la Guerre, Max Lejeune, décide la création d'un bataillon formé de volontaires venus de l'infanterie métropolitaine ou coloniale. Cette unité prend le nom de 1er bataillon français de l'ONU, ou BFONU. Le général Monclar prend le commandement des Forces françaises de l'ONU, dont l'état major coifferait le 1er BFONU et d'autres unités à venir par la suite.

L'aggravation de la situation militaire en Indochine à la suite du désastre de la route coloniale n° 4 (RC4) contraint cependant le haut commandement à renoncer à l'envoi de troupes supplémentaires, et l'état-major français des forces de l'ONU disparaît en novembre 1951. Entre-temps, Monclar, dans un geste qui honore ce grand soldat à la fin d'une vie consacrée à l'armée, a abandonné ses étoiles de général de corps d'armée pour partir avec le bataillon comme lieutenant-colonel. Il n'empêche que le BFONU est la création d'un légionnaire et que l'on trouve des légionnaires à tous les niveaux de la hiérarchie : les lieutenants-colonels Cockborne (chef d'état-major, 1950-1951) et Borreil (commandant le BFONU, 1951-1952), le sous-lieutenant Sukic (3e compagnie) et le lieutenant Giacometti (1re compagnie) notamment.

Inversement, des cadres ou des hommes de troupe ayant servi au BFONU peuvent avoir rejoint la Légion après un séjour en Corée. C'est le cas du chef de bataillon de Sèze, commandant en second du BFONU (1952-1953), qui, comme colonel, commandera le 2e régiment étranger d'infanterie entre 1959 et 1961.

La représentation exacte de la Légion étrangère dans les rangs du BFONU ne pourra être établie qu'après l'exploitation minutieuse des archives du bataillon, qui ont été retrouvées récemment (2009) dans les dépôts du bureau central des archives administratives militaires de Pau (Pyrénées-Atlantiques).

Jacques VERNET

Bibl. : Erwan Bergot, *Bataillon de Corée, les volontaires français, 1950-1953*, Presses de la Cité, 1983 • Jean-François Pelletier, *Le Bataillon français de l'ONU : historique, 1950-1953*, Les Argonautes, 2004.

61e BATAILLON MIXTE DE GÉNIE-LÉGION. – À la fin de la guerre d'Algérie, le ministre des Armées décide de créer un camp d'entraînement doté d'un polygone de tir adapté aux armes nouvelles. Le site de Canjuers dans le Var est retenu et les premiers travaux d'infrastructures débutent en 1969. Des moyens importants du génie sont mis en œuvre parmi lesquels une unité créée pour la circonstance : le 61e bataillon mixte de génie-Légion (61e BMGL). Mis sur pied en janvier 1971, ce bataillon est formé de la compagnie de pionniers du 1er régiment étranger (Aubagne), de la 150e compagnie du bataillon de travaux lourds du 5e régiment de génie de Versailles et de la 306e compagnie du 7e régiment de génie d'Avignon. En huit ans d'existence, le 61e BMGL viabilise l'ensemble de la zone, l'infrastructure des zones de manœuvre et construit le réseau routier et ses périphériques. Il prend en charge la mise aux normes de la route départementale 19, élargit la route nationale 555 et exploite notamment la carrière de Comboutaire.

Un nouveau chantier sur le plateau du Larzac attend les légionnaires et les sapeurs : l'extension du camp existant qui avait accueilli en mars 1940 la 13e demi-brigade de montagne de Légion étrangère (13e DBMLE). Comme à Canjuers, le bataillon attaque les premiers chantiers : périphériques, pistes à chars, terrassement de la double voie ferrée avant de devoir arrêter les travaux en raison de l'opposition des paysans du plateau rejoints entre 1971 et 1981 par les contestataires de tous bords dont le fondateur de la communauté non violente de l'Arche, Lanza del Vasto, et le général de Bollardière.

Après 1981, l'extension du camp est stoppée et le bataillon se scinde en deux unités : la compagnie génie rejoint le camp de Caylus et la compagnie génie-Légion s'installe au camp de la Courtine. Après avoir mené de nombreux travaux sur ces terrains militaires, le 61e BMGL œuvre encore au camp des Garrigues, près de Nîmes. Le bataillon réduit à une compagnie est dissous en novembre 1982. La compagnie de génie-Légion rejoint Canjuers et s'intègre à la compagnie renforcée de travaux de la Légion étrangère (CRTLE) qui constitue le noyau du futur 6e régiment étranger de génie (6e REG).

Charles RIDET

BATAILLONS NATIONAUX. – Dès leur arrivée en Algérie, les bataillons nationaux formés en application de l'ordonnance du 10 mars 1831 posent des problèmes. Pour qu'ils travaillent ensemble, il faudrait que leurs cadres connaissent les règlements français relatifs à l'administration, au service intérieur, au service des places et à la manœuvre. Or, les cadres étrangers majoritaires dans certains bataillons les ignorent. Trois bataillons sont formés à partir d'un recrutement de circonstance dont le renouvellement est improbable. Le ministère de la Guerre n'a pas une conscience précise de cela. L'ordonnance du 16 décembre 1835 créant la nouvelle Légion conserve la disposition prévoyant que « chaque compagnie sera, autant que possible, composée d'hommes de même nation, parlant la même langue ». Dans la pratique, les chefs de corps à l'exemple du premier d'entre eux, le chef de bataillon Bedeau, estiment que cela n'est pas possible. Le principe des unités nationales n'est cependant pas abandonné : il sera, à l'avenir, appliqué par des décisions à caractère politique.

En 1840, les vaincus de la guerre civile espagnole se réfugient dans les Pyrénées-Orientales. Le gouvernement décide de recruter parmi eux un bataillon dont l'encadrement sera majoritairement français : seulement six officiers sur vingt-six sont espagnols. Par la suite, ce bataillon devient multinational. Napoléon III entend marquer sa reconnaissance à la Suisse qui l'a accueilli alors qu'il était proscrit dans la plupart des pays européens : il crée en janvier 1856 une deuxième Légion à l'effectif de 5 500 hommes recrutée exclusivement parmi les Suisses. C'est un échec : en un an, elle n'en a recruté qu'un millier. Alors qu'elle est dissoute, son personnel est versé dans un régiment étranger de nouvelle formation qu'il faudra compléter par des Italiens puis rendre multinational.

La Première Guerre mondiale voit la résurgence des unités nationales. Les fils de Garibaldi lèvent une légion garibaldienne qui devient le 4e régiment de marche du 1er Étranger avec le renfort de cadres français et d'engagés volontaires pour la durée de la guerre italiens, comme Lazare Ponticelli. Simultanément, une compagnie tchèque est formée dans un autre régiment de marche. Enfin une escadrille, l'escadrille La Fayette, est constituée avec des Américains. Le régiment italien et l'escadrille américaine rejoignent l'armée de leur pays lorsqu'il entre en guerre contre l'Allemagne. Une légion arménienne voit le jour au Proche-Orient

Henry DUTAILLY

BATAILLON UKRAINIEN. – Unité de l'armée allemande, le 3e bataillon du 1er régiment d'infanterie de la 30e division SS est composé de prisonniers ukrainiens qui ont accepté de s'engager dans l'armée allemande. Mis sur pied en Prusse-Orientale en janvier 1944, ce bataillon (dit le BUK) stationne à Vesoul depuis le 15 août. Simon Doillon, laitier de son état et membre de la Résistance franc-comtoise, prend langue avec plusieurs de ses officiers qui lui font part de leur intention de se mutiner. Le capitaine Pierre Bertin, *alias* Bermont, commandant le groupement V de la Haute-Saône, se rend aux arguments de Doillon et accepte de prendre en charge les Ukrainiens qui peuvent renforcer les maquis notoirement sous-équipés. Le 27 août, les 205 cadres allemands sont massacrés et le bataillon est pris en charge par le capitaine Bertin, quelque peu embarrassé.

À la mi-septembre, après une série de coups de main heureux dont la libération d'une vingtaine d'otages au village de Melin, la question de l'emploi des Ukrainiens est soulevée par l'état-major de la VIIe armée américaine. Le général de Lattre, consulté, obtient du général Patch de renoncer à désarmer et interner les ex-prisonniers pour les livrer à l'armée soviétique. Le commandement français laisse le choix aux Ukrainiens. Faute de pouvoir commander ses hommes en unité constituée, le major Hloba refuse de s'engager à titre individuel à la 13e demi-brigade de Légion étrangère (DBLE) mais laisse toute liberté à la troupe. La demi-brigade, qui accuse un déficit d'effectifs malgré le rattachement de compagnies nord-africaines depuis plusieurs mois, est provisoirement renforcée par cet apport inattendu et bienvenu.

L'arrivée des 315 Ukrainiens à la veille de l'offensive lancée pour occuper le col de Chevestraye, à l'ouest de Plancher-les-Mines, a de quoi surprendre les légionnaires du 3e bataillon (Lalande) : les renforts portent l'uniforme allemand. Pour les distinguer lors des combats, le casque est remplacé par le béret basque. Pour le reste, ces combattants d'infortune conservent leur armement. Commandés par le capitaine Darmuzai, les Ukrainiens se ruent le 3 octobre à l'attaque du col qu'ils occupent en début d'après-midi. Pris de panique le lendemain lors de la contre-attaque allemande, ils abandonnent la position, aussitôt reprise par le capitaine Langlois. La décision de les répartir dans les unités de Légion – 13e DBLE, régiment de marche de la Légion étrangère (RMLE) et 1er régiment étranger de cavalerie – est conforme aux traditions de l'arme. Elle permet également de combler les vides à la suite des opérations de l'hiver en Alsace. Quant aux officiers, le lieutenant-colonel Saint-Hillier a jugé bon de les regrouper au 3e bataillon reconstitué mi-octobre.

Depuis décembre 1944, le sort de ces engagés volontaires de la dernière heure est suspendu aux recherches de la commission soviétique chargée de réclamer et de rapatrier leurs compatriotes « dévoyés ». En effet, les accords signés à Moscou font obligation aux autorités militaires françaises de livrer les citoyens soviétiques. Déjà, après la révolution d'Octobre, les nouveaux responsables politiques avaient exercé les mêmes pressions sur le gouvernement français pour réclamer les soldats russes du RMLE engagés entre mars et juin 1918. Seuls quelques blessés hospitalisés et des isolés – absents au corps – échappent aux recherches. La brève histoire de cette unité singulière illustre, une nouvelle fois, les aléas du recrutement dans des circonstances exceptionnelles d'engagés (plus ou moins) volontaires pour la durée de la guerre dans la Légion étrangère.

André-Paul COMOR

• *Voir aussi* : Ukrainiens.

Sources : Pierre Bertin, notes sur le BUK, fonds privé • DHPLE, JMO du bataillon de commandement de la 13e DBLE.

Bibl. : Jean Vartier, *Histoires secrètes de l'Occupation en zone interdite 1940-1944*, Hachette, 1972.

BÂTISSEURS. – *Voir* RÉALISATIONS ARCHITECTURALES PÉRENNES.

BAYONNE, dépôt de. – Situé dans le chef-lieu du département des Pyrénées-Atlantiques (anciennement Basses-Pyrénées), le dépôt reçoit les engagés volontaires pour la durée de la guerre (ou EVDG) de 1914, notamment les volontaires tchèques de la compagnie « Nazdar » qui intègrent le bataillon C du 2e régiment de marche du 1er régiment étranger, ainsi qu'une compagnie de Polonais et une autre d'Italiens.

André-Paul COMOR

BAZAINE, maréchal François Achille (1811-1888). – Sur la plaque de marbre portant les noms des colonels ayant commandé le 1er régiment étranger, celui de Bazaine est gravé en lettres noires. Au lendemain de la Première Guerre mondiale, quelqu'un a demandé : « Bazaine fut-il un mauvais chef de corps ? » La réponse fut : « Non, mais il porte la honte de la capitulation de Metz. »

Fils d'un ingénieur des Ponts et Chaussées ancien polytechnicien qui est entré au service de la Russie sous le Premier Empire, François Achille Bazaine naît à Versailles le 13 février 1811. Ayant échoué au concours d'entrée à l'École polytechnique, il s'engage dans un régiment d'infanterie puis est muté sur sa demande à la Légion étrangère avec le grade de sergent fourrier en 1832. Nommé sous-lieutenant en 1833, il suit la Légion en Espagne étant lieutenant et chevalier de la Légion d'honneur. De 1835 à 1838, il combat en Espagne et est cité quatre fois. Réintégré dans l'armée française, il revient à la Légion en 1839 après sa promotion au grade de capitaine. Sa carrière va alors mêler pendant quinze ans le commandement de la troupe et le service des affaires arabes. Se distinguant dans l'un et l'autre, il reçoit le commandement du 1er régiment de la Légion étrangère avec lequel il part pour la Crimée. Nommé général de brigade le 28 octobre 1854, il succède au général Carbuccia à la tête de la brigade de Légion. Il est promu général de division après la prise de Sébastopol.

En 1859, le général Bazaine se distingue à la bataille de Solferino ; en 1863, il contribue aux prises de Puebla et de Mexico. Maréchal de France et commandant en chef des troupes au Mexique, il entretient des rapports parfois tendus avec l'empereur Maximilien. Lorsqu'il rentre en France, plusieurs grands commandements lui sont confiés : Napoléon III le nomme en particulier commandant de l'armée du Rhin lors de la déclaration de guerre en juillet 1870. Ayant perdu la bataille des frontières, le maréchal Bazaine s'enferme avec son armée dans Metz (Moselle) et capitule le 27 octobre 1870. Un conseil de guerre le condamne à mort en 1873. Sa peine étant commuée en vingt ans de détention, il est interné à l'île Sainte-Marguerite (Alpes-Maritimes) d'où il s'évade dans la nuit de 9 au 10 août 1874. Réfugié en Espagne, Achille Bazaine meurt dans la misère le 23 septembre 1888.

Henry DUTAILLY

Bibl. : Maurice Baumont, *Bazaine, les secrets d'un maréchal (1811-1888)*, Imprimerie nationale, 1978.

BEAU GESTE, la saga. – Si *Under Two Flags* avait connu cinq interprétations, *Beau Geste*, en plusieurs versions, va devenir le film « légionnaire » le plus célèbre de l'histoire du cinéma. La première version (1926) est foncièrement antifrançaise et sera censurée en France, en Italie et même à Shanghai où une soixantaine d'anciens combattants en ont empêché la représentation (voir Tanguy L'Aminot, « La Saga des Beau Geste », *Képi blanc*, février 2011). Le général Rollet lui-même s'en ouvre à un journaliste en précisant : « Nous avons vu dans un film américain sur la Légion interdit à juste titre par la censure d'Alger, des personnages d'une fantaisie abracadabrante […]. Quant à la Légion, c'est un ramassis de bougres mal vêtus, portant le fusil comme un manche à balai, se traînant sans ordre derrière un minable clairon et un tambour "allemand". » Depuis la première utilisation de l'image du légionnaire dans un film jusqu'à nos jours, ce type de réaction officielle se retrouve assez souvent dans la communication officielle dès que la Légion, globalement incontestée sur ses capacités au combat, se retrouve au cœur de polémiques liées au mystère qu'elle entretient parfois savamment sur son fonctionnement interne.

La deuxième version de *Beau Geste* en 1939 sera sonore. Elle est sensiblement moins virulente à l'égard des méthodes légionnaires et va populariser mondialement la figure du héros personnifié par une interprétation économe mais efficace de Gary Cooper dans le rôle de Beau.

La troisième version en 1966 sera en couleurs et fera appel également aux habituelles recettes du film d'aventures. Sans renier une certaine fantaisie dans la description de la Légion, la réalisation de Douglas Heyes va jouer sur le côté romanesque et l'auréole de la Légion très présente encore malgré la proximité de la guerre d'Algérie et de ses polémiques. *Beau Geste* sera encore décliné en une parodie dirigée par Marty Feldman en 1977.

Jean-Luc MESSAGER

Bibl. : *Dictionnaire du cinéma*, t. III, *Les Films*, par Jacques Lourcelles, Robert Laffont, coll. « Bouquins », 1999.

BEDEAU, général Marie Alphonse (1804-1863). – Fils d'un officier de la marine royale, chevalier de Saint-Louis que la Révolution a ruiné, Marie Alphonse Bedeau naît à Vertou (Loire-Atlantique) le 19 août 1804. Élève du prytanée militaire et de Saint-Cyr, il est nommé sous-lieutenant à dix-huit ans dans le corps d'état-major. De 1822 à 1831, il fait les stages réglementaires à l'école d'application d'état-major puis dans des régiments des trois armes (infanterie, cavalerie, artillerie). Promu capitaine en 1831, il sert comme aide de camp du général commandant l'armée du Nord durant la campagne de Belgique (1831-1832) puis dans divers états-majors. Promu chef de bataillon le 9 février 1836, il reçoit le commandement de la nouvelle Légion qui vient d'être créée à Pau (Pyrénées-Atlantiques). En moins de quatre ans, d'abord pendant quelques semaines en France puis en Algérie, il en fait le corps solide qui se distingue à Constantine, Bougie et Djidjelli. Au commandement d'un régiment, de la subdivision de Tlemcen puis de la division de Constantine, enfin comme gouverneur général de l'Algérie, il agit plus en pacificateur qu'en conquérant.

Rentré en France et exerçant de hautes responsabilités, le général Bedeau évite de prendre parti dans les événements qui secouent la IIe République, ce qui entraîne sa mise en disponibilité puis en retraite. De sensibilité légitimiste, il est arrêté puis exilé lors du coup d'État du 2 décembre 1851. Amnistié, il rentre en France en 1859, meurt à Nantes le 30 octobre 1863 ayant refusé que des honneurs funèbres militaires lui soient rendus lors de ses obsèques.

Injustement oublié, le général Bedeau est le véritable créateur de l'actuelle Légion étrangère, car la nouvelle n'a incorporé que quelques dizaines d'hommes ayant figuré sur les contrôles de l'ancienne Légion.

Henri DUTAILLY

Sources : SHD-Terre, 7Yd 1179.

BEDEAU, village et camp. – En 1844, Bedeau (aujourd'hui Ras el-Ma) est un petit village bâti sur la rive sud de l'oued Mekerra à trois jours de marche de Sidi-Bel-Abbès. La forêt s'arrête à quatre kilomètres au nord ; au sud, la « mer d'alfa » commence. Un de ces postes que les troupiers ont appelés « Biscuitville » y est édifié sur la rive nord de l'oued avant 1870 : il sert de gîte d'étape aux colonnes participant à la pacification du Sud algérien. Le village de colonisation qui s'installe à côté du village arabe vit de l'agriculture, de l'exploitation de l'alfa et des militaires permanents ou de passage. L'importance de la production d'alfa justifie la construction d'une voie ferrée.

Avant 1914, la division d'Oran fait de Bedeau son camp de manœuvres. Une compagnie de Légion tient le poste. Au lendemain de la Seconde Guerre mondiale, les servants des armes lourdes de la Légion sont formés à Bedeau. On leur ajoute des sections dispensant la formation de base pendant la guerre d'Algérie. Le camp de manœuvres n'est plus utilisé. Pour l'anecdote, un remake du *Grand Jeu* a été tourné à Bedeau et l'on murmure que l'actrice principale n'aurait pas été insensible aux charmes d'un beau caporal-chef italien.

Henry DUTAILLY

BÉHANZIN, roi du Dahomey (et conquête du Dahomey). – Jusqu'en 1890, le Dahomey (ou Dabomey) reste un puissant royaume indigène sur la côte des Esclaves, qui entretient de rares relations empreintes de suspicion avec les Européens (Français, Britanniques et Allemands). Ceux-ci ne possèdent que quelques maigres comptoirs côtiers et Paris s'efforce d'affermir son protectorat autour de Porto-Novo. Une première campagne, entre février et octobre 1890, permet à la France de prendre pied à Cotonou, moyennant le versement à Béhanzin d'une confortable indemnité annuelle. Mais le roi du Dahomey se rapproche alors de conseillers allemands et de commerçants britanniques, réorganise son armée et la dote de fusils modernes. Il multiplie les provocations et une seconde opération française est décidée au début de l'été 1892. Généralement considérée comme une campagne des troupes coloniales, la conquête du Dahomey (juillet 1892-janvier 1894) se caractérise également par la participation, comme dans toutes ces campagnes, aux côtés des tirailleurs, des artilleurs et de quelques sapeurs, d'un bataillon de marche de 800 légionnaires (4 compagnies de 4 officiers, 12 sous-officiers, 16 caporaux et 168 légionnaires, pour la plupart récemment revenus du Tonkin et qui représentent environ 25 % de l'effectif total du corps expéditionnaire), formé à Oran sous les ordres du commandant Faurax. Ce dernier sera mortellement blessé lors du premier engagement important les 18 et 19 septembre suivants.

Commandées par le colonel Dodds, les troupes françaises mènent campagne en deux temps. Dans une première phase, de septembre à novembre 1892, il s'agit de marcher sur la capitale de Béhanzin et de s'en emparer ; puis à partir d'août 1893 de pourchasser le souverain battu pour le faire prisonnier. La première partie des opérations est marquée par les batailles de Dogba (19 septembre), de Poguessa (4 octobre), d'Adegon (6 octobre) et de Cana (2-4 novembre), ville sainte de Béhanzin défendue par plus de 5 000 guerriers et Amazones et dont la prise ouvre la route d'Abomey, où les Français entrent le 17 novembre. Elle se déroule dans un environnement marqué par un très dur climat chaud et humide, à travers les marais qui favorisent les fièvres. Du fait du réseau hydrographique local, les troupes sont d'ailleurs appuyées durant la première phase par une flottille de quatre canonnières. Dans un tel contexte, légionnaires et tirailleurs mettent près de 60 jours pour atteindre Abomey, marchant lorsqu'ils ne combattent pas, opposés à près de 12 000 guerriers « fanatisés » au sein desquels les fameuses Amazones sont présentées comme les plus déterminées. Lors du combat de Dogba, considéré comme le plus emblématique de la Légion au cours de cette campagne, le capitaine (futur général) Drude commande une compagnie du bataillon de marche qui se distingue tout particulièrement. Sur l'ensemble de la campagne, le bataillon de la Légion qui regagne ses garnisons d'Algérie au début de l'année 1894 a perdu plus de 50 % de son effectif (37 tués, 195 blessés, 150 malades).

Dès 1893, le Dahomey est érigé en colonie autonome, tandis que le roi Béhanzin est exilé aux Antilles. Son fils et héritier, Arini Ouanilo, meurt pour sa part à Dakar en 1928. En poste au Cambodge quelques années plus tard, devenu général, Dodds présente en ces termes la garnison de Phnom Penh au gouverneur général de l'Indochine : « Voici la Légion, troupe sur laquelle vous pouvez compter en toutes circonstances. Sans elle, je n'aurais jamais pu mener à bien l'expédition du Dahomey. »

Rémy PORTE

Bibl. : Édouard Edmond Aublet, *La Guerre au Dahomey, 1888-1893, d'après les documents officiels*, Berger-Levrault, 1895 • Fr. Desplantes, *Le Général Dodds et l'expédition du Dahomey,*

Mégard, 1894 • Édouard Foà, *Le Dahomey, histoire, géographie, mœurs, coutumes, commerce, industrie. Expéditions françaises 1891-1894*, A. Hennuyer, 1895.

BELLAT, Paul (1906- ?). – Paul Bellat est né à Sidi-Bel-Abbès le 18 septembre 1906. Les membres de la famille Bellat, installée en Algérie depuis nombre d'années, sont des notables qui possèdent la terre et exercent volontiers des mandats électifs : Lucien Bellat, né en 1880, est ainsi porté à la tête de la mairie le 5 mai 1929 avec sa « liste républicaine d'union économique et sociale » dont l'orientation se situe résolument à droite. Réélu en mai 1935, il est maintenu par le régime de Vichy auquel il se montre favorable, puis doit céder la place en 1944.

Si Paul Bellat n'apparaît pas lui-même parmi les maires de Sidi-Bel-Abbès, il joue cependant un rôle sur la scène politique et économique. Comme délégué financier, il fait partie de l'assemblée qui vote le budget de l'Algérie depuis 1898 et sera supprimée en 1945. Il a été élu en 1936 par le collège des non-colons dont la moitié en réalité sont des propriétaires de biens ruraux. Lui-même se consacre à l'exploitation du domaine familial de la plaine de la Mekerra, le Rocher. Figure de la vie locale, il intervient en particulier quand la Légion étrangère est concernée : il offre le terrain sur lequel va être édifiée la Maison de retraite du légionnaire à Sidi-Bel-Abbès. Telle qu'elle est rapportée par *Le Progrès de Sidi-Bel-Abbès*, l'inauguration, qui a lieu le 7 avril 1957, suscite l'intérêt d'un public important. Elle rassemble de nombreuses personnalités militaires et civiles autour d'Adolphe Joly, « président de l'Amicale des Anciens légionnaires », lit-on dans le journal, et du maire Raymond Dassié, élu en 1953 et dont le mandat prend fin en 1962 pour les raisons que l'on devine.

Paul Bellat est également connu comme écrivain. Dans son œuvre se glisse un roman imprimé par Piazza à Oran en 1956 : *Légionnaires*. Le livre est pratiquement absent des bibliothèques françaises. Le dépôt légal de l'imprimeur n'a permis d'envoyer les exemplaires convenus qu'à Alger, non à la Bibliothèque nationale, et cette institution n'a pas reçu le dépôt légal de l'éditeur : il n'y en a pas d'autre que l'auteur lui-même. Celui-ci a publié par ailleurs plusieurs recueils de poésie (*Les Cordes de la lyre*, *Rimes et souvenirs*, *Poèmes algériens* notamment) mais aussi des récits de l'Algérie française (*Un vieux m'a dit : cent ans d'Algérie* édité à Alger par Chaix en 1949 ; *Les Yeux noirs et les yeux bleus* publiés à Paris) ainsi que des pièces de théâtre (*Buée sur un cristal*…). Son activité littéraire et de conférencier, récompensée par divers prix et distinctions, lui a permis de fréquenter de grands noms des lettres tant d'Algérie que de France où il s'établira ensuite à Bordeaux. Max Marchand, Mouloud Feraoun ont préfacé certains de ses ouvrages ; Albert Camus aussi. Cependant les deux hommes ont-ils été proches ? Ce n'est pas sûr.

France Marie FRÉMEAUX

Bibl. : Jacques Bouveresse, *Un Parlement colonial ? Les Délégations françaises, 1898-1945*, Publication des universités de Rouen et du Havre, 2008.

BELLOY-EN-SANTERRE. – Village conquis par le régiment de marche de la Légion étrangère (RMLE) au cours de l'offensive de la Somme (juillet-octobre 1916). Créé le 11 novembre 1915, le RMLE connaît pendant six mois une période d'instruction et de calme relatif. Son effectif est alors de 71 officiers et 3 115 légionnaires. En juin 1916, il rejoint la Somme, où des préparatifs sont menés en vue d'une offensive qui doit soulager le secteur de Verdun. En réserve du 1er corps d'armée colonial qui a déclenché son attaque le 1er juillet, le RMLE est engagé, le 4 juillet à 17 heures, afin de coiffer le village fortifié et le parc de Belloy-en-Santerre. À partir des tranchées de départ situées à l'est du village d'Assevillers, son axe d'attaque traverse un glacis d'une longueur de 700 m, en pente montante et sans obstacle important pour former abri ou défilement. L'assaut est donné sous la pluie.

Les bataillons sont engagés en lignes successives, les 2e et 3e en tête, le 1er ensuite. Tant du fait de la surprise que de la patience des soldats allemands, le feu adverse ne se dévoile qu'à 100 m des premières maisons et touche de plein fouet le 3e bataillon. Sur le côté nord de l'attaque, le 2e bataillon parvient à prendre pied dans le village. Il procède au nettoyage des ruines des maisons et s'empare du parc. Sur le côté sud, le 3e bataillon se trouve pris en enfilade par quatre nids de mitrailleuses bien retranchées dans un ensemble appelé « tranchée du Chancelier ». Le 1er bataillon manœuvre alors en appuyant au nord pour entrer dans le village, puis se rabat face au sud et participe à l'action contre cette tranchée. À la tombée de la nuit, le village et son parc sont aux mains des légionnaires, alors que les mitrailleuses allemandes sont réduites au prix de fortes pertes, y compris chez les cadres : sont tués notamment les chefs de bataillon Ruelland et Mouchet, commandant respectivement les 1er et 2e bataillons.

À partir de 23 heures, le village est l'objet de plusieurs contre-attaques conduites depuis les villages de Barleux et Villers-Carbonnel où se trouvaient les réserves ennemies. Dans l'obscurité, la mêlée est souvent indécise et la situation n'est rétablie qu'en fin de nuit par le capitaine Marolf, officier suisse, qui rallie les survivants de deux compagnies pour reprendre la corne sud du village par un combat au corps à corps, avant de tomber à son tour. Le RMLE est relevé dans la nuit du 5 au 6 juillet. Le 9, il reviendra en première ligne pour essayer de reprendre la position de la « tranchée du Chancelier », reconquise entre-temps par les Allemands.

L'assaut sur Belloy-en-Santerre vaut au RMLE sa première citation, qui vient s'ajouter aux trois autres héritées des régiments de marche de 1914 : « Sous l'énergique commandement de son chef, le lieutenant-colonel Cot, le régiment de marche de la Légion étrangère, chargé le 4 juillet 1916 d'enlever un village fortement occupé par l'ennemi, s'est élancé à l'attaque avec une vigueur et un entrain remarquables, a conquis le village à la baïonnette, brisant la résistance acharnée des Allemands et s'opposant ensuite énergiquement à toutes les contre-attaques de renforts amenés dans la nuit du 4 au 5 juillet 1916. A fait 750 prisonniers dont 15 officiers et pris des mitrailleuses. » Les pertes du régiment s'élèvent à 869 morts, parmi lesquels le jeune poète américain Alan Seeger, auteur prémonitoire de *I have a rendez-vous with Death*.

Philippe GUYOT

Sources : Ordre 385 de la VIe armée du 27 août 1916 (général Fayolle).

BENIGNI, Pierre (1878-1956). – En 1931, les cérémonies du centenaire de la Légion étrangère doivent être couronnées par la parution d'un *Livre d'or* dont Pierre Mac Orlan dira, dans *Le Figaros*, en 1932, qu'il est « fastueux, précis, documentaire et pratique [...], instructif, sentimental et correct ». Sa rédaction est confiée à la direction de Jean Brunon. L'un des collaborateurs directs de ce dernier est le peintre Pierre Benigni, un élève d'Édouard Detaille (1848-1912), lui-même disciple d'Ernest Meissonier (1815-1891) qui a fait preuve, dans son illustration minutieuse de l'épopée napoléonienne, d'une précision du trait suscitant par la suite l'admiration de Salvador Dalí. Ses continuateurs, Detaille puis Benigni, ont tous deux perpétué cette technique de l'attention aux détails, ce que l'on constate dans leurs représentations du combat de Camerone : la peinture militaire veut éviter le romantisme sinon celui du geste héroïque soigneusement reproduit mais sans lyrisme ajouté.

De Pierre Benigni, l'un des tableaux le plus souvent reproduit peut-être est *Ischeriden*. Il montre une compagnie de voltigeurs du 1er bataillon du 2e Étranger montant derrière ses chefs qui l'entraînent à l'assaut de la position tenue par les Kabyles, le 24 juin 1857. Cependant, un autre peintre avait été pressenti pour l'iconographie du *Livre d'or*, Maurice Mahut, mais qui avait décliné l'offre, déjà malade et pressentant peut-être sa fin prochaine.

France Marie FRÉMEAUX

• *Voir aussi* : Icheriden.

BÉRET VERT. – *Voir* KÉPI BLANC.

BERGOT, Erwan (1930-1993). – Sous la signature d'Erwan Bergot, une quarantaine d'ouvrages ont été publiés qui tous concernent l'armée et la guerre : la Seconde Guerre mondiale mais surtout celles qui ont suivi, en Indochine puis en Algérie. Dans cet ensemble, la Légion étrangère tient une place notable qu'explique le parcours de l'auteur. En effet, il est issu du milieu dont il parle. Il fait partie de ces soldats, généralement officiers, qui écrivent aussi. Qui construisent une œuvre qui n'est pas sans mérites, élaborant ce que l'on pourrait appeler une écriture militaire, descriptive, sans états d'âme et qui ne néglige pas la dimension morale. Plusieurs d'entre eux sont passés par l'Indochine. Ce sont parfois des survivants des combats les plus durs, ceux qui ont nécessairement impliqué la Légion : Erwan Bergot se trouve ainsi à Diên Biên Phu.

Il est né en 1930 à Bordeaux. Sa biographie, telle qu'elle est habituellement donnée en quatrième de couverture de ses livres, dessine le portrait d'un militaire avant tout : il est officier de la Légion d'honneur à titre militaire et titulaire de la croix de guerre des théâtres d'opérations extérieures. Après avoir suivi des études de lettres, et à l'issue de son service militaire, il est devenu officier de réserve en situation d'activité, aspirant bientôt volontaire pour l'Indochine où il arrive en 1951. L'année suivante, il est rattaché au 6e bataillon de parachutistes coloniaux du commandant Bigeard. Lieutenant à Diên Biên Phu, il commande la section de mortiers lourds du 1er bataillon étranger de parachutistes. Après la chute du camp retranché, il fait partie des prisonniers envoyés à une mort (presque) certaine dans les camps viêt-minh, ce qu'il raconte dans *Convoi 42* (Presses de la Cité, 1986). Il en revient cependant – le 1er septembre 1954 – et part pour l'Algérie. Affecté au 2e régiment étranger (qu'il quittera en avril 1962), blessé près de Constantine, il est promu au grade de capitaine, retiré du service actif et profite bientôt de sa nomination comme rédacteur en chef du magazine de l'armée de terre pour se consacrer à l'écriture.

Une quarantaine de titres vont donc suivre, qui présentent l'armée, ses unités, quelques-unes de ses figures les plus marquantes et les opérations menées depuis la Seconde Guerre mondiale. Nombre de ces titres intéressent la Légion étrangère, par exemple *La Légion au combat : Narvik, Bir Hakeim, Diên Biên Phu, la 13e demi-brigade de Légion étrangère* (Presses de la Cité, 1975) et surtout *La Légion* (Balland, 1973), livre entièrement consacré au sujet développé ici de façon historique et anecdotique à la fois, semblable en cela à l'ouvrage de Georges Blond, *La Légion étrangère* (Stock, 1964).

Les 170 Jours de Diên Biên Phu (Presses de la Cité, 1979) traitent largement aussi de la Légion étrangère. Ce livre propose une chronique de la bataille abordée à travers ses événements les plus ténus, au jour le jour. Il évite l'emphase, le lyrisme, la polémique. Par sa volonté de s'en tenir au témoignage direct sans étudier les causes de la défaite ni les décisions prises au plus haut niveau et leurs conséquences, il diffère de celui de Jules Roy, *La Bataille de Diên Biên Phu* (Julliard, 1963), résolument critique vis-à-vis des autorités militaires et politiques. Parmi tous les protagonistes que campe Erwan Bergot, nombreux sont évidemment les légionnaires, ainsi Capeyron, « un officier de la “vieille” Légion, celle qui veut qu'on n'abandonne jamais ses hommes tant qu'on en a le commandement. La voix métallique, le visage lisse, barré d'une fine moustache, Capeyron a un regard clair, gris quand il est de bonne humeur, bleu quand il est de mauvaise humeur ». Jules Roy n'hésite pas à mettre en scène le même officier lors de l'arrivée des bataillons « viets » : « Il n'est plus question de se battre. […] Le capitaine Capeyron pense soudain qu'il doit brûler le fanion qui porte le chiffre de la 3e compagnie. Penché sur le feu que ses légionnaires se sont hâtés d'allumer, il achève de voir se consumer les dernières lettres de “Fidélité” brodées sur la soie quand les Viets surgissent. Un chef ordonne : — Les mains en l'air ! Capeyron n'obéit pas. Des Viets approchent, lui décochent un coup de pied dans les fesses. Des légionnaires sortent des rangs et veulent intervenir. Blême sous l'humiliation, Capeyron les retient. — Ne bougez pas, il est trop tard. » Pour l'auteur des *Chevaux du soleil*, la guerre ravage ; elle contredit l'héroïsme. Les conceptions d'Erwan Bergot semblent au premier abord plus simples. Sans adopter pour autant un accent épique, il chante la gloire des armes et, quand il s'agit de la Légion, ses caractéristiques, en particulier la vaillance et la force associées à l'aptitude à résister quelles que soient les circonstances.

En règle générale, il se contente d'exposer des actions courtes, de rapporter des dialogues concis ; il choisit un ton neutre, dégagé de toute émotion ; un ton militaire ? Pas uniquement. Erwan Bergot est également un romancier, auteur des *Sentiers de la guerre* (Presses de la Cité, 1981) – dont les héros vont se retrouver… à la Légion – et surtout des trois volumes de *Sud lointain* (Presses de la Cité, 1990) qui, dans leur évocation de l'Indochine coloniale, rappellent les livres de Jean Hougron, sans le cynisme de ce dernier. Car l'auteur, qui cherche à se tenir au plus près des personnages qu'il invente comme de ceux qu'il a croisés vraiment, les présente avant tout de façon positive. S'il s'applique surtout à évoquer la guerre, il insiste sur le fait qu'elle ne parvient pas à déshumaniser ceux qui sont plongés dans sa réalité, si terrible soit-elle. Quand, dans *Les 170 Jours de Diên Biên Phu*, il cite la plaisanterie que fait un légionnaire après la mort d'un de ses camarades durant un bombardement sur Béatrice, il précise : « Ce n'est pas du cynisme. Choqué, encore chancelant, [le soldat] n'a rien trouvé d'autre, dans son français approximatif, que cette vieille plaisanterie de tranchée pour exprimer l'horreur qui le dépasse encore. » Des exclamations du même type, on en découvre en effet dans les ouvrages de Roland Dorgelès (*Les Croix de bois*, 1919) ou Henri Barbusse (*Le Feu*, 1916), écrivains dont Erwan Bergot ne se réclame sans doute pas – il ne partage évidemment pas leur pacifisme – mais qu'il rejoint lorsqu'il évoque cet « humour macabre et désespéré » des combattants. De l'ami qui vient de prendre l'obus « en plein dans le buffet », le légionnaire dit en effet, tout simplement : « Il est bon à ramasser avec une cuiller et à enterrer dans sa gamelle. »

Les qualités narratives mais aussi humaines qu'exprime le livre justifient qu'il ait été couronné par l'Académie française. Un autre prix littéraire a ceci de spécial qu'il porte le nom de l'auteur : le prix Erwan-Bergot a été créé par l'armée de terre afin de récompenser un ouvrage qui s'attache à promouvoir diverses valeurs que résument assez bien ces deux mots, honneur et fidélité.

Erwan Bergot est mort le 1er mai 1993.

France Marie Frémeaux

Bibl. : Notice biographique dans Jacques Gohier (dir.), *Dictionnaire des écrivains d'aujourd'hui en Bretagne*, Le Cercle d'or, 1984 • Erwan Bergot, *2e classe à Diên Biên Phu*, La Table ronde, 1964.

BERNELLE, général Joseph (1785-1871). – Joseph Nicolas Bernelle, né à Versailles, est le quatrième fils (sur dix enfants survivants) du général Pierre-Antoine Bernelle, ancien garde de la prévôté sous Louis XVI qui s'illustra pendant la Révolution contre les Vendéens. Engagé à seize ans en 1801, après des études au prytanée militaire de Saint-Cyr, il fait campagne dans l'infanterie en 1803 et participe aux campagnes de l'Empire dès 1805 en Italie ; il est blessé à la prise de Vicence. Jusqu'en 1809, capitaine, il sert en Illyrie et en Dalmatie.

Capitaine au 2e régiment de la Méditerranée en 1811, il devient deux ans plus tard aide de camp du général Curial, lors de la campagne de Saxe où il est décoré. En mai 1813, il prend le commandement du bataillon de chasseurs à pied de la Garde impériale. Nommé major de la Garde impériale lors des Cent-Jours, il est licencié au retour de Louis XVIII. En demi-solde jusqu'au 3 juin 1831, il reprend du service et est nommé lieutenant-colonel au 10e de ligne le 9 novembre 1832. Grand, énergique, de constitution robuste, le sourcil et la moustache fournis, il a la réputation d'un chef expérimenté ayant près de trente ans de campagnes derrière lui capable d'imposer une stricte discipline.

Le 9 avril 1833, nommé colonel, il prend le commandement de la Légion étrangère qu'il conduit à la conquête de Koléa et dans la Mitidja. Mais la Légion, corps de réfugiés, a encore une mauvaise réputation, à une époque où les bataillons nationaux permettent de compenser par le nombre de cadres étrangers la pénurie en sous-officiers et officiers. Après le sanglant combat de la Macta, où l'émir Abd el-Kader l'emporte sur les troupes du général Trézel, le 28 juin 1835, les bataillons italien et polonais s'accusent mutuellement de cet échec et le colonel Bernelle prend la décision, historique, inspirée de l'amalgame révolutionnaire cher à Carnot, de mêler les compétences et les nationalités au sein des bataillons de la Légion.

Le bataillon espagnol est dissous en juillet 1835 au moment où l'Espagne sombre dans la première guerre carliste. Au nom de la solidarité des monarchies constitutionnelles d'Europe, Louis-Philippe livre plus qu'il ne prête la Légion à la reine-régente d'Espagne. En juillet 1835, les légionnaires quittent l'Algérie pour une escale aux Baléares (où Bernelle réorganise son régiment), avant de débarquer à Tarragone le 19 août 1835. Le colonel Bernelle reçoit le titre de maréchal de camp. La Légion est tout de suite engagée en Catalogne et en Aragon, puis en Navarre où les légionnaires se distinguent au point d'être cités en exemple par le général Córdova, commandant en chef de l'armée royale. Sachant qu'en terre ibérique le paraître est important, et désirant se démarquer, lui l'ancien officier supérieur de la Garde impériale, des contingents anglais et portugais au service, eux aussi, de l'Espagne, Bernelle s'entoure d'un brillant état-major au sein duquel des sapeurs barbus sont un des éléments de sa garde d'honneur. Il décide aussi de se donner le soutien qui lui fait défaut en créant une division de Légion étrangère.

On l'a parfois critiqué pour son arrogance, son goût pour les beaux uniformes, son népotisme (cousins et neveux à l'état-major), le faste de son épouse, Tharsile Bernelle, une écharpe d'aide de camp nouée à la taille, que les légionnaires finirent par brocarder en raison de son rôle d'éminence grise décidant des récompenses et des promotions, mais ce serait oublier qu'il sut organiser la seule unité constituée de l'armée espagnole. Cette division de Légion, de plus de 6 000 hommes à son apogée au printemps de 1836, bien que rongée par les libérations et les désertions, était le corps le mieux organisé et le plus discipliné de l'armée royale, mais son faible effectif ne lui permit pas de remporter la victoire décisive. En dépit des critiques de son second, le colonel Conrad, vrai soldat aux goûts simples, Bernelle sut la commander d'une main de fer, sachant s'exposer quand la supériorité de l'ennemi risquait de tout emporter, comme au combat de Tirapegui, le 26 avril 1836, où il fut blessé au bras. Le 1er août, lors du combat de Zubiri où infanterie, artillerie et cavalerie se couvrirent l'une l'autre, il prouva l'efficacité opérationnelle de sa division. Mais les rangs se creusèrent à chaque engagement et la logistique ne suivait pas. En dépit de brillants succès, ne pouvant honorer la solde de ses hommes, le colonel Bernelle fit tout pour alerter le gouvernement espagnol. En vain. Le 30 août 1836, relevé de son commandement, il passa le drapeau de la Légion au colonel Lebeau.

Il rentra en France, puis reprit du service en Algérie. Il devint commandant supérieur de Constantine avec le titre de maréchal de camp en novembre 1837. En 1847, il quitta l'armée active et occupa ses loisirs à la rédaction d'une *Histoire de l'ancienne Légion étrangère* publiée en 1850. Le général Bernelle mourut à Paris en 1871.

Jean-Charles JAUFFRET

Bibl. : Paul Azan, *La Légion étrangère en Espagne, 1835-1839*, Lavauzelle, 1905 • Auguste de Colleville, *Histoire de l'ancienne Légion étrangère, créée en 1831, licenciée en 1838*, Marc-Aurèle, 1850 • Jean-Charles Jauffret, « La division de Légion étrangère du général Bernelle », *Revue historique des armées*, numéro spécial « Légion étrangère 1831-1981 », 1981, p. 51-72 • Douglas Porch, *La Légion étrangère, 1831-1962*, traduit de l'américain par Pierre Chambes, Fayard, 1994.

BERNELLE, Mme (1798- ?). – Tharsile Françoise Bazin naît à Rennes (Ille-et-Vilaine) le 7 août 1798. Elle épouse le chef de bataillon Joseph Bernelle à Versailles le 21 avril 1817 et lui apporte une dot de trente mille francs. Lorsque son mari prend le commandement de l'ancienne Légion, elle fait preuve d'exigences blessantes à l'égard des hommes mis à sa disposition pour l'entretien de sa maison. Ayant suivi la Légion en Espagne, elle participe aux opérations et intervient dans son commandement. Mme Bernelle est l'exemple le plus accompli des épouses abusives de chef de corps qui croient devoir participer au commandement de leur mari. Son portrait est exposé dans le musée de la Légion à côté de celui du général Bernelle.

Henri DUTAILLY

Bibl. : Paul Azan, *La Légion étrangère en Espagne 1835-1839*, H. Charles-Lavauzelle, sd [1907].

BIDON V, RAID SUR (1932). – Lors de la phase ultime de conquête des confins algéro-marocains, le peloton Panhard du 6e escadron du 1er régiment étranger de cavalerie (REC) est détaché en 1932 à Taghit afin d'assurer la sécurité de la piste transsaharienne jusqu'à Beni-Abbès. Le journal de marche et des opérations du REC et le témoignage du colonel Miron d'Aussy, alors lieutenant et commandant de peloton, permettent de reconstituer un des raids de reconnaissance les plus audacieux – de 2 527 km – jamais menés par une unité de cavalerie légère en plein désert saharien, à une époque où n'existe aucune assistance technique pour les véhicules.

Le 20 mars, cinq camionnettes Laffly LVC 2 de 1,8 t et trois blindés Panhard X 46 (véhicule blindé improvisé par la Compagnie de transports marocains, sans tourelle, mais portant un fusil-mitrailleur) quittent Béchar avec deux mois de vivres, un maximum d'essence et d'eau, plus un poste de TSF. La mission de ce peloton Miron d'Aussy : reconnaître la région sud de Beni-Abbès jusqu'à Bidon V, au cœur du Sahara, dans le Tanezrouft.

Deux jours plus tard, marchant sud-sud-ouest, le peloton est déjà à plus de 500 km au sud de Beni-Abbès en pays quasi inconnu, aux prises avec le fetch-fetch, sous une température atteignant à la mi-journée les 50 °C en moyenne. Le 25 mars, après seize heures de route ininterrompue, un Panhard subit une grave avarie. Il est désarmé et abandonné. Le 28 mars, à travers l'erg Chech et ses pièges, le Tanezrouft est atteint pour la première fois par un convoi motorisé. Mais il faut douze heures pour traverser 220 km de dunes avant la hamada, sous un soleil implacable. Le lendemain, le peloton rejoint Ouallem dont la seule richesse consiste en un puits débitant 400 litres d'eau par jour. C'est l'étape, au pied du bordj. Pendant deux jours les légionnaires remettent leurs véhicules en état, et repartent.

À l'aube du 2 avril, trois véhicules se dirigent vers Bidon V, à 140 km au sud, et, tandis qu'un groupe est laissé à la garde des réserves d'eau et d'essence, un Panhard et une Laffly accompagnent le commandant du territoire dans une reconnaissance plein ouest, vers le mythique Hoggar.

Le point extrême est atteint : le kilomètre 580 au sud de Reggan. Lorsque les légionnaires rentrent à Béchar après 55 jours de pistes informes sur des itinéraires tracés à la boussole et au compteur kilométrique, ils sont félicités par le commandant du territoire pour la moisson de renseignements de toutes sortes sur ces régions encore inconnues des Français. À la fin de l'année 1932, ce même peloton Miron d'Aussy, avec le même matériel en partie vétuste et sans aucun moyen, mène un autre raid, moins spectaculaire, dans le reg.

Jean-Charles JAUFFRET

Bibl. : Jean-Charles Jauffret, *L'Idée d'une division de Légion étrangère et le Premier régiment étranger de cavalerie, 1836-1940*, Montpellier, Centre d'histoire militaire et d'études de défense nationale, Presses de l'université Paul-Valéry, 1978.

BINOCHE, général François (1911-1997). – Né à Paris, dans une famille d'industriels, François Binoche sort de Saint-Cyr en 1932 dans la promotion « Maréchal Joffre » et choisit l'infanterie. Après deux années sur la ligne Maginot, il obtient sa mutation dans la Légion étrangère au 1er régiment étranger aux confins algéro-marocains puis au 2e Étranger au Maroc jusqu'en septembre 1939. Il prend part en mai-juin 1940 à la campagne de France. Fait prisonnier le 23 juin, il s'évade en juillet 1940 et rejoint le Maroc. Il est toutefois arrêté à Meknès le 6 novembre 1940 pour avoir pris contact avec des émissaires de Londres (mission Guérin-Ter Sarkissoff). Transféré en France, incarcéré avec Mendès France, il est acquitté par le tribunal de Gannat en avril 1941. Affecté au 5e régiment d'infanterie, nommé capitaine, il est placé en congé d'armistice et entre aussitôt en résistance active à Lyon (réseaux Mithridate, puis Gallia). Recherché, il rejoint l'Ardèche où il prend le commandement d'un secteur de l'Armée secrète (AS). Chef d'état-major des FFI du département, il est grièvement blessé (amputé d'un bras) aux combats du Cheylard le 5 juillet 1944. Il reprend pourtant la lutte avec la 5e division blindée jusqu'en Alsace. Après un passage au cabinet du ministre des Armées, lieutenant-colonel, il prend le commandement du groupement porté de la Légion (GPLE) à Agadir (1946-1949), puis du 5e REI au Tonkin (1949-1950).

Quand Mendès France devient président du Conseil (1954-1955), il appelle le colonel Binoche dans son cabinet militaire où le Compagnon de la Libération (décret en date du 7 mars 1945) assure une liaison discrète avec de Gaulle à Colombey. Destiné à un haut commandement, il est désigné pour suivre les sessions de l'Institut des hautes études de défense nationale (IHEDN) et du Centre des hautes études militaires (CHEM), en 1959, avant d'être envoyé en Algérie comme adjoint au général commandant la zone nord-algéroise et s'oppose vigoureusement au putsch des généraux en avril 1961. Le général de Gaulle le nomme d'ailleurs membre de la cour de justice militaire qui doit juger les auteurs du putsch. Promu général en 1962, il commande de 1964 à 1967 le secteur français de Berlin et passe en 2e section en 1969, sur sa demande, après la démission de Charles de Gaulle. Le général de division est mort le 18 mai 1997 à Nice et inhumé à Desaignes en Ardèche. Officier de la Légion de transition – ballottée pendant la Seconde Guerre mondiale –, Binoche a su commander avec tact une troupe disciplinée – (le recrutement allemand en fait foi) mais dont la fidélité n'est pas sans faille.

Jean DELMAS

Sources : Archives du musée de l'Ordre de la Libération.

Bibl. : Jean Delmas, « le gouvernement Mendès France et la défense nationale », dans François Bédarida et Jean-Pierre Roux (dir.), *Pierre Mendès France et le mendésisme*, Fayard, 1985.

BINÔME, BINÔMAGE. – Le binômage est l'art de créer un bloc intégré au sein de la « famille Légion », par l'apprentissage du français et la découverte de la France. Puis, au fur et à mesure de l'instruction, il doit permettre d'expliquer, d'apprendre et de vivre de conserve le code d'honneur du légionnaire. De fait, le binôme reste la base du système d'intégration. Cette notion de partage est quotidienne, aussi bien dans l'instruction de l'engagé volontaire que dans celle qui est dispensée aux stagiaires. Les règlements tactiques le rappellent en permanence.

Au-delà du grade, c'est donc bien la volonté partagée de toujours faire plus pour mieux servir. Le binôme, quel que soit le grade ou l'ancienneté, est ainsi le fondement de la famille légionnaire. Le commandement, qui a perçu et évalué à sa juste place le rôle de cette formation pour des engagés volontaires étrangers aux cultures de plus en plus différenciées, porte une attention toute particulière aux améliorations d'un système – un modèle dans l'armée française – qui a fait ses preuves depuis sa mise en œuvre au sein du 4e régiment étranger de Castelnaudary.

Charles RIDET

BIR HAKEIM. – Au début de 1942, les forces de l'Axe bénéficient d'un contexte très favorable en Afrique du

Nord. La Royal Navy a subi de lourdes pertes en Méditerranée et ne peut plus assurer efficacement la défense de Malte. Les convois britanniques à destination du Moyen-Orient doivent emprunter l'interminable route du Cap, alors que ceux de l'Axe peuvent de nouveau sillonner une *Mare nostrum* relativement sûre. En outre, profitant de l'accalmie hivernale sur le front russe, la Luftwaffe du général Kesselring opère son retour sur le théâtre méditerranéen. Enfin, devant l'ampleur des défaites britanniques en Asie, les troupes australiennes doivent être rapatriées d'urgence au début de cette même année 1942. Dans ce contexte, prévoyant une reprise de l'initiative des Germano-Italiens, le général Ritchie (commandant la VIIIe armée britannique) et le général Auchinleck (commandant en chef au Moyen-Orient) organisent, pour défendre l'Égypte, une ligne de défense nord-sud, de Gazala, au nord, à Bir Hakeim, à l'extrême pointe sud du dispositif. Simple croisement de pistes dans le désert libyen à environ 80 km de la côte, dépourvu de constructions sinon les ruines d'un fort méhariste italien et de vieilles citernes abandonnées (les « Mamelles »), accablé de surcroît par un climat épouvantable, Bir Hakeim (littéralement le « puits du sage ») ne présente en soi aucun intérêt stratégique. La défense de la position, située à la pointe méridionale de l'immense champ de mines disposé en « V » que les Anglais ont dressé, est d'abord confiée à une brigade indienne, puis à la 1re brigade française libre (BFL). Forte d'environ 3 700 hommes, celle-ci est d'abord commandée par le général de Larminat, puis, à partir d'avril 1942, par le général Kœnig.

La garnison qui s'installe à Bir Hakeim en février 1942 est à l'image du visage bigarré de la France Libre. La 13e demi-brigade de Légion étrangère (DBLE), commandée par le lieutenant-colonel Amilakvari, a quitté Damas fin décembre 1941. Composée de deux bataillons (2e et 3e BLE des commandants Babonneau et Puchois), elle rassemble environ 960 hommes lorsqu'elle prend position à Bir Hakeim, le 14 février, pour relever Indiens (150e brigade) et Britanniques (50e division) qui ont commencé des travaux d'aménagement. La brigade Kœnig est également composée du 1er bataillon d'infanterie de marine du commandant Savey, où les Bretons sont très nombreux, de troupes coloniales avec le bataillon du Pacifique du colonel Broche, formé pour une moitié d'Européens et pour l'autre moitié d'indigènes kanaks et maoris d'Océanie, et du bataillon de marche n° 2 (BM2) du capitaine Amiel, essentiellement constitué de tirailleurs d'Afrique-Équatoriale française. Enfin, diverses unités du génie (capitaine Gravier), d'artillerie (lieutenant-colonel Laurent-Champrosay) ou des sections médicales complètent l'effectif.

De février à mai 1942, l'inaction d'Auchinleck, qui attend des renforts de matériels américains, est mise à profit par les hommes de Kœnig, et particulièrement par les légionnaires, pour aménager la défense du camp. Le plateau calcaire aride, d'un périmètre de 16 km, est remarquablement aménagé pour la défense selon le principe des « hérissons » : outre l'établissement d'importants champs de mines (les sapeurs de Gravier posent plus de 60 000 mines) et de positions d'artillerie bien étudiées (les 54 vieux canons de 75 mm feront encore merveille), on enterre tout. Les légionnaires retrouvent alors leur vocation de bâtisseurs et enterrent poste de commandement (PC), dépôts et armes collectives. Cet enfouissement sera la clef du succès de la bataille, protégeant les hommes et rendant impossible le réglage de l'artillerie ennemie. Ces mois de répit sont également mis à profit pour constituer des colonnes mobiles. Organisées selon le principe du major général Jock Campbell, elles réunissent une quarantaine de véhicules légers (Bren-Carrier, camions Chevrolet ou pick-up Dodge). Puissamment armées (de pièces de 45 à 75 mm), reliées en permanence par radio au PC et pourvues d'une autonomie de 5 à 6 jours, les « Jock Colonnes » patrouillent dans la zone du « V » où elles ont pour mission de collecter du renseignement, de harceler l'ennemi ou de donner l'alerte. Elles permettent, en outre, en sortant du camp, de maintenir le moral et de renforcer la combativité des hommes. Le capitaine de Lamaze s'illustre tout particulièrement dans ces missions. Mais le capitaine Simon n'est pas en reste, parvenant même, le 13 mars, dans le secteur de Méchili, à repousser une quinzaine de chars italiens.

Le 26 mai, Rommel passe à l'attaque. Son offensive principale porte sur la bande côtière, au nord de Bir Hakeim, où il parvient rapidement à percer le dispositif britannique. Écrasées par les panzers, la 3e brigade indienne et la 4e brigade blindée britannique doivent se replier. Les 30 et 31 mai, avec la chute de Got el-Oualeb, les Allemands se sont ouvert une large brèche et peuvent marcher sur Tobrouk. Reste à éliminer le point de fixation des Français libres, tout au sud du front, qui menace leurs lignes de communication. Sous-estimant la force et la combativité de la BFL, Rommel a d'abord confié cette mission aux Italiens. Le 27 mai, la division blindée « Ariete » se présente donc devant Bir Hakeim. Au terme d'une journée de combat où le 2e BLE, bien soutenu par le BM2, s'illustre particulièrement, les Italiens sont repoussés : 91 d'entre eux sont faits prisonniers (parmi lesquels le lieutenant-colonel Prestissimone) et 32 chars sont hors de combat. Ce succès notable, pour des pertes insignifiantes du côté français libre, porte à son comble le moral de la garnison.

À partir du 2 juin, les forces italo-allemandes entreprennent le siège du camp. Sous le commandement personnel de Rommel, elles réunissent des moyens considérables : la division motorisée « Trieste », la 90e division légère allemande, d'importants groupes d'artillerie et un gros soutien de la Luftwaffe d'une centaine d'appareils. Mais, par peur des mines, Rommel n'engage pas la 15e Panzer. Au total, plus de 12 000 hommes. À plusieurs reprises, Rommel propose une reddition : par des parlementaires italiens le 2 juin ; par l'entremise de prisonniers anglais le 3 juin ; par l'envoi d'officiers allemands le 5 juin. Chaque fois, Kœnig repousse ou ne daigne pas répondre à ces ultimatums humiliants. Dès lors, les journées du 2 au 10 juin, à l'exception du 7 où règne une fragile accalmie, sont une série de violents assauts des forces italo-allemandes. Le 6 juin, lorsque les chars pénètrent dans le périmètre du camp ; le 9 juin, lorsque pour repousser un assaut d'infanterie il faut tenter une audacieuse contre-attaque de Bren-Carrier ; le 10 juin enfin, quand, soutenus par plus de 100 avions, les fantassins de la 90e parviennent à 100 m des dernières défenses, la situation est alarmante. On a pu calculer que, durant ces journées, il était tombé sur Bir Hakeim, par mètre carré, plus d'objets explosifs qu'à Verdun ou Stalingrad. Voyant ses réserves en eau, en vivres et en munitions s'épuiser, autorisé à décrocher par le commandement britannique, Kœnig se décide à tenter une sortie dans la nuit du 10 au 11 juin.

La sortie est préparée dans les pires conditions d'improvisation. La compagnie du capitaine Messmer aura à peine le temps de réunir ses armes. À 22 h 30, une première sortie limitée est

Défense de Bir Hakeim, 26 mai - 11 juin 1942

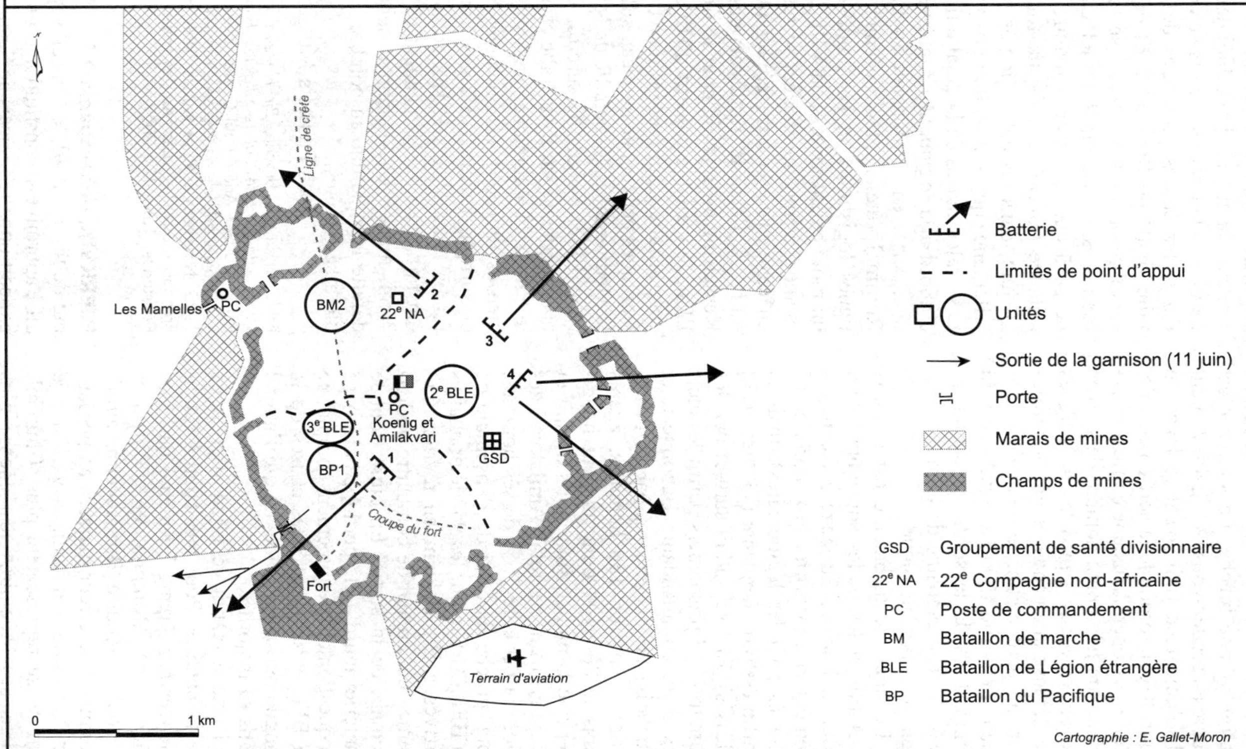

tentée pour tester le dispositif allemand et ouvrir une brèche. Le succès n'est guère au rendez-vous. À 2 h 45, voulant absolument en finir avant le lever du jour, Kœnig ordonne la sortie générale. Celle-ci s'opère dans une confusion extrême, un très grand nombre de soldats devant traverser à pied les trois lignes de défense allemandes avant de retrouver, au petit matin, le point de ralliement à environ 12 km au sud-ouest du camp. Lors de la sortie, le lieutenant Dewey et le capitaine de Lamaze trouvent une mort héroïque.

Le bilan de la bataille est difficile à établir et les pertes sont contrastées pour la Légion. Le siège a été relativement peu meurtrier (14 morts et 17 blessés pour les légionnaires), mais la sortie est plus sanglante (11 tués et 32 blessés). Elle se traduit surtout par des captures (37 prisonniers parmi lesquels les deux commandants Babonneau et Puchois) et, pis encore, par la disparition d'environ 150 hommes, égarés dans le désert et dont on peut imaginer que la plupart sont morts de soif et d'épuisement. Au total, Amilakvari déplore la perte de 27 % de ses hommes, total proche de celui de l'ensemble de la BFL (31 %). Sur les 957 légionnaires arrivés à Bir Hakeim en février, 693 demeurent en état de combattre au lendemain de la sortie. En outre, tout le matériel lourd a été perdu, ce qui pose la question du rééquipement complet de la BFL et sera l'une des causes de la longue période d'inactivité qui l'attend dans sa majorité.

Reste à établir le bilan stratégique de la bataille. Pour beaucoup (à commencer par Kœnig lui-même dans ses Mémoires), Rommel, en s'obstinant à vouloir réduire Bir Hakeim, aurait commis une erreur majeure en perdant une occasion d'anéantir la VIIIe armée qui ne se représentera plus. Churchill (dans ses Mémoires) est encore plus explicite : « Sans la résistance de Bir Hakeim, la guerre aurait duré deux ans de plus. » On peut toutefois se demander si les causes profondes de la défaite finale de Rommel à El-Alamein (octobre-novembre 1942) se situent bien à Bir Hakeim. Rommel en effet ne perd que six jours à réduire la résistance française ; Tobrouk tombe le 20 juin, dans les délais prévus par les Allemands qui font 40 000 prisonniers. Les vraies causes de la défaite tiennent d'abord à la logique de la guerre dans le désert : en s'enfonçant en Égypte, Rommel étend démesurément ses lignes logistiques et les fragilise. Par un mouvement inverse, la VIIIe armée, même sévèrement étrillée, se renforce en retouchant la terre en Égypte. En outre, à l'été, la flotte aérienne de Kesselring est repartie pour le front de l'Est, le véritable objectif d'Hitler. Du coup, Malte respire et les convois britanniques peuvent de nouveau sillonner la Méditerranée. La bataille de Midway (juin 1942) éloigne de surcroît la menace japonaise sur l'Australie et permet le retour, à l'automne, des trois précieuses divisions australiennes. Enfin, et surtout, Rommel n'a pas assez de forces. Son audace et son coup d'œil ont fait des miracles pendant un an et demi, mais à El-Alamein il subit une défaite logique due au nombre. Le génie a ses limites.

Jean-François MURACCIOLE

Bibl. : François Broche, *Bir Hakeim, mai-juin 1942, « la bataille qui réveilla les Français »*, Perrin, 2007 • André-Paul Comor, *L'Épopée de la 13e demi-brigade de Légion étrangère, 1940-1945*, Nouvelles Éditions latines, 1988 • Jean-François Muracciole, *Les Français libres. L'autre Résistance*, Tallandier, 2009.

BJERKVIK, débarquement à. – Au début de février 1940, le Conseil suprême allié approuve la constitution d'un corps expéditionnaire français de Scandinavie pour porter assistance à la Finlande en guerre contre l'URSS depuis le 30 octobre 1939. Un mois plus tard, les deux bataillons de Légion de type « montagne » constituent une demi-brigade rattachée à la brigade de haute montagne (BHM) sous le commandement du général Béthouart. Équipée pour le Grand Nord et renforcée en métropole, elle est aussitôt dirigée vers sa nouvelle destination, la Norvège, dont l'invasion par les troupes allemandes le 9 avril a pris de court les gouvernements français et britannique.

Le théâtre d'opérations – au-delà du cercle polaire – est un rien insolite pour les légionnaires habitués à combattre en Afrique. Le terrain, à la fois maritime avec les fjords profonds et terrestre avec des reliefs escarpés encore pris par la neige en cette saison, exige une logistique adaptée à la manœuvre décidée par Béthouart et qui tient compte des effectifs engagés par l'ennemi. Celui-ci dispose de plus de 5 000 chasseurs alpins et marins rescapés des batailles navales des 10 et 13 avril. Le général Dietl, qui bénéficie d'un appui aérien, reçoit d'Hitler l'ordre de tenir Narvik coûte que coûte.

Le 5 mai, la 13e demi-brigade de montagne de Légion étrangère (DBMLE) au complet s'installe en face de Narvik, à Ballangen, Tjelboten et Skarnes. Alors que les chasseurs sont à la peine depuis le 28 avril sur les hauteurs du Herjangsfjord, les légionnaires du lieutenant-colonel Magrin-Vernerey, derniers arrivés, sont chargés de prendre Bjerkvik en opérant un débarquement de vive force selon le plan audacieux du commandant de la BHM. Le 13 mai, alors que le jour se lève, appuyé par les feux des bâtiments de guerre et les avions du porte-avions *Ark Royal*, les légionnaires du 1er bataillon (commandant Boyer-Resses) posent pied à terre et se déploient devant Skole. Le 2e bataillon (commandant Gueninchault) soutenu par les chars Hotchkiss 35 intervient à son tour en direction de Meby. Les Allemands s'accrochent au terrain, contrarient le déploiement et la progression des légionnaires qui sont pris sous le feu nourri et précis des armes automatiques. Dans l'après-midi toutefois, la section motocycliste du lieutenant Lefort atteint Oijord. Et, en fin de journée, la consolidation de la tête de pont prépare la liaison avec les chasseurs alpins en vue de la prise de Narvik.

André-Paul COMOR

• *Voir aussi* : Narvik.

Sources : DHPLE, rapport du lieutenant Jouandon, 2/13e DBLE • SHD-Terre, 34N 318, JMO de la 1re division légère de chasseurs (DLC) et du corps expéditionnaire polonais du secteur de Narvik.

Bibl. : Jacques Mordal, *La Campagne de Norvège*, Éditions Self, 1949.

BLANCHARD, prince Louis Bonaparte, dit Louis (1914-1997). – Né à Bruxelles le 23 janvier 1914, Louis Bonaparte descend de Jérôme, jeune frère de l'Empereur. Chef de la famille impériale, et en qualité d'héritier d'ancienne famille régnante, il est frappé par la loi d'exil qui lui interdit de servir dans l'armée française.

En 1939, le prince contacte Édouard Daladier, alors président du Conseil, pour obtenir une dérogation. Devant le refus de ce dernier, qui lui conseille d'essayer de s'enrôler dans l'armée britannique, il décide de s'engager dans la Légion étrangère, la seule institution garantissant l'anonymat des volontaires. Le 19 mars 1940, il contracte ainsi un engagement pour la durée de la guerre sous le nom de Louis Blanchard, matricule 94707. Arrivé au dépôt commun des régiments étrangers (DCRE) le 3 avril suivant, il commence l'instruction de base à la compagnie de passage no 2 stationnée à Saïda. Volontaire pour l'expédition de Norvège, il termine son temps à la Légion au Kreider, l'une des garnisons les plus isolées du Sud oranais, sans pouvoir participer à la campagne de France. Démobilisé le 8 septembre 1940, il s'engage dans la Résistance sous le pseudonyme de Louis Monnier. Il termine la guerre comme lieutenant et, grièvement blessé le 28 août 1944, il est cité à l'ordre de l'armée et élevé au grade de chevalier de la Légion d'honneur. Il meurt le 3 mai 1997. Lors de ses funérailles aux Invalides, sa dépouille mortelle est confiée à la garde des légionnaires.

Alexis NEVIASKI

BLIGNIÈRES, colonel Hervé de (1914-1989). – Cinquième d'une fratrie qui compte seize enfants, Hervé de Blignières naît le 15 avril 1914 au château de Bot, dans le Morbihan, dans une vieille famille bretonne qui a compté de nombreux serviteurs de l'État. Une vocation militaire affirmée le conduit à passer les deux baccalauréats (mathématiques et philosophie) pour bien se préparer au concours d'entrée à Saint-Cyr. À l'École, il a pour instructeur le commandant de l'escadron, le capitaine Philippe de Hauteclocque, dans la promotion « Maréchal Lyautey » (1935-1937). Avant de rejoindre Saumur et l'école d'application de la cavalerie, il épouse Aliette de La Casinière dont le père, ingénieur, s'était lancé dans la modernisation du Maroc sous Lyautey. Le 17 mai 1940, à la fin de la campagne de Belgique, le fougueux cavalier du 31e régiment de dragons commande la charge à cheval de deux pelotons dans la région de Solse-le-Château contre les blindés de la 7e panzerdivision du général Rommel. Grièvement blessé, il est fait prisonnier et interné à l'oflag XB de Nienburg/Weser. Après deux tentatives d'évasion malheureuses, il est transféré dans un camp de représailles situé dans le nord de l'Allemagne, l'oflag XC de Lübeck où il finira la guerre. Comme bon nombre de prisonniers, il noue des amitiés qui compteront dans sa carrière brutalement interrompue en 1961 par les « événements » d'Algérie. C'est ainsi qu'il se lie à Max Lejeune, futur secrétaire d'État aux Forces armées du gouvernement Guy Mollet (1er février 1956-13 juin 1957). Libéré, il retrouve Saumur comme instructeur avant de se porter volontaire pour l'Indochine au 1er régiment étranger de cavalerie (REC). Le capitaine de Blignières est conquis par la Légion, et les légionnaires, dont une majorité d'Allemands, le reconnaissent d'emblée comme leur chef. En poste dans le delta du Mékong, il met au point une doctrine d'emploi pour ses « crabes », (véhicules amphibies) particulièrement bien adaptée au théâtre d'opérations. Il doit cependant écourter son séjour à la suite d'une grave blessure subie le 21 janvier 1950 – il doit au courage du maréchal des logis Degueldre d'avoir la vie sauve. Il se distingue ensuite à l'École supérieure de guerre (ESG), sortant major de la promotion 1952-1954, et part de nouveau en mission en Indochine pour assurer la direction des études de l'école vietnamienne d'état-major. À l'issue, le général Lecomte, commandant l'ESG, lui confie le bureau d'études chargé de refondre l'enseignement supérieur militaire. Puis il obtient la consécration de l'officier de troupe et devient chef de corps de son cher Royal Étranger de cavalerie dont il prend le commandement le 15 août 1958 et qui opère alors en Algérie dans le Constantinois.

Le brillant colonel, destiné par ses supérieurs aux plus hautes responsabilités dans une armée ébranlée par la défaite de Diên Biên Phu – et qui espère récolter les dividendes de son action en Algérie –, est victime de son engagement aux côtés des partisans de l'Algérie française. Il est arrêté le 9 septembre 1961, quelques jours après avoir reçu une dernière citation élogieuse de Pierre Messmer (*Journal officiel* du 29 août 1961), pour avoir participé au complot de l'École militaire. Condamné à six ans de détention criminelle par la cour de sûreté de l'État, le 7 septembre 1963, il bénéficie de l'amnistie présidentielle peu après la réélection du général de Gaulle et est libéré le 24 décembre 1965.

Des légionnaires du 1er REC le portent en terre le 7 janvier 1989 à Mordelles, près du château de la Haichois où il s'était retiré. Il s'ajoute à la longue liste des officiers de Légion en général, de cavalerie-Légion en particulier, qui ont marqué de leur sceau les légionnaires commandés dans le respect quasi religieux des valeurs inscrites dans les drapeaux, l'honneur d'abord, la fidélité pardessus tout à la parole donnée ensuite. Beau soldat aux convictions chrétiennes affirmées, le colonel de Blignières a laissé un testament pour les futures générations de saints-cyriens : *La Foi du centurion, le patriotisme principe d'action* (Éditions du Fuseau, 1966).

André-Paul COMOR

Bibl. : Hugues Kéraly, *Hervé de Blignières, un combattant dans les tourments du siècle*, Albin Michel, 1990.

BMC (bordel militaire de campagne). – Depuis des siècles, les armées traînent des prostituées à leur suite en campagne et dans les garnisons. Leur présence inquiète le commandement, car elles peuvent être sources de bagarres, de malversations voire d'espionnage. À ces risques s'ajoute la crainte des maladies vénériennes qu'il leur arrive de véhiculer. Leur contrôle par l'autorité militaire s'est donc imposé. La forme la plus élaborée de ce contrôle est apparue à la fin de la Première Guerre mondiale à l'initiative du général Mordacq, ancien officier de Légion et chef du cabinet militaire de Georges Clemenceau : c'est le « bordel militaire de campagne », plus connu sous son acronyme BMC.

Un BMC est une maison de tolérance, mobile si la situation l'exige, exclusivement destinée à recevoir des militaires et fonctionnant sous le contrôle étroit du commandement en ce qui concerne la discipline, la gestion et l'hygiène. Le chef de corps ou le commandant du territoire passe un contrat avec une matrone, ancienne prostituée communément appelée « mère maquerelle ». Celle-ci recrute des prostituées et les fait travailler dans les locaux et souvent avec le matériel qui lui sont affectés en respectant les règles définies par l'autorité militaire.

Le BMC est soumis en permanence à des contrôles disciplinaires et médicaux. Les premiers sont confiés à un officier qui veille à la stricte application du règlement intérieur et à ce que des militaires ne s'instituent pas proxénètes des filles. Les seconds comportent le contrôle sanitaire des filles par le médecin du corps ou de la place et l'application aux clients de mesures prophylactiques par l'infirmier de permanence à l'entrée des chambres. Des tranches horaires sont attribuées à chaque catégorie de personnel : hommes de troupe, sous-officiers et officiers.

La loi Marthe-Richard qui ferme les maisons de tolérance en 1946 concerne exclusivement la métropole : établis outre-mer, les BMC peuvent poursuivre leurs activités. Deux périodes fastes, au cours desquelles le sordide (les soirs de solde, les BMC sont de misérables maisons d'abattage) se mêle à l'épique, sont à relever : la pacification du Maroc (1920-1935) et la guerre d'Indochine (1946-1954). À l'occasion, les prostituées savent être dévouées et héroïques. Ainsi, celles du BMC de Diên Biên Phu refusent d'être évacuées vers Hanoi et deviennent les aides-soignantes du médecin commandant Grauwin. Elles paieront ce dévouement de leur vie.

Le repli sur la métropole après l'évacuation de l'Algérie aurait dû entraîner la disparition des BMC. En réalité, trois d'entre eux ont poursuivi quelque temps leur activité sous le couvert d'une expression neutre : « centre culturel ». Le dépôt d'une plainte provoque la fermeture du dernier en 1978.

Henry DUTAILLY

BOBILLOT, sergent Jules (1860-1885). – Sous-officier du génie, héros du siège de Tuyen Quang (Tonkin), il fut cité comme exemple patriotique sous la IIIe République. Né en 1860 à Paris, dans le 11e arrondissement, Jules Bobillot est bachelier ès lettres et sciences, journaliste sous le nom de Jules Ferlay et auteur sous son propre nom d'un roman, *Une de ces dames*, et, en collaboration avec Émile Max, d'une pièce de théâtre, *Jacques Fayan* – tout cela avant son service militaire.

Affecté en novembre 1881 au 4e régiment de génie à Grenoble, il est nommé caporal en 1882, puis sergent en octobre 1883. Volontaire pour l'Indochine où il débarque le 13 mars 1884, il participe à la prise de Hong Hoa le 12 avril et à l'occupation de Tuyen Quang, au nord du delta du Tonkin, en juin. Tandis que le gros des forces françaises combat l'armée chinoise du Quang Si devant Lang Son, la garnison de Tuyen Quang (608 hommes dont 390 légionnaires et 10 sapeurs) est isolée par l'armée chinoise du Yunnan du général Liu Vinh Phuoc.

Impliqué dans le conseil de défense de Tuyen Quang, le sergent Bobillot dirige les travaux préparatoires pour renforcer le rempart d'enceinte, préparer des réserves de matériaux et créer des avant-postes. Appuyé par le commandant d'armes, le chef de bataillon Dominé, il œuvre avec ses sapeurs et le renfort des légionnaires pour construire une redoute avancée sur un point haut. Après deux mois de siège, les soldats chinois tentent le 26 janvier 1885 un assaut en force qui est repoussé. Commence alors une guerre de sape fondée sur l'emploi de mines dont le tir précède des assauts nocturnes en masse. Le rôle des six derniers sapeurs de Bobillot devient primordial pour créer des contre-sapes, préparer des fortifications temporaires pour remplacer les murs effondrés et enfin reconstruire un semblant d'enceinte fortifiée. Fin février, les mines chinoises qui ont été fortement ralenties par les contre-sapes dont l'une, au moins, a conduit à un combat souterrain, sont prêtes et les tentatives se multiplient : le 22 au matin, une mine détruit 15 m de mur reconquis au prix de plusieurs contre-attaques à la baïonnette ; le 25, un avant-poste résiste victorieusement à un contre vingt ; dans la nuit du 27 au 28, nouvelle mine sous le mur d'enceinte et nouvelle nuit de combats. Le 1er mars, le calme se fait. Le 3, une forte colonne de secours menée par le général Brière de L'Isle dégage la citadelle. Mortellement atteint à la moelle épinière vers la fin février, le sergent Bobillot est évacué sur l'hôpital d'Hanoi où il meurt le 18 mars 1885. Il fut décoré de la croix de chevalier de la Légion d'honneur qu'il aurait préférée, dit-on, à un galon d'officier.

Au cours de la décennie suivante, la figure du sergent Jules Bobillot est rendue populaire : plusieurs rues et une statue sont inaugurées ; Émile Lavisse le propose comme exemple dans son ouvrage *Tu seras soldat* (1887) et Ernest Lavisse fait de même dans son manuel scolaire, *L'Histoire de France, cours moyen* (1894).

Philippe GUYOT

• *Voir aussi* : Tuyen Quang.

BODARD, Lucien (1914-1998). – Est-il possible de distinguer, dans la vie, les déclarations et les écrits de Lucien Bodard, ce qui procède de la réalité d'une existence menée sous le signe de l'aventure nomade et ce qui vient d'un imaginaire lui aussi en perpétuel mouvement ? Lucien Bodard est né le 9 janvier 1914 en Chine, à Tchong King exactement. Son père, dans cette ville des confins indochinois, est consul de France. Il y a été envoyé par Philippe Berthelot. Par la suite, il deviendra ministre plénipotentiaire en Amérique du Sud. Mais ce n'est pas lui qui influence le plus les débuts du futur écrivain. Celui-ci est subjugué par sa mère. Elle sera la figure principale à la fois d'une partie de son destin et de plusieurs de ses romans. La Chine aussi est consubstantielle à sa vie et à son œuvre. Telles qu'il les voit, l'une et l'autre partagent les mêmes caractéristiques : elles sont sanglantes et funestes. La Chine lui inspirera de nombreux récits, fruits de reportages (*La Chine de la douceur*, 1957 ; *La Chine du cauchemar*, 1958 ; *La Chine de Tseu-Hi à Mao*, 1968), et romans historiques qui se situent dans les temps anciens ou contemporains (*La Vallée des roses*, 1977 ; *La Duchesse*, 1979). La mère sera le sujet d'une trilogie romanesque qui lui vaudra plusieurs prix littéraires : l'Interallié en 1973 pour *Monsieur le consul* et le Goncourt en 1981 pour *Anne Marie* parue après *Le Fils du consul* (1975).

Lucien Bodard est un écrivain. Mais avant d'être reconnu comme tel, il est un journaliste dont le style flamboyant élève les reportages au rang de morceaux de bravoure. Pendant la Seconde Guerre mondiale, il a été responsable d'une agence d'information. Puis il a fait partie de ceux que l'on chargea de reprendre la presse en main à la Libération. De 1945 à 1954, il est correspondant de guerre en Indochine pour *France-Soir* que dirige Pierre Lazareff. Il va de rencontre en rencontre (certains lui reprocheront par la suite d'être plus souvent au bar du Continental à Saigon que sur le terrain), accumule les impressions, les notes, les réflexions qui formeront la matière de son grand œuvre, *La Guerre d'Indochine*, publié de 1963 à 1967.

C'est un ouvrage d'ampleur tout peuplé des multiples acteurs du formidable drame dont le reporter a été le témoin, du début jusqu'à la mort du maréchal de Lattre. Parmi eux, on croise de nombreux légionnaires qui, sans constituer le sujet essentiel de l'ouvrage, animent chacune des trois grandes parties qui composent le livre et dont on se rappelle les titres, en eux-mêmes significatifs : « L'enlisement », « L'humiliation », « L'aventure ». Celle-ci se termine avec la disparition du « Roi Jean », le 11 janvier 1952.

France Marie FRÉMEAUX

Bibl. : Lucien Bodard, *La Guerre d'Indochine*, rééd. Grasset, 1997 • Olivier Weber, *Lucien Bodard, un aventurier dans le siècle*, Plon, 1997.

BOISSIEU, général Georges de (1911-1981). – Cousin d'Alain de Boissieu, gendre du général de Gaulle, le jeune saint-cyrien de la promotion « Général Mangin » (1929-1931) sert dans un bataillon de chasseurs jusqu'en 1936. L'aventure légionnaire commence pour lui à la maison mère, à Sidi-Bel-Abbès, où il apprend à commander ces rudes étrangers. Il y attend patiemment de reprendre le combat après l'intermède de la 4e DBLE, cette demi-brigade mise sur pied pour être dirigée vers le Sénégal en 1941 afin de parer à toute nouvelle tentative d'incursion anglaise. Entre décembre 1942 et mai 1945, Boissieu rattrape le temps perdu : la campagne de Tunisie au 1e régiment étranger d'infanterie de marche d'abord, celles d'Italie et de France ensuite jusqu'en Allemagne.

Reçu à l'École supérieure de guerre en 1948, il commande, à l'issue de son stage en état-major, un bataillon de l'École spéciale militaire de Saint Cyr. La voie vers les grands commandements toute tracée, il occupe différents postes à l'inspection de l'infanterie. Après Diên Biên Phu, désormais colonel, il prend le commandement du régiment du Tonkin qu'il ramène en Algérie. Il est désigné en 1958 comme chef d'état-major du général Challe à Alger alors que son jeune cousin est chef du cabinet militaire de Paul Delouvrier, délégué général du gouvernement. Boissieu, qui agit de conserve avec un autre officier de renseignement de la Légion, le lieutenant-colonel Jacquin, a toute la confiance de son chef qu'il accompagne dans le djebel au cours des grandes opérations, de « Ouarsenis » en 1959 à « Jumelles » et « Pierres précieuses » en 1960. Il est au cœur des événements qui secouent la capitale algérienne au cours de la semaine dite « des barricades » (24 janvier-1er février 1960), partage les états d'âme de nombreux officiers depuis le limogeage du général Massu. Appelé à témoigner au procès du général Challe, il impressionne le tribunal par la hauteur de ses vues sur le drame de ses camarades et de ses chefs. La dignité dont il fait preuve rappelle celle d'un autre officier de Légion, le général Saint-Hillier, lors du procès du commandant Denoix de Saint Marc. Mis à l'écart, il quitte l'armée en octobre 1965 après une promotion « réparatrice » au grade de général de brigade à la tête de la 7e brigade blindée. Georges de Boissieu laisse le souvenir d'un officier discret et distingué, aux valeurs militaires et aux qualités humaines appréciées de tous ceux qui l'ont approché.

André-Paul COMOR

BOLLARDIÈRE, général Jacques Pâris de (1907-1986). – Officier atypique qui a défrayé la chronique dès son admission à Saint-Cyr, le général de Bollardière a laissé le souvenir d'un chef de « grande classe », formule qui revient souvent dans les notes qui jalonnent sa carrière militaire. Le jeune homme de vingt ans qui, en 1927, franchit le portail de l'École spéciale militaire est déterminé à servir sans jamais transiger avec la morale enseignée par les bons pères et reçue dans sa famille profondément attachée aux valeurs du catholicisme. Entré dans la promotion « Maréchal Gallieni », il sort trois ans plus tard avec ses camarades de la « Maréchal Foch ». Car Bollardière, au tempérament de feu, exigeant, manifeste déjà des dispositions pour une certaine « contestation » qui le conduiront à se démettre plutôt que se soumettre lorsqu'il jugera que son honneur d'officier et de chrétien est en jeu.

En avril 1935, il quitte la métropole pour Sidi-Bel-Abbès où il attend sa mutation après avoir découvert à Saïda l'univers particulier de la Légion. Il connaît alors pendant cinq ans la vie du « blédard » dans le Sud marocain, dans la région d'Ouarzazate. À la déclaration de guerre, capitaine au 4e Étranger, Bollardière patiente à nouveau avant de se porter volontaire pour l'unité en partance pour la Scandinavie, cette 13e demi-brigade qui se rend célèbre par ses exploits pendant la Seconde Guerre mondiale. Sa conduite en Érythrée (avril 1941) lui vaut d'être distingué par le général de Gaulle qui le fait Compagnon de la Libération (décret en date du 23 juin 1941). Mais l'année suivante, l'échec de l'attaque du plateau d'El-Himeimat, au début de l'offensive lancée par Montgomery le 24 novembre 1942, et dont il est rendu responsable par le général Kœnig, lui coûte l'estime de la plupart de ses camarades qui, tout comme lui, avaient choisi en juin 1940 de continuer le combat en restant en Angleterre. Il quitte alors la 13e DBLE et la Légion pour de nouveaux cieux.

Devenu parachutiste, Bollardière prend sa revanche sur ses délateurs et, dans les derniers combats en Hollande en avril 1945, commande avec autorité et intelligence le 3e régiment de chasseurs parachutistes. Le jeune chef de corps se bat ensuite en Indochine à la tête de la demi-brigade parachutiste SAS (Special Air Service) et en tant que commandant des troupes aéroportées jusqu'en 1953.

Le troisième acte de sa carrière militaire se déroule en Algérie. En 1955, il crée les bérets noirs, deux brigades de commandos parachutistes d'élite qui s'illustrent dans l'Algérois en appliquant la « méthode Bollardière » : pacification par le dialogue et le contact permanent. Après son stage au Centre des hautes études militaires, il retrouve l'Algérie en août 1956. Le plus jeune des généraux – il vient de fêter son quarante-neuvième anniversaire –, au nom de sa conscience d'officier, n'hésite pas à manifester publiquement son désaccord avec les méthodes employées dans la bataille d'Alger par le général Massu. Le 27 mars 1957, il demande à être relevé de son commandement. La sanction est lourde : Bollardière est mis pour soixante jours aux arrêts de forteresse à La Courneuve. Devenu par voie de presse la conscience qui dérange, il quitte en octobre 1961 cette armée dans laquelle il ne se reconnaît plus. Ostracisé, condamné à l'exil, il n'apaise ses blessures que lorsqu'il découvre la communauté de l'Arche fondée par Lanza del Vasto. Il surmonte dès lors l'épreuve de la marginalisation, adhère aux « collectifs » qui s'opposent au projet d'extension du camp militaire du Larzac et évolue parmi les militants de la paix et antinucléaires. Il rompt définitivement ses liens avec l'armée en 1982 en refusant sa réintégration – par mesure exceptionnelle et rarissime, il avait été mis à la retraite en 1973 –, proposée en application de la loi de réhabilitation des militaires condamnés pour avoir participé au putsch d'Alger. Après qu'il s'est retiré dans sa Bretagne natale, sa disparition le 22 février 1986 passe inaperçue.

André-Paul COMOR

Bibl. : Jacques Bollardière, *Bataille d'Alger, bataille de l'homme*, Desclée de Brouwer, 1972 • André-Paul Comor, *L'Épopée de la 13e demi-brigade de Légion étrangère, 1940-1945*, Nouvelles Éditions latines, 1988 • Jean-Charles Jauffret, *Ces officiers qui ont dit non à la torture, Algérie 1954-1962*, Autrement, 2005.

BONAPARTE, famille. – Un fils et deux petits-fils de Lucien Bonaparte, frère cadet de Napoléon Ier, ont servi dans la Légion comme officiers à titre étranger.

Pierre Bonaparte est né à Rome (Italie) le 11 août 1815. Sa participation aux révolutions de Romagne et de Colombie lui fait prétendre à une admission dans l'armée française avec le grade de chef de bataillon lorsqu'il arrive en France à la faveur de la révolution de 1848. Simultanément, il est élu à l'Assemblée nationale (député de Corse) et nommé chef de bataillon à titre étranger au 2e régiment de la Légion étrangère. Il rejoint son régiment qui participe au siège de Zaatcha, y reste un mois et rentre en France. S'il n'avait été député, il aurait été déclaré déserteur. Il se retire de la vie politique après le coup d'État du 2 décembre 1851 qu'il condamne. Sa vie n'en demeure pas moins agitée. C'est ainsi qu'il tue le journaliste Victor Noir, le 10 janvier 1870, meurtre dont il sera acquitté. Pierre Bonaparte meurt à Versailles le 7 avril 1881.

Napoléon Charles, fils de Charles Lucien et petit-fils de Lucien Bonaparte, naît à Rome le 5 février 1839. Il est nommé capitaine à titre étranger le 28 octobre 1863. Admis à servir à titre français le 8 mars 1865, il est muté dans un régiment de tirailleurs. Promu chef de bataillon dans un régiment de ligne, Napoléon Charles Bonaparte participe à la guerre de 1870 puis est mis en non-activité par suppression d'emploi en 1871. Il se retire à Rome où il meurt le 11 février 1899.

Louis Napoléon, fils du marquis Roccagiovine et de Julie Bonaparte, petite-fille de Lucien, naît à Rome le 26 novembre 1851. Élève à titre étranger de l'École spéciale militaire (1869-1870) puis sous-lieutenant au régiment étranger (1870-1872), il est rappelé en Italie pour y faire son service militaire. Le sous-lieutenant Roccagiovine revient à la Légion le 17 décembre 1884, démissionne pour raison de santé le 11 novembre 1886 et meurt le 17 décembre suivant.

Enfin, le prince Louis Bonaparte, *alias* Blanchard, s'est engagé volontaire pour la durée de la guerre en 1939.

Henri DUTAILLY

• *Voir aussi* : Blanchard, prince Louis Bonaparte.
Sources : SHD-Terre, dossiers de Pierre et Napoléon Charles Bonaparte et de Louis Roccagiovine.

BÔNE. – Ancienne Hippone (ou Hippo Regius de l'époque romaine), aujourd'hui Annâba, la cité est située à 440 km à l'est d'Alger, adossée au massif de l'Edough à l'ouest du golfe Khélij El Morjane. La ville neuve est édifiée à l'abri d'un promontoire et reçoit le nom de Bona el Hadida, origine de son nom français. Dès 1831, le 6ᵉ bataillon de Légion tient garnison dans la ville conquise en 1830. En 1838 y sont créés les 4ᵉ et 5ᵉ bataillons qui formeront le 2ᵉ régiment de la Légion étrangère le 1ᵉʳ avril 1841.

André-Paul COMOR

BONELLI, capitaine Dominique (né en 1929). – Corse d'origine, Marcel, Jean-Dominique Bonelli est né à Tizi Ouzou, en Algérie, le 12 avril 1929. Admis sur titre en tant qu'élève officier de réserve en octobre, il est breveté parachutiste à Pau et nommé aspirant en mai 1951. Sous-lieutenant en octobre, il rejoint l'Afrique du Nord où il est désigné pour l'encadrement du 1ᵉʳ bataillon parachutiste de choc. Volontaire pour l'Extrême-Orient, il arrive en Indochine au début de l'année 1953 ; il est affecté au 8ᵉ groupement de commandos parachutistes au sein duquel il ne tarde pas à obtenir sa première citation. Il est de nouveau cité après avoir pris part, en juillet, au fameux raid aéroporté sur Lang Son (opération « Hirondelle »). Bonelli est nommé lieutenant en octobre 1953 alors que le 8ᵉ BPC (bataillon de parachutistes coloniaux) est engagé dans l'opération « Mouette » au sud du delta du Tonkin. En novembre, le bataillon est largué à Diên Biên Phu dans le cadre de l'opération « Castor ». Le lieutenant Bonelli est à nouveau cité à l'issue des durs combats de décembre, aux alentours de la route provinciale 41 et de la piste Pavie. Placé en réserve d'intervention au profit du camp retranché, le 8ᵉ BPC sera de tous les coups durs pendant la durée du siège. Bonelli se distingue particulièrement lors des contre-attaques lancées sur les points d'appui (PA) Dominique 2 et Éliane 1 ainsi que dans la défense du PA Opéra. Fait prisonnier le 7 mai, il va connaître la longue marche vers les camps et la captivité. Sa brillante conduite lors de la bataille de Diên Biên Phu lui vaut une quatrième citation et la Légion d'honneur.

Libéré en septembre 1954 à la suite des accords de Genève et rapatrié, il est intégré dans l'armée d'active et poursuit le combat en Algérie : il est affecté, en 1955, au 1ᵉʳ bataillon, futur 1ᵉʳ régiment étranger de parachutistes, à Zéralda. En 1958, avec ses légionnaires parachutistes, il enchaîne les opérations dans l'Est constantinois où il met à profit ses qualités manœuvrières dans un terrain difficile. Le 29 mai, il est grièvement blessé par balle. Déjà titulaire de deux citations sur le territoire algérien, il reprend le combat après sa convalescence et se distingue à nouveau en 1959 en Grande Kabylie puis, en 1960, dans l'Ouest constantinois alors qu'il occupe les fonctions de commandant d'unité. Promu au grade de capitaine en janvier 1961, il prend le commandement de la 4e compagnie. Emprisonné à l'issue du putsch du mois d'avril à Alger, il entame une nouvelle carrière dans la vie civile. Titulaire de huit citations, le capitaine Dominique Bonelli a été élevé au rang de grand officier de la Légion d'honneur en avril 2004.

Michel DAVID

BONIFACIO. – Ville du sud de la Corse, Bonifacio, bâtie sur une presqu'île que sépare de la Sardaigne un détroit, accueille en 1962 un détachement de la Légion en provenance de Sidi-Bel-Abbès. Le détachement de Légion étrangère de Bonifacio (DLEB) tient garnison au quartier Montlaur, dans la vieille citadelle datant du XVIIIe siècle (la cour de la citadelle abrite le monument aux morts provenant de Saïda). Il comprend deux compagnies d'engagés volontaires et la compagnie d'instruction des armes lourdes. Devenu groupement d'instruction de la Légion étrangère (GILE) et rattaché au 1er régiment étranger, à l'issue de la réorganisation de la Légion, il accueille le groupement opérationnel de la Légion étrangère (GOLE) qui constitue avec le groupement d'instruction de la Légion étrangère de Corte le 2e régiment étranger. En 1977, les derniers légionnaires quittent l'île de beauté pour Nîmes où le 2e régiment étranger d'infanterie en voie de formation tient garnison.

Charles RIDET

BONNECARRÈRE, Paul (1925-1977). – Cet ancien officier, né à Paris le 4 octobre 1925 et engagé volontaire en 1944 chez les chasseurs parachutistes, a choisi de célébrer la Légion étrangère. Journaliste, il est grand reporter et correspondant de guerre pour *Jours de France* pendant la guerre d'Indochine puis à Rome pour *Paris Match*. Il se consacre ensuite à la littérature et devient l'un des chantres de ces hommes qui, rejetés en tant que guerriers mercenaires par l'écrivain pacifiste Bernard Clavel, retiennent pourtant l'attention de ce dernier parce qu'ils sont des rebelles : les légionnaires. Paul Bonnecarrère est le témoin-romancier volontaire de leur épopée en Indochine (*Par le sang versé*, Fayard, 1968) puis en Algérie (*La Guerre cruelle*, Fayard, 1972).

Sa profonde conviction, il l'exprime en ces termes : « Il y a un désespoir de la monotonie, plus fort que tous les désespoirs d'amour. Un sentiment de défaite devant la richesse fantastique de la vie plus redoutable que n'importe quel châtiment. Les grandes catastrophes suspendent la médiocrité. C'est une des raisons pour lesquelles les hommes aiment la guerre. Et la Légion, c'est la guerre à l'état pur. ». Cette phrase que cite en partie Bernard Clavel quand il rédige sa *Lettre à un képi blanc*, est extraite de ce que l'on appellerait aujourd'hui la « novellisation » d'une série télévisée de Bernard Borderie sur un scénario qu'a écrit Paul Bonnecarrère : *Douze légionnaires* (Fayard, 1974). Il y met en scène une poignée d'hommes dont le combat est « la véritable vocation ». Cependant, derrière l'apparence d'une histoire de mercenaires en Afrique transparaît une approche plus intime. Car l'un de ces hommes, en Indochine, a fait partie de ceux qui ont demandé à être parachutés à Diên Biên Phu lors des derniers jours du siège. Ce qui lui est arrivé alors, Erwan Bergot le raconte aussi de son côté : le jeune soldat est tombé dans une fosse emplie de cadavres. Il a failli être englouti par les corps en décomposition et c'est l'explosion d'un obus qui l'a arraché à « leur masse visqueuse ». Depuis ce jour marqué véritablement par un voyage jusqu'aux portes de la mort, « un voile sombre recouvrait le monde. Il n'y avait plus rien de beau ». Paul Bonnecarrère célèbre l'héroïsme, mais l'aventure dans laquelle il s'inscrit n'est pas aimable.

De celle-ci, ses deux ouvrages de référence présentent un aspect encore plus sanglant. Si ses héros font la guerre et l'aiment peut-être, elle n'en est pas moins atroce ; l'écrivain ne le cache pas, au contraire. Cependant, les hommes dont il s'attache à rapporter l'existence entrecoupée d'exploits farouches se vouent au métier des armes non pas forcément par goût – ils sont avant tout fidèles à leur engagement initial, et à leurs camarades. « Par le sang versé », écrivait en 1920 Pascal Bonnetti, ils deviennent dignes de devenir français. Des auteurs tels que Jean des Vallières le rappellent souvent : cette vie qu'ils offrent, la leur, permet d'épargner celle de Français, et pour cela ils méritent qu'on les respecte. L'argument, de nos jours, peut sembler spécieux. De toute façon, en lisant Paul Bonnecarrère, on ne peut qu'estimer que le prix à payer est bien lourd. Que le sang s'échappe goutte à goutte ou bien jaillisse à gros bouillons, il coule des tortures que subissent les légionnaires en Indochine, s'ils tombent prisonniers aux mains du Viêt-minh : celui-ci cherche tout particulièrement à les capturer vivants. Les détails rapportés évoquent les narrations de Lucien Bodard, qui admet dans son autobiographie, *La Chasse à l'ours*, ce qu'il appelle « le pire en moi : une espèce de complaisance dans l'abjection ». Paul Bonnecarrère pourrait encourir un reproche similaire. Il n'empêche que ce qu'il rapporte n'est que la vérité. Celle de la guerre n'est pas forcément plaisante ; ni à vivre ni à lire. Est-elle édifiante ? L'auteur ne fait pas de morale ; il témoigne.

Sa mort survient prématurément le 4 mars 1977. On se plaît à imaginer qu'il a pu rejoindre alors, comme Bernard Clavel l'écrivait, « ses amis légionnaires au paradis des soldats inconnus ».

France Marie Frémeaux

Bibl. : Notice biographique dans Béatrice et Michel Wattel, *Qui était qui, dictionnaire biographique des Français disparus ayant marqué le xxe siècle*, J. Lafitte, 2001.

BORDEL MILITAIRE DE CAMPAGNE. – *Voir* BMC.

BORELLI, lieutenant-colonel Emmanuel Raymond de (1837-1906). – Fils d'un officier de cavalerie qui termine sa carrière général de division, Emmanuel de Borelli naît au Taillan (Gironde) le 25 décembre 1837. Admis à Saint-Cyr en 1856, il y est le camarade de promotion de Paul Grisot. Sorti dans la cavalerie, il combat en 1859 à Solferino où il est blessé. Capitaine en 1870, il fait partie de l'armée de Metz puis de celle de Versailles. Il démissionne en 1874 pour s'occuper de ses biens et commence une carrière littéraire.

Le 30 juillet 1883, Emmanuel de Borrelli est réintégré, sur sa demande, dans l'armée avec le grade de capitaine à titre étranger. Avec la Légion, il combat au Tonkin en 1884 et 1885 à la tête d'une compagnie qui participe au siège de Tuyen Quang. Sa brillante conduite dans les combats lui vaut d'être réintégré dans les cadres français. Rapatrié pour raison sanitaire en 1885, il publie son célèbre poème *À mes hommes qui sont morts*. Il est placé en non-activité pour infirmités jusqu'à sa mise à la retraite le 3 septembre 1891. Avec le grade de lieutenant-colonel, il est affecté dans l'armée territoriale de 1892 à 1904. Emmanuel de Borelli est officier de la Légion d'honneur. Il meurt le 10 mai 1906.

Henri DUTAILLY

• *Voir aussi* : Anthologie, en fin de volume.
Sources : SHD-Terre, 6Yf 57722.

BOTTAI, Giuseppe (1895-1959). – Comme beaucoup de responsables politiques ou de militaires des pays vaincus à la fin de la Seconde Guerre mondiale, Giuseppe Bottai, fasciste de la première heure, échappe au sort que lui réservaient ses compatriotes et doit son salut à la Légion étrangère qui l'« abrite » de 1944 à 1948.

Né à Rome, l'étudiant en droit s'engage dans l'armée en 1915 après l'entrée en guerre de l'Italie dans la Première Guerre mondiale. Valeureux combattant dans le corps prestigieux des Arditi, il termine la guerre avec le grade de sous-lieutenant. Actif dans le mouvement « futuriste », il fait la connaissance de Benito Mussolini et, dès mars 1919, participe activement à la création des faisceaux italiens de combat qui recrutent dans les milieux d'anciens combattants. Il se lance par ailleurs dans le journalisme politique en prenant la direction de l'organe du parti fasciste, *Il popolo d'Italia*, et se fait élire à la Chambre des députés. Après la marche sur Rome d'octobre 1922 à laquelle il participe, le jeune diplômé de la faculté de droit cumule les fonctions ministérielles et éditoriales : il crée la revue *Critica fascista* en 1923, est nommé successivement sous-secrétaire au ministère des Corporations de 1926 à 1929 et ministre de l'Éducation nationale et des Cultes au tournant des accords du Latran. Jusqu'en 1932, il met en œuvre la charte du travail et obtient la chaire de droit corporatiste créée à son intention à l'université La Sapienza de Rome. L'intellectuel, devenu gouverneur de Rome en 1935, soutient Mussolini dans l'affaire éthiopienne et accepte le poste de gouverneur à Addis-Abeba en mai 1936.

De nouveau ministre de l'Instruction publique jusqu'en février 1943, général de la Milice, et alors qu'il fait partie du cercle étroit du Grand Conseil du fascisme, il se désolidarise de Mussolini en votant le 25 juillet la motion Grandi qui met en minorité le chef de l'État fasciste. Désormais recherché par ses anciens amis politiques et par les Alliés qui libèrent Rome le 5 juin 1944, mais protégé par le Vatican, Bottai est pris en charge par le commandant Serge-Henri Parisot, officier de renseignement de la 1re division française libre (1re DFL), et autorisé à s'engager à la Légion étrangère sous le nom d'Andrea Battaglia (matricule 16377). Il sert au 1er régiment étranger de cavalerie pendant la campagne de France mais doit changer d'identité et d'unité après avoir été identifié. Le légionnaire Jacquier, de nationalité suisse, est alors versé au régiment de marche de la Légion étrangère et termine la guerre en Allemagne. Après qu'il a été amnistié en 1947, une commission de réforme décide sa libération en 1948, avant le terme de son contrat. Il revient en Italie en 1953 où il prend la direction de la revue politique *ABC*, d'obédience monarchiste. Il meurt à Rome le 9 janvier 1959.

André-Paul COMOR

Bibl. : Giuseppe Bottai, *La Légion est mon nom. Souvenirs de la Légion étrangère, 1944-1948*, Éditions Italiques, 2005.

BOU DENIB. – Au sud-sud-est de l'axe Taza-Fès-Meknès, Bou Denib reste à plusieurs titres une garnison emblématique pour la Légion étrangère, à la fois pour les combats qui accompagnent l'installation permanente de sa garnison, pour le nombre d'unités légionnaires qui y sont stationnées jusqu'aux années 1950 et pour sa localisation stratégique aux limites du « Maroc utile » : lorsque la pacification connaît des périodes difficiles, le maréchal Lyautey précise ainsi que « le *statu quo* devra être maintenu à moindres frais sur le territoire de Bou Denib ».

Dès le printemps, puis à l'automne 1908, la région est le cadre de violents combats qui se poursuivent jusqu'à la réduction de la « tache de Taza ». Les troupes françaises du général Vigy, commandant la subdivision d'Aïn-Sefra, installent un premier poste dans la ville en mai et le 1er septembre la garnison de 1 600 hommes est attaquée par près de 20 000 Marocains, mais parvient à résister jusqu'à l'arrivée de la colonne de secours du colonel Alix, venue d'Algérie. À partir de 1909-1910, les troupes, désormais commandées par le colonel Strasser puis le chef de bataillon Doury, multiplient les « tournées », les reconnaissances, les combats, en liaison avec les détachements venus de Metarka et de Béchar, jusqu'à la difficile et progressive soumission de la province après 1912, mais en 1915 le territoire ne compte encore que trois postes : Bou Anane, Gourrama et Bou Denib même. La région constitue alors un saillant dangereusement avancé de la pénétration française et échappe jusqu'en 1917 à l'autorité réelle du sultan. En outre, la sécurité des liaisons avec l'ouest du Maroc comme avec l'Algérie est très imparfaitement assurée pendant toute la Grande Guerre.

C'est également à Bou Denib, lieu de stationnement de la compagnie montée du 1er Étranger au début de la Grande Guerre, qu'est créé en avril 1916 un bataillon mixte, constitué sur la base de deux compagnies du 2e Étranger et de deux compagnies de réserve des bataillons d'Afrique. La région est durant plusieurs mois le cadre d'opérations extrêmement dures, car son contrôle permet d'empêcher la réunion de différents groupes dissidents et d'assurer la sécurité de la route de Meknès, ouverte en 1917. Le journal de marche du groupe mobile de Tadla en témoigne : « Notre avance sur la rive gauche de l'Oum Er-Rebia et la création de postes, due en majeure partie aux légionnaires, donnent au Pays zaïan une sécurité non connue depuis 1914. »

Au début des années 1920, le bourg retrouve ses troupes de garnison, et le 3e bataillon du 4e Étranger rejoint la compagnie montée, assurant la garde des débouchés sud du Moyen Atlas. En 1925, le fils du général Weygand y sert comme jeune officier et le 5e escadron du 1er régiment étranger de cavalerie y est créé en août 1929. La ville reste ainsi, jusqu'au milieu des années 1930, au cœur des engagements du Maroc, comme le confirme le monument érigé près de la place du marché avant la Seconde Guerre mondiale dédié « Aux officiers, sous-officiers et soldats morts pour la France dans les confins algéro-marocains ».

Rémy PORTE

BOUDIN, Le. – La musique de la *Marche de la Légion étrangère* a été composée par François-Nicolas Wilhem. Formé au Gymnase musical militaire et chef de musique au 53e régiment d'infanterie, il est affecté au 1er régiment étranger le 31 mai 1858. La composition, dont on dit qu'elle a été faite à partir de seize mesures issues des anciens refrains des régiments étrangers, daterait donc de la guerre de Crimée – Wilhem pourrait avoir adapté la première version chantée là-bas. Cette campagne marque le retour des armées françaises sur le théâtre d'opérations européen depuis les dernières batailles de l'Empire, retour qui se fait en musique puisque de nouveaux chants et de nouvelles marches sont créés pendant cette campagne. Les armées françaises profitent alors de l'adoption des nouveaux instruments du système Sax (du nom d'Adolphe Sax, facteur d'instruments qui met au point et fait adopter par l'armée française en 1845 des instruments à vent destinés à être joués en plein air). Leur entrée en vigueur a procuré un avantage indéniable aux musiques militaires françaises et les longs mois que dura le siège de Sébastopol fournirent de nombreuses occasions d'en faire la démonstration. Ainsi, la composition de la marche officielle de la Légion s'inscrit dans ce tournant de l'évolution des formations musicales militaires et des musiques de plein air. La partition originale du *Boudin* fut modifiée par la suite par plusieurs chefs de musique de la Légion. En 1885, M. Dœring crée un arrangement de cette marche pour les défilés qui reste la partition utilisée. C'est à tort que l'on a pu voir dans le morceau intitulé *Les Sauvages*, composé par Rameau, la source de cette marche.

Les paroles du premier couplet indiquent que le chant n'est pas antérieur aux combats de Tuyen Quang, qui eurent lieu au Tonkin entre janvier et mars 1885. En les citant en premier, l'auteur des paroles indique que celui de Camerone n'avait pas, à l'époque de la création du chant, la dimension symbolique qu'il devait acquérir par la suite. On peut y déceler une hésitation entre deux modèles de combats fondateurs : Tuyen Quang, qui est une résistance héroïque et victorieuse, contre Camerone, résistance aussi héroïque qui se termine par une reddition glorieuse. L'allusion aux Belges fait référence à la guerre de 1870. En effet, ils s'engagèrent nombreux dans la Légion à la déclaration de guerre, mais furent envoyés en Algérie pour maintenir le principe de la neutralité de la Belgique qui venait d'acquérir son indépendance. Léopold II, le roi des Belges, avait demandé que ses sujets ne combattent pas en France. Des Alsaciens-Lorrains s'engagèrent aussi après l'annexion de leurs départements.

La question de savoir si les paroles font référence à une problématique gastronomique (un plat en faveur dans la cuisine légionnaire) ou uniformologique (la toile de tente roulée sur le havresac) n'a pas été tranchée pour l'instant. Les paroles comprennent deux couplets, un refrain et deux « sonneries » qui ne sont pas systématiquement interprétées. En revanche, le 78 tours édité par Képi blanc en 1952 est le seul enregistrement du 3e couplet : « Que ce soit aux heures de Camerone, / En Indochine et Madagascar, / La Légion toujours se donne / Pour sauver l'honneur de l'étendard. » Il avait déjà été publié dans *Chansons de l'armée française* (éditions Chiron) en 1941, mais ce couplet a ensuite disparu des recueils.

Le Boudin est à la fois la marche officielle de la Légion et son chant de tradition. Il est interprété au garde-à-vous. Sa sacralisation fait oublier le côté trivial des paroles du refrain. Tout est dans le ton et le rythme, car personne n'a l'idée d'en sourire lors de son interprétation. La partition ci-après reproduit celle de l'édition 1993 du recueil officiel (page 18), sauf les sonneries.

Refrain :
Tiens, voilà du boudin, voilà du boudin, voilà du boudin,
Pour les Alsaciens, les Suisses et les Lorrains,
Pour les Belges y'en a plus, pour les Belges y'en a plus,
Ce sont des tireurs au cul.

1. Au Tonkin la Légion immortelle,
À Tuyen-Quang illustra notre drapeau,

Héros de Camerone et frères modèles,
Dormez en paix dans vos tombeaux.

Sonnerie A :
Nous sommes des dégourdis,
Nous sommes des lascars,
Des types pas ordinaires,
Nous avons souvent notre cafard,
Nous sommes des légionnaires.

2. Au cours de nos campagnes lointaines,
Affrontant la fièvre et le feu,
Oublions avec nos peines,
La mort qui nous oublie si peu,
Nous la Légion.

Sonnerie B :
Nos anciens ont su mourir,
Pour la gloire de la Légion,
Nous saurons bien tous périr,
Suivant la tradition.

Thierry BOUZARD

BOUGIE. – Ville portuaire de Kabylie en Algérie et chef-lieu de wilaya. En 1833, au début de la conquête, l'ancienne Saldae romaine (Béjaïa aujourd'hui) est occupée par les Français. En mars 1834, les Polonais du 7e bataillon de Légion dégagent la ville de l'étreinte des Kabyles avec quatre compagnies du 67e régiment d'infanterie de ligne. Elle devient alors garnison du 3e bataillon de Légion étrangère. Le 25 août 1842, le 2e bataillon du 2e Étranger repousse l'assaut de 5 000 fantassins et de 600 cavaliers au début d'un siège qui s'achève en janvier 1843. Enfin, pendant la guerre d'Algérie, à son retour d'Indochine, la 13e demi-brigade de Légion étrangère stationne provisoirement dans la ville avant de se regrouper autour de sa portion centrale entre 1959 et avril 1962.

André-Paul COMOR

BOURDIS, général Jacques (1920-2007). – Jacques Bourdis est de ces Français libres que leur affectation à la 13e demi-brigade de Légion étrangère (DBLE) a fait participer à toutes les campagnes de cette unité jusqu'à la fin du conflit à la frontière franco-italienne en mai 1945.

Né à Grenoble, dans une famille bourgeoise de souche dauphinoise, il suit des études de lettres et vient de plancher l'écrit d'entrée à Saint-Cyr lorsque le maréchal Pétain demande, le 17 juin 1940, l'arrêt des combats et les conditions d'armistice. C'est pour lui inacceptable, et il décide de poursuivre la lutte. En route pour un port de la Méditerranée, il prend connaissance de l'appel du général de Gaulle dans *Le Petit Dauphinois* et, trois jours plus tard à Montpellier, entend le troisième appel à la BBC. Le 23 juin, il s'embarque à Sète sur un cargo anglais via Gibraltar et débarque à Liverpool le 10 juillet. Il contracte aussitôt un engagement dans les Forces françaises libres (FFL) et suit la formation des élèves aspirants à Camberley. Devenu aspirant en mai 1941, il est affecté au 2e bataillon de la 13e DBLE le 1er septembre 1941, liant ainsi son destin à cette unité française libre en participant à ses grandes batailles, notamment à Bir Hakeim. Avec sa section de chenillettes, il y accomplit un exploit lors de la sortie de la position dans la nuit du 10 au 11 juin 1942 : son engin immobilisé par un tir, il continue avec deux de ses hommes d'équipage, rencontre une pièce de 75 mm tractée par un camion dont le chauffeur est grièvement blessé, le panse tandis que ses deux hommes mettent en marche le véhicule et réussit avec eux à gagner le point de rendez-vous fixé en recueillant de surcroît deux officiers britanniques.

Moins de cinq mois plus tard, il se distingue à nouveau à la tête de sa section à El-Himeimat (préliminaire de l'offensive britannique à El-Alamein) puis poursuit en Tunisie (1943), en Italie (1944) et en France, promu commandant de la 7e compagnie du 2e bataillon. Fin janvier 1945, alors qu'il contribue à repousser une contre-attaque allemande au bois d'Elsenheim, en Alsace, il est blessé par des éclats d'obus en enlevant avec ses hommes la position. À l'issue d'une convalescence de un mois, il termine la guerre dans le massif de l'Authion, bataille sévère et méconnue. C'est la fin de ses liens avec la 13e DBLE, et plus largement avec la Légion étrangère.

Fait Compagnon de la Libération (décret en date du 27 décembre 1945), il suit le général Kœnig, commandant en chef en Allemagne, comme aide de camp puis assure les liaisons avec le commandement britannique jusqu'en 1950. Après un temps de commandement, principalement en Indochine, il devient officier d'état-major à la 27e division d'infanterie puis au commandement en chef des Forces françaises en Allemagne (CCFFA). Fraîchement reçu à l'École supérieure de guerre, il participe à la guerre d'Algérie à la tête du 159e bataillon d'infanterie alpine en Kabylie de 1959 à 1961. Après deux ans passés au service d'information des armées, un poste d'attaché militaire à Athènes (1963-1966), un temps de commandement en Allemagne et un passage au Centre des hautes études militaires, il devient chef du cabinet militaire du Premier ministre Jacques Chaban-Delmas (1969-1973). Il termine sa carrière militaire comme général de corps d'armée. Membre du conseil de l'ordre de la Libération, il meurt peu après en avril 2007 à Paris.

Christine LEVISSE-TOUZÉ

Sources : Archives de l'ordre de la Libération.
Bibl. : Vladimir Trouplin, *Dictionnaire des Compagnons de la Libération*, Elytis, 2010.

BRAYER, général Michel (1813-1870). – Michel Brayer, fils du général baron Michel Brayer, est né le 7 septembre 1813 à Paris. Élève de l'École spéciale militaire de Saint-Cyr au sein de la promotion 1831-1833, il choisit l'infanterie et sert comme lieutenant au 8e régiment d'infanterie (RI) légère (1833-1837) puis au 15e RI (1837-1840). Avec son unité, il fait campagne en Afrique et participe à de nombreuses colonnes. Promu capitaine et muté au 4e bataillon de chasseurs à pied, il rentre en France en 1840. Nommé officier d'ordonnance du Roi en 1846, il est placé après la révolution de février 1848 en « non-activité par suppression d'emploi ». Cinq mois plus tard, il est réintégré et sert au 5e RI (de ligne) en Afrique puis comme chef de bataillon au 5e RI (léger) en métropole. Lieutenant-colonel au 69e RI, il embarque en mars 1854 pour la Crimée. Au cours d'une reconnaissance sous les murs de Sébastopol, en novembre 1854, il est grièvement blessé d'un coup de baïonnette au bras gauche et fait prisonnier.

Rentré de captivité au début de 1856 et promu colonel en novembre 1858, il reçoit le commandement du 1er régiment étranger (RE) qu'il conduit lors de la campagne d'Italie. Débarqué à Gênes en mai 1859, avec le 2e RE du colonel de Chabrières, il forme la brigade de Légion au sein de la 2e division (général Espinasse) du 2e corps (général de Mac-Mahon). Devant Magenta, il relance l'assaut après la mort du chef de corps du 2e RE et du général commandant la division. Franchissant la voie ferrée, il aborde les premières maisons fortifiées et bouscule les Autrichiens hors de la ville, reprenant maison par maison. Son action provoque la célèbre citation de Mac-Mahon : « La Légion est à Magenta, l'affaire est dans le sac. » Après cette campagne, le colonel Brayer quitte la Légion étrangère, en décembre 1859.

Promu général en août 1864 et nommé « comte héréditaire » par Napoléon III en 1869, il commande la 1re brigade de la 1re division du 4e corps de l'armée du Rhin lors de la déclaration de guerre. Il trouve la mort à la tête de cette unité le 16 août 1870, à Gravelotte, lors de la bataille de Rezonville alors qu'une charge de cavalerie lourde allemande est repoussée par ses fantassins. Commandeur de la Légion d'honneur (1860), le général comte Michel Brayer est cité à l'ordre du 4e corps, par le général de Ladmirault, pour avoir « intrépidement conduit ses troupes au feu les 14 et 16 août ».

Philippe Guyot

BRIGADES INTERNATIONALES. – La fin de la guerre civile espagnole jette sur les routes de l'exil des volontaires des Brigades internationales, véritable légion étrangère au service du camp républicain, dont certains rejoignent les rangs de la Légion étrangère à la déclaration de la guerre.

Les premiers brigadistes ont répondu à l'appel du Komintern, et un contingent de 650 hommes débarquait dans le port d'Alicante dès octobre 1936. On estime à 40 000 le nombre d'engagés allemands et autrichiens, italiens, slaves, anglo-saxons et francophones qui ont ainsi combattu dans des formations dont l'organisation – le regroupement par nationalités – rappelle celle de la première Légion étrangère (1831-1835). En mars 1939, les brigadistes rescapés franchissent la frontière entre la France et l'Espagne et sont regroupés dans un premier temps à Gurs, dans les environs d'Oloron-Sainte-Marie (Basses-Pyrénées), puis transférés au Vernet (Ariège) dans l'attente d'une décision du gouvernement Daladier. Trois solutions s'offrent à eux entre septembre 1939 et mai 1940 : ils peuvent être versés dans les compagnies de travailleurs étrangers mises à la disposition de l'armée jusqu'à l'armistice, signer un engagement (pour la durée de la guerre, à l'exception notable des Allemands et des Autrichiens), dans les régiments de marche de volontaires étrangers, enfin signer un engagement de cinq ans dans la Légion étrangère. Finalement, un petit nombre d'anciens brigadistes, parmi les 5 019 recensés à Gurs à la date du 23 août 1939, animés par la haine du national-socialisme et du régime fasciste, sautent le pas et s'engagent au titre de la Légion. C'est le cas du Juif polonais Joseph Epstein, fusillé au fort du mont Valérien le 11 avril 1944. Après son évasion en décembre 1940 du stalag où il était interné près de Leipzig, il poursuit la lutte contre les nazis comme chef de groupe de sabotage et de destruction des Francs-tireurs et partisans de la Main-d'œuvre immigrée (FTP-MOI). Marco Lipszyc, dit Lenoir, ancien brigadiste, est de la même trempe. Engagé à la Légion à la Valbonne en août 1939, libéré en juillet 1940, il rejoint la Résistance communiste après l'invasion de l'URSS. Responsable départemental des Francs-tireurs et partisans (FTP) en Isère, il est fusillé le 21 juillet 1944. D'autres, dans l'anonymat, vont s'illustrer dans les rangs de la France Libre au sein de la 13e demi-brigade de Légion étrangère.

André-Paul Comor

Bibl. : Jean Batou, Stéfanie Prezioso et Ami-Jacques Rapin (dir.), *Tant pis si la lutte est cruelle. Volontaires internationaux contre Franco*, Syllepse, 2008 • Claude Laharie, *Le Camp de Gurs, 1939-1945. Un aspect méconnu de l'histoire du Béarn*, Société atlantique d'impression, 1985 • Albert Ouzoulias, *Les Fils de la nuit*, Grasset, 1975.

BRILLAT-SAVARIN, colonel François Joseph Hector (1877-1969). – Entré en service comme saint-cyrien en 1895, le futur colonel Brillat-Savarin commence sa carrière comme sous-lieutenant dans l'infanterie de ligne (121e régiment d'infanterie, ou RI) en 1897, avant de rejoindre comme lieutenant en premier en 1904 le 1er régiment étranger (RE), puis le 2e RE en 1910. Il connaît alors pendant près de sept ans la vie des officiers subalternes de la Légion en Afrique du Nord, alternant construction de postes et colonnes mobiles contre les tribus insoumises (Aïn-Sfa, Beni Ouzien, Bou Denib, Moul el-Pacha, Marada, Taourirt, etc.). Nommé capitaine en décembre 1911, il est affecté au 20e bataillon de chasseurs à pied pour y prendre le commandement d'une compagnie. Blessé et fait prisonnier dès le début de la Grande Guerre (18 août 1914), il croise en particulier le capitaine de Gaulle dans son oflag puis est hospitalisé en Suisse et pris en charge par la Croix-Rouge, mais ne retrouve la France qu'en novembre 1918. Affecté comme capitaine adjudant-major au 8e bataillon de chasseurs à pied en mai 1919, il est promu chef de bataillon en décembre et rejoint le 146e RI. Il sert ensuite au 28e bataillon de chasseurs alpins, puis au 156e RI où il est nommé lieutenant-colonel en 1928. En mai 1930, il suit son régiment déplacé à Brive et désormais numéroté 126e RI, mais en juillet de la même année retrouve une affectation au sein de la Légion étrangère et passe au 3e régiment étranger d'infanterie (REI).

Il se distingue tout particulièrement à partir de l'été 1931, après avoir pris le commandement du sous-groupement de Tadla. Lors de la réduction des dernières tribus insoumises du Haut Atlas, le sous-groupement du lieutenant-colonel Brillat-Savarin est engagé sous les ordres du général de Loustal en juillet 1932 sur Afoud-Idemrane-Ilisane. En août, il commande les légionnaires et les troupes régulières à l'est du plateau des Lacs et prend le contrôle, avec les contingents zaïanes, des sommets du massif du Tassaout-n'Ouidamen contre les Aït Haddidou. Les combats durent jusqu'à la mi-septembre. Promu colonel en 1933, il participe en février-mars 1934 aux opérations contre les derniers insoumis de l'Anti-Atlas, qui voient l'engagement par le général Catroux de seize bataillons de tirailleurs, de Sénégalais et de légionnaires, dans les secteurs de Talaïnt, de Bou Dfaït, d'El-Arba et de Kasba-Talaat. Atteint par la limite d'âge de son grade en septembre 1936 et admis en retraite, il est brièvement rappelé à l'activité comme commandant du groupement de Voreppe (Ain) au début de la drôle de guerre et quitte définitivement le service actif en juillet 1940, commandeur de la Légion d'honneur et titulaire de 8 citations.

Rémy Porte

BROTHIER, général Albert (1911-2005). – Il reste dans l'histoire de la Légion étrangère le chef de corps qui a eu entre ses mains le sort des régiments étrangers au pire moment de son histoire, lors du putsch des généraux en avril 1961. Des mémoires opposées présentent ce brillant parachutiste aux éclatants états de service et aux titres de guerre exceptionnels sous des jours différents. L'historien, avant tout soucieux de rendre compte, se garde de juger à l'aune d'opinions, si estimables soient-elles. Aussi, pour brosser le portrait d'Albert Brothier, reconnu comme l'un des représentants les plus éminents de la génération des officiers de Légion formés au tournant des années 1930 et ayant marqué de leur empreinte les hommes qu'ils ont commandés de 1939 à la fin de la guerre d'Algérie, la simple énumération de ses mutations, commandements successifs et citations ne saurait suffire.

Le jeune lieutenant qui, en 1939, est affecté au 22e régiment étranger de volontaires étrangers quittera la Légion en août 1961 après avoir servi pendant près de dix-huit années. Paradoxalement, la parenthèse longue et douloureuse de la captivité dans un oflag entre sa capture à Misery (Somme) le 6 juin 1940 et sa libération en avril 1945 a préparé le futur parachutiste au commandement particulier de légionnaires d'origine germanique, ces anciens ennemis de la Wehrmacht dont il faut faire des soldats « honnêtes et fidèles » pour la défense d'une cause qui leur est totalement étrangère. Comme Segrétain, Jeanpierre, Denoix de Saint Marc, Darmuzai et autres Sergent, pour ne citer que quelques noms connus, Brothier doit se montrer ferme et juste dans sa conduite des hommes. À l'égal de ses camarades, il réussit pleinement dans une mission d'autant plus délicate qu'elle se déroule dans un contexte politique et militaire particulier, les guerres de décolonisation, et sur fond d'instabilité ministérielle caractéristique de la IVe République.

Pendant la crise qui a failli entraîner la Légion dans l'aventure politique de la révolte des généraux – ou plutôt des centurions ? –, le colonel Brothier, accusé de forfaiture par des officiers à la pointe du mouvement, quelles que fussent ses hésitations ou ses supposés atermoiements, a dû peser les conséquences d'une ingérence des légionnaires, réputés mercenaires, dans la politique de la France. Opportuniste pour certains témoins, ou tout simplement lucide et loyaliste pour d'autres, il ne s'est jamais expliqué publiquement sur ces deux journées (23 et 24 avril 1961) qui, un demi-siècle plus tard, restent une énigme pour l'historien. S'il a refusé de suivre le général Gardy, ancien inspecteur de la Légion (1958-1960) chargé par le général Challe de faire basculer le corps d'armée d'Oran, c'est pour éviter que le drame de la guerre de Syrie (1941) ne se renouvelle et afin de préserver l'unité de la Légion. Seuls, sans doute, ceux des 400 officiers et sous-officiers qui, le lundi 24 avril 1961 à 9 heures précises, réunis dans la grande salle du « Foyer du légionnaire » à la maison mère de Sidi-Bel-Abbès, ont entendu son appel à la raison, pouvaient contribuer à lever le voile sur ces heures qui ont tant compté. Par son attitude prudente, il n'a pas encouragé la majorité des régiments de la Légion à participer effectivement au *pronunciamiento*, et par là même, à l'heure des règlements de comptes, il a fait figure de légaliste. Il termine sa carrière en 1969, général de division, meurtri par l'ostracisme qu'il subit de la part de ses anciens légionnaires. Oublié, le général Brothier, retiré dans les Corbières, meurt en 2005. Plusieurs fois blessé, quatorze fois cité et élevé à la dignité de grand officier de la Légion d'honneur, il laisse le souvenir d'un homme brisé par le drame algérien, à l'égal de ses frères d'armes qui avaient choisi une autre voie.

André-Paul COMOR

• *Voir aussi* : Putsch des généraux.

Sources : Archives privées : note du général Albert Brothier sur les événements survenus à Sidi-Bel-Abbès (22-25 avril 1961), sd.

Bibl. : André-Paul Comor, « Les officiers de la Légion étrangère et la tentation politique ? », dans Jean-Charles Jauffret (dir.), *Des hommes et des femmes en guerre d'Algérie*, Autrement, 2003, p. 476-493 • Maurice Vaïsse, *Comment de Gaulle fit échouer le putsch d'Alger*, André Versaille Éditeur, 2011.

BRUCKBERGER, Raymond Léopold (1907-1998). – Né d'un père autrichien vivant en France, Raymond Bruckberger entre à vingt-deux ans dans l'ordre dominicain, au couvent de Saint-Maximin (Var), où il prend le nom de Léopold. Philosophe et directeur de la *Revue thomiste*, volontaire en 1939, il rejoint le corps franc de Joseph Darnand en mars suivant. Blessé et fait prisonnier à Chantilly, il parvient à s'évader et gagne la zone libre. Il entre ensuite dans la Résistance, connaît quelques mois de prison, échappe à une condamnation à mort. En 1944, avec l'accord du représentant du Gouvernement provisoire, il « s'autoproclame » (selon Mgr Badré) aumônier général des Forces françaises de l'intérieur à Paris. L'après-guerre le voit mener une activité intense de journaliste et de cinéaste, tandis qu'il accompagne Darnand jusqu'à son exécution et prend la défense d'un autre milicien, Jean Bassompierre. Pour ses supérieurs, c'est un motif parmi d'autres, avec ses relations mondaines et politiques, voire ses fréquentations féminines, pour éloigner le père Bruckberger, parfois vu comme un « dominicain de choc », au Sahara en 1948. Après un séjour chez les Petits Frères de Jésus, il devient aumônier de fait de la 1re compagnie saharienne portée de la Légion à Aïn-Sefra (Sud algérien) : à ce moment-là, exilé, il se dit être « fait pour la Légion et elle est exactement faite pour [lui] », il se retrouve « dans son élément ». Son intervention auprès d'un bachaga aurait permis de dénouer une crise politico-religieuse locale, épisode qui fait l'objet de son livre *Le Bachaga*. Elle lui vaut en tout cas la dignité de légionnaire d'honneur de première classe. Le dominicain poursuit son exil dans un couvent du Minnesota (États-Unis) à partir de 1950. De retour en France huit ans plus tard, détaché de son couvent, il écrit et publie beaucoup, mène une vie mondaine et traîne toujours une réputation sulfureuse, tout en étant proche de Pompidou. Il est élu à l'Académie des sciences morales et politiques en 1985.

Xavier BONIFACE

Bibl. : Mgr Jean Badré, *Un homme d'Église dans l'histoire*, Nouvelle cité, 1990 • Raymond Léopold Bruckberger, *Le Bachaga*, Flammarion, 1980.

BRUNDSAUX, général Paul (1855-1930). – Né le 4 octobre 1855 à Beaumont (Meurthe) d'un père médecin militaire, le jeune Brundsaux s'oriente rapidement vers le métier des armes et entre à l'École spéciale militaire de Saint-Cyr à dix-neuf ans. Ayant choisi de servir dans l'infanterie, il fait ses premières armes en Tunisie avant de retrouver la métropole en 1884. Promu capitaine au choix en 1887, il démissionne pour des raisons sentimentales avant de réintégrer l'armée en juillet 1888. Affecté à la Légion étrangère, il y fait ses premières armes au cours d'un séjour au Tonkin de 1889 à 1890. En 1893, il commande la 2e compagnie du bataillon de Légion désigné pour le Dahomey. Au retour de l'expédition, il est affecté au 1er bataillon de Légion de Madagascar et assure les fonctions d'adjudant-major.

Désormais officier blanchi sous le harnais, il sert dans les garnisons de Saïda (2e Étranger) et Aïn-Sefra où il commande le 5e bataillon du 1er Étranger. Il met ensuite à profit son expérience de sa première campagne lors des dernières opérations dans la « Grande Île », à Madagascar. Lieutenant-colonel en 1903, il est affecté à Perpignan au 12e régiment d'infanterie (RI). En 1906, il obtient le commandement du régiment de marche du 1er Étranger ; en 1912, après son temps de commandement au 136e RI, le général de brigade Brundsaux est nommé gouverneur de la Corse. Il commande une brigade durant la Grande Guerre, mais son état de santé l'oblige à quitter son commandement en 1916. Il meurt le 2 janvier 1930 à Bois-Colombes puis est inhumé au cimetière Saint-Pierre de Marseille.

Symbolisant aux yeux du général Rollet le légionnaire type de l'épopée coloniale qui a servi sous les ordres de Gallieni, le général Brundsaux est immortalisé par le sculpteur Henri Charles Pourquet qui utilise ses traits pour l'un des quatre gardiens du monument aux morts de la maison mère de la Légion à Sidi-Bel-Abbès puis Aubagne.

Alexis NEVIASKI

BRUNON, Jean (1895-1982). – Certainement une des plus grandes figures de collectionneur de souvenirs militaires du monde et probablement le premier d'Europe, Jean Charles Antoine Brunon est né à Marseille, le 25 octobre 1895, dans une famille de grands importateurs et industriels. Il avait commencé à collectionner les souvenirs militaires français avec son frère aîné Raoul. Pendant la Grande Guerre, celui-ci fut tué et Jean, à peine démobilisé, se détermina à poursuivre, dans le souvenir de son frère, le rassemblement des sujets rappelant les armées françaises depuis la fin du règne de Louis XIV jusqu'en 1918. Il fit partager sa passion à sa femme puis à ses enfants et y sacrifia une bonne partie d'une fortune considérable. Pendant un demi-siècle, il rassembla des milliers de pièces authentiques et constitua une bibliothèque spécialisée de 20 000 volumes réunis dans un immeuble de la rue Consolat à Marseille.

Il s'intéressait à la Légion depuis 1920, raison pour laquelle le général Rollet, en 1931, le chargea d'en publier le *Livre d'or*, qui eut quatre éditions de 1931 à 1981. Il fut fait caporal-chef d'honneur. Simultanément, il publia aussi sur les troupes coloniales, les chasseurs à pied, l'armée d'Afrique et la Grande Guerre.

En 1965, préoccupé par l'avenir de sa collection, de plus en plus à l'étroit rue Consolat, il négocia sa transmission au musée de l'Armée et la transféra, en 1967, au château de l'Empéri à Salon-de-Provence. Son fils Raoul en fut le conservateur. Bien qu'affligé de maux et presque aveugle, il suppléa à son handicap jusqu'au dernier jour grâce à une mémoire exceptionnelle. Malgré les doutes qu'on a tenté de jeter sur son désintéressement, il a servi la collection militaire plus qu'il ne se servit d'elle. Il est décédé à Fourquevaux, le 23 mai 1982.

Pierre CARLES

BUREAU DE STATISTIQUES DE LA LÉGION ÉTRANGÈRE (BSLE). – *Voir* ESPIONNAGE.

C

CABIRO, chef de bataillon Bernard (1922-1993). – Originaire de Mont-de-Marsan, Bernard Cabiro, surnommé « le Cab » par ses pairs, réussit à franchir la frontière espagnole en 1943 et à rejoindre le Maroc. Incorporé au 8e régiment de tirailleurs marocains, il débarque à Naples en novembre de la même année et participe à la campagne d'Italie. Se faisant déjà remarquer par son courage et son énergie, il est rapidement nommé caporal-chef après avoir gagné sa première citation. En décembre 1944, il entre à l'école des élèves aspirants de Cherchell (5e promotion « Rhin français »). À sa sortie, il est affecté au régiment de marche de la Légion étrangère en Extrême-Orient (RMLE-EO) en août 1945 et gagne l'Indochine en février 1946. Promu officier d'active avec le grade de sous-lieutenant en décembre de la même année, il termine ce premier séjour en Extrême-Orient au sein du 1er bataillon du 2e régiment étranger d'infanterie, avec six citations dont deux à l'ordre de l'armée. Promu lieutenant, il est fait chevalier de la Légion d'honneur en avril 1948. Le nouveau breveté parachutiste fait un second séjour en Indochine dès janvier 1949 pour prendre le commandement de la 2e compagnie du 2e bataillon étranger de parachutistes (BEP) qui vient d'être créé. Combattant alternativement au Cambodge et en Cochinchine, il se distingue tout particulièrement le 1er avril 1950 à Ba Cun par son coup d'œil et son esprit d'initiative qui permettent de redresser la situation. Pour ce fait d'armes, la 2e compagnie est citée à l'ordre de l'armée et son chef fait officier de la Légion d'honneur à titre exceptionnel.

En janvier 1951, parvenu en fin de séjour, il est promu capitaine. Il entame son prochain et dernier séjour en Extrême-Orient en juin 1953. Affecté à l'origine comme adjoint au chef de corps du 1er BEP, il ne tarde pas à prendre le commandement de la 4e compagnie lorsque le bataillon est parachuté le 21 novembre 1953 sur Diên Biên Phu. Le 5 mars 1954, en entraînant sa compagnie à l'assaut de la cote 781, il est grièvement blessé et rapatrié sanitaire en métropole. Après avoir occupé différentes fonctions en état-major, il est promu chef de bataillon et rejoint en décembre 1958 le 2e régiment étranger de parachutistes à Philippeville. Chef d'état-major puis commandant en second du régiment, il gagne trois nouvelles citations et est fait commandeur de la Légion d'honneur en août 1960. Suivant l'exemple de nombre de ses camarades parachutistes de la Légion, resté fidèle au sens de son engagement et après avoir été sollicité par les officiers pour prendre la tête du 2e REP lors du putsch d'avril 1961, il est incarcéré à la prison de la Santé et rayé des cadres de l'armée active. En 1974, il bénéficie d'une mesure prise par le nouveau président de la République, Valery Giscard d'Estaing, qui le réintègre dans son grade et le met en position de retraite. Détenteur de 18 citations, plusieurs fois blessé, grand officier de la Légion d'honneur en 1978, le commandant Cabiro porte la main du capitaine Danjou lors des cérémonies de Camerone en 1979. Figure légendaire des légionnaires parachutistes, simple et direct, il s'est toujours montré proche de ses hommes qu'il conduisait au combat avec un sens inné du commandement. Mort le 31 juillet 1993, il est inhumé dans sa ville natale.

Michel DAVID

Sources : DHPLE, JMO des 1er BEP et 2e REP.

CADRES BLANCS. – L'expression « cadres blancs » est apparue au lendemain de la Seconde Guerre mondiale. Elle désigne les sous-officiers français servant à titre français affectés à la Légion étrangère. Accroissant rapidement ses effectifs, celle-ci a besoin immédiatement de sous-officiers instruits pour encadrer les unités qui se forment alors : escadrons blindés, bataillons parachutistes, formations du génie, du matériel et du train.

En fait, dès son origine, la Légion a accueilli dans ses rangs quelques sous-officiers français servant à titre français. Les plus connus sont le futur maréchal Bazaine affecté comme sergent en 1832, le sergent-major Tonnel de la 3e compagnie à Camerone et le sergent Forey en 1884. La Première Guerre mondiale a provoqué une importante affectation, dans les régiments de marche formés en 1914, de gradés français d'active, comme les pompiers de Paris dont parle Blaise Cendrars, ou de réserve comme le sergent Édouard Daladier, futur président du Conseil des ministres.

Au cours de l'entre-deux-guerres, la Légion reçoit quelques cadres blancs qui participent à l'encadrement de ses unités de cavalerie et d'artillerie. Durant les années 1930, quelques jeunes Français strictement sélectionnés ont été engagés directement à titre français. Le commandement les prédestine à des emplois de chancelier et de comptable. L'expérience reste toutefois sans lendemain. En 1939, la création de nouveaux régiments renouvelle l'appel à des gradés français d'active ou de réserve pour les encadrer. N'en citons qu'un : Luce Coupin, sergent infirmier au 11e Étranger, qui a exalté l'héroïsme de ce régiment dans un livre de souvenirs intitulé *Vainqueurs quand même, le 11e de la Légion étrangère au feu* (1972). À noter que, servant sous identité réelle, les cadres blancs ne sont pas couverts par l'anonymat.

Henri DUTAILLY

CAFARD. – Au début du XXe siècle, le cafard est associé à la syphilis et au paludisme et reconnu comme l'une des pathologies du légionnaire. Les causes en sont connues et décrites par des médecins du service de santé qui ont livré les conclusions de leurs observations pendant le temps où ils ont servi dans l'armée d'Afrique, et à la Légion en particulier. Selon eux, le climat et les femmes des colonies expliquent le cafard qui peut toucher dans des circonstances exceptionnelles des unités isolées. La description qu'en fait Georges d'Esparbès dans *Les Mystères de la Légion étrangère* à la veille de la Première Guerre mondiale est restée célèbre. Ainsi, d'après lui, « le cafard s'engage dans la matière cérébrale, y traîne ses pattes fines, s'assouplit dans une fissure, trotte, rampe, furète, et corrompt ainsi tout l'entendement. [...] Pour le légionnaire, avoir le cafard, c'est être sous le coup d'une idée fixe et maligne, absurde le plus souvent ». Bien plus, les œuvres de fiction, reportages et Mémoires qui ont suivi se sont emparés du sujet, reprenant à loisir les points développés par cet auteur. Le docteur Bonnette précise quant à lui que « la formule de la psychonévrose coloniale est donnée par le soleil qui excite le système nerveux [...]. L'isolement, l'inaction et surtout l'ennui permettent le travail nocif de l'imagination, les idées les plus baroques ; la volonté s'effiloche et [...] le cafard ne tarde pas à apparaître chez les plus fatigués ou intoxiqués : c'est le cafard à impulsions des légionnaires » (selon les études cliniques des docteurs Huol et Voisenel). Né sous le coup d'une idée fixe, maligne et absurde, il entraîne la révolte, l'alcoolisme, l'érotisme, le délire, la désertion et plus fréquemment le suicide. Le cafard peut être communicatif en fin de campagne, au retour à la vie de garnison ou dans les postes isolés. Depuis la fin des guerres de décolonisation, les changements intervenus dans l'emploi des légionnaires et leur plus grande proximité avec la société, le cafard n'est plus qu'un sujet de conversation des anciens.

André-Paul COMOR

Bibl. : Louis Combe, *Le Soldat d'Afrique*, Paris, 1921 • Louis Dautheville, « Le "cafard", ou psychose des pays chauds », *Archives d'anthropologie criminelle, de médecine légale et de psychologie normale et pathologique*, t. XXVI, 1911, p. 5-27 • Georges d'Esparbès, *Les Mystères de la Légion étrangère*, Flammarion, 1912.

CAÏD OSMAN, Charles Jaeger, dit (1811-1863). – En quête d'aventures africaines, Charles Jaeger, un Hanovrien de vingt-trois ans, riche et de bonne famille, s'engage à la Légion en décembre 1834. L'expérience tourne court : son refus de servir en Espagne le rend à la vie civile. Un second engagement à la Légion en 1840 n'est pas plus heureux. Se rendant compte qu'il ne trouvera pas à la Légion ce qu'il y cherche, il se paie un remplaçant. Excellent cavalier, il décide en 1841 de servir à titre indigène dans les spahis réguliers d'Oran. Cela lui impose d'adopter un patronyme arabe. Celui qu'il se choisit, « Mohamed ould Caïd Osman », en fait un fils de caïd, un homme appelé à commander.

La chance sert les ambitions du nouveau spahi comme le montre la chronologie de ses six premiers mois de service : engagé le 2 octobre 1841, il obtient sa première citation le 8 novembre, la deuxième le 11 novembre. Il est nommé brigadier le 24 décembre, est promu maréchal des logis le 23 mars 1842. Un an plus tard, après une troisième citation, Mohamed ould Caïd Osman est nommé sous-lieutenant. Sa belle conduite pendant la bataille de l'Isly (14 août 1844) lui vaut de surcroît la Légion d'honneur et une quatrième citation.

De tels débuts font espérer sinon les étoiles de général, car il est trop âgé, du moins le grade de lieutenant-colonel. Sa carrière prend une tout autre orientation en dépit des campagnes qu'il fait en Algérie, en Orient, en Chine et au Mexique : il végète dix-neuf ans dans les grades de sous-lieutenant et de lieutenant pour deux raisons complémentaires. Fantasque, d'une part, il est indiscipliné au point qu'il est qualifié dans ses notes de « *condottiere* ». Ce n'est pas à un tel officier qu'on confierait le commandement d'un escadron. D'autre part, et c'est un problème d'ordre réglementaire, l'avancement des officiers à titre indigène n'est pas défini aussi clairement que celui des officiers servant à titre français. Mohamed ould Caïd Osman comprend très tard qu'il lui faut se faire naturaliser français et admettre à servir à titre français. Ce qui est obtenu le 2 août 1862 : le lieutenant Mohamed ould Caïd Osman devient le lieutenant Charles Jaeger. Blessé sous les murs de Puebla au Mexique le 25 avril 1863, il meurt le 1er mai.

Henry DUTAILLY

Sources : SHD-Terre, 5Ye 15935.

CALVI. – *Voir* 2e REP.

CAILLAUD, général Robert (1920-1995). – Robert Caillaud est admis en 1941 à l'École spéciale militaire de Saint-Cyr, alors repliée à Aix-en-Provence, et est nommé sous-lieutenant à la sortie, en décembre 1942, soit peu après l'invasion de la zone libre et la fermeture de l'École. Natif d'Aubiat, village du Puy-de-Dôme au nord de Clermont-Ferrand, il est alors versé dans les Chantiers de jeunesse de la région. En juin 1944, il rejoint l'Organisation de résistance de l'armée, et participe à l'une des opérations destinées à barrer la route à la colonne allemande qui fait retraite depuis Pau et Bordeaux. Le jeune lieutenant se fait ensuite remarquer au cours des campagnes d'Alsace et d'Allemagne au sein du 152e régiment d'infanterie (RI) rattaché à la Ire armée.

Devenu légionnaire par vocation, il sert au 2e régiment étranger d'infanterie en Indochine dès le début du conflit. Il ajoute alors quatre citations aux trois gagnées à la fin de la Seconde Guerre mondiale. N'hésitant pas à sortir des sentiers battus, il recrute des partisans indochinois avant de demander à encadrer les parachutistes du 2e bataillon étranger de parachutistes (BEP) en cours de création en Afrique du Nord. Pendant son deuxième séjour indochinois, de 1948 à 1951, il est de tous les coups durs au Cambodge, en Cochinchine, en Annam et au Laos. Après une parenthèse algérienne au 3e BEP, où il est chargé d'instruire les futurs combattants des deux bataillons parachutistes, il est de nouveau en Indochine en février 1954. Il se porte volontaire pour sauter sur Diên Biên Phu dans la nuit du 5 au 6 avril. Aux ordres du commandant Bigeard, il y organise les dernières contre-attaques. Fait prisonnier à la capitulation de la garnison française, il endure une courte captivité dans un camp du Viêtminh et est libéré le 2 septembre 1954. Après un temps de commandement au 92e RI à Clermont-Ferrand, il retrouve ses camarades au 2e REP, en Algérie, comme chef d'état-major et commandant en second, et participe aux grandes opérations du plan Challe.

Officier de Légion « à part entière », mais aussi parachutiste émérite aux qualités reconnues de ses chefs, il marque son passage à l'état-major du commandement des troupes aéroportées (TAP) de 1959 à 1961. Officier de liaison et instructeur à l'école des TAP de la Bundeswehr à Schongau pendant deux ans, il est tout désigné pour reprendre en main le 2e REP regroupé à Bou Sfer, l'un des régiments chargés d'assurer la sécurité de la base de Mers el-Kébir. Fort de son expérience opérationnelle depuis les combats de la Libération et des premières initiatives prises en Indochine, meneur d'hommes aux qualités exceptionnelles, attaché avant tout à faire de son régiment le laboratoire des forces françaises d'intervention destinées à opérer outre-mer dans le cadre de la stratégie définie après 1962, le lieutenant-colonel Caillaud se consacre à tourner la page douloureuse des guerres de décolonisation. Pendant son temps de commandement, de 1963 à 1965, le 2e REP devient polyvalent et l'instruction et la formation de spécialistes prioritaires : les directives du chef de corps rappellent les recommandations du commandant de Gaulle dans *Vers l'armée de métier*. Après un passage obligé en état-major au commandement des forces alliées du Centre-Europe, promu colonel, il retrouve les troupes aéroportées où il dirige le bureau de l'instruction avant de prendre en 1972 le commandement de l'école des TAP de Pau et de donner l'exemple aux plus jeunes en passant le brevet de chuteur opérationnel. Général à la tête de la 1re brigade parachutiste en 1975, il achève sa belle carrière comme adjoint opérationnel à la 11e division parachutiste en 1978. Derrière l'homme de guerre, digne fils de cette terre d'Auvergne qui a donné de grands chefs militaires, se cache un humaniste, un homme d'une rare modestie au grand cœur qui n'hésite pas – pendant dix longues années de tracasseries administratives – à consacrer toute son énergie à faire venir en France ses anciens subordonnés indochinois, ses « frères d'armes », appliquant à la lettre le principe cher aux officiers qui ont servi dans l'Empire français. Grand officier de la Légion d'honneur, le général de division Caillaud, titulaire de 14 citations, meurt quelques mois après avoir été honoré au quartier Vienot lors de la fête commémorative de Camerone en 1995. Il repose dans le petit cimetière d'Aubiat.

André-Paul COMOR

CAMERINI, Gustavo (1907-2001). – Fils d'un banquier italien, Gustavo Camerini est né en 1907 à Alexandrie. Il poursuit des études de droit pour devenir avocat et fait son service militaire dans l'armée italienne. À la déclaration de la Seconde Guerre mondiale, il séjourne à Paris où il contracte un engagement dans la Légion étrangère pour la durée de la guerre. En mars 1940, il fait partie des derniers affectés à la 13e demi-brigade de montagne de la Légion étrangère.

Le sous-lieutenant Camerini fait la campagne de Norvège et rallie la France Libre fin juin. Comme nombre d'officiers de la demi-brigade il prend un nom de guerre : Gustave Clarence. Nommé lieutenant en 1941, il se bat contre ses compatriotes en Érythrée, est même blessé à Massaoua. Il ne manifeste donc pas les mêmes scrupules que certains de ses camarades français lorsque le général de Gaulle décide d'engager la 1re division légère française libre dans la guerre de Syrie en juin 1941, et qui conduira à des combats fratricides. Il se bat ensuite à Bir Hakeim en mai et juin 1942, puis en Tunisie où il se distingue lors des combats du djebel Garci, le 11 mai 1943, en ramenant avec lui près de 15 prisonniers – une action d'éclat qui lui vaut de rejoindre la petite cohorte des Compagnons de la Libération (décret en date du 3 juin 1943). C'est ensuite la campagne d'Italie à la 1re compagnie du bataillon Sairigné : son unité combat dans la vallée du Liri où il est à nouveau blessé, à Pontecorvo. Il réussit à s'emparer d'une position clé devant Radicofani, ramenant prisonniers et armes automatiques. Alors qu'il est promu capitaine, la guerre s'achève pour lui : le Gouvernement provisoire de la République française recherche en effet des personnalités pour préparer le retour de la France en Italie, et il est aussitôt détaché auprès de l'ambassade française de Rome, avant d'être démobilisé à Paris à la fin de la guerre.

Rendu à la vie civile, Gustavo Camerini s'installe à Milan où il reprend son métier. Avocat à la cour d'appel de Milan et à la Cour suprême de cassation, il est également conseiller du consulat de France à Milan et membre de plusieurs organisations françaises en Italie. Il meurt à Varèse en 2001. L'homme d'une grande discrétion et d'une grande modestie appartenait à la phalange des étrangers devenus officiers de Légion par les hasards de la guerre, accepté par ses pairs français et admiré de ses hommes – il avait gagné cinq citations –, en un mot : « digne (et à la manière) des anciens » selon la devise du général Magrin-Vernerey.

André-Paul COMOR

Bibl. : André-Paul Comor, *L'Épopée de la 13e demi-brigade de Légion étrangère, 1940-1945*, Nouvelles Éditions latines, 1988 • Gustave Camerini, *Ce soir nous monterons tous au paradis*, A. Barthélemy, 2002.

CAMERONE (Camaron). – Village agricole mexicain des terres chaudes situé sur l'ancienne route royale de Veracruz à Puebla, à 65 km de la côte du golfe du Mexique. Composé d'un hameau indien et de l'ancienne hacienda de la Trinidad, il est le 30 avril 1863 le théâtre d'un combat entre une compagnie de Légion étrangère et un détachement mexicain de près de 2 000 hommes. Longtemps dénommé « Villa Tejeda », ce gros bourg a retrouvé depuis peu le nom de « Camaron de Tejeda » et abrite un mémorial dédié à ce fait d'armes.

Dans le cadre de l'intervention française au Mexique, le régiment étranger (RE) fait partie du troisième renfort de février 1863, envoyé pour donner au général Forey une brigade de réserve capable d'assurer la sécurité des lignes de communication pendant la reprise du siège de Puebla. Avec le 7e régiment de ligne et un bataillon égyptien, la Légion assure la protection des convois entre le port de Veracruz et la ville d'Orizaba. Le poste de commandement du RE est situé à Chiquihuite, avec le 1er bataillon, tandis que le 2e bataillon stationne à La Soledad. Les treize compagnies sont ainsi réparties d'ouest en est en cinq garnisons : quatre compagnies à Chiquihuite, deux au Paso del Macho, quatre à La Soledad, deux à La Loma et une à La Tejeria. Dans la partie centrale du dispositif, entre Paso del Macho et La Soledad, une portion d'itinéraire de 25 km environ est particulièrement exposée aux attaques venant du nord (région de La Joya). Des raids sont lancés par le gouverneur de Huatusco avec des troupes régulières et des unités de partisans contre les troupes françaises. Pour parer la menace qui pèse sur la chaîne logistique, le colonel Jeanningros, chef de corps du RE, organise un système d'escortes mobiles au profit des convois, avant d'installer en juin 1863 une garnison où séjournent en permanence une ou deux compagnies, renforcées par l'unité de contre-guérilla du colonel Dupin.

« Le serment ».
Fonds documentaire
du musée de l'Empéri,
Salon-de-Provence.

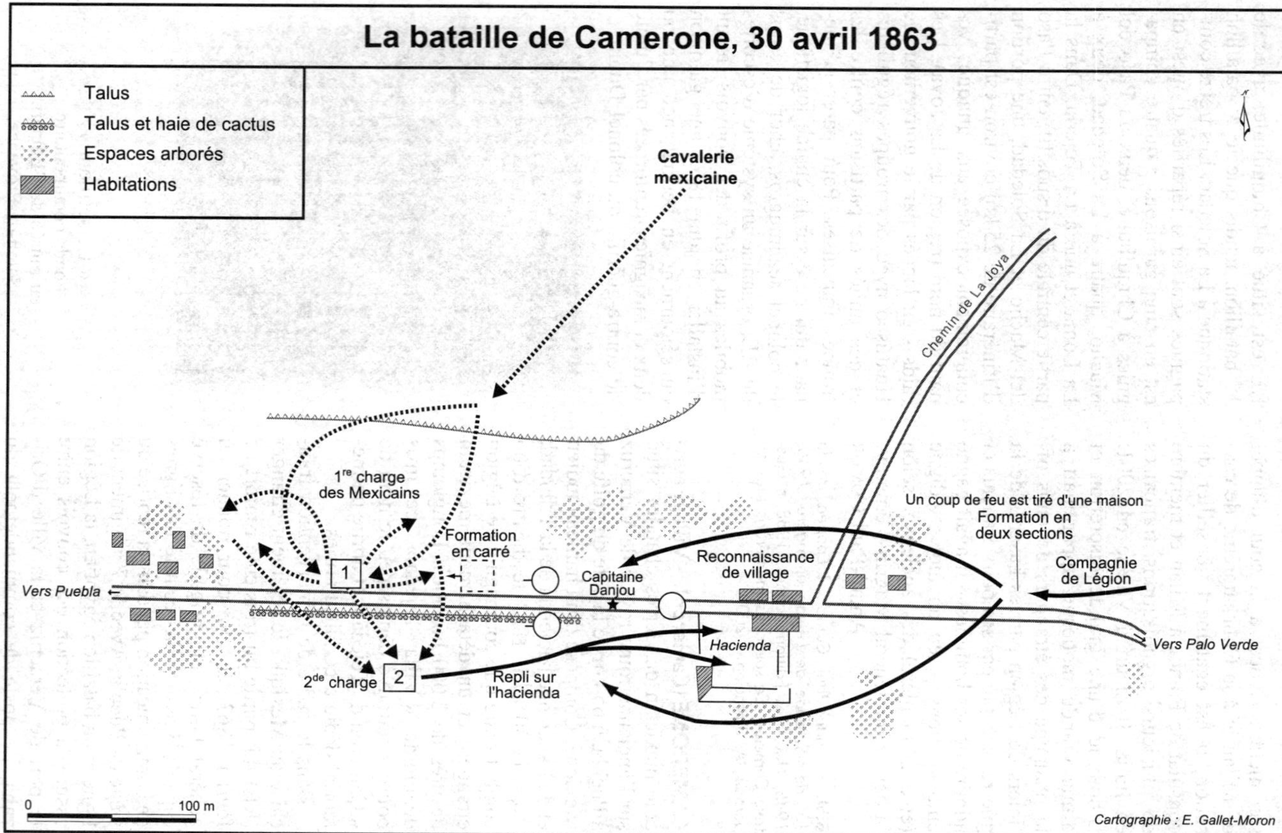
La bataille de Camerone, 30 avril 1863
Talus
Talus et haie de cactus
Espaces arborés
Habitations
Cavalerie mexicaine
Chemin de La Joya
1re charge des Mexicains
Formation en carré
Un coup de feu est tiré d'une maison
Formation en deux sections
Compagnie de Légion
Reconnaissance de village
Capitaine Danjou
Vers Puebla
Vers Palo Verde
Hacienda
2de charge
Repli sur l'hacienda
0
100 m
Cartographie : E. Gallet-Moron

Fin avril 1863, la 3e compagnie, unité de service de la place de Chiquihuite, est désignée pour remplir une de ces missions d'escorte d'un convoi en cours de formation à La Tejeria. En l'absence du capitaine Cazes, malade, elle est commandée par l'adjudant-major du 1er bataillon, le capitaine Jean Danjou. Au cours du déplacement entre Chiquihuite et La Soledad fait dans la nuit du 29 au 30 avril pour limiter les effets de la chaleur, la 3e compagnie rencontre des partisans mexicains sur le lieu-dit Palo Verde. Le capitaine Danjou décide de les poursuivre sur quelques kilomètres jusqu'au village en ruine de Camaron où il est surpris par plusieurs unités de cavalerie. Afin de fixer l'ennemi en attendant des renforts, il n'a d'autre ressource que de se replier sur l'hacienda pour mieux résister aux charges de la cavalerie mexicaine. Il déploie la compagnie dans la partie hôtellerie de l'hacienda de la Trinidad. Dans l'après-midi, l'arrivée des unités d'infanterie mexicaines fait basculer l'avantage et après un combat d'une dizaine d'heures, les trois derniers légionnaires survivants acceptent de se rendre en échange de soins pour leurs blessés et des honneurs militaires. Ce combat, connu de la Légion depuis son déroulement, est mis en valeur une première fois en 1906 sur la frontière de Chine au poste de Ta Lung par le lieutenant François, avant d'être commémoré comme la fête annuelle majeure de la Légion étrangère depuis 1931 (c'est le général Rollet, lors des fêtes du centenaire, qui en a décidé ainsi). Par tradition, la Légion célèbre ce souvenir avec le texte officiel suivant :

« L'armée française assiégeait Puebla. La légion avait reçu pour mission d'assurer, sur 120 km, la circulation et la sécurité des convois. Le colonel Jeanningros, qui commandait, apprend le 29 avril 1863, qu'un gros convoi emportant trois millions en numéraire, du matériel de siège et des munitions était en route pour Puebla. Le capitaine Danjou, son adjudant-major, le décida à envoyer au-devant du convoi une compagnie. La 3e compagnie du régiment étranger fut désignée, mais elle n'avait pas d'officiers disponibles. Le capitaine Danjou en prend lui-même le commandement et les sous-lieutenants Maudet, porte-drapeau, et Vilain, payeur, se joignent à lui volontairement.

« Le 30 avril, à 1 heure du matin, la 3e compagnie, forte de 3 officiers et 62 hommes, se met en route. Elle parcourt environ 20 km, quand, à 7 heures du matin, elle s'arrête à Palo Verde pour faire le café. À ce moment, l'ennemi se dévoile et le combat s'engage aussitôt. Le capitaine Danjou fait former le carré et, tout en battant en retraite, repousse plusieurs charges de cavalerie en infligeant à l'ennemi des premières pertes sévères.

« Arrivé à hauteur de l'auberge de Camerone, vaste bâtisse comportant une cour entourée d'un mur de 3 m de haut, il décide de s'y retrancher pour fixer l'ennemi et retarder ainsi le plus possible le moment où celui-ci pourra attaquer le convoi. Pendant que les hommes organisent à la hâte la défense de cette auberge, un officier mexicain, faisant valoir la forte supériorité du nombre, somme le capitaine Danjou de se rendre. Celui-ci fait répondre : “Nous avons des cartouches et ne nous rendrons pas.” Puis, levant la main, il jura de se défendre jusqu'à la mort et fit prêter à ses hommes le même serment. Il était 10 heures. Jusqu'à 6 heures du soir, ces 60 hommes, malgré les souffrances dues à la fatigue, la soif et la faim, résistent à 2 000 mexicains : 800 cavaliers, 1 200 fantassins.

« À midi, le capitaine Danjou est tué d'une balle en pleine poitrine. À 2 heures, le sous-lieutenant Vilain tombe, frappé d'une balle au front. À ce moment, le colonel mexicain réussit à mettre le feu à l'auberge.

« Malgré la chaleur et la fumée qui viennent augmenter leurs souffrances, les légionnaires tiennent bon, mais beaucoup d'entre eux sont frappés. À 5 heures, autour du sous-lieutenant Maudet, ne restent que 12 hommes en état de combattre. À ce moment, le colonel mexicain rassemble ses hommes et leur dit de quelle honte ils vont se couvrir s'ils n'arrivent pas à abattre cette poignée de braves (un légionnaire qui comprend l'espagnol traduit au fur et à mesure ses paroles). Les Mexicains vont donner l'assaut général par les brèches qu'ils ont réussi à ouvrir, mais auparavant le colonel Milan adresse encore une sommation au sous-lieutenant Maudet ; celui-ci la repousse avec mépris.

« L'assaut final est donné. Bientôt, il ne reste autour du sous-lieutenant Maudet que 5 hommes : le caporal Maine, les légionnaires Catteau, Wensel, Constantin et Léonard. Chacun garde une cartouche : ils ont la baïonnette au canon et, réfugiés dans un coin de la cour, le dos au mur, ils font face ; à un signal, ils déchargent leurs fusils à bout portant sur l'ennemi et se précipitent sur lui à la baïonnette. Le sous-lieutenant Maudet et deux légionnaires tombent, touchés à mort. Maine et ses deux camarades vont être massacrés quand un officier mexicain se précipite sur eux et les sauve ; il leur crie : “Rendez-vous ! — Nous nous rendrons si vous nous promettez de relever et de soigner nos blessés et si vous nous laissez nos armes.” Leurs baïonnettes restent menaçantes. “On ne refuse rien à des hommes tels que vous !” répond l'officier.

« Les 60 hommes du capitaine Danjou ont tenu jusqu'au bout leur serment ; pendant 11 heures, ils ont résisté à 2 000 Mexicains, en ont tué 300 et blessé autant. Ils ont, par leur sacrifice, en sauvant le convoi, rempli la mission qui leur avait été confiée.

« L'empereur Napoléon III décida que le nom de Camerone serait inscrit sur le drapeau du régiment étranger et que, de plus, les noms de Danjou, Vilain et Maudet seraient gravés en lettres d'or sur les murs des Invalides à Paris. En outre, un monument fut élevé en 1892 sur l'emplacement du combat. Il porte l'inscription : “Ils furent ici moins de soixante opposés à toute une armée. Sa masse les écrasa. La vie plutôt que le courage abandonna ces soldats français, le 30 avril 1863. À leur mémoire, la Patrie éleva ce monument.”

« Depuis lors, lorsque les troupes mexicaines passent devant le monument, elles présentent les armes. »

Philippe Guyot

Bibl. : André-Paul Comor, *Camerone*, Tallandier, 2012 • Pierre Sergent, *Camerone*, Fayard, 1980.

CAMPANELLA, adjudant-chef Luigi (1922-2007). – Né à Rome, parachutiste pendant la Seconde Guerre mondiale, Luigi Campanella se bat en Yougoslavie et en Sicile. Comme bon nombre d'anciens soldats italiens « sans emploi » ou internés dans des camps de prisonniers de guerre, il choisit en août 1944 de s'engager dans la Légion étrangère qui a ouvert deux postes de recrutement à Naples et Rome pendant la campagne d'Italie. Le jeune caporal part pour l'Indochine avec le régiment de marche de la Légion étrangère en Extrême-Orient rebaptisé 2e régiment étranger d'infanterie (REI) au début de la campagne. Il fait rapidement ses preuves comme chef d'équipe de voltigeurs dans une section commandée par le sous-lieutenant Cabiro, reçoit sa première citation le 26 février 1946 et ses galons de caporal-chef en octobre. Sergent (à titre exceptionnel) depuis avril 1947, il termine son premier séjour en juillet 1949 avec deux blessures, trois citations et la médaille militaire. De retour en Indochine dès le 9 novembre, il est affecté comme membre de l'équipage du train blindé *la Rafale*. Cette « bataille du rail » lui vaut une nouvelle blessure et de nouvelles citations. Sergent-chef en 1951, il patiente à Meknès au 4e REI jusqu'en décembre 1952 avant de s'embarquer à nouveau pour l'Extrême-Orient. Puis au printemps de 1956, c'est l'Algérie avec le 5e REI, où, promu adjudant, Campanella est de tous les coups durs jusqu'au cessez-le-feu du 19 mars 1962.

En 1969, l'adjudant-chef aux brillants titres de guerre fait ses adieux à la Légion et à ses frères d'armes avec le sentiment d'avoir rempli son contrat au service de sa patrie d'adoption, où il décide de finir ses jours. En 1982, selon une coutume bien établie pour la commémoration du combat de Camerone, la Légion décide d'honorer un « maréchal », et Campanella a l'honneur d'accompagner le porteur de la main du capitaine Danjou. Il meurt le 28 janvier 2007 à Soniac en Corrèze. Quatre fois blessé, titulaire de 10 citations, chevalier de la Légion d'honneur, médaillé militaire, officier de l'ordre national du Mérite, Campanella est donné en exemple aux nouvelles générations de volontaires étrangers désireux de devenir français.

Charles RIDET

CANROBERT, maréchal François Certain (1809-1895). – François Certain Canrobert a croisé trois fois la Légion au cours de sa carrière. En 1848, en particulier, il refuse le commandement du 2e régiment de la Légion étrangère qu'il estime indigne de lui. Alors qu'il est commandant d'un corps d'armée à la bataille de l'Alma, ses troupes se lancent dans un assaut désordonné. Seul, le bataillon formé de compagnies de grenadiers et de voltigeurs de la Légion qui lui a été donné en renfort manœuvre comme à la parade. Il l'en félicite ainsi : « À la bonne heure, servez d'exemple aux autres, braves légionnaires. » De 1863 à 1865, le dépôt du régiment étranger à Aix-en-Provence lui est subordonné. Il témoigne, à son égard, d'une grande et souvent injuste rigueur.

Henry DUTAILLY

Bibl. : Germain Bapst, *Le Maréchal Canrobert. Souvenir d'un siècle*, Plon, 5 vol., 1898-1900.

CANTINIÈRES ET LAVANDIÈRES. – À la Légion comme dans l'armée française, le recrutement de cantinières et de lavandières (en termes administratifs : vivandières et blanchisseuses) satisfait des exigences militaires et sociales. D'une part, il permet d'assurer l'exécution de tâches qui ne sont pas spécifiquement militaires, d'autre part, il offre aux épouses de soldats les moyens de vivre dignement. Les épouses de sous-officiers ne sont pas concernées : elles ne peuvent devenir blanchisseuses ou vivandières pour prévenir les abus d'autorité que leur mari pourrait exercer sur les hommes de troupe.

Les blanchisseuses travaillent sous le contrôle du major et de l'officier d'habillement pour nettoyer les effets entrant et sortant du magasin du corps. Les vivandières, quant à elles, en théorie une par bataillon, s'équipent à leurs frais, ce qui suppose de leur part soit une mise de fonds initiale, soit un emprunt. Elles suivent les unités en opérations. Leur commerce s'exerce sous le contrôle des capitaines adjudants-majors.

Ces femmes sont mal connues, car elles ne figurent sur aucun des contrôles nominatifs qui ont été conservés. On sait seulement par les rapports d'inspection générale que leur effectif théorique (quinze par régiment de trois bataillons) a été rarement atteint à la Légion. En 1863, au Mexique, un général inspecteur a contesté l'utilité des vivandières. Les réformes de l'armée entreprises après la guerre de 1870 ont condamné les blanchisseuses et les vivandières à disparaître.

Henry DUTAILLY

CANUDO, Ricciotto (1877-1923). – Dès le 31 juillet 1914, quelques Italiens annoncent dans la presse qu'ils veulent former un corps de volontaires qui apporteront leur contribution à la défense de la France. Ils invitent ceux-ci à se faire connaître en venant au café du Globe, boulevard de Strasbourg à Paris. Le lendemain 1er août paraît un texte plus précis. C'est un appel aux « étrangers amis de la France, qui pendant leur séjour en France, ont appris à l'aimer et à la chérir comme une seconde patrie [et] sentent le besoin impérieux de lui offrir leurs bras ». Ils sont incités à rejoindre les rangs de la Légion étrangère – dont les deux régiments habituellement stationnés hors du territoire métropolitain vont se voir attribuer des régiments de marche – comme engagés volontaires pour la durée de la guerre (EVDG), au lieu des cinq ans d'usage. Le texte est signé par une quinzaine de ces étrangers parmi lesquels l'écrivain Blaise Cendrars et le poète Ricciotto Canudo. Celui-ci n'est plus très jeune, il a trente-sept ans.

D'origine italienne, il est né en effet le 2 janvier 1877 à Gioia del Colle près de Bari. Après des études scientifiques interrompues par le service militaire et comme il est attiré par les activités littéraires, il fait paraître en 1898 son premier livre sous le pseudonyme de Karola Olga Edina. Le prénom Olga est en réalité un acronyme composé des premières lettres de sa devise : *Onore, lavoro, gloria, amore* – « honneur, travail, gloire, amour », des mots qui ne sont pas tellement éloignés d'une autre devise que l'on connaît, surtout si l'on remplace « amour » par « fidélité ». En 1902, Canudo, qui a également publié une *Ode à Verdi*, arrive à Paris. Il s'intègre rapidement à la vie artistique de la capitale et multiplie les activités : collaborateur d'une revue, rédacteur en chef d'une autre, directeur d'une troisième… Il fait paraître *Le Livre de l'évolution : l'homme, psychologie musicale des civilisations* en 1908, *La Ville sans chef* en 1910. Ami de D'Annunzio et d'Apollinaire, il est poète, essayiste, musicologue, critique de théâtre et bientôt de cinéma. Le 29 mars 1911 a lieu une projection du film italien *L'inferno*, de Francesco Bertolini. Ricciotto Canudo en profite pour employer un mot que l'on n'osait pas utiliser encore pour désigner les images animées : « art » ! Il le reprendra, ce mot, dans le titre d'une publication qu'il fonde en 1920 : la *Gazette des sept arts* puis dans un article de 1923. Le cinéma devient ainsi – avec le succès que l'on sait – le septième art.

L'inventeur du terme continue d'écrire, il fait paraître essais, pièces dramatiques et poèmes. En 1913, il a fondé une première revue, *Montjoie !*, qui bénéficie de célèbres collaborateurs (notamment Apollinaire et Cendrars) mais connaît une seule année d'existence : la guerre est déclarée. En 1914, Canudo rejoint le 4e régiment de marche du 1er Étranger, la légion garibaldienne commandée par un petit-fils de Garibaldi. Il est officier. Parmi les autres engagés de cette formation, on compte Lazare Ponticelli, dernier combattant français de la Grande Guerre, mort à cent dix ans en 2008, mais également Kurt Erich Suckert, le futur Curzio Malaparte (1898-1957) : lui aussi, italien bien que de père allemand, a rejoint les rangs de la légion garibaldienne. Canudo prend part aux combats menés en Argonne par des hommes, ses légionnaires, qui savent qu'ils vont mourir. Cette mort « certaine et générale » à laquelle ils sont voués, ce n'est plus le général de Négrier qui la promet ; elle est là cependant, à la Harazée comme à Courte-Chausse. Mais s'il évoque de nombreux épisodes meurtriers (le premier assaut du 26 décembre 1914 et le bois de la Gruerie, puis la cote 285, le bois des Islettes ou encore le ravin des Meurissons), les paysages de la forêt le retiennent également ; des paysages qui s'enfoncent dans la boue molle avec leurs arbres décapités et les pierres de la terre qui craquent comme des os. Un des soldats de sa compagnie admire le spectacle. C'est « un ancien légionnaire qui avait déserté la société civilisée à la suite de je ne sais quel crime et qui était revenu du Brésil. [...] C'est épatant, il s'écrie ». L'officier italien s'attache à ces hommes dont il écoute les chansons de route. L'une d'elles a été créée au camp des Garrigues, dans le Gard, et elle est reprise partout, même par les enfants qui ont pu l'entendre où sont passés les garibaldiens, au camp de Mailly, à Nîmes, Montélimar, Avignon ; à Bar-sur-Aube... « Admirablement cadencée sur la marche du soldat, [...] elle restera la chanson de la dernière aventure garibaldienne ». Il en donne la traduction : « Le fusil que nous portons est le paratonnerre de nous autres les soldats ; le sac que nous portons, c'est le bouclier de nous autres les soldats ; les cartouchières que nous portons sont les porte-mégots de nous autres les soldats ». Et le refrain sonne ainsi : « Ô blondine, capricieuse garibaldienne, tu es l'étoile de nous autres les soldats. »

La légion garibaldienne étant décimée puis dissoute le 5 mars 1915, lors de l'entrée en guerre de l'Italie, Ricciotto Canudo se porte volontaire pour le front d'Orient. Il part avec le 1er régiment de marche d'Afrique qui comprend un bataillon de Légion et deux bataillons de zouaves. Ayant été nommé capitaine, il commande une compagnie de ces zouaves aux Dardanelles, en Macédoine et en Serbie avant de devenir officier de liaison avec les troupes italiennes. Blessé, plusieurs fois cité, décoré de la Légion d'honneur en 1917, il est démobilisé en mars 1919. Il peut reprendre ses activités artistiques à Paris, en particulier dans le domaine de la critique cinématographique. Il publie également plusieurs récits de ses campagnes : *Combats d'Orient, Dardanelles, Salonique 1915-1916* est paru chez Hachette en 1917 et a obtenu le prix Monthyon. L'année suivante, *Mon âme pourpre : roman de la forêt et du fleuve* (La Renaissance du livre, 1918) relate les premiers combats.

Ce sont des œuvres lyriques malgré l'horreur. Ricciotto Canudo est d'abord et toujours un poète. Les opérations des Dardanelles lui ont inspiré un long récit en vers : *S.P. 503 : le poème du Vardar*. Il paraît en 1923 mais la guerre a compromis la santé de celui qui, tristement, constatait en 1917 dans un hôpital de Macédoine où il se trouvait en convalescence après sa blessure : « Je ne suis plus ce miracle qu'est un homme qui bouge. » Quelques mois après s'être marié, il meurt à Paris le 10 novembre de cette même année 1923.

France Marie FRÉMEAUX

Bibl. : Notice biographique dans Alberto Maria Ghisalberti (dir.), *Dizionario biografico degli Italiani*, Rome, Enciclopedia italiana, 1975 • Ricciotto Canudo, *Manifeste des sept arts*, Séguier, 1995 [1920] • Maffeo Charles Poinsot, *Les Volontaires étrangers au service de la France en 1914-1915*, Berger-Levrault, 1919.

CAO BANG. – Petite ville de la Haute-Région située, à vol d'oiseau, à une vingtaine de kilomètres de la frontière chinoise, Cao Bang a souvent abrité des unités de Légion étrangère. Le nom de cette localité, qui signifie « paix dominante », revient fréquemment dans l'histoire du Tonkin. En effet, elle compte parmi les principales voies d'accès à la Chine et, point de passage obligé, sa situation géographique lui confère un rôle important aussi bien sur le plan commercial que stratégique pour le contrôle de la zone frontière. Le site en lui-même est remarquable : dans un paysage de hautes collines aux sommets arrondis et couverts d'herbe à éléphant, l'agglomération s'est développée au confluent du Sông Bang Giang et du Sông Hiem, la configuration des deux rivières délimitant en cet endroit une presqu'île naturelle. Important carrefour routier, Cao Bang est traversé par la route coloniale n° 4 (RC4) qui, vers le sud-est, rejoint Lang Son et, vers le nord-est, se prolonge vers Nguyên Binh et Ha Giang. Quittant la RC4 à l'ouest de Cao Bang et descendant vers le sud, les RC3 et 3 bis permettent de rejoindre Hanoi par Bac Kan et Thaï Nguyen. Enfin, en direction du nord-est, plusieurs axes s'enfoncent vers la Chine en traversant les petites localités de Tra Linh, Trung Khan Phu ou Quang Uyên.

À l'époque de la conquête, lors de la campagne de 1885-1886, les troupes françaises se sont installées à Cao Bang d'où elles pouvaient tenir les Chinois en respect et interdire leurs intrusions au Tonkin. Vint ensuite la période de pacification durant laquelle, sous la direction éclairée de Gallieni et Lyautey, le pays fut débarrassé des bandes de pirates qui l'infestaient. Cette action valut aux troupes françaises l'amitié des minorités ethniques thô et nung qui peuplent la région. Le 1er bataillon de Légion étrangère, rattaché au 1er Étranger, tient garnison à Cao Bang en 1896. Devenu chef-lieu du 2e territoire militaire, la bourgade connaît alors un certain essor. En 1939, sa population atteint près de 5 000 habitants. La cité est dominée par une citadelle édifiée sur un promontoire à l'entrée de l'isthme et qui en verrouille l'accès. Cet ouvrage, modernisé avant guerre sur le modèle de la ligne Maginot, est une puissante place forte munie d'installations souterraines. En 1946, alors qu'ils évacuent le Tonkin après y avoir désarmé les troupes japonaises, les soldats nationalistes chinois font sauter la citadelle. Celle-ci ne sera réoccupée qu'en octobre 1947, à l'occasion de l'opération « Léa » entreprise par le général Salan pour tenter de détruire le Viêt-minh dans son réduit montagneux du Viêt Bac. Le groupement du colonel Beauffre s'étant alors emparé de Cao Bang, la citadelle est réaménagée et le petit terrain d'aviation situé à proximité est allongé pour pouvoir accueillir des avions Junker et Dakota. Le poste de commandement du 3e régiment étranger d'infanterie (REI) ne tarde pas à être établi à Cao Bang, le régiment devenant le principal gardien de la zone frontière et des axes qui la parcourent.

Lorsque le lieutenant-colonel Charton y est affecté en janvier 1949 comme commandant en second du 3e REI, le 1er bataillon occupe Bac Kan et étale ses postes le long de la RC3, le 2e bataillon est à That Khé et le 3e bataillon à Dong Khé, chacun se voyant attribuer le contrôle d'une portion de la RC4 sur laquelle le Viêt-minh poursuit ses embuscades et le harcèlement des convois. C'est au printemps de cette même année 1949 que le général Revers mène son inspection en Indochine et prescrit l'abandon des postes de la Haute-Région pour éviter la trop grande dispersion des forces et reconstituer une masse de manœuvre. En juillet et en août 1949, le commandement décide donc d'évacuer tous les postes de la

RC3 et ceux situés à l'est de la RC4 près de la frontière, mais Cao Bang et Dong Khé sont maintenus. Désormais, le sort de Cao Bang va agiter les esprits durant plus de un an, certains, tel le général Blaizot, commandant en chef, préconisant l'abandon, d'autres, tel le général Alessandri, commandant les forces terrestres, s'y opposant farouchement, la place étant selon lui la plus puissamment défendue de toute l'Indochine. Aux arguments militaires s'ajoutent des considérations politiques, les populations thôs étant favorables à la France. Successeur du général Blaizot, le général Carpentier décide dans un premier temps de conserver la place qui peut servir de premier rempart en cas d'invasion des forces communistes chinoises, lesquelles ont atteint la frontière. Cependant, face à la montée en puissance et au regain d'activité des troupes viêt-minh, l'entretien de Cao Bang impose des servitudes de plus en plus lourdes et, en septembre 1950, l'évacuation de la garnison est enfin décidée. Sous le commandement du lieutenant-colonel Charton, commandant du sous-secteur autonome depuis juillet 1950, Cao Bang est alors défendu par le 3e bataillon du 3e REI du commandant Forget et par un bataillon de partisans thô, la garnison étant renforcée par une section du génie et une section de canons de 105 mm. Par souci du secret, Charton n'est pas encore informé qu'il doit abandonner la place. Il apprend simplement qu'il est renforcé par le 3e Tabor aérotransporté et que les avions pourront évacuer la population civile lors de leur retour. Il n'apprend la véritable nature de sa mission que le 24 septembre à l'occasion d'une visite du général Alessandri. L'évacuation est finalement fixée au 3 octobre. Ce jour-là, Charton quitte Cao Bang après avoir détruit les soutes à munitions. Il s'apprête à rejoindre la colonne Lepage qui devrait l'attendre au km 22, étant loin d'imaginer alors l'issue de la bataille qui s'annonce aux abords de la RC4.

Michel DAVID

• *Voir aussi :* Route coloniale n° 4 (RC4), bataille de la.

Bibl. : Pierre Charton, *RC 4, Indochine 1950, la tragédie de l'évacuation de Cao Bang*, SPL, 1975 • Yves Gras, *Histoire de la guerre d'Indochine*, Denoël, 1992.

CAPITULATIONS (service suisse). – Pendant trois siècles, les Suisses ont envoyé volontairement des dizaines de milliers d'hommes à travers l'Europe. Ils doivent cette réussite mercenaire à leur réputation de montagnards guerriers dans un pays surpeuplé où la modicité des ressources propres pousse à l'exil temporaire, d'une part, et, d'autre part, à l'excellence de leur infanterie. Elle passe pour le modèle efficace de la tactique nouvelle des fantassins modernes : l'ordre serré en formation de combat – le fameux hérisson suisse – qui recouvre entraînement et sens de la discipline et qui vaut gage de succès face au choc de la cavalerie. Leur code militaire passera presque entièrement par la suite à la première infanterie de l'ère moderne, l'espagnole, reine des batailles de la Renaissance.

Forgé pendant leurs guerres d'indépendance, cet instrument, issu de la première phase de la révolution militaire, s'adapte ensuite à l'apparition de l'arme à feu portative. La constance de leur comportement face au binôme choc-feu fait alors de ces hommes l'article d'exportation militaire le plus prisé des puissances occidentales. Le roi de France Louis XI ne s'y trompe pas. En 1481, à la suite des victoires suisses de Granson et Morat (1476), puis de Nancy (1447) sur l'armée du duc Charles de Bourgogne, il fait appel à eux pour instruire son infanterie. De cette époque date un premier système de recrutement qui se poursuit jusqu'au règne de Louis XIV : le roi charge un capitaine suisse de lever un contingent selon certaines conditions pour la durée d'une campagne. En 1516, une capitulation (ou convention) autorise la France, moyennant le versement à chaque canton d'une somme fixée, à lever des soldats avec comme seule obligation de « servir le Roi et la France dans les ordres et la personne du Roi, considéré comme le seul et unique représentant de la nation ».

Vers 1650, le système change. Les autorités cantonales ont progressivement mis fin au système anarchique et archaïque des capitaines recrutant pour leur compte. En 1656, la Diète unifie les modalités du recrutement. Cette régulation est aussi un moyen de pression sur les autres puissances européennes qui désirent se fournir en fantassins suisses. Il s'agit de ne pas paraître trop inféodé à un seul grand commanditaire et de concilier ainsi les intérêts diplomatiques de la fédération. Les effets de la Réforme ont perturbé le jeu international et touché certaines consciences : un protestant peut-il servir un souverain catholique ?

La dernière phase voit se mettre en place le système du recrutement garanti – dit en langage du temps « avoué » – qui fait l'originalité du cas helvétique : les Suisses peuvent ainsi se considérer dans l'armée française comme des sortes d'alliés privilégiés. La procédure suivie passe d'abord par des tractations diplomatiques entre l'État souverain étranger et les autorités cantonales du bassin de recrutement ou alors le Corps helvétique s'il s'agit d'une demande portant sur plusieurs cantons. Les négociations aboutissent à la rédaction d'une capitulation qui précise les obligations réciproques : elle porte le nom du colonel responsable, définit la structure de la troupe à lever (effectifs, compagnies), la solde et le traitement des officiers. Les questions relatives à l'exercice de la justice particulière et au maintien des privilèges traditionnels complètent un dispositif complexe à la fois contrat bilatéral et traité politique qui réserve aux autorités le droit de rappel des soldats en cas de non-respect des clauses.

C'est en 1663, à l'occasion du renouvellement du traité d'alliance, que se scellent durablement les liens avec la monarchie des Bourbons. Ce système est alors définitivement réglé par les capitulations de 1671. C'est à partir de cette date qu'apparaissent les quatre premiers régiments suisses de l'armée française qui viennent rejoindre la double garde traditionnelle du souverain, celle dite « du dedans », les cent-suisses, et celle « du dehors », les gardes suisses. Un cinquième est levé pendant la guerre de Hollande en 1673 ; un sixième suit en 1677. L'année suivante, les armées françaises comptent 25 400 Suisses répartis entre les cent-suisses, les gardes suisses, les six régiments et quarante compagnies franches. En 1692, 37 000 Suisses sont au service de la France, soit 31 % de l'infanterie, ce qui correspond à un niveau record. En 1701, les 25 000 Suisses au service de Louis XIV représentent un peu moins de la moitié de l'ensemble de tous les Suisses engagés à l'extérieur de leur pays dans les États européens. Après la période de paix relative de 1715 à 1734 qui voit les régiments avoués se maintenir à effectifs réduits, le nombre de soldats remonte à 22 000 avec neuf régiments. Le dernier traité conclu entre la France et la Suisse (1764) règle sous forme d'une capitulation générale la situation de dix régiments : quatre dits « permanents » avoués par certains cantons et les six autres par le Corps helvétique dans son ensemble.

Cette politique de recrutement ne se fit pas sans difficultés. Il fallut pour la France contourner certaines stipulations interdisant aux soldats de servir contre des puissances protestantes. Ce fut le cas des Bernois pendant la guerre de Hollande : le régiment issu de ce canton ne fut pas employé contre les Provinces-Unies. Louis XIV lève alors des Suisses par simple lettre de cachet sans passer par les autorités cantonales. Lors de la guerre suivante, Berne et Zurich inspirent à la Diète une politique de levées au détriment de la France et à l'avantage des puissances réformées. Chaque fois, le pouvoir royal passe outre grâce à différents expédients : recours aux compagnies franches, sollicitation des cantons catholiques. Mais si l'influence française fut parfois contestée, les considérations purement économiques pèsent lourd face aux scrupules confessionnels. Le recrutement rapporte à tout le monde, aux cantons ainsi qu'aux officiers des corps avoués qui tiennent à garder le monopole du système. La conjoncture n'a pas préservé les Suisses des contradictions de leur politique : à Malplaquet en 1709, Suisses rouges au service de France et Suisses bleus au service de Hollande s'entretuent. Si la capitulation de 1764 n'est reconnue qu'en 1772 par les cantons protestants, c'est qu'entre-temps le pouvoir français a suspendu la livraison de sel à un canton récalcitrant.

En outre ce recrutement a un coût financier non négligeable. En 1671, la capitulation prévoit pour le mousquetaire une solde de 11 sols par jour contre 5 sols 8 deniers pour son camarade français. Il faut de surcroît prévoir des primes d'engagement élevées de 90 à 120 livres vers 1760. S'ils restent parfois en France et fondent une famille, la plupart retournent au pays vivre de leurs économies et de leur pension. Cette réintégration renforce les traditions de clientèle entre anciens ou nouveaux soldats et le groupe des officiers recruteurs. Ainsi se fortifient de véritables dynasties locales qui donnent naissance à une sorte d'aristocratie militaire attachée à considérer le régiment comme un fief familial : les Perrégaux de Neuchâtel ont fourni cinq générations au service de la France jusqu'en 1830.

Le 10 août 1792, ces sentinelles vigilantes de la pérennité monarchique se sont sacrifiées, fidèlement, et ont été massacrées. Ce n'est en fait qu'une étape dans la longue histoire du service suisse : la jeune République française les utilise à son tour.

Bernard PESCHOT

Bibl. : Pierre Carles, « Le recrutement avoué : une des clefs de la politique militaire franco-suisse sous l'Ancien Régime », *Histoire et défense. Les Cahiers de Montpellier*, II / 1992, n° 20, p. 73-81 • André Corvisier, « Une armée dans l'armée, les Suisses au service de la France », dans *Cinq siècles de relations franco-suisses. Mélanges en l'honneur de Louis-Édouard Roulet*, Neuchâtel, Éditions de la Baconnière, 1984, p. 87-98.

CARBUCCIA, général Bonaventure (1808-1854). – Bonaventure Carbuccia est une personnalité controversée. Les uns admirent son sens de l'humain, son intelligence et sa curiosité intellectuelle. Les autres, comme Saint-Arnaud, se défient de ses initiatives. Du seul point de vue de la Légion, il faut reconnaître qu'elle lui doit beaucoup. Fils d'un officier, il naît à Bastia (Haute-Corse) le 14 juillet 1808. Après avoir été élève du prytanée militaire et de Saint-Cyr, il fait partie du corps expéditionnaire qui conquiert Alger en 1830. S'intéressant aux domaines les plus variés, il rédige un cours de législation militaire, propose des modifications au règlement de l'infanterie, demande la création d'un corps de dromadaires et entreprend des fouilles archéologiques à Lambèse.

Brillant combattant, il est promu colonel à titre exceptionnel le 2 septembre 1848 et prend le commandement du 2e régiment de la Légion étrangère avec lequel il tente, vainement faute de moyens suffisants, de s'emparer de Zaatcha. Rentré en métropole, il est nommé général de brigade et commandant d'une brigade d'infanterie de l'armée de Paris. Lorsque la guerre est déclarée à la Russie, il convainc Napoléon III d'incorporer la Légion dans l'armée d'Orient. Elle y forme une brigade qui sera sous ses ordres le 7 juin 1854. La maladie et la mort interrompent ce commandement qui n'aura pas duré six semaines. Le général Carbuccia était officier de la Légion d'honneur et a été blessé deux fois.

Henry DUTAILLY

Sources : SHD-Terre, 8Yd 3268.

CASABLANCA, corps de débarquement de. – La décomposition de l'Empire chérifien à la fin du XIXe siècle réveille les ambitions du parti colonial, notamment les Oranais réunis autour de leur député, Eugène Étienne. Le 30 juillet 1907, le massacre de neuf ouvriers travaillant sur les chantiers du port, dont quatre Français, précipite l'intervention militaire de la France. Un corps expéditionnaire aux ordres du général Drude et comprenant notamment le 6e bataillon du 1er régiment étranger (RE) débarque le 7 août après un bombardement effectué par le croiseur *Galilée*. Le 6/1er RE forme par la suite, avec un bataillon du 1er régiment de tirailleurs, le 1er régiment de marche de la Chaouïa, commandé par le lieutenant-colonel Blanc. Au début du mois de septembre, le renfort des 1er et 4e bataillons du 2e RE permet de constituer le 3e régiment de marche de la Chaouïa, placé sous les ordres du lieutenant-colonel Brûlard. Les légionnaires occupent Settat à 80 km au sud de Casablanca.

Entre 1908 et 1910, la 22e compagnie montée du 2e RE tient garnison dans la ville désormais occupée par l'armée française. Le 26 septembre 1908, une tentative de désertion de légionnaires fomentée par un membre du consulat d'Allemagne provoque une crise entre la France et l'Allemagne qui est dénouée par la cour arbitrale de La Haye.

André-Paul COMOR

CASABLANCA, Maison du légionnaire de. – La présence au Maroc de nombreux anciens légionnaires retirés après leur libération incite le président de l'amicale de Casablanca, Narduzzi, à créer une institution susceptible de recueillir les retraités et pensionnés des régiments étrangers. L'intervention du général Huré, commandant supérieur des troupes au Maroc, permet de résoudre la question des locaux mis à la disposition par l'autorité militaire au camp Turpin. Le 15 mai 1936, après une longue année de négociations, la Maison du légionnaire de Casablanca ouvre enfin ses portes. L'institution sert également d'officine de recrutement aux candidats à l'engagement à la Légion qui peuvent obtenir des informations auprès de l'encadrement et des « anciens ». La disparition des amicales d'anciens légionnaires après 1956 entraîne un changement d'appellation de l'institution, désormais Maison des anciens et qui n'est plus réservée aux seuls légionnaires. En 1962, les autorités consulaires demandent l'échange de l'immeuble contre un ancien cantonnement de gardes mobiles. D'année en année, le déficit de gestion est compensé par différentes subventions venues de l'ambassade de France, des organismes relevant des anciens combattants, de la Fédération des sociétés d'anciens de la Légion étrangère (FSALE) et de la Légion d'active, qui équilibrent le budget. En 1986, l'établissement comporte vingt chambres, une salle de restauration et une infirmerie.

André-Paul COMOR

CASTELNAUDARY. – Ville de l'Aude, ancienne Sostomagus romaine, détruite par les Wisigoths et reconstruite sous le nom de Castellum Novum Arianorum. Il faut attendre la IIIe République pour qu'une garnison permanente s'installe dans la caserne Lapasset, dont la construction est achevée en 1879, et reçoive le 15e régiment d'infanterie. Depuis lors et jusqu'à nos jours, onze formations s'y succèdent, dont un hôpital. En 1976, les légionnaires du groupement d'instruction de la Légion étrangère (GILE) repliés de Corse occupent l'ancien centre mobilisateur 143. Le 4e régiment étranger (RE) remplace le GILE en 1984. Il est chargé de l'instruction de base et de la formation des cadres sous-officiers de la Légion étrangère. Depuis 1986, à l'est de la ville, au quartier Danjou, le régiment bénéficie d'installations fonctionnelles, particulièrement bien adaptées à l'« école de la Légion ». Le Lauragais, au pied des Pyrénées, est également un grand terrain d'exercice et d'épreuves d'endurance destinées à préparer le jeune engagé volontaire.

André-Paul COMOR

CATROUX, général Georges (1877-1969). – Fils d'un officier de carrière sorti du rang et d'une mère d'origine italienne, Georges Catroux perpétue la tradition paternelle en embrassant la carrière des armes. À la sortie de Saint-Cyr en 1896, après un temps dans les chasseurs à pied, il choisit l'Algérie et la Légion étrangère. Il sert au 2e régiment étranger de 1900 à 1903 à Saïda, deuxième centre après Sidi-Bel-Abbès, s'adaptant à la dure école du service de troupe faisant de lui un officier de l'armée d'Afrique rompu à l'exercice de son métier. Participant aux opérations de pacification du Sud oranais présaharien, il approche le père de Foucauld, rencontre enrichissante sur le plan intellectuel. Il réfléchit aux mœurs et aux coutumes de l'islam, allant même jusqu'à apprendre l'arabe dialectal pour mieux comprendre les mentalités. Il se rapproche des milieux oranais en épousant en 1902 Marie Perez, fille d'un ancien édile, dont il a deux enfants.

Volontaire pour l'Indochine, il arrive à Hanoi avec sa jeune épouse et, versé au 2e régiment étranger, participe aux opérations de nettoyage dans le haut Tonkin où il lui faut négocier avec des populations à peine soumises. Son séjour se prolonge avec une affectation au bureau militaire du gouverneur général Paul Beau, qui apprécie les qualités de « cet officier distingué ». Il acquiert une sérieuse connaissance des problèmes indochinois, fort utile trente-quatre ans plus tard, ainsi qu'une maturation intellectuelle sur la question coloniale que sa rencontre ultérieure avec le général Lyautey affine. Il retrouve l'Algérie à sa demande, affecté au 2e Zouaves à Saïda en février 1906, en pleine crise marocaine. S'ensuit une cascade d'affectations : il participe en 1907 à l'occupation d'Oujda à la tête du 2e régiment étranger sous les ordres de Lyautey puis aux opérations visant à la soumission de tribus dans la région présaharienne. Formé à l'école de Lyautey, il en médite les principes dans les bureaux de l'administration algérienne et forge sa conception du rôle de la puissance coloniale. Commandant le 2e régiment de tirailleurs algériens engagé dans la bataille de la Marne et dans celle pour Arras, il y est blessé et fait prisonnier en octobre 1914. Après trois évasions manquées, il partage au fort IX d'Ingolstadt (Bavière) la cellule du capitaine de Gaulle, de treize ans son cadet, qui le fascine par son intelligence et sa culture.

Libéré, il sert essentiellement outre-mer entre les deux guerres, pour une grande part en Syrie où il contribue à asseoir l'administration et le mandat français tout en ralliant les Druzes, puis au Maroc à la demande de Lyautey qui lui confie la direction du 2e Bureau pour participer à la campagne du Rif. De retour au Levant auprès du haut-commissaire Henri de Jouvenel, il prône en vain l'indépendance revendiquée par la Syrie et le Liban. De retour en Afrique du Nord en 1927 à la tête du 6e régiment de tirailleurs algériens à Tlemcen, il est chargé du territoire d'Aïn-Sefra en 1930 puis de la région de Marrakech. Après un intermède de un an à la 14e division d'infanterie de Mulhouse, il commande le 19e corps d'armée à Alger.

À la veille de la guerre, Georges Mandel le nomme gouverneur général d'Indochine avec mission de maintenir la frontière tonkino-chinoise libre, les forces japonaises ayant bloqué les côtes chinoises. En juin 1940, le général Catroux manifeste son exaspération au gouvernement de Bordeaux dont les ordres de refuser l'occupation japonaise en faisant diversion sur la Chine sont inapplicables et incohérents. Hostile à l'armistice, dès qu'il a connaissance de l'appel du général de Gaulle il lui fait parvenir par son fils René, à Londres, un message de sympathie parce qu'il approuve ce geste héroïque et justifié. Général républicain, il réprouve le gouvernement du maréchal Pétain dont il conteste la légalité dans un pays pour partie occupé et condamne la Révolution nationale. Remplacé par l'amiral Decoux, Catroux, faute de moyens pour entraîner la péninsule dans la dissidence, décide de rallier de Gaulle sans se soucier des grades (il place ses cinq étoiles aux ordres des deux étoiles de ce dernier). Alors qu'il est arrivé à Londres le 17 septembre, Churchill, profitant de l'expédition de Dakar qui retient de Gaulle, lui propose de prendre la tête de la France Libre. Catroux refuse, car « il s'était mis sans conditions à la disposition du général de Gaulle. Je lui reconnaissais la primauté sur tous les Français, écrit-il, et j'agirais en conséquence ». Son acte de foi est un geste politique fort. Anticonformiste, il place la France au-dessus des contingences hiérarchiques, ce qui lui vaut le 10 avril 1941 d'être condamné à mort par Vichy. Pour lui, de Gaulle, qui a déjà rallié à la cause des territoires d'Afrique noire et de l'outre-mer, est le promoteur d'une France qui combat et maintient haut les couleurs nationales.

Le 18 octobre à l'aérodrome de Fort-Lamy, il aborde le Général « les talons joints », parce qu'il est son chef, celui qui tient depuis le 18 juin les tronçons du glaive de la France. Membre du Conseil de défense de l'Empire, délégué permanent au Caire, faute d'un accord avec le haut-commissaire de Vichy au Levant, il pousse à l'intervention anglo-française en Syrie. À l'issue de la guerre fratricide, il est nommé haut-commissaire au Levant où il s'évertue dans cet Orient compliqué à conduire une politique libérale conduisant à l'indépendance tout en préservant l'influence de la France. Entre-temps, de Gaulle récompense son frère d'armes en le faisant Compagnon de la Libération (décret en date du 23 juin 1941). Leurs relations toutefois n'ont pas été unanimement sereines, notamment lorsque à partir de la fin 1942 Catroux devient le négociateur entre de Gaulle et le général Giraud pour sceller l'entente. En effet, il est le seul officier général capable de traiter d'égal à égal avec Giraud, commandant civil et militaire de l'Afrique du Nord en guerre et soucieux de son rang, et ses talents de diplomate ont eu raison de De Gaulle, non sans heurts, puisqu'il obtient le principe d'une dyarchie avec la mise sur pied du Comité français de la Libération nationale le 3 juin 1943. Il cumule dès lors les fonctions de commissaire d'État aux Affaires musulmanes puis de gouverneur général de l'Algérie. Disciple de Lyautey, cet officier libéral conscient des mutations imposées par la guerre suscite les premières réformes en Algérie en août 1943 puis l'ordonnance du 7 mars 1944 accordant la citoyenneté française à 65 000 musulmans. Entretemps, son implication dans les affaires de Syrie et du Liban permet de surmonter la crise.

En septembre 1944, ses fonctions sont étendues à l'ensemble de l'Afrique du Nord. Peu après, il est le premier ambassadeur du Gouvernement provisoire à Moscou, poste qu'il occupe jusqu'en 1948. Puis le gouvernement recourt à ses services pour négocier en 1955 le retour d'exil du sultan du Maroc Mohammed Ben Youssef. Un an plus tard, il ne peut prendre son poste de ministre résident dans le cabinet de Guy Mollet à cause de l'opposition de la population européenne d'Algérie. Grand chancelier de la Légion d'honneur, il remet le 5 janvier 1959 le collier de grand maître de l'Ordre au président de la République, son camarade de combat, Charles de Gaulle.

Christine LEVISSE-TOUZÉ

Bibl. : Georges Catroux, *Dans la bataille de la Méditerranée. Égypte, Levant, Afrique du Nord, 1940-1944. Témoignages et commentaires*, Julliard, 1949 • Jean Delmas, notice « Catroux » dans François Marcot (dir.), *Dictionnaire historique de la Résistance*, Robert Laffont, coll. « Bouquins », 2006 • Henri Lerner, *Catroux*, Albin Michel, 1990 • *Id.*, notice « Catroux » dans François Broche, Georges Caïtucoli, Jean-François Muracciole (dir.), *Dictionnaire de la France Libre*, Robert Laffont, coll. « Bouquins », 2010.

CAZAUD, général Alfred (1893-1970). – Enfant de troupe, né à Montferrier dans l'Ariège, Alfred Cazaud se destine très tôt à la carrière des armes. En 1911, il s'engage à Narbonne comme simple soldat au 14e régiment d'infanterie (RI). Il est sergent lorsqu'il est admis à l'école d'officiers de Saint-Maixent d'où il sort aspirant au moment où la guerre éclate (8 août 1914). Rapidement promu au grade de lieutenant, il commande une compagnie du 30e RI pendant le conflit et est cité deux fois à l'ordre de l'armée et une fois à l'ordre de son régiment avant d'être blessé, en avril 1918, au mont Kemmel, par un éclat d'obus. Capitaine à la fin de la guerre, il revient à Saint-Maixent (1919) pour y parfaire sa formation d'officier, puis sert en Afrique du Nord. Il est promu chef de bataillon (1934) avant d'être versé à la Légion étrangère à la veille du second conflit mondial (1938).

Au printemps 1940, il fait partie du corps expéditionnaire envoyé en Norvège et, après le combat de Narvik, est rapatrié en Grande-Bretagne avec la 13e demi-brigade de Légion étrangère (DBLE) dont il est chef d'état-major sous les ordres du général Magrin-Vernerey, *alias* Monclar. Le 1er juillet 1940, au camp de Trentham Park, il fait partie du petit millier de légionnaires (parmi lesquels la majorité des officiers du 2e bataillon) qui rallient la France Libre. Promu lieutenant-colonel, il participe à l'opération « Menace » contre Dakar et prend le commandement de la 13e DBLE. Puis c'est la campagne d'Érythrée (début 1941), à laquelle il participe à la tête du 1er groupement qui, au sein de la brigade française d'Orient du général Monclar, regroupe le 1er bataillon de Légion étrangère et la 3e compagnie du bataillon d'infanterie de marine (BIM). Le 1er mars 1941, il est à nouveau blessé par un éclat de mortier à l'Engiahat en même temps que le capitaine Saint-Hillier. Rapidement rétabli, il se distingue à nouveau à Keren, Asmara et Massaoua où, aidé par les troupes hindoues, il capture plusieurs centaines d'Italiens. Un mois plus tard, en prenant les forts Moncullo, Victor-Emmanuel et Umberto, la 13e DBLE qu'il commande obtient la reddition de plusieurs milliers de soldats italiens mais aussi, et surtout, de 500 officiers et du commandant en chef de ces troupes. Vient ensuite la campagne de Syrie (juin 1941) où il commande la 1re brigade d'infanterie (13e DBLE, bataillons de marche no 1 et 2 – BM1 et 2) de la 1re division légère française libre aux ordres du général Legentilhomme, tandis que le lieutenant-colonel Génin (qui trouvera la mort dans les combats) commande la 2e brigade (BM1, BM3 et BM4).

Au terme de la campagne, Cazaud est nommé colonel et placé à la tête du commandement du Liban (septembre 1941), laissant celui de la « 13 » au lieutenant-colonel Amilakvari. En octobre 1941, il est promu général de brigade, ce que le très vichyste tribunal militaire d'Oran fête à sa façon, en décembre, en le condamnant à la peine de mort et à la dégradation militaire par contumace. À ce moment, alors que Legentilhomme gagne Londres et transmet le commandement à Larminat, les Forces françaises libres (FFL) du Moyen-Orient font l'objet d'un profond remaniement et sont divisées en deux divisions légères de la France Libre (DLFL). Cette mutation comporte une part de « bluff », les 7 000 hommes des DLFL étant loin de former l'effectif théorique de deux divisions ; aussi ces deux « divisions » seront-elles rapidement rebaptisées brigades (1re et 2e BFL). Le général Cazaud prend alors le commandement de la seconde (la première échoit au général Kœnig) qui est essentiellement composée de forces d'infanterie (BM1, 11, 3 et 1er BLE de Bollardière), ce qui la rend peu mobile. Aussi, malgré les efforts de son chef, cette 2e BFL (à la différence de la 1re qui investit le camp de Bir Hakeim en février 1942), faute de matériel, reste-t-elle de longs mois cantonnée dans des casernements étalés de l'Égypte au Levant (le 1er BLE est à Alep, par exemple). En mars 1942, elle est enfin regroupée par les Britanniques à Marsa-Matrouh, mais pour une mission largement statique – la défense de la passe d'Halfaya puis de l'aérodrome de Gambut –, avant d'être de nouveau éparpillée en petits paquets. De ce fait, la brigade reste éloignée des combats de Bir Hakeim et de l'essentiel de la campagne de Libye.

En août 1942, Cazaud abandonne la 2e brigade pour prendre le commandement, jusqu'en février 1945, des troupes du Liban ainsi que de la division côtière. En mars 1945, il quitte le Levant pour prendre la tête de la 36e division d'infanterie. Avec le grade de général de division, il participe avec elle, jusqu'en juin 1946, à l'occupation de l'Allemagne. À cette date, il demande à passer dans le cadre de réserve, mettant un terme à sa brillante carrière militaire. Il se retire dans le Tarn où il mourra, le 5 avril 1970, dans le village de Rigautou.

Le général Cazaud est grand officier de la Légion d'honneur, Compagnon de la Libération (décret en date du 23 juin 1941) et, distinction très rare, titulaire de la croix de guerre pour les deux conflits mondiaux (1914-1918, 4 citations ; 1939-1945, 3 citations). Il est également Commander of the British Empire.

Jean-François MURACCIOLE

Sources : Archives de l'ordre de la Libération.

Bibl. : André-Paul Comor, *L'Épopée de la 13e demi-brigade de Légion étrangère, 1940-1945*, Nouvelles Éditions latines, 1988 • Yves

Gras, *La 1re DFL, les Français libres au combat*, Presses de la Cité, 1983 • Jean-Christophe Notin, *1 061 Compagnons, histoire des Compagnons de la Libération*, Perrin, 2000.

CEINTURE BLEUE. – *Voir* UNIFORME.

CENDRARS, Blaise (1887-1961). – « C'est une famille bath. Le vieux Grêlé a un théâtre. Et il y a trois filles. Les Trois Marie qu'on les appelle. Leur frère était avec moi à la Légion étrangère. » Ce camarade qu'évoque ainsi Blaise Cendrars qui se promène au mois d'octobre 1923 dans le marché aux puces de Kremlin-Bicêtre avec son ami le peintre Fernand Léger, se nomme Sawo. Ses sœurs, les « Trois Marie », rappellent les saintes femmes Marie-Jacobé, Marie-Salomé et Marie-Madeleine. Après la crucifixion du Christ, elles ont abordé les rivages de la Camargue avec leur servante Sarah la Bohémienne. Comme cette dernière, Sawo est un gitan ; non pas un « Transylvanien » ni un « Roumani » mais un « gitane », écrit l'auteur, comme on prononce le mot dans le Midi. Blaise Cendrars parle de lui, longuement, dans plusieurs de ses livres et particulièrement *L'Homme foudroyé*, d'où la citation est extraite. Il en fait un archétype des légionnaires qu'il a côtoyés durant la Première Guerre mondiale : « C'était le plus cher de mes légionnaires, le plus hardi. » Car le poète-écrivain, créateur, comme Guillaume Apollinaire, de la modernité littéraire, est également un ancien combattant de la Grande Guerre qu'il a faite au sein de la Légion étrangère.

Blaise Cendrars, c'est-à-dire Frédéric Louis Sauser, est né à La Chaux-de-Fonds, en Suisse, le 1er septembre 1887. Son enfance est marquée par les voyages qu'il fait d'abord avec ses parents principalement en Italie, au gré des affaires généralement infructueuses qu'invente le père. Après des études médiocres, ayant suivi une petite formation commerciale, il est embauché par un joaillier suisse qu'il accompagne à Saint-Pétersbourg. Là, il assiste aux journées révolutionnaires de 1905 qu'il évoquera dans *Moravagine* en 1926. Cette expérience professionnelle est de courte durée. Il continue à chercher sa voie au cours de nombreux déplacements en Europe et aux États-Unis. En 1912 il revient à Paris. Le 16 septembre 1914, il épouse Félicie Poznanska dite Féla, d'origine russo-polonaise.

Si Blaise Cendrars ne parvient pas à se fixer, il suit pourtant sa vocation : il écrit. Il compose des textes de commande mais aussi de la poésie. À Guillaume Apollinaire, il envoie une plaquette de vers : *Les Pâques à New York* (1912), dont son confrère sera peut-être un peu jaloux. Et en 1917, il trouvera l'occasion d'associer le nom de Cendrars à certains peintres (légionnaires pendant la guerre) avec qui il se brouille alors qu'ils étaient de ses amis : Lipschitz, Kisling… Il les accuse de constituer « une bande de pifs » ! Fréquentant effectivement les milieux picturaux, Cendrars réalise en 1913 – avec l'artiste peintre Sonia Delaunay – *La Prose du Transsibérien et de la petite Jeanne de France*, qualifiée de « premier livre simultané » parce que les vers et leur illustration colorée sont présentés simultanément sur une même longue feuille qui se déplie comme une carte routière. Ce livre, il l'expose le 24 février 1914 dans les locaux de la revue culturelle *Montjoie !* que dirige Ricciotto Canudo. En compagnie de ce dernier, cinq mois et quelques jours plus tard, il signe l'appel aux étrangers amis de la France. Car la guerre est arrivée.

Le 8 septembre 1914, Frédéric Louis Sauser-Blaise Cendrars est affecté comme soldat de 2e classe au régiment de marche de la Légion étrangère du camp retranché de Paris, soit, dans sa désignation définitive, le 3e régiment de marche du 1er régiment de la Légion étrangère et, après la dissolution de celui-ci en juillet 1915, au régiment de marche de la Légion étrangère (le RMLE). Nommé caporal le 12 juin 1915, il participe aux combats en Artois après avoir été dans la Somme. Il se trouve à Souchez, Vimy, Notre-Dame-de-Lorette. Il est présent à l'attaque de la ferme Navarin en Champagne. C'est là, le 28 septembre 1915, qu'un projectile lui fracasse le bras droit alors qu'il monte à l'assaut, dit-on, de la « tranchée de la Kultur ». Le lendemain, on doit l'amputer au-dessus du coude. Il perd la main qui lui permettait d'écrire.

Cette mutilation creuse une faille profonde non seulement dans sa vie, mais dans son œuvre : il va bientôt cesser d'être un poète (du moins au sens strict) pour développer une autre sorte d'écriture qui se place entre le roman et le témoignage sans quitter vraiment le domaine poétique : une œuvre étrange, envoûtante dans laquelle les voyages, le dépaysement, l'exotisme, la surprise des horizons nouveaux et celle des rencontres inhabituelles tiennent une place prépondérante. Cependant les deux premiers textes de l'après-blessure concernent encore directement la guerre. *La Guerre au Luxembourg*, tout d'abord, est un poème en prose dédié aux « camarades de la Légion étrangère Mieczyslaw Kohn, Polonais tué à Frise ; Victor Chapman, Américain tué à Verdun ; Xavier [*sic* : il faut lire Raphaël] de Carvalho, Portugais tué à la ferme de Navarin ». Il est publié en 1916 par un autre Suisse engagé volontaire dans la Légion, Daniel Niestlé. Moïse Kisling, présent lui aussi à Navarin en tant que légionnaire, l'illustre de cinq lithographies. Le texte met en scène des enfants qui jouent à la guerre dans le jardin du Luxembourg. Paraît ensuite *J'ai tué* en 1918. Les gravures sont de Fernand Léger (autre ancien combattant sinon légionnaire).

Pour certains critiques, ces textes restent en deçà des promesses que l'œuvre semblait porter à l'origine. Blaise Cendrars veut avant tout continuer à écrire, d'autant plus qu'il n'a pas d'autres ressources que celles que lui procure sa plume. Or des charges lourdes de famille pèsent sur ses épaules : trois enfants dont les naissances s'échelonnent de 1914 à 1919. Même si, en vérité, il les abandonne progressivement aux seuls soins de leur mère (de qui il va divorcer), il essaie de contribuer, si peu que ce soit, à leur subsistance. Ce n'est guère facile. Blaise Cendrars est décoré de la médaille militaire et de la croix de guerre avec palme, cité à l'ordre de l'armée, naturalisé français (le 16 février 1916), mais manchot et en proie à des difficultés matérielles permanentes. Il reprend une existence incertaine, faisant par exemple du cinéma comme assistant d'Abel Gance après avoir été figurant dans *J'accuse* (1918), du même réalisateur. Il vit un jour à Paris, un jour à Nice puis parcourt le Brésil. Et il publie aussi, quoi qu'il se passe ; il publie de plus en plus. *L'Anthologie nègre* paraît en 1921, *L'Or* en 1925, *Moravagine* tout de suite après et, en 1929, *Les Confessions de Dan Yack*. La situation s'éclaircit à partir de 1934, grâce aux reportages que lui commandent divers journaux dont *Paris-soir* que dirige Pierre Lazareff. Cette activité de journaliste, Blaise Cendrars la poursuit à Londres en 1940 comme correspondant de guerre. Car c'est de nouveau la guerre.

À ce moment peut-être, alors qu'il s'est réfugié à Aix-en-Provence, il compose certains de ses livres les plus importants, ceux dans lesquels il revient sur le premier conflit mondial et son expérience de légionnaire : *L'Homme foudroyé* et *La Main coupée*, l'un des récits importants de la Grande Guerre. Cependant, ce n'est pas la première fois qu'il évoque la Légion. En 1930, il a édité au Sans Pareil, dans la collection « Têtes brûlées », des *Mémoires* de « feu le lieutenant Bringolf, diplomate, officier suisse, vagabond, officier français » : un escroc mythomane d'origine suisse, engagé volontaire à la Légion étrangère en 1914. Il est probable que l'écrivain lui-même en a rédigé certains passages.

Après la Libération, il publie encore *Bourlinguer* en 1948, *Le Lotissement du ciel* l'année suivante, des nouvelles, des articles et, en 1956, *Emmène-moi au bout du monde*. Le héros de ce dernier livre est le double masculin de la petite Jeanne de France, la voyageuse du Transsibérien. Il se nomme Jean : « C'est ainsi qu'il figure sur le registre de l'Assistance. Jean-Jean. C'est un enfant trouvé. C'est un enfant perdu. Ainsi l'appelait-on au Bataillon : Jean de France. » La compagne de la longue traversée ferroviaire était une jeune prostituée. Jean de France est un légionnaire. Il entre en scène en tant que nouvel amant de Thérèse Églantine, une très vieille actrice qui, à l'une de ses « copines », présente son nouvel amant : « À toi je puis bien le dire après tout puisque tu es la marraine de la Légion, et peut-être le connais-tu ? Ça serait drôle ! C'est un légionnaire, un soldat en permission que j'ai levé cette nuit aux Halles. Un vieux de la vieille, complètement soûl et couvert de tatouages. Un dur à cuire. Tiens, voilà le bouton de son uniforme, une grenade à sept flammes. » – « La grenade à sept flammes » : c'est le titre du premier chapitre. En fait, Jean de France est une sorte de brute chez qui « Vérole » constitue l'injure favorite (que l'on retrouve chez Antoine Sylvère et son *Légionnaire Flutsch*). Son allure paraît d'autant moins attirante qu'en général il est ivre : « le légionnaire s'était déjà retourné sur le ventre et roupillait vautré dans son vomi »... Thérèse n'en déclare pas moins à une autre de ses amies : « Il ne faut pas me plaindre. J'ai vécu et j'ai rencontré l'autre nuit mon légionnaire. Je crois que je vais être heureuse. Enfin, un mec. »

Ce « mec » conduit Blaise Cendrars à broder une sorte de conte qui se déroule dans un décor campé en quelques mots : le bled, le désert et puis le baroud. L'action se joue entre un fortin (« deux compagnies de la Légion derrière un mur de pierres noires hâtivement entassées ») et les bouges marocains où l'on peut contempler Antoinette, une créature sans jambes mais que les hommes vénèrent : elle est si belle ! L'un d'eux ne peut résister ; il l'enlève. C'est « Bubendœrffler, matricule 17191, un Suisse-Allemand, un vieux de la vieille, du type des légionnaires à longue barbe qui le faisait ressembler à un sapeur d'autrefois et qui avait la poitrine couverte de décorations ». Un autre légionnaire, Mikoïan, recueille la femme-tronc et invente la légende de Notre-Dame de la Légion qui attire ces soldats, « tous à la quête de je ne sais quel Graal crapuleux ». Comme s'exclame le narrateur : « Quelle époque, *mektoub* ! » L'histoire se termine par la mort d'Églantine sous le regard de Jean de France : le légionnaire garde les portes de l'autre vie. Il les ouvre, les referme. Il retourne à Sidi-Bel-Abbès où il convie ses camarades à « la grande nouba de la Légion [mais] il est impossible d'entrer dans les détails de cette folle nuit. Tout le monde était soûl » ! Il est impossible de développer la thématique du livre qui entrecroise les mythes propres à l'auteur et sa vision de la Légion. Celle-ci autorise tous les débordements et d'abord celui de la liberté, à la fois dans l'aventure matérielle et dans celle de la création. Elle est ensuite liée à une sorte de rédemption par l'amour, un amour très charnel (la première scène entre Thérèse Églantine et Jean de France est un morceau de bravoure érotique) et parfois au contraire spiritualisé, fût-ce de façon paradoxale : c'est Notre-Dame de la Légion, qui annonce (heureusement) une autre image de la femme, un peu plus attirante que ce pauvre monstre de foire.

Parmi les trois femmes arrivées en Provence après la mort du Christ, il y a, on l'a dit, Marie-Madeleine. Blaise Cendrars a souhaité composer sur elle un texte intitulé *La Carissima*. Il ne l'achèvera pas, au contraire de Jules Roy qui publiera une *Prière à Mademoiselle Sainte-Madeleine*. La sainte prostituée s'accorde aisément au monde de militaires ou de reîtres que décrivent ces deux écrivains. Elle est l'amante consolatrice dont la figure apparaît en filigrane dans l'évocation des soldats de toutes les armes (et bien sûr, les légionnaires), qu'ils vivent en Algérie, au Maroc ou bien en Indochine. Elle est également une rebelle, qui ne craint pas d'affronter les reproches des bonnes gens choqués par sa conduite légère. Par là aussi elle participe du milieu légionnaire. Elle est enfin le signe, au milieu de la violente folie du monde, qu'il existe quelque chose d'autre, qui permet de se transcender. Car même s'il est « crapuleux », ce Graal que recherchent les légionnaires d'*Emmène-moi au bout du monde* les attire au-delà de la satisfaction immédiate de leurs besoins. Il est l'objet d'une quête qui peut ne pas avoir d'accomplissement ; l'essentiel est d'éprouver la force du désir, le désir de vivre et de toujours avancer, même ivre, ivre mort. Et l'on sait l'importance de la marche dans la mythologie de la Légion.

La dernière période de sa vie, Blaise Cendrars, dont le renom se confirme, la passe auprès de la comédienne Raymone Duchâteau qu'il avait rencontrée chez Canudo en 1917 et à qui le lie une relation très spéciale puisque leur union est restée de pure amitié. Ils se sont malgré tout mariés en 1949. Mais une attaque cérébrale le laisse paralysé. Il meurt à Paris le 21 janvier 1961 : « L'ex-légionnaire Sauser n'est plus », titre sobrement *Képi blanc*. Son corps d'abord inhumé au cimetière des Batignolles est transféré par la suite dans le village de Tremblay-sur-Mauldre (Yvelines), où il vivait dans la maison qu'y possédait Raymone Duchâteau.

France Marie Frémeaux

Bibl. : Claude Leroy, *La Main de Cendrars*, Presses universitaires du Septentrion, 1977 • *Id.* (dir.), *Blaise Cendrars et la guerre : actes du colloque de Péronne, 11-13 octobre 1991*, Armand Colin, 1995.

CENTENAIRE, fêtes du. – Des trois célébrations qui se succèdent au début des années 1930, celle du centenaire de la Légion étrangère s'intercale entre les grandes manifestations exaltant l'œuvre de la France en Algérie (1930) et celles concernant l'Empire (1931). La publicité faite autour de l'Exposition coloniale de Vincennes, dont le commissaire général n'est autre que le maréchal Lyautey – dont l'attachement à la Légion est légendaire –, inaugurée par le président de la République le 6 mai 1931, explique le peu d'écho obtenu dans la presse et auprès du public par les fêtes qui se déroulent à Sidi-Bel-Abbès du 29 avril au 4 mai 1931. Cependant le colonel Rollet – entre-temps nommé général de brigade et inspecteur de la Légion étrangère – a vu ses efforts récompensés par la présence de nombreuses personnalités civiles et militaires qui rehausse l'éclat des cérémonies entourant l'inauguration du monument aux morts érigé dans le quartier Vienot. La prise d'armes du 30 avril, jour anniversaire de la bataille de Camerone, est présidée par le gouverneur général de l'Algérie, Jules Carde, et par le maréchal Franchet d'Esperey dont les liens avec Rollet et la Légion sont anciens – il a milité notamment pour la création de l'inspection. Le cérémonial de Camerone n'est pas encore codifié, mais désormais l'anniversaire de ce combat donnera lieu à une prise d'armes dans toutes les unités de la Légion. Par ailleurs, si le retentissement de ces célébrations est dans un premier temps limité à la France, le cinéma, qui s'est emparé du mythe de la Légion et qui l'a restitué notamment dans *La Grande Épreuve* d'André Dugès et Alexander Ryder, réalisée en 1928, contribue à diffuser dans le monde l'image d'une troupe « irrégulière ». Le succès des versions cinématographiques de *Beau Geste* (la première remonte à 1926, la plus célèbre, celle de 1939, est due à William Welmann avec Gary Cooper) annonce et prolonge à la fois les effets de cette commémoration qui aura particulièrement marqué les « anciens » réunis à Sidi-Bel-Abbès autour du général Rollet, « père de la Légion ».

André-Paul COMOR

CENTRE DE RECRUTEMENT DE LA LÉGION ÉTRANGÈRE. – *Voir* CRLE.

CENTRE DE RECRUTEMENT DE L'EST. – Entre 1871 et 1914, les engagements volontaires dans la Légion étrangère sont contractés en majorité dans les centres de recrutement de l'est de la France. En 1897, sur un total de 2 221 engagés dans toutes les régions de corps d'armée, les deux tiers sont pourvus par le 6e de Châlons-sur-Marne et le 7e de Besançon, le bureau de recrutement de Belfort fournissant à lui seul 607 engagés, soit 27 % du total français et 41 % de tout l'est de la France.

L'engagement massif des Alsaciens-Lorrains et des Allemands explique ces chiffres élevés. Les bases du recrutement se constituent progressivement. En août 1873, les engagements pour le régiment étranger des déserteurs de l'armée allemande et des jeunes gens originaires des pays annexés sont uniquement reçus à Besançon, et cela jusqu'à la délimitation des nouvelles régions militaires. Puis une circulaire du 27 novembre 1873 suspend en principe tout engagement dans la Légion. Seuls les généraux commandant les corps d'armée frontières peuvent y déroger exceptionnellement, « principalement pour les Alsaciens-Lorrains ». Ainsi, en 1875, pour le département de Meurthe-et-Moselle, les engagements sont reçus à Nancy après avis favorable du général commandant le 6e CA.

Une fois ces restrictions levées, sept bureaux de recrutement de la Légion étrangère s'échelonnent le long et en profondeur de la frontière franco-allemande : Mézières, Longwy, Verdun, Toul, Nancy, Neufchâteau (Épinal à partir de 1900) et Belfort. Ces centres se trouvent au chef-lieu de subdivision des régions militaires frontières. Longwy possède cette particularité de voir les engagements se contracter à la sous-intendance de la place fortifiée puis au sein du commissariat spécial de police de la ville. De même, jusqu'en 1900, les candidats à la Légion qui se présentent à Saint-Dié dans les Vosges sont dirigés vers le bureau de recrutement de Nancy et non sur celui de Neufchâteau.

À Nancy, l'engagement se fait à la caserne Thiry où les volontaires sont mis en subsistance au sein du 26e régiment d'infanterie (RI) sauf de 1909 à 1913 où ils sont reçus par le 69e RI, qui rassemble 6 compagnies dans la même caserne. Un légionnaire originaire de Strasbourg témoigne de son passage au centre de Nancy. Engagé le 14 octobre 1884, il reste près de deux semaines au sein du 26e RI. Le séjour à la caserne lui est « assez agréable ». Il peut sortir chaque jour avec ses compagnons pour faire de longues promenades aux environs de la ville et le soir en rentrant, il mange la soupe de grand appétit. Le 27 octobre, son détachement reçoit l'ordre de se mettre en route pour Marseille. Son capitaine lui remet le commandement des 44 hommes présents et les quitte à la gare de Nancy en leur souhaitant « bonne chance et bon courage ». À Longwy, les engagés sont au contraire dirigés immédiatement et individuellement vers Marseille.

La visite médicale qui précède l'engagement opère une sélection sévère. Les statistiques montrent qu'un candidat sur deux est refusé, même si celui-ci est déserteur d'une armée étrangère. Ce principe ne souffre aucune exception. En 1896, malgré l'insistance du commandant d'armes de Longwy pour accepter un déserteur de l'armée austro-hongroise, le médecin persiste dans son refus en arguant de sa mauvaise denture et son incapacité à se nourrir de biscuit.

À la fin du XIXe siècle, le ministère de la Guerre s'inquiète d'une baisse du nombre d'engagements. En 1898, celui-ci diminue de 17 % par rapport à l'année précédente. Cette réduction est exclusivement due aux trois corps d'armée de la frontière de l'Est. Le nombre d'engagés du 6e et du tout nouveau 20e corps (Nancy) chute de 22 % et celui du 7e de 35 %. Les opérations du bureau de recrutement de Belfort révèlent cette décrue ; 308 légionnaires sont engagés alors qu'ils étaient le double en 1897. La diminution est encore plus sensible de novembre 1898 à avril 1899 avec la présence de seulement 3 déserteurs. Cette baisse ne concerne pas tous les centres de recrutement. Nancy, par exemple, reçoit du commissariat spécial de Saint-Dié un nombre sensiblement égal de candidats, 128 en 1895, 101 en 1896, 146 en 1897 et 103 en 1898. Les causes sont à rechercher dans « les mesures les plus énergiques » prises par les autorités civiles et militaires allemandes, comme les conférences spéciales données aux soldats dans tous les corps de troupe ou la parution de nombreux articles de presse. Selon le ministère de la Guerre, les Allemands entretiennent à Belfort « un certain nombre d'agents spécialement chargés de dissuader les déserteurs de contracter un engagement » comme « des tenanciers de cafés borgnes, des patrons de bureaux de placement, etc. ».

Pour contrer ces menées allemandes, les journaux français publient fréquemment des renseignements privés sur le nombre des engagements souscrits dans les bureaux de recrutement. Au moment de l'affaire de Casablanca, *Le Petit Marseillais* du 25 octobre 1908 diffuse ainsi une information du bureau de recrutement de Verdun : celui-ci aurait recueilli dans les neuf premiers mois de l'année 413 déserteurs allemands. Si ce chiffre est en réalité exagéré, les informations sont généralement tirées à bonne source. En septembre 1913, recevant de toute l'Allemagne de nombreuses demandes de renseignements pour s'engager dans la Légion, le maire de Nancy, Joseph Laurent, soumet l'idée « de livrer à la publicité par l'intermédiaire d'un des grands journaux de Paris des documents de cette nature en en retranchant bien entendu les noms des signataires ». Mais le général Foch, commandant le 20e corps d'armée, est d'avis d'attendre. Il présume que des dispositions seront prises en haut lieu pour éclairer l'opinion publique. « Ce serait peut-être les troubler que d'agir d'une façon particulière dans la presse française », répond-il au maire de la ville. De son côté, le Quai d'Orsay ne se montre pas favorable à de telles divulgations. Il souhaite éviter d'attirer publiquement l'attention sur les bureaux de recrutement et trouve « inopportun » de publier des renseignements de nature à « irriter la presse allemande en démontrant le peu d'effet de la campagne qu'elle a entreprise contre les régiments étrangers ». « La plus grande discrétion » est recommandée « pour tout ce qui concerne la Légion ».

Un décompte statistique réalisé dans les archives souligne le succès persistant des engagements. En 1911, par exemple, 1 542 étrangers se présentent aux bureaux de recrutement de Nancy, Toul, Verdun, Mézières et Longwy. Près de un sur deux est admis à s'engager mais avec une forte inégalité suivant les centres. Si l'on a deux chances sur trois d'être pris à Longwy et à Verdun et deux sur cinq à Nancy et à Mézières, le bureau de Toul est d'une extrême sévérité : seuls 7 légionnaires sont engagés sur 116 candidats. Ce bureau, il est vrai, est le moins important des cinq. Nancy se place en tête avec 550 étrangers présentés, soit plus du tiers du total, mais se classe deuxième derrière Longwy en termes d'engagés (228 contre 298 et 445 présentés). Viennent ensuite Mézières (119 engagés sur 281) et Verdun (90 sur 150).

Sur le total de 742 légionnaires engagés, les Alsaciens-Lorrains et les Allemands s'octroient une part écrasante, près des trois quarts. Trois nationalités suivent avec 5 % chacune, les Belges, les Luxembourgeois et les Austro-Hongrois. Puis dans l'ordre décroissant avec un pourcentage respectif compris entre un et deux, les Italiens, les Russes, les Suisses et les Hollandais. Enfin, 4 Américains contractent un engagement ainsi qu'un Espagnol, un Serbe, un Danois et un Algérien noté comme tel par le bureau de Nancy.

En 1983, le bureau de recrutement de la Légion existant encore à la caserne Thiry est transféré à Metz. La même année, une rue de la Légion-Étrangère est créée à Nancy à l'emplacement de l'ancienne caserne Donop. Ce nom est donné à l'occasion du 120e anniversaire des combats de Camerone.

Gérald SAWICKI

Sources : Archives départementales de Meurthe-et-Moselle, 4M172, 1R1156, 1R1161, 1R1180, 1R1183 • Archives départementales des Vosges, 4M109, 4M516, 4M524 • Archives municipales de Nancy, 2H32.

Bibl. : André-Paul Comor, « L'image de la Légion étrangère à travers la littérature française », *Revue historique des armées*, n° 3, 1981, p. 157-179.

CENTRES D'HÉBERGEMENT ET MAISONS DE RETRAITE POUR ANCIENS DE LA LÉGION ÉTRANGÈRE. – Pour mieux aider les légionnaires rendus à la vie civile, l'une des premières missions dévolues au puissant réseau de solidarité légionnaire est de les héberger : à court terme le temps de retrouver un emploi ou à long terme pour les retraités ou les grands blessés inaptes à se réinsérer sans soutien approprié.

Le premier centre de réinsertion créé est le Bastion 84, œuvre d'assistance aux militaires coloniaux et légionnaires. Sis 86, boulevard Kellermann à Paris et géré de conserve par La Légion d'Émile Maurer et la Société française de secours aux blessés militaires, il fonctionne entre 1908 et 1914, servant à la fois de lieu d'hébergement et d'intermédiaire entre demandeurs d'emploi et futurs employeurs. D'autres centres similaires se développèrent entre les deux guerres mondiales, dont le plus connu était le Centre d'entraide aux réformés et libérés de la Légion étrangère créé en 1932 à Marseille.

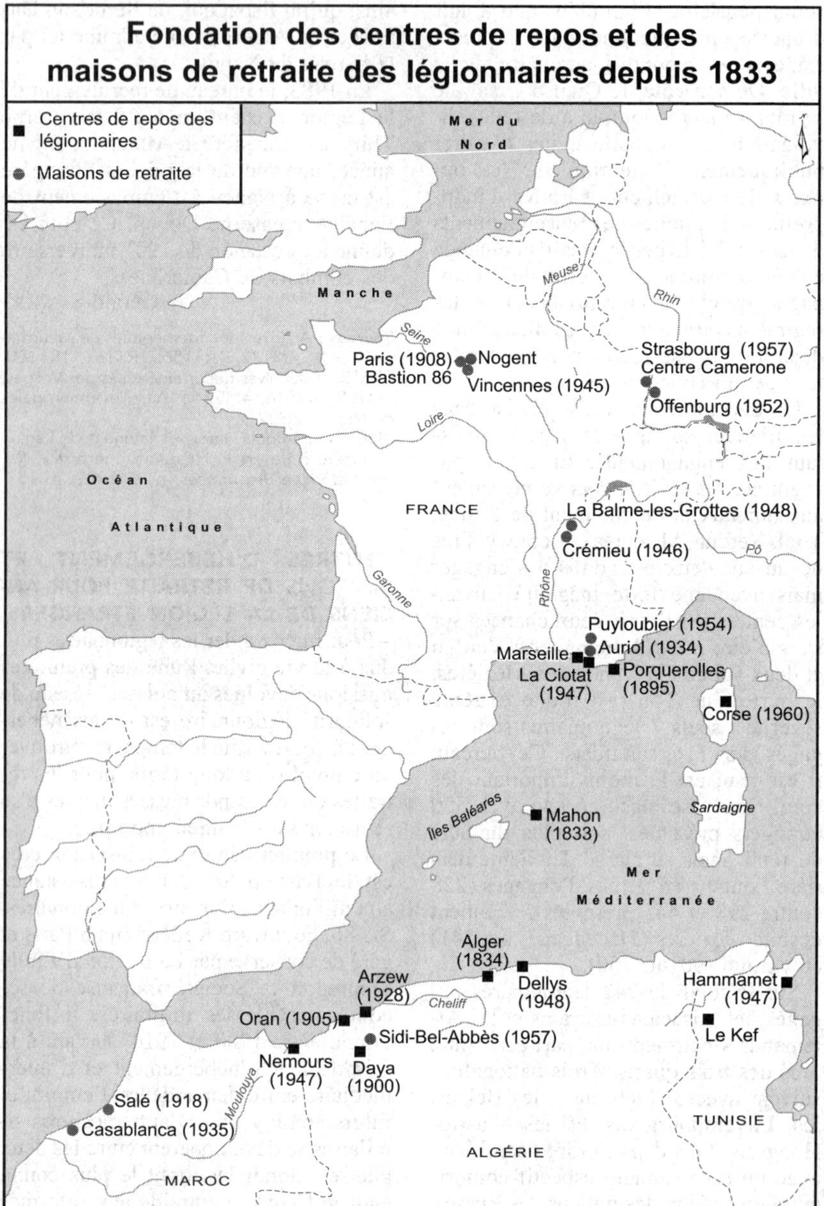
Fondation des centres de repos et des maisons de retraite des légionnaires depuis 1833
Centres de repos des légionnaires
Maisons de retraite
Mer du Nord
Manche
Meuse
Rhin
Seine
Paris (1908) Bastion 86
Nogent
Vincennes (1945)
Strasbourg (1957) Centre Camerone
Offenburg (1952)
Loire
Océan Atlantique
FRANCE
La Balme-les-Grottes (1948)
Crémieu (1946)
Pô
Garonne
Rhône
Puyloubier (1954)
Auriol (1934)
Marseille
La Ciotat (1947)
Porquerolles (1895)
Corse (1960)
Îles Baléares
Mahon (1833)
Sardaigne
Mer Méditerranée
Alger (1834)
Dellys (1948)
Hammamet (1947)
Arzew (1928)
Cheliff
Oran (1905)
Sidi-Bel-Abbès (1957)
Le Kef
Nemours (1947)
Daya (1900)
Moulouya
Salé (1918)
Casablanca (1935)
TUNISIE
ALGÉRIE
MAROC
0
500 km
Cartographie : E. Gallet-Moron

Cette vocation d'hébergement temporaire ne correspondant cependant pas aux besoins des anciens légionnaires retraités ou invalides qui sont dans l'incapacité de retrouver un emploi, d'autres structures d'hébergement sont bientôt créées, en France comme à l'étranger, parfois du fait d'initiatives privées mais, ainsi que le préconisait d'ailleurs le général Rollet, la plupart du temps par des amicales d'anciens de la Légion ou par la Fédération des sociétés d'anciens de la Légion étrangère (FSALE), notamment depuis 1957, date à laquelle cet organisme a été reconnu d'utilité publique : la Maison des invalides de la Légion de Crémieu puis de La Balme-les-Grottes (1946-1978), la Maison des anciens légionnaires fondée sur un terrain donné par le maire de Sidi-Bel-Abbès (1957-1962), la Maison des anciens légionnaires de Paris (1958-1975) ou de Casablanca (1935-1986) ou encore le Centre de retraite et d'accueil des anciens légionnaires de Strasbourg (1957-1998).

Faute de financement, seule continue actuellement à fonctionner la Maison du légionnaire située au domaine de la Vède à Auriol. Créée en 1933 par des anciens légionnaires proches de l'amicale de Marseille, cette structure est une association de type loi de 1901, qui a pour but d'apporter une aide matérielle, morale et sociale aux anciens légionnaires réformés et retraités en les hébergeant et en leur permettant de participer aux travaux d'intérêt général destinés à l'entretien du domaine. Parallèlement, la Légion d'active entretient le Centre d'hébergement des anciens légionnaires (CHAL) de La Ciotat et l'Institution des invalides de la Légion étrangère (IILE) de Puyloubier.

C'est à l'automne 1947 qu'un terrain militaire d'une superficie de 3 ha situé sur la commune de La Ciotat est donné à la Légion étrangère pour qu'elle y installe un camp de repos pour les légionnaires rentrant d'Indochine. Un mois plus tard, le 2 octobre 1947, est inauguré le camp Picquart, du nom d'un officier du 11ᵉ bataillon du 3ᵉ régiment étranger d'infanterie tombé en Cochinchine, qui devient le CHAL dont la mission première est de fournir un hébergement – le gîte et le couvert pour un prix modeste – aux anciens légionnaires à la recherche d'un emploi ou en transit vers la Maison du légionnaire d'Auriol ou vers l'IILE. En fonction des places disponibles, le centre peut accueillir des légionnaires en activité ainsi que leur famille lorsqu'ils sont en instance de départ pour des régiments outre-mer.

Alors que la guerre d'Indochine bat son plein, la Légion étrangère ressent le besoin de créer un centre où seraient rééduqués, soignés et réinsérés les nombreux blessés qui rentrent d'Extrême-Orient, et notamment les jeunes Allemands pour qui rien n'est prévu dans leur pays, les maisons de retraite pour anciens légionnaires existantes n'ayant ni les moyens ni les structures pour le faire. En 1953, elle achète un vaste domaine de 250 ha situé au pied de la montagne Sainte-Victoire, à quelques kilomètres d'Aix-en-Provence, qu'elle aménage au mieux pour héberger et réadapter de grands invalides : construction d'un bâtiment en forme d'amphithéâtre pouvant loger près de 200 pensionnaires, aménagement d'ateliers de ferronnerie, d'ébénisterie ou de reliure, d'une porcherie ou d'une basse-cour, plantation de vignobles, etc. De nos jours, les ateliers de réadaptation se sont transformés en ateliers de production où, aux grands blessés d'Indochine ou d'Algérie, succèdent les anciens légionnaires blessés de la vie qui souhaitent terminer leurs jours dignement dans l'institution qui un jour leur a ouvert ses portes – production dont la vente permet, entre autres choses, d'alimenter le fonds de la division du service du moral et du foyer d'entraide de la Légion étrangère. Avec la fin de la guerre d'Algérie, le carré Légion du cimetière de Puyloubier a été réaménagé et accueille, depuis 1969, outre les tombes des anciens qui souhaitent être inhumés sous le ciel de Provence, les corps du général Rollet, du prince Aage du Danemark et du légionnaire Zimmermann ramenés de Sidi-Bel-Abbès.

Marie LARROUMET

Bibl. : Comité de la mémoire (FSALE), « Solidarité », *Les Cahiers de la mémoire*, n° 9, 2004.

CESSION DE LA LÉGION ÉTRANGÈRE. – *Voir* ESPAGNE, CAMPAGNE D'.

CHABRIÈRES, colonel Marie Louis Henri de Granet-Lacroix de (1807-1859). – Le futur colonel de Chabrières, né le 1er mars 1807 à Bollène (Vaucluse), intègre l'École royale militaire de Saint-Cyr le 25 novembre 1825, et à la sortie sert au 19e régiment d'infanterie légère (RIL). Lieutenant le 16 octobre 1831, il se distingue lors du siège d'Anvers en Belgique. Capitaine dix ans plus tard, il débarque avec son régiment en Afrique où il est blessé le 3 mai 1842 par un coup de feu lors du combat du djebel Boukoulouf (entretemps, le 16 octobre 1842, il a été promu chef de bataillon au 13e RIL). L'année suivante il prend le commandement du 2e bataillon du 2e régiment de la Légion étrangère, alors stationné à Bône.

Sous les ordres du duc d'Aumale, il prend part en 1844 aux colonnes dans les Aurès, à Sétif et dans les Nemencha, puis dans le secteur de Collo, Bougie et Guelma, et se fait remarquer notamment au sein de la colonne du général Randon dans la région de Tébessa en 1846. Après la révolution de février 1848, en désaccord avec l'orientation politique de la IIe République, il démissionne. En 1855, Napoléon III l'autorise à reprendre du service à titre étranger dans la deuxième Légion étrangère qui doit se recruter en Suisse. Le 3 février, il est promu colonel au titre étranger du 2e régiment de la 2e Légion étrangère et en septembre prend le commandement du 2e régiment de la 1re Légion étrangère, en permutant avec le colonel de Caprez.

Le 16 avril 1856, Chabrières est admis dans le cadre français avec son grade et conserve le commandement du « nouveau 2e Étranger ». Retour de Crimée, la première Légion et l'éphémère deuxième légion suisse sont fondues le 9 août à Sidi-Bel-Abbès pour constituer le 2e régiment étranger (RE). Il en reçoit le commandement. De mai à juillet 1857, il prend part à l'expédition menée en Kabylie sous les ordres du maréchal Randon avec deux bataillons de son régiment. En mars 1859, le 2e Étranger est désigné pour l'expédition d'Italie. Le 4 juin, aux portes de Magenta, à cheval à la tête de ses légionnaires qui chargent les Autrichiens, Chabrières est frappé mortellement par une balle.

Commandeur de la Légion d'honneur, il est titulaire de nombreuses décorations françaises et étrangères. Sa dépouille repose à Bollène au quartier Saint-Ferréol, dans une chapelle laissée par la famille de Granet de Lacroix à l'hôpital de sa ville natale. Son nom a été donné à un village de la commune de Bou Khanéfis dans l'arrondissement de Sidi-Bel-Abbès ainsi qu'au casernement du 2e RE à Corte – jusqu'à son départ en 1977 pour abriter des locaux de la nouvelle université de Corse. En s'installant à Nîmes, le 2e régiment étranger d'infanterie reprend le même nom de baptême pour ses quartiers.

Charles RIDET

Sources : SHD-Terre, dossier personnel n° 12494.

CHAM, lieutenant Jean (1804-1832). – Premier officier de Légion étrangère tué au combat, le lieutenant Cham est l'un des officiers venus, dans son cas bénévolement, donner un cadre administratif rigoureux aux bataillons allemands de l'ancienne Légion. Né le 14 juin 1804 à Kerenzen (canton de Glaris, Suisse), il devient à douze ans enfant de troupe dans un régiment suisse de la Garde royale. Il y sert successivement comme tambour, grenadier, caporal et fourrier. Nommé sous-lieutenant au 2e régiment suisse le 6 novembre 1825, il y est promu lieutenant quatre ans plus tard et y tient l'emploi d'adjoint au trésorier.

Amené à la Légion par le colonel Stoffel sans que son engagement soit ratifié par le ministre de la Guerre, il est attaché au bataillon du commandant Salomon de Musis. Après avoir formé les sergents-majors du bataillon et en avoir été le payeur, il est, à Maison-Carrée, chargé de l'armement et du casernement, emploi qu'aucun autre officier de la garnison n'est apte à remplir. Le 23 mai 1832, il est le chef de la section qui est massacrée au marabout de Sidi Mohamed Titteri.

Henry DUTAILLY

Sources : SHD-Terre, 2Ye carton 739.

CHANSON, le légionnaire dans la. – Le soldat a toujours inspiré les chansonniers et est très bien représenté tant dans la chanson populaire que dans la chanson d'auteur. Le légionnaire quant à lui fait son entrée dans la chanson à partir de la fin du XIXe siècle, d'abord parce que la Légion n'est fondée qu'en 1831, ensuite parce qu'elle sert en dehors de la métropole. Or, la chanson française est essentiellement un phénomène parisien, ainsi les légionnaires ne vont influencer les paroliers qu'à partir du moment où ils sont connus et vus à Paris.

On attribue parfois à Aristide Bruant, alors qu'elle a été écrite par un jeune lieutenant de spahis, une chanson qui est toujours interprétée aujourd'hui et qui remonterait à 1895 : *Aux légionnaires*. Peu après, le célèbre chansonnier Paulus lance *La Légion étrangère* au Bataclan en 1907 et une autre grande vedette, Paul Dalbret, crée *Le Légionnaire* sur la même scène en 1911, attestant la popularité de la Légion au sein du public.

Dans l'entre-deux-guerres, le cinéma va constituer une nouvelle source d'inspiration : en 1931, la chanson composée pour le film *Le Sergent X*, *Adieu vieille Europe*, va être adoptée par les légionnaires – chant toujours au répertoire même si son origine a été oubliée. Et si le légionnaire continue d'inspirer les chansonniers, ce sont maintenant des femmes qui le chantent et contribuent à forger son image de mauvais garçon et de séducteur. En 1936, Marie Dubas lance ainsi *Le Fanion de la Légion* et *Mon légionnaire*, toutes deux reprises par Édith Piaf. Les paroles en ont été écrites par Raymond Asso, un ancien légionnaire. Si elles forgent l'image du légionnaire dans le public, ces chansons n'intègrent pas le répertoire des soldats, contrairement à une autre lancée par Piaf en 1960, *Non, je ne regrette rien*, qu'elle dédie à la Légion. Les officiers du 1er régiment étranger de parachutistes en font un pastiche lors de leur emprisonnement en 1961 et la chanson sera néanmoins publiée avec ses paroles d'origine dans le recueil de chants officiel à partir de l'édition de 1999. Hormis une reprise de *Mon légionnaire* par Serge Gainsbourg en 1987, il semble que la figure du légionnaire n'inspire plus les chansonniers actuels.

Thierry BOUZARD

Bibl. : Léon Lehuraux, *Chants et chansons de l'armée d'Afrique*, Alger, P. & G. Soubiron, 1933 • Vincent Saint-Denis, *Typologie du chant Lé-*

gion, mémoire de DEA, université de Montpellier, 1997 • Just de Vesvrotte, *Chante Légion*, Aumônerie catholique de la Légion au Tonkin, 1951.

CHANT DU 1er REC. – En 1925, le premier chant du 1er régiment étranger de cavalerie (REC) marque l'arrivée du contingent allemand qui succède aux Russes et autres Hongrois. Il s'intitule *Aber immer mit frohem Mut, tape cul* (« Mais toujours de bonne humeur, tape cul »), sur l'air à la mode de *La P... d'Hambourg*. Au répertoire des escadrons jusqu'aux années 1940, il disparaît peu à peu, concurrencé par le chant officiel de l'unité.

Phénomène suffisamment rare parmi les chants militaires, celui du 1er REC est dû à un auteur clairement identifié. Le 21 août 1925, Hans von Steffens est incorporé. Cet Allemand nommé première classe le 10 octobre 1925, brigadier un mois plus tard (maréchal des logis le 6 mars 1929), est secrétaire à l'escadron hors rang en 1926. Considérant que l'on ignore l'existence même du régiment de Sousse, et alors qu'il est retenu par une névrite en Tunisie, il décide de composer un chant à la gloire de ses camarades tombés en Syrie. Aidé du brigadier Hevrotte, il écrit les paroles que le brigadier Hustin met en musique sur l'air d'une vieille berceuse des années 1840.

La Colonne est chantée pour la première fois le 30 avril 1926 au foyer des légionnaires de Sousse, et est reprise par l'ensemble des escadrons du REC dispersés en Tunisie à la Noël 1936. Il faut toutefois attendre 1943 pour que ce chant soit exécuté en chœur par l'ensemble du régiment lorsque celui-ci, au Maroc, est rééquipé de matériels américains pour partir de nouveau au combat. À Noël 1944, lors de la rude campagne d'Alsace, la comtesse du Luart, marraine du régiment, y ajoute un cinquième couplet, très significatif de la psychologie du légionnaire. En Indochine, *La Colonne* se chante parfois accompagnée d'une fanfare lors de l'inhumation d'un cadre ou d'un légionnaire. Cette tradition, qui perdure jusqu'à la fin de la guerre d'Algérie, est reprise lors de cérémonies solennelles, ainsi à Orange en 1973, lors de la cérémonie religieuse des obsèques du colonel Landriau, qui s'illustra à la tête du 4e escadron lors de la campagne de Syrie en 1925 ; à Paris en l'église Saint-Louis des Invalides en janvier 1985, à l'occasion des obsèques de la comtesse du Luart ; et à l'église Saint-Florent d'Orange en février 2006, lors de la messe mortuaire du colonel Devouges, chef de corps du régiment de 1975 à 1977. Ce chant marque aussi la fin des repas de corps et permet de dire au revoir à un camarade muté : les personnels demeurent au garde-à-vous à la fin du dernier couplet jusqu'au départ effectif du chef de corps.

Jouant à la fois le rôle d'évocation nostalgique et de libération, ce chant, noble et lent, qui glorifie le sens du sacrifice au combat propre à la Légion, incarne, dès la première strophe, une revendication d'identité au nom de l'esprit de corps. Le *leitmotiv* à l'allemande, « Au Premier Étranger de Cavalerie », souligne, par sa répétition, la personnalité du régiment, à la fois force, souvenir et sentiment. Un moment de l'existence passée revient furtivement avant que le sens de l'engagement au sein d'une unité étrangère ne reprenne toute sa valeur :

Un légionnaire tombe frappé d'une balle.
Adieu mes parents, mes amis,
Toutes mes fautes, je les ai expiées,
Au Premier Étranger de Cavalerie.

Sur sa tombe une simple croix s'élève,
Sur laquelle ces seuls mots sont inscrits :
Il a servi honnête et fidèle
Au Premier Étranger de Cavalerie.

Jean-Charles JAUFFRET

Bibl. : Préface du général Lennuyeux, dans anonyme, *Historique du 1er régiment étranger de cavalerie*, Presses de *Képi blanc*, 1983 • Jean-Charles Jauffret, *L'Idée d'une division de Légion étrangère et le Premier régiment étranger de cavalerie, 1836-1940*, Centre d'histoire militaire et d'études de défense nationale, Presses de l'université Paul-Valéry, 1978.

CHANTS DES LÉGIONNAIRES. – Les armées françaises ont toujours compté des unités étrangères dans leurs effectifs. Depuis les Suisses qui servaient d'instructeurs aux premiers régiments permanents en passant par les Irlandais, Écossais, Hongrois, Allemands, Italiens ou encore Polonais, tous ces soldats servirent les rois de France comme les empereurs ou la république. Mais si la Légion est l'héritière de ces régiments, elle n'a rien conservé de leurs chants.

De tout temps, les soldats ont eu besoin du chant et les légionnaires ne font pas exception à la règle. Dernier chant de métier de tradition orale, son répertoire se transmet de bouche à oreille, évoluant au gré des événements, des initiatives de la troupe et de son encadrement. Le chant est un élément essentiel de l'identité légionnaire. Il remplit plusieurs rôles (cohésion, moyen d'expression, protocole, soutien dans l'effort, détente, apprentissage du français dans la Légion…) et, moyen d'expression collectif, donne une image de l'institution qui doit en toutes circonstances rester sous le contrôle de ses interprètes comme du commandement – particulièrement dans la Légion, seule composante de l'armée française à exploiter son répertoire pour la promotion de son image, d'une part en n'éditant qu'un unique recueil officiel, d'autre part en sachant profiter, quand l'occasion se présente, de son utilisation par les chansonniers.

Les premiers carnets de chants légionnaires ne sont publiés qu'au lendemain de la Seconde Guerre mondiale. En 1959, après une sélection et un classement réalisés par le capitaine Hallo, le service d'information du 1er régiment étranger publie à Sidi-Bel-Abbès le premier recueil officiel destiné à toutes les unités de Légion. Cette centralisation par le service historique de l'institution assure l'homogénéité du répertoire d'autant plus que les rééditions (1975, 1982, 1985, 1993, 1998, 2009) sont précédées de la réunion d'une commission qui décide des éventuels ajouts et modifications – et la musique de la Légion a pu participer à la révision des partitions. Ce recueil est le seul de l'armée française (hormis une édition du Traité toutes armes – ou TTA – 107) dans lequel figurent les partitions des chants (jusqu'en 1993), ce qui témoigne du souci de l'authenticité des traditions musicales dans la Légion. S'il s'agit donc du seul recueil officiel distribué dans les unités de la Légion, il en existe d'autres plus fournis, les carnets imprimés que peuvent réaliser les lieutenants pour leur usage. À la tête des sections, les plus jeunes des officiers jouent un rôle important dans l'entretien des traditions. Ils réunissent dans ces « carnets des lieutenants », outre les chants officiels, tous ceux qu'ils considèrent comme nécessaires pour accompagner les différentes circonstances de la vie du légionnaire. Si, par exemple, le recueil officiel dans son édition de 1975 réunit quarante-six chants, un carnet desdits lieutenants de la même époque approche la centaine. Réservée à l'usage desdits lieutenants, la sélection s'affranchit parfois sensiblement des strictes limites réglementaires tout en restant admissible dans le cadre de la popote. Enfin, les dernières éditions du recueil de chants légionnaires ne publient plus les partitions, car un enregistrement de deux disques compacts a été réalisé avec l'édition de 1998 et un nouveau est en cours pour accompagner celle de 2009.

Le plus ancien chant légionnaire identifié date de 1835, quand la Légion étrangère intervient en Espagne pendant les guerres carlistes. *Le Chant de la Légion étrangère en Espagne* se chante sur l'air composé par Alexandre Choron de *La Sentinelle*, une romance très célèbre sous l'Empire.

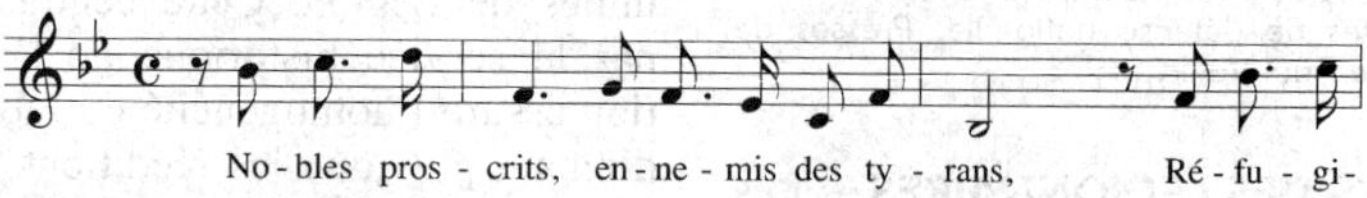

Nobles proscrits, ennemis des tyrans,
Réfugiés de tous les points du monde ;
La Liberté vous ouvre d'autres champs,
Où le canon d'un peuple libre gronde.
Son bruit par l'orage emporté,
Ébranle la vieille Ibérie.

Refrain :
Combattez pour la Liberté,
Vous reverrez votre Patrie.

Bien connu, puisqu'il est devenu le chant de tradition de la Légion, *Le Boudin* apparaît vers 1870. Mais si le répertoire moderne fait maintenant remonter *Eugénie* à la guerre du Mexique, il est probable qu'il ne l'a pas intégré avant la fin des années 1950. En revanche, *Vive la Légion !* est un authentique contemporain de l'expédition au Mexique.

En 1885, à son retour du Tonkin, la Légion rapporte en Algérie un chant qui est appelé *Refrain des camisards* ou *Chanson des légionnaires*. Il devait être populaire, puisqu'il a inspiré un chant anarchiste (*Les Fayots*) – à moins que ce soit le contraire –, mais il est depuis sorti du répertoire légionnaire.

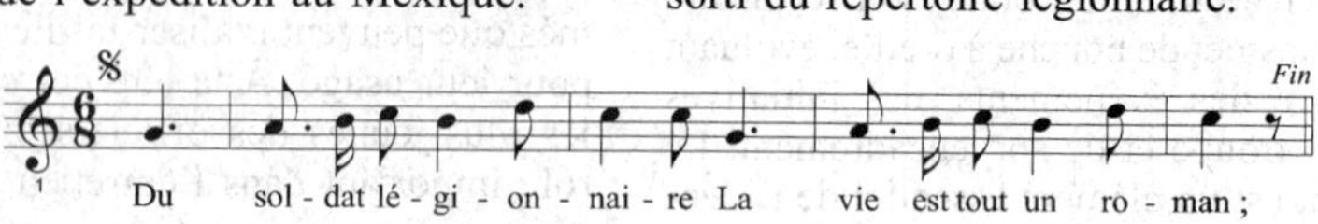

Du soldat légionnaire
La vie est tout un roman ;
Demandez-lui ce qu'il préfère
La garnison ou le camp.

Vite il prendra son bidon
Avec armes et bagages.
Vlan ! partir en voyage,
Bon ! vive la Légion !

Écoutez jeunes légionnaires,
La chanson
De la Légion étrangère
Fichu nom !
Alsaciens, Suisses, Lorrains,
Belges, Bavarois, Italiens,
Espagnols ou Parisiens,
Écoutez bien :

Refrain :
Répétons allons-y
Ce refrain sans souci,
À bas l'Annam et l'Tonkin,
La Chine et ses mandarins,
Oui tout ça finira
Quand la classe partira.

Les rares ouvrages consacrés aux chansons des soldats avant la guerre de 1914-1918 mentionnent des chants légionnaires en allemand. En effet, un grand nombre de soldats de la Légion sont autrichiens, bavarois, badois, mecklembourgeois ou même prussiens ; aussi chante-t-on à la Légion beaucoup de chansons allemandes dont, probablement, *Ich hatt einen Kameraden*, un chant funèbre composé en 1825. En 1917, des journalistes américains qui visitaient Sidi-Bel-Abbès ont même entendu chanter *Die Wacht am Rhein*, véritable hymne national allemand. Plusieurs auteurs citent également *La Chanson des pionniers*, une chanson d'étudiant de 1845, *Studio auf einer Reis'* qui se chantait certainement dans les deux langues et ne figure plus dans le répertoire légionnaire actuel. Mais elle est restée dans son adaptation en français dans le répertoire scout (*Youkaïdi*), témoignant ainsi des liens pouvant exister entre la chanson de soldat et celle des scouts.

La Légion, dont les recrues proviennent du monde entier, constitue une sorte de laboratoire. Ces soldats en effet apportent aussi leurs chants, et la Légion est donc la seule troupe au monde à pouvoir comparer les chants militaires. Les seules mélodies étrangères qu'elle a conservées pour son usage, toutefois, sont principalement d'origine germanique. L'explication est probablement, outre les circonstances historiques, que depuis Frédéric-Guillaume Ier les Allemands ont une réputation de rigueur et d'efficacité militaires. Cette aptitude, conjuguée à des talents musicaux reconnus, a permis l'éclosion d'un répertoire de chants plus particulièrement adapté à l'usage militaire. Ainsi *La Colonne*, chant de tradition du 1er régiment étranger de cavalerie, est-elle créée en 1926 sur un air allemand.

Les légionnaires préfèrent donc ces airs allemands (*Mein Regiment, mein Heimatland*, *Anne-Marie wo geht die Reise hin*, *Es steht eine Mühle im Schwarzwäldertal*, *In Sanssouci am Mühlenberg*…) et naturellement leurs propres compositions, comme *Pour faire un vrai légionnaire* datant de 1935 :

Chacun sait bien qu'un légionnaire
Est le premier dans les combats,
Que sa bravoure est légendaire
Et qu'au baroud, il ne craint pas,
Or parmi ceux qui lui font fête,
C'est le bistrot qui l'aime le mieux,
Mais pas seulement pour sa galette
Et pas du tout pour ses beaux yeux.

Refrain :
Pour faire un vrai légionnaire,
Il n' suffit pas de boire un coup,
Ça tout le monde sait le faire,
Faut aussi être premier partout.

Pendant la Seconde Guerre mondiale, les légionnaires adoptent *Les Cailloux*, une mélodie écrite en 1942 par le célèbre chansonnier Georges Van Parys sur des paroles de son ami Jean Boyer. Destinée à l'origine aux Chantiers de jeunesse, elle va rapidement déborder de ce cadre pour être adoptée par toute l'armée :

Y'a des cailloux sur toutes les routes,
Sur toutes les routes y'a des chagrins,
Mais pour guérir le moral en déroute
Il y a des filles sur tous les chemins.
Y'en a autant qu'il y a de pierres,
Qu'il y a de fleurs dans les jardins,
Qu'il y a d'oiseaux sur la branche légère,
Il y a des filles sur tous les chemins.

Il suffit de trouver
Celle dont on a rêvé
Ainsi quand on pense à l'amour
Le chemin semble bien plus court.
Y'a des cailloux sur toutes les routes,
Mais aujourd'hui comme demain
Une raison suffit pour qu'on s'en foute :
Y'a des filles sur tous les chemins.

Cette chanson appréciée à l'époque ne dit rien d'une autre partie importante du répertoire chanté, mais qui n'était jamais imprimée (seuls les cahiers manuscrits rédigés par les soldats permettent d'en avoir un aperçu) : le répertoire grivois – qui n'était, bien entendu, pas spécifique aux légionnaires. Société d'hommes, l'armée a toujours cultivé ce type de chants. De nos jours, son antique rôle apotropaïque a disparu et l'actuelle permissivité des mœurs lui donne un caractère désuet.

Après la guerre, la normalisation des traditions légionnaires permet de consacrer durablement l'usage de fêter Noël dans les unités en introduisant dans le répertoire les chants populaires allemands de cette fête (*Stille Nacht, O du selige*). Là encore, la Légion entretient son particularisme.

Les chansons de soldat reprennent souvent des airs connus au moment de leur création. Ainsi, rédigé en 1946, publié en 1950, le recueil *Les Chansons de la grande équipe*, qui relate l'histoire du régiment de marche de la Légion étrangère entre 1941 et 1946, présente des chansons destinées à la popote, qui ont été intégrées sous la forme d'une revue historique donnée lors de plusieurs commémorations régimentaires, et dont bien des airs sont connus : *Mon légionnaire* (*Mon gazogène*), *Comme de bien entendu…* (*La Légion étrangère…*), *Avions reçu commandement*, *Derrière chez moi il est une montagne* (*Derrière Casa y'a une chaîne de montage*), *Comme tout le monde* (*Et pendant ce temps-là*), *Les 80 Chasseurs* (*Au rendez-vous du colonel*), parmi d'autres qui témoignent de la mode de l'époque.

La guerre d'Indochine va constituer un tournant important dans l'évolution du répertoire légionnaire. D'une part, la généralisation des enregistrements et l'impression de carnets de chants vont contribuer à diffuser de nouveaux chants et à décloisonner les répertoires des différentes armes. D'autre part, la Légion adopte des chants que l'on peut qualifier d'idéologiques. Les premiers enregistrements de chants légionnaires sont réalisés très officiellement par Képi blanc qui grave trois 78 tours en 1950 avec les chœurs du 1er régiment étranger d'infanterie sous la direction du capitaine Hallo dans les studios parisiens de Philips-Polydor. On y trouve *La rue appartient* et *Contre les Viets*. Deux chants récemment adoptés (vers 1948) dont les paroles avaient été créées, sur des airs allemands, par des soldats français engagés sur le front de l'Est.

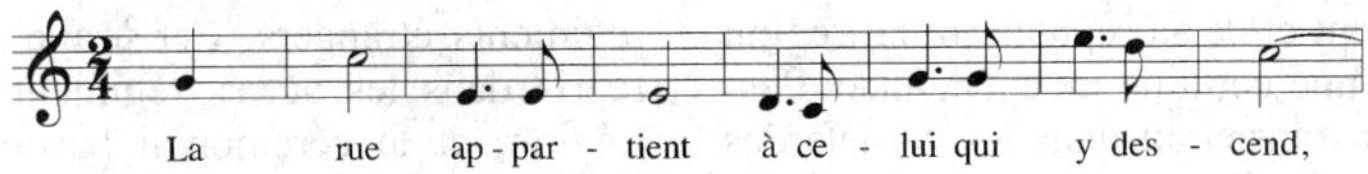

La rue appartient à celui qui y descend,
La rue appartient au drapeau des képis blancs,

Autour de nous la haine, autour de nous les dogmes que l'on abat.
Foulant la boue sombre vont les képis blancs.

Apparus pendant la guerre d'Indochine pour répondre aux campagnes politiques de dénigrement menées par le Parti communiste français contre le corps expéditionnaire, ces nouveaux chants sont pour les soldats et le commandement un véritable moyen d'expression. Le contexte nouveau de guerre subversive et l'image de troupe d'élite des parachutistes légionnaires vont contribuer à la diffusion de ce répertoire au sein des parachutistes métropolitains et coloniaux pendant la guerre d'Algérie. D'autant plus que le premier recueil de chants légionnaires (*Chante Légion*) est édité en Indochine en 1951 par l'aumônerie catholique du Tonkin à 7 500 exemplaires et va connaître trois éditions. À partir de la deuxième, la plupart des chants sont accompagnés de leur partition. La diffusion des nouveaux chants va être accélérée par l'essor du microsillon. Le disque vinyle rompt les clivages traditionnels entre les armes. La transmission orale des chants est dorénavant complétée par un recueil dans lequel figurent les partitions.

Seuls les enregistrements nous permettent d'avoir connaissance de chants légionnaires qui ne sont pas restés dans le répertoire – car jamais édités dans les recueils officiels, et pour cause. Ainsi, les officiers du 1er régiment étranger de parachutistes ayant participé au putsch en 1961 et qui furent emprisonnés au fort de Nogent enregistrèrent des paroles exprimant leur ressentiment sur des mélodies à la mode. Le plus connu se chantait sur l'air popularisé par Édith Piaf : *Je ne regrette rien*…

Signe d'un certain formalisme dans la pratique du chant dans la Légion, le capitaine Selosse rédige en septembre 1970 une note (nº 1712/RE/GILE/DLEB/SEC à l'intention des chefs de section du détachement de Légion étrangère de Bonifacio) – qui sert toujours de référence puisqu'elle figure dans la dernière édition du recueil édité par Képi blanc en 2009 – dans laquelle il affirme que « la Légion étrangère est, une fois encore, la troupe qui sait, qui doit, qui chante le mieux au monde » et donne la manière de sélectionner et d'interpréter les chants, précisant la bonne cadence pour ceux de marche : 80 à 85 pas par minute. Effet de mimétisme avec les troupes d'élite, certains chants légionnaires ont « provigné » dans le reste de l'armée pendant et après la guerre d'Algérie ; d'autres ont été adaptés. Cette influence est aussi notable dans leur interprétation lors des déplacements, une note de service du commandant des écoles de l'armée de terre (général Rousseau-Dumarcet, note nº 9256/CEAT/EF/CB) précisant en 1988 : « Il n'existe qu'un pas réglementaire dans l'armée de terre (seule la Légion étrangère a une cadence propre) et la pratique du chant est un acte de formation militaire et comme tel soumis à des règles […]. »

Institution à part du fait de son recrutement et de sa réputation, la Légion cultive une certaine indépendance d'esprit qui transparaît dans les carnets des lieutenants. On y trouve par exemple *Le Général à vendre*, de Francis Blanche, qui y figurait depuis longtemps avant d'intégrer le répertoire officiel en 2009. De même, le colonel Jean Luciani, ancien du bataillon étranger de parachutistes, se souvient d'avoir chanté par dérision *Quand un soldat*, chanson antimilitariste composée en 1953, dans une popote en Indochine. La Légion fait aussi école dans les usages du chant. *La Colonne* est ainsi devenue le premier chant de tradition régimentaire lorsque la coutume de l'interpréter au garde-à-vous est imposée à Sidi-Bel-Abbès dès 1948 sous l'influence du colonel Gaultier, commandant le dépôt commun des régiments étrangers. Cet usage va être repris dans les autres régiments de la Légion, et le cérémonial particulier à l'exécution de ces chants réglementé par une note de service en 1997 (note n° 4757 du 18 février 1997/COM.LE/EMDCIRLE/BIHLE, chapitre 32). *C'est le 4*, le chant de tradition du 4e régiment étranger d'infanterie (REI), est créé en 1980 ; *Anne-Marie* (du 2) devient le chant de tradition du 2e REI en 1990. Signe de cette évolution, à partir de l'édition de 1993 du carnet de chants officiel, les chants de tradition des régiments sont regroupés dans un chapitre particulier juste après *La Marseillaise* et *Le Boudin*. Cet usage va se généraliser dans l'armée de terre alors que disparaissent les musiques régimentaires.

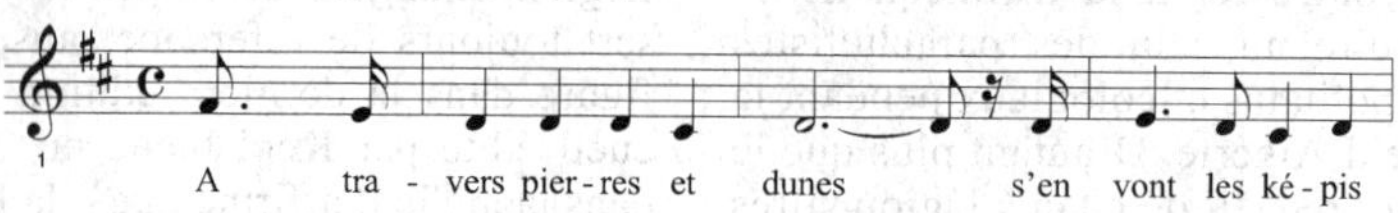

À travers pierres et dunes
S'en vont les képis blancs.
Sous le soleil, clair de lune
Nous marchons en chantant
Vers Béchar ou vers Casa
Dans toutes les directions
Nous repartons au combat,
Pour la gloire de la Légion.

Refrain :
C'est le 4 en chantant qui s'avance qui s'avance, laissez-le passer.

Ainsi, les dernières créations montrent que le répertoire légionnaire reste bel et bien un répertoire vivant au début du XXIe siècle : les chants légionnaires continuent à faire la preuve de leur capacité d'adaptation aux nouvelles conditions d'une armée moderne et confirment que l'esthétique musicale et la poésie restent compatibles avec l'efficacité militaire.

Thierry BOUZARD

Bibl. : Pierre Barbier et France Vernillat, *Histoire de France par les chansons*, t. VIII, *La IIIe République de 1871 à 1918*, Gallimard, 1961 • Joseph Bernelle et Augusto de Colleville, *Histoire de l'ancienne Légion étrangère créée en 1831, licenciée en 1888*, impr. de E. Marc-Aurel, 1850 • Léon Lehuraux, *Chants et chansons de l'armée d'Afrique*, Alger, P. & G. Soubiron, 1933 • Vincent Saint-Denis, *Typologie du chant Légion*, mémoire de DEA, université de Montpellier, 1997 • Joseph Vingtrinier, *1789-1902. Chants et chansons des soldats de France*, Albert Méricant, 1902.

CHAPEAU CHINOIS. – Instrument de musique à percussion, à l'origine emblème qui accompagne les pachas dans leurs déplacements, il comprend un pavillon de cuivre garni de clochettes ou de grelots. Il est surmonté du croissant et de l'étoile rappelant son origine turque et orné de queues de cheval, ces attributs témoignant du courage du pacha. Exposé devant sa tente, il est également le symbole de sa vaillance. Il est adopté dans les musiques militaires de l'armée d'Afrique mais y est progressivement abandonné, à l'exception des noubas et de la musique de la Légion étrangère où il prend place avec les cymbales et la grosse caisse derrière les clairons et les fifres.

Charles RIDET

Fonds documentaire
du musée de l'Empéri,
Salon-de-Provence.

CHARLES-ROUX, Edmonde (née en 1920). – En 1939, après une scolarité commencée à Prague et poursuivie à Rome où son père diplomate est en poste, Edmonde Charles-Roux prépare un diplôme d'infirmière. C'est donc comme infirmière et ambulancière qu'elle s'engage dans la guerre, au 11e régiment étranger d'infanterie, et ce premier contact avec les légionnaires va durablement la marquer. Pendant la deuxième campagne de France, à nouveau engagée volontaire comme assistante sociale divisionnaire au sein de la 5e division blindée, elle fait preuve d'un courage exemplaire en assistant les combattants au feu. Blessée une première fois à Verdun, elle est citée à l'ordre du corps d'armée. Blessée une seconde fois, elle est à nouveau citée à l'ordre de la division et décorée de la croix de guerre 1939-1945. Le chef de corps du régiment de marche de la Légion étrangère la distingue de surcroît en la nommant 1re classe d'honneur.

Après guerre, elle mène une carrière de journaliste, collaborant aux magazines *Elle* et surtout *Vogue*, dont elle devient rédactrice en chef en 1954, et de femme de lettres. Son roman *Oublier Palerme* remporte le prix Goncourt en 1966, et elle-même est élue membre de l'académie Goncourt en 1983 (elle en devient présidente en 2002). Son intérêt pour la Légion et ses mystères ne se dément pas avec le temps, en témoignent *Un désir d'Orient* (1989) et *Nomade j'étais* (1995), roman dont l'héroïne, l'aventurière Isabelle Eberhardt, a fréquenté le monde légionnaire au début du XXe siècle dans le Sud algérien. Par ailleurs, le repli en métropole de la Légion, et surtout l'implantation de la maison mère à Aubagne, attisent cet intérêt. Mariée en 1973 à Gaston Defferre, maire de Marseille pendant un quart de siècle, devenu ministre de l'Intérieur en 1981, elle défend discrètement et avec beaucoup de tact la Légion étrangère auprès des nouveaux responsables politiques. Elle est promue au grade de caporal d'honneur le 2 juillet 2007.

André-Paul COMOR

CHARTON, lieutenant-colonel Pierre (1903-1987). – Entré à l'École spéciale militaire de Saint-Cyr en octobre 1923, classé 256e sur 329 élèves officiers à sa sortie deux ans plus tard, le sous-lieutenant Charton sert initialement en bataillon de mitrailleuses et dans des régiments d'infanterie, avant de rejoindre le 4e Étranger (RE) au printemps 1928. Sa carrière est alors celle d'un officier de Légion, qui alterne les séjours sur différents territoires de l'empire : après plus de trois ans de service au Maroc, il passe au 1er RE au début de l'année 1932, puis embarque pour le Tonkin et est affecté au 5e RE, avant de retrouver l'Algérie en décembre 1934. Toutefois, elle ne se distingue pas par un éclat particulier puisqu'il n'est nommé capitaine qu'en septembre 1935, soit dix ans après sa sortie d'école. Il commande à partir de la même année la 7e compagnie du 2e bataillon du 1er RE, devenue 17e compagnie, puis de mars à septembre 1938 la compagnie de mitrailleuses et enfin d'octobre 1938 à juin 1939 la 19e compagnie du même régiment.

Affecté au 2e régiment étranger d'infanterie (REI), il regagne le Maroc à l'été 1939 et y commande à deux reprises de nouvelles unités élémentaires au cours de l'année 1940, période de profondes transformations pour les troupes françaises en Afrique du Nord. Cette expérience du commandement se poursuit au 3e REI jusqu'en 1943, puis au régiment de marche de la Légion étrangère (RMLE), où il occupe les fonctions d'adjudant-major et est promu chef de bataillon à titre temporaire en septembre. Affecté en Indochine à la fin de la Seconde Guerre mondiale, il accède à une notoriété teintée de réprobation et de mystère dans un contexte particulièrement difficile.

À la suite de la victoire communiste en Chine, de nombreux soldats nationalistes franchissent la frontière du Nord-Tonkin et il revient au lieutenant-colonel Charton et à ses légionnaires du 3e REI, en poste au long des 120 km de la route coloniale no 4 (RC4), de les désarmer et d'assurer un contrôle renforcé de la frontière sino-indochinoise. Grâce au soutien de la Chine maoïste, le Viêt-minh dispose désormais de solides bases arrière où il peut réorganiser et instruire ses troupes ; le dispositif français quant à lui se rétracte, les petits postes sont abandonnés. Après plusieurs mois d'hésitations et l'attaque contre Dong Khé le 16 septembre 1950, l'ordre est donné de replier toutes les unités. Le lieutenant-colonel Charton entre ainsi dans l'histoire au mois d'octobre, lors de la tentative de jonction de sa colonne avec celle du lieutenant-colonel Lepage (groupement Bayard) à la suite de l'évacuation de Dong Khé, That Khé et Cao Bang dont il commande le sous-secteur (combats de la RC4). Commencée le 2 octobre, la progression se poursuit au milieu de combats dantesques jusqu'au 11. Bien que devant initialement être secouru par le lieutenant-colonel Lepage, puisque parti de plus au nord, c'est lui qui assure finalement le recueil des survivants du groupement Bayard, très durement accrochés la veille dans les calcaires de Coc Xa. Le sacrifice du 3e bataillon du 3e REI et du 1er bataillon étranger de parachutistes (qui perdent dans ces combats 90 % de leur effectif), engagés contre une trentaine de bataillons viêt-minh, marque durablement les esprits, en dépit des erreurs d'appréciation voire des fautes tactiques qui seront ultérieurement relevées. Durant de très longues années, partisans et adversaires de l'un et de l'autre se heurteront et il sera tacitement interdit de prononcer les noms de RC4, Charton et Lepage dans les « popotes » de la Légion. Avec près d'un millier de survivants, le lieutenant-colonel Charton est fait prisonnier et connaît alors, jusqu'à la fin de la guerre d'Indochine, les camps de rééducation viêt-minh.

Rémy PORTE

Bibl. : Pierre Charton, *Il y a la Légion*, Indo Éditions, 2008 [1977] • Georges Longeret, Jacques Laurent et Cyril Bondroit, *Les Combats de la RC4. Face au Vietminh et à la Chine, Cao Ban-Lang Son, 1947-1950*, Indo Éditions, 2004.

CHARTRAND, Joseph-Damase (1852-1905). – Personnalité aux multiples facettes, Joseph-Damase, l'aîné d'une famille modeste de sept enfants, naît le 23 novembre 1852 au Québec à Saint-Vincent-de-Paul. Très tôt attiré par l'aventure, après de solides études classiques au collège Masson de Terrebonne, il quitte sa famille à seize ans pour Toronto, première étape d'un long périple qui le conduit jusqu'en Algérie et en Indochine. D'abord attiré par les États-Unis, il se rend à Chicago puis au Texas où, en 1868, il fait une première expérience militaire dans les Texas Rangers sous le nom de Charles Carter. Revenu à Montréal, il se joint au contingent de la milice envoyé dans le Manitoba pour une opération de police. Provisoirement assagi, le jeune Chartrand se pose à Montréal où il exerce le métier de comptable au *National* et au *Bien public*, deux grands journaux francophones.

Mais cette vie ne convient pas à son tempérament : il s'ennuie et décide de tout quitter – les études de droit et le titre de capitaine des carabiniers – pour franchir l'Atlantique et se présenter au concours d'entrée à l'École spéciale militaire de Saint-Cyr, en faisant valoir son ascendance normande. Sa qualité de sujet britannique lui vaut un refus du ministre français de la Guerre. Il ne renonce pas pour autant à servir sa « seconde patrie » et se résout à contracter un engagement dans la Légion étrangère. Vite remarqué, il brûle les étapes : rapidement promu sergent-major, il est naturalisé en 1881 et admis l'année suivante à l'École militaire d'infanterie de Saint-Maixent.

Il a quitté la Légion, mais non sans avoir participé, à sa manière, à faire connaître l'action et l'œuvre de la France en Algérie en collaborant – simple légionnaire – à des publications locales. Après qu'il a parcouru le Sud oranais dans les années 1878-1882 (révolte de Bou Amama et combat de Chott Tigri en avril 1882), participé à la conquête du Tonkin en 1885 et servi à nouveau en Algérie (3e régiment de zouaves, en garnison à Bône), le temps est venu pour le jeune officier marié et père de famille de poser ses bagages. Il exerce alors ses talents de pédagogue de 1886 à 1890 auprès des enfants de troupe de l'école militaire préparatoire qui vient d'ouvrir à Saint-Hippolyte-du-Fort (Gard). Entre-temps, il se rend célèbre comme écrivain avec des récits qui ont la faveur du public français. Sous la signature de Chartrand des Écorres, et après un premier essai avec *Voyages autour de la tente* en 1884, il poursuit sur le même thème en publiant chez Plon en 1887 *Expéditions autour de ma tente*, qui lui vaut d'être admis à la Société des gens de lettres de France, et une autobiographie en 1892 : *Au pays des étapes, notes d'un légionnaire*. En 2001, la Légion étrangère découvre l'auteur oublié et classe son autobiographie parmi les cent meilleurs ouvrages sur le sujet. Il met fin à sa carrière militaire française en 1894 pendant une permission au Canada alors qu'il sert comme capitaine au 27e bataillon de chasseurs alpins à Menton. Pris par le mal du pays, il s'installe définitivement avec sa famille au Canada, choisit dans un premier temps de se consacrer à l'écriture « engagée », fonde la *Revue nationale* (1895-1896). Un échec le détermine à quitter Montréal et, en 1897, il choisit de revenir à l'enseignement en acceptant le poste de professeur de français au Royal Military College of Canada de Kingstone, en Ontario. L'ancien « bourlingueur », aventurier et chroniqueur de talent, éternel vagabond, meurt le 2 avril 1905.

André-Paul COMOR

Bibl. : Jacques Boivin et Cosette Marcoux, *Seul responsable de mes dires, autobiographie posthume de Chartrand des Écorres*, Québec, Varia, 2003.

CHASSEURS D'AFRIQUE. – Au titre de l'article 2 de la loi du 9 mars 1831, le général commandant en chef les possessions du nord de l'Afrique est autorisé à former des corps militaires composés d'indigènes et d'étrangers. Dans la pratique, cette loi régularise la création des bataillons de zouaves et des escadrons de chasseurs algériens, initialement recrutés parmi les indigènes. Les chasseurs algériens deviennent « chasseurs d'Afrique » le 17 novembre 1831 ; il en est formé trois régiments stationnés à Alger, Oran et Bône.

Pour atteindre son effectif théorique en recrutant le moins possible de volontaires en France, le 1er régiment de chasseurs d'Afrique (RCA) incorpore en juin 1832 et avril 1833 deux cent trente-quatre hommes issus des trois premiers bataillons de la Légion étrangère. Ils sont répartis dans les huit escadrons du régiment. Ainsi, nul besoin de nommer des officiers et des sous-officiers étrangers : il n'existe pas d'escadron « étranger » dans le régiment. Plus de 90 % de ces légionnaires sont allemands et, parmi eux, les Bavarois sont majoritaires. Cinquante-deux ont déclaré être d'anciens militaires. Plus d'un tiers de ces chasseurs légionnaires ne parviennent pas au terme de leur engagement pour des raisons diverses (mort, réforme, condamnation), trois font carrière dans l'armée française : deux dans les spahis et un dans les chasseurs d'Afrique. Enfin, dix-huit sont libérés à Alger ou à Bône, montrant ainsi qu'ils se sont engagés pour émigrer en Afrique.

Le 2e RCA fait également appel à des étrangers mais en petit nombre et autrement. D'une part, il recrute directement des étrangers à Oran en leur donnant des patronymes à consonance arabe. D'autre part, en 1832, treize Allemands ou Belges s'engagent à Givet (Ardennes) au titre de ce régiment. En février 1833, les deux escadrons de Bône du 1er RCA forment le noyau du 3e RCA. Ils comptent dans leurs rangs quarante-deux anciens légionnaires.

Les historiques successifs du 1er RCA mentionnent à peine, quand ils ne l'omettent pas, la part que la Légion a prise dans la création de ce régiment. C'est pourquoi il convient de rappeler que l'un des chasseurs cités dans ces historiques pour son héroïsme au combat, Hoffmann, est un ancien de la Légion.

Henry DUTAILLY

Sources : SHD-Terre, registres matricules des 1er, 2e et 3e régiments de chasseurs d'Afrique.

CHAUMONT, dépôt de. – Chef-lieu du département de la Haute-Marne, Chaumont reçoit en mars 1831 le dépôt de recrutement de la nouvelle troupe et forme le 6e bataillon de la Légion étrangère, avec les déserteurs belges et hollandais. Ce bataillon n'est véritablement organisé qu'en 1833, à Bône. En 1870, 1914 et 1940, le dépôt continue à recevoir les étrangers engagés volontaires pour la durée de la guerre.

André-Paul COMOR

CHENEL, général Maurice (1916-1996). – À sa sortie de l'École spéciale militaire de Saint-Cyr, en 1939, le Mosellan Maurice Chenel choisit de servir au 1er régiment étranger. En juin 1941, il est chargé de soustraire à la commission d'armistice germano-italienne les légionnaires allemands refusant d'être rapatriés dans leur pays. Après avoir rempli sa mission, le jeune chef du « détachement fantôme », dernier renfort autorisé pour l'Extrême-Orient, est affecté au 5e régiment étranger d'infanterie (REI). Après le coup de force japonais du 9 mars 1945, il gagne la Chine avec le gros du régiment du Tonkin au sein de la colonne Alessandri.

Après la capitulation japonaise, il reste à la tête d'un commando au Cambodge jusqu'en 1947. À son retour en métropole, breveté d'état-major en 1950, il est affecté en qualité d'adjoint au commandant du détachement de la Légion étrangère à Marseille avant de rejoindre le Tonkin une nouvelle fois. Il est alors de tous les coups durs avec le 2e bataillon de commandos thaïs à Na San et à Diên Biên Phu, où le commandant Bigeard lui confie la défense de tout le dispositif sud-est de la rivière. En 1955, il retrouve en Algérie le 5e REI de retour d'Indochine et en commande le 3e bataillon.

Prenant en compte son expérience, et soucieux d'actualiser et d'adapter les méthodes d'instruction, l'Inspection technique de la Légion (ITLE) lui confie le commandement du groupement d'instruction de la Légion étrangère (GILE). Après les événements d'avril 1961, il assure comme chef de corps la délicate transition du 2e régiment étranger de parachutistes replié à Bou Sfer en protection de la base de Mers el-Kébir. Après un répit de deux ans au prytanée militaire de La Flèche, il prend le commandement du 1er RE en 1966 pendant la phase de redéploiement des régiments rendue nécessaire par la révision des accords d'Évian et la fin de la présence militaire française en Algérie (1967). Général de brigade en septembre 1969, il poursuit sa carrière au sein des troupes aéroportées (commandant la 20e brigade parachutiste puis servant comme adjoint au général commandant la 11e division parachutiste). En 1971, il est adjoint au général commandant la 7e Région militaire à Marseille. Promu général de division le 1er mai 1973, il quitte le service actif en mars 1976 mais se consacre pendant de nombreuses années au bien-être des anciens légionnaires, notamment à la Maison du légionnaire d'Auriol. Son engagement au service de la Légion donne la mesure de cet officier aux titres de guerre exceptionnels dont l'énergie et la volonté sont un exemple pour les légionnaires du XXIe siècle. Commandeur de la Légion d'honneur et grand officier de l'ordre national du Mérite, il est titulaire de 9 citations avec croix de guerre 1939-1945 et des théâtres des opérations extérieures ainsi que de la croix de la Valeur militaire. Il meurt le 17 mai 1996 au Thoronet, dans le Var, et est inhumé à Tarquimpol, sa ville natale.

André-Paul COMOR

CHINE, retraite de (1945). – En parvenant à se soustraire au coup de force japonais du 9 mars 1945 et en se battant pied à pied, sur près de 800 km, pour rejoindre la frontière de Chine, le 5e régiment étranger d'infanterie (REI) a accompli un véritable exploit.

En mars 1945, commandé par le lieutenant-colonel Belloc et fort de trois bataillons, le 5e Étranger est implanté le long du fleuve Rouge, dans la région de Vietri. De petits détachements tiennent garnison dans le haut Tonkin. Le régiment appartient au groupement de Tong, lui-même commandé par l'ancien chef de corps du 5e : le général Alessandri. Ce dernier, à la veille du coup de force, a été informé des préparatifs japonais par le général Sabattier, commandant la division du Tonkin, et a pu placer ses unités en état d'alerte. Cependant, quand survient l'assaut général lancé par les Japonais le 9 mars à minuit, l'état-major du régiment, à Vietri, ne peut éviter la capture. À Tong, plus au sud, le 1er bataillon du capitaine Gaucher et le 2e bataillon du capitaine de Cockborne ont quitté leurs cantonnements avant 23 heures et progressent vers l'ouest pour franchir la rivière Noire au bac de Trung Ha.

Demeurés dans la localité pour s'occuper des familles, le lieutenant-colonel Marcelin et ceux qui l'entourent seront massacrés. À Co Tich, au nord, la section hors rang du lieutenant Desfossés parvient à se dégager et à se replier sur Tien Cuong où elle est recueillie par le 3e bataillon du capitaine Lenoir venant de Tien Kien. Après un violent engagement qui lui coûte 75 hommes, le 3e bataillon se replie à son tour et franchit le fleuve Rouge à Cao Maï. Il lui manque sa 9e compagnie qui, coupée du bataillon, a dû se replier en direction de Tuyen Quang. Le 10 mars, le groupement Alessandri est rassemblé aux abords de Than Son, à l'ouest du confluent de la rivière Noire et du fleuve Rouge. Le matériel lourd et une bonne part du ravitaillement ont dû malheureusement être abandonnés lors de la traversée de ces deux coupures et, faute de vivres en quantité suffisante, les auxiliaires tonkinois doivent être démobilisés sur place. Avec trois bataillons réduits chacun à 350 hommes environ et commandé à nouveau directement par le général Alessandri, le 5e REI constitue l'ossature du groupement qui comprend aussi trois bataillons de tirailleurs tonkinois et un certain nombre de détachements de toutes armes et services, au total : 1 500 Européens et 3 000 autochtones. Sans renseignements sur la situation générale et sans liaison avec son chef, agissant cependant dans l'esprit de directives élaborées en cas d'agression, Alessandri décide de rejoindre Diên Biên Phu pour s'y établir en zone de refuge. Divisée en deux sous-groupements, la colonne entame alors sa longue marche vers l'ouest par les pistes de montagne, en évitant la route provinciale 41 (RP41) qui remonte d'Hoa Binh vers Diên Biên Phu et d'où les Japonais pourraient surgir. Pour lever le voile sur cette menace, il revient à la section de Légion du lieutenant Chenel, implantée à Son La, de reconnaître la RP41 au plus loin vers l'est et de freiner l'avance de la colonne ennemie.

Chenel engage le combat avec les Japonais le 15 mars à l'ouest du bac de Suyut. Jusqu'au 20 mars, utilisant remarquablement le terrain en évitant de se laisser déborder, cette simple section va ainsi mener un combat retardateur sur 80 km de part et d'autre de Moc Châu. Cette action de couverture permet aux deux sous-groupements de la colonne Alessandri de quitter les pistes de montagne et de se rabattre sur la RP41 où ils pourront progresser plus rapidement et se ravitailler au poste de Son La. Rejoignant la RP41 à Co Noï et recueillant la section Chenel, le 1er bataillon du 5e Étranger prend le combat à son compte à partir de Ban Na Nga tandis que le 3e bataillon bascule dans la vallée de la Nam Ma pour flanc-garder, au sud, l'axe de retraite. Après avoir fait un crochet par Nghia Lo, le 2e bataillon se rabat plus à l'ouest sur Son La pour servir d'échelon de recueil au 1er bataillon, les deux unités assurant ainsi tour à tour et par coups d'arrêt successifs le combat d'arrière-garde jusqu'à Diên Biên Phu. À Son La, un parachutage effectué par les Américains permet aux unités de compléter leur dotation en armement et matériel de transmissions, ce qui les aide à durcir leurs actions face à leurs poursuivants. Depuis Ban Na Nga, ce combat retardateur sur la RP41 donne ainsi lieu à plusieurs engagements violents : à Chieng Dong le 22 mars, Ban Lot le 23, Ban Gio le 24. À Son La, les 26 et 27 mars, le 2e bataillon perd une soixantaine d'hommes parmi lesquels la section de l'adjudant Hardouvalis dont les survivants seront massacrés à coups de sabre par les Japonais. Les combats se poursuivent au col des Méos les 28 et 29 alors que plus à l'ouest, au carrefour de Tuan Giao, une partie de la colonne, aux ordres du colonel Fourmachat, remonte vers Laï Chau et la frontière chinoise. Entendant poursuivre sa route vers Diên Biên Phu avec les bataillons du 5ᵉ Étranger et le 4/4ᵉ RTT (régiment de tirailleurs tonkinois), le général Alessandri donne un coup d'arrêt aux Japonais à l'ouest de Tuan Giao. Le capitaine Komaroff, figure du régiment, trouve la mort dans ces combats qui se prolongent durant les journées des 30 mars et 1ᵉʳ avril.

À partir de Diên Biên Phu, c'est au tour du 3ᵉ bataillon, qui a rejoint, de passer en arrière-garde. Progressant au sud, les légionnaires du 3ᵉ n'ont pas combattu sur la RP41 mais eux aussi sont épuisés après avoir parcouru plus de 500 km sur des pistes de jungle, tenaillés par la faim. Ainsi, tandis que les 1ᵉʳ et 2ᵉ bataillons cheminent vers Phong Saly, au Nord-Laos, le bataillon Lenoir s'installe en coup d'arrêt à Houei Houm en compagnie du 4/4ᵉ RTT. Attaquées en force par les Japonais le 10 avril, ces unités sont disloquées et fragmentées. La 10ᵉ compagnie est perdue. Les rescapés de cet engagement se repositionnent cependant à Muon Khoua, sur la Nam Hou, où ils sont attaqués à nouveau le 15 avril. Sous les ordres du capitaine Demiaute, une poignée de survivants parvient encore à freiner l'avance des Japonais pendant deux jours avant d'être recueillie par le 1ᵉʳ bataillon alors que des éléments isolés gagnent directement la Chine plus à l'ouest. Le 30 avril, le 1ᵉʳ bataillon passe lui-même la frontière de Chine au nord d'Ou Neua. Quant au 2ᵉ bataillon, en bivouac à Malitao non loin de la frontière, il n'est pas encore tiré d'affaire. Le 1ᵉʳ mai au lever du jour, il est brutalement assailli par la colonne japonaise qui avait poursuivi le sous-groupement Fourmachat jusqu'au nord de Laï Chau avant de se rabattre vers la frontière sino-laotienne. Il faut toute l'énergie du capitaine de Cockborne, blessé, ainsi que des capitaines Courant et Besset pour échapper au piège. Le reliquat du bataillon parvient enfin à passer en Chine le 2 mai. Le but est atteint.

Les légionnaires du 5ᵉ Étranger ont marché plus de cinquante jours, le plus souvent pieds nus, vêtus de guenilles, souffrant de la faim et de la soif. Malgré ce dénuement, ils ont trouvé assez d'ardeur pour se battre jusqu'au bout. Parvenus en Chine, les rescapés de cette odyssée héroïque ne sont cependant pas au terme de leurs souffrances : menacés d'être désarmés par les Chinois du seigneur de la guerre Lou Han, ils doivent encore parcourir une centaine de kilomètres avant d'être regroupés à Sze Mao d'où les blessés sont évacués par avion vers les Indes. L'ultime étape mènera les valides jusqu'à Tsao Pa, à plus de 400 km, où le dernier détachement arrivera le 15 juin. Au terme de cette épopée qui lui vaut une magnifique citation à l'ordre de l'armée, le « Vieux Cinquième » disparaît. En 1940, il comptait 3 000 hommes. Le 1ᵉʳ juillet 1945, les 650 rescapés sont regroupés pour donner naissance au bataillon de marche du 5ᵉ Étranger dont le capitaine Gaucher prend le commandement.

Michel DAVID

Bibl. : Paul Huard, *Le Corps léger d'intervention et l'Indochine, 1943-1946*, chez l'auteur, Crest (26), 1988 • *5ᵉ Étranger. Historique du régiment du Tonkin*, Lavauzelle, 2000.

« CHLABORD ». – Vocable allemand dérivé de *Schlappohr* (« oreille flasque »), employé pour désigner les militaires de l'armée française hors Légion qui portent la casquette hivernale avec rabats sur les oreilles ; c'est donc un terme péjoratif pour désigner les personnels des unités du « régime général » – non légionnaire, donc –, mais qui ne signifie pas un rejet global. Ce n'est qu'un héritage du passé, une façon de marquer la différence sur le plan statutaire : dans l'armée d'Afrique, il désignait les militaires français qui encadraient les troupes indigènes. Aujourd'hui employé dans le langage courant, il fait partie du vocabulaire légionnaire.

Il faut distinguer par ailleurs les « chlabords » des « cadres blancs », sous-officiers spécialistes qui ne bénéficient pas du statut des militaires servant à titre étranger et qui sont affectés à certains postes bien précis en attendant que la Légion étrangère forme des personnels servant à titre étranger dans la spécialité considérée.

Charles RIDET

CHOLÉRA. – Maladie diarrhéique épidémique, strictement humaine, due à un bacille découvert par Filippo Pacini en 1854 et isolé en 1883 par Robert Koch en Égypte. Son incubation de courte durée, de quelques heures à quelques jours, est suivie de violentes diarrhées et de vomissements, sans fièvre, en l'absence de traitement ; et la mort survient entre un et trois jours, généralement par collapsus cardio-vasculaire. Le choléra est encore un fléau dans les villes européennes jusqu'au milieu du XIXe siècle, il touche en outre – inégalement – pendant plusieurs décennies l'armée d'Afrique au cours des opérations de la conquête de l'Algérie comme sur les autres théâtres d'opérations extérieures.

Il fait son apparition dès 1834 à Alger où sont stationnés les 1er et 2e bataillons de Légion. Les légionnaires du premier détachement en partance pour l'Espagne, qui embarquent à Alger le 27 juillet 1835 dans la chaleur moite de l'été algérien, et en dépit des précautions prises pour éviter la contagion, doivent ainsi observer une quarantaine dans le port de Palma de Majorque. De même, en octobre 1837, après la prise de Constantine, le bataillon de la 2e Légion perd 30 hommes, victimes du fléau transmis par les hommes du convoi de ravitaillement. Désormais le choléra ne cesse de creuser les rangs des unités de la Légion qui participent aux opérations en direction du sud depuis le siège de Zaatcha en novembre 1849 par le 2e bataillon du 2e régiment étranger et la prise de Bou Saada. La même année, 3 officiers et environ 200 légionnaires en sont victimes à Sidi-Bel-Abbès. Toutefois, les habitants de la ville encore en chantier, reconnaissants, offrent une épée d'honneur au médecin aide-major Dziewoski, du 1er régiment étranger, pour son dévouement pendant l'épidémie. À Biskra, le 2e Étranger, moins atteint, perd 4 officiers et 66 sous-officiers et légionnaires.

Le choléra frappe à nouveau au début de la guerre de Crimée, et en 1854 une épidémie fait plus de 10 000 victimes au sein des armées française et anglaise. Les officiers généraux ne sont pas épargné : le général Carbuccia et le maréchal de Saint-Arnaud, anciens chefs de corps de la Légion, comptent parmi les nombreuses victimes. Les hommes souffrent des dures conditions climatiques de la région mais les pertes dues à l'épidémie sont relativement faibles comparées à celles dans les autres corps de l'armée d'Afrique (179 hommes dont 5 officiers tout de même).

En septembre 1859, le bacille transporté par les immigrants venus d'Espagne fait sa réapparition en Algérie et tue 2 000 soldats. La Légion perd 6 officiers, dont un médecin, et 200 légionnaires. En revanche, de retour du Mexique, en 1867, les légionnaires diminués par une campagne éprouvante échappent à la propagation d'une énième épidémie – 8 521 soldats paient en quelques semaines un lourd tribut à la maladie – en grande partie en raison de la dispersion des unités dans des postes reculés. Au Tonkin enfin, en octobre 1884, un an seulement après leur arrivée, les mauvaises conditions d'hygiène, le climat et sans doute l'insuffisance du service de santé sont à l'origine des pertes subies par les 1er et 2e bataillons du 1er Étranger. Outre le choléra dont il paraît difficile, en l'état actuel de nos connaissances, d'établir un bilan chiffré pour la Légion, il faut rappeler que les hommes ont souffert cruellement au Mexique de la fièvre jaune – le redoutable et redouté *vomito negro* –, mais aussi de manière constante du paludisme, tant en Afrique qu'en Extrême-Orient.

Charles RIDET

CHOTT TIGRI, combat de. – La révolte du marabout Bou Amama, qui éclate dans le Sud oranais fin avril 1881, mobilise des troupes de la division d'Oran dont les bataillons de la Légion étrangère. De janvier à mai 1882, le colonel de Négrier adopte un dispositif adapté s'appuyant essentiellement sur des colonnes plus mobiles chargées de sillonner la zone dissidente et de poursuivre les bandes afin de les neutraliser. Il concentre ses forces dans le Chott Tigri avec l'espoir de profiter de sa supériorité numérique contre une petite troupe aventurée dans cette région de dunes et de ravins profonds parsemée de bouquets de palmiers nains. Il applique à la lettre les principes de Bugeaud pour les opérations en Algérie, mais néglige d'éclairer et de couvrir le déplacement d'une colonne dont les faibles effectifs sont susceptibles d'attirer une troupe plus nombreuse.

Le 26 avril 1882, sous un soleil de plomb, l'une des colonnes, commandée par le capitaine Barbier du 3e bataillon du 2e Étranger, forte de 300 hommes, s'engage sur les hauts plateaux entre Aïn-ben-Khelil et Forthassa Gharbia. Elle est composée de deux compagnies de Légion renforcées par une section de la toute récente compagnie montée de Légion, d'un peloton de chasseurs d'Afrique et d'un petit détachement de goumiers. Le détachement escorte la mission topographique du capitaine de Castries qui est chargée de lever la carte de cette région inconnue. À six heures, les dissidents lancent l'attaque. La surprise est totale et la lutte inégale contre un adversaire supérieur en nombre. Les 900 cavaliers et 1 600 fantassins de la tribu des Ouled Sidi Cheikh, partisans de Bou Amama, tentent aussitôt de disloquer la colonne pour éviter une concentration des feux. Le capitaine Barbier ordonne de faire demi-tour pour éviter les ravins. La section montée passe à l'arrière-garde, isolée du reste de la colonne. Le lieutenant Massone, qui la commande, commet deux fautes fatales pour ses hommes : il ne tente pas de rejoindre la colonne et fait donner le coup de feu avec les fusils Gras en restant sur les mulets surclassés par les montures adverses. Dans les premières minutes de l'engagement, il est mortellement blessé. Les rescapés mettent pied à terre et, malgré les pertes sévères, la défense s'organise grâce à la discipline au feu des légionnaires qui profitent d'une accalmie pour se regrouper sur une dune. Conservant leur sang-froid, les quelques hommes valides tentent de contenir les assauts des cavaliers qui ne cessent de tournoyer autour d'eux. Une section envoyée par le capitaine Barbier permet par ailleurs de recueillir les quelques blessés. Le gros de la colonne subit de grosses pertes. Le capitaine de Castries en prend le commandement après la mort du capitaine Barbier. À court de munitions, profitant du pillage des chameaux et des mulets abandonnés, il décide la reprise de la marche en direction de l'oasis de Galloul où il pense rallier Négrier. Entre-temps une colonne de secours forte de 500 hommes rejoint les rescapés.

Les pertes sont lourdes : 2 officiers et 49 légionnaires tués et 29 blessés. Le colonel commandant la Légion étrangère tire les leçons du premier engagement d'une unité d'infanterie portée – appelée à connaître un essor en Afrique du Nord pendant un long demi-siècle de campagnes ininterrompues. Ce sanglant souvenir épargnera désormais aux légionnaires « montés » de se conduire en piètres cavaliers : la « montée », quelles que soient les circonstances, est avant tout une troupe d'infanterie.

André-Paul COMOR
& Jean-Charles JAUFFRET

Bibl. : Jacques Frémeaux, *Le Sahara et la France*, Soteca, 2010 • Georges Gugliotta et Jean-Charles Jauffret, *Les Compagnies montées de la Légion étrangère*, mémoire de maîtrise soutenu sous la direction de Pierre Guiral, université de Provence, Aix-en-Provence, 1972.

CHRISTMANN, Richard, dit Markus (1905- ?). – Né le 12 novembre 1905 à Metz, Richard Christmann s'engage dans la Légion étrangère à Marseille en 1926. Affecté au 1er régiment étranger de cavalerie, il part pour Sousse en Tunisie et participe à de nombreuses opérations de pacification dans lesquelles est engagée la Légion, notamment au Tafilalet avec la colonne Trinquet en 1932. Après de nombreux actes de désobéissance, d'indiscipline et de désertion qui lui valent de passer en conseil de guerre, il fait de la prison avant de quitter le service actif dans la Légion en décembre 1932.

La date de son recrutement comme agent par l'Abwehr est incertaine, mais sans doute postérieure à son départ de la Légion. Il illustre parfaitement la filière de recrutement légionnaire des services spéciaux allemands depuis la république de Weimar. Objet de tentatives méthodiques de pénétration et d'action subversive de la part de l'Allemagne, la Légion était exposée par le recrutement de nombreux Allemands depuis la fin de la Grande Guerre. La coordination entre le service d'information de la Légion et le bureau des statistiques de la Légion étrangère avec les services spéciaux militaires (la SR-SCR – section de centralisation des renseignements – du 2e Bureau de l'état-major de l'armée) à Paris fut resserrée à la fin des années 1930 pour enrayer l'espionnage militaire allemand dans les unités de Légion. Aussi le parcours de Richard Christmann est-il symptomatique des manœuvres secrètes allemandes de l'entre-deux-guerres dans la Légion étrangère. Toutefois, il ne semble pas avoir été identifié comme agent de l'Abwehr par les services spéciaux français avant 1939, à la lumière des archives de Moscou.

En 1939, Christmann opère en Belgique et en Hollande. Comme de nombreux autres agents allemands, il est traité par des antennes de l'Abwehr (Münster, Aix-la-Chapelle, Cologne, Cassel et Trèves) agissant sur les pays voisins de l'Allemagne. Affecté après le 14 juin 1940 à l'antenne de l'Abwehr du colonel Friedrich Rudolf et du major Oskar Reile à l'hôtel Lutetia à Paris, il est chargé d'examiner et d'exploiter les archives françaises aux fins d'action de renseignement (plus tard en liaison avec la Gestapo, puis le Sicherheitsdienst) et, surtout, d'identifier l'agent de pénétration des services français qui a déjà donné les informations sur la réunion à la Chancellerie du 5 novembre 1937 et sur les intentions stratégiques allemandes en mai 1940. Les nazis ne découvrent son identité qu'au printemps 1943 : H.-T. Schmidt, frère du général allemand Rudolf Schmidt, l'un des plus importants officiers généraux de la Wehrmacht commandant sur le front russe. Le colonel Rudolf doit mettre sur pied les actions de contre-espionnage dans la France bientôt occupée militairement. Christmann est ainsi envoyé en mission en Hollande pour participer aux actions de contre-espionnage de l'Abwehr visant particulièrement les réseaux de résistance à l'occupation nazie. Sous le nom de code « Richard » (puis « Markus »), il monte un faux réseau de résistance afin de prendre contact avec Londres et de désorganiser la Résistance hollandaise. Une fois son réseau démasqué, il opère en Belgique jusqu'à la défaite de la Wehrmacht pour rentrer en Allemagne. Abandonnant sa couverture, il se fait passer en avril 1945 pour un déporté politique incarcéré à Neuengamme et, muni de faux papiers, gagne le sud de la France. Installé sur la Côte d'Azur, il cherche à refaire sa vie dans le commerce artisanal avant d'être démasqué par la police des renseignements généraux à Cannes en 1950. Il était recherché comme criminel de guerre.

Olivier FORCADE

Sources : SHD-Terre, 7NN 2737, espionnage allemand en Belgique, et 7NN 2726, postes allemands de l'Abwehr, années 1935 à 1940.

Bibl. : Peter Jackson, *France and the Nazi Menace. Intelligence and Policy Making 1933-1939*, Oxford, Oxford University Press, 2000 • Simon Kitson, *Vichy et la chasse aux espions nazis 1940-1942*, Autrement, 2005 • Oskar Reile, *Treff Lutetia Paris*, Munich, Verlag Welsermühl, 1973 • Étienne Verhoeyen, *Spionnen aan de achterdeur. De Duitse Abwehr in België 1936-1945*, Anvers, GPRC, 2011.

CINÉMA. – *Voir* IMAGES, IMAGINAIRES DE LA LÉGION ÉTRANGÈRE.

CIOTA, La. – *Voir* CENTRES D'HÉBERGEMENTS.

CLASSE, 1re. – Au cours de l'année 1868, les compagnies d'élite sont supprimées et la fonction de 1re classe créée pour les remplacer. Ce changement est peu goûté des légionnaires qui sont privés de leurs titres de grenadiers et de voltigeurs, fonctions acquises par l'expérience, et surtout fiers d'appartenir à ces compagnies d'élite qui se sont distinguées en Crimée, en Italie et au Mexique. La 1re classe n'est pas un grade mais une distinction dans la hiérarchie militaire qui sanctionne la manière de servir et non la qualification.

Charles RIDET

CLAVEL, Bernard (1923-2010). – En 1974 paraît *Le Silence des armes*, un roman de Bernard Clavel. L'auteur a obtenu le prix Goncourt quelques années auparavant, en 1968, pour *Les Fruits de l'hiver*, le quatrième et dernier volume de sa suite autobiographique *La Grande Patience*. Dans *Le Silence des armes*, il dénonce la guerre en général et celle d'Algérie en particulier. Le journal *Képi blanc* fait alors paraître, au mois de mai de la même année, un article signé « Caporal Mac Seale ».

Il y est d'abord rappelé la valeur du romancier, « auteur profondément humain préoccupé de justice et de pureté [qui] sait raconter les histoires d'hommes » ; ses qualités sont une fois de plus attestées. Mais cet article développe également une critique sévère du livre. Le contenu de celui-ci entraîne un rejet sans concession. *Le Silence des armes* raconte en effet l'histoire d'un jeune homme, le caporal Jacques Fortier, qui revient en permission au pays de son enfance, le Jura cher à l'auteur des *Colonnes du ciel*. Il fait la guerre en Algérie, car il s'est engagé ; « il est devenu, volontairement, ce que [son père] méprisait le plus au monde : un soldat ». Nerveusement fragile, il essaie de retrouver sa place au village et n'y parvient pas. Les souvenirs des opérations auxquelles il a participé dans le djebel affluent et le bouleversent : « ce n'était pas contre des soldats qu'il se battait mais contre des femmes, et parfois, des enfants ». Il décide brusquement de ne pas retourner au combat et de montrer à tous « où ça mène, l'amour de la tuerie. [...] Ils vont comprendre ce que c'est, le jeu de massacre ! ». Finalement, ayant transformé sa maison en fort Chabrol, il se fait tuer par les gendarmes qui l'encerclent, après avoir crié sa conviction qui se résume en peu de mots : « j'en ai marre des saloperies, j'en ai marre de la guerre. De l'assassinat. Des tortures. Des villages bombardés »...

Cependant, ce n'est pas tant ce livre qui importe – Bernard Clavel a clamé sa foi pacifiste à de nombreuses reprises – que la suite que son auteur va donner aux remarques émises dans le journal de la Légion étrangère par le « caporal Mac Seale ». À ce dernier, Bernard Clavel répond par un nouvel ouvrage : *Lettre à un képi blanc*. Il faut tout d'abord remarquer que le képi blanc en question est aussi bien de couleur noire, kaki ou bleue. L'auteur s'adresse à tous les militaires, quelle que soit leur unité. Il pense par exemple à son grand-oncle, qui apparaît dans *Quand j'étais capitaine*, un roman dédié à Jules Roy : « Je ne l'ai pas connu mais [son] képi blanc est là, sous mes yeux. » Or, il le dit précisément : il était « officier de la Coloniale ». Mais pour lui, c'est bien le képi blanc qui symbolise l'armée. Il semble même, parfois, confondre ceux qui le portent avec les Joyeux des bataillons d'Afrique ! Toujours est-il que c'est aux premiers qu'il s'adresse en priorité : ils acceptent de marcher « d'un pas cadencé derrière la clique » ; ils vénèrent leur coiffe blanche et s'en vont faire la guerre sans hésitation ni remords. L'un d'eux est mis en scène dans l'une des nouvelles du recueil *L'Espion aux yeux verts* intitulée « Légion ». À l'entrain guerrier qu'ils manifestent, le romancier oppose, dans sa *Lettre à un képi blanc*, les choix de plusieurs écrivains et militants pacifistes : Romain Rolland, Jean Giono, Louis Lecoin qui recommande l'objection de conscience. Ces diverses attitudes sont évidemment incompatibles avec l'appartenance aux troupes professionnelles. Mais justement, Bernard Clavel incrimine « le bel outil de guerre que constituent les unités de mercenaires ». Dans ce terme de « mercenaires », il place d'abord les légionnaires puis l'ensemble des soldats de métier ; le caporal Mac Seale les représente tous. Il n'y a pas d'exception. Pas un de ceux qui se battent n'est innocent. Dans la France occupée, les résistants aussi ont pu se transformer en tortionnaires.

En vérité, c'est avant tout la guerre qu'il faut condamner. L'écrivain en arrive même à prendre – paradoxalement – la défense de ces hommes engagés dans les derniers conflits du pays en proie aux déchirures sanglantes de la décolonisation, « les soldats de métier, parachutistes et légionnaires ». On les a accusés de pratiquer la torture, en particulier en Algérie et, avant cela, en Indochine. Afin de ne pas être complice de ces agissements, Jules Roy a rendu ses galons de colonel. Mais Bernard Clavel va plus loin : si les opposants politiques ont beau jeu de reprocher à ceux qui restent dans les unités combattantes – quitte à se salir les mains – la guerre inhumaine qu'ils mènent, il s'exclame quant à lui : « Quelle farce énorme ! Comme si la guerre pouvait avoir quoi que ce soit d'humain hormis la souffrance et la mort ! » Et d'ajouter : « La notion de crime de guerre est une foutaise, puisque c'est la guerre qui est un crime et tous ceux qui en sont responsables des criminels. »

Il y a une suite. Un « post-scriptum » accompagne la réédition de la *Lettre*, en 1999, dans la collection « Pocket ». « Le vendredi 21 février 1975 », l'auteur a rencontré le fameux « caporal Mac Seale » et a pu s'entretenir avec lui : « le caporal en question était un capitaine de la Légion étrangère fort sympathique ». À cet officier, le pacifiste convaincu a donc répété que « la guerre est le plus grand des crimes contre l'humanité » et que seuls peuvent aider à l'éviter les insoumis. Que se passe-t-il lorsque ces derniers – les insoumis, les rebelles… les réfractaires, dirait Lyautey – ont choisi d'appartenir aux forces militaires et s'en trouvent plutôt bien ? Certes, ils s'opposent à la société. La quitter n'atténue pas leur révolte ; mais ils la mettent au service de ce que condamne l'écrivain. Celui-ci termine sa *Lettre à un képi blanc* en évoquant les croix « dont l'ombre se couche sur la tombe des soldats » ; cette ombre qui va se coucher sur lui aussi, plus tard : Bernard Clavel meurt le 5 octobre 2010 à Grenoble. Mais qui avait permis qu'il se rapproche du « caporal-capitaine Mac Seale » ? Celui que l'on pourrait nommer l'écrivain de la Légion étrangère, Paul Bonnecarrère.

France Marie FRÉMEAUX

CODE D'HONNEUR DE L'ANCIEN LÉGIONNAIRE. – Corollaire du code d'honneur du légionnaire, ce code fixe les règles, morales et comportementales, que doivent respecter tous les anciens légionnaires et particulièrement ceux appartenant aux amicales d'anciens de la Légion étrangère. Il a été proposé en 1999 par le général Coullon, alors président de la Fédération des sociétés d'anciens de la Légion étrangère (FSALE) et ancien général commandant la Légion étrangère, et adopté par le conseil d'administration de la FSALE. Son texte est le suivant :

1. Ancien de la Légion étrangère, je suis fier d'avoir servi avec honneur et fidélité.
2. Chaque ancien légionnaire reste mon compagnon d'armes, quelle que soit sa nationalité, sa race ou sa religion.
3. Je lui manifeste toujours l'étroite solidarité qui doit unir les membres d'une même famille.
4. Fidèle à mon passé à la Légion étrangère, l'honnêteté et la loyauté sont les guides permanents de ma conduite.
5. Ma tenue, mon comportement sont exemplaires en restant modestes.
6. Je refuse la facilité et l'entraînement dans les abus de toute sorte, incompatibles avec la dignité humaine.
7. Je m'interdis d'impliquer la Légion étrangère dans toute action politique.
8. Dans ma cité, je suis fier que mes relations disent de moi avec considération : « C'est un ancien légionnaire. »

Marie LARROUMET

CODE D'HONNEUR DU LÉGIONNAIRE. – En mars 1937, les presses du 1er régiment étranger produisent un opuscule destiné aux jeunes recrues : le *Mémento du soldat de la Légion étrangère*. Il s'agit d'apprendre au légionnaire, qui est venu « volontairement », « comment il doit se comporter en toutes circonstances » et « lui donner tout ce dont il a besoin pour tenir honorablement sa parole de soldat ». Aussi le *Mémento* propose-t-il de « rendre confiance aux heures de découragement et aux heures de danger et de crise, de dicter le devoir ». En une dizaine de pages sur la centaine que comporte l'ouvrage, les devoirs du légionnaire sont clairement exposés. L'attitude envers le chef est décrite avec précision parce que « la force de la Légion réside avant tout dans la confiance absolue et réciproque qui lie les légionnaires et leurs chefs » ; les relations entre camarades sont également explicites. « Tous les légionnaires sont égaux », et « la Légion qui est ta seconde patrie ne distingue ni nationalités, ni races, ni religions [...], aucune question d'ordre politique ou confessionnel ne doit intervenir dans tes relations avec tes camarades dont tu dois scrupuleusement respecter les croyances et les traditions ». Envers ses subordonnés, « la dignité, la conscience professionnelle et les connaissances militaires sont seules susceptibles de conférer le respect de tous ». Le comportement du légionnaire est également décliné selon les lieux où il se trouve, au quartier, en ville, dans le bled, et aux combats durant lesquels « jamais la Légion n'a abandonné à l'ennemi ses morts, ses blessés et ses armes ». Le manuel est réédité une première fois avant la Seconde Guerre mondiale. En 1945, le 3e Étranger fait à nouveau imprimer l'opuscule par les éditions Le Prat à Paris sous le titre explicite de *Mémento du légionnaire*. La nouvelle version revue et augmentée tient compte de la participation de la Légion dans la dernière guerre.

Jusque dans les années 1980, ces premières ébauches très détaillées du code d'honneur ne sont pas actualisées. En effet, le commandement constate alors que les changements dans la société ont des effets sur le recrutement. Une partie des légionnaires manquent de repères et de solides références en rapport avec la vie en société. S'inspirant très largement des mémentos précédents, il décline un recueil de principes qui se transforme en un guide d'action. Une version simplifiée en sept articles devient le « code d'honneur » du légionnaire. À la signature de son contrat, chaque légionnaire reçoit le texte dans sa langue maternelle. Enfin, le code d'honneur sert de support pour quelques cours de français. C'est pourquoi chaque légionnaire apprend par cœur la version française. Au cours de la cérémonie de la remise des képis blancs, la section d'engagés volontaires déclame d'une seule voix ce texte « canonique » devenu un serment qui engage le jeune légionnaire. En 2001, pour être en conformité avec l'évolution du cadre juridique de l'engagement des forces armées, le sixième article est modifié sans que pour autant son esprit soit altéré.

1. Légionnaire, tu es un volontaire servant la France avec honneur et fidélité.

2. Chaque légionnaire est ton frère d'armes quelle que soit sa nationalité, sa race ou sa religion. Tu lui manifestes toujours la solidarité étroite qui doit unir les membres d'une même famille.

3. Respectueux des traditions, attaché à tes chefs, la discipline et la camaraderie sont ta force, le courage et la loyauté tes vertus.

4. Fier de ton état de légionnaire, tu le montres dans ta tenue toujours élégante, ton comportement toujours digne mais modeste, ton casernement toujours net.

5. Soldat d'élite, tu t'entraînes avec rigueur, tu entretiens ton arme comme ton bien le plus précieux, tu as le souci constant de ta forme physique.

6. La mission est sacrée, tu l'exécutes jusqu'au bout et, s'il le faut, en opérations, au péril de ta vie.

7. Au combat, tu agis sans passion et sans haine, tu respectes les ennemis vaincus, tu n'abandonnes jamais ni tes morts, ni tes blessés, ni tes armes.

Alexis NEVIASKI

COLLINEAU, général Édouard (1810-1861). – Fils d'un commerçant et septième d'une famille de onze enfants, Édouard Collineau naît aux Sables-d'Olonne (Vendée) le 20 novembre 1810. Au terme d'études élémentaires dans sa ville natale, il devient apprenti puis ouvrier chapelier. Peu satisfait de son état, il s'engage à vingt ans au 18e régiment d'infanterie légère. Son instruction lui permet d'être promu sergent-major à trois ans de service. Muté à la Légion étrangère avec son grade en 1836, il y est nommé sous-lieutenant avant d'avoir terminé son engagement de sept ans.

Au cours de dix-sept années de service à la Légion, il participe à la prise de Constantine et au siège de Zaatcha. Il quitte l'institution en 1853 lors de sa promotion au grade de lieutenant-colonel. Avec les zouaves dont il commande le premier régiment, il combat en Crimée. Nommé général de brigade, il participe à la campagne d'Italie (1859) et à l'expédition de Chine (1859-1861). Promu général de division le 6 novembre 1860 et nommé gouverneur de Tien Tsin, il meurt de la variole le 15 janvier 1861. Le général Collineau a été blessé trois fois et cité six fois. Il était commandeur de la Légion d'honneur.

Henry DUTAILLY

Bibl. : *Notes et souvenirs du général Collineau publiés par M. Guy Collineau*, La Sabretache, 1924.

COLMAR, combats de la poche de (24 novembre 1944-9 février 1945). – Les trois régiments de Légion étrangère qui participent à la Libération sont engagés depuis la fin du mois de novembre 1944 au sein du 2e corps d'armée (général de Monsabert) de la Ire armée française dans les batailles des Vosges et d'Alsace. Après l'audacieuse attaque de la 2e division blindée qui libère Strasbourg le 23 novembre, le général de Lattre doit tenir compte de la résistance allemande. La poche de Colmar résulte de l'impossibilité pour la Ire armée de déboucher du nord de Mulhouse alors que les Alliés sont arrêtés au sud de Strasbourg. Entre-temps, la contre-offensive du maréchal von Rundstedt dans les Ardennes contraint le général Eisenhower à prélever des unités en Alsace. Le front s'étend sur 240 km depuis la frontière suisse à Gambsheim. Le terrain se subdivise en deux zones contrastées : la plaine d'Alsace, d'une part, coupée d'est en ouest par des canaux, des rivières et des marécages difficilement franchissables, avec des forêts denses et de nombreux villages et cités ouvrières qui sont autant de centres de résistance défendus par des mines et des canons antichars efficaces, les Vosges, d'autre part, qui présentent à l'ouest un massif montagneux et forestier très vallonné aux lignes de communication facilement obstruées par des abattis et des mines. Les conditions météorologiques de l'hiver 1944-1945 sont de surcroît particulièrement éprouvantes avec une couverture neigeuse épaisse et des températures négatives pouvant atteindre - 20 °C.

Le 2e corps d'armée, comprenant trois divisions d'infanterie dont deux américaines et la 1re division motorisée d'infanterie (ex-1re division française libre, ou DFL) du général Garbay à laquelle est rattachée la 13e demi-brigade de Légion étrangère (13e DBLE) mais aussi deux divisions blindées dont la 5e avec le régiment de marche de Légion étrangère (RMLE) et le 1er régiment étranger de cavalerie (REC), est chargé de l'effort principal avec pour objectif le débordement de Colmar par le nord après s'être emparé des passages sur le canal de Colmar. Le colonel Olié, qui vient de prendre le commandement du RMLE, unité d'infanterie motorisée sur le modèle américain, déploie ses trois *Combat Commands* (CC 4 à 6) alors que le 1er REC, régiment de reconnaissance, se prépare à l'offensive au côté de la 13e DBLE très éprouvée par la bataille des Vosges. Dès le 23 janvier, la demi-brigade pousse dans l'axe Guémar-Illhaeusern : la libération de Marckolsheim se fait au prix de violents

Combats pour la libération de Colmar
20 janvier-2 février 1945

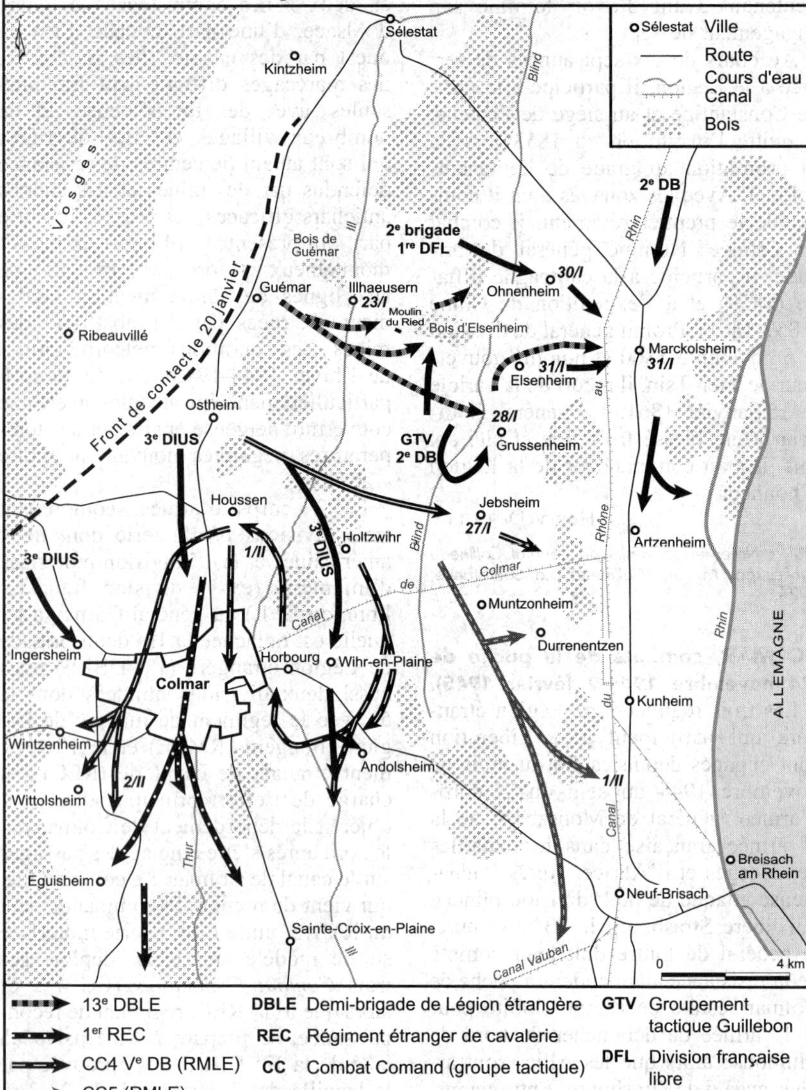

combats dans le bois d'Elsenheim (24-25 janvier) et à Grussenheim, au côté du RMLE qui a réussi à déloger les Allemands de Jebsheim entre le 25 et le 29 avant de pousser vers les sud et entrer dans Colmar le 2 février. Quant aux cavaliers du 1er REC du colonel Miquel, ils sont engagés dans l'assaut final au matin du 2 février 1945, et s'emparent de Herzlisheim.

Jean-Noël VINCENT

Sources : DHPLE, JMO du 1er REC, du 1er bataillon de la 13e DBLE et du RMLE.
Bibl. : Jean de Lattre de Tassigny, *Histoire de la Ire armée française, Rhin et Danube*, Plon, 1949.

COLOMB-BÉCHAR. – En 1903, dans l'extrême Sud algérien sur le plateau dominant la palmeraie de Béchar, près du village de Tagla, les troupes françaises comprenant notamment les 1re et 2e compagnies montées de la Légion construisent un poste qui devient quelques années plus tard Colomb-Béchar. Distante de 711 km du port d'Arzew, dans l'extrême-sud du département d'Oran (puis de la Saoura à la fin de la présence française), la petite garnison est renforcée dès 1904 par une compagnie montée du 2e régiment étranger (RE). Les unités montées des deux régiments de Légion se succèdent jusqu'en 1914 pour assurer la police des confins algéro-marocains. Par suite de la réorganisation du dispositif militaire dans le Sud oranais, le 2e bataillon du 1er RE quitte Aïn-Sefra en mai 1937 pour rejoindre Colomb-Béchar.

André-Paul COMOR

COLONNA D'ISTRIA, capitaine Guillaume Philippe (1774-1833). – Le nom du capitaine Colonna d'Istria n'est que rarement cité dans les histoires de la Légion étrangère. Il fait partie des premiers officiers de l'« ancienne Légion » issus des armées de la Révolution et de l'Empire et injustement oubliés, alors que le colonel Combe, son aîné, mort glorieusement lors de la prise de Constantine en 1837, au commandement contesté, a eu droit aux honneurs des chroniques.

Né le 15 janvier 1774 à Ajaccio, sous-lieutenant au régiment royal corse puis au bataillon de chasseurs royaux corses en mai 1788, le jeune Colonna d'Istria est promu trois ans plus tard lieutenant au 5e régiment d'infanterie de ligne, où il gagne ses galons de capitaine le 25 mai 1792. Il fait campagne dans le Nord et en Moselle sous les ordres du maréchal Luckner puis du général de Custine. Malgré sa loyauté et ses états de service dans les armées de la Révolution, il est licencié en 1795. Quelques mois plus tard, les Anglais lancent une expédition contre la Corse. Il donne une preuve éclatante de son double patriotisme – corse d'abord, français ensuite, si ce n'est l'inverse – en se portant volontaire sur le vaisseau amiral *Sans-Culotte* en qualité de canonnier. Jusqu'à sa réintégration le 31 janvier 1798, il est employé « par mer et par terre » dans le Nord et en Méditerranée. À la fin du Premier Empire, Colonna d'Istria est muté au 4e régiment des gardes d'honneur, régiment de cavalerie, composé de nobles réquisitionnés par Napoléon Ier pour participer à la campagne du Rhin. À nouveau licencié en juillet 1814, sous la première Restauration, il reprend du service à l'état-major de la 23e division en qualité de chef d'escadrons pendant les Cent-Jours. Placé en demi-solde en juillet 1814, il se retire sur ses terres, à Sollacaro.

En 1831, il est âgé de cinquante-six ans, chargé d'une famille nombreuse et désargenté. Il fait des démarches pour reprendre du service après avoir été éconduit à plusieurs reprises sous la seconde Restauration. La commission chargée d'examiner son dossier propose un emploi dans « les vétérans ». Il est finalement nommé capitaine dans la Légion étrangère en formation. L'officier prend déjà des libertés avec les règlements militaires lors de sa prise de commandement de la 1re compagnie à Auxerre qui se déroule dans des conditions pour le moins inhabituelles. Son séjour à la Légion est de courte durée : en avril 1833, il quitte l'Algérie au terme d'un commandement qui n'a pu marquer les esprits de son temps. Les mémorialistes ont cependant retenu qu'au cours d'une marche sur Maison-Carrée où la Légion avait reçu son baptême du feu, le 27 avril 1832, le capitaine Colonna d'Istria avait conduit un détachement de 100 légionnaires et de 15 chasseurs à cheval de la compagnie de grenadiers du 5e bataillon de la Légion étrangère qui s'était à nouveau mesuré à un rude adversaire. Les affaires familiales l'appellent en Corse, où un drame – deux de ses fils ont été victimes d'une vendetta – vient d'avoir lieu. En avril 1833, il obtient un congé qui se termine mal : le 10 août, il est blessé mortellement par François Titus dit Franceschino Colonna d'Istria, l'auteur de l'attentat qui a déjà coûté la vie de ses fils.

Charles RIDET

Sources : SHD-Terre, 2Y^e^, carton n° 781.

COLONNE, La. – *Voir* CHANT DU 1er REC.

COLONNES. – La colonne, par opposition à la ligne de combat, est une formation en profondeur qui permet soit une marche plus aisée sur un itinéraire, soit une attaque plus puissante, sur un front de combat resserré, capable de porter un impact plus fort sur l'adversaire. Dans le premier cas, on parle de colonne de route ; dans le second, de colonne d'assaut. Par habitude de langage, ce mode de formation est devenu aussi un procédé tactique. Au cours de son histoire, la Légion étrangère a mis en œuvre les deux types de colonnes, selon les missions qui lui ont été dévolues.

La colonne d'assaut est le plus souvent très limitée dans le temps, car elle ne dure que le temps d'une attaque massive au cœur du combat. On retiendra pour mémoire les trois colonnes d'attaque préparées par le régiment étranger devant les formidables fortifications d'Oaxaca au Mexique. Leur arrivée sur leurs positions de départ à la redoute de la Lanterne, dans la nuit du 8 au 9 février 1865, fut pour les Mexicains le signe de l'assaut final. La citadelle mexicaine se rendit donc juste avant l'ordre de départ.

Il convient de préciser le procédé tactique de la colonne de route, tant dans ses lignes générales qu'à travers deux cas d'école. Dans le contexte général d'emploi de la Légion étrangère au XIXe siècle et pendant la première partie du XXe siècle, la colonne de route est associée au mouvement général de la conquête coloniale (1831-1911), puis aux opérations militaires dites de pacification et de maintien de l'ordre, chaque fois que cela fut nécessaire (1914-1950). On cesse de parler de colonnes avec la création des groupes mobiles (GM) lors de la seconde phase de la guerre d'Indochine (1951-1954). Ces groupes mobiles relèvent du même principe que les colonnes : organisation interarmes (infanterie-cavalerie ou chars-éléments du génie et de l'artillerie-éléments de logistique nécessaire à la progression de la colonne), préservation d'un équilibre savant entre les origines des unités (unités métropolitaines, unités régulières de recrutement local, unités irrégulières de recrutement local ou « supplétifs ») et attribution d'une mission précise à accomplir en autonomie technique et tactique, tout en sachant s'appuyer sur les postes isolés qui maillent les territoires coloniaux. Pour le simple légionnaire, la colonne est le temps de la marche et des escarmouches, par opposition avec la vie en poste consacrée au service et à l'entraînement, tout en gardant un œil sur une attaque surprise, jamais exclue.

La colonne Trézel fut un des exemples les plus funestes de ce procédé de combat. Parti de la région d'Oran avec 2 500 hommes du 2e régiment de chasseurs d'Afrique (RCA), du 66e régiment d'infanterie (RI), des 5e et 7e bataillons de Légion étrangère et quelques pièces d'artillerie, le général Trézel avait pour but de s'emparer de Mascara où l'émir Abd el-Kader avait fixé sa capitale itinérante. Le choc eut lieu au col de Moulay Ismaël le 26 juin 1835 et l'avant-garde française (2e RCA, 7e bataillon de Légion – unité polonaise à cheval) fut rapidement mise en grande difficulté. La situation fut sauvée par une charge du 5e bataillon de Légion – unité italienne à pied. Toutefois, encombré de 130 blessés et assailli par 12 500 hommes d'Abd el-Kader, le général Trézel dut faire retraite en abandonnant la route directe au profit d'une progression vers Arzew, à travers la plaine marécageuse de la rivière Macta. La complémentarité des unités françaises, notamment l'intervention de l'artillerie, permit de forcer le passage contre la cavalerie adverse le 26 juin dans la soirée, mais le manque de coordination, notamment entre les deux bataillons de Légion formés de nationalités différentes, aggrava la situation dans l'après-midi du 28 où la colonne manqua être submergée et dispersée. Les unités françaises parvinrent ensuite à percer les lignes de l'émir et furent reformées sur la plage près de l'embouchure de la Macta. Cette affaire coûta à la Légion 62 morts et 308 blessés. Elle conduisit aussi le colonel Bernelle, envoyé peu après en Espagne à la tête de la Légion étrangère, à reformer ses unités sur un principe de mixité des nationalités afin d'augmenter leur cohésion générale. Ce principe d'amalgame des origines prévaut toujours pour la gestion des ressources humaines de la Légion étrangère.

En 1950, les colonnes Lepage et Charton semblent être les derniers exemples connus de colonnes de route impliquant des légionnaires. Elles se sont déroulées entre le 16 septembre et le 7 octobre, date de leur anéantissement commun. Dans le cadre général d'un renforcement des forces du Viêt-minh grâce à la victoire du communiste Mao Tsé-toung en Chine, la région frontalière sino-vietnamienne fut l'objet d'une attaque générale, de mai 1950 à la fin du mois de novembre de la même année. L'abandon de cette région du Tonkin et notamment de la dernière implantation française en Haute-Région, à Cao Bang, fut conduit selon le procédé tactique de la colonne de route. Il se solda par un désastre complet. Une colonne forte de quatre bataillons, dont le 1er bataillon étranger de parachutistes (BEP) du chef de bataillon Segrétain, aux ordres du colonel Lepage, partit, le 1er octobre, de la zone amie au sud (région de That Khé) afin de faire sa jonction avec la colonne du lieutenant-colonel Charton formée par la garnison et les familles de Cao Bang, dont le 3e bataillon du 3e régiment étranger d'infanterie (REI) du chef de bataillon Forget. L'axe général de progression des deux colonnes était la route coloniale no 4 (RC4). La présence ennemie au point de rencontre fixé à Dong Khé, les difficultés de manœuvre et de progression, ainsi qu'une absence d'appui aérien conduisirent à l'anéantissement des deux colonnes dans la jungle autour de la cuvette de Coc Xa. La densité de la végétation, la difficulté à coordonner la manœuvre et les appuis, ainsi que le rapport des forces très favorable aux forces du Viêt-minh sont les causes le plus souvent avancées pour expliquer la destruction de ces deux colonnes sur la RC4.

Philippe GUYOT

COMBE, colonel Michel (1787-1837). – Michel Combe est né à Feurs (Loire) le 19 octobre 1787. Son père, Sébastien, soldat sous le règne de Louis XVI, puis officier de la République et enfin de l'Empire, est un exemple pour le jeune Michel dont plusieurs oncles sont aussi militaires. À quinze ans, l'adolescent s'engage au 25e régiment de ligne. D'abord soldat dans le corps de Davout, il est nommé caporal puis fourrier et devient sergent-major en avril 1805. Le jeune homme se distingue pour la première fois durant la bataille d'Iéna (14 octobre 1806) en arrivant le premier sur une batterie de six canons puis, quelques mois plus tard, lorsqu'il est blessé au bras droit à Pułtusk (26 décembre 1806). En 1807, le hardi guerrier est promu au grade d'adjudant-major et reçoit la croix de la Légion d'honneur. À nouveau blessé à Eckmühl (22 avril 1809), il est nommé sous-lieutenant en juin de la même année ; lieutenant puis adjudant-major en 1811. Remarqué, il quitte le 25e de ligne pour des formations plus prestigieuses. En 1812, il rejoint ainsi les grenadiers à pied de la Garde impériale et fait la campagne de Russie durant laquelle il a le pied gauche gelé. Le 19 mars 1813, il est nommé capitaine adjudant-major au 135e régiment d'infanterie de ligne. Il y reste moins de un an. En avril 1814, il retrouve les grenadiers à pied de la Garde impériale avec le rang de chef de bataillon. Fidèle à l'Empereur, il le suit à l'île d'Elbe et rentre en France, avec lui, en 1815. Il est alors lieutenant-colonel au 1er régiment de grenadiers de la Vieille Garde. Participant à la campagne de 1815, il s'illustre encore à Waterloo dans les derniers carrés de la Garde.

Sous la Restauration, le bouillant officier qui n'a que vingt-huit ans est d'abord interné à Montbrison puis, dans des circonstances inconnues, est exilé au Texas. En 1823, il y épouse la fille d'un général anglais, Elisa Walker. La révolution de 1830 lui fournit l'occasion de revenir en France. Il se met alors au service du nouveau régime mais le brillant serviteur de l'Empereur est loin de la prestigieuse carrière qui s'ouvrait à lui. Lieutenant-colonel au 24e régiment de ligne, à quarante-quatre ans, il est promu colonel et prend le commandement du 66e de ligne (1831). Lors de l'expédition d'Ancône qui consiste à précéder les Autrichiens appelés par le souverain pontife pour réprimer un soulèvement en Romagne, Combe s'empare rapidement et facilement de la citadelle. Toutefois, autoritaire et impulsif, il est rappelé à Paris à la suite d'une rixe avec un de ses officiers. L'ancien grognard se révèle être, en fait, un souci pour le commandement.

Après cet incident, il prend le commandement de la Légion étrangère en mai 1832. En juin, à Marseille, il reçoit des mains du duc d'Orléans le premier drapeau de la Légion avant de s'embarquer pour l'Algérie. Susceptible et très indépendant, il se heurte très rapidement à ses pairs et à ses supérieurs pour des incidents toujours minimes mais qui prennent des proportions démesurées. Ainsi, à l'issue d'une affaire de service courant, il refuse d'appliquer les ordres du général Dalton commandant la division d'Alger et demande à être relevé de son commandement. Il est mis aux arrêts ; l'affaire monte jusqu'au ministère. Il est alors une nouvelle fois relevé de son commandement et placé à la tête du 47e de ligne stationné dans le sud de la France. La vie de garnison est une nouveauté pour ce soldat qui ne connaît que les champs de bataille. Abusant et usant de son autorité, il est l'objet de plaintes. Son nom est à nouveau connu en haut lieu. Après l'inspection du régiment et une lettre directement adressée au ministre de la Guerre sans passer par la voie hiérarchique, il est traduit devant le comité de l'infanterie et de la cavalerie qui préconise de lui retirer son commandement. Heureusement pour Combe, son régiment est appelé à faire campagne en Algérie. Il arrive à Oran le 2 septembre 1835, et commande l'une des quatre brigades qui mènent des expéditions contre les troupes d'Abd el-Kader pour venger le désastre de la Macta. Il se distingue à plusieurs reprises, notamment à Sidi Yacoub et à Sikkah, au moment de la victoire de Bugeaud sur l'émir rebelle. En octobre 1837, à la tête de son régiment, il prend part à la deuxième expédition de Constantine. Le 13 octobre, il est grièvement blessé de deux balles à la poitrine en conduisant ses hommes à l'assaut. Toutefois, la ville est prise. Stoïquement, il rend compte au duc de Nemours puis se laisse soigner. Il meurt le 15 octobre 1837. Alors qu'il est inhumé à proximité de la brèche de Constantine, le gouvernement décide que son cœur sera rapporté en France aux frais de l'État.

Alexis NEVIASKI

Sources : SHD-Terre : 3Y f53229.
Bibl. : Michel Combe, *Mémoires du colonel Combe sur les campagnes de Russie 1812, de Saxe 1813, de France 1814 et 1815*, Plon-Nourrit et Cie, 1896.

COMMANDEMENT DE LA LÉGION ÉTRANGÈRE (COMLE). – De l'inspection réclamée par le colonel Rollet dans les années 1920 sous la IIIe République à la mise en place du commandement de la Légion étrangère en 1984 sous la Ve République, la Légion subit les aléas des décisions du haut commandement, lui-même soumis aux contraintes budgétaires et aux orientations de la politique de défense et de sécurité de la France. La première inspection, « arrachée » à la dernière minute au chef d'État-major général, à la veille de la commémoration du centenaire de la création de la Légion étrangère, en 1931, est supprimée par le général Gamelin trois ans plus tard, à quelques semaines du départ en deuxième section du général Rollet. Il faut attendre la fin de la Seconde Guerre mondiale et l'intervention du général Leclerc au cours de l'été 1947 pour qu'une nouvelle inspection voie le jour. Pour l'ancien chef de la 2e division blindée, il s'agit avant tout de réparer une injustice : le général Magrin-Vernerey, écarté depuis 1941 des grands commandements, aurait dû recevoir celui de la 10e Région militaire (Alger). Qu'il soit inspecteur de la Légion étrangère n'est alors que justice. De 1948 à son départ pour la Corée en 1950, le vainqueur de Narvik assume ce commandement alors que la croissance rapide des effectifs de la Légion au début de la guerre d'Indochine exige une révision de l'instruction et le renforcement de la cohésion en raison de la forte proportion d'Allemands engagés. Cependant, jusqu'à la création du groupement autonome de la Légion étrangère (GALE) – qui remplace l'inspection – en septembre 1950, les structures héritées des années 1930 sont maintenues (seul changement, le dépôt commun de la Légion étrangère, ou DCLE, remplace le dépôt commun des régiments étrangers, ou DCRE, en 1949). Le général Gardy, chef du GALE, retrouve les attributions de l'ancienne inspection : l'autonomie de la Légion est admise, à défaut d'être pleinement reconnue (les impératifs de la guerre en Extrême-Orient ne laissent que peu de choix à Paris depuis le désastre de

FILIATION DU COMMANDEMENT DE LA LÉGION ÉTRANGÈRE

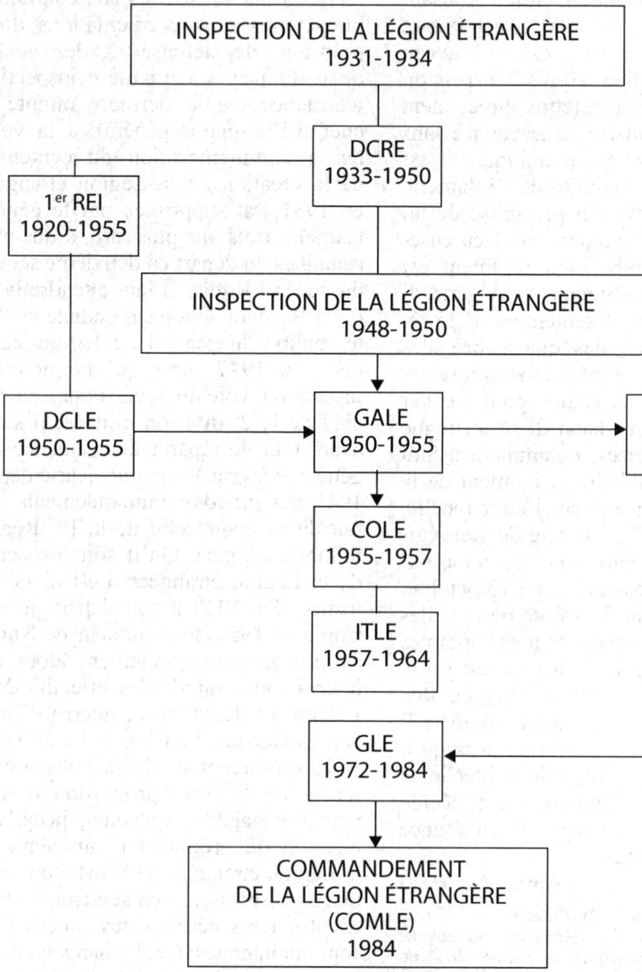

la RC4). À la fin de l'année 1954, la nouvelle guerre qui éclate sur la terre d'élection des légionnaires et le regroupement progressif de toutes les unités en Algérie amènent le haut commandement à adopter une nouvelle posture. En juillet 1955, le commandement de la Légion étrangère (COLE), installé à Vincennes, assure la transition jusqu'à la création en 1957 d'une inspection technique (ITLE) qui met fin à l'autonomie de la Légion, de plus en plus critiquée par Paris. Les trois officiers généraux – Gardy, Morel et Lefort – qui se succèdent jusqu'au repli sur la métropole conservent cependant de larges attributions. Le recrutement fait l'objet d'une attention toute particulière, tout comme le niveau de l'instruction : la Légion, encore en première ligne, doit plus que jamais se montrer digne de la confiance et de l'honneur qui lui sont accordés. L'inspection technique relève le défi qui prélude aux transformations des années 1960 et qui aboutiront en 1984 à la présente organisation d'un commandement directement subordonné au chef d'état major de l'armée de terre dont il est le conseiller pour les questions spécifiques à la Légion étrangère. La tradition a été respectée : en juillet 1984, le siège du commandement de la Légion étrangère (ou COMLE) retrouve sa place – perdue en 1934 à Sidi-Bel-Abbès – au sein de la nouvelle maison mère d'Aubagne. Victoire posthume du général Rollet, « père de la Légion », dont tous les légionnaires tirent aujourd'hui une légitime fierté.

André-Paul COMOR

Sources : SHD-Terre, 9N 58.
Bibl. : Pierre Soulié, *Paul-Frédéric Rollet. Père de la Légion étrangère*, Éditions Italiques, 2007.

COMMANDOS DELTA. – Nés au printemps 1961, les commandos Delta sont la branche armée de l'OAS (Organisation armée secrète) à Alger en 1961-1962. On en compte environ une vingtaine et ils groupent entre une demi-douzaine et une douzaine d'hommes. Leur dénomination renvoie à leur maître d'œuvre, le lieutenant Roger Degueldre, « delta » étant le nom de l'indicatif radio par lequel débutait son nom. En même temps qu'il est une figure marquante de la Légion étrangère des années indochinoises et algériennes, Degueldre, qui a déserté au lendemain des événements de décembre 1960 pour se consacrer à la préparation du putsch d'Alger, est le concepteur de ces commandos qui accompagnent la structuration de l'OAS en mai-juin 1961. Son maître mot est qu'il « faut faire Budapest ». Pour y parvenir, il prend en charge le Bureau d'actions opérationnelles (BAO) rattaché à la branche Organisations, renseignement, opérations (ORO) de l'OAS dirigée par Jean-Claude Pérez.

Lorsqu'il s'agit de mettre sur pied les premiers commandos, Degueldre recherche des hommes aguerris, autant dire des professionnels. Cela explique qu'à l'origine les deux premiers commandos, Delta 1 et Delta 2, soient dirigés par deux légionnaires proches de Degueldre, Albert Dovecar et Wilfried Schliedermann. Par la suite, la plupart des dirigeants des autres commandos sont des civils mais qui se caractérisent souvent par une expérience militaire antérieure ou un passage par le contre-terrorisme. Comme leurs dirigeants, les membres des deux premiers Delta sont des légionnaires, présents dans ces structures parce qu'ils y suivent leurs officiers. Ainsi, si Delta 1 et Delta 2 sont exclusivement composés de légionnaires (dont Claude Tenne pour Delta 1), ces derniers se font plus rares dans les autres, même s'il faut compter avec Slim Slébodia, ancien du 1er REP, dans Delta 4.

La chronologie a ici son importance : ne pouvant se démultiplier, Degueldre, tout en chapeautant les Delta civils et en rencontrant régulièrement leurs responsables (au moins jusqu'en décembre 1961, moins ensuite à cause de menaces d'arrestation), ne suit pas le détail de leur quotidien. Il supervise en revanche l'ensemble des opérations des commandos, ce qui n'est pas sans provoquer des tensions avec Jean-Claude Pérez. La proximité qu'il entretient avec les chefs de Delta conditionne assez largement leur poids dans l'organisation. C'est aux Delta originels, dont il est le plus proche et qui lui sont totalement dévoués, que Degueldre confie les premières missions délicates : l'exécution du commissaire Gavoury le 31 mai 1961 est ainsi prise en charge par Albert Dovecar. Au fil des semaines et de la montée en puissance de l'OAS, Degueldre charge les commandos civils d'affaires importantes (opérations ponctuelles, lutte contre les « barbouzes », attentats et plasticages, etc.). Cette présence des civils ne s'explique pas seulement par la multiplication des actions entreprises ou la mobilisation (relative) de ces derniers, mais aussi par le fait que l'OAS, et les commandos avec elle, peinent à recruter des militaires et notamment des légionnaires.

L'arrestation de Degueldre le 7 avril 1962 décapite l'organisation des commandos Delta qui sont temporairement gouvernés par une structure collégiale dominée par les civils (Gaby Anglade, Jo Rizza et Paul Nocetti) avant que le capitaine Murat n'en prenne les rênes. L'heure est à l'effondrement de l'Algérie française. Décimés par les arrestations, ces commandos sont démobilisés, surtout lorsqu'il apparaît que l'opération projetée pour libérer Degueldre est une chimère. Le procès et l'exécution de celui-ci comme de Dovecar pour l'assassinat du commissaire Gavoury sont bien ceux des Delta et, à travers eux, des légionnaires activistes. Cependant, si ces derniers symbolisent les Delta à travers la figure de leur chef et de son premier cercle, ils n'en sont pas forcément les figures les plus représentatives.

Olivier DARD

Bibl. : Olivier Dard, *Voyage au cœur de l'OAS*, Perrin, 2011 (rééd. augmentée de l'ouvrage paru en 2005) • Vincent Guibert, *Les commandos Delta*, Jean Curutchet, 2000.

COMMISSAIRES SPÉCIAUX DE POLICE. – Entre 1871 et 1914, les commissaires spéciaux de police de la frontière de l'Est sont surtout connus pour être des pièces maîtresses du dispositif français en matière d'espionnage et de contre-espionnage vis-à-vis de l'Empire allemand. Mais ils sont également, dans les gares frontières, les premiers interlocuteurs des étrangers qui souhaitent s'engager dans la Légion étrangère. Ils se chargent de les accueillir et de les diriger vers les bureaux de recrutement désignés à cet effet. Ainsi, dès 1875, le commissaire spécial de Saint-Dié Jean-Baptiste Kempff fournit aux Alsaciens, le jour de leur arrivée, « un gîte pour la nuit et une nourriture convenable dont ils sont toujours satisfaits » avant de les expédier, le lendemain, par le chemin de fer et au compte du comité local de la Société de protection des Alsaciens-Lorrains, au bureau de recrutement de Nancy. Cette pratique est formalisée par une circulaire du ministre de la Guerre en date du 27 novembre 1884. Le commissaire de police employé à la frontière délivre des réquisitions pour permettre aux étrangers dépourvus de ressources de se transporter aux centres de recrutement de la Légion. Il leur remet une petite somme destinée à assurer leur subsistance pendant le trajet. Ces avances sont prélevées sur les fonds du ministère de l'Intérieur et remboursées ultérieurement par le ministère de la Guerre. À partir de 1905, ces menus frais sont réglés directement par ce dernier ministère. Peu à peu, cette procédure est réservée uniquement aux déserteurs étrangers, la Société de protection se chargeant des Alsaciens ou des Lorrains n'ayant pas encore servi dans l'armée allemande. À la suggestion de cette même société, les municipalités des petites localités frontières sont invitées par les commissaires spéciaux à prêter leur concours dévoué.

Certains commissaires spéciaux sont attachés à améliorer la prise en charge des postulants à la Légion. En 1884, le commissaire Kempff obtient satisfaction sur « la question d'humanité » de secourir également ceux qui y sont refusés. En ayant recours à la charité publique pour retourner dans leurs foyers, ce qui produit « toujours un mauvais effet », ils risquent de dissuader de futurs candidats en Alsace-Lorraine. De même, en 1896, sur recommandation du commissaire spécial de Saint-Dié François-Xavier Troesch, la visite médicale préalable à l'engagement se déroule désormais dans toutes les places et villes de garnison de la 6e Région militaire et non plus seulement dans les centres de recrutement. Cela permet accessoirement de faire quelques économies budgétaires. La mesure est néanmoins abrogée l'année suivante lors de la parution d'une nouvelle circulaire concernant les déserteurs étrangers.

Ces derniers sont souvent interrogés par les commissaires spéciaux et leur fournissent parfois de précieux renseignements militaires. En 1899, une note officielle prescrit encore aux commissaires spéciaux, en plus des questions à poser sur l'effectif de paix de l'unité du déserteur et son emploi probable en temps de guerre, d'obtenir des renseignements « aussi précis que possible » sur l'artillerie de campagne et le nouveau fusil Mauser. Avant leur engagement, les candidats les plus intéressants sont conduits devant des officiers de renseignement. À partir de 1897, les brigades de gendarmerie s'occupent de toutes les démarches.

Enfin, les commissaires spéciaux sont très au fait de la campagne allemande qui se développe contre la Légion étrangère et savent en discerner les exagérations et les contre-vérités. Parfois, ils se livrent même à une contre-propagande efficace en faisant insérer dans des journaux des lettres significatives de légionnaires alsaciens-lorrains. Ainsi, le 25 décembre 1884, paraît dans *La Gazette vosgienne de Saint-Dié* « une lettre fort intéressante sur la condition des soldats à la Légion étrangère » écrite depuis Sidi-Bel-Abbès par un légionnaire originaire de Strasbourg. Le commissaire spécial de Saint-Dié Kempff en distribue une quinzaine d'exemplaires à ses « correspondants » du pays annexé et demande au *Journal d'Alsace* de la reproduire en Alsace-Lorraine. Au mois de mars 1885, il suggère de faire publier une autre lettre « pleine d'intérêt au point de vue des sentiments patriotiques qu'elle exprime » dans quelques grands journaux de Paris, comme *Le Temps*, « très répandu en Alsace » et « lu dans tous les cafés du pays annexé ».

Patriotes, pour la plupart originaires d'Alsace-Lorraine ou ayant servi dans l'armée française, les commissaires spéciaux de police de la frontière de l'Est sont en général bien disposés envers les volontaires pour la Légion étrangère. Le commissaire spécial de Belfort Jean-Baptiste Hissler en est un exemple marquant. Né en 1862 à Kientzheim dans le canton de Kaysersberg (Haut-Rhin), réfractaire de l'armée allemande, il s'engage dans la Légion à Neufchâteau (Vosges) en 1880. Il y reste quinze ans et participe à de multiples campagnes outre-mer, en Algérie et dans le corps expéditionnaire de Formose et du Tonkin. Naturalisé français en 1884, promu adjudant en 1889, il reçoit la médaille militaire. En 1891, il passe au 2e régiment étranger et est libéré cinq ans plus tard. Commissaire spécial de Belfort en 1908, attaché à l'état-major de l'armée pendant la Grande Guerre, il est élevé au grade d'officier de la Légion d'honneur à titre militaire en 1919.

Gérald SAWICKI

Sources : Archives nationales, LH 130321, dossier de Légion d'honneur de Jean-Baptiste Hissler • Archives départementales de Meurthe-et-Moselle, 4M172, 4M193 • Archives départementales des Vosges, 4M109, 4M516.

COMMUNE de PARIS. – En disposant que la Légion étrangère ne devait pas être employée sur le territoire continental du royaume, la loi du 9 mars 1831 interdit la participation des étrangers à la réduction des insurrections. Bien qu'il ait été membre du gouvernement qui a fait adopter cette loi, Adolphe Thiers, chef du pouvoir exécutif de la République française en 1871, n'émet aucune objection à l'intégration du régiment étranger (RE) dans l'armée chargée de réprimer la Commune de Paris. Peut-on considérer ce régiment comme une formation de la Légion ? Depuis le mois de décembre 1870, tous les renforts que reçoit le régiment se composent presque exclusivement de jeunes soldats français

La campagne contre la Commune se déroule en deux phases. Du 4 avril au 20 mai, des combats repoussent les fédérés à l'intérieur des fortifications de Paris. La semaine suivante (21-28 mai), l'armée de Versailles et les « Communards » se battent dans Paris. Le régiment étranger participe, notamment, aux affrontements sur les Buttes-Chaumont. À l'inverse de ce qui s'est passé au cours de l'automne et de l'hiver, la logistique est très bien organisée, ce qui exclut les pillages et des actes d'indiscipline. Mais, comme dans toutes les guerres civiles, les combats sont d'une rare violence : du 16 au 19 avril, le régiment étranger perd plus de tués et de blessés que le 2e Étranger n'en a perdu pendant la bataille de Magenta.

La Légion est également présente parmi les communards. Trente anciens légionnaires ont été jugés par des conseils de guerre pour leur participation à la Commune. Onze sont des hommes transitant par Paris qui y ont été bloqués par l'insurrection du 18 mars 1871. Les dix-neuf autres sont parisiens depuis plusieurs années. Les grades modestes et les décorations qu'ils ont acquis à la Légion ont fait élire onze d'entre eux à des grades d'officiers, de sous-officiers et de caporaux de la Garde nationale. Treize de ces « Parisiens » sont mariés et, à l'exception d'un seul, exercent des professions modestes. En un temps où les sièges successifs de Paris ont fermé de nombreux ateliers, ces hommes, politiquement peu marqués, ont trouvé une solde en servant dans la Garde nationale et ils ont combattu dans les rangs de la Commune par solidarité avec leurs camarades.

Henry DUTAILLY

Bibl. : Paul Adolphe Grisot et Ernest-Auguste-Ferdinand Coulombon, *La Légion étrangère de 1831 à 1887*, Berger-Levrault, 1888.

COMMUNICATION. – *Voir* INFORMATION.

COMORES. – En vertu d'un traité ratifié par le roi Louis-Philippe le 25 avril 1841, l'île de Mayotte devient française. Rattaché au gouvernement de Madagascar en 1914, l'archipel des Comores devient territoire d'outre-mer en 1946 – maintenu avec un statut d'autonomie au début de la Ve République. En novembre 1967, dans le cadre du redéploiement des forces françaises dans l'océan Indien, le commandement détache la 2e compagnie du 3e régiment étranger d'infanterie implanté à la fin de la guerre d'Algérie sur la base stratégique de Diégo-Suarez dans le nord de la Grande Île (Madagascar). L'unité est une force de souveraineté répartie dans les deux principales localités de l'archipel, Moroni et Dzaoudzi ; elle devient en août 1973 le détachement de Légion étrangère des Comores (DLEC) formant corps. La présence de la Légion sur les deux îles est toutefois de courte durée. À la suite du refus du Parlement français d'entériner les résultats du référendum du 22 décembre 1974, l'indépendance de l'archipel est proclamée unilatéralement le 6 juillet 1975 par le président du gouvernement Ahmed Abdallah. En avril 1976, le DLEC quitte Moroni pour Mayotte comme force de souveraineté. Devenu par simple changement d'appellation « détachement de la Légion étrangère de Mayotte » (DLEM), formant corps, il a la garde de l'étendard du 2e régiment étranger de cavalerie depuis le 31 juillet 1984 et reprend sa devise : « Au combat, mon plaisir. »

Charles RIDET

COMPAGNIES DE PASSAGE. – *Voir* GUPT.

COMPAGNIE FRANCHE À PIED (Mexique, 1864-1867). – Le 11 octobre 1863, dans l'attente des renforts en provenance d'Algérie destinés à reconstituer la Légion étrangère en six bataillons à partir du régiment étranger, le général Bazaine décide de former une nouvelle unité afin de se donner une formation tactique adaptée à la guerre de partisans.

La nouvelle « compagnie franche à pied » doit donner de la mobilité face à des Mexicains qui excellent dans la guérilla, le combat d'arrière-garde et le harcèlement, et qui savent décrocher rapidement au cours des engagements, notamment les embuscades. Le capitaine Bocchat, son premier chef, sélectionne alors une centaine de légionnaires volontaires, réputés bons marcheurs, qui vont opérer au sein de cette formation jusqu'à la fin de la campagne en 1867. Le commandement, toutefois, ne peut se satisfaire de cette demi-mesure en raison du défi permanent que représentent les cavaliers mexicains. En février 1866, la hausse de la dotation jusqu'à 110 mulets permet d'accroître la mobilité de la troupe qui se distingue le 2 mars suivant dans la région de Monterrey occupée depuis janvier. Cependant, devenue autonome, la compagnie franche à mulets ne répond qu'imparfaitement au problème posé par la rapidité de réaction dans un théâtre d'opérations nouveau pour nombre de jeunes engagés volontaires formés sommairement à Aix-en-Provence. L'unité est alors dissoute le 22 janvier 1867 à Veracruz, à la veille de l'embarquement pour la France.

Charles RIDET

Sources : DHPLE, « Légion étrangère. Historique sommaire du corps », manuscrit, octobre 1863.
Bibl. : Douglas Porch, *La Légion étrangère, 1831-1962*, traduit de l'américain par Pierre Chambes, Fayard, 1994.

COMPAGNIES INDOCHINOISES PARACHUTISTES DE LÉGION ÉTRANGÈRE (CIPLE). – *Voir* JAUNISSEMENT.

COMPAGNIES MONTÉES (1881-1950). – Comment joindre mobilité, autonomie et puissance de feu des armes d'infanterie pour exploiter un avantage au combat, tout en étant capable de forcer ou poursuivre un ennemi véloce ? Depuis les expériences de Cossé-Brissac, au Piémont en 1554, l'infanterie montée répond à cette équation en joignant la mobilité de la cavalerie à la solidité de l'infanterie. En découle l'expérience des premiers dragons combattant indifféremment à pied ou à cheval. Mais la propension à se battre selon cette seconde possibilité leur fait intégrer la cavalerie lourde, notamment dans la Grande Armée.

Pourtant, lors de la campagne d'Égypte, en 1799, est organisé un corps de dromadaires assimilé au service des anciens dragons, tandis que le général Desaix équipe trois demi-brigades de « bourriques ». Et Abd el-Kader se sert en 1837 d'une expérience similaire contre les Français qui, eux-mêmes, en 1843, avec le colonel Youssouf, organisent des unités de « cavaliersfantassins » montées à mulet. Le manque de remonte fait interrompre l'expérience, en dépit de multiples autres essais, tant français (1853-1854 dans le Sud algérien) qu'anglais (campagnes d'Afghanistan, guerres contre les Zoulous, etc.) ou américains pendant la guerre de Sécession.

C'est au Mexique, en 1866, dans le cadre de la contre-guérilla, que sont tentés d'autres essais encore, que ce soit le bataillon monté à cheval du colonel Dupin, la compagnie montée à mulet créée par les zouaves ou les deux compagnies belges à cheval. En février, la Légion étrangère organise la première compagnie franche à mulet (100 hommes pour 110 mulets). Elle allie vitesse et puissance de feu, et se montre capable, en de multiples occasions, de surprendre des partis de cavaliers mexicains beaucoup plus nombreux. Lors du retrait progressif du corps expéditionnaire du Mexique, cette petite unité se distingue encore dans la reconnaissance et l'escorte de courriers et de convois. Elle est dissoute le 22 janvier 1867, peu avant le retour des légionnaires à Oran.

En 1881, dans le Sud oranais, le grand marabout Bou Amama lève l'étendard de la révolte au moment où les conquérants français s'emparent de la Tunisie. Cinq lourdes colonnes sont alors lancées à ses trousses. Seule l'endurance dans la poursuite doit permettre de venir à bout d'un adversaire aussi mobile. Le 8 décembre 1881, le colonel de Négrier crée une section montée de 50 légionnaires et de 50 mulets locaux réquisitionnés. Ce brillant officier, échappé du camp retranché de Metz en 1871, comprend que le mulet, animal robuste, marchant au même pas que l'homme, au pas sûr en montagne et peu gourmand (certains, plus tard, apprennent à boire au bidon), est la clef de la victoire contre un ennemi véloce au pays de la soif. Pouvant parcourir 150 km en 48 heures, cette section fait partie d'un groupe léger qui renoue avec l'effet de surprise en enlevant le camp d'un lieutenant de Bou Amama. Parallèlement, le commandant Marmet, chef de la colonne d'Aïn-Sefra, forme une compagnie suivant le principe d'un mulet pour deux hommes, que reprend par la suite le colonel de Négrier. C'est une réussite, permettant d'économiser les forces de l'homme ne portant que son fusil et pouvant soutenir, au pas de l'animal, une cadence de 6 km par heure. Ce qui donne une moyenne de 60 km par jour en terrain rocailleux, soit près du double d'une unité de cavalerie, rythme pouvant être maintenu pendant plusieurs jours et si nécessaire accentué par une marche forcée à l'approche du but afin de surprendre l'adversaire ou de l'épuiser.

Un premier échec fortifie ce système en montrant que les fantassins montés ne doivent pas se prendre pour des cavaliers. Le 26 avril 1882, au Chott Tigri, escortant une mission topographique, la

Fonds documentaire du musée de l'Empéri, Salon-de-Provence.

compagnie montée (CM) du lieutenant Massone se laisse surprendre par 900 cavaliers et 1 600 fantassins de Bou Amama. Massone laisse ses hommes combattre à cheval, sans cohésion. Ils sont rapidement surclassés et décimés par le feu adverse : 2 officiers et 49 légionnaires sont tués (et 29 autres blessés).

Après une autre expérience issue des deux régiments étrangers en Guinée et en Côte d'Ivoire en 1892-1893 (une compagnie de 120 hommes), en terrain marécageux, la reconnaissance officielle des « compagnies montées du Sud oranais » par le général Mercier, ministre de la Guerre, date du 12 juillet 1894. Cette instruction rigoureuse bannit toute forme d'improvisation, ce que le général Metzinger, en 1895, lors de la conquête de Madagascar, oublie en épuisant trois légionnaires par mulet, faute d'animaux du train des équipages. En revanche, dès l'année suivante, à la limite du pays des sables, dans les confins algéro-marocains, les montées font preuve de leur efficacité dans la reconnaissance, la poursuite des rezzous et des harkas, mais aussi comme troupe d'assaut, tout en étant capables de se mettre en carré et de décimer toute charge de cavalerie grâce à la puissance de leurs armes d'infanterie, une fois les mulets mis à l'abri.

Chaque bataillon étranger a sa propre compagnie à mulets à fort effectif de 200 à 220 hommes de troupe. Seuls les légionnaires les plus robustes en font partie : le service est épuisant sous de telles latitudes. Fort éprouvés par les longues marches en terrain difficile et les travaux de poste et de piste, les hommes sont relevés tous les ans, conscients d'avoir servi dans une troupe qui acquiert graduellement un grand prestige. Toutes les deux heures, lors de la pause de dix minutes pour laisser reposer les chères « brêles » (mules le plus souvent, car moins irascibles que les mulets), au commandement « changez-montez » les légionnaires se relaient. La marche ordinaire est de six heures. Vêtus du bourgeron et du pantalon de toile de lin blanc (puis du *battle-dress* après 1946), armés du fusil Lebel puis du mousqueton mieux adapté à partir de 1916, les légionnaires sont souvent chaussés de « nails » ou sandales plus pratiques que les brodequins sur le sable. L'autonomie en vivres est de six jours, mais des mules supplémentaires permettent un emport plus volumineux, y compris en munitions, pour prolonger une opération. Tous les soirs, en zone insoumise, sur une hauteur et si possible près d'un point d'eau, il faut construire malgré la fatigue le camp ceinturé d'une murette de 50 cm de haut pour protéger les dormeurs des tireurs embusqués.

L'absence d'unités méharistes, lors de la reprise de la conquête vers le sud et les oasis du Maroc oriental, contraint les montées à l'escorte des convois. Ce qui nuit à leur mobilité mais point à leur gloire comme l'illustrent les deux combats d'El-Moungar en 1900 et 1903. Dans les années 1900, la Légion étrangère compte neuf compagnies montées. Créant des postes, fers de lance de groupes mobiles, elles sont appréciées pour leur endurance et leur discipline de feu. Lyautey les considère comme des unités d'élite. En 1906, la 3e CM du 1er Étranger a raison du dernier rezzou châamba du vieux chef Bou Amama. En 1908, autour du poste de Bou Denib, une longue lutte contre les nomades insoumis est finalement remportée par les montées. Un an plus tard, tandis que les autres montées opèrent sur la haute Moulouya, la 3e CM du 2e Étranger s'illustre au Maroc occidental sous le commandement du capitaine Rollet, surnommé le « père espadrille » parce que délaissant le cheval réservé aux officiers il a l'habitude de marcher avec ses hommes, tout en se montrant inflexible sur la discipline, ne tolérant, par exemple, rien d'autre que l'indispensable dans le paquetage afin d'être toujours le plus léger et le plus rapide possible. La conquête du « Maroc utile » achevée en 1912, on en vient à deux compagnies montées par régiment étranger.

Après la prise du verrou de Taza en mai 1914, les montées montrent une fois de plus leur utilité lors de la Grande Guerre au Maroc en étant la troupe la plus solide et la mieux armée (dont une section de mitrailleuses par CM) restant au général Lyautey, qui ne dispose alors que de 20 bataillons pour tenir la conquête. Pour être plus efficaces, les CM sont mises hors bataillon et forment corps comme la 14e, nouvellement créée. Chaque groupe mobile destiné à tenir en respect Rifains et Beraber de la montagne comprend une ou deux montées. Leur « longue marche » commence en 1915 par des travaux de route, des constructions de postes et de sanglants combats, tout en menant des reconnaissances vers le Tafilalet. En 1916, le couloir de Taza est définitivement dégagé pour permettre la liaison avec l'Algérie, mais pour les montées la guerre va *crescendo* lorsque le Moyen Atlas se soulève à l'instigation d'agents allemands. Le 10 juillet 1916, après les fatigues du violent combat de Meski où sa section de mitrailleuses emporte la décision, la 2e CM du 1er Étranger accomplit un exploit inégalé : pour sauver un officier du 15e bataillon sénégalais blessé la veille, le capitaine Coutance dirige à marche forcée ses légionnaires vers leur poste de Bou Denib, en parcourant 83 km en 26 heures par forte chaleur !

À la suite d'un dernier effort en 1918-1919, les montées connaissent leur âge d'or en 1920-1930, au Maroc et en Syrie – où une CM est créée en 1921 au sein de la Légion en ayant, de 1926 à 1935, Palmyre pour garnison. Lors de la guerre du Rif, les montées montrent leur adéquation au combat de contre-insurrection, leur puissance de feu étant renforcée par des fusils-mitrailleurs. Elles couvrent la retraite de juillet 1925, puis, lors de la contre-offensive au sein des groupes mobiles, pénètrent profondément dans la montagne pour surprendre les hommes d'Abd el-Krim dans ses refuges, parfois dans des combats au corps à corps.

Engagées dans la lente conquête du Sud marocain de 1926 à 1929, bien que peu à peu concurrencées par les engins motorisés et l'avion, les compagnies montées assurent les lignes de sécurité et confirment leurs talents de bâtisseurs, tout en affrontant de rudes adversaires comme les Chleuh. En 1927, la 2e CM du 2e régiment étranger crée la piste du tunnel de Foum Zabel à Ksar-es-Souk. À partir de 1930 commence pour plusieurs années la motorisation des montées qui participent à la conquête du Tafilalet, puis du djebel Sagho en 1933. Un an plus tard, jusqu'à la dissolution de la dernière en 1950, les montées assurent la paix et parcourent des centaines de kilomètres dans de longues tournées de police, créant postes et pistes dans le Sud marocain.

Jean-Charles JAUFFRET

• *Voir aussi* : El-Moungar.

Bibl. : Georges Gugliotta et Jean-Charles Jauffret, « Les compagnies montées de la Légion étrangère (1881-1950) », *Revue historique des armées*, numéro spécial « Légion étrangère 1831-1981 », 1981, p. 73-89, et n° 2, 1981, p. 28-42.

COMPAGNIES SAHARIENNES PORTÉES DE LÉGION ÉTRANGÈRE. – Ces unités succèdent aux compagnies montées dont les hauts faits d'armes ont eu lieu aux confins algéro-marocains et au nord du Sahara. Si la Légion n'a pu mettre sur pied le type d'unité adopté au début du XXe siècle (décret du 30 mars 1902) en vue de la conquête et de la pacification du désert algérien, elle attendra la motorisation pour se doter de ces compagnies sahariennes qui vont sillonner les pistes entre mars 1946 et la fin de la guerre d'Algérie à Ouargla, Colomb-Béchar, Aïn-Sefra, Laghouat et Sebha.

À sa création, la 1re compagnie saharienne portée de Légion (CSPL) est en garnison à Aïn-Sefra. Dotée en 1953 d'un peloton d'automitrailleuses, elle est envoyée en novembre 1955 à Fort Flatters avec pour mission première la protection des installations pétrolières. Implantée à Ksar-el-Hirane (région de Laghouat) le 29 janvier 1960, elle poursuit les opérations dans cette région et surveille la frontière libyenne. Le 1er janvier 1961, elle est transformée en escadron saharien porté de la Légion étrangère (ESPLE) équipé de blindés légers et assimilé à une unité de l'arme blindée cavalerie.

La 2e CSPL est également une unité autonome formant corps. Sa première garnison est à Ouargla. En 1948, depuis Laghouat, ses véhicules rayonnent sur les pistes jusqu'au Fezzan ; en 1954, elle prend part aux opérations de maintien de l'ordre en Tunisie, dans la région de Gafsa, puis aux opérations dans le djebel Amour et le massif des Ouled Naïls.

La 3e CSPL, créée à Sidi-Bel-Abbès le 1er février 1949, hérite des missions de la compagnie saharienne du Tinghert dissoute la veille. En février et mars 1949, ses pelotons s'implantent au Fezzan, à Fort Leclerc, près de l'oasis de Sebha. Pendant plus de sept ans, la 3e CSPL assure la présence française sur un territoire immense et désertique. Comme pour les autres unités, sa dissolution le 31 mars 1963 à Laghouat met fin à une page de l'histoire de la Légion au Sahara.

Après une existence éphémère d'août à septembre 1955, la 24e compagnie portée de Légion étrangère, basée à Aïn-Sefra, devient par changement de dénomination la 4e compagnie saharienne portée de la Légion étrangère à compter du 1er janvier 1956. Le 19 février 1957, elle descend plus au sud, à Colomb-Béchar. Les compagnies sahariennes ont adopté des uniformes issus à la fois des traditions de la Légion étrangère et des premières unités méharistes.

Charles Ridet

COMPAGNON, général Jean (1916-2010). – Jean Compagnon n'a pas accompli une carrière de légionnaire. Toutefois, deux temps forts marquent sa participation à la saga de la Légion étrangère : le premier au commandement d'un peloton du 1er régiment étranger de cavalerie (REC) au Maroc et en Tunisie, notamment au feu pendant l'hiver 1942-1943 ; l'autre à la présidence de la Fédération des associations des anciens de la Légion étrangère de 1980 à 1992.

Fils d'officier de cavalerie, Jean Compagnon est né en 1916. Entré en 1934 à l'École spéciale militaire, avec la 121e promotion « Roi Alexandre Ier de Yougoslavie », il commande en 1940 un peloton à cheval du 4e régiment de hussards. Mais c'est à pied qu'il est blessé, le 5 juin à Tailly dans la Somme, dans un combat contre des éléments de la 7e Panzer de Rommel, en limite du domaine de son ancien instructeur à l'escadron de Saint-Cyr, le capitaine de Hauteclocque. Ce qui lui vaut une première citation à l'ordre de l'armée. Il poursuit la lutte à la tête d'un peloton cycliste. En novembre, il passe sur sa demande au Maroc pour servir au 1er régiment étranger de cavalerie au sein duquel il prépare la Revanche, dans l'esprit qu'insuffle Weygand à l'armée d'Afrique. Occasion de découvrir, à la tête d'un peloton monté puis d'un peloton mécanisé, le brassage humain que présente la Légion, caractérisée alors par la présence de nombreux Espagnols « rouges ».

Les 8, 9, 10 novembre 1942, sa formation qui a fait mouvement de Guercif à Oran se contente de jalonner l'avance des Américains avec qui le chef d'escadrons Lennuyeux souhaite reprendre le combat contre les Allemands. De retour à Guercif, son unité prépare l'entrée en campagne en Tunisie dans le cadre d'une arme blindée cavalerie (ABC) créée le 24 novembre. Le 5 décembre, est constitué un 1er groupe autonome destiné à servir de groupe de reconnaissance divisionnaire (GRD) à la division de marche marocaine (DMM). Il est composé de deux escadrons, l'un porté, l'autre de reconnaissance à trois pelotons dotés chacun de trois automitrailleuses White Chevrolet 1918, un groupe moto à deux escouades dotées de fusils-mitrailleurs, une escouade servant un mortier de 60 mm. À défaut de matériel moderne, les légionnaires reçoivent un équipement de « tankistes » : canadienne et casque à bandeau de cuir. Le transfert de Guercif à Beida, par la ligne ferroviaire à voie unique Maroc-Tunisie, dure du 20 au 24 décembre. L'escadron, alors commandé par le capitaine Zur Nedden, un ancien des corps francs allemands de 1919-1920 qui tient à manifester sa loyale reconnaissance à la France, atteint sa zone d'opérations le 31 décembre. Le peloton Compagnon prend position à 5 km de Ksar Lemsa avec mission d'assurer les liaisons entre le 7e régiment de tirailleurs marocains (RTM) et le 3e régiment étranger d'infanterie (REI).

Le 11 janvier, couvert par les pelotons d'automitrailleuses, un groupement de la DMM lance une attaque sur le col de Foum el-Gouafel-Karachoum. Le 18 janvier, contre-attaque générale de l'Afrika Korps ; le 19, après avoir recueilli les deux autres pelotons de son escadron, le peloton Compagnon forme bouchon sur la piste d'Oum el-Abouab. Il a récupéré un canon italien de 47 mm et des mines anglaises disposées à vue sur la piste. À 14 h 30 se présentent quatorze chars Tigre du Panzer Abteilung 501 mis en ligne pour la première fois. Le seul autre escadron de ce type combat à Stalingrad. Leurs obus de 88 mm passent heureusement au-dessus des Français. Rejoints par leurs fantassins, ils attaquent à 17 h 30. Après cinq heures de combat, les Français se replient en ordre vers le djebel Bargou, ayant permis le repli du corps d'armée. De part et d'autre, les pertes sont fortes. Au groupement autonome (GA), l'escadron porté est réduit à la valeur d'un peloton, l'escadron de reconnaissance à deux. Pendant plus de un mois, par un froid intense, roulant sur une épaisse couche de neige, les automitrailleuses patrouillent sur l'axe Robaa-Pont-du-Fahs exposées aux tirs de l'aviation allemande. Le GA quitte la Tunisie le 10 mars pour le Maroc. Le peloton Compagnon, à la fin du mois, fait partie d'un détachement chargé de percevoir à Alger le matériel moderne attribué au 1er REC par les Américains au titre des accords d'Anfa.

Promu capitaine le 25 juin 1943, nommé chevalier de la Légion d'honneur après avoir été cité une nouvelle fois, Jean Compagnon est envoyé d'office au cours d'état-major créé à Rabat, alors qu'il espérait prendre le commandement d'un escadron au 1er REC. Le général Leclerc, qui n'a pas oublié son élève de Saint-Cyr, le réclame pour le 4e Bureau de la 2e division blindée (DB) commandé par le capitaine Lantenois, un polytechnicien réserviste. Il y découvre un état-major composé en majorité de polytechniciens officiers d'active ou de réserve, les exigences d'un bureau appelé à se plier au rythme des livraisons américaines, une division où s'affrontent « gaullistes » du Tchad, de Syrie ou de Tunisie et « pétainistes » constituant les régiments affectés d'office. Hauteclocque, devenu Leclerc, a acquis un charisme rayonnant sans rien céder de sa rigueur. Jean Compagnon s'emploie à la répartition des cargaisons des convois acheminant la division d'Afrique du Nord en Angleterre. De la Normandie à l'Alsace, le 4e Bureau, toujours en interface entre Américains et Français, assure le soutien des groupements blindés qui libèrent Paris, franchissent les Vosges, entrent en Alsace. En novembre, Jean Compagnon reçoit le commandement d'un escadron de chars du 12e régiment de cuirassiers à la tête duquel il entre le premier dans Strasbourg et fonce jusqu'au pont de Kehl. Deux fois blessé, encore convalescent, il prend le commandement de la 3e compagnie du 501e régiment de chasseurs de chars (RCC) le 23 avril et livre le 4 mai le dernier combat de la 2e DB à Inzell devant Berchtesgaden.

Volontaire pour l'Extrême-Orient, il débarque à Saigon le 19 octobre 1945 sous les ordres de Massu, commandant le groupement de marche de la 2e DB, fer de lance des forces de Leclerc, chargé de rétablir l'autorité française en Indochine. Il participe aux opérations dans le Delta, reçoit le 15 février le commandement d'un des trois sous-groupements autonomes créés, prend part à l'affaire d'Haiphong au cours de laquelle il est blessé. Le premier, il atteint Lang Son à la frontière de Chine en juillet 1946. Il est rapatrié en octobre suivant.

L'obtention du brevet de parachutiste en avril 1947 détermine la suite de sa carrière : stage à Fort Benning aux États-Unis en 1948, puis service à l'état-major de l'inspection des troupes aéroportées. De 1948 à 1953, il sert au comité permanent du pacte de l'Atlantique à Londres avant de suivre les cours de l'École supérieure de guerre (1953-1955). Pendant cinq ans, il sert en Afrique du Nord. Promu lieutenant-colonel (1956), il commande le 1er régiment de hussards parachutistes (1958-1960) ; colonel (1960), il rentre en France ayant pris part à toutes les campagnes depuis 1939, sauf celle d'Italie.

Sa carrière se poursuit, tout aussi intensive : instructeur à l'École supérieure de guerre (1960-1962), attaché militaire à Washington (1965), chef d'état-major des Forces françaises en Allemagne (1966-1967). Promu général de brigade en 1966, nommé général adjoint à la 8e division (1967-1968), il commande la 2e brigade blindée (1968-1970). Divisionnaire, il est à la tête de la 11e division parachutiste, à Pau de 1971 à 1973, avant de terminer sa carrière à Rennes au commandement de la 3e Région militaire de 1973 à 1976, avec rang et appellation de général de corps d'armée (1974).

Alors qu'il est passé dans la 2e section des officiers généraux, un diplôme de l'Institut de contrôle de gestion lui permet d'opérer comme assistant en formation continue. En novembre 1980, le général Compagnon accepte la présidence de la Fédération des sociétés des anciens de la Légion étrangère qu'il conserve pendant douze ans. Une responsabilité qui implique la prise en compte de la multitude, de la diversité, du particularisme des organisations adhérentes, en France comme à l'étranger. Son action s'ordonne selon deux axes. Il s'emploie en priorité à renforcer ou rétablir les liens entre la Légion et les associations d'anciens. Il se consacre parallèlement au resserrement du réseau des maisons de retraite par la suppression des sites de Strasbourg et de La Balme-les-Grottes (Isère) et le développement, dans les Bouches-du-Rhône, d'Auriol et de Puyloubier, laquelle maison dépend de la Légion même. Cette activité lui vaut de nombreux déplacements à l'étranger : Europe de l'Ouest, États-Unis, Canada. Par des relais berlinois, il maintient des relations avec l'Espagne et les pays de l'Est.

C'est la période au cours de laquelle le général Jean Compagnon s'affirme comme journaliste, historien, animateur de nombreuses sociétés. Au risque d'oublis, il faut rappeler la chronique « Défense » dans *Ouest-France* et son rôle de conseiller historique pour les téléfilms *D-Day* (1984) et *1939-1945* (1985), ainsi que divers commentaires relatifs à la guerre du Golfe en 1991 sur la chaîne 5. Historien, il publie *Les Plages du débarquement* (1978) ; *Débarquement en Normandie, six juin 1944. Victoire stratégique de la guerre*, prix maréchal Foch de l'Académie française (1985) ; *Leclerc, maréchal de France* (1994) qui reste un ouvrage de référence. En 2006, c'est un livre-testament qu'il propose au public, *Ce en quoi je crois*. Parmi les nombreuses associations au sein desquelles il joue longtemps un rôle actif, il faut citer l'Académie des sciences d'outre-mer, les Anciens de la 2e DB, la Fédération des associations d'anciens de la Légion étrangère, le Club des Gentlemen Riders, l'Association des honneurs héréditaires, l'Union nationale de l'arme blindée cavalerie-chars, les Écrivains combattants, l'Association française pour la communauté atlantique, les Journalistes de défense, les Écrivains catholiques.

Titulaire de 11 citations, dont 6 à l'ordre de l'armée, le général Jean Compagnon était grand-croix de la Légion d'honneur et grand-croix de l'ordre du Mérite.

André MARTEL

Bibl. : André Martel, « Commander et obéir au feu de grade en grade, le général Jean Compagnon (1916-2010) », dans François Cochet (dir.), *Expérience combattante, xixe-xxie siècles*, vol. II, *Obéir et commander au feu*, Riveneuve éditions, 2012, p. 209-224.

COMPAGNONS DE LA LIBÉRATION. – L'ordre de la Libération fut fondé par le général de Gaulle à Brazzaville, le 16 novembre 1940. N'étant pas chef de l'État, de Gaulle ne pouvait en effet décerner la Légion d'honneur. L'amiral Thierry d'Argenlieu, le premier chancelier de l'Ordre, envisageait l'appellation de « Croisés de la Libération » avant que le très républicain René Cassin, qui en rédigea les statuts, n'imposât la dénomination plus consensuelle de « Compagnons ». Aux couleurs noir et vert, symboles du deuil de la France et de l'espérance, l'Ordre ne reconnaît aucun grade (à la différence de la Légion d'honneur napoléonienne strictement hiérarchisée) et repose sur un évident lien personnel au général de Gaulle comme en témoigne la formule d'usage : « Nous vous reconnaissons comme notre Compagnon pour la libération de la France, dans l'honneur et par la Victoire. » Bien qu'honorant toutes les formes de résistance, l'ordre de la Libération demeure davantage un élément de la mémoire française libre que de la mémoire résistante.

1 061 croix de la Libération ont été attribuées : à 18 unités combattantes, toutes issues des Forces françaises libres, comme le régiment de marche du Tchad, la 13e demi-brigade de Légion étrangère (DBLE), l'aviso *Aconit* ou le régiment de chasse Normandie-Niémen (pas un seul maquis et pas une seule unité de l'armée d'Afrique) ; à 5 collectivités locales, où prédomine cette fois la Résistance intérieure (Île-de-Sein, Nantes, Grenoble, Paris, Vassieux-en-Vercors) ; à 1 038 personnes enfin (dont 238 à titre posthume) parmi lesquelles seulement 6 femmes et 15 Africains dont 12 tirailleurs. Sur ces 1 038 combattants, à peine 145 (14 %) sont Compagnons au titre de la Résistance intérieure ; tous les autres sont Français libres. De même, la personnalité des chanceliers de l'Ordre est significative. L'Ordre n'a compté qu'un seul grand maître, le général de Gaulle, et ses chanceliers ont tous été des Français libres de premier plan : d'abord l'amiral Thierry d'Argenlieu (1941-1957), puis le général Ingold (1958-1962), Claude Hettier de Boislambert (1962-1978), le général Jean Simon (1978-2000), le général Alain de Boissieu (2002-2006), Pierre Messmer (2006-2007), enfin, de-

puis 2007, François Jacob, par ailleurs Prix Nobel de médecine.

Parmi les Compagnons français libres, les légionnaires occupent une place de choix comme le révèle, dans la liste des chanceliers, la présence de deux d'entre eux (Pierre Messmer et Jean Simon). D'une façon générale, la 13e DBLE est non seulement une des unités Compagnons, mais celle dont les combattants ont glané le plus de croix de la Libération sur les champs de bataille, au même titre que le régiment de marche du Tchad. En effet, la « 13 » compte dans ses rangs pas moins de 70 Compagnons (record absolu) contre 53 pour le bataillon d'infanterie de marine et le bataillon du Pacifique (réunis à la fin de 1942 dans le BIMP, le bataillon d'infanterie de marine et du Pacifique), 30 pour le 1er régiment de fusiliers marins, 15 pour le bataillon de marche no 1, etc. Cette très forte présence s'explique à la fois par la participation de la 13e DBLE aux combats de 1940 à 1945 et par les hautes qualités traditionnelles du combattant légionnaire.

Comme pour l'ensemble de l'Ordre, les Compagnons légionnaires présentent un profil bien particulier. Ce sont d'abord très majoritairement des officiers (72 % d'entre eux) et souvent des officiers de carrière engagés dans le métier des armes avant la guerre (30 % de l'effectif) – chez les FFL, comme dans toutes les armées, les décorations vont plus facilement aux officiers. Plus généralement, 56 % des Compagnons légionnaires étaient déjà présents à la Légion avant juin 1940. Cette très forte proportion d'officiers explique le fait, *a priori* surprenant pour la Légion, que 70 % des Compagnons légionnaires sont français ou naturalisés français (l'encadrement de la Légion demeurant très majoritairement français). Il est probable qu'une étude similaire sur l'obtention de la Légion d'honneur à titre militaire en 1914-1918 révèle le même phénomène. Certes, on trouve des parcours atypiques parmi ces Compagnons légionnaires, à l'image de Pierre Messmer, administrateur de la France d'outre-mer avant la guerre, ou de Gustavo Camerini, avocat d'affaires italien qui s'engage en 1939 par antifascisme. On pourrait encore évoquer la figure singulière de Jacques Tartière. Petit-fils de Georges Feydeau, éduqué en Angleterre, citoyen américain après le remariage de son père, Tartière a entrepris une carrière d'acteur plutôt réussie avant guerre et a épousé, en 1938, la ravissante Drue Leyton, une des jeunes pousses d'Hollywood. En 1939, il laisse tout en plan et s'engage dans la Légion. Il combat en Norvège, rallie parmi les premiers les FFL en juin 1940 et meurt au combat en Syrie le 18 juin 1941 – son demi-frère, Philippe Keun, agent de l'Intelligence Service, sera pendu par les nazis à Buchenwald trois ans plus tard. Il n'empêche : le légionnaire Compagnon type est un officier de carrière français, le plus souvent lieutenant ou capitaine.

Il est frappant de souligner également la fidélité des Compagnons légionnaires à la fois à la France Libre et à la Légion. La plupart ont rallié la France Libre dès la première heure (85 % d'entre eux à l'été 1940) et ils font exceptionnellement partie de la vague d'engagement de 1943. Fidélité au corps également : alors qu'il n'est pas rare, au sein des FFL, de voir officiers, sous-officiers ou soldats passer d'une unité à une autre (en particulier au sein des bataillons de marche), 96 % des légionnaires Compagnons n'ont connu qu'une seule unité : la 13e DBLE. En revanche, on ne sera pas surpris d'observer le très lourd prix payé par ces Compagnons : 20 % sont morts au combat. C'est le cas, par exemple, du légionnaire polonais Jean Proszeck, décédé le 18 juin 1944 à Radicofani, en Italie, ou du capitaine Jacques Beaudenom de Lamaze, tué le 11 juin 1942 lors de la sortie du camp retranché de Bir Hakeim, ou encore du plus célèbre d'entre eux, le lieutenant-colonel Dimitri Amilakvari, chef de corps de la 13e DBLE, mort au combat le 24 octobre 1942 à El-Alamein. On compte encore 58 % de blessés parmi ces Compagnons légionnaires, ce qui signifie que 78 % d'entre eux ont été blessés ou tués, proportion tout à fait exceptionnelle qui témoigne de la qualité des combattants ainsi honorés. Rappelons que le taux de tués des FFL est de 7 % et celui des blessés de 32 %.

Les destinées des survivants (et de ceux qui n'ont pas trouvé la mort sur d'autres champs de bataille, comme Gabriel Brunet de Sairigné, tué au combat en Indochine en 1948) ont été globalement brillantes après la guerre. Parmi les militaires, on relève pas moins de huit officiers généraux, certains ayant gravi les plus hauts sommets de la hiérarchie militaire à l'image de Bernard Saint-Hillier, commandant de la 10e division parachutiste en 1961, ou de Jean Simon, inspecteur général de l'armée de terre. Chez les civils, on notera la présence singulière de deux futurs ministres (Pierre Messmer et Hubert Germain), d'un grand nombre de diplomates (Claude Mantel, Roger Barberot), d'administrateurs de la France d'outre-mer (Alexandre Ter Sarkissoff), de hauts fonctionnaires (Jean-Claude Favre à la tête de la police ou Jacques Pernet préfet et directeur général de l'Office national des anciens combattants), de grands médecins (Paul Guillon ou André Lichwitz, médecin personnel du président de la Ve République le général de Gaulle) ou d'industriels (Jacques Mouchel-Blaisot). On trouve même un futur haut responsable de la CIA (John Hasey).

Rarement la Légion étrangère aura fourni une telle pépinière d'élites, mais rarement aussi elle aura payé un prix aussi élevé que dans les rangs de la France Libre.

Jean-François MURACCIOLE

Bibl. : Jean-François Muracciole, *Les Français libres. L'autre Résistance*, Tallandier, 2009 • Jean-Christophe Notin, *1 061 Compagnons, histoire des Compagnons de la Libération*, Perrin, 2000.

MEMBRES DE LA LÉGION ÉTRANGÈRE DÉCORÉS DE L'ORDRE DE LA LIBÉRATION ET DATE DU DÉCRET D'ATTRIBUTION

Lieutenant Alain, Marie, Léon AGENET : 20 janvier 1946

Lieutenant-colonel Dimitri AMILAKVARI : 9 septembre 1942

Caporal Roméo, Joseph ANTONIOTTI : 23 juin 1941

Chef de bataillon Paul, Jean, Louis ARNAULT : 2 juin 1943

Colonel Gabriel, Eugène, Célestin BABLON : 28 mai 1945

Chef de bataillon René, Louis, Pierre BABONNEAU : 9 septembre 1942

Sergent Joseph BAKOS : 7 mars 1945

Capitaine Jacques, Marie, Paul BEAUDENOM DE LAMAZE : 11 mai 1943

Légionnaire Henri BÉNÉVÈNE : 17 novembre 1945

Lieutenant Lionel BENEYTON : 21 janvier 1946

Lieutenant François BOLIFRAUD : 18 janvier 1946

Sergent Maurice, Marcel BONTÉ : 7 mars 1945

Lieutenant Jacques, Jean BOURDIS : 27 décembre 1945

Lieutenant Pierre, Jean BOURGOIN : 20 novembre 1944

Adjudant-chef Gabriel BRANIER : 11 mai 1943

Capitaine Gabriel BRUNET DE SAIRIGNÉ : 9 septembre 1942

Sergent Augusto BRUSCHI : 23 juin 1941

Lieutenant Gustavo CAMERINI : 3 juin 1943

Lieutenant-colonel Alfred CAZAUD : 23 juin 1941

Capitaine Renaud, Marie, René DE CORTA : 3 juin 1943

Légionnaire André DAMMANN : 9 septembre 1942

Caporal-chef Dino DEL FAVERO : 23 juin 1941

Capitaine Jean DEVÉ : 11 mai 1943

Sergent Hermann ECKSTEIN : 26 août 1943

Sous-lieutenant Jean, Henri, Marcel EON : 17 novembre 1945

Lieutenant Joseph DE FERRIÈRES DE SAUVEBŒUF : 20 novembre 1944

Caporal-chef Félicien GARGUÉ : 23 juin 1941

Médecin-capitaine André, Jean GENET : 2 juin 1943

Lieutenant Hubert, Jean, Louis, Joseph GERMAIN : 20 novembre 1944

Adjudant Noël GIORGI : 23 juin 1941

Sous-lieutenant William, Joseph GOULD : 16 octobre 1945

Sous-lieutenant Marcel, Jean-Marie GUILLOT : 20 novembre 1944

Lieutenant John, Freeman HASEY : 18 avril 1942

Capitaine Pierre DE HAUTECLOCQUE : 14 juillet 1941

Aumônier Jules, Jean, Louis HIRLEMANN : 7 mars 1945

Sergent André IMA : 29 décembre 1944

Sous-lieutenant Jean, Corentin JAOUEN : 18 janvier 1946

Lieutenant Yves, Félix, Pierre JULLIAN : 29 décembre 1944

Sergent Imre KOCSIS : 9 septembre 1942

Capitaine Yves, Marie DE LA HAUTIÈRE : 7 août 1945

Chef de bataillon André, Libéral, Émile LALANDE : 20 novembre 1944

Lieutenant Pierre LANGLOIS : 23 juin 1941

Lieutenant Georges, François, Marie LAOUÉNAN : 18 janvier 1946

Lieutenant Felipe, Martinez, Arengo MAEZTU : 2 juin 1943

Aumônier Stanislas, Marie MALEC-NATLACEN : 20 novembre 1944

Sous-lieutenant Jean-Pierre, Robert MALLET : 29 décembre 1944

Lieutenant Claude MANTEL : 7 mars 1945

Lieutenant Pierre MESSMER : 23 juin 1941

Capitaine Rémond, Martial MONCLAR : 23 juin 1941

Adjudant-chef René MONDENX : 17 novembre 1945

Capitaine René, André, Achille MOREL : 23 juin 1941

Jacques, Charles MOUCHEL-BLAISOT : 7 mars 1945

Lieutenant Jules MURACCIOLE : 28 mai 1945

Sergent Louis, Albert NICOLAS : 9 septembre 1942

Capitaine Jacques, Marie, Roch, André PÂRIS DE BOLLARDIÈRE : 23 juin 1941

Sergent-chef Etelvino PEREZ : 20 novembre 1944

Sous-lieutenant Jean, Eugène POIREL : 20 novembre 1944

Légionnaire Ange POIS : 23 juin 1941

Caporal Jean PROSZECK : 20 novembre 1944

Capitaine Jacques RENARD : 9 septembre 1942

Sergent-chef RYSAVY : 9 août 1942

Capitaine Bernard, Édouard, André SAINT-HILLIER : 27 mai 1943

Lieutenant Jean-Pierre, Henri SARTIN : 9 septembre 1942

Lieutenant Jean, Victor, Ernest SIMON : 23 juin 1941

Sous-lieutenant Jean-Marie, Joseph SOUBERBIELLE : 11 mai 1943

Adjudant Jacques, Raymond TARTIÈRE : 21 août 1941

Capitaine Alexandre TER SARKISSOFF : 20 janvier 1946

Légionnaire Ettore TONEATTI : 23 juin 1941

Sergent-chef Jaime, Ramon, Angel TURRELL Y TURRULL : 9 septembre 1942

Lieutenant Georges, Slavomir UNGERMAN : 18 janvier 1946

Capitaine Bohumil, Edward VAZAC : 7 mars 1945

Légionnaire Richard VERHEUST : 9 septembre 1942

Adjudant Michel, René VERSTRAETE : 17 novembre 1945

Chef de bataillon Otto WAGNER : 7 août 1945

CONFINS ALGÉRO-MAROCAINS. – Région frontalière entre l'Algérie française et le Maroc, comprise entre le col de Teniet-es-Sassi au nord (150 km de la mer Méditerranée) et la région saharienne de l'oasis de Tidikelt au sud. La phase de conquête de la frange côtière de l'Algérie (1830-1845) prit fin, à l'ouest, avec la bataille de l'Isly, remportée le 14 août 1844 par le maréchal Bugeaud. La stabilisation de la frontière entre la France et le Maroc fut alors négociée et formalisée lors du traité de Lalla-Marnia signé le 18 mars 1845 par le sultan Abd Ar-Rahman. Toutefois, à la demande de la partie marocaine, cet accord ne précisa le tracé frontalier que sur la partie où les populations étaient sédentarisées, ou du moins organisées autour de grands centres administratifs et commerciaux : « Quant au pays qui est au sud de ces ksour, dit le traité, comme il n'y a pas d'eau, qu'il est inhabitable, que c'est le désert proprement dit, la délimitation en serait superflue. »

En pratique, cela revint à tracer la frontière uniquement entre l'embouchure de l'oued Kiss dans la Méditerranée et le col de Teniet-es-Sassi. Au-delà de ce col, vers le sud, seuls les statuts d'Aïn-Sefra et Tiout, attribués à la France, et de Figuig, attribué au Maroc, ont été précisés. Cette zone de flou, appelée couramment « la région des confins », notamment après l'accord de 1900 avec le sultan du Maroc Moulay Abd al-Aziz, permit le développement des ambitions des deux parties ; la France entamant une longue descente vers le sud sahélien puis saharien, menée tant par des éléments militaires que civils, et le Maroc pensant préserver ses axes commerciaux avec la boucle du Niger, tout en laissant ses tribus sahariennes conserver leur mode de vie nomade et guerrier. La découverte progressive par les Français du Sud oranais, puis l'entrée dans la zone saharienne nécessitèrent la création de postes permanents qui devinrent ensuite autant de villes aux portes du désert : Aïn-Sefra, Beni Ounif, Colomb, Berguent.

Le traité de 1845 introduisit aussi la notion de « droit de suite » (ou de poursuite) accordant aux troupes françaises la possibilité de suivre, sur le sol marocain, les bandes (ou *rezzou*) qui seraient venues piller le territoire reconnu à la France. Ce droit de suite conduisit le commandement français à poursuivre les insurgés transfrontaliers en 1859 (incursions des Beni Snassen), 1870 (colonne de Wimpffen sur l'oued Guir), 1882 (première révolte de Bou Amama), 1903 (deuxième révolte de Bou Amama) et 1908 (troisième révolte de Bou Amama). Il fut aussi la justification des poussées successives vers le sud et l'ouest : occupation de l'oasis d'Igli (1899-1900), actions contre Figuig (mai-juin 1903), création du poste de Colomb aux portes de Béchar (novembre 1903), création du poste de Berguent aux portes de Ras el-Ain (février 1904) et prise de Bou Denib (mai 1908). Des unités de la Légion étrangère implantées dans les postes du système de défense des portes du Sahara, depuis la mise en place de la rocade à la fin du XIXe siècle, rayonnent pour assurer la surveillance des tribus des confins, toujours promptes à se soulever.

La présence de la Légion étrangère dans la région des confins algéro-marocains se manifesta de façon quasi continue de 1845 à 1966 et prit plusieurs formes : la participation aux colonnes de conquête, la création des postes militaires et de l'infrastructure civile, puis la sécurisation de ces postes et des convois logistiques chargés de les ravitailler. De plus, dans cette étendue aux portes du désert, le légionnaire, généralement fantassin, fut amené à expérimenter un procédé de combat novateur : la compagnie montée. En 1881, confronté à la grande révolte du marabout Bou Amama, le colonel de Négrier commandant le 2e régiment étranger fournit à une de ses compagnies d'infanterie un mulet par homme. Cette unité bénéficie alors d'une capacité réelle à poursuivre les bandes d'insurgés, le plus souvent montées sur des chevaux. Le combat de Chott Tigri, le 26 avril 1882, fut le fait d'armes majeur de cette unité qui commit cependant l'erreur d'essayer de combattre à dos de ses mulets et connut les pires difficultés pour repousser l'adversaire. Les compagnies montées de la Légion, organisées par la suite avec un mulet pour deux hommes, furent maintenues jusqu'en 1950, date à laquelle elles furent transformées en unités portées, laissant les mulets pour des véhicules type Dodge 6*6 et des automitrailleuses type AMM-8. Leurs traditions ont été confiées, depuis, au 2e régiment étranger d'infanterie de Nîmes. Leur combat de référence est celui d'El-Moungar au sud de Taghit, le 2 septembre 1903, au cours duquel la 22e compagnie montée du capitaine Vauchez fut très sévèrement accrochée par 2 000 cavaliers ennemis.

Philippe GUYOT

Bibl. : Jacques Frémeaux, *Le Sahara et la France*, Soteca, 2010.

CONRAD, colonel Joseph (1788-1837). – Fils d'un inspecteur des Ponts et Chaussées, Joseph Conrad naît à Strasbourg (Bas-Rhin) le 8 décembre 1788. Brillant élève de l'École spéciale impériale militaire, il est nommé sous-lieutenant au 23e régiment d'infanterie légère le 25 mars 1809. Sous l'Empire, il fait campagne en Allemagne, en Espagne puis à nouveau en Allemagne. Blessé trois fois, il est promu lieutenant puis capitaine le jour où il est nommé chevalier de la Légion d'honneur. En 1818, il est admis avec son grade dans le corps des officiers d'état-major qui vient d'être créé. Après avoir participé aux expéditions d'Espagne (1823) et d'Alger (1830), il est promu chef de bataillon puis officier de la Légion d'honneur. Avec le grade de lieutenant-colonel, il rejoint, le 8 avril 1834, la Légion étrangère avec laquelle il passe au service de l'Espagne l'année suivante. En désaccord avec le général Bernelle, Joseph Conrad rentre en France en mars 1836. Il retourne en Espagne cinq mois plus tard et, avec le grade espagnol de brigadier (général de brigade), il succède au général Lebeau au commandement de la Légion en décembre 1836. Le brigadier Conrad est tué d'une balle au front à Barbastro le 2 juin 1837 en entraînant ses hommes à l'assaut. Quelques jours auparavant, la France l'avait promu colonel.

Au combat, l'officier d'état-major qu'il a été pendant seize ans ne connaît qu'une seule manœuvre : la charge frontale de l'ennemi. Polyglotte, il peut s'adresser aux légionnaires allemands, italiens et polonais dans leur langue. Son courage est hors du commun, son prestige immense auprès de ses subordonnés ; sa mort est cruellement ressentie dans les rangs de la Légion. Joseph Conrad est le premier chef de corps de la Légion tué à l'ennemi.

Henry DUTAILLY

Bibl. : Paul Azan, *La Légion étrangère en Espagne 1835-1839*, H. Charles-Lavauzelle, sd [1907].

CONTRAT. – L'article 1134 du code civil proclame que « les conventions légalement formées tiennent lieu de loi à ceux qui les ont faites ». Toutefois, la valeur du lien entre la Légion étrangère et l'engagé volontaire dépasse les simples contrats de droit privé. C'est si vrai que la juridiction administrative est un temps allée au-delà de la qualification de contrat de droit public pour affirmer que l'engagement plaçait le légionnaire dans une situation statutaire, déterminée par les lois et règlements. Cette interprétation maximaliste appelait de nombreuses critiques, car nul n'imaginait la puissance publique unilatéralement décider, par exemple, l'allongement de la durée des services dus.

En fait, tout semble classer l'acte d'engagement dans la catégorie des contrats administratifs : un des cocontractants est une personne publique, les clauses sont exorbitantes du droit commun, et l'objet tient à la participation au service public de la Défense nationale.

La nature conventionnelle de l'acte d'engagement est désormais proclamée à l'article L. 4142-2 du code de la défense : « Le militaire qui sert à titre étranger est, quel que soit son grade, lié au service par un contrat d'engagement. »

Universalité du contrat. Un militaire à titre étranger sert sous contrat, quel que soit le grade qu'il détient. Cette disposition s'applique pour toutes les catégories de grade : officiers, sous-officiers et militaires du rang. Il n'existe donc aucune possibilité d'obtenir un statut de carrière en servant à titre étranger. Ce choix délibéré du commandement de recourir au contrat comme unique instrument juridique d'engagement dans la Légion étrangère trouve sa justification. En premier lieu, la France n'accorde sa confiance à l'étranger que pour une durée limitée, de façon à éprouver son honneur et sa fidélité. Par ailleurs, il convient d'offrir régulièrement à cet étranger la possibilité de se décharger de sa mission et de regagner son pays d'origine, car nul ne saurait être contraint à pareil sacrifice sans que sa volonté soit fréquemment recueillie et réitérée.

La troupe est l'unique réserve dans laquelle le commandement procède à la sélection des cadres. Les sous-officiers proviennent toujours des rangs légionnaires. Garantie de la cohésion entre les hommes par les expériences communes et partagées qu'il implique, ce système présente le défaut de réclamer des mécanismes de détection des talents les plus divers pour satisfaire tous les besoins d'encadrement de la Légion. Lorsque les circonstances l'exigent et que le vivier s'avère insuffisant, la Légion peut solliciter la présence de « cadres blancs », sous-officiers du régime général, pour occuper les postes demeurés vacants.

Les officiers des armes issus des filières classiques de formation de l'armée de terre assurent les fonctions de commandement dans les formations. Néanmoins, un dixième des officiers de la Légion étrangère sont des officiers à titre étranger, issus du rang légionnaire et promus par leur mérite.

Spécificités du contrat. Le contrat engage le légionnaire au titre de la Légion étrangère et non au titre d'une spécialité ou d'un régiment. On le dit inconditionnel, c'est-à-dire que la fin de la période d'instruction permet au commandement l'affectation des nouvelles recrues où les besoins constatés le réclament. Le légionnaire est toujours un combattant, même s'il sert temporairement dans une formation administrative : il peut se voir envoyer dans un régiment opérationnel dans les délais les plus brefs sans arguer d'un quelconque droit acquis. En outre, le service à titre étranger se limite aux formations de la Légion étrangère ; il est exclu d'envisager rejoindre une unité du régime général.

Durée du contrat. Le contrat initial, signé à l'issue de la procédure de sélection, est d'une durée de cinq années. Il comprend une période probatoire de six mois renouvelable une fois, qui correspond au temps de la formation, pendant lequel le légionnaire peut solliciter la résiliation. À l'issue du premier contrat, la Légion permet le retour à la vie civile ou une prolongation pour six mois, un an, trois ans ou cinq ans.

Julien Souplet

CONTRE LES VIETS. – Il s'agit du chant de tradition du 1er bataillon étranger de parachutistes (BEP). L'air en est emprunté au chant militaire allemand *Die dunkle Nacht ist nun vorbei* (« La nuit obscure est maintenant passée »), dont la musique a été composée par Georg Blumensaat dans les années 1930. La première compagnie parachutiste de la Légion est constituée en Indochine en 1948 sous l'autorité du capitaine Morin au sein du 3e régiment étranger d'infanterie (REI). Son recrutement initial fait appel aux soldats allemands qui avaient été formés au saut en parachute par la Luftwaffe et influence naturellement le répertoire. Les unités parachutistes légionnaires adoptent ainsi *Le soleil brille*, simple traduction du chant des parachutistes allemands de la Seconde Guerre mondiale *Rot scheint die Sonne*, et le 2e BEP choisit comme chant de tradition *La Légion marche*, dont les paroles sont adaptées d'un autre air allemand.

Il est significatif que *Contre les Viets* figure parmi les premiers enregistrements réalisés officiellement par la Légion en 1950, avant même *Le Boudin* pour lequel il faudra attendre 1952. Le chœur du 1er REI dirigé par le capitaine Hallo l'enregistre sous le titre *Oh légionnaire* (78 tours, voir Discographie). Il est différent de la version publiée et conservée dans le répertoire. En effet, ce chant reprend des paroles créées par les soldats français engagés sur le front de l'Est sous l'uniforme allemand. Témoignage de son origine, il met le dernier couplet en premier en conservant « le froid » de la version du front de l'Est au lieu du « vent » dans le recueil de 1951 et les suivants, ou des « balles » à partir de l'édition de 1993. Il conserve aussi le couplet d'origine : « Ô légionnaires, / Le combat qui commence, / Est dans nos âmes, Symbole d'espérance. » La modification est opérée dans le carnet publié en Indochine par le père de Vesvrotte dès 1951. Le dernier couplet n'est pas enregistré mais figure, modifié lui aussi, dans les carnets de chants. Ce premier enregistrement d'un chant qui venait tout juste d'entrer dans le répertoire n'a pas été fait pour la troupe à des fins d'enseignement, mais bien pour la commercialisation : il est proposé à la vente dans *Képi blanc* (no 44, novembre 1950 ; no 45, décembre 1950). Le commandement était forcément informé de l'origine du chant, c'est donc délibérément qu'il le fait enregistrer, car le Corps expéditionnaire et particulièrement la Légion sont la cible de nombreuses attaques de la part du puissant Parti communiste français (propagande pacifiste, manifestations, sabotages des matériels, grèves de dockers, interdiction d'affecter le sang des transfusions pour les blessés du corps expéditionnaire, etc.). Dans le même temps, le PCF envoie des commissaires politiques encadrer l'armée viêtminh, spécialement dans les camps de la mort où sont parqués les prisonniers.

Sans y voir une volonté de la hiérarchie, ce chant et quelques autres introduits simultanément (*La rue appartient*, *Nous sommes tous des volontaires*…)

doivent être envisagés comme un moyen de lutter contre la subversion, en Indochine comme en métropole – le concept de guerre contre-révolutionnaire apparaît à la même époque. Moyen ancestral de mobiliser les esprits, le chant est mis à contribution pour affirmer la cohésion de la troupe et du commandement contre l'ennemi désigné. Ce dernier ne s'est d'ailleurs pas trompé en dénonçant ces chants à cause de leur origine allemande. Mais, bien entendu, là n'était pas l'essentiel, car les paroles d'origine ne constituaient pas l'arme qu'étaient devenus les nouveaux textes attachés à ces mélodies. Leur diffusion dans le répertoire des parachutistes pendant la guerre d'Algérie, puis dans le reste de l'armée par la suite, procède du même usage.

La partition ci-après reproduit celle de l'édition 1993 du recueil officiel (page 70) :

1. Contre les Viets, contre l'ennemi,
Partout où le devoir fait signe,
Soldats de France, soldats du pays,
Nous remonterons vers les lignes.

Refrain :
Ô légionnaires, le combat qui commence,
Met dans nos âmes, enthousiasme et vaillance,
Peuvent pleuvoir, grenades et gravats,
Notre victoire en aura plus d'éclat.

2. Et si la mort nous frappe en chemin,
Si nos doigts sanglants se crispent au sol,
Un dernier rêve : adieu à demain,
Nous souhaiterons faire école.

3. Malgré les balles, malgré les obus,
Sous les rafales ou sous les bombes,
Nous avançons vers le même but,
Dédaignant l'appel de la tombe.

Thierry BOUZARD

COOPER, légionnaire Adolphe Richard (1899-1988). – Sujet très ambigu sur lequel nous n'avons finalement qu'assez peu de certitudes. Le 8 octobre 1914, à quinze ans et demi, Cooper s'engage une première fois sous le nom de Jean Cornelis de Bruin. Affecté au régiment de marche d'Orient au sein du bataillon de Légion, il gagne la croix de guerre à Gallipoli. Comme il est réclamé par sa famille par l'intermédiaire des autorités consulaires, son contrat est finalement annulé. Après la Grande Guerre, en 1919, il prétend s'être engagé une seconde fois pour cinq ans. Il aurait alors été libéré en 1924. Enfin, à la fin de cette même année, le 13 octobre, il s'engage à nouveau. Envoyé en Afrique du Nord, il combat dans le Rif. Mais surtout, bénéficiant probablement d'une première expérience militaire, il gagne assez rapidement ses galons de caporal. En effet, il est promu le 16 avril 1925. Un peu plus de un an plus tard, à la suite de tentatives de désertion, il est présenté à un conseil d'enquête pour « indignité » et rétrogradé comme simple légionnaire. Retrouvant ses galons le 5 août 1927, il est cette fois traduit devant le conseil de guerre pour « outrages par paroles envers des supérieurs en dehors du service et rébellion envers les forces armées » et donc à nouveau remis au grade de deuxième classe le 24 février 1928. Ayant fait des séjours de plusieurs mois en centre pénitencier militaire, il n'est pas libéré en octobre 1929, au terme de son contrat, mais seulement le 8 janvier 1930. Le certificat de bonne conduite lui est refusé. De retour dans son pays natal, la Grande-Bretagne, il entreprend la rédaction d'un livre autobiographique dans lequel il retrace l'ensemble de son parcours de légionnaire. Soldat dans l'âme, il s'engage dans l'armée de Sa Majesté et aurait terminé sa carrière comme capitaine.

Alexis NEVIASKI

Sources : A.R. Cooper (avec la collaboration de Sydney Tramayne), *Douze ans à la Légion étrangère*, traduit de l'anglais par Marie-Louise Chaulin, Payot, 1934.

CORÉE. – *Voir* 1er BATAILLON FRANÇAIS DE L'ONU.

CORTA, lieutenant-colonel Henry de (1879-1932). – Henry de Corta intègre l'École spéciale militaire de Saint-Cyr en octobre 1898, choisit l'arme de l'infanterie et sert au 93ᵉ régiment d'infanterie (RI) jusqu'en juillet 1905. Il obtient ensuite sa mutation à la Légion au 2ᵉ régiment étranger (RE), en garnison à Saïda. Il fait campagne dans les confins algéro-marocains en 1909 et 1910, dans le haut Guir en 1909 et contre les Beni Snassen en 1910, au Tonkin de novembre 1910 à février 1913.

En janvier 1914, le capitaine de Corta commande la 13ᵉ compagnie du 2ᵉ RE dans le Sud oranais. En juillet 1915, il rejoint le front au 65ᵉ RI. Grièvement blessé le 25 septembre à Mesnil-lès-Hurlus, en Champagne, il est fait prisonnier et interné à Rastatt. Il finit toutefois la guerre au camp de représailles à Vöhrenbach où il a été transféré après une tentative avortée d'évasion. Il gagne d'ailleurs une citation pour son opposition continuelle à l'autorité allemande. À sa libération en janvier 1919, Corta prend le commandement du 6ᵉ bataillon formant corps du 1ᵉʳ RE devenu 3ᵉ bataillon du 4ᵉ régiment étranger d'infanterie l'année suivante. Désormais vieux « marocain », il participe aux opérations de pacification du Moyen et du Haut Atlas entre 1921 et 1926. Jusqu'en 1930, son régiment se consacre aux travaux de construction de routes et de pistes : la route de Marrakech à Ouarzazate par le col du Tichka, la route d'Ouarzazate à Tineghir bordant au nord le massif du djebel Sagho, la piste de la haute vallée du Dades. Promu lieutenant-colonel, il retrouve le Tonkin en mars 1931 au 5e REI et y meurt des suites d'une congestion cérébrale le 5 septembre 1932. Officier de la Légion d'honneur, titulaire de la croix de guerre 1914-1918 avec deux citations, croix de guerre des théâtres des opérations extérieures avec trois citations, Henry de Corta est le héros dépeint par son beau-frère, Jean des Vallières, son compagnon de captivité pendant la Grande Guerre, dans un roman devenu célèbre dans les années 1930 : *Les Hommes sans nom.* Il reste aussi dans la légende de la Légion au même titre que les trois mousquetaires de l'épopée marocaine, les généraux Rollet et Nicolas et le colonel Maire.

André-Paul COMOR

CORTA, général Renaud de (1915-1979). – Fils d'ingénieur, Renaud de Corta est né le 2 février 1915 à Paris. À l'issue de sa formation d'officier à l'École spéciale militaire de Saint-Cyr, en 1936, il choisit de servir dans l'infanterie et est affecté au 158e régiment d'infanterie de Mutzig (Alsace). Lieutenant en 1938, il part pour le front en 1939 mais est muté dès mars 1940 pour encadrer les élèves aspirants au camp de la Courtine. Le 10 juin, il rejoint Fontenay-le-Comte. À la suite du discours du maréchal Pétain, le 17 juin, il décide de continuer la lutte « par patriotisme et réflexe professionnel ». Il part de La Rochelle le 18 juin sur un bâtiment rapatriant des Britanniques en Angleterre, où il s'engage dans les Forces françaises libres.

Affecté au 1er bataillon (BLE) de la 13e demi-brigade de Légion étrangère (DBLE) comme chef de section, il participe à l'expédition anglo-française « Menace » sur Dakar puis au ralliement forcé du Gabon (septembre puis novembre 1940). Avec la brigade française d'Orient, il est engagé dans la campagne d'Érythrée au cours de laquelle il se distingue le 15 mars 1941 dans l'attaque de l'Engiahat puis lors de la prise de Massaoua en avril suivant. Réengagé dans la campagne de Syrie, il est blessé d'une balle à la hanche à Kissoué. Promu capitaine en septembre, il prend le commandement de la compagnie lourde au 1er BLE qui reste en Syrie, puis est affecté à la 2e brigade française libre (BFL) qui participe à la retraite sur la ligne d'El-Alamein (avril 1942). Réaffecté à la 1re BFL, il prend part aux combats d'El-Himeimat en octobre 1942, ce qui lui vaut une citation à l'ordre de l'armée. Lors de la campagne de Tunisie, il est blessé pour la deuxième fois (éclat d'obus au djebel Garci) et, à l'issue des soins, rejoint le 1er BLE en Tripolitaine (juillet 1943). Débarquant en Italie avec la 1re division française fibre (DFL), il est blessé pour la troisième fois le 22 mai à Pontecorvo (éclat de mortier). À Cavalaire, le 16 août 1944, il participe aux combats de la libération de la Provence jusqu'aux Vosges où il est blessé pour la quatrième fois en novembre 1944 (explosion d'une mine). Retrouvant son unité en Alsace (janvier 1945), il y reçoit une nouvelle citation à l'ordre de l'armée. Il termine la guerre dans les Alpes aux combats de l'Authion.

Chef de bataillon en 1945, Corta devient chef de cabinet du résident général de France en Tunisie jusqu'en 1947 puis est affecté à l'état-major de l'Institut des hautes études de la Défense nationale. Il intègre ensuite l'École supérieure de guerre, en 1950. À l'issue, il participe brillamment aux campagnes d'Indochine de 1952 à 1954 au sein du 5e régiment étranger d'infanterie (REI) puis à l'état-major de Saigon où il est nommé lieutenant-colonel. Après un an passé aux écoles militaires supérieures à Paris, il est affecté à Fontainebleau au SHAPE (Supreme Headquarters Allied Powers in Europe) de 1955 à 1958. Nommé colonel, il commande le 3e REI en Afrique du Nord de 1958 à 1960. En mars, il rejoint le cabinet militaire du ministre des Armées, Pierre Messmer, et remplit plusieurs missions en Algérie. En 1962, général de brigade, il prend le commandement de la 12e brigade mécanisée à Fribourg-en-Brisgau ; en 1966, la 3e division (avec le grade de général de division obtenu en avril 1967) ; en 1968, il est l'adjoint du commandant de la 7e Région militaire à Marseille. Nommé général de corps d'armée, il devient adjoint du chef d'État-major des armées, le général Fourquet, puis chargé de mission auprès du ministre d'État chargé de la Défense nationale, Michel Debré, en septembre 1971. Admis en 2e section du cadre des officiers généraux en janvier 1973, il meurt le 20 avril 1979 à Paris. Il est inhumé à Fontaine-le-Comte dans la Vienne.

Jean-Noël VINCENT

Bibl. : André-Paul Comor, *L'Épopée de la 13e demi-brigade de Légion étrangère, 1940-1945*, Nouvelles Éditions latines, 1988 • Jean-Christophe Notin, *1 061 Compagnons, histoire des Compagnons de la Libération*, Perrin, 2000.

COT, général Jean (1868-1920). – Jean Cot est le premier chef de corps du régiment de marche de la Légion étrangère (RMLE). Né le 12 novembre 1868 à Artigat (Ariège) dans une famille de cultivateurs, il embrasse la carrière des armes et intègre l'École spéciale militaire de Saint-Cyr au sein de la promotion « du Grand Triomphe » (1888-1890). À l'issue, il choisit l'infanterie et sert comme lieutenant au 57e régiment d'infanterie (RI) à Libourne (1890-1900) puis comme capitaine au 86e RI au Puy-en-Velay (1900-1905).

Le 24 novembre 1905, il rejoint à sa demande la Légion étrangère dans les rangs du 1er régiment étranger (RE), où il commande la 6e compagnie en Algérie (28 novembre 1905-31 mars 1910). Engagé en opérations au Maroc de 1907 à 1909, il reçoit son baptême du feu lors des affaires de Bab el-Hassad en novembre 1907 et Arghballa en décembre 1907. De même, en Indochine du 1er avril 1910 au 5 juin 1912, il conduit à nouveau ses légionnaires au combat à deux reprises, en mars 1912. Promu chef de bataillon le 23 décembre suivant, il sert au Maroc au 4e régiment de tirailleurs algériens (RTA), au 8e régiment de tirailleurs indigènes (RT) (il prend part avec lui aux affaires de Goulmis en mai 1913 et de Koudiat en juin). Trois fois blessé par balle ou par éclat d'obus en août et septembre 1914, il refuse de se faire relever et reçoit une citation élogieuse à l'ordre de l'armée : « [...] n'a pas quitté un instant un commandement qu'il exerce de la façon la plus brillante » (extrait de l'ordre général no 61 du 26 octobre 1914 de la Ve armée).

Il retrouve la Légion étrangère comme chef de corps du 2e régiment de marche du 1er RE (2e RM/1er RE), le 26 février 1915, succédant au colonel Pein. Nommé à titre définitif en mars 1915, il dirige l'assaut sur les Ouvrages blancs (Artois, 9 mai 1915) au cours duquel son régiment fait une percée qui lui vaut d'être cité. Pour sa part, il est blessé par le souffle de l'explosion d'un obus de gros calibre et reste paralysé plusieurs heures. Rétabli, il mène les combats contre la butte de Souain (Champagne, 28 septembre 1915) où son unité est de nouveau citée. Le 11 novembre 1915, il devient le premier chef de corps du RMLE qu'il conduit au cours de l'offensive de la Somme pour la prise de Belloy-en-Santerre, le 4 juillet 1916, puis lors du semi-échec du 9 juillet. Il cède son commandement au lieutenant-colonel Duriez en février 1917.

Assumant, par la suite, le commandement de la 70e brigade puis de la 167e division d'infanterie, il est nommé général en octobre 1918 et commande plusieurs grandes unités en Macédoine et surtout en Turquie où il assume à compter d'octobre 1919 le commandement des troupes françaises de Constantinople. C'est dans cette ville que le général Jean Cot meurt le 5 juin 1920, d'une fracture du crâne consécutive à une chute de cheval, lors d'un déplacement officiel. Commandeur de la Légion d'honneur en 1917, il avait reçu quatre blessures au feu, participé à vingt-trois combats majeurs entre août 1914 et octobre 1919 et était titulaire de huit citations. Il appartient à la génération d'officiers devenus chefs de corps de Légion par suite des vides creusés dans les rangs des officiers supérieurs pendant la Première Guerre mondiale.

Philippe GUYOT

COULEURS. – Les couleurs sont un signe de reconnaissance, elles permettent de distinguer les armes et subdivisions d'arme les unes des autres. La Légion a deux couleurs de tradition : le vert et le rouge (écarlate). Les raisons de ce choix demeurent obscures. Tout au plus peut-on remarquer qu'elles rappellent la couleur des épaulettes : vertes à tournante et à franges rouges. Elles ont été officialisées en 1915 à la suite des travaux de la commission sur la nouvelle tenue. Ces deux couleurs figurent sur les fanions et les insignes de la Légion. Entre 1944 et 1960, elles sont également celles du bonnet de police communément appelé calot.

Depuis 1945, la présence du vert dans les tenues n'a cessé de s'accroître. Initialement, il était seulement présent par les galons de laine et les soutaches des écussons (trois à partir de 1942 pour distinguer l'armée d'Afrique). Il est devenu la couleur de la cravate en 1946 puis celle du béret des légionnaires parachutistes en 1948 et de toute la Légion dix ans plus tard.

D'autres couleurs sont associées à la Légion étrangère. La couleur du métal – pour l'insigne de béret notamment – est l'or pour l'infanterie, le génie et l'artillerie et l'argent pour l'arme blindée et cavalerie, le train, le matériel et le commissariat. Le blanc est devenu la couleur du képi ; c'est également celle du tablier des sapeurs outre-mer. Enfin, la tenue de parade comporte le port de la ceinture de laine bleue attribuée en 1882 aux corps d'origine européenne de l'armée d'Afrique et aux troupes alpines.

Luc BINET

Sources : Ministère de la Défense, *Bulletin officiel édition méthodique* (*BOEM*) n° 105-1 du 1er septembre 1923 • *BOEM* n° 554-0 du 1er octobre 1958 • *BOEM* n° 557-0, instruction n° 10200 du 27 juillet 1990.

COULLON, Jean-Claude (né en 1929). – Premier commandant de la Légion étrangère en 1984, l'ancien enfant de troupe des écoles militaires préparatoires de Billom et d'Autun donne un nouvel élan à la Légion étrangère alors même que son maintien au sein de l'armée française peut être remis en question depuis l'élection de François Mitterrand à la présidence de la République en mai 1981. Colonel depuis 1976, Jean-Claude Coullon est nommé par Charles Hernu, nouveau ministre de la Défense, chef adjoint de son cabinet militaire. Il se voit confier une mission diplomatique et militaire lors de la crise libanaise issue de l'opération israélienne « Paix en Galilée » déclenchée le 6 juin 1982 : il assure la mise en place du détachement français de la Force multinationale d'interposition au Liban dans le cadre de l'opération « Épaulard ». Les légionnaires parachutistes du 2e REP, qui quatre ans plus tôt avaient mené à bien la libération des otages à Kolwezi, sont en première ligne. La parfaite exfiltration du chef de l'Organisation de libération de la Palestine, Yasser Arafat, et des derniers *fedayin* comme la maîtrise remarquable de la force au service du droit (international) par les légionnaires n'ont pas été pour rien dans l'évolution de la position du nouveau gouvernement à l'égard de la Légion dont trois ans plus tôt le Parti communiste français réclamait avec fracas, à l'Assemblée nationale, la dissolution. Général en septembre 1982, Jean-Claude Coullon prend le commandement du groupement de Légion étrangère (GLE) et de la 31e brigade (mixte, infanterie de marine-Légion). Ses efforts – avec le soutien appuyé de son ministre – sont récompensés par la création du commandement de la Légion étrangère (COMLE), aboutissement d'une longue réflexion sur la place et le rôle des troupes de métier – et notamment des régiments étrangers – dans l'armée française alors confrontée au refroidissement des relations Est-Ouest (crise des euromissiles).

Jusqu'à son départ du service actif en décembre 1990, élevé entre-temps au rang et à l'appellation de général d'armée, Jean-Claude Coullon exerce les fonctions de directeur du personnel militaire de l'armée de terre de 1985 à 1988 avant d'être nommé inspecteur général de l'armée de terre le 1er janvier 1989. Saint-cyrien de la promotion « Extrême-Orient » (1950-1952) dont la carrière se déroule en grande partie dans l'armée de transition de la Ve République, le général Coullon s'est hissé aux premières places en restant d'une fidélité exemplaire à la Légion, lui donnant – comme l'avait fait en son temps Pierre Messmer – la possibilité de s'imposer comme une troupe sur laquelle la France pouvait compter dans la conduite de sa politique de sécurité et de défense. Grand officier de la Légion d'honneur, cité six fois, le général Coullon préside la Fédération des sociétés d'anciens de la Légion étrangère (FSALE) de 1991 à 2001. Sous sa présidence, le débat sur la question de l'acquisition de la nationalité française pour tout légionnaire étranger blessé en service commandé aboutit à l'adoption du texte de loi « Français par le sang versé » le 16 décembre 1999.

André-Paul COMOR

CRABES. – *Voir* GROUPEMENTS AMPHIBIES.

CRALE. – Les compagnies de réparation automobile de la Légion étrangère, ou CRALE, trouvent leur origine dans le besoin qu'a la Légion de pourvoir en spécialistes le Corps expéditionnaire français en Extrême-Orient (CEFEO) dès le déclenchement de la guerre, qui éclate après les incidents d'Haiphong le 20 novembre 1946, et le coup de force viêt-minh du 19 décembre suivant. Ces unités de réparation opèrent en Cochinchine, en Annam ou au Tonkin. Certaines deviennent rapidement autonomes alors que d'autres sont rattachées à des régiments de Légion comme le 2e ou le 3e régiment étranger d'infanterie (REI). Ainsi la 65e CRALE, rattachée au 3e REI, est-elle envoyée au Cambodge pendant deux ans, sous les ordres du capitaine Odinus. Ainsi également une partie des détachements mobiles de réparation de la 5e compagnie moyenne de réparation de la Légion étrangère (CMRLE) rejoint-elle le camp retranché de Diên Biên Phu en décembre 1953. À la fin de la bataille, la compagnie sera citée à l'ordre de l'armée comme toutes les unités de la garnison. La 2e compagnie de réparation d'engins blindés de Légion étrangère (CREBLE), dissoute le 31 décembre 1955, est la dernière unité à œuvrer sur le territoire indochinois. Ses légionnaires allemands et autrichiens, pour la plupart anciens de la Wehrmacht, de la Kriegsmarine ou de la Luftwaffe, vont se montrer à la hauteur des missions qui leur sont confiées et assurer la remise en état du matériel, de l'entretien et de la réfection des véhicules, des routes, voire des pistes d'aviation. Il est fait alors appel à des officiers et sous-officiers spécialistes des différentes armes ou différents services, ces « cadres blancs » rapidement adoptés par les légionnaires.

D'autres formations ont été créées entre-temps pour répondre aux demandes pressantes de spécialistes : la 723e et la 64e CRALE, les 1re, 2e, 3e, 4e et 5e compagnies de réparation de la Légion étrangère (CRLE), devenues 1re, 2e, 3e, 4e et 5e compagnies moyennes de réparation de la Légion étrangère (CMRLE), enfin la 2e compagnie de réparation d'engins blindés de la Légion étrangère (CREBLE). Ces compagnies sont aussi connues sous l'appellation d'« unités de transport et de matériel de la Légion étrangère » (UTMLE).

Charles RIDET

CRESTE, adjudant-chef Kléber (1930-1990). – Type achevé du « Gaulois » légionnaire, de tous les coups durs, téméraire et généreux à la fois, Kléber Creste, servi par une robuste constitution, manifeste dès l'adolescence des dons particuliers pour le commandement que sa carrière exceptionnelle au service de la France illustre avec éclat.

Né à Bon-Encontre dans le département de Lot-et-Garonne, ce jeune apprenti mécanicien réussit à se faire accepter dans le réseau de résistance Georges France et participe à la libération de Toulouse (20 août 1944). La paix retrouvée, il entend parler de l'Indochine et, l'appel de l'inconnu étant le plus fort, s'enfuit pour s'engager dans la Légion étrangère. Le 7 août 1945, au poste de recrutement à Marseille, empruntant l'identité de son frère aîné Clovis, il réussit à tromper l'officier qui reçoit son engagement. Son instruction militaire élémentaire bouclée au régiment de marche de la Légion étrangère – devenu 2e régiment étranger d'infanterie (2e REI) –, il quitte l'Algérie au début du mois de janvier 1946 pour embarquer vers l'Extrême-Orient. Ce premier séjour s'achève en mai 1948. Légionnaire déjà remarqué pour sa conduite au feu en Cochinchine, au Sud-Annam et au Tonkin, Creste, seulement âgé de dix-huit ans, se lance en octobre dans l'aventure parachutiste. La Légion en effet forme à la hâte ces nouveaux combattants en s'appuyant sur l'expérience d'anciens soldats de la Wehrmacht. En janvier 1949, le caporal embarque à Oran avec le 2e bataillon étranger de parachutistes (BEP) sur le *Maréchal-Joffre*. Jusqu'en mars 1952, gravissant rapidement les grades (il est nommé sergent le 1er mai 1951), il participe aux grandes opérations dans lesquelles son bataillon est engagé, dans la plaine des Joncs, au Cambodge ou à Nghia Lo (décembre 1951). Six mois plus tard, au Maroc, il demande son affectation au 3e BEP nouvellement créé dans l'Est algérien : ses légionnaires sont envoyés pour renforcer les deux BEP déjà éprouvés par les durs combats contre un ennemi particulièrement pugnace. Il est alors affecté à la 2e compagnie indochinoise de parachutistes de la Légion étrangère (CIPLE) du 2e BEP, commandée par le lieutenant Denoix de Saint Marc. Chef de section, il s'illustre une nouvelle fois à la tête de ses hommes le 7 septembre 1953 à An Tu Thong où il est blessé par balle. Le 1er avril 1954, il est promu au grade de sergent-chef. Dix jours plus tard, son bataillon est parachuté sur la cuvette de Diên Biên Phu. Il saute avec ses trente-cinq légionnaires vietnamiens et deux adjoints légionnaires. Du 11 avril au 7 mai, les trois cadres sont grièvement blessés et tombent aux mains du Viêt-minh après le cessez-le-feu. L'état du sergent-chef Creste, blessé au ventre, comme celui du caporal-chef Schindeldecker, est tel que l'ennemi les juge irrécupérables et les remet à la Croix-Rouge qui les évacue vers Hanoi.

Remis sur pied, le sergent-chef Creste demande à retourner dans une unité parachutiste : en décembre 1954, il est affecté au 3e BEP, un temps transformé en régiment puis rebaptisé « 2e régiment étranger de parachutistes » (REP) à la fin de 1955. Le sergent-chef Creste suit la destinée du nouveau régiment. Il s'y illustre le 14 février 1956 au combat du douar de Radjettas durant lequel il est encore grièvement blessé. Adjudant-chef depuis octobre 1961, il est muté au 9e régiment de chasseurs parachutistes (RCP), un régiment de la « régulière » où il terminera sa carrière. Il n'est plus en effet autorisé à servir à titre étranger. En 1964, il doit quitter l'armée en raison de son état de santé. Chevalier de la Légion d'honneur, médaillé militaire, 11 fois cité, 6 fois blessé, il meurt le 10 octobre 1990. La promotion 1991 de l'École nationale des sous-officiers d'active le choisit pour parrain.

Charles RIDET

CRIMÉE, guerre de. – Le 27 et le 28 mars 1854, les gouvernements français puis britannique déclarent la guerre à la Russie contre laquelle l'Empire ottoman avait ouvert les hostilités, le 23 octobre 1853. Ce conflit, que l'on nomma alors la « guerre d'Orient », s'acheva par la défaite de la Russie, sanctionnée par le traité de Paris du 30 mars 1856. Bien étudié outre-Manche, où il symbolisa pour deux générations de victoriens l'héroïsme militaire et l'incompétence administrative, ce conflit fut meurtrier. Pas moins de 210 000 soldats perdirent la vie en Crimée, le principal théâtre des opérations, hécatombe à laquelle s'ajoutent les pertes provoquées par la dysenterie, le choléra, le typhus et les combats livrés en mer Blanche, dans la Baltique, les Provinces danubiennes, le Caucase et le Pacifique Nord. Première guerre industrielle, si l'on pense aux innovations alors déployées ou généralisées comme la mine sous-marine, l'obus explosif, le fusil à canon rayé ou le blindage, la guerre d'Orient ne diffère guère toutefois des conflits du XVIIIe siècle par certaines pratiques stratégiques, les difficultés sanitaires des armées et le recrutement *ad hoc* de forces mercenaires.

Les racines de la guerre d'Orient sont liées au sort de « l'Homme malade de l'Europe », l'Empire ottoman, dont le déclin facilitait depuis 1770 les ingérences européennes. Refusant le partage de cet empire, qui sert de glacis occidental à ses provinces indiennes, le Royaume-Uni défend, après 1832, l'intégrité territoriale de la Turquie et croit conjurer son déclin par l'émancipation des minorités religieuses et l'engagement de réformes. S'ils partagent cette « doctrine », ni les Français ni les Russes ne renoncent au patronage qu'ils exercent respectivement sur les catholiques et les orthodoxes orientaux et ces deux puissances conservent leurs ambitions sur les confins de l'Empire ottoman. Bien que les querelles franco-russes en Terre sainte soient également odieuses aux Anglais, la perspective d'un démembrement, proposé par le tsar Nicolas Ier en janvier 1853, les pressions russes sur la Sublime Porte au printemps puis l'invasion, en juillet, de ses provinces danubiennes poussent Londres à se rapprocher de Paris, renouant ainsi un partenariat défait en 1840-1841 par la question égyptienne. Tandis que le tsar néglige les signaux anglais et l'hostilité autrichienne, les Turcs, enhardis par le soutien occidental, proclament la guerre sainte contre la Russie en octobre 1853. Après la victoire navale russe de Sinope (30 novembre 1853), les Occidentaux anticipent, à tort, l'effondrement turc en Asie Mineure et le déclenchement d'une offensive amphibie sur le Bosphore. Précédée d'une longue série de mesures navales et logistiques (janvier-février 1854), l'entrée en guerre des Franco-Britanniques, auxquels s'allie formellement la Turquie, le 15 avril 1854, répond à deux objectifs : sécuriser les Détroits et la Bulgarie et renverser l'hégémonie russe en mer Noire. L'opinion publique libérale entend enfin châtier un régime autocratique et relancer du Caucase à la Pologne les aspirations nationales brisées en 1849. Après avoir mis en défense la péninsule de Gallipoli, les armées de lord Raglan et du maréchal de Saint-Arnaud rallient la Bulgarie au printemps 1854. Afin d'étoffer leurs moyens de reconnaissance, les Français organisent, le 24 juin 1854, une force de cavalerie irrégulière ottomane, les spahis d'Orient, qui, associée, fin juillet, à la 1re division française, est détruite par le choléra dans la steppe de la Dobrudja, avant d'être licenciée. Entre-temps, les deux régiments étrangers en provenance d'Algérie qui ont débarqué à Gallipoli forment la « brigade étrangère » dont le commandement est confié au général Carbuccia. L'épidémie se répand parmi les légionnaires. Leur chef et près de 180 officiers, sous-officiers et hommes de troupe succombent en quelques jours.

Le retrait des forces russes des Principautés laisse le champ libre à une politique plus ambitieuse de frappes navales et amphibies inaugurée, le 22 avril, par le bombardement d'Odessa. Lancé tardivement, le raid contre Sébastopol mène les armées alliées de la rade d'Eupatoria, le 14 septembre 1854, jusqu'aux portes de la base ennemie, investie le 27 septembre. Après l'échec du bombardement du 17 octobre, la descente se métamorphose en un siège où sont engagés 50 000 Franco-Britanniques. Entravées par la prudence des Français et la neutralité des Scandinaves, les opérations dans la Baltique ne débouchent sur aucune décision d'envergure hormis la prise de Bomarsund, les 14-15 août 1854, et s'arrêtent à la fin de l'année. De fortes contraintes climatiques et politiques pèsent également sur le front de Kars, en mer Blanche et dans le Pacifique Nord.

L'hiver 1854-1855 voit les forces alliées endurer de grandes souffrances. La destruction des animaux de bât, les tempêtes (14 novembre) et l'embourbement des pistes qui relient aux tranchées les bases navales alliées de Kamiesh et de Balaklava limitent le ravitaillement et retardent les évacuations. En quatre mois, les combats, la faim, le froid et la maladie réduisent l'armée Raglan à 10 000 soldats dont la moitié sont malades. L'absence de réserves, le recours exclusif au volontariat et l'ampleur des tâches coloniales placent le commandement anglais dans une situation de dépendance redoutable à l'égard des Français. Les ressources de l'armée d'Afrique s'avèrent, dans cette crise, précieuses. Dès le 1er septembre, un bataillon de marche est envoyé à Varna et participe le 20 septembre à la bataille de l'Alma au sein de la division Canrobert. Les légionnaires sont aussi devant la place de Sébastopol assiégée depuis le 9 octobre. Lors de l'assaut du 2 mai 1855, le colonel Vienot, chef de corps du 1er régiment étranger, est tué à la tête de ses hommes. La brigade perd plus de 1 700 tués ou blessés dont 78 officiers pendant la durée du siège, achevé le 11 septembre 1855. La Légion a cependant démontré sa capacité d'adaptation à un théâtre d'opérations européen. Du côté britannique, des partenariats militaires et la levée de contingents mercenaires tentent de corriger l'infériorité numérique de l'armée Raglan devant Sébastopol.

Reprenant en décembre 1854 une pratique interrompue en Europe en 1815-1816, Londres se tourne vers la Suisse, l'Italie du Nord, les États germaniques et l'Amérique du Nord pour y lever des régiments mercenaires. À l'âge des États-nations, cet expédient révèle ses limites. Le recrutement des légions italienne, suisse et allemande s'avère en effet une entreprise diplomatiquement et politiquement embarrassante. Si les autorités fédérales et autrichiennes, officiellement neutres, facilitent le recrutement de 3 000 Suisses, les campagnes transalpines et transatlantiques suscitent de graves complications. Le mercenariat ottoman est également une source d'avanies. Organisée dans les Détroits durant l'été 1855, une force de cavalerie irrégulière (Beatson Horse ou Osmanli Irregular Cavalry) gagne une détestable réputation d'insubordination (septembre 1855), coûte fort cher au Trésor anglais et n'apporte aucun bénéfice tactique. En revanche, le concours des 21 501 soldats piémontais, que l'allié sarde met à la disposition des Alliés, le 26 janvier 1855, sert opportunément les Britanniques qui les transfèrent, en mai suivant, en Crimée où ils s'illustrent, le 16 août 1855, à la bataille de la Tchernaya.

Parallèlement à cet effort militaire, les Alliés mobilisent leur supériorité maritime que décuple la propulsion à vapeur, généralement encore associée à la voile (propulsion hybride et remorquage). Cette supériorité technicienne et industrielle assure la victoire. La noria de transports en mer Noire, que les tempêtes et le mauvais temps n'interrompent pas durant les hivers 1854 et 1855, jette des renforts en Crimée, remplace les dépôts de vivres, achemine les baraques préfabriquées, dépose les outils de terrassement et les éléments d'une voie de chemin de fer. C'est bien sur cette hégémonie logistique que repose *in fine* la chute de Sébastopol où l'infanterie française, soutenue par les feux de 775 pièces, prend pied, le 8 septembre 1855, déclenchant l'évacuation russe du port. Réorganisées durant l'hiver 1854 pour agir au plus près de côtes ennemies, les forces navales franco-britanniques remportent également, au printemps puis à l'été 1855, de sensibles succès tactiques et stratégiques. Rassemblant des bombardes, des chaloupes canonnières, des frégates à roues et une poignée de chalands cuirassés d'un type inédit, les flottilles « de siège » appuient des descentes en mer d'Azov (mai-juin 1855), saccagent les ports de pêche et détruisent les ouvrages de Sveaborg, à l'entrée du golfe de Finlande, le 9 août 1855, et ceux de Kinburn et d'Ochakov, à l'embouchure du Dniepr, le 17 octobre 1855. Durant l'hiver, les préparatifs amphibies alliés contre la capitale russe comme l'éventualité de l'entrée en guerre des Autrichiens contre la Russie accélèrent le règlement diplomatique du conflit. Ayant succédé à son père, le 1er mars 1855, le tsar Alexandre II ouvre, en janvier 1856, des négociations qui débouchent, en mars, sur la neutralisation quasi absolue de la mer Noire, la restitution de la Bessarabie et de Kars à la Turquie. Consacrant la réputation militaire de la France, dont l'armée a supporté le gros du siège de Sébastopol jusqu'à la prise du Grand Redan, le 8 septembre 1855, la guerre de Crimée confirma également l'hégémonie financière, industrielle et maritime du Royaume-Uni, mais toujours incapable, comme au XVIIIe siècle, de mener sans partenaires continentaux une guerre de grande ampleur en Europe, une leçon que ni les Piémontais ni les Prussiens ne devaient oublier les années suivantes.

André-Paul COMOR
& Patrick LOUVIER

Bibl. : C. C. Bayley, *Mercenaries for the Crimea. The German, Swiss and Italian Legions in British*

Service, 1854-1856, Montréal, McGill-Queen's University Press, 1977 • André Gouttman, *La Guerre de Crimée, 1853-1856*, SPM, 2003 • John Sweetman, *The Crimean War, 1854-1856*, Oxford, Osprey, 2001.

CRLE. – Le centre de recrutement de la Légion étrangère, ou CRLE, est implanté à la fin de la Seconde Guerre mondiale à Kehl, en Allemagne, où est alors muté le capitaine Jeanpierre récemment libéré du camp de concentration de Mauthausen. Déplacé à Offenburg et implanté depuis 1952 à Strasbourg-Neudorf, il accueille les candidats à l'engagement venant d'Allemagne ou d'Autriche qui se sont présentés aux « antennes » de la zone d'occupation de l'armée française : Landau, Coblence, Fribourg-en-Brisgau, mais également Innsbruck, Vienne ou Trieste. Au total, plus de 90 000 candidats sont passés par ces postes entre 1945 et 1962. Les passages de frontières à partir de 1949 sont à l'origine de tensions avec les gouvernements des pays concernés par ces opérations le plus souvent couvertes par le haut commandement français. Les deux Allemagnes, l'Autriche et les pays de l'Europe de l'Est fournissent les effectifs dont la Légion a grand besoin pendant les guerres d'Indochine et d'Algérie. Depuis la dernière réorganisation des organes de recrutement, l'ancien centre est devenu un simple poste d'information (PILE) chargé d'accueillir les candidats à l'engagement.

André-Paul COMOR

CRYPTE. – Toutes les salles d'honneur des corps de troupe ont une vocation mémorielle. Dès son ouverture, celle du 1er régiment étranger n'échappe pas à cette règle. Une plaque de marbre scellée au-dessus de la cheminée porte le nom des officiers du régiment morts au champ d'honneur. En 1931, le général Rollet décide d'adjoindre à la salle d'honneur un nouvel espace : le temple des héros dont un mur portera le nom de tous les officiers de la Légion étrangère morts au combat. Des colonnes séparent les deux pièces. Le drapeau placé au-dessus de la cheminée sacralise ce lieu voué au souvenir. À la fin des années 1950, la salle d'honneur est agrandie : le temple des héros devient crypte.

Après le repli sur la métropole en 1962, les légionnaires construisent un musée comportant des salles de musée proprement dites, une salle d'honneur et une crypte partiellement enterrée. Cette crypte, chapelle de la Légion, conserve ses reliques les plus précieuses. Placée au centre dudit mur portant le nom des officiers morts au combat, la main articulée du capitaine Danjou constitue le cœur de la crypte. Elle est associée à des reliques du combat de Camerone : une urne contenant de la terre et des os provenant de la première tombe des légionnaires de la 3e compagnie, un morceau d'os du sous-lieutenant Maudet, la croix du chapelet que Mama Juana lui a glissé entre les doigts et l'aigle du régiment étranger dont Maudet était le porte-drapeau.

La Légion étrangère détient le privilège de conserver ses emblèmes réformés. Quelques-uns sont conservés autour de la crypte. Enfin, les légionnaires sont représentés par l'un d'eux, le légionnaire Schmoll. Sans autre famille que la Légion, il a demandé dans l'entre-deux-guerres que ses cendres soient conservées au plus près de la Légion : l'urne funéraire qui les contient est scellée dans un des murs de la crypte. Au sol une croix lumineuse rappelle que ce lieu sacré est voué au recueillement et à la mémoire. Une grille en interdit l'accès. Durant leur carrière, les légionnaires la franchissent deux fois : à la fin de leur instruction, avant de rejoindre le régiment choisi, et au moment de quitter l'institution, lorsqu'ils viennent se recueillir une ultime fois dans le sanctuaire légionnaire.

Henry DUTAILLY
& Alexis NEVIASKI

D

DAHOMEY, campagne du (1892-1894). – En 1890, la France possède quatre comptoirs sur la côte du Dahomey, exerce un protectorat sur le royaume de Porto Novo et se heurte à l'hostilité du roi Béhanzin. Celui-ci entretient une armée de quinze mille soldats dont deux mille amazones. Elle dispose d'une artillerie et d'au moins deux mille fusils modernes qui lui ont été livrés par des commerçants allemands. La prise de contrôle de Cotonou en 1890 est destinée à assurer la sécurité du comptoir le plus proche. Elle exacerbe l'agressivité de Béhanzin et rend inévitable une intervention qui est décidée en juillet 1892. Placée sous les ordres du colonel Dodds, elle se fera avec des renforts venus de métropole (une batterie d'artillerie de marine), d'Algérie (un bataillon à quatre compagnies de Légion étrangère aux ordres du commandant Faurax) et des colonies (des compagnies de tirailleurs africains).

Le plan d'opération français prévoit de progresser sur la rive orientale de l'Ouémé jusqu'à un village nommé Touémé, d'y traverser le fleuve et de s'emparer d'Abomey, la capitale de Béhanzin. Pour s'y opposer, les Dahoméens appliquent une tactique simple : lancer quasiment chaque jour des attaques frontales massives. Disposant d'une supériorité numérique très forte, Béhanzin croit pouvoir ainsi submerger un adversaire qui doit consacrer une partie de ses moyens à la protection de sa colonne de ravitaillement composée de deux mille porteurs. La solidité du dispositif français tant en marche qu'à l'arrêt et la précision des tirs anéantissent cet espoir : lors de chaque combat les Dahoméens ont, en moyenne, vingt fois plus de tués que leur adversaire.

La colonne française qui s'articule en trois puis en quatre groupes comptant toujours au moins une compagnie de Légion quitte Porto Novo le 11 septembre 1892. Au cours d'un premier engagement à Dogba le 19, le commandant Faurax est mortellement blessé. L'Ouémé est franchi le 2 octobre. La progression sur sa rive occidentale est rendue très difficile par l'absence d'eau, due entre autres raisons au fait que les Dahoméens ont comblé les puits en se repliant. Les troupes françaises entrent dans Abomey incendiée sur ordre de Béhanzin le 17 novembre. La destitution du roi ne met pas fin au conflit mais diminue son intensité. Le bataillon de Légion est relevé par deux compagnies. Elles participent à la campagne de 1893 qui s'achève par la capture de Béhanzin, son internement en Martinique et le retour des légionnaires en Algérie.

La Légion a perdu deux officiers, quatre sous-officiers et trente et un caporaux et légionnaires au cours de cette campagne. La conquête du Dahomey confirme la disponibilité de la Légion, capable de mettre sur pied un bataillon opérationnel en quinze jours, mais aussi la qualité des combattants qu'elle forme et leur résistance à l'effort et à la maladie.

Henry DUTAILLY

Bibl. : Jules Poirier, *Campagne du Dahomey 1892-1894*, Henri Charles-Lavauzelle, 1895.

DALADIER, Édouard (1884-1970). – Né à Carpentras où son père est boulanger, Édouard Daladier fait bientôt partie des « boursiers de la République » entrés en politique dès l'adolescence. Le jeune agrégé d'histoire, élu maire de sa ville natale en 1912, manifeste son intérêt pour les questions de défense nationale lors du débat sur la loi des trois ans, adoptée l'année suivante par la Chambre des députés. Répondant à l'ordre de mobilisation, le sergent de réserve du 258e régiment d'infanterie est affecté au 2e régiment de marche du 1er Étranger pour encadrer les engagés volontaires pour la durée de la guerre. Après la Champagne pendant l'hiver, le régiment est dirigé sur l'Artois en avril 1915 où il reçoit son baptême du feu les 9 et 10 mai dans le secteur d'Arras. Blessé le 7 octobre, le sergent Daladier quitte les légionnaires avec lesquels il a fraternisé dès le premier jour. Nommé sous-lieutenant en avril 1916, il termine la guerre avec deux blessures et deux citations.

Deux décennies plus tard, le militant radical et ancien combattant de la Grande Guerre, devenu ministre de la Défense nationale du Front populaire (juin 1936-mars 1940), n'oublie pas l'engagement et les sacrifices consentis par les volontaires étrangers. C'est la raison pour laquelle, le 12 avril 1939, il fait adopter par le gouvernement une mesure autorisant les résidents étrangers âgés de dix-huit à quarante ans à contracter un engagement en temps de paix dans l'armée française. Un mois plus tard, le 27 mai, le décret d'application ramène la limite d'âge à dix-sept ans. Alors que la défiance à l'égard des réfugiés grandit dans l'opinion publique, Daladier envisage un accès plus facile à la nationalité française en ouvrant la voie à la naturalisation *militaire* des résidents étrangers. Saisi par des demandes pressantes d'étrangers qui, comme en 1914, veulent servir sous le drapeau français, il demande à l'état-major de l'armée de faciliter l'enrôlement des nombreux réfugiés politiques allemands, autrichiens et espagnols. Édouard Daladier surmonte ainsi les réticences et les préventions du haut commandement – prudent dès lors que le principe de la nationalité de l'armée est remis en question – et parvient à faire doubler en quelques mois les effectifs de la Légion étrangère en ayant recours aux décrets sur l'engagement volontaire pour la durée de la guerre déjà utilisés en 1870 et en 1914.

L'Histoire n'a pas retenu cet attachement discret du ministre à la Légion qui se manifeste – notamment dans les années 1930, au cours desquelles il a conduit et assumé la politique de défense de la France – par le soutien apporté à la réalisation de films exaltant les troupes coloniales et la geste légionnaire au Maroc (ainsi *Le Chemin de l'honneur* tourné au 4e régiment étranger d'infanterie et sorti dans les salles en 1940). À son initiative, le gouvernement assure une partie du financement des tournages des longs métrages de Jean-Paul Paulin. De surcroît, devant un public déjà résigné à la guerre, il s'engage personnellement en présidant la première de l'un de ces films, *Trois de Saint-Cyr*, le 31 janvier 1939.

Arrêté en septembre 1940, traduit devant la cour de Riom et interné avec Léon Blum au château de Bourrassol, près du village de Ménétrol en Auvergne, l'ancien président du Conseil est ensuite déporté dans le Tyrol autrichien au château d'Itter au printemps 1943. Libéré en avril 1945, il retrouve son siège de député et se retire de la vie politique en 1958 après le retour du général de Gaulle au pouvoir. « Le taureau du Vaucluse » s'éteint le 10 octobre 1970 dans l'indifférence générale : la classe politique ne lui a pas pardonné la « capitulation », ces accords conclus à la conférence de Munich le 30 septembre 1938.

André-Paul Comor

Bibl. : André-Paul Comor, « Le volontaire étranger dans l'armée française au cours des deux guerres mondiales », dans Hubert Heyriès et Jean-François Muracciole (dir.), *Le Soldat volontaire en Europe au xxe siècle. De l'engagement politique à l'engagement professionnel*, Presses universitaires de la Méditerranée, 2007, p. 19-36 • Joseph Daniel, « Guerre et cinéma », *Cahiers de la Fondation nationale des sciences politiques*, n° 180, 1972 • Élisabeth du Réau, *Édouard Daladier (1884-1970)*, Fayard, 1993.

DANJOU, capitaine Jean (1828-1863). – Rien ne prédestine Jean Danjou, qui naît à Chalabre (Aude) le 15 avril 1828, à devenir officier. Son père espère qu'il lui succédera à la tête de l'entreprise familiale de bonneterie. Mais, en 1843, un ancien ouvrier vient à Chalabre avec l'épaulette de sous-lieutenant. L'adolescent l'écoute raconter ses campagnes. Séduit, il décide de devenir officier. Mis en pension à Carcassonne, il y prépare Saint-Cyr, où il est reçu en 1847. À sa sortie d'école, le jeune officier veut réaliser sa vocation : combattre en Algérie. Il choisit un régiment qui y sert. Malheureusement pour lui, ce corps rentre en France avant qu'il ait pu rejoindre les bataillons de guerre. Qu'à cela ne tienne : il cherche et trouve un permutant. Le 24 septembre 1852, le sous-lieutenant Danjou est affecté au 2e régiment de la Légion étrangère (RLE) dans le Constantinois.

L'enseignement dispensé à Saint-Cyr l'ayant préparé au levé des cartes, il fait partie d'une équipe topographique qui dresse la carte d'Algérie. Les membres de cette équipe sont dispersés sur le terrain. Ils communiquent entre eux en tirant des coups de fusil. Le 21 mai 1853, Jean Danjou a la main emportée par l'explosion du canon du fusil avec lequel il tire. Un recours à la fortune familiale (car la modicité de la solde d'un sous-lieutenant ne permet pas de financer une telle dépense) lui permet de faire confectionner une prothèse articulée en bois qu'il utilise avec adresse.

Promu lieutenant le 23 décembre 1853, Jean Danjou participe à la guerre de Crimée. Sa belle conduite au combat lui vaut une promotion au grade de capitaine puis une nomination dans l'ordre de la Légion d'honneur. La réorganisation de la Légion rendue nécessaire par le retour à la paix entraîne sa mutation dans un régiment de ligne en France. Il n'y reste que sept mois au terme desquels il est réaffecté au 2e régiment étranger (RE) avec lequel il participe à la campagne d'Italie. Il a un cheval tué sous lui à la bataille de Magenta. En reconnaissance des services rendus, le roi de Piémont le nomme chevalier de l'ordre militaire de Saint-Maurice-et-Saint-Lazare.

Capitaine adjudant-major au 1er bataillon du régiment étranger, c'est-à-dire adjoint au commandant de bataillon, il part pour le Mexique avec la volonté, écrit-il à un de ses frères, « de faire tout son devoir ». Ce qu'il fera le 30 avril 1863 à Camerone en fixant trois mille Mexicains pour les empêcher d'attaquer le convoi qu'il a reçu mission de protéger.

Son dossier conservé à Vincennes ne permet pas de connaître les jugements que ses supérieurs portent sur lui. Cependant, qu'il ait tenu la fonction de capitaine adjudant-major d'un bataillon dans les circonstances les plus diverses prouve son autorité sur les officiers et sur la troupe, sa connaissance des règlements et ses qualités de gestionnaire. La proposition qu'il fait le 29 avril 1863 d'envoyer une compagnie « ouvrir la route » empruntée par le convoi témoigne de sa compétence tactique. En prenant le commandement de cette unité qui va remplir une mission périlleuse, il exprime son sens des responsabilités. Le lendemain, à l'hacienda de Camerone, le capitaine Danjou, par son sacrifice, entre dans la légende au côté de ses légionnaires de la 3e compagnie du régiment étranger.

Henry DUTAILLY

Sources : SHD-Terre, 5Ye 15583.
Bibl. : Jean Brunon, *Camerone*, France-Empire, 1963.

DARDANELLES. – Détroit entre l'Europe et l'Asie, commandant l'accès occidental à la mer de Marmara, passage entre la mer Égée et la mer Noire. Sa faible largeur se prête volontiers à une défense contre les navires ennemis et fait de son embouchure un enjeu stratégique – la cité antique de Troie y a été localisée et les guerres du Péloponnèse y trouvèrent leur dénouement avec une défaite navale des Athéniens.

En 1915, les alliés franco-britanniques attaquèrent la Turquie, alliée des empires centraux. Ils conduisirent une action en force pour traverser ce détroit, déboucher dans la mer de Marmara et menacer la capitale turque, Constantinople. L'action navale proprement dite fut conduite en février et mars 1915 et se solda par un échec, les navires alliés étant détruits ou endommagés par les mines immergées et l'artillerie des fortifications des deux rives. Le 24 avril, les opérations terrestres débutèrent sur la rive européenne au nord, appelée péninsule de Gallipoli. Les Britanniques mirent à terre quatre divisions et les Français une, forte de deux brigades, une coloniale et une métropolitaine. Pour celle-ci, l'armée d'Afrique avait fourni un régiment de marche, formé par deux bataillons de zouaves et un bataillon de Légion étrangère, aux ordres du chef de bataillon Geay et fort de 17 officiers et 1 124 hommes de troupe.

Ce bataillon, regroupé à Sidi-Bel-Abbès et Oran à partir d'unités prélevées sur les portions centrales des 1er et 2e régiments étrangers, quitta l'Algérie le 1er mars, assista en rade de Samos à l'échec de l'action navale alliée du 25 mars et arriva à Alexandrie le 30 pour s'y entraîner aux techniques de débarquement maritime. Quittant l'Égypte le 11 avril, il débarqua aux Dardanelles le 27 à la pointe occidentale de la péninsule de Gallipoli, au lieu-dit « château Europe ». Engagé dès le lendemain, le bataillon de Légion s'empare du ravin du Kerevès-Déré, à l'extrémité sud-est du front allié, entre le plateau et la mer. Il subit de premières contre-attaques le soir même et doit se dégager à la baïonnette. Le 1er mai, dans la soirée, les forces turques entament une série de quatre contre-attaques.

Les unités françaises sont ébranlées et le bataillon de Légion est engagé dans plusieurs fuseaux afin de rétablir les lignes des autres unités. À l'aube, il ne lui reste que 120 hommes aux ordres de l'adjudant-chef Léon, promu sous-lieutenant peu après. Après deux jours d'échanges d'artillerie, les assauts turcs reprennent le 4 mai dans la soirée et une nouvelle contre-attaque à la baïonnette est nécessaire pour préserver la ligne de front. Le 5, les blessés sont évacués vers les hôpitaux d'Afrique du Nord et un premier renfort arrive. Le 6, le bataillon de Légion participe à une attaque qui gagne 1 800 m de terrain, mais il est de nouveau réduit à un effectif d'une centaine d'hommes. Le 7 mai, il est relevé et peut se reformer sur les plages, en arrière du front.

Intervenant dans la nuit du 8 au 9 mai pour rétablir de nouveau la situation dans un secteur menacé, le bataillon de Légion connaît ensuite une période de calme relatif jusqu'au 30 mai. En relève du 4e régiment d'infanterie coloniale, les légionnaires tiennent alors le fortin Le Gouez qu'ils doivent défendre chèrement dès le premier soir, la compagnie du capitaine Salomon ne devant sa survie qu'à l'arrivée du capitaine Waddel avec une unité de secours. Mais c'est dans la nuit du 21 au 22 juin que le bataillon conduit son action la plus marquante : après une progression française en soirée, les Turcs contre-attaquent à 2 h 30 du matin. Les lignes de la brigade coloniale sont submergées. Les légionnaires, par plusieurs charges à la baïonnette, rétabliront la situation après plus de quinze heures de combat. Leur bataillon vient de gagner une citation à l'ordre de l'armée. Par la suite et après quelques accrochages en juillet, la situation se stabilise et, le 1er octobre 1915, le bataillon de Légion quitte les Dardanelles pour Salonique.

Philippe GUYOT

DARMUZAI, général Pierre (1915- ?). – La personnalité tout à fait atypique du général Darmuzai trouve son épanouissement dans une carrière exceptionnelle, ponctuée par onze citations entre 1939 et 1961. La diversité et la longueur de ses affectations dans des unités de la Légion étrangère en portent également témoignage : 1er régiment étranger d'infanterie (REI), 13e demi-brigade de Légion étrangère (DBLE), 1er puis 3e bataillon étranger parachutiste (BEP), 2e régiment étranger de parachutistes (REP) et inspection technique de la Légion étrangère (ITLE).

Entré en service en 1928, à l'âge de treize ans, à l'école des enfants de troupe de Billon puis à celle d'Autun, il est fantassin de 2e classe au 57e régiment d'infanterie (RI) en janvier 1933. Promu sous-officier trois ans plus tard, il accède à l'épaulette en septembre 1938 après avoir fait son stage d'élève officier à l'école militaire d'infanterie et des chars de combat de Saint-Maixent. Affecté au bataillon d'instruction du 71e RI à Saint-Brieuc, il rejoint les frontières du Nord-Est (région des Ardennes) avec son régiment lors de la déclaration de guerre de septembre 1939. Il se distingue rapidement à la tête d'un corps franc au cours de cet hiver 1939-1940, qui voit l'essentiel de l'armée française monter lentement en puissance, manier la pelle et la pioche et s'enfermer dans la drôle de guerre. Il conserve la même affectation lorsque son régiment, replacé à l'instruction au camp du Valdahon, est transformé au printemps suivant en régiment d'infanterie alpine, et est blessé le 7 juin 1940 lors d'une contre-attaque locale. Nommé lieutenant le 25 juin, il fait le choix de rester dans l'armée de Vichy et rejoint le 26e RI dans la région de Périgueux, où il se trouve en novembre 1942 lorsque son régiment est dissous. Placé en congé d'armistice, il quitte la France pour l'Afrique du Nord par la voie espagnole durant l'été 1943 et est affecté au 3e Bureau de la 13e DBLE. À l'état-major du général Brosset (1re division française libre, ou DFL), il participe à la campagne d'Italie durant laquelle il remplit en particulier plusieurs dangereuses missions de liaison en première ligne et est promu capitaine à titre temporaire. Il crée ensuite, dans des conditions extrêmement difficiles, la compagnie lourde du 3e bataillon de la « 13 », qu'il commande pour participer à partir d'août 1944 aux opérations de la Libération après le débarquement en Provence et en direction des Vosges et de l'Alsace – et où il se distingue tout particulièrement dans le secteur d'Elsenheim. Il termine la Seconde Guerre mondiale contre les Germano-Italiens dans les Alpes au printemps 1945. Selon la citation qui accompagne sa promotion au grade d'officier de la Légion d'honneur, il est alors considéré comme un « magnifique officier d'un dynamisme exceptionnel [...]. Type de l'officier de Légion, ardent et fort, entraîneur d'hommes ».

Désigné comme renfort en Extrême-Orient au début de l'année 1946, il fait un premier séjour de quinze mois en Cochinchine, dans les secteurs de Mytho et de Tra Vinh où il contribue à rétablir la présence française en traquant les bandes viêt-minh. Rapatrié en juin 1947, il connaît en deux ans et demi neuf affectations successives en métropole, en Afrique du Nord et en Afrique noire avant de prendre le commandement du 3e BEP à Sétif en novembre 1949 (il crée l'insigne de son bataillon) puis de faire un second séjour en Indochine à partir du printemps 1951. Il participe à la rapide reconstitution du 1er BEP, très durement éprouvé sur la route coloniale no 4 (RC4), et est immédiatement engagé dans le delta du Tonkin où il se distingue à l'été pendant la bataille du Day, à l'hiver suivant sur la RC6 puis en mars 1952 pendant les opérations « Ouragan » et « Amphibie », y gagnant trois nouvelles citations à l'ordre de l'armée. Rapatrié sanitaire en juin 1952, il est promu chef de bataillon et passe brièvement au 18e régiment d'instruction des parachutistes coloniaux avant de retrouver en Afrique du Nord la 41e demi-brigade de Philippeville, puis de prendre le commandement du 3e BEP où il est élevé au grade de commandeur de la Légion d'honneur « pour services exceptionnels de guerre en Extrême-Orient ».

Chef de corps du groupement porté de la Légion étrangère en janvier 1956, chef du 3e Bureau du corps d'armée d'Alger en septembre 1957, il est engagé dans les opérations d'Algérie, « payant sans cesse de sa personne pour suivre sur les lieux mêmes le déroulement des opérations », et est promu lieutenant-colonel en septembre 1958. Il retrouve les légionnaires parachutistes lorsqu'il devient en février 1959 commandant en second du 2e REP (reconstitué à partir de juin 1954 après le désastre de Diên Biên Phu), régiment dont il prend le commandement en avril 1960. Toujours sur le terrain, il passe avec ses hommes d'une région à l'autre, systématiquement engagé dans les opérations les plus importantes. En juin 1961, il est affecté à l'inspection technique de la Légion étrangère, puis l'année suivante à Diégo-Suarez. Colonel en 1963, il quitte le service comme général de brigade « quart de place » au début de l'année 1972, au terme d'une exceptionnelle carrière militaire dont la phase ultime fut sans doute brisée par les événements d'Algérie, laissant alors le souvenir d'un homme « plus redouté qu'aimé ».

Rémy PORTE

DCLE. – Parmi les réorganisations de la Légion qui ont suivi la Seconde Guerre mondiale, celle qui concerne la mise en place du dépôt commun de la Légion étrangère (DCLE, qui remplace le dépôt commun des régiments étrangers, ou DCRE), en 1949, survient dans le contexte très particulier de la montée en puissance de la Légion depuis le début du conflit indochinois en novembre-décembre 1946. En effet, le haut commandement n'est pas en mesure d'entretenir le Corps expéditionnaire français d'Extrême-Orient (CEFEO) avec la seule ressource française. Les légionnaires vont donc être cette force d'appoint indispensable réclamée par les plus hautes autorités militaires comme par les responsables politiques – le président Vincent Auriol est même informé par le secrétaire général militaire de l'Élysée, le général Grossin, du problème posé par le recrutement en Allemagne. Entre la fin 1945 et le début de 1953, en effet, les effectifs légionnaires passent de 16 162 à plus de 36 300 hommes.

L'instruction de base et l'envoi de renforts pour l'Indochine devenant prioritaires, la gestion des personnels est confiée au groupement autonome de la Légion étrangère (GALE) qui succède à l'inspection créée en 1947 pour le général Monclar. La rationalisation des structures et la recherche de la réactivité adaptée au conflit répondent aux attentes de Paris, notamment de la section Légion de la direction du personnel militaire de l'armée de terre (DPMAT). La création des bataillons de parachutistes, des compagnies puis bataillons de génie-Légion, des unités amphibies et autres compagnies de réparations, sans oublier le jaunissement, accru depuis 1950, peut mettre en péril l'unité et la cohésion de la Légion. Le DCLE quant à lui s'acquitte de sa mission avec des moyens accrus grâce aux interventions du colonel Jean Olié, ancien chef de corps du régiment de marche de la Légion étrangère en 1944-1945 et premier officier désigné pour commander le GALE en septembre 1950.

André-Paul Comor

Sources : SHD-Terre, 6T 574.

DCRE. – Après la Première Guerre mondiale, le 1er régiment étranger d'infanterie (REI) est le seul régiment à instruire et former des cadres et des légionnaires au profit de toutes les unités de la Légion étrangère. La création du dépôt commun des régiments étrangers (DCRE), le 13 octobre 1933, répond aux besoins de plus en plus pressants de la Légion dont les effectifs ont gonflé avec la mise sur pied des 3e, 4e et 5e REI et du 1er régiment étranger de cavalerie entre 1921 et 1930. Depuis lors, la maison mère, à Sidi-Bel-Abbès, rassemble les moyens destinés à instruire, à assurer la formation des spécialistes, mais aussi à gérer des personnels qui font désormais deux passages obligés à Bel-Abbès au cours de leur engagement. Le dépôt comprend un état-major, un bataillon d'instruction et un bataillon de passage, auxquels se sont ajoutés des services communs après la Seconde Guerre mondiale – de même les dépôts de Toul, Marseille, Oran et Arzew dépendent-ils administrativement du 1er REI jusqu'en 1942. Devenu autonome, le DCRE forme corps et assure la direction de la maison mère jusqu'à sa dissolution en 1949. Il cède alors la place à une autre organisation (le DCLE), plus adaptée au format de la Légion dont les effectifs ont considérablement augmenté en raison de la guerre d'Indochine. Le DCRE a regroupé jusqu'à plus de 6 000 hommes. Son chef de corps, colonel le plus ancien de la Légion, remplissait le rôle d'un inspecteur vis-à-vis du ministre.

André-Paul Comor

DÉCORATIONS. – Marque extérieure que l'on porte comme récompense ou distinction honorifique. À titre individuel, les officiers, sous-officiers et soldats de la Légion étrangère ont reçu un grand nombre de décorations françaises aussi bien qu'étrangères attestant de leur vaillance au combat. À titre collectif, les emblèmes de ce corps sont sans conteste parmi les plus décorés de l'armée française, ainsi que l'illustre la liste des décorations collectives des différents régiments de la Légion étrangère (médailles uniquement) :

1er REI : Légion d'honneur (1917) et croix de guerre 1939-1945 (avec palme).

2e REI : croix de guerre 1939-1945 (1 palme héritée du 22e RMVE) ; croix de guerre des théâtres d'opérations extérieures (TOE) avec 3 palmes (2 au titre de l'Indochine et 1 au titre de la guerre du Golfe) ; médaille d'or de la Ville de Milan (Italie).

3e REI : drapeau le plus décoré de la Légion et l'un des trois plus décorés de l'armée française avec celui du RICM et celui du 7e régiment de tirailleurs algériens. Le drapeau du régiment porte :

la Légion d'honneur (obtenue en 1917) ; la médaille militaire (1919) ; la croix de guerre 1914-1918 (9 palmes) ; la croix de guerre 1939-1945 (3 palmes) ; la croix de guerre des TOE (4 palmes) ; le mérite militaire chérifien (Maroc) ; l'ordre de la Tour et de l'Épée (Portugal) ; le ruban du Distinguished Unit Badge (USA).

4e REI : croix de guerre 1939-1945 (celle obtenue par les bataillons de la 4e demi-brigade).

5e REI : croix de guerre 1939-1945 (1 palme) ; croix de guerre des TOE (2 palmes).

11e REI : croix de guerre 1939-1945 (1 palme).

12e REI : Néant.

13e DBLE : croix de la Libération ; médaille de la Résistance ; croix de guerre 1939-1945 (4 palmes) ; croix de guerre des TOE (4 palmes), croix de guerre de Norvège. Fourragère de la médaille militaire avec olive TOE.

1er REG : Néant.

2e REG : Néant.

6e REI puis 6e REG : croix de guerre des TOE (1 palme).

1er REP : croix de guerre des TOE (5 palmes). Fourragère de la médaille militaire.

2e REP : croix de guerre (6 palmes).

1er REC : croix de guerre 1939-1945 (3 palmes), croix de guerre des TOE (4 palmes), mérite militaire chérifien.

2e REC, actuellement DLEM : Néant.

À noter que les décorations ont parfois marqué la symbolique de la Légion étrangère, puisque l'insigne du 1er régiment étranger est l'exacte réplique du ruban de la médaille de la campagne du Mexique.

Luc BINET

DÉFILÉS À PARIS. – Depuis une quarantaine d'années, le 14 Juillet à Paris ne se conçoit pas sans que la Légion étrangère ferme le défilé des troupes à pied « au pas de la Légion ». Auparavant, elle n'a défilé que dix fois à Paris à un pas qui n'a pas toujours été l'actuel.

15 août 1859 : les 1er et 2e bataillons du 2e Étranger participent, place Vendôme, aux cérémonies et au défilé des troupes célébrant la fin de la guerre d'Italie.

14 juillet 1917 : le régiment de marche de la Légion étrangère (RMLE), premier régiment à recevoir la fourragère aux couleurs de la médaille militaire, défile en tête.

14 juillet 1926 : les troupes ayant participé à la guerre du Rif sont choisies pour défiler ; la Légion étrangère est représentée par un drapeau et un peloton.

14 juillet 1930 : un détachement représente la Légion.

14 juillet 1939 : la musique au grand complet, le drapeau et un bataillon du 1er Étranger défilent.

18 juin 1945 : le RMLE et la 13e demi-brigade de Légion étrangère (DBLE) descendent côte à côte les Champs-Élysées lors du défilé de la Victoire.

1952 : Dans le cadre du centenaire de la médaille militaire, la Légion défile à Vincennes le 6 juillet derrière un détachement revêtu de l'uniforme de 1852. Elle défile ensuite le 14 juillet sur les Champs-Élysées.

La participation de la Légion s'impose depuis la guerre d'Algérie :

14 juillet 1956 : les emblèmes des régiments de l'armée d'Afrique dont ceux de la Légion défilent.

14 juillet 1957 : une compagnie de chaque régiment étranger de parachutistes (REP) défile.

14 juillet 1958 : la Légion est représentée par la musique du 1er Étranger, le colonel et le drapeau du 1er REP et une compagnie de chaque REP, des 3e et 5e Étrangers et de la 13e DBLE.

14 juillet 1959 et 1960 : la Légion est représentée par la musique, le drapeau et un détachement du 1er Étranger.

Henry DUTAILLY

Sources : SHD-Terre, 5N 598 et 7N 22128.

DEGUELDRE, lieutenant Roger (1925-1962). – Une odeur de soufre et une forme de mythologie planent sur Roger Degueldre. Une légende noire, lancée en décembre 1961 par le mensuel *L'Europe réelle* (promoteur du « Nouvel ordre européen ») et reprise jusqu'à aujourd'hui, en fait un ancien rexiste engagé sur le front de l'Est et dans la légion Wallonie. Pour d'autres, Roger Degueldre est une figure héroïque, celle que célèbre Jean-Pax Méfret quand il fait de l'apostrophe lancée au général Gerthoffer qui a requis contre lui – « Je ne vous garde pas rancune, je vous plains » – le refrain de l'une de ses chansons. L'itinéraire de Degueldre est pourtant bien balisé. Il est né le 19 mai 1925 à Louvroil (Nord) de parents français modestes : son père est domestique et sa mère sans profession. Évacué avec sa famille dans les Pyrénées-Orientales en 1940, il revient dans le Nord et rejoint la Résistance dans les rangs des Francs-tireurs et partisans communistes ainsi que l'a raconté leur ancien patron, Roger Pannequin. Après avoir servi dans la 10e division d'infanterie motorisée et participé à la campagne d'Alsace, il s'engage dans la Légion étrangère à Marseille en septembre 1945. Il sert alors au 1er régiment étranger de cavalerie en Indochine. Il y gagne ses grades de maréchal des logis puis d'adjudant mais aussi des décorations, dont la médaille militaire (pour être allé chercher sous le feu le capitaine de Blignières) et une croix de guerre des théâtres d'opérations extérieures avec sept citations. Muté après l'Indochine au 1er bataillon étranger de parachutistes, il y sert sous les ordres des colonels Brothier et Jeanpierre. De Suez à l'Algérie, il continue de monter en grade (lieutenant en 1959) et de décrocher des décorations (chevalier de la Légion d'honneur en septembre 1958).

Le destin de Degueldre bascule avec la fin de l'Algérie française. Il vit au plus près l'affaire « des barricades » puisqu'il est présent à Alger avec son régiment commandé alors par le colonel Dufour. Au fil des mois, il se convainc de l'impossibilité de défendre l'Algérie française dans le cadre légal et choisit après les événements de décembre 1960 de déserter. Engagé dans le putsch d'avril 1961 qu'il a préparé depuis Paris avec le colonel de Blignières et comptant parmi les radicaux lors de son déroulement, Degueldre se retrouve logiquement dans l'OAS (Organisation armée secrète) lorsque celle-ci commence à se structurer à Alger en mai-juin 1961. Sa vision d'alors est nette : « Il faut faire Budapest. » Dans cette perspective, celui qui est dès lors dénommé « delta » prend en charge le Bureau d'actions opérationnelles (BAO) rattaché à la branche Organisations, renseignement, opérations (ORO) de l'OAS dirigée par Jean-Claude Pérez. Degueldre met sur pied les commandos Delta où il a recruté des amis légionnaires (« Bobby » Dovecar ou Claude Tenne). Les équipes d'action qu'il dirige pratiquent des « opérations ponctuelles », qui ciblent non seulement le Front de libération nationale, mais aussi les forces de l'ordre (le commissaire Gavoury est ainsi exécuté le 31 mai 1961) et les « barbouzes ». Si dans l'organigramme de l'OAS Degueldre n'est pas un dirigeant majeur, sur le terrain il joue un rôle décisif, lié à son charisme vis-à-vis des « deltas » et aux appuis dont il bénéficie chez des dirigeants de l'OAS comme Gardy ou Susini. Son arrestation le 7 avril 1962 à la suite de la dénonciation d'un légionnaire est un coup majeur porté à l'OAS à Alger. Transféré en métropole, jugé et condamné à mort par la cour militaire de justice le 28 juin 1962, Degueldre est fusillé le 6 juillet 1962 au fort d'Ivry. Depuis, sa mémoire n'a cessé d'être célébrée par les anciens partisans de l'Algérie française, en particulier au plan monumental, de l'inscription gravée sur le monument niçois dit « La main à l'urne » (1973) à la controversée stèle de Marignane inaugurée en juillet 2005 par l'Association amicale pour la défense des intérêts moraux et matériels des anciens détenus et exilés politiques de l'Algérie française (ADIMAD) et dédiée « aux combattants tombés pour que vive l'Algérie française ».

Olivier DARD

Bibl. : Olivier Dard, *Voyage au cœur de l'OAS*, Perrin, 2011 (rééd. augmentée de l'ouvrage paru en 2005) • Vincent Guibert, *Les Commandos delta*, Éditions Jean Curutchet, 2000 • Rémi Kauffer, *OAS. Histoire d'une guerre franco-française*, Le Seuil, 2002 • Bertrand Le Gendre. Entretiens avec Jean-Jacques Susini, *Confessions du n° 2 de l'OAS*, Les Arènes, 2012.

4e DBLE (demi-brigade de Légion étrangère). – La Légion étrangère subit de plein fouet les conséquences de la politique du gouvernement de Vichy pour préserver l'intégrité de l'Empire colonial menacé depuis août 1940. La tentative du général de Gaulle lors de l'affaire de Dakar puis le ralliement du Gabon en novembre sont une première source d'inquiétude, qu'intensifie la guerre fratricide de Syrie (juin-juillet 1941) contre les Français libres et des Britanniques. Par ailleurs, la Légion doit assurer la protection des légionnaires germanophones menacés par les investigations de plus en plus pressantes des commissions d'armistice allemandes en Afrique du Nord et résoudre le problème posé par la déflation des effectifs due aux résiliations de contrat et à l'hémorragie du recrutement.

C'est ainsi qu'en août 1941 est mise sur pied une nouvelle formation – provisoire – avec des éléments provenant du 1er régiment étranger d'infanterie (REI) et du 4e REI. Commandée par le colonel Gentis, elle prend la dénomination de « 4e demi-brigade de Légion étrangère » et est aussitôt dirigée vers Dakar via Casablanca. Son poste de commandement ainsi que le 2e bataillon du commandant Clément s'installent à Saint-Louis, au camp de N'Dartoute, et le 1er bataillon du commandant Borgat à Dakar-Bango, à 12 km de piste de Saint-Louis. Jusqu'au débarquement anglo-américain en Afrique du Nord le 8 novembre 1942, les activités se limitent à l'approfondissement de l'instruction militaire et aux exercices dans l'attente de la reprise des combats. Au début de la campagne de Tunisie, la demi-brigade est envoyée à Fès pour fournir des renforts aux unités durement éprouvées sur la frontière algéro-tunisienne. Elle est dissoute le 23 mars 1943, ses effectifs étant versés au 1er régiment étranger d'infanterie de marche destiné au front tunisien.

Charles RIDET

13e DBLE (demi-brigade de Légion étrangère). – Créée en février 1940 pendant la drôle de guerre, la demi-brigade de montagne de Légion étrangère, qui prend le numéro 13, fait partie de l'expédition de Norvège, maintenue malgré l'invasion du pays par l'armée allemande le 6 avril. Deux bataillons formés à Fès et à Sidi-Bel-Abbès sont aussitôt dirigés sur la métropole sous le commandement du colonel Magrin-Vernerey. Au sein de la 1re division légère de chasseurs, les légionnaires se distinguent en mai lors des débarquements de vive force de Bjerkvik et de Narvik. Dépêchés en Bretagne le 15 juin, ils rembarquent à Brest trois jours plus tard sans avoir participé à la défense du réduit breton, organisé à la hâte par le haut commandement. Regroupée à partir du 22 juin au camp de Trentham Park, la demi-brigade subit de plein fouet les conséquences de la signature de l'armistice et se scinde en deux à l'issue de la visite du général de Gaulle le 30 juin – près de mille légionnaires rallient le Général. Noyau et cœur des Forces françaises libres (FFL), la 13e DBLE participe en septembre à l'expédition de Dakar et en novembre à la prise de Libreville avant d'être à nouveau en première ligne au sein de la brigade française d'Orient (BFO) en Érythrée lors des opérations de mars-avril 1941. Le répit est de courte durée : regroupés au camp de Qastina en Palestine, les légionnaires, désormais commandés par le colonel Cazaud, participent à la guerre de Syrie, cherchant à éviter le contact avec leurs camarades du 6e régiment étranger d'infanterie fidèle à Vichy. La demi-brigade, réorganisée après les ralliements d'août, comprend trois bataillons qui vont s'illustrer pendant la campagne de Libye sous les ordres du lieutenant-colonel Amilakvari, plus particulièrement pendant le siège de Bir Hakeim entre le 26 mai et la sortie dans la nuit du 10 au 11 juin 1942. La bataille d'El-Alamein, fin octobre 1942, est marquée ensuite par l'échec de l'attaque du plateau d'El-Himeimat et la mort du chef de corps. À la fin de la campagne de Tunisie, la 13e DBLE est regroupée dans la région de Sousse. D'août 1943 à avril 1944, à Nabeul, la réorganisation – le passage à trois bataillons – et l'instruction occupent les vétérans de la France Libre et les nouveaux venus de la maison mère à la préparation des campagnes d'Italie et de France.

Du Garigliano à Radicofani en Toscane, la demi-brigade participe à la poursuite des troupes allemandes pendant six semaines avant d'être dirigée sur Naples pour se joindre aux éléments de l'armée B du général de Lattre qui débarque en Provence le 15 août 1944. Jusqu'au 8 mai 1945, les légionnaires rejoints par des Ukrainiens déserteurs de l'armée allemande se battent successivement dans la vallée du Rhône, libèrent Autun et sont engagés dans les Vosges, devant Belfort et en Alsace, avant de terminer la guerre sur le front des Alpes dans le massif de l'Authion. La 13e DBLE a été distinguée comme Compagnon de la Libération par décret en date du 6 avril 1945.

La guerre d'Indochine (1946-1955). De retour en terre africaine, la demi-brigade fait un séjour en Tunisie de courte durée. Renforcée par d'importants renforts envoyés par le dépôt commun des régiments étrangers, elle embarque à Bizerte le 16 février 1946 pour la Cochinchine. Pendant le conflit comme au temps de la guerre du désert, les bataillons sont dispersés et les chefs de corps successifs, Bablon, Sairigné – tué le 1er mai 1948 lors de l'attaque du convoi de Dalat –, Arnault et Gaucher, assurent un commandement distancié voire original, approprié aux circonstances et au théâtre d'opérations indochinois. L'adaptation à la nouvelle forme de guerre est rapide et les bataillons s'activent dans le Delta, au Centre-Annam avant de se regrouper dans la région de Gia Dinh autour du poste de commandement baptisé « Arnaultville » en 1948. En 1950, le jaunissement permet de constituer un 4e bataillon basé à Tra Vinh, petite ville située dans le delta du Mékong. Cette unité renforce jusqu'au début de 1953 la demi-brigade regroupée à nouveau en Cochinchine. Cependant le désastre de la RC4 conduit le commandement à redéployer les unités : les 2e et 3e bataillons dirigés sur le delta du fleuve Rouge sont à Hoa Binh en janvier 1951 et participent à la construction de postes fortifiés décidée par le général de Lattre. Au cours de la bataille de Diên Biên Phu, la demi-brigade paie un lourd tribut au premier jour de l'offensive de Giap, le 13 mars 1954, en perdant son chef, le lieutenant-colonel Gaucher, au cours de l'assaut du point d'appui Béatrice. Lors de la chute du camp retranché, les 1er et 3e bataillons sont réduits à néant. La 13e DBLE panse ses plaies pendant une année avant de retrouver l'Afrique du Nord, où la situation militaire se dégrade depuis le déclenchement de l'insurrection dite « de la Toussaint rouge ».

L'Algérie (1955-1962). Arrivés depuis peu en Algérie, dès le mois d'août 1955 les légionnaires doivent nomadiser et poursuivre les bandes rebelles, particulièrement mobiles et pugnaces. Avec des effectifs réduits de septembre 1957 à septembre 1958, la demi-brigade opère dans les Aurès à partir de son poste de commandement de Khenchela. Sa mission première est de rétablir la sécurité, en application de la politique de pacification décidée par les responsables politiques et les autorités militaires d'Alger, d'assurer la liberté de circulation et de rétablir la confiance et les liens avec la population musulmane. La transformation en régiment d'intervention des réserves générales modifie l'ordre tactique devenu plus souple, adapté au terrain et à un adversaire insaisissable et toujours combatif malgré la fermeture des frontières algéro-marocaine et algéro-tunisienne. À partir de Batna, les huit compagnies, devenues plus mobiles, se lancent dans les grandes opérations offensives arrêtées par le nouveau commandant en chef en Algérie, le général Challe. De retour de Tiaret et de Frenda, les légionnaires de la demi-brigade participent successivement aux opérations « Jumelles » de juillet à octobre 1959, dans le Constantinois (wilaya II) entre novembre 1959 et janvier 1960, avant de poursuivre dans les Aurès et le long de la ligne Morice. La fin du conflit approche, mais l'activité de la 13e DBLE ne faiblit pas lors des ultimes opérations « Dordogne », « Alexandre », « Gergovie » et « Isère ». Déjà les légionnaires s'apprêtent à quitter l'Algérie pour leur garnison outre-mer. Peu après le cessez-le-feu du 19 mars 1962, un détachement précurseur s'embarque pour le territoire français des Afars et des Issas afin de préparer la nouvelle implantation du régiment décidée par le ministre des Armées, Pierre Messmer.

13e DBLE. Coll. part./droits réservés.

De Djibouti aux Émirats arabes unis. Depuis son installation sur le territoire de la république de Djibouti, la demi-brigade fait partie du dispositif militaire mis en place dans l'océan Indien pour défendre les intérêts vitaux de la France dans la région. Un temps marginale au sein de la Légion « moderne » en raison de son histoire mouvementée pendant la Seconde Guerre mondiale, de son éloignement géographique de la maison mère et d'un anticonformisme souvent mal perçu des Anciens, « la 13 » s'est imposée comme l'un des régiments interarmes les plus innovants de l'armée de terre. Ses compagnies sont progressivement réparties sur plusieurs localités tandis que la portion centrale avec l'état-major tient garnison au quartier Monclar à Djibouti. Dans le cadre du redéploiement des forces françaises en Afrique et de la mise en place du nouveau dispositif dans le golfe Arabo-Persique, la 13e DBLE est envoyée aux Émirats arabes unis au printemps 2011. Le départ d'Afrique de la dernière unité de la Légion étrangère met fin à la présence des légionnaires sur cette terre où ils ont fait leurs premières armes en 1831.

André-Paul Comor

Sources : DHPLE, JMO de la 13e DBLE (1946-1962).
Bibl. : André-Paul Comor, *L'Épopée de la 13e demi-brigade de Légion étrangère, 1940-1945*, Nouvelles Éditions latines, 1988.

DÉPART, cérémonie de. – Les départs sont marqués par diverses cérémonies en fonction du partant, de son grade, de son temps de service et du caractère définitif ou non de ce départ. Dans tous les cas, le partant est présenté à la revue des catégories. Il est salué par le chef de corps qui lui remet le certificat de bonne conduite si le départ est définitif. Pour les officiers et sous-officiers, cette cérémonie est précédée d'un repas et de remise de cadeaux-souvenirs. Pour les officiers partant définitivement hors Légion ou à la retraite, le repas est suivi d'une haie d'honneur où l'officier se voit remettre un viatique, sous la forme d'une musette réglementaire accompagnée d'un bidon de vin et garnie de victuailles. Résurgence d'une époque où la route était longue du poste souvent isolé au port d'embarquement. Aujourd'hui, l'officier coiffe le képi blanc et porte les épaulettes de tradition. Ritualisée depuis peu, moins formaliste – au temps du « père Gaultier » l'esprit de famille prévalait avant tout –, cette cérémonie fait partie des traditions de l'arme.

Charles Ridet

DÉPÔT COMMUN DE LA LÉGION ÉTRANGÈRE. – *Voir* DCLE.

DÉPÔT COMMUN DES RÉGIMENTS ÉTRANGERS. – *Voir* DCRE.

DÉSERTION. – La désertion est la rupture unilatérale par un militaire du contrat qui le lie à l'armée dans laquelle il sert. Depuis plusieurs siècles, toutes les armées européennes ont souffert de ce fléau. Avant d'exposer les caractères de la désertion spécifiques à la Légion étrangère tant sur le plan du droit que sur celui de la sociologie, il convient de rappeler les règles communes à tous les militaires servant la France.

En s'affranchissant de toutes les procédures légales ou réglementaires de résiliation de contrat, le déserteur se place sous le coup de poursuites disciplinaires ou pénales. Disciplinaires, car la désertion est constatée au terme d'une absence irrégulière d'une durée variable selon les cas et pouvant atteindre plusieurs semaines. Pénales, car la sanction de la désertion relève de la justice militaire. Celle-ci distingue plusieurs cas selon que la désertion s'est produite en temps de paix ou en temps de guerre, en présence de l'ennemi ou à l'ennemi, avec ou sans arme, avec ou sans violence, seul ou en groupe.

L'expression « absence irrégulière » recouvre donc deux types d'absence : l'absence irrégulière proprement dite, qui consiste à prolonger sans autorisation un quartier libre ou une permission, et la tentative de désertion qui a prématurément échoué. Faute d'enquêtes systématiques et de statistiques fiables, il est impossible de les distinguer. À la Légion, le langage courant les confond souvent : un capitaine sorti du rang et servant à titre étranger disait qu'il avait déserté trois fois – ce qui est inexact, car, de son propre aveu, il n'avait pas voulu rompre son lien avec la Légion.

La désertion des légionnaires étrangers hors des territoires placés sous la souveraineté française pose deux problèmes de droit international public. L'un est illustré par l'affaire des « déserteurs de Casablanca ». Le 25 septembre 1907, alors que le Maroc n'est pas encore un protectorat français, trois légionnaires déserteurs allemands qui se sont placés sous la protection du consulat allemand de Casablanca sont arrêtés sur le port au moment où ils vont embarquer sur un navire allemand (ils sont accompagnés de deux déserteurs ne pouvant bénéficier de la protection de ce consulat). Au terme d'une crise ayant menacé la paix, cette affaire est soumise à un tribunal arbitral dont la décision fait jurisprudence : la protection consulaire ne peut s'exercer au profit de militaires en service dans une armée stationnée dans un État avec l'accord de son gouvernement. Ainsi, en 1915, A.R. Cooper déserte à Alexandrie (Égypte) d'une unité en instance de départ pour l'armée d'Orient. La police égyptienne, qui l'a arrêté, le remet aux autorités françaises et non au consulat anglais.

Le second problème de droit international concerne le légionnaire étranger déserteur qui fait sa soumission dans un consulat français. Ce faisant, il se place sous l'autorité de la France avec laquelle il est lié par contrat aussi longtemps qu'il n'y a pas eu résiliation de ce contrat ou prescription. Or, la réglementation n'autorise pas le consul à le rapatrier aux frais de l'État français. Cet homme est donc placé en position d'absence.

Jusqu'en 1914, la Légion étrangère a été confrontée à la désertion de l'extérieur, car une part non négligeable de son recrutement est constituée de déserteurs des armées étrangères, et de l'intérieur par la désertion des légionnaires. En 1830, le gouvernement français décide qu'à l'avenir il n'extradera plus les déserteurs étrangers se réfugiant en France. Ne pouvant se résoudre à les entretenir dans l'oisiveté, il les incite vivement, à partir de 1831, à s'engager dans la Légion. Par la suite, il a continué dans cette voie. Cette incitation, parfois relayée en Belgique à l'insu des autorités françaises, jointe, en territoire allemand, au témoignage favorable d'anciens légionnaires, a été considérée par les pangermanistes comme du racolage. Ils ont donc entrepris une très violente campagne contre la Légion durant le quart de siècle qui a précédé la Première Guerre mondiale, mais sans réduire notablement les engagements des Allemands : mettant l'accent sur des brutalités qui se sont produites à la Légion, ladite campagne attire l'attention des soldats allemands sur les brimades dont ils sont victimes. Les Allemands désertent alors leur armée pour trois raisons : l'esprit d'aventure, les brutalités dans l'armée et, plus rarement, les motifs politiques. Certains de ces déserteurs de l'armée allemande, tel l'adjudant-chef Mader, sont devenus d'excellents gradés. Cette réussite prouve que la désertion qui les a conduits à la Légion ne constitue pas de leur part un rejet de l'institution militaire. Qu'en est-il des légionnaires déserteurs ?

Faute d'ouvrages de référence, une synthèse a été entreprise à partir d'éléments épars recueillis dans les dépôts d'archives et dans les publications. La désertion du jeune légionnaire occupe une place à part. Immergé dans un milieu nouveau exigeant de lui un grand effort d'adaptation intellectuel, physique et social, et loin de ses racines, le légionnaire à l'instruction rencontre des difficultés qu'il peut juger insurmontables. Cela l'amène à remettre en cause son engagement et à déserter. Sans relations utiles hors Légion et sans connaissance de la région dans laquelle il vit, sa tentative de désertion est vouée à l'échec sauf si le hasard le met en contact avec une filière de désertion. Les tentatives de désertion faites au cours de la traversée de l'Algérie à l'Indochine, principalement dans le canal de Suez, en sont un exemple.

Les autres légionnaires désertent pour de nombreuses raisons ; les unes sont liées au service, les autres lui sont totalement étrangères. Les premières révèlent souvent des carences du commandement : médiocrité de la nourriture (cause de la désertion d'A.R. Cooper) ou du casernement, abus d'autorité de gradés, erreurs psychologiques, brimades de camarades, intervention intempestive d'épouses comme Mme Bernelle. Les fins de campagnes longues comme celles d'Indochine en 1954 et d'Algérie en 1962 modifient la nature et l'intensité des activités. Désemparés, certains se démobilisent moralement et désertent. Quelques désertions sont le fait d'hommes qui se sont exclus eux-mêmes de la communauté légionnaire par des malversations (violence, vol, tricherie à des jeux d'argent clandestins) ou des violences.

Les motivations étrangères au service sont de quatre ordres. Déserter en espérant conserver l'amour d'une femme, européenne ou autochtone est vain : sans ressources et sans uniforme, le déserteur a perdu tout prestige. Hors d'Europe, l'esprit d'aventure peut conduire à déserter soit pour faire fortune aux États-Unis, soit pour rejoindre Abd el-Kader, Juárez ou Abd el-Krim, c'est-à-dire passer à l'ennemi avec les risques que cela comporte en cas de capture. Au siècle des idéologies, des légionnaires, militants communistes, ont été des « soldats blancs d'Hô Chi Minh ». La quatrième motivation étrangère au service est apparue ces dernières années : des hommes originaires de pays au niveau de vie bas s'engagent pour se constituer un pécule leur permettant d'acquérir le bien dont ils rêvent dans leur pays ; dès qu'ils le possèdent, ils s'en vont sans se soucier de savoir s'ils en ont le droit. Ce faisant, ils se comportent comme des employés civils d'une entreprise.

La désertion à la Légion a évolué jusqu'à prendre une forme quasi civile. Elle ne peut être totalement éradiquée. Mais une observation ouvre une piste pour en limiter le nombre : au cours de l'hiver 1962-1963, la compagnie du 2e régiment étranger de parachutistes qui a le moins souffert de la désertion est celle dont les sous-officiers, de par leur origine, sont les plus proches des légionnaires.

Henry DUTAILLY

Bibl. : Henri Azam, *La Légion étrangère. Ses règles particulières*, Sidi-Bel-Abbès, *Képi blanc*, 1951 • Charles Poimiro, *La Légion étrangère et le droit international*, Berger-Levrault, 1913.

DÉSERTIONS pendant la guerre d'Algérie. – Au début de 1957, le regroupement en Algérie des unités rapatriées d'Indochine et des deux protectorats du Maroc et de Tunisie qui ont accédé à l'indépendance en mars 1956 est achevé. La Légion, désormais engagée dans le conflit, aligne des régiments très éprouvés qui vont être de nouveau à la peine et dont les servitudes – changements incessants de cantonnement, participation aux opérations de ratissage ou à la garde des barrages frontaliers, au plan Challe en 1959 et 1960 – vont peser sur le moral de la troupe. Sans aucun répit, les légionnaires sillonnent les routes et les pistes de l'Algérie jusqu'aux portes du Sahara. Le commandement est très vite confronté au problème qu'il a connu dès 1946 en Indochine.

Une vague de désertions intervient dans la première année du conflit, sans lien avec la situation militaire qui se dégrade après les massacres du 20 août 1955 dans le Constantinois. Les rapports sur le moral comme ceux du bureau des statistiques de la Légion étrangère (BSLE) montrent que les 637 désertions (Afrique du Nord) – en majorité individuelles et sans emport d'arme – relevées entre le 1er novembre 1954 et le 31 décembre 1955 sont avant tout dues à la fatigue des hommes, à leur déception de subir des conditions d'hébergement précaires mais aussi à un relâchement de la discipline. Toutefois la situation n'inquiète pas outre mesure, car près de un déserteur sur deux est rapidement repris (44,11 %). Les choses changent avec l'adoption par le Front de libération nationale (FLN) d'une stratégie qui peut s'avérer, sinon redoutable, du moins plus efficace que celle engagée par le Viêt-minh en Indochine. Il joue en effet d'abord sur la jeunesse et la déception des engagés volontaires. Il prend pour cibles les légionnaires à l'instruction et présents dans les villes de garnison permanente comme Mascara, Saïda et Sidi-Bel-Abbès, et met en place des filières destinées à faciliter leur désertion. Toutes les études menées à ce jour montrent que les désertions font exceptionnellement écho aux campagnes d'intense propagande du FLN. Les 2e et 5e Bureaux des régiments étrangers réussissent à intercepter de nombreux tracts diffusés dans les villes de garnison à partir de 1958. La mobilisation des services spécialisés dans le renseignement et le contre-espionnage (service d'immatriculation de la Légion, ou SIL, et BSLE) permet d'enrayer le mouvement qui se poursuit jusqu'à la fin du conflit. C'est pourquoi le nombre d'arrestations augmente au cours de celui-ci. Si moins de 7 % des légionnaires déserteurs rejoignent les rangs de l'Armée de libération nationale, l'immense majorité cherche à atteindre un port tunisien ou marocain en utilisant les filières de rapatriement, notamment celle que Winfried Müller, *alias* Si Mustapha, a montée à Tétouan en 1957. La légèreté des peines encourues (« les condamnations dépassent rarement six mois de prison et souvent le sursis est accordé », selon le rapport du BSLE en date du 4 octobre 1957) explique en partie les risques pris par ces jeunes hommes fragiles, gagnés par la nostalgie du pays et le plus souvent soumis à des pressions de la part de leurs familles et par suite des démarches des autorités consulaires allemandes en Algérie.

La reprise en main de 1958 avec la réorganisation des unités, le renforcement de l'encadrement et une surveillance accrue qui s'appuie sur un filtrage plus efficace des candidats à l'engagement donnent rapidement des résultats. Le nombre des défections passe de 602 en 1958 à 304 en 1961. *In fine*, les mesures adoptées ont une nouvelle fois démontré l'efficacité des nouvelles dispositions prises en amont – le mode de sélection des candidats à l'engagement – comme en aval – la surveillance discrète de certains engagés par le SIL et le BSLE. Contre toute attente, la cohésion de la Légion est maintenue jusqu'à l'accession à l'indépendance de l'Algérie.

André-Paul COMOR

Sources : SHD-Terre, 30T 18, 1H 1401 (dossier 1), 1H 1413 (dossiers 1 à 3).

Bibl. : André-Paul Comor, « L'adaptation de la Légion étrangère à la nouvelle forme de guerre. Recrutement, formation, instruction, désertions, pertes... », dans Jean-Charles Jauffret et Maurice Vaïsse (dir.), *Militaires et guérilla dans la guerre d'Algérie*, Bruxelles, Complexe, 2000 • Tramor Quemeneur, *Une guerre sans « non » ? Insoumissions, refus d'obéissance et désertions de soldats français pendant la guerre d'Algérie (1954-1962)*, thèse d'histoire sous la direction de Benjamin Stora, université de Paris-VIII, 2007, p. 130-137.

DÉSERTIONS pendant la guerre d'Indochine. – Il ne semble pas que le taux de désertions en Indochine ait été supérieur à celui ordinairement constaté. Des désertions se produisaient fréquemment durant le transport des troupes entre l'Algérie et l'Indochine, notamment lors de la traversée du canal de Suez ou du détroit de Malacca. Sur le théâtre d'opérations lui-même, les désertions étaient freinées par la nature de l'environnement, un Européen ne passant pas longtemps inaperçu au milieu d'une population asiatique. Malgré les atrocités commises par le Viêt-minh et que des légionnaires eux-mêmes eurent à subir dès le début du conflit, certains passèrent cependant à l'ennemi, que ce soit pour des motifs idéologiques, pour éviter le statut de prisonnier ou pour toutes autres raisons diverses et personnelles. Les légionnaires déserteurs intéressaient tout particulièrement le Viêt-minh à qui ils pouvaient apporter leur expérience du combat. Deux d'entre eux sont d'ailleurs devenus colonels dans les rangs adverses. Ceux qui étaient repris savaient qu'ils n'avaient aucune pitié à attendre de la part de leurs anciens camarades de combat. S'attachant à cibler chaque catégorie de combattants, le Viêt-minh a mis un soin particulier à développer sa propagande à l'égard de la Légion étrangère mais il est toujours demeuré maladroit dans cette démarche, ne parvenant pas à comprendre la nature des liens sur lesquels se fondent l'esprit de corps légionnaire et la solidité de l'institution. Le détail des pertes annuelles des forces terrestres fait apparaître un taux moyen de 1,86 ‰, soit 1 373 désertions entre 1945 et 1954. Plus nombreuses que dans les troupes nord-africaines et françaises, les désertions atteignent un pic en 1954, 2 ‰ contre 0,6 ‰ en 1949. La plupart des légionnaires déserteurs ont péri dans les camps viêt-minh après avoir subi de mauvais traitements ou furent exécutés. Seuls 464 légionnaires allemands qui avaient espéré rentrer en Allemagne ont pu rejoindre la République démocratique allemande entre avril 1952 et février 1956.

Michel DAVID

• *Voir aussi* : « Soldats blancs d'Hô Chi Minh ».
Sources : SHD-Terre, 10H 509 et 510.

DÉTACHEMENT DE LÉGION ÉTRANGÈRE DE MAYOTTE (DLEM). – *Voir* COMORES.

DÉTACHEMENT FANTÔME. – Les conventions de l'armistice de 1940 stipulent que les ressortissants allemands doivent être rendus à l'Allemagne. Cette disposition concerne également les Allemands servant au sein de la Légion étrangère. Devant l'exigence des autorités du Reich, un dilemme se pose au commandant du 1er régiment étranger (RE) à Sidi-Bel-Abbès, car ce retour est contraire aux traditions de la Légion. En effet, bon nombre d'engagés concernés par ces mesures ne souhaitent pas rejoindre leur patrie d'origine. Certains sont juifs, d'autres communistes ou antifascistes, passibles de poursuites et susceptibles d'être envoyés dans des camps de concentration depuis l'adoption des lois dites « de Nuremberg ». Deux solutions sont donc envisagées pour éviter les incidents avec les autorités allemandes et respecter le choix des légionnaires : transférer les volontaires et soustraire les plus menacés aux recherches des commissions allemandes de contrôle d'armistice lancées dès l'été 1940. Les plénipotentiaires envoient des listes qui sont aussitôt transmises par l'état-major de l'armée de Vichy au dépôt commun des régiments étrangers. Après avoir tergiversé mais aussi en raison des incidents survenus lors du premier transfert des Allemands en métropole, le commandement décide d'éloigner les plus exposés en les affectant au Tonkin.

Fin mai 1941, un premier groupe venant du 3e régiment étranger d'infanterie est rassemblé à Marrakech d'où il gagne Dakar, par voie de terre, via Agadir, Foum el-Hassan, Fort Trinquet, Atar et Saint-Louis du Sénégal. Là, un second détachement venu de Saïda, via Colomb-Béchar, Bourem et Bamako, se joint au premier et forme le « détachement de travailleurs européens » – qui est naturellement un détachement « fantôme ». Commandés par le sous-lieutenant Chenel, les 83 légionnaires (dont Rudy Schröder et Erwin Borchers qui rejoindront les rangs du Viêt-minh après le coup de force japonais du 9 mars 1945) embarquent de nuit sur le cargo mixte *Cap-Padaran*. Le navire double le cap de Bonne-Espérance, se ravitaille à Tamatave à Madagascar, mais est bloqué en raison de la pénurie de charbon. Dans un premier temps, les légionnaires sont utilisés aux défenses côtières avant que le commandant supérieur de la Grande Île envisage d'affecter le détachement à la défense de Madagascar. Le sous-lieutenant Chenel réussit à le faire revenir sur sa décision. Le périple du dernier détachement de renfort du régiment du Tonkin pendant la Seconde Guerre mondiale se termine le 2 novembre suivant à Saigon.

Charles RIDET

DEVISE. – *Voir* LEGIO PATRIA NOSTRA.

DIÉGO-SUAREZ. – Ville portuaire (aujourd'hui Antsiranana) située à l'extrémité nord de l'île de Madagascar et bénéficiant d'un port naturel en eau profonde, parmi les trois plus grands du monde. Fortifié par le soin des futurs maréchaux Lyautey et Joffre entre 1897 et 1899, le site de Diégo-Suarez fut le théâtre d'un débarquement de vive force des Britanniques en 1942 et abrita une garnison de la Légion étrangère de novembre 1956 à août 1973.

Après une intervention sur les hauts plateaux de la « Grande Île » lors des révoltes de 1947-1948, la Légion étrangère revient à Madagascar en novembre 1956 et s'implante en protection du port de Diégo-Suarez, devenu point d'appui stratégique de la flotte. Cette unité, en se renforçant, devient le 16 mai 1957 le bataillon de Légion étrangère de Madagascar (BLEM) dont le poste de commandement est à Diégo-Suarez et les unités à Ankorika, Joffreville et Cap Diego. En avril 1962, le bataillon est officiellement intégré au 3e régiment étranger d'infanterie (REI). Venant d'Algérie, celui-ci, aux ordres du lieutenant-colonel Mattei, grande figure de la Légion en Indochine, rejoint Madagascar en août de la même année, moment où la fusion devient effective. Ses successeurs, les colonels Iacconi, Letestu, Bramoullé et Dominé, relèvent la mission de protection de la base et de la région. Pendant onze années, le régiment est installé dans l'ancien quartier de la coloniale, à l'entrée duquel a été rapatriée une sculpture de Mehouas intitulée *Le Colonial avachi*. Au-delà de sa mission combattante, le 3e REI assure la construction d'une piste d'aviation pour avions gros porteurs dans la presqu'île d'Andrakaka, séparée de la base de Diégo par un détroit de 2,5 km. La traversée se fait avec des barges de la marine nationale, chargées de faire la liaison entre Diégo-Suarez et Cap Diego où le centre d'instruction de débarquement, créé par le BLEM, fut développé en intégrant une piste d'audace et une instruction tournée vers la capacité à combattre en forêt. À proximité de ce centre est aussi installé un mess dont la particularité est d'être aménagé dans une grotte.

Les unités de combat étaient implantées à Diégo-Suarez, à Tanambo et au camp de Sakaramy, sur la route de Joffreville. Après une année de tensions locales, les forces armées françaises quittèrent la région au cours du mois d'août 1973. Le 3e REI, pour sa part, embarqua à Diégo-Suarez à bord du cargo mixte *Ville-de-Rouen*, pour la destination de Kourou en Guyane.

Philippe GUYOT

DIÊN BIÊN PHU. – La bataille de Diên Biên Phu demeure la plus célèbre de la guerre d'Indochine. Cette défaite des forces de l'Union française face au corps de bataille viêt-minh a précipité l'issue du conflit dans la mesure où elle a pesé sur les négociations entamées à Genève, à partir du 26 avril 1954, pour parvenir à un cessez-le-feu. Cette bataille qui se prolonge entre le 13 mars et le 7 mai 1954 a acquis une dimension particulière du fait de l'âpreté de la lutte, de l'ampleur des pertes subies de part et d'autre et du sort que le Viêt-minh a réservé aux prisonniers. La Légion étrangère, quant à elle, a apporté une contribution majeure à l'organisation défensive du camp retranché de Diên Biên Phu. Au sein de cette garnison qui comptait près de 11 000 hommes et aux cotés des troupes coloniales, des combattants autochtones, des tirailleurs algériens ou marocains, l'effectif légionnaire représentait sensiblement le tiers des troupes aéroportées, près de la moitié des fantassins ainsi que l'essentiel des unités de mortiers lourds. En tenant compte de l'apport des renforts en cours d'action, les unités citées page suivante ont ainsi figuré à l'ordre de bataille de ces forces qui ont pris, à compter du 7 décembre 1953, la dénomination de groupement opérationnel du Nord-Ouest (GONO).

La bataille de Diên Biên Phu trouve son origine dans la décision prise par le Viêt-minh, au début de l'automne 1953, de renoncer à une grande offensive contre le delta du Tonkin pour attaquer en direction du nord-ouest et du Laos, sur un terrain favorisant la manœuvre de ses troupes, rustiques,

Troupes
aéroportées : 1er bataillon étranger de parachutistes (BEP)
2e BEP

Infanterie : 1er bataillon du 2e régiment étranger d'infanterie (1/2e REI)
3e bataillon du 3e régiment étranger d'infanterie (3/3e REI)
1er bataillon de la 13e demi-brigade de Légion étrangère (1/13e DBLE)
3e bataillon de la 13e demi-brigade de Légion étrangère (3/13e DBLE)

Artillerie : Compagnie étrangère parachutiste de mortiers lourds (CEPML)
Compagnie de mortiers lourds de Légion étrangère du 2e REI (CMLLE/2e REI)
Compagnie de mortiers lourds de Légion étrangère du 5e REI (CMLLE/5e REI)

Soutien : 5e compagnie moyenne de réparation de la Légion étrangère (5e CMRLE)

fluides et désormais aguerries. En visant Luang Prabang et la vallée du Mékong, zones qu'il savait difficiles à défendre par ses adversaires, il se fixait un objectif stratégique qui pouvait lui permettre, à terme, de menacer gravement le Cambodge et la Cochinchine. Dès le mois d'octobre, la division 316 entame sa progression et détruit les organisations de résistance autochtones qui tiennent les abords de la route provinciale (RP) 41 menant vers Diên Biên Phu. Elle peut espérer conquérir en quelques semaines l'ensemble du Pays thaï et sa capitale, Laï Chau, dernière base encore tenue par les forces de l'Union française après l'abandon de Na San en juillet 1953. Face à cette situation, le général Navarre, commandant en chef depuis le mois de mai 1953, décide de réagir en faisant réoccuper Diên Biên Phu, porte du Laos, à 300 km à vol d'oiseau d'Hanoi. En l'absence de directives précises du gouvernement français, son choix est dicté par des considérations aussi bien politiques que militaires. Sur le plan politique, il souhaite, d'une part, se conformer au traité d'assistance mutuelle qui vient d'être signé avec le Laos en octobre 1953, et renforcer d'autre part la défense du Pays thaï dont la fidélité vis-à-vis de la France ne s'est jamais démentie. Au plan stratégique, Diên Biên Phu a toujours constitué le principal point de passage et la voie naturelle d'invasion vers le Laos. L'objectif du commandement français est d'y établir, à l'image de Na San, une base aéroterrestre puissante dont la garnison serait en mesure de rayonner à plusieurs dizaines de kilomètres à la ronde, de soutenir les maquis autochtones et de protéger la frontière laotienne toute proche. La localité de Diên Biên Phu, chef-lieu administratif, est située au centre d'une petite plaine dont les dimensions atteignent seize kilomètres dans l'axe longitudinal orienté nord-sud et sept kilomètres dans sa plus grande largeur. Cette plaine, habitée par des Thaïs noirs, est parcourue par la Nam Youm et environnée de chaînes montagneuses qui s'élèvent, par gradins successifs, jusqu'à 1 300 m d'altitude. Dès l'entre-deux-guerres, le site a été jugé propice à l'aménagement d'un terrain d'aviation, lequel est à l'abandon depuis l'occupation des lieux par le Viêt-minh en novembre 1952. Un an plus tard, les forces viêt-minh présentes à Diên Biên Phu représentent la valeur de deux à trois compagnies réparties à proximité du poste de commandement du régiment 148.

Le souhait exprimé par le général Navarre d'installer une base aéroterrestre à Diên Biên Phu ne suscite pas d'objections majeures. Certes, une telle base sera totalement tributaire du ravitaillement par air et l'éloignement par rapport aux aérodromes du delta nécessitera un gros effort en potentiel aérien. Quant aux avions de chasse décollant d'Hanoi, ils arriveront au-dessus de Diên Biên Phu en limite de leur rayon d'action. Mais ces obstacles ne paraissent pas insurmontables, d'autant plus que l'élongation des lignes logistiques joue aussi contre le Viêt-minh qui, lui-même, doit acheminer son ravitaillement par voie terrestre à 500 km de ses bases. C'est d'ailleurs en fonction des capacités logistiques supposées de l'adversaire que les services de renseignement français évaluent le volume de forces viêt-minh pouvant intervenir à Diên Biên Phu à deux divisions soutenues par 20 000 coolies. Sous le nom de code « Castor », l'opération est donc déclenchée le 20 novembre 1953. Ce jour-là, dans ce qui a constitué la plus grosse opération aéroportée de la guerre d'Indochine, trois bataillons renforcés – 6e bataillon de parachutistes coloniaux (BPC), 2e bataillon du 1er régiment de chasseurs parachutistes (2/1er RCP et 1er BPC) – sautent sur Diên Biên Phu et s'emparent de leurs objectifs au prix de pertes relativement légères. Parmi les éléments d'appui parachutés figure la CEPML du lieutenant Molinier équipée de huit tubes de 120 mm. Le lendemain, accompagnés par le général Gilles commandant l'opération, sont parachutés le 8e BPC et le 1er bataillon étranger de parachutistes (BEP) du commandant Guiraud qui est à la tête, ce jour-là, de 654 légionnaires parachutistes dont 336 Vietnamiens. Avec le largage du 5e bataillon parachutiste vietnamien (BPVN) le 22 novembre, plus de 4 000 parachutistes tiennent alors l'objectif. La piste d'aviation est remise en état et, dès le 25 novembre, des avions lourds peuvent acheminer les troupes non parachutistes et le matériel. Parmi celui-ci ont trouvé place, en ensembles détachés, une dizaine de chars M 24 Shaffee qui seront remontés par les soins de la 5e CMRLE. Le 8 décembre, le colonel de Castries prend le commandement du GONO et poursuit les travaux d'aménagement et de protection. La piste d'aviation, installation vitale, est environnée de plusieurs centres de résistance qui sont baptisés de prénoms féminins en fonction de l'alphabet : Anne-Marie, Béatrice, Claudine, Dominique, Éliane, etc. Chacun de ces centres de résistance est lui-même divisé en différents points d'appui (PA). On parle ainsi d'Éliane 1, 2, 3 ou 4. À cinq kilomètres vers le sud est établi de surcroît un centre de résistance isolé, Isabelle, qui comprend un terrain d'aviation de secours et dont le rôle est de flanquer la position principale par ses feux d'artillerie. Sa garnison, sous les ordres du lieutenant-colonel Lalande, s'élève à l'effectif de trois bataillons dont, à partir du mois de janvier, le 3/3e REI du commandant Grand d'Esnon.

Dans cette phase de préparation de la bataille qui s'est prolongée durant plus de trois mois, et tandis que les travaux d'enfouissement se poursuivent activement, la garnison fait plusieurs sorties pour rechercher le contact avec l'adversaire et freiner sa progression. Ces opérations se heurtent à un ennemi de plus en plus puissant et chaque jour plus proche. Un des plus violents accrochages se produit entre le 13 et le 15 décembre sur les pentes du Pu San et du Pu Ya Tao, alors que le 1er BEP et le 5e BPVN ont reçu pour mission de recueillir, à hauteur de Muong Pon, les compagnies légères de partisans thaïs

La Légion à Diên Biên Phu, le 13 mars 1954

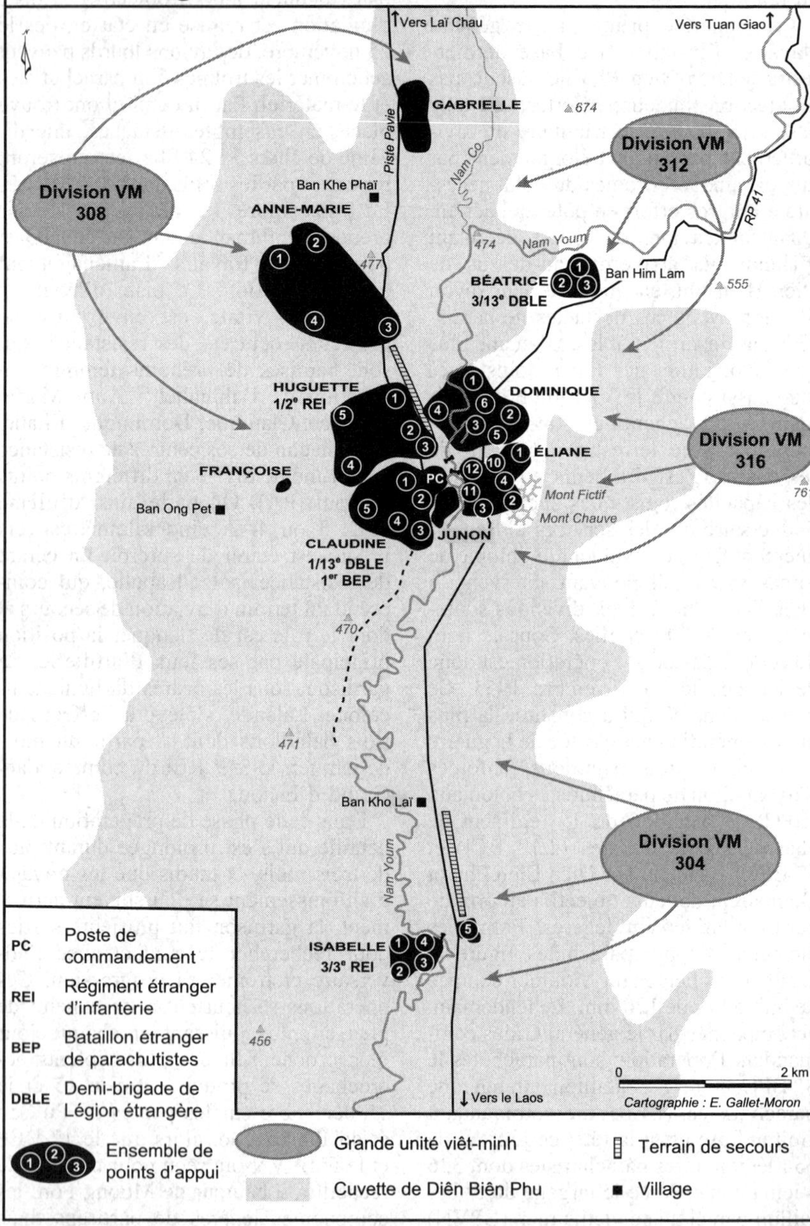

qui ont évacué Laï Chau et se replient par la piste Pavie. D'autres opérations menées vers le nord et l'est ne connaissent pas plus de succès et montrent que le Viêt-minh resserre son dispositif sur Diên Biên Phu. Cependant, la voie vers le Laos demeure encore libre et le 1er BEP participe, du 21 au 28 décembre, à l'opération qui permet d'établir la liaison avec les troupes du Laos dans la région de Sop Nao. Durant ce mois de décembre, le groupement parachutiste nº 1 a été relevé par le groupe mobile (GM) nº 9 commandé par le lieutenant-colonel Gaucher et qui comprend notamment le 1er et le 3e bataillon de la 13e demi-brigade de Légion étrangère (DBLE). En janvier sont aérotransportés le 3/3e REI et le 1/2e REI. Le dispositif du GONO tend alors à prendre sa forme définitive avec une douzaine de bataillons. Appuyée par 24 pièces d'artillerie de 105 mm, quatre pièces de 155 mm et 24 mortiers de 120 mm, renforcée par un escadron de chars, la garnison de Diên Biên Phu semble invulnérable. Giap, cependant, rameute ses troupes : aux divisions 316 et 308 s'ajoutent, à partir de la fin du mois de janvier, la division 312, une partie de la 304 et la division d'artillerie 351. Cette concentration de forces représentant 28 bataillons d'infanterie est rendue possible grâce à l'ordre de mobilisation générale lancé par le Viêt-minh au mois de décembre et à l'aide massive de la Chine en vivres, armement, munitions et matériel de transport. De la sorte, Giap parvient à entretenir près de 35 000 combattants autour de Diên Biên Phu, soit un chiffre plus de deux fois supérieur aux estimations de l'État-major français. Mais, pour Navarre, il n'est plus possible de reculer : il lui faut accepter la bataille. Giap avait initialement prévu de lancer l'assaut le 25 janvier. Devant la puissance que représente le camp retranché, il y renonce finalement et préfère augmenter encore ses stocks pour être en mesure d'alimenter une bataille de longue durée. Pour faire diversion, il envoie la division 308 au Laos en direction de Luang Prabang. Ayant atteint la vallée de la Nam Ou, ses forces s'emparent de Muong Khoua en infligeant de lourdes pertes au 2e bataillon de chasseurs laotiens ainsi qu'au 2/2e REI du commandant Cabaribère. Cependant, parvenue à 90 km de Luang Prabang, la division 308 fait demi-tour le 21 février et remonte vers Diên Biên Phu où elle reprend sa place dans le corps de siège. C'est l'époque à laquelle se déroule la conférence de Berlin qui rassemble les quatre grandes puissances et où il est décidé qu'une prochaine conférence se tiendrait à Genève, à compter du 26 avril, pour traiter du rétablissement de la paix en Extrême-Orient en examinant les problèmes coréen et indochinois. Une victoire à Diên Biên Phu devient alors essentielle pour le Viêt-minh qui veut mettre tous les atouts dans son jeu.

Depuis le 31 janvier, il harcèle au canon de 75 mm les centres de résistance Éliane et Dominique et son dispositif apparaît de plus en plus dense sur les crêtes du Nord et de l'Est. Le GONO réagit par plusieurs opérations visant à détruire les organisations adverses repérées et notamment les positions d'observation sur les points hauts. Mais ces opérations à l'extérieur du périmètre défensif sont toujours coûteuses pour de minces résultats. Le 12 janvier, lors d'une opération menée au sud-ouest d'Isabelle, le 1er BEP déplore ainsi 5 tués dont le lieutenant Nenert et 33 blessés dont 5 officiers. Le GONO n'obtient pas plus de succès lors des sorties suivantes : le 1er février au nord-est de Gabrielle avec participation du 1er BEP ; le 9 février en direction de la cote 781 avec participation du 1/13e DBLE du commandant Brinon et du 1/2e REI du commandant Clemençon ; le 15 et le 16 février en direction des cotes 561 et 674 avec participation du 1er BEP et du 3/13e DBLE du commandant Pégot ; le 3 et le 5 mars sur la cote 781 où le BEP subit des pertes dont le capitaine Cabiro, grièvement blessé. Tandis que les tirs de l'artillerie viêt-minh débutent le 11 mars sur le terrain d'aviation et détruisent plusieurs appareils, l'investissement de Béatrice se précise et la bataille devient imminente.

Après des préliminaires qui ont duré plusieurs mois, la bataille de Diên Biên Phu débute le 13 mars, à 17 heures, par une intense préparation d'artillerie dirigée à la fois contre Béatrice tenu par le 3/13e DBLE et contre la zone centrale où sont situés les postes de commandement (PC) et les appuis. Peu avant 18 h 30, un tir de canon de 75 mm de montagne détruit le PC du 3/13e DBLE, tuant le commandant Pégot, le capitaine Pardi, officier adjoint, et le lieutenant Pungier, chargé des transmissions. Le capitaine Nicolas, commandant la 10e compagnie, prend alors le commandement du bataillon et tente de réorganiser la défense pour résister aux premiers assauts lancés par deux régiments de la division 312. Mais le sort s'acharne : vers 20 heures, un obus atteint le PC du GM 9 qui, à partir de la position centrale, anime la défense du secteur nord-est. Son chef, le lieutenant-colonel Gaucher, commandant la 13e DBLE, est tué ainsi que les lieutenants Bailly et Bretteville. Les tirs d'appui ne pouvant plus être réglés de façon efficace, la situation empire sur Béatrice que les vagues d'assaut viêt-minh parviennent finalement à submerger vers 0 h 30. Sur les 450 hommes présents sur Béatrice au moment de l'attaque, une centaine de légionnaires seulement, par petits groupes, parviennent à se replier sur Dominique. Le reste de la garnison – tués ou prisonniers – est porté disparu. Qu'un centre de résistance comme Béatrice ait pu céder aussi rapidement entraîne la stupeur et la consternation au sein de l'état-major du GONO où le commandant Vadot dirigera désormais le secteur est alors que le lieutenant-colonel Lemeunier, remplaçant Gaucher, deviendra l'adjoint du lieutenant-colonel Langlais, maître d'œuvre de la défense. Dans le secteur nord-est, l'attaque de Béatrice est suivie, dans la nuit du 14 au 15 mars, par celle de Gabrielle, position qui verrouille, au nord, l'accès au terrain d'aviation et qui est défendue par le 5/7e régiment de tirailleurs algériens (RTA) du commandant Mecquenem renforcé par la CMLLE du lieutenant Collin. Malgré des pertes sensibles, la garnison de Gabrielle maintient ses positions durant la première partie de la nuit mais le Viêt-minh relance son attaque à partir de 3 heures du matin en faisant intervenir un nouveau régiment sur la face est du centre de résistance. La situation devenant critique – un obus a touché le PC du bataillon –, de Castries décide d'exécuter une contre-attaque mettant en œuvre deux compagnies du 1er BEP et le 5e BPVN qui a été parachuté la veille en renfort. Avec l'appui des chars, les compagnies Martin et Domigo du BEP bousculent les éléments de couverture viêt-minh au sud de Gabrielle et atteignent le pied de la position vers 7 heures. Mais, trop tardive et mal coordonnée, la contre-attaque échoue finalement et les légionnaires parachutistes ne peuvent que recueillir les derniers défenseurs de Gabrielle qui, en voyant s'approcher les chars, se replient en abandonnant les positions encore tenues au sud du centre de résistance. Dans cette action, le BEP perd 9 tués et 46 blessés. Dans le secteur central où sont déployées les positions d'artillerie du GONO, les mortiers lourds de la Légion ont beaucoup souffert. Sous les tirs de 105 mm du Viêt-minh, la CEPML a perdu plusieurs sous-officiers et légionnaires et n'a plus une seule pièce en mesure de fonctionner. Le lieutenant Molinier, blessé et évacué, a été remplacé à la tête de la compagnie par le lieutenant Turcy qui sera tué lui-même le surlendemain ainsi que le lieutenant Colcy. Le 16 mars, la garnison de Diên Biên Phu reçoit le renfort du 6e BPC du commandant Bigeard. Cependant, le dispositif du camp retranché se rétracte encore du fait de l'abandon, par des éléments du 3e bataillon thaï, des points d'appui 1 et 2 d'Anne-Marie – ses PA 3 et 4 sont alors englobés dans le secteur du 1/2e REI sous l'appellation d'Huguette 6 et 7. Cette première phase de la bataille de Diên Biên Phu, marquée par la perte des centres de résistance périphériques du Nord et du Nord-Est, engendre des conséquences tragiques pour le camp retranché : dans les derniers jours de mars, le Viêt-minh parvient à neutraliser le terrain d'aviation de jour comme de nuit. Dès lors, Diên Biên Phu ne peut plus être ravitaillé que par parachutages sur des zones de plus en plus rétrécies et sous le feu de l'adversaire. Conséquence aggravante, les blessés ne peuvent plus être évacués et s'entassent, en nombre toujours croissant, dans les antennes chirurgicales et les abris. La lente asphyxie du camp retranché débute. Le seul espoir des défenseurs réside désormais dans la mise en œuvre d'une action extérieure puissante ou dans un accord diplomatique.

Cependant, ayant subi des pertes très lourdes dans ses assauts contre Béatrice et Gabrielle, Giap décide de renoncer aux attaques en force pour donner la priorité à l'organisation du terrain : les tranchées doivent être poussées au plus près des PA afin de les étouffer progressivement. Au sud, en particulier, le Viêt-minh cherche à isoler Isabelle en interdisant la liaison avec le CR principal. Le 22 mars, le 1er BEP se heurte ainsi à deux compagnies viêt-minh solidement retranchées. L'ennemi est anéanti mais le bilan de l'engagement est sévère pour le BEP qui perd dans l'affaire une trentaine des siens dont les lieutenants Lecocq, Raynaud et Bertrand. Le 26 mars, le 1/2e REI est en soutien d'un raid mené par Bigeard contre les positions de DCA à l'ouest de la plaine. Ces actions n'empêchent pas le Viêt-minh de resserrer chaque jour un peu plus son dispositif. Giap déclenche son second assaut contre le camp retranché dans la soirée du 30 mars et s'empare rapidement de Dominique 2 et 5. Sur Dominique 1, le lieutenant Reboul, commandant la compagnie de mortiers lourds du 2e REI, est tué dés le début de l'action. Poursuivant sur leur élan, les fantassins viêt-minh abordent bientôt Dominique 3 où ils sont arrêtés grâce au sang-froid du lieutenant Brunbrouck qui commande une batterie d'artillerie et fait tirer à bout portant sur l'adversaire. Plus au sud, la division 316 ne tarde pas à s'emparer d'Éliane 1 mais se heurte ensuite à Éliane 4 tenu par des éléments du 5e BPVN et du 6e BPC. Cependant, les combats les plus acharnés ont lieu sur Éliane 2 défendu par deux compagnies du 1/4e RTM (régiment de tirailleurs marocains) et les légionnaires parachutistes du lieutenant Luciani envoyés en renfort. Sur le replat baptisé les Champs-Élysées, dominé à l'est par le mont Fictif et le mont Chauve, tirailleurs et légionnaires sont balayés par la masse des attaquants et doivent se replier. L'instant est critique, car, en s'emparant de la crête d'Éliane 2, le Viêt-minh s'ouvrirait une voie directe vers le noyau central du camp. Le lieutenant-colonel Langlais envoie alors vers Éliane 2 ce qui lui reste d'unités disponibles dont la 4e compagnie du BEP commandée par le capitaine Bienvault, la 2e compagnie commandée par le lieutenant Fournié et une compagnie de marche du 1/2e REI commandée par le lieutenant Rancoule. Se présentant sur Éliane 2 en pleine nuit et en plein combat, ces unités contre-attaquent sans coordination mais leur élan, appuyé par l'artillerie du GONO et un peloton de chars, parvient à briser l'assaut viêt-minh. Au petit jour, Éliane 2 est presque totalement dégagé. Ces combats de la nuit ont cependant coûté cher au BEP qui compte 18 tués ou disparus et 69 blessés.

Au cours de la journée du 31 mars, le colonel de Castries tente de reprendre l'initiative mais ses unités d'intervention ont fondu et il attend toujours le renfort du 2/1er RCP promis par Hanoi. Une contre-attaque menée à partir d'Isabelle en direction d'Éliane 2 est déclenchée au lever du jour mais le 3/3e REI du commandant Grand d'Esnon se heurte au solide barrage établi par l'adversaire à mi-chemin de la position centrale. Les parachutistes coloniaux et vietnamiens parviennent cependant à reconquérir Éliane 1 et la crête de Dominique 2 ; faute de réserves, ils ne peuvent toutefois s'y maintenir et doivent décrocher. Durant la nuit du 31 mars au 1er avril, le Viêt-minh reprend ses attaques contre Éliane 2 dont la garnison est renforcée par des parachutistes du 6e BPC et par les légionnaires de la 2e compagnie du 1/13e DBLE emmenés par le capitaine Krumenacker. Le combat fait rage durant toute la nuit mais le Viêt-minh, pas plus que la veille, ne parvient à progresser. Cette seconde nuit sur Éliane 2 coûte encore au BEP 13 tués et 46 blessés. Les combats se poursuivront encore sur ce point d'appui sans apporter de changements notables à la situation. À l'ouest du dispositif, le Viêt-minh s'acharne toujours contre Huguette 7 (ex-Anne-Marie 4) où ce qui reste des parachutistes vietnamiens du capitaine Bizard est relevé par une compagnie de marche du 1/2e REI conduite par le lieutenant Spozio. Le 2 avril au matin, cependant, jugé impossible à défendre en raison des pertes subies (une cinquantaine d'hommes dont le lieutenant Huguenin porté disparu), Huguette 7 doit être évacué après avoir été momentanément réoccupé par Bizard. Tandis que le 2/1er RCP du commandant Bréchignac a été parachuté dans la nuit du 1er au 2 avril, le Viêt-minh reporte ses efforts contre Huguette 6 (auparavant Anne-Marie 3) situé à l'extrémité nord de la piste d'aviation. Défendue par une compagnie du 1/13e DBLE, la position résiste tout en étant appuyée par des contre-attaques de l'extérieur. La dernière de celles-ci, lancée par Bigeard le 5 avril au matin avec deux compagnies du 6e BPC et une compagnie du BEP, parvient à desserrer l'étau adverse et cause de lourdes pertes au Viêt-minh.

Tandis que le 2e BEP du commandant Liesenfelt est parachuté en renfort durant les nuits du 9 et du 10 avril, le haut commandement étudie les solutions possibles pour soulager la garnison de Diên Biên Phu. L'aide de l'aviation de bombardement américaine sera demandée mais en vain ; plusieurs projets d'action sur les arrières viêt-minh sont finalement abandonnés faute d'effectifs parachutistes ou de moyens de transport aériens en quantité suffisante. Seule est retenue l'opération « Condor », une intervention à partir du Laos, mais les troupes rassemblées à cet effet ne pourraient atteindre la périphérie de Diên Biên Phu qu'après la première semaine de mai. Le Viêt-minh, durant ce temps, poursuit ses travaux d'approche visant à étouffer complètement chacun des points d'appui. Le 10 avril, une action coordonnée par Bigeard permet de réoccuper Éliane 1 ; ce jour-là, les compagnies Martin et Brandon du 1er BEP, appelées en renfort, montent à l'attaque en chantant ! Cependant, à l'ouest du dispositif, Huguette 6, isolé, doit être évacué sous la pression ennemie et Huguette 1, tenu par la compagnie Chevalier du 1/13e DBLE, succombe, faute de renfort, dans la nuit du 22 au 23 avril. La contre-attaque menée le lendemain par le 2e BEP pour reprendre la position échoue par manque de coordination, le bataillon laissant sur le terrain 76 tués ou blessés graves. Fin avril, le GONO n'aligne plus qu'environ 4 000 fantassins valides face à 14 000 combattants viêt-minh de première ligne.

En lançant sa troisième grande offensive contre le camp retranché dans la nuit du 1er au 2 mai, Giap parvient à réoccuper Éliane 1 et à s'emparer de Dominique 3 ; à l'ouest, il submerge Huguette 5 puis bientôt Huguette 4 malgré les contre-attaques et la résistance acharnée des légionnaires parachutistes de Luciani et du lieutenant de Stabenrath ; au sud, il conquiert Isabelle 5. Après un calme relatif durant les journées des 5 et 6 mai et alors que le 1er BPC est largué en ultime renfort, le Viêt-minh relance son offensive dans la soirée du 6. Les combats sont acharnés durant toute la nuit mais en milieu de matinée, ce dernier est parvenu à conquérir ses objectifs : Éliane 2 puis Éliane 4 et Éliane 10 ; enfin Claudine 5 à l'ouest où la compagnie Schmitz du 1/13e DBLE est décimée sous un bombardement incessant. La compagnie Philippe est elle-même sérieusement diminuée. Poursuivant ses assauts, le Viêt-minh s'empare en début d'après-midi d'Éliane 12 puis d'Éliane 11. Les survivants de la compagnie Capeyron du 1/13e DBLE qui tenaient Éliane 3 doivent se replier à leur tour. Chez les défenseurs du camp retranché, l'épuisement est total, les blessés s'entassent, vivres et munitions manquent, rien ne peut désormais arrêter l'adversaire. De Castries donne alors l'ordre de détruire le matériel et de cesser le feu à 17 h 30. Au sud, la garnison d'Isabelle doit tenter une sortie en direction du Laos mais celle-ci échoue et Lalande fait lui-même cesser le feu vers une heure du matin. À l'issue de sa victoire, le Viêt-minh capture environ 5 800 hommes valides et 4 500 blessés dont 858, parmi les plus graves, seront restitués à la Croix-Rouge. Sur les 15 000 hommes qui ont participé à la bataille, 1 700 ont été tués, 1 600 sont portés disparus et plus de 1 100 sont déclarés déserteurs. Pour les prisonniers débute alors le calvaire de la marche vers les camps où plus de 7 000 d'entre eux mourront dans la plus grande détresse physiologique et morale. Les pertes viêt-minh, très lourdes, sont estimées quant à elles à plus de 10 000 tués et 15 000 blessés.

Pour la France, la perte d'une quinzaine de bataillons dont six bataillons de Légion est certes dramatique, mais, en volume, ces unités ne représentent qu'à peine 5 % du Corps expéditionnaire, ce qui ne remet pas fondamentalement en cause l'équilibre général des forces. Le sacrifice de la garnison, par ailleurs, n'a pas été vain puisque 15 000 hommes ont neutralisé durant six mois l'essentiel du corps de bataille viêt-minh. L'impact de Diên Biên Phu, au moment où s'ouvrait la conférence de Genève, a surtout été d'ordre moral et psychologique. Présentée comme un désastre, cette bataille perdue devait constituer le prélude à l'abandon de l'Indochine. Dans la mémoire des soldats français, Diên Biên Phu demeurera aussi comme le symbole de l'esprit de sacrifice.

Michel DAVID

Bibl. : Roger Bruge, *Les Hommes de Diên Biên Phu*, Perrin, 1999 • Yves Gras, *Histoire de la guerre d'Indochine*, Denoël, 1992 • Pierre Rocolle, *Pourquoi Diên Biên Phu ?*, Flammarion, 1968.

DIESBACH TORNY, comte Gabriel Antoine Valburge Alphonse de (1830-1902). – Issu d'une célèbre famille patricienne de Fribourg, en Suisse, Gabriel est le fils de Joseph Antoine Philippe, comte de Diesbach Torny (1778-1842), chambellan de l'empereur d'Autriche en 1808, lieutenant-commandant avec brevet de colonel dans la compagnie des cent-suisses (1815), colonel des gardes à pied en 1826 et commandeur de la Légion d'honneur en 1830.

Orphelin de père à douze ans, il est dès l'année suivante élève au Collège royal militaire de La Flèche (1843). Après qu'il a été exploitant agricole à Bois-Saint-Genis (Charente-Maritime), des revers de fortune l'obligent à quitter la propriété familiale. Il s'engage alors pour trois ans dans le 2e régiment de la 2e Légion étrangère, le 10 avril 1855. Il est sergent le jour même. La nouvelle troupe levée par Napoléon III parmi les volontaires suisses manque d'officiers, aussi brûle-t-il les étapes pour gagner les épaulettes : sergent-major le 6 juillet 1855, il est sous-lieutenant le 10 décembre suivant. En juillet 1856, le jeune officier à titre étranger part pour l'Algérie au 2e régiment de la première Légion étrangère en garnison à Sidi-Bel-Abbès. Sa naturalisation le 17 avril lui permet désormais de servir à titre français, ce qu'il fait en participant à la campagne d'Italie en 1859 et à celle du Mexique du 9 février 1863 au 16 février 1865. Il démissionne en janvier 1866, se marie à Paris l'année suivante et s'établit à Nyer près Olette (Pyrénées-Orientales) pour y exploiter une mine appartenant à son beau-père Hippolyte Dussard. Il a laissé un journal sans complaisance de la campagne du Mexique, aujourd'hui propriété de la Légion étrangère à Aubagne. Ce témoignage complète celui de l'un de ses camarades du régiment, le sous-lieutenant Zédé, dont les souvenirs sont publiés dans les *Carnets de Sabretache* en 1933, plus de vingt ans après sa disparition en 1908.

Benoît DE DIESBACH BELLEROCHE
& Alain-Jacques CZOUZ-TORNARE

Bibl. : Benoît de Diesbach Belleroche, « Philippe de Diesbach Torny et ses descendants », *Chronique Diesbach*, n° 15, octobre 1986, p. 31-32 • Gabriel de Diesbach, *Souvenirs de la campagne du Mexique 1862-1865*, Hubert de Diesbach, sd • Lieutenant de Diesbach, *Notes et souvenirs*, tapuscrit, slnd.

DISCIPLINE, compagnie et section de. – De 1832 à 1974, des unités qui se sont appelées « sections » puis « compagnies de discipline » et « sections d'épreuve » ont regroupé les légionnaires dont le comportement habituel trouble en permanence le bon déroulement du service. Ces unités cherchaient à amender ces perturbateurs en leur imposant des règles de vie très sévères.

La section de discipline de l'ancienne Légion n'a pu remplir ces deux missions, parce que installée dans le même casernement qu'une section de convalescents : une telle cohabitation rendait impossible l'établissement d'un service rigoureux pour les disciplinaires. Elle est dissoute lors de la cession à l'Espagne. À partir de 1840, chaque régiment de Légion a sa section de discipline. Elles ne font l'objet d'aucune remarque défavorable dans les rapports d'inspection. À Gallipoli, en 1854, les disciplinaires du 1er Étranger enterrent les victimes du choléra. En remerciements de cet acte de dévouement, ils sont renvoyés dans leur compagnie à la fin de l'épidémie. Une section de discipline est créée en 1856. Elle est dissoute en 1863. Au Mexique, les disciplinaires de la Légion sont affectés à la compagnie de discipline du corps expéditionnaire. Celle-ci est partiellement encadrée par du personnel du régiment étranger, dont le tambour Laï.

Il faut attendre le 12 novembre 1902 pour qu'une instruction relative aux sections de discipline des corps spéciaux, dont les régiments étrangers, soit publiée au *Bulletin officiel*. Elle est remplacée le 26 octobre 1931 par une instruction spécifique à la Légion, qui concerne la compagnie de discipline de Colomb-Béchar et sert de référence pour le fonctionnement des unités disciplinaires de la Légion en Indochine : la section de discipline du 5e régiment étranger d'infanterie (REI) est implantée à Hagiang (1931-1945). Une compagnie de discipline d'Extrême-Orient l'est sur une île en face de Nha Trang de 1946 à 1954.

La compagnie de discipline comprend une section ordinaire, une section de répression qui reçoit les récidivistes, les auteurs de tentatives de mutilation et les punis pour fautes répétées de la section ordinaire, et une section de transition qui prépare la réinsertion des disciplinaires dans une unité normale. À partir de 1956, cette section participe à des opérations. Sauf exception, les disciplinaires ne perçoivent ni vin, ni tabac. Ils accomplissent des travaux utiles. Le médecin-chef de la place de Colomb-Béchar puis le médecin de la compagnie à Djenien bou Zreg suivent attentivement le traitement des addictions. La mission éducative exige que les cadres soient choisis pour leur rigueur, leur sens de la justice et leurs qualités humaines.

La compagnie de discipline est dissoute après l'indépendance de l'Algérie, mais une section d'épreuve est créée en Corse. Le choix parfois peu heureux de certains cadres et l'impossibilité de faire des travaux utiles en font un anachronisme, aussi le statut de 1974 la dissout-il.

Henry DUTAILLY

Bibl. : Pierre Soulié, *Paul-Frédéric Rollet. Père de la Légion étrangère*, Éditions Italiques, 2001.

DIVISION DE LÉGION ÉTRANGÈRE, projet de (1836-1955). – Outil de guerre issu d'une vieille tradition d'infanterie lourde qui remonte à l'exemple romain, la Légion étrangère cultive en son sein des aptitudes interarmes en raison de la diversité de son recrutement et en fonction de l'adaptation au terrain, à l'adversaire et à des circonstances particulières. D'où l'idée de la rendre encore plus performante en créant une grande unité autonome.

En 1792, le projet initial de créer une division composée d'étrangers suscite la méfiance après la chute de la monarchie. La première expérience est tentée, en 1836, lorsque la Légion, fraîchement créée, est prêtée à l'Espagne lors de la première guerre carliste. Son chef, le général Bernelle, en situation précaire, ne peut compter que sur ses légionnaires. Il forge un outil qui combine les feux des bataillons d'infanterie et d'une batterie d'artillerie, le tout couvert par un impétueux régiment de lanciers polonais à trois escadrons qui renouvelle l'exploit de ses prédécesseurs à Somosierra. Mais abandonnée à un gouvernement espagnol désargenté, cette division de Légion étrangère, de 6 134 hommes de troupe au printemps 1836, ne peut combler ses lourdes pertes. Sans logistique, elle disparaît en 1838, en dépit de l'esquisse, à Pau, d'un corps auxiliaire ou « nouvelle division de Légion étrangère » qui part ensuite pour Alger.

Plus tard, dans une situation de projection de puissance encore plus loin de ses bases, le corps expéditionnaire envoyé au Mexique fait flèche de tout bois. Dès le mois de décembre 1863, le général Bazaine reprend l'idée d'un « corps auxiliaire » dont le régiment étranger constitue le noyau. En 1866, un 7e et un 8e bataillon sont créés, puis par autorecrutement deux escadrons et une batterie d'artillerie. Destinée à opérer en contre-guérilla par coups de main rapides dus à de petites colonnes, cette ébauche de division finit par comprendre également deux batteries de montagne, une compagnie de génie et une compagnie du train des équipages. Puis, en décembre 1866, afin de couvrir le repli français du Mexique, elle forme l'une des deux brigades de la « division auxiliaire française » avec ce qui reste de troupes engagées aux côtés de l'empereur Maximilien qui ne peut faire face à la marée juariste. Les survivants rembarquent pour Alger parmi les derniers, en février 1867 ; la Légion y retrouve son rôle de fantassin de l'armée d'Afrique.

Cette riche expérience reste sans suite. La Légion avait cependant prouvé ses qualités d'autorecrutement, d'une part, et, d'autre part, son sens de l'improvisation la rendait capable de se transformer en unité autonome et d'agir seule contre des partisans. Mais la conquête marque le pas et l'avenir même du régiment étranger est incertain. Survient la double défaite de 1870-1871, celle de la petite armée de métier de Napoléon III comme celle des levées improvisées de Gambetta. Après les choix fondamentaux de 1872-1875 qui définissent la nation armée, se pose une question qui demeurera sans réponse : une armée de soldats-citoyens aux gros bataillons peut-elle admettre les services d'une grande unité autonome composée d'étrangers ? Pourtant, lors de la conquête coloniale, la popularité graduelle de la Légion, « noyau dur » de l'armée d'Afrique, relance plusieurs fois le débat. En 1894, le vicomte de Montfort en reprend l'idée à la Chambre des députés. En avril 1908, pour atténuer les effets néfastes de la loi des deux ans sur les troupes d'outre-mer, devenu sénateur, il fait adopter par la Haute Assemblée une proposition relative au renforcement de la Légion par un régiment de cavalerie et d'un bataillon étranger d'artillerie ; mais la Chambre ne donne pas suite, hantée par la crainte de troupes de prétoriens incompatibles avec l'armée nationale.

Pour une armée en déflation d'effectifs après l'ordalie de 14-18, où la Légion a eu un comportement magnifique, et le désir national de ménager le sang des appelés, le chef de cabinet de Georges Clemenceau, le général Mordacq, conçoit une division de Légion au sein d'un projet d'« armée nouvelle » forte de 600 000 hommes (Algériens et Marocains) dont les régiments étrangers de toutes armes constitueraient le fondement. Lyautey s'en montre un chaud partisan, mais le Parlement se contente de voter la loi du 20 mai 1920, sur la base de la proposition Montfort, créant un régiment étranger de cavalerie (REC), un autre d'artillerie et un bataillon du génie. Seul le REC est formé en Tunisie.

En 1939, l'effectif de la Légion atteint 35 000 hommes. Pourtant, ce n'est qu'en septembre 1944, dans le cadre de la restructuration de la Défense nationale, que le général Juin envisage une force d'intervention de 14 divisions, dont une de 18 000 étrangers. Aux côtés d'une division noire, une division motorisée de Légion devait constituer l'ossature de la future force d'intervention française. Mais une tranche divisionnaire ne s'improvise pas : la loi prêt-bail touche à sa fin et les restrictions budgétaires font avorter le projet.

L'Indochine prouve une nouvelle fois le sens de l'improvisation de la Légion, capable d'organiser des « unités spéciales » du train (quatre compagnies), du matériel, du génie (un bataillon) et des transports fluviaux, terrestres et aériens (dont une compagnie de ravitaillement par air). En dépit de ses deux bataillons parachutistes, de la croissance exponentielle des escadrons des deux REC et de leur curieux matériel (« crabes » et « alligators » notamment), la Légion n'est pas dotée d'un commandement spécifique. Les politiques se contentent de créer, en septembre 1950 en Algérie, un groupement autonome dont le premier chef est le général Olié. Après la leçon de Diên Biên Phu, à la taille plus modeste d'une brigade, l'idée est une dernière fois reprise par le général Miquel, ancien chef de corps du 1er REC en 1944. En 1955, le général Kœnig, ministre de la Défense nationale, est saisi du projet. Mais l'instabilité ministérielle, la décision de Guy Mollet d'envoyer le contingent en Algérie et la peur des prétoriens mettent un point final à cette grande idée de transformer la Légion en unité interarmes autonome. En novembre 1957, on se contente de recréer une inspection technique de la Légion étrangère dont le premier commandant est un ancien chef de corps du 2e REC en 1946, le général Lennuyeux.

Jean-Charles JAUFFRET

Bib. : Jean-Charles Jauffret, *L'Idée d'une division de Légion étrangère et le Premier régiment étranger de cavalerie, 1836-1940*, Centre d'histoire militaire et d'études de défense nationale, Presses de l'université Paul-Valéry, 1978.

DIVISION HISTOIRE ET PATRIMOINE DE LA LÉGION ÉTRANGÈRE (DHPLE). – *Voir* PATRIMOINE.

DJIBOUTI. – *Voir* AFRIQUE ; 13e DBLE.

DJEBEL MANSOUR, combat du (janvier 1943). – En janvier 1943, toutes les unités de Légion étrangère présentes dans le nord de la Tunisie – 1er bataillon du 1er régiment étranger d'infanterie (1/1er REI), 3e régiment étranger d'infanterie de marche (REIM), groupement autonome du 1er régiment étranger de cavalerie (GA/1er REC) – sont engagées sur les dorsales tunisiennes, le djebel Mansour étant situé au nord de la dorsale occidentale. Le 1/1er REI et le GA/1er REC sont arrivés en décembre 1942.

Le 11 janvier, le 1/1er REI, le GA/1er REC, un tabor marocain et un peloton de chars participent à une attaque pour donner aux Alliés des vues sur le Sahel. L'objectif est atteint en trois heures au prix de pertes minimes. L'ennemi abandonne quatre canons de 47 mm antichars (47 AC), quatre mortiers de 81 mm, six mitrailleuses, quatorze fusils-mitrailleurs et des munitions. Ces armes seront retournées contre l'ennemi, notamment les 47 AC.

Les forces de l'Axe ne peuvent accepter que les Alliés surveillent leurs mouvements dans le Sahel. Un groupement tactique allemand comprenant le 501e groupe de chars lourds (des Tigres dont ce serait le premier engagement), un bataillon d'infanterie mécanisée, un régiment de chasseurs de montagne, cinq bataillons d'infanterie et deux batteries d'artillerie reçoit donc la mission de forcer le passage dans la région du barrage de l'oued Kébir et d'exploiter en direction d'Ousseltia. Au cours de cette action, le groupement affrontera sept bataillons d'infanterie dont quatre de Légion, un tabor, le GA/1er REC et de façon intermittente des chars anglais. Les assaillants possèdent donc la supériorité en infanterie et en blindés.

Le 18 janvier à l'aube, les Allemands attaquent avec de l'infanterie et des chars le 2e bataillon du 3e REIM qui leur barre la route en avant du barrage de l'oued Kébir. En dépit de la supériorité écrasante des assaillants, les légionnaires tiennent, mais sont encerclés. Une contre-attaque du 1/1er REI ne parvient pas à les dégager. À 17 heures, un nouvel assaut d'infanterie appuyée par des chars submerge le 2/3e REIM. Dans la nuit de petits groupes rejoignent le régiment. C'est tout ce qui reste du bataillon.

À 22 heures, les Allemands s'emparent du carrefour des routes d'Ousseltia et de Siliana. Pour éviter d'être encerclé, le 3/3e REIM se replie et barre la route d'Ousseltia. Le 19 au matin, des blindés allemands venus du nord et du sud encerclent ce bataillon qui doit se replier à nouveau. La colonne blindée allemande n'a plus devant elle que l'escadron d'automitrailleuses du GA/1er REC, deux sections du 3e REIM et un des 47 AC pris le 18. Sous le commandement du lieutenant de Nedde, les légionnaires mènent une action retardatrice qui arrête dix-sept Tigres puis se replient vers le sud-ouest pour interdire aux Allemands l'accès du djebel Bargou.

Les hauteurs à l'est de la route sont encore tenues par le 1/3e REIM, l'escadron porté du GA/1er REC et un tabor. Le 20 janvier, ces unités décident de glisser vers le sud pour échapper à l'encerclement. C'est compter sans la 334e division allemande qui attaque le 21 par les voies les plus difficiles en venant de la plaine. Encerclées, les unités françaises forcent le passage le 22. Fonçant droit devant elles, elles percent le cercle de feu qui les entoure grâce à la sûreté des décisions du commandant Laparra et à l'esprit manœuvrier du capitaine Lemeunier. Lorsque le 1/3e REIM se regroupe dans les lignes françaises, il est réduit à 220 hommes.

Le 3 février, un bataillon parachutiste anglais reprend le djebel Mansour. Très éprouvé, il est relevé par la 2e compagnie du 1/1er REI. Le 5, une forte préparation d'artillerie précède une attaque d'une rare violence et donne lieu à des corps à corps dans chaque point d'appui. Au soir de ce combat, il ne reste plus de cette compagnie que 27 hommes dont 16 blessés.

Henry DUTAILLY

Bibl. : Jean Compagnon, « La Légion étrangère dans la campagne de Tunisie (1942-1943) », *Revue historique des armées*, n° 1/1981, p. 185 à 216.

DJIDJELLI (ou Jijel). – Petit port de pêche au pied des monts de la Petite Kabylie, ancien comptoir carthaginois et colonie militaire romaine d'Igilgili, c'est la première capitale de Khayr al-Dîn, mieux connu sous le nom de Barberousse. En 1839, un acte de piraterie mené par les habitants à l'encontre d'un brick français naufragé déclenche la prise de la ville. Des légionnaires prennent part au débarquement de vive force et tiennent garnison pendant les premières années de la conquête de l'Algérie et jusqu'au début du Second Empire. À deux reprises, dans la ville assiégée, en 1842 et 1843, les hommes du 2e régiment étranger font face aux Kabyles insoumis. De 1955 à 1962, la station balnéaire – et petit port de pêche et de commerce – devient la garnison d'une unité du 2e régiment étranger de parachutistes.

André-Paul COMOR

DOMINÉ, colonel Marc Edmond (1848-1921). – Par fidélité aux principes qui ont guidé sa vie, le colonel Dominé a mis fin prématurément à une carrière militaire que ses grandes qualités de chef, de combattant et d'officier d'état-major annonçaient brillante. Fils d'un artisan, Edmond Dominé naît à Vitry-le-François (Marne) le 22 juillet 1848. Au terme d'études secondaires couronnées par le baccalauréat ès sciences, il est reçu à l'École spéciale militaire en 1866. Sorti dans un rang excellent, le sous-lieutenant puis lieutenant Dominé se distingue dans les rangs du 2e régiment de zouaves à Aïn Chaïn (Algérie) le 25 avril 1870 puis à Orléans le 4 décembre suivant et reçoit la Légion d'honneur à vingt-deux ans. Blessé deux fois, il perd l'usage de son bras droit.

Promu capitaine en 1874, il suit les cours de l'École militaire supérieure. Breveté d'état-major à l'issue, il sert en état-major de 1878 à 1883. Volontaire pour le Tonkin, il prend, avec le grade de chef de bataillon, le commandement de la place de Tuyen Quang le 20 novembre 1884. Cette place dont la garnison s'élève à six cents hommes vient d'être ravitaillée pour soutenir un long siège. Elle doit arrêter la progression de l'armée chinoise et des Pavillons noirs en direction d'Hanoi. Le rapport des forces est de un à cinquante en faveur des assaillants. Ceux-ci imposent à la place un blocus de deux mois. Le commandant Dominé met à profit ce délai pour renforcer les défenses et pour faire des reconnaissances qui lui permettent de mieux connaître ses adversaires. Le siège proprement dit dure du 26 janvier au 3 mars 1885. Les Chinois discrètement conseillés par des Européens mènent un siège selon les règles de la guerre européenne mais ne peuvent fléchir la résistance des défenseurs animés par la volonté sans faille de leur chef. L'arrivée d'une colonne de secours amène les assaillants à lever le siège. Pour ce haut fait, Edmond Dominé est promu lieutenant-colonel le 11 mars 1885.

De retour en France, il sert à l'état-major du ministre de la Guerre puis prend le commandement d'un régiment de nouvelle formation, le 152e régiment d'infanterie, le 1er octobre 1889. Le colonel Dominé fait de ce corps une troupe bien instruite, très disciplinée et animée d'un excellent esprit. Peu satisfait de l'ambiance qui règne dans l'armée métropolitaine, il permute avec un colonel d'infanterie de marine pour servir en Indochine où il espère retrouver l'ambiance qui y régnait six ans plus tôt. Déçu, il est admis à la retraite sur sa demande le 8 février 1892. Promu commandeur de la Légion d'honneur sur proposition du général André dont il réprouve les méthodes, Edmond Dominé refuse de recevoir les insignes de ce grade. Quoique dégagé des obligations militaires, il obtient le commandement d'une brigade d'infanterie territoriale le 4 octobre 1914 avec laquelle il participe à la défense du camp retranché de Paris puis aux combats sur la Somme jusqu'au 24 juillet 1915, date à laquelle il est renvoyé dans ses foyers. Le colonel Dominé meurt à Vertus (Marne) le 28 juin 1921.

Henry DUTAILLY

Bibl. : Charles Hubert, *Le Colonel Dominé*, Berger-Levrault, 1938.

DOUMIC, Julien Maxime Stephen, dit Max (1863-1914). – La mort au champ d'honneur du lieutenant de réserve Max Doumic dans la nuit du 10 au 11 novembre 1914 au bois des Zouaves, à Sillery (près de Reims), serait passée inaperçue si ce soldat n'avait été hors du commun pour deux raisons au moins : son engagement pour la durée de la guerre dans sa cinquante-deuxième année dans un régiment étranger d'abord, sa parenté avec l'académicien René Doumic (son frère aîné) et le peintre Jean Veber – qui s'est aussi engagé comme simple caporal à cinquante ans –, ensuite. La disparition du commandant de la compagnie de volontaires polonais du 2e régiment de marche du 1er Étranger – premier officier de la Légion tué pendant la Grande Guerre – est montrée en exemple dans une notice biographique – et hagiographique – que lui consacre l'écrivain Henry Bordeaux en 1915 dans un numéro spécial de la *Revue hebdomadaire*. Max Doumic, architecte et membre de la Société des études historiques, appartient en effet à la génération des intellectuels qui, à l'exemple de Charles Péguy ou d'Ernest Psichari pour ne citer que les (grands) disparus des premiers mois de la guerre, ont incarné un patriotisme chanté par Maurice Barrès et Agathon (Henri Massis et Alfred de Tarde). Son nom figure au Panthéon depuis le 15 octobre 1927 sur la liste des 560 écrivains morts pour la France pendant la Première Guerre mondiale.

André-Paul COMOR

Bibl. : Gustave Babin, « La Légion », *L'Illustration*, n° 3907, 19 janvier 1918 • Henry Bordeaux, *Vie et mort des héros*, Plon, 1921 • « Tombe des héros », *Lectures pour tous*, 1er novembre 1915.

DOVECAR, sergent Albert (1937-1962). – Né à Tuzno en Croatie, Albert Dovecar (dit « Bobby Dovecar) a grandi en Autriche, à Graz, où sa famille s'est installée. Issu d'un milieu aisé, doté de qualités musicales (il est réputé bon pianiste et interprète de Chopin), il rompt avec cet univers confortable et décide de rejoindre la Légion étrangère. Il se rend donc à Marseille et s'engage en avril 1957. Après une période à la 2e compagnie d'instruction du 1er régiment étranger (RE) à Mascara, Dovecar obtient son brevet de parachutiste le 18 novembre 1957. Il est affecté au 1er régiment étranger de parachutistes (REP) et participe aux combats de Guelma. Blessé, titulaire de trois citations (la troisième date du 16 avril 1961), il est nommé caporal le 25 décembre 1958 puis promu sergent le 16 juin 1960. Engagé dans le putsch d'avril 1961, il refuse de se rendre et poursuit son combat dans l'OAS (Organisation armée secrète). Il est choisi par Roger Degueldre pour prendre à Alger la tête du commando delta 1, composé de cinq légionnaires dont Claude Tenne. Dovecar est un des chefs de commando les plus proches de Degueldre qui peut compter sur son professionnalisme et sa fidélité absolue : c'est à lui qu'est confiée l'exécution du commissaire Gavoury le 31 mai 1961. Si l'opération a été menée sans coup férir (le commissaire n'avait aucune chance de s'en sortir), la suite est beaucoup moins bien gérée. Ainsi un membre du commando fanfaronne-t-il en ville, ce qui met les forces de l'ordre sur sa piste et permet de repérer sa résidence. Dovecar échappe une première fois à l'arrestation mais tombe à la suite d'une opération montée par la Sécurité militaire le 7 octobre 1961 à Alger : forts d'un renseignement sûr, ses hommes investissent un immeuble du boulevard Marcel-Duclos où le commando a pris ses quartiers. Interné et interrogé à la caserne des Tagarins, Dovecar est transféré en métropole trois semaines plus tard et interné à la Santé avec Claude Tenne. Ce dernier a raconté l'emprise du « Sergent » sur nombre de légionnaires emprisonnés et les nombreux échanges qu'ils eurent sur leur procès et son issue : une condamnation à mort qu'ils considèrent comme inéluctable. Selon Tenne, en même temps que « le Sergent se détache de plus en plus du monde », il entend réussir sa sortie.

Commencé le 28 mars 1962, le procès devant le tribunal militaire dure quatre jours. Dovecar est défendu par une lettre de Pierre Sergent lue à l'audience dans laquelle le capitaine a mis en avant sa « "Fidélité" qui fait partie de la devise de la Légion, fidélité au drapeau, fidélité au chef », ainsi que par le témoignage direct d'officiers du 1er REP, dont le colonel Brothier, avant que son avocat, maître Marcel Kalflèche, rappelant ses origines étrangères ne lance : « Faites que votre jugement [lui] permette d'oublier un jour la sanglante équipée où nous [l'] avons entraîné [...] ». Condamné à mort avec Claude Piegts, Dovecar arrache ses décorations et les lance vers la cour. Au plan judiciaire, son sort est scellé une fois le pourvoi en cassation (10 mai 1962) puis le recours en grâce (5 juin 1962) rejetés. Albert Dovecar est fusillé avec Piegts le 7 juin 1962 au fort du Trou-de-l'Enfer situé dans la forêt de Marly-le-Roi. Albert Dovecar repose désormais au cimetière Saint-Pierre à Graz. Sa mémoire continue d'être honorée en France par les anciens partisans de l'OAS, notamment à travers la controversée stèle de Marignane érigée en 2005 qui rend hommage aux « combattants tombés pour que vive l'Algérie française ».

Olivier DARD

Bibl. : Georges Fleury, *Histoire secrète de l'OAS*, Grasset, 2002 • Claude Tenne, *Mais le diable marche avec nous*, La Table ronde, 1968.

DRAPEAUX DE LA LÉGION. – En juin 1832, un drapeau est remis à Marseille par le duc d'Orléans au colonel Combe, c'est le premier drapeau de la Légion étrangère. Il est rendu au ministère de la Guerre lors du passage du régiment en Espagne. Ce premier drapeau est du modèle 1830 surmonté d'un coq, symbole de la monarchie de Juillet, mais il porte à l'avers la devise « Valeur et Discipline » au lieu de « Honneur et Patrie ». C'est ce drapeau qui sera remis le 30 décembre 1840 au 1er régiment de la nouvelle Légion. Il sera renouvelé en 1844, date à laquelle le 2e régiment (issu du dédoublement de la Légion par ordonnance du 30 décembre 1840) se voit également doté d'un emblème.

Sous la IIe République, ces drapeaux seront utilisés avec une simple pique pour remplacer le coq, puis de nouveaux emblèmes sont remis respectivement au 1er régiment le 17 décembre 1848 à Oran, et au 2e le 30 décembre de la même année à Bastia. Ils portent pour la première fois la même devise que le reste de l'armée : « Valeur et Discipline ».

Ceux du modèle 1852 seront reçus des mains mêmes du prince-président Louis Napoléon lors de la distribution des aigles sur le Champ-de-Mars le 10 mai 1852. Ce modèle ne porte aucune devise mais les premières inscriptions de batailles font leur apparition. Pour le 1er régiment : « Mostaganem 1833 », « Constantine 1837 », « Mouzaïa 1840 », « Coléah 1841 », « Tedjenna 1845 ». Pour le 2e régiment : « Constantine 1837 », « Coléah 1841 », « Djidjelli 1842 », « Zaatcha 1849 », « Fedj-Mezanel 1851 ». Aucune de ces inscriptions n'a subsisté sur les emblèmes actuels.

En 1854, de nouveaux drapeaux sont distribués et les anciens détruits à la suite de la modification du nom. Le 1er régiment reçoit en effet le nom de « 1er régiment de la 1re Légion étrangère » tandis que le 2e devient « 2e régiment de la 1re Légion étrangère ». En 1856, ces deux régiments sont licenciés et leurs drapeaux remis en 1859 au musée de l'Artillerie (le drapeau complet pour le 1er, l'étoffe et la cravate uniquement pour le 2e). Une nouvelle aigle impériale conforme au modèle de l'infanterie de ligne est confiée aux deux régiments. Le drapeau du 2e régiment reprend toutes les inscriptions de batailles précédentes plus celles de « Alma 1854 » et « Sébastopol 1855 ». Celui du 1er Étranger ne porte aucune inscription. Les inscriptions suivantes auraient dû être ajoutées mais ne le furent pas : « Magenta 1859 », « Solferino 1859 ».

Par décret impérial du 14 décembre 1861 (mais la date du licenciement est fixée au 27 février 1862), le 1er régiment est dissous ; le second devient « régiment étranger ». Il conserve son drapeau et reçoit finalement en 1862 une nouvelle aigle du modèle 1860. Le drapeau part pour le Mexique où il recevra sur place, fait exceptionnel, sa nouvelle et légendaire inscription « Camerone 1863 ». À cette inscription aurait dû s'ajouter celle de « Oajaca 1865 », ce qui ne fut pas fait. Et à la suite de la défaite de 1870, l'aigle du régiment étranger aurait dû être détruite, mais seules les soies et la cravate furent incinérées ; l'aigle et sa hampe furent retrouvées et rachetées par un sous-lieutenant du régiment et déposées dans la salle d'honneur.

Le drapeau du régiment étranger mis en place par le Gouvernement provisoire est l'un des deux seuls à avoir survécu. De dimensions 74 × 74 cm, il portait simplement l'inscription « RÉGIMENT / ÉTRANGER ». Il est aujourd'hui conservé à Aubagne.

En 1880, la IIIe République met en place un nouveau modèle de drapeau. Les nouveaux emblèmes sont distribués le 14 juillet 1880 au cours d'une grande cérémonie à Longchamp. Le nouveau drapeau de la Légion porte désormais les inscriptions suivantes : « Sébastopol 1855 », « Kabylie 1857 », « Magenta 1859 », « Camerone 1863 ».

Les drapeaux actuels des régiments de la Légion sont du même modèle que le drapeau régimentaire modèle 1880. Le tablier (partie flottante) mesure 90 × 90 cm pour les drapeaux des régiments anciennement à pied (infanterie et génie) et 64 × 64 cm pour les étendards des régiments de cavalerie. Le revers porte les inscriptions de batailles et l'avers le numéro et le nom du régiment en lettres d'or (peintes à la main). Une pique porte les lettres « RF » et le nom du régiment. La cravate porte les décorations et la ou les fourragères obtenues par le régiment. La différence essentielle avec les autres drapeaux de l'armée de terre réside dans la devise qui ne pouvait être « Honneur et Patrie » et à laquelle on a donc substitué « Honneur et Fidélité ». Par ailleurs, une caractéristique commune à tous les emblèmes de la Légion est l'inscription « Camerone 1863 ». Bien que tous les régiments de la Légion n'aient pas participé à cette bataille, celle-ci est considérée comme un acte fondateur et constitue de fait l'un des ciments de ce corps. À noter enfin que la 13e demi-brigade de la Légion étrangère (13e DBLE) étant stationnée en Égypte lors de la distribution des emblèmes aux unités des Forces françaises libres (FFL) à Londres en 1941, le lieutenant-colonel Amilakvari avait fait réaliser par les dames françaises du Caire un emblème non réglementaire et non conforme. C'est ce drapeau qui sera préféré à celui de Londres remis par le général Catroux et qui restera en service de 1941 à 1946.

La Légion a perdu deux de ses drapeaux au cours de son histoire. Celui du 5e régiment étranger d'infanterie (REI) a disparu lors du coup de force japonais de mars 1945, celui du 3e REI a été capturé par les Allemands en 1943 (capture glorifiée par une photo) en Tunisie puis retrouvé. Par ailleurs, le drapeau du 11e REI fut inciné le 18 juin 1940 pour éviter sa capture par les Allemands ; la cravate fut cachée et sauvée puis versée à la salle d'honneur du 1er régiment étranger.

Noms de batailles et millésimes inscrits sur les emblèmes de la Légion (l'inscription « Camerone 1863 » étant commune à tous les régiments, comme nous l'avons indiqué plus haut, seules les autres inscriptions sont citées) :

1er RE : « Sébastopol 1855 », « Kabylie 1857 », « Magenta 1859 », « Extrême-Orient 1884-1885 », « Dahomey 1892 », « Madagascar 1898-1905 », « Maroc 1907-1913, 1921-1934 », « Indochine 1946-1954 », « AFN 1952-1962 », « Koweït 1990-1991 ».

2e REI : mêmes inscriptions que le 1er régiment jusqu'à « Extrême-Orient 1884-1885 » comprise puis « Dahomey-Maroc 1892-1907 », « Madagascar 1895-1905 », « Orient 1915-1917 », « Maroc 1925 », « AFN 1952-1962 ».

3e REI : « Artois 1915 », « Champagne 1915 », « La Somme 1916 », « Les Monts-Verdun 1917 », « Picardie-Soissonnais 1918 », « Vauxaillon 1918 », « Maroc 1921-1934 », « Djebel-Mansour 1943 », « Alsace 1944-1945 », « Stuttgart 1945 », « Indochine 1946-1954 », « AFN 1952-1962 ».

4e RE : « Maroc 1914-1918, 1921-1934 », « Djebel-Zaghouan 1943 », « AFN 1952-1962 ».

5e REI : « Sontay 1883 », « Bac-Ninh 1884 », « Tuyen-Quan 1885 », « Lang-son 1885 », « Indochine 1945-1946, 1949-1954 », « AFN 1952-1962 ».

6e REI puis 6e REG : « Musseifre 1925 », « Syrie 1925-1926 », « Koweït 1990-1991 ».

11e REI : pas de nom de bataille.

12e REI : ce régiment n'avait pas reçu d'emblème.

13e DBLE : « Bjerkvik-Narvik 1940 », « Keren-Massaouah 1941 », « Bir-Hakeim 1942 », « El-Alamein 1942 », « Rome 1944 », « Colmar 1945 », « Authion 1945 », « Indochine 1946-1954 », « AFN 1952-1962 ».

2e REP : « Indochine 1949-1954 », « AFN 1952-1962 ».

1er REP : « Indochine 1948-1954 », « AFN 1952-1962 ».

1er et 2e REG : pas d'autre inscription.

1er REC : « Levant 1925-1926 », « Maroc 1925-1927, 1930-1934 », « Ousseltia 1943 », « Colmar 1945 », « Stuttgart 1945 », « Indochine 1947-1954 », « AFN 1952-1962 », « Koweït 1990-1991 ».

2e REC : « AFN 1952-1962 ».

Luc BINET

Sources : SHD-Terre, fonds documentaire de la division de la symbolique de la Défense.

Bibl. : Henri Le Pointe, *Histoire de nos drapeaux de 1792 à nos jours : leurs légendes et leurs gloires*, Jouve, 1910 • L.N. Ney, *Les Drapeaux français*, J. Dumaine, 1880.

DROIT INTERNATIONAL. – La Légion étrangère constitue une composante de l'armée française. Recruter des soldats est un droit exclusif de la puissance publique, qui s'exerce normalement sur le territoire national. Le droit international reconnaît ainsi à la France la faculté d'incorporer dans ses régiments les étrangers qui se trouvent sur son sol et qui se déclarent volontaires. Des dispositions similaires se sont appliquées dans les zones occupées par la France et dans ses protectorats. Il est en revanche exclu de recruter sur le territoire d'un État étranger : l'article 141 du code pénal allemand punissait, par exemple, ce délit de cinq années d'emprisonnement.

Le légionnaire est toujours un soldat français. Mais cette qualité peut entrer en conflit avec sa nationalité au regard des prescriptions du droit international et des exigences du droit interne de son pays d'origine. Le code civil affirme certes que les lois de police et de sûreté françaises priment sur le territoire national, cependant des difficultés ne sont pas à exclure lorsque la Légion étrangère opère hors des frontières. Par ailleurs, la convention d'armistice franco-allemande de 1940 ordonnait la remise à Berlin des Allemands servant dans la Légion, mettant à mal la tradition d'asile de l'institution.

Renonciation à recruter des ressortissants étrangers. La France peut assurer à un État étranger qu'elle renonce à son droit souverain d'incorporer ses ressortissants à ses armées. Elle a déjà fait un pareil choix, par exemple par l'accord franco-soviétique du 29 juin 1945. En pratique, les Soviétiques enrôlés par la Légion étrangère étaient invités à déclarer lors de leur engagement une identité apatride, assurant le respect des obligations internationales de la France.

Le traité de Versailles interdisait aux puissances alliées, dans son article 179, d'enrôler dans leurs armées aucun national allemand. Toutefois, le même article précise ne porter « aucune atteinte au droit de la France de recruter la Légion étrangère conformément aux lois et règlements militaires français ».

Dispositions applicables en temps de guerre. La convention de La Haye entraîne un dispositif spécifique pour les légionnaires ressortissants d'une puissance ennemie. Ceux-ci ne peuvent être forcés à porter les armes contre leur pays. L'enrôlement des citoyens de nations neutres est en revanche déclaré licite.

Sanction du service dans une armée étrangère. Certains États proscrivent pour leurs nationaux l'engagement dans les armées d'une puissance étrangère. Cette interdiction est assortie d'une sanction civile ou pénale. L'article 94 du code pénal militaire suisse prévoyait l'emprisonnement de tout Suisse ayant pris du service dans une armée étrangère. La loi italienne du 13 juin 1912, la loi autrichienne du 10 juillet 1945, ordonnaient que celui qui sert une puissance étrangère soit déchu de sa nationalité – cette mesure touchant au lien de l'État avec son ressortissant, rien ne permettait à la France d'empêcher que le légionnaire visé ne devienne apatride. L'histoire témoigne toutefois d'une répression très rare : soit le service dans la Légion a été protégé par l'anonymat, soit les chancelleries diplomatiques se sont convaincues de l'inopportunité d'un conflit juridique avec la France sur pareil sujet.

Légionnaire en territoire étranger. Deux situations doivent être distinguées. Si le légionnaire séjourne dans son pays, il est soumis à ses lois qui peuvent entrer en contradiction avec le statut négocié par la France pour ses troupes. S'il se trouve sur le territoire d'un État tiers et que son engagement soit révélé, la France pourra normalement obtenir son retour. Cette dernière solution reste dépendante de la situation politique, car le contrat d'engagement n'a pas la force du lien national. Elle est surtout très ambiguë dans le cas des déserteurs dont la Légion étrangère pourrait réclamer la remise.

Certaines nations, comme le Brésil et la Suisse, ont réclamé que la Légion étrangère veille à ne pas les faire apparaître dans les identités déclarées de ses personnels. Ces États estiment que l'attribution fictive de leur nationalité leur porte préjudice. Bien que ces considérations semblent dépourvues de fondement juridique dans la mesure où l'identité déclarée n'a de valeur qu'à l'intérieur des casernes de la Légion, celle-ci s'attache à satisfaire ces demandes par courtoisie diplomatique.

Julien SOUPLET

DUFOUR, colonel Henri (1912-2001). – Né à Bonifacio, en Corse, Henri Dufour est élève au prytanée militaire puis admis à Saint-Cyr en octobre 1932. Il choisit la Légion à sa sortie de l'École et suit le parcours obligé de tous les jeunes officiers. À Sidi-Bel-Abbès d'abord, comme instructeur à la compagnie d'instruction des cadres du 1er régiment étranger (RE), et successivement à Géryville à la 1re compagnie du 1er RE et à Erfoud au Maroc à la 7e compagnie du 3e régiment étranger d'infanterie (REI). Capitaine en septembre 1942 après un bref intermède à la 1re demi-brigade mixte de Légion et d'infanterie coloniale, il part fin décembre en Tunisie avec le 3e REI. À l'issue d'un stage d'état-major au dépôt commun des régiments étrangers, le 22 juillet 1944, il est affecté à Alger à la 3e division d'infanterie algérienne en qualité d'officier adjoint au 4e Bureau.

Le capitaine Dufour termine la guerre après la deuxième campagne de France qui l'a conduit de Saint-Tropez au lac de Constance, au sud de l'Allemagne, où il reste en poste jusqu'en 1950 à l'état-major du commandement militaire de la zone d'occupation nord. Il retrouve la Légion et le 1er REI en septembre 1950. Quelques mois plus tard, il prend le commandement du 3e bataillon du 5e REI alors engagé en Indochine. Dufour se signale à ses chefs par une série de coups d'éclat, notamment lors de la prise du village fortifié de Noi Thon le 14 novembre 1951, sur la rive gauche de la rivière Noire, et dont il fait une solide tête de pont. Le 11 décembre 1952, il est nommé adjoint au chef de corps. En juin 1953, au terme de son séjour en Extrême-Orient, le commandant Dufour est affecté au groupement autonome de la Légion étrangère à Sidi-Bel-Abbès en qualité de chef d'état-major. Il sert une nouvelle fois au sein des Forces françaises en Allemagne (FFA) à l'état-major du commandement en chef, entre-temps promu au grade de lieutenant-colonel en octobre 1957.

Le 1er mai 1959, arrivé au 1er régiment étranger de parachutistes depuis décembre 1958, il succède au colonel Brothier au plus fort des opérations lancées dans le cadre du plan Challe. Colonel en octobre 1960, alors que Zéralda est touchée par le climat délétère régnant à Alger, il réagit à l'annonce de sa mutation en Allemagne à la veille du voyage du général de Gaulle prévu pour le début du mois de décembre en disparaissant avec le drapeau du régiment. Il quitte l'Algérie pour l'Allemagne à l'état-major de la 12e brigade mécanisée avant de rejoindre les rangs de l'OAS. Titulaire de 4 citations avec croix de guerre 1939-1945 dont une à l'ordre de l'armée et deux à l'ordre du corps d'armée, de 4 citations avec croix de guerre des théâtres des opérations extérieures à l'ordre de l'armée, d'une citation avec croix de la Valeur militaire à l'ordre de l'armée, Henri Dufour, chevalier de la Légion d'honneur en 1947, officier en 1953, refuse la cravate de commandeur en 1978 après la loi d'amnistie et sa réintégration en 1968.

André-Paul COMOR

Bibl. : André-Paul Comor, « Les officiers de la Légion étrangère dans la guerre d'Algérie : la tentation politique ? », dans Jean-Charles Jauffret et Charles-Robert Ageron (dir.), *Des hommes et des femmes en guerre d'Algérie*, Éditions Autrement, 2003.

DURIEZ, lieutenant-colonel Jean-Edmond (1870-1917). – Officier d'infanterie né à Craywick, dans le Nord, le lieutenant-colonel Duriez est le deuxième chef de corps du régiment de marche de la Légion étrangère (RMLE).

Élève de l'École spéciale militaire de Saint-Cyr – promotion « du Grand Triomphe » (1888-1890) –, il choisit l'infanterie à l'issue de sa formation et sert comme sous-lieutenant puis lieutenant au 43e régiment d'infanterie (RI). Le 7 novembre 1896, il est muté au 2e régiment de tirailleurs algériens (RTA) dans l'Ouest algérien, puis détaché à l'état-major de la division d'Oran le 1er juillet 1899. Promu capitaine le 12 octobre 1901, après une affectation au 27e bataillon de chasseurs à pied, il sert à partir de mars 1905 au 1er régiment étranger (RE) avec lequel il participe aux combats contre les tribus marocaines. Les 7 et 8 août 1907, il débarque avec sa compagnie à Casablanca et prend part aux opérations autour de cette ville au cours desquelles il est cité deux fois à l'ordre des troupes débarquées. Revenu en Algérie, il pourchasse les insoumis des confins algéro-marocains en 1910 et 1911 avant de partir pour une année au Tonkin. Promu en mars 1912, de nouveau en Algérie, il reçoit le commandement du 2e bataillon du 1er régiment étranger (II/1er RE) et le conduit au feu pendant deux ans dans cette région des confins. Quittant la zone sahélienne début 1914, il participe à l'opération de jonction des troupes du Maroc oriental avec celles du Maroc occidental menée le 12 mai 1914 près de Taza.

Promu lieutenant-colonel en mars 1915, il obtient de rejoindre le front de France en juillet (au sein du 55e puis du 146e RI). Commandant provisoire d'une brigade d'infanterie dans la Somme, il fait l'objet d'une citation à l'ordre de l'armée. Prenant le 11 février 1917 le commandement du RMLE, il rejoint son nouveau régiment qui se prépare pour l'offensive Nivelle organisée entre le chemin des Dames et la Champagne. Dans ce cadre, le RMLE reçoit mission de s'emparer des réseaux de tranchées dits « du golfe d'Aubérive », afin de tourner les défenses du village éponyme. Le 17 avril 1917, à l'aube, le lieutenant-colonel Duriez est blessé alors que les légionnaires progressent pour le premier bond sous la couverture de l'artillerie. Il meurt le lendemain à l'ambulance 9/9 à Bouy. En mai 1936, dans la *Revue d'infanterie*, le lieutenant-colonel Gallini raconte très sobrement ses derniers instants : « Il sort de son abri, se hisse sur le parapet et à grandes enjambées dédaignant les boyaux, marche en direction du bois en T. Tout à coup un vrombissement plus strident que les autres déchire l'air et un obus de gros calibre tombe tout près de lui. […] Des hommes accourent, relèvent leur chef, l'emportent au PC. Chose curieuse, il a toute sa connaissance, mais dans quel affreux état a-t-il été mis ! […] Tout sanglant, il a encore la force d'adresser ses recommandations à son capitaine adjoint et de le prier de faire appeler le commandant Deville pour le remplacer. Alors, seulement, il se confie aux brancardiers qui l'emportent vers l'arrière. »

Promu commandeur de la Légion d'honneur à la date du 18 avril 1917, le lieutenant-colonel Duriez était titulaire de 8 citations dont 3 à l'ordre de l'armée. Il a suivi les traces de bon nombre de ses camarades de sa génération tournés vers le service outre-mer, chefs de corps durant la Grande Guerre, morts au champ d'honneur.

Philippe GUYOT

E

EBERHARDT, Isabelle (1877-1903). – « Elle était ce qui m'attire le plus au monde : une réfractaire. » C'est d'Isabelle Eberhardt que le maréchal Lyautey parle en ces mots, dans une lettre d'avril 1905 adressée au journaliste Victor Barrucand, directeur du journal franco-arabe *Akhbar* ; « j'aimais ce prodigieux tempérament d'artiste et aussi tout ce qui, en elle, faisait tressauter les notaires, les caporaux, les mandarins ». La phrase est souvent citée. Il est en effet possible de trouver certaines ressemblances entre ces deux personnalités – le maréchal Lyautey et Isabelle Eberhardt – qu'à première vue tout oppose. Il est également possible de voir comment le nom de la jeune femme se lie à la Légion étrangère et pourquoi, là aussi, une similitude existe.

Née le 17 février 1877 à Genève, elle a été déclarée sous le nom de sa mère, Natalia Eberhardt, originaire de Saint-Pétersbourg et veuve du général russe Pavel de Moerder. L'enfant est de père inconnu mais il s'agit vraisemblablement d'Alexandre Trofimovsky, le précepteur des six enfants de Natalia de Moerder. Il élève la petite fille et ses six demi-frères et sœurs suivant des préceptes libéraux, leur enseignant surtout les langues. Isabelle lit beaucoup. Mais elle a du mal à se constituer une identité stable. Elle passe d'un pseudonyme à l'autre : Myriam, Nadia, Nicolas Podolinsky et, à partir de 1896, Mahmoud Saadi. Ce sont en général des noms de garçon qui correspondent à sa façon de s'habiller. Cette incertitude quant à son patronyme qui ne cesse de fluctuer du féminin au masculin, du français à l'arabe sans oublier le russe fait d'Isabelle Eberhardt une femme qui, ayant trop de noms, cesse d'en posséder un seul qui lui soit propre. Ainsi devient-elle une femme « sans nom », en cela semblable aux légionnaires chers à Jean des Vallières.

En 1897, avec sa mère, elle part pour la Tunisie. Non seulement elle est attirée par l'islam, mais elle veut rejoindre en Algérie son plus jeune frère, Augustin, pour qui elle éprouve des sentiments exaltés. Né en 1871, il vient d'entrer dans la Légion étrangère, comme l'un des aînés, Nicolas, qui a bientôt déserté avant de retourner en Russie. L'engagement d'Augustin – dans la 18e compagnie du 1er Étranger – aurait eu lieu le 31 octobre 1895 ; il ne durera guère. Le jeune homme est réformé. Il s'installera par la suite à Marseille où il se mariera, ce qui entraînera la rupture d'avec sa sœur.

À Bône, le 28 novembre, Natalia de Moerder meurt brusquement. Isabelle Eberhardt retourne alors auprès de Trofimovsky. Elle cherche toujours sa voie, elle écrit. En 1895, elle a publié une nouvelle, *Infernalia*, qui aborde un sujet qu'elle exploitera dans de nombreux autres textes : les amours impossibles qui n'aboutissent qu'à la déchéance, à la mort. L'atmosphère de l'Algérie coloniale exacerbera cette thématique. Le désir des amants (un jeune officier, une musulmane) sera toujours contredit par le principe de la colonisation ; il est impossible de se rencontrer, interdit de se rejoindre. Mais Isabelle Eberhardt est opposée à la colonisation. Les contraintes, elle veut s'en affranchir. Le 15 mai 1899, peu de temps après le suicide d'un autre frère, Vladimir, Alexandre Trofimovsky meurt à son tour. Plus rien ne retient la jeune femme en Suisse. Elle part de nouveau pour la Tunisie.

En 1900, les événements se précipitent. Isabelle Eberhardt prétend s'appeler Si Mahmoud Saadi : un jeune musulman en quête d'approfondissement religieux. Sa pratique aisée de l'arabe l'aide à maintenir la fiction. Personne n'est dupe mais tout le monde feint de la croire. Elle arrive à El-Oued, près de Touggourt, où elle rencontre un sous-officier de spahis : Slimène Ehnni. Musulman de nationalité française, issu d'une famille algérienne depuis longtemps dévouée à la France, il va devenir son grand amour puis son mari avant qu'elle ne s'éloigne de lui, tout à la fin. Pour l'instant, d'autres priorités s'imposent. Dissimulée sous sa personnalité d'emprunt, elle se fait initier au soufisme dans la confrérie de la Qâdiriya de Guemar (au sud de Biskra). Un an plus tard, le 29 janvier 1901, elle est attaquée par un membre de la confrérie rivale de la Tijâniya. Il lui porte un violent coup de sabre, la blessant au bras. La communauté européenne réagit de manière paradoxale : Isabelle Eberhardt est expulsée hors d'Algérie.

Hébergée à Marseille chez Augustin, en butte à l'hostilité de sa belle-sœur, elle cherche à plaider sa cause tout en excusant son agresseur (le tribunal de Constantine le condamnera à vingt ans de travaux forcés). Elle écrit une lettre ouverte dans *La Dépêche algérienne*. Quelques voix s'élèvent en sa faveur. Slimène Ehnni la rejoint à Marseille. En se mariant avec lui le 17 octobre 1901, elle acquiert la nationalité française, ce qui lui permet de retourner en Algérie et de s'installer à Alger. Là, elle parvient à faire publier, avec l'aide de Victor Barrucand, quelques-uns des textes qu'elle continue d'écrire tout en voyageant. Le 7 juillet de la même année, elle rejoint Ténès. Slimène qui a quitté l'armée vient d'y être nommé en tant qu'interprète. Mais dans la petite ville côtière, le couple rejeté par la population européenne est l'objet d'accusations diverses. Isabelle Ehnni-Eberhardt essaie de fuir ces attaques en se lançant dans de longues chevauchées. Elle a tendance à trop boire et à fumer du kif. Finalement elle se réfugie à Alger auprès de Victor Barrucand qui la recommande au général Lyautey. Ce dernier va l'employer – peut-être – comme observatrice des milieux arabes tandis qu'elle fait des reportages dans la région pour le compte d'*Akhbar* et de *La Dépêche algérienne*. Parmi les sujets qui la retiennent, il y a les légionnaires malheureux. Ils apparaissent dans plusieurs textes : deux nouvelles colligées par Victor Barrucand dans *Pages d'Islam* (Fasquelle, 1920) et un roman dont le début a paru dans *Akhbar* mais qui est resté inachevé, *Trimardeur*. On y voit Dmitri Orschanoff, jeune Russe proche des étudiants révolutionnaires, qui va progressivement gagner sa liberté intérieure en se détachant de toute entrave. Il part pour l'Algérie et peut bientôt écrire à une ancienne amie : « Maintenant, je suis fort et je suis heureux, j'aime la vie et le soleil. [...] C'est la bonne route libre qui m'a sauvé. » Il est devenu légionnaire.

Des légionnaires, Isabelle Eberhardt en rencontre souvent sur les routes de l'Algérie. Ils appartiennent à la belle confrérie des vagabonds, des chemineaux et des nomades chez qui elle célèbre l'absence de tout lien familial ou social, car l'homme sans attaches, sans domicile ni patrie (voire sans nom) est un individu libre : il marche « solitaire et grand à la conquête du monde ». Tous ces « enfants perdus », elle les décrit au long de ses textes de fiction mais aussi dans les notes de voyage rassemblés dans *Sud oranais* et les *Journaliers*. Elle reprend par exemple les dires d'un vieil officier à propos de ses hommes : « Tas de repris de justice, d'évadés du bagne, de sans-patrie... que sais-je, moi ! voilà comment on juge généralement la Légion. Certes, nous avons là pas mal d'épaves, de naufragés de la vie, quoi ! et c'est vrai que les légionnaires boivent sec et que leur ivresse est souvent terrible. Mais, que diable ! il n'y a pas que cela et les hommes n'ont pas que des défauts. Ah ! si à côté de tout ça on connaissait leur dure vie, toujours dans des bled où on manque de tout et où on meurt »... Et l'homme conclut avec un geste fataliste, « un geste arabe qui semblait dire : *Mektoub !...* ».

Au mois de septembre 1903, Lyautey prend le commandement de la subdivision d'Aïn-Sefra, dans le Sud oranais, où se tient une garnison permanente en partie composée de légionnaires. Isabelle Eberhardt s'y rend à son tour. Elle est malade. Slimène la rejoint le 20 octobre 1903, après une longue séparation. Le lendemain 21 octobre, l'oued qui traverse la bourgade, gonflé par les pluies, déborde brusquement. Noyée sous le flot impétueux qui envahit sa maison des bas quartiers, la jeune femme disparaît. Quelques jours plus tard, un légionnaire découvre son corps au rez-de-chaussée de l'habitation dévastée. *Akhbar* du 30 octobre reproduit le télégramme envoyé alors à Alger par le général Lyautey : « Corps Isabelle Eberhardt retrouvé sous décombres. » D'après plusieurs biographes, le légionnaire qui l'a retrouvé se nomme Kohn. Mais dans les archives de la Légion il est fait mention du légionnaire Schandelmeyer, qui sera adjudant-chef en 1932 et plus tard enterré, comme Isabelle Eberhardt elle-même, à Aïn-Sefra.

D'autres femmes de l'Algérie du début du XXe siècle ont choisi des légionnaires comme personnages de leurs récits, ainsi Maximilienne Heller, Grand Prix littéraire d'Algérie en 1923. Dans sa nouvelle *Tête de boche* (c'est-à-dire l'entêté), parue dans le recueil *Notre Afrique : anthologie de conteurs africains* (1925), elle fait dire à un jeune soldat à qui l'on demande son nom : « J'sais plus. Et puis j'm'en fous depuis que j'ai versé du sang. [...] À la Légion, ils m'ont inscrit *Argaz*. » Dans la langue berbère, ce mot signifierait « l'homme ».

France Marie FRÉMEAUX

Bibl. : Isabelle Eberhardt, *Œuvres complètes*, édition établie, présentée et annotée par Marie-Odile Delacour et Jean-René Huleu, Grasset, 2 vol., 1988-1990 • France Marie Frémeaux, « La courte vie d'Isabelle Eberhardt », *Guerre d'Algérie magazine*, n° 16, juillet 2009.

ÉCOLE MILITAIRE INTERARMES. – Héritière des anciennes écoles d'armes ainsi que de l'école des élèves aspirants de Cherchell-Médiouna créée en Afrique du Nord en 1942, amalgamée à l'École spéciale militaire de Saint-Cyr en 1947, à Coëtquidan, sous la forme d'École spéciale militaire interarmes, l'EMIA retrouve son autonomie et sa véritable identité en 1961. Assurant la promotion en interne, elle recrute ses élèves parmi les sous-officiers et, depuis 2010, parmi les militaires du rang sélectionnés par concours. Depuis 1986, la scolarité a été portée à deux années. La devise de l'École en reflète l'esprit : « Le travail pour Loi, l'Honneur comme guide ». De 1961 à nos jours, cinq promotions portent le nom d'un officier s'étant particulièrement distingué dans les rangs de la Légion étrangère.

1961-1962 : « Capitaine Bourgin ». Officier et poète, Pierre-Eugène Bourgin entame sa carrière, en 1945, dans la cavalerie. Sous-lieutenant en 1948, il est plusieurs fois cité lors de la campagne d'Indochine. En 1954, il rejoint le 2e régiment étranger de cavalerie en Algérie. Après avoir servi comme instructeur au 1er Étranger, il est breveté parachutiste en 1957 et affecté au 2e régiment étranger de parachutistes à Philippeville. Il est tué en opération, le 1er mars 1959, à la tête de sa compagnie portée. Huit fois cité, officier de la Légion d'honneur à titre posthume, il est l'auteur de la prière du légionnaire parachutiste.

1970-1971 : « Général Kœnig ». Décoré de la médaille militaire et devenu sous-lieutenant en 1918, Marie-Pierre Kœnig est capitaine à la 13e demi-brigade de Légion étrangère quand il choisit de rallier la France Libre en 1940. Il s'illustre, en 1942, à la tête des troupes qui défendent Bir Hakeim. Chef des Forces françaises de l'intérieur en 1944, il est nommé gouverneur militaire de Paris puis, après la guerre, gouverneur militaire de la zone d'occupation française en Allemagne. Il se consacre ensuite à une carrière parlementaire et devient ministre de la Défense en 1954. Grand-croix de la Légion d'honneur, Compagnon de la Libération, il meurt en 1970 et sera élevé, en 1984, à la dignité de maréchal de France.

1980-1981 : « Capitaine Cozette ». Engagé en Afrique du Nord et formé, en 1943, à l'école des élèves aspirants de Cherchell, René Cozette participe aux campagnes de la Ire armée au sein du 2e groupement de tabors marocains. Deux fois blessé et déjà titulaire de cinq citations, il rejoint la Légion étrangère en 1946. Après deux séjours en Indochine avec le 2e puis le 5e Étranger, il poursuit le combat en Algérie sur sa terre natale. Tué en opération dans la région de Tlemcen le 20 mars 1956, il est fait officier de la Légion d'honneur à titre posthume.

1983-1984 : « Lieutenant Borgniet ». Né à Sidi-Bel-Abbès en 1923, André Borgniet s'engage durant la guerre au 7e régiment de chasseurs d'Afrique. Il combat en Italie puis se distingue comme chef de char durant la campagne de France. Trois fois cité et décoré de la médaille militaire, il gagne ses galons d'officier après la guerre. Breveté parachutiste, il rejoint la Légion étrangère et part pour l'Indochine où il sert au sein du 2e BEP, dans la compagnie du lieutenant Cabiro. À la tête de sa section, il s'illustre en Cochinchine et au Centre-Annam. Fait prisonnier au sud-est de Paksé, au Laos, en juin 1950, tué en captivité en 1951, il est fait chevalier de la Légion d'honneur à titre posthume.

Michel DAVID

Sources : Archives du musée du Souvenir des écoles de Saint-Cyr Coëtquidan.

EDOUGH, route de l'. – L'Edough, en Algérie, est le massif montagneux qui domine Bône (aujourd'hui Annaba) à l'ouest. Lorsque le général Randon prend le commandement de la subdivision de Bône en 1841, il est habité par des tribus qui ne sont pas encore soumises. Pour les rallier et pour exploiter des mines de fer connues depuis l'Antiquité ainsi que les forêts qui couvrent le massif, Randon décide d'aménager avec une main-d'œuvre militaire une route menant au sommet de l'Edough.

Les travaux commencent en janvier 1842. Il ne s'agit encore que d'une piste de trois mètres de large au plus avec quelques pentes très raides. Les 2e et 3e bataillons et la section de discipline du 2e régiment de la Légion étrangère (RLE) participent aux travaux. En 1843, des améliorations sont apportées avec, entre autres unités, le 1er bataillon et la section de discipline du 2e RLE. L'année suivante, des cantonniers arabes poursuivent les travaux aux frais du budget de la Guerre : la dépense est de 2 500 francs. Après l'achèvement des travaux en 1845, la route de l'Edough est remise à l'administration des Ponts et Chaussées. Une colonne de marbre haute de plus de quatre mètres est érigée au point de départ de la route. Elle porte l'inscription suivante : « Route de l'Edough / Randon général / Artillerie / 10e régiment d'artillerie / 3e régiment-3e léger / Zouaves / Légion étrangère / 2e régiment / 1842 ».

Cette colonne, appelée « colonne Randon », se trouve maintenant dans le jardin du musée de la Légion étrangère à Aubagne. Un village de colonisation appelé Bugeaud (aujourd'hui Senaïdi) est construit au sommet du massif. Actuellement un téléphérique relie Annaba à Senaïdi.

Christian RIDET

EFFECTIFS (1831-2011). – Troupe d'étrangers qui a parfois servi de variable d'ajustement et de force d'appoint au service de la politique coloniale d'abord, de la politique étrangère et de sécurité ensuite – au cours des trois guerres franco-allemandes (1870-1871, 1914-1918 et 1939-1945) –, la Légion étrangère n'a pas échappé (de sa fondation à nos jours) aux changements imposés par les restructurations de l'armée de terre. Si son pouvoir d'attraction n'a jamais faibli, son recrutement a toutefois évolué dans le temps pour répondre aux besoins du haut commandement. Partie intégrante de l'armée d'Afrique, force de souveraineté en Afrique du Nord jusqu'à la fin de la guerre d'Algérie, la Légion réussit à conserver des effectifs relativement élevés dans le contexte de l'armée « mixte » des IIIe et IVe Républiques. Les chiffres qui suivent doivent être lus à la lumière d'une armée de terre du temps de paix nombreuse et comprenant, outre les troupes de la « régulière », les troupes coloniales et l'armée d'Afrique, un fort contingent d'appelés. Les tableaux mettent en lumière la place tenue par le recrutement étranger aux heures difficiles de l'histoire contemporaine de la France. Le général Hallo a donné dans *Monsieur Légionnaire* (1994) des chiffres qu'il qualifiait, à juste titre, d'estimations en raison des nombreuses lacunes, des sources incomplètes, des états parfois fantaisistes. Mais la recherche historique depuis deux décennies a permis d'avancer dans la connaissance de la société légionnaire, notamment d'exhumer des rapports, des études qui avaient échappé jusqu'alors aux mémorialistes.

La place (ou le « rang ») des régiments étrangers évolue dans le temps : marginale jusqu'à la fin du Second Empire et au début de la IIIe République (11 % de l'armée d'Afrique en 1871, soit moins de 1 % de l'armée française), elle grandit après la reprise des expéditions coloniales. Malgré la création de l'armée coloniale en vertu de la loi du 7 juillet 1900, les légionnaires, désormais mieux considérés par le haut commandement, sont engagés sur tous les théâtres. Les deux guerres mondiales légitiment leur emploi et assurent la pérennité de la Légion dont les effectifs atteignent des sommets jamais égalés lors de la guerre d'Indochine.

Les chiffres des effectifs proviennent de diverses sources. Ils ont été arrondis et sont parfois même des estimations établies par les différents états-majors ou par les services de la Légion chargés de fournir des états annuels (DCRE, DCLE, inspections). De plus, faute de disposer d'états précis qui permettent d'évaluer l'évolution du taux d'attrition, des engagements, des pertes par maladie ou des accidents, l'historien ne peut livrer que ces informations incomplètes. Depuis bientôt deux siècles, le recrutement et l'emploi de volontaires étrangers, en dépit des aléas des restructurations de l'armée de terre comme des changements de régime, se sont imposés aux responsables politiques comme aux chefs militaires.

Jusqu'en 1914, les effectifs moyens oscillent entre 5 000 hommes au début de l'année 1832 et 11 500 en 1900, le maximum pour la période. L'évolution est marquée par les choix de politique extérieure de la France – notamment l'expansion coloniale – au cours du dernier tiers du XIXe siècle. La Grande Guerre marque un tournant avec les mesures destinées à faciliter le recrutement étranger en reprenant les dispositions adoptées au début de la guerre franco-allemande de 1870 : à l'issue du conflit, le gouvernement est acquis à l'idée d'un renforcement de la Légion. Les opérations au Maroc et les besoins de troupes du Levant expliquent l'augmentation rapide des effectifs dans l'entre-deux-guerres. L'arrivée au pouvoir d'Adolf Hitler et la politique de réduction des dépenses de l'État expliquent la déflation des années 1934-1937. Au cours de la Seconde Guerre mondiale, les conséquences de la défaite sont multiples : pertes humaines de la campagne de France d'abord et mise en application des conventions d'armistice ensuite (réduction du format de l'armée d'armistice, libération des engagés volontaires pour la durée de la guerre et des Allemands désireux d'être rapatriés). À la fin de 1942, la Légion est menacée de disparaître en raison du tarissement du recrutement. Dès 1944, l'arrivée des prisonniers de guerre allemands et italiens (déjà instruits) est un vrai ballon d'oxygène. L'État-major n'hésite plus alors à donner toutes facilités aux « agents recruteurs » dans les zones françaises d'occupation en Allemagne et en Autriche pour alimenter les régiments étrangers engagés dans le nouveau théâtre d'opérations d'Extrême-Orient. Pendant une décennie, le recrutement se maintient à un niveau jamais égalé jusqu'à ce jour : les guerres de décolonisation constituent bien l'apogée de la Légion. Depuis la fin des années 1960, les réorganisations de l'armée de terre ont peu affecté la Légion qui a gardé des effectifs constants grâce à un recrutement de qualité.

Effectifs de la Légion étrangère de 1831 à nos jours	
1831 : 5 000 hommes Décembre 1832 : 3 168 **1834 :** 4 000 **1835 :** 1 000 **1836 :** 3 000 **1844 :** 5 000 **1849 :** 6 491 **1856 :** 4 000 **1859 :** 3 500 **1861 :** 5 000 **1867 :** 3 000 **1871 :** 1er semestre : 1 300 ; 2nd semestre : 5 039 **1875 :** 3 000 **1879 :** 2 530 **1885 :** 8 000 **1886 :** 9 000 **1892 :** 7 000 **1900 :** 11 500 **1902 :** 10 400 **1910 :** 10 000 **1911 :** 8 800 **1915 :** 21 887 **1916 :** 10 500 **1925 :** 18 891 **1926 :** 18 500 **1927 :** 16 235 **1928 :** 16 989 **1929 :** 17 107 **1930 :** 23 176 **1931 :** 31 570 **1932 :** 33 160 **1933 :** 29 766 **1934 :** 20 411 **1935 :** 20 455	**1936 :** 23 199 **1937 :** 21 219 **1938 :** 21 862 **1940 (4e trimestre)** : 37 078 **1941 (mai) :** 48 924 (autre chiffre : 40 924 – au 1er janvier ?) **1942 :** 23 891 **1943 :** 18 141 **1944 :** 12 985 **1945 :** 14 342 **1946 :** 16 162 **1947 :** 17 992 **1948 :** 19 474 **1949 :** 22 754 **1950 :** 27 743 **1951 :** 32 054 **1952 :** 30 843 **1953 :** 36 555 **1954 :** 35 070 **1955 :** 34 280 **1956 :** 31 158 **1957 :** 26 716 **1958 :** 22 373 **1959 :** 20 846 **1960 :** 20 094 **1961 :** 20 307 **1962 :** 20 875 **1963 :** 14 874 **1964 :** 10 963 **1965 :** 8 579 **1965 à 1970 :** 7 000 **1971 à 1980 :** 7 500 **1990 :** 8 500 **2000 à nos jours :** 7 500-7 700

André-Paul COMOR

Sources : SHD-Terre, 7N 73, 76, 1N 11, 1H 1513 (rapports de l'inspecteur de la Légion étrangère, année 1949), 1H 1348.

Bibl. : André Corvisier, Guy Pedroncini, Claude Carlier *et al.* (dir.), *Histoire militaire de la France*, t. III, PUF, 1992.

ÉGLISE CATHOLIQUE. – Les relations de la Légion étrangère avec l'Église catholique peuvent être lues à plusieurs niveaux. C'est d'abord la place officielle qui lui est reconnue dans l'institution, à travers les aumôniers militaires, dont quelques-uns ont été, notamment depuis la Grande Guerre, de grandes figures tant légionnaires qu'ecclésiastiques, à l'image du père Hirlemann. Les cérémonies religieuses, à l'occasion de commémorations, d'obsèques ou de fêtes saintes, soulignent aussi ce lien institutionnel. De même, le pèlerinage militaire international de Lourdes, lancé en 1958, comprend toujours une délégation de légionnaires, qui aident en particulier à porter les malades lors du traditionnel chemin de croix. Cette place officielle résulte de l'histoire des rapports entre l'Église et l'armée, et donc l'État, qui, depuis la loi de Séparation, garantit le libre exercice des cultes, tout en n'en reconnaissant aucun en particulier. Certes, pas plus que les autres troupes, la Légion étrangère n'a une réputation dévote – ne dit-on pas d'ailleurs, à propos de leur attitude et de leur moralité, que les légionnaires « ne sont pas des enfants de chœur » ? Néanmoins, ces derniers savent aussi se montrer réceptifs aux expressions de la religion chrétienne, voire catholique, qui a façonné la culture occidentale, et qui les font assister à une messe, participer à un pèlerinage, accueillir le « padre » – ou aumônier. Chez les légionnaires se mêlent alors la foi, le souvenir des pratiques de leur enfance, le poids des traditions religieuses, voire une quête spirituelle plus indicible. On touche là également à l'imprégnation catholique de l'armée française en général, et de la Légion en particulier. Elle se traduit par la célébration de fêtes qui, en partie sécularisées, jalonnent la vie de cette dernière, comme Noël ou les Rois. Elle transparaît dans les convictions d'officiers ou de légionnaires, souvent en fonction de leurs origines.

Les liens de la Légion étrangère avec l'Église s'étendent encore au soutien qu'elles s'accordent mutuellement, en particulier outre-mer où les légionnaires croisent parfois des missionnaires. Le père Charles de Foucauld secourt ainsi les blessés et célèbre les obsèques religieuses des morts du combat d'El-Moungar (septembre 1903). À son sujet, un capitaine écrira : « On ne peut se figurer l'influence qu'il a exercée sur les vieux routiers de la Légion peu habitués aux choses de la religion. » Mais l'institution aide aussi les missionnaires ou les Églises locales : pendant la guerre d'Indochine, des unités concourent à protéger des établissements catholiques menacés par des raids du Viêt-minh.

Plus ténu est le regard de l'Église sur la Légion, qu'elle connaît très peu, sauf à travers les rencontres de circonstance du clergé, quand une garnison ou un détachement se trouve sur le territoire d'une paroisse, ou par le biais des rares prêtres qui y ont servi. Ces derniers sont surtout des aumôniers, parfois des officiers de réserve mobilisés dans ses rangs lors d'une des deux guerres mondiales, à l'instar du futur Mgr Stourm, voire très exceptionnellement des engagés. Cette dernière figure apparaît néanmoins dans la littérature sur la Légion, pour souligner la diversité de son recrutement. Le récit romancé de Jean des Vallières *Les Hommes sans nom* (1933) évoque ainsi un certain Gustave-le-Savant, qui révèle son statut sacerdotal en plein combat en donnant l'absolution à un légionnaire mortellement touché.

Xavier BONIFACE

Bibl. : Georges Gorrée, *Charles de Foucauld*, Éditions du Chalet, 1957.

ÉGYPTE, campagne d'. – *Voir* EL-HIMEIMAT.

EL ARBI MAMELOUK (1819-1873). – Joseph de Ambroggio naît à Balzola (Piémont) en Italie. Appelé sous les drapeaux à Annecy (Savoie), alors dans le royaume de Sardaigne, il déserte, passe en France et s'engage à la Légion étrangère le 30 janvier 1840. Affecté à la compagnie qui tient le poste de Kouba à 11 km au sud d'Alger, le jeune légionnaire disparaît du 11 au 19 juin 1840. Cette absence de huit jours suffit pour le faire déclarer déserteur et condamner à neuf ans de travaux publics. Purgeant sa peine à l'atelier de Bône, il s'en évade le 17 mars 1841 et se réfugie dans un territoire que l'armée française ne contrôle pas. Il y apprend la langue arabe et y adopte le mode de vie de la population.

En 1843, Joseph de Ambroggio fait sa soumission : sous le nom d'El Arbi Mamelouk, il est engagé dans le makhzen du caïd Ben Gana. Lors de l'insurrection de l'oasis de Zaatcha, il sauve la vie du chef du bureau arabe de Biskra, le lieutenant Seroka. Engagé dans les spahis en 1853, brillant combattant, il est nommé maréchal des logis puis sous-lieutenant et décoré successivement de la médaille militaire et de la Légion d'honneur. Ses qualités d'administrateur en font le commandant de la zaouïa (ferme collective) de spahis de Zeribet-el-Oued puis caïd.

Lorsque la guerre éclate en 1870, il reprend du service comme lieutenant dans une formation de francs-tireurs : les éclaireurs algériens. La guerre finie, El Arbi Mamelouk est nommé caïd de l'oued Souf (région d'El-Oued). Des hommes mécontents de sa gestion l'assassinent dans la nuit du 24 au 25 novembre 1873.

Henry DUTAILLY

Bibl. : Henry Dutailly, « Le caïd de l'Oued Souf », *Képi blanc*, n° 293, septembre 1971, p. 32-33.

EL-HIMEIMAT (23-24 octobre 1942). – Le combat d'El-Himeimat s'inscrit dans les préliminaires de l'offensive britannique d'El-Alamein. La 1re brigade française libre (BFL) du général Kœnig est rattachée à la 7e division blindée britannique du général Harding qui tient le sud du dispositif allié. Elle est chargée d'attaquer le plateau de Naqb Rala tenu par les parachutistes italiens du 5e bataillon de la division « Folgore » réduite aux deux tiers de ses forces, soit 400 hommes. Les lignes sont séparées par une plaine sableuse de 15 km où les parties basses sont difficilement praticables aux véhicules. Les trois compagnies italiennes forment un dispositif triangulaire de 6 km de périphérie, qui domine la plaine depuis un talus d'une dizaine de mètres impénétrable aux véhicules sauf par un thalweg situé à l'extrémité méridionale. La compagnie d'appui du bataillon bénéficie de 3 mortiers de 81 mm et de 9 mitrailleuses lourdes. Les emplacements sont pratiquement invisibles de la plaine en contrebas du plateau. En effet, les Italiens occupent des cavités naturelles ou aménagées qui rendent difficile la correction des tirs d'artillerie et d'armes lourdes. De plus, l'ensemble du dispositif est protégé par un double champ de mines. Au sud, la dépression d'El-Quattara interdit tout contournement. Le bataillon dispose par ailleurs d'appuis extérieurs dont l'artillerie de la « Folgore », soit 17 canons antichars de 47 mm, d'une batterie de 75 mm et de 2 sections de mortiers. Il peut en outre bénéficier des tirs d'un groupe de 75 mm et d'une batterie allemande de 149 mm ainsi que de l'intervention de deux groupements blindés allemands, le groupe Kiel et de reconnaissance AA33. Le point faible du dispositif est le thalweg situé au sud-ouest, où les véhicules peuvent pénétrer mais qui est bien défendu par les 4 canons de 47 mm aux débouchés sur le plateau, ainsi que par des mines et des pièges sur les escarpements et enfin par une force d'intervention de la valeur d'une compagnie prélevée sur les défenses.

À l'issue des reconnaissances, le général Kœnig conclut à l'extrême difficulté de conquérir ce plateau compte tenu d'une approche longue (15 km) facilement décelable et de l'insuffisance de ses appuis. Cependant, pour faire diversion au sud, dans le cadre de son offensive qui doit percer au centre, le général Montgomery commandant la VIIIe armée britannique, maintient l'attaque d'El-Himeimat par la seule brigade française pendant que la 7e division blindée britannique appuyée par le 3e régiment d'artillerie britannique (24 obusiers de 25 livres) attaquera plus au nord.

Le plan du général Kœnig prévoit de s'approcher d'El-Himeimat dans la nuit du 23 au 24 octobre pour préserver la surprise et de s'emparer du plateau avant la soirée du 24 en l'attaquant par le sud, tout en continuant d'assurer la défense de la ligne principale pour protéger l'offensive britannique. Suivant son tempérament, Kœnig donne la priorité à la défense dont il assure la direction et délègue au lieutenant-colonel Amilakvari commandant le groupement A – essentiellement la 13e demi-brigade de Légion étrangère (DBLE) – l'effort principal avec 2 bataillons : le 1er bataillon (Bollardière) renforcé par la 22e compagnie nord-africaine (NA) et le 2e bataillon (Bablon) renforcé d'un détachement blindé et du génie extrait de la colonne volante (3 autocanons de 75 mm, 3 automitrailleuses et 3 chars Crusader). Le groupement K du chef d'escadrons de Kersauson, formé du gros de la colonne volante – l'escadron de chars Crusader, l'escadron d'automitrailleuses et un peloton d'autocanons de 75 mm – assure la couverture sud-ouest du groupement A.

La marche d'approche commence le 23 octobre à 19 h 15 dans l'ordre 1er BLE puis 2e BLE, avec les difficultés prévues. À 700 m du plateau, en effet, une automitrailleuse et trois chars Bren-Carrier sautent sur des mines, achevant d'alerter les positions italiennes. Le lieutenant-colonel Amilakvari demande alors des tirs d'artillerie qui n'interviendront qu'à 2 heures. La 1re compagnie du 1er BLE attaque par le thalweg mais se trouve rapidement bloquée par les tirs italiens. Bollardière tente alors de manœuvrer par la gauche. La 22e NA relaie l'action de la 1re compagnie mais se trouve bloquée à son tour. La 2e compagnie manœuvre par la droite mais, faute d'appui, ne peut avancer. La 3e compagnie la relaie mais est arrêtée à 50 m de l'escarpement. Estimant sa situation précaire, le commandant de Bollardière décroche en avertissant avec retard Amilakvari. Celui-ci entérine la décision et ordonne au 2e BLE d'attaquer avec la 6e compagnie du capitaine Lalande, à gauche, et la 7e du capitaine Messmer, à droite. Ils enlèvent la première ligne italienne en moins de une heure avec le soutien de la 5e compagnie du capitaine Morel mais sans celui de la compagnie lourde n° 2 du capitaine Simon, empêchée de progresser par l'importante dénivelée et les mines. Une première contre-attaque du groupe AA33 avec 5 automitrailleuses rejette la 7e compagnie puis une contre-attaque italienne oblige les 5e et 6e compagnies à décrocher. Informé, et faute d'appui d'artillerie, le commandant Bablon ordonne le repli. Gênée par le rebord du plateau, la compagnie lourde n° 2 ne peut appuyer efficacement les unités de tête mais tente d'empêcher une action de débordement de blindés allemands. Amilakvari rend compte au général Kœnig qu'il doit se replier en demandant un appui d'artillerie et de blindés du groupement K. Une seconde contre-attaque blindée appuyée par l'artillerie est lancée par l'ennemi en suivant les bords du plateau bousculant le 1er BLE. Lors du repli, le commandant de Bollardière est blessé par une mine. De son côté, le 2e BLE sans liaison avec le groupement A décroche vers le sud-est. Vers 9 heures, le groupement K est attaqué par des chars allemands Mark-IV et se replie vers le sud. À 9 h 25, Amilakvari est obligé de donner l'ordre de repli général qui s'opère par les mêmes trouées dans les champs de mines et sous les tirs d'artillerie ennemie.

C'est juste après avoir traversé ces champs que le chef de corps de la 13e DBLE, qui ferme la marche, à pied, en képi, est mortellement atteint à la tête par un éclat d'obus au côté du médecin sous-lieutenant Lepoivre. Les pertes françaises sont évaluées à 23 tués et 100 blessés. Les derniers combats sont menés par le groupement K et le bataillon d'infanterie de marine du Pacifique au nord pour contenir les actions de harcèlement ennemi.

Le combat d'El-Himeimat se solde par un échec en raison d'une préparation insuffisante et du manque de liaison et de coordination, en particulier entre les unités d'infanterie et d'artillerie ou les canons antichars. À l'inverse, l'adversaire dispose d'une supériorité numérique, d'unités expérimentées et bien commandées qui ont exploité au mieux le terrain.

Jean-Noël VINCENT

Sources : SHD-Terre, 1P 250, 1K 237.
Bibl. : André-Paul Comor, *L'Épopée de la 13e demi-brigade de Légion étrangère, 1940-1945*, Nouvelles Éditions latines, 1988.

EL-MOUNGAR, combats d' (1900 et 1903). – À partir de 1899, le contrôle des oasis sahariennes et la volonté du « parti colonial » animé à la Chambre des députés par les élus d'Alger, Eugène Étienne et Gaston Thomson, de grignoter petit à petit le territoire marocain en prenant pour prétexte l'insécurité latente des confins, reposent sur un renforcement de la présence militaire française dans le Sud oranais. Le gouverneur général de l'Algérie, Charles Jonnart, donne carte blanche aux officiers (dont le colonel Lyautey, commandant du cercle d'Aïn-Sefra en 1903) pour poursuivre la conquête en se servant de chaque incident pour prouver la nécessité d'une « pacification ». À partir de 1900, en raison de l'absence de troupes méharistes, de la faiblesse d'effectifs disséminés sur de vastes espaces et de la nécessité de surveiller les guides indigènes, l'élite de la Légion étrangère, les compagnies montées, a pour tâche principale d'escorter les convois, qui doivent traverser des régions insoumises à destination de postes isolés jouant à la fois un rôle d'appât et de provocation. Cette nouvelle mission enlève aux « montées » leur vitesse et leur rapidité d'intervention, car elles protègent des convois lents de longues files de chameaux et de mulets pesamment chargés, constituant autant de proies faciles.

À deux occasions, deux compagnies montées du 2e régiment étranger livrent bataille, en 1900 et 1903, au même endroit du Sud oranais : El-Moungar, zone de basses crêtes dans un relief plat et désertique propice à l'embuscade. Le 30 juillet 1900, les Doui Ménia attaquent à l'aube une partie d'un convoi, venant de Zafrani et à destination d'El-

Morra, avec 300 cavaliers et 600 piétons. La surprise ne joue pas : le capitaine Sérant les a aperçus. Il commande la 1re compagnie montée du 1er bataillon du 2e Étranger. Entre les nomades insoumis et le convoi qui retourne en direction du sud, il place trois sections sur une crête où elles forment un carré recueillant en son centre un peloton de spahis. La Légion subit deux charges successives et décime l'assaillant par la discipline de ses feux de salve. En se repliant, celui-ci se heurte de surcroît à la 4e section remontant de la garde du convoi et est poursuivi par les spahis. Les Doui Ménia laissent 150 hommes sur le terrain contre 17 légionnaires hors de combat (8 tués, 9 blessés).

En dépit de longues tournées de police sur des territoires immenses, l'agitation reprend en 1902-1903 : les tribus des confins ne reconnaissent pas le tracé des frontières entre la France et l'Empire chérifien, question restée en suspens depuis la bataille de l'Isly en 1844. Accusé d'être « vendu aux chrétiens », le sultan perd toute autorité sur le Maroc oriental où les nomades de la basse Moulouya et de l'oued Guir se regroupent pour chasser les Français des oasis et des postes qu'ils occupent. Le 31 mai 1903, le gouverneur général Jonnart échappe de justesse à une embuscade près de Figuig et ne doit la vie sauve qu'au sang-froid du lieutenant Selchauhansen, à la tête d'une section de la 18e compagnie montée. En juillet suivant, le service des affaires indigènes indique que les Beraber, les Doui Ménia et les Oulad-Djerid constituent une grande harka de 8 000 guerriers. Partis du djebel Béchar, 3 000 d'entre eux attaquent le poste de Taghit sauvé par deux canons de Bange de 80 mm et un peloton de la 22e compagnie montée du 6e bataillon du 2e Étranger.

Cette même unité accomplit peu après le « Camerone des sables » des montées. Son chef, le capitaine Vauchez, reçoit le 22 août 1903 l'ordre d'escorter le convoi périodique de Beni-Abbès en direction de Taghit plus au sud. Il se place sous les ordres du commandant Bichemin qui dispose, en outre, de deux compagnies de tirailleurs algériens et de diverses autres unités. Le 28 août, le convoi est rejoint par une caravane de marchands, soit un total de 2 000 hommes et 3 000 chameaux. Pour laisser le temps aux puits de se remplir au passage de chaque troupe, le commandant Bichemin fractionne le convoi en trois échelons. Le premier atteint Taghit sans encombre. La deuxième fraction est plus faiblement protégée, un demi-peloton de spahis et le 2e peloton de la 22e compagnie montée ; le 1er peloton, deux compagnies de tirailleurs et un peloton et demi de spahis restant avec Bichemin en arrière avec la dernière section du convoi.

À 9 heures du matin, le 2 septembre, le capitaine Vauchez ordonne une halte pour laisser reposer les 581 chameaux de sa fraction de convoi dont il a la charge. Des spahis en vedettes voient trop tard mille attaquants dissimulés par les crêtes et sont tués. Ces derniers se lancent aussitôt à l'assaut, aiguillonnés par la présence des 200 Châamba du vieux chef Bou Amama qui prit la tête de l'insurrection du Sud oranais en 1882. Vauchez place ses hommes en protection du convoi, mais il est gêné par les mulets qu'il n'a pas eu le temps de mettre à l'abri. Les 104 légionnaires et gradés doivent donc faire face en terrain découvert. Isolé avec sa 3e section, le lieutenant danois Selchauhansen, servant à titre étranger, reçoit la première vague et tombe un des premiers. Voyant la situation critique où se trouve la section de son subordonné, le capitaine Vauchez lance ses hommes dans une contre-attaque à la baïonnette. Une grêle de balles s'abat sur eux et atteint le capitaine Vauchez. Cependant, cette action audacieuse, illustration de la force morale, permet aux survivants de la 3e section de se dégager. Pendant ce temps, dans la plaine, les Doui-Ménia s'emparent des chameaux sauf deux groupes de tête qui réussissent à gagner Taghit sous la protection de spahis qui vont donner l'alerte. Les feux roulants des légionnaires et de quelques spahis empêchent l'assaillant de se saisir des mulets. Autour de leur chef mourant, ayant pris à l'ennemi le corps de Selchauhansen selon une tradition bien ancrée de la Légion qui veut qu'on ne laisse pas la dépouille d'un chef, regroupés sur deux mamelons proches, entourés de toutes parts, les légionnaires exécutent des tirs lents et bien ajustés (les caisses de munitions sont restés sur les mulets). Les blessés graves combattent à plat ventre. Le caporal Detz est le dernier cadre à pouvoir encore diriger les tirs avec l'accord de son capitaine couvert de sang. Jusqu'à 16 heures, le feu adverse continue de manière intense. Puis, devant la résistance acharnée de la Légion, voyant qu'ils ne pourront ni prendre les mamelons ni s'emparer des mulets, les assaillants concentrent leur tir sur ces derniers pour couper toute retraite aux assiégés.

Vers 17 heures, le feu cesse graduellement. Les hommes de Bou Amama viennent d'apercevoir la colonne de secours partie de Taghit sous le commandement du capitaine Susbielle – qui recueille le dernier souffle du capitaine Vauchez. Les survivants se précipitent vers les mulets portant les bidons d'eau, afin de secourir les blessés qui souffrent de la soif sous un soleil saharien. La lutte a duré plus de sept heures : 104 légionnaires et 7 spahis tinrent en respect plus de 1 000 hommes. Les pertes sont lourdes : 2 officiers, 2 sous-officiers et 32 caporaux et hommes tués ; 5 sous-officiers et 42 caporaux et hommes blessés et réconfortés par le père Charles de Foucauld à leur arrivée à Taghit. De plus, 2 chevaux et 60 mulets sont tués ; 350 chameaux et 25 fusils ont été enlevés par l'attaquant qui a perdu plus du tiers de son effectif et renonce à toute action offensive d'envergure.

El-Moungar, le plus célèbre des combats des compagnies montées, donne à la 22e une citation à l'ordre du corps d'armée. Les conséquences de ce combat sont l'abandon momentané de l'escorte d'un convoi par une compagnie montée en zone insoumise et l'annexion de cette partie des confins marocains par la France de façon méthodique entre 1903 et 1907. Le 20 octobre 1903, la Chambre des députés adresse ses félicitations aux combattants d'El-Moungar, tandis que la Légion étrangère érige un monument à l'emplacement du combat.

Jean-Charles JAUFFRET

Sources : SHD-Terre, 1H 1033, 1034 et 1052.
Bibl. : Georges Gugliotta et Jean-Charles Jauffret, « Les compagnies montées de la Légion étrangère (1881-1950) », *Revue historique des armées*, numéro spécial Légion étrangère 1831-1981, 1981, p. 73-89, et nº 2, 1981, p. 28-42.

ENFANTS DE TROUPE. – Les « enfants de troupe » sont les premiers enfants de la troupe, c'est-à-dire enfants de soldats et de bas officiers admis à figurer, dès leur plus jeune âge, sur les registres du régiment où sert leur père. Ces enfants bénéficient d'une solde dans leur famille pour les plus jeunes, puis au sein des compagnies comme apprentis. Arrivés à l'âge légal, ils sont tenus de s'engager en contrepartie des avantages économiques liés à leur statut. Ils forment une population bien définie qui a ses spécificités et son histoire et dont l'origine sociale modeste et l'engagement militaire contractuel sont les principales caractéristiques.

L'histoire de cette institution, des Lumières au XXe siècle, se divise en deux périodes distinctes de un siècle chacune : la première a été problématique, en raison des conditions de vie et de formation difficiles des enfants au sein des régiments, la seconde a connu une évolution salutaire avec la création des écoles militaires préparatoires (EMP), dites écoles d'enfants de troupe.

« Enfants de troupe » dans les régiments (1766-1884). Très longtemps, l'absence d'une véritable logistique militaire pour le soutien de la troupe induit un nombre important de femmes et d'enfants dans le sillage des armées, dans les garnisons du temps de paix comme sur les théâtres d'opérations. Les conditions de vie difficiles réservées à ces « enfants des armées » les destinent au mieux à la fonction de valet d'armes, les établissements d'éducation militaire, dont la vocation est le recrutement des officiers, étant réservés aux fils d'officiers et aux jeunes nobles.

L'institution des enfants de troupe est née par la volonté du roi Louis XV, désireux de montrer sa bienveillance et de manifester la reconnaissance du royaume aux plus humbles parmi ses défenseurs. De ce fait, l'ordonnance royale du 1er mai 1766 peut être considérée comme son acte de naissance. Son article 2 stipule : « Veut cependant permettre Sa Majesté à tous les Commandans de ses régiments d'infanterie françoise & étrangère, d'admettre, à raison d'un par compagnie, les enfans des bas Officiers et Soldats de chaque régiment, nés au corps, à y faire service & recevoir la solde comme les autres, lorsqu'ils auront atteint l'âge de dix ans, & qu'ils seront d'espérance [...] bien entendu que les-dits enfans, lorsqu'ils seront parvenus à l'âge de seize ans, seront tenus, s'ils ont les qualités requises, de contracter un engagement de huit ans, en leur donnant le prix de l'engagement comme aux hommes de recrues. » Toutefois, l'expression « enfant de troupe » apparaît officiellement pour la première fois dans un texte législatif signé du Premier Consul. L'arrêté du 7 thermidor an VIII (26 juillet 1800), relatif aux enfants de troupe et aux femmes à la suite de l'armée est, de ce fait, l'acte de baptême de l'institution.

Les écoles d'enfants de troupe. En 1874, une commission de généraux inspecteurs propose de regrouper les enfants de troupe des régiments dans les écoles de l'État et se prononce sur la création d'une école d'essai pour les enfants de troupe à Rambouillet (instruction du 25 août 1875). Le mouvement en faveur de l'instruction publique de Jules Ferry et cet essai de Rambouillet, concluant, créent les conditions favorables à l'extension du système des écoles. Le général Campenon, ministre de la Guerre, fait alors signer au président de la République Jules Grévy la loi du 19 juillet 1884 qui met fin à la présence des enfants de troupe dans les régiments et crée six écoles militaires préparatoires (EMP) à Rambouillet, Les Andelys, Montreuil-sur-Mer, Saint-Hippolyte-du-Fort, Billom et Autun.

Dans l'article 1er de cette loi, le statut d'enfant de troupe « dans la famille » est maintenu. Il prévoit l'intégration dans une EMP à l'âge de treize ans. Ce statut tombera toutefois progressivement en désuétude faute de financement, à partir de 1934, avant d'être abrogé en 1959.

Avec ses écoles militaires préparatoires, l'institution rejoint la longue et ancienne lignée des établissements d'éducation militaire, tout en conservant sa spécificité « enfants de troupe ». D'autres établissements du même type succéderont à ces « écoles mères », en métropole et dans l'Empire colonial :

elles se nommeront « écoles militaires préparatoires » en Afrique, à Madagascar et à la Réunion et « écoles d'enfants de troupe » en Indochine. Un siècle plus tard, les EMP ont évolué pour devenir des collèges puis des lycées militaires (décret du 10 septembre 1982). Le recrutement y est désormais ouvert aux jeunes filles, sans distinction d'origine sociale ; l'engagement contractuel dans l'armée n'étant plus obligatoire, c'est la fin de l'institution des « enfants de troupe ».

Anciens enfants de troupe (AET). L'appellation « ancien enfant de troupe » désigne les anciens enfants de troupe admis dans les régiments, les anciens enfants de troupe dans la famille et les anciens élèves des EMP. La solidarité entre eux est légendaire – elle représente l'essentiel de l'« esprit enfant de troupe » : l'éloignement familial, la vie en internat militaire et l'éducation aux valeurs collectives d'autorité et de respect de l'ancien par le jeune « bleu » renforcent progressivement et durablement la cohésion du groupe.

Longtemps la tradition du parrainage AET a été respectée dans les unités de l'armée de terre, car un ancien a toujours le devoir d'aider un jeune nouvellement affecté ou un camarade en difficulté. La solidarité AET, concrète et conviviale, est aussi le fondement d'un mouvement associatif puissant et ancien. Le premier projet, en 1873, est antérieur aux EMP. Il est l'œuvre du commandant Ferrand, enfant de troupe en 1824, à trois ans, au 15e de ligne et ancien officier de la Légion étrangère. Il sera à l'origine de la création, en 1899, de la société protectrice et de secours mutuels des anciens enfants de troupe des armées de terre et de mer dénommée « Les Défenseurs de la Patrie ». En 1909 naît un nouveau projet d'association en Algérie, « La Giberne », mené par Maurice Brugeille, AET de Saint-Hippolyte-du-Fort. Cependant, la principale et toujours active association amicale des AET a été créée le 8 juillet 1910 par Ulysse Pastre, ancien professeur de français à l'EMT de Saint-Hippolyte-du-Fort.

Un siècle plus tard, elle regroupe les élèves et anciens élèves des lycées et collèges militaires, des écoles militaires préparatoires et les anciens enfants de troupe alors que la notion même d'« ancien enfant de troupe » s'est estompée dans les établissements d'enseignement de la Défense et ne survit difficilement que comme appellation de tradition.

« Enfants de troupe » de la Légion étrangère (1831-1884). Le roi Louis-Philippe crée la Légion étrangère par ordonnance du 10 mars 1831. Ladite ordonnance stipulant que les bataillons « auront la même formation que les bataillons d'infanterie de ligne française [...]. Pour la solde, les masses et son administration, la Légion étrangère sera assimilée aux régiments français », des enfants de troupe, conformément au régime général, seront régulièrement admis dans les régiments de la Légion étrangère. Si des recherches historiques parcellaires ont établi ce fait, l'histoire particulière des enfants de troupe de la Légion étrangère reste à écrire.

Peu d'enfants de troupe inscrits dans les régiments de la Légion étrangère au XIXe siècle ont signé un engagement, et très peu ont fait carrière. Cependant, beaucoup d'anciens enfants de troupe venus de corps extérieurs ont servi et servent sous le fanion vert et rouge de la Légion. Parmi les officiers AET, quelques-uns ont eu l'honneur de commander un régiment étranger. Cinq ont commandé la Légion étrangère : le général Jeanningros (enfant de troupe au 66e de ligne, il est à la tête de la Légion au Mexique au moment du combat de Camerone), le général Lardry (né le 2 septembre 1928 à Montceau-les-Mines, fils d'artisan, reçu au concours des écoles militaires préparatoires en 1941, il rejoint l'EMP des Andelys repliée à Béziers puis Montélimar. Il poursuit ses études à l'EMP d'Autun, de 1944 à 1947, et au prytanée militaire de La Flèche en 1947-1948. Saint-cyrien, promotion « Général Frère » de 1948 à 1950, il commande la Légion étrangère de 1980 à 1982), le général Coullon (né le 7 décembre 1929 à Maves – Loir-et-Cher –, fils de gendarme, il intègre l'EMP de Billom en 1942, poursuit ses études à celle d'Autun en 1946 et au prytanée de La Flèche en 1948. Saint-cyrien, promotion « Extrême-Orient » en 1950-1952, il commande la Légion de 1982 à 1985), le général Le Corre (né le 31 octobre 1933 à Saint-Étienne, fils de gendarme, reçu au concours des écoles militaires préparatoires en 1946, il rejoint l'EMP d'Épinal installée à Montélimar depuis 1940. Quelques mois plus tard, l'école est dissoute pour devenir l'EMP d'Aix-en-Provence. Saint-cyrien, promotion « Ceux de Diên Biên Phu » de 1953 à 1955, il commande la Légion étrangère de 1988 à 1992) et le général Pichot de Champfleury (né le 20 décembre 1954 à Toulon, fils de directeur d'entreprise, il est élève des classes préparatoires de l'EMP d'Aix-en-Provence de 1972 à 1974 puis intègre la promotion « Lieutenant Darthenay » de Saint-Cyr – 1974-1976. Il commande la Légion étrangère de 2006 à 2009).

Les AET « frères d'armes » de la Légion étrangère. Au musée de la Légion étrangère, quartier Vienot à Aubagne, plus de 900 noms d'officiers morts au combat dans les rangs de la Légion sont inscrits dans le marbre de la crypte : 26 d'entre eux, tombés entre 1945 et 1962, ont été identifiés comme anciens enfants de troupe.

Le 30 avril 2010, lors des cérémonies commémoratives de la bataille de Camerone à la « maison mère », les anciens enfants de troupe ont été honorés du titre de « frères d'armes » de la Légion étrangère.

Antoine Ibanez

Sources : Association des anciens enfants de troupe, *Historique des enfants de troupe et des écoles militaires préparatoires*, imprimerie Mauri, 1963.

Bibl. : Jean Dalverny, *Évolutions et mutations dans les écoles militaires préparatoires : comportements et mentalités, 1935-1965*, DL, 2010 • Jean-Baptiste Galle, *Mémorial des enfants de troupe morts pour la France*, Pharmapost, 1999 • Nicolas Tachon, *Enfants de troupe dans les régiments 1788-1888*, L'esprit du livre, 2005.

ENGAGEMENT. – L'engagement désigne le contrat par lequel un individu embrasse l'état militaire. Il est souscrit, dans le cadre légionnaire, suivant des modalités particulières apparues, presque accidentellement, dès l'institution de la Légion étrangère ordonnée par la loi du 9 mars 1831. La Chambre avait consenti à écarter le principe d'une armée nationale pour régler le problème des soldats errants qui parcouraient le territoire national, principalement des immigrés chassés de leurs pays d'origine par les troubles et les révolutions. Il fallait donc que les modalités de recrutement se montrent peu sélectives. Si l'article 6 de l'ordonnance du 10 mars 1831 exige du candidat un acte de naissance et un certificat de bonnes vie et mœurs, l'article 7 prévoit pour accélérer les formalités qu'en « l'absence des deux pièces indiquées à l'article précédent, l'engagé sera envoyé par-devant l'officier général commandant qui décidera si l'engagement peut être reçu ». Cette disposition, toujours reconduite depuis, consacre une des caractéristiques principales de l'ins-

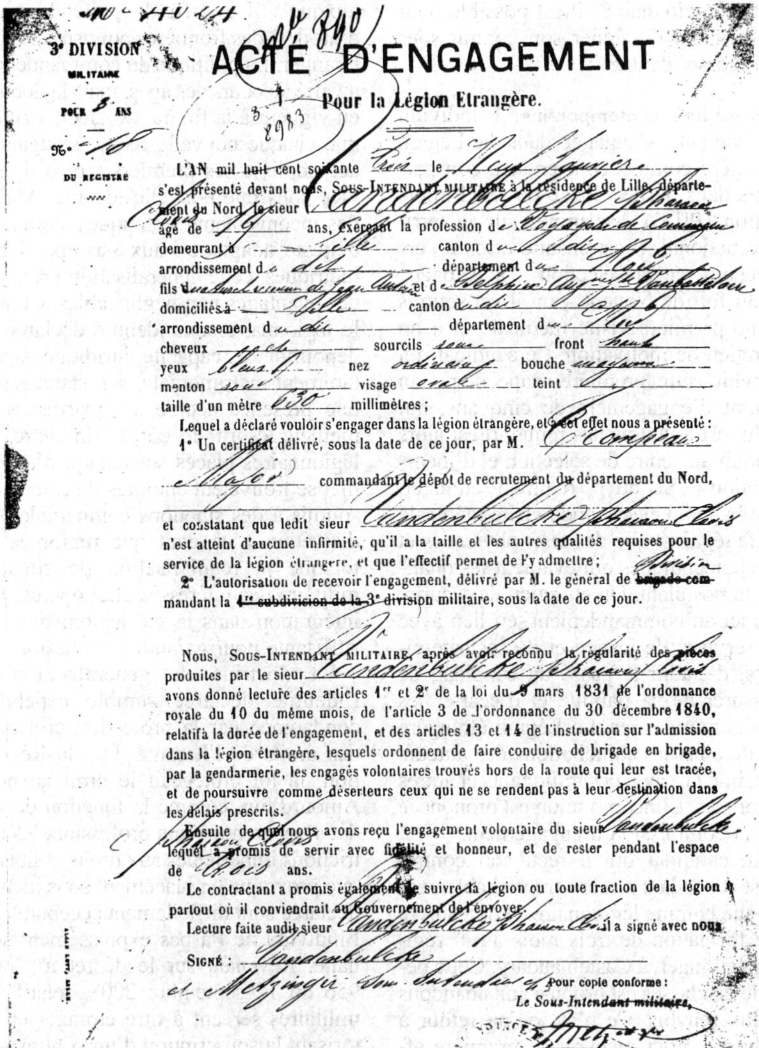
N° 110.24

3e DIVISION MILITAIRE

POUR 3 ANS

N° 16 DU REGISTRE

ACTE D'ENGAGEMENT

Pour la Légion Etrangère.

L'AN mil huit cent soixante Trois le Neuf Janvier s'est présenté devant nous, Sous-Intendant militaire à la résidence de Lille, département du Nord, le sieur Vandenbulcke Pharaon Clovis âgé de 19 ans, exerçant la profession de voyageur de commerce demeurant à Lille canton d [illegible] arrondissement de dit département du Nord fils de [illegible] et de [illegible] domiciliés à Lille canton de dit arrondissement de dit département du Nord cheveux [illegible] sourcils [illegible] front haut yeux bleus nez ordinaire bouche moyenne menton rond visage ovale teint [illegible] taille d'un mètre 630 millimètres ;

Lequel a déclaré vouloir s'engager dans la légion étrangère, et à cet effet nous a présenté :

1° Un certificat délivré, sous la date de ce jour, par M. [illegible] Major commandant le dépôt de recrutement du département du Nord, et constatant que ledit sieur Vandenbulcke Pharaon Clovis n'est atteint d'aucune infirmité, qu'il a la taille et les autres qualités requises pour le service de la légion étrangère, et que l'effectif permet de l'y admettre ;

2° L'autorisation de recevoir l'engagement, délivré par M. le général de ~~brigade com-~~ Division ~~mandant la 1re subdivision de la 3e~~ division militaire, sous la date de ce jour.

Nous, Sous-Intendant militaire, après avoir reconnu la régularité des pièces produites par le sieur Vandenbulcke Pharaon Clovis avons donné lecture des articles 1er et 2e de la loi du 9 mars 1831 de l'ordonnance royale du 10 du même mois, de l'article 3 de l'ordonnance du 30 décembre 1840, relatifs à la durée de l'engagement, et des articles 13 et 14 de l'instruction sur l'admission dans la légion étrangère, lesquels ordonnent de faire conduire de brigade en brigade, par la gendarmerie, les engagés volontaires trouvés hors de la route qui leur est tracée, et de poursuivre comme déserteurs ceux qui ne se rendent pas à leur destination dans les délais prescrits.

Ensuite de quoi nous avons reçu l'engagement volontaire du sieur Vandenbulcke Pharaon Clovis lequel a promis de servir avec fidélité et honneur, et de rester pendant l'espace de trois ans.

Le contractant a promis également de suivre la légion ou toute fraction de la légion partout où il conviendrait au Gouvernement de l'envoyer.

Lecture faite audit sieur Vandenbulcke Pharaon Clovis il a signé avec nous

SIGNÉ : Vandenbulcke

et Metzinger Sous-Intendant

Pour copie conforme :

Le Sous-Intendant militaire,

Metzinger

Acte d'engagement de Pharaon Clovis Vandenbulcke,
l'un des légionnaires survivants de Camerone,
signé le 9 janvier 1863,
soit moins de cinq mois avant la bataille…

titution légionnaire : il est possible pour un candidat de signer son contrat sous une fausse identité.

Procédure contemporaine. L'individu qui souhaite s'engager dans la Légion étrangère commence à présent son parcours dans un des douze postes d'information (PILE) disséminés sur le territoire national. Il est ensuite orienté vers un centre de présélection – à Aubagne ou au fort de Nogent – où il est soumis à une première visite médicale et à un entretien de motivation. Le candidat qui franchit cette première étape signe un contrat d'engagement de cinq ans, qui ne lui est toutefois pas remis. Il est alors conduit au centre de sélection et d'incorporation (CSI) du 1er régiment étranger, à Aubagne. Une seconde visite médicale est faite, ainsi que des tests physiques et psychotechniques qui évaluent les qualités du postulant. Un entretien de sécurité permet au commandement, en lien avec les services de justice et de sécurité civiles, d'établir le passé du candidat, de s'assurer de sa fiabilité et d'écarter les profils non désirés. La Légion étrangère rejette ainsi les sollicitations des auteurs de crime de sang, des trafiquants et autres terroristes. L'incorporation est prononcée par la commission d'engagement.

Le candidat qui a reçu son contrat n'est cependant pas encore véritablement engagé comme légionnaire. Il doit suivre une formation de trois mois au 4e régiment étranger, à Castelnaudary. Cette période de classes est propice aux abandons et aux renvois. Ce n'est qu'au retour à Aubagne, pour recevoir sa première affectation, que le légionnaire achève le processus d'engagement.

Identité déclarée à l'engagement. L'engagement sous une identité déclarée est possible depuis l'origine de la Légion étrangère. Il en a découlé son ouverture immédiate à l'engagement de Français, auxquels il a suffi de prétendre venir d'au-delà des frontières pour servir à titre étranger. La politique du commandement a varié au cours des âges, mais la doctrine en vigueur à la fin du XXe siècle exigeait que chaque nouvelle recrue s'engage et accomplisse ses premiers temps de service sous une nouvelle identité. Malgré des inconvénients techniques, comme la délicate adaptation aux passeports biométriques, cette généralisation présentait des avantages non négligeables. Comme le légionnaire sous identité déclarée est dépourvu de capacité juridique et notamment matrimoniale, son statut assure une présence accrue au quartier et un meilleur esprit de corps. En outre, les légionnaires placés sous statut d'anonymat se trouvaient entourés de camarades soumis à des sujétions comparables. La discrétion n'en était que renforcée. Et lorsque la régularisation de situation militaire des intéressés était opérée, leur intégration dans la vie légionnaire était suffisante pour garantir la cohésion.

La doctrine de généralisation de l'identité déclarée semble cependant condamnée par la protection croissante des droits de l'homme. Dès la Révolution, la loi protégeait le droit au nom. Aujourd'hui, comme la fonction de soldat s'apparente à une profession, les restrictions importantes aux droits et libertés que provoque un placement sous identité déclarée sont difficilement acceptables si l'individu ne l'a pas expressément souhaité. Revenant sur le décret no 2008-956 du 12 septembre 2008, relatif aux militaires servant à titre étranger et autorisant la souscription d'un contrat sous une identité déclarée, qui suscite une intervention à l'Assemblée nationale de Mme Marylise Lebranchu, ancien garde des Sceaux, le général commandant la Légion étrangère prend la décision le 20 septembre 2010 d'accepter à nouveau des engagements sous identité réelle. Il dissipe ainsi les interrogations que suscite cette pratique dans certains milieux politiques en mettant fin à l'obligation faite aux volontaires de s'engager sous une identité déclarée.

Julien SOUPLET

Sources : Assemblée nationale, *La Légion étrangère, corps d'élite au XXIe siècle*, rapport de Marylise Lebranchu, député du Finistère, 4 février 2010.

ENGAGEMENT DES DÉSERTEURS. – En temps de paix, lorsqu'un Français ou un étranger se disant ou étant présumé déserteur est susceptible d'être engagé dans la Légion étrangère, deux questions se posent au recruteur : de quelle armée vient-il ? – une armée étrangère en temps de paix, une armée étrangère en temps de guerre ou l'armée française – et : pourquoi a-t-il déserté ? La France n'extradant plus les déserteurs étrangers depuis 1830, leur engagement est possible à une réserve près : la Légion n'engage pas depuis de très nombreuses années des hommes pouvant être extradés pour un crime commis dans un pays étranger.

La situation est moins simple en temps de guerre, car il convient d'opérer un distinguo entre neutres, alliés et ennemis. La présomption d'espionnage s'attache au déserteur d'une armée neutre, d'où la nécessité d'une grande vigilance lors de l'engagement. Le recrutement d'un déserteur d'une armée alliée, quant à lui, est délicat. En effet, s'il a déserté pour échapper à la justice de son pays, on se retrouve dans la situation du temps de paix : l'engagement est refusé. Si la désertion a une autre cause, le recruteur est confronté à un dilemme : ou bien il renvoie le déserteur dans l'armée d'où il vient en application des modalités de l'alliance, ou bien il l'engage pour lui épargner une condamnation pouvant aller jusqu'à la mort. Fort heureusement, cette situation a été rare dans le passé. Enfin, si le déserteur d'une armée ennemie est un prisonnier de guerre parmi d'autres, il existe des cas particuliers. Ainsi, entre 1914 et 1918, des Alsaciens et des Lorrains déserteurs de l'armée allemande ont été incorporés dans la Légion mais n'ont pas combattu sur le front français.

Hormis la situation très particulière de l'année 1943 en Afrique du Nord, l'engagement de déserteurs de l'armée française fait l'objet d'une jurisprudence élaborée progressivement de 1831 à nos jours. Le déserteur d'un régiment français engagé à la Légion sous un faux état civil se trouve dans une situation paradoxale : il est déserteur ici et présent au corps là. Il est désormais admis que la désertion cesse à la signature du contrat à titre étranger. Si le service du recrutement a connaissance de cet engagement, il est tenu par le secret professionnel jusqu'à la rectification d'état civil. En 1943, des militaires de l'armée française ont rejoint spontanément des unités des Forces françaises libres et notamment la 13e demi-brigade de Légion étrangère. Ce qui est en droit une désertion a été considéré alors comme une mutation pour convenance personnelle régularisée *a posteriori*.

Henri DUTAILLY

• *Voir aussi* : Bataillon ukrainien.

ENGAGEMENT SUR LE SOL FRANÇAIS. – La France étant un État souverain, l'engagement volontaire d'étrangers sur le territoire national ne soulève aucun problème dès lors que ses modalités respectent la législation française et les accords internationaux souscrits par la France. De par son caractère particulier, ce recrutement exige une organisation propre plus ou moins intégrée dans le service de recrutement des armées françaises.

Lors de la création de la Légion étrangère, la responsabilité du recrutement repose sur les commandants de dépôts de réfugiés allemands, espagnols, italiens, polonais et portugais (une quarantaine de ces derniers ont été incorporés dans le bataillon espagnol). Ils sont assistés par les commandants militaires des départements frontaliers. Dès 1832, le recrutement de la Légion passe entièrement sous la responsabilité des autorités militaires territoriales et de la gendarmerie. Il leur appartient d'interpeller les étrangers arrivant en France, de discerner ceux qui sont susceptibles de s'engager et de convaincre ces derniers de le faire. Les engagés se rendent librement au dépôt de la Légion à Toulon, mais la gendarmerie les suit au cours de leur déplacement. Elle doit veiller en effet à ce qu'il ne se produise pas de substitution de personne : des hommes regrettant leur engagement peuvent en jouant sur l'imprécision des signalements (qu'est-ce qu'un front, un nez ou un menton « moyens » ?) soudoyer quelqu'un qui les remplacera. Ce risque durera aussi longtemps que l'emploi de la photographie ne sera pas généralisé.

De 1871 à 1914, le service du recrutement prend en compte celui de la Légion. Les étrangers ou prétendus tels peuvent s'engager partout où il existe un médecin militaire et un suppléant légal de l'intendance. Dans la pratique, la majorité des engagements est centralisée dans des places telles que Belfort, Lille, Nancy et Paris. Le candidat se présente le plus souvent à un gradé d'allure peu militaire ignorant tout de la Légion. L'information se transmet de bouche à oreille entre candidats, qu'il s'agisse de futurs rengagés ou d'individus prétendant savoir. Tout naturellement, les étrangers peuvent être des engagés volontaires pour la durée de la guerre (EVDG) en 1870 et pendant les deux guerres mondiales, avec deux réserves toutefois. D'une part, de nombreux EVDG étrangers n'ont pas souhaité servir dans les rangs de la Légion : ce vœu a été souvent respecté et ils ont été affectés dans des corps français. D'autre part, les ressortissants des nations alliées de la France doivent rejoindre l'armée de leur pays si celui-ci les demande.

L'accroissement des effectifs de la Légion et sa réorganisation voulue par le colonel Rollet ont entraîné la création d'un centre de regroupement des engagés volontaires pour la Légion étrangère (CREVLE) à Toul (Meurthe-et-Moselle). Il rassemble les engagés du nord et du nord-est de la France et procède à un premier tri pour éliminer les inaptes physiquement et les indésirables. Son chef est habilité à rencontrer les autorités préfectorales et la gendarmerie pour les informer sur la Légion et ses besoins en recrutement. Il est également amené à intervenir auprès de la presse pour lui demander de ne pas publier le nom des engagés.

En 1939, un grand nombre d'EVDG sont incorporés dans trois régiments de marche de volontaires étrangers (RMVE) qui seront licenciés après la défaite de juin 1940. Trois ans plus tard, la nécessité d'entretenir trois régiments opérationnels et la concurrence du régiment de marche du Tchad qui recrute des centaines d'Espagnols imposent de faire pression sur les anciens légionnaires allemands résidant en Afrique du Nord pour qu'ils s'engagent pour la durée de la guerre sans être contraints de combattre leur pays.

Au lendemain de la Seconde Guerre mondiale, les colonels Gaultier et Olié instaurent une structure qui donne à la Légion l'entière responsabilité de son recrutement, de l'information à la gestion des dossiers. Elle se fonde sur un réseau de postes de recrutement. Dans le détail, cette organisation n'a cessé d'évoluer pour s'adapter à la situation.

Aujourd'hui, elle est directement rattachée au général commandant la Légion étrangère.

Henry DUTAILLY

ENGAGÉS VOLONTAIRES POUR LA DURÉE DE LA GUERRE. – *Voir* EVDG.

ERLANDE, Albert (1878-1934). – Albert-Jacques Brandenburg, qui choisira le pseudonyme d'Albert Erlande, est né à Marseille le 30 août 1878. Il est d'origine provençale par sa mère mais anglaise par son père. Il n'a pas vingt ans quand il publie sa première plaquette de vers et vingt-quatre, en 1902, quand paraît son roman *La Tendresse*. Plusieurs autres titres vont suivre, rapidement : *Jolie personne*, en 1905 ; *Le Paradis des vierges sages* l'année suivante ; *Le Défaut de l'armure* en 1908, *Il giorgione* en 1911… En ce début du XXe siècle, l'auteur entreprend une carrière prometteuse d'« homme de lettres ». Si la Première Guerre mondiale ne va pas l'interrompre, elle ne sera sans doute pas aussi longue qu'il était possible de l'espérer. Albert Erlande va mourir prématurément, conséquence de ses blessures reçues au combat.

Lorsque survient l'ordre de mobilisation, il rejoint tout de suite les rangs de la Légion étrangère. Il n'est pas français mais veut se battre pour son pays d'élection. À Marseille le 22 août 1914, il s'engage au 2e régiment de marche du 1er Étranger. Après une période d'instruction à Avignon, il arrive sur le front près de Cambrai dans le secteur des Marquises que tient la division marocaine. Il est intégré au bataillon du commandant Muller. Trois ans plus tard, en 1917, paraît *En campagne avec la Légion étrangère*, dédié à la mémoire de cet officier tué le 9 mai 1915. L'auteur se met lui-même en scène sous les traits du soldat Richard Grant. Il participe aux combats du mois de mai en Artois, aux Ouvrages blancs, à la Targette et à Neuville-Saint-Vaast qui précèdent l'attaque du 16 juin à Notre-Dame-de-Lorette au cours de laquelle d'autres officiers supérieurs commandant la Légion vont tomber. Albert Erlande les cite tous. Il les a connus, il a servi sous leurs ordres, il les a côtoyés d'une façon ou d'une autre. Il salue d'autres noms d'hommes fauchés au mois de septembre, toujours dans les rangs de la Légion, devant la ferme Navarin et au Bois Sabot : le capitaine de Sampigny, le capitaine de Cellery d'Allens mais également « le poète Raphaël de Carvalho [à qui Blaise Cendrars dédie ses *Enfantines*], fils de Xavier de Carvalho, le grand écrivain et pamphlétaire portugais qui, depuis le début de la guerre, a consacré son talent et employé son autorité pour nous ; le poète, le grand poète américain Alan Seeger à qui la mort avait donné rendez-vous là, dans un champ de blé ».

Très vite, Albert Erlande a pu noter la naissance de l'esprit de corps au sein de l'arme qu'il a intégrée : « C'est une discipline secrète ; une sorte de secret qui se transmet ; un ensemble de traditions, de préjugés, de manies, plus inflexible qu'un régiment ; une loi d'orgueil ; un uniforme moral ». *En campagne avec la Légion étrangère*, en vérité, est le signe d'une renaissance. Deux ans avant sa parution, en 1915, donc, Albert Erlande a été blessé, grièvement. Les circonstances de cette blessure et ses conséquences, il les mentionne à la fin de son livre. Il les relate avec de plus amples détails dans la version – non expurgée par la censure militaire – du même ouvrage qui paraît en 1930 sous le titre *C'est nous la Légion*. Cette deuxième version du même témoignage survient alors que l'édition des récits de la Première Guerre mondiale commence à s'épuiser. Après une longue exploitation du sujet, l'intérêt du public s'est relâché. Il faut le stimuler de nouveau. L'énoncé des trois parties de l'ouvrage de 1930 retient effectivement l'attention par son sens publicitaire, bien plus que les sobres titres de la première édition : « À l'entraînement en Avignon » se transforme en « Comment se rodent les pièces d'une machine à tuer » ; « Aux tranchées en Champagne » devient « Pelle, pioche, boue, canon » et « À l'honneur en Artois » : « Baïonnette et couteau ». Le couteau est celui dont s'arment les nettoyeurs de tranchée avant l'assaut : « Il y a des coutelas de bouchers : étuis de bois, larges lames droites. Il y a des couteaux d'apache à cran d'arrêt. » Blaise Cendrars ne dit pas autre chose dans son poème *J'ai tué*. Il reçoit « un long couteau à cran d'arrêt, l'eustache des assassins ». Et il s'en sert.

Albert Erlande écrit – globalement – de façon moins pittoresque que l'auteur de *La Main coupée* mais lui aussi présente la vie quotidienne dans les tranchées. Parfois il ne craint pas, dans *C'est nous la Légion*, de se montrer provocant : « Je définis la guerre : c'est du sang, du café, du pinard et de la merde. » Bien sûr, c'est un légionnaire qui parle. Il n'a pas hésité à provoquer un tir d'obus allemand pour s'emparer d'un tonneau de vin ; ni vu, ni connu ! Le romancier ne juge pas ; au contraire, il admire : « Ils ont du tempérament, tous ces vieux soldats »… Le jour de son engagement, il a croisé deux de ces anciens légionnaires dans une rue de Marseille. Il les a invités à boire à la terrasse d'un café. Très vite, il leur demande ce qui les différencie des autres fantassins :

« — La ceinture bleue autour de la taille, c'est coquet, répond Poiret en cambrant ses reins ; la grenade sur le képi et les écussons verts.

— Puis, ajoute Wessman, il y a aussi le genre de boulot… marche ou crève !

— Et les officiers qui sont *bath*… et qui sont un peu là. »

Mais voici que les hommes se fatiguent de boire du vermouth-cassis : ils « en ont frigousse » et déclarent préférer le vin rouge… En avoir « frigousse » (soit en avoir assez) : l'un des spécialistes de l'argot militaire, Gaston Esnault, qui en 1919 a expliqué *Le Poilu tel qu'on le parle*, estime que l'expression est propre à la Légion étrangère. On la relève dans *Le Légionnaire Flutsch*. De cette façon souvent enlevée, Albert Erlande aborde l'histoire de la Légion, particulièrement dans la seconde version de son livre, plus libre que la première. Les notations propres à la Première Guerre mondiale sont souvent lourdes d'émotion, car « la guerre est, entre nous, un secret ». Sur le champ de bataille, en Artois, on a ramassé un soldat anonyme, un légionnaire qui n'a réellement plus de nom : sa plaque d'identité a disparu et, surtout, il a perdu la mémoire. On l'évacue à l'arrière. Il raconte. C'est l'occasion d'assister à quelques scènes qui se passent dans les hôpitaux, par exemple celui de Nogent-sur-Seine où « un major élégant et courtois fait visiter son établissement à de jeunes personnes ». Il leur présente ses malades, annonçant devant les lits : « Tirailleur marocain », ou bien « Légionnaire » : « Il est fier de son contingent. On dirait un dompteur présentant ses fauves au public avant le spectacle. Les jeunes femmes sont stupéfaites de voir que les légionnaires sont des hommes semblables aux autres [c'est-à-dire malades, blessés, éreintés], et presque déçues. » Le narrateur va supporter pendant plusieurs mois une existence de torpeur « où lui apparaissent invariablement les mêmes coins de tranchées, les mêmes coins de champs de bataille et leurs cadavres ». Il se sent proche de la folie. Puis un jour, un médecin lui donne un conseil : il doit faire l'effort de rassembler ses souvenirs à partir des lettres qu'il a écrites quand il était sur le front, des carnets de notes qu'il a conservés et retrouvés chez lui. Il faut qu'il les mette en mots. Grammaires et dictionnaires l'aideront à soutenir « sa pensée mourante ». Albert Erlande écoute le praticien. N'est-il pas toujours lié à ce corps dont quelques représentants, plus tard, en 1928 – comme le rappellent dans leurs ouvrages aussi bien Pierre Mac Orlan qu'Erwan Bergot –, pourront graver dans la pierre : « La montagne barrait la route. L'ordre fut donné de passer quand même. La Légion l'exécuta » ? Comme tout légionnaire digne de ce nom, Albert Erlande s'exécute. On indique une tâche, il faut s'employer à la réaliser. On lui commande d'écrire ; il écrit : « Et, dit-il, le soldat La Légion composa le présent ouvrage. »

Le « soldat La Légion » ? À celui qui va retrouver toute son identité grâce à l'écriture, c'est effectivement le nom que l'on avait attribué quand il n'était qu'un soldat anonyme sorti de l'enfer. Il a désormais moins de vingt ans à vivre. Mais ce sera suffisant pour qu'il achève encore plusieurs recueils de poèmes et un certain nombre de pièces dramatiques, restées pour la plupart inédites, étant considérées comme trop audacieuses pour être jouées, par exemple *La Tragédies des empires*, en 1920 ; suffisant pour qu'il signe une vie du poète anglais John Keats et de nombreux romans – dont certains destinés aux enfants (*Coup de Pif*) – parmi lesquels *Le Crime et son excuse* (Ferenczi, 1925), *L'Immortelle Bien-aimée* (Albin Michel, 1923) ou *Edmée Combres* (Librairie de France, 1927) ; suffisant enfin pour qu'il collabore à plusieurs publications périodiques et en fonde quelques autres dont la *Revue méditerranéenne* à Marseille avec Edmond Jaloux. En 1929, il obtient le grand prix de la Société des gens de lettres. Il meurt à Épinay-sur-Seine le 16 mai 1934.

France Marie FRÉMEAUX

Bibl. : Notice biographique par L. Martal dans Jean-Charles Roman d'Amat (dir.), *Dictionnaire de biographie française*, Letouzey et Ané, t. XII, 1970 • Louis Crocq, *Les Traumatismes psychiques de guerre*, Odile Jacob, 1999.

ERULIN, colonel Philippe. – *Voir* KOLWEZI.

ÉRYTHRÉE, campagne d' (mars-avril 1941). – La 14e demi-brigade de Légion étrangère (DBLE), qui reprend son numéro d'origine le 2 novembre 1940 à la suite de la dissolution de la 13e DBLE à Fès, constitue, sous le commandement du chef de bataillon Reyniers, le gros des forces de la brigade française d'Orient créée à Yaoundé le 21 octobre 1940 et commandée par le colonel Magrin-Vernerey (dit Monclar). Dès le 16 novembre, le général de Gaulle décide d'engager cette brigade à la demande du général Wavell, commandant britannique du Moyen-Orient, qui doit faire face à la double menace italienne en Libye et en Afrique orientale. L'affaire du Gabon réglée, les effectifs renforcés, les légionnaires embarquent à Freetown en janvier 1941 pour un long périple jusqu'à Port-Soudan qu'ils touchent le 14 février. Dirigés sur la zone des combats dans le secteur de Cub-Cub où sont regroupées les 4e et 5e divisions hindoues, ils se préparent pour l'assaut du mont Engiahat, prélude à la prise de Keren qui ouvre la route d'Asmara à Massaoua, principal port sur la mer Rouge et objectif de l'offensive britannique. Les forces italiennes, supérieures en nombre mais de qualité médiocre à l'exception des Askaris réputés manœuvriers, se préparent à la bataille défensive – ce qui constitue assurément une faute : si le duc d'Aoste avait pris l'initiative, il aurait contraint Wavell à tenir deux lignes de front. La campagne est courte et se déroule en deux temps.

La bataille pour Keren (12-27 mars 1941). Le terrain montagneux rappelle l'Atlas marocain : des sommets de plus de 2000 m barrent la route des troupes franco-britanniques. Les conditions climatiques ajoutent aux difficultés d'approvisionnement en eau. Il faut conquérir des cols et des pitons qui encadrent et surplombent la ville bien défendue par les Italiens regroupés pour barrer la route d'Asmara, la capitale. La situation de la place en fait une véritable forteresse naturelle. La Légion doit s'infiltrer dans le massif de l'Engiahat (2 103 m) et couper la route à Abi Mentel. La logistique de la manœuvre est préparée par le lieutenant-colonel Génin afin de faciliter les approvisionnements par des chameaux réquisitionnés. La marche d'approche de 30 km commence le 12 mars avant le lancement de l'attaque du col baptisé « le Grand Willy » (2 030 m) entre l'Engiahat et le Tiru.

La compagnie Bollardière parvient à déloger l'ennemi après six heures de progression difficile tandis que la section Messmer de la 3e compagnie enlève à la grenade une forte résistance sur le flanc sud du piton. Le lendemain, Monclar, en accord avec le général Briggs, lance les légionnaires appuyés par le bataillon de marche n° 3 (BM3) à l'assaut du massif de l'Engiahat qui barre la route de Keren. Prématurée et mal préparée, la première attaque échoue, les 15 et 16 mars, malgré les prouesses des légionnaires : la chaleur, le relief et une logistique défaillante ont raison de leurs efforts. Le 25 mars, l'offensive est lancée contre la position avec l'appui de deux divisions hindoues. Les 2e et 3e compagnies, appuyées par une section de mitrailleuses de la compagnie d'accompagnement du 1er bataillon, tentent de couper à marche forcée la route des Italiens qui ont profité du répit pour évacuer les positions et se replier vers la ville d'Asmara, abandonnant la place de Keren. Le 28, à trois kilomètres de la ville déjà évacuée, les légionnaires font de nombreux prisonniers parmi les derniers fuyards.

La prise de Massaoua (8 avril). La campagne s'achève par la prise de la base navale et du camp retranché de Massaoua – défendu par des forts constituant une ligne d'arrêt enlevée en quelques heures. Monclar veut rééditer l'exploit de la demi-brigade à Narvik et prend le risque de lancer un raid audacieux avec les mêmes motocyclistes qui s'étaient fait remarquer en Norvège. La reddition du contre-amiral Bonetti et de son état-major conclut un coup de main resté célèbre dans les annales de la Légion. Les légionnaires se sont montrés dignes de leurs anciens selon le vœu de leur chef qui, depuis mai 1940, les conduit de victoire en victoire.

André-Paul COMOR

Sources : SHD-Terre, JMO de la brigade française d'Orient (BFO).

Bibl. : François Broche, Georges Caïtucoli et Jean-François Muracciole (dir.), *Dictionnaire de la France Libre*, Robert Laffont, coll. « Bouquins », 2010 • Yves Gras, *La 1re DFL. Les Français libres au combat*, Presses de la cité, 1983 • *La Guerra in Africa orientale : giugno 1940-novembre 1941*, publication gouvernementale, Rome, 1971.

ESCADRON DE LA LÉGION ÉTRANGÈRE (Mexique). – En décembre 1863, le général Bazaine, chef du corps expéditionnaire français au Mexique, étudie un projet de « corps auxiliaire » de 10 000 hommes, comprenant de la cavalerie et dont la Légion étrangère serait l'ossature, afin de servir de modèle à l'organisation de l'armée de Maximilien dans la lutte contre les partisans.

Ce projet n'a pas de suite avant 1864-1865, époque à laquelle Bazaine crée la « division auxiliaire française ». La résistance des troupes du président mexicain Juárez, la victoire en Amérique des troupes de l'Union sur les Confédérés, la montée des périls en Europe et l'isolement diplomatique de la France entraînent au fil des mois le désir de Napoléon III de retirer progressivement les troupes françaises de l'imbroglio mexicain. Élément le plus solide du corps expéditionnaire, la Légion doit se suffire à elle-même. Son chef, le général Jeanningros, entend disposer d'une unité de cavaliers capable de tenir en échec un ennemi très mobile qui se fond dans la population. Dans un premier temps, en avril 1864, sans disposer encore de tous les éléments souhaités par Bazaine pour organiser une des brigades de cette division auxiliaire, il crée une compagnie de partisans montés sur le modèle des dragons. Opérant dans le nord du Mexique, elle se comporte, en fait, comme une troupe de cavalerie sans jamais combattre à pied. L'encadrement provient des régiments de chasseurs d'Afrique, et la plupart des cavaliers sont allemands. La prise d'Oaxaca, en février 1865, lui procure un grand nombre de chevaux de race locale. Outre l'escorte de convois, cette unité véloce opère au sein de colonnes mobiles dans une lutte qui préfigure la contre-insurrection telle qu'on l'entend désormais.

En novembre 1865, celui que l'on nomme désormais « l'escadron de la Légion », aux ordres du capitaine Cartier d'Aure, accomplit un exploit en obligeant le général Escobedo, qui assiège la position-clef de Monterrey, proche du Rio Grande, à fuir. Dans la poursuite, l'ennemi perd 112 hommes. Nouveau fait d'armes en janvier 1866 : après trois charges, l'escadron, qui fait partie d'une colonne mobile, met en fuite 200 cavaliers mexicains et saisit 87 chevaux équipés. Et le 11 juin, à Ramos, un peloton d'avant-garde aux ordres du lieutenant Milsoni surprend 300 cavaliers juaristes qu'il charge, sans hésiter, au sabre. Les légionnaires sont encerclés, mais se battent au corps à corps avant d'être délivrés par une colonne légère qui met l'ennemi en fuite.

En septembre, la cavalerie de la Légion est dédoublée. Le capitaine Jacquin, du 3e régiment de chasseurs d'Afrique, commande les deux escadrons – sans que ceux-ci forment corps – à l'effectif de 3 officiers et 117 hommes pour le premier et de 3 officiers et 134 hommes pour le second. Le même phénomène qu'en Espagne s'observe : la Légion agit par autorecrutement, seuls 47 cavaliers proviennent d'autres unités.

Au moment du désengagement de plus en plus prononcé des 30 000 hommes du corps expéditionnaire, la Légion est le pivot des troupes de Bazaine et de l'empereur Maximilien. Les escadrons prennent une part de plus en plus active aux opérations de contre-guérilla. Ils protègent les lignes de communication entre Queretaro et Mexico et sont constamment en course pour assurer la liaison entre les postes occupés par l'infanterie. Tout au long de l'année 1866, cette cavalerie de la dernière chance ressemble au pompier de service. Ainsi, en mars, elle libère 44 légionnaires et des éléments de l'intendance assiégés pendant cinq jours dans une église de Parras, au nord de Mexico.

En décembre 1866, Bazaine dote la « division auxiliaire française » des deux batteries d'artillerie qui lui manquaient. La Légion forme l'une des deux brigades et peut agir de façon autonome. La coordination interarmes est illustrée, les 11 et 12 décembre 1866, au combat de Monte-Alto. Le 1er bataillon du commandant Vilmette, disposant d'un soutien d'artillerie et du premier escadron, peut, le premier jour, déloger l'ennemi du village. Le lendemain, les juaristes reviennent en force et attaquent la colonne Vilmette en évitant l'avant-garde où se trouve l'artillerie. Les compagnies se dégagent par échelons. Elles contiennent les juaristes par leurs salves, ce qui permet aux cavaliers de charger avec fougue et de mettre en déroute leur adversaire.

Après ce dernier combat, la « division auxiliaire » est supprimée le 28 décembre 1866, un mois avant le rapatriement du régiment étranger. Mexico est sur le point de tomber, la cause de Maximilien ne vaut plus le sacrifice des légionnaires. Le 28 février 1867, les deux escadrons embarquent pour Alger où ils sont licenciés le 26 avril suivant. Cette expérience de contre-guérilla, différente de celle menée par le colonel Dupin, est oubliée. Malgré ses glorieux faits d'armes, la Légion porte la marque de l'échec de la projection de puissance au Mexique et n'est pas encore véritablement intégrée au reste de l'armée française. En Algérie, alors que la conquête est au point mort, elle redevient une troupe de fantassins.

Jean-Charles JAUFFRET

Bibl. : Jean-Charles Jauffret, *L'Idée d'une division de Légion étrangère et le Premier régiment étranger de cavalerie, 1836-1940*, Centre d'histoire militaire et d'études de défense nationale, Presses de l'université Paul-Valéry, 1978 • Charles-Jules Zédé, « Souvenirs de ma vie », *Carnets de la Sabretache*, du n° 366, septembre-octobre 1933, au n° 384, janvier-février 1936.

ESCADRON SAHARIEN PORTÉ. – *Voir* ESPLE.

ESCADRONS AMPHIBIES. – Dès 1950, le 1er groupe d'escadrons (GE) du 1er régiment étranger de cavalerie (REC) en Indochine fait évoluer la doctrine d'emploi de ses moyens. Les engins de débarquement Landing Vehicle Tracked (LVT) – appelés aussi « Water Buffalo » aux États-Unis ou « alligators » en France – deviennent le principal moyen de débarquement de l'infanterie, dont la puissance de feu et les capacités d'emport sont remarquables. À la même époque, sur l'initiative du lieutenant-colonel de Sairigné, commandant la 13e demi-brigade de Légion étrangère (DBLE), quelques véhicules amphibies Carrier-Cargo M 29 C, dits Weisels ou « crabes », conçus pour se déplacer dans le sable ou dans la neige, sont attribués à ce 1er GE du 1er REC du capitaine de Baulny. Ils sont alors « bidouillés » pour suppléer aux lacunes qui ont motivé leur abandon.

Les premières opérations mettant en œuvre ces moyens, en octobre et en novembre 1950, dans la région de Tra Vinh, sont conduites par le capitaine de Blignières et se révèlent concluantes. Le 1er avril suivant, un sous-groupement amphibie composé d'un escadron de crabes à une compagnie portée et un peloton d'alligators est mis sur pied. Trois sous-groupements identiques sont créés plus tard au cours de l'été. Les trois alignent un effectif de 6 officiers, 20 sous-officiers et 125 légionnaires ainsi que de 8 sous-officiers et 217 « cavaliers » autochtones, soit un total de 375 hommes. En juillet, le régiment est articulé en deux groupes d'escadrons (le 1er comprend les 1er, 2e et 6e escadrons, à trois pelotons de crabes, et se trouve en Cochinchine). À la fin de cette année 1951, le régiment subit une nouvelle structuration et est désormais articulé en trois grandes unités. Au Centre-Annam, aux côtés de l'escadron hors rang (EHR) et des trois escadrons de reconnaissance, la portion centrale met sur pied un sous-groupement amphibie à partir du 7e escadron nouvellement créé. En Cochinchine, le 1er septembre, le 1er GE devient 1er groupe autonome (GA), indépendant quant à son emploi, son administration, son commandement et son soutien, mais qui continue de servir sous l'étendard du 1er REC. Il est composé de trois sous-groupements amphibies : le 1er à Mytho, le 2e à Tra Vinh et le 3e à Sadec. Au Tonkin, enfin, le 2e GA créé le 1er octobre se compose de deux sous-groupements amphibies basés à Haiphong : le sous-groupement autonome du 1er REC formé par le 8e escadron et celui du 1er régiment de chasseurs. Malgré des difficultés d'éloignement, de stationnement et d'emploi, les 3 500 légionnaires servent sous l'étendard du Royal Étranger.

La réorganisation de 1951 répond à la décision du général de Lattre de porter son effort sur le Tonkin et de mener parallèlement le nettoyage de la Cochinchine. Jusqu'en 1952, le 1er GA mène dans cette dernière région plus de quarante opérations qui permettent d'assainir le théâtre d'opérations, d'élaborer une doctrine d'emploi des sous-groupements amphibies et de déplacer l'effort qui se porte désormais sur le Centre et le Nord-Vietnam.

En juin 1952, le sous-groupement du 1er REC devient SGA (sous-groupement autonome) n° 1, celui du 1er Chasseurs devient SGA n° 2. De juillet à septembre, des opérations à double vocation terrestre et amphibie rassemblent dans les régions côtières les unités du 1er REC et du 1er GA : « Quadrille », « Nathalie », « Vaugirard », « Nicole 1 et 2 », « Sauterelles », « Caïman » et « Cabestan » – opérations qui coûtent très cher à l'ennemi. En novembre, le SGA n° 1 devient « SGA Légion du Tonkin » ; le SGA n° 2, le « SGA chasseurs du Tonkin ».

Le général Salan ayant décidé d'assainir le delta tonkinois, la nécessité de renforcer les unités amphibies du Nord-Vietnam se fait sentir et, en novembre, les deux groupements autonomes sont réunis. La pacification de cette région est engagée, elle durera jusqu'en avril 1953. Plus de 25 gradés et légionnaires sont tués ou blessés pendant cette période. Le 1er REC est cité à l'ordre de l'armée. L'opération « Sauterelle » du 25 au 29 août 1954 illustre parfaitement l'emploi des amphibies dans une mission de débarquement côtier, et le bilan est lourd pour les rebelles qui perdent 107 tués, 120 prisonniers et 70 armes qui sont récupérées. L'opération « Caïman », ensuite, leur coûte encore plus de 300 tués et 1 400 prisonniers. Au cours du deuxième trimestre, l'escadron participe à 310 ouvertures de route, 122 escortes, 11 embuscades, 10 interventions et 8 opérations, dont la plus importante du 19 au 30 mai, dans la région de Pho Trach. D'avril à juillet 1953, les deux GA donnent en outre naissance à plusieurs groupes d'escadrons amphibies.

Charles RIDET

ESPAGNE, campagne d' (1835-1838). – Témoin des convulsions de l'Europe de la Quadruple-Alliance, l'Espagne de 1835-1840 est déchirée par ses contradictions. Deux partis s'épuisent dans une joute obscure et implacable. D'un côté, à Madrid, soutenue par les libéraux, la reine-régente Marie-Christine de Bourbon organise la lutte au nom de sa fille Isabelle II, légitimement désignée en 1830 par Ferdinand VII sur son lit de mort. De l'autre, don Carlos, frère du vieux roi, ne reconnaît pas l'abrogation de la loi salique. Pour conquérir le trône, il s'appuie sur les « *fueros* » basques et le fanatisme religieux des provinces du Nord menacées par les réformes anticléricales du gouvernement constitutionnel.

Lutte acharnée autour de privilèges et de particularismes provinciaux, cette guerre, entre carlistes et partisans de la reine, reste indécise en dépit de combattants rongés par l'indiscipline et le dénuement. L'armée de la reine compte

45 000 hommes, sans artillerie ni réserves, incapables de poursuivre en cas de victoire, tentés par la désertion en cas de défaite. En 1835, ces troupes enferment les carlistes dans un étau formé par l'Èbre, les Pyrénées et une ligne allant de Vitoria à Bilbao, front qui évolue peu jusqu'en 1838. Sans hommes ni moyens, toutefois, la guerre s'enlise ; pour vaincre, Madrid dépend de l'aide étrangère.

Au nom de la solidarité constitutionnelle, le 28 janvier 1835, la France, le Portugal et l'Angleterre signent un traité d'assistance avec l'Espagne. Lisbonne offre 6 000 hommes ; Londres une légion de 12 000 combattants comprenant artillerie et cavalerie. Mollement commandées par sir Lacy Evans, ces troupes se confinent après de sérieux échecs sur les côtes de San Sebastián à proximité des vaisseaux anglais.

Seule aide vraiment efficace : les six bataillons de Légion étrangère que la France cède à l'Espagne sous le nom de « division auxiliaire française » commandée par le colonel Bernelle. Ils arrivent à Tarragone le 19 août 1835. Bernelle supprime les bataillons nationaux, à l'exception des lanciers polonais dont le régiment est le fer de lance de la division de Légion qu'il organise au printemps de 1836. En Catalogne et en Aragon, dès les premières rencontres de la fin août à décembre 1835, la Légion prouve sa solidité au feu, comme à Senahuga où elle tient pendant quatre jours un siège victorieux. Outre le métier des 298 officiers qui les encadrent, les 6 134 (au 15 avril 1836) légionnaires formant sept bataillons après un renfort nombreux, généralement réfugiés politiques après les révolutions de 1830, ont une motivation qui leur fait oublier la colère initiale exprimée à l'idée de servir un pays autre que la France : ils se battent – non comme mercenaires – au nom de l'Europe constitutionnelle et contre le régime absolutiste que veut instaurer don Carlos. D'ailleurs, le premier chant de la Légion (*Le Chant de la Légion en Espagne*, sur l'air de *La Sentinelle* d'Alexandre Choron), composé en Espagne, incarne cette lutte pour la liberté : bien que la Légion soit ultérieurement apolitique, c'est bel et bien pour cela que les légionnaires ont pu servir avec « honneur et fidélité » en étant la troupe la plus solide des unités de la reine-régente.

À partir de janvier 1836, alors que l'on ne fait plus de quartier d'aucun côté et que les prisonniers sont fusillés, les carlistes marquent quelques succès, puis reprennent leur stratégie défensive dans leur réduit du Nord. De Pampelune où elle a été regroupée, la Légion participe à une série d'actions en Navarre qui la font remarquer, tel ce coup de main décisif, le 17 janvier, qui rétablit la ligne tenue par les gouvernementaux dans la Sierra Arlaban. Au combat de Leranoz, le 6 mars, après une charge à la baïonnette, deux compagnies tiennent sous le feu pendant trois heures et repoussent l'assaut carliste. Même efficacité au combat de Tirapegui, le 26 avril, où pendant six heures, à un contre cinq, la Légion repousse l'ennemi à la baïonnette. Le 1er août, grâce au soutien mutuel que le dispositif interarmes de la division de Légion lui permet, le général Bernelle, promu maréchal de camp au titre espagnol, remporte un important succès à la bataille de Zubiri. Mais sans aucun soutien du gouvernement de Madrid, désargenté, aux prises de surcroît avec des *pronunciamientos* en règle, lâché enfin par le président du Conseil français, Adolphe Thiers, qui renonce au pouvoir après l'échec de l'envoi d'un renfort nombreux plus connu sous le nom de « nouvelle Légion étrangère » et rassemblé à Pau, Bernelle démissionne fin août 1836. Le colonel Lebeau lui succède brièvement avant de passer le commandement à l'impétueux colonel Conrad qui amène avec lui un ultime renfort, rassemblé à Pau, de 423 hommes.

La division de Légion se désagrège lentement dans les mois qui suivent. Il est cependant remarquable qu'aux prises avec les pires difficultés – les désertions à la suite des révolutions de palais à Madrid qui grèvent la cause constitutionnaliste – les légionnaires aient pu tenir jusqu'en 1838. Très vite la Légion en est réduite aux expédients. Pour remédier à la disette, le colonel Conrad décide de vivre sur le pays ennemi. Le 31 décembre 1836, il lance ses troupes dans un raid audacieux sur le village carliste d'Allo, où il se procure soixante sacs de grain et prend douze otages. Sur le chemin de son retour, huit bataillons carlistes et 400 cavaliers amorcent un mouvement d'encerclement. Conrad forme ses bataillons en carrés dessinant un échiquier leur permettant de se couvrir l'un l'autre. Les lanciers s'illustrent en chargeant la cavalerie carliste, soutenus par la batterie d'artillerie et le feu de l'infanterie. Mais les rangs des légionnaires s'éclaircissent. La Légion prend peu à peu conscience de sa solitude et de son dénuement. Outre les pertes dues aux combats comme celui de Larrainzar, le 21 mars 1837, où il faut battre en retraite sous le feu, ou comme devant Huesca quelques jours plus tard (300 à 400 légionnaires hors de combat dont 28 officiers), outre encore les privations de plus en plus rudes, deux maux frappent la Légion. Le premier est un sentiment d'abandon qui encourage parfois l'indiscipline et surtout les désertions. Lors d'une opération sur la frontière française, en Navarre, du 1er au 7 février 1837, le colonel Conrad constate ainsi que 153 hommes parmi les fantassins ont déserté avec armes et bagages contre 5, avec armes et chevaux, du régiment des lanciers. Second mal qui fait fondre les effectifs : les libérations. L'effectif de la Légion tombe à 3 841 hommes au 2 février 1837, soit un taux de pertes record de 37 % depuis le printemps de 1836.

La fin est proche. Épuisé moralement, obligé de s'exposer constamment pour mener ses dernières troupes, Conrad, le brave parmi les braves, livre son dernier combat le 2 juin 1837 à Barbastro où ses légionnaires rencontrent leurs camarades de la Légion étrangère carliste. Le 8 décembre 1838, les légionnaires sont licenciés. Les 37 hommes de la batterie d'artillerie servent jusqu'au 1er avril 1839. Des 4 500 hommes embarqués à Alger en 1835, il ne reste que 63 officiers, 159 sous-officiers et légionnaires qui rentrent en France en janvier 1839. De cette douloureuse campagne d'Espagne, l'on retient l'esprit de sacrifice et non pas le succès de coordination interarmes au sein de la Légion.

Jean-Charles JAUFFRET

Bibl. : Paul Azan, *La Légion étrangère en Espagne, 1835-1839*, Lavauzelle, 1905 • Auguste de Colleville, *Histoire de l'ancienne Légion étrangère, créée en 1831, licenciée en 1838*, Marc-Aurèle, 1850 • Douglas Porch, *La Légion étrangère, 1831-1962*, traduit de l'américain par Pierre Chambes, Fayard, 1994.

ESPAGNOLS, volontaires (1914-1918). – En 1914, l'afflux de jeunes volontaires étrangers dans les centres de recrutement de l'armée française fut l'objet d'une attention médiatique qui tourna rapidement à la propagande. Le monde entier venait au secours de la France agressée. Parmi eux, des Espagnols, ressortissants d'un pays ami qui entendait cependant rester neutre dans le grand conflit européen qui débutait alors. Le 3 août, une loi française autorisait l'engagement pour la durée de la guerre. Une double condition d'étranger dans la Légion s'imposait alors :

aux engagés antérieurs – pour cinq ans – vinrent se joindre des engagés volontaires pour la durée de la guerre (EVDG) aux motivations plus éclectiques, à la fois économiques, politiques et/ou personnelles. Le 7 août, un décret espagnol proclamait la neutralité officielle du royaume en interdisant, sans un accord royal préalable, tout engagement dans une armée belligérante sous peine de déchéance de nationalité et de non-protection.

Entre le 21 août et le 15 décembre 1914, les dépôts d'instruction – Blois, Orléans, Rouen, Toulouse, Avignon et Bayonne – enregistrèrent 28 266 nouvelles recrues, dont 969 Espagnols (3,42 % du total), en septième position des nationalités relevées. Une autre statistique parlementaire donne 29 796 soldats étrangers utilisés durant le conflit dont 1 328 Espagnols, toujours septièmes. La différence donnerait-elle le nombre d'engagés pour cinq ans, c'est-à-dire avant le 3 août, soit 360 individus environ ? Selon des statistiques régionalistes catalanes, le nombre des volontaires se serait élevé à 2 118 mais en incluant sans doute un certain nombre de gens originaires du nord de la frontière, c'est-à-dire des Roussillonnais. On peut retenir le chiffre de 855 Catalans. Afin de régler la question des effectifs, l'unique solution scientifique – ébauchée à Aubagne par l'auteur de cette notice pour la seule lettre A – consisterait à étudier toutes les fiches de la division des ressources humaines de la Légion étrangère ou DHRLE (anciennement bureau des personnels de la Légion), à Aubagne. On peut ainsi évaluer de 10 à 14 % la part des anciens sur le total des présents durant tout le conflit. Ces vétérans furent engagés dès octobre 1914 dans l'Aisne et en Champagne. Une dizaine furent tués jusqu'à l'orée de 1915. Désormais formés, les « nouveaux » (EVDG) vinrent se joindre aux « anciens » en Artois et de nouveau en Champagne. La Légion devait subir au gré des circonstances de guerre de multiples modifications et restructurations, impossibles à détailler ici. Les soldats espagnols de la Légion combattirent sur un, deux, voire trois fronts (France, Afrique du Nord, Orient) : sur les 81 Espagnols de la lettre A, 5 virent ces trois horizons. Comme pour d'autres unités, les pertes furent souvent cruelles. Ainsi – mais on ne le sait pas pour le 2e régiment – le 1er régiment de marche de la Légion perdit-il 56,42 % de « ses » Espagnols au combat ou de maladie (360 sur 638). La plupart des légionnaires vétérans d'Algérie combattirent en Orient contre les Turcs ou au Maroc contre des groupes rebelles du Rif encadrés par d'anciens camarades allemands ou autrichiens déserteurs. Certains se comportèrent avec une grande bravoure : José Martínez, natif de la province d'Alava, parvint au grade de capitaine, le plus élevé que pouvait atteindre alors un étranger ; un Valencien, José de Los Santos Vivanco, devint plus tardivement lieutenant. D'autres arrivèrent à décrocher le grade de sergent (Andrés Arocas et Benigno Blas).

Qui étaient ces hommes ? Ils semblaient prêts à mourir, certes, mais pour quelle patrie ? Sur les 81 Espagnols du corpus de la lettre A, 58 habitaient en France métropolitaine, 13 en Algérie et un au Maroc français. La majorité écrasante de ces combattants vivait donc en terres françaises d'Europe et d'Afrique, avec la perspective de bénéficier des dispositions d'une loi sur la naturalisation votée dès le 5 août 1914. *Ubi labor, ibi patria*. Cela n'enleva pas la part d'idéalisme de certains engagés en faveur de la France malgré une éducation strictement antinapoléonienne. On repéra parmi eux certains jeunes journalistes. En outre, la guerre allait favoriser les tentatives des milieux catalanistes de forger leur propre légende d'« aliadophilie » en prétextant qu'en Espagne seuls – ou presque – les Catalans étaient convaincus de la juste cause du camp occidental. Ils en espéraient ouvertement la reconnaissance de leur identité nationale qui s'opposait à la politique du roi Alphonse XIII – castillane et marocaine – pleine d'illusions sur la tenue de la conférence de la paix à Madrid. En février 1916, des rencontres eurent lieu à Perpignan sous l'égide d'un Comité de solidarité avec les volontaires catalans en formation et dirigé par un médecin, le docteur Joan Solé i Pla, de l'Union catalaniste. Fut alors rédigé un poème en catalan par Apel.les Mestres, *No passareu !* (« Ils ne passeront pas ! »), slogan repris par Nivelle dans un ordre du jour, fin juin, devant Verdun. Outre les activités d'aide matérielle aux combattants, on lança depuis Barcelone une propagande qui parla de 3 000, puis de 5 000, 12 000, voire de 15 000 soldats venus de Catalogne, alors que leur nombre réel ne dépassa sans doute pas quelques centaines (entre 500 et 800 environ). La guerre continuait. Il y eut la Somme et la Champagne en 1916, la Meuse en 1917, Amiens et Soissons en 1918. Malgré les avis favorables de l'ambassadeur à Madrid, Léon Geoffray, du Quai d'Orsay et même du général Lyautey, alors ministre de la Guerre, le projet de former un régiment espagnol fut écarté début 1917 par Nivelle, le commandant en chef, car le rendement de ces unités était jugé infime. Une grande exposition artistique fut organisée à Barcelone, peu après, en avril. À Noël 1917, ce fut un banquet pour les combattants espagnols au Grand Hôtel d'Orsay. Lors des discours, on répéta : « *No passareu !* » mais aussi en castillan : « *No pasaran !* » Les autorités espagnoles centrales durent en effet réagir. En mai 1918, discrètement soutenu par les ambassades alliées, un patronage des volontaires espagnols fut tardivement constitué à Madrid, en liaison avec un comité de rapprochement franco-espagnol mis en place l'année précédente. Le duc d'Albe en prit la présidence avec le soutien de nombreux intellectuels proalliés et du musicologue José Subirà i Puig – pourtant d'origine catalane – qui en assura la direction effective. L'aide était distribuée à tous sans distinction d'origine régionale. Malgré une tentative d'appel d'un légionnaire catalan à Wilson, le champion supposé des nationalités opprimées, le sort des combattants catalans fut vite magnifié au détriment des autres soldats venus originellement ou directement de la péninsule Ibérique. Ainsi peut-on estimer entre 600 et 800 le nombre des soldats espagnols de la Légion morts pour la France dans une guerre meurtrière où l'Espagne neutre multiplia les mandats de protection, les actions humanitaires et les initiatives médiatrices, autant d'actes finalement mal compris des belligérants en lice. La geste de ces combattants ne fut jamais oubliée. Depuis de nombreuses années, chaque 11 novembre, une cérémonie rappelle leur sacrifice devant le monument aux morts inauguré en 1925 dans le cimetière de Montjuich à Barcelone. Elle associe de nos jours les morts des grands conflits contemporains auxquels participèrent ces Espagnols lucides autant que braves.

Jean-Marc DELAUNAY

Bibl. : Jean-Marc Delaunay, « Tous catalans ? Les volontaires espagnols dans l'armée française pendant la Grande Guerre », *Des étoiles et des croix. Mélanges offerts à Guy Pedroncini*, Economica, 1995, p. 309-323 • Joaquín Mañes Postigo, *Españoles en la Legión extranjera francesa*, Barcelone, Inédita, 2009 • José Subirà, *Los Españoles en la guerra de 1914-1918*, Madrid, Pueyo, 4 t., 1920-1922 (recueil de témoignages et de listes de combattants espagnols).

ESPAGNOLS, volontaires (1939-1945). – La fin de la guerre civile espagnole, suivie très rapidement de l'éclatement de la Seconde Guerre mondiale, a largement – mais pas intégralement – déterminé la place des Espagnols dans la Légion étrangère. La disponibilité de plus de 250 000 hommes valides, souvent des combattants expérimentés, en partie dans les camps d'internement du midi de la France, ne pouvait rester une donnée passive. La déclaration de guerre de la France et de la Grande-Bretagne à l'Allemagne, le 3 septembre 1939, provoqua un changement sensible au sein des effectifs légionnaires. En 1933, ils s'élevaient à 33 000 hommes environ, puis se réduisirent à 21 219 en 1937. Comme en 1914, les Espagnols, parmi d'autres nationalités, furent marqués par une double origine : les vétérans, toujours engagés pour cinq ans, et les engagés volontaires pour la durée de la guerre. En quasi-totalité rescapés républicains de la guerre civile, ces derniers représentèrent jusqu'à 28 % du total des recrues de 1939-1940, soit 3 052 individus sur 8 465, les autres opposants politiques européens, réfugiés ou expulsés de leur pays d'origine (Italiens, Allemands et Autrichiens) atteignant près de 17 %. Cette vague de nouveaux soldats permit de porter sur les rôles, au 9 mai 1940, le nombre de légionnaires à 48 924 inscrits dont 8,2 % d'Espagnols. Ce chiffre ne sera apparemment jamais dépassé, même lors des guerres de décolonisation.

L'afflux des volontaires permit la création de nouvelles unités où les Espagnols, peu habitués à la discipline légionnaire, s'enrôlèrent en grand nombre : d'abord, trois régiments de marche de volontaires étrangers (les 21e, 22e et 23e RMVE) furent mis sur pied à partir du camp roussillonnais de Barcarès. Les personnels de ces unités rejoindront le régiment de marche de la Légion étrangère (RMLE) après avoir été décimés sur le front de France en mai-juin 1940. De même, les 11e et 12e régiments étrangers d'infanterie (REI) et le 97e groupe de reconnaissance de division d'infanterie (GRDI) participèrent à la désastreuse campagne de France. Les pertes furent élevées parmi les 500 Espagnols du 11e REI, dans les combats sur la Meuse, et les 900 Espagnols du 12e REI autour de Soissons. Cependant, l'unité la plus en vue fut indubitablement la 13e demi-brigade de Légion étrangère (DBLE), la plus baroudeuse, qui participa à l'expédition de Narvik avec environ 500 Espagnols dans ses rangs. À l'issue d'un retour précipité en Bretagne, elle dut refranchir la Manche pour éviter la reddition. Basée à Trentham Park, près de Stoke-on-Trent (Staffordshire), la demi-brigade se scinda en deux : une moitié, non attirée par la France Libre, rejoignit l'armée d'armistice au Maroc et en Algérie, l'autre devint l'une des toutes premières unités constituées des Forces françaises libres en Grande-Bretagne. Du 23 au 30 juin, une mutinerie agita un groupe de 300 républicains espagnols qui craignaient d'être rapatriés sans garanties et livrés aux autorités franquistes. Après leur intégration dans une unité anglaise, il ne restait plus que 200 Espagnols, soit 15 % des effectifs encore disponibles. Après une sévère reprise en main, la 13e DBLE participa aux campagnes de Dakar, du Gabon, d'Érythrée, de Syrie, de Bir Hakeim, d'El-Alamein, puis aux débarquements en Italie et en Provence avant de franchir le Rhin. Il convient d'indiquer que le 6e REI, fidèle au gouvernement de l'État français, qui participa à la campagne de Syrie en 1941, ne fut pas engagé directement face à la 13e DBLE. Après l'accord de Saint-Jean-d'Acre, en juillet 1941, dont la France Libre avait été écartée, de nombreux déserteurs passèrent du camp de Vichy à celui de De Gaulle. Par ailleurs, à Londres, un accord fut passé en 1941 entre le Comité basque en exil et la France Libre afin de constituer une unité de combattants basques ; la non-intégration à la Légion, la faible affluence et l'hostilité du gouvernement britannique firent toutefois capoter l'affaire l'année suivante. D'autres unités furent créées, réorganisées ou encore renforcées. Un 1er régiment étranger d'infanterie de marche (REIM) participa ainsi en 1943 à la campagne de Tunisie ; le RMLE fut ressuscité : avec un régiment étranger de cavalerie (mécanisée), le 1er REC, il participa aux campagnes d'Italie, de France et d'Allemagne. Pour son odyssée combattante, la 13e DBLE devait recevoir la croix de l'ordre de la Libération en avril 1945. L'un de ses membres, Felipe Maeztu – naturalisé en août 1945 – obtint cette distinction suprême comme Espagnol, alors que, sur trois autres médaillés français d'origine espagnole, deux étaient membres de la Légion (Etelvino Perez et Jaime Turell).

On sait également que la libération de Paris fut animée par la 9e compagnie très espagnole de la 2e DB du général Leclerc. Certains membres de cette colonne Dronne étaient en fait des « déserteurs » de la Légion qui, à l'occasion de rassemblements et d'amalgames plus ou moins contrôlés, étaient passés d'une unité à une autre, en fonction d'analyses et de pulsions personnelles ou collectives. Combien d'Espagnols ont-ils finalement participé aux combats de la France de la IIIe République finissante et de la France Libre ? Les chiffres varient entre 3 500 et 15 000, nous rappelant parfois les exagérations des Catalans de 1914-1918, dont l'ancien drapeau répondit « présent » lors des cérémonies de 1945. Les parcours des Espagnols de la Légion ont été extrêmement variés. À la fois collectifs et individuels, les engagements ont répondu à des fidélités, entre Vichy et Londres, Alger, puis Paris. Leurs horizons ont été, comme pour les combattants d'autres nationalités, éclatés à travers le vaste monde colonial français et les théâtres d'opérations les plus contrastés. De la France métropolitaine à la Norvège, de l'Afrique du Nord ou saharienne à l'Indochine, de l'Italie à la Forêt-Noire, autant de destins qui souvent se conclurent par la mort ou le départ de la Légion après ce conflit mondial qui s'était souvent ajouté à la guerre civile dans leur pays.

Le prélude leur avait donné la vaillance et l'expérience. Le final leur donna souvent le désir de vivre enfin en paix malgré l'opprobre d'une dictature qui s'éternisait au sud des Pyrénées. Près de dix ans de luttes pouvaient émousser l'énergie de plus d'un homme. En tout cas, leur nombre fut plus élevé que la moyenne estimée de leur présence de 1831 à 1961. Sur plus de 600 000 légionnaires ayant servi entre ces deux dates, en effet, les Espagnols arrivaient en 5e position : 40 000 sur 130 ans soit 307 hommes par an, certes très loin derrière les Allemands (210 000), mais tout près des Italiens (2e à 60 000), des Français et des Belges (50 000) et devant les Suisses au long passé de service armé (30 000). Il faudrait ajouter leur présence massive dans la Résistance intérieure, notamment dans le sud de la France où certains maquis étaient largement hispanophones. Quand il fallut se battre pour leurs idéaux collectifs ou pour affirmer leurs destins individuels, les Espagnols répondirent généralement « présent ». Lors des crises mondiales successives, à contre-pied de leurs gouvernements neutralistes et timorés, ils surent s'engager même si ce fut parfois dans des camps opposés, reflets parfois sinistres de leurs fureurs nationales et idéologiques.

Jean-Marc DELAUNAY

Bibl. : Joaquín Mañes Postigo, *Españoles en la Legión extranjera francesa*, Barcelone, Inédita, 2009 • Jean-François Muracciole, *Les Français libres. L'autre résistance*, Tallandier, 2009 • Eduardo Pons Prades, *Republicanos españoles en la Segunda Guerra mundial*, Madrid, Esfera de los libros, 2003 [1975].

ESPARBÈS, Georges d' (1864-1944). – Si l'on se souvient de Georges d'Esparbès quand il est question de la Légion étrangère, c'est qu'il a fait paraître un livre en 1901 – *La Légion étrangère* – dont la réédition chez Flammarion onze ans plus tard sous un titre significatif, *Les Mystères de la Légion étrangère*, a bénéficié des illustrations du peintre Maurice Mahut. En réalité, l'ouvrage se veut le fruit d'un reportage sur le terrain, qui n'a sans doute duré qu'un mois mais que l'auteur affirme sérieux. Cependant Douglas Porch émet quelques doutes quant à ses conclusions. Georges d'Esparbès affirme par exemple que les légionnaires sont assez nombreux à provenir de la bourgeoisie. Donnant la liste des professions officiellement exercées par les engagés, il corrige leur apparente modestie ; il maintient que les emplois civils qu'ils déclarent (mécaniciens, comptables, artisans ou manœuvres) sont mensongers : « Pas mal de vautours se sont faits moineaux pour entrer sans gêne dans la caserne. » Douglas Porch s'inscrit en faux contre cette assertion : « Contrairement à ce que remarque d'Esparbès, écrit-il, les légionnaires semblent avoir eu une préférence marquée pour la promotion sociale plutôt que pour de modestes origines. »

D'où vient l'intérêt pour la Légion que manifeste celui que le même Douglas Porch appelle un « publiciste » ? Thomas Auguste d'Esparbès dit Georges d'Esparbès naît le 24 mars 1864 à Valence d'Agen dans le département de Tarn-et-Garonne. Son père est un ancien militaire. Arrivant à Paris dès 1873 et après des études médiocres, il fréquente le milieu montmartrois, dessine, publie quelques poèmes… En 1885, il part pour quatre ans de service militaire aux chasseurs à pied, unité d'élite de l'époque, comme les zouaves. Il est nommé caporal. Sans doute est-ce dans cette expérience concrète qu'il faut voir le début de sa vocation. À son retour à la vie civile il devient journaliste, entre au *Journal* ; il écrit aussi pour *Gil Blas*. Très vite, il commence à composer des récits patriotiques sur les anciennes armées françaises. Le ton épique qu'il adopte lui permet de chanter – parfois en vers – « la piétaille héroïque, les cavaliers fantastiques, les héros anonymes qui ont assuré la réputation militaire de la France », comme le dit excellemment François d'Amat.

Les titres sont nombreux : *La Légende de l'Aigle* (1893), *La Guerre en dentelles* (1896), *Le Régiment* (1898), *Les Demi-solde* (1899), *Le Roi* (1903), *La Soldate* (1904), *L'Épopée française* (1911)… Au milieu de tous ces livres se glissent les légionnaires. Georges d'Esparbès est décoré de la Légion d'honneur (en 1899) et obtient en 1905 le poste de conservateur du palais de Fontainebleau. Il publie encore plusieurs autres livres parmi lesquels *Ceux de l'an 14* (1917) ou *Les Victorieux* (1919), mais les temps favorisent de moins en moins la célébration des vertus armées, l'exaltation du devoir, le panache tels que *La Folie de l'épée* les magnifie encore en 1927 – la Grande Guerre a laminé ceux qui voulaient maintenir la tradition. Dans les années qui lui succèdent, le succès n'est plus forcément au rendez-vous de ce genre d'ouvrage. Georges d'Esparbès prend sa retraite en 1934 ; il meurt en 1944 à Saint-Germain-en-Laye.

France Marie FRÉMEAUX

Bibl. : Notice biographique par François d'Amat dans Jean-Charles Roman d'Amat (dir.), *Dictionnaire de biographie française*, Letouzey et Ané, t. XII, 1970.

ESPIONNAGE ET LÉGION ÉTRANGÈRE, 1918-1939. – Si l'histoire du bureau des statistiques de la Légion étrangère, créé le 17 février 1937, est généralement connue, celle de l'organisation du renseignement au sein de la Légion l'est moins. Pourtant, outre le renseignement tactique naturel aux unités de la Légion, celle-ci, après 1918, doit lutter tout autant contre la propagande idéologique venant de l'extérieur que contre la subversion intérieure dans les régiments. Depuis la fin de la Première Guerre mondiale, l'attrait qu'exerce la Légion est puissant et attire des milliers de candidats vers les centres de recrutement en France. Durant l'entre-deux-guerres, les réfugiés politiques et économiques cherchant un asile constituent donc un vivier privilégié de recrutement de légionnaires, potentiels agents pour les services spéciaux militaires – l'intérêt étant de les recruter dès leur engagement à la Légion. Cette situation inédite instruit une liaison naissante avec les services spéciaux militaires depuis la fin des années 1920. Durant l'année 1936, l'antenne des services spéciaux installée à Metz, par exemple, interroge 450 candidats désireux d'intégrer la Légion, en retient 18 pour les former et obtiendra 6 agents actifs en 1937. Pour singulière qu'elle soit, cette contribution de la Légion étrangère au recrutement des agents des services spéciaux militaires rattachés au 2e Bureau de l'État-major de l'armée (EMA) se justifie, dans l'esprit des chefs militaires français, par le recrutement singulier de ses personnels d'origine étrangère et par ses implantations opérationnelles dans l'Empire. Par ailleurs, le fichier de la Légion peut offrir des informations à la section de centralisation des renseignements (SCR) en vue du contre-espionnage défensif ou offensif dans l'Empire, sinon en métropole.

Entre 1924 et 1937, de surcroît, se constitue par étapes un service de renseignement (SR) à la Légion étrangère, pris en charge par la division d'Oran et organisé en 1924 à Sidi-Bel-Abbès. À partir de 1927, l'intégration du renseignement légionnaire dans l'appareil militaire de renseignement national constitue une seconde évolution. En effet, les services spéciaux militaires français s'efforcent constamment de recueillir des informations sur les unités étrangères que les nouveaux légionnaires ont souvent désertées avant de s'engager. Parmi celles-ci, les informations sur les armées allemandes et soviétiques sont privilégiées, qui permettent de compléter les données obtenues par les missions militaires françaises en Europe centrale et les antennes des services travaillant en priorité sur l'Allemagne, l'Italie et l'URSS. Mis sur pied le 22 juin 1925 sur instruction du ministre de la Guerre par le général Lamothe, commandant la division d'Oran, le service de renseignement de la Légion, ou « service de la division d'Oran » (SDO), reçoit alors une triple mission : il lui faut rechercher des renseignements intéressant les services spéciaux militaires par l'interrogatoire des légionnaires à Oran, recruter parmi les légionnaires, notamment allemands et russes libérables, des agents susceptibles d'être engagés ultérieurement dans les postes français sur le Rhin, enfin exploiter le renseignement au retour des permissions des hommes. La liaison avec les autres postes de renseignement de Saïda et Colomb-Béchar, puis au Maroc avec les services spéciaux à Paris facilite désormais la restitution des renseignements produits. En mars 1926, l'instruction réglant les attributions du SR de la Légion étrangère répond au double souci de protéger la Légion des déstabilisations de l'Allemagne et du Komintern – protection des légionnaires, en particulier allemands, et de leur identité devant l'extraordinaire critique des nationalistes allemands ; tentatives de pénétration et subversion ; contre-espionnage. Il s'agit aussi de centraliser comme d'exploiter les renseignements communiqués à l'État-major de l'armée par les postes de renseignement d'Afrique du Nord et de Syrie. Face aux assauts répétés contre les positions françaises en Afrique du Nord et au Moyen-Orient, la Légion est une carte maîtresse pour le renseignement français.

Cette instruction fondamentale distingue bientôt ses missions au profit de la Légion étrangère, via un organisme d'interface – le service de renseignement en Afrique du Nord (service d'études d'Alger, ou SEA) –, et celles au profit des services spéciaux militaires précisées entre 1926 et 1928. Enfin, le service d'immatriculation de la Légion (SIL) est créé en 1928, et le SDO en devient alors une annexe. En 1932, il prend le nom de « bureau de Légion d'Afrique » (BLA), directement rattaché au poste d'Alger des services spéciaux. Ces changements d'appellation brouillent la perception des missions de l'organe de renseignement aux regards extérieurs. Dès 1928, le SIL installe un dépôt central à Marseille, drainant les légionnaires engagés dans tous les dépôts de la Légion. Il établit donc un fichier de tous les légionnaires engagés, des libérés comme des candidats suspects refusés à l'engagement. Jusqu'en 1939, il oriente vers les services spéciaux militaires des légionnaires démobilisés susceptibles de devenir des agents d'espionnage ou ceux suspects d'opinions politiques extrêmes, en irriguant d'informations les services spéciaux. De 1926 à 1937, la liaison avec les services spéciaux militaires est sans cesse renforcée, jusqu'à la très importante réorganisation du renseignement de la Légion, par l'instruction du général Colson, chef d'État-major de l'armée, le 17 février 1937.

Celle-ci parachève l'organisation du renseignement de la Légion dans l'armée française en créant le bureau des statistiques de la Légion étrangère (BSLE) qui absorbe le BLA. Ses missions se font au bénéfice de la Légion, d'une part, et au bénéfice exclusif du service de centralisation des renseignements de l'État-major de l'armée pour l'espionnage de la France par des agents introduits à l'intérieur de la Légion, d'autre part. Le SIL devient un organe subordonné du BSLE. Il est chargé des recherches et des surveillances en France, avant ou après l'embarquement des légionnaires, en liaison avec les dépôts de la Légion, les services SCR du 2e Bureau de l'EMA et la section d'outre-mer du 2e Bureau de l'EMA. À Sidi-Bel-Abbès, le BSLE est donc l'organe directeur du renseignement de la Légion étrangère, qui dépend directement du commandement de la Légion et lui fait recevoir des instructions des services spéciaux militaires rattachés à l'État-major de l'armée. Ses missions lui font donc assurer le contrôle postal, surveiller les agissements extérieurs à la Légion visant à détourner les légionnaires de leur devoir, tenir le contrôle des suspects, centraliser les renseignements de toute nature lui parvenant, transmettre à l'EMA tous renseignements sur les armées étrangères, envoyer au SIL les informations sur les légionnaires libérables, communiquer à la SEA d'Alger les noms des légionnaires susceptibles d'être recrutés comme agents, enfin donner des directives aux officiers chargés des SR régimentaires. Il adresse à la SR-SCR des renseignements pouvant être classés en trois types : des informations individuelles, des renseignements sur les activités de propagande et de subversion des puissances étrangères à l'encontre des intérêts français, des renseignements militaires de toute nature à partir de ses implantations en Afrique du Nord et en Indochine. Les renseignements individuels et statistiques sur les légionnaires et les recalés à l'engagement sont les plus nombreux. La provenance, la profession et les motivations des engagés, leur démobilisation qui les expose au recrutement des services étrangers sont analysées ; les indésirables non engagés sont fichés.

Dans l'entre-deux-guerres, le renseignement de la Légion est progressivement intégré au cycle du renseignement des services spéciaux militaires, au terme d'un constant effort de coordination du renseignement spécifique de la Légion au renseignement militaire par l'État-major de l'armée, dans une défense impériale globale des intérêts français. L'outil est appelé à servir au début de la Seconde Guerre mondiale, puis après 1945.

Olivier FORCADE

Bibl. : Pierre-Louis Dubois, *Les Services de renseignement de la Légion étrangère pendant l'entre-deux-guerres*, mémoire de fin d'études de l'École spéciale militaire de Saint-Cyr sous la direction d'Olivier Forcade, 1998 • Olivier Forcade, *La République secrète. Histoire des services spéciaux français de 1918 à 1939*, Nouveau Monde Éditions, 2008, p. 401-409 • Alexis Neviaski, *Képi blanc, casque d'acier et croix gammée*, Fayard, 2012.

ESPLE (1er). – Le 1er janvier 1961, la première compagnie saharienne portée de la Légion étrangère change d'appellation pour devenir le premier escadron saharien porté (1er ESPLE), formant corps comme chacune des autres unités sahariennes de Légion. L'escadron prend alors les attributs de la cavalerie et reçoit le matériel adapté à ses missions ; les légionnaires portent l'uniforme des anciennes compagnies sahariennes de l'armée française. L'encadrement, officiers de l'arme blindée cavalerie, provient du 1er régiment étranger de cavalerie.

Implanté en Algérie à Ksar el-Hiran, le 1er ESPLE tient le secteur de Laghouat et de Ghardaïa. Après un raid éclair sur In-Salah en avril 1961, il participe à plusieurs opérations dans le djebel Bou-Kahil et la région de Gardhaïa, et fait des tournées de police destinées à assurer la sécurité dans le périmètre du gisement de gaz naturel d'Hassi R'Mel. Lors du coup de force des généraux d'Alger en avril 1961, l'escadron commandé par le capitaine Gaud est chargé d'assurer la garde des personnalités civiles et militaires – dont le commandant en chef en Algérie, le général Gambiez, ancien lieutenant de Légion – arrêtées par les légionnaires du 1er régiment étranger de parachutistes et envoyées à Ouargla en résidence surveillée. Un autre raid, en juillet 1961, conduit l'escadron au complet à Fort-Thiriet, à la frontière libyenne. Celle-ci est en effet menacée dans le saillant de Ghadamès que revendiquent les Libyens. Après la proclamation de l'indépendance de l'Algérie, l'unité stationne à Reggan et à Aoulef afin d'assurer la protection des sites militaires du Sahara. Le 9 août 1962, le lieutenant Gelas et trois légionnaires tombent sous les balles de l'Armée de libération nationale (ALN), dernier tribut payé par la Légion dans la guerre d'Algérie. La réorganisation et la réduction du format conduisent à la dissolution de l'escadron le 31 mars

1963. Ses hommes sont alors répartis au sein de la 5e compagnie portée du 2e régiment étranger d'infanterie (5e CP/2e REI).

André-Paul Comor

Sources : DHPLE, JMO du 1er ESPLE.

ESPRIT DE CORPS. – Selon le *Robert*, l'esprit de corps est « l'esprit d'attachement et de dévouement au corps auquel on appartient ». Cette définition trop concise doit s'entendre ainsi : « esprit d'attachement et de dévouement au corps de tous ceux qui en font partie ». L'esprit de corps n'est pas une création spontanée : il naît d'un consensus que les officiers ont suscité et qui se développe, s'entretient et se renouvelle. Il peut aussi s'affaiblir jusqu'à disparaître. Aux heures les plus difficiles de son histoire, la Légion étrangère a su éviter ce mal.

En 1832, un an après sa création, l'esprit de corps n'existe pas encore à la Légion, ainsi qu'en témoigne le combat de Sidi Mohamed Titteri. Trois ans plus tard, si les bataillons italien et polonais se sont donné chacun un esprit de corps, leur rivalité à la bataille de la Macta démontre que l'esprit de corps légionnaire reste à créer. Il naît et se développe à partir de 1836 dans la nouvelle Légion grâce à l'action du chef de bataillon Bedeau, formant des unités multinationales, des officiers qui l'entourent comme le capitaine de Saint-Arnaud et de leurs successeurs. Sa solidité se manifeste durant la bataille de l'Alma (20 septembre 1854) : un bataillon de marche formé de compagnies provenant des deux régiments de la Légion donne l'exemple de la rigueur, de l'efficacité et du courage à toute l'armée française. Depuis lors, l'esprit de corps de la Légion a connu des hauts et des bas, mais, même lors de la création d'unités dans l'urgence (en 1870, 1914 et 1939), il s'est maintenu et s'est adapté : la cohésion d'une compagnie armée de fusils se chargeant par la bouche diffère de celle d'une unité dotée de grenades, de fusils automatiques et de mitrailleuses.

L'esprit de corps se manifeste tant à l'extérieur qu'à l'intérieur de la Légion par des signes de reconnaissance (uniformes, emblèmes et fanions, insignes, chants, etc.), des actes quotidiens (manière de se présenter, rapport du commandant d'unité, présentation de la garde au chef de corps) et des fêtes. Chacune de ces dernières apporte une touche particulière à l'esprit de corps. Noël est la fête de la famille légionnaire. Par-delà ses airs de carnaval, la fête des Rois exprime l'unité de l'encadrement officier et sous-officier. Camerone enfin célèbre l'esprit de sacrifice. Ce rituel ne serait qu'un folklore s'il n'illustrait les principes qui fondent l'esprit de corps.

Ces principes se résument en trois devises : celle des drapeaux d'hier, « Valeur et Discipline », celle des emblèmes d'aujourd'hui, « Honneur et Fidélité », et celle des légionnaires « *Legio patria nostra* » (« La Légion est notre patrie »). Le premier de ces principes est l'honneur, car il est le fondement, selon Montesquieu, des sociétés de type monocratique comme les armées. L'honneur en effet lie le supérieur au subordonné ; il commande au premier de ne rien ordonner qui soit contraire au bien commun ainsi qu'aux lois et règlements et au second d'obéir en confiance. De l'honneur en outre découlent naturellement la fidélité au niveau de la morale et la discipline à celui de l'action. La valeur quant à elle – à donner tant à soi-même qu'à son corps – impose d'être soutenu par une volonté inébranlable et permanente d'améliorer la qualité de son service et d'étendre ses connaissances au-delà du nécessaire. Ce perpétuel approfondissement des compétences engendre la polyvalence qui, dans le passé, a fait du légionnaire le soldat par excellence des opérations outremer. Enfin, *Legio patria nostra* : car quelles que soient sa nationalité et ses motivations, le légionnaire s'enracine dans la Légion.

Henry DUTAILLY
& Christian RIDET

EST, route de l' (Guyane). – Portion du projet de la route transamazonienne atlantique, compris entre Cayenne et Saint-Georges-de-l'Oyapock sur la frontière brésilienne. Sa réalisation, sous la tutelle de la Direction départementale de l'équipement (DDE), fut conduite entre 1971 et 1998. Les unités militaires furent les acteurs principaux du percement de la partie comprise entre la rivière Comté et le fleuve Approuague (73 km). À partir de 1971, les unités du service militaire adapté (SMA) construisirent la route de l'Est du carrefour du Gallion (km 19 ou PK 19) à la région de Maripa (PK 48), tout en préparant la trace de déforestage jusqu'à la crique Hervo (PK 68). Le 3e régiment étranger d'infanterie (REI), à son arrivée en Guyane, fut chargé de la portion comprise entre le fleuve Approuague (PK 109) et la rivière Orapu (PK 65). La 3e compagnie, partant de la rivière Comté, conduisit une mission pédestre de douze jours à travers la forêt pour rejoindre le village de Régina et s'y installer à partir de décembre 1973. Renforcée en moyens lourds de terrassement acheminés par l'Océan et le fleuve Approuague, elle créa le camp Szuts, base de départ du détachement de travaux mis en place par le 3e REI.

Le chantier débute alors en deux directions : vers l'est, il faut construire 6 km de route entre le camp Szuts et le village de Régina ; vers l'ouest, il faut construire un minimum de 38 km jusqu'à la rivière Orapu. Les deux compagnies de combat se relaient lors des saisons sèches pour réaliser la trace topographique et abattre les arbres, tandis que le détachement de travaux établit le terrassement avec ses engins. En novembre 1977, la mission des compagnies de combat du 3e REI est finie : la jonction du tracé sommaire est faite avec les éléments du SMA sur l'Orapu. Le détachement de travaux prend alors son autonomie et devient compagnie d'équipement, aux ordres du capitaine Arnould, le 1er juillet 1978. Cette unité travaille avec sa base au camp Szuts et sa tête de chantier au camp Jeanpierre. Elle procède au terrassement d'une chaussée en latérite de cinq mètres de large, livrée à la DDE par portions successives entre 1977 et 1984, année d'ouverture de cet axe à la circulation. En 1985, elle franchit l'Approuague et entame le percement de la route entre Régina et Saint-Georges. Elle avait construit les cinq premiers kilomètres en 1986, quand est tombé l'ordre de rejoindre Kourou pour assumer une nouvelle mission. La route de l'Est fut achevée en 1998 par la DDE.

Philippe GUYOT

ÉTAT CIVIL POUR LA DURÉE DE LA GUERRE. – Les ressortissants des pays ennemis de la France peuvent demander de ne pas combattre leurs concitoyens. Ceux qui acceptent de le faire reçoivent un « état civil pour la durée de la guerre » qui francise leur identité. Par ce moyen, on veut éviter des représailles sur leur famille et une condamnation pour trahison s'ils sont faits prisonniers. Certains d'entre eux ont conservé leur nom de guerre après 1945.

Henry DUTAILLY

ÉTHIQUE DU LÉGIONNAIRE. – Les pages que *Vers l'armée de métier* consacre à l'emploi des blindés occultent souvent celles, plus nombreuses, qui définissent une éthique du militaire. À défaut de texte sur l'éthique du légionnaire (le code d'honneur du légionnaire est plus un guide pour un examen de conscience que le résumé d'un manuel d'éthique), celle du militaire va servir de référence pour définir l'éthique du soldat de métier particulier qu'est le légionnaire.

L'éthique du militaire se fonde sur l'esprit de corps sans lequel il n'est pas de formation combattante qui vaille. Fier du corps dans lequel il sert et soucieux d'en perpétuer la valeur par l'excellence de ses actes, le militaire est solidaire de ses camarades et de ses supérieurs. Dans ce dessein, il met en œuvre quoi qu'il lui en coûte quatre principes d'ordres différents.

Avant toute autre considération, il respecte une discipline tant formelle (à condition que les ordres ne soient pas stupides) qu'intellectuelle. Cette dernière incite à faire preuve d'initiative dans l'exécution de la mission : un véhicule de transport peut ainsi se transformer en engin de combat ; une ligne de défense établie sur une crête est valorisée si l'on garde un pont se trouvant à quelques centaines de mètres dans la vallée. Mais il n'est pas d'initiative utile si ceux qui coopèrent à sa mise en œuvre ne sont pas des combattants compétents. D'où la volonté sans faille d'améliorer la qualité de son service et d'étendre ses connaissances au-delà du nécessaire. Cet inlassable approfondissement des compétences engendre une polyvalence qui peut faire du combattant un bâtisseur ou un pacificateur ; il permet également de retourner contre l'adversaire les armes qu'on vient de lui prendre.

Dans ce qui vient d'être énoncé, il n'y a rien que le légionnaire ne puisse faire sien. *Vers l'armée de métier* passe cependant – quand il ne le néglige pas – sur l'esprit de sacrifice. L'esprit de corps et l'esprit de sacrifice sont complémentaires dans l'éthique du légionnaire comme la 3e compagnie l'a montré à Camerone. Mais, n'en déplaise au général de Négrier – « Vous autres, légionnaires, vous êtes soldats pour mourir et je vous envoie où l'on meurt » –, le légionnaire n'est pas fait pour être tué. Il est fait pour combattre. Les blessures, les invalidités et la mort sont des risques du métier pleinement assumés mais non des fatalités. Le légionnaire sait bien que toute erreur de sa part peut provoquer la blessure ou la mort, la sienne ou celle de camarades de combat. La conscience de cette responsabilité lui impose d'être le meilleur pour éviter des sacrifices inutiles. L'esprit de sacrifice ne se mesure pas au nombre de blessés et de morts, il se mesure au nombre de vies épargnées par le sacrifice des morts et des blessés.

Henry DUTAILLY

EUGÉNIE. – Une chanson de soldat ordinaire se transmet de bouche à oreille. Il en a été ainsi depuis l'aube des temps. L'imprimerie et surtout l'enregistrement ont bousculé les usages traditionnels sans les remplacer complètement. Ce qui signifie qu'il est très difficile, voire impossible de suivre la présence d'un chant ancien dans le répertoire en l'absence de témoignages écrits. Ainsi en est-il pour *Eugénie*.

Dès le premier recueil de chants édité par le service d'information du 1er régiment étranger le 10 avril 1959, *Eugénie* est réputée remonter à la conquête du Mexique. Malheureusement, aucun livre sur la Légion relatant l'expédition, contemporain ou ultérieur, n'en fait mention. Le chant n'apparaît dans le répertoire légionnaire qu'après la Seconde Guerre mondiale. *Eugénie* est l'adaptation de la chanson de marin *Belle Virginie*. On trouve celle-ci dans un cahier rédigé par le garde-phare de l'île de Noirmoutier en 1832 et dans celui d'un marin de Saint-Jean-de-Monts en 1899. La destination est alors l'Amérique. Une version recueillie au Québec mentionne toutefois le Mexique. Le *Chansonnier des compagnons de France*, imprimé à Chambéry en 1943, publie une version dont la mélodie se rapproche de la version militaire avec la destination du Mexique, et dont le titre est *Ugénie*. Mais là non plus il ne s'agit pas d'un recueil destiné aux soldats. Ainsi, le chant *Eugénie* se rapportant à la campagne du Mexique a pu réellement appartenir au répertoire légionnaire de l'époque, mais pour l'instant aucun témoignage n'en a été retrouvé. Il est possible qu'il ait disparu du répertoire pour y être réintroduit par la suite, mais ce retour n'a pu s'effectuer sans une source documentaire qui reste à découvrir.

Depuis 1959, *Eugénie* est publiée systématiquement dans les rééditions du recueil de chants de la Légion. Ce chant figure de plus dans de nombreux autres recueils et enregistrements militaires en dehors de l'institution. Qu'il soit le seul (reconnu comme tel) témoin du combat de Camerone a incontestablement contribué à sa popularité au sein de la Légion.

La partition ci-après reproduit celle de l'édition 1993 du recueil officiel (page 42) :

1. Eugénie les larmes aux yeux,
Nous venons te dire adieu,
Nous partons de bon matin
Par un ciel des plus sereins.

Refrain :
Nous partons pour le Mexique
Nous partons la voile au vent,
Adieu donc belle Eugénie,
Nous reviendrons dans un an.

2. Ce n'est pas commode du tout
Que de penser à l'amour,
Surtout quand il fait grand vent
Par-dessus l'gaillard d'avant.

Thierry Bouzard

EVDG. – Pour la première fois en 1870, la Légion intervient sur le sol métropolitain. Devant l'urgence de la situation militaire, après la proclamation de la république, le 4 septembre à Paris, il est fait appel aux troupes d'Afrique du Nord. Deux bataillons de la Légion sont envoyés en France, les légionnaires d'origine allemande demeurant à Sidi-Bel-Abbès, afin qu'ils n'aient pas à combattre les leurs. En outre, et c'est la nouveauté essentielle, il est créé en métropole le 5e bataillon de la Légion, destiné à incorporer les étrangers résidant en France et souhaitant combattre aux côtés des Français pour la durée de la guerre. Pour la première fois, la notion d'« engagés volontaires pour la durée de la guerre » (EVDG) apparaît alors. Ce 5e bataillon participe notamment à la bataille d'Orléans, le 10 octobre 1870, avant de connaître la pitoyable épopée de l'armée de l'Est. Après la fin de la guerre de 1870, il participe à la répression de la Commune de Paris.

En 1909 est créé à Liège un mouvement dit des « Amitiés françaises », animé surtout par des Italiens et des Américains. À l'entrée en guerre de la France, en 1914, les engagements signés auprès de cet organisme n'ont aucune valeur légale, bien entendu. La seule solution qui subsiste pour des étrangers souhaitant combattre aux côtés de la France est de souscrire un engagement pour une durée de cinq ans dans la Légion étrangère. Encore faut-il se souvenir que le service ne peut être fait qu'en dehors du territoire métropolitain. Le 8 août 1914, le gouvernement contourne cette clause en faisant paraître un décret qui permet l'engagement dans la Légion étrangère de volontaires étrangers pour la durée de la guerre, à partir du 20e jour de la mobilisation. C'est l'afflux aux Invalides, et des bureaux permanents doivent être ouverts. Le 25 août, des cadres de la Légion quittent Sidi-Bel-Abbès pour constituer un dépôt à Lyon, qui devient dépôt du régiment de marche de la Légion étrangère (RMLE). Après les pertes terribles de l'offensive d'Artois, le général Joffre décide, le 1er novembre 1915, de fusionner les deux régiments de marche de la Légion qui existaient alors.

Au total, durant la Grande guerre : 4 913 Italiens, 3 393 Russes, 1 467 Suisses, 1 462 Belges, 1 369 Austro-Hongrois (surtout des Tchèques), 1 072 Allemands (Polonais et Baltes), 869 Espagnols, 592 Libanais-Syriens, 541 Luxembourgeois, 500 Arméniens et 200 Américains (surtout parmi ceux résidant hors des États-Unis) se sont engagés à titre EVDG.

La loi du 5 août 1914 prévoit, pour la première fois, la naturalisation automatique des hommes qui ont souscrit un engagement de cinq ans dans la Légion étrangère. Cette dérogation au droit commun s'est perpétuée jusqu'à nos jours. Au début de 1919, les 1 240 volontaires étrangers du RMLE, engagés volontaires pour la durée de la guerre, sont rassemblés à Lyon pour y être démobilisés. En 1920, les libérations induites par la fin des EVDG occasionnent une véritable restructuration des unités de la Légion, avec notamment le remplacement du régiment de marche de la Légion étrangère par le 3e régiment étranger d'infanterie (REI). Il est à noter que Lazare Ponticelli, dernier poilu français, mort en 2009, a appartenu au 4e régiment de marche du 1er Étranger, dit « légion garibaldienne » – il s'est engagé le 24 août 1914 avec le matricule 19718.

On retrouve les mêmes procédures d'EVDG au moment de la déclaration de la Seconde Guerre mondiale. Afin d'accueillir les engagés volontaires, un dépôt est créé le 2 septembre 1939 à Sathonay. Les légionnaires (environ 2 000) viennent d'Afrique du Nord ; des réservistes se joignent à eux. En novembre, un régiment de Légion étrangère est constitué au camp de la Valbonne, près de Lyon. À partir de ce noyau, il s'agit de mobiliser les Français qui ont déjà servi dans la Légion, qu'ils soient naturalisés ou pas. Ce noyau donne naissance au 11e REI, créé officiellement le 6 novembre, en partie constitué d'EVDG et qui est placé sous le commandement du colonel Maire. Il se trouve d'abord sur les avants de la ligne Maginot aux alentours de Sierck. Intégré à la 6e division nord-africaine, il participe aux durs combats des Ardennes. Entre le 18 et le 22 juin 1940, il se trouve encerclé à Saint-Germain-sur-Meuse. Son deuxième bataillon se sacrifie, conformément à la tradition légionnaire, pour permettre au reste de l'unité d'échapper à la captivité. Lors de la signature de l'armistice, le 22 juin 1940, le 11e REI a perdu les deux tiers de son effectif. Le 12e REI, créé le 25 février 1940, qui intègre environ 900 EVDG, est confié au colonel Besson, lui aussi au camp de la Valbonne. Avec la 5e division d'infanterie (DI), il participe à la défense de Soissons où il subit de lourdes pertes, de l'ordre des deux tiers. Il assure ensuite des missions d'arrière-garde sur la Marne et la Seine. À l'armistice, il ne reste plus que 300 légionnaires dans l'unité.

Le 1er régiment de marche des volontaires étrangers (RMVE), créé le 29 septembre 1939, comprend 2 800 EVDG. Il change d'appellation le 25 février 1940 pour devenir le 21e RMVE. Il quitte Barcarès et rejoint le 30 avril 1940 la ligne Maginot. Le 25 mai il est à Verdun, engagé au sein de la 35e DI. Les 8 et 9 juin 1940, il se replie sur l'Argonne. Il est dissous en juillet 1940.

Constitué le 24 octobre 1939, le 2e RMVE connaît un sort assez semblable. Il est composé d'EVDG de quarante-sept nationalités. Le 25 février 1940, il devient le 22e RMVE. Il combat sur le front de la Somme, dans le secteur de Péronne, où il résiste durant quatre jours. Pour échapper à l'encerclement, ayant épuisé ses munitions, il tente une percée à l'arme blanche à hauteur de Marchélepot.

Certains parcours sont assez étonnants. Ainsi les éléments EVDG du premier bataillon de marche, créé au début de 1940 à Barcarès, rejoignent-ils Beyrouth le 16 avril 1940, en constituant le 11e bataillon du 6e REI. Ils participent aux combats fratricides de 1941 entre forces vichystes et troupes de la France Libre. Le 11e bataillon est dissous après la convention de Saint-Jean-d'Acre entre Vichy et les Anglais. Les éléments de l'ancien bataillon ne pouvant rejoindre la France et ne souhaitant pas rallier les FFL sont rassemblés dans un ensemble de travailleurs étrangers mis à disposition de l'administration civile. Le 12e bataillon de pionniers, constitué en Afrique du Nord avec des EVDG, participe aux travaux de défense des unités de la Légion. Il est dissous après le 22 juin 1940.

Aujourd'hui, dans le code de recrutement des personnels de l'armée, il est encore prévu le cas de « ressortissants étrangers servant dans les armées pour tout ou partie de la durée de la guerre » (article 26 du chapitre II, « Recrutement »).

François Cochet

EXTRADITION. – L'extradition est le mécanisme juridique qui consiste en la remise par le gouvernement français, sur leur demande, aux gouvernements étrangers avec lesquels il a passé un accord, de tout individu se trouvant sur le territoire national et qui fait l'objet d'une poursuite pénale par l'État requérant ou d'une condamnation prononcée par ses tribunaux. Sa complexité découle de la difficile conciliation de la protection de l'étranger accueilli et du respect par la France de ses engagements internationaux.

Procédure. L'extradition constitue une procédure particulièrement longue. Le ministère des Affaires étrangères reçoit la demande d'extradition. L'étranger est arrêté et, à moins qu'il n'accepte d'être remis à l'État requérant, il comparaît devant la chambre de l'instruction de la cour d'appel qui constate son identité avant de délivrer un avis sur la légalité de la procédure. Si celui-ci est défavorable, l'individu recouvre sa liberté ; s'il est favorable, il appartient au Premier ministre d'ordonner, ou non, qu'il soit livré à l'État étranger, par un décret qui peut encore être contesté devant le Conseil d'État. Le pouvoir politique jouit donc, tout au long de la procédure, du pouvoir discrétionnaire de refuser l'extradition.

Conditions. L'extradition n'est possible que si des conditions sont réunies tenant à la personne de l'individu, aux délits qu'il a commis et au système judiciaire de l'État demandeur. La France n'extrade ni ses nationaux, du moins les personnes possédant la nationalité française au moment des faits qui leur sont reprochés, ni les réfugiés trouvant asile sur son sol. Il faut une double incrimination, c'est-à-dire que l'infraction pénale soit reconnue à la fois en France et dans l'État requérant, et qu'elle présente une certaine gravité. L'extradition est enfin exclue lorsqu'elle est sollicitée pour une infraction politique ou dans un dessein politique, que le système judiciaire de l'État requérant ne présente pas les garanties d'un procès équitable, que l'étranger encourt des actes de torture ou la peine capitale.

Application dans le cadre légionnaire. La première protection du légionnaire contre une procédure d'extradition réside dans son anonymat. La recevabilité de la demande étrangère suppose en effet que soient connues l'identité et la présence du fugitif sur le territoire. En outre, l'extradition ne peut être consentie du seul fait du service au sein de la Légion étrangère : si cette incrimination est prévue par certaines législations étrangères, elle ne figure pas dans le code pénal français. Enfin, si tous les critères juridiques sont remplis pour procéder à l'extradition d'un légionnaire, le Premier ministre conserve la liberté politique de rejeter la demande en raison des services rendus à la France. Cette dernière situation peut évoluer en fonction des relations diplomatiques entre les États, elle ne saurait créer un droit acquis au bénéfice de l'étranger qui resterait sous la menace d'un changement de gouvernement ou de régime.

À la suite d'une extradition réclamée et obtenue par le gouvernement allemand en février 1929 qui s'était révélée injustifiée, le ministre de la Guerre obtient un assouplissement dans l'application de la loi du 10 mars 1927 relative à l'extradition des étrangers. En effet, ces extraditions peuvent avoir une incidence sur le moral et remettre en question la règle d'or de l'anonymat. Un autre exemple historique de plus grande ampleur s'est produit durant l'Occupation, lorsque le IIIe Reich imposa le retour outre-Rhin des légionnaires de nationalité allemande. Parmi eux se trouvaient des déserteurs de la Wehrmacht qui furent ainsi exposés à la sanction des autorités nazies.

Julien SOUPLET

Sources : SHD-Terre, 7N 2 2122.

F

FABER, caporal François (1887-1915). – Fils d'un Luxembourgeois et d'une Française, François Faber naît à Aulnay-sur-Iton (Eure) le 26 janvier 1887. À dix-sept ans, un ami lui apprend à se servir d'une bicyclette. C'est une révélation. Il se passionne pour ce mode de déplacement, achète une bicyclette, s'entraîne durant ses loisirs et s'inscrit à des courses cyclistes. Les succès qu'il remporte l'incitent à participer au Tour de France en 1907. À Nice, il est éliminé pour être arrivé hors délais. L'année suivante, il impose son rythme au Tour qu'il termine deuxième : il est le seul coureur qui n'ait pas mis pied à terre dans l'ascension du ballon d'Alsace. En 1909, il gagne le Tour de France, Paris-Roubaix, Paris-Bruxelles et Paris-Tours. Par la suite, il accumule les places d'honneur dans les courses auxquelles il participe. Le 30 octobre 1913, il épouse une Française qui lui donnera une fille née dans les premiers jours de mai 1915. Engagé volontaire pour la durée de la guerre en août 1914 au 2e régiment de marche du 1er Étranger, il est nommé caporal le 1er octobre.

Tué le 9 mai 1915 au cours de la deuxième bataille d'Artois, le caporal François Faber a été décoré de la médaille militaire et de la croix de guerre à titre posthume. Par sa vie sportive et par son engagement en 1914, il illustre l'adage de Canudo et Cendrars : « Tout homme a deux patries, la sienne et la France. »

Henry DUTAILLY

Bibl. : « Histoires d'Hommes, Honneur Fidélité, Légion étrangère, Biographie n° 12, Franz Faber », *Képi blanc Magazine*, 2008.

FABULATION. – Le légionnaire est un homme singulier qui a sa part de mystère. Aussi apparaît-il au regard du grand public comme un être *mystérieux* : déjà, à la veille de la Grande Guerre, le journaliste et écrivain Georges d'Esparbès livre aux lecteurs ce qualificatif qui, depuis, lui colle à la peau. Cette double personnalité ressort-elle du mythe littéraire ou reflète-t-elle une réalité difficile à cerner ? Mythomane avant tout ? Son engagement, lorsqu'il a franchi le pas, fait plonger le légionnaire dans l'inconnu de son nouvel univers : sa vie au sein de la Légion commence le plus souvent par une identité « déclarée » tirée de son imagination. *L'homme nouveau* peut alors adopter des attitudes diamétralement opposées : garder farouchement le secret de sa vie « antérieure » ou user de la fabulation qui peut l'aider à devenir lui-même reflet de l'image du légionnaire reçue – attendue ? – par l'opinion publique. La variété des destins individuels ne permet cependant pas de conclure sur sa mythomanie. Car sous l'anonymat la part d'ombre contribue à le transformer, parfois malgré lui, en cet *homme sans nom* décrit par les romanciers. Seule, à ce jour, la littérature sous ses formes les plus élaborées offre au néophyte le moyen de pénétrer l'univers singulier – au sens propre – et unique de la Légion étrangère. Toutefois, l'engagé volontaire du XXIe siècle renvoie aux oubliettes de l'histoire le légionnaire mythomane de l'époque coloniale.

André-Paul COMOR

Bibl. : Georges d'Esparbès, *Les Mystères de la Légion étrangère*, Flammarion, 1912 • Jean des Vallières, *Sous le drapeau de la Légion étrangère. Les hommes sans nom*, Albin Michel, 1933.

« FAIRE CAMERONE ». – Expression le plus souvent reçue et interprétée de manière extensive comme la marque même de la Légion étrangère au combat et l'exaltation du sacrifice du légionnaire dans l'accomplissement de la mission. À plusieurs reprises, dans des combats restés célèbres, des formations de la Légion ont renouvelé le sacrifice de la 3e compagnie du régiment étranger à Camerone, le 30 avril 1863. C'est le cas pour le 2e Étranger à El-Moungar – combat connu sous le nom de « Camerone des sables » – dans les confins algéro-marocains (1900 et 1902), à Messifré et Rachaya (1925) dans la montagne libanaise, sans oublier les combats de Palmyre en juin 1941, ceux de Bir Hakeim en Cyrénaïque (compagnie Messmer) le 10 juin 1942, enfin, plus près de nous, de la route coloniale n° 4 au Tonkin en octobre 1950. Derrière la formule, les soldats de toutes armes et de tous pays reconnaissent et saluent la valeur et le sacrifice du légionnaire.

Henry DUTAILLY

FAMILLE. – Il n'est pas rare de lire ou d'entendre que la Légion étrangère constitue une famille. Le substantif est employé couramment sans qu'il soit possible de dater avec exactitude son introduction dans le vocabulaire et le langage communs aux légionnaires et aux anciens. Si la camaraderie pratiquée entre « frères d'armes » est habituellement évoquée dans les armées, pour autant peut-on dire que les liens tissés au sein de la Légion s'apparentent à ceux d'une famille ? Les attaques et les critiques dont elle a fait l'objet depuis sa création ne peuvent à elles seules expliquer cette sorte de repli identitaire que sous-entend l'introduction dans le vocabulaire – à usage interne et externe – d'un substantif concurrent de la devise chère aux traditionalistes : *Legio patria nostra*. La remarque vaut également pour l'emploi récent de « communauté légionnaire ». Pour expliquer ce glissement sémantique, il faut remonter aux années 1940 : la situation matérielle dans laquelle se trouvaient les légionnaires en fin de contrat comme les difficultés auxquelles étaient confrontées des familles de sous-officiers après la Seconde Guerre mondiale avaient conduit des chefs de corps du dépôt commun des régiments étrangers à relever ces nouveaux défis. Sans aucun doute les « pères Légion » étaient-ils les mieux placés pour mettre en œuvre cette politique « familiale », aboutissement d'un commandement parfois qualifié de paternaliste et protecteur. Soucieux du bien-être des légionnaires, ils n'avaient en effet de cesse d'aider les plus démunis et de renforcer les liens au sein de la « famille » légionnaire. Les efforts furent couronnés de succès avec la mise en place d'un service, le service du moral et des œuvres de la Légion étrangère – ou SMOLE – en 1953, qui depuis justifie pleinement l'usage d'un substantif devenu familier et adopté par les autres composantes de l'armée de terre.

André-Paul COMOR

FANION DE LA LÉGION, Le. – Il existe deux chansons sous ce titre, toutes deux connues des légionnaires, et composées pratiquement en même temps (1936 et 1937) par de grands chansonniers (Vincent Scotto, Raymond Asso et Marguerite Monnot). Toutefois, seule la composition de Vincent Scotto est entrée dans le répertoire. C'est un compositeur talentueux et prolifique (4 000 chansons, 60 opérettes, 200 musiques de film) ; les plus grands interprètes ont chanté ses compositions (Damia, Maurice Chevalier, Mistinguett, Fréhel, Polin, Félix Mayol notamment). Sa chanson est composée pour l'opérette *Ceux de la Légion*, créée au Théâtre Antoine le 15 juin 1937, et à l'origine n'a pas pour titre *Le Fanion de la Légion* mais *Les Fortes Têtes*. Les paroles ont été écrites par René Sarvil, Raymond Vincy et Philippe Loriol, la chanson créée par le chanteur Georgel.

Sous le même titre, une autre chanson, écrite en 1936 par Raymond Asso (ancien légionnaire), sur une musique de Marguerite Monnot, a été popularisée par Marie Dubas puis par Édith Piaf : « Tout en bas, c'est le Bled immense / Que domine un petit fortin. / Sur la plaine, c'est le silence, / Et là-haut, dans le clair matin, / Une silhouette aux quatre vents jette / Les notes aiguës d'un clairon, / Mais, un coup de feu lui répond. / Ah la la la, la belle histoire… » Mais si cette dernière a figuré dans quelques recueils légionnaires (*Chante Légion*), elle n'a donc jamais été intégrée au recueil officiel malgré sa popularité. La raison en est simple : elle n'a pas été écrite pour être chantée par des soldats du fait de la difficulté de son interprétation.

Alors que quarante ans plus tôt le légionnaire était chanté par des hommes (Paulus, Dalbret), ce sont maintenant des femmes qui l'intègrent à leur répertoire. Par ailleurs, et contrairement à une autre chanson de Raymond Asso interprétée par Édith Piaf sur le même thème (*Mon légionnaire*), ce n'est plus l'homme qui est le sujet principal mais l'institution. Le thème du *Fanion de la Légion* est similaire aux chansons glorifiant le comportement des soldats au combat (*Marche des tirailleurs*, *Sidi-Brahim*…), mais le combat est ici traité sous la forme vécue d'un reportage, non sous la forme d'un récit idéalisé, et l'émotion est d'autant plus forte que la chanson est interprétée par une femme. Les circonstances évoquées par les paroles pourraient très bien se rapporter à la défense de Messifré (en Syrie) contre les Druzes, le 17 septembre 1925. Elles illustrent l'esprit qui est inculqué aux légionnaires depuis Camerone et qui suscite l'admiration des populations et la crainte de leurs adversaires. Si cette chanson est à la gloire de la Légion, dans le contexte de l'époque c'est aussi un incontestable témoignage de patriotisme. Elle est bien différente de la chanson écrite sur la mélodie de Scotto où ce n'est plus l'histoire dramatique d'un combat qui est relatée mais l'affirmation des caractéristiques qui distinguent le légionnaire dans l'esprit de la population (mauvaise réputation, abandon du passé, départ pour le désert…) et entretiennent sa légende. Cette chanson figure dans tous les recueils de chants officiels édités par la Légion, mais ses auteurs ne sont jamais mentionnés. Signe de sa popularité au sein de l'armée, elle a été adaptée par les troupes de marine.

La partition ci-après reproduit celle de l'édition 1993 du recueil officiel (page 54) :

Refrain :
As-tu vu le fanion du légionnaire,
As-tu vu le fanion de la Légion,
On nous appelle les fortes têtes,
On a mauvaise réputation,
Mais on s'en fout comme d'une musette,
On est fiers d'être à la Légion, à la Légion,
Et ce qu'ignore le vulgaire,
C'est que du soldat au colon,
Ils ont une âme de mousquetaire,
Les légionnaires.

1. Du Tonkin à Casa,
De Beyrouth à Dakar,
De Sidi-Bel-Abbès aux sables brûlants de Meknès,
La grenade au képi, sans peur et sans répit,
Lorsque l'un de nous meurt,
Nous reprenons avec ardeur.

2. Quand dégoûté, lassé,
Honteux de son passé,
On rencontre un p'tit gars
Mourant des rigueurs d'ici-bas,
On lui dit « viens petit,
Chez nous chercher l'oubli »,
Sous un soleil de plomb,
Chanter notre plus belle chanson.

Thierry BOUZARD

FARNSWORTH, Henry Weston (1890-1915). – Né à Dedham dans le Massachusetts, diplômé du collège de Groton, Henry Weston Farnsworth entame des études supérieures à Harvard à la fin de 1908 mais, attiré par l'aventure, décide d'interrompre sa scolarité et d'embarquer pour l'Angleterre. Il est à Melbourne quelques mois plus tard, où il gagne sa vie comme berger. Rentré aux États-Unis, il achève ses études en 1912 avant de faire le voyage initiatique et traditionnel en Europe : il parcourt la Hongrie et la Russie, jusqu'à Odessa.

À l'annonce de la guerre entre l'Entente balkanique (Bulgarie, Grèce, Monténégro et Serbie) et l'Empire ottoman, il se rend dans la zone des combats en se présentant comme correspondant de guerre « indépendant ». Il publie ensuite *Le Journal de marche d'un présumé correspondant de guerre* qui le fait remarquer et recruter par le *Providence Journal* en qualité de correspondant (officiel) au Mexique pendant la révolution de 1913.

En 1914, lorsque la guerre éclate, il est en Angleterre et se rend aussitôt à Paris. Il espère combattre en s'engageant dans un corps de volontaires mis sur pied par un vétéran de la guerre des Boers (1899-1902), « les scouts montés de Bles », qui n'est pas reconnu comme force combattante par le gouvernement français. Il ne renonce pas pour autant et le 5 janvier 1915 franchit le pas comme nombre de jeunes intellectuels américains avant lui : il s'engage à la Légion étrangère. Versé au 2ᵉ régiment de marche du 1ᵉʳ régiment étranger (2ᵉ RM/1ᵉʳ RE), il est tué le 28 septembre 1915 lors de l'offensive en Champagne. Ses impressions sont relatées dans les *Letters of Henry Weston Farnsworth from the Foreign Legion*, envoyées aux membres de sa famille et publiées par son père, William, en 1916.

Le nom d'Henry Farnsworth est gravé sur un monument élevé aux volontaires américains tombés au champ d'honneur, place des États-Unis, à Paris. De plus, en 1920, sur les lieux des combats, à Souain-Perthes-les-Hurlus en Champagne, la famille Farnsworth a fait ériger un monument dédié à la Légion étrangère (« Monument américain ») sur les plans de l'architecte Alexandre Marcel.

Charles RIDET

Bibl. : Paul Ayres Rockwell, *American Fighters in the Foreign Legion 1914-1918*, Boston-New York, Houghton Mifflin Co., 1930.

FAULQUES, commandant Roger (1924-2011). – « Homme aux mille vies », « légende vivante » pour le journaliste Jean Guisnel : les formules ne manquent pas pour évoquer Roger Faulques. Certains de ses camarades de combat ont brossé de lui des portraits chaleureux (Hélie de Saint Marc, Roger Trinquier). Pourtant, celui qui pour Saint Marc a eu « une importance capitale dans [s]a vie » et « mériterait un livre entier » n'a jamais pris la plume pour raconter son itinéraire et ses combats.

Maquisard au sein des Forces françaises de l'intérieur à vingt ans dans les Basses-Pyrénées, Roger Faulques rejoint ensuite le corps franc Pommiès. Remarqué pour sa conduite au feu qui lui vaut une première citation, il intègre l'École militaire interarmes comme élève officier. Sous-lieutenant, il rejoint le 1er bataillon du 3e régiment étranger d'infanterie en janvier 1946. La phase indochinoise débute et son parcours militaire ponctué de citations, de blessures et de faits d'armes (secours du poste de Phu Tong Hoa en juillet 1948) lui vaut d'être fait chevalier de la Légion d'honneur à vingt-trois ans. Ce sont cependant son second séjour indochinois et les combats de la route coloniale nº 4 (Dong Khé) qui transforment le soldat valeureux en légende. Le 7 octobre 1950, alors que la situation des forces françaises engagées est quasi désespérée, le lieutenant Faulques reçoit, en pleine nuit, l'ordre de dégager une position qui est la seule issue permettant à l'ensemble des troupes de se sortir d'une souricière habilement mise en place par le Viêt-minh. À la tête du peloton de soixante élèves gradés du 1er bataillon étranger de parachutistes (BEP) qu'il commande, Faulques se lance à l'assaut. Il reste debout jusqu'à ce qu'une quatrième blessure le mette à terre. C'est une hécatombe générale pour le 1er BEP qui est dissous après cette opération. Laissé pour mort sur le champ de bataille, Faulques, récupéré par le Viêt-minh quelques jours plus tard, est rendu mourant aux autorités françaises. Rapatrié sanitaire en métropole, promu au grade d'officier de la Légion d'honneur, il garde de l'empreinte physique de cette épreuve une grande balafre au travers de la joue et une jambe raide. Promu capitaine en 1951, il n'en décide pas moins de revenir en Indochine en 1953 et y gagne deux nouvelles palmes. La marque de l'Indochine est profonde pour celui qui considère que « les survivants de cette épopée ont conscience d'avoir forgé là-bas un type de soldat particulier […], soldats de l'impossible, sans calculs, sûrs d'eux-mêmes et orgueilleux de leurs sacrifices, ayant enterré dans cette terre d'Extrême-Orient leurs illusions de jeunesse et les meilleurs de leurs camarades, ce qui est peut-être le prix à payer pour vivre en hommes ».

Roger Faulques sert ensuite en Algérie, au 1er REP. Durant la bataille d'Alger, il en est l'officier de renseignement puis sert ensuite à l'état-major de la 10e division parachutiste (DP). Dans les débats sur la torture, son nom est revenu à différentes reprises. La description qu'en propose Saint Marc, celle d'« un homme d'explosions brusques et de feu », dont « le regard brûlait d'une lueur dévorante qui fascinait ses interlocuteurs ou qui les effrayait », se retrouve dans le portrait qu'en brosse le journaliste communiste et ancien directeur d'*Alger républicain* Henri Alleg dans *La Question*. Il mentionne la présence de Faulques au cours de son dernier interrogatoire, un Faulques aux « lèvres pincées et méchantes » et aux « yeux clairs et brillants » qu'il dépeint comme « le chef des tortionnaires de la villa Sésini ». En même temps, ce dernier joue avec lui de la provocation : « Vous pouvez me regarder, je suis le capitaine Faulques, vous savez, le fameux capitaine SS. Vous avez entendu parler ? » L'affaire est provisoirement close. Après la 10e DP, Faulques est promu chef de bataillon en octobre 1959 et retrouve la Légion (2e REP) dont il assure le commandement en second à l'été 1960. Élevé au grade de commandeur de la Légion d'honneur, largement désabusé par la politique algérienne de la Ve République, il décide de quitter l'armée et commence une nouvelle carrière de « mercenaire ». Celui que Bob Denard surnommait « notre patron à tous » entame cette nouvelle phase au Katanga (avec l'appui discret du ministre des Armées Pierre Messmer) puis au Yémen (il s'occupe principalement de la base arrière depuis Paris) et enfin au Biafra (en lien avec les réseaux Foccart).

Si la période légionnaire et algérienne se ferme pour Roger Faulques avant nombre de ses camarades, l'homme et son activité de mercenaire suscitent la controverse. Jean-François Kahn publie en particulier dans *L'Express* en novembre 1967 un article intitulé « À quoi pense un mercenaire ? ». Roger Faulques l'assigne en justice de même que Jean-Jacques Servan-Schreiber, alors directeur de l'hebdomadaire. En mars 1971, le procès s'ouvre devant le tribunal correctionnel de Paris. Il est médiatisé, la défense ayant choisi comme avocat Robert Badinter et faisant citer comme témoins Henri Alleg et Pierre Vidal-Naquet (le conseil de Roger Faulques fait citer les généraux Massu et Gracieux). Les débats sont houleux, dominés par les affaires Audin et Alleg, et encadrés par la législation sur l'amnistie. La confrontation entre Roger Faulques et Henri Alleg est rugueuse, le second s'emportant violemment lorsque le premier explique qu'il n'a « vu Henri Alleg qu'une seule fois » mais que ce dernier lui « a fourni à cette occasion une seule indication » qui lui a « permis d'arrêter des membres du comité central du Parti communiste algérien ». En définitive, Faulques obtient la condamnation de Jean-François Kahn et de Jean-Jacques Servan-Schreiber, le tribunal reprochant à l'argumentation de la défense, pour qui les écrits poursuivis correspondaient à « une vérité historique de notoriété publique », de ne pas s'être fondée « sur une histoire vraie, entière, complète, immuable, et des jugements irréfutables et constants et inscrits dans les cœurs et les esprits pour les générations futures ».

Depuis les années 1970, Roger Faulques s'est retiré de la scène publique. Cependant, s'il a quitté la Légion depuis plus de cinquante ans, son empreinte et sa mémoire restent vives dans le milieu légionnaire. Preuve en est, le 30 avril 2010, la Légion lui a confié à Aubagne, honneur insigne, la charge de porter la main prothèse du capitaine Jean Danjou qui commandait les troupes de Camerone.

Olivier DARD

Bibl. : Henri Alleg, *La Question*, Éditions de Minuit, 1961 • Hélie Denoix de Saint Marc, *Mémoires. Les champs de braises*, avec la collaboration de Laurent Beccaria, Perrin, 1995 • Philippe Salson, *Les Débats autour de la guerre d'Algérie à travers* Le Monde. *D'une amnistie à l'autre 1968-1982*, mémoire de maîtrise d'histoire contemporaine, université de Bordeaux-III, 2001 • Roger Trinquier, *Le Temps perdu*, Albin Michel, 1978.

FAURAX, chef de bataillon Marius (1849-1892). – Issu d'une famille de riches négociants lyonnais, Marius Faurax s'engage à dix-neuf ans comme soldat au 77e régiment d'infanterie de ligne. La jeune recrue progresse vite : en octobre 1868, à seulement sept mois de service, il est nommé caporal puis promu sergent en janvier 1869. Sous-lieutenant durant la guerre de 1870, il est blessé par balle le 2 août, dans la région de Sarrebruck. À peine remis, il reprend le combat et est à nouveau blessé à la jambe par un éclat d'obus qui tue son cheval. Fait prisonnier, il s'évade peu après. La croix de chevalier de la Légion d'honneur récompense son intrépidité. À vingt et un ans, le 15 janvier 1871, il est nommé capitaine au feu. Toutefois, après les hostilités, la commission de révision des grades le remet lieutenant. Il sert alors au 92e régiment de ligne jusqu'à sa nouvelle promotion au grade de capitaine, le 1er mai 1875. En 1881, adjudant-major au 101e régiment de ligne, il embarque pour la Tunisie et ne regagne la France qu'en avril 1886. Deux ans plus tard, il embarque cette fois pour le Tonkin avec un détachement du 3e bataillon d'infanterie légère d'Afrique.

En juillet 1889, Faurax est nommé chef de bataillon et affecté au 2e bataillon de Légion étrangère. À la fin de son séjour, il est chargé d'une mission officielle d'étude des armées étrangères. Il transite par la Chine, le Japon et l'Amérique du Nord. De retour en métropole, il est affecté à Sathonay mais n'y reste finalement que peu de temps puisqu'il rejoint Sidi-Bel-Abbès et retrouve la Légion en janvier 1892. Disponible, il est désigné pour prendre le commandement du bataillon de Légion partant pour le Dahomey. Débarquée à Cotonou, la colonne du colonel Dodds qui est aussi composée de marsouins et de tirailleurs indigènes s'enfonce dans la forêt en direction d'Abomey, la capitale du roi Béhanzin. Le 5 septembre, quatre mille Dahoméens attaquent la colonne qui stationnait à hauteur de Dogba. Durant ce combat d'une grande violence, plusieurs hommes sont tués ou blessés. Le commandant Faurax fait partie des victimes. Il est évacué vers l'hôpital de Porto-Novo où il meurt des suites de ses blessures dans la nuit du 19 au 20 septembre 1892.

Son corps est rapporté en France et ses obsèques ont lieu à Lyon, en l'église de la Rédemption, où il reçoit les honneurs militaires. Son nom est donné à une rue de Sidi-Bel-Abbès mais aussi, dès 1893, à une autre du 6e arrondissement de Lyon, située entre l'avenue de la Grande-Bretagne et le boulevard des Belges.

Alexis NEVIASKI

FAVREAU, général Gabriel (1910-1976). – En intégrant l'École spéciale militaire de Saint-Cyr, promotion « du Tafilalet », en octobre 1931, Gabriel Favreau, comme la majorité de ses camarades attirés par le Sud, espère participer aux dernières opérations du Maroc. L'armée d'Afrique jouit en effet, à l'apogée de l'Empire, d'un grand prestige. Muté dans la Légion en novembre 1937, le jeune lieutenant déjà marié – une exception encore dans l'entre-deux-guerres parmi les nouveaux venus – s'embarque pour le Levant où, en 1925, les légionnaires du 1er régiment étranger de cavalerie se sont illustrés. Avec ses camarades du 6e régiment étranger d'infanterie (REI), en juin 1941, il est plongé dans le drame de la guerre fratricide qui oppose les Français libres aux troupes vichystes du Levant. Déjà, un an plus tôt, après l'armistice du 22 juin 1940, il avait dû – la mort dans l'âme – abandonner l'espoir de reprendre rapidement les armes aux côtés des Britanniques. Ses carnets nous font découvrir un homme déchiré qui ne s'installe pas – ainsi qu'il a été écrit par des officiers des troupes du Levant ralliés à la France Libre – dans le confort de la « légalité » pour justifier ses actes de 1941. Après la signature de la convention d'armistice de Saint-Jean-d'Acre (14 juillet 1941), son sens de l'honneur lui dicte de refuser de rallier les Forces françaises libres, malgré son ardent désir de reprendre le combat contre les armées de l'Axe. Tout comme ses camarades rentrés en Afrique du Nord, il doit patienter jusqu'au débarquement anglo-américain du 8 novembre 1942.

Lors de la campagne de Tunisie, le 3 février 1943, au djebel Mansour, alors qu'il est à la tête de la 2e compagnie du 1er bataillon du 1e REI, le capitaine Favreau, grièvement blessé, écrit l'une des belles pages de l'histoire de la Légion. Son état de santé – il a perdu l'œil droit – ne lui permet cependant pas de reprendre un commandement opérationnel : jusqu'à la fin du conflit, mis dans un premier temps à la disposition de la mission militaire française auprès de la Ve armée américaine, il sert au Caire comme attaché militaire adjoint. En septembre 1946, il rejoint le général Juin à l'état-major de la Défense nationale, puis le suit à Rabat lorsque ce dernier est nommé résident général de France au Maroc en 1947. Quatre ans durant, le commandant Favreau sert successivement au Canadian Army Staff College et au 2e régiment de tirailleurs marocains avant de retrouver en 1952 la Légion en Indochine à la tête du 3e bataillon du 3e REI pendant un an. Il termine son séjour à l'état-major particulier du commissaire général de France en Indochine. En août 1954, le maréchal Juin l'appelle à nouveau au commandement des forces alliées terrestres du Centre-Europe, toujours à son état-major particulier. Promu colonel le 1er juillet 1958, il prend en Algérie le commandement du 5e REI, mal remis des épreuves de la guerre d'Indochine, dont il fait l'un des meilleurs régiments (de secteur) de la Légion et que le commandement n'hésite pas à engager dans le plan Challe.

Le colonel Favreau, attaché militaire depuis juin 1960 auprès de l'ambassade de France à Londres, est un moment inquiété par la sécurité militaire à la suite de la révolte des généraux en avril 1961. Général de brigade, il quitte l'armée en 1964 au terme d'une riche carrière d'officier de troupe et d'état-major. Malgré des états de service exceptionnels, il n'a pu donner la pleine mesure de ses qualités humaines et militaires reconnues par tous ses chefs, trop marqué par ses choix pendant la Seconde Guerre mondiale et par la très grande estime que lui portait le maréchal Juin, lui-même peu en cour auprès du ministre des Armées Pierre Messmer. Grand officier de la Légion d'honneur, dix fois cité, le général meurt le 18 juillet 1976 à Gassin (Var).

André-Paul COMOR

Sources : SHD-Terre, 14 Yd 775 • Fonds privé : *Journal manuscrit du lieutenant Gabriel Favreau (1940-1941).*

Bibl. : André-Paul Comor, *L'Épopée de la 13e demi-brigade de Légion étrangère, 1940-1945*, Nouvelles Éditions latines, 1988.

FÉDÉRATION DES SOCIÉTÉS D'ANCIENS DE LA LÉGION ÉTRANGÈRE. – *Voir* FSALE.

FEMMES ET FÉMINISATION. – Depuis les origines, la société militaire est un ensemble masculin employant quelques femmes à des tâches non combattantes. Il est cependant arrivé que quelques femmes d'exception participent soit occasionnellement soit de façon continue au combat. Des corps militaires féminins chargés du soutien ou des transmissions sont ainsi apparus au cours de la Seconde Guerre mondiale. La féminisation progressive de toutes les professions depuis 1945 n'a pas épargné les armées ni, à un moindre degré, la Légion étrangère.

Des blanchisseuses, des vivandières et, plus récemment, des ambulancières et des assistantes sociales lui ont été détachées. Susan Travers qui l'avait côtoyée entre 1940 et 1945 s'y est engagée à titre exceptionnel par décision du lieutenant-colonel Arnault. Depuis 1964, la féminisation a fait affecter à la Légion quelques sous-officiers et quelques médecins féminins. Parmi les premières, il faut citer le major Bontoux, médaillée militaire et titulaire de deux citations à l'ordre de l'armée méritées en Indochine. Avec compétence, tact et autorité, elle a été le chef de la section anonymat du bureau des personnels de la Légion étrangère. En reconnaissance des services rendus, elle a été nommée légionnaire de première classe d'honneur lors de son départ en retraite.

Henry DUTAILLY

FERRARI (ou FERRARY), André Camille Marie (1791-1849). – Né à Parme, André Ferrari sert d'abord dans la cavalerie du royaume d'Italie puis, sous-lieutenant, au sein des grenadiers du régiment étranger du royaume de Naples en 1809. Lieutenant en mars 1811, il passe au 130e de ligne en octobre 1813 comme lieutenant adjudant-major. De 1808 à 1813, il a combattu en Espagne, ce qui lui vaut d'être décoré de l'ordre d'Espagne en septembre 1813. L'année suivante, il participe à la bataille de Montmirail au cours de laquelle il est grièvement blessé. Il est alors décoré de la Légion d'honneur. Rentré en Italie, il s'installe à Naples et, en 1821, rejoint les rangs de l'armée de la révolution. Il figure parmi les officiers qui entourent le général Pepe lors de la défaite napolitaine à Rieti en mars. Après cet épisode, persécuté par la monarchie bourbonienne, il vit dans une grande précarité et est même brièvement emprisonné. Il gagne alors Paris, est naturalisé français en 1826 et s'engage dans la Légion étrangère dès sa création avec le grade de lieutenant d'état-major – il est particulièrement représentatif de ces nombreux anciens soldats napoléoniens italiens qui, poussés à l'exil par l'échec militaire des premières étapes du Risorgimento en 1820-1821 ou 1830-1831, viennent grossir les rangs de la nouvelle unité créée par Louis-Philippe. Il rejoint en effet ses compatriotes réunis dans le 5e bataillon sous les ordres d'un autre révolutionnaire exilé, Raffaele Poerio.

Ferrari participe à la campagne d'Algérie et est chef de bataillon dès 1832. Puis, après que le roi des Français a cédé la Légion étrangère à Isabelle II d'Espagne le 28 juin 1835 (afin de lutter contre les troupes carlistes), il s'illustre sur ce nouveau théâtre d'opérations, à la tête du 6e bataillon dans le haut Aragon puis au combat de Tirapegui, le 26 avril 1836. Il est alors décoré de l'ordre de Saint-Ferdinand. Après la démission du général Bernelle, maréchal de camp des armées royales d'Espagne, fin août 1836, et la mort au combat du colonel Conrad, le 2 juin 1837, à Barbastro, la Légion étrangère est largement décimée. Ferrari en prend la tête en juillet suivant et est élevé au grade de lieutenant-colonel par Isabelle II. De nouveau il brille, particulièrement au cours des insurrections de Pampelune et Jaca d'août à octobre 1837. En menant les débris de la Légion dans ses ultimes combats en Espagne, il obtient le grade de colonel. Enfin, à la tête des légionnaires survivants, il rentre en France le 7 janvier 1839. Il est alors élevé au rang d'officier de la Légion d'honneur et est réintégré comme capitaine au 24e de ligne. Passé lieutenant-colonel, il est mis en retraite en 1844.

De retour en Italie, Ferrari s'engage en 1848 dans l'armée piémontaise comme général de division. Appelé à Rome par le pape Pie IX, il organise un corps de volontaires – ils sont 12 000 hommes lorsque le pape fait volte-face et les rappelle. Mais les volontaires romains poursuivent leur chemin, et Ferrari prend part aux combats devant Venise assiégée. Après la victoire autrichienne, il est de retour à Rome en décembre 1848, alors qu'une junte a pris la direction des États pontificaux depuis la fuite de Pie IX. Il est nommé lieutenant général de la Garde civique romaine en janvier 1849 puis, comme les Français s'apprêtent à intervenir en faveur de Pie IX, est placé à la tête d'un corps d'observation de la République romaine à Terracina, où il meurt en juin.

Walter BRUYÈRE-OSTELLS

Sources : Archives nationales, LH/960/33 • A.S. Milano, Matricole degli Ufficiali, 78.

Bibl. : Paul Azan, *La Légion étrangère en Espagne, 1835-1839*, H. Charles-Lavauzelle, sd [1907].

FÊTES. – Les fêtes occupent une place particulière dans les régiments étrangers depuis le début du XXe siècle. L'instabilité du légionnaire en perte de repères, souvent en rupture avec son milieu, explique l'importance accordée au maintien de son moral qui peut facilement fléchir. Se définissant comme une famille, la Légion manifeste à l'occasion de Noël une attention toute particulière aux volontaires étrangers qui ont souvent rompu des liens familiaux et pour lesquels la solitude peut peser et provoquer la crise redoutée du « cafard ». Les activités autour de la célébration de la fête de la Nativité ont évolué depuis l'adoption par le commandement dans l'entre-deux-guerres de la simple veillée à laquelle tous participent, officiers, sous-officiers et légionnaires. Dans un esprit différent, après la Seconde Guerre mondiale, le jour de l'Épiphanie les officiers reçoivent les sous-officiers : pendant quelques heures le burlesque est au rendez-vous. Les fêtes de régiment sont de deux natures distinctes. Les premières coïncident avec celle d'un « saint patron » : Georges (23 avril) pour la cavalerie, Michel (29 septembre) pour les parachutistes, Éloi (1er décembre) pour le matériel, Barbe (4 décembre) pour le génie, et Cécile (22 novembre) pour la musique. Les secondes commémorent des événements marquants comme la bataille d'El-Moungar pour le 2e régiment étranger d'infanterie ou REI (2 septembre), la fête de la fourragère pour le 3e REI (14 septembre) et plus récemment la date de création du 4e RE (15 novembre). La date de la célébration de la bataille de Camerone (30 avril) est immuable depuis 1906. La directive du commandement de la Légion étrangère du 12 juillet 2005 a inscrit ces fêtes dans le marbre des traditions de la Légion étrangère.

André-Paul COMOR

Sources : DHPLE, Recueil des traditions et des spécificités de la Légion étrangère.

FILMER LA LÉGION. – Il faudra attendre une quinzaine d'années pour que le cinéma naissant (1895) s'intéresse à la Légion étrangère, ou plutôt au mythe légionnaire. Dans leur *Filmografia della Legione straniera* parue en 1992, Pierre Guinle et Giuseppe Ricci identifient en effet *Under Two Flags*, dont deux versions sortent en 1912 aux États-Unis, comme le premier film traitant de la Légion étrangère. C'est avant tout le caractère romanesque et mélodramatique du légionnaire qui retient les faveurs des producteurs, essentiellement américains. Ce mythe est véhiculé par la littérature, les témoignages, l'expérience vécue ou des études comme celle de Georges d'Esparbès parue en 1901 chez Flammarion, *Les Mystères de la Légion étrangère*.

Le légionnaire, héros heureux ou malheureux, bien souvent d'origine anglo-saxonne et d'extraction aristocratique, fuyant une blessure sentimentale ou un passé douteux, va s'imposer comme un personnage clef de la réalisation. À lui la rédemption en combattant les « méchants » insoumis et en sauvant une héroïne elle aussi en proie à un mal-être sentimental. De fait, comme le souligne Tanguy L'Aminot dans une excellente livraison sur le cinéma et la Légion parue dans la revue *Képi blanc* entre novembre 2000 et avril 2001, « ce type de scénario se retrouve tout au long de la production cinématographique sur la Légion et même dans les classiques du cinéma légionnaire que sont *Beau Geste* ou *Le Grand Jeu* ».

Peu exactes d'un point de vue historique, les premières productions s'attachent essentiellement à faire émerger des personnages et font appel au passé du légionnaire comme dans *The Unknown* où le capitaine Destinn (*sic*) découvre que le légionnaire qu'il s'apprête à faire fusiller pour désertion n'est autre que son fils. Il est intéressant de noter que cette notion de passé est en totale contradiction avec les usages légionnaires encore en vigueur qui interdisent toute référence à la « vie » précédente de l'engagé. Les messages sur l'œuvre coloniale ne commencent à s'inscrire qu'à partir de 1924 (*Les Fils du Soleil*) même si *The Dishonored Medal* (1914) avait tenté de donner aux tribus révoltées un rôle central sans rencontrer le succès. Afin de renouveler le genre, les producteurs vont ensuite utiliser l'image de la Légion étrangère dans la Grande Guerre principalement autour de rocambolesques histoires d'espionnage et, bien sûr, de l'escadrille La Fayette (ainsi Gary Cooper dans *The Legion of Condemned*, en 1928).

Bien entendu, la production cinématographique officielle du temps de guerre s'intéresse à la Légion étrangère, et le service cinématographique de l'armée produit et réalise dès sa première année d'existence des films d'actualité sur la Légion stationnée au Bois-le-Prêtre en mai 1915 et lors de l'entrée triomphale du régiment de marche du colonel Rollet à Château-Salins en 1917 : l'on découvre alors la seule représentation filmée connue du « père de la Légion ».

Quand s'achève le temps du muet, à l'exception de quatre films français – *La Légion* d'Henri Pouctal (1914), *L'Atlantide* (1921) de Jacques Feyder, *À l'horizon du Sud* (1924) de Marco de Gastyne et *Les Fils du Soleil* (1924) réalisé par René Le Somptier et décliné en huit épisodes –, toutes les productions seront nord-américaines. Tanguy L'Aminot note dans son étude que « Les années 30 marquent sans doute l'apogée du film légionnaire. D'abord en quantité puisqu'on trouve durant cette décennie presque autant de titres consacrés à ce thème que dans les vingt années précédentes et que dans les vingt années suivantes. Mais aussi en qualité puisque plusieurs œuvres sont devenues des classiques, représentatifs du cinéma de l'époque. Le passage au parlant a contribué à renouveler le genre tout autant que l'apparition d'une production européenne et française venant concurrencer Hollywood sur un terrain déjà bien conquis. Le public est un facteur décisif de cette envolée du film légionnaire et plus généralement du film colonial, car il vient à la rencontre des fantasias et du baroud [...]. Le légionnaire incarne à lui tout seul cet Orient imaginaire. » En 1930, quatre films américains ont pour sujet la Légion étrangère, parmi lesquels *Morocco*. Mais dès 1938, dans le dessein de contrer la propagande nazie, les premiers « documentaires » sur l'Empire français réalisés à la demande du gouvernement vont mettre en scène des unités stationnées dans les colonies. Ce sera le cas de *La Grande Inconnue* de Jean d'Esme (1939), mettant en scène des légionnaires du 4e régiment étranger. La participation des troupes sera également étendue à des fictions comme *Le Chemin de l'honneur* de Jean-Paul Paulin (1939).

Comme dans chaque période de conflit, les opérateurs de l'armée filment le quotidien des troupes en 1939, et ont laissé une trace de 8 secondes de la première apparition officielle des képis blancs sur les Champs-Élysées le 14 juillet 1939 dans les archives du fort d'Ivry. Les commémorations de Camerone sont également filmées et donnent lieu à un montage diffusé par le biais des journaux de guerre projetés dans les salles de cinéma et mêlant les images d'une prise d'armes du 11e régiment étranger d'infanterie (REI) alors que s'achève sa mobilisation et du 6e REI stationné en Syrie.

La vogue des films sur la Légion n'a été que provisoirement arrêtée par le second conflit mondial. Précédés par *Fort de la solitude* de Robert Vernay en 1947, près de trente films seront produits dans les années 1950, mais ils conservent, pour la plupart, les principes qui ont fait la fortune des producteurs avant guerre : palmiers, sable chaud, destins perdus et retrouvés, fortin isolé et bandes de Rifains sanguinaires. Il faut attendre l'adaptation de *Bataille dans la rizière* de Jules Roy ou *Jump into Hell* de David Butler pour que le héros du film troque la tenue de route des colonnes du Sud marocain pour le treillis camouflé. Dans la série « Regards sur l'Indochine » produite par le service presse information (SPI), de futurs grands noms du cinéma prêtent leur concours à des films comme *La Rafale* de Georges Kowal ou *Na San* de Pierre Schoendoerffer.

Malgré tout, les films qui mettent la Légion en scène peinent à délivrer des messages engagés. Bénéficiant de soutiens importants dont l'association Les amis de la Légion, la communauté légionnaire réagit toujours rapidement aux productions fantaisistes ou qu'elle considère comme malhonnêtes après y avoir participé (par exemple *Sidi-Bel-Abbès*, en 1954). Seul le conflit algérien permettra de sortir de l'action individuelle en montrant la Légion au combat contre un ennemi identifié clairement (ainsi *Marcia o crepa* de Frank Wisbar en 1964) ou engagée dans un combat idéologique (*L'Insoumis* et *Objectif 500 millions*). Les films produits après le conflit algérien se voudront des révélateurs d'une Légion étrangère force brutale et répressive, aidés par le premier véritable documentaire sur le conflit réalisé par Yves Courrière en 1972. De fait, les milieux cinématographiques des années 1960 à 1990 laisseront peu de place à une filmographie légionnaire épique malgré la tentative louable mais indigente de Raoul Coutard avec *La Légion saute sur Kolwezi* en 1978.

Avec la démocratisation de la télévision, le légionnaire rentre peu à peu mais de manière épisodique dans l'univers du téléspectateur. Après *Légion* en 1972, Bernard Borderie adapte pour l'ORTF en 1976 *Douze légionnaires* d'après Paul Bonnecarrère. Avec *Les Quatre Lieutenants français* diffusés par France 3 en 1994, Patrick Jeudy décrit l'engagement légionnaire en Indochine sur des images d'archives et inaugure un genre documentaire innovant mêlant le romanesque du texte à la réalité des archives. Ni *Les Morfalous* (Henri Verneuil, 1984) ni *Légionnaire* (1999) avec Jean-Claude Van Damme ne vont se départir du mythe légionnaire. Plus pernicieux, le travail de Claire Denis dans *Beau travail* exploite l'univers d'une communauté d'hommes fermée.

Après la guerre du Golfe en 1991, les sociétés de production vont se pencher sur la Légion et fournir de nombreuses heures de documentaires pour la télévision, le service de relations publiques des armées y voyant sans doute l'occasion de faire taire les critiques envers sa gestion médiatique de la guerre du Golfe et la Légion étrangère celle de renouveler son recrutement qui devait faire face à un afflux déséquilibrant d'engagés d'Europe centrale et des anciennes républiques soviétiques. Jean Bertolino avec *Les Hommes sans nom* ouvre la voie du sensationnalisme qui ne sera pas démentie par le magazine *Le Droit de savoir* de Charles Villeneuve ou *Au cœur de la Légion étrangère* de Mémento Prod. Cette production documentaire reprend les ingrédients qui ont fait le succès des films américains des années 1930 : Qui sont ces légionnaires ? Pourquoi viennent-ils ? Ils sont souvent filmés en opérations ou dans des environnements exotiques qui renvoient au sable chaud. Racoleurs mais bienveillants, ces documentaires renvoient au public une image de la

Légion conforme à ce qu'il attend. Canal Investigation, en réalisant un documentaire « à charge », *Les Dessous de la Légion étrangère*, en 2010, n'a pas suscité l'adhésion de ce même public.

Des documentaires plus aboutis, dans la lignée de *La Légion étrangère* d'Alain Decaux (1994) qui raconte une histoire de la Légion en images d'archives, ou de *Kolwezi, la part de la Légion* de Frédéric Bouquet (2008), inaugurent une tendance sociétale qui donne la parole aux témoins et inscrit la réalisation dans un cadre historique strict. En 2011, pour la première fois, le documentaire *Français par le sang versé* de Marcela Feraru s'interroge sur la place du légionnaire dans la société à travers l'acquisition de la nationalité française acquise après une blessure au combat.

Cent ans après *Under Two Flags*, la filmographie évoquant la Légion ou les légionnaires est riche de plus de 120 films ou documentaires. Les plus grands acteurs parmi lesquels Gary Cooper, Jean Gabin, Alain Delon ou John Wayne ont coiffé le képi blanc tandis que Marlene Dietrich, Gloria Swanson ou Catherine Deneuve ont toutes succombé aux charmes des hommes sans nom, traduisant un engouement du public pour les mystères de la Légion étrangère.

Jean-Luc MESSAGER

FLIPO, général Armand (1887-1974). – En 1909, à la sortie de l'École spéciale militaire de Saint-Cyr où il a côtoyé les futurs généraux Mast et de Monsabert, Armand Flipo choisit la cavalerie. Pendant la Grande Guerre, il sert dans les dragons et les cuirassiers. À l'issue du conflit, en 1919, il est envoyé à Prague auprès du général Pellé, chef de la mission d'organisation et d'instruction de l'armée tchécoslovaque (décret constitutif du 16 décembre 1917 signé par Raymond Poincaré). Il fait alors partie de la douzaine d'officiers de cavalerie qui instruisent les élèves officiers de la nouvelle armée. Il quitte Prague en mai 1921 pour se présenter au concours de l'École supérieure de guerre. Deux ans après, diplômé, il est nommé chef d'état-major de la mission militaire française en Tchécoslovaquie avant d'être affecté au 1er régiment étranger de cavalerie à Sousse, en 1925. Il prend le commandement du 1er escadron avec lequel il embarque à destination de la Syrie pour relever le 4e escadron qui vient de s'illustrer contre les Druzes à Rachaya et Messifré. En juin 1927, ce 1er escadron est rappelé au Maroc et s'installe à Bou Denib. Flipo quitte alors la Légion.

Devenu général, attaché militaire à Prague, il encourage la naissance de l'association des anciens de la Légion étrangère en Tchécoslovaquie. Revenu à Paris, il est le principal artisan de la création de l'amicale des anciens des régiments étrangers de cavalerie. Aussi est-ce tout naturellement qu'on fait appel à lui, en 1949, pour présider l'Union des sociétés des anciens de la Légion étrangère (USAL), fonction qu'il assure jusqu'au 2 juin 1973, date à laquelle il se retire définitivement. Le 30 avril 1967, il avait été désigné pour porter la main du capitaine Danjou lors de la commémoration de la bataille de Camerone. Il meurt en novembre 1974 et est inhumé au cimetière de Bagneux. Ses obsèques ont eu lieu dans la chapelle Saint-Louis des Invalides.

André-Paul COMOR

Sources : SHD-Terre, 7N 2541 et 7N 3116.
Bibl. : Romain Durand, *De Giraud à de Gaulle, les corps francs d'Afrique*, L'Harmattan, 1999 • Henri Rosencher, *Le Sel, la cendre, la flamme*, Félin, 2000.

FOREY, lieutenant-colonel Pierre Charles Fernand (1860-1946). – Neveu du maréchal Forey et fils d'un receveur des Postes, il naît à Auxonne (Côte-d'Or) le 25 mars 1860. Au terme d'un contrat de cinq ans dans un régiment d'infanterie qu'il termine avec le grade de sergent, il rengage au 1er régiment étranger le 22 décembre 1884 avec son grade, Français servant à titre français, pour aller combattre au Tonkin. De ce jour au 30 janvier 1915, sa carrière de sous-officier (jusqu'au 18 mars 1886) puis d'officier se déroule à la Légion avec trois interruptions totalisant trois ans et cinq mois qui sont la conséquence de ses promotions au grade supérieur. Durant ces trente années, il sert en Extrême-Orient (quatorze ans), en Algérie et au Maroc.

De février 1915 à février 1916, il combat sur le front en France et à l'armée d'Orient. Le solide officier de troupe et le beau combattant qu'il a été au Tonkin, au Siam et au Maroc éprouve quelque peine à s'adapter aux opérations de guerre en Europe, car il n'a jamais appris à manœuvrer avec les mitrailleuses et l'artillerie. Aussi est-il renvoyé en Algérie d'abord dans les tirailleurs puis à la Légion où il commande le 1er Étranger du 21 septembre 1918 au 17 avril 1919, date de son admission à la retraite. Retiré à Sidi-Bel-Abbès, il y devient un notable local et un grand ancien respecté par les jeunes officiers. À ce double titre, il préside le comité des fêtes du centenaire et remet au général Rollet le monument aux morts de la Légion érigé dans la cour du quartier Vienot. Le 30 avril 1946, il porte la main du capitaine Danjou, et meurt quelques semaines plus tard.

Henry DUTAILLY

Sources : SHD-Terre, 8Yf 44.805.

FORGET, chef de bataillon Michel (1911-1950). – La Légion étrangère garde en mémoire le sacrifice des légionnaires au cours de l'épisode tragique de l'évacuation de la garnison de Cao Bang en septembre-octobre 1950. La mort le 7 octobre du chef de bataillon Forget, à la tête du 3e bataillon du 3e régiment étranger d'infanterie (REI), dont il venait de prendre le commandement deux mois plus tôt, est associée à cet égard à celle du commandant Segrétain, du 1er bataillon étranger de parachutistes, tué dans la nuit du 7 au 8.

Né à Paris le 8 février 1911, Michel Forget intègre l'École spéciale militaire de Saint-Cyr (promotion « du Tafilalet », 1931-1933) et, à la sortie, choisit l'infanterie. Quatre ans plus tard, il suit le stage de six mois au 1er REI et sert au 3e REI, au Maroc, jusqu'à la déclaration de la guerre. Muté au 11e REI en voie de formation en métropole, il participe à la campagne de France, et, fait prisonnier, il réussit à s'évader. Capitaine en décembre 1941, après avoir commandé la 6e compagnie du II/3e REI à Khénifra pendant deux ans, il est affecté au 8e régiment de tirailleurs marocains (RTM) en mai 1944 et participe aux campagnes d'Italie et de France. Il fait un premier séjour en Extrême-Orient de janvier 1946 à octobre 1947 au 2e REI, puis retourne au Maroc au groupement porté (GPLEM) à Foum el-Hassan. Promu au grade de chef de bataillon en octobre 1949, il rejoint l'Indochine et le 3e REI sur la route coloniale no 4 où il est tué un an plus tard. Le quartier du 3e REI à Kourou porte son nom.

André-Paul COMOR

FORMOSE, campagne de (1884-1885). – L'intervention française à Formose (aujourd'hui Taïwan) en 1884 est une prise de gages pour amener la Chine à se retirer du Tonkin. Comme c'est souvent le cas, cette opération est un pari risqué du fait des limites imposées aux armées. Ne possédant pas les moyens d'intervenir sur le territoire continental de la Chine, l'amiral Courbet décide de s'emparer de Kelung (aujourd'hui Jilong), le port le plus important de l'île de Formose, proche de mines de charbon et, de ce fait, escale pour des vapeurs devant « faire du charbon ». Il dispose de l'escadre d'Extrême-Orient et de trois bataillons d'infanterie de marine (3 000 hommes) prélevés sur les troupes d'Indochine. Le gouvernement par ailleurs limite secrètement les opérations au mois d'avril 1885.

Kelung est situé au fond d'une baie bien abritée. La ceinture de forts de type ancien qui le défend est renforcée par des retranchements qui relient partiellement ces forts les uns aux autres. L'amiral Courbet décide le blocus de Formose pour interdire l'envoi de renforts et le ravitaillement en riz. Les troupes françaises débarquent le 7 octobre 1884, s'emparent de la ville et des forts à l'ouest de la baie mais échouent devant les forts situés à l'est. Estimant ses moyens insuffisants pour conquérir la place forte, l'amiral demande un renfort de 3 000 hommes. Le gouvernement lui en accorde 1 750 venant d'Algérie : le 4e bataillon du 2e Étranger et le 3e bataillon d'infanterie légère d'Afrique. Ils débarquent à Kelung en janvier 1885.

Les légionnaires et les bataillonnaires appuyés par des canons de montagne et renforcés par des marsouins s'emparent des forts encore aux mains des Chinois entre le 25 janvier et la fin du mois de mars. Cette conquête permet de contrôler la région des mines au prix de 33 morts dont 3 officiers à la Légion. Ces combats seraient inutiles si la situation de la France en Indochine avait empiré. Or, le gouvernement chinois est plus sensible à son échec devant Tuyen Quang (3 mars 1885) qu'à son succès à vrai dire provisoire à Lang Son. Il négocie et signe des préliminaires de paix le 13 avril. Les combats cessent. Kelung est évacué au mois de juin et son corps d'occupation est transféré au Tonkin.

Henry DUTAILLY

Bibl. : Eugène Germain Garnot, *L'Expédition française de Formose, 1884-1885*, Librairie Charles Delagrave, 1894.

FORTHASSA, tempête de neige de (1908). – À la fin du XIXe siècle, la localité de Forthassa, entre Méchéria et Aïn-Sefra, permet de contrôler les intrusions des Beraber marocains dans l'Ouest algérien. Une garnison de la Légion s'y installe dès 1904, renforcée en 1908 par une unité du bataillon d'infanterie légère d'Afrique (BILA).

Le 30 janvier 1908, la 20e compagnie du 1er régiment étranger (RE), partie de Berguent le 25 pour relever la garnison de Forthassa, arrive à Aïn-Ben-Khelil en fin de journée, après une étape de 45 km. Aux ordres de deux officiers, la colonne dispose de trois jours de vivres, apportés de Méchéria par dix chameaux qui doivent constituer le convoi d'accompagnement. Le 1er février au matin, le capitaine Capillery décide de partir malgré le mauvais temps. La compagnie se met seule en marche ; le convoi s'ébranle une heure plus tard. Les légionnaires marchent à bonne allure et atteignent le point d'eau de Hassa-Sfeida, lieu prévu du bivouac à environ 24 km d'Aïn-Ben-Khelil. Le froid reste vif et le vent se déchaîne qui gêne la progression de la petite troupe. Il est décidé de pousser plus loin sans faire de grand-halte, de façon à arriver à destination le 2 février, dans l'après-midi, au lieu du 3 au matin. Le convoi n'a pas encore rejoint. Vers 15 h 30, la compagnie s'arrête pour camper, à environ 28 km seulement de sa destination finale. Surpris par la neige qui tombe d'abondance, en tourbillons, mêlée au sable, les légionnaires ne peuvent monter les tentes ni allumer du feu. Le capitaine décide alors de continuer à marcher en direction de Forthassa avec l'espoir qu'une accalmie se produise. « Le danger était pressant, écrit cet officier dans son rapport du 8 février ; j'ai pensé qu'il était impossible de rester sur place, sous peine de congélation certaine, que seule la marche pouvait nous sauver. Me rendant compte que j'aurais sûrement des pertes, mais les escomptant moindres, j'ai donné l'ordre de repartir, voulant marcher jusqu'à la nuit, espérant encore une accalmie qui aurait permis d'allumer des feux, de passer la nuit et le lendemain d'aller au-devant des secours venus de Forthassa. » La compagnie repart donc sous les rafales de neige. La colonne s'étire dans la tourmente, des hommes s'égarent ou tombent d'épuisement. Au jour, l'accalmie tant espérée permet aux survivants d'apercevoir des tentes indigènes et de s'y réfugier. Quand la tempête cesse, le 2 février, vers 4 heures du matin, les survivants de la compagnie sont encore à environ 16 km de Forthassa.

Les légionnaires sont secourus en fin de journée et les recherches poursuivies jusqu'au 5 février. Le lendemain, tous les survivants et les corps de 34 morts sont ramenés au poste. La compagnie sera citée, à l'exception du commandant d'unité dont l'impéritie est à l'origine du drame.

Charles RIDET

Sources : DHPLE, rapport du capitaine Capillery.

FOUM ZABEL, tunnel. – Au Maroc, dans le cadre de la politique générale de pacification, sur la route de Midelt à Erfoud à hauteur des gorges du Ziz, le tunnel de Foum Zabel reste encore connu sous le nom de « tunnel de la Légion », et l'on cite souvent à son égard la formule attribuée à Lyautey : « Un chantier vaut bien une bataille. » Cet ouvrage d'art exceptionnel mérite en effet à plus d'un titre cette appellation et la place particulière qu'il conserve tant dans la mémoire du pays que dans la légende légionnaire.

Les environs, propices aux actions de harcèlement et aux embuscades, ont été le cadre d'importantes opérations jusqu'à la Grande Guerre, et la pacification du territoire exige que les axes de circulation et de ravitaillement soient absolument sûrs. Dans le cadre de l'aménagement d'une voie carrossable de près de 150 km dans le Haut Atlas, il s'agit de percer près d'un coude du Ziz un éperon rocheux incontournable. Les travaux préparatoires à l'ouverture du chantier commencent le 24 juillet 1927 et le percement à proprement parler du massif de granit rouge en octobre. Au terme de six mois de travail harassant dans la poussière et la chaleur et au prix de nombreux blessés, l'ouvrage est terminé en mars 1928. Long de soixante mètres, large de huit et haut de trois, il a été construit « à bras d'homme » (pics, barres à mine, explosifs), sans moyen technique moderne de forage. Les conditions de travail sont tout aussi exceptionnelles, car, à l'intérieur du tunnel, l'absence de ventilation pendant les travaux rend l'air quasiment irrespirable. Outre la compagnie de sapeurs-pionniers du 3e régiment étranger d'infanterie, directement chargée de sa construction, de nombreuses compagnies différentes des 2e et 3e Étrangers ont été à tour de rôle employées à l'aménagement de la route et des différentes infrastructures. Selon le volume *Le Génie aux colonies*, publié aux Éditions de France en 1931 dans la collection « Les armées françaises d'outre-mer » à l'occasion de l'Exposition coloniale, un budget de dix millions de francs a été alloué à ce chantier, somme relativement faible par comparaison avec d'autres grands travaux et au regard de l'entreprise.

Le tunnel de Foum Zabel constitue un exemple tout à fait significatif des grands travaux ordonnés par le maréchal Lyautey – et poursuivis après son départ du Maroc – dès que la pénétration militaire française dans des zones précédemment insoumises est acquise. Il illustre parfaitement la devise de la compagnie de sapeurs-pionniers du régiment du Maroc : « La Légion passe, la route suit », et l'on a pu lire, jusque dans les années 1950, gravée sur la paroi rocheuse à l'entrée de l'ouvrage, la liste nominative des sous-officiers, caporaux et légionnaires ayant participé à cette entreprise hors du commun, accompagnée de la célèbre mention : « La montagne barrait la route. L'ordre fut donné de passer quand même. La Légion l'exécuta. »

Rémy PORTE

Bibl. : Jean-Paul Mahuault, *L'Épopée marocaine de la Légion étrangère, 1903-1934, ou Trente années au Maroc*, L'Harmattan, 2007 [2005].

FOURRAGÈRE. – Dans les armées, ce nom était autrefois donné aux voitures ou chariots chargés du transport du fourrage. L'origine exacte de cet ornement est assez vague, car il existe une confusion entre les aiguillettes et les fourragères, mais celles-ci tout comme les aiguillettes pourraient avoir pour origine la corde à fourrage des troupes de cavalerie. Ce nom est désormais attribué aux ornements militaires formés d'une tresse de couleur en forme de corde à fourrage passée autour de l'épaule.

La fourragère sous sa forme actuelle renaît en 1916, la circulaire du 21 avril spécifiant : « il est créé un insigne spécial destiné à rappeler de façon permanente les actions d'éclat de certains régiments et unités formant corps cités à l'ordre de l'armée. Cet insigne sera constitué par une fourragère aux couleurs de la croix de guerre ». Cette fourragère en forme de tresse se termine par un ferret (embout métallique). Les citations se multipliant, le commandement décida d'établir une distinction fondée sur le nombre des citations obtenues. C'est ainsi qu'apparaissent les fourragères aux couleurs de la Légion d'honneur (à ne pas confondre avec la décoration attribuée au drapeau de certains corps) et la fourragère aux couleurs de la médaille militaire (même remarque que pour la Légion d'honneur). Une nouvelle circulaire en date du 22 février 1918 fixe ces nouvelles dispositions : pour 2 ou 3 citations à l'ordre de l'armée, fourragère simple aux couleurs de la croix de guerre ; pour 4 ou 5 citations à l'ordre de l'armée, fourragère simple aux couleurs de la médaille militaire ; pour 6 à 8 citations à l'ordre de l'armée, fourragère simple aux couleurs de la Légion d'honneur (bien que portant cette fourragère au titre du conflit de 1939-1945, la police de Paris n'a jamais rempli ces conditions) ; pour 9 à 11 citations à l'ordre de l'armée, fourragère double aux couleurs de la croix de guerre et de la Légion d'honneur ; pour 12 à 14 citations à l'ordre de l'armée, fourragère double aux couleurs de la médaille militaire et de la Légion d'honneur ; enfin pour 15 et plus citations à l'ordre de l'armée, fourragère double aux couleurs de la Légion d'honneur.

En février 1924, le cérémonial de remise de la fourragère est codifié par le ministre de la Guerre André Maginot. Cette remise doit se faire lors de la première présentation au drapeau des nouvelles recrues. En 1925, une nouvelle fourragère est créée aux couleurs de la croix de guerre des théâtres d'opérations extérieures (TOE). Celle-ci pourra être aux couleurs de la médaille militaire avec une olive (nœud situé au dessus du ferret) aux couleurs de la TOE lorsque l'unité aura obtenu au moins quatre citations. En avril 1945, un système complexe d'olives est mis en place afin de différencier les citations de 1914-1918 de celles obtenues pour la période 1939-1945. En 1954, le système de la fourragère des TOE est modifié par l'ajout d'une fourragère spéciale aux couleurs de la Légion d'honneur et l'adoption d'un système d'olives. En 1996, enfin, il est créé une fourragère aux couleurs de l'ordre des compagnons de la Libération (tresse vert et noir). Celle-ci ne doit être portée que sur les uniformes et ne pas être accrochée au drapeau où elle ferait double emploi avec la décoration.

Dès le premier conflit mondial, les fourragères peuvent être portées à titre collectif mais aussi à titre individuel. En effet, tout militaire ayant effectivement pris part à tous les faits d'armes ayant entraîné l'attribution des citations à l'ordre de l'armée a le droit de conserver la fourragère attribuée à cette occasion même s'il est affecté dans une autre unité. Dans ce cas, la fourragère doit porter le chiffre de l'unité au sein de laquelle celle-ci a été gagnée ou à défaut l'insigne de cette unité. Pour mémoire, il existe également une fourragère aux couleurs de la médaille du courage et du dévouement.

Liste des fourragères des différents régiments de la Légion étrangère :

1er RE : pas de fourragère.

2e REI : fourragère aux couleurs de la croix de guerre des TOE en 1952.

3e REI : fourragère double aux couleurs de la Légion d'honneur et de la croix de guerre 1914-1918 avec olive 1939-1945 ; fourragère de la médaille militaire avec olive TOE.

4e RE : pas de fourragère.

5e REI : fourragère de la croix de guerre des TOE.

6e REI puis 6e REG : pas de fourragère.

11e REI : pas de fourragère.

12e REI : pas de fourragère.

13e DBLE : fourragère aux couleurs de la croix de la Libération ; fourragère de la médaille militaire avec olive 1939-1945 et olive TOE.

1er REP : fourragère de la médaille militaire avec olive des TOE.

2e REP : fourragère de la Légion d'honneur avec olive des TOE.

1er REC : fourragère de la croix de guerre 1914-1918 avec olive 1939-1945 ; fourragère de la croix de guerre des TOE.

2e REC actuellement à la garde du Détachement de la Légion étrangère de Mayotte (DLEM) : pas de fourragère.

1er REG : pas de fourragère.

2e REG : pas de fourragère.

Luc BINET

Sources : SHD-Terre, fonds documentaire de la division de la symbolique de la Défense.

Bibl. : *La Légion étrangère et ses insignes*, bulletin spécial de l'association Symboles et Traditions, 1990 • Tibor Szecsko, *Le Grand Livre des insignes de la Légion étrangère*, IILE, SIHLE, 1991.

FRANÇAIS, apprentissage du. – En 1831, la répartition des engagés volontaires dans des unités regroupant les personnes de même nationalité permet d'éluder la question de la langue de commandement. Les ordres sont donc donnés par des cadres dans la langue d'origine. Il faut attendre la mise en place de l'amalgame (ou mélange des nationalités au sein des unités), en 1836, pour que les officiers mesurent le problème de la langue. Pendant la conquête de l'Algérie, il n'est ainsi pas rare de faire appel à des interprètes lors des interrogatoires de légionnaires traduits devant les conseils de guerre. Pour éviter de se priver de candidats aptes à l'engagement et de limiter la sélection aux seuls francophones, le commandement ne prend pas en compte la maîtrise du français.

Le français toutefois devient peu à peu la langue de service et la qualité de l'instruction dépend de la rapidité des engagés à maîtriser un vocabulaire de base à usage interne, destiné avant tout à faciliter la communication et la vie au sein des unités. Cette maîtrise devient prioritaire dès lors que la Légion recrute des engagés volontaires de plus en plus nombreux. C'est le cas entre les deux guerres mondiales, mais surtout pendant les guerres d'Indochine et d'Algérie, avec des flux annuels d'engagement de l'ordre de 5 000 à 7 000 engagés dans les compagnies d'instruction (militaire de base). Depuis quelques décennies, l'origine géographique des candidats se diversifie et plus d'une centaine de nationalités sont aujourd'hui représentées dans les différents régiments. C'est pourquoi le commandement a mis au point une méthode destinée à coupler apprentissage du français et instruction afin de faciliter l'amalgame, fondement de la cohésion de la troupe. Ainsi sont créés des binômes, avec un Français et un non-francophone, notés comme un seul homme : si le légionnaire étranger ne parle pas bien le français, le binôme entier est sanctionné – le francophone doit donc faire preuve en outre de pédagogie… À l'issue de l'instruction de base, le légionnaire connaît les 500 mots nécessaires à la vie courante grâce, notamment, à un livre édité par *Képi blanc*, et remis à chaque engagé depuis 1993.

André-Paul COMOR

« FRANÇAIS PAR LE SANG VERSÉ ». – L'expression apparaît en 1920 dans le célèbre sonnet de Pascal Bonetti : « Qui sait si l'inconnu qui dort sous l'arche immense, / Mêlant sa gloire épique aux orgueils du passé / N'est pas cet étranger devenu fils de France / Non par le sang reçu mais par le sang versé ? » Elle exprime le parachèvement de l'assimilation, dans la communauté nationale, par l'acceptation du sacrifice de sa vie, pour la défense du pays d'adoption. La formule conserve cependant un aspect iconoclaste dans une nation française traditionnellement assise sur le droit du sol, si l'on excepte la brève parenthèse d'un droit du sang ouverte par le code Napoléon de 1804 et refermée par la loi du 7 février 1851.

Séjour de l'ancien légionnaire sur le territoire national. La question de la légalité de la résidence d'un légionnaire sur le sol national est sans objet. Son engagement sous les drapeaux et sa carte d'identité militaire le dispensent d'avoir à justifier sa présence. L'ancien légionnaire, en revanche, est exposé à une reconduite à la frontière en cas de séjour irrégulier. La loi prévoit néanmoins qu'il est attributaire de plein droit d'une carte de résident après trois années de service s'il a reçu, à son départ, un certificat de bonne conduite.

Naturalisation de droit commun. Un légionnaire – ou un ancien légionnaire – qui a l'intention de s'établir définitivement en France peut légitimement souhaiter embrasser la nationalité française. Outre le séjour définitif sur le territoire, il reçoit les droits réservés au citoyen et notamment les droits politiques. Sa famille, épouse et enfants, peut devenir également française suivant diverses modalités. La procédure de naturalisation de droit commun s'avère accessible pour le légionnaire qui est dispensé de la « condition de stage », c'est-à-dire de justifier de cinq années de résidence habituelle en France. L'administration présume également que le képi blanc équivaut à une maîtrise correcte de la langue française. Enfin, les faits commis préalablement à l'engagement ne sont pas pris en compte pour apprécier la condition de bonnes vie et mœurs. La bienveillance des services préfectoraux conduit à une décision de naturalisation accélérée et presque toujours favorable (à plus de 95 %) pour les quelque 200 demandeurs annuels passés par la Légion étrangère.

La loi « Français par le sang versé ». À la fin des années 1990, le Parlement s'est ému que les légionnaires blessés en opérations aient à se soumettre à la procédure de naturalisation de droit commun. Partant du principe que l'homme qui verse son sang pour un pays lui démontre son attachement plus sûrement que par la constitution d'un dossier administratif, une proposition de loi a été déposée pour instituer un dispositif spécifique d'acquisition de la nationalité par décision de l'autorité publique au bénéfice des étrangers engagés dans les armées françaises. Alors que les débats parlementaires ont souligné le rôle d'intégration de la Légion étrangère dans la collectivité nationale, la loi du 29 décembre 1999 revient à conférer un droit à la nationalité aux légionnaires blessés au combat. L'Assemblée nationale et le Sénat, à l'unanimité, ont approuvé le mécanisme retenu, tout en excluant de son bénéfice les anciens combattants issus de l'empire colonial et depuis devenus étrangers. Les légionnaires d'après l'an 2000 sont donc les seuls concernés.

Afin de réaffirmer le lien entre nationalité et exposition au feu, l'initiative de la procédure de naturalisation « par le sang versé » échoit au ministre de la Défense. L'autorité militaire conserve de cette façon une marge d'appréciation sur la nature de la blessure, les circonstances de l'engagement opérationnel et la manière de servir de l'intéressé. Un décret du Premier ministre prononce alors la naturalisation. En cas de décès du légionnaire, ses enfants mineurs peuvent agir en son nom. Le code civil dispose en effet que l'enfant mineur, dont un parent acquiert la nationalité française, devient français de plein droit s'il a la même résidence que ce parent. Le Parlement a considéré qu'il était juste que le sacrifice d'un légionnaire puisse recevoir comme hommage l'accession de ses descendants à la nationalité française.

Si la loi « Français par le sang versé » emporte un symbole fort, ses effets concrets ne doivent pas être surestimés. Le nombre de légionnaires éligibles à son bénéfice, directement lié aux pertes subies en mission, se limite à moins d'une dizaine chaque année. La disposition pourrait toutefois révéler toute son importance si un conflit d'envergure devait survenir.

Julien SOUPLET

• *Voir aussi* : Anthologie, en fin de volume.
Sources : Assemblée nationale, rapport n° 1961, Thierry Mariani, enregistré le 24 novembre 1999 • Sénat, rapport n° 132, Alex Türk, annexe au procès-verbal du 14 décembre 1999.

FRANCE, campagne de (1870-1871). – La déclaration de guerre à la Prusse en juillet 1870 par la France pose trois questions de droit concernant la Légion étrangère. Les réponses qui leur sont apportées feront jurisprudence et seront appliquées lors des deux guerres mondiales. En décidant que des étrangers pourront s'engager pour la durée de la guerre afin de combattre les Allemands, tout d'abord, le gouvernement français admet implicitement que l'interdiction de l'emploi de la Légion en France ne s'applique pas en cas de guerre internationale. Ensuite, lorsque le roi des Belges demande que les Belges ne soient pas amenés à combattre pour respecter la neutralité de la Belgique, le gouvernement passe outre pour les nouveaux engagés : un simple citoyen étranger n'a pas mandat de représenter son pays. Enfin, le gouvernement reconnaît qu'il ne peut contraindre un légionnaire à combattre son pays.

Sur ces bases, la Légion engage en France un régiment de marche à deux bataillons venant d'Afrique et des unités formées pour la durée de la guerre. Le 5e bataillon créé en août est opérationnel un mois plus tard. Il est incorporé dans le régiment de marche après la bataille d'Orléans (11 octobre 1870). Sa compagnie de dépôt basée à Brest participe aux derniers combats dans l'Ouest. Un 6e bataillon comptant dans ses rangs de nombreux Belges est encore formé à Dunkerque, mais trop tard pour être opérationnel. Quant au 2e régiment étranger créé en août à la demande d'un aventurier irlandais, il restera à l'état de projet.

Le régiment étranger combat dans les rangs de la seconde armée de la Loire. Il est ensuite intégré avec la division dont il fait partie dans l'armée de l'Est qui doit faire lever le siège de Belfort. Ayant été affecté à la défense de la place de Besançon, il ne participe pas aux combats malheureux qui contraignent l'armée de l'Est à se réfugier en Suisse pour éviter une capitulation. Les quatre mois de campagne qui s'achèvent le 13 février 1871 ont été très éprouvants ; l'improvisation est permanente et la logistique défaillante. En plein hiver, les troupes qui ne sont pas équipées pour supporter les rigueurs du climat bivouaquent sous la tente et sont, de ce fait, décimées par les maladies. Aussi les légionnaires accueillent-ils bien l'armistice et les négociations pour conclure la paix. Ils ne peuvent imaginer les épreuves qu'ils affronteront dans un avenir proche.

Henri DUTAILLY

Bibl. : Paul Adolphe Grisot et Ernest-Auguste-Ferdinand Coulombon, *La Légion étrangère de 1831 à 1887*, Berger-Levrault, 1888 • Pierre Milza, *L'Année terrible. La guerre franco-prussienne, septembre 1870-mars 1871*, Perrin, 2009.

FRANCE, campagne de (1940). – Épisode militaire désastreux, entre le 10 mai et le 25 juin 1940, au cours duquel l'armée française fut défaite par l'armée allemande. La Légion étrangère y participa avec près de 20 000 hommes répartis au sein de sept unités – deux régiments étrangers d'infanterie, une demi-brigade, trois régiments de volontaires étrangers et une unité de cavalerie – mises sur pied successivement avec des légionnaires d'Afrique du Nord, d'anciens légionnaires mobilisés et des engagés volontaires pour la durée de la guerre (EVDG). Ces unités furent soutenues directement à partir de la métropole, soit par le dépôt de la Légion étrangère dans la métropole, situé à Sathonay-Camp, annexe du dépôt commun de Sidi-Bel-Abbès, soit par le dépôt des régiments de marche de volontaires étrangers, situé au Barcarès et dédié aux EVDG. Engagées séparément au sein de différentes divisions, ces unités connurent des destins bien distincts, d'intensité et de dénouement variés.

Le successeur du régiment de marche de la Légion étrangère (RMLE) de la Grande Guerre, créé par prélèvement d'effectifs sur l'Afrique du Nord, prend l'appellation de 11e régiment étranger d'infanterie (REI). Regroupé à Sathonay, il rejoint mi-décembre 1939 la 1re division marocaine dans le secteur de Haute-Sierck (Moselle). Passé à la 6e division d'infanterie nord-africaine (DINA) en avril, il défend victorieusement le bois d'Inor du 20 au 28 mai. L'action du 27 mai contre cinq bataillons allemands lui coûte près de 300 hommes, mais lui vaut une citation à l'ordre de l'armée. Le repli général du front après le 9 juin le conduit le long de la Meuse à Void et Saint-Germain-sur-Meuse où il se bat encore le 18. Il est capturé le 23 juin au sud de Toul avec l'ensemble du groupement Dubuisson. Il ne lui restait que 601 hommes sur les 3 090 du début de la campagne.

Dans le même ordre d'idées, une unité de cavalerie destinée à former le groupement de reconnaissance d'une division d'infanterie (GRDI) est mis sur pied à Sousse à partir d'éléments du 1er régiment étranger de cavalerie, en décembre 1939. Renforcé pour intervenir sur le front de France, en avril 1940, le GRDI 97 devient l'unité de reconnaissance de la 7e DINA et se bat devant Péronne le 18 mai, Villers-Carbonnel le lendemain et Belloy-en-Santerre le 21. Lors de la reprise de l'offensive allemande, le 5 juin, il se sacrifie à Ravenel et au bois de Noroy, où son chef de corps tombe au combat. De Luzarches, au nord-ouest de Paris, jusqu'à Rosnay dans l'Indre, les 673 légionnaires survivants de l'unité poursuivent le combat, tout en évitant la capture. À l'issue de la campagne, seuls 288 d'entre eux rentrent en Tunisie.

La préparation d'une intervention en Finlande, puis en Norvège, amène ensuite à créer deux types d'unité : une demi-brigade portant le numéro 13 est immédiatement formée à partir des unités d'Afrique du Nord. Elle s'illustrera en Norvège puis participera à l'épopée de la France Libre. Cette unité sera suivie de trois nouveaux régiments d'infanterie, dont la mise sur pied est destinée à combler le départ d'unités de chasseurs du front de France : le 12e REI, les 21e et 22e régiments de marche de volontaires étrangers (RMVE). Formés à partir des effectifs en cours d'instruction dans les dépôts, ces régiments sont créés en mélangeant une partie de cette ressource, le but étant de maintenir une certaine mixité entre nationalités et donc de respecter le principe intangible de l'amalgame. Toutefois, la nationalité allemande des Juifs persécutés depuis 1933 et la nationalité espagnole des exilés communistes dominent, puisque les ressortissants polonais et tchèques sont dirigés vers leurs armées nationales en formation respectivement à Coëtquidan et à Agde.

Malgré un équipement parfois succinct qui conduira la propagande allemande de Radio Stuttgart à surnommer les RMVE « régiments ficelles », le 21e RMVE est le premier à rejoindre l'Alsace, au sein de la 35e division d'infanterie (DI). Transféré le 25 mai sur le canal des Ardennes, il s'y défend victorieusement les 9 et 10 juin au prix du tiers de son effectif. Le repli général du front l'amène ensuite à se battre, les 13 et 14 juin, à Sainte-Menehould où l'absence d'armes antichars cause la perte d'une grande partie du 1er bataillon, et le 20 à Colombey-les-Belles. Il est, lui aussi, capturé au sud de Toul. Le suivant à être engagé est le 22e RMVE qui rejoint l'Alsace au sein de la 19e DI. Transféré le 19 mai sur la Somme, il y reprend Villers-Carbonnel de vive force le 26, puis défend ses points d'appui de Marchélepot, Fresnes-Mazancourt et Misery lors de l'attaque allemande du 5 juin. Encerclés et à court de munitions, fidèles à la mission donnée de défense ferme, les points d'appui tombent dans la soirée du 6 juin. Il restait alors moins de 800 hommes valides.

Viennent ensuite le 12e REI qui rejoint la 8e DI en forêt de Villers-Cotterêts le 19 mai et le 23e RMVE qui le suit le 6 juin. Installé en défense ferme sur l'Aisne autour de Soissons, le 12e REI interdit le passage de cette rivière à compter du 7 juin, et tient pendant quarante-huit heures, au prix de lourdes pertes. On le retrouve ensuite sur l'Ourcq, la Marne et la Seine où la plupart des survivants sont encerclés à Champigny-sur-Yonne. Ses 301 derniers légionnaires parviennent à se regrouper à Saint-Amand-Montrond en fin de campagne. Leur destin fut assez proche de celui des EVDG du 23e RMVE qui vécurent les mêmes épisodes et défendirent notamment le secteur est du 12e REI sur l'Aisne.

Philippe GUYOT

FRANCE, campagne de (1944-1945). – Entre le 6 juin 1944 et le 8 mai 1945, un ensemble d'armées alliées libéra le territoire national français de la présence des forces de l'Axe, installées depuis juin 1940. Cet épisode est plus communément appelé « campagne de la Libération ». La Légion étrangère y participa avec près de 10 000 hommes répartis au sein de trois unités – deux régiments étrangers d'infanterie (REI) et un régiment étranger de cavalerie (REC) – soutenues par le dépôt commun des régiments étrangers (DCRE) à compter de l'été 1943. Le rattachement de ces régiments à des divisions différentes portait en héritage, en substance et en germes, un certain nombre d'éléments centripètes que la Légion étrangère eut beaucoup de difficultés à contrôler : différences entre Français libres et soldats des unités de l'armée d'Afrique, différences de structure entre une division d'infanterie motorisée équipée « à l'anglaise » et une division blindée équipée « à l'américaine », différences de sensibilités affectives entre « gaullistes » et « giraudistes » et différences de destins au combat. La mission du DCRE, maison mère de la Légion, fut malgré ces différences de fournir un effectif le plus complet possible à ces trois régiments, tout en préservant une cohérence battue à mal par les facteurs précédemment énumérés.

La première unité de Légion engagée dans la campagne de libération de la France fut la 13e demi-brigade de Légion étrangère (DBLE), dont le 1er bataillon débarque en Provence dans la soirée du 16 août 1944. Il participe à la manœuvre face à Toulon, en assumant la charge du secteur sud de l'armée de Lattre, venant à bout des positions ennemies des salins d'Hyères (20 août), du mont des Oiseaux (23 août) et de Colle Noire. Après la remontée de la vallée du Rhône, l'unité accroche l'ennemi en retraite à Civrieux-d'Azergues (2 septembre) avant de se porter vers Autun (8-9 septembre) pour fermer le chemin du repli aux troupes allemandes du Centre et du Sud-Ouest. Cette action permet la capture d'une colonne de près de 2 500 hommes. Engagé au nord de la vallée du Doubs à compter du 18 septembre, le bataillon est rejoint par le reste de la 13e DBLE début octobre au cours des combats devant Ronchamp et Fresse sur les pentes du ballon d'Alsace. Un renfort composé d'Ukrainiens de la Wehrmacht, faits prisonniers et réincorporés, permet de reconstituer une partie des effectifs pour de nouveaux combats devant Ferdrupt, Rochesson et le ballon d'Alsace conquis le 23 novembre. Le retrait de sa division (1re DMI) du front d'Alsace, début décembre, conduit la 13e DBLE pour dix jours dans le Bordelais face à la poche de Graves, avant de repartir en urgence pour Strasbourg, fortement menacée par l'offensive des Ardennes. De la défense de Kogenheim et Sélestat, mi-janvier 1945, à la participation à la libération de Colmar, par Illhaeusern, Elsenheim et Grussenheim, le régiment perd plus de 1 000 hommes sur 2 435. Touché par une grave crise des effectifs, il ne reprend le combat qu'au mois d'avril, dans le massif de l'Authion sur la frontière italienne, qu'il franchit le 26 avril.

Les deux autres unités, le RMLE et le 1er REC, sont plus unies par une communauté de destin. Provenant tous deux de l'armée d'Afrique, ces régiments ont été formés avec du personnel aguerri par les combats de Tunisie (1942-1943) et entraîné longuement sur du matériel américain au cours de l'hiver et du printemps 1944. Le RMLE est le régiment d'infanterie motorisée de la 5ᵉ division blindée (DB), organisée en trois groupements tactiques ou *Combat Commands* (CC4 à 6) eux-mêmes formés initialement avec les effectifs disponibles des 1er, 2e et 3e REI. Il reprend le nom, les traditions et l'emblème de son ancien de 1915. Quant à lui, le 1er REC est le régiment d'éclairage de la 5e DB, sa mission est à l'avant, ses automitrailleuses et autocanons devant rechercher l'ennemi afin d'engager les chars et l'infanterie au bon endroit. Tous deux débarquent en Provence en septembre 1944 et rejoignent le front devant Belfort. Engagés à compter du 15 novembre, les CC4 et 5 participent aux combats pour Héricourt et Montbéliard (18 novembre), Belfort et Montreux-Château (20 novembre), Courtelevant (21 novembre) – où le lieutenant Hallo se distingue par une charge de son détachement blindé, pleins phares allumés pour aveugler l'ennemi –, Rougemont (25 novembre) et Dannemarie (27 septembre) avant de refermer la poche qui encercle les résistances allemandes qui tentent encore de barrer le seuil d'Alsace. Leur action est guidée par le 1er REC de façon décisive du 20 au 27 novembre alors que la 5e DB, par une manœuvre offensive tournant le seuil d'Alsace par le sud, parvient à la fois à sauver la 1re DB, menacée sur ses arrières pendant son offensive sur Mulhouse, et à s'emparer du verrou de Dannemarie. L'offensive reprend pour le CC6 en direction de Thann libéré le 10 décembre et Vieux-Thann le 12, pour le CC4 en direction d'Orbey et Hachimette, libérés le 8 mais disputés jusqu'au 24, enfin pour le CC5 plus au nord en direction de Kaysersberg libéré le 18 et Ammerschwihr le 19.

Au repos fin décembre, le RMLE et le 1er REC sont alertés le 5 janvier lors de l'offensive allemande sur Strasbourg. Le CC5 va s'y battre jusqu'au 21 janvier pour éviter la perte de cette ville symbole. Engagés ensuite dans la réduction de la poche de Colmar, les *Combat Commands* de la 5e DB connaissent des combats très durs à Jebsheim (25-29 janvier), à Grussenheim libéré en commun avec la 13e DBLE (28 janvier), Urschenheim (30 janvier), Andolsheim (1er février), Eguisheim et enfin Colmar libéré le 2 février. La campagne de France n'est pas finie pour autant. Il reste une dernière poche entre Osenbach et Soultzmatt près de Rouffach, dont la réduction est à mettre au crédit du 1er REC les 5 et 6 février. Il reste aussi quelques cantons occupés dans le nord de l'Alsace : Oberhoffen libéré le 15 mars par le CC6 et Lauterbourg le 19. Le RMLE a perdu dans la campagne de France 2 204 hommes sur 3 150.

Philippe GUYOT

Sources : DHPLE, JMO du 1er REC, de la 13e DBLE et du RMLE.

Bibl. : Jean de Lattre de Tassigny, *Histoire de la première armée française. Rhin et Danube*, Plon, 1949.

FRANCE LIBRE, la Légion étrangère dans la. – La Légion étrangère, écartelée entre Vichy et la France Libre, constitua un élément important du dispositif terrestre des Forces françaises libres (FFL). Ces dernières, avant la fusion des forces gaullistes et giraudistes de l'été 1943, puisèrent par deux fois dans le vivier de la Légion : à l'été 1940, avec le ralliement en Angleterre de la majeure partie de la 13e demi-brigade de Légion étrangère (DBLE), puis à l'été 1941, au Levant, avec les importants ralliements en provenance du 6e régiment étranger d'infanterie (REI). À ces deux sources principales s'ajoute un flux variable de ralliements individuels.

Légionnaires français libres. Les origines nationales des légionnaires français libres sont fortement déterminées par les engagements dans la Légion étrangère des années 1930. On retrouve ainsi une vingtaine de nationalités chez les légionnaires FFL, mais 70 % d'entre eux appartiennent à trois groupes principaux : républicains espagnols, Slaves (Tchèques, Russes, Polonais) et Juifs d'Europe centrale, à quoi s'ajoutent 10 % de Belges et une cohorte nettement moins important d'antifascistes allemands ou italiens. La 13e DBLE, formée à l'hiver 1940 par l'association de deux bataillons d'un peu plus de 1 000 hommes, fournit un bel exemple de l'articulation de la « vieille » et de la « nouvelle » Légion puisque à une moitié de légionnaires de métier s'ajoutent un gros quart d'Espagnols et d'importants contingents de Tchèques et de Juifs d'Europe centrale. Après la campagne de Norvège, où la « 13 » combat plus qu'honorablement, et un rapide transit en France, le choix décisif s'opère en Angleterre au camp de Trentham Park, près de Stoke-on-Trent. Le 1er juillet 1940, sur les 1 619 rescapés de Norvège, 989 décident de rejoindre les FFL et de rester en Angleterre, alors que 630 choisissent d'être rapatriés au Maroc.

Les républicains espagnols constituent le groupe le plus important des légionnaires FFL. Fuyant les camps d'internement du sud de la France, ils sont nombreux, en 1939-1940, à s'engager dans la Légion ou les régiments de marche de volontaires étrangers (RMVE), et environ 350 d'entre eux sont affectés à la 13e DBLE à l'hiver 1940. Au terme de la campagne de Norvège, ces derniers refusent farouchement de rentrer en France et, après diverses péripéties, la plupart choisissent de rallier les FFL. À ces engagements de 1940 s'ajoutent les ralliements de nouveaux légionnaires espagnols au terme des combats fratricides de Syrie de juin 1941, puis, après la libération de l'Afrique du Nord à la fin de 1942, ceux de nouveaux républicains espagnols qui y étaient internés par Vichy (même si ces derniers prennent majoritairement le chemin de la 2e division blindée). Au total, on peut estimer à environ 300 le nombre des légionnaires espagnols au sein des FFL.

Même s'ils sont nettement moins nombreux, les légionnaires italiens et allemands (environ une cinquantaine) révèlent deux types de logiques d'engagement : soit la fidélité à la Légion envers et contre tout après le drame de 1940, soit l'antifascisme militant. Ces légionnaires de l'Axe eurent à surmonter les cas de conscience liés au combat contre leur propre patrie, la 13e DBLE dérogeant ici à l'une des règles d'or de la Légion. Le sergent Augusto Bruschi, mort à Keren le 15 mars 1941 sous les obus italiens, ou Gustavo Camerini (le capitaine Clarence), figure de l'antifascisme français libre et Compagnon de la Libération, illustrent ces déchirements. À Bir Hakeim, la lutte fratricide fut poussée encore plus loin puisque la poignée de légionnaires allemands de la 13e DBLE (ainsi Hermann Eckstein ou Jacob Kramer, le futur colonel Renard) se retrouve face à d'anciens camarades. En effet, au début de 1942, usant de mille pressions à l'encontre du gouvernement vichyste (qui déroge lui aussi à une autre règle d'or de la Légion : le sanctuaire), le Reich finit par récupérer la plupart des quelque 1 500 légionnaires allemands de Vichy. Un grand nombre de ceux-ci sont alors incorporés dans le 361e Infanterie Regiment (avril 1942), lui-même intégré à la 90e Leichte Division et engagé à Bir Hakeim.

La 13e DBLE au combat. Après son ralliement de juillet 1940, la 13e DBLE, sous les ordres du lieutenant-colonel Magrin-Vernerey (Monclar), constitue la première unité opérationnelle des FFL. Engagée d'abord dans l'opération « Menace » contre Dakar, à l'occasion de laquelle elle reçoit ses premiers renforts (ainsi les lieutenants Jean Simon et Pierre Messmer), elle participe ensuite aux opérations de ralliement du Gabon (novembre 1940) puis s'illustre en Érythrée (mars-avril 1941) au sein de la brigade française d'Orient. La « 13 » participe ensuite à la campagne de Syrie (juin 1941) et doit surmonter les cas de conscience liés au combat contre d'autres troupes françaises parmi lesquelles se trouve une unité de la Légion (le 6e REI). Alors que Monclar a fait jouer la clause de conscience autorisée par de Gaulle et a refusé de combattre, le lieutenant-colonel Amilakvari parvient avec doigté à éviter le pire sur la route de Damas. Au terme de la campagne, il prend le commandement de la « 13 » par ailleurs renforcée par un millier d'hommes en provenance du 6e REI. Au début de 1942, rééquipée et motorisée, la 13e DBLE est intégrée à la 1re brigade française libre du général Kœnig et, à ce titre, est engagée dans les combats de Bir Hakeim (mai-juin 1942), puis d'El-Alamein où Amilakvari trouve la mort sur l'Himeimat (octobre 1942). Commence alors une longue période d'inaction et de démoralisation, interrompue par la participation à l'ultime phase de la campagne de Tunisie (mai 1943) dans le cadre de la nouvelle 1re division française libre (DFL). Au printemps et à l'été 1943, à la Légion plus qu'ailleurs, la fusion avec l'ex-armée d'Afrique du général Giraud se passe mal et les incidents, alimentés par les rancœurs accumulées depuis 1940 et les « désertions » au profit des FFL, se multiplient. Il faudra les meurtrières opérations d'Italie (avril-mai 1944) pour renouer les liens. La 13e DBLE est ensuite de tous les combats de la DFL dont elle constitue l'avant-garde motorisée : débarquement en Provence, remontée de la vallée du Rhône (la « 13 » entre la première dans Lyon, le 2 septembre 1944), très dures campagnes des Vosges et d'Alsace (octobre 1944-janvier 1945), libération des Alpes-Maritimes et conquête du massif de l'Authion (avril-mai 1945).

La 13e DBLE est l'une des 18 unités Compagnons de la Libération (distinction accordée par ailleurs à 85 de ses combattants, un record). Échappant à la dissolution de la 1re DFL à l'été 1945, elle perpétue, de l'Indochine à nos jours, stationnée aux Émirats arabes unis, les traditions d'élite de la Légion étrangère.

Jean-François MURACCIOLE

Bibl. : André-Paul Comor, *L'Épopée de la 13e demi-brigade de Légion étrangère, 1940-1945*, Nouvelles Éditions latines, 1988 • Jean-François Muracciole, *Les Français libres. L'autre Résistance*, Tallandier, 2009.

FRANCHET D'ESPEREY, maréchal Louis (1865-1942). – Fils d'un officier de l'armée impériale resté monarchiste, Louis Franchet d'Esperey doit peut-être à la fois à sa naissance en Algérie et à sa longue carrière dans l'armée d'Afrique d'éprouver une tendresse particulière pour la Légion étrangère, dont (sans avoir été lui-même légionnaire) il a successivement connu les unités sur les différents théâtres où il a exercé ses commandements.

Saint-cyrien (1874-1876) ayant fait le choix de l'infanterie, il commence sa carrière comme lieutenant aux tirailleurs algériens et participe à la campagne de Tunisie. Après un séjour au Tonkin, durant lequel il mène campagne contre les « pirates » (Pavillons noirs), et un bref séjour en métropole au 18e bataillon de chasseurs, il appartient au corps expéditionnaire de Chine lors de l'opération internationale de 1900-1901. Il retrouve pour quelques années l'infanterie métropolitaine (132e puis 60e régiment d'infanterie qu'il commande) et accède au généralat en 1912. Connu pour ses « coups de gueule », il est alors nommé commandant des troupes du Maroc occidental en remplacement du général Moinier et dirige en fin d'année les opérations contre les tribus rebelles rassemblées autour d'El-Bourouj. À l'issue de violents combats, il parvient à obtenir la soumission de la rive droite de l'Oum Er-Rebia jusqu'au Tadla. Sa forte personnalité lui vaut très tôt de nombreux surnoms de la part de ses subordonnés, dont celui significatif de « Tonnerre en boule », qui témoigne de sa promptitude à s'emporter dans un premier mouvement, et ses relations avec Lyautey sont parfois tendues, mais le général Clément-Grandcourt précise « [que, à] la brutalité du sanglier, il joignait la perspicacité du renard ».

Rentré en métropole, il prend le commandement du 1er corps d'armée de Lille en novembre 1913, avec lequel il entre en campagne au début de la Grande Guerre et à la tête duquel il se distingue à Charleroi, à Guise et à Montmirail. Placé par le général Joffre au commandement de la Ve armée le 3 septembre 1914, en remplacement du général Lanrezac, il joue un rôle majeur lors de la bataille de la Marne et n'hésite pas à soutenir activement l'action de son voisin Foch, au risque de manquer lui-même de réserves. Après avoir commandé le groupe d'armées de l'Est en 1916, puis celui du Nord en 1917, il est nommé en juin 1918 commandant en chef interallié sur le front d'Orient. Il rompt alors le front bulgare en septembre, obtient avec l'armistice de Salonique la première sortie de la guerre d'un État ennemi, occupe Sofia puis Constantinople où il transfère son état-major. Il est toutefois dépossédé d'une partie de ses prérogatives lors de la campagne franco-gréco-roumaine de Russie du Sud au premier semestre 1919, et se heurte alors à Clemenceau.

Maintenu en activité sans limite d'âge en 1920 et membre du Conseil supérieur de la guerre (inspecteur général des troupes et services d'Afrique du Nord) jusqu'en 1938, il est élevé au maréchalat en 1921 et représente la France lors de plusieurs grandes missions diplomatiques dans les Balkans et en Europe orientale à la fin des années 1920. Il est grièvement blessé en faisant la traversée du Soudan et du Sahara en 1933 et est élu à l'Académie française l'année suivante (il succède à Lyautey au fauteuil 14). Il fut également président de la Société de géographie de Paris et un militant ardent de la création d'une inspection de la Légion étrangère à la fin des années 1920. Son nom reste ensuite attaché au musée militaire d'Algérie, avant d'être donné à une promotion de l'École spéciale militaire interarmes en 1956. Il fut, avec Lyautey, l'un des grands chefs militaires proches des légionnaires. La Légion étrangère lui est redevable de ses nombreuses interventions auprès de l'état-major de l'armée pour la création de l'inspection confiée au général Rollet en avril 1931. Les témoignages le concernant sont parfois tranchés, et on a pu lui reprocher certains préjugés « d'origine, de classe, d'opinion, de religion », faisant de lui un ultime représentant de la « vieille France » du XIXe siècle, mais tous ceux qui ont servi sous ses ordres soulignent son immense culture générale, son exceptionnelle mémoire, son sens aigu de la synthèse et son aptitude au commandement.

Rémy PORTE

Bibl. : Pierre Gosa, *Franchet d'Esperey, un maréchal méconnu. Le vainqueur des Balkans, 1918*, Nouvelles Éditions latines, 1999.

FRANC-MAÇONNERIE. – L'armée a compté et compte encore dans ses rangs des affiliés à la franc-maçonnerie, et la Légion étrangère ne fait pas exception. Les recherches sur le sujet sont toutefois peu nombreuses et les conclusions partielles et provisoires. Il est cependant possible de rendre compte des rares études menées sur ce sujet si sensible tant en raison du secret qui entoure les délibérations et les débats au sein des loges que de l'influence et du rôle attribués aux frères des grandes obédiences au début de la IIIe République.

En 1832, deux ans après le débarquement de Sidi-Ferruch, la première loge (Bélisaire) est créée à Alger à l'initiative de quelques officiers du corps expéditionnaire ; parmi eux l'officier payeur de la Légion. Bientôt, toutes les villes de garnison se dotent d'une loge ou d'un simple atelier dont les effectifs varient au gré des mutations des militaires. L'Algérie devenue colonie et terre d'immigration, les nouveaux venus y font souche et, sous le Second Empire, la franc-maçonnerie devient l'affaire des civils, français ou étrangers. À Oran, l'Union africaine fondée en 1834 compte trois officiers de la Légion, dont deux déjà initiés. La même année, le capitaine Bazaine – qui sert dans la Légion depuis 1832 – est introduit à Paris dans l'Aréopage des commandeurs du mont Thabor, la loge de son père et de son oncle. Entre 1832 et 1860, quarante-huit officiers subalternes des régiments étrangers fréquentent les loges – soit, en 1840, onze des vingt frères des Numides de Bougie et six des dix frères de la Loge Scipion de Djidjelli. De même, l'atelier Les Maçons réunis de Sidi-Bel-Abbès, lancé en 1857, compte dès sa création deux officiers de Légion (neuf en 1859), rejoints en 1858 par le maître de musique ainsi que par le maître tailleur du 2e régiment étranger (RE). Le dépouillement des tableaux de loge nous apprend en outre qu'un sergent s'affilie à la Baie du salut (Arzew) en 1850. Les officiers étrangers sont nombreux, et ont pour la plupart été initiés dans leur pays d'origine. Les Allemands et les Polonais, qui représentent 62 % des affiliés, côtoient cinq Suisses, trois Italiens, un Belge et un Suédois. L'absence d'officiers supérieurs, toutefois, révèle un clivage que confirment les études sur le même sujet pour la première moitié du XXe siècle.

Les seuls dénombrements disponibles pour le premier XXe siècle (1900-1939) portent sur la loge établie à Sidi-Bel-Abbès, qui avait été mise en sommeil entre 1860 et 1898. Les affiliés issus du 1er Étranger y sont moins nombreux qu'au siècle précédent – cinq officiers subalternes, quatre sous-officiers dont un tambour-major, un légionnaire et trois adjudants retraités établis dans la ville – et les étrangers peu représentés. Le recrutement a évolué : depuis l'affaire Dreyfus, d'une part, depuis le vote de la loi de séparation des Églises et de l'État, d'autre part : l'anticléricalisme devient le « référent » franc-maçon. Entre-temps, le nombre de régiments de Légion étant passé de deux à six entre 1918 et 1930, date de la création du 5e REI, avec des implantations au Maroc, en Tunisie, au Levant et au Tonkin, ces dénombrements provenant de Bel-Abbès ne sont guère représentatifs. Seule une étude approfondie des tableaux des loges de Casablanca, Safi, Sousse, Tunis, Beyrouth et Hanoi permettrait de compléter cette présentation. Il en serait sans doute de même des loges de Mascara (fondée en 1865) et Saïda (1913), villes de garnison d'unités de la Légion.

Sous l'Occupation, la publication au *Journal officiel* de la liste des 18 000 anciens dignitaires des sociétés secrètes interdites le lendemain de la promulgation de la loi du 11 août 1940 révèle l'ancienne appartenance à la franc-maçonnerie d'un ancien chef de corps du 1er Étranger. Le général Paul Azan, commandant des confins algéro-marocains et du territoire d'Agadir, est ainsi contraint de prendre sa retraite en dépit de sa démission en 1932 de la loge La Réunion de Toulon où il avait été admis comme apprenti en 1919. L'affaire fait grand bruit dans l'armée d'Afrique où Paul Azan est unanimement apprécié. Les démarches des généraux Weygand et Noguès ne font pas fléchir le général Huntziger, ministre secrétaire d'État à la Guerre, qui refuse une dérogation accordée pourtant à des hommes politiques, notamment à Marcel Peyrouton, ministre de l'Intérieur des gouvernements Laval et Flandin entre le 5 septembre 1940 et le 9 février 1941. Il n'est pas rare que des officiers bénéficient d'interventions des loges pour l'obtention de promotions sans qu'il soit possible de conclure sur les soupçons de favoritisme avéré. Leur adhésion relève avant tout de la sociabilité maçonnique qui permet de se distraire de la vie de garnison.

André-Paul COMOR

Sources : Archives du Grand Orient de France, cartons 1868 A et 1868 B, *Les Maçons réunis, Sidi-Bel-Abbès, 1900-1939.*

Bibl. : Lucien Sabah, « La Légion étrangère et la franc-maçonnerie », *Bulletin de l'institut de recherches maçonniques* (*Iderm*), n° 31, 1983 • *Id.*, « Bazaine reçu franc-maçon en 1834 », *Bulletin de l'Iderm*, n° 33, 1984 • Xavier Yacono, *Un siècle de franc-maçonnerie algérienne (1785-1884)*, Maisonneuve et Larose, 1969.

FRANCO BAHAMONDE, général Francisco (1892-1975). – Les premières images du film *Franco, ese hombre* (« Franco, cet homme »), du cinéaste José Luis Sáenz de Heredia, célébrant en 1964 le 25e anniversaire du régime, montrent abondamment le défilé de la légion espagnole devant la tribune du Caudillo sur le Paseo de la Castellana, les Champs-Élysées de Madrid. L'Espagnol le plus connu du XXe siècle a été lié en effet de façon profonde à cette légion, dont il fut le formateur avec José Millán Astray – certains parlèrent même de cofondateur – et le troisième chef, de 1923 à 1928. Pourtant, l'on sait que ce Galicien, né au Ferrol le 4 décembre 1892, voulut être initialement marin comme ses ascendants depuis six générations (son père excepté), mais la fermeture de l'Académie de marine, dans une période de rétraction consécutive à la perte des restes antillais et océaniens de l'empire colonial, l'en empêcha. Devenu aspirant d'infanterie à l'académie installée dans l'Alcazar de Tolède (1907), il vécut une carrière ordinaire de soldat d'active à partir de 1909, devenant en 1912 officier de *regulares* marocains. Participant aux opérations contre les Rifains, il fut blessé grièvement à El-Biut près de Ceuta, le 29 juin 1916, captant alors une aura de *baraka*. Le jeune capitaine fut rapatrié dans la péninsule. En 1918, il fit connaissance du lieutenant-colonel Millán Astray, lors d'exercices de tir sur le polygone de Valdemoro, près de Pinto, au sud de Madrid. Devenu bon ami, au point d'être choisi par le fondateur de la légion espagnole comme adjoint en 1920, il reçut le commandement de l'un des trois bataillons (*banderas*) de ce corps d'élite en formation.

En juillet 1921, il participa au dégagement de la ville de Melilla menacée par la débandade d'Anoual. En 1922, avec une préface de son chef, il publia un ouvrage, *Diario de una bandera*, sorte de journal d'opérations qui révèle l'esprit de férocité de la légion espagnole, qui mutila – en représailles d'Anoual ? – les corps des indigènes vaincus, ce qu'avaient également fait auparavant certains légionnaires français au Maroc. Ce livre sera expurgé des passages les plus violents dans les éditions de 1956 et 1986. Devenu commandant en chef de la légion en juin 1923, après la mort au combat du colonel Valenzuela, il profita d'une permission à Madrid pour se marier. Rédacteur en chef de l'influente *Revista de tropas coloniales*, il participa, comme Millán Astray, à des cours à Saint-Cyr. Devenu général en 1926 – le plus jeune de son grade –, il fut de toutes les opérations, participant notamment au débarquement de la baie d'Alhucemas, qui lui valut la Légion d'honneur dans le cadre de cette opération franco-espagnole antirifaine. En 1928, le dictateur Miguel Primo de Rivera lui confia la direction d'une nouvelle académie militaire à construire à Saragosse. Sept ans de légion avaient forgé un homme clairement fait pour le commandement. Après la fermeture de ladite académie par le nouveau régime républicain, en 1931, Franco ne devait jamais perdre de vue sa légion, affirmant sa fidélité pourtant jugée parfois douteuse aux gouvernements en place. De 1932 à 1936, les villes de La Corogne, Palma de Majorque, Tétouan, Madrid et Las Palmas de Grande Canarie le virent assumer des commandements divers. En octobre 1934, il encadra le commandement de troupes légionnaires afin d'étouffer la rébellion des Asturies. Comme général, chef d'État-major, il autorisa en 1935 le tournage à Dar Riffien, près de Ceuta, de *La Bandera* de Julien Duvivier, qui lui dédia le fruit de son travail. Les liens avec son ancien corps demeurèrent donc étroits. Aussi lors du soulèvement de juillet 1936 la légion espagnole se convertit-elle en fer de lance – en liaison étroite avec les *regulares* – de cette armée coloniale devenue séditieuse. Chef des forces d'Afrique, Franco assumait de nouveau une autorité directe sur la légion. Par la suite, son régime triomphant, Franco, *Caudillo de España* par la grâce de Dieu, devait lui accorder toute sa confiance notamment pour garder les morceaux du néo-empire espagnol fondé depuis les années 1880 en Afrique équatoriale, au Sahara occidental et au Maroc septentrional. Cette Afrique, il l'a bien mieux connue que l'Europe où ses incursions ont été rarissimes.

Mort après une longue agonie, le 20 novembre 1975, il est enterré dans la vaste crypte souterraine de la Valle de los Caidos (« Vallée des Morts »), inaugurée le 1er avril 1959, près de l'Escurial. Il y repose encore, en compagnie de José Antonio Primo de Rivera, fondateur de la Phalange, dont le corps fut inhumé juste avant l'inauguration. Franco légionnaire a sans aucun doute été la face la plus honorable, sinon la plus glorieuse, de ce Galicien taiseux et peu enclin à la clémence. De nombreuses avenues du Generalísimo ou Francisco-Franco ont accompagné le développement des villes espagnoles du milieu du XXe siècle. Depuis les années 1980, les dernières statues équestres disparaissent progressivement des avenues et places d'Espagne (Madrid, El Ferrol, Santander). Demeure celle de Franco à pied en tenue de légionnaire – souvenir de son action de 1921 – dans la vieille ville de Melilla, avec une plaque « Au Commandant de la Légion Don Francisco Franco Bahamonde ». Des deux Franco, le soldat sans états d'âme, fait pour la légion naissante, prêt au sacrifice personnel, et le dictateur retors et ordinaire, prêt au sacrifice des autres, il semble que le premier ait gardé du prestige dans les milieux nostalgiques de son régime et sur la côte septentrionale du Maroc, théâtre majeur de la gloire légionnaire de ce chef finalement mort dans un lit d'hôpital civil.

Jean-Marc DELAUNAY

Bibl. : Andrée Bachoud, *Franco*, Fayard, 1997 • Bartolomé Bennassar, *Franco*, Perrin, 1995 • Francisco Franco, *Diario de una bandera*, Madrid, Editorial Pueyo, 1922, avec préface de José Millán Astray • Juan Blázquez Miguel, *Auténtico Franco. Trayectoria militar, 1907-1939*, Madrid, Almena, 2009.

FRED. – *Voir* SAMUEL.

FREYTAG, sergent-chef Siegfried (1919-2003). – Né à Danzig dans une famille de brasseurs, Siegfried Freytag appartient à cette génération de jeunes Allemands particulièrement marquée par le national-socialisme et la guerre. Engagé dans la Luftwaffe en 1937, breveté pilote de chasse, le jeune sous-officier se bat lors de la campagne de France en mai-juin 1940 et pendant l'offensive allemande dans les Balkans l'année suivante. Le 24 avril 1941, son avion est abattu près d'Athènes. Blessé, il réussit à s'évader de l'hôpital où il a été transporté. Rétabli, il participe en Roumanie à l'opération « Barbarossa » lancée le 22 juin suivant. Pilote hors pair, au nombre des as de la Luftwaffe, Freytag totalise 70 victoires aériennes sur le seul front russe. Décoré de la *Ritterkreuz* (croix de fer) en juillet 1942, nommé capitaine, il prend le commandement de son escadrille, engagée sur le front méditerranéen. Il est abattu au large de La Valette le 27 juillet 1942, mais, récupéré par une vedette, il échappe à une capture par les Britanniques. Rentré en Allemagne en février 1943, il reçoit la *Deutsche Kreuz in Gold* (croix allemande en or) et est promu au grade de commandant. Le 12 juillet 1943, son escadrille est basée à Trapani (Sicile), après la capitulation des forces germano-italiennes du 12 mai et la fin des opérations en Afrique du Nord, où son avion est une nouvelle fois abattu. Le 24 août, il quitte le front italien pour bénéficier d'un congé médical en Allemagne. En janvier 1944, son escadrille est aux Milles, près d'Aix-en-Provence – Freytag y fête sa 100e victoire officielle le 13 juin 1944 –, puis, basée un temps à Orange, elle est envoyée aux Pays-Bas où elle participe à la bataille d'Arnheim. Promu au grade de major à seulement vingt-cinq ans, Freytag prend part en janvier 1945 à l'opération « Bodenplatte » visant les aérodromes alliés. Capturé près de Ratisbonne par les troupes américaines, il sert d'interprète. Libéré, ayant perdu toute sa famille, il exerce successivement les métiers de mineur et de technicien avant de terminer chauffeur de taxi.

En 1952, sans ressources, et pour éviter de sombrer dans la misère, il s'engage dans la Légion étrangère. Affecté au 5e régiment étranger d'infanterie après son instruction de base à Sidi-Bel-Abbès, il sert en Indochine puis à la 13e demi-brigade de Légion étrangère à Djibouti. En 1970, il quitte la Légion d'active avec le grade de sergent-chef et se retire à l'institution des invalides de la Légion étrangère (IILE) à Puyloubier. Le 5 juin 2003, l'homme aux 102 victoires est enterré avec les honneurs militaires au carré de la Légion étrangère du cimetière de Puyloubier.

André-Paul COMOR

Sources : Militärgeschichtliches Forschungsamt (MGFA), Potsdam • Ernst Obermaier, *Die Ritterkreuzträger der Luftwaffe. Jagdflieger 1939-1945*, Mainz, Verlag Dieter Hoffmann, 1966.

FRONTIÈRES, bataille des (Algérie, 1958). – Nom donné à la série d'accrochages et de combats entre les unités de l'armée française, chargées d'interdire le franchissement des barrages électrifiés, et les katibas de l'Armée de libération nationale (ALN) algérienne, dans la zone Est constantinois, entre janvier et mai 1958.

Le second Empire colonial français (1852-1962) comprenait, entre autres colonies, l'Afrique du Nord française, composée de l'Algérie, administrée directement depuis la métropole, et de deux protectorats, le Maroc et la Tunisie, situés de part et d'autre de l'Algérie avec chacun leur gouvernement autonome mais aux compétences limitées aux domaines intérieurs. Lorsque à l'issue de la Seconde Guerre mondiale s'ouvrit la période de décolonisation, les deux protectorats obtinrent leur indépendance (la Tunisie en 1954 et le Maroc en 1956), tandis qu'une rébellion contre l'autorité française éclatait en Algérie (novembre 1954). Poursuivies par les forces de l'ordre, les bandes rebelles trouvèrent très vite des zones refuges dans les deux pays voisins, où elles pouvaient se remettre en condition, se réarmer, s'entraîner et préparer leur retour en Algérie. Les unités de maintien de l'ordre ne pouvaient bien évidemment les poursuivre en territoire étranger, par respect de frontières désormais internationales. C'est ainsi que naquit l'idée de fermer ces frontières tunisienne et marocaine par un obstacle qui permettrait au commandement français de savoir où et quand les bandes rebelles entraient ou sortaient d'Algérie, où et quand les armes et le ravitaillement passaient pour renforcer les maquis de l'intérieur.

À l'est, la frontière courait sur 380 km, de La Calle à Négrine ; à l'ouest, 559 km séparent Port-Say de Kenadsa. D'un côté comme de l'autre, le relief était le même : djebels, plaines d'alfa, oueds saisonniers, jusqu'au désert plat et immense. Si certains, au sein du haut commandement, estimaient qu'on pouvait intercepter et détruire les bandes rebelles par la manœuvre, très vite s'imposa l'idée d'un obstacle servant d'alerte aux franchissements. Les premières expérimentations ont lieu à l'ouest, face au Maroc, au milieu de l'année 1956. De tâtonnements en améliorations successives (haies électrifiées, réseaux de barbelés, combinaison barbelés-mines éclairantes et antipersonnel, grillages antibazookas), la définition technique du barrage est bien maîtrisée, avec les extensions par les postes radar-artillerie. Le 26 juin 1957, le ministre de la Défense nationale, André Morice, signe l'ordre d'exécution, engageant moyens, personnel et crédits pour la construction du barrage à l'est (où il prend le nom de « ligne Morice ») comme à l'ouest. Le barrage Est atteint Tébessa en octobre 1957, comme prévu, et est aussitôt prolongé jusqu'à Négrine.

La Légion étrangère est particulièrement concernée par cette bataille des frontières qui va durer cinq mois, entre l'arrivée du 1er régiment étranger de parachutistes (REP) en janvier 1958 à Guelma et la mort au combat du lieutenant-colonel Jeanpierre, son chef, le 28 mai suivant. Cette bataille est la somme d'une série de tentatives de franchissement de la frontière par les unités de l'ALN provenant de Tunisie, contre lesquelles la Légion intervient immédiatement. Utilisant les couloirs de pénétration du Bec de canard de Ghardimaou et de part et d'autre de la vallée de la Medjerda, an nord, l'ALN porte son effort en direction de Souk-Ahras et de Guelma. Dès le 24 janvier, le 1er REP accroche une bande locale dans la forêt de la Mahouna, lui inflige 67 tués et récupère autant d'armes. Le 2 février, la 1re compagnie est héliportée dans la forêt de Beni Meleille, où elle tue 48 combattants de l'ALN et récupère leurs armes. Le lendemain, c'est un accrochage à Kef El Mekta et

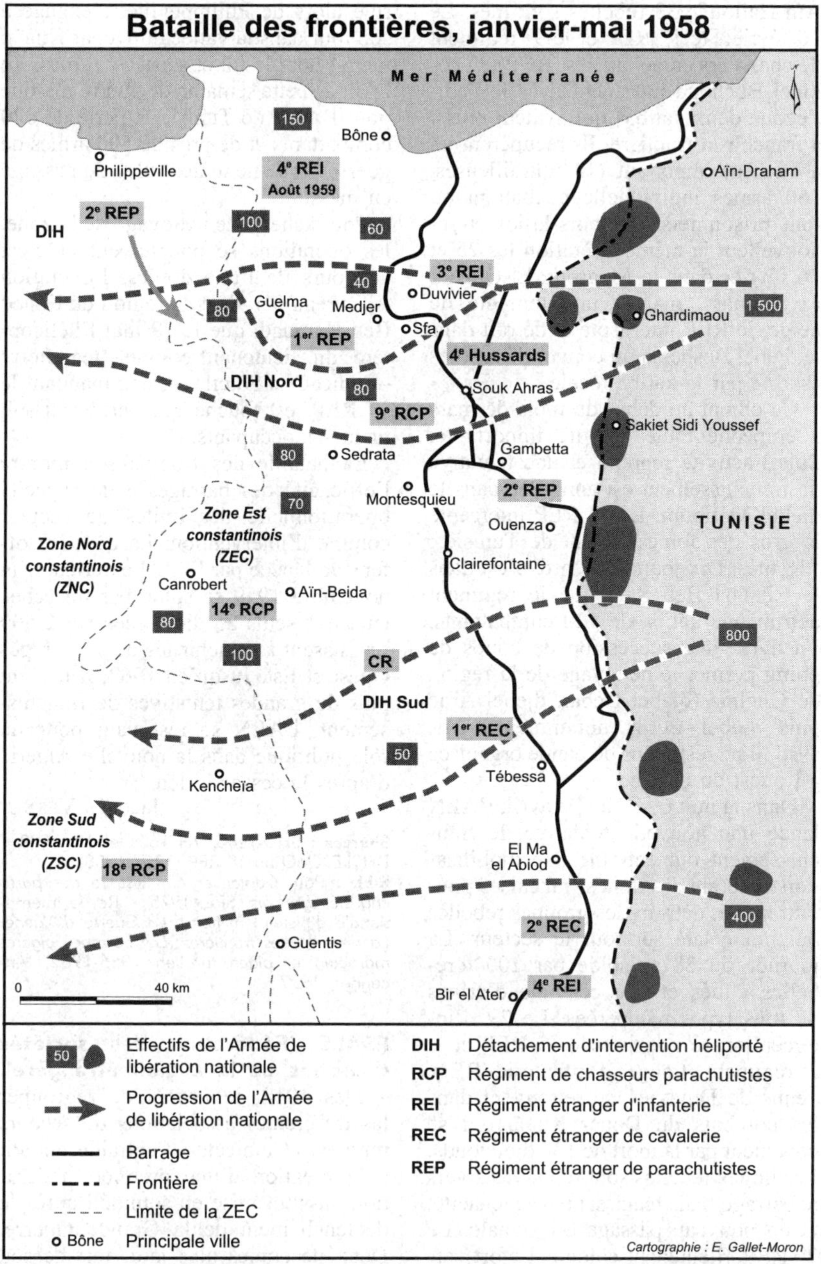
Bataille des frontières, janvier-mai 1958
Mer Méditerranée
Bône
Philippeville
Aïn-Draham
4e REI Août 1959
2e REP
DIH
150
100
60
40
3e REI
Duvivier
Guelma
Medjer
Sfa
80
1 500
Ghardimaou
1er REP
4e Hussards
DIH Nord
80
Souk Ahras
9e RCP
Sakiet Sidi Youssef
80
Sedrata
Gambetta
2e REP
Montesquieu
70
Zone Est constantinois (ZEC)
Ouenza
TUNISIE
Zone Nord constantinois (ZNC)
Clairefontaine
Canrobert
Aïn-Beida
14e RCP
80
100
800
CR
DIH Sud
1er REC
50
Tébessa
Kencheïa
Zone Sud constantinois (ZSC)
18e RCP
El Ma el Abiod
400
2e REC
Guentis
0
40 km
Bir el Ater
4e REI
50
Effectifs de l'Armée de libération nationale
Progression de l'Armée de libération nationale
Barrage
Frontière
Limite de la ZEC
Bône
Principale ville
DIH Détachement d'intervention héliporté
RCP Régiment de chasseurs parachutistes
REI Régiment étranger d'infanterie
REC Régiment étranger de cavalerie
REP Régiment étranger de parachutistes
Cartographie : E. Gallet-Moron

Aïn Hallouf : 33 rebelles sont tués. Le 16 février, le 1er REP et le 9e régiment de chasseurs parachutistes (RCP) du colonel Buchoud rattrapent dans le Fedj-Zezoua deux katibas qui avaient réussi à franchir la frontière. Ils récupèrent un armement important (13 mitrailleuses, 160 armes individuelles), abattent ou font prisonniers 160 hors-la-loi et renouvellent la même opération les 25 et 26 février dans le Megroun El-Ougali. Le 6 mars, malgré une tempête de neige, le REP intercepte et détruit dans le djebel Besbessa un convoi de recrues escorté par la katiba locale.

Ce climat au début du mois de mars a empêché toute activité importante. Puis l'activité reprend et une tentative de franchissement est annihilée dans le djebel Marioum. Le 1er REP intercepte le gros des forces venant de Tunisie : 118 tués. Dix jours plus tard, c'est dans le Chabba Ben Saïd que le régiment détruit une katiba de 120 combattants. En avril, une succession de coups de poing permet le nettoyage de la région de Guelma (djebel Debar, djebel Arac puis djebel Berda notamment). Mi-avril, il ne reste plus de bande organisée à l'ouest du barrage.

Dans la nuit du 27 au 28 avril, l'ALN lance une nouvelle tentative de franchissement qui entraîne une mobilisation générale des unités françaises pour rattraper et détruire les groupes rebelles qui ont éclaté sur tout le secteur. La journée du 28 se solde par 200 « rebelles » tués et une centaine d'armes de tous types récupérées. Le 29, l'interception se poursuit, le 1er REP et le 3e régiment étranger d'infanterie (REI), venus de Duvivier, se retrouvent dans les combats du Douar Khaïa qui se concluent par la mort de 130 djounouds. Les unités rebelles sont repoussées vers le barrage mais réagissent avec ténacité, et un nouveau passage est signalé. Le 2e REP (lieutenant-colonel Lefort) arrive alors de Philippeville, s'engage à son tour dans la vallée du Douar Khaïa, tue 54 hors-la-loi et saisit 32 armes. Le bilan de cette semaine de guerre marque pour l'ALN de Tunisie la perte de 620 combattants et de près de 500 armes de guerre – elle ne tentera plus de passage en masse.

Pour achever le nettoyage de la zone, les opérations se poursuivent et c'est au cours de l'une d'elles, l'opération « Taureau 3 », dans la région de l'oued Ben Hamdad, que le 29 mai l'hélicoptère du lieutenant-colonel Jeanpierre – indicatif « Soleil » –, commandant le 1er REP, est touché et s'écrase au sol, tuant ses occupants.

La bataille des frontières a montré l'efficacité des barrages et la capacité opérationnelle des unités de secteur comme d'intervention. La dernière offensive lancée par l'ALN extérieure fin novembre 1959 se solde par un échec cuisant : seuls 25 djounouds sur 2 500 réussissent à franchir les deux barrages Ouest et Est. Jusqu'en 1962, il n'y eut plus de grandes tentatives de franchissement, l'ALN se réservant pour un rôle politique dans la nouvelle Algérie d'après le cessez-le-feu.

Jacques VERNET

Sources : SHD-Terre, 1H 1601 et 1H 1988 • DHPLE, JMO du 1er REP (1957-1958).

Bibl. : Paul Gaujac *et al.*, *Histoire des parachutistes français*, SPL, 1975 • Revue internationale d'histoire militaire, *La Guerre d'Algérie. La défense des frontières. Les barrages algéro-marocain et algéro-tunisien 1956-1962*, Vincennes, 1997.

FSALE (Fédération des sociétés d'anciens de la Légion étrangère). – Dès 1912, le besoin de regrouper les différentes associations de secours mutuels et amicales d'entraide aboutit à la création d'une première fédération aussitôt mise en sommeil après le déclenchement de la Grande Guerre. Deux décennies plus tard, fort de son autorité morale et de son prestige parmi les anciens, le général Rollet ressuscite l'ancienne fédération à l'occasion du centenaire de la création de la Légion étrangère. La nouvelle Union des sociétés d'anciens légionnaires de France, colonies et étranger (USAL) voit le jour en 1931. Elle change de dénomination une première fois en 1951 pour devenir l'Union des sociétés d'anciens légionnaires, France, Union française et étranger. Puis, le 30 juin 1956, à la suite de longues négociations pour parvenir à une clarification sur la nature des relations entre les nombreuses associations et assurer une plus grande cohésion, l'USAL cède la place à la Fédération des sociétés d'anciens légionnaires, France, Union française et étranger (FSAL) dont le siège est situé à Paris au numéro 6 de la rue Magellan dans le 8e arrondissement. Dès janvier 1957, reconnue d'utilité publique grâce au soutien de nombreuses personnalités politiques et d'officiers généraux qui ont servi dans les rangs de la Légion, la FSAL est habilitée à recevoir dons et legs. Dotée de fonds plus importants, la fédération peut lancer un programme d'aide aux anciens plus ambitieux.

En 1960, la solidarité est renforcée après la décision d'ouvrir plus largement les amicales aux officiers au sein de la Fédération des sociétés d'anciens de la Légion étrangère (FSALE). De plus, la coordination avec le commandement de la Légion est renforcée afin de pérenniser l'action sociale en faveur des anciens initiée à la fin des années 1940 à la maison mère par le colonel Gaultier.

Ainsi, pendant la guerre d'Algérie, la FSALE accepte le don d'un terrain à Sidi-Bel-Abbès pour faire construire une maison de retraite, la Maison des anciens légionnaires, et contracte un prêt auprès de l'Office national des anciens combattants. De même, la fédération est admise comme membre de droit au conseil d'administration de la Maison du légionnaire d'Auriol. En 1960 également, en partenariat avec l'Association générale des anciens de la Légion étrangère, elle lance une souscription et contracte un autre prêt pour l'achat et l'aménagement d'un bâtiment, situé rue de la Mouzaïa, destiné à devenir la Maison des anciens légionnaires de Paris. Un attentat en 1975 détruit l'immeuble et contraint la FSALE à le revendre et à s'installer dans le local qu'elle occupe toujours au 15, avenue de La Motte-Picquet dans le 7e arrondissement de Paris. Pour tenter de sauver cette structure de la faillite, elle achète le château de La Balme-les-Grottes, ce qui n'empêche pas sa fermeture en 1979. Depuis de nombreuses années, elle apporte une aide financière à l'Institution des invalides de la Légion étrangère de Puyloubier, obtenant des soutiens financiers d'autres structures, notamment liées aux anciens combattants comme la Fédération nationale André-Maginot dont elle est d'ailleurs membre.

Travaillant au rapprochement entre la Légion d'active et les anciens légionnaires, la FSALE a notamment contribué à ce que puisse être attribuée, de plein droit, la carte de résident aux anciens légionnaires étrangers (1986) ou encore à ce que tout légionnaire blessé en service puisse obtenir la nationalité française (1999). Outre l'action sociale en faveur des anciens légionnaires, la FSALE a aussi pour missions de défendre la mémoire des morts et des anciens combattants de la Légion étrangère, le patrimoine d'honneur et les considérations constitutives de l'identité légionnaire, enfin d'affermir la réputation de la Légion étrangère. Dès que possible, elle s'investit ainsi dans des actions destinées à mieux faire connaître le rôle joué par les régiments étrangers dans l'histoire du XXe siècle, notamment en participant en 1981 au 150e anniversaire de la création de la Légion étrangère, en 1985 aux commémorations des combats de Champagne de 1915, et en 1995 en organisant son congrès national à Fréjus pour l'inauguration du Mémorial des guerres d'Indochine

Aujourd'hui, la FSALE, forte de près de 180 amicales, est présente en France métropolitaine et dans les départements et territoires d'outre-mer, en Allemagne, en Suisse, en Belgique, en Grande-Bretagne, en Australie, en Autriche, au Canada, en Espagne, aux États-Unis, en Israël, en Italie, au Luxembourg, en Suède, au Portugal et au Sénégal. L'ensemble de ces associations représente approximativement 12 000 anciens légionnaires de tous grades. À ces amicales, associations classiques dans leur organisation et leur mode de fonctionnement, il convient d'ajouter trois associations à vocation particulière : la Société des amis du musée de la Légion étrangère, dont la vocation est à la fois culturelle et d'entretien des collections du musée, Atouts Légion, association créée en 2003 qui a pour raison d'être de faciliter le placement des anciens rendus à la vie civile, enfin l'association Camerone chargée de l'entretien du mémorial érigé au Mexique sur le lieu même du combat. Si la première de ces trois associations fait, *stricto sensu*, partie de la FSALE, les deux autres lui sont étroitement liées par des partenariats spécifiques.

La FSALE est administrée par un conseil d'administration dont les membres sont élus pour trois ans par l'assemblée générale. Statutairement, leur nombre doit être compris entre 24 et 30 ; le général commandant la Légion étrangère en est membre de droit. Le bureau de la fédération est composé du président fédéral, du vice-président, d'un secrétaire général, d'un trésorier, d'un membre responsable du suivi des décorations, d'un membre responsable du reclassement et de la sécurité et de chargés de missions – pensions et affaires médicales, nouvelles amicales à l'étranger, comité d'éthique et comité de la mémoire. Le président de la FSALE a, aujourd'hui, quatorze délégués pour la France et un pour la Suisse, la Belgique, l'Allemagne, le Luxembourg, l'Italie et la Grande-Bretagne.

Ses présidents successifs sont les généraux suivants : Flipo (1950-1966 ; 1969-1973), Gaultier (1966-1969), Spitzer (1973-1977), Nouguès (1977-1980), Compagnon (1980-1991), Coullon (1991-2001) et Rideau (depuis 2001).

Marie LARROUMET

Bibl. : Comité de la mémoire (FSALE), « Solidarité », *Les Cahiers de la mémoire*, n° 9, 2004.

FUHR, général Jean Claude (1920-2012). – Le général Fuhr, admis en 1940 au concours de l'École spéciale militaire de Saint-Cyr, appartient à la première des trois promotions formées à Aix-en-Provence. Sa carrière est moins celle d'un officier de Légion dans la tradition de l'entre-deux-guerres que celle des officiers de la « jeune armée » en mutation de la IVe République qui se dessine après la Seconde Guerre mondiale et dans laquelle l'armée d'Afrique perd de son influence.

En octobre 1942, pendant quelques mois au dépôt commun des régiments étrangers, il s'initie aux subtilités de l'instruction et du commandement des légionnaires. Après avoir participé au débarquement de Provence avec la demi-brigade de zouaves, il fait la campagne de France et se trouve désigné en 1945 instructeur à Coëtquidan – qui accueille les promotions de la nouvelle École militaire interarmes. Il sert ensuite de 1946 à 1951 à la 1re compagnie saharienne portée de Légion étrangère à Aïn-Sefra (et aux affaires indigènes) et à la 13e demi-brigade de Légion étrangère en Indochine. Après l'École d'état-major en 1953 et l'École supérieure de guerre (ESG) en 1958, alors que se dessine la fin des grandes opérations du plan Challe en Algérie, il commande un bataillon d'infanterie dans les environs de Sidi-Bel-Abbès. Entre octobre 1961 et avril 1963, il participe au transfert et à l'installation du groupement d'instruction de Mascara à Corte. La direction de l'enseignement militaire supérieur fait appel à lui pour l'encadrement des promotions de l'ESG (1963-1965). Chef de corps du 1er régiment étranger de 1968 à 1970 après avoir commandé le 110e régiment d'infanterie motorisée en Allemagne, le colonel Fuhr suit la 20e session du CHEM, l'école des maréchaux qui lui donne accès aux grands commandements. Il termine sa brillante carrière comme général de corps d'armée, major général de la 5e Région militaire. Depuis, une pléiade d'officiers qui ont choisi la Légion étrangère à la sortie de Saint-Cyr ont suivi la voie tracée par le général Fuhr.

André-Paul COMOR

FUVEAU, dépôt de. – Connu aussi comme le dépôt de Trets, au sud-est d'Aix-en-Provence, il sert de dépôt provisoire des régiments étrangers et plus particulièrement des débris des 11e et 12e régiments étrangers qui s'installent entre le 27 juin et le 22 août 1940 dans le village. Dans l'attente de leur libération, les quelque 300 légionnaires y étaient alors occupés à la construction d'une route, qui mène à l'ermitage de Saint-Jean-du-Puy, entre Trets et Saint-Zacharie. Cette route est marquée aujourd'hui par une borne gravée de la grenade à sept flammes et portant l'inscription « 11e régiment étranger d'infanterie ».

André-Paul COMOR & Charles RIDET

G

GABON, opérations au (octobre-novembre 1940). – Lors du ralliement de l'Afrique-Équatoriale française (A-ÉF) à la France Libre, le Gabon est le seul territoire à faire exception, en raison d'une volte-face de son gouverneur, Georges Masson, le 30 août 1940, d'une opinion divisée au sein des coloniaux et de la présence de bâtiments de la marine française de Vichy. Enclavé au sein des territoires ralliés, le Gabon peut représenter un véritable danger pour le maintien des positions et la poursuite de la lutte contre l'Axe aux côtés des Alliés. Il convient donc de le rallier avant que des renforts ne parviennent au général Têtu, envoyé sur place par Vichy, qui dispose déjà, pour assurer la sécurité du territoire, de quatre bataillons d'infanterie et d'artillerie ainsi que de quatre bombardiers Glenn Martin et de bâtiments de guerre dont l'aviso *Bougainville* et le sous-marin *Poncelet*.

L'opération pour la conquête du Congo débute le 27 octobre 1940 : les deux colonnes Parant et Dio venues du moyen Congo et du Cameroun, notamment composées de tirailleurs et disposant de chars H-39 rapportés de Norvège et débarqués à Douala, marchent vers Libreville et Port-Gentil. Lambaréné tombe le 5 novembre, mais la progression des deux colonnes en forêt vierge est lente et difficile. Pressé d'en finir, le chef d'escadron Leclerc organise un débarquement : venant de Casamance, les 455 légionnaires de la 13e demi-brigade de Légion étrangère (DBLE) commandés par le général Kœnig embarquent dans la nuit du 4 au 5 novembre à Douala (Cameroun) avec un bataillon colonial mixte composé dc Sénégalais et de colons. Le corps expéditionnaire débarque dans la baie de Mondah, aux environs de Libreville, dans la nuit du 8 au 9 novembre 1940. La prise du terrain d'aviation se fait dans la journée qui suit au prix de pertes légères. Les légionnaires font leur entrée dans la capitale du Gabon le 10 novembre en fin de matinée après la reddition négociée avec le général Têtu. Le sort de Port-Gentil est réglé quelques jours plus tard. Kœnig, à la tête d'une compagnie et d'une section d'engins, embarque le 13 sur le *Casamance* avec un groupement sous les ordres de Thierry d'Argenlieu qui obtient, le 14, sans coup férir, la reddition du commandant de la place. Ces premiers affrontements entre Français laissent des traces parmi les officiers de Légion ralliés au général de Gaulle : deux d'entre eux, le colonel Magrin-Vernerey et le capitaine de Lamaze, avaient avancé la clause de conscience et refusé de prendre part à ces combats fratricides.

Jean-Noël VINCENT

Sources : SHD-Terre, *Compte rendu sur les événements survenus au Gabon d'août à novembre 1940*, général Yves Dion.

Bibl. : André-Paul Comor, *L'Épopée de la 13e demi-brigade de Légion étrangère, 1940-1945*, Nouvelles Éditions latines, 1988 • Edgar de Larminat, *Chroniques irrévérencieuses*, Plon, 1962.

GALANIS, Démétrios (1882-1966). – D'origine grecque, Démétrios Galanis est avant tout un dessinateur. Il participe au premier salon de la Société des dessinateurs humoristiques fondé en 1911 et, comme Louis Marcoussis, encore au second l'année suivante. Son dessin, écrit Guillaume Apollinaire dans *L'Intransigeant* du 27 mars, « a de l'atticisme », c'est-à-dire qu'il est conforme au langage et au goût de l'Athènes antique. Le poète critique d'art souligne de la sorte le caractère grec de l'artiste sans que sa remarque soit absolument probante. En vérité, Démétrios Galanis ne semble pas toujours très classique. Le 4 février 1905, par exemple, il a participé au numéro 201 du journal satirique *L'Assiette au beurre*, ancêtre du *Canard enchaîné* paraissant de 1901 à 1912. Il en a signé la couverture qui montre un homme aux yeux blancs exorbités : « Le tzar rouge ». C'est Nicolas II, responsable de la très dure répression de la manifestation qui s'est déroulée le 9 janvier 1905 – ce « Dimanche rouge » qui constitue le prélude d'un mouvement révolutionnaire en Russie et qui, malgré l'échec, annonce inéluctablement l'année 1917.

Plus tard, c'est-à-dire après la Grande Guerre pendant laquelle il s'est engagé à la Légion étrangère, Démétrios Galanis va devenir un proche d'André Malraux. Dans les années 1920, ce dernier dirige malgré son jeune âge une collection rattachée aux éditions du Sagittaire lancées par Simon Kra. Il entend publier « des œuvres inédites des maîtres de la littérature nouvelle et de jeunes écrivains estimés, qu'illustreront les artistes les plus réputés ». En 1921, il confie *Cœurs à prendre*, de Georges Gabory, à son nouvel ami. La même année, c'est encore chez Galanis que le futur grand écrivain rencontre Marcel Arland par qui il sera introduit auprès de François Mauriac. Malraux s'est-il entretenu de la Légion étrangère avec le peintre ? Plusieurs de ses autres amis et relations en sont issus : le journaliste Georges R. Manue, par exemple, mais aussi Manès Sperber.

Il est certain que l'auteur de *La Condition humaine* (prix Goncourt 1933) est régulièrement hanté par la Légion mais aussi, plus généralement, par l'idée d'un corps militaire qui se vouerait à une cause remarquable, différente du nationalisme. Au mois de juin 1934, il dit ainsi publiquement, alors qu'il se rend à Moscou pour le Congrès international des écrivains qui doit se tenir en août dans la capitale soviétique : « Je ne suis pas un pacifiste. Si la guerre éclate, et je pense que c'est le Japon qui la commencera, je travaillerai, le premier, à la formation d'une légion étrangère et, dans ses rangs, le fusil à la main, je défendrai l'Union soviétique, le pays de la liberté. » Le pays de la liberté ? Il n'est pas exclu que l'on puisse être un génie lyrique et malgré tout se tromper. Mais cette cause pour laquelle son œuvre témoigne, ce peut être l'homme, tout simplement.

France Marie FRÉMEAUX

GALE (1950-1955). – La décision de supprimer l'inspection de la Légion à la suite du départ du général Monclar pour prendre le commandement du bataillon français de Corée précipite la réorganisation programmée par le haut commandement. Le groupement autonome de la Légion étrangère (GALE) est ainsi créé le 1er septembre 1950 pour donner à la Légion les moyens de répondre au défi de sa montée en puissance décidée par Paris en raison de l'aggravation de la situation en Indochine. La tâche est immense, les missions nombreuses : instruire les nouvelles recrues en s'appuyant sur les expériences et les leçons tirées des opérations récentes en Extrême-Orient, organiser les relèves et les détachements de renfort, assurer l'accueil des rapatriés et l'organisation des centres de repos. L'état-major du groupement s'implante au quartier Vienot à Sidi-Bel-Abbès. Son chef est responsable de la valeur et du moral de l'ensemble de la Légion étrangère ainsi que du maintien de ses traditions. Il est placé sous le commandement du colonel Olié, qui a les attributions d'un général inspecteur. Le 1er octobre 1951, le colonel Gardy lui succède. Pour l'exécution de sa mission, il dispose du dépôt commun de la Légion étrangère (DCLE), du 1er régiment étranger d'infanterie (1er REI) et du service du moral et des œuvres de la Légion étrangère (SMOLE), chacune de ces formations étant placée sous les ordres d'un colonel ou lieutenant-colonel ayant rang de chef de corps. Le 1er juillet 1955, le GALE laisse place au commandement de la Légion étrangère (COLE) – qui deviendra l'inspection technique de la Légion étrangère (ITLE) – et au 1er régiment étranger qui reprend l'insigne du GALE.

André-Paul COMOR

GALLIENI, maréchal Joseph Simon (1849-1916). – Fils d'un officier subalterne d'origine italienne, Joseph Simon Gallieni est d'abord élève au prytanée militaire de La Flèche, avant d'intégrer la promotion « de Suez » (1868-1870) de l'École spéciale militaire de Saint-Cyr. Ayant choisi de servir dans l'infanterie de marine, il participe à la guerre franco-prussienne au sein de la « division bleue » et est blessé à la tête puis fait prisonnier lors des combats de la région de Bazeilles. Libéré en 1871, il est dès 1872 affecté à la Réunion, où il est promu lieutenant et séjourne pendant trois ans.

À partir de 1876, sa carrière coloniale qui débute alors est successivement marquée par l'Afrique, par l'Indochine et par Madagascar. Sur chacun de ces territoires, il est amené à agir avec des unités coloniales, de tirailleurs mais aussi de la Légion étrangère et manifeste très rapidement une aptitude particulière à l'organisation et à l'administration de vastes régions en partie insoumises. Chargé d'étudier le tracé du chemin de fer du Niger en 1880, il est fait prisonnier par le sultan Ahmadou mais après six mois de captivité parvient à faire accepter à son vainqueur un traité de protectorat en faveur de la France, qui récupère les territoires le long du cours du Niger de ses sources à Tombouctou. Cet exploit lui vaut d'être promu chef de bataillon et de recevoir la médaille d'or de la Société de géographie. Après deux ans de séjour à la Martinique et un bref retour en métropole, il repart en 1886, comme commandant supérieur du Haut-Fleuve, pour le Soudan en proie à de graves rébellions. En quelque dix-huit mois, il repousse les menaces que font peser les révoltés mais se consacre également au développement du territoire (aménagement de routes et de pistes, construction du chemin de fer, création de villages, mise en place de marchés, de missions d'études agricoles et minières, etc.). « Combattre et construire » : sa devise pourrait déjà être celle de la Légion.

Breveté de l'École supérieure de guerre en 1891, il rejoint brièvement l'état-major du corps d'armée de la marine, puis le Tonkin à la fin de l'année 1892. Sa réputation s'étend en métropole dans la grande presse comme dans les cercles politiques et coloniaux alors qu'il est colonel commandant le 2e Territoire militaire le long de la frontière de Chine, et il est dès lors proche du député Eugène Étienne, chef du parti colonial. Tout en multipliant les colonnes pour venir à bout du brigandage des « pirates » et en commençant le bornage de la frontière internationale, il obtient que les fonctionnaires coloniaux soient placés sous son autorité, ce qui lui permet de mener sur place la politique de la « tache d'huile » qu'il commence à formaliser, avec l'appui et le soutien actif de son chef d'état-major le lieutenant-colonel Lyautey.

De retour pour six mois en France en 1896, nommé général, il repart pour Madagascar où la présence française est toujours vivement mise en cause. Commandant supérieur des troupes et gouverneur général, il pacifie en dix-huit mois l'essentiel de la Grande Île, impose un changement de dynastie, supprime la féodalité, réorganise et modernise toutes les structures politiques, administratives, sociales et économiques : « la guerre a pour but la paix ». On connaît la formule qui lui est prêtée lorsque, à la fin de l'année 1896, en réponse au gouvernement qui lui propose des renforts, il se borne à demander « un bataillon de Légion pour pouvoir, le cas échéant, mourir convenablement ». L'officier colonial estime les légionnaires dont il a pu apprécier le service outre-mer. La Légion reconnaissante ne cesse depuis lors de rappeler ce beau compliment à toute occasion. Bien plus, elle entretient soigneusement cette mémoire pour les générations d'engagés volontaires, d'une part, et, d'autre part, à destination du grand public. Il quitte ses fonctions en 1905, à la suite de la révolte du sud de l'île en 1904 (qui lui est vivement reprochée), et poursuit une carrière métropolitaine (inspecteur des troupes coloniales, commandant du 13e puis du 14e corps d'armée, Conseil supérieur de la guerre) tout en conservant une réelle influence dans les milieux coloniaux et militaires. En 1911-1912, il refuse le poste de chef d'État-major général et généralissime désigné pour le temps de guerre pour des questions de fond (étendue de ses prérogatives) comme de forme (date de limite d'âge). Revenu à la vie civile au début de 1914 et endeuillé par la mort de sa femme, il est néanmoins rappelé au service en août, d'abord comme adjoint de Joffre, mais sans mission précise, puis comme commandant du camp retranché et de la garnison de Paris. On connaît bien sa brève et ferme proclamation au peuple de la capitale lors du départ du gouvernement pour Bordeaux et son rôle dans la bataille de la Marne. Ministre de la Guerre d'Aristide Briand, il tente durant l'hiver 1915-1916 de retrouver les prérogatives gouvernementales que le Grand Quartier général a été contraint d'assumer depuis septembre 1914. Mais usé et fatigué, il meurt des suites d'une opération le 27 mai 1916.

Gallieni est élevé au maréchalat à titre posthume en mai 1921 et donne son nom à la promotion 1927-1929 de l'École spéciale militaire de Saint-Cyr.

Rémy PORTE

Bibl. : Marc Michel, *Gallieni*, Fayard, 1989 • Pierre Paul, « Le centenaire de Gallieni », *Revue historique de l'armée*, n° 3, 1949, p. 92-95.

GAMBIEZ, général Fernand. – *Voir* INSTITUT DE FRANCE.

GANDELIN, adjudant-chef André (né en 1924). – Parisien de naissance, André Gandelin intègre en octobre 1942 la promotion « Croix de Provence » de l'École spéciale militaire de Saint-Cyr alors installée à Aix-en-Provence. Il la quitte deux mois plus tard en raison de l'invasion de la zone libre par les troupes de l'Axe. Comme son camarade Jacques Morin et bien d'autres élèves officiers, il rejoint la Résistance après un temps dans les Chantiers de jeunesse. Il fait partie du réseau Marco Polo rattaché au Bureau central de renseignements et d'action (BCRA). Il suit les cours de Cherchell à la fin de la guerre et se porte volontaire pour l'Indochine où il fait deux séjours de 1947 à 1952. Jeune capitaine, chevalier de la Légion d'honneur depuis 1949, il doit quitter l'armée en 1957 et, après des déconvenues, s'engage en juin 1959 à la Légion étrangère sous le nom d'Alain Gandy. Il sert au 1er régiment étranger de parachutistes jusqu'à la dissolution du régiment, le 30 avril 1961, et à l'escadron saharien porté de Légion étrangère avant de poursuivre sa carrière au 1er Étranger où il exerce ses talents de plume comme rédacteur de *Képi blanc* jusqu'à son départ à la retraite en 1980 avec le grade d'adjudant-chef (médaillé militaire après vingt et un ans de service à la Légion). Celui qui signait ses articles sous le (second) nom d'emprunt Alain Degand se fait connaître dans la cité sous le pseudonyme d'Alain Gandy, écrivain prolixe sur les traces de Pierre Sergent au service de la mémoire légionnaire. Peut-on ajouter que le capitaine qui n'a pas démérité s'est grandi en revêtant l'humble uniforme de simple légionnaire ? Régularisé de situation militaire, il est promu au grade d'officier de la Légion d'honneur en 1993.

Charles RIDET

GARDY, général Paul (1902-1975). – Né à Paris en 1909, Paul Gardy est sorti de Saint-Cyr en 1923. Sous-lieutenant, il est affecté à Saumur, au 8e régiment de hussards, puis intègre le 4e escadron du 1er régiment étranger de cavalerie (REC) de la Légion étrangère. Il combat alors au Levant et participe du 20 au 24 novembre 1925 à la défense de la citadelle de Rachaya attaquée par les Druzes. Tenant la position, cet escadron permet « l'arrivée des colonnes qui ont repoussé les rebelles ». À lire la citation qui lui est accordée, une « page de légende » s'est écrite, importante dans la mémoire de la Légion et célébrée aussi bien par Pierre Mac Orlan que par le chant du 4e REC composé pendant la guerre d'Algérie – il célèbre l'escadron qui « brise l'échine » des adversaires. À titre personnel, Gardy y est blessé, ce qui lui vaut une citation et une évacuation. Il revient au 1er escadron du 1er REC comme lieutenant et sert dans la région de l'Euphrate, puis au Maroc (Bou Denib, en 1927) et en Tunisie (Sousse, en 1928). En juin 1929, il rejoint le 3e escadron et le Maroc. Il est ensuite détaché au 37e régiment d'aviation (escadrille d'Ouarzazate) où il opère notamment dans l'Atlas central et obtient le titre de chevalier de la Légion d'honneur. En 1932-1933, il suit le cours de lieutenant d'instruction à Saumur puis prend le commandement du 1er escadron du 1er REC. Capitaine en octobre 1938, il rejoint l'École de guerre.

Affecté à l'état-major de la 20e division d'infanterie en 1939-1940, Paul

Gardy gagne une citation en juin 1940. Officier de l'armée d'Armistice, il repart en Afrique du Nord (4e régiment de spahis) ; chef d'escadron en juin 1941, il participe à la campagne de Tunisie puis, comme commandant en second du 2e régiment de chasseurs d'Afrique, à la campagne de France (blessé lors de l'offensive en haute Alsace, il est promu officier de la Légion d'honneur). En janvier 1945, le lieutenant-colonel Gardy est instructeur à l'école d'état-major, attaché au cabinet militaire du général Kœnig puis, à partir de mars 1946, commandant du 1er régiment de cuirassiers à Neustadt. Colonel le 1er octobre 1947, il devient en juin 1948 chef d'état-major de la 1re division blindée (DB), et ce jusqu'en février 1951, date à laquelle il est nommé commandant de la subdivision de Tours tandis qu'il est promu commandeur de la Légion d'honneur. D'octobre 1951 à 1955, il est commandant du groupement autonome de la Légion étrangère (GALE) avec les attributions d'un général inspecteur. Créé en 1950, commandé à l'origine par le colonel Olié, ce GALE comprend un état-major à Sidi-Bel-Abbès, le dépôt commun de la Légion, le 1er régiment étranger d'infanterie (REI) (qui regroupe toutes les unités d'instruction), le service d'information et le service du moral et des œuvres de la Légion étrangère (SMOLE). Revenu en Allemagne en 1955 pour y retrouver la 1re DB comme adjoint, Gardy renoue avec la Légion de 1958 à 1960 lorsqu'il est à la tête de l'inspection technique de la Légion étrangère (ITLE).

Dominé par la Légion et l'Afrique du Nord, le profil de Paul Gardy est celui d'un officier marqué par l'empire colonial auquel il est très attaché. Installé à Bayonne depuis sa retraite, il se rend en Espagne pour rencontrer le général Salan en novembre 1960. L'heure est à la préparation d'un putsch et Gardy, qui donne son accord pour en être à la fin de mars 1961, escompte pouvoir y rallier la Légion. Présent le 22 avril à Alger, il est partisan avec le général Jouhaud d'une intervention aéroportée vers la métropole. Le projet est abandonné et Gardy est chargé par Challe de faire basculer le corps d'armée d'Oran. Il s'y emploie avec le colonel Argoud mais c'est un échec. Il n'obtient même pas le ralliement du colonel Brothier, commandant du dépôt de la Légion à Sidi-Bel-Abbès. C'est sur la route du retour vers Alger qu'il apprend la fin du putsch. Refusant de se rendre, il sera condamné à mort par contumace en juin 1961. Choisissant la clandestinité, il est avant cela, en mai, dans l'état-major naissant de l'OAS (Organisation armée secrète). À l'origine, il prend en main le comité politique puis le « commandement Alger ». Lucide sur les difficultés et les contraintes de l'OAS naissante, proche tout à la fois de Godard et de Degueldre, il veut unir pour livrer à fond ce dernier combat pour l'Algérie française. Il en assume la violence qui vise à éliminer « les plus nocifs » des « adversaires » mais aussi, le cas échéant, à mettre au pas les électrons libres de l'OAS. Gardy pense en août 1961 que sa progression peut être « géométrique » et se déclare satisfait de l'écho rencontré par une émission télévisée pirate où il a présenté l'organisation. S'il mesure au fil des mois l'épuisement des possibilités de victoire, il refuse de cesser la lutte et compte parmi les plus radicaux de l'OAS après les accords d'Évian. Certes, l'Algérie française devient selon ses mots une « utopie », mais il veut jusqu'au bout « défendre ce qui peut être défendu », en particulier « les grands centres du littoral à forte densité européenne ». Il se fait donc le chantre des « entités territoriales ». Il s'y emploie depuis Oran où il s'est installé après l'arrestation de

Jouhaud en même temps qu'il refuse toute perspective d'accord entre le FLN (Front de libération nationale) et l'OAS. Ces deux options ont fait long feu à la fin de juin 1962. Gardy, auquel un siège a été réservé dans le Conseil national de la Résistance (il remplacerait Salan), quitte l'Algérie et finit par s'installer en Argentine. Il n'est jamais revenu en France, même après l'amnistie, et est mort accidentellement le 26 octobre 1975. S'il n'a pas écrit de Mémoires, il a pu préfacer certains récits, en particulier le célèbre *Debout la Légion* de Charles Hora et Paul Vincent, montrant par là qu'il demeura une figure reconnue dans la mouvance activiste et dans le monde de la Légion.

Olivier DARD

Bibl. : Olivier Dard, *Voyage au cœur de l'OAS*, Perrin, 2011 (rééd. augmentée de l'ouvrage paru en 2005) • Maurice Vaïsse, *Comment de Gaulle fit échouer le putsch d'Alger*, Bruxelles, André Versaille, 2011.

GARIBALDI, famille. – La famille Garibaldi, installée à Nice à la fin du XVIIIe siècle, était d'origine ligure. Domenico Garibaldi (Chiavari, 1766-Nice, 1841) épousa en 1794 Rosa Raimondo (Loano, Ligurie, 1776-Nice, 1852) dont il eut six enfants, deux filles mortes en bas âge et quatre garçons dont Giuseppe, le second, en 1807. La famille vécut sur le port de Nice (la maison fut démolie à la fin du XIXe siècle lors de l'agrandissement du port), dans une certaine aisance. Domenico était en effet patron pêcheur pratiquant le cabotage sur les côtes, tandis que Rosa, catholique et plus cultivée que lui, s'occupait de donner une solide éducation à ses enfants.

Rien ne prédisposait Giuseppe Garibaldi à devenir le « Héros des Deux Mondes ». Il grandit en effet à Nice, entouré de l'amour de ses parents, plus ami du jeu que de l'étude. Son instruction fut ouverte au monde, dans cette région au carrefour de trois cultures, nizzarde, française et italienne, à une époque où Nice, française en 1807, était devenue piémontaise en 1814-1815, et alors que le Risorgimento italien prenait forme. Choisissant le métier de marin, comme son père, Garibaldi découvrit en 1833, à l'occasion d'un voyage à Taganrog, en Russie, la cause nationale italienne. Rejoignant le mouvement Giovine Italia du révolutionnaire Mazzini, il participa à une révolte qui échoua. Il fut alors obligé de fuir en Amérique latine où il se mit au service de la république du Rio Grande do Sul (rebelle à l'autorité brésilienne), de 1837 à 1841, puis de l'Uruguay (en lutte contre l'Argentine) de 1841 à 1848.

Lors d'une opération militaire dans le Rio Grande do Sul, il tomba éperdument amoureux d'Anna Maria Ribeiro da Silva (Anita), née à Laguna au Brésil (province de Santa Caterina) en 1821. Il l'enleva et l'épousa à Montevideo en 1842. De cette union naquirent quatre enfants : Menotti (Mostardas, Rio Grande do Sul, 1840-Rome, 1903), Rosa (Montevideo, 1843-1845), Teresa (Montevideo, 1845-Caprera, 1903) – qui épousa Stefano Canzio – et Ricciotti (Montevideo, 1847-Rome, 1924). Après la mort d'Anita en 1849, Garibaldi se consola dans les bras d'autres femmes dont il eut des enfants : Anna Maria Imeni (1859-1875) et Clelia (1867-1959), de sa servante Battistina Raveo, Rosa (1869-1871) et Manlio (1873-1900), de Francesca Armosino, qu'il épousa en 1880, après la dissolution d'un deuxième mariage malheureux avec la marquise Giuseppina Raimondo qui ne fut jamais consommé.

Garibaldi, accompagné d'Anita et de ses fils lorsque ces derniers furent en âge de le suivre, continua de construire sa légende. Devenu « Héros des Deux Mondes », il retrouva l'Italie en 1848 et participa à la première guerre d'Indépendance du Piémont contre l'Autriche, en se distinguant dans la région de Varèse. Puis en 1849, il rejoignit Rome qui venait de proclamer la république et la défendit d'avril à juillet 1849 contre les Français, envoyés par le prince-président Louis Napoléon Bonaparte pour restaurer le pape Pie IX dans ses États. Vaincu, le 3 juillet 1849, il s'échappa et commença une extraordinaire traversée de l'Italie, pourchassé par les Français, les Espagnols et les Autrichiens. Mais le prix à payer fut lourd : Anita mourut d'épuisement dans ses bras près de Ravenne le 4 août 1849. Dès lors, Garibaldi, seul et proscrit, partit pour les États-Unis et se consacra à son métier de capitaine de marine marchande, faisant pratiquement le tour du monde avant de s'installer en 1857 à Caprera, son île au large de la Sardaigne, et de rallier la cause de Victor-Emmanuel II pour faire l'Italie.

Garibaldi devint ainsi l'un des héros du Risorgimento italien, fidèle serviteur de la Couronne contre l'Autriche (en 1859 et en 1866), martyr de la cause romaine (en 1862 dans l'Aspromonte et en 1867 à Mentana), et condottiere des Mille de Marsala en 1860, conquérant le royaume des Deux-Siciles avant de le remettre à son roi sans rien exiger en retour. En 1870-1871, enfin, il offrit son épée à la République française, et se battit contre les Allemands à Autun puis à Dijon (21-23 janvier 1871) à la tête de l'armée des Vosges, dernier acte de la geste garibaldienne. Après 1871, en effet, Garibaldi se retira sur son île de Caprera. Il mourut en 1882, auréolé de gloire.

Pendant une quinzaine d'années, le garibaldisme devint moribond. La famille s'agrandissait toutefois. Menotti, qui épousa en 1868 Francesca Italia Bidischini dall'Oglio, eut six enfants, Teresa et Canzio en eurent seize, et Ricciotti, marié à Londres à l'Anglaise Harriet Constance Hopcraft en 1874, treize.

En 1903, Menotti et Teresa moururent. Ricciotti resta alors le seul dépositaire de la mémoire familiale et décida d'assumer le lourd héritage de son père, au nom de la défense et de la libération des peuples opprimés. Il s'était déjà engagé au service de causes nationales aux côtés de son père, en Italie en 1859, 1862, 1866 et 1867, en France en 1870-1871, et encore en faveur des minorités balkaniques contre les Ottomans en 1875-1876. Mais le déclic eut lieu à l'occasion de la crise de Crète en 1897 lorsqu'il partit pour la Grèce défendre la cause philhellène à la tête d'une troupe de volontaires, dans la grande tradition garibaldienne qui renaquit ainsi de ses cendres. Ses fils reprirent à leur tour le flambeau. Giuseppe, dit Peppino, l'aîné (South Yarra, Australie, 1879-Rome, 1950), Ricciotti fils (Rome, 1881-1951), Menotti (Rome, 1884-Colombo, Ceylan, 1934), Sante (Rome, 1884-Caudéran-Bordeaux, 1946), Bruno (Rome, 1889-Argonne, 26 décembre 1914), Costante (Rome, 1892-Argonne, 5 janvier 1915) et Ezio (Riofreddo, 1894-Rome, 1969) participèrent eux aussi à des expéditions garibaldiennes.

C'est surtout Peppino qui se distingua. En 1897, il se retrouva ainsi en Grèce aux côtés de son père ; en 1901, il soutint les Boers contre les Anglais en Afrique du Sud ; en 1904, il rejoignit la révolution vénézuélienne, puis en 1910 celle du Mexique. Général de l'armée mexicaine, il fit de nouveau, avec son père, l'expédition de 1912 en Épire, en Grèce, aux côtés de ses frères Ricciotti fils, Sante, Costante et Ezio.

En 1914, la geste garibaldienne prit une nouvelle dimension. Ricciotti père, comme Garibaldi en 1870, offrit en effet son épée à la République française dès le début de la guerre. Peppino et Ricciotti fils (de New York), Bruno (de Cuba), Sante (d'Égypte), Costante et Ezio (de Rome) répondirent à l'appel. Seul Menotti fit carrière de son côté. Les fils Garibaldi se retrouvèrent ainsi dans le 4e régiment de marche du 1er régiment étranger de la Légion étrangère (du 5 novembre 1914 au 5 mars 1915) dont Peppino avait le commandement, et se battirent en Argonne, meurtris par la disparition au feu de deux de leurs frères : Bruno et Costante. Ces derniers devinrent désormais en France et en Italie les symboles de l'amitié franco-italienne avec plaques, médaillons et statues érigés en leur honneur des deux côtés des Alpes.

En Italie, en juin 1915, les fils Garibaldi s'engagèrent dans la brigade des Alpes, l'unité que leur grand-père avait créée en 1859, et se battirent dans les Dolomites (en particulier au col di Lana) où Ezio fut grièvement blessé (en convalescence à Nice, il rencontra sa femme, l'Américaine Hope McMichael). Puis, après avoir connu la débâcle de Caporetto, ils se retrouvèrent dans le 2e corps d'armée italien, que le Comando supremo italien envoya en France en avril 1918. Les Garibaldi, qu'une de leurs sœurs, Annita Italia rejoignit comme infirmière, pouvaient ainsi raviver la mémoire des combats de l'Argonne et consolider l'amitié franco-italienne. De fait, à Bligny, près de Reims, ils se distinguèrent les 15-17 juillet 1918 contre les Allemands, avant de participer à la contre-offensive victorieuse des Alliés. Ils entrèrent ainsi en libérateurs à Rocroi le 11 novembre 1918. Peppino finit la guerre comme général de brigade, tandis que ses frères Ricciotti fils et Sante étaient devenus chefs de bataillon, décorés et honorés.

Le temps des déchirures arriva cependant sous le fascisme. Tandis que Ricciotti père et Ezio soutinrent le régime du Duce, Peppino préféra partir pour les États-Unis et prendre ses distances. De son côté, Ricciotti fils, qui forma en France entre 1923 et 1925 des Avant-gardes garibaldiennes et des légions garibaldiennes de la liberté antifascistes, se révéla être un agent des Chemises noires pour affaiblir le mouvement antifasciste en France, discréditant ainsi pour des années la famille Garibaldi. Il fallut attendre 1937 pour que Sante reprenne à son tour le flambeau du garibaldisme libertaire et socialiste. Marié à Beatrice Borzatti, et installé à Bordeaux où il faisait fortune à la tête d'une entreprise de construction qui bâtit, entre autres, le stade de la ville, il fonda en 1937, dans le nouveau contexte créé par la guerre civile espagnole, par le mouvement Giustizia e Libertà, et par le Front populaire, la Fédération française des garibaldiens de l'Argonne ouvertement antifasciste. En 1939, au début de la guerre, il tenta de créer une légion garibaldienne dissoute par Daladier qui cherchait à satisfaire Mussolini dans l'espoir de sauver la non-belligérance italienne. Mais en juin 1940, à l'heure de la guerre franco-italienne, Sante se battit à Tours contre les Allemands et par la suite entra en résistance. Arrêté en 1943, il fut déporté à Dachau ; de retour de captivité, il mourut à Caudéran-Bordeaux le 4 juillet 1946, déclaré « Mort pour la France » et décoré de la Légion d'honneur.

De son côté, Ezio, qui devint l'un des hiérarques du régime fasciste jusqu'au milieu des années 1930, prit ses distances avec Mussolini après la création de l'axe Rome-Berlin et condamna la politique antisémite du régime. Arrêté par les Alliés en Italie en 1944, il fut finalement disculpé par la Commission pour les sanctions contre le fascisme le 26 novembre 1945. Il continua dès lors une carrière politique jusqu'à sa mort en 1969, entretenant la mémoire garibaldienne. À partir de ce moment, la famille se retrouva et décida d'honorer la mémoire de l'ancêtre, Giuseppe Garibaldi, et celle de tous les garibaldiens morts pour la démocratie, la liberté, la justice, l'égalité et la fraternité des peuples – en oubliant le temps des déchirures.

Aujourd'hui, l'héritage mémoriel est entretenu par les arrière-petits-enfants de Garibaldi : Anita, fille d'Ezio et Hope McMichael (sa première épouse) ; Giuseppe, fils d'Ezio et Erika Knopp (sa deuxième épouse), et Annita (Paris 1942), fille de Sante. Anita et Annita lèguent à leur tour l'héritage de la mémoire familiale à leurs enfants respectifs. La tradition de la famille Garibaldi perdure ainsi.

Hubert HEYRIÈS

Bibl. : Zeffiro Ciuffoletti *et al.*, *I Garibaldi dopo Garibaldi*, Manduria-Bari-Rome, Piero Lacaita Editore, 2005 • Hubert Heyriès, *Garibaldi, le mythe de la révolution romantique*, Privat, 2002 • *Id.*, *Les Garibaldiens de 14. Splendeurs et misères des Chemises rouges en France de la Grande Guerre à la Seconde Guerre mondiale*, Serre éditeur, 2005.

GARIGLIANO, manœuvre du. – Phase essentielle de la campagne d'Italie (septembre 1943-juillet 1944) menée par le Corps expéditionnaire français (CEF) sous les ordres du général Juin. À l'hiver 1943-1944, les troupes alliées du général Clark, commandant la Ve armée US à laquelle est rattaché le CEF, sont sur la ligne Gustav que tient solidement l'armée allemande du maréchal Kesselring. Puisque le massif du Monte Cassino bloque toute progression dans la vallée du Liri, et que le contourner par la droite se révèle impossible, Juin propose donc à Clark (mémorandum du 4 avril 1944) de s'engager sur la gauche, entre le Liri et la mer Tyrrhénienne – après avoir franchi le fleuve Garigliano –, et de tourner la ligne Gustav pour marcher sur Rome. La Légion étrangère va participer à cette manœuvre avec la 1re division motorisée d'infanterie (DMI), ex-1re division française libre (DFL), commandée par le général Brosset et qui compte dans ses rangs l'ex-13e demi-brigade de Légion étrangère (DBLE).

En effet, en mai 1943, après la campagne de Tunisie, les deux formations françaises libres (1re DFL et force L) sont envoyées au repos en Libye (Sabratha et Souara). Dans le même temps, la mise en application du plan d'Anfa impose de transformer la force L en 2e division blindée (DB) et la 1re DFL en 1re division de marche d'infanterie (DMI). Combattant dans les rangs de la VIIIe armée britannique, la 1re DFL avait été organisée et équipée sur le modèle des divisions anglaises, articulées en trois brigades. Pour entrer dans la nouvelle armée française, organisée et équipée à l'américaine, la DMI va recevoir le même équipement, conservant cependant son articulation en trois brigades à trois bataillons chacune. Entre mars et mai 1944, la réorganisation de cette division rebaptisée 1re division « motorisée » d'infanterie entraîne la disparition de la 13e DBLE en tant que telle, tandis que ses deux bataillons, les 1er et 2e BLE, forment corps, commandés respectivement par les chefs de bataillon Brunet de Sairigné et Morel. Par ailleurs, le dépôt de Sidi-Bel-Abbès ne pouvant fournir une maintenance des effectifs suffisante, étant déjà chargé de la mise sur pied du régiment de marche de la Légion étrangère (RMLE) et du 1er régiment étranger de cavalerie (REC), destinés à la 5e DB en formation au Maroc, le commandant de la 1re DMI se voit contraint de ménager l'emploi de la 1re brigade (commandée par le colonel Delange), composée des 1er et 2e BLE et du 22e bataillon de marche nord-africain (BMNA).

Lors de l'assaut des monts Aurunci, le 11 mai 1944 à 23 heures – début de l'opération « Diadème » –, la 2e division d'infanterie marocaine (DIM) du général Dody est chargée de l'action principale sur l'axe Cerasola-Monte Mayo. La DMI est en flanc-garde à sa droite, 4e brigade en tête, avec pour mission de nettoyer la rive droite du Garigliano en poussant vers San Andrea. La progression se heurte partout à un ennemi bien installé. La 4e brigade a devant elle le III/131e régiment d'infanterie allemand renforcé du 44e Aufklarung Bataillon qui se bat avec ténacité. La brigade, soumise à des tirs de mortier, doit en outre ralentir sa progression pour ne pas se trouver en flèche par rapport à la droite de la 2e DIM. Le 12 au soir, la percée n'est donc pas acquise. C'est au sud de la zone du CEF que la rupture du front allemand se produit, obtenue par un engagement brutal de la 3e division d'infanterie algérienne (DIA), jusque-là en réserve, qui perce en direction de Castelforte. Le 13 mai, la brèche est faite dans le dispositif allemand. La 4e brigade de la DMI a continué à lier son action à celle de la droite de la 2e DIM sur le mont Girofano puis sur le Colle Agrifoglio et a enlevé et nettoyé le village de San Andrea dans la soirée. San Ambroglio au bord du Garigliano est trouvé abandonné par l'ennemi. La ligne Gustav est percée.

Les 14 et 15 mai, la 4e brigade poursuit son effort dans la vallée du Liri, où l'adversaire allemand (44e, 115e et 171e Artillerie Abteilung) lutte avec acharnement. Elle est appuyée par les Hindous de la 8e division indienne qui tirent de la rive nord du Liri. Le 17 mai, la 2e brigade (lieutenant-colonel Garbay) relève la 4e. Pour l'heure, la 1re brigade est toujours en réserve. La 13e DBLE se porte à proximité des lignes allemandes et subit près de San Giorgio di Liri, au cours de la nuit du 17 au 18 mai, un violent bombardement qui met hors de combat plus d'une centaine d'hommes. Sur la gauche de la DMI, la 3e DIA (général de Monsabert) relève la 2e DIM. De son côté, le 20, le général Brosset décide d'engager la 1re brigade sur la gauche de la 2e, la liaison se faisant avec le bataillon de marche no 24. Les légionnaires des 1er et 2e BLE prennent position sur les éperons du mont Leucio que vient de conquérir la DIA. La Légion est enfin dans la bataille.

À peine installée, elle subit une contre-attaque allemande, appuyée par des blindés, qui menace la brigade. Les légionnaires perdent et reprennent quatre fois leurs positions au prix de pertes sévères. Le 22, le CEF confirme sa mission à la DMI : tenir le flanc droit français, attendre l'arrivée des Canadiens à sa hauteur sur la rive gauche du Liri. En attendant, donc, la DIM s'aère en poussant la 1re brigade sur l'axe San Giovanni-Madonna della Selva. Le combat dure tout l'après-midi du 24. Au soir, la 1re brigade est sur le Fosso Matrice et borde le Liri, la 2e brigade la suit et fait sa liaison avec les Canadiens. Le 25, la brigade nettoie la zone entre le Liri, Madonna della Selva et Colle Tronco.

Après trois jours de remise en condition, le dispositif allié reprend sa marche sur Rome, la 1re DMI couvrant les arrières et la droite de la 2e DIM sur le Sacco (affluent du Liri). Le 5 juin, la 1re brigade progresse de Ceccano à Valmontone et se regroupe au sud-ouest de Rome, qui a été libérée le 6 juin. Le 15e groupe d'armées reprend son offensive vers le nord et les Abruzzes, ralenti par les combats retardateurs menés par l'adversaire allemand. Le 11 juin, la 1re brigade est déposée par camions à Montefiascone, sur la route nationale no 2 (Rome-Sienne) ; le 13, le 1er BLE (Sairigné) s'infiltre dans Bolsena et nettoie la ville dans la nuit ; le 14 elle est à San Lorenzo et progresse vers Acquapendente, occupée au matin du 15. Poursuivant sa progression, le bataillon atteint la rivière Paglia à midi, Centano à 17 heures et traverse l'Elvella au soir. Le lendemain, le rio Rigo est franchi, Pentano reconnu et, en liaison avec la 4e brigade, les deux bataillons de Légion enveloppent Radicofani, véritable petit Monte Cassino tenu par une division de marche de la Luftwaffe. Les légionnaires encerclent la position ennemie en fin de journée et nettoient le village dans un combat nocturne violent et coûteux. Une contre-attaque ennemie est arrêtée sur les lisières de Radicofani (la 1re brigade fait 90 prisonniers). Le lendemain, 16 juin, la poursuite reprend : le 1er BLE sur la RN2, le 2e BLE sur la piste du Poggio Reggiano. Le 20, le 1er BLE marche sur Campiglia d'Orcia tandis que le 2e attaque Castel Vicchio et l'occupe à midi.

Mais entre-temps le haut commandement a préparé le débarquement dans le sud de la France. La 1re DMI, qui doit participer à l'opération « Dragoon », est donc retirée du front italien entre le 21 et le 25 juin, remplacée par la 2e DIM, et doit se regrouper à nouveau à Albanova, près de Naples. Après sa remise en condition et le recomplètement de ses effectifs, la DMI avec ses deux bataillons de Légion rejoint Tarente en vue de son embarquement. Elle laisse derrière elle 91 légionnaires (cadres et hommes du rang), tombés en deux mois de combat.

Jacques Vernet

Sources : SHD-Terre, 11P 6 et 11.
Bibl. : Coll., *Annuaire de la 1re division française libre et ses unités dans la guerre 1939-1945*, Éditions Fortin, 1971 • Pierre Le Goyet, *La Participation française à la campagne d'Italie, 1943-1944*, Imprimerie nationale, 1969.

GAUCHER, lieutenant-colonel Roger (1905-1954). – Roger Gaucher entre à Saint-Cyr en 1927 (promotion « du Maréchal Gallieni »). Ayant choisi l'infanterie, il est affecté, en 1929, au 2e régiment de tirailleurs algériens à Morhange. Dès 1931, il rejoint la Légion étrangère au sein de laquelle il fera la quasi-totalité de sa carrière d'officier. Affecté tout d'abord au 1er régiment étranger (RE) et ayant obtenu ses galons de lieutenant, il passe la frontière algéro-marocaine pour servir au 3e régiment étranger d'infanterie (REI). Prenant le commandement de sa section en pleine opération, il se distingue d'emblée par ses qualités de chef. Détaché au 46e goum marocain puis affecté au 1er RE à Tébessa, il retrouve le 3e REI en 1935. Désigné pour l'Extrême-Orient, il débarque à Haiphong en mars 1937. Affecté au 5e régiment étranger d'infanterie, le célèbre régiment du Tonkin, il y prend, en octobre 1938, le commandement de la 5e compagnie, peu avant d'être promu capitaine.

En septembre 1940, le 2e bataillon auquel il appartient est engagé face aux Japonais dans la défense de Lang Son, douloureuse affaire dans laquelle le bataillon a été finalement contraint de rendre les armes sur ordre supérieur. Dès le mois d'octobre, une convention ayant été signée avec les Japonais et les troupes françaises ayant retrouvé leur liberté de manœuvre, la 5e compagnie prend part aux opérations menées contre les bandes nationalistes entre Dong Dang et Loc Binh. Devenu officier adjoint au 2e bataillon en 1943, le capitaine Gaucher reçoit, en mai 1944, le commandement du 1er bataillon.

À la suite du coup de force japonais du 9 mars 1945, il participe, avec le 5e Étranger, à l'épopée de la colonne Alessandri qui, à partir de Tong, se replie en combattant vers l'ouest, le long de la rivière Noire. Prenant part au combat retardateur mené contre les Japonais le long de la route provinciale 41, le bataillon Gaucher est engagé notamment le 20 mars à Ban Na Nga, le 22 mars à Chieng Dong et le 28 mars au col des Méos. Le 2 mai, dans un état d'épuisement total après une marche de 800 km émaillée de combats, il réussit à passer la frontière de Chine au nord d'Ou Neua. Promu chef de bataillon en juin 1945, le commandant Gaucher prend la tête du bataillon de marche du 5e Étranger créé le 1er juillet à Tsao Pa, en Chine, en rassemblant les 650 légionnaires rescapés des différents bataillons du « Vieux Cinquième ». Il repasse la frontière sino-tonkinoise en février 1946 et participe aux combats pour la libération du Pays thaï qui, entre-temps, est tombé aux mains du Viêt-minh. Regroupé à Saigon en octobre, le bataillon de marche est dissous le 1er novembre. Après un long séjour de dix ans en Extrême-Orient, le commandant Gaucher est lui-même rapatrié en décembre 1946. À l'issue de son congé de fin de campagne, il rejoint la 4e demi-brigade de Légion étrangère (DBLE) du Maroc qui devient 4e REI en octobre 1948. Volontaire à nouveau pour l'Indochine, il débarque à Saigon en août 1949 et prend le commandement du 3e bataillon de la 13e DBLE. Cependant, souffrant des séquelles de son premier séjour, il doit être rapatrié en avril 1950 et retrouve le 4e REI au Maroc.

Mais l'appel de l'Orient est le plus fort : en 1952, alors qu'il a été promu lieutenant-colonel l'année précédente, il débarque pour la troisième fois en Indochine où il exercera le commandement en second de la 13e DBLE. En septembre 1953, il en devient le chef de corps. À Diên Biên Phu, commandant dans le même temps le groupe mobile no 9, il est chargé de la défense des secteurs nord et est du camp retranché. Le 13 mars 1954, alors que le Viêt-minh déclenche son attaque sur le centre de résistance Béatrice tenu par le 3/13e DBLE, lui-même est tué par éclat d'obus alors qu'il se trouve dans son poste de commandement établi dans la position centrale du camp et d'où il coordonne la défense. Troisième chef de corps de la 13e DBLE à trouver la mort au champ d'honneur, titulaire de sept citations, il est fait commandeur de la Légion d'honneur à titre posthume.

Michel DAVID

GAULLE, général Charles de (1890-1970). – Le jeune capitaine d'infanterie découvre la Légion étrangère pendant la Première Guerre mondiale, sous les traits de certains de ses compagnons d'infortune durant sa captivité en Allemagne. Sa première rencontre a lieu avec le commandant Catroux pendant son séjour au fort IX d'Ingolstadt, en Bavière, après sa tentative d'évasion d'août 1916. Les deux officiers sont camarades de chambrée entre septembre 1916 et juillet 1917. S'ils ont peu de points communs, le plus jeune appartient à la « régulière » alors que le plus ancien a déjà acquis une solide expérience en Algérie, au Maroc et au Tonkin avec ses légionnaires des 1er et 2e régiments étrangers. Transféré à la forteresse de Wülzburg à 5 km de Weissenburg, de Gaulle retrouve Catroux et se lie d'amitié avec le capitaine Brillat-Savarin qui a également servi à la Légion de 1905 à 1911. Quelques années plus tard, de novembre 1929 à novembre 1931, au Levant, le commandant de Gaulle côtoie la Légion qui s'est couverte de gloire pendant la révolte druze à Rachaya et Messifré. Mais les légionnaires ne semblent pas l'avoir impressionné au point de figurer dans son livre-programme *Vers l'armée de métier* (1934), et alors qu'il avait rappelé dans « Philosophie du recrutement », un article publié en 1929, que l'armée française ne pouvait se passer des trois modes de recrutement : le mercenariat, le volontariat et la conscription.

Chef de la France Libre, il mène une visite-inspection à Trentham Park, en Angleterre, le 30 juin 1940, qui lui apporte les premiers ralliements – parmi les plus déterminés, les officiers de Légion lui livrent les « mille » volontaires étrangers (soit la moitié de ses effectifs) qui sauveront l'honneur de la France. De Gaulle n'oubliera pas les sacrifices de ces hommes qui se battront jusqu'à la victoire.

Rappelé après le 13 mai 1958, le général de Gaulle fait une courte visite à la maison mère de Sidi-Bel-Abbès au début du mois de juillet lors de son second voyage en Algérie. Puis sa dernière « tournée des popotes », en décembre 1960, lui permet de rencontrer à Aïn Témouchent les chefs de corps de Légion en opérations en Oranie. Il leur expose sa politique algérienne à la veille du référendum prévu pour le 8 janvier 1961. Ses propos rassurants – sinon convaincants – sont alors interprétés comme un encouragement à ne pas baisser la garde. Mais le chef de l'État, chef des armées, réagit vivement à l'engagement du 1er régiment étranger de parachutistes (REP), en pointe de la révolte des généraux le 22 avril 1961. Selon le témoignage de Pierre Messmer, après avoir envisagé dans un premier temps la suppression pure et simple de la Légion, le général de Gaulle se rend aux raisons invoquées par son ministre des Armées comme aux arguments du successeur du général Ely à la tête de l'État-major général de la Défense nationale, Jean Olié. L'ancien commandant du prestigieux régiment de marche de la Légion en 1945, qui vient de quitter en février le poste de chef d'état-major particulier à la présidence de la République, appuie la démarche de son ministre. Le Général revient dès lors sur son premier mouvement et donne le feu vert à Pierre Messmer pour remettre de l'ordre dans les régiments étrangers et procéder à la délicate « épuration » des factieux. Une autre version infirme le témoignage de Pierre Messmer : selon l'amiral Philippe de Gaulle, en effet, le Général n'aurait jamais eu l'intention de « supprimer la Légion ». Il faut enfin ajouter que l'aide de camp de celui-ci, le colonel de Bonneval, avait servi à la Légion : ne faut-il pas tenir compte de la proximité des deux hommes pour comprendre les dispositions du chef de l'État ?

Après sa démission en avril 1969, l'ancien président de la République revient dans ses *Mémoires d'espoir* sur la guerre d'Algérie et les réticences que lui inspiraient ces « unités de choc, formées de volontaires et de militaires de carrière, dotées d'un matériel de choix, constamment engagées à part, attirant dans leurs rangs une élite d'officiers et de gradés, qui se font comme un apanage de leur rôle et de leur combat. [...] Mais il s'agit aussi d'une sorte de croisade où se cultivent et s'affirment, dans un milieu tenu à l'écart, les valeurs propres au risque et à l'action. Pour profondément sensible et sympathique que je sois à cet ensemble concentré de valeurs militaires, continue-t-il, il me faut discerner combien il pourrait être tentant pour l'ambition dévoyée d'un chef de s'en faire, un jour, un instrument pour l'aventure ». À cet égard, si le Général s'est rarement exprimé en public ou en privé sur la Légion étrangère, aucune hypothèse n'est à exclure.

André-Paul COMOR

Bibl. : Jean Lacouture, *De Gaulle*, t. I, *Le Rebelle*, Le Seuil, 1990 • Pierre Messmer, *Après tant de batailles*, Plon, 1995.

« GAULOIS ». – Ce terme apparaît avant la Première Guerre mondiale. Il sert à désigner les légionnaires d'origine française pour les différencier des autres francophones (Suisses, Belges et surtout Alsaciens-Lorrains). Les Français sont particulièrement nombreux entre 1890 et 1914 et entre 1925 et 1939. Beaucoup d'engagés sont des « chevaux de retour » : anciens des bataillons d'Afrique ou de la coloniale qui tentent de parfaire leurs quinze ans de service pour avoir droit à la retraite. Plus âgés que les autres engagés volontaires et souvent usés, ils n'ont pas bonne réputation. Parmi eux, d'anciens repris de justice voient en la Légion étrangère une porte de sortie honorable et réussissent parfois à se réhabiliter grâce à la discipline qui y est dispensée. Les déserteurs des armées françaises, également, viennent se « blanchir » sous la grenade à sept flammes.

Après 1945, le profil du Gaulois change. D'anciens collaborateurs ou anciens de la Légion des volontaires français contre le bolchevisme (LVF) cherchent à échapper à la justice alors que d'autres sont poussés par la misère. Ils se déclarent le plus souvent sous les nationalités belge, luxembourgeoise, monégasque, canadienne ou suisse. Souvent instruits, depuis les années 1970, les meilleurs, généralement les plus jeunes, accèdent à l'épaulette par concours.

Charles Ridet

GAULTIER, général Louis (1898-1970). – Louis Gaultier réussit le concours d'entrée à Saint-Cyr en 1917 et est envoyé au front comme aspirant après seulement quelques mois d'instruction au 4e régiment mixte de zouaves et de tirailleurs. Il achève toutefois sa formation au dépôt d'Arles avant de rejoindre son régiment à l'armée du Rhin en octobre 1919. Désigné pour servir à la Légion étrangère début 1922, il est affecté dans un premier temps au 3e régiment étranger d'infanterie (REI) à Fès, au Maroc, pendant la réduction de la tache de Taza, puis deux années au 9e régiment de zouaves. Le jeune lieutenant revient en 1926 à Taza au 6e bataillon de marche du 1er REI. Pendant douze ans au régiment du Maroc, le 4e REI, tant à la 1re compagnie montée qu'à la 3e compagnie à Ouarzazate, enfin à la compagnie automobile de Bou Denib à partir de 1933, il apprend beaucoup de ses légionnaires.

Au 91e régiment d'infanterie (RI) au début de la Seconde Guerre mondiale, et parce que la Légion manque d'officiers pour encadrer les nouveaux régiments en formation en métropole, il est muté en février 1940 au 11e REI pour prendre le commandement du 3e bataillon. Après l'armistice, de juillet 1940 à janvier 1941, le capitaine Gaultier se déplace entre Le Luc et Besse, dans le Var, à Digne, au 3e bataillon du 3e régiment d'infanterie alpine (RIA), enfin à Villeneuve-lès-Avignon, au centre de regroupement des ex-légionnaires, avant de rejoindre l'Afrique du Nord. À Oujda jusqu'en mars 1943, le commandant Gaultier prépare ses légionnaires du 1er bataillon du 2e REI à reprendre la lutte contre l'Axe. Au 3e REI redevenu régiment de marche de la Légion étrangère à partir de juillet 1943, il commande le 1er bataillon en voie d'être équipé par les Américains pour le débarquement de Provence, prélude à la deuxième campagne de France. Promu colonel, il assure le commandement par intérim du régiment entre le 12 décembre 1944 et le 13 mars 1945, commande ensuite le 21e RIAP puis sert au centre d'organisation d'infanterie des troupes aéroportées à Mont-de-Marsan avant de rejoindre le dépôt commun des régiments étrangers.

« Louis le Magnifique », titre qui lui est donné à Sidi-Bel-Abbès, occupe une place à part dans l'histoire de la Légion, sans doute au même titre que le général Rollet, le « père de la Légion ». En quatre ans au dépôt commun et au 1er REI à partir d'avril 1949, il assume la transition entre la « vieille » Légion héritée de Rollet et la Légion moderne née des soubresauts de la Seconde Guerre mondiale. On lui doit, outre le lancement du journal *Képi blanc* et l'introduction de la veillée comme l'organisation du rituel des cérémonies de Camerone, la création du service du moral et des œuvres de la Légion étrangère (SMOLE) – une innovation dans l'armée française. Toutefois, à Paris, on s'inquiète de son influence, de son style de commandement comme de la gestion des nouveaux services. Il quitte définitivement la Légion au printemps de 1950 pour la subdivision de Montpellier jusqu'à sa retraite en juin 1955, bénéficiant le 1er juillet suivant d'une décision « réparatrice » : son élévation au grade de général de brigade. Avec le colonel Jacquot, en 1963, il signe *C'est la Légion*, ouvrage qui marque le centenaire de la bataille de Camerone. En 1966, il est élu président de la fédération des sociétés d'anciens de la Légion étrangère (FSALE), poste qu'il abandonne en 1969.

Officier qui a toujours attaché une grande importance au quotidien des légionnaires et des familles en un temps où ils étaient exclus du système de protection sociale mis en place après la guerre, deux fois blessé, titulaire de 12 citations et commandeur de la Légion d'honneur, le général Gaultier meurt à son domicile à Toulon le 11 mars 1970.

André-Paul COMOR

Sources : SHD-Terre, 6T 574, décision du 21 août 1950 de Max Lejeune • DHPLE, état des services du colonel Gaultier.

GCMP (groupement des compagnies montées et portées). – En 1943 et 1944, la mise sur pied d'unités destinées à être engagées dans les combats de la libération de la France conduit le commandant du dépôt commun des régiments étrangers (DCRE) à procéder à une réorganisation des régiments implantés au Maroc. Peu après l'opération « Torch » et la rentrée en guerre de l'armée d'Afrique contre les forces de l'Axe, dès décembre 1942, le 3e régiment étranger d'infanterie (REI) participe à la campagne de Tunisie. Il laisse à Fès une portion centrale. En mars 1943, le 2e REI quant à lui est dissous et les effectifs restants, dont ses trois compagnies portées, sont affectés à cette portion centrale du 3e REI.

Le 1er juin 1944, le groupement des compagnies montées et portées (GCMP) qui vient d'être créé (avec deux grandes implantations à Fès et Midelt) reçoit les mêmes missions de couverture des territoires du Sud marocain que les bataillons de Légion des deux régiments de marche créés à l'initiative du général Lyautey pendant la Première Guerre mondiale. En mai 1946, les légionnaires occupent à Agadir les installations des 4e et 2e REI qui avaient tenu garnison dans la ville entre 1920 et 1943. Le groupement prend le nom de « groupement des compagnies portées de Légion étrangère du Maroc » (GCPLEM) en septembre 1946 et devient l'année suivante le « groupement porté de Légion étrangère du Maroc » (GPLEM). Pendant une décennie, les compagnies dispersées dans d'anciennes garnisons – Ksar-es-Souk, Taroudant, Marrakech, Tiznit – vont sillonner le territoire de la « subdivision d'Agadir-confins ». L'indépendance du Maroc conduit à la dissolution du groupement et au départ des légionnaires en novembre 1956 pour l'Algérie.

Charles RIDET

GCPLEM. – En 1943 et 1944, la mise sur pied d'unités destinées à être engagées dans les combats de la libération de la France conduit le commandant du dépôt commun des régiments étrangers à procéder à une réorganisation des régiments implantés au Maroc. Peu après l'opération « Torch » et l'entrée en guerre de l'armée d'Afrique contre les forces de l'Axe, dès décembre 1942, le 3e régiment étranger d'infanterie (REI) participe à la campagne de Tunisie. Il laisse à Fès une portion centrale. En mars 1943, le 2e REI est dissous et les effectifs restants, dont ses trois compagnies portées, sont affectés à cette portion centrale du 3e REI. Le 11 juin 1944, le groupement des compagnies portées de la Légion étrangère du Maroc (GCPLEM) du 3e REI est créé sous le commandement du colonel Brisset. Il retrouve les installations des 4e et 2e REI qui avaient tenu garnison dans la ville entre 1920 et 1943. Pendant une décennie, les compagnies vont remplir des missions de défense dans le territoire de la « subdivision d'Agadir-Confins ». Au légionnaire des compagnies montées de la conquête et de la pacification du Maroc a succédé un fantassin « porté » qui fera ses preuves dans la deuxième phase de la guerre d'Algérie, notamment sur les deux barrages frontaliers. L'indépendance du Maroc en novembre 1956 conduit à la dissolution du groupement dont les effectifs et les matériels sont répartis dans les unités en partance pour l'Algérie.

André-Paul COMOR

GEAY, colonel Louis (1867- ?). – Né le 27 février 1867 à Saujon (Charente-Maritime) dans une famille modeste, Louis Geay s'engage en 1885 au 114e régiment d'infanterie (RI). Nommé sergent à dix-huit mois de service et sergent-major l'année suivante au sein du 153e RI, il devient officier par le rang en moins de cinq ans. Il sert ensuite au 116e puis au 119e RI avant de rejoindre le Sud algérien au sein de la 1re compagnie de discipline en août 1900. Capitaine au 2e bataillon d'infanterie légère d'Afrique (BILA) en 1902, il passe ensuite au 2e régiment de tirailleurs algériens (RTA), avant d'être adjoint dans un bataillon du 6e RTA. Dans ces unités, il participe, aux cotés de la Légion, aux opérations devant Oudjda et dans la région de Figuig.

Nommé chef de bataillon, il rejoint à sa demande la Légion étrangère en février 1914 au sein de la portion centrale du 2e régiment étranger, à Saïda. Le 1er février 1915, il prend le commandement du bataillon de marche que la Légion met sur pied pour la future campagne contre les Turcs. Après une période de formation à Oran, puis un entraînement au débarquement dans la région d'Alexandrie en Égypte, ce bataillon de Légion du régiment de marche d'Afrique (3e bataillon du RMA), fort de 1 141 hommes, embarque pour les Dardanelles. Le 28 avril 1915, le chef de bataillon Geay débarque à sa tête à Sedd-Ul-Bahr et participe aux combats furieux du ravin du Kerevès-Déré où son unité est citée à l'ordre de l'armée. Après quatre jours de mêlées continues, il est lui-même blessé alors qu'il conduit les derniers légionnaires valides du bataillon pour une contre-attaque à la baïonnette. Cloué sur son lit d'hôpital pendant huit mois, il reprend son commandement dans le sud de la Serbie autour de Sturmitza en décembre 1915, puis en Macédoine dans la région des lacs au sud-ouest de Monastir où il est blessé de nouveau en septembre 1916. Affecté pour le temps de cette deuxième convalescence à la Mission française du contingent albanais, il prend le commandement du 1er régiment de marche d'Afrique (RMA), au sein duquel se trouve la dernière compagnie de légionnaires du front d'Orient, en mai 1917. Conduisant son régiment dans les combats de la vallée du Vardar (novembre 1917), autour de Monastir (été 1918), puis lors de l'offensive générale contre les armées bulgares (septembre 1918), il participe encore à l'expédition des Alliés contre les armées bolcheviques autour de la mer Noire et les affronte devant Odessa (hiver 1918-1919). Lors de la réorganisation de l'armée d'Orient, son régiment forme l'ossature du 10e RTA et combat en Cilicie (Petite Arménie) devant Osmanié, puis Aintab où il garde sa place malgré une balle logée dans la jambe.

Quittant l'Orient en 1922 après sept années de combats, promu colonel lors de son départ à la retraite le 1er novembre 1923 et commandeur de la Légion d'honneur la même année, Louis Geay était titulaire de 5 citations, dont 4 à l'ordre de l'armée, et de 3 décorations étrangères majeures.

Philippe GUYOT

GENET, André, Jean (1914-1945). – La petite phalange des médecins de la Légion étrangère morts au combat compte un jeune officier de réserve – oublié de l'histoire – dont l'engagement et le dévouement sont dignes d'éloge. Né le 11 novembre 1914 à Lyon où son père exerce la médecine comme ophtalmologiste, André Genet est mobilisé en septembre 1939 en qualité d'aspirant médecin. Il est volontaire pour prendre part à l'expédition de Norvège avec le 6e bataillon de chasseurs alpins (6e BCA). De retour en Angleterre, et à l'issue de la visite éclair du général de Gaulle au camp de Trentham Park, le 1er juillet 1940, il décide de rallier les Forces françaises libres. En octobre, il est affecté à la Légion étrangère et nommé médecin-chef du 1er bataillon de la 13e demi-brigade de Légion étrangère engagé au Gabon et en Érythrée quelques mois plus tard. Il prend part ensuite à la campagne de Libye (3e bataillon) où il est blessé par balle, au bras, lors de la sortie de vive force de la position de Bir Hakeim, dans la nuit du 10 au 11 juin 1942. Promu médecin capitaine en mai 1943, il enchaîne les campagnes jusqu'aux durs combats de l'hiver 1944-1945. Le 23 janvier 1945, il est grièvement blessé par éclat d'obus, à Illhaeusern. Évacué à l'hôpital complémentaire no 3 à Châtenois, dans le Bas-Rhin, il meurt des suites de ses blessures le 5 février 1945. Il est inhumé dans un premier temps au cimetière militaire de Châtenois, puis au cimetière de Ceyzérieu dans l'Ain. Chevalier de la Légion d'honneur, il est en outre Compagnon de la Libération (décret en date du 2 juin 1943) et titulaire de 4 citations avec croix de guerre 1939-1945.

André-Paul COMOR

Sources : DHPLE, JMO de la 13e DBLE (1940-1945).

Bibl. : Jean-Christophe Notin, *1061 compagnons : histoire des Compagnons de la Libération*, Perrin, 2000.

GENET, Jean (1914-1986). – « Entre quinze et vingt ans la vie de Genet est étonnamment remplie : il est mis en apprentissage, s'évade, est repris ; placé chez des bourgeois, il les vole, on l'envoie à Mettray, il s'évade encore, il mendie, fait le tour de la France, s'engage dans la Légion, déserte, s'enfuie à Barcelone, vit de mendicité et de prostitution dans le *Barrio Chino*, vole encore, quitte l'Espagne et va partout, en Italie, en Pologne, en Tchécoslovaquie, en Allemagne, volant et franchissant les frontières en fraude ; ses aventures fourniraient le sujet de vingt romans picaresques ; il aime, il est jaloux, dédaigné ou asservi, malheureux. » C'est Jean-Paul Sartre qui écrit ces lignes dans *Saint Genet comédien et martyr*. Il y fait un portrait de l'écrivain sulfureux, auteur – entre autres œuvres – de *Mi-*

racle de la rose (1946) et de pièces de théâtre parmi lesquelles *Les Paravents*, dont la création le 16 avril 1966 a fait scandale à cause de ses références à la guerre d'Algérie mais aussi – surtout – de son antimilitarisme. D'ailleurs toutes ses œuvres, crues et violentes, sont des hymnes au rejet total de la société et de ses institutions, l'une des formes de la rébellion étant l'amour homosexuel. La volonté d'échapper aux normes est amplifiée par le refus de s'installer où que ce soit. Le nomadisme est primordial. Cependant, il y a un voyage que Sartre ne mentionne pas : celui qui mène en Afrique. Cette destination est souvent favorisée par l'engagement à la Légion qu'évoque le philosophe. La première étape est alors Sidi-Bel-Abbès. L'Afrique, justement, Jean Genet en rêve dans sa jeunesse. Elle représente pour lui un horizon mythique. Il est proche en ce sens d'Ernst Jünger.

Même si la comparaison peut choquer, elle est appelée par le mot « mythe ». Car, pour mieux cerner la personnalité de Genet, Sartre utilise ce dernier terme. Il fait même référence à l'historien des religions traditionnelles, par ailleurs un ami de Jünger, Mircea Eliade. Pour celui-ci, l'univers du mythe est caractérisé par les archétypes, sortes de modèles symboliques qui composent un paysage d'images et de thèmes présents depuis les débuts de l'humanité ; parmi eux l'Afrique, paradis des origines. Ernst Jünger utilise la Légion étrangère comme une sorte de véhicule qui devrait lui permettre de l'atteindre. Jean Genet l'aurait donc imité ?

Le seul problème est que, s'il s'est bien engagé dans l'armée, ce ne sont pas les rangs de la Légion qu'il a rejoints. Mais Sartre ne se trompe qu'à moitié. En fait il répète ce que Jean Genet se plaisait lui-même à affirmer, en particulier dans son *Journal du voleur* (1949). Il y raconte comment, en Espagne, il est subjugué par un homme qui est manchot mais qu'il trouve tellement beau, avec « un visage si dur, un corps si bien découplé ». Il lui demande d'où il est. L'autre répond : « Serbe. Je reviens de la Légion. Je suis déserteur. » Ce mot « légion » provoque chez le narrateur un séisme intérieur. Il dit à son tour : « J'ai besoin de fric. Moi aussi j'étais à la Légion. Et j'ai déserté. Comme toi. »

Qu'en est-il en vérité ? Jean Genet a eu une enfance difficile. Sa naissance le 19 décembre 1914 est illégitime ; sa mère l'abandonne. Son placement dans une famille d'accueil est suivi de nombreuses fugues. Afin de quitter la colonie agricole de Mettray où on l'a enfermé, il demande à intégrer l'armée et signe pour deux ans, le 1er mars 1929. Affecté dans le génie, il part pour Damas en Syrie. Au terme de ce premier engagement il en contracte un deuxième dès le 16 juin 1931 et va au Maroc avec le 7e régiment de tirailleurs marocains, à Midelt puis à Meknès. Il serait alors, pendant trois mois à Midelt, le secrétaire du général Goudot. Le 24 avril 1934, il s'engage une troisième fois et intègre le 22e régiment de tirailleurs algériens puis, le 15 octobre 1935, le régiment d'infanterie coloniale du Maroc. Quelques mois plus tard, le 18 juin 1936, il déserte. L'armée le déclarera plus tard déséquilibré mentalement et il sera finalement réformé.

Les années qui suivent sont faites de vagabondages, de vols et de condamnations régulières à la prison jusqu'à l'intervention, en 1942, de Jean Cocteau qui le présente bientôt comme « le plus grand écrivain de l'époque moderne ». À partir de là commence la seconde vie de Jean Genet qui, sans abandonner ses errances, mène jusqu'à sa mort le 15 avril 1986 une carrière littéraire, théâtrale et militante ponctuée par des actions de soutien tant aux immigrés maghrébins en France qu'aux Black Panthers américains ainsi qu'aux Palestiniens. Il sera toujours question des hommes – Jean Genet n'est attiré que par eux – mais non plus de ceux qui apparaissaient au détour d'une phrase de *Notre-Dame des fleurs* (1944) : « les assassins fraternels à la Légion ». De cet univers, on peut rapprocher celui d'un écrivain suisse de langue allemande, auteur de romans policiers, Friedrich Glauser (1895-1938).

Afin de fuir l'autorité de son père, celui-ci s'engage à la Légion étrangère en 1921. Deux ans plus tard, il rompt son engagement. Les problèmes psychologiques qui doublent son conflit familial sont assez lourds (il a été l'objet de plusieurs internements psychiatriques), et ce contexte n'est peut-être pas étranger à son départ prématuré. De cette expérience, il tire *Gourrama : un roman de la Légion étrangère* (Gallimard, 2002), publié en allemand l'année de sa mort, en 1938. On y retrouve, comme chez Genet, l'atmosphère très particulière d'un monde d'hommes qui affrontent la solitude absolue. Ils s'attirent ou se rejettent, ce sont des homosexuels parfois sentimentaux et d'autres fois pervers : ainsi, un soldat saisi par le cafard torture un chien puis se suicide (dans le récit de Simon Murray, *Légionnaire*, c'est un chat qui est tué de semblable façon). Entre leur rude casernement qu'adoucit à peine la présence d'un officier plutôt compréhensif mais écrasé par la brutale rébellion de sa petite troupe exaspérée d'ennui, et le désert algérien qui n'offre que la mort, ils ont du mal à nouer de vraies relations. Le salut auquel ils aspirent obscurément leur est refusé. Un sous-lieutenant considéré comme « un camarade et même, oui, on pouvait le dire, un ami », redevenu civil, affecte de ne pas reconnaître un de ses anciens soldats venu lui demander de l'aide. Finalement, le désespoir est le seul horizon – réel et non plus mythique – de toutes ces existences délabrées.

Il faut ajouter qu'il y a bien eu, malgré tout, au moins un Genet légionnaire : Edmond Charles Genet, engagé en 1914, tué le 16 avril 1917. Comme le laisse supposer son troisième prénom, Clinton, il était américain.

France Marie FRÉMEAUX

Bibl. : Ivan Jablonska, *Les Vérités inavouables de Jean Genet*, Le Seuil, 2004 • Jean-Paul Sartre, *Saint Genet comédien et martyr*, Gallimard, 1952 • Edmund White, *Jean Genet*, Gallimard, 1993.

GÉNIE-LÉGION (Indochine). – Entre 1946 et 1955, diverses formations dont les effectifs sont en majorité issus de la Légion étrangère répondent aux besoins en personnels européens spécialistes afin de servir, en Indochine, dans les compagnies d'entretien et de réparation ou de conduire des engins spécialisés pour des travaux d'infrastructures (comme les ouvertures de routes ou les créations de pistes d'aviation). Il s'agit en somme d'établir une structure singulière et temporaire adaptée au théâtre indochinois permettant d'affecter des légionnaires dans des unités du génie.

Fin 1946, deux compagnies de camions-bennes (CCB) sont déjà sur place : la 40ᵉ, en provenance de France, et la 38ᵉ, de création plus récente. De surcroît, deux compagnies d'entretien du génie (CEG) sont créées courant 1947, la 15ᵉ au Tonkin et la 16ᵉ à Saigon, qui sont plus particulièrement chargées de l'entretien et du matériel. L'augmentation des charges et des missions conduit le commandement à transformer ces unités, dont l'efficacité est appréciée, en bataillons : le 15ᵉ CEG devient ainsi le 26ᵉ bataillon du génie-Légion (BGL) et le 16ᵉ CEG le 22ᵉ BGL. Ces bataillons sont employés au cours d'opérations importantes, comme « Atlante » au début de 1954

(26e BGL) et pendant la bataille de Diên Biên Phu pour rétablir la route coloniale nº 5 (22e BGL). Plus étonnamment, la Légion est dotée de deux compagnies amphibies. Ainsi, en 1947, la 4e compagnie du 71e bataillon du génie basée en Cochinchine, et dotée de chalands blindés, a pour mission d'escorter les convois sur le Mékong et le Delta, dans la plaine des Jarres ou la rivière de Saigon. Enfin, en 1951, la 39e compagnie d'engins fluviaux est créée à Haiphong et, dotée de pousseurs, d'ambidromes et de portières-bacs, opère dans le delta du fleuve Rouge.

Sous l'impulsion du général de Lattre, commandant en chef en Indochine, et avec l'aide des États-Unis, le renforcement du Corps expéditionnaire en Extrême-Orient se concrétise pour le génie-Légion par la mise sur pied en juillet 1951 de trois compagnies autonomes d'un bataillon lourd d'infrastructures, le 76e BGL. La 76/1 opère au Tonkin, la 76/2 en Annam puis en Cochinchine ; quant à la 76/3, elle est déplacée au Laos avant de perdre son identité Légion. La liste ne s'arrête pas là. En effet, des compagnies de commandement et des services (CCS) de bataillons de génie sont transformées en unités de génie-Légion en 1951, sous les sigles 61/21, 71/21 et 73/21 compagnies de génie-Légion. Le jaunissement des unités touche également ce type d'unités devenues pluriethniques. L'esprit de corps légionnaire résiste à l'amalgame, *a priori* problématique, entre les légionnaires – une majorité d'Allemands – et les Vietnamiens et Cambodgiens.

Après la signature des accords de Genève, ces compagnies, appelées à disparaître, ont fort à faire dans les opérations de dégagement du Tonkin et de transfert du matériel lourd. Jusqu'à sa dissolution en décembre 1955, la 76/2 participe ainsi aux travaux d'aménagement de la base stratégique du cap Saint-Jacques.

Le commandement retient la leçon : lorsque les travaux du camp de Canjuers (dans le nord du département du Var) débutent en 1969, la Légion fournit le 61e bataillon mixte génie-Légion (BMGL) sur le modèle expérimenté avec succès entre 1946 et 1955.

André-Paul COMOR

Bibl. : Jean Delmas, « Le génie-Légion en Indochine », *Action et mémoire. Mélanges offerts à Pierre Carles, Les Cahiers de Montpellier*, hors-série, 2005, p. 93-100.

GENTIS, général Edmond (1890-1977). – Né le 24 novembre 1890 à Paris, Edmond Gentis s'engage en avril 1910 au 67e régiment d'infanterie (RI), est nommé sergent à douze mois de service et admis l'année suivante à l'école militaire de l'infanterie de Saint-Maixent. Il sert au 128e RI pendant toute la Grande Guerre ; est présent sur la plupart des grands champs de bataille : la Marne où il est blessé, l'Argonne, la Champagne, Verdun, la Somme, le Chemin des Dames et enfin les Flandres. Cité dix fois dont cinq à l'ordre de l'armée, il finit la guerre en Belgique avec le grade de chef de bataillon (à titre temporaire).

Il sert de façon quasiment continue au Levant jusqu'en 1937, dans les troupes tant métropolitaines qu'indigènes : au 168e RI en 1920, en Cilicie au 18e régiment de tirailleurs algériens en 1921, l'année suivante à Constantinople avec le 415e RI, en 1924 avec le 2e régiment mixte syrien, en 1926 dans les services spéciaux du Levant et en 1929 comme commandant de l'école militaire de Damas. Promu chef de bataillon à titre définitif en 1931, il commande successivement les 3e, 7e puis 8e bataillons de ligne du Levant. Déjà cité à Messifré en 1925, il l'est de nouveau, en 1932, lorsqu'il contient la révolte des nomades du Tigre.

En octobre 1937, il rejoint la Légion étrangère et commande le 5e bataillon du 1er régiment étranger d'infanterie (REI) à Géryville. Promu lieutenant-colonel le jour de Noël 1938, il sert encore au 2e REI au Maroc avant de prendre le 7 octobre 1939 le commandement du centre d'instruction d'armée d'infanterie pour l'Afrique du Nord à El-Hajeb jusqu'à la signature de l'Armistice. À la tête du 4e REI à Marrakech de juillet à novembre 1940, jusqu'à ce que ce régiment devienne 2e REI, puis en septembre 1941 à Dakar (Sénégal), il commande la 4e demi-brigade de Légion étrangère (DBLE). Promu colonel en mars 1942, il entretient la valeur combattante de son unité, notamment par l'instauration d'épreuves sportives sanctionnées par la distinction de « Vélite », et obtient, en mars 1943, que ses légionnaires soient rapatriés au Maroc et engagés pour les derniers combats en Tunisie. Ses deux bataillons rejoignent alors les survivants du 1er bataillon du 1er REI éprouvés par les combats de l'hiver 1942-1943 pour constituer le 1er régiment étranger d'infanterie de marche (REIM) qui reprend à l'ennemi le djebel Mansour, Pont-du-Fahs et le djebel Zaghouan, gagnant ainsi une citation à l'ordre de l'armée. Il participe à la délicate transition d'une Légion atteinte par les successives déflations imposées depuis 1940 et la rentrée en guerre des régiments sous-équipés, moralement affectés par l'inaction jusqu'au débarquement anglo-américain du 8 novembre en Afrique du Nord.

À la fin de la campagne de Tunisie, il est chargé de créer le nouveau régiment de marche de la Légion étrangère (RMLE) à partir des effectifs des 1er, 2e, 3e REI et de l'éphémère 1er REIM. Travaillant pendant trois mois à la mise sur pied de cette unité motorisée, il la transmet au colonel Tritschler le 18 octobre 1943. Il rejoint alors la Corse nouvellement libérée et commande la subdivision de Bastia jusqu'en avril 1945, avant de retrouver le Levant. Commandant la région Nord-Syrie et promu général, il doit y gérer la fin de la présence française et y gagne une ultime citation. Edmond Gentis finit sa carrière en tant que général commandant la division d'Alger. Il meurt le 10 décembre 1977 à Bouin (Haute-Vienne).

Philippe GUYOT

GEOFFREY, général Hugues, *alias* Gottlieb Hugo (1919-2007). – Né le 15 mars 1919 à Vienne, Hugo Gottlieb fait partie des nombreux Juifs qui fuient l'Autriche à la suite de l'Anschluss et trouvent refuge en France. À Nice où il vient d'arriver en décembre 1938, comme un certain nombre de ses compatriotes ou d'Allemands dans la même situation – tel le jeune docteur en droit Weil-Bernard venant de Stuttgart –, il s'engage dans la Légion étrangère sous une identité d'emprunt, se déclarant citoyen canadien, né à Montréal. Son instruction militaire terminée, il est envoyé en septembre 1939 au 4e bataillon du 6e régiment étranger d'infanterie (REI) en formation au Levant. Il rallie les Forces françaises libres le 28 juin 1941 pendant la dernière phase de la guerre de Syrie (juin-juillet 1941). Promu sergent en octobre, il est affecté au 1er bataillon de la 13e demi-brigade de Légion étrangère (DBLE) – composante de la 1re division française libre (DFL) – et part pour l'Égypte. Fin avril 1942, au sein du bataillon Bollardière rattaché à la 2e brigade française libre du général Cazaud, et avec pour mission d'assurer la garde de l'aérodrome de Gambut, il mène des patrouilles avant le regroupement des éléments de la demi-brigade au sud du Caire. Après la campagne de Tunisie, où la 1re DFL fut engagée tardivement, la conduite au feu d'Hugo Gottlieb lui vaut d'être promu aspirant en octobre 1943. Il prend part ensuite aux campagnes d'Italie et de France et décide de rester dans la Légion.

C'est le début d'une seconde carrière d'officier à titre étranger d'abord, à titre français ensuite. En Indochine, toujours à la 13e DBLE, il commande la 5e compagnie dès avril 1946. En 1948, blessé lors de l'embuscade du convoi de Dalat qui coûte la vie au lieutenant-colonel de Sairigné, il est fait prisonnier avec sa femme et son jeune fils. Après la libération de sa famille, il réussit à fausser compagnie à ses gardiens et rejoint les lignes françaises deux mois plus tard. Soupçonné d'avoir été retourné par le Viêt-minh, et sous le coup d'enquête, il reçoit le soutien du commandement qui, s'il a nourri envers lui quelques soupçons, n'ajoute pas foi aux rumeurs distillées au sujet de sa responsabilité dans l'embuscade au kilomètre 110 de la route Bien Hoa-Tourane (il s'en est expliqué dans ses Mémoires inédits). Rapatrié en Afrique du Nord, il sert de nouveau au 6e REI de janvier 1949 à juin 1954. Capitaine, Geoffrey est affecté provisoirement à la demi-brigade en Indochine après la chute de Diên Biên Phu avant d'être désigné pour la mission française de liaison auprès de la commission internationale de contrôle pour le Vietnam à Hanoi. Lors de la crise de Suez, il rejoint l'état-major de la Force A comme officier de liaison avec les Britanniques.

Pendant près de dix années, il est tour à tour instructeur à l'école des sous-officiers, au 2e Bureau à Paris, à nouveau officier de liaison au Royaume-Uni de 1960 à 1962 avant de rejoindre Cherchell à la veille de l'indépendance de l'Algérie et d'être à nouveau chef de bataillon instructeur à l'École spéciale militaire interarmes. En 1965, à la veille de gagner ses galons de lieutenant-colonel, il prend le commandement de la 13e DBLE. À l'issue de son temps de commandement, alors que la situation est tendue depuis la guerre des Six-Jours, il sert de 1969 à 1972 comme attaché de défense à Beyrouth. Le colonel Geoffrey est en outre chargé de participer à la restructuration de l'armée jordanienne. Il achève sa carrière au secrétariat général de la Défense nationale qu'il quitte avec les étoiles de général de brigade. Retiré dans le midi de la France, il meurt le 24 septembre 2007 au Châtelet-en-Berry. Grand officier de la Légion d'honneur, décoré de la médaille de la Résistance, il est en outre titulaire de 8 citations.

André-Paul COMOR

Sources : SHD-Terre, archives orales 12AV 247 • DHPLE, JMO du 6e REI et de la 13e DBLE.
Bibl. : Hugues Geoffrey, *Sur le chemin des étoiles à la Légion étrangère*, Édition Gérard Klopp, 1997.

GÉORGIENS, officiers. – Au début des années 1920, la France, qui avait soutenu les armées blanches contre l'Armée rouge, s'affirme comme une terre d'accueil pour les exilés de l'ex-Empire russe en proie à la guerre civile. Un accord entre le gouvernement géorgien réfugié en France et le gouvernement présidé par Aristide Briand autorise l'admission des cadets ou officiers géorgiens dans les grandes écoles militaires. Selon une tradition établie dès la création de la Légion étrangère, en effet, le recrutement étranger se fait aussi au sein du corps des officiers (à cet égard, des procédures d'admission sont diversifiées afin de répondre aux attentes du commandement). C'est ainsi que cinq élèves officiers géorgiens qui veulent servir sous le drapeau français sont autorisés dès 1921 à intégrer l'École d'infanterie de Saint-Maixent. Parmi ceux qui ont fait leur carrière dans les régiments étrangers, quelques figures se détachent.

Celle notamment d'Alexandre Djintcharadzé, né en 1897 et qui sert de

1922 à 1946 au 1er puis au 4e régiment étranger d'infanterie (REI) ainsi qu'au 1er régiment étranger de cavalerie (REC). Celles également de Jean Vatchnadzé (1899-1976), qui a marqué de son empreinte ses temps de commandement dans les deux REC, et d'Alexis Kintzurichvili (1900-1976), qui sert dans les régiments d'infanterie de la Légion – au 4e REI, à la 4e demi-brigade de Légion étrangère, au régiment de marche de la Légion étrangère (RMLE) – et dans les unités de génie-Légion créées en Indochine (il termine chef de bataillon au dépôt commun des régiments étrangers en 1951). Quant à Georges Odichelidzé (1899-1970), sa carrière est plus singulière, où alternent les mutations dans l'armée « régulière » et au sein des 2e et 3e REI. Au début de 1940, il est muté au camp de Barcarès (Pyrénées-Orientales) pour commander une unité géorgienne en formation qui doit être déployée au Levant dans le cadre de l'ouverture du front caucasien envisagée par les états-majors britannique et français. Chef de bataillon à la fin de la Seconde Guerre mondiale, il est admis dans l'arme des transmissions avant de prendre sa retraite en 1947. Nicolas Tokhadzé (1901-1975), réfugié en France comme quelques-uns de ses camarades de l'école des cadets de Tbilissi qui ont fui le régime mis en place par les bolcheviques (le 18 mars 1921, membre d'un petit groupe conduit par le général Kvinitadzé, il est parvenu à Batoumi à embarquer sur un bateau italien à destination de Constantinople), ferme la marche de cette phalange. À sa sortie de Saint-Maixent, il est affecté au 1er REI, puis sert dans l'entre-deux-guerres aux 2e et 4e REI. Au Tonkin, après le coup de force japonais du 9 mars 1945, il participe avec le 5e REI à la longue marche de la colonne Alessandri jusqu'à la frontière chinoise. Entre 1950 et 1954, il exerce le commandement du groupement porté de la Légion étrangère au Maroc (GPLEM), anciennement groupement des compagnies portées de la Légion étrangère du Maroc (GCPLEM). Lieutenant-colonel, il est à Vincennes l'un des piliers de l'inspection technique de la Légion étrangère auprès du général Gardy. Enfin, et outre Dimitri Amilakvari, l'École spéciale militaire de Saint-Cyr a compté dans ses rangs un élève géorgien qui a rejoint la France Libre pendant la Seconde Guerre mondiale. Alexis Tchenkeli (1904-1985), promotion « du Chevalier Bayard » (1923-1925), sert au 1er et au 5e REI, rejoint l'Angleterre en mars 1942 et termine la guerre au RMLE. Il quitte l'armée en 1947 avec le grade de chef de bataillon.

Aux côtés de leurs camarades russes blancs, ces officiers ont largement contribué à faire connaître les officiers étrangers qui font honneur à la France – terre d'accueil – et à la Légion – patrie de substitution. Après l'implosion de l'URSS, la mémoire de ces officiers est entretenue en Géorgie, indépendante depuis 1991, où ils sont considérés comme des héros de la nation. Il convient enfin de rappeler qu'en 1939, suivant l'exemple de nombreux étrangers, une vingtaine de Géorgiens résidant en France s'engagent pour la durée de la guerre.

André-Paul COMOR

Bibl. : Françoise et Revaz Nicoladzé, *Des Géorgiens pour la France. Itinéraires de Résistance 1939-1945*, L'Harmattan, 2007.

GERMAIN, Hubert (né en 1920). – Fils d'un général des troupes coloniales, artilleur et polytechnicien, Hubert Germain est né le 6 août 1920 à Paris où il entame ses études pour les poursuivre au lycée franco-arabe de Damas, entre

1930 et 1932, puis à Hanoi avant de passer son baccalauréat de retour à Paris. À la déclaration de guerre, en septembre 1939, il prépare l'École navale à Bordeaux. L'atmosphère défaitiste qu'il ressent dans l'entourage de son père absent achève de le convaincre de continuer la lutte. Il gagne l'Angleterre après avoir eu connaissance de l'appel du général de Gaulle par sa concierge. Il y débarque le 27 juin 1940 avec trois camarades. Engagé dans les Forces françaises libres (FFL), il n'obtient pas l'aviation comme il le souhaitait mais est désigné comme télépointeur sur le cuirassé *Courbet*, ce qui lui vaut de participer à la défense antiaérienne contre les raids allemands. Parallèlement, il suit les cours « de cadres » de la réserve.

Au printemps 1941, il est affecté en Palestine à l'état-major de la 1re division légère française libre (DLFL) commandée par le général Legentilhomme – dont il est le filleul – et fait la campagne de Syrie. Après un court passage à l'école d'officiers de Damas, il est affecté au 2e Bureau de l'état-major de la 1re brigade française libre commandée par le général Kœnig. En février 1942, il rejoint le 2e bataillon de la 13e demi-brigade de Légion étrangère (DBLE). Il participe à la campagne de Libye comme chef de section antichar (compagnie Sairigné) où il se distingue à Bir Hakeim et est cité à l'ordre de l'armée. Promu sous-lieutenant en septembre 1942, il participe aux combats d'El-Himeimat en octobre puis en Tunisie jusqu'en mai 1943. Lors de la campagne d'Italie, le jeune lieutenant, désormais chef de section expérimenté, est blessé à Pontecorvo le 24 mai 1944. Évacué à Naples, il est décoré de la croix de la Libération par le général de Gaulle en juin 1944 (décret en date du 20 novembre 1944). Jusqu'à la capitulation allemande, aux côtés des légionnaires de la « 13 », il est de tous les combats, de la Provence à l'Alsace et jusqu'au massif de l'Authion (Alpes niçoises) en avril-mai 1945. Il retrouve son père très éprouvé par son internement dans un camp de déportation après avoir été nommé inspecteur général des troupes coloniales par le Maréchal, puis « limogé ».

Lorsque le général Kœnig remplace de Lattre au commandement des forces françaises d'occupation en Allemagne en août 1945, il prend l'ancien FFL comme aide de camp. Celui-ci renonce ensuite à l'armée pour entamer une carrière civile avant de se lancer dans la politique. Attaché de direction d'une entreprise de l'industrie chimique, Geigy, il est élu maire de Saint-Chéron (Essonne) de 1953 jusqu'en 1965. Lorsque Pierre Messmer devient ministre des Armées, il l'appelle à son cabinet comme chargé de mission de 1960 à 1962 puis à nouveau de 1967 à 1968. Député de Paris en 1962 jusqu'en 1968 puis en 1973, il préside l'amicale parlementaire Présence et Action du gaullisme de 1969 à 1972 et assure la vice-présidence du groupe des députés UDR de 1971 à 1972. Devenu Premier ministre, Messmer le désigne ministre des PTT puis ministre chargé des Relations avec le Parlement dans son deuxième gouvernement (mars à mai 1974). Il préside encore la Société française de télédistribution de 1975 à 1982.

Hubert Germain a trempé son caractère auprès des légionnaires qui l'avaient adopté en dépit de son inexpérience. Ainsi, comme son aîné Messmer, il a découvert les vertus militaires de « ces hommes simples » selon le mot du général de Gaulle.

Jean-Noël Vincent

Bibl. : Jean-Christophe Notin, *1 061 Compagnons, histoire des Compagnons de la Libération*, Perrin, 2000 • Henri Weill, *Les Compagnons de la Libération, résister à 20 ans*, Privat, 2006.

GÉRYVILLE. – Ville de garnison (aujourd'hui El-Bayadh) du département d'Oran avant d'être rattachée à celui de Saïda en 1955. Située à 1 320 m d'altitude en bordure des Hautes Plaines au pied du djebel Amour, elle doit son nom au colonel Géry, commandant la première expédition dans le Sud oranais pendant la conquête de l'Algérie. Afin d'assurer la surveillance de la tribu des Ouled Sidi Cheikh, le général Pélissier décide en 1852 la construction d'un fort au lieudit El-Bayadh sur l'emplacement d'un ancien ksar. Le poste est construit sur le plan du lieutenant de génie Segrétain, grand-père du commandant du 1er bataillon étranger de parachutistes, qui dirige les travaux. Dans un premier temps, les légionnaires côtoient les spahis dans un cantonnement aux installations modestes et inconfortables. Les grands espaces semi-désertiques étant le terrain de prédilection des compagnies montées – troupes de souveraineté aux portes du désert –, à la 4e du 1er régiment étranger (RE) succèdent la 6e du 2e RE en 1898 et la 1re du 1er RE en 1900. Les hommes doivent affronter les rigueurs des hivers très froids et des étés brûlants ; les travaux de piste qui les occupent pèsent sur le service et le moral, à tel point qu'une affectation à Géryville est souvent perçue comme une punition. Dans les années 1930, toutefois, la garnison grossit jusqu'à abriter un bataillon de Légion.

André-Paul Comor

GIONO, Pietro Antonio (1795-1854). – Pietro Antonio Giono est né le 27 septembre 1795 à Meugliano dans le Piémont, plus précisément dans la vallée de la Valchiusella située dans le Canavese, entre Ivrea et les Alpes. Son père, Giovanni Antonio, fondeur de son état, et sa mère, Francesca Caterina Bertarione, fille de notaire, se sont mariés le 5 février 1794 à la cathédrale d'Ivrea. Ils deviendront ensuite « propriétaires-cultivateurs ». Francesca Caterina meurt en 1804. Après s'être remarié, Giovanni Antonio s'installe à Turin, où il meurt en 1825.

Dans ses textes et ses entretiens, Jean Giono a beaucoup enjolivé la vie de son grand-père qu'il n'a, bien entendu, pas connu. D'après les témoignages d'autres membres de la famille, Pietro Antonio Giono aurait été maréchal des logis de la gendarmerie près de Gênes, puis aurait déserté, s'engageant dans la Légion étrangère, prenant le nouveau prénom de Jean-Baptiste. Le quatrième volume des registres matricules de la Légion étrangère, conservés à Vincennes, fournit à son sujet les renseignements suivants, relevés par Pierre Citron qui les a publiés dans sa biographie de Jean Giono (*Giono, 1895-1970*, Le Seuil, 1990) : « numéro 3062, Giono Jean-Baptiste, fils de Dominique (décédé) et Catherine Berturion [*sic*], né le 27 septembre 1795 à Mugliano [*sic*] en Piémont. Dernier domicile : Pignerol en Piémont. Profession : ex-militaire. Engagé volontaire à Grenoble, le 8 août 1831 pour trois ans ; arrivé au corps, en Algérie, le 23 août, et affecté comme fusilier au 5e bataillon. Signalement : 1,70 mètre, visage ovale, front bas, yeux gris, nez effilé, bouche moyenne, menton rond, cheveux et sourcils châtains. Nommé caporal le 21 août 1833, il est "congédié par libération" à l'expiration de son engagement et quitte l'armée le 21 janvier 1835. »

Après la campagne d'Afrique de 1832-1834, Pietro Antonio, *alias* Jean-Baptiste, reste quelque temps encore en Algérie, séjour attesté par un document qui était en possession de Jean Giono : un certificat, daté du 9 mars 1836, signé du directeur de l'hôpital militaire du Dey à Alger, qui déclare : « Le nommé Giono Jean-Baptiste, infirmiermajor de remplacement, a été employé sous mes ordres depuis le 17 septembre 1835 jusqu'au 1er mars 1836. » Il a été licencié « sans autre motif que la diminution des malades ».

Quelle avait été la vie de Pietro Antonio avant son engagement à la Légion ? Giono a beaucoup rêvé et inventé au sujet de ce grand-père, dont il a pu écrire qu'il avait été un des modèles d'Angelo, le héros de son roman *Le Hussard sur le toit*. A-t-il été dans sa jeunesse cet officier, capitaine ou colonel, qui aurait participé à la répression, en Calabre, de révoltes de paysans cléricaux comme l'a raconté son petit-fils ? Était-il un carbonaro qui « croyait au bonheur du peuple par la liberté » ? Rien ne permet de l'affirmer, ni de l'infirmer. A-t-il déserté de l'armée et fui son pays, « condamné à mort par contumace pour avoir conspiré contre les lâchetés de son époque » ? Militaire italien certainement, mais sans que l'on sache vraiment pourquoi, le voici qui, à l'instar d'Angelo, entre en France par le col du mont Genèvre en 1831. Il descend à Briançon et s'engage à Grenoble dans la Légion étrangère. A-t-il soigné des cholériques à Alger, comme le croyait Giono ? Rien n'est moins sûr. Sa trace se perd entre 1836 et 1843, où on le retrouve chef de chantier, travaillant à la construction d'une voie ferrée dans le sud-est de la France. Il poursuit sa « carrière » dans les chemins de fer, comme concierge et intendant d'une infirmerie à Saint-Chamas sur les bords de l'étang de Berre. C'est là qu'il rencontre une Piémontaise d'une quinzaine d'années plus jeune que lui, Angela Maria Astegiano, née en 1811 à Montezemolo dans le sud du Piémont. Ils auront quatre enfants : Jean Antoine, le père de Jean Giono, né en 1845 ; Catherine ; Marguerite et un dernier fils qui ne vivra que neuf mois.

Bien noté par ses chefs, qui saluent sa probité, Pietro Antonio n'en est pas moins un joueur invétéré qui, d'après l'une de ses filles, aurait ruiné sa famille. Peu de renseignements sur la fin de sa vie : il meurt en février 1854 à l'hospice civil d'Aix-en-Provence, ayant abandonné femme et enfants quelques années plus tôt. Giono s'emparera de ce personnage, en démesurant « l'énorme roman parlé allongé chaque soir d'épisodes pleins de détails romanesques » que lui a raconté son père au sujet de son propre père. Pietro Antonio Giono n'était ni le géant colossal et cruel, ni le « magnifique aventurier de légende » que son petit-fils romancier aimera évoquer. Il n'a pas disparu de manière spectaculaire dans l'incendie d'une cabane de chantier. Il n'était pas plus l'ami du père d'Émile Zola avec lequel il aurait travaillé au barrage et au canal qui alimentent en eau Aix-en-Provence, comme Jean Giono le répétera à l'envi. Malgré ces traits constants dus à son invention, celui-ci portera sur son grand-père des regards changeants, en fonction de sa propre évolution. De révolutionnaire naïf, il devient après 1945 un « forban révolutionnaire », un « coquin sans scrupules » ou un « immonde pignouf », auquel son petit-fils ne peut s'empêcher de conserver sa tendresse, ne serait-ce qu'en mémoire des récits de son père et de la dimension mythique prise par un personnage qui n'a jamais cessé de hanter son imagination.

Jacques MÉNY

GLASSON, capitaine Pierre-Félix (1886-1929). – Né à Fribourg, Pierre-Félix Glasson est une figure marquante du service militaire étranger au XXe siècle. Il descend d'une famille gruérienne bien connue à Bulle, dont la souche remonte au XIIIe siècle. Quoique féru d'histoire de l'art, il a commencé par faire des études de droit à Fribourg puis à Munich. Lieutenant d'infanterie en 1909, il devient capitaine de la Garde suisse pontificale en 1911. En 1914, il rentre en Suisse puis s'engage dans l'armée belge le 21 février 1915. Il devient successivement lieutenant puis capitaine dans le régiment des grenadiers de la garde royale et, le 19 juillet 1915, se voit décerner la croix de chevalier de l'ordre de Léopold. En mai 1917, il quitte l'armée belge pour passer au service de France dans la Légion étrangère. Capitaine à titre étranger, il reçoit le 14 septembre 1917 le commandement de la 6e compagnie du régiment de marche de la Légion.

Son régiment va tenir pendant trois semaines la région de Cotenchy-bois du Paraclet, avant de passer à l'offensive le 26 avril 1918 au bois de Hangard sur le plateau de Gentelles, au sud-est d'Amiens. Le 21 mai, le capitaine Glasson est cité à l'ordre du corps d'armée : « Le 26 avril 1918, a magnifiquement entraîné sa compagnie sur un terrain violemment battu par l'artillerie et les mitrailleuses. Par l'habileté et la décision de sa manœuvre, il a forcé le repli de l'ennemi et atteint son objectif avec un minimum de pertes. » Il est encore à Ambleny, à l'ouest de Soissons, le 9 juin. Sa compagnie atteint le 19 juillet la route Château-Thierry-Soissons, mais le 20, Glasson, blessé d'un éclat d'obus au bras droit et fortement intoxiqué par les gaz, refuse d'être évacué. Sa citation du 15 août à l'ordre de la division marocaine rappelle sa bravoure et sa belle attitude au feu.

Entre le 10 mars 1919 et le 6 juin 1920, il est successivement attaché au général Dupont, chef de la mission militaire française à Berlin, affecté au 24e régiment d'infanterie et adjoint au général Odry puis au général de Corn dans l'enclave de Memel, petit territoire coincé entre la Prusse-Orientale et la Lituanie. Entre-temps, le 11 mai 1919, il est titularisé dans l'active comme capitaine à titre étranger. Le 6 septembre 1920, il obtient son congé de la Légion et retourne dans le canton de Fribourg. Il ne démissionne de l'armée active qu'en avril 1926.

L'expérience de Glasson, quoiqu'il soit fortement atteint dans sa santé, profita à ses compatriotes : il donna en Suisse romande, dans les cercles des officiers, des conférences sur le premier conflit mondial qui remportèrent un immense succès. La conférence qu'il donna à Fribourg fut d'ailleurs publiée dans la *Revue militaire suisse* de juin et de juillet 1921. En 1922, il publia un petit volume de 124 pages consacré à *La Guerre future* (Éditions Victor Attinger), qui sera traduit en espagnol et en tchèque. Peu avant sa disparition le 16 juin 1929, la République française l'éleva au rang d'officier de la Légion d'honneur. Les réserves du Musée gruérien de Bulle abritent ses uniformes et ses décorations.

Gillian Simpson
& Alain-Jacques Czouz-Tornare

Bibl. : Alain-Jacques Czouz-Tornare, « Un soldat gruérien exemplaire au service étranger : Pierre-Félix Glasson », *Contact week-end*, jeudi 29 décembre 1988 • Henri Naef, *Le Capitaine Pierre-Félix Glasson*, Fribourg, Fragnière Frères, 1930.

GOLE. – Le redéploiement des régiments de Légion étrangère au début des années 1970 intervient au terme d'une décennie d'incertitudes et fort de la détermination de Pierre Messmer, ministre des Armées jusqu'à la démission du général de Gaulle en avril 1969. Le groupement opérationnel de la Légion étrangère (GOLE) est mis sur pied le 1er août 1971 à Bonifacio avec les éléments embryonnaires du groupement opérationnel du 1er régiment étranger (RE) rattaché pour emploi outre-mer à la 11e division parachutiste depuis le mois de mars précédent. À sa création, il regroupe trois unités élémentaires, véritable socle du 2e RE créé en septembre 1972. Dans les opérations extérieures, le 4e escadron du 1er régiment étranger de cavalerie peut être joint au groupement.

Le GOLE est dissous en 1977 lors du passage de témoin entre le 2e RE et le nouveau 2e REI. Cette formation originale a assuré la mutation de l'ancienne infanterie portée de la Légion et donné l'exemple d'une modernisation réussie par des officiers gagnés au défi de l'excellence qui avait été lancé dès 1962 par leur ministre et ancien capitaine de la 13e demi-brigade de Légion étrangère.

André-Paul Comor

GOLFE, la Légion dans la guerre du (1990-1991). – Lors de son engagement dans la guerre du Golfe, la division Daguet, qui représente l'essentiel du contingent français, compte 9 552 hommes. En son sein, 2 405 légionnaires appartenant aux 1er, 4e et 5e régiments étrangers (RE), 2e et 3e régiments étrangers d'infanterie (REI), 1er régiment étranger de cavalerie (REC), 6e régiment étranger de génie (REG) et à la 13e demi-brigade de Légion étrangère (DBLE). Le 2e REI (lieutenant-colonel Yves Derville), le 1er REC (colonel Hubert Ivanoff), et le 6e REG (colonel Jacques Manet) en constituent l'élément central. Ces trois régiments représentent 30 % des unités de combat et d'appui engagées par la France, à savoir un régiment d'infanterie sur trois (avec les 2e et 3e régiments d'infanterie de marine, ou RIMa), un régiment de cavalerie légère sur deux (avec le 1er régiment de spahis, ou RS) et, avec le 6e REG, le seul régiment de génie engagé comme tel.

Leur participation aux opérations « Bouclier du désert » puis « Tempête du désert » s'étend de septembre 1990 à mai 1991. Le 2e REI (1 133 hommes) engage sa compagnie de commandement et des services, une compagnie d'éclairage et d'appui avec deux sections de mortiers lourds mettant en œuvre chacune six pièces de 120 mm, deux sections antichars Milan, une section d'éclairage et de renseignement (SER), une section autonome de défense antiaérienne et quatre compagnies de combat sur VAB (véhicule de l'avant blindé), chacune dotée d'un groupe Milan et d'un groupe de mortiers de 81 mm. Le 1er REC (698 hommes) engage son escadron de commandement et des services, trois escadrons de blindés légers (36 AMX-10 RC) et un escadron antichar (12 VAB-HOT). Le 6e REG (540 hommes) enfin engage sa compagnie de commandement et des services, une compagnie d'appui et trois compagnies de combat du génie. Tous trois accueillent par ailleurs des détachements de liaison spécifiques à certaines missions (artillerie par exemple) et reçoivent des renforcements individuels et collectifs, d'origine française ou américaine. Ces renforcements cherchent à les adapter aux conditions d'engagement prévues contre l'armée irakienne. Ils permettent par exemple au 2e REI de pallier l'absence de sa 1re compagnie, qui se trouve au Gabon, par l'arrivée d'une compagnie du 21e RIMa, ou encore de le doter d'une unité d'éclairage avec l'arrivée d'un escadron du 1er régiment de hussards parachutistes. Le 6e REG, quant à lui, est renforcé par le 3e régiment de génie (RG) – une compagnie, 4 engins blindés du génie (EBG) –, une section de marche du 5e RG et des moyens lourds d'ouverture et de rétablissement d'itinéraires fournis par le 27e bataillon de génie américain.

Entre le 14 et le 15 septembre, le 2e REI ainsi que les 1er et 3e escadrons, une SER et un élément d'état-major du 1er REC sont mis en « alerte à 72 heures ». L'embarquement puis le départ de France du « gros » du 2e REI (notamment 47 véhicules légers P4 et 95 VAB) s'effectuent à partir du 22 septembre. L'arrivée dans le port saoudien de Yanbou a lieu le 30 septembre. Le départ du 1er REC, et alors que ce régiment ne devait initialement fournir que deux escadrons en renforcement au 1er RS, se fait par échelons successifs. Ses 1er et 3e escadrons embarquent le 23 septembre. Le 28, le 4e escadron est mis en alerte. Le 30, le 2e escadron qui se trouve en Guyane apprend qu'il va rentrer en France « sous dix jours ». Et, contrairement aux prévisions, le 6 octobre l'ensemble du régiment est en Arabie saoudite. Le départ du 6e REG, commencé lui aussi en septembre, se termine le 26 décembre, date à laquelle l'ensemble du régiment est présent sur le territoire saoudien.

À l'issue de leurs débarquements, les régiments rejoignent leurs zones de déploiement initial. Après des déplacements de plusieurs centaines de kilomètres dans le désert, ils s'installent et commencent leur acclimatation et leur entraînement en vue d'un engagement défensif qui pourrait être imminent. La menace chimique est prise très au sérieux, raison pour laquelle l'instruction NBC (nucléaire, biologique et chimique) occupe une place importante. L'instruction devient application lorsque le 2 décembre survient la première alerte chimique « Scud ». Dans les jours qui suivent, le général Mouscardès informe confidentiellement ses chefs de corps du passage de la posture défensive à une posture offensive. Ce qui réjouit les légionnaires et impose d'adapter sans délai l'entraînement à la nouvelle mission. Pendant cette période, et faute d'offensive irakienne, les légionnaires s'organisent pour durer. Le 24 décembre, tous participent aux cross de Noël, puis c'est le réveillon assorti du traditionnel concours de crèches. Jean-Pierre Chevènement, ministre de la Défense, passe le réveillon avec les légionnaires du 2e REI. La fête des Rois quant à elle est célébrée en commun entre légionnaires du 2e REI et du 1er REC.

Le 16 janvier, les chefs de corps de la division Daguet apprennent officiellement le déclenchement de l'offensive aérienne de la coalition pour le lendemain et leur départ, en vue du déploiement opérationnel, pour la région de Rafha à quelque 300 km au nord-est de leurs positions. Passant alors sous le contrôle opérationnel du 18e corps d'armée (CA) américain avec toute la division Daguet, les légionnaires vivent, jusqu'au 21 février, la phase ultime de leur préparation en vue de l'offensive terrestre. Le 18 février 1991, le général Janvier rappelle à tous la mission à accomplir. La division Daguet doit « livrer l'ensemble White et Texas au 18e corps aéroporté US à G + 1 en fin de journée, détruire l'ennemi sur l'axe Texas et ses abords et assurer la couverture face à l'ouest et au nord ». Dans ce cadre général, la division française, déployée à l'ouest du dispositif de la coalition, est réorganisée en deux groupements dits « Est » et « Ouest ». Le second est principalement constitué par les unités de la Légion. Il comprend le 2e REI, une compagnie renforcée du 6e REG, le 1er REC et le 1er RS. Il bénéficie de l'appui du 3e régiment d'hélicoptères de combat, du 11e régiment d'artillerie de marine et du 1/201 FAB (M 109) américain et doit fournir l'effort principal en direction d'As Salman.

Lors du déclenchement de l'offensive terrestre, une compagnie du 6e REG renforcée et des éléments du 2e REI, mis en place en territoire saoudien près de Hafar-Al-Batin, ouvrent la route.

C'est en fait la 4e compagnie du 2e REI qui prend d'assaut le poste frontière de Nachez. Sa 1re section va capturer 4 Irakiens et tomber en garde en attendant l'arrivée du détachement du génie. Elle doit, avant la tombée de la nuit, s'emparer d'un escarpement baptisé « objectif Nachez », assurer la viabilité de trois itinéraires au moins, couvrir le franchissement du 1er REC puis reprendre la progression derrière lui. Le 1er REC doit avancer de 7 km en avant de « Nachez » et assurer la couverture face au nord. Il franchit la frontière irakienne le 23 février peu après midi. Son 2e escadron, en tête, mène un rapide combat à l'issue duquel les Irakiens se replient, abandonnant quelques armes et beaucoup de munitions. Le lendemain, la progression reprend. La position irakienne « Rochambeau », vers laquelle convergent les deux groupements, est prise vers 15 heures. La reconnaissance offensive vers As Salman se poursuit. Le 25 février dès l'aube, le groupement Ouest se dirige vers l'aéroport. À midi, les postes de commandement du 2e REI et du 1er REC se regroupent et en préparent l'attaque. Les sapeurs du 6e REG ouvrent les brèches nécessaires. À 18 heures, l'aéroport est pris. Le 28 février, le cessez-le-feu met fin aux combats. Les régiments s'installent en couverture et en assurent l'application jusqu'à leur retrait. Les retours en France s'échelonnent entre mars et mai 1991 : le 2e REI débarque à Toulon le 27 mars, le 1er REC le 11 avril.

Le séjour du 6e REG dans le Golfe se poursuit. Ses personnels assurent, dès le cessez-le-feu, la dépollution de la forteresse-prison d'As Salman puis la destruction des sous-munitions de toutes nationalités, non explosées. Le régiment participe également à la constitution du détachement génie du groupement dit « Daguet-Koweït » à partir du 28 mars. Ce détachement, fort de 385 sapeurs, compte dans ses rangs 260 légionnaires du 6e REG. Ils participent à l'opération « Harpon » de déminage du Koweït, entreprenant, avec leurs homologues du 17e régiment de génie parachutiste, le déminage d'une bande côtière de 16 km au nord-est de la capitale. Le travail est terminé le 15 avril, trois jours avant la fin du ramadan, mais la mission du 6e REG se poursuit jusqu'au 15 mai. Il a, au cours de cette période, détruit 530 t de munitions diverses, relevé environ 14 500 mines et perdu deux hommes, l'adjudant-chef Sudre et le légionnaire Van Suong, tués par l'explosion d'une mine. La Légion n'a eu à déplorer aucune autre perte humaine.

Frédéric GUELTON

GOTOVINA, Ante (né en 1955). – L'ancien caporal-chef du 2e régiment étranger parachutiste (REP) devenu général dans son pays d'origine a défrayé la chronique : son parcours de la Légion à la prison internationale de Scheveningen à La Haye rappelle que le légionnaire (ou l'ancien légionnaire) n'est pas un soldat « ordinaire ». D'origine croate, Ante Gotovina est né le 12 octobre 1955 dans l'île de Pasman près de Zadar, situé sur la côte dalmate de l'ancienne république fédérative socialiste de Yougoslavie. À dix-sept ans, il embarque à bord d'un cargo comme matelot avant de rejoindre Marseille pour s'engager dans la Légion étrangère, le 1er janvier 1973. Le jeune volontaire sert au 2e REP sous le nom d'Ivan Grabovac. Breveté chuteur opérationnel, il termine son contrat à la section commando de recherche et d'action dans la profondeur (CRAP) après avoir acquis une très bonne expérience militaire.

Gotovina prend ensuite la nationalité française et s'installe près de Calvi. Recruté comme plongeur professionnel à la Comex, il est également employé dans plusieurs officines de sécurité, notamment la compagnie KO International, filiale de VHP Security dont les responsables ont appartenu au Service d'action civique (SAC). Il s'est lié d'amitié avec un camarade de régiment, Dominique Erulin, frère du chef de corps du 2e REP lors de l'intervention à Kolwezi, avec qui, pendant une décennie, il va alterner missions d'entraînement en Amérique latine et activités liées au grand banditisme (vols et prise d'otages en 1990). Puis il se réfugie en Croatie et offre ses services à la nouvelle armée nationale formée après l'éclatement de la Yougoslavie et la proclamation de l'indépendance, le 25 juin 1991. En octobre 1992, il est nommé commandant du district militaire de Split, en août 1995 général de corps d'armée lors du déclenchement de l'opération « Oluja » (« Tempête ») pour reprendre la Krajina occupée par les sécessionnistes serbes. Cette opération, qui se poursuit jusqu'au 15 novembre, lui vaut d'être inculpé par le tribunal pénal international pour l'ex-Yougoslavie (TPIY) pour crimes de guerre et crimes contre l'humanité. Mis à la retraite en septembre 2000 par le président Stipe Mesic pour avoir cosigné une lettre critiquant la coopération avec ce TPIY, il s'enfuit à l'étranger dès la publication de son acte d'inculpation. Le 7 décembre 2005, il est arrêté par la police espagnole dans un hôtel de Tenerife, aux Canaries. Le 15 avril 2011, Ante Gotovina est condamné à vingt-quatre ans de prison. Le 17 novembre 2012, il est acquitté par la chambre d'appel du TPIY et libéré. Son exemple a incité nombre de légionnaires croates à déserter pour combattre à ses côtés.

André-Paul COMOR

Bibl. : Dominique Erulin, *Gibier d'État*, Albin Michel, 2002.

GRADES. – Degré d'avancement (du latin *gradus*), marque distinctive, insigne distinctif attestant que l'on appartient à un rang dans la hiérarchie militaire. Les grades et appellations de grade de la Légion étrangère sont les suivants :

Militaires du rang : légionnaire, légionnaire de 1re classe, caporal, caporal-chef (grade créé en 1928 en remplacement de celui de caporal fourrier). Les insignes de grade de la troupe ont été successivement de couleur rouge puis verte.

Sous-officiers : sergent, sergent-chef (les sergents et sergents-chefs étaient jusqu'en 1928 considérés comme faisant partie de la troupe), adjudant, adjudant-chef (grade créé en 1912) et major (les majors constituaient à la création du grade en 1975 un corps distinct du corps des sous-officiers).

Officiers subalternes : aspirant, sous-lieutenant, lieutenant, capitaine.

Officiers supérieurs : commandant (chef de bataillon dans l'infanterie et le génie ou chef d'escadrons dans la cavalerie), lieutenant-colonel, colonel.

Officiers généraux : général de brigade, de division, de corps d'armée, d'armée. Les officiers généraux n'appartiennent normalement à aucune arme ou subdivision d'arme, néanmoins les généraux commandant la Légion étrangère ont en général fait une partie de leur carrière au sein de l'institution. Enfin, maréchal est une distinction et non un grade – Mac-Mahon, qui fut chef de corps du 1er régiment étranger durant la campagne d'Italie (1859), fut ainsi fait maréchal de France avant d'être élu en 1873 président de la IIIe République.

Il est à noter que plusieurs grades et/ou fonctions ont aujourd'hui disparu : il s'agit notamment des grades de sergent-major (supprimé en 1928, rétabli de 1941 à 1962), de sergent fourrier et de brigadier fourrier (ces appellations correspondaient à des emplois précis au sein des compagnies).

Le 1er régiment de cavalerie (REC) – ainsi que le 2e REC avant sa dissolution – utilise les appellations de grade habituellement usitées dans la cavalerie : brigadier ou brigadier-chef (au lieu de caporal et caporal-chef), ainsi que maréchal des logis ou maréchal des logis chef (au lieu de sergent et de sergent-chef). De même, les marques de grade des sous-officiers et des officiers ainsi que les boutons sont de couleur argent au lieu d'or mais toujours avec l'inscription « Légion étrangère ». Enfin, les hommes des compagnies montées (des régiments étrangers d'infanterie) conservent les appellations de grade habituelles, car ils font partie de l'infanterie.

Quelques particularismes légionnaires : les sergents ont toujours conservé le système de deux chevrons tandis que l'armée de terre, qui l'avait abandonné au profit d'un seul, a repris le système avec l'apparition de la tenue dite « terre de France » en 1990. Les chevrons d'ancienneté, quant à eux, sont une marque distinctive qui permet aux engagés (du grade de légionnaire à celui de sergent-chef) d'afficher leur ancienneté de service : un chevron à partir de la sixième année de service, deux à partir de la onzième année, trois à partir de la seizième année. C'est là un héritage des chevrons de présence au front du premier conflit mondial. Les légionnaires ont longtemps été les seuls à continuer de les porter jusqu'à ce que ce système soit repris par le reste de l'armée de terre, désormais professionnalisée, sur les fourreaux d'épaules de la nouvelle tenue.

Enfin, il existe à la Légion étrangère des grades d'honneur : distinction décernée à titre honorifique à des militaires (français comme étrangers) n'appartenant pas à la Légion ou à des personnalités civiles pour les remercier des services rendus au corps. Cette nomination à un grade honorifique s'accompagne d'une « affectation » dans l'une des unités du corps. Quelques personnalités ayant été faites légionnaire de 1re classe ou caporal d'honneur de la Légion étrangère : le président de la République Valéry Giscard d'Estaing, le maréchal Alphonse Juin, le maréchal Jean de Lattre de Tassigny, l'amiral Andrew Cunningham, Jean-François Deniau, Marcel Cerdan…

Luc BINET

Sources : Ministère de la Défense, *Bulletin officiel édition méthodique* (*BOEM*) n° 554-0 du 1er octobre 1958 • *BOEM* n° 557-0, instruction n° 10200 du 27 juillet 1990 • *BOEM* n° 557-0, instruction n° 10300 du 13 juin 2005 • SHD-Terre, fonds documentaire de la division de la symbolique de la Défense.

GRAVEY, Fernand, *alias* Mertens (1905-1970). – Fils de comédiens – son père est directeur de théâtre, sa mère actrice – né à Ixelles, en Belgique, Fernand Mertens joue dès 1913 dans les films du cinéaste Alfred Machin. Pendant la Grande Guerre, ses parents se réfugient à Londres où il poursuit ses études, études qu'il achève de retour en France, à Paris, en 1918. Il fait ensuite l'apprentissage des tournées et se partage entre théâtre et cinéma, s'illustrant notamment dans la comédie de boulevard et tournant plusieurs films pour la Paramount française, dont *Coiffeur pour dames* en 1932. À Hollywood avant la Seconde Guerre mondiale, il retourne en France durant l'Occupation et tourne avec Abel Gance en 1943. À la Libération, il contracte un engagement volontaire pour la durée de la guerre au titre de la Légion étrangère, sous son nom véritable de Mertens, et est affecté au régiment de marche de la Légion étrangère (RMLE). Il fait alors campagne en France et en Allemagne et termine la guerre avec le grade de lieutenant de réserve à titre étranger. Puis il reprend son métier : fidèle au cinéma de boulevard, il tourne notamment avec Sacha Guitry, Abel Gance, Henri Verneuil et Max Ophuls. Nommé 1re classe d'honneur le 25 décembre 1952 (matricule 95454 bis), il meurt à Paris le 2 novembre 1970.

André-Paul COMOR

GRECS, volontaires. – Si l'on fait exception de la Première Guerre mondiale et de l'action des comités nationaux à l'origine des engagements volontaires pour la durée de la guerre, aucune étude, à ce jour, n'a permis de relever les causes du désintérêt des Grecs pour la Légion étrangère. Au cours de l'été 1914, la Ligue des patriotes, des volontaires et des étudiants hellènes était à l'origine de la mise sur pied d'un bataillon grec au service de la France. En revanche, même après la « grande catastrophe », conséquence de la défaite de l'armée grecque en Asie Mineure qui a entraîné sur les routes de l'exil près de 1,5 million de Grecs fuyant la Turquie après les massacres et l'incendie de la ville de Smyrne (septembre 1922), les nouveaux régiments étrangers créés à partir de 1920 n'ont pas puisé dans cette diaspora. Les Russes blancs réfugiés à Istanbul, eux, n'ont pas longtemps hésité pour se présenter au poste de recrutement de la Légion rattaché au corps d'occupation français.

André-Paul COMOR

GRENADE À SEPT FLAMMES. – Initialement appelée « bombe à main », la grenade (du latin *granatum* qui signifie « qui a des grains ») apparaît au début du XVIe siècle. Il faut toutefois attendre 1661 pour que l'armée royale compte dans ses rangs quatre hommes chargés du service de cette arme par compagnie et appelés grenadiers. Puis ceux-ci sont rassemblés en une compagnie au sein de chaque bataillon. Ils sont sélectionnés parmi les plus grands, les plus forts et les plus courageux. En effet, être grenadier nécessite de lancer loin et de combattre au premier rang. Les compagnies de grenadiers vont donc logiquement prendre le titre de compagnies d'élite. Le règlement de 1779, qui fixe les attributs de tenue de l'infanterie, stipule que ces compagnies d'élite auront la grenade tandis que les chasseurs prennent le cor de chasse et les compagnies ordinaires la fleur de lys.

La grenade est désormais la marque distinctive des troupes d'élite – la disparition de la fleur de lys à la Révolution entraîne son adoption par les compagnies de fusiliers puis par toute l'infanterie de ligne tandis que l'infanterie légère conserve le cor. Elle sera également adoptée par les dragons et les cuirassiers, la gendarmerie, les écoles et les officiers non brevetés d'état-major. Par extension, la grenade va devenir l'attribut de tous les militaires ne disposant pas d'un attribut particulier. Au point qu'elle finira même par remplacer les numéros de régiment sur les képis.

Le dessin de la grenade va rapidement varier. Elle existe de forme épanouie ou allongée en fonction de la façon dont sont disposées les flammes. Et le nombre de celles-ci varie suivant les époques, les armes et les modèles – les modèles les plus courants sont à dix, neuf ou huit flammes tandis que celle du cadre spécial n'en compte que cinq.

La Légion étrangère en tant que subdivision d'infanterie porte donc la grenade de l'infanterie, sauf pendant une courte période, de 1868 à 1873, durant laquelle elle est dotée de l'étoile comme attribut de coiffure. Le règlement de 1875 lui attribue définitivement la grenade comme insigne de coiffure. Le modèle à sept flammes (dont deux en retour) actuellement porté par les légionnaires apparaît dans l'entre-deux-guerres et ne se fixe définitivement qu'après la Seconde Guerre mondiale : il apparaît pour la première fois dans un règlement en 1949. Néanmoins, dès 1885, la grenade de la Légion portée par les officiers et sous-officiers comporte un particularisme qu'elle partage avec les formations de gendarmerie de cette période. La bombe – ou corps – de la grenade est ainsi évidée afin d'y faire figurer le numéro du corps. La troupe conserve une grenade au corps plein. Sur les plateaux de ceinturon, la bombe est pleine et le chiffre du régiment est en relief. Ce particularisme existe toujours aujourd'hui sur les grenades des insignes de béret de la Légion, les insignes de collet métalliques et les fourreaux d'épaules. On peut également noter que les médecins, qui ne portent normalement aucun attribut sur leur képi (sauf dans les troupes de marine), portent la grenade à sept flammes lorsqu'ils sont affectés à la Légion.

Luc BINET

Sources : SHD-Terre, fonds documentaire de la division de la symbolique de la Défense.

GRISOT, général Paul Adolphe (1839-1912). – Fils d'un sous-officier de l'armée impériale, chevalier de la Légion d'honneur, qui est devenu receveur des douanes à Givet, Paul Adolphe Grisot naît dans les Ardennes à Auvillers-les-Forges. Au terme de brillantes études secondaires, il est reçu neuvième à l'École spéciale militaire en 1856. Il en sort major de sa promotion et sert dix ans au 25e régiment d'infanterie de ligne avec lequel il participe à la bataille de Mentana (Italie) le 3 novembre 1867. Promu capitaine, il rejoint le régiment étranger (RE) en 1868 pour y tenir l'emploi de capitaine adjudant-major. Avec le grade de chef de bataillon, il fait campagne contre l'Allemagne puis la Commune avant de rentrer en Algérie.

À partir d'avril 1874, il alterne les temps de troupe dans les grades de lieutenant-colonel et de colonel avec les temps d'état-major au ministère de la Guerre. Son excellente connaissance de l'allemand et de l'italien lui vaut d'être le responsable du renseignement au ministère. Le 6 septembre 1883, il succède au colonel de Négrier à la tête du régiment étranger. Près de 2 500 légionnaires sont alors engagés en Indochine. Estimant que sa place se trouve avec ses hommes qui combattent, il demande à être affecté au Tonkin en 1884. Cela lui est refusé, sans doute parce qu'il vient d'être inscrit sur la liste d'avancement pour le grade de général de brigade, qu'il attendra deux ans. Ses dernières notes de colonel définissent le chef qu'il est : « Le colonel Grisot commande son régiment d'une façon très remarquable. Il est arrivé à l'entraîner autant qu'il est possible de le faire. Instruit autant que personne. D'un caractère trop entier peut-être, il est à regretter que le grade de général de brigade ne soit pas encore venu le récompenser. »

Ledit grade arrive donc le 14 octobre 1886, et Paul Grisot commande successivement trois brigades d'infanterie. Promu général de division le 18 mars 1893, il est à la tête d'une division d'infanterie pendant cinq ans, le 19e corps d'armée (CA) à Alger, et enfin du 11e CA à Nantes. Atteint par la limite d'âge en 1904, il se retire à Saint-Servan, en Ille-et-Vilaine. Il y meurt le 10 juillet 1912.

Le général Grisot est grand officier de la Légion d'honneur. Il a écrit en collaboration avec le lieutenant Coulombon *La Légion étrangère de 1831 à 1887* (1888) et traduit un ouvrage allemand sur la conduite de la guerre.

Henry DUTAILLY

Sources : SHD-Terre, 9Yd 170.

GRLE (groupement de recrutement de la Légion étrangère). – Aboutissement d'une réforme de la chaîne de recrutement, le groupement de recrutement de la Légion étrangère, formation du « socle », est le plus récent des onze corps de la Légion étrangère, créé le 10 juillet 2007. Stationnée sur la commune de Fontenay-sous-Bois, au fort de Nogent, un des quatre plus anciens forts de la capitale, la portion centrale bénéficie d'une implantation privilégiée aux portes de Paris entre les bords de Marne et le bois de Vincennes. La Légion étrangère y tient garnison depuis 1962.

Le groupement comprend la compagnie de transit (CTLE) et la compagnie de recrutement de la Légion étrangère (CRLE), sur le modèle d'organisation hérité des années 1950. Sa première mission est d'accueillir et de faire un premier tri parmi les volontaires à l'engagement à la Légion étrangère. Elle s'inscrit dans le cadre de la révision générale des politiques publiques (RGPP) et répond aux attentes du commandement en matière de sélection afin de réduire les coûts générés par les ruptures prématurées de contrat. Point d'entrée de chaque candidat à l'engagement, le GRLE assure également le soutien des personnels et des unités de la Légion de passage en Île-de-France.

Charles RIDET

GROUPE AUTONOME DU 1er RÉGIMENT ÉTRANGER DE CAVALERIE (GA/1er REC). – Après la décision de l'amiral Darlan de cesser le combat à l'issue du débarquement anglo-américain en Afrique du Nord, l'armée d'Afrique est aussitôt engagée en Tunisie. Le 1er régiment étranger de cavalerie (REC) y envoie un groupe d'escadrons, qui devient autonome le 21 décembre 1942.

Ce groupe autonome arrive sur la zone des combats le 29 décembre et relève sur ses positions un groupe d'escadrons du 1er régiment de chasseurs d'Afrique. Il doit alors s'emparer d'une position stratégique dans la dorsale au nord de la plaine d'Ousseltia avec un bataillon du régiment étranger d'infanterie de marche (REIM) et deux goums. Le passage est gardé par une unité italo-allemande de la valeur d'un bataillon, avec quelques éléments mécanisés. Au centre, le GA/1er REC – moins l'escadron d'automitrailleuses – est aux ordres du chef d'escadrons Royer. Il doit faire une diversion frontale par la route et, en cas de succès, s'emparer du débouché de Foum el-Gouafel. Au sud, le 1er bataillon du REIM et les tabors sont chargés de l'attaque principale : par un large mouvement tournant, ils doivent attaquer les crêtes dominant Henchir Karachoum et le Foum. L'opération débute le 11 janvier 1943. Après une marche d'approche difficile, l'escadron aborde le plateau où il est cloué au sol par des feux nourris. L'ennemi ne lâche pas prise. Les légionnaires de l'escadron porté qui ont devancé les hommes du REIM et les tabors, retardés par un terrain particulièrement difficile, emportent la décision. Malgré trois violentes contre-attaques et une aviation ennemie particulièrement active, les légionnaires tiennent bon et la position est maintenue. Le 1er escadron gagne deux citations.

À partir du 18 janvier, et après avoir reçu en renfort des blindés qui remontent de Libye, l'ennemi se ressaisit. L'escadron d'automitrailleuses est alors le premier à affronter les chars Tigre du maréchal Rommel, qu'il bloque sur un passage obligé de la route d'Oum el-Abouab au Mausolée pendant quatre heures. Ce délai permet le repli du poste de commandement de la division marocaine et d'une partie de son infanterie. Ayant rempli sa mission de retardement, l'escadron se replie sur Mactar pour poursuivre ses missions de reconnaissance au sein de la division. Malgré une contre-attaque d'une compagnie de Tank Destroyer américains dans la plaine du Mausolée, les chars ennemis prennent le dessus et la situation du groupement Lagarde, dont fait partie le GA/1er REC, devient de plus en plus difficile.

Coupé du commandement de la division marocaine et sans plus aucun contact avec le colonel Lagarde, son chef, le groupement est encerclé dès l'aube du 19 janvier par des éléments d'une division alpine allemande. Le commandant du secteur, pour se dégager, décide d'attaquer vers le sud et Bir el-Arbi. Les armes lourdes, mortiers et mitrailleuses, sont abandonnées et enterrées sur place pour ne pas alourdir l'action. L'attaque est déclenchée à 11 h 30 et surprend l'ennemi en cours d'installation. L'escadron du capitaine Ville se heurte toutefois à un ennemi mieux organisé et ne peut rompre l'encerclement qu'au prix de pertes considérables – le tiers de ses effectifs. Les Allemands se ressaisissent ensuite et, occupant les crêtes abandonnées, provoquent de lourdes pertes dans les rangs des tabors.

Grâce à l'action de la division marocaine, l'ennemi est fixé, ce qui empêche un désastre. Le GA/1er REC et le REIM perdent au cours de ces journées de lutte les deux tiers de leurs effectifs mais les blindés allemands se rabattent vers le sud, c'est-à-dire vers la coulée d'Ousseltia, où ils sont stoppés par la réserve blindée du général Juin.

Le GA/1er REC est dissous le 31 mars 1943, après avoir obtenu une citation à l'ordre de l'armée.

Charles RIDET

Sources : DHPLE, JMO du GA du 1er REC.

GROUPEMENT AUTONOME DE LA LÉGION ÉTRANGÈRE. – *Voir* GALE.

GROUPEMENT DE LÉGION ÉRANGÈRE DU LEVANT (GLEL). – *Voir* 6e REI.

GROUPEMENT DE RECONNAISSANCE DIVISIONNAIRE 97. – Le 1er décembre 1939, à partir du 2e escadron à cheval, le 1er régiment étranger de cavalerie (REC) forme pour le besoin des troupes en Tunisie le groupement de reconnaissance divisionnaire 180 (GRD 180) : 360 légionnaires du dépôt commun de Sidi-Bel-Abbès rejoignent cette nouvelle unité, le 2e REC fournit des officiers et des sous-officiers.

Appelé en France, à l'effectif de 23 officiers et de 650 légionnaires, le GRD 180 débarque à Marseille le 21 mars 1940. Il est motorisé à Carcassonne sur moto-solo et moto-side René Gillet. Il comprend trois escadrons de combat : l'un à cheval, l'autre de fusiliers motocyclistes et le dernier de mitrailleuses et de canons antichars. Il change de numéro et devient le GRD 97 en rejoignant au camp de Valdahon, toujours en mars, la 7e division d'infanterie nord-africaine (DINA). Une nouvelle fois, la réserve impériale forte d'une unité étrangère de reconnaissance vient prêter main-forte à l'armée métropolitaine.

Le 17 mai, après la percée des Allemands depuis les Ardennes, la 7e DINA est envoyée sur la Somme pour contenir les panzers de Guderian et colmater la brèche entre les troupes belges et françaises. Sous les ordres du lieutenant-colonel Lacombe de La Tour (du 2e Chasseurs d'Afrique), le GRD 97 rejoint Montdidier, puis reconnaît l'ennemi vers Péronne. Avec ses seuls moyens organiques, il doit en retarder l'avance. Dès le 18 mai, le combat s'engage et les pertes sont lourdes (3 tués et 15 disparus). L'escadron à cheval forme un point d'appui à Guerbigny, sur l'Avre, les deux autres escadrons se portent sur Péronne et accrochent le lendemain des automitrailleuses allemandes. Ils ne cessent alors de harceler l'adversaire jour et nuit pour le retarder. Le 21 mai, au cours d'une avance hardie, les deux escadrons motorisés occupent par surprise Belloy-en-Santerre, font des prisonniers, tandis qu'un de leurs canons de 25 mm antichars brise une contre-attaque des automitrailleuses allemandes. À l'image des blindés de la 4e division cuirassée du colonel de Gaulle, certes à une échelle plus réduite, le GRD 97 montre ce qu'une troupe motorisée bien conduite peut faire face à un adversaire très supérieur en nombre et en matériel. En effet, jusqu'au 25 mai, changeant constamment de position dans la région de Rosières-en-Santerre à Nesles, sur la ligne de la Somme, le GRD 97, sans soutien d'infanterie ou d'artillerie, disperse l'ennemi en le harcelant par des combats brefs et isolés. Croyant avoir affaire à plusieurs unités françaises, les troupes allemandes dans ce secteur sont ralenties.

Le 7 juin, les Allemands enfoncent le front de la Somme. Le GRD 97 se porte sur l'Avre et conduit une succession de combats retardateurs à partir du point d'appui fermé de la région du Quesnel. Taillé en pièces dans des actions désespérées d'arrière-garde, il assure cependant sur 50 km le repli en bon ordre de la 7e DINA. Le 9 juin, il lui faut contenir l'avance de chars allemands lors de la retraite de la division sur l'Oise. Le lieutenant-colonel Lacombe de La Tour meurt au champ d'honneur au moment où il couvre le passage de la rivière à l'aide des derniers éléments accrochés à la rive. Pendant cette seule journée, le GRD 97 perd la moitié de son effectif. Du 13 au 15 juin, renforcés par des tirailleurs marocains, les légionnaires épuisés, sous un feu nourri, interdisent aux avant-gardes allemandes le passage de la Seine, puis décrochent avant d'être submergés.

Jusqu'au 24 juin, les derniers éléments continuent leur mission harassante et participent à la défense du Cher, puis de l'Indre. Jusqu'à la Dordogne, le GRD 97 se sacrifie et assure le repli de la 7e DINA. Deux actions individuelles témoignent de la détermination de la Légion. Le maréchal des logis Fosdick, debout et seul, lance trois grenades sur un char qui tire sur lui, la troisième éclatant à l'intérieur du blindé au moment où il s'écroule lui-même. Le maréchal des logis Scapucci, isolé, et sommé par deux Allemands de se rendre, sort son revolver, leur répond : « La Légion ne se rend pas » et les abat tous les deux. Poursuivi, il s'échappe, est fait prisonnier, s'évade pendant la nuit et rejoint les lignes françaises avec quatre blessures.

Lorsque sonne le cessez-le-feu, il ne reste plus que 12 officiers et 250 légionnaires, après de très lourdes pertes équivalentes aux sacrifices de l'armée d'Afrique sur la terre de France en 1870, à celles du régiment de marche de la Légion étrangère de la Grande Guerre ou du 11e régiment étranger d'infanterie en 1940 (75 % de pertes). Fidèle à ses traditions, la Légion a tenu. Le GRD 97 est cité à l'ordre de l'armée (croix de guerre avec palme), il compte deux médaillés militaires et 359 citations individuelles dont 5 à l'ordre de l'armée.

Le 30 septembre 1940, le GRD 97 est dissous à Sousse et les éléments survivants rejoignent le 1er régiment étranger de cavalerie.

Jean-Charles JAUFFRET

Bibl. : Anonyme (ouvrage commandité par le colonel Miquel), *Premier Régiment étranger de cavalerie, historique et campagnes, récits de combats, chansons de la Légion*, Fasquelle, 1947 • Jean-Charles Jauffret, *L'Idée d'une division de Légion étrangère et le Premier régiment étranger de cavalerie, 1836-1940*, Centre d'histoire militaire et d'études de défense nationale, Presses de l'université Paul-Valéry, 1978.

GROUPEMENT DES COMPAGNIES MONTÉES ET PORTÉES. – *Voir* GCMP.

GROUPEMENT DES COMPAGNIES PORTÉES DE LA LÉGION ÉTRANGÈRE DU MAROC. – *Voir* GCPLEM.

GROUPEMENT DES SERVICES COMMUNS DE LA LÉGION ÉTRANGÈRE. – *Voir* GSCLE.

GROUPEMENT DES UNITÉS DE PASSAGE ET DE TRANSIT. – *Voir* GUPT.

GROUPEMENT D'INSTRUCTION DE LA LÉGION ÉTRANGÈRE. – *Voir* INSTRUCTION.

GROUPEMENT OPÉRATIONNEL DE LA LÉGION ÉTRANGÈRE. – *Voir* GOLE.

GROUPEMENTS AMPHIBIES. – Débarqué en Indochine le 4 janvier 1947, le 1er régiment étranger de cavalerie (REC) ne tardera pas à s'adapter au terrain et aux caractères particuliers du combat de contre-guérilla, notamment à travers ses deux escadrons implantés en Cochinchine. La forme la plus aboutie de cette adaptation tient sans doute en la création d'unités amphibies capables d'opérer en milieu semi-aquatique, rizières, marécages, canaux, arroyos ou zones lagunaires. Le but, à l'origine, était de pouvoir traquer les bandes viêt-minh qui avaient trouvé refuge dans les vastes étendues humides du delta du Mékong, notamment dans la plaine des Joncs. Située à une vingtaine de kilomètres à l'ouest de Saigon et couvrant plus de 5 000 km^2, cette immense zone marécageuse avait été mise à profit par le Viêt-minh pour y installer ses camps, ses centres d'entraînement, ses dépôts et ses ateliers d'armement. Impraticable pour les blindés, le terrain couvert de roseaux l'était presque autant pour les fantassins dont la progression était sans cesse entravée par la vase, les fossés et les plantes aquatiques. En cas d'alerte, l'adversaire disposait de tout le temps nécessaire pour disparaître. Afin de retrouver un minimum de mobilité et de puissance de feu dans un pareil environnement, quelques jeunes officiers du REC se penchèrent sur l'utilisation de la chenillette M 29 C, matériel employé par les Américains lors de la guerre du Pacifique et rebaptisé « crabe » par les Français. D'un poids de 2,7 t, équipé de chenilles à lamelles, ce petit engin amphibie possède une vitesse de 40 km/h sur terre et de 6 km/h sur l'eau. Avec un équipage de quatre ou cinq légionnaires, il peut être armé d'un mortier de 60 mm ou d'une mitrailleuse.

Les premières expériences menées avec les crabes ne donneront pourtant pas pleinement satisfaction. L'engin, en effet, n'offre pas de protection, sa mécanisation demeure fragile et ses capacités d'emport sont limitées. L'opération « Vega », dirigée en février 1948 par le colonel de Sairigné et à laquelle participent les crabes, est riche d'enseignements : à l'évidence, ces engins doivent être utilisés en unités constituées et accompagnés d'une infanterie portée. Celle-ci sera le plus souvent fournie par les unités de la 13e demi-brigade de Légion étrangère. Lors des multiples opérations dans lesquelles sont employés les crabes, se distinguent des chefs comme les capitaines de Baulny, de Blignières, Miloyevitch ou Casati dont l'expérience permet peu à peu d'élaborer une doctrine d'emploi de ces amphibies. À partir de 1949, deux puis trois escadrons de crabes à 25 engins sont créés au 1er REC. En 1950, ces trois escadrons (1er, 2e et 6e) forment le 1er groupe d'escadrons. Le véritable progrès viendra de l'emploi conjoint du LVT/4 « alligator », engin blindé amphibie de débarquement qui, avec un poids en charge de 16,5 t et une vitesse sur l'eau de 12 km/h, est capable d'embarquer une section entière et un armement lourd. L'apparition de ce nouveau matériel entraîne une réorganisation et, en 1951, apparaissent des sous-groupements amphibies rassemblant chacun un escadron de crabes, un peloton d'alligators et un escadron porté qui sera constitué d'autochtones. Placés en réserve d'intervention, les trois sous-groupements amphibies de Cochinchine sont alors intégrés au sein d'un nouveau corps : le 1er groupement autonome (GA) du 1er REC. Sur le même modèle, le 2e groupement autonome est créé au Tonkin avec l'appoint d'un sous-groupement amphibie du 1er Chasseurs. En 1952, le 1er GA intervient en Centre-Annam puis, en 1953, au Tonkin où les amphibies participent, avec les groupements mobiles, aux grandes opérations de nettoyage entreprises dans les secteurs de Phu Ly, Nam Dinh et Ninh Binh. Employés à bon escient, ces engins se révèlent particulièrement utiles pour compléter les dispositifs de bouclage, aborder les villages fortifiés et appuyer l'infanterie. Le REC compte alors 18 escadrons dont 10 sont amphibies, moitié sur crabes, moitié sur alligators. L'opération « Auvergne », menée pour rétracter le dispositif au sud du delta du Tonkin en juillet 1954, sera la dernière grande opération à laquelle participeront les amphibies du REC qui prêteront aussi leur concours à l'évacuation des populations fuyant le régime communiste après le cessez-le-feu. Durant sept années, sillonnant le delta du Mékong comme celui du fleuve Rouge tout en intervenant sur les cotes d'Annam, les unités amphibies du REC ont fait la preuve de leur efficacité et ont acquis leurs titres de gloire. Redoutées par le Viêt-minh qui n'a pas tardé à reconnaître la silhouette caractéristique de leurs engins, elles illustrent la capacité des cavaliers légionnaires à s'adapter à tout type de combat.

Michel DAVID

Bibl. : Alain Bizard, « Adaptation de l'arme blindée à la guerre d'Indochine », dans Maurice Vaïsse (dir.), *L'Armée française dans la guerre d'Indochine (1946-1954) : adaptation ou inadaptation ?*, Bruxelles, Complexe, 2000, p. 255-261 • Alain Gandy, *La Légion en Indochine*, Presses de la Cité, 1988, p. 26-28.

GROUPE MOBILE. – Le groupe mobile (GM) est l'unité de manœuvre qui fut employée pendant la conquête du Maroc. Il se compose d'un ensemble de forces offensives en mouvement, pouvant vivre et combattre dans une zone déterminée. La durée de la mission peut varier de plusieurs semaines à plusieurs mois selon les objectifs du commandement. Le groupe type comprend un état-major, plusieurs bataillons, un ou deux escadrons de spahis ou de goumiers, des forces supplétives, une unité de génie et de moyens lourds (artillerie, automitrailleuses voire chars et escadrille d'avions), le tout soutenu par l'arme du train, une unité administrative, le service du courrier, une unité d'ambulance et le service vétérinaire. L'effectif oscille entre 4 000 et 5 000 hommes et sa mobilité de même que son autonomie dépendent du nombre de mulets dont ce GM est doté – entre 2 000 et 4 000 animaux. Des unités de Légion engagées dans les groupes mobiles font l'expérience au côté de leurs camarades de l'armée d'Afrique de ces longues marches au cours desquelles – pour répondre aux coups de main audacieux et imprévisibles des insoumis – il faut se garder sur toutes ses faces, de jour comme de nuit, en marche ou à l'arrêt.

André-Paul COMOR

GROUPES MOBILES (Indochine). – Développés sous l'impulsion du général de Lattre, à partir de 1951, pour répondre à la montée en puissance des forces viêt-minh, les groupes mobiles illustrent la volonté du commandement de retrouver une certaine souplesse tactique en dotant le Corps expéditionnaire d'une masse de manœuvre suffisante. Alors que le Viêt-minh, aidé par la Chine, met sur pied son corps de bataille, il devient en effet urgent d'adjoindre au dispositif statique des postes et des secteurs un outil de combat mobile et suffisamment puissant. Tirant parti de l'expérience des « *combat command* » créés à la fin du second conflit mondial, le groupe mobile (GM) est une formation interarmes rassemblant, dans sa structure théorique de base, trois bataillons d'infanterie, un escadron blindé, un groupe d'artillerie, une compagnie du génie, un détachement sanitaire ainsi que les moyens de transmissions nécessaires. Cette configuration initiale procure au GM les capacités essentielles pour agir de façon autonome et remplir un large éventail de missions. Des renforts, notamment en moyens de transport, peuvent, de plus, lui être attribués selon les circonstances. Les bataillons qui entrent dans la composition des GM sont répartis en fonction de leur nature et de leur valeur opérationnelle, le but étant aussi d'obtenir une certaine complémentarité au sein d'un même groupe. De ce fait, le meilleur équilibre peut être trouvé en rassemblant un solide bataillon de Légion étrangère, un bataillon de tirailleurs nord-africains ou sénégalais et un bataillon autochtone.

En 1953, le GM 7 est ainsi constitué des formations suivantes : le 3e bataillon de la 13e demi-brigade de Légion étrangère, le 26e bataillon de marche de tirailleurs sénégalais et le 3e bataillon thaï, l'artillerie étant fournie par le groupe d'artillerie coloniale d'Afrique-Occidentale française. Sur un total de dix-huit GM mis sur pied durant les dernières années de la guerre et dont certains seront entièrement constitués de troupes autochtones, huit comprennent des unités de Légion étrangère. On trouve même deux bataillons de Légion au GM 4 et au GM 5. Les missions confiées à ces groupes mobiles entrent dans trois grandes catégories : opérations de nettoyage dans le delta du fleuve Rouge selon la méthode traditionnelle du « bouclage-ratissage », raids en zone ennemie pour détruire des objectifs localisés ou couper les communications de l'adversaire, missions d'arrêt ou de contre-attaque en cas d'offensive adverse. Les GM participeront de la sorte à toutes les grandes opérations entreprises au Tonkin mais aussi en Annam. Cependant leurs atouts – vitesse, capacité de manœuvre et puissance de feu – seront toujours mieux rentabilisés dans la zone ouverte du delta qu'en Haute-Région où la montagne et la jungle limitent leurs capacités.

À l'opposé des troupes de secteur enkystées dans leur zone et accaparées par des tâches routinières de pacification, les GM sont avant tout des instruments de combat et, à ce titre, interviennent sans répit en des mouvements incessants. Attirant à eux les meilleures troupes et souvent les meilleurs chefs, ils sont essentiellement destinés à « casser du Viet ». Comme ils sont plus préoccupés de bilan immédiat que d'efficacité à long terme, il leur est d'ailleurs parfois reproché de manquer de doigté et de discernement vis-à-vis des populations civiles. À partir de 1952 et face à la puissance accrue du Viêt-minh, il devient de plus en plus souvent nécessaire de regrouper plusieurs GM pour une même opération : en avril 1952, sur le canal des Rapides, l'opération de nettoyage « Turco » mobilise les GM 1, 2, 3 et 7 ; en octobre 1953, l'opération « Mouette », visant à désorganiser la division 320 dans ses bases au sud du delta, met en jeu les GM 1, 3, 4, 7 et le GM 31 vietnamien. Au cours du conflit, nombre de chefs se distingueront à la tête de leur GM tels les lieutenants-colonels ou colonels de Castries, Vanuxem, Edon, Erulin, Thomazo, Ducournau, Laimay ou Gaucher.

Michel DAVID

GRUSSENHEIM (26 janvier 1945). – Le combat de Grussenheim participe de la bataille ultime pour la réduction de la poche de Colmar lancée en janvier 1945 par le général de Lattre commandant la Ire armée. Il est précédé par la difficile conquête d'Illhaeusern. Ces combats s'inscrivent dans la mission de la 13e demi-brigade de Légion étrangère (DBLE) chargée de couvrir la 3e division américaine sur l'axe d'attaque Guémar-Illhaeusern. Le 1er bataillon de Légion étrangère (BLE) du commandant de Sairigné, très éprouvé par les derniers combats dans des conditions climatiques extrêmes qui ne sont pas sans rappeler celles que les légionnaires ont connues en Norvège, est au repos dans la région de Guémar. Le 26 janvier, Sairigné reçoit une triple mission : établir une tête de pont sur la Blind à l'ouest de Grussenheim, protéger la mise en place d'un pont à l'usage de véhicules et conquérir ledit village de Grussenheim.

L'attaque est lancée le 26 janvier 1945 à 13 h 40 après une courte préparation d'artillerie. Deux heures plus tard, les légionnaires atteignent le premier objectif en occupant la rive est de la rivière. Un pont Bailey est mis en place sous le feu ennemi. Le harcèlement se poursuit pendant la nuit. La journée du lendemain est consacrée à la difficile conquête de Grussenheim soumis à un violent et intense tir d'artillerie ennemi après son occupation. Il fait de nombreuses victimes parmi les officiers du poste de commandement du bataillon, dont l'oncle du commandant de Sairigné, le capitaine Duchaine, arrivé depuis peu au bataillon. Le 29 janvier, les légionnaires réussissent à repousser une série de contre-attaques jusqu'à leur relève. L'épuisement des hommes et les pertes subies sont tels (40 % des effectifs engagés) que la 13e DBLE est relevée et mise au repos dans la région de Scherwiller-Chatenois jusqu'à son départ pour le front des Alpes le 9 mars 1945.

Jean-Noël VINCENT

Bibl. : André-Paul Comor, *L'Épopée de la 13e demi-brigade de Légion étrangère, 1940-1945*, Nouvelles Éditions latines, 1988 • Colonel divisionnaire Monfort, « La bataille de Colmar (étude comparée) », *Revue militaire suisse*, n° 9, septembre 1962, et n° 10, octobre 1962.

GSCLE. – Au milieu des années 1950, le groupement des services communs de la Légion étrangère, ou GSCLE, rassemble les différents organismes dont l'activité intéresse l'ensemble de la Légion. Placé sous le commandement du chef de bataillon Tchernomazenko, ce groupement est géré par la compagnie des services communs, qui centralise sous les ordres du capitaine Kistner tous les problèmes de gestion administrative. Le GSCLE englobe des formations aux missions variées, en premier lieu le groupement « pionniers ». Présent à toutes les manifestations et à tous les défilés, il participe au sein du 1er régiment étranger et dans les détachements extérieurs aux gros travaux comme aux finitions des constructions des légionnaires dans l'ouest de l'Algérie. La musique par ailleurs maintient la tradition et assure la promotion de la Légion étrangère dans de multiples occasions. Le service de l'organisation rationnelle du travail (ORT), mis sur pied dès 1953, a quant à lui pour mission l'augmentation rationnelle de la productivité. Organe technique mis à la disposition du commandement, il est chargé de lui présenter des propositions. Le bureau des méthodes oriente ses activités et exploite les conclusions des études préliminaires. Une meilleure sélection et une orientation plus adaptée aux besoins permettent aux responsables de l'ORT de fournir aux unités des hommes réellement préparés au combat moderne. Le bureau des statistiques de la Légion étrangère poursuit parallèlement à l'ORT un rôle de conseiller en matière de sécurité. Enfin, les services administratifs communs de la Légion étrangère groupent le fichier central, le service du contentieux et des archives. Cette réorganisation en profondeur des services communs répond aux exigences d'efficacité attendues du commandement après la transition des années 1945-1950 qui avait été marquée par une augmentation exponentielle des effectifs que la maison mère avait dû instruire et équiper dans l'urgence.

Charles RIDET

GUIGNON, général Michel (né en 1936). – La carrière du général Guignon n'a pas été affectée par sa participation à la révolte des généraux d'avril 1961. Comme son camarade Jacques Favreau, il appartient à la génération d'officiers de Légion confrontés, malgré eux, aux douloureuses affaires de la fin de la présence française en Algérie. Le jeune saint-cyrien de la promotion « lieutenant-colonel Amilakvari » (1954-1956), qui a rejoint le 1er Étranger à Saïda en décembre 1957, obtient sa mutation au 1er régiment étranger de parachutistes (REP) un an plus tard. Il n'est pas sanctionné après la dissolution de son régiment et reste à la Légion jusqu'en 1965.

Le jeune lieutenant tire les leçons de cette expérience, éclairé par l'exemple du colonel Caillaud, chef de corps du 2e REP, pour participer avec foi et intelligence à la nécessaire modernisation des méthodes d'instruction du légionnaire pour en faire le soldat d'élite de la nouvelle armée mixte voulue par le chef de l'État sous le ministériat de Pierre Messmer. Il entame alors sa deuxième carrière : 27e promotion de l'École d'état-major, 20e brigade aéroportée à Toulouse, 87e promotion de l'École supérieure de guerre (ESG) en 1973. À l'issue du commandement du groupement opérationnel de la Légion étrangère (GOLE), il est désigné en 1977 pour suivre le stage de l'Institut des hautes études de la Défense nationale (IHEDN) et du Centre des hautes études militaires – l'« école des maréchaux ». Son temps de commandement du 2e REP achevé en juillet 1982, il retourne à l'ESG en tant que professeur jusqu'en août 1984. La voie des grands commandements s'ouvre au général Guignon, d'abord chef d'état-major du 1er corps d'armée et de la 6e Région militaire à Metz. Promu au grade de divisionnaire en 1987, il est nommé à la tête de la 11e division parachutiste puis rejoint l'état-major des armées en qualité de chef des opérations. Général de corps d'armée en 1992, il commande l'École supérieure de guerre puis devient gouverneur militaire de Paris et commandant de la région militaire de l'Île-de-France. En 1993, promu général d'armée, il renonce à de plus hautes fonctions jusqu'à son départ du service actif en 1996. Quatre fois cité avec croix de la Valeur militaire, trois fois blessé, le général Guignon est grand-croix de la Légion d'honneur.

Charles RIDET

GUILHEM, général Pierre Victor (1815-1870). – Landais né à Saint-Géours-de-Marenne, Pierre Victor Guilhem s'engage le 8 septembre 1834 et sert au 2e régiment d'infanterie de ligne (RIL) qui tient garnison à Oran. Sergent-major en janvier 1838, il accède à l'épaulette le 21 juin 1840, après avoir été blessé et cité au col de la Mouzaïa le 12 mai. Il est ensuite muté à Orléans jusqu'à sa promotion au grade de capitaine en 1848. Successivement adjudant-major, chef de bataillon le 13 mai 1854 au 33e RIL, puis le 8 septembre 1855 au 46e RIL, il participe à la guerre de Crimée et gagne les galons de lieutenant-colonel au 47e RIL, le 1er mars 1856. Trois ans plus tard, colonel, il est blessé à la tête du 90e RIL à la bataille de Solferino.

Le 24 janvier 1866, il est affecté par permutation au régiment étranger et embarque pour le Mexique avec un renfort pour le corps expéditionnaire. Sur l'ordre du maréchal Bazaine, commandant en chef, il commence alors la transformation de la Légion en une troupe « toutes armes » comprenant l'infanterie, la cavalerie, l'artillerie, le génie et le train. Au retour du régiment étranger de l'expédition du Mexique, il rapporte à Sidi-Bel-Abbès la main de bois articulée du capitaine Danjou, tué à Camerone. Général de brigade le 31 juillet 1867, il prend le commandement de la subdivision de l'Orne, commande ensuite la 2e brigade de la 3e division d'infanterie du 1er camp de Châlons en 1868. Nommé en octobre 1869 à la tête de la brigade d'infanterie des troupes stationnées dans les États pontificaux chargées de garantir la souveraineté du pape à Rome, il rejoint la France à l'annonce de la déclaration de guerre à la Prusse. Il est tué le 30 septembre 1870 lors de la bataille de Chevilly, dans les environs de Paris. Le général Guilhem est commandeur de la Légion d'honneur, officier de l'ordre des Saints-Maurice-et-Lazare de Sardaigne, grand officier de l'ordre de Charles-de-Monaco. Il est inhumé au cimetière de Montparnasse, une rue de Paris porte son nom.

André-Paul COMOR

GULEM (Groupement des unités de Légion étrangère de Madagascar). – L'insurrection qui éclate le 30 mars 1947 dans la Grande Île conduit le haut commandement à dépêcher des renforts. Le 4e bataillon du 4e régiment étranger d'infanterie (4/4e REI) débarque ainsi le 28 juin à Tamatave en provenance du Maroc, à la limite de la zone de dissidence. Il participe à la répression des troubles et, tradition légionnaire oblige, implante des postes. Patrouilles, tournées de brousse, embuscades se succèdent – l'année 1948 se passe entièrement en tournées de brousse. Les opérations de réduction des foyers rebelles et la mise en sécurité de l'île exigent des effectifs plus nombreux. Une formation de circonstance est alors créée afin d'assurer la gestion des personnels et de regrouper les moyens administratifs des différentes unités. Le 1er mai 1949, le 4/4e REI forme, avec la 1re compagnie du génie de la Légion et le 4e escadron de Jeep blindées du 2e régiment étranger de cavalerie, le groupe des unités de Légion étrangère à Madagascar, ou GULEM. Installé à Ambosita au camp Gresle-Bouignol, ses personnels gardent également des postes à Menakara, Fort-Carnot, Ambohimanga et Mandalahy. Les légionnaires ne restent évidemment pas inactifs : ils tracent des routes et reconstruisent des ouvrages d'art. Le 15 décembre 1951, le bataillon est dissous. Ses personnels rejoignent Fez, ou sont dirigés vers l'Indochine.

André-Paul COMOR

GUPT. – Le passage du groupement autonome de la Légion étrangère (GALE, 1950-1955) au commandement de la Légion étrangère (COLE, 1955-1957) entraîne la création du groupement des unités de passage et de transit, ou GUPT, à la suite de la réorganisation du dépôt commun de la Légion étrangère (DCLE, 1950-1955), le 1er juillet 1955. Sous le commandement successif des chefs de bataillon Reppelin et Lerasle, cet organisme a pour mission de régler le problème posé par la dispersion des unités – en métropole et en Algérie – chargées d'accueillir et d'héberger les nouveaux engagés volontaires, d'une part, et, d'autre part, les légionnaires en attente d'affectation.

En Algérie, il comprend à Sidi-Bel-Abbès les trois compagnies de passage (CP 1, CP 2 et CP 3) et à Arzew le centre d'hébergement du fort du Nord. En métropole, à Marseille, Vincennes et Strasbourg, les centres de transit (CT) veillent plus particulièrement sur les engagés volontaires et les libérables. C'est le cas pour le CT 1 au bas fort Saint-Nicolas qui accueille nombre de candidats à l'engagement. Le CT 2 au Fort-Neuf de Vincennes héberge également les candidats avant leur transfert à Marseille et en Algérie, de même que les libérables. Il administre en outre diverses formations, comme le commandement de la Légion étrangère (COLE) et le service d'immatriculation de la Légion étrangère (SIL). Le CT 3 de Strasbourg, enfin, occupe une place centrale dans le nouveau dispositif, car le recrutement allemand et des volontaires en provenance d'Europe centrale et orientale ne faiblit pas malgré la défaite de Diên Biên Phu. Il faut compter de surcroît sur l'hostilité des autorités allemandes depuis la décision de reconstituer une armée nationale (Bundeswehr) à la suite des accords de Paris signés le 23 octobre 1954 et par lesquels l'Allemagne recouvre sa totale souveraineté.

Charles RIDET

GUSIC, adjudant-chef Salih (né en 1927). – Figure peu connue du corps des sous-officiers, colonne vertébrale de la Légion étrangère au combat, Salih Gusic est né à Banja-Luka, en Bosnie. Comme beaucoup de candidats à l'engagement, poussé par la nécessité, il tente sa chance en 1947 en se présentant au bureau de recrutement de Coblence. Un an plus tard, nouvellement promu sergent et affecté au 2e bataillon étranger de parachutistes (BEP), il fait un premier séjour en Indochine. Revenu en Algérie en septembre 1951, il participe aux opérations de maintien de l'ordre en Tunisie avec le 3e BEP, avant de retrouver le 2e BEP comme chef de section.

Le sergent-chef Gusic est parachuté sur Diên Biên Phu dans la nuit du 9 au 10 avril 1954 avec le capitaine Caillaud et subit le sort des rescapés du camp retranché. Après sa libération, il est cité à l'ordre de l'armée avec palme et décoré de la médaille militaire. Il reste dans la famille parachutiste, servant au 1er REP de 1955 à 1958, fait un passage obligé à Sidi-Bel-Abbès puis, promu adjudant-chef en janvier 1959, va terminer la guerre d'Algérie au 2e REP. À plusieurs occasions, il fait preuve d'un grand sang-froid et d'esprit d'initiative, ce qui lui vaut d'être décoré de la Légion d'honneur en avril 1962, quelques mois avant de quitter le service actif. Commandeur de la Légion d'honneur en décembre 2000, il est titulaire de 9 citations dont 3 à l'ordre de l'armée. Le 30 avril 2002, il est désigné pour porter la main du capitaine Danjou. Il est élevé à la dignité de grand officier de l'ordre national du Mérite en mai 2011.

Charles Ridet

GUYANE. – Région et département français d'outre-mer situé sur la côte nord de l'Amérique du Sud. Arrivant de Madagascar le 11 septembre 1973, la Légion étrangère y est représentée par le 3e régiment étranger d'infanterie (REI), dont la portion centrale est basée à Kourou, quartier Chef-de-bataillon-Forget. Terre d'implantation traditionnelle des troupes de marine, la Guyane accueille le 3e REI dans le cadre du contexte stratégique des fusées spatiales européennes. Les activités stratégiques françaises ayant déjà été soutenues et protégées par la Légion avec succès au Sahara et dans les ports d'importance tels Mers el-Kébir, Djibouti et Diégo-Suarez, il fut de nouveau fait appel à elle quand le programme spatial européen prit de l'ampleur à Kourou, avec le passage aux fusées Diamant, puis Ariane.

La mission du 3e REI en Guyane comporte initialement trois volets, augmentés d'un quatrième depuis le début du XXIe siècle. Le premier est de former la composante terrestre du dispositif de protection du port spatial européen, selon des dispositifs adaptés et évolutifs. Des années 1970 où cette protection passait par une participation au déboisement des marécages autour des différents pas de tir, aux années 2000 où elle s'étend sur différentes zones de lancement dédiées aux fusées Ariane, Soyouz et Vega, cette composante a nécessité une adaptation permanente des structures, des équipements et des méthodes de combat. Le deuxième est de participer à la protection générale de la Guyane, notamment dans sa moitié orientale, c'est-à-dire sur la façade brésilienne de ce département : par des missions d'aide au développement (travaux routiers, soutien aux populations y compris réfugiées), de souveraineté (dégagement des bornes frontalières) ou de soutien aux forces de gendarmerie (opérations antiorpaillage). Le troisième est d'assumer une expertise de la forêt équatoriale, tant par une capacité à y vivre, survivre et combattre, que par une capacité à s'y déplacer sur de longues distances et y mener si nécessaire des missions de recherche de personnes disparues dans ce milieu hostile, mais captivant. Ce volet est incarné par le Centre d'entraînement en forêt équatoriale (CEFE), créé dès 1978 aux camps Fabert et Mattei au sud de Kourou et transféré depuis 1988 au camp Szuts de Régina, qui en est l'acteur le plus facilement présentable au grand public. Enfin, depuis l'opération « Carbet » en 2004, le régiment entretient une capacité à intervenir dans la sous-région caraïbe.

L'action du 3e REI en Guyane, sous ses aspects les plus militaires ou les plus tournés vers le soutien des populations, est reconnue comme un atout pour ce département, même si des épisodes violents, survenus hors service, y ont opposé certains légionnaires à quelques Kourouciens en 1985 et 2006. Sa présence est de surcroît un signe marquant de l'effort fait par la France pour assumer la sécurité du port spatial de l'Europe, implanté sur son sol.

Philippe Guyot

H

HAÏTI. – État des Antilles, implanté sur la partie occidentale de l'île d'Hispaniola. Fier de son histoire fondée sur une accession à l'indépendance dès 1804, Haïti a subi depuis une trentaine d'années un certain nombre d'aléas qui ont fragilisé sa situation : régimes politiques contestables, catastrophes naturelles, épidémies. En février 2004, la pression populaire amena ainsi le départ du président Aristide et l'intervention de la Force multinationale intérimaire en Haïti (FMIH), sous commandement américain, pour l'opération « Secure Tomorrow » dans le cadre de la résolution 1529 de l'ONU. Commandée par le général Clément-Bollée, à la tête des forces armées des Antilles, sa composante française du volume d'un petit bataillon prit le nom de « Force Carbet » et conduisit la mission du même nom. La Légion étrangère y contribua avec la présence de la 2e compagnie du 3e régiment étranger d'infanterie (REI), seule compagnie de combat permanente de l'armée française dans le bassin Antilles-Guyane.

Elle fut engagée avec des unités du 33e régiment d'infanterie de marine (RIMa) de Fort-de-France et du 41e bataillon d'infanterie de marine (BIMa) de Pointe-à-Pitre. Mise en alerte le 29 février, la 2e compagnie du 3e REI, aux ordres du capitaine Tourmente, fut déployée initialement à Port-au-Prince puis dans la zone nord de l'île confiée au bataillon français. En liaison avec la police nationale haïtienne, elle sécurisa la ville des Gonaïves et son arrière-pays, ramenant le calme tant pour les populations locales que pour les nombreux étrangers qui y travaillaient. Protégeant un certain nombre de points sensibles, elle est intervenue à plusieurs reprises pour épauler les éléments de la gendarmerie nationale française, engagés en surveillance de zone. L'opération « Carbet » en Haïti a coûté à la Légion un mort, le caporal-chef Tupana, dont le nom a été donné à la base nautique du 3e REI à Kourou, et un blessé grave. Elle a pris fin le 28 juin 2004.

Philippe GUYOT

HALL, adjudant Bert (1885-1948). – Né à Higginsville dans le Missouri le 7 novembre 1885, Birch ou plutôt Bert Hall exerce plusieurs métiers aux États-Unis – notamment celui d'homme canon dans un cirque – avant de s'engager comme matelot et de se retrouver à Paris comme chauffeur de taxi à la veille de la Grande Guerre. Il fait partie du premier groupe de jeunes volontaires américains qui s'engagent dans la Légion étrangère le 25 août 1914. À la fin de l'année, l'aventurier obtient du commandement de servir dans l'aviation. Il suit alors la formation de pilote à Pau et à Buc jusqu'en mars 1915 et est breveté le 19 août de la même année. Affecté dans un premier temps à l'escadrille MS 38, il gagne à la fin du mois d'avril 1916 ce qui sera bientôt l'escadrille La Fayette (en décembre) et qui n'est encore que l'escadrille 124.

L'adjudant Hall compte quatre victoires aériennes homologuées. Cité avec croix de guerre, il est également médaillé militaire. Grand aventurier, il rapporte avec humour ses expériences dans son livre *« En l'air ! » (In the Air) Three Years on and above three Fronts* paru à New York en 1918. Bert Hall représente jusqu'à la caricature le type d'engagé volontaire, tout à la fois généreux et affabulateur, dont les aventures rocambolesques alimentent jusqu'à nos jours certaines légendes sur la Légion étrangère.

André-Paul COMOR

Bibl. : Hall Bert, *One Man's War. The Story of the Lafayette Escadrille*, Londres, J. Hamilton, 1929.

HALL, capitaine James Norman (1887-1951). – Contrairement à une légende tenace, James Norman Hall n'a jamais servi à la Légion étrangère. Né à Colfax dans l'État de l'Iowa le 22 avril 1887, et après avoir mené des études médiocres en Angleterre, il se fait passer pour canadien en 1914 et s'engage dans l'armée britannique en qualité de mitrailleur au 9e bataillon du Royal Fusiliers. Blessé et réformé en octobre 1916, il réussit à se faire admettre à l'école d'aviation de Buc puis à celle d'Avord d'où il sort breveté sur Caudron en avril 1917. Il sert dès lors successivement au sein de l'escadrille La Fayette, de l'escadrille Spad 112 et de nouveau de l'escadrille La Fayette en octobre 1917. Lors de l'entrée en guerre des États-Unis, il rejoint l'aviation américaine avec le grade de capitaine. Le 7 mai 1918, son avion est abattu lors d'un combat aérien au-dessus de Pagny-sur-Moselle. Blessé, tombé dans les lignes allemandes, il est fait prisonnier. Porté disparu par son escadrille, il est libéré après l'armistice du 11 novembre 1918. Le capitaine Hall, croix de guerre avec cinq citations, blessé une première fois le 26 juin 1917 dans un combat contre sept appareils, est en outre décoré de la croix de chevalier de la Légion d'honneur, de la médaille militaire et du *Distinguished Service Order* britannique. À la fin de la guerre, se consacrant à l'écriture – il est notamment l'auteur, avec Charles Nordhoff, des *Révoltés du Bounty* –, il se retire à Tahiti où il finit ses jours.

André-Paul COMOR

Bibl. : Dennis Gordon, *The Lafayette Flying Corps. The American Volunteers in the French Air Service in World War One*, Atglen, A Schiffer Military History Book, 1991.

HALLO, général Jean-Pierre (1915-2000). – L'auteur de *Monsieur Légionnaire* reste dans les mémoires comme un officier entièrement dévoué à ses légionnaires auxquels il vouait une grande admiration. Homme de dialogue, mais aussi chef juste et avisé, Jean-Pierre Hallo avait compris l'enjeu que représentait la transition entre la Légion de l'aventure marocaine et celle qui devait s'adapter à la nouvelle forme de guerre imposée par la décolonisation. Il a contribué aux côtés de ses chefs, tant au régiment de marche de la Légion étrangère (RMLE) qu'à la maison mère, à fixer les traditions et à contribuer au renforcement d'une cohésion mise à mal par l'afflux de volontaires trop rapidement envoyés dans les rizières indochinoises.

Né à Paris le 9 janvier 1915, il est admis en 1937 à Saint-Cyr dans les rangs de la promotion « Marne-et-Verdun ». À la veille du déclenchement de la Seconde Guerre mondiale, le jeune sous-lieutenant rejoint sa première affectation à Saïda : le 1er régiment étranger. Il a choisi la Légion qu'il va servir pendant plus de vingt ans. Il se consacre d'abord à l'instruction, pendant deux ans, avant d'être muté en 1941 à la 4e demi-brigade de Légion étrangère (DBLE) en partance pour le Sénégal. En avril 1943, cette 4e DBLE devenue 1er régiment étranger d'infanterie de marche (1er REIM) participe à la phase finale de la campagne de Tunisie, notamment à l'attaque du djebel Mansour et à la prise de Pont-du-Fahs. Le lieutenant Hallo gagne sa première citation pour sa conduite au cours des combats pour la prise de Depienne. En juillet, il passe au régiment de marche de la Légion étrangère qui est créé dans le cadre de la préparation des opérations sur le continent européen. Une année d'instruction avec un armement et des équipements américains a transformé ce « nouveau » RMLE en un outil de guerre redoutable, qui entame sa campagne de France le 20 septembre 1944. Pour sa conduite dans les Vosges et en Alsace, Hallo gagne quatre nouvelles citations dont trois à l'ordre de l'armée et la Légion d'honneur au feu.

Après la capitulation de l'Allemagne, la Légion est de nouveau engagée sur le théâtre indochinois. Hallo fait alors un séjour de deux ans avec le 3e régiment étranger d'infanterie et retrouve Sidi-Bel-Abbès à la fin de 1947. De 1948 à 1951, il va dévoiler ses talents à la tête du service information de la Légion et à la direction de *Képi blanc*, revue lancée par le colonel Gaultier qui lui confie également le commandement d'une compagnie de quelque trois cents pionniers.

En 1951, il quitte Sidi-Bel-Abbès pour Offenburg, l'important poste de recrutement « est ». Mais une tuberculose contractée sans doute en Indochine a raison de sa santé, et il doit attendre trois longues années avant de reprendre du service. Le 1er janvier 1958, remis sur pied, chef de bataillon depuis 1953, il prend les fonctions de chef du service du moral et des œuvres de la Légion étrangère. En 1960, il fait ses adieux à la Légion étrangère pour rejoindre le service d'information et d'études du ministère des Armées et lancer un magazine commun aux trois armées : *TAM* (pour *Terre, Air, Mer*). Promu lieutenant-colonel en 1965 puis colonel en 1970, il occupera différents postes administratifs avant de recevoir ses étoiles de général le 9 janvier 1975. En deuxième section, le général Hallo reste fidèle à la Légion étrangère. Il n'aura de cesse de faire aboutir un projet ambitieux d'encyclopédie de la Légion qui débouche en 1994 sur une publication, *Monsieur Légionnaire*, dont le titre seul est un hommage appuyé à cette troupe qu'il a tant aimée. Mort à Aix-en-Provence le 6 janvier 2000, le général Hallo est inhumé le 8 au carré Légion du cimetière de Puyloubier.

André-Paul Comor

HAMACEK, Pierre (1892- ?) et Georges (1923-1953). – Pierre Hamacek, né en Bohême, s'installe dans la région parisienne en 1910 et travaille à Crelles en qualité de jardinier jusqu'au 22 août 1914, date de son engagement pour la durée de la guerre signé aux Invalides. Il sert successivement au 1er régiment étranger (RE) et au régiment de marche de la Légion étrangère (RMLE). Blessé en 1916, médaillé militaire, il est cité deux fois avec croix de guerre. Lorsque la Grande Guerre s'achève, il est sergent. Démobilisé, il entre au consulat de la République tchécoslovaque à Paris, y fait carrière et devient directeur de chancellerie. Plus tard, pendant les années noires de l'Occupation, il se retire dans un premier temps avec sa famille dans le village natal de sa femme, puis regagne Paris en 1942. Il reprend son poste en 1945 et l'occupera jusqu'à sa démission en mars 1948 : il refuse alors de servir le nouveau régime mis en place à la suite du coup d'État communiste du 24 février.

Son fils aîné, Georges, né le 1er décembre 1923 à Paris, fréquente l'école primaire du boulevard Saint-Marcel puis, de la sixième à la troisième, le lycée Henri-IV. À cette époque, il est également scout à la paroisse Saint-Médard. Il quitte Paris pour la maison familiale de Dornecy dans la Nièvre où il poursuit alors ses études au lycée jusqu'à la classe de mathématiques élémentaires. Il intègre la corniche du lycée Saint-Louis à la rentrée scolaire de 1942 puis passe les concours communs d'entrée à l'École spéciale militaire (dissoute après l'invasion de la zone libre) et à celle des hautes études commerciales (HEC). Admis à cette dernière, il suit la scolarité à partir du 13 novembre 1943. Dès janvier 1944, il intègre le réseau de résistance Turma-Vengeance et en juin rejoint le maquis Bernard près de Montsauche, dans le Morvan. Ses actions lui valent d'être cité à l'ordre du régiment, puis à l'ordre de la brigade. Nommé au grade d'aspirant le 30 septembre 1944, il est intégré, avec des camarades de résistance, au 2e bataillon du 95e régiment d'infanterie, à Romorantin puis à Toul. Le régiment est rattaché à la IIIe armée américaine. Il se bat dans les Vosges avant d'être sélectionné pour suivre un stage à l'école « Grand Force Training Center » de l'armée américaine à Fontainebleau. Admis à l'École spéciale militaire interarmes (ESMIA) le 9 juin 1945, il en sort le 15 décembre suivant avec le grade de sous-lieutenant et rejoint l'infanterie.

Il est alors affecté au 1er bataillon du 3e régiment étranger d'infanterie (REI). Avec cette unité, il fait un séjour de deux ans en Extrême-Orient en qualité de chef de la section pionniers. Au Tonkin, parmi les opérations auxquelles il a participé, on relève le déblocage de Phu Tong Hoa. Fait chevalier de la Légion d'honneur le 26 juillet 1948, il reçoit le commandement de la 1re compagnie du 1er bataillon du 3e REI. Au terme de son séjour en Extrême-Orient, il est affecté en avril 1949 à la 3e compagnie saharienne portée de la Légion étrangère (3e CSPLE) en avril 1949. Volontaire pour les troupes aéroportées, il suit l'entraînement parachutiste à Philippeville au 3e bataillon étranger de parachutistes (BEP). De retour en Indochine en avril 1952, il prend le commandement de la 4e compagnie du 2e BEP, qui opère dans le delta tonkinois de juin à juillet en renfort des groupements mobiles. Promu au grade de capitaine, il est à nouveau cité à l'ordre de la division. Lors de l'opération « Lorraine », sa citation sera cette fois à l'ordre de l'armée. Le 11 mai 1953, au cours d'une opération de nettoyage contre un bataillon du Viêt-minh, à Dong Dahn (cote 155) au Laos, l'intrépide officier parachutiste est blessé mortellement à la tête de ses hommes. Il totalise huit citations. La promotion de l'École spéciale militaire de Saint-Cyr de 1989 à 1991 reçoit le nom de « Capitaine Hamacek ».

Charles Ridet

Sources : DHPLE, JMO des 3e REI et 2e BEP.

HANGARD, bois de. – Bois situé entre les villages de Hangard-en-Santerre et Villers-Bretonneux dont la reconquête par le régiment de marche de la Légion étrangère (RMLE), le 26 avril 1918, marqua la fin d'une série d'offensives allemandes entamée le 21 mars et visant notamment à s'emparer d'Amiens quinze kilomètres plus à l'ouest. Retiré de la région de Flirey sur le front de Lorraine dès le début des offensives allemandes de mars, le RMLE est en position de réserve dans la vallée de la Somme à compter du 2 avril. Participant à l'offensive conduite à la jonction des armées françaises et anglaises, le 26 avril à compter de 5 heures, il a pour mission de s'emparer de la corne nord du bois de Hangard. Lié étroitement à une unité australienne, le 1er bataillon, du chef de bataillon de Sampigny, est suivi du 2e du chef de bataillon Colin. En moins de dix minutes, malgré la protection du brouillard, les compagnies de tête sont clouées au sol par les feux croisés de mitrailleuses. En passant plus au sud, le 2e bataillon relance l'attaque et parvient à s'emparer des lisières est du bois où les Australiens les rejoignent peu après. Mais les unités sont fixées sur place par les feux combinés des mitrailleuses et de l'artillerie lourde ennemies. Les arbres fauchés n'offrent plus d'abris pour progresser et les cadres subissent une véritable hécatombe en essayant de relancer l'attaque. Un chef de bataillon est tué, l'autre blessé, plusieurs commandants d'unité sont mis hors de combat. *Le Livre d'or de la Légion étrangère* rapporte même le fait d'armes d'un légionnaire-infirmier qui assure temporairement le commandement de son unité. L'intervention de chars britanniques et du 3e bataillon du chef de bataillon Germann permet de stabiliser la situation aux alentours de midi. Pendant l'après-midi, en soirée et le lendemain, face au RMLE, les troupes de la 2e armée allemande conduisent plusieurs contre-attaques violentes. Celles-ci sont à leur tour stoppées sur place et l'action du bois de Hangard se solde par l'arrêt de l'offensive allemande, la perte de près de 800 légionnaires et la septième citation à l'ordre de l'armée pour le régiment : « Le 26 avril 1918, sous le commandement du lieutenant-colonel Rollet animé d'une indomptable énergie et du plus bel esprit de sacrifice, s'est magnifiquement élancé à l'attaque du bois de Hangard et du plateau au sud de Villers-Bretonneux, remplissant sa mission malgré une résistance opiniâtre de l'ennemi. S'est cramponné ensuite au terrain conquis, résistant successivement à cinq contre-attaques, maintenant intégralement les gains de la journée et contribuant par son héroïsme, à briser la ruée de l'ennemi » (ordre 69 de la Ire armée du 14 juillet 1918).

La reprise du bois de Hangard, comme la plupart des combats de mars et avril 1918, fut conduite par l'armée française dans un esprit de sacrifice total, le haut commandement allié ayant mesuré le danger de rupture du front en cas d'occupation d'Amiens par l'ennemi.

Philippe GUYOT

• *Voir aussi* : Première Guerre mondiale.

HANOI. – Implantée sur la rive droite du fleuve Rouge, à une centaine de kilomètres de l'embouchure, Hanoi est la capitale du Tonkin et du Vietnam. Reçu en 1831, son nom signifie « ville en deçà du fleuve ». Les origines de la cité remontent au VIIe siècle, mais c'est en 1010 que le roi Li Thaï To, vainqueur des Chinois, choisit le site pour en faire le lieu de sa résidence royale en lui donnant le nom de Thang Long, « le dragon qui plane ». La ville, dès lors, prend son essor. Après une période de déclin au XVIIIe siècle, elle abandonne son statut de capitale en 1802 au profit de Hué, où s'installe la dynastie des Nguyen. L'empereur Gia Long y fait cependant édifier une puissante citadelle dont la construction, sur le modèle de Vauban, est dirigée par les ingénieurs vietnamiens formés par le Français Olivier de Puymanel. En novembre 1873, envoyé à Hanoi avec 200 soldats pour régler les problèmes de navigation sur le fleuve Rouge mais se heurtant à l'intransigeance du commandant de la place, Francis Garnier s'empare de cette citadelle tenue par plus de 5 000 hommes. Après avoir conquis plusieurs places fortes du Tonkin, Garnier est tué par les Pavillons noirs en décembre et Hanoi est évacuée peu après par les Français. Toutefois, face à la mauvaise volonté de l'empereur Tu Duc, l'affaire est reprise en 1883 par le commandant Rivière qui, avec quelque 500 hommes, conquiert à nouveau la citadelle le 25 avril. Au mois de mai suivant, comme Garnier, Rivière trouve la mort au pont de Papier, à la sortie d'Hanoi, dans une embuscade tendue par les Pavillons noirs. Sa disparition cause une vive émotion à Paris où le gouvernement vote des crédits pour l'Indochine. Le 21 juillet, le général Bouët arrive à Hanoi avec des renforts tandis que le bombardement de Hué, en août, permet d'obtenir un nouveau traité qui marque le début véritable de la conquête du Tonkin. Capitale de l'Indochine française au début du XXe siècle, Hanoi ne cesse alors de se développer et de se moderniser.

En 1930, comptant 150 000 habitants, la ville abrite la résidence du gouvernement général de l'Indochine, le siège du protectorat et le commandement supérieur des troupes. La ville est aussi un carrefour de communications. La voie ferrée y franchit le fleuve Rouge grâce au pont Doumer, magnifique ouvrage cantilever de 2,5 km. Hanoi sera plus tard desservie par deux aérodromes, Bach Mai à l'ouest et, sur la rive gauche du fleuve, Gia Lam qui deviendra la base de départ des troupes aéroportées. La prospérité de la période d'entre deux guerres sera peu affectée par la présence japonaise à partir de 1940. En revanche, le coup de force japonais du 9 mars 1945 produit un véritable séisme. Il faut rappeler, à cette occasion, l'héroïsme du détachement motorisé de Légion étrangère du 5e régiment étranger d'infanterie qui, sous le commandement de l'adjudant Roman, s'illustre dans la défense de la citadelle. Fait rare, les Japonais lui rendront les honneurs militaires. Après les tribulations vécues durant des mois sous la menace des Japonais, des Viêt-minh et des Chinois, les quelque 7 000 Européens résidant à Hanoi devront attendre le 18 mars 1946 et l'arrivée du général Leclerc pour retrouver un peu de sérénité. L'insurrection viêt-minh de décembre 1946 viendra cependant rompre ce calme précaire et plongera de nouveau la grande cité dans la guerre. Au centre des principaux événements qui ont agité le Tonkin durant le conflit, la ville sera évacuée par les troupes françaises le 9 octobre 1954. L'œuvre de la France y demeure cependant inscrite.

Michel DAVID

Bibl. : Philippe Héduy, *Histoire de l'Indochine*, Albin Michel, 1998 • Philippe Papin, *Histoire de Hanoi*, Fayard, 2001 • Eugène Teston et Maurice Percheron (dir.), *L'Indochine moderne*, Librairie de France, 1931.

HARTUNG, Hans (1904-1989). – Hans Hartung est né le 21 septembre 1904 à Leipzig et c'est dans cette ville qu'il commence des études artistiques à l'Académie des beaux-arts, poursuivant sa formation à Dresde dont son père dirige l'hôpital militaire après être revenu, le 1er août 1914, de Suisse où il pensait s'installer avec sa famille. À Munich, le jeune homme reçoit l'influence des expressionnistes allemands tels Oskar Kokoschka (1886-1980), ancien combattant de la Grande Guerre grièvement blessé en 1915. Quelques années plus tard, son opposition au régime hitlérien le pousse à fuir son pays natal. En 1938, il s'installe en France. L'ambassade d'Allemagne lui retire alors son passeport. Son attitude politique ne l'empêche pas d'être enfermé en septembre 1939 dans l'un des camps où sont regroupés des Allemands présents sur le territoire national et des ressortissants d'autres pays jugés « indésirables », fussent-ils des opposants au nazisme tel Arthur Koestler.

Libéré, Hartung décide de s'engager, le 26 décembre 1939, comme volontaire pour la durée de la guerre. Il entre dans la Légion étrangère sous le nom de Jean Gauthier ; on l'envoie en Algérie. Il n'est pas seul dans ce cas et on peut lui associer un autre peintre, Nicolas de Staël. Ce dernier, de son nom complet Nicolas de Staël von Holstein, est né le 5 janvier 1914 à Saint-Pétersbourg. Le 16 mars 1955, il choisira de se suicider en se jetant de la terrasse de son atelier à Antibes sur les remparts de la vieille ville. Arrivé à Paris en 1938, il s'était engagé lui aussi dans la Légion étrangère, en novembre 1939. À Sidi-Bel-Abbès au début de l'année 1940, il avait été affecté au 1er régiment étranger de cavalerie et aussitôt envoyé en Tunisie avant d'être démobilisé le 19 septembre 1940, après l'armistice.

Hans Hartung va également quitter la Légion, le 8 octobre 1940. Jusque-là, il a cantonné à Sidi-Bel-Abbès où on l'a d'abord soumis à un entraînement physique pour lui extrêmement dur. L'armée en réalité ne lui convient pas. Il est avant tout un artiste. Mais alors, dit-il, le critique suisse Christian Zervos – qui l'a déjà aidé à quitter l'Allemagne en 1935 – adresse une lettre au colonel du dépôt : « Utilisez-le, faites-le peindre, décorer vos bâtiments comme le peintre Fernand Léger l'a fait récemment pour une base d'aviation militaire. » Compréhensif, l'officier supérieur lui confie la décoration du réfectoire ; il lui donne carte blanche. Il n'est pas sûr pourtant que le style dans lequel Hans Hartung entend réaliser sa composition recueille les suffrages de ses officiers. Il est en effet un peintre abstrait qui, avant même de découvrir la peinture du grand artiste russe installé en Allemagne après la révolution bolchevique, Vassily Kandinsky (1866-1944), dont il a pu suivre une conférence au Bauhaus en 1925 mais sans adhérer à ses conceptions spiritualistes, a composé des aquarelles en forme de taches : « Hartung, sortez ! lui ordonnait un de ses professeurs du lycée ; vous faites encore des taches, vos horribles taches d'encre. Vous verrez où cela vous mènera dans la vie, de faire des taches et des gribouillages »…

Cette incompréhension, telle qu'il va la rencontrer aussi à Sidi-Bel-Abbès, fait irrésistiblement penser à ce que rapporte Arthur Nicolet dans son roman *Mektoub*, sans que l'on puisse pourtant en inférer une quelconque ressemblance. Mais l'analogie existe. Nicolet évoque en effet un peintre, Garabedian, expulsé de France à la suite d'une dénonciation mensongère et engagé dans la Légion. Dans son barda, il transporte la copie d'une fresque qu'il a peinte sur les murs de la salle d'honneur de son régiment, à Dar Mahrès. Il l'expose sous les yeux du narrateur : « Des légionnaires armés de pioches, de pelles, de nasses et de baramines [*sic*] ouvraient une piste impériale dans un cirque de montagnes, sous le soleil marocain. Dans un coin de ciel bleu, des temples grecs figuraient l'idéal de la civilisation. » Des camarades l'interrogent :

« — Ces baraques, dans le fond, qu'est-ce que c'est ?

— C'est des baraques pour ranger les outils. »

Hans Hartung est obligé d'abandonner sa manière personnelle : il doit se conformer au goût plus conventionnel de son entourage. Finalement il peindra une *Bataille de Camerone*. Pour cela, on lui fournit une carte postale qu'on lui demande de copier à l'échelle du réfectoire de vingt mètres de long. Il raconte dans son autobiographie : « On me donna comme aide deux camarades de ma compagnie, deux peintres aussi. L'un était un véritable artiste, l'autre, Salomon, peintre en bâtiment. Et nous fûmes dispensés d'aller à l'exercice. » Le « véritable artiste » se nommait Andréas Rosenberg. La fine équipe fait traîner le travail, quitte à effacer la nuit le travail du jour pour recommencer le lendemain : tout plutôt que les marches forcées ! En vérité, Hans Hartung ne se sent toujours pas à l'aise parmi les légionnaires. Quand, après l'armistice, on lui propose de prolonger son temps à la Légion, il préfère rentrer en France.

L'existence qu'il va y mener, entre 1940 et 1943, est celle, précaire, d'un réfugié. Lorsque les Allemands envahissent la zone libre, il passe en Espagne. Après avoir subi un temps d'internement au camp de Miranda del Ebro et perdu 18 kg, il parvient à regagner l'Algérie, le 8 décembre 1943. Il veut s'engager dans une unité régulière mais on ne lui offre qu'une alternative : « tu es allemand, alors tu choisis : c'est la Légion ou la prison ». Il est incorporé à Oran sous le nom de Pierre Berton puis reprend l'entraînement à Saïda. La célébration de Camerone à laquelle il assiste est menée par un officier dont l'attitude est digne du prince Aage de Danemark, mort un peu auparavant : « Pour trinquer avec ses soldats, il réclama un képi. On lui tendit un képi crasseux qui n'avait rien de la blancheur des képis de parade. Il le remplit de vin à ras bord et, sans quitter son cheval, le vida d'un trait. » Quelle que soit l'ambiance, de fête, de garde ou d'exercice, Hans Hartung ne se sent toujours pas à l'aise en la compagnie des « vieux baroudeurs, légionnaires de longue date » et demande à se battre en France. Il rejoint le régiment de marche de la Légion étrangère en tant que brancardier, les soldats d'origine allemande étant généralement affectés au service sanitaire afin de ne pas être obligés de tirer sur leurs compatriotes ni soumis à des représailles en cas de capture. Le 1er octobre 1944, il débarque à Marseille. Il va participer à la reprise de Belfort. Contribuant à l'évacuation des hommes soumis aux bombardements lors de l'attaque de Lure, le 20 novembre, il est atteint à la jambe, ce qui lui vaudra la croix de guerre et une citation à l'ordre du régiment. Mais bien qu'évacué dans le village de Buc puis à Dijon, il n'est pas tout de suite soigné. Or la plaie est importante, la gangrène s'y met vite. Hans Hartung est amputé de la cuisse droite. Réformé, il est rayé des cadres le 19 mai 1945.

Il retrouve son atelier à Arcueil et reprend son œuvre dont une partie, malheureusement, s'est perdue pendant ces années difficiles. Mais sa peinture n'évoque en rien son expérience militaire. Appartenant au mouvement de l'abstraction lyrique, elle reste résolument « informelle ». L'artiste, suivant ses propres paroles, veut « créer certaines formes afin de transmettre et provoquer une émotion semblable chez le spectateur ». Il veut aussi laisser la trace de son geste sur la toile, ce que l'on appellera aux États-Unis l'« *action painting* » dont Georges Mathieu a été en France un autre représentant. L'apaisement ne viendra pas tout de suite : « Ma plus grande peur, mon angoisse profonde, celle que ressentaient tous les engagés volontaires de la Légion, était de ne plus pouvoir en sortir. » Même s'il ne s'agit que d'un fantasme, compte tenu de son invalidité, Hans Hartung redoute d'être envoyé en Indochine. Bien plus tard, il écrira : « Ce sentiment était tellement fort, tellement profonde l'angoisse de ne pouvoir quitter la Légion que maintenant encore il m'arrive de faire ce cauchemar, toujours le même : je m'engage à la Légion et je ne peux plus m'en échapper. » C'est de lui pourtant que l'on dit qu'il est resté en liaison avec elle, même de façon épisodique, jusqu'à la fin de sa vie, le 7 décembre 1989. Naturalisé français depuis 1946, membre de l'Académie des beaux-arts, chargé d'honneurs et de décorations (la Légion d'honneur lui est attribuée le 7 juillet 1952 et il sera commandeur de l'ordre), l'on ajoute qu'il aurait été pressenti un jour « pour porter la main », celle du capitaine Danjou…

France Marie FRÉMEAUX

Bibl. : Pierre Daix, *Hans Hartung*, Bordas-Daniel Gervis, 1991 • Hans Hartung (récit recueilli par Monique Lefebvre), *Autoportrait*, Grasset, 1976 • *Nicolas de Staël*, catalogue de l'exposition du centre Pompidou, 12 mars-30 juin, Centre Pompidou, 2003.

HINDENBURG, ligne. – Afin d'économiser des troupes en première ligne et de pouvoir en sécurité porter l'essentiel de son effort sur le front oriental, le haut commandement allemand décide à l'hiver 1916-1917 de raccourcir sa ligne de front en France, en procédant à un très discret repli volontaire entre Arras et Soissons. Les Alliés franco-britanniques, qui préparent leur offensive de printemps 1917, sont pris de court et doivent repousser leur attaque au mois d'avril (offensive dite « Nivelle »). Très fortement organisé et sans cesse perfectionné, cet ensemble d'organisations échelonnées dans la profondeur et richement dotées en artillerie et pièces collectives permet de briser tous les assauts alliés jusqu'à la fin de l'été 1918. La puissante position défensive allemande entre dans l'histoire de la Légion étrangère au cours de la première quinzaine du mois de septembre 1918 lorsque la division marocaine, à laquelle appartient le régiment de marche de la Légion (RMLE), parvient à ouvrir une large brèche dans l'un des secteurs les mieux organisés.

Échelonné dans la profondeur (2e puis 1er bataillon, 3e en réserve), le RMLE relève dans la nuit du 1er au 2 septembre une unité de la 1re division américaine dans le secteur de la ferme Beaumont (région de Sorny-Laffaux) et lance l'attaque dès le 2 à 14 heures. Les opérations se déroulent alors en trois phases distinctes : au cours de la première journée, les légionnaires parviennent à s'assurer le contrôle de positions de départ plus favorables ; du 3 au 13 septembre, ils multiplient les attaques locales pendant que l'artillerie pilonne les positions allemandes ; le 14 septembre enfin, ils progressent à l'est d'Allemant et consolident leur succès. Chaque phase présente ses caractéristiques propres et toutes pourtant soulignent à la fois la vigueur de la résistance allemande et la solidité des bataillons légionnaires en réelle infériorité numérique.

La journée du 2 septembre voit rapidement les compagnies de tête du 2e bataillon prises de flanc par des tirs extrêmement nourris de mitrailleuses, ce qui ralentit sa progression avec pour conséquence que la protection du barrage d'artillerie devient peu efficace. Les combats restent très indécis jusqu'en fin de journée et le village de Terny-Sorny est difficilement conservé face aux contre-attaques allemandes. Ce n'est qu'à la nuit que l'entrée en ligne du 3e bataillon permet de le tenir solidement. Le RMLE a progressé de près de deux kilomètres dans les lignes allemandes, mais se trouve en pointe du dispositif français, découvert sur ses flancs. La période du 3 au 13 septembre est donc consacrée à améliorer les positions conquises. Chaque jour, des attaques locales soutenues par l'aviation sont lancées sur les différentes faces du saillant tandis que l'artillerie procède à de puissants bombardements des lignes allemandes. Neuville-sur-Margival puis Le Bessy sont atteints, permettant d'approcher de Laffaux malgré la vigueur de la résistance ennemie. Le 14 septembre à 4 h 50, les compagnies, parfois réduites à 50 hommes, remontent à l'assaut sous les ordres du lieutenant-colonel Rollet. Successivement, le château de la Motte puis le village d'Allemant sont emportés à la grenade, sans que leurs défenseurs, épuisés, puissent contre-attaquer : la ligne Hindenburg est définitivement rompue. Durement éprouvé, le RMLE est relevé le surlendemain et placé au repos pour préparer la prochaine offensive sur le front de Lorraine.

Au cours de cette période, le RMLE compte 275 tués, dont 10 officiers, et 1 118 blessés, dont 15 officiers ; mais les pertes allemandes sont deux fois plus importantes et pour la seule journée du 14 septembre le 3e bataillon a fait prisonnier un effectif double du sien. Le journal de marche résume deux semaines de combats : « L'ennemi qui sentait toute l'importance de cette région de Laffaux avait placé là des divisions de première valeur. Quatre divisions allemandes furent successivement usées par la division marocaine » ; le RMLE y gagne une nouvelle citation à l'ordre de la Xe armée : « Régiment d'élite qui, au cours des opérations du 27 août au 16 septembre 1918, sous le commandement de son remarquable chef, le lieutenant-colonel Rollet, vient d'affirmer une fois de plus ses hautes qualités militaires. » L'importance de ce succès pour la suite des opérations est une nouvelle fois soulignée en août 1919 lorsque Raymond Poincaré décerne la médaille militaire au régiment : « Du 2 au 14 septembre, après douze jours de lutte épique, est parvenu à rompre la ligne Hindenburg sur le plateau de Laffaux, capturant un régiment entier. »

Rémy PORTE

HIRLEMANN, Jules (1901-1987). – Fils d'un postier d'origine alsacienne et d'une mère lorraine, le jeune Belfortain se destine à la prêtrise avant de faire son service militaire en 1921. Il entre dans la congrégation missionnaire du Saint-Esprit qui l'envoie étudier au Canada où il est ordonné prêtre en 1927. Jusqu'à la déclaration de la guerre, il exerce son ministère au Congo français, notamment à Brazzaville. Mobilisé en septembre 1939, Jules Hirlemann troque la soutane contre l'uniforme de sergent infirmier. Fin août 1940, il est à Faya-Largeau où il apprend le ralliement du Tchad à la France Libre. Il s'enrôle alors dans les Forces françaises libres et est nommé aumônier du bataillon de marche no 3 (BM3). Jusqu'à la fin de la deuxième campagne de France (1944-1945), le père Hirlemann, devenu chef de l'aumônerie de la 1re division française libre, assiste les soldats lors des combats : ce sera l'Érythrée d'abord, la Syrie et la Cyrénaïque ensuite – à Bir Hakeim il occupe le poste d'aumônier du 2e bataillon de la 13e demi-brigade de Légion étrangère –, l'Égypte et El-Himeimat, la Tunisie, l'Italie enfin.

En 1945, il obtient de rejoindre les légionnaires qu'il a appris à connaître et à estimer : pendant treize ans à Sidi-Bel-Abbès, le « padre » de la maison mère va exercer son ministère avec le même dévouement qu'il avait montré pour ses paroissiens congolais ou au cours de la guerre pour assister les blessés et les mourants. Compagnon de la Libération (décret en date du 7 mars 1945) aux cinq citations, officier de la Légion d'honneur, il quitte provisoirement la Légion en septembre 1958 pour la modeste paroisse de Saint-Mitre-les-Remparts, près de l'étang de Berre. En 1971, le vieux prêtre qui cherche à se rapprocher de ses chers légionnaires est nommé curé de la paroisse de Puyloubier où est située l'Institution des invalides de la Légion étrangère. L'humble curé, redevenu aumônier, reste à son poste jusqu'à sa mort, toujours prêt à secourir ces grands blessés de la vie dont il se considérait – avec la modestie qu'on lui connaissait – le (bon) pasteur. Selon son vœu, il repose dans le carré de la Légion du petit cimetière de Puyloubier.

André-Paul COMOR

Sources : Archives de la congrégation du Saint-Esprit • DHPLE.

HOHENLOHE, légion puis régiment de (1815-1831). – En 1815, il existe en France huit régiments étrangers. L'ordonnance du 6 septembre 1815 les dissout et forme une légion royale étrangère avec les hommes volontaires, aptes et qui ne peuvent bénéficier d'une retraite pour ancienneté ou pour infirmité. Elle est placée sous le commandement nominal du lieutenant général prince de Hohenlohe-Bartenstein, futur pair et maréchal de France, et devrait se recruter parmi les Allemands. Le 22 février 1821, cette légion est organisée sur le modèle des régiments de ligne et prend le nom de « régiment de Hohenlohe ». Il ne participe à aucune des trois campagnes de la Restauration : Espagne, Morée et Alger.

Se trouvant en Corse en juillet 1830, le régiment de Hohenlohe qui compte dans ses rangs un nombre non négligeable de Français n'a pas à intervenir pour combattre la révolution. Ce fait lui assure un sort particulier : l'ordonnance du 5 janvier 1831 le dissout et forme avec ses officiers, sous-officiers et hommes de troupe français ou en instance de naturalisation le 21e régiment d'infanterie légère. Ce régiment devenu par la suite le 96e régiment d'infanterie est l'héritier légitime du régiment de Hohenlohe. Un petit nombre d'anciens dudit régiment se sont engagés à la Légion étrangère entre 1831 et 1837.

Henry DUTAILLY

Sources : SHD-Terre, Xg 123-124.

Bibl. : Paul Adolphe Grisot et Ernest-Auguste-Ferdinand Coulombon, *La Légion étrangère de 1831 à 1887*, Berger-Levrault, 1888 • Jean Vidalenc, « Une formation originale dans l'armée de la Restauration. La Légion-régiment de Hohenlohe », *Revue d'histoire moderne et contemporaine*, octobre-décembre 1964, t. XI, p. 31-56.

HONNEUR ET FIDÉLITÉ. – Cette devise qui édicte la règle commune est celle du régiment suisse de Diesbach, au service du roi de 1639 à 1792. Illustrant l'engagement des étrangers au service des armes de la France, elle figure sur les contrats des légionnaires dès le XIXe siècle, avant d'être inscrite sur les emblèmes des régiments étrangers. En effet, depuis 1848, les drapeaux de ces régiments portent la devise « Valeur et Discipline ». Au début de la Première Guerre mondiale, le général Gallieni demande que l'inscription sur les drapeaux des régiments de marche de volontaires étrangers soit la même que celle des régiments français, « Honneur et Patrie ». À la fin de la guerre, le drapeau du régiment de marche de la Légion étrangère a donc une devise différente de celle des 1er et 2e Étrangers. Aussi le dynamique lieutenant-colonel Rollet, dont le régiment n'est pas dissous et prend l'appellation de 3e Étranger, profite-t-il de l'occasion pour proposer d'inscrire sur l'ensemble des drapeaux de la Légion étrangère la même devise : celle qui figure sur les actes d'engagement, c'est-à-dire « Honneur et Fidélité ». Il justifie ce choix comme une nécessité de contre-propagande. En effet, écrit Pierre Soulié, « depuis vingt et un ans qu'il sert à la Légion, il a admiré la fière devise Valeur et Discipline de ses drapeaux mais il a souffert chaque fois qu'il lisait qu'elle servait d'argument à ses ennemis. La France elle-même, disent ses détracteurs, reconnaît que la Légion est un corps sans honneur, puisqu'elle a supprimé l'honneur de la devise de ses drapeaux ». En novembre 1920, le ministre de la Guerre donne satisfaction au lieutenant-colonel Rollet et n'autorise qu'une seule devise : « Honneur et Fidélité ». Ce changement est lourd de sens. « La fidélité militaire, écrit Émile Herriot, tient lieu de patrie aux *heimatlos* venus ici de tous les mondes chercher dans le service de la France un havre à leurs misères et donner une activité à leur fougue, du pain à leur faim, des aventures à leurs rêves. » Du contrat au drapeau, la devise de la Légion étrangère envahit le quotidien du légionnaire. Elle est présente dans tous les quartiers de Légion et sur les murs du musée du Souvenir. Elle est chantée et répétée dans plusieurs refrains. Enfin, formule consubstantielle à l'engagement, elle pose la base du code d'honneur dont le premier article stipule très clairement : « Légionnaire, tu es un volontaire servant la France avec honneur et fidélité. »

Henry DUTAILLY
& Alexis NEVIASKI

Sources : *Mémento du soldat de la Légion étrangère*, Presses régimentaires du 1er Étranger, 1937 • SHD-Terre, 7N 2348 (1), note 94 883-2/3 du ministre de la Guerre au résident général et au général commandant le 19e corps d'armée, 30 novembre 1920.

Bibl. : Émile Herriot, *Vers l'oasis*, Plon, 1935 (p. 199 en particulier) • Pierre Soulié, *Paul-Frédéric Rollet, père de la Légion*, Éditions Italiques, 2001 (p. 323 en particulier).

HONORARIAT. – Distinction honorifique à caractère exceptionnel, accordée pour un grade généralement en fin de carrière, ou au titre d'une arme ou d'une spécialité d'arme. Le système de l'honorariat au titre d'une arme apparut après la Première Guerre mondiale, sans aucune règle fixe. Il perdura à la Légion étrangère – et dans une certaine mesure dans les troupes de marine – pendant tout le XXe siècle, puis fut réintroduit officiellement dans le reste de l'armée française en 2004. À la Légion étrangère, le système de l'honorariat correspond à une marque de gratitude et de considération, en direction de personnes ayant rendu des services éminents à l'institution légionnaire. Géré comme une coutume depuis 1931, l'honorariat a touché le plus souvent des chefs ou compagnons de combat et a été jusqu'en 2004 laissé à la discrétion des chefs de corps. L'homme (plus rarement la femme) concerné était alors inscrit sur les registres du corps avec le numéro de matricule du dernier engagé volontaire immatriculé suivi de l'accessit « bis ». Sa distinction lui était remise de façon formelle ou informelle et se présentait sous forme d'un losange de bras, modèle 1945, aux armes de la Légion étrangère et surmonté du galon correspondant à son grade honoraire. La plupart des honoraires ont été faits légionnaires, caporaux ou caporaux-chefs. Quelques personnages très particuliers ont été faits sergents (deux titulaires), voire sergent-chef dans le cas du prince Louis II de Monaco, sous le numéro de matricule 12013 bis. Les archives détenues par le centre de documentation historique de la Légion étrangère mentionnent moins de 1 200 titulaires de l'honorariat légionnaires depuis 1930, dont 49 femmes. Parmi cette cohorte honorable, on relève le père Bruckberger, le peintre Pierre Benigni, les maréchaux Leclerc, Kœnig, Juin et de Lattre de Tassigny, les généraux Monclar, de Monsabert, Guillaume, Béthouart, Massu et Bigeard, le boxeur Marcel Cerdan, la femme de lettres Edmonde Charles-Roux, la princesse Anne de Danemark, le roi Norodom Sihanouk, Mme Geneviève de Gallard, le président Édouard Herriot et son épouse, les ministres Jean-François Deniau, René Pleven et Max Lejeune, la comtesse du Luart dite « Marraine », la seule reconnue à la Légion, les journalistes Charles Villeneuve, Étienne de Montety et Jean-Claude Narcy pour n'en citer que quelques-uns.

Depuis juillet 2004, le principe de l'honorariat a été réglementé au niveau de l'armée de terre et conserve globalement les mêmes principes que précédemment, tout en introduisant un certain nombre de facteurs de régulation. Tout d'abord, l'honorariat d'une arme n'est accessible que pour quelqu'un qui n'y a pas servi en activité. Ensuite, les différents grades honoraires sont attribués selon des critères plus restreints et soumis dans la plupart des cas à une décision du niveau du chef d'état-major de l'armée de terre ou du ministre de la Défense. Enfin, les conditions de remise et de port des insignes honoraires sont encadrées.

Philippe GUYOT

HORAIN, chef de bataillon Tadeusz Ignacy (1804-1839). – Né à Varsovie, Tadeusz Ignacy Horain suit des études scientifiques avant d'embrasser la carrière des armes. Sous-lieutenant en 1830, il fait campagne contre les Russes comme aide de camp de différents généraux et chef de l'insurrection du Palatinat – fonctions qui lui permettent de prendre rapidement du galon : moins de un an après son entrée en service, il est déjà commandant et décoré de la croix d'or polonaise. Toutefois, en 1832, le camp qu'il a choisi essuie de graves revers. Le major Horain, dès lors, prend la tête d'un groupe de volontaires polonais qui désirent servir les armes de la France. Cette troupe entre parfaitement dans le cadre de la loi du 9 mars 1831 ; ses hommes forment le bataillon de Polonais qui devient par la suite le 6e bataillon de la Légion étrangère. Horain, son chef, y est intégré avec son grade.

Entre 1833 et 1835, il participe aux combats dans les provinces d'Oran et de Bougie ; est fait chevalier de la Légion d'honneur après la bataille de la Macta (28 juin 1835). En juin, lorsque la Légion étrangère est cédée à l'Espagne, il quitte l'Afrique du Nord pour la péninsule Ibérique. Il est alors choisi par le colonel Bernelle pour prendre les fonctions de chef d'état-major. Le 25 juillet 1835, il est promu lieutenant-colonel à titre espagnol. Un an plus tard, il est blessé lors de l'affaire d'Oteiza et décoré de l'ordre de Saint-Ferdinand d'Espagne. En janvier 1837, lorsque le général Bernelle rentre en France, son chef d'état-major le suit et s'octroie un temps de « non-activité », le gouvernement français ne lui reconnaissant pas son grade acquis en Espagne. Finalement, il démissionne le 23 juin 1837, mais ne reste pas longtemps sans uniforme : il reprend du service dans la nouvelle Légion comme chef de bataillon dès le mois d'août. Intégré dans le corps expéditionnaire du maréchal Valée, il commande un bataillon lors de la prise de Djidjelli. Mortellement blessé au cours du combat, il meurt à l'hôpital de Bougie le 26 mai 1839.

Alexis NEVIASKI

Sources : SHD-Terre, 2Ye1838.

HUNTER-CHOAT, général Anthony (1936-2012). – Né à Purley, en Angleterre, Anthony Hunter-Choat attend d'atteindre la majorité pour souscrire un engagement pour cinq ans au titre de la Légion étrangère, à compter du 18 mars 1957. Il reçoit sa formation de base au centre d'instruction n° 2 du 1er régiment étranger (RE), à Mascara, puis est affecté au 1er régiment étranger de parachutistes (REP). Jeune légionnaire parachutiste dans la compagnie du capitaine Ysquierdo, tireur au fusil-mitrailleur, il se distingue le 14 février 1958 lors de la bataille des frontières dans le Fedj Zezoua et obtient sa première citation. Douze jours plus tard, au Koudiat Megroum El-Ougani, il est blessé au cours d'un assaut. Envoyé au peloton d'élèves gradés, il termine major de promotion et, selon la règle de l'époque, est nommé directement caporal-chef, le 15 octobre 1959. Il intègre alors le peloton d'élèves sous-officiers d'où il sort major au début de 1960. À la dissolution du 1er REP, il est affecté à la 7e compagnie du 1er RE basée à Mercier-Lacombe. Il est décoré de la médaille militaire à titre exceptionnel, le 20 janvier 1962.

Arrivé en fin de contrat, il quitte la Légion et rejoint l'armée britannique en mai 1962. Admis aux cours des cadets, sorti major de promotion, il sert au 1er bataillon du 7e régiment de Gurkhas du duc d'Édimbourg. Dès lors, il est engagé dans les dernières grandes opérations britanniques de contre-guérilla outre-mer, notamment à Bornéo et en Malaisie où, affecté au Royal Artillerie en 1964, il est commandant des troupes de reconnaissance et officier d'observation. Après un stage au collège du personnel de l'armée à l'école d'état-major de Camberley de 1969 à 1970, il commande pendant deux ans une batterie d'artillerie de la cavalerie royale puis est commandant en second du régiment pendant un an. De 1975 à 1977, il est professeur tactique de la division des cadets du collège militaire de Sandhurst. Nommé lieutenant-colonel, il commande les unités des forces spéciales en Irlande du Nord jusqu'en 1983 avant d'être affecté au quartier général des forces alliées en Europe (SHAPE), pour la coordination de la planification de forces opérationnelle spéciale de l'OTAN, et au quartier général des forces armées des États-Unis en Europe (USAREUR). En 1986, il est officier de liaison entre le commandant en chef de l'armée britannique du Rhin et le commandant en chef de l'armée américaine en Europe. De 1989 à 1997, il sert comme commandant des forces spéciales au sultanat d'Oman, avec le grade de colonel, puis est promu au rang de brigadier général. De novembre 1998 à mars 1999, il est détaché à la mission de l'organisation de sécurité et de coopération en Europe (OSCE) chargée du maintien du cessez-le-feu entre les Serbes et les Albanais au Kosovo. En particulier, il coordonne les activités des organisations non gouvernementales.

Fidèle à la troupe où il a fait ses premières armes, il est membre du conseil d'administration de la FSALE, secrétaire de l'amicale des anciens légionnaires à Londres, après en avoir été le président de 1977 à 1997, et membre de l'amicale des anciens légionnaires parachutistes. Il décède le 12 avril 2012.

Le général Hunter-Choat est commandeur de la Légion d'honneur (2 décembre 2011), médaillé militaire, titulaire de 3 citations avec croix de la Valeur militaire, titulaire de la croix du combattant volontaire avec agrafe « AFN », de la croix du combattant, de la médaille commémorative des opérations de sécurité et de maintien de l'ordre avec agrafe « Algérie », de la médaille de l'Afrique du Nord et de la médaille des blessés. Il est de surcroît officier de l'ordre de l'Empire britannique pour service rendu en Irlande du Nord et décoré de la médaille de la Gloire militaire du sultanat d'Oman.

Charles RIDET

HUSCHAK, général Arthur (1903-1971). – Né à Koloméa en Pologne, Arthur Huschak vit en Autriche où ses parents se sont installés. Il y prend part aux combats pour la défense de la Carinthie à dix-sept ans et reçoit la croix de Carinthie pour ses faits d'armes. En 1924, il sort de l'académie militaire et rejoint le 11e régiment de chasseurs à Klagenfurt. Il passe ensuite au 7e régiment d'infanterie en qualité d'adjoint puis de commandant de compagnie.

En raison des événements politiques qui secouent l'Autriche, il est mis à la retraite en 1938. De confession juive, il fuit à l'étranger pour échapper aux camps de concentration et décide de servir la France lors de la Seconde Guerre mondiale. Admis comme sous-lieutenant à titre étranger, il est affecté en avril 1940 au 21e régiment de marche de volontaires étrangers (RMVE), chef de section à la 5e compagnie. Blessé par éclats d'obus à la tête et au genou à Sainte-Menehould le 13 juin, il est fait prisonnier six jours plus tard. Le 31 juillet 1944, il est signalé dans un convoi de déportés parti de Toulouse.

En 1945, il revient en Autriche où il est employé au ministère des Finances puis intègre de nouveau l'armée en 1956. Promu général de brigade, il est nommé chef des réserves au ministère de la Défense à Vienne en 1967. Il meurt le 5 avril 1971 à Klagenfurt.

Charles RIDET

I

ICHERIDEN, combat d' (24 juin 1857). – L'histoire des guerres cite plusieurs exemples de positions jugées imprenables tombées aux mains d'un assaillant qui a su utiliser un cheminement mal surveillé par les défenseurs. Le village d'Icheriden en Kabylie est l'une de ces positions. Au printemps de 1857, le maréchal Randon, gouverneur général de l'Algérie, décide d'achever la conquête de la Kabylie. Cette campagne à laquelle trois bataillons de Légion participent se déroule en trois phases.

Du 13 mai au 21 juin, tout d'abord, les divisions venues d'Alger s'emparent de Souk el-Arba, y commencent la construction du fort Napoléon et réalisent la piste qui mène de Tizi Ouzou à Souk el-Arba (Fort national de 1871 à 1962). Pendant ce temps, les tribus insoumises rassemblent leurs combattants à Icheriden, un village perché au-dessus d'un ravin escarpé. Elles le mettent en état de défense en s'appuyant sur les murs et les haies entourant les enclos cultivés.

Le 24 juin, ensuite, la division du général de Mac-Mahon fait mouvement sur ce village. Arrivée à 900 m, l'artillerie exécute un tir que les Kabyles subissent sans réagir, ce qui leur permet de ne pas dévoiler leur plan de feu. Ce tir terminé, une brigade formée de fantassins et de zouaves part à l'attaque. Un tir très nourri des défenseurs arrête les assaillants à 100 m de la ligne de défense, et la progression ne peut reprendre malgré le renfort d'un bataillon de Légion. C'est alors qu'intervient le 2e bataillon du 2e Étranger commandé par le chef de bataillon Mangin. Empruntant un cheminement qui le masque partiellement aux vues et au feu des Kabyles, il s'infiltre jusqu'à la lisière d'Icheriden, se lance à l'assaut et pénètre dans le village au prix d'un violent corps à corps. Menacés d'être pris à revers, les défenseurs sont contraints de consacrer une partie de leurs forces à la protection de leur flanc, réduisant ainsi la pression qu'ils exercent sur les fantassins et les zouaves. Ceux-ci saisissent l'occasion pour repartir à l'attaque,

Le 2e régiment de la Légion étrangère à Icheriden.
Fonds documentaire du musée de l'Empéri, Salon-de-Provence.

pénétrer dans le village et en chasser les défenseurs. Le village conquis, la division bivouaque sur les hauteurs l'entourant et repousse les attaques des Kabyles.

La troisième phase, enfin, débute le 1er juillet avec l'intervention d'une division venue de Constantine. Les deux colonnes s'emparent des villages qui résistent encore et font leur jonction à Chellata le 13 juillet. La campagne s'achève par la soumission des tribus qui n'ont pas encore déposé les armes.

Henry DUTAILLY

Bibl. : Paul Adolphe Grisot et Ernest-Auguste-Ferdinand Coulombon, *La Légion étrangère de 1831 à 1887*, Berger-Levrault, 1888.

IDENTITÉ D'EMPRUNT. – *Voir* ANONYMAT ; RECTIFICATION D'IDENTITÉ.

IGLI, colonne d' (mars-avril 1900). – Depuis les années 1880, la Légion est engagée dans l'Extrême-Sud algérien et participe au sein de colonnes de la division d'Oran aux opérations qui conduisent à l'occupation des oasis sahariennes et à la lente pénétration dans le sud du Maroc. Trois mois après la prise d'In Salah le 29 décembre 1899 par la mission « Flamand-Pein », le commandement du 19e corps à Alger décide de lancer une colonne en direction d'Igli, dans le Sud-Ouest algérien. La colonne « Bertrand », du nom du colonel du 1er Étranger, forte de 3 000 hommes, quitte Djenien Bou-Rezg le 20 mars 1900 avec pour mission d'occuper le ksar d'Igli, situé au confluent de l'oued Guir et de l'oued Zousfana sur le territoire de la tribu des Aït Haddidou. Cette démonstration de force est destinée à signifier au sultan du Maroc la volonté de la France de voir reconnaître ses droits dans une région frontière particulièrement agitée par les incursions de tribus de la région.

Le départ a lieu le 25 mars. La colonne se déploie selon un ordre bien établi : en éclairage, le goum et la cavalerie, puis un bataillon de manœuvre formé en deux colonnes avec, en tête de la colonne de droite, la compagnie montée du capitaine Szarvas du 2e Étranger où sert le lieutenant Rollet, enfin un convoi de 2 900 chameaux, escorté par le deuxième bataillon disposé en carré autour du convoi. Le 5 avril, Igli est atteinte par la colonne qui défile, fanions déployés, au son de la nouba des tirailleurs et avec les clairons et fifres de la Légion. Par prudence, le défilé a lieu à mille mètres du ksar. Trois mois plus tard, le 1er juillet, le commandant Brundsaux occupe définitivement Taghit (à près de 65 km au nord-est d'Igli) avec une compagnie de Légion. La liberté de circulation n'est pas pour autant assurée : en escortant un convoi de chameaux, la 1re compagnie montée du 2e Étranger livre, le 30 juillet, le premier combat d'El-Moungar. Au départ de la piste qui traverse la palmeraie, une stèle indique : qu'« ici commence le boulevard du 1er Étranger ».

André-Paul COMOR

IMAGES DE LA LÉGION ÉTRANGÈRE DANS LA PRESSE ITALIENNE (1914-1915). – Le 1er janvier 1915, d'après les chiffres publiés dans la presse, 4 913 Italiens s'étaient engagés dans la Légion étrangère. En Italie, cet événement suscita un vif débat entre les neutralistes majoritaires (socialistes, catholiques, giolittiens et la grande masse des paysans) et les interventionnistes minoritaires et hétérogènes (nationalistes, radicaux, républicains, socialistes mussoliniens, certains membres du gouvernement et le roi lui-même). Les premiers souhaitaient maintenir l'Italie dans la neutralité proclamée le 2 août 1914, au nom de l'« égoïsme sacré » (Antonio Salandra, président du Conseil, *dixit*). Les seconds prônaient l'entrée en guerre de l'Italie aux côtés des Alliés. Naturellement, la presse italienne refléta cette division de l'opinion en se servant de l'image de la Légion étrangère.

Si les journaux austrophiles considéraient ces légionnaires italiens comme des traîtres, les quotidiens neutralistes développèrent une propagande antifrançaise en noircissant la Légion étrangère. Le 2 novembre 1914, l'organe catholique *L'Italia* considéra ces engagés transalpins comme des éléments subversifs incarnant le désordre, la révolution et la fin du monde, rejoignant naturellement des congénères dégénérés au sein d'une Légion étrangère « refuge d'inadaptés et de criminels, de soldats essentiellement mercenaires ». Le journal socialiste *Avanti !*, le 25 octobre 1914, rapporta les propos de cadres de la Légion à l'égard des Italiens : « Sales macaronis, vous vous êtes donc engagés pour manger du pain ? », insistant ainsi par antimilitarisme sur les souffrances de volontaires présentés bien souvent comme des victimes du militarisme le plus obtus.

Les nationalistes exprimèrent la même opinion au tout début de la guerre. En août 1914, *L'idea nazionale* accusa en effet ces légionnaires italiens de trahir la cause nationale en allant se battre sur le Rhin, et de renier leur patrie en s'engageant comme mercenaires dans la Légion étrangère. Mais rapidement, le journal changea de ligne éditoriale en considérant que la voie de Trente et de Trieste passait par l'Alsace et la Lorraine, et donc encensa l'engagement des volontaires italiens dans l'armée française comme le firent d'autres journaux interventionnistes.

Il secolo (radical), *Il corriere della sera* (libéral) et *Il popolo d'Italia* de Mussolini exaltèrent d'abord l'italianité de ces volontaires. Les articles insistèrent ainsi sur le fait que dans la Légion, on entendait tous les dialectes de l'Italie se mélanger. Dans le même esprit, les Garibaldi et les garibaldiens du 4e régiment de marche du 1er Étranger, héritiers d'une glorieuse tradition comme celle de 1870-1871, furent mis en exergue, symboles de l'amitié franco-italienne. Ces légionnaires n'étaient donc plus des mercenaires mais des volontaires au sens noble du terme, capables de se sacrifier pour une cause et un idéal, sans esprit d'intérêt. *Il secolo* fit ainsi des légionnaires italiens des héros républicains constituant l'avant-garde de l'armée italienne aux côtés des Français. *Il corriere della sera* considéra quant à lui le 11 octobre 1914 que les régiments de volontaires étrangers n'avaient rien à voir « avec la Légion étrangère où l'enrôlement est de cinq ans alors que nos compatriotes sont enrôlés seulement pour la durée de la guerre », subtile distinction qui permettait d'évacuer la polémique sur l'engagement dans la Légion. Pour *Il popolo d'Italia*, enfin, les légionnaires italiens représentaient la partie saine d'une Italie qui se fourvoyait dans un neutralisme dégénérant.

L'organe giolittien, *La stampa*, exprima cependant un jugement plus nuancé (avant de choisir le neutralisme en février 1915), penchant en faveur de la France mais ne voulant pas heurter les anciens alliés germaniques. Ainsi Paolo Scarfoglio, le 8 décembre 1914, justifia l'enrôlement dans la Légion par la volonté française de supprimer tout signe extérieur d'italianité de manière à ménager le gouvernement italien.

En 1914-1915, l'image de la Légion étrangère dans la presse italienne fut ainsi ambivalente, victime de l'opposition entre neutralistes et interventionnistes. La polémique fut rapidement oubliée cependant dès l'entrée en guerre de l'Italie le 24 mai 1915 aux côtés des Alliés. Dès lors, la Légion devint dans la presse italienne une troupe d'élite, combattant pour la bonne cause.

Hubert HEYRIÈS

Bibl. : Hubert Heyriès, « La médiatisation et la légion garibaldienne dans la presse quotidienne italienne, 1914-1915 », dans Hervé Coutau-Bégarie (dir.), *Les Médias et la guerre*, Economica, 2005, p. 508-526.

IMAGES, IMAGINAIRES DE LA LÉGION ÉTRANGÈRE. – Les représentations picturales et mentales, iconographiques, écrites et sonores, fixes et animées de la Légion étrangère s'entrecroisent en permanence, se nourrissant mutuellement. Trois sources principales contribuent à produire ces images, réelles ou métaphoriques : les « amis » de la Légion, patriotes qui la défendent ou la chantent comme modèle, et tous ceux qu'elle fascine parce qu'elle offre un incroyable support romanesque, les « ennemis » – antimilitaristes, anticolonialistes, pacifistes, etc. – et des pays étrangers souvent concurrents ou opposés à la France, telle l'Allemagne. Enfin la Légion elle-même, qui fabrique rapidement ses propres représentations et récits.

Jusqu'aux premières campagnes outre-mer de la IIIe République, la Légion a peu de visibilité dans l'armée française dont elle porte l'uniforme sans distinctions très particulières. La conquête de l'Algérie sert de support à quelques rares romans qui la prennent pour sujet dont *Le Sequin du Juif* de Charles Poplimont publié dans un premier temps par épisodes dans *Le Nouvelliste de Gand* en 1844 avant d'être édité en deux volumes. Nullement antisémite, ce roman a pour cadre les combats aux confins algéro-marocains et l'intrigue mêle déjà tous les ingrédients qui feront le succès du genre : courage, basses intrigues, passion amoureuse, rédemption sur fond de rebondissements spectaculaires. Pour beaucoup de Français, l'expansion outre-mer reste l'affaire d'aventuriers, de têtes brûlées dans lesquels se confondent soldats coloniaux, disciplinaires des diverses unités d'Afrique, légionnaires et indigènes. Les relations des opérations menées au Tonkin et en Afrique sont essentiellement dues aux officiers qui publient leurs souvenirs ou témoignent. C'est le cas du lieutenant-colonel Dominé et de Théophile Boisset qui livrent leurs versions du siège de Tuyen Quang en 1885 ; de même Dick de Lonlay rend compte de son expérience dans *Au Tonkin 1883-1885*. On peut également citer les Mémoires du capitaine Jean-Louis Armangaud dans *Le Sud oranais, journal d'un légionnaire* publié en 1893 ou du fameux capitaine Danrit, pseudonyme du député de Nancy Émile Driant, *Petit marsouin*, publié vers 1900. Cependant, dès 1891, l'abbé Lanusse a fait le récit du combat qui deviendra emblématique avec *Les Héros de Camaron*.

Au début du XXe siècle, à mesure que les masses s'alphabétisent et que s'enchaînent les progrès techniques avec la diffusion d'une presse à bon marché, le public s'enflamme pour les voyages, l'exotisme, le mystère, les histoires « vécues ». Des titres de plus en plus nombreux paraissent dont *Les Mystères de la Légion étrangère* de Georges d'Esparbès en 1912 avec le dessin d'un légionnaire masqué en couverture. Avec *Un légionnaire, souvenirs de cinq ans de service dans la Légion étrangère de France*, de Jean Luthi (1888), et *À la Légion étrangère* de Léon Randin (Neuchâtel, 1905) émerge une image équivoque qui s'affirme quelques années plus tard à travers les très violentes campagnes contre la Légion qui se déclenchent outre-Rhin. Parmi les nombreux titres qui ont un écho en Allemagne, *Six ans légionnaire, souvenirs et aventures* du comte de Rodhen et *Fünf Jahre Fremdenlegionär* de Franz Kull se détachent alors que la presse se déchaîne à l'occasion de plusieurs affaires au Maroc et dans le Sud algérien. Reportages, pièces de théâtre, chansons et spectacles, bientôt le cinéma décrivent les bataillons de Légion comme autant de bagnes où de naïfs Allemands, attirés par une propagande mensongère, sont brimés et humiliés par la « grande nation ». Peu à peu s'impose dans le Reich l'image d'une unité hors norme, où la vie des hommes – trompés, débauchés ou alcooliques sans foi ni loi – compte peu et que la France utilise pour ses basses œuvres. De 1905 à 1912, la Légion aligne, dans ses deux régiments, 3 700 engagés allemands. Proportion notable qui conduit à de nombreux faits divers, en particulier des désertions. Les graves tensions qui naissent entre la France et l'Allemagne à propos de l'occupation du Maroc à partir de 1908 sont autant d'occasions pour les auteurs, publicistes, caricaturistes et pamphlétaires de se livrer à une surenchère extravagante.

Toutefois, les attaques contre la Légion se révèlent à la longue contre-productives et la renforcent. Alors que *L'Assiette au beurre* du 14 mars 1908 dénonçait les horreurs commises par les troupes aux colonies, le numéro du

1er avril 1911 du même journal, illustré par Georges d'Ostoya, brocarde la propagande allemande et met en avant les actions glorieuses de la Légion sous le titre « Glorieuse canaille ». Dans *Je sais tout* du 15 avril 1911, Pierre Giffard publie par ailleurs *Le Livre d'or de la Légion étrangère* pour faire pièce aux débats critiques dont elle est l'objet au Reichstag. Il y rappelle l'héroïsme des engagés étrangers et signale, malgré la faible présence des Britanniques au sein de la Légion, un livre élogieux de l'un d'entre eux, George Manington : *A Soldier of the Legion.* À la veille de la Grande Guerre, d'autres titres s'attachent à défendre les régiments étrangers en dénonçant la campagne infondée tout en montrant les forces comme les faiblesses de l'institution. Alors que la Chambre des députés s'apprête à voter la loi des trois ans, *L'Illustration* dans son numéro du 19 juillet 1913 rappelle que les légionnaires sont mieux traités que les soldats allemands dans leur armée nationale. La Légion elle-même n'hésite pas à organiser sa riposte en faisant paraître en 1912 sa propre revue mensuelle illustrée, *La Légion étrangère* (1912-1914 et 1931-1945), qui deviendra *Vert et rouge* (1945-1959) et *Képi blanc* (depuis 1947).

Cette revue « acclimate » définitivement la Légion. En effet, dès la mobilisation générale, des étrangers, pour la plupart intellectuels ou artisans vivant à Paris, prennent du service. À l'image d'aventuriers se substitue celle d'hommes venus mourir pour la République en échange des bienfaits reçus d'elle. La presse, mais aussi les films du service cinématographique des armées créé en 1915 vantent régulièrement les exploits du régiment de marche de la Légion étrangère (RMLE) à la tête duquel brille la personnalité du lieutenant-colonel Rollet. L'épopée du régiment est aussitôt exploitée dans les récits et souvenirs qui paraissent en grand nombre pendant et après la guerre, comme *Les Amours de belle tronche* de Pierre Gallien (1916) ou *Une âme sacerdotale, le lieutenant Rivet* d'Albert Valentin (1917) et *La Main coupée* que publie en 1918 le Suisse Blaise Cendrars et dans lequel il parle de son camarade d'escouade, le peintre tchèque František Kupka.

Le cinéma, vecteur de l'imaginaire. Le cinéma, média balbutiant, s'empare aussi très rapidement du sujet : dans des extraits conservés dans les fonds de l'établissement de communication et de production audiovisuelle de la défense (ECPAD) et des archives des frères Lumière, certaines séquences de combat au Maroc mettent en scène des légionnaires, avant la Grande Guerre. Le premier film *La Légion* est tourné en 1906 par Ferdinand Zecca avec Léon Mathot. Les Américains à leur tour s'intéressent à la Légion qui offre bien des sujets de scénario propres à attirer de nombreux spectateurs friands d'aventures exotiques. La même année, en 1912, sortent dans les salles deux versions de *Under Two Flags* (*Sous deux drapeaux*) suivies d'autres versions en 1916, 1922 (réalisée par Tod Browning) et 1936. Les thèmes légionnaires connaissent une vogue certaine pendant l'âge d'or du cinéma muet avec *The Dishonored Medal* (1914), *Captain Macklin* (1915), *Foreign Legion* et *The Man who Turned White* (1919).

L'entre-deux-guerres est marqué par le formidable succès de la Légion au cinéma, à commencer par les productions américaines dont elle devient un des tout premiers produits commerciaux. À la naissance et l'essor du cinéma muet sont associés les longs métrages suivants : *Love and Glory*, 1924, *Silent Lover*, 1926, *Two Men and a Maid*, 1929 (*L'Oasis d'amour* en France,

1930), *The Winding Stair*, 1925, *The Forbidden Woman*, 1927, *The Legion of the Condemned*, avec Gary Cooper, 1928. En 1929, *The Desert Song* (*Le Chant du désert*), premier film que la Warner qualifie de « parlant », évoque la Légion. Suivent *Hell's Island*, *Renegades* (*Le Renégat* d'après le roman d'Armandy), *Women Everywhere* (*Beau contrebandier*) et *The Three Musketeers*, en 1933, un des premiers rôles de John Wayne. De la même époque datent des parodies comme *Beau Hunks* (*Les Deux Légionnaires*), avec Laurel et Hardy, 1931, retrouvés en 1939 dans *The Flying Deuces*. Publié en 1916 par P.C. Wren (1885-1941), ancien légionnaire anglais, *The Wage of Virtue*, tourné en 1924, inspire la saga des *Beau Geste*, en 1926, *Beau Sabreur* avec Gary Cooper en 1928, *Beau Ideal* en 1931 et la reprise la plus célèbre : le *Beau Geste* de 1939 toujours avec Gary Cooper. Depuis 1930, l'interprétation de l'acteur dans *Morocco* (*Les Cœurs brûlés*) de Josef von Sternberg, avec Marlene Dietrich, en a fait l'incarnation du légionnaire aux États-Unis. Toutefois, en France, en particulier à la Légion, on n'apprécie pas ces fictions qui s'appuient toujours sur les mêmes poncifs : un héros débauché, souvent d'origine aristocratique, se rachète enfin dans la Légion où amour, trahison et mort s'enchevêtrent en d'inextricables rebondissements. À quelques très rares exceptions, toute vision politique est bannie de ces scénarios. Ces ressorts mélodramatiques américains sont réutilisés dans la plupart des productions françaises qui se lancent alors dans le tournage en décors naturels, tandis que les Allemands reprennent leur propagande anti-Légion avec notamment *Flucht in die Fremdenlegion*, en 1929, et *Fremdenlegionär nr. 37*, en 1932. En France, *Les Fils du soleil*, film muet de 1924, fait quelques références au fait colonial qui occupe une place marginale dans la production des années 1920.

Pour répondre à ces fictions, parmi lesquelles *Le Sergent X*, sorti en 1931 pour le centenaire de la création de la Légion, le général Rollet, après quelques hésitations, a appuyé l'année suivante le projet d'un film de propagande d'un mécène américain résidant à Paris, dont le fils venait de s'engager en Algérie. *Honneur et fidélité* ne trouve pas preneur mais, en 1937, un autre projet, plus ambitieux, s'inscrivant dans le contexte de la défense de l'Empire, aboutit avec le soutien d'une association des amis de la Légion étrangère lancée au cours de l'année 1932 : il s'agit de *Légions d'honneur*, de Georges Gleize, qui sort dans les salles et connaît un certain succès auprès d'un public plus averti. Les années 1930 peuvent être considérées comme l'âge d'or du cinéma consacré peu ou prou à la Légion. Sont tournés en décors naturels en 1933 *Le Grand Jeu* de Jacques Feyder, *Le Prince Jean* en 1934, *La Bandera* de Julien Duvivier en 1935, d'après Pierre Mac Orlan, suivi de *Un de la Légion* de Christian-Jaque en 1936 avec Robert Le Vigan et Fernandel, des *Hommes sans nom* en 1937, d'après le roman de Jean des Vallières, enfin du *Chemin de l'honneur* en 1939.

Après la Seconde Guerre mondiale, la production cinématographique se désintéresse quelque peu d'un sujet souvent polémique. Le public a évolué et l'engagement de la Légion dans les conflits de décolonisation change la donne. À peine présent dans les rares films consacrés à l'Indochine, davantage dans ceux sur l'Algérie et ses suites, le légionnaire apparaît sous un jour nouveau dans la seconde version du *Sergent X* en 1960, de Bernard Borderie, comme dans *Marcia o Crepa* (*Héros sans retour* en France), film espagnol sorti en 1964. *L'Insoumis* d'Alain Cavalier avec Alain

Delon, en 1964, *La Bataille d'Alger* de Gillo Pontecorvo en 1965, *Objectif 500 millions* de Pierre Schoendoerffer en 1966, *La Guerre d'Algérie* d'Yves Courrière en 1972, enfin *La Question* de Laurent Heynemann en 1977 présentent le plus souvent un légionnaire factieux et redevenu mercenaire.

Toutefois, le képi blanc a entre-temps fait sa réapparition dans la comédie. Ainsi se produisent à l'écran Bud Abbott et Lou Costello dans *Abbott et Costello in the Foreign Legion* (*Deux nigauds légionnaires*) en 1950, Fernandel dans *Sénéchal le Magnifique* en 1957, Jean Gabin dans *Le Tatoué* en 1968, les Charlots dans *Et vive la liberté* de Serge Korber en 1977 (dans la veine du comique troupier), sans oublier Jean-Paul Belmondo dans *Les Morfalous* d'Henri Verneuil en 1984.

Aux États-Unis, les parodies remplacent les fictions de l'entre-deux-guerres, ainsi, de Marty Feldman en 1977, *The Last Remake of Beau Geste* et, toujours en 1977, de Dick Richards, *March or Die* (*Il était une fois la Légion*), avec Terence Hill. Mais la Légion continue de fasciner comme en témoignent les productions depuis *Le Matelot 512* sorti en 1984, *Full Contact* en 1990, *The Mummy* en 1999, *Légionnaire* avec Jean-Claude Van Damme et *Beau travail* de Claire Denis en 1999. Au total plus de cent films de fiction sans compter d'innombrables documentaires auront été consacrés à la Légion au XXe siècle.

La naissance de la mise en scène, les canons de la représentation. Toujours commandée et animée par son chef Rollet devenu « le père Légion », la prestigieuse formation a décidé de prendre en charge son image. En 1931, à l'occasion de son centenaire, paraît *Le Livre d'or de la Légion étrangère* où le général Rollet fixe définitivement la tenue identifiable du légionnaire. Il impose le port du képi blanc en toute circonstance sauf en tenue de combat, faisant d'un accessoire commun un emblème, ne veut plus entendre jouer que *Le Boudin*, ressort les haches pour en équiper les sapeurs et retient le pas lent (88 pas/minute). C'est à l'occasion du défilé du 14 juillet 1939 que cette silhouette s'impose sur les Champs-Élysées en tenue de toile sable, ceinture bleue, épaulettes vert et rouge et képi blanc. Il ne manque que la cravate verte, qui apparaît à la fin de la Seconde Guerre mondiale, puis le béret vert adopté à l'origine par les parachutistes de la Légion en Indochine et donné à tous les régiments après la guerre d'Algérie. Rollet est encore à l'origine de la « mystique Légion », tout imprégnée de religiosité, avec sa fête du 30 avril (jour anniversaire de la bataille de Camerone). Avec le cérémonial rigide qui caractérise les prises d'armes, transposition visible de la discipline qui régit la vie quotidienne des légionnaires, c'est l'image de l'appartenance définitive à une communauté dont pas un des membres ne se détache et dont aucun n'est abandonné.

Au-delà de très nombreux livres de souvenirs paraissent des romans de qualité très inégale, parmi lesquels *Le Bataillon des sans-patrie*, *Le Djebel de la mort*, *Le Secret du légionnaire*, *Le Sergent X... de la Légion* de Georges Fronval (1932), ou encore *Le Baroud* (dans la série *Les Amours d'un légionnaire* de Charles Coulier vers 1930). Sans oublier les premières bandes dessinées avec les aventures de Mickey légionnaire. De même la presse populaire consacre à la Légion quantité d'articles : *La Vie parisienne, amours de légionnaire en* 1935, *Détective* du 28 mai 1931, *Match* du 8 décembre 1938 publient des reportages largement illustrés. *Match*, le 20 juillet 1939, évoque encore la rencontre, dans un bal du XIe arrondissement, au soir du 14 juillet, de Marlene Dietrich dansant avec l'élève mitrailleur Renard, du 1er bataillon du 1er Étranger, qui a fait le mur. Mais la « fabrique » de l'icône du légionnaire en fait un déraciné, un mauvais garçon au cœur pur que l'amour, la fatalité et la violence ont jeté dans un ballet sanglant et dont seules la passion et la mort assurent la rédemption sur fond de décors sauvages ou désertiques et d'ennemis implacables – le guerrier arabe en est le stéréotype. Largement éditées et diffusées sur des partitions musicales illustrées, les chansons concourent également à fixer les représentations mentales : *Mon légionnaire*, écrite par Raymond Asso en 1936, interprétée par Marie Dubas puis Édith Piaf et *Le Fanion de la Légion*, chantée par Marie Dubas en 1936 également, connaissent ainsi un certain succès auprès du public.

La Seconde Guerre mondiale, à laquelle la Légion participe largement, renouvelle son image. L'engagement de nombreux exilés juifs, antinazis, antifascistes ou républicains espagnols renvoie à la réalité et à la dimension idéologique du conflit. Les légionnaires deviennent emblématiques de l'épopée de la France Libre aux côtés des coloniaux. Dès 1945, des publications mettent en honneur ces étrangers, avant tout combattants de la liberté : *Trois gars du Tchad* du commandant de Guyenne (1945), *Soit dit en passant* de Jean Queyrat (1946), dans la collection « La guerre des hommes libres », *Au péril du maquis* d'A.M. Panheleux en 1947. Cette nouvelle dimension politique joue cependant contre la Légion : que des organisations de la collaboration vichyste comme la Légion des combattants ou la Légion des volontaires français contre le bolchevisme (LVF) aient repris le terme « Légion » contribue en effet sans doute à un amalgame de plus lorsque, à partir de fin 1945, la guerre d'Indochine exigeant beaucoup de volontaires, elle recrute parmi les anciens soldats allemands, italiens ou extrémistes originaires des Balkans. Anonyme, le héros légionnaire se prête toujours à tous les genres de l'invention littéraire. Chevalier ambigu des causes désespérées, combattant par tous les moyens jusqu'au sacrifice suprême, il permet aussi de justifier les excès des campagnes coloniales et certaines défaites. Ce sera particulièrement le cas en Indochine de 1945 à 1956. La presse, qui couvre largement la bataille de Diên Biên Phu, notamment *Paris Match*, fait une large place aux légionnaires dont la conduite est donnée en exemple au côté des troupes coloniales et des parachutistes.

Sur fond de guerre froide, le parti communiste attaque violemment la Légion et exigera même bientôt sa dissolution. Celle-ci est alors décrite comme un repaire de tueurs anciens nazis, mercenaires luttant pour le colonialisme. Les tracts du Viêt-minh stigmatisent cette origine, mais tentent de ramener les engagés allemands au bercail en les encourageant à déserter. Cette image perdure avec la guerre d'Algérie et ses avatars telle l'Organisation armée secrète (OAS) au sein de laquelle se retrouvent des officiers, sous-officiers et légionnaires. Combat dramatique et désespéré qui épouse bien la mythologie du héros tragique et trouve un écho dans la chanson de Piaf que reprennent les parachutistes du 1er régiment étranger de parachutistes en quittant leur camp après l'échec du putsch d'Alger en avril 1961 : « Non, je ne regrette rien. » Au cliché exotique et dépassé du mauvais garçon, du mercenaire, succède désormais celui du factieux d'extrême droite que littérature, cinéma ou bientôt bande dessinée contribuent peu à améliorer. En revanche, à partir des années 1970 et du fort courant antimilitariste d'après Mai 1968, dans la presse, les bulletins antimilitaristes, les magazines de caricatures ou la bande dessinée, le légionnaire est stéréotypé à outrance ainsi que sa hiérarchie pour incarner la « brute » en uniforme. *Pilote*, *Charlie hebdo*, *Le Canard enchaîné*, *Lutte antimilitariste*, *L'Écho des savanes*, *Métal hurlant*, dans une production abondante, se distinguent par la violence des attaques le plus souvent partisanes. Citons par ailleurs les œuvres d'Hugo Pratt, de Dino Battaglia et d'A.H. Palacios, enfin les récentes publications de bandes dessinées qui ont pour thème la guerre d'Indochine. Plus encore que le soldat d'active, c'est l'ancien légionnaire qui fait la une sous les traits d'un petit délinquant, asocial, nervi de droite et raciste, incapable de se réinsérer et prêt à tous les emplois. Que le président du Front national Jean-Marie Le Pen ait servi comme officier de réserve rappelé au 1er régiment étranger de parachutistes en Algérie pendant la bataille d'Alger renforce ces clichés.

Depuis plusieurs décennies, deux camps s'affrontent sur fond de guerre d'Algérie. D'un côté, de nombreux anciens se font historiens comme Pierre Sergent, Erwan Bergot, Raymond Muelle, Alain Gandy et Hélie Denoix de Saint Marc, avant tout témoins plus ou moins engagés. De l'autre des historiens les mettent en cause : Gilles Manceron, Alain Ruscio, plus récemment Olivier Le Cour Grandmaison. La Légion quant à elle se préoccupe de gérer sa communication notamment avec ses publications et les nombreux documentaires et téléfilms qu'elle autorise ou suscite sur les chaînes nationales et étrangères. Le film « documentaire » *La Légion saute sur Kolwezi*, de René Coutard, tourné en 1979 un an seulement après l'opération de libération des otages, marque un certain tournant qui annonce les années à venir : une Légion parfaitement intégrée au sein des forces de projection multinationales et qui œuvre au maintien de la paix sur tous les points chauds du globe. La professionnalisation des armées françaises lui a fait perdre en partie ses particularismes guerriers et la présence de plus en plus grande d'étrangers, en échange d'une naturalisation, dans les armées américaines, anglaises ou espagnoles déployées en Irak ou en Afghanistan a banalisé ce type d'usage. Cependant la Légion – en tant qu'unité d'élite – continue de fasciner, en témoignent les productions contemporaines sans oublier les articles de la grande presse – *VSD*, *Le Figaro magazine* – ou spécialisée – revues de la Défense, de la Légion (*Képi blanc*), d'amateurs de militaria divers (*Militaria Magazine*, *Assaut*, *Raids*, *Soldier of Fortune*) – ainsi que les nombreux blogs et sites Internet.

Éric DEROO

Remerciements à Alain Barthélemy, au lieutenant-colonel (er) Christian Benoit, à Olivier Blazy, Pierre Dehé, au lieutenant-colonel Jean-Luc Messager.

IMBOT, général René Gabriel (1925-2007). – Né à Roussillon (Vaucluse) dans une famille modeste, il doit à la situation de son père, mutilé de guerre, d'être admis à l'école militaire préparatoire d'Épinal puis, en 1941, au prytanée militaire de La Flèche replié à Valence. Ses deux frères seront aussi « enfants de troupe ». Entré dans la Résistance au maquis de l'Allier en 1944, il s'engage ensuite au régiment de Corrèze-Limousin, avec lequel il combat dans la région de Belfort. Admis enfin au concours d'entrée à l'École spéciale militaire de Saint-Cyr, il fait partie de la 5e promotion de Cherchell.

En juin 1945, il rejoint comme sous-lieutenant la 13e demi-brigade de Légion étrangère, avec laquelle il fera deux séjours en Indochine. En 1946, lors des opérations de récupération des provinces du Cambodge, il est grièvement blessé et décoré de la Légion d'honneur. C'est le début d'une carrière qui fera d'Imbot et de sa 3e compagnie une référence au Sud-Vietnam. Chef du poste stratégique de Cuchi, il inflige au Viêt-minh des revers importants. Il est encore blessé en 1951. À la fin du second séjour en Indochine, ses huit citations lui vaudront d'être fait officier de la Légion d'honneur par le général de Lattre. Promu au grade de capitaine à titre exceptionnel en janvier 1952, il est affecté au 4e régiment étranger d'infanterie à Meknès. Il se distingue à nouveau à Mrirt lors de la réduction de l'insurrection locale zaïane. En 1954, admis à l'École d'état-major, il quitte la Légion étrangère.

Il revient au Maroc à l'état-major de la division de Meknès, puis à celui de Fès. En 1958, il est désigné pour suivre les cours du Command Staff College des États-Unis à Fort Leavenworth, d'où il sort premier des stagiaires étrangers de sa promotion. À son retour en France en août 1959, il est envoyé à l'état-major du groupe d'armées Centre à Heidelberg. Promu chef de bataillon, il est admis en 1962 à l'École supérieure de guerre. En juillet 1964, il prend le commandement du groupe de compagnies du 51e régiment d'infanterie motorisée (RIM) à Beauvais. De 1966 à 1969, il est affecté une première fois à la direction du personnel militaire de l'armée de terre (DPMAT) et est promu lieutenant-colonel en avril 1966, puis colonel en octobre 1969. Il prend alors le commandement du 35e RIM à Belfort, régiment d'élite. En octobre 1971, il retourne à la DPMAT comme chef du bureau Infanterie jusqu'au 1er août 1974 où il commande la 1re brigade motorisée à Saarburg et est promu général de brigade en février 1975. En septembre 1976, il est nommé commandant de l'école d'application de l'infanterie à Montpellier. Général de division en octobre 1978, il est adjoint au général gouverneur militaire de Paris le 15 septembre 1979. Le 12 octobre 1980, il devient directeur du personnel militaire de l'armée de terre et est élevé en avril 1981 au rang de général de corps d'armée, général d'armée en mars 1983 et chef d'état-major de l'armée de terre jusqu'en 1985.

En septembre 1985, il prend la tête de la Direction générale de la sécurité extérieure (DGSE) dans les circonstances délicates de l'affaire du *Rainbow Warrior*. Il est alors admis, à soixante-trois ans, en 2e section des officiers généraux et élevé à la dignité de grand-croix de la Légion d'honneur. Il se retire alors dans sa province natale, au hameau du Colombier à Caseneuve près d'Apt. C'est là qu'il meurt le 19 février 2007. La fin de sa vie fut assombrie par l'assassinat de son fils aîné. Figure militaire hors du commun de son époque, doué de remarquables qualités intellectuelles, d'une grande modestie, il se caractérisait encore par une exceptionnelle curiosité d'esprit. Et bien qu'ayant quitté la grenade à sept flammes à moins de trente ans, il n'oublia jamais la Légion, les légionnaires en activité ou anciens : il conserva jusqu'à son dernier jour le culte de la camaraderie. Marié à Simone Thévenet, il avait deux fils et six petits-enfants.

Pierre CARLES

INDOCHINE, la Légion étrangère en. – Le 12 mars 1956, embarquant à Saigon pour rejoindre l'Algérie, le 2e bataillon du 5e régiment étranger d'infanterie (2/5e REI) est la dernière unité de Légion à quitter l'Extrême-Orient. Une page se referme alors définitivement sur ces huit années de guerre (1946-1954) au terme desquelles le sang versé sur la terre indochinoise se mesure à l'aune du sacrifice de 309 officiers, 1 082 sous-officiers et 9 092 légionnaires.

Pour la Légion cependant, l'aventure indochinoise avait débuté le 8 novembre 1883 avec le débarquement, à Haiphong, d'un premier bataillon intégré au groupement du général Bouët. En ces temps de conquête, se renforçant progressivement jusqu'à atteindre l'effectif de quatre bataillons, la Légion étrangère prend une place prépondérante dans les opérations au Tonkin. Luttant tour à tour contre les pirates Pavillons noirs et les réguliers chinois, ses unités obtiennent leurs premiers titres de gloire à Son Tay en 1883, à Bac Ninh en 1884 sous les ordres du général de Négrier, lors de la magnifique résistance de Tuyen Quang et à Lang Son en 1885. Cette phase préliminaire de conquête durant laquelle elle s'est montrée à la pointe des combats coûte à la Légion 23 officiers, 159 sous-officiers et 1 882 légionnaires. Débute ensuite, sous la direction éclairée de Gallieni et de Lyautey, une longue phase de pacification. Le légionnaire n'abandonne pas son arme, car il faut pourchasser les derniers pirates, mais dans le même temps se fait bâtisseur. Des postes sortent de terre comme celui de Na Cham, des cités modernes sont édifiées telle Lang Son, des pistes sont ouvertes dans la jungle. Les légionnaires sont chargés – comme dans les confins algéro-marocains – d'assurer la défense de la frontière avec la Chine. À la fin du siècle, les bataillons se répartissent entre les garnisons de Yen Bay, Tuyen Quang, Son Tay, That Khé pour les principales. Dès lors, il se noue entre la Légion et l'Indochine une relation toute particulière qui se prolongera durant plus de soixante-dix ans.

Après que la Première Guerre mondiale a nécessité le retour en métropole de la quasi-totalité des unités de Légion présentes en Extrême-Orient, plusieurs bataillons formant corps y sont de nouveau acheminés à partir de 1920 pour faire face aux troubles intérieurs et à l'anarchie qui règne sur la frontière de Chine. En 1930, les quatre bataillons présents sont regroupés pour former le 5e REI dont le colonel Debas prend le commandement à Vietri. Le régiment constitue la réserve opérationnelle du général commandant supérieur. En 1936 débutent les grands travaux pour construire les routes stratégiques devant faciliter la mobilité des troupes. Mais ces activités sont interrompues par les événements de 1940 : le 5e REI connaît la douloureuse affaire de Lang Son lors de l'attaque japonaise en septembre avant que son 3e bataillon ne mène une résistance héroïque, en janvier 1941, face à l'agression thaïlandaise contre le Cambodge. Le régiment subit ensuite la cohabitation avec les Japonais jusqu'au coup de force du 9 mars 1945. Échappant au piège tendu par l'adversaire, le 5e REI parvient, sous la conduite du général Alessandri, à rejoindre la frontière de Chine en faisant, tout en combattant, un périple de plus de 800 km. En 1946, réduits à un bataillon de marche, les survivants du « Vieux Cinquième » repassent au Tonkin et affrontent les bandes viêt-minh avant que le bataillon ne soit dissous en novembre. Entre-temps, le corps expéditionnaire envoyé par la France pour rétablir son autorité sur l'Indochine s'est peu à peu étoffé. En son sein, la Légion est appelée à jouer un rôle de premier plan. Dès février débarque le 2e REI, dirigé vers le Sud-Annam, suivi en mars par la 13e demi-brigade de Légion étrangère (DBLE) puis, en juin, par le 3e REI, lesquels conduisent la pacification en Cochinchine. Mais depuis le 19 décembre

1946 et après l'échec des négociations, le Viêt-minh, communiste et nationaliste, est ouvertement entré en guerre et la situation nécessite des renforts. Le 1er régiment étranger de cavalerie (REC) arrive à son tour en janvier 1947 et s'installe en Centre-Annam. Partout, les postes se multiplient pour faire face à la guérilla. La défense héroïque de celui de Phu Tong Hoa, en 1948, restera dans les annales. Comme à l'accoutumée, la Légion s'adapte au terrain et aux procédés de combat de l'adversaire : avec ses engins amphibies « crabes » puis « alligators », le REC traque efficacement l'adversaire dans toutes les zones humides ; le 2e REI met en œuvre un train blindé en Sud-Annam ; le 3e REI forme la première compagnie parachutiste légionnaire qui rejoindra, en 1949, le 1er bataillon étranger de parachutistes (BEP) fraîchement débarqué. Le 2e BEP le suivra en février 1949. La Légion met aussi sur pied des unités de génie, de transport, de réparation. L'activité viêt-minh, au nord, oblige le commandement à faire un effort sur le Tonkin où est recréé, en 1949, le 5e REI.

Au total, à partir de 1950, la Légion fournit à l'Indochine quatre régiments d'infanterie (2e, 3e, 5e REI et 13e DBLE), un régiment de cavalerie (1er REC), deux bataillons de parachutistes (1er et 2e BEP) ainsi que des unités d'appui et de soutien, soit un total d'environ 20 000 hommes représentant près de 17 % des forces terrestres d'Extrême-Orient. Ces légionnaires, en grande majorité allemands, reçoivent une formation accélérée de cinq à sept semaines à Sidi-Bel-Abbès avant d'embarquer. Le besoin constant en effectifs entraîne le « jaunissement » des unités et la création des bataillons mixtes au sein desquels le pourcentage d'autochtones peut atteindre 60 %. À compter de 1950, le Viêt-minh est puissamment aidé par les communistes chinois parvenus sur la frontière du Tonkin et la violence des combats redouble. Dans la tragique bataille de la route coloniale n° 4 (RC4) qui suit l'évacuation de Cao Bang, la Légion perd le 1er BEP et le 3/3e REI. En 1951, le général de Lattre redresse la situation. Le 2e BEP se distingue à Nghia Lo lors de la première offensive viet au Pays thaï. L'année 1952 débute par les durs combats d'Hoa Binh et de la RC6 auxquels prennent part la 13e DBLE, le 5e REI et le 2e BEP. Elle s'achève par la victoire défensive de Na San où s'illustrent le 3/5e et le 3/3e REI. En 1953, tandis que le 3e REI intervient au Laos, le REC et les deux BEP multiplient les opérations dans tous les secteurs, la plupart des bataillons de Légion étant aussi sollicités pour participer aux opérations de nettoyage dans le delta du Tonkin. En 1954, ce sera Diên Biên Phu, où pas moins de sept bataillons de Légion « feront Camerone ». Durant ce conflit meurtrier, des chefs d'exception vont graver leur nom dans l'épopée légionnaire : Sairigné, Segrétain, Raffalli, Gaucher, sans compter une cohorte d'officiers subalternes tels Cabiro, Mattei, Morin, Hamacek, Blignières, pour ne citer qu'eux. Épris d'aventure et d'exotisme, guerrier et bâtisseur, le légionnaire a toujours trouvé dans l'Indochine un territoire à la mesure de ses aspirations. Telle est sans doute la raison pour laquelle il a pu y écrire une des plus belles pages d'héroïsme, de sacrifice et de gloire.

Michel DAVID

Bibl. : Michel Bodin, *La France et ses soldats, Indochine, 1945-1954*, L'Harmattan, 1996 • Pierre Montagnon, *Histoire de la Légion*, Pygmalion, 1999 • Tibor Szecsko, « À la mémoire de dix mille légionnaires », dans Philippe Héduy, *La Guerre d'Indochine, 1945-1954*, SPL, 1981, p. 202-203.

INFORMATION, service de l'. – La Seconde Guerre mondiale a mis en valeur le rôle important que peut jouer l'information au sein des forces armées. Tous les pays en effet avaient mis en place des services de propagande à destination de leurs soldats. L'armée française, pour se doter des moyens adaptés aux nouveaux défis de la décolonisation en marche, a tiré les leçons à la fois des méthodes allemandes, d'une efficacité redoutable, des innovations américaines (association d'informations exactes, de « bourrage de crâne » et d'intoxication) et des balbutiements de ses propres services de 1939 à la Libération.

La Légion étrangère se dote de son propre organe d'information en 1948, après la mise en place, par le ministère de la Défense nationale, du très officiel service presse, propagande, information, transformé le 20 novembre en service moral information. En réalité, dès la fin des hostilités en 1945, les embryons d'un organisme officieux apparaissent au 1er régiment étranger autour de la salle d'honneur et du musée du Souvenir. Un capitaine était alors chargé de « communiquer » en utilisant le périodique *Képi blanc* lancé en 1947 par le colonel Gaultier. Le service information et historique de la Légion étrangère (SIHLE) qui lui succède en 1971 répond à la création en 1969 du service d'informations et des relations publiques des armées (SIRPA). Le professionnalisme s'y impose et le SIHLE devient au sein du service du moral et des œuvres de la Légion étrangère (SMOLE) un outil destiné à l'information interne comme à la communication à destination du grand public.

Les missions ont évolué en fonction des politiques d'information et de communication définies par le commandement. C'est ainsi que la division communication, information, recrutement de la Légion étrangère (DCIRLE) avait un temps regroupé le bureau de recrutement (BRLE), le bureau information et historique (BIHLE) et la musique de la Légion, reprenant en partie l'organisation des années 1950. Le dernier organigramme du commandement de la Légion étrangère a mis fin à une confusion des genres et clarifié les missions de la division communication et information de la Légion étrangère (DCILE), centrées sur les relations publiques avec les médias et sur la promotion de la revue *Képi blanc*. La maison mère est donc revenue, au début du XXIe siècle, aux fondamentaux de l'information et de la communication qui ont fait le succès de son savoir-faire inégalé dans l'armée française depuis les premières initiatives autour de la préparation du centenaire en 1931.

André-Paul COMOR

Bibl. : Béatrice Rodier-Cormier, *Aux origines de la communication de défense, Indochine 1945-1954*, Éditions des Riaux, 2002 • Vincent Saule, *L'Appareil du discours ou le Savoir du savoir-faire* Légion, mémoire de DESS, Toulouse, 1993.

INSIGNE. – Marque distinctive (du latin *insignia* ou plutôt de l'italien *insegna* qui signifie « enseigne, armoiries, signal ») attestant que l'on appartient à un corps, à un ordre, à une société, mais également attribut des grades, des dignités, ou du rang. Il en existe plusieurs sortes : les insignes de décoration, de grade, de fonction, de spécialité ou de qualification, de classement et de concours, enfin les insignes de grandes unités, grands commandements ou de corps de troupe dits de tradition qui représentent la personnalité de l'unité considérée (on classe également dans cette catégorie les insignes de promotion).

Ces derniers, de tradition, ont pour origine les armoiries féodales qui permettaient aux soldats d'afficher leur appartenance à la maison de leur seigneur et par voie de conséquence à l'armée dont ils faisaient partie. Les premiers font leur apparition au cours de la Première Guerre mondiale dans les armées françaises. D'abord sous forme de peinture sur les fuselages des avions, en tant qu'insigne d'unité ou même comme insigne personnel des pilotes, puis dans les sections de transport du train, dont les personnels peignent leurs insignes sur les bâches ou les ridelles des camions. Les premiers insignes métalliques issus de l'artisanat de tranchée apparaissent à la fin de la guerre. D'abord toléré par le commandement, le phénomène prend lentement son essor avant de connaître un véritable succès dans les années 1930 et particulièrement à partir de la mobilisation en 1939. Il fait d'ailleurs l'objet de quelques tentatives d'encadrement puis d'une véritable réglementation à partir de 1945.

À l'instar du reste de l'armée française, les unités de la Légion sont également touchées. Le premier insigne connu est créé dès 1922, c'est celui de la 1re compagnie de sapeurs-pionniers du 1er régiment étranger. Le centenaire de la création de la Légion étrangère, en 1931, est ensuite l'occasion de relancer la mode des insignes métalliques au sein des unités, et celui du 1er régiment étranger de cavalerie (1er REC) voit le jour en 1936. Mais à la mobilisation, seul un régiment sur deux dispose d'un insigne régimentaire – lors de la drôle de guerre, toutefois, tous les régiments de Légion sont dotés d'un insigne, y compris ceux nouvellement créés tels que les 11e et 12e régiments étrangers d'infanterie (REI).

La Seconde Guerre mondiale donne aux légionnaires l'occasion de concrétiser cet engouement pour les insignes qui permettent de manifester leur fidélité à la France, celle du général de Gaulle (croix de Lorraine à la 13e demi-brigade de Légion étrangère) comme celle de l'État français (francisque au 5e REI, isolé dans une Indochine occupée *de facto* par les Japonais). Lors des guerres de décolonisation (Indochine, Madagascar, puis l'Algérie) qui suivent, les insignes de la Légion se multiplient, au fil des créations de nouvelles unités (parachutistes notamment) ou d'unités composées de légionnaires au sein des autres armes (génie, train, matériel, etc.). Ces derniers insignes sont très marqués par la symbolique légionnaire (grenade à sept flammes et couleurs vert et rouge de tradition) à laquelle sont associés les symboles de l'arme d'accueil (roue dentée du train ou des mécaniciens du matériel, cuirasse et pot-en-tête du génie, par exemple). Enfin, les opérations extérieures entraînent à leur tour la création de nombreux insignes par les unités de Légion, insignes auxquels viennent s'ajouter ceux des compagnies, voire des sections et plus récemment des insignes de catégories (caporaux et caporaux-chefs par exemple). Les régiments de la Légion étrangère sont aujourd'hui tous dotés d'un insigne de tradition et d'un insigne de béret officiel et homologué (voir par exemple, ci-après, celui de béret du 1er REC).

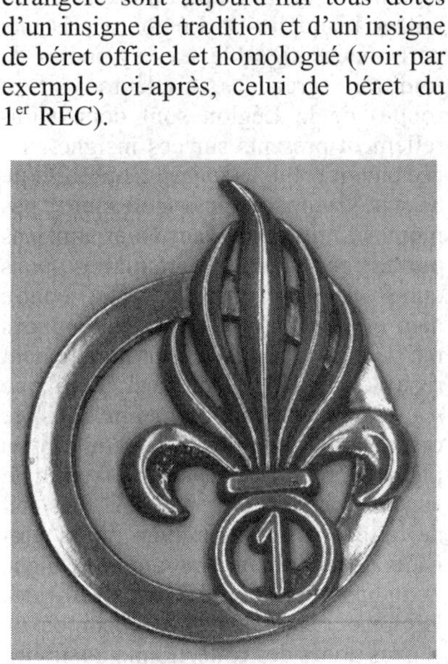

Coll. part./droits réservés.

Les légionnaires portent également les insignes de spécialité officiels homologués par l'armée de terre et correspondant aux qualifications acquises lors de stages de formation. Ces insignes sont aussi parfois délivrés par des centres de formation dépendants de la Légion étrangère (tels que Arta-plage à Djibouti ou le centre d'entraînement en forêt équatoriale en Guyane), ce qui explique que l'on puisse trouver des insignes de spécialité avec une symbolique légionnaire. Cependant, certains régiments se sont également dotés d'insignes de spécialité ou de qualification propres aux spécificités du régiment et non homologués. Ceux-ci ne peuvent donc être attribués qu'à des membres de la Légion. Il est également possible de trouver des insignes non homologués mais néanmoins réglementaires tels que l'insigne de manche des pionniers. Par ailleurs, de nombreuses promotions des écoles de l'armée de terre ont reçu des légionnaires comme parrains ou des batailles auxquelles la Légion a pris une part non négligeable. Les symboles de tradition (grenades, couleurs vert et rouge) de la Légion sont donc naturellement présents sur ces insignes. La prestigieuse École spéciale militaire de Saint-Cyr compte ainsi à elle seule pas moins d'une quinzaine de promotions portant des noms « légionnaires » tels que Rollet ou Camerone. Enfin, quatre navires (trois de la marine et un des messageries maritimes) ont également reçu le parrainage de la Légion ; ce sont l'escorteur côtier *Légionnaire*, le contre-torpilleur puis le sous-marin du même nom *L'Indomptable* et enfin le vapeur *Sontay*. Leurs insignes font état de ce parrainage au travers de la grenade, d'un légionnaire en képi blanc et/ou des couleurs de tradition de la Légion.

Très prisés des collectionneurs, les insignes originaux de la Légion étrangère peuvent atteindre des prix très élevés et l'engouement pour ceux-ci ne s'est jamais démenti. La simple présence de la grenade de la Légion sur un insigne lui confère de fait une plus-value. Il existe de nombreux retirages officiels des insignes les plus prestigieux. Cependant, il faut souligner qu'il existe également de nombreuses copies non autorisées, voire des faux d'excellente facture. Ces derniers concernent notamment les insignes de la période de la guerre d'Indochine et sont souvent fabriqués en Asie du Sud-Est.

Luc BINET

Sources : Ministère de la Défense, *Bulletin officiel édition méthodique* (BOEM) n° 685 du 21 juin 1985 • SHD-Terre, fonds documentaire de la division de la symbolique de la Défense.

Bibl. : *La Légion étrangère et ses insignes*, bulletin spécial de l'association Symboles et Traditions, 1990 • Tibor Szecsko, *Le Grand Livre des insignes de la Légion étrangère*, IILE, SIHLE, 1991.

INSPECTION DE LA LÉGION ÉTRANGÈRE (1931-1934). – Sa création s'inscrit dans le cadre de la grande réforme des organes d'inspection des armes engagée après la Première Guerre mondiale. Au général Mangin est confiée dès 1922 l'inspection générale des troupes coloniales, alors que les inspections techniques sont mises en place entre 1925 et 1928. Mais la Légion étrangère n'est pas directement concernée par ces mesures qui en feraient une « subdivision d'arme » au sein de l'armée d'Afrique. Déjà en 1920, le lieutenant-colonel Rollet – ancien chef de corps du régiment de marche de la Légion étrangère – avait envisagé une réorganisation de la Légion et tenté de s'imposer comme inspecteur permanent des unités de Légion du Maroc. En vain, car le maréchal Lyautey, à juste titre, jugeait cette demande exorbitante, susceptible de créer une hiérarchie parallèle et à terme d'opposer une Légion du Maroc à une Légion d'Algérie. Par ailleurs, la création d'un régiment de cavalerie suivie par celle des 3e et 4e REI à partir des neuf bataillons du 1er régiment étranger, qui ne pouvait à lui seul assurer l'ensemble des missions, modifie sensiblement la physionomie de la « jeune Légion ». Il s'agit désormais d'accueillir et d'instruire les nombreux engagés volontaires qui affluent dans les postes de recrutement – notamment dans les territoires occupés de la jeune république de Weimar –, mais également de gérer des unités dispersées en Afrique du Nord, au Levant et au Tonkin. La subordination des régiments à leur arme d'origine nuirait ainsi à l'unité de la Légion et à sa cohésion.

Le général Gamelin se rend aux motifs avancés dans son rapport de 1928 par le maréchal Franchet d'Esperey, qui avait appuyé les revendications de Rollet, et créé l'inspection de la Légion étrangère le 2 mars 1931. Elle est naturellement confiée à ce dernier – promu général de brigade –, qui prend également le commandement de la 4e brigade d'infanterie et la subdivision de Tlemcen. L'instruction provisoire prévoit le regroupement des dépôts de l'infanterie et de la cavalerie des régiments étrangers à Sidi-Bel-Abbès, baptisée « maison mère » ou « portion centrale de la Légion ». Auprès du ministre, Rollet tient le rôle d'un conseiller technique pour ce qui concerne les questions relatives à la Légion. Il exerce une action directe sur les dépôts de Bel-Abbès mais n'a pas qualité pour envoyer des instructions aux chefs de corps. Il doit adresser au ministre des rapports toutes les fois qu'il estime utile d'appeler son attention sur tout point intéressant les régiments étrangers. Cependant, l'État-major général reste réservé sinon hostile à l'idée de donner à l'inspecteur de la Légion étrangère des compétences identiques à celles d'un inspecteur d'arme. L'instruction du 2 mars précise toutefois que « l'unité et la cohésion à maintenir dans cette troupe d'élite » exigent le maintien des traditions. Un nouveau pas est donc franchi : la Légion se voit reconnaître sa spécificité par le haut commandement. Quant au rôle que doit avoir l'inspection vis-à-vis des amicales et sociétés d'anciens légionnaires, afin de les guider discrètement et en obtenir le soutien dans la lutte à mener contre la propagande anti-Légion, il n'en est rien dit dans les deux documents signés par le général Gamelin.

L'influence de l'inspecteur sur l'organisation et l'évolution de la Légion est finalement encadrée mais les questions relatives aux effectifs, la gestion des cadres, officiers et sous-officiers, le maintien des traditions sont bel et bien sous sa responsabilité. Rollet fait une lecture très personnelle de l'instruction pour exercer sa mission au mieux. La suppression de l'inspection le 15 janvier 1934, à la veille de l'adieu aux armées du général Rollet, met fin à une situation qui était provisoire. La Légion ne bénéficie plus par ailleurs du soutien des « Africains » Lyautey et Franchet d'Esperey, qui avaient, il est vrai, quelque peu forcé la décision de Gamelin et de son entourage. L'année suivante, le stage de trois mois mis en place pour les officiers nouvellement mutés est supprimé par la direction de l'infanterie au motif que « Les officiers [qui] passent à Sidi-Bel-Abbès y prennent surtout les mauvaises habitudes de la Légion. Il vaut mieux éviter ce stage qui n'est d'aucun profit ».

La tentative de regroupement à Sidi-Bel-Abbès, dans un dépôt commun, des unités d'instruction et de dépôt des fantassins et des cavaliers échoue et a pour conséquence de laisser subsister en parallèle l'esprit fantassin et l'esprit cavalier au sein de la Légion.

Le général Rollet n'est pas parvenu à vaincre l'hostilité de nombreux généraux qui n'appréciaient pas son non-conformisme. La Légion tire les leçons de cette expérience vers l'autonomie pour relever le défi de la déflation des effectifs associée à la motorisation et à la modernisation de l'instruction alors même que la situation internationale s'assombrit en Europe et dans le Pacifique.

André-Paul COMOR

Sources : SHD-Terre, 9N 58.

INSTITUT DE FRANCE. – Parlement du monde savant, l'Institut de France succède en 1795 aux Académies royales supprimées par la Convention en 1793. Il regroupe cinq académies dont les plus prestigieuses, l'Académie française et l'Académie des sciences morales et politiques, ont reçu d'anciens officiers de la Légion étrangère.

Académie des sciences morales et politiques. À la fin du XXe siècle, deux anciens officiers ont été distingués par l'Académie, l'un comme historien militaire, le général Fernand Gambiez (1903-1989), l'autre comme diplomate, l'ambassadeur de France Jacques Leprette (1920-2004). Le premier, qui a joué un grand rôle dans le renouveau de l'histoire militaire en France, est reçu en 1974 dans la section générale. Jeune lieutenant, il avait servi dans les célèbres compagnies montées sur les confins algéro-marocains à la fin des années 1920 avant de faire une brillante carrière en corps de troupe jusqu'à la fin de la Seconde Guerre mondiale. Chef militaire de grande classe, il avait beaucoup appris avec les légionnaires. Le second, Jacques Leprette, est élu en 1999 au fauteuil d'Oscar Cullmann ; il reçoit son épée des mains du ministre des Affaires étrangères Hubert Védrine au cours d'une cérémonie au quai d'Orsay. Il fait partie des jeunes Français qui avaient choisi de rejoindre l'Afrique du Nord après l'occupation de la zone libre en novembre 1942. Sorti de l'école de Cherchell dans la promotion « Tunisie », il appartient à la cohorte d'une vingtaine d'aspirants réclamés par le dépôt commun des régiments étrangers pour combler le déficit en chefs de section des régiments de Légion durement éprouvés par la campagne de Tunisie. Après le stage imposé à la maison mère, l'aspirant Leprette rejoint le régiment de marche de la Légion étrangère (RMLE) avec lequel il combat en France et en Allemagne.

Académie française. La Légion étrangère fait son entrée officielle sous la Coupole avec l'élection de Pierre Messmer le 25 mars 1999 au 13e fauteuil, celui de Maurice Schumann, mort à Paris le 9 février 1998. Déjà membre de l'Institut de France depuis son élection à l'Académie des sciences morales et politiques en 1988, dont il est le secrétaire perpétuel depuis 1995, l'ancien capitaine de la 13e demi-brigade de Légion étrangère commence son discours de réception à l'Académie française, le 10 février 2000, par un hommage appuyé à la Légion. Il tient à « saluer le sacrifice des 35 000 étrangers morts pour la France dans les rangs de la Légion étrangère, dont 20 000 depuis 1940 ». Le 18 mars 2010, Simone Veil, élue au fauteuil de Pierre Messmer mort le 29 août 2007, évoque avec sobriété le parcours de son prédécesseur en mettant un point d'honneur à rappeler ses beaux états de service à la Légion, insistant tout particulièrement sur le souvenir de ces étrangers dont les noms résonnent pour la première fois sous la Coupole, suprême hommage rendu à ces oubliés de l'Histoire. La nouvelle Immortelle revient avec insistance sur les liens noués par Messmer avec ses légionnaires, pour lesquels il gardera jusqu'à ses derniers jours un attachement indéfectible. L'évocation de l'entretien au cours duquel le ministre des Armées Messmer s'oppose au général de Gaulle à propos de l'éventuelle suppression de la Légion étrangère en raison de la participation à Alger, le 22 avril 1961, du 1er régiment étranger de parachutistes au coup de force des généraux, en dit long sur l'estime qu'il portait à cette troupe qui l'avait adopté dès 1940.

Déjà, en 1934, l'Académie avait récompensé les auteurs du *Livre d'or de la Légion étrangère* publié en 1932 à l'initiative du général Rollet. Il est vrai que la Légion comptait des admirateurs – et non des moindres – parmi les académiciens, à commencer par René Doumic, secrétaire perpétuel, dont le frère, officier de réserve au 2e régiment de marche du 1er Étranger, avait été tué à la tête de ses hommes en novembre 1914 près de Reims, mais aussi les maréchaux Pétain et Lyautey, le général Weygand, Pierre Benoit ou encore Louis Bertrand.

André-Paul COMOR

Sources : Académie française, discours de réception de Pierre Messmer et Simone Veil.

Bibl. : Jean Delmas, « Gambiez, Fernand », dans Claire Andrieu, Philippe Braud et Guillaume Piketty (dir.), *Dictionnaire de Gaulle*, Robert Laffont, coll. « Bouquins », 2006, p. 536.

INSTRUCTION. – Depuis 1835, l'instruction à la Légion étrangère, y compris celle des nouveaux engagés, se fait en français. Cette règle impose d'entreprendre simultanément l'instruction militaire de base et l'apprentissage du français. « Apprentissage » est le terme qui convient, car, en employant des instructeurs qui ne maîtrisent pas toujours bien le français, il s'agit d'apprendre en quatre à six semaines 500 mots d'usage courant à des hommes parlant des langues différentes. Au fil des ans, la Légion a mis au point une méthode simple dont l'efficacité a été reconnue notamment par Claude Duneton dans *Le Figaro littéraire*. Ces connaissances élémentaires sont approfondies par la suite, notamment dans les écoles régimentaires aussi longtemps qu'elles ont existé.

L'instruction militaire de base est dispensée par les anciens dans les compagnies jusqu'en 1919, hors création de bataillon et hors temps de guerre. Lors des créations, elle est assurée par les cadres du bataillon : ce sont soit des anciens des régiments étrangers, soit ce qu'on a appelé après 1945 des « cadres blancs », c'est-à-dire des sous-officiers français servant à titre français. Dans le second cas, un bataillon par régiment reste en Algérie ou en Corse, sert de dépôt et assure l'instruction des nouvelles recrues. La campagne du Mexique (1863-1867) constitue un cas particulier : les recrues sont instruites à Aix-en-Provence par un dépôt en subsistance au 7e régiment d'infanterie de ligne.

À partir de 1920, l'organisation change : des unités spécialisées dans l'instruction sont créées au sein du 1er régiment étranger (RE). La mise en service de nouvelles armes (mitrailleuses, mortiers, canons) et de nouveaux matériels rend nécessaire l'ouverture de sessions d'instruction pour des spécialistes soit au corps soit hors du corps et parfois hors Légion. Le 1er régiment étranger de cavalerie (REC) n'est pas concerné par cette réorganisation : il incorpore et instruit les recrues qui lui sont affectées par le dépôt de Marseille.

Sidi-Bel-Abbès devient dans tous les domaines la maison mère de la Légion après la Seconde Guerre mondiale, et le 1er Étranger un régiment d'instruction. Soixante mille hommes destinés à servir en Extrême-Orient y sont formés à partir de 1949 lors de « classes » durant moins de deux mois selon la méthode conçue et appliquée par le colonel Pénicaut. L'instruction des spécialistes du génie, du matériel et du train se fait partiellement hors Légion.

La réorganisation consécutive à la fin de la guerre d'Indochine provoque la fusion du 1er Étranger et du dépôt commun de la Légion étrangère qui comprend un groupement d'instruction de la Légion étrangère (GILE). Celui-ci est chargé de l'instruction de base, de l'instruction parachutiste, de la formation des transmetteurs, des servants d'armes lourdes et des cadres. Lors du repli en métropole, le GILE s'installe en Corse.

En 1977, le GILE est transféré à Castelnaudary et prend l'appellation de régiment d'instruction de la Légion étrangère puis de 4e régiment étranger. Toutefois il n'a pas le monopole de l'instruction à la Légion : le 2e régiment étranger de parachutistes assure l'instruction parachutiste et le 3e Étranger anime en Guyane un centre d'instruction pour le combat en forêt équatoriale.

Les cadres ne reçoivent aucune formation particulière jusqu'à la fin du XIXe siècle. Des pelotons d'élèves gradés sont alors ouverts dans les régiments. Sauf exception, ces pelotons sont regroupés au GILE à partir de 1955. En outre, la multiplication des spécialités et la nécessité d'améliorer constamment les connaissances ont entraîné la création de nombreux stages qui ne sont pas tous assurés par la Légion.

Henry DUTAILLY

INVALIDES. – *Voir* PUYLOUBIER.

ITALIE, campagne d' (avril-juillet 1859). – L'alliance franco-sarde conclue à Plombières (Vosges) en 1858 prévoit, d'une part, l'annexion de la Lombardie et de la Vénétie par le royaume de Piémont-Sardaigne en échange de la cession à la France du duché de Savoie et du comté de Nice et, d'autre part, le soutien français au Piémont en cas d'agression autrichienne. Elle rend la guerre inévitable, car les Piémontais vont provoquer l'Autriche jusqu'à ce qu'elle les attaque le 21 avril 1859. Fidèle à ses engagements, la France entre dans le conflit le 3 mai suivant sans plan de manœuvre et sans avoir planifié sa logistique. Elle engage quatre corps d'armée et la Garde impériale. Le 1er Étranger à l'effectif d'un petit bataillon et le 2e Étranger à trois bataillons forment l'une des brigades d'une division du 2e corps d'armée commandé par le général de Mac-Mahon.

La campagne qui va durer deux mois est une succession de batailles de rencontre plus ou moins importantes. Celle de Magenta le 4 juin ouvre la route de Milan et assure la conquête de la Lombardie. La Légion y prend une part importante. Celle de Solferino, la dernière, acharnée de part et d'autre, est très meurtrière. Les pertes du fait des combats et de la maladie, les difficultés de ravitaillement et les concentrations prussiennes sur le Rhin amènent Napoléon III à signer les préliminaires de Villafranca le 12 juillet.

Henry DUTAILLY

• *Voir aussi* : Magenta.

Bibl. : César de Bazancourt, *La Campagne d'Italie de 1859*, Amyot, 2 t., 1859-1860.

ITALIE, campagne d' (1944). – *Voir* GARIGLIANO.

ITALIENS, volontaires (1939). – Au début de la guerre, les organisations d'exilés politiques italiens en France, le Parti socialiste italien, le Parti communiste italien, la Ligue italienne des droits de l'homme et le mouvement politique Giustizia e Libertà créèrent un

Comité national italien qui se déclara solidaire avec les démocraties alliées, encourageant la communauté italienne, la plus importante des communautés étrangères à l'époque, à défendre la France comme en 1914. Rapidement des organisations italiennes ouvrirent des bureaux d'enrôlement dans l'espoir de recruter des centaines de milliers de volontaires. Les garibaldiens de 1914 se montrèrent les plus actifs mais étaient divisés. Sante Garibaldi, à la tête de son organisation antifasciste, la Fédération française des garibaldiens de l'Argonne, fondée en 1937, installa un bureau de recrutement place de l'Opéra à Paris. Le 13 septembre 1939, il écrivit à Édouard Daladier, président du Conseil, que près de deux cent mille Italiens pouvaient affluer dans les dépôts ou être mis à disposition du gouvernement français « contre la force pour le droit », comme en 1870-1871 et comme en 1914, prêts à combattre l'Italie fasciste et l'Allemagne nazie. Place de l'Opéra également, une autre organisation garibaldienne rivale chercha à enrôler le plus grand nombre d'Italiens, mais avec un tout autre esprit. Camillo Marabini, crypto-fasciste notoire et président de l'Union des garibaldiens de l'Argonne, offrit ainsi la possibilité aux Italiens de se battre pour la France et contre l'Allemagne dans un 4e régiment de marche de la Légion étrangère (comme en 1914), mais en donnant l'assurance qu'en cas de conflit avec l'Italie fasciste ces volontaires ne se battraient pas contre la mère patrie. Selon lui, début octobre, ses effectifs, composés d'Italiens « afascistes » et peu politisés, pourraient former trois bataillons.

En définitive, au 15 octobre 1939, les Italiens qui se déclarèrent volontaires n'excédèrent pas 15 000. Beaucoup d'entre eux, mariés à des Françaises ou candidats à la naturalisation, purent incorporer l'armée française en vertu du décret du 27 mai 1939. Les autres rejoignirent la Légion étrangère, mais n'eurent pas bonne presse. Daladier refusa en effet de faire de cet engagement italien une croisade antifasciste. Quant à Mussolini, il fit pression pour empêcher la formation d'unités italiennes autonomes et exigea des Italiens un engagement individuel dans la Légion étrangère pour cinq ans ou pour la durée de la guerre. Le gouvernement français, par peur de voir l'Italie renoncer à sa non-belligérance en faveur de l'Allemagne, et croyant naïvement qu'elle rejoindrait le camp des Alliés comme en 1914, fit tout pour ne pas mécontenter le Duce. Daladier autorisa alors le 22 octobre 1939 l'engagement des Italiens dans la Légion étrangère pour la durée de la guerre, mais interdit les regroupements d'Italiens dans des régiments de marche. En outre, l'engagement dans la Légion avait mauvaise presse dans les milieux de la gauche italienne ; le temps d'engagement pouvait refroidir les sentiments les plus ardents. Les consulats italiens n'intervinrent pas, le Parti communiste quant à lui dénonça une guerre impérialiste et découragea beaucoup d'immigrés italiens de la banlieue rouge de Paris, de Marseille et de sa région. Enfin, bon nombre d'Italiens avaient fui la misère de l'Italie et non le régime fasciste, et à l'heure du choix, ils sentirent que cette guerre qui pouvait éclater contre leur pays ne les concernait pas.

Pour toutes ces raisons, le déchet fut particulièrement important. La légion « antifasciste » de Sante Garibaldi dut être dissoute début octobre 1939, tandis que les volontaires « afascistes » de Marabini servirent d'auxiliaires militaires. Durant l'hiver, Marabini tenta de monter une expédition pour faire la guerre en Finlande contre l'URSS, mais sans succès. Lui-même partit en reconnaissance mais fut arrêté par les Britanniques et passa la drôle de guerre dans les prisons anglaises. En définitive, selon Jean-Louis Crémieux-Brilhac, si 30 % des engagements de 1940 dans la Légion furent souscrits par des Italiens, probablement 7 000 à peine d'entre eux étaient incorporés dans l'armée française en juin 1940, tandis que Sante Garibaldi, lorsque l'Italie entra en guerre contre la France, put former de nouveau une légion de volontaires italiens qui se battit à Tours contre les Allemands.

Après l'Armistice, les légionnaires italiens engagés pour la durée de la guerre furent démobilisés, tandis que ceux qui avaient signé pour cinq ans eurent la possibilité de demander leur démobilisation et leur rapatriement en Italie, mais, selon Jean-Louis Crémieux-Brilhac, ils furent peu nombreux. Quant aux garibaldiens, certains d'entre eux, à l'image de Sante Garibaldi, rejoignirent les rangs de la Résistance.

Hubert HEYRIÈS

Bibl. : Jean-Louis Crémieux-Brilhac, « L'engagement militaire des Italiens et des Espagnols dans les armées françaises de 1939 à 1945 », dans Pierre Milza et Denis Peschanski (dir.), *Italiens et Espagnols en France 1938-1946*, IHTP, 1992, p. 505-507.

J

JACQUIN, général Henri (1911-1992). – Henri Jacquin est admis à l'École spéciale militaire de Saint-Cyr dans la promotion « Mangin » (1929-1931). Il entre dans la Légion à la sortie de l'école d'application de l'infanterie en 1932. Affecté en Extrême-Orient, en particulier en Indochine, pendant quinze années, il appartient à la génération des officiers qui ont à défendre les intérêts français face aux subversions étrangères des années 1930-1940 et aux contestations d'indépendance à l'intérieur des colonies. En Indochine, il applique les leçons d'une guerre secrète insufflée par le général Blaizot et mise en pratique par le colonel Boucher de Crèvecœur, qui plonge dans la résistance à l'occupation japonaise et se trouve être aux origines du service action du Service de documentation extérieure et de contre-espionnage (SDECE) sous la IVe République.

La guerre coloniale en Indochine est un terrain d'expérience majeur pour l'expérimentation des méthodes de renseignement de l'armée française. Au cours de ses années extrême-orientales – dont il décrira les grandes caractéristiques dans *Guerre secrète en Indochine* (1979) –, Henri Jacquin est notamment affecté en 1951 au 2e Bureau du Corps expéditionnaire français en Extrême-Orient (CEFEO) et suit l'action des groupements commandos mixtes aéroportés en 1951-1954. Ces savoir-faire spécifiques de la guerre secrète, dont la torture, seront ensuite appliqués dans le nouveau champ de bataille en Algérie, notamment avec le Centre de coordination interarmées (CCI) au milieu des années 1950.

Pourtant, le renseignement français en Algérie ne se limite pas aux seules structures militaires créées dans la 10e Région militaire, mais d'un véritable dispositif, davantage d'ailleurs que d'une « communauté » de moyens secrets, depuis le renseignement de contact mis en place par le service des liaisons nord-africaines du colonel Schoen en 1947 jusqu'au renseignement policier et à celui opérationnel du centre de coordination interarmées.

En janvier 1958, spécialiste du renseignement à la Légion étrangère, le lieutenant-colonel Jacquin est affecté au 2e Bureau de la 10e Région militaire. Par ses directives, il contribue à définir les attributions respectives des 2e Bureaux et du CCI comme les méthodes d'interrogatoire des prisonniers et des combattants algériens ralliés. À ce titre, il est chargé de mettre en œuvre la guerre psychologique, en particulier l'infiltration des réseaux du FLN (Front de libération nationale) et des wilayas 3 et 4. Il ordonne en outre les actions des services spéciaux de l'armée visant à provoquer des défections dans les rangs des combattants algériens, cherchant des succès à l'image des opérations d'intoxication engagées par le colonel Godard, notamment la « bleuite » dans la wilaya 3. En 1959, lorsque Challe devient commandant en chef et cherche à coordonner le renseignement militaire et civil, y compris la Direction de la surveillance du territoire (DST), il s'entoure de deux subordonnés pour le renseignement, les colonels Godard et Jacquin. Ce dernier prend alors la tête du bureau études et liaisons (BEL), directement rattaché au commandement du général Challe. Il est alors responsable des opérations spéciales et de l'information sur les secteurs. En réponse à la demande de « paix des braves » de Si Salah, il a suivi les négociations secrètes menées par Bernard Tricot, conseiller à l'Élysée, et le lieutenant-colonel Mathon, affecté au cabinet militaire du Premier ministre, avec la wilaya 4 au printemps 1960. Pour en garantir la sécurité et la confidentialité, Jacquin est présent dès les premiers entretiens du 28 mars 1960 à Médéa, sans toutefois y participer.

En 1960-1961, les événements militaires et civils en Algérie conduisent à une progressive évolution de l'organisation des moyens de renseignement. Le putsch des militaires en avril 1961 contraint le gouvernement à reprendre en main des services de renseignement militaire dont certains membres comptent parmi les activistes. Comme le CCI, le BEL est dissous en avril 1961, dans le cadre de la reprise en main du SDECE et du 11e Choc, en vue d'orienter désormais les missions de l'appareil de renseignement vers la lutte contre l'Organisation armée secrète. Henri Jacquin a donné un récit teinté de nostalgie et d'amertume de cette période dans l'ouvrage qu'il consacra à la guerre d'Algérie : *La Guerre secrète en Algérie*, paru en 1977.

Olivier FORCADE

Sources : AHC, fonds Michel Debré 2DE82, comptes rendus du cabinet militaire du Premier ministre sur les entretiens de la France avec les combattants algériens de la wilaya 4 Si Salah, Si Mohammed et Lakhdar, à Médéa, Rambouillet et Melun, mars à juillet 1960.

Bibl. : Maurice Faivre, « Le renseignement dans la guerre d'Algérie », dans Jean-Charles Jauffret et Maurice Vaïsse (dir.), *Militaires et guérilla dans la guerre d'Algérie*, Bruxelles, Complexe, 2001, p. 291-309 • Olivier Forcade, « Les fins politiques du renseignement », dans Serge Berstein, Pierre Milza et Jean-François Sirinelli (dir.), *Michel Debré, Premier ministre 1959-1962*, PUF, 2005, p. 489-513 • Constantin Melnik, *De Gaulle, les services secrets et l'Algérie*, Nouveau Monde, 2010 [1988] .

JAEGLÉ, lieutenant Albert-Édouard (1875-1908). – Né à Versailles, Albert-Édouard Jaeglé réussit le concours de Saint-Cyr et commence sa scolarité en octobre 1893. À sa sortie de l'école, il est affecté au 15e bataillon de chasseurs à pied puis au 1er régiment étranger, en 1899. Avec ses légionnaires, le jeune lieutenant découvre les colonnes qui parcourent le Sud algérien. Un séjour de deux ans au Tonkin lui permet ensuite de se livrer à des études topographiques, passion qui l'habite comme bon nombre d'officiers servant outremer. En 1903, de retour à Sidi-Bel-Abbès, muté au 2e Étranger, il combat le 2 septembre à El-Moungar. En octobre, avec la 24e compagnie montée de Forthassa, il rayonne du Chott Tigri à la hammada filalienne. Il met en outre à profit ses connaissances en topographie lors des reconnaissances de la région de Bou Denib, en 1906 et 1907. Admis au concours d'entrée à l'École supérieure de guerre, Jaeglé, inscrit au tableau d'avancement, cherche à parfaire sa formation interarmes et obtient d'accomplir son stage d'artillerie au sein d'une batterie de la province d'Oran. Parti en colonne vers Aïn-Sefra, il est tué le 13 mai 1908 au cours de l'assaut de la palmeraie de Beni Ouzien. Prématurément disparu, il fait partie d'une génération montante d'officiers de Légion du début du XXe siècle, de la trempe de Rollet et de Mordacq.

André-Paul COMOR

Bibl. : Henri de Zerero, *Albert-Édouard Jaeglé, lieutenant au 1er régiment étranger*, Oran, chez Perrier, sd.

JAUNISSEMENT. – Mis en œuvre dès le début de la guerre d'Indochine dans la vieille tradition des troupes coloniales, le jaunissement des effectifs du Corps expéditionnaire, par recrutement de soldats réguliers autochtones, constitua l'une des formes d'adaptation aux conditions particulières du conflit. En 1952, au plus haut de sa courbe avec plus de 60 000 hommes, le taux de jaunissement atteignit 35 % des effectifs. Quoique avec retard sur les autres corps, certains bataillons de Légion étrangère connurent aussi cette pratique qui a profondément marqué leur physionomie. Le jaunissement offrait plusieurs avantages : sur le plan militaire, il représentait, d'une part, une solution pratique et économique à la faiblesse récurrente des effectifs, permettant de combler les pertes et limitant l'appel aux renforts de métropole. Dans le cadre opérationnel, d'autre part, l'autochtone apportait aux unités une plus grande efficacité par sa connaissance du terrain et de l'environnement humain. Sa rusticité et son instinct pouvaient être mis à profit tandis que sa connaissance de la langue et des mœurs locales facilitait le contact avec les populations. Sur le plan politique, l'incorporation d'autochtones permettait de faire contribuer les pays d'Indochine à leur propre défense et de mieux contrebattre la propagande viêtminh. Le jaunissement se faisait soit par simple amalgame au niveau individuel, soit par création d'unités élémentaires autochtones encadrées par des Français, soit encore par constitution de bataillons mixtes.

C'est ainsi que naquirent, à partir de 1951 et sous l'impulsion du général de Lattre, des bataillons mixtes de Légion étrangère : au 4e bataillon de la 13e demi-brigade de Légion étrangère 4/13e (DBLE), le jaunissement atteint plus de 60 % ; il est de 35 % aux 1er et 4e bataillons du 3e régiment étranger d'infanterie (REI) ainsi qu'aux 1 et 4/5e REI. Le 1er régiment étranger de cavalerie et le 2e REI sont également renforcés par des autochtones dès février et mars 1951. En 1952, onze bataillons de Légion étrangère (4/13e DBLE) sont jaunis dont les deux bataillons étrangers de parachutistes (BEP). Les deux compagnies indochinoises parachutistes de Légion étrangère (CIPLE), mises sur pied dès 1951 après le désastre de la route coloniale no 4, sont de tous les combats, conduites par des officiers qui entrent dans la légende de la Légion : le lieutenant Bouchacourt au 1er BEP (1re CIPLE), les capitaines Bertoleau (tué au combat en juin 1951) et Denoix de Saint Marc au 2e BEP (2e CIPLE). Ces Asiatiques devenus légionnaires sont d'ailleurs particulièrement fiers d'arborer non pas le képi, habituellement reçu à Sidi-Bel-Abbès, mais le béret blanc. Correctement formés et bien encadrés, les légionnaires indochinois se révèlent de bons combattants servant avec courage, honneur et fidélité. À partir de 1952, la montée en puissance des armées nationales et notamment de l'armée vietnamienne réduira le recours aux autochtones dans les unités du Corps expéditionnaire.

Michel DAVID

Sources : DHPLE, GALE, note sur le jaunissement, sd (probablement fin 1951).

Bibl. : Michel Bodin, *La France et ses soldats, Indochine, 1945-1954*, L'Harmattan, 1996, p. 111-129.

JEANNINGROS, général Pierre Jean Joseph (1816-1902). – Fils d'un capitaine d'infanterie et d'une Espagnole originaire de Saragosse, il naît à Besançon (Doubs) le 21 novembre 1816. Incorporé au 66e de ligne en 1831 comme enfant de troupe, il part pour l'Algérie avec ce régiment l'année suivante. Engagé à dix-huit ans, il participe à la bataille de la Macta. Lorsque le 66e de ligne rentre en France, le sergent fourrier Jeanningros rejoint, sur sa demande, le corps des zouaves. Il y sert jusqu'à sa promotion au grade de chef de bataillon en 1853. Durant ces dix-sept ans, il reçoit six blessures et mérite deux citations.

Le commandant Jeanningros participe au siège de Sébastopol (1854-1855) dans les rangs de la Garde impériale et termine cette campagne avec le grade de lieutenant-colonel. Promu colonel au cours de la guerre d'Italie (1859), il reçoit le commandement du 43e de ligne puis, en 1862, celui du régiment étranger. Au Mexique de 1863 à 1867, il se distingue à la tête de la Légion, dans plusieurs commandements territoriaux et comme commandant des troupes d'assaut au siège d'Oaxaca (1864). Ce fait d'armes lui vaut une nomination au grade de général de brigade.

Rentré en France, il commande la subdivision du Nord puis une brigade de la Garde impériale avec laquelle il prend part en 1870 aux batailles de Borny, Gravelotte et Saint-Privat (Moselle). Promu général de division en 1873, il reçoit successivement le commandement de la 13e division d'infanterie (DI) puis celui de la 8e DI. Le 23 novembre 1881, le général Jeanningros est admis sur sa demande à faire valoir ses droits à la retraite au terme de cinquante années de service dont trois comme enfant de troupe. Il est grand officier de la Légion d'honneur et repose dans le cimetière de Sevran (Seine-et-Marne). Besançon lui avait fait une statue en bronze, qui a été fondue au cours de la Seconde Guerre mondiale.

Henry DUTAILLY

Sources : SHD-Terre, 8Yd 1538.

JEANPIERRE, lieutenant-colonel Pierre (1912-1958). – Le 24 juillet 1960, lors du Triomphe des Écoles de Saint-Cyr Coëtquidan, la promotion 1959-1961 de l'École spéciale militaire est baptisée du nom du lieutenant-colonel Jeanpierre : « Le képi blanc une fois de plus parrainera le casoar. » Le cas est d'autant plus exceptionnel que cet officier n'était pas lui-même saint-cyrien.

Engagé volontaire en décembre 1930 au 131e régiment d'infanterie (RI), promu sous-officier en juin 1932, le futur lieutenant-colonel Jeanpierre rejoint en octobre 1935, comme élève officier, l'école militaire d'infanterie et des chars de combat de Saint-Maixent et est affecté dix-huit mois plus tard comme sous-lieutenant au 1er régiment étranger (RE). Il connaît jusqu'en juin 1938 la vie de garnison ordinaire d'un jeune officier en Algérie, avant de rejoindre au Maroc le 2e RE, où il sert à la compagnie de sapeurs-pionniers.

Promu lieutenant en octobre, il est désigné pour le Levant et débarque à Beyrouth, puis Damas, à la fin du mois d'avril 1939. Il est donc officier au 6e régiment étranger d'infanterie (REI) durant la guerre « franco-anglo/française » de Syrie en 1941 et tous ses biographes restent extrêmement discrets sur le rôle qui fut le sien durant cette triste page de l'histoire militaire française. Comme la grande majorité du personnel du 6e REI, il fait le choix de la fidélité à son régiment, et donc au gouvernement de Vichy, et rentre en métropole au début de l'année 1942. Il bénéficie alors d'une affectation provisoire à Marseille. Placé en congé d'armistice, puis en non-disponibilité à l'hiver 1942-1943, il s'engage dans la Résistance mais est arrêté par les Allemands à Orléans, où il s'est replié, puis déporté à Mauthausen. Libéré en mai 1945, il prend le commandement d'un poste de recrutement de la Légion étrangère en Allemagne, puis à Metz, et enfin du centre de transit de Kehl. En septembre, il est promu capitaine avec effet rétroactif à compter de mars 1943.

Affecté au 1er bataillon étranger de parachutistes (BEP) en Afrique du Nord en juillet 1948, il fait un premier séjour en Indochine de novembre 1948 à novembre 1950 (il est en particulier blessé par une grenade piégée en avril 1949). Il est l'un des rares survivants de son bataillon après les combats de Coc Xa, et est admis à l'hôpital militaire de Marseille dès son arrivée dans l'Hexagone, avant de rejoindre à nouveau l'Algérie. Chef de bataillon en janvier 1951, il retrouve le 1er REI (2e bataillon) en mai, avant d'être désigné pour un nouveau séjour en Extrême-Orient en octobre 1954 : il prend le commandement du « nouveau » 1er BEP le 1er novembre. L'heure est désormais à la rétraction du dispositif militaire français en Indochine, et son unité est rapatriée en Afrique du Nord en février 1955. En septembre, il prend pour cinq mois le commandement provisoire du 1er régiment étranger de parachutistes (REP) et est promu lieutenant-colonel en octobre suivant, alors qu'il est désigné pour être engagé avec ses hommes au sein de la composante terrestre française de l'expédition de Suez (force A). Vainqueur dans la région de Port-Saïd, il doit accepter d'être cloué sur place en attendant d'être relevé par les premiers Casques bleus nordiques et ne revient en Algérie qu'après cinq semaines d'attente sur les bords du canal. Débarqué à Alger, il exerce à nouveau le commandement par intérim de son régiment en janvier 1957 et en est officiellement désigné chef de corps en mars. Il se donne sans réserve à la formation de son régiment et en commande personnellement les principales opérations. Le 24 septembre 1957, au cours de la dernière phase de la bataille d'Alger, il est grièvement blessé par de multiples éclats de grenade dans la Casbah lors de l'arrestation de Yacef Saadi, l'un des responsables de la zone autonome d'Alger.

Il est tué au combat le 29 mai 1958, dans la région du djebel Mermera (Guelma), lorsque son hélicoptère est abattu alors qu'il dirige au plus près l'action de ses unités. Deux fois blessé et neuf fois cité, il est commandeur de la Légion d'honneur et titulaire de nombreuses décorations, dont la croix de guerre 1939-1945, la croix de guerre des théâtres d'opérations extérieures, la croix de la Valeur militaire et la médaille de la Résistance. Marqué par sa détention, il s'est toujours montré très exigeant avec ses hommes ; son style de commandement était diversement apprécié malgré une « culture » des résultats qui a fait de son régiment un outil d'une efficacité remarquée au même titre que le 3e régiment parachutiste d'infanterie de marine du colonel Bigeard.

Rémy PORTE

Bibl. : Raymond Muelle, *Lieutenant-colonel Jeanpierre, soldat de légende*, L'Esprit du livre, 2007 • Étienne et Franck Segrétain, *Au champ d'honneur : la vie et la mort du chef de bataillon Pierre Segrétain du 1er BEP, 1909-1950, Indo Éditions, 2010* • Daniel Sornat, *Lieutenant-colonel Jeanpierre. Vies et mort d'un grand légionnaire, 1912-1958*, Indo Éditions, 2012.

JEUNE LÉGION. – L'expression « Jeune Légion » est née au lendemain de la Première Guerre mondiale. Les engagés pour la durée de la guerre viennent d'être démobilisés ; les effectifs vont être portés, dans un premier temps, à vingt mille hommes par l'incorporation massive de nouvelles recrues qui sont encadrées par des officiers n'ayant pas servi auparavant à la Légion. Grâce aux anciens de tous grades qui continuent à servir, ce renouvellement n'est pas une rupture qui dénature : il engendre une Légion fidèle à ses traditions et bien adaptée aux missions opérationnelles qu'elle remplit au Maroc ou au Levant ainsi qu'aux tâches diverses qu'elle continue à assumer partout où elle est présente.

Pour se distinguer de celle qui l'a précédée, cette Légion d'un style nouveau s'est appelée « Jeune Légion ». Des chants, des marches et des poèmes lui ont été dédiés, mais aucun n'est passé à la postérité. L'expression elle-même serait oubliée aujourd'hui si son antonyme « Vieille Légion » ne s'était perpétué avec un sens différent de son sens initial.

Henry DUTAILLY

JOCK COLONNE. – Concept d'unités légères interarmes motorisées et blindées chargées des reconnaissances en profondeur dans les zones désertiques et du harcèlement des postes et des unités adverses entre les lignes de front principales. Leur nom provient de celui du major général écossais John Charles dit « Jock » Campbell qui les a mises au point. À la fin de l'année 1941, lors de l'opération « Crusader », celui-ci est à Sidi Rezegh à la tête d'un groupement tactique, à côté de la 7e Armoured Brigade. Le 21 novembre, ledit groupement est attaqué par la 21e Panzer Division et la 15e Leichte Division de l'Afrika Korps. Il réussit à tenir ses positions pendant deux longues journées avant de se replier vers le sud. L'énergie, l'invention et le courage de Campbell font de lui une des figures les plus célèbres des « Rats du désert ».

En février 1942, la 1re brigade française libre (BFL) commandée par le général Kœnig reçoit la mission de relever la 150e brigade à Bir Hakeim. À partir de ce camp retranché, elle mène des raids de « Jock Colonnes » en avant des positions amies. Sur les quatre bataillons formant la brigade (bataillon de marche no 2, bataillon du Pacifique, 2e et 3e bataillon de Légion étrangère, ou BLE), le BLE 3 est bataillon réservé. Ses missions initiales sont d'envoyer des colonnes mobiles patrouiller en avant des positions, relever les autres bataillons quand ils sont désignés à leur tour pour former des « Jock Colonnes » et surveiller les champs de mines disposés au nord du camp retranché. L'une de ces colonnes est commandée par le capitaine Simon – qui est donc le premier officier de la brigade Kœnig à commander une « Jock Colonne » – de la compagnie d'accompagnement du 3e bataillon de la 13e demi-brigade de Légion étrangère (DBLE).

La composition type de la colonne est la suivante : une demi-compagnie d'infanterie (motorisée sur camions ou engins Bren-Carrier), une batterie d'artillerie (75 mm sur pneus, tractés ou transportés) et trois canons antiaériens, reliés entre eux et avec le camp grâce à une importante dotation en postes de radio. À Bir Hakeim, la 1re BFL reçoit comme consignes d'entretenir en permanence des « Jock Colonnes » en avant de ses positions pendant quinze jours, avant de les relever autant pour reposer les hommes et entretenir le matériel que pour donner l'occasion aux autres unités d'avoir des activités opérationnelles et non d'organisation du terrain. Les sorties se déroulent souvent selon un scénario bien rodé, auquel le chef apporte sa touche personnelle. Au lever du jour, un rideau de Bren-Carrier se déploie au plus près des avant-postes ennemis (allemands ou italiens) pour observer au mieux les mouvements adverses. Le reste de la « Jock Colonne » se tient, dispersé et en retrait, à l'abri des vues et des coups. Sur renseignement donné par l'éclairage, la colonne intercepte avec tout ou partie de ses moyens les formations ennemies prises en situation défavorable. La « Jock Colonne » est aussi prête à recueillir les éléments de l'éclairage si celui-ci est détecté et menacé par une manœuvre ennemie. Il arrive en effet que l'adversaire, qui dispose de chars légers – à l'inverse de la BFL –, impose à cette colonne un repli rapide. Ce type de combat, fait de longues attentes, d'actions de harcèlement et d'embuscades, s'appuie sur des réseaux radio toujours fiables et sur des unités motorisées très mobiles. Les exécutants doivent avoir l'esprit manœuvrier et une grande capacité à décider vite et bien. L'esprit d'innovation des Français, toutes origines confondues, participe de leurs succès devant Bir Hakeim.

Entrepris à compter du 3 février 1942, en liaison avec les unités sud-africaines et anglaises, ce type de combat est apprécié, car il fait appel à l'initiative et à la vivacité d'esprit des exécutants, à tout niveau. Il est cependant un aspect particulier de la guerre, une forme de guérilla motorisée que certains penseurs rattachent à la « petite guerre » du XVIIIe siècle, guerre d'embuscades et de patrouilles offensives menée par des unités régulières. Par ailleurs, dans ce type de guerre, au XXe siècle, l'armement et les matériels sont sérieusement mis à contribution. Mais dans cette période d'attente – qui va durer trois mois –, la brigade française libre retire de ces « Jock Colonnes » plus d'avantages que d'inconvénients. C'est une excellente école de guerre de blindés par les manœuvres hardies qu'elle suggère, servie par des réseaux radio complexes mais cohérents. Elle entretient la combativité et l'entraînement des hommes par un renouvellement régulier de leurs activités, ce qui maintient leur moral et leur dynamisme. Ces formations ont bien rendu les services qu'on attendait d'elles, sur le plan tant humain que technique. Lorsque l'offensive italo-allemande reprend en mai 1942, les défenseurs de Bir Hakeim ont pu se préparer à affronter un ennemi supérieur en nombre dont ils connaissent les matériels et ont testé les techniques de combat dans le désert. Selon le major Eddy Bauer, auteur de *La Guerre des blindés* (1947), ces formations préfigurent les « *Combat Commands* » américains de la fin de la Seconde Guerre mondiale.

Jacques VERNET

Sources : DHPLE, JMO de la 13e DBLE (2e et 3e bataillon), janvier-juin 1942 • SHD-Terre, 11P 250 (1re BFL).

Bibl. : François Broche, *Bir Hakeim, mai-juin 1942, la bataille qui réveilla les Français*, Perrin, 2007 • Pierre Kœnig, *Bir Hakeim*, Robert Laffont, 1971.

JUIFS DANS LA LÉGION. – Du dernier tiers du XIXe siècle jusqu'à la Seconde Guerre mondiale, des Juifs européens, depuis les Polonais de l'Empire russe jusqu'aux Allemands dans les années 1930, s'engagent en nombre dans la Légion étrangère pour échapper aux pogroms et aux persécutions antisémites. Quant à ceux d'Alsace-Lorraine, ils ne peuvent servir qu'à titre étranger dans l'armée française après 1872. Les périodes de conflit se caractérisent également par une forte augmentation des engagements dans la Légion. La déclaration de guerre en août 1914 suscite ainsi un élan de soutien de la part des immigrés vivant en France, dont des Juifs roumains et russes, mais aussi de sujets ottomans et austro-hongrois, pourtant ressortissants de pays alliés à l'Allemagne. Dès le 29 juillet, douze d'entre eux cosignent un appel de Blaise Cendrars invitant les étrangers à servir leur patrie d'adoption. Quelques jours plus tard, une affiche, en français et en yiddish, appelle les Juifs en particulier à s'engager. Ils sont environ 8 000, surtout russes, à rejoindre alors la Légion en 1914-1915, ce qui représente le quart des enrôlements volontaires d'étrangers. Après un mois de formation militaire accélérée, ils sont affectés aux 1er et 2e régiments de marche du 1er Étranger. Leurs motivations rejoignent en partie celles des autres engagés : la défense de la liberté et du droit, l'amour de la France. Ces soldats sont aussi attachés à l'idéal démocratique – contre le despotisme que certains avaient enduré sous le régime du tsar – et ils ont le désir d'apporter la liberté à leurs coreligionnaires opprimés. Il s'y ajoute enfin une volonté d'intégration à la France qui les a accueillis, d'autant que les engagés peuvent recevoir la nationalité française au terme de leur contrat. Ils subissent de lourdes pertes : 1 600 d'entre eux sont tués au cours du conflit.

Toutefois, la France fait preuve d'une attitude ambiguë à l'égard de ces volontaires en les dirigeant vers la Légion, qui n'est d'ailleurs pas prête à les accueillir. Ceux-là se sont engagés par patriotisme et idéalisme pour la durée du conflit, alors que celle-ci met en avant le soldat professionnel, voire l'esprit mercenaire. Des volontaires, notamment juifs, s'inquiètent de se retrouver dans une formation qui a une réputation d'unité disciplinaire et de repaire de marginaux. Ils ont en outre à supporter, au début de la Grande Guerre, l'antisémitisme de cadres et de légionnaires qui les considèrent comme des lâches et des profiteurs ayant choisi de s'engager pour éviter le camp d'internement. La méfiance à leur égard se nourrit du fait que certains volontaires parlent le yiddish, qui rappelle l'allemand, et de l'extrémisme politique de quelques-uns venus de Russie. L'exaspération devant cet antisémitisme latent est l'un des facteurs de la mutinerie au 2e régiment de marche, le 18 juin 1915, dont la répression se traduit par neuf exécutions capitales, dont celle de quatre Juifs. Les tensions réapparaissent de manière accrue en 1939-1940, alors que beaucoup de Juifs d'Europe de l'Est rejoignent les rangs de la Légion. Nombre d'entre eux, en effet, issus de la bourgeoisie, plus âgés et plus instruits que les engagés traditionnels, motivés par la lutte contre le nazisme, se montrent peu sensibles à l'esprit légionnaire. Citadins, ces engagés ont également des difficultés à suivre l'entraînement – d'où le surnom péjoratif de « troupe des intellectuels » donné à la 13e demi-brigade de Légion étrangère, où ils sont nombreux, à ses débuts. La création de trois régiments de marche de volontaires étrangers, distincts de la « vieille Légion », doit permettre d'accueillir une partie de ces engagés juifs – chacun en compte environ 300, tandis que 2 000 autres attendent dans des camps d'instruction. Mais l'antisémitisme perdure : les Juifs sont suspectés d'avoir des sympathies communistes, ce qui est le cas pour certains d'entre eux ; il leur est aussi reproché de servir sans enthousiasme – de fait, mal à l'aise avec le système de la Légion, des volontaires cherchent à obtenir leur transfert dans des unités de la « régulière », voire à être réformés. Les autorités militaires se montrent de plus en plus défavorables à leur présence, comme en témoignent un rapport du 10 février 1940 selon lequel la Légion ne veut plus de Juifs, et une note du 13 février affirmant que l'état-major de l'armée et le général commandant en Afrique du Nord « voudraient voir les candidats israélites absolument écartés de la Légion ». Le commandement craint peut-être aussi que l'équilibre entre les nationalités soit rompu. En revanche, l'antisémitisme semble s'estomper au front.

Après la défaite, une partie des engagés pour la durée de la guerre sont envoyés dans des « groupements de travailleurs étrangers » (GTE) encadrés notamment par d'anciens sous-officiers de Légion ; les Juifs sont séparés des autres et dirigés vers des GTE « palestiniens », antichambres de la déportation à partir d'août 1942. D'autres se retrouvent dans des camps d'« indésirables » en Afrique du Nord, où ils endurent des conditions de vie très pénibles.

Dans l'après-guerre, les Juifs en quête d'un pays d'accueil optent surtout pour le futur État d'Israël, plutôt que pour la France et la Légion, d'autant que celle-ci incorpore alors de nombreux Allemands.

Xavier BONIFACE

Bibl. : Philippe-E. Landau, *Les Juifs de France et la Grande Guerre. Un patriotisme républicain, 1914-1941*, Éditions du CNRS, 1999 • Douglas Porch, *La Légion étrangère, 1831-1962*, Fayard, 1994.

JÜNGER, Ernst (1895-1998). – Ernst Jünger est souvent considéré comme l'archétype de l'écrivain combattant qui, après avoir été directement mêlé aux deux grands conflits mondiaux du XXe siècle, a transcrit son expérience de la guerre dans plusieurs ouvrages, récits, romans et essais. Son œuvre cependant ne se réduit pas à des thèmes militaires, elle pose des questions philosophiques et politiques ; on trouve en elle une tension constante vers le monde de la nature et le monde invisible qui doivent aider l'homme s'il leur prête suffisamment attention.

Ernst Jünger est né à Heidelberg le 29 mars 1895. Issu d'une famille bourgeoise, il est l'aîné de sept enfants. Avec l'un de ses frères, Friedrich Georg (1898-1977), futur essayiste et poète, il entre en 1911 dans le mouvement de jeunesse des Wandervogel (les « oiseaux migrateurs »), regroupement de garçons et de filles fondé en 1896 et proche par certains de ses aspects du scoutisme. Sa scolarité est faite avant tout de très nombreuses lectures parmi lesquelles *Les Mille et Une Nuits* : l'imaginaire des contes orientaux et des mythes l'influenceront toute sa vie. Il est à la racine de son désir de voir l'Afrique, une Afrique rêvée bien plus que réelle et qui se confond avec l'idée du paradis des origines : il y va à dix-huit ans mais pour peu de temps – « Si mes souvenirs sont exacts, je restai exactement trois semaines à Bel-Abbès », écrira-t-il en 1936 dans *Afrikanische Spiele* (*Jeux africains*, Gallimard, 1944). Ayant franchi la frontière avec la France après s'être enfui de chez lui, il s'est fait incorporer à Verdun le 3 novembre 1913 pour une durée réglementaire de cinq ans sous le nom d'Herbert Berger – taille 1,72 m, matricule 15308.

Telle qu'il la rapporte, cette expérience a certainement constitué le prélude à une vie et à une œuvre surtout qui correspond au développement d'une longue réflexion sur la façon dont on peut approcher les secrets de l'existence. Pour Herbert Berger, c'est une figure féminine nommée Dorothée – cadeau de Dieu – qui, lui apparaissant de manière onirique, l'invite à tenter de dévoiler ces secrets. Quelques légionnaires vont ensuite l'accompagner dans l'entreprise.

Au retour de son « équipée africaine », Ernst Jünger, le 2 août 1914, s'engage dans le 73e régiment de fusiliers de Hanovre ; il rejoint le front de Champagne en décembre de la même année, après avoir passé le baccalauréat selon le vœu de son père. Il découvre non plus l'action romantique qui le tentait en Afrique, mais une autre forme d'action, plus radicale : la guerre dont on lui a dit quelques mots à la Légion. Elle donne aux hommes l'occasion de repousser les limites de leur condition. Ce sera le sujet de plusieurs de ses livres à venir. Lui-même reçoit sa première blessure en avril 1915, près des Éparges. Évacué à l'arrière et devenu aspirant après avoir suivi un cours d'élève officier – ce à quoi son père l'incitait déjà quand il se trouvait à la Légion –, bientôt promu lieutenant (le 27 novembre 1915), il retrouve son unité en Artois. Après plusieurs mois dans les tranchées, il participe aux préparatifs de la bataille de la Somme en 1916 ; il est de nouveau blessé. L'année suivante, il se trouve dans le nord de la France. Un peu plus tard, en juillet 1918, une balle lui perce le poumon non loin de Bapaume, la ville natale de Pierre Mac Orlan. Déjà décoré de la croix de fer, il reçoit à l'hôpital, le 18 novembre, la plus haute distinction allemande, l'ordre pour le Mérite.

Ces années de guerre, il les relate dans *Orages d'acier* qui devient très vite un grand succès de librairie et dont la première traduction française paraît en 1930 chez Payot. Pendant quelque temps, Jünger fait partie de la petite armée de la république de Weimar. Après avoir repris, en 1923, des études de zoologie qu'il suit à Leipzig pendant deux ans puis à Naples, il décide de se consacrer à la littérature. Jusqu'en 1932, il se fait également un nom comme journaliste dans des revues politiques liées aux mouvements nationaux-révolutionnaires.

Mobilisé le 26 août 1939, nommé capitaine, il est affecté à l'état-major allemand à Paris puis renvoyé en Allemagne après qu'on a appris qu'il avait été mis au courant, sans le faire savoir, de l'attentat préparé contre Hitler. Celui-ci l'a néanmoins protégé de toute poursuite en souvenir de son passé de combattant.

Après la guerre, Ernst Jünger est interdit de publication pendant quatre ans : bien que n'ayant pas lui-même rallié le nazisme, il a refusé de répondre au questionnaire présenté par les Alliés à ceux qu'ils soupçonnaient de sympathie pour le régime hitlérien. Il n'en continue pas moins à écrire. Parallèlement à son journal, à ses essais, il compose plusieurs romans qui perpétuent la veine à la fois philosophique et fantastique inaugurée par les *Falaises de marbre*, publiées en 1939 : *Héliopolis* (1949), *Abeilles de verre* (1957), *Eumeswil* (1977)... Dans ses divers ouvrages se révèlent les deux influences qui l'ont marqué : le philosophe Nietzsche et le poète Hölderlin. L'un demande à l'homme d'accepter résolument son destin, l'autre lui enseigne que le monde possède un sens caché qui peut se déchiffrer : c'est le rôle du créateur de s'employer à le faire. Cependant, une ascèse est nécessaire si l'on veut accéder à certaines révélations ; elle a commencé au cours des *Jeux africains*. Par la suite, elle demeurera l'un des sujets essentiels de la plupart des déclarations et des textes de l'auteur, dont celui qu'il place parmi ses préférés :

Visite à Godenholm (Christian Bourgois, 1968). On y voit trois amis qui se rendent chez maître Schwarzenberg afin de bénéficier de son enseignement. Ils sont assistés par son homme à tout faire, Gaspard, un ancien légionnaire d'origine lorraine : il a vécu « dans les carrières et les mines, chez les mercenaires, aux colonies, et dans les bagnes et les maisons d'arrêt ; [...] parmi les rizières et les marécages où pousse le bambou. [Il a travaillé] au rythme des marches dans le désert ». S'il n'est pas directement un initié, du moins agit-il comme un passeur entre deux univers : c'est lui qui assure le transbordement en barque des trois jeunes voyageurs vers l'île de Godenholm. Son passé de combattant (car il a connu « l'ivresse des marches sans fin et l'abnégation des champs de bataille ») lui assure une connaissance immédiate du monde, à la fois de sa surface visible et de ses profondeurs cachées : la souffrance, qui, pour Ernst Jünger – comme pour André Malraux –, est le point d'ancrage de la réalité ; la mort.

Un autre légionnaire – Benoît – apparaît dans *La Matinée à Antibes*, un récit qui sera inclus dans *Le Contemplateur solitaire* (Grasset, 1975). Cependant, rien dans le texte ne permet de situer cet homme. L'écrivain se rappelle simplement qu'il lui a autrefois raconté « qu'avant de s'engager dans la Légion étrangère, il avait deux ou trois fois travaillé à la récolte de la lavande ». En fait, il est cet ami que le tout jeune homme a rencontré sur sa route vers l'Afrique, il y a fort longtemps, au fort Saint-Jean, à Marseille : Charles Benoît, figure importante des *Jeux africains*. En 1913, il est âgé d'environ vingt-cinq ans, vient d'Alsace (mais il se sentirait plutôt allemand) et a toujours mené une existence aventureuse. En lisant sa description, on comprend qu'il a inspiré le personnage de Gaspard : tous deux ont des yeux d'un « bleu exceptionnel » dans un visage qui fait penser à « une tête de mort ». Ils procèdent donc de deux dimensions conjointes, la vie lumineuse, la mort. Avec l'aide de Benoît, Ernst Jünger-Herbert Berger va tenter un véritable départ vers l'inconnu : ensemble, ils désertent. L'échappée ne durera que quelques jours et les deux camarades, repris, seront condamnés aux arrêts. Mais le père du fugueur a accompli les démarches nécessaires à sa libération. Le 13 décembre, il télégraphie à son fils : « *Franzoesische regierunt hat deine entlaszung verfuegt lasz dich photographieren* » : « Les Français ont décidé ta libération faistoi photographier. » L'engagement a été annulé par dépêche ministérielle datée du 9 décembre 1913 : il avait été conclu par un garçon mineur ayant agi sans l'autorisation parentale. Les jeux sont faits, donc, ces jeux africains qui annoncent l'expérience la plus forte, celle de la guerre.

Tandis que Benoît doit partir pour l'Annam, le jeune homme quitte l'Algérie le 23 décembre après s'être fait photographier à Sidi-Bel-Abbès. Par la suite, Ernst Jünger sera l'invité d'honneur des fêtes données à Nîmes, le 31 août 1991, pour le cent cinquantième anniversaire du 2e régiment étranger. Il n'a pas oublié la Légion étrangère : c'est sous son égide que la quête initiatique a été entreprise. Celle-ci, il la poursuivra tout au long de son œuvre et de sa très longue existence : quand il meurt le 17 février 1998, il a près de cent trois ans. Lors des funérailles solennelles qui ont lieu le 21 février on pose, au bord de la tombe ouverte, un képi blanc.

Quant au légionnaire Charles Benoît, il s'appelait Karl Rickert, nous apprend Julien Hervier, qui dit encore que l'écrivain l'a retrouvé « quarante ans plus tard et entretiendra avec lui un commerce amical jusqu'à sa mort en 1968 ».

France Marie FRÉMEAUX

Bibl. : Julien Hervier, *Entretiens avec Ernst Jünger*, Gallimard, 1986 • Ernst Jünger, *Journaux de guerre*, édition établie par Julien Hervier avec la collaboration de Pascal Mercier et François Poncet, Gallimard, coll. « Bibl. de la Pléiade », 2 vol., 2008.

JUNOD, capitaine Édouard (1875-1915). – Fils d'un professeur, selon son acte de naissance, et d'une Française originaire de Dunkerque, Édouard Junod naît à Plainpalais en Suisse (canton de Genève). Parvenu au terme de ses études secondaires, il exprime le désir d'entreprendre une carrière militaire, ce qui est impossible dans ce pays de milice qu'est la Suisse. En attendant sa majorité, il commence des études de droit, pratique des sports (équitation, escrime, tir) et remplit ses obligations militaires, y acquérant le grade de lieutenant – « ce qui, explique-t-il en mars 1896, correspond en France au grade de sous-lieutenant ». Ayant obtenu l'accord des autorités suisses, il demande cette même année 1896 à servir dans l'armée française. La réponse du ministre français de la Guerre se faisant attendre, Junod part pour la Grèce combattre la Turquie dans les rangs de la légion philhellène.

Le 17 avril 1898, Édouard Junod est nommé sous-lieutenant à titre étranger et rejoint l'Algérie. Promu successivement lieutenant puis capitaine en septembre 1912, il sert sur tous les territoires sur lesquels la Légion est engagée : Algérie, Madagascar, Sahara et Tonkin. Sportif, il fait un stage à l'école de gymnastique et de tir de Joinville. En opérations, il se distingue par son courage, son esprit d'initiative et son sens de la manœuvre, suscitant l'admiration de ses légionnaires. Au quartier, ses supérieurs déplorent l'indifférence qu'il manifeste pour les questions administratives. En 1914, le capitaine Junod prend en France le commandement d'une compagnie du 2e régiment de marche du 1er Étranger. Les légionnaires d'Afrique qui l'admirent font sa promotion auprès des engagés volontaires pour la durée de la guerre. Il s'impose rapidement à eux par son audace et son humanité. Le 9 mai 1915, il est blessé en entraînant sa compagnie à l'assaut des « Ouvrages blancs » en Artois. Revenu sur le front sans avoir pris la convalescence qui lui a été accordée, il est tué au cours de la bataille de Champagne le 27 septembre 1915. S'il a aimé la France jusqu'à donner sa vie pour elle, Édouard Junod n'en est pas moins demeuré un citoyen suisse : il a été « un officier suisse au service de la France ».

Les lettres qu'il a envoyées au cours des années passées au service de la France ont été publiées par sa famille. Jean Norton Cru dans *Témoins* a apprécié la qualité du style et la justesse des observations des trop rares lettres écrites en 1914 et en 1915.

Henry DUTAILLY

Sources : SHD-Terre, 5Ye 104.559.

Bibl. : *Édouard Junod, capitaine à la Légion étrangère (1875-1915), lettres et souvenirs*, préface de Paul Seippel, Crès, 1918.

K

KAHLEN, Hubert, père (1892-1976) et fils (1921-1943). – Hubert Kahlen naît à Cologne en Allemagne le 16 avril 1892. Engagé à la Légion étrangère le 26 mai 1913, il est rapidement nommé caporal puis sergent. Après avoir fait campagne au Maroc où il mérite une première citation, il est détaché en 1925 avec le grade d'adjudant pour encadrer des partisans en Syrie. Il y accomplit les plus beaux faits d'armes de sa carrière, étant trois fois blessé et méritant cinq citations et la médaille militaire.

Adjudant-chef, il prend sa retraite en 1935 après avoir été nommé chevalier de la Légion d'honneur. Il est cependant rappelé à l'activité comme réserviste en 1940 puis rendu à la vie civile après l'armistice. Il rengage en 1945 après la mort au combat de son fils et termine sa carrière comme chef de la garde d'honneur du général Kœnig, alors commandant en chef des forces françaises d'occupation en Allemagne. Il se retire ensuite en Algérie, à Aïn el-Hadjar (département de Saïda). Le 30 avril 1959, il accompagne le colonel Laimay qui porte la main du capitaine Danjou. Après l'indépendance de l'Algérie, l'adjudant-chef Kahlen vient habiter à Noroy-le-Bourg (Haute-Saône) où il meurt le 8 avril 1976.

Son fils, également prénommé Hubert, naît à Saïda le 13 mars 1921. Il s'engage à la Légion étrangère le 27 octobre 1937. N'ayant pas dix-huit ans, âge légal de l'engagement, il se dit né à Bruxelles (Belgique) le 21 mars 1917. Sa taille et sa carrure rendent vraisemblable cet âge déclaré et le prédestinent à servir dans une compagnie de mitrailleuses au 1er Étranger puis, avec le grade de caporal, au 2e Étranger. Désigné pour servir au 6e Étranger, il débarque à Beyrouth (Liban) le 17 mars 1940 et participe aux combats contre les troupes du Commonwealth britannique en juin et juillet 1941. Après l'armistice de Saint-Jean-d'Acre, le caporal Kahlen ne rallie pas les Forces françaises libres et rentre en Algérie où il suit un peloton d'élèves sous-officiers. Affecté à la 2e compagnie du 1er Étranger, le sergent Kahlen est engagé avec elle dans la campagne de Tunisie en décembre 1942. Envoyée renforcer le 3 juin 1943 un bataillon de parachutistes anglais qui vient de s'emparer de la cote 648 du djebel Mansour, la compagnie s'installe en position défensive, retournant contre l'ennemi les armes qu'il vient d'abandonner. Le 5, les trois sections de la compagnies améliorent la valeur défensive des points d'appui qu'elles tiennent. À partir de 2 heures, le 6, l'artillerie allemande pilonne la cote 648. Vers 5 heures, c'est au tour de l'infanterie qui attaque en force et enlève un premier point d'appui. Après un répit, l'assaut ennemi reprend. Dans l'un des deux points d'appui restant, il est arrêté par trois hommes dont le sergent Kahlen qui, quoique blessé, continue à tirer avec une mitrailleuse MG 42 prise à l'ennemi jusqu'à ce qu'il soit mortellement blessé d'une balle dans la tête. Au cours de ce combat, la 2e compagnie a perdu les trois quarts de son effectif et n'a pu empêcher l'ennemi de reconquérir la cote 648. Toutefois son élan est arrêté : il n'ira pas plus loin. Le sergent Kahlen reçoit la médaille militaire et la croix de guerre avec palme à titre posthume. Il repose dans la nécropole nationale de Gammarth (Tunisie).

Henry Dutailly
& Christian Ridet

KAMIENSKI, gisant du légionnaire. – Avant son engagement dans la Légion étrangère, le jeune Nicolas Pierre Jean Hermann Kamienski, fils unique de Nicolas Kamienski et de la comtesse Adeline Potocka, émigrés polonais, résidait à Paris au numéro 45 de la rue d'Amsterdam, où il vivait de ses rentes. Les registres militaires ne font pas mention de sa date de naissance exacte, mais l'on sait qu'il s'engage le 20 mai 1859 pour deux ans au titre du 1er régiment étranger auprès de la sous-intendance militaire de la 2e division du 2e corps de l'armée d'Italie. Il a alors vingt-six ans. Sa haute taille (il mesure 1,82 m) le fait affecter à la compagnie de grenadiers dès le lendemain.

Le 4 juin 1859, il est engagé dans la bataille de Magenta, au cours de laquelle un coup de feu fracture son bras droit, ce qui nécessite son amputation. Sa conduite au feu lui vaudra les galons de caporal le 9 juin, puis la croix de chevalier de l'ordre impérial de la Légion d'honneur par décret du 11 juillet 1859. Il meurt des suites de sa blessure le 3 septembre suivant à Milan dans la maison privée Bassi (via Borgonuovo). Il reçoit à titre posthume la médaille militaire (décret du 11 juillet 1862), et plus tard la médaille d'Italie.

Son corps est rapatrié en France puis inhumé au cimetière Montmartre en décembre 1859 (5e division). La tombe dans laquelle il repose auprès de ses parents est surmontée d'un gisant le représentant blessé et mourant. Ce bronze grandeur nature est l'œuvre de Jules Franceschi. Érigé en 1861, très impressionnant, il reproduit fidèlement l'habillement et l'équipement d'un légionnaire de cette époque. Sur le socle, une des dernières phrases de Kamienski : « Je meurs calme, polonais et chrétien. »

Philippe Lafargue

Sources : SHD-Terre, registre matricule troupe du 1er régiment étranger • archives du cimetière de Montmartre.

KANIVALSKI, lieutenant Vladimir (1881- ?). – Natif d'Odessa (aujourd'hui en Ukraine), Vladimir Kanivalski, jeune officier, combat en Mandchourie durant la guerre russo-japonaise dans les rangs des cosaques de Sibérie. Il sert ensuite jusqu'au grade de lieutenant-colonel dans les hussards de la Garde impériale russe et participe avec eux à la Première

Guerre mondiale. Après la prise de pouvoir par les bolcheviques, il émigre en France et s'engage, avec le grade de sous-lieutenant, au 1er régiment étranger de cavalerie (REC) le 4 juillet 1920. Le 5 novembre 1926, il est naturalisé français et continue à servir à titre étranger. Promu lieutenant le 4 juillet 1928, il est atteint par la limite d'âge de son grade en 1936. Le lieutenant Kanivalski est officier du Nicham Iftikar (Tunisie) et décoré des ordres de Sainte-Anne, de Saint-Stanislas et de Saint-Vladimir.

Au 1er REC, tous l'appellent « mon colonel ». Les propos qu'il tient lors de son adieu aux armes, le 14 juillet 1936, constituent le testament de la génération des cavaliers russes qui ont représenté la majorité de l'effectif du 1er REC lors de sa création en 1920 : « J'aime la cavalerie. Je ne suis plus à la page parmi les engins blindés, les avions, etc. Mais, tout en m'inclinant devant le progrès, mon cœur reste fidèlement attaché au cheval. Je désire vivre à côté de vous, voir la marche toujours en avant de notre régiment qui sera toujours le plus beau. Il faut retenir de nos braves légionnaires tout ce qu'ils ont de bon. »

Henry Dutailly
& Christian Ridet

KAUFFMANN, capitaine Henri (1832-1880). – Henri Kauffmann naît à Baden-Baden dans le grand-duché de Bade le 22 mai 1832. Il est artiste peintre, et sa profession l'amène en Dordogne où il peint les fresques de l'église de Badefols-d'Ans.

Engagé au 2e régiment étranger le 13 novembre 1856, il est nommé caporal cinq mois plus tard et promu sergent à moins de un an de service. En 1859, pendant la guerre d'Italie, il est détaché au Grand Quartier général pour y servir d'interprète. À l'issue de celle-ci, il est affecté dans une compagnie de grenadiers, promu sergent-major puis nommé sous-lieutenant le 29 décembre 1860. Au Mexique de 1863 à 1867, le sous-lieutenant puis lieutenant Kauffmann ne se sépare jamais d'un carnet de dessins dans lequel il croque tout ce qui lui paraît digne d'intérêt. *Le Monde illustré* en publie quelques-uns. Ressortissant d'un État allemand, il ne peut participer à la guerre franco-allemande et reste en Algérie. Promu capitaine le 24 octobre 1870, il commande une compagnie de jeunes engagés dont il fait une unité opérationnelle solide : son excellente tenue au feu assure le succès du combat de Magoura (40 km à l'ouest d'El-Aricha) le 17 avril 1871 contre des tribus qui se sont rebellées. En 1880, l'année de sa mort, il commande le bataillon en garnison à Saïda. Le capitaine Kauffmann était chevalier de la Légion d'honneur depuis le 12 mars 1870 et chevalier de Notre-Dame-de-Guadalupe (Mexique).

Henry Dutailly
& Christian Ridet

Sources : SHD-Terre, 5Ye 345440.

KELLY, Russell (1893-1915). – Russell Kelly quitte le domicile familial de New York en novembre 1914, sans laisser d'adresse. C'est par une lettre postée de Bordeaux que son père apprend qu'il a l'intention de s'engager dans la Légion étrangère. Le jeune légionnaire livre ensuite ses impressions dans une abondante correspondance – sa vie dans les tranchées, les combats auxquels il participe – avant de disparaître le 16 juin 1915, lors de l'attaque près de Souchez-en-Artois. Un camarade le signale grièvement blessé dans une tranchée allemande, mais son corps n'a jamais été retrouvé et pendant des années son père refuse de le croire mort. Le *New York Evening Sun* publie quelques-unes de ses lettres avant que son père n'en réunisse l'ensemble, qui paraît sous le simple titre « Kelly de la Légion étrangère » (*Kelly of the Foreign Legion. Letters of Legionnaire Russell A. Kelly, to which is added an Historical Sketch of the Foreign Legion*, new York, 1917). Le témoignage du jeune Kelly rejoint celui d'Alan Seeger, son compatriote tué à Belloy-en-Santerre le 4 juillet 1916.

Charles RIDET

KÉPI BLANC. – Les premières publications périodiques ou revues qui, depuis le début du XXe siècle, diffusent des informations sur la Légion étrangère sont dues à des initiatives d'anciens légionnaires souhaitant maintenir des liens avec leurs camarades encore en service. Ainsi Émile Maurer lance-t-il le 30 avril 1912 *La Légion étrangère*, premier bulletin de liaison relancé en 1931 après une longue interruption depuis 1914 sous le titre *La Légion étrangère, revue mensuelle militaire et coloniale*. Cet organe de liaison cède la place en juillet 1945 à *Vert et rouge, revue de la Légion étrangère*, un mensuel illustré créé par la Fédération des sociétés d'anciens légionnaires de France et des colonies et édité à Marseille jusqu'en 1959, tandis qu'à Sidi-Bel-Abbès le commandement du dépôt commun des régiments étrangers (DCRE) s'active pour renforcer la cohésion menacée par l'afflux d'engagés volontaires rapidement instruits et envoyés en renfort en Extrême-Orient. Le colonel Gaultier, à la tête du DCRE et qui mesure le défi représenté par l'extrême hétérogénéité du personnel officier et l'urgence d'une reprise en main de la Légion, décide notamment de créer un organe de liaison pour les unités dispersées entre l'Afrique du Nord et l'Extrême-Orient, ce qui marque un tournant dans l'histoire de cette institution militaire en peine mutation.

Date symbolique s'il en est pour la Légion, c'est à nouveau le 30 avril, en 1947, que le mensuel *Képi blanc* devient l'organe officiel des régiments étrangers. Le capitaine Gheysens en est le premier rédacteur en chef, assisté de quatre rédacteurs et d'un photographe. Très rapidement, les légionnaires chargés de cette mission nouvelle et insolite vont se montrer à la hauteur du défi. Dans un premier temps, la rédaction occupe un local situé 3, rue Faurax à Sidi-Bel-Abbès, en dehors des casernements, et les premiers numéros du mensuel sont tirés par l'imprimerie Roidot, place Carnot. En octobre 1948, l'équipe s'installe au quartier Vienot où le journal sera désormais imprimé sur la presse régimentaire. Les rubriques s'adressent en premier lieu à la grande famille légionnaire : elles offrent des informations sur les unités et leurs activités, un carnet familial, des textes inédits comme les poèmes écrits par des légionnaires. Enfin les anciens, ambassadeurs privilégiés de la Légion et relais avec l'opinion publique, ne sont pas oubliés. La formule séduit aussitôt le public : le colonel Gaultier, fort d'un tirage moyen de 15 000 exemplaires, peut renforcer l'équipe et lui donner les moyens d'améliorer au fil des années la formule initiale. À la suite du capitaine Hallo, le capitaine Arnaud de Foïard adopte le format *newsmagazine* en vogue dans les années 1950.

À la fin de la guerre d'Algérie, *Képi blanc* devient une référence dans le domaine de la communication dans les armées, alors même que la presse militaire connaît un essor remarquable depuis le lancement de *Caravelle*, la revue des forces armées en Extrême-Orient, par le capitaine Frois, chef du service presse information du corps expéditionnaire sous l'autorité du général de Lattre. *Képi blanc* dispose de ses propres bâtiments en 1958, qu'il doit abandonner au cours de l'été 1962 pour s'installer provisoirement à l'institution des invalides de Puyloubier. Jusqu'en 2001, la Légion prend en charge l'ensemble des opérations de la rédaction, l'illustration, la mise en page, l'impression jusqu'à la diffusion du journal. À l'heure où l'information par Internet domine, la diffusion de la nouvelle formule du magazine en 13 500 exemplaires dans soixante-dix pays témoigne de l'intérêt toujours marqué pour la vie de la Légion d'active et des anciens légionnaires, naturellement, comme de ses nombreux admirateurs

André-Paul COMOR

Bibl. : Marie Larroumet, *Mythes et images de la Légion étrangère*, L'Harmattan, 2004 • Jean-Pierre Tubergue (dir.), *Les Grandes Pages de la Légion. Képi blanc 1947-1954*, Éditions Italiques, 2002.

KÉPI BLANC ET BÉRET VERT. – Le képi blanc représente à lui seul un véritable symbole pour la Légion étrangère, et un mythe pour le grand public. À l'origine, le couvre-képi blanc datant des années 1850 n'est pas une spécificité légionnaire mais une pièce d'habillement que coiffe en été ou dans les colonies tout soldat du corps de l'infanterie et de la cavalerie possédant un képi. Cependant, au début de la pénétration française au Maroc, le légionnaire dispose de la coiffe blanche à couvre-nuque, dont les romanciers et les cinéastes vont s'emparer pour distinguer ce personnage insolite. Avec les nouveaux uniformes de la Grande Guerre disparaît toutefois ce couvre-képi blanc, sauf au Maroc où la Légion est largement représentée. En effet, alors même qu'ils ont des vêtements peu avantageux au sein de l'armée d'Afrique, les légionnaires conservent leur coiffe blanche qui attire toujours l'attention.

Le 18 juin 1926, le *Bulletin officiel des armées* remet en service le képi aux couleurs traditionnelles d'avant guerre et attribue seulement à la Légion un étui en toile écrue dénommé « couvre-nuque avec coiffe pour képi des régiments étrangers ». À partir de 1930, dans les confins algéro-marocains, la tenue de sortie du dimanche et des jours fériés est entièrement blanche. Elle sert également de grande tenue de parade pour les cérémonies officielles. Cependant le port du képi blanc en colonne est proscrit, car le légionnaire en se distinguant se désigne au combat comme cible à l'ennemi. Mais les lavages répétés faisaient passer au blanc le brun du képi : la coquetterie du légionnaire, l'esprit de bravade et un goût prononcé pour le panache ont fini par imposer le képi blanc. De haute lutte, après le centenaire de la création de l'institution, la « maison mère » obtient la reconnaissance officielle de cette marque distinctive : une décision ministérielle du 10 août 1933 attribue le couvre-képi blanc au képi de sortie du légionnaire. Les Parisiens le découvrent lors du défilé du 14 juillet 1939.

Depuis 1968, la remise du képi blanc aux jeunes recrues en fin d'instruction est ritualisée au cours d'une cérémonie destinée à marquer l'entrée dans la société légionnaire, à laquelle est associée dans les années 1980 la récitation en commun du code d'honneur.

Béret vert. Dès le printemps 1948, au sein du groupement d'instruction parachutiste de la Légion étrangère, il est question de donner aux légionnaires parachutistes un béret au même titre que toutes les unités aéroportées de l'armée. Sous l'impulsion de nouveaux officiers, notamment les « cadres blancs », le béret entièrement vert, l'une des couleurs de la Légion, est finalement retenu pour coiffer les hommes des bataillons étrangers parachutistes nouvellement formés. Mais l'habilitation par le commandement se fait attendre.

Ainsi, au 1er bataillon étranger de parachutistes (BEP) du commandant Segrétain, le calot de tradition vert et rouge est de rigueur. Ce n'est qu'au printemps 1951 que le béret vert est coiffé au moment de la reconstitution du bataillon. À la même époque, sous le commandement du chef de bataillon Brothier, le 3e BEP de Sétif le coiffe, même en tenue de défilé, et cela malgré le veto de Sidi-Bel-Abbès.

En revanche, le 2e BEP a aussitôt adopté et porté le béret distinctif en Indochine. Mais en novembre 1950, sous le commandement du chef d'escadron Raffalli, il disparaît pour ne réapparaître qu'en fin d'année 1952. L'adoption définitive par les BEP se fait en 1953 : l'esprit quelque peu frondeur des légionnaires parachutistes éloignés de la maison mère a eu raison des réticences du commandant du groupement autonome de la Légion étrangère (GALE). La décision ministérielle du 10 juillet 1957 entérine la pratique en la rendant réglementaire. En 1959, le béret vert cesse d'être la marque distinctive des légionnaires parachutistes pour être celle de toutes les unités de la Légion étrangère en tenue de campagne, de repos ou d'exercice. Le béret vert, désormais reconnu dans l'armée française comme une marque distinctive de la Légion étrangère, se coiffe penché à gauche.

Raymond GUYADER

KHAMISIS, forêt de. – Camp d'entraînement au tir du 1er régiment étranger et groupement d'instruction du dépôt commun des régiments étrangers situé en Algérie à 11 km de Sidi-Bel-Abbès. Après la Seconde Guerre mondiale, y sont formés les élèves gradés, et à partir de 1948, y sont instruits au sein de la compagnie d'instruction parachutiste de Légion étrangère les personnels des unités parachutistes en cours de formation et en partance pour l'Indochine.

André-Paul COMOR

KHAN, lieutenant Ali (1911-1960). – Ali Solomone Khan, fils de l'Aga Khan III, chef spirituel des ismaéliens nizarites, et d'une danseuse de ballet italienne, naît à Turin en Italie le 13 juin 1911. Il fait ses études en Europe où il se trouve à la déclaration de guerre. Le 5 janvier 1940, il demande à servir dans l'armée française. Sa candidature étant acceptée, il est affecté avec le grade de sous-lieutenant au 6e régiment étranger d'infanterie à Beyrouth, au Liban. Les armistices de juin 1940 le rendent à la vie civile, mais il reprend du service au cours de la Seconde Guerre mondiale au sein des troupes britanniques. Après celle-ci, il s'efforce de concilier les intérêts opposés de l'Inde et du Pakistan, ce dernier pays le nommant délégué auprès de l'Organisation des Nations unies en 1958.

Ali Khan meurt victime d'un accident de la circulation à Suresnes (Hauts-de-Seine) le 12 mai 1960. Il avait été marié à Joan Yarde-Buller, d'ascendance royale, qui lui a donné deux fils dont Karim, futur Aga Khan IV, et à l'actrice Rita Hayworth, dont il a eu une fille. La Légion, fière d'avoir compté dans ses rangs dans un temps d'épreuves une telle personnalité étrangère, l'a nommé légionnaire honoraire de 1re classe en 1953. Il repose à Salamia, en Syrie.

Charles RIDET

KHRECHTCHATIZKY, lieutenant Boris (1885-1940). – Né à Taganrog, en Russie, Boris Khrechtchatizky Khrechac prétend être né le 11 juillet 1885, mais cette date est inexacte, car on imagine mal qu'un officier ne faisant pas partie de la famille impériale soit nommé général à trente ans. Il s'est vraisemblablement rajeuni d'une douzaine d'années : à titre de comparaison, Constantin Hagondokoff, le père de la comtesse du Luart, a été nommé général à quarante-cinq ans. Après avoir fait partie du corps des pages, il poursuit sa carrière dans les formations de cosaques du grade de lieutenant à celui de général et participe à la guerre russo-japonaise (1905). En 1914, lors de l'entrée en guerre, le colonel Khrechtchatizky commande ainsi un régiment de cosaques à la tête duquel il mérite l'ordre de Saint-Georges avec sabre d'honneur pour acte de bravoure. Promu général en 1915, et ne s'étant pas rallié aux bolcheviques en 1917, il les combat à la tête d'un corps d'armée jusqu'à ce qu'il soit contraint de quitter la Russie. Réfugiés en France, d'autres officiers russes se reconvertissent dans des professions civiles ; lui décide de poursuivre une carrière militaire.

Le 11 juillet 1925, Boris Khrechtchatizky s'engage pour cinq ans au 1er régiment étranger de cavalerie (REC). Nommé brigadier un mois plus tard et affecté au 4e escadron en Syrie, il se distingue lors du combat de Messifré, y est blessé et y mérite une citation à l'ordre de l'armée et la médaille militaire. À partir du 6 décembre 1925, et au gré des promotions – maréchal des logis le 28 janvier 1926, sous-lieutenant le 1er mai 1928 et lieutenant le 1er mai 1929 –, il est détaché dans les troupes spéciales du Levant, y commande un escadron et y mérite une seconde citation à l'ordre de l'armée.

Réaffecté au 1er REC, il rejoint son corps à Sousse (Tunisie) le 4 décembre 1933. Naturalisé français le 8 avril 1935 avec un certificat de notoriété tenant lieu d'acte de naissance qui authentifie sa date de naissance erronée, il continue à servir à titre étranger. Nommé chevalier de la Légion d'honneur le 14 juillet 1938, le lieutenant Khrechtchatizky devient le porte-étendard le plus décoré de tous les temps dans l'armée française. Outre la Légion d'honneur, la médaille militaire et la croix de guerre des théâtres d'opérations extérieures avec deux palmes, il est grand cordon de Saint-Stanislas, grand officier de l'émir de Boukhara, commandeur de Sainte-Anne, officier de plusieurs ordres et titulaire de onze médailles françaises et étrangères. Alors qu'il est atteint par la limite d'âge de son grade, une disposition particulière aux militaires servant à titre étranger le maintient en service jusqu'à la date à laquelle il aura accompli les quinze ans de services nécessaires pour bénéficier d'une pension de retraite.

Admis à faire valoir ses droits à la retraite le 11 juillet 1940, le lieutenant Khrechtchatizky se retire à Sousse où il meurt le 22 juillet suivant.

Henry DUTAILLY

KING'S GERMAN LEGION. – Durant les guerres de la Révolution et de l'Empire que l'historiographie anglo-saxonne nomme les « *French Wars* », la modestie des moyens militaires insulaires et la multiplicité des zones d'opérations de l'armée royale britannique imposèrent de recourir à divers expédients pour conserver une force de dissuasion crédible dans les îles Britanniques et constituer une force de manœuvre en Europe même. Trois modèles coexistèrent. Des unités mercenaires cosmopolites, sous commandement étranger, comme les « chasseurs britanniques », se révélèrent utiles tactiquement mais la désertion et l'indiscipline y furent considérables. Des forces régulières alliées (par exemple espagnoles ou napolitaines) s'avérèrent stratégiquement indispensables, mais leurs traditions et leur commandement supérieur posèrent de sérieuses difficultés. Armées par l'Angleterre et partiellement commandées par des Britanniques, les unités nationales étrangères associèrent en revanche un solide esprit de corps à un bon niveau de discipline, autorisant leur intégration divisionnaire et leur emploi en première ligne. C'est à ce troisième modèle qu'appartiennent les meilleures formations étrangères de l'armée britannique : la Royal Lusitanian Legion, les Corsican Rangers et la King's German Legion (ou KGL). La longévité de ce corps (1803-1816), son impeccable réputation militaire comme l'importance des effectifs (28 000 légionnaires durant les hostilités) expliquent la notoriété de la KGL, entretenue par d'importants travaux d'érudition et, aujourd'hui, l'action des associations de reconstitution historique.

Menacé d'annexion avant même la reprise des hostilités entre la France et le Royaume-Uni en mai 1803, le Hanovre – dont les monarques sont alors rois de Grande-Bretagne et d'Irlande – est envahi en juin par les troupes du général Mortier. Sans avoir combattu, l'armée hanovrienne (15 546 hommes) est dissoute, le 5 juillet 1803, par la convention de l'Elbe ou convention d'Artlenburg. Refusant de sanctionner cet accord, George III, roi de Grande-Bretagne et d'Irlande, autorise la création d'un régiment allemand (King's German Regiment ou KGR) dont les effectifs ne devaient pas excéder 5 000 hommes. Les premiers temps furent difficiles. Réuni près de Portsmouth puis dans l'île de Wight, le KGR comptait 450 hommes en octobre 1803, mais près de 1 000 en novembre. L'idée de constituer une force interarmes prit corps les mois suivants quand, avec l'afflux des volontaires, furent constituées des unités d'artillerie et de cavalerie. Amalgamé, en décembre 1803, à une autre unité étrangère (Halkett's Foreign Corps), le KGR reçut alors le nom de « légion allemande du Roi » (King's German Legion). Au terme de deux années d'entraînement dans les îles Britanniques (novembre 1803-novembre 1805), la KGL compte trois brigades d'infanterie, une brigade de cavalerie (dragons et hussards), cinq batteries dont deux montées et quelques unités du génie. Initialement hanovrienne, la KGL conserva inégalement ses traits nationaux. Si les rangs de l'infanterie s'ouvrirent largement aux volontaires allemands voire non germanophones (Danois, Polonais), l'artillerie et la cavalerie légère, où les vétérans de l'armée de l'ancien Électorat étaient nombreux, demeurèrent essentiellement des formations hanovriennes. L'allemand demeura la *regimentsprache* divisionnaire tout au long de la guerre.

Avant 1809, la KGL subit les infortunes d'une stratégie périphérique de médiocre ampleur, incapable donc d'ouvrir un second front tant en Europe du Nord que dans les confins méditerranéens de l'Empire napoléonien. Participant aux malheureuses expéditions de l'hiver 1805 (Hanovre) et de l'été 1807 (Rugen), elle contribua à la prise de Copenhague (2 septembre 1807), succès endeuillé par la disparition de 36 officiers et de 1 139 hommes dont 700 périrent en mer. Si les régiments de ligne déployés en Sicile en 1808-1809 connurent plusieurs succès tactiques défensifs et offensifs, les trois régiments de la KGL qui prirent part à la désastreuse expédition de Walcheren dans le second semestre de 1809 y furent décimés par les fièvres paludéennes. La première campagne de la Péninsule (été-automne 1808) s'avère non moins éprouvante pour la KGL dont les unités couvrent la retraite de l'armée du général Moore vers les ports de La Corogne et de Vigo. En dépit de ce premier échec, c'est dans la péninsule Ibérique que la KGL, comme l'armée royale, devait ultérieurement trouver son principal théâtre d'opérations.

Détaché en avril 1809 au Portugal pour sauver ce royaume ami d'une invasion, le duc de Wellington emmène avec lui 3 340 fantassins et artilleurs de la KGL avec un détachement de 60 cavaliers, renforcés en juin par 600 hussards. À ce premier noyau s'ajoutent les années suivantes les vétérans de l'armée Moore et deux régiments de dragons qui rallient la Péninsule durant l'hiver 1811-1812. Jamais, toutefois, la KGL ne servit en bloc en Espagne, l'Irlande comme l'Italie méridionale drainant jusqu'à la fin de la guerre plusieurs unités « hanovriennes ». Intégrée au sein d'une force hétérogène anglo-hispano-lusitanienne, la KGL prend part, les 27 et 28 juillet 1809, à la bataille de Talavera de la Reina où elle enregistre les pertes les plus sévères des forces alliées : 1 407 hommes soit 42 % de ses effectifs.

La KGL est ultérieurement de toutes les grandes affaires de la guerre d'Espagne. Si les pertes de l'infanterie allemande, engagée dans la bataille de Busaco (27 septembre 1810), sont peu importantes, l'artillerie et l'infanterie légère perdent les 5-6 mai 1811, sur le champ de bataille de Fuentès de Oñoro, 9 officiers et 153 hommes, la plupart victimes des lanciers de Soult. La cavalerie légère joue un rôle déterminant durant la bataille de Barossa (5 mars 1811) en brisant une charge française. De nouveau, le 25 septembre suivant, les hussards s'illustrent à El Bodón. La KGL, la principale des unités étrangères non ibériques en Espagne, est naturellement associée aux campagnes victorieuses de 1812-1813. Trois régiments de ligne et une batterie sont présents au siège de Ciudad Rodrigo qui tombe le 10 janvier 1812 ; la KGL participe à la prise de Badajoz, le 6 avril suivant, et s'illustre durant la bataille des Arapiles, le 22 juillet. Déployée en avant de l'armée, la cavalerie lourde (1st et 2nd Heavy Dragoons) du général von Bock brise trois carrés ennemis à Garcia Hernandez, capturant 1 400 prisonniers. Ce très haut fait d'armes paracheva l'intégration de la KGL dont les officiers sont désormais les seuls étrangers à jouir de la plénitude des droits et avantages de leurs compagnons d'armes britanniques. Les échecs de la fin de l'année 1812 l'éprouvent – elle perd 349 hommes et 19 officiers devant Burgos – sans réduire sa réputation ni son efficacité. Après la réorganisation de l'hiver 1812, l'armée de lord Wellington, divisée en deux ailes, reprend l'offensive et remporte la victoire décisive de Vitoria, le 21 juin 1813, où l'artillerie du lieutenant-colonel Hartmann contribue à l'écrasement des forces françaises. Engagées dans les nombreuses et meurtrières affaires qui précèdent la libération du sol espagnol et le franchissement de la Bidassoa, le 7 octobre 1813, les forces de la KGL participent à l'invasion du sud-ouest de la France et sont de tous les combats majeurs : Orthez, Toulouse où les cavaliers et l'artillerie s'illustrent et Bayonne, dont le siège coûte de lourdes pertes aux fantassins de la légion. Parallèlement, trois régiments de ligne et une batterie de la KGL sont associés à l'expédition que lord Bentinck coordonne en Italie du Nord où les pertes subies devant Gênes (13-17 avril 1814) sont peu importantes.

Durant les Cent-Jours, la KGL est engagée à deux reprises contre les Français. Au soir de la bataille des Quatre-Bras où l'artillerie (2nd Horse et Cleeve's Foot batteries) avait donné, la cavalerie légère (2nd Light Dragoon) participe aux opérations d'arrière-garde. Détachés le long de la ligne alliée, 3 301 fantassins, 1 991 cavaliers et 526 artilleurs (18 canons) de la KGL prennent part aux principales péripéties de la bataille de Waterloo. L'infanterie participe à la charge de la division Picton et contribue à la défense de la Haye-Sainte, une des positions cruciales du front allié. Durant les combats autour de cette position, deux régiments (8e et 5e) sont proprement annihilés par la cavalerie française. Avec l'effondrement de l'armée française dans la soirée, les hussards de la KGL participent, avec une formation de milice hanovrienne (commandée par le colonel Hugh Halkett), à l'offensive générale.

Les contraintes financières et le retour à la paix entraînèrent, le 24 février 1816, le licenciement de la quasi-totalité des forces volontaires et mercenaires européennes britanniques. Six bataillons d'infanterie, la cavalerie et l'artillerie de la KGL, ramenés dans l'Électorat du Hanovre, y sont dissous, trois mois avant le licenciement des dernières forces rapatriées d'Italie. Reconstituée avec une grande partie des cadres et des soldats de la KGL, l'armée du Hanovre (dont les liens dynastiques avec le Royaume-Uni furent rompus en 1837) conserva les traditions régimentaires de la KGL, maintenues ou relevées dans l'armée wilhelminienne.

Sans avoir jamais connu de commandement autonome, la KGL est, à juste titre, tenue pour la meilleure formation étrangère de l'armée britannique des *French Wars*. Exemple rare, à dire vrai, d'une assimilation réussie grâce aux officiers et sous-officiers de l'Électorat qui, conservant jalousement les traditions disciplinaires et tactiques de l'ancienne armée hanovrienne, s'intégrèrent progressivement à une armée britannique où le patriotisme et la discipline des légionnaires allemands devaient nourrir une profonde et durable admiration.

Patrick LOUVIER

Bibl. : North Ludlow Beamish, *History of the King's German Legion*, Londres, Thomas and William Boone, 2 vol., 1832 (rééd. Dallington, Naval and Military Press, 1997) • Mike Chappell, *The King's German Legion*, Oxford, Osprey, 2 vol., 2000 • Charles Oman, *Wellington's Army 1809-1814*, Londres, Eward Arnold, 1912 • Otto von Pivka, *The King's German Legion*, Oxford, Osprey, 1974 • August Ludolf Friedrich Schaumann (présenté par Anthony M. Ludocivi), *On the Road with Wellington*, Londres, William Heinemann Ltd, 1924 • Edmund Wheatley (présenté par Christopher Hibbert), *The Wheatley Diary. A Journal and Sketch-Book Kept During the Peninsular War and the Waterloo Campaign*, Londres, Longmans, 1964.

KISLAU, camp de. – Considéré comme camp « précoce » dans la mesure où il a été construit et fermé avant la Seconde Guerre mondiale, le camp de Kislau qui est installé dans le château de la localité éponyme est placé sous l'autorité du ministère de l'Intérieur de l'État de Bade. L'un des pensionnaires les plus connus est sans doute Ludwig Marum, dirigeant du Parti social-démocrate de Bade qui périt dans ce camp.

Les légionnaires séjournent également dans cette structure : dès 1933, le rapport du service d'immatriculation de la Légion (SIL) relève que les « légionnaires sont envoyés pour un temps variable dans un camp de concentration » – celui de Kislau semble leur être dévolu à partir de 1935. De fait, les autorités du IIIe Reich expliquent qu'« en exécution d'un décret du commandant de la police des États, vous [les légionnaires] êtes affectés momentanément, dès le franchissement de la frontière, au camp de transition des légionnaires de Kislau ». Elles considèrent que c'est une « mesure préventive » rendue nécessaire par le besoin d'un bilan sanitaire et d'une aide apportée aux légionnaires afin qu'ils ne soient pas livrés à l'errance. En fait, la finalité de ce camp est de procéder à des enquêtes de police pour s'assurer que l'ancien légionnaire est apte à réintégrer la société allemande, et, plus largement, pour obtenir des renseignements sur la Légion étrangère. Arrivés à Kislau en wagon cellulaire ou sous escorte par le train, « les menottes aux mains », les légionnaires sont ensuite conduits au camp. Dépouillés de leurs souvenirs, de leurs bagages et de leurs effets personnels, y compris de leurs vêtements, « un costume de travail » étant alors distribué, ils suivent vraisemblablement un circuit administratif distinct des autres détenus lors de leur arrivée. En même temps que sont remplies ces formalités ont lieu les premiers interrogatoires. Les anciens légionnaires sont alors séparés bien que tous les résultats de ces interrogatoires ne soient pas encore connus. Ceux dont l'état de santé nécessite des soins sont immédiatement orientés vers l'infirmerie tandis que les autres sont intégrés dans une section spéciale pour anciens légionnaires. Le manque d'archives sur le camp empêche de connaître en détail la vie des internés. Cela dit, Kislau n'est pas seulement un camp de passage, c'est aussi un camp de travail, et les documents font état de « terrassement aux abords du camp » comme d'« assèchement de marais. »

Intervenant dès le retour sur le sol allemand, le passage à Kislau a entre autres objectifs de faire retrouver aux légionnaires « l'âme allemande qu'ils ont perdue hors des frontières du Reich ». La manière dont se fait la rééducation n'est pas connue. Cependant, la presse nationale-socialiste explicite la mission du chef de camp, le major Mohr : il doit faire comprendre aux légionnaires que leur pays a changé entre le moment de leur départ et celui de leur retour. La misère et le désespoir furent à l'époque l'origine et la raison de leur engagement parce que l'ancienne Allemagne n'avait « ni travail ni pain à leur donner », mais ce n'est plus le cas. Mohr donne alors toutes les explications nécessaires pour que les légionnaires soient avertis que « dans l'État d'Adolf Hitler, il n'est plus possible que des Allemands aillent en Afrique se battre pour des peuples étrangers ». Vu du SIL, il ne fait aucun doute que les autorités du camp profitent du passage à Kislau pour entreprendre la rééducation nationale-socialiste des anciens légionnaires, qui restent en moyenne une quarantaine de jours. Toutefois, les opposants les plus actifs « sont maintenus en détention pour un temps indéterminé et finalement mis dans un camp de concentration ». Avant de quitter le camp, le légionnaire « signe un papier par lequel il reconnaît sa fidélité envers le régime national-socialiste ». Désormais, il s'oblige à « mener une existence régulière [...], à tenir consciencieusement l'engagement de loyauté souscrit par lui et à éviter tout ce qui pourrait donner même le moindre soupçon d'une action illégale envers le gouvernement [...], le susnommé est remis en liberté provisoire sur parole et sur déclaration de loyauté. Au cas où une des obligations indiquées ne serait pas remplie consciencieusement, le permissionnaire doit s'attendre à être arrêté immédiatement et à voir prendre contre sa personne les mesures les plus sévères ». Le passage à Kislau n'est alors qu'une étape dans la « descente aux enfers » et la relapse conduit bien souvent dans un véritable camp de concentration.

Alexis NEVIASKI

KISLING, Moïse (1891-1953). – Pendant la Grande Guerre, différentes publications ont permis d'assurer la liaison entre les artistes combattants et ceux de l'arrière. Dès 1914, trois collaborateurs du journal *L'Intransigeant*, René Bizet, Fernand Divoire et Gaston Picard, créent un *Bulletin des écrivains* destiné à donner des nouvelles des écrivains mais aussi des peintres mobilisés. Maffeo Charles Poinsot (l'auteur de la brochure sur *Les Volontaires étrangers au service de la France en 1914-1915*) lance quant à lui en janvier 1915 *Le Petit Messager des arts et des industries d'art* qui sera envoyé gratuitement aux artistes sur le front. Guillaume Apollinaire y écrit le 1er mars un article sur « L'art vivant et la guerre » dans lequel il évoque, entre autres artistes : « Le Polonais-Autrichien Kisling [qui] est dans un régiment de marche étranger comme le futuriste italien Ugo Giannatasio ».

Moïse Kisling est né le 22 janvier 1891 à Cracovie en Pologne autrichienne. Le 6 octobre 1914, il est incorporé comme soldat de 2e classe au 3e régiment de marche du 1er Étranger (dans *La Main coupée*, Blaise Cendrars dit qu'il s'agit du 2e Étranger). Il mesure 1,67 m, ses cheveux sont châtains, ses yeux marron. Après avoir participé aux combats de Souchez, il est blessé en Artois. Réformé le 20 août 1915, il peut reprendre ses pinceaux dans son atelier de la rue Joseph-Bara où il a l'habitude de recevoir les célébrités parisiennes qui contribuent à son succès de portraitiste. Il saisit par exemple le poète Cocteau dans un tableau peint en 1916 : *Cocteau assis*. Mais il ne se contente pas de retrouver ses anciens modèles de la paix. Il illustre l'une des deux plaquettes inspirées par la guerre que Blaise Cendrars publie alors qu'il vient de perdre un bras : *La Guerre au Luxembourg*.

France Marie FRÉMEAUX

KLEMS, légionnaire Joseph Peter (1893–?). – Si ce personnage d'origine allemande fait l'objet d'une littérature abondante, il est toutefois particulièrement difficile d'avoir des certitudes à son sujet. Selon certaines sources, il se serait engagé à la Légion étrangère avant la Grande Guerre. Pour d'autres, au contraire, il aurait été artilleur dans l'armée allemande. Cependant, tout le monde s'accorde sur le fait qu'il est à la Légion en 1920. Sergent en 1921, il est rétrogradé au grade de caporal et déserte du 2e Étranger en août 1922. En Algérie, il rejoint alors les dissidents et combat contre la France avec une tribu nomade dont il adopte les coutumes et apostasie pour embrasser la religion musulmane. Après un voyage à La Mecque, il devient El Hadj-Aliman (« le seigneur allemand »). La pacification française progressant, il décide de s'enfuir dans le Rif et se met alors au service d'Abd el-Krim. Dès lors, il devient populaire et fait l'objet de quelques articles de presse qui sont peu concordants. Il est certain que ses connaissances techniques, ses capacités linguistiques et son habilité guerrière le font remarquer. Il serait alors devenu l'un des lieutenants du chef rifain sans qu'il soit possible de définir exactement sa fonction. Pour les uns, il est grand maître de l'artillerie ; pour d'autres, il est chef d'état-major ; pour d'autres enfin, il n'est que cartographe. En tout état de cause, lors de la reddition de son chef, il se réfugie dans la montagne. Capturé le 30 mai 1926, trahi par les Rifains, il est traduit devant le conseil de guerre de Meknès qui le condamne à mort en 1927.

L'affaire Klems éveille l'attention et le ministre allemand des Affaires étrangères – soutenu par les députés du Parti communiste français – obtient que sa peine soit commuée en détention à perpétuité. Il est envoyé au bagne en Guyane. Sa fin reste aussi mystérieuse que son existence. En 1931, la presse d'outre-Rhin affirme qu'il serait parvenu à s'échapper. La liberté recouvrée, pourquoi n'a-t-il pas fait reparler de lui ? A-t-il trouvé refuge en Guyane hollandaise ? Est-il rentré discrètement en Allemagne ? Une autre version laisse supposer qu'il s'est suicidé en se tirant une balle dans la tête avec l'arme de service d'un surveillant militaire. Tous ces mystères font partie de la légende bâtie autour de ce personnage qui finalement n'a servi que quatre ans dans la dissidence, et pas toujours auprès d'Abd el-Krim.

Alexis NEVIASKI

Sources : SHD-Terre, 3H 102, 7N² 2127 (3), 7N 1030 (3) supplément.

Bibl. : Pierre Mac Orlan, *Légionnaires. La Légion étrangère espagnole, la Légion étrangère française*, Éditions du Capitole, 1930 • George Ward Price, *Au Maroc avec la Légion*, Payot, 1935.

KŒNIG, maréchal Marie Pierre (1989-1970). – Né à Caen, de souche alsacienne, engagé en 1917, sous-lieutenant de réserve, médaillé militaire, Pierre Kœnig choisit en 1919 de faire une carrière militaire. Jusqu'en 1929, il sert en Silésie, dans les Alpes et en Rhénanie au sein des troupes françaises d'occupation. Il doit à son mariage avec la femme divorcée de l'un de ses supérieurs son affectation au Maroc. En 1931, au 4ᵉ Étranger, il se lie d'amitié avec le capitaine Amilakvari, saint-cyrien de la promotion « du Rif » (1924-1926). Entre octobre 1937 et septembre 1939, détaché à l'état-major de Marrakech, capitaine déjà ancien, Kœnig est sous les ordres du général Catroux avant de se porter volontaire en janvier 1940 pour l'un des deux bataillons de marche de Légion étrangère en formation pour porter secours à la Finlande au sein de la 1ʳᵉ division légère de chasseurs du général Béthouart. Le commandement du 1ᵉʳ bataillon de la 13ᵉ demi-brigade de Légion étrangère lui échappe et il rejoint son unité après l'expédition de Narvik à laquelle il n'a pas participé en raison de son détachement après du général Audet. Après la signature de l'armistice, à Londres, il décide avec une partie de son unité de continuer la lutte. Il est donc un des premiers officiers à rejoindre de Gaulle. Il participe aux premières et difficiles opérations de la France Libre : échec devant Dakar, ralliement du Gabon, puis douloureuse campagne de Syrie en juin 1941. Promu général en juillet suivant, il prend le commandement de la 1ʳᵉ brigade française libre, intégrée dans la VIIIᵉ armée britannique en Libye. À Bir Hakeim, la brigade mène un remarquable combat défensif contre les forces italo-allemandes. En réponse à l'ultimatum de Rommel l'invitant à se rendre, Kœnig réussit à rompre l'encerclement (10-11 juin) au prix de lourdes pertes. Bir Hakeim et Kœnig sont deux noms désormais associés, symboles de la renaissance de l'armée française.

Au moment de la fusion des Forces françaises libres et de l'armée d'Afrique, en tant qu'adjoint du nouveau chef d'état-major de l'armée réunie, il tient un rôle efficace, révélant une grande largeur de vues, sans aucun sectarisme, bien que Compagnon de la Libération. En mars 1944, il rejoint la Grande-Bretagne, comme délégué du Gouvernement provisoire de la République française auprès d'Eisenhower et commandant des Forces françaises de l'intérieur (FFI). À la libération de Paris, Kœnig devient gouverneur militaire de Paris, puis succède au général de Lattre au commandement en chef des Forces françaises en Allemagne (1945-1949). Il mène ensuite une carrière politique marquée par un gaullisme qui ne l'empêche pas d'être provisoirement ministre de la Défense dans le cabinet Mendès France, plus longuement dans celui d'Edgar Faure . Aussi ne recevra-t-il plus de responsabilités après 1958. Il meurt le 2 septembre 1970 et est élevé à la dignité de maréchal de France à titre posthume, quatorze ans plus tard, par le président François Mitterrand. Il n'a jamais cessé de témoigner sa fidélité à la Légion et aux légionnaires.

Jean DELMAS

Bibl. : François Broche, *Bir Hakeim*, Perrin, 2007 • Jean-Louis Crémieux-Brilhac, *La France Libre*, Gallimard, 1996 • François Marcot (dir.), *Dictionnaire historique de la Résistance*, Robert Laffont, coll. « Bouquins », 2006.

KOESTLER, Arthur (1905-1983). – « Sous le nom du légionnaire Dubert, je traînai deux mois dans diverses casernes de la France occupée et vichyste, jusqu'au jour d'août 1940 où j'atteignis Marseille. Mon uniforme et ma moustache devaient me déguiser assez bien, car je fus employé comme messager militaire entre le dépôt de la Légion au fort Saint-Jean et la commission allemande de surveillance du port installée au fort Saint-Nicolas. » Celui qui parle ainsi – dans son autobiographie intitulée en français *Hiéroglyphes* – est l'un de ces grands écrivains du siècle dernier, témoin de l'Histoire dont l'œuvre, si elle n'est plus forcément lue aujourd'hui, n'en a pas moins marqué l'époque : Arthur Koestler. De langue hongroise tout en en maîtrisant plusieurs autres, particulièrement le français et le russe, s'exprimant en allemand avant de privilégier l'anglais, il est avant tout européen. Sa vie ne se sépare pas des événements de son temps et comme André Malraux, dont il a croisé régulièrement le chemin et à qui il dédiera *Le Yogi et le commissaire* (1945), il a contribué à fonder une « littérature de combat », qui procède de la lutte contre le fascisme dans laquelle Koestler s'est très tôt engagé. Son adhésion au communisme puis son retrait hors du Parti et sa dénonciation des crimes du stalinisme ont frappé les consciences.

Né à Budapest le 5 septembre 1905, Arthur Koestler est d'origine juive. Ses premières orientations le portent vers le sionisme (ce qui le conduira par la suite à écrire *La Tour d'Ezra*) : il abandonne les études scientifiques qu'il avait entreprises à Vienne et s'en va en Palestine. Devenu journaliste, il vit à Paris et à Berlin. Il voyage toute une année en Union soviétique. Le 31 décembre 1931, en effet, il a adhéré au parti communiste sous le nom d'Ivan Steinberg. Quand il revient en Allemagne, Hitler est le nouveau chancelier du Reich. Il repart pour Paris en automne 1933 et se met à travailler avec Willy Münzenberg, qui dirige la propagande du Komintern, la IIIe Internationale en Europe occidentale. En 1936, n'ayant pas obtenu du Parti l'autorisation de rejoindre les Brigades internationales lancées au secours du gouvernement républicain espagnol après le coup d'État militaire du général Franco, il se fait recruter comme correspondant de guerre par le *News Chronicle*, organe de la presse libérale anglaise. L'ouvrage qu'il tire de ce séjour initial dans le pays déchiré, *L'Espagne ensanglantée*, sera publié à Paris l'année suivante. Ce n'est pas son premier livre. Sous le pseudonyme du docteur A. Costler, il a déjà rédigé plusieurs volumes d'une *Encyclopédie de la sexualité* éditée à Londres. Cependant, avant même la sortie de *L'Espagne ensanglantée*, il retourne auprès des républicains espagnols. Le 27 janvier 1937, tandis que les troupes franquistes entrent à Malaga, il choisit de rester dans la ville abandonnée par ses défenseurs. Il est arrêté, condamné à mort, emprisonné plusieurs mois à Séville avant d'être libéré grâce à l'intervention de nombreuses personnalités anglaises. *Le Testament espagnol* (repris plus tard sous le titre *Dialogue avec la mort*) rend compte de cette expérience douloureuse. Elle n'est pas la dernière qu'Arthur Koestler devra affronter.

En avril 1938 et après un nouveau voyage en Palestine, il rompt avec le parti communiste. « Une vérité nuisible est préférable à un mensonge utile », dit-il, citant Thomas Mann (1875-1955).

Les procès de Moscou, l'arrestation de nombre de ses amis russes, l'exécution de Nikolaï Boukharine, d'Alexeïev Rykov et de beaucoup d'autres l'ont décidé, mais son désespoir est profond : « L'intoxication par le mythe soviétique est aussi tenace et difficile à guérir que n'importe quelle autre. Lorsqu'on a connu le poison de l'utopie, l'on reste tenté d'en prendre une dernière goutte », écrira-t-il en 1949 dans *The God that Failed* (*Le Dieu des ténèbres*, 1950). Il termine alors le roman entrepris quelques années plus tôt, *The Gladiators* (*Spartacus*, 1945), et commence le livre qui va lui assurer un grand succès public : *Darkness at Noon*, qui va paraître en 1940 à Londres et en 1946 à Paris sous le titre qu'il a lui-même choisi pour l'édition française, *Le Zéro et l'infini*. Mais avant cela, une nouvelle épreuve l'attend. Il la relate dans *Scum of the Earth* (*La Lie de la terre*).

En 1939, Arthur Koestler travaille pour la presse de gauche et poursuit la rédaction du *Zéro et l'infini*. Quand la guerre éclate, il se trouve en France, sur la Côte d'Azur où se rassemble la diaspora antinazie. Aussitôt, il rentre à Paris. La Hongrie étant neutre, il ne devrait pas redouter de partager le sort des exilés allemands qui, tel Hans Hartung, sont alors systématiquement relégués dans des camps. Cependant, son passé communiste le rend suspect aux autorités qui s'en émeuvent plus qu'elles ne sont sensibles à son opposition au nazisme. De toute façon, le pays est marqué par une forte xénophobie, renforcée par les pesanteurs bureaucratiques et assortie d'un antisémitisme grandissant. L'écrivain militant veut pourtant se battre. Il envisage de devenir ambulancier à la Croix-Rouge (on refuse sa candidature) ou de se porter volontaire dans l'armée française, mais « la seule unité ouverte aux étrangers était la Légion étrangère et cette idée me répugnait », écrit-il, tout en ajoutant qu'un film (*Le Grand Jeu*, 1934) lui avait donné l'idée que « si jamais la France devenait nazie et que tout fût perdu, la Légion pourrait devenir une solution ». C'est celle que choisit au même moment l'un de ses amis, Manès Sperber (1905-1984), qui sera démobilisé à l'armistice et parviendra à se réfugier en Suisse deux ans plus tard. Autrichien (naturalisé français après la guerre) originaire de Galicie et s'étant éloigné de ses racines juives, ancien collaborateur du psychologue Alfred Adler, lui aussi est entré au parti communiste qu'il a abandonné en 1937.

En attendant, pour Arthur Koestler, l'autre solution est de rejoindre au plus vite Londres (où il réside la moitié de l'année) afin d'offrir ses services aux troupes anglaises. L'autorisation administrative de départ n'arrive pas. Le 2 octobre 1939, « étranger indésirable », il est arrêté à son domicile par la police. De même qu'Andréas Rosenberg, il connaît l'internement dans un stade parisien (ici, le stade Roland-Garros) puis est envoyé au camp du Vernet, dans l'Ariège. Ils sont deux mille à partager des conditions d'existence épouvantables. La plupart resteront enfermés là jusqu'à ce que la Gestapo s'empare d'eux. Arthur Koestler quant à lui est libéré : ses appuis anglais sont de nouveau intervenus. Il peut retourner à Paris. Le répit est de courte durée. L'offensive allemande entraîne l'exode général. Parmi ceux qui quittent la capitale menacée, il y a des intellectuels autrichiens ou allemands souvent d'origine juive, ceux du moins que l'on n'a pas déjà emprisonnés ; ils tentent de fuir le nazisme. Pour nombre d'entre eux le suicide sera finalement la seule façon d'échapper à la Gestapo qui les traque. Pour Arthur Koestler aussi le suicide paraît une issue possible. Longtemps, il va garder dans sa poche une fiole de cyanure de potassium, comme Antoine Sylvère, ou bien des comprimés de morphine. L'alternative est simple : le suicide ou la Légion étrangère. Finalement, il revient à cette solution, bien qu'elle lui déplaise, mais il veut toujours combattre le fascisme. Le 17 juin 1940, jour de la capitulation, il entre à Limoges « dans la caserne de la Visitation sous le nom de A. K..., profession : journaliste et écrivain né à Budapest, Hongrie ». Il en sort « sous le nom d'Albert Dubert, profession : chauffeur de taxi, né à Berne, Suisse ». Il a signé pour cinq ans : « Je pensais que, au milieu d'hommes sans passé, on pourrait peut-être même découvrir un vestige de cette fraternité que j'avais cherchée en vain dans les rangs du parti révolutionnaire. » Il n'exclut pas pour autant l'idée de déserter bientôt. L'important est de continuer la lutte, où que ce soit. Maintenant, il lui faut seulement atteindre l'endroit d'où on l'enverra en Afrique du Nord. Emporté dans la débâcle collective, la désorganisation des services, l'absence de consignes officielles, il mettra trois mois à gagner Marseille.

Ce sont ces semaines d'errance de Limoges à Bayonne en passant par Bordeaux et Biarritz puis de Bayonne à Septfonds (Tarn-et-Garonne) qu'il relate dans les derniers chapitres de *La Lie de la terre*, ainsi que son expérience de soldat en quête d'instructions, de légionnaire sans unité ni commandement, d'homme en rupture d'identité : « Je m'habitue tellement à m'entendre appeler Dubert... Mais quelquefois je me sens si perdu que je me répète mon vrai nom à voix basse, cela me donne une sensation d'irréalité. Je n'avais jamais su, auparavant, l'importance qu'on pouvait attacher à son propre nom et le sentiment étrange de mutilation qu'on a de le perdre. » Le voyage se déroule sous différents patronages : un vieux lieutenant de la coloniale, un frère dominicain, un avocat... Les pieds meurtris, Arthur Koestler a passé la ligne de démarcation en boitant, comme il se doit quand il s'agit de franchir la frontière invisible qui sépare d'un autre monde, y compris celui du salut : « En zone libre, sous le nom du légionnaire Dubert, j'étais hors de danger. » L'aventure se termine par la traversée de la Méditerranée depuis Marseille vers l'Algérie puis le Maroc ; de là, ensuite, vers le Portugal (qui fournira la matière du roman édité en 1943 à Londres, *Arrival and Departure – Croisade sans croix* dans la traduction française) avant de toucher, enfin, les côtes anglaises. En vérité, le légionnaire Dubert a déserté ainsi qu'il prévoyait de le faire et c'est avec de faux papiers qu'il a achevé son périple.

Le livre se clôt sur cette phrase paradoxale : « C'est notre seul et ultime but de guerre, réapprendre à rire à la planète. Mais nous hurlons encore comme des chiens dans les ténèbres. Je souhaite que vienne le temps du rire. » Le temps du rire viendra-t-il jamais ? Le 1er mars 1983, dans sa maison de Montpelier Square à Londres et en compagnie de sa troisième femme, Cynthia Jefferies, qu'il a épousée en 1965, il se suicide. Malade, il lui a semblé que l'essentiel était de choisir sa façon de mourir, ce qu'il appelait après le poète Rainer Maria Rilke (1875-1926) « mourir sa propre mort ».

France Marie FRÉMEAUX

Bibl. : Arthur Koestler, *Œuvres autobiographiques*, Robert Laffont, coll. « Bouquins », 1994, en particulier : *Hiéroglyphes* (*The Invisible Writing*, 1954), Calmann-Lévy, 1955 et *La Lie de la terre* (*Scum of the Earth*, 1941), Charlot-Calmann-Lévy, 1946 • *Arthur Koestler*, cahier dirigé par Pierre Debray-Ritzen, L'Herne, 1975 • Michel Laval, *L'Homme sans concessions : Arthur Koestler et son siècle*, Calmann-Lévy, 2005.

KOLWEZI (opération « Bonite », 19 mai-15 juin 1978). – En mars 1977, la province du Shaba (Zaïre, ex-Congo belge) est envahie par les ex-gendarmes katangais chassés quelques années plus tôt par le président Mobutu. Un an plus tard, les Soviétiques présents en Angola soutiennent l'opération « Colombe » lancée le 13 mai 1978 par 4 000 « Katangais » conduits par le major Mufu. Au matin du 14 mai, ils ont repoussé la 14e brigade zaïroise qui défend la cité minière de Kolwezi. La population est prise en otage. Les gouvernements américain, belge et français s'inquiètent des exactions et des menaces qui pèsent sur la sécurité de leurs 2 200 ressortissants. La cité est très étendue et les quartiers dispersés sur 45 km², séparés par des collines et desservis par de grandes avenues. Le président Mobutu appelle à l'aide les trois gouvernements. Le 17 mai en fin de matinée, le président Giscard d'Estaing prend la décision d'intervenir militairement et donne l'ordre au général Méry, chef d'État-major des armées, de préparer l'opération.

Le 8e régiment parachutiste d'infanterie de marine, en alerte « guépard » nº 1 à Castres, aurait dû être engagé. Pour des raisons de discrétion, le général Méry désigne le 2e régiment étranger de parachutistes (REP) en garnison à Calvi pour l'opération aéroportée « Bonite ». Tout va très vite : le colonel Erulin prend aussitôt les dispositions pour rassembler toutes les unités et en moins de six heures le régiment est sur le pied de guerre. Le lendemain 17 mai, sur la base aérienne 126 de Solenzara, les légionnaires parachutistes apprennent du général Lacaze, ancien chef de corps du régiment et commandant la 11e division parachutiste, la mission qui leur est confiée. Le premier DC8 civil décolle vers 15 h 30 avec à son bord le colonel Erulin, un état-major réduit et une compagnie de combat. Les autres unités embarquent à bord de trois DC8 et d'un Boeing en début de soirée. Dans la nuit du 18 au 19 mai, les 600 légionnaires sont à Kinshasa dans l'attente de l'ordre de décollage qui doit être donné par le colonel Gras, attaché militaire à Kinshasa et commandant de l'opération.

Le 19 mai, vers 15 h 30, la première vague est larguée en deux passages sur l'ancien hippodrome. La 1re compagnie du capitaine Poulet investit le lycée Jean-XXIII pour libérer les premiers otages ; la 2e compagnie du capitaine Dubos occupe l'hôpital et la 3e compagnie (capitaine Gausserès) investit le centre-ville après avoir repoussé les « Tigres » réfugiés dans l'hôtel Impala. En attendant le second largage, retardé en raison de problèmes techniques, le colonel Erulin fait procéder au nettoyage des quartiers déjà investis. Les deux dernières compagnies touchent le sol le 20 mai vers 6 h 30. Des combats violents ont lieu au nord de la ville dans le secteur de la 4e compagnie appuyée par celle du capitaine Dubos. Les opérations dites « de nettoyage » se poursuivent jusqu'au 22 mai pour assurer la sécurité de la zone d'évacuation des otages. Le 28 mai, le poste de commandement du 2e REP est déplacé à Lubumbashi et les unités redéployées afin de contrôler toute la région.

L'intervention du régiment a permis de sauver de nombreuses vies mais le bilan des exactions est lourd : 664 tués dont 382 soldats zaïrois, 151 civils autochtones et 131 Européens. Les « Tigres » ont laissé sur le terrain 250 des leurs et un impressionnant matériel de guerre dont deux blindés légers AML Panhard 60 et quatre canons sans recul. Le haut degré d'entraînement et la discipline au feu des légionnaires parachutistes expliquent le nombre restreint des pertes : un sous-officier, le sergent-chef Daniel, et quatre légionnaires tués, le lieutenant Raymond (2e compagnie) et 21 sous-officiers et légionnaires blessés.

Le 8 juin, une semaine avant le retour de la dernière unité à Calvi, le régiment est cité à l'ordre de l'armée pour « cette action courageuse et efficace qui s'inscrit dans la tradition des troupes aéroportées et de la Légion étrangère, combinant une mission humanitaire sans précédent avec une action militaire exemplaire. Le 2e régiment étranger de parachutistes a mérité, une nouvelle fois, la reconnaissance des armées et de la Nation ». La confiance des chefs militaires et des responsables politiques est désormais totalement acquise : le 2e REP devient la référence pour les forces d'intervention de l'armée de terre dans les opérations « humanitaires » de la fin du XXe siècle.

André-Paul COMOR

Sources : Centre de documentation de la Légion étrangère, JMO du 2e REP et rapport du colonel Erulin.

KRAMER, colonel Jacob (1902-1980). – Né en Allemagne, Jacob Kramer s'engage dans la Légion étrangère en 1920. Il sert d'abord au 4e régiment étranger d'infanterie et est blessé par balle au Maroc en 1922. Sa carrière se déroule durant tout l'entre-deux-guerres en Afrique du Nord : aux 3e et 4e Étrangers au Maroc et au 1er Étranger en Algérie. À une époque où l'avancement est difficile, le jeune légionnaire allemand réussit à gravir l'échelle des grades de sous-officier : sergent en 1924, adjudant en 1931 – année où il est naturalisé français et adopte le nom de Jacques Renard –, adjudant-chef en 1934. En mars 1938, il est promu sous-lieutenant à titre français au 3e Étranger.

En mars 1940, le lieutenant Kramer, volontaire pour le bataillon Boyer-Ressès de la demi-brigade de montagne de Légion étrangère en formation à Sidi-Bel-Abbès, prend part à la campagne de Norvège. Rapatrié en Angleterre, il fait partie des 1 000 légionnaires environ qui, le 1er juillet 1940, au camp de Trentham Park, choisissent de rallier les Forces françaises libres du général de Gaulle. Kramer-Renard commande alors la 1re compagnie de transmissions, arme à laquelle il restera fidèle jusqu'à la fin de la guerre. Viennent tout d'abord l'expédition de Dakar (fin septembre 1940) puis les opérations de ralliement du Gabon à la France Libre (novembre 1940). Il combat ensuite en Érythrée (février-mars 1941) et participe à la campagne de Syrie contre les forces vichystes du général Dentz (juin 1941). Promu capitaine en septembre 1941, il prend le commandement du 1er bataillon de transmissions des FFL à Damas. Le bataillon est engagé, au début de 1942, dans les opérations de Libye conduites par la VIIIe armée britannique, puis assure les transmissions du camp retranché de Bir Hakeim. Kramer y est grièvement blessé à deux reprises : une première fois, le 9 juin, par éclat d'obus à la cuisse, puis, lors de la sortie, dans la nuit du 10 au 11, par éclat de mine à la face. Évacué vers Alexandrie, il doit être amputé d'une jambe. Son comportement héroïque lui vaut la croix de la Libération par décret du 9 septembre 1942. À sa sortie de l'hôpital, en février 1943, il reprend du service d'abord à la tête des transmissions au Levant, puis au sein des services spéciaux d'Alger, ce qui le conduit à diriger les services spéciaux en Corse (en décembre 1943), après la libération de l'île.

Promu chef de bataillon en mars 1945, il continue à servir dans les transmissions au sein des forces d'occupation en Allemagne jusqu'en 1950. Lieutenant-colonel en 1952, il termine sa carrière à Marseille comme inspecteur des transmissions de la 9e Région militaire. Jacob Kramer-Jacques Renard est mort à Nice le 19 mars 1980.

Jean-François MURACCIOLE

Sources : Archives de l'ordre de la Libération.

KSAR-ES-SOUK. – Capitale du Tafilalet, au Maroc, Ksar-es-Souk (ou Souq), aujourd'hui Er-Rachidia, abrite entre 1929 et 1931 la garnison de la 1re compagnie montée du 2e régiment étranger d'infanterie (CM/2e REI devenue CM/1er REI en 1931). Le cantonnement prend le nom de « camp Aage de Danemark » après la disparition du commandant en février 1939. Jusqu'en 1943, la CM/1/2e REI rayonne à partir de cette daïra fortifiée. Le 4e REI y stationne quant à lui jusqu'au repli sur l'Algérie en 1957.

André-Paul COMOR

KUPKA, Frank (1871-1957). – František, dit Frank ou François, Kupka est tchèque, né à Opocno en Bohême. Formé à Prague puis à Vienne, il s'installe à Paris en 1894 où il vit d'abord en exécutant affiches, illustrations et dessins humoristiques. Certains de ceux-ci sont publiés dans plusieurs numéros de *L'Assiette au beurre* : « L'argent », « La paix »… Ils sont jugés tellement subversifs que le directeur de la publication préfère renoncer à la collaboration de l'artiste dont l'imagination est souvent prémonitoire de la grande catastrophe européenne qui s'annonce. Dans « L'inventeur de l'écrabouillite », par exemple, il annonce que l'on a trouvé le moyen (« l'écrabouillite » !) de provoquer 800 000 morts au centième de seconde. Un autre dessin met en scène « Polichinel » qui lève un rideau. De l'autre côté, il découvre une longue plaine semée d'arbres, des cyprès. Jusqu'à l'horizon gisent des corps dépouillés de leurs vêtements ; des corps nus, des corps morts. C'est la seule paix possible : « la paix éternelle ».

Ses convictions pacifistes n'empêchent pas le peintre de s'engager dans la Légion étrangère lors de la Première Guerre mondiale. Avant tout, il ne veut pas rejoindre l'armée autrichienne. Blaise Cendrars lui consacre de nombreuses pages de *La Main coupée*. Mais le 4 janvier 1915, Kupka est évacué du front, atteint de l'affection connue alors comme « le pied de tranchée » : les pieds atteints de profondes gelures, insensibles, sont gagnés par une infection qui peut entraîner la gangrène. Ricciotto Canudo lui aussi a souffert « à s'en mordre la main » de ce mal qui coupe pieds et jambes « comme un projectile l'eût fait ».

Revenu à Paris, Kupka se met à travailler pour l'Association des Tchèques et Slovaques en France. Afin d'aider ses compatriotes, il dessine des timbres, des médailles, divers diplômes et même un drapeau destiné à l'armée tchécoslovaque mise sur pied par le Conseil national tchèque créé à Paris en 1916. Il contribue de la sorte, avec les moyens propres à un artiste, à la création de l'État indépendant de la Tchécoslovaquie, effective le 28 octobre 1918.

C'est le même homme qui va devenir un pionnier de l'abstraction, adhérant après la guerre à des groupes d'artistes non figuratifs tels que Cercle et Carré ou Abstraction-création. En fait, ayant assimilé les leçons du cubisme à la suite du fauvisme, il s'est très tôt dégagé de toute préoccupation imitative. Dès 1910, ses recherches sont allées dans le sens d'une conjonction des couleurs et du rythme lumineux qu'elles engendrent. Apollinaire nomme ce courant « orphisme ». Cependant l'art particulier de Kupka ne s'affirme dans sa totale spécificité qu'au cours des années 1920.

France Marie FRÉMEAUX

L

LACAZE, général Jeannou (1924-2005). – La Légion étrangère, le renseignement et la politique s'entrecroisent dans la vie de Jeannou Lacaze. Né à Hué, au Vietnam, il est l'enfant d'une mère annamite d'origine chinoise qu'il ne revit jamais après ses cinq ans et d'un père fonctionnaire colonial. À la fin de sa vie, l'officier général, surnommé « le Sphinx » et qui confessait devoir son prénom à une erreur d'état civil, avait traversé bien des événements décisifs de l'histoire militaire et de la politique extérieure de la France depuis 1945. Il illustre à merveille l'itinéraire d'un officier qui servit les armes et la République avant d'évoluer, dans les quinze dernières années de sa vie, vers la politique et l'influence dans les arcanes de la politique extérieure française.

Servir les armes et libérer la France : voilà les valeurs qui marquent la génération des soldats de la Libération. À vingt ans, au printemps 1944, Jeannou Lacaze s'engage ainsi dans les Forces françaises de l'intérieur. Puis il intègre Saint-Cyr en 1945, dans la nouvelle école qu'installe le général de Lattre de Tassigny pour forger les cadres futurs d'une armée refondée et reconstruite. Pour Lacaze, le choix de l'infanterie, avec son temps d'application à Auvours jusqu'en 1947, est d'abord celui d'une arme de mêlée au premier moment de tension de la guerre froide. Par tempérament et par conviction, il choisit de servir dans la Légion étrangère. Il y connaît plusieurs affectations, d'abord au 1er régiment d'infanterie étranger, au Kef, en Tunisie, puis en Indochine où il est grièvement blessé à la tête de sa section au combat d'Hô Chim le 5 janvier 1948. Il rejoint ensuite le 2e régiment étranger d'infanterie à l'issue de sa convalescence, retournant en Indochine de 1949 jusqu'en 1951 – expérience fondatrice dans une Légion largement ouverte aux combattants allemands de la Seconde Guerre mondiale et qui s'interrompt suffisamment tôt pour épargner à Jeannou Lacaze l'épreuve de la défaite militaire en Indochine. De fait, il gagne la France pour être affecté au Service de documentation extérieure et de contre-espionnage (SDECE), bientôt engagé dans les opérations clandestines de son service action.

À Cercottes, base du SDECE, le colonel Zahm, commandant en second du 11e Choc, légionnaire lui aussi blessé en Indochine, fait venir celui que l'on appelle déjà « le Sorcier », reconnu pour être un spécialiste des explosifs. Sa biographie fait alors état de son affectation au régiment de tirailleurs marocains avant le commandement d'une compagnie au 125e régiment d'infanterie en Algérie en 1958 : ainsi, l'attraction de l'action et l'intérêt pour l'intoxication sont à l'origine de son engagement dans le renseignement. Après un rapide passage à la section technique de l'armée de terre, il rejoint la 11e demi-brigade de parachutistes. Après l'École de guerre (1965-1967), il est à la tête du 2e régiment étranger de parachutistes (REP), ce qui lui vaut d'intervenir au Tchad (opération « Tacaud 1 » au printemps 1969), au Togo et en Côte d'Ivoire à l'heure de la défense du pré carré africain de la France.

À l'issue de ce commandement, il est nommé en 1971 directeur du renseignement au SDECE, au moment où un nouveau directeur cherche à y recréer un véritable service action. Alors que cette responsabilité est pourtant des plus instables, Lacaze la conserve durant cinq ans. Puis il prend le commandement de la 11e division parachutiste entre 1977 et 1979, marqué notamment par les interventions de l'armée française, en particulier de la Légion étrangère, à Kolwezi puis en Mauritanie et au Liban.

Remarqué par le président Giscard d'Estaing et par le chef d'État-major des armées, le général Méry, il est nommé gouverneur militaire de Paris en 1980 et chef d'État-major des armées le 1er février 1981. Alors que les relations entre l'Élysée et le titulaire de ce dernier poste sont appelées à se renforcer constamment, au risque d'une distorsion avec l'autorité du ministre de la Défense qui ne va pas bientôt manquer de s'exposer à la faveur de la première cohabitation, François Mitterrand, appréciant son entregent et sa connaissance de la coopération militaire française à l'étranger, le conserve à ce poste jusqu'au 1er août 1985. Son action a permis souvent de dépasser les incompréhensions entre la hiérarchie militaire et le pouvoir socialiste, par exemple à l'automne 1982 lors du dépôt d'un projet de loi relatif au règlement de certains événements d'Afrique du Nord, en vue de l'amnistie d'officiers et hauts fonctionnaires ayant participé ou soutenu le putsch des généraux d'avril 1961.

Quittant le service actif en 1985, le général Jeannou Lacaze n'abandonne pourtant ni l'influence ni une certaine forme d'action. En 1986, il rejoint le cabinet du ministre des Armées André Giraud, dans le gouvernement de cohabitation de Jacques Chirac, comme conseiller pour la coopération militaire africaine – position qui se prolongera par des fonctions de conseiller direct de certains chefs d'État africains. En 1995, il met sur pied le Conseil commercial et industriel franco-irakien, destiné à faciliter la reprise du commerce avec l'Irak de Saddam Hussein qu'autorise la résolution 986 du Conseil de sécurité de l'ONU du 14 avril 1995, dite « pétrole contre nourriture ». Il organise ainsi les contacts entre des hommes d'affaires français et Amir Rachid, notamment, ministre irakien du Pétrole.

Entre-temps, il est élu député européen sous l'étiquette giscardienne en 1989, alors que la droite modérée cherche à capter l'électorat de droite éventuellement tenté par le vote en faveur du Front national. Sans doute doit-il son élection à ce calcul giscardien d'élargir l'offre politique du centre droit à la société militaire pour mordre sur l'électorat RPR et frontiste. Pourtant, Jeannou Lacaze gagne dès l'été 1989 le Centre national des indépendants dont il espère sans doute devenir le leader, au dam d'Yvon Briant qui anime alors cette formation. C'est la raison de la fondation de son propre parti au printemps 1990, l'Union des indépendants, sans doute financé par les réseaux de la Françafrique. On prêta de nombreuses intentions politiques à l'énigmatique Jeannou Lacaze, par exemple l'ambition de devenir ministre de la Défense d'une future cohabitation en 1992-1993. S'il siégea au Parlement européen jusqu'en 1994, ce fut pourtant son seul mandat politique.

Olivier FORCADE

Bibl. : Olivier Forcade, Éric Duhamel et Philippe Vial (dir.), *Militaires en République. Les officiers, le pouvoir et la vie publique en France, 1870-1962*, Publications de la Sorbonne, 1999 • Jean Guisnel, *Les Généraux. Enquête sur le pouvoir militaire en France*, La Découverte, 1990 • Jeannou Lacaze, *Le Président et le champignon*, Paris, Albin Michel, 1991 • David Styan, *France and Iraq, Oil, Arms and French Policy in the Middle-East*, Londres, New York, I.B. Tauris, 2006.

LACHAPELLE, lieutenant-colonel Charles Gilbert de (1914-2000). – Issu d'une vieille famille dont les origines remontent au XVIIIe siècle et qui était au service de la monarchie, le baron Charles Gilbert de Lachapelle naît le 16 août 1914 à Loisy (Saône-et-Loire) et se destine très jeune à la carrière des armes. À vingt ans, il choisit de s'engager dans la cavalerie et très rapidement montre des aptitudes au commandement aussitôt remarquées par ses chefs. Maréchal des logis en novembre 1935, il prépare au 7e régiment de chasseurs à cheval le concours d'entée de l'école militaire et d'application de l'infanterie et du train de Saumur qu'il réussit en septembre 1938.

Le jeune sous-lieutenant participe à la campagne de France en 1940 avec son régiment, puis avec le 2e Dragons. Ayant réussi à rejoindre l'Angleterre avec les derniers évacués français de la poche de Dunkerque, il choisit de revenir en France. Un an plus tard, le 3 juillet 1941, il débarque à Alep, via Foggia et Athènes, avec les derniers renforts envoyés en Syrie par Vichy depuis le déclenchement de la guerre par les Britanniques appuyés par la 1re division légère française libre. En août, comme la majorité de ses camarades du 7e régiment de chasseurs d'Afrique, il refuse de se rallier aux Forces françaises libres. Muté au 1er régiment étranger de cavalerie (REC) en novembre 1941, il se retrouve à nouveau face aux Anglo-Saxons en novembre 1942 avant de rejoindre le front de Tunisie avec le groupe autonome de son régiment (décembre 1942-avril 1943). Le capitaine de Lachapelle fait ensuite les campagnes de France et d'Allemagne.

De février 1946 à août 1950, il instruit les jeunes officiers de l'arme blindée cavalerie avant de rejoindre en Indochine le 1er régiment de cuirassiers et de prendre en octobre 1951 le commandement du 6e groupe d'escadrons amphibies du 1er régiment de chasseurs. Promu chef d'escadron, il quitte l'Indochine en mai 1954 pour les forces françaises en Allemagne jusqu'à son départ pour l'Algérie après la décision du gouvernement d'envoyer des renforts en raison de l'aggravation de la situation. De retour de l'opération « Mousquetaire » (octobre-novembre 1956) contre l'Égypte, il est appelé pour encadrer les promotions de l'école d'application de l'arme blindée cavalerie de Saumur. Lieutenant-colonel en septembre 1959, il est désigné pour commander le « Royal Étranger » (le 1er REC) en août 1960. Commandement de courte durée : le 22 avril 1961, il se range derrière les généraux révoltés d'Alger, entraînant son régiment qui échappe cependant à la dissolution. Arrêté, il est condamné à sept ans de réclusion criminelle et emprisonné à Tulle avec les principaux responsables du coup de force. Lors de son procès, il se présente comme « fils et petit-fils de soldats, né en 1914 en pleine guerre » et sans regret d'avoir « suivi la voie de l'honneur », une voie qui « passe aujourd'hui par les prisons ». Chargé d'une famille de treize enfants, il est rétabli dans ses droits civiques en 1984 et réussit sa « reconversion » dans le privé.

André-Paul Comor

Sources : SHD-Terre, dossier 61-07776.

LACOMBE DE LA TOUR, lieutenant-colonel Vincent (1889-1940). – Alors qu'il est encore étudiant, Vincent Lacombe de La Tour résilie son sursis et est incorporé au 21ᵉ régiment de sapeurs, le 1ᵉʳ octobre 1910. Admis au concours d'admission à l'École spéciale militaire de Saint-Cyr l'année suivante, il intègre la promotion « des Marie-Louise » (1912-1914). À sa sortie d'école, il choisit l'infanterie et sert dans les chasseurs jusqu'au début de la Grande Guerre. Blessé le 31 août 1914 devant Nompatelize dans les Vosges au cours d'une reconnaissance, il obtient de faire un stage d'observateur à l'escadrille du 21ᵉ corps d'armée. En septembre 1916, impatient d'en découdre avec l'ennemi dans les tranchées, il passe dans l'infanterie. À la fin de la guerre, promu capitaine en juillet 1918, il totalise 11 citations. Le 14 octobre 1921, il est en outre fait officier de la Légion d'honneur.

Dans l'entre-deux-guerres, comme nombre de ses camarades qui ont fait leurs preuves sur le front, sa carrière se déroule sans éclat, successivement au 1ᵉʳ régiment de cavalerie du Levant, en métropole au 1ᵉʳ bataillon de dragons portés du 4ᵉ Hussards, en Algérie au 6ᵉ régiment de spahis algériens. L'armée d'Afrique semble l'attirer : il sert au Maroc à partir de 1934 au groupement d'escadrons du Maroc, au 1ᵉʳ régiment de chasseurs d'Afrique, au 3ᵉ régiment de spahis marocains et enfin au 2ᵉ régiment de chasseurs d'Afrique. Officier expérimenté, promu lieutenant-colonel, il prend le 31 mars 1940 le commandement du groupe de reconnaissance divisionnaire nº 97 formé à partir des légionnaires cavaliers du 1ᵉʳ régiment étranger de cavalerie (REC). En mai 1940, avec la 7ᵉ division nord-africaine, le GRD 97 retarde l'avancée ennemie dans la région du Quesnel à proximité de Péronne.

Le lieutenant-colonel Lacombe de La Tour est tué le 9 juin 1940 lors de la manœuvre de repli sur l'Oise. Le 1ᵉʳ REC peut, à juste titre, le compter parmi les officiers de cavalerie de la Légion morts au champ d'honneur, lui qui a mis sur pied en un temps record et commandé avec panache une unité qui n'a pas démérité lors de la première campagne de France de la Seconde Guerre mondiale.

André-Paul Comor

LA FAYETTE, escadrille. – En avril 1916, une « escadrille américaine » fut créée à partir de l'escadrille de chasse Nieuport 124 basée à Luxeuil-les-Bains (Haute-Saône). Elle comprenait à l'origine 43 pilotes, 38 américains et 5 français, sous le commandement du capitaine (français) Georges Thénault. L'initiative de cette création revenait au docteur Edmund L. Gros, directeur du service américain d'ambulances, et à Norman Price, l'un des 265 citoyens des États-Unis appartenant à l'aéronautique militaire. Dans un premier temps, le gouvernement français n'aurait pas reçu la proposition avec faveur par crainte de l'espionnage qui aurait pu être le fait de ressortissants américains d'origine allemande ou austro-hongroise. Cependant les autorités prirent en compte le point de vue des diplomates qui firent valoir la publicité auprès d'une opinion publique soumise au groupe de pression neutraliste, farouchement opposée à une intervention des États-Unis dans le conflit européen.

Parmi les premiers volontaires, cinq s'étaient déjà engagés dans la Légion étrangère en 1914 et obtinrent leur mutation : William E. Dugan, Edmond Charles Clinton Genet et Robert Soubiran, tous trois de New York, Kiffin Yates Rockwell d'Atlanta, et Bert Hall, de Higginsville (Missouri), tous francophiles et gagnés à la cause des Alliés. Ce dernier, engagé dans la Légion le 25 août 1914, rejoignit l'aviation dès la fin de la même année et fut breveté en août 1915. Il fit un bref passage dans l'escadrille avant d'être muté dans une formation française. Tous les volontaires de l'escadrille sans exception étaient inscrits aux tableaux d'effectifs de la Légion étrangère pour être en conformité avec les lois françaises sur le recrutement. La moyenne d'âge des futurs pilotes était de vingt-six ans ; onze appartenaient à de riches familles et trente faisaient partie de l'élite intellectuelle de leur pays, tous diplômés des plus grandes universités. La formation élémentaire se déroulait à Avord (Cher) et à Pau (Pyrénées-Atlantiques) sur des Blériot de type « Pingouin » et était suivie d'un cours de perfectionnement en manœuvres et tactique de combat aérien.

Kiffin Rockwell enregistra la première victoire aérienne de l'unité le 18 mai 1916 aux commandes d'un chasseur biplan Nieuport 17 C-1. Le lendemain, l'escadrille fut dirigée vers Bar-le-Duc pour participer à la bataille de Verdun. Le 23 juin, Victor Chapman, ancien étudiant en architecture à Paris, était abattu au cours d'un combat aérien : l'escadrille pleurait son premier pilote. En septembre, les pilotes revendiquaient 13 victoires. Le sergent Rockwell, proposé pour le grade de sous-lieutenant, est le second pilote de l'escadrille tué au cours d'une mission sur le champ de bataille. Un mois plus tard, le 12 octobre, Raoul Lufbery, Français de naissance naturalisé américain, remportait sa cinquième victoire et devenait le premier « as » des États-Unis. Pendant l'offensive franco-anglaise lancée sur la Somme (1er juillet-23 octobre 1916), l'escadrille intégra le groupe de combat 13 jusqu'à son transfert dans l'armée américaine en janvier 1918.

En décembre, à la suite de la protestation de l'ambassade allemande à Washington, la formation aérienne américaine – toujours sous commandement français – prit le nom d'« escadrille La Fayette ». Les pilotes perçurent les derniers Spad S.VII en juin 1917 à Saint-Pol-sur-Mer lors de l'offensive des Flandres afin de se mesurer aux redoutables Albatros allemands. Le 18 février 1918, l'escadrille change de nom, prend le numéro 103 des formations aériennes américaines et passe sous le commandement du lieutenant William Thaw.

À la fin de la Grande Guerre, la renommée de l'escadrille La Fayette – qui totalisait 199 victoires homologuées – rejaillissait sur l'ensemble des formations aériennes américaines engagées sur le front français au point que tous les pilotes américains étaient réputés en faire partie. Des aviateurs américains de ladite escadrille, 51 sur les 267 engagés depuis avril 1916 ont été tués au combat. À l'initiative de Guerard Hamilton et grâce à la générosité de nombreux donateurs américains, un monument aux morts dédié à l'escadrille fut érigé dans le parc de Villeneuve-l'Étang à

Marne-la-Coquette (Hauts-de-Seine) et inauguré le 4 juillet 1928. La crypte abrite les restes des 68 pilotes morts pour la France.

En 1925, alors que la France s'engageait dans la guerre du Rif, certains des anciens pilotes de l'escadrille firent parler d'eux en proposant leurs services au gouvernement français. L'initiative en revint au lieutenant-colonel Charles Sweeny qui obtint l'accord du président du Conseil et ministre de la Guerre Paul Painlevé ainsi que de son ministre des Affaires étrangères Aristide Briand en juillet 1925. Toutefois, l'opinion publique américaine gagnée à l'isolationnisme n'était pas dans les mêmes dispositions qu'en 1917 : le vent avait tourné avec l'élection du président Coolidge. La presse new-yorkaise se montrait hostile à toute intervention militaire américaine au Maroc. Ces aviateurs furent donc engagés au service du sultan et l'unité prit le nom d'« escadrille chérifienne ». Sweeny réussit à entraîner sept pilotes parmi lesquels deux grandes figures de la Grande Guerre, le colonel Charles Kerwood (12 victoires), qui avait tenté l'aventure au Honduras et en Grèce, et le capitaine Paul Rockwell, devenu correspondant pour le *Chicago Daily News.* De même, le capitaine William Rodgers, les majors Charles Craig, Austin Gillette Parker, Paul Baer et Granville Pollock étaient animés par deux passions : l'aventure et les sensations procurées par le vol en avion.

La petite formation remplit une centaine de missions entre le mois d'août et celui d'octobre 1925, avant d'être dissoute en novembre. Les exploits de ces aviateurs ont inspiré les réalisateurs du 7e art dès 1928, en témoignent trois films qui ont été consacrés à ce beau sujet des débuts de l'aviation militaire américaine : *The Legion of the Condemned* (1928 ; titre en français : *Les Pilotes de la mort*), *Lafayette Escadrille* (1958) et *Flyboys* (2006). L'intérêt ne s'est pas démenti depuis la publication en 1929 de la première fiction historique de Charles Nordhoff et James Norman Hall, *Falcons of France*, et jusqu'aux derniers romans édités entre 2004 et 2006 : *To the Last Man* (« Jusqu'au dernier ») de Jeffrey Shaara, *Valiant Volunteers. A Novel Based on the Passion and the Glory of the Lafayette Escadrille* (« Vaillants volontaires ») de Terry L. Johnson, *An Ace Minus One* (« Un as de moins ») de Timothy Morrisroe et *Kickapoo* de Thomas Wilson.

Douglas PORCH
(texte traduit de l'américain
par Jean-Philippe OLLIER)

Sources : SHD-Terre, 3H 105.

Bibl. : Paul Ayres Rockwell, *American Fighters in the Foreign Legion 1914-1918*, Boston-New York, Houghton Mifflin Co., 1930 • Dean William, « Des Américains dans la guerre du Rif », *Revue historique des armées*, n° 246, 2007, p. 46-55.

LA HAYE, convention de. – Le corpus juridique désigné sous le terme de « convention de La Haye » se compose des traités internationaux négociés au cours des deux conférences internationales tenues dans la cité néerlandaise en 1899 et 1907 ainsi que du protocole de Genève de 1925. Par opposition au « droit de Genève » destiné à protéger les personnes au pouvoir des belligérants, le « droit de La Haye » définit les règles applicables à la conduite des conflits. Par l'articulation des principes de nécessité et d'humanité, il encadre les méthodes et les moyens des puissances en guerre.

Contexte international. Le tsar Nicolas II de Russie est à l'initiative de la réunion d'une conférence internationale de la paix à La Haye en 1899. Son objet tient à la recherche des « moyens les plus efficaces d'assurer à tous les peuples les bienfaits d'une paix réelle et durable ». Trois conventions sont adoptées, le 29 juillet, sur le règlement pacifique des conflits internationaux, les lois de la guerre sur terre, et la guerre sur mer. La seconde conférence à La Haye rassemble plus de quarante États. Le 18 octobre, les représentants annoncent la révision des trois conventions de 1899 et l'adoption de dix nouveaux textes.

Pour la France, la seconde conférence est l'occasion de conforter les fondements juridiques de la Légion étrangère. Au début du XXe siècle, l'expansion coloniale se heurte en effet à l'impérialisme de Berlin, notamment au Maroc où les autorités consulaires allemandes encouragent les légionnaires venus d'outre-Rhin à la désertion. Cette confrontation atteint son paroxysme à Casablanca en 1908, lorsque des soldats français arrêtent des déserteurs et le représentant du gouvernement allemand qui les accompagne, violant l'immunité diplomatique de ce dernier.

Convention de La Haye et Légion étrangère. La diplomatie française parvient à faire accepter à La Haye le principe de l'existence de la Légion étrangère. La cinquième convention, qui concerne les droits et les devoirs des puissances et des personnes neutres en cas de guerre sur terre, stipule dans son article 16 que « sont considérés comme neutres les nationaux d'un État qui ne prend pas part à la guerre ». L'article 17 suivant constitue l'acte de reconnaissance d'un recrutement étranger dans une troupe, elle, parfaitement française : « Un neutre ne peut pas se prévaloir de sa neutralité : a) s'il commet des actes hostiles contre un belligérant ; b) s'il commet des actes en faveur d'un belligérant, notamment s'il prend volontairement du service dans les rangs de la force armée de l'une des Parties. En pareil cas, le neutre ne sera pas traité plus rigoureusement par le belligérant contre lequel il s'est départi de la neutralité que ne pourrait l'être, à raison du même fait, un national de l'autre État belligérant. » L'engagé étranger jouit de la même protection que son camarade national.

Deux réserves tempèrent le principe du recrutement étranger. D'une part, la cinquième convention indique en son article 4 que « des corps de combattants ne peuvent être formés, ni des bureaux d'enrôlement ouverts, sur le territoire d'une Puissance neutre ». D'autre part, la quatrième convention, relative aux lois et coutumes de la guerre sur terre, indique à l'article 23 qu'il est « interdit à un belligérant de forcer les nationaux de la Partie adverse à prendre part aux opérations de guerre dirigées contre leur pays, même dans le cas où ils auraient été à son service avant le commencement de la guerre ». Les deux guerres mondiales verront ainsi les légionnaires allemands réticents cantonnés en Afrique du Nord, conformément au droit international.

Julien SOUPLET

LAÏ, tambour Casimir (1839- ?). – Né à Cagliari en Sardaigne le 22 septembre 1839, Casimir Laï, un homme de petite taille se déclarant militaire, s'engage à Lyon le 22 septembre 1862. Arrivé au corps en Algérie le 8 octobre, il est affecté à la 3e compagnie du 1er bataillon et en devient le tambour le 16 décembre. Désigné pour servir au Mexique avec son bataillon, il débarque à Veracruz le 28 mars 1863. Il est présent le 30 avril suivant sur les rangs de la 3e compagnie aux ordres ce jour-là du capitaine Danjou. Ainsi, il « fera Camerone ».

Blessé par balle à l'épaule et à la main droite et par une lance ou une baïonnette à la poitrine, il perd connaissance. Laissé pour mort, il est rangé avec les cadavres. Ranimé par la fraîcheur de la nuit, il se traîne jusqu'à la route. La colonne de secours le découvre assoiffé, car il n'a pas bu depuis vingt-quatre heures. Présenté au colonel Jeanningros, le tambour Laï lui rend compte du combat de Camerone après s'être désaltéré.

La Légion d'honneur récompense sa belle conduite le 14 août 1863. Les soins qu'il a reçus lui ont rendu l'usage de sa main mais, se sentant trop faible pour faire campagne, il obtient d'être affecté comme tambour à la section de discipline du corps expéditionnaire au Mexique. Abusant des avantages que sa Légion d'honneur lui vaut, il est renvoyé au régiment étranger où il sert honorablement jusqu'à l'évacuation du Mexique en 1867.

Le tambour Laï rentre en Algérie alors que son contrat touche à sa fin. Il ne le renouvelle pas, mais sa Légion d'honneur conservée par le musée perpétue sa présence à la Légion.

Henry DUTAILLY
& Alexis NEVIASKI

LAIMAY, colonel Edmond Alexandre (1901-1967). – Né à Villedieu, dans l'Indre, le 14 mai 1901, Edmond Laimay est enfant de troupe avant de s'engager, en 1919, au 65ᵉ régiment d'infanterie (RI). Nommé sergent en mars 1920 et désigné pour les théâtres d'opérations extérieures, il est affecté au 4ᵉ régiment étranger d'infanterie (REI) à Meknès et participe à de nombreuses opérations dans le Tadla. De retour en métropole après un séjour de trois ans au Maroc, il rejoint le 168ᵉ RI et renouvelle son engagement. Admis à l'école d'infanterie de Saint-Maixent, il est nommé sous-lieutenant en 1927. Après une affectation au 192ᵉ RI et ayant été nommé lieutenant en octobre 1929, il retrouve le Maroc et les rangs de la Légion au 2ᵉ Étranger. Enchaînant les opérations de pacification dans l'Atlas, il prend le commandement de la 3ᵉ compagnie le 27 septembre 1931. Plusieurs fois cité, il est fait chevalier de la Légion d'honneur en décembre 1933 – il totalise déjà quatorze ans de service et neuf campagnes. En 1936, nommé au grade de capitaine, il est affecté en Algérie au 1ᵉʳ Étranger où il prend la tête de la compagnie de commandement. Après l'Afrique du Nord, il découvre en 1939 le Levant où il prend le commandement de la 14ᵉ compagnie du 6ᵉ Étranger. Au sein de ces forces du Levant demeurées fidèles au maréchal Pétain, il participe aux dramatiques combats de juin 1941 au Sud-Liban. Fait prisonnier par les Australiens alors qu'il défend Saïda, il est bientôt rapatrié en métropole avant d'être dirigé vers Sidi-Bel-Abbès.

En 1942, officier adjoint au 1ᵉʳ bataillon du 1ᵉʳ Étranger, il entame les hostilités face aux Allemands en Tunisie. Affecté en 1943 au régiment de marche de Légion étrangère, il est promu chef de bataillon et prend le commandement du 1ᵉʳ bataillon en novembre 1944, alors que les troupes du général de Lattre combattent sur le front des Vosges pour la libération de la France. Commandant un sous-groupement blindé durant les durs combats de la plaine d'Alsace, il est blessé par une rafale de mitrailleuse, le 27 novembre, dans le Haut-Rhin. Il est fait officier de la Légion d'honneur. Reprenant la tête de son bataillon au mois de mars, il se distingue à nouveau lors de la campagne d'Allemagne en s'emparant de haute lutte de nombreuses localités dans la vallée du Neckar et en conduisant ses légionnaires jusqu'au col de l'Arlberg en Autriche. Il poursuit sa carrière en Indochine où il débarque en mai 1946. Avec le 1ᵉʳ bataillon du 3ᵉ REI, il mène la pacification dans le secteur de Thu Duc à proximité de Saigon puis combat au Tonkin. Rapatrié en 1947, il est affecté à la 4e demi-brigade de Légion étrangère qui prend l'appellation de 4e REI en octobre 1948. Promu lieutenant-colonel le 1er janvier 1949, il en devient le commandant en second. À partir de décembre 1949, il prend le commandement du groupement porté de Légion étrangère du Maroc à Agadir. Il fait son second séjour en Indochine en 1951 alors que le général de Lattre vient d'y prendre ses fonctions. Il est nommé à la tête du 3e REI au Tonkin et prendra aussi le commandement du groupement mobile no 5 avec lequel il mène, en 1952, plusieurs grandes opérations de nettoyage dans le delta du fleuve Rouge. Promu au grade de colonel le 1er janvier 1953, il rentre en métropole en mars. Mais l'Indochine et les multiples campagnes ont usé son organisme et il doit désormais se résoudre à préserver sa santé. Après une dernière affectation à l'état-major du commandement supérieur des troupes du Maroc à Rabat, il quitte le service actif en 1955.

Commandeur de la Légion d'honneur, trois fois blessé, il totalise 11 citations et 23 décorations. Ayant combattu tour à tour les Berbères dissidents au Maroc, les Anglo-Saxons au Levant, les Allemands en Tunisie et des deux côtés du Rhin ainsi que le Viêt-minh en Indochine, il a accompli une carrière étonnante qui résume à elle seule plusieurs chapitres de l'histoire de la Légion étrangère.

Michel David

Sources : DHPLE, état des services et JMO des 3e et 6e REI et du RMLE (1944-1945).

LALANDE, général André (1913-1995). – Né le 26 mai 1913 à Rennes dans une famille catholique et patriote, issu de l'École spéciale militaire de Saint-Cyr, il est affecté en 1933 au 146e régiment d'infanterie de forteresse de Metz. Lieutenant en 1937, il rejoint à sa demande le 6e bataillon de chasseurs alpins (BCA) à Grenoble, révèle rapidement ses aptitudes à l'École de haute montagne et obtient le commandement d'une section d'éclaireurs-skieurs. Affecté à la division Béthouart (1re compagnie du 6e BCA), il reçoit son baptême du feu et se distingue d'avril à juin lors de l'expédition de Narvik au cours de laquelle il est blessé (éclat de bombe). Il est alors promu capitaine et fait chevalier de la Légion d'honneur. Soigné en Grande-Bretagne, il apprend la demande d'armistice du maréchal Pétain, le 17 juin, mais pas l'appel du général de Gaulle le lendemain. Il part retrouver son unité évacuée en Angleterre en compagnie de jeunes Français volontaires pour continuer la lutte. Après une visite décevante à l'ambassade de France, il trouve le bon contact : le capitaine Kœnig, de la Légion étrangère, qu'il a connu en Norvège.

Avec 57 hommes – sur les 4 000 que compte son unité – dont 3 officiers qu'il retrouvera régulièrement, il rallie la France Libre par patriotisme, convictions chrétiennes et tradition familiale. Il est chargé dès lors de la formation des jeunes volontaires français au sein du bataillon de Camberley. En mai 1941, il passe un mois dans un bataillon motorisé anglais avant d'être affecté à l'état-major des forces terrestres françaises en Grande-Bretagne. En décembre il rejoint Beyrouth, où il choisit le poste d'adjoint au chef du 3e bataillon de Légion étrangère (BLE), le commandant Babonneau, officier controversé au sein de la 13e demi-brigade de Légion étrangère (DBLE) commandée par le lieutenant-colonel Amilakvari, prince géorgien haut en couleur. Il prend part à la campagne de Libye, aux combats de Bir Hakeim en mai-juin 1942 au cours desquels il se distingue comme officier de liaison et lors de l'évacuation du camp, en compagnie du capitaine Messmer. En octobre suivant, il est engagé à la tête de la 6e compagnie du 2e BLE dans l'attaque d'El-Himeimat d'où, blessé par balle, il sera évacué vers Alexandrie. Promu chef de bataillon en juin 1943, il rejoint la 1re division française libre (DFL) à la tête d'une compagnie de canons d'infanterie. Il combat alors sur le Garigliano, le Liri, et après la prise de Rome se distingue à Bolsena et Radicofani. Il débarque ensuite en Provence le 17 août 1944 avec la 1re DFL. À Toulon, il participe à la réduction du mont des Oiseaux puis à la bataille des Vosges, après la remontée de la vallée du Rhône. En novembre 1944, il prend le commandement du 3e BLE. Lors de la bataille d'Alsace, le 20 novembre, il devient Compagnon de la Libération (décret en date du même jour) et est promu officier de la Légion d'honneur. Il termine la guerre avec la 13e DBLE lors des combats de l'Authion dans les Alpes.

En novembre 1945, il est affecté au cabinet d'Édouard Michelet, ministre des Armées, d'où il est détaché à la commission de délimitation de la frontière italo-yougoslave à Trieste. En 1947, il passe à la commission internationale des Balkans puis, en octobre, à l'État-major de la Défense nationale, avant de rejoindre la présidence du Conseil après un passage à l'école d'artillerie à Idar Oberstein (Allemagne). En 1949, il est admis à l'École supérieure de guerre d'où il sort major en 1951. Il est ensuite affecté au commandement des Forces terrestres alliées en Centre-Europe à Fontainebleau. En 1953, volontaire pour l'Indochine, il prend le commandement du 3e régiment étranger d'infanterie (REI) qui regroupe 5 bataillons, le secteur de Bac Dinh et le groupement mobile interarmées no 6. Il est promu colonel au cours de la bataille de Diên Biên Phu en avril 1954, où il commande le point d'appui Isabelle. À l'issue de cinq mois de captivité, il regagne la France en septembre 1954. En février 1955, il devient auditeur au collège de Défense de l'OTAN pour être affecté, par la suite, au groupe permanent de l'OTAN à Washington. Affecté en Algérie, il est successivement chef de secteur de Tiaret (1958) et chef d'état-major de la 10e Région militaire d'Alger (1959).

Il est admis à l'Institut des hautes études de la Défense nationale (IHEDN) et du Centre des hautes études militaires (CHEM) en octobre 1960. En 1961, il est promu général de brigade à la tête de la 1re brigade d'intervention du corps d'armée d'Alger qui intervient dans l'opération sur Bizerte. De 1962 à 1964, il dirige l'aviation légère de l'armée de terre (ALAT). En juin, il obtient sa troisième étoile et le commandement de la division aéroportée de Pau. De juillet 1967 au départ du général de Gaulle en avril 1969, il devient chef de l'état-major particulier de la présidence de la République. Il termine sa carrière comme gouverneur militaire de Lyon, commandant la 5e Région militaire avec une nomination de général de corps d'armée avant d'être versé en 2e section en 1973. Homme de devoir, à partir de 1976 il consacre son temps et son énergie à la tête de la Fédération des sous-officiers de réserve (FNASOR). Il meurt le 19 octobre 1995 à Brive-la-Gaillarde où il est inhumé.

Jean-Noël VINCENT

Bibl. : Éric Chiaradia, *L'Entourage du général de Gaulle (juin 1958-avril 1969)*, thèse de l'université Bordeaux-III, 2006 • Pierre-Yves Roubert, *André Lalande, 1913-1995 : droit fil dans la trame de l'histoire*, Brive, Écritures, 1997.

LAMBERT, colonel Jacques (1890-1972). – Fils de Claude Lambert, capitaine au 77e régiment de ligne, Jacques suit la voie tracée par son père et choisit d'embrasser la carrière des armes. Élève au prytanée militaire de La Flèche, il réussit le concours de Saint-Cyr en 1912 et intègre la promotion « des Marie-Louise ». Il choisit l'infanterie à l'issue de sa formation.

Le jeune sous-lieutenant du 137e régiment d'infanterie se bat dans la Somme en août 1914, où il est blessé une première fois près de Saint-Quentin. En juin 1915, il est de nouveau blessé et cité pour sa bravoure. De retour au front, il est blessé une troisième fois le 24 octobre 1915. Promu capitaine à titre définitif le 4 avril 1916, il est fait prisonnier à Douaumont le 12 juin suivant et finit la guerre dans un oflag de Mainz.

Libéré en janvier 1919, Jacques Lambert demande à servir en Orient et se bat contre les Turcs au Levant avant d'être muté à l'armée du Rhin en 1921. Breveté de l'École de guerre en 1928, chef de bataillon en 1931, il sert à Marrakech où il ne s'entend pas avec le général Catroux : il obtient alors l'année suivante une affectation au 4e régiment étranger d'infanterie (REI) dont il prend le commandement du 4e bataillon. En 1934, il quitte le Maroc pour le Tonkin jusqu'en avril 1938. De retour au dépôt commun des régiments étrangers (DCRE), lieutenant-colonel, il est désigné au début de la Seconde Guerre mondiale pour prendre la tête de la première demi-brigade d'infanterie légère. Blessé dans les Vosges à Vézelise, il réussit à échapper à la captivité et rejoint l'Afrique du Nord. Chef de corps du 1er REI en août 1941 puis du 3e REI à Fès en juillet 1942, il est aussi aquarelliste à ses heures, et c'est lui qui découvre Andréas Rosenberg, devenu célèbre après la guerre comme peintre aux armées, qui redessine la « grenade » de la Légion.

En janvier 1943, pendant la phase difficile de la campagne de Tunisie, le 3e REI se distingue dans le Zaghouan. En décembre, le colonel Lambert quitte ce régiment et succède au colonel Vias à la tête du DCRE, épicentre d'une grave crise de recrutement. Il assume cette transition délicate avec autorité jusqu'à la fin de 1945, alors que le dépôt doit alimenter les unités en partance pour l'Indochine. Toutefois, déjà « barré » par Catroux, il est victime du mauvais sort à la suite d'une inspection du général de Lattre en juillet 1945. Ce dernier le raye de la liste d'aptitude qui lui promettait de beaux commandements. Il a par ailleurs la douleur de perdre son fils, âgé de vingt et un ans, tué en Indochine le 17 août 1946 dans les rangs du 2e REI. Le 30 avril 1955, le colonel Lambert remonte une dernière fois la voie sacrée du quartier Vienot de Sidi-Bel-Abbès en portant la main du capitaine Danjou.

Commandeur de la Légion d'honneur, titulaire de 4 citations, il se retire à Alger après avoir quitté le service actif et meurt le 5 juillet 1972. Il est inhumé à Veneux-les-Sablons. Très proche de la troupe, il représente le type accompli de l'officier de Légion dont les mérites n'ont pas été reconnus par le haut commandement mais dont les services rendus à l'armée dans la période transitoire des années 1943-1945 ont été immenses. Son successeur, le colonel Gaultier, en tirera les fruits pour assurer le redressement et la montée en puissance des régiments étrangers.

André-Paul COMOR

Sources : SHD-Terre, dossier du colonel Jacques Lambert, GR8 YE, n° 67314 • Fonds privé Pierre Lambert, commissaire général air (2S).

LANDRIAU, lieutenant-colonel René Louis (1886-1972). – Le lieutenant-colonel Landriau n'a servi à la Légion étrangère et plus précisément au 1er régiment étranger de cavalerie (REC) que du 28 février 1921 au 8 octobre 1926, mais sa carrière y est exceptionnelle à plusieurs titres. D'abord parce qu'il rejoint le régiment avant son premier chef de corps, le colonel Perret. Ensuite parce qu'il y forme un escadron, le 4e. Enfin parce qu'il écrira avec cet escadron les premières pages de gloire des cavaliers de la Légion à Messifré, le 17 septembre 1925, et à Rachaya, du 20 au 23 novembre 1925. Le 3 décembre suivant, à Beyrouth (Liban), le fanion de l'escadron Landriau est décoré de la croix de guerre des théâtres d'opérations extérieures (TOE) avec deux palmes et de la fourragère aux couleurs de la croix de guerre des TOE. L'insigne de l'escadron (un lion du Levant) rappelle ces faits d'armes et est à l'origine du surnom des hommes de l'escadron : ils sont « les lions ».

René Louis Landriau naît à Oran en Algérie. À dix-huit ans, le 6 février 1904, il s'engage au 27e régiment de dragons, y est promu successivement brigadier puis maréchal des logis. Dans ce grade, il prépare le concours d'admission au « cours des lieutenants » à Saumur. Il est reçu en 1911, nommé sous-lieutenant le 9 octobre, promu lieutenant le 15 juillet 1915 puis capitaine le 20 janvier 1916. Au cours de la Première Guerre mondiale qu'il fait dans les 1er et 23e Dragons puis au 4e Cuirassiers, il mérite cinq citations. Après avoir quitté le 1er REC, le capitaine puis chef d'escadrons Landriau sert au 4e régiment de chasseurs d'Afrique en Tunisie, au 10e régiment de dragons et au 12e régiment de cuirassiers. À la déclaration de guerre, lieutenant-colonel, il prend le commandement du 34e groupement de reconnaissance de division d'infanterie (GRDI), un corps comportant des éléments automobiles et hippomobiles affecté à la 29e division d'infanterie, avec lequel il combat en mai et juin 1940. Le 20 août 1940, il est admis à faire valoir ses droits à la retraite.

Le lieutenant-colonel Landriau se retire à Orange où il accueillera le 1er REC en 1967. Il meurt le 25 octobre 1972. Il était grand officier de la Légion d'honneur et titulaire des croix de guerre 1914-1918, 1939-1945 et des TOE avec 12 citations dont 7 à l'ordre de l'armée.

Henry Dutailly

LANGLOIS, général Pierre (né en 1917). – Pierre Langlois s'oriente très tôt vers la carrière des armes et entre à Saint-Cyr en 1936 (promotion « du Soldat inconnu »). Jeune sous-lieutenant, il sert au 1er régiment étranger à Oran. À ce titre, au printemps 1940, il participe aux opérations de Norvège au sein du 2e bataillon de la 13e demi-brigade de Légion étrangère (DBLE). Au terme de la campagne, le corps expéditionnaire est évacué en Angleterre. Au camp de Trentham Park, le 1er juillet 1940, à l'instar de la quasi-totalité de l'effectif du 2e bataillon, le sous-lieutenant Langlois décide de poursuivre le combat et rallie les Forces françaises libres (FFL) naissantes. Il adopte dans le même temps le pseudonyme de Pierre Lamoureux pour ne pas inquiéter sa famille demeurée en France.

Promu lieutenant le 1er août 1940, il commande la 2e section du 1er bataillon de Légion. Il prend part alors à toutes les campagnes de la 13e DBLE. Après la douloureuse expédition de Dakar, ce seront les combats fratricides liés au ralliement du Gabon à la France Libre (novembre 1940), puis la campagne d'Éthiopie dans le cadre de la brigade française d'Orient commandée par le général Monclar. Le 15 mars 1941, après la prise du col du « Grand Willy », le 1er bataillon de Légion (BLE) reçoit la mission d'enlever le sommet du massif de l'Engiahat. La compagnie du capitaine Morel, dont le lieutenant Langlois commande une section, est en pointe dans l'attaque. Bientôt, Morel et Langlois sont blessés par balles par les Italiens. Malgré ces graves blessures, Langlois demeure à la tête de ses hommes, organisant décrochages et contre-attaques. Ce haut fait d'armes lui vaut la croix de la Libération (décret en date du 23 juin 1941), décernée par le général de Gaulle lui-même au camp de Qastina, en Palestine.

En novembre 1941, Langlois est muté à la 3e compagnie du 1er BLE et en prend le commandement par intérim en janvier 1942. Les FFL du Moyen-Orient sont alors divisées en deux brigades françaises libres (BFL), et le 1er BLE est affecté à la seconde, commandée par le général Cazaud (l'autre BFL, la 1re, combat à Bir Hakeim avec le général Kœnig). À ce titre, Pierre Langlois participe en octobre-novembre 1942 à la bataille d'El-Alamein. En janvier 1943, promu capitaine, il reçoit le commandement de la 1re compagnie du 1er BLE qu'il dirige lors de la campagne de Tunisie (mars-mai 1943), se distinguant de nouveau par son sang-froid, notamment à Takrouna. Il en ira de même un an plus tard en Italie, à Radicofani (mai 1944). Suivant la route de la 13e DBLE, intégrée à la 1re division française libre du général Brosset, le capitaine Langlois débarque en Provence, participe à sa libération comme à celle de la vallée du Rhône, et prend part aux terribles combats des Vosges et d'Alsace (décembre 1944-janvier 1945) avant de finir la guerre (avril-mai 1945) luttant pour la conquête des cols des Alpes méridionales (combats du massif de l'Authion).

Après le conflit, et toujours fidèle à la Légion, Pierre Langlois poursuit une brillante carrière militaire. Après un séjour en Indochine (mars 1946-mai 1947), il est promu chef de bataillon en 1949. Au terme de diverses affectations, il est nommé en Algérie en mai 1955, dans le secteur de Philippeville, au sein du 3e régiment étranger dont il commande le 3e bataillon. Lieutenant-colonel en 1956, il intègre l'École supérieure de guerre en 1958 ; colonel en 1959, il commande désormais le 3e Étranger en Algérie (août 1960-août 1962), recevant deux citations pour la qualité de son commandement. Il sert ensuite en Allemagne et est promu général de brigade en 1966. Général de division en 1970, puis de corps d'armée en 1973, Pierre Langlois atteint le sommet de sa carrière en exerçant les fonctions de gouverneur militaire de Metz (1973-1975). Après une brève affectation au cabinet du ministre de la Défense, il passe en seconde section en mars 1977.

Jean-François MURACCIOLE

Sources : Archives de l'ordre de la Libération.

Bibl. : André-Paul Comor, *L'Épopée de la 13e demi-brigade de Légion étrangère, 1940-1945*, Nouvelles Éditions latines, 1988 • Yves Gras, *La 1re DFL, les Français libres au combat*, Presses de la Cité, 1983 • Jean-Christophe Notin, *1 061 Compagnons, histoire des Compagnons de la Libération*, Perrin, 2000.

LANG SON. – *Voir* ROUTE COLONIALE N° 4.

LANUSSE, Jean (1818-1905). – Fils d'un ancien soldat de l'Empire, Jean Lanusse naît à Tonneins (Lot-et-Garonne) le 2 janvier 1818. Profondément marquée par la piété maternelle et les récits des campagnes paternelles, son enfance décide de sa vie d'adulte : il sera prêtre et plus précisément aumônier militaire.

Ordonné prêtre en 1844, il devient aumônier militaire en 1859. Il sert en Italie, dans des hôpitaux puis au Mexique où il côtoie le régiment étranger (RE). De retour en France, l'abbé Lanusse est successivement aumônier dans des hôpitaux et aux armées du Rhin, de la

Loire et de l'Est. Dans cette dernière, il côtoie à nouveau le RE. La paix revenue, il est nommé aumônier de l'École spéciale militaire.

Le journaliste Boyer d'Agen découvre, par hasard semble-t-il, que le vieil aumônier a rédigé un récit du combat de Camerone et qu'il est allé sur le terrain guidé par le capitaine Saussier. Ce texte, dont la composition et le style paraissent aujourd'hui désuets, est édité en 1891 (chez Flammarion) sous le titre *Les Héros de Camaron.* L'abbé Lanusse, officier de la Légion d'honneur (22 février 1869), meurt à Saint-Cyr (Yvelines) le 23 octobre 1905.

Henry DUTAILLY

LATINO-AMÉRICAINS, volontaires. – Parmi ceux qui ont répondu à l'« appel aux étrangers vivant en France » de Ricciotto Canudo au début de la Première Guerre mondiale, les Latino-Américains sont rarement cités. Peu nombreux à Paris ou dans les provinces françaises, nombre d'entre eux pourtant sautent le pas pour défendre l'idéal de liberté animant ces Français qui, au XIXe siècle, avaient participé aux luttes pour l'indépendance de l'Amérique latine. Ils sont peu, entre 383 selon l'historique du régiment de marche de la Légion étrangère (RMLE) et 650 d'après le rapport d'Henri des Lyons de Feuchin, député de la Somme, eu égard au nombre d'engagés recensés – 29 935 – pendant le conflit. Les sources divergent également sur le nombre de nationalités représentées. La Légion en aurait recensé une vingtaine alors que le rapport publié en 1924 au nom de la commission de l'armée de la Chambre des députés ne cite que les Argentins, Brésiliens, Cubains, Chiliens, Antillais, Mexicains, Péruviens et Vénézuéliens. Pour la plupart résidant en France ou poursuivant des études, ils s'engagent dans la capitale (plus de 40 % des volontaires) ou dans les nombreux centres de recrutement de province, à Albi, Bayonne, Marseille, Montpellier ou Lyon pour ne citer que les principaux. Jeunes – la moyenne d'âge est de vingt-cinq ans, comparable à celle des autres nationalités – ils sont instruits : onze sont directement admis comme officiers à titre étranger. Les plus célèbres sont le Brésilien Luciano Antonio Vital de Miello Vieira, les Vénézuéliens Camillo Ramirez-Ribas et José Sanchez-Carrero et les Péruviens José Garcia Calderon et Jean Bielovucic. Gustave Gelas, citoyen brésilien, termine la guerre avec le grade de sous-lieutenant au RMLE et obtient de rester à la Légion. Il retrouve au Maroc son ancienne unité devenue le 3e régiment étranger d'infanterie. Il meurt en avril 1922.

Les pertes subies par le contingent latino-américain – 78 ou 81 tués – sont peu élevées (12 %) si on les compare à celles des Américains du Nord (20 %). Dans l'entre-deux-guerres, de nouvelles relations entre la France et certains États d'Amérique du Sud se fondent en partie sur le prestige de l'armée qui a vaincu « la barbarie allemande » et le souvenir des sacrifices consentis par ces « combattants de la liberté ».

André-Paul COMOR

Bibl. : Michaël Bourlet, « Les volontaires latino-américains dans l'armée française pendant la Première Guerre mondiale », *Revue historique des armées*, n° 255, 2009, p. 68-78 • *Historique du régiment de marche de la Légion étrangère*, préface de René Doumic, Berger-Levrault, 1926 • Charles Poinsot Maffέo, *Les Volontaires étrangers enrôlés au service de la France en 1914-1915*, Berger-Levrault, 1915.

LARDRY, général Paul. – *Voir* ENFANTS DE TROUPE.

LEBEAU, général Jean-Louis Baux, dit (1780-1849). – Jean-Louis Baux, natif de Carcassonne (Aude), est incorporé dans la 4e demi-brigade à dix-huit ans. En septembre 1801, il est muté dans le régiment des chasseurs à pied de la Garde dans lequel il gagne tous ses grades jusqu'à celui de capitaine adjudant-major. Il est chef d'état-major du général Roguet pendant la campagne de Russie. À l'issue de celle-ci, il est nommé major du 4e régiment d'infanterie légère. Lors des Cent-Jours, il rallie Napoléon et se distingue comme lieutenant-colonel du 1er régiment de ligne à la ferme de la Belle Alliance (bataille de Waterloo). Au cours de ses campagnes en Italie, en Allemagne, en Espagne, en Russie, en France et en Belgique, il est blessé à trois reprises.

Licencié en 1815 puis mis à la retraite en 1816, il reprend du service en 1830. Nommé lieutenant-colonel au 56e de ligne sous les ordres du colonel Bugeaud, il est promu colonel et commandant du 57e de ligne le 3 juin 1831. Il prend le commandement de la « division auxiliaire française » avec le grade de général à titre espagnol le 8 août 1836 à Pampelune (Espagne). Ses grandes qualités manœuvrières lui permettent de remporter des succès dans les jours qui suivent. En quittant la France, le ministre de la Guerre lui a fait espérer d'importants renforts qui vont se limiter au bataillon que le colonel Conrad amène avec lui en août. Déçu, Lebeau démissionne, rentre en France et reprend le commandement du 57e de ligne. Nommé maréchal de camp le 12 août 1839, il passe dans la deuxième section des officiers généraux le 12 septembre 1842. La IIe République le met en retraite. Le général de brigade Lebeau meurt à Paris le 28 mars 1849. Il était commandeur de la Légion d'honneur et chevalier de l'ordre de Saint-Louis.

Henry DUTAILLY

Bibl. : Paul Azan, *La Légion étrangère en Espagne 1835-1839*, H. Charles-Lavauzelle, sd [1907].

LEFORT, général Raymond (1913-1974). – Type achevé du grand soldat, audacieux et imaginatif, entraîneur d'hommes, Raymond Lefort naît à Arras (Pas-de-Calais) où son père, qui achèvera sa carrière avec le grade de général, commande le 158e régiment d'infanterie (RI). Sa vocation militaire le conduit à l'École spéciale militaire de Saint-Cyr en 1933, et à la Légion étrangère à la sortie, en octobre 1935. Après quelques mois d'« acclimatation » à la compagnie d'instruction des cadres du 1er régiment étranger et un passage à Khenchela (à 470 km à l'est d'Alger), il est muté au Maroc à la 9e compagnie du 3e bataillon du 3e régiment étranger d'infanterie (3/3e REI), à Aïn-Afraksou. Le jeune lieutenant, en un temps très bref, fait une double expérience de commandement (provisoire) et d'instructeur. Il est ensuite de l'expédition de Norvège au sein de la 13e demi-brigade de montagne de Légion étrangère où il se distingue lors du débarquement de Bjerkvik, à la tête d'un peloton motocycliste, et à Narvik (avril-juin 1940).

Raymond Lefort choisit de rentrer au Maroc comme la majorité de ses camarades du 1er bataillon (formé au Maroc). Il y sert au 3e REI, puis à nouveau comme instructeur à l'école de l'infanterie marocaine de Bar Deïda, enfin au 7e régiment de tirailleurs marocains à Meknès. En 1944, avec sa compagnie du 1er bataillon de choc qu'il a rejoint en octobre 1943, il participe à la prise de l'île d'Elbe. Le succès est au rendez-vous : le capitaine, de plus en plus audacieux, entraîne ses hommes de victoire en victoire. Après le débarquement en Provence, en août, les choses sérieuses commencent au pied des Vosges : le « 1er Choc » combat à Chapelle-de-Ronchamp le 30 septembre, à Fresse le 3 octobre, à Servance et Miellin du 3 au 5 octobre, à Château-Lambert du 7 au 11, au Haut-du-Tôt le 3 novembre, à Belfort et Étueffont-Haut le 24, à Masevaux le 29, à Bourbach-le-Haut et au col de Hundsruck le 30. Le bataillon est cité et reçoit la croix de guerre 1939-1945 avec palme. Lefort quant à lui gagne deux autres citations à l'ordre de l'armée pour ses actions personnelles à Toulon, Dijon et contre la division Bodensee. À la dissolution de son bataillon de choc en octobre 1945, il commande le 1/1er RI de choc de l'infanterie aéroportée qui regagne l'Algérie en avril 1946.

À partir d'avril 1947, le commandant Lefort tire les leçons tirées de ses campagnes au profit de la section de combat du centre école des troupes aéroportées à Pau et jette les bases de l'instruction « commando ». Après le désastre de la route coloniale n° 4 (RC4) d'octobre 1950 en Indochine, les unités de parachutistes sont renforcées : Lefort est envoyé à Dalat en juin 1951. Il sert au commandement des écoles militaires interarmes qui forment les cadres de l'armée vietnamienne voulue par le général de Lattre, haut-commissaire en Indochine et commandant en chef en Extrême-Orient. Rapatrié en juillet 1953, lieutenant-colonel en avril 1954, il est affecté successivement à la base école des troupes aéroportées de Pau, à l'état-major des mêmes troupes à Paris puis au cabinet militaire du ministre de la Défense nationale en novembre 1957, avant de prendre le commandement du 2e régiment étranger de parachutistes en mai 1958 (il est alors colonel). Pierre Messmer l'appelle à son cabinet en juin 1960 avant de le nommer auditeur à l'Institut des hautes études de la défense nationale et au Centre des hautes études militaires de la session 1960-1961.

Au commandement de la zone Est saharien à Ouargla après l'échec du putsch des généraux en mai 1961, il brise l'attaque tunisienne sur Fort Thiriet. En août 1962, Messmer le nomme inspecteur de la Légion étrangère ; ses titres de guerre suffisent alors aux légionnaires, qui s'interrogent sur leur avenir. Les dix dernières années de sa prestigieuse carrière sont marquées par des commandements importants : après le Laos (1964-1967), à la tête de la mission militaire française d'instruction, il est affecté à la 42e division militaire puis nommé adjoint au commandant la 4e Région militaire en avril 1969. Général de division le 1er juin 1969, à nouveau chez les parachutistes, il commande la 11e division parachutiste, fait un passage obligé à l'inspection générale de l'armée de terre puis prend le commandement du 1er corps d'armée, le 13 février 1972. Général de corps d'armée le 1er mars, il quitte le service actif le 26 décembre 1973. Retiré à Hyères dans le Var, il meurt à l'hôpital Sainte-Anne de Toulon le 7 juin 1974.

André-Paul Comor

LÉGENDE NOIRE. – Cette légende – ou mauvaise réputation – naît au cours du débat ouvert le 1er mars 1831 sur le projet de création de la Légion étrangère à la Chambre des pairs. Le tableau que brosse alors le général comte d'Ambrugeac est un réquisitoire contre la nouvelle troupe, réquisitoire repris à l'envi tant dans certains milieux politiques que parmi les responsables militaires, et qui fera l'objet d'une large diffusion dans la presse à la reprise de la colonisation sous la IIIe République. Le général ajoute que la plupart des candidats qui se présenteront dans les centres de recrutement sont « des mauvais sujets qui viennent chercher un asile contre quelques peines légères mais souvent contre des crimes véritables, contre des meurtres essayés ou consommés contre leurs chefs ou leurs camarades ». De même, pour le duc de Broglie, « la France deviendra un asile, non seulement pour les proscrits politiques, mais pour toute espèce d'homme, criminel même, qui n'auront touché le sol de France que pour échapper à la justice des tribunaux de leurs pays ». La réponse du maréchal Soult, ministre de la Guerre, chargé de présenter et de défendre le projet de loi, déjà adopté par la Chambre des députés sous la pression de la rue, embarrassé, donne acte du refus clairement exprimé d'employer la Légion sur le territoire métropolitain.

La mauvaise réputation de la troupe provient aussi de mémoires issus d'anciens légionnaires qui règlent leurs comptes, souvent des déserteurs ou des candidats refoulés : de « mauvais » sujets à qui leurs actes d'indiscipline ont valu un ou plusieurs séjours dans les compagnies de discipline. La rumeur enfle aussitôt ; l'étranger se saisit d'un thème racoleur ; la politique s'immisce dans les crises franco-allemandes. De même faut-il rappeler que les relations entre la France et l'Espagne ont donné lieu à propos du Maroc, à la fin du XIXe siècle jusqu'à l'indépendance du protectorat en 1956, à de multiples incidents dus à la Légion étrangère. Et la création de la légion espagnole en 1920 non seulement n'a pas mis fin au contentieux, mais alimente notamment une certaine littérature critique. Sans entrer dans la longue liste des chapitres développés comme une litanie de récriminations, d'accusations et de condamnations, force est de constater qu'à la lecture de cette littérature le lecteur peu averti de la chose militaire est jeté dans l'enfer ou le bagne de la Légion (qui devient celle des « damnés »). Au chapitre des horreurs, les sévices et supplices endurés par des « mystérieux » et autres « hommes sans nom » sont prégnants. Et de cette abondante et médiocre littérature se dégagent à la fois le portrait type du légionnaire – voyou, délinquant invétéré, alcoolique, indiscipliné – et le tableau d'une institution d'autant plus dangereuse qu'elle est fermée aux influences extérieures.

Dans certains pays, l'hostilité à l'égard de la Légion se manifeste dès le dernier tiers du XIXe siècle, plus particulièrement en Allemagne où les sentiments francophobes sont exacerbés par les tensions entre les deux pays depuis la signature du traité de Francfort (10 mai 1870). Un nouveau genre de littérature fait alors son apparition à destination d'un jeune public pour le mettre en garde contre la menace représentée par la Légion étrangère. Jusqu'à la Première Guerre mondiale, les pouvoirs publics font une large publicité pour diffuser ces titres. Les auteurs sont encouragés par les ligues créées à Cologne et à Aix-la-Chapelle en 1907, après l'affaire de Tanger (1905) ; des comités voient le jour à Stuttgart et à Munich qui appuient l'Union internationale pour la lutte contre la Légion étrangère. De même, la presse se déchaîne après l'affaire des déserteurs de Casablanca (1908), et jusqu'à la guerre : les reportages et témoignages recueillis auprès de présumés déserteurs de la Légion alimentent des campagnes qui frisent l'hystérie. Les études les plus récentes menées outre-Rhin mettent l'accent sur les méthodes utilisées par des auteurs qui n'avaient que très rarement servi à la Légion. Parmi leurs thèmes favoris, le service inhumain, l'exploitation du soldat et l'immoralité (dénonciation de l'homosexualité) figurent au premier rang. L'une des cibles privilégiées concerne la discipline et plus particulièrement le régime des punitions.

Ces critiques sont à rapprocher des campagnes menées en France dans la presse antimilitariste, anarchiste et anticolonialiste qui, dans un premier temps, fait volontiers l'amalgame entre les bataillons d'infanterie légère d'Afrique (BILA) et la Légion étrangère. Au début de la IIIe République circulent ainsi des histoires terrifiantes sur certains corps de l'armée d'Afrique dont les deux régiments étrangers font les frais. Une abondante littérature s'attarde sur les sévices et les tortures infligés aux soldats de ces corps de troupe, notamment le « silo » – une fosse profonde utilisée comme lieu de détention – et la « crapaudine » – punition qui consiste à lier derrière le dos les mains et les jambes du soldat récalcitrant et à l'abandonner sur le ventre, exposé ainsi, dit le dictionnaire Larousse du XIXe siècle, « pendant un temps plus ou moins long aux intempéries de l'air ». De surcroît, une série de reportages et de romans alimentent le mythe autour de Biribi, l'enfer des conscrits décrit par Georges Darrien – publié en 1890, son ouvrage est réédité sans interruption jusqu'à la Première Guerre mondiale (le terme d'argot « Biribi » désigne l'ensemble des formations disciplinaires et pénitentiaires de l'armée française). Très vite la confusion s'installe dans le grand public entre les « bat' d'Af' » – ces unités créées en 1832 –, la Légion et Biribi qui donne son titre à un succès de la chanson interprété par Aristide Bruant dès 1891. Les BILA incorporent des individus coupables de crimes et condamnés seulement à l'emprisonnement selon l'article 463 du code pénal, ceux qui sont condamnés pour outrage public à la pudeur, délit de vol, escroquerie, abus de confiance ou attentat aux bonnes mœurs selon l'article 334. Ces unités sont donc des corps spéciaux « d'épreuve », mais réguliers, recevant à la fois des militaires sortant des compagnies de discipline et devant terminer leur temps de service, des militaires condamnés en correctionnelle à des peines légères, qui à leur sortie de prison doivent achever le service imposé par la loi, mais aussi des volontaires. Les « joyeux » sont donc d'anciens souteneurs, des escrocs et autres délinquants militaires que le grand public confond avec les légionnaires.

La Première Guerre mondiale va changer la donne. La conduite des volontaires étrangers et la publicité faite autour du régiment de marche de la Légion étrangère (RMLE) de 1915 à 1918 vont faire connaître cette institution encore entourée d'un halo de mystères, repliée sur elle-même, jalouse de son identité et toujours soucieuse de se distinguer au sein de l'armée française d'abord, de l'armée d'Afrique ensuite. Dans l'entre-deux-guerres, le courant s'inverse : le légionnaire ne fait plus peur, il est devenu un objet de curiosité à l'approche du centenaire de l'Algérie et de l'Exposition coloniale de Vincennes présidée par le maréchal Lyautey – qui a fait la promotion de « sa troupe préférée ». En revanche, certains milieux ne désarment pas pendant la guerre froide et les guerres de décolonisation. Les thèmes éculés sont repris à l'envi jusqu'aux campagnes sans lendemain autour de l'affaire dite « de la section d'épreuve du 1er régiment étranger de Corte ». Jusqu'à nos jours, des journalistes d'investigation n'ont pas cessé de dénoncer la discipline et les conditions d'emploi des légionnaires, sans parvenir à entraîner l'adhésion d'une opinion publique désormais acquise au maintien des régiments étrangers dans l'armée professionnelle du XXIe siècle.

André-Paul COMOR

Sources : Archives parlementaires, débats de la Chambre des députés et de la Chambre des pairs, 14 février-5 mars 1831.

LÉGION ARABE. – Contrairement à la légion arménienne, qui connaît une existence réelle bien que brève et mouvementée, la légion arabe ne reste qu'une potentialité, un projet un peu irréaliste élaboré entre Français et Britanniques lorsque les deux alliés occidentaux s'efforcent de soutenir à moindre coût humain la révolte hachémite du Hedjaz.

Au printemps 1917, les troupes du chérif Hussein de La Mecque restent sous la menace d'une contre-attaque de l'armée turque et l'insurrection lancée au mois de juin précédent ne survit que par les subsides britanniques – avec l'aide de la mission militaire française du Hedjaz qui accompagne dans leurs raids les colonnes bédouines et grâce à l'appui des bâtiments de la Navy déployés en mer Rouge. Paris et Londres hésitent à engager des troupes européennes sur ce théâtre pour ne pas prêter le flanc aux menaces de guerre sainte lancées de Constantinople par le Commandeur des Croyants. Sur l'ensemble des fronts orientaux de Mésopotamie et de Palestine, les Britanniques font toutefois des milliers de prisonniers et recueillent un grand nombre de déserteurs. Un pourcentage important d'entre eux, détenu aux Indes, est issu des populations allogènes de l'empire et l'idée germe alors de recruter en leur sein des soldats qui, n'étant pas d'ethnie turque, seraient susceptibles d'être engagés contre le sultan et qui, étant musulmans, pourraient combattre aux côtés des Hachémites sans souiller les terres sacrées de l'Islam.

Sur ce schéma théorique, les Alliés parviennent en août 1917 à un accord de principe au sujet de la création d'une légion arabe encadrée par des « officiers turco-arabes » ayant appartenu à l'armée ottomane. Destinée dans un premier temps à élargir l'assise territoriale du chérif Hussein dans le Hedjaz, elle est susceptible dans l'esprit de ses concepteurs d'être ensuite employée « soit en Palestine avec l'armée anglaise, soit en Syrie avec une armée française ». Son financement (recrutement et solde, équipement et premières dotations, entretien) est à la charge de Paris et de Londres à parts égales. Afin de respecter le subtil et fragile équilibre régional (prééminence britannique, revendications françaises, ambitions hachémites), la direction et « la surveillance » supérieure seraient confiées à quatre officiers européens (deux officiers supérieurs et deux officiers subalternes, un Français et un Britannique pour chaque catégorie de grade), les officiers arabes conservant le commandement de contact des unités de combat. Pour s'assurer le contrôle de l'ensemble, le général Clayton nomme immédiatement un commandant britannique, Pearson, lieutenant-colonel à titre temporaire ; aussitôt le consul de France au Caire suggère à son ministre d'agir de même et le Quai d'Orsay demande au ministère de la Guerre de désigner un capitaine en l'autorisant par lettre de service à porter les galons de lieutenant-colonel « pour la durée de ses fonctions ».

Au-delà de cette péripétie de la traditionnelle opposition franco-britannique en Orient, force est de constater que le recrutement donne peu de résultats (moins de 400 volontaires sont finalement conservés fin septembre, ils ne seront jamais plus de 800), d'une qualité médiocre. Les incidents se multiplient dès l'arrivée du contingent dans son camp d'entraînement installé à l'est d'Ismaïlia : les recrues de confession juive ou chrétienne refusent de servir le Malik et les volontaires d'origine syrienne « ayant été officiers ou sous-officiers dans l'armée turque veulent obtenir la reconnaissance immédiate de leur grade ou usurper un grade supérieur ». Tous ne veulent se battre que pour le roi du Hedjaz, cherchent à tirer profit à court terme des aides alliées mais « sont fermement décidés à échapper à leur emprise ». Devant le caractère finalement peu fiable de cette troupe, Anglais et Français se retirent et cessent l'expérience au début de l'année 1918. La légion arabe n'a concrètement vécu qu'un trimestre à l'instruction et n'a jamais été engagée : « Ce serait une duperie que de favoriser et d'organiser le mouvement nationaliste arabe. Livrée à elle-même, sans objectif glorieux, bientôt irrégulièrement payée, la légion arabe ne tardera pas à se désagréger et ne pourra que devenir un danger. »

Le serment de fidélité des recrues, prononcé avant leur engagement, illustre également que seule la Grande-Bretagne compte alors dans la région. Rédigé en anglais et en arabe, il ne fait référence qu'au Royaume-Uni et cantonne la France au rang des autres alliés : « Je jure, par Dieu, sur le Saint Coran et sur mon honneur de soldat, de servir le gouvernement de Sa Majesté le roi des Arabes Hussein ben Ali avec fidélité et loyauté. Je jure qu'après avoir été libéré je n'entreprendrai aucune action contraire aux intérêts de la Grande-Bretagne et de ses alliés. Par Dieu, en Dieu et pour Dieu. » En Syrie, pendant la dernière phase de la guerre opposant les forces britanniques et françaises libres aux troupes vichystes, la légion arabe, en renforcement de la colonne du major général Clark forte de 6 escadrons blindés, fait face aux 187 légionnaires de la 15e compagnie du 6e régiment étranger d'infanterie qui résiste vaillamment du 22 juin au 3 juillet 1941.

Rémy PORTE

Sources : SHD-Terre, 7N 2140, 7N 2145.
Bibl. : Henri de Wailly, *Syrie 1941. La guerre occultée. Vichystes contre gaullistes*, Perrin, 2006.

LÉGION ARMÉNIENNE (ou légion d'Orient). – Créée par décision ministérielle du 15 novembre 1916 et organisée par l'instruction du 26 novembre, alors que la France (victime de la crise des effectifs) s'efforce malgré tout de conserver une place au Moyen-Orient face à l'omniprésence britannique, la légion d'Orient, devenue légion arménienne à la suite d'innombrables réorganisations en février 1919, doit rassembler les Arméniens et Syriens désireux de se battre contre l'Empire ottoman sous le drapeau français. Toutefois, pour éviter que ces recrues, ressortissantes d'un État ennemi, ne risquent d'être mises en difficulté, les textes fondateurs précisent qu'elles se mettent « sous les ordres d'officiers français pour combattre les Turcs en Turquie d'Asie », mais que si l'encadrement est constitué de cadres français, elles sont incorporées « en qualité d'auxiliaires » et non dans les forces combattantes. La légion arménienne ou d'Orient n'a donc jamais organiquement appartenu à la Légion étrangère, même si les officiers qui l'encadraient en étaient issus et si elle a rassemblé des étrangers sous le drapeau tricolore.

La constitution des unités commence dès l'hiver 1916-1917 sur une base communautaire (1er bataillon arménien, 6e compagnie syrienne), mais le lieutenant-colonel Romieu ne dispose que de moyens très limités et d'un état-major réduit de trois officiers et quelques hommes. Au printemps suivant, l'état-major et le 1er bataillon (arménien) à cinq compagnies sont installés au camp de Monarga, à Chypre, et occupent l'île de Castellorizo, tandis que la 6e compagnie (syrienne) est basée à Port-Saïd et participe à l'occupation de l'île de Rouad. L'été et l'automne 1917 sont consacrés à la montée en puissance de la Légion, avec la formation d'un 2e bataillon (7e à 10e compagnie) et de deux compagnies de mitrailleuses, ainsi qu'à la poursuite de l'instruction.

À partir de février 1918, les unités élémentaires sont très progressivement transférées sur le front du sud de la Palestine, intégrées au sein du détachement français de Palestine-Syrie (DFPS) et déployées le long de voies de communication entre 20 et 50 km en arrière des premières lignes britanniques. La légion d'Orient prend en charge un secteur du front aux environs de Rafat le 31 août et participe à partir du 19 septembre 1918 à l'offensive du général Allenby, sur l'aile du 21e corps d'armée britannique. Elle se distingue lors de l'assaut des positions germano-turques de l'Arara (« formidablement aménagées, véritable repaire d'où les éléments allemands organisaient et dirigeaient toute la défense ») la nuit suivante, puis est mise au repos à El-Mezeiria pendant que les cavaleries britannique et française poursuivent les Germano-Turcs en direction de Damas. Lorsque la légion quitte ses cantonnements au début du mois d'octobre, elle est à 150 km du front, devient troupe d'occupation sur le littoral syro-libanais et s'installe à Beyrouth à partir du 17 octobre. L'armistice de Moudros, le 30 du même mois, la trouve éparpillée entre l'Égypte, Chypre, les îles et ses garnisons proche-orientales à plus de 300 km des unités turques les plus proches : depuis sa création, la légion arméno-syrienne n'a été effectivement engagée dans des opérations offensives que pendant moins de soixante-douze heures.

La guerre terminée, la discipline tend à se relâcher rapidement au sein de ces unités, constituées de volontaires pour la durée de la guerre (désormais terminée) contre la Turquie et qui sont par ailleurs victimes d'un important sous-encadrement. Dans le même temps, cependant, les besoins de la France au Levant sont à la fois urgents et importants et le haut commandement espère pendant quelques semaines pouvoir intégrer la légion d'Orient au sein de la Légion étrangère, « après modification des dispositions de la loi des cadres qui régissent la Légion ». Les contingents arméniens sont finalement déployés en décembre vers le nord en direction d'Alexandrette, Mersine et Adana, et participent à l'occupation de la Cilicie alors même que la proclamation d'indépendance de la république d'Arménie excite les esprits et que des milliers de réfugiés arméniens trouvent un abri précaire dans la province. S'ouvre alors une ultime période particulièrement trouble, sous les commandements successifs du colonel Flye Sainte-Marie puis du commandant Beaujard, durant laquelle, paradoxalement, les effectifs sont progressivement réduits bien que de faibles détachements de la légion relèvent sur la frontière syro-turque d'importantes garnisons britanniques pendant que de nombreux incidents (parfois meurtriers) éclatent entre les soldats arméniens et la population locale et que les désertions se multiplient. Considérée comme une formation de moins en moins fiable, la légion arménienne reste néanmoins engagée, le plus souvent par petits détachements, entre l'Amanus et le Taurus, où elle perd plus de 160 officiers, sous-officiers et soldats jusqu'à sa dissolution officielle le 1er septembre 1920.

Composante presque marginale de la légion d'Orient pendant la Grande Guerre, la compagnie syrienne, restée à l'automne 1918 sur la côte libanaise, est progressivement déployée vers l'intérieur (Damas, Alep), organisée de façon distincte sous le nom de légion syrienne et recrute jusqu'à atteindre 6 000 hommes en juillet 1921. Elle est désormais intégrée aux troupes régulières du Levant français.

Rémy PORTE

Sources : SHD-Terre, 4H 11 et 38, 17N 495 • *L'Occupation en Syrie et en Cilicie*, Vincennes, SHAT, 1978.

Bibl. : Guévork Gotikian, « La légion d'Orient et le mandat en Cilicie (1916-1921) », *Revue d'histoire arménienne contemporaine*, vol. III, 1999 • Humbert du Hays, *Les Armées françaises au Levant, 1919-1939*, vol. I, Vincennes, SHAT, 1978 • Raymond H. Kevorkian, « La Cilicie (1909-1921) des massacres d'Adana au mandat français », *Revue d'histoire arménienne contemporaine*, vol. III, 1999.

LÉGION BRITANNIQUE DANS LA GUERRE CARLISTE, La. – La longue lutte qui opposa, de 1808 à 1813, de larges fractions des peuples d'Espagne aux forces d'occupation françaises laissa ce pays divisé en deux partis : les défenseurs d'une monarchie absolue, cléricale et respectueuse des franchises séculaires ou *fueros*, et les promoteurs d'une modernisation libérale et centralisatrice, inspirée des Lumières. Au-delà de cette opposition doctrinale, ce sont deux sociétés qui se font face durant tout le XIXe siècle : la petite paysannerie basque, navarraise et catalane, passionnément antimoderniste, catholique et légitimiste, et l'Espagne anticléricale et bourgeoise des grandes villes du royaume. Se regroupant, dès 1826, autour de Carlos, frère du roi Ferdinand VII, le parti « absolutiste » entre en rébellion, en 1833, contre la reine Isabelle II dont il conteste la légitimité et la politique réformatrice. Cette guerre féroce, qui oppose durant six années l'armée gouvernementale ou *cristina* aux bandes carlistes, ne laisse pas insensible l'opinion ouest-européenne. L'oligarchie tory comme les légitimistes français voient dans les carlistes les champions d'une nouvelle chouannerie quand l'opinion libérale des deux pays tient les *cristeneros* pour les héros de l'Espagne régénérée. La première guerre carliste (1833-1839) est également un enjeu de la lutte d'influence opposant, depuis 1831, les puissances autoritaires et légitimistes aux gouvernements franco-britanniques qui décident d'intervenir militairement en Espagne comme au Portugal pour y consolider la cause libérale et y défendre les partenaires péninsulaires de la Quadruple-Alliance de 1834.

Il ne s'agit pas, initialement, d'une intervention armée directe, à laquelle se refuse la monarchie de Juillet, mais d'une assistance militaire « volontaire », un mot chargé de sens au lendemain de la guerre d'Indépendance hellénique. En juin 1835, le général Alava, ambassadeur d'Espagne à Londres, obtient du gouvernement whig l'autorisation de recruter au Royaume-Uni une légion de 10 000 « volontaires » britanniques, la British Auxiliary Legion (BAL). Les termes de l'accord obligent les recrues de la BAL à servir une voire deux années, cet engagement pouvant être prolongé sans que soient précisées les conditions exactes du réengagement. Si le banquier Nathan Rothschild finança le recrutement et l'équipement des légionnaires dans les îles Britanniques, l'entretien et la solde de la BAL, une fois en Espagne, devaient être à la seule charge du gouvernement légal. Alava en confia le commandement à une ancienne connaissance, le député anglo-irlandais George de Lacy Evans, connu pour ses idées radicales, qui, dans sa jeunesse, avait servi en Inde (1806-1812), en Espagne (1812-1814) puis en Amérique du Nord (1814), avait pris part, le 18 juin 1815, à la bataille de Waterloo avant de quitter l'armée, en 1818, avec le grade de lieutenant-colonel.

En dépit d'une légende noire entretenue par l'opinion conservatrice, la BAL ne fut pas un ramassis de criminels endurcis. Bien attesté, certes, au sein du commandement, l'idéalisme politique ne motive guère l'engagement des soldats et des sous-officiers qui signent, comme l'immense majorité des soldats de l'armée royale, tous engagés volontaires, pour fuir soit le chômage et la misère soit leur famille ou leur milieu. Les traits sociopolitiques et moraux des légionnaires ne montrent ici que peu de différences avec l'armée régulière royale. Plus du tiers du premier contingent de la BAL (7 800 soldats) vient des campagnes irlandaises et écossaises, foyers traditionnels de recrutement de l'armée britannique, mais la plupart des recrues sont originaires des villes industrielles et portuaires d'Angleterre (40 %) et d'Écosse (25 %). Une formation mercenaire, donc sociologiquement très proche des régiments de l'armée prévictorienne. L'inexpérience du commandement représente néanmoins une différence majeure entre la BAL et l'armée de la Couronne. Six officiers permissionnaires de l'armée des Indes, une quarantaine de vétérans des guerres d'indépendance (Grèce, Amérique latine) auxquels s'ajoutent une poignée d'officiers prêtés par le War Office ne représentent que le quart des 400 cadres supérieurs et subalternes de cette légion. Il fallut de ce fait promouvoir des sous-officiers et recourir à la nomination d'officiers sans expérience. Alors que beaucoup attendaient l'effondrement de la BAL, dont l'encadrement hétéroclite répondait mal aux canons socioprofessionnels de l'armée victorienne, l'amalgame se fit sans heurts notables en un semestre environ.

Se regroupant à Saint-Sébastien en juillet-août 1835, la BAL passe l'été à s'exercer avant de rallier Vitoria, la capitale du Pays basque. Les mois d'automne et d'hiver s'avèrent très éprouvants. Les Irlandais comme les Highlanders, habitués à ces conditions extrêmes, supportent la faim et le froid qui fauchent alors les recrues originaires du prolétariat urbain, souvent jeunes et trop peu robustes. Ces conditions et une forte désertion diminuent de moitié les effectifs et nécessitent, au début de 1836, la réorganisation du corps, réduit à trois brigades. Laissant leurs convalescents à Vitoria, les brigades Shaw (Irish Brigade), Chichester et Reid (Light Brigade) embarquent à Santander et rallient Saint-Sébastien alors assiégé par 3 000 ennemis. Les feux d'une escadre anglaise soutiennent opportunément les légionnaires qui emportent, le 5 mai 1836, les lignes carlistes, et font taire, provisoirement, les critiques. Les « volontaires » subissent en revanche, le 11 juillet, un net revers devant la ville de Fontarabie à l'est de Saint-Sébastien. À ces déboires s'ajoutent le paiement irrégulier des soldes et, quand l'argent parvient, des beuveries sans nom qui entretiennent, outre-Manche, la détestable réputation de la BAL. Si de nombreux officiers quittent l'Espagne à la fin de l'été 1836, le général Evans persuade la plupart de ses hommes de servir une seconde année. La BAL, après avoir enduré les mêmes difficultés logistiques que l'année précédente, alterne alors, en 1837, les revers et les succès. Secondés par 450 Royal Marines et 5 000 soldats espagnols « gouvernementaux », 3 300 légionnaires commandés par un officier du génie, William Reid, s'emparent, le 15 mars, des hauteurs d'Oriamendi qui dominent Hernani, mais sont repoussés, le lendemain, et retraitent en toute hâte. En mai, toutefois, les Britanniques s'emparent d'Hernani puis d'Irún et de Fontarabie. Ces succès devaient marquer la fin opérationnelle de la BAL. Après sa dissolution en juin 1837, une « nouvelle légion » (*New Legion*), forte de 1 500 hommes, est reconstituée sous le commandement du populaire général O'Connell mais, sévèrement étrillée, cette unité est dissoute puis rapatriée à la fin de l'année.

La légion auxiliaire britannique, dont le rôle stratégique fut mince, s'avéra toutefois utile tactiquement sur le théâtre basque où elle fut cantonnée de 1835 à 1837. Elle remplit, en outre, une fonction diplomatique importante en signifiant, par ses combats, l'alliance naturelle des puissances libérales face à l'Europe légitimiste et cléricale. En cela, elle est une illustration extrême, mais non exceptionnelle, de l'ingérence armée dans l'Europe du congrès de Vienne.

Patrick LOUVIER

Bibl. : Francis Duncan, *The English in Spain, or the Story of the War of Succession between 1834 and 1840*, Londres, J. Murray, 1877 • Edgar Holt, *The Carlist Wars in Spain*, Chester Springs, Dufour Editions, 1967 • Alexander Sommerville, *A Narrative of the British Auxiliary Legion, with Incidents, Anecdotes, and Sketches of all Parties Connected with the War in Spain, from a Journal of Personal Observation*, Glasgow, Muir, Gowans & Co, 1837.

LÉGION DES VOLONTAIRES FRANÇAIS CONTRE LE BOLCHEVISME (1941-1945). – La Légion des volontaires français contre le bolchevisme (LVF) est destinée à combattre au côté des soldats allemands sur le nouveau front ouvert par Hitler le 22 juin 1941. Initialement prévue pour accueillir de 25 000 à 30 000 volontaires, elle se réduira au total à 3 600 hommes. Ses deux premiers contingents de « légionnaires », rassemblés en septembre au camp de Deba en Pologne, prêtent le serment de fidélité à Hitler avant d'être engagés en décembre devant Moscou en tant que 638e régiment d'infanterie de la Wehrmacht. Commandée un temps par un officier sexagénaire, le colonel Labonne, la LVF est retirée du front dès janvier 1942 et engagée à l'arrière dans des opérations contre les partisans russes au profit de la Wehrmacht. Elle reçoit ensuite un nouveau chef, le colonel Edgar Puaud, qui vient de la Légion tricolore et qui a servi de nombreuses années dans la Légion étrangère (campagnes du Tonkin, du Maroc et au Levant). L'histoire retient qu'un seul jeune lieutenant de Légion – farouchement anticommuniste – a rejoint Puaud, promu en 1944 général de brigade et qui est porté disparu en Poméranie à la tête des trois bataillons français de la division Charlemagne en mars 1945. En outre, le prince Constantin Amilakvari, frère du lieutenant-colonel Dimitri Amilakvari, qui a servi dans les régiments étrangers de 1928 à 1941, s'est engagé dans la LVF dont il devint le porte-drapeau. Il est mort à Paris le 4 juillet 1943 des suites de ses blessures.

La présence en Indochine dans la Légion étrangère d'anciens de la LVF est avérée, sans qu'il soit possible de préciser leur nombre. L'on sait qu'un officier saint-cyrien de la promotion « Amitié franco-britannique » (1939-1940) s'est engagé à la Légion à la fin de la guerre pour échapper aux poursuites judiciaires à la suite de son engagement dans la LVF. L'on connaît mieux encore le cas de Michel King en raison de sa désertion en 1947 et son ralliement à la cause du Viêt-minh (il sert notamment sous le nom de Nguên Van Mon dans le régiment 42). Les allusions indirectes dans certains documents administratifs, de surcroît, ne manquent pas : dans son rapport sur le moral de janvier 1946, le colonel Gaultier, commandant le dépôt commun des régiments étrangers (DCRE) à Sidi-Bel-Abbès, soulève ainsi le problème à la suite des mandats d'arrêt et des arrestations de nouveaux engagés volontaires français identifiés par les services chargés de rechercher les collaborateurs. De même, dans son rapport sur le moral de mars 1951 pour le semestre allant du 1er septembre 1950 au 28 février 1951, le colonel Daigny, commandant le dépôt commun de la Légion étrangère (DCLE), évoque la

« régularisation pénale de ceux qui sont venus à la Légion pour payer leurs erreurs politiques ». Cependant, les historiens ne peuvent se fonder sur les rumeurs qui ont circulé pendant le conflit indochinois ainsi que les Mémoires plus ou moins romancés comme ceux d'un certain Jean-Paul Emmanueli et sont condamnés à attendre l'ouverture des archives pour en apprendre davantage.

André-Paul COMOR

Sources : DHPLE, rapports sur le moral, DCRE (1944-1949), DCLE et GALE (1950-1952).

Bibl. : Albert Merglen, « Soldats français sous uniforme allemand », *Revue d'histoire des guerres mondiales*, PUF, octobre 1977.

LÉGION ÉTRANGÈRE, REVUE MENSUELLE ILLUSTRÉE (La). – Organe officiel de la Fédération des sociétés d'anciens légionnaires de France et des colonies fondée en 1912 par son président, Émile Maurer, la revue a une existence éphémère en raison du déclenchement de la Grande Guerre deux ans après son lancement. Les vingt-huit numéros sont édités par la maison Jules Méchain de Montbrison et financés par les abonnements. Son directeur en 1914, le peintre Mahut, apporte sa contribution en illustrant la revue de nombreux dessins et gravures. Elle est avant tout un outil au service de la Légion étrangère, cible d'une campagne particulièrement virulente outre-Rhin depuis l'affaire des déserteurs de Casablanca (septembre 1908). Elle vise deux publics distincts mais complémentaires pour mieux faire connaître une institution militaire qui fait l'objet de critiques tant en France qu'à l'étranger : il s'agit d'offrir aux lecteurs une image positive de la Légion mais aussi de mettre en scène ses pages glorieuses à destination des légionnaires eux-mêmes. Précurseurs en la matière, les rédacteurs de ce véritable *Livre d'or* avant la lettre se font les chantres des régiments étrangers : les articles de la revue exaltent les vertus du légionnaire. Ainsi peut-on lire dans une adresse au légionnaire : « c'est dans le culte du passé que tu puiseras le culte du sacrifice et l'abnégation qui te permettra, le jour où sonnera pour toi légionnaire l'heure du soldat, de donner gaiement la vie pour notre cher drapeau » (nº 3, 1er mars 1913).

Le sacrifice des milliers d'étrangers pendant la Première Guerre mondiale consacre la légende en marche des « hommes sans nom ». Sous le titre *La Légion étrangère, revue mensuelle militaire et coloniale*, la revue reparaît à Marseille en 1931 à la veille du centenaire de la création de la Légion. Elle répond au vœu exprimé par le général Rollet qui a œuvré pour le renforcement des liens entre les légionnaires et les anciens au sein de la nouvelle Union des sociétés d'anciens légionnaires de France, colonies et étranger (USAL). La revue est parrainée par des personnalités civiles et militaires ; son comité de direction comprenait l'historiographe marseillais Jean Brunon et Pierre Benigni, célèbre illustrateur et peintre des armées. En 1937, elle devient *La Légion étrangère, revue bimestrielle illustrée militaire et coloniale*. Après l'armistice, entre 1940 et 1942, le titre change encore : *Pages de l'Empire français, la Légion étrangère, revue bimestrielle* puis *La Légion étrangère, pages de l'Empire français, revue bimestrielle militaire et coloniale.* Parmi les rubriques, l'histoire occupe une place particulière grâce à la collaboration d'une équipe réunie autour de Jean Brunon. Les articles de presse sont destinés à informer les abonnés de l'opinion sur la Légion. En juillet 1945, la revue cède la place à *Vert et rouge, revue de la Légion étrangère, revue bimestrielle militaire et coloniale*, désormais prise en charge par la Légion elle-même au bas fort Saint-Nicolas de Marseille. Publiée sous le patronage très officiel des services de presse du ministère des Armées, elle complétait avec bonheur *Képi blanc* et offrait des articles de qualité à destination d'un public plus large que la seule Légion. Le succès remporté par *Képi blanc* éclipse au début des années 1950 cette revue qui cesse de paraître en 1956.

André-Paul COMOR

Bibl. : Marie Larroumet, « Première représentation de la Légion étrangère 1831-1914 », *Revue méditerranéenne d'études politiques*, institut d'études politiques d'Aix-en-Provence, 1996, p. 96-119.

LÉGION ÉTRANGÈRE ESPAGNOLE. – Tous les auteurs font remonter la création de la légion étrangère espagnole à un décret royal de 1920, consécutif à la visite d'un officier supérieur à Sidi-Bel-Abbès fin 1919. Sans préambule. Pourtant, le projet de créer une telle unité remonte clairement à l'avant-guerre. Avec la difficile soumission du Maroc septentrional promis à l'action du royaume d'Alphonse XIII, on forma alors (1911) des unités d'indigènes auxiliaires réguliers (*regulares*) sur les modèles anglais et français. En 1912, le roi d'Espagne songea aussi à créer une nouvelle unité semblable à cette légion française qui avait aidé son aïeule Isabelle II contre les prétentions dynastiques de son oncle Don Carlos, épisode rappelé par un ouvrage du capitaine Paul Azan sur l'expédition de 1835-1838, publié en 1907, qui avait été largement diffusé auprès des historiens et des militaires. L'intervention brutale des légionnaires français à Casablanca en 1907, l'affaire des déserteurs allemands, aidés par le consul du Reich dans la même ville, en 1908, avaient marqué les esprits. D'autres déserteurs espagnols des régiments d'Algérie et du Maroc avaient alerté leurs autorités nationales sur l'efficacité « inhumaine » mais redoutable de leurs anciennes unités. Le président des Cortes, le député libéral Miguel Villanueva, mécontent de l'attitude française en Afrique du Nord, avait également suggéré au roi d'avaliser le projet d'une unité comparable à la Légion étrangère au sein de l'armée espagnole afin d'apaiser les esprits, échauffés par la campagne de Melilla de 1909, et de jeter le trouble chez les partenaires en pacification. En tout cas, dès 1912, l'attaché militaire français à Paris rendit compte du projet royal au ministère de la Guerre. En juillet 1913, un décret institua un corps de volontaires qui n'eut que peu d'effet eu égard aux soldes offertes (400 à 900 pesetas par mois) : environ 800 hommes se présentèrent (les Français parlèrent même de 200 individus). Aucun étranger parmi eux. Trois mois plus tard, en octobre, lors de sa première visite au souverain espagnol à Madrid, le résident général Lyautey déconseilla vivement la création d'une unité qui ajouterait à la confusion et pousserait à la désertion massive dans la Légion étrangère française, déjà malmenée depuis les premiers engagements dans ce pays largement rebelle. Ce serait à ses yeux un appel supplémentaire à la résistance des indigènes. Il le répéta en mars 1914, lors d'un second passage. La difficulté de pénétration des forces espagnoles et l'activité de déserteurs allemands durant la Grande Guerre auprès de chefs insoumis du Rif devaient relancer le projet notamment dans l'esprit du lieutenant-colonel José Millán Astray, navré de voir des juntes syndicales militaires s'imposer à partir de 1917 dans la politique de son pays en guerre ouverte au Maroc. Avec l'aval de ses supérieurs, cet officier d'infanterie fut accueilli par les autorités militaires françaises d'Oran, de Tlemcen et de Sidi-Bel-Abbès à l'automne 1919. À son retour, son rapport fut approuvé par le ministre espagnol de la Guerre, José Villalba, et par le haut-commissaire au Maroc, le général Damaso Berenguer. Le 28 janvier 1920, un décret royal était publié, créant le *Tercio de Extranjeros*, suivi d'un autre décret d'application le 31 août. Dans la semaine suivante, deux ordonnances royales étaient prises : l'une nommait Millán Astray chef de la nouvelle unité et l'autre publiait les règlements et l'organisation du corps. Le siège central fut fixé dans la Caserne du roi (*Cuartel del Rey*) à Ceuta. Des bureaux de recrutement furent ouverts à Madrid, Barcelone et Valence. Le premier à signer – un Espagnol – s'engagea le 20 septembre, date choisie comme anniversaire du corps. Le chef de la légion désigna comme second un commandant qui avait déjà combattu au Maroc, Francisco Franco Bahamonde. Le 31 octobre eut lieu la cérémonie de remise des drapeaux.

Dès les origines, à l'inverse de la Légion française, l'immense majorité des recrues fut espagnole. Comme nous le rappelle un montage sonore du musée de l'Armée, installé aujourd'hui dans l'Alcazar de Tolède, les légionnaires chantaient alors une version hispanisée de *La Madelon*. Les combats qu'ils eurent à mener furent rudes à partir de l'été 1921, date de la reconquête du terrain perdu à l'issue de la terrible défaite d'Anoual contre les forces rifaines. Du premier décès, dès 1921, à 1927, fin des opérations, le *Tercio* perdit 2 285 hommes dont 4 chefs et 111 officiers, le nombre des blessés s'élevant à plus de 6 000, soit un total de 8 381 pertes (*bajas*) survenues en 899 actions de combat. De quatre, on passa à huit bataillons ou bannières (*banderas*) de quatre compagnies chacun au moment où la guerre du Rif battait son plein. Il existait alors deux légions – à Ceuta et à Melilla – constituées de plusieurs *banderas*. Après une brève période d'appellation *Tercio de Marruecos*, le simple mot *Tercio* s'imposa en souvenir des troupes tridimensionnelles (infanterie, artillerie, cavalerie) du Siècle d'or. Réorganisée, la légion espagnole fut engagée à défendre la République modérée menacée par les ouvriers révolutionnaires asturiens en octobre 1934. Ce fut sa première intervention sur le sol métropolitain, qui devait fortement affaiblir sa popularité auprès des masses populaires du pays. Revenue au Maroc, elle fut peu après au cœur du soulèvement des généraux, en juillet 1936. Convoyée en avion et par bateau dans le sud de la péninsule où le coup d'État avait partiellement échoué, sa discipline et son organisation souple furent décisives, en liaison étroite avec les *regulares* marocains comme unités de pointe. Ce binôme devait rapidement atteindre Madrid en novembre, où l'offensive fut bloquée dans la cité universitaire et alentours. Un bureau central de recrutement fut installé à Talavera de la Reina. Forte de douze nouvelles *banderas* (n°s VII à XVIII), l'arme fut engagée sur tous les fronts. Elle perdit au combat 37 983 hommes (dont 7 645 morts et 776 disparus). Entre 1937 et 1943, les *banderas* furent réorganisées en *tercios* au sein de *La Legión*, nom définitivement adopté. L'indépendance du Maroc en 1956 provoqua un déploiement des forces dans les deux places de souveraineté – très exiguës – et au Sahara occidental. Elles firent le coup de feu pour défendre le territoire d'Ifni en 1957-1958. En 1970, à Ceuta, la légion fêta son 50e anniversaire en présence du couple princier espagnol. Fin 1975, elle évacua le Sahara occidental face aux pressions marocaines et mauritaniennes. En 1995, lors du 75e anniversaire, une statistique indiquait que 10 836 hommes étaient morts dans les rangs de la légion espagnole depuis 1921. Les opérations dans le golfe Persique en 1990-1991 ou en Bosnie-Herzégovine en 1992-1993 n'eurent pas le même impact sur des effectifs en constante diminution depuis l'époque franquiste. Au service du roi et de la nation, en voie de modernisation et de professionnalisation, la légion espagnole a su éviter le retour d'un esprit de revanche, malgré le culte d'une réelle nostalgie patriotique nationaliste dans les confréries (*hermandades*) légionnaires. Dans le cadre d'opérations menées par l'ONU ou l'OTAN, on la retrouve de nos jours du Liban en Afghanistan, en passant par le Kosovo et la république démocratique du Congo. Engagée avec d'autres unités en Irak par le gouvernement Aznar, la légion en a été retirée par le gouvernement Zapatero en 2004. Depuis 2002, après une période d'interdiction, il est possible de recruter à nouveau dans l'armée espagnole entière des soldats étrangers. Des Colombiens, Équatoriens et Équato-Guinéens forment ainsi un petit pourcentage des effectifs actuels (5 % environ). Outre Ceuta – son siège historique – et Melilla, les bases de la légion sont aujourd'hui situées à Ronda, Málaga et à Viator (Almería). Intégrée aux forces légères de haute projection, elle est aujourd'hui un corps résolument moderne et loyaliste d'environ 5 000 hommes et femmes, dont une unité a pu défiler le 14 juillet 2007 sur les Champs-Élysées dans le cadre des forces européennes auxquelles elle appartient. En 2020, la légion espagnole fêtera son centenaire.

Jean-Marc DELAUNAY

Bibl. : Jean-Marc Delaunay, *Méfiance cordiale. Les relations franco-espagnoles de la fin du xixe siècle à la Première Guerre mondiale*, t. II, *Les Relations coloniales*, L'Harmattan, 2010 • François Garijo, *Histoire de la légion espagnole, la Bandera*, La Plume du Temps, 2002 • Lieutenant-colonel Antonio Martínez de la Casa (dir.), *La legión española. 75 años de historia (1920-1995)*, t. I, *1920-1936*, t. II, *1936-1971* et t. III, *1974-1975*, Málaga, La Legión, 2001-2003 • José Montes Ramos, *La legión. Marruecos 1920, Bosnia-Herzegovina 1993*, Madrid, Agualarga, 1994 • José Luis Rodríguez Jiménez, *¡ A mí la legión ! De Millán Astray a las misiones de paz*, Barcelone, Planeta, 2005.

« LÉGION ÉTRANGÈRE » et « LÉGIONNAIRE ». – L'appellation « Légion étrangère » est réglementaire de 1831 à 1856. Elle cesse de l'être entre le 16 avril 1856 et le 14 mars 1875 : les corps de la Légion étrangère deviennent des régiments étrangers. Cependant quelques auteurs continuent à l'utiliser. Elle redevient réglementaire le 15 mars 1875 et ne cessera plus de l'être : depuis cette date, les boutons d'uniforme sont marqués de l'inscription « Légion étrangère ».

Jusqu'au début du XXe siècle, divers documents qualifient les soldats des corps de la Légion étrangère de « fusiliers, voltigeurs, grenadiers, clairons, tambours, soldats de 1re ou de 2e classe ». Ces appellations ont coexisté dans le langage courant avec celle de « légionnaire ». Lors de la bataille de l'Alma, le général Canrobert interpelle ainsi le bataillon de la Légion : « À la bonne heure, servez d'exemple aux autres braves légionnaires ! » Grisot et Coulombon emploient le terme pour la première fois dans *La Légion étrangère* (à la page 406) dans la relation des faits de 1882. Selon toute vraisemblance, le colonel de Négrier, qui a servi seize ans dans les chasseurs à pied, a voulu qu'à leur exemple les légionnaires se distinguent de la masse des fantassins en s'appelant « légionnaires ». L'usage a entériné cette appellation jusqu'à nos jours.

Raymond GUYADER

LÉGION GARIBALDIENNE (1914-1915). – Le 5 novembre 1914, une légion garibaldienne, commandée par Peppino, petit-fils de Giuseppe Garibaldi, entouré de cinq autres frères, fut constituée sous le nom officiel de 4e régiment de marche du 1er régiment étranger de la Légion étrangère. La gestation de cette légion fut longue et difficile, du fait des réticences du gouvernement italien d'Antonio Salandra, qui avait proclamé la neutralité de l'Italie, et en raison des exigences françaises imposant l'engagement dans la Légion étrangère, interdisant la chemise rouge et se réservant la faculté de licencier ce régiment étranger à tout moment, selon les circonstances.

Au total, 2 354 volontaires garibaldiens affluèrent dans la Légion étrangère, d'abord à Nîmes et à Montélimar, où les bataillons du régiment étaient en formation, puis à Avignon, au dépôt. Géographiquement, ils étaient originaires pour 54 % de France (des grands foyers d'immigration italienne, le Sud-Est, Paris et Lyon) et pour 43 % d'Italie (essentiellement des villes du Nord et du Centre), tandis que 3 % provinrent du monde entier. Les garibaldiens de France se recrutèrent surtout dans les classes populaires, comme Lazare Ponticelli, dernier poilu français survivant, par amour de la France plus que par haine de l'Allemagne, et dans l'espoir d'une intégration par le sang, l'engagement dans la Légion donnant droit à la nationalité française. Les garibaldiens de l'Italie furent davantage issus de la bourgeoisie citadine, politiquement plus engagés : nationalistes, socialistes mussoliniens, radicaux républicains, anarcho-syndicalistes. Certains partirent pour la France en considérant que la voie de Trente et de Trieste passait par l'Alsace et la Lorraine, exaltant la guerre comme facteur régénérant d'une Italie libérale moribonde. D'autres se battirent pour la République patrie des droits de l'homme contre la « barbarie germanique », au nom d'une certaine idée de la défense de la civilisation latine. D'autres se considéraient comme les héritiers des garibaldiens de 1870, venus se battre déjà pour défendre la toute jeune République française contre les Allemands, au sein de l'armée des Vosges commandée par Garibaldi lui-même. D'autres, enfin, déclassés, cherchaient l'aventure ou une raison d'être dans la guerre.

Par trois fois, ces garibaldiens se retrouvèrent engagés en Argonne dans le secteur de la Chalade contre les forces allemandes. Le 26 décembre 1914, dans le bois de Bolante, sans aucune préparation, ils furent envoyés au feu et décimés. Bruno, l'un des petits-fils de Garibaldi, y perdit la vie. Le 5 janvier 1915, de nouveau, ils attaquèrent au Four de Paris, cette fois-ci avec plus de succès, prenant des tranchées ennemies et faisant plus d'une centaine de prisonniers. Mais le prix à payer fut également lourd : Costante, un autre petit-fils de Garibaldi, fut tué. Enfin, les 8 et 9 janvier 1915, ils repartirent au front, soutenir les unités françaises menacées par les Allemands. Au total, le tiers de l'effectif du régiment fut mis hors de combat, et dès le 9 janvier, le commandement français décida de retirer du front cette unité exsangue et épuisée.

Les combats de l'Argonne devinrent alors une nouvelle épopée garibaldienne qui fut célébrée des deux côtés des Alpes. En France, les plus hautes autorités civiles et militaires rendirent hommage au sacrifice de ces Italiens qui reçurent récompenses, décorations et promotions. Il fallait en effet montrer à l'opinion publique que ce pays, considéré toujours comme un ennemi depuis la signature de la Triplice de 1882, malgré le rapprochement franco-italien du début du siècle, pouvait devenir un allié. Ainsi les corps de Bruno et de Costante, ainsi que celui d'un autre volontaire, Lamberto Duranti, purent-ils être transférés en Italie, à titre exceptionnel, de manière à organiser le long du trajet des manifestations franco-italiennes au nom de l'amitié retrouvée entre les deux pays. À Rome, les funérailles de Bruno le 6 janvier 1915 et celles de Costante une semaine plus tard, le 12, furent grandioses, et donnèrent lieu à de grandes manifestations au profit des interventionnistes. Ces derniers, quoique très minoritaires et hétérogènes (nationalistes, socialistes mussoliniens, radicaux, une partie du gouvernement avec le ministre des Affaires étrangères Sonnino, le roi lui-même et les libéraux conservateurs), se montraient cependant plus actifs que l'énorme masse des Italiens, socialistes, catholiques, libéraux proches du grand homme d'État Giolitti et paysans qui souhaitaient la neutralité. Dès lors, ces garibaldiens devinrent, très souvent malgré eux, des instruments de propagande et de contre-propagande en faveur ou non de l'entrée en guerre de l'Italie aux côtés des Alliés.

Le 5 mars 1915, le ministère français de la Guerre décida brutalement de dissoudre le 4e régiment de marche. Officiellement, il s'agissait de rendre hommage à ces combattants italiens qui avaient payé un lourd tribut à la guerre. Officieusement, les stéréotypes antigaribaldiens avaient resurgi, et le gouvernement français craignait de voir se développer en Italie une contre-propagande négative se servant des morts italiens pour exalter la paix et la neutralité. Licencier les garibaldiens permettait alors de créer des vecteurs de propagande active en faveur de l'intervention italienne. De fait, les vétérans garibaldiens participèrent en Italie à toutes les manifestations interventionnistes (comme celle du 5 mai 1915 à Quarto en présence de Gabriele D'Annunzio) jusqu'à l'entrée en guerre de l'Italie le 24 mai suivant. Beaucoup de garibaldiens rejoignirent alors la brigade des Alpes et firent la guerre en Italie de 1915 à 1917 avant de se retrouver de nouveau en France, en 1918, au sein du 2e corps d'armée italien, qui se battit notamment à Bligny, près de Reims, les 15-17 juillet, avant de participer à la contre-offensive victorieuse et de libérer Rocroi le 11 novembre 1918.

Mais le tourbillon de l'après-guerre finit par brouiller l'image de ces garibaldiens. Ezio Garibaldi, le plus jeune des petits-fils de Garibaldi, devint un des soutiens du Duce, au moins jusqu'à la création de l'axe Rome-Berlin. Ricciotti fils, son frère, se révéla être un agent des Chemises noires chargé d'infiltrer les milieux antifascistes en France : le scandale éclata en 1926. Sante, un autre frère, choisit l'antifascisme en 1937, dans le contexte de la guerre civile espagnole et du Front populaire. Il fallut attendre la Seconde Guerre mondiale et l'engagement dans la Résistance en France et en Italie des garibaldiens, et surtout les années 1960, pour que véritablement une réconciliation fût célébrée au nom de la mémoire de Garibaldi et des garibaldiens de toutes les guerres. Les manifestations commémoratives devant le monument de la Chalade, en Argonne, et devant celui du Père-Lachaise à Paris (deux monuments érigés dans les années 1930) rappellent ainsi, chaque année, avec émotion et solennité, l'épopée de ces volontaires garibaldiens dans la Légion étrangère.

Hubert HEYRIÈS

Bib. : Hubert Heyriès, *Les Garibaldiens de 14. Splendeurs et misères des Chemises rouges en France de la Grande Guerre à la Seconde Guerre mondiale*, Serre éditeur, 2005.

LÉGIONNAIRE HONORAIRE. – *Voir* HONORARIAT.

LÉGION SUISSE. – Il est d'usage de dire que le service de France prit fin officiellement pour les Suisses en août 1830. Mais ceux-ci n'en jouèrent pas moins les prolongations dans une unité qui leur était exclusivement destinée, et ce un quart de siècle après la disparition officielle du service auxiliaire de France.

Napoléon III, autrefois exilé en Suisse et officier thurgovien, chercha peu après son accession au trône impérial à reconstituer le service des Suisses en France, avec le concours du général Dufour. Imitant son oncle, il voulait par-dessus tout des Suisses, d'une part, et économiser le sang des Français, d'autre part. Pour pallier l'immobilisation de nombreuses troupes françaises, dont faisaient partie les deux seuls régiments de la Légion étrangère, Napoléon III décida par décret impérial en date du 17 janvier 1855 d'instituer une seconde Légion étrangère, surnommée « légion suisse », qui comprendrait deux régiments de ligne et un bataillon de tirailleurs et serait composée uniquement d'engagés suisses. Celle-ci représente la dernière tentative française d'employer un corps de recrutement entièrement helvétique. Pour parvenir à établir sa « légion suisse », il fallait à l'empereur des Français la caution d'une célébrité dans son pays, capable d'en légitimer la création. Il la trouva paradoxalement en la personne d'un récent pourfendeur des capitulations militaires : Johann-Ulrich Ochsenbein. Celui-ci ne se contenta pas d'être un des pères fondateurs de la Suisse moderne en 1848, membre du premier Conseil fédéral, il fut aussi le dernier général étranger qui ait figuré sur les contrôles de l'armée française. Il se peut qu'une amitié l'ait lié au futur Napoléon III, mais rien n'a été démontré à ce sujet. Après de nombreuses tergiversations, il fut récupéré par la France grâce à la ténacité de l'empereur qui évita ainsi de le voir prendre le commandement du corps suisse que l'Angleterre avait déjà formé pour la guerre de Crimée, « l'anglo-swiss Légion » – composée de deux régiments qui n'y prirent du reste aucune part active. Ayant eu du mal à se séparer de ses anciens camarades officiers suisses, il en amena plusieurs avec lui en France, dont son fils. Par la suite, il fut même accusé d'avoir entraîné avec lui une partie de la jeunesse suisse, mais plus tard rejettera les accusations d'émigration et d'enrôlements illicites.

Promu général de brigade dans l'armée française à titre étranger, Ochsenbein fut nommé par le même décret impérial du 17 janvier 1855 au commandement de la 2e Légion étrangère, après avoir dissuadé l'empereur de l'appeler « légion suisse », car, ayant été chef du département militaire fédéral, il voulait éviter de se mettre personnellement sous quelque rapport que ce soit en opposition directe avec les lois suisses qui interdisaient les capitulations voire le recrutement dans certains cantons. Il approuva donc le projet d'appeler « 2e brigade étrangère » ce nouveau corps, la 1re étant en Crimée. Il négocia rudement sa participation. Alors qu'il a été nommé général de brigade, son rôle était de former un corps de 9 600 hommes comprenant, comme les régiments suisses de la Restauration, une unité d'artillerie, qui serait assimilée à la Légion étrangère. S'appuyant sur le projet initial de son compatriote bernois Bloesch, il demanda que soient accordées des concessions en Algérie aux hommes libérés du service militaire, car l'opinion suisse s'intéressait beaucoup à la colonisation.

Par respect de la tradition, les troupes suisses au service de la France ayant toujours porté un uniforme d'une couleur particulière, les légionnaires et officiers de cette brigade furent habillés de drap vert au lieu de drap bleu. L'uniforme se composait donc d'une vareuse verte et d'un pantalon garance. Le général Ochsenbein portait lui-même l'uniforme de général français, mais de couleur verte. Cet uniforme est conservé au musée de Berne. Vert et rouge deviendront les couleurs officielles de la Légion étrangère, héritées de ces Suisses de la 2e Légion. Les épaulettes, de couleur vert et rouge devenue définitive (après plusieurs interruptions) à partir de 1946, sont portées seulement sur la tenue de parade.

En tant que commandant de cette 2e brigade étrangère, Ochsenbein résidait depuis mars 1855 à Besançon où était installé un bureau de recrutement qui ne pouvait pas, compte tenu de la loi suisse, se trouver sur le territoire helvétique. Les bureaux centraux d'admission étaient à Besançon, Langres et Auxonne. Les colonels Meyer et de Caprez commandaient ces deux régiments subdivisés en deux bataillons de quatre compagnies chacun. Ce n'étaient guère les premiers venus : le Soleurois Meyer servit à plusieurs reprises dans la Légion depuis 1831 et commanda le premier régiment de 1854 à 1858. Il devint citoyen français en 1842, ce qui ne l'empêcha pas d'être aussi en Suisse colonel et inspecteur de la milice de Soleure, colonel d'État-major général et officier instructeur à Thoune (1851-1853). Le Grison Caprez, quant à lui, commandait déjà le 2e régiment de la Légion étrangère (1851-1855). Granet-Lacroix de Chabrières (1807-1859), placé à la tête du 2e régiment de la 2e Légion étrangère formé à Besançon en février 1855, permuta le 29 mai de la même année avec le colonel de Caprez, commandant le 2e régiment étranger de la 1re Légion étrangère. Il commandera le 2e régiment étranger de 1856 à 1859. La formation de cette unité nationale exigeait de nombreuses créations d'emplois d'officiers à titre étranger et de nationalité suisse. C'est ainsi que neuf sous-officiers suisses furent promus sous-lieutenants, que trente-cinq officiers suisses et plusieurs officiers supérieurs dont un général furent nommés à titre étranger.

On ne parvint jamais à lever deux régiments. Cette légion suisse fut un échec, malgré la prime d'engagement de 20 francs par année de service. Le Conseil fédéral, d'où Ochsenbein venait d'être exclu, n'apprécia pas du tout la levée de cette légion qui portait atteinte à la neutralité suisse. Les autorités suisses contrecarrèrent ce recrutement : le 28 juin 1855, un certain Charles Favre, pintier à Sainte-Croix et « embaucheur militaire étranger », est même arrêté. Les Suisses ne tenaient guère à se rendre en Crimée où la Légion souffrait beaucoup. Mai les deux régiments de Légion participent, au sein de la « brigade étrangère », aux batailles de l'Alma, le 20 septembre 1854, et au siège de Sébastopol, durant l'hiver 1854-1855. Le manque d'équipement est particulièrement éprouvant et le choléra frappe le corps expéditionnaire. Néanmoins, « les ventres de cuir » (surnom donné aux légionnaires par les Russes en raison de leur cartouchière sur le ventre) se comportent admirablement. Le recrutement toutefois n'étant pas suffisant, les deux unités engagées en Crimée sont licenciées à la fin du conflit. Le nombre des engagés suisses fut assez faible et leur qualité peu intéressante. De plus, la guerre étant pratiquement terminée en Crimée, l'armée française a tendance à revenir à des effectifs du temps de paix, comme ce fut souvent le cas jusque-là. C'est pourquoi cette 2e Légion est condamnée à disparaître : le décret du 16 avril 1856 réorganisant les deux Légions met fin à son existence éphémère. Rentrant de Crimée, la 1re brigade étrangère forme le 2e Étranger et les maigres unités de la

2e brigade étrangère donnent naissance au 1er Étranger. On essaya de sauver ce qui pouvait l'être en instituant ce 1er régiment étranger créé le 16 avril 1856 pour remplacer la seconde Légion, tandis que la 1re Légion formait le 2e régiment étranger, composé de deux bataillons et de huit compagnies. En juin 1856, la 2e Légion est effectivement transformée en 1er régiment étranger qu'on continua d'appeler « régiment suisse » jusqu'en 1859, même s'il perd effectivement sa nationalité. La réorganisation de 1856 entraîne le licenciement de 17 officiers. Ochsenbein se retire et quitte alors discrètement la France sous couvert d'une permission obtenue le 4 avril 1856. Le 1er régiment étranger, l'unique troupe suisse qui existait alors officiellement en France, est placé sous les ordres du colonel Meyer et envoyé en Algérie en 1856 où il contribue, avec le second, à la conquête de la Kabylie. En 1859, les Suisses participent à la campagne d'Italie, et combattent, le 4 juin, à Magenta. Le 24 juin, les légionnaires se heurtent aux Autrichiens en arrivant à la tour de Solferino. La bataille restera dans les mémoires comme ayant été le déclencheur de la création de la Croix-Rouge par un civil genevois, Henry Dunant (1828-1910). Le 14 août, avant de repartir pour l'Algérie, le 2e Étranger défile devant l'empereur. C'est la première fois que la Légion défile à Paris. Le 14 octobre 1859, le 1er régiment est incorporé au second.

Alain-Jacques CZOUZ-TORNARE

• *Voir aussi* : Ochsenbein, général.

Bibl. : Alain-Jacques Czouz-Tornare : « Ces Suisses qui ont créé la France : les Suisses et la Légion étrangère en Algérie », *Suisse Magazine*, n° 233-234, janvier-février 2009, p. 10-12 • *Id.*, « Ces Suisses qui ont créé la France : la Légion suisse de Napoléon III », *Suisse Magazine*, n° 241-242, septembre-octobre 2009, p. 12-14 • Eveline Maradan, *Les Suisses et la Légion étrangère de 1831 à 1861*, Marsens, E. Maradan, 1987.

LEGIO PATRIA NOSTRA. – En symbolique, une devise est une sentence concise particulière à une famille, une nation, un corps de troupe, à une ville ou encore à un ordre de chevalerie. Cela peut être également une légende qui accompagne des armoiries (faisant référence au nom du possesseur ou de ses armes).

La devise « *Legio patria nostra* », « La Légion est notre patrie », est celle de la Légion étrangère depuis la Première Guerre mondiale. Elle remplace la précédente qui était « *Legio primo inter pares* », ce qui signifie : « la Légion première entre ses pairs ». Bien plus qu'une devise, c'est une profession de foi pour tous les légionnaires auxquels la Légion offre une nouvelle famille. La Légion est au service de la France mais ses légionnaires se battent pour la Légion. Dans cette acception, le mot « patrie » signifie *famille*. En effet, dans bien des cas, la Légion représente la seule famille du légionnaire, raison pour laquelle certaines fêtes revêtent une telle importance au sein de ce corps (Noël et son concours de crèches et les Rois notamment).

Il convient d'ajouter qu'en plus de la devise de la Légion les unités (de la compagnie au régiment) se sont souvent donné une devise en propre soit en latin, soit en français. C'est ainsi que l'on peut trouver les devises latines suivantes : « *Nec pluribus impar* » (« À nul autre pareil ») dont le 1er régiment étranger de cavalerie a hérité par filiation avec le Royal Étranger de l'Ancien Régime, « *Periculus ludus* » (« Au danger mon plaisir ») au détachement de la Légion étrangère de Mayotte (héritier du 2e régiment étranger de cavalerie), « *Ad unum* » (« Jusqu'au dernier ») pour le 1er régiment étranger de génie, « *More majorum* » (« À la manière des anciens ») au 2e régiment étranger de parachutistes comme à la

13e demi-brigade de Légion étrangère, « *Dura lex sed lex* » (« La loi est dure mais c'est la loi ») à la compagnie de discipline des régiments étrangers en Extrême-Orient.

Quant aux devises françaises, on relève : « Être prêt » au 2e régiment étranger d'infanterie, « France d'abord » au régiment de marche de la Légion étrangère (1944), « Rien n'empêche » au 2e régiment étranger de génie et « Servir » au 1er régiment de marche de volontaires étrangers (1940).

Luc Binet

Sources : SHD-Terre, fonds documentaire de la division de la symbolique de la Défense.
Bibl. : Ronan Faou, *1 000 devises de l'armée de terre*, Lavauzelle, 2004.

LE KREIDER. – Le Kreider, aujourd'hui El-Kreider, est situé à 90 km au sud de Saïda, immédiatement au nord du chott Ech Chergui, au carrefour de trois axes qui ont été d'égale importance vers 1860 : la piste devenue route nationale Mascara-Aïn-Sefra et les axes Sidi-Bel-Abbès-Le Kreider et Tiaret-Le Kreider. Ces deux derniers restent des pistes dès qu'ils abordent les Hauts Plateaux algériens.

L'existence d'un point d'eau a conduit le commandement à y édifier avant 1870 une redoute qui est un gîte d'étape et un poste de ravitaillement pour les troupes opérant plus au sud. Cette redoute s'agrandit après 1871 et devient par moments la garnison d'un bataillon de Légion. Le Kreider devient pour un siècle l'une des garnisons les plus reculées du 1er régiment étranger. Son importance à la veille de la Première Guerre mondiale justifie l'installation d'une annexe de l'intendance et l'aménagement d'un petit hôpital à partir de l'infirmerie de garnison. Ces deux équipements disparaîtront par la suite mais les exigences de l'instruction y maintiennent un champ de tir jusqu'à l'évacuation du Kreider par la Légion après l'indépendance de l'Algérie.

Henry Dutailly

LENNUYEUX, général Albert (1904-1990). – Archétype de l'officier qui a su prendre la mesure des changements qui s'imposaient à la Légion pour la maintenir au premier rang des troupes de métier au tournant des années 1930-1950, il reste, avec Gardy et Olié, l'un des artisans de la transformation de la Légion de l'après-Seconde Guerre mondiale.

D'une famille d'origine lorraine, petit-fils d'un officier ayant quitté l'armée après la guerre de 1870 et installé en Algérie, fils d'officier, Albert Lennuyeux naît à Brive au hasard d'une garnison paternelle. Il suit la trace de son père et prépare le concours d'entrée à Saint-Cyr à Montpellier et intègre l'École en 1923 (promotion « du Chevalier Bayard »). Il choisit la cavalerie, part en 1927 pour le Maroc et suit le cours des affaires indigènes avant de rejoindre en 1929, après un bref passage au 3e Spahis, un escadron du 1er régiment étranger de cavalerie (REC) détaché de Tunisie au Maroc. Jusqu'en 1934, il opère à la tête d'un peloton puis d'un escadron d'automitrailleuses entre Erfoud et l'Anti-Atlas.

Promu capitaine en 1934, Lennuyeux sert au groupement d'escadrons du 1er REC au Maroc, puis au 2e REC, formé en juillet 1939 et versé en juillet 1940 au 1er REC, peu après sa dissolution en raison de l'armistice. À Fès et à Oujda, à la tête d'un groupe d'escadrons, il prépare ses hommes à reprendre le combat. Il donne la pleine mesure de ses aptitudes au commandement pendant la deuxième campagne de France jusqu'au Vorarlberg, en Autriche. Lieutenant-colonel, il commande de 1946 à 1948 le 2e REC, en garnison à Oujda. Puis c'est l'Indochine, de 1949 à 1953, tour à tour au Tonkin puis au Centre-Annam, dans les durs combats du Day, de Nghia Lo et de Hoa Binh. Après un bref retour au Maroc, le général Ely l'appelle pour une dernière mission après la défaite de Diên Biên Phu au sein de son état-major, au côté du général Salan. Au retour d'Indochine en juin 1955, il prend le commandement de la Légion étrangère (COLE) devenu inspection en novembre 1957. En juillet 1958, c'est au tour du commandant en chef en Algérie, le général Salan, de l'appeler à la direction de son cabinet. Jusqu'à la fin de la guerre d'Algérie, Lennuyeux assure des commandements délicats : la 7e division mécanique rapide (DMR) d'abord, le corps d'armée de Constantine ensuite, succédant enfin au général Olié nommé par le général de Gaulle à la tête de son état-major particulier à la présidence de la République. Général de division, il termine sa longue carrière en 1964 comme adjoint au commandant de la 1re Région militaire de Paris. Titulaire de 10 citations dont 8 à l'ordre de l'armée, grand officier de la Légion d'honneur, ayant servi dix-sept ans à la Légion, il meurt à l'hôpital du Val-de-Grâce le 8 juillet 1990.

André-Paul COMOR

LE PEN, Jean-Marie (né en 1928). – Si Jean-Marie Le Pen est d'abord connu pour avoir été le président du Front national (FN) de 1972 à 2011, son passage par la Légion entre 1954 et 1957 est une étape importante de son itinéraire. Il n'a jamais manqué d'y faire référence, en particulier dans son dernier discours de président du FN à Tours le 15 janvier 2011, soulignant : « Mon entrée dans ma vie d'homme, juste avant celle dans la vie politique, je la fis en m'engageant en tant qu'officier parachutiste dans la Légion étrangère en Indochine. » L'occasion pour lui de rendre aussi un hommage appuyé à celui qu'il appelle « Mon colonel Jeanpierre tué au feu » et à « [ses] camarades légionnaires fusillés ». Son passé légionnaire lui attire de la sympathie chez ses partisans et nourrit les récits de certains de ses proches, à l'instar de son garde du corps, Thierry Léger, qui raconte « qu'à la moindre agression, Jean-Marie Le Pen se mue en officier de légion » et qu'il lui « faut pouvoir gérer ce caractère impétueux ». Cependant, depuis l'ascension politique de celui-ci au début des années 1980, son parcours légionnaire, dans sa phase algérienne, est une source de polémiques récurrentes et de procès retentissants où Le Pen est accusé d'avoir pratiqué la torture.

Lorsqu'il décide de rejoindre la Légion, Jean-Marie Le Pen, orphelin et pupille de la nation depuis ses quatorze ans, a achevé ses études de droit à Paris (entamées en 1947, il les achève en 1953 avec une licence). Durant cette période, il dirige la Corpo de droit (directement ou en sous-main) et s'impose comme une figure marquante des jeunes nationalistes du Quartier latin. L'anticommunisme et la défense de l'empire colonial sont au cœur d'un engagement qui passe par la voix mais aussi par les poings : l'étudiant Le Pen, du Panthéon aux congrès de l'UNEF (Union nationale des étudiants de France), est particulièrement remuant. En novembre 1953, il décide de s'engager dans la Légion et, avec Jacques Peyrat (le futur maire de Nice), rejoint les EOR (élèves officiers de réserve) à Saint-Maixent. À sa sortie, il est affecté au 1er bataillon étranger de parachutistes (BEP) mais rejoint d'abord le 3e BEP basé à Sétif pour y obtenir son brevet de parachutiste. C'est sur le bateau qui l'emmène en Indochine qu'il apprend la défaite de Diên Biên Phu.

Arrivé au début de juillet 1954, il sert durant quatre mois au 1er BEP comme sous-lieutenant sous les ordres d'Hélie Denoix de Saint Marc à Huê puis de Pierre Jeanpierre à Tourane (Da Nang). En décembre 1954, alors que le 1er BEP est envoyé en Tunisie, Le Pen, dont le contrat d'engagement concerne exclusivement l'Extrême-Orient, est affecté à Saigon avec Peyrat pour travailler à *Caravelle*, hebdomadaire publié par le service de presse de l'armée et destiné aux membres du Corps expéditionnaire. Il s'occupe des rubriques concernant la politique, les relations internationales et… le rugby, mais aussi d'un tiré à part de la revue, *Lu pour vous dans la presse*. Il quitte l'Indochine en août 1955 et le 1er novembre suivant est rayé des cadres de l'armée.

Revenu au Quartier latin, Le Pen songe à une carrière politique. S'il agrège autour de lui, au sein des Jeunes indépendants de Paris, anciens condisciples et nouveaux venus de la faculté de droit, c'est sa rencontre avec Pierre Poujade qui est déterminante. Très rapidement, il devient un orateur marquant du poujadisme et, à la faveur du succès électoral du 2 janvier 1956, est élu député de Paris. Ses relations avec Poujade (qui n'a pas voulu se présenter à l'Assemblée), toutefois, se détériorent. Au Parlement, Le Pen se fait entendre et devient un des partisans les plus remarqués de la défense de l'Algérie française. Des discours, il veut passer aux actes et décide de rejoindre l'armée avec un autre député poujadiste, Jean-Maurice Demarquet. La chose se règle durant l'été 1956. Il se met en congé du Parlement le 4 octobre et est affecté au 1er REP, où l'arrivée du lieutenant-député pose un problème à sa hiérarchie, car un député n'a pas ordinairement sa place chez les légionnaires. Affecté à la 1re compagnie de combat, Le Pen se prépare, comme ses camarades, à l'expédition de Suez. Après un succès militaire, cette dernière tourne court sur le plan diplomatique et la principale fonction du lieutenant Le Pen est d'organiser l'enterrement des morts égyptiens qu'il entend voir réalisé conformément aux rites musulmans. Ensuite, c'est l'attente pendant deux mois le long du canal et le retour à Alger le 28 décembre.

La bataille d'Alger débute pour le 1er REP le 15 janvier et Le Pen sert sous les ordres du capitaine Martin, cantonné villa des Roses. Le Pen n'a guère le temps de prendre ses marques, car il part pour Paris en permission régler ses comptes avec Pierre Poujade. Il revient ensuite à Alger et y reste jusqu'au 31 mars 1957. C'est au cours de ces deux mois que se situe la polémique sur les tortures qu'aurait pratiquées Jean-Marie Le Pen. Le dossier est ancien puisque en juin 1962 Pierre Vidal-Naquet avait publié dans *Vérité Liberté. Cahiers d'informations sur la guerre d'Algérie* un dossier intitulé « Le député tortionnaire », dont une pièce maîtresse était constituée par un rapport de police émanant du commissaire Gille et daté du 1er avril 1957 qui mettait explicitement en cause les parachutistes du 1er REP et le lieutenant Le Pen pour des « sévices » commis contre un Algérien, Abdonour Yahiaoui. Affaire sans lendemain et sans suites judiciaires puisque Le Pen déclarait dans *Combat*, le 9 novembre 1962 : « Je n'ai rien à cacher. J'ai torturé parce qu'il fallait le faire. » Dans le numéro du lendemain, il corrigeait ses propos et parlait de « méthodes de contraintes qui ne pouvaient être assimilées à des tortures », mais la justification au nom des circonstances, classique, demeurait prégnante.

C'est une vingtaine d'années plus tard, sur fond d'ascension du Front national, que les accusations portées contre Le Pen se développent à travers notamment des dossiers publiés dans *Libération* et dans *Le Canard enchaîné*. Jean-Marie

Le Pen attaque alors ces journaux et obtient leur condamnation pour diffamation. La question de fond n'est cependant pas complètement évacuée et la défense de Le Pen est bien rodée, qui renvoie en particulier aux fonctions qu'il occupait et à sa place dans l'organisation du 1er REP au début de 1957. Certes, à différentes reprises, y compris à la tribune de l'Assemblée nationale le 12 juin 1957, Le Pen s'est prétendu officier de renseignement, mais il ne l'a jamais été. Sa mission était d'aller arrêter des suspects, de les convoyer et de s'occuper d'action psychologique ; pas d'interroger. Sur ce point, le général Martin (alors capitaine) a toujours été formel : « Il était sous mes ordres, et exclusivement sous mes ordres. S'il a pu assister à certains interrogatoires que j'ai menés, jamais il n'en a dirigé lui-même. » Ce quitus institutionnel a été battu en brèche ces dernières années par des témoignages d'Algériens recueillis par différents journalistes, et ce au-delà de celui de Yahiaoui qui était venu témoigner dans le procès Le Pen contre *Libération* et avait été appuyé, pour la première fois, par un ancien légionnaire de deuxième classe, Wilhelmus Vaal (témoignage contesté par Roger Faulques). On retiendra en particulier l'enquête de la journaliste du *Monde* Florence Beaugé, auteur d'articles sur l'implication de Jean-Marie Le Pen dans des actes de torture publiés les 4 mai 2002 (avant le second tour de l'élection présidentielle) et le 4 juin suivant (à la veille du premier tour des législatives). La journaliste fait état de témoignages inédits, dont celui de Mohammed Cherif Moulay, fils d'un responsable du FLN (Front de libération nationale) arrêté dans la Casbah par le lieutenant Le Pen qui l'aurait torturé, liquidé et aurait laissé sur place un poignard gravé à son nom. Le président du Front national attaque *Le Monde* pour diffamation mais le journal est relaxé dans un jugement correctionnel du 26 juin 2003. Si le général Martin a repris son argumentaire habituel et contesté la possibilité que Le Pen se soit trouvé dans la Casbah, les attestations de Massu et d'Aussaresses indiquant que les secteurs n'étaient pas une règle intangible et que les interrogatoires pouvaient être menés par des officiers qui n'étaient pas des officiers de renseignement, ont contribué à orienter la décision du tribunal qui a donné acte à Florence Beaugé du sérieux de son enquête. Le jugement a suivi la demande de relaxe du parquet et considéré que *Le Monde* « doit bénéficier de l'excuse de bonne foi [...], son travail n'ayant nullement consisté [...] à établir la preuve de la vérité des faits exposés par elle – impossible en tout état de cause – mais à informer ses lecteurs sur des circonstances qui lui paraissaient dignes d'intérêt et offrant une crédibilité certaine ». Ce faisant, la 17e chambre correctionnelle de Paris s'aligne sur la Cour de cassation qui, après deux procès en appel opposant Michel Rocard (qui avait déclaré à la télévision en 1992 que Jean-Marie Le Pen avait « torturé » pendant la guerre d'Algérie) au président du Front national, a finalement donné raison en novembre 2000 à l'ancien Premier ministre socialiste en considérant qu'il avait « poursuivi un but légitime en portant cette information à la connaissance des téléspectateurs ». Par-delà le cas Le Pen, c'est tout le regard porté par les tribunaux sur la torture pendant la guerre d'Algérie et la lecture des lois sur l'amnistie qui ont été transformés au cours de ces dernières années.

Olivier DARD

Bibl. : Gilles Bresson et Christian Lionet, *Le Pen, biographie*, Le Seuil, 1994 • Philippe Cohen et Pierre Péan, *Le Pen, une histoire française*, Robert Laffont, 2012.

LEPRETTE, Jacques. – *Voir* INSTITUT DE FRANCE.

LETESTU, général Marcel (1918-2006). – Né à Boissy-l'Aillerie dans le Val-d'Oise (anciennement Seine-et-Oise), Marcel Letestu contracte en septembre 1936 un engagement de trois ans au titre du 146e régiment d'infanterie de forteresse (RIF). À la déclaration de guerre, jeune sergent, il est versé au 160e RIF. Volontaire pour les corps francs de son régiment, il est fait prisonnier en juin 1940 à La Madeleine, aux alentours de Nancy, et est interné au camp de Luckenwald (commando de Doberlug-Kirchen), près de Dresde, d'où il réussit à s'évader le 29 mars 1941 avant de passer en zone libre. À sa demande, il est détaché dans les troupes coloniales et affecté à Dakar en août 1942 au 1er régiment de tirailleurs sénégalais (RTS) jusqu'à son admission au cours des aspirants de la 4e promotion de Cherchell, en Algérie. Il en sort major. L'aspirant Letestu rejoint ensuite le 7e régiment de tirailleurs algériens (RTA) en décembre 1944 en Alsace. En mars 1945, il est affecté au 3e RTA et participe à la campagne d'Allemagne au cours de laquelle il est grièvement blessé et une nouvelle fois cité à l'ordre de l'armée.

De mai 1946 à décembre 1947, le sous-lieutenant déjà expérimenté est affecté à l'école interarmes de perfectionnement des officiers à Achern, comme instructeur du tir de l'infanterie. En 1948, le général de Linarès, qui l'a remarqué au cours de la phase finale des combats de la Libération, le charge de rédiger le nouveau règlement du tir de l'infanterie : champion de France de tir de précision, Letestu détient en outre le record de France de tir de vitesse en 1950. Capitaine depuis janvier 1951 et muté à la Légion, il fait partie six mois plus tard d'un renfort pour le 5e régiment étranger d'infanterie (REI) engagé au Tonkin. En novembre 1952, à Na San, la 11e compagnie du capitaine Letestu tient le poste d'appui no 8 et résiste aux assauts du bataillon 322 du régiment 88 de la division 308 dans la nuit du 23 au 24 novembre 1952. Au terme de son séjour en Extrême-Orient, promu officier de la Légion d'honneur, deux fois blessé et cinq fois cité, affecté dans un premier temps au 2e et au 3e Bureau du groupement autonome de la Légion étrangère (GALE), il commande le 2e bataillon de marche du 1er REI formé pour intervenir à Meknès en août 1954.

L'instructeur reprend le dessus : à Coëtquidan de 1955 à 1957, il forme les élèves officiers d'active des promotions « Lieutenant-colonel Amilakvari » (1954-1956), « Franchet d'Esperey » (1955-1957) et « Général Laperrine » (1956-1958). Chef de bataillon depuis septembre 1958, il assure à compter de novembre le commandement de l'état-major tactique no 1 (EMT1) du 3e REI. Aux Forces françaises en Allemagne puis à Strasbourg entre novembre 1960 et fin 1966, il est le chef de corps du 3e REI, stationné à Madagascar, de décembre 1966 à juillet 1969. Un an plus tard, au 1er RE, il met à profit son temps de commandement pour créer le groupement opérationnel de la Légion étrangère (GOLE) à Bonifacio et réorganiser la nouvelle maison mère. À l'issue de son temps de commandement, il est nommé à la tête du groupement de Légion étrangère (GLE). Il quitte la Légion le 1er septembre 1973 pour la 3e Région militaire à Rennes. Général de brigade, il quitte le service actif en avril 1976 après avoir commandé la 23e division militaire de juillet 1974 à avril 1976.

Sorti du rang, adopté d'emblée par ses hommes à son arrivée à la Légion, le grand soldat qu'est le général Letestu a contribué à perpétuer les vertus légionnaires et à donner un nouvel élan à une institution marquée par la transition délicate des années 1960. Grand-croix de la Légion d'honneur en 1997, trois fois blessé, comptant 13 citations dont 8 à l'ordre de l'armée, il se retire à Joué-lès-Tours où il meurt le 29 août 2006.

André-Paul COMOR

LIBÉRATION. – La participation des légionnaires aux combats de la bataille de France qui libèrent les trois cinquièmes du territoire du 6 juin au 12 septembre 1944 est d'abord une affaire individuelle pour ceux d'entre eux qui sont engagés dans les Forces françaises de l'intérieur, dont les actions sont coordonnées par l'état-major de Londres pour aider les Alliés.

Le débarquement du 15 août sur les côtes de Provence est le point de départ de la participation des unités constituées de légionnaires aux combats de la Libération. L'unité de la Légion est restaurée entre formations d'origines diverses, Forces françaises libres (FFL) comme la 13e demi-brigade de Légion étrangère (DBLE), armée d'Afrique pour le régiment de marche de la Légion étrangère (RMLE) formé à Sidi-Bel-Abbès et le 1er régiment étranger de cavalerie (REC), les deux régiments étrangers de combat dont les officiers sont fidèles jusqu'en novembre 1942 au maréchal Pétain. Intégrées à l'armée B du général de Lattre de Tassigny, ces unités prennent part aux opérations de libération des villes de Provence, Hyères, Toulon et Avignon. Fin août, elles entament la poursuite dans la vallée du Rhône avec en point d'orgue la libération de Lyon (3 septembre). Après Autun et Dijon, la jonction à Nod-sur-Seine avec des éléments de la 2e division blindée puis Besançon, elles sont engagées dans la bataille des Vosges à partir du 20 septembre. Les combats souvent au corps à corps sont coûteux en vies humaines. La 13e DBLE, notamment, joue un rôle décisif dans le dégagement de la route de Remiremont en appui de la 3e division d'infanterie algérienne. Elle prend également une part active aux combats de Gérardmer, du ballon d'Alsace et de Masevaux.

Les trois régiments doivent affronter le dur hiver 1944, le jusqu'au-boutisme allemand et l'insuffisance du ravitaillement rendant leur progression difficile. Ils participent à la prise de Belfort au sein de la 5e division blindée et de la 1re division motorisée d'infanterie (DMI) – ex-1re division française libre – et doivent faire face à la puissante contre-attaque allemande menée sur Strasbourg du 7 au 17 janvier 1945 puis à la réduction de la poche de Colmar. À l'issue de la campagne d'Alsace, le bilan est lourd. Les légionnaires de la 13e DBLE terminent la campagne dans le détachement de l'armée des Alpes dans le massif de l'Authion face à une défense allemande opiniâtre. Les combats sont particulièrement durs. Ils sont essentiels pour forcer les verrous des Alpes du Sud et conquérir des enclaves italiennes contribuant au recul de la frontière. La capitulation des armées allemandes d'Italie y met un terme. Le RMLE et le 1er REC poursuivent leurs menées en Allemagne et en Autriche jusqu'à la capitulation allemande.

La Libération a été coûteuse pour la Légion étrangère : près de 70 % de pertes sont à déplorer. L'historien américain Douglas Porch avance une explication qui se résume au manque d'entraînement et d'expérience du terrain des légionnaires. Si c'est bel et bien le cas pour une unité de déserteurs ukrainiens de la Wehrmacht engagée au début de la campagne des Vosges, les études les plus récentes démontrent que les soldats de la Légion « d'Afrique » et issus des Forces françaises libres ont été engagés en première ligne dans des conditions qui, parfois, pouvaient être tenues comme extrêmes par leurs chefs. La participation de la Légion « d'active » ne doit pas en outre faire oublier celle des anonymes des réseaux de la Résistance et des maquis.

Christine LEVISSE-TOUZÉ

Bibl. : François Marcot (dir.), *Dictionnaire historique de la Résistance*, Robert Laffont, coll. « Bouquins », 2006 • Douglas Porch, *La Légion étrangère, 1831-1962*, traduit de l'américain par Pierre Chambes, Fayard 1994.

LIBYE, campagne de (1940-1943). – Dès septembre 1940, les Italiens prennent l'initiative en Afrique du Nord depuis la Libye qu'ils occupent depuis l'annexion de la Tripolitaine en novembre 1911. Mussolini décide de lancer ses troupes afin de conquérir l'Égypte et le canal de Suez sous contrôle britannique. L'enjeu est tel que Churchill doit faire appel à toutes les forces disponibles pour chasser d'Afrique les Italiens et leurs alliés allemands qui les renforcent à partir de mars 1941. C'est dans ce cadre que sont engagées les Forces françaises libres présentes sur ce théâtre d'opérations : successivement le 1er bataillon d'infanterie de marine, en septembre 1940, et les 1re et 2e brigades françaises libres (BFL) mises sur pied dans les territoires du Levant après la guerre de Syrie (juin-juillet 1941), au début du mois de janvier 1942. Les 2e et 3e bataillons de la 13e demi-brigade de Légion étrangère (DBLE) sont engagés en Cyrénaïque au sein de la 1re BFL du général Kœnig alors que le 1er bataillon, rattaché à la 2e BFL du général Cazaud, intervient en avril de la même année pour remplir des missions défensives (garde des aérodromes de Gambut, de Baheira et de Sidi Zeiz).

La campagne se déroule en trois séquences ou trois mouvements pendulaires d'amplitude grandissante. Aux offensives de l'Axe, qui s'essoufflent avant d'atteindre l'Égypte du Nil, répondent des contre-offensives britanniques destinées à bousculer l'ennemi jusqu'en Tunisie. Les deux premières s'arrêtent devant El-Agheila, la troisième chasse définitivement les forces germano-italiennes de Tripolitaine. En septembre 1940, les Italiens envahissent l'Égypte et s'arrêtent devant Sidi Barani. Trois mois plus tard, les Britanniques contre-attaquent et les repoussent jusqu'à Agedabia. La participation française se résume à deux compagnies du bataillon d'infanterie de marine (BIM). La deuxième phase commence avec l'intervention de l'Afrika Korps commandée par le général Rommel qui surprend les Britanniques et les repousse jusqu'à Marsa-Matrouh (Égypte) en avril 1941 sans pouvoir s'emparer de Tobrouk. Sous les ordres du général Auchinleck, les Britanniques repartent à l'attaque en novembre et repoussent les forces de l'Axe jusqu'à El-Agheila. La troisième phase est marquée enfin par des affrontements plus violents, Rommel cherchant à remporter la décision avant d'être asphyxié par les faiblesses de sa logistique et la puissance croissante de ses adversaires.

De janvier à juin 1942, le maréchal allemand domine. Après avoir battu les Britanniques à El-Gazala, il reprend Tobrouk et les repousse jusqu'à El-Alamein. C'est au cours de la première de ces batailles que se situe le combat de Bir Hakeim où la 1re BFL s'illustre en arrêtant pendant quinze jours les forces ennemies. Après l'échec de Rommel devant El-Alamein par insuffisance de moyens, le général Montgomery lance une contre-offensive lente et méthodique qui chasse les Allemands et les Italiens de Libye.

Engagée à l'extrémité méridionale du dispositif allié, la 1re division française libre participe, avec des fortunes diverses, aux opérations dont l'attaque d'El-Himeimat dans la nuit du 13 au 24 octobre 1942 par la 13e DBLE commandée par le lieutenant-colonel Amilakvari – tué au cours de l'opération. Insuffisamment équipée, la 2e DFL remplit des missions secondaires. En dépit de l'intervention du général Catroux, par décision du commandant de la VIIIe armée britannique, les deux brigades françaises libres sont retirées du front le 14 novembre suivant et dirigées vers Gambut dans l'attente d'une décision.

Jean-Noël VINCENT

Bibl. : André-Paul Comor, *L'Épopée de la 13e demi-brigade de Légion étrangère, 1940-1945*, Nouvelles Éditions latines, 1988 • Jean-Noël Vincent, *Les Forces françaises dans la lutte contre l'Axe en Afrique*, t. I, *Les Forces françaises libres en Afrique, 1940-1943*, SHD, 1983.

LIESENFELT, commandant Hubert Marie Gabriel (1913-1993). – La bataille de Diên Biên Phu a fait du saint-cyrien de la promotion « de Bournazel » (1932-1934) l'un des héros légendaires des légionnaires parachutistes. En novembre 1938, le jeune lieutenant découvre une Légion étrangère qui retrouve un second souffle après la fin des opérations au Maroc et la chute du recrutement par suite des mesures d'économie prises en 1934. Il sert au Levant au début de la Seconde Guerre mondiale, connaît les doutes et les épreuves des officiers du 6e régiment étranger d'infanterie (REI) lors de la guerre de juin-juillet 1941 face aux troupes britanniques et à la 1re division légère française libre. En février 1942, à son retour de Beyrouth, il est affecté au 3e REI stationné au Maroc avec lequel il va participer à la campagne de Tunisie. Alors qu'il est promu capitaine en juin 1943, le dépôt commun des régiments étrangers lui confie de janvier 1944 au début de 1947 une mission ingrate mais cruciale : successivement à Casablanca, Paris, Marseille, Villingen et Landau en Allemagne occupée, il est chargé du recrutement des jeunes Allemands qui permet la montée en puissance de la Légion au début de la guerre d'Indochine.

Pendant un premier séjour en Extrême-Orient de mai 1947 à août 1949, il commande la 40e compagnie de camions-bennes, l'une des nombreuses unités mixtes qui répondent aux besoins exprimés par le commandement. Au groupement autonome de la Légion étrangère de 1950 à la veille de son départ pour son second séjour en Indochine, promu chef de bataillon en avril 1953, il prépare l'envoi des renforts après leur instruction.

Liesenfelt prend le commandement du 2e bataillon étranger de parachutistes à la veille du déclenchement de l'opération « Castor » qui débouche sur la bataille de Diên Biên Phu. Il est à la tête de son bataillon, l'une des unités de la dernière chance parachutées le 10 avril 1954 sur le camp retranché, et à plusieurs reprises au cours de la dernière phase de la bataille donne la pleine mesure de ses aptitudes à commander au feu ses légionnaires. En octobre 1957, instructeur au 2e bataillon de chasseurs parachutistes, et à l'exemple du commandant Faulques, l'un des rescapés de la RC4, il abandonne l'uniforme.

André-Paul COMOR

Sources : DHPLE, JMO du 2e BEP.

Bibl. : Pierre Sergent, *Paras-Légion, le 2e BEP en Indochine*, Presses de la Cité, 1982.

LITTÉRATURE ET LÉGION ÉTRANGÈRE. – « L'imagination est un outil de connaissance, elle regarde de loin, elle plonge dans les détails, comme si elle voulait explorer les atomes, elle torture le réel » (Régis Jauffret, *Sévère*, Le Seuil, 2010, p. 7) : elle fait voir, vivre l'ailleurs, revivre le passé ; elle brise le silence, éclaire l'obscur, communique les impressions fugitives, la grisaille des jours ordinaires, le pathétique du péril ou de la souffrance, la joie du triomphe et du devoir accompli, le bonheur d'une vie amicale et ensoleillée. À celui qui *croit* connaître, le livre – qu'il soit histoire ou fiction, qu'il reproduise ou (re)figure – veut montrer (tel Socrate à ses auditeurs) qu'il ne sait pas et qu'il prend le cliché, le mythe, pour la réalité. Mais *les* livres, dans leur diversité contradictoire et dissonante, qui prétendent, chacun, percer l'apparence et appeler à la présence une vérité, n'ont pas la tâche facile, confrontés à la massive permanence du mythe de la Légion étrangère, et au harcèlement de l'actualité.

Les œuvres littéraires (au sens le plus extensif) qui se consacrent à la Légion (en partie ou en totalité) forment, dès la fin du XIXe siècle, un ensemble touffu qui s'accroît sans cesse jusqu'à nos jours, avec des « pics » d'inflation conjoncturels (les péripéties des campagnes coloniales, les guerres, les événements d'Algérie, les interventions en Afrique, en Indochine, en Irak…). Si on les classe (en gros) par ordre décroissant d'objectivité et de généralité, on distinguera : les histoires, globales ou partielles, de l'institution et de ses unités ; les études consacrées à un aspect particulier (la garnison, le bivouac, la discipline, etc.) ; les enquêtes, les reportages, les albums, les mémoriaux plus ou moins empathiques ; les biographies des chefs ou des héros qui réclament du lecteur une coïncidence affective avec une destinée singulière ; les Mémoires des témoins ou des acteurs et les récits de vie, autobiographies auxquelles collaborent, éventuellement, un journaliste, un sociologue ou un *rewriter* – la subjectivité s'y avoue, la réalité légionnaire, incarnée, se vit de l'intérieur.

Quand on quitte ces branches et ces rameaux de l'histoire ou de la mémoire, on entre dans le continent bigarré du romanesque : la « fiction », comme l'indique son étymologie (*fingere* : « façonner, modeler, polir »), donne une forme à la fois dramatique et populaire à la vie légionnaire (aux épisodes tragiques ou héroïques et aux heures d'ennui du quartier). Les poèmes, souvent composés par les militaires eux-mêmes, tentent d'exprimer, au plus près d'une psyché, les sentiments, les nostalgies, les enthousiasmes du légionnaire : avec des tonalités épiques, lyriques, élégiaques, selon les moments et les circonstances. Ainsi passe-t-on, pour prendre cette fois une gradation qui envisage l'aspect et le mode de présentation, du *logos* historique (raisonnement sur les causes, et enchaînement narratif) à l'*éthos* du témoin (un *caractère*, un point de vue, sont le prisme de vision) et au *pathos* de l'acteur.

La diversité des thèmes et des stylisations correspond à celle des formes (chaque genre tend à sélectionner, selon ses lois propres, les informations et les registres littéraires) : campagnes et combats (détaillés, ou brossés à larges traits), victoires et défaites, joies et deuils ; paysages cinétiques, qui suivent le mouvement de la marche, dans la vastitude du désert ou la jungle des tropiques, et impliquent un rapport dynamique au monde ; réclusions plus ou moins strictes – caserne (qui peut se réduire à un poste isolé), prison, cellule, cachots des sections disciplinaires ; rêveries érotiques, sentimentales, nostalgiques, spleenétiques parfois (le fameux « cafard » qui mène au coup de folie, voire au suicide) ; vie quotidienne, au plus intime, avec ses répétitions, ses désillusions, ses pauses contemplatives (qui peuvent aller jusqu'à l'hallucination et l'extase), ses bagarres et ses beuveries qui ponctuent la trivialité savoureuse de la camaraderie ou les échanges intellectuels. Filtrée et construite par une élite (militaire ou littéraire), la réalité historique peut se guinder en commémoration cérémonielle, en « Livre d'or », ou faire place à la tranche de vie savoureuse et colorée, au croquis gouailleur Ainsi dans ses *Souvenirs de l'Algérie*... (Angoulême, Impr. de J. Broquisse, 1839, p. 86-87) J.-A. Bolle montre-t-il le colonel (allemand) de la Légion faisant répéter à ses musiciens, en plein désert, l'ouverture du *Siège de Corinthe* de Rossini ; « sa fille cultive des fleurs, tout près, dans un petit jardin, où elle va chercher de l'ombrage sous des bosquets de cactus ».

La plupart des ouvrages « légionnaires » ne rentrent pas strictement dans les catégories que le théoricien délimite avec quelque raideur : les aspects pittoresques et romanesques du thème appellent des digressions, de l'éclectisme et de l'hybridation, voire des diversions (à l'occasion de faits divers singuliers). Combler les attentes de plusieurs publics – impératif commercial – implique aussi variété : en 1885, un mémorialiste militaire qui veut représenter « les mœurs anciennes de l'armée », « la vie intime du soldat d'alors », imagine ainsi les lecteurs de son livre : « Les bons bourgeois qui l'ouvriront y verront des têtes originales ; les vieux officiers en reconnaîtront plusieurs ; les jeunes y trouveront des modèles ; les uns et les autres les honoreront, comme l'antiquité païenne dressait des autels aux dieux inconnus » (Alphonse Michel Blanc, *Types militaires d'antan. Généraux et soldats d'Afrique*, Plon, 1885, p. II-IV).

Aujourd'hui, dans un contexte d'indifférenciation croissante entre réalité attestée, fictionnalisation (novélisation, docufiction…) et fiction pure, abondent les métissages entre histoire, témoignage et roman. Quelques exemples parleront mieux qu'une énumération. Historien militaire, Pierre Montagnon (*Légionnaires d'hier et d'aujourd'hui*, Pygmalion, 2006) présente l'institution au grand public : sur la trame d'une histoire générale, il agrafe prosopographies (Kitchener, le prince Kara, futur Pierre Ier de Serbie, Aage de Danemark, Frédéric de Hohenzollern…), Mémoires, souvenirs (p. 157, liste des témoignages), littérature (p. 156-158), et poèmes, en appendice (« Anthologie légionnaire », p. 289-316) ; dans le détail anecdotique, quand s'enchevêtrent légende et réalité, il prodigue les modalisations (conditionnel, « peut-être »). Car, écrit-il en citant Jean-Pierre Hallo (*Monsieur Légionnaire, l'homme et ses traditions*, Lavauzelle, 1994), « Être mythomane est typiquement légionnaire » (p. 109) : la parenthèse qu'est le temps d'un engagement neutralise la frontière entre vrai et faux et se peuple de mirages (hâbleries, fanfaronnades ou romances : fabuler, c'est aussi se cacher derrière la danse des mots). L'historiographie ou la description « sérieuses » glissent ainsi vers une forme composite, nécessaire pour figurer (comme un miroir fidèle) un corps fait de nationalités et d'individualités multiples, et des existences où s'entrelacent l'héroïsme, la tragédie, le folklore, la dépression, la mélancolie de l'exil. Parallèlement, l'histoire personnelle racontée par la seule femme légionnaire, Susan Travers (*Tomorrow to be Brave*, 2000, traduit de l'anglais par Hélène Prouteau et paru chez Plon, en 2001, sous le titre *Tant que dure le jour*), est sans doute une autobiographie sentimentale, souvent anecdotique (la liaison avec Amilakvari, p. 91 *sq.* ; avec Kœnig, p. 123 *sq.*). La « miss » voue sa vie à la Légion, sa « famille d'adoption » (p. 318) – son seul amant en plusieurs figures ! –, elle est « Un exemple des plus belles qualités de la Légion » (p. 313, citation à l'ordre de l'armée). Et cependant, sur les opérations de la dernière guerre – Syrie, Liban, Bir Hakeim, Tunisie –, son témoignage pathétique contribue à l'histoire intérieure d'une époque trouble et glorieuse.

Aux antipodes de cette chronique diffuse, Jean des Vallières (*Sous le drapeau de la Légion étrangère. Les hommes sans nom*, Albin Michel, 1933) donne un roman d'analyse psychologique, de style soutenu, hymne aux valeurs légionnaires, utopie (Cap-Irir, sous l'autorité absolue du colonel de Joyeuse, royaume dans la République), récit initiatique (de Paris – le bureau de recrutement – au « baroud » : trajet qui figure le passage de la civilisation décadente au « pays du sable et du feu » qui veut « une âme de bandit ou de chevalier » – p. 90-91). Illusions et fantasmes, mythes et légendes s'entretissent avec la réalité ; mais l'« Avertissement » dénie toute fiction : « Dominée par la poignante sobriété du silence, la vie des hommes qui sont ici décrits dépasse assez en imprévu les histoires que nous faisons profession d'inventer pour qu'on puisse nommer roman un livre qui n'est que choses vues ou recueillies sur place auprès de ceux qui en ont été témoins » (p. 9). Roman à clefs, certes, où les initiés reconnaissaient les modèles de Joyeuse (le colonel de Corta), de Vallerse, de Djéroï ou de Maréchal : au fil de trente-cinq chapitres thématiques se scénarisent et se dramatisent tous les aspects de l'action légionnaire au Maroc, comme les travaux de génie civil, les combats du front de conquête et de pacification. Les discours didactiques prolifèrent : sur l'amitié virile, l'esprit de « famille », la devise « Honneur et Fidélité » (p. 291). Dans cette œuvre à la fois unitaire et variée, l'anomie éclatante des figures de proue et le panache des guerriers voisinent avec le courage « ordinaire » des jours gris, le romanesque se marie au reportage : comme si ces collusions et ces collisions étaient nécessaires pour briser le poncif et manifester une vérité polymorphe et contrastée.

Ainsi des architectures sans rigidité qui disposent avec éclectisme tableaux, portraits, scènes et récits permettent-elles à la littérature légionnaire de s'adapter « en douceur » aux mutations de l'armée, des sensibilités et des esthétiques depuis presque deux siècles. Un thème littéraire stable doit répondre à un désir, focaliser une attente collective, susciter un frisson ou une émotion ; ni manipulation, ni propagande ne l'imposent durablement. Or, ici, nulle rente de situation, nulle vogue « clefs en main » : les handicaps (inactualité, archaïsme, ordre disciplinaire, morale de l'effort, jusqu'au sacrifice de la vie, répulsive pour l'individualisme bourgeois ou le maternage frileux de la postmodernité) contrebalancent les atouts (l'attrait du dépaysement, l'étrangeté, l'exotisme, le mystère et l'énigme). Sans doute l'armée de métier a-t-elle remplacé le soldat-citoyen (la Légion s'en trouve banalisée) ; la mode rétro veut du *storytelling* et des *Ymagiers*. Néanmoins, mercenaires, soudards, reîtres ou lansquenets que réincarnent, pour beaucoup, les légionnaires, ne sont-ils pas, à l'aube du XXIe siècle, d'incongrus visiteurs ?

Le mythe de la Légion étrangère exerce sur la littérature une pression qui pondère celle des mentalités successives : le duo est alliance et duel, en un dialogue permanent et orageux. Massif, efficace, le mythe tend à se figer en stéréotype, voire en cliché ; avec ses catégories tranchées, son inertie, sa relative indépendance à l'égard des temps, il fournit à la littérature une armature ou un espalier, un réservoir d'énergie symbolique, la certitude d'être reconnue et identifiée. *Jeux africains* d'Ernst Jünger (traduit de l'allemand par Henri Thomas, Gallimard, coll. « Folio », 1978 [1936]) baigne tout entier dans sa lumière puissante et onirique : de Verdun à Sidi-Bel-Abbès, le jeune Herbert Berger suit l'impulsion irrésistible qui l'entraîne à « la rupture avec l'ordre et [au] passage au monde insoumis » (p. 16). L'Afrique, pour lui, est « la Terre promise » (p. 170), lieu magique à l'« immense pouvoir d'attraction » (p. 171), matrice de songes et de chimères : d'un bout à l'autre de sa brève aventure, le légionnaire novice s'enveloppe d'un halo de sortilèges qui lui ouvre, comme un talisman, les âmes de ses compagnons et le sens profond de son engagement. Entre mythe et littérature, la symbiose est ici mutualiste : chacun soutient l'autre, en une boucle positive et cumulative.

Dans des productions plus banales et opportunistes, le « vécu » se nourrit de poncif et contribue à la sclérose du mythe : les réquisitoires à charge, par exemple, se donnent pour des démystifications réalistes ; mais, la plupart du temps, les reportages qui se complaisent dans un grand-guignol de vexations, de supplices et de sadisme se contentent de parasiter et d'amplifier le mythe négatif de la Légion comme bagne et pénitencier. À ces deux configurations de synergie (dans l'admiration ou le dénigrement) s'opposent des rapports conflictuels, où l'œuvre littéraire conteste et bouscule les simplismes du mythe. Jean des Vallières admire la Légion : « Je ne cache point que j'ai voulu avant tout rendre honneur à cet esprit militaire français, entreprenant et perspicace, qui fait, à la Légion, une troupe homogène avec des gens de toutes races » (*Sous le drapeau de la Légion étrangère...*, *op. cit.*, p. 13) ; il n'en montre pas moins son héros méfiant quand on lui demande de prêter ses hommes pour le tournage d'un film à Marrakech : « La Légion n'a pas besoin de réclame [...]. Je ne tiens pas à ce que ces Américains fassent avec ma troupe la propagande à rebours pour la Légion dont ils sont coutumiers – les cinéastes français, eux, se bornant à la rendre grotesque » (*ibid.*, p. 258-259).

Le colonel Maire, sous le signe d'un « fantastique vrai » (épigraphe empruntée à Charles Nodier), représente un monde extraordinaire. « Mais le soldat qui se souvient ne romance jamais. Il raconte ce qui lui est arrivé, comme cela lui est arrivé », avec « une précision clinique » (*Souvenirs du colonel Maire de la Légion étrangère* recueillis par Jean-Pierre Dorian, Albin Michel, 1939, p. 28-29). Car « les âneries qu'on a écrites sur la Légion étrangère ne se comptent pas », et, quant au cinéma, « une âme ne se filme pas » (p. 30). Le bouillant colonel, voué tout entier à sa « famille » – « Tout ce qui n'est pas Légion m'est étranger » (p. 43) –, situe ses Mémoires entre deux écueils : les « sottises bourrées d'inexactitudes, d'interprétations erronées, de romances édulcorées », et la sécheresse linéaire du document. « J'ai simplement voulu me tailler un petit coin entre ces deux vocabulaires » (p. 316).

C'est là circonscrire l'espace difficile et contesté de la littérature, entre histoire scientifique et technique, et dégénérescence de la fabulation. Le mythe, avec son magnétisme, enflamme l'intérêt du public, suscite les vocations, attise le désir d'écrire : incitation et contrainte, il est aussi résultat (il mourrait, exsangue et exténué, s'il ne se nourrissait, tel un vampire, d'une réalité sans cesse renouvelée, et s'il ne s'incarnait en littérature). L'œuvre littéraire donne de la chair, de l'atmosphère, du divers, du hasard ; elle fait entendre, voir et ressentir : ainsi l'anomique et secret Pechkoff, qui trouve à la Légion « l'harmonie entre les petitesses de l'existence et la transcendance de son mystère, entre son ordinaire et son élévation » (Francis Huré, *Portraits de Pechkoff*, de Fallois, 2006, p. 102), ou les treize lignes de vie qu'Étienne de Montety regroupe sous le titre significatif *Des hommes irréguliers* (Perrin, 2006) – le prêtre, le truand, le P-DG, aventuriers chacun à leur manière : « Ce qui m'a intéressé ici, ce n'est pas l'authenticité des faits, préoccupation d'historien, mais celle des caractères » (p. 13). Le mythe simplifie et résume : « L'imagination populaire a définitivement fixé le portrait du légionnaire type » (p. 25) ; en un parcours d'approfondissement, d'interrogation et d'intuition, on passe de la silhouette – « un képi, un costume, une âme » – à l'homme singulier. « Il suffit alors que ce légionnaire vous regarde pour qu'apparaisse dans sa prunelle un accent bizarre dont, seul, il détient le secret » (*Souvenirs du colonel Maire*..., *op. cit.*, p. 186).

La littérature, pour relever les défis du mythe et de l'actualité, s'octroie une licence périlleuse : qu'elle se confine dans une piété fidèle aux gloires du passé, elle frôle un intégrisme qui la couperait de la réalité concrète ; qu'elle s'ouvre à la recherche historiographique et aux soucis du présent (mixité, intégration, identité nationale, par exemple), elle risque d'affadir sa spécificité, de se lier aux aléas conjoncturels, d'être récupérée par des causes partisanes et de subir leur sort. Elle doit refuser la monochromie et la linéarité, le clivage entre le bien et le mal, et enraciner la prouesse dans le quotidien. Sous le guerrier, l'homme conserve les facettes de sa personnalité et lutte contre lui-même. Son énergie peut imploser, exploser, ou, canalisée par le groupe et l'esprit de corps, s'orienter vers une action positive : « Plusieurs milliers d'âmes tumultueuses bouillent à Bel-Abbès et à Saïda, dans deux petits espaces, dans deux chaudières prêtes à éclater, et qui éclateraient si de temps en temps on n'en expulsait la vapeur et les stridents sifflements. » Marches, travaux, exercices, festivités collectives, combats réduisent alors les vices à n'être que « les incidents des vertus » (Georges d'Esparbès, *Les Mystères de la Légion étrangère*, Flammarion, 1918, p. 61) : heureuse métamorphose !

Les romans et les récits de vie singularisent ce que le mythe condense en schèmes généraux (épisodes, images...) ; ils subjectivisent, intimisent, développent. Au confortable abri des préjugés et des idées toutes faites, ils substituent des expériences qu'ils relativisent en les intégrant à un spectre et à une trajectoire plus amples, d'où l'ambiguïté et l'incertitude ne s'absentent pas (quels que soient, par ailleurs, les partis pris idéologiques ou moraux). Ils mettent sous tension narrative les paradoxes de l'engagement et de la vie légionnaires : un statut qui est aussi stigmate ; une torpeur trouée d'éclairs violents ; une pudeur qui se dissimule derrière l'humour, la brusquerie ou la fanfaronnade ; une liberté qui respecte le secret, les rêves, les blessures et les divagations de l'autre, au sein d'une communauté disciplinée. Comme le résume Alain Finkielkraut (*Un cœur intelligent*, Stock-Flammarion, 2009, p. 31), l'imagination qui accède aux profondeurs de la complexité substitue la vérité aux chimères simplistes : « l'imagination explore l'immaîtrisable, le fantasme en constitue la négation ; l'imagination prend acte de la pluralité, le fantasme la conjure ».

Dans *Le Légionnaire Flutsch* (Plon, coll. « Terre humaine », 1980), Antoine Sylvère raconte comment il s'engage en 1905, à la suite d'un détournement de fonds, et quitte son régiment en

1907 pour affronter la justice, être acquitté et entrer dans la vie tête haute. La Légion est le cœur, mais pas le thème exclusif de ce roman autobiographique d'éducation et de formation. Une longue errance, hantée par la tentation du suicide, précède la mort sociale de Sylvère et la naissance de Flutsch (le pseudonyme choisi) : « Ma vie commençait le 9 novembre 1905. Tout ce qui s'était passé avant devait être oublié » (p. 47). Après l'Afrique, avec la prison et son silence propice à la méditation, « [m]a vie, écrit Sylvère, entrait dans une phase nouvelle » (p. 265) : retour au pays natal, et aux rêveries d'autrefois devant la nature familière. Et dans le cycle autobiographique prévu (voir *Toinou, le cri d'un enfant auvergnat*, Plon, 1980, p. 344), dont seules l'enfance et l'adolescence furent achevées, le déclassement et l'abjection initiaux de Toinou-Sylvère montrent l'épisode africain comme le résultat et l'accomplissement d'une aspiration à la fraternité. La société de déchus qui se réunit sur le pont des Feignants – « Fréquenter ce lieu [...] c'était fréquenter l'infamie » – annonce la Légion : « Nous aspirions à ressentir cette chaleur intérieure dans une société d'hommes [...]. Nous avions nos héros » (*Toinou*..., p. 175-176).

L'expérience militaire elle-même se complique de narrations secondaires (réminiscences, destinées des camarades, etc.), de digressions sur les troupes locales (les « Joyeux », les « Travs »...), des discours moralisateurs et pédagogiques que délivrent le polytechnicien Baudry et le juriste Noblet. Brutale, cruelle parfois, la vie à Géryville obéit à une éthique de l'honneur légionnaire : fierté taciturne, ombrageuse, égalitaire, sourcilleuse, où l'autodiscipline l'emporte sur la contrainte hiérarchique – loin des embrigadements idéologiques et des fraternités totalitaires : « Ici, la définition de la liberté individuelle correspondait à une exacte réalité : faire ce que l'on voulait à condition de ne pas gêner la liberté d'autrui. Chacun apportait sa contribution aux tâches communes et il n'y avait pas de privilégiés [...] ; c'est à la Légion que j'ai rencontré le plus grand respect pour la liberté humaine » (*Le Légionnaire Flutsch*, p. 115-116). Le roman entrelace exemples et contre-exemples (hâbleurs, faibles, vaincus...), et fait de la Légion un lieu de *correction* (au sens le plus noble), le cadre d'une maïeutique, d'un accouchement, où, à travers la douleur et la joie, on devient ce qu'on est, à condition de quitter cette « école » bien spéciale et de reconvertir l'acquis : « La Légion n'était pas un fumier, c'était un compost où figuraient toutes sortes de spécimens d'humanité [...]. Ce milieu n'avait évidemment rien d'une maison d'éducation. Pour moi, il était le salut » (*ibid.*, p. 79). Moyen, et non but, car « c'est dans le patrimoine héréditaire qu'est la vraie chance, la source de toutes les autres chances » (*ibid.*, p. 309).

L'abdication et l'abnégation, l'entrée en religion (ou en relégation) légionnaire n'ouvrent donc ni sur un paradis, ni sur un enfer, mais sur des limbes, une somnolence et une léthargie du moi antérieur, et un réveil : en quelque sorte, un exercice spirituel où on se déprend et se reprend. Parfaite réussite chez Flutsch-Sylvère, le mouvement de fuite, de retour et de conversion est beaucoup plus ambigu avec l'Orschanow d'Isabelle Eberhardt : l'étudiant russe cède à l'appel du Sud après une longue dérive anarchiste et accepte la mort symbolique de l'engagement avec une « joie triste » (*Trimardeur*, Charpentier et Fasquelle, 1922, p. 207). Mais le pèlerin libertaire, l'adepte de « la bonne route libre [...], la bonne mère accueillante » (p. 280), ne parvient pas à accomplir son idéal d'« égoïsme esthétique » et de pure jouissance du présent (« Légionnaire », dans *Le Vagabond*, d'Isabelle Eberhardt, Chardon bleu, 1996, p. 115) : « Après l'écroulement de sa dernière tentative de vie libre, Dmitri avait compris que sa place n'était pas parmi les hommes, qu'il serait toujours ou leur victime, ou leur bourreau, et il était revenu là, à la Légion, avec le seul désir désormais d'y rester pour jamais et de dormir un jour dans le coin des "heimatlos", au cimetière de Saïda » (*ibid.*, p. 144).

Dans *Gourrama* (1928-1929 ; publié à Zurich en 1974, puis en 1987 pour la version complète ; traduit de l'allemand par Philippe Giraudon, Le Promeneur, 2002,), Friedrich Glauser semble mettre en intrigue romanesque le mythe noir de la Légion étrangère, voire en assombrir les teintes funèbres. Autour de Gourrama, infime bourgade du Sud marocain, errent l'ennui, l'ivresse, la fièvre, l'appétit de meurtre, l'aspiration masochiste au suicide moral et physique, jusqu'à un paroxysme où les frêles apparences de vie supportable se rompent et où se déchaînent cruauté et corruption : « ici, seule règne la violence, la violence pure, le poing » (p. 256). Lös, le « héros » – marqué par le destin (*Los*) et la dissolution (*Lösen*) –, passif, rêveur, nihiliste, neurasthénique, rendu au pavé parisien, reste un vaincu : à sa bonne volonté la grâce efficace a manqué. Dans un milieu où il se lie avec des intellectuels, des poètes, des esthètes (plus ou moins tarés), il découvre que la conscience, l'intelligence, la bonté, la compréhension mènent à la souffrance, peut-être à un salut dont le havre ne se voit ni ne s'atteint jamais : « La Légion était la Légion, un point c'est tout. Une atmosphère accablante, un climat idéal pour les fièvres de l'âme » (p. 256). À travers une brume onirique (p. 253), un orage de stupéfactions douloureuses, en une sorte d'épiphanie négative, il contemple le cœur fébrile du monde et convertit le cafard en une lucidité sans espérance.

Ainsi, même dressée contre la complaisance du panégyrique ou la fadeur du roman documentaire aux épisodes trop prévisibles, quand elle transcende l'anecdote, l'opinion préconçue, le reportage barbouillé de fiction, l'œuvre littéraire met la virulence des mots et la stylisation des formes narratives au service d'une vision. Elle refigure et transfigure les lieux, les époques, les expériences diverses, dans leur complexité et, parfois, leur ambiguïté. Elle rend hommage (avec Glauser, comme malgré elle) à une institution singulière, nimbée de mythe, de gloire et de douleur, fascinante réserve de symboles et de mémoire.

Daniel MADELÉNAT

Bibl. : You Man Know (dessins originaux de), *Contes de Noël de la Légion étrangère*, Italiques, 2004 • Marie Larroumet, *Mythe et images de la Légion étrangère*, L'Harmattan, 2004 • *Légion notre mère. Anthologie de la poésie légionnaire*, Italiques, 2000.

LIVRE D'OR. – Sont groupées sous ce titre quatre éditions d'un ouvrage de format 22 × 28 cm, relié ou broché, comptant de 363 à 516 pages, dont entre 23 et 26 planches hors texte en couleurs et entre 65 et 147 illustrations en noir dans le texte. L'idée en revient au général Rollet qui, à la suite des célébrations marquant le 30 avril 1931 le centenaire de la Légion étrangère, chargea Jean Brunon, éminent collectionneur de souvenirs militaires, de sa publication.

Ce dernier fut aidé par le capitaine Paul Rollin, du 1er régiment étranger, pour la rédaction du texte, et par Pierre Benigni, artiste peintre militaire reconnu, pour l'illustration. Le premier *Livre d'or*, préfacé par le maréchal

Franchet d'Esperey, vit le jour en 1932. Il comprenait 363 pages, 23 gravures ou photographies en couleurs hors texte et 65 gravures ou photographies en noir dans le texte. Le duc de Guise et le colonel Guinard avaient rédigé l'aperçu bibliographique. En 1934, l'ouvrage fut couronné par l'Académie française. Il eut dès sa parution un succès considérable et était pratiquement introuvable à la veille de la Seconde Guerre mondiale. Aussi, vint-cinq ans plus tard, une seconde édition fut-elle décidée et confiée à la maison d'édition Charles-Lavauzelle et Cie. Jean Brunon assura la direction de l'édition et en rédigea le texte, aidé par George-R. Manue, ancien légionnaire et écrivain, pour la période 1939-1945. Apportèrent également leur concours le colonel de Cossé-Brissac, chef du service historique de l'armée, les colonels Arnault, Jacquot et Saint-Hillier et le capitaine Carles, anciens de la Légion étrangère, ainsi que le colonel Druène, historien, M. Grangier, chef du service d'information du 1er Étranger, et Raoul Brunon.

Le deuxième *Livre d'or*, présenté sous une jaquette d'Albert Brenet, comprenait 356 pages, 17 hors-textes en couleurs, de nombreux dessins en noir hors et in texte. Il relatait l'histoire de la Légion de 1831 à 1958 : le texte avait donc été revu et augmenté pour couvrir les années au-delà de 1932. Les illustrations de l'ouvrage étaient différentes de celles de la première édition à l'exception de huit aquarelles de Benigni. Le colonel de Cossé-Brissac, le colonel Druène, M. Grangier et Raoul Brunon prêtèrent une nouvelle fois leur concours. L'ouvrage fut publié en 1958 sous le patronage du colonel Lennuyeux, commandant de la Légion étrangère. Cette deuxième édition eut suffisamment de succès pour que la maison Charles-Lavauzelle et Cie proposât à Jean Brunon, avec l'agrément de Georges-R. Manue, une troisième édition.

Celle-ci devait tenir compte des événements survenus entre 1955 et 1976, et notamment la guerre d'Algérie et la décolonisation. À Jean Brunon et Georges-R. Manue s'était adjoint un troisième auteur, Pierre Carles, lieutenant-colonel en retraite et docteur ès-lettres. Le général Foureau, commandant le Groupement de la Légion étrangère, ouvrit une partie des archives de la Légion, le chef de bataillon Guibert-Lasalle, chef de la section information et historique, apporta son concours et rédigea le chapitre consacré aux années 1962-1976, tandis que Raoul Brunon et Myriam Ditta, conservateur et documentaliste du musée de l'Empéri, mettaient en ordre les pages complémentaires. Cette troisième édition sortit en 1976.

Enfin une quatrième édition fut décidée par les éditeurs pour marquer le cent cinquantième anniversaire de la création de la Légion et le cinquantenaire de la première édition. Les mêmes auteurs de l'édition précédente devaient la signer, mais Georges-R. Manue mourut avant sa parution. Cette édition reprenait les textes de la troisième plus un chapitre intitulé « Un contrat bien rempli 1976-1981 » rédigé par l'adjudant Tibor Szecsko, chargé du service historique de la Légion étrangère et conservateur du musée de la Légion à Aubagne. Toujours au même format et avec la même jaquette, le nouveau *Livre d'or* comptait 520 pages, une table des gravures en couleurs, une des insignes. L'ouvrage sortit des presses en 1981. Comme à l'édition précédente, pour réduire le prix de vente et faciliter l'achat par des bourses relativement modestes, à côté de l'édition reliée fut prévue une édition brochée.

Pierre CARLES

LORILLOT, général Henri (1901-1985). – Né en 1901 à Bourges (Cher), Henri Lorillot fait partie de cette génération intermédiaire de volontaires que le haut commandement a empêchés de s'engager afin de limiter les pertes parmi les jeunes soldats, notamment les aspirants envoyés au front sans véritable préparation au feu. Il réussit cependant le concours d'entrée à Saint-Cyr en octobre 1919 et, à sa sortie en 1921, choisit l'armée d'Afrique. Il sert au Maroc au 5e régiment de tirailleurs marocains, obtient quatre prolongations de séjour jusqu'en 1932. Entre-temps il a fait un simple passage au 2e régiment étranger d'infanterie à la fin des hostilités dans le Rif de décembre 1926 à juin 1927. Capitaine depuis 1932, breveté de l'École de guerre en septembre 1937, il sert au 24e régiment d'infanterie (RI) avant de se retrouver à la direction des chemins de fer à la veille de la grande offensive allemande de mai 1940. Promu chef de bataillon en juillet, il retrouve l'armée d'Afrique après un intermède au commissariat général de la reconstruction nationale mis en place par l'État français. Au 4e régiment de tirailleurs tunisiens dès novembre 1940, puis comme officier de liaison français de la Ire armée britannique après l'opération « Torch » du 8 novembre 1942, le commandant puis lieutenant-colonel Lorillot sert dans les états-majors, notamment auprès du général Kœnig, nommé le 27 mars 1944 commandant en chef des Forces françaises en Grande-Bretagne et délégué militaire pour le théâtre d'opérations nord avant de prendre le commandement du 110e RI en février 1945.

L'officier d'état-major est en août suivant à la tête d'un régiment de marche de Légion dont le commandement réclame des qualités d'organisateur, d'une part, et, d'autre part, une maîtrise des problèmes liés aux conditions très particulières de la constitution d'un corps destiné à opérer en Extrême-Orient avec une majorité de volontaires qui sont d'anciens prisonniers de guerre des armées de l'Axe. Le colonel Lorillot réussit le tour de force de mettre sur pied ce régiment de marche de Légion étrangère d'Extrême-Orient dans la région de Sidi-Bel-Abbès, avec des moyens réduits et un sous-encadrement en officiers – deux seulement sont légionnaires – et sous-officiers qui aurait fait renoncer un chef moins expérimenté. En Indochine, il quitte le régiment, devenu 2e régiment étranger d'infanterie, après sa nomination au grade de général de brigade en juin 1947. Le stage à l'Institut des hautes études de défense nationale (IHEDN) et au Centre des hautes études militaires (CHEM), dite « école des maréchaux », le prépare aux plus hautes fonctions dans la nouvelle armée. À l'issue d'un nouveau séjour en Indochine en qualité de commissaire de la République au Centre-Annam d'août 1949 à novembre 1951, il retrouve la Légion à la division d'Oran jusqu'à son départ pour Fontainebleau au Commandement suprême allié en Europe en octobre 1953. Remarqué par le nouveau chef d'État-major général des forces armées, le général Ely, il occupe des postes importants : commandant de la 18e Région militaire puis chef d'état-major de l'armée de terre. Général d'armée en avril 1957, il a assuré du 17 mai au 9 juin 1958 l'intérim du général Ely au cours de la crise du 13 mai. Henri Lorillot, au nombre de ces officiers dont la carrière illustre l'attachement particulier à la subdivision d'arme qui l'a sans doute le plus marqué, était grand-croix de la Légion d'honneur et titulaire de 15 citations.

André-Paul COMOR

Sources : SHD-Terre, état de services du général Lorillot, 1K 233, fonds Ely.

LOUIS II DE MONACO (1870-1949). – Inhumé dans son uniforme de général de division de l'armée française, surnommé « le prince-soldat », Louis II de Monaco est le seul chef d'État étranger fait sergent-chef honoraire de la Légion étrangère (le 26 juin 1947) et auquel *Képi blanc* consacre à deux reprises sa « une » à l'occasion de sa mort (numéros du 31 mai et du 30 juin 1949) : « Nous pleurons ce Prince-Général qui, s'il avait été libre de choisir son lieu de repos, eût peut-être voulu rejoindre tant d'autres de nos grands chefs au cimetière de Sidi-Bel-Abbès, ce prince qui avait désiré que ses compagnons d'armes figurassent à ses obsèques. » De fait, les carabiniers de la principauté et les légionnaires assurent en nombre égal la garde d'honneur autour du cercueil, et le drapeau du 1er régiment étranger d'infanterie (REI) ouvre la marche pendant le trajet entre le palais et la cathédrale, sur le parvis de laquelle seuls l'hymne monégasque et *Le Boudin* sont joués.

Cette présentation idéalisée du « prince-soldat », comparable à l'image de la principauté toujours lisse sur papier glacé, est pourtant peu conforme à la réalité ; la carrière militaire de Louis II manque singulièrement de relief après 1903. Entré à Saint-Cyr en 1891 comme officier étranger, il rejoint en Algérie les chasseurs d'Afrique et les légionnaires. Il sert en particulier dans le Sud oranais et participe comme ses camarades aux « colonnes » qui préparent sur les confins algéro-marocains la pénétration française vers l'ouest. Il connaît la vie du « bled », la chaleur, la fatigue, les coups de main et y gagne d'ailleurs la médaille coloniale et la Légion d'honneur. Il quitte toutefois le service comme capitaine en 1903. Entre-temps est née à Constantine en 1898 une fille illégitime, Charlotte Louvet, qui n'est reconnue qu'en 1919, faite princesse du Valentinois et adoptée en 1922 pour des questions successorales.

En 1914, engagé volontaire pour la durée de la guerre, toujours à titre étranger, il est affecté comme capitaine à l'état-major de la Ve armée, où il est promu officier supérieur en octobre 1916 et reçoit trois citations, dont deux à l'ordre de l'armée, sans que des actions d'éclat particulières les justifient à proprement parler : « Officier vigoureux qui a fait preuve de l'activité la plus intelligente [...]. A parcouru maintes fois, sans le moindre souci du danger, les terrains les plus violemment battus par le feu de l'adversaire, [...] portant partout sa bonne humeur réconfortante, son calme que rien n'émeut, sa foi inébranlable dans le succès. » Quel officier de liaison ou quelle simple estafette de la Grande Guerre n'a pas mérité la même citation ? Affecté au service de renseignement du gouvernement militaire de Metz en 1919, il rejoint en 1920 la commission interalliée de gouvernement et de plébiscite en Silésie, au sein de laquelle il n'appartient pas à la composante militaire mais relève du département de l'intérieur où il est plus particulièrement chargé du service des passeports. Colonel en 1921, il est nommé général de brigade « à titre fictif » (protocolaire) lorsqu'il accède au trône de la principauté de Monaco en juin 1922.

Considéré comme plutôt germanophile entre 1940 et 1943, il s'efforce d'éviter l'occupation et la disparition de la principauté dans le cataclysme de la Seconde Guerre mondiale, mais laisse se nouer des relations douteuses, en particulier financières, avec les grandes banques allemandes.

L'engagement de son petit-fils, le futur prince Rainier III, dans l'armée française en 1944 favorise à la fin de la guerre une rapide normalisation de ses relations avec Paris, et lors des fêtes jubilaires de son règne, en juin 1947, la musique et le détachement de la Légion étrangère venus de Sidi-Bel-Abbès figurent parmi les premiers invités de marque au milieu des représentants d'une demi-douzaine de pays, préfigurant en cela l'organisation de ses funérailles. Il reste aujourd'hui à écrire une biographie mesurée et argumentée de ce prince atypique, dont la carrière militaire comme la vie publique ou privée restent entourées d'une aura de mystère.

Rémy PORTE

LUART, comtesse Leila du (1898-1985). – Enfant du siècle qu'elle résume par son engagement au service des autres, force morale et prestige du 1er régiment étranger de cavalerie (REC), la comtesse du Luart a une vie de roman russe. Étrangère au service de la France, comme ses légionnaires, elle demeure une des grandes figures de la Légion étrangère.

Née le 6 février 1898 à Saint-Pétersbourg d'un père général et Ataman des Cosaques issu d'une vieille famille princière du Caucase, Leila Hagondokoff est infirmière à dix-sept ans sur les trains militaires russes et décide de vouer sa vie aux blessés de guerre et aux malades. En 1917, elle épouse un de ses grands blessés, officier de la Garde impériale, le capitaine Nicolas Bajenoff, le jour d'une fusillade de la révolution d'Octobre qui les oblige à fuir par le Transsibérien en Chine. Avant la naissance de leur fils, Nicolas, son époux meurt à Shanghai. Après un court séjour aux États-Unis, elle décide en 1922 de rejoindre ses parents à Paris où elle travaille pour Chanel, ce qui lui permet d'offrir des études supérieures à ses deux jeunes frères. Le 23 août 1934, cette belle femme au port altier et à l'accent russe épouse le comte Ladislas du Luart, en présence du prince Félix Youssoupoff.

Héritière du baron Larrey, elle se dévoue au secours d'urgence à apporter immédiatement aux blessés. Lors de la guerre d'Espagne, elle crée ainsi une antenne chirurgicale mobile faite de tentes-hôpitaux et d'un centre opératoire formé de camions jointifs. Entre juin 1937 et la fin de la guerre civile en mars 1939, elle fait plusieurs séjours dans l'est de l'Espagne : en tenue civile, refusant tout avancement, elle choisit des médecins et des infirmières militaires, et soigne tout combattant blessé indépendamment de son camp. Plus tard, en 1940, sur le front de Lorraine, disposant d'une quarantaine de véhicules sanitaires, elle obtient sa première citation à l'ordre de l'armée. Repliée dès l'armistice en zone libre, elle passe un an plus tard en Algérie où elle combat une épidémie de choléra, sur les chantiers de la voie ferrée inachevée Méditerranée-Niger.

Après l'opération « Torch », en novembre 1942, la comtesse reprend du service en première ligne en Tunisie avec son antenne chirurgicale auprès du 3e régiment étranger d'infanterie (REI). Ses relations aux États-Unis, un peu sur le modèle des célèbres Rochambelles, lui permettent de disposer des matériels nécessaires. À l'issue de la campagne où elle obtient sa deuxième citation à l'ordre de l'armée, la comtesse suit les unités françaises au Maroc où elles sont rééquipées à l'américaine. En octobre 1943, le capitaine de Sèze, officier nouvellement affecté au 1er REC, l'introduit auprès de son chef de corps, le lieutenant-colonel Miquel, qui à son tour lui présente son régiment, avec faste, dans la forêt de Mamora, et lui demande d'en être la Marraine (toujours écrit au REC avec la majuscule, et jamais de « Madame » pour la comtesse). Avant de rejoindre le corps expéditionnaire français en Italie à la demande expresse du général

Juin, elle a le temps de faire venir des cadeaux de Noël des États-Unis pour chaque cadre et chaque légionnaire. Après une brillante conduite d'assistance aux blessés en Italie, et après la prise de Sienne, elle retrouve son cher régiment.

Lors de la difficile campagne d'Alsace pendant l'hiver 1944-1945, Marraine suit les escadrons du REC. En dépit des risques, elle sauve maintes vies en étant avec ses ambulances (huit camions dont un aménagé en poste de commandement pour elle, des tentes Nissen de 18 m dont une servant de bloc opératoire, etc.) immédiatement derrière les unités de combat. Trois équipes chirurgicales pouvant traiter de 40 à 50 blessés par jour opèrent ou hospitalisent jour et nuit. Toujours à ses frais, son antenne chirurgicale participe à la campagne d'Allemagne et d'Autriche, ce qui lui vaut citations multiples et le grade d'officier de la Légion d'honneur en raison de son dévouement exemplaire sous le feu de l'artillerie ennemie.

En 1946, lorsque le REC part pour l'Indochine, et puisqu'elle ne peut s'y rendre elle-même en raison de la longue maladie de son fils officier à bord du *Pasteur*, elle fait en sorte que chaque légionnaire reçoive deux cadeaux, l'un utile, l'autre agréable. Malgré la mort de son fils en 1954, vêtue d'une tenue bleue à la barrette impressionnante, elle reste fidèle au poste lorsque le régiment revient en Tunisie, puis gagne l'Algérie. Alliant résolution inflexible et tendresse pour ses « hommes sans nom » et sans mère, elle organise de 1956 à 1960 à Chenoua-Plage, le bastion nº 15 du port d'Alger, le Centre militaire de détente interarmées (CMD), centre de repos pour 400 hommes – permissionnaires et convalescents sans famille du régiment – où elle s'occupe de la Croix-Rouge. Lors du putsch d'avril 1961 auquel participe le 1er REC, c'est elle qui lui ouvre le CMD. « Épurée » à l'issue du putsch, elle doit quitter l'Algérie, mais met tout en œuvre, grâce à ses relations dans la capitale, pour éviter la dissolution du régiment, comme ce fut le cas pour le 2e REC.

Grande dame, Marraine retrouve le « Royal Étranger » à son retour d'Algérie, en 1967, lorsqu'il prend ses quartiers à Orange. Grand officier de l'ordre national du Mérite, brigadier-chef d'honneur du 1er REC (depuis le 25 décembre 1944, c'est la plus haute distinction légionnaire réservée… aux maréchaux), elle est présente aux fêtes de Noël, de la Saint-Georges et de Camerone, ainsi qu'à toutes les prises de commandement des chefs de corps (« Les colonels passent, mon régiment reste », disait-elle) jusqu'à sa mort, le 21 janvier 1985. Portée par des légionnaires en grande tenue, chantant *La Colonne*, en l'église Saint-Louis des Invalides lors d'obsèques solennelles le 29 janvier, elle est inhumée au cimetière russe de Sainte-Geneviève-des-Bois, dans le carré de la Légion. Une stèle lui est dédiée au quartier Labouche, à Orange, depuis janvier 1997, évoquant ses quarante-deux ans de service et ses six citations, dont trois à l'ordre de l'armée, et en décembre 2001 son nom est donné à la salle du souvenir des brigadiers-chefs du 1er REC. Enfin, le 29 avril 2010, le colonel Gilles Jaron, chef de corps, inaugure une stèle au nom de Marraine à l'entrée du quartier Labouche.

Jean-Charles JAUFFRET

Bibl. : Anonyme, *Marraine. « Une étrangère au service de la France »*, Presses de *Képi blanc*, 1997.

LUPIN, Arsène. – Le héros de Maurice Leblanc endosse au fil de ses aventures de multiples identités, et fait pour ainsi dire tous les métiers. Parmi ceux-ci :

légionnaire. Le choix de cet état n'est pas fortuit. Quand Leblanc rédige *Les Dents du tigre*, début 1914, l'époque est à la mobilisation. Lupin qu'on a pu connaître frivole et mondain dans d'autres épisodes est désormais patriote, et il n'est pas rare que ses exploits se confondent avec l'intérêt de la France.

En septembre 1912, raconte Leblanc, un homme mince élégamment vêtu se présente à la porte du quartier général de la Légion étrangère à Sidi-Bel-Abbès. Il déclare sobrement mais avec autorité à l'adjudant de permanence : « Mon lieutenant, je vous prie de prévenir le major que don Luis Perenna, grand d'Espagne et Français de cœur, désire prendre du service dans la Légion étrangère. Allez mon ami. » Luis Perenna, anagramme d'Arsène Lupin, devient pour lui ce qu'à la Légion on appelle une identité de substitution. Comme raison de son engagement, Perenna donne une « suite de désastres intimes vraiment effroyables et une vaine tentative de suicide. Je voulais mourir, explique-t-il, et j'espérais qu'une balle marocaine me donnerait le repos auquel j'aspirais ». Nonobstant un passé chargé, il est incorporé au 2e Étranger, alors engagé au Maroc.

Ses états de service seront exceptionnels, comme l'attestent de nombreux rapports de ses supérieurs. Son chef de corps, le commandant d'Astrignac, déclare : « J'en ai vu des gaillards là-bas, des démons comme on n'en trouve qu'à la Légion qui se font crever la peau pour le plaisir, pour la rigolade comme ils disent, histoire d'épater le voisin, mais aucun n'arrivait à la cheville de Perenna. » Le 24 mars 1913, à Médiouna, l'adjudant Pollex inflige quatre jours de salle de police au légionnaire Perenna. Motif : « Malgré les ordres, est sorti du camp après l'appel du soir, a bousculé deux sentinelles et n'est rentré que le lendemain à midi. Il rapportait le corps de son sergent tué au cours d'une embuscade. » Dans la grande tradition légionnaire, le colonel doublera la punition et le citera à l'ordre du jour. À Ber-Rechid, tandis que le détachement dont il fait partie cédait sous le nombre, face à quatre cents insurgés, Perenna se propose pour couvrir, seul, la retraite de ses camarades, en s'installant dans une casbah. On le laisse armé de douze fusils et de soixante-quinze cartouches. Le lendemain, le détachement revient pour le dégager. On trouve soixante-quinze cadavres autour de la casbah et, à l'intérieur, le légionnaire endormi.

Son mélange d'audace, de fantaisie et d'autorité naturelle lui vaut de la part de ses camarades le surnom d'« Arsène Lupin ». Perenna, dit Leblanc, laisse faire.

En juillet 1915, Perenna tombe dans une embuscade et est fait prisonnier. Durant trois ans et sept mois, il sera porté disparu. Réapparu au début de l'année 1919, il quitte les rangs du 2e Étranger en février 1919, demandant à « être désarmé, ses cinq ans d'engagement étant largement dépassés ». Plus tard, il se justifiera : « la Légion, si grande que fût ma tendresse pour cette famille héroïque et cordiale qui m'avait accueilli, ne suffisait pas à mes besoins d'activité ». Un jour Lupin déclarera au président du Conseil : « À la Légion, Lupin n'était qu'un soldat. Au Sud-Maroc, il fut général. »

Le légionnaire Luis Perenna est titulaire de la médaille militaire, décoré de la Légion d'honneur pour services exceptionnels, et cité sept fois à l'ordre du jour.

Étienne DE MONTETY

Sources : Maurice Leblanc, *813*, 1re éd. P. Lafitte & Cie, 1910, et *Les Dents du tigre*, 1re éd. P. Lafitte & Cie, 1921.

LUXEMBOURGEOIS, volontaires. – Au cours des deux guerres mondiales, le grand-duché du Luxembourg fournit des contingents de volontaires qui servent dans la Légion étrangère. Le cœur des Luxembourgeois penche en effet du côté de la France depuis le Premier Empire et la participation aux guerres napoléoniennes des conscrits du « département de Forêts » (1798 à 1814). L'appui de Napoléon III pour obtenir le départ de la garnison prussienne en 1867 avait contribué à accroître le capital de sympathie à l'égard du peuple avec lequel ils partageaient une langue commune.

Entre le 21 août 1914 et le 1er avril 1915, de 541 à 950 Luxembourgeois (selon des sources divergentes) se portent volontaires pour servir dans la Légion. Pour mieux évaluer l'effort librement consenti, il faut rapporter ce nombre d'engagés à la population du grand-duché, soit 260 000 habitants. Le *Journal d'Esch* du 5 décembre 1918 chiffre la participation luxembourgeoise à 120 hommes pour 1 000 en âge de porter les armes. Le lieutenant-colonel Rollet leur avait déjà rendu un hommage appuyé dans l'édition du 5 juillet 1918 du journal *Le Luxembourgeois*.

En pleine bataille de France, fin mai 1940, le gouvernement approuve le projet de création d'une légion luxembourgeoise qui ne voit pas le jour. Certains Luxembourgeois, toutefois, ne renoncent pas et s'engagent dans la Légion, moins nombreux qu'en 1914 en raison de l'occupation du Luxembourg lors du déclenchement de l'offensive allemande sur le front ouest. Des engagés de 1939 font ainsi partie de la 13e demi-brigade de Légion étrangère qui combat de Narvik jusqu'au front des Alpes après avoir rallié la France Libre. D'autres réussissent à rejoindre la zone libre française et à contracter un engagement avant novembre 1942. *In fine*, moins d'une centaine de Luxembourgeois ont combattu dans les rangs des régiments étrangers entre 1940 et 1945, mais nombre d'entre eux (37,5 %) ont un lien de parenté avec les engagés de 1914, ce qui témoigne de l'attachement particulier du grand-duché à la France.

André-Paul COMOR

Sources : SHD-Terre, 26N 861 et 862.

Bibl. : colonel Gallini, « La Légion étrangère pendant la guerre 1914-1918 », *Revue d'infanterie*, n° 254, 1936, p. 886-938 • Jean-Jacques Monsuez, « Les Luxembourgeois au service de la France », *Revue historique des armées*, n° 224, septembre 2001, p. 43-54.

LYAUTEY, maréchal Louis Hubert Gonzalve (1854-1934). – Issu d'une famille bourgeoise, catholique et traditionnaliste liée à l'aristocratie, saint-cyrien (promotion « de l'archiduc Albert », 1873-1875) ayant brièvement servi dans les chasseurs à pied puis dans le service d'état-major avant de rejoindre la cavalerie, Lyautey est une figure marquante de l'expansion coloniale française dès la fin du XIXe siècle. Au Tonkin dès 1894, puis à Madagascar à partir de 1897, le futur maréchal de France croise des légionnaires dont il apprécie les doubles aptitudes de combattants et de constructeurs. Toutefois, après avoir commandé la subdivision d'Aïn-Sefra où la garnison comprenait une unité de Légion, c'est sur les confins algéro-marocains à partir de 1907, puis au Maroc comme résident général après 1912, qu'il utilise et met en avant aussi souvent que possible sa « plus belle troupe ».

Premiers acteurs de cette « politique de la tache d'huile » qui permet de transformer une occupation temporaire en implantation définitive, les légionnaires sont de toutes les colonnes de pacification, des oasis ouest-sahariennes au « Maroc utile » puis au « Maroc indispensable », jusqu'à la jonction ouest-est avec l'Algérie par la région de Taza au printemps 1914. On connaît le principe, sans cesse répété par Lyautey dans ses directives : « Il faut que, dès l'abord, ces gens sentent que nous sommes venus apporter chez eux la paix, que nous venons les protéger et que les paisibles ont tout intérêt à venir s'installer à notre abri […]. Il ne s'agit pas de créer un poste militaire, mais un centre d'attraction et d'influence. »

Dès le début de la Grande Guerre, il se prive de ses unités les plus solides pour renforcer le front de France et favorise le ferme engagement du sultan aux côtés de la métropole. Alors que les effectifs du corps d'occupation du Maroc diminuent de façon drastique et que les tribus insoumises se font plus turbulentes, la Légion constitue, selon ses propres termes, « [sa] première force, [sa] suprême réserve ». Les contingents coloniaux n'ont été qu'en partie remplacés par des régiments territoriaux et les bataillons légionnaires (3 bataillons et 2 compagnies montées du 1er Étranger, 2 bataillons et la compagnie montée du 2e Étranger, transformés en deux régiments de marche) constituent l'essentiel des colonnes mobiles qui poursuivent leur action pacificatrice, repoussent ou contiennent les dissidents, aménagent les pistes, les camps et les postes. Éphémère ministre de la Guerre à partir de l'automne 1916, Lyautey retrouve le Maroc dès le printemps 1917 et reprend sa place auprès du sultan. À la fin de la Grande Guerre, avec l'appui du général Mordacq, chef du cabinet militaire de Georges Clemenceau, il obtient le renforcement de la Légion dont les effectifs ont fondu au cours des dernières offensives.

Au début des années 1920, enfin, alors que de Paris la Chambre dite « bleu horizon » ne cesse de réduire les effectifs stationnés au Maroc – alors même qu'au nord Abd el-Krim est en révolte contre les Espagnols –, c'est sur les unités de la Légion étrangère que Lyautey peut s'appuyer pour couvrir le « Maroc utile » jusqu'à ce que (paradoxalement) le Cartel des gauches envoie en 1925 le maréchal Pétain et une « armée de 100 000 hommes » rétablir la souveraineté du sultan et la présence française. La situation des effectifs légionnaires est pourtant difficile, du fait du retour à la vie civile des engagés volontaires pour la durée de la guerre, et malgré le sacrifice des troupes l'usure se fait progressivement sentir.

Ayant agité à plusieurs reprises la menace de sa démission, Lyautey rentre en France dans la discrétion en 1925, et nombreux sont alors ceux qui reprochent au gouvernement un manque de reconnaissance et d'élégance lors de son remplacement par Pétain. En 1931, retenu à Paris par les cérémonies de l'Exposition coloniale universelle, il ne peut participer aux fêtes du centenaire de la Légion à Sidi-Bel-Abbès en Algérie et écrit : « Vous savez tous que je suis légionnaire de corps et d'âme […]. Je n'ai jamais cessé de marcher avec la Légion […], sans répit, jusqu'en 1925, pendant trente et un ans consécutifs. J'ai été baptisé légionnaire en 1896 à l'issue des opérations de la haute rivière Claire. »

Rémy PORTE

Bibl. : André Le Révérend, *Un Lyautey inconnu*, Perrin, 1980 • Pierre Lyautey, *Lyautey l'Africain. Textes et lettres du maréchal Lyautey*, Plon, 4 vol., 1954-1957 • Arnaud Teyssier, *Lyautey*, Perrin, 2004.

M

MAC-MAHON, maréchal Edme Patrice Maurice, comte de (1808-1893). – Le maréchal qui a attaché son nom à la prise de Malakoff et à la bataille de Magenta a passé trente-trois des quarante-huit années de sa carrière militaire en Algérie. Il y a débarqué à Sidi-Ferruch en 1830 et l'a définitivement quittée en 1870 après avoir exercé pendant six ans la charge de gouverneur général.

Fils d'un officier qui sera nommé lieutenant général, Maurice de Mac-Mahon naît à Sully (Saône-et-Loire) le 12 juin 1808. Admis à Saint-Cyr en 1825, il choisit à sa sortie le corps d'état-major qu'il quittera en 1840 pour commander un bataillon de chasseurs à pied. Promu lieutenant-colonel le 31 décembre 1842, il est affecté au 2e régiment de la Légion étrangère (RLE) qu'il commande pendant trois ans en l'absence du colonel, malade. S'attachant à rendre les légionnaires fiers de leur état, combattant les abus sources d'indiscipline, soucieux du bien-être de la troupe et payant de sa personne, le lieutenant-colonel de Mac-Mahon fait du 2e RLE un corps d'élite qu'il quitte avec une promotion pour commander un régiment de ligne.

Général de brigade pour son quarantième anniversaire, général de division quatre ans plus tard, il commande successivement la subdivision de Tlemcen, les divisions d'Oran et celles de Constantine. À l'armée d'Orient en 1855, il s'empare du bastion de Malakoff, clé de la défense de Sébastopol. Au terme de cette campagne, il retourne en Algérie et commande la division qui s'empare d'Icheriden. Rappelé en Europe pour la campagne d'Italie, il est placé à la tête d'un corps d'armée avec lequel il enlève Magenta. Pour ce nouveau fait d'armes, Maurice de Mac-Mahon est élevé à la dignité de maréchal de France. S'ensuivent deux grands commandements et une ambassade. Puis Napoléon III le nomme gouverneur général de l'Algérie pour succéder en 1864 au maréchal Pélissier. Ce gouvernorat est caractérisé par le maintien de l'ordre en 1864 et 1865, le développement économique – par la construction de routes et de voies ferrées – et les projets de l'empereur pour attacher les populations locales à la France.

La guerre rappelle une dernière fois Mac-Mahon en Europe : il commande un corps d'armée vaincu par le nombre à Frœschwiller (Moselle) puis une armée à laquelle on impose la manœuvre insensée de Sedan (Ardennes) menant au désastre. Élu président de la République sans avoir sollicité cette fonction le 24 mai 1873, il démissionne le 30 janvier 1879 pour ne pas avoir à signer des décrets dont il réprouve la teneur.

Le maréchal de Mac-Mahon, grand-croix de la Légion d'honneur et médaillé militaire, meurt le 17 octobre 1893. Il repose dans le caveau des gouverneurs aux Invalides à Paris.

Henry DUTAILLY

Bibl. : *Mémoires du maréchal de Mac-Mahon*, publiés par le comte Guy de Miribel, Plon, 1932.

MAC ORLAN, Pierre (1882-1970). – « Pierre Dumarchey, caporal cassé, quatre ans de Légion » : c'est en ces termes – d'après Francis Lacassin – que se présente, dans la première décennie du XXe siècle, un habitué du cabaret montmartrois Le Lapin agile, où se rassemblent artistes et poètes sous la houlette de Frédéric Gérard, le propriétaire des lieux. Pierre Dumarchey est alors un jeune homme d'environ vingt-cinq ans. Il gagne difficilement sa subsistance comme dessinateur. Il écrit aussi : tout, n'importe quoi ; des romans licencieux par exemple. L'essentiel est d'écrire et tant mieux s'il peut placer un article dans *L'Intransigeant*, par exemple. La littérature est sa vocation profonde. D'ailleurs, on commence à accorder de la valeur à ses textes qu'il signe d'un pseudonyme : Pierre Mac Orlan. Sous cette identité, il va publier une œuvre abondante qui occupera vingt-cinq volumes en édition complète. Mais il ne s'est jamais expliqué sur le choix qu'il a fait, en 1905, de ce nom aux consonances écossaises.

En réalité, il s'appelle bien Pierre Dumarchey. Mais il n'a été cassé d'aucun grade dans une unité française et il est d'autant moins caporal qu'en fait il n'a passé que cinq mois à l'armée, lors de son service militaire fait à Châlons-sur-Marne, au 156e régiment d'infanterie (RI). On l'a réformé en mars 1906 à cause d'une suspicion de tuberculose. Il n'a donc pas été, il ne sera jamais légionnaire. Pourtant, la Légion occupe dans ses romans et ses récits une place importante. Il est né à Péronne le 26 février 1882. Sa mère meurt alors qu'il n'a que sept ans. Son père, qui mène une carrière militaire intermittente et atteindra finalement le grade de capitaine (tout en exerçant périodiquement dans le civil le métier de comptable), l'envoie à Orléans auprès d'un oncle inspecteur d'académie. Chez lui, le garçon va mener pendant quelques années une existence contrainte qui ne le rend pas heureux. Il est plutôt mauvais élève. À l'école normale d'instituteurs de Rouen, il ne reste qu'un an. Le sport est son unique plaisir. Sa taille (courte, même pour l'époque : il mesure 1,61 m, d'après l'un de ses biographes, Jean-Claude Lamy) ne l'empêche pas de jouer au rugby. Cependant, il n'est pas seul ; il a un frère cadet, né le 3 août 1887 : Jean, le vrai légionnaire.

Dans un brouillon d'article découvert par Francis Lacassin, Pierre Mac Orlan écrit : « Je suis entré en contact utile et humain avec la Légion quand mon frère qui était sergent au 33e de ligne à Arras rendit ses galons pour s'engager au 1er Étranger », avant d'ajouter : « Il mourut tout de suite après la guerre de 1914 d'une grave blessure reçue à la tête, d'où trépanation, devant le fortin de Givenchy. C'est par sa présence dans le régiment à épaulettes à franges et à tournante et écusson vert que je connus la Légion. » Pour Jean-Claude Lamy, Jean Dumarchey semble avoir été avant tout « assez porté sur la bouteille, violent et bagarreur ». Dans sa thèse sur l'écrivain, Bernard Baritaud quant à lui le décrit comme un ivrogne. Il précise qu'il meurt d'une hémorragie cérébrale en 1929, soit vingt ans après son engagement à la Légion. Le 28 janvier 1909 en effet, et comme le dit Pierre Mac Orlan, il a brusquement quitté le régiment d'infanterie où, entré en 1905, il était devenu sergent, et a obtenu son incorporation au 1er Étranger. Un de ses amis suggère que cette décision brutale s'est imposée à la suite d'une « grosse connerie », peut-être un meurtre qu'aurait commis cette « tête brûlée » qui, juste avant de rejoindre la Légion, envisageait plutôt d'entamer une carrière de peintre à Montmartre. « Artiste déchu », dit encore Bernard Baritaud, il n'a pas réussi à réaliser son rêve de s'agréger aux commensaux joyeux et bruyants du Lapin agile, parmi lesquels Francis Carco et Roland Dorgelès. C'est le milieu auquel appartient, depuis quelques années déjà, Pierre Mac Orlan.

Ce dernier ne parle jamais directement de son frère qui n'en apparaît pas moins comme l'une des clefs essentielles de plusieurs de ses livres, ainsi l'un des tout premiers, paru en 1912 : *La Maison du retour écœurant*. Deux des personnages en sont Pierre et Jean Mac Guldy, qui rappellent évidemment le couple fraternel indissociable. L'auteur, dans une préface de 1945, fera d'eux des êtres réels, ce qu'ils sont, d'une certaine façon ; des êtres de papier à l'existence aussi prégnante que s'ils étaient de chair : « Mac Guldy, Pierre et mon frère Jean buvaient autour d'une table ronde : l'un portait le bonnet de la marine anglaise, l'autre le casque bleu du 269e d'infanterie et le troisième la grenade de la Légion étrangère. »

Jusqu'en 1911, Jean Dumarchey a participé à plusieurs campagnes en Algérie et au Maroc. D'octobre 1911 au mois de juin de l'année suivante, il se trouve au Tonkin. En 1912, il est au 2e Étranger, légionnaire toujours de 2e classe ; il n'a pas regagné ses galons. Quand il arrive au terme de son engagement de cinq ans, il a surtout accumulé les punitions : 300 jours de prison dont 88 de cellule, 19 jours de salle de police et 36 de consigne, si ce que l'on raconte est vrai ! Mais alors, c'est la guerre qui éclate. Il doit continuer à se battre, dans l'infanterie coloniale, semble-t-il, et non plus la Légion. De son côté, Pierre Mac Orlan est mobilisé. Lui aussi va se battre : il est incorporé au 69e RI puis au 269e en tant que soldat de 2e classe. En 1916 il devient mitrailleur au 226e RI. Le 14 septembre 1916, au cours de l'attaque de la colline de Mont-Saint-Quentin, près de Péronne, sa ville natale, il est blessé dans le bois des Berlingots, après avoir exécuté plusieurs missions d'agent de liaison qui lui valent d'être décoré de la croix de guerre avec une citation à l'ordre du régiment. L'atteinte, bien que légère, entraîne sa réforme le 8 décembre 1917, au terme de plusieurs mois d'hospitalisation et de soins à Ouistreham puis à Paris. Il est promu chevalier de la Légion d'honneur le 30 septembre 1920 (André Malraux le fera commandeur en 1966). Désormais, il va pouvoir se consacrer à la littérature.

En 1917, il a publié chez Payot ses souvenirs de guerre : *Les Poissons morts*, illustrés par Gus Bofa. À cette même époque il collabore – notamment – au périodique né dans les tranchées grâce à l'énergie d'un journaliste combattant, Jean Galtier-Boissière : *Le Crapouillot*.

Il y côtoie Dominique Braga. Ce dernier, qui se fera un nom comme journaliste sportif, d'origine étrangère et volontaire pendant le conflit, signe, également dans *Le Crapouillot*, plusieurs articles sur les légionnaires dont il tente de définir l'esprit : « frondeur, entêté, indépendant [...], propre, fier, faraud, aventureux »... Ce ne sont pas seulement des militaires mais de « véritables aventuriers », s'exclame Pierre Mac Orlan dans le même journal en 1918 : « ils connaissent ce cafard spécial et littéraire qui les tourmente comme le vent de la mer tourmente les matelots débarqués depuis trop longtemps » ; ce cafard qui les conduit à s'échapper hors du monde pour aller vers d'autres horizons, « car l'aventure est dans l'imagination de celui qui la désire ».

Cette aventure vers laquelle tendent les personnages de l'écrivain et qu'il a choisi de célébrer est présentée aussi bien dans ses reportages que dans les nombreux romans qui vont bientôt lui apporter la notoriété : *Le Chant de l'équipage* (1918) ; *La Cavalière Elsa* (1921) ; *Marguerite de la nuit* (1925) ; *Le Quai des brumes* (1927) ; *La Bandera* (1931) ; *L'Ancre de miséricorde* (1941)... Cependant, elle est rarement heureuse. La plupart de ses héros sont des garçons poursuivis par ce qu'il nomme « la mauvaise chance ». Lui-même pourtant a connu peu d'années vraiment difficiles. Certes, ses débuts dans la littérature ont été laborieux. Il a même traversé des périodes de misère. Mais c'est plutôt son frère qui est le modèle de ces rebelles dont le seul destin semble être la mort. Ils ont souvent, comme lui, un passé de légionnaires : ainsi Pierre Gilieth, le héros de *La Bandera* (la légion étrangère espagnole), ou bien le personnage de la chanson *Bel-Abbès*. Composée sur une musique de V. Marceau (1902-1990) et enregistrée en 1957 par Monique Morelli (1923-1993), elle fait entendre un couplet qui, chez l'auteur, devient un refrain lancinant : il faut payer. « Que veux-tu que je foute, le passé me dégoûte, j'ai construit la route en payant *besif*. C'est la fin des choses et la boucle est close ; c'est la fin de la danse, on paye, on recommence. » Dans « Prince du sang, soldat au 2e Étranger », l'une des *Histoires de soldats de 1270 à 1930*, ce soldat que l'on surnomme « Prince du sang » déclare que pour acquérir son allure aristocratique il a payé « et payé comptant. D'ailleurs, la vie ne m'a jamais fait crédit ».

De ces hommes écrasés par une réalité impitoyable qui prend l'allure d'une malédiction contre laquelle il semble inutile de lutter, la vie exige donc qu'ils règlent leurs dettes sans délai.

Pierre Mac Orlan va consacrer plusieurs ouvrages à la Légion étrangère. Le dernier, en 1952, est illustré par le peintre Andréas Rosenberg et préfacé par le général Kœnig. Deux ans plus tôt l'écrivain est entré à l'académie Goncourt. Depuis le 8 avril 1913, il est marié avec Marguerite Luc, la belle-fille de Frédéric Gérard, du Lapin agile. La plupart du temps, le couple vit à Saint-Cyr-sur-Morin. C'est dans ce paysage tranquille d'une campagne où presque rien ne bouge que le romancier de l'aventure plus rêvée que réelle meurt le 27 juin 1970.

France Marie FRÉMEAUX

Bibl. : Bernard Baritaud, *Pierre Mac Orlan, sa vie, son temps*, Genève, Droz, 1992 • Jean-Claude Lamy, *Mac Orlan l'aventurier immobile*, Albin Michel, 2002 • Pierre Mac Orlan, *Œuvres complètes*, éd. par Gilbert Sigaux, Genève, Cercle du bibliophile, 25 vol., 1969-1971.

MADAGASCAR. – Souvent surnommée « Grande Île » ou « Grande Terre », cinquième île du monde en termes de superficie, située à l'est de l'Afrique dont elle est séparée par le canal du

Mozambique, Madagascar a été l'objet de luttes d'influence entre l'Angleterre et la France depuis le XVIIe siècle. Cet affrontement souvent mené par des éléments maritimes légers, voire des pirates, n'a donné lieu à aucune intrusion coloniale réelle, en dehors de certains ports d'accès aisé, dont celui de Diégo-Suarez, avant que le traité de Berlin (1885) ne concède à la France le droit à coloniser ce pays. Après plusieurs démonstrations de force, elle obtient alors la mise en place d'un protectorat *de facto* qu'un ultimatum vise à transformer en protectorat *de jure* en octobre 1894. L'échec de cet ultimatum conduisit à une expédition militaire de conquête à laquelle prit part un bataillon de Légion étrangère, fourni par moitié par chacun des deux régiments étrangers.

Forte du volume d'une division, la colonne française, aux ordres du général Duchesne, compte quinze bataillons métropolitains, coloniaux, indigènes et légionnaires. Elle quitte la côte occidentale de l'île à Majunga le 4 mai, dans le dessein de rejoindre Tananarive, 442 km plus à l'est. La mixité de la troupe – issue pour plus de la moitié d'unités métropolitaines sans expérience des colonies –, la lourdeur de la logistique, le climat étouffant et les difficultés du terrain manquent de faire échouer cette expédition. Il faut de plus construire une route sommaire afin de faire passer des petites voitures hippomobiles type Lefebvre, rapidement surnommées « La Fièvre » par la troupe. La situation se dénoue cependant grâce à la belle tenue du bataillon de Légion à Andriba (fin juillet), puis aux opérations de la colonne légère lancée sur Tananarive, notamment à Tsinainondry (15-16 septembre) et Alakamisy (27 septembre). En effet, à partir du 14 septembre, le général Duchesne scinde ses forces en deux. Laissant Andriba à la garde des convalescents et des plus faibles, abandonnant les voitures Lefebvre pour quelques mulets bâtés, il prend la tête d'une colonne légère formée des soldats valides, qui lui donnent rapidement le surnom de « Marche ou crève ». Après quelques escarmouches et une volée de coups de canon de montagne sur le palais royal, la capitale malgache tombe sans combats le 1er octobre 1895. Le bataillon de Légion quitte alors l'île et retrouve l'Algérie. Ses pertes sont évaluées à 226 hommes dont seulement 5 tués par les balles ou les flèches de l'ennemi, le reste étant tombé sous le coup des fièvres. Dans leurs rangs, on relève le cas du chef de bataillon Barre, commandant l'unité de Légion au début de la campagne, mort en moins de trois heures d'un accès de fièvre. Le bataillon quitte Madagascar en décembre 1895, il est dissous dès son retour en Algérie. À la tête d'une de ses compagnies s'était illustré le capitaine Brundsaux.

La mise en place du protectorat, fin 1895, et son évolution en colonie, le 6 août 1896, provoquent la colère des Malgaches Hovas, privés du pouvoir, qui prennent la tête d'une révolte quasi générale, dite « des Menalamba », dès le printemps 1896. Le général Gallieni, désigné comme gouverneur général de la colonie, organise un nouveau corps expéditionnaire pour dégager la capitale menacée. En choisissant ses troupes avec soin, il aurait eu cette parole rapportée dans *Le Livre d'or de la Légion étrangère* : « Je sollicite l'autorisation d'amener avec moi un bataillon de la Légion étrangère, afin de pouvoir, le cas échéant, mourir convenablement. » Le chef de bataillon Cussac prend la tête d'un bataillon de marche constitué de nouveau à partir des deux régiments étrangers. La pacification, après l'exécution de deux ministres et l'exil de la reine Ranavalona III, porte sur un désarmement des groupes armés menalamba, et surtout une remise en état des marchés, ainsi que la création d'écoles. Dans ce rôle de soldats qui se battent par le fusil et par la pioche, les légionnaires font merveille dans les régions de Tuléar, Tamatave, Ambatomango et en Emyrne confiées à leur charge. Les légionnaires du bataillon de Légion se battent en pays sakalave et autour de Tuléar de 1897 à 1898, puis contribuent à la construction de routes dont celle d'Ambre dans le nord de l'île, et de positions fortifiées comme celles de Diégo-Suarez et Behara. Leur destin croise alors de grands noms, dont celui du colonel Joffre, officier du génie chargé de la fortification de la région de Diégo-Suarez. Malgré une nouvelle révolte en 1904, la Grande Île est considérée comme pacifiée l'année suivante et le bataillon de Légion la quitte en 1905. Dans les rangs de cette dernière relève servait le lieutenant Paul Rollet. La Légion étrangère reste ensuite absente de Madagascar pendant plus de quarante ans.

Le 29 mars 1947, une insurrection nationaliste se produit et frappe à la fois les Européens de l'île, les troupes supplétives fidèles et les employés des plantations. La Légion étrangère fournit alors un bataillon renforcé qui entre dans la composition des troupes envoyées au gouverneur de Coppet, sous le commandement du général Garbay. Le 2e bataillon du 4e régiment étranger d'infanterie (REI), aux ordres du chef de bataillon Perin, quitte Fès au Maroc le 2 juin pour Madagascar où il débarque le 28 du même mois. En opérations autour du port de Tamatave sur la côte est, puis sur les hauts plateaux autour d'Ambositra, il bénéficie de l'appui des Jeep blindées du 4e escadron du 2e régiment étranger de cavalerie et d'une compagnie de génie, tous deux formés par la Légion pour la circonstance. Sous l'appellation de « groupement des unités de Légion étrangère à Madagascar », ces unités finissent la partie militaire de la campagne en 1948 et se consacrent ensuite à des travaux du génie qui ne prendront fin que le 15 décembre 1951 avec leur départ pour l'Afrique du Nord : des routes, des ponts et des casernements, mais aussi des plantations d'arbres et des terrassements pour des jardins agricoles.

En novembre 1956, dans le cadre général des tensions créées par la nationalisation du canal de Suez et donc de l'importance croissante de la navigation dans le canal de Mozambique, la base navale de Diégo-Suarez est renforcée. Une unité de Légion, aux ordres du chef de bataillon Jouandon, est constituée pour en assurer la sécurité terrestre. Sous les appellations de « détachement, puis de bataillon de Légion étrangère à Madagascar », cette unité tient garnison à Diégo-Suarez, Joffreville et Ankorika, intégrant en son sein en 1957 la structure amphibie du centre d'instruction au débarquement de Cap Diego. Chaque garnison périphérique est confiée à une compagnie de combat et la compagnie de commandement est implantée à Diégo-Suarez. En 1962, avec la redistribution des unités de Légion étrangère, ce bataillon fusionne avec le 3e REI qui conservera les mêmes missions et garnisons jusqu'en août 1973, date à laquelle la Légion quitte définitivement ses cantonnements de Madagascar.

Elle laisse cependant derrière elle un détachement aux Comores, puis à Mayotte, qui, depuis la normalisation des rapports entre la France et la république de Madagascar, mène des exercices d'entraînement conjoints entre ses unités et celles de l'armée malgache. De plus, un certain nombre d'initiatives diplomatiques ou privées contribuent à l'entretien des cimetières de la région de Diégo-Suarez où reposent près d'une centaine de légionnaires.

Philippe GUYOT

MADER, sous-lieutenant Max Emmanuel (1880-1947). – Officier servant à titre étranger, cité en exemple dans *Le Livre d'or de la Légion étrangère*, Max Emmanuel Mader est né en 1880 à Giegen, en Allemagne. Il travaille très tôt comme maçon, avant d'être appelé pour faire son service militaire dans le génie. Pris comme souffre-douleur par un caporal wurtembergeois, il déserte, quitte son pays d'origine pour la Suisse et finit par s'engager à la Légion étrangère en 1899. Il sert pendant son premier contrat au 1er régiment étranger (RE) dans le Sud oranais. Rengagé au 2e RE, il est caporal en 1909 puis sergent en 1911 sous les ordres du capitaine Rollet. Naturalisé français, il fait partie du noyau de formation du 2e régiment de marche du 2e RE et part pour le front fin août 1914.

Engagé dans la région de Craonnelle, dans l'Aisne, il y gagne les galons d'adjudant le 20 novembre 1914. Apprécié par ses camarades qui connaissent la valeur de son engagement contre son pays d'origine, il entre peu à peu dans la légende. Dans son récit du combat de Belloy-en-Santerre, en juin 1916, le sergent Henry Maladry parle de lui comme d'« un as », au même titre que ceux de l'aviation. Fort de ces qualités militaires reconnues et précédé de cette réputation, Mader prend définitivement le chemin de la renommée au cinquième jour des combats d'Aubérive en avril 1917. Chef de section à la 6e compagnie du régiment de marche de la Légion étrangère (RMLE), alors que l'offensive est arrêtée dans la plupart des secteurs, il mène d'initiative, avec la dizaine de légionnaires qu'il rassemble, un assaut à la grenade qui permet d'épargner à une unité du 168e régiment d'infanterie de s'engager sous le feu de mitrailleuses ennemies, au risque d'être exterminée. Puis, emporté par son élan, il poursuit son mouvement dans les lignes allemandes et s'empare d'une unité d'artillerie insuffisamment gardée. Ce fait d'armes lui vaut d'être cité pour la troisième fois, d'être fait chevalier de la Légion d'honneur, le 18 mai 1917, et de gagner le galon de sous-lieutenant à la fin de cette même année. D'origine allemande, en ayant conservé un accent marqué et un caractère entier, Mader est le symbole du légionnaire dont la fidélité à la patrie d'accueil l'emporte sur l'attachement à la patrie d'origine : « Sous-officier d'une bravoure et d'une énergie remarquables. Chef de section hors ligne, véritable entraîneur d'hommes. Toujours à la tête de sa troupe, s'est admirablement conduit au cours des combats des 17 au 21 avril 1917. Par d'heureuses dispositions et le tir précis de ses fusils-mitrailleurs, a assuré, avec sa section, la capture d'une batterie ennemie, mettant en fuite une compagnie qui la soutenait. Déjà deux fois cité à l'ordre » (troisième citation de l'adjudant-chef Mader, intégralement reprise dans *L'Illustration*, n° 3907, 19 janvier 1918, p. 55).

Nommé à la tête de la section des pionniers du RMLE par le lieutenant-colonel Rollet, il remplit alors des missions de soutien. Mais le 12 juin 1918, lors de l'attaque allemande sur Ambleny et Courtecon, pour tenter de fermer la brèche ouverte dans le secteur du 73e RI, il est blessé très grièvement au cours de la contre-attaque à l'ouest du ravin de Saint-Baudry et évacué sur Villers-Cotterêts. Déposé par erreur dans la nef d'une église, il revient à lui parmi les morts puis est dirigé vers un hôpital où il est amputé du bras gauche. Réformé, il est recruté après guerre par l'administrateur du palais du Rhin à Strasbourg, dont il deviendra le surveillant principal. À ce poste pendant près de trente ans, il parvient à survivre pendant l'Occupation, réussissant à tromper les Allemands en feignant d'être sourd et muet. Commandeur de la Légion d'honneur (1920) et médaillé militaire (1915), le sous-lieutenant Mader était titulaire de 8 citations.

Philippe GUYOT

MADSEN, Chris (1851-1944). – Les légionnaires, à qui la réputation d'affabulateurs colle parfois à la peau, ont à cet égard un héraut en la personne de Chris Madsen, aventurier d'origine danoise, qui a prétendu avoir servi dans l'armée de son pays et dans la Légion. En réalité, entre 1869 et 1874, le jeune homme subit une peine de prison pour fraudes et escroquerie. Déjà, ses geôliers décrivent le détenu comme intelligent mais froid et calculateur. Exilé aux États-Unis, selon certaines sources plutôt « expulsé » par le gouvernement danois qui se serait ainsi débarrassé à bon compte d'un citoyen peu recommandable, il peut entamer sa vie d'aventures. Elle offre une riche palette d'expériences dignes d'un roman. Il endosse en effet la tunique bleue du 5e de Cavalerie avant de servir comme éclaireur (scout) auprès du général Custer, puis quitte l'armée en 1889 pour accepter un poste de shérif dans l'Oklahoma et se rend célèbre par ses exploits, toujours à la recherche des *outlaws* qu'il n'hésite pas à abattre. Le héros de Far West devient US Marshall en 1910. Il meurt à l'âge de quatre-vingt-treize ans au Mansonic Hospital d'Oklahoma City. La réputation de la Légion étrangère, au début du XXe siècle, qui dépassait les frontières de l'Europe, notamment avec l'essor du cinéma aux États-Unis, peut expliquer ce mensonge de Madsen qui soignait sa réputation. On peut aussi avancer que celui qui avait revendiqué d'avoir été légionnaire a probablement été influencé par l'exemple de son illustre compatriote Aage de Danemark.

André-Paul COMOR

Bibl. : Homer Croy, *Trigger Marshal, the Story of Chris Madsen*, New York, Duell, Sloan and Pearce, 1958 • Nancy B. Samuelson, *Shoot from the Lip : the Lives, Legends and Lies of the three Guardsmen of Oklahoma and US Marshal Nix*, Eastford (Connecticut), Shooting Star Press, 1998.

MAGENTA, bataille de (4 juin 1859). – La bataille de Magenta, opposant en Italie (Lombardie) les forces françaises aux Autrichiens, est le meilleur exemple de la fuite en avant qui caractérise la tactique de l'armée française sous le Second Empire : la volonté de vaincre quoi qu'il en coûte des bataillons et des régiments marchant à l'ennemi tient lieu de manœuvre. Cette bataille se déroule sur un terrain coupé de haies ou de canaux et parsemé de villages qui rendent la progression difficile et désorganisent les formations d'attaque. Aussi les bons tireurs et les unités les plus solides sont-ils favorisés.

Les hostilités débutent le 4 juin en matinée par un combat de rencontre opposant le 2e corps d'armée, dont fait partie la brigade de Légion étrangère, à trois colonnes autrichiennes. L'issue semblant incertaine, le colonel de Chabrières, commandant le 2e Étranger, lance : « Sacs à terre. En avant ! » Les légionnaires des deux régiments et les corps voisins reprennent l'initiative. La mort du colonel n'arrête pas leur élan qui ramène les Autrichiens trois kilomètres en arrière. Ceux-ci s'appuient sur une voie ferrée et repoussent un moment les légionnaires qui reprennent leur mouvement en avant lorsque le 2e corps d'armée se lance à l'attaque de Magenta en fin d'après-midi. Ils pénètrent dans l'agglomération, ce qui fait dire au général de Mac-Mahon : « La Légion est à Magenta, l'affaire est dans le sac. » En réalité, deux heures sont nécessaires pour s'emparer d'une ville que les Autrichiens défendent maison par maison. Au soir de cette bataille, la Légion compte 4 officiers et 55 sous-officiers et hommes de troupe tués.

Henry DUTAILLY

MAGRIN-VERNEREY, général Raoul, dit Monclar (1892-1964). – Né à Budapest, Raoul Magrin-Vernerey fait ses études à Besançon, au lycée Victor-Hugo, puis au petit séminaire d'Ornans. Il a à peine quinze ans et demi lorsqu'il souhaite s'engager dans la Légion étrangère. Refoulé en raison de son jeune âge, il reprend ses études et est admis à Saint-Cyr en 1912 (l'année où de Gaulle et Juin en sortent). Il achève sa formation en 1914 (promotion « de Montmirail ») au grade de sous-lieutenant. En août de cette même année, il est affecté au 60e régiment d'infanterie (RI) avant de passer au 260e RI. Il fait une guerre exceptionnelle : en 1918, il est capitaine, titulaire de 11 citations et chevalier de la Légion d'honneur. Surtout, ce guerrier hors du commun a été sept fois blessé : réformé à 90 %, il a eu la cuisse fracturée par balle, le bras droit brisé par l'explosion d'une grenade, deux blessures à la tête imposant deux trépanations, les yeux brûlés par des gaz.

Son parcours militaire, ensuite, est exemplaire de celui d'un officier de l'armée coloniale. À la fin de la guerre, il rejoint l'armée du Levant, dans les nouveaux mandats (Syrie, Liban) que la Société des nations a confiés à la France. Lors des opérations de pacification menées par le général Gouraud contre l'émir Fayçal (1920-1921), il est cité à deux nouvelles reprises. En mars 1924, il rejoint enfin la Légion étrangère qui lui est si chère : d'abord au 1er, puis au 3e régiment étranger d'infanterie (REI) avec lequel il prend part à la guerre du Rif, au Maroc, sous les ordres du maréchal Pétain (1925). Promu chef de bataillon en 1928, il sert de nouveau au Levant, retrouve la Légion en 1931 (et ne la quittera plus désormais), revient au Maroc (2e REI), est affecté au Tonkin (5e REI). En janvier 1938, il est de retour en Algérie pour commander, à Saïda, le bataillon d'instruction de la Légion. Promu lieutenant-colonel en juin suivant, il retourne à nouveau au Maroc où il est commandant en second du 4e REI.

Après la déclaration de guerre, il est placé, le 23 février 1940, à la tête des deux bataillons de marche de Légion qui constituent la 13e demi-brigade de Légion étrangère (DBLE) destinée à former, avec les chasseurs alpins du général Béthouart, un corps expéditionnaire en Norvège. Sous ses ordres, au printemps 1940, la 13e DBLE s'illustre dans les prises de Bjerkvik (13 mai) et Narvik (du 28 mai au 2 juin). À Narvik, les légionnaires parviennent à libérer 60 prisonniers alliés, font 400 Allemands prisonniers et capturent 10 canons ainsi qu'un très important matériel.

Rapatrié en France le 16 juin 1940, le corps expéditionnaire est finalement évacué en Angleterre. À titre personnel, Magrin-Vernerey quitte la France sur un cargo, avec d'autres officiers de la « 13 », depuis le petit port breton de Saint-Jacut-de-la-Mer (19 juin 1940). Sitôt arrivé en Grande-Bretagne (le 21 juin), il se rallie au général de Gaulle. Le 1er juin, au camp de Trentham Park, la grande majorité des légionnaires de la « 13 » (989 sur 1 619) et la quasi-totalité de ses officiers suivent l'exemple venu d'en haut et forment le premier noyau des forces françaises libres (FFL). Chez les chasseurs alpins de Béthouart, les chiffres sont tout autres : à peine une trentaine de ralliés sur les 700 chasseurs. Promu colonel, Magrin-Vernerey adopte alors le surnom de Monclar, du nom du village de Monclar-de-Quercy, dans le Tarn-et-Garonne, d'où sa famille est originaire. « Mince et de taille moyenne, le visage énergique, 20 fois raccommodé à la suite de blessures sur tous les champs de bataille, il est une extraordinaire figure de soldat. Il porte sur sa poitrine les témoignages éclatants de ses faits d'armes » : tel apparaît, selon le témoignage du capitaine Dewavrin dans ses *Souvenirs. 2e Bureau Londres* (1947), le soldat de légende qui a conduit les légionnaires à la victoire de Narvik.

Dès lors, son destin est lié à celui des FFL, même si, pour des raisons éthiques et politiques, il n'y fera pas la brillante carrière que son passé, ses immenses qualités et son ralliement précoce lui promettaient. C'est d'abord l'Afrique : Monclar participe à la tête de la 13e DBLE à la malheureuse expédition de Dakar (23-25 septembre 1940), avant de prendre le chemin de Freetown et de Douala. En novembre 1940 survient le premier incident. Monclar refuse de participer aux combats fratricides liés à la conquête du Gabon par les FFL, se retranchant derrière les statuts de la France Libre qui prévoient que ses armes ne seront pas tournées contre la France. De Gaulle ne lui en tient pas rigueur et le place, au début de 1941, à la tête de la brigade française d'Orient (BFO) qui doit participer, aux côtés des Britanniques, à la conquête de l'Érythrée. Outre un important noyau de Légion (1er bataillon de la 13e DBLE), la BFO comprend principalement le bataillon de marche no 3 (commandant Garbay), venu d'Afrique-Équatoriale française, une compagnie du 1er bataillon d'infanterie de marine (capitaine Savey), un escadron de spahis marocains (capitaine Jourdier) et un groupe d'artillerie coloniale (capitaine Laurent-Champrosay). Monclar joue un rôle décisif dans les brillantes victoires de Kub-Kub (18 février), de Keren (26 février) et, surtout, de Massaoua (13 avril). Il pénètre lui-même le premier dans cette ville et fait prisonnier l'amiral Bonatti, commandant en chef italien en Afrique orientale, le général commandant en chef en Érythrée et six autres officiers généraux. Au total, sans compter la garnison de 14 000 hommes, 449 officiers italiens sont capturés. C'est sans doute, par l'ampleur des prises, l'audace et le brio de la manœuvre et l'impact stratégique (la mer Rouge et donc la route de Suez sont rouvertes à la navigation), la plus grande victoire FFL de la guerre.

En juin 1941 survient le second incident grave. Alors que de Gaulle, à la veille de la campagne de Syrie, a laissé chacun libre de son choix et annoncé qu'aucune décoration ne serait décernée, Monclar refuse à nouveau de combattre des Français, fussent-ils vichystes, et le lieutenant-colonel Amilakvari lui succède à la tête de la 13e DBLE. Cette fois, de Gaulle n'absout pas le rallié de juin 1940. Même si sa disgrâce n'eut jamais aucun caractère officiel ou dramatique, elle n'en fut pas moins réelle et, après la campagne de Syrie, Monclar dut se contenter d'affectations ronflantes, mais de second ordre. En octobre 1941, il est ainsi chargé d'administrer le territoire des Alaouites tout en prenant le commandement des troupes terrestres en Syrie. Promu général de brigade en décembre 1941, il est placé à la tête des troupes terrestres de Grande-Bretagne (décembre 1942-novembre 1943) avant de revenir au Levant en tant qu'adjoint au général commandant supérieur des troupes, puis de prendre lui-même le commandement en chef. À ce titre, il dut faire face à l'insurrection syrienne de mai-juin 1945 et à la fin dramatique des mandats français.

En 1946, il est promu général de division et nommé adjoint au général commandant les forces en Algérie. En juin 1948, il devient inspecteur de la Légion étrangère dont il visite les unités aux quatre coins du monde – en Algérie, au Maroc, à Madagascar, en Indochine (1948-1950). Général de corps d'armée en 1950, il choisit de terminer sa carrière par un ultime acte de panache et de bravoure. En juin, alors qu'il a cinquante-huit ans et qu'il est déclaré invalide à 100 %, il renonce à ses quatre étoiles pour de modestes galons de lieutenant-colonel afin de prendre le commandement du bataillon français qui part combattre en Corée dans le cadre des forces de l'ONU. Il reçoit alors sa dernière citation à l'ordre de l'armée.

Il achève sa carrière en 1962 au poste de gouverneur des Invalides et meurt le 3 juin 1964. Inhumé dans le caveau des Gouverneurs, en l'église Saint-Louis, cet immense soldat de quatre guerres, légionnaire dans l'âme, est l'officier français le plus décoré de sa génération. Parmi ses innombrables décorations, on peut retenir 22 citations (record partagé et sans doute imbattable avec le général Roumiantzoff, autre légionnaire de légende et héros de la France Libre), la grand-croix de la Légion d'honneur et la croix de la Libération, décernée par de Gaulle le 1er juin 1943. En outre, la promotion de Saint-Cyr de 1984-1987 porte son nom. Pourtant, par idéalisme, ce très grand soldat a partiellement raté le rendez-vous de la France Libre et, par là, celui d'un destin éclatant. Par un cruel paradoxe, celui qui avait sans doute l'étoffe d'un Leclerc ou d'un Kœnig n'a jamais commandé de façon opérationnelle des forces supérieures à celles d'une brigade.

Jean-François MURACCIOLE

Sources : Archives de l'ordre de la Libération.
Bibl. : André-Paul Comor, *L'Épopée de la 13e demi-brigade de Légion étrangère, 1940-1945*, Nouvelles Éditions latines, 1988 • Yves Gras, *La 1re DFL, les Français libres au combat*, Presses de la Cité, 1983 • Jean-Christophe Notin, *1 061 Compagnons, histoire des Compagnons de la Libération*, Perrin, 2000 • Edme des Vollerons, *Le Général Monclar. Un condottiere du XXe siècle*, Economica, 2000.

MAHUT, Maurice (1878-1929). – Le nom du peintre militaire Maurice Mahut est associé au monument aux morts de la Légion étrangère érigé à Sidi-Bel-Abbès en 1931 et transféré par la suite au nouveau quartier Vienot, celui d'Aubagne. Aux quatre coins du bloc de marbre carré qui soutient une énorme sphère de métal se tiennent debout des légionnaires inspirés de ses tableaux. Il est également l'illustrateur du livre de Georges d'Esparbès *Les Mystères de la Légion étrangère* (1912). La couverture représente un légionnaire très barbu, sac au dos et portant ses cartouchières sur la poitrine. À la main, il tient un fusil, la crosse à terre. Il est habillé d'un pantalon blanc et d'un manteau bleu dont les pans relevés permettent de voir la ceinture qui lui ceint la taille, de couleur verte. Un loup de comédie lui cache les yeux. On le retrouve, ce soldat, à visage découvert, un peu plus loin : campé au milieu d'un fort en ruine où pousse un palmier, il allume sa pipe, les yeux mi-clos, l'air indifférent. Et plus que dans son « épiphanie masquée », si l'on peut dire, il paraît correspondre ainsi à l'archétype du légionnaire (« un homme qui pousse la vie devant lui, sans autre souci que celui de profiter du moment présent », a-t-on écrit à propos d'une œuvre d'Andréas Rosenberg). Plongé dans l'instant présent, il est capable de s'abstraire de ce qui l'entoure ; il accorde toute son attention au moindre petit geste qu'il accomplit.

La plupart des autres gravures de Maurice Mahut qui illustrent le texte sont purement documentaires. Accompagnées de quelques explications, elles permettent de mieux voir l'uniforme du légionnaire et de suivre par exemple la progression des cartouchières, depuis celles d'Afrique qui faisaient que l'on surnommait les légionnaires de la guerre de Crimée les « Ventres de cuir » tant elles étaient grandes, jusqu'à celles que l'on appelle « Négrier » parce que c'est le général de Négrier qui les a rendues réglementaires – pendant sur la poitrine et fabriquées à leur apparition en 1881 avec une serviette et des bretelles, puis en cuir, elles dispensent les hommes d'aller chercher les munitions dans leur sac à dos.

Une photographie présente le peintre lui-même dans son atelier alors qu'il entreprend le portrait du légionnaire Haberthur, grièvement blessé en juillet 1910 au combat de Moul el-Bacha (Maroc) et décoré de la Légion d'honneur. Habillé de façon très classique, le peintre est un homme encore jeune, les cheveux noirs, portant des lunettes. Rien, évidemment, ne laisse supposer que, dans moins de vingt ans, il sera trop malade pour participer au *Livre d'or de la Légion étrangère*.

France Marie FRÉMEAUX

MAINE, capitaine Philippe (1830-1893). – Comme Jean Danjou, rien ne prédispose Philippe Maine à une carrière militaire. Son père, maître bottier, souhaite transmettre à son seul fils une entreprise prospère – si l'on en croit la qualité de la maison familiale. L'engagement de deux ans pour les zouaves qu'il souscrit à vingt ans ne lui offre aucune possibilité d'avancement dans une armée fondée sur un service militaire de sept ans. Rendu à la vie civile, l'avenir que son père lui propose ne l'intéresse pas. La déclaration de guerre à la Russie par la France le 27 mars 1854 crée alors l'occasion qui lui permet de s'affranchir de la volonté paternelle : il s'engage au 4e bataillon de chasseurs à pied (BCP) qui combat en Crimée en 1855.

Philippe Maine s'y distingue : caporal en mars, il reçoit une blessure et une promotion au grade de sergent en juin puis est sergent fourrier en août et reçoit une deuxième blessure en septembre. À la suite d'une action d'éclat lors de la prise du Mamelon vert (7 juin 1855), dont nous savons seulement qu'elle lui a valu une nouvelle blessure, le sergent Maine est fait chevalier de la Légion d'honneur le 10 avril 1856. Rapatrié en France avec son bataillon, il s'adapte mal à la vie en métropole en temps de paix, rend ses galons et se fait affecter au 2e régiment de zouaves puis au 1er bataillon d'infanterie légère d'Afrique où il retrouve son emploi de sergent fourrier. Une seconde remise de galon permet son affectation comme Français servant à titre français au régiment étranger et son départ pour le Mexique. On connaît le rôle qu'a tenu le caporal Maine dans les dernières minutes du combat de Camerone dont, par tradition, la Légion étrangère célèbre le souvenir avec le texte officiel suivant : « [...] L'assaut final est donné. Bientôt, il ne reste autour du sous-lieutenant Maudet que 5 hommes : le caporal Maine, les légionnaires Catteau, Wensel, Constantin et Léonard. Chacun garde une cartouche : ils ont la baïonnette au canon et, réfugiés dans un coin de la cour, le dos au mur, ils font face ; à un signal, ils déchargent leurs fusils à bout portant sur l'ennemi et se précipitent sur lui à la baïonnette. Le sous-lieutenant Maudet et deux légionnaires tombent, touchés à mort. Maine et ses deux camarades vont être massacrés quand un officier mexicain se précipite sur eux et les sauve ; il leur crie : “Rendez-vous ! – Nous nous rendrons si vous nous promettez de relever et de soigner nos blessés et si vous nous laissez nos armes." Leurs baïonnettes restent menaçantes. "On ne refuse rien à des hommes tels que vous !" répond l'officier. [...] »

Rentré de captivité le 15 juillet 1863, Philippe Maine est nommé sergent peu après puis sous-lieutenant le 13 septembre suivant. Promu lieutenant en 1867, c'est un officier de troupe solide et dévoué. Sa mutation dans un régiment de ligne au retour du Mexique ne le satisfaisant pas, il obtient en 1868 de passer dans l'infanterie de marine pour servir outre-mer. Alors qu'il est présent en Cochinchine, l'état de sa santé exige un rapatriement sanitaire qui lui permet de combattre à Bazeilles (Ardennes), le 1er septembre 1870, dans les rangs de la « division bleue ». Prisonnier, il s'évade par la Belgique et rejoint la base de son régiment. Promu capitaine puis, dans l'armée auxiliaire, lieutenant-colonel commandant un régiment de la garde nationale mobile, il ne combat plus au cours de la guerre franco-allemande et redevient capitaine à la dissolution de son régiment en mars 1871. Rentré affaibli plus moralement que physiquement d'un séjour au Sénégal, Philippe Maine est mis en non-activité pour infirmités temporaires puis à la retraite le 13 septembre 1878.

Retraité, il demande une recette buraliste qui lui est refusée malgré l'intervention d'une haute personnalité. Il meurt à Douzillac (Dordogne) le 17 juin 1893. Le capitaine Maine était officier de la Légion d'honneur depuis le 3 mai 1871.

Damien & Henry DUTAILLY

Sources : SHD-Terre, 3Ye 5915.

MAIRE, colonel Fernand (1876-1948). – Fils de militaire, né le 28 décembre 1876 à Saint-Pierre-de-Quiberon, Fernand Maire fait sa scolarité au prytanée militaire de La Flèche (1887-1895), prépare le concours d'entrée à l'École spéciale militaire de Saint-Cyr et s'engage en 1897 au 67e régiment d'infanterie (RI). Il réussit à gagner ses épaulettes à l'école militaire de l'infanterie de Saint-Maixent qu'il intègre en avril 1900. Après avoir passé douze ans dans l'infanterie métropolitaine, il rejoint la Légion étrangère et prend le commandement de la 2e compagnie du 2e régiment étranger (RE), à Colomb-Béchar, le 20 mai 1914.

Au printemps 1916, volontaire pour servir sur le front, il prend un commandement au 2e régiment de tirailleurs devant Verdun et est affecté en octobre au régiment de marche de la Légion étrangère (RMLE). À la tête de la 1re compagnie, il se signale lors de l'offensive des Monts-Champagne (avril 1917) en conduisant un assaut surprise qui devance la préparation d'artillerie et neutralise les guetteurs allemands des premières lignes dans la région dite du « golfe d'Aubérive ». Désigné pour accompagner le drapeau du RMLE à la cérémonie du 14 juillet 1917, il reçoit la croix de la Légion d'honneur et la fourragère vert et jaune des mains du président de la République.

Il ne cesse de se dépenser dans les derniers mois de la guerre. Sa témérité devenue légendaire lui vaut d'être blessé deux fois, devant Flirey en janvier 1918 et à la lisière du bois de Hangard le 26 avril suivant. Après quatre mois d'hôpital, il commande par intérim le 3e bataillon lors de la poussée vers la ligne Hindenburg et est blessé de nouveau sur le plateau de Laffaux.

Après la Grande Guerre, promu chef de bataillon, il ne quitte plus la Légion. Il commande successivement trois bataillons : le 2e du 2e régiment étranger d'infanterie (REI) en 1923, le 2e du 3e REI en 1924 au Maroc puis le 9e du 1er REI en 1927 au Tonkin. Promu lieutenant-colonel en 1930, il reçoit le commandement du 1er REI en 1934. Admis à la retraite à la fin de cette même année comme le général Rollet, son ancien chef de corps au RMLE, lui aussi atteint par la limite d'âge, il est rappelé au service actif comme colonel pour assurer l'organisation d'un nouveau régiment, le 11e REI, avec des renforts venant d'Algérie et les volontaires étrangers pour la durée de la guerre dont l'engagement est facilité par le gouvernement Daladier. Sa mission remplie, en mars 1940, usé, il doit céder le commandement à un officier plus jeune. Grand par la taille, le colonel Maire était un chef haut en couleur, dont la verve était connue de tous les légionnaires qui appréciaient ses qualités de cœur. S'il s'est montré, au feu, d'un grand courage, il reconnaissait volontiers que c'était au prix d'un effort constant pour surmonter sa peur, toujours avare du sang de ses légionnaires. Dans la grande tradition de la Légion de l'entre-deux-guerres, le colonel Maire était « d'Artagnan » – frondeur et souvent iconoclaste –, le troisième mousquetaire du général Rollet ; les deux autres étant les colonels Nicolas et de Corta. Il meurt le 6 octobre 1948 à l'hôpital du Val-de-Grâce, laissant deux versions de ses Mémoires, recueillies sous la plume de Jean-Pierre Dorian. Il était commandeur de la Légion d'honneur (1934) et titulaire de 6 citations.

Philippe GUYOT

Sources : DHPLE, historique du RMLE (1915-1918).
Bibl. : Jean-Pierre Dorian, *Souvenirs du colonel Maire de la Légion étrangère*, Albin Michel, 1939.

MAISONS DE RETRAITE. – *Voir* CENTRES D'HÉBERGEMENTS.

MALADIES. – Les soldats employés dans les colonies subissent les effets des climats et sont souvent durement touchés par des affections qui creusent les rangs des unités : dans certaines expéditions, les épidémies et fièvres diverses provoquent même des pertes supérieures aux combats. Les légionnaires ont largement compté parmi les victimes des désastres sanitaires de la colonisation au XIXe siècle. Dans les premières années de la conquête de l'Algérie, la malaria, le paludisme, la typhoïde et le choléra font des ravages. La situation sanitaire ne s'améliore ensuite que très lentement. En juillet 1833, plus de 60 % des légionnaires en garnison à Alger sont hospitalisés, 39,4 % en 1836 – avec un taux de mortalité de 18,6 % –, 9,2 % au 1er régiment étranger en septembre 1845 et 7,9 % seulement au 2e Étranger en novembre de la même année. Les causes sont connues : des marches épuisantes, des uniformes inadaptés au climat chaud, une nourriture insuffisante, des conditions climatiques inhabituelles pour des Européens, des cantonnements insalubres et pour couronner le tout des difficultés d'approvisionnement en eau de qualité.

La campagne de Crimée (1854-1856) n'épargne pas les légionnaires dont la résistance à la maladie est du meilleur effet sur le moral déjà sérieusement atteint par les difficultés du service de santé à juguler l'épidémie. Tant en Algérie en 1859 qu'au Mexique entre 1863 et 1867, les médecins militaires sont souvent impuissants. Cependant, en 1884, une sélection plus sévère des volontaires pour l'expédition de Formose permet d'envoyer des hommes plus robustes. En revanche, les légionnaires qui participent à la « pacification » du Tonkin résistent encore mal aux épidémies de choléra et de paludisme. En 1900, la première étude statistique du docteur Grall, médecin inspecteur du corps de santé des colonies, sur les pathologies des différents corps de troupe stationnés en Indochine depuis 1884 relève les pertes subies par les bataillons de Légion. Les légionnaires sont plus affectés par les pathologies en 1885 : 49 ‰ contre 20 ‰ pour l'infanterie de marine, mais 105 ‰ pour les bataillonnaires d'Afrique. Dix ans plus tard, le taux de mortalité reste encore élevé : sur la décennie 1886-1896, les quatre bataillons de Légion perdent 153 hommes par an ! Toutefois, le docteur Grall fait observer que ces statistiques doivent être interprétées en tenant compte des saisons et de l'implantation des unités. Selon l'article du colonel Tournyol du Clos paru le 1er mai 1936 dans le numéro 525 de *La Revue d'infanterie*, 2 705 hommes meurent de maladie contre 271 tués lors des opérations pendant l'expédition contre le roi Béhanzin au Dahomey (septembre-octobre 1892) – et les pertes par maladie sont encore élevées (35 % de l'effectif atteint de dysenterie amibienne) malgré la prise quotidienne de quinine. Cependant, les légionnaires ont mieux résisté que leurs camarades de l'infanterie de marine.

L'expédition de Madagascar, mal engagée par le général Duchesne en avril 1895, s'achève quant à elle par un désastre sanitaire sans précédent : 71 % des décès sont dus à la malaria. Le tiers du corps expéditionnaire, soit 4 614 hommes, est emporté par les maladies. Le bataillon de marche de la Légion (issu des deux régiments étrangers), qui compte 800 hommes, en perd 221, soit 27,5 % des effectifs, auxquels s'ajoutent 5 tués au combat.

Au XXe siècle, le « blédard », plus robuste, est mieux suivi par un service de santé plus près de la troupe. Les épidémies ont disparu et les cas de maladies comme la dysenterie amibienne, les diarrhées, le paludisme et autres ictères se font plus rares. En revanche, les précautions sanitaires prises en opérations ou dans les garnisons font reculer les maladies vénériennes – syphilis, blennorragie et chancre mou. Depuis la Seconde Guerre mondiale, le service de santé assure au légionnaire un suivi médical de qualité entre son incorporation et sa libération. La sélection devenue plus sévère permet par ailleurs de refuser les candidats dont la condition physique est jugée médiocre.

André-Paul COMOR

Bibl. : Charles Grall, *Pathologie exotique. Indo-Chine. Études statistiques et cliniques*, Saigon, Imprimerie coloniale, 1900.

MALAPARTE, Kurt Erich Suckert, dit Curzio (1898-1957). – Né à Prato en Italie d'un père allemand (d'origine saxonne) et d'une mère italienne, Kurt Erich Suckert fréquente le célèbre collège d'État Cicognini fondé par les Jésuites à la fin du XVIIe siècle lorsque éclate la Grande Guerre. L'adolescent, déjà attiré par les grands espaces et l'action, s'enthousiasme à l'annonce de la création d'une unité de volontaires italiens au sein de l'armée française et répond à l'appel des armes. À Nice, il réussit à s'enrôler pour la durée de la guerre dans la Légion étrangère, non sans avoir triché sur son âge. Mais l'historien est embarrassé lorsqu'il s'agit de le présenter comme légionnaire à part entière. En effet, son plus récent biographe, Maurizio Serra, relève les affabulations de Malaparte qui s'attribue deux blessures et deux citations alors qu'aucun document ne permet de confirmer sa participation en décembre 1914 aux combats sur le front de l'Argonne. Aucune mention de ses états de service n'a été retrouvée. Toutefois, les états nominatifs du 4e régiment de marche du 1er régiment étranger conservés au centre de documentation de la Légion étrangère mentionnent bien la date d'arrivée de l'engagé volontaire Kurt Suckert au dépôt d'Avignon – le 18 février

1915 – et celle de sa démobilisation, le 18 mars suivant, avec la plupart de ses compatriotes rescapés de l'Argonne. En revanche, il s'engage bel et bien dans l'armée italienne peu après l'entrée en guerre de son pays (mai 1915) dans le camp allié.

Somme toute fait-il partie des écrivains narcissiques épris d'action, poursuivis par les légendes nées de leur imagination. À ce titre, sans aucun doute peut-il figurer dans la galerie – incomplète et inachevée – des légionnaires d'occasion. Lyrique comme à son habitude, il n'a pas hésité à écrire que cette expérience a été « la plus belle page de [sa] vie. La page la plus pure », allant jusqu'à prétendre qu'il avait « versé son sang pour la France ».

André-Paul COMOR

Sources : DHPLE, états nominatifs des compagnies du 4e RM du 1er RE • SHD-Terre, 26N 861. **Bibl. :** Maurizio Serra, *Malaparte. Vies et légendes*, Grasset, 2011.

MANGIN, général Louis Eugène (1819-1867). – Né à Metz, en Moselle, Louis Mangin est le fils du bâtonnier des avocats de cette ville. À vingt ans, il s'engage au 10e régiment d'artillerie à Bourges pour se présenter au concours d'admission à l'École spéciale militaire de Saint-Cyr (ESM) en candidat militaire. Reçu en janvier 1841, il choisit le 2e régiment de la Légion étrangère à sa sortie de l'École le 1er avril 1843 : six mois plus tôt, quatre de ses anciens avaient été les premiers saint-cyriens à choisir ainsi la Légion à l'issue de leur formation. Le jeune officier va servir onze ans dans ce régiment, y étant promu lieutenant puis capitaine, nommé chevalier de la Légion d'honneur et cité deux fois. Affecté au bataillon de dépôt en 1854, il permute avec un capitaine du 2e régiment de voltigeurs de la Garde impériale pour participer à la guerre de Crimée. Il y est blessé par coup de feu au bras gauche pendant le siège de Sébastopol.

Promu chef de bataillon puis officier de la Légion d'honneur, Louis Mangin sert dans deux régiments de ligne avant d'être affecté au 2e Étranger. Le 24 juin 1857, le bataillon qu'il commande s'infiltre à l'abri des vues des défenseurs d'Icheriden (en Kabylie) et les attaque de flanc. Cette manœuvre contribue pour une large part à la prise du village. Elle lui vaut une citation et une promotion au grade de lieutenant-colonel dans un régiment de ligne.

Après avoir également combattu en Italie en 1859, il est promu colonel et prend le commandement du 3e régiment de zouaves. L'envoi de ce régiment au Mexique provoque la pétition des lieutenants du régiment étranger, qui réclament la participation de leur régiment à cette campagne. Le colonel Mangin se distingue au siège de Puebla et ne ménage pas ses efforts pour combattre les républicains mexicains. Il est promu général de brigade le 20 décembre 1864. Il est épuisé par trois ans de dures campagnes, son équilibre mental s'est dégradé et exige son rapatriement en France. Sa santé ne s'étant pas améliorée, il est mis en non-activité pour infirmités temporaires le 19 décembre 1866 et meurt à Brumath (Bas-Rhin) le 10 octobre suivant. Le général Louis Mangin était commandeur de la Légion d'honneur depuis le 13 août 1863.

Henry DUTAILLY
& Alexis NEVIASKI

Sources : SHD-Terre, 8Yd 3624.

MANTEL, Claude (1916-1994). – Né dans une famille d'agriculteurs du Pas-de-Calais, Claude Mantel a commencé des études de droit à la déclaration de guerre. Mobilisé comme sergent au 1er bataillon du génie de la 1re division d'infanterie motorisée (DIM), il combat dans le nord de la France et en Belgique. Évacué en Angleterre par la poche de Dunkerque, il est l'un des premiers, le 1er juillet 1940, à rejoindre les Forces françaises libres (FFL). Il suit dès lors les cours de l'école d'officiers de Brazzaville d'où il sort aspirant en mai 1941. À l'école Colonna-d'Ornano, il a pour condisciples une belle brochette de futurs Compagnons : entre autres Jean Bellec, Bernard Hébert ou Charles Le Goasguen.

À la fin de 1941, il rejoint comme sous-lieutenant la 13e demi-brigade de Légion étrangère (DBLE) qu'il ne quittera plus jusqu'à la fin de la guerre. Chef de section, adopté par les « vieux » légionnaires d'Afrique, il s'illustre particulièrement lors du siège de Bir Hakeim (mai-juin 1942) puis lors des combats d'El-Alamein (octobre 1942) où il repousse une attaque ennemie. Il suit la « 13 » lors de la campagne de Tunisie (mai 1943) au terme de laquelle il est promu lieutenant, puis en Italie (avril-mai 1944) où il se distingue à nouveau et reçoit une blessure par balle, n'acceptant de se faire évacuer que sur ordre exprès de ses supérieurs. Il combat ensuite en Provence et accompagne la remontée de la 1re division française libre, à laquelle la 13e DBLE est rattachée, de la vallée du Rhône à l'Alsace. Ces durs combats prouvent à nouveau ses grandes qualités de chef : le 3 décembre 1944, à Kohwald, il galvanise ses hommes pour enlever une importante position ennemie ; le 24 janvier 1945, près d'Illhaeusern où les combats font rage dans la poche de Colmar, il inflige de lourdes pertes à l'ennemi en faisant 31 prisonniers et en emportant une autre position à Ried. Ces faits d'armes remarquables lui valent la croix de la Libération (décret en date du 7 mars 1945) et la promotion à titre exceptionnel au grade de capitaine.

Après la guerre, Claude Mantel entreprend une carrière de diplomate. Il est chef de cabinet du secrétaire général de la Délégation générale de France au Levant (1946-1948) puis secrétaire de la section Afrique-Levant du ministère, avant de multiplier les affectations en ambassades : premier secrétaire à Bagdad (1950-1955), second conseiller à Ankara (1957-1960), conseiller à Khartoum (1964-1967), de nouveau premier conseiller à Ankara (1968). Entretemps, il fait un retour à Paris où il est nommé sous-directeur du protocole à l'Élysée (1962-1964). Il termine sa carrière au rang d'ambassadeur de France en Somalie (1976). Claude Mantel est mort à Paris le 4 février 1994. D'une grande discrétion, l'ancien Français libre a toujours témoigné une grande admiration pour le courage et la fidélité de ses légionnaires.

Jean-François MURACCIOLE

Sources : Archives de l'ordre de la Libération.
Bibl. : Jean-Christophe Notin, *1 061 Compagnons, histoire des Compagnons de la Libération*, Perrin, 2000.

MANUE, Georges Roulin, dit Georges R. (1901-1980). – Georges Roulin naît à Estavayer-le-Lac en Suisse, dans le canton de Fribourg. Engagé à la Légion étrangère en 1921 sous le nom de Georges R. Manue, qui deviendra son nom de plume, il axera sa vie d'adulte sur l'honneur et la fidélité. Affecté au 3e Étranger, il participe à la campagne du Rif et y sert, avec le grade de sergent, d'agent de liaison au capitaine de Lattre de Tassigny. Lorsque celui-ci est blessé le 26 août 1926, Georges R. Manue le porte jusqu'à l'ambulance. Rendu à la vie civile peu après, il devient reporter au quotidien *Le Journal* pour lequel il se rend en Asie et en Afrique et publie des souvenirs (*Têtes brûlées. Cinq ans de Légion*, en 1929), deux romans et un livre de reportage. Il est alors l'un de ces grands reporters qui ont marqué l'entre-deux-guerres. Par la suite, il est rédacteur en chef des *Annales coloniales* puis de *Paris-Dakar*.

En septembre 1939, il souscrit un engagement pour la durée de la guerre (EVDG). Affecté au 11e régiment étranger d'infanterie, il est rapidement promu au grade de sergent-chef. Blessé en juin 1940, il est fait prisonnier, s'évade. Après sa démobilisation à Lyon, il travaille quelque temps auprès du gouverneur général de l'Afrique-Occidentale française à Dakar puis en Afrique du Nord. Le 25 mai 1944, il signe un nouvel EVDG, dirige le bulletin d'information de la Ire armée française puis rejoint le régiment de marche de la Légion étrangère avec lequel il combat jusqu'à la capitulation de l'Allemagne. Promu sous-lieutenant en 1945 puis lieutenant l'année suivante, Georges R. Manue se porte volontaire pour servir en Indochine et est affecté au 1er régiment étranger. En 1947, il participe à la création du service d'information de l'Indochine sous l'autorité de Pierre Messmer et en fait un centre de rayonnement de la culture française.

Démobilisé en 1948, il retourne à Paris et s'y consacre au journalisme. C'est ainsi qu'il interviewe Tchang Kaï-chek et assiste à sa rupture avec Mao Tsé-toung (il relatera cet épisode à la fin de sa vie dans son livre *Sous le signe du dragon*). Il fonde ensuite l'agence d'information Diloutremer qui présente régulièrement des expositions photographiques, édite des bulletins d'information et assure un service de presse. Dans le même temps, il collabore à plusieurs journaux et revues. Il est également un collaborateur de Jean Brunon et œuvre avec lui aux rééditions du *Livre d'or de la Légion étrangère*.

Georges R. Manue meurt à Paris le 14 janvier 1980. Il était officier de la Légion d'honneur, médaillé militaire et titulaire de cinq citations.

Damien & Henry DUTAILLY

« MARÉCHAUX DE LA LÉGION ». – L'expression est employée depuis les années 1980 pour désigner et honorer l'élite des sous-officiers de la Légion étrangère qui s'est distinguée pendant les guerres de décolonisation. Diffusée dans le grand public, l'expression est extraite d'un ouvrage éponyme de Pierre Sergent qui retrace la vie de sous-officiers du 5e Étranger qui ont servi au Tonkin pendant l'occupation japonaise entre 1940 et 1945. Depuis, la Légion étrangère a fait sien ce qualificatif destiné à valoriser la place et le rôle du sous-officier dans l'instruction, la cohésion et le commandement des légionnaires en opérations. La qualité de « maréchal de la Légion », désormais attribuée et étendue à tous les adjudants-chefs, voire les adjudants, permet aussi et surtout de renforcer la solidarité légionnaire. Un certain nombre de ces « maréchaux » ont été distingués et plusieurs promotions de l'École nationale des sous-officiers d'active de Saint-Maixent ont choisi pour parrains quelques figures du corps des sous-officiers de la Légion.

Charles RIDET

Bibl. : Pierre Sergent, *Les Maréchaux de la Légion*, Fayard, 1977.

MARNE, seconde bataille de la. – Épisode de la Première Guerre mondiale compris entre le 18 et le 31 juillet 1918 correspondant à la reprise de l'initiative par les armées françaises après l'arrêt de la quatrième offensive allemande de 1918, dite « offensive de Champagne » (15-19 juillet 1918). Cette seconde bataille de la Marne mit aux prises les armées françaises des généraux Mangin (Xe) et Degoutte (VIe) et les armées allemandes des généraux von Boehm (7e) et von Einem (9e), dans la région comprise entre Pernant au nord (région de Soissons) et Bouresches au sud (région de Château-Thierry), soit 55 km de front. Elle permit la réduction de la poche de Château-Thierry créée par les offensives allemandes du Chemin des Dames (27 mai-1er juin 1918).

Conduite sous la couverture d'un barrage d'artillerie, déclenché volontairement après le début des combats d'infanterie et précédant la progression des troupes, puis bénéficiant d'un accompagnement aérien non négligeable, cette offensive planifiée fut soutenue par une forte concentration de chars légers type Renault FT-17, qui permit aux fantassins de bénéficier d'un appui feu et d'une protection face aux mitrailleuses allemandes. Menée selon une direction unique orientée de l'ouest vers l'est, elle déboucha de la forêt de Villers-Cotterêts et réussit à couper l'axe routier majeur entre Soissons et Château-Thierry – aujourd'hui route départementale no 1 – à hauteur de Buzancy le 20 juillet, et provoqua, par cette action, l'évacuation de la poche de Château-Thierry disparue totalement à la date du 3 août 1918.

Transféré dans le Soissonnais depuis la région d'Amiens en mai, le régiment de marche de la Légion étrangère (RMLE) avait été héroïque dans sa mission d'arrêt de l'offensive ennemie au nord de Villers-Cotterêts, le 30 mai et le 12 juin 1918. Réduit à 1 200 hommes, mais rapidement renforcé grâce aux efforts du dépôt de la Légion étrangère à Sathonay-Camp, il est engagé dans la seconde bataille de la Marne au sein de la Xe armée du général Mangin sur un axe Dommiers-Missy-aux-Bois. Bien accompagnés de chars et bénéficiant de la surprise d'une attaque conduite sans préparation d'artillerie, les légionnaires progressent rapidement le 18 juillet à l'aube, s'emparant des premières lignes de tranchées avant d'être maintenus en réserve. Par la suite, l'avance alliée se heurtant au relief du ravin de Chazelles-Léchelles, les légionnaires sont de nouveau engagés le 19 en début de soirée. Manœuvrant pour déborder ce ravin, ils font, au cours de la nuit, un bond qui rend inutile la défense allemande du plateau au sud-est de Soissons et débouchent à Buzancy, sur la route de Soissons à Château-Thierry le 20 au matin. Refusant la perte de cet axe routier, vital pour ses défenses sur la boucle de la Marne autour de Château-Thierry, l'ennemi se bat furieusement pendant toute la journée. À la grenade et à la baïonnette, dans une ambiance saturée par les gaz de combat, les légionnaires perdent plus de 300 des leurs, mais conservent toutes leurs positions jusqu'à la relève qui intervient dans la nuit.

À l'issue de cette bataille furieuse, le RMLE déplore la mort de deux chefs de bataillon, compte près de vingt pièces d'artillerie capturées et conquiert sa huitième citation à l'ordre de l'armée : « Magnifique régiment qui, sous les ordres de son chef, le lieutenant-colonel Rollet, dans la dure période du 28 mai au 20 juillet 1918, vient de rehausser sa réputation par sa vaillance, son énergie et sa ténacité. Les 30 et 31 mai, a arrêté net la ruée ennemie et maintenu intégralement ses positions. Le 12 juin, avec des effectifs extrêmement réduits, a réussi à briser une attaque ennemie très supérieure en nombre et a causé à l'ennemi des pertes considérables. Le 18 juillet, a enlevé, avec un entrain merveilleux, une succession de positions puissamment fortifiées. A ainsi atteint d'un seul élan son objectif situé à près de 4 kilomètres des premières lignes, capturant plus de 450 prisonniers, 20 canons et un nombre considérable de mitrailleuses et de *minenwer-*

fer. Dans la nuit du 19 au 20 juillet a mis, une fois de plus, en valeur ses incomparables qualités manœuvrières en débordant par le nord un ravin où l'ennemi avait accumulé de nombreuses défenses, faisant tomber toutes les résistances et réalisant ainsi une avance de près de 11 kilomètres. S'est maintenu énergiquement sur la position conquise en dépit des violentes contre-attaques ennemies » (ordre 343 de la Xe armée du 10 octobre 1918 signé : Mangin).

Les historiens militaires opposent souvent la bataille de la Marne de septembre 1914, considérée pour son organisation, ses moyens et sa conduite comme la dernière bataille du XIXe siècle, avec la seconde bataille de la Marne de juillet 1918, fondamentalement représentative du XXe siècle par l'ampleur de l'emploi de l'artillerie, des chars et de l'aviation. Par ailleurs, la journée du 18 juillet est considérée comme « la journée noire » de l'armée allemande puisqu'elle marque le début de son repli qui ne prendra fin qu'avec l'Armistice.

Philippe GUYOT

• *Voir aussi* : Première Guerre mondiale.

MAROC. – État d'Afrique du Nord, tourné vers l'Atlantique et la Méditerranée, qui vécut, de 1912 à 1956, sous le régime d'un protectorat français auquel participèrent plusieurs unités de la Légion étrangère. Confronté, depuis sa création, à l'Espagne, son adversaire ancestral et proche voisin par-delà le détroit de Gibraltar, et habitué à prendre en compte les ambitions de l'Empire ottoman sur le reste de l'Afrique du Nord de Tunis à Tlemcen, le Maroc assista avec circonspection à l'entrée de la France dans Alger, en mars 1830. De plus en plus engagé aux côtés de l'émir Abd el-Kader, qui conduisit la révolte contre la conquête française, le Maroc fut même confronté, directement et avec malheur, aux troupes du maréchal Bugeaud sur l'Isly, dans la région d'Oujda, le 14 août 1844. De cette défaite découla le traité de Lalla-Marnia, signé le 18 mars 1845, qui fixait, avec une large imprécision pour la région des confins algéro-marocains, les limites de l'ambition française. Il fut globalement respecté, dans sa lettre et dans son esprit, jusqu'à la grande révolte de Bou Amama en 1882. Le « droit de suite » inclus dans le traité, conjugué à la réalité locale de tribus plus ou moins soumises à l'autorité du makhzen du sultan, conduisit alors les troupes françaises, sous l'égide d'officiers ayant acquis une forte expérience coloniale au Tonkin et à Madagascar, à mettre fin aux incursions meurtrières des tribus frontalières en construisant un réseau de postes et de voies de communication. Officiellement implanté sur le sol de l'Algérie, ce réseau déborda rapidement sur le Maroc et la création de Colomb (1903), puis celle de Berguent (1904), furent des étapes majeures de cette pénétration française vers l'ouest.

En complément de cette dynamique, le début du XXe siècle correspond à la période de confrontation des ambitions coloniales européennes. Après l'affrontement des appétits français et anglais dans le haut Soudan à Fachoda en 1898 – où la diplomatie a prévalu – et l'échec italien pour implanter une colonie en Éthiopie en 1896, le Maroc devient le territoire majeur de confrontation des ambitions coloniales : France, Allemagne et Espagne cherchent à y développer leurs intérêts économiques et diplomatiques, dans le cadre de la convention établie à Madrid en 1880 et d'accords internes ultérieurs. Cet antagonisme colonialiste atteint son acmé le 31 mars 1905 lorsque l'empereur Guillaume II rencontre le sultan Abd al-Aziz à Tanger. Sa venue est alors destinée à donner un coup d'arrêt aux avancées politiques de l'ambassadeur de France, Eugène Regnault, et à la partition *de facto* du Maroc en deux zones d'influence française et espagnole. Cette action, qui reste dans l'histoire sous le nom de « coup de Tanger », amena une forte crise internationale qui fit craindre une guerre généralisée et conduisit à la tenue d'une conférence à Algésiras. L'acte final de cette conférence, en avril 1906, garantit l'indépendance du pays, sous le couvert de douze puissances européennes signataires, avec le Maroc, de ce document. Mais dans les faits, le « droit de suite » reconnu à la France dans le traité de Lalla-Marnia est complété par un « droit de police » dans les ports marocains où les intérêts commerciaux et bancaires des sociétés françaises sont en plein développement.

C'est sur cette base juridique que se déroulent les opérations militaires des années 1907-1908 : l'occupation d'Oujda par le général Lyautey en réaction à l'assassinat du docteur Mauchamp à Marrakech, les opérations autour de Casablanca conduites par le corps de débarquement du général Drude en réaction au lynchage d'ouvriers européens et enfin l'occupation de Bou Denib qui met fin à la dernière des révoltes de Bou Amama. Impliquée dans chacune de ces opérations, la Légion étrangère vient alors d'entrer massivement au Maroc : trois bataillons à Casablanca et dans la plaine de la Chaouïa, deux ou trois bataillons en opérations autour d'Oujda, deux autres bataillons répartis sur l'ensemble de la frontière des confins. Rapportés aux douze bataillons que compte la Légion étrangère, ces chiffres donnent un bon éclairage de l'effort fait pour la pacification du Maroc. Certes, la désertion de légionnaires allemands à Casablanca créa un surcroît de tension entre Paris et Berlin en septembre 1908, des agents consulaires allemands ayant facilité cette désertion, mais l'impact militaire des unités de Légion est autrement plus important, notamment grâce aux qualités de résistance des légionnaires face aux assauts brusques et violents des dissidents.

Sur le plan politique, les interventions françaises de 1907 conduisent à une réaction nationaliste, le sultan Abd al-Aziz étant renversé par son frère Abd el-Hafid, avec le soutien du pacha de Marrakech, Thami El Glaoui. Il s'ensuit trois années de troubles au cours desquelles le sultan ne règne presque plus que sur sa capitale de Fès, tandis que les féodaux prennent la tête des révoltes, tant dans la zone d'influence espagnole au nord que dans la zone française dans le reste du Maroc. Sur le plan local, ces difficultés mettent fin à la volonté d'indépendance politique du sultan, celui-ci étant forcé à demander le secours militaire de la France, tandis que sur le plan international l'ultime coup de force allemand devant Agadir conduit à un traité en novembre 1911 qui sonne le glas des ambitions de Berlin sur le Maroc. Une année est encore nécessaire pour préparer et signer la convention de Fès, le 30 mai 1912, qui instaure le protectorat français sur le Maroc et une sorte de sous-protectorat délégué aux Espagnols sur la région nord du pays. Cette signature fut complétée par le transfert du siège du makhzen à Rabat, l'arrivée du premier résident général, le général Hubert Lyautey, et l'abdication du sultan en faveur de son frère Moulay Youssef.

Dès lors, le général Lyautey met en œuvre une politique de pacification qu'il qualifie lui-même de politique de « la tache d'huile », agissant en rayonnant à partir des zones déjà tenues et contrôlées, la région d'Oujda et la Chaouïa principalement. En moins de deux ans, il parvient, en utilisant au mieux sa cavalerie et les deux régiments de marche de la Légion dont il dispose, à établir la jonction entre ces deux bases, en prenant Taza le 10 mai 1914. La jonction routière est alors possible entre Casablanca et l'Algérie, même si tout déplacement nécessite une forte escorte. Pour maintenir cette liaison ouverte, malgré le départ sur le front de France de près de douze régiments en août 1914 et surtout malgré la rébellion proallemande dirigée par Abd el-Malek, petit-fils d'Abd el-Kader, Lyautey va y concentrer la Légion étrangère : le 1er régiment de marche du 1er régiment étranger (1er RM/1er RE), fort de trois bataillons à Taza, protège la moitié orientale de l'axe et le 1er régiment de marche du 2e régiment étranger (1er RM/2e RE), avec ses deux bataillons à Meknès, l'occidentale. Ces deux régiments, dont les effectifs iront en s'amenuisant, tout particulièrement à partir de 1916, eurent à conserver ces zones de pacification très récente contre les dissidents d'hier, habiles à utiliser la faiblesse relative de l'armée française et promptes à accepter les armes et les idées véhiculées par les agents allemands. Ils parvinrent surtout à maintenir le cloisonnement entre le massif de l'Atlas et celui du Rif, tout en participant, à partir de 1917, à la mise en place du cloisonnement entre les massifs du Haut et Moyen Atlas par la création du poste de Midelt et le renforcement de celui de Ksar-es-Souk.

Dans un combat d'embuscades et de poursuites, les deux régiments de marche de la Légion utilisèrent aussi leurs trois compagnies montées, seuls outils tactiques adéquats pour rayonner autour des postes ou en protection des lourdes colonnes de ravitaillement et de pacification. Le bataillon, qui tient les postes ou accompagne le convoi, fait face aux tirs de harcèlement, aux charges de cavalerie aux approches de points d'eau, aux attaques de sentinelles, mais seules les compagnies montées, qui prennent en chasse les cavaliers marocains, ou couvrent le repli des troupes françaises, peuvent apporter la mobilité tactique, alliée à une puissance de feu suffisante pour emporter la décision au cœur même des zones de refuge des insurgés. Avec ces procédés de combat, malgré une crise des effectifs qui est à son paroxysme en juin 1918, les unités de Légion contribuent largement au « miracle » de Lyautey qui a tenu le Maroc avec une poignée d'hommes pendant toute la Grande Guerre. À l'issue du conflit mondial, il faut néanmoins encore trois années avant que la situation ne revienne à la normale, la présence du 2e régiment étranger d'infanterie (REI) à Meknès, du 3e REI à Fès, du 4e REI à Marrakech et les compagnies montées au bord du Tafilalet marquant de nouveau la présence – et les combats – de la Légion au cœur même des zones d'insoumission, le Moyen Atlas au nord et le Haut Atlas au centre du Maroc.

Mais tandis que l'équilibre militaire est rétabli dans la zone française où il trouve un écho au sein d'une administration conjointe franco-marocaine à laquelle s'est ralliée une bonne part de l'élite, la situation militaire et politique dans la zone espagnole, peu soumise et sans administration locale fiable, est mise en péril. L'échec d'une tentative de pénétration dans la région du Rif en 1921 provoque une révolte que Mohammed Abd el-Krim, notable issu d'une famille déçue par l'alliance avec l'Espagne, parvient à organiser sur la base d'un chérifat qui balayera la majeure partie de la zone espagnole avant de déborder sur la zone française en avril 1925. Cette révolte ne sera vaincue qu'en mai 1927, au prix d'un conflit en règle qui reste dans l'histoire sous l'appellation de « guerre du Rif ». Après le règlement par la force de la révolte du

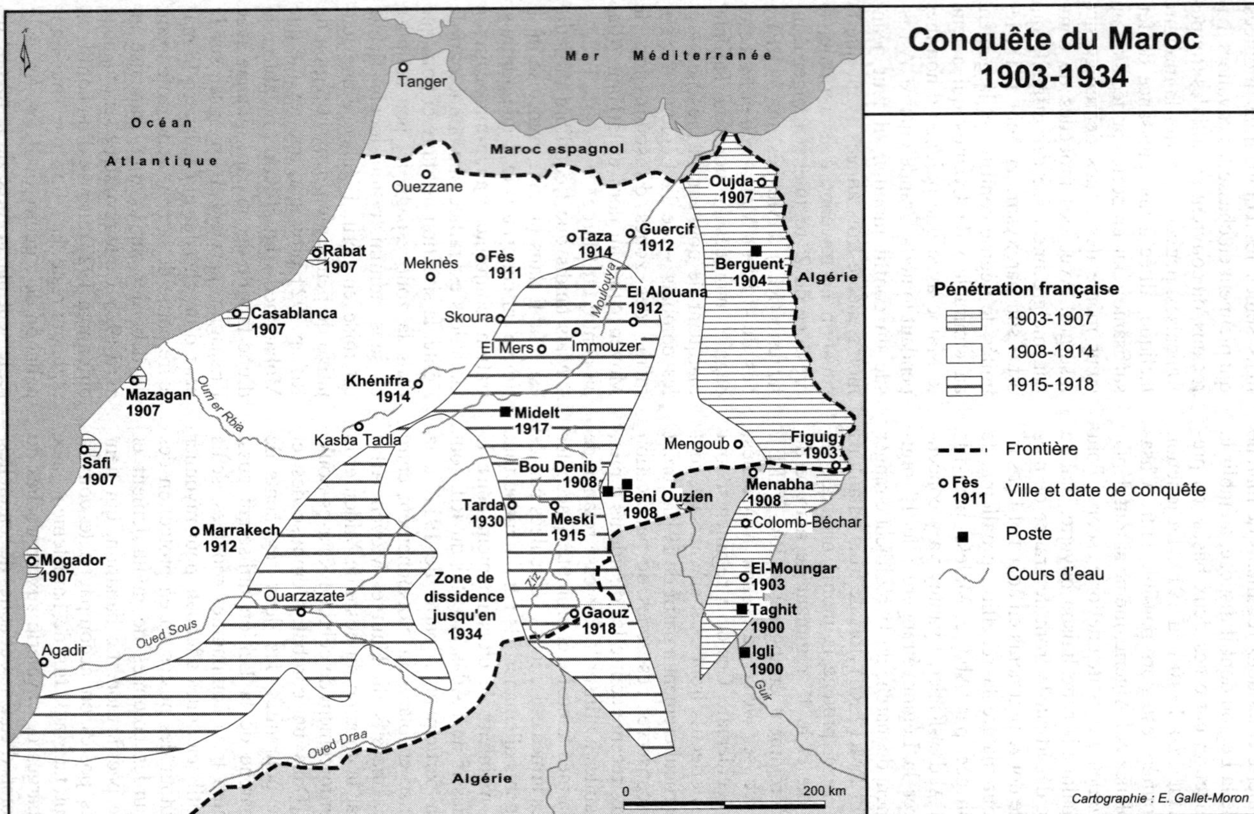
Conquête du Maroc
1903-1934
Mer Méditerranée
Océan Atlantique
Tanger
Maroc espagnol
Ouezzane
Oujda 1907
Taza 1914
Guercif 1912
Rabat 1907
Meknès
Fès 1911
Berguent 1904
Algérie
El Alouana 1912
Moulouya
Casablanca 1907
Skoura
Immouzer
El Mers
Khénifra 1914
Mazagan 1907
Oum er Rbia
Midelt 1917
Kasba Tadla
Mengoub
Figuig 1903
Safi 1907
Bou Denib 1908
Menabha 1908
Beni Ouzien 1908
Tarda 1930
Meski 1915
Colomb-Béchar
Marrakech 1912
Mogador 1907
Zone de dissidence jusqu'en 1934
El-Moungar 1903
Ziz
Ouarzazate
Gaouz 1918
Taghit 1900
Agadir
Oued Sous
Igli 1900
Guir
Oued Draa
Algérie
0
200 km
Pénétration française
1903-1907
1908-1914
1915-1918
Frontière
Fès 1911
Ville et date de conquête
Poste
Cours d'eau
Cartographie : E. Gallet-Moron

Nord, le protectorat français poursuit les opérations de mise en valeur du Maroc, notamment en s'attachant à vérifier et entretenir la fidélité des tribus par la construction d'un réseau routier, sécurisé par des forts et favorable aux mouvements logistiques, militaires et civils. C'est ainsi que la piste de Midelt à Ksar-es-Souk est transformée en route carrossable dans les gorges du Ziz dont la majeure partie est construite par des unités de la Légion, à commencer par un ouvrage d'art dont le nom reste encore inscrit sur les cartes récentes du Maroc : le tunnel du Légionnaire. La pénétration vers le sud est alors reprise et amène la confrontation avec les tribus insoumises du Haut Atlas et du Tafilalet, au cours de laquelle le 2e REI se distingue tout particulièrement en 1931 sur le Tazigzaout, imité par le 1er régiment étranger de cavalerie (REC) et la compagnie montée motorisée (CMM) dans l'Assif Melloul en 1932. Mais les opérations ne prennent vraiment fin qu'après la prise du Bou Gafer dans le djebel Sagho en mars 1933, lors de laquelle les 2e et 3e REI, ainsi que les batteries de marche de la Légion étrangère, se signalent. Après ces derniers combats, la soumission de l'Anti-Atlas, la partie la plus au sud de la chaîne montagneuse du Maroc, est effective en 1935.

À compter de cette date, le Maroc est considéré comme pacifié, dans le sens où l'autorité conjointe du makhzen et du protectorat est imposée et reconnue dans toutes les régions. Les opposants à ce dernier, minoritaires et vaincus militairement, abandonnent la lutte armée au profit du terrain politique dans lequel les grandes familles de Fès jouent un rôle important en dominant le Parti national – futur Istiqlal – créé en 1934 et rapidement interdit en 1937. Les unités militaires françaises sont alors réorganisées non plus pour faire face à une révolte locale, mais pour parer à la menace d'une Espagne en prise à une guerre civile où le parti soutenu par l'Allemagne prend peu à peu le dessus. Ainsi en 1939 la déclaration de la guerre ne conduit-elle pas à un départ massif d'unités vers la métropole comme en 1914, mais à la mise sur pied de guerre de trois divisions face aux bases rifaines de l'Espagne de Franco dont la neutralité semble aussi suspecte que celle de l'Italie de Mussolini face à la Tunisie. Les régiments de Légion au Maroc mettent sur pied des unités pour la France ou la Norvège, mais restent l'arme au pied. Maintenu hors des soubresauts de la guerre jusqu'en 1942, le Maroc est cependant le théâtre d'un jeu de dupes avec la commission d'armistice germano-italienne à laquelle sont dissimulés de l'armement lourd, des légionnaires d'origine allemande ou juive – souvent les deux – et des filières d'évasion via l'Espagne pour ceux qui refusent l'occupation de la métropole. Dans le même esprit, les goums de tabors sont transformés en forces de police afin de préserver leur existence, fort utile dans les futurs combats de la Libération.

Rallié en deux jours, après des combats farouches sur la côte atlantique, notamment dans la région de Port-Lyautey (Kénitra aujourd'hui) les 8 et 9 novembre 1942, le Maroc devint ensuite la base logistique du réarmement de l'Afrique du Nord planifié lors de la conférence de Casablanca, organisée par les Alliés dans un hôtel du quartier d'Anfa en janvier 1943. Cette conférence est aussi l'occasion pour le président Roosevelt de rencontrer le sultan Mohammed V et l'assurer de son soutien dans une évolution vers l'indépendance du pays, une fois le conflit avec l'Allemagne terminé. Un an plus tard, en pleine guerre, la publication de plusieurs manifestes indépendantistes conduit à un emprisonnement des cadres du parti de l'Istiqlal et du Parti de la démocratie et de l'indépendance (PDI). Après la guerre, les relations entre le makhzen et les résidents généraux se détériorent peu à peu et les prises de position du sultan, par son discours de 1947 à Tanger puis son accord avec les nationalistes en 1951, mettent en évidence la contestation grandissante du protectorat. Le recours au pacha de Marrakech, Thami El Glaoui, est utilisé, comme en 1907, pour renverser le sultan qui est exilé en 1953 en Corse, puis à Madagascar, tandis que son oncle Mohammed Ibn Arafa accède au pouvoir. Mais dans un contexte rendu difficile par la défaite en Indochine et le risque de contagion de la révolte qui se développe en Algérie, Paris négocie son retour d'exil et la mise en place d'un processus de transition vers l'indépendance. Rentré triomphalement au Maroc en novembre 1955, le sultan Mohammed V conduit ensuite le pays jusqu'à la fin du protectorat français, le 2 mars, et de celui de l'Espagne, le 7 avril 1956.

Au cours de ces épisodes politiques, la situation sur le terrain se résume souvent à des manifestations pacifiques qui alternent avec des actes de colère meurtriers, contre lesquels les troupes françaises doivent intervenir pour protéger les populations civiles : le 4e REI autour de Marrakech et, notamment à la suite des massacres d'Oued Zem en août 1955, le groupement porté de la Légion étrangère au Maroc (GPLEM) dans la région autour d'Agadir. Après l'indépendance, toutes ces unités passent en Algérie, la dernière étant le 4e REI, « régiment du Maroc », en mars 1957.

Philippe GUYOT

Bibl. : Jean-Paul Mahuault, *L'Épopée marocaine de la Légion étrangère, 1903-1934, ou Trente années au Maroc*, L'Harmattan, 2005.

MARRAINE. – Institution généreuse née pendant le premier hiver de la Première Guerre mondiale et reprise lors de la Seconde, visant à donner à un soldat, ou à une unité, une correspondante dont la mission est de veiller au soutien de son moral. Initiatives privées de grandes dames, les marraines de guerre se recrutèrent ensuite dans tous les âges et toutes les couches sociales. Il exista plusieurs associations de marraines, dont La famille du soldat, créée en janvier 1915, semble être la plus ancienne. Par la suite, les journaux jouèrent un rôle important pour aider à la prise de contact entre marraines et parrainés. L'histoire montre que les marraines eurent une utilité majeure pour les soldats coupés de leurs familles restés en zones occupées et connurent un vaste succès populaire dans les rangs de l'armée française. Toutefois elles furent longtemps considérées avec méfiance par l'institution militaire, pour des raisons de sécurité, et battues en brèche par les moralistes de l'époque.

Philippe GUYOT

MARRAKECH. – La capitale du Sud marocain, parfois surnommée la « porte du Sud » ou la « Ville rouge », est historiquement l'une des grandes villes impériales, mais elle connaît de très graves troubles au début du XXe siècle et échappe de fait à l'autorité du sultan. La situation se dégrade entre 1907 et 1912 et l'assassinat de quelques citoyens français joint à la révolte des tribus pousse Paris à intervenir militairement.

L'arrivée du prétendant El Hiba au nord de l'Atlas en 1912 menace gravement la position du souverain chérifien et de la France. En septembre, Paris se passionne pour « l'affaire de Marrakech », la ville menaçant de devenir le centre de ralliement des partisans du prétendant antifrançais au trône du Maroc, qui est entré dans la ville le 18 août et a pris les quelques Français encore présents en otages. Après deux semaines d'accrochages et d'escarmouches autour d'Ouham et Benguerir et alors que les contingents d'irréguliers révoltés ne cessent de croître, Lyautey télégraphie à Mangin : « Allez-y carrément. » Parti de Souk-el-Arba le 5 septembre, le colonel Mangin entre dans la ville dès le 7 avec une avant-garde de tirailleurs sénégalais qui, selon *Le Temps*, « viennent de donner un exemple éclatant des services qu'ils peuvent nous rendre dans l'Afrique du Nord [...]. Le colonel Mangin, apôtre de l'armée noire, n'a pas seulement remporté une victoire : il a probablement gagné une cause ». La Légion étrangère participe activement à toutes ces opérations et commence à s'installer dans la ville et ses environs. Cette occupation de la capitale du Sud, que Lyautey lui-même juge à l'époque prématurée au regard des effectifs dont il dispose, oblige la France à intervenir plus rapidement et plus massivement dans toute la province du Haouz et accélère donc le processus de pacification de l'Empire chérifien. Pour garantir la paix civile et l'ordre public, l'autorité locale est confiée à un proche parent du sultan, El Glaoui, qui reste pendant plus de quarante ans pacha de Marrakech. La ville devient dès l'automne 1920 l'une des premières garnisons du 4e Étranger (elle accueille le 2e bataillon et une partie du 4e bataillon), rapidement surnommé le « régiment du Maroc », et devient emblématique de la présence légionnaire dans le pays. La cérémonie de dissolution du régiment, en novembre 1940, se déroule d'ailleurs dans cette ville.

Rémy PORTE

MARSEILLE. – La ville occupe une place particulière dans l'histoire de la Légion étrangère. En effet, c'est au précurseur direct de celle-ci, le régiment de Hohenlohe, que la ville offre un drapeau en 1830. Ainsi, peu après sa création, le 8 juin 1831 sur les allées de Meilhan, le colonel Combe reçoit des mains du duc d'Orléans le premier drapeau de la nouvelle formation, en présence de plusieurs compagnies de légionnaires. Jusqu'en 1962, le transit des engagés volontaires et des libérables se fait successivement au fort Saint-Jean et au bas fort Saint-Nicolas : plus de six cent mille engagés volontaires ont donc foulé, au moins à deux reprises, le sol de la cité. En outre, lors de la campagne d'Italie en 1859, de la guerre franco-allemande de 1870 et de la Seconde Guerre mondiale, des unités entières ont transité par Marseille. C'est le cas de la 13e demi-brigade de montagne de Légion étrangère en février 1940 et du régiment de marche de la Légion étrangère en 1945.

André-Paul COMOR

MARSEILLE, académie de. – Parmi les sociétés savantes de province, l'académie des sciences, lettres et arts de Marseille créée en 1726 par le gouverneur de Provence, le maréchal Villars, a particulièrement honoré la Légion étrangère en élisant en 1991 au fauteuil no 12 Bernard Goupil, général de division (2e section), ancien gouverneur de Marseille et commandant de la Légion étrangère.

La cité phocéenne tient une place particulière dans l'histoire des régiments étrangers. En effet, la Légion-régiment de Hohenlohe en garnison au fort Saint-Jean fournit dès 1831 les premiers engagés volontaires de la nouvelle troupe créée par l'ordonnance de Louis-Philippe. Et jusqu'à la fin de la colonisation, les candidats à l'engagement comme les légionnaires font partie du paysage de la ville. Si la Légion étrangère devient un objet d'étude universitaire à partir des années 1960, c'est à l'initiative de l'un des plus éminents historiens marseillais, Pierre Guiral, élu en 1955 à l'académie. Professeur d'histoire à l'université de Provence, il a présidé de 1974 à 1985 la fédération historique de Provence et, avec un autre Marseillais et grand collectionneur, Jean Brunon, est à l'origine des recherches qui ont permis de renouveler en profondeur l'histoire militaire. Parmi ses travaux personnels, l'Algérie occupe une place particulière – en témoigne un *Marseille et l'Algérie 1830-1841*, publié en 1956 –, dont il a étudié les aspects militaires de la conquête à travers la correspondance reçue par le maréchal Pélissier. Le maître marseillais a compté parmi ses étudiants nombre d'historiens de la Légion étrangère.

André-Paul Comor

Bibl. : André-Paul Comor, « Un nouveau chantier de l'histoire militaire : la Légion étrangère », Jean-François Muracciole et Frédéric Rousseau (dir.), *Combats. Hommage à Jules Maurin*, Michel Houdiard Éditeur, 2010, p. 346-352 • Pierre Guiral et Raoul Brunon (documents publiés par), *Aspects de la vie politique et militaire en France au milieu du XIXe siècle à travers la correspondance reçue par le maréchal Pélissier (1828-1864)*, Bibliothèque nationale, 1968.

MARSEILLE, centre d'hébergement de. – Créé en 1930 et dirigé par le président de l'amicale des anciens légionnaire de Marseille, il est chargé de fournir une aide temporaire aux légionnaires libérés. Il dispose de vingt-deux lits, d'un vestiaire à la disposition des plus démunis et peut en cas de besoin apporter un secours en espèces. Une redevance est demandée aux passagers, différente pour ceux qui travaillent et pour ceux qui sont à la recherche d'un emploi. La durée d'hébergement ne doit pas dépasser deux mois. Le centre fait office de domicile, ce qui facilite les procédures administratives entreprises. Il est appelé aussi « Centre d'entraide aux réformés et libérés de la Légion étrangère de Marseille » ou « Foyer du légionnaire ».

André-Paul Comor

MARTINEZ, général Antoine (1806-1877). – À l'exception du général Ochsenbein, qui n'a pas servi dans l'armée française avant d'être nommé au commandement de la 2e Légion étrangère, Antoine Martinez est le seul officier admis dans la Légion avec un grade d'officier acquis dans une armée étrangère à être parvenu au grade de général de brigade. Né à Madrid le 10 juin 1806, il s'engage à dix-sept ans dans l'armée espagnole. Promu rapidement sergent, il stagne douze ans dans ce grade puis est promu en deux ans sous-lieutenant, lieutenant et capitaine – une rumeur que rien ne confirme voudrait lier cet avancement à une affaire sentimentale. Il fait la guerre en Espagne et, lorsque les carlistes sont vaincus, se réfugie en France avec l'armée défaite. Volontaire pour servir dans la Légion, il est l'un des officiers espagnols incorporés dans le bataillon espagnol formé à Perpignan en septembre 1840.

Ayant renoncé à rentrer en Espagne, le capitaine Martinez fait carrière dans l'armée française : naturalisé français en 1851, il est admis à servir à titre français cinq ans plus tard. Audacieux et manœuvrier, il se distingue en Kabylie (1848 et 1852) puis au siège de Sébastopol (1854-1855). S'il doit attendre quatorze ans une promotion au grade de chef de bataillon, sa conduite face aux Russes lui vaut les épaulettes de lieutenant-colonel quinze mois plus tard. Lors de la bataille de Magenta (1859), il succède au colonel de Chabrières qui vient d'être tué au commandement du 2e Étranger et le mène à la victoire. Promu colonel à la suite de ce fait d'armes, il commande le 1er Étranger jusqu'à sa dissolution en décembre 1861.

Il prend alors le commandement du 4e régiment d'infanterie de ligne. Curieusement, ce vieil officier de Légion qui s'exprime dans un français approximatif réussit mieux dans le commandement de ce régiment que dans celui du 1er Étranger.

Nommé général de brigade le 14 juillet 1870, Antoine Martinez reçoit un commandement territorial puis celui d'une brigade dans l'armée de l'Est. Le retour à la paix le place dans la section de réserve. Commandeur de la Légion d'honneur, titulaire de trois citations et deux fois blessé, le général Martinez meurt à Toulouse le 21 décembre 1877.

Henry DUTAILLY

Sources : SHD-Terre, 8Yd 3758.

MASCARA. – Avec la maison mère de Sidi-Bel-Abbès et Saïda, Mascara partage le privilège d'avoir été l'une des villes de garnison quasi permanente d'une unité importante de la Légion étrangère depuis le milieu du XIXe siècle jusqu'à l'indépendance de l'Algérie. Située au sud des monts des Beni Chougrane, à l'emplacement de la cité romaine de Victoria, Mascara abrite le siège du gouvernement d'Abd el-Kader en 1832. Le camp est définitivement conquis en 1841 par Bugeaud, gouverneur général de l'Algérie, et prend son nom actuel pendant la présence française. Comme toutes les villes (de garnison) des territoires militaires du Tell, la ville nouvelle est enserrée dans une ceinture de remparts qui seront détruits en 1956. Au retour de la campagne du Mexique, en 1867, le régiment étranger y tient garnison avec le grand dépôt dans l'attente de son transfert définitif à Sidi-Bel-Abbès. À la veille de la Seconde Guerre mondiale et jusqu'à la fin de la guerre d'Algérie, la ville accueille le centre d'instruction des dépôts communs (DCRE et DCLE).

André-Paul COMOR

MASSELOT, lieutenant-colonel Georges (1911-2002). – Georges Masselot naît à Maktar en Tunisie. Après le prytanée militaire, il intègre en 1930 la promotion « Joffre » de l'École spéciale militaire de Saint-Cyr. À la sortie, il est affecté au 25e régiment de tirailleurs algériens. Muté en mars 1936 au 1er régiment étranger, après un court séjour à la 2e compagnie – semi-disciplinaire – du 1er bataillon à Géryville, il fait partie des renforts dépêchés à Homs, en Syrie et à Baalbek. À son retour du Levant à la fin de 1938, il patiente une année au 91e régiment d'infanterie (RI) puis au 148e régiment d'infanterie de forteresse avant de retrouver la Légion en janvier 1940 au dépôt du centre d'instruction de la Valbonne et le 12e REI en mars. Le 13 juin il est grièvement blessé à Nanteuil sur la Marne. Rétabli, le lieutenant Masselot se retrouve à Sidi-Bel-Abbès avant de rejoindre au Maroc le 4e REI, devenu 4e DBLE (demi-brigade de Légion étrangère), qui s'apprête à faire mouvement sur le Sénégal. Pendant la campagne de Tunisie, il est à nouveau blessé à la veille de la capitulation des forces de l'Axe. Après quoi il est affecté au régiment de marche de la Légion (RMLE), au sein de la 5e division blindée. Avec cette unité, il fait campagne de la Provence à l'Allemagne en passant par les Vosges et l'Alsace.

Puis c'est l'Indochine, dès 1946, où il prend le commandement de la 65e compagnie de réparation régimentaire, devenue autonome sous le nom de 65e compagnie régimentaire autonome de Légion étrangère (CRALE). De juillet 1951 à septembre 1953, il fait un second séjour en Extrême-Orient comme capitaine adjudant-major, chef d'état-major du 5e REI, et prend le commandement du 1/5e REI en janvier 1952. Il choisit peu après de devenir parachutiste : il rejoint le 3e bataillon étranger de parachutistes à Sétif en novembre 1953 et en prend le commandement le 17 avril 1954 à la veille de s'embarquer à nouveau pour l'Indochine afin de préparer le retour des derniers légionnaires parachutistes rescapés des derniers combats en Extrême-Orient. De novembre 1955 à janvier 1960, il est au 2e REP et quitte la Légion pour prendre le commandement du 18e régiment de chasseurs parachutistes (18e RCP) qu'il entraîne dans la révolte des généraux du 22 avril 1961. Il est condamné à huit ans de détention criminelle le 28 juin 1961, mais la loi d'amnistie le réintègre dans son grade et ses prérogatives le 27 mai 1974, et il est admis à la retraite. Trois fois blessé, titulaire de 13 citations, dont 8 à l'ordre de l'armée, commandeur de la Légion d'honneur, Georges Masselot meurt le 1er juin 2002.

André-Paul Comor

MATRICULE. – L'immatriculation des légionnaires a fonctionné selon deux modes. De 1831 à 1940, ceux-ci reçoivent un matricule dans leur régiment d'affectation. Il est composé des deux derniers chiffres de l'année et d'un numéro chronologique suivant leur inscription au registre du corps. Il change donc à chaque affectation. En 1922, la proposition du maréchal Franchet d'Esperey de confier l'immatriculation des engagés volontaires au 1er régiment étranger n'est pas retenue par le commandement, qui estime cette mission trop lourde pour le corps.

Depuis 1941, les légionnaires reçoivent un matricule unique lors de leur engagement à la maison mère (ceux en activité à cette date sont réimmatriculés). C'est une numérotation chronologique qui permet de gérer et de suivre de façon cohérente les personnels au cours de leur vie active de légionnaire. Selon le nouveau système, le légionnaire Octave Bouveret reçoit le matricule no 1. Ancien des dernières offensives de 1918 et de l'occupation de la haute Silésie en Pologne avec l'armée française, il s'engage à la Légion étrangère en septembre 1938, en réaction aux accords de Munich. En service à Sidi-Bel-Abbès au début de l'année 1941, il est le premier par ordre alphabétique à la compagnie de commandement et son dossier est donc le premier traité. Après neuf ans de service, il tombe au champ d'honneur le 23 mars 1947 au cours de l'attaque de Phun Huan, dans les rangs de la 13e demi-brigade de Légion étrangère et avec le grade de sergent.

L'affiliation à la Sécurité sociale militaire étant désormais nécessaire, l'immatriculation suit les règles de cet organisme : les deux premiers chiffres se réfèrent à l'année d'incorporation, les trois suivants correspondent au numéro d'identification du bureau de recrutement (137 pour la Légion étrangère) et les cinq derniers sont les derniers chiffres du matricule Légion. Lorsque le légionnaire est régularisé de situation militaire, il reprend son immatriculation d'origine.

Charles Ridet

Sources : SHD-Terre, 7N 2314.

MATTEI, lieutenant-colonel Antoine (1917-1981). – Né à Scolca, en Corse, Antoine Mattei entre à Saint-Cyr en 1938 (promotion « de la Plus Grande France »). Affecté comme sous-lieutenant au 159e régiment d'infanterie alpine, il se distingue lors de la campagne de 1940 avant d'être fait prisonnier. Après plusieurs tentatives d'évasion, il est interné à Colditz d'où il sera libéré par les Alliés en mai 1945. La suite de sa carrière sera tout entière consacrée à la Légion étrangère qu'il rejoint, en 1946, au sein du 3e régiment étranger d'infanterie (REI) en partance pour l'Extrême-Orient. Il débarque à Saigon avec la 4e compagnie en avril 1946. Sa bravoure, sa ténacité et l'ingéniosité dont il fait preuve face au Viêt-minh lui valent d'être deux fois cité durant les premiers mois de son séjour en Cochinchine. Au début de l'année 1947, participant au retour des troupes françaises au Tonkin, il se distingue à nouveau dans les combats du mois de mars pour dégager Nam Dinh et lors d'une opération amphibie à proximité de Binh Ha. Il a pris le commandement de la 4e compagnie peu avant d'être promu au grade de capitaine. Pourchassant sans répit l'adversaire, il remporte plusieurs succès dans la région d'Hai Duong, notamment au cours de l'opération « Clovis » à la réussite de laquelle il contribue par la manœuvre hardie et rapide de son unité. En cette fin d'année 1947, alors que le 3e REI est engagé en Haute-Région pour assurer le contrôle de la zone du Cao Bac Lang le long de la frontière de Chine, le capitaine Mattei possède déjà une réputation guerrière bien établie. Il reçoit pour mission d'établir un poste à Ban Cao, le long de la route coloniale (RC) no 3 bis, dans l'un des secteurs les plus exposés. Appréciant l'autonomie dont il dispose, il en fera son fief, parvenant, par son sens politique, à rallier les ethnies locales et ne cessant de harceler le Viêt-minh par des coups de main d'une rare audace. La qualité des services rendus, sur le plan tant civil que militaire, lui vaut d'être fait chevalier de la Légion d'honneur le 15 septembre 1948.

Après un séjour en métropole, il retrouve l'Indochine et le 3e REI en décembre 1949. Ayant pris le commandement de la 2e compagnie au mois de janvier 1950, il reçoit la responsabilité du quartier de Na Cham, situé sur la RC4, à mi-chemin entre That Khé et Lang Son. Il sera l'un des rares à envisager la situation avec lucidité et saura prendre toutes les dispositions nécessaires pour assurer le contrôle de la portion d'itinéraire dont il a la charge. Durant les journées tragiques du mois d'octobre, il parvient ainsi à dégager le poste de Bô Cuong et à résister à plusieurs assauts sur sa position. En se maintenant à Na Cham jusqu'au 14 octobre et l'épuisement de tous ses moyens, il permet le repli sur Lang Son des éléments ayant évacué That Khé. De retour en métropole en avril 1952, il ne tarde pas à repartir pour le Sahara où il prend le commandement de la 1re compagnie saharienne de Légion étrangère à Aïn-Sefra. Il y montre les mêmes qualités de pacificateur et de chef de guerre en rétablissant l'ordre dans une région troublée par les rebelles. En 1955, il dirige le détachement de Légion étrangère de Marseille, époque à laquelle il est promu au grade de chef de bataillon. Il commande, en 1957, les éléments du 4e REI en garnison à Fort Trinquet en Mauritanie puis à Bir-el-Ater en Algérie. Affecté au 1er régiment étranger à Bel-Abbès en 1959, il prend, en 1960, la direction de l'institut des invalides à Puyloubier puis revient à Bel-Abbès pour y commander le groupement d'instruction. Ses retrouvailles avec le 3e REI ont lieu en 1961. Commandant en second du régiment, il est promu au grade de lieutenant-colonel en avril 1962. Alors que le 3e REI séjourne à Madagascar, il en devient le chef de corps jusqu'en 1964. Admis à la retraite en 1965, il est officier de la Légion d'honneur et totalise 9 citations. Véritable figure de légende, le lieutenant-colonel (er) Mattei meurt à Marseille le 31 mai 1985. Il sera inhumé en Corse dans son village natal. Il est l'auteur de l'ouvrage *Tu survivras longtemps* (Olivier Orban, 1975).

Michel DAVID

MAUDET, sous-lieutenant Clément (1823-1863). – Fils du sacristain de la paroisse, Clément Maudet naît à Saint-Mars-d'Outillé (Sarthe) le 8 juillet 1829. Ses parents lui font donner une instruction qui lui permet de devenir écrivain, c'est-à-dire commis aux écritures à Paris. Le 28 juillet 1848, il se présente au dépôt de la Légion étrangère à Toulon et s'y engage comme Français à titre français. Pourquoi cet employé s'est-il déplacé si loin pour accomplir un acte qu'il pouvait faire sur place ? On est au lendemain des journées d'émeute des 25 et 26 juin. Compromis, le jeune homme se serait éloigné de la capitale, mais, pour se déplacer en sécurité, il lui fallait un passeport qu'on n'accorde pas aux suspects. Chômeur comme beaucoup en cet été 1848, il serait parti à la recherche d'un emploi en province, mais le passeport doit préciser une destination. La question demeure donc sans réponse. Et puis, pourquoi la Légion ? Maudet ne semble pas y avoir eu des proches. Aurait-il eu l'ambition de faire en Afrique une belle carrière comme Collineau et Jeanningros, qui sont parvenus rapidement à l'épaulette ? Peut-être, mais malheureusement pour lui cette époque est révolue. Quoi qu'il en soit, la carrière de Clément Maudet, commencée vite grâce à son instruction, cheminera lentement par tous les grades jusqu'à celui de sous-lieutenant qu'il atteint à onze ans et huit mois de service.

Au cours de cette période, il a combattu en Algérie, en Crimée et en Italie, a été blessé à Sébastopol, décoré de la médaille militaire en 1856 et promu adjudant après Magenta (1859). Partant pour le Mexique, le colonel Jeanningros le nomme porte-drapeau malgré sa petite taille (1,60 m). Ce choix reconnaît son courage physique et moral. Il témoigne également de son intelligence et de ses connaissances : quand il ne porte pas le drapeau, ce sous-lieutenant est à la disposition du chef de corps pour remplir les missions que celui-ci lui confie. Ainsi le 30 avril 1863…

Blessé dans les derniers instants du combat de Camerone, le sous-lieutenant Maudet meurt à Huatusco le 8 mai 1863. Reconnaissant son héroïsme, les Mexicains l'ont enterré dans l'église de cette ville.

Henry DUTAILLY

Sources : SHD-Terre, 5Ye 15577.

MAURER, Jacques Émile (1869-1957). – Né à Colmar, Émile Maurer perd ses parents à quelques mois d'intervalle : son père tout d'abord, tué au front en 1870, puis sa mère. Il passe son enfance et son adolescence en Alsace occupée et rattachée à l'Allemagne et n'échappe au service militaire qu'en prenant le chemin de l'exil, comme bon nombre d'« Alsaciens-Lorrains ». À Belfort, la frontière aussitôt franchie le 11 mai 1888, le jeune homme s'engage à la Légion étrangère. Il se fait remarquer à Sidi-Bel-Abbès où les « Gaulois » affluent aux côtés des volontaires des départements français annexés. Après les colonnes des confins algéro-marocains, le caporal Maurer va connaître de 1890 à 1893 les garnisons du Tonkin avant de quitter Sidi-Bel-Abbès avec le grade de sergent au terme de son contrat de cinq ans.

De retour en France, il mène des études d'ingénieur et obtient un prêt d'honneur de la famille de l'un de ses anciens officiers pour lancer une affaire. En témoignage de reconnaissance pour la Légion, et conscient des difficultés de retour à la vie civile de bon nombre d'anciens légionnaires, il crée en 1898 La Légion, société de secours mutuels des anciens officiers, sous-officiers et soldats des régiments étrangers, dont le siège est à Paris au n° 28 du boulevard de Strasbourg. Entre-temps devenu ingénieur, il gagne une médaille d'or lors de l'Exposition universelle de 1900 tout en se dévouant sans relâche au service des anciens démunis. Non mobilisé en 1914, il offre toutefois ses services au gouvernement et participe au recrutement et à l'engagement de volontaires étrangers. En 1931, sous l'impulsion du général Rollet, les amicales de la Légion sont regroupées au sein de l'Union des sociétés d'anciens de la Légion de France, des colonies, et de l'étranger (USAL) dont il assume la présidence jusqu'à sa retraite en 1948. Infatigable, le président Maurer – fort du soutien de la maison mère – obtient l'ouverture en 1934 de la Maison du légionnaire à Auriol suivie de celle de Casablanca au Maroc en 1935 et de la Maison des invalides de la Légion étrangère à La Balme-les-Grottes en Isère en 1946. Commandeur de la Légion d'honneur depuis 1925 et grand bienfaiteur de la Légion, Émile Maurer meurt le 13 décembre 1957.

André-Paul Comor

MÉCHÉRIA. – La petite cité (aujourd'hui Mechriyya) se situe à 330 km au sud d'Oran sur les pentes sud-est du djebel Antar (1 726 m d'altitude). En août 1881, un premier détachement de Légion étrangère participe à la construction du camp et de la redoute destinés à la garnison chargée d'assurer la défense des Hauts Plateaux. Le pays est âpre, rocailleux, sans eau. Le village est né au centre d'une immense région d'élevage et devient un important marché régional et la principale place de ravitaillement des colonnes du Sud. En 1912, Méchéria devient garnison de la 10e compagnie du 2e régiment étranger.

André-Paul Comor

MEKNÈS. – Une des trois cités impériales du Maroc, Meknès (ou Mekhnès) tire son nom de la tribu berbère des Meknassa. La Légion étrangère y stationne épisodiquement à partir de son occupation par les troupes françaises en 1911 jusqu'en 1919. Ainsi le régiment de marche de la Légion étrangère (RMLE) de retour de France, devenu entre-temps le 3e régiment étranger d'infanterie (REI), prend-il provisoirement possession du camp des Oliviers avant de rejoindre Fès, sa garnison définitive au Maroc. Le quartier Bissey construit par les légionnaires du 2e REI en 1934 sert de garnison entre 1946 et 1956 à la 4e demi-brigade de Légion étrangère du Maroc (4e DBLEM) qui a repris l'appellation de 4e REI en octobre 1948. En 1955, le 1er bataillon du 2e REI venant de Tunisie occupe le quartier Rolland. Les derniers légionnaires quittent Meknès après la proclamation de l'indépendance du Maroc.

André-Paul Comor

MERCENAIRE. – Au sens strict, selon le dictionnaire Gaffiot latin-français, le terme *mercenarius* désigne un « soldat loué contre de l'argent » ou un « domestique que l'on paie ». Très rapidement, il a pris le sens d'un militaire qui sert une organisation ou un gouvernement étranger contre rémunération. Ainsi, hormis ceux de nationalité française à leur entrée au service, tous les légionnaires semblent correspondre à cette définition usuelle.

D'ailleurs, le décret du 9 mars 1831, texte fondateur de la Légion étrangère, conforte sa présentation comme une force mercenaire avec le sens péjoratif que cela suppose : recrutement exclusif d'étrangers (hormis pour le corps des officiers) au service de la France et possibilité de servir sous identité déclarée (sans vérification de celle-ci). L'usage de cette nouvelle unité par Louis-Philippe renforce encore l'idée d'une troupe de « soldats de fortune ». En effet, pour ne pas apporter de soutien officiel à la reine libérale Isabelle II lors de la première guerre carliste (1833-1840), le roi des Français lui cède la Légion étrangère, le 28 juin 1835. Cette démarche tend à nier l'appartenance de ce nouveau corps à l'armée française et lui confère ainsi un aspect privé. La création d'une seconde Légion dès le 16 décembre de la même année renforce l'idée qu'il ne s'agit pas d'un prêt discret dans l'esprit du roi mais bel et bien d'une cession définitive. Dans le même temps, le commandement donné à des nationaux, les contrats longs et le montant des soldes sont plutôt en contradiction avec l'interprétation usuelle du terme « mercenaire ».

Après cet épisode espagnol, la Légion étrangère gagne le respect des autres unités de l'armée française et mène des opérations assez semblables à celles d'autres unités régulières (infanterie de marine par exemple). Les légionnaires eux-mêmes n'écartent pourtant pas la comparaison entre leur situation et celle de soldats de fortune. Ainsi, l'un d'entre eux, le capitaine de Borelli, légionnaire et poète, écrit à la fin du XIXe siècle : « Mercenaires sans doute : il faut manger pour vivre [...]. Étrangers ? Soit. Après ? Selon quel nouveau livre le maréchal de Saxe était-il Français ? »

Si l'on se place sur le terrain juridique, la Légion étrangère est écartée des troupes de soldats de fortune par le premier texte d'importance mondiale du droit international sur la question, le protocole additionnel (8 juin 1977) aux conventions de Genève de 1949. Sa rédaction reprend des critères définis dans des accords visant à l'éradication des mercenaires en Afrique. En effet, les années 1960-1970 sont marquées par les « Affreux », les « Chiens de guerre » – et parmi eux de nombreux anciens légionnaires. Le plus célèbre est sans doute Roger Faulques qui, après avoir servi au 1er et au 2e régiment étranger de parachutistes, rejoint la rébellion katangaise dans l'ancien Congo belge. L'article 47 dégage six critères pour définir un mercenaire. Celui-ci n'est notamment « ni ressortissant, ni résident » des territoires engagés dans le conflit ; il n'est pas non plus « membre des forces armées » d'un des belligérants, ni n'a été « envoyé par un État autre [...] en mission officielle » ; il doit prendre « directement part aux hostilités » ; il bénéficie d'« une rémunération matérielle nettement supérieure à celle qui est promise ou payée à des combattants ayant un rang et une fonction analogues » à la sienne.

Selon les critères retenus, la Légion étrangère ne relève pas du mercenariat, puisqu'elle appartient aux forces armées françaises et n'intervient que dans le cadre de missions définies par la France. Toutefois, cette définition juridique internationale a été jugée insuffisante, car elle ne répond pas toujours non plus à des cas évidents de mercenariat comme la Garde comorienne de Bob Denard. Outre de multiples lois nationales (2003 en France), d'autres instances internationales ont légiféré. En 1989, L'ONU a ainsi adopté une convention antimercenaire. Or, par crainte d'être condamnée au titre de ce texte pour sa Légion étrangère, la France ne l'a pas ratifiée à ce jour. Il n'empêche que cette unité, par les conditions dans lesquelles elle intervient sur des champs d'opérations comme par les liens qu'elle entretient avec son État employeur, la France, ne peut plus être considérée comme une unité mercenaire, au moins dans le sens courant du terme.

Walter Bruyère-Ostells

• *Voir aussi* : Volontariat.

Sources : *Protocole additionnel I aux conventions de Genève du 12 août 1949*, adopté le 8 juin 1977 • *Convention internationale contre le recrutement, l'utilisation, le financement et l'instruction des mercenaires*, adoptée le 4 décembre 1989.

Bibl. : Walter Bruyère-Ostells, *Histoire des mercenaires*, Tallandier, 2011.

MERGLEN, général Albert (né en 1915). – Né à Sélestat, Albert Merglen, licencié ès lettres, enseigne l'allemand au collège Saint-Joseph de Dijon de 1934 à 1937 avant de faire son service militaire comme aspirant et lieutenant de réserve au 18e bataillon de chasseurs alpins. Pendant la drôle de guerre, il commande un groupe franc. Fait prisonnier en juin 1940, il réussit à s'évader en octobre pour rejoindre au Maroc le 5e régiment de tirailleurs marocains. Détaché à la délégation des services de l'armistice et à l'état-major de la division de Casablanca, il appartient à un réseau de résistance. Impatient de reprendre les armes contre les forces de l'Axe, après le débarquement anglo-américain du 8 novembre 1942, il se porte volontaire pour le groupe de commandos d'Afrique. Le lieutenant Merglen participe dès lors à la libération de la Corse ainsi qu'à plusieurs missions spéciales en France encore occupée avant de se lancer dans les campagnes de France et d'Allemagne au sein de la Ire armée. Capitaine à titre temporaire en décembre 1944, il choisit de rester dans l'armée. Sa parfaite maîtrise de la langue allemande le désigne pour être muté en service détaché dans un premier temps au gouvernement militaire du Wurtemberg, puis au commissariat général aux affaires allemandes et autrichiennes en avril 1946.

À la suite du désastre de la RC4, le capitaine Merglen est affecté en janvier 1951 au 3e bataillon étranger de parachutistes (BEP) pour pallier le déficit d'officiers instruits et expérimentés en partance pour l'Indochine. Pendant son séjour en Extrême-Orient, l'ancien résistant commande avec autorité et efficacité ses légionnaires dont un certain nombre ont appartenu à la Wehrmacht. Il devient en mai 1953 chef de corps du 2e BEP, qu'il quitte, avec 6 citations, pour le 1er régiment de chasseurs parachutistes (RCP) et l'état-major de la 10e Région militaire à Alger. Breveté de la 69e promotion de l'École supérieure de guerre en 1957, le commandant Merglen est envoyé aux États-Unis comme officier de liaison et instructeur à Fort Benning pendant trois ans. Lieutenant-colonel, il est désigné pour commander la prestigieuse 11e demi-brigade de parachutistes de choc en juillet 1961. Après une dernière affectation en Allemagne à la 3e division mécanisée, le colonel Merglen dirige l'école des troupes aéroportées de Pau en 1965 et met un terme à sa carrière en juillet 1970 comme général de brigade, adjoint au commandant de la 11e division parachutiste. Devenu expert économique, il se spécialise dans l'histoire militaire, en témoigne une thèse sur *Les Forces allemandes sur le front de l'Ouest en septembre 1939*. Commandeur de la Légion d'honneur, il totalise 9 citations. Officier atypique, il a inauguré au 2e BEP un style de commandement qui a laissé des traces malgré le silence entretenu autour de son court passage à la Légion.

André-Paul Comor

Bibl. : Albert Merglen, *La Naissance des mercenaires*, Arthaud, 1970.

MEROLLI, capitaine Aristide (1885-1947). – Né en Italie à San Giovanni Incarico, un village reculé au sud-est du

Latium, Aristide Merolli se présente le 31 mai 1912 devant le sous-intendant militaire de Paris pour signer un engagement de cinq ans au titre de la Légion étrangère ; il se déclare secrétaire de mairie. Jusqu'en avril 1916, le jeune légionnaire sert dans différentes unités engagées dans les grandes opérations du Maroc puis est muté au 1er régiment étranger en Algérie avant d'être détaché à Tlemcen au 6e régiment de tirailleurs (de marche) en partance pour la France.

Il est blessé à deux reprises, une première fois sur le front de Verdun en novembre 1916, sur le Chemin des Dames en avril 1917 ensuite. Lorsqu'il retrouve ses camarades légionnaires du régiment de marche de la Légion étrangère (RMLE) à la veille de la bataille de la Somme (mars 1918), il vient d'être promu adjudant et arbore fièrement sa croix de guerre et ses trois citations. Sous-lieutenant à titre temporaire le 30 mai suivant, Merolli est gravement blessé lors d'une contre-offensive allemande qui décime le RMLE (12 juin 1918).

De retour en terre africaine en 1919, il est désigné pour faire partie d'une mission d'information auprès du commandant Millán Astray en vue de la création de la légion espagnole qui voit le jour en 1920. Il poursuit la carrière classique d'officier de troupe – à titre étranger – en alternant les affectations au Maroc (1919-1925 et 1935-1936) et en Algérie (1926-1934 et 1937-1938) où il termine à la tête de la compagnie de sapeurs-pionniers de la maison mère. Il est rayé des contrôles le 20 octobre 1938 et se retire à Sidi-Bel-Abbès où il meurt en 1947.

Durant les dernières années de sa longue carrière, le capitaine Merolli écrit un livre de souvenirs au titre évocateur, *La Grenade héroïque*, publié à Fès en 1937. Officier de la Légion d'honneur depuis 1934, quatre fois cité lors de la Grande Guerre, trois fois au Maroc, il appartient à l'élite des volontaires étrangers dont la bravoure au feu et la fidélité au drapeau ont été justement récompensées par l'accession à l'épaulette.

André-Paul COMOR

MERS EL-KÉBIR. – Littéralement « Le grand port ». Base militaire et port stratégique, situés autour d'un ensemble rocheux d'importance, formant l'extrémité occidentale de la baie d'Oran, en Algérie. À partir de 1509, ce rocher fut l'objet de luttes continues entre les Espagnols, les Ottomans et les différents seigneurs, puis régents, chargés de la province d'Oran. Le 14 décembre 1830, l'occupation des forts San-Gregorio et Lamona à Mers el-Kébir marqua le début de l'occupation française de la région. Le bombardement de ce port, le 3 juillet 1940, par la flotte britannique, conduisit à la destruction partielle d'une flotte française commandée par l'amiral Gensoul et fit entrer ce lieu dans l'histoire.

À la fin de la guerre d'Algérie, deux unités de Légion étrangère furent plus particulièrement chargées de la sécurité extérieure de cette base : le 2e régiment étranger de parachutistes (REP), implanté à proximité de la base aérienne de Bou Sfer, au sud-ouest de Mers el-Kébir, dès l'été 1962, puis le 1er régiment étranger de cavalerie (REC), regroupé au même endroit en 1964. Au cours de cette mission, peu dynamique *a posteriori*, que fut la protection de cette base stratégique, le 2e REP du colonel Caillaud entama la spécialisation de ses unités élémentaires en 1963, puis conduisit le chantier de transformation du camp de Fiume Secco en Corse pour en faire son nouveau point d'implantation définitif en 1967. Le 1er REC suivit la même logique en créant dès 1964 les premiers pelotons antichars équipés du missile ENTAC, avant de s'implanter en 1967 à Orange. À leur départ, la mission de protection est reprise par le 2e régiment étranger d'infanterie (REI) en provenance d'Arzew. Elle prend fin en janvier 1968 avec la remise de la base navale de Mers el-Kébir à l'armée algérienne. Toutefois, les derniers légionnaires ne quitteront l'Algérie qu'en août 1968, après la dissolution de la compagnie de marche de la Légion étrangère de Bou Sfer, organe liquidateur du 2e REI.

Philippe GUYOT

MESSIFRÉ, combat de (17 septembre 1925). – En 1925, au moment où au Maroc les succès d'Abd el-Krim soulèvent l'espoir du monde arabe de secouer le joug colonial, le Levant français est en feu. La montagne druze a pris les armes contre l'occupant chrétien. Combattants d'élite, les Druzes massacrent la colonne Normand, le 18 juillet, et étrillent la colonne Michaud (60 survivants sur 200 hommes), le 2 août, alors que la position de Soueïda, clef du djebel Druze, en Syrie, est encerclée. Comme seul renfort, le général Sarrail, commandant en chef au Levant, obtient de maigres renforts venant de Tunisie au moment où la vague rifaine mobilise toutes les énergies. Le 20 août 1925, le 4e escadron du 1er régiment étranger de cavalerie (REC) débarque à Beyrouth.

Après un parcours mouvementé jusqu'à Damas, où la guerre est aux portes de la ville, le 4e escadron commandé par le capitaine Landriau, en septembre, fait partie d'une colonne dirigée par le général Gamelin dont le rassemblement doit avoir lieu au carrefour de pistes du village de Messifré, au cœur du djebel Druze. Objectif : délivrer la garnison de Soueïda. Pour ce faire, Gamelin ceinture le gros village de Messifré d'un réseau d'ouvrages se couvrant l'un l'autre et place l'escadron du REC au centre du dispositif.

Le 15 septembre, au cours d'une reconnaissance, propre d'une unité de cavalerie légère, l'escadron prend contact avec l'ennemi : 800 cavaliers druzes chargent soudain des hauteurs. Un peloton d'automitrailleuses White-Laffly, une compagnie du 5e bataillon du 4e régiment étranger d'infanterie (REI) et une section de mitrailleuses dégagent le peloton du lieutenant Robert fortement accroché et soutenu par celui du sous-lieutenant Dupetit. Les deux pelotons peuvent se replier et l'escadron, une fois rassemblé, se déploie sur près de 4 km afin d'éviter un encerclement des forces qui dégagent vers Messifré. La colonne rentre au village après un court et violent accrochage.

Dans la soirée, la garnison reçoit un message optique indiquant que 3 000 Druzes se préparent à attaquer. L'assaut survient à 4 heures du matin le 17 septembre. La masse principale se dirige vers le réduit central, clef de la défense. Pendant trois heures, les légionnaires sont sous un feu nourri parti des toits, de la mosquée et des enclos de pierres. Sous les assauts répétés, on élève des traverses de pierre ou des havresacs remplis de terre pour se protéger des coups d'enfilade ou de revers. L'une après l'autre, les vagues de fantassins se jettent sur la position tenue par le 4e escadron. Le capitaine Landriau note : « Au milieu de cette fournaise, les légionnaires se levaient, visaient leurs hommes et tiraient froidement pour se mettre la tête à l'abri le temps de recharger pour recommencer ensuite. » Le légionnaire Lochel abat au sabre, l'un après l'autre, cinq Druzes qui l'encerclent et une fois dégagé reprend son poste. La discipline de feu pallie la pénurie de munitions. Nus jusqu'à la ceinture, les légionnaires font preuve du plus grand calme dans la fournaise et la dernière cartouche est gardée pour soi. Au point du jour, le quartier des chevaux est envahi et les gardiens massacrés. Les Druzes s'emparent de quelques bêtes, mais les cavaliers sont abattus. Les tirs les plus meurtriers viennent de la mosquée que l'adjudant Seurac et ses légionnaires reprennent après une demi-heure de combat acharné, épaulés par le canon de 37 mm de l'automitrailleuse du réduit. C'est le tournant de la lutte. Face à la résistance opiniâtre de la Légion étrangère, toujours aussi efficace dans la défensive, l'ennemi faiblit.

À 14 heures, quelques avions de l'escadrille de Deioa lâchent des bombes à basse altitude sur les Druzes qui sortent en désordre du village, pris sous le feu des automitrailleuses. Deux heures plus tard, le clairon sonne, celui du bataillon de tirailleurs algériens envoyé depuis Chalalé, accompagné d'un peloton de White-Laffly. À la faveur de la nuit, les Druzes réussissent à s'exfiltrer, en soldats, c'est-à-dire en emportant leurs blessés.

Le lendemain matin, le terrain présente « l'aspect d'un véritable champ de carnage », note encore dans son carnet le capitaine Landriau. Les Druzes comptent 500 tués et autant de blessés. Les pertes de l'escadron sont lourdes : un officier (sous-lieutenant Dupetit), 4 sous-officiers et 41 légionnaires tués ; de nombreux blessés. Tous les chevaux sont tués ou disparus. Dans une lettre au chef de corps, le colonel Sala, Landriau écrit : « Depuis cette affaire, la Légion est saluée bien bas en Syrie. » La résistance de Messifré (4e escadron cité à l'ordre de l'armée du Levant) permet à la colonne Gamelin de délivrer la garnison de Soueïda, le 26 septembre.

Jean-Charles JAUFFRET

Bibl. : Bennett J. Doty, *La Légion des damnés*, traduit de l'anglais par Marcel Prévost, Stock, 1930 • Jean-Charles Jauffret, *L'Idée d'une division de Légion étrangère et le Premier régiment étranger de cavalerie, 1836-1940*, Montpellier, Centre d'histoire militaire et d'études de défense nationale, Presses de l'université Paul-Valéry, 1978.

MESSMER, Pierre (1916-2007). – Ce fils d'industriel dont la famille, d'origine alsacienne, a choisi la France en 1871, passe son enfance à Paris et entreprend de brillantes études. Docteur en droit (1939), il est également diplômé de l'École nationale de la France d'outre-mer (1934-1937) et de l'École des langues orientales (1934-1936). Appelé sous les drapeaux en 1937, il y demeure jusqu'en 1939 en tant qu'élève administrateur des colonies. À ce titre, il suit le cours des élèves officiers de réserve à Saint-Cyr, puis est mobilisé comme sous-lieutenant au 12e régiment de tirailleurs sénégalais. Au moment de la défaite, il suit un stage d'observateur en avion à Tours, puis à la base d'Aulnat (Puy-de-Dôme) où il entend le discours du maréchal Pétain du 17 juin 1940. Refusant instinctivement la défaite, il traverse la France à moto, en compagnie du lieutenant d'active Jean Simon, pour gagner Marseille. Les deux hommes parviennent à se faire embarquer sur le *Capo-Olmo*, un cargo italien saisi qui doit transporter du matériel militaire en Afrique du Nord. En mer, Messmer et Simon, aidés par le capitaine du navire, le commandant Vuillemin, parviennent à convaincre l'équipage de détourner le *Capo-Olmo* vers Gibraltar, puis vers Liverpool où ils accostent le 17 juillet 1940. La précieuse cargaison permettra de pourvoir aux frais de la France Libre naissante.

Pierre Messmer se rallie au général de Gaulle et est affecté à sa demande à la 13e demi-brigade de Légion étrangère (DBLE) dont la majorité de l'effectif vient de rallier les Forces françaises libres (FFL). Chef de section à la 3e compagnie, il participe aux événements de Dakar (septembre 1940) puis à la campagne du Gabon (novembre 1940). Il se distingue en Érythrée où, à la tête de sa section, dans la nuit du 13 au 14 mars 1941, il s'empare du flanc sud du Grand Willy, puis, de nouveau, le 8 avril, lors de la prise de Massaoua, où il enlève deux fortins, faisant prisonniers 3 officiers et plus de 70 hommes. Ces faits d'armes lui valent la croix de la Libération, remise par le général de Gaulle au camp de Qastina, le 27 mai 1941. Pierre Messmer est ensuite de tous les combats de la 13e DBLE : campagne de Syrie au terme de laquelle il est promu au grade de capitaine (septembre 1941) ; siège de Bir Hakeim (printemps 1942) où il commande une compagnie du 3e bataillon de Légion ; bataille d'El-Alamein où, dans la nuit du 23 au 24 octobre 1942, il démontre à nouveau ses grandes qualités d'officier en emportant la position de Nag-Rala. Il quitte la « 13 » au terme de la campagne de Tunisie, d'abord affecté aux Antilles auprès du général Jacomy, commandant supérieur des troupes, et d'Henri Hoppenot, délégué du Comité français de la Libération nationale (juillet-octobre 1943), puis pour suivre un stage parachutiste en Grande-Bretagne, enfin, en janvier 1944, pour rejoindre à Londres l'état-major du général Kœnig, chef suprême des Forces françaises de l'intérieur. Il débarque à ce titre en Normandie en août 1944 et guide l'état-major vers Paris où il rentre le 25 août en même temps que la 2e division blindée et où Kœnig doit prendre les fonctions de gouverneur militaire. Promu commandant, il est envoyé à Calcutta (janvier 1945) pour y créer une mission militaire de liaison administrative. Il s'agit, en réalité, de préparer le retour de la France en Indochine. Parachuté dans le haut Tonkin, le 25 août 1945, pour y créer une nouvelle mission, il est capturé par le Viêt-minh. Il parvient à s'évader et, au terme d'une odyssée spectaculaire, à regagner les lignes françaises.

Après sa démobilisation, Pierre Messmer poursuit une exceptionnelle carrière d'administrateur de la France d'outre-mer qui le voit occuper des postes de hautes responsabilités alternativement sur le terrain et dans les cabinets ministériels. Il est ainsi directeur de cabinet d'Émile Bollaert, haut-commissaire en Indochine (1947-1948), gouverneur de la Mauritanie (1952-1954) puis de la Côte d'Ivoire (1954-1956), directeur de cabinet du ministre Gaston Defferre (il participe notamment à l'élaboration de la loi-cadre de 1956), haut-commissaire de la République au Cameroun (1956-1958), enfin haut-commissaire de l'Afrique-Équatoriale française (1958) et de l'Afrique-Occidentale française (1958-1959) où lui revient, à la fin de 1959, le redoutable honneur de ramener le drapeau. S'ouvre alors une tout aussi brillante carrière ministérielle : Pierre Messmer est l'inamovible ministre des Armées du général de Gaulle qui doit gérer les soubresauts de la fin de la guerre d'Algérie et le lancement de la force de frappe (février 1960-juin 1969). Il est ensuite ministre d'État chargé des DOM-TOM (1971-1972) et enfin Premier ministre de Georges Pompidou du 5 juillet 1972 au 27 mai 1974. Parallèlement, il mène une longue carrière d'élu – député de 1967 à 1988, maire de Sarrebourg de 1971 à 1989, président du conseil régional de Lorraine de 1978 à 1980 – et accumule les charges prestigieuses : président de la Fondation Charles-de-Gaulle (1992-1999) et de la Fondation de la France Libre (il succède en 2001 à Jean Simon), chancelier de l'ordre de la Libération de 2006 à sa mort et président d'honneur de la Fédération des sociétés d'anciens de la Légion étrangère (FSALE). Il entre sous la Coupole en

1999, élu au fauteuil de Maurice Schumann et reçu par François Jacob, un ancien de la 2e DB et lui aussi Compagnon de la Libération. Pierre Messmer s'éteint le 29 août 2007.

Jean-François MURACCIOLE

Bibl. : Romain Mazenod (textes et photos réunis par), *Pierre Messmer, une conscience française*, Éditions Nicolas Chaudun, Paris, 2009 • Pierre Messmer, *Les Écrits militaires de Charles de Gaulle, essai d'analyse thématique*, PUF, 1985 (avec Alain Larcan) • *Id.*, *Après tant de batailles, Mémoires*, Albin Michel, 1992 • *Id.*, *Ma part de France, entretiens avec Philippe de Saint-Robert*, François-Xavier de Guibert, 2004 • « Pierre Messmer, de Bir Hakeim à Matignon », *Espoir*, n° 153, décembre 2007.

MEXIQUE, campagne du. – Plus grand État d'Amérique centrale, le Mexique fut le théâtre d'une intervention militaire européenne de 1862 à 1867, au cours de laquelle la Légion étrangère connut un destin particulier. Avec sa lutte contre la domination espagnole initiée en 1811, le pays connaît une longue période de troubles. Près de soixante gouvernements, une guerre contre les États-Unis d'Amérique, la perte, entre autres territoires, du Texas, du Nouveau-Mexique et de la Californie et un conflit commercial contre la France expliquent son affaiblissement progressif. L'opposition interne entre libéraux et conservateurs, stigmatisée lors de la « guerre de réforme », achève ce processus et pousse le président mexicain Juárez à suspendre le paiement de la dette extérieure du pays, le 17 juillet 1861. La France, l'Angleterre et l'Espagne, principaux créanciers lésés par cette mesure, s'entendent alors dans le cadre de la convention de Londres, le 31 octobre suivant, pour une opération militaire maritime. Celle-ci conduit à la défaite du général de La Llave, gouverneur de Veracruz, le 17 décembre 1861, face aux 4 000 Espagnols du général Prim (Espagne) arrivés de Cuba et suivis des escadres des amiraux Dunlop (Angleterre) et Jurien de La Gravière (France).

Les tractations diplomatiques qui suivirent ce revers furent l'occasion pour les Européens de se diviser. Après le désaveu manifesté par l'empereur Napoléon III à la convention de La Soledad (février 1862), le corps expéditionnaire français, resté seul, entreprit de marcher sur Mexico. D'une opération limitée, la présence française était devenue une intervention politico-militaire s'appuyant, en théorie, sur le parti des conservateurs pour instaurer au Mexique un État favorable à la France, si possible confié à un prince européen. Les premières opérations démontrèrent, d'une part, la solidité des troupes mexicaines, défaites à Las Cumbres (28 avril 1862) mais victorieuses à Puebla (5 mai 1862), et, d'autre part, le manque quasi total de soutien de la population mexicaine envers le parti conservateur. À la fin de l'année 1862, la France eut donc à renforcer son corps expéditionnaire et à mettre en place les bases politiques du futur régime.

Dans ce contexte, trois renforts militaires français successifs furent envoyés, sans que le régiment étranger fût désigné pour y participer. Reflétant l'état d'esprit général, les officiers subalternes signèrent une pétition pour protester de leur souhait d'être envoyés au Mexique. Malgré son caractère non réglementaire, cette demande fut couronnée de succès, tout en valant une punition exemplaire à l'officier le plus ancien dans les grades de sous-lieutenant à capitaine et causant indirectement le remplacement du colonel Butet par le colonel Jeanningros. Parti en février 1863 d'Oran, au son d'un refrain militaire modifié pour la circonstance, qui deviendra plus tard *Le Boudin*, le régiment étranger arriva au Mexique en mars 1863. Recevant la mission de protéger les convois nécessaires à la reprise du siège de Puebla, les légionnaires agirent à partir de positions renforcées entre lesquelles des patrouilles s'efforçaient de contrôler l'ancienne route royale de Veracruz à Orizaba. Se déplaçant à pied et avec peu de renseignements, rongée par le *vomito negro* (fièvre jaune), une de ces patrouilles composée par les légionnaires valides de la 3e compagnie du 1er bataillon rencontra les Mexicains à Palo Verde, le 30 avril, finissant ce combat par un sacrifice complet dans l'hacienda de la Trinidad à Camaron. Renforcé ensuite d'un élément de contre-guérilla, le régiment étranger parvint, après la prise de Puebla (19 mai) et de Mexico (5 juin), à repousser les actions de l'adversaire ; les forces régulières se retirant autour de Huatusco au nord et les guérillas vers Medelin au sud-ouest.

Au cours du reste de l'année 1863, Napoléon III œuvre pour la mise en place du royaume européen au Mexique qu'il souhaite être « la grande idée du règne ». Sur place, le général Bazaine est chargé d'encadrer le gouvernement transitoire du général Almonte tandis qu'en Europe le prince Maximilien d'Autriche, frère de l'empereur François-Joseph Ier, accepte le trône du Mexique, le 10 octobre 1863. Pour asseoir son pouvoir et en complément du corps expéditionnaire français, deux divisions lui sont attribuées : une unité mixte austro-belge et la Légion étrangère, cédée officiellement au Mexique pour six ans et réorganisée avec des unités diversifiées (escadron de cavalerie, unité d'infanterie montée, batterie d'artillerie, escadron du train). Cette réorganisation fut conduite dans la région de Puebla où les légionnaires tinrent garnison à partir d'avril 1864. Elle se traduisit dans les faits par le transfert complet du régiment étranger au Mexique et par le recrutement de soldats d'origine mexicaine pour atteindre le chiffre de 8 000 hommes prévu dans la convention de cession conclue à Miramar.

Fonds documentaire du musée de l'Empéri, Salon-de-Provence.

À partir de ses bases dans la région de Puebla, menacée par les forces du général Porfirio Diaz, la Légion prit part à l'expédition conduite par le général Bazaine contre Oaxaca, début 1865. Les travaux des unités ayant permis de faire progresser l'artillerie française par des pistes défoncées, cette place forte fut investie le 17 janvier et fit l'objet de travaux d'approche destinés à faire tomber l'ouvrage qui commandait l'accès à la ville, « Le Dominante ». Le 30 janvier, la Légion étrangère se vit confier la mission de l'attaque frontale contre cet ouvrage. Cinq jours et cinq nuits de travaux permettent de creuser des tranchées d'assaut jusqu'à 500 m des murs, à quoi succèdent trois jours de bombardement. Enfin, le 9 février 1865, juste avant l'assaut, la place se rend afin d'éviter une effusion de sang. Les bataillons de Légion sont alors répartis entre les États de Puebla et Oaxaca jusqu'en mai.

La situation militaire étant désormais simplifiée dans le centre et le sud du Mexique, hormis une guérilla endémique, l'action du maréchal Bazaine se porte sur la région frontalière des États-Unis d'Amérique où le président Juárez, menacé jusque dans sa base de Monterrey, s'est replié. La Légion étrangère y est donc transférée à Matamoros, Saltillo et San Luis Potosí entre avril et juillet 1865. Dans un contexte international modifié par la fin de la guerre de Sécession, le soutien américain à Juárez, la lassitude du gouvernement français et l'incapacité de Maximilien à s'appuyer sur une partie représentative du peuple mexicain isolent peu à peu son régime. Les ambitions personnelles du maréchal Bazaine ne sont pas non plus dépourvues d'ambiguïtés politiques et militaires. Le transfert des responsabilités des Français aux Mexicains, à partir de fin octobre 1865, amplifie ce renversement, de nombreuses unités de Maximilien passant à l'ennemi dès leur autonomie acquise. Dès lors, les troupes de Juárez, conduites par le général Porfirio Diaz, reprennent le contrôle du pays en commençant par le Nord-Ouest. Leur progression se heurte à de fortes réactions militaires, notamment de la part du général Jeanningros, commandant la Légion étrangère, qui sauve Monterrey le 25 novembre 1865 et Matehuala le 2 avril 1866, mais perd son 2e bataillon à Santa Isabel près de Parras le 28 février de cette année-là. De plus, à compter d'avril 1866, le calendrier du retrait des troupes françaises est connu. Pour la Légion étrangère, le repli vers le sud débuta à Saltillo le 5 août. Quelques retours offensifs, comme celui mené à Monte Alto en décembre, montrent que la troupe n'a pas perdu de son mordant, mais elle est talonnée de près par l'ennemi. Enfin, il semble que ce soit l'empereur Maximilien lui-même qui mit fin à son calvaire en revenant sur l'accord de Miramar et en laissant partir la Légion étrangère. Ce départ fut effectif le 28 février 1867 quand, groupés, les bataillons étrangers s'embarquèrent à Veracruz. Maximilien fut fait prisonnier peu après et mourut sous les balles d'un peloton d'exécution, le 19 juin 1867.

Philippe GUYOT

Sources : SHD-Terre, G7, cartons 1 et 92.

Bibl. : Jean Avenel, *La Campagne du Mexique (1862-1867). La fin de l'hégémonie européenne en Amérique du Nord*, Economica, 1996.

MICKEY MOUSE. – La célèbre souris créée en 1928 par Walt Disney s'engage à la Légion étrangère en 1936. Le *New York Mirror* du 21 mars 1936 annonce en effet les aventures de « *Mickey mouse in the Foreign Legion* ». Le cinéma populaire de l'époque a mis à la mode l'aventure saharienne de la Légion étrangère. On peut ainsi voir Mickey entrer d'un air décidé dans un bureau, devant lequel une affiche annonce : « *Join the Legion and see the desert* » – pour ainsi dire : « Engagez-vous, vous verrez du pays. » Il en ressort légionnaire. Aucune information n'est donnée sur son identité, ni son matricule. On sait seulement qu'il a déjà été soldat (en 1929 est sorti sur les écrans *The Barnyard Battle*).

Dans *Mickey mouse in the Foreign Legion*, le dessinateur Floyd Gottfredson (qui travaille pour Disney depuis 1930) représente son héros coiffé d'un shako recouvert du couvre-képi blanc, suant sous le chaud soleil, la mine renfrognée. Du 21 mars au 8 août, les lecteurs du *New York Mirror* suivront les aventures de Mickey imaginées par le scénariste Ted Osborne. Engagé pour surveiller le Faucon, un agent secret infiltré travaillant pour le tristement fameux Pat Hibulaire (parvenu au grade de sergent sous le nom de « Beau Chest », allusion au livre de Wren *Beau Geste*, paru en 1924), Mickey subit divers brimades et sévices infligés par son ennemi. Mais perdu dans ce désert, il sera sauvé par lui, comme si la solidarité légionnaire prévalait sur toute autre considération. L'histoire de Mickey légionnaire paraîtra ensuite en livre (rééditée en 1940 puis en 1980).

Étienne DE MONTETY

MIDELT. – Ksar ou village fortifié, à proximité duquel fut construit un poste militaire français en 1917 sur un emplacement stratégique au carrefour des chaînes du Moyen Atlas au nord et du Haut Atlas au sud, dans la région de la haute Moulouya. Situé à 1 460 m d'altitude selon les services du génie de l'époque et à 1 251 m selon les calculs plus récents, Midelt forme un passage obligé vers la vallée du Ziz, Ksar-es-Souk et les confins algéro-marocains. En juin 1917, le général Lyautey y fit créer une garnison permanente dans le dessein de couper en deux la rébellion marocaine, répartie globalement dans les deux chaînes de montagnes précitées. Cette garnison est mise en place à l'occasion des opérations des groupes mobiles de Meknès, venant du nord, et de Bou Denib, venant du sud-est, auxquelles prit part la 2e compagnie montée du 1er régiment étranger.

À compter de 1919, les troupes qui composent la garnison sont fortes de quatre compagnies d'infanterie et des services de soutien : génie, subsistance et service de santé. Les bataillons d'infanterie de Légion étrangère, notamment ceux du 2e régiment étranger d'infanterie (REI), participent à la relève de cette garnison jusqu'en 1929, en alternance avec des unités de tirailleurs et de zouaves. Midelt est alors l'extrémité nord du chantier de la route du Ziz (janvier 1927-mai 1928) et reliée au réseau ferré Meknès-Oujda par une voie étroite de type Decauville qui prenait son départ à Guercif. La ville forme une étape importante sur la route provinciale 21, l'axe stratégique qui s'enfonce selon une direction quasiment nord-sud entre Meknès et le Tafilalet, région en cours de pacification. En 1929, les fantassins du 2e REI sont relevés et rejoignent Ksar-es-Souk. Ils seront remplacés vers 1937 par des cavaliers d'un escadron du 1er régiment étranger de cavalerie (REC) acheminé de la Tunisie au Maroc pour participer aux opérations dans le Haut Atlas et désormais implanté de façon permanente. Cet escadron est renforcé en 1938 d'un second, au sein du groupement des escadrons du 1er REC qui formera, le 1er juillet 1939, le 2e REC, dont l'état-major, les unités à cheval et l'escadron hors rang (unité de commandement) sont cantonnés à Midelt, camps de l'avenue du Général-Defrère. Dissous en novembre 1940, ce régiment est remplacé par le 3e REI, qui détache à Midelt, aux ordres du capitaine Ragot, sa 8e compagnie mixte montée (CMM), l'ancienne compagnie montée du 3e REI. À la date du 29 mai 1943, la 8e CMM fusionne avec la 12e CMM. Les deux unités étant regroupées à Khénifra, « la ville rouge », Midelt perd alors sa garnison de Légion étrangère.

Après avoir été un site minier d'extraction du plomb au XXe siècle avec les activités de la société française Penarova, Midelt est devenu un centre administratif et une ville de 45 000 habitants qui abrite la communauté cistercienne Notre-Dame de l'Atlas, anciennement installée à Tibhirine en Algérie et décimée en 1996.

Philippe GUYOT

MILIANA. – Ville construite sur l'emplacement de la Succabar des Romains, à 740 m d'altitude, suspendue au flanc du Zaccar Gharbi, elle domine la vallée du Chélif. Abd el-Kader y installe un khélifa. En juin 1840, le maréchal Valée y conduit une colonne et trouve la ville en flammes. Il laisse deux bataillons dont le 4e bataillon de Légion, qui compte 750 hommes, aux ordres du lieutenant-colonel de Hulsen. Assiégée par les dissidents d'Abd el-Kader du 22 juillet au 5 octobre, jour où une colonne, conduite par le général Changarnier, arrive à son secours, la garnison perd 462 hommes. Décimée par la dysenterie et les fièvres, elle ne compte plus alors qu'un officier et 208 hommes valides – une phrase restée célèbre du rapport officiel mentionne alors que « la garnison de Miliana, éprouvée par le climat, a été relevée »…

André-Paul COMOR

MILLÁN ASTRAY, général José (1879-1954). – Né à La Corogne, José Millán Astray y Terreros, fils de bonne famille, intégra l'arme de l'infanterie en 1894 à l'académie militaire de Tolède (Alcazar, devenu musée de l'Armée en 2008). Admis à l'École supérieure de guerre, il fut envoyé d'urgence comme officier aux Philippines en 1897. De retour en métropole, il gravit très rapidement les échelons tout en suivant les cours de l'École qu'il avait dû interrompre à diverses reprises. Devenu capitaine, marié en 1906 à une fille de général, il fut chargé de cours en 1911-1912 à l'académie qui l'avait formé. Envoyé alors au Maroc, où les troupes espagnoles faisaient le coup de feu permanent contre les autochtones rifains et djebala, il prit rapidement le commandement de troupes de *regulares* indigènes à Larache, obtenant par sa détermination de nombreuses décorations (1912-1914 et 1915-1917). Nommé à Madrid en 1917, le commandant fit connaissance, en septembre 1918, lors d'exercices de tir à Valdemoro, au sud de la capitale, d'un officier de même grade, Francisco Franco Bahamonde, également originaire de Galice. Dans un livre, José Millán Astray indique clairement que ce fut sa longue expérience africaine à la tête d'auxiliaires indigènes qui lui valut de mettre alors en avant l'idée de créer un corps d'Européens volontaires, nationaux autant qu'étrangers. Le grave inconvénient de l'utilisation des *moros* (maures) était qu'ils se battaient dans leur propre pays contre leurs propres frères, ce qui multipliait à l'infini les risques de désertion, d'espionnage et de contrebande.

La fin de la Première Guerre mondiale permit d'envisager la création effective de ce corps de volontaires qui avait déjà été agitée avant le conflit. Millán Terreros obtint une entrevue avec le ministre de la Guerre, le général Antonio Tovar, durant l'été 1919, puis reçut, avec l'avis favorable d'une commission et l'appui du haut-commissaire au Maroc, le général Damaso Berenguer, l'autorisation d'aller visiter, en octobre, les centres de la Légion étrangère française – via Oujda et Oran – à Tlemcen et Sidi-Bel-Abbès. La décision initiale fut prise par décret royal fin janvier 1920, mais à cause de réticences et d'hostilités, il fallut attendre l'automne, après un changement de cabinet, afin que les décrets d'application fussent pris par le nouveau ministre, le vicomte de Eza, qui était venu écouter une conférence de Millán Terreros le 14 mai à Madrid sur *La Légion étrangère française et le Tercio étranger espagnol*. Avant même la formation effective du nouveau corps, le 4 septembre, le conférencier, devenu lieutenant-colonel, en fut désigné chef (2 septembre), demandant peu après que son ami Franco devînt son adjoint. La lourde défaite d'Anoual en juillet 1921 obligea le nouveau chef à engager ses forces autour de Melilla menacée par les forces rifaines. Durant ces combats meurtriers, les premiers chefs de la Légion se distinguèrent à la suite de Millán Terreros, blessé au combat le 17 septembre 1921, qui dut cependant quitter le commandement en novembre 1922, à la suite de divergences avec les juntes de défense, sorte de syndicat militaire parallèle. Il publia alors un ouvrage sur son œuvre militaire. Envoyé en formation en France, à Saint-Cyr puis à Saint-Maixent, il fut attaché à l'état-major de Lyautey. Revenu au service actif, il fut grièvement blessé lors d'une mission d'inspection le 26 octobre 1924, près de Tétouan. Il y perdit le bras gauche. Ses successeurs, le lieutenant-colonel Rafael Valenzuela, tué au combat en juin 1923, et le colonel Franco, blessé, Millán Terreros dut alors reprendre du service à la tête du corps sous le nom définitif de Millán Astray. Il fut blessé de nouveau le 4 mars 1926, d'une balle dans la tête qui lui fit perdre un œil.

Manchot et borgne, il fut désormais dispensé de service actif et promu général de brigade en juin 1927 puis nommé colonel honoraire du *Tercio* le 1er octobre. Retiré à Madrid, il fut chargé à diverses reprises de tournées de propagande en Amérique du Sud et aux États-Unis dans les années 1929-1931. La proclamation de la république provoqua son passage à la réserve. Déclaré officiellement invalide de guerre, il fut surpris par le coup d'État en juillet 1936 et revint précipitamment d'une mission officielle en Argentine pour se mettre aussitôt au service des chefs rebelles. Lors de la célébration de la fête panhispanique du 12 octobre de cette année-là, en présence de la femme de Franco et de l'archevêque de Salamanque, il fut le protagoniste d'un incident, devenu célèbre, avec Miguel de Unamuno, le recteur de l'université du lieu, qui se lamentait de la présence de trop d'invalides et d'infirmes en Espagne… ce à quoi le militaire retraité répondit par sa haine des intellectuels et le cri de la légion : « *¡ Viva la muerte !* » Millán Astray put jouir par la suite d'une considération intouchable sous la protection de son ancien camarade devenu *Caudillo de España*, qui lui confia diverses missions, ainsi celle de le représenter aux funérailles de l'ex-roi Alphonse XIII à Rome en 1941. Pendant la Seconde Guerre mondiale, partisan déclaré de l'aide à l'Allemagne nationale-socialiste, il célébra l'envoi de la division Azul contre les Soviétiques. À la suite de son décès dans une maison de retraite, à Madrid, le 1er janvier 1954, sa dépouille fut escortée par sa famille et les seuls légionnaires au cimetière de la Almudena, dit « de l'Est », à Madrid. Sur sa tombe, on grava l'inscription « *Millán Astray-Legionario* ».

Sous le franquisme, dans la plupart des villes espagnoles, des voies ont été dédiées au général Millán Astray. Ainsi au début des années 1980 trouvait-on encore des avenues portant son nom à Alicante, Cáceres, Cordoue et Madrid. En avril 2005, des détériorations furent commises sur une statue placée dans un parc de Saragosse. Plus récemment encore, le 22 janvier 2010, en vertu de la loi dite « de la Mémoire historique », l'ultime statue publique de Millán Astray installée depuis près de quarante ans sur une petite place homonyme de La Corogne, sa ville natale, a été démontée et mise en caisse. Seule, sur un terrain militaire, demeure la statue qui préside à l'entrée de la caserne centrale de la légion à Ceuta. Un hommage direct lui est cependant toujours rendu dans les confréries de la légion espagnole où ses portraits trônent en bonne place.

Jean-Marc DELAUNAY

Bibl. : José Millán Astray, *La legión*, Madrid, Ejército de Tierra, 2011 [1923] • Carlos de Silva, *General Millán-Astray (El legionario)*, Barcelone, AHR, 1956 • Luis Emilio Togores, *Millán-Astray legionario*, Barcelone, Planeta-de Agostini, 2006 [2003] • Dossier spécial, Hommage à Millán Astray, *La Legión*, 2008, n° 3, p. 41-45.

MILLES, camp des. – Ouvert le 2 septembre 1939 dans une briqueterie désaffectée située à l'ouest d'Aix-en-Provence, le camp des Milles rassemble tous les étrangers de la 15e Région militaire (RM). En effet, l'état-major de l'armée prévoit dès avril 1939 la réquisition de tous les étrangers de sexe masculin âgés de dix-sept à cinquante ans qui doivent être regroupés dans des camps avant leur répartition au sein d'unités de travailleurs au profit de l'armée. Parmi ces étrangers, on compte quelque 18 000 à 20 000 ressortissants allemands et autrichiens réfugiés en France après l'arrivée au pouvoir d'Hitler en janvier 1933, et parmi eux de nombreux Juifs arrivés à la suite des lois de Nuremberg de 1935 et des pogroms de novembre 1938. Jusqu'en mars 1943, plusieurs centaines d'anciens légionnaires sont internés par application stricte des décrets limitant la liberté de circulation des étrangers, plus particulièrement des ressortissants des pays en guerre contre la France. Outre les 300 à 400 anciens légionnaires recensés dont une majorité d'Allemands (52,8 %) et d'Autrichiens (23,7 %), soit 3,5 % des effectifs moyens pendant cette période 1939-1943, la population du camp comprend des apatrides, dont une majorité condamnés à l'indignité nationale par le IIIe Reich, mais également des volontaires pour servir dans l'armée française ou pour les régiments de prestataires créés pour la circonstance.

Les anciens légionnaires, eu égard à leurs états de service, font l'objet d'une attention particulière. Un classement destiné à trancher sur leur sort est adopté par l'administration : ainsi distingue-t-on les détenteurs d'un certificat de bonne conduite – le sésame qui leur permet une libération rapide –, les titulaires d'une pension de réforme, enfin les décorés de la médaille militaire. Le 21 octobre 1939, soixante anciens légionnaires internés envoient une lettre manuscrite à Édouard Daladier, président du Conseil et ministre de la Défense nationale, pour demander leur libération. L'ancien vaguemestre du 2e régiment de marche du 1er Étranger ne reste pas insensible au sort de ces étrangers et intervient auprès de la commission interministérielle de criblage pour leur élargissement. Ces internés côtoient après tout les nombreux artistes, écrivains et autres intellectuels comme Max Ernst qui bénéficient d'une mesure d'élargissement dès 1940. Après l'armistice, les légionnaires ou engagés volontaires pour la durée de la guerre (EVDG) des régiments qui avaient participé à la campagne de France – parmi lesquels le comte de Paris – sont envoyés à Fuveau, petit village de l'arrondissement d'Aix-en-Provence. Puis l'afflux des réfugiés exige l'ouverture de plusieurs annexes : Carpiagne, Lambesc, le château de Valabre près de Gardanne, Meyreuil, Gardanne, Langlade dans le Gard. À Marseille, plusieurs centaines d'étrangers, parfois même en famille, sont répartis entre le Pharo, le fort Saint-Nicolas, le château des Fleurs, le Brébant, la prison Saint-Pierre, l'école de la Major et le camp de transit de Sainte-Marthe qui avait reçu en mars 1940 les deux bataillons de Légion en partance pour la Scandinavie.

Faute d'archives et d'études sur le sujet, le sort de ces anciens légionnaires reste encore inconnu. L'historien retient cependant l'heureux épisode de ce couple allemand qui échappe à la déportation en août 1942 grâce à l'intervention de l'un des aumôniers protestants du camp : l'intendant de police de Marseille, Rodellec du Porzic, accepte la requête du pasteur Manen qui fait valoir que le fils des époux Heisenheimer sert à la Légion. Le télégramme envoyé par le chef de corps du jeune légionnaire permet alors la libération de ses parents. Entre-temps, le dernier convoi est parti pour l'Allemagne.

Un musée mémorial a été inauguré au camp des Milles en septembre 2012.

André-Paul COMOR

Sources : SHD-Terre, 7N 4198.
Bibl. : André Fontaine, *Le Camp d'étrangers des Milles, 1939-1943, Aix-en-Provence*, Edisud, 1989.

MINNAERT, sergent Polydore (1859-1908). – Avant 1871, les plus brillants des sous-officiers parvenaient tôt ou tard à l'épaulette. Après la guerre franco-allemande, la création des écoles de sous-officiers élèves officiers rend exceptionnelles les promotions par le rang. La carrière modeste de Polydore Minnaert illustre cette règle. Né à Gand (Belgique), il s'engage à la Légion étrangère en 1883 et fait partie du premier bataillon de la Légion envoyé au Tonkin. Le 17 décembre 1883, il plante le drapeau français sur les remparts de Son Tay et fait de même à Bac Ninh le 13 mars 1884. Caporal, il participe au siège de Tuyen Quang, sauve un blessé et reçoit la médaille militaire. Lorsqu'il est de retour à Sidi-Bel-Abbès, sa grande taille le fait affecter dans l'escouade des sapeurs. Il s'y distingue en arrachant deux enfants aux flammes d'un incendie, gagnant une médaille de sauvetage pour cet acte de courage.

Le caporal Minnaert fait partie du bataillon qui s'en va pacifier le Dahomey en février 1892. Le colonel Dodds le félicite pour l'efficacité dont il fait preuve dans le ravitaillement de la colonne poursuivant le roi Béhanzin. Il est promu sergent. Deux ans plus tard, il fait campagne au Soudan qu'il rejoint en remontant le fleuve Sénégal. Au cours de ce déplacement, il sauve un légionnaire tombé dans le fleuve et mérite une seconde médaille de sauvetage. Le 14 juin, un raid est organisé pour soumettre Ali Kori, roi de Bossé, un village situé à 250 km de Ségou. L'action est confiée à une colonne de 260 hommes tous sénégalais, à l'exception des servants de deux canons de montagne et de 20 légionnaires dont le sergent Minnaert – tous volontaires. Elle arrive devant Bossé le 1er juillet. Un bombardement ouvre une brèche dans les murs l'entourant. L'assaut est mené par une compagnie de 93 hommes articulée en quatre sections. Minnaert commande l'une d'elles. Les assaillants progressent sous les flèches et les balles des défenseurs ; 60 d'entre eux sont blessés dont Minnaert (par flèche au flanc gauche et par balle à la cuisse). Lorsqu'ils parviennent à la mosquée, Ali Kari en sort armé d'un yatagan. Un légionnaire le tue. Le combat cesse peu après.

De retour à Sidi-Bel-Abbès, Minnaert est fait chevalier de la Légion d'honneur. Outre ses qualités de chef et de combattant, il est un excellent tireur : les huit épinglettes d'honneur qui lui ont été décernées en portent témoignage. Parvenu à quinze ans de services et n'espérant aucune promotion (il le confiera à Sylvain Vanhecke, l'un de ses neveux), il prend sa retraite. Naturalisé français, il obtient un emploi réservé : gardien du cimetière de Sidi-Bel-Abbès. Polydore Minnaert est assassiné par un Arabe le 24 août 1908.

Henry DUTAILLY

MIQUEL, général Roger (1898-1978). – Natif de Cahors, Roger Miquel a dix-sept ans lorsqu'il entre comme élève au prytanée militaire le 28 septembre 1915. L'année suivante, il signe un engagement volontaire pour la durée de la guerre au titre du 138e régiment d'infanterie avant d'être admis sur concours au centre d'élèves aspirants de Saint-Cyr (18 septembre 1916). Choisissant de servir dans la cavalerie, il est administrativement rattaché au 32e régiment de dragons où il est promu brigadier (30 mai 1917) puis aspirant (30 juillet). Il signe le 9 août suivant un engagement de huit ans au titre de l'École spéciale militaire de Saint-Cyr. Affecté au 11e régiment de hussards (août 1917-mars 1918), il suit le cours d'observateur en avion puis est muté au 14e Dragons (mai 1918-septembre 1919). Sa « grande bravoure » lui vaut d'être cité à l'ordre de l'armée le 2 décembre 1918 à la suite de son comportement dans les derniers jours de la guerre : « Le 10 novembre 1918, a été, à pied, malgré les feux croisés des mitrailleuses et d'une automitrailleuse, reconnaître les positions des pièces ennemies [...]. Blessé grièvement, a rédigé son rapport dans un fossé et l'a envoyé [...]. » La paix revenue, il termine sa scolarité à Saint-Cyr puis rejoint pour un an le cours d'application de la cavalerie. Nommé lieutenant en octobre 1920, il rejoint le Maroc où il sert au 8e puis au 9e Spahis.

Après trois années de congé sans solde (1924-1927), il est à nouveau affecté au Maroc où il sert dans les rangs du 1er régiment de chasseurs d'Afrique. En octobre 1927, il suit le cours préparatoire des affaires indigènes (AI) à Rabat, corps qu'il rejoint en juillet 1928 comme adjoint au bureau du cercle du Haut-M'Soun à Aknoul puis adjoint à la direction générale des affaires indigènes à Rabat. Le 29 juin 1931, il est mis à la disposition du général commandant la région de Meknès afin de participer à l'encadrement des « partisans ». Il est alors cité à l'ordre du corps d'armée pour avoir, le 21 juillet, « entraîné son groupe de partisans sur de nombreuses tentes insoumises qu'il a bousculées dans une action violente et rapprochée faisant preuve de sang-froid, de calme et de bravoure ». Promu capitaine le 25 mars 1934, il est affecté au 13e Dragons dont il prend le commandement du 2e escadron le 15 juin 1935. Deux ans plus tard, il entre à l'École supérieure de guerre. Il en sort le 31 août 1939.

Il sert successivement pendant la drôle de guerre et la campagne de France à l'état-major de la 12e Région militaire, au 2e Bureau de l'état-major de l'armée et au 3e Bureau de la 1re division légère mécanique. Il est cité à deux reprises. Après la défaite, il est affecté au 18e Chasseurs en août 1940 puis mis à la disposition du général commandant les troupes de Tunisie en septembre. Rejoignant le 1er régiment étranger de cavalerie (REC) le 23 septembre 1940, il est détaché au commandement par intérim du groupe d'escadrons autonome du 8e Chasseurs d'Afrique où il demeure jusqu'au 23 mars 1941, date à laquelle il est rayé des cadres du 1er REC. De juin 1941 à novembre 1942, il sert au Sénégal, au Mali, puis en Côte d'Ivoire. À son retour au Maroc, il est nommé chef d'état-major du groupement de Rabat sud, poste qu'il occupe moins de une semaine.

Le 30 août 1943, il prend le commandement par intérim du 1er REC puis est promu lieutenant-colonel à titre temporaire (25 septembre). En novembre, il obtient de la comtesse Ladislas du Luart qu'elle accepte de devenir la marraine du régiment. Il débarque en France à la tête de son régiment le 20 septembre 1944 et participe alors à la campagne d'Alsace (automne et l'hiver 1944-1945) et à la réduction de la poche de Colmar. Il est promu colonel « à titre exceptionnel et temporaire » puis définitif le 25 janvier 1945. Le 18 mai suivant, le général de Lattre de Tassigny, commandant la Ire armée française, lui remet la cravate de commandeur de la Légion d'honneur, le qualifiant de « brillant chef de corps d'un magnifique régiment ».

Promu général de brigade le 25 septembre 1946, il repart pour le Maroc en 1948. Il y commande successivement, « à titre provisoire », la division de Meknès, les territoires d'Agadir confins, la subdivision autonome d'Agadir et les confins algéro-mauritano-marocains, enfin la division de Meknès à titre régulier (26 octobre 1951). Promu général de division le 1er septembre 1952, il est nommé commandant supérieur des troupes du Maroc par intérim du 23 août au 12 décembre 1955. Au cours de cette période, le général Guillaume écrit de lui qu'il est « autoritaire mais cordial, personnel mais parfaitement discipliné, [et qu'il] commande avec netteté mais sans nuance ».

Il rentre en France pour prendre le commandement de la 5e Région militaire et devenir, le 15 août 1956, inspecteur et commandant désigné de la zone de défense no 2. Promu général de corps d'armée le 1er août 1956, il est nommé membre titulaire du Conseil supérieur de la guerre pour un an à compter du 1er janvier 1958. Au cours de cette ultime période de sa carrière militaire, il joue un rôle actif dans la préparation de l'opération « Résurrection » et dans le retour du général de Gaulle au pouvoir.

Entre le 18 et le 19 mai, c'est-à-dire à peine quatre jours après que le général de Gaulle eut annoncé qu'il se tenait « prêt à assumer les pouvoirs de la République », il accepte en effet, à la demande du général Salan, d'assurer le commandement de la partie métropolitaine de l'opération « Résurrection » que ce dernier dirige depuis Alger. Confronté à l'interdiction ministérielle de faire décoller le moindre avion de transport, il prend contact et s'entend avec le général de Rancourt qui commande le transport aérien militaire en région parisienne pour contourner cette interdiction. Rancourt, ancien chef de cabinet du général de Gaulle, lui fait savoir qu'il mettra à sa disposition les avions nécessaires mais précise « qu'il n'est pas sûr que celui-ci [le général de Gaulle] approuve le projet ». À partir de cet instant, le général Miquel, comme il l'écrit dans son livre *Opération Résurrection*, pense que « l'opération ne peut avoir lieu si le Général est investi, s'il n'en approuve pas l'exécution, si les communistes restent sans réaction violente ». Il en assure néanmoins la préparation générale par entente avec les autres généraux commandant les Régions militaires, puis particulière en faisant préparer et rédiger un ordre d'opération. Le 25 mai il estime que l'opération est prête. Il propose le 28 pour son déclenchement avec possibilité de report de quarante-huit heures. Le 27 mai, il consigne toutes les troupes de la 5e Région militaire dans leurs quartiers. Le même jour, convoqué à Paris, il est reçu par Pierre de Chevigné, ministre de la Défense nationale. Rien ne se passe.

Lors de son vol de retour vers Toulouse, il entend la proclamation du général de Gaulle, qui annonce qu'il a « entamé le processus régulier nécessaire à l'établissement d'un gouvernement de la République ». L'opération « Résurrection », réalité objective ou action psychologique, ne sera pas déclenchée en métropole. Le 1er juillet 1958, le général Miquel est élevé à la dignité de grand-croix de la Légion d'honneur. Il quitte le service actif à la limite d'âge de son grade pour rejoindre la 2e section le 20 août 1958. Retiré à Albas dans le Lot, il y meurt le 7 février 1978.

Frédéric GUELTON

Bibl. : Roger Miquel, *Opération Résurrection*, France Empire, 1975.

MOERDER, famille de. – Cette famille, de noblesse russe, s'installe en Suisse début 1871, d'abord à Montreux puis à Genève, pour soigner Constantin, l'un des enfants. Le père, Pavel Karlovitch de Moerder, officier de l'armée du tsar, engagé contre les armées de Napoléon à Dunabourg, Polotski, sur les bords de la Desna et de la Berezina, est sénateur d'Empire et lieutenant général, commandant la gendarmerie impériale. En 1855, il sert à Sébastopol contre la France et ses alliés. Par oukase de 1856, Alexandre II lui ordonne de rentrer en Russie et de siéger au Sénat. Couvert d'honneurs, titulaire de la médaille commémorative de la prise de Paris, il meurt le 24 avril 1873. Deux de ses fils s'engagent à la Légion étrangère et la fille de son épouse, Isabelle Eberhardt, née d'un premier lit, suit la Légion en Afrique du Nord.

Le légionnaire Augustin, demi-frère d'Isabelle, est né le 11 décembre 1871 à Montreux. Engagé volontaire pour cinq ans au titre de la Légion étrangère le 10 octobre 1895 au bureau de recrutement d'Annecy, il sert au 1er régiment étranger (RE) à Sidi-Bel-Abbès. De faible constitution, il est réformé par la commission spéciale d'Oran, le 4 février 1896. Une lettre de sa mère au colonel de Villebois-Mareuil, dans laquelle elle indique que son fils consomme des stupéfiants, serait à l'origine de l'envoi devant la commission de réforme. Augustin s'installe alors à Marseille où peu de temps après il souscrit un second contrat. Il sert cette fois à la 17e compagnie du 2e RE à Saïda. Mais en 1898 il est encore réformé et quitte Mascara avec un certificat de bonne conduite.

Son frère Nicolas, né le 6 juin 1863 à Moscou, s'engage quant à lui pour cinq ans au titre de la Légion étrangère le 24 mai 1883 au bureau de recrutement de Chambéry. Il sert au 5e puis au 1er bataillon de Légion étrangère à Sidi-Bel-Abbès. Désigné pour le Tonkin, il déserte le 2 octobre 1883 et rejoint Saint-Pétersbourg. Il deviendra chef de bureau au ministère des Affaires étrangères de Russie. Son aventure s'inscrit entre les lignes du seul roman de sa demi-sœur Isabelle Eberhardt : *Trimardeur* (1922).

Charles RIDET

Sources : DHPLE, VR 35/1951 • Archives de France, Centre des archives d'outre-mer, fonds Isabelle Eberhardt.

Bibl. : Edmonde Charles-Roux, *Un désir d'Orient, la jeunesse d'Isabelle Eberhardt, 1877-1899*, Grasset, 1988.

MÖLLER, jugement. – Le jugement rendu le 28 mai 1964 par le tribunal de grande instance de la Seine dans l'affaire Möller s'inscrit dans la longue dispute diplomatique qui opposa tout au long du XXe siècle les chancelleries de France et d'Allemagne sur la question des légionnaires allemands engagés avant leur majorité légale, fixée à vingt et un ans. Les besoins de recrutement nés de la guerre d'Indochine et des événements d'Algérie rendaient indispensable le contingent des mineurs allemands, si bien que cette question restait après guerre le seul point de désaccord diplomatique entre Paris et Bonn une fois réglé le différend de la Sarre.

Wilhelm Möller s'est engagé dans la Légion étrangère en 1959. Mineur selon la loi allemande, il a agi sans le consentement de son responsable légal, en l'occurrence sa mère. Celle-ci sollicite du tribunal administratif de Paris la nullité du contrat d'engagement de son fils en raison de son incapacité légale à rejoindre les rangs de la Légion sans autorisation préalable. En défense, le ministre des Armées estime que le recrutement des armées revêt un caractère d'ordre public et qu'il prévaut sur les règles étrangères relatives à la capacité. Le recrutement des mineurs est un des rares points sur lesquels la jurisprudence refuse la pratique légionnaire de l'identité déclarée : l'ordonnance du 10 mars 1831 impose un minimum de dix-huit ans et, dans son arrêt Durand du 4 août 1927, le Conseil d'État a frappé de nullité absolue les engagements reçus avant cet âge. Or Möller avait dix-neuf ans lorsqu'il a coiffé le képi blanc. Le tribunal administratif sursoit à statuer et demande à la juridiction civile, gardienne de la liberté des personnes, d'indiquer si le jeune Allemand était, ou non, juridiquement apte à rejoindre la Légion.

Les juges de la Seine affirment que « l'engagement dans les différentes formations de l'armée d'un État constitue un acte juridique de droit public régi par la loi de cet État ». Il n'y a donc pas lieu de prendre en considération la législation allemande. Le tribunal ajoute que le code civil de l'époque, dans une disposition remontant à 1804 abrogée depuis, fait défense à l'enfant de quitter la maison paternelle sans autorisation, sauf précisément « pour un enrôlement volontaire après l'âge de dix-huit ans révolus ». Enfin, si les magistrats constatent l'existence de lois françaises exigeant des mineurs de vingt ans qu'ils disposent d'une autorisation pour contracter un engagement dans les armées de terre, de mer et de l'air, ils estiment que la Légion étrangère forme un corps spécifique qui échappe à leur application. Tout individu de dix-huit ans jouit donc de la capacité juridique de contracter un engagement dans la Légion étrangère, sans requérir l'autorisation de son responsable légal.

Conforme aux souhaits du commandement et incontestable sur le plan du droit, le jugement de l'affaire Möller institutionnalise, en pratique, une inégalité parmi les recrues de la Légion. Il était en effet admis que les engagés français se présentent en possession d'une autorisation paternelle jusqu'à vingt ans révolus, alors que les étrangers pouvaient être reçus sans le consentement de leurs parents à partir de dix-huit ans. L'abaissement de la majorité légale française à dix-huit ans, en 1974, a mis fin à cette dissymétrie.

Julien Souplet

Bibl. : Alexandre-Charles Kiss, « Jurisprudence française relative au droit international. Année 1964 », *Annuaire français de droit international*, vol. 11, 1965, p. 953-955 • Eckard Michels, « L'Allemagne et la Légion étrangère, 1900-1962 », *Cahiers du centre d'études d'histoire de la défense*, n° 18, 2002, p. 104-123.

MON LÉGIONNAIRE. – À partir de sa création en avril 1936 à Marseille, l'interprétation de *Mon légionnaire* assure à Marie Dubas un succès qui lui permettra d'organiser une tournée aux États-Unis en 1939. Cette chanson marque le début de la collaboration de Raymond Asso (pour les paroles) et Marguerite Monnot (pour la musique). Édith Piaf l'enregistre en janvier 1937 et en fait un des grands succès de son répertoire. *Mon légionnaire* est au premier rang de ces chansons – comme *Le Fanion de la Légion* des mêmes auteurs et celles que chantaient Paulus et Dalbret avant la guerre de 1914 – qui n'ont pas été écrites pour être chantées par les légionnaires, mais qui ont contribué à établir leur image dans l'imaginaire de la population française comme au niveau international. Décrivant un épisode de la vie populaire urbaine, *Mon légionnaire* appartient au genre appelé réaliste. Outre qu'il soit légionnaire, rien de militaire dans la description de l'amant : ce pourrait tout aussi bien être un marin ou un gangster. La chanson s'appuie sur l'image du légionnaire aux cheveux blonds et aux yeux bleus incarnée quelque temps auparavant au cinéma par Pierre Richard-Willm (*Le*

Grand Jeu, *Le Prince Jean*, 1934) et Jean Gabin (*La Bandera*, 1935). Jusqu'alors interprétée par des femmes, sa reprise passablement provocatrice par Serge Gainsbourg en 1987 lui confère une ambiguïté qui s'inscrit dans l'évolution des mœurs que connaît la fin du XXe siècle. Il reste de cette chanson cette immortelle description qui est dans toutes les mémoires, même pour ceux qui ne l'ont jamais entendue : « Il était mince, il était beau, il sentait bon le sable chaud, mon légionnaire ! » – sans oublier les tatouages. Nous ne pouvons qu'évoquer une version grivoise, moins connue du fait de ses paroles particulièrement crues.

1. Il avait de grands yeux très clairs
Où parfois passaient des éclairs
Comme au ciel passent des orages.
Il était plein de tatouages
Que j'ai jamais très bien compris.
Son cou portait : « Pas vu, pas pris. »
Sur son cœur on lisait : « Personne »
Sur son bras droit un mot : « Raisonne ».
Refrain :
J'sais pas son nom, je n'sais rien d'lui.
Il m'a aimée toute la nuit,
Mon légionnaire !
Et me laissant à mon destin,
Il est parti dans le matin
Plein de lumière !
Il était minc', il était beau,
Il sentait bon le sable chaud,
Mon légionnaire !
Y avait du soleil sur son front
Qui mettait dans ses cheveux blonds
De la lumière !

2. Bonheur perdu, bonheur enfui,
Toujours je pense à cette nuit
Et l'envie de sa peau me ronge.
Parfois je pleure et puis je songe
Que lorsqu'il était sur mon cœur,
J'aurais dû crier mon bonheur…
Mais je n'ai rien osé lui dire.
J'avais peur de le voir sourire !

3. On l'a trouvé dans le désert.
Il avait ses beaux yeux ouverts.
Dans le ciel, passaient des nuages.
Il a montré ses tatouages
En souriant et il a dit,
Montrant son cou : « Pas vu, pas pris. »
Montrant son cœur : « Ici, personne. »
Il ne savait pas… Je lui pardonne.

4. J'rêvais pourtant que le destin
Me ramèn'rait un beau matin
Mon légionnaire,
Qu'on s'en irait seuls tous les deux
Dans quelque pays merveilleux
Plein de lumière !
Il était minc', il était beau,
On l'a mis sous le sable chaud
Mon légionnaire !
Y avait du soleil sur son front
Qui mettait dans ses cheveux blonds
De la lumière !

Thierry BOUZARD

MONSIEUR LÉGIONNAIRE. – *Voir* HALLO, GÉNÉRAL JEAN-PIERRE.

MONTFORT, vicomte Louis de (1840-1911). – Grand soldat issu de la tradition militaire de sa famille, le sénateur Louis de Montfort est le père spirituel du 1er régiment étranger de cavalerie (REC). Il est le chaînon entre ce régiment et les escadrons de Légion qu'il a connus au Mexique.

Fils du général de Montfort, Louis naît à Paris le 3 février 1840. À dix-huit ans, il est engagé volontaire et entre à l'École spéciale militaire de Saint-Cyr. En 1860, il est admis à l'École d'état-major. Il s'illustre ensuite lors de la campagne du Mexique où, lieutenant au 3e régiment de chasseurs d'Afrique, puis au 81e de ligne, il est blessé d'un coup de lance à la poitrine, le 10 janvier 1865, à Veranos. Cité à l'ordre de l'armée pour action d'éclat lors de la prise de Guyanas, le 29 mars 1865, il est fait capitaine puis est un des derniers à quitter le Mexique. Il mesure les services rendus par la Légion étrangère et plus particulièrement ses escadrons alors qu'il est chef d'état-major du général baron Aymard, tout en se distinguant lors des ultimes opérations en 1866-1867 autour de Tehuacan et de Perote.

Suivant le général Aymard qui commande une division, il combat à la bataille de Borny. Le 18 août, à Saint-Privat, il est grièvement blessé d'un éclat d'obus lors de la défense désespérée des fermes de Saint-Hubert et de Moscou. Sur le champ de bataille, il reçoit la Légion d'honneur. Prisonnier à Metz, cet homme d'honneur refuse de signer « le revers » et passe sa captivité à Wiesbaden. En 1871, libéré, il reprend du service comme capitaine d'état-major de la 10e division de cavalerie de Versailles.

Pour des raisons inconnues, en 1873, il quitte l'armée active avec le grade de chef d'escadron, mais reste dans la réserve (en 1896 il est lieutenant-colonel à l'État-major général de l'armée). Installé dans le château familial de Crasville-la-Rocquefort, dans le pays de Caux, il se lance dans la politique comme bien des notables. Il sert la république pour continuer à servir l'armée. En 1889, le conseiller général Louis de Montfort est élu député de Seine-Inférieure sous une étiquette orléaniste. Énergique et généreux, hostile au boulangisme, ne s'intéressant qu'aux questions militaires et coloniales, il est réélu en 1893 et 1898 et préside les commissions de la marine et de l'armée. Il est un des pères de cette loi oubliée de 1893 qui transforme les troupes de marine en armée de métier (avant la loi salutaire de 1900 sur les troupes coloniales).

En avril 1894, il dépose une proposition de loi sur la création de deux régiments étrangers, l'un de cavalerie, l'autre d'artillerie, mais l'initiative reste sans suite. Élu sénateur de la Seine-Inférieure en janvier 1900, républicain libéral, patriotique et antidreyfusard, bien que ses interventions contre Dreyfus soient demeurées discrètes, débordant d'activité, très opposé à la loi des deux ans de service obligatoire qui diminue les effectifs sous les drapeaux, favorable à la création d'une « police mobile » qui épargnerait à l'armée de se salir dans le maintien de l'ordre, il s'inquiète des conséquences guerrières du coup de Tanger perpétré par l'empereur Guillaume II en mars 1905. C'est l'origine de sa nouvelle proposition de loi du 19 novembre 1907 qui reprend celle de 1894 et qu'il défend dans la presse : il s'agit de renforcer l'armée de conscrits par une plus large part accordée aux troupes de métier. Pour lui, la Légion étrangère, à l'époque de la Revanche, est encore susceptible d'accueillir des Alsaciens-Lorrains qui aimeraient s'engager dans des unités de cavalerie et d'artillerie, ce qui permettrait de garder un lien avec les « provinces perdues ». Après le rapport favorable du sénateur Humbert, la Haute Assemblée adopte la proposition Montfort le 26 mars 1908 en faveur de la création d'un régiment étranger et d'un bataillon étranger d'artillerie. Les députés toutefois ne donnent pas suite en raison d'une réduction des crédits militaires. En outre, une Assemblée de gauche qui avait adopté la loi égalitaire des deux ans de service militaire ne peut accepter un texte sénatorial instaurant l'embryon d'une armée de professionnels, de prétoriens pour certains, même employés outre-mer.

Après 1908, l'activité de Louis de Montfort cesse progressivement. Réélu en 1909, il s'éteint deux ans plus tard dans l'exercice de ses fonctions dans son château du pays de Caux. En 1920, c'est à partir de sa proposition de loi que le 1er REC est enfin créé par la loi du 20 mai.

Jean-Charles JAUFFRET

Bibl. : Jean-Charles Jauffret, *L'Idée d'une division de Légion étrangère et le Premier régiment étranger de cavalerie, 1836-1940*, Montpellier, Centre d'histoire militaire et d'études de défense nationale, Presses de l'université Paul-Valéry, 1978 • Jean Jolly, *Dictionnaire des parlementaires français*, PUF, t. VI, 1971.

MONUMENT AUX MORTS. – Au lendemain de la guerre de 1870, des collectivités territoriales surtout dans l'est et l'ouest de la France ont édifié des monuments commémorant le sacrifice de leurs morts pour la patrie. Cet usage se généralise après la Grande Guerre. Des communes, des institutions (des écoles ou des entreprises) et des formations militaires (corps, écoles, établissements) se dotent d'un monument dédié à leurs morts de la guerre ou à tous leurs morts. De même que la construction d'un monument aux morts sur le domaine public est soumise à l'autorisation du préfet, celle d'un monument aux morts sur terrain militaire est soumise à celle du ministre de la Guerre.

En 1928, le colonel Rollet souhaite qu'un monument à la mémoire de tous les légionnaires tombés au service de la France soit dévoilé à l'occasion des cérémonies du centenaire de la Légion étrangère : il en constituerait le point d'orgue. Le futur inspecteur de la Légion veut que ce monument soit érigé au centre du quartier Vienot à Sidi-Bel-Abbès. Il estime que les légionnaires doivent avoir continuellement sous les yeux le symbole du sacrifice de leurs anciens. Passant outre l'avis défavorable du général Naulin, commandant de la division d'Oran, le ministre de la Guerre autorise en 1930 la construction du monument au cœur de la Légion sur la place d'armes. Le colonel Rollet souhaite également que la réalisation soit totalement financée par la Légion d'active et par les anciens à l'exclusion de toute subvention. Le ministre ayant autorisé l'ouverture d'une souscription, un comité présidé par le lieutenant-colonel Forey, ancien chef de corps du 1er Étranger et doyen des officiers de Légion, est chargé de réunir les fonds nécessaires. Ils proviennent en partie d'une tournée de concerts donnés en Afrique du Nord par la musique du 1er Étranger.

La réalisation du projet commence avant que les incertitudes relatives au lieu et au financement soient levées. Le colonel Rollet commande un projet au peintre de l'armée Mahut qui était l'un des illustrateurs de l'historique du régiment de marche de la Légion étrangère. L'artiste propose un cénotaphe de base rectangulaire recouvert d'un parement. La partie supérieure est ornée de guirlandes de laurier et d'un globe reposant sur des palmes, des roses et des couronnes de feuilles de chêne. Quatre légionnaires montent la garde à chacun des angles du monument. Le premier en tenue de la création rappelle la Légion de la conquête de l'Algérie. Le deuxième en tenue du Second Empire évoque la Crimée, l'Italie, le Mexique et la guerre de 1870. Sous les traits du général Brundsaux, le troisième rappelle les campagnes coloniales du Tonkin, de Madagascar et d'Afrique noire. Le quatrième représente un légionnaire de la Grande Guerre un masque à gaz pendant à son cou et croisant la baïonnette, ce qui est la position « en garde » du combattant des tranchées. La conception du monument est confiée au sculpteur Charles-Henry Pourquet, qui propose une maquette. Moyennant quelques modifications minimes, le colonel Rollet adopte le projet. Les statues et les sculptures du cénotaphe seront en bronze. Celui-ci sera recouvert de plaques d'onyx provenant d'une carrière alors inexploitée située à une quarantaine de kilomètres de Sidi-Bel-Abbès. L'extraction de l'onyx commence en avril 1929 après l'ouverture d'une route permettant aux camions d'accéder à la carrière.

La première pierre du monument est posée par le lieutenant-colonel Forey le 8 octobre 1930. Le cénotaphe est ensuite réalisé selon une technique singulière : les plaques d'onyx épaisses de trente centimètres sont alignées au cordeau et servent de coffrage au béton ; il est édifié strate par strate. Enfin les parties en bronze sont posées en présence du sculpteur.

La Légion fête son centenaire le 30 avril 1931. L'inauguration du monument se déroule en quatre temps : le lieutenant-colonel Forey prononce tout d'abord une allocution puis remet le monument encore voilé d'un immense drapeau tricolore au colonel Nicolas, commandant le 1er régiment étranger. Le monument est ensuite dévoilé ; des discours officiels sont prononcés qui célèbrent la Légion et son monument. Enfin les légionnaires défilent devant ce monument qui fera désormais partie de leur vie quotidienne.

Après l'indépendance de l'Algérie, la Légion quitte le quartier Vienot en emportant son monument. Le déménagement commencé en juin 1962 s'avère cependant difficile, l'onyx ne supportant pas les travaux, la maçonnerie est détruite. Les bronzes et l'onyx dont aucun morceau n'est perdu transitent par Mers el-Kébir avant de rejoindre le camp de la Demande à Aubagne. Les légionnaires y reconstruisent leur monument sur la place d'armes de ce qui devient le nouveau quartier Vienot. Le cénotaphe est fait de béton revêtu de marbre de Provence. Hormis cela, rien n'est changé. Le nouveau monument est inauguré le 30 avril 1963 lors de la célébration du centenaire du combat de Camerone. À l'occasion du cent cinquantième anniversaire de la Légion étrangère, l'inscription « 1931-1981 » est placée sous la suivante : « La Légion à ses morts 1831-1931 ».

Henry DUTAILLY
& Alexis NEVIASKI

MORAL, rapports sur le. – Le moral des soldats résulte de la concomitance de plusieurs facteurs qui varient dans le temps et selon les circonstances. Il peut se définir comme l'ensemble des qualités physiques et « morales » nécessaires pour supporter les périls, les fatigues, et les difficultés. Destiné à informer le commandement sur l'état d'esprit de la troupe, le rapport sur le moral constitue un outil d'évaluation en temps de paix comme en temps de guerre. Il permet de prévenir les crises de cafard et la désertion. Mais il est souvent d'une lecture et d'une interprétation délicates en raison des conventions et du style adoptés par les rédacteurs. Ces réserves faites, les rapports émanant des unités élémentaires, notamment pour l'armée de terre en général et la Légion étrangère en particulier, restent des indicateurs du plus grand intérêt pour appréhender la vie quotidienne du légionnaire, ses préoccupations, ses attentes portant sur les conditions matérielles comme la nourriture, l'habillement, le cantonnement, la solde et les primes.

André-Paul COMOR

Sources : DHPLE, rapports sur le moral du DCRE et du DCLE, 1941-1954.
Bibl. : André Corvisier (dir.), *Dictionnaire d'art et d'histoire militaires*, PUF, 1988.

MORAL, service du. – *Voir* ACTION SOCIALE.

MORDACQ, général Jean, Jules, Henri (1868-1943). – Henri Mordacq est admis à Saint-Cyr en 1887 dans un bon rang (47e sur 446). À la sortie, il choisit son affectation comme sous-lieutenant au 2e régiment de zouaves. En 1891, promu lieutenant, il passe à la Légion et sert dans les compagnies montées – devenues unités d'élite – dans les confins algéro-marocains, où il côtoie des officiers de grande valeur. Il rejoint ensuite le 1er régiment étranger au Tonkin et participe à plusieurs combats importants entre 1893 et 1896, notamment ceux de Kankhan, Na Luang et Jhia Mah. Capitaine en 1896, il sert dans l'infanterie métropolitaine, successivement aux 103e, 33e, 30e, 93e et 70e régiments d'infanterie (RI). Il est admis à l'École supérieure de guerre en 1900 (60e sur 80) puis intègre l'état-major de la 10e division.

Chef de bataillon en 1906 au 101e RI, où il gagne le titre de champion de France d'épée des officiers, il passe ensuite chez les chasseurs (25e BCP, en 1907) avant de revenir à des régiments d'infanterie (98e en 1908 et 29e en 1911). Remarqué par ses chefs pour ses qualités, il fait partie de l'élite choisie pour suivre les cours du Centre des hautes études militaires en 1911. Lieutenant-colonel la même année, il est nommé en décembre 1912 commandant en second de l'École spéciale militaire de Saint-Cyr.

Il commence la campagne de 1914 à la tête du 159e RI. En octobre, il est colonel à titre temporaire avant de l'être à titre définitif en février 1915. Il est alors à la tête de la 88e puis de la 90e brigade de la 45e division d'infanterie (DI). Il est blessé à trois reprises, d'abord à Arras en 1914 (éclat d'obus), puis sur la Somme (commotion cérébrale et tympan gauche déchiré), et enfin gazé à Verdun où, général de brigade à titre temporaire en janvier 1916, il commande la 24e DI en septembre-octobre. Il est général de division, en novembre 1917, lorsque Georges Clemenceau le choisit pour diriger son cabinet militaire au ministère de la Guerre, sans doute pour ses opinions jugées « progressistes ». Surnommé « l'ours » en raison de sa corpulence et de son caractère entier, il s'accorde bien avec le « tigre » Clemenceau pendant leurs deux années et demie de collaboration étroite, du 15 novembre 1917 au 18 juin 1920. Il obtient le rappel du général Guillaumat à Paris le 6 juin 1918. « Quoi qu'il pût arriver d'ailleurs, il était prudent d'avoir en France, et sous la main, un général de la valeur du général Guillaumat », écrit-il. En novembre 1918, il est de ceux qui souhaitent que les négociations avec l'Allemagne n'aboutissent pas.

Après l'armistice, pressé par Lyautey d'obtenir des renforts afin de poursuivre les opérations de pacification dans les zones de dissidence, il se prononce pour le renforcement de la Légion en s'appuyant sur le recrutement allemand. Il intervient à cet égard en faveur d'un producteur américain, Vincent Hugh, pour lui accorder toutes les facilités lors du tournage en 1920 de son film-reportage sur les légionnaires au Maroc. À l'origine du projet de création d'une division de Légion étrangère, rejeté par la Chambre des députés en 1920, il est aussi partisan d'une réforme profonde du Conseil supérieur de la guerre (CSG), dont la vice-présidence aurait été assurée à tour de rôle par les trois maréchaux de France : Joffre, Foch et Pétain. Les huit membres du CSG auraient été choisis parmi les généraux relativement jeunes et auraient été renouvelés par moitié chaque année. Ce projet, trop peu en phase avec l'existence de « maisons » au sein de l'armée française, n'aboutit pas. Commandeur de la Légion d'honneur depuis juillet 1918, Mordacq exerce divers commandements avant de quitter le service actif en 1925.

Auteur d'une douzaine d'ouvrages, il se partage entre la littérature strictement militaire (*La Guerre au Ma-*

roc, enseignements tactiques des deux guerres franco-marocaine et hispano-marocaine, sous le pseudonyme de général Jibé, Lavauzelle, 1904) et des ouvrages de témoignage, notamment sur Clemenceau (*Le Ministère Clemenceau : journal d'un témoin, novembre 1918-juin 1919*, Plon, 1931 ou *Faut-il changer de régime ?*, Albin-Michel, 1935). La Légion de l'entre-deux-guerres lui doit d'avoir été reconnue par le haut commandement, désormais convaincu de son utilité.

François COCHET

Sources : SHD-Terre, 9 Yd 787, 3H 262 et 7N 928.

Bibl. : Jean-Charles Jauffret, *L'Idée d'une division de Légion étrangère et le 1er régiment étranger de cavalerie, 1836-1940*, thèse de troisième cycle sous la direction d'André Martel, université Paul-Valéry, Montpellier-III, 1978.

MOREL, général René (1908-1974). – Né le 6 décembre 1908 à Granges-sur-Vologne (Vosges) où son père est directeur commercial dans le textile, il est appelé sous les drapeaux dans le cadre des élèves officiers de réserve à Saint-Cyr en mai 1930. Promu sous-lieutenant de réserve, il signe un engagement et devient sous-lieutenant d'active en août 1933. Il sert successivement au 32e régiment d'infanterie (RI) puis au 35e RI où il est nommé lieutenant. En 1939, il est muté au 1er régiment étranger en Algérie ; en février 1940, il se porte volontaire pour l'expédition de Norvège et prend part avec la 13e demi-brigade de montagne de Légion étrangère à la campagne de Narvik en mai-juin 1940, comme chef de section de mitrailleuses où ses qualités lui valent une citation à l'ordre du corps d'armée.

Évacué vers la Grande-Bretagne avec l'ensemble du corps expéditionnaire français, il décide de s'engager dans les Forces françaises libres (FFL) en juin 1940. Promu capitaine en août, il participe à l'opération « Menace » sur Dakar en septembre, puis débarque au Cameroun en octobre. Il prend le commandement de la 2e compagnie du bataillon de Légion étrangère en partance pour l'Érythrée avec la brigade française d'Orient (BFO). Blessé à Cheren d'une balle au bras, il reste à son poste pendant vingt-quatre heures avant d'être évacué, dans un premier temps dans un hôpital britannique au Soudan. Au terme de sa convalescence dans un hôpital français du Caire, il rejoint son unité à Qastina en Palestine pour prendre part à la campagne de Syrie en juin 1941. Par la suite, il participe à toutes les opérations de la 13e DBLE. Ainsi, à Bir Hakeim, où à la tête de sa compagnie il inflige de lourdes pertes aux Italiens de la division blindée « Ariete » lors de la première attaque du 27 mai 1942. Il y est blessé à trois reprises par éclats de mortier et par balle les 10 et 11 juin. À El-Himeimat, le 24 novembre 1942, il est blessé à nouveau par éclat d'obus. En mai 1943, à l'issue de la campagne de Tunisie, il prend le commandement du 2e bataillon de Légion étrangère (BLE), avec le grade de chef de bataillon le mois suivant. Pendant la campagne d'Italie, il est une nouvelle fois blessé par éclat d'obus, le 23 mai 1944, en défendant Monte Levero d'où il ne consent à être évacué qu'à l'issue de sa mission – et revient non complètement rétabli pour reprendre le combat à Radicofani du 19 au 21 juin.

Il débarque en Provence le 29 août 1944 et devient adjoint au commandant de la 13e DBLE en octobre, avant d'être détaché, en novembre, au cabinet militaire du ministre de la Guerre. Il termine la Seconde Guerre mondiale avec 6 blessures et autant de citations. Lieutenant-colonel en juin 1946, il prend le commandement de la 13e DBLE en avril 1949, en Indochine. La « 13 » opère alors dans la plaine des Joncs et dans la région d'An Thon-Tay. Colonel en janvier 1951, il est affecté trois mois plus tard à l'état-major du commandement suprême des forces alliées en Europe à Fontainebleau. Par la suite, il sert pendant la guerre d'Algérie, d'abord à Orléansville dès l'été 1957. En 1960, il succède au général Gardy comme inspecteur de la Légion étrangère – avec les étoiles de général de brigade. Il assume ensuite des commandements en Allemagne et en métropole avant de terminer général de division à la tête de la 64e division militaire à Dijon (1966-1968).

Retiré dans son village natal, il y meurt le 8 mai 1974 mais sera finalement inhumé à Puyloubier, parmi ses légionnaires. Le général Morel était Compagnon de la Libération (décret en date du 23 juin 1941), grand officier de la Légion d'honneur, médaillé de la Résistance, également décoré de la Military Cross et titulaire de 11 citations dont 9 à l'ordre de l'armée. Il s'était imposé tout au long de sa carrière comme un officier énergique, un entraîneur d'hommes hors pair, exigeant, d'une bravoure digne des plus pures traditions militaires françaises – la célèbre *furia francese* –, reconnu aussitôt comme un chef exemplaire par ses légionnaires.

Jean-Noël VINCENT

Sources : SHD-Terre et DHPLE, état des services du général Morel.

Bibl. : Jean-Christophe Notin, *1 061 Compagnons, histoire des Compagnons de la Libération*, Perrin, 2001.

MORIN, chef de bataillon Jacques (1924-1995). – Le commandant Morin appartient à la nouvelle génération d'officiers des promotions de l'École spéciale militaire de Saint-Cyr repliée sur Aix-en-Provence, entre 1940 et 1942, qui ont opté pour la Résistance intérieure ou choisi de rejoindre l'Afrique du Nord. Né à Moulins dans l'Allier dans une famille de tradition catholique, Jacques Morin choisit par vocation la carrière des armes. Il n'a pas encore dix-huit ans, après une année de corniche au collège jésuite de Sainte-Geneviève de Versailles, lorsqu'il réussit en juillet 1942 le concours d'entrée à Saint-Cyr qu'il rejoint le 15 octobre suivant, soit cinq semaines avant l'invasion de la zone libre par les Allemands. Il quitte l'École, mis en congé d'armistice en mars, échoue dans ses tentatives pour passer en Afrique du Nord et se résout à retourner à Paris. Il s'y inscrit à l'École des langues orientales mais s'engage aussitôt dans la Résistance. En juin 1943, il devient instructeur avec le grade de caporal-chef dans l'un des maquis de la Drôme puis, jusqu'en mars 1944 dans celui d'Orléans rattaché à l'Organisation de résistance de l'armée (ORA). Dénoncé, Morin est arrêté le 7 juin et déporté à Buchenwald puis transféré à Allach aux environs de Dachau.

À la Libération, il achève sa formation à l'École militaire interarmes de Coëtquidan, (promotion « Victoire » de 1945). Après l'école d'application de l'infanterie à Auvours et un stage au centre d'entraînement des troupes aéroportées, il choisit la Légion étrangère. Le stage réglementaire de six mois achevé au dépôt commun des régiments étrangers à Sidi-Bel-Abbès, il part en décembre 1947 en Indochine pour le 3e régiment étranger d'infanterie (REI). En avril 1948, le colonel Simon, chef de corps de ce 3e REI, le désigne pour prendre le commandement de la compagnie de parachutistes en cours de création. Il est sous les ordres (techniques) du colonel Fossey-François du 1er régiment de chasseurs parachutistes. Blessé, il gagne trois citations. Pendant un an (juin 1949-juin 1950), à la suite de l'intégration de sa compagnie au sein du

1er bataillon étranger de parachutistes (BEP) récemment créé, il est officier adjoint au renseignement. Promu capitaine en juillet 1950, il est affecté en octobre au 3e BEP qui se prépare pour reconstituer le 1er BEP disparu entre Cao Bang et Langson dans les calcaires de la route coloniale n° 4 (RC4). Cité à nouveau, il gagne quatre croix de guerre des théâtres des opérations extérieures et la croix de chevalier de la Légion d'honneur. Il quitte la Légion pour le 18e régiment d'infanterie de parachutistes coloniaux et l'école d'application de l'Infanterie de Saint-Maixent comme instructeur, avant de retrouver ses anciens camarades au 1er REP. Avec eux il participe en octobre-novembre 1956 à l'opération de Suez comme chef d'état-major du régiment. Pendant trois ans, sous les ordres des lieutenants-colonels Brothier et Jeanpierre, il participe à toutes les opérations de l'unité, y compris dans les Territoires du Sud vers Touggourt ou Laghouat. En Afrique du Nord, il est cité à l'ordre de la brigade et cinq fois à l'ordre de l'armée.

Le 1er septembre 1959, promu chef de bataillon l'année précédente, il commande le 2e bataillon de Saint-Cyr et peut espérer un avenir prometteur dans l'armée. En 1960, chef d'état-major de la 10e division parachutiste, il se heurte au général Saint-Hillier : il doit quitter l'Algérie le 1er avril 1960 pour l'inspection technique des troupes aéroportées. Très affecté par le sort de ses camarades du 1er REP, il se remet difficilement des épreuves et des blessures des guerres d'Indochine et d'Algérie, bénéficie de congés de longue durée. Mis en disponibilité, il reprend du service à la subdivision militaire de Paris en 1966 et à la 64e division militaire de Dijon en 1967 avant de faire valoir ses droits à la retraite en 1968. Il meurt le 31 mai 1995 et est inhumé au cimetière des Gonards à Versailles. En 1970, il avait été élevé à la dignité de grand officier de la Légion d'honneur. En 1997, les élèves officiers de Saint Cyr choisissent de baptiser leur promotion « Chef de bataillon Jacques Morin ».

André-Paul Comor

MORTS, culte des. – Comme toute force militaire, la Légion étrangère rend hommage à ses morts et entretient leur mémoire. D'abord, à la guerre, selon une formule consacrée, elle ne les abandonne pas. Quand c'est possible, les légionnaires inhument les corps de leurs camarades tués au combat à proximité du front ou les emportent avec eux pour les enterrer dans une nécropole à l'arrière. Leurs obsèques répondent au cérémonial militaire traditionnel. Un détachement en armes est présent autour du ou des cercueils, parfois recouverts d'un drapeau. Un officier évoque succinctement le parcours du défunt, puis, après un cortège jusqu'au cimetière, l'aumônier, s'il s'en trouve un disponible, ou à défaut un cadre, lit quelques prières devant la fosse ouverte. Les funérailles religieuses sont loin d'être systématiques, car rarement possibles en opération. En revanche, un office à la mémoire des défunts peut être célébré quelque temps plus tard. Les différences confessionnelles comptent assez peu en ce cas, surtout lorsque la proportion des légionnaires d'origine chrétienne est majoritaire. L'important réside davantage dans le respect d'un rituel religieux évoquant une transcendance et un au-delà que dans les contenus théologiques. Les principales fêtes patriotiques, militaires ou légionnaires, de Camerone au 11-Novembre, sont l'occasion de témoigner du culte que l'institution rend à ses morts, à travers les cérémonies organisées à leur mémoire. La Légion est sans doute l'une des seules troupes de l'armée française à posséder son propre monument aux morts, érigé en 1931 à Sidi-Bel-Abbès et transféré à Aubagne trente ans plus tard. La crypte du musée du Souvenir, qui conserve une urne avec les restes des combattants de Camerone et dont les murs portent les noms des officiers de Légion morts au champ d'honneur, s'inscrit également dans cette vocation mémorielle. Elle est un passage obligé pour tout engagé venant de signer son contrat, puis achevant sa formation initiale et enfin terminant son temps dans l'institution. Le culte des morts, auquel est associée l'exaltation de l'esprit de sacrifice, rythme et imprègne donc les grands moments de la vie du légionnaire. Au cimetière de Puyloubier, un carré Légion comporte, outre un monument et les tombes de légionnaires ou de vétérans morts récemment, celles, qui sont autant de symboles, de l'adjudant-chef Struzyna, l'un des premiers à être tombés en Indochine, du légionnaire Zimmermann, ultime tué en Afrique du Nord, du lieutenant-colonel Jeanpierre, du prince Aage de Danemark et du général Rollet. Ils représentent tous les morts de la Légion depuis sa création. Le culte des défunts passe encore à travers des textes littéraires souvent repris dans l'institution et qui leur rendent hommage, comme le poème du capitaine Borelli *À mes hommes qui sont morts*. Ce lien étroit entre la Légion et ses morts traduit sans doute la manière de l'institution d'exprimer qu'elle se veut une famille.

Xavier BONIFACE

MULETS. – *Voir* COMPAGNIES MONTÉES.

MURRAY, Edmund (mort en 1996). – Fidèle garde du corps de Winston Churchill de 1950 à la disparition de l'ancien Premier ministre britannique en 1965, Edmund Murray a servi à la Légion étrangère à la fin des années 1930. Engagé le 15 mai 1937, il sert notamment en Indochine et fait partie des rescapés de la colonne Alessandri qui réussissent à rejoindre Tchong King après avoir échappé aux massacres perpétrés par les Japonais lors de leur coup de force du 9 mars 1945. Il est recruté par le « Special Branch » avant d'être au service de Winston Churchill. Ses obsèques se déroulent le 19 décembre 1996 à l'église de Holy Trinity à Courke Town.

André-Paul COMOR

MURRAY, Simon (né en 1940). – Né à Leicester (Angleterre) dans une famille de tradition militaire, le jeune Simon (qui n'a aucun lien de parenté avec le précédent), attiré par l'aventure, franchit le pas à vingt ans en s'engageant à la Légion étrangère. À l'issue de l'instruction, breveté parachutiste, il participe en Algérie aux dernières opérations dans le Constantinois. Jusqu'à sa libération en 1965, promu sous-officier, il sert au 2e régiment étranger parachutiste (2e REP) sur la base de Bou Sfer. Il reprend ensuite ses études et se lance dans la haute finance, secteur dans lequel il va exceller. Il a livré ses impressions dans des Mémoires qui ont eu un grand écho auprès des Anglo-Saxons. L'ancien sergent s'est fait de surcroît l'ambassadeur de la Légion étrangère en organisant en Asie une tournée de la musique principale, dont le succès a eu un fort retentissement sur le recrutement, attirant l'attention d'une frange de la jeunesse d'Extrême-Orient. Titulaire de la croix de la Valeur militaire, chevalier de la Légion d'honneur, Simon Murray est en outre commandeur de l'ordre national du Mérite.

André-Paul COMOR

Bibl. : Simon Murray, *Légionnaire*, Pocket, 2002.

MUSÉE. – Le musée de la Légion étrangère recouvre plusieurs réalités et plusieurs lieux. Il n'est donc pas seulement un musée au sens classique du terme mais aussi une sorte de sanctuaire dédié aux souvenirs des légionnaires et à leurs officiers morts pour la France. Cet aspect mémoriel explique qu'il ait été et soit encore parfois appelé « musée du Souvenir » : il associe mémoire et histoire. Aujourd'hui, l'aperçu de la crypte et le passage dans la salle d'honneur sont effectivement le point d'orgue de la visite.

Au milieu des années 1930, la salle d'honneur est à peine rénovée que le colonel Azan, chef de corps du 1er régiment étranger, estime « qu'il faut de l'espace pour apporter plus d'ordre dans la disposition de ces richesses » afin d'« exalter le point d'honneur en le matérialisant à leurs yeux [ceux des légionnaires] par la carte, l'image, les textes et les objets de l'époque ». Et en 1935, la bibliothèque des sous-officiers du quartier Vienot est transformée en musée dont l'objectif est de donner un aperçu de l'histoire de la Légion. La première salle est inaugurée cette même année à l'occasion de la commémoration du 11-Novembre et les autres ouvrent progressivement jusqu'aux fêtes de Camerone en 1936. En 1938, l'ensemble paraît avoir trouvé sa forme définitive. Le musée est donc constitué d'une salle des citations, d'une salle des campagnes anciennes et d'une autre des campagnes modernes.

La première salle est la plus ambivalente. Elle est destinée aux citations collectives, aux souvenirs des légionnaires et à leurs chefs, mais il n'y a pas de confusion possible avec les salles d'honneur. Il n'a pas été donné aux personnes évoquées ici de mourir sur un champ de bataille, de commander un régiment étranger ou d'être généraux. Cette salle contient aussi la bibliothèque et des photographies et donne même des renseignements sur les sociétés des anciens légionnaires ainsi que leur nationalité.

La salle des campagnes anciennes quant à elle évoque celles du XIXe siècle : l'Algérie, la Crimée, le Mexique, l'Italie, le Tonkin, Madagascar, le Dahomey, le Soudan et la terrible campagne d'Espagne. Dans cette séquence chronologique, les théâtres sont traités géographiquement.

Le XXe siècle est évoqué dans la salle dite « moderne » mais qui, de fait, se prolonge jusqu'à l'époque alors contemporaine comme l'indiquent les dates inscrites sur le mur : « Le Maroc 1907-193… » La salle relate également les campagnes du Sud oranais, de la Grande Guerre, de l'Orient et du Levant. Malgré quelques changements et évolutions après la Seconde Guerre mondiale et surtout à la fin de la guerre d'Indochine, le musée du Souvenir ne connaît pas de transformation majeure à Sidi-Bel-Abbès. Le rapatriement des collections en métropole marque un inévitable tournant.

Dans un premier temps, les collections sont entreposées à Puyloubier, pendant que le premier bâtiment du « futur » « nouveau quartier Vienot » sort de terre. D'ailleurs, le premier bâtiment à être construit est le musée, avant même les bâtiments de commandement ou destinés à la troupe. Cette priorité patrimoniale – toujours d'actualité – semble trouver son écho dans les propos du colonel Azan : « La Légion est une grande famille qui n'oublie pas. Et c'est pour préserver de l'oubli […] qu'ont été édifiées puis développées ces salles d'honneur, où vit la Mémoire de nos héros afin que la gloire de leur mort nous fortifie mieux. » Le 30 avril 1963, le jour même où est inauguré le « nouveau » monument aux morts, Pierre Messmer, ancien officier de Légion et ministre des Armées, pose la première pierre. Trois ans plus tard, en présence du général Kœnig, il inaugure le musée de la Légion étrangère.

Désormais, les fonctions mémorielles et historiques sont réunies en un même lieu. Au rez-de-chaussée, la crypte et la salle d'honneur sont refaites quasiment à l'identique de ce qui existait à Sidi-Bel-Abbès. À l'étage, la salle des citations n'a plus lieu d'être et les deux autres ont été fusionnées. Bref, les trois salles ne sont plus qu'une : la salle « des campagnes ». Au gré du temps, cette dernière est présentée par théâtre ou chronologiquement. Son rôle en revanche demeure identique : il s'agit, à travers des collections très variées, de rappeler les uniformes (particulièrement à l'annexe de Puyloubier), l'histoire, les théâtres d'intervention, les opérations et parfois le sacrifice de ces étrangers venus servir les armes de la France. Bien évidemment, le musée est d'abord destiné à l'institution : il joue pour elle son rôle de miroir, et pour les légionnaires celui de la maison de famille. Il touche aussi bien les jeunes légionnaires que les anciens qui reviennent faire un pèlerinage comme on vient se ressourcer. Il est alors le lien, le relais, le témoin entre la « Légion d'active » et ceux qui, bien que ne portant plus le képi blanc, restent légionnaires dans l'âme. Enfin, le musée constitue aussi une vitrine de « l'identité légionnaire » : il s'adresse là à un large public et contribue à asseoir la Légion voire l'armée au sein de la nation en promouvant l'esprit de défense.

Devenu trop petit et ne répondant plus aux normes de sécurité et de conservation, il est envisagé d'en faire une extension dès la fin des années 1990. En 2003, la création de la Société des amis du musée de la Légion étrangère permet de lancer le projet. Une extension de 1 000 m^2 est construite et ferme la place d'armes. Les collections de la salle des campagnes sont transférées dans le nouvel espace articulé autour d'un patio et dont le parcours permet un passage dans la salle d'honneur.

La rénovation n'a pas seulement concerné les bâtiments mais aussi le projet scientifique et culturel du musée. Ainsi, par « arrêté du ministre de la Culture et de la Communication en date du 21 mars 2011, l'appelation "musée de France" est attribuée au musée de la Légion étrangère ».

Alexis NEVIASKI

Sources : Serge Andolenko, *Salles d'honneur et musée du Souvenir de la Légion étrangère*, Presses régimentaires du 1er régiment étranger d'infanterie, 1938.

MUSIQUES PRINCIPALE ET RÉGIMENTAIRES DE LA LÉGION ÉTRANGÈRE. – Comme toutes les musiques militaires, les musiques de la Légion se composent d'une batterie (clique de 1883 à 1945) et d'une harmonie. À l'origine, ces deux éléments sont distincts.

Les batteries. En 1831, un tambour et un clairon figurent au tableau d'effectif de chaque compagnie. Lorsqu'ils sont réunis à l'échelon d'un bataillon, ils sont commandés par un caporal-tambour. L'ensemble des tambours et des clairons d'un corps forme une batterie placée sous les ordres d'un tambour-major. À la Légion, des fifres s'y ajoutent. Avec l'affectation de tous les tambours et de tous les clairons du régiment, les batteries deviennent des formations à la compagnie hors rang permanentes. Elles rythment la vie du corps par leurs batteries de tambour, leurs sonneries de clairon et leurs marches. Elles sont donc principalement utilitaires.

Les musiques (ou harmonies). Les musiques, appelées aujourd'hui « harmonies », jouent quant à elles un rôle festif. La musique de l'ancienne Légion se compose d'un chef assimilé sergent-major, d'un sous-chef et de vingt-sept musiciens. D'emblée, elle s'impose par sa qualité : à Alger, on fait toujours appel à elle pour les grandes réceptions. La cession à l'Espagne, la création de la nouvelle Légion et la formation de deux régiments ne modifient pas cette situation : lorsqu'il commande la division d'Oran, le général Pélissier fait détacher auprès de lui la musique du 1er régiment de la Légion étrangère (RLE).

Le 16 août 1854, un décret réorganise les musiques : leur chef est assimilé à un sous-lieutenant et leur sous-chef à un sergent-major. Les musiciens sont répartis en quatre classes les assimilant aux sous-officiers, caporaux et soldats. Chaque régiment peut recruter vingt-trois élèves musiciens. Ce décret donne également la liste des instruments composant une musique régimentaire : parmi eux, les saxophones inventés quelques années plus tôt. Après la réorganisation de 1856, les musiques de la Légion s'installent à Sidi-Bel-Abbès et à Constantine où celle du 1er Étranger est très appréciée. Cependant, le déclin s'amorce après la campagne d'Italie : le recrutement des musiciens devient très difficile, surtout au Mexique.

Un décret du 5 octobre 1872 supprime les classes de musiciens qui sont désormais tous légionnaires de 2e classe. Le chef est assimilé à un lieutenant ou un sous-lieutenant et le sous-chef à un adjudant. C'est alors que M. Porsch, chef de la musique du régiment étranger, crée l'orchestre à cordes de la Légion. En dépit de cette création, les musiques des régiments étrangers mènent une existence provinciale jusqu'en 1914. La Première Guerre mondiale trouble alors cette existence bien réglée : l'orchestre à cordes est mis en sommeil.

De 1920 à 1939, les musiques de la Légion connaissent leur âge d'or. Elles sont quatre puis cinq dirigées par six chefs de musique du grade de sous-lieutenant à celui de capitaine. Celles des 1er et 2e Étrangers, plus importantes que les autres, disposent de deux chefs de musique. Celle du 1er Étranger aux ordres de Paul Aka assume trois missions : elle est musique régimentaire, orchestre symphonique et école de musique pour la Légion. Cette situation amène certains musiciens à maîtriser l'emploi de deux instruments et d'autres à être simultanément instrumentistes et professeurs. L'orchestre symphonique fait une tournée de concerts en Afrique du Nord à l'occasion du centenaire de la Légion ; les critiques saluent la qualité de ces prestations et n'hésitent pas à placer « la » musique de la Légion au même niveau que celle de la Garde républicaine de Paris. Il est vrai que jamais tant antérieurement que postérieurement la Légion n'a incorporé autant d'instrumentistes de qualité chassés de leur pays par les crises économiques ou par les persécutions raciales. Cette richesse permet à la Légion de former un second orchestre symphonique. Affecté au 2e Étranger, il est détaché en permanence auprès de la Résidence générale de France au Maroc à Rabat.

La Seconde Guerre mondiale marque la fin de la grande époque des musiques. Elle entraîne la dissolution des orchestres symphoniques et la mise en sommeil des musiques régimentaires ou leur emploi dans des fonctions diverses.

Après 1946, les effectifs des musiques se réduisent progressivement. De plus en plus souvent, les plus petites d'entre elles sont simultanément musique et section de protection (ou de mortiers, de pionniers). Il ne reste plus qu'une seule musique à temps plein : celle de Sidi-Bel-Abbès puis d'Aubagne qui est la musique de la Légion étrangère. N'incorporant pas toujours suffisamment de musiciens de qualité, elle doit en former. Grâce à une judicieuse sélection de légionnaires motivés, elle y parvient. Signe de l'évolution du recrutement, elle ne compte en 2010 aucun Allemand à son effectif pour la première fois depuis 1831.

Musique de la Légion étrangère.
Coll. part./droits réservés

Les fanfares. Pour être complet, il convient d'évoquer les fanfares, ensembles instrumentaux formés exclusivement de cuivres auxquels on adjoint parfois des timbales. L'existence de la première fanfare de la Légion, celle du bataillon de chasseurs de la légion suisse, est éphémère. Celle du 1er régiment étranger de cavalerie, entre 1920 et 1939, est durant quelques années précédée d'un grand timbalier noir portant un uniforme chamarré qui n'a rien de réglementaire. La motorisation du régiment fait disparaître cette particularité.

Henry DUTAILLY

Bibl. : Henry Dutailly, « Les musiques de la Légion », *Képi blanc*, mai 1973.

MUTINERIES. – Troupe d'élite, la Légion n'échappe pourtant pas à des mouvements de mutinerie au cours de son histoire, notamment en lien avec ses conditions de recrutement. Notons cependant que ces mouvements demeurent tout à fait exceptionnels. Au début de la conquête de l'Algérie, des désertions collectives dues aux mauvais traitements subis par des volontaires espagnols sont parfois assimilables à des mutineries. C'est le cas pour la désertion de trente légionnaires du 4e bataillon dans la nuit du 19 au 20 mars 1840, qui complotent et assassinent deux officiers, le capitaine et le lieutenant adjoint. Dix-neuf d'entre eux sont rattrapés, jugés par le conseil de guerre réuni à Bône, condamnés à la peine capitale et fusillés.

Pendant la Première Guerre mondiale, le 18 juin 1915, un refus d'obéissance collectif – assimilé à une mutinerie en raison des circonstances – éclate au 2e régiment de marche du 1er régiment étranger : vingt-sept légionnaires sont inculpés, dont onze Russes juifs et neuf Arméniens. Le conseil de guerre hâtivement réuni deux jours plus tard à Pévy, près du Chemin des Dames, condamne neuf des prévenus à la peine de mort – exécutée le 22 juin 1915 – pour rébellion et refus d'obéissance. Les Arméniens se réclamaient de leur qualité de sujets ottomans et demandaient que leur engagement soit résilié et qu'ils soient placés en camps d'internement. Les Russes quant à eux auraient voulu servir dans un régiment français et non au 2e Étranger et ont fait valoir qu'ils étaient maltraités parce qu'ils étaient juifs et, de surcroît, mal nourris. Parmi les facteurs d'explication d'une crise du moral aux conséquences inattendues et brutales, on doit retenir les conditions d'engagement du régiment depuis le début du conflit, insuffisamment encadré pour créer la cohésion plus que nécessaire dans la guerre d'usure des tranchées. Les peines des autres mutins sont suspendues par suite d'une enquête du ministre de la Guerre. En revanche, pour les mutineries de 1917, le travail minutieux de Denis Rolland, qui vient singulièrement remettre en perspective les mouvements de mutinerie de la Grande Guerre, relève qu'aucune unité de la Légion n'est mentionnée dans le relevé des principaux événements du 29 avril au 16 décembre 1917.

Un exemple intéressant de mutinerie au sein de la Légion prend place dans les débuts de la France Libre en juin 1940 à Londres, où 1 619 officiers, sous-officiers et légionnaires sont rentrés de la campagne de Norvège. Après l'armistice, l'atmosphère devient pesante à Trentham Park, où les soldats stationnent, dans la mesure où certains légionnaires d'origine espagnole craignent de se voir chassés d'Angleterre et remis aux mains de Franco. À deux reprises, les 24 et 25 juin 1940, une trentaine de ces légionnaires refusent de se mettre en tenue. Le journal des marches et opérations (JMO) de la 1re division légère de chasseurs note : « 250 Espagnols des unités républicaines jettent leurs armes. » Au total, 133 cas de mutinerie sont alors relevés pour les onze compagnies que compte la 13e demi-brigade de Légion étrangère. Au même moment à Baalbek, au Levant, et pour les mêmes raisons, 200 à 300 légionnaires du 2e bataillon du 6e régiment étranger s'emparent de camions pour rejoindre la Palestine sous mandat britannique. Et en Algérie, au courant du mois d'août, 220 légionnaires allemands, rassemblés au camp de Koléa (département d'Alger), informés des dispositions des conventions d'armistice les concernant, manifestent collectivement leur intention de retourner en Allemagne. La mutinerie est évitée de justesse après une présentation des procédures de remise aux autorités allemandes.

Enfin, en Indochine, en avril 1941, la 6e compagnie du 2e bataillon du 5e régiment étranger connaît un mouvement de sédition animé par le caporal Michelowski, d'origine tchèque, et par le légionnaire Kramer, d'origine allemande, qui envisagent, semble-t-il, de rallier l'armée japonaise. Les meneurs sont traduits devant le tribunal militaire.

François Cochet

Sources : Archives nationales, Centre des archives d'outre-mer, dossiers 3Q11 et 3Q12 • SHD-Terre, 5N 132, 19N840, rapport du commissaire du gouvernement sur les faits qui ont été relevés contre les condamnés, 1er corps d'armée, Ve armée.

Bibl. : Vincent Suard, « La justice militaire française et la peine de mort au début de la Première Guerre mondiale », *Revue d'histoire moderne et contemporaine*, janvier-mars 1994, p. 136-153.

MYTHE ET LÉGION ÉTRANGÈRE. – Le 17 mars 2008, Lazare Ponticelli, le dernier des poilus, mort le 12 mars à cent dix ans, reçoit le solennel hommage de la nation française dans la cour d'honneur des Invalides. Italien immigré en France, il s'était engagé en août 1914 au sein du 1er régiment de marche de la Légion étrangère, et, jusqu'à la fin de 1915, avait participé aux combats les plus durs, avant d'intégrer le corps des Alpini et de terminer la guerre sous l'uniforme de son pays natal. Onze légionnaires portent et entourent son cercueil : image et signe symboliques où semblent se condenser presque deux siècles de service légionnaire et se résumer un mythe désormais familier, et intégré à notre paysage mental.

Une réalité historique trace son sillage dans la mémoire individuelle et collective, et se transforme en mythe ; les faits, les personnages ou les institutions hors norme s'accompagnent bientôt d'une auréole de gloire et de légende qui irradie leurs valeurs. Toutefois cette alchimie où se catalyse une représentation culturelle est ambiguë : le mythe est-il essence, vérité dégagée des contingences, ou illusion, fabulation de mythomanes ? Elle est, aussi, aléatoire : les mythes religieux ou sociaux se bousculent en une cohue hétéroclite où se mêlent le permanent, le durable et l'éphémère – le mythe légionnaire se situe dans ce champ concurrentiel, avec ses atouts et ses handicaps, il doit sans cesse montrer son aptitude à survivre et à se renouveler.

Terme lourd de paradoxes et de contradictions, « mythe », au sens primitif (grec ancien *mythos*, « parole » ou « récit »), est *la Parole* absolue, le récit véridique des origines vénérables qui « explique » (à sa manière) un aspect essentiel de la nature des choses (comment furent créés le monde et l'homme ; pourquoi apparurent le mal, la mort, le sexe…). Sans doute, l'humanité a quitté ce Temps peuplé de dieux et de héros pour des temps plus ordinaires, mais elle peut l'évoquer dans la cérémonie et le rite qui rétablissent une communication avec le sacré des commencements ; des jours maussades et prosaïques deviennent ainsi l'image lointaine des grands jours premiers, ils leur empruntent lumière, énergie et portée.

Quand s'affirment le rationalisme, la science, la technique, la recherche historique, on n'explique plus les caractères généraux du réel par une histoire particulière (la mort par une faute, ou l'oubli d'un talisman) mais on pose les lois et les principes généraux qui gouvernent la réalité jusque dans ses aspects les plus particuliers (les quatre éléments ; l'attraction et la répulsion ; les atomes et leurs agrégations, etc.). Et bientôt le christianisme, avec son dogme et son clergé, n'admet plus de partage et proscrit comme sacrilèges (voire démoniaques) les récits mythologiques.

Discrédité, rabaissé au rang de mensonge et de mystification, le mythe se trouve alors, au mieux, toléré comme allégorie, symbole, ornement poétique ; au pis, la signification du mot se dégrade jusqu'à s'inverser : l'*absolument vrai* est devenu l'*absolument faux*, le cliché qui encombre les représentations sociales, une construction imaginaire, infidèle à la réalité, qui véhicule croyances douteuses et fantasmes nocifs, une manipulation et un truquage qui abuse et soumet les âmes crédules.

Désormais « système dynamique de symboles, d'archétypes et de schèmes » qui « tend à se composer en récit » (Gilbert Durand, *Les Structures anthropologiques de l'imaginaire*, Bordas, 1969, p. 64), détaché des sources originelles, le mythe prolifère : figures historiques ou imaginaires (Alexandre, Jeanne d'Arc, Staline, Superman, etc.) ; animaux, objets, lieux, temps (la Belle Époque, l'an 2000 ou encore Halloween) ; groupes ou classes (le peuple, la franc-maçonnerie, la mafia…) ; coutumes, mœurs, attitudes ou comportements ; idées ou idéologies (révolution, impérialisme…). Il migre du concret à l'abstrait. Des concepts, acteurs anthropomorphes (Progrès, Réaction, Bourgeoisie, Prolétariat…) animent les langues de bois totalitaires qui laïcisent en scénarios politiques les histoires sacrées d'autrefois. Devenu « conception collective, sorte de croyance vague » qui est « la marque d'une époque » (Henri Morier, *Dictionnaire de poétique et de rhétorique*, PUF, 1961, p. 285, « Mythe »), flou, diffus, il se réduit à une constellation ou à un agrégat d'images, de personnages, de récits virtuels : bric-à-brac profane, capharnaüm de fantasmes où rôde encore le pressentiment du mystère et de l'étrange.

Dans cet ensemble, qui s'accroît sans cesse au XIXe siècle (les Gaulois, les

Francs, le péril jaune ou le complot clérical, par exemple), la Légion étrangère entre en concurrence directe avec d'autres institutions ou formations militaires – la phalange macédonienne, la légion romaine, la chevalerie médiévale, les « marines », la Waffen SS, les combattants de l'ombre (partisans, résistants et francs-tireurs) – et, quand elle naît et se développe, avec des corps ou des groupes qui pouvaient l'éclipser : la cavalerie avec son prestige et son panache, les autres troupes d'Afrique (zouaves ou spahis), les volontaires de 1870… Incertain conglomérat, Babel lointaine, elle aurait pu végéter dans une humble obscurité. Pour qu'il en aille autrement, il fallait, d'abord, une accumulation de faits et de dits, une masse critique de traits ou d'événements qui impressionnent par leur singularité, leur intensité, leur répétition. Quand s'enclenche une boucle productive, le mythe émerge : il s'enrichit d'informations nouvelles et, à son tour, suscite des comportements remarquables (imitation des héros, intégration de leurs valeurs à un code de conduite). Des œuvres littéraires ou esthétiques l'expriment, le condensent ou le diluent : elles simplifient et clarifient, en se modelant sur les schèmes et les articulations du mythe, une réalité souvent confuse.

De la cristallisation mythologique d'images, de récits, d'idées et de valeurs, on peut, avec prudence, avancer quelques « causes » : une demande accrue d'exotisme et d'héroïsme (la France, bourgeoise et romantique à la fois, transfère son bellicisme résiduel dans les marges de son empire ; elle épargne son territoire et comble ses rêves d'ailleurs) ; l'impérialisme colonial, qui connaît son apogée à la fin du XIXe siècle, avec son puissant *lobby* politique et économique ; l'hostilité franco-allemande après 1870 et la dramatisation d'incidents comme celui de Casablanca (1908) ; l'apparition d'intellectuels médiateurs (voyageurs, administrateurs, officiers lettrés, Alsaciens et Lorrains patriotes, engagés volontaires de la Première Guerre mondiale, écrivains passés par la Légion, comme Ernst Jünger, Blaise Cendrars, Jean Genet ou Loys Masson) qui savent transmettre leur expérience et leur foi ; l'essor de la presse généraliste et spécialisée (militaire, coloniale…) et des collections destinées au grand public ou à la jeunesse, souvent illustrées, qui multiplient les points de vue sur l'expansion française et ses acteurs et prodiguent les figures éloquentes, emphatiques ou pittoresques. Dès 1852, par exemple, le comte Pierre de Castellane, quand il évoque les campagnes de 1845 (*Souvenirs de la vie militaire en Afrique*, V. Lecou, 1852), présente la « singulière physionomie » de la Légion, sa discipline, sa propreté, sa musique, la diversité de sa population : « le fils d'un conseiller aulique de l'empire, le neveu d'un cardinal, le fils d'un banquier de Francfort », et le fils, phtisique, du poète irlandais Thomas Moore (p. 167-168).

Représentation « assez puissante sur les imaginations pour que jamais en pratique ne soit posée la question de son exactitude » (Roger Caillois, *Le Mythe et l'homme*, Gallimard, coll. « Idées », 1972 [1938], p. 153), le mythe se compose de modules ou de cellules élémentaires (images ou symboles) qui entrent dans un récit ; il constitue un système dynamique de rôles et d'actions, une sorte de matrice qui peut mettre en forme narrative des événements situés dans des cadres spatio-temporels variés : répétitions ou stratifications qui conjuguent unité, diversité et expressivité. Effet en retour de ces récits multipliés : l'image, pour l'esprit qui la perçoit, contient en germe, à l'état virtuel ou condensé, des histoires latentes, implicites, qu'il n'est guère besoin de développer ou d'actualiser. Ainsi en est-il des signes les plus perceptibles (et les plus populaires ou folkloriques), qui forment une mythologie accessoiriste, faite d'emblèmes, d'insignes ou d'icônes : l'espace méditerranéen, tropical, équatorial ; le départ, la marche et l'aventure (piste, campement, poste de combat, etc.) ; la silhouette (longue barbe ou cheveux courts, ou encore tatouages) ; les indices signalétiques apparus au fil du temps, et très vite considérés comme immémoriaux – couleurs (1855), grenade à sept flammes (1874), ceinture de laine bleue (1882), képi blanc (1939) ; le rythme lent de la marche, la musique, les chants…

Le mythe ne ment pas, à proprement parler : il exagère, amplifie, sélectionne, dissocie et oppose tels ou tels traits qui se mêlent dans l'existence concrète. Il ne « colle » pas à l'actualité : tantôt il retarde (il exhibe alors son inertie passéiste), tantôt il semble prophétique, en avance sur l'évolution ; jamais il ne transmet une image qui ne serait pas crédible (celle, par exemple, d'une troupe indisciplinée, sans valeur militaire ou sans loyauté). Mais, pris dans son ensemble, il articule des aspects contradictoires, en des tensions ou des oscillations qui enfreignent, parfois, le principe logique de non-contradiction ; comme si une concentration d'énergie vitale ou spirituelle se rebellait contre le joug de la raison qui classe et mesure, comme s'il fallait *trahir* la réalité : bousculer sa superficie anecdotique pour en approcher le cœur énigmatique.

Deux régions opposées occupent les pôles de ce champ magnétique. D'abord une légende noire et négative : têtes brûlées, êtres déchus, avant et encore plus après l'engagement (brutes, repris de justice, meurtriers, transfuges…) ; barbarie de l'institution, sadisme des sous-officiers, rigueur du dressage, cruauté des punitions ; déshumanisation : tapi au fond de son enfer militaire, un Minotaure dévore l'individu qu'appelle l'instinct de mort et fabrique un automate guerrier programmé pour obéir et pour tuer. Dès 1837, un chroniqueur suisse dénonce avec virulence « ce pêle-mêle d'hommes de toutes les nations et de toutes les conditions, réduits à la vie mécanique du simple soldat », « cette vie de sauvages » (*Bibliothèque universelle de Genève*, t. IX, p. 325-326, « Mémoires sur Alger ou journal d'un étudiant allemand au service de la France, par Herman H., Berne, 1837 »). Pour l'Américain Magnus, qui s'engage en 1916, les hommes ne « sont plus que des coquilles vides où l'âme est morte, sans conscience ni scrupule, sans cœur ni sentiment » (Maurice Magnus, *Souvenirs d'un Américain à la Légion étrangère*, présentés par D.H. Lawrence et traduits de l'anglais par Éric Deschodt, Salvy, 1989 [Londres, 1924], p. 191). D'innombrables récits ou pamphlets exploitent cette veine, ainsi l'ouvrage de Bennett J. Doty, *La Légion des damnés* (Stock, 1930, traduit de l'anglais par Marcel Prévost) : un emprisonnement à la suite d'un « coup de cafard » (p. 188) et d'une désertion en Syrie ; ou celui d'Henry Allainmat, *L'Épreuve, le « bagne » de la Légion* (Balland, 1977), sur la section d'épreuve en Corse : « Dans les plis du drapeau de la Légion se cachait la section disciplinaire. Cela, les Français l'ignoraient » (p. 94). Stigmatisation aux effets incertains, qui accroît le désir du jeune rêveur d'aventures Ernst Jünger : « un habile chef de réclame n'aurait pu concevoir mieux pour attirer les vauriens de mon espèce » (*Jeux africains*, Gallimard, coll. « Folio », traduit de l'allemand par Henri Thomas, 1978 [1936], p. 16).

À la diabolisation s'opposent terme à terme la canonisation et l'angélisation, quand la Légion, toute positive, transfère le négatif sur l'extérieur social ou la vie antérieure à l'engagement ; se déploie alors la panoplie des vertus légionnaires (courage du baroudeur, solidarité, dévouement, sens du sacrifice), des qualités militaires que partagent officiers et soldats idéalisés, des valeurs humaines qui fondent une société fraternelle proche de la perfection utopique. La Légion apparaît comme un refuge, un lieu psychothérapique, un monastère où une collectivité de volontaires, « ordre militaire laïc » (Henri Poirmeur, *Notre vieille Légion*, Berger-Levrault, 1931, p. 14-16), séparé et soumis à un temps liturgique et rituel, communie dans la même vocation et la même foi. Elle est aussi le portail qui ouvre sur les tâches utiles (le légionnaire bâtit, construit), et sur le temps paroxystique de l'affrontement, de l'extrême souffrance et de l'oblation ultime. Au sein d'un monde désenchanté, les êtres qu'attire le dépassement de soi peuvent encore se frayer un chemin vers une vie différente : colorée, intense et généreuse, comme le montrent les histoires héroïques que Roger de Beauvoir réunit dans un bel album, abondamment illustré (*Légion étrangère*, Firmin-Didot, 1897), ouvert par cette annonce : « Que de romans ignorés, que de drames mystérieux se dissimulent sous le numéro matricule impersonnel du légionnaire étranger ! » (p. 2.) Pour le colonel Maire, le « pékin » est au légionnaire ce que le philistin de Nietzsche est au surhomme : au pis, il est le « crabier », « vocable que j'ai créé à l'usage d'une certaine catégorie de civils qui déparent, avec une inconsciente obstination, cette civilisation française que nous nous sommes efforcés d'appliquer en Afrique » (*Souvenirs du colonel Maire de la Légion étrangère*, recueillis par Jean-Pierre Dorian, Albin Michel, 1939, p. 249).

Le parcours du légionnaire – perdition ou rédemption – institue entre les pôles (positif et négatif) une tension et une progression narrative. Dans sa version favorable à l'institution, un homme accumule les fautes, les déceptions, les peines d'amour. Au plus fort de la crise, il tombe (hasard ou destin ?) sur un bureau de recrutement : après le labyrinthe de l'instruction, il renaît (anonymat et identité choisie signalent la rupture avec le passé), adopte de nouveaux pères, entreprend des voyages initiatiques ; encore fragile, il doit déjouer les réminiscences de sa vie antérieure (nostalgie et cafard) ; légionnaire pour l'éternité (revêtu d'un sacerdoce), il connaît enfin le feu, il y trouve une mort glorieuse, ou il y gagne sa qualification de guerrier et le rachat de ses erreurs passées. Le canevas est ici sommairement esquissé, qui admet bien des variations : motifs d'engagement explicites et raisonnés, ou mobiles irrationnels (vocation, obsession) ; la désertion interrompt certains itinéraires, la misère et le malheur happent parfois l'ancien légionnaire qui ne parvient pas à se réinsérer dans la société civile.

Les assiégés de Camerone rappellent Roland et Olivier à Roncevaux ; le combattant chemine avec la Mort, comme le cavalier de Dürer : « Ce n'est pas un Galaad à l'armure étincelante, presque irréel, au visage empreint d'une expression extatique… et un peu niaise. Le Chevalier est un homme pétri d'expériences et d'épreuves » (Henri Le Mire, *Histoire de la Légion de Narvik à Kolwesi*, Albin Michel, 1978, p. 14). Les « créatures » qui séduisent le guerrier ressemblent à Ève, Dalila ou Circé. Comme le Christ ou les martyrs, beaucoup de légionnaires subissent une « passion ». Comme les phalanges macédoniennes ou les légions romaines, la Légion gagne à la civilisation européenne des espaces hostiles, et atteint les extrémités du monde ordinaire : « L'étranger qui entre à la Légion passe véritablement le fleuve d'oubli, le Léthé mythologique » (Roger de Beauvoir, *op. cit.*, p. 2) ; bientôt, il pénètre dans l'univers fruste et primitif de l'épopée et de la tragédie ; « la vie est ici pathétique », s'écrie Pechkoff, avant de ressentir ou de pressentir la mystérieuse régulation du cosmos : « Je crois à la loi du Suprême Équilibre qui concilie toutes choses » (Zinovi Pechkoff, *La Légion étrangère au Maroc*, Marcelle Lesage, 1927, p. 67 et 103).

Le mythe de la Légion étrangère ne doit pas seulement exploiter son patrimoine génétique, le capital légendaire amassé au cours des années révolues ; il est sans cesse corrigé, agressé ou questionné par les mutations de l'actualité : cette écologie complexe ne se réduit pas à l'alternance simpliste du positif et du négatif, de l'idéalisation et de la stigmatisation ; elle implique trois agents : mémoire, histoire, présent (le mythe interprète la réalité, d'hier ou d'aujourd'hui, connue par l'historiographie, les médias ou l'expérience concrète, et la réalité, à son tour, soutient ou affaiblit le mythe). En ce dialogue, la Légion a su opportunément assagir les échanges, gérer les interactions, encadrer l'évolution lente du mythe pour en conserver l'armature et les structures, pour préserver ce qui ne change pas dans ce qui change. Elle a su diffuser une image (une contre-image, quand il le fallait), et a presque imposé (par la persuasion, et non par la loi) un « légionnairement correct » une *légiomanie* contre la *légiophobie* : « L'historiographe de la Légion, il faut que ce soit la Légion elle-même », déclare sans ambages Henri Poirmeur (*op. cit.*, p. 22), pour le centenaire de l'institution. Elle met en œuvre une « politique intérieure » (commémorations, rites, traditions, associations d'anciens, presse spécialisée, etc.) et, en continuité, une « politique étrangère » (relations publiques, portes ouvertes, documentaires) qui visent, toutes deux, à capitaliser les aspects ésotériques (étranges et fascinants), les gloires accumulées, la compétence technique et le professionnalisme : « La Légion est dans son genre experte en communication. Elle sait faire valoir ses mérites. Au défilé du 14-Juillet sur les Champs-Élysées, elle est la plus applaudie [...]. Cette démonstration annuelle tient lieu de campagne de publicité » (Étienne de Montety, *L'Article de la mort*, Gallimard, 2009, p. 164-165).

Aucun savoir-faire médiatique, cependant, ne pourrait maintenir en vie artificielle, sous perfusion de mots et d'images, ce qui ne porterait plus de sens et ne répondrait plus aux exigences plus ou moins conscientes des époques successives. Un psychologue réductionniste « décrypterait » le mythe en projection de désirs inavoués – quête d'un père viril et sévère (ou d'une mère quelque peu « phallique ») –, en masochisme, en régression aux rêves de l'enfance... Un moraliste moins systématique y découvrira, codées et schématisées, des valeurs individuelles (énergie, courage et discipline), collectives (l'« esprit Légion », la solidarité, le dévouement, etc.) et leur interaction souple (nulle emprise totalitaire sur les personnalités *engagées*, qui conservent leur diversité, malgré l'anonymat, la « renaissance » et l'intégration). Un sociologue y verra un signe de reconnaissance, d'identification et de connivence pour les membres de la communauté légionnaire (une *religion* qui *relie* les élus et exclut les profanes), et, dans un espace social plus vaste, le rayonnement d'un idéal admiré que vivent sur le mode de la compensation onirique et imaginaire (à défaut de le mettre en pratique) des matérialistes sceptiques, spectateurs blasés, nostalgiques et désenchantés : « La Légion est la glace où se mirent bien des hommes qui ne se sont jamais remis de leur adolescence. Véritables mythomanes ou aimables pères de famille idéalistes, ils se nourrissent de récits héroïques et se projettent dans la dernière troupe aujourd'hui dépositaire de cette geste : la Légion. Elle fait rêver » (*ibid*., p. 169).

La guerre du pouvoir symbolique – l'installation du mythe dans la culture contemporaine – semble ainsi gagnée, et l'institution si bien ancrée et stabilisée par son irradiation dans l'imaginaire collectif que sa disparition ne se conçoit plus : suprême triomphe de la mythologie légionnaire !

Ainsi, loin d'être affabulation superlative aux couleurs outrées, fantasmagorie folklorique, instable kaléidoscope de clichés, le mythe exprime, en symboles et en récit, les significations et les fonctions de la Légion. Il nous invite à dépasser la confusion du devenir, les mutations de l'histoire, à transcender la vue en vision. En dernier ressort, il atteste que derrière les choses qui se dénombrent – lieux, actes, générations de soldats – réside le mystère de l'énergie spirituelle qui les anime : Henri Poirmeur, historiographe et chroniqueur (« Les Annales de la Légion », « Récits de campagne », *op. cit*., p. 25-181), isole dans une partie conclusive (« L'âme de la Légion », p. 183-241) les éléments du mythe qui assure l'unité et la cohérence de l'institution : la Légion change, et cependant, fidèle à son Idée, elle reste elle-même. Rappel et appel, le mythe ressuscite, dans le souvenir, les ancêtres, capte leur influx tutélaire, les évoque ou les invoque pour restaurer une contiguïté avec les héros qui commencent et qui commandent. Hors lieu, hors temps – contrairement à la légende –, déjà là, *prototype*, affranchi de cause et de preuve, il surplombe l'histoire de la Légion et la transforme en *mythistoire* où les archétypes, idées ou images primordiales, diffusent leur calme lumière sur les événements.

Daniel MADELÉNAT

Bibl. : Alain Gandy, *Quand la Légion écrivait sa légende*, préface du général Coullon, Presses de la Cité, 2009 • Jean-Pierre Hallo, *Monsieur Légionnaire*, Lavauzelle, 1994 • Marie Larroumet, *Mythe et images de la Légion étrangère*, L'Harmattan, 2004 • Jean-Pierre Turbergue (dir.), *Les Grandes Pages de la Légion*, Képi blanc, Italiques, 2002.

N

NA CHAM. – Situé sur la route coloniale n° 4 (RC4), à mi-chemin entre Lang Son et That Khé, le village de Na Cham est implanté sur la rive droite du Sông Ky Cong dont les eaux s'écoulent en direction du nord avant de pénétrer en Chine. En cet endroit, le fleuve devient navigable et c'est pour cette raison qu'il fut décidé, dès 1898, de prolonger jusqu'à Na Cham la voie ferrée venant d'Hanoi. Le poste de Na Cham, un des plus anciens sur la RC4, assure le contrôle de l'axe mais aussi la couverture nord de Dong Dang et de la Porte de Chine. En 1895, déjà, son chef est un capitaine de Légion étrangère nommé Rogerie. En prenant ses fonctions, ce dernier reçoit l'ordre, selon les principes de Gallieni, de pacifier le secteur, de rallier les populations et de développer l'économie locale, toutes tâches qui avaient reçu un début d'exécution lorsque Lyautey fit halte à Na Cham en février 1895. À partir de 1948, comme la plupart des postes de la RC4, celui-ci est tenu par des unités du 3e régiment étranger d'infanterie (REI). Dominant une boucle du fleuve et le village, les installations du poste coiffent deux mamelons calcaires aux pentes accentuées. Sur le mamelon le plus élevé, le poste principal est une véritable petite citadelle. Vu du ciel, son tracé est caractéristique ; il épouse une courbe de niveau en présentant la forme générale d'un rectangle dont les deux longueurs sont brisées par un angle rentrant. À chaque angle de l'enceinte, de solides blockhaus construits en saillant dominent les ravins alentour.

En avril 1950, à l'époque où le capitaine Mattei prend le commandement du quartier de Na Cham et de la 2e compagnie du 3e REI, la situation s'est fortement dégradée sur la RC4. En septembre, alors que la colonne du colonel Lepage en route vers That Khé fait halte à Na Cham, Mattei mesure parfaitement tous les risques encourus à l'occasion de cette opération dont le but ultime demeure encore secret. Fort de son expérience en Haute-Région et bien informé de la situation du Viêt-minh par ses agents de renseignement, il n'a pas attendu pour s'entourer de toutes les précautions nécessaires, faisant notamment renforcer les défenses du petit poste de Bô Cuong qui protège le passage du col de Lung Vaï, à sept kilomètres plus au nord. Ces précautions ne seront pas superflues, car, après le désastre subi par les colonnes Charton et Lepage à l'ouest de Dong Khé dans les premiers jours d'octobre, les positions de Na Cham et Bô Cuong deviennent naturellement le premier objectif du Viêt-minh pour interdire tout repli en direction de Lang Son. Le 7 octobre, après une résistance héroïque, Bô Cuong, commandé par le lieutenant Jaluzot, est évacué. Les Viets y ont subi un sérieux coup d'arrêt. Pour Mattei, il reste à tout mettre en œuvre pour assurer le plus longtemps possible le passage des troupes en retraite et des civils qui, à partir du 10, fuient That Khé. Manœuvrant à partir du poste et des calcaires, résistant à tous les assauts et réussissant à conserver ses positions, la garnison de Na Cham parvient à prolonger sa mission de recueil jusqu'au 14 octobre. Beaucoup des rescapés de la RC4, atteignant le poste épuisés et dans le plus grand désordre, devront ainsi leur salut à l'abnégation des légionnaires de la 2e compagnie et au tempérament de leur chef. Le 15, ayant épuisé tous ses moyens, Mattei décroche et rejoint Lang Son avec les survivants de son unité. Pour les hommes du 3e bataillon colonial de commandos parachutistes qui, à partir de That Khé, fermaient la marche des unités en retraite, Na Cham ne sera, hélas, jamais atteint. Le bataillon succombera sous le nombre avant même d'avoir franchi le col de Lung Vaï.

Michel David

NARVIK, bataille de (28 mai-7 juin 1940). – Le succès de la première opération combinée franco-britannique à Bjerkvik en Norvège, le 13 mai 1940, renforce la détermination du général Béthouart de maintenir l'objectif de l'expédition – couper la route du fer. Sa force de conviction réussit à vaincre les réticences du commandement britannique. Le débarquement de vive force est une nouvelle fois confié aux hommes du lieutenant-colonel Magrin-Vernerey. Le morcellement des unités permet l'engagement d'éléments interarmées réduits mais dotés d'états-majors tactiques capables d'entreprendre des actions autonomes et de décider de l'action à conduire malgré l'absence de liaison avec la chaîne hiérarchique supérieure. Chasseurs alpins, habitués au combat en montagne, et légionnaires vont à nouveau se distinguer lors de la prise du port et de la poursuite jusqu'à la frontière suédoise.

L'offensive est lancée le 28 mai à 0 heure. Béthouart a arrêté un plan qui prévoit la prise en tenaille de la ville : au sud le général Bohucz-Szysko doit enlever Ankenes et attaquer en direction de Beisfjord ; la 13e demi-brigade de montagne de Légion étrangère, quant à elle, appuyée par le bataillon norvégien Hulmo, une section de chars et un groupe d'artillerie, doit franchir le fjord de Rombaks, débarquer de vive force sur la plage d'Orneset et établir une tête de pont jusqu'à la cote 457.

La surprise joue après la brève préparation d'artillerie, facilitant la mise à terre des groupements Guittaut et Gilbert qui viennent rapidement à bout des résistances des marins allemands regroupés à l'entrée du tunnel ferroviaire. En revanche le 1er bataillon qui intervient en deuxième échelon sous le feu des canons allemands se trouve isolé à la suite de l'intervention de l'aviation allemande qui contraint le général Béthouart à retirer les bâtiments britanniques. De surcroît, une contre-attaque ennemie sème la confusion parmi les Norvégiens qui laissent la 2e compagnie,

Bataille de Narvik, 28 mai-7 juin 1940

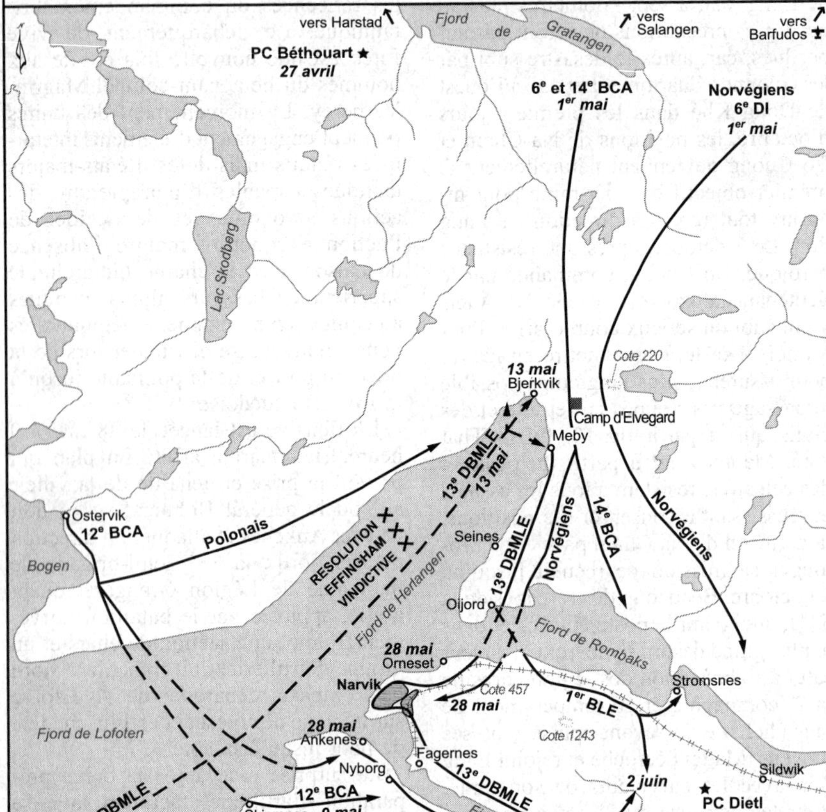

PC	Poste de commandement
DI	Division d'infanterie
BLE	Bataillon de Légion étrangère
BCA	Bataillon de chasseurs alpins
DBMLE	Demi-brigade de montagne de Légion étrangère
×	Bâtiments britanniques
+++++	Voie ferrée
o Ostervik	Principales villes

Cartographie : E. Gallet-Moron

privée de son chef le capitaine de Guittaut, blessé mortellement, rétablir la situation au prix de lourdes pertes. Entretemps, l'embarquement du 2e bataillon subit du retard ; les derniers éléments débarquent en fin de matinée avec l'état-major de la demi-brigade. Cependant les attaques aériennes empêchent toute manœuvre. Au nord-est d'Oijord, les chasseurs du 14e bataillon de chasseurs alpins créent une diversion le long de Beisfjord tandis que les Polonais au sud coupent la retraite allemande. La cote 457 tombe vers 18 heures. Le mouvement en direction de Narvik reprend aussitôt. Précédées des Norvégiens, les 5e et 7e compagnies de Légion entrent dans la ville à 19 heures.

Dans les jours qui suivent, la poursuite des marins et des chasseurs du général Dietl est conduite avec méthode. Légionnaires et alpins prennent soin de masquer la préparation des opérations de rembarquement décidées par le commandement allié depuis le lancement de l'offensive allemande sur le front ouest. C'est pourquoi, pour tromper l'ennemi, les reconnaissances et les coups de main donnent le change à une troupe aguerrie qui opère avec méthode son repli retardateur le long de la voie ferrée. Ce qui n'empêche pas les légionnaires de parvenir aux abords de Sildwik à quelques kilomètres de la frontière suédoise. Les derniers éléments de la demi-brigade embarquent le 7 juin après avoir abandonné les mulets dont l'emploi a pallié les déficiences du service automobile. L'heure du bilan sonne : 7 officiers, 5 sous-officiers et 63 légionnaires reposent en Norvège.

En dépit de l'impréparation de la campagne et du caractère insolite du terrain, l'épreuve du feu permet l'amalgame entre les anciens d'Algérie ou du Maroc et les jeunes engagés volontaires, notamment les républicains espagnols réputés indociles mais combatifs. Prompts à manœuvrer sur ce front linéaire sans profondeur, les légionnaires réussissent le tour de force de s'adapter au terrain comme à un adversaire particulièrement pugnace. Les enseignements tactiques de ce succès « sans lendemain » ne sont pas des moindres pour le commandement : l'imprévoyance des Alliés – l'absence de couverture aérienne et de défense antiaérienne ou l'insuffisance notoire d'engins de débarquement et de moyens radio adaptés – démontre l'importance de la préparation logistique.

André-Paul COMOR

• *Voir aussi* : Bjerkvik.

Sources : DIHLE, JMO de la 13e DBMLE • SHD-Terre, 34N 318 • *Id.*, JMO de la 1re DLC.

Bibl. : François Kersaudy, *1940, la guerre du fer*, Tallandier, 1987.

NA SAN, bataille de. – Bataille défensive livrée en novembre et décembre 1952 lors de la seconde offensive viêt-minh en Pays thaï, la victoire de Na San est l'une des plus importantes remportées durant la guerre d'Indochine. Après la chute de Nghia Lo le 18 octobre et face à la progression des trois divisions engagées par Giap dans son offensive vers le Laos, le général Salan, commandant en chef, ordonne de replier au sud de la rivière Noire toutes les petites garnisons menacées. Il inaugure alors une nouvelle stratégie défensive en regroupant ses forces au sein d'une base aéroterrestre qu'il décide d'aménager à Na San au sud-est de Son La et en bordure de la route provinciale 41, dans un site où existe déjà un terrain d'aviation qui peut être efficacement défendu à partir des hauteurs avoisinantes. Ces dispositions permettent d'acheminer, par pont aérien, le matériel et les renforts qui se trouvent à pied d'œuvre pour mettre la base en état de défense tandis que d'autres unités freinent le Viêt-minh sur ses axes de progression à hauteur de la rivière

Noire. L'ensemble de ces troupes, qui prend le nom de groupement opérationnel de la moyenne rivière Noire, est aux ordres du colonel Gilles. Le 22 novembre, alors que l'ennemi referme son dispositif sur Na San, la garnison est forte de onze bataillons dont plus du tiers sont des unités de Légion : troisième bataillon du 3e régiment étranger d'infanterie (3/3e REI), 3/5e REI, 1er et 2e bataillon étranger de parachutistes, ces derniers étant conservés en réserve d'intervention. Les appuis d'artillerie sont assurés par trois batteries renforcées par la compagnie de mortiers de Légion étrangère (CMLE) du lieutenant Bart créée pour la circonstance. En trois semaines, Na San est devenu un véritable camp retranché protégé par une double ceinture de points d'appui (PA).

L'attaque du Viêt-minh débute le 23 novembre, en début de nuit, par une tentative d'infiltration au nord-ouest du dispositif. Bénéficiant d'une méprise qui les fait confondre avec une unité thaï en repli, les Viets parviennent à prendre pied sur le PA 8. Celui-ci est tenu par la 11e compagnie du 3/5e REI commandée par le capitaine Letestu. Après la mort du lieutenant Durand qui a pu donner l'alerte, la réaction des légionnaires est vive et, avec l'appui d'une contre-attaque venue de l'extérieur, l'adversaire est finalement rejeté de la position en laissant 64 morts sur le terrain. Dans la nuit du 30 novembre, nouvelle attaque contre les PA 22 bis et 24 situés à l'ouest et au nord-est du camp et occupés respectivement par des tirailleurs thaïs et marocains. Le Viêt-minh réussit à occuper les deux positions mais ne peut s'y maintenir sous les feux d'artillerie et face aux contre-attaques lancées dès l'aube. Ces actions ne sont cependant que le prélude à l'assaut général que Giap décide de déclencher le 2 décembre à 1 heure du matin, son effort se portant tout particulièrement sur les PA 21 bis et 26. Le premier, situé au sud-ouest sur la ceinture extérieure, est défendu par la 10e compagnie du 3/5e REI. Comme les autres PA du bataillon, il a été solidement fortifié selon les ordres du commandant Dufour. Au cours de l'assaut, le lieutenant Bonnet, commandant la compagnie, est tué ainsi que son adjoint, le lieutenant Bachelier. Le commandement revient alors au dernier officier survivant, le lieutenant Blanquefort, lequel, avec un sang-froid admirable, va diriger la défense en coordonnant l'action de ses sections et les tirs d'appui de l'artillerie. La position, un instant entamée, est dégagée et, à l'aube, le Viêt-minh se retire en laissant sur les pentes du piton plus de 300 cadavres et une cinquantaine de fusils-mitrailleurs. À l'issue de cette résistance héroïque, le fanion de la 10e compagnie recevra la croix de guerre avec palme. La bataille n'a pas été moins rude sur le PA 26 qui ferme le dispositif à l'est et dont la crête, en forme caractéristique de lézard, est tenue, depuis une semaine, par le 3/3e REI du commandant Favreau. Grâce aux dispositions prises par ce dernier dans l'aménagement du terrain et l'établissement des plans de feu, l'ennemi ne parvient pas à entamer la position malgré quatre assauts successifs durant la nuit. Il perd dans l'affaire 260 tués alors que le bataillon ne déplore que six tués et une vingtaine de blessés. Au terme de cette nuit épique, le 3/3e REI est cité à l'ordre de l'armée. Les tirs viets contre le camp retranché se prolongeront durant la journée du 2 décembre mais, après avoir perdu plus de 3 000 hommes, Giap reconnaît son échec et ordonne le repli de ses troupes qui devient effectif le 7 décembre. Grâce à la clairvoyance du général Salan et à l'habileté tactique du colonel Gilles, Na San a donc rempli le rôle qui lui avait été dévolu en brisant l'offensive viêt-minh. Par la suite, la base aéroterrestre retrouvera une fonction plus offensive en servant de point d'ancrage pour la reconquête partielle du Pays thaï. Mais l'entretien d'une telle base se révèle de plus en plus coûteux alors que les bataillons composant sa garnison seraient plus utiles en d'autres lieux. L'abandon de Na San est donc décidé et l'évacuation du site sera achevée le 12 août 1953. Préparée dans ses moindres détails, cette délicate opération d'évacuation connaîtra une totale réussite et deviendra d'ailleurs un modèle du genre. Préfigurant Diên Biên Phu, Na San a inauguré le rôle des bases aéroterrestres. De son échec devant celle-ci, le Viêt-minh saura tirer les enseignements ; il en fera usage, quelque temps plus tard, pour donner l'assaut à la nouvelle base créée à Diên Biên Phu.

Michel DAVID

Bibl. : Jacques Favreau et Nicolas Dufour, Nasan, la victoire oubliée, 1952-1953 : base aéroterrestre au Tonkin, Economica, 2000 • Yves Gras, *Histoire de la guerre d'Indochine*, Denoël, 1992, p. 483-488.

NATIONALITÉ FRANÇAISE, obtention de la. – *Voir* « FRANÇAIS PAR LE SANG VERSÉ ».

NATIONALITÉS. – La nature des sources statistiques comme les règles particulières d'engagement du volontaire étranger rendent difficile, voire aléatoire, une présentation exacte de la répartition des nationalités au sein de la Légion étrangère. À s'en tenir aux règles qui ont prévalu au XIXe siècle comme aux changements intervenus au début du XXe siècle avec le droit d'asile et la protection de l'anonymat qui en découle – pour l'engagé sous le couvert d'un faux nom et d'une nationalité « déclarée » –, les séries statistiques fondées sur les seules données des candidats ne peuvent suffire. C'est pourquoi les séries établies après rectification de l'état civil, plus fiables, donnent une image plus exacte de la troupe. De plus, faute de fichier central entre 1909 et 1935, un certain nombre de dossiers d'engagement enregistrés dans les régiments n'ont pas été pris en compte par les services d'immatriculation. Dès lors, l'historien est confronté au problème posé par la véracité des déclarations des candidats et par la concordance entre les données statistiques complémentaires et parfois contradictoires.

En se fondant sur une étude réalisée par le 1er régiment étranger à la fin de la guerre d'Algérie, et en extrapolant ces calculs en prenant en compte les effectifs moyens réalisés depuis 1963, on peut raisonnablement retenir le chiffre de 650 000 engagés volontaires dans les rangs des régiments étrangers depuis 1831. Par comparaison, l'armée royale n'a compté que 200 000 étrangers aux XVIIe et XVIIIe siècles. L'éventail des nationalités s'est élargi avec l'apparition de nouveaux États depuis le mouvement des nationalités au XIXe siècle, d'une part, la décolonisation et la fin de la guerre froide, d'autre part. Jusqu'à la Première Guerre mondiale, les volontaires proviennent de l'ouest et du sud du continent européen : en premier lieu les Suisses et les Allemands, les Italiens et les Espagnols ensuite, enfin les Belges et les Polonais dans la première Légion. Ils côtoient les Français et les Alsaciens-Lorrains après la guerre franco-allemande de 1870.

La Grande Guerre ouvre de nouvelles perspectives de recrutement hors d'Europe avec les dispositions sur les engagements volontaires pour la durée de la guerre déjà mises en œuvre pour la guerre de 1870 et destinées à faciliter le volontariat étranger exceptionnel. À l'issue des engagements massifs de 1914, alors que le monde comprend seulement quarante-six États indépendants, les cent quatre nationalités représentées dans les régiments de marche donnent une première idée de la diversité du recrutement. Cependant, ce chiffre ne sera dépassé qu'à la fin du XXe siècle avec la « globalisation » et le remarquable développement des moyens de communication qui ont fait connaître la troupe dans les endroits les plus reculés de la planète. Au début du XXIe siècle, la Légion, rassemblant plus de cent quarante nationalités, peut, à juste titre, être considérée comme une véritable Babel militaire.

Toutefois, deux nationalités dominent jusqu'aux années 1960. Si l'on excepte la période pendant laquelle le recrutement allemand est interdit (1870-1880), Français et Allemands occupent la première place au point que certains ont pu présenter ce corps comme une légion franco-allemande ou franco-germanique. Ainsi, entre 1880 et 1914, mais aussi dans l'entre-deux-guerres et de 1945 à la fin des années 1960, les germanophones sont surreprésentés, notamment pendant les guerres d'Indochine et d'Algérie. Une étude sur le recrutement au premier trimestre 1953 fait ainsi ressortir que « le pourcentage d'engagés volontaires d'origine germanique, allemands, autrichiens, sarrois, a encore augmenté, atteignant 60 % des effectifs incorporés ». La décrue de ce recrutement est sensible après les accords d'Évian (18 mars 1962). En 1965 cependant, 41 % des légionnaires sont de nationalité allemande déclarée, sur un effectif, il est vrai, réduit à 7 624 hommes.

Les chiffres avancés par des travaux récents apportent des précisions qui permettent de donner une image plus exacte de la Légion, conforme à une réalité difficile à cerner. Jusqu'à la guerre de 1870, sept nationalités dominent dans l'ordre suivant : allemande, belge, espagnole, française, italienne, polonaise et suisse. La répartition des candidats pendant l'expansion coloniale évolue peu si l'on excepte l'arrivée massive des Alsaciens-Lorrains refusant de servir le IIe Reich. La nouvelle carte de l'Europe dessinée par les traités de paix (1919-1923) et l'établissement du régime soviétique après la révolution d'Octobre et la guerre civile (1917-1921) entraînent certes l'arrivée de volontaires d'Europe centrale et orientale et quelques milliers de Russes blancs, mais sans pour autant modifier durablement la composition de la Légion – troupe européenne – jusqu'à la fin de la guerre d'Algérie. L'amalgame, fondement de l'unité et de l'esprit de corps spécifique aux régiments étrangers, exige par ailleurs du commandement de porter une attention particulière à la régulation des flux d'engagés afin d'éviter la formation de groupes nationaux dans les unités élémentaires. À cet égard, les guerres d'Indochine et d'Algérie se caractérisent par l'afflux de milliers de volontaires venant des deux Allemagnes et d'Autriche au point d'inquiéter le commandement. En effet, à la fin des années 1940 et au cours de la guerre d'Indochine, de nombreux rapports font remarquer que l'usage de l'allemand comme langue de « service » n'est pas sans inconvénient pour la préservation de la cohésion de la Légion – et notamment en Extrême-Orient où la grande dispersion des unités laisse une grande autonomie aux officiers, voire aux sous-officiers, plus particulièrement dans les petits postes isolés soumis à l'intense propagande idéologique du Viêt-minh qui incite à la désertion. L'attrait des Allemands pour la Légion s'estompe au fil des années après la fin de la guerre d'Algérie. En 1976, 16,5 % des légionnaires en service dans les régiments étrangers sont nés en RFA et en RDA. Les Français deviennent majoritaires dans ces années 1970 et le recrutement se diversifie (Maghreb, Afrique noire, Royaume-Uni notamment) dans la décennie suivante.

La Légion étrangère du début du XXIe siècle, aux effectifs réduits, présente un visage tout différent de la troupe européenne (blanche) de la colonisation et de la fin de l'Empire colonial français. Les nationalités représentées reflètent l'état du monde, ses changements depuis les années 1960 mais surtout les bouleversements qui ont suivi la fin de la guerre froide et l'implosion de l'Union soviétique. Cette diversité n'est pas sans inconvénients, et l'apprentissage du français, langue de communication dans le service, occupe une place d'autant plus importante dans la formation initiale que les engagés volontaires en provenance de l'Europe de l'Est sont majoritaires. La troupe est désormais plus bigarrée, en majorité européenne mais dans laquelle les continents africain et asiatique ainsi que l'Amérique latine sont bien représentés. À l'ère de la mondialisation et de la globalisation annoncée par le philosophe et sociologue américain Marshall McLuhan, la Légion montre à nouveau sa capacité à s'adapter à une situation inédite et « s'universalise » avec plus de cent quarante nationalités représentées dans ses rangs.

Les sources. En l'absence de dénombrement et d'états précis des effectifs et parce qu'il est impossible, à ce jour, de dépouiller les archives sensibles des centres de recrutement et du bureau des statistiques comme du service d'immatriculation de la Légion – aujourd'hui regroupés dans la division statistiques et protection de la Légion étrangère (DSPLE) –, les seules données disponibles pour la période allant de la création de la Légion à la fin de la guerre d'Algérie sont des estimations fondées sur des sondages réalisés par les services administratifs du 1er RE en 1963. Elles sont complétées par des dénombrements partiels réalisés par la maison mère entre les deux guerres, des rapports établis par le dépôt commun des régiments étrangers depuis les années 1930, des états tirés des archives de l'inspection (1948-1950) et du groupement autonome de la Légion étrangère. Pour la guerre d'Algérie, les archives du département Terre du service historique de la Défense complètent avec plus de précisions l'ensemble des données disponibles à ce jour.

La répartition par période. Pour la période 1831-1941, la répartition retenue est celle-ci : Allemands, 43 % des engagés ; Italiens, 10 % ; Belges, 10 % ; Français, 10 % (avant rectification d'état civil) ; Espagnols, 7 % ; Suisses, 6 %. Et pour la suivante, 1942-1963 : Allemands, 43 % ; Autrichiens, 2,3 % ; Italiens, 11 % ; Belges, 9,6 % ; Français et « Monégasques », 9,5 % ; Espagnols, 7,6 % ; Suisses, 5,5 % – soit un total de germanophones de 50,8 %. De nos jours, la répartition se fait comme suit : Slaves, 33 % ; Latins, 24 % ; francophones, 19 % ; Extrême-Orientaux, 8 % ; germanophones, 5 % ; Africains, 4 % ; Moyen-Orientaux, Maghrébins, 4 % ; anglophones, 2 % ; Nordiques, 1 %.

André-Paul COMOR

Sources : DHPLE, études du 1er RE, 1963.
Bibl. : André-Paul Comor, *La Légion étrangère*, PUF, 1992 • Jean Hallo, *Monsieur Légionnaire*, Lavauzelle, 1994.

NAVARIN, ferme. – Ancienne ferme et lieu-dit sur la route nationale 77, formant un point haut sur la ligne de crête orientée est-ouest entre la vallée de l'Ain au sud (village de Souain) et celle de la Py au nord (village de Somme-Py). La prise de ce point-clé du terrain fut le fait marquant et la limite de l'avancée de la IVe armée française (général de Langle de Cary) lors de la deuxième offensive de Champagne (25 septembre-6 octobre 1915). Les 2e régiments de marche du 1er et du 2e régiment étranger (2e RM/1er RE et 2e RM/2e RE) ont participé chacun à leur tour à cette action.

Arrivés en train de la région de Belfort où ils venaient de recevoir leurs drapeaux, ces deux régiments bivouaquent au nord de Suippes à compter du 16 septembre au soir. Affectés respectivement à la 1re et à la 2e brigade de la division marocaine, ils vont être engagés successivement dans cette offensive. Après quelques nuits de travaux aux tranchées, le 2e RM/2e RE du lieutenant-colonel Lecomte-Denis est détaché aux ordres de la 10e division d'infanterie coloniale du général Marchand, l'homme de Fachoda. À compter du 25 septembre à 9 h 15, les légionnaires attaquent en première ligne. Coude à coude avec les marsouins du 6e régiment d'infanterie coloniale, ils progressent sur la droite (côté est) de la route de Suippes à Souain. À 11 heures, les ouvrages fortifiés de première ligne, « Wagram » et « Essling », sont abordés et conquis. En début d'après-midi, l'assaut est repris au nord de Souain. Malgré la blessure du chef de corps, les bataillons prennent plusieurs lignes de tranchées : le boyau des grenouilles, la tranchée des Gretchen et une partie du bois baptisé « U18 » sur les cartes d'opérations. Son dernier bond, avant la nuit, finit devant la ferme Navarin, dont les ruines sont prises pour cible par l'artillerie française, empêchant l'infanterie de coiffer cet objectif. Après une nuit de contre-attaques locales qui nécessitent tout de même l'intervention du bataillon B du 2e RM/1er RE au profit d'une unité de la coloniale, l'ennemi se ressaisit dans la journée du 26. Les unités qui relèvent le 2e RM/2e RE peinent pendant une partie de la matinée avant d'occuper la position qui paraissait à portée de main la veille. Laissant 10 officiers et 310 hommes hors de combat, le régiment passe peu après en réserve de la division. Quatre mois plus tard, il recevra une citation à l'ordre de l'armée pour cette action : « Le 25 septembre 1915, s'est élancé à l'assaut de positions ennemies avec un entrain et un élan superbes, faisant de nombreux prisonniers et s'emparant de plusieurs mitrailleuses » (ordre 478 de la IVe armée du 30 janvier 1916).

Le 28 septembre, c'est au tour du 2e RM/1er RE d'être lancé dans la bataille contre la « tranchée de la Kultur », un kilomètre plus à l'est, entre la ferme Navarin et la butte de Souain. Relayant l'attaque du 4e régiment de tirailleurs, les légionnaires se ruent, presque désespérément, sur les dispositifs allemands que la préparation d'artillerie insuffisante n'a pas entamés. Plusieurs assauts frontaux sont sans effet et les pertes s'accumulent, mais le régiment ne relâche sa pression qu'à la nuit tombée. Bloqués par des réseaux de barbelés et le feu croisé de mitrailleuses, les légionnaires se sont sacrifiés pendant que deux divisions, dans les fuseaux plus à l'est et plus à l'ouest, tournaient les positions allemandes face à eux et faisaient tomber la butte de Souain par encerclement. Les pertes sont importantes : 20 officiers et 608 hommes manquent à l'appel, parmi eux un ancien vainqueur du Tour de France cycliste, François Faber, et un jeune Américain, Henry Farnsworth, dont le père fera édifier en 1920, sur les lieux où tomba son fils, un monument ossuaire qui rappelle ce sacrifice. On ne compte pas les blessés de cette attaque – une célébrité comme le caporal Frédéric Sauser, *alias* Blaise Cendrars en littérature, un prince fidjien Sukuna et les chefs de bataillon Brunel et Declève font partie de leurs rangs. Le régiment sera, lui aussi, cité pour cette action. « Pendant les opérations du 20 septembre au 21 octobre 1915, sous le commandement du lieutenant-colonel Cot, a fait preuve des plus belles qualités de courage, d'entrain et d'endurance. Le 28 septembre, avec un admirable esprit de sacrifice, s'est élancé à l'assaut d'une position qu'il fallait enlever à tout prix et, malgré le feu extrêmement violent des mitrailleuses ennemies, est parvenu jusque dans les tranchées allemandes » (ordre 478 de la IVe armée du 30 janvier 1916).

Ayant perdu dans ces deux actions plus du tiers de leurs effectifs, le 2e RM/1er RE et le 2e RM/2e RE furent maintenus en réserve des unités d'assaut lors de la reprise avortée de cette offensive le 6 octobre, avant de fusionner au sein du régiment de marche de la Légion étrangère (RMLE), le 11 novembre 1915 à La Verberie.

La ferme Navarin n'existe plus. Sur ce haut lieu symbolique, chaque année, se tiennent les cérémonies de souvenir des offensives de Champagne.

Philippe GUYOT

NAZARE AGA, commandant Kahraman Khan, dit (1877-1955). – Nazare Aga figure parmi les fortes personnalités qui ont honoré la France en se mettant à son service pendant la Première Guerre mondiale. Ses états de service exceptionnels témoignent de la valeur exemplaire de son engagement et de sa grandeur d'âme qu'illustre notamment, après le conflit, l'aide qu'il apporte à ses anciens compagnons d'armes étrangers dans le besoin.

Prince géorgien, il est le fils du général Nazare Aga Yemin es Saltane dont les ancêtres sont passés au service de la Perse. Après de brillantes études au collège Stanislas, le célèbre établissement parisien qui a vu passer de nombreux candidats au concours de Polytechnique, il intègre la grande école. À la sortie, il fait son service comme officier dans l'armée de son pays avant d'opter pour la carrière diplomatique. Ministre plénipotentiaire à Paris en 1914, Kahraman Khan n'hésite pas un instant : il s'engage pour la durée de la guerre. Le diplomate, polytechnicien et capitaine dans l'armée perse endosse, au dépôt de Toulouse, l'uniforme de légionnaire de deuxième classe. Il est incorporé au bataillon C du 2e régiment de marche du 2e régiment étranger (2e RM/2e RE) qui deviendra régiment de marche de la Légion étrangère (RMLE). Son régiment monte au front le 11 novembre. Sergent en mai 1915, il est grièvement blessé pendant l'offensive de Champagne de septembre 1915. Le 9 juillet 1916, il se signale au début de l'offensive de la Somme dans la contre-attaque pour reprendre le boyau du Chancelier près de Belloy-en-Santerre. Le 11 juillet, il est nommé au grade de sous-lieutenant à titre étranger et reste affecté à la 2e compagnie de mitrailleuses. Engagé dans la région de Verdun, le 20 août 1917, le sous-lieutenant Nazare est encore cité. Promu au grade de lieutenant à titre définitif en novembre suivant et capitaine le 27 mai 1918, il reçoit le commandement d'une compagnie de mitrailleuses. À sa libération en mars 1919, le commandant de réserve Nazare Aga totalise 10 citations.

Installé à Paris, il n'oublie pas ses anciens camarades. Avec Albert de Ségura, il fonde une association des anciens combattants engagés volontaires étrangers dans l'armée française qui n'accepte pas les légionnaires « du régime normal ». Cependant son attachement à la Légion ne se démentira pas même si des différends avec des représentants de sociétés d'anciens légionnaires le conduisent à prendre des distances avec elles. En 1946, il trouve dans la personne du colonel Gaultier, commandant le dépôt commun des régiments étrangers (DCRE), un interlocuteur pour le projet d'ouverture d'une maison destinée à recevoir les grands invalides. Ainsi naît la Maison des invalides de la Légion étrangère (MILE) au château de Saint-Jullin dans l'Isère, qui laissera sa place au château de Lasserve à La Balme-les-Grottes. L'estime qui réunit ces deux personnalités attachantes, objet de critiques lors de la crise que traverse le milieu associatif des anciens légionnaires, permet la réparation d'une injustice remontant aux années 1920. Les engagés volontaires pour la durée de la guerre, ou EVDG, des deux guerres mondiales sont enfin reconnus comme anciens légionnaires « à part entière ». En 1954, tout en maintenant son refus d'absorber dans l'Union la fédération des vingt-cinq associations de volontaires étrangers et des étrangers appelés sous les drapeaux qu'il avait fondée en 1949, Nazare Aga accepte la présidence d'honneur de l'Union des sociétés d'anciens légionnaires (USAL). Il meurt le 5 décembre 1955 à Paris.

André-Paul COMOR
& Charles RIDET

• *Voir aussi* : FSALE ; USAL.

NÉGRIER, général François Oscar de (1839-1913). – Fils d'un officier d'infanterie, François Oscar de Négrier naît à Belfort, alors dans le Haut-Rhin. Admis à l'École spéciale militaire en 1856, il en est exclu lors de la première année de cours parce qu'il a tué un camarade dans un duel. Admis de nouveau quelques mois plus tard, il recommence une scolarité de deux ans. Nommé sous-lieutenant le 1er octobre 1859, il sert dans les chasseurs à pied jusqu'à sa promotion au grade de lieutenant-colonel. Avec eux, il fait campagne à Rome, en Afrique et contre l'Allemagne. Au cours de la guerre de 1870, le capitaine puis chef de bataillon de Négrier s'évade de Metz, est cité, trois fois blessé et fait chevalier puis officier de la Légion d'honneur. Après avoir commandé pendant cinq ans un bataillon de chasseurs, il rejoint un régiment de ligne le 8 octobre 1875.

En 1881, le colonel de Négrier prend le commandement de la Légion étrangère avec mission de la sortir de l'engourdissement engendré par le laxisme du colonel de Mallaret. En deux ans, il procède à une régénération de l'institution, restaurant la rigueur dans l'exécution du service, insufflant le dynamisme dans l'action et suscitant l'esprit d'initiative. C'est ainsi qu'il crée les compagnies montées capables de se déplacer plus vite que les bandes qu'elles poursuivent.

Promu général de brigade le 31 août 1883, François de Négrier part pour le Tonkin où il commande une brigade puis, avec le grade de général de division, une division du corps expéditionnaire. Commandant de l'avant, il est blessé deux fois dont une à proximité de Lang Son. C'est au Tonkin, en 1884, qu'il aurait lancé sa fameuse apostrophe : « Vous autres, légionnaires, vous êtes soldats pour mourir et je vous envoie où l'on meurt. »

De retour en France en 1886, il est placé à la tête d'une division puis d'un corps d'armée. Le 9 août 1894, il est nommé membre du Conseil supérieur de la guerre, c'est-à-dire commandant d'armée en cas de mobilisation, et le reste jusqu'à son passage dans la deuxième section du cadre des officiers généraux. Il meurt le 22 août 1913. Le général de Négrier était grand-croix de la Légion d'honneur et décoré de la médaille militaire.

Henry DUTAILLY

Sources : SHD-Terre, 9Yd 53.

NÉNETTE, Alice Hébert, épouse Rollet, dite (1896-1971). – Alice Hébert, née à Paris le 31 août 1896, rencontre le lieutenant-colonel Rollet après le 11 novembre 1918. Elle devient sa maîtresse et apporte affection et confort domestique au militaire quadragénaire. Le couple qui s'affiche à Fès sans se soucier des convenances n'y est l'objet d'aucun rejet. Mais la situation change lorsqu'il s'installe à Sidi-Bel-Abbès : le sous-préfet et le maire n'acceptent pas d'avoir à recevoir le commandant d'armes accompagné de sa concubine. Ils informent les autorités militaires de leur gêne. Celles-ci ne souhaitent pas, comme c'est l'usage en pareille circonstance, muter le lieutenant-colonel Rollet et font pression sur lui pour l'amener à se marier, précipitamment, le 29 avril 1925.

Sans avoir la rigueur excessive de Mme Bernelle à Alger en 1834 et 1835, Alice Rollet exige un service de qualité des légionnaires entretenant le domicile du colonel commandant le 1er Étranger. En 1945, étant veuve, elle revient habiter à Sidi-Bel-Abbès. Sous le surnom de « Nénette » que lui a donné son mari, Mme Rollet entretient le culte du général : les officiers affectés à Sidi-Bel-Abbès sont priés de se présenter à elle et elle invite certains à saluer le buste en cire du général actuellement conservé dans le musée de la Légion. Ses excentricités amènent le commandement de la Légion à la faire admettre en 1955 dans une résidence pour personnes âgées à Paris où elle meurt le 22 mai 1971.

Henry DUTAILLY

Bibl. : Pierre Soulié, *Paul-Frédéric Rollet. Père de la Légion étrangère*, Éditions Italiques, 2001.

NICOLAS, général Henri (1879-1934). – Le général Nicolas est certainement le moins connu de ceux que les médias des années 1930 ont appelés les « quatre mousquetaires de la Légion ». Discret, tôt disparu, il a travaillé aux côtés du « père de la Légion », le général Rollet, pour préparer et mettre en œuvre les réformes qui ont fait de Sidi-Bel-Abbès le cœur de la Légion. Fils d'un officier d'administration du génie, Henri Nicolas naît à Gap (Hautes-Alpes) le 11 août 1879. Admis à l'École spéciale militaire en 1899, il en sort au 18e bataillon de chasseurs à pied. Le 24 décembre 1904, lieutenant, il rejoint le 1er régiment étranger au sein duquel il sert en Algérie puis au Tonkin jusqu'à sa promotion au grade de capitaine le 27 mars 1913.

Avec le 101e régiment d'infanterie (RI) puis, après sa promotion au grade de chef de bataillon, avec le 124e RI, il participe à la Première Guerre mondiale, y mérite quatre citations dont trois à l'ordre de l'armée, y est blessé puis gazé. Le 23 septembre 1918, il prend le commandement d'un bataillon du régiment de marche de la Légion étrangère qui deviendra le 3e régiment étranger d'infanterie (REI) en 1920. Le chef de bataillon Nicolas combat au Maroc avec ce régiment et mérite trois nouvelles citations dont deux à l'ordre de l'armée puis sert deux ans au Tonkin.

Promu lieutenant-colonel le 25 mars 1826, il seconde le colonel Rollet dans le commandement du 1er REI puis, avec le grade de colonel, lui succède lorsque celui-ci est nommé général inspecteur de la Légion. Les réformes qu'il a préparées avec le sens de l'organisation qui lui est unanimement reconnu ont créé à Sidi-Bel-Abbès deux formations distinctes : le 1er REI et le dépôt commun des régiments étrangers (DCRE) qui gère le personnel non officier de la Légion. Des économies budgétaires font du colonel Nicolas le commandant de ces deux corps. Il assume cette lourde charge sans ménager une santé fragilisée par le gazage subi en 1918. Ses mérites lui valent d'être nommé commandant de la 2e brigade d'infanterie d'Algérie et de la subdivision d'Oran le 11 mars 1934. Promu général de brigade le 16 novembre suivant, il meurt une semaine plus tard. Le général Nicolas était commandeur de la Légion d'honneur.

Henry DUTAILLY

Sources : SHD-Terre, 13Yd 96.

NICOLAS, Louis (1913-1975). – Né à Voutré (Mayenne), Louis Nicolas s'engage à dix-huit ans au 5e régiment de chasseurs d'Afrique et, au terme de son deuxième contrat, choisit en 1937 de poursuivre une carrière – sans doute compromise dans la « régulière » – dans la Légion étrangère. Affecté au 4e régiment étranger d'infanterie jusqu'à la déclaration de la guerre au Maroc, il donne toute satisfaction à ses chefs. Sa vie bascule lorsqu'il se porte volontaire pour faire partie de l'un des deux bataillons de marche de montagne en formation en janvier-février 1940. Le « blédard » se prépare en quelques semaines à devenir un combattant du Grand Nord. L'aventure, qui commence en Norvège par une victoire, se poursuivra jusqu'en mai 1945. Auparavant, le 1er juillet 1940 à Trentham Park (Angleterre), Nicolas suit l'exemple de ses officiers ralliés au chef de la France Libre. Dès lors, il est de toutes les campagnes de la 13e demi-brigade de Légion étrangère, la dernière unité créée au déclenchement du conflit mondial : celles du Gabon, de l'Érythrée, de la Syrie, de la Libye et de la Cyrénaïque, de Tunisie et d'Italie (les phases finales), enfin de la deuxième campagne de France. Le combattant de Bir Hakeim, devenu entre-temps artilleur, fait Compagnon de la Libération (décret en date du 9 septembre 1942) et promu sergent-chef, se montre « digne des anciens » dans le massif de l'Authion où il gagne la médaille militaire. En 1952, une grave blessure reçue en Indochine met fin à sa carrière. Il s'installe à Troyes et y tient un hôtel jusqu'à sa mort en 1975. L'exemple du légionnaire Nicolas, *alias* Nivinski – inconnu du grand public –, montre que la célèbre devise « Honneur et Fidélité » n'est pas simplement ou seulement une figure de style pour ces hommes « irréguliers » en quête de reconnaissance.

André-Paul COMOR

NICOLET, Arthur (1912-1958). – À l'article « Suisse » du *Dictionnaire des littératures de langue française*, on cite sans autrement insister le poète Arthur Nicolet « qui passa neuf ans à la Légion étrangère française ». Rien n'est précisé de ce qu'il a écrit. Il est vrai qu'il n'est guère facile de retrouver trace de son œuvre, malgré une anthologie récente (*Au gré de l'aventure et du poème*, 2008) proposée par les Presses du Belvédère, une maison franco-suisse. La publication intégrale date de 1962. Elle a été assurée par le militant du Jura francophone et séparatiste Roland Béguelin, fondateur à Delémont en Suisse des éditions de la Bibliothèque jurassienne. Malgré ce patronage, l'auteur est bien oublié. En fait, il n'a guère à voir avec la politique. Le recueil de 1962, qui bénéficie d'une préface du maréchal Juin, se rattache surtout à la Légion étrangère. On les voit apparaître, ces hommes, ces soldats, de titre en titre des poèmes et celui-ci d'abord, écrit en 1933 : *Légionnaires mes frères* – « Sous leur dolman poudreux, voici les mercenaires / Dans le bled sans ombrage et sous un morne azur. / Ils reviennent des monts et de leurs travaux durs, / Traînant gaillardement leur joyeuse misère. » Plus de vingt ans plus tard, en 1954, la *Complainte noëllique* entonne un couplet de même tonalité : « La vieille Légion à la voix enfantine, / Au son du quart et du flacon, / Aux Noëls de jadis chantait dans les cantines / Jusqu'au Mékong, jusqu'au Mékong. »

Arthur Nicolet est en effet un légionnaire : « Mon nom, c'est LÉGIONNAIRE », peut-il s'écrier (en lettres capitales). Suisse, né le 23 mars 1912 dans le canton de Neuchâtel, à La Chaux-de-Fonds comme Blaise Cendrars – mais il ne semble pas que les deux hommes aient entretenu la moindre relation ; il est vrai que vingt-cinq ans d'âge les séparent –, il entre à la Légion en 1931, à la suite d'une querelle familiale, après avoir fréquenté l'école normale d'instituteurs. Son premier engagement court sur cinq ans, comme il est d'usage. Rendu à la vie civile en 1936, il voyage jusqu'à Paris où il rencontre Charles Maurras qui l'encourage dans son choix d'écrire. Cependant il s'est marié avec une institutrice française. Il lui faut stabiliser son existence. Il contracte un second engagement auprès de la Légion, dès l'année 1937, et devient bientôt sergent. Puis survient la guerre. En 1940, il est présent lors de la campagne de France. Sa participation aux combats du bois d'Inor lui inspire ces vers : « Inor, dame de cœur des grandes Compagnies, / Notre-Dame de pique et notre bon génie, / Inor, fantôme clair d'une riante mort »... Est-il donc légionnaire avant tout ou bien poète ? L'un et l'autre ; poète et légionnaire : les deux, chez lui, sont impossibles à dissocier, bien qu'il n'ait, comme le remarque le *Dictionnaire des littératures*, passé que neuf ans sous la grenade rouge.

Le 27 mai 1940, il est blessé (« J'échappai de très près au dernier champ d'honneur, Au bois d'Inor, en l'an quarante »). Réformé après un court séjour au Maroc, il rentre en Suisse puis retourne en France. Mal lui en prend : arrêté par les forces d'occupation allemandes, il est déporté. De cette expérience douloureuse, il rapporte un livre, *L'Œil de bronze : aventures d'un légionnaire en Hitlercynie*, qu'il publie à Lausanne. Cela ne l'empêche pas d'avoir les plus grandes difficultés à se faire admettre comme écrivain par ses compatriotes. Des difficultés, il en aura toujours. Est-ce à cause de son esprit anarchisant ? Il engage volontiers la polémique avec les autorités de son pays, soit qu'il affirme son originalité jurassienne, soit qu'il réitère son attachement à son arme de prédilection qui n'est pas nécessairement appréciée des dirigeants helvétiques. Ainsi en 1955 il n'hésite pas à croiser le fer (épistolaire) avec le président de la Confédération, ce dernier s'étant élevé contre le recrutement à la Légion étrangère de garçons âgés de moins de vingt ans – mineurs, donc, à cette époque – et qui regrettent leur geste alors qu'il est trop tard pour revenir en arrière. Le père d'Ernst Jünger était parvenu à obtenir la résiliation de l'engagement de son fils en excipant de cette qualité de mineur. C'était en 1913. Bien plus tard, l'Anglais Simon Murray sait qu'une intervention de sa mère, alors qu'il se trouve à l'instruction à Sidi-Bel-Abbès, pourrait entraîner, s'il le souhaite, la suspension de son engagement parce qu'il n'a pas vingt et un ans. Mais Murray tient à rester légionnaire.

Arthur Nicolet est de la même espèce : il ne regrette pas sa décision de jeunesse. Vingt-cinq ans s'étant écoulés, il écrit en 1956, dans *Le Bivouac de Camerone* : « Oiseleur d'un mirage épique et pinardier, / Je n'avais pas vingt ans quand j'entrais dans la danse / Pour me jeter primard aux jeux de l'innocence / Errante en borgne impasse et chemin bordellier. » Dans les années 1950, le poète vit dans le Jura du côté suisse et du côté français à la fois. Il réside au Chauffaud dans le Doubs où sa femme enseigne. Lui-même travaille au Locle, près de La-Chaux-de-Fonds. Il fait paraître ses « Chroniques de ma potence » dans *Le Jura libre*, une feuille qui sort à Delémont. En France, ses poèmes sont régulièrement publiés par *Képi blanc*. Ils célèbrent la Légion, bien sûr. Ils le font en employant une thématique constante, qui soutient l'inspiration de l'auteur : la bouteille ! Arthur Nicolet boit ; il boit de plus en plus. Et il chante le vin de Palmyre que porte un « vieux blédard » (« pour saouler Dieu, pour saouler Dieu »), salue « les vendangeurs d'Ambroisie », fête « Absinthe, étoile du poivrot »… Le 15 juin 1950, il persiste dans *Le Malabar de Valpoivron* et tire de son tonneau lyrique et viticole « le vin d'oubli » qui permet de noyer « le noir cafard ; le noir cafard ». Le poème est dédié à Jean des Vallières. Celui-ci a préfacé *Mektoub, roman argotique de la Légion étrangère* paru en 1949 à Paris : « De la grande aventure qu'est la Légion étrangère, ceux qui l'ont vécue reviennent usés parfois, mais avec d'autres visages, durcis et basanés, une flamme dans le regard et le cœur plein de foi. Arthur Nicolet est de ces hommes-là. »

Un visage « durci et basané » ? Arthur Nicolet, sur les photographies que l'on connaît de lui, porte une courte barbe noire et ne semble pas un guerrier ; un paysan sans doute, un ouvrier peut-être (il a été l'un et l'autre) ; un homme tourmenté, certainement. *Mektoub* traduit un esprit inquiet, frondeur et peu enclin à se couler dans le moule. Le narrateur, Robert L'Oiseleur, se plaît à rejeter tous les modèles que l'on pourrait développer sous ses yeux : il n'appartient pas à la Suisse (la « Tocagne »), il se sent incapable de mener une existence conventionnelle. Être un artiste l'attire, soit. Mais il refuse la culture moderne : « Je préfère Guignol à Cocteau. » Il se moque des « obscènes cauchemars du surréalisme et autres picocasseries et cuculeries à la mode ». Que faire dans un monde auquel on est fondamentalement inadapté ? Conforme aux marginaux tels que les décrit son préfacier, il est « un homme sans nom ». D'ailleurs il n'a que deux prénoms, dit-il, son patronyme renvoyant au Nicolas de la complainte, celle des trois petits enfants que le saint sauve du saloir. Que leur est-il arrivé, ensuite, à ces malheureux voués à devenir de la chair à saucisse ? « Dessalés, ils s'engagèrent dans les rangs joyeux de la Légion étrangère. »

Robert L'Oiseleur-Arthur Nicolet poursuit : « J'endossai l'as de carreau, le barda des héros, je coiffai le kébour et les sept flammes de la grenade… C'est ainsi qu'on devient un lascar, un joyeux malabar, un légionnaire de Julot César, un briscard deux fois millénaire. » Est-il donc sûr que la discipline militaire lui convienne mieux ? Arrivant en retard au quartier Vienot de Sidi-Bel-Abbès (« Sidi-Bouillabaisse »), le « bleu » est rapidement condamné à quinze jours de prison, au châtiment de la « pelote » et aux exercices à faire en marchant accroupi au « pas de canard ». Il rêve de s'évader, d'autant plus que, très jeune et doté d'une peau fine et claire, il est régulièrement en butte aux avances de ceux qui veulent « le tenir pour leur mignon ». Il se défend avec ses poings mais constate (du moins l'affirme-t-il) que l'homosexualité est encouragée par la hiérarchie elle-même qui la considère, d'après ses propres termes (à peine crus !) comme « une injection d'énergie virile par l'orifice du boyau culier ». Le colonel Malcombe (et derrière ce nom les lecteurs sont invités à reconnaître qui ils veulent dans ce roman à clefs qui ne les donne pas toutes) engage les soldats à s'aimer les uns les autres afin d'éviter… la syphilis.

Il semblerait que cette vie laisse peu de place à la satisfaction, pour utiliser un terme de théologie, dans ce qui est décrit comme un monde sans dieu mais tout empli de résignation (*Mektoub !*) ; peu de place à l'espoir. Alors, pourquoi s'engager ? La réponse est la même que celle que l'on découvre dans un récit très proche, celui d'Antoine Sylvère : on ne rencontre « cette chaleur fraternelle, cette limpidité des cœurs » qui permet seule de résister à l'adversité, nulle part ailleurs qu'à la Légion étrangère. Celle-ci n'est donc pas liée au désir d'exploits et d'héroïsme. L'auteur en profite pour lancer un avertissement aux « Tendres lapins, petits muguets qui rêvez aventure aux pays estranges : sincèrement, ne vous engagez pas à la Légion étrangère ! ». Autre chose est en cause, une chose différente et rare sans doute et précieuse, qui ne dit même pas dans le livre comment elle s'appelle exactement et que l'on peut nommer pourtant : la solidarité.

Dans la vie civile, la valeur « solidarité » – dite aussi « fraternité » – reste peu courante. Arthur Nicolet est un homme seul. Afin de réaliser l'édition de son livre, il a versé de l'argent. On dit qu'il se pourrait même qu'il se fût ruiné dans l'entreprise. Le résultat est là : il boit encore plus. Cependant, des signes de reconnaissance ont commencé à poindre, avec l'attribution de plusieurs prix littéraires (prix Jean-Violette, prix Tristan-Derême en 1956). Apparemment, il est trop tard. Le poète qui se voulait appartenir à la confrérie légionnaire des « chevaliers du rigolo et compagnons du rossignol », celui qui se présentait comme « malabaron de Crac et de Münchhausen, prince de Monomotapa, marquis de la Mouise, baron de la Poisse » et autres titres (« Trouduc de Guignetrou et Caduc de Lorgnetrou »), meurt le 12 septembre 1958, à quarante-six ans.

France Marie FRÉMEAUX

Bibl. : Jean-Pierre de Beaumarchais et Daniel Coty (dir.), *Dictionnaire des littératures de langue française*, Bordas, 1984 • Arthur Nicolet, *Au gré de l'aventure et du poème*, éditions du Belvédère, 2008 • *Id.*, *Mektoub, roman argotique de la Légion étrangère*, Éditions des Antipodes, 1949.

NIÉGER, général Marie Joseph Émile (1874-1951). – Comme de nombreux officiers coloniaux de sa génération, le futur général Niéger, entré en service en 1893, commence sa carrière comme engagé volontaire au sein de l'armée d'Afrique (19e corps, Algérie-Tunisie) et participe jusqu'à la Grande Guerre au développement vers le sud et vers l'ouest de la colonisation française à partir de l'Algérie, tandis que sa carrière ne croise que marginalement la Légion étrangère. Jusqu'en 1900, il alterne les affectations au 1er régiment de tirailleurs algériens (RTA) et en régiments de zouaves. Nommé sergent en 1895, sergent fourrier en 1896, il intègre dès avril 1898 l'école militaire d'infanterie de Saint-Maixent d'où il sort avec le galon de sous-lieutenant l'année suivante.

Passé aux tirailleurs sahariens en novembre 1900 et nommé lieutenant en avril 1901, il fait le choix du service des affaires indigènes en juillet 1902 et connaît à ce titre pendant plus de dix ans, pour l'essentiel, des affectations successives dans l'Extrême-Sud algérien, dont il devient l'un des meilleurs connaisseurs, au titre de la compagnie des oasis sahariennes de Touat, puis de Tidikelt. Il participe en particulier à cette époque à la longue reconnaissance en territoire touareg (mars-juillet 1904) commandée par le lieutenant-colonel Laperrine. Placé hors classes en décembre 1911, le capitaine Niéger est chargé d'étudier pendant dix-huit mois le tracé d'une voie ferrée nord-sud transafricaine, rêve impérial français qui devait permettre de relier par la voie la plus directe l'Afrique occidentale à la Méditerranée et d'assurer l'exploitation des ressources géologiques et minières dont la présence est désormais connue au Sahara. Il quadrille pendant de longs mois les territoires du Nord-Niger et du Tchad et ses qualités lui valent d'être affecté au service géographique de l'armée, où il sert lorsque commence la Grande Guerre. Remontant du sud vers l'ouest, il participe également à la pacification des confins du Maroc.

Il passe dès le 3 août 1914 au 94e régiment d'infanterie (RI), puis brièvement au 16e bataillon de chasseurs à pied en novembre avant de retrouver le « 94 » le mois suivant. En mai 1915, il rejoint avec le grade de lieutenant-colonel à titre temporaire le régiment de marche d'Afrique qui, durement éprouvé à Gallipoli depuis quelques semaines, doit être recomplété. Les affectations administratives se succèdent alors rapidement jusqu'à la fin de la guerre (44e, 79e, puis à nouveau 44e RI), et le lieutenant-colonel Niéger sert alternativement sur le front de France dans la région de Reims et en Orient, au sein des services spéciaux du Levant. Il termine la Grande Guerre avec huit citations. Sous les ordres du général Gouraud, de 1919 à 1921, il participe à la tête du territoire des Alaouites au difficile établissement du mandat français sur le Liban et la Syrie, contre les ambitions hachémites soutenues par les Britanniques. Il lui revient tout à la fois d'administrer la région, d'y mener l'action politique en direction des communautés confessionnelles (en particulier minoritaires) et d'affermir la présence militaire française en brisant la résistance des insurgés.

Il retrouve ses tirailleurs en 1922 (35e puis 61e RT) avec lesquels il sert au sein des troupes d'occupation en Allemagne et est désigné pour suivre le stage du Centre des hautes études de Versailles (1924), ce qui lui ouvre les portes de l'accession au généralat en 1926. Il est entre-temps retourné au Maroc, à la disposition du résident général, et commande en pleine guerre du Rif un groupe mobile autour de Teroual puis une brigade dans le massif du Bibane et la région d'Ouezzan. Il inaugure alors sur le terrain la coopération franco-espagnole contre Abd el-Krim en coordonnant son action en juillet avec celle des troupes du général espagnol Riquelme. Il obtient ensuite la soumission des Beni Zeroual.

Le général Niéger exerce à partir de l'automne 1926 des commandements territoriaux (territoire de Tadla et région de Meknès), ce qui ne l'empêche pas de prendre personnellement le commandement de colonnes opérationnelles jusqu'en 1931. En juin 1929, par exemple, il prend dans la région de Meknès la tête d'une colonne de secours composée de légionnaires et de tirailleurs qui inflige une cuisante défaite aux rebelles qui assiègent Aït-Yacoub. Il reçoit une dernière citation qui souligne qu'il « vient encore de se signaler dans la préparation et la conduite des opérations de son groupe mobile » et qu'il a obtenu la soumission de tribus qui « n'avaient jusque-là voulu reconnaître aucune autorité ». Nommé divisionnaire en janvier 1931, il rentre en métropole pour prendre brièvement le poste d'adjoint au général gouverneur militaire de Lyon, puis en juillet celui d'adjoint au commandant de la place de Paris, et enfin de commander en titre en 1934. Il conserve les mêmes fonctions jusqu'à son placement en 2e section des officiers généraux en mai 1936 et quitte définitivement le service actif.

Grand officier de la Légion d'honneur, titulaire de très nombreuses décorations françaises et étrangères, cinq fois blessé et cité à onze reprises, le général Niéger n'est pas un officier légionnaire au sens premier du terme mais a su, chaque fois que les hasards de sa carrière lui ont fait croiser la Légion étrangère, s'imposer par sa compétence et ses qualités foncières et laisser le souvenir d'un officier particulièrement exemplaire.

Rémy PORTE

Sources : SHD-Terre, 13Yd843.

NOËL, fête de. – Noël revêt un tour particulier à la Légion étrangère, qui en a fait l'une de ses principales fêtes de tradition, voire la première, à partir de la fin du XIXe siècle. Ce temps fort familial est en effet source de nostalgie ou de mélancolie pour de nombreux légionnaires éloignés de leurs proches et coupés de leur pays. Aussi, quelles que soient les circonstances, dans les postes isolés comme dans les grandes casernes, le commandement attache une grande importance à la manière dont la fête, au-delà de sa dimension religieuse, est célébrée dans les unités : il s'agit d'en faire un moment de convivialité, de solidarité et d'esprit de corps, de recréer une ambiance un tant soit peu fraternelle, de signifier que la Légion est une véritable famille rassemblant tous les légionnaires. Les officiers la passent d'ailleurs avec leurs hommes. Son origine chrétienne est d'abord rappelée par un concours de crèches, arbitré par un jury constitué de cadres et d'un aumônier. Cette tradition remonte vraisemblablement aux années 1960, le retour à la paix laissant un peu de temps pour organiser une telle activité. Elle institutionnalise la coutume qu'avaient prise les légionnaires de fabriquer une crèche dans leurs postes, leurs camps ou leurs casernes. Chaque compagnie réalise la sienne, souvent avec des moyens improvisés, notamment lorsque l'unité est en opération. Les représentations s'inspirent des circonstances : la crèche peut avoir pour cadre un environnement militaire, avec des pièces ou des maquettes de véhicules, des armes, des uniformes ou des fanions ; son décor peut aussi s'inspirer des caractéristiques du territoire d'implantation de l'unité, des déserts africains aux montagnes des Balkans, en passant par la forêt équatoriale ; elle fait parfois encore référence à quelque tradition nationale. La crèche veut ainsi faire le lien entre la naissance de Jésus et la vie des légionnaires. Une messe, voire un culte protestant, sont ensuite proposés à ceux qui le souhaitent. L'office n'a généralement lieu, le soir de Noël, que dans les unités les plus importantes, car les ministres des cultes ne peuvent être partout présents. En effet, dans les garnisons éloignées et les postes isolés, il est célébré au cours des jours précédents ou suivants, en fonction de la disponibilité des aumôniers, qui s'efforcent de visiter le plus grand nombre de détachements durant cette période. L'assistance est souvent étoffée, peut-être davantage encore en opération extérieure, car des non-chrétiens et même des non-croyants s'associent à la cérémonie, qui évoque pour eux un moment de fraternité. Les chants traditionnels de Noël, comme *Stille Nacht*, que les légionnaires allemands ont jadis fait connaître, sont repris par quelques-uns. Le repas de réveillon rassemble ensuite les hommes et leurs cadres. L'ordinaire a été décoré pour la circonstance ; parfois, un sapin trône au milieu de la cour de la caserne. Des artistes amateurs ont mis sur pied un orchestre ou préparé une séance récréative pour animer la soirée. Le commandant d'unité remet à chaque légionnaire un cadeau, en partie financé par les bénéfices du foyer ; au tournant des années 1950-1960, ce présent pouvait être un transistor, un rasoir électrique, un appareil photo ou un vêtement chaud. Dans certaines circonstances, il arrive que l'alcool coule à flots, l'ivresse étant alors une manière de fuir la nostalgie. Simon Murray relate qu'à Noël 1961, en Algérie, sa section de 24 hommes avait stocké près de 300 bouteilles, de la bière aux spiritueux les plus alcoolisés, ce qui « n'était pas trop mal pour noyer nos nuits glacées et nos souvenirs d'un autre monde ». Bien sûr, le soin apporté à l'organisation de la fête est plus grand quand les légionnaires sont en repos dans leur casernement. En revanche, il y a tous les Noëls de guerre et d'opération, passés aux postes de combat, et que rien, ou presque, ne distingue des autres jours, à part le souvenir des fêtes passées ou les rations améliorées.

Xavier Boniface

Bibl. : Simon Murray, *Légionnaire*, traduit de l'anglais par Serge Pardoux, Pygmalion-Gérard Watelet, 1984.

NON, JE NE REGRETTE RIEN. – Chanson composée en 1956 par Charles Dumont sur des paroles de Michel Vaucaire, et enregistrée pour la première fois par Édith Piaf le 10 novembre 1960. Fait rarissime et avant-coureur du succès à venir, les musiciens du studio l'applaudirent à la deuxième prise. Piaf en dédie l'enregistrement à la Légion étrangère, ce qui était la marque d'un réel courage dans le contexte de la guerre d'Algérie, ses porteurs de valises et ses intellectuels engagés. D'autant plus pour une vedette reconnue comme elle et alors que la presse à sensation répandait la rumeur qu'elle serait « finie ».

La chanson est en tête des hit-parades au moment du putsch d'avril 1961. Les officiers du 1er régiment étranger de parachutistes (REP) qui y ont participé sont emprisonnés au fort de Nogent dans l'attente de leur procès. Mettant à profit leur inactivité forcée, ils enregistrent un pastiche de cette chanson pour exprimer leur ressentiment. L'enregistrement est réalisé sur du matériel de la cellule de communication de la Légion laissé officieusement à la disposition des prisonniers. Plusieurs chants furent gravés sur une bande magnétique et, parmi d'authentiques chants du répertoire légionnaire, figurent deux chants de circonstance, dont ce pastiche. À partir de la bande magnétique, le lieutenant Henri Lobel réalise le pressage d'un disque tiré à 350 exemplaires pour venir en aide aux familles des prisonniers, la collecte des fonds étant réunie par la comtesse du Luart. Une copie de mauvaise qualité de ce pressage est commercialisée par la SERP (*1er REP, Chants d'honneur et de fidélité*, SERP, 30 cm, HF 70, 1961).

Bien entendu, ces textes n'ont figuré dans aucun carnet de chants et n'ont même jamais pu être interprétés par d'autres que leurs auteurs étant donné la qualité sonore du pressage (certaines paroles sont difficilement identifiables), sans parler des éventuelles conséquences à les faire entendre dans un cadre militaire. Seul le refrain pouvait permettre de manifester son opposition à la politique conduite par la Ve République à l'égard de ses départements algériens. Certains d'ailleurs en ont fait à tort un hymne des partisans de l'Algérie française. À partir du 30 cm de la SERP, un nouveau pressage du chant a été édité sur disque compact en 2004, accompagné des paroles (*Algérie française. Mémoire et chants d'honneur*, ADIMAD, PGM 1028, 2004). Chant de circonstance, il aurait disparu sans l'enregistrement qui lui permet d'entrer dans l'histoire.

Refrain :
Non rien de rien,
Non je ne regrette rien
Ni le clash qu'on a fait,
Ni la prise du corps d'armée d'Alger.
Non rien de rien,
Non je ne regrette rien
Au REP les officiers,
Sont tous fiers du passé.

1. Le pipi de Gambiez
Vézinet, encadré,
Mis au trou de Gouraud
Charles les a à zéro.
Le pauvre Saint-Hillier
Posté près du G.G.
La prise de la radio,
Je repars à zéro.

2. À minuit l'régiment
Démarrait pour Oran
Kerville terrorisé
De Pouilly affolé
L'contingent loyaliste
Face aux antigaullistes
Mouillant d'être contre nous
On se retrouve au trou.

Dernier refrain :
Non rien de rien,
Non je ne regrette rien
Ni la folle équipée,
Ni Mimile et son OP manquée,
Non rien de rien,
Non je ne regrette rien
Et tous les officiers,
Sont prêts à recommencer.

Thierry BOUZARD

NORVÈGE, campagne de. – *Voir* BJERKVIK ; NARVIK.

NOUVELLE LÉGION ÉTRANGÈRE (1836). – Le 16 décembre 1835, dans l'optique de « coopération armée » chère à Adolphe Thiers, alors ministre de l'Intérieur, Louis-Philippe créa par ordonnance une « nouvelle Légion étrangère », réserve d'hommes destinés à passer au service de la reine-régente d'Espagne, Marie-Christine de Bourbon.

Cette nouvelle Légion réellement formée à compter du 3 février 1836 comptait, au 1er mai suivant, au dépôt de Pau, 16 officiers et 300 hommes sous le commandement du colonel Lebeau, du 17e régiment de ligne. Cette nouvelle unité, constituée pour accueillir l'afflux des déserteurs, allemands surtout, fut considérée par le général Bernelle comme un dépôt pour la Légion déjà engagée en Espagne (depuis août 1835) en faveur du gouvernement légal aux prises avec la première guerre carliste. Très tôt se posa la question du recrutement. Cette nouvelle grande unité devait en effet avant tout exclure les réfugiés espagnols, par crainte d'y voir incorporés des carlistes et des déserteurs de l'armée de la reine-régente. Son recrutement se fit encore plus discret lors de l'arrivée des Polonais qui pensaient gagner l'Espagne en transitant directement par Pau. Car cette nouvelle Légion devait comporter des escadrons de lanciers, en raison de l'afflux de demandes émanant d'officiers polonais que Bernelle pouvait accueillir dans son régiment national de lanciers au sein de sa division de Légion étrangère qui s'illustrait en Espagne.

Le maréchal Maison, ministre de la Guerre, était dans une situation délicate. Devant l'afflux de volontaires polonais, il ne pouvait encourager une publicité officielle. Les Polonais formaient en effet une confédération gouvernementale en exil qui voyait d'un mauvais œil le départ de cadres, d'officiers, dans une quelconque aventure espagnole. En conséquence, au début de juin 1836, les préfets reçurent l'ordre de ne pas adresser d'invitations directes et pressantes aux réfugiés. Le ministre précisa encore le 19 juin au général Harispe, commandant la division militaire des Pyrénées et chargé de l'organisation de la « nouvelle Légion étrangère », qu'il s'agissait d'« une affaire à traiter confidentiellement ».

Cette prudence dans la constitution de renforts à Pau disparut brutalement à l'annonce d'une révolution en Espagne. Le 11 août 1836, les progressistes libéraux, après un *pronunciamiento* en règle, prirent le pouvoir. La reine-régente dut reconnaître le nouvel état de fait. Pour Louis-Philippe, ce coup d'État marqua un pas trop grand vers le libéralisme intégral, en outre l'abaissement de la monarchie en Espagne pouvait influencer certains esprits en France. C'était l'échec de la politique de Thiers : ce dernier démissionna. Un ministère Molé le remplaça, se désintéressant du sort des légionnaires engagés au-delà des Pyrénées. Au fur et à mesure de leur création, les nouvelles compagnies, au lieu de franchir les Pyrénées afin de renforcer la division de Légion créée par Bernelle depuis avril 1836, restèrent à Pau à l'exception d'un renfort de 423 hommes commandés par le colonel Conrad qui passa en Espagne le 16 août 1836.

Dès la fin du mois, le maréchal Maison interdit le départ des volontaires pour l'Espagne. Des 131 lanciers déjà réunis à Pau, la plupart furent dispersés, quelques-uns gagnèrent des unités de cavalerie française, bien peu rejoignirent l'unique bataillon d'infanterie à quatre compagnies de cette « nouvelle Légion étrangère » qui mit le cap sur Alger sous le commandement du chef de bataillon Bedeau. Désormais, l'histoire de la Légion accompagna notre histoire coloniale, tout d'abord marquée par la prise de Constantine le 13 octobre 1837 où s'illustrèrent, formant un régiment à deux bataillons, les hommes du commandant Bedeau.

Jean-Charles JAUFFRET

Bibl. : Paul Azan, *La Légion étrangère en Espagne, 1835-1839*, Lavauzelle, 1905 • Jean-Charles Jauffret, « Une tradition oubliée : le régiment de lanciers polonais de la Légion étrangère, Espagne 1836-1838 », *Histoire et défense. Les Cahiers de Montpellier*, n° 41, I/2000, p. 97-110.

O

OAS. – Née à Madrid au début de 1961, l'Organisation armée secrète (OAS) se développe et se structure après l'échec du putsch d'avril 1961. Elle réunit tous ceux qui sont décidés à se battre jusqu'au bout pour la défense de l'Algérie française, y compris par la lutte armée. Dirigée nominalement par le général Salan, l'OAS est une nébuleuse territorialisée dont les points d'ancrage sont l'Algérie (principalement Alger, Oran et Constantine), la métropole (où elle est très divisée) et l'Espagne (été-automne 1961). Elle regroupe et amalgame, sans vraiment opérer de fusion, des civils et des militaires. Parmi ces derniers, d'anciens légionnaires présents à quatre niveaux.

La Légion est d'abord représentée dans l'état-major de l'OAS par le général Paul Gardy qui, après avoir rallié l'hypothèse d'un putsch à la fin de 1960, s'est employé sans succès en avril 1961 à y entraîner le corps d'armée d'Oran. Pire encore pour lui, il n'obtient même pas le soutien du colonel Brothier, commandant du dépôt de la Légion à Sidi-Bel-Abbès. Refusant la reddition, Gardy participe en mai 1961 aux premières réunions qui posent les bases de l'OAS naissante. Il y prend en charge le comité politique puis le « commandement Alger ». Ensuite, une fois le général Jouhaud arrêté, il prend sa suite à Oran et pense pouvoir préserver la présence européenne par la mise en place d'« entités territoriales » implantées notamment le long du littoral. Face à ce dernier échec, il refuse sa participation au Conseil national de la Résistance et rejoint l'Argentine. Pierre Sergent est un second officier légionnaire chargé de hautes fonctions dans l'OAS. Après avoir débattu avec l'état-major naissant de l'Organisation des conditions du combat et notamment de son lieu d'exercice, il a fait valoir son choix de le mener en métropole. Dès lors, à partir de l'été 1961, il prend en charge la structuration de l'OAS-Métro avec un autre ancien du 1er REP (régiment étranger de parachutistes), le lieutenant Daniel Godot. L'effondrement de l'OAS ne fait pas cesser à Sergent un combat qu'il poursuit jusqu'à l'amnistie de 1968 depuis l'étranger (notamment de Belgique) au sein du Conseil national de la Résistance puis du Conseil national de la Révolution.

Une deuxième catégorie d'anciens officiers légionnaires participe à la structuration territoriale de l'OAS, en particulier à Alger. Ainsi, lorsque à l'été 1961 la ville est divisée par l'état-major de l'Organisation en six secteurs, quatre d'entre eux sont affectés à d'anciens capitaines de la Légion : Alger-Centre à Guy Branca (ancien capitaine au 2e REP), Maison-Carrée à Philippe Le Pivain (ancien capitaine au 5e régiment étranger d'infanterie), Hussein Dey à Pierre Montagnon (ancien capitaine au 2e REP) et El-Biar à Picot d'Assignies (ancien lieutenant au 1er REP). Ces hommes que la mémoire a retenus sous le nom de « soviet des capitaines » ont joué un rôle essentiel dans la vie de l'Organisation de par la relative autonomie dont ils bénéficient vis-à-vis de l'état-major de l'OAS et l'un d'entre eux, Pierre Montagnon, l'a souligné : « Mon autonomie était énorme, je régnais en maître absolu sur le secteur. »

Une troisième catégorie de légionnaires sert dans les commandos Delta. Incarnés en la personne de Roger Degueldre qui en est à la fois le concepteur et la cheville ouvrière, ces commandos sont pour certains d'entre eux, principalement Delta 1 et Delta 2, les Delta originels, l'affaire des légionnaires. Ils sont commandés par les proches de Degueldre (notamment Delta 1, dont Albert « Bobby » Dovecar a la charge) et principalement composés de légionnaires. Un échange entre Degueldre et Claude Tenne (Delta 1) dans une villa qui sert alors de quartier général restitue bien le contexte et l'état d'esprit des débuts du commando : « Notre chef paraissait détendu ; nous avions fait du bon travail. Des armes, un peu d'argent nous arrivaient [...]. "Ténard, qu'est-ce que tu voudrais, toi, si l'on gagne ? — Mon lieutenant, je voudrais que l'on reconstitue le Régiment. [...]" »

Une quatrième catégorie de légionnaires sert l'OAS dans les maquis, lesquels sont la grande affaire du général Salan, convaincu de leur importance par l'expérience indochinoise. En février 1962, diverses expériences sont tentées sans succès en Grande Kabylie, mais en mars, un projet de maquis dans l'Ouarsenis est projeté. Si ces tentatives sont autant d'échecs, l'on retiendra que des légionnaires ont été invités à déserter pour alimenter ces maquis. Le récit que dresse l'un d'entre eux, Giorgio Muzzati, coloré mais sans concessions, décrit la sociologie bigarrée du « maquis d'Affreville » où, sur une trentaine de personnes, trois légionnaires du 1er REP côtoient des sergents issus des commandos de chasse, deux gendarmes mais aussi des harkis et des étudiants.

Les légionnaires sont assurément une composante essentielle mais non exclusive de l'OAS. Surtout, au fil des mois comme des difficultés et échecs croissants que connaît cette dernière, il apparaît de plus en plus illusoire d'escompter un ralliement en masse de la Légion pour tenter un nouveau putsch. Un encouragement ou une aide ponctuelle en faveur de l'OAS ne sont pas le gage d'un basculement. Certains, dont Gardy, l'espèrent encore au printemps 1962 et comptent pour ce faire sur le colonel Dufour. Cependant, si ce dernier a déserté depuis l'Allemagne pour traverser la Méditerranée et rallier la Légion, cette dernière, au final, n'a pas bougé.

Olivier DARD

Bibl. : Olivier Dard, *Voyage au cœur de l'OAS*, Perrin, 2011 (rééd. augmentée de l'ouvrage paru en 2005) • Vincent Guibert, *Les Commandos Delta*, Jean Curutchet, 2000 • Giorgio Adamo Muzzati, *Dernier baroud pour l'honneur*, Éditions Italiques, 2005.

OCHSENBEIN, général Johan Ulrich (1811-1890). – Né à Schwarzenegg dans le canton de Berne où son père est aubergiste, marchand de chevaux et agriculteur, Johan Ulrich Ochsenbein est élevé dans la religion protestante. Il obtient son brevet d'avocat à l'issue de ses études de droit menées à l'académie de Berne de 1830 à 1834 puis ouvre son étude à Nidau avec Édouard Sury, frère de son épouse, Émilie, fille de médecin. En 1835, déjà franc-maçon, il cofonde l'Association nationale suisse (*Nationalverein*) dont l'objectif est d'obtenir une révision de la Constitution. Il s'engage plus particulièrement dans la lutte contre les congrégations. Chef dans les corps francs, il dirige en 1844 et 1845 des attaques avec 3 000 hommes contre les cantons catholiques. Par ailleurs, faisant fi du Pacte fédéral de 1815 en vigueur, il est partisan de l'expulsion des Jésuites de Suisse et n'hésite pas à défendre ses idées radicales par les armes. Sa tentative de coup d'État, toutefois, est un échec.

De 1845 à 1846, Ochsenbein siège au Grand Conseil bernois puis, président de la Constituante en 1846, comme député à la Diète (réunion des délégués de tous les cantons suisses pour régler les affaires communes et les relations avec l'étranger) de 1847 à 1848. Lors de la guerre du Sonderbund (qui oppose sept cantons conservateurs catholiques coalisés à l'armée confédérale), en 1847, sous les ordres du général Dufour, il est à la tête de la 7e division engagée contre le canton de Lucerne qui l'avait défait lorsqu'il y était venu la première fois avec les corps francs. En 1848, il atteint son objectif : il fait partie de la commission chargée de rédiger la nouvelle Constitution fédérale. Malgré son passé au sein des corps francs, il est nommé colonel fédéral et prend en charge le département militaire fédéral (équivalent du ministère de la Guerre – ou de la Défense – en France) de 1848 à 1854. Le Parti radical-démocratique pour lequel il avait combattu ne le soutenant plus, il tente de créer un nouveau parti, dit centriste, en 1850, mais il perd ses mandats électifs aux élections qui suivent.

Exilé en France, il offre ses services à Napoléon III alors que les radicaux protestants suisses veulent empêcher le service étranger. De 1855 à 1856, promu général de brigade à titre étranger, il commande l'éphémère 2e Légion étrangère dite « légion suisse » en formation. La fin de la guerre de Crimée met un terme à l'expérience : la Légion licenciée, il est à nouveau sans emploi. Dès 1857, il retourne en Suisse et reprend ses activités d'avocat et de propriétaire terrien à Nidau. Très actif, il œuvre principalement à la commission pour la correction des eaux du Jura de 1868 à 1878. De caractère difficile et irritable, Ulrich Ochsenbein n'a plus de mandat politique et lutte contre ses anciens amis radicaux.

De nouveau en France de 1870 à 1871, commandant de la place de Lyon, il est promu chevalier de la Légion d'honneur le 5 mai 1871.

Antoine SCHÜLÉ

Bibl. : Marco Jorio (rédacteur en chef), *Dictionnaire historique de la Suisse*, Fondation Dictionnaire historique de la Suisse (DHS), Hauterive, Éditions Gilles Attinger (coll. prévue en 12 t.), 2001-2013 • Evelyne Maradan, *Les Suisses et la Légion étrangère de 1831 à 1861*, Marsens, E. Maradan, 1987 • Joachim Remak, *A Very Civil War : the Swiss Sonderbund War of 1847*. Boulder, Westview Press, 1993.

OFFICIERS ÉTRANGERS. – Trois causes de nature différente justifient la présence d'officiers étrangers dans les rangs de la Légion étrangère : l'organisation de la Légion, la politique étrangère de la France et le statut des officiers. Elles se combinent dans le temps en fonction des exigences du moment pour donner à l'une la prééminence sur les deux autres.

1831-1835 : priorité à l'organisation. En 1831, la formation d'unités composées d'hommes parlant tous la même langue étrangère impose un encadrement d'officiers et de sous-officiers parlant cette langue. De ce fait, plus de 30 % des officiers de l'ancienne Légion sont étrangers : allemands, espagnols, italiens, polonais et suisses. Pour la bonne intégration de la Légion dans l'armée française, il ne suffit pas que ces officiers soient bilingues, il faut aussi qu'ils connaissent les divers règlements français. Or, la plupart d'entre eux les ignorent, y compris ceux qui ont servi dans les armées de Napoléon Ier. Un palliatif est certes trouvé pour les bataillons allemands, avec l'incorporation d'anciens des régiments suisses venant d'être licenciés. Quant aux mésaventures administratives du bataillon italien en 1832, elles auraient bel et bien été évitées s'il avait été géré par un officier de formation française. Cependant, c'est le revers de la médaille, le chauvinisme qui oppose par exemple en juin 1835 les bataillons italien et polonais s'est développé sous l'égide d'un encadrement très majoritairement national, et cet esprit national l'emportait alors sur l'esprit de corps.

Ajoutons que le recrutement des officiers étrangers est facilité à cette époque par l'imprécision des textes définissant le statut des officiers.

1836-1895 : priorité au statut. À partir de 1836, l'organisation perd son importance dans le recrutement des officiers étrangers, sauf au moment de la formation des nouvelles unités nationales. Quelques ressortissants de pays liés à la France et quelques membres de grandes familles amies que les vicissitudes de la politique locale ont exilés sont alors admis comme officiers à titre étranger en respectant les règles statutaires définies entre 1832 et 1844.

Le recrutement direct des officiers étrangers est soumis au bon vouloir du gouvernement français. Les sous-officiers servant à titre étranger promus officiers le sont obligatoirement à titre étranger, et le droit au commandement des officiers étrangers sur les places de guerre et les détachements isolés est restreint. Ces hommes ne peuvent de surcroît être promus au grade supérieur à l'ancienneté. La proportion des officiers servant à titre étranger dans la Légion n'est alors limitée par aucun texte. Dans la pratique, elle est toujours inférieure au tiers des officiers hormis le cas particulier de la légion suisse en 1855.

Entre 1840 et 1870, malgré les pertes dues aux guerres, 68 sous-officiers étrangers seulement (un peu plus de deux par an) sont nommés sous-lieutenants. Ils sont défavorisés par la réglementation sur l'avancement, qui leur fait subir les mêmes examens que leurs camarades français, notamment un rapport exigeant une excellente connaissance de la langue française.

À partir de 1842, le corps des officiers à titre étranger commence à accueillir des officiers français démissionnaires : par ce biais, ceux-ci peuvent reprendre du service et, par la suite, être réintégrés dans le corps des officiers à titre français en perdant leur ancienneté de grade. Ce procédé d'intégration est largement utilisé à partir de 1871. Outre les démissionnaires, il concerne les officiers de la garde nationale puis les officiers de réserve qui veulent devenir officiers d'active.

En 1892, les limites de l'absurde sont atteintes : 77 % des officiers admis ou promus à titre étranger depuis 1883 sont des Français. Conscient de cette anomalie, le ministre de la Guerre consulte le Conseil d'État qui émet l'avis suivant le 23 mars 1892 : « Les seuls Français qui peuvent être admis à un grade dans la Légion étrangère sont ceux qui sont sortis du service étranger. » Cet avis sera intégralement appliqué au terme d'une période transitoire en 1896.

1896-1918 : priorité à la politique étrangère. Les sous-officiers étrangers ne sont pas autorisés à se présenter au concours d'admission à l'École militaire de l'infanterie. Ils n'ont alors qu'une possibilité pour accéder à l'épaulette : se distinguer dans des combats ou des travaux aux colonies. Leur nombre s'en trouve fortement réduit sauf durant la Première Guerre mondiale.

Entre 1896 et 1914, la moitié des admissions directes est réservée à trois nouvelles sources de recrutement : les Indochinois, qui sortant de l'École spéciale militaire de Saint-Cyr sont nommés pour des raisons inconnues sous-lieutenants à titre étranger, les Danois et les Suisses. En prévision d'une guerre contre l'Allemagne perçue comme inévitable, les attachés militaires estiment en effet que la France doit se rapprocher de pays qui entourent l'ennemi héréditaire et font admettre 10 Danois et 6 Suisses comme officiers à titre étranger.

La Première Guerre mondiale voit affluer des officiers du monde entier. Certains viennent pour aider la France. D'autres, polonais, tchèques ou arméniens, espèrent promouvoir l'indépendance de leur pays en combattant sous le drapeau français. Un état numérique publié dans l'*Historique du régiment de marche de la Légion étrangère* recense 422 officiers étrangers sur les contrôles des unités étrangères de l'armée française entre 1914 et 1918. Leur répartition par nationalités semble indiquer que des formations nationales comme la légion russe sont incluses dans cet état.

1919-2010 : à nouveau priorité au statut. Bien qu'elle soit marquée par de nombreux conflits et des mutations radicales dans l'emploi des forces armées, la période qui commence en 1919 se révèle d'une grande cohérence pour les officiers étrangers. Leur statut relève du droit commun de la fonction publique. À partir de 1974, il est inclus dans les statuts de la fonction militaire. Dès lors, les sous-officiers étrangers sont autorisés à présenter le concours des écoles d'officiers. Plusieurs d'entre eux y obtiennent d'excellents résultats.

Les admissions directes concernent quant à elles principalement des victimes des vicissitudes de l'histoire : Russes et Géorgiens dans les années 1920, ressortissants des États d'Europe centrale entre 1945 et 1950, Indochinois chassés de leur pays par l'arrivée au pouvoir des communistes.

Dans l'ensemble, les officiers provenant de ces deux modes de recrutement sont d'une grande qualité : six d'entre eux sont devenus chefs de corps dont quatre de Légion, trois généraux et deux, le lieutenant-colonel Amilakvari et le chef de bataillon Aage, sont entrés dans la légende de la Légion.

Henry DUTAILLY

Bibl. : Lieutenant-colonel Henry Dutailly, « Les officiers à titre étranger (1831-1939) », *Revue historique des armées*, numéro spécial « Légion étrangère, 1831-1981 », 1981, p. 5-22.

OFFICIERS FRANÇAIS. – Les origines et les statuts des officiers français servant dans les rangs de la Légion ne forment pas un ensemble homogène. Quelques-uns servent à titre étranger : ce sont, d'une part, des étrangers naturalisés français qui n'ont pas encore obtenu de servir à titre français et, d'autre part, des Français que les vicissitudes de la vie ou des contraintes statutaires ont amenés à servir à titre étranger. Mais l'immense majorité sert à titre français. Parmi eux, certains, issus des rangs de la Légion comme les sous-lieutenants Maudet et Vilain, se sont engagés à titre français et sont parvenus plus ou moins rapidement à l'épaulette, d'autres sont des « cadres blancs » venus encadrer des unités de Légion le plus souvent à l'occasion d'un accroissement d'effectif et promus par le rang comme le général Collineau ou le lieutenant-colonel Forey. Ces deux catégories ont toujours été minoritaires.

Le plus grand nombre d'officiers français servant à la Légion y sont affectés comme officiers. Ils sont issus de toutes les filières menant à l'épaulette : active et réserve, rang et école, armes et services. À l'origine, ces mutations sont souvent faites sans consultation de l'intéressé. Il en résulte des mécomptes. Ainsi en 1848 le colonel Canrobert commence-t-il par refuser le commandement du 2e Étranger. La Légion intéresse les officiers lorsqu'elle cesse d'être méconnue. Les fortes personnalités du lieutenant-colonel de Mac-Mahon et des commandants Bedeau et de Saint-Arnaud ne sont pas étrangères à cette découverte. Les premiers sous-lieutenants sortant de Saint-Cyr sont affectés en 1842. Par la suite, de nombreux lieutenants et capitaines qui veulent servir à la Légion doivent chercher un permutant : c'est ainsi qu'elle reçoit le sous-lieutenant Danjou, le lieutenant Rollet et les capitaines Grisot et Maire. L'adaptation de ces officiers au commandement des légionnaires est une affaire personnelle jusqu'en 1920. Les uns réussissent ; les autres échouent et s'en vont. Pour quelques-uns la Légion constitue une étape sur la voie qui mène à de hautes responsabilités. La plupart y font une longue carrière qui est souvent limitée au grade de capitaine avant 1914.

En 1914 comme en 1939, la formation dans l'urgence de régiments pour incorporer des milliers d'engagés volontaires pour la durée de la guerre impose le recours à des mutations d'office. Si l'on en croit Blaise Cendrars, elles ne sont pas toutes heureuses.

Durant l'entre-deux-guerres apparaît une expression qui témoigne du prestige acquis par la Légion : « les premiers de Saint-Cyr choisissent la Légion ». Elle ne peut toutefois être prise au pied de la lettre. D'abord parce qu'au début des années 1920 aucune place pour la Légion n'est offerte à la sortie des écoles. Ensuite, mais plus tard, quand vingt ou trente places sont proposées, il est évident qu'elles ne sont pas toutes prises par les premiers. Simultanément, le colonel Rollet parvient à imposer un usage qui ne sera jamais sérieusement remis en cause : les officiers subalternes affectés pour la première fois à la Légion suivent un stage au 1er Étranger avant de rejoindre leur corps d'affectation. Cette règle comporte cependant de nombreuses exceptions puisque les cavaliers et les parachutistes y échappent longtemps, ainsi que les officiers de réserve et quelques officiers d'active pendant la guerre d'Algérie. La Seconde Guerre mondiale ainsi que les périodes troublées (1961 à 1963) ont dispensé de nombreux officiers de ce stage. Depuis 1964, il est exceptionnel de rencontrer à la Légion des officiers des armes qui n'y ont pas servi initialement comme lieutenants.

Henry DUTAILLY

Bibl. : William Serman, *Les Origines des officiers français, 1848-1870*, Publications de la Sorbonne, 1979 • *Id.*, *Les Officiers français dans la nation, 1848-1914*, Aubier-Montaigne, 1982.

OFFICIER FRANÇAIS. – Qu'y a-t-il de commun entre l'officier français de la Légion de 1831 et celui qui commande des légionnaires à l'ère du « village planétaire » ? Son profil a naturellement évolué depuis les premières années de la conquête de l'Algérie, lorsque tout était à inventer. À l'origine, les nominations et les mutations ne distinguent pas la Légion étrangère des autres corps de la jeune armée d'Afrique créée par Louis-Philippe. Jusqu'à la guerre de Crimée, la médiocre réputation de la Légion explique le peu d'attirance parmi les jeunes officiers. Elle ne suffisait cependant pas à décourager les non-conformistes et les simples curieux. Car, pour instruire, commander au feu des hommes à la recherche d'eux-mêmes ou au caractère déjà bien trempé, il fallait – outre l'application d'une stricte discipline – des chefs à la hauteur du défi. Au fil des années, des campagnes et de l'évolution du recrutement, la personnalité de l'officier se forge au métal des épreuves et des crises – les peines ou les travaux de l'humble légionnaire – mais plus encore après les victoires et les succès qui vont faire la renommée de la Légion.

Plus tard, à la veille de la Grande Guerre, se précise le profil classique de l'officier qui, désormais, choisit de servir dans la Légion. Il s'initie à ses règles particulières et adopte très vite le style de commandement imposé dans l'entre-deux-guerres par le passage obligé au 1er régiment étranger. L'écho des campagnes du Levant et du Maroc enflamme l'imagination des nouvelles générations de saints-cyriens ou de saints-maixentais, attirés par cette troupe qui traîne derrière elle, comme les coloniaux, une réputation d'indépendance convenant à leur tempérament de feu. L'engagement doit être total et l'officier doit « servir » la Légion, car, pour le « père de la Légion », le général Rollet, « un officier capable de quitter volontairement des légionnaires est rarement digne de les commander ! ». Les qualités requises pour transformer l'entrant – ou postulant – en officier de Légion à part entière sont pleinement justifiées par le style de commandement qui le distingue toujours de celui de ses frères d'armes des autres corps de troupe de la « régulière » (pendant la période coloniale) ou du « régime général » (depuis la professionnalisation des armées engagée en 1996-1997).

Le lien qui unit le légionnaire à son chef exige un engagement personnel de tous les instants et un comportement exemplaire de ce dernier : l'épreuve du feu scelle ces liens très forts qui font de la Légion une force soudée par cet esprit de corps unique que lui envient bien des armées étrangères. Les connaissances du métier militaire ne suffisent donc pas : il faut avant tout savoir (re)connaître l'homme sous l'uniforme, gagner son estime avant de lui demander de le suivre jusqu'au bout du monde, avec ou sans promesses de gloire. Depuis les changements intervenus après la guerre d'Algérie dans le recrutement (son élargissement à la fin du XXe siècle pour s'adapter à la mondialisation), la modernisation de l'instruction et l'emploi dans des opérations extérieures, les chefs de corps et le commandement de la Légion étrangère, créé en 1984, se sont efforcés de transmettre l'héritage des anciens en l'adaptant à l'évolution de la société contemporaine – dont on sait combien elle pèse sur les comportements d'une jeunesse peu préparée à la vie en collectivité. Un officier de Légion se distingue toujours par les liens d'homme à homme qu'il parvient à tisser, par sa disponibilité pour ses subordonnés qui apprécient sa présence un soir de Noël, par exemple, mais aussi par la justesse de son jugement sous le feu – grâce à quoi il pourra tout leur demander ; ils se surpasseront dans l'adversité ou la gloire des armes.

André-Paul COMOR
& Jean-Charles JAUFFRET

Bibl. : Claude Croubois (dir.), *Histoire de l'officier français des origines à nos jours*, Éditions Bordessoules, 1987 • Jacques Weygand, *Légionnaire*, Flammarion, 1951.

OLIÉ, colonel Gabriel (1913-1979). – Cousin du général Jean Olié, le jeune Gabriel devance son appel pour s'engager en 1932 au 1er régiment de chasseurs d'Afrique. En 1939, la Légion a besoin de spécialistes : alors qu'il est devenu « cadre blanc » instructeur au 1er régiment étranger de cavalerie (REC), son sort est désormais lié à celui de la Légion pendant trois décennies. En 1944, le lieutenant-colonel Miquel, nouveau chef de corps qui a apprécié le tact et la discrétion de l'adjudant « à la suite » (sans affectation) au cours d'une mission diplomatique et militaire à Tanger, le propose pour l'épaulette. À l'image de son régiment qui vole de victoire en victoire, le chef de peloton de reconnaissance engrange alors les citations à partir des premiers combats en Haute-Saône, dans les Vosges, en Alsace et pendant la campagne d'Allemagne. Ses quatre citations lui valent en outre d'être fait chevalier de la Légion d'honneur. Fin 1945, ses qualités d'instructeur sont mises à profit à l'école d'application de l'arme blindée cavalerie de Saumur.

Son service actif est brutalement interrompu en Indochine où il est engagé avec le 1er REC depuis 1947. Après des opérations avec les fameux « crabes » amphibies dans le delta du Mékong, il part en Annam où son détachement tombe dans une embuscade le 25 janvier 1949 dans la région de Hué. Grièvement blessé, il est sauvé par un légionnaire mais perd la vue peu après et doit être rapatrié en France. Nommé capitaine en juin 1950, fait grand officier de la Légion d'honneur, il est cependant maintenu en activité. En effet, la Légion a besoin de lui depuis la mise en place du service du moral et des œuvres de la Légion étrangère dont la mission première est sinon d'assurer le bien-être du légionnaire, du moins de lui permettre de supporter dans des conditions optimales les épreuves dues au service, d'améliorer la vie en caserne, enfin d'assurer l'hébergement des permissionnaires et des « rapatriés » dans les centres de convalescence ou de repos. La tâche est immense, elle est sienne pendant près de dix-sept ans.

Ceux qui ont connu le capitaine devenu colonel en fin de carrière se souviennent de sa silhouette familière, de ses lunettes noires pour cacher ses yeux morts et de sa canne blanche. D'humeur égale, Gabriel Olié répondait toujours présent lorsque le moral du légionnaire était en jeu. Son dévouement dans les temps difficiles, notamment pour les nombreux blessés et malades rapatriés d'Indochine, témoignait de la vigueur de la solidarité au sein de la Légion. Il a porté la main du capitaine Danjou le 30 avril 1975.

André Paul COMOR
& Charles RIDET

OLIÉ, général Jean (1904-2003). – Né au Relecq-Kerhuon dans le Finistère, Jean Olié, marqué par la disparition pendant la Grande Guerre de son père et de ses oncles, se destine à la carrière des armes et intègre l'École spéciale militaire de Saint-Cyr. Il fait partie de la promotion 1924-1926 (« du Rif ») qui comprend de nombreux élèves attirés par le Maroc et l'Afrique. Le jeune sous-lieutenant doit cependant patienter deux ans au 28e bataillon de chasseurs à pied avant de rejoindre le 4e régiment étranger d'infanterie au Maroc. Vite remarqué pour ses qualités et ses aptitudes, il commande le 8e goum mixte. Blessé, il gagne deux citations en 1933. La Résidence le réclame ensuite à Rabat, et il fait sa première expérience aux frontières du politique et du militaire. De retour en métropole, au 4e régiment d'infanterie de Fontainebleau, il prépare l'École supérieure de guerre et son rang de sortie – il est major de la 61e promotion – laisse augurer une brillante carrière.

Le capitaine Olié, désormais au 3e Bureau de l'état-major de la 1re division d'infanterie, est blessé une seconde fois et fait prisonnier en mai 1940. Il réussit toutefois à s'évader et retrouve son cher Maroc au service des affaires indigènes à la Résidence de France, auprès du général Noguès. Jusqu'à son affectation à l'état-major de la Ire armée du général de Lattre, commandant, il sert au 1er régiment de chasseurs d'Afrique sans cesser de s'opposer aux agissements des membres des commissions mixtes d'armistice. Pendant la deuxième campagne de France (1944-1945), il est successivement chef d'état-major de la 5e division blindée et commandant du régiment de marche de la Légion étrangère qu'il conduit jusqu'en Allemagne. De Lattre, qui l'estime, l'appelle à l'inspection générale de l'armée à la fin des hostilités mais il ne peut refuser le commandement des territoires d'Agadir et des confins marocains en 1946. Deux ans plus tard, c'est le général Juin qui le réclame à Rabat, toujours aux affaires indigènes.

La réorganisation de la Légion exige un commandement ferme, assuré par un chef reconnu pour ses titres de guerre, sa familiarité avec le monde légionnaire et une parfaite maîtrise des dossiers : le colonel Olié est nommé le 1er septembre 1949, à un tournant de l'histoire des régiments étrangers, à la tête du groupement autonome de la Légion étrangère. En moins de deux ans, il redresse une situation compromise par les problèmes liés à l'envoi des renforts instruits et préparés à la guerre en Indochine ainsi qu'à la gestion de nouvelles unités qui donnent à la Légion cette touche interarmes qu'elle va conserver jusqu'à nos jours. Général de brigade, il commande l'École spéciale militaire interarmes de Coëtquidan en 1954 avant de retrouver l'Algérie à des commandements importants en Kabylie (1956-1957) puis au corps d'armée de Constantine (1958-1960). Appelé par le général de Gaulle comme son chef d'état-major particulier de la présidence de la République, le général d'armée Olié, recommandé par le général Ely qui est à la veille de quitter le service actif, prend ensuite la succession de ce dernier, le 1er mars 1961, à la tête de l'État-major général des forces armées. Très affecté par la révolte des généraux, en désaccord avec le chef de l'État sur les suites à donner aux poursuites contre certains des officiers rebelles, le général Olié remet sa démission en août à l'issue d'une crise de conscience. La Légion doit aussi et surtout à ce chef d'une fidélité exemplaire d'avoir plaidé, au côté de son ministre Pierre Messmer, le maintien de la Légion menacée de dissolution par le général de Gaulle. Renonçant à la vie publique, devenu oblat de Saint-Benoît, le général Olié meurt le 30 mars 2003 à l'institution des Invalides où il était pensionnaire depuis des années. Dès 1970, il avait demandé d'être inhumé au carré de la Légion, à Puyloubier, où il repose désormais.

André-Paul Comor

Bibl. : Maurice Faivre, « Le général d'armée Jean Olié de 1924 à 1962 », *Guerres mondiales et conflits contemporains*, n° 215, PUF, 2004, p. 107-117.

ONU et OTAN. – Les missions remplies sous mandat de l'ONU ou de l'OTAN par les forces qui leur sont confiées diffèrent fondamentalement par leur nature, de l'action humanitaire à l'action de guerre. Néanmoins, les structures d'emploi présentent des caractéristiques communes qui concourent à une forme d'unification internationale rendant parfois l'identification de l'origine nationale complexe. Les unités employées par l'ONU ou l'OTAN deviennent souvent des « forces » ou des « Task Forces » aux appellations spécifiques (par exemple « Bat. Inf. 1 » et « Bat. Inf. 2 » à Sarajevo entre 1993 et 1995) et aux structures opérationnelles adaptées à la mission dévolue, qui diffèrent souvent des missions envisagées par l'État d'origine. Il en va ainsi pour les unités de la Légion étrangère qui servent au profit de cette organisation et de cette alliance depuis la fin de la guerre froide.

Il est extrêmement rare de voir une unité de la Légion étrangère utilisée dans un cadre régimentaire normal. En règle générale, le régiment de la Légion, s'il est parachutiste ou d'infanterie, sert de socle pour l'organisation d'une unité plus importante. Ce fut le cas pour le 2e régiment étranger de parachutistes (REP) à Sarajevo en janvier 1993, lorsqu'il devint « Bat. Inf. 2 » avec à sa tête son chef de corps le colonel Poulet : il disposait de sa compagnie de commandement et des services (CCS), de deux compagnies de combat (1re et 4e compagnie), mais non (pendant trois mois) de sa compagnie d'éclairage et d'appui (CEA). Il était de surcroît renforcé d'un escadron du 1er régiment étranger de cavalerie (REC) et d'éléments du 6e régiment étranger de génie (REG). Le 1er REC quant à lui est généralement utilisé au niveau de l'escadron, qui le plus souvent est employé en renforcement d'une unité d'infanterie. Les régiments de génie, 6e REG – qui devient 1er REG le 1er juillet 1999 – et 2e REG – créé à la même date –, sont souvent engagés au niveau de la compagnie, chacune maîtrisant des savoir-faire spécifiques, ou à un niveau inférieur. Les autres régiments de la Légion fournissent parfois des éléments du niveau de la section ou du peloton. À titre d'exemple, le 1er RE fournit son peloton de transport à la Forpronu au cours de l'été 1993. Toutes les unités de la Légion peuvent enfin être appelées à fournir, à la demande, des renforts individuels.

Le rythme des relèves, bien que théoriquement planifié, est souvent étroitement lié à celui de la montée en puissance de la force internationale. Cela signifie que la composition d'une unité employée par l'ONU ou l'OTAN varie presque en permanence. Il faut également noter que l'attitude des deux organismes face aux États et aux unités qu'ils leur fournissent relève d'une dichotomie trompeuse : ni l'une ni l'autre ne demandent jamais explicitement, ici à la France, de fournir pour telle ou telle intervention des unités de la Légion étrangère. Force est néanmoins de constater que la nature des unités fournies est souvent bien adaptée à la situation sur le terrain et à son degré de danger. L'observation comparée des unités fournies par la communauté internationale pour intervenir sur le territoire d'une ex-Yougoslavie en guerre ou ensuite en Afghanistan, ainsi que leur répartition géographique, permet de mettre en évidence une corrélation nette entre niveau de danger et nature des unités nationales engagées. Cette corrélation est particulièrement évidente pour les unités de la Légion étrangère. On peut en déduire l'existence d'une convergence, qui ne doit rien au hasard, entre les besoins exprimés par l'ONU et l'OTAN et le souci de la France de veiller à l'adéquation nécessaire entre nature de l'engagement et nature de la force engagée, d'une part, effet militaire et objectif politique recherchés, de l'autre. Ce qui revient à noter que les unités de la Légion étrangère, lorsqu'elles deviennent forces de l'ONU ou de l'OTAN, sont régulièrement engagées là où la situation est la plus délicate.

Les deux tableaux qui suivent tentent de présenter sous une forme claire cette réalité complexe et de mettre en évidence la participation systématique de la Légion à toutes les grandes opérations internationales depuis la fin de la guerre froide. Ils ne sont probablement pas exhaustifs et servent uniquement à situer chronologiquement les différentes interventions et la participation de la Légion étrangère au niveau régimentaire. Il faut enfin noter que ces tableaux n'ont été réalisés qu'à partir de sources ouvertes dans la mesure où la législation française sur les archives n'autorise l'accès libre aux journaux de marche et opérations, seuls documents administratifs faisant foi pour dater avec précision l'engagement des forces, qu'après un délai de cinquante ans et que le *Bulletin officiel des armées* (Édition Chronologique n° 14 du 9 avril 2010) ne répertorie pas les unités ayant participé, par exemple au combat en ex-Yougoslavie, en fonction de leurs appellations françaises mais de leurs appellations ONU. Ainsi le 2e REP, le 2e REI, pas plus que le 6e REG ou le 1er REC, n'apparaissent, alors que les « Bat. Inf. » auxquels ils sont intégrés servent de référence administrative.

La Légion étrangère au service de l'ONU

Identification	Participation de la Légion	Localisation	Période d'engagement	Remarques
APRONUC	2e REI ; 1er REC ; 6e REG	Cambodge	1992-1993	Résolution 745 (1992) : 45 pays et 16 000 hommes.
Oryx	2e REP ; 13e DBLE ; 6e REG	Somalie	Décembre 1992-avril 1993	Participation française à l'opération « Restore Hope » au profit de l'ONU.
FORPRONU	2e REI ; 2e REP ; 6e REG	Ex-Yougoslavie	1993-1995	Résolution 743 (1992) : 42 pays. Effectif max. (1995) : 39 000 hommes.
Turquoise	2e REI ; 2e REP ; 13e DBLE ; 6e REG	Rwanda	Juin-août 1994	Opération proposée par la France, mandat ONU (Résolution 929) : 7 pays dont 6 africains et la France (2 300 soldats français).
Hermine	2e REI ; 1er REC ; 1e REG	Ex-Yougoslavie	1995	Force de réaction rapide de protection des forces de l'ONU en Bosnie, créée en juin 1995 avec 4 500 hommes dont 2 000 Français.
Salamandre 1 et 2	2e REI ; 2e REP	Ex-Yougoslavie	1996-1999	
MINURCA	6e REG	République centrafricaine	1998	Résolution 1159 (1998) : 14 pays participants, pour un total de 1 350 militaires.
Licorne	2e REI ; 2e REG	Côte d'Ivoire	Depuis mars 2003	Complémentaire de l'ONU (ONUCI), résolutions 1464 (2003), 1528 (2004) et 1962 (2011).

Identification	Participation de la Légion	Localisation	Période d'engagement	Remarques
FINUL renforcée	1er REG ; 2e REG	Liban	2006	La FINUL existe depuis 1978. Résolution 425 (1978). En 2006 participation à l'opération « Baliste » puis à la Finul renforcée.

La Légion étrangère au service de l'OTAN

Identification	Participation de la Légion	Localisation	Période d'engagement	Remarques
IFOR	2e REI ; 2e REP	Bosnie-Herzégovine	1995-1996	Résolution 1031 (1995). Mise en œuvre des accords de Dayton. Effectif OTAN engagé : 60 000 hommes.
SFOR	2e REI ; 2e REP ; 2e REG ; 6e REG	Bosnie-Herzégovine	1996-2004	Succède à l'IFOR. Résolution 1088 (1996).
KFOR	2e REI ; 2e REP ; 1er REC ; 1er REG ; 2e REG	Kosovo	Depuis 1999	Résolution 1244 (1999). Participation militaire OTAN et hors OTAN ; 50 000 hommes en 1999 ; environ 10 000 en 2010.
FIAS/ISAF	2e REI ; 2e REP ; 1er REC ; 1er REG ; 2e REG	Afghanistan	Depuis 2001	Résolution 1386 (2001). 47 États contributeurs dont environ 4 000 militaires français (2011).
Épidote	1er REG	Afghanistan	Depuis 2007	Formation, depuis 2002, des militaires afghans.

Frédéric GUELTON

ORAN. – Ouahran, en arabe, ville portuaire dans l'ouest de l'Algérie, est occupée dès janvier 1832 par le général Damrémont, et son successeur, le général Faudoas, y installe le 4e bataillon de Légion composé d'Espagnols. Après la Première Guerre mondiale, un service de renseignement Légion, directement rattaché à la division d'Oran, fonctionne pendant quelques années pour écarter les engagés suspects ou dangereux. Entre 1935 et 1962, le petit dépôt devient le passage obligé des nouvelles recrues et des légionnaires en provenance de la métropole, du Levant et d'Indochine qui sont ensuite dirigés vers Sidi-Bel-Abbès.

André-Paul Comor

ORDINAIRE. – Dans le vocabulaire militaire, l'« ordinaire » désigne le repas pris en commun par la troupe. Après qu'a été négligé le problème de l'alimentation de celle-ci – les punitions ou les jugements rendus par les conseils de guerre pendant la conquête de l'Algérie l'attestent amplement –, il faut attendre les initiatives nombreuses de commandants d'unité dans la première moitié du XXe siècle pour que le commandement s'y attelle. Depuis lors, l'alimentation du légionnaire est plus fournie que dans d'autres corps de troupe. En campagne, l'amélioration de l'ordinaire par des moyens extérieurs est possible : achats, exploitation des ressources locales comme le gibier, la pêche ou la cueillette de champignons. Au quartier, du moins en métropole, l'interdiction des porcheries, jardins potagers, fermes et basses-cours a mis fin aux traditions des grandes fermes d'Algérie. La mise en place des commissariats en lieu et place des anciens intendants met fin à l'une des originalités de la gestion de l'alimentation du légionnaire – seule l'institution de Puyloubier reste fidèle à ce passé. Enfin, les repas de fêtes spécifiques à la Légion, d'une largesse pantagruélique, jouissent d'une réputation justifiée et appréciée de la troupe.

André-Paul Comor

ORDONNANCE DU 10 MARS 1831. – Depuis la révolution de 1789, le recrutement étranger dans l'armée suscitait des débats qui ont finalement abouti à la suppression et au licenciement des régiments suisses après la révolution de juillet 1830. Toutefois, les libéraux qui avaient porté Louis-Philippe au pouvoir obtiennent une modification de la Charte constitutionnelle rendue nécessaire par l'évolution de la situation en Europe, d'une part, et, d'autre part, en raison des incertitudes nées de l'occupation d'Alger depuis le 5 juillet 1830. Le roi Louis-Philippe Ier accepte en effet d'ajouter à l'article 13 de la Charte un second paragraphe stipulant qu'« aucune troupe étrangère ne pourra être mise au service de l'État qu'en vertu d'une loi », permettant ainsi bel et bien le recrutement étranger. Mais le problème posé par l'envoi éventuel de renforts en Algérie pour assurer la présence française n'est pas résolu pour autant. Aussi dès le 1er décembre 1830 la Chambre étudie-t-elle la possibilité de faire appel aux 80 000 hommes de la classe 1830 – un projet présenté par le ministre de la Guerre et duc de Dalmatie, le maréchal Soult. Entre-temps, la situation intérieure du royaume a évolué au point que la création d'une « légion d'étrangers » est envisagée dans l'urgence. Un nouveau projet de loi est alors déposé à la Chambre le 4 février 1831.

Le 12 février, la discussion débute à la Chambre des députés. Le contexte est difficile : la crise sociale et politique couve depuis l'automne de 1830, et à la suite des révolutions belge (25 août 1830)

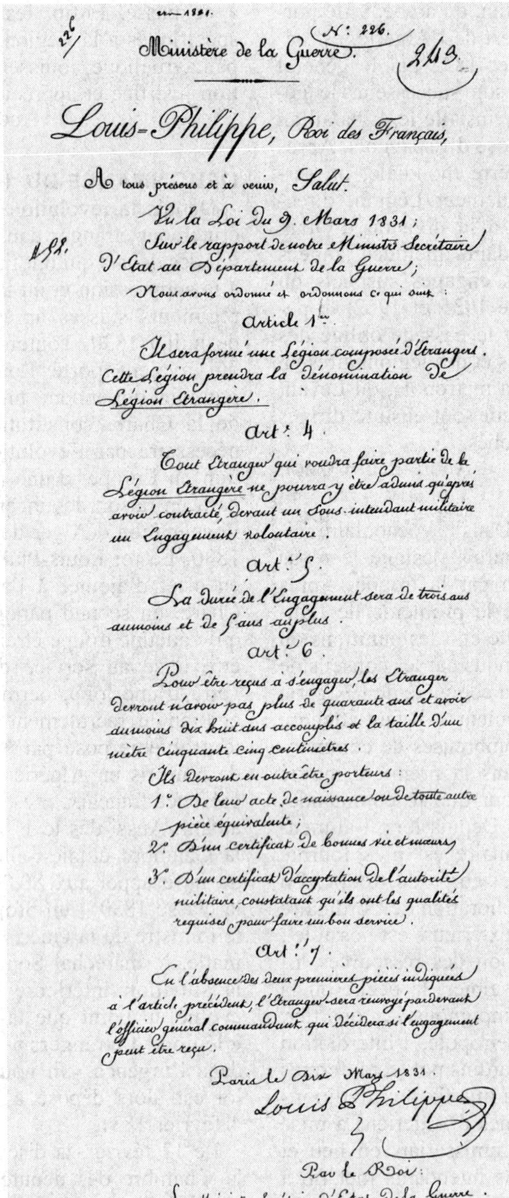

N° : 226.

Ministère de la Guerre.

243.

Louis-Philippe, Roi des Français,

A tous présens et à venir, Salut.

Vu la Loi du 9. Mars 1831 ;

Sur le rapport de notre Ministre Secrétaire d'Etat au Département de la Guerre ;

Nous avons ordonné et ordonnons ce qui suit :

Article 1er.

Il sera formé une Légion composée d'Etrangers. Cette Légion prendra la dénomination de Légion Etrangère.

Art. 4.

Tout Etranger qui voudra faire partie de la Légion Etrangère ne pourra y être admis qu'après avoir contracté, devant un Sous-intendant militaire un Engagement volontaire.

Art. 5.

La durée de l'Engagement sera de trois ans au moins et de 5 ans au plus.

Art. 6.

Pour être reçus à s'engager, les Etrangers devront n'avoir pas plus de quarante ans et avoir au moins dix huit ans accomplis et la taille d'un mètre cinquante cinq centimètres.

Ils devront en outre être porteurs :

1° De leur acte de naissance ou de toute autre pièce équivalente ;

2° D'un certificat de bonnes vie et mœurs ;

3° D'un certificat d'acceptation de l'autorité militaire, constatant qu'ils ont les qualités requises pour faire un bon service.

Art. 7.

En l'absence des deux premières pièces indiquées à l'article précédent, l'Etranger sera renvoyé pardevant l'officier général commandant qui décidera si l'engagement peut être reçu.

Paris le Dix Mars 1831.

Louis Philippe

Par le Roi

Le Ministre Secrétaire d'Etat de la Guerre.

Mal Duc de Dalmatie

et polonaise (29 novembre 1830), la « concentration exceptionnelle » d'étrangers (qui représentent 10 % de la population de la capitale) alarme de nombreux députés. En outre, les émeutes qui ont éclaté le 14 février à Saint-Germain-l'Auxerrois soumettent le gouvernement à la pression de la rue, et les parlementaires attendent de celui-ci des garanties sur l'éloignement de ces volontaires du territoire métropolitain.

Le 1er mars, c'est au tour de la Chambre des pairs d'examiner le texte présenté par le ministre de la Guerre. Ce dernier doit donner des assurances sur l'emploi de cette légion d'étrangers dont la mise sur pied est envisagée deux mois après le licenciement de la légion de Hohenlohe (ordonnance du 5 janvier 1831). Dans les deux assemblées, les débats mettent en lumière l'enjeu premier de cette création, qui divise quant au fond l'opinion éclairée : la double préoccupation que sont l'afflux des réfugiés étrangers pour la tranquillité publique et le poids des dépenses engagées pour porter secours aux plus démunis. Le rapporteur de la commission à la Chambre basse n'avait-il pas conclu son exposé du 12 février en insistant sur « les considérations d'humanité, d'ordre public et d'économie » qui avaient inspiré les rédacteurs du projet gouvernemental ? Rassurés sur les intentions du ministre, pairs et députés, soulagés de pouvoir se débarrasser de cette population « dangereuse » et de réduire les dépenses consacrées à son secours, approuvent le projet dans une belle unanimité. La solution militaire rallie tous les suffrages : ceux du gouvernement, du haut commandement comme du Parlement. Lors de la séance du 5 mars 1831, la Chambre des députés vote le texte, amendé par les pairs, autorisant la formation d'une « légion composée d'étrangers » – en pleine crise ministérielle qui consacre la chute du gouvernement Laffitte remplacé par celui du président de la Chambre Casimir Perier.

Les historiens militaires retiennent les conditions très particulières de la création de ce corps militaire par l'État dont les préoccupations, une fois encore, étaient de pallier dans l'urgence les insuffisances d'un système militaire défaillant et de résoudre un problème de sécurité publique. Alors même que des députés avaient émis le vœu que cette unité soit dissoute au terme de vingt-deux mois d'existence et que les menaces de suppression n'ont pas cessé depuis de peser sur son maintien au sein de l'armée française, l'histoire semble avoir donné raison aux inspirateurs de l'ordonnance du 10 mars 1831 qui complète et précise la loi promulguée la veille par Louis-Philippe autorisant la formation d'une « Légion d'étrangers » qui « ne pourra être employée que hors du territoire continental du royaume » (article premier). Une instruction du 18 mars précise enfin qu'aucun Français ne peut être admis dans cette légion, à moins d'une autorisation spéciale du ministre de la Guerre. Il en est de même pour les hommes mariés et les Suisses.

André-Paul COMOR

• *Voir aussi* : Ancienne Légion.
Sources : *Archives parlementaires de 1787 à 1860*, t. XXVI, *Recueil complet des débats législatifs et politiques des Chambres françaises*, sous la direction de Jérôme Mavidal et Émile Laurent, Librairie administrative de Paul Dupont, 1869.
Bibl. : Guy Antonetti, *Louis-Philippe*, Fayard, 1994.

ORGANISATION ARMÉE SECRÈTE. – *Voir* OAS.

ORLÉANS, batailles d' (octobre-décembre 1870). – Le 22 août 1870, un 5e bataillon du régiment étranger est formé à Tours sous les ordres du chef de bataillon Arago avec des engagés volontaires pour la durée de la guerre (EVDG). Son instruction achevée, il quitte cette ville le 30 septembre pour rejoindre la 2e division du 15e corps d'armée. Le 11 octobre, il arrive à Orléans (Loiret) au moment où le 1er corps bavarois attaque. En liaison avec le 39e de ligne et le 5e bataillon de chasseurs, les légionnaires reçoivent la mission de défendre les faubourgs Bannier, Bel-Air et des Aides. Attaqués par des forces très supérieures en nombre, ils résistent maison par maison et rue par rue. Âme de la défense, le commandant Arago manœuvre ses compagnies avec un calme rassurant. Il est tué vers 15 heures. Le capitaine Moranay qui lui succède est animé par la même inflexible volonté. Malheureusement, la division qui défend la direction de Châteaudun bat en retraite trop rapidement. Ce repli isole les légionnaires, les lignards et les chasseurs qui reçoivent à 17 heures l'ordre de décrocher et de se porter au sud de la Loire, ordre qui parvient trop tard aux légionnaires. Un petit nombre réussissent à rompre l'encerclement, les autres poursuivent le combat sur place jusqu'à leur dernière cartouche avec la détermination des légionnaires de Camerone dont ils ignorent tout. Au lendemain de ce premier combat, le 5e bataillon est réduit à l'effectif d'une compagnie, soit une centaine d'hommes.

Le 19 octobre, le bataillon est incorporé dans le régiment de marche étranger venant d'Algérie avec des engagés pour cinq ans et des EVDG qui ont rejoint l'armée de la Loire du général d'Aurelle de Paladines. Après la victoire de Coulmiers (Loiret) le 9 novembre, Orléans est repris sans combat le 11. Il faudrait profiter de l'ascendant pris sur l'adversaire pour poursuivre l'offensive, mais le général d'Aurelle tergiverse. Contraint par Gambetta d'attaquer, il est battu à Loigny le 2 décembre et se replie sur Orléans devant des Allemands agressifs. La Légion dispute le terrain à l'ennemi village après village. Le 4, elle est à Orléans dont elle doit défendre le faubourg Bannier. Le combat toutefois n'aura pas lieu : les Allemands menacent d'incendier la ville si elle n'est pas évacuée à minuit et le général d'Aurelle accepte l'ultimatum. Son armée se replie au sud de la Loire, abandonnant des postes avancés qui n'ont pu être prévenus. Au cours de ce mois d'opérations sans gloire, le régiment a perdu les deux tiers de son effectif.

Henry DUTAILLY

Bibl. : Paul Adolphe Grisot et Ernest-Auguste-Ferdinand Coulombon, *La Légion étrangère de 1831 à 1887*, Berger-Levrault, 1888.

ORLIAC, légionnaire Henri d' (1908-1999). – La Légion étrangère aime mettre en avant la grande diversité de son recrutement, qui lui vaut la réputation d'accueillir dans ses rangs des volontaires de toute condition, de toute nationalité et de marquer sa différence avec les autres corps de l'armée française. Le bref passage de ce prétendant au trône de France au sein de l'institution – parmi d'autres exemples depuis sa création – justifie amplement cette image qu'elle veut donner au monde qui l'observe.

Henri Robert d'Orléans, comte de Paris, prétendant à la Couronne de France né le 5 juillet 1908, est le fils du prince Jean, duc de Guise, et d'Isabelle d'Orléans. Du fait de la loi d'exil du 26 juin 1886, interdisant le territoire de la République aux chefs des familles ayant régné en France et à leurs héritiers directs, il ne peut servir dans l'armée française. Il sollicite cependant l'autorisation de s'engager à la déclaration de la guerre en septembre 1939 mais essuie un refus courtois du président Albert Lebrun. Paul

Reynaud, président du Conseil, l'autorise alors à souscrire un contrat pour la durée de la guerre à titre étranger.

Le 3 juin 1940, il signe ce contrat au bureau central, annexe de Reuilly, sous l'identité déclarée d'Henri d'Orliac, né le 5 juillet 1912 à Genève, Suisse, fils de Jean et Antoinette Lefort, marié, six enfants, sous le matricule 40/1068. Il est dirigé vers le dépôt de la Légion étrangère de la Valbonne et affecté au 1er régiment étranger pour administration. Il sert ensuite à la 51e puis à la 31e compagnie, participe à la retraite du camp de Sathonay vers Grenoble et Aix-en-Provence puis est dirigé vers le centre démobilisateur des Milles et rayé des contrôles le 17 août 1940. Le certificat de bonne conduite n° 3902 lui est accordé le 25 juin 1941. Sa véritable identité était connue dès son engagement.

À noter que d'Orliac est le nom du clairon du duc d'Aumale et qu'il fut emprunté par le duc de Guise et son épouse, parents de l'intéressé, lors de leur installation au Maroc, en 1909.

Charles Ridet

Bibl. : Henri, comte de Paris, *Mémoires d'exil et de combat*, M. Jullian, 1979.

ORTIZ, Peter (1913-1988). – Peter Ortiz naît à New York le 5 juillet 1913 mais reçoit une éducation française aux lycées de Pau, de Bayonne et au collège du Montcel à Versailles. En rupture avec sa famille, il s'engage en février 1932 dans la Légion étrangère au centre de recrutement de Lyon, sous une identité d'emprunt, Pierre Zetro de Makowska, et se déclarant citoyen polonais. Son père, farouchement opposé à son engagement, fait appel au maréchal Franchet d'Esperey et au général Gouraud qui l'invitent à se rendre à Sidi-Bel-Abbès pour y rencontrer le général Rollet. Le courant passe entre les deux hommes au point que Philippe Ortiz, acceptant la décision de son fils, fonde à Paris une association des Amis de la Légion étrangère. Bien plus, en juin 1932, il se met en tête de réaliser un film de propagande sur la Légion (*Honneur et fidélité*) avec la société Filmtac. En dépit des interventions de Franchet d'Esperey et de Rollet, le projet n'aboutit pas, mais ce dernier le nomme 1re classe d'honneur de la Légion étrangère, le 23 juillet 1935. Entre-temps, au Maroc, le légionnaire Ortiz gagne l'estime de ses chefs par son attitude au feu lors des dernières opérations de réduction de la dissidence dans le sud du pays. Il rentre aux États-Unis à la fin de son contrat (il a gagné entre-temps les chevrons de sergent) et entame à Hollywood une carrière d'expert pour films de guerre.

En septembre 1939, Peter Ortiz n'hésite pas un instant et décide de se rendre en France pour s'engager de nouveau dans la Légion. Engagé volontaire pour la durée de la guerre en novembre 1939, il retrouve son ancien grade avant d'être versé au 11e régiment étranger d'infanterie basé à Sathonay. Blessé en 1940, fait prisonnier et interné dans plusieurs camps en Allemagne, en Autriche et en Pologne, en octobre 1941, il échappe aux Allemands après plusieurs tentatives infructueuses. La guerre n'est pas pour autant terminée pour cet aventurier qui retourne aux États-Unis – en guerre depuis le 7 décembre 1941 – pour rejoindre le corps des marines. Incorporé en juin, lieutenant en août 1942, il suit la formation parachutiste à New River, en Caroline du Nord. L'État-major américain met alors à profit sa maîtrise du français et de l'arabe ainsi que son expérience dans la Légion pour lui confier une première mission en Afrique du Nord où il est chargé d'initier des indigènes arabes au renseignement.

À son retour aux États-Unis, en mai 1943, le capitaine Peter Ortiz – qui parle couramment l'espagnol et l'allemand – est affecté à l'Office of Strategic Service (OSS) pour servir en Europe en vue d'être parachuté en France et aider la Résistance. Il exécute sa première mission – l'opération « Union I » – en janvier 1944. Dès cette date, avec la Résistance, sous le nom de code Jean-Pierre, il mène des coups de main contre les dépôts d'approvisionnement allemands, transmet des informations importantes sur les mouvements de troupe allemands et fait passer la frontière à des aviateurs abattus. Exfiltré en mai 1944, Ortiz est de retour en Savoie pour l'opération « Union II », en août. Sous la menace de représailles envers les civils français, il se rend et est interné jusqu'à la fin de la campagne d'Allemagne.

Ses exploits pendant la Seconde Guerre mondiale ont inspiré les scénaristes de deux films américains : *13 rue Madeleine* avec James Cagney, en 1947, et *Opération secrète* en 1950, avec Cornel Wilde. Décoré de l'ordre de l'Empire britannique par George VI, il est en outre chevalier de la Légion d'honneur et titulaire de la croix de guerre de 1939-1945, de la médaille des blessés et de celle des évadés. Enfin, deux Navy Cross et la Legion of Merit récompensent ses exploits au service des États-Unis. En mai 1988, Peter Ortiz, colonel du corps des marines, meurt d'un cancer au centre médical des anciens de Prescott dans l'Arizona où il réside. Il est enterré au cimetière national d'Arlington. Personnage de roman, il incarne bien plus que le Gary Cooper de *Beau Geste* le légionnaire de l'entre-deux-guerres.

André-Paul COMOR

OTAN. – *Voir* ONU.

OUJDA. – Ville majeure du nord-est du Maroc, elle forme la première étape, au-delà de la frontière algéro-marocaine, sur la route principale d'Oran à Fès. Sa position géographique, au contact entre le Maroc, plutôt tourné vers la façade atlantique, et l'Algérie, pays méditerranéen par excellence, fit de la région d'Oujda une zone d'échanges commerciaux, culturels et souvent militaires. Phéniciens et Numides, Wisigoths et Romains, empires marocain et ottoman se disputent successivement cette région stratégique. L'arrivée des Français en Algérie confirme cette situation, puisque la bataille décisive de l'Isly, le 14 août 1844, se déroule à proximité de la ville d'Oujda – son sort scelle les rapports franco-marocains pour près de soixante ans.

La position d'Oujda à proximité du massif et de la tribu des Beni Snassen, impliquée dans les actions de Bou Amama au-delà de la frontière, conduisit la France à y intervenir. En vertu du droit de poursuite reconnu entre la France et le Maroc, une colonne occupa la région d'Oujda en mars 1907. Le 3e bataillon du 1er régiment étranger (III/1er RE) du chef de bataillon Strasser en faisait partie et sa 12e compagnie fut la première unité de Légion à tenir garnison à Oujda, le 5 avril 1907. Cette opération s'attacha ensuite à pacifier le massif des Beni Snassen, tâche pour laquelle les 1er et 5e bataillons du 1er régiment étranger (I/1er RE et V/1er RE), ainsi que la compagnie montée du régiment furent engagés. Tant que la région ne fut pas considérée comme calme, des unités de Légion tinrent garnison à Oujda et le I/1er RE du capitaine Mardelon y assura la relève de décembre 1907. Par la suite, les légionnaires furent engagés plus à l'ouest dans les régions des montagnes de l'Atlas. Si cette garnison fut tenue par tous les corps de l'armée d'Afrique, elle demeure toutefois le lieu d'implantation principal du 5e régiment de tirailleurs marocains (RTM), renforcé d'un escadron, fourni entre 1940 et novembre 1942 par le 1er régiment étranger de cavalerie (REC).

Oujda fut ensuite la garnison des légionnaires cavaliers de 1945 à 1956. Avant son départ en Indochine, le 8 décembre 1946, le 1er REC y a séjourné six mois, avant de céder la place – et quelques escadrons – au 2e REC qui y fut implanté jusqu'en octobre 1956. Fort de deux escadrons de reconnaissance (ER) et d'un escadron hors rang (EHR), ce régiment fut avant tout la base arrière de son aîné, engagé en Indochine dans les rizières des deltas. De plus, la région d'Oujda n'ayant pas connu de troubles importants en dehors du pogrom antijuif de l'été 1948 (38 morts) consécutif à la constitution de l'État d'Israël, il put servir de réservoir de forces pour renforcer les unités de Légion étrangère engagées à Madagascar. Enfin, dans les derniers temps de la présence française au Maroc, Oujda accueillit une partie du 1er REC pour le transformer en groupement d'escadrons portés, plus adapté à la mission de surveillance de zone qui lui était confiée.

Philippe GUYOT

P

PALLU DU BELLAY DE BEAUPUY, colonel Alain Marie Pierre (né en 1933). – Fils d'un officier, le futur colonel (honoraire) Pallu du Bellay de Beaupuy commence une scolarité à l'Institut des langues orientales (INALCO) avant d'intégrer l'École spéciale militaire de Saint-Cyr en 1953. Affecté à sa sortie de l'École au 4e régiment étranger d'infanterie (REI) en Afrique du Nord en 1956, il sert au sein de la Légion étrangère jusqu'en 1962, puis connaît une évolution de carrière tout à fait atypique, qui s'explique à la fois par son goût pour les langues étrangères et la qualité de ses services dans un environnement international. Observateur des Nations unies sur le canal de Suez comme capitaine en 1969, il retrouve dans l'Hexagone les fonctions classiques d'un officier rédacteur en état-major de brigade et de région. Chef de bataillon en 1974, il demande et obtient de rejoindre le corps des attachés militaires et rejoint en 1976 le poste de Téhéran en Iran. Nommé lieutenant-colonel dès 1979, il quitte en 1981 le ministère de la Défense et est intégré avec le rang de conseiller au ministère des Affaires étrangères.

Il sert successivement en Jordanie, puis en URSS et enfin au Sénégal avant de revenir au Quai d'Orsay comme sous-directeur de la zone Asie méridionale. Ambassadeur en République centrafricaine en 1992, il représente la France au Panamá l'année suivante.

Rémy Porte

PALMYRE (campagne de Syrie, juin 1941). – Les forces britanniques (Anglais, Néo-Zélandais, Australiens et Sud-Africains mais également la légion arabe) ont ouvert le front de Syrie le 8 juin 1941. Une guerre fratricide oppose de plus les forces vichystes dont fait partie le 6e régiment étranger d'infanterie (REI) à la 1re division légère française libre. Alors que les combats font rage dans le sud et l'ouest du Liban et de la Syrie, les Britanniques lancent une offensive à partir de l'Irak en direction de Palmyre, position d'importance stratégique qui commande la route vers

Homs, Tripoli et Lattaquié, région vide de troupes. Le 21 juin, après la prise de Damas, deux colonnes surgissent au sud par Abou Kemal en longeant le pipeline de Mossoul à Tripoli et au sud-est de Toutba en direction de Palmyre, à près de 200 km au nord-est de la capitale syrienne : les légionnaires, en position défensive, résistent, appuyés par les raids aériens de l'aviation vichyste qui parviennent à ralentir la progression des colonnes.

À Palmyre, la défense se concentre au Fort Weygand au nord-est des ruines antiques de l'autre côté de la palmeraie : les légionnaires ont établi un dispositif comprenant un réseau de fil de fer barbelé avec des points d'appui dispersés pour faciliter le croisement des tirs d'armes automatiques. Le chef de bataillon Ghérardi dispose de la 15e compagnie du 6e RE (187 légionnaires), de la 1re compagnie légère du désert composée de Bédouins, enfin de quelques aviateurs : soit au total 300 hommes face à des forces très supérieures et bien équipées.

Le 22 juin, les premiers blindés légers de la Household Cavalry débouchent et sont facilement repoussés. Le lendemain, la Habforce (nom donné à la colonne mobile ou groupe mobile dont la 1re syllabe indique l'objectif ou le commandant de la force) chargée de dégager Habbaniya se lance à l'assaut de la position. La colonne, sous les ordres du major général Clarke, comprend 6 escadrons de la 14e Independent Cavalry Brigade venant d'Abou Kemal sur la frontière irakienne, renforcée d'éléments de la légion arabe partie de Transjordanie. La compagnie de Bédouins se débande et les légionnaires doivent subir les assauts répétés des Britanniques jusqu'au 28 sur le piton isolé du château médiéval. Ils parviennent à ralentir l'avance de ces derniers par des tirs retardateurs dans les jardins mais, submergés, doivent évacuer le château le lendemain. Le 3 juillet en début de journée, après avoir résisté dans le temple de Baal, les 88 survivants, dont le capitaine Collot commandant la 15e compagnie et le lieutenant Martinelli, se rendent aux Britanniques. Les pertes s'élèvent à 135 tués. La route de Damas est dégagée à la veille de l'armistice de Saint-Jean-d'Acre (14 juillet 1941). La résistance de Palmyre est saluée par Vichy comme un nouveau « Camerone des sables » et vaut une citation élogieuse du maréchal Pétain, chef de l'État français. La conduite de la compagnie préfigure celle de la garnison du camp retranché de Bir Hakeim un an plus tard. Les deux bataillons de la 13e demi-brigade de Légion étrangère qui seront présents lors du siège compteront en effet nombre de légionnaires du 6e REI ralliés aux Forces françaises libres à l'issue de la campagne de Syrie.

André-Paul COMOR

• *Voir aussi* : Syrie, guerre de.

Sources : DHPLE, capitaine Andolenko, « Le 6e Étranger au feu (Levant 1941) », manuscrit, sd• *Id.*, JMO du 6e REI.

Bibl. : Henri de Wailly, *Syrie 1941. La guerre occultée, vichystes contre gaullistes*, Perrin, 2006.

PARIS, comte de. – *Voir* ORLIAC, LÉGIONNAIRE HENRI D'.

PARRAINAGES. – Légionnaires et marins partagent le même attrait pour le grand large, les premiers en raison de leurs missions ultramarines, les seconds par vocation. Depuis des lustres, les parrainages dans la Marine nationale concrétisent cette complicité. En 1934, le contre-torpilleur *L'Indomptable* (lancé en décembre 1933 aux chantiers de la Méditerranée) est le premier filleul avec comme insigne la « grenade Légion » et son fanion vert et rouge. Il coule le 27 novembre 1942 lors du sabordage de la flotte à Toulon.

À la fin de la Seconde Guerre mondiale, un second bâtiment de la Marine nationale, un modeste escorteur côtier, le *Légionnaire*, concrétise de nouveau cette fraternité d'armes. Le *Cimeterre*, autre escorteur côtier cédé par les États-Unis, basé à Mers el-Kébir, filleul de la Légion en 1946, arraisonne au large des côtes marocaines l'*Athos* transportant des armes destinées au Front de libération nationale algérien. Enfin, l'escorteur d'escadre *Dupetit Thouars*, lancé à Brest en 1954 et parrainé par la Légion étrangère, est le dernier de la série inaugurée dans l'entre-deux-guerres. Il est désarmé en août 1988.

Parrainage de promotions. Depuis la fin de la Seconde Guerre mondiale, à la demande des élèves sous-officiers ou officiers des écoles de l'armée de terre, plusieurs promotions ont été parrainées par la Légion. C'est le cas de l'École spéciale militaire de Saint-Cyr, l'École militaire interarmes de Coëtquidan, l'école d'application du service de santé et plus récemment de l'École nationale des sous-officiers d'active de Saint-Maixent comme de l'école d'application du génie et du groupement de qualification des sous-officiers de l'école d'application de l'infanterie. Ces parrainages témoignent de la reconnaissance des nouvelles générations pour les services rendus par les cadres de la Légion.

André-Paul COMOR

PARTI COMMUNISTE FRANÇAIS. – Jusqu'à la Seconde Guerre mondiale, la question de la Légion étrangère ne semble pas, en l'état des connaissances sur les activités en France des agents du Komintern, avoir suscité de débat au sein de ladite organisation. La participation française dans la guerre du Rif (1925-1926) offre une première occasion au Parti communiste français (PCF) de lancer des critiques contre l'armée en général et l'armée d'Afrique en particulier, mais la Légion n'est pas particulièrement visée. Il faut attendre la fin de la Seconde Guerre mondiale et la guerre froide pour que le PCF déclenche une série de campagnes destinées à la discréditer. Déjà, lors des discussions des lois sur l'organisation de la Défense nationale, deux sénateurs, anciens résistants, les généraux Petit et Tubert, rejettent l'appel au recrutement étranger, qui devient la cible des élus du Parti dans les deux assemblées où les partisans d'un durcissement de la politique à l'égard de l'Allemagne sont majoritaires dans les partis de gouvernement, à l'exception notable du Mouvement des républicains populaires. Le déclenchement de la guerre d'Indochine sert de prétexte pour dénoncer l'engagement d'anciens soldats de la Wehrmacht, voire d'anciens SS, qui échapperaient ainsi aux poursuites. De même, les journalistes de *L'Humanité*, organe du PCF, relèvent la présence d'anciens de la Légion des volontaires français (LVF) contre le bolchevisme mais aussi d'anciens miliciens qui ont réussi à s'engager sous une fausse identité. Ils auraient été reconnus par d'anciens résistants des Francs-tireurs et partisans (FTP), promus officiers dans l'armée d'active et versés dans des unités de la Légion étrangère. Le Parti mobilise alors ses militants à l'occasion des mouvements des transports de troupes pour l'Indochine sur les quais du port de Marseille où les légionnaires ne sont pas la seule cible des manifestants.

Le mouvement de « protestation » prend de l'ampleur lorsque les responsables politiques de la République démocratique allemande (RDA) décident dès 1950 de faciliter le rapatriement des déserteurs allemands ayant rejoint les rangs du Viêt-minh dans l'espoir de retourner en Allemagne. La propagande conjointe contre le recrutement dans la Légion et son emploi dans la guerre « colonialiste » porte ses fruits jusqu'en république fédérale d'Allemagne où l'on s'inquiète de l'attirance toujours vive des jeunes Allemands pour cette troupe d'élite. La guerre d'Algérie remet au premier plan la propagande antifrançaise en RDA qui se traduit notamment par la mise en place d'une « mission » auprès de la délégation du Front de libération nationale (FLN) de Tétouan, chargée de recueillir les déserteurs allemands en vue de leur rapatriement. Le PCF s'associe de surcroît aux campagnes dénonçant les exactions des légionnaires en opérations, plus particulièrement au cours de la bataille d'Alger et autour de la question des tortures : la Légion n'est-elle pas en première ligne avec les parachutistes du colonel Bigeard et du lieutenant-colonel Jeanpierre ? Les passions se déchaînent ensuite contre la Légion à la suite de la participation du 1er régiment étranger de parachutistes à la révolte des généraux le 22 avril 1961 et la présence d'officiers et de légionnaires dans l'Organisation armée secrète (OAS). Toutefois, il faut attendre l'installation des régiments étrangers en métropole, la publicité faite autour du livre d'Henry Allainmat et Michel Trouvain, *L'Épreuve, le « bagne » de la Légion*, en 1977, et l'opération de Kolwezi le 19 mai 1978 pour que le parti communiste reparte en campagne. En 1980, à un an de l'élection présidentielle, le PCF dépose sur le bureau de l'Assemblée nationale une proposition de loi portant suppression de la Légion étrangère – proposition rejetée par la commission de la Défense nationale. Depuis, les faits divers qui la concernent comme les débats « mémoriels » sur la guerre d'Algérie ouverts au début du XXIe siècle peinent à trouver un écho durable dans l'opinion publique désormais acquise au maintien du recrutement étranger.

André-Paul COMOR

Bibl. : Yves Roucaute, *Le PCF et l'armée*, PUF, 1981.

PAS LÉGIONNAIRE. – Les défilés militaires sont l'occasion pour le public de découvrir la Légion étrangère dans sa manière toute particulière de se distinguer, cultivant la différence avec un certain panache depuis sa création. Le pas solennel du légionnaire rappelle celui des troupes de l'Ancien Régime. Lent, il est aussi à l'origine de la réputation tenace – et imméritée – de troupe lente à la manœuvre qu'elle traîne jusqu'à la Seconde Guerre mondiale. Plus précisément, il convient de rappeler que le règlement sur l'exercice et les manœuvres de l'infanterie du 4 mars 1831 prévoit cinq types de pas allant du pas ordinaire (76 par minute) au pas de course (160 par minute) en passant notamment par le pas de charge (115 par minute). À cinq pas près, le pas de charge est devenu celui du défilé de l'armée française. La Légion ne l'a pas adopté et a conservé une cadence plus lente : 110 pas par minute dans l'entre-deux-guerres – comme en témoigne le disque (78 tours) enregistré vers 1935 par la musique du 1er régiment étranger – et 88 pas aujourd'hui, ce qui est une moyenne entre le pas ordinaire et le pas accéléré de 1831.

La cadence réglementaire du pas « Légion » pour les défilés et pour les déplacements est bien aujourd'hui de 88 pas par minute au lieu de 120 pour les unités du régime général. Lors du défilé du 14 juillet 1939, la presse de l'époque est unanime à écrire que la Légion défile « lentement au pas noble » ou encore « lourdement au pas solennel ». Le 18 juin 1945, le régiment de marche de la Légion étrangère et la 13e demi-brigade de Légion étrangère ferment le défilé des troupes à pied au pas lent.

Henry DUTAILLY
& Raymond GUYADER

PASTEUR. – Ce transport de troupes est associé dans la mémoire des légionnaires qui ont participé à la guerre d'Indochine au long et parfois inconfortable voyage entre Mers el-Kébir (plus rarement Oran) et Saigon. Le *Pasteur* a été construit par les chantiers Penhoët de Saint-Nazaire pour la Compagnie Sud Atlantique de Bordeaux et achevé à la veille de la Seconde Guerre mondiale. Il est le dernier d'une série de paquebots après le *Normandie*, fleuron de la flotte française. Le voyage inaugural au départ de Bordeaux vers Buenos Aires prévu pour le 30 septembre 1939 étant annulé en raison de la guerre, il fait sa première traversée le 2 juin 1940 entre Brest et Halifax en emportant les réserves d'or de la Banque de France. Jusqu'à la fin de la Seconde Guerre mondiale, il est utilisé comme transport de troupes sous la responsabilité de la Cunard White Star.

Décoré de la croix de guerre 1939-1945, le *Pasteur* est restitué au gouvernement français en avril 1946 alors qu'un nouveau conflit éclate à plusieurs milliers de kilomètres de la métropole et de l'Afrique du Nord. Il reprend dès lors du service jusqu'en 1956 pour assurer les relèves. Cité à l'ordre du corps d'armée avec la croix de guerre des théâtres d'opérations extérieures pour les services rendus pendant la guerre (française) d'Indochine, il transporte en octobre et novembre 1956 une partie des troupes françaises engagées dans l'opération « Mousquetaire » à Suez.

Dans une seconde vie, vendu à l'Allemagne en 1958, il est reconverti et modernisé en paquebot de croisière. Le 9 juillet 1959, sous le nom de *Bremen*, il accomplit son voyage inaugural entre Bremerhaven et New York. En 1971, il est vendu à International Cruises SA, propriété de Dimitri Chandris, du Pirée, qui l'exploite pour la croisière jusqu'en octobre 1974 sous le nom de *Regina Magna*. En 1980, il passe à Philsimport International de Hong Kong sous le nom de *Fhilipinas Saish* en vue de sa démolition à Formose. Il disparaît en mer le 9 novembre lors du remorquage vers l'île.

André-Paul COMOR

Sources : Michel Bodin, « Le *Pasteur*, un transport de troupes de légende », *Revue Méditerranée*, 2001.

PASTEURS. – Après 1871, l'arrivée des Alsaciens à la Légion étrangère y augmente le nombre de protestants. Aussi, au début de la IIIe République, parmi les aumôniers qui accompagnent les expéditions coloniales, auxquelles prennent part des légionnaires, il y a souvent un pasteur. Celui-ci est ainsi attaché spécialement à la Légion lors de la conquête du Tonkin, sur ordre du général Millot lui-même protestant.

La place des protestants s'accroît après la Grande Guerre, avec de nombreux engagements d'Allemands – le phénomène se reproduit après 1945. Aussi la Fédération protestante de France (FPF) demande-t-elle en 1928 la création d'un poste d'aumônier au 1er Étranger. Mais le colonel Rollet s'y oppose, car, pour « maintenir l'esprit de corps » à la Légion, il veut éviter « toute manifestation relative à la religion ». Le ministre de la Guerre refuse également, à la suite du commandant du 19e corps qui craint la présence d'un pasteur dont les fidèles seraient surtout des Allemands. Le pasteur civil d'Oran rend néanmoins parfois visite aux légionnaires, tandis que celui de Saïda, où se trouve le centre d'instruction, anime une œuvre officieuse à leur intention. Par ailleurs, un ancien aumônier de l'armée française du Rhin dissoute en 1930, Monnin, est nommé, par la FPF, pasteur civil à Sidi-Bel-Abbès pour s'occuper de ses coreligionnaires à l'extérieur du quartier Vienot, mais il n'est pas reconnu par le commandement. Son successeur, le pasteur Balfet, fonde aussi en 1932 un foyer en dehors de la caserne. Tous deux sont en contact avec l'Union protestante chrétienne, une œuvre fondée en 1920 qui vise à rapprocher les protestants français et allemands sur une base religieuse. Présidée depuis l'Allemagne par le pasteur Jules Rambaud, elle recense ses fidèles dans la Légion et développe des contacts avec eux. Toutefois, son écho semble limité, puis l'arrivée au pouvoir des nazis hostiles à la Légion amoindrit son activité. Des pasteurs allemands, mais aussi coloniaux, comme Finotto, pasteur à Saïda, s'efforcent de maintenir un lien avec les légionnaires pour répandre désormais parmi eux un esprit antifrançais et anti-Légion.

À partir de la Seconde Guerre mondiale, l'organisation d'une aumônerie militaire permanente conduit à l'affectation de pasteurs auprès d'unités de la Légion – sinon auprès des grandes formations qui en comportent – sur les différents théâtres d'opérations. Les protestants servant au sein de l'institution sont plutôt des luthériens, alors qu'en France vivent surtout des calvinistes. L'œcuménisme régnant dans le protestantisme français permet à des pasteurs de différentes dénominations de servir comme aumôniers militaires. Mais en Indochine, malgré les demandes de l'Église réformée de France, il n'y a pas de ministre du culte luthérien germanophone pouvant répondre plus particulièrement aux besoins des nombreux légionnaires allemands.

Xavier BONIFACE

Bibl. : Théophile Boisset, *Essai sur l'aumônerie militaire*, Grassard-Fischbacher, 1890 • Alexis Neviaski, « L'action des pasteurs germanophones à la Légion étrangère (1926-1938) : de l'apostolat à la subversion ? », *Revue historique des armées*, n° 245, 4e trimestre 2006, p. 95-103.

PATRIMOINE. – Selon le dictionnaire Robert, le patrimoine « se dit des biens de famille, des biens qu'elle a reçus par héritage de ses ascendants ». Cette définition s'applique particulièrement bien à la Légion qui se revendique une société singulière, une « famille qui n'oublie pas », comme le souligne l'ancien chef de corps du 1er Étranger entre 1935 et 1939, le colonel Azan. Au cours de son histoire de moins de deux siècles, les légionnaires ont marqué les lieux où ils ont séjourné. Bâtisseurs par nécessité d'abord, par vocation ensuite, ils ont dû abandonner en Afrique du Nord comme en d'autres contrées les constructions qu'ils considéraient déjà comme leur patrimoine. En mars 1962, ils doivent ainsi préparer leur départ d'Algérie et abandonner leur maison mère de Sidi-Bel-Abbès. Pour la première fois, alors, le patrimoine de la Légion est avancé pour « préserver » le cœur historique du quartier Vienot : la « voie sacrée » et le bâtiment central abritant l'état-major du 1er régiment étranger. Depuis, la conservation des reliques, des documents ou de tout autre témoignage de son histoire comme la préservation jalouse de ses traditions font l'objet d'une attention particulière. La création d'une division – la division histoire et patrimoine (DHPLE) – au sein de laquelle sont étroitement liées deux missions distinctes et parfois confondues témoigne de l'importance accordée par le commandement de la Légion étrangère à l'un des fondements de l'« identité » légionnaire.

Le patrimoine comprend en premier lieu la célèbre « voie sacrée » du quartier Vienot, le musée où sont déposés les reliques, les drapeaux et étendards, la main articulée du capitaine Danjou et l'aigle de Camerone. Les salles d'honneur des régiments, tout comme le centre de documentation historique, font désormais partie intégrante de cet héritage, bien commun de la grande famille légionnaire.

André-Paul COMOR

• *Voir aussi* : Musée du Souvenir.

PECHKOFF, général Zinovi (1884-1966). – Zinovi Alekseevitch, né le 16 octobre 1884 à Nijni Novgorod dans une famille juive, est l'aîné des enfants d'une fratrie dont le cadet, Iakov Mikhaïlovitch Sverdlosk, a adhéré au Parti social-démocrate russe à sa création, en 1901, et rallié l'aile bolchevique avant de devenir l'un des artisans de la révolution d'Octobre et commissaire dans le premier gouvernement bolchevique. En 1902, le jeune Zinovi, qui a entre-temps quitté sa famille, se convertit à la foi orthodoxe et adopte le nom de son parrain et désormais père adoptif, l'écrivain révolutionnaire Alexis Maximovitch Pechkoff, dit Gorki. Entre 1904 et 1914, après avoir échappé au service militaire, Pechkoff voyage à travers le monde et noue des relations avec des personnalités qui vont l'aider dans l'étonnante et fulgurante carrière qui sera la sienne au service de sa patrie d'adoption, la France. Après un long séjour au Canada et en Nouvelle-Zélande, il revient en Europe en 1907 où il retrouve Gorki réfugié dans le sud de l'Italie et côtoie les révolutionnaires bolcheviques (dont Lénine) qui entourent le chef de file de l'« école de Capri ». Il se marie avant de se brouiller avec son père adoptif et de séjourner à nouveau aux États-Unis de 1911 à 1913.

Le 31 août 1914, se considérant comme apatride depuis son exil forcé de Russie, il laisse femme et enfant pour s'engager à Nice dans la Légion étrangère. Très vite remarqué par ses chefs, caporal après six mois de service, blessé en mai 1915 et amputé du bras droit, il est réformé en mai 1916. Mais il est autorisé à contracter un engagement volontaire pour la durée de la guerre. Le jeune Russe se montre particulièrement entreprenant. À l'issue d'une rencontre avec Philippe Berthelot, secrétaire général du Quai d'Orsay, le caporal de Légion, dont les talents de polyglotte sont reconnus, est nommé officier interprète détaché au ministère des Affaires étrangères et multiplie les missions à l'étranger. On le retrouve successivement aux États-Unis, sur le front russe en mai 1917 au sein de la mission militaire française puis en Sibérie et dans le Caucase en tant qu'officier de liaison auprès des commandants des armées blanches. Capitaine à titre fictif depuis mai 1917, Pechkoff est réintégré dans son arme d'origine au Maroc à la tête d'un bataillon de Légion tout en restant à la disposition du Quai d'Orsay.

Atteint par la limite d'âge de son grade en août 1939, le commandant Pechkoff rejoint la France Libre un an plus tard. Il remplit jusqu'à la fin de la guerre des missions diplomatiques délicates qui le conduisent de Pretoria à Tchoung King. Nommé général à titre fictif en avril 1944 pour représenter dignement la France Combattante auprès de Tchang Kaï-chek, il est notamment chargé de préparer le retour des troupes françaises en Indochine. Le premier gouvernement de la IVe République reconnaît ses mérites en le désignant chef de mission auprès du général MacArthur, commandant en chef allié d'Extrême-Orient à Tokyo. Élevé au rang de général de corps d'armée, l'ancien engagé volontaire de la Première Guerre mondiale quitte le service actif en 1950. Forte personnalité aux multiples facettes qui a traversé le premier XXe siècle, Zinovi Pechkoff, autodidacte particulièrement avisé – on lui attribue même des talents de comédien et de séducteur –, fut tour à tour aventurier tenté par la révolution politique et sociale dans son pays d'origine, simple légionnaire, officier, agent de renseignement et diplomate dont les choix successifs incarnent une forme originale de résistance à l'oppression. L'anticonformiste choisit tout naturellement la voie tracée par le général de Gaulle qui, à son retour au pouvoir, lui confie une dernière mission : prendre langue avec le vieux maréchal Tchang Kaï-chek pour présenter la nouvelle politique de la France vis-à-vis de la Chine communiste. Retiré à Paris, le général Pechkoff meurt en 1966.

André-Paul COMOR

Bibl. : Francis Huré, *Portraits de Pechkoff*, 2006.

PEIN, colonel Louis (1867-1915). – Né dans les Pyrénées-Orientales, fils illégitime d'un officier supérieur de l'armée impériale, Louis Pein entre à Saint-Cyr en octobre 1887 et rejoint comme sous-lieutenant le 106e régiment d'infanterie (RI) deux ans plus tard. Affecté ensuite au 2e bataillon d'infanterie légère d'Afrique (BILA), il est désigné pour servir dans les bureaux arabes d'Algérie en avril 1892, et passe administrativement au 23e RI en août de la même année puis au 93e RI en mars 1898, tout en conservant son poste aux affaires indigènes. Dans ce cadre, il se distingue en 1893 pour son humanité lors des épidémies de Constantine en 1893, puis est en particulier chargé entre l'automne 1894 et le printemps 1895 d'assurer le transit des convois de ravitaillement de la mission Foureau-Lamy dans le Sud algérien et le Sahara. Cet emploi particulier nécessitant une excellente connaissance du milieu et des hommes, et donc l'acquisition progressive par les meilleurs officiers d'une longue expérience mûrie, Pein conserve le même type de fonctions. Capitaine en juillet 1898, chef de bataillon en juin 1904, il continue, comme ses camarades, à changer d'affectation théorique et de position administrative (31e RI, 102e RI, 30e RI ; détaché, hors cadres, etc.) tout en restant employé aux affaires indigènes aux marches des territoires pacifiés : durant l'hiver 1899, il prend In Salah, permettant la soumission ultérieure du Tidikelt. À l'issue d'un bref passage à l'état-major du 19e corps d'armée (Algérie), il retrouve les bureaux arabes et prend successivement entre 1904 et 1912 le commandement du cercle de Marnia, puis de celui de Méchéria et enfin celui de Colomb. Entre 1900 et 1907, il participe à douze opérations majeures permettant de conforter progressivement la position de la France sur les confins algéro-marocains. Lieutenant-colonel depuis juin 1909, il est affecté auprès du commissaire général résident de France au Maroc en juin 1912, s'installe à Fès pour assurer le commandement des territoires du Maroc occidental et après plusieurs combats en juillet et en août soumet les Fichtala. Colonel un an plus tard, il prend en août 1913 le commandement du cercle de Béchar dans le Sud algérien. Jusqu'à la Grande Guerre, sa carrière d'officier fantassin se déroule donc presque exclusivement en Algérie et au Maroc, dans le cadre très particulier des bureaux arabes.

C'est au début de la Première Guerre mondiale qu'il est désigné pour rejoindre la Légion étrangère. Devant l'afflux de volontaires étrangers et la création des régiments de marche (RM), il est indispensable d'affecter à l'encadrement des nouvelles unités quelques officiers expérimentés issus de la « régulière ». Bien que son parcours soit atypique (il n'a quasiment servi que dans le Sud algéro-marocain et n'est pas *a priori* un grand connaisseur de la « guerre européenne »), le colonel Pein est affecté au 1er régiment étranger (RE) et reçoit le 1er septembre 1914 le commandement du 2e régiment de marche du 1er RE, dont il assure la montée en puissance et la formation. Nommé au commandement par intérim de la 1re brigade de la division du Maroc le 26 février 1915, il est engagé dans l'offensive de printemps en Artois, durant laquelle il revient à la division marocaine de s'emparer de la célèbre crête de Vimy. Mortellement blessé au combat à la tête de ses hommes le 9 mai lors de l'attaque du système défensif allemand des Ouvrages blancs, il meurt le lendemain à l'ambulance 10/9.

Plusieurs fois cité, titulaire de nombreuses décorations françaises et étrangères, dont la médaille coloniale avec agrafes « Algérie », « Sahara », « Maroc », « Oujda » et « Haut-Guir », le colonel Pein n'a servi que moins de deux ans au sein de la Légion étrangère, mais ses qualités militaires et humaines lui valent d'avoir fortement marqué son régiment de son empreinte et d'avoir laissé le souvenir d'un chef exceptionnel.

Rémy PORTE

Sources : SHD-Terre, 5Ye98531.

Bibl. : Jacques Frémeaux, *Le Sahara et la France*, Soteca, 2010.

PEINTRES DANS LA LÉGION ÉTRANGÈRE (Première Guerre mondiale). – Parmi tous les étrangers qui ont rejoint la Légion étrangère en 1914 afin de participer à ce qui leur semblait un juste combat de la France contre l'Allemagne, un certain nombre sont liés aux arts : critiques comme Waldemar George (de son vrai nom Jerzy Waldemar Jarocinsky, Polonais né à Lodz le 10 janvier 1893 et mort le 20 octobre 1970), sculpteurs ou peintres parmi lesquels Georges Artemoff, Démétrios Galanis, Michel Kikoïne (né en Biélorussie le 31 mai 1892 et mort le 4 novembre 1968 à Paris où il était arrivé en 1912), Frank Kupka, Moïse Kisling, Chaïm Jacob Lipchitz (dit Jacques Lipchitz, né à Drouskininkaï en Lituanie le 22 août 1891 et mort le 26 mai 1973 à Capri), Louis Marcoussis (1883-1941 ; d'origine polonaise, il se nommait Markus et tenait son pseudonyme de Guillaume Apollinaire), Ossip Zadkine, Alexandre Zinoviev (1889-1977)…

Plusieurs d'entre eux, quand la guerre éclate, se sont déjà fait une réputation à Paris. Attirés par la renommée culturelle de la capitale française, ils y résident depuis parfois peu de temps mais n'ont pas eu de mal à s'intégrer au milieu artistique. Ils sont devenus des amis des autres peintres et se sont fait remarquer par les amateurs, clients ou critiques. Guillaume Apollinaire les cite régulièrement dans les chroniques qu'il rédige pour diverses publications plus ou moins spécialisées : *Le Mercure de France*, *L'Intransigeant* ou *Les Soirées de Paris*, une revue qu'il a créée en 1912 et qui va disparaître l'année suivante. Il se plaît à louer leur art dont il met volontiers la modernité en évidence. Bientôt, il va célébrer leur patriotisme. La plupart de ces artistes en effet rejoignent l'armée au moment de la déclaration des hostilités. Souvent originaires d'Europe centrale ou de l'Est, ils se sentent immédiatement concernés par le conflit. Ils s'engagent volontairement pour la durée de la guerre dans les rangs de la Légion étrangère.

Certains ne resteront que peu de temps sur le front, d'autres en reviendront blessés tels Georges Artemoff, Moïse Kisling ou Ossip Zadkine. Mais à la différence des expressionnistes allemands, Otto Dix par exemple qui a réalisé une suite de gravures impressionnantes intitulées *La Guerre*, ces peintres dont les œuvres vont définitivement porter le poids des combats et décrire l'horreur de la vie dans les tranchées, les bombardements, l'attaque, la souffrance et la mort, ces artistes de la France qui ne sont pas forcément devenus français à la suite de leur engagement (généralement, ils ont demandé et obtenu la nationalité française mais tous ne l'ont pas fait) n'apporteront pas, à quelques rares exceptions près, leur témoignage sur ces années d'épreuves et de destruction. Certes, Moïse Kisling illustre un poème de Blaise Cendrars, *La Guerre au Luxembourg* ; Ossip Zadkine dessine et grave plus de vingt scènes du front ; Alexandre Zinoviev illustre la guerre dans plusieurs de ses œuvres (par exemple *Soldat blessé en Champagne*, 1915) dont une, fortement allégorique, assimile la Légion à une Victoire ailée... Mais leur art à tous ne représente qu'exceptionnellement ce qu'ils ont vécu sur le front. Quant à la Légion étrangère, ils n'en montrent, finalement, que peu de chose.

France Marie FRÉMEAUX

PÉNICAUT, général Armand (1900-1991). – S'il n'est pas l'un des chefs charismatiques de la Légion étrangère, il est de ceux qui, dans l'ombre d'un Gaultier ou d'un Olié, ont permis à l'institution d'être ce qu'elle a été en Extrême-Orient. Armand Pénicaut naît à Limoges (Haute-Vienne) le 5 novembre 1900. En 1921, il est admis à l'École spéciale militaire de Saint-Cyr dans la même promotion que Paul Gardy sous les ordres duquel il servira à Sidi-Bel-Abbès de 1951 à 1953. Fantassin, il sert dans un régiment métropolitain puis dans les zouaves avant de rejoindre sur sa demande le 1er régiment étranger d'infanterie (REI) en février 1934. Promu capitaine, il est affecté au 4e REI et y commande, entre autres, la compagnie motorisée de Foum el-Hassan au Maroc. Promu chef de bataillon, il est placé à la tête d'un bataillon du 5e régiment de tirailleurs marocains avec lequel il combat en Italie. Évacué sanitaire pour maladie, il commande au terme de sa convalescence un bataillon de tirailleurs qu'il conserve jusqu'à sa promotion au grade supérieur en septembre 1945.

Nommé commandant en second du régiment de marche de la Légion étrangère en Extrême-Orient – qui devient le 2e REI –, le lieutenant-colonel Pénicaut séjourne en Indochine de 1946 à 1948. Rapidement, il se rend compte que cette guerre durera longtemps, que la Légion y participera avec des effectifs importants et qu'il faudra former les jeunes légionnaires en conséquence. Pressentant que cette tâche lui sera confiée, il ne cesse, tout en remplissant les missions qui lui sont dévolues, d'étudier les conditions du combat allant (au moins une fois) jusqu'à tenir l'emploi de grenadier-voltigeur au cours d'une patrouille de section.

De retour en Algérie, bientôt colonel, il commande le 1er REI de 1949 à 1953. Il met alors au point une méthode d'instruction, fruit de son expérience indochinoise, qu'il fait appliquer avec la plus grande rigueur. Appelée « méthode Pénicaut », elle se fonde sur l'instruction du tir – il est essentiel d'apprendre à tirer juste et à bon escient – et sur l'acquisition de mécanismes, car la surprise, fréquente dans les combats en Indochine, exige des réactions immédiates assimilables à des réflexes.

Le colonel Pénicaut termine sa carrière au commandement des subdivisions d'Oujda (Maroc) puis d'Alger. Atteint par la limite d'âge, il est nommé général de brigade dans la deuxième section et se retire à Nice où il meurt le 8 octobre 1991. Il était commandeur de la Légion d'honneur et titulaire de 5 citations.

Henry DUTAILLY

Sources : SHD-Terre, 14Yd 1596.

« PÈRE LÉGION ». – Sous la IIIe République, la presse, le roman et le théâtre ont popularisé l'expression « père du régiment » pour désigner le colonel. Le général Rollet, dont l'action auprès des hautes autorités de l'armée pour améliorer la condition des légionnaires est unanimement reconnue, a quant à lui été appelé le « père de la Légion ». Véritable icône, il fait l'objet depuis sa disparition en 1941 d'une vénération qui n'est pas sans rappeler celle des grognards de la Grande Armée pour Napoléon – en témoigne notamment l'émotion des légionnaires de la 13e demi-brigade de Légion étrangère à l'annonce de la mort du général Rollet, rapportée par le lieutenant Brunet de Sairigné dans ses carnets à la fin de la campagne d'Érythrée.

Par analogie avec l'expression « père du régiment », le général commandant la Légion étrangère est appelé « père Légion » et non pas « père de la Légion » pour éviter toute confusion avec le général Rollet.

Henry DUTAILLY

PERNER, Victor. – *Voir* WAGNER, GÉNÉRAL OTTO.

PERRIER, commandant Guy (né en 1925). – Successivement résistant, combattant dans l'armée de la Libération, officier aux brillants états de service et révolté en avril 1961, Guy Perrier a un parcours qui rappelle celui de quelques figures singulières ou légendaires de la Légion étrangère des deux dernières guerres françaises de décolonisation. Né à Chepniers (Charente-Maritime), le jeune lycéen entre dans la Résistance en décembre 1940 (réseau Navarre) et prépare le concours d'entrée à Saint-Cyr. Il rejoint les Forces françaises de l'intérieur (FFI) avant d'être admis dans un bon rang (19e sur 325) à Saint-Cyr Coëtquidan en octobre 1945 dans la promotion « Nouveau Bahut ». À la sortie, il choisit l'infanterie et demande à servir dans la Légion étrangère qui jouit alors d'un grand prestige.

À Sidi-Bel-Abbès en novembre 1948, affecté aussitôt au 4e régiment étranger d'infanterie, il quitte Fès en mai 1949 pour l'Indochine et passe au 2e bataillon étranger de parachutistes (BEP) à la 2e compagnie de mars 1951 à mars 1952. Lieutenant puis capitaine instructeur à Saint-Cyr de 1952 à 1954, il retrouve le 2e BEP après la chute du camp retranché de Diên Biên Phu – il ne quittera le 2e régiment étranger de parachutistes qu'en décembre 1960, nouvellement promu chef de bataillon détaché au groupement des commandos parachutistes du régime général. Il suit sans hésiter son chef, le commandant Georges Robin, dans le mouvement de révolte des généraux en avril 1961. Il quitte l'armée en février 1962 pour se tourner vers l'industrie. Médaillé de la Résistance, grand' croix de la Légion d'honneur (4 juillet 2012), le commandant Perrier est titulaire de 13 citations dont 6 à l'ordre de l'armée. Depuis sa retraite, il se consacre à l'écriture de biographies de grandes figures de la Résistance (Pierre Brossolette, le colonel Passy, Rémy et Pierre Bénouville).

André-Paul COMOR

PFIRRMANN, famille. – Des militaires non officiers de la Légion étrangère se sont mariés en territoire français, ou administré par la France, et ont fait souche. Les fils de quelques-uns d'entre eux, à leur tour, ont servi à la Légion comme officiers ou dans le rang. La famille Pfirrmann occupe à cet égard une place à part parmi ces « familles légionnaires », car trois générations successives ont figuré sur les contrôles de la Légion.

Jean Pfirrmann. Le premier, Jean Pfirrmann, naît à Woerth en Bavière le 26 avril 1863. Il s'engage au 1er régiment étranger le 5 mai 1887, sert dix-sept mois en Algérie puis est affecté dans un bataillon qui combat les pirates au Tonkin. Nommé caporal, il se distingue le 28 août 1889 en allant chercher sous une grêle de balles un mort qui est tombé entre les lignes. Le 3 septembre suivant, il se distingue à nouveau pendant le combat de Thuong Lam au cours duquel il reçoit deux blessures graves. Cité pour ces faits, il est fait chevalier de l'ordre du Dragon d'Annam puis décoré de la médaille militaire. Rapatrié sanitaire du fait de ses blessures, il est promu sergent en décembre 1891 puis réformé pour infirmités contractées en service en février 1902. Retiré à Sidi-Bel-Abbès puis dans le Constantinois, il se marie et a deux fils : Pierre puis Paul. Jean Pfirrmann a rédigé des carnets de souvenirs qui ont été publiés dans les revues *Vert et rouge* et *Képi blanc*.

Paul Pfirrmann. Paul, fils cadet de Jean, naît à Souk-Ahras en Algérie le 9 mai 1909. Tout en poursuivant ses études à l'école normale d'instituteurs de Constantine, il prépare avec succès le brevet de préparation militaire supérieure. Cela lui permet de suivre les cours d'un peloton d'élèves officiers de réserve dès son incorporation par devancement d'appel en novembre 1928. Nommé sous-lieutenant, il décide de faire carrière dans l'armée, sert en situation d'activité puis est nommé sous-lieutenant d'active au terme d'un stage de un an à l'école militaire de l'infanterie et des chars de combat de Saint-Maixent (Deux-Sèvres).

Le 14 novembre 1936, le lieutenant Pfirrmann est affecté au 1er régiment étranger d'infanterie (REI). Il servira constamment à la Légion (à l'exception d'une affectation de deux ans dans un régiment de tirailleurs marocains) jusqu'au 1er août 1961, y gagnant tous ses grades jusqu'à celui de colonel et y commandant successivement une compagnie montée, un bataillon en Tunisie, en Indochine puis au Maroc et enfin le 5e REI de juin 1960 à juillet 1961. Il combat avec elle en Tunisie, en Indochine et en Algérie.

Après avoir consacré de longs mois à rétablir sa santé, il commande la subdivision de l'Aisne du 1er août 1962 au 9 avril 1964, date à laquelle il fait valoir ses droits à la retraite. Commandeur de la Légion d'honneur, il a mérité 10 citations et 3 lettres de félicitations.

Claude Pfirrmann. Petit-fils de Jean et fils de Pierre, Claude Pfirrmann naît comme son oncle à Souk-Ahras, le 20 juin 1923. Engagé volontaire au 5e régiment de chasseurs d'Afrique le 26 décembre 1942, il suit les cours de l'école militaire interarmes de Cherchell, est nommé aspirant de réserve puis participe aux campagnes de France et d'Allemagne dans les rangs du 1er régiment étranger de cavalerie (REC). Promu sous-lieutenant d'active le 25 décembre 1946, il fait un séjour en Indochine. De retour en Algérie, lieutenant, il est affecté à l'escadron de Jeep blindées du 2e REC en formation à Sidi-Bel-Abbès avec lequel il participe au rétablissement de l'ordre à Madagascar en 1949.

En 1952, Claude Pfirrmann est placé en position hors cadres dans le service des affaires indigènes du Maroc puis, en 1956, dans celui des affaires algériennes et se voit promu au grade de capitaine le 1er décembre 1956. Affecté au 1er REC, il en commande l'escadron porté jusqu'au 28 mars 1962. Il sert ensuite au 1er régiment de hussards parachutistes jusqu'en septembre 1964 puis suit un stage d'initiation aux affaires. Il fait valoir ses droits à la retraite le 1er septembre 1966. Il est chevalier de la Légion d'honneur et titulaire de 5 citations.

Henry DUTAILLY

PHILIPPEVILLE. – Ville de l'Est algérien bâtie près de l'embouchure du Safsaf entre les djebels Skikda à l'est et Beni Melick à l'ouest. Aujourd'hui Skikda, la ville moderne est fondée en octobre 1838 par les troupes du maréchal Valée regroupées au camp d'Eddies (ou Kendedis). Baptisée dans un premier temps « Port de France », elle prend le nom de « Philippeville » en hommage à Louis-Philippe. Pendant la guerre d'Algérie, jusqu'à la fin de novembre 1955, la caserne de France sert de portion centrale au 2e bataillon étranger de parachutistes devenu régiment à son retour d'Indochine.

André-Paul COMOR

PHU TONG HOA. – Magnifique fait d'armes illustrant la guerre des postes au Tonkin, le combat de Phu Tong Hoa, en juillet 1948, met à l'honneur la 2e compagnie du 1er bataillon du 3e régiment étranger d'infanterie (REI). À l'époque, le poste de commandement du 3e REI est situé à Cao Bang. Le 1er bataillon, à partir de Bac Kan, a pour mission de contrôler le secteur couvrant les routes coloniales (RC) 3 et 3 bis. À une dizaine de kilomètres au nord de Bac Kan est implanté le poste de Phu Tong Hoa, édifié sur une petite éminence dominant le carrefour entre la RC3 et la piste de Cho Ra. Il est tenu par la 2e compagnie du capitaine Cardinal. Il s'agit d'un poste rectangulaire de première génération, construit en madriers et en terre, renforcé à chaque angle par un blockhaus et dont l'enceinte est elle-même entourée d'un réseau protecteur mêlant mines et bambous acérés. La garnison dispose de l'appui de deux petits canons et de trois mortiers de 81 ou 60 mm. Le Viêt-minh a certes choisi de conquérir cette position pour faciliter ses liaisons avec la Chine, mais aussi, à titre de propagande, pour frapper les esprits. Il décide de consacrer à cette affaire pas moins de trois bataillons dont l'un doit interdire tout renfort venant des garnisons voisines.

L'attaque se produit le dimanche 25 juillet à 19 heures, alors que la garnison, forte ce jour-là d'une centaine de légionnaires, est amputée d'une section qui monte la garde à Bac Kan. L'assaut est précédé par une violente préparation d'artillerie qui ravage le poste et blesse mortellement le capitaine Cardinal ainsi que son adjoint, le lieutenant Charlotton. Alors qu'un message d'alerte a pu être envoyé au bataillon, à Bac Kan, le commandement revient, de fait, au sous-lieutenant Bevalot, tout jeune officier arrivé depuis une quinzaine de jours. Ce dernier doit faire face à l'assaut donné, à partir de 21 heures, par deux bataillons viêt-minh. Débouchant par vagues successives et hurlantes, les Viets parviennent à s'emparer de trois blockhaus et à envahir la cour du poste. Cependant, guidés par Bevalot et les sous-officiers survivants, les légionnaires contre-attaquent et le corps à corps, mètre après mètre, tourne peu à peu à leur avantage. Vers minuit, l'adversaire est repoussé à l'extérieur du poste. La situation est rétablie mais les pertes de la compagnie sont lourdes : 25 tués dont le capitaine Cardinal qui meurt vers 4 heures du matin et plus d'une trentaine de blessés. Tant à l'intérieur qu'à l'extérieur du poste, 150 cadavres viêt-minh seront dénombrés. Tandis que les combats font rage à Phu Tong Hoa, le bataillon réagit mais la colonne de secours partie de Bac Kan durant la nuit est stoppée par l'élément de couverture viet sur la RC3. Il en va de même, au nord, pour le lieutenant Faulques parti du poste de Na Fac avec une section. Finalement, c'est le chef de corps lui-même, le lieutenant-colonel Simon, qui, après avoir quitté Cao Bang le 26 au matin et parcouru 90 km d'une piste coupée en de multiples endroits, parviendra à Phu Tong Hoa le 28 dans la soirée. À son arrivée au poste, il aura l'heureuse surprise d'être accueilli par un piquet d'honneur réglementaire en tenue de parade ! La 2e compagnie sera citée et gagnera une palme pour son comportement magnifique dans la défense du poste de Phu Tong Hoa.

Michel DAVID

Bibl. : Patrick Lallemand, « La défense de Phu Tong Hoa », dans Philippe Héduy (dir.), *La Guerre d'Indochine, 1945-1954*, SPL, 1981, p. 54-57 • Pierre Montagnon, *Histoire de la Légion*, Pygmalion, 1999, p. 318-323.

PIAF, Édith. – *Voir* NON, JE NE REGRETTE RIEN.

PICKARDT, Ulrich (né en 1918). – Ulrich (dit Ulli) Pickardt est le fils d'un avocat berlinois antinazi réfugié en France. Le 5 décembre 1939, il s'engage à Bourges à la Légion étrangère comme engagé volontaire pour la durée de la guerre (EVDG), acceptant par écrit de porter les armes contre l'Allemagne. Il porte le matricule 90028. Après la défaite, les nazis exigeant des autorités françaises qu'elles leur livrent les légionnaires d'origine allemande, le 1er Étranger l'envoie dans le Sud algérien au dépôt commun des régiments étrangers (DCRE) pour le soustraire à ce sort. Pendant quelques semaines, il travaille avec ses camarades à la construction du Transsaharien, entre Colomb-Béchar et Kenadsa. En novembre 1940, il est démobilisé à Marseille et, son certificat de bonne conduite en poche, passe dans la clandestinité.

À la Libération, il retrouve le milieu du cinéma qu'il fréquentait avant guerre (à Berlin ses parents recevaient les vedettes de l'époque, Ernst Lubitsch ou Marlene Dietrich) et devient assistant réalisateur. Il travaille avec Henri Jeanson (*Lady Paname*), Henri Verneuil (*La Vache et le prisonnier*), Max Ophuls (*Lola Montès*) et André Cayatte. Il fréquente sur les tournages Gérard Philipe, Maurice Chevalier, Martine Carol, Alain Delon, Romy Schneider. Devenu directeur de production, il travaillera avec Luis Buñuel (*Journal d'une femme de chambre*), Jean-Jacques Beineix (*Diva*) et René Clément qui tourne plusieurs scénarios écrits par son ami Sébastien Japrisot (*Adieu l'ami*, *Le Passager de la pluie*).

En 1953, il est sollicité par le réalisateur Robert Siodmak pour l'aider au tournage du *Grand Jeu* avec Raymond Pellegrin, Jean-Claude Pascal et Gina Lollobrigida. Le film a pour cadre la Légion. Pickardt se rend donc à Sidi-Bel-Abbès pour solliciter le concours de l'institution. Le colonel Babonneau, chargé des compagnies d'instruction du groupement autonome de la Légion étrangère (GALE), refuse de collaborer, la figuration n'entrant pas dans les missions confiées par la France à la Légion. Pickardt fait alors passer une annonce dans la presse algéroise pour recruter deux cents anciens képis blancs, sachant marcher au pas et chanter. Les candidatures affluent. Pickardt choisit les plus athlétiques, et grâce à des uniformes loués à un costumier parisien et des armes sans culasse empruntées à un régiment voisin, le premier coup de manivelle peut être donné. Dans ses souvenirs, Pickardt raconte que le tournage du *Grand Jeu* à Alger eut beaucoup de succès. Moins à cause de ses figurants que parce que la belle Gina sortait de sa douche à peu près nue.

Étienne DE MONTETY

Sources : Ulli Pickardt, *Travelling arrière, Mémoires d'un cinéaste*, L'Harmattan, 2004.

PIERRE Ier KARAGEORGEVITCH DE SERBIE (1844-1921). – Fils du prince Alexandre, Pierre Karageorgevitch naît à Belgrade en Serbie en 1844. Sa famille doit s'exiler en France où il est admis à l'École spéciale militaire comme élève à titre étranger en 1862. À l'issue de sa scolarité, il ne demande pas à servir dans l'armée française mais, en 1870, s'engage pour la durée de la guerre au régiment étranger. Nommé sous-lieutenant le 25 septembre, il combat avec le 5e bataillon à Orléans. Fait prisonnier, il s'évade. Promu lieutenant le 1er novembre, il est détaché dans un état-major de division de l'armée de l'Est. La guerre terminée, il donne sa démission dans une lettre du 6 mars 1871 qui témoigne de son affection à la France « à laquelle, écrit-il, la Serbie doit la consolidation de son autonomie et les meilleurs éléments de son indépendance ».

Appelé au pouvoir après l'assassinat du roi Alexandre Obrenovitch en 1903, le roi Pierre Ier établit un régime parlementaire. Au plan international, il s'efforce de dégager la Serbie de l'emprise de l'Autriche-Hongrie en s'appuyant sur la Russie et la France. Ces deux pays le soutiennent en juillet 1914 après l'attentat de Sarajevo qui est à l'origine de la Première Guerre mondiale. Après l'invasion de la Serbie par l'armée autrichienne, atteint par la maladie, il confie le pouvoir et les opérations militaires à son fils Alexandre. Rentré à Belgrade en 1918, il est proclamé roi des Serbes, Croates et Slovènes. Toujours malade, il donne la régence à son fils et meurt en 1921.

La Légion s'honore d'avoir compté dans ses rangs, ne serait-ce que quelques mois, un roi qui a été un ami de la France toute sa vie durant. Un monument, inauguré le 6 juin 1937 en présence notamment du ministre de l'Instruction publique, est élevé à Orléans pour honorer Pierre Karageorgevitch, officier de la Légion étrangère et roi de Serbie. Un autre, en bronze, érigé à Paris en 1936 et œuvre du sculpteur Maxime Real del Sarte, rend hommage à la fois à Pierre Ier de Serbie, « le libérateur », et à Alexandre Ier de Yougoslavie, « l'unificateur ». Sur son socle, à l'arrière, ces mots : « J'ai tenu à l'honneur que ma carrière militaire débutât sous le drapeau français. Pierre Ier, 1871. »

Henry DUTAILLY

Sources : SHD-Terre, 9M 598.

PINARD. – *Voir* PLAISIRS DU LÉGIONNAIRE.

PIONNIERS. – *Voir* SAPEURS.

PISTE. – Le légionnaire, habitué de la route qu'il prend pour fuir le passé ou tout simplement par attirance pour l'inconnu et les promesses de l'aventure, n'est-il pas ce marcheur qui, dès lors qu'il a sauté le pas, ne cesse de se déplacer, de découvrir et parcourir des contrées, entraîné par des chants de marche évoquant la route ? La piste, devenue l'un des thèmes privilégiés de la littérature consacrée à la vieille Légion en Afrique du Nord, repris par le cinéma, a occupé une grande place dans la vie du légionnaire. Depuis la fin de la guerre d'Algérie, le répertoire des chants de marche de la Légion s'est enrichi après l'installation du 2e régiment étranger de parachutistes à Calvi en 1967. *La Petite Piste*, dont les paroles sont dues à A. Aschenborn sous le titre *Wie oft sind wir geschritten* et la musique à Robert Götz (composée dans les années 1916-1920), plus connue sous le titre *Heija Safari* qui remonte à la Seconde Guerre mondiale, est repris dès 1969 par les légionnaires parachutistes. Mais si la mémoire de la Légion a souvent mis en avant ses travaux et les routes qu'elle a ouvertes, la piste rappelle aujourd'hui les jours et les peines du « blédard » qui a laissé des traces de son passage dans les contrées lointaines. Comment ne pas évoquer ces compagnies montées qui, pendant plus d'un demi-siècle, ont sillonné les pistes des confins algéro-marocains et celles de l'Atlas ?

André-Paul COMOR

PISTES, ROUTES ET VOIES FERRÉES. – La Légion étrangère a durablement marqué le réseau routier de plusieurs territoires sur lesquels elle a stationné, même brièvement. On évoquera ici les réalisations les plus remarquables.

En 1832, un bataillon de la Légion construit en Algérie une route insubmersible entre Douéra et Boufarik à travers les marais de la Mitidja. Elle est appelée « chaussée de la Légion ». Dix ans plus tard, le 2e régiment de la Légion étrangère participe à l'aménagement de la route qui mène de Bône (aujourd'hui Annaba) au sommet de l'Edough. En 1857, la division du général de Mac-Mahon dont fait partie le 2e Étranger construit une route de pénétration en Kabylie avant de combattre à Icheriden. Au début du XXe siècle, le capitaine Rollet lève le tracé et dirige les travaux d'une piste entre Méchéria et Berguent (aujourd'hui Aïn Benimathan) au Maroc – cette voie d'un intérêt tactique certain à cette époque, mais sans intérêt économique, n'a eu aucun avenir.

C'est effectivement au Maroc que la Légion a accompli ses travaux routiers les plus spectaculaires, grâce en partie à ses compagnies de pionniers. Ainsi la route du Fiz et son tunnel routier encore aujourd'hui appelé « tunnel de la Légion » sont-ils bien connus. Des pistes devenues des routes à grande circulation sont également à mettre à l'actif de la Légion, telle la piste de Marrakech à Ouarzazate par le col du Tizi N'Tchika (2 120 m d'altitude). Le dernier grand travail routier de la Légion au Maroc est la route du Tagfermout ouverte en 1937. Traitant des voies de communication, on n'aurait garde d'oublier la participation des légionnaires à la pose d'une voie ferrée de 60 km aujourd'hui remplacée par une route.

La Légion a exécuté des travaux routiers importants sur d'autres territoires : à Madagascar, elle ouvre la piste empruntée par les voitures Lefebvre inadaptées à la circulation sur les chemins malgaches ; au Tonkin, le 5e Étranger aménage en 1936 la route de Campha à Tien Yen, comblant ainsi une lacune du réseau routier tonkinois le long de la frontière avec la Chine. La même année, la Légion construit la route qui désenclave le site de Baalbek au Liban : elle est large de 6 m, et ses pentes ne dépassent pas 9 % de dénivelée.

Le départ de l'Algérie ne met pas un terme aux travaux routiers – et plus largement à la tradition de bâtisseur de la Légion. Dans le Pacifique, elle construit la route Tefaana et le pont de Faré Uté ; en Guyane, les légionnaires du 3e Étranger aménagent entre 1978 et 1986 la piste de l'Est qui coûte la vie de 22 des leurs. Enfin, la Légion marque la fin de sa présence permanente en Afrique par la construction d'une piste à travers une falaise pour permettre à l'armée djiboutienne d'installer un relais radio sur le plateau du Gahéré Ghéni.

Henry DUTAILLY
& Christian RIDET

PLAISIRS DU LÉGIONNAIRE. – Les plaisirs communs aux légionnaires peuvent s'entendre, selon la définition qu'en donne le *Petit Robert*, comme « tout ce qui peut donner à l'homme une émotion ou une sensation agréable, [...] tout ce qui en est la source ou l'occasion ». Dans le cas qui nous concerne, ces plaisirs relèvent de la distraction ou du divertissement et, par suite, procurent une jouissance et un certain bien-être. Certains d'entre eux étaient plus répandus parmi les légionnaires pendant la période coloniale (1831-1962), mais pour autant les habitudes n'ont pas changé complètement malgré l'évolution du recrutement et le repli sur la métropole de la plupart des régiments entre 1962 et 1968. Aussi ces « divertissements » qu'ils partageaient avec leurs camarades de l'armée d'Afrique se rapportaient-ils avant tout aux hommes de la Légion « de papa ». La consommation d'alcool et la fréquentation des femmes, considérées comme rites d'initiation ou comme comportement habituel dans les périodes de liberté, faisaient partie de ces plaisirs qui servent d'exutoire pour des hommes auxquels il était beaucoup demandé.

La tolérance du commandement s'expliquait par la nécessité de maintenir le moral et d'éviter les crises susceptibles de mettre en péril la cohésion de la troupe. Il faut également ajouter qu'outre-mer les facilités ou les entorses aux règlements militaires étaient choses courantes. Mais si l'ivresse n'a jamais été admise pendant le service, les débordements pendant le « quartier libre » ou lors de permissions faisaient partie du folklore légionnaire. Parfois le « blédard » cherchait dans le vin à vaincre l'ennui de la vie de poste ou de garnison. Un témoin et acteur de premier plan, le « père de la Légion », Rollet, alors jeune lieutenant en Algérie, confie à son père dans une lettre (21 juillet 1901) que « lorsque les légionnaires ne sont pas ivrognes en arrivant, ils le deviennent presque tous, quelle que soit la classe à laquelle ils appartiennent ». Deux décennies plus tard, Georges Manue, qui a servi au Maroc, ajoute qu'on devenait « un vrai légionnaire dès lors qu'on [était] amoureux fervent du divin pinard », mais que « se saouler le jour de prêt, ce n'est pas se saouler ; du moins est-ce saouler selon des traditions anciennes et presque respectables. [...] Depuis que la Légion existe, elle a bu, et elle boira jusqu'à la gauche, [car] le vin, pour eux, c'est l'illusion, la gaieté, l'avenir rose : c'est l'oubli et la solitude peuplée » (*Têtes brûlées, cinq ans de Légion*, 1929, p. 65-66). Il est vrai aussi, selon de nombreux observateurs, qu'une bonne cuite valait mieux qu'un coup de cafard... Les libations excessives n'étaient pas rares à certaines occasions. Toutes les quinzaines, les légionnaires percevaient le « prêt » et se répandaient dans les rues des villes de garnison, dans les bouges et gargotes pour y dépenser leur maigre solde. Le lendemain matin, les punitions pleuvaient sur ceux qui ne s'étaient pas présentés à l'appel du soir mais aussi sur les plus malchanceux, surpris au cours de rixes avec des camarades d'autres unités de l'armée d'Afrique. Les légionnaires avaient une façon particulière de se protéger des excès de l'alcool et tournaient en dérision les « avertissements » placardés dans les cantines jusqu'à la fin de la guerre d'Algérie. La Légion assoiffée se reconnaissait dans la célèbre sentence que découvre en 1948 le père Bruckberger dans la cantine de la compagnie saharienne portée d'Aïn-Sefra : « L'alcool tue. Mais le légionnaire ne craint pas la mort. L'alcool tue lentement. Mais le légionnaire n'est pas pressé » (Raymond Léopold Bruckberger, *Le Bachaga*, 1980, p. 97). Avec l'arrivée massive de jeunes volontaires allemands, la bière remplace peu à peu le « gros rouge » d'Algérie après la Seconde Guerre mondiale.

Avant le succès remporté dans les années 1930 par la chanson de Raymond Asso pour Édith Piaf, les seuls exploits sexuels des légionnaires connus du grand public concernaient la fréquentation des maisons closes et des bordels militaires de campagne (BMC), devenus depuis la fin de la Première Guerre mondiale une véritable institution au sein de l'armée française, plus particulièrement de l'armée d'Afrique. Ces établissements étaient rattachés à des unités en opérations ou implantés dans des postes reculés. Il s'agissait d'éviter certaines dérives dans les pratiques sexuelles pendant ces longs mois d'isolement qui coupaient les hommes des fréquentations féminines. Le commandement voulait enfin prévenir d'éventuels incidents pendant ou à la fin des opérations. À la fatigue s'ajoutait la longue abstinence ; le BMC légalisait des pratiques contraires aux bonnes mœurs que la morale réprouve mais qui sont bénéfiques pour le moral de la troupe. Le temps des colonies révolu, le légionnaire s'est assagi, mais les femmes occupent toujours une grande place dans ses plaisirs « communs », partagés par beaucoup dans la société contemporaine où les « divertissements » occupent une grande place.

André-Paul COMOR

Sources : DHPLE, récit-document inédit du médecin lieutenant Georges Arroyo (Extrême-Orient 1951-1953).

Bibl. : André-Paul Comor, « Les plaisirs du légionnaire du temps des colonies : l'alcool et les femmes », *Guerres mondiales et conflits contemporains*, n° 222, PUF, 2006/2, p. 33-42.

POLITIQUE ET LÉGION ÉTRANGÈRE. – Entre les conditions imposées pour consentir à la création de la Légion étrangère – l'emploi outre-mer comme condition première – et sa banalisation dans l'armée professionnelle – et son stationnement en France métropolitaine depuis des décennies –, les politiques, hommes et partis, ont souvent abordé avec pragmatisme les problèmes qu'elle pouvait poser. Si les débats dans les hémicycles, les cabinets ministériels ou les partis n'ont jamais occupé l'espace public au point de menacer l'existence des régiments étrangers, les sources exploitées à ce jour permettent cependant de mieux comprendre les enjeux nationaux et internationaux autour de cette troupe jugée parfois encombrante mais toujours efficace. Car les responsables politiques n'ont pas toujours suivi les avis ou recommandations d'un haut commandement enclin à considérer le recrutement étranger comme un problème pour l'armée. Rarement évoquée par les historiens, cette question s'inscrit dans l'évolution de la grande politique – étrangère et de sécurité – de la France selon le découpage chronologique suivant : le temps de l'indifférence (1831-1880), celui de l'intérêt (1880-1914), de la reconnaissance (1914-1945), de la nécessité (1945-1962) et de la normalité (de 1962 à nos jours).

L'indifférence des milieux politiques s'explique d'abord par le soulagement unanime des parlementaires après l'éloignement des (volontaires) étrangers qui pouvaient menacer l'ordre public. Sous la monarchie de Juillet et le Second Empire, malgré des services rendus sur les différents théâtres d'opérations, quelques voix se sont élevées pour demander et obtenir la réduction des effectifs légionnaires. C'est le cas, au début de la IIe République, du ministre de la Guerre, le général d'Hautpoul. Comment en outre ne pas évoquer les deux « prêts » à l'Espagne (1835-1839) et à l'empereur Maximilien à la fin de la campagne du Mexique (1866-1867), révélateurs d'un désintérêt marqué pour le sort de ce corps militaire marginalisé ? Étrangers au service de la France mais avant tout considérés comme mercenaires, les légionnaires laissent indifférents les milieux politiques jusqu'aux grands débats sur la réforme de l'armée au début de la IIIe République. Jean-Charles Jauffret a mis en lumière les efforts du vicomte de Montfort, député orléaniste (1889-1899) puis sénateur (1900-1911), pour obtenir du Parlement le renforcement de la Légion. Il pouvait compter sur le soutien du « parti colonial » naissant réunissant des personnalités de toutes tendances. Il est vrai que les parlementaires ne séparaient pas toujours la Légion de l'armée coloniale. C'est ainsi qu'en octobre 1895 un projet prévoyait la constitution d'une armée coloniale incluant l'armée d'Afrique, donc les régiments étrangers.

Au début du XXe siècle (1905-1912), les affaires marocaines avaient mis sur le devant de la scène la Légion devenue enjeu dans les rivalités entre la France et l'Allemagne, d'une part, entre l'Espagne et la France, de l'autre, et qui bénéficiait d'une publicité favorable dans les milieux nationalistes. De plus, les campagnes lancées en Allemagne pour discréditer la Légion provoquèrent des réactions officielles largement diffusées et approuvées par une majorité de parlementaires. L'embrasement de l'Europe allait changer le regard des hommes politiques sur les légionnaires qui n'étaient plus seulement perçus comme des soldats de métier du service outre-mer mais qui participaient à la défense du territoire national, au même titre et avec la même détermination que leurs frères d'armes français.

De surcroît, l'engagement de nombreux étrangers aux premiers jours de la Première Guerre mondiale comme la belle tenue du régiment de marche de la Légion étrangère (RMLE) avaient largement contribué à faire accepter le maintien de ce recrutement particulier par le Parti radical et radical-socialiste qui, de Clemenceau à Daladier sous la IIIe République et au-delà, sous la IVe avec Bourgès-Maunoury, a été l'un des artisans de la reconnaissance officielle par la France des services rendus. Pour la droite, la Légion restait la troupe d'élection par excellence dans la politique de défense de l'Empire colonial qui exigeait des forces armées nombreuses – dont l'armée d'Afrique et les troupes coloniales. Les seules critiques venaient de l'extrême gauche, plus exactement du parti communiste qui se manifesta à l'occasion de la guerre du Rif, et qui visait en réalité les deux légions (étrangères) espagnole et française. En fait, à l'apogée de l'Empire, la Légion avait réussi à rallier les hommes de gouvernement et les parlementaires enclins parfois encore à la comparer aux bat' d'Af'. En 1939, les témoignages de sympathie comme les décrets pris par Édouard Daladier, président du Conseil et ministre de la Guerre, attestaient le chemin parcouru depuis un demi-siècle dans les milieux politiques. Au cours de la Seconde Guerre mondiale, les légionnaires avaient témoigné une nouvelle fois leur gratitude et leur loyalisme à la France, gagnant en retour la confiance sans partage de ses élites dirigeantes.

Sous la IVe République, la Légion a pu compter sur le soutien sans faille des ministres et secrétaires d'État chargés de la Défense nationale et des Forces armées quand elle faisait l'objet de campagnes hostiles à l'étranger et en France

– où le Parti communiste français ne désarmait pas, notamment pendant la guerre d'Indochine. Dans une unanimité quasi parfaite, de Pierre Kœnig et Paul Coste-Floret, Pierre-Henri Teitgen ou Pierre de Chevigné pour le Mouvement républicain populaire (MRP) à René Pleven pour l'Union démocratique et socialiste de la Résistance (UDSR), en passant par Maurice Bourgès-Maunoury du Parti radical-socialiste et en terminant par Max Lejeune de la Section française de l'Internationale ouvrière (SFIO), la classe politique française ne ménageait pas ses hommages aux légionnaires en faisant toujours référence aux traditions françaises du service étranger. À la charnière des deux Républiques, les péripéties de la guerre d'Algérie – bataille d'Alger, dénonciations des exactions imputées aux unités parachutistes et légionnaires, participation du 1er régiment étranger de parachutistes (REP) à la révolte des généraux en avril 1961 – n'ont réussi à entamer le capital de sympathie que la classe politique portait à l'égard de la Légion qu'à gauche et à l'extrême gauche des hémicycles. Le général de Gaulle lui-même ne pouvait se résoudre à mettre fin à l'une des sources de recrutement de l'armée française. Son ministre des Armées, Pierre Messmer, qui connaissait bien la Légion pour y avoir servi de 1940 à 1943, mit tout en œuvre pour lui redonner sa place au sein des forces d'intervention. La libération des otages de Kolwezi entre le 19 et le 21 mai 1978 par les légionnaires du 2e REP fut d'ailleurs saluée par l'ensemble des partis à l'exception du PCF qui saisit l'occasion pour relancer le débat sur la participation du colonel Erulin à la bataille d'Alger.

L'élection de François Mitterrand le 10 mai 1981 laissait planer la menace d'une dissolution, souhaitée par des responsables de parti de la nouvelle majorité, mais le nouveau ministre de la Défense, Charles Hernu, resta ferme et convainquit le président de la République de renoncer au projet inscrit au « programme commun de gouvernement de la gauche » (1972-1977). L'abandon du système de l'armée mixte et la suspension de la conscription le 23 février 1996 donnaient au recrutement étranger un atout que les gouvernements ont reconnu, au point de maintenir les effectifs de la Légion alors même que les réformes qui se sont succédé depuis la mise en œuvre de la professionnalisation des armées et de la révision générale des politiques publiques (RGPP) ont abouti à des suppressions dans les autres armes. La Légion dans l'armée de terre du début du XXIe siècle se distingue par ailleurs de moins en moins des autres armes : les dernières dispositions sur le mode de recrutement, qui ont supprimé le 20 septembre 2010 l'identité déclarée, ne peuvent que rassurer les défenseurs des droits du soldat. Le rapport d'initiative personnelle de l'ancien garde des Sceaux Marylise Lebranchu, *La Légion étrangère, corps d'élite au XXIe siècle*, déposé sur le bureau de l'Assemblée nationale le 4 février 2010, a permis de préciser que le statut général des militaires adopté en 2005 s'applique intégralement aux légionnaires. L'intervention de certains médias qui se sont fait l'écho d'incidents mettant en cause des cadres de la Légion n'a eu aucun effet sur les responsables politiques qui considèrent désormais comme acquis l'alignement des régiments étrangers sur le régime « régulier » des autres corps de troupe de l'armée de terre.

André-Paul COMOR

POLONAIS DANS LA LÉGION ÉTRANGÈRE AU XIXe SIÈCLE, Les. – Les recherches de l'historien polonais

Robert Bielecki au service historique de la défense de Vincennes ont permis d'établir que 1 608 officiers et soldats polonais ont servi dans la Légion étrangère entre 1831 et 1879. La défaite de l'insurrection antirusse de 1830-1831 avait entraîné une vague d'émigration de 10 000 insurgés, dont la moitié se fixèrent en France. Les anciens militaires furent dispersés en province et assignés à résidence dans des « établissements » surveillés ; le nombre d'officiers (2 317 recensés, pour la plupart appartenant à la petite noblesse) était quatre fois supérieur à celui des sous-officiers et des soldats (642 hommes). Malgré une expérience considérable, ils ne pouvaient pas servir dans l'armée française, en vertu de leur statut de sujets étrangers. Quelques dizaines d'officiers s'engagèrent alors dans l'armée belge, créée après 1830.

Malgré des conditions d'existence misérables, les Polonais, et surtout les officiers, ne s'enrôlaient dans la Légion qu'au compte-gouttes. De même les civils résidant à Avignon, Bergerac ou Châteauroux ne furent pas tentés. En revanche, des réfugiés des petites villes n'eurent d'autre choix que de s'engager pour échapper à la mendicité, et, *in fine*, l'affluence des Polonais aboutit à la formation à Toulon d'un septième bataillon « national » au cours de l'été de 1832. Le 22 septembre suivant, cette troupe très incomplète, commandée par le chef de bataillon Tadeusz Ignacy Horain, quitta le sol français pour Alger. Entre-temps, l'insurrection tirant sur sa fin à l'automne 1831, de nombreux Polonais avaient franchi la frontière prussienne et avaient été internés à Dantzig (aujourd'hui Gdańsk) et Graudentz (Grudziadz). Les Prussiens, pour en finir avec un problème humainement et diplomatiquement embarrassant, embarquèrent en novembre 1833 environ 600 anciens insurgés sur trois navires marchands à destination des États-Unis d'Amérique. À la suite d'avaries subies par deux des navires dans la Manche, les passagers des deux premiers furent autorisés à débarquer à Portsmouth et au Havre et à s'établir dans les deux pays d'accueil. Il n'en fut pas de même avec les Polonais du troisième navire, bloqué à Harwich : les autorités britanniques leur laissèrent le choix entre la poursuite du voyage vers l'Amérique et l'enrôlement dans la Légion étrangère – 219 des 233 passagers optèrent pour le service de trois ans en Algérie, avec l'espoir de s'établir en France. Ils furent embarqués à bord du bateau anglais *Earl Kelly* qui parvint à Oran le 27 avril 1834. Ce renfort inattendu permit de lever quatre compagnies supplémentaires, et, vers la mi-mai, le bataillon polonais (après la dissolution du bataillon espagnol il portait le numéro 4) formé à Oran sous le commandement du chef de bataillon Horain comprenait 433 hommes. Auparavant, en 1833, les Polonais du 7e bataillon, souffrant du climat africain et consumés par la nostalgie, avaient été envoyés avec deux autres bataillons à Douera pour y construire un camp fortifié et avaient reçu leur baptême du feu lors d'une opération lancée le 15 septembre 1833 pour tenter de libérer une jeune Française enlevée par les Arabes.

Les légionnaires polonais se distinguèrent lors de l'expédition malheureuse du général Trézel contre Abd el-Kader, en juin 1835. Trois compagnies menées par Horain combattirent le 26 juin à Moulay Ismael et deux jours plus tard, pendant la retraite, sur les bords de la rivière Macta. Grâce à la science militaire de leur chef et à leur propre expérience, les Polonais ne laissèrent sur les deux champs de bataille que quelques morts (Trézel y perdit 260 hommes). Le lieutenant Jozefowicz, amputé d'une jambe après Moulay Ismael, fut quant à lui abandonné à son sort par ses hommes, révoltés contre « un chef particulièrement cruel » : il finit décapité.

Cette expédition à peine achevée, la Légion fut envoyée en Espagne pour combattre les partisans du prétendant au trône don Carlos. Le 27 juillet 1835, elle prêta serment de fidélité à la reine Isabelle et, le 19 août, 5 000 légionnaires dont 416 Polonais débarquèrent à Tarragone. Leur commandant, le colonel Bernelle, décida d'entremêler des bataillons nationaux : ainsi disparut le 4e bataillon polonais dont les soldats furent incorporés dans d'autres compagnies. Une seule exception à cette règle : le régiment de lanciers créé par autorecrutement au sein de la Légion en mars-avril 1836 et composé presque uniquement de Polonais. Bernelle y voyait le premier pas vers une future division légère, autonome et mobile qui pouvait profiter de l'expérience des anciens cavaliers de l'armée polonaise. Le chef de bataillon Horain prit le commandement des trois escadrons puis fut remplacé en 1836 par le lieutenant-colonel Krajewski, ancien officier de lanciers polonais. En juin 1838, les lanciers survivants seront incorporés dans l'armée constitutionnelle espagnole.

Dès 1837, les survivants polonais (191 sur 1 675 légionnaires restés dans les rangs en juillet), et parmi eux les anciens passagers du *Earl Kelly*, pouvaient enfin – leur contrat de trois ans rempli – s'établir en France. Peu s'enrôlèrent dans la « nouvelle Légion étrangère » formée dès novembre 1835 à Pau et envoyée en Algérie une année plus tard : en 1838, les contrôles de la Légion ne comptent que 59 Polonais. Horain, nommé chevalier de la Légion d'honneur, revint pour sa part en Afrique en 1837. Deux ans plus tard, mortellement blessé à la bataille de Gigely, il mourut à Bougie, selon son biographe, « en rêvant toujours de la Pologne et de la France ».

Selon les statistiques établies par Bielecki, pendant les dix années qui suivirent le licenciement de la Légion en Espagne, le nombre de légionnaires polonais ne fut supérieur à 90 qu'entre 1838 et 1841 (respectivement 94, 97 et 100). Il fallut attendre les événements du Printemps des peuples pour voir un nouveau groupe de Polonais s'enrôler dans la Légion (de 75 en 1848, ils passèrent à 122 en 1849 et à 130 en 1850). La « nouvelle émigration » que connut la France en 1848 était composée en grande partie d'anciens insurgés (contre la Prusse) de Posnanie et de soldats de la légion polonaise combattant au nom de l'indépendance hongroise. Toujours selon Bielecki, « privés de leurs propres ressources, ne pouvant pas compter sur les allocations versées par les autorités françaises, ne connaissant pas la langue, se sentant étrangers dans ce pays, ils cédaient facilement à la pression et s'enrôlaient dans la Légion, parfois déjà au passage de la frontière. De plus, ils y étaient poussés par l'amertume de la défaite et le manque d'espoir de voir une reprise de la lutte pour l'indépendance ».

Ce groupe assez hétéroclite fut complété après 1856 par 55 anciens Cosaques du sultan, formation créée auprès de l'armée turque pendant la guerre de Crimée, de Bulgares et des prisonniers de guerre et déserteurs d'origine polonaise et ukrainienne pris par les Alliés. Après la paix de Paris et la dissolution de la division « cosaque », habillée à la turque mais soldée par les Britanniques, ils ne pouvaient plus rentrer en Russie et cherchaient à survivre. Après les passagers du *Earl Kelly*, ces hommes constituèrent donc le second groupe compact de légionnaires polonais. En 1857, 122 Polonais servirent en Afrique ; deux ans plus tard ils n'étaient plus que 88 en Italie. L'échec de la nouvelle insurrection polonaise des années 1863-1864 et l'arrivée d'une nouvelle immigration sur le sol français firent de nouveau augmenter leur nombre. En 1865, il n'y avait que 11 Polonais en Afrique mais 102 au Mexique. La dernière vague d'enrôlements vint après la guerre de 1870 et la Commune, quand les Polonais, accusés d'être très nombreux parmi les communards, devinrent impopulaires en France. Ensuite, leur nombre dans les registres ne fit que décroître : 108 en 1871, 92 en 1874, 50 en 1877 et… 14 deux années plus tard.

Un groupe spécifique était constitué des légionnaires nés sur le territoire français, de mère française mais de père polonais, et qui étaient étrangers aux yeux de la loi. Pour se faire naturaliser, et pouvoir poursuivre leur carrière, ils devaient présenter un certificat de « bon service » obtenu après cinq ans de service dans la Légion. Parmi les cas particuliers, citons Alexandre Walewski (fils de Napoléon et de Marie Walewska déjà naturalisé français) ou les frères (Marie et Théodore) Rzewuski, cousins de Balzac.

Robert Bielecki établit enfin que 693 légionnaires polonais finirent leur service « ayant entièrement satisfait les supérieurs ». En outre, 14 Polonais devinrent officiers pendant leur service et 26 autres furent mutés dans des régiments français. Les registres restent muets sur le sort de 121 hommes. Parmi les autres, 195 périrent (mais seuls 30 au combat), 125 furent réformés et 141 réussirent à déserter. Au Mexique, presque la moitié des Polonais passèrent dans le camp du président Juárez dont ils approuvaient la cause. Dans 124 cas enfin le contrat fut annulé pour des raisons diverses.

Sur toute la période étudiée (1831-1879), la très grande majorité des 1 381 engagés volontaires ne souscrivit qu'un seul contrat. La plupart « considéraient la Légion comme un mal nécessaire qu'on n'a pu éviter mais qu'il ne faut en aucun cas répéter ». Ainsi quittaient-ils la Légion sans regrets, et sans retour. Ajoutons que les cercles démocrates et radicaux de l'émigration polonaise en France critiquaient l'emploi de leurs compatriotes dans la Légion, y voyant un gaspillage du potentiel national.

Andrzej NIEUWAZNY

Bibl. : Robert Bielecki, *Polacy w Legii Cudzoziemskiej* [« Les Polonais dans la Légion étrangère »] *1831-1879*, Varsovie-Lodz, PWN, 1992 • Jean-Charles Jauffret, « Une tradition oubliée : le régiment de lanciers polonais de la Légion étrangère, Espagne 1836-1838 », *Histoire et défense. Les Cahiers de Montpellier*, n° 41, I/2000, p. 97-110 • *Id.*, « L'idée d'une division de la Légion étrangère 1836-1955 », dans *La Légion étrangère, mythe et réalité*, actes du colloque tenu à la Fondation Singer-Polignac, à Paris, le 12 décembre 2000, p. 27-53.

POLONAIS, volontaires (1914-1915). – Août 1914 : un comité de volontaires polonais est organisé à Paris par les Polonais désireux de défendre la France. Jan Zyznowski, sujet du tsar et futur légionnaire, évoque ces hommes, ses collègues, dans ses Souvenirs : « Presque un millier d'hommes de niveau intellectuel très divers, ayant abandonné leurs différentes aspirations politiques – provenant d'une part de Pologne, et d'autre part complétés par les socialistes ou monarchistes français […]. Docteurs, peintres, comtes, artistes, avocats, poètes, couturiers, deux cuisiniers, libertins, dévots, athées, et surtout étudiants – bref, tous ceux que la grande guerre européenne surprit à Paris et qui coururent joyeusement à sa rencontre. » Cette minorité d'émigrés considérait la Russie, alliée des Français, comme l'ennemi principal de l'indépendance polonaise et restait sur ses gardes.

Contrairement aux Italiens, avant 1917 les Polonais, volontaires ou non, n'avaient pas la moindre chance de former un corps autonome au sein de l'armée française, l'ambassade russe veillant à ne leur permettre aucune expression de sentiment national. Ils pouvaient en revanche, comme tant d'autres « non-nationaux », s'enrôler dans la Légion étrangère. Une compagnie du 1er régiment étranger sera donc composée uniquement de Polonais. Après examen médical, seulement 300 volontaires sur 500 quittèrent le 22 août Paris pour le dépôt de Bayonne. « Rangés par taille, divisés en sections, raconte encore Zyznowski, nous étions conduits à l'exercice. Chemin faisant, tout le monde criait "gauche" pour marcher au pas. Chacun faisait tout son possible, on voulait surpasser les autres en capacité de faire les tours et les demi-tours qu'on nous montrait. Pendant l'exercice nous avons entendu, étonnés, les traductions polonaises des commandements en français. Le traducteur était Lucjan Malcz qui avait passé plusieurs mois dans la Légion étrangère. Bientôt, comme il était un ancien soldat français, on lui confia une section de volontaires pour l'instruction. Dans la difficulté où nous étions avec tout en matière militaire, cet ancien soldat expérimenté, Malcz, prit à nos yeux des dimensions extraordinaires. Avec un sérieux plein de respect on lui posait des questions sur tout ce qui concernait l'armée, même sur des choses dont il était aussi ignorant que nous. Notre exercice du matin et de l'après-midi se passait comme à la maison, sans aucune discipline qui, à vrai dire, n'était pas nécessaire, car chacun s'efforçait de faire de son mieux. »

La particularité de cette compagnie, rapidement appelée « bayonnaise » par les Polonais et qui était commandée par le lieutenant Doumic, était d'avoir ses drapeaux officieux avec l'aigle nationale. Le plus connu, brodé par les dames de Bayonne selon le projet du légionnaire Ksawery Dunikowski (réformé bientôt pour cause de santé, futur sculpteur célèbre), est conservé au musée de l'Armée polonaise à Varsovie. Il est accompagné d'un ruban tricolore, orné de franges, et des lettres dorées « Français / et / Polonais / de tout temps / Amis ». Après quelques mentions dans les journaux de Bayonne qui avaient inquiété l'ambassade de Russie, le drapeau fut roulé et caché dans le havresac de Wladyslaw Szujski, doyen de la compagnie (quarante-cinq ans) élu porte-drapeau au suffrage secret.

Après l'incorporation au 2e régiment de marche du 1er régiment étranger (2e RM/1er RE) et une instruction supplémentaire au camp de Mailly dès le 26 octobre 1914, le bataillon C dont sa 2e compagnie (« polonaise ») fut mis en ligne au début de novembre dans le secteur de Prunay et des Marquises – Szujski y périra un mois plus tard en protégeant le drapeau. Exposé aux duels d'artillerie et aux attaques allemandes, et à l'instar de tout le régiment, il subit des pertes particulièrement lourdes en janvier 1915 lors de la contre-offensive allemande sur l'Aisne ; le capitaine Osmonde prit alors le commandement de la 2e compagnie après la mort du lieutenant Doumic.

Un autre groupe de volontaires polonais, recrutés et instruits à la caserne de Reuilly (Paris 12e) et au camp de Rueil, eut aussi son drapeau. Enrôlés dans le régiment de marche de la Légion étrangère du camp retranché de Paris, transformé fin novembre en 3e régiment de marche du 1er régiment étranger (3e RM/1er RE), ces Polonais se retrouvèrent sur le front de la Somme. Après quelques affectations provisoires, à la suite des départs des volontaires italiens, belges et russes vers leur armée respective, la dissolution du régiment fut décrétée. Les Polonais (y compris les sujets du tsar restés au 3e RM) furent finalement dispersés au cours de l'été 1915 dans différents détachements du 2e RM/1er RE. La compagnie « polonaise » n'existait plus.

En mai 1915, au début de l'offensive ouvrant la deuxième bataille d'Artois, le 2e RM/1er RE faisant partie de la division marocaine devait prendre les positions allemandes au nord de Neuville-Saint-Vaast. Le sergent Jan Rotwand, engagé volontaire avant d'obtenir son diplôme d'architecte, rapporta dans une lettre : « Nous attendons le combat avec impatience et nous croyons à la réussite. Si l'on arrive à rompre le cercle des tranchées allemandes au moins dans un seul endroit, il est fort possible qu'ils éclateront comme un tonneau décerclé. » Le 9 mai à 10 heures, après une intense préparation d'artillerie, le 2e RM/1er RE, conduit par le lieutenant-colonel Cot, surgit à la tête de la division marocaine, occupant des positions successives jusqu'à la ferme de la Folie (11 h 30). Toutefois, selon l'historien Philippe Guyot, « un décalage conséquent s'étant opéré avec l'unité de droite, arrêtée devant le pôle de résistance représenté par le village de Neuville, le régiment est exposé à des tirs d'enfilade qui entament fortement son potentiel, en décimant littéralement les officiers des trois premiers bataillons. Exposés à des contre-attaques violentes dans la région de la cote 140, les légionnaires de ces unités doivent se replier sur la cote 125, vers 16 heures, et s'y enterrer. 50 officiers et 1 889 hommes ont été mis hors de combat. Le régiment sera cité à l'ordre de l'armée pour cette action ». Au moins 29 « bayonnais » périrent ce jour, et 90 furent blessés. Aucun officier ne restait dans les rangs, et le capitaine Osmonde allait succomber à ses blessures. La compagnie fut reprise par Rotwand, promu sous-lieutenant.

Pour lui, comme pour beaucoup d'autres survivants, ce n'était que l'ajournement de la mort : après la mêlée sanglante dans le ravin de Souchez, les 16 et 17 juin, 20 officiers et 605 légionnaires du 2e RM/1er RE furent mis hors de combat. Rotwand et nombre de ses hommes tombèrent au cimetière de Souchez tenu coûte que coûte par sa compagnie. Le caporal Jerzy Kijewski y résista jusqu'au matin du 17 juin – « nous étions encore quelques dizaines de Polonais. Les renforts promis ne venaient pas. Nous nous défendions la journée entière. Les zouaves fonçaient jusqu'au soir, mais ils n'ont pas réussi à nous joindre devant la pluie de balles tombant sur nous du côté allemand. J'ai pensé que c'était la fin. Pourtant, au petit matin les zouaves nous ont remplacés ». En 1922, les restes de Rotwand, chevalier de la Légion d'honneur à titre posthume (1921), seront rapatriés aux frais du gouvernement français et enterrés dans sa Varsovie natale.

Les rescapés du 2e RM/1er RE furent relevés et envoyés dans la région de Chelers (Pas-de-Calais) pour une réorganisation. Après le départ des Alsaciens et Lorrains qui n'avaient pas signé la déclaration de service contre l'Allemagne, et des Grecs envoyés vers l'arrière pour parfaire leur instruction, le régiment ne disposait plus que de deux bataillons, soit environ 950 hommes. La compagnie polonaise cessant d'exister en tant que détachement séparé, nombre de volontaires décidèrent de résilier leur contrat ; une poignée de sujets du tsar (environ 30 % des volontaires polonais en 1914) décidèrent de rentrer en Russie par le lointain Arkhangelsk. Les Polonais restés dans la Légion ou mutés dans d'autres régiments français, comme le caporal Gula, ne pouvaient que se remémorer avec nostalgie l'époque où « avant une attaque à la baïonnette nous avons chanté *L'Alle-*

mand ne nous crachera au visage ni ne germanisera nos enfants ! Aujourd'hui, ceux qui chantaient ne sont plus là : ni Janek Liszewski, ni Wacek Liszkowski, ni tant d'autres collègues. Je suis donc triste. Actuellement, je suis avec les Français du Sud. Ils sont très gais et bienveillants. J'ai pourtant remarqué qu'ils n'égaleraient jamais les Polonais ».

Mis à part l'histoire du drapeau « bayonnais » et la mort de Szujski, le sacrifice des légionnaires polonais est oublié en France. Cela semble donner raison à Waclaw Gasiorowski, écrivain et organisateur du Comité des volontaires qui résuma leur aventure dans *L'Illustration* du 4 décembre 1915, sur un ton sombre : « La lutte qui englobe des millions d'hommes absorbait l'individualité de divisions ou de corps entiers. Que pouvaient une compagnie de 250 volontaires, ou une autre de 180 hommes, ou enfin les 1 500 jeunes gens disséminés sur tous les fronts ? Car ils se sont battus en Flandre et en Champagne, en Argonne et en Alsace, sur la presqu'île de Gallipoli et au fin fond de l'Afrique. Et leurs sacrifices paraissent condamnés d'avance à être méconnus. » Et pourtant le pessimisme de Gasiorowski ne dura pas. Déjà deux ans plus tard, il participa à l'organisation non pas d'une compagnie, mais de toute une armée polonaise créée sur le territoire français. Pendant la remise des drapeaux aux trois régiments polonais, au camp de Mailly le 22 juin 1918, le président Poincaré décora de la croix de guerre avec palme le drapeau des « bayonnais », transpercé par de nombreuses balles. Cette décoration ainsi que l'aigle de ce drapeau figurent sur l'insigne du 43e régiment d'infanterie polonaise (ancien 1er régiment de chasseurs à pied combattant dès juin 1918) qui en 1929 devint officiellement le 43e régiment d'infanterie de la légion des bayonnais. Grâce aux dons des Polonais du Pas-de-Calais, une croix fut érigée en 1929 à Neuville-Saint-Vaast « à la mémoire des volontaires polonais qui, le 9 mai 1915, se sont portés à l'assaut de la cote 140 et sont tombés pour la résurrection de la Pologne et la victoire de la France ». Détruit en 1940, endommagé en 1967 par la tempête, le monument est chaque fois reconstruit par des travailleurs bénévoles et grâce à des souscriptions ouvertes par le journal polonais *Narodowiec* (imprimé à Lens entre octobre 1924 et sa disparition en juillet 1989). Rénové en 1995, il porte toujours la devise de ces volontaires : « *Za nazna wolnosc i wasza* », « Pour notre liberté et la vôtre ».

Andrzej NIEUWAZNY

Sources : *Dziennik Bajonczyka Marjana Himnera* [« Journal du "bayonnais" Marian Himner »], *Niepodległosc*, 1930, t. I, p. 309-318 • Jerzy Kijewski, *Dwa dni na cmentarzu w Souchez. Wspomnienia z frontu francuskiego* [« Deux journées au cimetière de Souchez. Souvenirs du front français »], *Tygodnik Ilustrowany*, 1918, t. II, p. 552, 575, 592 et 608 • Jan Zyznowski, *Dla Polski pod Joffrem* [« Pour la Pologne sous Joffre. Souvenirs d'un légionnaire »], Varsovie-Saint-Pétersbourg, Nakładem B-ci Bojarskich, 1916.

Bibl. : Waclaw Gasiorowski, *Historia Armii Polskiej we Francji* [« Histoire de l'armée polonaise en France »], Varsovie, Dom Ksiażki Polskiej Spółka Akcyjna, t. I, 1931 • Philippe Guyot, « La participation de la Légion étrangère à la Première Guerre mondiale », dans *La Légion étrangère, mythe et réalité*, actes du colloque tenu à la Fondation Singer-Polignac, à Paris, le 12 décembre 2000, p. 65-97 • Andrzej Nieuwazny, « De la Champagne à la Volhynie : l'insigne du 43e régiment polonais d'infanterie », *Revue historique des armées*, n° 260, 2010, p. 65-67.

PONTICELLI, Lazare (1897-2008). – Lazare Ponticelli est né en Italie en 1897, à Bettola, petite ville de la province de Plaisance. Sa famille est pauvre, originaire d'un village de montagne, et vit de petits travaux dans la menuiserie et la cordonnerie, sa mère se louant comme journalière dans les rizières de la plaine du Pô. Mais la disparition prématurée du père pousse une grande partie de la famille à partir pour la France, afin de fuir la misère. Lazare, trop petit, rejoint sa famille plus tard, en 1906, à neuf ans, ne sachant ni lire ni écrire mais étant accueilli à Nogent-sur-Marne par l'importante communauté italienne de la ville. Il travaille d'abord comme ramoneur puis comme crieur de journaux à Paris lorsque la guerre éclate. Il distribue *L'Intransigeant* entre le Bon Marché et la Bastille, et se souvient de l'assassinat de Jaurès (ses meilleures ventes ce jour-là). Le 2 août 1914, il s'engage dans le 1er régiment étranger en trichant sur son âge et est affecté au 4e régiment de marche (la légion garibaldienne). À la fin de sa vie, il explique à des journalistes les raisons de son choix : « J'ai voulu défendre la France parce qu'elle m'avait donné à manger. »

En 1914-1915, en Argonne, il ne cesse de creuser des fosses pour les morts ou des sapes pour les mines. Après le licenciement de la légion garibaldienne, il se retrouve dans le secteur de Verdun où il apprend sa démobilisation. Il retourne alors à Paris et tente d'échapper à la guerre en Italie en cherchant à se rengager dans l'armée française, sans succès : il est expédié en Italie « entre deux gendarmes », d'après son témoignage, et combat dans les Dolomites au sein du 3e régiment de chasseurs alpins avant de se distinguer au feu en 1916 à Monte Cucco. Blessé au visage, il part en convalescence à Naples puis retourne au front en 1918 lors de la bataille de Vittorio Veneto, où il subit les attaques au gaz qui le marquent à jamais.

Après la guerre, en 1920, il retourne en France, au Kremlin-Bicêtre (Val-de-Marne), et fonde avec ses frères une prospère société de fumisterie, Ponticelli Frères, qui employait encore en 2008 plus de 3 500 personnes. Dès lors, Lazare Ponticelli se sent français et obtient sa naturalisation en 1939 alors que débute la Seconde Guerre mondiale. Après avoir offert ses services, refusés en raison de son âge, et évacué son entreprise dans la zone sud, il entre dans la Résistance après l'occupation de cette dernière par les Allemands en novembre 1942.

Bien après la guerre, retraité en 1960, il partage sa vie entre sa villa de Sausset-les-Pins et celle du Kremlin-Bicêtre, tout en n'oubliant pas sa guerre. Le hasard de la vie fait de lui l'un des derniers survivants de la guerre et, peu à peu, il raconte son histoire, écrit ses Mémoires, témoigne dans les écoles et auprès des journalistes. Sa maison est toujours ouverte et son engagement devient fondamentalement antimilitariste, dans la plus grande humilité du soldat qui, en pensant à ses camarades morts pour la patrie, dénonce l'horreur et l'absurdité de la guerre tout en refusant les honneurs (obsèques nationales et transfert au Panthéon) que la République voudrait accorder au dernier poilu. Chaque année, le 11 novembre, il se rend ainsi à pied au monument aux morts du Kremlin-Bicêtre. Jusqu'à la fin de sa vie, il se souvient ainsi de cette guerre avec émotion, l'œil vif et l'esprit alerte, et reste membre de l'amicale Paris-Île-de-France de l'association Ceux de Verdun. Dernier poilu français, il meurt à cent dix ans, le 12 mars 2008, chez lui au Kremlin-Bicêtre, et est enterré dans l'intimité au cimetière d'Ivry-sur-Seine, après avoir reçu, au cours de sa vie, de nombreuses décorations françaises et italiennes (chevalier de la Légion d'honneur, Croix de combattant 1914-1918, médaille interalliée 1914-1918, médaille des blessés, chevalier de l'ordre de Vittorio Veneto, Merito di Guerra).

Ses obsèques sont l'occasion d'une célébration émouvante aux Invalides, en présence du président Nicolas Sarkozy et de l'ancien président Jacques Chirac ainsi que de hautes autorités civiles et militaires. Son cercueil est porté par des légionnaires du 3e régiment étranger, devant un détachement d'Alpini. Max Gallo, dans son éloge funèbre, fait alors de Lazare Ponticelli « un homme de paix, modeste et héroïque, bon et fraternel, italien de naissance, français de préférence, vivant parmi nous ». À travers celui-ci fut ainsi honorée la mémoire de toutes les victimes de la Grande Guerre, au nom de la paix universelle et de la fraternité des peuples.

Hubert HEYRIÈS

Bib. : Philippe Guyot *et al.*, *Hommage à Lazare Ponticelli, dernier légionnaire garibaldien de la Grande Guerre*, Esprit du livre, coll. « Histoire & mémoires combattantes », 2007 • Nicolas Offenstadt, « Le pays a un héros : le dernier poilu », *L'Histoire*, 2007, n° 320, p. 25-26 • Lazare Ponticelli, *Ponticelli Frères, les premières années : trois frères, une entreprise*, Ville du Kremlin-Bicêtre, 2005.

PORTER, Cole (1891-1964). – L'Américain Cole Porter est issu d'une famille aisée de l'Indiana. Sa mère lui inculque dès son plus jeune âge les premiers rudiments musicaux et lui fait apprendre le violon à partir de l'âge de six ans, puis le piano. Plus tard, décidé à embrasser une carrière musicale, il abandonne ses études de droit et intègre la Harvard School of Music. Il écrit ses premières chansons dès 1910 et en 1916 présente à Broadway sa première œuvre publique, *See America First*, qui est un échec.

En avril 1918, Cole Porter s'engage dans les rangs de la Légion étrangère. Rapidement nommé aspirant, il quitte cependant tout aussi vite la Légion et rejoint la 1re batterie du 15e régiment d'artillerie de campagne avant d'être détaché auprès du bureau de l'attaché militaire des États-Unis en janvier 1919. Le 18 avril suivant, il est libéré et rayé des contrôles de l'armée française et s'installe à Paris. Auteur particulièrement prolixe, compositeur et parolier à la fois, il y compose notamment *Within the Quota* (1923), premier « ballet jazz » de l'histoire, *Fifty Million Frenchmen* (1929) et *Du Barry was a Lady* (1934). En 1937, il est victime d'un accident d'équitation qui le laisse partiellement estropié mais ne l'empêche pas de continuer à composer et surtout de rencontrer le succès, en particulier avec *Night and Day* (1932) dans la comédie musicale *Gay Divorce*. Cole Porter meurt le 15 octobre 1964 à Santa Monica en Californie.

Alexis NEVIASKI

Sources : Centre de documentation de la Légion étrangère.

POSTES, guerre des. – Caractéristique du conflit indochinois, la guerre des postes trouve son origine dans le caractère révolutionnaire de la lutte menée par le Viêt-minh. Comme tout mouvement révolutionnaire qui combat du faible au fort et pour lequel le peuple apparaît à la fois comme l'enjeu et l'outil du combat, celui-ci utilise en effet la tactique de la guérilla, le conflit prenant alors cette forme particulière de guerre dans l'espace ou de guerre sans front. Pour y répondre et sauf à envisager des transferts massifs de populations, la solution consiste à répartir au mieux les forces disponibles sur l'ensemble du territoire en créant des postes en nombre suffisant. Dans un tel cas de figure, ces postes peuvent remplir deux fonctions distinctes ou corrélatives : assurer la protection et le contrôle des habitants d'un village ou d'une zone définie ; contribuer à la sûreté des axes et des voies de communication en assurant en particulier la garde des points les plus sensibles de l'itinéraire.

Apparus en Indochine dès 1946, les postes n'ont cessé de se multiplier. En

1953, et alors que les troupes ont évacué la Haute-Région après la douloureuse affaire de la route coloniale n° 4 (RC4), il existe encore au Tonkin près de 900 postes. Au début de la guerre, et face à un adversaire encore faiblement armé et instruit, ils sont construits de façon rudimentaire en utilisant les matériaux locaux traditionnels : bambou, bois, torchis et herbe à paillote pour les toitures. Les postes les plus isolés et les moins bien défendus sont évidemment des proies tentantes pour l'ennemi qui, après avoir soigneusement observé et étudié son objectif, attaque généralement de nuit et par surprise. Il n'est pas rare, par ailleurs, que la trahison de supplétifs ou de partisans lui permette de s'introduire dans la place sans avoir à donner l'assaut. Bombardée et assaillie, la garnison du poste ne peut, le plus souvent, compter que sur ses propres forces, car les renforts sont toujours lents à arriver, l'adversaire ne manquant pas de tendre des embuscades sur les itinéraires d'approche. Il arrive fréquemment en outre que l'attaque d'un poste ne soit que l'appât destiné à faire intervenir une garnison voisine pour attirer celle-ci dans un piège meurtrier. Face aux progrès accomplis par le Viêt-minh qui développe l'emploi d'un armement lourd, mortiers et canons de 75 mm, et qui perfectionne ses techniques d'assaut, la nature des postes évolue. Le phénomène sera particulièrement sensible après la chute de celui de Pho Lu, au sud de Lao Kay, en février 1950. On parlera alors de postes de première et de seconde génération, ces derniers apparaissant nettement plus élaborés dans leur conception. Qu'ils soient de type quadrangulaire pour les plus importants ou de type triangulaire lorsque la garnison se limite à quelques dizaines de combattants, les postes perfectionnent leurs systèmes de défense : sur le glacis extérieur, les réseaux de barbelé remplacent les bambous épointés ; de solides blockhaus d'angle en maçonnerie, voire bétonnés, renforcent l'enceinte, elle-même pourvue d'une courtine avec chicanes ; un réduit est aménagé dans la cour intérieure. De surcroît, les plans de feu sont particulièrement étudiés, notamment dans l'emploi de tirs rasants et de tirs de flanquement réciproques qui prennent les réseaux en enfilade. Enfin, la répartition générale des postes est conçue de telle sorte qu'ils puissent être appuyés par l'artillerie du secteur. Mais quelle que soit l'efficacité des défenses, la qualité du poste sera avant tout fonction de la valeur de son chef, jeune officier ou parfois simple sous-officier sur qui pèsent l'isolement et la multiplicité des tâches à accomplir aussi bien vis-à-vis de l'adversaire que des populations locales. Ces chefs de poste, artisans de la pacification et combattants sans cesse exposés, demeurent sans doute les acteurs principaux de cette guerre. Nombre d'entre eux appartenaient à des unités de Légion, que ce soit à la 13e demi-brigade de Légion étrangère en Cochinchine ou au 3e régiment étranger d'infanterie le long de la frontière de Chine. On retiendra les noms du capitaine Mattei qui a commandé successivement les postes de Ban Cao et de Na Cham ou du lieutenant de Saint Marc qui commandait celui de Ta Lung. Pour la Légion cependant, c'est la défense héroïque de Phu Tong Hoa, sur la RC3, qui demeurera emblématique de cette guerre des postes.

Michel DAVID

POURQUET, Henri Charles (1877-1943). – Sculpteur né à Colombes (Hauts-de-Seine), élève de Louis Barrias et de Jules Coutan, Henri Charles Pourquet fait ses études à l'École nationale des beaux-arts. Titulaire de nombreuses récompenses, dont en 1909 la médaille d'or et hors concours du Salon des artistes français ainsi que le grand prix artistique du Maroc, l'artiste exécute plus d'une trentaine de monuments aux morts dans de nombreuses régions françaises après la Grande Guerre.

Henri Charles Pourquet est « le » statuaire de la Légion étrangère. En effet, après avoir étudié les esquisses du monument aux morts faites par le peintre Mahut selon les directives du général Rollet, il établit des plans et propose une maquette au comité du monument créé pour mener l'édification à son terme. La réalisation du projet étant ardue, l'artiste se déplace en Algérie, à Sidi-Bel-Abbès où sera érigé le monument, mais travaille finalement dans son atelier parisien du 18e arrondissement niché sur les flancs de la butte Montmartre (au 22 de la rue Tourlaque). La première pierre est posée le 8 octobre 1930. Comme prévu, le monument est inauguré lors des fêtes du centenaire, à l'occasion de la commémoration de la bataille de Camerone, le 30 avril 1931. L'année suivante, Pourquet réutilise l'un des personnages du monument de Sidi-Bel-Abbès, le légionnaire colonial à qui il a donné les traits du général Brundsaux, pour le monument aux morts du Tonkin.

En récompense de ses éminents services, Henri Charles Pourquet est l'un des premiers légionnaires de première classe honoraire distingués par le général Rollet. Dans les années 1930, il exécute les bustes de plusieurs chefs de corps ou de personnalités de la Légion étrangère – certaines de ses œuvres sont d'ailleurs exposées au musée de la Légion – mais aussi des œuvres comme *Orphée au tombeau d'Eurydice*, exposé dans le jardin du nouveau conservatoire de musique, la statue du maréchal Sérurier, commandée par l'État (elle se trouve au musée du Louvre), celle intitulée *Oser et vouloir* exécutée à l'occasion de l'Exposition de 1937 ou encore le monument de l'écrivain Jules Renard. Il est également le sculpteur des monuments à la mémoire du président colombien Caro et du général Antonio Narino. Fait chevalier de la Légion d'honneur en 1931, il meurt à Paris durant la Seconde Guerre mondiale.

Alexis NEVIASKI

POUSSIÈRE (la). – Plusieurs traditions que nous croyons très anciennes sont nées entre 1919 et 1939. Elles ont été codifiées au lendemain de la Seconde Guerre mondiale sous l'autorité du colonel Gaultier. La « poussière » est l'une d'elles. Au terme d'une étape dans le bled, l'usage voulait qu'on se rince le gosier avant de passer à table. La rareté des boissons imposait d'ingurgiter le liquide utilisé pour ce rinçage. Cela s'appelait boire un coup « pour la poussière ».

Une popote d'officiers, peut-être celle de la compagnie automobile de Foum el-Hassan, a fait de cette pratique peu distinguée un rite que le colonel Gaultier a appelé le « bénédicité de la Légion ». Le popotier en est le cérémoniaire. Le cérémonial originel est un peu plus court que celui d'aujourd'hui. Un doigt de vin rouge a été versé dans chaque verre avant l'arrivée des convives. Ceux-ci se placent derrière leur chaise. Au commandement « Attention pour la poussière », chacun saisit son verre et le porte à hauteur de la bouche. Le popotier commande ensuite : « Envoyez. » Chacun boit son vin et repose son verre plus ou moins bruyamment sur la table. Entonné par le popotier ou un autre officier si celui-ci chante faux, l'assistance chante *Le Boudin* et termine en bissant : « tireurs au cul »…

Henry DUTAILLY

Bibl. : Louis Gaultier et Charles Jacquot, *C'est la Légion, honneur et fidélité*, Les impressions modernes, sd [1963].

PRAVOSSOUDOVITCH, lieutenant-colonel Yvan (1893-1974). – Yvan (Jean en français) Pravossoudovitch figure parmi ces officiers russes restés fidèles au tsar qui ont choisi de servir la France, leur seconde patrie, en s'engageant dans la Légion étrangère. Curieusement, il ne suit pas l'exemple de ses compagnons d'infortune cavaliers des armées blanches qui choisissent de servir au 1er régiment étranger de cavalerie.

Quatorzième enfant d'un pope orthodoxe, il est né à Okmatof près de Kiev, en Ukraine. Après l'école des cadets, l'école de cavalerie et l'école de guerre, il participe à la guerre contre l'Allemagne dans les Carpates. En 1916, il est en France avec les troupes russes envoyées en renfort sur le front ouest et participe à la seconde bataille de l'Aisne au Chemin des Dames où il est blessé et gazé. Détaché au régiment de marche de la Légion étrangère puis à l'état-major du général Franchet d'Esperey, Pravossoudovitch est cité à l'ordre de l'armée avec croix de guerre 1914-1918. De retour en Russie, il combat pendant la guerre civile au sein des armées blanches sous les ordres du général Wrangel. Fait prisonnier, il s'évade et rejoint Constantinople via Yalta où il reste deux ans. Venu à Paris en 1923, il est admis dans la Légion étrangère avec le grade de sous-lieutenant à titre étranger et naturalisé le 13 avril 1924. Il sert d'abord au 1er régiment étranger d'infanterie (REI) à Sidi-Bel-Abbès puis au 3e REI à Bab Taza (Maroc). Il participe à la guerre du Rif puis, en 1928, revient à Sidi-Bel-Abbès. Muté en 1931 au 5e REI, il en est le porte-drapeau au Tonkin. Rapatrié en 1936, il rejoint la maison mère avant d'être affecté au 3e REI à Taza au Maroc. Au début de la Seconde Guerre mondiale, il est affecté au 12e REI. Fait prisonnier au Chemin des Dames en juin 1940, et interné à l'oflag 2D en Poméranie, il s'évade en 1942. Il rejoint Fès et termine le guerre au dépôt commun des régiments étrangers. Il quitte la Légion en 1947 avec le grade de lieutenant-colonel après un second séjour en Extrême-Orient en 1945 et 1946. Retiré à Cassis, il meurt en 1974 et est inhumé au « carré Légion » du cimetière d'Aubagne. Trois fois blessé, cinq fois cité, avec croix de guerre 1914-1918, 1939-1945 et des théâtres des opérations extérieures, il est également officier de la Légion d'honneur et décoré des croix de l'ordre de Saint-Georges avec glaive et de Saint-Stanislas de Russie.

André-Paul COMOR

PREMIÈRE GUERRE MONDIALE, La Légion étrangère dans la. – Cantonnée outre-mer par l'ordonnance de 1831, la Légion étrangère est engagée dans le premier conflit mondial sur la base d'un modèle original de montée en puissance. Entre le 24 août et la fin 1914, quatre régiments de marche sont mis sur pied par amalgame entre quelque 10 000 légionnaires d'avant guerre et un afflux d'environ 12 000 engagés volontaires pour la durée de la guerre (EVDG). Très rapidement engagées sur le front français dans différentes divisions, ces unités vont connaître des destins divers avant de fusionner en novembre 1915 au sein du régiment de marche de la Légion étrangère (RMLE). Ces régiments de marche seront présents sur de nombreux champs de bataille à l'exception de la Marne en septembre 1914 et de Verdun en 1916. La Légion, déjà connue pour les services rendus dans les colonies, gagne durant ce conflit la réputation de troupe d'élite.

Les régiments de marche de 1914. Le décret autorisant l'engagement de ces étrangers pour la durée du conflit, sur la base de celui de 1870, permet de recevoir plus de 8 000 volontaires dans la Légion étrangère. Le principe d'organisation général est celui de l'amalgame. Deux bataillons sont prélevés sur les régiments étrangers d'Algérie. Le 5e bataillon du 1er régiment étranger (RE) et le 4e bataillon du 2e RE forment les noyaux des quatre bataillons des deux régiments de marche dérivés : A et B du 2e régiment de marche du 1er Étranger (2e RM/1er RE) et C et D du 2e RM/2e RE. Dès la fin août, ils intègrent d'anciens légionnaires et des EVDG issus des dépôts de Lyon, Avignon, Bayonne, Orléans, Toulouse et Blois. Ces renforts suivent une instruction superficielle, complétée au camp de Mailly début octobre. Les deux régiments montent au front à la fin du mois : le 2e RM/1er RE du colonel Pein avec la division marocaine (DM) dans le secteur de Prunay (est du fort de la Pompelle), le 2e RM/2e RE du colonel Passard au sein de la 32e division d'infanterie (DI) à Fismes (région de Craonnelle). Chacun reçoit, ensuite, le renfort d'un 3e bataillon en novembre puis d'un 4e en décembre. Engagés dans des actions locales défensives ou offensives, les deux régiments reçoivent leur baptême du feu, notamment en janvier 1915, lors de l'offensive allemande sur l'Aisne où le 2e RM/2e RE défend Blanc-Sablon.

La présence de nombreux volontaires étrangers dans la capitale conduit de surcroît, le 4 septembre, à la création d'un « régiment de marche de Légion étrangère du camp retranché de Paris ». Installé à la caserne de Reuilly (12e arrondissement), il est placé sous les ordres du colonel Thiébaut, ancien sous-directeur du service géographique. Il prend, alors, le nom de 3e régiment de marche du 1er Étranger (3e RM/1er RE). Il est instruit au camp de Rueil, et son effectif est complété progressivement. Engagé en Santerre, le 4 décembre, aux ordres du lieutenant-colonel Desgouille, il tient successivement les secteurs de Frise et Tilloloy. Touché de plein fouet par les départs successifs des volontaires rejoignant leur armée d'origine ou les unités régulières de l'armée française, il est réorganisé et perd son 3e bataillon le 11 février 1915 avant d'être dissous le 13 juillet. Le personnel servant à titre étranger fournit un renfort au 2e RM/1er RE d'un effectif de 8 officiers et 952 hommes. Parmi eux figure un certain caporal Frédéric Sauser, *alias* Blaise Cendrars, qui perdra un bras à la ferme Navarin.

Dans le sud de la France, un fort contingent italien s'est présenté, dès la certitude acquise de la neutralité de leur pays. Peppino Garibaldi, petit-fils du héros italien, obtient l'autorisation de former un corps autonome. Le 5 novembre 1914, il prend ainsi la tête du 4e régiment de marche du 1er Étranger (4e RM/1er RE) – plus connu sous le nom de « légion garibaldienne » –, regroupé et instruit au camp de Mailly jusqu'à mi-décembre avant d'être engagé en forêt d'Argonne l'avant-veille de Noël. Utilisé comme unité d'assaut dans le bois de Bolante le 27 décembre, puis dans le secteur voisin de Courtes-Chausses le 5 janvier, le régiment fournit un dernier effort les 8 et 9 du même mois dans le ravin des Meurissons. À l'issue de ces premiers combats, les pertes sont lourdes : presque 600 hommes sont mis hors de combat, dont deux des petits-fils Garibaldi. Affectée au secteur, plus calme, de Bar-sur-Aube, la légion garibaldienne est réorganisée puis dissoute lors de l'entrée en guerre de l'Italie. Les soldats dirigés vers Avignon ont le choix entre le retour dans leur pays et le maintien à la Légion : 180 seront versés aux dépôts de Lyon et d'Orléans.

La Légion dans la Grande Guerre

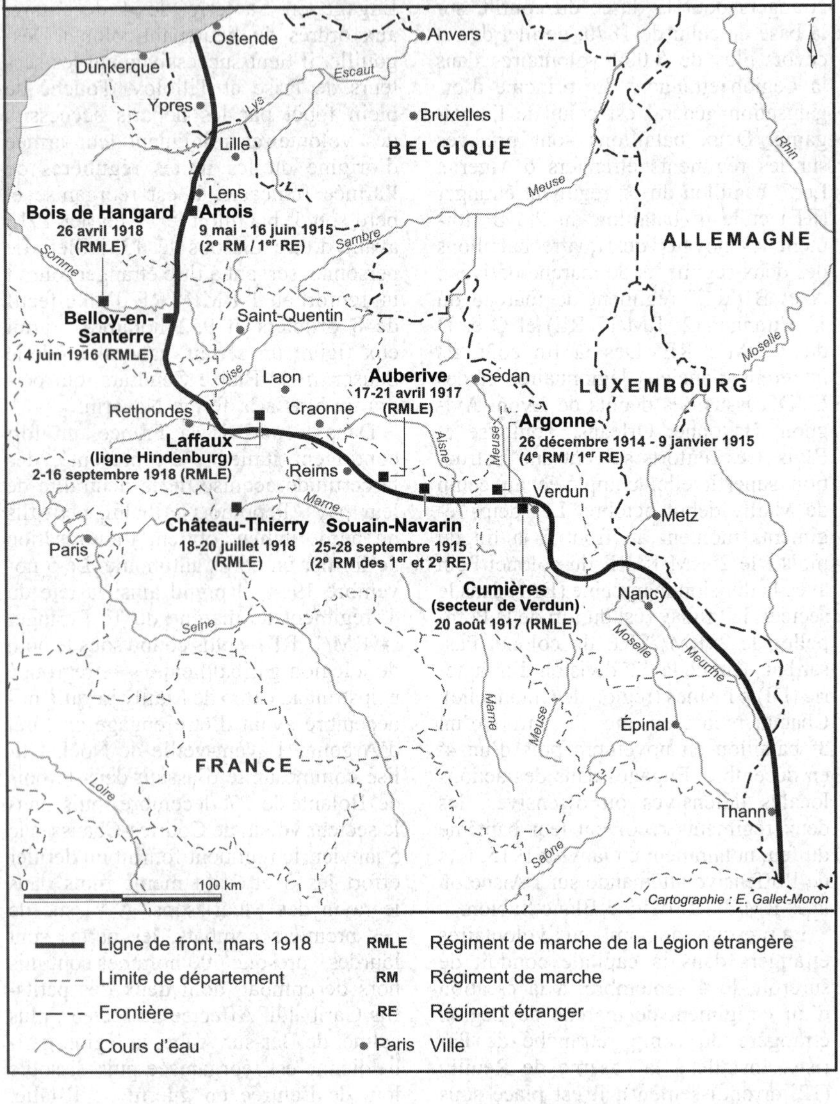

Premiers combats. Au printemps 1915, le 2e RM/1er RE est transféré en Artois, en vue de l'offensive qui s'y prépare. Le 9 mai, à 10 heures, en première ligne de la DM, il attaque au nord de Neuville-Saint-Vaast, prend successivement les Ouvrages blancs, les boyaux Schiller, Wagram, la cote

125 et enfin la cote 140, face au bois et à la ferme de la Folie, à 11 h 30. Un décalage avec l'unité de droite, arrêtée par une forte résistance dans le village de Neuville, expose le régiment à des tirs d'enfilade qui provoquent de lourdes pertes. Exposés à des contre-attaques violentes dans la région de la cote 140, les légionnaires doivent se replier vers 16 heures et s'enterrer sur la cote 125 : en quelques heures, 50 officiers et 1 889 hommes sont touchés. Le 16 juin, dans un secteur voisin, le régiment prend part à la mêlée sanglante du ravin de Souchez en engageant principalement ses unités de mitrailleuses. Là encore, les pertes sont élevées : 20 officiers et 605 hommes ont été mis hors de combat. Retiré du front pour la région de Giromagny, le régiment reçoit des renforts du 3e RM/1er RE et du 2e RM/2e RE. Après un temps d'instruction, sur place, et de travaux, dans la région de Thann, les deux régiments reçoivent leurs drapeaux, le 13 septembre – celui du 2e RM/1er RE étant décoré le même jour de la croix de guerre avec une palme. Dirigés, dès le lendemain, vers le front de Champagne, les deux régiments de marche prennent part à l'offensive de Saint-Hilaire-au-Temple (25-28 septembre 1915), où ils gagnent deux nouvelles citations, mais le commandement décide de les fusionner pour former le « régiment de marche de la Légion étrangère » (RMLE). L'état-major, le bataillon Ruelland du 2e RM/1er RE et les bataillons Le Gallois et Giudicelli du 2e RM/2e RE forment ce nouveau régiment dont le lieutenant-colonel Cot est chef de corps.

Le régiment de marche de la Légion étrangère, 1915-1919. À l'instruction, puis dans un secteur calme, le RMLE comprend à sa création 71 officiers et 3 115 légionnaires. En juin, il rejoint la Somme, pour l'offensive qui doit soulager le secteur de Verdun. Afin de combler les pertes de l'assaut du 4 juin sur Belloy, le RMLE est renforcé par un contingent d'EVDG et d'anciens d'Algérie. Les légionnaires passent ensuite l'hiver dans la boue de la Somme. Le lieutenant-colonel Duriez succède au lieutenant-colonel Cot. Transféré en avril 1917 sur le front de Champagne, le RMLE est désigné pour s'emparer du village d'Aubérive, point fort allemand. Le 17, à 4 h 50, le régiment se lance à l'assaut. Les premières vagues, à l'exception de la compagnie Maire, sont fauchées par les mitrailleuses et freinées par les réseaux de barbelés intacts malgré la préparation d'artillerie. Les pertes sont sensibles, notamment chez les cadres. Le chef de corps est mortellement blessé au cours de l'attaque et aussitôt remplacé par le commandant Deville, chef du 1er bataillon. Malgré la neige apparue le 18, les légionnaires tiennent bon pendant cinq jours. Le village d'Aubérive est libéré ; le RMLE y gagne sa 5e palme après avoir perdu plus de 40 % de ses effectifs. Retirés du front, les 1 692 survivants stationnent à Dampierre-au-Temple et reçoivent des renforts du dépôt de Lyon. Peu après, le lieutenant-colonel Rollet, nouveau chef de corps, conduit la délégation qui défile le 14 juillet à Paris, après la remise de la fourragère aux couleurs de la médaille militaire au drapeau du régiment. Puis, tandis que le régiment reprend l'instruction, il part avec un détachement précurseur pour le secteur de Verdun, où une offensive locale se prépare sur la rive gauche de la Meuse, dans la région du Mort-Homme.

Peu après, le RMLE est transféré dans le secteur de Flirey pour une guerre de coups de main. Mais en mars 1918, face à l'offensive allemande, le RMLE doit être porté en arrière du front britannique qui menace de rompre dans la région d'Amiens. Il contre-attaque aux côtés des Anglo-Canadiens et reprend le bois de Hangard au prix de très lourdes pertes en avril 1918, avant de participer aux combats au sud-ouest de Soissons de mai à juillet 1918. Le 28 août, les légionnaires remontent en ligne pour participer à la poussée vers la ligne Hindenburg. Le 2 septembre, le régiment relève une unité de la 32e division d'infanterie américaine, fixée par la garde prussienne, entre dans la bataille et n'en sort que le 16, réduit à 1 458 hommes. Transféré en Lorraine, il est surpris par l'Armistice dans la région de Nancy. Il lui est fait l'honneur de libérer Château-Salins en tête des troupes françaises, puis de pénétrer en Allemagne où il participe à la garde au Rhin.

Philippe GUYOT

• *Voir aussi* : Belloy-en-Santerre ; Hangard, bois de ; Hindenburg, ligne ; Marne, seconde bataille de la ; Verdun.

PRÊT. – Autrefois, prestation en numéraire attribuée aux hommes de troupe et versée tous les cinq jours (puis tous les quinze jours) par l'officier payeur au capitaine commandant l'unité. Il se compose des dépenses de l'ordinaire et d'une somme d'argent de poche destinée au soldat. L'homme puni de prison ne perçoit pas la partie argent de poche, qui est versée à l'ordinaire. Au début du siècle dernier, le prêt est versé aux légionnaires lorsque ceux-ci sont au repos au grand quartier ou dans un cantonnement de réserve. Il est dépensé sans tarder en libations et dans les lieux fréquentés par une population féminine vivant de ses charmes. Le montant de ce prêt est si faible, toutefois, que l'affranchissement d'une lettre pour l'étranger correspond à une semaine de prêt. Il faut attendre la fin de la Seconde Guerre mondiale pour voir le prêt doubler. Certains territoires par ailleurs sont assortis à la haute paye qui permet au légionnaire de vivre décemment.

En 1958, le prêt disparaît et cède la place à la solde forfaitaire puis à la solde spéciale progressive. À noter que dans l'entre-deux-guerres les sous-officiers à titre étranger étaient exclus des indemnités pour charges familiales et leur épouse ne pouvait percevoir de pension de réversion (décision ministérielle du 2 février 1926). Aujourd'hui, avec la suspension du service national, les légionnaires, comme tous les militaires français, perçoivent la solde mensuelle.

Charles RIDET

• *Voir aussi* : Solde et primes.

PRICE, George Ward (1886-1961). – Journaliste au *Daily Mail*, George Ward Price arrive le 6 août 1933 à Rabat, capitale administrative du Maroc. Il a été autorisé par le général Huré à suivre ce qui doit être « la dernière campagne sérieuse de la Légion dans ce pays » : celle qui doit conduire à la pacification du Haut-Atlas central. On lui accorde la permission de se joindre à un détachement faisant partie du corps mixte (légionnaires et tirailleurs) que commande le colonel Richert, l'ensemble étant inclus dans la colonne Meknès dirigée par le général Goudot – le même général Goudot qui est lié, de manière peut-être inattendue, à Jean Genet. De cette mission, le journaliste anglais rapporte *Au Maroc avec la Légion*, un livre illustré de photographies et d'une carte exposant les opérations de l'été, particulièrement les combats du mont Baddou, entre Bou Denib à l'est et Marrakech à l'ouest, du 7 juillet au 24 août 1933. Cet ouvrage, publié en français en 1935, lui donne l'occasion de relater quelques faits historiques et surtout légendaires puis de narrer des anecdotes saillantes sur la vie des légionnaires. L'unité fascine les Anglais mais ils la connaissent mal, étant peu nombreux à entrer dans ses rangs. Une trentaine d'années plus tard la situation n'aura guère changé, telle qu'on la découvre dans le livre de Simon Murray *Légionnaire* (*Legionnaire : an Englishman in the French Foreign Legion*, 1978).

Simon Murray s'est engagé à la Légion en février 1960 et a rejoint en Algérie le 1er régiment étranger de parachutistes (REP) puis le 2e REP. Les surprises successives qu'il éprouve à son arrivée à Sidi-Bel-Abbès sont du même ordre que celles que rapporte George Ward Price : le BMC (bordel militaire de campagne), les tenues qui, en colonne, sont sales et disparates, les conditions sanitaires déplorables, les punitions corporelles… Le journaliste rencontre un Américain, Pierre Ortiz, qui lui avoue : « Je ne pense pas qu'il y ait quoi que ce soit de plus dur au monde. » Mais cet interlocuteur ajoute aussitôt : « Malgré tout je ne regrette pas de m'être engagé. J'avais besoin de vivre une vie d'homme. » C'est l'une des raisons que donne Simon Murray à son propre engagement : prouver qu'il avait sa place « dans le monde des adultes ». Cependant son récit reste très critique. Il est vrai qu'il se situe à une période de grandes remises en question : l'Algérie entre 1960 et 1963. Les accords d'Évian déstabilisent les légionnaires. La fin de la guerre les laisse vacants sinon inoccupés. Nombreux sont ceux qui désertent, dit le narrateur. Finalement, lui-même n'attend qu'une chose : quitter l'univers auquel, bien qu'il y ait trouvé sa place (il a été nommé caporal-chef), il n'est pas vraiment accordé : est-il trop anglais pour cela ? Pourtant il écrit : « La Légion abat la barrière des préjugés, elle détruit les idées préconçues et engendre un grand esprit de camaraderie. »

George Ward Price célèbre aussi cette « fraternité d'armes au-dessus de toutes considérations de sang et de langage ». Il admire « la Légion en campagne ». Il aborde également des sujets délicats, tels les cas de désertion. Bien qu'il semble que ceux qui désertent le plus soient les Anglais, il parle surtout des légionnaires allemands. L'un d'eux n'est pas allé bien loin. Dans le village d'Anefgou, il occupe une maison de style européen en compagnie d'un autre déserteur, russe celui-ci, et de plusieurs épouses indigènes : ils se comportent comme de petits chefs locaux. La scène se passe en 1932. Elle rappelle un épisode du *Beau sabreur* de Percival Christopher Wren (la traduction française est sortie en 1936 mais le roman date de 1926) : Henri de Beaujolais surprend deux légionnaires qui sont devenus de véritables cheiks du désert, un peu malgré eux ; en vérité ils sont restés loyaux à leur corps d'origine. L'épisode que narre Price se termine plus brutalement. Le déserteur allemand se présente à un officier de la Légion. Il souhaite négocier son retour. L'officier le tue. L'histoire d'un autre de ces déserteurs connaît une conclusion plus riante. À la fin de son livre, Price évoque en effet l'Américain Bennett Doty. Engagé sous le nom de Gilbert Clair à la 29e compagnie du 1er Étranger, il accomplit dix-huit mois de service, de Saïda jusqu'à Beyrouth. Il participe aux opérations contre les Druzes. Mais la paix revenue au Liban, on ne lui demande plus que de faire du terrassement, porter des pierres… Il en a assez ; il déserte. Cependant une intervention du gouvernement américain, alerté par son père – qui a des relations –, lui permet d'échapper à la prison. Bientôt, il est « libéré, rayé des contrôles – libre ! ». Il va rejoindre la société civile sans autre dommage. Et il rencontre, avant de partir, le colonel Rollet. « Nous sommes durs mais justes », déclare le futur général. Bennett Doty est d'accord avec lui. Sa *Légion des damnés* (1930) se veut un témoignage sans complaisance ; sans amertume non plus. Sans doute s'est-il senti souvent persécuté par les sous-officiers mais, il l'affirme, aucun ne lui a paru sadique à l'image du « Sergent-major suicide-maker Lejaune » imaginé par Wren et souvent cité par les auteurs anglophones.

Ces derniers s'accordent à constater que la vie à la Légion tourne vite au cauchemar pour leurs compatriotes. George Ward Price note qu'ils ont les plus grandes difficultés à s'adapter à la promiscuité, à la discipline et à la... nourriture. Son livre s'achève sur une injonction qui rappelle irrésistiblement celle d'Arthur Nicolet : « À ceux qui ne seraient pas animés par l'honneur et la fidélité, je dirai – Restez où vous êtes ! »

France Marie FRÉMEAUX

PRISONNIERS. – Dans la tradition de la Légion, tomber prisonnier aux mains de l'ennemi est assez peu courant. Cependant, la chose est possible et peut occasionner des déboires spécifiques, dus à la composition des effectifs de la Légion : des légionnaires peuvent effectivement se retrouver aux mains de leurs anciens compatriotes.

Durant la Grande Guerre, ceux tombés aux mains de l'ennemi ont été traités comme des combattants français ordinaires. À ce titre, ils ont connu la dure captivité en Allemagne, marquée par les épreuves de la faim et des épidémies, notamment au cours de l'hiver de 1915 dans certains camps touchés par le typhus. Quoi qu'il en soit, ils n'ont pas fait l'objet de traitement différencié de la part de la puissance détentrice.

Lors de la Seconde Guerre mondiale, les légionnaires, et notamment ceux qui combattent au sein des Forces françaises libres (FFL), sont assimilés à des troupes britanniques. Pourtant à Bir Hakeim, où luttaient notamment les 2e et 3e bataillons de la 13e demi-brigade de Légion étrangère, les légionnaires d'origines allemande et autrichienne qui furent capturés semblent avoir subi des exactions particulières.

Après la campagne de Tunisie, il devient nécessaire de reconstituer les unités de Légion durement éprouvées par les combats. Outre le débauchage des soldats alliés (tchèques, belges, polonais), et face à l'impossibilité de recruter hors de l'Afrique du Nord, le dépôt commun de la Légion étrangère reçoit en mars 1944 le feu vert d'Alger pour recruter des prisonniers des armées de l'Axe. Ainsi, à la Libération, en 1944-1945, les camps de prisonniers allemands en France sont visités par des « démarcheurs » qui posent clairement à un certain nombre de prisonniers la question de leur libération anticipée contre un engagement dans la Légion, notamment pour servir en Indochine. À Rennes par exemple, au camp 1102, vingt-deux prisonniers allemands volontaires pour la Légion sont dirigés vers Marseille en janvier 1946, puis encore quatre-vingt-huit en août. La densité des camps de prisonniers de guerre de l'Axe (PGA) en France comme le nombre même de ces PGA – près de 850 000 –, jusqu'en 1947, donnent une idée du potentiel de recrutement au sein des prisonniers allemands. Le désir de quitter les camps de prisonniers à une époque où la situation matérielle y est très dure a incontestablement joué comme une motivation essentielle. En principe, la Légion n'accepte pas les anciens SS, mais les vérifications n'ont pas toujours été très rigoureuses. De la même manière, une circulaire française de décembre 1947 interdit d'intégrer les anciens officiers venant de la Wehrmacht. Rien n'empêchant toutefois ces derniers de cacher leur identité et leur formation, de nombreux officiers servent en Indochine comme simples soldats. Il est important aussi pour la Légion de ne pas se priver de l'expérience de combattant de certains hommes qui peuvent également se sentir concernés par la lutte anticommuniste, dans le prolongement de leur engagement contre la Russie bolchevique. En Indochine, plus de 50 % des légionnaires sont ainsi d'origine germanique, et parmi eux, donc, de nombreux anciens prisonniers.

L'effort de recrutement concerne également les Français ayant été condamnés à plus de dix ans de prison pour collaboration, marché noir ou participation à des unités militaires de Vichy (Milice, Légion des volontaires français) ou SS (divisions « Frankreich », « Charlemagne »). Des visites de recruteurs semblent avoir été réalisées à la prison de Clairvaux selon Christian de La Mazière, qui y était lui-même enfermé. Nombre de condamnés vont souscrire des engagements par peur d'être toujours considérés comme des parias dans la société française ou parce qu'ils se sentent incapables de se réadapter à la société civile.

En termes de conditions captives, il est certain que c'est durant la guerre d'Indochine que la captivité de guerre des légionnaires prend le tour le plus spécifique et le plus dramatique. Le Viêt-minh revendique en effet haut et fort de ne pas respecter les conventions de Genève dans leur version renouvelée de 1949. Les légionnaires sont donc traités comme les autres membres du Corps expéditionnaire français d'Extrême-Orient (CEFEO), c'est-à-dire non pas en soldats mais en « criminels du peuple vietnamien » – en somme ils n'ont aucun droit. C'est d'ailleurs la « masse légionnaire », selon les termes idéologiques employés par le Viêt-minh, qui eut à déplorer les pertes les plus importantes entre juin et août 1954 : 3 022 prisonniers sur 5 349 périrent dans les camps – le nombre des victimes françaises quant à elles s'élève à 2 793 morts sur 4 995 prisonniers. À noter qu'à partir du mois d'août les légionnaires ont été rassemblés avec les autres troupes européennes.

Avant Diên Biên Phu, les légionnaires prisonniers sont l'objet de sollicitations tout à fait particulières de la part du Viêt-minh, dues à une lecture mondialisée de la guerre froide. Il semblerait ainsi que 1 373 légionnaires soient passés à l'ennemi, dont 363 pour la seule année 1954, soit après désertion soit après capture. Dès le 20 février 1950, le jeune Erich Honecker, alors responsable de la jeunesse communiste de RDA, fait appel aux soldats allemands de la Légion en les incitant à déserter et à rallier le camp révolutionnaire vietnamien où se trouvent déjà d'anciens légionnaires allemands. Il leur promet alors travail et amnistie. Entre mars 1951 et la fin de 1955, 761 anciens légionnaires allemands cèdent à ses sirènes et quittent le Vietnam pour la RDA, via Pékin et Moscou, à l'occasion de sept rotations aériennes. Des déserteurs comme Rudy Schröder ou Walter Ullrich arrivent à Berlin-Est en novembre 1951, tandis que le plus célèbre d'entre eux, Erwin Borchers, choisit de demeurer au Vietnam communiste jusqu'en 1965.

François COCHET

Sources : SHD-Terre, 10H 509 et 510 ; 7T 29 • DHPLE, Dossier sur les engagements (1831-1962), Aubagne, 1963.

PROPAGANDE LÉGIONNAIRE. – La propagande serait l'« action de vanter les mérites d'une théorie, d'une idée, d'un homme [nous ajouterions : *d'une institution*] [...] pour recueillir une adhésion, un soutien » : cette définition, extraite du *Petit Robert*, s'applique très bien aux efforts faits par le commandement de la Légion étrangère pour « informer » le grand public, diffuser une image positive, flatteuse de la troupe et attirer l'attention de candidats potentiels. Cette propagande s'avère en effet indispensable au regard de l'enjeu que constitue le recrutement et le maintien des flux pour remplir les tableaux d'effectifs en procédant à une sélection sévère : la réputation de troupe d'élite est en effet toujours engagée, plus particulièrement depuis la professionnalisation des armées qui, dès 1997, a mis en concurrence la sélection des personnels dans différents armes et services.

Cette propagande apparaît sous la IIIe République avec le parti colonial dont l'influence grandit à la fin du XIXe siècle. Autour du député d'Oran Eugène Étienne se regroupent à partir de 1890 les partisans de l'expansion coloniale en Afrique dans nombre de comités comme le très éclectique Comité de l'Afrique française d'abord, puis le Comité de l'Asie française créé en 1900. Dès janvier 1891, les différents bulletins mensuels destinés à un public restreint de lecteurs appartenant au monde politique, économique et financier publient de nombreuses études et diffusent des informations sur la vie des territoires. Les questions militaires occupent une grande place, notamment depuis les premières opérations dans les confins algéro-marocains en 1900-1902. Le combat d'El-Moungar (2 septembre 1902) est ainsi célébré par la revue du Comité de l'Afrique française qui ne cessera plus dès lors de présenter la Légion étrangère comme la troupe d'élite de l'armée d'Afrique. Il se mobilise naturellement après l'affaire des déserteurs de Casablanca (25 septembre 1908) et répond aux campagnes de la presse allemande qui ne cesseront qu'avec le déclenchement de la guerre. Après la Grande Guerre, au début de la république de Weimar dont les autorités ne ménagent pas leurs efforts pour freiner le départ des candidats attirés par la Légion, les journalistes de ce comité sont encore en première ligne pour défendre la position de la France.

À l'occasion des célébrations des centenaires de l'Algérie (1930) et de la Légion (1931), le colonel Rollet, devenu général inspecteur, ne ménage pas ses efforts pour diffuser le message *urbi et orbi* en arrêtant les thèmes porteurs qui seront pris en compte après la Seconde Guerre mondiale par un service d'information qui utilisera les médias pour faire connaître la Légion en déployant des moyens importants. La propagande cède progressivement la place à l'information puis à la communication dévolues à des services, bureaux ou divisions spécialisés. La contre-propagande, utilisée notamment lors des crises franco-allemandes, est l'œuvre moins de la Légion elle-même que du parti colonial et de la grande presse.

André-Paul COMOR

Sources : SHD-Terre, 7N 298 • *Bulletins de l'Afrique française*, 1898-1937.

PROVENCE, débarquement en. – Retirée du front italien, la 1re division française libre (DFL) se regroupe autour de Tarente et de Brindisi pour débarquer en Provence, en deuxième vague de l'opération « Anvil-Dragon » (16 août 1944). La Légion étrangère est représentée par les 1er et 2e bataillons de Légion étrangère (BLE, commandés respectivement par les chefs de bataillon de Sairigné et Morel), de la 1re brigade (colonel Delange). Les Légionnaires sont lancés sur Toulon qu'ils feront tomber le 25 août, avec l'aide de la 9e division d'infanterie coloniale (DIC). Dans un premier temps, le commandement réserve le 2e BLE au sud de l'Italie.

Le 22 août, le Regiment Combat Team no 1 (RCT), formé autour de la 1re brigade, est engagé en couverture sud de la poussée sur le massif du Tonar et les villages de La Garde et du Pradet. Dès le lendemain, il obtient la reddition des unités allemandes qui tiennent le mont des Oiseaux et San Salvador. Les hommes de Sairigné, qui ont tiré les leçons de la campagne d'Italie, se distinguent par leur sens de la manœuvre face à un ennemi gardant dans le combat défensif et retardateur un mordant redoutable et redouté. Le lendemain, le RCT nettoie le cap Brun mais la division reçoit l'ordre de ne pas pénétrer dans Toulon. La 1re division française libre (DFL) a fait 3 600 prisonniers mais a perdu, en cinq jours, 229 tués (dont 14 officiers) et 692 blessés (dont 33 officiers). La phase suivante s'ouvre par la remontée le long du Rhône. Le 2e BLE débarque le 4 septembre pour rejoindre la division au nord de Chalon-sur-Saône.

La 5e division blindée (général de Vernejoul) est rattachée à la Ire armée française en octobre 1944. Ainsi ne participe-t-elle pas aux combats de Provence ni à la remontée de la vallée du Rhône. Le 1er régiment étranger de cavalerie (colonel Lennuyeux), son régiment de reconnaissance, et le 1er régiment de marche de la Légion étrangère (colonel Trischler), son régiment d'infanterie portée, ne sont engagés sur le front des Vosges qu'à partir du 14 novembre 1944. *In fine*, seul le bataillon Sairigné reçoit les lauriers de cette brève et glorieuse campagne.

Jacques VERNET

Bibl. : Coll., *Annuaire de la 1re division française libre et ses unités dans la guerre 1939-1945*, Éditions Fortin, 1971 • Paul Gaujac, *L'Armée de la victoire*, t. II, *De Naples à l'île d'Elbe, 1943-1944*, Lavauzelle, 1985.

PUEBLA. – Appelée « Puebla de los Angeles » à sa fondation en 1531 par les conquistadors espagnols, cette ville d'importance sur la route de Veracruz à Mexico, à 110 km de cette dernière, forme le verrou stratégique de la capitale mexicaine face aux intrusions européennes ou américaines venant du golfe du Mexique.

Après l'épisode international de la campagne du Mexique (décembre 1861-avril 1862), les troupes françaises du général de Lorencesz se mirent en route à destination de Mexico. Démasqué sur ses positions avancées de Las Cumbres, le général Zaragoza fut vaincu le 28 avril et obligé de se retirer dans la ville de Puebla où il s'appuya sur un réseau défensif ancien. Le 5 mai, fort de 7 300 hommes, Lorencesz tente un assaut dans la foulée, en concentrant son action sur le fort de Guadalupe. C'est un échec qui coûte la vie à 462 Français contre 83 Mexicains. La solidité des troupes du général Negrete qui ont tenu le fort, la réaction de la cavalerie du général Porfirio Diaz et un orage important en fin d'après-midi sont les explications le plus souvent avancées pour expliquer la défaite et le repli des Français. Au cours de la retraite vers Orizaba, les Mexicains sont vaincus à leur tour à Acultzingo, le 18 mai, par un retour offensif du 99e régiment d'infanterie (1 200 prisonniers). Les Français conservent Orizaba et les terres chaudes et les Mexicains Puebla et les hauts plateaux. À compter d'octobre 1862, les renforts français permettent d'envisager une reprise du siège, ce qui sera effectif en février 1863 avec l'arrivée d'une brigade de renfort chargée de sécuriser les axes logistiques des terres chaudes et composée du 7e régiment de ligne et du régiment étranger. Les troupes françaises du général Forey, fortes de 26 000 hommes, contraignent les 22 000 Mexicains du général Ortega à accepter un siège en règle, au cours duquel les 56 pièces de l'artillerie française font la différence. Après avoir investi la place le 10 mars, les Français encerclent la ville en moins de une semaine et font plier peu à peu les défenses extérieures qui tombent successivement : le pénitencier fortifié de San Javier le 29 mars, le couvent de Guadalupita le 31 puis les différents faubourgs, plus difficilement, les semaines suivantes. Pour éviter l'issue fatale, les Mexicains conduisent, à partir de fin avril, plusieurs tentatives de dégagement par des forces de secours : à San Pablo del Monte le 5 mai et surtout à San Lorenzo le 8, dont le général Bazaine saura s'enorgueillir pour asseoir son prestige au Mexique. À la suite de ces échecs, le général Ortega demande à parlementer le 16, avant de rendre la ville le 19 au matin. La veille, il avait démobilisé ses soldats sur place, ceux-ci allant grossir les rangs des guérillas au cours des mois suivants. La Légion étrangère n'intervint pas directement dans le siège de Puebla, mais son action de sacrifice à Camerone, le 30 avril, permit d'assurer le passage du convoi de logistique indispensable pour clore cette bataille.

Philippe GUYOT

Bibl. : Alain Gouttman, *La Guerre du Mexique 1862-1867. Le mirage américain de Napoléon III*, Perrin, 2008.

PUJO, général Bertrand (1878-1964). – Après ses études secondaires à Tarbes, Bertrand Pujo intègre l'École spéciale militaire de Saint-Cyr en 1897. À sa sortie en 1899, il choisit la Légion étrangère et sert à la 21e compagnie du 2e régiment étranger, ou RE (6e bataillon). C'est avec cette unité qu'il part en Indochine en août 1900 et participe à la campagne contre les Chinois. Promu lieutenant le 1er octobre 1901, il rentre en Afrique du Nord à Saïda, à la 17e compagnie du 5e bataillon du 2e RE. Avec ce bataillon, il repart pour le Tonkin où il sert à Yen Luong, Vietri et Phu Doan. Il revient en Algérie en 1907 et achève alors sa carrière légionnaire. Après son admission à l'École supérieure de guerre, il est promu capitaine le 24 septembre 1912, puis s'intéresse précocement à l'aviation. Affecté à l'état-major du 18e corps d'armée, il passe avec succès son brevet d'observateur aérien.

Durant la Grande Guerre, exclusivement aviateur, il est chargé de l'observation aérienne sur le front de la IVe armée. Il rejoint le général Foch à l'été de 1915, avant l'offensive de Champagne, avec la mission d'améliorer l'observation aérienne, en liaison avec l'artillerie. C'est à lui que revient la décision de faire équiper les appareils d'observation – qu'il fait d'ailleurs protéger par des avions de chasse – de postes de radio, permettant une liaison immédiate en phonie. Il multiplie également les entraînements entre aviateurs et terriens. Au printemps de 1916, lors de la préparation de la bataille de la Somme, il multiplie les conférences devant les artilleurs sur les nécessités de l'observation aérienne. Le 1er octobre 1916, il est chef de bataillon et nommé adjoint au chef de l'aéronautique au Grand Quartier général. Tirant alors les leçons de la bataille de Verdun, il cherche à renforcer l'aviation de chasse afin de parvenir à la maîtrise du ciel.

En 1919, il entre au cabinet du ministre de la Guerre et est promu lieutenant-colonel. Colonel en décembre 1921, il commande le 35e régiment d'aviation en avril 1922 (c'est alors seulement qu'il est breveté pilote). Nommé général en septembre 1926, puis général de division en janvier 1930, il entre au Conseil supérieur de l'air à la même date. En décembre 1935, il est nommé chef d'état-major général de l'armée de l'air et vice-président du Conseil supérieur de l'air. Le 14 octobre 1936, il quitte le cadre d'active pour prendre la direction de la compagnie Air France.

Lors de l'entrée en guerre de la France, le 2 septembre 1939, il accède au rang de général d'armée aérienne et devient ministre de l'Air dans le premier gouvernement Pétain du 16 juin au 12 juillet 1940. Redevenu président d'Air France, il se trouve « épuré » à la fin de 1944 pour avoir mis à la disposition de la Lufthansa les appareils et les infrastructures de la compagnie. L'accusation de trahison envers l'ennemi est maniée par Charles Tillon, ministre communiste de l'Air à la Libération. Il lui est reproché très précisément d'avoir mis à disposition des Allemands quatre-vingts avions de transport ponctionnés sur les meilleurs matériels français. Cette même année 1944, la Haute Cour de justice prononce à son égard un non-lieu, pour services rendus à la Résistance. Le général Pujo, grand officier de la Légion d'honneur, meurt à Paris le 14 septembre 1964.

François COCHET

PUNITIONS. – Les punitions sanctionnent les manquements aux règlements militaires qui ne sont pas passibles d'une condamnation pénale. Elles sont infligées par la hiérarchie selon une procédure en partie traditionnelle et comportent des modalités d'exécution adaptées à la gravité de la faute. L'une et les autres ont évolué dans le temps. La Légion étrangère n'ayant jamais eu un statut particulier en ce domaine, deux questions se posent, de nature différente : La Légion se singularise-t-elle dans l'application des textes relatifs aux punitions ? Y a-t-on pratiqué des punitions non réglementaires ?

La notification de la punition par le commandant d'unité ou le chef de corps a toujours revêtu une certaine solennité à la Légion : ce fait témoigne de l'importance donnée à la sanction si modeste soit-elle. On observe cependant qu'en des temps où l'on punissait plus qu'en 2013 il pouvait s'établir une forme de connivence entre le punissant et le puni. En témoigne ce dialogue rapporté par plusieurs anciens entre un capitaine et un légionnaire fautif :

— Tu as encore découché. Tu connais le tarif.

— Oui, mon capitaine. Huit jours de prison.

— Absence irrégulière de la nuit. Énième fois. Huit jours de prison. Tu peux disposer.

— Absence irrégulière de la nuit. Énième fois. Huit jours de prison. Je peux disposer. À vos ordres mon capitaine.

Là où les locaux disciplinaires (aujourd'hui locaux d'arrêts) peuvent accueillir un nombre important de punis, un sous-officier en est responsable. Il doit être un homme juste, rigoureux dans l'application des consignes qu'il a reçues, dur sans être brutal, et de mœurs irréprochables. Le choix de ce sous-officier n'a pas toujours été heureux : au temps où la punition de prison régimentaire comportait des heures d'exercices physiques vulgairement appelées « pelote », certains d'entre eux les ont rendues exagérément pénibles.

Quand il n'existe pas de locaux adaptés à cet emploi, la Légion, comme l'armée d'Afrique, a utilisé des solutions de fortune. C'est d'abord le « silo », un trou dans lequel le puni (ou les punis, car il a existé des silos collectifs) demeure debout en permanence. Les premiers semblent avoir été des *mat-*

mora, ces cavités creusées dans le sol qui recueillent les réserves de grains des populations rurales algériennes. Le silo a été remplacé par le « tombeau » : un trou d'homme couché abrité des intempéries par une toile de tente individuelle. Son usage est interdit depuis 1975.

Lorsque l'on parle de punitions non réglementaires, ce sont les actes de brutalité et les sévices comme la « crapaudine » (qui consiste à lier les mains et les jambes du soldat récalcitrant derrière le dos et à l'abandonner sur le ventre) qui viennent à l'esprit. La Légion n'a pas été épargnée par ce fléau. Au XIXe siècle, un chef de corps les a tolérées par faiblesse ; quelques-uns les ont acceptées parce qu'elles étaient dissuasives ; le plus grand nombre les a combattues. Il existe des punitions non réglementaires parfois collectives plus discrètes parce que sans violence. Elles sont souvent le fait de petits gradés qui affirment leur autorité en ayant des exigences s'apparentant à des brimades. Elles sont proscrites, et le commandement les pourchasse sans merci.

On ne peut cependant nier que certaines d'entre elles possèdent un caractère éducatif : il s'agit, dans ces cas très particuliers, de sanctionner des fautes pour lesquelles il n'existe aucune sanction réglementaire adaptée. Ainsi, en 1956, un chapardeur a été définitivement guéri (à la Légion au moins) de son mauvais penchant en remboursant le volé et en étant placé au garde-à-vous devant sa section le temps de voir vider sous ses yeux l'objet du chapardage : une bouteille de bière. De telles actions doivent demeurer exceptionnelles. Leur réussite exige que deux conditions soient réunies : l'autorité qui intervient doit être unanimement respectée et l'unité à l'intérieur de laquelle elle se fait doit posséder la cohésion qui permettra au fautif de rentrer dans le droit chemin. À noter que depuis la loi du 24 mars 2005 portant statut des militaires, le terme « sanction » remplace le terme « punition ».

Henry DUTAILLY
& Charles RIDET

Sources : *Règlement de discipline générale*, éditions depuis 1831.

PUTSCH DES GÉNÉRAUX. – Cheville ouvrière des débuts du putsch (22-25 avril 1961), la Légion étrangère n'est pas la seule unité d'élite à s'y être engagée. Sa présence à toutes les étapes n'en est pas moins essentielle. Sur le plan de sa préparation, certains légionnaires en vue non seulement sont acquis au principe d'un putsch, mais œuvrent à sa mise sur pied. Le lieutenant Roger Degueldre a ainsi déserté après les événements de décembre 1960 pour s'y consacrer. Il rencontre dès lors régulièrement Pierre Sergent à Paris, chez le colonel de Blignières. De son côté, le général Gardy, installé en Espagne, donne dès la fin de 1960 son appui au général Salan. La future conjuration pense aussi, si ce n'est surtout, compter sur l'appui du colonel Brothier qui commande alors la Légion. Il aurait donné son accord au général Challe qui dans la seconde moitié de mars 1961 s'impose comme le fédérateur de ce qu'il a appelé la « révolte ».

À la veille du putsch, du côté de la Légion, les choses se présentent plutôt bien pour la conjuration. Mieux encore, elle enregistre un soutien de poids en la personne d'Hélie Denoix de Saint Marc qui commande le 1er REP (régiment étranger de parachutistes) par intérim en l'absence du lieutenant-colonel Guiraud : il rencontre Challe dans une villa aux Tagarins, sur les hauteurs d'Alger, le 21 avril, et lui donne son accord. De retour à Zéralda, Saint Marc réunit les commandants de compagnie et obtient, sur fond de « solidarité légionnaire », leur appui. Le trajet (une vingtaine de kilomètres) entre Zéralda et Alger comme l'arrivée dans la Ville blanche à deux heures du matin ont été racontés en détail par les acteurs : les hommes du 1er REP ont pris le contrôle de la caserne Pélissier où siégeait le corps d'armée d'Alger. Comme le note Saint Marc : « Alger était tombée entre nos mains sans coup férir. La suite ne dépendait plus de moi. » Il s'agit en effet pour les chefs de l'insurrection, à commencer par Challe, d'enregistrer les ralliements annoncés. Parmi eux, l'un ne fait guère de doute, c'est celui de l'Oranie. Gardy et Argoud se sont rendus sur place pour enregistrer l'accord du général de Pouilly et la Légion, commandée par Brothier, doit basculer : « il suffit d'attendre », comme l'a noté Sergent. En fait, ni Pouilly, ni surtout Brothier ne se rallient. Les jugements sur ce dernier d'Argoud au capitaine Le Tanoux sont particulièrement vifs : il l'accuse ouvertement de trahison. Brothier s'en défend mais l'essentiel est là : la Légion se tient plutôt à l'écart du putsch puisque seuls 3 régiments sur 10 (11 en comptant les unités sahariennes) basculent. Au total, on sait que les forces ralliées par Challe sont maigres : 1 % des cadres officiers d'Algérie. C'est une des raisons majeures de l'échec de l'insurrection mais il faut y ajouter les carences de sa préparation et les divisions entre les insurgés. Soulignons aussi et peut-être surtout le rôle du général de Gaulle dont le sang-froid, la détermination et les formules bien personnelles (« quarteron de généraux en retraite ») font mouche et lui valent nombre de soutiens en France métropolitaine comme dans les capitales étrangères. Le 25 avril au soir, la cause est entendue et, dans la nuit, les légionnaires du 1er REP repartent pour Zéralda.

Au lendemain du putsch, la Légion est sur la sellette. Lorsque l'épuration s'abat sur l'armée et que des commissions spéciales sont chargées d'enquêter sur chacun des corps d'armée, elle est dans la ligne de mire. Si l'on suit Maurice Vaïsse, la Légion est menacée de dissolution. Contestée dans l'opinion, notamment dans la presse de gauche, elle est fragilisée par son attitude, sa sociologie (elle compte encore en 1962 près de 35 % d'Allemands) et les représentations qui l'accompagnent (elle serait le fourrier du « fascisme »). En fait, c'est la qualité d'ancien légionnaire du ministre des Armées, Pierre Messmer (il fit partie durant la France Libre de la 13e demi-brigade de Légion étrangère), qui lui épargne la dissolution totale. Cette dernière frappe cependant une unité symbolique, le 1er REP. Le 27 avril, il quitte Zéralda. En partant les légionnaires font sauter le magasin d'équipements, le dépôt de munitions et, encadrés par la population de Zéralda qui jette des fleurs sur les véhicules, quittent le camp en chantant le célèbre refrain d'Édith Piaf, « Non rien de rien… » mais aussi le *Chant du départ* ou « Oui nous nous reverrons mes frères ». Ultime bravade ou provocation : alors qu'ils sont arrivés à Orléansville, et que les CRS et les gendarmes les attendent, armes pointées vers eux, un sous-officier de la première Jeep précédant le premier camion leur fait un bras d'honneur accompagné d'un retentissant « Tiens ! », auxquels les légionnaires, depuis les camions, répondent par un non moins sonore : « Fume ! » Et ainsi, pour chacun des véhicules. Le 1er REP est dissous le 30 avril 1961 (le jour de la commémoration de Camerone, très discrète cette année-là). Après la dissolution, le régiment est affecté dans sa totalité au 1er Étranger avant que ne s'opère une redistribution entre toutes les unités de la Légion. Notons encore une décision aussi réglementaire que symbolique : bien des particularités des uniformes (bérets verts ou amarante, tenues léopard) sont à présent interdites. Il reste enfin à régler le sort des putschistes issus de ses rangs, en particulier des officiers. Ceux qui se sont rendus sont traités selon leur grade : procédure devant le Haut Tribunal militaire pour les commandants et les capitaines, mise aux arrêts de forteresse pour les lieutenants. Les irréductibles (Degueldre notamment) poursuivent leur combat dans l'OAS en s'appuyant sur le milieu légionnaire, espérant sans doute le rallier à leur cause. Au final cependant, force est de constater que l'OAS peine par la suite à faire déserter des légionnaires en nombre et que l'espoir nourri par certains (Gardy) d'un nouveau putsch fait long feu. Les engagements individuels, si importants soient-ils (ainsi celui du colonel Dufour), ne changent rien au fond : l'institution légionnaire, qui réussit à rétablir sa situation après avril, rentre alors dans le rang.

Olivier DARD

Bibl. : Pierre Abramovici, *Le Putsch des généraux. De Gaulle contre l'armée 1958-1961*, Fayard, 2011 • Hélie Denoix de Saint Marc, *Mémoires. Les champs de braises*, avec la collaboration de Laurent Beccaria, Perrin, 1995 • Jacques Favreau, *Lieutenant au 1er REP*, Éditions Italiques, 2007 • Pierre Sergent, *Ma peau au bout de mes idées*, La Table ronde, 1967 • Maurice Vaïsse, *Comment de Gaulle fit échouer le putsch d'Alger*, Bruxelles, André Versaille, 2011.

PUYLOUBIER. – Pour les légionnaires, Puyloubier évoque à la fois le vin et l'institution des invalides de la Légion étrangère. L'un et l'autre se confondent donc avec le nom d'un petit village situé au pied de la montagne Sainte-Victoire à proximité duquel se dresse le domaine Capitaine-Danjou. Il s'agit d'une bastide dont l'origine remonte à l'époque gallo-romaine mais dont les caves médiévales servent d'assise au château reconstruit au XIXe siècle. La propriété s'étend sur plus de 200 ha. Le 12 octobre 1953, René Pleven, ministre de la Défense, légionnaire de première classe honoraire (matricule 96751 bis) depuis le mois de mars de la même année, et Pierre de Chevigné, secrétaire d'État à la Guerre, l'acquièrent (elle s'appelle alors « domaine Le Général ») et la remettent au foyer d'entraide de la Légion étrangère afin qu'il puisse y accueillir les légionnaires blessés, invalides ou malades qui ne peuvent plus combattre ni même servir les armes de la France mais aussi « les retraités vieux légionnaires dont le milieu normal est devenu le milieu légionnaire – capables de multiples petits travaux et de fournir le personnel de fonctionnement de l'Institution ». À l'instar de la Maison du légionnaire d'Auriol, il n'est donc pas question que les pensionnaires restent oisifs. Au contraire, il s'agit de reconstruire l'avenir avec eux et donc de travailler.

L'organisme « a pour objet, en particulier, d'assurer l'hébergement, l'habillement, le reclassement des légionnaires à leur libération et leur rééducation professionnelle dans les branches agricoles, forestières et artisanales ». Durant plusieurs mois, les légionnaires œuvrent pour restaurer, bâtir, défricher, planter. Très rapidement, le domaine possède une dizaine d'hectares de vigne, presque un millier d'oliviers, des champs et même une ferme. En fait, il convient surtout de transformer le lieu en un centre de rayonnement et de fraternité légionnaire. Le 2 mai 1954, alors que le camp retranché de Diên Biên Phu vit ses dernières heures, le général Kœnig inaugure cette structure attendue parce qu'elle vient combler un vide : « La création de l'Institution des invalides de la Légion étrangère, dira-t-il, est un beau rêve qu'avaient caressé depuis longtemps tous ceux qui ont non seulement commandé, mais avant tout aimé la Légion ; tous ceux qui ont compris dans ses rouages les plus humbles, comme les plus secrets, la mentalité propre du légionnaire qui dans le bonheur comme dans le malheur a besoin de se sentir chez lui. »

Outre le travail de la terre, l'artisanat devient aussi une activité importante grâce aux ateliers qui se développent progressivement : poterie-céramique, ferronnerie, menuiserie-ébénisterie, horlogerie, reliure. Par ailleurs, des salles de rééducation fonctionnelle aident les légionnaires blessés à reprendre pied et goût à la vie. Pour les aider, l'ensemble de la communauté légionnaire donne un jour de solde. Ainsi un bâtiment de 210 m de long, en forme d'hémicycle, est-il construit. Il peut abriter jusqu'à 190 pensionnaires, mais la capacité globale de Puyloubier est de 220 hommes. Les légionnaires qui meurent à Puyloubier sont enterrés dans le petit cimetière du village où un emplacement est dédié à la Légion. Après les accords d'Évian, le 25 septembre 1962, ledit carré Légion accueille les cercueils du général Rollet, du prince Aage de Danemark et du légionnaire de 1re classe Zimmermann, dernier légionnaire tué au combat en Algérie.

Avec le temps, les silhouettes des blessés de guerre disparaissent et sont remplacées par celles des anciens légionnaires solitaires, handicapés ou meurtris par l'existence à qui il n'est rien demandé sauf d'avoir servi avec « honneur et fidélité », c'est-à-dire de détenir le certificat de bonne conduite. Toujours dirigée par un officier supérieur, l'Institution des invalides de la Légion étrangère (IILE) demeure un foyer d'accueil, une structure hébergeant des personnes âgées dépendantes et un foyer occupationnel. Les activités proposées aux anciens ne sont plus exactement les mêmes que par le passé ; des ateliers d'antan il ne reste plus que ceux de reliure et de céramique. Par ailleurs, le musée de l'Uniforme légionnaire est installé dans le château depuis 1990. Enfin, l'activité viticole s'est considérablement développée. Le domaine compte maintenant 40 ha de vignes. Il produit un vin rouge, rosé ou blanc d'appellation « côtes-de-provence » qui a été plusieurs fois primé lors de concours agricoles nationaux.

Alexis NEVIASKI

Sources : Centre de documentation de la Légion étrangère • Procès-verbal de vente au foyer d'entraide de la Légion étrangère de la propriété Le Général, sise à Puyloubier, 10 juillet 1954 • Règlement intérieur de l'Institution des invalides de la Légion étrangère, 28 juin 1956 • *Képi blanc* n° 657, juillet 2004.

Q

QASTINA. – Qastina, parfois écrit Kastina, ou encore Kistina dans les *Mémoires de guerre* du général de Gaulle, était un village palestinien, situé à 38 km au nord-est de Gaza sur la route de Jaffa et qui a disparu lors de la guerre israélo-arabe de 1948-1949. Comme il était situé sur un des rares points hauts de la plaine côtière, les autorités turques avaient installé en 1887, à 3 km au sud-ouest du village, un camp militaire. Existant déjà à la fin du XVIe siècle, Qastina sous l'Empire ottoman relevait des district et sous-district de Gaza. À la fin du XIXe siècle, c'était un village allongé du nord-ouest au sud-est, en pays plat, fait de maisons d'adobe et pourvu de puits de jardin et d'une mosquée. Une école y sera créée en 1936. Ses habitants étaient essentiellement des agriculteurs qui cultivaient des citronniers et des bananiers, entretenaient des jardins potagers mais se consacraient surtout aux céréales. Chaque famille avait ses animaux et son poulailler. Certains habitants travaillaient au camp, dit « de Bir-Tuvia », surtout après que les troupes britanniques l'eurent occupé lors de la campagne de Palestine en 1917-1918.

L'entrée en vigueur du mandat anglais sur la Palestine et les nécessités du maintien de l'ordre entre Arabes et Juifs donnent plus d'importance au camp de Qastina qui reçoit des unités de cavalerie motorisée (11e Hussards) et des escadrilles de la Royal Air Force. La combinaison de ces moyens permet une surveillance efficace des zones semi-désertiques palestiniennes. Avec la Seconde Guerre mondiale et l'entrée en guerre de l'Italie, Qastina est une base arrière essentielle pour les opérations en Libye (Western Desert) et, plus loin, en Éthiopie. Dans le même temps, les ralliements individuels ou collectifs au général de Gaulle après l'appel du 18 juin 1940 ont permis d'organiser des unités qui, placées sous commandement britannique, sont engagées sur le front égyptien (1er bataillon d'infanterie de marine, avec la 7e division blindée britannique) et en Érythrée (brigade française d'Orient, qui inclut la 13e demi-brigade de Légion étrangère, ou DBLE).

À l'issue de la campagne menée par Rommel en Cyrénaïque et de la liquidation de l'Afrique-Orientale italienne (prise de Massaoua), toutes les unités françaises libres sont regroupées à Qastina pour préparer la création d'une division française libre, aux ordres du général Legentilhomme.

Concomitamment aux opérations militaires en Libye et en Éthiopie, la situation au Moyen-Orient est troublée par l'agitation antibritannique et indépendantiste provoquée en Irak par Rachid Ali et entretenue par les Allemands qui utilisent les bases aériennes françaises de Syrie pour expédier armes et munitions aux révoltés. La Grande-Bretagne ne peut tolérer que son adversaire trouve aide et soutien en Syrie : Churchill décide d'occuper le mandat français. Le chef de la France Libre, qui a passé deux ans (1929-1931) au 2e Bureau des troupes du Levant, comprend que la présence de la France au Moyen-Orient est menacée et décide d'intervenir aux côtés des Anglais (en fait une division d'infanterie australienne et une division d'infanterie indienne).

Le 27 mai 1941, le général de Gaulle vient à Qastina pour inspecter la 1re division française libre. Après avoir remis plusieurs croix de la Libération, il annonce sa décision aux Français libres présents, provoquant la désapprobation de certains officiers, en particulier de la Légion étrangère. En effet, le ralliement à la France Libre impliquait la clause que jamais les partisans de De Gaulle n'auraient à tirer sur des Français. Or, à Dakar déjà puis au Gabon ce principe avait été écorné. En outre, l'affrontement ne se déroulera pas qu'entre Français mais sous le regard et aux ordres des Britanniques. C'est pourquoi, sans attendre, plusieurs officiers annoncent leur désaccord et leur refus de tirer sur des Français. Le propre commandant de la 13e DBLE, le colonel Magrin-Vernerey, ne participera pas aux combats. Cela lui vaudra de ne plus être désigné pour commander des formations combattantes tant que le général de Gaulle sera aux affaires.

Qastina est détruite en juillet 1948 par l'armée israélienne et sa population évacuée vers les camps de personnes déplacées. Quatre villages israéliens sont créés sur ses ruines : Kfar Wasburg, Anegot, Kfar Akim et Kyriat Malakhi.

Jacques VERNET

R

RABAT. – Littéralement « La forteresse » ou « Le camp », du fait de l'enceinte fortifiée qui enserre la ville traditionnelle, Rabat fut fondée pour être la capitale du royaume du Maroc de 1150 à 1269 sous la dynastie des Almohades, avant de s'effacer devant Fès, capitale spirituelle et culturelle du pays. Rabat a retrouvé son rôle de capitale en 1912, sous la partie récente de la dynastie Alaouite. Lors de la mise en place du protectorat français, le général Lyautey, premier résident général, choisit de transférer la capitale du Maroc dans cette antique cité impériale afin de s'éloigner de Fès qui fut le cœur de la révolte berbère de 1912. Respectant, dans la forme à défaut du fond, le pouvoir royal, il laissa le sultan Moulay Youssef occuper la vieille ville à l'intérieur des murs almohades et fit appel à l'urbaniste Henri Prost (1874-1959) pour créer une ville moderne, partiellement construite sur les fortifications alaouites et organisée autour de l'idée de cité-jardin. Dans le même ordre d'idées, un nombre restreint de troupes européennes fut implanté dans la région, dont la garnison, excepté les états-majors et directions, fut longtemps limitée au seul 6e régiment de tirailleurs sénégalais (RTS), puis au régiment d'infanterie coloniale du Maroc (RICM). Les légionnaires ne connaissaient donc de Rabat que la silhouette des remparts visibles depuis la cité voisine de Salé où se trouvaient l'hôpital militaire, le centre de convalescence et les lieux de plaisir, chers aux permissionnaires. Cette colocalisation amenait, nous dit la légende, les légionnaires convalescents à sortir du premier pour partager leurs jours et leurs nuits entre les deux autres. C'était, évidemment, une interprétation très libre de la fonction de la maison de convalescence inaugurée le 14 novembre 1913, grâce à l'action de la Société de secours aux blessés militaires, avec le soutien actif d'Inès Lyautey, épouse du maréchal, élevée dans l'honorariat de la Légion étrangère au grade de caporal.

Philippe GUYOT

RABERIN, général Henri (1903-1970). – Le général Raberin figure au nombre de ces chefs de corps de la Légion étrangère qui ont exercé dans des conditions difficiles des commandements après la Seconde Guerre mondiale. Alors même qu'il n'apartient pas au cercle restreint des « légionnaires » formés à la maison mère, l'officier supérieur de la régulière – vingt-cinq années de service en métropole ! –, aussitôt adopté par la troupe, parvient, grâce à son énergie et à son autorité, à imposer un style de commandement accordé à la Légion étrangère.

Engagé volontaire au titre du 511e régiment de chars de combat le 22 octobre 1923, Henri Raberin réussit le concours d'entrée à l'école militaire de Saint-Maixent en 1929 avant de suivre le cours de l'école d'application des chars à Versailles. Nommé au grade de sous-lieutenant au 502e régiment de chars colonial le 1er octobre 1930, il sert successivement au 51e bataillon de chars de combat et à l'état-major du 511e bataillon de chars le 1er septembre 1939. Il prend part à la première bataille de France en mai et juin 1940. Démobilisé en décembre 1942, il est versé en 1943 dans les chantiers de jeunesse en qualité de directeur du centre d'éducation Bayard. Puis c'est la Résistance, au sein des Forces françaises de l'intérieur de l'Ariège en 1944 avant d'être désigné chef d'état-major du groupement FFI « Roussel » du département de l'Allier en juillet 1944. Pendant la deuxième campagne de France, il prend le commandement d'un bataillon composé de groupes mobiles de réserve ralliés et termine la guerre dans l'armée de la Libération au 9e régiment de zouaves.

Chef de bataillon depuis mars 1945, il découvre la Légion à Sidi-Bel-Abbès en février 1947 avant de recevoir en juillet le commandement du 2e bataillon du 3e régiment étranger d'infanterie (REI) engagé en Indochine depuis le début de 1946. Il commande également le sous-secteur de That Khé sur la route coloniale no 4 qui longe la frontière entre le Tonkin et la Chine. En septembre 1949, il est muté au Maroc, dans un premier temps au 4e REI, puis chef de corps du groupement porté de Légion étrangère du Maroc (GPLEM), implanté à Agadir, quelques mois avant de prendre le commandement du 5e REI le 1er septembre 1951 qu'il cumule avec celui du secteur de Bac Ninh en mai 1952. Promu au grade de colonel le 1er juillet 1954, il conduit les éléments du 3e REI rapatriés après la libération des prisonniers des camps du Viêt-minh. À Sidi-Bel-Abbès à la tête du 1er RE pendant dix-huit mois, le colonel Raberin remplit la douloureuse mission d'accueil des milliers de légionnaires en transit dont de nombreux blessés d'Indochine. Il doit également préparer le repli des régiments vers l'Algérie en guerre. En novembre 1956, une mission identique l'attend à Meknès pour préparer le départ des dernières troupes françaises de la région. Il quitte la Légion en novembre 1958 et seconde à Vincennes le général Gardy, inspecteur technique de la Légion étrangère. Il est admis en 2e section des officiers généraux le 3 mars 1960. Décoré de la médaille de la Résistance, quatre fois cité pendant la Seconde Guerre mondiale, sept fois cité à l'ordre de l'armée avec croix de guerre des théâtres des opérations extérieures et à l'ordre de l'armée avec croix de la Valeur militaire, il est élevé à la dignité de grand officier le 12 juillet 1964.

André-Paul COMOR

Sources : SHD-Terre, 14Yd 423.

RACHAYA, combat de (20-24 novembre 1925). – Après le combat de Messifré, lors de la campagne du Levant en 1925, le 4e escadron du 1er régiment étranger de cavalerie (REC) du capitaine Landriau est reconstitué à Rayack à l'effectif d'une centaine d'hommes et fait partie d'une colonne de cavalerie opérant dans la partie occidentale du mont Hermon, cœur de la révolte druze. Au sud du massif, Zeid Attrache organise un gouvernement druze et le Liban en entier menace de se soulever. La clef de la défense se trouve à Rachaya, qui commande la route de Beyrouth et les débouchés du Liban. Faute de troupes disponibles en raison de la pénurie d'effectifs due aux insurrections concomitantes du Maroc et du Levant, la cavalerie doit tenir l'ancien château fort des croisés et des émirs Chehab.

Le 5 novembre 1925, la colonne de cavalerie s'installe dans la forteresse sous le commandement du capitaine Granger du 12e régiment de spahis. S'y trouvent donc le 4e escadron du 1er REC, le 1er escadron du 12e Spahis, un peloton réduit de mitrailleuses et 80 gendarmes libanais. Quelques pans de murs subsistent du château fort et dominent Rachaya, village de 3 000 âmes. Les bâtisses qui lui sont adossées sont détruites pour dégager le champ de tir. Les légionnaires construisent un mur de 80 m de long dans la partie ouest pour abriter les chevaux. Outre des postes de lancement de grenades, les emplacements des fusils-mitrailleurs et de mitrailleuses, une tour médiévale au sud, sur laquelle est installé un poste optique, est reliée à un réduit au nord par un boyau percé dans l'épaisseur du mur d'enceinte. Le réseau Brun (boudins de fil de fer barbelé) est doublé. Rachaya attend l'ennemi, réputé pour sa bravoure. Des reconnaissances journalières signalent que trois troupes totalisant 3 000 hommes marchent vers la forteresse qui dispose de 10 jours de vivres et de 22 000 cartouches.

Le 18 novembre, deux pelotons de reconnaissance sont pris à partie et ont du mal à se dégager. Aux ordres du lieutenant Gardy, les légionnaires ne rejoignent Rachaya que le lendemain au prix de lourdes pertes (2 tués, 3 disparus, 3 blessés). Le capitaine Granger reçoit alors l'ordre de tenir coûte que coûte et les reconnaissances sont supprimées.

Le 20 novembre, pour économiser l'eau des citernes, les chevaux sont conduits à l'abreuvoir du village. Vers 15 heures, alors que le dernier peloton s'apprête à rentrer, la fusillade éclate depuis les crêtes avoisinantes et les terrasses des maisons. Surpris par l'attaque, isolés dans le village, les gendarmes libanais se débandent. Deux heures plus tard, après avoir coupé le téléphone, les Druzes vêtus de noir se lancent à l'assaut de la tour. Les légionnaires défendent les parties les plus exposées de la forteresse et les premières vagues d'assaillants se brisent sur les fusils-mitrailleurs et mitrailleuses de l'escadron installés sur la face sud. Pendant la nuit et le lendemain, les Druzes s'infiltrent partout dans le village et ouvrent le feu sur les défenseurs de la partie sud. Toutes les attaques sont repoussées à la grenade. En fin de soirée, l'ennemi est au pied de la forteresse. La nuit, des tirs de grenades à fusil et de courtes rafales de mitrailleuse visent ses lignes de communication.

À l'aube du 22, l'assaut reprend sur la tour. Les Druzes coupent les réseaux Brun encore en place, attaquent à la grenade pendant que des fusiliers écrêtent le haut des murailles. Le capitaine Granger est tué à son créneau d'une balle dans la tempe. Vers midi, l'assaillant neutralise les armes automatiques de l'entrée sud, mais les légionnaires tiennent toujours. Vers 15 heures, l'ennemi relâche son étreinte devant la résistance opiniâtre de la Légion. Le capitaine Cros-Mayreville du 12e Spahis, qui a succédé au capitaine Granger, donne l'ordre de ménager les munitions qui s'épuisent. Pour ces hommes qui luttent sans dormir depuis 48 heures, un message lesté d'avion annonce l'arrivée de renforts pour le 24. L'espoir renaît, mais dans la nuit 1 000 hommes, dont 500 cavaliers, viennent prêter main-forte aux Druzes.

Le 23 novembre à 5 heures du matin survient une nouvelle attaque contre la tour qui est prise à coups de grenade à l'issue d'un corps à corps au cours duquel le maréchal des logis Popoff, dernier combattant, défend chèrement sa peau avant de succomber en lançant sa dernière grenade. Une fois installé dans ces ruines sanglantes, l'ennemi tire dans la cour, tue les chevaux et neutralise des pièces de fusils-mitrailleurs. Le lieutenant Medrano, blessé, et ses légionnaires mènent une contre-attaque et défendent jusqu'à l'extrême limite l'entrée de la forteresse. La Légion supporte seule le poids de l'attaque. On se bat au sabre, à la baïonnette, à la grenade jusque dans les caves et les étages des six maisons de la partie sud de la cour. Vers 8 h 30, la situation du secteur sud-ouest devient désespérée. Les Druzes s'emparent de l'entrée et à la fin de la matinée il faut se résoudre à l'abandon de cette partie du château – 40 % de l'effectif de l'escadron sont détruits et il ne reste que 30 cartouches par homme. La capitaine Cros-Mayreville, tel le commandant Raynal au fort de Vaux en 1916, envoie son dernier pigeon : « Situation très critique. Je demande que l'on fasse l'impossible. »

Les Druzes cherchent ensuite à s'infiltrer dans la cour, entre les carcasses des chevaux, mais sont arrêtés par les tirs de mitrailleuse. La forteresse est prise sous le feu de tous les côtés. Au nord, la défense cède et il faut deux contre-attaques à l'arme blanche et à la grenade pour sauver cette partie haute du château. À 15 heures, des avions bombardent les Druzes sans beaucoup d'efficacité de peur d'atteindre les défenseurs. Deux heures plus tard, le combat reprend encore plus âpre en présence de Zeid Attrache. Il ne reste que 15 cartouches par homme. L'assaut est repoussé et les blessés non alités font eux aussi le coup de feu. Tous s'apprêtent à recevoir l'ultime attaque à l'arme blanche lorsque à 20 heures une fusée verte est aperçue. Un poste optique signale « 6e Spahis » et quatre obus éclatent sur la partie nord du village. Découragés, les Druzes n'attaquent pas de la nuit.

Le 24, à 8 heures, une partie des Druzes tente un dernier assaut, ce qui couvre le repli du gros de leur troupe. Vers 11 heures, les premiers renforts atteignent l'orée du village, tandis qu'une seconde colonne de secours formée par le 21e régiment de tirailleurs algériens est signalée. À 13 h 30, l'émotion est intense : le 6e régiment de spahis entre dans la forteresse.

Les Druzes déplorent 1 500 hommes hors de combat, dont 400 tués. Le 4e escadron compte 2 sous-officiers et 10 légionnaires tués ainsi que 34 blessés. Le 28 novembre, spahis et légionnaires quittent Rachaya pour être reformés à Rayack. La mission est accomplie : l'insurrection a été fixée aux confins de la Syrie et la route du Liban est demeurée fermée.

Ayant offert le premier Camerone des cavaliers à la Légion, le 4e escadron est de nouveau cité à l'ordre de l'armée du Levant et reçoit la croix de guerre des théâtres d'opérations extérieures avec deux palmes, ainsi que la médaille de première classe du Mérite libanais, le 3 décembre 1925, à Beyrouth.

Jean-Charles JAUFFRET

Bibl. : Jean-Charles Jauffret, *L'Idée d'une division de Légion étrangère et le Premier régiment étranger de cavalerie, 1836-1940*, Montpellier,

Centre d'histoire militaire et d'études de défense nationale, Presses de l'université Paul-Valéry, 1978.

RACISME ET XÉNOPHOBIE. – Dans une société militaire qui rassemble des représentants de plus de cent nations, le racisme n'est pas de mise : la Légion étrangère est probablement une des rares entités capables de faire cohabiter des ennemis séculaires. La solidarité née au combat entraîne le respect d'autrui, librement consenti ou forcé, et la discipline ferme et juste participe à la compréhension de l'autre. Cependant certaines formes mineures de racisme peuvent être ressenties individuellement et provoquer des tensions ou entraîner des désertions. La xénophobie peut résulter d'un attachement à ses origines, de rappels aux antagonismes hérités de l'histoire. Véritable Internationale ou Babel militaire, la Légion ne peut conserver son unité et son efficacité sans le rappel constant des règles (de vie commune) du code d'honneur du légionnaire. Dans un autre registre, la presse relate et se régale régulièrement de faits divers ayant pour origine un racisme primaire. Citons pour l'exemple le meurtre de trois civils dans le train Bordeaux-Vintimille en 1983 ou un incendie entraînant la mort de Sénégalais à Orange en 1989, exactions commises sous l'emprise de l'alcool.

Charles RIDET

RAFFALLI, chef d'escadron Barthélemy (1913-1952). – Né à Nice, d'un père officier, il entre à Saint-Cyr en 1933 (promotion « du Roi Albert Ier »). Il choisit la cavalerie et, après Saumur, découvre l'Afrique du Nord et l'armée d'Afrique au sein du 1er régiment de spahis algériens (RSA) à Médéa. En 1940, avec la compagnie saharienne du Touat, il dirige les chantiers de construction de pistes dans le massif du Tanezrouft. Il rejoint ensuite le 3e régiment de spahis marocains jusqu'en 1943, année où il est promu capitaine. Il participe alors à la campagne d'Italie. Officier de liaison auprès des Américains, il s'y distingue tout d'abord dans les attaques du Pantano, de Costa San Pietro et San Croce, ce qui lui vaut sa première citation. Cependant, souhaitant prendre une part plus active au combat, il obtient sa mutation dans l'infanterie et prend le commandement d'une compagnie du 5e régiment de tirailleurs marocains (RTM). Blessé par mine, il reçoit la Légion d'honneur le 6 juillet 1944. Après avoir suivi les cours de l'École d'état-major en 1945, il sert au cabinet du général commandant en chef en Autriche.

Ayant soif d'action et malgré un premier échec consécutif à une blessure au saut, il passe son brevet parachutiste en septembre 1949. Volontaire pour l'Extrême-Orient et la Légion étrangère, il rejoint le 3e bataillon étranger de parachutistes (BEP) à Sétif puis le 1er BEP à Hanoi alors que s'achève le drame de la route coloniale n° 4 (RC4). En janvier 1951, tandis que le général de Lattre prend ses fonctions en Indochine, il est à la tête du 2e BEP. Inconnu à son arrivée au bataillon, il y est accueilli plutôt fraîchement mais ses qualités de chef au combat sont vite reconnues et il ne tarde pas à recueillir l'estime unanime de ses capitaines. Dès lors, les opérations se succèdent : « Flore » en janvier, combat de Ke Sat en février, engagements dans le massif du Dong Trieu en avril et mai, bataille du Day en mai et juin durant laquelle le bataillon s'illustre plus particulièrement dans la région de Phat Diem. Après six mois sous le commandement de son nouveau chef, ses succès valent au 2e BEP d'être cité à l'ordre de l'armée. Durant l'été, le bataillon intervient en renfort dans le secteur de Kontum sur les plateaux du Centre-Annam. Le 4 octobre, afin d'accentuer la pression sur les arrières de la division viêt-minh 312 qui, au Pays thaï, attaque Nghia Lo, le 2e BEP de Raffalli est parachuté à Gia Hoï. Isolé et durement contre-attaqué, le bataillon fait face et, luttant pied à pied en brancardant ses blessés, parvient à se soustraire à la manœuvre de l'adversaire. Raffalli, qui a été promu chef d'escadron au cours de l'été, est nommé au grade d'officier de la Légion d'honneur tandis que le fanion du 2e BEP s'orne d'une troisième palme. Le bataillon participe ensuite à la bataille de la rivière Noire et aux très durs combats livrés en février 1952 au cours de l'opération « Arc-en-ciel », succès tactique qui a permis le repli de la garnison d'Hoa Binh par la RC6. De retour dans le delta du Tonkin, le 2e BEP retrouve le schéma classique des opérations de bouclage et de ratissage de zone au milieu des rizières. Le chef d'escadron Raffalli conduit ainsi ses légionnaires parachutistes lors des opérations « Ouragan » en mars au nord de Thaï Binh, « Turco » en avril au nord du canal des Rapides, « Kangourou » en mai dans la région de Phu Li. Il arrive cependant en fin de séjour et, à la fin du mois d'août, passe les consignes à son successeur. Toutefois, deux jours avant la prise d'armes de passation de commandement, le 2e BEP ayant reçu l'ordre d'exécuter une mission urgente de reconnaissance, il tient à commander une dernière fois son bataillon au feu. Le 1er septembre, aux abords de Chuyen My Truong Ha, au moment où, en première ligne comme à son habitude, il rejoint le commando du lieutenant Muelle qui vient de se faire accrocher, il tombe grièvement blessé d'une balle à l'abdomen. Évacué à Hanoi, il est fait commandeur de la Légion d'honneur par le général commandant en chef. La gravité de son état exige qu'il soit transporté à Saigon où il meurt le 10 septembre. Son nom demeure indissociablement lié à l'histoire du 2e BEP ; il a été donné au quartier du 2e REP à Calvi.

Michel DAVID

RALLIEMENTS. – Dès la fin du mois de juin 1940, quelques chefs militaires, dispersés dans le monde, regroupent spontanément des fragments d'unités et des individus qui veulent continuer le combat aux côtés des Britanniques. Les Forces françaises libres (FFL) naissent ainsi en Angleterre avec le ralliement de 1 300 hommes du Corps expéditionnaire français en Scandinavie (CEFS). Leurs effectifs s'accroissent avec l'incorporation de volontaires domiciliés ou en mission en Grande-Bretagne, blessés, évacués de Dunkerque et évadés de France.

Les premiers ralliés permettent au général de Gaulle de créer une brigade de Légion française (BLF) dès le 2 juillet 1940, dont la situation juridique toutefois est problématique puisque les Français libres sont alors seulement hébergés par le Royaume-Uni. La dénomination de cette unité indique qu'elle est principalement formée de personnels issus de la Légion étrangère. Son ossature provient du ralliement de l'état-major et du 2e bataillon de la 13e demi-brigade de Légion étrangère (DBLE) issus du CEFS. Le choix des légionnaires s'opère librement à deux niveaux. En premier lieu, les officiers prennent leur décision individuellement à l'issue d'une revue passée par le général de Gaulle le 30 juin 1940. Il s'ensuit un clivage entre les bataillons : tous les officiers, sauf deux, du 1er bataillon formé au Maroc suivent leur chef, le commandant Boyer-Resses, et décident de rentrer en Afrique du Nord. Toutefois, et à l'exemple du lieutenant-colonel Magrin-Vernerey venu comme eux d'Algérie, la plupart des officiers de l'état-major et du 2e bataillon se rallient à la France Libre.

Les sous-officiers, les caporaux et légionnaires, en second lieu, sont convoqués au rapport de leur commandant de compagnie pour s'inscrire sur une liste d'option. Beaucoup sont solidaires de leur hiérarchie et 549 cadres et légionnaires du 2e bataillon resteront en Angleterre. Leur contrat d'engagement stipule que : « Les soussignés déclarent avoir contracté de leur plein gré, et sans contrainte aucune, un engagement de six mois, à valoir à dater du 1er juillet 1940 à la brigade de Légion étrangère existant en territoire britannique dans les conditions générales réglant les engagements à la Légion étrangère et compte tenu des indications que le général de Gaulle jugera utile d'apporter à cette réglementation. » Les légionnaires issus de l'ancienne république d'Espagne forment un groupe spécifique, et 160 d'entre eux demandent à être démobilisés sur place. Leurs motivations participent de deux sources : la crainte de clauses d'armistice défavorables en France et la tentation des facilités offertes par le « milieu » londonien. Cette attitude particulière est le fait d'hommes encore peu intégrés à la Légion ; elle ne doit pas minimiser la puissance de l'esprit de corps comme facteur essentiel du ralliement d'une partie importante de la 13e DBLE.

En Angleterre, la Légion étrangère est stationnée dans le camp de Morval. Début juillet 1940, la 1re brigade de Légion française (BLF) est constituée : la 14e DBLE avec 900 hommes dans le cadre de cette 1re BLF forme l'essentiel du corps expéditionnaire de l'opération franco-britannique « Menace » destinée à rallier l'Afrique française.

Au Moyen-Orient, en juin 1940, une vingtaine d'Espagnols du 6e régiment étranger d'infanterie (REI) se présentent aux autorités britanniques de Palestine. Le 2 juillet, ce sont quelques légionnaires qui se rallient avec deux autos blindées. Ces légionnaires qu'accompagnent des volontaires issus d'autres unités d'armes sont réunis dans une formation baptisée successivement « détachement français en Égypte » puis « groupement des volontaires français d'Égypte » (GFVE). Au cours de l'été 1941, la conquête de la Syrie et du Liban procure de nouvelles possibilités de recrutement. En particulier, le rengagement de 692 légionnaires du 6e Étranger regonfle les effectifs squelettiques de la 13e DBLE. Ce renfort inattendu d'hommes déjà instruits permet la création de deux brigades dont une seule sera vraiment opérationnelle, la 1re brigade française libre (BFL) qui participera aux opérations de Libye dans le cadre de la VIIIe armée britannique. À l'issue de la bataille de Bir Hakeim, la brigade perd 28 % de ses effectifs et doit être réorganisée. C'est ainsi que le 3e bataillon de Légion étrangère (BLE) est dissous au profit des 1er et 2e bataillons. Ces unités de la Légion étrangère pourront ainsi participer aux dernières opérations en Libye (El-Himeimat) ainsi qu'à la campagne de Tunisie dans le cadre des Forces françaises libres avant leur fusion en août 1943 sous la nouvelle appellation de « Forces françaises combattantes ».

Motivations. Les motivations des soldats et sous-officiers de la Légion étrangère reposent avant tout sur leurs raisons habituelles d'engagement : fuite ou compensation devant des problèmes personnels d'ordres variés, psychologiques, sentimentaux, financiers, juridiques, etc. Il s'agit en « courant l'aventure guerrière » et en « voyant du pays » d'oublier son passé et d'offrir l'occasion de trouver une nouvelle personnalité dans le combat. Par ailleurs, les bouleversements qu'apporte la guerre totale au théâtre européen renforcent la clientèle disponible pour la Légion parmi les victimes de l'expansion des régimes totalitaires – au sein de ce phénomène toujours actuel : « les personnes déplacées ». À la veille de la guerre, républicains espagnols et opposants aux régimes dictatoriaux allemand ou italien complètent la mosaïque des Russes blancs qui les ont précédés pendant l'entre-deux-guerres ; s'y joindront d'autres Slaves ou Européens divers.

Les motifs matériels sont aussi présents, surtout en cette période de pénurie. C'est ce qui ressort du rapport du colonel Magrin-Vernerey au général de Gaulle dans lequel il demande que soient élevées les conditions financières d'engagement pour maintenir le niveau de recrutement et lutter contre la concurrence étrangère. Enfin il ne faut pas oublier l'attachement que peut éprouver le légionnaire pour la France à travers l'esprit de corps très développé qui le lie à la Légion et à ses chefs, en particulier à ses officiers. Des gradés de la Légion serviront parfois à renforcer l'encadrement d'autres unités et se feront naturaliser par la suite. Ces Français d'adoption « par le sang versé » feront preuve d'un patriotisme d'autant plus vif qu'il est neuf et volontairement développé.

Jean-Noël VINCENT

Sources : SHD-Terre, 12P 81.

Bibl. : André-Paul Comor, *L'Épopée de la 13e demi-brigade de Légion étrangère, 1940-1945*, Nouvelles Éditions latines, 1988 • Jean-Noël Vincent, *Les Forces françaises dans la lutte contre l'Axe en Afrique*, t. I, *Les Forces françaises libres en Afrique, 1940-1943*, SHD, 1983.

RAMBAUD, Élie. – La Légion étrangère doit à un ancien de la « coloniale », qui a servi en Cochinchine, en Annam, au Tonkin, en Chine et dans l'Extrême-Sud algérien et a côtoyé des légionnaires, de s'être fait, à Marseille, où il se fixe en 1919, l'un des promoteurs de la solidarité. Il compte parmi les bonnes volontés qui, à l'imitation d'Émile Maurer à Paris, font honneur à la Légion : ils mettent en cause les conditions de libération des coloniaux et légionnaires qui ont parfois beaucoup de difficultés à retrouver une vie normale après des campagnes éprouvantes et des ennuis de santé. Ils inaugurent une politique de réinsertion qui perdure jusqu'à nos jours. À Marseille, Élie Rambaud se dépense sans compter pour les anciens sans ressources et parvient, en 1925, à ouvrir un foyer colonial d'assistance et de solidarité. Admis dans l'association des anciens légionnaires de la cité phocéenne, puis élu président, il ouvre un centre d'entraide aux réformés et libérés de la Légion étrangère. Il contribue également à la relance de la revue *La Légion étrangère*, dont la parution avait été interrompue par la Grande Guerre. La Légion lui est enfin redevable d'avoir œuvré pour l'achat du domaine de la Vède à Auriol et la création de la Maison de retraite des anciens légionnaires inaugurée par le général Rollet en 1934. Grand bienfaiteur de la Légion, il est fait légionnaire de 1re classe d'honneur.

André-Paul COMOR

Sources : *Le Soleil*, journal marseillais, recueil d'articles sur « Le village international de la Vède » et « Les grognards de la Légion », juin 1937.

RDA, la Légion étrangère et la. – Dès mai 1949, le *Neue Berliner Illustrierte* publie, en zone soviétique, une série de photographies sur la guerre d'Indochine et notamment celles de prisonniers de guerre allemands qui, enrôlés dans la Légion étrangère, avaient été arrêtés par les Vietnamiens lors d'un accrochage. Trois mois après la création de la République démocratique allemande (RDA), le 2 février 1950, son gouvernement lance un premier appel à tous les légionnaires d'origine allemande, y compris les « Allemands de Sarre ». Il conseille à ceux qui ont cédé aux sirènes des agents recruteurs français par faim ou par désespoir, et qui ne sont pas morts au combat, de déserter. Cet appel est diffusé par tracts en Indochine ou envoyé par des marraines de guerre, il sera suivi de nombreux autres, lancés même par le syndicat est-allemand de la Freier Deutscher Gewerkschaftsbund (Confédération libre des syndicats allemands). La surprise fut grande au ministère des Affaires étrangères lorsque arriva la lettre d'un jeune légionnaire déclarant à sa marraine que ces tracts relevaient de la propagande soviétique et qu'il n'avait nulle envie de rentrer. Il y eut néanmoins des déserteurs, dont le nombre est difficile à appréhender. Selon Henri Azeau, il y en eut 1 373, mais il ne précise pas leur nationalité ; les archives est-allemandes, quant à elles, évaluent le nombre de légionnaires d'origine allemande à 40 000, mais là encore les statistiques sont sujettes à caution.

La question de l'enrôlement des Allemands dans la Légion est mise en exergue dans les archives est-allemandes. Certains s'étaient déjà engagés dans la Légion avant la guerre, c'est le cas notamment d'émigrés allemands, anciens communistes, qui avaient fui le régime nazi. Quelques-uns, envoyés en Indochine, ont déserté pour combattre aux côtés du Viêt-minh, ainsi le célèbre Ho Chi Long, membre du Parti communiste indochinois dès 1946 et nommé, la même année, colonel de l'armée populaire. D'autres se sont enrôlés après la guerre pour éviter de mourir de faim. On trouve trace dans les archives est-allemandes de réclamations de parents de légionnaires résidant en RDA qui estiment que l'engagement de leur fils mineur a été fait de manière tout à fait illégale et abusive. L'avocat Friedrich Kaul, que ses interventions lors du procès Eichmann en 1961 rendront célèbre, s'occupe en mai 1959 du cas de deux jeunes légionnaires dont la famille réside en RDA. Le premier, Jürgen Zietlow, est né en 1940 et sa mère note qu'il n'était pas majeur quand il a signé le contrat et qu'il manquait donc dans le dossier son autorisation. Le second cas, celui de Günter Brümmer, est différent, car le jeune légionnaire est né en 1938 et donc majeur, car la majorité est à vingt ans en RDA. L'avocat traite les deux dossiers et les transmet au ministère des Affaires étrangères de RDA en affirmant que les deux jeunes gens ont été enrôlés de force. Mais comme la République démocratique n'est pas reconnue par la France et n'a pas de relations diplomatiques avec elle, le cas est difficile à régler. Des démarches officielles seront néanmoins entreprises par les autorités est-allemandes, mais elles n'aboutiront pas. Un autre exemple, celui de Wolfgang Schorath, est aussi particulièrement significatif. Né à Königsberg en 1932, il travaillait en 1949 en zone occidentale dans les mines, puis en Afrique du Nord. À la suite d'une rixe, au cours de laquelle il provoque un accident, il s'enrôle pour échapper à la prison. Il n'a que dix-sept ans à l'époque et n'a pas demandé l'avis de ses parents. Envoyé au Maroc à Oujda, ce « mineur » est réclamé par sa mère, membre du Sozialistische Einheitspartei Deutschlands (SED). Les services allemands cherchent alors à faire rentrer le « mineur » en RDA où vit sa mère.

Quelques légionnaires, après avoir été faits prisonniers par les Vietnamiens, refuseront de prendre les armes à leurs côtés et seront rapatriés en Allemagne à l'issue d'un long voyage à travers la république populaire de Chine et l'Union soviétique. Les dirigeants est-allemands estiment que l'augmentation du nombre de ces rapatriements et des désertions est le fruit de leurs campagnes de propagande. Les déserteurs préfèrent souvent s'installer en RDA, car ils craignent que le gouvernement d'Adenauer ne les livre à la France. Ils risquent, revenus sur le sol français, d'être internés comme déserteurs au camp disciplinaire de Lambassa. Qu'ils soient anciens prisonniers du Viêt-minh ou déserteurs, tous sont instrumentalisés par les services est-allemands. Ils participent à de nombreuses réunions et conférences de presse ; dans leurs déclarations, ils insistent sur le combat héroïque du peuple vietnamien et évoquent une intervention américaine aux côtés des Français. Mais s'ils sont suspectés d'avoir commis des crimes à l'encontre des populations opprimées par la France, ils ont droit à un régime spécial et peuvent être poursuivis en RDA. Ils sont le plus souvent privés de leur pension, car le gouvernement juge leur engagement condamnable moralement et politiquement – ils ont été employés par le régime colonialiste français afin de lutter contre des peuples qui cherchaient à obtenir leur indépendance.

Les pères des légionnaires morts dans les guerres coloniales ne sont pas toujours autorisés, s'ils sont ressortissants est-allemands, à toucher la pension pour leur fils. La question est évoquée à plusieurs reprises dans les documents allemands. Un Allemand de l'Est, Willy Reinecke, écrit à cet égard au Ministerium der Auswärtigen Angelegenheiten, en juillet 1958, pour demander à son gouvernement s'il peut traiter directement avec le gouvernement français afin d'obtenir la pension à laquelle il a droit pour la mort de son fils, Gerhard Reinecke, mort le 18 août 1950 dans les rangs de la Légion. Le sujet fait l'objet de nombreuses lettres et traîne pendant plus de trois ans ; il faut l'approbation du ministre. Un accord financier existe depuis 1952 entre la Deutsche Notenbank et la Banque de France pour régler des relations commerciales. Un addenda de 1957 règle le cas des pensions, qui ne doit pas se traiter directement avec le consul de France à Berlin-Ouest. Les autorités est-allemandes craignent le départ à l'Ouest des pères des anciens légionnaires (le mur n'est pas encore construit). Le plus souvent, les parents des légionnaires morts en exercice ne touchent pas la pension : comme ceux des soldats morts pendant la Seconde Guerre mondiale n'y ont pas droit, cela doit être la même chose pour les autres. Toutefois l'État est-allemand accepte bien volontiers qu'elle soit versée sur son compte de la Notenbank, car il a besoin de devises !

Les défaites françaises provoquent des poussées de joie malsaine dans la presse est-allemande, alors que les victoires des peuples frères vietnamien et algérien sont saluées avec enthousiasme. Bien souvent ce n'est pas la France qui est visée par ces attaques, mais à travers elle les États-Unis, considérés comme fauteurs de guerre. Après la guerre d'Algérie, les documents concernant la Légion étrangère se raréfient dans les archives de la RDA, car la France n'est plus engagée dans des guerres coloniales.

Chantal Metzger

Sources : Berlin, Politisches Archiv des Auswärtigen Amtes.

Bibl. : Henri Azeau, *Hô Chi Minh, dernière chance*, Flammarion, 1968 • Jacques Doyon, *Les Soldats blancs d'Hô Chi Minh*, Fayard, 1973 • Chantal Metzger, « L'opinion publique est et ouest-allemande face à la décolonisation en Indochine, 1949-1954 », *Guerres mondiales et conflits contemporains*, 1991, n° 164, p. 93-113 • Eckard Michels, *Deutsche in der Fremdenlegion 1870-1965 : Mythen und Realitäten*, Paderborn, Schöningh Verlag, 2006 • Fritz Taubert, *La Guerre d'Algérie et la République démocratique allemande. Le rôle de l'« autre » Allemagne pen-*

dant les « événements » (1954 à 1962), Éditions universitaires de Dijon, 2010.

RDA, rapatriement des déserteurs en. – L'attirance des jeunes Allemands pour la Légion étrangère a toujours embarrassé les autorités allemandes. Parce que la Légion est devenue majoritairement germanophone entre 1945 et la fin de la guerre d'Algérie, la République démocratique allemande – dans le contexte de la guerre froide et de la division de l'Allemagne – n'hésite pas à engager une campagne destinée à affaiblir le Corps expéditionnaire français en Extrême-Orient en s'adressant directement aux légionnaires. Entre 1945 et 1955, on estime en effet que les régiments étrangers comprennent près de 60 % d'engagés volontaires d'origine allemande. Ce pourcentage est proche de celui qui avait été donné par le ministère français de la Défense nationale (50 %) en réponse aux demandes pressantes du gouvernement de la jeune république fédérale d'Allemagne (RFA). Quant aux chiffres avancés – 80 % d'Allemands – dans le *Neues Deutschland* (*ND*), quotidien du SED (Sozialistische Einheitspartei Deutschlands, ou « Parti socialiste unifié d'Allemagne ») alors au pouvoir en République démocratique allemande (RDA), ils sont délibérément grossis dans le seul dessein de discréditer la France et l'engagement de son armée – dont bien sûr la Légion étrangère – dans la guerre « impérialiste » contre le peuple vietnamien. À la fin de la guerre d'Algérie la Légion comptait encore près de 35 % d'Allemands dans ses rangs. Cette forte présence de germanophones posait des problèmes linguistiques : on dit même que la « *lingua franca* » des régiments étrangers à l'époque était l'allemand, notamment parce que les soldats des pays de l'Est maîtrisaient cette langue plutôt que le français.

Ces estimations, à l'exception notable de celles du *ND*, n'étaient pas surfaites, comme le montre Pierre Thoumelin dans sa récente étude sur les légionnaires allemands en Indochine (1946-1954). En revanche, les pertes subies là-bas par le contingent allemand de la Légion ont donné lieu à une surenchère de chiffres dans les deux Allemagnes. Les travaux novateurs menés par l'universitaire allemand Eckard Michels , s'appuyant sur les archives françaises, infirment à la fois les chiffres avancés dans la « déclaration du Gouvernement provisoire de la RDA » de février 1950 – les « dizaines de milliers » qui seraient « déjà tombés sur les champs de bataille du Vietnam » – et ceux du débat au Bundestag (RFA), le 30 janvier 1959 – 15 000 légionnaires allemands auraient été tués en Indochine, au lieu des 2 621 sur les 10 054 recensés par les services français (selon la fiche de renseignements établie par le service du moral et des œuvres de la Légion étrangère le 27 juin 1958 sur la base des statistiques du service historique de l'armée de terre).

Des problèmes politiques surgirent à la suite des conflits armés dans lesquels la Légion intervint. En effet, en raison de leur nationalité d'origine, aussi bien les prisonniers de guerre (PG) que les déserteurs échappèrent presque automatiquement aux autorités françaises puisque ces deux catégories de légionnaires avaient logiquement tendance à s'adresser aux autorités de leur pays d'origine pour recouvrer rapidement leur liberté. Par ailleurs, si jusqu'en 1956 la France faisait partie des puissances occupantes de l'Allemagne, notamment dans l'ancienne capitale, Berlin, les autorités militaires ne pouvaient inquiéter les légionnaires PG d'origine allemande rapatriés : ils étaient en toute légalité sur le sol allemand. Toutefois, certains furent contactés pour reprendre du service dans la Légion jusqu'au terme de leur contrat. De même, à l'inverse, d'autres légionnaires rapatriés et revenus en RFA se rapprochèrent des autorités françaises pour être réintégrés. En revanche les déserteurs posaient un problème.

Dès 1950, ces derniers sont visés par la propagande de la RDA. Dans la « déclaration » de février précédemment citée, Berlin-Est constatait « avec indignation » que des jeunes Allemands de la RFA « étaient forcés » de s'engager dans la Légion étrangère. La RDA les appela dès lors à déserter et à se rendre à l'armée populaire du Vietnam, qui s'engageait à organiser leur retour dans la « patrie allemande » qui les accueillerait et leur accorderait l'amnistie avec l'assurance d'une formation et d'un emploi. Le Viêt-minh s'empressa de répondre à la proposition et organisa dès novembre 1950 des convois de prisonniers. De 1951 à 1956, partis de la frontière entre le Nord-Tonkin et la Chine, quelque 464 légionnaires (sur 781) parvinrent en RDA au terme d'un interminable et éprouvant périple de plusieurs mois via l'URSS puis la Pologne ; les frais étaient supportés par le gouvernement de l'Allemagne de l'Est. Les pertes depuis le départ d'Indochine, 40,6 %, sont à rapprocher de celles des légionnaires prisonniers dans les camps entre 1950 et la capitulation du camp retranché de Diên Biên Phu (56,5 %).

Les conditions de vie dans les camps de prisonniers – les mauvais traitements subis par les déserteurs creusaient les rangs des candidats au retour – comme les fatigues dues au long et périlleux voyage expliquent les différences entre les effectifs annoncés au départ du Tonkin et ceux parvenus à Berlin-Est. Les chiffres parlent d'eux-mêmes : pour le premier convoi, il y eut 69 rescapés sur 250 hommes au départ ; en avril 1952, 135 sur 300 annoncés (deux morts à la descente du train) ; au début 1953, 39 sur 69 parviennent à bon port. Trois convois se succèdent entre l'été 1954 et février 1956 : le premier comprend 80 anciens légionnaires (sur les 357 de la liste arrêtée au départ) ; le deuxième 71, en novembre 1955, et le dernier « environ » 70 en février 1956. Il est fort probable que certains d'entre eux ont pu s'échapper au cours du voyage de retour. Entre-temps, le Viêt-minh avait profité de la réunion du Conseil mondial pour la paix pour lancer une campagne de propagande sous la forme d'un appel aux jeunes Allemands (de l'Ouest) diffusé dans *Neues Deutschland* du 1er mars 1951. Il s'adressait explicitement aux jeunes de RFA censés être attirés par la Légion et évoquait le sort de jeunes chômeurs qui, aussitôt arrivés au Vietnam, auraient été engagés en première ligne contre l'armée vietnamienne de libération.

Les appels à la désertion étaient également lancés en Indochine par le Viêt-minh, en français et en allemand, comme en témoignent plusieurs légionnaires rapatriés qui ont prétendu que seul cet appel avait pu leur donner l'assurance de ne pas être livrés aux Français après leur retour en Allemagne, de l'Est évidemment : ainsi Kurt Fricke l'explique-t-il dans le *ND* du 1er mars 1951.

Des conséquences inattendues. Cependant les autorités de la RDA durent faire face au problème soulevé par les passages à l'Ouest d'un grand nombre de rapatriés profitant des facilités offertes à Berlin où la frontière entre les deux secteurs (oriental et occidental) était encore perméable. Elles avaient pourtant demandé dès 1951 à leurs homologues de la république populaire du Vietnam d'informer les prisonniers candidats au rapatriement des circonstances particulières créées par la scission de l'Allemagne et de les avertir qu'un rapatriement ne pouvait se réaliser qu'à destination de la RDA. Les risques encourus n'avaient cependant pas dissuadé la plupart de ces hommes qui étaient alors si près du but qu'ils s'étaient fixé : retrouver leur patrie allemande. Les exemples de compatriotes passés à l'Ouest et condamnés à de lourdes peines par les tribunaux militaires français n'avaient pas eu l'effet dissuasif escompté. La justice militaire française avait pourtant condamné l'un d'entre eux à mort et cinq autres à vingt ans d'emprisonnement en raison de leur participation armée aux opérations contre l'armée française dans des formations combattantes régulières du Viêt-minh – avec une seconde circonstance aggravante pour ceux qui avaient été promus officiers. Les réactions dans les deux Allemagnes à l'annonce de la condamnation à mort de Jack Holsten, par exemple, furent si vives que les peines furent rapidement révisées, le gouvernement français ne souhaitant pas envenimer les relations avec la RFA au début de la construction européenne et des délicates négociations sur la Communauté européenne de défense (CED). Ainsi, six mois après leur arrivée, la moitié des rapatriés du deuxième convoi de 1952 étaient passés à l'Ouest. Ils furent confortés dans leur choix par un ancien légionnaire, Hans Scholz, qui s'était rendu à Berlin-Ouest, avait contacté les autorités militaires françaises et envoyé un télégramme à ses camarades qui se trouvaient dans le camp de quarantaine – et de contrôle – à Bischofswerda près de Dresde : dans ce message il les rassurait sur les intentions desdites autorités, les encourageant à le rejoindre.

Alors que la guerre froide faisait rage, ces rapatriés passés à l'Ouest allaient servir la propagande de l'Occident contre la RDA. La radio Rundfunk im Amerikanischen Sektor (RIAS), émettant dans les secteurs occidentaux de Berlin et captée à Berlin-Est, utilisait ainsi les services du légionnaire déserteur Alfred Wingens, ancien secrétaire au Vietnam du « Comité pour la paix et pour le retour », rentré avec le deuxième convoi.

La guerre d'Algérie. À partir de 1955, alors que la situation se dégradait en Algérie, le transfert des unités de Légion entre l'Indochine et l'Afrique du Nord commença. Si quelque 350 légionnaires désertèrent en sautant des navires qui traversaient le détroit de Malacca et le canal de Suez, l'immense majorité des légionnaires respecta la parole donnée. Très vite, le Front de libération nationale (FLN) reprit à son compte, en l'amplifiant, la campagne de démoralisation de la Légion et d'incitation à la désertion des légionnaires allemands. Les conditions étaient nettement plus favorables qu'en Extrême-Orient : la proximité géographique du théâtre d'opérations ne pouvait qu'inciter les anciens commanditaires de RDA à agir promptement. Et ce d'autant plus que l'opinion en RFA était devenue plus réceptive depuis la signature des accords de Paris (21-23 octobre 1954). Les nationalistes algériens ne pouvaient par ailleurs garantir le retour des déserteurs sans faire appel aux services des réseaux allemands. En dépit des résultats décevants de l'expérience indochinoise, ceux-ci lancèrent dès janvier 1957 un appel à la désertion aux légionnaires présents en Algérie, avec la promesse d'un retour dans l'« Allemagne des travailleurs et des paysans » où ils seraient accueillis à bras ouverts. Deux autres appels suivirent afin de répondre à l'initiative de la RFA qui ne pouvait rester indifférente au sort des milliers de jeunes Allemands qui affluaient toujours en nombre dans les bureaux de recrutement de la Légion étrangère.

De même, un second enjeu « humanitaire » opposait les deux États allemands au Croissant-Rouge algérien. En mars 1957, la Croix-Rouge de la RDA (Deutsches Rotes Kreuz, ou DRK) et la DRK Ouest se rapprochèrent afin de conduire « des actions communes contre le recrutement de légionnaires en Allemagne de l'Ouest et pour leur rapatriement ».

L'organisation chargée en RDA du rapatriement était en contact direct avec la délégation du FLN établie dans l'enclave de Tétouan (nord-est du Maroc). Son responsable était connu des services français : il s'agissait de l'ancien résistant au nazisme et originaire de RDA Winfried Müller, qui avait adopté le nom arabe de Si Mustapha et qui agissait sous la couverture de la Deutsch-Arabische Gesellschaft (DAG, ou « Société germano-arabe ») dont le président était l'archéologue orientaliste Burchard Brentjes. Il ressort des rapports de cette DAG que le nombre de rapatriés était faible. Mais le but recherché par les responsables politiques de la RDA dépassait largement le simple cadre de l'action « humanitaire ». Un rapport établi au printemps 1960 précise en effet que l'objectif politique de cette propagande était de discréditer la politique étrangère du chancelier Konrad Adenauer et de son ministre de la Défense Franz Joseph Strauß, tous deux accusés de « vendre » des Allemands à la Légion – qui serviraient ensuite de cadres bien formés pour une armée d'agression impérialiste, la nouvelle Bundeswehr. En réalité, les Allemands de l'Est visaient particulièrement l'accord de coopération industrielle et technologique, dans le domaine nucléaire, conclu le 12 mars 1956 à Colomb-Béchar par les deux ministres de la Défense français et allemand. Ils voyaient d'un mauvais œil la coopération militaire entre les deux anciens ennemis et s'inquiétaient de l'accélération du réarmement de la RFA depuis son adhésion à l'OTAN en 1955. Qu'un grand nombre de légionnaires fussent alors d'origine allemande gênait naturellement les idéologues est-allemands.

En 1960, le *ND* estimait à 25 000 (ou 70 à 75 %) le nombre de soldats d'origine ouest-allemande sur les 35 000 légionnaires engagés en Afrique du Nord, et alors que « déjà plus de 8 500 jeunes Ouest-Allemands avaient payé de leur vie comme légionnaires la politique impérialiste ». En réalité, les effectifs de la Légion étrangère pendant la guerre d'Algérie sont passés de 26 716 (fin 1955) à 20 875 (fin 1960), dont moins de 10 000 Allemands. Fin 1962, le syndicat unique en RDA, le Freier Deutscher Gewerkschaftsbund (FDGB), avançait même le nombre exorbitant de 40 000 légionnaires venus de la RFA. C'est pourquoi le rapatriement de ces moutons égarés (de l'Ouest) était « une œuvre humaniste » : Si Mustapha avait pris à cet égard des contacts en RFA et offert ses services pour faciliter les contacts avec le FLN. Après l'indépendance du Maroc, le gouvernement de la RFA avait ouvert en 1957 à Casablanca un consulat pour faciliter le rapatriement des légionnaires déserteurs qui fut fermé en 1960. Désormais le rapatriement des déserteurs fut assuré par la seule délégation (est-allemande) de Tétouan. Ces campagnes de démoralisation et de déstabilisation de la Légion étrangère n'ont pas atteint leurs buts mais ont cependant permis un premier rapprochement entre les deux Allemagnes qui avaient en commun une certaine aversion pour le recrutement étranger pratiqué par la France depuis des lustres. Par un retour de l'histoire, la RFA qui avait soutenu les nationalistes algériens en s'efforçant de ménager les susceptibilités de la France a rapidement tiré les dividendes de sa politique en demi-teinte alors que la

RDA ne renouera avec l'Algérie indépendante qu'en 1970.

Fritz TAUBERT

Bibl. : Eckard Michels, *Deutsche in der Fremdenlegion 1870-1965 : Mythen und Realitäten*, Paderborn, Schöningh Verlag, 2006 • Fritz Taubert, *La Guerre d'Algérie et la République démocratique allemande. Le rôle de l'« autre » Allemagne pendant les « événements » (1954 à 1962)*, Éditions universitaires de Dijon, 2010 • Pierre Thoumelin, *Les Légionnaires allemands en Indochine 1946-1954*, mémoire de master sous la direction de Gaëlle Eismann, université de Basse-Normandie, Caen, 2010 (non publié).

RÉALISATIONS ARCHITECTURALES PÉRENNES. – Sans appartenir au génie (ses pionniers et ses sapeurs sont alors des fantassins), la Légion étrangère des premiers temps a construit des postes, des casernements et des ensembles immobiliers destinés au logement ou aux loisirs (piscine, stade). Les quelques exemples suivants témoignent de la diversité de l'œuvre accomplie par les légionnaires.

On sait tout d'abord le rôle joué par le 2e régiment de la Légion étrangère sous l'impulsion du colonel Carbuccia pour la mise en valeur des ruines de Lambèse (département des Aurès, en Algérie). On sait moins qu'un groupe de gradés et de légionnaires du 1er régiment étranger de cavalerie a restauré le ribat de Sousse entre 1930 et 1939.

Par ailleurs, et puisque l'homme a besoin d'eau pour vivre, la Légion a foré de nombreux puits en particulier dans le Sud constantinois sous le Second Empire. Mais elle a aussi construit des piscines – comme celles de Sidi-Bel-Abbès, de Saïda, du Kreider ou de Bedeau – ainsi que des jardins potagers – tels ceux de Sidi-Bel-Abbès, du Kreider, de Meknès avant 1939 ou de Djenien Bou Zreg (1956-1962).

Quant à la construction de casernements, elle a parfois donné lieu à des rivalités concernant le style. La plus connue a opposé deux commandants de compagnie au sujet de la couverture des bâtiments en zone présaharienne, l'un prônant les voûtes, l'autre les terrasses…

La Légion a édifié des monuments pour la population (le capitaine Krafthelmacker a construit le cadran solaire de Saïda en Algérie) et pour elle-même : les légionnaires se sont ainsi faits carriers, tailleurs de pierre et maçons pour bâtir leur monument aux morts à Sidi-Bel-Abbès ; maçons pour assembler les éléments du monument aux morts du 2e Étranger à Meknès. Ils ont encore conçu et édifié les monuments aux morts des légionnaires parachutistes à Sétif (Algérie) et à Calvi (Haute-Corse).

Des légionnaires enfin ont décoré des bâtiments. En 1938, par exemple, un peintre a orné les murs du foyer du légionnaire de Meknès de fresques aujourd'hui disparues représentant *Blanche-Neige et les sept légionnaires*. À Aubagne, la grande porte du musée et la grille en fer forgé de la crypte sont l'œuvre des pionniers.

Henry DUTAILLY
& Christian RIDET

RECONVERSION. – À son départ de l'institution, le légionnaire non seulement tourne une page importante de sa vie, mais accomplit en outre un véritable saut dans l'inconnu. À y bien réfléchir, sa situation n'est pas très éloignée de celle qu'il avait connue quelques années plus tôt lorsqu'il s'était présenté à la porte d'un bureau de recrutement avec pour seul viatique quelques maigres affaires personnelles et pour sésame quelques mots de français laborieusement appris. À cela toutefois une différence de taille : aujourd'hui « Monsieur Légionnaire » est bien dans sa tête ; légitimement fier de son parcours sous la grenade à sept flammes, une carte de séjour voire un décret de naturalisation en poche, il est armé pour une nouvelle aventure, celle de la vie en milieu civil.

Un tel départ pourrait surprendre s'il n'était la marque d'un homme résolument libre qui, arrivé au terme de son contrat, estime à juste titre être en règle avec l'institution qui l'a accueilli. D'esprit aventureux par nature, il n'a souvent qu'une idée assez vague de son avenir immédiat, celui qui l'attend une fois franchie la porte du quartier Vienot. Toute question sur le sujet appelle de sa part une réponse où le dilatoire se mêle au fantaisiste avec une forte propension à évoquer de lointains et mythiques horizons. Le camarade qui a réussi dans des contrées exotiques fait référence. Il est le modèle à suivre.

De tous temps, la hiérarchie de la Légion étrangère a été très soucieuse du devenir de ses compagnons d'armes, auxquels elle est naturellement très attachée, et a toujours cherché à éviter qu'ils ne se fourvoient dans un monde plein de chausse-trappes. Aussi avec constance va-t-elle s'efforcer de leur mettre le pied à l'étrier et de les préparer à cette aventure d'un genre nouveau. La pièce maîtresse du dispositif est le bureau d'aide à la reconversion de la Légion étrangère (BARLE), qui propose information, formation professionnelle et emplois au candidat au départ. Cette démarche est en tout point identique à celle réservée aux militaires de l'armée régulière. Depuis une dizaine d'années, l'action du BARLE est complétée (prolongée) par celle originale de l'association Atouts Légion, une sorte de club informel au sein duquel se côtoient le monde de l'entreprise, les anciens de la Légion étrangère et les représentants de la Légion d'active. Cette association, dont la présidence d'honneur est assurée depuis sa création en 2003 par le président du Sénat, a pour vocation de mieux faire connaître et apprécier le légionnaire par l'entreprise et de lui offrir des possibilités de reconversion à la hauteur de ses talents. À ce dispositif, il convient d'ajouter le réseau des 172 amicales d'anciens de la Légion étrangère qui localement constituent autant de points d'ancrage et de possibilités de reconversion.

En effet, les aptitudes de l'ancien légionnaire sont souvent méconnues du grand public et de l'employeur potentiel qui n'ont souvent de celui-ci que l'image d'un baroudeur ombrageux, barbu et tatoué, au passé « forcément » lourd et mystérieux. En réalité, le légionnaire dont le niveau intellectuel est, en moyenne, très supérieur à celui de son homologue du régime général, possède un faisceau de qualités particulièrement appréciées dans le monde de l'entreprise. Aussi, une fois acquise une qualification professionnelle (nombreux sont ceux qui en possèdent déjà une), est-il une recrue de choix pour un employeur. Malheureusement le « jeune ancien légionnaire » éprouve souvent des difficultés à se « vendre ». Un accompagnement est généralement nécessaire, ne serait-ce que pour lui ouvrir d'autres perspectives que celles liées aux seuls métiers de la sécurité pour lesquels son appétence est forte. Or ce domaine est non seulement vaste, mais aussi très hétérogène et le meilleur côtoie souvent le moins bon.

Si, en moyenne, un légionnaire sur deux fait appel aux services chargés de la reconversion (285 sur 485 en 2011), il est difficile de savoir combien réussissent réellement leur retour à la vie civile. Avec un recul de plusieurs années et au vu de ceux qui fréquentent le monde associatif, on peut estimer que si quelques anciens légionnaires connaissent une très belle réussite sociale, la majorité d'entre eux se situe dans une très honnête moyenne. À l'autre extrémité du spectre figurent les « blessés de la vie », ceux qui, après une longue errance, se souviennent d'avoir un jour servi à la Légion où ils savent que « dans la vie comme au combat on n'abandonne jamais les siens ». Aussi une nouvelle fois, comme par le passé, viennent-ils demander asile non pas cette fois pour souscrire un contrat, mais pour prêter leurs bras à ces phalanstères que sont l'Institution des invalides de la Légion étrangère (IILE) de Puyloubier et la Maison du légionnaire d'Auriol.

Robert RIDEAU

RECRUTEMENT. – Le recrutement spécifique de la Légion étrangère explique l'attention que lui porte son commandement, bien que cette préoccupation ne soit apparue que tardivement, au XXe siècle. Les recruteurs ont dû appliquer des consignes de sécurité plus strictes dans l'entre-deux-guerres en s'appuyant sur les services de renseignement (service d'immatriculation et bureau de statistiques de la Légion étrangère). Des facteurs propres à la troupe et à son commandement sont alors pris en compte pour éviter les mauvais réflexes pendant la période d'instruction ou dans les opérations de guerre. Il doit aussi répondre aux besoins – variables – exprimés par le haut commandement de l'armée.

Curieusement, les archives militaires conservées au service historique de la Défense sont muettes sur le sujet : les rapports d'inspection renferment bien des remarques générales sur le moral de la troupe, parfois des observations sur la composition par nationalités, mais aucune mention sur le recrutement lui-même. Il pourrait pourtant expliquer le taux de désertion ou les problèmes de commandement, notamment dans les premières années de la Légion. Depuis le début des années 1950, les volontaires sont sélectionnés selon des critères physiques et intellectuels, ce qui ressort des normes et des règles établies pour l'ensemble de l'armée de terre. Jusqu'à une date récente, le volontaire n'était pas tenu de présenter une pièce d'identité, et la décision d'accepter le candidat appartenait – en dernier ressort – à l'officier qui avait examiné son dossier. Toujours marginal dans l'armée de métier de la monarchie de Juillet à la fin de la IVe République – quelques centaines d'hommes dans les premières années –, le recrutement est aussi le reflet de l'évolution des relations internationales et des changements des sociétés. Si les effectifs sont relativement bien connus, en revanche, faute de sources fiables, les données sur les ratios d'engagés par rapport aux candidats reçus dans les postes de recrutement n'ont pu être établis.

Toutefois, la carte des postes et centres de recrutement qui ont accueilli les postulants permet de compléter les informations connues sur les nationalités représentées dans les régiments étrangers depuis 1831. Le lecteur découvre, sans surprise, la concentration des postes aux frontières de la France métropolitaine, avec une surreprésentation dans l'Est et le Nord-Est jusqu'au milieu du XXe siècle. De plus, le haut commandement n'hésite pas à créer des postes (provisoires) à l'étranger pour « recueillir » à la fin des guerres mondiales les soldats des anciennes armées alliées ou ennemies. Ainsi en 1919-1920 à Novi Sad en Voïvodine à la frontière de la nouvelle Hongrie, mais aussi à Constantinople pour accueillir les Russes rescapés des armées blanches. Enfin, les missions militaires dépêchées à Budapest et Vienne en 1920 sont chargées de recruter – principalement – des anciens soldats dans l'ancien Empire austro-hongrois.

Ouvertures - et réouvertures - des postes et centres de recrutement de 1831 à nos jours

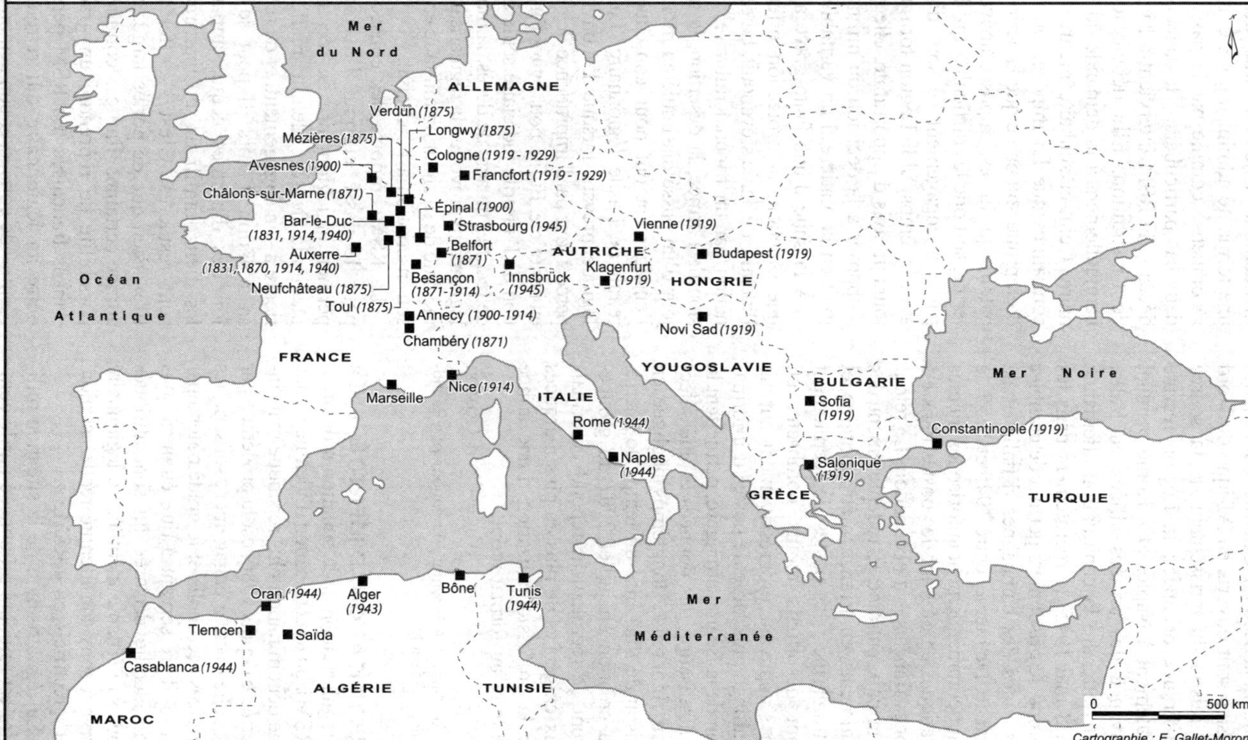

Pendant la Seconde Guerre mondiale, des postes sont ouverts en Afrique du Nord en raison du tarissement de la source en France occupée ; la Légion recrute également à Naples et à Rome pendant l'avance des armées alliées en Italie. Sans attendre la capitulation allemande du 8 mai 1945, le recrutement dans les camps de prisonniers permet de combler les vides des campagnes d'Italie et de France. De même, entre 1945 et 1955, le haut commandement autorise les mêmes pratiques en ouvrant des postes dans les zones françaises d'occupation. Le retour à la paix entraîne le redéploiement des régiments en France métropolitaine et ultramarine : les postes de recrutement sont désormais moins nombreux et, en s'appuyant progressivement sur un maillage plus large de postes d'information de la Légion étrangère, permettent la centralisation des données et une sélection rigoureuse, longtemps négligée en raison de l'urgence du temps de guerre. La création en juillet 2007 du groupement de recrutement répond désormais aux exigences de plus en plus marquées de la professionnalisation d'une armée de terre au format réduit.

André-Paul COMOR

• *Voir aussi* : Anonymat ; Engagement ; Rectification d'identité.

RECTIFICATION D'IDENTITÉ. – La « régularisation de la situation militaire » (RSM), ou « rectification d'identité » dans une dénomination plus répandue mais incorrecte depuis 1986, est la procédure par laquelle l'acte d'engagement souscrit, les services accomplis et le grade obtenu par un militaire servant à titre étranger sous une identité déclarée lui sont attribués sous sa véritable identité. Le légionnaire servant sous son identité réelle est alors dit « rectifié » ou « RSMé ».

La régularisation de la situation militaire est toujours prononcée par le commandement. Elle constitue désormais une formalité administrative, et non une récompense comme par le passé. Dans deux cas particuliers – la sanction et le décès –, la RSM intervient à l'initiative de l'institution. Elle débute toutefois habituellement à la demande du légionnaire. Celui-ci souhaite mettre fin aux contraintes que lui impose son identité d'emprunt, soit parce que la période probatoire qui lui est imposée arrive à son terme, soit que les difficultés qu'il fuyait par son engagement se sont dissipées avec le temps. Si la Légion formule toujours un avis d'opportunité, elle ne peut s'opposer à la décision du militaire qui jouit en la matière d'un véritable droit.

À la suite d'une faute grave appelant une sanction, la protection offerte par l'identité déclarée s'évanouit. La condamnation par un tribunal militaire, l'exclusion de l'armée, la désertion, la mise au jour d'un passé dissimulé au moment de l'engagement ont pour conséquence le retrait de l'asile légionnaire. La même logique prévaut lorsque l'anonymat est percé à jour par l'imprudence de celui qui en bénéficie. Enfin, pour éviter l'intervention de l'autorité judiciaire seule à même de rectifier un acte de décès, la mort d'un légionnaire provoque la régularisation immédiate de sa situation militaire en vue de son inscription à l'état civil.

La RSM emporte des conséquences pour le passé et pour l'avenir. Elle permet au légionnaire de recouvrer la plénitude de son identité réelle, antérieure à son engagement, et de retrouver sa situation d'alors. Il peut se prévaloir des diplômes acquis auparavant, les liens familiaux et matrimoniaux sont restaurés. C'est l'« effet restitutif ». Bien que de portée large, celui-ci admet certaines limites, comme l'impossibilité de reprendre un grade des armées françaises. La RSM permet en outre au légionnaire qui retrouve son identité de conserver son acquis au sein de la Légion. Son engagement perdure, son grade est maintenu, son dossier militaire demeure, ses décorations subsistent. C'est l'« effet dévolutif », absolu dans son application. Par ailleurs, parce que l'identité déclarée au moment de l'engagement est une fiction limitée au cadre de l'armée, et comme l'identité réelle doit être dissimulée au monde extérieur, le légionnaire servant sous un nom d'emprunt jouit d'une capacité juridique extrêmement limitée qui lui interdit, en pratique, de passer contrat et de décider mariage. Une fois la rectification opérée, il redevient un sujet de droit. C'est l'« effet capacitaire » – bien qu'une autorisation demeure nécessaire pour contracter mariage pendant les cinq premières années du service actif. Enfin, seul peut prétendre tisser un lien avec la communauté nationale le légionnaire servant sous sa véritable identité. La RSM produit un « effet intégratif » en ce qu'elle constitue un indispensable préalable. L'individu passé par la Légion étrangère bénéficie dans ses démarches de facilités. La délivrance d'une carte de résident sur le territoire est accordée de plein droit après trois ans de service à condition de détenir un certificat de bonne conduite qui n'est pas octroyé en l'absence de rectification. L'administration traite également avec bienveillance une démarche de naturalisation en considérant automatiquement satisfaits les critères de langue et de résidence, tout en écartant du contrôle des bonnes mœurs du demandeur les actes commis par lui avant son engagement.

Julien SOUPLET

REDDITION. – Les historiques de la Légion étrangère célèbrent ses hauts faits. Ils ignorent le mot « reddition » et ses dérivés. À juste titre, le récit du combat de Camerone fait exception à la règle : le caporal Maine et les hommes qui se rendent avec lui sont moralement les vainqueurs de ce combat épique puisqu'ils ont rempli la mission. À de nombreuses occasions, toutefois, les légionnaires ont dû « faire Camerone ». Les redditions sont alors le plus souvent le fait de troupes cernées qui n'ont pu briser leur encerclement au terme de durs combats. C'est le cas à Palmyre, en juin 1941, où les derniers combattants valides de la 15e compagnie du 6e régiment étranger d'infanterie, qui ont résisté vaillamment douze jours aux assauts répétés des deux colonnes britanniques, n'ont eu d'autre ressource que de rendre les armes. Dans des circonstances comparables, des légionnaires ont dû se rendre sur ordre, face à un ennemi supérieur, écrasés sous le nombre, comme à Diên Biên Phu. Plus rarement, il s'agit d'unités ayant entrepris une action hasardeuse contre un ennemi qu'elles ont sous-estimé. L'instruction individuelle et collective, l'expérience et la volonté de vaincre concourent pour éviter que les soldats, et en particulier les légionnaires, ne se retrouvent dans une situation qui rende la reddition inévitable.

Henry DUTAILLY

RÉGIMENT DE LANCIERS POLONAIS (1836-1838). – Dans le cadre de l'intervention française en Espagne, la Légion étrangère posséda un régiment de lanciers polonais, seul élément de survivance de la pratique des unités nationales supprimées par le colonel Bernelle en 1835. Évoquant les régiments polonais de la Garde impériale, il n'a connu aucun équivalent dans l'histoire des unités étrangères au service de la France après cette date.

Grâce à la cession de la Légion, la France put aider l'Espagne en pleine guerre civile sans s'engager trop ouvertement. Bernelle proposa alors de renforcer sa troupe par la création d'un régiment de lanciers polonais, pivot de sa division en formation, pouvant agir et manœuvrer par ses seuls moyens et en toutes circonstances. Après le combat de Tarapegui où 1 000 légionnaires résistèrent pendant six heures victorieusement à 6 000 carlistes, affaire dans laquelle la Légion n'avait pas été soutenue par les troupes constitutionnelles espagnoles, il décida de créer un régiment de 500 lances composé de Polonais ayant fui la sanglante répression russe de la révolte de 1830. En mars-avril 1836, par autorecrutement au sein de la Légion, sous les ordres du chef de bataillon Horain, trois escadrons sont montés grâce aux souscriptions, aux dons de l'ambassadeur d'Espagne à Paris et à l'abandon de quatre mois d'arriéré de solde des légionnaires. Mais, livrée à la « générosité » de l'Espagne et donc abandonnée par la France, cette unité, passée sous le commandement du lieutenant-colonel Kraiewski, un sabreur impétueux, dut rapidement gérer la pénurie.

La tradition légionnaire n'a pas retenu ces combats obscurs et acharnés livrés par les lanciers soutenus le plus souvent par le feu des obusiers et des bataillons d'infanterie de la Légion. Parmi les multiples engagements sur un front harcelé par les troupes carlistes très agressives, l'un des plus importants est celui de Fernandorena où, le 1er août 1836, le 1er escadron s'élança à l'assaut d'un mamelon épaulé par le feu du 2e bataillon. Il tint la position au milieu d'une grêle de balles, sabra tout ce qui s'y trouvait et poursuivit ensuite l'ennemi. Un officier carliste témoigne dans ses Mémoires de la solide réputation de bravoure des lanciers chez l'ennemi. Ceux-ci renouvelèrent l'exploit de leurs devanciers de la Grande Armée au col de Somosierra : « J'ai vu un de leurs escadrons charger nos fantassins jusque sur des rochers où les piétons avaient peine à se tenir, et quand leurs chevaux manquaient de pied, ils sautaient en bas de leur selle et combattaient ainsi, la lance à la main, sans espoir de vaincre mais jusqu'à la mort. »

L'offensive carliste fut contenue ; l'automne amena une stabilisation du front. Réduit à deux escadrons mais incarnant la force morale, le régiment de lanciers polonais continua de s'illustrer dans son rôle de couverture des autres unités de la division de Légion, comme lors du combat d'Allo, le 21 décembre 1836, où il chargea une cavalerie carliste nettement supérieure en nombre, l'obligeant à faire retraite. Mais sans renforts ni logistique, les lanciers ne furent plus employés lorsque le colonel Conrad livra ses derniers combats en 1837. Lors du licenciement de la Légion le 8 décembre 1838, les lanciers survivants, constitués en corps espagnol, étaient déjà incorporés dans l'armée constitutionnelle espagnole depuis le 20 juin 1837.

Jean-Charles JAUFFRET

Bibl. : Joseph Bernelle, *Histoire de l'ancienne Légion étrangère, créée en 1831, licenciée en 1838*, Marc-Aurèle, 1850 • Jean-Charles Jauffret, « Une tradition oubliée : le régiment de lanciers polonais de la Légion étrangère, Espagne 1836-1838 », *Histoire et défense. Les Cahiers de Montpellier*, n° 41, I/2000, p. 97-110.

RÉGIMENT DE MARCHE D'AFRIQUE. – *Voir* RMA.

RÉGIMENT DE MARCHE DE LA LÉGION ÉTRANGÈRE D'EXTRÊME-ORIENT. – *Voir* 2e REI.

1er RÉGIMENT DE MARCHE DU 1er RÉGIMENT ÉTRANGER (1er RM/1er RE). – La formation au Maroc du 1er régiment de marche du 1er régiment étranger en août 1914, à partir des 1er, 2e et

6e bataillons du 1er RE, répond à une demande pressante du résident général, le général Lyautey, qui ne dispose que de quelques bataillons pour assurer la défense des territoires récemment soumis et souhaite s'appuyer sur les légionnaires dont il a pu mesurer le savoir-faire lorsqu'il en commandait à la subdivision d'Aïn-Sefra (1903). Les garnisons se répartissent de la manière suivante : Taza pour la portion centrale avec les 2e et 6e bataillons et la 1re compagnie montée (CM), et M'Çoun pour le 1er bataillon. La 2e CM occupe quant à elle la position hautement stratégique de Bou Denib. Commandé à l'origine par le colonel Boyer, le régiment participe au combat de Sidi Omrane, près de Taza. La 1re CM accroche la tribu des Beni Oujdane dès août 1914 ; le 6e bataillon occupe les postes de Taourirt et la 1re CM celui de Bou Ladjeraf.

Les accrochages se succèdent pendant toute la durée de la Grande Guerre. En novembre, les 2e et 6e bataillons participent au combat contre les Béni Guitoune ; le 3 novembre, le régiment passe sous le commandement du colonel Tahon qui le gardera jusqu'au 27 février 1915. Le 1er bataillon participe à la colonne mobile de Fès sur Bab Salah. En mars, la portion centrale s'installe à M'Çoun, le régiment est alors commandé par le lieutenant-colonel Theveney. L'action principale de cette période est dirigée contre les Branes, lors des combats de Djibou Dissen, contre les Béni Mellal au djebel El-Alfa en mai, puis contre les Aït ben Abslah. Les 1er et 6e bataillons et la 1re CM prennent le camp d'Abd el-Malek à Souk el-Had au début de 1916. En avril, le 2e bataillon s'illustre à Sidi Amar alors que la 2e CM combat sur le Foum Zabel. En juin, il reçoit l'aman des Ouled Embareck et poursuit une harka au Foum Zabel en liaison avec la 2e CM. À partir d'août, le 6e bataillon construit le poste de Touaar tandis que le reste du régiment améliore le terrain d'aviation de Taza. En octobre, le colonel Batbedat reçoit le commandement du régiment. La 2e CM entreprend la construction du poste de Ksar-es-Souk. En avril 1917, le camp d'Abd el-Malek est investi une nouvelle fois par le 6e bataillon et la 1re CM.

La première moitié de l'année est entrecoupée de travaux et de combats. L'agitation qui gagne les régions déjà « pacifiées » explique les changements fréquents de garnison : la Légion est bien en première ligne sur le « front » marocain. En juillet, le 2e bataillon est transféré à Marrakech, et en septembre le 6e est à Meknès. La fin de l'année est essentiellement occupée par des travaux, des escortes et des reconnaissances. Le régiment est dissous le 15 février 1918, après avoir rempli les missions souvent ingrates confiées par Lyautey qui a tenu le Maroc « utile ». Il est à noter que ce régiment ne possède pas de drapeau.

Charles RIDET

Sources : DHPLE, JMO du 1er RM/1er RE.

2e RÉGIMENT DE MARCHE DU 1er RÉGIMENT ÉTRANGER (2e RM/1er RE). – Le 2e régiment de marche du 1er Étranger est formé en France en août 1914 au dépôt principal de Sathonay. Il comprend cinq bataillons au sein desquels les nationalités ont été groupées. Tchèques, Polonais et Grecs forment ainsi des compagnies distinctes arborant un drapeau national.

D'abord engagé au sein du 32e corps d'armée, le régiment est rassemblé au camp de Mailly puis prend position en Champagne au sein de la 1re brigade de la division du Maroc. Le 25 avril, il quitte cette région et débarque près de Saint-Pol. Le 29, il monte en secteur à l'ouest de la Targette, en face du village de Neuville-Saint-Vaast (Pas-de-Calais), et affronte l'ennemi le 9 mai aux Ouvrages blancs. Les pertes sont lourdes. Le régiment gagne sa première palme. Le 16 juin, les légionnaires remontent en ligne. Renforcé par le reliquat du 3e RM, et rejoint par le 2e RM du 2e RE, il débarque à Saint-Hilaire-au-Temple le 12 septembre. Le lendemain, il reçoit son drapeau qui est décoré de la croix de guerre avec palme. Déplacé en Champagne, il reçoit l'ordre le 25 septembre de se porter à hauteur de la place d'armes de l'Opéra et de nettoyer le saillant de Presbourg. Le 27, les légionnaires retrouvent au sein de leur brigade reconstituée leurs camarades du 4e régiment de tirailleurs marocains. Le régiment tient les secteurs de Sillery, de Prunay et du fort de la Pompelle avec ses deux bataillons. Le 28 septembre, la brigade reçoit pour mission de s'emparer des bois jalonnés par la « tranchée de la Kultur ». Après les combats, tous les officiers et la plupart des sous-officiers sont tués ou blessés. Cette action lui vaut une seconde citation à l'ordre de l'armée.

C'est sans doute à ce moment que tombe aussi le jeune écrivain américain Henry Farnsworth. Quant aux blessés, parmi eux se trouve Blaise Cendrars. Le 26 octobre, le régiment reconstitué forme une brigade avec le 1er régiment de marche de tirailleurs algériens. Il s'illustre à nouveau en juin dans la région de Souchez. En octobre, le 2e RM/1er RE prend ses quartiers d'hiver à Verberie, Port-Salut et Plaine.

La décision de le fusionner avec le 2e RM/2e RE en novembre 1915 résulte des difficultés rencontrées à combler les pertes des deux régiments. C'est ainsi que prend naissance le régiment de marche de la Légion étrangère (RMLE) qui reste la seule unité de Légion engagée sur le front français jusqu'à la fin de la Grande Guerre.

Charles Ridet

Sources : SHD-Terre, 26N 861.

3e RÉGIMENT DE MARCHE DU 1er RÉGIMENT ÉTRANGER (3e RM/1er RE). – Le 3e régiment de marche du 1er Étranger est formé au dépôt principal de la caserne de Reuilly à Paris, le 4 septembre 1914. Ses personnels viennent principalement du bureau des engagements de l'hôtel des Invalides. Appelé également « régiment de marche de la Légion étrangère du camp retranché de Paris », il comprend trois bataillons implantés entre la caserne de Reuilly (état-major, 1er et 2e bataillon) et celle des Tourelles (3e bataillon). Instruit au camp de Rueil, le régiment est commandé jusqu'au 22 février 1915 par le colonel Thiébaut, officier du service géographique, et encadré par des gradés venus des sapeurs-pompiers. Commandé ensuite par le lieutenant-colonel Desgouille, avec un intérim par le lieutenant-colonel d'Hertault de Beaufort du 11 au 22 février, il est envoyé sur le front à Morcourt dans la Somme. Il tient les secteurs de Frise, de Dompierre et de Tilloloy. Le 28 juin 1915, il revient dans le Santerre en vue de sa dissolution. Elle intervient en raison du départ des éléments étrangers dans leur armée nationale (dont 356 Russes) et des pertes subies (71 tués et 169 blessés). Les 8 officiers et 952 sous-officiers et militaires du rang restants sont versés au 2e RM du 1er RE, le 5 juillet 1915. Le 3e RM/1er RE ne possède pas de drapeau.

Charles Ridet

Sources : SHD-Terre, 26N 861 (dossiers 6 à 12).

4e RÉGIMENT DE MARCHE DU 1er ÉTRANGER. – *Voir* LÉGION GARIBALDIENNE.

1er RÉGIMENT DE MARCHE DU 2e RÉGIMENT ÉTRANGER (1er RM/2e RE). – Issu du régiment de marche du 2e régiment étranger, commandé à l'origine par le colonel Girodon, le 1er RM/2e RE est formé au Maroc avec les 3e et 6e bataillons du 2e RE en septembre 1914, par changement de nom. Sa garnison est implantée à Meknès pour sa portion centrale et le 6e bataillon, à Koudiat el-Biad pour le 3e bataillon, à Fès, au camp de Dar Marhès, pour la compagnie montée (CM). D'août à décembre 1914, le régiment participe à diverses opérations, notamment à Khénifra. De 1915 à 1917, les bataillons et la compagnie montée du Maroc se portent au secours des colonnes mobiles, en particulier celle de l'expédition contre les Branès en 1915. Le groupe mobile de Ziare du 6e bataillon occupe le poste de Bou Lajeraf. Les unités du régiment sont engagées dans nombre d'opérations, d'escortes, de colonnes de secours ou de ravitaillement, et lorsque le temps le permet employées aux travaux de pistes ou à la création de postes (notamment Tarzout en 1916). Elles reconnaissent également le Tafilalet. En 1918, le 3e bataillon est transféré à Bou Denib, tandis que la CM reconnaît Anoceur. Le régiment est dissous le 15 février 1918, date à partir de laquelle les bataillons forment corps. La compagnie montée, principale unité combattante du régiment, totalise à elle seule 4 citations. Ce régiment ne possède pas de drapeau.

Charles RIDET

Sources : SHD-Terre, 3H 2360 et JMO du 1er RM/2e RE.

2e RÉGIMENT DE MARCHE DU 2e RÉGIMENT ÉTRANGER (2e RM/2e RE). – À l'image des autres unités de marche, ce régiment a pour vocation de répondre, dans l'urgence, aux demandes pressantes du haut commandement, aussi son histoire est-elle brève mais cependant soumise aux aléas d'une guerre qui, pensait-on en 1914, devait être courte. Le régiment est formé le 29 août 1914, avec le 4e bataillon du 2e RE, venu d'Algérie, et deux bataillons levés en France. Le 4e bataillon d'Algérie aligne 20 officiers, 68 sous-officiers, 782 légionnaires et campe à Eckmühl avant d'embarquer ses matériels sur l'*Aude* et les personnels et animaux sur le *Timgad*. Débarquée à Marseille, l'unité est scindée en deux formations : un détachement aux ordres du commandant Giudicelli à destination d'Orléans et le reste de la troupe que le colonel Passard, chef de corps, conduit à Toulouse. Après l'instruction sommaire des engagés volontaires pour la durée de la guerre (EVDG), le régiment est définitivement mis sur pied au camp de Mailly et rattaché à la Ve armée. Commandé successivement par les colonels Passard et Lecomte-Denis (blessé le 25 septembre 1915) et par le lieutenant-colonel de Lavenne de Choulot, il combat à Sillery, Chauffour, Saint-Thierry, Paissy et Giromagny. Il comprend quatre bataillons : le bataillon C (commandé successivement par les chefs de bataillon Rozet, de Gallé et Le Gallois) vient de Toulouse, le bataillon D (Giudicelli) vient du camp de Cercottes près d'Orléans et le bataillon F (Celler et Berecki) vient de Blois. Enfin le bataillon G, formé à Orléans avec 311 légionnaires venus d'Algérie et de 742 EVDG, est commandé par les chefs de bataillon Mauvillain puis Michaux Bellaire. Le 11 novembre 1915, par suite des pertes subies au cours des combats par les deux régiments de marche de Légion engagés et de l'extinction du courant des engagements de volontaires étrangers, l'État-major décide de regrouper les légionnaires dans le seul régiment de marche de la Légion étrangère (RMLE).

Charles RIDET

Sources : SHD-Terre, JMO du 2e RM du 2e RE, 24 octobre 1914-15 juillet 1915.

21ᵉ, 22ᵉ ET 23ᵉ RÉGIMENTS DE MARCHE DE VOLONTAIRES ÉTRANGERS (RMVE). – En septembre 1939, peu après la déclaration de la guerre, Paris décide dans une certaine précipitation de créer des formations d'un type nouveau pour accueillir des volontaires étrangers. Entre octobre 1939 et mai 1940, trois régiments de marche de volontaires étrangers (RMVE) sont ainsi mis sur pied à Barcarès, mais laissés pour compte par un commandement dépassé par les demandes des grandes unités combattantes. Aussi, mal équipés, vont-ils rester dans la mémoire de la Légion étrangère comme les « régiments ficelles » de la Seconde Guerre mondiale. En effet, les 21ᵉ, 22ᵉ et 23ᵉ RMVE n'ont ni noyaux actifs, ni réservistes de la Légion, ni même de cadres en provenance de Sidi-Bel-Abbès. Quelques officiers sont cependant détachés pour assurer l'instruction de base d'une troupe disparate dont la discipline laisse à désirer. Ces régiments sont déclassés au point que pour les différencier, les couleurs traditionnelles de la Légion – vert et rouge – sont inversées en rouge et vert.

Le 21ᵉ RMVE combat devant Buzancy en juin, puis suivant la retraite des troupes est engagé à La Grange-au-Bois près de Sainte-Menehould. Cité à l'ordre de l'armée, il est dissous en juillet 1940.

Le 22ᵉ RMVE, créé le 24 octobre sous le nom de 2ᵉ RMVE, aux ordres du lieutenant-colonel Villiers-Morane, mérite une mention spéciale. Il est composé d'un quart d'Espagnols, d'un tiers de Juifs polonais et roumains et de seulement 5 % de Français, dont l'âge moyen est de trente ans ; ses officiers doivent y faire montre d'un certain doigté, veillant à ne pas heurter des hommes animés par la volonté absolument farouche de combattre le nazisme persécuteur. Après une période d'instruction de trois semaines au camp du Larzac, le régiment rejoint la région de Mulhouse, intègre la 19ᵉ division d'infanterie et est déployé en Alsace – il arrive dans la zone de Burnhaupt-le-Haut, dans le Haut-Rhin, le 6 mai 1940.

À la suite de l'offensive allemande du 10 mai 1940 en Hollande et en Belgique, la 19ᵉ DI est transportée en chemin de fer vers Compiègne en vue d'opérer dans la région de Péronne. Le 22ᵉ RMVE débarque le 22 mai à L'Isle-Adam et Boran. Transporté en camion vers Estrées-Saint-Denis – les voies ferrées ont été détruites par l'aviation allemande –, il poursuit à pied par la route et à travers champs pour se porter à la rencontre de l'ennemi dont les premiers éléments notoires sont signalés au sud de la route nationale nº 337 qui relie Amiens à Saint-Quentin. Le 1ᵉʳ bataillon est anéanti par les chars allemands à Berny et le 3ᵉ bataillon rejeté de Villers-Carbonnel par une contre-attaque ennemie. Le 25 mai, le village est repris par une contre-attaque du 2ᵉ bataillon mais de nouveau abandonné le lendemain à midi. Le bataillon doit se replier sur Nozancourt. À partir du 26 mai, le régiment tient sur la ligne générale Fresnes-Nozancourt-Misery, le poste de commandement est à Marchélepot et défend la route de Paris, au sud de Péronne. Le 4 juin, le chef de bataillon Hermann, venant du 41ᵉ RI, prend le commandement du 22ᵉ RMVE. Le 4 juin, à 3 h 45, un tir intense d'artillerie ennemie se déclenche sur tout le secteur et l'aviation allemande envahit le ciel. À 4 heures, deux bataillons allemands se lancent à l'attaque mais sont repoussés pendant 48 heures : les légionnaires refusent de se rendre, et terminent au corps à corps aux environs de Marchélepot. Ils ne sont plus que 800 hommes valides, rassemblés autour de leurs officiers dans la cour d'une ferme, prêts à livrer un ultime combat. Certains préféreront le suicide à la captivité. Les Espagnols, apatrides, sont dirigés vers le camp de concentration de Mauthausen. Le régiment gagne une citation à l'ordre de l'armée.

Quant au 23e RMVE, formé en mai 1940, il est devant Soissons puis à Pont-sur-Yonne et disparaît dans la tourmente de la défaite.

Ces régiments étrangers « de la dernière heure » n'ont certes pas démérité. Alors qu'ils sont victimes après guerre d'une injuste et mauvaise réputation, répudiés par la Légion étrangère, leur « réhabilitation » est due à l'obstination du colonel Gaultier, commandant le dépôt commun des régiments étrangers, et du commandant Kahraman Khan.

Charles RIDET

Sources : DHPLE, JMO des 21e, 22e et 23e RMVE.

1er RE (régiment étranger). – L'appellation « 1er RE » apparaît en 1841, mais le régiment change d'appellation et de formation à maintes reprises. Chargé de fournir en hommes et en spécialistes les autres unités de Légion, il devient « la portion centrale » ou « la maison mère ». Son nom et son recrutement évoquent le 1er régiment étranger de l'Empire, en 1815. Par ordonnance du 30 décembre 1840, le régiment, aux ordres du colonel de Mollembec, est formé par dédoublement de la Légion étrangère en deux régiments. Il devient effectif le 9 mars 1841. Tenant garnison à Alger, il regroupe les 1er, 2e et 3e bataillons et conserve le drapeau de la Légion étrangère de 1832. Engagé tout d'abord en Algérie, il participe à la conquête comme régiment de l'armée d'Afrique. C'est ainsi que son 3e bataillon bivouaque près du marabout de Sidi-Bel-Abbès dès 1843.

Au début du Second Empire, le régiment poursuit la pacification de la province d'Oran. Souhaitant que la France prenne sa revanche sur le congrès de Vienne, Napoléon III dévoile ses ambitions européennes et décide d'engager ses troupes lors de la guerre contre la Russie en Crimée. Une unité du régiment fait partie de la brigade étrangère, commandée par le général de Carbuccia, et débarque à Gallipoli en juin 1854. Le choléra et le typhus creusent rapidement les rangs des légionnaires, surpris par le froid qui règne en hiver. Trois mois plus tard, le régiment compte parmi les vainqueurs de l'Alma et prend part au siège de Sébastopol au cours duquel son chef de corps, le colonel Vienot, est tué le 2 mai 1855 – la caserne du 1er RE à Sidi-Bel-Abbès prend dès lors le nom de ce chef, mort au champ d'honneur. En 1855, une légion suisse est créée, mais faute d'effectifs elle est dissoute le 16 avril 1856 et forme à Sathonay un nouveau 1er régiment étranger, qui prend garnison à Sidi-Bel-Abbès. Après la participation cette même année 1856 à de nouvelles colonnes en Algérie, vient en 1859, pour le régiment, la campagne d'Italie. Le 8 juin, après la bataille de Magenta (4 juin), il entre dans Milan.

Le 1er RE est dissous par décret impérial du 14 décembre 1861. Les officiers servant à titre français sont alors replacés dans des régiments français ; ceux qui servent à titre étranger sont regroupés au sein du 2e régiment étranger (les caporaux et sous-officiers étrangers ne peuvent trouver de destination qu'ici). Enfin, les cadres et légionnaires de nationalité française rejoignent les régiments du régime général. S'ils en font la demande, cela dit, les légionnaires peuvent êtres libérés par anticipation. Le licenciement est fixé au 27 février 1862. Le 2e RE prend ensuite la dénomination de « régiment étranger » puis de « Légion étrangère » et tient garnison à Sidi-Bel-Abbès, avant de participer à l'aventure mexicaine.

La reprise des expéditions coloniales conduit en 1885 le haut commandement à dédoubler à nouveau la Légion étrangère. Ainsi l'appellation « 1er RE » est-elle reprise par l'un des régiments à quatre bataillons – renforcé par un 5e en novembre 1891 et un 6e en décembre 1899. En 1914, l'état-major et la portion centrale sont à Sidi-Bel-Abbès, le 4e bataillon en Indochine, trois bataillons au Maroc oriental. Le régiment entretient en outre les petites garnisons de Marnia (en Algérie) et de Nemours.

1er RE. Coll. part./droits réservés.

Durant la Première Guerre mondiale, des noyaux de cadres et de légionnaires servent à encadrer de nouveaux régiments incorporant les engagés volontaires pour la durée de la guerre (EVDG). Tout en poursuivant son effort au Maroc, la portion centrale met en effet sur pied trois régiments de marche en métropole qui donneront naissance au régiment de marche de la Légion étrangère (RMLE). En 1922, après la décision du commandement d'augmenter les effectifs de la Légion, le 1er RE devenu « 1er régiment étranger d'infanterie » (REI), tout en conservant ses missions opérationnelles, assure le rôle de maison mère. Ses bataillons surveillent le Sud oranais et les confins algéro-marocains, participent aux opérations du Maroc et du Levant et renforcent les troupes coloniales au Tonkin.

Sous différents types de formation, depuis la création de la Légion étrangère, il participe à la plupart des campagnes menées par la Légion : Algérie (fin de la conquête), Sud oranais (1841-1888), Crimée (1854-1855), Italie (1859), guerre de 1870, Tonkin (1883-1930), Dahomey et Soudan (1892-1893), Madagascar (1895), Maroc (pacification : 1907-1933), Grande Guerre. Le 1er REI compte bientôt neuf bataillons aux effectifs pléthoriques qui permettent la création entre 1930 et 1939 des 5e et 6e régiments étrangers d'infanterie (REI) au Tonkin et en Syrie. Désormais, le régiment réduit à trois bataillons et des unités spéciales se consacre en priorité à l'organisation de la portion centrale.

En 1939, la « maison mère » assure l'encadrement et l'instruction de base des régiments nouvellement créés. Ses effectifs lui permettent de former encore, en 1943, un régiment de marche (REIM) qui se distingue pendant la campagne de Tunisie. À partir de décembre 1945, et pendant la campagne d'Extrême-Orient, il est une « machine à instruire » – qui doit beaucoup aux initiatives des colonels Pénicaut et Olié – au profit de tous les corps engagés en Indochine. Dès 1954, des unités de marche formées à Sidi-Bel-Abbès y sont dépêchées. Le regroupement des unités en Algérie entre 1955 et 1957 impose un changement de structures. Les formations de la maison mère – groupement autonome (GALE) et dépôt commun de la Légion étrangère (DCLE), 1er REI – sont dissoutes, laissant leurs charges à un nouveau 1er RE le 1er juillet 1955. Celui-ci regroupe le service d'immatriculation (SIL) et le service du moral de la Légion étrangère (SMOLE) ; il comprend un état-major avec les services du corps, un groupement d'instruction, un groupement de passage et de transit et un groupement des services communs de la Légion étrangère. Il est placé sous les ordres du colonel Raberin.

En 1961, le régiment subit de plein fouet les conséquences du putsch d'Alger. Ainsi le colonel Vaillant prend-il la succession de l'ancien chef de corps du 1er régiment étranger de parachutistes (REP), le colonel Brothier, mis en difficulté au cours des journées d'avril 1961. Après l'accession de l'Algérie à l'indépendance, la page algérienne de l'histoire du 1er RE est tournée avec le départ le 24 octobre 1962 des 700 derniers légionnaires de la maison mère pour Aubagne, Corte et Bonifacio.

Dix ans après son arrivée à Aubagne et en Corse, il se dédouble. Il gère une Légion en pleine évolution qui a pansé les blessures de la guerre d'Algérie. Son régiment frère est chargé de former les cadres et légionnaires et de mettre à la disposition du commandement de l'armée de terre un groupement d'intervention. Placé sous la tutelle du général commandant la Légion étrangère, le 1er RE est le dépositaire des traditions et conserve sa vocation fonctionnelle : recrutement et sélection des engagés volontaires, gestion des services communs pour l'administration du personnel servant à titre étranger. Malgré l'aspect administratif de sa mission, il maintient ses légionnaires en condition opérationnelle afin de mettre sur pied des cellules ou des spécialistes au profit d'autres unités de Légion engagées dans des interventions extérieures. En cas de crise, il met à la disposition des généraux commandant les 6e, 11e, 27e et 31e brigades les éléments opérationnels de renfort nécessaires, qui participent à différentes opérations au Liban (1982-1983), dans le Golfe (1990-1991) et plus récemment en ex-Yougoslavie ou en Afrique. Ainsi forme-t-il dès 1968 la compagnie de marche installée à Bou Sfer (Algérie) puis, en 1969, la compagnie motorisée qui, aux côtés du 2e REP, participe aux opérations du Tchad. En 1971 est encore créé le groupement opérationnel de la Légion étrangère (GOLE), et, en 1978, la compagnie renforcée de travaux routiers (CRTRLE), mise sur pied par le régiment, devient le noyau du futur 6e régiment étranger de génie (REG) formé six ans plus tard. Le 1er juillet 1981, lors de la création de la 31e brigade, le régiment apporte un soutien important à cette grande unité lors des différents exercices et manœuvres et participe avec elle, de mai à septembre 1983, aux missions de la force multinationale de sécurité à Beyrouth (FMSB).

Conservateur des traditions et du patrimoine historique de l'institution, le 1er RE contribue à pérenniser l'image de la première maison mère. Son drapeau, décoré de la croix de la Légion d'honneur, de la croix de guerre 1939-1945 avec palme, de la médaille d'or de la ville de Milan et de la croix de Malte, porte les inscriptions « Sébastopol 1855, Kabylie 1857, Magenta 1859, Camerone 1863, Extrême-Orient 1884-1885, Dahomey Maroc 1892-1907-1925, Madagascar 1895-1905, Orient 1915-1917, AFN-1952-1962 ».

Charles Ridet

Sources : DHPLE, JMO du 1er RE(I), du DCRE et du DCLE.

4e RE (régiment étranger). – Après la Grande Guerre, le haut commandement décide de regrouper les bataillons stationnés au Maroc et formant corps en régiments. Le 4e régiment étranger (4e RE) est ainsi créé le 15 novembre 1920 à Marrakech. Formé initialement à quatre bataillons et une compagnie montée, à partir d'éléments des 1er et 2e régiments étrangers d'infanterie (REI), il est placé sous les ordres du lieutenant-colonel Maurel. Comme nombre de régiments de l'armée d'Afrique chargés d'assurer la sécurité du protectorat, les compagnies sont disséminées sur un vaste territoire : au camp du Guéliz à Marrakech, à Tadla, Beni Mellal, Agadir et Ouarzazate, Bou Denib, puis Aïn Leuh, au quartier Bissey à Meknès, à Foum el-Hassan. Le 4e Étranger compte 78 officiers, 197 sous-officiers et 3 384 légionnaires, bientôt renforcés, en février 1921, par une compagnie de pionniers et, en avril, par un 5e bataillon aux ordres du commandant Kratzert instruit à Saïda et envoyé au Levant. La 1re compagnie de ce bataillon se distingue notamment avec les cavaliers du 4e escadron du 1er régiment étranger de cavalerie (REC) à Messifré, dans le djebel Druze, le 17 septembre 1925. Entretemps, en 1922, le 4e RE est devenu le 4e REI, régiment étranger d'infanterie.

Les trois premiers bataillons du 4e REI combattent au Maroc, dans le Moyen Atlas, dans la tache de Taza et dans le Rif (1925-1926). Une compagnie de sapeurs-pionniers est créée de surcroît le 24 août 1926, et jusqu'en 1933 le régiment opère dans le sud du Haut Atlas. Il laisse des garnisons à Ouarzazate, Agadir, Marrakech, achève la réduction de la « tache » de Taza et, la campagne terminée, ouvre la route du Ziz, aménage des terrains d'aviation et construit des ouvrages d'art. Une batterie de marche, équipée de canons de 75 mm et de 105 « Schneider », est encore mise sur pied en 1932. En février 1933, le régiment livre les combats de Bou Gafer ; en 1935, la pacification du Maroc est achevée.

Au déclenchement de la Seconde Guerre mondiale, un détachement de 500 légionnaires est dirigé vers le camp de la Valbonne pour servir à l'encadrement des 11e et 12e REI en voie de constitution pour le front du Nord-Est. En janvier et février 1940, d'autres éléments sont désignés pour la 13e demi-brigade de Légion étrangère (DBLE). Mais la déflation brutale des effectifs à la fin de l'été impose la dissolution du régiment, le 15 novembre 1940, et une partie de ses personnels est incorporée au 2e REI. L'année suivante, en août 1941, une nouvelle réorganisation conduit à la création de la 4e DBLE, constituée à deux bataillons et dépêchée au Sénégal.

4e RE. Coll. part./droits réservés.

Le 16 septembre 1946, la reprise du recrutement permet de reconstituer l'unité qui devient la 4e demi-brigade de la Légion étrangère du Maroc (DBLEM), sous les ordres du lieutenant-colonel Laparra. Un bataillon s'installe à Fès, au camp Fontanel, un deuxième à Meknès. Complétée par la dernière compagnie montée de la Légion, la demi-brigade s'installe à Ksar-es-Souk où elle construit le camp Aage-de-Danemark. Force de souveraineté, et parce que le calme règne au Maroc, elle peut employer ses légionnaires aux travaux de piste comme au temps de la conquête. Toutefois, elle sert avant tout de dépôt et de réservoir de renforts pour l'Extrême-Orient. Le 1er REI, resté seul en Algérie, ne peut en effet accueillir tous les rapatriés du Corps expéditionnaire où figurent quatre régiments de la Légion. Le 2 juin 1947, le 4e bataillon embarque à Oran pour appuyer les forces chargées de réprimer l'insurrection malgache qui a éclaté le 30 mars. Il retourne au Maroc en octobre 1948, à la veille du changement d'appellation de la demi-brigade, redevenue 4e REI. En 1949, des renforts sont envoyés en Indochine : une compagnie destinée au futur 2e bataillon étranger de parachutistes puis le 5e bataillon, sous les ordres du chef de bataillon Carré de Lusançay. Implanté sur la frontière de Chine à Khé Tu, Mon Cay, Dinh Lap, Loc Binh et Tien Yen, et après quatre mois d'opérations, le bataillon est intégré comme 2e bataillon au 5e REI. Fin mars 1951, il ne reste qu'un seul bataillon et la compagnie portée au Maroc. Le 4e REI est dissous à la date du 1er juin 1951, son drapeau confié à la garde du 1er bataillon du 4e REI formant corps, nouvellement créé, aux ordres du chef de bataillon Gaucher.

Le 1er mars 1955, les deux bataillons du 4e REI, formant corps, sont regroupés et redeviennent régiment sous les ordres du colonel Borreil alors que les jours de la présence française sont désormais comptés. Deux ans plus tard, le 18 mars 1957, après avoir été engagé dans les ultimes opérations de police, le régiment quitte définitivement le Maroc. Il gagne alors le sud-est de l'Algérie, près de la frontière tunisienne, s'installe entre Tébessa et Biskra, verrouillant les lisières des Aurès-Nemencha en rayonnant autour des postes de Bir el-Ater, Négrine, Lichana et Zéribet el-Oued. Autour des postes, et tandis que se construit la ligne Morice, les légionnaires participent à la défense de la frontière avec la Tunisie. En 1959, le régiment se trouve au complet dans sa zone d'action du barrage, et s'échelonne de Bône à Guelma. Au début de février 1962, il fait mouvement vers le secteur de Négrine jusqu'à la proclamation de l'indépendance de l'Algérie. Le regroupement se fait dans la région de Touggourt autour des installations pétrolières. Dans l'attente de sa dissolution prévue pour avril 1964, le régiment fait mouvement vers Colomb-Béchar, Reggane, In Salah, Adran, Amguid.

En juin 1980, une énième réorganisation de la Légion étrangère transforme le régiment d'instruction de Légion étrangère (RILE) implanté à Castelnaudary en 4e RE. Régiment « école », il garde les missions de son prédécesseur et fait partie du « socle » du commandement de la Légion étrangère (COMLE). Parallèlement, dans le cadre de la défense opérationnelle du territoire (DOT), ce 4e régiment étranger est susceptible de se transformer en 4e régiment étranger d'infanterie.

Charles Ridet

1er REC (régiment étranger de cavalerie). – Archétype du régiment de reconnaissance aux fortes traditions, le 1er régiment étranger de cavalerie incarne, par son panache, cette formule qui lui a été consacrée par le général Rollet, le père de la Légion : « Ce Régiment est un Monsieur, ce Monsieur est un Seigneur. »

Héritier de l'ensemble des unités de cavalerie formées d'étrangers au service de la France, le REC est le fils spirituel du sénateur Louis de Montfort dont les propositions de loi de 1894 et 1908 sont à l'origine de la loi du 5 août 1920. Le décret d'application créant le régiment date du 20 juin 1922. Entre-temps, les quatre premiers escadrons sont formés afin de disposer en Tunisie, où souffle un vent de révolte, d'une unité de souveraineté aux ordres du colonel Perret. Avant qu'il recueille à Sousse les débris des armées blanches des généraux Wrangel et Denikine, Hongrois, Autrichiens et Slaves, aux traditions équestres, l'emportent sur les Allemands.

Régiment de cavalerie légère et de reconnaissance, le REC, deux fois cité à l'ordre de l'armée du Levant, est rapidement engagé au Levant insurgé. Engagé contre les Druzes, le 4e escadron du capitaine Landriau s'illustre en Syrie lors des combats de Messifré et de Rachaya, en septembre et novembre 1925. La révolte d'Abd el-Krim, dans le Rif, concomitante de celle du Levant, et l'embrasement d'un Atlas encore à conquérir entraînent l'intervention du REC au Maroc. Le 3e escadron est le premier à y recevoir le baptême du feu en juillet 1925 dans la région de Guercif. Après avoir aidé à contenir les Rifains, appréciés pour leur endurance, leur sens du terrain et leur aptitude à construire des postes, les escadrons sont ensuite engagés dans la longue conquête du Sud marocain, du Tafilalet et du djebel Sagho. L'épuisante campagne du Maroc – au sein le plus souvent de groupes mobiles –, faite de combats et de longues tournées de police sur des centaines de kilomètres, est à l'origine de la motorisation graduelle du régiment, unité mixte en 1929 forte de six escadrons. Si la portion centrale demeure à Sousse, le poste de commandement du groupement du Maroc est à Bou Denib (deux groupes à cheval et un motorisé regroupant les 5e et 6e escadrons). Les éléments motorisés mènent de longues reconnaissances dans le Sahara, tandis que Tindouf, dernière poche de résistance, est occupé en 1934.

1er REC. Coll. part./droits réservés.

Vivant de façon autonome, les escadrons du Maroc sont à l'origine en juillet 1939 de la création du 2e REC, tandis que ceux de Tunisie sont mécanisés. À travers le groupement de reconnaissance divisionnaire (GRD) 97, créé en novembre 1939, un escadron à cheval du 1er REC participe activement à la campagne de France de 1940, à compter du 17 mai sur le front de la Somme. Rattaché à la 7e division d'infanterie nord-africaine (DINA), le GRD 97 harcèle l'ennemi, organise des points d'appui puis mène une série de combats retardateurs après la percée du front, le 7 juin. Au prix de lourdes pertes (plus de la moitié des 650 hommes), jusqu'au 24 juin, il assure la retraite de la 7e

DINA avant d'être dissous à Sousse en septembre 1940.

2e REC. Coll. part./droits réservés.

Ayant acquis ses lettres de noblesse par le sang versé, le 1er REC – que d'aucuns surnomment le « Royal Étranger », notamment en raison de sa devise *Nec pluribus impar* (« À nul autre pareil ») –, replié à Fès au Maroc, ronge son frein au sein de l'armée d'armistice. Après la dissolution du 2e REC, à la barbe des commissions d'armistice, et alors qu'il est aux ordres du colonel Le Vavasseur, ses effectifs deviennent pléthoriques : coiffeurs, mécaniciens, employés de bureau en surnombre permettent de cacher le registre d'effectifs « bis ». Le 1er REC reprend le combat en Tunisie, en décembre 1942, et forme le groupe autonome de reconnaissance de la division de Tunisie. L'escadron porté passe à l'offensive le 11 janvier 1943 et enlève à l'ennemi un col au Foum el-Gouafel. Une série d'actions résolues des éléments du régiment, menées à l'aide de matériels usés, permet de tenir les dorsales tunisiennes lors de la poussée ultime des troupes de Rommel.

Rééquipé à Casablanca, aux ordres du colonel Miquel à partir de septembre 1943, le REC et ses six escadrons, dont un de chars légers et quatre d'automitrailleuses, devient régiment de reconnaissance de la 5e division blindée. Après les longs mois d'instruction sur des matériels américains, il participe activement à la campagne d'Alsace. Entre le 19 et le 23 novembre 1944, regroupé, il affronte les blindés allemands et prend le canal du Rhône au Rhin. Après s'être emparé d'Aspach, il coupe une des lignes de retraite ennemies en direction de la Doller. Dans des conditions hivernales sévères, le Royal Étranger tient bon en décembre-janvier face à l'ultime offensive allemande puis participe à la réduction de la poche de Colmar, ville libérée le 2 février 1945. Six jours plus tard, le général de Gaulle vient y saluer l'étendard du régiment. Dans l'achèvement de la libération de l'Alsace, le REC perd 30 % de son effectif, dont 9 officiers. Cité à l'ordre de l'armée, il franchit le Rhin les 3 et 4 avril, participe à l'investissement de Karlsruhe et à la ruée, entre Rhin et Danube, de la Ire armée du général de Lattre. Le 24 avril, il atteint le Danube à Sigmaringen. Malgré la fatigue, l'euphorie de la victoire décuple les forces : la bataille de Camerone est fêtée lorsque le régiment pénètre en Autriche. Le 18 juin 1945, aux côtés de la 13e demi-brigade de Légion étrangère (DBLE) et du régiment de marche de la Légion étrangère (RMLE), le 1er REC défile à Paris.

Après la gloire, le devoir. Le Royal Étranger connaît bientôt les vicissitudes des combats d'arrière-garde de la décolonisation. Il débarque en Indochine comme une unité d'infanterie et libère, dès son arrivée, la garnison de Hué. À partir de juillet 1947, le régiment est de nouveau motorisé grâce aux matériels du 5e Cuirassiers pour les 3e, 4e, 5e et 6e escadrons, tandis que les 1er et 2e escadrons sont unités portées sur Chevrolet, Jeep et camions GMC. Face à l'incendie qui gagne peu à peu toute l'Indochine, les escadrons sont dispersés du Centre-Annam au nord de Saigon. Les 1er et 2e escadrons forment un groupe particulier équipé de matériel prévu initialement pour les régions polaires, les M-29C ou « crabes » que les légionnaires équipent progressivement pour le combat bien particulier des marécages et rizières de la Cochinchine. Leur mobilité et leur puissance de feu sont appréciées, si bien que lors de la livraison, en 1950, des véhicules blindés amphibies chenillés « alligators », une doctrine d'emploi est née autour du tandem engin de reconnaissance (crabe) et soutien porté (alligator). Ce groupement de Cochinchine, particulièrement actif, mène jusqu'en 1952 pas moins d'une quarantaine d'opérations, tandis que d'autres unités du REC, porté à sept escadrons, sont aussi engagées au Tonkin et au Centre-Annam. Les missions amphibies l'emportent en 1953 lors d'une réorganisation et d'un nouvel emploi dans le delta du fleuve Rouge, au Tonkin. Le REC dispose alors de 17 escadrons, un 18e est même créé début 1954. Si bien que le régiment est présent du Laos au Sud-Annam où il participe à l'opération « Atalante » (février 1954). En Indochine, le 1er REC eut même une jonque corsaire rattachée au 5e escadron. Après le cessez-le-feu, il aide à évacuer des chrétiens vietnamiens qui fuient vers le sud et il est l'un des derniers à quitter l'Indochine, en 1955.

Cette même année, les premiers éléments du REC gagnent tout d'abord la Tunisie où dans le Sud ont lieu de violents combats. Le 26 novembre 1956, le régiment quitte définitivement Sousse et s'installe en Algérie, à Aumale. Réorganisé en 1957, ses escadrons réduits en nombre (deux blindés sur EBR – engin blindé de reconnaissance –, un porté à trois pelotons et un de commandement et des services), engagé par escadrons ou par pelotons isolés, le 1er REC participe à une série d'opérations combinées. Comme en 1932 lors du raid sur Bidon V, 6 000 km sont parcourus dans le Sahara du 6 janvier au 18 février 1958 afin de tester l'endurance des EBR. Ce blindé de reconnaissance, tout-chemin et non tout-terrain, est plus à l'aise sur des espaces dégagés, ce qui explique l'engagement du 1er REC, regroupé à Tébessa, sur les confins algéro-tunisiens. S'ensuit l'épuisant service de la « Herse » sur le barrage électrifié de la ligne Morice, tandis que les éléments portés poursuivent les « rebelles » infiltrés. En décembre 1958, le Royal Étranger retrouve le massif des Nemencha où il participe activement à la contre-guérilla, y compris dans ses aspects civilo-militaires et médicaux. En 1960, les escadrons du colonel de Blignières, mis à la disposition des secteurs locaux, collaborent aux opérations du plan Challe, notamment dans le Hodna. Pour ce faire, comme ceux du 2e escadron mis à pied, les légionnaires retrouvent les fondamentaux du combat de fantassin. En 1961, depuis sa base arrière de Khenchela, le 1er REC connaît une série de succès dans l'Aurès, lors de l'opération « Dordogne » qui fait espérer une victoire au bénéfice de l'Algérie française. En avril, c'est l'heure du choix : le lieutenant-colonel de La Chapelle, lié au colonel Argoud, participe au putsch avec son régiment en laissant aux cadres la liberté de choisir leur camp. Le 22 avril, le 1er REC entre à Alger. Le 25, le chef de corps n'obéit pas au général Salan qui veut prendre de vive force la caserne d'Orléans : son régiment ne versera pas le sang entre Français alors que le putsch est un échec. Le Royal Étranger rentre à Khenchela trois jours après.

Sous les ordres du lieutenant-colonel Barazer de Lannurien, le 1er REC est transféré à Colomb-Béchar et assure la sécurité du barrage oriental face au Maroc. Après les accords d'Évian, à compter du 18 juin 1962, le régiment gagne la base de Mers el-Kébir où il prend ses quartiers dans le cantonnement neuf de Bou Sfer. Rééquipé en chars AMX-13 et en EBR rénovés, le REC fait ses adieux à la terre d'Afrique le 26 septembre 1967.

Depuis ses quartiers à Orange, une nouvelle vie commence dans le cadre de la défense opérationnelle du territoire (DOT). Mais son savoir-faire entre dans des projections de puissance, compléments de la politique extérieure française. D'abord classé en réserve générale des forces de manœuvres et destiné à protéger les sites d'armes nucléaires du plateau d'Albion, le REC est engagé dès avril 1969 au Tchad. Réorganisé, doté des AML-60 et 90 en 1971, il assure la sécurité des frontières de Djibouti en 1976, avant de prendre une part active à l'opération « Tacaud », deux ans plus tard, au Tchad. Lors de la bataille d'Ati, le 20 mai 1978, le 1er escadron du capitaine Ivanoff brise l'offensive du Front de libération nationale du Tchad, puis prend la position clef de Djedaa neuf jours plus tard.

Ayant fait la preuve de ses facultés d'adaptation, rééquipé à partir de 1980 d'AMX-10 RC, le 1er REC connaît une série d'interventions, notamment à Mayotte et en Polynésie. En Irak, au sein de la division Daguet, il investit le 25 février 1991 l'aérodrome d'As-Salman. Régiment multifonction capable d'assumer une mission du plan Orsec ou d'être projeté outre-mer, il permet lors de l'opération « Pélican », du 5 au 15 juin 1997, l'évacuation de 1 500 Français dans un ex-Zaïre en proie à la guerre civile. Partagé ensuite entre l'opération « Licorne », en Côte d'Ivoire, et l'engagement dans l'est de l'Afghanistan (3e et 4e escadron en 2008-2010), le Royal Étranger démontre qu'après la vaine attente lors de la guerre froide une unité équipée de chars à roues à forte puissance de feu est des plus utiles pour faire face aux défis contemporains, ayant l'acquis de sa longue expérience de la contre-insurrection.

Jean-Charles Jauffret

Bibl. : Anonyme (ouvrage commandité par le colonel Miquel), *Premier Régiment étranger de cavalerie, historique et campagnes, récits de combats, chansons de la Légion*, Fasquelle, 1947 • Jean-Charles Jauffret, *L'Idée d'une division de Légion étrangère et le Premier régiment étranger de cavalerie, 1836-1940*, Montpellier, Centre d'histoire militaire et d'études de défense nationale, Presses de l'université Paul-Valéry, 1978.

1er REG (régiment étranger de génie). – La garnison du régiment est située au camp de l'Ardoise à proximité de Laudun, dans le Gard. Cette unité est issue du 6e REG créé le 1er juillet 1984 à partir de cadres du 7e régiment du génie et de légionnaires de la compagnie renforcée de travaux routiers de la Légion étrangère (CRTRLE) de Canjuers, récemment dissoute. Reprenant les traditions du 6e régiment étranger d'infanterie (REI) – et sa devise : « *Ad unum* » (« Jusqu'au dernier ») –, il est composé à l'origine de trois compagnies de combat et d'une lourde compagnie de commandement, d'appui et des services. Sa montée en puissance est terminée le 1er avril 1985. Le régiment, apte à participer aux alertes « Guépard » et aux compagnies tournantes, est destiné à intégrer sur tous les théâtres d'opérations en Europe et hors d'Europe la composante « génie-combat » de la 6e division légère blindée (DLB), elle-même appartenant à la Force d'action rapide (FAR). Dans ce cadre, il remplit au profit des autres unités de sa composante des missions de mobilité et de contre-mobilité et est apte à mener des missions d'appui direct au combat ainsi qu'à apporter des aides au déploiement d'urgence. Par ailleurs, il est chargé du minage, du déminage et de la dépollution des zones de combat. Il possède enfin une section entraînée aux opérations spéciales dans la profondeur.

1er REG. Coll. part./droits réservés.

En 1990 et 1991, le régiment prend part à la guerre du Golfe. En juillet 1999, il devient l'héritier par filiation indirecte du 6e REG. Avec moins de 800 hommes en 2011, ce régiment de génie d'assaut, restructuré, comprend une compagnie de commandement et de logistique (CCL), une compagnie d'appui (CA) et trois compagnies de combat mécanisé (CCM). À celles-ci vient s'ajouter une compagnie de réserve, activée au cours de l'été 2001. Il compte également dans ses rangs les plongeurs de combat du génie d'un détachement d'intervention nautique opérationnel (DINOPS) et les équipes de neutralisation, enlèvement, destruction des explosifs (NEDEX), spécialisées dans la détection et la neutralisation des mines et des pièges. Il est employé dans le cadre du commandement de la force d'action terrestre (CFAT) et de la 6e brigade légère blindée (6e BLB).

Depuis sa création, il est intervenu au Kosovo, en Macédoine, au Tchad, en Côte d'Ivoire, en Guyane, à Mayotte, en république de Djibouti et en Afghanistan. Sa devise : « Parfois détruire, souvent construire, toujours servir avec honneur et fidélité ». Son drapeau se distingue de celui des autres régiments en arborant à sa hampe la cravate du 6e REG en plus de celle du 1er REG, et ne conserve que l'inscription de « Camerone ».

Charles Ridet

2e REG (régiment étranger de génie). – La professionnalisation des armées décidée par le président de la République en février 1996 permet de renforcer la composante génie de la Légion étrangère. Le 2e REG voit ainsi le jour le 1er juillet 1999 à Saint-Christol, sur le plateau d'Albion, dans des cantonnements précédemment occupés par le 1er groupement de missiles stratégiques sur la base aérienne 200. Son premier chef de corps est le colonel Nebois, et la caserne prend le nom du maréchal Kœnig.

Ce régiment de génie d'assaut de la 27e brigade d'infanterie de montagne s'entraîne sur son terrain d'emploi : les Alpes françaises. Projetant chaque année un nombre accru de légionnaires, il a été engagé à Djibouti au sein de la 13e demi-brigade de Légion étrangère, en Afghanistan, en Côte d'Ivoire, en Guyane au sein du 3e régiment étranger d'infanterie, dans les Balkans, en Martinique et en métropole, lors d'opérations intérieures. Ses 6 compagnies totalisent 920 hommes. Aptes à combattre en zone urbanisée, ils renforcent sans cesse leur compétence d'appui direct au combat dans un environnement interarmes.

2e REG. Coll. part./droits réservés.

Tous les moyens « génie » spécifiques et adaptés au milieu montagnard sont regroupés au sein de la compagnie d'appui. Cette dernière est composée de manière classique par les sections organisation du terrain (OT), obstacles (OBS), aide au déploiement (SAD) et d'une section d'aide au franchissement. Elle possède également la section équipement montagne (SEM), unique dans toute l'armée de terre, chargée de garantir la liberté de manœuvre de la brigade grâce à son aptitude à engager des actions de contre-mobilité dans les conditions les plus extrêmes. En outre, le régiment compte dans ses rangs un groupe de recherche humaine (GRH2) spécialisé dans le renseignement opérationnel. Les sapeurs, tous sélectionnés selon des critères spécifiques, sont qualifiés « montagne », mais sont également des spécialistes capables d'utiliser les techniques d'action dans la profondeur les plus diverses, allant de l'infiltration offensive en kayak jusqu'à l'exfiltration sous voile en parapente. Des plongeurs du détachement d'intervention nautique opérationnel (DINOPS) ainsi que le groupe régional d'intervention de neutralisation (GRIN), expert dans la détection et la neutralisation des mines et pièges, et dans la destruction d'explosifs (NEDEX), viennent compléter les équipes spécialisées du corps. La section pionniers de Canjuers représente une autre spécificité du régiment : détachée auprès du groupement de camp, elle participe activement à la remise en état de l'infrastructure et à la création ou réfection des pistes de l'emprise militaire.

Charles Ridet

6e REG. – *Voir* 1er REG.

1er REP (régiment étranger de parachutistes). – Ce régiment est issu du 1er bataillon étranger de parachutistes (BEP), débarqué à Mers el-Kébir en Algérie en février 1955 sous les ordres du chef de bataillon Jeanpierre avec un effectif de 11 officiers, 78 sous-officiers et 356 militaires du rang. Il voit le jour officiellement le 1er septembre 1955. Dans un premier temps dirigé vers Khenchela, il s'installe à Zéralda, près d'Alger, devenue sa portion centrale, où il stationne jusqu'à sa dissolution le 30 avril 1961.

Le 1er février 1956, le lieutenant-colonel Brothier prend le commandement du régiment. Les légionnaires parachutistes doivent alors s'initier à la guerre urbaine dans la capitale algérienne où les attentats terrorisent les deux communautés. Le REP est cependant engagé dans l'opération « Mousquetaire » à la suite de la nationalisation du canal de Suez par le colonel Nasser le 26 juillet 1956. Cette brève expédition en Égypte, avec en particulier un débarquement à Port-Fouad le 6 novembre, permet de tester la capacité opérationnelle du régiment qui est rapidement engagé dans la bataille d'Alger déclenchée en janvier 1957. Le 25 mars suivant, Brothier est remplacé par le lieutenant-colonel Jeanpierre dont les hommes, dans la dernière phase de la bataille d'Alger, obtiennent des résultats retentissants avec notamment l'arrestation de Yassef Saadi le 24 septembre et la mort de Sadi Lapointe le 7 octobre. À l'issue de ces mois de traque et d'opérations de basse police, les légionnaires parachutistes gagnent une réputation de force militaire de répression aux méthodes efficaces et un prestige accru auprès des Européens.

En fin de cette même année 1957, le régiment se retrouve au nord du Sahara entre Hassi Messaoud et Ouargla. Le poste de commandement s'installe à Touggourt, une compagnie à M'Rayer, une à Djamaa, une troisième à Ouargla et une dernière à Hassi Messaoud. Pendant plusieurs semaines, les compagnies nomadisent, bénéficiant d'importants moyens aériens (notamment des hélicoptères), dotées de matériels et d'armements plus adaptés au théâtre d'opérations. En effet, rattaché pour emploi à la 10e division parachutiste (DP) du général Massu créée le 1er juillet 1956, le 1er REP est transformé en unité interarmées, à l'instar des autres régiments de la division, sur les modèles du tableau des effectifs et de dotations d'infanterie 615 (TED/G/INF.615) à six compagnies de combat avec l'adjonction d'un escadron de reconnaissance et d'une compagnie d'appui dotée de mortiers et de canons de 75 mm sans recul. Les accrochages avec les groupes de combattants de l'Armée de libération nationale (ALN) de la wilaya 6 dispersés dans la zone d'opérations se succèdent tout au long du mois de décembre. Ces interventions sous forme de coups de main subits et efficaces permettent de démanteler l'organisation politico-administrative (OPA) et de sécuriser la zone de prospection et d'extraction pétrolières du Nord saharien.

Le 19 janvier 1958, le régiment remonte vers le nord, où l'ALN lance dans la bataille dite « des frontières » des katibas bien équipées et mieux encadrées pour forcer les deux barrages aux frontières entre l'Algérie et les deux anciens protectorats du Maroc et de Tunisie. Le régiment opère dans la région de Guelma lorsque, le 29 mai, son chef de corps, le lieutenant-colonel Jeanpierre, indicatif « Soleil », est tué lors de l'opération « Taureau III » alors qu'il dirige ses compagnies depuis un hélicoptère volant à très basse altitude. Le colonel Brothier reprend alors le commandement du régiment.

L'année 1959 est marquée par la mise en œuvre du plan Challe qui engage les « réserves générales » dans une série d'opérations destinées à épuiser l'adversaire et ruiner ses chances de redéployer des unités constituées après la fermeture quasi complète des deux frontières, en un mot à asphyxier l'ALN de l'intérieur. Le régiment se déploie d'est en ouest selon le rythme imposé par le général Challe et participe à onze opérations majeures.

1er REP. Coll. part./droits réservés.

Dès le 24 janvier 1960, et pendant toute la « semaine des barricades », le 1er REP est rappelé à Alger et se trouve une nouvelle fois en première ligne. Le colonel Dufour, qui a succédé au colonel Brothier le 1er mai 1959, participe activement aux négociations qui aboutissent à la reddition du camp retranché des facultés, compromettant le régiment par les liens noués avec certains milieux politiques algérois. Les légionnaires sillonnent les régions de Guelma, Bône, El-Milia et à nouveau la frontière tunisienne avec la garde du barrage de l'Est. Cependant la crise couve depuis la mutation précipitée dans une garnison d'Allemagne du colonel Dufour – à la veille d'une visite du général de Gaulle prévue pour le début du mois de décembre –, remplacé le 10 décembre 1960 par le lieutenant-colonel Guiraud.

Le 8 janvier 1961, le jour même du référendum sur l'autodétermination de l'Algérie qui se déroule en métropole, et alors que le régiment est en opérations dans les régions de Bône, de Lamy, de Souk-Ahras, trois capitaines refusent d'obéir à l'ordre d'engagement de leur compagnie dans une opération prévue sur le barrage de l'Est. La participation au putsch du 22 avril du régiment commandé par le commandant Denoix de Saint Marc en l'absence du chef de corps entraîne sa dissolution le jour de Camerone et la ventilation des hommes dans les différentes unités de Légion. La brève et riche histoire du 1er REP s'achève ainsi dans l'ingérence politique qui ébranle la Légion dont l'unité est, un moment, mise en péril.

L'histoire retient cependant le lourd tribut payé par les légionnaires parachutistes dans la guerre pour maintenir la présence française dans cette terre d'Algérie à laquelle ils étaient attachés : 231 tués et 575 blessés lors des combats, soit 67 % des effectifs théoriques. La cravate du drapeau du 1er REP porte 5 citations à l'ordre de l'armée avec croix de guerre des TOE et la fourragère aux couleurs de la médaille militaire.

Charles Ridet

• *Voir aussi* : Alger, bataille d' ; Putsch des généraux.

Bibl. : André-Paul Comor, « La Légion étrangère dans la guerre d'Algérie 1954-1962 », *Guerres mondiales et conflits contemporains*, n° 237, janvier-mars 2010 • Yves Courrière, *La Guerre d'Algérie*, Fayard, 2 vol., 2001 [1968] • Hélie de Saint Marc, *Mémoires. Les champs de braises*, avec la collaboration de Laurent Beccaria, Perrin, 1995.

2e REP (régiment étranger de parachutistes). – Le 19 mai 1978, la France et le monde découvrent ce prestigieux régiment qui réussit à libérer les 2 000 otages des « gendarmes katangais » dans la ville minière de Kolwezi. Depuis ce succès et cette mise en vedette du 2e REP, l'expérience a été mise à profit pour perfectionner les méthodes de combat : opérations combinées avec les autres composantes des armées françaises ou étrangères, coopération avec les forces de manœuvre ou les forces du territoire, débarquements ou missions humanitaires, enfin intervention des commandos spécialisés.

Créé le 1er décembre 1955 à partir du 2e bataillon étranger de parachutistes (BEP) rapatrié d'Indochine depuis septembre à Philippeville, et renforcé par le reliquat de l'éphémère 3e BEP, le nouveau régiment est aussitôt engagé dans l'Est algérien où la guerre d'Algérie entre dans une nouvelle phase après les massacres du 20 août dans le Nord constantinois. L'année 1956 est consacrée aux opérations de ratissage qui rodent les unités au nouveau type de guerre. En novembre, le poste de commandement s'installe pour quelques mois à Tébessa où le régiment est en réserve opérationnelle au sein de la 25e division parachutiste (DP) du général Gilles : il a pour mission de surveiller la frontière algéro-tunisienne, perméable depuis l'accession de la Tunisie à l'indépendance. Le 30 mai, il quitte sa garnison pour El-Milia afin d'assurer la sécurité de la presqu'île de Collo et de la région de Djidjelli.

Les années 1958 et 1959 sont marquées par d'incessantes interventions dans l'est de l'Algérie, notamment lors du déclenchement du plan Challe. Les légionnaires sont aux côtés de leurs camarades des régiments parachutistes de la « régulière » dans les opérations qui se succèdent jusqu'en septembre 1960.

2e REP. Coll. part./droits réservés.

Le 16 septembre 1962, le 2e REP se regroupe à Bou Sfer dans l'enclave de la base stratégique de Mers el-Kébir. Après les premiers mois d'installation, le nouveau chef de corps, le colonel Caillaud, engage une réforme profonde de l'instruction qui constitue une véritable révolution dans le contexte de l'après-guerre d'Algérie. Désormais, chaque compagnie, outre la formation commune, acquiert une spécialisation particulière : combat de nuit, tir de précision, entraînement à la survie, techniques de montagne, opérations amphibies, chuteurs opérationnels. À partir de juin 1967, le régiment s'installe à Calvi (Corse). Rattaché à la 11e DP, il fait partie des forces d'intervention destinées aux opérations extérieures, plus particulièrement en Afrique. Dès 1969 et 1970, il intervient au Tchad, conformément aux accords et traités qui unissent cet État à la France. En 1978, une soixantaine de cadres participent à l'encadrement de l'armée tchadienne dans le cadre de l'opération « Manta », pendant que le régiment est engagé dans sa première opération aéroportée du temps de paix, l'opération « Bonite » au Zaïre. En août 1982, le succès de l'opération « Épaulard » de protection et d'exfiltration de Beyrouth du chef de l'Organisation de libération de la Palestine, Yasser Arafat, comme de ses troupes, donne la mesure du degré de préparation et de maîtrise des légionnaires parachutistes. Les interventions se succèdent à un rythme soutenu : entre 1986 et 1998, le 2e REP intervient à sept reprises (1986, 1987, 1988, 1991, 1994, 1996 et 1998). En 1990, toujours en Afrique, deux opérations se succèdent : « Requin » au Gabon et « Noroit » au Rwanda. En 1992, le groupement commandos parachutistes (GCP) du 2e REP intervient en Irak pendant la guerre du Golfe, tandis que la 2e compagnie participe à des opérations de contrôle du désarmement et d'escortes en Somalie (l'opération « Oryx »). L'internationalisation des missions entraîne le régiment sur un théâtre d'opérations en Europe dans les Balkans avec la FORPRONU, puis de 1995 à 1996 avec l'IFOR (de l'anglais Implementation Force). En 1996 et 1997, le recours au 2e REP pour des missions en Afrique qui exigent une parfaite maîtrise des procédures et une discipline exemplaire devient courant. Depuis la radicalisation du conflit en Afghanistan, le régiment fait enfin partie des unités engagées sous commandement de l'OTAN selon le principe de la *noria* adopté pendant la Première

Guerre mondiale pour les relèves à Verdun. Le 2e REP est héritier des citations et de la fourragère aux couleurs de la Légion d'honneur, ainsi que des traditions du 2e BEP. Son chant s'intitule *La Légion marche* ; sa fête est le 29 septembre, la Saint-Michel.

André-Paul COMOR
& Charles RIDET

Sources : DHPLE, JMO du 2e REP, 1955-1962.

2e REI (régiment étranger d'infanterie). – Sous différentes appellations, « 2e régiment de Légion étrangère » (REL), « 2e régiment étranger d'infanterie » (REI) et « 2e régiment étranger » (RE), ce corps est l'un des plus anciens régiments étrangers.

Il naît par ordonnance du 30 décembre 1840 sous le nom de « 2e régiment de Légion étrangère ». Aux ordres du colonel Caries de Senilhes, il est formé le 9 mars 1841, par dédoublement de la Légion étrangère. Son nom et son recrutement évoquent le célèbre 2e régiment étranger de l'Empire. Ses trois bataillons, qui totalisent 2 240 hommes, sont respectivement implantés à Bône, Bougie et Djidjelli à partir de 1842. Les 4e et 5e bataillons du 1er RE deviennent par ailleurs les 1er, 2e et 3e bataillons du nouveau corps. De 1841 à 1856, au sein de la jeune armée d'Afrique, les légionnaires participent à la conquête et à la pacification de l'Algérie : leur première mission est de construire la route de l'Edough. En 1844, le 2e bataillon participe à la réduction de la Chaouia des Aurès, sous les ordres du colonel de Mac-Mahon, ainsi qu'à la prise de M'Chounech : fait d'armes sanctionné par l'ordonnance royale du 11 septembre qui octroie son premier drapeau au régiment. Le 1er bataillon participe quant à lui aux opérations du Constantinois de 1848 à 1851, sous les ordres du colonel Carbuccia. En 1848, la découverte et le dégagement des ruines de Lambèse valent par ailleurs à celui-ci les honneurs d'une communication à l'Académie des inscriptions et belles-lettres. En octobre et novembre 1849, le régiment prend part au siège de Zaatcha sans parvenir à emporter la décision. Il ne connaît pas de répit : en 1851, au sein d'une colonne commandée par le général de Saint-Arnaud, il s'illustre au combat de Fedj Menazel ; puis à nouveau en Kabylie en 1852, avec le général de Mac-Mahon, et encore en 1853, dans le Sud algérien avec la colonne Randon.

2e REI. Coll. part./droits réservés.

Le 17 janvier 1855, il devient « 2e régiment de la 1re Légion étrangère » et est affecté à l'armée d'Orient, où il forme la brigade étrangère avec son régiment frère. Le 16 avril 1856, le régiment devient « 2e régiment étranger » aux ordres du colonel Granet-Lacroix de Chabrières. Alors qu'il est de retour en Algérie, l'assaut d'Icheriden tenu par environ 4 000 Kabyles, le 24 juin 1857, consacre sa réputation.

L'armée d'Afrique est engagée dans la campagne d'Italie : à Magenta (4 juin

1859), le régiment perd son chef de corps. Faute d'effectifs suffisants, il devient « régiment étranger » le 1er janvier 1862. Il faut attendre la reprise de l'expansion coloniale menée par la IIIe République pour que le Parlement autorise la montée en puissance de la Légion. Le « 2e régiment étranger » est reformé en Algérie le 1er janvier 1885, par incorporation des 3e, 4e et 6e bataillons de Légion. Envoyé par bataillons au Tonkin, les légionnaires du 2e RE s'emparent de Son Tay, de Bac Ninh et font partie de la garnison assiégée de Tuyen Quang qui résiste pendant plusieurs semaines à plusieurs milliers de Chinois et de Pavillons noirs. Les légionnaires sont encore présents à Formose, Lang Son, Dang Bo, Dong Dang. Un 5e bataillon, le 1er novembre 1891, et un 6e, le 14 décembre 1899 à Saïda, donnent la mesure de l'engagement outre-mer des nouvelles formations dispersées en Algérie et au Tonkin. Un bataillon de marche est également envoyé au Dahomey en août 1892 au sein d'une colonne commandée par le colonel Dodds. Le chef de bataillon Faurax est tué au cours de l'expédition. Un autre détachement fusionne avec celui du 1er RE pour combattre au Soudan en septembre 1892, à nouveau en 1894. En 1895, deux compagnies sont rattachées au 1er bataillon du régiment de marche d'Algérie (RMA) pour servir à Madagascar. Pendant dix ans, le 2e RE en fournira des renforts.

Au tournant des années 1900, le Sud oranais occupe une place particulière dans son histoire. Les compagnies montées y illustrent la souplesse d'emploi des légionnaires dans les opérations aux « confins » algéro-marocains, notamment à Taghit, Ksar el-Azoudj, El-Moungar enfin, le 2 septembre 1903. Dès 1907, le régiment intervient au Maroc, notamment à Casablanca puis à Bou Denib, Fès ou Taza.

À la veille de la Première Guerre mondiale, il aligne six bataillons : la portion centrale tient garnison à Saïda avec un état-major, le 1er bataillon et la compagnie montée d'Algérie, alors que le 4e bataillon est stationné à Aïn-Sefra et la compagnie de discipline répartie entre Le Kreider et Méchéria. Les 2e et 5e bataillons sont en Indochine, les autres au Maroc occidental. Enfin, une ligne de postes aux limites des Hauts Plateaux comprenant Aïn el-Hadjar, Aïn-Sefra, Beni Ounif, Forthassa, Géryville et Méchéria est tenue par des compagnies du 2e RE. Seul le 4e bataillon – avec le chef de corps – participe à la Grande Guerre. Il forme l'état-major et deux bataillons du 2e régiment de marche du 2e régiment étranger (2e RM/2e RE) mis sur pied en août 1914 pour le front de France (le 1er RM/2e RE, mis sur pied en septembre 1914, reste au Maroc). En 1915, plusieurs détachements sont donc envoyés en métropole, au Maroc ou en Orient sur les différents fronts.

En 1922, le « 2e régiment étranger » devient « 2e régiment étranger d'infanterie ». La modernisation est en marche comme dans toute l'armée française : une compagnie de sapeurs-pionniers ainsi qu'une compagnie d'engins et de transmission sont créées, et la 2e compagnie montée du régiment, abandonnant ses « brêles », devient 1re compagnie motorisée de Légion étrangère. Enfin, le régiment se dote d'une batterie d'artillerie.

Pendant la Seconde Guerre mondiale, le 1er novembre 1940, la compagnie motorisée du 2e REI devient « compagnie saharienne portée de Légion étrangère » (CSPLE) formant corps à Aïn-Sefra. Les réductions d'effectifs conduisent en outre à la fusion entre le 4e REI et le 2e RE, qui passe à 3 bataillons de 3 compagnies, avec une compagnie automobile et trois batteries portées. Dissous momentanément le 1er avril 1943, au profit des régiments engagés en France, ses éléments sont versés au régiment de marche de la Légion étrangère (RMLE). Cependant, dès la fin de l'année 1944, la Légion constitue à Bedeau une compagnie, puis un bataillon, sous les ordres du commandant Orsini, destiné à l'Extrême-Orient. Cette première phalange grossit rapidement grâce à l'afflux d'engagés que le dépôt de Sidi-Bel-Abbès dirige vers elle. La libération des prisonniers de la Seconde Guerre mondiale lui fournit des officiers qui, après des années de captivité, ne demandent qu'à reprendre le combat.

Le 1er avril 1945, le bataillon devient un régiment complet, constitué en unités d'infanterie légère de type birman, sous l'appellation « régiment de marche de la Légion étrangère d'Extrême-Orient » (RMLE/EO). Il est placé sous les ordres du colonel Lorillot. Cantonné à Chanzy puis dans les environs de Sidi-Bel-Abbès, vivant comme en campagne, sous la tente, il attend l'ordre de départ. Rassemblé dans la région de Mascara, avec un bataillon à Thiersville et un à Nouvion, le régiment redevenu 2e REI le 1er janvier 1946 embarque enfin pour l'Indochine. Le 9 février, il relève à Nha Trang les éléments de la 9e division d'infanterie coloniale (DIC) et prend en charge un vaste secteur qui, de Van Gia près du cap Varella à la frontière de Cochinchine, s'allonge, entre la côte et la chaîne annamitique, sur près de 400 km, traversés de bout en bout par la route et la voie ferrée Saigon-Hanoi. La mission principale est le maintien de l'intégrité des communications nord-sud, par cette route Saigon-Hanoi, et est-ouest, par les routes de Phan Rang à Dalat et de Phan Thiet à Djiring. Des postes, à l'effectif moyen d'une section, assurent le contrôle des points sensibles. Des unités mobiles multiplient les reconnaissances offensives, à la recherche d'un adversaire redoutable et de ses centres de ravitaillement, et tâchent de ramener les populations qui ont fui à l'approche des troupes françaises. Le jaunissement s'avère alors indispensable en raison des problèmes soulevés par les relèves et les vides creusés dans les rangs du régiment : un 4e bataillon est ainsi créé avec 50 % de recrutement local. En 1952, deux bataillons devenus opérationnels sont intégrés dans les groupements mobiles (GM). Le 1er bataillon se distingue dans les rangs du GM no 1 en février 1952 en s'emparant, de nuit, du calcaire de Dong Ben, puis avec le GM no 3, l'opération « Boléro II » en août et l'affaire Xuan-Nguyen en octobre asseyant une réputation que consacrent les opérations « Lorraine », « Normandie », « Bretagne », « Nice » et « Hautes-Alpes » en 1952 et 1953. Le 2e bataillon participe aux mêmes opérations au sein du GM no 4 ; le 3e bataillon ne reste au Tonkin qu'un an. Après avoir payé un lourd tribut lors des affaires du mont Bavi et de Lac Cao, le 2e REI revient en Annam en juillet 1952 et occupe à nouveau le sous-secteur de Phan Rang. Au printemps 1953, le 2e bataillon, aérotransporté dans la plaine des Jarres, participe à la construction d'une ceinture de protection qui stoppe l'avance du Viêt-minh. Le 1er bataillon, aérotransporté quant à lui à Diên Biên Phu, tient le point d'appui Huguette pendant le siège du camp retranché. Le régiment, à son départ de Saigon en janvier 1955, déplore la perte de 55 officiers, 203 sous-officiers et 942 légionnaires tombés en Extrême-Orient.

En Algérie, il prend ses quartiers à Aïn-Sefra le 30 octobre 1956. Devenu régiment porté, il pourchasse les rebelles sur la Hamada ou dans les djebels de la frontière algéro-marocaine. Pendant les dernières années de la présence militaire française en Algérie, mis à la disposition du commandement des sites militaires au Sahara en protection de celui de Reggane, le 2e REI s'installe au camp Crozé à Colomb-Béchar. À la fin de 1967, il se replie sur Mers el-Kébir afin d'assurer la défense terrestre de la base navale dans l'attente du démantèlement des installations. Il est dissous le 1er janvier 1968 ; il faut attendre la création du groupement de Légion étrangère (GOLE) le 1er septembre 1972, en Corse, pour voir renaître le 2e RE (placé sous le commandement du colonel Servrancks, qui comprend un groupement d'instruction (GILE) et un groupement opérationnel. Ce dernier, appartenant à la force terrestre d'intervention, participe au système des compagnies tournantes et aux actions extérieures. En 1976, le GILE passe au 1er RE. À partir de cette date, le 2e RE se modernise et prend part aux opérations du Tchad de 1978 à 1979. Le 1er juillet 1980, il redevient 2e REI.

Rattaché à la 31e brigade, il assure en 1983 une mission de paix au Liban au sein de l'opération « Diodon ». À son retour de Beyrouth, il quitte la Corse et ses garnisons de Corte et Bonifacio, le 4 novembre 1983, pour s'installer à Nîmes au quartier Vallongue, qui deviendra quartier Colonel-de-Chabrières. Enfin, en 1984, quand la 6e division légère blindée succède à la 31e brigade, le 2e REI est rattaché à cette nouvelle grande unité appartenant à la Force d'action rapide (FAR). Avec elle, il participe à toutes les interventions des trois dernières décennies : « Requin » au Gabon en 1989, « Daguet » dans le Golfe en 1990, au sein de l'APRONUC au Cambodge de 1992 à 1993, en Bosnie en 1993, aux opérations « Turquoise » au Rwanda en 1994, « Hermine » en ex-Yougoslavie en 1995, « Pélican II » au Congo en 1997, « Salamandre » en ex-Yougoslavie de nouveau en 1996 et 1997, « Cérès » en Macédoine en 2001, « Trident » au Kosovo en 2002, « Licorne » en Côte d'Ivoire de mars à juin 2003. Le 2 février 2005, un contingent français entame son dixième mandat en Afghanistan dans l'opération « Pamir ». Il est composé d'un état-major tactique, avec entre autres la 4e compagnie du 2e REI et une unité de commandement et de logistique formée essentiellement à partir de la compagnie d'appui et de commandement du même 2e REI. Les unités du régiment alternent dans ce théâtre d'opérations au sein des forces françaises intégrées dans le dispositif de l'OTAN. Mais elles participent également à des missions au Tchad ou en Guyane. Le drapeau du 2e REI est décoré de la fourragère aux couleurs de la croix de guerre des théâtres d'opérations extérieures (TOE), de la croix de guerre des TOE avec trois palmes et de la médaille d'or de la ville de Milan. Par ailleurs, il est autorisé à accrocher à son drapeau la croix de guerre 1939-1945 avec palme pour une citation à l'ordre de l'armée concédée au 22e régiment de marche de volontaires étrangers.

Charles RIDET

3e REI (régiment étranger d'infanterie). – Le 11 novembre 1918, le régiment de marche de la Légion étrangère (RMLE) quitte la France et gagne le Maroc. Le 10 juillet 1920, il prend la dénomination de « 3e régiment étranger » (REI), régiment à trois bataillons et renforcé d'une compagnie montée, puis, en 1922, de « 3e régiment étranger d'infanterie » (3e REI). Implanté au Maroc « utile », il participe activement à la pacification suivant le principe de la « tache d'huile » cher au maréchal Lyautey. Disséminé entre Meknès, Taza et Bou Denib, il prend part aux combats du Rif (1925) et aux dernières opérations de réduction de la dissidence (1932-1934).

Il n'intervient directement dans le second conflit mondial qu'en 1943 lors de la campagne de Tunisie. Entre-temps, le 5 décembre 1942, une demi-brigade de Légion étrangère et d'infanterie coloniale est créée à partir de ses effectifs et devient le 15 décembre suivant le « 3e régiment étranger d'infanterie de marche » (REIM) – qui redevient le RMLE en 1943. Enfin, comme en 1920, la parenthèse du RMLE est fermée après la capitulation de l'Allemagne et le régiment reprend son appellation de 3e REI.

Désigné pour servir en Extrême-Orient, il est dirigé vers l'Indochine via la métropole : il séjourne alors du 7 janvier au 23 mars 1946 près d'Aubagne, où les compagnies du régiment font peau neuve. Autour de jeunes chefs de section, une équipe solide de sous-officiers, vétérans du RMLE, de caporaux espagnols, anciens de l'armée républicaine, un gros contingent d'Allemands arrivant directement de la Wehrmacht – certains portent encore à leur arrivée leur uniforme –, des Russes qui ont échappé aux recherches de leur gouvernement, quelques Hongrois, des prisonniers de guerre italiens, sans compter quelques anciens collaborateurs français ou belges. Les recrues venues de tous les horizons ont déjà une solide expérience militaire, aussi l'instruction est-elle menée tambour battant. À la fin du mois de mars 1946, les premiers éléments embarquent pour l'Indochine. Échelonné entre Thu Duc, Sadec et Bentre, le secteur du 3e REI s'étire du Cambodge à la mer de Chine, sur plus de 20 000 km^2, débordant largement sur la plaine des Joncs, coupée de canaux et de rachs. Les légionnaires découvrent un nouveau type de guerre : la guérilla menée par les soldats du Viêt-minh, d'abord en Cochinchine puis à partir de novembre 1946 au Tonkin. Embuscades, attaques de postes et de convois se succèdent. Le 1er bataillon, en trois opérations, participe au dégagement d'Haiphong, rétablit les liaisons avec Hon Gay et, en mars, est à l'avant-garde de la colonne qui lève le blocus de Nam Dinh. En septembre de la même année, les 2e et 3e bataillons le rejoignent. Le régiment en entier est lancé à l'attaque des Haute et Moyenne-Région. De 1946 à 1947, il intervient dans les durs combats du Mékong. La 2e compagnie s'illustre à Phu Thong Hoa le 25 juillet 1948, où la compagnie du capitaine Cardinal subit pendant neuf heures les assauts viêt-minh sans céder un pouce de terrain. De 1948 à 1949, le régiment tient garnison le long de la route coloniale no 4 (RC4), de Dong Khé à Cao Bang. Entre-temps, le régiment est renforcé par une nouvelle unité : la compagnie de parachutistes créée en avril 1948, stationnée à Hanoi. Il s'agit en réalité d'une cinquantaine de volontaires, tous anciens parachutistes. Elle est dissoute en 1949, ses légionnaires étant versés au 1er bataillon de parachutistes (BEP) qui débarque en Indochine. Dès 1949, la pression du Viêt-minh sur les RC4 et RC3 s'accentue. Les attaques de postes se multiplient pour tester les dispositifs de défense et les attaques de convois gênent les mouvements et réduisent peu à peu la liberté de manœuvre à la frontière entre le Tonkin et la Chine devenue communiste le 1er octobre 1949.

En 1950, l'évacuation des garnisons qu'on ne peut plus ravitailler sans payer le prix fort en vies humaines apparaît inévitable. Cao Bang, Dong Khé, That Khé sont de tragiques épisodes, au cours desquels, notamment, le chef de bataillon Forget est tué. La quasi-totalité du 3e bataillon disparaît dans la tourmente, puis est reconstituée par un bataillon de marche venu de Sidi-Bel-Abbès. Les 4e et 5e bataillons sont « jaunis ». À Diên Biên Phu, ce 3e bataillon tient Isabelle. En quittant l'Indochine, le régiment déplore 122 officiers, 364 sous-officiers et 3 393 caporaux et légionnaires morts au champ d'honneur.

Le 3e REI débarque en Algérie en décembre 1954. Réduit à deux bataillons et une compagnie de commandement, il s'installe à Djidjelli et Sétif et reçoit des renforts pour constituer deux bataillons supplémentaires. Les légionnaires connaissent le même sort que leurs camarades engagés dans la guerre d'Algérie : ils sillonnent le pays et participent à de nombreuses opérations sur tout le territoire algérien, notamment le long du barrage tunisien. En 1957, le 3e bataillon s'installe à Madagascar pendant que le reste du régiment prend garnison dans le Nord constantinois. Abandonnant la ligne Morice en 1959, le 3e REI est engagé dans les opérations « Étincelle », « Jumelles », « Émeraude » et « Turquoise ». En juillet 1961, il intervient à Bizerte pour dégager la base de Sidi Ahmed, en appui des 2e et 3e régiments parachutistes d'infanterie de marine (RPIMa). La fin de la présence française en Algérie est marquée par le départ programmé des unités de la Légion : le 3e REI, déjà présent à Madagascar, prend garnison à Diégo-Suarez le 26 août 1962 où il se spécialise dans l'entraînement aux opérations amphibies et en milieu tropical. L'évolution du contexte politique dans la Grande Île, cependant, conduit le haut commandement à déplacer le régiment en Guyane en août 1973.

3e REI. Coll. part./droits réservés.

Implanté au camp Forget à Kourou, pour sa partie principale, le 3e REI participe activement à la vie régionale, à la formation du personnel, à l'instruction et à l'entraînement en forêt équatoriale tout en gardant une capacité d'interventions opérationnelles. Par les travaux qu'il mène au profit du département, il œuvre quotidiennement au développement de la région. Sa section travaux est l'héritière de la compagnie d'équipement qui, de 1974 à 1984, a dégagé les abords du site spatial et participé à la construction de la route de l'Est. Celle-ci, partant de Cayenne, rejoignait Régina. Aujourd'hui, elle se prolonge par une piste allant jusqu'à Saint-Georges-de-l'Oyapock. Le Centre spatial guyanais (CSG) a également fait appel aux légionnaires pour défricher et assainir des zones inondables aux abords des installations techniques. Régiment de jungle, le 3e REI participe à l'élaboration des règlements de combat en forêt. Il propose ainsi au Centre d'entraînement en forêt équatoriale (CEFE), dont il a la charge, différents types de stages d'aguerrissement et de préparation opérationnelle. Ces derniers s'adressent aux unités de Guyane et des Antilles mais aussi à certaines unités spécialisées venant de métropole ou même de l'étranger, ainsi qu'aux élèves officiers des écoles de Coëtquidan.

La cravate du drapeau du 3e REI est décorée de la fourragère double aux couleurs de la Légion d'honneur et de la croix de guerre 1914-1918, de la fourragère aux couleurs de la médaille militaire avec olive aux couleurs de la croix de guerre des TOE, de la croix de la Légion d'honneur, de la croix de guerre 1914-1918 avec neuf palmes, de la croix de guerre 1939-1945 avec trois palmes, de la croix de guerre des TOE avec quatre palmes. Il porte les inscriptions « Camerone 1863, Artois 1915, Champagne 1915, La Somme 1916, Les Monts-Verdun 1917, Picardie-Soissonnais 1918, Vauxaillon 1918, Maroc 1921-1934, Djebel-Mansour 1943, Alsace 1944-1945, Stuttgart 1945, Indochine 1946-1954, AFN-1952-1962 ».

Charles RIDET

Sources : DHPLE, JMO du 3e REI.

5e REI (régiment étranger d'infanterie). – Connu sous le nom de « régiment du Tonkin », comme les autres régiments de Légion il a évolué dans ses missions, dans ses formes et dans son appellation.

Les troubles imputables à la baisse des effectifs consécutifs à la Première Guerre mondiale soulignent la nécessité de renforcer les troupes du Tonkin. Quatre bataillons de Légion étrangère sont donc acheminés en Extrême-Orient et forment le 5e régiment étranger d'infanterie (REI), créé le 17 juillet 1930, qui devient l'héritier des unités de Légion étrangère qui combattent au Tonkin depuis 1883. Dispersés dans les garnisons de Vietri, Tong, Dap Cau, Tuyen Quang, Sept Pagodes, Phu Lang Thuong, Yen Bay et Ha Giang, ses bataillons sont lancés dans l'exécution de grands travaux, dont la route stratégique entre Campha et Tien Yen, les centres d'estivages du mont Bavi et à Khang Kay au Laos, l'agrandissement de Chapa et de Tam Dau, enfin le centre de colonisation de Tranh Ninh. Fin 1939, les Japonais multiplient les revendications et finalement passent à l'attaque à Lang Son le 22 septembre 1940, ce qui réveille les appétits territoriaux du Siam qui se livre à des attaques le long du Mékong et à la frontière du Cambodge. L'armistice est signé fin janvier 1941.

Le 9 mars 1945, les Japonais disposant de moyens de liaisons et d'armements modernes se rendent maîtres de toutes les garnisons en vingt-quatre heures. Les forces françaises sont neutralisées. Quelques éléments réussissent toutefois à rejoindre le gros des forces en marche vers la frontière de Chine. Des éléments du 5e REI participent ainsi à l'odyssée de la colonne Alessandri, réussissent à franchir la frontière chinoise et rejoignent Tsao Pa le 2 mai après avoir parcouru plus de 1 500 km en quatre-vingt-treize jours. Sur place, ils bénéficient de la bienveillance du général Pechkoff, ancien légionnaire, représentant la France à Tchong King. Le 1er juillet 1945, le régiment est dissous. Les rescapés du coup de force japonais sont alors regroupés en un bataillon de marche dont les unités de tradition gardent le fanion de leur bataillon. Au mois de février suivant, les légionnaires sont autorisés à franchir la frontière tonkinoise et, à la veille du coup de force viêt-minh à Hanoi, en décembre 1946, les rescapés embarquent sur le *Sontay* pour l'Afrique du Nord.

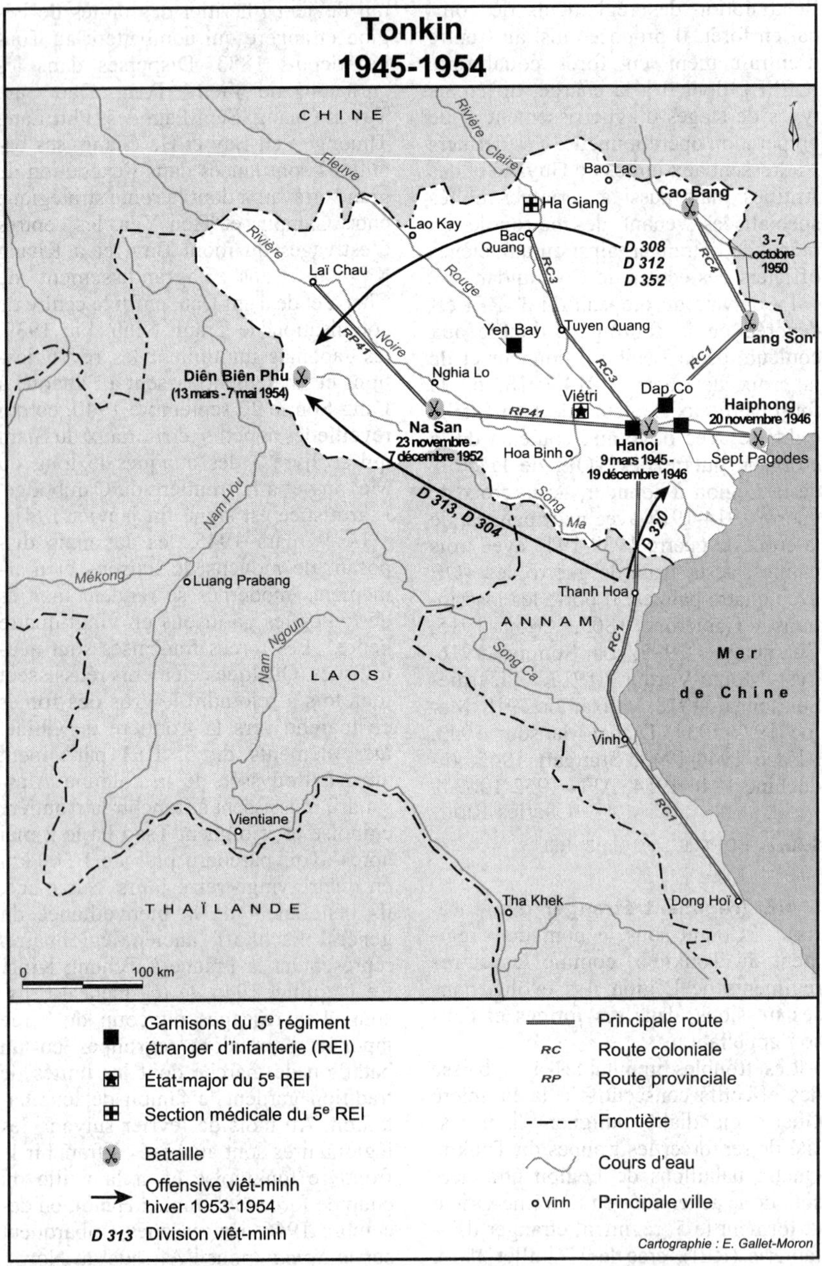
Tonkin
1945-1954
CHINE
Rivière Claire
Fleuve
Bao Lac
Cao Bang
Ha Giang
Lao Kay
Bac Quang
D 308
D 312
D 352
3-7 octobre 1950
Rivière
Rouge
RC3
RC4
Laï Chau
RP41
Noire
Yen Bay
Tuyen Quang
Lang Son
RC1
Diên Biên Phu
(13 mars - 7 mai 1954)
Nghia Lo
Dap Co
Viétri
Haiphong
20 novembre 1946
Na San
23 novembre - 7 décembre 1952
Hoa Binh
Hanoi
9 mars 1945 - 19 décembre 1946
Sept Pagodes
D 313, D 304
Song
Ma
D 320
Nam Hou
Mékong
Luang Prabang
Thanh Hoa
ANNAM
Nam Ngoun
Song Ca
LAOS
Mer
de Chine
Vinh
Vientiane
THAÏLANDE
Tha Khek
Dong Hoï
0
100 km
Garnisons du 5e régiment étranger d'infanterie (REI)
État-major du 5e REI
Section médicale du 5e REI
Bataille
Offensive viêt-minh hiver 1953-1954
D 313 Division viêt-minh
Principale route
RC Route coloniale
RP Route provinciale
Frontière
Cours d'eau
Vinh Principale ville
Cartographie : E. Gallet-Moron

Le 1er novembre 1949, deux bataillons en provenance de Sidi-Bel-Abbès permettent de reconstituer le 5e REI. Les légionnaires sont alors chargés de tenir les postes de l'axe routier qui relie le secteur de Mon Caï au Delta et de participer à la défense de la frontière nord-est du Tonkin. Après l'attaque du 25 mai 1950 contre Dong Khé, le commandement envoie le 2e bataillon pour renforcer le dispositif. Il subit le choc de l'offensive ennemie déclenchée dès le 16 septembre sur la route coloniale no 4 (RC4). À la fin de l'année, le régiment est échelonné sur la RC18 et la zone frontière dans la région de Mon Caï, et engagé au sein du groupement mobile no 6 (GM6) pour affronter le régiment viêt-minh 174. Jusqu'en novembre 1951, les deux bataillons participent aux travaux de la ceinture de fortifications autour du Delta décidée par le général de Lattre. Pourtant, la division 304 du Viêt-minh contrôle la RC6 et espère faire de Hoa Binh un nouveau Cao Bang. Les légionnaires du 1er bataillon du 5e REI sont de la partie aux côtés des parachutistes et des marsouins pendant la bataille défensive (7 janvier-23 février 1952). En mars 1954, le 5e REI est représenté à Diên Biên Phu par la 2e compagnie mixte de mortiers lourds et par 80 légionnaires volontaires pour être parachutés « pour l'honneur ». En octobre, il est regroupé en Annam, dans l'attente du rapatriement attendu pour le début du mois de janvier 1956. Le drapeau est décoré de 3 citations à l'ordre de l'armée et s'orne de la fourragère aux couleurs de la croix de guerre des théâtres des opérations extérieures.

Le nouveau conflit en Algérie ne laisse aucun répit à des hommes qui doivent immédiatement s'adapter à la nouvelle forme de guerre. Après un passage rapide à Orléansville, les bataillons sont dirigés vers le secteur de Marnia Nédroma à la frontière algéro-marocaine (région de Tlemcen). Le 1er octobre 1958, le régiment est intégré dans le nouveau dispositif des réserves générales et s'implante dans le secteur d'Arzew, au sein de la 10e division parachutiste sous les ordres du général Gilles. Les opérations du plan Challe se succèdent, à partir de « Jumelles » en juillet 1959 ; le régiment parcourt l'Algérie. En mai 1961, une nouvelle phase opérationnelle commence, et le régiment n'assure plus qu'une mission de surveillance. Le cessez-le-feu suivi de la proclamation de l'indépendance des départements d'Algérie et du Sahara sonne la fin de la présence militaire – de la Légion en particulier – dans le nouvel État. Après avoir quitté la région de Tlemcen en avril, le régiment relève le 2e REI à Aïn-Sefra quelques mois plus tard, dans l'attente d'une réorganisation de la Légion.

5e REI. Coll. part./droits réservés.

Le 1er octobre 1963, il devient le 5e régiment mixte du Pacifique (RMP), destiné à rejoindre la Polynésie. Deux de ses trois bataillons sont affectés aux travaux et un dernier est dédié aux services. Durant les années 1963-1964, il exécute de nombreux travaux de génie civil. Le 15 janvier 1965, la structure bataillonnaire est abandonnée. Le poste de commandement du régiment, la base arrière, une compagnie d'équipement, la 1re compagnie de soutien et la 2e compagnie des travaux restent à Tahiti ; la 2e compagnie de soutien et la 1re compagnie de travaux – moins deux sections qui se trouvent sur l'atoll de Mururoa avec la 3e compagnie de soutien – se déplacent sur Hao. Entre 1965 et 1968, le régiment incorpore en son sein la direction des travaux du génie et celle du matériel du centre d'expérimentation du Pacifique. Placé sous les ordres d'un colonel du génie, le régiment devient une unité interarmes. Des personnels de l'arme du matériel et des troupes de marine sont affectés au régiment et 400 civils polynésiens viennent renforcer ses effectifs. Le 15 janvier 1965, les travaux du centre d'essais du Pacifique ont bien avancé et le régiment se répartit entre Tahiti, Mururoa et Hao.

Le 1er janvier 1971, la fusion des trois services constructeurs locaux, terre, air, mer, conduit le 5e RMP à faire des travaux d'installations d'infrastructures terrestres, maritimes et aériennes. Il devient le régiment de soutien des bases d'expérimentations et exploite les centrales électriques ainsi que les usines de production d'eau douce à Papeete, Hao, Mururoa et Fangataufa. Il soutient en outre les postes périphériques de Tureia, Raivavae, Anda, Mangareva, Atuona, Hikueru et Reao. Regroupé à Mururoa le 5 janvier 1976, le 5e RMP assure le soutien et la protection terrestre de la base interarmées et du CEP. Cette décennie correspond à la période d'expansion du régiment.

La création du commandement de la Légion étrangère donne plus de poids aux officiers généraux issus de la prestigieuse subdivision d'arme : le 1er juillet 1984, le 5e RMP prend la dénomination de « 5e régiment étranger » (RE). Ses missions sont identiques mais à partir de 1986 il sert au profit des populations dans le cadre des accords de coopération avec le territoire de Polynésie. Jusqu'à sa dissolution en 2000, il y multiplie les interventions, ainsi à Wallis-et-Futuna en 1986 et 1987 et au royaume d'Alo et Sigave en 1987 et 1988. Les légionnaires bâtisseurs remplissent fidèlement les nombreuses missions de service public selon la tradition. La liste est longue qui va de la construction de digues à la réfection de routes, à la construction de terrains de sport et à l'aménagement de pistes d'aviation. La reprise des essais nucléaires le renvoie à sa mission première : la défense des sites. La fermeture progressive des installations conduit finalement à la dissolution du régiment dont les effectifs sont ventilés dans les deux régiments de génie de Légion en 1999. Le 23 septembre 2000, le drapeau du régiment rejoint la crypte du musée de la Légion étrangère à Aubagne.

Charles RIDET

Sources : DHPLE, JMO du 5e REI.
Bibl. : Tibor Szecsko, *La Légion étrangère en Indochine, 1914-1941*, Edi-Cats, 1989.

6e REI (régiment étranger d'infanterie). – En 1939, deux bataillons formant corps de la Légion étrangère sont stationnés au Levant : le 4e du 1er régiment étranger d'infanterie (IV/1er REI), à Homs, commandé par le chef de bataillon Edart, et le 1er, stationné à Baalbek, sous les ordres du chef de bataillon Brisset. Ensemble ils constituent le groupement de Légion étrangère du Levant (GLEL).

Au début de la drôle de guerre, inquiet des éventuelles répercussions du pacte germano-soviétique (23 août 1939), le général Weygand, commandant le théâtre d'opérations, réorganise les troupes du Levant (Liban et Syrie). Le GLEL est alors dissous et le 6e REI créé en Syrie par intégration du IV/1er REI, nouveau I/6e REI stationné à Soueïda et Salkhad. Le I/1er REI devient le II/6e REI, basé à Baalbek et Deir ez-Zor ; le II/2e REI, le III/6e REI, en garnison à Damas ; et le VI/1er REI, le IV/6e REI, à Homs et Palmyre. L'effectif du régiment est de 85 officiers, 334 sous-officiers et 2 876 militaires du rang. Le chef de corps, le colonel Imhaus, adopte la devise « *Ad unum* » (« Jusqu'au dernier »).

6e REI. Coll. part./droits réservés.

Au cours de l'hiver 1939-1940, le 11e bataillon de volontaires étrangers (11e BVE) est intégré au 2e bataillon avant d'être transformé en bataillon de travailleurs. Pendant sa présence au Levant, le régiment est restructuré deux fois. En 1940, commandé depuis le 10 mars par le lieutenant-colonel Barre, il s'articule lors de la formation du groupement des forces mobiles du Levant en régiment de type montagne, avec une compagnie hors rang (CHR) et 2 bataillons. Le 1er janvier 1941, le régiment change encore de structure et comprend 4 bataillons auxquels est adjoint un groupe d'artillerie commandé par le chef de bataillon Riberolles.

Engagé dans la guerre contre les forces britanniques et la 1re division légère française libre (1re DLFL), le 6e REI perd près de 850 tués et blessés à Djezzine, Damour, Merdjayoun et Palmyre. Le 13 juillet 1941, l'armistice franco-britannique signé à Saint-Jean-d'Acre met fin aux hostilités. Le 16 août, à l'issue d'une séance d'option, 677 cadres et légionnaires rejoignent la 13e demi-brigade de Légion étrangère (DBLE) et la France Libre. Le régiment rapatrié sur l'Algérie est alors dissous, le 1er janvier 1942. Sept ans plus tard, le 1er REI fournit les effectifs pour un nouveau 6e REI – destiné à partir pour l'Indochine – dont le premier chef de corps désigné est le lieutenant-colonel Babonneau, qui a servi à la 13e DBLE. Dès le mois d'août, le 3e bataillon est à pied d'œuvre au Tonkin dans les environs d'Hanoi et à Phuc Yen, mais la recréation du 5e REI oblige le général Monclar à combler le déficit du nouveau régiment du Tonkin avec le III/6e REI qui devient le 1er bataillon du 5e REI. Pendant ce temps, en Tunisie, le régiment réduit à un maigre bataillon implanté au Kef et à Tabarka, devenu force de souveraineté, remplit des missions de présence et fait de simples tournées de police. Le 6e REI survit sous cette forme jusqu'en 1954 dans des garnisons du Nord et de l'Ouest tunisiens, notamment à Medjez al-Bab, Aïn Draham et Zaghoun. Entre 1952 et la dissolution du reliquat du bataillon formant corps en juillet 1955, les compagnies interviennent pour réduire les foyers d'agitation nationaliste qui conduisent le gouvernement de Pierre Mendès France à engager le processus qui aboutit à l'indépendance de la Tunisie en mars 1956. La réorganisation de la Légion étrangère en vue de son engagement dans la guerre d'Algérie entraîne la dissolution du 1er bataillon du 6e REI.

Charles RIDET

Sources : DHPLE, JMO du 6e REI (1939-1941) • Témoignage écrit du général Barre (mars 1982).

11e REI (régiment étranger d'infanterie). – Dans l'urgence, deux mois après la déclaration de la guerre, le premier des régiments étrangers « de circonstance » de la Seconde Guerre mondiale est créé au fort de Vancia du camp de la Valbonne. À partir d'un noyau actif venu des régiments étrangers d'Afrique du Nord, de 500 réservistes, d'anciens légionnaires et d'engagés volontaires pour la durée de la guerre (EVDG), le commandement du régiment est confié au colonel Maire, sorti de sa retraite. Le 6 novembre, le régiment quitte la Valbonne et s'installe à Dagneux, à Bressoles, à Béligneux (Ain). Son instruction réduite à quelques semaines, mal équipé, le régiment part le 15 décembre pour le front avec la IIe armée. En Lorraine, pendant la « drôle de guerre », les légionnaires tiennent les avant-postes devant la ligne Maginot, dans la région de Sierck-ravin d'Aspach, près de Thionville.

En avril 1940, le régiment est intégré à la 6e division d'infanterie nord-africaine (6e DINA) qui occupe la région de Pagny-Pont-à-Mousson, au nord de Nancy. Le 14 mai, il fait mouvement vers Sedan où la IIe armée est bousculée par les panzers : il reçoit l'ordre de tenir la région de Stenay-Inor. À partir du 16, la 6e DINA commandée par le général de Verdilhac débarque à Dun-sur-Meuse, un peu en retrait de la ligne de combat. Le 11e REI est chargé d'interdire l'avance ennemie. Le 27 mai, trois divisions ennemies font face à la 6e DINA qui résiste jusqu'au 11 juin. Isolée, elle doit ensuite se replier sur Verdun. Le 11e Étranger couvre alors le décrochage. Des combats retardateurs se déroulent le long de la Meuse et à Saint-Germain pour tenir les ponts. La retraite reprend à pied, sur la route de Toul.

11e REI. Coll. part./droits réservés.

Le 23 juin, au lendemain de la signature de l'armistice à Rethondes, les 578 rescapés déposent les armes, dans la clairière d'Ochery, non sans avoir préalablement incinéré le drapeau pour éviter qu'il ne tombe aux mains des Allemands. Sa cravate et le fanion du 1er bataillon sont enterrés par le chef de bataillon Robitaille au pied de l'église de Crézilles (Meurthe-et-Moselle). Ils seront récupérés en 1941 par Mme Meifredy, qui leur fera passer la ligne de démarcation et les rendra à la Légion, puis ils seront déposés dans la salle d'honneur du 1er REI en 1942. Cette dame sera nommée 1re classe honoraire pour service rendu à la Légion. Parmi les prisonniers du 11e REI dirigés vers Verdun, 450 parviennent à s'échapper avec leur armement individuel et à rejoindre les dépôts du sud de la France. Le général d'armée Huntziger, commandant en chef des troupes terrestres, ministre, secrétaire d'État à la Guerre, cite à l'ordre de l'armée le 11e régiment de Légion étrangère.

Charles RIDET

Sources : DHPLE, JMO du 11e REI.

12e REI (régiment étranger d'infanterie). – Ce régiment est l'un des derniers mis sur pied le 18 février 1940 pour répondre aux attentes du gouvernement Daladier, dont les dispositions à l'égard de la Légion sont à l'origine de sa rapide montée en puissance depuis l'entrée en guerre en septembre 1939. Constitué le 4 avril au camp de la Valbonne autour d'un noyau d'officiers et de sous-officiers réservistes, ayant déjà servi à la Légion, le régiment aux ordres du lieutenant-colonel Besson intègre la 8e division d'infanterie (DI) le 10 mai. Alors qu'il est plus connu sous le nom de « 12e israélite de marche », en raison de la présence de nombreux engagés volontaires originaires d'Europe centrale, les Espagnols républicains, les Italiens et les Français qui le composent sont peu enclins à subir la discipline rigide des sous-officiers d'origine germanique. Envoyé sur le front dans la région de Château-Thierry, et après avoir tenu tête aux Allemands à Villers-Cotterêts, le régiment est transporté dans le secteur de Soissons pour défendre sept ponts sur l'Aisne et le dépôt de carburant de Venizel. Le 6 juin, à Soissons, il fait face à des forces ennemies supérieures en nombre et en matériel qui lui infligent de lourdes pertes : presque tous les officiers sont tués ou blessés.

12e REI. Coll. part./droits réservés.

Les sous-officiers et les petits gradés, toutefois, ne désarment pas, regroupent les légionnaires et poursuivent le combat jusqu'à la fin du jour. Le lieutenant Ducret et une centaine d'hommes réussissent ainsi à rejoindre le régiment sur la rive gauche de l'Aisne. Pendant quarante-huit heures, le 12e REI tient sur la rivière avant de se porter plus au sud vers l'Ourcq. Les compagnies disparaissent les unes après les autres au cours des combats retardateurs entre Bazoches et Gien pendant la retraite de la VIe armée jusqu'aux environs de Limoges, à Bessines-sur-Gartempe. Le régiment est cité à l'ordre de la 8e division, et la 3e compagnie à l'ordre du corps d'armée pour la défense du pont de Venizel.

Charles RIDET

Sources : DHPLE, JMO du 12e REI.

1er REIM (régiment étranger d'infanterie de marche). – La reprise des combats en Afrique du Nord dès le mois de novembre 1942 conduit le commandement à mettre sur pied des unités de marche pour le front tunisien. La Légion n'échappe pas à la règle. Est ainsi créé le 23 mars 1943, à partir de la 4e demi-brigade de Légion étrangère (DBLE), arrivée de Dakar via le Maroc, du 1er bataillon du 1er régiment étranger d'infanterie (REI) et de la compagnie de défense contre avions et blindés du 1er REI, après la capitulation des forces germano-italiennes le 12 mai 1943, le 1er régiment étranger d'infanterie de marche (REIM), placé sous le commandement du lieutenant-colonel Gentis.

Intégré à la division de marche de l'Oranie, il est engagé contre les Allemands et les Italiens dans le secteur du djebel Mansour où un combat extrêmement rude est livré par le 1er bataillon à Sidi Abd el-Kerim, le 25 avril. L'ennemi se replie en désordre vers le marabout, mais des renforts contre-attaquent, anéantissant une section. Pendant ce temps, le 2e bataillon atteint la région de la route Tébessa-Pont-du-Fahs pour couper les voies de repli de l'adversaire. Le 3e bataillon nettoie le Mansour. La première porte vers Tunis est ouverte. Le 7 mai, le mouvement offensif est repris, le 2e bataillon attaque les croupes abruptes et rocailleuses qui forment les contreforts du djebel Zaghouan, puissante forteresse verrouillant au sud les accès de la plaine tunisienne. Le 1er bataillon se précipite sur Pont-du-Fahs. Le 9, l'ensemble du régiment se trouve regroupé dans la plaine de Depienne, face aux pentes nord du Zaghouan et prêt à attaquer le djebel Oust. Le 11 mai, à la veille de l'effondrement des forces de l'Axe en Tunisie, la garnison ennemie de Zaghouan capitule Le régiment fait près de 3 000 prisonniers et s'empare de 22 canons.

Charles Ridet

Sources : DHPLE, JMO du 1er REIM.

5e RMP (RÉGIMENT MIXTE DU PACIFIQUE). – *Voir* 5e REI.

RÉHABILITATION. – La chambre criminelle de la Cour de cassation a défini la réhabilitation dans un arrêt du 12 février 1963. C'est « une mesure de bienveillance instituée par la loi en faveur des individus qui, après avoir été condamnés et avoir subi leur peine [...] se sont rendus dignes, par des gages d'amendement qu'ils ont donnés pendant le délai d'épreuve, d'être replacés dans l'intégrité de leur état ancien ». Elle consacre le retour du condamné dans la société, en levant les conséquences d'une faute passée, une fois la peine subie ou réputée subie. Elle se distingue en cela d'institutions aux effets voisins : la grâce qui dispense d'exécuter la peine, l'amnistie qui abolit l'infraction elle-même et la révision qui sanctionne l'erreur judiciaire.

La réhabilitation est soit acquise de plein droit, soit accordée par décision judiciaire émanant de la chambre de l'instruction. Seule la seconde peut bénéficier à un condamné à une peine criminelle. Elle est acquise de plein droit par le seul fait de l'écoulement du temps, à condition que le condamné n'ait fait l'objet d'aucune condamnation nouvelle de nature criminelle ou correctionnelle. Elle ne nécessite aucune démarche. Le seul examen de la situation pénale de l'individu la révèle sans considération de son comportement ni d'une indemnisation de ses victimes. Les délais d'épreuve sont fixés entre trois et dix ans suivant la gravité de la peine prononcée et le nombre des condamnations, à compter de l'élargissement du condamné ou du paiement de l'amende.

À la différence de la réhabilitation de droit, automatiquement acquise, la réhabilitation judiciaire exige une démarche de la part de l'intéressé et la justification de sa bonne conduite pendant le délai d'épreuve. La demande en réhabilitation ne peut être formée par un condamné qu'après cinq ans pour une peine criminelle et trois ans pour une peine correctionnelle. Le délai court à compter du jour où la condamnation est devenue définitive.

L'effacement de la condamnation est prononcé quelle que soit la procédure employée. La réhabilitation de droit est effective à l'expiration du délai d'épreuve ; la réhabilitation judiciaire est acquise dès l'arrêt de la chambre de l'instruction devenu définitif. Les incapacités et déchéances résultant de la condamnation sont levées. Il n'est plus permis de faire publiquement état de la condamnation de l'individu réhabilité. Toutefois, la réhabilitation n'entraîne nullement une réintégration de droit dans un rang perdu du fait de la condamnation – l'ordre de la Légion d'honneur par exemple. Enfin, si le paiement des dommages-intérêts dus conditionne la réhabilitation judiciaire, la réhabilitation de droit n'interdit pas aux victimes de poursuivre la réparation civile du dommage occasionné par la faute pénalement réprimée.

Application dans le cadre légionnaire. Deux exceptions procédurales trouvent à s'appliquer du fait des caractéristiques de la Légion étrangère, dont la fonction sociale épouse remarquablement les notions de réhabilitation et de délai d'épreuve.

À travers son engagement sous anonymat, un légionnaire connaissant des difficultés d'ordre judiciaire fait échec à la mise en cause de sa responsabilité pénale. La prescription de l'action publique se trouve généralement constatée après une période variant entre une et dix années. Quant aux peines prononcées, elles se prescrivent par vingt ans pour un crime et par cinq ans pour un délit. Lorsque la peine est prescrite, elle ne peut plus être effectivement subie, mais rien n'exclut une réhabilitation. Le point de départ du délai d'épreuve est alors placé au jour où la prescription est accomplie. Le délai d'épreuve de la réhabilitation judiciaire est certes doublé, mais la preuve de la bonne conduite ne soulève aucune contestation. Le légionnaire condamné peut ainsi demeurer sous identité déclarée un temps suffisant pour obtenir la prescription de sa peine et sa réhabilitation.

Par ailleurs, le code de procédure pénale octroie un privilège au condamné qui a rendu des « services éminents au pays ». La demande de réhabilitation judiciaire n'est alors soumise à aucune condition de délai d'épreuve, ni d'exécution de peine, ni de versement des dommages-intérêts. Elle est même instruite gratis et dispensée de droit de timbre. Cette voie apparaît particulièrement accessible au légionnaire qui s'est bravement illustré sur le champ de bataille pour glaner décorations et reconnaissance de la nation. Elle nécessite cependant de se révéler au juge sous une identité réelle.

Julien SOUPLET

IIe REICH, la Légion étrangère et l'Allemagne sous le (1871-1914). – L'Allemagne découvre la Légion après la création de l'Empire en 1871 et l'annexion de l'Alsace et du département de la Moselle. Jusqu'à la Grande Guerre, de nombreux jeunes Alsaciens et Lorrains refusent de servir dans l'armée allemande en signe d'attachement à la

France. Le flot se tarit cependant à la fin des années 1880, mais les autorités allemandes ont de nouveaux motifs d'inquiétude en raison de l'attraction de la Légion sur les sujets de l'Empire. À la fin du XIXe siècle, 25 % des engagés volontaires des deux régiments étrangers sont allemands. Les campagnes lancées pour enrayer ce recrutement des Alsaciens-Lorrains comme des Allemands – souvent déserteurs – vont en s'amplifiant avec les rivalités des deux puissances au Maroc. La question marocaine sert en effet de prétexte au gouvernement allemand pour relancer le débat sur la légalité du recrutement étranger par la France. Les 400 à 500 Allemands qui, chaque année, s'engagent dans la Légion, malgré la tendance à la baisse dans les dernières années précédant la guerre, focalisent l'attention de l'opinion publique des deux pays pour des raisons opposées. La pénétration française au Maroc depuis l'Algérie est à l'origine d'un incident provoqué par l'un des représentants du consulat allemand de Casablanca en septembre 1908. L'affaire, qui est portée devant le tribunal international de La Haye, suscite une violente campagne de presse outre-Rhin, totalement disproportionnée à la gravité de l'incident : une tentative de désertion de cinq légionnaires dont trois sont allemands. Si les deux gouvernements cherchent finalement l'apaisement, ce n'est pas le cas des ligues coloniales et pangermanistes dont l'influence grandit depuis l'affaire de Tanger (31 mars 1905).

La « légionite » qui s'est emparée de la presse provoque des réactions mitigées parmi le personnel politique. C'est ainsi qu'un député du Parti social-démocrate (SPD), siégeant au Parlement impérial, n'hésite pas à ironiser sur cette rumeur qui se répand dans le pays comme une véritable épidémie (ou hystérie selon certains esprits avisés), saisissant d'effroi une opinion alertée sur les méfaits de ce corps militaire qui disposerait de « sergents recruteurs » prêts à employer tous les subterfuges pour attirer et dévoyer une jeunesse avide d'aventure : l'enlèvement, le recrutement de force ou sous l'emprise de l'alcool. Le ministère des Affaires étrangères (Auswärtiges Amt), qui ne veut pas rester sur le recul diplomatique de l'arbitrage international critiqué par la presse, lance une campagne dans plusieurs Länder à destination de la jeunesse afin de dénoncer les méthodes utilisées par la France pour satisfaire ses ambitions coloniales. Les responsables politiques, qui appuient depuis les années 1890 les campagnes destinées à stigmatiser les méthodes de recrutement, l'instruction et les mauvais traitements infligés aux volontaires de la Légion étrangère, facilitent la diffusion des publications sur le sujet. De nombreux pamphlets, témoignages et Mémoires relèvent du conte selon Marieluise Christadler. L'universitaire allemande a recensé plusieurs dizaines de titres qui ont un écho dans l'opinion allemande. Les titres accrocheurs comme « Esclave de Marianne », « Sous le joug de la Légion » ou « Atrocités et vices de la Légion » reprennent les mêmes thèmes destinés à décourager les candidats. Les artistes sont également mis à contribution, tout comme les experts autoproclamés de la Légion étrangère. Les cycles de conférences complètent les programmes scolaires introduits en 1910 en Prusse d'abord, en Saxe et dans le Wurtemberg ensuite, qui, depuis des lustres, sont des régions pourvoyeuses en volontaires au service de l'étranger, notamment de la France. La diffusion de l'information est facilitée et amplifiée par les organisations créées pour la circonstance comme la « fédération allemande de protection contre la Légion étrangère » située à Munich ou l'« association de Dresde pour la lutte contre l'esclavagisme de la Légion étrangère à l'encontre des Allemands ». Cependant, la « légionite » peut être aussi contre-productive : l'engagement du jeune Ernst Jünger en 1913 est bien le révélateur du pouvoir d'attraction d'une troupe dont les auteurs allemands – en premier lieu Rosen – admirent les valeurs militaires, la discipline et la conduite au combat.

Les milieux ultranationalistes d'outre-Rhin se déchaînent en 1912 – année qui suit la crise d'Agadir et l'établissement du protectorat français sur le Maroc convoité par l'Allemagne – en s'appuyant sur la « fédération de tous les Allemands » fondée en 1892 et l'« association allemande pour la défense », de création plus récente. La menace de guerre qui plane sur l'Europe sert de prétexte aux tenants d'une ligne dure face aux initiatives françaises : les campagnes contre la Légion ressortissent à la politique extérieure et contribuent au « réarmement moral » du peuple allemand. La conjonction d'une opinion publique en quête de sensationnel et d'une presse « à scandale » : il n'en faut pas plus pour que la Légion occupe une si grande place dans la politique intérieure allemande. En effet, le IIe Reich fait valoir que la France décadente, qui connaît une grave crise démographique depuis un demi-siècle, est contrainte, pour renforcer son potentiel militaire à moindres frais, de faire appel à des étrangers, notamment des Allemands. Recrutement dont le caractère immoral est accentué, car, à l'ère des armées nationales de conscription, ces volontaires sont considérés comme des mercenaires. En réalité, si la prétendue menace de la Légion étrangère est présentée comme un épouvantail que les milieux nationalistes agitent pour entraîner le gouvernement à plus de fermeté, il n'en demeure pas moins que le discours porte aussi sur la supériorité de la culture allemande que mettent en lumière la place et le rôle particuliers des Allemands dans la Légion étrangère.

Eckard MICHELS
(traduit de l'allemand
par Friedrich TAUBERT)

Bibl. : Marieluise Christadler, « Schreckensbild und Vorbild : Die Fremdenlegion in der deutschen Literatur und Propaganda vor 1914 », dans Helga Abret et Michel Grunewald (dir.), *Visions allemandes de la France, 1871-1914*, Berne, Peter Lang, 1995, p. 63-77 • Eckard Michels, « Sklaven der Marianne : Die Fremdenlegion in den deutsch-französischen Beziehungen vor dem Ersten Weltkrieg », dans *Francia*, t. XXIII, 1996, n° 3, p. 1-22 • *Id.*, *Deutsche in der Fremdenlegion 1870-1965 : Mythen und Realitäten*, Paderborn, Schöningh Verlag, 2006.

IIIe REICH, la Légion étrangère et l'Allemagne sous le. – Les ressortissants de langue allemande constituent durant l'entre-deux-guerres les plus importants contingents de la Légion étrangère. Dans les années 1920, ils représentent plus de 40 % des engagements et autour de 25 % des effectifs de la Légion, même si celle-ci, dans un souci d'équilibre, a tendance à restreindre ces engagements. Avec l'arrivée d'Adolf Hitler au pouvoir, une évolution se dessine. Le nouveau chancelier en effet ne veut pas que la jeunesse allemande vienne renforcer les effectifs français par le biais de la Légion. Il estime en outre qu'affaiblir la Légion étrangère serait judicieux, car cela ébranlerait concomitamment l'Empire colonial français. De nombreuses mesures sont ainsi prises afin d'empêcher les Allemands d'intégrer la Légion, notamment la création d'une Ligue de combat contre la Légion étrangère (*Schutzverband gegen die französische Fremdenlegion*), la menée de campagnes visant à démontrer que la présence d'Allemands dans la Légion dessert les intérêts du Reich et l'établissement de sanctions à l'encontre des légionnaires. Bannis, ils n'ont plus le droit de travailler dans la fonction publique et finalement perdent leur nationalité. Le gouvernement français, quant à lui, prend des dispositions pour permettre aux Allemands en situation difficile de s'engager. La Légion accueille alors dans ses rangs socialistes, communistes, antinazis, Sarrois, Autrichiens, Tchèques mais aussi juifs et catholiques. Tous souhaitent intégrer l'institution parce qu'ils sont chassés de leur pays ou se réengager puisqu'ils ont été déchus de leur nationalité.

Ces légionnaires sont en règle générale envoyés dans l'Empire. Un régiment de cavalerie est ainsi basé à Sousse en Tunisie. Comme il y a de nombreux ressortissants allemands parmi ces légionnaires, on les accuse de la poussée d'antisémitisme des populations locales : à Détrie, par exemple, village situé à 12 km du camp de Sidi-Bel-Abbès, on aurait joué lors d'une fête locale en août 1936 le *Deutschland über alles*, et les colons auraient levé le bras à l'hitlérienne en criant « Mort aux Juifs » et « Vive Hitler ».

À la veille de la guerre, les agents des services de renseignement allemands redoublent d'activité dans le sud de la France, en Espagne et au Maroc espagnol, notamment dans les présides de Ceuta et de Mélilla. Ils sont chargés de « travailler » les tribus indigènes en partant du Maroc espagnol et de faire de la propagande nazie auprès de la Légion étrangère. Le bulletin de renseignements du 2e Bureau signale effectivement une recrudescence des désertions chaque fois que des navires étrangers, notamment allemands, croisent au large des côtes africaines. Ainsi, en 1937, le capitaine d'un navire allemand, Erick Hendrick Fisser, est pris en flagrant délit alors qu'il cherche à faire déserter des légionnaires – il est renvoyé dans son pays. Avant le déclenchement des hostilités, les légionnaires allemands emprisonnés en France pour des questions de droit commun sont réclamés, sans contreparties, par l'ambassade d'Allemagne, mais le Quai d'Orsay refuse catégoriquement de les lui livrer. Très surveillés pendant le conflit, ces légionnaires sont même éloignés du terrain des opérations et restent après la défaite de la France en Afrique du Nord, en Syrie et en Indochine. Certains d'entre eux, connus comme ressortissants des puissances ennemies, sont emprisonnés à Casablanca ou au camp de la Lègue (dans le Var).

Lors de la signature de l'armistice, les articles 21 de la convention franco-italienne et 19 de la convention franco-allemande précisent que la France doit remettre aux vainqueurs tous les prisonniers de guerre ou civils allemands internés, mais aussi les légionnaires d'origine allemande ou italienne. Côté français, on se méfie d'eux. Si le légionnaire d'origine allemande Paul Scheller, incarcéré à Casablanca pour vol de munitions, veut bel et bien rentrer dans son pays, rares sont ceux qui demanderont leur rapatriement aux services consulaires allemands. Souvent membres du parti communiste et engagés dans la Légion pour échapper aux persécutions nazies, ils préfèrent rester dans les prisons militaires françaises. Le ministère des Affaires étrangères allemand veut néanmoins les rapatrier. Il s'engage à ne pas les déchoir de leur citoyenneté allemande, même s'ils étaient entrés à la Légion pour échapper à une condamnation, et leur promet une réintégration dans la communauté allemande après une brève rééducation. Le maréchal Keitel demande aussi en octobre 1940 aux autorités françaises de lui indiquer le nombre exact de légionnaires d'origine allemande en Afrique du Nord, en Syrie et en Indochine, ce qu'elles refusent de faire en se retranchant derrière le secret de l'origine.

Afin de les rapatrier, la commission d'armistice allemande envoie une mission conduite par le diplomate Theodor Auer, qui dirige aussi un service dépendant du ministère des Affaires étrangères. C'est sous couvert de ces deux fonctions qu'il organise un important réseau d'espionnage. Circulant librement, il prend contact avec les populations du Maroc. En tant que délégué au rapatriement, il se préoccupe surtout du cas des légionnaires et des marins. Auer donne à l'expression « d'origine allemande » son sens le plus large : même les Belges sont concernés. Le consul Klaube, un membre de son équipe, rencontre d'anciens légionnaires allemands qui ont été en garnison au camp Monod au sud du pays. Il se heurte souvent à la concurrence du délégué de la Croix-Rouge, le docteur Kirschten, chargé de la même mission en Tunisie, en Algérie et dans la région d'Oujda. Celui-ci et certains membres de la commission de contrôle s'intéressent surtout au rapatriement des légionnaires allemands membres de l'armée du Levant transférés en métropole avant d'être envoyés en Afrique du Nord.

Les commissions de contrôle allemandes recrutent parfois d'anciens légionnaires sur place, ainsi l'aspirant d'aviation Sanowski car il a servi dans une unité de la Légion étrangère et connaît très bien le Maroc. Les autorités françaises s'en plaignent, mais la commission d'armistice allemande rétorque qu'il est allemand et que « dans les commissions françaises de contrôle opérant en Allemagne en 1920-1923, en vertu du traité de Versailles, se trouvaient de nombreux anciens officiers allemands de réserve (Alsaciens, etc.) employés comme officiers de contrôle et interprètes et qu'il s'agissait pourtant d'Allemands de race ».

Le gouvernement du IIIe Reich admet le maintien d'Allemands dans la Légion, mais le colonel Böhme, chef d'état-major de la commission d'armistice allemande, reconnaît lors d'une réunion de celle-ci, à Wiesbaden, « que la présence d'Allemands de race sous les drapeaux français est tellement contraire à l'esprit du Grand Reich qu'il est vraiment extraordinaire que l'Allemagne la tolère et n'exige que le retour des légionnaires volontaires ». Il y voit néanmoins un intérêt : ces anciens légionnaires feront d'excellents informateurs. En échange d'une somme variant entre 100 et 200 francs par semaine, de la promesse d'être rapatriés en Allemagne et d'obtenir l'impunité s'ils ont commis des actes délictueux dans leur pays, ceux-ci en effet rédigent des rapports réguliers à l'intention du délégué de la Croix-Rouge von Kirschten, en Algérie, ou de l'équipe d'Auer, au Maroc. Le général Weygand cite le nom de plusieurs agents allemands arrêtés par le contre-espionnage français, notamment un certain Tarman ou Tagne qui avait reconnu lors des interrogatoires qu'il travaillait pour le baron von Kirschten afin d'accélérer les formalités lui permettant de rentrer en Allemagne. Le 13 août 1941, par exemple, si les Allemands découvrent un dépôt clandestin d'armes à Marrakech, au domicile du lieutenant Labarthe, c'est parce que celui-ci a été dénoncé par un légionnaire d'origine allemande. Un officier de liaison de l'état-major de la région d'Oran signale aussi le cas d'un sous-officier allemand, du nom de Boehringer, devenu secrétaire du major Fiedler, un agent du Sicherheitsdienst (le service de renseignement de la SS). Ce légionnaire est chargé de contacter d'anciens camarades de la Légion en instance de rapatriement et de les amener chez Fiedler, qui peut ainsi les recruter comme *V-Mann* (« honorable correspondant ») ou comme agent de propagande. L'activité de ces ex-légionnaires, le plus souvent anciens prisonniers de droit commun, est mentionnée à de nombreuses reprises par les services de Weygand. Un engagé volontaire qui, par suite d'une erreur de l'administration, n'a pas été envoyé dans un camp de travailleurs étrangers, comme c'était la règle après l'armistice, est arrêté en septembre 1941. Il est orienté vers un centre de séjour surveillé. D'une moralité douteuse, cet ancien légionnaire, qui se livre à la traite des Blanches, est connu pour ses relations suspectes et suivies avec des membres de la commission d'armistice : il sera rapatrié en Allemagne avec d'autres légionnaires, le 28 octobre 1941. Un autre légionnaire, d'origine néerlandaise, condamné à quatre mois de prison pour injures envers des officiers français, entrera, à sa sortie de prison, en relations avec Auer et Klaube. De nombreux pseudodéserteurs essaient, enfin, de s'immiscer dans le milieu de la Légion étrangère pour y faire de la propagande. Parmi eux figurent des agents du *Sicherheitsdienst*. Ils ont pour mission de recruter et de répertorier les communistes, les antinazis de la première heure ou les anciens prisonniers de droit commun. Après avoir pris contact avec eux, ils cherchent à leur arracher des renseignements sur les effectifs militaires français et à les soulever contre leurs officiers en insistant sur la faiblesse de leur solde et les mauvaises conditions de vie. Ils abattent ceux qui refusent de les suivre. Leur but principal est d'affaiblir cette troupe d'élite en décourageant les candidats à l'engagement, car pour Auer et l'État-major allemand, la Légion étrangère reste la seule troupe qui leur a opposé une véritable résistance, même sans grands moyens de combat !

Certains légionnaires interviennent dans d'autres parties de l'Empire. Quelques mois après la campagne de Syrie, un agent de propagande nazie est ainsi repéré par les services de renseignement de Beyrouth. Monteur radio à Air France et en poste à Damas, cet ancien légionnaire d'origine polonaise, dénommé Gowzdz, est en fait un agent de pénétration allemand. Il a pour mission de contacter les services de renseignement français et de se faire recruter pour les intoxiquer après leur avoir fourni quelques renseignements exacts de moindre importance. Il doit aussi continuer, grâce à son poste émetteur, à correspondre avec ses propres chefs sans attirer l'attention. Pour exercer ces fonctions, il faut une grande force de caractère, ce qui manquait assurément à cet agent qui est vite découvert par les services français. Ils s'aperçoivent en effet, à l'issue d'une filature, que Gowzdz se rend quotidiennement entre 14 h 30 et 16 heures à l'hôpital militaire de Beyrouth où, conformément aux instructions reçues par son officier traitant allemand, il encourage les légionnaires de langue allemande à partir pour la Turquie. Il est, enfin, en relations régulières avec des Syriens germanophiles comme le cuisinier de l'Orient Palace, fils d'un Allemand et beau-frère d'un officier allemand. Les deux hommes réussissent à repérer des agents de l'Intelligence Service et à les signaler aux services allemands de Turquie. Une perquisition au domicile de cet ancien légionnaire permettra de surcroît de trouver des documents sur le fonctionnement de nouvelles armes.

D'autres opérations sont encore menées avec l'aide d'anciens légionnaires allemands pendant l'occupation allemande de la Tunisie, entre novembre 1942 et mai 1943. L'une d'entre elles est tentée, le 21 janvier 1943, dans le Sud tunisien où quatre groupes de huit hommes (3 Allemands, 2 Français, 3 indigènes) sont déposés par deux avions Junker 52 sur le terrain de Zeribed el-Hamed. Ils sont chargés de missions de sabotage, de renseignement et de propagande. Les Allemands, d'anciens légionnaires, connaissent bien la région ; les Français appartiennent au Parti populaire français ; les indigènes, des Tunisiens, servent de guides. Avertis par la population ou par leurs agents de pénétration, les services des travaux ruraux réussissent souvent à prévenir ces sabotages, et, dans le cas de l'opération évoquée, les agents sont arrêtés quatre heures après leur atterrissage. D'autres opérations sont lancées sur les arrières des troupes alliées. Souvent mal entraînés, ces hommes parachutés ou déposés par des JU 52 ont pour mission de détruire des ouvrages d'art, des dépôts d'armes ou de faire de la propagande auprès des indigènes. Leurs missions mal préparées se soldent fréquemment par un échec, et comme rien n'a été prévu pour leur retour, ils sont pris. Ce fut le cas dans la région de Constantine.

Cependant, au vu de la nature des engagés allemands de la Légion étrangère, des antinazis et des communistes, ces cas ne représentent que des exceptions. Les légionnaires d'origine allemande resteront le plus souvent fidèles à leur corps.

Chantal METZGER

Sources : Berlin, Politisches Archiv des Auswärtigen Amtes • Fribourg-en-Brisgau, Bundesarchiv/Militärarchiv • *Délégation française auprès de la commission allemande d'armistice. Recueil de documents publiés par le gouvernement français*, Costes, 1947-1959, 5 vol. (1940-1941).

Bibl. : Chantal Metzger, *L'Empire colonial français dans la stratégie du Troisième Reich, 1936-1945*, Berne, Peter Lang, 2002 • Alexis Neviaski, « 1919-1939, le recrutement des légionnaires allemands », *Guerres mondiales et conflits contemporains*, n° 237, 2010, p. 39-61 • Paul Paillole, *Services spéciaux, 1935-1945*, Robert Laffont, 1975.

RENARD, Jacques. – *Voir* KRAMER, JACOB.

RÉPUBLIQUE DÉMOCRATIQUE ALLEMANDE. – *Voir* RDA.

RÉPUBLIQUE FÉDÉRALE D'ALLEMAGNE. – Si la présence d'Allemands dans la Légion étrangère ne pèse plus sur les relations franco-allemandes, il n'en a pas toujours été ainsi depuis 1945. À la fin de la guerre, les méthodes des recruteurs font bientôt de cette question un symbole de l'arrogance que les Allemands prêtent à l'occupant français ; le culte du secret de l'institution, accru par les impératifs des guerres d'Indochine puis d'Algérie, ne facilite en rien la tâche d'un gouvernement fédéral placé dès sa constitution, en 1949, entre le marteau de l'inflexibilité française et l'enclume d'une opinion et d'un Parlement allemands très hostiles à la Légion étrangère et désireux de libérer des compatriotes victimes de son attrait.

L'occupant français entreprend de recruter des Allemands pour la Légion étrangère avant la naissance de la république fédérale d'Allemagne (RFA) – des centres d'enrôlement se trouvent à Landau, Friburg, Coblence ou Offenburg (les ressortissants de l'Est, suspects de communisme, sont écartés). Contrairement à une idée reçue, les engagés sont pour une faible part des criminels de guerre en quête d'absolution, plutôt des hommes rentrant du front sans autre savoir-faire que la guerre dans un territoire dévasté et qui savent leur compétence militaire recherchée. Dans leur très grande majorité, ils exécutent leur contrat sans états d'âme. Mais dès cette époque des Allemands s'opposent au recrutement, souvent réalisé selon des méthodes discutables parmi les prisonniers de la Wehrmacht ou sur le sol ouest-allemand. Le social-démocrate Fritz Erler, par exemple, est démis des fonctions de Landrat pour y avoir fait obstacle.

Quand naît la RFA et à mesure qu'elle s'affirme, enrôlement et présence d'Allemands dans la Légion pèsent sur les relations Bonn-Paris. L'Indochine et l'Algérie imposant à la

France de préserver sa capacité militaire humaine (blindés et aviation y sont inadaptés), la contribution de la Légion est indispensable et le Quai d'Orsay se montre intraitable : l'Auswärtiges Amt (l'office allemand des Affaires étrangères) ne parvient pas même à obtenir de renseignements sur l'importance de la présence allemande dans les unités. En 1954, il estime que 18 000 hommes, 50 % des légionnaires engagés en Indochine, seraient allemands. Les archives témoignent de l'agacement outre-Rhin.

La RFA perçoit l'engagement français en Indochine comme une contribution majeure à la lutte de l'Occident contre le communisme, confortée dans cette lecture par l'aide que les États-Unis apportent à Paris. Mais jusqu'en 1955 la France est puissance d'occupation, et le recrutement d'Allemands est perçu comme un domaine dans lequel elle outrepasse ses droits. Des députés de tout bord, sollicités par des proches de légionnaires désireux d'annuler leur engagement, multiplient les démarches ; les débats au Bundestag sont virulents et les votes réunissent souvent majorité et opposition contre la Légion et ses méthodes. L'opinion est fondamentalement hostile à une institution qui, outre sa mauvaise réputation, souffre de la piètre image qu'ont les Allemands de l'armée française en général – les recrues allemandes étant supposées compenser ses faiblesses.

Dès avant les accords de Paris d'octobre 1954 (qui rétablissent la souveraineté de la RFA, qui adhère à l'Alliance atlantique), Bonn réfléchit à la mise sur pied d'une armée allemande qui devra être (et sera) démocratique, par réaction aux exactions du IIIe Reich, et la Légion est perçue comme l'opposé de ce que l'on entend créer, incarnation de « l'irrespect de la dignité humaine » à l'intérieur comme dans ses engagements. Le secret favorise le mythe : des journalistes l'attisent en publiant des articles horribles, souvent fondés sur le témoignage de légionnaires libérés, sur la violence qui règne dans les régiments et les sévices que subissent les légionnaires de la part de leur hiérarchie, puis, pendant la guerre d'Algérie, sur les actes condamnables auxquels la Légion contraint ses hommes. On ne prête qu'aux riches…

En dépit des dispositions internationales qui imposent le consentement des parents pour tout enrôlement avant vingt et un ans, et considérant la législation française sur l'engagement, les diplomates allemands estiment nulles les chances d'obtenir la libération d'un engagé de dix-huit ans et plus, très faibles celle d'un mineur de dix-huit ans – car la Légion n'hésite pas à garder ces derniers à Strasbourg jusqu'à cette limite d'âge avant de leur faire signer un engagement définitif. L'opposition sociale-démocrate organise une large campagne de dissuasion (presse, affiches…) en particulier entre avril et novembre 1953, et jusqu'en 1956 de jeunes socialistes et des membres d'organismes caritatifs tentent d'intercepter les candidats à l'enrôlement avant leur entrée en Sarre (encore autonome) ou en Alsace. Mais l'attrait subsiste : pour la seule période octobre-décembre 1957, la police sarroise fait état de 107 interceptions de jeunes Allemands sur le chemin d'un centre de recrutement, dont 85 mineurs. Comme le note Eckard Michels, il faut attendre le putsch de 1961 et les révélations sur les liens entre le commandement de la Légion et les putschistes (et donc sur le rôle de l'arme) pour que régresse sensiblement la disposition à s'y engager.

À partir de 1955, alors que la guerre d'Algérie prend une tournure plus dramatique, Bonn considère le recrutement de légionnaires allemands sur son sol comme une violation de sa souveraineté nouvellement acquise. Et si obtenir la libération de ceux qui sollicitent sa diplomatie peut être une forme de protestation, les succès restent exceptionnels. Pour remédier à son impuissance, en 1957, l'Auswärtiges Amt transfère la question de la Légion de la sous-direction « Europe de l'Ouest » à celle des « Affaires juridiques ». Les résultats ne s'améliorent cependant pas et, en 1958, Charles de Gaulle refuse d'aborder le problème avec Konrad Adenauer à Bad Kreuznach. Aux arguments allemands le Quai d'Orsay oppose que la situation en Algérie ne permet pas d'assouplir la position de Paris (en particulier sur la question des engagés mineurs). Mais le gouvernement fédéral, tout en observant l'attitude d'autres États concernés (Belgique, Suisse et Pays-Bas notamment), s'en tient jusqu'au bout à une gestion bilatérale de cette question.

Certains mécontents s'en remettent à eux-mêmes : des désertions se produisent tout au long de la guerre d'Indochine. Elles s'accélèrent en 1955, pendant le rapatriement vers l'Afrique du Nord, en particulier au moment du passage du canal de Suez, lieu propice eu égard à sa topographie et au contexte politique. D'autres restent en Asie pour des raisons personnelles, d'autres encore s'enfuient par refus des conditions de vie en caserne (ils fuient le caporalisme et les brimades). La perspective de création d'une armée allemande susceptible de les accueillir est une autre motivation : cette année-là, l'ambassade de RFA au Caire rapatrie plus de 350 déserteurs allemands.

En 1957, le Front de libération nationale (FLN) met en place, sur le modèle de ce qui s'est fait en Indochine, et avec l'aide d'un Allemand du nom de Winfried Müller – *alias* Si Mustapha Quazzani – une opération incitant (en allemand, mais avec une efficacité modérée) les légionnaires à la désertion. Un bureau fonctionne à Tétouan (Maroc) jusqu'en 1959, quand Müller installe son quartier général à Belgrade. La RFA participe au rapatriement, en vertu d'une obligation constitutionnelle et par souci d'éviter que, comme avant 1954, les déserteurs ne soient rapatriés en RDA, mais évite tout contact avec Si Mustapha – fortement suspect de sympathies communistes, et qui collabore avec des pays de l'Est –, de même qu'elle n'aide pas les légionnaires impliqués dans l'OAS.

Au total quelque 3 000 Allemands désertent entre 1954 et 1962, tous n'étant pas, tant s'en faut, sensibles à l'appel du FLN. Les itinéraires sont divers : ils passent par la Tunisie ou le Maroc, voire par Israël. Les voies les plus fréquentées sont Tétouan-Madrid-Francfort (avion), ou encore Italie-Suisse (moins onéreux, bateau puis train, mais au risque accru d'une interception par les agents français). À leur arrivée, les hommes sont pris en charge par un organisme caritatif chargé d'aider à leur intégration sociale.

Après le putsch de 1961 (rappel de la menace que constitue pour le pouvoir politique une troupe aveuglément soumise à ses chefs) et la régression des effectifs de la Légion (ainsi que de la proportion de légionnaires allemands), puis surtout à la fin de la guerre d'Algérie, certains diplomates et hommes politiques allemands caressent l'espoir d'une dissolution de la Légion, considérant que, troupe coloniale, elle n'a plus lieu d'être. Ce calcul est attesté par un document qu'Adenauer remet à de Gaulle le 2 juillet 1962 et qui précise que l'espoir de voir « dissoute la Légion étrangère ne s'est pas réalisé ». Le nombre des désertions augmente par ailleurs après les accords d'Évian, au point que le consulat d'Allemagne à Alger est débordé en juillet 1962. Mais l'affaire perd dès lors de son acuité et, à partir de 1962-1963, la question ne pèse plus sur les relations Paris-Bonn. Qu'elle perde sa capacité de nuisance pour les relations bilatérales montre que l'on considère côté allemand que l'on a suffisamment affirmé sa position de partenaire diplomatique de la France.

Jean-Paul CAHN

Bibl. : Jean-Paul Cahn, « La république fédérale d'Allemagne et la question de la présence d'Allemands dans la Légion étrangère française dans le contexte de la guerre d'Algérie (1954-1962) », *Guerres mondiales et conflits contemporains*, n° 186, 1997, p. 96-120 • Jean-Paul Cahn et Klaus-Jürgen Müller, *La République fédérale d'Allemagne et la guerre d'Algérie (1954-1962)*, Le Félin, 2003 • Claudia Meier, *Deutsche in der französischen Fremdenlegion*, mémoire de maîtrise, Cologne, 1994 • Eckard Michels, *Deutsche in der Fremdenlegion, 1870-1965. Mythen und Realitäten 1870-1965*, Paderborn, Schöningh, 1999.

RÉSISTANCE. – L'absence d'étude consacrée aux légionnaires dans la Résistance est à déplorer, alors que leur engagement dans la France Libre a suscité nombre de travaux dont la thèse d'André-Paul Comor sur une unité phare, la 13e demi-brigade de Légion étrangère (DBLE). L'approche ici privilégiée est l'analyse de parcours individuels de personnalités – au préalable identifiées – fondée sur l'étude des dossiers individuels des résistants conservés au bureau Résistance du service historique de la Défense. Cette méthode reste empirique, puisque le chercheur est contraint de connaître leur nom pour accéder aux dossiers. Cette recherche exploratoire repose sur l'exploitation d'une vingtaine de parcours. La difficulté s'accroît si l'on ramène cet échantillon aux 42 200 légionnaires, dont 22 900 engagés depuis le début de la guerre dans la Légion étrangère et les régiments de volontaires étrangers que compte l'armée française au 1er mai 1940. Les premiers vaincus et victimes du régime nazi, les Polonais et les Tchèques regroupés sous leur propre drapeau, sont largement présents dans la Résistance. D'aucuns ont combattu à Narvik et donc rejoint la 13e DBLE. Par ailleurs, ce sont des officiers polonais qui ont mis en place le réseau de renseignement F2, travaillant pour l'Intelligence Service, dès l'été 1940 dans le Midi, avec une antenne en Afrique du Nord.

Sans doute faut-il réaffirmer qu'à l'image de l'ensemble des militaires les légionnaires résistants ont été une infime minorité, en raison du frein qu'a été le principe d'obéissance en vigueur dans l'armée. S'engager dans la Résistance a donc été une rupture. Cependant la diversité de leurs origines, selon qu'ils sont ou non étrangers, forge une première ligne de partage. Comme pour les civils, les légionnaires étrangers se réfèrent aux idéaux de 1789 et combattent pour la liberté du monde. Les Français quant à eux ont pour motivation première le refus de la défaite et de la soumission à l'occupant.

L'engagement se fait indifféremment dans un réseau ou dans un mouvement. La recherche de cadres militaires a sans aucun doute orienté leur choix. Il convient aussi d'ajouter que les organisations de résistance, telles que l'Armée secrète (AS) mise sur pied fin 1942 par Jean Moulin ou l'Organisation de résistance de l'armée (ORA) née après la dissolution de l'armée d'armistice en novembre 1942, n'ont pas forcément été les choix privilégiés. La diversité semble de mise, tout comme la périodisation, presque identique dans les engagements dans la France Libre : juin-juillet 1940, juin 1941 après la campagne de Syrie, novembre 1942 après le débarquement anglo-américain. Certains ont d'abord contracté un engagement dans les Forces françaises libres (FFL), puis sont envoyés au titre des réseaux actions du Bureau central de renseignements et d'action (BCRA) en métropole.

Le lieutenant Nicolas Roumiantzoff, né à Yanovka dans une famille de l'aristocratie de l'ex-Empire des tsars, saint-cyrien de la promotion « du Rif » (1924-1926) qui a compté cinq Russes et deux Géorgiens dont Dimitri Amilakvari, il n'hésite pas un instant. Blessé sur la Somme en mai 1940 en combattant avec ses légionnaires cavaliers du groupement de reconnaissance divisionnaire 97, prisonnier et évadé, sitôt rapatrié au 1er régiment étranger de cavalerie (REC) à Fès, après plusieurs tentatives infructueuses il rallie Londres.

Charles Hora, tchèque, s'engage à trente et un ans dans la Légion à Marseille. Prisonnier en février 1940, évadé en novembre, il est incorporé aux forces françaises de Grande-Bretagne au titre étranger en septembre 1943, puis à la 13e DBLE à Sidi-Bel-Abbès. Puis le BCRA l'envoie comme volontaire en mission en France comme instructeur. Il participe à l'attaque des forces allemandes à Saint-Flour fin août 1944. Il est ensuite envoyé en mission de liaison en Allemagne de février à mai 1945, car les services français et anglais ont repéré cet agent instructeur dont les missions ont été brillamment réussies et qui a une grande maîtrise des langues (allemand, espagnol, anglais, tchèque, français).

Fred Samuel a un parcours similaire. Ce joaillier installé à Paris, d'origine argentine, s'engage à trente et un ans pour la durée de la guerre dans la Légion. Prisonnier, évadé, il intègre l'AS de la Drôme. Arrêté, interné au camp de Vernet, il est libéré sur intervention de l'ambassade d'Argentine et reprend ses activités dans la Drôme, multipliant les coups de main contre les Allemands au sein de l'AS, puis lors des combats de la Libération au sein du 597e bataillon d'artillerie des armées américaines.

Henri Edart, quarante-six ans en septembre 1939, chef de bataillon au 6e régiment étranger d'infanterie (REI), est rapatrié en France pour avoir participé activement à la tentative avortée du colonel de Larminat de rallier la Palestine pour reprendre la lutte aux côtés des Britanniques. Il est interné à Rivesaltes jusqu'en 1943 et rejoint l'ORA en 1944. Il est tué en juillet à Fourmies dans des circonstances qui n'ont pas été élucidées.

Le commandant Taguet du 3e bataillon du 6e REI, camarade de promotion de Larminat qu'il aide à s'évader de Damas, est également sanctionné, rapatrié sur la métropole, et meurt en déportation.

Adolph Rabinovitch (de son vrai nom Rabinowicz), né à Moscou en 1918, étudiant à Paris, engagé volontaire pour la durée de la guerre en 1939, intègre le réseau Buckmaster, section française du Special Operations Executive créé par Churchill en juillet 1940. Arrêté le 2 mars 1944 au cours de sa seconde mission en France, il meurt en août suivant au camp de concentration de Gross Rosen (Silésie).

Robert Caillaud, né en 1921, saint-cyrien de la promotion « Charles de Foucauld » (1941-1942), intègre l'ORA en décembre 1942 et participe aux combats du Rhône et de la Loire. Il rejoint ensuite la Ire armée.

Jacques Morin (promotion « Croix de Provence », 1942) suit les traces de son ancien de l'École spéciale militaire repliée à Aix-en-Provence, et devient instructeur pour les maquis de la Drôme en juin 1943. Dénoncé en juin 1944, il est déporté à Buchenwald.

Le parcours de Pierre Jeanpierre, né en 1912, habitant à Mascara en Algérie, est des plus singuliers. Sorti de Saint-Maixent, affecté d'abord au 131e régiment d'infanterie à Orléans, il rejoint le 1er régiment étranger d'infanterie à Marseille avant de gagner le Levant. Puis, promu lieutenant, il rejoint en septembre 1943 Ceux de la Libération, au moment où le mouvement (créé à l'été 1940 par l'ingénieur Maurice Ripoche, qui a recruté de nombreux ingénieurs et officiers) fédère avec ceux de Vengeance ses corps francs. Il se spécialise alors dans la recherche des dépôts d'armes en région parisienne et dans l'Ouest et a de nombreux contacts avec les chefs de mouvement, dont le docteur Wettervald.

La diversité des engagements, ces exemples en témoignent, est très grande, et mériterait assurément que les chercheurs ouvrent ce chantier.

Christine LEVISSE-TOUZÉ

Sources : SHD, archives du bureau Résistance • DHPLE, JMO du 6e REI (1940-1941).

Bibl. : François Marcot (dir.), *Dictionnaire historique de la Résistance*, Robert Laffont, coll. « Bouquins », 2006.

REVUES. – Une revue est une inspection passée par un supérieur pour s'assurer que l'objet de la revue est en ordre (elle peut par exemple précéder un défilé). Il en existe plusieurs types, qui ne sont pas particulières à la Légion étrangère. Toutefois, celle-ci a imprimé sa marque à quelques-unes d'entre elles.

La revue « de catégories » est à l'origine hebdomadaire : tous les gradés et légionnaires qui ont fait l'objet d'une mutation administrative, d'une récompense ou d'une punition depuis la dernière revue sont présentés au chef de corps. À Aubagne, la musique y participe.

La revue « de détail » est fréquente pendant la période d'instruction. Elle permet au commandant d'unité de vérifier, par le biais des chefs de section, que le jeune légionnaire entretient correctement le paquetage et l'armement qui lui ont été confiés.

La revue d'« effectif » est la survivance des « montres » passées par les commissaires des guerres avant 1789. Il s'agit de vérifier qu'il y a concordance entre l'effectif déclaré et l'effectif réalisé. À la Légion, elle permet au chef de corps de faire le point avec les gradés et les légionnaires de leur carrière passée et sur l'orientation à donner à leur carrière future (stage, examen, changement de corps, etc.).

La revue « de la garde », enfin, ne constitue pas une simple présentation de la garde au chef de corps : elle lui donne une information sur la situation de chacun des gradés et légionnaires qui forment le poste de sécurité. Cette revue est souvent marquée par la personnalité du chef de corps.

Charles RIDET

RIF, guerre du. – Initiée en juin 1921 par l'échec militaire de l'avancée espagnole dans le Rif, la révolte dirigée par Mohammed Abd el-Krim s'étendit au cours des quatre années suivantes aux provinces voisines de Ghomara et des Djebalas. Cherchant des débouchés agricoles et bloqué face aux *praesidios* espagnols, Abd el-Krim orienta ensuite son action vers le protectorat français, plus au sud. Le 11 avril 1925, les forces rifaines entamèrent une attaque en règle contre le réseau de postes français implantés sur la limite du protectorat. Dans le cadre d'une stratégie d'usure autour de ces postes isolés, la Légion étrangère fournit, dès la fin avril, deux unités envoyées en renfort depuis l'Algérie : le 6e bataillon du 1er régiment étranger d'infanterie (VI/1er REI) du chef de bataillon Deslandes et trois compagnies du 2e bataillon du 2e REI. Affectées respectivement dans les colonnes mobiles Freydenberg sur le haut Ouergha et Colombat sur le moyen Ouergha, ces deux unités contribuèrent à sauvegarder la situation jusqu'au début de l'été 1925, intervenant presque quotidiennement pour évacuer un poste, en ravitailler un autre.

Leurs combats ont été décrits par deux officiers restés célèbres : Zinovi Pechkoff, commandant la 22e compagnie du 1er REI, et Aage de Danemark, officier de l'état-major du général Colombat, notamment ceux de Taounat le 4 mai et le 3 juin, du Bibane les 13 et 25 mai et surtout le sacrifice de Medionna le 11 juin où le groupe franc du VI/1er REI est détruit en tentant de rejoindre ce poste assiégé. L'histoire légionnaire retient l'hommage rendu par le maréchal Lyautey au caporal Goulet, un des trois survivants de l'affaire, à qui il sert le café sous sa tente. Mais cette activité ne parvient pas à empêcher la chute des postes isolés, mettant les villes de Taza et Ouezzane sous la menace directe d'une attaque, début juillet. Le 24 de ce mois, de nouveaux renforts, dont le VII/1er REI, sont engagés autour de Taza qui forme l'enjeu majeur d'un conflit dans lequel la dynamique du succès passe désormais dans le camp français. À compter de cette date, les troupes françaises, réorganisées sous les ordres du général Naulin et bientôt du maréchal Pétain, stabilisent le front en vue d'une offensive générale en septembre. Après un succès initial mi-septembre qui ramène la ligne de front sur l'ancienne ligne de postes, cette offensive est compromise par les pluies et arrêtée mi-octobre. Début mai 1926, elle reprend, conjointement avec celle des Espagnols. Les bataillons de Légion, souvent regroupés deux par deux en régiments de marche, sont utilisés comme unités de choc pour conduire les assauts. Ainsi, dans la zone centrale, les 1er et 3e bataillons du 2e REI enlèvent les 11 et 12 mai le djebel Iskritten. À ce rythme-là, en trois semaines, le Rif est occupé, Abd el-Krim se soumettant le 27 mai à Targuist. Le conflit dans la région nord du Maroc prend fin peu après cette reddition, par quelques opérations autour de Taza.

Philippe GUYOT

Bibl. : Vincent Courcelle-Labrousse et Nicolas Marmié, *La Guerre du Rif. Maroc 1921-1926*, Tallandier, 2008.

RMA. – Unité de circonstance née au printemps 1915, le régiment de marche d'Afrique (RMA) est essentiellement constitué à partir d'unités de zouaves, de tirailleurs et de légionnaires, ces derniers issus des dépôts des 1er et 2e régiments étrangers et formés en bataillon, entre l'Algérie, Malte, l'Égypte et les îles grecques. Le bataillon légionnaire (3e bataillon du 1er RMA) présente la particularité de compter dans ses rangs un grand nombre d'engagés d'origine austro-allemande, parmi lesquels l'adjudant Haumann, premier sous-officier de l'armée française d'Orient décoré de la Légion d'honneur.

Le régiment quitte l'Algérie pour la Méditerranée orientale le 2 mars 1915 et est engagé dès le début du mois d'avril sur la presqu'île de Gallipoli, dans le cadre de la désastreuse opération franco-britannique des Dardanelles. Bloqués sur les flancs du massif montagneux à quelques centaines de mètres des plages, soumis aux tirs quotidiens de l'artillerie et des pièces collectives turques, les légionnaires sont cloués sur place, comme leurs camarades de la « régulière » et les contingents de l'Empire britannique. Leur effectif est réduit à moins de 500 hommes le 3 mai, après avoir tenu leurs positions toute une nuit face à une nouvelle série de contre-attaques turques particulièrement puissantes, repoussées à la baïonnette au petit matin. L'effectif du bataillon légionnaire du RMA est recomplété à partir du dépôt de Sidi-Bel-Abbès et le régiment tient un secteur de tranchées au ravin de Kerevès-Déré jusqu'à la fin du mois de septembre. Transféré au camp de Zeitenlick de Salonique aux premiers jours d'octobre, il participe à partir de l'automne 1915 à toutes les opérations sur le front d'Orient et les légionnaires se distinguent de Monastir à Skra di Legen, jusqu'à l'offensive Franchet d'Esperey de l'automne 1918. On retient en particulier leur rôle dès leur engagement devant Strumitza, lors des combats de la cote 328 et lors de la prise des positions bulgares de la Dent-de-Scie. Les légionnaires entrent également en tête des Alliés avec la cavalerie serbe dans Monastir. Avec la stabilisation des lignes sur le front de Salonique et du fait des besoins toujours croissants sur le front de France, le bataillon de la Légion du RMA est relevé et dissous le 1er octobre 1917, seule une compagnie étant maintenue sur le front d'Orient. La plupart des légionnaires sont renvoyés en France, où ils sont reversés au régiment de marche de la Légion étrangère, tandis que les coloniaux et la dernière compagnie de Légion présente en Grèce préparent et mènent l'offensive de septembre 1918.

À la suite des armistices de 1918, le RMA est engagé en russie du Sud aux côtés de l'armée grecque et de quelques contingents polonais, roumains, cosaques et russes blancs contre les bolcheviques lors de la brève intervention alliée en Ukraine et en Crimée au premier semestre 1919. Il tient en particulier garnison à Odessa avec des troupes grecques, mais doit se replier en direction de la Roumanie, sur la frontière moldave, du fait de l'indécision politique des gouvernements alliés, d'une part, des graves carences du soutien logistique, d'autre part, de la désorganisation des formations russes contre-révolutionnaires face à la pression de l'Armée rouge, enfin. Le régiment est alors dissous et ses derniers éléments rapatriés en Afrique du Nord.

Rémy PORTE

Sources : DHPLE, JMO du RMA.

RODEL, sergent Rolf (?-1999). – Le sergent Rolf Rodel serait resté anonyme, comme la plupart des légionnaires, s'il n'avait rendu hommage à ses camarades morts à Diên Biên Phu en élevant à ses frais un petit monument sur les lieux mêmes de l'ancien camp retranché où s'est déroulée la bataille sanglante opposant la garnison française aux divisions du général Giap (13 mars-7 mai 1954).

Légionnaire de nationalité allemande, il sert aux 2e, 4e et 3e régiments étrangers d'infanterie (REI) de 1950 à 1957. À Diên Biên Phu, il est chef du commando de la 10e compagnie du 3e bataillon du 3e REI. Quatre fois cité, dont une fois à l'ordre de l'armée, il quitte la Légion en avril 1957. Marqué par les combats de 1954 dans la cuvette, il prend une initiative d'une grande portée symbolique en se rendant à plusieurs occasions en Indochine pour obtenir des autorités vietnamiennes l'autorisation d'ériger un mémorial, en commençant par la pose d'une simple plaque portant l'inscription suivante : « À la mémoire de tous les légionnaires tombés au Champ d'Honneur au cours des combats de Diên Biên Phu ». Après avoir obtenu les autorisations pour l'achat d'un terrain et la construction du petit monument, il achève les travaux pour le quarantième anniversaire de la bataille. L'inauguration officielle se déroule le 26 juin 1994. Rodel obtient également l'autorisation de construire une petite maison de gardien à l'intérieur de l'enceinte. En janvier 1999, mission remplie, il meurt à Lyon.

Charles RIDET

ROHLFS, Gerhard (1831-1896). – Né à Vegesack, petite commune près de Brême, Gerhard Rohlfs est le troisième fils d'un médecin. Élève peu assidu, il quitte le lycée plusieurs fois et s'engage à dix-huit ans dans l'armée de la république de Brême, puis dans celle du Schleswig-Holstein. En 1851, il quitte l'armée pour entreprendre des études de médecine à l'université d'Heidelberg et de Göttingen. Il les interrompt en 1854 pour s'engager dans l'armée autrichienne pour huit ans. Supportant mal la vie de garnison, il déserte et se réfugie en France en 1856. Il s'engage alors à Colmar dans la Légion étrangère, pour sept ans.

C'est le début de sa carrière africaine : sa fiche personnelle conservée dans les archives militaires françaises fait état de sa participation à des combats en Algérie et en Europe – il se bat aux côtés des Italiens contre l'Autriche. Il est décoré de la médaille d'Italie, ce qui laisse supposer qu'il a combattu à Magenta et à Solferino. En 1860, son contrat est rompu, sans que l'on en connaisse la raison. Il décide cependant de rester en Afrique du Nord et passe six mois en Algérie. D'importantes zones d'ombre subsistent sur cette période algérienne, pendant laquelle il apprend l'arabe.

En 1861, Rohlfs arrive au Maroc, espérant se faire recruter dans l'armée chérifienne que le sultan veut moderniser. Arrivé à Tanger, il rencontre le diplomate John Drummond Hay, qui le décourage dans son projet mais le soutient dans sa volonté de connaître le Maroc, alors fermé aux Européens. Il lui conseille de voyager déguisé sous une nouvelle identité et lui fournit des lettres de recommandation. C'est donc sous l'identité d'un converti prénommé Mustapha que Rohlfs entame son trajet. Devenu le médecin et l'ami du chérif d'Ouezzane, il est ensuite présenté au sultan comme un converti de fraîche date, voulant intégrer l'armée comme chirurgien. Rohlfs s'installe alors à Meknès où il retrouve l'explorateur espagnol Joaquim Gatell, également engagé auprès du sultan. Ils montent ensemble une petite affaire pouvant s'apparenter à une pharmacie. Il acquiert de la sorte une réputation qui lui vaut d'être nommé médecin en chef de l'armée chérifienne, avant de devenir médecin personnel du sultan et du harem. Après un an à Fez et Meknès, Rohlfs obtient du sultan la liberté de voyager. Il démissionne et retourne à Ouezzane pour perfectionner son apprentissage des usages et de la langue. En 1862, motivé par le prix promis par la Société de géographie de Paris, il quitte Tanger pour le Sud avec l'espoir d'atteindre Tombouctou.

Son premier voyage le conduit de Tanger au Sud algérien, via Agadir, la vallée du Drâa et l'oasis du Tafilalet. Il se déplace en compagnie de caravanes, qui le conduisent jusqu'à la frontière algérienne où il est attaqué dans le désert du Guir ; laissé pour mort, il parvient à atteindre Géryville où il est pris en charge par les autorités françaises. L'année suivante, il quitte Alger pour Laghouat où il espère se joindre à une caravane jusqu'au Touat ; après une vaine attente, il retourne sur la côte et se prépare à une nouvelle expédition, dont le but avoué reste Tombouctou. Il retourne en 1863 à Tanger et se met en route pour l'Atlas et le Tafilalet. Il atteint ensuite In-Salah, via le Touat, avant de gagner Tripoli via Ghadamès. C'est le début de ses voyages sahariens : il en fait six autres entre 1865 et 1879 au cours desquels il parcourt le Sahara du nord au sud. Sa troisième exploration, entre 1865 et 1867, marque le sommet de sa carrière : il rejoint en effet Lagos depuis Tripoli et est alors le premier Européen à traverser le Sahara du nord au sud et à relier la mer Méditerranée et le golfe du Bénin. Il choisit ensuite une route d'ouest en est, qui lui permet de reconnaître les oasis du désert libyque, puis l'Égypte, en 1873 et 1874.

Son apport à la connaissance de l'Afrique du Nord est essentiel. Personnage connu du grand public, il obtient une reconnaissance scientifique internationale – il est membre d'honneur de la Société de géographie de Paris, qui lui décerne sa médaille d'or en 1868, et de celle de Londres. Sa réputation et ses contacts lui permettent d'organiser des voyages bien financés et préparés, mais aussi d'intégrer la bonne société prussienne et de gagner ses entrées dans le monde politique. Il devient ainsi un consultant occasionnel pour les questions coloniales auprès des autorités allemandes et participe en 1867 à l'expédition qui accompagne l'armée britannique en Abyssinie et se distingue lors de l'assaut de Magdala. En 1870, il est envoyé en Tunisie par le ministère des Affaires étrangères prussien pour inciter les populations algériennes à la révolte, afin de nuire aux intérêts français, mais est arrêté à Tunis et expulsé. Il est ensuite nommé conseiller à la cour prussienne, et devient partisan d'un germanisme militant. Très actif au sein du Kolonialverein, il adhère à la Deutsche Kolonialgesellschaft, et devient membre de son comité directeur en 1887.

Malgré sa présence dans les cercles politiques et diplomatiques, Rohlfs ne mène pas une véritable carrière : tous ses efforts pour intégrer le service diplomatique restent vains. Enfin nommé consul, à Zanzibar, en 1884, il est révoqué six mois plus tard par les autorités allemandes, qui ont des doutes sur son aptitude. Rohlfs renonce alors aux voyages et aux missions pour la préparation de publications et de conférences. Il meurt en 1896 près de Bad Godesberg.

Aurélia DUSSERRE

Bibl. : Aurélia Dusserre, *Atlas, sextant et burnous. La reconnaissance du Maroc (1846-1937)*, thèse de doctorat sous la direction de Gérard Chastagnaret, université de Provence, 2009 • « Gerhard Rohlfs », dans Dietmar Henze, *Enzyklopädie der Entdecker und Erforscher der Erde*, Graz, Akademische Druck und Verlagsanstalt, 22 vol., 1975-2000 • Gerhard Rohlfs, *Voyages et explorations au Sahara (1861-1879)*, traduit et édité par Jacques Debetz, Karthala, 5 vol., 2001-2003.

ROIS, fête des. – Cette tradition folklorique serait reprise de l'armée « régulière », qui l'a cependant abandonnée de son côté. Si ses origines sont difficiles à dater – *Le Livre d'or de la Légion étrangère* signale seulement que c'est « l'une des plus anciennes » de l'armée –, sa pratique est encore très suivie actuellement dans les unités de la Légion, de même que dans les amicales d'anciens légionnaires. Le jour de l'an, les sous-officiers invitent à leur mess les officiers, qui leur rendent l'invitation la semaine suivante, le jour de l'Épiphanie. La fête se déroule parfois à une autre date quand les contraintes opérationnelles ne permettent pas de l'organiser le premier dimanche de janvier, ce qui démontre *a contrario* son importance pour la Légion. Après un premier partage de gâteaux ou, aujourd'hui, de galettes, ceux qui à chaque table ont obtenu la fève se retrouvent ensuite entre eux avec un nouveau dessert pour désigner le roi – à moins que celui-ci ne soit choisi par ses pairs. En tout cas, il s'agit toujours d'un sous-officier. Le reste de la fête consiste en un simulacre d'exercice de règne. Le nouveau souverain est déguisé en fonction du thème de la journée, en lien avec les dieux (Poséidon, par exemple), les rois de France (comme la monarchie franque) ou d'ailleurs. Chaque année, les participants rivalisent d'ingéniosité et d'originalité : parmi ces thèmes, il y en a eu aussi autour de l'Europe, voire… de la « barbe » ! Sceptre, couronne en carton, manteau aux fleurs de lys reviennent cependant fréquemment. Le roi prend place dans un siège installé sur la table du chef de corps, puis il reçoit le sacre et choisit sa cour, avant de mener avec elle un cortège burlesque. Son discours du trône, à caractère humoristique, fait avec l'accord du colonel, évoque les événements, petits et grands, de l'année écoulée. Le « roi d'un jour » prend des décisions, qui sont censées être appliquées sur-le-champ par sa cour, où le comique est de mise. Généralement, la première ordonnance du nouveau souverain consiste à accorder un quartier libre à tous les légionnaires.

Cette fête peut être analysée sous différents angles. Comme certaines coutumes antiques ou à l'instar des carnavals, elle entraîne un renversement symbolique, néanmoins limité dans le temps et somme toute très cadré, des hiérarchies et des valeurs. Le fait que ce soit un sous-officier qui prenne la place du chef de corps en est l'un des signes. L'absence de la troupe – cette fête étant réservée aux seuls cadres officiers et sous-officiers – permet peut-être d'éviter d'éventuels débordements. Cette tradition est aussi une occasion de dépasser les barrières rigides de la discipline et de contribuer à entretenir l'esprit de corps. Malgré sa référence, enfin, mais ce n'est d'ailleurs pas spécifique à la Légion, cette fête n'a rien de religieux, d'autant que l'Église catholique fête les « mages » et non les « rois ».

Xavier BONIFACE

Bibl. : Jean Brunon, Georges-R. Manue et Pierre Carles, *Le Livre d'or de la Légion étrangère (1831-1976)*, Charles-Lavauzelle, 1976 • André-Paul Comor, *La Légion étrangère*, Presses universitaires de France, coll. « Que sais-je ? », 1992.

ROLLET, général Paul Frédéric (1875-1941). – Le général Rollet, autant « père de la Légion » que « capitaine espadrille », est devenu, au fil du temps, un mythe fondateur et un exemple incarné. De sa naissance à Auxerre en 1875 jusqu'à ses trois inhumations successives à Sidi-Bel-Abbès en 1941, à Puyloubier en 1962 puis en 1969, il n'est pas un instant de la vie de celui qui fut avant tout un homme d'action qui ne concoure à l'édification de ce mythe dont la force principale réside dans sa proximité avec les légionnaires. Au-delà du courage dont il ne se départ jamais, la grandeur du « légionnaire Rollet » procède de sa grande humanité.

Paul Rollet est le deuxième d'une famille de quatre enfants. Son père Louis Rollet est à sa naissance capitaine au 46e régiment d'infanterie de ligne. Sa mère, née Elisa Dezoteux, est au foyer. Engagé volontaire en 1894 pour trois ans, comme l'impose la réglementation de l'époque, il entre à l'École spéciale militaire de Saint-Cyr en octobre de cette même année, classé 56e sur 600. Sa promotion est baptisée « Alexandre III » en l'honneur de l'empereur et de la toute récente alliance franco-russe. Les documents administratifs établis lors de son séjour à Saint-Cyr le décrivent comme ayant les cheveux châtain clair, les yeux tantôt gris et tantôt bleus, le front rond, le nez gros et le visage ovale. Sa taille y oscille curieusement entre un 1,60 et 1,67 m. Tout au long de sa scolarité, ses instructeurs vantent sa constitution physique « très vigoureuse », ses excellentes qualités de marcheur, sa « grande résistance à la fatigue » et son énergie « débordante ». Il aurait reçu une bonne éducation, serait doté d'une intelligence vive, d'une bonne ouverture d'esprit et d'une aptitude au commandement indéniable. Parmi ses défauts ou ses lacunes, ils notent qu'il se « livre peu », qu'il est d'un « caractère nerveux et indépendant », volontiers « autoritaire », que son zèle est « intermittent », « son esprit militaire encore peu développé » et sa conduite « médiocre ». Le général

Maillard, qui commande l'École, estime dans sa notation de fin de scolarité (1896) que le jeune Rollet « compromet toutes ses qualités par sa légèreté et son fâcheux esprit » et redoute qu'il prenne « une mauvaise voie » s'il n'est pas « tenu d'une main ferme ». Ce qui lui vaut de sortir de l'École classé 311e sur 587.

Il rejoint le 91e régiment d'infanterie (RI) le 1er octobre 1896 avec son galon de sous-lieutenant. Deux ans après, il est promu lieutenant et continue à servir dans le même régiment jusqu'au 4 décembre 1899, date à laquelle il est incorporé au 1er régiment étranger (RE). Son caractère enjoué apparaît en août 1901 lorsque le colonel Dautelle, commandant le 1er RE, écrit de lui qu'il « possède l'étoffe nécessaire pour faire un excellent officier » tout en regrettant qu'il « se laisse trop facilement entraîner au plaisir et arrive à dépasser les limites de la gaîté ». Ce qui lui vaut d'être puni de huit jours d'arrêts de rigueur au motif qu'il a été l'objet en compagnie de deux de ses camarades d'une plainte verbale du vice-consul d'Espagne et d'un rapport de la police au sujet de bruit fait à une heure indue (vers 5 heures du matin) dans la maison qu'ils habitent et d'une plaisanterie déplacée puisqu'ils ont « jeté un pétard dans une chambre qui se trouvait habitée ».

Muté au bataillon étranger de Madagascar qu'il rejoint le 1er février 1902, il est affecté d'office à l'emploi de lieutenant comptable, « faute d'officier volontaire ». Il accomplit ce travail qui ne l'attire pas avec bonne volonté, ce qui n'empêche pas son chef de vite discerner qu'il « serait mieux à sa place dans une compagnie que dans un bureau ». Dans les mois qui suivent, il remplit plusieurs missions opérationnelles au cours desquelles il se fait effectivement remarquer par son jugement, son coup d'œil et sa résistance à la fatigue.

Il retrouve le 1er RE le 10 mai 1905 et se signale, l'année suivante, par son « zèle », son « travail » et « l'excellence de ses résultats » lors de son séjour à l'école d'application pour le tir. Ce qui lui vaut un témoignage de satisfaction du ministre de la Guerre. En 1907, il est félicité par Charles Jonnart, gouverneur général de l'Algérie, pour avoir ouvert, avec la compagnie montée du 1er Étranger, entre Méchéria et Berguent, une « piste de 185 km de longueur et praticable aux automobiles [...] en moins de deux mois de travail effectif et qui n'a coûté que 3 000 francs » – ce qui lui vaut d'être promu chevalier du Mérite agricole tout en demeurant facétieux : en mars 1908, il est une nouvelle fois puni de huit jours d'arrêts simples pour avoir « été irrévérencieux envers son colonel »...

Promu capitaine le 25 mars 1909 et affecté au 2e RE le 19 avril suivant, Rollet sert au Maroc jusqu'en juin 1914, faisant l'unanimité aussi bien auprès de ses légionnaires qui ont en lui une grande confiance qu'auprès du commandement qui apprécie ses qualités de chef et de combattant. Ce qui lui vaut d'être félicité pour son attitude au feu, d'être plusieurs fois cité, promu chevalier de la Légion d'honneur (octobre 1910), décoré du Ouissam Hafidien et du Ouissam Alaouite mais aussi, comme s'il devait rester égal à lui-même, d'être puni de quinze jours d'arrêts simples pour avoir prolongé, de sa propre autorité, une permission. Titulaire d'un congé de fin de campagne de trois mois, il rentre en France dans les jours qui précèdent l'attentat de Sarajevo. Le 4 août 1914, il est affecté au 31e RI comme capitaine adjudant-major du 1er bataillon. Lors de la campagne d'août, il est une première fois blessé le 22 : le maxillaire supérieur brisé, il perd huit dents. Cette blessure lui occasionnera progressivement la perte de toutes ses dents. De retour au front, il est à nouveau blessé le 6 septembre suivant. Remis de ses blessures, il est affecté le 3 octobre au 331e RI dont il assure le commandement par intérim. Il est alors promu successivement chef de bataillon à titre temporaire (15 octobre), puis à titre définitif (22 février 1915), enfin lieutenant-colonel à titre temporaire (28 octobre). Régulièrement cité au feu, il se voit décerner la croix de guerre avec étoile de vermeil le 14 décembre 1915. La citation qui accompagne la décoration mentionne son « attitude magnifique au feu, [quand], bien que blessé d'une balle à la face, il tient tête à l'ennemi jusqu'à épuisement total. Évacué de force, il rejoint son régiment douze jours après sans être guéri ». Une nouvelle fois blessé le 31 décembre 1915, il rejoint son régiment le 21 janvier 1916 en dépit de l'avis réservé du médecin. Quatre mois plus tard, il est promu officier de la Légion d'honneur (3 mai) pour ses qualités de chef de « premier ordre, toujours dans les tranchées, prêchant l'exemple, méprisant le danger ».

Désigné pour prendre le commandement du régiment de marche de la Légion étrangère (RMLE), il le rejoint le 30 mai 1917 et y fait d'emblée l'unanimité. Une nouvelle fois blessé au bras droit par un éclat d'obus le 21 août 1917, il refuse d'être évacué afin de continuer à assurer son commandement. Le 1er janvier 1918, il est en outre intoxiqué à l'ypérite sans être pour autant évacué. Au cours de cette période, sa forte personnalité lui vaut de s'opposer vivement à son chef, le colonel Mittelhauser, qui commande la brigade à laquelle le RMLE est rattaché. Ainsi, s'il termine la Grande Guerre accompagné d'une réputation de « chef remarquable alliant à une grande bravoure les qualités d'un véritable conducteur d'hommes », la hiérarchie militaire continue à lui reprocher « l'ardeur de son caractère » qui le pousse souvent « à donner une interprétation trop personnelle aux ordres du commandement ».

De retour au Maroc en octobre 1919 avec ce qui reste de son régiment, il consacre toute son énergie à « la reconstitution de la Légion » alors que le commandement lui reproche, avec une constance qui semble n'avoir d'égale que sa détermination, de pousser « parfois un peu loin l'esprit de particularisme et le sentiment de sa personnalité ». C'est ainsi qu'il s'emploie à faire modifier, en l'uniformisant, la devise inscrite sur les emblèmes des régiments de la Légion. Alors que depuis 1848 les emblèmes portent l'inscription « Valeur et Discipline », les régiments de marche ont reçu, pendant la Grande Guerre, celle d'« Honneur et Patrie » en vigueur dans l'ensemble de l'armée française. Il demande et obtient du ministère de la Guerre, le 30 novembre 1920, qu'une nouvelle devise « Honneur et Fidélité », « qui figure depuis toujours sur l'acte d'engagement [des légionnaires] », soit inscrite sur tous les emblèmes régimentaires.

En 1923, s'inquiétant de son avancement au grade de colonel, il intervient personnellement auprès d'Albert Lebrun, sénateur, futur président de la République, et d'Albert Sarraut, ministre des Colonies. Sa requête aboutit sur le bureau du maréchal Lyautey, qui répond à Albert Lebrun en des termes qui traduisent la nature des relations entre les deux hommes : « le brave Rollet, que je connais à fond, est très sujet à ce que nous appelons le tracassin et le cafard. Je vais lui donner un coup de remontoir ». Deux ans plus tard, Rollet quitte le 3e RE – nouvelle appellation de son régiment – pour prendre le commandement du 1er RE (16 mars 1925), à la fois régiment organique d'Algérie, régiment d'instruction, dépôt et réserve générale, dont l'effectif est d'environ 8 000 hommes. Au cours de la même année, il se marie avec Alice Hébert, de vingt et un ans sa cadette (26 avril) et est promu colonel (25 septembre).

À la tête du 1er RE, qu'il commande jusqu'en 1930, il est noté comme « chef de corps brillant, allant, actif, s'occupant avec succès de l'organisation, de l'instruction et de la formation des cadres ». Les trois qualités qui reviennent pour caractériser son commandement sont « autorité, compétence et sollicitude ». Sa réputation de chef, comme sa singularité, résulte de sa capacité à s'investir avec le même enthousiasme tant dans des questions importantes que de moindres détails. Au cours de cette période, son influence directe sur la formation des renforts à destination du Maroc, du Levant et du Tonkin est unanimement citée en exemple et joue un rôle déterminant dans l'issue positive des crises qui agitent le protectorat, le mandat et la colonie. Le colonel Rollet est dorénavant décrit comme « légionnaire dans l'âme, homme de cœur et de fond » en lequel ses chefs placent « une confiance absolue » et ses hommes une vénération infinie tant il est vrai qu'il porte une attention particulière « au sort des "vieux" que la gloire ne nourrissait pas ». Quant à sa personnalité, elle est jugée très « originale, fortement accentuée, qui force et retient la sympathie… ».

Il joue également un rôle central dans la rationalisation de l'organisation de la Légion tendant vers la création d'un dépôt commun, l'amélioration des conditions du recrutement ou encore le soutien apporté aux anciens légionnaires, et consacre une partie de son énergie à la préparation du centenaire de la Légion étrangère à travers l'érection d'un monument aux morts et la rédaction d'un « bouquin » qui devient *Le Livre d'or*. Ledit monument aux morts est source de conflits : Rollet s'oppose à sa hiérarchie qui veut qu'il soit installé dans l'espace public alors que lui estime qu'il doit l'être au cœur du quartier Vienot. La joute s'engage. Rollet, reçu au ministère de la Guerre en avril 1930, obtient gain de cause. À la même époque, et après plusieurs années de négociations difficiles, il obtient d'une vingtaine d'amicales d'anciens légionnaires qu'elles se fédèrent au sein d'une Union (octobre 1930) qui place à sa tête en mai 1931 Émile Maurer, fondateur en 1898 de la première société d'entraide légionnaire. Parallèlement, la rédaction du *Livre d'or*, que Rollet veut beau et bien illustré, prend du retard. Elle n'est pas terminée pour le centenaire. Rollet doit se résoudre à faire distribuer de simples bons de commande – le premier exemplaire lui est remis en décembre 1931. À cette date il est général de brigade depuis neuf mois (21 mars) et inspecteur de la Légion étrangère (1er avril). Cette double promotion était attendue depuis que le général Noguès avait estimé dans sa notation de 1928 qu'il était « très qualifié pour diriger, plus tard, l'ensemble de la Légion étrangère » et que le maréchal Franchet d'Esperey avait estimé, dans un rapport de la même année, qu'il importait, à la Légion, « de substituer aux errements en cours une organisation du commandement adéquate ». C'est à la même époque que naît son surnom de « père de la Légion ».

Lors de la suppression de l'inspection en 1934 il conserve le commandement de la 4e brigade d'infanterie d'Algérie et de la subdivision de Tlemcen. Élevé à la dignité de grand officier de la Légion d'honneur le 25 juin 1935, il est placé en 2e section (réserve) du cadre de l'état-major de l'armée le 20 décembre suivant. De retour en France métropolitaine, il s'installe à Paris.

En 1939, alors qu'il est devenu membre du conseil d'administration de l'Union des blessés de la face, généralement connus sous l'appellation de « gueules cassées », il est appelé à succéder à son président et fondateur, le colonel Picot, mort le 19 avril 1938. Au début de la Seconde Guerre mondiale, il souhaite de nouveau servir. Sa demande, adressée à Édouard Daladier, président du Conseil, ministre de la Défense nationale et de la Guerre, est poliment rejetée. En mars-avril 1940, refusant l'inaction et en dépit d'une santé devenue précaire, il part à la rencontre des combattants de la drôle de guerre et participe à la distribution du « paquet du front ». Après la défaite, sa santé se dégrade encore. Fatigué par des déplacements dans Paris que l'occupation allemande rend difficiles, il s'installe dans les locaux des Gueules cassées, 20, rue d'Aguesseau, au début de 1941. Il y meurt le 16 avril. Après des obsèques en l'église Saint-Augustin à Paris, il est enterré comme il le souhaitait à Sidi-Bel-Abbès le 25 avril. À la fin de la guerre d'Algérie, en 1962, sa dépouille ainsi que celles du prince Aage de Danemark et du légionnaire Zimmermann sont exhumées, transportées en France et inhumées au cimetière municipal de Puyloubier. Le 2 juillet 1969, les trois dépouilles sont déplacées vers le « nouveau carré militaire » de Puyloubier.

Frédéric GUELTON

Bibl. : Pierre Soulié, *Paul-Frédéric Rollet. Père de la Légion étrangère*, Éditions Italiques, 2001.

ROMIEU, général Ferdinand (1872- ?). – Né dans la région de Montpellier en 1872, Ferdinand Romieu entre à l'École spéciale militaire (ESM) de Saint-Cyr en octobre 1892. Nommé sous-lieutenant à sa sortie de l'École deux ans plus tard, il commence sa carrière d'officier au 7e bataillon de chasseurs à pied (BCP), où il reste cinq ans. Nommé lieutenant en 1896, puis lieutenant de 2e classe trois ans plus tard lorsqu'il est affecté au 29e BCP, il est remarqué pour ses qualités foncières et devient instructeur à l'ESM en 1900. Il rejoint ensuite l'infanterie de ligne (122e, 152e RI où il est nommé capitaine, et 106e RI). Il appartient surtout, de mars 1911 à août 1914, à la mission militaire française du général Eydoux auprès de l'armée grecque. Travaillant directement à la réorganisation et à la formation de l'armée hellène pendant la période des guerres balkaniques, il acquiert une excellente connaissance des hommes et du milieu. Rentré en France dans l'urgence, il est affecté le 6 août 1914 au 313e RI, blessé au feu en septembre et inscrit au tableau de la Légion d'honneur. Promu commandant en décembre 1914, il est affecté au 1er régiment étranger en mars 1915 et rejoint le dépôt de Lyon. Il dirige en particulier à la Valbonne la formation et l'instruction d'une unité de volontaires grecs et rejoint avec elle au début du mois de juillet le corps expéditionnaire d'Orient. Il participe au cours du second semestre 1915 aux opérations des Dardanelles, puis est affecté à la reconstitution de l'armée serbe repliée sur Corfou.

À partir de l'automne 1916, chef de bataillon promu lieutenant-colonel à titre temporaire, il est désigné pour mettre sur pied de toutes pièces – et en prendre le commandement – la légion d'Orient, dont la création vient d'être décidée à partir de réfugiés arméniens échappés de Turquie et de la diaspora arménienne (en particulier des États-Unis). C'est une entreprise à la fois extrêmement difficile, du fait des pénuries généralisées, et enthousiasmante, car il s'agit de former pour servir sous le drapeau tricolore une troupe étrangère susceptible de représenter un appoint notable. Entre l'Égypte et Chypre, avec un encadrement métropolitain extrêmement limité, il parvient à donner corps à une formation jugée finalement capable d'engagement dans les opérations actives à l'automne 1918 et pour laquelle il ne cesse de militer malgré les nombreuses réserves qui s'expriment. Les résultats obtenus, malgré l'investissement sans limites de Romieu, sont relativement décevants ; sans doute s'agissait-il d'une mission impossible, aux caractéristiques plus politiques que militaires. Commandeur de la Légion d'honneur, il accède en fin de carrière au généralat.

Rémy PORTE

Sources : SHD-Terre, 4H 11 et 4H 38.

ROSENBERG, Andréas (1906-2002). – « On me donna comme aide deux camarades de ma compagnie, deux peintres aussi. L'un était un véritable artiste, l'autre, Salomon, peintre en bâtiment. Et nous fûmes dispensés d'aller à l'exercice », écrivait Hans Hartung dans son autobiographie. Le premier, ce « véritable artiste » avec qui il a peint, ou du moins commencé à peindre, suivant son témoignage, une bataille de Camerone sur l'un des murs du réfectoire de Sidi-Bel-Abbès, se nommait Andréas Rosenberg.

Il est né en 1906 à Czernowitz, capitale de la province de Bucovine rattachée à l'Empire austro-hongrois. Cette cité autrefois moldave devient roumaine en 1918 (Cernauti) et sera soviétique (Tchernovtsy) en 1940 puis ukrainienne (Tchernivtsy) en 1947. Andréas Rosenberg, qui racontera par la suite avoir choisi ce nom de Czernowitz pour s'engager dans la Légion étrangère, quitte assez vite sa ville natale pour faire des études juridiques à Vienne. Il deviendra, selon ses dires, docteur en droit civil et canonique. Parallèlement, il fréquente l'École des beaux-arts d'où il n'est pas sûr qu'il sorte avec un diplôme. Peindre et dessiner correspond cependant à sa véritable vocation qu'il commence à exercer dans le domaine de la mode masculine. Mais l'Anschluss l'oblige à quitter son pays dès 1938 : il est d'origine juive. À Paris en 1939, la déclaration de guerre le place dans la catégorie des étrangers ressortissants d'une puissance ennemie ou simplement indésirables, tels Hans Hartung, Nicolas de Staël ou Arthur Koestler. Comme ce dernier, il est interné dans un stade de la capitale puis on lui donne le choix : rentrer chez lui, ce qui est évidemment impossible, ou bien s'engager dans la Légion étrangère. Il choisit cette solution, et pour cinq ans au lieu de la seule durée d'une guerre qu'il pressent longue.

Ces cinq années, il va les accomplir à Sidi-Bel-Abbès. Il rejoint la compagnie des pionniers. On l'affecte à la presse régimentaire, à l'imprimerie. Il en profite pour exécuter puis reprographier les dessins de la ville de Narvik où la 13e demi-brigade de Légion étrangère se prépare à combattre. Polyglotte, il sert d'interprète lors du débarquement américain en Algérie le 8 novembre 1942. Il continue également de peindre, prenant la vie quotidienne des légionnaires comme source d'inspiration. Débute alors une nouvelle phase de sa carrière. Quand, en 1944 et parce que le milieu militaire ne lui convient pas vraiment, bien qu'il admire l'institution qui l'a promu caporal-chef, il quitte la Légion, il en devient l'un des illustrateurs importants en même temps qu'on le nomme peintre des armées. Cette activité officielle ne l'empêche pas d'en poursuivre d'autres. Il collabore à *Képi blanc* et redessine les contours de la grenade à sept flammes mais travaille aussi pour la mode ou la publicité. Dans *France-Soir*, il compose les vignettes en noir et blanc des bandes dessinées imaginées par Paul Gordeaux – tâche qu'il n'apprécie peut-être pas totalement : il est avant tout un aquarelliste qui s'applique à peindre la lumière. Il veut aussi capter puis restituer le mouvement, reproduisant des scènes animées qu'il a parfois photographiées avant de les transformer en tableaux. De même que cette conjonction entre la lumière et le mouvement, les rapports entre le motif, que ce soit un groupe d'hommes en action, des visages, un paysage désertique, et le travail propre à la création font partie de ses préoccupations. Ses œuvres, qui interprètent le réel, sont autant d'anecdotes mises en perspective. L'une d'elles présente un officier dans un décor inondé de soleil. Assoiffé, il tend son quart. Debout devant lui, un légionnaire débraillé saisit son bidon ; il verse à boire à son supérieur. Cela s'intitule – clin d'œil à la littérature légionnaire de Percival Christopher Wren – *Beau geste*.

On retrouve un style semblable, à la fois vif et précis, par exemple chez Hugo Pratt, auteur des albums *Corto Maltese*. Andréas Rosenberg n'essaie pourtant pas de former d'élèves. Mais il reste attentif aux jeunes talents qu'il aide quand il le peut. Il reconnaît de la sorte les qualités d'un autre artiste de la Légion, né en Corée en 1972 et qui s'est engagé pour cinq ans en 1996, Yong Man Kwon. Celui-ci est nommé peintre officiel de l'armée en 2003, un an après la disparition de son aîné survenue à Paris le 14 juin 2002. « Andréas Rosenberg était un libre-penseur, indépendant, discret, qui cloisonnait bien sa vie privée, faisant sien l'adage que pour bien vivre il faut vivre caché et ne pas s'éloigner de son arbre », dit un témoin de sa vie, Alain Barthélemy.

France Marie FRÉMEAUX

Bibl. : Andréas Rosenberg, 16 illustrations dans Pierre Mac Orlan, *Pages de gloire de la Légion étrangère*, A. Martel, 1952 (préface du général Kœnig). La plupart des informations biographiques données ici ont été recueillies auprès du docteur Alain Barthélemy, proche d'Andréas Rosenberg. Qu'il soit remercié de sa constante disponibilité.

ROSSIF, Frédéric (1922-1990). – Né à Cetinje dans le Monténégro, Frédéric Rossif se trouve en juillet 1944 à Rome, depuis plusieurs années : il fait partie du petit groupe d'étudiants monténégrins méritants qui bénéficient d'une bourse versée par la femme du roi Victor-Emmanuel III, Hélène Petrovitch-Niegoch, fille du prince de Monténégro. Peu après la prise de la Ville éternelle par les Alliés, il s'engage au titre des Forces françaises libres et est aussitôt affecté à la 13e demi-brigade de Légion étrangère qui vient de prendre Sienne. Il participe au débarquement en Provence et se bat dans les Vosges au sein du 1er bataillon de Légion étrangère commandé par le chef de bataillon de Sairigné, avant d'être fait prisonnier dans la nuit du 8 au 9 janvier 1945 pendant la bataille d'Alsace, près de Kogenheim. Le légionnaire Rossif, libéré le 28 avril 1945, est rayé des contrôles de la Légion le 31 août suivant.

Employé à la cinémathèque de Paris, il entre à l'ORTF en 1952 et est naturalisé français par décret du 5 avril 1957. Producteur et réalisateur de nombreuses émissions, il signe *Cinq colonnes à la une*, revue d'actualité de renom, et des magazines animaliers de grande qualité : *La Vie des animaux*, *Nos amies les bêtes*. Il se lance dans le cinéma et, après de nombreux courts-métrages, tourne un document historique en 1961, *Le Temps du ghetto*, consacré à Varsovie. Devenu spécialiste du film de montage, il est l'auteur de *Mourir à Madrid* consacré à la guerre d'Espagne puis de *Révolution d'Octobre* en 1967,

Un mur à Jérusalem en 1968, *Pourquoi l'Amérique* en 1969. Il meurt à Paris en avril 1990.

André-Paul COMOR

ROUÉ, général Jean-Louis (1933 -2011). – Sorti du rang, Jean-Louis Roué fait une carrière exceptionnelle qui fait honneur à l'armée mixte de la IVe et des débuts de la Ve République. Appelé en 1953, il sert dans un premier temps au 71e bataillon d'infanterie avant d'être sélectionné pour suivre les cours de l'école d'application de l'infanterie de Saint-Maixent en qualité d'élève officier de réserve. Nommé aspirant à sa sortie de l'école, alors que l'Afrique française du Nord s'embrase, il participe aux opérations de maintien de l'ordre en Tunisie (novembre 1954-août 1956) et gagne une première citation. Ambitionnant de devenir officier d'active, il prépare le concours du peloton préparatoire à l'entrée à l'École spéciale militaire interarmes (ESMIA) de Strasbourg le 1er octobre 1956. Un an plus tard, il intègre l'une des dernières promotions de l'ESMIA de Coëtquidan. Sous-lieutenant, il patiente deux longues années comme instructeur avant d'obtenir sa mutation dans un régiment de Légion étrangère en novembre 1959. À Saïda, au centre de perfectionnement des cadres et d'instruction parachutiste (CPCIP) du groupement d'instruction de la Légion étrangère (GILE), il s'initie aux méthodes de combat de la guerre d'Algérie avec les « anciens » d'Indochine et les légionnaires parachutistes mis en vedette depuis le début du conflit. Au 2e régiment étranger de parachutistes (REP), il n'a que de rares occasions de se frotter aux quelques *moudjahidin* de l'Armée de libération nationale (octobre 1960-décembre 1961).

De retour en Algérie au 2e REP en 1963, il bénéficie de la mise en œuvre de la « révolution Caillaud », du nom du chef de corps qui, à Bou Sfer, imprime sa marque au régiment. Après un brevet de moniteur parachutiste, il entame la seconde phase de la carrière de l'officier qui se destine aux plus hautes fonctions : École d'état-major, 42e régiment d'infanterie à Radolfzell en Allemagne, 2e Bureau à l'état-major de la 3e Région militaire à Rennes. Chef de bataillon le 1er octobre 1971, il est admis comme stagiaire de la 86e promotion à l'École supérieure de guerre l'année suivante. Chef du bureau opérations instruction du 2e REP entre 1974 et 1976, il prend le commandement du régiment – qui vient de se distinguer à Kolwezi avec le colonel Erulin – en juillet 1978. Il est admis en 1re section des officiers généraux le 1er mai 1984 et prend les fonctions de chef de cabinet du chef d'état-major de l'armée de terre. Le commandement de la Légion étrangère lui est confié en 1985 : il y gagne sa troisième étoile. Le général de corps d'armée Roué termine sa carrière comme directeur du personnel militaire de l'armée de terre entre 1989 et 1993. Il est représentatif d'une génération d'officiers qui ont donné à la Légion l'occasion de s'affirmer comme troupe d'élite au sein des forces d'intervention – résultat des réformes des années 1960 –, à l'instar du général Le Puloch. Retiré dans sa Bretagne natale, il meurt le 21 janvier 2011 à Trégomeur.

Charles RIDET

Sources : DHPLE, état des services et JMO du 2e REP (1960-1961 ; 1963-1965).

ROUTE COLONIALE N° 4 (RC4), bataille de la. – Déroulant son tracé le long de la frontière de Chine, au nord-est du Tonkin, la RC4 relie Mon Cay, sur les bords de la mer de Chine, à Bao Lac en Haute-Région. Du sud-est au nord-ouest, dans un paysage de montagnes couvertes de savane ou de jungle, la route traverse les localités de Tiên Yên, Dinh Lâp, Lang Son, That Khé, Dong Khé, Cao Bang et Nguyen Binh. Axe stratégique majeur, cette piste carrossable est demeurée célèbre par les combats qui se sont déroulés sur ses abords. En octobre 1950 notamment, ces combats se soldent par la disparition de huit bataillons dont deux bataillons de Légion étrangère : le bataillon étranger de parachutistes (BEP) et le 3e bataillon du 3e régiment étranger d'infanterie (3/3e REI). Cet épisode tragique révéla, à l'époque, la puissance nouvelle du Viêt-minh et marqua le tournant de la guerre d'Indochine. Depuis 1949, en effet, et l'arrivée des forces communistes chinoises sur la frontière du Tonkin, le Viêt-minh peut bénéficier de l'aide massive de la Chine pour l'organisation, l'équipement et l'instruction de ses troupes régulières. Pour le Corps expéditionnaire français, il devient désormais trop périlleux et trop coûteux de continuer à entretenir des postes isolés le long de la frontière. Ces garnisons lointaines doivent donc être repliées sur le delta du Tonkin, notamment celles de Dong Khé et de Cao Bang dont le ravitaillement, du fait de la multiplication des embuscades sur la RC4, ne se fait plus que par la voie des airs.

Enfin décidée en septembre 1950 par le général Carpentier et baptisée « Thérèse », l'opération de repli doit être dirigée par le colonel Constans, commandant le 3e REI et la zone frontière nord-est. Mais avant même d'avoir débuté, l'opération est contrariée par un nouveau facteur : le 18 septembre, attaquant avec deux régiments et après deux jours de combats, le Viêt-minh parvient à s'emparer de Dong Khé défendu par deux compagnies du 2/3e REI. Malgré ce revers et sans tenir compte des rapports de renseignement qui font état de la présence de plus d'une vingtaine de bataillons viets dans la zone, le commandement maintient le schéma initial de l'opération « Thérèse » théoriquement fondée sur la vitesse, la surprise et le secret : partant de That Khé, à 20 km au sud de Dong Khé et à 70 km de Cao Bang, un groupement de quatre bataillons commandé par le lieutenant-colonel Lepage doit réoccuper Dong Khé le 2 octobre. Le BEP, fort de 516 hommes et commandé par le commandant Segrétain, a été parachuté à That Khé en septembre et fait partie de ce groupement qui prend le nom de « Bayard » et au sein duquel figurent aussi les 1er et 11e Tabors marocains ainsi que le bataillon de marche du 8e régiment de tirailleurs marocains. Par souci du secret, ce n'est que parvenu à Dong Khé que Lepage doit recevoir sa nouvelle mission qui sera de recueillir le groupement du lieutenant-colonel Charton, lequel doit quitter Cao Bang le 2 à minuit. Charton, adjoint de Constans au 3e REI et commandant le sous-secteur de Cao Bang, dispose, de son côté, du 3/3e REI du commandant Forget, d'un bataillon de partisans et du 3e Tabor aérotransporté en renfort à la fin du mois de septembre tandis que les avions, au retour, évacuaient des civils. Cette opération est donc curieusement conçue en deux temps, au détriment de la vitesse qui serait pourtant un gage de succès. Il n'est prévu par ailleurs aucune réserve de forces en cas de problème.

Parti de That Khé le 30 septembre, le groupement « Bayard » atteint Dong Khé le 1er octobre vers 17 heures. Le poste est occupé par les Viets mais alors que le BEP s'apprête à donner l'assaut dans la foulée, Lepage préfère remettre l'attaque au lendemain pour bénéficier de l'appui de l'aviation. Il a étalé son groupement sur 10 km pour tenir les points-clés de la RC4 en vue du retour.

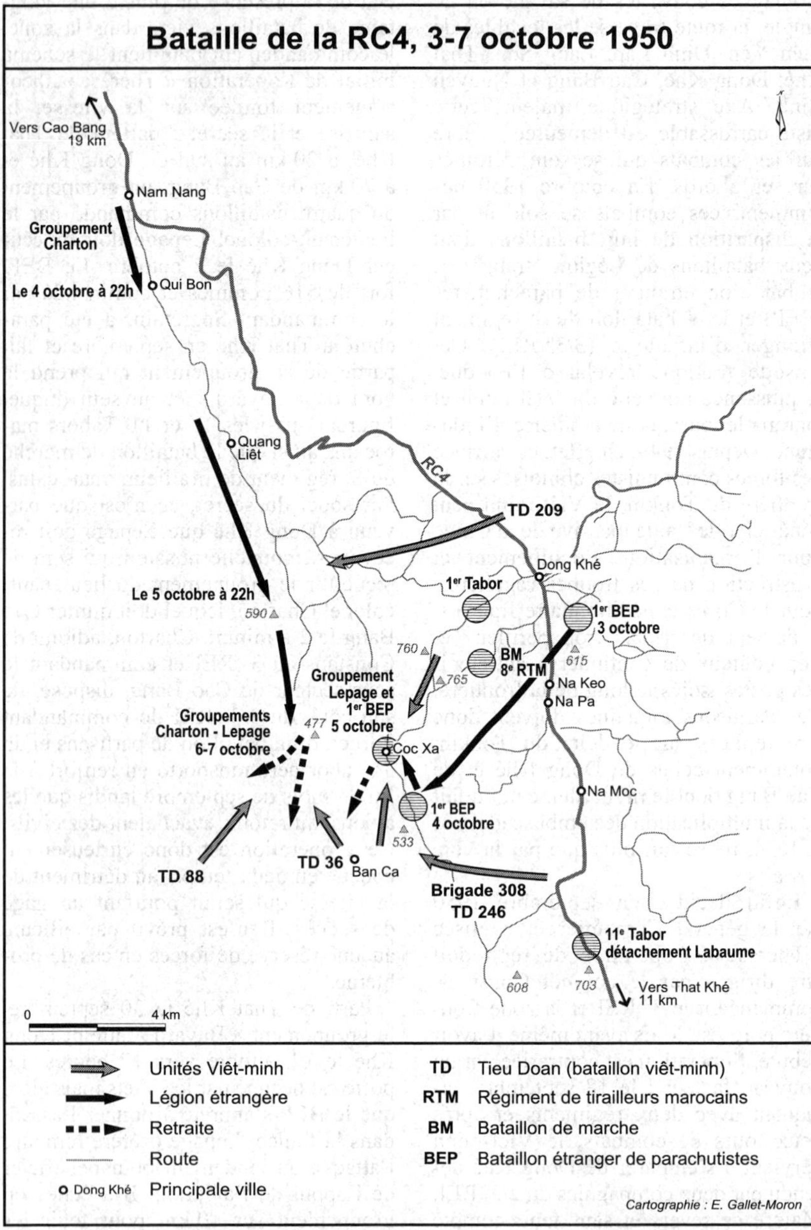
Bataille de la RC4, 3-7 octobre 1950
Vers Cao Bang 19 km
Nam Nang
Groupement Charton
Le 4 octobre à 22h
Qui Bon
Quang Liêt
RC4
TD 209
Dong Khé
1er Tabor
1er BEP 3 octobre
Le 5 octobre à 22h
590
760
BM 8e RTM
615
765
Na Keo
Na Pa
Groupement Lepage et 1er BEP 5 octobre
Groupements Charton - Lepage 6-7 octobre
477
Coc Xa
Na Moc
1er BEP 4 octobre
533
TD 36
Ban Ca
TD 88
Brigade 308
TD 246
11e Tabor détachement Labaume
608
703
Vers That Khé 11 km
0
4 km
Unités Viêt-minh
Légion étrangère
Retraite
Route
Dong Khé
Principale ville
TD Tieu Doan (bataillon viêt-minh)
RTM Régiment de tirailleurs marocains
BM Bataillon de marche
BEP Bataillon étranger de parachutistes
Cartographie : E. Gallet-Moron

Le 2 au matin, l'attaque contre la citadelle de Dong Khé échoue, les Viets s'étant renforcés durant la nuit. C'est alors que Lepage apprend qu'il doit recueillir le groupement Charton, sur la RC4, à 15 km plus au nord. Mais l'adversaire tenant Dong Khé, la mission apparaît difficilement réalisable et Lepage décide de contourner la localité par l'ouest. Divisant ses forces, il laisse en couverture vers l'est le BEP et le 11e Tabor qui ne tarderont pas à être violemment pris à partie durant la nuit suivante sur la cote 615 et la crête de Na Keo. Le 3 octobre, le groupement Charton quitte Cao Bang et entame sa progression sur la RC4. Tandis que Lepage s'établit sur les cotes 765 et 760 dans les calcaires au sud-ouest de Dong Khé, les combats continuent à faire rage sur le Na Keo où légionnaires parachutistes et Marocains se battent à un contre dix face à la brigade 308. Amoindries par leurs pertes et alourdies par leurs blessés, les deux unités parviennent cependant à décrocher durant la nuit du 3 au 4. La RC4 étant coupée plus au sud par le Viêt-minh, elles s'enfoncent dans la jungle vers l'ouest pour rejoindre Lepage. Mais, sous la pression de l'ennemi, la manœuvre a été mal coordonnée et la jonction ne peut avoir lieu, ce qui oblige le BEP à faire un détour par le sud, dans un chaos de calcaires où il se fraye un passage à grand-peine. Lepage progresse lui-même vers Coc Xa et la piste de Quang Liet où il espère faire sa jonction avec Charton. Ce dernier, ralenti par la présence de nombreux civils dans sa colonne, a quitté la RC4 pour obliquer sur cette piste à peine tracée dans la jungle. Le 5 octobre, le BEP fait halte dans les calcaires au-dessus de la vallée de Quang Liet et reçoit l'ordre de demeurer sur place bien que sa position soit indéfendable. Cependant, après avoir reçu un ravitaillement du poste de commandement Lepage, Segrétain obtient, en fin de journée, de pouvoir progresser vers la crête à l'ouest de la vallée, sur le chemin de repli de Charton. Or, le temps perdu a permis au Viêt-minh d'exécuter un mouvement tournant par le sud et un de ses bataillons anéantit la section Tchiabrichvilli laissée en couverture sur la cote 533. La contre-attaque de la 1re compagnie est immédiate et repousse les assaillants. Mais alors que la 3e compagnie, en arrière-garde, quitte les calcaires à la nuit tombante, les sections Berthoud et Marche sont à leur tour violemment attaquées et coupées du gros du bataillon. Durant cette journée du 5, le BEP a perdu près de 120 hommes et il est jugé préférable de replier le bataillon sur le PC Lepage, dans le cirque calcaire de Coc Xa. Entourée de parois abruptes, cette dépression est située au sommet de la falaise qui domine la vallée de Quang Liet vers laquelle elle ne s'ouvre que par un étroit goulet. Le groupement Lepage s'y laisse enfermer durant la journée du 6 alors que la liaison radio avec Charton ne peut être établie qu'en fin d'après-midi. Les éléments de tête du groupement Charton ont alors atteint la cote 477 tandis que le restant de la colonne, étalé sur plusieurs kilomètres, subit les premiers assauts sur ses arrières et son flanc gauche. Durant la nuit du 6 au 7, sur ordre de Constans demeuré à Lang Son, Lepage entreprend de percer pour rejoindre Charton. Dans l'obscurité, sur un tel terrain et face à un ennemi embusqué, l'opération apparaît suicidaire. À l'image du peloton d'élèves gradés du lieutenant Faulques, le BEP tout entier devra se sacrifier pour forcer le passage. Les capitaines Bouyssou (2e cie) et de Saint-Étienne (3e cie) sont tués. Mêlés aux goumiers et aux tirailleurs qui ont réussi à atteindre le fond de la vallée, ils ne seront que 130 survivants du bataillon à rejoindre la colonne Charton aux abords de la cote 477. L'embuscade viet se referme alors sur le reliquat des deux groupements qui subissent plusieurs assauts. Durant la journée du 7, le commandant Forget est tué et Charton, blessé en tentant une manœuvre de débordement, est fait prisonnier. À la tombée de la nuit, il est décidé que l'effectif restant de chaque bataillon tentera de rejoindre That Khé à son initiative, les survivants du BEP étant conduits par le capitaine Jeanpierre, adjudant-major du bataillon à qui Segrétain, épuisé, a transmis le commandement. Au cours de cette infiltration de nuit, ce dernier est mortellement blessé dans une embuscade et ils ne seront que 29 rescapés du BEP, derrière Jeanpierre, à pouvoir rejoindre That Khé dans la journée du 10.

Sur les 5 800 soldats et partisans qui constituaient les colonnes Lepage et Charton, les pertes globales s'élèvent à 3 400 Français, Nord-Africains et légionnaires ainsi qu'un millier de partisans. Seuls 1 400 rescapés pourront être recueillis à That Khé avant l'évacuation précipitée de la citadelle dans la soirée du 10. Le désastre, dû autant à des fautes de conception et de commandement qu'à des erreurs d'exécution, se prolongera par l'anéantissement du 3e bataillon colonial de chasseurs parachutistes au nord de Na Cham les 13 et 14 octobre. Dans la psychose de l'encerclement, il sera encore accentué, le 18 octobre, par l'évacuation prématurée de Lang Son où un matériel considérable est abandonné à l'ennemi. Ces événements tragiques auront un profond retentissement et précipiteront la nomination en Indochine du général de Lattre avec tous les pouvoirs civils et militaires.

Michel DAVID

Sources : rapport du capitaine Jeanpierre concernant les opérations de la RC4, archives de la Légion étrangère, Aubagne.

Bibl. : Pierre Charton, *RC 4. Indochine 1950 : la tragédie de l'évacuation de Cao Bang*, SPL, 1975 • Yves Gras, *Histoire de la guerre d'Indochine*, Denoël, 1992, p. 323-354 • Marcel Lepage, *Cao Bang : la tragique épopée de la colonne Lepage*, Nouvelles Éditions latines, 1981.

ROY, Jules (1907-2000). – Compagnon d'Albert Camus et, bien que pied-noir, s'engageant pour l'indépendance de son pays natal – ce qu'on lui a reproché avec véhémence –, Jules Roy se définit avant tout comme un écrivain de l'Algérie. On n'a pas oublié ses *Chevaux du soleil*, saga romanesque en même temps qu'autobiographique. Mais à l'origine il est un officier d'active, aviateur qui a commencé sa carrière pendant la Seconde Guerre mondiale (ce qu'il relate dans *La Vallée heureuse*, prix Renaudot en 1946) et l'a terminée comme colonel. Nombre de ses livres sont issus de ce passé militaire. Ils concernent également la guerre d'Indochine, pendant laquelle l'auteur a appartenu au service d'information.

Parmi les titres inspirés par cette expérience, il y a *La Bataille de Diên Biên Phu*, qui lui donne l'occasion de brosser quelques portraits de légionnaires, même si ce n'est pas son propos principal. L'ouvrage se veut d'abord une étude de la fin des opérations au Tonkin, une critique également d'un certain nombre d'officiers supérieurs jugés responsables de la défaite. Lorsque Jules Roy parle des légionnaires, c'est donc avant tout pour mieux personnaliser la dure épreuve marquée par la souffrance et l'humiliation qu'ont vécues les combattants – ainsi lorsqu'il cite le sergent Kubiak. Celui-ci est présenté en peu de mots par Erwan Bergot : « sur Béatrice 1, à la 9e compagnie [du 3e bataillon] il est l'un des derniers gradés encore indemnes » avec le lieutenant Turpin et le sergent-chef Bleyer qu'accompagnent 64 légionnaires. Jules Roy le rend plus vivant encore quand il le décrit qui, « en prévision de la sortie, vide dans son bidon les flacons de rhum des caisses de rations Pacific ». Cependant la suite importe plus et justifie qu'il s'attache aux menus gestes accomplis par ce survivant d'une cruelle bataille. Car, un instant plus tard, « alerté par le juron que pousse son chef de bataillon, le sergent Kubiak se tourne vers le PC de Castries où flotte un immense drapeau blanc ». Ce drapeau blanc sera précipitamment amené après un échange téléphonique avec le général Cogny. Des soldats viets vont bientôt hisser leur propre drapeau « à étoile d'or », à moins que la scène ne soit reconstituée bien plus tard pour les photographes. Mais l'auteur insiste : « le seul drapeau que le sergent Kubiak ait vu flotter sur le PC de Castries est le drapeau blanc. Il l'a écrit et la revue officielle de la Légion étrangère a publié son récit dans son numéro d'avril 1963 sans que personne n'ait protesté ». Les souvenirs du sergent Kubiak, *Opération Castor... Verdun 1954*, ont en effet été publiés à titre posthume dans plusieurs numéros de *Képi blanc*, d'août 1962 à juillet 1963. Suivant les propres mots de la revue, ils exposent « la réalité dépourvue d'emphase ».

Parallèlement à l'aspect proprement historique, il n'est pas surprenant qu'un légionnaire soit cité comme témoin par Jules Roy. Que ce soit consciemment ou non, celui-ci érige à plusieurs reprises le soldat étranger en une sorte d'emblème du drame : la guerre d'abord et toujours puis ses conséquences. Il fait apparaître l'un d'eux au détour d'un de ses derniers récits, *Adieu ma mère, adieu mon cœur* (Albin Michel, 1996), relation d'un ultime voyage dans l'Algérie toujours déchirée vers le cimetière où repose sa mère qui se confond avec la terre matricielle à la fois chantée et rejetée. Et Jules Roy se souvient d'une photographie du bistrot de Sidi Moussa saisi par l'objectif en une période plus heureuse. On aperçoit à l'arrière-plan un légionnaire immobile comme un spectateur silencieux de ce qui pointe déjà à l'horizon, l'arrachement au sol d'origine. Car cet homme anonyme, par son choix d'appartenir au corps de la Légion, ne sait-il pas ce que signifient la perte, le départ, l'exil ?

Dans un autre récit, *Danse du ventre au-dessus des canons* (1976), le soldat étranger devient de manière active un agent de liaison entre deux univers. Dans la maison de Vézelay où vit l'écrivain en compagnie de sa femme et d'une chienne doberman, le majordome est un ancien légionnaire, Ducan. Allemand, il se trouvait à Saigon dès 1946. A-t-il apprécié ce qu'il a vu par la suite en Indochine, contre quoi Jules Roy s'est insurgé : les bombardements, les villages brûlés, les victimes civiles ? « On ne rompt pas un engagement de cinq ans et même après, on ne se sépare pas si facilement de la Légion. Il y a les camarades, la discipline de fer, le képi blanc, les chefs, les saouleries, la musique, les défilés sur les Champs-Élysées, la légende »... Mais voici que la chienne disparaît à la suite d'un accident de voiture. Or un chien, dans l'univers des symboles, a une valeur précise : gardien du foyer et « psychopompe », il assure le passage des âmes vers l'autre monde. Celui de Jules Roy ne déroge pas à la règle. Sa perte est ressentie explicitement comme un signe négatif dans ce livre qui est une réflexion sur la mort. Puis Ducan retrouve l'animal. Il devient de la sorte une figure proche du légionnaire Gaspard que Jünger présente dans *Visite à Godenholm* : tous deux sont des aides, des guides, des passeurs.

Dans cette solitude centrée sur les fins dernières qui se profilent à l'horizon de l'écriture, le légionnaire assiste donc l'officiant, que celui-ci se nomme

Schwarzenberg (chez Ernst Jünger) ou bien soit l'auteur lui-même. Cette particularité s'affirme lorsque Jules Roy accompagne un escadron motorisé de la Légion au Sahara. Il rapporte le récit de cette expédition à la fois dans ses *Mémoires barbares* (1989) et dans ce qu'il présente comme un roman (qui ne l'est pas vraiment) : *La Saison des Za* (1982). Cette fois la liaison avec le sacré est explicite : c'est l'univers du désert dont l'immensité apparemment vide conduit à découvrir que l'ennemi le plus subtil et le plus féroce demeure l'ennui. Inlassablement, des légionnaires parcourent les dunes qui étirent leur interrogation tout autour de l'oasis. Alors on se souvient de Dieu. Pour l'officier qui a été un temps élève au grand séminaire d'Alger, cette dimension religieuse de l'armée va de soi. Il ne cesse de considérer les soldats, quelle que soit leur arme, comme des moines d'un ordre guerrier. Cette vision est partagée par d'autres, tels Jean des Vallières et, une fois encore, Ernst Jünger à qui Jules Roy avait rendu visite à Wilflingen en Souabe avant de partir pour l'Indochine.

Que le grand romancier et pamphlétaire catholique Georges Bernanos instaure lui aussi une relation entre l'armée et Dieu peut sembler également normal. Il est assez remarquable que celui qu'il choisit, dans *Le Journal d'un curé de campagne*, comme le porte-parole de sa théorie à la fois mystique et politique soit un officier de la Légion étrangère. En permission dans cette région du nord de la France que dévore l'ennui – encore et toujours l'ennui, qui mène au désespoir –, Olivier de Tréville-Sommerange rencontre le jeune prêtre qui tente d'agir et d'apporter le bien à sa paroisse perdue. Il lui propose de l'accompagner pour une courte promenade et l'emmène sur sa motocyclette (Bernanos lui-même affectionnait de conduire ce type d'engin) puis entre avec lui au presbytère afin de bavarder un peu. « Mais vous ignorez peut-être que je sers au Régiment étranger ? » commence-t-il. Et il ajoute aussitôt : « À la Légion, quoi… Le mot me dégoûte depuis que les romanciers l'ont mis à la mode. » La conversation devient rapidement métaphysique. Olivier compare effectivement ses hommes, les « bonhommes » (suivant l'appellation utilisée pendant la Première Guerre mondiale, que Bernanos a faite dans les dragons) à des moines. Ils blasphèment volontiers, ils ne sont sans doute pas très croyants – Dieu leur paraît « solidaire d'une espèce de justice qu'ils méprisent [mais] leur loi ressemble à la pierre du sacrifice, toute ruisselante du sang lustral ». Contre celle du monde qui correspond au refus, au plaisir et à la soif de l'or, il y a ainsi la loi des soldats, des soldats professionnels, des légionnaires, donc : « nous ne refusons rien, pas même notre peau ; nous ne demandons à la débauche que le repos et l'oubli ; la plupart d'entre nous ne possèdent même pas la défroque immatriculée dans laquelle on les met en terre. Convenez que cette pauvreté-là peut soutenir la comparaison avec celle de certains moines »… Ils sont les héritiers des chevaliers dont la meilleure incarnation est Don Quichotte, mais aussi Jeanne d'Arc. Celle-ci apparaît dans *La Prose du transsibérien*, de Blaise Cendrars. Son nom s'épelle alors « Jehanne », « Jeanne » désignant son incarnation en jeune prostituée. Mais l'inversion qui s'opère de cette dernière à la sainte ne se fait pas de la même manière quand il s'agit du légionnaire. Le mauvais garçon, quand bien même il s'apparente parfois au moine-soldat, ne se transforme pas pour autant en prêtre ni en saint. Il n'en est que l'acolyte, demeurant un marginal. Justement, s'écrie Bernanos, c'est en cela qu'il mérite l'estime !

Il existe un précédent. Dans les Évangiles, le légionnaire (romain) est placé sur le même plan que la prostituée. Comme la femme légère est objet de réprobation, il l'est de répulsion, en tant que soldat d'une troupe d'occupation en Palestine. Tous deux attirent le regard du Christ qui les traite de semblable manière : ils seront sauvés.

France Marie FRÉMEAUX

Bibl. : Georges Bernanos, *Le Journal d'un curé de campagne*, Plon, 1936 • Jules Roy, *Journal : les années déchirement, 1925-1965*, Albin Michel, 1998.

RYSAVY, adjudant Josef (1904-1946). – Joseph Rysavy fait partie de ces importants contingents de Tchèques qui s'engagent dans la Légion étrangère dans le courant des années 1920. Né en 1904 en Bohême dans ce qui est encore l'empire d'Autriche-Hongrie, il contracte un premier engagement de cinq ans à la Légion en 1925. D'abord affecté au 4e régiment étranger, au Liban, il rejoint ensuite le 3e Étranger au Maroc (1929). En 1932, il est affecté au 1er Étranger, en Algérie et au Liban, puis, en 1936, au terme d'un second engagement de deux ans en faveur de la Légion, il revient au 3e Étranger.

Promu caporal en février 1940, il combat en Norvège (avril-juin 1940) avec la 13e demi-brigade de Légion étrangère (DBLE). Le 1er juillet 1940, au camp de Trentham Park, il fait partie du millier de légionnaires qui décident de continuer le combat en rejoignant les Forces françaises libres (FFL) du général de Gaulle. Dès lors, son destin est lié à celui de la 13e DBLE. C'est d'abord l'opération devant Dakar (septembre 1940), puis la campagne d'Érythrée au cours de laquelle il est cité pour son brillant comportement lors de la prise de Massaoua (8 avril 1941). Le manque de sous-officiers d'expérience dans les rangs de la France Libre conduit à accélérer les promotions : alors qu'il lui a fallu quinze ans pour devenir caporal, Rysavy est promu sergent en décembre 1940, puis sergent-chef en juillet 1942 et adjudant en avril 1945. Entre-temps, il a participé, toujours avec la 13e DBLE, à la dure campagne de Syrie (juin 1941), puis, au sein du 2e bataillon de Légion (BLE) du commandant Bablon, aux opérations de Libye (début 1942) ainsi qu'au siège et à la bataille de Bir Hakeim. Chef de poste, il se fait à nouveau remarquer par son comportement au feu et par la capture de prisonniers italiens en participant à des « Jock Colonnes » que le général Kœnig lance à intervalles réguliers depuis Bir Hakeim. Il est très grièvement blessé par éclat d'obus à la tête lors de la sortie du camp retranché (nuit du 10 au 11 juin 1942). Ce comportement lui vaut une nouvelle citation et la croix de la Libération reçue des mains du général de Gaulle au camp d'El Tag, en Égypte, le 10 août 1942 (décret en date du 9 août).

Ces graves blessures, toutefois, le rendent longtemps inapte au combat et, à l'été 1943, il est affecté au dépôt de Sidi-Bel-Abbès (Algérie). En janvier 1944, il rejoint le 3e bataillon de la 13e DBLE, mais est démobilisé en octobre 1945. Il se retire alors à Oran où il tient un débit de boissons et meurt d'une hémorragie intestinale le 23 avril 1946.

Jean-François MURACCIOLE

Bibl. : Archives de l'Ordre de la Libération.

S

SAÏDA. – Dernière ville du Tell algérien à 209 km au sud d'Oran, l'une des anciennes capitales de l'émir Abd el-Kader, Saïda – en arabe, « l'heureuse » ou « la fortunée » – occupe un site exceptionnel qui commande l'entrée des Hauts Plateaux depuis l'occupation romaine au IIIe siècle de notre ère. Les premiers légionnaires s'installent à l'automne 1844 et s'emploient aussitôt aux travaux de démolition de l'ancienne enceinte et de construction du rempart de la ville nouvelle qui sert de garnison provisoire pour les colonnes de l'armée d'Afrique en opérations dans la région. En 1866, le dépôt du 2e régiment étranger quitte Sidi-Bel-Abbès pour s'implanter durablement à Saïda. Cependant, en 1912, une partie du régiment établit sa garnison à Mascara. Après la Seconde Guerre mondiale, le 2e REI est envoyé en Extrême-Orient et le quartier Brunet-de-Sairigné abrite dès lors le Centre d'instruction no 1 jusqu'à l'installation toute provisoire en juillet 1961 du 1er régiment étranger de cavalerie aux lendemains du putsch d'Alger. La Légion quitte définitivement la ville en juin 1962 après avoir démonté le monument aux morts de la ville érigé en 1910 en hommage « aux soldats de la Légion étrangère et de l'armée d'Afrique ».

André-Paul COMOR

SAINT-ARNAUD, maréchal Armand Jacques Arnaud, dit Achille Leroy de (1798-1854). – Des quatre maréchaux de France qui ont figuré sur les contrôles de la Légion au XIXe siècle, Saint-Arnaud est le seul qui n'en ait pas commandé un régiment. Il se distingue également par une carrière militaire hors norme, ne serait-ce qu'en portant un nom et un prénom qui ne figurent pas sur son acte de naissance.

Armand Jacques Arnaud naît à Paris le 20 août 1798. Il est admis le 16 décembre 1815, avec le grade de sous-lieutenant, dans la compagnie des gardes du corps sous le nom de Leroy de Saint-Arnaud qui deviendra son patronyme légal en 1840. Les quinze années qui suivent sont des plus agitées : ses services militaires sont interrompus par trois mises en non-activité. Durant l'une d'elles, il combat en Grèce qui lutte pour son indépendance. Polyglotte, il voyage beaucoup à l'étranger.

L'avènement de la monarchie de Juillet lui permet de reprendre du service en février 1831. L'homme s'est assagi. Très vite, il acquiert la réputation d'un chef audacieux, artiste, dilettante et grand seigneur. En 1833, il devient quelque temps officier d'ordonnance du général Bugeaud avec lequel il restera lié. En 1836, le lieutenant de Saint-Arnaud est affecté à la nouvelle Légion. Promu capitaine, il y forme une compagnie solide qui se distinguera lors de la prise de Constantine en 1837 et de l'affaire du col de la Mouzaïa en 1840. Malade, il est évacué vers la France. C'est alors qu'il est promu chef de bataillon.

Après un court séjour en métropole, le commandant de Saint-Arnaud rejoint en Algérie le régiment des zouaves. Promu lieutenant-colonel et nommé commandant supérieur de Miliana, il y applique la politique de colonisation de Bugeaud devenu gouverneur général de l'Algérie. Sa participation à la bataille de l'Isly (14 août 1844) lui vaut le grade de colonel puis le commandement supérieur d'Orléansville, entrecoupé d'opérations contre Abd el-Kader. Promu maréchal de camp en 1847, Saint-Arnaud, dont la santé est fragile, rentre en France pour un congé au cours duquel il assiste à la révolution de 1848.

Alors qu'il est entré en relations avec Louis Napoléon Bonaparte devenu président de la République, sa carrière prend un tour politique. L'opération de Kabylie en 1851 n'a ainsi d'autre but que de le promouvoir général de division : il peut dès lors être nommé ministre de la Guerre et préparer le coup d'État du 2 décembre 1851. Élevé à la dignité de maréchal de France un an plus tard, et malgré son mauvais état de santé, il est désigné pour commander l'armée d'Orient en 1854. Il remporte la bataille de l'Alma en liaison avec l'armée britannique de lord Raglan. Le 20 septembre, au soir de cette victoire, il n'a plus la force d'ordonner la poursuite de l'armée russe qui se replie. Le 26, il confie le commandement de l'armée au général Canrobert et meurt le 29. Le maréchal de Saint-Arnaud, grand-croix de la Légion d'honneur, repose dans le caveau des gouverneurs aux Invalides à Paris.

Henry DUTAILLY

Bibl. : Louis de Charbonnières, *Une grande figure. Saint-Arnaud, maréchal de France*, NEL, 1960 • Maurice Quatrelles l'Épine, *Le Maréchal de Saint-Arnaud d'après sa correspondance et des documents inédits*, Plon, 1928 et 1929.

SAINT-CYR, École spéciale militaire de. – Fondée par le Premier Consul en 1802, l'École spéciale militaire (ESM) a pour vocation de former à l'art de la guerre des élèves de recrutement direct. Pépinière d'officiers, elle est installée tout d'abord à Fontainebleau puis rejoint la localité de Saint-Cyr, près de Versailles, en 1808. L'ESM est implantée à Coëtquidan depuis la fin de la Seconde Guerre mondiale. Selon un usage qui s'est peu à peu répandu depuis 1830 et qui est à présent devenu une véritable tradition, les élèves appartenant à la même année de recrutement se donnent un nom de promotion. Celui-ci est généralement choisi parmi des figures illustres d'officiers ou parmi des noms de bataille. En la matière, la Légion étrangère fournit une référence de choix comme l'indiquent les noms de promotion suivants.

1954-1956 : « Lieutenant-colonel Amilakvari ». Sorti de Saint-Cyr en 1926 après avoir été contraint de fuir son pays sous l'emprise de la révolution bolchevique, ce prince géorgien est tué à El-Alamein, en octobre 1942, alors qu'il servait à titre étranger.

1959-1961 : « Colonel Jeanpierre ». Issu de l'école d'officiers de Saint-Maixent, ayant combattu au Levant et dans la Résistance, interné à Mauthausen, Pierre Jeanpierre s'illustre en Indochine avec le 1er bataillon étranger de parachutistes (BEP). Devenu chef de corps du 1er régiment étranger de parachutistes (REP) en Algérie, il est tué en opération à bord de son hélicoptère, dans la région de Guelma, en mai 1958.

1962-1964 : « Centenaire de Camerone ». En 1863, lors de la campagne du Mexique, les quelque soixante légionnaires du capitaine Danjou s'illustrent en défendant l'hacienda de Camerone contre plus de un millier de Mexicains. Ce combat devient le symbole de l'esprit de sacrifice et de l'héroïsme légionnaire.

1967-1969 : « Lieutenant-colonel Brunet de Sairigné ». Sorti de Saint-Cyr en 1936, Gabriel Brunet de Sairigné participe à l'expédition de Narvik en 1940 puis combat au sein des Forces françaises libres (FFL). Chef de corps de la 13e demi-brigade de Légion étrangère (DBLE) en Indochine, il est tué lors de l'attaque du convoi de Dalat en mars 1948. Il avait trente-cinq ans.

1971-1973 : « Capitaine Danjou ». Sorti de Saint-Cyr en 1849, il combat en Italie, en Crimée et au Mexique. Il est le héros du combat de Camerone où il tombe, le 30 avril 1863, à la tête de ses légionnaires.

1978-1980 : « Général Rollet ». Sorti de Saint-Cyr en 1896, Paul Rollet sert la Légion durant la plus grande partie de sa carrière. Après l'Algérie et Madagascar, il se distingue sur le sol métropolitain, durant la Grande Guerre, à la tête du régiment de marche de la Légion étrangère (RMLE). Il fut le premier inspecteur de la Légion étrangère.

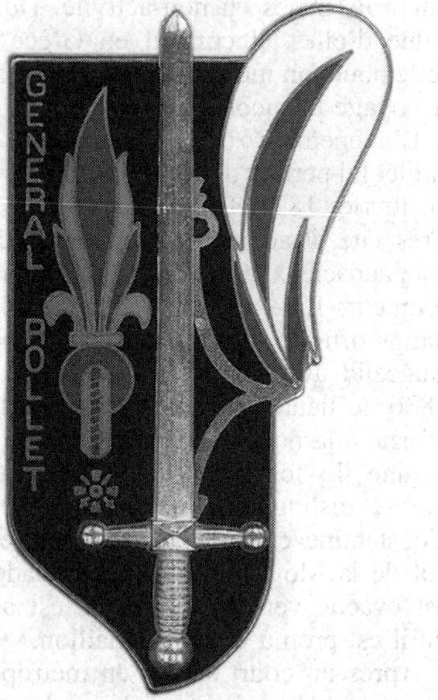

Promotion « Général Rollet ».
Coll. part./droits réservés

1983-1986 : « Lieutenant-colonel Gaucher ». Jules Gaucher sort de Saint-Cyr en 1929. Il participe aux opérations du Maroc puis rejoint l'Indochine où il se distingue en 1945 face aux Japonais. Chef de corps de la 13e DBLE et commandant du groupe mobile no 9 à Diên Biên Phu, il est tué le 13 mars 1954, au premier jour de la bataille.

1984-1987 : « Général Monclar ». De son vrai nom Raoul Magrin-Vernerey, il sort de Saint-Cyr en 1914 et s'illustre d'emblée lors de la Première Guerre mondiale. Il ne tarde pas à rejoindre la Légion et associe son nom à l'épopée victorieuse de la 13e DBLE à Narvik. Combattant ensuite au sein des FFL, chargé en 1948 de l'inspection des unités de Légion, il fera sa dernière campagne en 1950, à la tête du bataillon de Corée. Il termine sa carrière comme gouverneur des Invalides.

1989-1992 : « Capitaine Hamacek ». D'origine tchèque, Georges Hamacek fait ses premières armes dans la Résistance avant de rejoindre Coëtquidan en 1945. Il choisit sans attendre de servir la Légion étrangère et combat en Indochine. Il tombe en mai 1953 à la tête de la 4ᵉ compagnie du 2ᵉ BEP.

1994-1997 : « Commandant Morin ». Saint-cyrien de la promotion « Croix de Provence », Jacques Morin est rendu à la vie civile en 1942 et s'engage dans la Résistance. Arrêté et interné à Buchenwald, il rejoint Sidi-Bel-Abbès en 1947, part pour l'Indochine et prend, à vingt-trois ans, le commandement de la toute nouvelle compagnie parachutiste. Sa carrière se confond ensuite avec l'histoire du 1ᵉʳ BEP et du 1ᵉʳ REP. Son sens de l'honneur le conduit à quitter l'uniforme après la guerre d'Algérie.

1996-1999 : « Général Lalande ». Sorti de Saint-Cyr en 1933, il participe comme chasseur alpin à la campagne de Norvège avant de rejoindre les FFL et la 13ᵉ DBLE à Beyrouth. Après l'Italie et la campagne de France, il prend, en Indochine, le commandement du 3ᵉ régiment étranger d'infanterie (REI). À Diên Biên Phu, il commande le centre de résistance Isabelle. À la tête de l'aviation légère de l'armée de terre en Algérie puis de la 11ᵉ division parachutiste, il achève sa carrière comme commandant de la 5ᵉ Région militaire à Lyon.

1998-2001 : « Chef d'escadron Raffalli ». Sorti de Saint-Cyr en 1935, Barthélemy dit « Rémy » Raffalli entame sa carrière dans l'armée d'Afrique et participe à la campagne d'Italie en 1944. Breveté parachutiste en 1949, il choisit la Légion et l'Indochine où, sans plus d'expérience, il ne tarde pas à prendre le commandement du 2ᵉ BEP. Il s'y impose comme un chef exceptionnel jusqu'à sa mort au combat en septembre 1952.

2006-2009 : « Chef de bataillon Segrétain ». Sorti de Saint-Cyr en 1932, Pierre Segrétain, jeune officier de Légion, sert en Afrique du Nord. Après la campagne de France en 1940, il rejoint le 6ᵉ REI à Beyrouth, combat en 1943 en Tunisie puis participe à la libération de la France avec le RMLE. Ayant pris le commandement du BEP en Indochine, il se sacrifie avec ses légionnaires parachutistes dans les terribles combats de la RC4 en octobre 1950.

Michel DAVID

Sources : Archives du musée du Souvenir des écoles de Saint-Cyr Coëtquidan.
Bibl. : *Les Saint-cyriens : vocation et destinées*, catalogue de l'exposition organisée par le musée de l'Armée en 2002 à l'occasion du bicentenaire de la création de l'ESM • Rémy Porte (dir.), *Destins d'exception. Les parrains de l'École spéciale militaire de Saint-Cyr*, SHAT, 2002.

SAINT-DENIS-DU-SIG. – Aujourd'hui Sig, cette ancienne cité romaine de Tasaccora se situe au nord-est de Sidi-Bel-Abbès, en Algérie, au bord de la rivière éponyme. Au Vᵉ siècle, la ville est un évêché, ruiné par les invasions berbères. L'occupation des Turcs rétablit la prospérité. En 1844, la compagnie de discipline du régiment étranger construit le village où le maréchal Clauzel installe un camp au lieudit « la ferme de la redoute d'Orléans ». Les tribus de la région, ralliées à Abd el-Kader, sont soumises par le général de Lamoricière ; la colonisation débute en 1845 par la création d'un centre composé uniquement de Francs-Comtois. La ville elle-même est construite en 1847 par les troupes du colonel Charras avec un bataillon de Légion étrangère, sur le village fondé en 1844. Elle est érigée en chef-lieu de commune en 1856. Lors de la guerre de 1939-1945, un camp de prisonniers italiens y est installé.

André-Paul COMOR

SAINT-HILLIER, général Bernard (1911-2004). – Né à Dole, dans le Jura, ce fils d'officier suit la voie de son père.

Saint-cyrien, après une première affectation au 11e bataillon de chasseurs alpins, il intègre en 1938 le 1er régiment étranger d'infanterie (REI), nouant son destin à celui de la Légion étrangère pour un temps long de sa carrière militaire. C'est avec la 13e demi-brigade de Légion étrangère (DBLE), créée à partir des volontaires du 1er REI, qu'il s'est porté volontaire pour l'expédition de Norvège au cours de laquelle il est blessé par un éclat d'obus. En Angleterre où son unité s'est repliée, il refuse l'armistice et, après avoir assisté à l'exposé du général de Gaulle à Trentham Park, il décide de poursuivre le combat en se ralliant à la France Libre, suivant ainsi l'exemple de son capitaine, Dimitri Amilakvari. Engagé le 1er juillet 1940 sous le pseudonyme de Jean de Vienne pour protéger sa famille des représailles du gouvernement de Vichy, le capitaine Saint-Hillier participe à l'expédition de Dakar puis après une étape au Cameroun prend part à la campagne du Gabon. À l'image du parcours de Jean Simon, il combat les Italiens en Érythrée avec la brigade française d'Orient et collectionne les hauts faits d'armes, notamment le 8 avril lors de la prise de Massaoua : il fait 150 prisonniers. Il assure alors l'intérim du colonel Kœnig à la tête de l'état-major de la brigade.

Devenu l'adjoint de Dimitri Amilakvari qui commande le 1er bataillon de Légion étrangère, il prend part à la campagne de Syrie puis à la défense de Bir Hakeim en Libye (mai-juin 1942). Au cours de la bataille d'El-Alamein (fin octobre 1942), il se distingue par son courage lors de la prise temporaire de l'Himeimat au cours de laquelle son chef est tué. Quelques jours après, il est blessé par une mine lors d'une mission de reconnaissance. Il est fait Compagnon de la Libération par décret en date du 27 mai 1943.

À l'issue de la campagne de Tunisie, il est promu chef de bataillon et devient chef d'état-major du général Brosset, commandant la 1re division française libre. Il débarque en Italie en avril 1944 puis à Cavalaire le 16 août suivant, prend part aux opérations de libération de la vallée du Rhône, notamment Ronchamp, et doit assumer l'intérim à la tête de la division après l'accident mortel de Brosset jusqu'à la nomination du général Garbay lors de l'offensive au nord de Belfort. En mars 1945, le commandement de la 13e DBLE lui est confié : c'est avec elle qu'il termine la guerre dans le massif de l'Authion. Il a été entre-temps promu lieutenant-colonel. Cet officier de trente-trois ans, quatre fois blessé, a reçu 9 citations.

Après guerre, promis à une carrière prestigieuse, il sert tour à tour au secrétariat général du ministère des Armées, à l'État-major général des forces armées et au collège de défense de l'OTAN. Admis entre-temps à l'École supérieure de guerre, il retrouve en 1952 le commandement d'une unité, le 18e régiment de chasseurs parachutistes, puis du groupement aéroporté no 1 de 1954 à 1955 en Indochine. Il est encore associé, à Londres, à l'élaboration des plans d'opérations de l'expédition de Suez (1956) à laquelle il prend part. Stagiaire au Centre des hautes études militaires puis à l'Institut des hautes études de défense nationale, il est envoyé en Algérie comme chef d'état-major du corps d'armée de Constantine (1958) puis promu général commandant la 10e division parachutiste en Algérie.

Officier général loyal au général de Gaulle, il est fait prisonnier par des légionnaires parachutistes lors du putsch des généraux en avril 1961 et détenu à Salah. Au demeurant, il témoigne en faveur du commandant Denoix de Saint Marc lors de son procès, faisant preuve d'une grande hauteur d'esprit.

Il est ensuite représentant militaire de la France auprès du commandement suprême allié en Europe puis commande l'inspection technique du personnel de réserve de l'armée de terre. Il termine sa carrière comme général de corps d'armée à la tête de la 3e Région militaire à Rennes.

Il consacre la fin de sa vie à défendre la mémoire de la 1re division française libre dont il est président de l'amicale et se consacre à l'écriture. Il meurt le 28 juillet 2004 à Paris.

Christine LEVISSE-TOUZÉ

Bibl. : François Broche, Georges Caïtucoli, Jean-François Muracciole (dir.), *Dictionnaire de la France Libre*, Robert Laffont, coll. « Bouquins », 2010 • Jean-Christophe Notin, *Le Général Saint-Hillier, de Bir Hakeim au putsch d'Alger*, Perrin, 2009 • Bernard Saint-Hillier, *Les Premiers Soldats du général de Gaulle. Les origines de la 1re division française libre* (préface de Pierre Messmer), Bruyère, 2000.

SAINT-JEAN, fort. – À la fin du Second Empire, le dépôt de la Légion étrangère de Fort Lamalgue quitte Toulon pour Marseille et s'installe dans l'ancienne maison des chevaliers de Malte expulsés sous le règne de Louis XIV. La Légion partage les vastes locaux avec un dépôt d'isolés de la coloniale. Pendant la guerre de 1870, le fort sert de centre de transit pour les unités venant d'Algérie. Il est le passage obligé pour les dizaines de milliers d'engagés volontaires avant leur embarquement pour l'Algérie. Entre 1928 et 1930, le dépôt devient autonome avant d'être transféré en 1941 sur la rive sud du Vieux-Port, au bas fort Saint-Nicolas. Les Mémoires et récits de vie de très nombreux légionnaires abondent de descriptions imagées de ce lieu qui a marqué leur saut dans le monde « étrange » de la Légion.

André-Paul COMOR

SAINT-MAIXENT-L'ÉCOLE, École nationale des sous-officiers d'active de. – Créée à Saint-Maixent-l'École, dans le département des Deux-Sèvres, le 1er septembre 1963, l'École nationale des sous-officiers d'active (ENSOA) est devenue progressivement la « maison mère » des sous-officiers de l'armée de terre. Ces derniers, qu'ils soient de recrutement interne ou direct, y reçoivent leur formation initiale durant un stage de plusieurs mois dont la durée varie en fonction du type de recrutement. Exception notoire, l'ENSOA ne reçoit pas les sous-officiers appartenant à la Légion étrangère, lesquels sont formés en interne. Plusieurs promotions d'élèves sous-officiers ont cependant choisi pour parrain un sous-officier de Légion, l'institution n'étant pas en manque de figures pouvant contribuer à l'édification morale des jeunes générations

1978 : promotion « Adjudant-chef Valko ». Né le 20 septembre 1925 à Balmazajvaros en Hongrie, Janos Valko s'engage à la Légion étrangère à l'âge de vingt et un ans. Nommé sergent le 1er novembre 1947 et affecté au 3e régiment étranger d'infanterie (REI), il débarque en Indochine en 1948. Il fera l'ensemble de la campagne. Volontaire pour sauter sur Diên Biên Phu bien que n'étant pas breveté parachutiste, il est largué sur le camp retranché le 20 avril 1954. Fait prisonnier, il est libéré en septembre 1955. Cité à six reprises et deux fois blessé, il quitte l'Extrême-Orient avec la médaille militaire et le grade d'adjudant à titre exceptionnel. Il est fait chevalier de la Légion d'honneur le 14 août 1956 alors qu'il sert au groupement d'instruction de Sidi-Bel-Abbès. Promu au grade d'adjudant-chef, naturalisé de fraîche date, il est affecté au 5e REI en 1958, à nouveau cité et tué en opération le 5 mai 1959 à Teniet-el-Haad. Il est cité une dernière fois à l'ordre de l'armée à titre posthume.

1980 : promotion « Adjudant Szuts ». Istvan Szuts est né le 10 août 1925 à Diosd en Hongrie. Il s'engage à la Légion étrangère le 28 août 1945 et, après être passé dans le moule de Sidi-Bel-Abbès, rejoint les rangs de la 13e demi-brigade de Légion étrangère (DBLE) en Indochine. Trois fois cité lors de ce premier séjour, il est rapatrié en 1949 et affecté au Maroc où il accomplit brillamment sa formation de sous-officier. Il fait son second séjour en Indochine avec le 3e REI au sein duquel il obtient quatre nouvelles citations et la médaille militaire à titre exceptionnel. Nommé sergent-chef le 22 juillet 1954, il suit son régiment en Algérie. Promu adjudant le 1er août 1956, il devient chef de section et accumule les faits d'armes. Cité à nouveau à cinq reprises, il est décoré de la Légion d'honneur le 24 mars 1959. Il est tué à la tête de ses légionnaires, le 11 mai 1959, dans le secteur de Sidi-el-Kahal.

1983 : promotion « Sergent-chef Van Cassel ». Né le 19 décembre 1928 à Cabinda, de parents belges, Serge Van Cassel s'engage le 29 juillet 1949 à Lille. Affecté au 3e REI après sa formation à Sidi-Bel-Abbès, il débarque en Indochine en 1951. Nommé sergent en 1952, il combattra en Extrême-Orient durant trois ans. Breveté parachutiste à son retour en métropole, il rejoint le 2e régiment étranger de parachutistes (REP) en 1955. S'ensuit une longue période de combats dans l'Est algérien. En 1958, il reçoit son brevet de moniteur parachutiste et obtient, en 1959, ses galons de sergent-chef. La médaille militaire lui est décernée le 26 août 1960, peu avant qu'il ne soit naturalisé. Chef de section, il est tué au combat le 19 février 1961.

1986 : promotion « Sergent-chef Grote ». Friedrich Grote s'engage à la Légion, à Marseille, le 10 avril 1948, dans sa vingtième année. Dirigé vers l'Indochine, il rejoint le 3e REI, au Tonkin, en janvier 1949. Excellent trompette, il sert dans la musique régimentaire, laquelle fournit une section de protection qui sera engagée dans les durs combats de la route coloniale no 4 en octobre 1950. Nommé sergent en avril 1951, il est rapatrié en 1953 et affecté à la compagnie de passage de Marseille. À compter de 1956, il sert en Algérie dans les rangs du 3e REI. Promu sergent-chef, il prend le commandement de la 1re section de la 7e compagnie. Totalisant alors cinq citations, il reçoit la médaille militaire en 1959. Il est mortellement blessé en opération le 20 février 1960 et fait chevalier de la Légion d'honneur à titre posthume.

1987 : promotion « Sergent Lanas ». Agapito Lanas a vingt ans lorsqu'il s'engage en mai 1956. Affecté au 2e REP à Philippeville, il participe à tous les combats dans l'Est algérien, se faisant particulièrement remarquer par sa dextérité et sa précision dans le maniement de son fusil-mitrailleur. Toujours simple légionnaire et déjà titulaire de quatre citations après deux ans de service, il est nommé caporal en 1958 puis sergent en octobre 1960. Il est grièvement blessé le 7 octobre sur les pentes du Chélia mais reprend le combat quelques mois plus tard. À nouveau très grièvement blessé en mars 1961 alors qu'il occupe les fonctions de chef de section, il est fait chevalier de la Légion d'honneur sur son lit d'hôpital. Il meurt deux jours plus tard. Médaillé militaire, il était titulaire de six citations.

1990 : promotion « Adjudant-chef Mix ». D'origine allemande, né à Réda, dans le territoire de Dantzig, le 3 novembre 1925, Joseph Mix s'engage à la Légion en 1945. Il effectue trois séjours successifs en Indochine dans les rangs du 3e puis du 5e REI. Grièvement blessé en 1948 puis une nouvelle fois en 1952, cité à six reprises durant ses campagnes en Extrême-Orient, il obtient la médaille militaire. Affecté en 1955 à la 21e compagnie du groupement porté de Légion étrangère en Algérie, il poursuit le combat dans la région de Tébessa et dans le Sud constantinois. Après un passage au 4e REI, il retrouve le 5e Étranger en 1957, étant promu au grade d'adjudant-chef en décembre. Alors qu'il sert au sein de la

3e compagnie, il est tué le 24 mars 1958 lors d'une opération dans le djebel Asses.

1991 : promotion « Adjudant-chef Creste ». Kléber Creste est né le 4 juin 1930 à Bon-Encontre dans le Lot-et-Garonne. Il a déjà participé à la Résistance quand il s'engage, le 7 août 1945, en usurpant l'identité de son frère aîné pour dissimuler son âge. Affecté au 2e REI, il débarque en Indochine en janvier 1946. Il est blessé trois fois et deux fois cité avant d'être rapatrié en 1948. Il fait son deuxième séjour en Extrême-Orient avec le 2e BEP. Cité à nouveau à quatre reprises, il est décoré de la médaille militaire le 1er février 1952. Nommé sergent, il revient en Indochine pour un troisième séjour qu'il fait en tant que chef de section dans la compagnie du capitaine Denoix de Saint Marc. Il est encore deux fois cité avant d'être nommé sergent-chef en avril 1954 et de sauter sur Diên Biên Phu. Il y est grièvement blessé et sera rendu aux autorités françaises après la chute du camp retranché. Transféré en Algérie, il est fait chevalier de la Légion d'honneur alors qu'il n'a pas encore vingt-cinq ans ! Retrouvant le 2e REP en décembre 1955, il poursuit le combat dans le Nord constantinois et se distingue à nouveau. Promu adjudant en avril 1958, il devient instructeur parachutiste à Sidi-Bel-Abbès. Alors qu'il est devenu adjudant-chef en octobre 1961, son contrat à titre étranger est résilié et il est affecté au 9e régiment de chasseurs parachutistes à Toulouse. Réformé en 1964 avec un taux d'invalidité de 95 %, il mourra en octobre 1990. Magnifique figure de sous-officier et baroudeur prestigieux, il totalise six blessures et onze citations.

1992 : promotion « Sergent-chef Kraus ». Né le 28 avril 1927 à Aichach en Allemagne, Johann Kraus s'engage le 10 février 1948 et ne tarde pas à être envoyé en Indochine où il est affecté au 2e REI. Il se distingue en Centre-Annam puis bientôt au Tonkin où il débarque en 1951. Nommé sergent le 1er juillet 1952, il achèvera ce premier séjour en ayant été cinq fois cité dont une fois à l'ordre de l'armée. Après avoir servi au sein de la compagnie portée à Agadir, il retrouve l'Indochine en étant affecté au 3e REI. En avril 1954, à Diên Biên Phu, il est sergent-chef et prend les fonctions de chef de section. Blessé, il connaît la captivité avant d'être rapatrié en Algérie. Sa conduite au feu lui vaut la médaille militaire. Affecté à la 23e compagnie portée à Aïn-Sefra, il participe aux opérations dans les secteurs de Tébessa et de Géryville. Il est tué le 17 janvier 1959 en accrochant une bande rebelle. Onze fois cité et quatre fois blessé, il est fait chevalier de la Légion d'honneur à titre posthume.

Michel David

SAINT MARC, commandant Hélie Denoix de (né en 1922). – Le 5 juin 1961, se présentant devant la 1re chambre de la cour d'appel de Paris en uniforme d'apparat, béret vert et décorations sur la poitrine pour répondre de son engagement dans le putsch d'avril, Hélie de Saint Marc proclame : « Ce que j'ai à dire sera simple et court. Depuis mon âge d'homme, monsieur le président, j'ai vécu pas mal d'épreuves : la Résistance, la Gestapo, Buchenwald, trois séjours en Indochine, la guerre d'Algérie, Suez, et puis encore la guerre d'Algérie… » En regard des « épreuves » et contemporaine de certaines d'entre elles, il faut faire une place à la Légion où Saint Marc entre en décembre 1947 à sa sortie de Saint-Cyr. C'est « la grande affaire de [s]a vie » ainsi qu'il l'explique dans ses *Mémoires* : « c'est seulement à la Légion que j'ai trouvé l'équilibre ».

Saint Marc est originaire de Bordeaux. Il grandit dans un milieu dominé par une « grande cohérence » articulée autour du catholicisme, de la défense de valeurs conservatrices et de la mémoire de la Grande Guerre. Ancien de Verdun, son père est un avocat en vue et la vie du jeune Saint Marc se déroule entre un collège de Jésuites où il est à la peine et la propriété familiale du Fournial dans le Périgord où il aime à se retrouver. Alors que la guerre se profile, il songe à être officier. La défaite de 1940 le conduit à un premier choix : l'engagement dans le réseau Jade-Amicol à partir de mars 1941. Arrêté en juillet 1943, il est déporté à Buchenwald puis à Langenstein. À la libération du camp, en avril 1945, ravagé par la dysenterie, le jeune homme pèse 42 kg. Revenu à Bordeaux, il peine à se réinsérer. Son action dans la Résistance lui permettant d'intégrer directement Saint-Cyr, il renoue avec sa vocation d'officier. Les conditions sont cependant bien différentes de celles de l'avant-guerre : « Mal à l'aise dans l'atmosphère de l'après-guerre, explique-t-il dans *Notre histoire*, j'ai cherché à Saint-Cyr, puis à la Légion étrangère, la fraternité que j'avais connue dans la Résistance et à Buchenwald. Ce corps a pour vocation d'accueillir des hommes sans racines qui veulent tirer un trait sur leur passé. C'était mon cas. J'ai plongé à corps perdu dans ce monde qui a ses lois, ses codes et ses solidarités. »

Le premier contact, à Marseille, le replonge dans la langue allemande. À un ancien camarade de déportation qui l'interroge sur les hommes qu'il doit commander, Saint Marc répond : « Ce ne sont plus des Allemands mais des légionnaires. » Dès son arrivée à Sidi-Bel-Abbès, il ressent un lien profond avec les légionnaires qu'il considère devoir, pour les commander, « comprendre » et aussi « aimer » sans bien entendu le dire ou le montrer. En même temps qu'il s'immerge dans la Légion, Saint Marc est d'emblée « ébloui » par l'Indochine. Lors de son premier séjour, il est affecté au départ à la route coloniale n° 4 puis chargé du poste frontière de Talung en pays thô, en bordure de la Chine. Cette affectation de dix-huit mois est pour lui « une sorte de pic de l'existence ». En même temps qu'il y redécouvre les fonctions de bâtisseur de l'officier colonial, il se charge de former des combattants thôs contre le Viêt-minh et s'aguerrit au combat dans la jungle. Il découvre aussi le communisme vu d'en bas, celui des raids viêt-minh qui précèdent son repli vers Cao Bang en février 1950. C'est aussi le temps des premiers abandons de population, qui lui font « ferm[er] les yeux de douleur et de honte » : « Nos efforts avaient débouché sur la trahison, l'abandon, la parole bafouée. » Revenant en Indochine pour un second séjour en 1951, Saint Marc intègre le 2e bataillon étranger de parachutistes et prend la tête de la 2e compagnie indochinoise de parachutistes de Légion étrangère (CIPLE). Les missions sont bien différentes tant dans leurs objectifs que dans leurs modalités : c'est le temps des grandes opérations aéroportées. Il participe notamment à celles de Nghia Lo, Hoa Binh, Na San, et les combats livrés sont « d'une âpreté et d'une violence » qu'il n'a « plus jamais retrouvées ». Rapatrié en France à la mi-1953, il peine à s'y retrouver et travaille un temps pour le 11e Choc. Il suit Diên Biên Phu depuis la métropole et, lorsqu'il y est enfin affecté, c'est pour atterrir à Hanoi après la chute du camp retranché. Il est chargé de reconstituer un bataillon de parachutistes (1er BEP) et c'est à Hué qu'il achève son troisième séjour indochinois.

C'est le *Pasteur* qui l'amène à Oran fin 1954. Le 1er régiment étranger de parachutistes (REP) s'installe à Zéralda et Saint Marc, sous les ordres du colonel Jeanpierre, y est commandant de compagnie. De 1954 à 1956, il combat des Aurès à l'Est constantinois. Il fréquente également Alger, soucieux de s'initier à ses « secrets ». En Algérie, qu'il compare avec l'Indochine, Saint Marc est

« désarçonné par la frontière invisible entre les Européens et les musulmans ». En même temps, un long échange avec un lieutenant chef de SAS lui rappelle son expérience de Talung et lui laisse augurer une nouvelle « tragédie ». La litanie des opérations est interrompue par l'épisode de Suez que Saint Marc décrit comme une « humiliation ». Dans la foulée, il quitte le 1er REP et « le contact quotidien avec les légionnaires » : c'est « une part de [s]on être » qui « tombe en sommeil ». Il se retrouve alors au service du général Massu pour « être à la fois son aide de camp, son chef de cabinet et le responsable de ses relations publiques ». C'est de ce poste d'officier de presse qu'il vit la bataille d'Alger, qui « reste sûrement la plus amère des épreuves » que sa « génération de soldats » dut « affronter ». C'est moins le 13 mai qui compte pour Saint Marc que, le 16, le jour des fraternisations du Forum et le premier discours du général de Gaulle à Alger : c'est « un espoir fou ». L'été 1958 ramène l'officier sur le terrain : il intègre le bureau des opérations de la 10e division parachutiste (il en devient le sous-chef d'état-major à la fin de 1960). À l'heure du plan Challe, il envisage la situation avec optimisme et ce jusqu'à l'été 1959. Dès lors, marqué notamment par l'affaire Si Salah, Saint Marc s'interroge sur la politique gouvernementale. Dans ses *Mémoires*, il est catégorique lorsqu'il s'agit de qualifier les dix-huit mois qui précèdent le putsch : « un mensonge organisé, martelé […], monstrueux ». Au début de 1961, il retrouve le 1er REP où il est nommé commandant en second : l'atmosphère y est bien différente qu'en 1956. Peu au fait des détails du putsch en préparation, Saint Marc est partagé entre son souci d'obéissance, sa volonté de ne pas voir l'armée se diviser et ce qu'il appelle le « gâchis ». Lorsque, le 21 avril, Challe le fait appeler (le colonel commandant le 1er REP est absent), il sait à quoi s'en tenir : son entretien avec le général n'en est pas moins « déterminant » dans son choix de rallier la « révolte », choix que des années plus tard il ne renie pas et qu'il appuie d'une formule empruntée au taoïsme : « Pratique l'honneur et ne te retourne jamais. » La suite est connue : c'est un échec cuisant. Il reste à Saint Marc à organiser le repli du 1er REP vers Zéralda. Puis, refusant le suicide ou la clandestinité qui l'aurait sans doute conduit dans l'OAS, il choisit d'assumer son action. Il se rend, est emprisonné à la Santé et condamné par le haut tribunal militaire à dix ans de prison. Libéré à la fin de 1965, il s'installe à Lyon et trouve un emploi dans la direction du personnel d'un groupe métallurgique. Ce n'est qu'une vingtaine d'années plus tard que Saint Marc, par son témoignage et ses conférences, redevient un personnage public. Parmi tous les endroits où il se rend, Calvi et Aubagne sont pour lui des « lieux à part, où l'on ne pénètre pas sans une émotion qui va bien au-delà de la nostalgie. La Légion est l'arme de la mémoire par excellence ». Le « hasard d'un bistrot, d'un voyage, d'un hôtel ou d'un quartier chaud » le fait aussi croiser d'anciens légionnaires : « L'instinct pousse ces hommes à m'approcher. Nous nous reconnaissons. Les mots sont inutiles. »

Olivier DARD

Bibl. : Laurent Beccaria, *Hélie de Saint Marc*, préface de Jean-Pierre Azéma, Perrin, 1988 • Hélie de Saint Marc, *Mémoires. Les champs de braises*, avec la collaboration de Laurent Beccaria, Perrin, 1995 • Hélie de Saint Marc et August von Kageneck, *Notre histoire 1922-1945*, conversations avec Étienne de Montety, Les Arènes, 2002 • www.heliedesaintmarc.com

SAINT-NICOLAS, bas fort. – Sur les plans de Clerville, rival de Vauban, les travaux décidés par le roi Louis XIV à la suite de la Fronde sont achevés en 1663 pour le haut fort et en 1664 pour les ouvrages de la cour basse, l'actuel bas fort. Dès le début, ce dernier est occupé par des régiments étrangers : le Royal Italien en 1719, le Royal Corse en 1740, le régiment suisse d'Erlach de 1779 à 1783, enfin le régiment de Sonnenberg en 1788. À la Restauration, il est transformé en prison. Sous le Second Empire, Napoléon III décide de sacrifier l'unité de la citadelle au profit des travaux d'urbanisation qui doivent percer la ville par de grandes artères rectilignes. Le vieux fort est coupé en deux pour permettre l'accès au palais du Pharo par le boulevard de l'Empereur, aujourd'hui boulevard Charles-Livon. On baptise alors les deux ouvrages des noms d'amiraux provençaux : d'Entrecasteaux et Ganteaume. Mais dans le langage populaire, ils restent toujours le haut fort et le bas fort Saint-Nicolas où, chassée du fort Saint-Jean, la Légion s'installe en 1941. Elle côtoie le tribunal permanent des forces armées, le bureau de garnison et le centre d'instruction et de préparation militaire. Son activité, réduite pendant la guerre, augmente rapidement à partir de l'été 1944, et, de 1945 à 1970, près de 150 000 légionnaires transitent par le bas fort. Il devient la plaque tournante de la Légion étrangère en métropole, chargée en outre d'accueillir les libérables et d'assurer le transit des isolés partant ou revenant de congé de fin de séjour. Depuis 1962, les passages diminuent et les services du foyer central de la Légion s'installent dans les bâtiments libérés. En 1970, ces services rejoignent Aubagne et le bas fort n'abrite plus que le poste d'information de la Légion étrangère pour la zone sud jusqu'à sa dissolution en 1992.

André-Paul COMOR

SAIRIGNÉ, lieutenant-colonel Gabriel Brunet de (1913-1948). – Figure prestigieuse de la 13ᵉ demi-brigade de Légion étrangère, Gabriel de Sairigné a vu le jour à Paris, au sein d'une vieille famille de la noblesse vendéenne. Éduqué dans la tradition familiale qui exalte les vertus chrétiennes et l'amour de la patrie, il est admis à Saint-Cyr en 1932. Ayant dû interrompre sa scolarité à la suite d'une pleurésie, il n'en sortira qu'en 1935 (promotion « Albert 1er »). Il est alors affecté au 29e bataillon de chasseurs, à Gérardmer, où il révèle rapidement ses qualités d'instructeur. En 1939, à la veille de la guerre, il demande sa mutation à la Légion et rejoint Sidi-Bel-Abbès. Alors qu'il est volontaire pour servir à la demi-brigade légère de montagne de Légion étrangère, future 13e DBLE, sa chance sera de participer à la campagne de Norvège en mai et juin 1940. Il y reçoit son baptême du feu à Bjerkvik, s'y comporte brillamment et obtient sa première citation. Rapatrié en Bretagne avec son unité le 14 juin alors que la France est en pleine débâcle, il embarque à nouveau pour l'Angleterre où la 13e DBLE se rassemble au camp de Trentham Park. Dans cette période troublée de l'armistice, il choisit, de même que 900 légionnaires, de rallier le général de Gaulle alors que le restant de la demi-brigade rejoint l'Afrique du Nord.

Après la malheureuse affaire de Dakar durant laquelle les légionnaires sont restés embarqués au large, il séjourne au Cameroun d'où il suit les événements du Gabon. De février à mai 1941, au sein de la brigade française d'Orient et en tant qu'officier d'état-major dans la fonction logistique, il prend part à la campagne d'Érythrée contre les Italiens. En juin et juillet, face aux forces françaises du Levant, il participe à la douloureuse campagne de Syrie. Le 15 juillet, nommé capitaine, il retrouve le contact de la troupe et prend le commandement de la 2e compagnie du 2e bataillon de Légion étrangère. Dans les rangs de la 1re brigade française libre, il se distingue durant la campagne de Cyrénaïque et notamment lors de la célèbre bataille de Bir Hakeim, du 27 mai au 11 juin 1942. Il est cité, décoré de la croix de la Libération (décret en date du 9 septembre 1942) par le général de Gaulle et prend, en octobre, le commandement du 1er bataillon de Légion étrangère. Avec ses légionnaires, il remonte vers la Tunisie en avril 1943 et prend part aux derniers combats pour la libération de l'Afrique du Nord. Il est promu au grade de chef de bataillon en juin. En avril 1944, il débarque en Italie et, franchissant le Garigliano, bouscule les Allemands en se frayant un passage le long du Liri. La campagne d'Italie s'achève pour lui par la prise de Radicofani, au nord de Rome, fait d'armes qui vaudra à son bataillon d'être cité à l'ordre de l'armée tandis que lui-même est fait officier de la Légion d'honneur. Le 16 août, il débarque en Provence, à Cavalaire, et affronte les résistances allemandes à Hyères et Carqueiranne. Il poursuit le combat en remontant la vallée du Rhône sur la rive droite et, quittant Lyon, libère Autun où il obtient la reddition d'une colonne allemande de 2 700 hommes. Viennent ensuite les dures campagnes d'hiver dans les Vosges et en Alsace ; il s'y distingue avec son bataillon au ballon d'Alsace le 23 novembre, à Herbsheim les 10 et 11 janvier 1945, à Illhaeusern et Grussenheim du 23 janvier au 1er février. En mars 1945, promu au grade de lieutenant-colonel à seulement trente-deux ans, il devient chef d'état-major de la 1re division française libre qui termine la guerre en chassant les Allemands et les Italiens du massif de l'Authion dans les Alpes du Sud.

La fin de la guerre en Europe ne sera qu'un court répit. À l'été 1946, il embarque pour l'Indochine et y retrouve, à Gia Dinh, la 13e DBLE, cette fois-ci pour en prendre lui-même le commandement. Avec ses bataillons répartis entre la Cochinchine, le Sud-Annam et le Cambodge, il poursuit sans répit les bandes viêt-minh. Sa carrière éblouissante s'achève le 1er mars 1948 lors de l'attaque du convoi parti de Saigon vers Dalat. Plus jeune chef de corps de l'armée française, il venait d'être promu commandeur de la Légion d'honneur. Sa mort soudaine a frappé les esprits ; avec lui disparaît un chef de grande classe promis aux plus hautes destinées.

Michel David

Sources : DHPLE, état des services du lieutenant-colonel Brunet de Sairigné • *Id.*, JMO de la 13e DBLE (1940-1949).

SALLES D'HONNEUR. – En 1886-1887, alors qu'il est ministre de la Guerre, le général Boulanger prend une série de mesures qui visent à accroître le moral et l'identité des militaires. Outre les fameuses guérites tricolores, des salles d'honneur sont mises en place dans les corps de troupe. Dès 1888, le colonel Wattringue, qui commande le 1er Étranger, en fait entreprendre la création. En fait, il ne s'agit pas d'une pièce mais d'un bâtiment comportant plusieurs salles dont un vestibule, la salle d'honneur proprement dite et la salle du conseil. Les travaux sont poursuivis sous le commandement du colonel Barberet et sont achevés en 1892 grâce à la bienveillance et à l'appui financier du nouveau chef de corps, le colonel Zeni. En effet, ce bâtiment a été construit sans finances propres : les légionnaires ont tout fabriqué eux-mêmes, des murs au mobilier !

Une fois inaugurée, la salle se remplit de souvenirs des expéditions lointaines : l'un rapporte des jarres du Soudan, l'autre fait confectionner des chaises, un autre encore – le lieutenant Paul Rollet – offre des lances de Madagascar. Tous ont à cœur d'embellir cette salle qui devient vite trop petite, si bien que des trophées aboutissent aussi dans la salle du conseil desservie par le même vestibule que la salle d'honneur. Celle-ci est effectivement pleine, mais surtout elle devient de plus en plus solennelle, voire un véritable lieu de mémoire. La main articulée du capitaine Danjou y est ainsi déposée. De même est-il placé de part et d'autre de la porte « deux panneaux de marbre qui portent gravé en lettres d'or le nom des officiers tués à l'ennemi ». Pour la Légion, il s'agit à la fois de « rendre hommage aux vaillants devanciers » et « d'exalter dans les cœurs de leurs successeurs par l'exemple de leur hauts faits d'armes, leur sentiment d'abnégation et leur esprit de sacrifice ». Dès le début, « le souvenir » et « l'éducation » sont constitutifs de ce lieu.

En 1931, la fête du centenaire est l'occasion « d'embellir, agrandir et arranger » cette salle qui a déjà presque quarante ans. Une nouvelle salle est alors bâtie, communiquant avec celle existante par un portique à colonnes : le temple des héros. En 1934, le colonel Azan décide de créer un véritable musée dans ce qui est alors la bibliothèque des sous-officiers. Une partie des objets historiques gagnent ce nouveau lieu tandis que le bâtiment construit entre 1888 et 1892 est encore agrandi. Il devient, comme l'atteste une plaque posée en 1938, les salles d'honneur de la Légion étrangère. Il ne s'agit donc pas d'un endroit propre au 1er Étranger mais qui concerne toute la Légion puisqu'il est consacré « aux plus glorieuses reliques, aux souvenirs de nos morts au champ d'honneur, à la mémoire de nos chefs et des généraux issus de nos rangs ». Désormais, l'ensemble se compose du temple des héros, de la salle de commandement, de la petite salle ainsi que de la salle des batailles et des drapeaux. À partir de 1938, les conseils de discipline se réunissent dans un local aménagé dans le bâtiment principal du quartier Vienot. Progressivement, l'édifice devient un autre musée mais la prépondérance de la salle d'honneur de Sidi-Bel-Abbès n'empêche pas chaque régiment d'avoir sa propre salle qui ne contient que des souvenirs qui lui sont propres.

Après les accords d'Évian, le transfert de la maison mère de Sidi-Bel-Abbès à Aubagne confère plus d'importance encore à la salle d'honneur de la Légion étrangère. Alors que les régiments prennent garnison aux quatre coins du monde où ils conservent leur propre salle d'honneur, il paraît encore plus indispensable de renforcer les liens de l'institution par le partage d'un lieu commun. Aussi la salle d'honneur de Sidi-Bel-Abbès est-elle reconstruite quasiment à l'identique de celle modifiée en 1961 et laissée en Afrique du Nord. Articulée autour d'un tableau d'Alphonse Beaucé représentant les derniers instants du combat de Camerone, la salle conserve sa galerie de peintures. Accrochés au mur en entrant à gauche, les portraits des chefs de corps morts au combat encadrent l'héroïque scène. En dessous, deux petites vitrines évoquent leur souvenir ou les autres Camerone du XXe siècle. Au centre se dresse une table monumentale autour de laquelle sont disposés les chaises et les fauteuils qui, fabriqués pour la première salle de 1892, n'ont depuis jamais quitté leur destination. À droite, face au tableau de Camerone, plusieurs vitrines évoquent les légionnaires, héros parfois anonymes, venus servir « honnêtes et fidèles ». Enfin, de part et d'autres de la porte, deux vitrines rappellent la création de la Légion en 1831 et celui de ses chefs qui l'a probablement le plus marquée et transformée, le général Paul Rollet, dit « le père de la Légion ». À la différence de celle de Sidi-Bel-Abbès, la salle d'honneur d'Aubagne n'est finalement pas qu'un « autre » musée : elle a retrouvé une véritable fonction. Elle est en effet le lieu « matriciel » du légionnaire qui y reçoit son contrat, y quitte l'instruction pour rejoindre le régiment qu'il a choisi, y est parfois naturalisé pour ceux qui, affectés au 1er Étranger, font ce choix, et enfin elle est le dernier lieu de sa vie de légionnaire puisqu'il quitte l'uniforme en quittant cette salle.

Alexis NEVIASKI

• *Voir aussi* : Crypte ; Musée.

Sources : Centre de documentation de la Légion étrangère • Serge Andolenko, *Salles d'honneur et musée du Souvenir de la Légion étrangère*, Presses régimentaires du 1er régiment étranger d'infanterie, 1938 • Lieutenant Nadau, *Une visite à la salle d'honneur*, Presses régimentaires du 1er régiment étranger d'infanterie, 1934.

Bibl. : Hubert Jacques, *L'Allemagne et la Légion*, Chapelot, 1914.

SALUT AU CAÏD, Le. – Les sonneries et les batteries d'ordonnance sont des signaux musicaux qui servent à transmettre les ordres dans les armées. Elles sont indispensables au quartier comme en campagne pour permettre au commandement de se faire obéir quand la voix n'est plus assez puissante à cause des distances ou du fracas des combats. Les trompettes, les tambours et les fifres ont longtemps été les seuls instruments d'ordonnance. Le clairon fut adopté en 1831 dans l'armée française en même temps qu'un règlement instituant les sonneries qui sont, pour la plupart, toujours en vigueur. Du temps où les commandements se transmettaient au clairon, le conscrit devait apprendre trente-cinq sonneries pendant ses classes. Depuis l'adoption du téléphone de campagne puis de la radio, les sonneries d'ordonnance n'ont plus qu'un rôle protocolaire et de maintien des traditions.

Le Salut au Caïd est une sonnerie héritée de l'armée d'Afrique que la Légion a intégrée à ses sonneries d'ordonnance. Elle se classe dans les sonneries de quartier, car elle signale l'arrivée du chef de corps. La garde lui rend alors les honneurs et le clairon sonne *Au Caïd* en enchaînant avec le refrain du régiment. Dans le cas des honneurs rendus au général commandant la Légion étrangère, *Le Salut au Caïd* est suivi des seize premières mesures du *Boudin*. Elle peut servir aussi à honorer une personnalité liée ou ayant servi à la Légion, comme un ancien chef de corps. Cette sonnerie a donc remplacé l'ancienne batterie *Aux champs* servant à rendre les honneurs sous la monarchie puis sous l'Empire. Sous le Second Empire, les honneurs étaient rendus à l'empereur avec la batterie *Aux champs d'honneur*.

Partition communiquée par Gérard Besse, ancien chef de la musique de la Légion étrangère :

Thierry BOUZARD

SAMUEL, Fred (1908-2006). – Né à Buenos Aires, Fred Samuel est originaire d'Imling, dans la région de Sarrebourg, en Moselle, que son père, né en 1868, quitte à dix-huit ans pour échapper au service militaire en Allemagne. Installé dans un premier temps au Brésil, il rejoint l'un de ses oncles en Argentine et devient joaillier après son mariage avec Leonora Beckard, une jeune Alsacienne rencontrée lors d'un séjour à Paris. Désormais indépendant et créateur, il s'installe rue Royale. Il introduit en France la perle de culture, une nouveauté japonaise qui bouleverse une joaillerie jusque-là vouée aux perles fines. La plus belle couleur, un léger crème-rosé, porte depuis le nom de « couleur Fred ».

À la veille de la Seconde Guerre mondiale, sa réputation dépasse les frontières de la France, mais le joaillier n'hésite pas à abandonner une situation confortable pour défendre sa seconde patrie. Il contracte un engagement pour la durée de la guerre et est aussitôt affecté au 22e régiment de marche de volontaires étrangers (RMVE) en formation au camp de Barcarès, sur le littoral languedocien. Fait prisonnier dans la Somme le 6 juin 1940, il réussit à s'évader en septembre et reprend ses activités rue Royale. Juif, et inquiet pour la sécurité de sa famille, il doit fuir la capitale pour se réfugier en zone libre, à Espalion, dans l'Aveyron. Une première fois incarcéré à Rodez, déclaré indésirable à sa libération quelques semaines plus tard, il accepte la proposition qui lui est faite de se replier dans la Drôme où le répit est de courte durée : une nouvelle fois il doit suivre les gendarmes pour rejoindre le camp du Vernet, d'où il sort le 3 janvier 1943 grâce à l'intervention d'une personnalité amie proche de Vichy. Il doit alors au dévouement exemplaire des habitants des villages qui l'accueillent sous la protection de leurs pasteurs – villages parmi lesquels certains seront distingués comme « Justes » d'Israël – d'échapper au sort de nombreux Juifs français et étrangers pendant l'Occupation. Mis à l'abri avec sa famille aux Reys-de-Saulce, toujours dans la Drôme, et pourvu d'une nouvelle identité par les soins des résistants de la préfecture – il porte jusqu'à la Libération le nom de Soulas, celui d'une famille marseillaise –, il ne tarde pas à se joindre aux maquisards de la région de Marsanne avec lesquels il participe à de nombreux coups de main. Fin août 1944 le FFI Fred Samuel assiste à l'arrivée des Américains de la VIIe armée et retrouve Paris en septembre. Il reprend ses activités de joaillier. Sa maison, rebaptisée Fred, devient désormais une griffe célèbre prisée des artistes et de l'aristocratie du monde entier. L'ancien légionnaire, qui a longtemps maintenu des liens avec les anciens de son régiment de circonstance, meurt à Paris le 4 octobre 2006 à l'âge de quatre-vingt-dix-huit ans.

André-Paul COMOR

SANTA ISABEL (1er mars 1866). – Le combat de Santa Isabel, au Mexique, a marqué ceux qui l'ont vécu de près comme de loin. Gustave Niox dans *Expédition du Mexique, 1862-1867* (1874) et le général Grisot dans *La Légion étrangère de 1831 à 1887* (1888) en ont fait des récits détaillés permettant de comprendre les causes de ce désastre.

Le 20 février 1866, le commandant de Brian, qui dispose de quatre compagnies de Légion étrangère (au total 250 hommes) et de 400 fantassins et cavaliers mexicains, chasse 1 200 « juaristes » – partisans du président mexicain Benito Juárez – de Parras (État de Nuevo Léon). Ceux-ci (fantassins, cavaliers et artilleurs) s'installent alors dans le rancho de Santa Isabel à 11 km de là et s'y préparent à réoccuper la ville à la première occasion favorable. Avant de rejoindre sa base, le commandant de Brian décide de supprimer cette menace qui pèse sur Parras.

Attaquant un ennemi plus nombreux, armé de deux canons, retranché derrière un mur de pierres et bénéficiant d'une position dominante, le commandant de Brian doit agir par surprise pour espérer le succès. Dans ce dessein, l'approche de trois compagnies de Légion (185 hommes dont 8 officiers) et de 400 Mexicains se fait dans la nuit du 28 février au 1er mars. À mi-chemin entre Parras et Santa Isabel, toutefois, un poste de guet juariste donne l'alerte. La surprise ne joue plus. La méconnaissance du terrain amène à prendre prématurément le dispositif d'attaque. Celui-ci est désorganisé par la nécessité de contourner un ravin dont l'existence est inconnue des légionnaires. De ce fait, la manœuvre est éventée. D'attaqués, les défenseurs de Santa Isabel deviennent attaquants. La fuite des Mexicains loyalistes disloque le front des premiers assaillants. Isolées les unes des autres, les compagnies de Légion résistent sur place en rase campagne et sont écrasées par le nombre. En trois heures, l'affaire est réglée : la Légion a perdu 102 tués dont 7 officiers et 82 prisonniers dont un officier. La compagnie qui est restée à Parras, quant à elle, se retranche dans l'église et y résiste aux attaques des juaristes. Elle est délivrée le 5 mars par l'arrivée d'une colonne de secours.

Henry DUTAILLY

Bibl. : Alain Gouttman, *La Guerre du Mexique 1862-1867. Le mirage américain de Napoléon III*, Perrin, 2008 • Pierre Sergent, *Camerone. La campagne héroïque de la Légion étrangère au Mexique*, Fayard, 1980.

SAPEURS. – Les sapeurs d'infanterie, dont le rôle n'a rien de commun avec la sape, apparaissent dans les armées françaises en 1710. Chaque régiment est alors doté de six soldats portes-outils. Puis l'ordonnance de 1747 crée dix soldats portes-haches par compagnie de grenadiers. À partir de 1766, deux soldats charpentiers sont affectés en temps de guerre à chaque compagnie, ils remplacent les portes-haches. En 1767, ils sont dotés d'une forte hache et d'un sabre à scie, d'un tablier de peau noire se retroussant à agrafe ainsi que d'un bonnet à poil (moins haut que celui des grenadiers). Les portes-haches disparaissent en 1771 pour ne refaire leur apparition qu'en temps de guerre en vertu de l'ordonnance de campagne de 1778. Ils disparaissent une nouvelle fois à la Révolution et sont rétablis par le Consulat. Le règlement n'évoque pas la barbe mais il leur est attribué « un sou de barbe » pour son entretien. Lors de l'attaque d'un ouvrage, les sapeurs marchent en tête des colonnes d'attaque.

Les sapeurs du génie sont quant à eux bel et bien formés au métier de la sape, et autrefois spécialisés dans les travaux de siège. À la demande de Vauban, un corps regroupant les sapeurs (à ne pas confondre avec le corps des ingénieurs du roi) est créé en 1671. Devenus sapeurs du génie, ils participent à l'organisation et l'aménagement du champ de bataille et se spécialisent au cours du XIXe siècle, devenant pontonniers, télégraphistes, aérostiers, etc. Il convient donc bel et bien de distinguer le sapeur d'infanterie du sapeur du génie, de même que le sapeur du pionnier : ce dernier est un soldat employé aux travaux de terrassement et au creusement des tranchées.

La Légion fait exception puisqu'elle a compté dans ses rangs plusieurs compagnies de sapeurs-pionniers, qui étaient en effet avant tout des légionnaires issus des régiments d'infanterie auxquels il fut donné une formation de sapeur (spécialistes des voies ferrées entre autres). Ces premiers sapeurs de la Légion ont contribué à l'ouverture de routes, puis à leur entretien, à la construction de postes aux frontières de l'Empire colonial français. Les légionnaires ont ainsi depuis longtemps acquis une réputation de bâtisseurs, et aujourd'hui les traditions des pionniers sont maintenues au travers du détachement qui défile en tête et surtout de la tenue qu'ils arborent, composée de la hache, du tablier de cuir, de l'insigne de manche (composé de deux haches en sautoir et de la barbe. Ces pionniers sont actuellement chargés des travaux de casernement (entretien et amélioration des infrastructures) au sein de leurs régiments.

Des légionnaires sont formés dès 1923 aux spécialités du génie et donc de la sape. Ils sont les précurseurs du génie-Légion. Durant la guerre d'Indochine, la Légion participe à la mise sur pied de compagnies intégrées dans les bataillons du génie (compagnie de bateaux pliants, de camions-bennes, d'engins fluviaux, etc.). Puis, en 1971, à Canjuers, elle crée le 61e bataillon mixte de génie-Légion, bataillon qui absorbe la compagnie de pionniers de la Légion étrangère du 1er régiment étranger. Un premier régiment de génie de la Légion est créé en 1984. Ce régiment prend le numéro 6 laissé vacant depuis la dissolution du 6e régiment étranger d'infanterie. En 1999, le 6e régiment étranger de génie prend le numéro 1, tandis qu'un deuxième régiment est créé et affecté à la 27e brigade de montagne.

Luc BINET

Sources : SHD-Terre, fonds documentaire de la division de la symbolique de la Défense.

Bibl. : Étienne Alexandre Bardin, *Dictionnaire de l'armée de terre ou Recherches historiques sur l'art et les usages militaires des anciens et des modernes*, Librairie militaire, maritime et polytechnique de J. Corréard, 1851.

SAPEURS, uniforme des. – Les sapeurs de la Légion étrangère sont facilement identifiables grâce à plusieurs éléments de leur uniforme, au premier rang desquels le tablier de cuir.

Le premier tablier de sapeur de la Légion date des fêtes du centenaire d'avril 1931. Il était porté alors par la compagnie de sapeurs-pionniers du 3e régiment étranger d'infanterie (REI). En buffle blanchi, il recouvrait pratiquement tout le devant de l'uniforme jusqu'aux genoux. Le modèle actuel de tablier est adopté en 1946 sous les auspices du colonel Gaultier commandant le dépôt commun des régiments étrangers (DCRE). Depuis 1956, il est de couleur fauve, en cuir souple descendant de la poitrine gauche jusqu'aux genoux. En principe, le tablier est blanchi dans les unités d'outre-mer.

Gants blancs à crispins. Marques distinctives des têtes de colonne, plusieurs modèles se sont succédé jusqu'à nos jours. Le modèle deux pièces comporte une paire de gants normaux en coton blanc avec autrefois des crispins en cuir blanchi et aujourd'hui en plastique blanc. Le modèle d'une seule pièce est généralement entièrement en toile de coton blanc, avec des crispins doublés à échancrure à l'arrière.

Hache traditionnelle. À l'origine, la hache est réellement un instrument de travail, comme le tablier, qui permettait de couper le bois tout en protégeant l'uniforme. Au fil du temps, elle est devenue une arme de parade. Depuis l'Empire, plusieurs modèles de hache ont été en service. Dans le règlement de 1845, elle est à pic ou à marteau ; celle de 1931 est à pic. En 1935, la hache est de forme classique avec tranchant. En bois naturel verni ou peint en blanc, le manche a été de forme droite ou courbe suivant les périodes, avec ou sans encoches pour les doigts (une ou deux).

Écusson de spécialité de sapeur-pionnier. Insigne distinctif de l'uniforme du sapeur, les deux haches croisées surmontées (ou non) de la grenade ont toujours été cousues sur le haut d'une ou de chaque manche. Elles étaient alors découpées dans du drap et cousues. Le premier modèle de l'écusson de sapeur de la Légion date de 1931, en drap vert avec grenade également découpée dans du drap vert.

L'écusson de sapeur-pionnier, en forme de l'écusson d'armes du modèle 1945, a été adoptée en 1956 : c'est un losange noir, avec deux haches croisées, tissées au fil vert ou or suivant le grade. Il est surmonté, le cas échéant, du galon. L'écusson du sapeur se fixe sur la manche droite.

Barbe. Bien que celle-ci ne figure pas dans les pièces uniformologiques du légionnaire sapeur, il n'est pas possible de ne pas l'évoquer. Pour être sapeur, il faut être barbu, cette tradition remontant au Consulat. La Légion semble toujours l'avoir respectée.

Raymond GUYADER

• *Voir aussi* : Couleurs ; Fourragères ; Grenade à sept flammes ; Insigne.

SATHONAY, dépôt de. – Le village de Sathonay est situé aux frontières des départements du Rhône et de l'Ain. En 1850, après l'avènement du prince-président Louis Napoléon, Lyon est doté d'une importante garnison, et la création d'un camp est une des préoccupations du maréchal de Castellane, commandant supérieur de la 6e division militaire. Son choix se porte sur un terrain en friche aux abords de Fontaine et Rillieux. Les aménagements commencent en 1851 ; les premières troupes s'y installent en juin 1853. Le général Canrobert, successeur du maréchal de Castellane, achète les communaux de Sathonay au nom du gouvernement pour la somme de 92 000 F. Le camp, qui occupe une superficie de 32 ha, est définitivement créé en 1858.

Un nouveau champ de tir s'installe, en rapport avec le nouveau fusil à longue portée ; des arbres sont plantés le long des routes, les baraques modernisées. Le 18 juillet 1870, le camp connaît de grands mouvements de troupes. En 1879, il accueille une unité de gardes mobiles. En 1895, sous les ordres du général Duchesne, le corps expéditionnaire pour Madagascar, formé de 15 000 hommes et de 7 715 conducteurs indigènes, y est assemblé. Il comprend notamment le régiment de marche d'Algérie (RMA) commandé par le colonel Oudry et formé avec deux bataillons de tirailleurs algériens et un bataillon de Légion au sein de la première brigade, commandée par le général Metzinger.

Lors de la déclaration de guerre de 1914, et après la mobilisation générale, la nécessité de regrouper les dépôts de recrutement métropolitain s'impose. Un dépôt est alors ouvert dans le camp militaire situé dans le département du Rhône – ce camp devient centre d'instruction et de ravitaillement en hommes, alors que les troupes actives combattent dans les Vosges et en Alsace. Le dépôt quant à lui accueille les engagés des régiments de marche des 1er et 2e régiments étrangers (RE). Il assure leur formation initiale et les dirige sur les centres d'instruction divisionnaires. Il sert également de base de transit et de convalescence. Après la guerre, les effectifs se limitent à 2 ou 3 bataillons.

Le dépôt métropolitain de la Légion étrangère, dépendant du dépôt commun des régiments étrangers (DCRE), est officiellement créé le 2 septembre 1939. Son personnel est aux ordres du colonel Debas, ancien chef de corps du 5e régiment étranger d'infanterie (REI) qui est rappelé à l'activité. Cette unité est composée d'officiers et de légionnaires prélevés au DCRE, au 1er REI et au dépôt de Marseille. Basé tout d'abord au fort de Vancia, situé au nord de Lyon sur la RN 83, le dépôt occupe également une partie des camps de Sathonay et de la Valbonne. Il se compose d'un bureau de comptabilité dirigé par un chef de bataillon des tirailleurs algériens et a pour mission d'alimenter les corps de troupes avec des personnels recrutés et formés au centre. Les engagements commencent à la cadence d'une centaine de volontaires par jour. Un service de dépistage des indésirables est créé par la prévôté, sous le commandement du capitaine Thévenon du service d'immatriculation de la Légion étrangère (SIL), et encadré par des officiers et sous-officiers retraités de la Légion. Sous l'action du chef de dépôt, des vétérans d'origine allemande, internés au camp de Chambaran, titulaires de la médaille militaire ou de la Légion d'honneur, sont libérés et autorisés à souscrire un contrat d'engagement pour la durée de la guerre afin d'encadrer les nouvelles recrues à l'instruction. Les contrats sont souscrits dans ce dépôt, pour cinq ans au titre de la Légion ou pour la durée de la guerre. Les effectifs croissants sont logés au camp et au fort de Vancia, insalubre, privé d'eau, d'électricité et qui est presque déclassé. Le camp est remis en condition de viabilité par la Légion, puis les surplus d'effectifs sont dirigés vers les localités de Dagneux, Montluel et Miribel et au camp de la Valbonne, commandé par le colonel Maire. Le dépôt doit former, équiper, instruire et administrer les futures unités de Légion formées en France, notamment les 11e et 12e REI composés de légionnaires venant des différents régiments d'infanterie de la Légion basés en Afrique du Nord, de réservistes de la Légion et d'engagés volontaires pour la durée de la guerre (EVDG). Après réorganisation, les nouveaux réservistes et EVDG doivent transiter par le camp de Sathonay pour y être immatriculés. Ils sont ensuite dirigés vers le fort de Vancia pour signer leur contrat d'engagement et percevoir un uniforme. Cette organisation est maintenue jusqu'à la mise en place des compagnies de passage en février 1940. Enfin, le dépôt est chargé de compléter les effectifs de la 13e demi-brigade de montagne de Légion étrangère créée le 20 février 1940 à Sidi-Bel-Abbès.

À l'approche des blindés allemands, afin d'assurer la défense de Lyon, le dépôt forme un bataillon de marche au sein du groupement Mesmay constitué de quatre compagnies de combat et de l'escadron d'instruction du groupement de reconnaissance divisionnaire (GRD 97). Il est au contact de l'ennemi le 19 juin 1940. Après l'armistice, ce groupement rejoint Fuveau dans les Bouches-du-Rhône. Puis l'armée allemande occupe le camp en 1942.

Charles RIDET

Sources : DHPLE, rapports du capitaine Thévenon, mars-avril 1940.

SCHOENDOERFFER, Pierre (1928-2012). – Reporter, cinéaste et écrivain, né en 1928 à Chamalières dans le Puy-de-Dôme et mort à Paris le 14 mars 2012, Pierre Schoendoerffer a principalement montré dans son œuvre le destin de l'homme combattant, pris dans le chaos des guerres de décolonisation. Les honneurs militaires ont été rendus lors de ses obsèques aux Invalides, le 19 mars 2012, à celui qui était aussi 1re classe honoraire de la Légion étrangère et soldat de 1re classe d'honneur du 1er régiment de chasseurs parachutistes.

Les relations entre Pierre Schoendoerffer et la Légion étrangère naissent en Indochine, alors qu'il est cameraman des armées entre 1952 et 1954. Dès 1952, il est présent lors de la victoire de Na San ; dans l'œil de sa caméra, sur la route provinciale 41, apparaissent les hommes du 2e bataillon étranger de parachutistes (BEP). Lors de l'opération « Camargue », du 28 au 30 juillet 1953, plusieurs unités sont filmées, dont les blindés du 1er régiment étranger de cavalerie (REC). Puis vient l'opération « Brochet », en septembre 1953 ; se battent notamment les soldats du 2e BEP et du 5e régiment étranger d'infanterie (REI). À Diên Biên Phu, il filme le 1er BEP, au tout début du mois de mars 1954 lors d'une opération sur le piton de la cote 781 à l'est du camp retranché. Cette liste n'est pas exhaustive ; Pierre Schoendoerffer lui-même avait écrit dans la préface de *La Guerre d'Indochine* de Patrick Buisson : « Notre préférence allait aux parachutistes, à la Légion et à d'autres bataillons d'élite parce qu'ils étaient des pompiers qui allaient au feu le plus brûlant. »

Les références explicites à la Légion ne sont pas très abondantes mais récurrentes dans son œuvre cinématographique et littéraire. La première surgit dans *Objectif 500 millions* (1966) : lorsque le héros, le capitaine déchu Reichau, ancien de l'Organisation armée secrète (OAS), tout juste sorti de prison, retrouve ses anciens camarades de combat, c'est « Le diable marche avec nous » que chantent ces hommes. Avec *L'Honneur d'un capitaine* (1982), c'est un personnage secondaire qui coiffe le béret vert : dans les djebels algériens, à la frontière tunisienne, le commandant Guillou vient aider son ami le capitaine Caron (Jacques Perrin) à pourchasser un chef du Front de libération nationale (FLN). Vingt ans après la fin de la guerre, cet ancien de l'OAS défend sur un plateau de télévision puis au tribunal la mémoire de son camarade défunt, accusé de forfaiture et d'actes de torture. Dans *Diên Biên Phu* (1992), ils sont nombreux à porter le képi blanc, dans le crépuscule du Hanoi colonial. Au comptoir, « Chez Betty », il faut rituellement boire un improbable cocktail appelé « képi blanc » à la santé de la Légion, pendant que sur le front, là-bas, les camarades se battent et tombent sous les balles. Quand le point d'appui Béatrice tombe, c'est inévitablement de la 13e demi-brigade de Légion étrangère (DBLE) que l'on parle. Dans les derniers jours de la bataille, quelques hommes boivent un pastis-cognac dans un abri de fortune éclairé à la bougie. L'un d'eux se lève, coiffe son képi blanc et d'une voix tonitruante à l'accent prononcé se présente : « Légionnaire Koborski ! » Quand tout est achevé, les hommes détruisent leurs armes ; l'un d'eux déchire son képi blanc. Le cadrage du plan ne montre pas son visage ; ce n'est plus un personnage, mais bien un archétype. Enfin, dans son roman *L'Aile du papillon* (Grasset, 2003), le narrateur est ancien légionnaire d'Indochine, échoué en Bretagne.

Pour le reste, aucun autre héros de Pierre Schoendoerffer n'a explicitement servi dans les rangs de la Légion. Cependant, l'adjudant Willsdorff de *La 317e Section*, ancien « malgré-nous », à l'accent alsacien prononcé dans le roman (La Table ronde, 1963) – qu'il a perdu dans l'adaptation cinématographique de 1964 –, n'évoque-t-il pas, comme le capitaine Reichau d'*Objectif 500 millions*, ces baroudeurs aux mille batailles des années 1940 à 1960 ? Au-delà des figures explicites de légionnaires, au-delà des références précises au képi blanc, il y a bien toute une « mythologie Schoendoerffer » qui contribue à l'édification de celle de la Légion étrangère.

Bénédicte Chéron

Bibl. : Bénédicte Chéron, *Pierre Schoendoerffer*, CNRS Éditions, 2012 • Delphine Robic-Diaz, « L'art de témoigner de Pierre Schoendoerffer », *Le Temps des médias*, 2005/1, n° 4, p. 178-187.

SCOTTO, Vincent (1874-1952). – Le prolifique compositeur marseillais aux 4 000 chansons, 60 opérettes et 200 musiques de film, alors au faîte de la gloire, n'est pas indifférent à la réputation de la Légion étrangère qui vient de célébrer avec faste son centenaire. Alors que le cinéma s'est emparé d'un thème porteur pour un large public encore attiré par l'exotisme et le rêve, Vincent Scotto donne en 1937 dans deux salles parisiennes une opérette, *Ceux de la Légion*, qui fait écho au film tourné l'année précédente avec Fernandel, *Un de la Légion*. La première représentation a lieu au théâtre Antoine le 15 juin avec les chanteurs Sarvil, Alibert et Vincy. Le théâtre Bobino à Montparnasse accueille la troupe pour les dernières représentations.

André-Paul COMOR

Bibl. : Roger Vignaud, *Vincent Scotto, l'homme aux 4 000 chansons*, Autres temps, 2006.

SÉBASTOPOL, siège de (1854-1855). – Sébastopol est en 1854 la principale base navale russe sur la mer Noire. Elle devient l'objectif des armées anglaises et françaises après l'évacuation des principautés danubiennes par la Russie. Ces armées débarquent en Crimée, remportent la bataille de l'Alma (20 septembre 1854) et assiègent Sébastopol sans l'investir totalement. Cette lacune permet aux Russes de ravitailler la place et de tenir un an. La brigade de Légion étrangère commandée par le général Bazaine participe à ce siège, du premier au dernier jour.

Cette participation est rendue difficile par les épidémies (choléra, dysenterie, typhus) qui tuent plus que les combats malgré la stricte discipline sanitaire imposée par les cadres. Elle l'est également par la rigueur prévisible mais pourtant non prévue de l'hiver en Crimée : les équipements individuels adaptés aux grands froids (capotes à capuchon dites « criméennes », vestes en peau de mouton, chaussures fourrées) sont distribués en fin d'année 1854, quatre semaines après le début des grands gels. Le service dans les tranchées occupe la plus grande partie du temps. Pour son exécution, les régiments de Légion sont des régiments d'infanterie parmi d'autres. Les légionnaires sont occupés alors par des travaux de terrassement pour aménager et entretenir les tranchées et les positions de batterie ainsi que par des renforts fournis à l'artillerie pour l'approvisionnement des pièces. L'activité intense de l'artillerie russe rend ce service dangereux, car elle utilise des bombes, c'est-à-dire des boulets explosifs parfois chargés de balles.

Durant l'automne et l'hiver, les Russes ont l'initiative des attaques. Le 5 novembre, sur le plateau d'Inkerman, ils tentent ainsi de couper l'armée anglaise de sa base de ravitaillement, mais l'intervention d'un groupement français majoritairement composé de bataillons de Légion fait échouer cette manœuvre. Il ne s'agit ensuite que d'actions locales destinées à éloigner les assiégeants des positions russes. Dans la nuit du 19 au 20 janvier 1855, mais également le 11 février et le 15 mars, ces attaques ont pour objectif des tranchées qui sont tenues par un bataillon de Légion. Chaque fois elles sont repoussées.

Le bastion central russe prend d'enfilade les tranchées françaises, c'est pourquoi une attaque est lancée dans la nuit du 1er au 2 mai pour s'en emparer et supprimer la menace. La gauche des assaillants est constituée par le 1er Étranger. Un assaut à la baïonnette permet à la Légion de s'emparer de cet ouvrage, puis les contre-attaques russes sont arrêtées par les feux de salve des soldats de la Légion qui restent maîtres du terrain conquis, intégré dans le dispositif français. Cette opération coûte la vie au colonel Vienot, à 2 capitaines, 3 sous-officiers et 34 hommes de troupe du 1er Étranger.

Les Russes pallient la perte du bastion central en aménageant une nouvelle position entre la mer et le cimetière de Sébastopol. Une fois encore elle prend d'enfilade les tranchées françaises. Pour supprimer cette nouvelle menace, deux attaques simultanées sont menées dans la nuit du 22 au 23 mai. La Légion participe à l'attaque de droite, s'empare de son objectif et le défend obstinément : la position est prise et reprise cinq fois au cours de la nuit. Le terrain conquis étant bouleversé, il faut en abandonner la plus grande partie au lever du jour. Les pertes de ce combat sont très élevées : 6 officiers, 51 sous-officiers et hommes de troupe tués, 10 officiers et 256 sous-officiers et hommes de troupe blessés. À la suite de ce demi-succès, l'attaque qui reprend la nuit suivante conquiert définitivement le terrain. Un seul bataillon de Légion y participe. Après le 24 mai, la Légion est engagée de façon marginale dans les assauts qui vont aboutir à la prise de Sébastopol le 5 septembre 1855.

Charles RIDET

Bibl. : Alain Gouttman, *La Guerre de Crimée, 1853-1856*, SPM, 2003.

SEEGER, Alan (1888-1916). – C'est un jeune poète américain. La vie en France l'attire et particulièrement celle que l'on peut mener dans la capitale où se plaisent certains de ses compatriotes à l'orée de la Grande Guerre (d'autres viendront ensuite, dont Ernest Hemingway n'est pas le moindre). Lui y arrive en 1912, enthousiaste et confiant en sa vocation artistique. Dans le dernier numéro des *Soirées de Paris*, la revue de Guillaume Apollinaire, il publie un article sur le base-ball, un sport important, dit le maître de la poésie française, « à cause de toutes les qualités d'énergie, de vitesse et de sang-froid qu'il développe chez ses joueurs ». À la guerre non plus, ces qualités ne sont pas inutiles. Alan Seeger est grand et beau, sportif, sensible et plein d'ardeur. C'est un jeune poète américain que personne n'oubliera jamais parce qu'il a écrit *I have a rendez-vous with Death*…

Il est né le 22 juin 1888 à New York où son père dirige la société d'import-export Seeger and Guernsey Company. Mais celle-ci fait faillite, et la famille doit partir pour le Mexique. Le jeune garçon, qui a un frère et une sœur, commence à écrire dans le bulletin familial, *The Seeger Family Magazine*, puis il continue mais cette fois dans le journal de son école – la Hackley School près de New York où il est retourné –, enfin au *Harvard Monthly* : en 1906 en effet, il est entré à l'université Harvard à Boston. Diplômé en 1910, il ne veut être que poète. Il y a déjà quelques années qu'il a décidé de se consacrer à la quête de la vérité, de la beauté. Le programme est ambitieux. À cette époque, la France paraît souvent le meilleur endroit où réaliser un tel désir. À Paris en 1912, Alan Seeger habite rue du Sommerard, près du musée de Cluny. Il cherche à éditer le recueil de ses premières œuvres, *Juvenilia*, mais n'en aura pas le temps. C'est la guerre. La mort lui apparaît digne d'être courtisée. Il s'engage le 24 août 1914 au 2e régiment étranger. Les jeunes volontaires comme lui, dit-il, « avaient contemplé la myriade de lumières étincelantes de la superbe cité. Paris – mystique, maternel, personnifié à qui ils étaient redevables des plus joyeux moments de leur vie –, Paris était en péril ! »

Il se bat et il tient son journal. Certains de ses poèmes sont publiés dans *Atlantic Monthly*, d'autres, et notamment *I have a rendez-vous with Death*, dans le *New Republic*. Il rédige des articles pour ce périodique et pour le

New York Sun. Tous ces écrits prennent place parmi les grands témoignages de l'existence sur le front : « Guerre des tranchées. [...] Au pied d'un mur tortueux, les soldats sont assis pêle-mêle, étroitement serrés, coude à coude. Ils fument, mangent des morceaux de pain sec ou regardent vaguement le mur en face d'eux. » Aucune attaque d'envergure n'est prévue, la vie est monotone sinon préservée : l'artillerie tonne, les balles sifflent, les obus explosent. Après six jours (« cela semble près de la limite de tension physique et morale qu'un homme puisse supporter ») arrive la relève. Une fois à l'arrière, il faut se substituer au génie insuffisant et assurer sa lourde part de corvées. Les patrouilles constituent un intermède dont le danger même est divertissant : « C'est la seule manière de conquérir des lauriers en l'absence actuelle de combat. »

Alan Seeger passe sept mois dans l'Aisne (Berry-au-Bac, ferme d'Alger, la Pompelle, etc.) puis son unité se rend en Champagne : Châlons-sur-Vesles, Reims, Courcelles… Ce sera ensuite l'Alsace et de nouveau la Champagne : Suippes, la ferme Navarin – le journal qu'il tenait à ce moment précis a été perdu mais c'est la bataille, enfin, « au matin inoubliable du 25 septembre ». Ces textes proposent aussi un autre portrait de la Légion étrangère. En fait, et depuis les premiers jours au camp de Mailly, dans l'Aube, Alan Seeger ne s'y sent pas toujours bien. Le 1er septembre 1915, il constate : « la majorité des hommes qui se sont volontairement engagés s'est trouvée jetée dans un régiment presque entièrement composé de la lie de la société, repris de justice et voyous, commandés par des sous-officiers qui nous traitaient tous sans distinction, comme ils ont l'habitude de le faire en Afrique pour leur engeance indisciplinée. » À son avis, l'absence de camaraderie provient du peu d'occasions de nouer des liens : les grands exploits accomplis en commun font défaut. Mais quand on lui donne la possibilité « d'entrer dans un régiment français », après quelques hésitations, il préfère refuser : « Je n'en suis pas moins resté fidèle à la Légion, où je me trouve content et y ai de bons camarades », écrit-il à sa mère le 25 octobre 1915. Il est heureux d'appartenir à la première brigade de la division marocaine : « ceux qui marchent avec les zouaves et les tirailleurs algériens sont certains d'être là où il y a le plus d'honneur ». Serait-ce, à l'horizon, une première apparition de la polémique sur le régiment le plus décoré de la Grande Guerre ?

Durant les premiers mois de l'année 1916, Alan Seeger souffre d'une affection pulmonaire qui le retient plus de trois mois « hors de l'armée ». Il retrouve le front le 1er mai. Puis on lui demande de composer une ode en mémoire des volontaires américains tombés pour la France. Il la lira lors de la célébration du *Decoration Day*, le 30 de ce mois, devant la statue de La Fayette et Washington à Paris. Mais la permission nécessaire n'arrive pas. L'administration militaire a confondu la date avec celle de l'*Independence Day*, le 4 juillet. Ce jour-là seulement il pourra s'absenter du front, et encore n'est-ce pas sûr… Ce 4 juillet 1916, cent quarante années après la naissance des États-Unis, Alan Seeger est tué devant Belloy-en-Santerre. « Si cette permission ne m'est pas accordée, avait-il dit à un ami quelques jours auparavant, souriant : *Mektoub !* »

Le 4 juillet 1923, le monument aux volontaires américains est inauguré à Paris, place des États-Unis : « *Hail, brothers, and farewell ; you are twice blest, brave hearts* » (« Salut, frères et adieu ; soyez deux fois bénis, braves cœurs »). Au soldat sculpté sur le socle, on a donné les traits du poète.

France Marie FRÉMEAUX

• *Voir aussi* : Anthologie, en fin de volume.

Bibl. : Notice biographique dans John A. Garraty, Mark C. Carnes (dir.), *American National Biography*, vol. 19, New York, Oxford University Press, 1999 • *Alan Seeger, le poète de la Légion étrangère : ses lettres et poèmes*, Payot, 1918.

SEGRÉTAIN, commandant Pierre (1909-1950). – Pierre Segrétain naît le 7 novembre 1909 à Saint-Mihiel dans une famille de militaires. En 1930, malgré les séquelles d'une maladie pulmonaire, il intègre l'École spéciale militaire de Saint-Cyr. Son rang de sortie ne lui permet pas de rejoindre l'armée d'Afrique ou la Légion étrangère auxquelles il aspire. Le désir d'aventure lointaine, le goût de la difficulté et du défi l'auraient influencé dans ce choix, pour l'heure encore inaccessible. Après une première affectation au 35e régiment d'infanterie de Belfort, il obtient enfin, en 1936, un poste à la Légion, au 1er régiment étranger d'infanterie (REI) en Algérie. Ses notes attestent sa parfaite intégration. Au cœur du Sahara, il vit pleinement son engagement au service de l'Empire français. En 1938, il rejoint le 2e REI au Maroc, à Oujda, puis l'année suivante part pour Damas avec le 2e bataillon rattaché au 6e REI créé le 1er octobre avec les unités du groupement de Légion étrangère du Levant.

En juin 1940, alors qu'il est en permission en France, il obtient une affectation dans l'armée des Alpes. Sa conduite au feu en Isère lui vaut une première citation et une promotion au grade de capitaine. Affecté dans l'armée de Vichy dans l'Ain, le jeune officier n'a qu'un souhait : retrouver la Légion. En janvier 1941, il obtient de rejoindre le 6e REI en Syrie. De juin à juillet, avec son régiment, il participe aux combats face aux Australiens lors de l'offensive des Britanniques et des Français libres contre le Levant vichyste. Malgré ses sentiments revanchards, Segrétain refuse de rallier les Forces françaises libres (FFL) : comme pour la majorité de ses camarades, son sens du devoir et son attachement à ses légionnaires expliquent son choix. Il est rapatrié en France en août, gagne l'Algérie pour être affecté au 1er REI. En septembre 1942, il épouse Marie-Élisabeth Rossignol. En avril 1943, Segrétain participe aux derniers combats de la campagne de Tunisie. Suivent, entre septembre 1944 et mai 1945, les dures campagnes de France et d'Allemagne avec le régiment de marche de Légion étrangère (RMLE).

Après un séjour à l'école de Saint-Cyr dans le nouveau camp de Coëtquidan (1946-1947), il souhaite retrouver « sa chère Légion », écrit son père, le colonel André Segrétain, dans le tapuscrit qu'il consacre à son fils, *La Vie et la mort du chef de bataillon Pierre Segrétain*. Il veut rattraper le temps perdu et pouvoir enfin démontrer sa valeur, ses capacités à mener une unité au combat. Il passe son brevet « para » en juillet 1947, à Pau, avec l'espoir de prendre le commandement de la première unité aéroportée de Légion.

En mai 1948, malgré des réticences au sein de la Légion comme dans les états-majors, le 1er bataillon étranger de parachutistes (BEP) voit enfin le jour. Le capitaine Segrétain – « officier parfait et un technicien éprouvé », selon une note du général Monclar, inspecteur de la Légion étrangère – est désigné pour en prendre le commandement. Les légionnaires, tous volontaires, sont brevetés en juillet à Philippeville. Le 1er BEP débarque au Tonkin dès le 11 novembre sans avoir achevé son instruction. Au grand dam de son chef, les compagnies sont aussitôt mises à la disposition du commandement et dispersées. Il proteste énergiquement, mais en vain. Toutefois, ses hommes s'adaptent rapidement à la guerre nouvelle imposée par le Viêt-minh : opérations de police dans les villes, longues marches dans les rizières du delta du fleuve Rouge ou dans les forêts profondes et les calcaires du Tonkin, au milieu d'une nature exubérante et sous une pluie incessante. Segrétain fait de son bataillon le fer de lance de la Légion en Indochine. Plusieurs fois cité, il est promu au grade de chef de bataillon le 1er juillet 1949. Ses incessantes demandes pour obtenir des renforts, des armes, des uniformes, un casernement digne pour ses légionnaires, la minutie qui est la sienne dans la préparation des opérations et leur exécution lui valent cependant l'inimitié de certains de ses supérieurs comme de ses subordonnés. Ainsi son adjoint, le capitaine Jeanpierre, un ancien du 6e REI qui a combattu à ses côtés en Syrie, ne semble-t-il pas apprécier ce qu'il considère comme un manque d'initiative. Il est plus vraisemblable que Segrétain, comptable de la vie des hommes, a mieux que d'autres intégré la nouvelle forme de guerre à laquelle il fait face – chaque rizière, chaque village, rallié de gré ou de force au Viêt-minh, peut cacher des « Viets ». Selon le commandant Cornuault, qui a servi au 1er BEP sous ses ordres comme jeune sous-lieutenant, Segrétain n'est pas un « dégageur », mais son unité « tourne et obtient des résultats ».

En septembre 1950, dans le cadre de l'évacuation des postes de la route coloniale n° 4 (RC4) soumis à la pression des unités viêt-minh venues de la Chine communiste, le commandant Segrétain reçoit pour mission de sécuriser l'opération « Tiznit » en tenant l'important poste de Dong Khé. Le groupement Bayard, commandé par le lieutenant-colonel Lepage, formé du 1er BEP, d'un bataillon de marche du 8e régiment de tirailleurs marocains (RTM) et des 1er et 11e Tabors (soit à peine 3 500 hommes dont 500 légionnaires), doit conserver Dong Khé, assurer la communication avec That Khé tout en se rendant disponible pour une opération vers le nord qui n'a pas encore officiellement été communiquée à Lepage mais que celui-ci et ses officiers connaissent : l'évacuation du poste de Cao Bang.

Toutefois, le 2 octobre, le BEP ne peut pas reprendre Dong Khé, pris entre-temps par le Viêt-minh. Lepage, ne bénéficiant d'aucun appui, ni de reconnaissance aérienne, divise ses faibles troupes, conformément aux ordres. Or, les Français doivent faire face à 35 000 Viêt-minh armés et entraînés. Dans une fuite éperdue pour tenter de leur échapper et de faire la liaison avec les hommes du lieutenant-colonel Charton qui évacuent Cao Bang, les unités du groupement Bayard sont décimées. Le 7 octobre, Lepage, encerclé dans la cuvette de Coc Xa, donne l'ordre à Segrétain de percer coûte que coûte. Le 1er BEP livre un des combats les plus sanglants de la guerre d'Indochine. Affaibli par une sciatique, le chef de bataillon Segrétain commande son unité jusqu'au bout de ses forces. Grâce au sacrifice des légionnaires, les restes de la colonne Lepage quittent Coc Xa et retrouvent la colonne Charton elle-même harcelée par le Viêt-minh. Il est décidé de rejoindre That Khé encore tenu par les Français.

Dans la nuit du 8 octobre, alors que la trentaine de rescapés du BEP marche dans un arroyo, une fusillade éclate. Segrétain est blessé à la jambe et au ventre. Il donne l'ordre à ses légionnaires de l'abandonner. Le 11 octobre, les Viets font reconnaître son corps par trois légionnaires prisonniers. Le chef de bataillon Pierre Segrétain est déclaré mort pour la France le 9 octobre. Son corps aurait été inhumé au col de Lung Phai vers la cote 703, puis exhumé et enterré au cimetière de Dong Khé.

Franck SEGRÉTAIN

Bibl. : Serge Desbois, *Le Rendez-vous manqué des colonnes Charton et Lepage*, Indo Éditions, 2003 • Pierre Montagnon, *Les Parachutistes de la Légion, 1948-1962*, Pygmalion, 2005 • Franck et Étienne Segrétain, *Au champ d'honneur. La vie et la mort du chef de bataillon Pierre Segrétain du 1er BEP*, Indo Éditions, 2010.

SELCHAUHANSEN, lieutenant Christian Wilhelm (1871-1903). – Né à Karebok près de Prost au Danemark, Christian Selchauhansen a vingt ans lorsque à l'issue de sa période de formation il est nommé sous-lieutenant dans l'armée de son pays. Il y sert plus de deux ans dans l'artillerie avant d'être contraint à la démission à la suite d'une liaison scandaleuse. Il entreprend alors des démarches pour rejoindre la Légion étrangère en qualité d'officier.

Le 21 avril 1894, il est admis à titre étranger et conserve son grade. Affecté au 1er régiment étranger, il rejoint l'Algérie. Désigné pour le Tonkin et affecté à la 6e compagnie du régiment de marche du 1er Étranger, il y fait un séjour de plus de vingt-sept mois, du 15 mai 1895 au 23 septembre 1897. C'est sur ce théâtre que deux ans après son admission à la Légion étrangère il est promu lieutenant (21 avril 1896). Au retour d'Extrême-Orient, Selchauhansen retrouve l'Algérie et le 1er Étranger avec ses missions de colonnes, de tracés de pistes, de constructions de postes et de routes. Il passe l'année 1899 à faire campagne en Tunisie et quatre mois après son retour, il est à nouveau désigné pour une mission hors d'Afrique du Nord, cette fois à Madagascar où il sert du 1er avril 1900 au 17 mars 1901. À son retour, ce cavalier émérite est admis à suivre le cours des lieutenants de l'école d'application de la cavalerie.

C'est probablement à cette époque que, profitant d'une permission, il retourne au Danemark. Il y rencontre alors un tout jeune garçon dont il est venu visiter les parents. Le fringant officier lui offre une figurine de plomb et raconte son expérience militaire auprès des légionnaires. L'enfant est subjugué et se met à rêver. Sans le savoir, Christian Selchauhansen fait naître la vocation légionnaire d'un autre Christian, le prince Aage de Danemark. De retour en Algérie, le lieutenant Selchauhansen retrouve « son » régiment, le 1er Étranger. Il participe alors aux opérations qui se déroulent dans les régions sahariennes. En effet, les tribus rebelles pénètrent et commettent des exactions à la frontière algéro-marocaine ; surtout elles freinent la pénétration française au Maroc. Après avoir passé plus de sept ans au 1er Étranger, Christian Selchauhansen est affecté le 1er juillet 1903 au 2e régiment étranger et prend le commandement du 2e peloton de la 22e compagnie montée qui est commandée par le capitaine Vauchez. À la fin du mois d'août, un important convoi de ravitaillement des postes de l'Extrême-Sud oranais et des oasis s'organise dans un contexte de grande insécurité. Ce détachement placé aux ordres d'un chef de bataillon de tirailleurs comporte 2 000 hommes et 3 000 chameaux. Du fait de cet effectif important, il est indispensable de fractionner l'élément en trois échelons. Renforcée d'une trentaine de spahis, la compagnie Vauchez est chargée de l'escorte du deuxième détachement qui comporte 572 chameaux. Le 2 septembre 1903, à 9 h 30, après six heures de marche, la colonne arrive dans la grande plaine d'El-Moungar et s'installe pour une courte halte ne devant pas excéder trente minutes. Après seulement dix minutes de pause, 300 à 400 guerriers de plusieurs tribus dissidentes attaquent le convoi. Dès les premiers échanges de tirs, le lieutenant Selchau-hansen est blessé de plusieurs balles.

Il existe plusieurs versions des derniers instants de cet officier charismatique, et ses propos sont invérifiables. Par exemple, a-t-il vraiment répété à ses pairs : « Je ne crains pas la mort, car la mort est mon sort. Je crains de mourir dans le souvenir de ces braves amis et camarades de la Légion étrangère » ? Nous avons néanmoins quelques certitudes qui proviennent de la citation à l'ordre général nº 61 du 19e corps d'armée du 26 septembre 1903 : « mortellement atteint, a continué à diriger le combat jusqu'à ce que ses forces l'eurent abandonné ». En outre, sa pierre tombale spécifie qu'il n'est pas mort durant le combat le 2 septembre mais des suites de ses blessures, deux jours plus tard à Taghit. Il avait trente-deux ans.

Alexis NEVIASKI

Sources : Centre de documentation de la Légion étrangère.

SERBIE (Première Guerre mondiale). – Royaume des Balkans dont l'agression, à la suite de l'assassinat du prince héritier d'Autriche-Hongrie, François-Ferdinand, est à l'origine du déclenchement de la Première Guerre mondiale. Dirigée depuis 1903 par le roi Pierre Ier Karageorgevitch, issu de la partie francophile de l'aristocratie et ancien sous-lieutenant de la Légion étrangère pendant la campagne de 1870-1871, la Serbie est gouvernée, en réalité, à l'été 1914, par le prince héritier Alexandre, régent pour son père malade, le président du Conseil Pachitch et le voïvode Putnik, général en chef de l'armée. Elle est attaquée sans succès notables par l'Autriche-Hongrie dès le mois d'août 1914. L'armée serbe, forte de l'expérience acquise lors des deux guerres balkaniques, parvient à conserver son territoire et impose même aux Austro-Hongrois quelques revers humiliants dans le sud de la Bosnie-Herzégovine et de la Hongrie. Le front des combats est alors concentré entre la côte dalmate et la région de Belgrade, ce qui permet à l'armée serbe de compenser en partie son infériorité numérique en utilisant l'avantage géographique que représente la frontière naturelle de la Save et du Danube. Une attaque concentrée sur Belgrade début décembre 1914 conduit, certes, à la perte temporaire de la capitale, mais l'audacieux retour offensif du général serbe Putnik, à partir de la région du mont Roudnik, est couronné de succès, ses 200 000 soldats soutenus par quelques centaines de conseillers français reprenant crânement l'intégralité de la ligne de front Save-Danube. Malgré l'extrême popularité du vieux roi Pierre Ier, le moral excellent de l'armée et l'arrivée de matériels français, la pression des corps d'armée austro-hongrois épuise peu à peu la Serbie dont la situation reste précaire du fait de son isolement géographique.

Dans le contexte stratégique de l'ouverture de nouveaux théâtres d'opérations aux Dardanelles et en Mésopotamie, en février 1915, la résistance serbe devient particulièrement gênante pour Vienne et Berlin qui parviennent à s'allier la Bulgarie en septembre de la même année. Cette alliance comporte une autorisation d'annexer toutes les provinces méridionales de la Serbie convoitées par Sofia, disputées à la fin de la première guerre balkanique et à l'origine du déclenchement de la seconde en 1913. Un mois après cette alliance, le 6 octobre 1915, une offensive générale des empires centraux, sous la direction du général allemand August von Mackensen, vient à bout de la défense de la Serbie sur ses frontières. À un contre trois, attaquée à partir de la Bosnie, de la Hongrie et de la Bulgarie, l'armée serbe est bousculée en moins de une semaine. Belgrade tombe dès le 9 et, en plein hiver, Putnik se résigne à une retraite difficile. Le terrain escarpé le conduit rapidement à la perte de son matériel lourd, tandis qu'il tente de faire sa jonction avec un petit corps expéditionnaire franco-britannique distrait du front des Dardanelles au début du mois d'octobre.

Aux ordres du général Sarrail, cette force d'une valeur de deux petites divisions, suivies bientôt de deux autres, quitte Salonique et progresse vers le nord où elle rencontre une partie de l'armée bulgare dans les vallées du Vardar, vers Krivolar, ainsi que sur les lignes de crête qui dominent la région à l'ouest de Stroumitza. Le 3e bataillon du régiment de marche d'Afrique (III/RMA), composé de moins de 600 légionnaires aux ordres du chef de bataillon Arqué, qui viennent de s'illustrer dans le ravin du Kerevès-Déré aux Dardanelles, entre en Macédoine fin octobre et se voit confier la défense de la région de Kalkova face à la Bulgarie toute proche. Le contact avec les troupes bulgares donne lieu à plusieurs combats intenses, mais d'envergure limitée. Ainsi le 16 novembre les légionnaires reprennent-ils puis défendent-ils le Massif isolé ou « Dent de la scie », une position dominante qui commande la vallée de Cernika. Accrochés à cette position et à celle de Gjavato-Bogdanu toute proche, ils s'y maintiennent face aux attaques du 7 au 13 décembre pendant lesquelles le III/RMA couvre le repli du corps expéditionnaire. Dans la nuit du 13 au 14 décembre, les dernières unités alliées ayant franchi la frontière, les légionnaires parviennent à s'exfiltrer à leur tour, au prix de plusieurs passages en force à la baïonnette. La belle conduite des légionnaires dans les combats à l'ouest de Stroumitza leur vaut d'être cités à l'ordre de la brigade. Cependant, venant du nord, les forces serbes en retraite ne parviennent pas à s'engager en direction de Nich et par-delà Uskub (aujourd'hui Skopje), où les Bulgares les ont devancées. Le voïvode Putnik oriente alors sa retraite vers le sud-ouest à travers les cols des Alpes dinariques par le Monténégro et l'Albanie. Le courage du roi Pierre Ier, qui est resté avec ses soldats, et celui de son fils le régent Alexandre, prince héritier qui fait le coup de feu avec l'arrière-garde, sont alors mis en valeur pour servir au maintien du moral des débris de leur armée. Aussi, fin décembre 1915, les 40 000 survivants de l'armée serbe parviennent-ils à rallier Scutari (Shkodër) et Durazzo (Durrës) sur l'Adriatique où les Alliés les embarquent à destination de Corfou qui devient la nouvelle capitale d'une Serbie occupée. C'est sur cette île qu'est rédigée, le 20 juillet 1917, la déclaration fondatrice de la future fédération des Serbes du Sud, la Yougoslavie. C'est aussi à partir de cette île qu'est reconstruite l'armée serbe qui compte en septembre 1918 près de 140 000 hommes engagés à partir des montagnes de Macédoine dans la libération de leur pays dont le Dobropolje, Kitchevo, Uskub et Belgrade sont les étapes militaires majeures et symboliques.

La Serbie éliminée pour un temps du développement du conflit, les Alliés repoussés des Dardanelles et de Macédoine vers la Grèce – dont la neutralité équivoque se monnaye à prix d'or entre les chancelleries –, le front d'Orient est alors figé pour de longs mois. Des combats limités, auxquels participent les légionnaires du III/RMA, dans la vallée de la Tcherna, à Rosna et Petorak du 19 septembre au 3 octobre, puis devant Kenali jusqu'à mi-novembre, conduisent toutefois à la reprise de Monastir (Bitola), deuxième ville de Macédoine, le 20 novembre 1916. Au printemps 1917, la petite ville de Posen connaît le même sort et la conquête de haute lutte de l'ouvrage de Murnich, le 26 mars, vaut au III/RMA une nouvelle citation à l'ordre de l'armée. Ce jour-là, le bataillon fait prisonniers 165 Bulgares et 4 pièces d'artillerie, tout en résistant à plusieurs contre-attaques. L'adjudant Henri Naudmann, chef de section devenu borgne au cours d'une de ces contre-attaques, y gagne la croix de chevalier de la Légion d'honneur. Puis le manque d'effectifs se faisant sentir aussi sur ce front, ce bataillon est dissous et il ne reste plus qu'une seule compagnie de Légion étrangère en Orient jusqu'à la fin de la guerre : celle du 1er RMA (CL/1er RMA), aux ordres du capitaine Comte. Après plusieurs mois en première ligne au nord de Monastir, elle prend part aux combats franco-grecs pour le Serka-di-Legen en juillet 1918 puis à l'offensive générale de l'armée d'Orient en septembre de cette même année. Les combats emmènent alors les légionnaires devant Cernobok et Kitchevo en octobre, avant leur retour à Salonique après l'Armistice.

Philippe GUYOT

Bibl. : François Cochet et Rémy Porte (dir.), *Dictionnaire de la Grande Guerre*, Robert Laffont, coll. « Bouquins », 2008 • Fernand Gambiez et Maurice Jean Suire, *Histoire de la Première Guerre mondiale*, 2 volumes, Fayard, 1968.

SERGENT, capitaine Pierre (1926-1992). – Le parcours de Pierre Sergent fait mentir bien des discours convenus sur les origines sociales des légionnaires et les motivations de leur engagement. Selon ses termes, il est né dans une « boîte capitonnée », issu d'une famille où les universitaires côtoient les ingénieurs. Il grandit sur les hauteurs de Sèvres et l'objectif affiché par ses parents est de faire de leurs quatre enfants des chrétiens et des élèves des grandes écoles. C'est par une vitrine paternelle qu'il prend goût aux choses militaires, goût ravivé par le traumatisme de la débâcle de 1940 vécue à Bergerac où ses parents se sont installés de septembre 1939 à novembre 1941. Revenu dans le Paris occupé, Sergent est élève au lycée Henri-IV et écoute Radio Londres avec ses parents. Deux ans plus tard, il entre au corps franc Liberté puis, au lendemain du Débarquement, rejoint un maquis en Sologne avec un de ses frères et d'autres étudiants. Il y fait son premier apprentissage de soldat puis retrouve Paris à la Libération. Inscrit en corniche à la rentrée 1944-1945, il s'occupe de relancer la revue *Le Caso* et intègre Saint-Cyr en 1947. À la sortie, en 1949, c'est l'heure du choix et de l'affectation. Pierre Sergent s'interroge mais son ami Bertrand de Gorostarzu choisit la Légion après avoir lu des lettres de son cousin, Hélie Denoix de Saint Marc. « La Légion, c'est sensationnel », explique Gorostarzu à Sergent en lui confiant les missives. Ce dernier marque son « enthousiasme » et se décide : « moi aussi, je servirai à la Légion [...]. Car si Saint-Cyr est une tradition, la Légion est une légende ».

Arrivé à Sidi-Bel-Abbès en mai 1950, Sergent passe un an au 1er régiment étranger d'infanterie. Il escompte partir pour l'Indochine lorsqu'on lui ordonne de rejoindre le 3e bataillon étranger de parachutistes (BEP) à Djidjelli, en Petite Kabylie. Là, il s'occupe d'instruction et participe, en Tunisie, à ses premiers « ratissages ». En avril 1952, il est affecté en Indochine au 1er BEP : il y voit « une chance d'appartenir à l'élite de l'élite ». Il y commande la section « jaune » de la première compagnie. De missions diverses en « accrochages », il accomplit rarement un travail purement « parachutiste », à l'exception de l'opération « Lorraine » (novembre 1952) suivie par la défense du camp retranché de Na San. Le 10 mai 1953, Sergent est grièvement blessé à la tête de sa section. Son séjour à l'hôpital marque non seulement la fin de son affectation en Indochine, mais également, pour le jeune lieutenant, ce qu'il appelle « un profond bouleversement » : « l'officier-mercenaire [...] mourait lentement » tandis que « l'officier-engagé était en train de naître ».

S'il assiste depuis Paris à la chute de Diên Biên Phu et à la signature des accords de Genève, Pierre Sergent, dont la convalescence s'arrête en octobre 1954, est présent en Algérie dès le mois suivant. Il ne la quitte plus jusqu'en janvier 1961. Encore inapte au saut, il est affecté à Fort-Flatters, au débouché sud du Grand Erg, dans une compagnie chargée de contrôler les caravanes, les campements de nomades et de surveiller la frontière libyenne. Il sert ensuite dans le Sud algérois, le secteur de Téhès et le Sud oranais. Le 13 mai 1958, il se trouve à Saïda où il commande une compagnie du 1er Étranger. Il décrit l'événement comme un « rêve », un « miracle [...] concret, présent, réel », grâce au retour du général de Gaulle, « le chef [...] qui ne se laisse pas contraindre par l'opinion, [...] tout redevient possible ». Présent à Oran le 6 juin 1958 pour « participer à l'accueil du Grand Charles », il raconte à son frère avoir été gagné par l'enthousiasme général : « Il aurait fallu être d'acier pour ne pas trembler. » Au cours de l'année suivante, le jeune capitaine qui commande la 1re compagnie du 1er REP participe à de nombreuses opérations (dont l'opération « Jumelles ») et c'est depuis le poste de commandement de son régiment qu'il entend le discours du Général du 16 septembre 1959 sur l'autodétermination. C'est pour lui un tournant, celui de l'« engagement ». Il se décrit comme « l'un des défenseurs les plus acharnés de l'Algérie française » au 1er REP. Présent avec son unité sous les ordres du colonel Dufour lors des barricades d'Alger, il y rencontre pour la première fois les défenseurs civils de l'Algérie française, Pierre Lagaillarde et Joseph Ortiz auxquels il assure qu'il ne saurait donner l'ordre de les attaquer. Lors de la chute du « camp retranché », sa compagnie est en ligne face à la barricade principale et Sergent donne l'ordre de présenter les armes aux insurgés qui se rendent. Au final, c'est « l'amertume » qui domine chez le capitaine qui reprend ses « ratissages ». Au cours de l'un d'entre eux, il reçoit, avec ses chefs de section, la visite de Pierre Messmer qui leur rappelle son passé légionnaire – mais c'est un dialogue de sourds qui s'engage avec le ministre. S'il passe l'essentiel de son temps dans les djebels, Sergent profite de ses passages à Alger pour nouer des contacts avec des figures de proue de la défense de l'Algérie française : l'écrivain Jean Brune (rencontré via Degueldre) ou André Séguin du Front pour l'Algérie française (FAF). Le capitaine se transforme peu à peu en soldat politique et joue les intermédiaires entre les militaires, les civils et celui qui pourrait incarner le futur « clash », le général Salan qui l'a chargé en décembre 1960, à l'occasion de la visite du général de Gaulle en Algérie, de transmettre son « feu vert » au général Jouhaud. Au cours des manifestations de décembre 1960, Sergent fait la liaison entre le FAF, notamment sa branche clandestine, Jouhaud et des responsables d'unités. Si une intervention militaire s'esquisse le 11 décembre, elle avorte dès le lendemain. Son implication dans les événements de décembre a valu à Sergent d'être muté à l'état-major du groupe de subdivisions de Chartres tandis qu'il lui est interdit de retourner en Algérie. En même temps qu'il fréquente les partisans de l'Algérie française regroupés autour des éditions de la Table ronde et de Roland Laudenbach, il reçoit des visites de camarades du 1er REP mutés comme lui mais qui ont refusé de rejoindre leur affectation (Souêtre, Degueldre, La Bigne). La préparation du putsch est en route et Sergent, dont l'engagement dans l'affaire est « total », en est une des chevilles ouvrières. Revenu clandestinement en Algérie le 20 avril 1961, il rejoint Zéralda, où est basé le 1er REP, et, avec Saint Marc, prend la direction d'Alger. Le « Rubicon » est franchi et ses hommes et lui prennent le contrôle de la caserne Pélissier où est installé le corps d'armée. Au cours des journées qui suivent, si Sergent s'inquiète de ce qu'il appelle les « flottements » du général Challe, sa reddition est tout de même un choc profond, qui lui donne la « nausée » et un sentiment de « désespoir ». C'est aussi, comme il l'a souligné, la fin d'une époque de sa vie : « En emportant mon uniforme, le 1er REP emportait mon passé d'officier. »

L'histoire de Sergent ne s'arrête pas là puisqu'il participe à la mise sur pied de l'OAS (Organisation armée secrète) à Alger en mai 1961 avant de prendre la tête de l'OAS-Métropole. Après l'effondrement de l'OAS, il rejoint le Conseil national de la Résistance puis le Conseil national de la Révolution qu'il dirige depuis l'étranger. Un autre Sergent se profile alors, celui de l'acteur politique qui fréquente brièvement le Front national naissant, participe à l'organisation de la campagne présidentielle de Valéry Giscard d'Estaing en 1974 (service d'ordre), milite au Centre national des indépendants et paysans au début des années 1980 (il est candidat sur la liste de Simone Veil aux Européennes de 1984) avant de rejoindre le Front national en 1985 et d'en être l'élu jusqu'en 1992. Cette nouvelle vie ne l'a cependant pas coupé de la Légion. Il s'est d'abord raconté comme légionnaire dans différents récits autobiographiques, transformé en mémorialiste du 1er REP (*Je ne regrette rien*, sous-titré *La poignante histoire des légionnaires parachutistes du 1er REP*, en 1972), et a célébré dans des livres les épisodes les plus retentissants de son histoire (*La Légion saute sur Kolwezi*, en 1979, *Camerone*, en 1980, etc.).

Olivier DARD

Bibl. : Olivier Dard, *Voyage au cœur de l'OAS*, Perrin, 2011 (rééd. augmentée de l'ouvrage paru en 2005) • Pierre Sergent, *Ma peau au bout de mes idées*, La Table ronde, 1967.

SERVICE DE SANTÉ. – *Voir* MALADIES.

SERVICE D'IMMATRICULATION DE LA LÉGION (SIL). – *Voir* ESPIONNAGE.

SERVRANCKX, général Jacques (né en 1928). – Cet officier au parcours exceptionnel, né le 21 janvier 1928 à Etterbeek en Belgique, a intégré l'École spéciale militaire de Saint-Cyr dès 1945 (promotion « Nouveau Bahut ») – l'année même de la mort en déportation à Mauthausen de son frère Jean, polytechnicien.

Après diverses affectations dans l'infanterie, dont un passage à l'école d'application de l'arme comme instructeur, il se porte volontaire en août 1949 pour l'encadrement des renforts de Légion étrangère envoyés en Extrême-Orient. Affecté au 1er régiment étranger, il rejoint Sidi-Bel-Abbès en septembre. La formation qu'il y reçoit est éprouvante, mais le convaincra à jamais de la force et l'utilité de l'esprit de corps, composante essentielle de la geste légionnaire.

En décembre, il débarque à Saigon et rejoint le 2e régiment étranger d'infanterie (REI). Au sein du 1er bataillon, il commande la section d'intervention du train blindé de la zone nord du Centre-Vietnam (Annam). Il reçoit mission de monter des embuscades contre les Viets, de protéger les convois et de sécuriser le chantier de réparation des voies ferrées que l'ennemi arrache de nuit en les accrochant à des buffles. Blessé par l'explosion d'une mine le 24 juin 1950, il reçoit sa première citation à l'ordre de la division. Rétabli à l'issue d'une longue hospitalisation à Hué, Saigon puis Paris (à l'hôpital du Val-de-Grâce) – et après un passage en Algérie où il est détaché au 1er REI –, il demande à repartir aussitôt en Indochine.

Il rejoint alors le 5e REI le 4 septembre 1951 en tant que chef de section au sein du 1er bataillon. En Indochine depuis le 17 décembre 1950, le général de Lattre avait décidé d'une opération d'incursion au-delà du delta du Tonkin, près de Hoa Binh, par la route coloniale no 6 et la rivière Noire. Si la division viêt-minh 304 contrôle la RC6 et espère faire de Hoa Binh un nouveau Cao Bang, l'offensive la bouscule et permet la prise de ce carrefour – une victoire symbolique. Cependant, il ne peut être tenu et le 1er/5e REI reçoit l'ordre de participer au repli des troupes vers le Delta. Pendant plusieurs jours, les légionnaires sont de la partie aux côtés des parachutistes pendant la bataille défensive (7 janvier-23 février 1952) ; le 5e REI assure sous le feu intense de l'ennemi le franchissement de vive force de la rivière Noire, au départ de Hoa Binh. Les Viets décident à leur tour de faire des incursions dans le Delta dégarni. Le 18 avril 1952, le 1er/5e REI reçoit l'ordre de les déloger du village de Da Vi Thuong, à moins de 5 km d'Hanoi. Servranckx est alors l'officier de transmission et de renseignement du commandant de bataillon : il organise les liaisons radio avec les trois compagnies d'assaut. Le combat est extrêmement violent. Lorsque les commandants des trois compagnies du bataillon meurent tour à tour, il obtient l'autorisation de quitter le poste de commandement et de se lancer chercher les officiers morts et de secourir les blessés – les nombreux et sordides allers et retours faits alors le marqueront profondément et tisseront un lien indéfectible entre ces hommes et lui.

Une nouvelle citation à l'ordre de l'armée récompense sa bravoure et son sang-froid au feu.

En 1953, les troupes viêt-minh réussissent à couper le « cordon ombilical » entre la Cochinchine et le Tonkin. Le 1er/5e REI est alors envoyé au Laos pour rétablir le ravitaillement et dégager Thakhek, sur les rives du Mékong. Dans la nuit du 31 janvier 1954, près de Ban Puong, le 5e REI fait taire l'artillerie pour faire croire aux Viets que les canons sont restés à l'arrière. Le subterfuge fonctionne bien : deux de leurs bataillons déclenchent immédiatement l'attaque, repoussés par l'artillerie. C'est la débâcle. Mais le lieutenant Servranckx reçoit une balle au poumon et doit être rapatrié à Saigon, puis en France. Il a vingt-six ans, est chevalier de la Légion d'honneur (depuis le 20 janvier 1953) et déjà titulaire de sept citations.

Après qu'il s'est rétabli, ses nouvelles affectations le conduisent successivement à l'école d'application de l'infanterie, au 1er bataillon du 2e régiment d'infanterie en Algérie, constitué de jeunes soldats appelés – à l'issue de sa formation à l'École d'état-major où il est admis en 1957 –, et à l'état-major du commandant en chef des Forces françaises en Allemagne. Admis à l'École supérieure de guerre en 1963, il est à sa sortie affecté à l'École spéciale militaire de Saint-Cyr (Coëtquidan), où il reçoit en septembre 1965 le commandement du 2e bataillon d'élèves officiers d'active, qui devient en septembre 1966 le 1er bataillon de France. En septembre 1972 – colonel depuis décembre 1971 –, il retrouve « sa chère Légion » et reçoit le commandement du 2e régiment étranger d'infanterie, « son » régiment. Il fait ses adieux à l'institution en 1974 pour poursuivre sa carrière en état-major. Général de brigade en mars 1977, il exerce de grands commandements avant de quitter le service actif le 28 janvier 1988 comme commandant de la 3e Région militaire (Rennes).

Grand-croix de la Légion d'honneur (20 novembre 2007), titulaire de la croix de guerre des TOE et de la croix de la Valeur militaire, le général d'armée Servranckx est titulaire de 11 citations et a été blessé 3 fois en opérations. Il porte à titre individuel la fourragère aux couleurs de la croix de guerre des TOE. Enfin, insigne honneur, il a été désigné pour porter la main du capitaine Danjou à Aubagne en 2000.

André-Paul COMOR,
avec la collaboration de Christelle DERDA

SHALTIEL, David (1903-1969). – Étrange et exceptionnelle destinée que celle de ce jeune Juif allemand d'ascendance portugaise qui fait une fort utile expérience militaire au sein de la Légion étrangère avant de se lancer dans l'action au service de la cause sioniste. À vingt ans, il fuit une Allemagne où règne le chaos et répond à l'appel du mouvement sioniste. Pendant près de trois ans, en Palestine sous mandat britannique, il travaille dans un kibboutz avant de rompre provisoirement avec son milieu en s'engageant en janvier 1926 à la Légion étrangère au poste de recrutement de Nice. Il gagne les galons de sergent au 1er et au 2e régiment étranger d'infanterie, occupe des postes qui le préparent à ses activités futures.

À la fin de son contrat, de retour en Palestine, non sans avoir préalablement pris des contacts en France, il s'engage dans la Haganah (l'organisation clandestine chargée de la défense des colons juifs) dans la région de Jaffa. Très entreprenant, il mène des missions d'achat d'armes en Europe. Mais en 1936, il est arrêté par la Gestapo et interné à Dachau puis à Buchenwald jusqu'en 1939. Toutefois, grâce à des complicités, il réussit à s'évader et à retourner en Palestine. Jusqu'en 1944, il est l'un des chefs les plus actifs de la Haganah, spécialisé dans le renseignement et déjà habile dans la négociation avec l'Irgoun, organisation sioniste armée née en 1931 d'une scission de la Haganah. Il est ensuite envoyé par l'Agence juive à Paris, à la fin de cette année 1944, afin de préparer le départ des familles juives désireuses de s'installer en Palestine et de favoriser leur départ sur des bateaux affrétés en Espagne. Alors qu'il est devenu colonel, puis général, sa participation à la guerre israélo-arabe en 1948-1949 dans le secteur de Jérusalem est remarquée par les dirigeants du nouvel État hébreu. Fin connaisseur des milieux militaires français – il a croisé les légionnaires de la 1re division française libre en 1941 –, Shaltiel est nommé attaché militaire à Paris et poursuit une brillante carrière diplomatique. D'abord en Amérique du Sud, au Brésil, en Argentine, puis au Mexique et aux Pays-Bas où il achève sa carrière comme conseiller du ministre des Affaires étrangères de 1966 à sa mort en février 1969.

André-Paul COMOR

Bibl. : Lüth Erich, *David Shaltiel. Hamburger, Fremdenlegionär, Diplomat, Verteidiger von Jerusalem*, Hambourg, Christians, 1960.

SIDI-BEL-ABBÈS. – Alors que la plupart des villages de colonisation en Algérie ont porté jusqu'à l'indépendance le nom d'un officier de l'armée d'Afrique qui s'était illustré pendant la conquête de l'ancienne régence ottomane, cette cité fondée par la Légion étrangère a gardé le nom arabe du marabout qui vivait retiré près de la koubba du même nom et qui abrita sa tombe à la fin du XVIIIe siècle.

Le toponyme, pour se conformer à la grammaire arabe, devrait s'écrire sans traits d'union, mais depuis le décret présidentiel du 5 janvier 1849 portant création de la ville, l'usage a retenu les règles de la langue française qui veut que les noms composés soient liés ainsi. La transcription adoptée dans ce dictionnaire est celle des éditions du *Dictionnaire des communes d'Algérie* (1915-1957) et du dernier *Annuaire des communes d'Algérie et du Sahara* (1960). Le site choisi par l'autorité militaire était favorable à l'établissement d'un « poste magasin » à 81 km au sud d'Oran, entre les monts du Tessala au nord et ceux du Daya au sud, aux portes du désert. La ville actuelle se situe sur un vaste plateau, à 470 m d'altitude, traversé par le cours de la Mekerra, oued capricieux, sujet à de fortes variations de débit. À l'origine, la région est loin d'être hospitalière, car le ralentissement du cours de la Mekerra avait entraîné la formation de marécages propices aux épidémies de paludisme – les autochtones restaient à l'écart de la zone infestée de moustiques vecteurs de la maladie.

Dans les premières années de l'occupation de la province d'Oran, une petite redoute en terre, à peine ébauchée, sert de point de ravitaillement aux colonnes qui opèrent dans la province. En 1840, ce gîte d'étape est aménagé en terrain de bivouac puis, trois années plus tard, un véritable poste protégé est construit qui prend le surnom de « Biscuitville », donné au début de la conquête de l'Algérie à de nombreuses localités du même type. En octobre 1843, la compagnie de voltigeurs du 3e bataillon du 1er régiment étranger (RE) s'installe près de la koubba ; dans les semaines qui suivent, le reste du bataillon rejoint le campement. Au début de 1844, la garnison comprend, outre le bataillon de Légion, un bataillon d'infanterie légère et deux escadrons de spahis. Aussitôt, à l'initiative des vivandiers et des commerçants, autour du fort sort de terre un petit village. Les travaux de drainage entrepris dès 1845 par les soldats de la garnison permettent d'assainir le site, d'installer un camp permanent et d'envisager la création d'une ville de colonisation. Il s'agit avant tout d'assurer la surveillance des tribus et de faciliter la libre circulation entre Mascara et Tlemcen (est-ouest), d'une part, entre Oran et les Hauts Plateaux (nord-sud), à la limite sud du Tell (Algérie « utile »), d'autre part (déjà, aux premiers siècles de l'ère chrétienne, les Romains avaient relevé l'importance stratégique de la plaine de la Mekerra en implantant des postes de guet et des petites garnisons sur les monts du Tessala). Le 19 février 1847, le général Lamoricière décide de renforcer la présence militaire autour de la koubba. La garnison comprend alors un bataillon du 44e régiment d'infanterie de ligne au côté de deux bataillons du 1er régiment étranger, de quatre escadrons ainsi que d'une section de montagne. Entre deux opérations de police, les hommes sont employés à débroussailler les abords de l'oued, arrachant tour à tour palmiers nains, genêts épineux, lentisques et autres jujubiers sauvages qui en encombrent les rives. Parallèlement, le 10 novembre 1848, le gouverneur général approuve le projet du capitaine de génie Prudon destiné à transformer la simple « redoute » en une véritable ville.

PLAN DE BEL-ABBES ET SES ENVIRONS

dressé d'après les travaux du Service Topographique et du Cadastre

par J.F. BEUZELIN, Géomètre, 1881

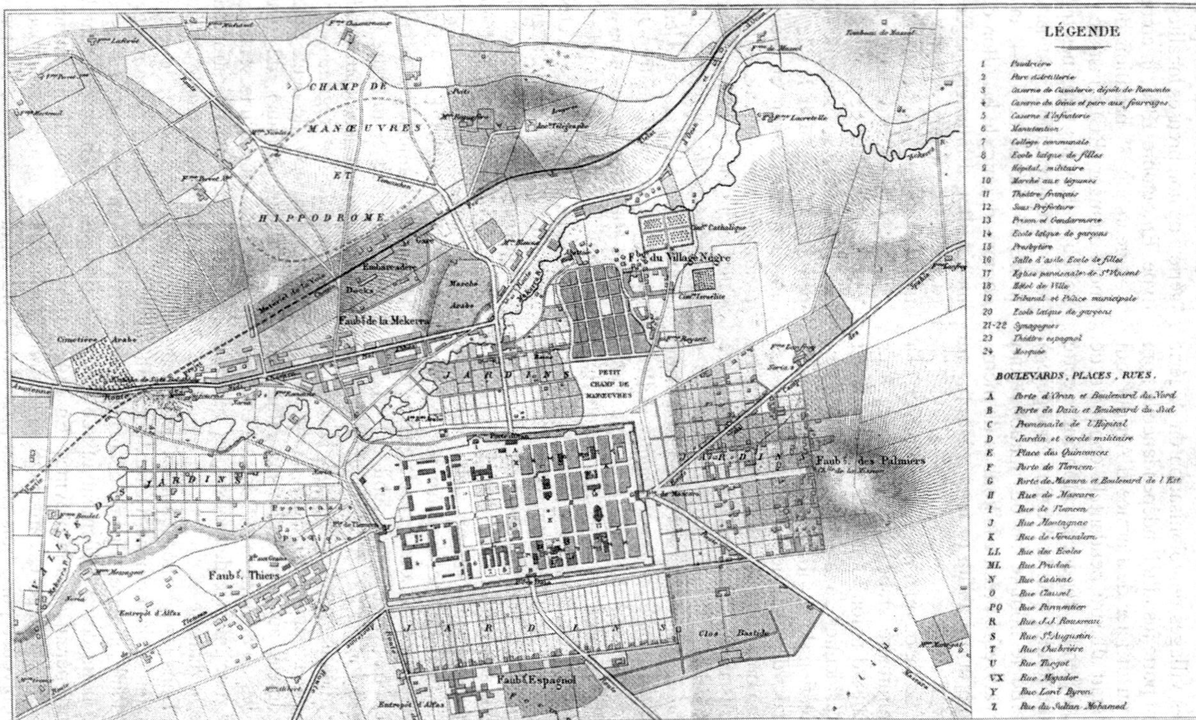

Il faut attendre la publication du décret présidentiel du 5 janvier 1849 pour que le projet devienne réalité. L'article 1 précise qu'« il est créé à Sidi Bel Abbès dans la position indiquée sur le plan ci-annexé, un centre de population européen de 2 000 à 3 000 habitants, qui prendra le nom de Sidi-Bel-Abbès ». Le plan adopté est celui des centres de colonisation d'Algérie, sur le modèle d'un camp romain avec ses deux avenues perpendiculaires et son damier. Au nord-ouest la redoute est englobée dans l'enceinte fortifiée de cinq mètres de hauteur qui assure avec seize bastions reliés par des courtines la défense de la ville dont la superficie atteint quarante-deux hectares. Les emplacements réservés à l'armée représentent à l'ouest un ensemble compact de seize hectares ; à l'est vingt et un hectares sont destinés à la voirie et aux constructions devant accueillir les civils. Enfin, trois forts permettent d'assurer le contrôle de la nouvelle cité : Négrier au sud, Marceau à l'est et Gambetta au nord. L'accès dans la ville se fait par quatre portes : la porte d'Oran, celle de Tlemcen, celle de Daïa et celle de Mascara. Les travaux sont rondement menés entre 1849 et 1857, et les légionnaires s'activent à la construction des casernes et de l'hôpital militaire Fernand-Robert. Sous la direction des capitaines Doze et Yierlès, les hommes des 1er et 3e bataillons créent le jardin de la Ferme, aménagé après le départ de tout le régiment pour le Mexique en 1863 pour devenir le jardin public de la nouvelle cité.

Les Européens affluent, attirés par les conditions d'installation qui leur sont offertes : la population de la bourgade passe de 431 habitants en 1848 à 5 259 dont 2 041 Espagnols en 1859. En 1865, à la suite de la visite de l'empereur Napoléon III le 16 mai lors de son deuxième voyage en Algérie, les notables de la ville s'entendent refuser la proposition de baptiser la cité « Bel-Abbès Napoléon ». À la fin du siècle, l'augmentation de la population européenne est telle que la ville déborde largement l'enceinte fortifiée. Elle comprend alors cinq faubourgs : le village Perrin et le village nègre (de la Mekerra ou Bugeaud) de part et d'autre de la route d'Oran ; le faubourg Thiers sur la route de Tlemcen ; le faubourg Négrier sur celle de Daïa ; enfin le faubourg Eugène-Étienne coupé par la route de Mascara. Lorsque l'administration civile prend la relève, elle trouve une ville prospère, avec de nombreuses maisons, des commerces et une minoterie. Entre le premier recensement de 1859 et celui de 1876, la population totale passe de 5 009 (dont 2 157 Espagnols) à 9 841 ; les Algériens musulmans y restent très minoritaires jusqu'au premier tiers du XXe siècle. Dans les années 1880, le 2e régiment de spahis s'installe dans une ville en pleine expansion : la population atteint 21 644 habitants en 1913 (dont 6 106 Espagnols venus du sud de la péninsule Ibérique, malgré les effets de la loi de 1889 sur la nationalité qui concerne notamment les enfants nés de parents étrangers).

La démolition des remparts en 1933 libère des espaces pour les aménagements et les équipements d'une cité moderne. Le lit de la Mekerra est aménagé pour éviter les inondations qui avaient dévasté en 1904 et 1928 la « vallée des jardins » et assurer une meilleure salubrité des quartiers. À la veille du centenaire de la Légion, la ville « aux superlatifs » nombreux se présente sans complexes comme un « petit Paris ». Dans la zone militaire, les matériaux récupérés sont employés à la construction du cinéma, de la piscine olympique, du mess des sous-officiers et des quartiers de la compagnie de passage des engagés du dépôt commun des régiments étrangers (DCRE). La Légion occupe les

« quartiers » Prudon – ou « petit quartier », autrefois quartier de la Remonte ou de Cavalerie –, Yusuf et Vienot, dit « grand quartier ». Ce dernier devient la plaque tournante de la Légion dans les années 1920 et jusqu'en 1962. La Légion est également présente au centre de la ville européenne avec le cercle militaire à l'angle ouest du carrefour des Quatre-Horloges. Légionnaires et Bel-Abbésiens pouvaient admirer le célèbre kiosque baptisé « cage aux singes » et qui servait de tribune officielle lors de certains défilés. Un ensemble de logements dénommé « Commanderie » avait été construit par les pionniers du 1er régiment étranger pour l'hébergement des familles d'officiers supérieurs. Importante ville de garnison qui a accueilli pendant la guerre de Crimée (1854-1856) le 72e régiment de ligne et des unités de l'armée d'Afrique – chasseurs, zouaves, spahis –, Sidi-Bel-Abbès occupe une place à part au cours de la période coloniale de l'histoire de la Légion étrangère. Devenue sa maison mère grâce à l'activisme de son premier inspecteur, le général Rollet, alors même que le développement des activités industrielles et commerciales en fait une cité prospère et dynamique, la ville vit au rythme de la Légion. Sa population passe de 54 754 habitants – dont 36,9 % de musulmans – en 1936 à 80 632 au dernier recensement de 1954. L'exode rural et la guerre vont toutefois modifier sensiblement la physionomie de l'une des grandes villes « européennes » de l'Algérie française : les 36 675 Français de souche européenne (FSE) ne représentent plus que 48,5 % de la population totale (toujours en 1954).

Si certains légionnaires libérés font souche, fondent un foyer, la fréquentation des « hommes sans nom » n'est pas sans poser des problèmes aux citadins peu disposés à frayer avec eux. Pendant les permissions ou les temps de liberté du « quartier libre », le légionnaire fréquente les bars de la ville. Faute de pouvoir approcher les jeunes filles du lieu, il doit se satisfaire des plaisirs faciles que lui proposent les prostituées des rues Verte, de l'Ambulance et Mansard, après avoir été contrôlé au poste de police et à l'infirmerie à l'entrée du quartier réservé. Les années 1950, caractérisées par le retour de toutes les unités de Légion sur leur terre d'élection et leur rôle dans la lutte contre le Front de libération nationale (FLN), marquent un tournant dans les rapports entre la population européenne et la Légion. En effet, entre les années 1930 et le début de la guerre froide, une frange des Bel-Abbésiens d'origine espagnole, sympathisante du camp républicain pendant la guerre civile (1936-1939) et proche du Parti communiste algérien (PCA), n'avait pas hésité à favoriser – voire organiser – la désertion de leurs coreligionnaires. Le regard sur les légionnaires a changé devant l'insécurité et la menace du terrorisme : l'hostilité et la méfiance ont cédé la place à l'inquiétude et à la peur du lendemain.

L'un des derniers gestes de reconnaissance de la ville est dû au fils de l'ancien maire, Paul Bellat, qui fait don en mai 1952 d'un terrain situé sur le prolongement de l'avenue Jean-Mermoz pour la construction d'une maison de retraite destinée à accueillir des anciens légionnaires. La Maison du légionnaire, gérée par la Fédération des sociétés d'anciens légionnaires (FSAL), ouvre ses portes en avril 1957. Mais à la fin de la guerre d'Algérie, le départ programmé du 1er régiment étranger provoque l'exode massif des Européens avant même l'application des accords d'Évian et du cessez-le-feu en vigueur dès le 19 mars 1962. En quelques mois, la ville européenne se vide de ses habitants alors qu'une ultime démarche émanant du commandement de la Légion pour conserver le « grand quartier » comme « patrimoine » est rejetée par Paris. Les derniers légionnaires quittent « leur » ville le 25 octobre 1962 après une ultime veillée au cours de laquelle, respectant scrupuleusement les dernières volontés du capitaine de Borelli, ils brûlent le drapeau des Pavillons noirs qu'il avait rapporté du siège de Tuyen Quang en 1885. La page coloniale de la Légion étrangère est tournée. Les installations militaires sont progressivement transférées aux autorités algériennes.

André-Paul Comor

Sources : Statistiques et recensements issus de l'*Annuaire de la Société de géographie et d'archéologie de la Province d'Oran*, t. XVII et XXXIII.

Bibl. : Léon Adoué, *La Ville de Sidi bel-Abbès*, Sidi-Bel-Abbès, Imprimerie Roidot, 1927 • Léon Bastide, *Histoire de Bel-Abbès et de son arrondissement*, Oran, Perrier, sd • Jean-Baptiste Brunet, *La Question algérienne*, Dumaine, 1847.

SIDI-BEL-ABBÈS. – Deux navires ont porté le nom de la ville, berceau de la Légion étrangère. Le premier, lancé en 1929, qui naviguait avant la Seconde Guerre mondiale sous le pavillon de la Société générale des transports maritimes (SGTM) et assurait la liaison maritime entre Marseille et l'Afrique du Nord, a été torpillé le 20 avril 1943 par l'U-Boot 565 au large d'Oran, avec à son bord 1 200 tirailleurs sénégalais faisant partie des renforts pour la Tunisie. Le second, lancé en 1948 sous le même pavillon, a été filleul de la Légion : la cérémonie s'est déroulée le 18 mars 1949 en présence du colonel Gaultier, commandant le dépôt commun des régiments étrangers et le 1er régiment étranger d'infanterie (REI). Le 4 juin 1956, le commandant Mourard ainsi que le directeur de la SGTM, M. Mayolle, sont nommés légionnaires honoraires de 1re classe. Le 25 octobre 1962, le dernier détachement du 1er REI, qui vient de quitter définitivement sa maison mère, embarque à Oran à bord du *Sidi-Bel-Abbès*. L'année suivante, celui-ci est vendu à l'Hellenic Mediterranean Lines basée à Athènes et rebaptisé *Apollonia*.

André-Paul Comor

SIDI MOHAMED TITTERI, marabout de (23 mai 1832). – Depuis la conquête d'Alger et des environs, les tribus voisines mènent une guérilla qui terrorise les troupes françaises. Chaque indigène aperçu dans le bled, qu'il soit isolé ou en groupe, est considéré comme un tueur potentiel. Cette ambiance explique sans la justifier la panique qui s'est emparée, le 23 mai 1832, du commandant Salomon de Musis et d'une section du 3e bataillon. Formée pour l'occasion comme s'il s'agissait d'une corvée de garnison, celle-ci regroupe deux caporaux et vingt-cinq hommes provenant de sept compagnies différentes. La présence d'une escouade de huit voltigeurs commandés par un caporal, ancien du 2e régiment suisse, et du chef de section, le lieutenant Cham, issu de ce même régiment, lui donne une cohésion apparente.

Le 23 mai 1832, sur ordre du gouverneur, le commandant de Musis va reconnaître à la Rassauta, à l'est d'Alger, un emplacement de campement pour un détachement qui viendrait y faire les foins. Son escorte se compose d'un peloton de chasseurs d'Afrique et de la section du lieutenant Cham. Parvenu au marabout (tombeau) de Sidi Mohamed Titteri, il y laisse la section et poursuit sa reconnaissance avec le peloton. Deux kilomètres plus loin, des cavaliers arabes ayant mis pied à terre lui semblent préparer une embuscade. Sans prendre le temps d'en estimer le nombre, il fait demi-tour et rentre au galop à Maison-Carrée suivi des chasseurs d'Afrique. En passant près du marabout, il dit au lieutenant Cham qu'il est poursuivi par 1 500 cavaliers, qu'il va chercher du renfort et qu'il faut tenir au marabout jusqu'à leur arrivée. Scandalisé par cette fuite, Pierre Chabert, le trompette du peloton, se joint aux légionnaires et partagera leur sort.

Le lieutenant Cham tente d'organiser la défense, mais, démoralisés par le départ de leur chef et des chasseurs ainsi que par le nombre annoncé d'assaillants, les hommes se débandent, espérant trouver une protection dans les couverts qu'ils aperçoivent à quelques centaines de mètres. L'ennemi ne leur en laisse pas le temps : il les rejoint en terrain découvert et les tue les uns après les autres. Seul un homme échappe au massacre : capturé et réduit en esclavage, il s'échappera et rejoindra le territoire contrôlé par l'armée française le 7 août 1832.

Selon les sources de renseignements, le nombre des assaillants varie entre 75 et 600.

Henry DUTAILLY

Sources : SHD-Terre, registres matricules de l'ancienne légion et du 1er régiment de chasseurs d'Afrique.

Bibl. : Joseph Nicolas Bernelle, *Histoire de l'ancienne Légion étrangère, créée en 1831, licenciée en 1838*, Marc-Aurèle, 1850.

SIMENON, Christian (1906-1947). – À l'été 1945, deux hommes ont rendez-vous sur un banc place des Vosges. L'un se nomme Georges Simenon, il est romancier renommé et populaire. L'autre est son frère cadet, Christian. Leur rencontre revêt un caractère d'extrême gravité : les activités politiques de Christian dans le mouvement rexiste pendant l'occupation allemande en Belgique l'ont sérieusement compromis. Il craint pour sa vie. Cadre du mouvement de Léon Degrelle, il a notamment participé après l'assassinat du bourgmestre de Charleroi par la Résistance à un commando chargé d'arrêter des otages.

Les deux frères Simenon n'ont pas toujours été en bon termes. Christian est beau, sympathique et faible. Georges moins gracieux, mais travailleur acharné et efficace. Celui que leur mère aime, c'est Christian. À son frère hagard, l'écrivain donne le conseil suivant : soit se livrer à la justice, soit s'engager à la Légion étrangère. La Légion, lieu de rédemption : l'idée est romanesque, tirée des meilleurs récits de l'entre-deux-guerres. Christian Simenon s'y résout, et le 29 juin 1945 s'engage à Marseille. Il devient Christian Renaud, matricule 26001, et, après quelques mois d'instruction en Algérie, est affecté à la 7e compagnie du 3e Étranger. En avril 1946, il débarque en Indochine. Son âge et son niveau d'instruction lui valent de servir comme secrétaire du commandant de compagnie.

D'abord stationné dans le delta du Mékong, son bataillon est envoyé en septembre 1947 au Tonkin. La situation militaire est telle que même le personnel administratif est engagé sur le terrain. Le caporal-chef Renaud assure de nombreuses liaisons, malgré une mauvaise santé. Le 31 octobre 1947, il emprunte la RC4 qui relie Cao Bang à Lang Son ; il fait partie d'un convoi vers That Khé. Cette route du nord du pays, bien que protégée par l'armée française qui y a construit des postes, est devenue son cauchemar : les embuscades sont nombreuses et meurtrières. À 6 km de That Khé, la colonne est attaquée. Alors qu'il assure la protection de son véhicule, Renaud est touché d'une balle. Il meurt dans la nuit du 31 octobre au 1er novembre 1947. Il est inhumé au cimetière de cette ville. Il sera cité à l'ordre du corps d'armée par le général Salan qui lui décerne la croix de guerre et la médaille militaire à titre posthume en écrivant : « A conservé jusqu'au dernier instant un calme et un mépris du danger dignes de la vieille Légion. »

Georges Simenon est alors aux États-Unis. La presse américaine téléphone chez lui pour vérifier cette information follement romanesque : Simenon serait mort dans les rangs de la Légion étrangère. C'est vrai et ce n'est pas vrai.

L'infortune de son frère marquera durablement l'écrivain. On ne trouve pas trace de légionnaire dans l'œuvre de Simenon. Mais Christian y est très présent : les romans que Georges publie à cette époque s'intitulent *La neige était sale* et *Le Fond de la bouteille*. Le premier raconte les tribulations d'une petite frappe dans le monde interlope de l'Occupation. Le second est l'histoire d'un homme venant en aide à son frère en fuite dans une ville des États-Unis. Simenon écrira à Gide : « Je me suis longuement demandé si j'avais eu tort de l'envoyer là-bas. Réflexion faite, je ne crois pas. »

Étienne DE MONTETY

Bibl. : Pierre Assouline, *Simenon*, Julliard 1992.

SIMON, général Jean (1912-2003). – Né à Brest le 30 avril 1912 dans une famille de la petite bourgeoisie – son père est conservateur des hypothèques –, Jean Simon suit une scolarité des plus classiques, ayant choisi le métier des armes. Après le prytanée de La Flèche, il entre à Saint-Cyr en 1933. Sous-lieutenant en 1935, il commence sa carrière au régiment d'infanterie coloniale du Maroc à Aix-en-Provence. Un an plus tard, il découvre l'Afrique au sein du 1er régiment de tirailleurs sénégalais (RTS) à Saint-Louis. Attiré par le Sahara, il complète sa formation par des cours sur les affaires politiques et musulmanes de Mauritanie et par une étude ethnographique sur les nomades des confins algéro-marocains, Rio del Oro et Mauritanie. C'est dans cette région qu'il assure en 1937 le commandement de la subdivision de Tichitt, à la frontière du Soudan, assumant des fonctions politiques et administratives.

En septembre 1939, il commence la guerre au sein de la 42e demi-brigade de mitrailleurs indigènes coloniaux. Voulant suivre une formation d'observateur en avion à Tours, il y retrouve un ami, Fred Scamaroni, et s'en fait un nouveau en la personne du sous-lieutenant Pierre Messmer. Choqués par le discours du maréchal Pétain du 17 juin 1940, Simon et Messmer décident de « poursuivre le combat jusqu'à la victoire finale ». Ils gagnent alors Marseille avec l'objectif de rejoindre l'Angleterre. Avec l'aide du commandant Vuillemin, neveu du général, ils s'emparent d'un bateau italien, le *Capo-Olmo*, et rejoignent Liverpool un mois plus tard. Jean, devenu *Jeannette* pour protéger sa famille, s'engage parmi les premiers dans les Forces françaises libres (effet au 26 juin 1940). Ce ralliement dans des conditions rocambolesques lui vaut, ainsi qu'à Pierre Messmer, d'être reçu par le général de Gaulle qui accède à leur vœu d'être affectés à la Légion étrangère.

Cette affectation à la 13e demi-brigade de Légion étrangère (DBLE) scelle son destin à l'une des unités-phares de la France Libre et à son chef, le capitaine Dimitri Amilakvari, à la compagnie d'accompagnement. Il est de l'expédition de Dakar (23-25 septembre) puis de la campagne du Gabon et de celle d'Érythrée ; conduit encore avec succès en mars 1941 le sabotage de la voie ferrée Cheren-Asmara après avoir recueilli des renseignements essentiels sur les dispositifs ennemis. Cité à l'ordre de l'armée – et honoré par le commandement britannique puis une seconde fois lors de la prise de Massaoua en avril –, il est fait Compagnon de la Libération (décret du 23 juin 1941), car, mentionne son rapport de proposition, « Engagé dans les FFL en juillet 1940 a brillamment participé à toutes les campagnes FFL et en particulier aux campagnes de Dakar, du Gabon et de Syrie ; une des plus pures et plus grandes figures de la France libre ». Suprême honneur, il est décoré à Qastina en Palestine par le général de Gaulle.

Grièvement blessé le 21 juin à proximité de Damas, il perd son œil droit, et passe sa convalescence en Palestine. Promu capitaine, il rejoint sa compagnie à Homs en octobre et prend part à la campagne de Libye à la tête d'une compagnie lourde antichar, servant sous les ordres du général Kœnig. Il est le premier officier de la brigade à commander une unité légère motorisée (*Jock Column*), menant des raids en profondeur dans le dispositif ennemi. Il est cité à l'ordre de l'armée pour avoir attaqué un détachement ennemi dans la région de Méchili puis récompensé d'une nouvelle citation lors du siège de Bir Hakeim (26 mai-11 juin 1942). De retour en Égypte avec son unité, il participe à l'attaque du massif de l'Himeimat lors de l'offensive britannique à El-Alamein. Puis ce sont les campagnes de Tunisie et d'Italie où il se distingue notamment au Garigliano, à Pontecorvo et à Radicofani. Le commandant Simon débarque ensuite en Provence le 30 août 1944 à Cavalaire avec la seconde vague de l'armée B, participe à la prise de Lyon, à celle de Belfort et aux durs combats pour la défense de Strasbourg et termine la campagne de France sur l'Authion. Sept citations à l'ordre de l'armée, une à l'ordre du corps d'armée et une autre à l'ordre de la division ont récompensé cet officier valeureux.

Après un passage au cabinet du général de Gaulle pour s'occuper des FFL, Jean Simon reprend en 1947 le baroud avec une affectation au 3e régiment étranger d'infanterie à Cao Bang, sur la frontière de Chine, renouant ainsi avec la Légion. Il se distingue alors dans les durs combats de dégagement de la route coloniale no 4 (RC4) puis du poste de Phu Tong Hoa attaqué par 5 000 soldats du Viêt-minh. Il est grièvement blessé fin février 1948, ce qui lui vaut d'être cité deux fois à l'ordre de l'armée.

De retour en métropole, il est admis à l'École supérieure de guerre ainsi qu'au cours supérieur interarmées. Chef du 3e Bureau de l'armée de terre chargé des questions du contingent, il prend part en novembre 1956 à l'expédition de Suez en liaison avec l'armée israélienne. Un an plus tard, il est attaché militaire à Londres tout en assumant les mêmes fonctions pour les trois armes (terre, air, mer) à Dublin. Il prend part en tant qu'expert militaire au comité restreint de la conférence quadripartite de désarmement à Londres.

Promu général de brigade, il commande dans des conditions difficiles en Grande Kabylie la 27e division alpine, puis dans la région oranaise au sein de la 29e division d'infanterie. Deux citations à l'ordre de l'armée et du corps d'armée récompensent encore Jean Simon. Le général de Gaulle, président de la République, envoie cet officier général pour ses qualités de loyalisme et d'expert aux pourparlers franco-algériens et à la conclusion des accords d'Évian en juin 1961. C'est pour les mêmes raisons qu'il est placé à la tête de l'École spéciale militaire de Saint-Cyr Coëtquidan et de l'École militaire interarmes.

En 1964, il commande à Nancy le 1er corps d'armée qu'il a mis sur pied puis, promu général de corps d'armée, devient gouverneur militaire de Lyon avant de prendre la tête de la 5e Région militaire où il doit faire face à la situation insurrectionnelle en 1968. Il termine le service actif comme inspecteur général de l'armée de terre avec le grade de général d'armée. Il connaît alors une seconde carrière en développant dans le cadre du secrétariat général de la Défense nationale jusqu'en 1977 diverses chaires à Paris et en province, puis, membre du Conseil de l'ordre de la Libération en 1969, il en devient chancelier de septembre 1978 à 2002. Il est ainsi à l'origine du pacte d'amitié, unissant les cinq communes faites Compagnons de la Libération, signé fin 1981 pour assurer l'avenir de l'ordre. Dans le prolongement de cette initiative et à la demande du président de la République, il est le maître d'œuvre de la loi du 26 mai 1999 créant le Conseil national des communes pérennisant l'ordre. Le général Simon a été président de l'Association des Français libres, de 1978 à sa dissolution en 2000 au profit de la Fondation de la France Libre, et de cette dernière jusqu'en septembre 2001. Il est mort le 28 septembre 2003 à Cherbourg.

Christine LEVISSE-TOUZÉ

Sources : Archives de l'ordre de la Libération.
Bibl. : François Broche, Georges Caïtucoli, Jean-François Muracciole (dir.), *Dictionnaire de la France Libre*, Robert Laffont, coll. « Bouquins », 2010 • Jean Simon, *La Saga d'un Français libre*, Presses de la Cité, 2000.

SISOWATH, famille. – La tradition établie depuis le début de la IIIe République d'accueillir dans les écoles de formation d'officiers des candidats étrangers explique la présence dans la Légion étrangère de membres de la dynastie cambodgienne. Sisowath Monivong, grand-père du roi Norodom Sihanouk, né en 1876, est admis en 1906 à l'école de Saint-Maixent et en sort sous-lieutenant à titre étranger en 1908. En août 1927, il renonce à sa carrière dans la Légion pour accéder au trône du Cambodge. Il meurt le 22 avril 1941 sans avoir pu s'opposer aux ambitions de la Thaïlande et du Japon.

Son fils, Sisowath Monireth, né le 25 novembre 1909, fait sa scolarité à Nice avant de suivre les cours de l'École spéciale militaire de Saint-Cyr. Il retourne au Cambodge après l'accession au trône de son père, qui en fait son secrétaire général. En 1939, il rejoint la Légion étrangère au dépôt de Sathonay avant d'être affecté à l'état-major de la VIIe armée. Après l'armistice et un court passage à Sidi-Bel-Abbès, il retourne en 1941 dans son pays avec l'espoir de succéder à son père récemment décédé. Les autorités françaises lui préfèrent son neveu Norodom Sihanouk, qui fait du prince Monireth un de ses conseillers. Celui-ci est rappelé au service et affecté au 5e régiment étranger d'infanterie entre septembre 1942 et septembre 1943. Promu capitaine à titre étranger en 1946 puis chef de bataillon en 1954, il poursuit sa carrière politique en qualité de chef du gouvernement du royaume du Cambodge d'octobre 1954 à décembre 1956. Atteint par la limite d'âge, il est rayé des contrôles de l'armée le 25 novembre 1963 avec le grade de lieutenant-colonel. Après avoir occupé divers postes gouvernementaux, grand conseiller du trône et conseiller militaire du chef de l'État, avec rang de général d'armée, il est nommé président du haut conseil du trône en 1967. Resté au Cambodge après la prise du pouvoir par les Khmers rouges, il a très probablement été exécuté le 17 avril 1975 ; les circonstances exactes de sa mort sont mal connues. Cité à l'ordre de l'armée avec croix de guerre 1939-1945 et nommé légionnaire de 1re classe d'honneur, il est titulaire de nombreuses décorations.

André-Paul COMOR

SNEJDAREK, général Josef (1875-1945). – Josef Snejdarek naît le 2 avril 1875 à Napajedla, dans la partie septentrionale de l'Empire austro-hongrois qui correspond aujourd'hui à la région administrative de Zlin dans l'est de la République tchèque, à proximité de la frontière slovaque. Ses parents l'élèvent selon le rite catholique romain. De langue maternelle tchèque, il apprend l'allemand à l'école. Le dossier réalisé à son sujet par les Allemands en 1942 le décrit comme parlant et écrivant couramment lesdites langues et, le moment venu, le français.

En 1891, il entre à l'école des cadets de l'infanterie de Prague dont il sort le 18 août 1895. Un an plus tard, il abandonne la carrière des armes pour partir à l'étranger. On le retrouve en France en 1899 lorsqu'il signe, le 24 janvier, à la sous-intendance de Longwy, un engagement volontaire de cinq ans au titre du 2e régiment étranger. Promu légionnaire de 1re classe le 3 février 1901, il est caporal le 26 septembre suivant et sergent le 1er mars 1903. Il signe un nouvel engagement pour cinq ans le 24 janvier 1904. L'année suivante, il demande et obtient, le 27 mars 1905, la nationalité française. Peu après, son grade de sergent est confirmé à titre français. Le 2 avril 1906, il rejoint l'école d'infanterie de Saint-Maixent dont il sort avec le grade de sous-lieutenant le 1er avril 1907.

Affecté au 1er régiment de tirailleurs algériens (RTA), il fait campagne en Algérie, est nommé lieutenant le 1er avril 1909 puis placé en non-activité pour infirmités temporaires le 16 juillet suivant. Rappelé à l'activité de service au titre du 145e régiment d'infanterie (RI) le 26 juin 1911, il est affecté au 4e RTA et suit le cours de mitrailleuse de Verdun. Envoyé en Tunisie en octobre 1911, il est affecté au 4e régiment de tirailleurs indigènes le 15 avril 1913 et sert jusqu'à la guerre aussi bien en Tunisie qu'au Maroc et en Algérie.

Engagé au feu dès le début de la guerre, il est blessé vers le 20 septembre 1914 et renvoyé à l'arrière pour y être soigné. Sur ces entrefaites, il est promu capitaine à titre temporaire le 25 septembre 1914 et à titre définitif le 5 mai 1915. De retour au front le 12 février 1915, il est à nouveau blessé le 15 juin, ce qui lui vaut une année entière de soins loin du front. Remis de sa blessure, il suit le cours du génie à Constantine.

Il commence en 1917 une « double carrière » à la fois française et tchécoslovaque, même si l'indépendance de ce nouveau pays centre-européen n'est proclamée que le 28 octobre 1918. Tout d'abord détaché à titre français auprès du Comité national tchécoslovaque de Paris, il rejoint la légion puis l'armée tchécoslovaques en novembre 1917. Toujours capitaine à titre français, il est promu chef de bataillon à titre tchécoslovaque. En 1918, il occupe très brièvement (26-29 décembre) la fonction de chef de la mission militaire tchécoslovaque à Padoue puis rejoint la Tchécoslovaquie. Promu lieutenant-colonel de l'armée tchécoslovaque, il est nommé le 17 janvier 1919 inspecteur de la Moravie du Nord et de la Silésie et commandant militaire de la région de Teschen. Il dirige ainsi, en janvier et février 1919, les opérations de guerre contre les Polonais. Il est encore nommé délégué spécial auprès de la Commission interalliée de Varsovie avec le grade de colonel, le 23 février, et demeure à ce poste jusqu'au 30 mai, s'y faisant remarquer davantage par son aplomb tout militaire que par ses qualités de diplomate.

Du 31 mai au 16 septembre 1919, il commande la 2e division tchécoslovaque lors de la campagne de Slovaquie contre les Hongrois. Il rentre ensuite à Prague dont il devient (17 septembre 1919-28 décembre 1920) le commandant militaire avec le grade de général de brigade de l'armée tchécoslovaque. Il participe, à ce titre, aux activités de la mission militaire française du général Pellé. Au cours d'une période qui s'étend de l'indépendance de la Tchécoslovaquie au 15 février 1927, le général Josef Snejdarek de l'armée tchécoslovaque est également officier de l'armée française : il est ainsi affecté par la France au 24e RI le 2 juin 1920, au 167e RI le 22 juin 1922, au 8e RI le 10 avril 1923 – régiment au sein duquel il est promu chef de bataillon le 25 juin 1924 – puis au 31e RI du 8 août 1925 à son départ à la retraite après avoir servi la France pendant vingt-six ans, un mois et onze jours. Concomitamment, il commande la 9e division d'infanterie (DI) à Trnava en Slovaquie (29 décembre 1920-20 janvier 1923), suit le cours des officiers généraux et des officiers supérieurs d'état-major (1922) et commande la 7e DI à Olomouc (31 janvier 1923-30 novembre 1924). Lorsqu'il quitte l'armée française, il commande la 11e DI depuis le mois de décembre 1924 et assure la fonction de commandant de la région militaire de Košice depuis le 15 septembre 1925. Il prend enfin le commandement de la région militaire de Bratislava en 1932. Il est alors général d'armée.

Au cours de la phase ultime de sa carrière militaire, le ministère de la Guerre tchécoslovaque, et en son sein très probablement l'État-major général, le jugent avec sévérité. Il serait devenu « despotique » alors qu'il ne dispose ni des qualités intellectuelles ni de la formation nécessaires pour occuper de si hautes fonctions. On lui reproche l'habitude qu'il aurait prise de préférer flatter le pouvoir civil plutôt que d'exécuter les ordres reçus. Son départ à la retraite, visiblement attendu par la hiérarchie militaire de Prague, prend effet le 1er juillet 1935. Il n'empêche, Josef Snejdarek reprend du service en octobre 1938 à la tête de la garde nationale. Puis, lors de l'occupation de la Tchécoslovaquie par l'armée allemande, il part pour la France et s'y porte volontaire pour participer à la renaissance d'une armée tchécoslovaque. Après la défaite française, il rejoint le Maroc où il meurt alors qu'il s'apprête, en 1945, à rentrer en Tchécoslovaquie.

Frédéric GUELTON

SOCIÉTÉ DE PROTECTION DES ALSACIENS-LORRAINS. – Fondée en 1872 par le comte Joseph d'Haussonville, la Société de protection des Alsaciens et Lorrains demeurés français a pour but officiel de venir en aide aux Alsaciens et aux Lorrains originaires des territoires annexés par l'Allemagne en 1871. Reconnue d'utilité publique par décret du 23 août 1873, elle a son siège au 9, rue de Provence à Paris. Elle s'occupe d'apporter des secours aux émigrés d'Alsace-Lorraine et de leur fournir des emplois et des occupations. Elle fonde en Algérie trois centres de peuplement : Haussonvillers, Boukhalfa et Camp-du-Maréchal. Elle gère en outre un orphelinat pour jeunes filles au Vésinet.

La Société de protection entretient des liens privilégiés avec la Légion étrangère. Elle procure à des soldats alsaciens-lorrains libérés du service ou arrivant des colonies du travail des bons de logement, de nourriture ou des effets d'habillement. Elle subventionne pour ce faire plusieurs comités auxiliaires ou œuvres charitables organisés dans les départements voisins de la frontière de l'Est. Le nombre des anciens soldats secourus annuellement par ces comités se maintient autour de 300 à 400 auxquels il faut ajouter plus d'une centaine qui sont assistés directement par les bureaux de Paris. Elle adresse aussi des Alsaciens-Lorrains à l'œuvre créée par la Société de secours aux blessés militaires en faveur des soldats libérés de l'armée coloniale et de la Légion étrangère. Elle se charge des formalités administratives concernant leur naturalisation ou leur réintégration dans la nationalité française. Elle répond journellement aux lettres émanant des Alsaciens-Lorrains servant dans les régiments étrangers, qui demandent la démarche à suivre et les pièces à fournir. À la veille de la guerre, ce travail devient plus chargé. Les recherches de pièces administratives en Alsace-Lorraine dépassent du double celles des années antérieures.

Plus important encore, elle rembourse à ses comités locaux de la frontière de l'Est tous les frais avancés pour assurer la nourriture, le logement et le transport vers les bureaux de recrutement des volontaires alsaciens-lorrains réfractaires de l'armée allemande. En 1884, par exemple, les Alsaciens-Lorrains envoyés par les comités de Saint-Dié, Épinal ou Lunéville ainsi que ceux arrivant isolément se présentent à la mairie de Nancy où un agent du comité, Joseph Laurent, leur délivre des billets de logement et de nourriture en attendant leur engagement. Ils sont entretenus par le comité de Nancy pendant cinq ou six jours en moyenne, avec une dépense de 2 F par jour. Ceux qui sont refusés à la Légion et qui demandent à retourner dans leurs familles en Alsace-Lorraine reçoivent aussi un secours de route.

Outre ses recettes ordinaires et plusieurs donations en sa faveur – en 1893, Victor Ernest de Neyremand lègue par testament 10 000 F pour les soldats alsaciens-lorrains engagés à la Légion –, la Société reçoit des subventions de divers conseils généraux et du ministère de l'Agriculture sur les fonds du pari mutuel. Mais elle perçoit aussi discrètement des subventions des ministères de la Guerre, de l'Intérieur et des Affaires étrangères. En 1887, le premier lui alloue par an 15 000 F sur ses fonds secrets. En 1890, ces sommes lui servent à traiter, à la demande du ministère, 744 affaires, consistant à faire parvenir en Alsace-Lorraine 24 pièces militaires et 28 avis de décès de légionnaires morts au Tonkin ainsi qu'à réclamer dans le pays annexé 692 actes de l'état civil. La Société verse enfin en Alsace-Lorraine de nombreux secours à d'anciens militaires blessés, aux familles de légionnaires morts au Tonkin et à celles frappées d'amendes parce que leurs fils ont voulu échapper au service militaire en Allemagne pour s'engager en France. En jouant ce rôle d'intermédiaire officieux, la Société évite « de provoquer des difficultés avec les autorités d'Alsace-Lorraine » et d'entraîner « dans bien des cas, l'expulsion immédiate des personnes intéressées ou de leurs familles ».

Sa proximité avec le ministère de la Guerre se confirme avec les différentes mesures envisagées lors de la tension franco-allemande de 1887. Le président de la Société, Gabriel d'Haussonville, et un membre du comité, le député de Belfort Émile Keller, soumettent le cas des Alsaciens-Lorrains qui, comme les volontaires de 1870, cherchent à servir dans l'armée française ou à immigrer à l'intérieur de la France. Le cabinet du ministre Boulanger se montre intéressé et propose un ensemble de mesures, qui sont à l'origine même de celles qui s'appliquent au début de la Première Guerre mondiale. Il s'agit de faciliter les engagements des Alsaciens-Lorrains fuyant l'Empire allemand, de désigner des lieux de rassemblement où ils seraient répartis et dirigés, les uns vers les dépôts à l'intérieur, les autres plus exposés vers les régiments étrangers en Algérie. Pour ces derniers, on prévoit de déposer un projet de loi leur permettant d'acquérir la nationalité française dès la contraction de leur engagement. Le dossier semble bien préparé : le comte d'Haussonville et le député Keller soulignent les précautions à prendre, comme celle de bien distinguer « les vrais Alsaciens des Allemands, qui pourraient s'y glisser » et se livrer à l'espionnage en France. Des officiers français d'origine alsacienne connaissant bien « l'idiome, les habitudes et la géographie » des provinces annexées doivent réussir à les départager.

Les autorités et la presse allemandes suspectent « l'activité étendue » de la Société pourvue « de moyens importants ». Elles l'accusent d'attirer en France des Alsaciens-Lorrains ayant servi dans l'armée allemande ou d'encourager leur immigration en Algérie. Elle croit qu'une grande partie de ceux qui retournent ensuite dans le *Reichsland* sont animés de sentiments français et anéantissent les efforts de germanisation. Selon elles, la Société poursuit des « buts antiallemands » et doit être soumise à d'étroites surveillances.

Gérald SAWICKI

Sources : Archives des Affaires étrangères, affaires diverses politiques, Allemagne, carton n° 41 • SHD-Terre, 7N 38 • Archives départementales du Bas-Rhin, 68D2 • Archives départementales du Haut-Rhin, 8AL1/9425 • Archives départementales de Meurthe-et-Moselle, 4M215, 4M193 • Archives départementales des Vosges, 4M109, 4M529.

SOCIÉTÉ MILITAIRE PRIVÉE. – Définie par le Livre blanc sur la défense et la sécurité nationale de 2008 comme « un organisme civil, privé, impliqué dans le cadre d'opérations militaires dans la fourniture d'aide, de conseil et d'appui militaire, et offrant des prestations traditionnellement assurées par les forces armées nationales », une société militaire privée (SMP) peut avoir pour clients des États, des organisations internationales (ou non gouvernementales) et des entreprises. L'usage de ces sociétés a été accompagné de polémiques et de scandales sur leurs pratiques (les bavures des employés de l'ancienne société Blackwater, en particulier, ont coûté la vie à dix-sept victimes innocentes lors de la « tuerie de Nissour » à Bagdad en 2007). C'est pourquoi, à l'initiative de la Suisse et du Comité international de la Croix-Rouge, une charte éthique et des normes juridiques fixées aux États qui les emploient ont été proposées dans un texte, le Document de Montreux. D'ores et déjà, dix-sept États l'ont ratifié, parmi lesquels la France mais aussi les États-Unis, la Grande-Bretagne ou encore l'Afrique du Sud.

Les prémices de ces sociétés remontent à la seconde moitié du XXe siècle (la Civil Air Transport de Claire Lee Chemnault pendant la guerre d'Indochine et celle de Corée par exemple) mais elles connaissent une vraie émergence dans les années 1990. Fondée en 1989 par des anciens du 32e bataillon sud-africain, Executive Outcomes est alors l'une des plus puissantes avec un fichier de 2 500 combattants intérimaires. Depuis, elles prennent une part croissante dans les conflits. Leur développement est exponentiel ces deux dernières décennies : on serait passé d'un ratio contractuel privé/militaire de 1 pour 10 lors de la guerre du Golfe à 1,2/1 actuellement. Malgré l'absence de statistiques officielles sur le sujet, on estime que le nombre de *contractors* présents en Irak pourrait être supérieur à 120 000. Le chiffre d'affaires des SMP s'élèverait à 100 milliards de dollars. Un tel développement a amené ces acteurs de la « privatisation de la guerre » à rechercher du personnel déjà formé pour pouvoir le mobiliser rapidement. Dans le même temps, la professionnalisation des armées en France a amené les militaires à se laisser séduire par ce type de seconde carrière extrêmement lucrative. Les anciens militaires engagés en Irak touchent en effet des rémunérations deux à dix fois supérieures à celles qu'ils percevaient dans les armées.

La Légion étrangère n'échappe pas à ce pouvoir d'attraction. Comme toutes les unités d'élite de l'armée française, elle a longtemps été privilégiée dans les opérations extérieures les plus délicates. Cette image permet aux légionnaires de se présenter comme des professionnels accomplis aptes à travailler sur des théâtres sensibles. Or, cette expertise militaire est justement l'argument commercial présenté par les SMP à leurs clients – Blackwater a été fondée par Erik Prince, un ancien des Navy Seals, les commandos des marines américains. La reconversion croissante des légionnaires dans les SMP semble ainsi inéluctable. En 2005, des journalistes du *Monde* révèlent la présence en Irak de huit mercenaires français employés par la société Unity Resources Group (URG). Or, selon eux, celle-ci recrute quasi exclusivement d'anciens légionnaires du 2e régiment étranger de parachutistes (REP). L'un de leurs chefs d'équipe, un homme de trente-six ans, né en Tchécoslovaquie (devenue République tchèque), avait fait partie en septembre 2000 des gardes du corps du général Robert Gueï, éphémère président de la Côte d'Ivoire. L'affaire des employés d'Areva enlevés par l'Aqmi au Niger en 2010 est tout aussi éclairante. La société Épée conseillait la transnationale française spécialisée dans le nucléaire. Or, elle est dirigée par Jacques Hogard, un ancien colonel parachutiste légionnaire qui a notamment servi au 2e REP. Sur place, à Arlit, il employait cinq anciens légionnaires de ce régiment pour la sécurité des employés d'Areva. Le forum Internet du 2e REP illustre toujours cette porosité croissante entre la Légion étrangère et les SMP : cet espace accueille des témoignages d'anciens devenus *contractors* et surtout des annonces de recrutement de sociétés françaises (Secopex par exemple) et anglo-saxonnes (Control Risks).

Walter BRUYÈRE-OSTELLS

Sources : Gérard Davet et Francis Lhomme, « Profession : mercenaire français en Irak », *Le Monde*, 25 novembre 2005 • *Défense et sécurité nationale : le Livre blanc*, La Documentation française-Odile Jacob, 2008.
Bibl. : Walter Bruyère-Ostells, *Histoire des mercenaires*, Tallandier, 2011 • Hélène Jacquin, « L'emploi des sociétés militaires privées en Afghanistan et en Irak », *Cahier de la recherche doctrinale*, CDEF-DREX, ministère de la Défense, 21 juillet 2010.

« SOLDATS BLANCS D'HÔ CHI MINH ». – Connus également sous le vocable de « Doktors germaniques du Viêt-minh », les quelques légionnaires (une douzaine tout au plus) qui ont déserté au début de la guerre d'Indochine ont fait couler beaucoup d'encre en raison de leur influence supposée et de leur place réelle dans le « premier cercle » du mouvement communiste indochinois. Ils ne représentent pourtant que 0,9 ‰ du total des défections de 1946 à 1954, autant dire une exception dans l'histoire des régiments étrangers. Présentés par certains auteurs comme des hommes meurtris, ces Allemands, Autrichiens et Suisses alémaniques, engagés à la veille ou à la fin de la Seconde Guerre mondiale, ont en commun la haine du national-socialisme et une sympathie clairement affichée pour l'idéologie communiste. Intellectuels égarés et réfugiés en France par suite des persécutions nazies, au contact avec les nationalistes tonkinois qu'ils fréquentent dès leur arrivée à Vietri, la garnison de la portion centrale du 5e régiment étranger d'infanterie (REI), ils se lancent dans l'action politique clandestine qui débouche sur le « ralliement » au Viêt-minh.

Trois d'entre eux sont encore célébrés à Hanoi comme des héros de la cause vietnamienne : Erwin Borchers dit Chien Sy, « le combattant » (1906-1989), engagé en septembre 1939 à Paris pour échapper à l'internement, à l'instar de Rudy Schröder, *alias* Kerkhof, dit Le Duc Nahn (1911-1977), qui s'était lié d'amitié avec Raymond Aron lors de son séjour à Cologne. Quant au troisième, Ernst Frey dit Nguyen Dan (1915-1994), Juif hongrois de Vienne, membre de la Ligue communiste de la jeunesse depuis 1934, il s'exile après l'Anschluss (11 mars 1938) et, le 5 octobre 1938, après avoir tenté de rallier les Brigades internationales lors de la guerre d'Espagne finissante, se résout à s'engager à Paris.

En 1941, les légionnaires germanophones bénéficient d'une mesure d'éloignement prise par le commandement français afin de les soustraire aux recherches des commissions d'armistice allemandes exigeant le rapatriement des légionnaires allemands et autrichiens dans le Reich. Borchers et Schröder font partie du « détachement fantôme », constitué des derniers renforts embarqués à Dakar, le 4 juillet, et parvenus à bon port à Saigon, le 3 novembre, après une longue escale forcée à Madagascar. Quant à Frey, il avait quitté Casablanca le 17 mars pour débarquer à Saigon le 1er juillet. Très vite déçus par l'ambiance régnant au Tonkin, les trois compères forment une cellule communiste au sein du 5e régiment étranger d'infanterie (REI) et, fin 1943, entrent en rapport avec des cadres du Parti communiste indochinois (PCI) dans le dessein de participer, à ses côtés, à la lutte contre les Japonais. Ils désertent à l'automne 1945 après avoir été internés par les Japonais à la suite du coup de force du 9 mars : Frey, libéré après avoir terminé son deuxième contrat de deux ans, prépare l'opération avec deux des plus hauts dirigeants du Viêt-minh, Vo Nguyen Giap et Pham Van Dong. Le petit groupe se grossit de deux des légionnaires issus de la cellule du 5e REI, Walter Ullrich et Georges Wächter, dit Ho Chi Tho, plus tard rejoints par Stephan Kubiak, dit commandant Hô Chi Thuân, qui déserte en emportant une mitrailleuse.

Ces *Viet moi*, autrement dit, « nouveaux Vietnamiens », sont les bienvenus dans l'armée révolutionnaire en formation : leurs compétences comme leur dévouement à la cause anticolonialiste et communiste sont utilisés jusqu'à l'arrivée des conseillers chinois fin 1949, après la proclamation de la république populaire le 1er octobre. Leur rôle est double : militaire, en raison de leur première expérience dans la Légion, et politique dans cette guerre révolutionnaire qui réclame la mobilisation et l'endoctrinement des esprits. Ainsi Rudy Schröder, promu lieutenant-colonel au début du conflit après le coup de force du 19 décembre 1946 à Hanoi, est-il sur le front de Lang Son et reçoit-il en mai 1948 le commandement d'une unité spéciale. La « brigade des légionnaires libres », forte d'une quarantaine d'hommes, prend le nom de commando ou « détachement Guillaume-Tell » dans la double tradition suisse et des *Frei Korps* (corps francs) allemands des débuts de la république de Weimar. Deux années durant, les transfuges sont employés dans le Viêt Bac (région située au nord d'Hanoi, fief du Viêt-minh) avant d'être dispersés à la suite d'une tentative de mutinerie étouffée par leur chef, qui n'hésite pas à faire exécuter six de ses hommes soupçonnés de vouloir rejoindre l'armée française. Le commando dissous, les chefs militaires viêt-minh, de plus en plus soupçonneux avec les anciens légionnaires, éloignent Schröder qui se transforme en commentateur à Radio Vietnam. Il saisit alors la première occasion pour se faire rapatrier en République démocratique allemande (RDA) : il fait partie du convoi des déserteurs allemands parti du Tonkin en août 1951.

La propagande devient la mission première des plus politisés : outre Schröder déjà signalé, Borchers, lieutenant-colonel et commissaire politique, chef du Dich van (département de la propagande politique et de la guerre psychologique), est chargé de rédiger, en français et en allemand, des documents à destination des légionnaires. Dans les camps, l'éducation politique des prisonniers allemands lui est confiée dans le dessein d'obtenir leur « retournement ». Quant à Siegfried Wenzel, il signe des articles dans *La République* et *Le Peuple* sous le pseudonyme de Duc Viet. Le sergent Ernst Frey, *alias* Nguyen Dan, conseiller militaire très proche du général Giap, exerce le commandement du Khu IX, la zone abritant les organes centraux du Viêt-minh. Adopté par Hô Chi Minh, admis au Comité central, l'idéologue n'hésite pas à faire exécuter par Walter Ullrich deux légionnaires « ralliés » qu'il suspecte d'être de faux transfuges. Mais, en 1950, la roue tourne avec l'arrivée des Chinois : les ralliés sont redevenus des déserteurs, donc suspects. Déçus du sort qui leur est réservé, la plupart projettent de quitter au plus tôt le Viet-nam. Borchers, après avoir collaboré au ministère de l'Information du gouvernement de la république populaire du Nord-Vietnam, rentre en RDA avec sa femme et six de ses sept enfants. Également tombé en disgrâce, Frey entame une nouvelle vie en regagnant Vienne, en mai 1951, après une année de pérégrinations à travers la Chine, l'URSS et la RDA. Renonçant désormais à toute activité politique, il se marie, exerce pendant plusieurs décennies le métier de commis voyageur et s'adonne au jeu, sa nouvelle passion, avant de sombrer dans l'alcoolisme. Revenu au catholicisme, il finit cuisinier d'un curé de paroisse dans la ville qui l'a vu naître.

L'histoire retient que ces légionnaires antifascistes et communistes ont été les témoins et les modestes acteurs des luttes idéologiques qui ont marqué le premier XXe siècle. *In fine*, leur parcours en a fait également des victimes d'un anticolonialisme où tous les coups étaient permis : la désertion brandie comme un étendard ne fait pas du déserteur un être recommandable dans le camp qu'il rallie. Faut-il ajouter que leur disparition, entre 1977 (Schröder meurt dans la misère et désespéré) et 1994 (Frey toujours aussi mystique, hanté par le « mal »), est passée totalement inaperçue ?

André-Paul COMOR

Bibl. : Heinz Schütte, *Zwischen den Fronten, deutsche und österreichische Überläufer zum Viet Minh*, Berlin, Logos Verlag, 2006 • Pierre Sergent, *Un étrange Monsieur Frey*, Fayard, 1982 • An Lac Truong Dinh, *Von der Fremdenlegion zu den Viet Minh. Der Schweizer Überläufer Emil Selhofer im französischen Indochinakrieg*, Zurich, Chronos, 2011.

SOLDE ET PRIMES. – « On n'est pas à la Légion pour la gamelle » : formule lapidaire, formule choc qui un temps faisait florès dans les popotes des jeunes lieutenants frais émoulus de Saint-Cyr. Un brin provocatrice, voire insolente, elle n'était que la traduction de la légitime fierté de jeunes officiers à servir dans un corps d'exception, exigeant, où afficher un certain détachement des biens matériels de ce monde était de circonstance Elle trouve son origine dans la reprise d'une antienne du début du siècle dernier en vogue chez le légionnaire d'alors qui, pour s'être souvent engagé par manque d'argent (c'est toujours le cas aujourd'hui), ne le faisait pas pour de l'argent. En somme c'est une image fort éloignée de celle, traditionnelle, du mercenaire dont la motivation première est d'ordre financier.

En effet, pour des raisons qui procèdent de la « traditionnelle pingrerie de l'État » pour ses plus fidèles serviteurs, la situation matérielle du légionnaire a très longtemps été en retard sur celle, déjà peu enviable, de ses homologues de l'armée régulière. C'est ainsi que jusqu'en 1958 le jeune engagé volontaire, pourtant étranger donc non assujetti au service national, était rémunéré comme un appelé du contingent pendant la période correspondant à la durée légale du service. En 1937, le légionnaire de 2e classe percevait, deux années durant, un « prêt » (appellation alors en vigueur) de 0,60 F par jour s'il servait en Algérie, de 2 F au Maroc et de 2,25 F au Tonkin. Au-delà de la durée légale, avec la « haute paye », sa situation s'améliorait un peu (1,20 F en Algérie et 2,20 F au Maroc), mais pas de quoi faire des folies. À titre de comparaison, le salaire mensuel d'un manœuvre était alors de 610 F, un litre de vin coûtait 1 F et un paquet de cigarettes 0,60 F. En outre, contrairement à une pratique observée dans toutes les armées du monde, les légionnaires ont été privés, quatre-vingt-huit années durant, de toute prime d'engagement ! Il fallut attendre la parution du décret du 18 octobre 1919 pour y remédier.

De 1946 à 1955, le légionnaire, au prétexte qu'il avait signé devant l'intendant un contrat inconditionnel (servir en tous temps et tous lieux), était privé de la prime versée à tous les volontaires pour l'Indochine. Parmi les anomalies dont souffrit la Légion, il faut signaler que, par une décision ministérielle de 1926, les sous-officiers servant à titre étranger n'avaient pas droit aux indemnités pour charges de famille, ni leur veuve à une pension de réversion si elle se retirait à l'étranger.

Progressivement, les choses vont évoluer dans le bon sens avec un alignement progressif sur les textes et les pratiques en vigueur dans l'armée régulière. Aujourd'hui, la cérémonie traditionnelle de paiement en numéraire par le capitaine commandant d'unité, sous l'œil vigilant du trésorier, de même que le salut du légionnaire prenant congé coiffé de son képi blanc d'où émerge un coin de billet, ont cédé la place au versement direct et mensuel de la solde sur le compte de l'intéressé depuis le Centre expert des ressources humaines de la solde (CERHS). Pour y parvenir, il a fallu préalablement trouver des établissements bancaires qui veuillent bien autoriser l'ouverture d'un compte à des légionnaires servant sous identité déclarée (anonymat) ou en phase de vérification d'identité et qui ne possèdent donc pas ou pas encore de pièces d'identité civile. Cela fut fait dès 1998 et conforté en 2012. Ainsi est-il définitivement mis un terme au regard vigilant que l'encadrement portait sur le bon usage fait par le jeune légionnaire sous identité déclarée de sa solde et des primes afférentes. Une invitation à faire des dépôts sur un livret de caisse d'épargne détenu par le trésorier était la règle, l'achat de biens importants était soumis à autorisation préalable. Désormais le principe général de « libre disposition de la solde » est pleinement respecté. C'est une excellente chose. Elle est de notre temps. Pour autant, l'esprit des précédentes dispositions avait du bon : à y bien regarder, en effet, elles ne procédaient pas d'une quelconque forme de paternalisme (argument avancé par les détracteurs de la Légion) mais étaient fondées sur une parfaite connaissance du légionnaire, traditionnellement généreux et prodigue, proie facile d'aigrefins de tout poil et de « copines » de circonstance. Le but poursuivi était de le protéger contre lui-même.

Cela étant, même si le chemin vers une certaine normalité a été long, il convient de reconnaître que l'impécuniosité des légionnaires, particulièrement criante entre les deux guerres, a été un puissant stimulant à la création et au développement de structures et de pratiques d'entraide au sein de la communauté légionnaire. Celles-ci, aujourd'hui, non seulement continuent d'exister, mais sont citées en exemple par le reste d'une armée désormais professionnelle.

Robert RIDEAU

SOLIDARITÉ. – Subdivision d'armes atypique, la Légion étrangère constitue un milieu social particulier, composé en majorité d'étrangers qui, en s'engageant dans ses rangs, ont bien souvent rompu avec leur passé, leur famille et leur pays d'origine. Elle s'est toujours efforcée de remplacer ce cadre social et traditionnel qui n'existe plus par une puissante structure de solidarité dans laquelle le légionnaire trouve à tout moment, s'il le souhaite, soutien, réconfort et protection, qu'il soit en activité ou qu'il ait quitté l'uniforme. C'est là toute la signification de la devise *Legio patria nostra* (« La Légion est notre patrie ») ; elle peut, le cas échéant, tenir lieu de famille au légionnaire.

À l'été 1835, en instituant l'amalgame – le brassage de toutes les nationalités au sein de l'ensemble des unités de Légion étrangère –, le général Bernelle invente la règle d'or de l'organisation légionnaire qui, favorisant l'émulation et développant l'esprit de corps, permettra à la solidarité de devenir la norme au sein de la Légion. Pour être parfaitement efficace, la solidarité doit être associée à une discipline ferme mais juste, punissant toute querelle liée au manque de tolérance.

Symbolisée pour le grand public par le célèbre « À moi la Légion ! », cette solidarité s'exerce en service comme hors de la caserne. En opérations, volontaires pour servir dans une subdivision d'armes largement employée, les légionnaires se doivent d'être solidaires pour mener à bien les missions qui leur sont confiées – l'individualisme et la rivalité peuvent nuire à tous. Toutefois, dès les origines, l'absence de cadre familial susceptible de relayer l'institution militaire pose surtout un problème lors des périodes d'inaction – long séjour en caserne –, là où traditionnellement ce cadre tient une grande place – fête familiales –, ou encore dès que le légionnaire quitte le strict cadre du service – période de convalescence ou de repos. L'inaction est alors en effet l'ennemi du légionnaire, car elle a pour corollaires l'ennui et, parfois, le cafard qui, « ancré au fond des crânes, [...] ne laisse deviner sa présence que par cet air distant qu'ont les légionnaires, ces silences et cet ennui qui ne les quitte jamais même au plus fort de leurs grosses joies. Comme ces fièvres que l'on porte en soi sans en trop pâtir, tant qu'elles sommeillent, il a de brusques réveils, des reprises d'activité inattendues ». Ce fameux cafard s'avère en outre souvent mauvais conseiller... L'encadrement est donc très présent à la Légion étrangère, pour écouter, pour conseiller ou, le cas échéant, pour punir. Il l'est même systématiquement dans les moments où le cafard est susceptible de resurgir, notamment lors des traditionnelles fêtes de famille comme Noël. À Noël, alors, la famille légionnaire dans son ensemble, hommes de troupe, sous-officiers et officiers, est toujours réunie pour fêter la Nativité autour de crèches et de distributions de cadeaux.

Parce qu'elle combat dans des régions difficiles, où maladies et épidémies font rage, très tôt – à peine quelques mois après la création de la Légion étrangère – ces chefs cherchent à pallier l'absence des familles des légionnaires, notamment lorsque ces derniers sont livrés à eux-mêmes, convalescents ou en permission. L'armée crée alors des centres de repos pour les militaires servant outre-mer (ainsi, par exemple, le centre de convalescence pour les soldats du corps expéditionnaire sur la route d'Alger à Toulon, ouvert à Minorque en 1833, ou celui pour convalescents du Tonkin et de Madagascar, ouvert à Porquerolles entre 1895 et 1905). Les effectifs des régiments étrangers croissant en même temps que le nombre et l'importance des campagnes auxquelles ils prennent part, la Légion étrangère crée ses propres centres de repos (le dépôt de convalescents pour sous-officiers et légionnaires, ouvert à Alger en 1834, ou le centre de repos d'Arzew, ouvert en Algérie de 1928 à 1939). À partir de la guerre d'Indochine, l'absence de cadre familial s'avère de plus en plus problématique, et il convient d'entretenir un lien entre des unités largement dispersées, d'encadrer des hommes ayant totalement rompu avec leur passé ou de s'occuper de grands blessés pour l'accueil desquels rien n'est prévu dans leur pays d'origine.

Après la création en 1946 d'un service information et historique, celle en 1947 du journal *Képi blanc* et la multiplication et la modernisation des centres de repos (celui d'Arzew, à nouveau ouvert en Algérie de 1945 à 1962, ceux de Nemours, créé pour doubler la structure précédemment citée entre 1947 et 1954, de Dellys, ouvert en Algérie pour les compagnies sahariennes en 1948, d'Hammamet, ouvert par le 1er régiment étranger en 1947, de Sorbo-Marine, ouvert en Corse et géré en commun par la Légion étrangère et le 2e régiment étranger entre 1960 et 1983, ou encore celui de Malmousque ouvert à Marseille en 1974 et qui existe toujours, centre d'abord géré par la Légion étrangère puis par le 1er régiment étranger), il devient indispensable d'optimiser la gestion des fonds destinés au fonctionnement de cet ensemble. La Légion étrangère crée donc, en 1950, le Fonds central de comptabilité dont la mission est de récolter des subsides et de les redistribuer – organisme qui change de nom à plusieurs reprises, devenant enfin la division du service du moral et du foyer d'entraide de la Légion étrangère (DSM-FELE).

Ce système de solidarité atteint son apogée avec l'ouverture, en 1953, de l'Institution des invalides de la Légion étrangère (IILE) qui héberge et réhabilite des anciens légionnaires blessés au combat ou blessés de la vie. L'IILE est ainsi la vivante expression de la solidarité qui permet aux anciens légionnaires de demeurer, s'ils le souhaitent, jusqu'à leurs derniers jours dans la famille d'adoption qui, un jour, leur a ouvert ses bras. Si tous les légionnaires sont « frères d'armes », tous les anciens de la Légion étrangère restent « compagnons d'armes » : la solidarité qui lie les légionnaires d'active lie également les anciens de la Légion étrangère.

Dès la fin du XIXe siècle, un puissant réseau de solidarité, fondé sur la création d'amicales d'anciens de la Légion étrangère, qui progressivement se regroupent au sein de la Fédération des sociétés d'anciens de la Légion étrangère (FSALE), vient compléter l'action de la Légion d'active, aussi bien en appuyant ses actions menées en direction du monde extérieur – armée de terre au sens large et monde civil – qu'en aidant les anciens légionnaires rendus à la vie civile. Pour ce faire, l'une des premières missions dévolues à ce réseau est d'héberger les anciens légionnaires

– à court terme, le temps de retrouver un emploi, ou à long terme, pour les retraités ou les grands blessés inaptes à se réinsérer sans soutien approprié. Centres d'hébergement et maisons de retraite fleurissent ainsi tout au long du XXe siècle, aussi bien outre-mer qu'en France métropolitaine mais, faute de financement, seule continue actuellement à fonctionner la Maison du légionnaire installée au domaine de la Vède à Auriol. Ce réseau intervient également pour aider les anciens légionnaires à trouver un emploi et est susceptible de leur apporter une aide morale et matérielle.

Pour tenir compte des besoins spécifiques des légionnaires, l'action sociale à la Légion étrangère est donc nécessairement différente de l'action sociale du reste de l'armée française. De nos jours, elle est le résultat d'une politique qui allie l'action et les moyens de la Légion d'active aux moyens des organisations d'anciens légionnaires dont les deux principaux leviers sont la DSM-FELE et la FSALE.

Marie LARROUMET

Bibl. : Jean-Pierre Hallo, *Monsieur Légionnaire*, Lavauzelle, 1994.

SOLOMIRSKY, capitaine Vladimir (1895-1989). – Né à Pskov en Russie, dans une famille noble, Vladimir Solomirsky fait ses études au corps des pages à la cour de Petrograd et devient enseigne au régiment des grenadiers à cheval de la Garde impériale. Pendant la Première Guerre mondiale, il sert comme cornette, lieutenant et, promu capitaine en 1917, commande l'escadron du tsar. En août 1919, il rejoint les armées blanches de l'amiral Koltchak et sert au sein du détachement des partisans du colonel Krougliakoff comme chef d'escadrons.

En 1921, comme bon nombre d'officiers blancs, il s'exile en France, et s'engage dans la Légion étrangère, avec le grade de sous-lieutenant à titre étranger. Il est alors affecté au 2e régiment étranger d'infanterie (REI) avant d'être muté à Sousse au 1er régiment étranger de cavalerie (REC). Promu au grade de lieutenant à titre étranger le 9 février 1923, naturalisé français le 17 avril 1924, il fait partie du renfort envoyé au groupement d'escadrons du 1er REC au Maroc. Il s'y distingue à la tête de son peloton le 20 septembre 1925 à Tizi Outine, prenant d'assaut une mechta tenue par les insoumis, et fait l'objet d'une citation à l'ordre de la division pour cette célèbre charge du peloton du 3e escadron du 1er REC immortalisée par l'aquarelliste Benigni.

Il est ensuite affecté à l'état-major particulier de la cavalerie pour être détaché à l'état-major de la 1re Région militaire le 12 juillet 1929. Entre novembre 1931 et septembre 1940, il sert à nouveau au dépôt du 1er REC à Sousse. À la dissolution du dépôt, le capitaine Solomirsky est muté à Fès jusqu'à sa mise en congé d'armistice en 1942. Rappelé à l'activité en novembre, il est affecté au camp de prisonniers n° 23 à Midelt au Maroc, puis passe au dépôt n° 29 à Ouarzazate. Arrivé en limite d'âge de son grade, il est maintenu dans le cadre de la réserve. Il est affecté ensuite à la mission militaire pour les affaires allemandes en qualité d'officier de contrôle adjoint puis passe au commandement interallié de Vienne comme chef de bureau. Malade, il est évacué à l'hôpital militaire du Val-de-Grâce à Paris et rayé des contrôles de l'armée le 1er avril 1946. Il se retire à Neuilly-sur-Seine, avant d'être l'un des premiers pensionnaires de l'Institution des invalides de la Légion étrangère (IILE) de Puyloubier où il meurt le 20 mars 1989. Chevalier de la Légion d'honneur, le capitaine

Solomirsky est titulaire de nombreuses citations et décorations françaises et russes.

Charles RIDET

SON TAY, monument aux morts de. – À l'initiative du général Billotte, commandant en chef des troupes en Indochine, un monument est construit à Son Tay, à l'ouest de Hanoi, pour rappeler aux générations futures la bravoure et l'œuvre des légionnaires au Tonkin. Il est inauguré le 7 mai 1932, un an après celui du quartier Vienot de Sidi-Bel-Abbès. Les fonds sont récoltés par souscription. La statue, œuvre de Charles-Henri Pourquet, représente un soldat des colonies – le général Brundsaux – qui est la réplique de celui qui garde le monument de Bel-Abbès. Lors de son inauguration, le colonel Debas reçoit le drapeau de son 5e régiment étranger d'infanterie créé deux ans plus tôt. En 1970, M. Gallois-Montbrun fait don au musée de la Légion étrangère de la maquette originale offerte au gouverneur général de l'Indochine.

André-Paul COMOR

SOUBERBIELLE, Jean-Marie (1889-1942). – Né à Nogaro, dans le Gers, le lycéen de Tarbes se comporte comme beaucoup de jeunes Français en âge de porter les armes et, en mars 1917, s'engage au 1er régiment de cuirassiers. Il prend part aux batailles de 1918 et est démobilisé comme maréchal des logis en mars 1920. Admis dans le cadre des services civils du ministère des Colonies, avec le grade de commis de 3e classe, il s'embarque en novembre 1920 pour l'Afrique-Équatoriale française. Pendant vingt ans, il sert en brousse comme agent spécial, adjoint, puis chef de subdivision, en Oubangui-Chari, au Gabon et au Tchad, où il rallie la France Libre derrière le gouverneur Éboué le 26 août 1940. L'année suivante, impatient d'en découdre avec l'ennemi, il se rend en Égypte avec sa voiture personnelle et s'engage, comme sous-lieutenant dans les Forces françaises libres (FFL) le 13 août. D'abord affecté à Abou-Kamal sur les rives de l'Euphrate, il reçoit une fonction administrative qui ne lui convient pas. En septembre 1942, il obtient de rejoindre une unité combattante et est affecté à la 7e compagnie du 2e bataillon de la 13e demi-brigade de Légion étrangère commandée par le capitaine Pierre Messmer. Le sous-lieutenant Souberbielle est tué à El-Himeimat par l'explosion d'une grenade dans la nuit du 23 au 24 octobre 1942 pendant l'assaut du plateau de Nag Rala. Il est inhumé à El-Alamein. Chevalier de la Légion d'honneur, il est fait Compagnon de la Libération par décret en date du 11 mai 1943.

André-Paul COMOR

Sources : SHD-Terre, 1P 250.
Bibl. : Pierre Messmer, *Après tant de batailles*, Albin Michel, 1995.

SOUDAN. – Le nom même de Soudan prête à confusion et il faut distinguer entre le Soudan britannique (ou anglo-égyptien), du Darfour à la mer Rouge, et le Soudan français, situé plus à l'ouest et dont les frontières restent très longtemps approximatives au cœur de l'Afrique occidentale, entre le Sénégal et le Tchad.

La conquête du Soudan est engagée à partir du Sénégal après l'effondrement de l'Empire toucouleur en 1876 sous l'effet d'une double poussée : ouest-est avec l'espoir de constituer un ensemble transafricain Dakar-Djibouti (rêve colonial brisé à Fachoda par les Britanniques engagés sur l'axe Le Caire-Le Cap) et nord-sud avec le projet de construction d'une voie ferrée Algérie-Niger. À la suite de la première mission du capitaine Gallieni en 1879, le lieutenant-colonel Borgnis-Desbordes engage en 1881 une longue lutte contre le chef Samory Touré, lutte poursuivie par ses successeurs jusqu'à Louis Archinard, premier gouverneur du Soudan français en août 1890. Les opérations sont essentiellement orientées contre Ahmadou et pour le contrôle de Koniakary autour de 1895, contre les Maures au nord-ouest jusqu'en 1899-1900, contre le royaume de Sikasso puis pour Tombouctou « la mystérieuse », où le jeune Joffre accède à la célébrité, contre les Touareg jusqu'à la fin du XIXe siècle et surtout contre Samory Touré entre 1881-1882 et septembre 1898. Près de vingt ans de campagnes, entrecoupées de brèves périodes de paix vite rompue, sont donc nécessaires pour conquérir et pacifier cet immense territoire. Avec ceux de Borgnis-Desbordes et d'Archinard, l'histoire conserve les noms de Marchand, Gallieni et Mangin : il s'agit donc essentiellement de coloniaux. La majorité des troupes est en effet constituée de tirailleurs, de spahis et surtout de recrues autochtones irrégulières, levées localement. Sous les ordres de quelques dizaines de cadres européens, les colonnes comportent ainsi plusieurs centaines de « Sénégalais » et parfois plusieurs milliers de supplétifs locaux. Dès 1888, les premiers contingents cavaliers indigènes sont organisés et inscrits à partir de décembre 1891 à l'organigramme de l'armée française sous le nom de « spahis soudanais », dont l'éphémère existence (le dernier escadron est transformé en août 1902 en « spahis sénégalais ») est néanmoins marquée par de multiples actions d'éclat durant la dernière phase de la conquête.

Si les opérations au Soudan sont essentiellement le fait de divers contingents indigènes et coloniaux, la Légion étrangère y contribue dignement à plusieurs reprises. À partir de la campagne de 1892-1893, une compagnie de légionnaires commandée par le capitaine Destenave (124 hommes dont 4 officiers) arrive à Kayes et participe à toutes les grandes opérations. L'année 1893 est à cet égard marquante. En février, la colonne Combe est en particulier fermement accrochée dans la région de Koma mais parvient à repousser les assaillants et à la fin du même mois la colonne d'Argelos s'empare de positions des tribus Safa. L'histoire retient également que, le 28 mars 1893, les légionnaires défilent dans Kamkan après avoir parcouru 950 km en cinq semaines et livré quatorze combats contre les Sofas de Samory Touré.

La fin de la conquête du Soudan, marquée par la prise de Sikasso en mai 1898, constitue avec la capture de Samory Touré le 29 septembre suivant puis la soumission du Tchad au cours des années qui suivent, l'un des ultimes épisodes de l'expansion coloniale africaine de la France.

Rémy PORTE

Bibl. : Joseph Gallieni, *Deux campagnes au Soudan, 1886-1888*, Hachette, 1891 • Auguste Louis Charles Gatelet, *Histoire de la conquête du Soudan français (1878-1899)*, Berger-Levrault, 1901 • Henri Gouraud, *Souvenirs d'un Africain. Au Soudan*, Pierre Tisné, 1939 • Jacques Méniaud, *Les Pionniers du Soudan, avant et après Archinard, 1879-1894*, Société des publications modernes, 1931.

SOULT, maréchal Nicolas Jean de Dieu (1769-1851). – Ancien soldat de l'armée royale, général sous la Révolution, maréchal d'Empire en 1804, maréchal général de France en 1847 au terme d'une longue carrière ministérielle sous la monarchie de Juillet, Nicolas Jean de Dieu Soult intervient à deux reprises dans l'histoire de la Légion en tant que ministre de la Guerre.

En 1831, il fait voter par les assemblées parlementaires la loi qui crée la

Légion étrangère. Celle-ci, à ses yeux, est alors « un asile pour le malheur » destiné à résoudre les problèmes engendrés par l'afflux de réfugiés politiques et de déserteurs. Il semble la considérer comme une solution provisoire : en 1831, le gouvernement n'envisage pas de conquérir l'Algérie.

Lorsqu'en 1840 il revient au ministère de la Guerre – il est en outre président du Conseil –, la situation a changé. La conquête de l'Algérie est entreprise depuis 1836. Comme elle est peu populaire, il convient d'y engager aussi peu que possible des unités issues de la conscription. D'où la nécessité de renforcer ce qu'on appellera l'« armée d'Afrique » (Légion, tirailleurs, spahis) par la création de nouveaux corps. La formation des deux régiments de la Légion étrangère constitue un élément de cette politique. Après avoir créé la Légion en 1831, le maréchal Soult la pérennise donc en 1840.

Henry DUTAILLY

Bibl. : Robert Huré (dir.), *L'Armée d'Afrique, 1831-1962*, Charles-Lavauzelle, 1977.

SOURLIER, colonel André (1905-1998). – Né à Dommartin-lès-Toul (Meurthe-et-Moselle), André Sourlier suit les traces de son père, adjudant au 168e régiment d'infanterie, et, le 25 juillet 1925, après un échec au concours d'entrée à Saint-Cyr, s'engage par dépit au 4e groupe de chasseurs cyclistes stationné à Mayence. Rapidement promu sergent, il ne renonce pas à son projet initial, se prépare assidûment au concours et en octobre 1927 intègre la promotion « Maréchal Gallieni » de l'École spéciale militaire. À la sortie, il choisit la Légion étrangère, qu'il va servir pendant vingt-cinq ans. Après le passage obligé au 1er régiment étranger, il participe aux campagnes des confins algéro-marocains.

De 1935 à 1938, c'est la première expérience de l'Extrême-Orient avec le 5e régiment étranger d'infanterie (REI) récemment créé. Après un intermède au centre de transit de Marseille, il est affecté en août 1940 au 6e REI et participe à la guerre de Syrie. Blessé, le capitaine Sourlier ne rallie pas les Forces françaises libres (FFL) et retourne en Afrique du Nord, dans un premier temps au 2e REI à Marrakech puis au 3e REI. Il quitte les rangs de la Légion pour participer aux campagnes d'Italie et de France avec le 5e régiment de tirailleurs marocains. En 1947, il fait un second séjour en Indochine à la 13e demi-brigade de Légion étrangère d'abord, au 3e REI ensuite. Il poursuit sa carrière au 6e REI reconstitué au Kef, avant de retourner en Extrême-Orient au 2e REI. De 1954 à son départ de la Légion en juin 1958, il sert au 4e REI dans les dernières opérations du Maroc avant son accession à l'indépendance. Il quitte le service actif en 1960. Retiré à Saint-Raphaël, le colonel Sourlier, quatre fois blessé au Levant et en Italie, douze fois cité, grand officier de la Légion d'honneur, meurt le 14 février 1998. Sa contribution à la modernisation de la Légion, qui a affronté les épreuves des années noires de la Seconde Guerre mondiale, mérite d'être évoquée. Discret, avec nombre de ses pairs de l'entre-deux-guerres, il a également permis la transition délicate de la Légion de l'après-guerre.

André-Paul COMOR

SOUS-OFFICIERS. – Existe-t-il un sous-officier d'un type particulier à la Légion étrangère ? La réponse semble être « oui ». Cela dit, il faut établir les éléments qui différencient ces sous-officiers des autres. Courroie de transmission irremplaçable entre l'officier qui conçoit et ordonne et la troupe qui exécute, le sous-officier de la Légion opère parmi des soldats en principe (et dans la réalité en majorité) étrangers.

De par la loi, il devra faire carrière dans les limites du service étranger. Souvent étranger lui-même, il jouit d'une considération plus assurée de la part des subordonnés que n'en connaissent ses homologues français, tandis que ses supérieurs lui laissent traditionnellement plus d'initiative.

Ce sous-officier, donc, est étranger, bien que la loi du 21 octobre 1881 autorise l'engagement à titre étranger des Français libérés du service actif. Suivant les époques, il y a eu plus ou moins de sous-officiers faux étrangers : 50 % entre 1882 et 1885, 40 % entre 1886 et 1900, 44,4 % entre 1914 et 1919. Depuis 1920, et jusque vers 1962, le sous-officier de la Légion est majoritairement germanophone (mais non germain). Il faut convenir qu'un certain moule prussien, ou du moins d'Europe centrale, s'est probablement renouvelé entre 1919 et 1939 et certainement renforcé entre 1945 et 1962. Aussi le sous-officier de la Légion finissait-il par acquérir, au cours de sa formation, une sorte de rigueur et même de raideur dans l'attitude, le comportement et même jusqu'à un certain point dans le raisonnement qui le distinguait de son camarade de « la régulière ».

Cette analyse est à pondérer depuis l'arrivée de la Légion en France métropolitaine. Le sous-officier légionnaire, par le biais des stages de perfectionnement communs à tous les sous-officiers, par la facilité de circuler hors des quartiers de la Légion et par les mariages ou unions, tend à se rapprocher du modèle général, d'autant qu'il n'est plus le seul soldat de métier français. Le sous-officier étranger est le produit d'une croissante sélection dans le métier ou au combat, sélections dont la dernière est celle qui amène ses supérieurs à le proposer au grade sur sa façon de servir, l'aptitude qu'on lui suppose à commander, sa moralité et, enfin, ses résultats à la sortie du peloton des élèves gradés – il est loin le temps où l'on était promu au feu. Quant à passer à l'ancienneté il est probable que le sous-officier légionnaire y est moins aidé dans son avancement que son camarade du reste de l'armée. Certes, dans une armée de plus en plus technicienne, les capacités intellectuelles pèsent de plus en plus lourd. Pour donner à chacun ses chances, la Légion développe ainsi la formation technique de base. Chez les légionnaires parachutistes, la sélection propre aux troupes aéroportées s'ajoute aux autres. Pour encadrer des spécialistes il faut des sous-officiers hautement spécialistes du combat et des explosifs, des nageurs, sapeurs, chuteurs opérationnels, mécaniciens, gens de plume rompus à l'usage de l'ordinateur, gens de transmissions et de la logistique. Ils doivent en outre être assez polyvalents pour être utilisables dans l'infanterie, l'arme blindée, le génie, les parachutistes, les troupes de montagne.

Une fois atteint le grade de sous-officier, encore faut-il s'y maintenir. Selon la formule imagée à la Légion, le galon est plus faufilé que cousu. Certes, le sous-officier légionnaire jouit des mêmes garanties que son camarade français. Une fois rengagé, on ne peut donc le casser qu'à la suite d'un conseil de discipline, mais ce dernier est plus sévère et plus expéditif à la Légion : on ne prend de gants qu'avec un médaillé militaire ou un membre de la Légion d'honneur. La carrière du sous-officier légionnaire culmine normalement dans le grade de major, mais il y a eu, et il y a encore, des exceptions. Depuis 1885, en effet, il est autorisé à présenter le concours d'entrée aux écoles de sous-officiers élèves officiers. Au moins un par an est ainsi devenu sous-lieutenant à titre étranger et a même fini général. L'ex-sous-officier légionnaire retraité, par ailleurs, n'a habituellement pas de difficulté à se reclasser dans le secteur civil. Enfin, nombreux sont les sous-officiers de la Légion étrangère qui ont été tués au combat : 3 376 entre 1831 et 1983.

Pierre CARLES

SPITZER, général Jean Pierre Émile (1911-1980). – La carrière du général Spitzer – cavalier et légionnaire – n'est pas sans rappeler celles des généraux Lennuyeux et Compagnon : tous trois appartiennent à la génération des officiers d'active de l'armée d'Afrique de l'entre-deux-guerres qui ne cesseront de commander au feu de la fin de la pacification à la fin de la guerre d'Algérie. Sorti dans la promotion « Mangin » (1929-1931) de l'École spéciale militaire de Saint-Cyr, Spitzer sert au 2e régiment de spahis avant d'être affecté au 1er régiment étranger de cavalerie (REC). Il participe à la campagne de France en mai-juin 1940 avec le groupe de reconnaissance 97 formé d'éléments des deux régiments étrangers de cavalerie. Il retrouve la Légion à Oujda de 1946 à 1950 comme chef d'escadrons au 2e REC. Breveté en 1952, appelé à commander une grande unité, il occupe un poste d'état-major au commandement du SHAPE (Supreme Headquarters Allied Powers in Europe, ou Grand Quartier général des puissances alliées en Europe) à Fontainebleau. D'août 1956 à avril 1958, colonel, il commande le 1er REC engagé en Algérie au plus fort de la guerre. L'officier d'état-major devenu général de corps d'armée termine sa carrière en 1971 comme chef de la mission militaire française auprès de l'OTAN. Deux ans plus tard, il accepte de présider la Fédération des sociétés d'anciens de la Légion étrangère (FSALE) jusqu'à la fin de l'année 1977, montrant son attachement à la Légion, à l'exemple du général Compagnon qui, à ce poste, prend la relève du général Nouguès en 1980.

André-Paul COMOR

Sources : SHD-Terre, 1K 366.

STEINER, Rolf (1933- ?). – Né à Munich en janvier 1933, Rolf Steiner est représentatif des nombreux Allemands venus s'engager dans les rangs de la Légion étrangère au lendemain de la défaite nazie de 1945. Il est également l'une des figures de ces légionnaires devenus mercenaires par déception au cours de la guerre d'Algérie.

Fils d'un des pilotes de l'escadrille Richthofen, Rolf Steiner fréquente à dix ans la Jungvolk. Puis il est éduqué dans un établissement catholique à Eichstätt et pense d'abord entrer en religion. Mais il quitte finalement le lycée et, à dix-sept ans, rejoint la Légion. Dans ses Mémoires, il rapporte avoir découvert à quatorze ans la Légion étrangère dans une bande dessinée d'aventures se déroulant pendant la guerre du Rif. D'abord affecté à la 13e demi-brigade de la Légion étrangère, il entame sa carrière en Indochine. En 1951, il prend part à l'opération « Mandarine ». En 1952, il devient caporal puis, en février 1954, sergent. L'année suivante, en novembre, il rejoint l'Aurès-Nementcha où son unité a été affectée. En 1956, il passe son brevet de parachutiste et rejoint la 1re compagnie de combat du 1er régiment étranger de parachutistes (REP). Toutefois, une tuberculose pulmonaire lui étant diagnostiquée en mai 1959, il est évacué vers la France, opéré puis placé en convalescence au sanatorium militaire de Grenoble.

Placé en congé de longue durée, il retourne tout de même en Algérie en février 1960 pour retrouver sa future épouse, une pied-noir dénommée Odette. Très rapidement, il fréquente les milieux activistes de l'Algérie française. En janvier 1960, il est ainsi aux côtés de Pierre Lagaillarde pour la semaine des barricades, et, après le putsch des généraux en avril 1961, sollicité par d'anciens camarades du 1er REP, il rejoint les rangs de l'OAS. En novembre, il assume la responsabilité du secteur Hussein-Dey Hydra au sein de l'organisation pro-Algérie française. Cet engagement lui vaut d'être arrêté le 5 mars 1962, alors qu'il vient de participer à une « nuit bleue » (c'est-à-dire marquée par de nombreux attentats). Après neuf mois de prison préventive à la Santé, il est acquitté faute de preuves. Il s'installe alors à Nice et travaille dans le civil. En 1966, il fonde même à Grenoble un petit cabinet d'études et de recherche pour perfectionner des inventions. Il reste pourtant en contact régulier avec ses anciens camarades de la Légion.

En 1967, il accepte de suivre Roger Faulques, ancien du 1er REP, au Biafra. Les mercenaires servent dans le camp sécessionniste des Ibos du lieutenant-colonel Ojukwu contre l'armée fédérale nigériane. Nommé capitaine par Faulques, il s'illustre dès son arrivée en reprenant la tête d'une quarantaine de soldats en déroute sur le front nord. Quand les mercenaires de Faulques repartent en janvier 1968, Steiner fait le choix de rester et prend même la nationalité biafraise. Rapidement promu colonel, il met sur pied « Madona I », c'est-à-dire un réseau de camps d'entraînement, de fabriques de munitions et de sources de ravitaillement. Il organise ensuite le 32e bataillon de commandos qui devient bientôt la 4e brigade de commandos, la « Black Legion ». Cette unité d'élite, disciplinée et efficace, comprend 5 000 hommes environ ; elle est dotée par Steiner d'un fanion à tête de mort et de la devise « Honneur et Fidélité ». Cette 4e brigade de commandos s'illustre particulièrement lors du raid mené contre la base aérienne d'Enugu le 25 mai 1968. Pourtant, à l'automne 1969, les forces biafraises sont dans l'impasse face aux moyens supérieurs de l'armée fédérale. Leur chef, le lieutenant-colonel Ojukwu, rend Steiner responsable des revers et lui intime l'ordre de quitter le Biafra.

Rolf Steiner passe au Soudan où il s'installe parmi des tribus anyanyas. Ces rebelles animistes du sud du pays combattent depuis 1958 les islamistes au gouvernement. Un mouvement emmené par le général Taffeng anime la résistance dans des camps de réfugiés en Ouganda. À la tête d'une ferme expérimentale appelée « Fort Amaury », Steiner montre aux tribus soudanaises les nouvelles méthodes d'agriculture intensive et développe un réseau de distribution de ses produits. Pour assurer la protection de la région, il enseigne aussi des rudiments d'autodéfense aux guerriers locaux. Cependant, dès 1970, il doit reprendre les armes. En juillet, il mène un raid militaire contre un poste des autorités soudanaises. Puis il organise un trafic d'armes entre l'Ouganda et les monts Noubas. Avec l'assentiment du général ougandais Idi Amin Dada, la contrebande permet d'alimenter en armes et munitions les combattants anyanyas. Mais en Ouganda s'affrontent alors plusieurs clans, parmi lesquels celui d'Idi Amin Dada, qui cherchent à s'emparer du pouvoir. Dans ce contexte, alors qu'il compte rejoindre l'Europe, Steiner arrive dans la capitale ougandaise, Kampala. Il est aussitôt arrêté puis, le 8 janvier 1971, livré aux autorités soudanaises. Torturé, jugé, il est condamné et jeté en prison. Libéré au bout de trois ans grâce à l'intervention du gouvernement ouest-allemand, il s'installe en Allemagne. En 1976, il vit à Münster où il s'est remarié. Il semble qu'il soit décédé au début des années 1980 des suites des mauvais traitements subis au Soudan et de ses faiblesses pulmonaires.

Walter Bruyère-Ostells

Sources : Archives INA, « Panique au Biafra », extrait du journal télévisé ORTF de 20 heures du 30 août 1968 • Chris Kutschera, « Soudan : Rolf Steiner, portrait d'un mercenaire », *Jeune Afrique*, n° 555, 24 août 1971 • Rolf Steiner, *Carré rouge, du Biafra au Soudan, le dernier condottiere*, Robert Laffont, 1976 • Dietrich Strothmann, « Die Irrfahrten des Rolf Steiner : Legionär ohne Legende », *Die Zeit*, 16 juillet 1976 (consultable en ligne).

STHUL, général Jean (1862-1942). – Né à Haspelschiedt-Bitche en Lorraine, le jeune Jean Sthul décide de rejoindre la Légion étrangère après la défaite de 1870, comme bon nombre d'Alsaciens et de Lorrains qui ne veulent pas entrer au service de l'Allemagne. À dix-neuf ans, le jeune homme est ainsi caporal au 1er régiment étranger. Puis, naturalisé français, il a l'occasion d'intégrer Saint-Maixent et quitte donc la Légion. Jamais toutefois il n'oubliera l'institution qui lui a ouvert ses portes.

Chef de bataillon en 1907 puis lieutenant-colonel en 1913, il commande le 219e régiment d'infanterie au début de la Grande Guerre. Blessé une première fois en 1915, il refuse de se faire évacuer et réformer, mais, une nouvelle fois blessé, il est contraint de quitter le service actif avec le grade de colonel. En 1923, il est néanmoins admis dans la deuxième section des officiers généraux. Le général Sthul se lance alors dans la politique. D'abord élu conseiller général de Moselle, il devient sénateur en 1920. Réélu en 1924 et dès le premier tour en 1932, il est inscrit au groupe de l'Union nationale républicaine et sociale. Durant ses différents mandats, il participe à peu près sans interruption aux travaux des commissions des finances et de l'armée. Rapporteur du budget des pensions, il présente de nombreuses propositions intéressant les victimes militaires et civiles de la guerre. À la commission de l'armée, il collabore à toutes les phases d'organisation et de réorganisation de l'outil militaire – il est particulièrement attentif au sort des régiments étrangers dont il est très proche.

Grand ami de la Légion étrangère, il est l'une des autorités qui président les fêtes du centenaire, à l'occasion de Camerone 1931. Durant plus de vingt ans, il n'omet jamais de prendre la parole dans l'hémicycle pour défendre les intérêts des militaires et des légionnaires en particulier. Le général Sthul fait également partie d'autres commissions comme celles des travaux publics, de la marine, des colonies, du régime transitoire de l'Alsace et de la Lorraine. Le 10 juillet 1940, dans les difficiles circonstances de la défaite, il ne prend pas part au vote sur les pouvoirs constituants demandés par le maréchal Pétain. Il quitte son mandat le 31 décembre 1941 et meurt l'année suivante.

Alexis Neviaski

STIEN, chef de bataillon Louis (1923-2011). – Louis Stien est représentatif d'une génération sacrifiée d'officiers issus de la Résistance qui ont combattu avec vaillance pendant les deux guerres de décolonisation subies par la France.

Né à Lys-lez-Lannoy près de Roubaix, il entre à l'école normale d'instituteurs du Nord en 1939. En 1943, il s'engage dans la Résistance au sein du Mouvement de Libération nationale (MLN) et montre des aptitudes au commandement au cours de missions clandestines. Il participe aux combats de la Libération et de la campagne d'Allemagne. À la fin de la guerre, sa voie est toute tracée : il choisit la carrière des armes et intègre l'École spéciale militaire de Coëtquidan au sein de la promotion « Victoire », qui compte de nombreux anciens résistants aux titres de guerre éloquents. À la sortie de l'École, déjà breveté parachutiste, il réussit à se faire affecter au groupement porté de Légion étrangère du Maroc (GPLEM) à Agadir. Le 1er juillet 1948, il rejoint le 1er bataillon étranger de parachutistes (BEP) en partance pour l'Extrême-Orient. Le 25 avril 1949, au col de Lung Phai sur la RC4, alors que le convoi dont le 1er BEP assure l'« ouverture » tombe dans une embuscade, le sous-lieutenant Stien se distingue une première fois par son sang-froid et son professionnalisme. Les 17 et 18 septembre 1950, les compagnies du BEP sautent sur That Khé. Le 23 septembre, le « commando » du BEP commandé par Stien s'infiltre dans le dispositif du Viêt-minh, semant la confusion et recueillant des renseignements qui confirment l'importance des forces venues de la frontière toute proche. Le lieutenant Stien est fait prisonnier, tente par deux fois de s'évader : capturé à la hauteur de Tuyen Quang, après avoir parcouru plus de 150 km, il sera libéré quatre ans plus tard, le 2 septembre 1954, après la chute du camp retranché de Diên Biên Phu, sur intervention du général Salan. Pesant alors à peine 45 kg, il lui faut plus de neuf mois de convalescence pour se rétablir. Jusqu'à son départ de l'armée en janvier 1961, diminué, il n'occupe plus de postes opérationnels : en octobre 1955, il est capitaine instructeur au 9e régiment de chasseurs parachutistes (RCP) ; entre 1956 et 1959 au bureau d'action psychologique à Alger ; enfin au 18e RCP, à la base école des troupes aéroportées. Le 30 avril 1998, justement honoré par la Légion étrangère reconnaissante, il accompagne le général Letestu, porteur de la main du capitaine Danjou, lors de la commémoration de Camerone. Trois fois blessé, six fois cité, grand officier de la Légion d'honneur, le commandant Stien meurt le 26 mai 2011.

André-Paul COMOR

Bibl. : Louis Stien, *Les Soldats oubliés : de Cao Bang aux camps de rééducation du Viêt-minh*, Albin Michel, 1992.

STOFFEL, colonel Christophe (1740-1842). – Fils d'un colonel suisse au service de l'Espagne et d'une Espagnole, Christophe Stoffel naît à Madrid le 19 juillet 1780. Cadet à douze ans, sous-lieutenant à treize et lieutenant à dix-huit dans un régiment suisse au service de l'Espagne, il passe avec son régiment au service de la France en 1807. Jusqu'en 1814, les campagnes auxquelles il participe le conduisent du Portugal à la Russie. Au Portugal, il est blessé ; lors des batailles d'Essling, de Bautzen et de Fleurus, il a un cheval tué sous lui. Promu successivement capitaine, chef de bataillon et lieutenant-colonel, il est décoré de la Légion d'honneur (chevalier en 1809, officier en 1811) et fait baron d'Empire en 1813.

Rallié aux Bourbons, il est nommé chevalier de Saint-Louis et promu colonel afin de commander un régiment de ligne, étant encore étranger (il ne sera naturalisé qu'en décembre 1817). Les fonctions qu'il a remplies en état-major sous l'Empire lui permettent d'être admis dans le corps d'état-major en 1818. Pendant la guerre d'Espagne (1823-1824), il commande l'un des forts de Figueras et passe alors dans le service des places avant d'être mis en retraite en avril 1827.

La monarchie de Juillet le rappelle à l'activité, d'abord comme chef d'état-major d'une division militaire, puis, le 14 mai 1831, comme commandant de la Légion étrangère. Ayant perdu le contact direct avec la troupe depuis plus de quinze ans, Stoffel n'est certainement pas le plus qualifié pour former un corps à partir d'éléments d'origines et d'expériences aussi diverses. Il a cependant la sagesse de s'entourer d'officiers et de sous-officiers provenant des régiments suisses de la Restauration : ils seront les cadres administratifs des quatre bataillons allemands de l'ancienne Légion. Son manque de fermeté vaut toutefois à Stoffel d'être relevé de son commandement le 17 mars 1832.

Par la suite, il commande un dépôt de prisonniers hollandais puis, à sa dissolution, les places de Saint-Omer et de Toulon. En retraite le 30 décembre 1841, il meurt le 4 juillet 1842. Il est l'oncle du baron Stoffel attaché militaire de France à Berlin de 1865 à 1870.

Henry DUTAILLY

Sources : SHD-Terre, 3Yf 62.642.

STOURM, René-Louis (1904-1990). – Issu d'une famille de la bourgeoisie parisienne, René-Louis Stourm est un petit-fils d'Émile Flourens, ministre des Affaires étrangères entre 1886 et 1888. Élève au lycée Jeanson-de-Sailly puis séminariste à Issy-les-Moulineaux, il fait partie des premiers scouts dans les années 1920. Ordonné prêtre en 1928 après son service militaire (1925-1926), il succède comme vicaire à Clichy à l'abbé Guérin qui venait d'y créer la Jeunesse ouvrière chrétienne. En paroisse ensuite à Levallois-Perret, l'abbé Stourm dirige en 1936 la Centrale catholique du cinéma et de la radio. Trois ans plus tard, la mobilisation le voit lieutenant au 22e régiment de marche de volontaires étrangers. Sa compagnie compte 30 % d'Espagnols, mais il y a 52 nationalités, avec de nombreux Juifs. Au printemps, le prêtre officier combat sur la Somme, près de Péronne, où il est fait prisonnier le 6 juin 1940. La croix de guerre, avec une citation à l'ordre du corps d'armée, lui sera remise pour avoir brisé une contre-attaque et su regrouper ses troupes. La Légion d'honneur, décernée quelque quinze ans plus tard, récompensera en outre son attitude en captivité. À l'oflag IV-D, René Stourm fait fonction d'aumônier de son bloc, avant d'être transféré fin 1942, après l'évasion du général Giraud, à la forteresse de Königstein, au « camp des généraux » où il poursuit son ministère. À sa libération, il est secrétaire adjoint national de l'Action catholique, puis il retrouve la cure de Levallois. Le pape le nomme évêque d'Amiens en 1951. Mgr Stourm développe les œuvres, bâtit des écoles et des églises, crée de nouvelles zones pastorales, encourage les missions. Patriote, il incite aussi des séminaristes à servir comme officiers de réserve pendant leur service militaire lors de la guerre d'Algérie. Au début du concile Vatican II, il est promu à l'archevêché de Sens (27 octobre 1962). Il y applique les décisions conciliaires et réorganise les structures diocésaines. Retraité en juin 1977, il se retire à Pau, puis à Sens. Il est inhumé dans la crypte de sa cathédrale.

Xavier BONIFACE

Sources : Archives diocésaines d'Amiens, DA 473 (Mgr Stourm), *La Vie du diocèse de Sens-Auxerre*, 1977.

SUBVERSION. – La Légion étrangère a-t-elle durablement été l'objet de tentatives de subversion étrangères dans la première moitié du XXe siècle ? Après la Première Guerre mondiale, les actions subversives pour le compte d'une puissance étrangère comme les tentatives de pénétration de la Légion par des agents étrangers pour mieux la déstabiliser se sont multipliées. Cet enjeu est alors devenu constant, en particulier de 1923 à 1939 avec l'action d'une Allemagne largement hostile au recrutement massif d'Allemands dans la Légion étrangère. Plus de 20 000 Allemands en effet étaient légionnaires, représentant jusqu'à 40 % des effectifs en 1934, puis 20 % en 1939 selon les recherches d'Alexis Neviaski, qui met en relief la crise du recrutement des années 1930 par tarissement rapide de ce réservoir d'engagement. Avant même la guerre de 1914-1918, le sentiment nationaliste d'une « perte du sang allemand » au profit de l'ennemi n'allait cesser de hanter l'imaginaire politique outre-Rhin, la propagande militariste s'emparant de l'image du soldat perdu qu'il fallait ramener dans le giron germanique. Il y eut, rapidement, un enjeu idéologique qui répondait à l'impératif d'unité de la nation : qu'il soit de nationalité russe ou allemande, le légionnaire, au prix de cette double trahison qui consiste à combattre ses frères de sang et, parfois, à espionner la patrie au profit de la France, devenait un symbole, sinon une réalité, insupportable aux régimes politiques autoritaires et totalitaires. Le légionnaire remettait en question le modèle traditionnel dominant du patriotisme national à l'heure des États-nations et de la conscription nationale en Europe. Mais surtout, son existence commence de heurter jusqu'à l'idée même des doctrines de la nation et de la race, puis des idéologies totalitaires du XXe siècle. L'existence du légionnaire interroge, au plus profond de leurs ressorts, les doctrines nationales qui installent en leur cœur les thématiques du sang, de la nation, de l'unité, de la pureté de la race, de l'encerclement par l'ennemi.

Ce fut particulièrement vrai de l'Allemagne avant même l'instauration du régime national-socialiste, à la faveur de l'occupation militaire française de 1919 à 1930 ; ce fut différemment vrai de l'URSS, des régimes autoritaires européens enfin. La Légion étrangère fut ainsi l'objet de contre-propagandes aiguës à l'étranger dès les années 1920, puis d'actions subversives pour enrayer le recrutement étranger. Le légionnaire n'était pas seulement un ennemi de l'URSS ou du Reich : il fut dénoncé comme soldat perdu et félon à sa nation, à son sang. La propagande allemande, russe et italienne à un moindre degré contre la Légion fut plus forte encore dans les années 1930. En Allemagne, les rétorsions furent grandes contre les Allemands engagés dans la Légion qui perdirent leur nationalité et dont les familles restées au pays étaient dénigrées et surtout poursuivies en justice. À sa démobilisation, la quarantaine au camp de Kislau (pays de Bade), la torture voire l'assassinat attendaient souvent le légionnaire qui rentrait en Allemagne.

Aussi les tentatives de pénétration de la Légion étrangère pour mieux déstabiliser cette institution militaire française et les actions de subversion prirent-elles un accent nouveau à partir de la Première Guerre mondiale. La défense des terres de l'empire colonial et la pacification continuelle qu'elle appelait engageaient la Légion en première ligne. La présence de ses unités en Afrique du Nord les exposait, à partir de la guerre du Rif au Maroc, à des manœuvres étrangères violentes. L'Allemagne, en particulier lorsqu'elle mit en œuvre son programme impérial qui réarmait des revendications coloniales parfois antérieures à la Première Guerre mondiale, fut différemment virulente de l'Italie ou de l'URSS. La guerre du Rif constitua également, à n'en pas douter, le point d'appui d'une vigoureuse propagande du Komintern contre l'oppression coloniale et impérialiste. Le légionnaire apparaissait comme à la fois l'épée et le visage de la France, même si le Parti communiste français et le Comité d'action des jeunesses communistes de France et d'Espagne appelaient d'abord les « soldats français » à la désertion, sinon à la rébellion contre leurs officiers (tract du 30 septembre 1924). Dans ce contexte très particulier, les actions subversives contre la Légion justifièrent des réponses spécifiques aux yeux des chefs militaires français.

Jusqu'en 1924, la division d'Oran dispose de moyens de renseignement propres pour assurer la sécurité interne de la Légion lors du recrutement des légionnaires, d'une part, et, d'autre part, pour se protéger contre toute tentative de pénétration étrangère. À Sidi-Bel-Abbès, une petite structure sous la couverture du 1er régiment étranger a alors trois buts, d'après les recherches de Pierre-Louis Dubois : l'interrogatoire des nouveaux légionnaires lors de leur incorporation, le contrôle de la correspondance et les contacts extérieurs des légionnaires. Peu performant à ses débuts en 1924, ce service de renseignement élémentaire assume principalement une mission de sécurité et de surveillance des légionnaires. Mais en 1925, les menaces étrangères, en particulier celles du Komintern combattant la présence impériale française en Afrique du Nord, au Proche-Orient et en Indochine, conduisent à renforcer cette mission. Il faut constamment avoir à l'esprit que les candidats à la Légion arrivent alors par vagues, au gré des révolutions et des changements de régime des pays qu'ils fuient. Différentes vagues nationales de réfugiés se sont succédé, depuis les Allemands spartakistes de 1920, les Russes blancs en 1920-1923, les Italiens antifascistes à partir de 1923, les Espagnols et les Allemands nationalistes à partir de 1925, enfin ceux antifascistes après 1930. Le recrutement des légionnaires et la volonté d'empêcher toute tentative de pénétration et de subversion délibérées à l'intérieur de la Légion constituèrent un enjeu permanent de la sécurité de celle-ci, plus largement de la politique militaire de la France, engagée dans des politiques de contrôle de territoires et de populations coloniaux. Constamment depuis le début des années 1920, les services de renseignement allemands tentaient de faire recruter des agents comme légionnaires. La Légion a été l'un des outils privilégiés de cette politique de sécurité et de maintien de l'ordre colonial, aux côtés de la sûreté générale, des services spéciaux militaires et du service de renseignement impérial après 1937. Cet enjeu fut d'ailleurs l'une des préoccupations constantes du service d'information de la Légion qui, en janvier 1928, adresse une note aux services spéciaux à Paris pour souligner cette situation : « a/ Russes. Les anciens officiers nous ont quittés et ont préféré essayer de gagner leur vie en France. Les Russes non gradés qui se trouvent actuellement à la Légion proviennent soit de jeunes gens ayant travaillé dans des usines et y ayant été syndiqués ou affiliés à des cellules, soit de rengagés rentrés en URSS et revenus à la Légion ; b/Allemands. Les Allemands proviennent soit des agitateurs politiques de 1919-1920, soit de la masse des sans-travail ; ils ont en partie travaillé dans les usines et ont également été syndiqués ou affiliés à des cellules ; l'expérience a montré que les individus que les usines licenciaient n'étaient généralement pas les meilleurs ; c/Italiens sont en principe des travailleurs expulsés par le régime fasciste pour leurs idées avancées ; d/ Espagnols sont en général des déserteurs ou des expulsés politiques ; e/Polonais proviennent d'anciens ouvriers et particulièrement des mineurs ayant travaillé en France et ayant fait partie des syndicats et des cellules. »

La Légion était bel et bien exposée à des tentatives de manœuvre délibérées de la part d'États étrangers, sinon à des actes isolés de légionnaires aux engagements passés les plus militants. Mais la menace ne fut-elle pas exagérée par les autorités françaises, eu égard au passé ou au régime que fuyaient les légionnaires qui s'engageaient ? Dans la seconde moitié des années 1930, la vigilance des autorités militaires françaises grandit. Aussi la surveillance des Allemands fut-elle particulièrement renforcée après la remilitarisation de la Rhénanie en mars 1936. En 1936-1939, les légionnaires allemands libérés à Marseille subissaient des tentatives de recrutement par les services spéciaux nazis abrités par le consulat d'Allemagne. Le capitaine Pasteur, chef du service d'immatriculation de la Légion (SIL), rendait régulièrement compte depuis 1936 aux services spéciaux militaires à Paris (la SR-SCR – section de centralisation des renseignements – du 2e Bureau de l'État-major de l'armée) de l'activisme de ce consulat dans le milieu des légionnaires libérés. Ces tentatives redoublèrent en 1938-1939. S'appuyant sur un réseau consulaire totalement nazifié, sur les associations d'Allemands à l'étranger contrôlées et sur leur marine marchande, les filières de désertion étaient soutenues par Berlin qui ne renonça jamais à retourner des légionnaires dans l'Empire français. En 1938, le SIL engagea des actions énergiques contre la désertion et une surveillance implacable de la correspondance des légionnaires. Il s'agit alors par exemple d'enrayer la diffusion des fausses informations récurrentes de la propagande allemande qui vantait jusqu'en 1939 l'amnistie pour tous les Allemands rentrant en Allemagne. L'activité des services spéciaux des deux pays auprès des légionnaires engagés et libérés était analysée.

Dans le même temps, et en liaison avec les organes de renseignement régimentaires, la propagande communiste et étrangère était traquée dans les régiments. Depuis l'installation du gouvernement populaire en France, en effet, la crainte d'un coup de force communiste avec le soutien de l'URSS gagnait la haute hiérarchie militaire. En mars 1937 fut décidée une mission d'inspection menée par le commandant Schlesser, responsable du contre-espionnage militaire à la section de centralisation du renseignement. Il devait apprécier l'efficacité de la surveillance des frontières dans le sud-est de la France et évaluer les résultats de l'action de contre-espionnage du SIL, agissant de conserve avec l'antenne des services spéciaux à Marseille et avec les commissaires spéciaux de la région. Dans son rapport de mars 1937, il concluait que l'organisation du SIL par le capitaine Pasteur était parfaite. Les relations du SIL avec la Sûreté nationale étaient jugées excellentes. Constamment renforcé, ce dispositif de renseignement parvint efficacement à consolider les missions légionnaires de la défense de l'Empire colonial avant 1939 et à protéger la Légion et ses unités des tentatives de déstabilisation et de subversion par des menées étrangères. Ancien chef de corps du régiment de marche de la Légion étrangère, le général Rollet, devenu inspecteur général de la Légion, plaida inlassablement pour le renforcement du « sentiment d'identité » chez les légionnaires. Ce fut un autre élément de l'action du commandement de la Légion, pour cimenter un esprit légionnaire supérieur aux subversions extérieures, que de s'attacher à l'identité et la solidarité légionnaire pendant et après l'engagement, en obtenant la nationalité française, une résidence et du travail pour les anciens légionnaires. « Honneur et Fidélité » : la devise de la Légion était devenue l'arme la plus tranchante contre toutes les tentatives de subversion extérieures.

Olivier FORCADE

Bibl. : François Cochet et Olivier Dard (dir.), *Subversion, antisubversion, contre-subversion*, actes académiques du colloque du Centre universitaire lorrain de Metz, Riveneuve, 2009 • Pierre-Louis Dubois, *Les Services de renseignement de la Légion étrangère pendant l'entre-deux-guerres*, mémoire de fin d'études de l'École spéciale militaire de Saint-Cyr sous la direction d'Olivier Forcade, 1998 • Olivier Forcade, *La République secrète. Histoire des services spéciaux français de 1918 à 1939*, Nouveau Monde, 2008, p. 401-409 • Alexis Neviaski, *Képi blanc, casque d'acier et croix gammée*, Fayard, 2012.

SUICIDE. – *Voir* CAFARD.

SUISSE, la Légion étrangère et la. – Après avoir encouragé le recrutement dans les armées d'Ancien Régime, la Suisse et ses cantons s'interdisent de conclure des capitulations – accords intervenant entre un État étranger (France, Angleterre, Hollande, Espagne, Russie, Naples, etc.) et un canton suisse (État souverain) – depuis l'adoption de la Constitution de 1848 (art. 11). Toutefois, le dernier service capitulé fut celui de Naples qui s'acheva en 1855, avec une certaine tolérance pour les engagements individuels jusqu'en 1859. Tout Suisse a ensuite l'obligation de servir dans son pays et un engagement à l'étranger contrevient à cette disposition. En 1927, la législation est durcie : le droit considère comme un délit le fait de s'engager dans une armée étrangère. L'article 94 du code pénal militaire (de 1927 et révisé en 1950), qui porte sur le « Service militaire étranger », le traite au même titre que la mutilation (art. 95) comme une « atteinte à la puissance défensive du pays ». Sa teneur est la suivante :

1. Tout Suisse, qui sans l'autorisation du Conseil fédéral aura pris du service dans une armée étrangère, sera puni d'emprisonnement.
2. Le Suisse qui est établi dans un autre État, dont il possède aussi la nationalité, et y a accompli un service militaire, n'est pas punissable.
3. Celui qui aura enrôlé un Suisse pour le service militaire étranger, ou aura favorisé l'enrôlement, sera puni de l'emprisonnement pour un mois au moins et de l'amende.
4. En temps de guerre, le juge pourra prononcer la réclusion.

Toutefois, les autorités font nettement la distinction entre l'officier et l'homme de troupe. C'est ainsi que le Conseil fédéral (la plus haute instance dirigeante en Suisse) se réserve le droit d'accorder des autorisations exceptionnelles pour les volontaires désireux d'entrer à la Légion étrangère. En effet, entre 1897 et 1907, plusieurs officiers avaient pu être admis dans les régiments étrangers. En cas de refus du Conseil fédéral, le volontaire qui a passé outre connaît, à son retour en Suisse, des difficultés avec la justice militaire. Les autorités opèrent en outre une distinction entre ceux qui font des stages sans exercer de commandement effectif et ceux qui ont contracté un engagement en acceptant un commandement.

Mais les jeunes engagés, souvent dans l'ignorance des lois fédérales et des formalités requises, sont pris en défaut. Le cas de Charles-Auguste Pahud en est une parfaite illustration : devenu caporal au 1er régiment étranger en garnison à Homs (Syrie), il n'a jamais fait de service militaire en Suisse, ni avisé les autorités de son engagement. Il est donc sans « congé militaire » pour sa résidence à l'étranger. Après onze ans de service – il lui reste encore trois ans à accomplir dans la Légion –, il souhaite passer trente jours en Suisse en 1932 pour revoir sa famille. Se fondant sur le code pénal militaire de 1927 (art. 94), les autorités fédérales lui interdisent de revenir tant qu'il n'a pas payé une amende et les taxes militaires correspondant à ses années d'absence. Son père acquitta ce qui était dû selon la loi et il put revoir sa famille

Antoine SCHÜLÉ

• *Voir aussi* : Capitulations (service suisse).

Sources : Constitution fédérale de 1848 • Code pénal militaire de 1927, révisé en 1950 • Archives fédérales, série E27/5745

Bibl. : Beat Fenner, *Der Tatbestand des Eintritts in fremden Militärdienst*, thèse, Zurich, aku-Fotodruck, 1973 • Peter Popp, *Kommentar zum Militärstrafgesetz vom 13. Juni 1927*, St. Gallen, Dike Verlag, 1992, p. 425-435.

SUISSES, volontaires. – Les volontaires suisses ont été représentés depuis la création de la Légion étrangère au même titre que les germanophones de l'Europe des nationalités (XIXe siècle). Ce volontariat se distingue du régime ancien des capitulations (traités) passées entre le roi de France et les cantons suisses : l'engagé prend ici le risque de subir les tracasseries de l'administration militaire à son retour au pays. Les tableaux d'effectifs ne rendent pas toujours un compte exact des nationalités mais il est possible d'évaluer en chiffres ronds le nombre et le pourcentage de Suisses qui se fondent – et sont parfois confondus – dans la masse des germanophones. Les engagés volontaires pour la durée de la guerre (EVDG) des deux guerres mondiales ne sont pas pris en compte dans ces statistiques « improbables ». Ils auraient été 20 000 entre 1831 et 1941, soit 6 % des engagés volontaires de la période. Dans les vingt dernières années de l'empire colonial français, 6 800 auraient bravé les interdictions (5,5 %) et participé aux deux dernières campagnes ultramarines.

La grande majorité des engagés provenait des cantons alémaniques et du Jura et était d'origine modeste : ouvriers, orphelins placés dans des familles paysannes, adolescents échappés de maisons de redressement. Les « classes moyennes » étaient donc peu représentées : le niveau d'instruction restait médiocre. Poussés par la misère – les légionnaires employaient entre eux la formule familière d'« engagement pour la gamelle » – ou contraints de fuir la justice pour des délits mineurs, ils ont toujours donné satisfaction dans le service et furent généralement appréciés des cadres pour leur discipline. Deux fortes personnalités se détachent de la masse des anonymes, rendus célèbres moins pour leurs exploits que par les témoignages qu'ils ont livrés au public : l'EVDG Frédéric-Louis Sauser, plus connu sous son nom d'écriture Blaise Cendrars, et Arthur Nicolet. Un autre, Georges Roulin dit Georges R. Manue, peu cité, appartient à la phalange des Suisses qui ont servi avec « honneur et fidélité » : en 1921, à vingt ans, simple légionnaire au Maroc, il se révèle un journaliste de talent et un écrivain dont les souvenirs comptent parmi les témoignages les plus riches sur la Légion de l'entre-deux-guerres.

Les régiments étrangers ont aussi compté dans leurs rangs des officiers suisses entrés au « panthéon » de la Légion : Édouard Junod, capitaine mort au champ d'honneur à la butte de Souain le 28 septembre 1915, le capitaine Gustav Marolf et le lieutenant-colonel Albrecht von Tscharner, ancien major instructeur de cavalerie de l'armée suisse. La source de recrutement s'est tarie depuis la fin de l'ère coloniale mais la Légion ne peut oublier la dette contractée envers les Suisses du régiment de Diesbach dont elle a emprunté la devise qui, depuis 1920, est inscrite sur ses drapeaux et ses emblèmes.

Henry DUTAILLY
& Antoine SCHÜLÉ

Sources : DHPLE, rapports des chefs de corps du DCRE et états des effectifs en 1939 • *Id.*, rapports de l'inspection de la Légion étrangère (1948-1950), du GALE et de l'inspection technique de la Légion étrangère (1959-1964).

Bibl. : W. Meier, « Le lieutenant-colonel de Tscharner et les Suisses à la Légion étrangère », *Revue militaire suisse*, n° 122, 1977, p. 205-507 • Jean-François Rouiller, *Les Suisses célèbres à la Légion étrangère*, Romont, à compte d'auteur, 1991.

SUKUNA, Ratu Sir Lala (1888-1958). – Destin singulier que celui d'un descendant du « roi de Fidji » – îles cédées à la Grande-Bretagne en 1874 – qui se retrouve parmi les volontaires étrangers dans les tranchées françaises pendant la Grande Guerre et se bat au côté des Anglais dans le Pacifique de 1940 à 1945 avant de se lancer dans la vie politique et de participer dès 1956 aux premières négociations pour l'accession à l'indépendance de l'archipel en 1970.

Né le 22 avril 1888 sur l'île fidjienne de Viti Levu, la plus grande de l'archipel, il est le fils de l'un des plus sérieux prétendants au titre de « Vunivalu », souverain suprême de Fidji. Éduqué à l'occidentale, il poursuit ses études secondaires et universitaires dans un lycée de Nouvelle-Zélande et en Angleterre. Elles sont interrompues par la Première Guerre mondiale. Il tente d'intégrer l'armée britannique, mais sa demande est rejetée. Aussi quitte-t-il Oxford pour se rendre à Paris et s'engager dans la Légion étrangère le 8 janvier 1915. Incorporé au sein du 2e régiment de marche du 1er régiment étranger (2e RM/1er RE), il participe à l'offensive d'Arras où il est cité. En Champagne, devant Souain le 28 septembre 1915, après deux jours de bombardements, il est atteint par une balle à la tempe et hospitalisé à Lyon pendant trois mois. En janvier 1916, les autorités britanniques reviennent sur leur décision et obtiennent du commandement français la rupture de son contrat pour lui permettre de rejoindre les îles Fidji qui manquent de personnel administratif qualifié. Avec d'autres grands chefs, Ratu Sukuna insiste auprès des autorités coloniales pour que des Fidjiens puissent être envoyés au front : ayant eu gain de cause, et promu lieutenant, il est lui-même chargé de l'entraînement d'une section de Fidjiens en juin et juillet 1916. En mai 1917, il obtient de repartir pour la France, comme sergent d'un contingent de manœuvres fidjiens, le Labour Corps. En juillet, ces hommes sont employés à des travaux de manutention à Calais et en janvier 1918 sont envoyés à Marseille, où ils travaillent comme dockers.

Après la guerre, Ratu Sukuna revient à Oxford pour achever ses études supérieures et exerce quelque temps au barreau de Londres. De retour dans son pays, il reprend ses fonctions dans l'administration locale au Secretariat of Native Affairs. Chef traditionnel de haut rang, seul à connaître vraiment les cultures fidjienne et britannique, il s'impose comme une personnalité sur laquelle les Anglais vont s'appuyer dans la période transitoire du Commonwealth. Il est successivement nommé commissaire provincial en 1932, membre indigène du conseil législatif en 1937, membre du conseil de guerre et commissaire des terres indigènes en 1940.

Pendant la Seconde Guerre mondiale, Ratu Sukuna appelle les Fidjiens à soutenir la Grande-Bretagne dans la guerre. Au cours de l'année 1942, Londres sollicite un renfort d'un millier d'hommes. Lieutenant-colonel, Ratu Sukuna, alors membre du conseil de guerre à l'état-major administratif, supervise le recrutement d'un bataillon de troupes. Président du conseil législatif de Fidji depuis peu, chargé de négocier avec le gouvernement britannique, il meurt le 30 mai 1958 à bord d'un navire qui l'emporte vers Londres. Jusqu'en 2010, le Ratu Sukuna Day, le dernier lundi du mois de mai, était férié afin de lui rendre hommage et d'honorer sa mémoire de façon significative.

Charles RIDET

Bibl. : Deryck Scarr, *Ratu Sukuna : Soldier, Statesman, Man of two Worlds*, Londres, Macmillan Education for the Ratu Sir Lala Sukuna Biography Committee, 1980.

SULAK, sergent Stanislas (né en 1931) et Bruno (1955-1985). – Issu d'une famille d'immigrés polonais, Stanislas Sulak est né à Foug, en Meurthe-et-Moselle. Apprenti charpentier, il s'engage en septembre 1949 et, en janvier 1950, fait partie des renforts de la 13e demi-brigade de Légion étrangère pour l'Extrême-Orient. Blessé une première fois par un piège viêt-minh en mai 1952, il est de surcroît touché le 26 février 1953 par de nombreux éclats de mine aux membres et au visage. Amputé du bras droit, il est promu sergent à titre exceptionnel et rapatrié sanitaire vers l'Algérie. Il retrouve le 1er régiment étranger après une longue convalescence au domaine Capitaine-Danjou qui vient d'ouvrir à Puyloubier. Maintenu en activité comme gérant du mess des sous-officiers jusqu'en février 1958, il se retire à Sidi-Bel-Abbès et, à l'indépendance de l'Algérie, s'installe dans le village provençal de Jouques. Médaillé militaire, titulaire de trois citations, l'ex-sergent est promu officier de la Légion d'honneur en 2003.

Bruno Sulak, né en 1955 à Sidi-Bel-Abbès, est le fils du précédent. Alors qu'il s'est engagé en 1972 dans l'infanterie de marine, son contrat est bientôt résilié en raison d'une indélicatesse qui le rend indésirable. Un temps barman à la gare Saint-Charles de Marseille, il souscrit un engagement au titre de la Légion étrangère et sert au 2e régiment étranger de parachutistes au sein de l'élite des chuteurs opérationnels. Toutefois, gagné par ses vieux démons, il déserte en 1978 et se réfugie à Palma de Majorque. Braqueur de grandes surfaces, il est l'auteur de nombreuses attaques à main armée qui lui valent de figurer parmi les hommes les plus recherchés par l'Office central de répression du banditisme. Arrêté en janvier 1982, il réussit à s'évader en juillet au cours d'un transfert. Finalement, l'administration pénitentiaire retrouve sa trace en prison, où il est incarcéré sous une fausse identité. Condamné en 1984 à neuf ans de réclusion, il organise en 1985, avec la complicité du sous-directeur stagiaire et de l'un des gardiens, l'évasion qui lui est fatale : il meurt des suites d'une chute du deuxième étage de l'établissement pénitentiaire de Fleury-Mérogis.

André-Paul COMOR

SYLVÈRE, Antoine (1888-1963). – « Enfant paysan, adolescent ouvrier, légionnaire engagé sous le nom de Gabriel Flutsch, instituteur, ingénieur, directeur d'usine, fondateur de coopérative, héros de la Résistance » : ainsi est présenté Antoine Sylvère, dont on recommandait aux étudiants en ethnologie, autrefois, le livre *Toinou, le cri d'un enfant auvergnat*. C'est le premier tome d'une autobiographie qui devait en comporter une dizaine. L'auteur n'a eu le temps d'en rédiger que trois : *Toinou* et, ajouté au même volume, *Le Pont des feignants* puis *Le Légionnaire Flutsch*. Ils ont été édités de façon posthume (chez Plon, 1980-1982).

Né à Ambert dans le Puy-de-Dôme le 4 mai 1888, Antoine Sylvère est issu d'une famille très pauvre. Après de courtes études chez les Frères des écoles chrétiennes, il devient ouvrier puis travaille à la poste. Et là, il ne craint pas d'établir de faux mandats postaux qu'il fait toucher par un complice. L'affaire est grave. Il risque une lourde peine de prison. D'ailleurs la cour d'assises du Puy-de-Dôme le condamnera, en février 1906, à vingt ans de travaux forcés assortis d'une interdiction de séjour de vingt ans et d'une amende de 10 000 francs, mais par contumace. Car le jeune Antoine, qui au moment des faits n'avait pas dix-sept ans, s'est aussitôt enfui : « C'était le soir du 26 avril 1905. J'aurais, le 4 mai prochain, tout juste dix-sept ans. Vivrais-je jusque-là ? Rien n'était moins sûr. J'avais dans ma poche une fiole de cyanure de potassium. » Il est monté dans un train qui l'emporte vers le sud. Il ne sait pas où aller. À Marseille, il s'embarque pour la Corse. Alors commence un long voyage qui est d'éducation et, par certains côtés, se rapproche de celui que va narrer, un peu plus tard, Ernst Jünger : au bout du chemin, il s'agit d'être un homme responsable de lui-même. C'est la Légion étrangère qui permet cet apprentissage, psychologique et moral ; moral avant tout. Dès les premiers kilomètres, Antoine Sylvère rencontre, comme dans un conte initiatique, les guides bienveillants qui l'orientent sur la bonne route et d'abord un maçon italien qui le débarrasse de sa fiole de poison, puis un trimardeur qui lui parle de la Légion « où on prend tous ceux qui savent plus où se mettre […] même que c'est salement plus cher pour en sortir que pour y rentrer ». À la suite d'une altercation sur un chantier, en Tunisie, craignant d'être arrêté alors qu'il est démuni de tout papier d'identité, le garçon entre dans un bureau de recrutement. Il s'engage sous le nom de Gabriel Flutsch, luxembourgeois, 1,77 m et 76 kg, matricule 16674.

Son récit est celui du cheminement qui l'amène à devenir adulte. Au préalable, il aura défini les valeurs qui doivent présider à ses actions. Alors, il sera sûr de ses choix dont il assumera les conséquences. C'est également une description très précise – ethnographique – de la Légion étrangère au début du XXe siècle, des différents dépôts (le fort Sainte-Thérèse à Oran puis Saïda) jusqu'à Géryville. C'est enfin une galerie de portraits savoureux. Parmi ces derniers, il est difficile d'oublier le premier mentor, le légionnaire Flory. Au « bleu », il fait découvrir un monde nouveau, ses traditions et ses misères, ses principes aussi, en particulier la grande camaraderie qui unit les soldats : au Tonkin d'où il revient, ils ne laissent jamais un des leurs vivant aux mains des pirates qui vont le charcuter « ou lui enfoncer un piquet dans le trou du cul jusqu'à ce qu'il sorte par l'épaule », ce qui est l'un des supplices décrits à l'occasion par Paul Bonnecarrère parlant de la guerre d'Indochine. Afin de mériter d'être intégré dans le groupe, il faut se conformer à quelques règles : « D'abord, y faut être un homme. Y faut te rappeler toujours que t'en as une paire » et le prouver « en étant toujours prêt à se battre » ; ne jamais capituler « même si on prend la pâtée » ; ne pas rester à la traîne quand on marche (« on n'aime pas les jambes de laine »). Chacun doit savoir que celui qui va en colonne avec lui fera sa part du travail, des corvées, du combat.

Le légionnaire Flutsch adhère à ces préceptes : il se pliera à la hiérarchie, ne reculera pas devant les rixes, désertera quelques jours si c'est le prix à payer pour se faire respecter (aller en prison est bien vu des légionnaires). Il saura s'équiper dans le temps imparti. Quitte à souffrir, il marchera sans jamais s'effondrer… Il n'y a qu'une chose qu'il est incapable d'apprendre : boire. Il ne supporte pas l'alcool. Or la plupart de ceux qu'il côtoie sont des ivrognes, ce qui ne le change pas de l'Auvergne où les familles misérables gaspillent en buvant « le cours de leur pauvre destinée ». Le vin peut tuer les légionnaires (qui n'ont pas peur de la mort !) et cent vingt hommes arrivent à en boire sept cents litres un soir de fête, mais il apporte une sorte de libération à ceux qui sont désespérés. Et désespérés, ils le sont tous. Moines à rebours, ils ont rejoint les rangs de la Légion non pas pour se rapprocher de Dieu – car bien que l'on « entre ici comme on entrerait au couvent si on avait la foi », dit l'un d'eux, la foi, justement, ils ne l'ont pas –, mais pour fuir le monde qui a cessé de leur convenir. Celui qui parle ainsi se nomme Baudry, c'est « un grand gaillard aux traits fins et aux yeux clairs ». Le jeune homme, grâce à ses conseils, est conduit à se forger une conscience « forte, sûre, suffisamment éclairée » ; une conscience libre qui ne se soumet à aucune autorité. Un jour viendra où il pourra affronter la réalité : il décide d'avouer sa faute et de se rendre à la justice.

En mai 1907, par un nouvel arrêt de la cour d'assises, Antoine Sylvère est acquitté. Sa vie, sa vraie vie avait commencé le 2 novembre 1905, jour de la signature de son engagement à la Légion étrangère. Elle va désormais se poursuivre sous le signe des études reprises et de nouveaux engagements non seulement professionnels, mais militaires : deux ans de service, la Première puis la Seconde Guerre mondiale, la Résistance… Jusqu'à sa mort le 23 octobre 1963, l'ancien légionnaire Flutsch peut « marcher » sa route en faisant ce qui lui semble juste. « C'est à la Légion étrangère, dit-il, que j'ai rencontré le plus grand respect pour la dignité humaine »…

France Marie FRÉMEAUX

SYRIE, guerres de. – Au début du mandat confié à la France au Levant (Liban et Syrie) par la Société des nations, le commandement envoie des légionnaires qui ont acquis une longue expérience en terre arabo-musulmane dans les confins algéro-marocains et au Maroc depuis près d'un demi-siècle. Troupe de souveraineté et d'intervention, la Légion étrangère se distingue à deux occasions : lors de la révolte du djebel Druze en 1925-1926 puis des opérations de 1941 entre troupes fidèles au gouvernement de Vichy et Alliés, dont les Français libres.

Après le délicat établissement du mandat français sur le Liban et la Syrie (1919-1921) ne règne sur le territoire qu'un calme précaire et trompeur. L'agitation hachémite a laissé des traces : sur les frontières la présence britannique est contestée en Palestine comme en Irak, d'une part, et, d'autre part, l'application en pratique d'un système administratif plus proche du statut colonial que de celui du mandat international mécontente les élites locales. La révolte druze au printemps 1925 marque une dernière période de grandes difficultés militaires au Levant ; la zone principale des opérations se déplace vers le sud du territoire et autour de Damas. La Légion participe à toutes les opérations actives et le nom du village de Messifré, poste avancé chargé du ravitaillement des colonnes lancées à travers le pays, où cantonnent depuis quelques jours un bataillon du 4e Étranger, un escadron et un peloton d'automitrailleuses du 1er régiment étranger de cavalerie (REC), entre le 17 septembre dans l'histoire. Attaqués par 3 000 Druzes, les légionnaires résistent la journée entière mais tous leurs chevaux sont abattus lors des combats. Ils sont sauvés en fin de journée par l'arrivée *in extremis* du 16e régiment de tirailleurs nord-africains. Du 20 au 24 novembre suivant, les légionnaires cavaliers participent avec le 12e Spahis à la difficile défense de la citadelle de Rachaya assiégée par près de 4 000

Guerre de Syrie, 8 juin-12 juillet 1941

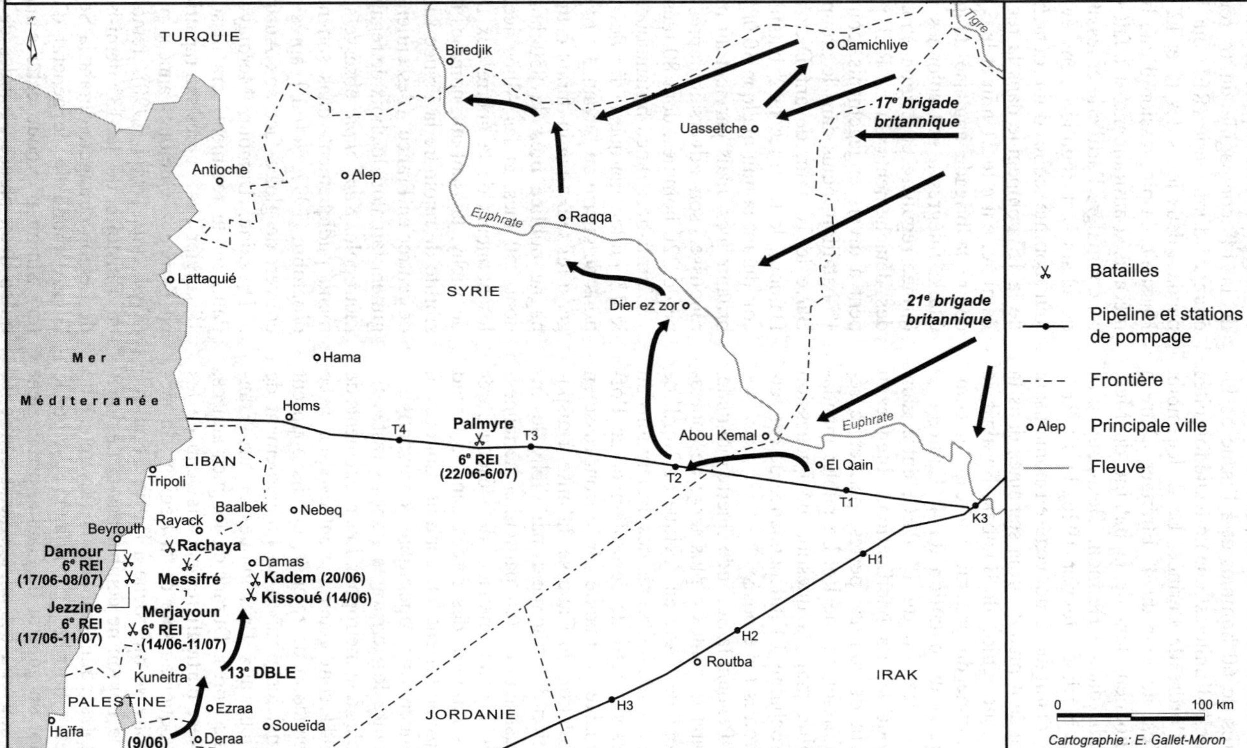

Druzes, au cours de laquelle ils perdent près de 60 hommes et à l'issue de laquelle l'unité est une nouvelle fois citée à l'ordre de l'armée. Le 2 décembre, c'est au tour du 4e Étranger d'être à l'honneur lors de la bataille de Messadi, dans l'Hermon. Beaucoup plus au nord, en février 1926, le 1er REC se distingue à nouveau en nomadisant pendant plus de trois semaines dans la grande région de Baalbek. En avril, la colonne du général Andréa, qui comprend un bataillon du 4e Étranger et un escadron du 1er REC, entre dans Soueïda. La pacification, obtenue au prix de lourdes pertes, permet le rétablissement de l'ordre public mandataire, mais la question de l'accession prochaine à l'indépendance de ces territoires reste posée.

Pendant la Seconde Guerre mondiale, dans le contexte plus large des opérations de l'Axe en Afrique du Nord, de la révolte irakienne, des déclarations du grand mufti de Jérusalem et de l'offensive allemande sur le front russe en direction du Caucase, la mise à disposition des Allemands par Vichy des infrastructures (en particulier aériennes) du Levant menace de déséquilibrer les rapports des forces dans le Grand Moyen-Orient et conduit Londres à lancer une opération « préventive » contre les territoires français restés fidèles à la métropole. Les événements de 1941 sont généralement évoqués avec beaucoup de retenue, car ils opposent ainsi les troupes du gouvernement de Vichy aux Britanniques et aux Français libres. Durant de longues années, il est particulièrement malvenu de les évoquer au sein de la Légion : la mémoire se raccroche à l'affirmation que « la Légion ne combat pas la Légion » et les commémorations (discrètes) de cet « horrible gaspillage », selon le mot du général de Gaulle, privilégient le souvenir des engagements contre les contingents britanniques. La résistance de la 14e compagnie du 6e régiment étranger d'infanterie (REI) qui bloque pendant deux jours, les 11 et 12 juin, à Hassanie, la progression d'une brigade mécanisée australienne et « fait Camerone » malgré l'artillerie et les attaques de chars, est régulièrement évoquée, tout comme celle d'un détachement de la 15e compagnie dans la région de Palmyre, entre le 21 juin et le 6 juillet, contre la brigade anglaise du général Clark. Intégrés à des colonnes mixtes (armée régulière et Légion étrangère), des détachements du 6e REI participent à divers engagements, comme le 1er bataillon inclus dans le groupement Barre le 16 juin, devant Djezzine. À Damour, le 6 juillet, le 2e bataillon reçoit durant la nuit quelque 30 000 obus britanniques, mais parvient au matin à repousser son adversaire après avoir perdu 220 hommes, dont 80 tués.

L'armistice franco-britannique, signé le 13 juillet, marque la fin des opérations de guerre au Levant. Le 6e Étranger à lui seul a perdu durant cette campagne oubliée près de 850 hommes, dont 250 tués, et les Alliés accordent les honneurs de la guerre aux troupes de Vichy, laissant aux hommes la possibilité de rejoindre la France Libre ou de rentrer en France. L'essentiel du régiment fait alors le choix de regagner la métropole. *Képi blanc* observe simplement, pudiquement, dans son numéro d'octobre 1997, « [qu'] après s'être couvert de gloire face aux Australiens à Djezzine, Damour, Merdjayoun et Palmyre, le régiment sera dissous, le 1er janvier 1942, après son rapatriement en France ». Quelques années plus tôt (*Képi blanc*, mai 1990), témoignant de l'histoire de la 13e demi-brigade de Légion étrangère durant la Seconde Guerre mondiale, le général d'armée (cr) Simon n'évoque cette campagne qu'en deux phrases, lourdes de sens :

« À notre demande, aucune décoration ou citation ne fut accordée pour récompenser les nombreuses actions d'éclat accomplies au cours des combats. Nous avions rempli une mission douloureuse et en avions été profondément marqués. » Le Levant ne reste que brièvement sous administration de la France Libre : le général de Gaulle engage dès 1943 le processus d'accession à l'indépendance du Liban et de la Syrie, indépendance effectivement acquise à la fin de la Seconde Guerre mondiale et qui vaut à ces deux pays de figurer parmi les premiers États fondateurs de l'Organisation des Nations unies.

Rémy PORTE

Sources : DHPLE, JMO du 6e REI (1939-1941) • Roger Rouy, *Études sur une guerre inconnue. La campagne de Syrie*, thèse de doctorat d'université, Dijon, 1972.
Bibl. : Yves Gras, *La 1re DFL. Les Français libres au combat*, Presses de la Cité, 1983.

SZUTS, adjudant Istvan (1925-1959). – Istvan Szuts est l'un des trois sous-officiers hongrois tués en mai 1959 dont la mémoire est conservée dans la salle d'honneur du musée de la Légion étrangère. Né à Diosd le 10 août 1925, il est incorporé dans l'armée hongroise le 15 juin 1942 et combat sur le front de l'Est. Fait prisonnier par l'armée américaine le 25 avril 1945, il s'engage à la Légion quatre mois plus tard. Il fait un premier long séjour en Indochine dans les rangs de la 13e demi-brigade de Légion étrangère. Ses qualités de combattant lui valent ses trois premières citations et les grades de caporal puis de sergent (1er mai 1950). Volontaire pour un second séjour, il est affecté au 3e régiment étranger d'infanterie (REI) qu'il ne quittera plus. Il y mérite quatre nouvelles citations, est promu sergent-chef le 1er juillet 1953 et reçoit la médaille militaire à titre exceptionnel le 21 juillet 1954.

Le sergent-chef Szuts rejoint l'Afrique du Nord avec son régiment le 14 décembre 1954. Promu adjudant le 1er août 1956, il accumule les faits d'armes à la tête de sa section, devient un modèle pour ses pairs et occupe les fonctions de président des sous-officiers supérieurs du régiment. Ayant mérité cinq citations en Algérie, il est fait chevalier de la Légion d'honneur à titre exceptionnel le 24 mars 1959. En entraînant sa section à l'assaut dans le secteur de Miliana le 11 mai 1959, il est grièvement blessé à la tête le 11 mai 1959. Quatre jours plus tard, il succombe à sa blessure. Il a été promu officier de la Légion d'honneur et cité à l'ordre de l'armée à titre posthume.

Son nom est donné au camp qui sert de base au Centre d'entraînement en forêt équatoriale à Régina (Guyane). En 1980, la 91e promotion de l'École nationale des sous-officiers d'active l'a choisi comme parrain.

Damien & Henry DUTAILLY

SZUJSKI, légionnaire Wladyslaw (1869-1914). – Ce natif de Cracovie, sujet austro-hongrois, est le fils du grand historien polonais Jozef Szujski – selon la rumeur enfant illégitime de la branche des Habsbourg –, professeur puis président de l'université de Cracovie, en outre membre de la Chambre des pairs à Vienne.

À la veille de la Grande Guerre, propriétaire terrien et ingénieur, Wladyslaw réside à Paris en tant que représentant des compagnies pétrolières de Galicie. Volontaire de la première heure, il ment sur son âge pendant l'examen médical pour être jugé apte au service. Il a alors quarante-cinq ans. Doyen du détachement de volontaires polonais formé à Bayonne (d'où l'appellation informelle de « bayonnais ») – devenu la 2e compagnie du bataillon C du 2e régiment de marche du 1er régiment étranger (2e RM/1er RE) –, respecté et apprécié par ses compagnons, il est élu porte-drapeau au suffrage secret. Ce drapeau officieux (l'ambassade russe de Paris veillait à ne permettre aucune liberté d'expression de sentiment national aux Polonais combattant pour la France), brodé par les dames de Bayonne, est roulé et caché dans son havresac après quelques mentions enthousiastes dans la presse locale.

Le 27 novembre 1914, près de Sillery, entendant des chants polonais provenant des tranchées allemandes, il découvre que la position est tenue par des soldats originaires de Posnanie ou de Poméranie. Il sort son drapeau et le plante sur la tranchée, pour signaler la présence de leurs compatriotes auprès des Français et les inciter à discuter ou à déserter. Le contact se limite pourtant aux chansons et aux dialogues à haute voix, et pendant la nuit l'unité de conscrits polonais est remplacée par les Allemands. Le lendemain, les balles seules répondent aux chants polonais entonnés par les « bayonnais ». En essayant d'enlever le drapeau percé par les balles, le légionnaire est frappé d'une balle en pleine tête. Sa mort a tout de suite été exploitée à des fins de propagande de guerre, l'ordre du jour de la Ve armée du 1er décembre 1914 soutenant en effet qu'il « a été tué glorieusement en plantant sur une tranchée allemande le drapeau de la Pologne renaissante ». Le tableau de Jan Styka *La Mort de Szuyski à Sillery* immortalise le sacrifice de ce fils de la Pologne renaissante.

Un autre porte-drapeau est chargé de mettre à l'abri à Paris cette relique qui est décorée en 1918 par le président Poincaré de la croix de guerre avec palme. En 1919, l'armée polonaise formée en France dès 1917 prend possession du drapeau qui se trouve aujourd'hui au musée de l'Armée de Varsovie.

Szujski, dernier de sa lignée, est inhumé sous le nom de Ladislas de Szuyski au carré militaire de la nécropole nationale Le Bois-du-Puits à Aubérive (Marne) dans la tombe no 141. En 1921, il est décoré à titre posthume de la croix polonaise Virtuti Militari.

Andrzej NIEUWAZNY

Sources : Cartothèque du *Polski Słownik Biograficzny* (*Dictionnaire biographique polonais*), Cracovie, Polska Akademia Umieje[u]tności, 1935 • Jan Zyznowski, *Dla Polski pod Joffrem* [« Pour la Pologne sous Joffre. Souvenirs d'un légionnaire »], Varsovie-Saint-Pétersbourg, Nakładem B-ci Bojarskich, 1916.

Bibl. : Venceslas Gasiorowski, « Les volontaires polonais dans l'armée française », *L'Illustration*, 4 décembre 1915 • La peinture de Styka : http://commons.wikimedia.org/wiki/File:Wladyslaw_Szujski_death_1914.JPG

T

TARTIÈRE, Jacques (1915-1941). – Citoyen américain, légionnaire et acteur, mort pour la France en juin 1941 devant Damas, Jacques Tartière compte parmi les héros anonymes de la Seconde Guerre mondiale. Petit-fils de Jacques Feydeau, il est éduqué en Angleterre et entame une prometteuse carrière d'acteur avant guerre. Jeune premier, il se produit sous le nom de Jacques Terrane avec Charles Vanel et Michèle Morgan dans *La Loi du Nord*, un film de Jacques Feyder tourné en 1939. Depuis son beau mariage en 1938 avec une actrice anglaise, Drue Leyton, il mène la grande vie entre New York, Londres et Barbizon. Pendant la drôle de guerre, à la veille de l'embarquement de la 13e demi-brigade de montagne de Légion étrangère (DBMLE) pour la Norvège, tenté par l'aventure, le jeune acteur réussit à s'engager comme interprète de norvégien au côté de Pierre-Olivier Lapie, lieutenant de réserve de l'infanterie coloniale et (authentique) interprète d'anglais. De retour en Angleterre, il choisit de rallier la France Libre et est versé à la 13e DBLE avec le grade d'adjudant. Il combat dès lors en Érythrée comme chef de section d'éclaireurs motocyclistes, à Cheren et à Massaoua. La guerre fratricide de Syrie sera fatale au jeune légionnaire abattu lâchement dans le dos le 18 juin 1941. Dix ans après le film *Beau Geste*, Jacques Tartière incarne le « beau » légionnaire victime du mauvais sort. Il est fait Compagnon de la Libération par décret en date du 21 août 1941. Son sacrifice doit être rapproché de celui de son demi-frère, Philippe Keun, agent de l'Intelligence Service pendu à Buchenwald en 1944, et de l'engagement de son épouse dans la Résistance.

André-Paul COMOR

Sources : DHPLE, JMO de la 13e DBLE, 1940-1945.

TABLIER. – *Voir* SAPEURS, UNIFORME DES.

TASNADY, adjudant Laszlo (1927-1959). – Sous-officier d'origine hongroise entré au panthéon de la Légion étrangère aux dernières heures de la présence française en Algérie, Laszlo Tasnady est donné en exemple à l'instar de ses camarades et compatriotes Vasko et Szuts, également tués dans l'Ouarsenis en opérations à quelques jours d'intervalle.

Engagé à la Légion étrangère en septembre 1946, il fait trois séjours en Extrême-Orient aux 2e et 3e régiments étrangers d'infanterie ainsi qu'au 1er bataillon étranger de parachutistes (BEP). En Algérie, au 1er régiment étranger de parachutistes (REP), il est égal à lui-même : audacieux, prêt à prendre des risques pour répondre aux attentes de son chef, le lieutenant-colonel Jeanpierre. La blessure reçue le 23 septembre 1957 lors de l'arrestation de Yacef Saadi n'empêche pas l'adjudant Tasnady de reprendre sa place parmi ses hommes. Au plus fort des engagements pendant la bataille des frontières, il met au point une méthode d'assaut pour les voltigeurs mis en rang : volée de grenades suivie d'un bond en avant avec balayage au pistolet-mitrailleur afin d'engager le corps à corps. Le 14 mai 1959, il est tué au cours de l'opération « Courroie » lancée dans l'Ouarsenis dans le cadre du plan Challe. Officier de la Légion d'honneur à titre posthume, médaillé militaire, il totalise 5 citations avec croix de guerre des TOE dont une à l'ordre de l'armée, et 6 citations avec croix de la Valeur militaire, dont 5 à l'ordre de l'armée. En 1975, la 73e promotion de l'École nationale des sous-officiers d'active de Saint-Maixent le choisit pour parrain.

Charles Ridet

TATOUAGE. – Le mot « tatouage » tire son origine du maori « *Ta Tu* » qui dérive lui-même de l'expression « *Ta Atouas* », composée de « *Ta* » (« dessin ») et « *Atouas* » (« esprit »). Les peuplades polynésiennes marquent leur corps afin de se concilier les grâces, la protection et les faveurs de leurs esprits ; le tatouage représente à l'origine une forme de décoration qui exprime son individualité et son identité. Il consiste à faire déposer des pigments dans la peau à une profondeur de 1 à 2 mm de manière à créer l'empreinte d'un dessin. Véritable cicatrice parlante, cette pratique remonte à la plus haute Antiquité. Elle permet à l'individu d'affirmer son appartenance à une collectivité, c'est le tatouage d'affiliation, ou de matérialiser sa fidélité à un souvenir, c'est le tatouage d'identification. Jusqu'à une mode récente, banalisée par le monde du spectacle, le tatouage est la marque d'un déséquilibre pathologique issu du malheur et de l'errance. Le professeur Lacassagne le définit comme « une manifestation esthétique du milieu social, une manifestation de l'instinct d'approbation, de la vanité ».

Les tatouages sont normalement interdits par le règlement des armées mais tolérés à condition qu'en tenue (peu importe laquelle) ils soient invisibles. Une note du ministère de 2002 émanant du chef d'État major rappelle la règle concernant ce type d'habitude qui est à proscrire. D'ailleurs, dans les critères de sélection, fondés sur le sigle SIGYCOP (S pour ceinture scapulaire et membres supérieurs, I pour ceinture pelvienne et membres inférieurs, G pour état général, Y pour yeux et vision, C pour sens chromatique, O pour oreilles et audition et P pour psychisme), les médecins renseignent le P du chiffre 2 pour les personnes tatouées, ce qui veut dire que le sujet ne peut être classé 0 avant un examen spécialisé.

À la Légion étrangère, les motifs sont variés et prennent naissance dans l'imagerie militaire. Les devises célèbres côtoient bien souvent des tatouages anciens, de type érotico-sentimental, voire antisocial. Constante du milieu légionnaire, ce phénomène témoigne de motivations d'engagement d'hommes éprouvés par des événements majeurs. Une étude sur les marques particulières menée par le médecin des armées Tarayre au sein d'un bataillon de Légion, en 1929, révèle que, sur 564 hommes examinés, 247 sont porteurs de tatouages, soit 43 %, et que ces derniers, dessins, inscriptions ou dates, sont au nombre de 1 273 ! Ce lien fort qu'entretient la Légion avec les tatouages est par ailleurs l'objet d'un film avec Jean Gabin (qui joue le rôle d'un ancien légionnaire) et Louis de Funès (un antiquaire) : *Le Tatoué* (1968). Le tatouage du premier, dessiné par le peintre Modigliani, fait l'objet de convoitise du second. Mais l'ancien légionnaire, l'on s'en doute, n'est pas disposé à « vendre sa peau »…

Charles RIDET

Bibl. : Alexandre Lacassagne, *Les Tatouages. Étude anthropologique et médico-légale*, Baillières, 1881.

TCHÈQUES, volontaires. – La nationalité tchèque est reconnue à l'indépendance du nouvel État souverain issu du démantèlement de l'Empire austro-hongrois en 1919. Toutefois, les engagés volontaires d'origine tchécoslovaque sont classés par les centres de recrutement le plus souvent comme sujets dudit Empire. C'est pourquoi les évaluations concernant les effectifs sont aléatoires. C'est seulement à l'automne 1914 que les associations regroupées en un Comité de la colonie et des volontaires tchèques obtiennent du gouvernement français le droit de délivrer des cartes d'identité tchèque.

Dès le 22 août 1914, répondant à l'appel du Sokol, association sportive et patriotique fondée à Paris en 1892, 500 volontaires tchèques parmi les 2 000 résidant dans la capitale se présentent boulevard Saint-Germain pour contracter un engagement dans la Légion étrangère. Ils sont transférés à Bayonne avec d'autres volontaires polonais et forment la 2e compagnie du 2e régiment de marche du 1er régiment étranger, connue sous le nom de « compagnie Na Zdar » (« salut » en tchèque). La mort du porte-drapeau Karel Bezdicek au cours de la bataille de la Targette dans la région d'Arras et la belle conduite des Tchèques au sein de la division marocaine ont un retentissement dans l'opinion publique française, gagnée à la cause des nationalités « opprimées » d'Autriche-Hongrie. La plupart de ces Tchèques rejoignent au début de 1918 l'armée tchécoslovaque autorisée par le gouvernement français en décembre 1917 ; 110 finissent la guerre au régiment de marche de la Légion étrangère (RMLE). Selon le rapport présenté à la Chambre des députés le 29 juillet 1924 par le député de la Somme Henri des Lyons de Feuchin, le nombre d'engagés tchécoslovaques s'élève à 678 et celui des morts à 157.

En 1939, la France recueille les soldats de l'armée tchèque et lève une division dont les éléments se replient sur Agde après l'armistice de Rethondes (22 juin 1940). Parmi les survivants, nombre s'engagent dans la Légion étrangère ou dans les Forces françaises libres (FFL) à Londres. En 1943, le gouvernement tchèque réclame ses ressortissants afin de reconstituer une armée nationale : la Légion perd la plupart des engagés volontaires présents dans les régiments ; seuls les engagés au titre des FFL restent jusqu'à la fin de la guerre dans la 13e demi-brigade de Légion étrangère. Des officiers servant à titre étranger, Bohumil Vazac et Otto Wagner par exemple, réintègrent la nouvelle armée tchécoslovaque en 1945.

Le deuxième coup de Prague de février 1948 entraîne l'engagement dans la Légion étrangère de jeunes gens qui fuient le régime communiste. Depuis la fin de la guerre froide et l'adhésion de leur pays à l'Union européenne et à l'OTAN, les candidats à l'engagement dans la Légion étrangère doivent préalablement recevoir l'autorisation des autorités tchèques.

Un monument dédié aux soldats tchèques et slovaques morts au champ d'honneur a été érigé et inauguré en 1925 sur les lieux où se déroulèrent les combats entre la Targette et Souchez. Le 15 décembre 1954, de surcroît, une plaque commémorative est apposée dans la galerie de Valois au Palais-Royal d'où sont partis les premiers volontaires de 1914. Enfin, en mai 1968, le général Flipo, président d'honneur des volontaires tchécoslovaques en France, inaugure un mémorial dédié aux morts des deux guerres mondiales.

André-Paul COMOR

Sources : SHD-Terre, 26N 861 et 862 • *Id.*, JMO du 2e régiment de marche du 1er Étranger.
Bibl. : Simon Ioffé, *La Phalange tchèque. Comment se sacrifièrent les premiers volontaires tchécoslovaques*, Berger-Levrault, 1919.

TCHERNOMAZENKO, lieutenant-colonel Constantin (1903-1996). – Le jeune Russe qui se présente en 1921 au bureau de recrutement pour s'engager dans la Légion étrangère appartient à la génération des vaincus de l'histoire. Né en 1903 à Odessa, dans une famille de lignée cosaque, il interrompt ses études à l'école des cadets du tsar après la révolution d'octobre 1917 pour suivre sa famille et échapper à la Tcheka. Il croise d'autres Russes blancs qui ont trouvé refuge dans les régiments étrangers, comme son aîné Yvan Pravossoudovitch – également un ancien cadet – admis comme sous-lieutenant à titre étranger. Remarqué, il gravit tous les échelons jusqu'à être nommé sous-lieutenant en 1939, lieutenant en 1941, capitaine en 1945, enfin chef de bataillon en 1954. Tchernomazenko participe à toutes les campagnes où la Légion est engagée : Levant, Maroc, Tonkin, libération de la France dans les rangs du régiment de marche de la Légion étrangère. Il est blessé en Alsace. Puis c'est l'Indochine, où il fait trois séjours : il y commande des unités de transport de Légion étrangère servies par une majorité d'Allemands. Il termine sa carrière au 1er régiment étranger au début de la guerre d'Algérie. Atteint par la limite d'âge de son grade, maintenu en activité, il assume – dans un contexte politico-militaire explosif – le commandement du groupement des unités territoriales (UT) de Sidi-Bel-Abbès jusqu'à leur dissolution après la semaine des barricades (24 janvier-1er février 1960), commandement « particulier » qui constitue une exception dans l'histoire de la Légion : Tchernomazenko a laissé aux anciens UT – pour la plupart des civils européens ou musulmans mobilisés pour des gardes et des patrouilles – l'image d'un chef intraitable mais juste. Titulaire de six citations avec croix de guerre 1939-1945, des théâtres des opérations extérieures et croix de la Valeur militaire, officier de la Légion d'honneur et médaillé militaire, le lieutenant-colonel Tchernomazenko reste l'une des plus belles et plus authentiques figures de la Légion des quatre dernières décennies de l'histoire coloniale de la France. Il meurt le 17 avril 1996.

André-Paul COMOR

TER SARKISSOFF, capitaine Alexandre (1911-1991). – Fils d'un ingénieur des Mines, né le 14 décembre 1911 à Paris, Alexandre Ter Sarkissoff entre à Saint-Cyr en 1932 au sein de la promotion « de Bournazel ». Il choisit l'infanterie dans l'espoir de servir dans l'armée d'Afrique. Affecté au 23e régiment de tirailleurs algériens stationné à Morhange en Moselle, il rejoint le 1er régiment étranger d'infanterie en Algérie en avril 1939 et, en janvier 1940, est détaché en stage à l'école des observateurs en avion de Rabat. Le 1er juillet 1940, avec sept de ses camarades stagiaires, il réussit à tromper la vigilance des services de sécurité du port de Casablanca et s'embarque clandestinement à bord du *Djebel-Dersa* en partance pour la France. Deux jours plus tard, il débarque à Gibraltar avec l'intention de rallier la France Libre. Il se joint à Pierre Messmer et Jean Simon qui ont participé au détournement du cargo italien *Capo-Olmo* en partance pour l'Angleterre.

À Londres, aussitôt engagé dans les Forces françaises libres, remarqué par le capitaine Dewavrin (Passy), chef des 2e et 3e Bureaux de l'état-major du général de Gaulle, il est chargé de mettre en place un service de renseignement au Maroc. Un mois après son retour à Agadir, il est démasqué, dénoncé et traduit devant une cour martiale qui le condamne à une lourde peine de prison pour « atteinte à la sûreté de l'État ». Il est ensuite transféré à Gannat, dans le Puy-de-Dôme, où sont internés plusieurs gaullistes arrêtés à Dakar. Le 2 décembre 1942, il parvient à faire évader Hettier de Boislambert. En représailles, il est transféré avec les détenus restants à Riom où il est mis au régime du droit commun. Le 31 décembre 1943, il réussit à s'évader à son tour, avec ses codétenus, après avoir fabriqué une fausse clé. Impatient de reprendre les armes dans une unité régulière, il quitte le réseau de Résistance du département de la Loire, passe en Espagne à la mi-mars et, après un internement de quelques semaines au camp de Miranda, gagne Alger en passant par Gibraltar en avril 1944 et intègre le groupe des commandos de France en formation à Staoueli. En juillet, il se blesse dans un accident de Jeep, quitte l'hôpital en octobre pour la France. Ter Sarkissoff sert dans les Vosges au sein de la 13e demi-brigade de Légion étrangère (DBLE) aux côtés de ses camarades de promotion de Saint-Cyr, les commandants Arnault et Brunet de Sairigné. Officier adjoint du commandant du 3e bataillon, il prend part à la fin de cette campagne des Vosges, à la campagne d'Alsace et à la réduction des forces allemandes dans le sud des Alpes, au massif de l'Authion. Il gagne une citation à l'ordre de l'armée à la suite de la prise de la Béole en avril 1945. En novembre, il quitte l'armée avec le grade de capitaine et fait un stage à l'École nationale de la France d'outre-mer. Sa carrière dans l'administration le conduit ensuite en Indochine puis en Afrique. En 1956, il est chef de la région du Nord-Cameroun puis préfet de la région Bamiléké en 1958 ; en 1960, il est nommé directeur de la société d'État immobilière du Cameroun. De retour en France, il termine sa carrière à Nice comme directeur de la société immobilière des HLM. Il y meurt le 17 octobre 1991. Le capitaine Ter Sarkissoff fait partie de la dernière promotion des Compagnons de la Libération (décret en date du 20 janvier 1946).

André-Paul Comor

TESSALA, massif du. – Le djebel Tessala surplombe la ville de Sidi-Bel-Abbès, d'où l'on peut y apercevoir par temps clair la Méditerranée, Oran (distante de 80 km) ou la forêt de Daïa (à 40 km). Le pic Tessala à 1 063 m est le point culminant du massif qui comprend les djebels Bou Anèche (922 m) et Tafaraoui (726 m). Jusqu'à la guerre d'Algérie, le 1er régiment d'infanterie entretient en été un camp destiné à accueillir les engagés volontaires des compagnies d'instruction. Le massif a donné son nom au village situé à 20 km au nord-ouest de Bel-Abbès, construit par les légionnaires à 610 m d'altitude à l'emplacement des vestiges d'un poste de vigie de l'époque romaine.

André-Paul COMOR

TÉTOUAN. – Capitale de région depuis l'indépendance du Maroc, le port de Tétouan, débouché de la ville impériale de Fez au sud-est de Ceuta, l'une des enclaves (ou présides) espagnoles situées au nord du Rif et au Maroc, occupe une place particulière dans l'histoire de la Légion étrangère. Au début du XXe siècle, pendant la Première Guerre mondiale (1917-1918), des agents allemands – dont l'ancien consul à Fès, le docteur Probster –, couverts par les autorités espagnoles, sont chargés d'encourager la dissidence et de faciliter la désertion de légionnaires allemands. Dans l'entre-deux-guerres, dès 1921, un ingénieur de la maison Mannesman, Adolf Langenheim, met en place un réseau de désertion. Devenu agent de l'Abwehr au Maroc après l'arrivée au pouvoir d'Hitler en 1933, il est nommé vice-consul et emploie deux agents chargés de recueillir les déserteurs allemands et de les diriger vers l'Espagne. En effet, de 1936 à la fin de la guerre civile espagnole, un certain nombre d'entre eux se sont engagés dans le seul dessein de rejoindre le Tercio, la légion espagnole.

Pendant la guerre d'Algérie, la ville abrite le siège d'une délégation du Front de libération nationale (FLN) qui entretient des liens étroits avec un ressortissant de l'Allemagne de l'Est : Winfried Müller, dit Si Mustapha, qui met en place un service de rapatriement de légionnaires déserteurs. Ce commissaire de l'Armée de libération nationale assiste le délégué algérien, Si el-Hocine, chargé d'affaiblir la Légion par une habile campagne de propagande qui alimente un courant de désertion. De plus, entre 1957 et 1960, le gouvernement de la république fédérale d'Allemagne ouvre à Tétouan une annexe du consulat de Casablanca pour faciliter les opérations de rapatriement des déserteurs allemands des régiments étrangers.

André-Paul COMOR

Sources : SHD-Terre, 7N 960, D1 et 7N 4041 D4.

Bibl. : Jean-Paul Cahn et Klaus-Jürgen Müller, *La République fédérale d'Allemagne et la guerre d'Algérie*, Le Félin, 2003.

THIERS, Adolphe (1797-1877). – Adolphe Thiers est président du Conseil de Louis-Philippe du 22 février au 25 août 1836. Il nourrit pour la monarchie de Juillet de grandes ambitions : sortir la France de son isolement diplomatique par une audacieuse politique méditerranéenne. Ce qu'il entreprend dès 1835, lorsque à trente-huit ans il devient ministre de l'Intérieur et se montre fervent partisan d'une intervention armée en Espagne au nom de la solidarité des monarchies parlementaires. L'Europe libérale ne peut en effet rester indifférente aux appels à l'aide de Madrid aux prises avec la réaction incarnée par don Carlos, frère du vieux roi Ferdinand VII disparu en 1833. Le rétablissement éventuel d'une monarchie absolue sur le trône d'Espagne est une menace pour le régime issu de la révolution de Juillet.

Mais l'engagement de la France est ambigu, gêné par la faiblesse du gouvernement de Marie-Christine de Bourbon, reine-régente, qui gouverne en attendant la majorité d'Isabelle II.

À l'inverse de l'expédition de 1823, celle de la victoire du Trocadéro, la France ne bénéficie plus du chorus de la Quadruple-Alliance dans cette affaire. Partisans et adversaires de l'intervention armée s'affrontent à la tribune de la Chambre des pairs. Les souvenirs des campagnes napoléoniennes sont encore cuisants, la France n'a rien à faire au-delà des Pyrénées. Ainsi la prudence interdit-elle à Louis-Philippe l'engagement de ses régiments de ligne. Il lui faut une troupe qui fasse les frais d'une demi-mesure pleine d'incertitude. Par l'entremise d'Adolphe Thiers, il trouve un exutoire : la Légion étrangère, qualifiée par le maréchal Soult de « corps semi-français ». En 1835, cette unité n'existe que depuis quatre ans et, en dépit de sa brillante conduite en Algérie, elle n'a alors aucun prestige et son utilité n'est pas encore perçue. Elle est donc cédée à l'Espagne sous forme d'un « prêt » qui tient en fait d'un transfert pur et simple avec armes et bagages. Pourtant, dès leur arrivée, sous cocarde espagnole et sans drapeau français, livrées au manque de moyens du gouvernement de Madrid, les troupes du général Bernelle remportent quelques succès.

Devenu président du Conseil et en même temps ministre des Affaires étrangères, seul devant une indifférence quasi générale de la classe politique, Thiers manifeste une certaine réserve, inquiet du délabrement des troupes constitutionnelles et de l'incertitude de la victoire. Car les carlistes prennent Bilbao et l'insurrection gagne, un temps, Valence et les Asturies. Thiers encourage pourtant Bernelle à former une division de Légion étrangère. Il ordonne au maréchal Maison, ministre de la Guerre, de presser, au dépôt de Pau, le renforcement d'une « nouvelle Légion étrangère » créée le 16 décembre 1835, réserve d'hommes destinés à passer au service de l'Espagne. Ayant renoncé à l'intervention directe, Thiers concentre tous ses efforts sur cette nouvelle forme de « coopération armée » avec l'Espagne afin de contenir l'offensive des troupes carlistes – que les unités du général Bernelle repoussent lors du combat de Zubiri, le 1er août, empêchant la saisie de la Navarre. À partir des premières centaines de volontaires incorporés à Pau, Thiers imagine la constitution d'un « corps auxiliaire » de 10 000 hommes, mais commet la maladresse de n'en rien dire au roi des Français. Commandant la division militaire des Pyrénées, le général Harispe, vieux soldat de l'Empire, envisage la fusion des deux légions dans cette grande unité. Thiers, de son côté, contacte le colonel Bugeaud, récent vainqueur d'Abd el-Kader à la bataille de la Sikkah, pour lui en confier le commandement. Ce dernier quitte Alger pour Toulon, le 10 août, et propose au président du Conseil de porter à 20 000 hommes l'effectif de cette Légion étrangère. Enthousiaste, Thiers envisage même un mariage entre le jeune duc d'Aumale et la reine Isabelle II, qui n'a alors que six ans.

Il informe de son grand dessein Louis-Philippe. Mais le roi, lors du Conseil des ministres du 12 août 1836, fait part des inquiétudes de la Prusse et de l'Autriche quant aux « renforts » destinés à l'Espagne. De surcroît, courroucé d'avoir été tenu à l'écart de préparatifs aussi importants, il accuse Thiers de « jeter le manche après la cognée ». Et ce d'autant que les nouvelles d'Espagne sont mauvaises : deux régiments viennent de se révolter à Saint-Ildefonse, résidence de la reine-régente qui est obligée de prêter serment à la Constitution révolutionnaire de 1812. Ce *pronunciamiento* en règle marque un pas trop grand vers le libéralisme intégral. L'abaissement de la monarchie de Madrid peut servir l'opposition républicaine très critique envers l'immobilisme du régime de Juillet. C'en est trop pour le roi des Français. Au Conseil des ministres du 17 août, il se fait remettre par le maréchal Maison le contrôle des troupes rassemblées à Pau et suspend tout départ de volontaires pour l'Espagne. Thiers donne sa démission le 25 août, quatre jours après un autre coup d'État sanglant à Madrid. Ce même jour, Louis-Philippe prononce la dissolution du « corps auxiliaire » de Pau et le seul bataillon formé de la « nouvelle Légion étrangère » prend le chemin de l'Algérie. La vieille Légion en Espagne est abandonnée à son triste sort.

De ce grand projet qui aurait fait de la Légion le pivot des ambitions françaises en Méditerranée, il appartient à Thiers de prononcer l'oraison funèbre à la Chambre des pairs le 31 mars 1840 : « Les militaires de l'ancienne Légion étrangère ont mérité l'admiration de la France non seulement pour leur bravoure, mais aussi pour leur sagesse dans les circonstances les plus difficiles où les soldats puissent être placés. »

Jean-Charles Jauffret

Bibl. : Pierre Guiral, *Adolphe Thiers*, Fayard, 1986 • Jean-Charles Jauffret, « M. Thiers, l'Espagne et la Légion étrangère (1835-1837) », *Revue historique des armées*, n° 3, 1979, p. 145-172.

THOMAS, général Jean (1904-1985). – Finistérien, Jean Thomas intègre l'École spéciale militaire de Saint-Cyr (promotion « du Rif », 1924-1926) à vingt ans. Sous-lieutenant deux ans plus tard, il choisit l'infanterie et rejoint Sidi-Bel-Abbès. Il est d'abord affecté à la 5e compagnie stationnée à Géryville puis rejoint la compagnie d'instruction des cadres. Promu lieutenant en 1928, il sert au 2e régiment étranger d'infanterie (REI), d'abord à la 3e compagnie montée puis à la compagnie d'engins et de transmissions. C'est au sein de cette unité qu'il gagne sa première citation en 1930. À la fin de son séjour colonial au Maroc, il regagne le 1er Étranger où il occupe des postes techniques. Promu capitaine, il est ensuite affecté au 2e Étranger. De 1936 à 1938, il y passe son temps de commandement d'unité élémentaire. À l'issue, il rejoint la section d'étude de l'état-major de la division d'Oran.

Le 30 mars 1940, il rejoint la métropole dans le cadre de la mobilisation générale et prend le commandement de la 3e compagnie du 12e Étranger avec laquelle il fait campagne. Blessé le 7 juin dans l'Aisne, il refuse de se faire évacuer. Le 15 juin, il est fait prisonnier mais parvient à s'échapper le lendemain. Il rejoint Lyon et le dépôt qui s'est déplacé à Fuveau, en Provence. Regagnant la portion centrale du 1er REI, il prend les fonctions de chef du bureau de statistiques de la Légion étrangère. Il est décoré de la Légion d'honneur et cité à l'ordre de l'armée pour sa bravoure durant la campagne de France. Commandant, il est affecté à la direction de la sécurité militaire à Alger. Dès lors, il remplit de nombreuses missions en Espagne, en Corse et en Italie. Débarqué sur le sol français, il rejoint la sécurité militaire de Paris en qualité de chef du 2e Bureau chargé du contre-espionnage.

En mai 1945, il est affecté pour une année à la direction des recherches en Autriche avant de retrouver la Légion et de prendre la tête du 1er bataillon du 1er Étranger – qui devient assez rapidement l'un des bataillons du 6e REI qui est stationné en Tunisie. En 1949, le bataillon Thomas du 6e Étranger est envoyé en Extrême-Orient et devient le 1er bataillon du 5e REI. Durant ce séjour, Jean Thomas est promu lieutenant-colonel, gagne trois nouvelles citations et la croix d'officier de la Légion d'honneur. En 1952, à son retour, il est affecté au groupement autonome de la Légion étrangère puis prend le commandement du 1er REI en février 1953. Colonel en 1955, il rejoint le 3e REI en qualité de chef de corps, y gagne une nouvelle citation à l'ordre de l'armée et, en 1956, retrouve le commandement du 1er Étranger qu'il conserve jusqu'en 1959. À l'issue, il est affecté à la subdivision militaire de Mont-de-Marsan. Placé en deuxième section des officiers généraux en 1961, il meurt en janvier 1985 à Béziers où il s'était retiré.

Alexis NEVIASKI

Sources : SHD-Terre, 14yd1243.

TIARET. – Située à 247 km au sud-est d'Oran, au pied méridional de l'Ouarsenis, chef lieu de département en 1955, la ville de Tiaret – « La lionne », son nom berbère – est bâtie sur l'emplacement de l'ancien poste romain de Tingartia devenu siège d'un évêché jusqu'au Ve siècle. Au contact des Hauts Plateaux, à 1 050 m d'altitude, sa situation aux portes de la « mer d'alfa » en fait un point d'appui stratégique à la limite méridionale du Tell et permet d'assurer la défense avancée des territoires sous administration militaire française. La ville moderne voit le jour en 1843 et accueille une garnison permanente. À la fin du XIXe siècle, une unité du 2e régiment étranger d'infanterie occupe le fort de la redoute qui surplombe la petite ville.

André-Paul COMOR

TLEMCEN. – Du berbère *Tlilimsân* signifiant « poche d'eau, source », aujourd'hui Tilimsen. La ville arabe est fondée au VIIIe siècle sur le djebel qui domine la vallée de l'Isser, près de la frontière du Maroc, à 800 m d'altitude. Le général Rollet, inspecteur de la Légion étrangère, commande la subdivision entre 1931 et 1934. Pendant la guerre d'Algérie, cette ville de garnison accueille à son retour d'Indochine en 1956 le 5e régiment étranger d'infanterie qui établit son poste de commandement à Turenne.

André-Paul COMOR

TOKHADZE, lieutenant-colonel Nicolas. – *Voir* GÉORGIENS, OFFICIERS.

TONKIN. – Pays le plus septentrional de l'Indochine française et berceau du peuple vietnamien, le Tonkin ou « Bac Bô » a été le théâtre privilégié des événements qui ont marqué l'histoire commune de la France et du Vietnam. S'étendant sur une superficie de 105 000 km^2 et peuplé de plus de 10 millions d'habitants en 1953, il est délimité à l'est et au nord par la frontière qui le sépare des provinces chinoises du Kouang Toung, du Kouang Si et du Yunnan. À l'ouest, sa frontière avec le Laos est adossée à la cordillère annamitique tandis qu'au sud sa limite avec l'Annam est marquée par les hauteurs calcaires du Than Hoa. Au sud-est, enfin, la côte est baignée par les eaux du golfe du Tonkin dont les flots érodent jour après jour les célèbres calcaires de la baie d'Along. L'histoire du Tonkin s'est écrite autour du fleuve Rouge qui, venant de Chine, parcourt le pays, du nord-ouest jusqu'à son embouchure au sud-est. Grossi de ses affluents, rivière Claire au nord et rivière Noire au sud, le fleuve a façonné, par l'apport de ses alluvions, une immense plaine deltaïque qui s'ouvre à partir de Vietri et à travers laquelle les eaux se séparent en plusieurs défluents dont le Day sur le flanc ouest du Delta. Deux autres défluents, le canal des Rapides au nord et le canal des Bambous au sud, rejoignent, plus à l'est, le cours du Thai Binh dont l'un des bras, près de son embouchure, accueille le port d'Haiphong. Abritant la capitale, Hanoi, et d'autres localités importantes comme Nam Dinh, Bac Ninh ou Hai Duong, le Delta concentre la majorité de la population du Tonkin, population qui appartient essentiellement à l'ethnie vietnamienne ou kinh, improprement qualifiée d'« annamite » au XIXe siècle. En dehors des villes, elle se répartit en une infinité de petits villages, abrités par leur haie de bambous et dont les bouquets d'arbres dominent le paysage horizontalement uniforme des rizières. Persévérante et industrieuse, cette société humaine a appris, tout au long des siècles, à canaliser les voies d'eau, à maîtriser les crues et à assécher les marécages pour faire du Delta le grenier à riz du Tonkin. Sur le pourtour de ce delta s'élèvent des chaînes de collines et de petits massifs montagneux tels le Bavi au nord d'Hoa Binh ou le Tam Dao qui culmine à 1 591 m au nord de Vinh Yen. Cette zone, au sol moins humide et d'accès relativement aisé, est qualifiée de Moyenne-Région. Au-delà s'étend la Haute-Région, vaste ensemble de chaînes granitiques entrecoupées de plateaux calcaires ou de mamelons schisteux entaillés par des vallées profondes. Le point culminant est le sommet du Fan Si Pan qui s'élève à 3 142 m à l'ouest de Lao Kay. Parfois dénudées par la pratique de la culture sur brûlis, les pentes sont généralement couvertes de savane ou de jungle. Peu peuplée, la zone est habitée par des ethnies montagnardes, Thaï, Thô, Man, H'mong, Muong ou Nung pour les principales, chacun de ces peuples possédant son dialecte et ses coutumes propres. Difficile d'accès, la Haute-Région offre cependant plusieurs passages vers la Chine par les localités frontalières de Laï Chau, capitale du Pays thaï sur la rivière Noire, Lao Kay sur le fleuve Rouge, Ha Giang sur la rivière Claire, ou Cao Bang sur le Sông Bang Giang.

Le Tonkin, en tant que royaume, apparaît dans l'histoire en 208 av. J.-C. sous l'appellation de Nam Viet ou « Pays du Sud appartenant aux Viets ». Mais, en 111, la Chine annexe ce territoire et, malgré plusieurs révoltes, exercera sa domination durant dix siècles, la population tonkinoise finissant par adopter le modèle culturel chinois. À la faveur de troubles se développant en Chine, le royaume retrouve une relative indépendance en 939 mais devra continuer à reconnaître la suzeraineté chinoise en payant tribut. Sous les dynasties successives des Li (1009-1225), des Tran (1225-1413) puis des Lê (1428-1788), le peuple viet étend progressivement sa domination au sud du Tonkin en conquérant de nouveaux territoires le long de la côte. Cependant, les marchands venus d'Occident et les missionnaires avaient fait leur apparition dès la fin du XVIe siècle. Au Tonkin, grâce notamment aux Jésuites des Missions étrangères, société officialisée en 1663 par Louis XIV, l'évangélisation progresse rapidement et un clergé autochtone voit le jour. Au XVIIIe siècle, on y compte près de 200 000 baptisés. Les communautés chrétiennes bénéficient de l'indulgence de l'empereur Gia Long (1802-1820) que Mgr Pigneau de Béhaine a aidé à recouvrer son trône. Malheureusement et particulièrement au Tonkin, ses successeurs persécutent les chrétiens qui sont massacrés en grand nombre. Ces persécutions ainsi que les entraves mises par les dirigeants vietnamiens au commerce maritime seront à l'origine de l'action de l'amiral Rigault de Genouilly qui occupe Tourane en 1858 et Saigon en 1859. Il faut cependant attendre 1873 pour que la France se décide à intervenir au Tonkin, à la suite des déboires rencontrés par le commerçant Jean Du-

Tonkin, 1883-1930

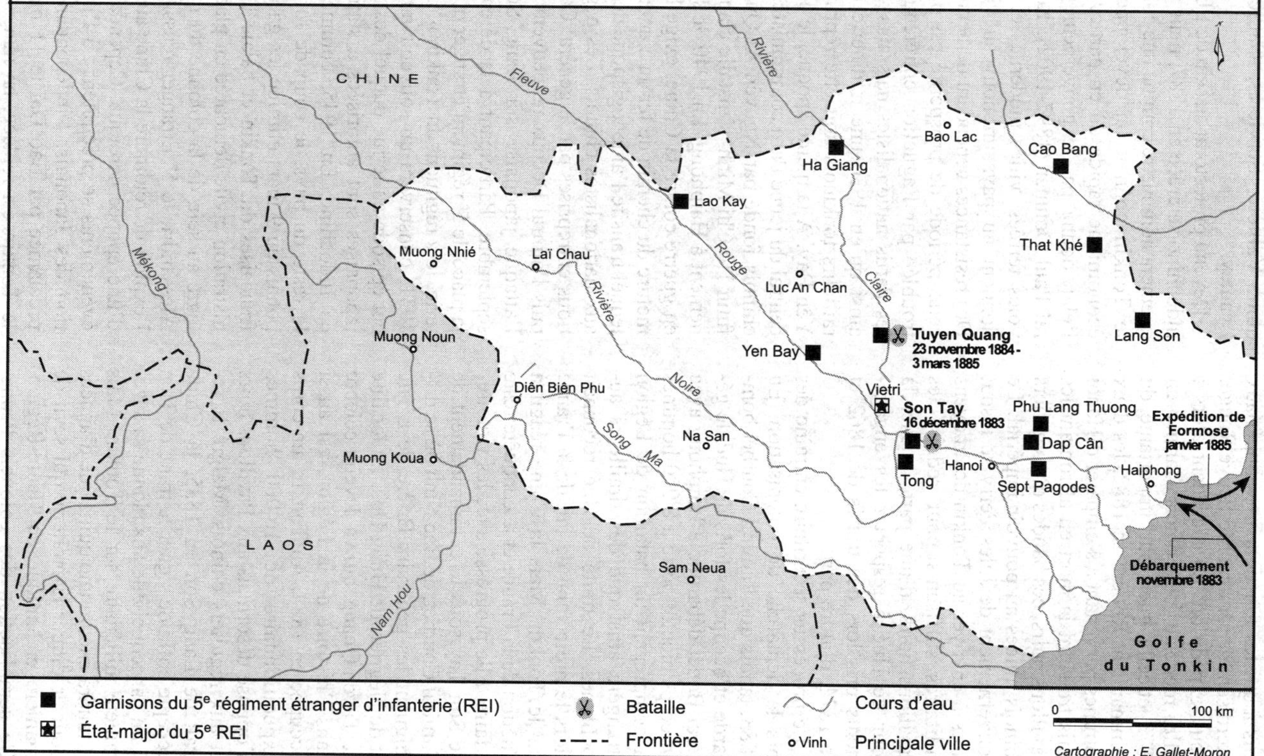

puis à qui les fonctionnaires impériaux interdisent de remonter le fleuve Rouge. Deux expéditions se succèdent alors : celle, modeste, de Francis Garnier en 1873, et celle, guère plus importante, du commandant Rivière en 1882, les deux hommes parvenant à s'emparer d'Hanoi mais trouvant la mort en affrontant les Pavillons noirs, ces bandes d'irréguliers chinois alliées au pouvoir impérial. Le gouvernement de Jules Ferry se résout alors à envoyer au Tonkin des moyens militaires suffisants pour réduire les Pavillons noirs, d'une part, amener la cour de Hué à respecter les engagements pris lors des traités de 1862 et de 1874, d'autre part.

Le processus sécuritaire entraîne dès lors la démarche de colonisation. En 1883, tandis que l'amiral Courbet bombarde et occupe les forts de Hué, le général Bouët débarque à Haiphong avec un corps bientôt porté à 8 000 hommes et comprenant un bataillon de Légion étrangère ainsi que des tirailleurs autochtones. Le traité de Hué reconnaît alors le protectorat de fait de la France sur le Tonkin. Mais la Chine réagit à l'action de la France et la conquête reste à faire. Elle progresse avec les victoires de Son Tay sous le commandement de l'amiral Courbet, de Bac Ninh où se distinguent les généraux Brière de L'Isle et de Négrier, de Hung Hoa. La localité de Tuyen Quang, qui va devenir célèbre dans l'histoire de la Légion, est aussi occupée en 1884. Au Tonkin, un corps expéditionnaire de 16 000 hommes s'oppose désormais aux Pavillons noirs et aux réguliers chinois. Malgré le retrait de Lang Son en 1885, la Chine accepte enfin de signer le traité de Tien Tsin par lequel elle abandonne sa suzeraineté millénaire sur le Tonkin. Mais il faudra encore une quinzaine d'années pour éradiquer la piraterie qui sévit de manière endémique en Haute-Région. Ce sera l'action des colonels Pennequin, Vallière, Servières, Gallieni et Lyautey.

Devenu protectorat au sein de l'Union indochinoise créée en 1887, mais pratiquement administré comme une colonie, le Tonkin connaît un développement économique rapide dû en particulier à l'élan donné par le gouverneur général Paul Doumer (1897-1902). Routes, voies ferrées, villes modernes et ports donnent au pays un nouveau visage. Des résistances cependant demeurent et cette période de prospérité est parfois troublée par l'agitation entretenue par les partis nationalistes naissants ; c'est ainsi qu'en 1930 une mutinerie de tirailleurs tonkinois doit être réprimée à Yên Bay. À la même époque, le comité central du jeune Parti communiste indochinois fondé par Nguyên Ai Quôc, le futur Hô Chi Minh, s'installe clandestinement à Haiphong. En 1940, le Japon, en guerre contre la Chine, exige la fermeture du chemin de fer du Yunnan par lequel transite l'aide logistique destinée aux nationalistes chinois. Les négociations entreprises par le général Catroux puis l'amiral Decoux ne peuvent éviter l'attaque japonaise sur Lang Son en septembre. Participant à la défense de la place, le 5e régiment étranger d'infanterie, le « régiment du Tonkin » créé en 1931, conservera un souvenir amer de cet épisode au terme duquel des forces japonaises sont autorisées à stationner en Indochine. En 1945, comme dans le reste du pays, le coup de force japonais du 9 mars élimine les garnisons françaises du Tonkin et balaie l'administration civile demeurée en place. Intégré au sein de la colonne du général Alessandri, le 5e Étranger réussit alors l'exploit de rejoindre la Chine au terme d'une épopée héroïque. Cependant, les événements se précipitent : à l'instigation des Japonais, l'indépendance est proclamée par Bao Daï le 11 mars, et le Tonkin est replacé, en mai, sous la pleine souveraineté de l'empereur ; le 10 août, le Viêt-minh lance un ordre d'insurrection générale et, au lendemain de l'annonce de la capitulation japonaise, installe à Hanoi un gouvernement dans lequel Bao Daï figure comme simple conseiller ; le 2 septembre, dans la capitale du Tonkin, Hô Chi Minh proclame à son tour l'indépendance et l'unité de la « république démocratique du Vietnam » ; simultanément, les troupes nationalistes chinoises pénètrent au Tonkin pour y désarmer les Japonais, accroissant, par leurs exactions et leurs pillages, le chaos général. C'est l'attitude des Chinois, et l'aide qu'ils apportent à ses rivaux nationalistes, qui engagent finalement Hô Chi Minh à négocier le retour des Français au Tonkin : les accords conclus avec Jean Sainteny (commissaire de la République pour le Tonkin et l'Annam du Nord) le 6 mars 1946 stipulent que la France reconnaît la république démocratique du Vietnam comme un État libre au sein de l'Union française, en échange de quoi 15 000 soldats français pourraient débarquer, la présence militaire française au Tonkin devant prendre fin cinq ans plus tard. Le 18 mars, malgré un grave incident dû à la mauvaise volonté des Chinois à Haiphong, Leclerc peut enfin faire son entrée à Hanoi. Mais entre la France et le Viêt-minh, rien n'est en fait résolu sur le fond. L'échec de la conférence de Fontainebleau et les multiples incidents qui vont suivre dont celui qui conduit au bombardement d'Haiphong en novembre vont précipiter l'ouverture des hostilités. En cette fin d'année 1946, les effectifs français ne dépassent pas 13 000 hommes au Tonkin face aux 25 000 combattants de l'armée populaire appuyés par des milliers de civils armés. Le 19 décembre, le Viêt-minh passe à l'attaque à Hanoi et contre d'autres garnisons. Les troupes françaises parviennent à se dégager. Le gouvernement viet se réfugie alors en Haute-Région d'où il organise la guerre de surface tout en développant peu à peu ses forces régulières. C'est au Tonkin que le conflit atteindra son intensité maximale, calquant sa forme et son évolution sur l'accroissement permanent des forces viêt-minh qui, à partir de 1950, joignent à la guérilla généralisée l'action plus classique d'un vrai corps de bataille. De Cao Bang à Hoa Binh et de Na San à Diên Biên Phu, les légionnaires envoyés pour renforcer le Corps expéditionnaire français en Extrême-Orient sont engagés dès 1946 dans une guerre aux mille visages : guérilla, batailles rangées, guerre des postes, groupes mobiles, camps retranchés. Ils répondent aux attentes de leurs chefs et servent selon la tradition sur une terre à laquelle ils sont attachés depuis les années 1880. Le 15 mai 1955, les derniers soldats qui évacuent le Tonkin, dans les délais prévus par les accords de Genève, tournent une page de l'histoire coloniale de la France.

Michel DAVID

TORTURE. – Dénoncée sans relâche depuis la bataille d'Alger par des intellectuels et des forces progressistes laïques ou religieuses au nom d'une violation insupportable des droits de l'homme, considérée aujourd'hui par une partie de l'historiographie comme un des marqueurs d'une « violence coloniale » inscrite dans la durée, la torture est admise voire justifiée par ceux qui en ont été les chevilles ouvrières pendant la bataille d'Alger (janvier-octobre 1957), notamment les responsables des unités parachutistes. Leurs arguments sont connus : la torture (entendue ici comme des sévices – eau, électricité, etc. – accompagnant les interrogatoires) est une réponse jugée indispensable au terrorisme du FLN (Front de libération nationale) et la conséquence logique de l'accomplissement d'une mission inédite pour elle confiée à l'armée par les plus hauts dirigeants de l'État. Au fil des années, ces discours ont sensiblement évolué : la justification crue d'un Paul Aussaresses (« la torture était systématiquement utilisée si le prisonnier refusait de parler, ce qui était très souvent le cas ») s'oppose au repentir final de Jacques Massu. Sur un mode médian, Marcel Bigeard considère qu'il y a eu des « débordements » et des « bavures » mais qu'il les « assume » non sans mettre en cause « le pouvoir politique » qu'il juge « lourdement responsable » face à un scénario « prévisible ».

Si dans toutes ces controverses les distinctions ne sont pas forcément opérées entre les troupes mises en cause, la Légion étrangère est souvent pointée du doigt. D'abord à cause d'un lieu, la villa Sésini, son quartier général, sur lequel d'anciens internés ont livré des récits détaillés de leur détention et des sévices qu'ils y ont subis ou constatés (ainsi André Gallice, conseiller municipal « libéral » d'Alger), ensuite à cause de certaines figures, de leurs méthodes et agissements, comme Roger Faulques, l'officier de renseignement du 1er REP (régiment étranger de parachutistes) ou Jean-Marie Le Pen dont le passage au 1er REP a fait l'objet de documentaires et de procès. Ajoutons encore, même si le fait est rarement mentionné, la mise en cause de la sociologie des unités légionnaires, marquées par la présence d'Allemands. Paul Teitgen, secrétaire général de la police à Alger, dans une lettre adressée au résident général Robert Lacoste à la date du 29 mars 1957, note ainsi : « Si je n'ignorais pas qu'au cours de certains interrogatoires des individus étaient morts sous la torture, j'ignorais cependant qu'à la villa Sésini, par exemple, ces interrogatoires scandaleux étaient menés, au nom de mon pays et de son armée, par le soldat de 1re classe F..., sujet allemand engagé dans le 1er REP, et que celui-ci osait avouer aux détenus qu'il se vengeait ainsi de la victoire de la France en 1945. »

Cette citation est particulièrement instructive, car elle articule le débat sur le second conflit mondial et les drames qui l'accompagnent, de la Résistance à la déportation en passant par la Gestapo. Ces questions ne sont pas étrangères à certains des plus hauts gradés de la Légion, en particulier Pierre Jeanpierre, ancien déporté de Mauthausen qui commande alors le 1er REP ou de Jacques Morin qui a croisé Hélie Denoix de Saint Marc à Buchenwald. Ce dernier, s'il ne fait plus partie alors du 1er REP, est très au fait de ces questions : par ses fonctions d'officier de presse auprès du général Massu mais aussi parce que la comparaison avec l'Occupation comme l'emploi de ces pratiques l'interrogent et qu'il en discute avec ses anciens compagnons d'armes. Concernant Jeanpierre, qui a tenu à assister à des interrogatoires menés par la 2e compagnie et qui a assuré ses hommes qu'il les couvrait, Saint Marc met en avant son souci de l'« efficacité » justifiée selon le colonel par la violence du FLN : « Devant un camarade de déportation, venu lui rendre visite avec un album de photos de suppliciés, torturés par les nazis, le colonel Jeanpierre évoqua les cadavres d'enfants en lambeaux qu'il avait aperçus après les attentats. Ils restèrent face à face, cadavre contre cadavre. » Avec Jacques Morin, les discussions sont plus libres et les deux hommes partagent un même « malaise » traduit ainsi par Saint Marc : « Nous pensions que certains interrogatoires n'avaient pas lieu d'être et que des barrières plus précises auraient pu être dressées. La morale commune était absente de notre raisonnement. Lorsque le bien n'est plus en face du mal, mais le mal en face du pire, les repères classiques ne sont d'aucun secours. » Les questions et les doutes de certains trouvent une réponse ecclésiastique avec la note sur le terrorisme urbain du père Delarue rédigée pour le compte de la 10e division parachutiste. Les termes en sont clairs : « On a le droit d'interroger efficacement – même si l'on sait que ce n'est pas un tueur – tout homme dont on est certain qu'il connaît les coupables, qu'il a été témoin d'un crime, qu'il a sciemment hébergé quelque bandit, s'il se refuse de révéler librement, spontanément, ce qu'il sait. En se taisant – pour quelque motif que ce soit –, il est coupable, complice des tueurs, responsable de la mort d'innocents pour délit de non-assistance à des personnes injustement menacées de mort. De ce seul fait, il n'a qu'à s'en prendre à lui-même s'il ne parle qu'après avoir été efficacement convaincu qu'il devait le faire. » Ainsi, si la bataille d'Alger et à travers elle la question de la torture sont pour Saint Marc « la plus amère des épreuves » que sa « génération de soldats » dut affronter, l'importance de l'événement fut bien saisie par la hiérarchie légionnaire. Si ses responsables, à la différence de Marcel Bigeard ou d'Yves Godard, n'ont pas construit sur cette expérience un discours sur la « contre-guérilla » ou la « contre-subversion » appelé à se propager au cours des années ultérieures, ils ont appliqué, couvert et assumé les tâches demandées au nom de la lutte antiterroriste. En partageant sans doute cette notation tirée de notes inédites de Godard datant de mars 1957 : « Si nous estimons le rebelle du djebel, surtout lorsqu'il se bat bien, nous méprisons le terroriste. » Un « terroriste » contre qui tous les coups seraient alors permis.

Olivier DARD

Bibl. : Marcel Bigeard, *J'ai mal à la France*, Les éditions du Polygone, 2001 • Raphaëlle Branche, *La Torture et l'armée pendant la guerre d'Algérie, 1954-1962*, Gallimard, 2001 • Hélie Denoix de Saint Marc, *Mémoires. Les champs de braises*, avec la collaboration de Laurent Beccaria, Perrin, 1995 • Pierre Sergent, *Je ne regrette rien. La poignante histoire des légionnaires parachutistes du 1er REP*, Fayard, 1972.

TRAIN BLINDÉ. – Illustrant l'un des aspects les plus originaux de la contre-guérilla en Indochine, l'aventure du train blindé dénommé *la Rafale* appartient à l'histoire du 2e régiment étranger d'infanterie. Dans le contexte de la guérilla alors pratiquée par le Viêt-minh, la coupure des voies de communication et l'isolement qui peut en résulter pour certaines zones revêtent une importance particulière. La voie ferrée du transindochinois, achevée en 1933 et qui, avant la Seconde Guerre mondiale, reliait Saigon à Hanoi, devient ainsi un enjeu pour les deux adversaires. Dès l'arrivée du Corps expéditionnaire en 1946, le commandement français s'était préoccupé de rouvrir le tronçon de voie entre Saigon et Nha Trang, au Sud-Annam. Cette région, étroite plaine côtière dominée par des massifs montagneux, est alors relativement enclavée : elle ne possède ni aérodromes ni ports de commerce et la route coloniale no 1 (RC1) qui longe la côte a été laissée à l'abandon durant cinq ans. Le Viêt-minh, par la suite, a achevé de la rendre inutilisable. Dans ces circonstances, la voie ferrée constitue, pour les forces du Corps expéditionnaire, un atout majeur aussi bien sur le plan militaire pour les transports logistiques que sur le plan civil pour rétablir le flux économique qui doit accompagner la « pacification ». Elle représente aussi, pour l'ennemi, un obstacle à franchir sur ses axes de communication transversaux qui relient les petits villages de la côte aux plateaux de l'intérieur. Traversant des zones couvertes de jungle et au relief raviné, franchissant plus de 300 ponts sur son itinéraire, cette voie ferrée s'avère particulièrement vulnérable. Ainsi le Viêt-minh ne manque-t-il pas de multiplier les sabotages allant même jusqu'à attaquer les convois comme ce fut le cas en février 1948 lorsqu'il prit d'assaut la navette ferroviaire de Phan Thiet, massacrant passagers et escorte.

Face à cette situation, le colonel Le Pulloch, commandant le secteur du Sud-Annam, décide de réagir et fait entreprendre la construction d'un train blindé devant assurer la sécurité des convois tout au long de l'itinéraire. Ces convois, par ailleurs, ne doivent plus circuler de manière isolée mais au contraire à vue les uns des autres, autrement dit « en rafale », origine de l'appellation qui sera donnée au train blindé. La réalisation de ce dernier est confiée au capitaine Raphanaud qui bénéficiera de l'aide des chemins de fer indochinois et du savoir-faire de quelques légionnaires habilement sélectionnés. Sa mission étant d'assurer l'intégrité de la voie, ce convoi ferroviaire d'un nouveau genre est composé de deux locomotives blindées et d'une quinzaine de wagons dont la moitié sont blindés et armés par des équipages spécialisés. Il est doté de matériel et de personnel pour la remise en état de la voie, deux wagons plates-formes avec matériel de dépannage étant positionnés à chaque extrémité. L'armement du convoi est destiné à assurer la défense rapprochée ainsi que l'appui des éléments débarqués lors des reconnaissances ou des contre-attaques. Il se compose d'armes de plusieurs catégories : mitrailleuses légères et armes individuelles pouvant faire feu par les meurtrières aménagées dans le blindage, armes lance-grenades, deux canons jumelés de 20 mm, un canon de 40 mm Bofors sur tourelle, un ou deux mortiers de 81 ou 60 mm. Un téléphone relie entre eux tous les éléments du train qui, de surcroît, demeure en écoute radio permanente. Ses capacités d'emport en vivres, munitions et surtout en eau lui assurent une autonomie de 72 heures. Sa vitesse maximale est de 20 km/h et il bénéficie de la priorité absolue de circulation sur les autres convois. *La Rafale* agit de plus en soutien et en appui des petits postes isolés répartis environ tous les 25 km sur les points les plus sensibles de l'itinéraire. L'effectif embarqué comprend une centaine de légionnaires, des éléments du génie et une cinquantaine de partisans. De 1948 à 1954, le 2e Étranger armera deux trains blindés au Sud-Annam. En action de jour comme de nuit, ces derniers sont engagés dans de rudes combats mais grâce à leur puissance de feu, à leur mobilité et à la souplesse fournie dans la manœuvre par les troupes débarquées, ils parviennent non seulement à assurer le contrôle de la voie mais aussi à entretenir aux abords de celle-ci une zone d'insécurité permanente pour le Viêt-minh.

Michel DAVID

Bibl. : Alexis Neviaski, « L'audace du rail : les trains blindés du Sud-Annam », *Revue historique des armées*, n° 234, 1er trimestre 2004, p. 25-36.

TRAVAILLEURS ÉTRANGERS. – Avant le déclenchement de la Seconde Guerre mondiale, alors que prend fin la guerre civile espagnole, le gouvernement français se penche sur le problème posé par l'arrivée massive de réfugiés politiques depuis le rattachement de l'Autriche au Reich allemand et les persécutions contre les Juifs. Le président du Conseil, Édouard Daladier, signe le 12 avril 1939 le décret « relatif à l'extension aux étrangers bénéficiaires du droit d'asile des obligations imposées aux Français par les lois de recrutement et la loi sur l'organisation de la nation en temps de guerre » qui vise directement les réfugiés et apatrides. S'ils sont âgés de dix-huit à quarante ans, ceux-ci ont aussi la possibilité de contracter, dès le temps de paix, un engagement dans un corps de l'armée française.

La Légion étrangère est concernée par ces travailleurs dans la mesure où certains d'entre eux choisissent de rejoindre ses rangs. Des Espagnols s'engagent ainsi sans passer par les compagnies de travailleurs étrangers (CTE) créées au printemps 1939, certains optant pour un engagement pour la durée de la guerre dans les trois régiments de marche de volontaires étrangers (RMVE) mis sur pied à la veille de l'offensive allemande du 10 mai 1940. En revanche, les Allemands, ex-Autrichiens, Tchécoslovaques non reconnus par leur gouvernement, les Italiens, les citoyens des États-Unis et les anciens des Brigades internationales internés à Gurs ne peuvent que s'engager dans la Légion. Parmi les prestataires, rares sont ceux qui choisissent cette solution pour échapper au sort peu enviable qui leur est réservé. Aucune étude sérieuse n'ayant pu être menée à ce jour, et les archives restant encore lacunaires, aucun chiffre sur le nombre de volontaires ne peut être avancé.

À Septfonds (Tarn-et-Garonne), plusieurs centaines d'étrangers résidant en France depuis des années sont regroupés dans le 1er bataillon de pionniers engagés volontaires étrangers dans l'attente d'une affectation. Enfin, un bataillon de pionniers (nº 12) est employé aux travaux de la mise en défense des unités de la Légion en Tunisie.

Après la signature de l'armistice du 22 juin 1940, les CTE forment des groupements de travailleurs étrangers (GTE), notamment en Afrique du Nord. Le 4e GTE implanté dans le Sud marocain à Bou Arfa et Berguent comprend d'anciens légionnaires secourus par la future marraine du 1er régiment étranger de cavalerie, la comtesse du Luart, touchée par leur sort et par les mauvais traitements que certains d'entre-eux subissent. Le colonel Lorillard, qui a commandé le 4e régiment étranger d'infanterie de juin 1936 à juillet 1940, s'élève en vain contre une mesure qu'il juge inique.

André-Paul COMOR

Bibl. : Peter Gaida, *Camps de travail sous Vichy. Les « Groupes de travailleurs étrangers » (GTE) en France et en Afrique du Nord 1940-1944*, thèse de doctorat, Paris-I, 2008. • Vincent Giraudier, « Sécurité et camps d'internement 1939-1940 », dans Christine Levisse-Touzé, *La Campagne de France de 1940*, Tallandier, 2001.

TRAVERS, Susan (1909-2003). – La jeune fille, issue de la haute société anglaise et cadette d'un amiral de la Royal Navy, reçoit une éducation victorienne et revendique dans ses Mémoires le qualificatif de « garçon manqué » – qui explique sans doute son attirance pour l'aventure en général et la Légion étrangère en particulier. L'adolescente poursuit ses études secondaires au cours privé Fénelon de Cannes où son père s'est retiré en 1921. Dans les années 1930, elle fait le tour des capitales européennes avant d'échouer à l'été 1939 chez une riche Américaine résidant dans la région de Poitiers. Pendant la drôle de guerre, elle est volontaire pour porter assistance aux Finlandais au sein d'un détachement de la Croix-Rouge. En juillet 1940, au retour d'Helsinki, elle rejoint la France Libre, engagée comme ambulancière, infirmière et chauffeur. La rencontre avec les légionnaires de la 13e demi-brigade de Légion étrangère (DBLE) transforme la jeune fille au caractère déjà bien trempé. Son charme ne laisse pas insensible les officiers de Légion, et si sa passion amoureuse pour Kœnig ne fait plus mystère, elle a revendiqué d'autres liaisons plus douteuses. Toutefois, les services de celle que les Free French de la Légion vont affubler du sobriquet de « Miss » sont à l'image des véritables actes d'héroïsme des ambulancières qui se sont distinguées au cours de la Seconde Guerre mondiale. La notoriété de Susan Travers est due à sa présence au siège de Bir Hakeim, au volant de la Ford Utility transportant le général Kœnig à la sortie du camp retranché dans la nuit du 10 au 11 juin 1942. Elle est plus que jamais attachée à la demi-brigade. Au point de se faire engager le plus officiellement du monde à la Légion étrangère avec le grade d'adjudant-chef : le 28 juin 1945, Susan Travers, sous le matricule 22166, est la première femme admise dans la Légion. Les circonstances – la fin de la guerre – comme la personnalité du chef de bataillon Arnault, commandant en second de la 13e DBLE, ont permis cette entorse aux règlements. Elle épouse l'adjudant Schlegelmich en Indochine et tourne la page de l'aventure légionnaire en 1950 après le départ à la retraite de son mari. Médaillée militaire, chevalier de la Légion d'honneur en 1996, elle meurt à Paris le 18 décembre 2003.

André-Paul COMOR

Bibl. : Susan Travers, *Tant que dure le jour*, traduit de l'anglais par Hélène Prouteau, Plon, 2001.

TRESTI, général Vittorio. – Engagé le 21 octobre 1958 en pleine guerre d'Algérie, le jeune légionnaire se distingue au point d'être l'un des premiers sous-officiers à intégrer l'École militaire interarmes de Coëtquidan en 1966. Dès 1969, il sert dans le cadre français, successivement au 3e régiment étranger d'infanterie (REI) et à l'état-major du commandement supérieur des forces françaises du sud de l'océan Indien comme aide de camp du général Bigeard. Il poursuit une carrière classique au sein de la Légion avant d'intégrer en 1980 la 94e promotion de l'École supérieure de guerre. Le chef de bataillon Tresti retrouve le 3e REI en qualité de chef du bureau opérations instruction (BOI) avant de commander le régiment de Guyane de 1987 à 1989. Après son temps à l'état-major de la 3e Région militaire, il occupe un poste de professeur à la direction de l'enseignement militaire supérieur de l'armée de terre. Il termine sa carrière à l'état-major de la circonscription militaire de défense de Marseille entre 1993 et 1995. L'ancien képi blanc reçoit les étoiles à son départ du service actif en janvier 1996, rejoignant ainsi l'élite des officiers ayant servi à titre étranger et qui l'ont précédé depuis la création de la Légion.

André-Paul COMOR

TRITSCHLER, colonel Jean (1893-1945). – Officier métropolitain issu du rang, Jean Tritschler connaît au cours de sa carrière une alternance d'affectations dans la Légion étrangère et dans la « régulière », mais son souvenir marque durablement le monde légionnaire.

Parisien né dans une famille originaire d'Alsace, le futur colonel Tritschler est engagé volontaire en 1911 au 4e régiment de hussards, formation avec laquelle il entre en guerre comme sous-officier en août 1914. Promu officier à titre temporaire en février 1915, il passe dans l'infanterie lorsque les régiments de cavalerie sont démontés et que le besoin en officiers subalternes aux tranchées devient important pour remplacer les cadres disparus au cours des premiers mois de combat. Il sert dans différents régiments de sa nouvelle arme (268e, 219e, 411e, 103e régiment d'infanterie, ou RI) jusqu'en mai 1920. Affecté au 1er régiment étranger d'infanterie le 1er janvier 1921, il embarque aussitôt pour le Levant où il passe au 4e Étranger et sert pendant dix-huit mois comme officier de renseignement. Toujours en poste au Levant, il passe successivement au 415e et au 141e RI puis au 21e régiment de tirailleurs algériens. Rentré en métropole en juin 1925, il est affecté au 29e bataillon de chasseurs puis rejoint en décembre 1926 le 17e régiment de tirailleurs, où il prend le commandement de la 6e compagnie.

Au tournant des années 1930, le capitaine Tritschler sert dans différents postes en école et en état-major. À l'issue de son stage à l'École supérieure de guerre, il rejoint notamment celui de la division d'Oran en Algérie, où il est nommé chef de bataillon en juin 1937. Affecté au 1er RE à la veille de la Seconde Guerre mondiale, il est engagé avec les jeunes volontaires étrangers. Cité en 1941 pour « les plus belles qualités militaires » dont il fait preuve en mai 1940 en Lorraine et en juin en Champagne (dans le secteur historique des marais de Saint-Gond), il rejoint l'Afrique du Nord où il prend le commandement du bataillon d'instruction de Sidi-Bel-Abbès mais, dans le cadre de l'armée d'armistice qui prévoit une diminution drastique des effectifs, il doit passer brièvement dans le corps civil de la chancellerie, structure de circonstance qui permet de conserver à proximité des unités maintenues un volume d'officiers « camouflés ». Réintégré dans l'armée d'active en octobre 1942, il est affecté à l'état-major du général commandant les troupes françaises en Afrique du Nord, participe à la reconstitution d'une nouvelle armée française sur le modèle et avec des équipements anglo-saxons et est promu colonel à titre temporaire en septembre 1943. Le 18 octobre suivant, il reçoit le commandement du régiment de marche de la Légion étrangère (RMLE) avec lequel il débarque à Toulon au début du mois d'octobre 1944.

Intégré à la 5e division blindée, remontant vivement de Méditerranée vers le sud de l'Alsace, le RMLE prend Héricourt puis Dannemarie, libère Thann et Cernay le 9 décembre, mais son chef de corps, rongé par la maladie et usé par les fatigues de la campagne, doit être évacué sur ordre supérieur le 10 décembre 1944, bien que lui-même ne souhaite pas abandonner son régiment, durement engagé dans les opérations autour de Belfort (on connaît la formule du général de Vernejoul, commandant la division : « Les chars n'avancent plus, faites donner la Légion »). Il meurt à l'hôpital du Val-de-Grâce au début du mois de février 1945, après avoir écrit à son commandant de division : « Ce qui importe, ce n'est ni ma personne, ni mon poste, mais une rapide victoire. » Il est alors cité par le général de Lattre de Tassigny à l'ordre de la Ire armée française et promu officier de la Légion d'honneur : « A commandé avec énergie et un grand sens manœuvrier pendant l'offensive de novembre 1944 sur la trouée de Belfort un groupement tactique de la 5e division blindée, qu'il avait instruit et entraîné. Le 20 novembre notamment a heureusement poussé son groupement sur Belfort, réussissant à prendre la ville sans la détruire, grâce à la hardiesse de la manœuvre réalisée. N'a cessé ensuite de harceler l'ennemi au-delà de Belfort, puis a participé brillamment aux combats entre le Doller et le Thurr qui ont abouti à la prise de Masevaux et de Thann. »

Rémy PORTE

TROUPES DE MARINE, la Légion étrangère et les. – Créées à deux siècles d'intervalle, les troupes de marine (appelées « coloniales » de 1901 à 1958 puis « d'outre-mer » de 1958 à 1961) et la Légion étrangère ont la même vocation initiale à servir outre-mer, pour les premières, et plus spécialement en Algérie, pour la seconde. Ces deux théâtres d'opérations, bien définis, semblaient devoir bien séparer les champs d'activité, mais les interférences ne tardèrent pas à se manifester, dues essentiellement aux impératifs des conflits dans lesquels la France se trouvait impliquée, outre-mer comme en métropole.

Sous l'Ancien Régime, une partie du service à bord des bâtiments de la marine royale est assurée par les troupes régulières, chargées de fournir les compagnies d'abordage ou de débarquement, puis de tenir les garnisons installées aux colonies. Ces troupes étaient fournies par les régiments de l'armée du roi, désignés par roulement par le ministre de la Guerre au profit de la marine. Malgré la création des compagnies de la marine par Richelieu en 1622 (date qui marque l'origine des troupes de marine), ce système s'est maintenu jusqu'à la Révolution française, impliquant à l'occasion les régiments étrangers au service du roi de France. C'est ainsi qu'un régiment suisse, Karrer-Hallwyl, créé en 1713 avec portion centrale à Rochefort, envoie des compagnies à la Martinique, à Saint-Domingue, en Louisiane et au Canada. Sur son drapeau sont inscrits « *Fidelitate et honore, terra et mari* » : devise prémonitoire de celle de la future Légion étrangère. En 1762 apparaît pour quelques mois le régiment étranger de Dunkerque, puis en 1778 le régiment des volontaires étrangers de la marine, dont une partie sert à Pondichéry jusqu'en 1783. Par ailleurs, les régiments irlandais passés au service de la France en 1720 participent, eux aussi, au tour de service dans la marine et aux colonies. Ainsi le service outre-mer est-il assuré simultanément par les régiments de recrutement français et les régiments de recrutement étranger.

La période révolutionnaire et impériale, suivie d'une Restauration sans éclat, impose une réorganisation générale des armées, terrestres et navales, dans laquelle les circonstances du moment amènent le roi Louis-Philippe à créer une subdivision de l'infanterie, la Légion étrangère. Celle-ci a pour vocation initiale la participation à la conquête de l'Algérie, mais très vite la Légion rejoint les campagnes européennes ou coloniales dans lesquelles les gouvernements successifs impliquent les armées françaises. Ainsi, dans les campagnes majeures conduites par la France de 1832 à 1962, la Légion et les troupes de marine sont présentes, côte à côte, dans la bataille. Les effectifs sont à la mesure des disponibilités :

campagne de Crimée (1854-1856) : la Légion a 2 régiments, les troupes de marine (TDM) un régiment de marche ;

campagne d'Italie (1859-1860) : Légion : 2 régiments, TDM : aucun ;

campagne du Mexique (1863-1867) : Légion : un régiment, TDM : un régiment de marche ;

guerre de 1870-1871 : Légion : un régiment, TDM : 4 régiments de marche ;

Commune de Paris : Légion : une brigade, TDM : une brigade ;

guerre 1914-1918 (front français) : Légion : 3 régiments, troupes coloniales : 10 régiments ;

campagne 1939-1940 : Légion : 6 régiments, troupes coloniales : 21 régiments ;

campagne 1943-1945 : Légion : 3 régiments, troupes coloniales : 5 régiments ;

guerre d'Indochine : Légion : 7 régiments, troupes coloniales : 11 régiments ;

guerre d'Algérie 1954-1962 : Légion : 10 régiments, troupes coloniales/TDM : 16 régiments (n'apparaissent ici que les formations d'infanterie : sont exclus les régiments d'artillerie et ceux de tirailleurs indigènes, la Légion ne possédant ni les uns ni les autres).

Le rapport des effectifs entre légionnaires et marsouins est naturellement en faveur de ces derniers compte tenu de l'antériorité des troupes de marine et du caractère particulier du recrutement de la Légion – qui a préservé longtemps son recrutement européen tandis que les troupes coloniales recrutent dans tous les territoires de l'ex-Empire français. Ainsi, après la création de l'armée coloniale (loi de juillet 1900), les marsouins sont 41 000 pour 10 400 légionnaires. Sur le plan de l'organisation structurelle, la Légion étrangère était une subdivision de l'infanterie métropolitaine, rattachée à l'armée d'Afrique qui n'existait pas en tant que telle mais où l'encadrement métropolitain choisissait de faire carrière. Les troupes coloniales dépendaient quant à elles du ministère de la Guerre pour les formations stationnées en métropole et du ministère des Colonies pour les unités stationnées dans l'Empire. Enfin, les troupes coloniales étaient gérées au ministère de la Guerre par la 11e direction. Créée en 1901 lors du passage des troupes de marine du ministère de la Marine à celui de la Guerre, cette direction fut supprimée en décembre 1966, après avoir connu vingt-cinq titulaires. À ses côtés existe depuis juin 1842 une inspection des troupes de marine qui a perduré jusqu'en juin 2000 après être passée de la Marine à la Guerre en juillet 1901 et qui a connu 38 titulaires, tous officiers généraux. Pour sa part, la Légion étrangère a conservé un organisme de gestion des personnels qui s'est appelé inspection en 1931 et qui a réapparu en 1948 pour devenir commandement de la Légion étrangère en 1984 après plusieurs avatars dus aux circonstances du moment (1955, 1957, 1958, 1972).

La Légion étrangère et les troupes de marine ont développé une forte culture d'arme qui se traduit par un hymne de référence, des chants traditionnels venus des folklores étrangers ou des airs provinciaux, par un pas de marche particulier (Légion) ou une coiffure de tradition (troupes de marine). L'arrivée des légionnaires au Tonkin en 1883 marque le début d'une fraternité de combat qui se poursuivra au Dahomey, au Soudan, à Madagascar et au Sénégal, à travers les vicissitudes de l'histoire de France. La seule rivalité a longtemps porté sur les récompenses méritées par deux régiments exemplaires : le 3e régiment étranger d'infanterie et le régiment d'infanterie coloniale du Maroc (devenu régiment infanterie-chars de marine, pour en conserver les initiales). Quelles qu'aient été les relations entre ces deux armes, il faut observer que le général Gallieni (un colonial), au moment de partir prendre le poste de gouverneur général à Madagascar (1896), demande au ministre, comme seul renfort à conserver avec lui, un bataillon de Légion étrangère afin éventuellement de « mourir dignement ». Au début du XXIe siècle, alors que l'armée française est considérablement réduite et qu'elle est engagée sur le terrain sous forme de bataillons de marche créés à la demande et dont l'organisation et l'emploi ressemblent fort aux compagnies envoyées outre-mer sous l'Ancien Régime, la différenciation entre Légion et troupes de marine quant à leur emploi n'a plus guère de sens. Les théâtres d'opérations ne sont plus « réservés » et ce sont les troupes de marine qui risquent de perdre leur âme. La Légion étrangère, quant à elle, protégée par son mode de recrutement, peut mieux conserver ce qui fait son originalité, la devise « Honneur et Fidélité », à laquelle s'ajoutera peut-être à nouveau « *terra et mari* ».

Jacques VERNET

Bibl. : Jean Brunon *et al.*, *Le Livre d'or de la Légion étrangère, 1831-1981*, Lavauzelle, 1981 • Comité national des traditions des troupes de marine (France), *Les Troupes de marine, quatre siècles d'histoire*, Lavauzelle, 2002 • André Corvisier (dir.), *Histoire militaire de la France*, t. III, PUF, 1992.

TUNISIE, campagne de (8 novembre 1942-13 mai 1943). – La réaction allemande aux débarquements alliés en Afrique du Nord le 8 novembre 1942 est foudroyante. Dès le lendemain, les forces de l'Axe envahissent la Tunisie. Elles sont rejointes en février par l'Afrika Korps qui se replie de Libye. Six mois de campagne seront nécessaires pour les contraindre à capituler.

La France engage en Tunisie le 19e corps d'armée, les troupes de Tunisie, une division de marche du Maroc (DMM), des unités sahariennes et les Forces françaises libres (FFL) venues d'Égypte et du Tchad. La Légion étrangère participe à ces combats. Initialement, elle engage le 1er bataillon du 1er régiment étranger d'infanterie (1/1er REI), le 3e régiment étranger d'infanterie de marche (REIM), un groupement autonome du 1er régiment étranger de cavalerie (GA/1er REC) et ses unités sahariennes d'infanterie et d'artillerie. Les formations d'infanterie et de cavalerie, du type « armée d'armistice », sont pauvres en armes lourdes et leurs canons antichars incapables de percer les blindages des chars moyens, mais la qualité de leur entraînement pallie cette faiblesse, car il a développé leur capacité à s'adapter.

La participation de la Légion à la campagne de Tunisie se décompose en trois phases. La première commence avec l'arrivée du 1/1er REI en Tunisie le 10 décembre 1942 et s'achève le 23 janvier avec l'envoi en arrière des unités de Légion engagées dans les opérations pour le contrôle de la dorsale tunisienne, la ligne des collines qui domine le Sahel tunisien. À l'issue de ces combats, le 3e REIM est réduit à six compagnies formant trois petits bataillons, et les pertes subies par le GA/1er REC ne permettront pas de reprendre le combat.

La deuxième phase concerne le 3e REIM et les unités sahariennes de la Légion – deux compagnies portées et deux batteries sahariennes portées à quatre canons de 75 mm chacune – affectés au front Sud-Est saharien. Cette grande unité dont le front s'étend de Bir-el-Ater au nord à El-Oued au sud couvre la manœuvre d'un corps d'armée américain attaquant en direction de Gafsa. Craignant d'être coupées de leurs bases de ravitaillement, les forces de l'Axe se replient lentement en minant le terrain. De ce fait, les pertes sont dues plus aux mines qu'aux combats. Début avril, les deux bataillons du 4e REI qui vient d'être dissous et un bataillon du 1er REI arrivent en renfort. Ils permettent de former le 1er REIM à trois bataillons et de réorganiser le 3e REIM à deux bataillons complets. Ces deux régiments et la DBLE venue de Libye vont participer à la phase finale de la campagne de Tunisie (15 avril-13 mai).

Les 1er et 3e REIM reviennent sur les lieux des combats de janvier dans la seconde quinzaine d'avril pour repousser les Allemands dans la plaine de Pont-du-Fahs. Avec la 13e DBLE, ils vont contribuer à encercler entre le djebel Zaghouan et la mer les restes de l'Afrika Korps, la division « Hermann Goering », la 21e Panzerdivision et ce qui subsiste de la 1re armée italienne. Isolées en Afrique, ces forces ont perdu tout espoir de vaincre mais ont conservé leur mordant : il s'agit pour elles de causer aux Alliés les plus lourdes pertes possible avant de se rendre. Dans ce dessein, les Allemands mènent une action retardatrice qui se fonde sur des combats d'infanterie, l'emploi de mines et de pièges ainsi que sur des tirs d'artillerie particulièrement meurtriers, car ils tiennent les hauteurs et disposent d'excellents observatoires.

Après avoir reconquis le djebel Mansour les 25 et 26 avril, le 1er REIM descend dans la plaine de Pont-du-Fahs et participe à la libération de la ville le 7 mai. Il atteint Depienne le lendemain et termine sa campagne à Sainte-Marie-du-Zit. Le 3e REIM est chargé de l'effort principal au sein de la DMM. Progressant en terrain difficile en direction de Zaghouan, et après un accrochage meurtrier autour de la maison forestière de Loukanda le 3 mai, il atteint Halima le 8. Les 11 et 12 mai, ce régiment reçoit la reddition de 7 000 Allemands et de 3 000 Italiens à l'ouest de Zaghouan. Les 1er et 2e bataillons de la 13e DBLE reçoivent la mission de s'emparer du djebel Garci. L'action est entreprise du 8 au 11 mai au prix de sérieuses pertes pour le 1er bataillon. Enfin, la 13e DBLE s'attaque aux derniers nids de résistance germano-italiens qui sont réduits le 13 mai.

La campagne qui s'achève par un défilé de la victoire à Tunis est une guerre de soldats, sans doute la dernière à laquelle la Légion a participé : les combattants ne se sont pas ménagés, ils se sont estimés et respectés. Elle est également une guerre d'hommes combattant au mépris de leur vie sans être mobilisés par une idéologie, à l'exception de ceux de la division « Hermann Goering ». Par là, la campagne de Tunisie est probablement la dernière campagne de type ancien menée par des armées modernes. La Légion s'y est montrée fidèle à ses plus pures traditions.

Henry DUTAILLY

• *Voir aussi* : Djebel Mansour.

Bibl. : Marcel Spivak et Armand Léoni, *Les Forces françaises dans la lutte contre l'Axe en Afrique*, t. II, *La Campagne de Tunisie 1942-1943*, service historique de l'armée de terre, 1985.

TURENNE, catastrophe de. – Ce 14 septembre 1932, tout est normal dans la gare de Sidi-Bel-Abbès. Comme prévu, le train spécial numéro 403 de la compagnie Paris-Lyon-Marseille (PLM) acheminant la relève annuelle de légionnaires pour le Maroc part à 7 h 15. Il doit atteindre Oujda dans la soirée. Selon les journaux de l'époque, le convoi se compose d'une locomotive et de son tender ainsi que de treize wagons de voyageurs et probablement seize de marchandises, soit vingt-neuf au total. À un ou deux militaires du rang près, les sources coïncident : 3 officiers, 27 sous-officiers et 478 (ou 481) légionnaires ont embarqué. Il faut ajouter une petite dizaine d'agents et techniciens de la compagnie PLM.

Il est maintenant plus de 14 h 30, l'heure de la sieste. Turenne n'est plus qu'à cinq kilomètres. La voie suit alors la vallée de l'Ourit. Elle comporte une série de courbes serrées et emprunte des ouvrages d'art. Le train roule à 30 km/h lorsque à la sortie d'un tunnel la locomotive et son tender déraillent, se couchent sur le flanc et entraînent dans le précipice tout le convoi à l'exception du wagon de queue qui reste dans un équilibre instable. Un berger qui a assisté à la scène et l'un des cheminots, rescapé du dernier wagon, se précipitent à Turenne pour aller chercher des secours. Les parties en bois n'ont pas résisté. Elles ont éclaté, blessant les légionnaires qui n'ont pas été broyés par la chute de leur voiture. Alertés, les secours ne tardent pas mais s'annoncent difficiles à mettre en œuvre. La compagnie PLM fait partir de Turenne un train de secours qui emporte le matériel disponible, des médecins et des sauveteurs. Le général Rollet embarque dans un des wagons. Un second convoi part de Sidi-Bel-Abbès, avec également des chirurgiens, des médecins et des infirmiers, des cheminots et du matériel de levage dont un wagon-grue. Sans attendre les secours, les légionnaires sortis miraculeusement indemnes ou légèrement blessés s'efforcent de dégager leurs camarades prisonniers. Une heure après la catastrophe, les premiers Européens et Algériens de Turenne sont venus leur prêter main-forte. Maintenant, le général Rollet dirige les secours.

À 1 h 15, le 15 septembre, le bilan provisoire est d'au moins 20 morts et 194 blessés dont 20 ont dû être amputés sur place. En fait, si la voie est rétablie vingt-quatre heures après le drame, les dernières victimes ne sont dégagées que le 17 septembre. Le bilan est très lourd même si les différentes sources ne donnent pas exactement des chiffres identiques. On peut établir qu'il y a finalement 56 légionnaires tués, 217 blessés dont 20 dans un état très grave. Seuls 237 légionnaires s'en sortent avec des blessures sans gravité. Un des officiers est mort tandis que les deux autres sont très grièvement atteints (lieutenants Pénicaut et Parisot). Les obsèques ont lieu le 17 septembre à Sidi-Bel-Abbès. Deux ans plus tard, le 14 septembre 1934, la Légion étrangère érige sur les lieux de la catastrophe un monument de douze mètres de haut constitué d'un socle en pierre de taille et d'une grenade à sept flammes.

Alexis NEVIASKI

Sources : Centre de documentation de la Légion étrangère • *Le Figaro*, 15, 16 et 18 septembre 1932 • *Le Matin*, 16 septembre 1932 • *Le Petit Journal*, 18 septembre 1932.

TUYEN QUANG, siège de (1884-1885). – Le siège de Tuyen Quang est un Diên Biên Phu qui a réussi. Cette place édifiée sur une colline dominant la rivière Claire est commandée depuis le 20 novembre 1884 par le chef de bataillon Dominé (officier de la coloniale). Elle a reçu la mission d'attirer une armée chinoise opérant au Tonkin en liaison avec les Pavillons noirs puis de contenir sa progression en direction d'Hanoi. Sa garnison se compose de deux compagnies de Légion, d'une compagnie de tirailleurs tonkinois, d'une section d'artillerie de marine servant quatre canons et deux mitrailleuses, d'une escouade du génie, de la canonnière *Mitrailleuse*, d'une équipe médicale et d'un petit élément de l'intendance, soit 608 hommes dont 390 légionnaires et 10 sapeurs. Quelques civils complètent la garnison : un pasteur, 3 boulangers et un préposé aux vivres. Le poste vient d'être ravitaillé en vivres et en munitions pour tenir quatre mois. La dotation en outils de terrassiers (67) est insuffisante.

De sa prise de commandement jusqu'au 25 janvier 1885, le commandant Dominé dispose d'une marge d'initiative qui s'amenuise au fil des jours. Il tient l'ennemi aussi éloigné que possible par des patrouilles, des reconnaissances et des embuscades. Cela lui permet de se renseigner sur son adversaire : sous le commandement de Luu Vinh Phuoc, 7 500 réguliers chinois et 3 500 Pavillons noirs disposant d'un nombre indéterminé de canons. Il profite du répit qui lui est laissé pour construire un blockhaus sur la hauteur dominant la citadelle et pour renforcer les défenses de celle-ci.

Le siège proprement dit commence le 26 janvier par une attaque qui incendie le village annamite et impose le transfert de sa population dans la citadelle. Les assaillants, qui sont conseillés par des Européens, commencent aussitôt un siège en règle combinant l'approche par des tranchées, des attaques en surface et des travaux de sape. Les défenseurs ripostent par des tirs sur des objectifs précis, faits par les meilleurs tireurs, ainsi que par des contre-sapes. Les Chinois concentrent initialement leurs efforts sur le blockhaus qui doit être évacué le 30 janvier. Le 6 février, les tranchées

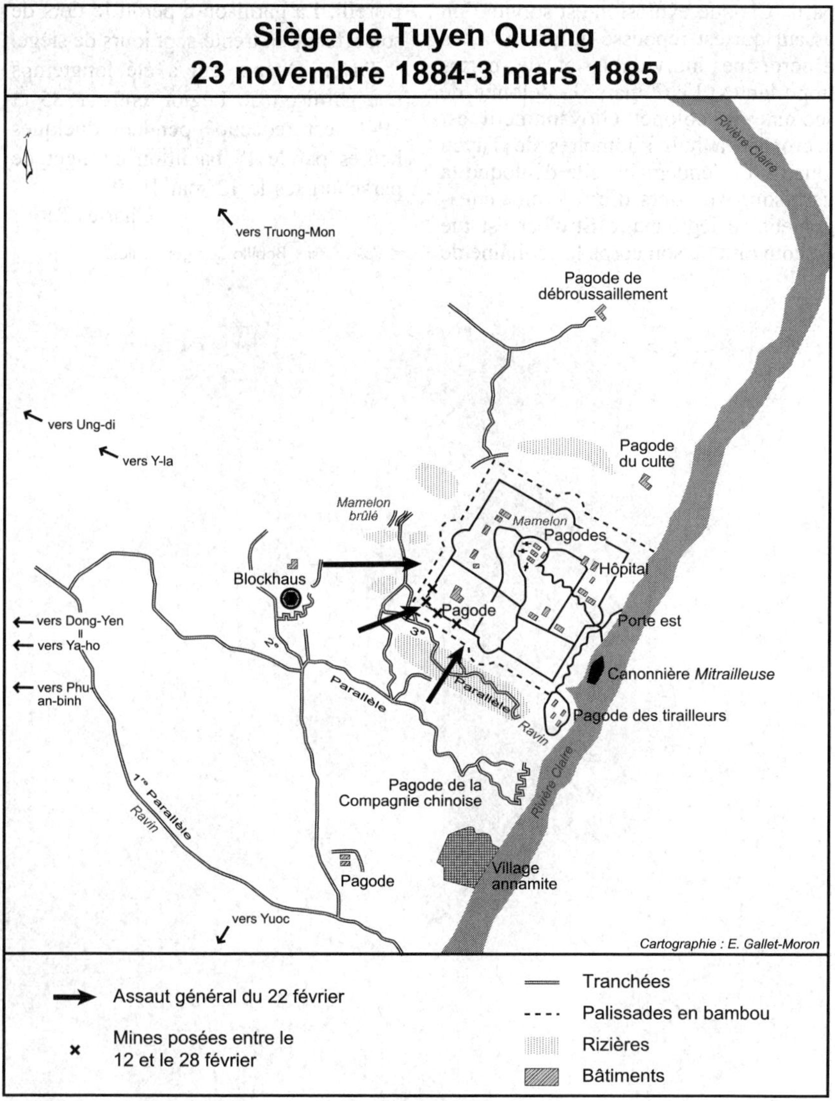

parviennent à cinq mètres des remparts. Le 11, les mineurs chinois et français se trouvent face à face ; ces derniers noient la poudre noire en déversant sur elle des seaux d'eau préparés à cet effet. Le lendemain, la première mine chinoise explose, avant un assaut qui est repoussé. Jusqu'à la fin du siège, sept autres mines chinoises explosent, ouvrant autant de brèches dans les remparts. Chaque explosion est suivie d'un assaut qui est repoussé au prix d'actes d'héroïsme individuels et de pertes importantes. Le 2 mars, la colonne de secours du colonel Giovanninelli est accrochée à huit kilomètres de Tuyen Quang. Le lendemain, elle débloque la garnison. Au cours d'un dernier engagement, le légionnaire Streiber est tué en couvrant de son corps le capitaine de Borelli. La garnison a perdu le tiers de son effectif en trente-sept jours de siège.

Tuyen Quang, qui a été longtemps une garnison de Légion entre 1885 et 1945, est réoccupé pendant quelques heures par le 1er bataillon étranger de parachutistes le 12 mai 1949.

Charles RIDET

• *Voir aussi* : Bobillot, sergent Jules.

U

UKRAINIENS. – Pendant les deux guerres mondiales, des volontaires de nationalité ukrainienne ont servi dans la Légion étrangère à des titres divers. Un premier groupe de volontaires se présente dès le mois d'août 1914 dans les bureaux de recrutement parisiens mais sont engagés sous la nationalité russe – une mutinerie éclate d'ailleurs au 2e régiment de marche du 1er Étranger le 18 juin 1915 parmi des volontaires arméniens et juifs russes dont les origines ukrainiennes ne sont pas reconnues par les autorités chargées du recrutement. À l'issue de la Grande Guerre, cette source de recrutement se tarit. Les Ukrainiens font ensuite une brève réapparition dans la Légion étrangère lors de la première campagne de France entre septembre 1939 et juillet 1940 : bon nombre des 40 000 résidents en France n'hésitent pas à contracter un engagement volontaire pour la durée de la guerre dans les derniers régiments de Légion en formation (11e et 12e régiments étrangers d'infanterie, 21e, 22e et 23e régiments de marche de volontaires étrangers). Les rescapés des combats, notamment ceux provenant du camp de Sathonay, sont repliés dans la région d'Aix-en-Provence avant d'être libérés entre le 8 et le 29 juillet 1940 au dépôt de Peynier commandé par le colonel Debas. Pendant les combats de la Libération, en 1944, des volontaires de la dernière heure issus des rangs de la Wehrmacht servent temporairement dans les rangs de la Légion étrangère. En effet, deux unités de soldats ukrainiens sous uniforme allemand rallient les maquis peu après leur arrivée en France les 19 et 20 août. Et le 27 août, le 3e bataillon du 1er régiment d'infanterie de la 33e division de la Waffen SS – issu du bataillon 102 formé en juillet 1942 à Kremianets (Ukraine) –, arrivé depuis peu en renfort dans la région de Vesoul, rejoint le maquis commandé par le capitaine Pierre Bertin, *alias* Bermont, après avoir massacré l'encadrement allemand. Quant à la deuxième formation, issue des bataillons 115 et 118 mis sur pied à Kiev en mars 1942, stationnée depuis le 20 août au camp du Valdahon, elle déserte dans la nuit du 26 au 27 août après avoir pris contact avec les Forces françaises de l'intérieur. Ces deux bataillons sont aussitôt engagés dans les combats de la Libération. Seuls les hommes issus du bataillon de Vesoul (dit le BUK, pour bataillon ukrainien) sont répartis entre les trois régiments étrangers (13e demi-brigade de Légion étrangère, régiment de marche de la Légion étrangère et 1er régiment étranger de cavalerie) de la Ire Armée.

Mais les commissions soviétiques chargées de retrouver les Russes servant sous l'uniforme allemand en vue de leur rapatriement obtiennent le retrait du front des Ukrainiens. Regroupés dans la région marseillaise, nombre d'entre eux réussissent à disparaître dans la nature quand d'autres trouvent refuge sous uniforme français en contractant un engagement de cinq ans dans la Légion étrangère. On doit à l'obstination de deux historiens français d'origine ukrainienne, Jacques Chevtchenko et Jean-Bernard Dupont-Melnyczenko, d'avoir ravivé la mémoire de ces volontaires le 25 août 2005 en se rendant à Peynier, dans les Bouches-du-Rhône, pour reconnaître le *tryzoub* (en français, « trident ») jaune sur fond bleu, symbole national ukrainien, et la flamme de la Légion étrangère gravée dans un rocher du bois de la Garenne. Ils mettent au jour l'inscription en partie effacée, un vers du poète Ivan Franko qui rappelle aux légionnaires leur patrie meurtrie : « Il est temps pour nous de vivre pour l'Ukraine ». Le 30 juin 2007, l'accès au rocher est officiellement baptisé « chemin des Volontaires-Ukrainiens » et chaque année, le 2 novembre, la Légion étrangère s'associe à l'hommage rendu à ces légionnaires oubliés de l'historiographie militaire.

André-Paul COMOR

• *Voir aussi* : Bataillon ukrainien.

Sources : JMO du 2e bataillon ukrainien (août-septembre 1944), chef de bataillon Victor Petit.

Bibl. : Jean-Bernard Dupont-Melnyczenko, *Les Ukrainiens en France. Mémoires éparpillés*, Autrement, 2008 • Kosyk Wolodymyr, *Les Ukrainiens dans la Résistance française*, Publications de l'Est européen, 1994.

UN DE LA LÉGION. – C'est le premier des six films que Fernandel tourna avant guerre sous la direction de Christian-Jaque : il sera suivi, la même année, de *Josette*, puis de *François Ier*, *Les Dégourdis de la onzième* (1937), *Raphaël le Tatoué* et *Ernest le Rebelle* (1938). Le scénario de Paul Fékété s'inscrit dans la tradition, très en vogue à l'époque, des films sur la Légion étrangère, qui avait déjà donné *Morocco* ou *Le Grand Jeu* et inspiré *La Grande Inconnue* de Jean d'Esme (1939).

Antoinette Espitalion, veuve d'un restaurateur marseillais établi au Canada, a hérité d'une vieille tante phocéenne une somme rondelette. Ayant épousé en secondes noces son cousin Fernand, elle rentre avec lui au pays pour toucher l'héritage. C'est une maîtresse femme qui traite rudement son second mari, docile aux caprices de sa « Toutoune ». Alors que celle-ci fait antichambre chez le notaire, Fernand est allé s'offrir un pastis dans un bistrot proche du lieu de rendez-vous. Il y lie connaissance avec un aventurier en rupture de ban. Ce dernier le saoule à mort et, troquant ses papiers d'identité contre les siens, le transforme en Pierre Durand, natif de Lille et engagé volontaire dans la Légion étrangère. Et voici Fernand entraîné malgré lui dans une rocambolesque aventure. Des douaniers complaisants l'embarquent, à demi inconscient, à bord d'un bateau de légionnaires en partance pour Oran. Il se retrouve, sous l'uniforme, à Sidi-Bel-Abbès, où la 9e compagnie de la Légion a son cantonnement. Après des débuts difficiles, Fernand prend goût à sa nouvelle vie. Il accomplit les marches d'épreuve dans la bonne humeur et oublie facilement « Toutoune » dans la compagnie de Maryse, une Algéroise qui noie son chagrin dans l'accueillant cabaret *À la mort du cafard*. Le sort de Fernand est désormais scellé. Il a pris goût à la liberté, il ne peut plus s'en passer. Alors que sa compagnie est envoyée dans le Sud, pour relever un détachement de tirailleurs encerclé par des dissidents, il découvre le combat et ses dangers mais sa décision est prise, il ne résiste pas à l'appel et rempile dans l'enthousiasme.

Dans un souci de réalisme, les extérieurs furent tournés à Marseille, Oran, Sidi-Bel-Abbès ainsi que dans le bled algérien avec la participation d'une compagnie de Légion formée à partir du dépôt commun des régiments étrangers. Certaines scènes furent également tournées au col de la Madone qui surplombe Nice. On retrouve dans ce film, de fait, un environnement rigoureusement exact tant dans le rendu du quotidien légionnaire que dans le jeu des figurants. Sur un scénario tiré de la nouvelle de John Dimmock Newsom *Comment Forbes Smith partit pour la Légion*, tous les ingrédients du mythe légionnaire tel qu'il est perçu dans les années 1930 sont présents : la perspective d'une nouvelle vie, les personnages inamovibles de la Légion : le colonel, le médecin-chef, le sergent « gaulois » et les légionnaires aux destins incroyables dont l'un est interprété par Eugène Stuber, vu dans *La Bandera* de Julien Duvivier l'année précédente.

La critique va accueillir favorablement le film qui s'inscrit parfaitement dans la perspective cinématographique des maîtres français de l'époque : récits pessimistes racontant les destinées tragiques de héros populaires dont Jean Gabin est la parfaite incarnation ou encore lumière en clair-obscur, artifice des décors, verve des répliques et du jeu qui donnent un style lyrique prononcé. René Clair (*Sous les toits de Paris*, 1930), Pierre Chenal (*L'Homme de nulle part*, 1936), Julien Duvivier (*Pépé le Moko*, 1937) et Marcel Carné (*Quai des brumes* et *Hôtel du Nord*, 1938) en sont les maîtres incontestés. Cette période se caractérise par son unité et une parenté esthétique entre les différentes formes de réalisme, qui rattache les unes aux autres les œuvres les plus importantes de cette décennie. Comme le souligne Jacques Lorcey dans *Fernandel* (1981) : « Le travail consciencieux de Christian-Jaque, le souci d'apporter à l'histoire un maximum d'authenticité, de crédibilité, les souffrances réelles des comédiens pendant les extérieurs, ont porté leurs fruits : un peu trop cocardier, parfois grandiloquent. Le film reste toujours intéressant. Son meilleur atout est évidemment la pathétique incarnation de Fernandel, pauvre type à la merci de tous, qui découvre la mâle camaraderie des armes et devient un héros. À ce personnage falot, dont le texte est insignifiant, l'admirable interprète apporte une profondeur, une présence désenchantée, bouleversante. »

Jean-Luc MESSAGER

Fiche technique : Genre : comédie dramatique ; 1re diffusion : 18 septembre 1936 (Paris) ; pellicule 35 mm ; noir et blanc ; tournage : mai et juin 1936.
Interprétation : Fernandel (Fernand, Esculape, Siméon Espitalion), Robert Le Vigan (Leduc, le sergent), Jacques Varennes (Pierrot Durand), Paul Azais (Turlot), Daniel Mendaille (Charlin), Arthur Devere (Joseph Van der Cleef), Suzy Prim (Maryse), Thérèse Dorny (Antoinette Espitalion, dite « Toutoune »), Rolla Norman (le capitaine Carron), Jean Kolb (le médecin-chef), Régine Dancourt (l'amie de Pierrot), Paul Amiot (le colonel), Georges Malkine (le légionnaire russe), Eugène Stuber (le légionnaire Muller), Marcel Vidal (maître Troube).
Équipe technique : réalisateur : Christian-Jaque ; assistants réalisateurs : François Carron, Jean Manse ; scénario, adaptation et dialogues : Paul

Fékété ; musique : Mahieddine, Casimir Oberfeld ; images : Fred Langenfeld, Charles Suin, André Germain ; montage : William Barrache, André Versein ; décors : Pierre Schild ; son : Jacques Hawadie ; directeur de production : Géo Francis ; production Calamy ; distribution Gray Film.

UNGERMAN, lieutenant-colonel Slavomir (1915-1998). – Né le 16 mars 1915 à Varsovie, Slavomir Ungerman s'installe en 1932 à Prague pour étudier la peinture à l'école des beaux-arts. En mai 1935, l'étudiant désargenté de Montmartre où il a tenté sa chance et fait l'expérience d'une certaine vie de bohême s'engage à la Légion étrangère. Après l'instruction à Saïda, il sert au 3e régiment étranger d'infanterie (REI) au Maroc où il gagne ses galons de caporal et de sergent. En février 1940, il se porte volontaire pour faire partie du groupement de montagne désigné pour la Scandinavie. Engagé dans la campagne de Norvège, il est cité à Narvik. De retour, sa vie bascule le 30 juin à Trentham Park, en Angleterre, lorsqu'il rallie la France Libre naissante.

Ungerman participe à toutes les campagnes de la 13e demi-brigade de Légion étrangère (DBLE) jusqu'à la fin de la guerre. Sergent-chef en juillet 1940, adjudant en octobre 1941, à Bir Hakeim il commande une section de voltige de la 7e compagnie sous les ordres du capitaine Pierre Messmer. Le 10 juin 1942, dernier jour du siège de cette ville, blessé lors de l'ultime attaque allemande dirigée contre le secteur de sa section, il continue de diriger la défense de son point d'appui. Sa conduite au feu, outre une citation méritée à l'ordre de l'armée, lui vaut l'estime et l'amitié que ne cessera jamais de lui vouer Pierre Messmer jusqu'à sa disparition en 1995. Après El-Himeimat, il suit la marche victorieuse de la demi-brigade qui le conduit en Tunisie, en Italie et en Provence. Adjudant-chef en juillet 1943, il est nommé sous-lieutenant à titre étranger en octobre 1944. Dans les durs combats des Vosges en décembre 1944 et d'Alsace en janvier 1945, il gagne deux nouvelles citations. Grièvement blessé par un éclat d'obus, il ne peut rejoindre la demi-brigade pour la bataille de l'Authion. Après un temps de commandement au détachement de Bedeau, il retrouve la 13e DBLE en 1949 en Cochinchine. Capitaine en janvier 1952 au dépôt commun de la Légion étrangère, il est affecté en 1954 au 6e REI au Kef en Tunisie puis au 2e REI au Maroc pour prendre le commandement du 3e bataillon de retour d'Indochine. En 1956, il revient au 1er REI en qualité d'adjoint au service du moral de la Légion étrangère. À l'issue de la réorganisation du secteur de Sidi-Bel-Abbès, il est à la tête du groupement des unités régimentaires (GUR) chargé de la sécurité du quartier urbain qui couvre l'agglomération. Chef de bataillon en janvier 1961, au détachement de Légion étrangère de Marseille, naturalisé français, lieutenant-colonel en juillet 1966, il termine sa longue carrière en 1971 à l'inspection technique des personnels de réserve. Trois fois blessé, commandeur de la Légion d'honneur, Compagnon de la Libération (décret en date du 18 janvier 1946), huit fois cité, il est titulaire de la croix de guerre 1939-1945, de la croix de guerre des théâtres des opérations extérieures et de la croix de la Valeur militaire. Il a droit au port de la fourragère aux couleurs de la médaille militaire à titre personnel. Retiré à Aubagne, le lieutenant-colonel Ungerman meurt le 13 novembre 1998 et est inhumé à Marseille.

André-Paul COMOR

UNIFORME. – Épaulettes, cravate verte, ceinture bleue ou encore plis de la chemise : autant d'attributs de l'uniforme qui distinguent les légionnaires.

Épaulettes. Jusqu'en 1868, la Légion porte les mêmes modèles d'épaulettes que ceux des régiments d'infanterie de ligne, en laine garance pour les compagnies de grenadiers, jonquille pour les voltigeurs et verte à tournantes écarlates pour les fusiliers qui, avant 1852, se présentaient en contre-épaulettes bleu foncé à tournantes rouges. La suppression des compagnies d'élite en 1868 instaure pour l'infanterie des épaulettes aux couleurs distinctives. L'ordonnance impériale du 30 janvier 1868 attribue au régiment étranger l'épaulette à corps vert et à tournantes et franges rouges.

À partir de 1881, les épaulettes ne se portent plus en tenue de campagne mais seulement en garnison. Elles disparaissent entre 1884 et 1887 et durant la Grande Guerre. À l'initiative du colonel Rollet, elles sont rétablies par décision ministérielle du 26 novembre 1930 et décrites dans le *Bulletin officiel* du 8 janvier 1931. Elles disparaissent à nouveau durant la Seconde Guerre mondiale pour être enfin définitivement remises en service à partir de 1946 grâce au colonel Gaultier. L'épaulette se compose d'un corps à écusson vert, de tournantes et de franges écarlates. Le modèle du sous-officier a les tournantes guipées or pour l'infanterie et argent pour la cavalerie.

Cravate verte. Le témoignage du général Pénicaut, lieutenant en 1934 au 1er régiment étranger d'infanterie (REI), nous révèle que la première cravate verte date de cette époque, à l'initiative de quelques jeunes lieutenants du 1er Étranger. Approuvée à l'époque par le colonel Azan commandant le régiment, la cravate verte ne fut cependant pas retenue comme pièce d'habillement traditionnelle de la tenue. À l'époque, la cravate était en effet de couleur kaki pour la tenue de service et noire pour la tenue de sortie. Ce n'est qu'en octobre 1944, en remontant la vallée du Rhône, que les légionnaires se distinguèrent par une cravate verte provenant de magasins d'habillement des Chantiers de jeunesse. Cependant, son port n'est pas général et il faudra attendre 1947 pour qu'elle soit enfin reconnue officiellement comme pièce de tradition vestimentaire de l'uniforme légionnaire.

Ceinture bleue. La ceinture de flanelle de couleur, rouge, cramoisie, bleue, a toujours fait partie de l'habillement du soldat d'infanterie en Afrique du Nord, mais comme linge de corps seulement. Cependant, lors de la campagne de Crimée, puis de celle du Mexique, elle se distingue sur certains vêtements. Elle se remarque de façon plus quotidienne sur la capote ou sur le bourgeron lors des grandes colonnes du Sud oranais de 1881-1882 menées sous les ordres du colonel de Négrier. Cette particularité est alors officieusement reconnue par le commandement, en réponse aux souhaits des légionnaires désirant, à l'image des troupes d'Afrique, posséder aussi une marque distinctive propre. En effet, la ceinture rouge ou bleue était alors portée par toutes les troupes de l'armée d'Afrique (spahis, zouaves, tirailleurs, artilleurs, chasseurs d'Afrique, etc.) à l'exception de la Légion et des bataillons d'infanterie légère d'Afrique (BILA).

Reconnue officiellement sous le titre de « ceinture de laine, modèle général pour les troupes d'Afrique », elle devient ainsi une marque distinctive de l'uniforme de parade du légionnaire. Avant d'être mise à la taille, la ceinture est pliée en deux dans sa largeur. Une extrémité est tenue par un légionnaire, tandis que le porteur s'enroule autour, de sorte qu'à l'issue de la manœuvre l'extrémité libre peut être repliée en oblique sur le devant de gauche.

Gilet vert. L'officier de l'armée d'Afrique au moment de la conquête de l'Algérie est à l'origine du gilet d'armes. En effet, on lui tolère une tenue décontractée où se remarque sous une tunique ouverte un gilet à petits boutons grelots dorés ou argentés. Bien souvent confectionné en drap noir ou bleu foncé, le gilet peut être aussi en drap blanc. L'officier de la Légion suit la tendance de cet engouement qui ne disparaît, semble-t-il, qu'à l'adoption de la tunique du modèle 1895.

À nouveau, vers les années 1920, l'officier de l'armée d'Afrique recommence, en tenue de repos ou lors des bivouacs, à porter la veste ouverte laissant ainsi pour certains apparaître un gilet de drap ou de toile. Selon le colonel Jacquot en 1925, un gilet vert se distingue chez des officiers anciens du 3e Étranger, sans toutefois que cela se pérennise. Et ce n'est que vers 1935 avec l'adoption de plus en plus courante d'une vareuse à col ouvert, réglementée 1938, que le gilet vert commence à se généraliser dans l'habillement de l'officier de la Légion. Suivant la taille, le gilet compte 18 à 24 petits boutons d'armes.

Mais se démarquent aussi des gilets passepoilés de drap écarlate, avec pour le 1er Étranger 19 boutons, en référence à son appartenance au 19e corps d'armée d'Alger, et pour les autres régiments un regroupement espacé par 2, 3, 4 ou 5 boutons. La 13e demi-brigade de Légion étrangère (DBLE) est bien entendu à 13 boutons.

Quant aux gilets du 1er régiment étranger de cavalerie (REC), les premiers ne sont pas confectionnés à la couleur verte de la Légion mais bleu roi à petits boutons d'armes argentés. Certains de ces gilets bleus sont passepoilés de drap vert ou bien vert passepoilé bleu. Ce genre de gilets ne disparaît définitivement qu'en 1958. Toutefois, le gilet bleu roi a encore été porté par le lieutenant-colonel de Monplanet durant son commandement du 1er REC (1er mai 1962-31 juillet 1963).

Aujourd'hui, le gilet vert est uniformément porté par les officiers dès leur affectation, entre la fête de la Saint-Michel (29 septembre) et l'anniversaire du combat de Camerone (1er mai inclus). Enfin, depuis 1986, il est également autorisé aux sous-officiers supérieurs. Le port du « gilet d'armes » n'autorise pas le débraillement : la vareuse n'est déboutonnée qu'à l'initiative du plus ancien dans le grade le plus élevé, généralement à table et en popote.

Chaussettes vertes. Le port des chaussettes vertes est une tradition vestimentaire postérieure à la Seconde Guerre mondiale. Autrefois, celles-ci étaient achetées à titre individuel par les officiers et les sous-officiers chez le maître tailleur régimentaire. Le général Hallo, alors rédacteur en chef du journal *Képi blanc*, témoigne que vers 1950, à l'initiative du colonel Gaultier, des chaussettes vertes de sortie sont également en vente au foyer du légionnaire de Sidi-Bel-Abbès. L'usage s'est perpétué au point de devenir un élément de l'uniforme légionnaire. Il n'est cependant devenu réglementaire qu'en 1992, lorsque le commissariat de l'armée de terre a inclus les chaussettes vertes dans la composition du paquetage distribué aux légionnaires au titre de la dotation initiale.

Bouton d'armes. Le bouton d'armes, en métal doré (infanterie) ou argenté (cavalerie) pour les officiers et les sous-officiers, en tombac jaune ou en métal blanc pour la troupe, est estampillé du modèle ancien de 1875, marqué en exergue « Légion étrangère » entre deux filets concentriques. En outre, le bouton de l'officier et du sous-officier est de forme semi-bombée, strié au milieu.

Au cours de l'histoire, le bouton d'uniforme de la Légion a subi plusieurs transformations suivant les époques, le numéro et la désignation du régiment. Après avoir présenté au centre une étoile à cinq pointes, il se distingue par un numéro avec des inscriptions variées telles que « Légion étrangère », « 1re ou 2e Légion étrangère », « Régiment étranger », etc.

Grenade de la Légion. Jusqu'à la suppression des compagnies d'élite en février 1868, la grenade est l'attribut des grenadiers dans tous les corps d'infanterie. Elle se présente sous une forme évasée, à bombe pleine, avec sept flammes symétriques. Cette grenade orne le collet de la tunique du régiment étranger en 1872 et le képi de la Légion étrangère en 1873 (descriptif des uniformes du 15 mars 1879). C'est dans cette grenade que le modèle actuel puise son origine et son évolution.

Au fil du temps, cette grenade s'est transformée au gré des chefs de corps ou de l'inspiration des maîtres tailleurs. L'étude des uniformes, des fanions, des monuments et des documents révèle qu'elle n'a jamais cessé d'évoluer. Les deux petites flammes en retour qui vont caractériser la grenade de la Légion apparaissent dans l'entre-deux-guerres, notamment sur l'insigne du 3e Étranger en 1929.

La grenade actuelle à bombe creuse, à sept flammes stylisées, les deux inférieures étant en crochet vers le bas, a été dessinée en 1942 par le caporal-chef Rosenberg. Le colonel commandant le dépôt commun des régiments étrangers accepte ce modèle qui est adopté par toute la Légion en 1946.

Écussons de bras ou de tradition. Les trois soutaches datent du 16 septembre 1941. À l'origine, ce signe distinctif a été appliqué par les autorités d'occupation voulant clairement différencier les troupes d'Afrique des troupes métropolitaines (deux soutaches). Publiée au *Bulletin officiel* le 17 juillet 1942, cette distinction est de nouveau rééditée dans la description des nouvelles pattes de collet. En 1943, avec les vêtements américains, l'écusson de collet est porté seul sur le haut de la manche gauche des vêtements donnant naissance à l'écusson désignant traditionnellement la subdivision d'armes.

Le 15 février 1945, l'écusson de bras se transforme en un losange régulier et un descriptif publié dans le *Bulletin officiel* réglemente un modèle déposé qui aujourd'hui perdure dans l'armée et notamment dans la Légion étrangère. L'écusson de la Légion est en drap bleu foncé, entouré de trois soutaches en fil de rayonne vert foncé et comporte en son centre une grenade Légion évidée à sept flammes dont deux petites en crochet vers le bas. La grenade est brodée en fil de rayonne vert foncé pour la troupe, en cannetille or (infanterie) ou argent (cavalerie) pour les sous-officiers, en cannetille et paillettes d'or (infanterie) ou argent (cavalerie) pour les officiers. Jusqu'en 1990, on distinguait encore des grenades portant à l'intérieur de la bombe le numéro du régiment. Sur le haut de l'écusson se portent les galons, du 1re classe au sous-officier subalterne, et dans le bas, suivant le temps passé à la Légion, le ou les chevrons d'ancienneté.

Chevron d'ancienneté. Le premier chevron d'ancienneté date d'un édit royal du 4 août 1771 et poursuit une carrière jusqu'en 1904. Il est alors supprimé et remplacé par une simple soutache de couleur autour de chaque parement de manche de la tunique ou de la capote. Par circulaire ministérielle du 12 septembre 1929, les chevrons d'ancienneté sont rétablis pour les militaires de la Légion étrangère (1931 pour les tirailleurs marocains et algériens). Confectionnés en galons de grade des modèles réglementaires, les chevrons sont posés en V renversé sur le haut de la manche gauche des vareuses ou de la capote. Ils sont de couleur verte pour les hommes du rang et dorée ou argentée pour les sergents ou les maréchaux des logis.

Après la guerre, vers 1948, avec les nouveaux uniformes de 1946, les chevrons d'ancienneté sont à nouveau en service, seulement à la Légion étrangère. Ils se portent du légionnaire au sergent-major, sous la forme d'une petite soutache en V sous l'écusson d'armes. Ils sont en fil de métal doré ou en rayonne jaune pour les caporaux-chefs et les sergents et argenté ou en rayonne blanche pour les brigadiers-chefs et les maréchaux des logis. Pour la troupe, en petite soutache ou en chevron au fil de rayonne vert foncé.

Comme en 1929, le chevron d'ancienneté est attribué de la façon suivante : 1 chevron pour plus de 5 ans de service, 2 chevrons pour plus de 10 ans de service, 3 chevrons pour plus de 15 ans de service.

Aujourd'hui, ce sont les mêmes chevrons qui rehaussent l'écusson de subdivision d'armes de la Légion qui sont également présents sur le fourreau d'épaule, mais sous la forme de barrettes.

Pattes puis fourreaux d'épaule. À l'origine, cet ornement se présentait sous la forme d'une patte d'épaule rigide qui devait être attribuée seulement aux officiers pour pouvoir porter sur les épaules les galons de sortie. En 1952, l'usage s'est généralisé à tout le personnel mais sans le galon pour les grades inférieurs à celui d'adjudant. À l'origine, la première patte d'épaule de la Légion ne présentait que trois soutaches, puis rapidement s'est ajoutée la grenade. Les soutaches sont placées en trois petits chevrons tissés au fil vert.

La grenade, du modèle Légion, à bombe creuse, à sept flammes avec les deux petites en crochet vers le bas, est en fil vert foncé pour la troupe, et suivant le bouton d'armes, en cannetille or ou argent pour les sous-officiers, brodée en cannetille et paillettes or ou argent pour les officiers et les adjudants. Sur la patte d'épaule, les officiers et les adjudants portent leurs galons respectifs de la couleur de l'arme. Jusqu'en 1990, on distinguait encore des grenades portant à l'intérieur de la bombe le numéro du régiment. En 1991, la nouvelle tenue « Terre de France » remplace les pattes d'épaule par des fourreaux : ces derniers reprennent les chevrons verts et la grenade Légion des pattes d'épaule. Désormais tous les grades sont portés sur le fourreau.

Plis de chemise. À la fin de la Seconde Guerre mondiale, les Américains ont introduit avec leurs uniformes la façon de repasser les vêtements en faisant des plis aux manches de la chemise et aux jambes du pantalon. Les soldats de la Ire armée auraient repris cette habitude lorsque fut donné le paquetage américain, et les légionnaires du régiment de marche de la Légion étrangère (RMLE) et ceux du 1er régiment étranger de cavalerie (REC) auraient transmis le geste aux autres unités de la Légion. Le général Hallo, lieutenant en 1944 au RMLE, rappelait que les chemises possédaient deux plis verticaux aux manches et certaines les avaient aussi dans le dos. Dans les années 1950, certains officiers, comme le commandant Raffalli, se distinguaient déjà par les trois plis au-dessus des poches de la chemise, mais cette pratique, strictement personnelle, n'a rien encore de réglementaire ni de traditionnel.

Les légionnaires ont progressivement adopté le repassage avec les plis spéciaux, c'est-à-dire avec les trois plis verticaux au-dessus de chaque poche de poitrine, au dos et les deux plis aux manches, qui a fini par s'imposer. Chaque régiment pouvait choisir le nombre et la disposition des plis. La décision appartenait au chef de corps.

En 1968, le 1er REC se distinguait encore par un pli seulement au-dessus des poches. Des plis disposés en V dans le dos se remarquaient également chez certains officiers ou sous-officiers des autres régiments étrangers. Aussi, pour empêcher toute dérive individuelle et dans un souci d'uniformité, le commandement de la Légion étrangère décide en 1989 de fixer un règlement précis. Celui-ci est à nouveau réédité en 1991 à l'occasion de la nouvelle tenue « Terre de France ».

Les dimensions fixées pour les intervalles entre les différents plis ont pris pour référence une pratique largement répandue chez les légionnaires : l'utilisation d'une boîte d'allumettes de petit format (53 mm de long sur 35 mm de large) comme étalon de mesure. Les plis de chemise réglementés en 1991 sont une spécificité Légion, marque distinctive de l'élégance de la tenue du légionnaire.

Raymond GUYADER

UNIFORME LÉGIONNAIRE, musée de l'. – L'annexe du musée principal de la Légion étrangère d'Aubagne, le musée de l'Uniforme légionnaire, inauguré le 17 juin 1990, est installé à Puyloubier (Bouches-du-Rhône), siège de l'Institution des invalides de la Légion étrangère. Ce musée conserve la collection Raymond-Guyader qui retrace l'histoire et l'évolution des uniformes de la Légion étrangère depuis sa création jusqu'à 1962. La rareté et l'exclusivité de certaines pièces de collection exposées témoignent de la singularité de la Légion étrangère, manifeste notamment à travers les uniformes portés par les légionnaires depuis 1831. Cinq salles présentent l'évolution chronologique des uniformes.

Première salle : création de la Légion étrangère et ses premières campagnes algériennes, 1831-1851. Deuxième salle : du Second Empire à la guerre franco-allemande de 1870-1871 ; les campagnes coloniales de 1884 à 1914 (Tonkin, Siam, Dahomey, Soudan, Madagascar) ; les débuts de la IIIe République jusqu'en 1914 avec les périodes algériennes et algéro-marocaines du Sud oranais, 1872-1914. Troisième salle : guerre 1914-1918 ; campagnes du Maroc et du Levant, 1920-1934, avec des uniformes du centenaire de la Légion étrangère à Sidi-Bel-Abbès en avril 1931. Quatrième salle : période algérienne et marocaine de l'avant-guerre, 1935-1939 ; période tonkinoise de 1920 à 1939 ; campagne de France 1939-1940. Cinquième salle : Seconde Guerre mondiale avec l'épopée de la campagne de Norvège, de la Tunisie, de la Libye, de la libération de la France et des combats d'Allemagne ; guerre d'Indochine, 1946-1954 ; guerre d'Algérie, 1954-1962, et les compagnies sahariennes portées de la Légion.

Environ 300 uniformes sont ainsi exposés dont 103 sur des mannequins. Des équipements, des pièces symboliques et des armes agrémentent les vitrines dans lesquelles figurent aussi des iconographies et des photographies. Une importante réserve comprend des uniformes portés ces quarante dernières années, riches en événements extérieurs, en nouveautés vestimentaires et en équipement.

Raymond GUYADER

USAL (Union des sociétés d'anciens légionnaires de France, colonies et étranger et Union des sociétés d'anciens légionnaires-France, Union française et étranger). – En 1909, face à l'augmentation progressive du nombre d'amicales d'anciens de la Légion étrangère, Émile Maurer, fondateur de la première de ces amicales créée à Paris en 1898, lance l'idée d'un rassemblement de ces associations. Ce projet aboutit le 5 décembre 1912 quand plusieurs amicales, réunies en congrès à Paris, décident de se regrouper en une fédération dont Maurer prend la présidence. Très active, puisqu'elle rassemble avant guerre près de dix amicales, cette fédération possède notamment une revue, *La Légion étrangère, revue mensuelle illustrée*, imprimée entre 1912 et 1914.

Ce réseau est démantelé lors de la Première Guerre mondiale, même si quelques amicales, dont celle de Marseille, continuent à fonctionner en aidant certains anciens et leur famille. Entre les deux guerres, les amicales d'anciens de la Légion étrangère s'efforcent de se réorganiser. En 1929, une première tentative initiée par le président de l'amicale de Marseille avorte en raison de l'opposition du général Rollet. Ce dernier ayant de plus grandes ambitions pour ces associations, appuyé par Émile Maurer, estime que c'est aux amicales d'anciens, regroupées dans un organisme d'autant plus puissant et efficace qu'il sera représentatif, que revient le rôle d'aider à se réinsérer les légionnaires ayant quitté l'uniforme.

Rollet veut marquer les esprits lors des commémorations du centenaire de la fondation de la Légion. Sous son impulsion, 200 délégués, représentant près de 25 amicales d'anciens de la Légion étrangère, réunis à Sidi-Bel-Abbès, décident de la création de l'Union des sociétés d'anciens légionnaires de France, colonies et étranger (USAL), le 2 mai 1931. Son siège social est fixé à Paris mais il changera d'adresse à plusieurs reprises. Son président est Émile Maurer ; il est secondé, compte tenu de la dispersion géographique des amicales affiliées, par cinq vice-présidents et délégués régionaux – sud et nord-est de la France, Algérie, Suisse et Maroc –, postes qui reviennent aux présidents de puissantes amicales ou de fédérations regroupant différentes amicales implantées dans un même pays, sachant que le nombre de ces représentants ne va cesser de croître avec le nombre des amicales affiliées. Il est à noter que, avec la création de l'Union française, en 1951, ce terme remplacera celui de « colonies » dans la dénomination complète de l'USAL qui deviendra donc Union des sociétés d'anciens légionnaires-France, Union française et étranger.

Les adhésions à l'USAL se multiplient : 33 associations sont affiliées à la veille de la Seconde Guerre mondiale. Mise en sommeil pendant l'Occupation, l'Union reprend de la vigueur après guerre même si le cataclysme de la Seconde Guerre mondiale a quelque peu éclairci ses rangs : il n'y a plus que 28 amicales en 1946. Réorganisée, l'USAL tente de renforcer son efficacité. Pour lui permettre d'accepter des dons et legs afin de mieux soutenir les projets portés en faveur des anciens, ses présidents successifs tentent d'obtenir la reconnaissance d'utilité publique, démarches qui n'aboutiront que près de dix ans plus tard. Des délégués régionaux sont à nouveau désignés pour le sud-est, le sud-ouest et le nord-est de la France, pour l'Algérie, le Maroc, la Belgique et la Suisse, prenant ainsi en compte les créations d'amicales en Europe.

Dans le même temps, d'autres associations non affiliées cherchent à rassembler les anciens légionnaires, comme l'Association générale des anciens de la Légion étrangère (AGALE) ou l'Association des anciens combattants engagés volontaires étrangers dans l'armée française, créée par Nazare Aga en 1949 – dont la vocation est de réunir les associations d'anciens légionnaires, d'anciens combattants volontaires étrangers et d'étrangers appelés sous les drapeaux –, les amicales affiliées à l'USAL refusant toujours d'incorporer dans leurs rangs les anciens légionnaires engagés volontaires pour la durée de la guerre (EVDG). Déjà, entre les deux guerres mondiales, l'association des anciens combattants engagés volontaires dans l'armée française, RMLE 14-18, n'avait pas été admise dans l'USAL. De même que ne l'étaient pas les anciens EVDG 14-18 dans les autres associations affiliées.

Durant plusieurs années, la question des EVDG divise la communauté légionnaire – anciens légionnaires comme Légion d'active. Un différend éclate à ce sujet entre l'USAL et le colonel Gaultier, commandant du dépôt commun des régiments étrangers qui soutient l'AGALE, ce qui aboutit à la démission du successeur d'Émile Maurer, Charles Schmid, en 1950. Devant les proportions que prend ce litige, certaines amicales affiliées acceptent progressivement l'adhésion des EVDG, au contraire de la fédération du Maroc qui quitte l'USAL, entraînant à sa suite la plupart des sociétés du Maroc. Ce conflit prend fin, en 1953, avec l'acceptation de l'adhésion des EVDG dans toutes les amicales affiliées. La fédération du Maroc réintègre alors l'USAL et Nazare Aga accepte, en 1954, le poste de vice-président de l'USAL avec le soutien du colonel Gaultier.

Le 30 juin 1956, l'USAL devient Fédération des sociétés d'anciens légionnaires-France, Union française et étranger, voulant marquer sa représentativité universelle et sa prééminence sur tous les autres regroupements locaux ; son bureau s'installe au 6, rue Magellan dans le 8e arrondissement de Paris.

Marie Larroumet

UTMLE (unités de transport et de matériel de la Légion étrangère). – La création en Indochine des unités de transport et de matériel de la Légion étrangère, dans l'ombre des grandes unités de Légion, répond à une demande du commandement qui réclame des formations élémentaires que le dépôt commun des régiments étrangers est en mesure d'alimenter en spécialistes déjà instruits et expérimentés, notamment les nombreux engagés volontaires allemands ayant servi pendant la Seconde Guerre mondiale dans la Wehrmacht ou la Luftwaffe. Ces unités sont disséminées sur l'ensemble de la péninsule et plus particulièrement à Hanoi, à Lang Son et à Saigon. Les compagnies de transport, de matériel, de réparation et de génie de la Légion sont chargées de la remise en état du matériel, de l'entretien et de la réfection des véhicules et des routes. Mais elles sont également appelées à escorter des convois ou employées comme unités d'intervention de secteur. Pour assurer un service efficace, le commandement fait appel à des officiers et des sous-officiers spécialistes de différentes armes ou services.

La compagnie légionnaire de transport s'intitule « compagnie de transport de la Légion étrangère » entre octobre 1949 et 1951 puis « 1re compagnie de transport et de quartier général » jusqu'en 1954. La 723e compagnie de réparation automobile (1946-1947) est intégrée au 1er bataillon d'ouvriers du service du matériel de 1947 à 1951, rebaptisé « 1er bataillon de réparations du matériel de Légion étrangère ». De même, la 64e compagnie de réparation automobile de la Légion étrangère

(1947-1949) devient « 2e compagnie de réparation de la Légion étrangère » (CRLE). Les changements d'appellation se poursuivent avec la 65e compagnie créée en 1947 qui devient la 3e CRLE en 1949. Enfin, la 1re CRLE (1949-1951) est transformée en « 1re compagnie moyenne de réparation de la Légion étrangère » (1951-1954).

Charles RIDET

V

VADOT, général Michel (1912-1989). – Ne risque-t-on pas de trahir la mémoire de cet officier de grande valeur mais d'une extrême modestie qu'a été le général Vadot en évoquant sa carrière dans ce dictionnaire ? L'homme se met si peu en avant qu'il est resté plus de dix ans capitaine malgré des notes excellentes et des services de guerre éclatants. Mais il s'est créé autour de lui et indépendamment de lui une légende que chacun se transmet à la Légion. « Légende » d'ailleurs n'est pas le mot juste, car chacun des faits qui ont pu être vérifiés s'est révélé exact. Quant aux autres, on ne prête qu'aux riches… Le général Vadot est donc un personnage de légende au même titre que les généraux Rollet et Gaultier qui l'ont précédé à la tête de la Légion étrangère.

D'abord grâce à sa carrière de combattant : il a été fait chevalier, officier et commandeur de la Légion d'honneur au feu. Et s'il fallait retenir deux exploits individuels dans la masse de ceux qui ont été accomplis par la 13ᵉ demi-brigade de Légion étrangère en Norvège en 1940, ce seraient certainement la prise d'une mitrailleuse allemande par le légionnaire Gayoso et la façon dont le lieutenant Vadot, qui vient d'être blessé, prend en main une compagnie éprouvée par la perte de deux officiers et l'entraîne à l'assaut, assurant par cette seule action le succès du débarquement à Narvik le 28 mai 1940. Que ce soit en Norvège, en Indochine ou en Afrique du Nord, le style de commandement de Michel Vadot donne sa part au silence : les ordres sont brefs et rassurants ; la gesticulation est une faute contre la manœuvre. Ce calme teinté d'humour séduit les légionnaires et leurs chefs.

Dans la vie quotidienne, ce père de dix enfants possède les qualités qui font les grands officiers de Légion. Dur sans être brutal, il sait ce qu'il faut faire pour que les légionnaires soient fiers de leur état et dignes de leur réputation. Certains ont dit qu'entre 1960 et 1966 le colonel Vadot a été un officier de la « vieille Légion ». Quoi qu'il en soit, si la Légion existe aujourd'hui, si elle a su opérer la conversion qui lui permet de faire ce qu'elle a fait depuis 1966, elle le doit à quelques officiers de vieille Légion dont le colonel Vadot est le meilleur exemple. Au moment où tout se désagrège, ceux-ci ont maintenu les valeurs permanentes, rassemblé autour d'elles ce qui demeure et transmis l'héritage à une autre génération. Grand-croix de la Légion d'honneur, titulaire de 10 citations et blessé à deux reprises, le général de brigade Vadot a porté la main du capitaine Danjou le 30 avril 1981. Il est mort le 2 avril 1989.

Henry DUTAILLY

Sources : SHD-Terre, 14Yd 1062.

VAILLANT, général Albéric (1915-2011). – Albéric Vaillant, dont le père est médecin militaire, se destine à devenir officier à l'apogée de l'Empire français. Admis dans un très bon rang à Saint-Cyr, promotion « du maréchal Lyautey » (1935-1937), le jeune sous-lieutenant est affecté à la sortie au 146e régiment d'infanterie de forteresse (RIF) puis, à la veille de la déclaration de la guerre, au 156e RIF sur la ligne Maginot. Fait prisonnier le 2 juillet 1940 et interné à l'oflag XB de Nienburg/Weser dans le nord de l'Allemagne, il s'évade en septembre 1941 mais est repris huit jours plus tard, le 2 octobre, à Eupen en Belgique. De retour à l'oflag, Vaillant n'a de cesse de préparer une nouvelle tentative. Le 3 décembre, il réussit à fausser compagnie à ses gardiens et rejoint Limoges pour demander à reprendre du service. Il obtient une mutation au 1er régiment étranger qu'il rejoint en février 1942.

L'atmosphère qui règne dans l'armée d'Afrique lui pèse. Aussi après quelques mois passés à Aïn-Sefra se porte-t-il volontaire en septembre 1943 pour la 13e demi-brigade de Légion étrangère (DBLE), dont les exploits – et l'esprit de corps singulier – sont diversement commentés et appréciés au dépôt commun des régiments étrangers. Il participe avec elle aux campagnes d'Italie et de France au cours desquelles il doit se surpasser à la tête des légionnaires aguerris par quatre longues années sur tous les fronts des Forces françaises libres. Déjà cité en Italie, grièvement blessé le 21 septembre 1944 à Ornans, il gagne une nouvelle citation pour la conduite de sa compagnie le 25 janvier 1945 dans l'affaire du bois d'Elsenheim, au plus fort de la bataille d'Alsace. En février 1946, il s'embarque à Bizerte pour l'Indochine où il prend le commandement de la 11e compagnie de la 13e DBLE. À nouveau blessé en Cochinchine au combat de Vinh-Loc le 22 juin 1946, il est évacué vers la France.

Il alterne dès lors les postes en état-major – en Allemagne avec Kœnig en 1947, à Langson en 1950, au cabinet militaire du général de Lattre à Saigon après sa participation à la récupération des éléments des colonnes Charton et Lepage le 10 octobre, au commandement du 3e bataillon de la « 13 », avant de rejoindre à Washington le général Ely, chef de la délégation française au groupe permanent nord-atlantique d'avril 1952 à mars 1956. Lieutenant-colonel en décembre 1957, stagiaire à l'École supérieure de guerre, devenu spécialiste des 3e et 5e Bureaux, il sert en Algérie en août 1959 à la 13e division d'infanterie dans le Sud oranais. Après avoir dirigé le service d'information et d'études au ministère des Armées, il prend le commandement de la 13e DBLE à la veille des événements d'avril 1961. Quelques mois plus tard, en remplacement du colonel Brothier, Pierre Messmer lui confie la maison mère avec pour mission d'assurer la transition délicate jusqu'à l'installation du 1er régiment étranger à Aubagne. Il quitte la Légion en 1963 pour Fontainebleau au commandement en chef des forces alliées en Europe. Général de brigade en 1965 et attaché militaire à Bonn, il exerce de grands commandements jusqu'à la fin de sa brillante carrière : à la tête de la 3e division d'infanterie d'abord (1968-1970), comme inspecteur de l'infanterie (1970-1973) ensuite, enfin comme général d'armée et inspecteur général de l'armée de terre, membre du Conseil supérieur de l'armée de terre de 1972 à 1976. Il est grand-croix de la Légion d'honneur depuis le 24 décembre 1975. Officier de grande valeur dans la tourmente des années 1940-1960, le général Vaillant a su épargner à la Légion certains effets de la reprise en main de l'armée de métier à la fin de la guerre d'Algérie.

André-Paul Comor

Sources : SHD-Terre, 3K 13 • Fonds privé André-Paul Comor.

VALEUR ET DISCIPLINE. – De 1848 à 1871, tous les emblèmes de l'armée française à l'exception des drapeaux de l'École polytechnique et de l'École spéciale militaire de Saint-Cyr portent la devise « Valeur et Discipline ». Elle constitue un guide pour l'action : être le meilleur possible par sa compétence, son efficacité et sa discipline. L'empereur Napoléon III l'a fait inscrire au revers (où elle figure toujours) de la médaille militaire destinée à récompenser les meilleurs des sous-officiers et des soldats. Après la défaite de 1870, la honte de la capitulation de Metz et la volonté de reprendre les provinces perdues imposent d'adopter une devise plaçant l'éthique au premier plan : ce sera « Honneur et Patrie ».

Cette nouvelle devise ne pouvant s'appliquer à la Légion (à cause du mot « patrie »), celle-ci conserve « Valeur et Discipline » à deux exceptions près : de 1900 à 1905 à la suite d'une erreur pour le drapeau du 2e Étranger, d'une part, et, de l'autre, à partir de 1914 pour ceux des régiments de marche qui portent la devise « Honneur et Patrie ». Comme l'a observé en termes plus diplomatiques le lieutenant-colonel Rollet, des étrangers au service de la France qui ont pour seule devise « Valeur et Discipline » sont des mercenaires. Or, toute la tradition de la Légion depuis sa création, en particulier avec le chant de l'ancienne Légion, tend à faire du légionnaire un homme qui a deux patries : la sienne et la France. En 1920, Rollet demande donc que les emblèmes de la Légion reçoivent la devise « Honneur et Fidélité » qui était celle de ces Suisses qui sous l'Ancien Régime avaient deux patries : la Suisse et la France à travers la personne de son roi.

Charles Ridet

VALLIÈRES, Jean des (1895-1970). – Né à Paris le 5 avril 1895, Jean des Vallières est le fils du général Pierre des Vallières (1868-1918), qui meurt pendant la Grande Guerre, tué par un éclat d'obus dans la région de Soissons. À la même époque, le fils semble marcher sur les traces de ce père prestigieux (à propos de qui il écrira un livre, *Au soleil de la cavalerie*, paru à la Librairie de la Revue française en 1934). Comme lui il est entré à Saint-Cyr, il est officier, il fait la guerre. Blessé le 15 août 1914, il passe dans l'aviation. Fait prisonnier à Pont-à-Mousson le 15 décembre 1916 après la chute de son avion, il est envoyé à Magdebourg dans le camp du Kavalier Scharnhorst (d'où parviennent à s'évader deux aviateurs célèbres : Anselme Marchal et Roland Garros). Il y rencontre un autre officier, lui aussi blessé près des lignes allemandes puis interné et à qui, outre cette expérience commune, des liens spéciaux l'uniront bientôt : Henry de Corta va d'abord devenir son beau-frère ; en tant qu'officier de la Légion, il sera ensuite son inspirateur. Car l'œuvre de Jean des Vallières est avant tout associée aux légionnaires ; ceux qu'il appelle « les hommes sans nom ».

Il quitte l'armée en 1923 avec le grade de capitaine et au moins une publication à son actif. En 1916, il avait fait paraître chez Jouve ses « contes de la guerre », *Quelques sabres dans la mêlée*, sous le pseudonyme de Jean Ravennes, nécessaire puisqu'il était encore officier mais qu'il continuera d'utiliser à l'occasion, en particulier pour un livre édité par Alexis Redier à la Librairie de la Revue française : *Aux portes du Sud, le Maroc* (1932). Désormais, il se consacre à sa carrière d'écrivain. Dans *Kavalier Scharnhorst* (1931) et *Spartakus Parade* (1932), qui relatent son expérience de prisonnier en Allemagne, il se met en scène sous les traits d'Henri Vallerse. Avec *L'Escadrille des anges*, ces deux ouvrages constituent la trilogie *Tendre Allemagne*. On dit qu'ils auraient inspiré *La Grande Illusion*, le film de Jean Renoir (1937), ce qui ne semble pas faux et s'est d'ailleurs réglé au tribunal : le romancier a intenté une action judiciaire en plagiat, sans obtenir gain de cause. Lui-même est également scénariste. Toujours en 1937, l'un des films auxquels il participe est *Les Filles du Rhône*, tourné en Camargue par Jean-Paul Paulin et dont les critiques soulignent la beauté des décors naturels (tout en déplorant la faiblesse du scénario).

À cette époque, Jean des Vallières est, d'une part, un homme de droite – sinon d'extrême droite – et, d'autre part, un homme du Sud. Tel que le présente le journal *L'Ouest-Éclair* dans son numéro du 31 janvier 1937, il a participé à la fondation de la Société des amis des moulins d'Alphonse Daudet. À Fontvieille, il est devenu le propriétaire du château de Montauban. Amoureux de la Camargue et de ses traditions félibres, il célèbre les Saintes-Maries-de-la-Mer, « lieu saint de la Bohème d'Europe », note le journal, et Arles, « capitale de la Gaule romaine et capitale chrétienne » – Arles dont il va devenir le sous-préfet sous le régime de Vichy. Cette activité ne lui rapportera pas que des avantages. Peu de temps après la fin de la guerre, Jean des Vallières, certes, continue à publier mais il se trouve apparemment en Suisse : *Extrême-Sud : sous le drapeau de la Légion étrangère* est un recueil de récits qui paraît à Genève en 1947 sous la signature de « Térence Mac Swiney ». Il est dédié à René Benjamin (1885-1948), prix Goncourt en 1915 avec *Gaspard*, un récit des tranchées par la suite très décrié ; sans doute injustement décrié. Son nationalisme et ses convictions royalistes l'ayant poussé à faire certains choix – et bien qu'il ne fût pas favorable aux occupants allemands –, René Benjamin a été inquiété à la Libération.

Inquiété, il semblerait que Jean des Vallières l'ait été lui aussi, jusqu'à devoir se réfugier en Suisse. Ses activités administratives en sont la cause première, associées à des prises de position politiques. Semblable à René Benjamin, il est fidèle à celui dont le regard est bleu « comme la capote d'un petit paysan de la classe 15 » et qu'il salue discrètement, dans *Extrême-Sud* : « celui qui était le Rempart alors, et à qui tous continuent de penser, dans les foyers retrouvés, autour de la table studieuse où les enfants font leurs devoirs – une simple photo au mur, sous le crucifix ». Nostalgique de la royauté autant que du maréchal Pétain, il se réclame de Charles Maurras : ce que veut, par exemple, son colonel de Joyeuse, c'est aller « en des pays où il y a encore des rois » et qu'importe s'ils sont « arabes ou nègres » ! Leur existence ne contredit pas la « grande France ». Pour symboliser celle-ci, l'auteur indique « par une simple ligne en travers de la page, l'horizon du désert ». Il ajoute un poste dessiné en quatre traits dont l'un est la hampe du drapeau. Au premier plan, « coiffé d'un képi de lieutenant de la Légion étrangère », se tient un Français qui n'est « métissé d'aucun compromis moral ». Dans son poste voué à la défense d'un vaste territoire, il constitue le ciment liant tous les soldats de métier. Sans lui, ils ne formeraient « qu'une horde sans cohésion ». Et ces « aventuriers trahis par tous les amours », il les aime, il les conduit à la gloire.

Après la guerre, Jean des Vallières collabore à la revue *Les Libertés françaises* (1955-1959). Son antisémitisme est manifeste et rend désagréable la lecture de certains passages de ses livres. Mais cela ne l'empêchera pas de poursuivre ses activités littéraires dans son appartement du boulevard des Invalides qu'il a retrouvé assez vite. Au total, il écrira près de trente ouvrages. Un certain nombre d'entre eux ont la Légion étrangère pour sujet et le colonel Pierre de Joyeuse comme personnage central. Ce dernier – dont Henri Vallerse est le jeune ami fidèle – tire ses traits, nous l'avons dit, du colonel Henry de Corta mais aussi du maréchal Lyautey : de même que ce dernier, Joyeuse aime s'entourer de « beaux officiers » dont il admire « formidablement [la] vitalité et [la] musculature ». Cependant, il ne connaît pas la même mort que son modèle principal, frappé au Tonkin par une congestion cérébrale le 5 septembre 1932. L'auteur attribue à son personnage une fin glorieuse : dans *Les Hommes sans nom* (Albin Michel, 1933), le colonel de Joyeuse tombe lors d'un combat au Maroc en essayant de reprendre à l'ennemi le corps de son fidèle sergent et chauffeur Bramt : « la Légion marche à la fusillade d'abord et s'occupe des conséquences ensuite. Une vie, ça compte pour ceux qui l'ont prise en charge ; on doit la sacrifier parfois, tout le monde est d'accord là-dessus, mais pas pour finir dans d'atroces supplices si l'on est pris blessé, pas pour devenir un de ces cadavres mutilés et déchiquetés qui servent de trophées dans les douars ».

Par la suite, Jean des Vallières consacrera un ouvrage à son arme favorite : *Et voici la Légion étrangère* (André Bonne, 1963). La guerre d'Algérie vient de se terminer, il veut contrer « l'acharnement à discréditer cette troupe d'exception » qui est sujette aux critiques du fait de son éloignement du territoire métropolitain, de sa relation à la colonisation, de l'humiliation de la défaite de 1940 qui a séparé le pays de notions telles que l'honneur, la fidélité à la parole donnée… Cette même fidélité a conduit certains des officiers à participer au putsch mais ils n'en restent pas moins les « premiers soldats du monde ». Très loin des « petites mesures bourgeoises », ils se présentent comme des insurgés qui s'opposent à l'ordre établi. Ils sont « des chevaliers de fortune qui entrent [à la Légion] comme en religion ». Car la Légion est une mère qui ouvre ses bras aux « victimes de l'infortune, pourvu que les désespoirs qu'ils lui apportent soient vigoureux ».

Jean des Vallières meurt le 20 septembre 1970.

France Marie Frémeaux

Bibl. : Notice biographique dans Béatrice et Michel Wattel, *Qui était qui, dictionnaire biographique des Français disparus ayant marqué le xxe siècle*, J. Lafitte, 2001 • Stéphane Launey, « Jean Renoir sous l'uniforme », *Revue historique des armées*, n° 259, 2010, p. 79-92 • Jean des Vallières, *Au pas de la Légion étrangère, les rendez-vous du hasard (récits)*, Albin Michel, 1955.

VAN HECKE, général Alphonse (1890-1981). – Ce Flamand est né à Anvers le 9 novembre 1890, et c'est sa rencontre avec un cousin germain de son père, le sergent Minnaert, héros d'Afrique noire et d'Indochine, qui décide de l'avenir d'Alphonse Van Hecke : il servira à la Légion étrangère et deviendra officier français. Alors qu'il s'est engagé à dix-huit ans, ses qualités intellectuelles et morales sont aussitôt repérées. Caporal à deux ans de service, il se distingue au Maroc, y est blessé et décoré de la médaille militaire. Promu sergent, il est naturalisé français et prépare le concours d'admission à l'école militaire de l'infanterie de Saint-Maixent. Déclaré admissible au concours de 1914, le sergent Van Hecke rejoint le régiment de marche de la Légion étrangère en 1916 et y est nommé sous-lieutenant le 5 février 1917.

Au cours des deux années de guerre, il est successivement chef d'une section de fusiliers-voltigeurs, d'un peloton de mitrailleuses, officier à l'état-major de la brigade, officier de renseignement du régiment. En outre, sa connaissance de la Belgique et des langues étrangères lui vaut de remplir une mission de recueil de renseignement en Belgique. Lorsque la guerre s'achève, il a mérité quatre citations, reçu deux nouvelles blessures et été fait chevalier de la Légion d'honneur.

Promu lieutenant, Van Hecke est envoyé en mission en Allemagne. Au terme de celle-ci, il est muté dans l'infanterie coloniale. Dans ses rangs, il sert au Levant, en Afrique et en Indochine. Il mérite deux nouvelles citations, est blessé pour la quatrième fois et promu capitaine, officier de la Légion d'honneur et chef de bataillon. En août 1934, le commandant Van Hecke est mis sur sa demande à la retraite, ayant accompli vingt-cinq ans de services.

Toutefois cette retraite est formelle : le jeune retraité est aussitôt embauché par les services spéciaux du territoire et prié de s'installer à Anvers afin d'identifier les agents de renseignement allemands opérant en Belgique et aux Pays-Bas. Ses séjours en Allemagne lui permettent en outre de recueillir des renseignements sur l'armée allemande elle-même. L'entrée dans la Seconde Guerre mondiale n'interrompt pas ses missions, y compris en territoire allemand, mais, « brûlé », il doit rentrer en France où il prend le commandement d'un bataillon.

Après la défaite de la France, il s'engage dans les Chantiers de jeunesse, voyant en eux un moyen d'éducation civique préparant les jeunes à leurs responsabilités de citoyens en temps de paix comme en temps de guerre. Commissaire régional en Afrique du Nord, il les organise pour qu'ils deviennent des unités combattantes solides au terme d'une formation militaire accélérée. Simultanément, au sein du « Groupe des Cinq » (avec Henri d'Astier de La Vigerie, Jacques Lemaigre-Dubreuil, Jean Rigault et Jean Tarbé de Saint Hardouin) et assisté du colonel Jousse comme conseiller militaire, il prépare les débarquements alliés en Afrique du Nord du 8 novembre 1942.

La réussite de ceux-ci l'amène à mettre le personnel des Chantiers à la disposition de l'armée. Il obtient, pour lui-même, la création d'un régiment de chasseurs de chars, le 7e régiment de chasseurs d'Afrique, qui perpétue au cours des campagnes d'Italie, de France et d'Allemagne la tradition des Chantiers de jeunesse. La guerre terminée, il est nommé général de brigade dans la deuxième section du corps des officiers généraux le 25 juin 1946.

Le général Van Hecke, commandeur de la Légion d'honneur, médaillé militaire et titulaire de 16 citations, a porté la main du capitaine Danjou le 30 avril 1978. Il est mort le 20 juillet 1981.

Henry DUTAILLY

Bibl. : Alphonse Van Hecke, *Les Chantiers de la jeunesse au secours de la France, souvenirs d'un soldat*, NEL, 1970.

VATCHNADZÉ, chef d'escadrons Jean (1899-1979). – Entré à la Légion étrangère comme jeune officier en 1921, le chef d'escadrons Vatchnadzé la quitte le 28 octobre 1950, après vingt-neuf ans de service dont vingt-cinq dans la cavalerie légionnaire et en particulier au 1er régiment étranger de cavalerie (REC).

De famille princière, né dans la région de Tiflis, Jean Vatchnadzé est élève officier dans l'armée de l'éphémère première République géorgienne lorsqu'il est détaché en France, où il décide de rester en exil à la suite de l'annexion du pays par l'Union soviétique naissante (février 1921). Admis à l'école d'infanterie de Saint-Maixent à titre étranger en septembre 1921, il est affecté au 1er régiment étranger d'infanterie comme sous-lieutenant en octobre de l'année suivante. À la suite d'un stage à l'école de Saumur puis d'un détachement au 9e régiment de cuirassiers, il est autorisé à passer dans la cavalerie et est affecté en octobre 1925 comme lieutenant au 1er REC nouvellement créé (son étendard lui est remis le 2 décembre de la même année) – régiment au sein duquel les légionnaires géorgiens et russes blancs sont nombreux. Il sert successivement au Maroc avec le 2e escadron, pendant la dernière phase de la guerre du Rif, et participe à tous les combats jusqu'en 1929, puis en Tunisie. Nommé capitaine en mars 1937, il commande successivement l'escadron de mitrailleuses et engins du régiment jusqu'en novembre 1938, puis au printemps 1939 l'escadron d'instruction de Bel-Abbès.

À la suite de la déclaration de guerre de septembre 1939, il rejoint en février 1940 le groupement de reconnaissance divisionnaire (GRD) Légion (GRD 180, puis GRD 97 de la 7e division d'infanterie nord-africaine) avec lequel il débarque en métropole en mars et stationne au Valdahon. Il prend en mai le commandement de l'escadron à cheval et est engagé dans la Somme, au sud de Péronne, où il résiste pendant deux semaines. Lorsque les lignes françaises sont bousculées à partir du 7 juin (le chef de corps et plusieurs de ses officiers sont tués au feu), le GRD assure l'arrière-garde de la division qui se replie vers l'Oise. Isolé de son unité à Noroy le 9 juin 1940, fait prisonnier et évadé, le capitaine Vatchnadzé parvient à la retrouver le 21 juillet au terme d'un long périple.

Rapidement réaffecté en Afrique du Nord, il embarque pour la Tunisie en septembre et commande à Sousse puis à Fès au Maroc pendant un an le 2e (devenu 4e à la suite d'une réorganisation) escadron du 1er REC. Jusqu'au débarquement en Provence en septembre 1944, il occupe différentes fonctions au sein du régiment (adjoint au commandant du 2e groupe d'escadrons, commandant du 20e escadron, chef du service social du régiment, etc.), puis participe aux opérations de la Libération jusqu'en mars 1945.

De retour en Algérie dès le mois de juin, il est promu chef d'escadrons à titre définitif (titre étranger) et rejoint Sidi-Bel-Abbès. Adjoint au commandant du groupe d'escadrons d'instruction du dépôt central de la Légion, il est en particulier chargé de la formation des légionnaires affectés dans les unités motorisées et assure en France métropolitaine et en Allemagne plusieurs missions de recrutement au bénéfice de la Légion. Une ultime mutation en décembre 1946 l'envoie à Oujda, à l'escadron hors rang du 2e REC, régiment où il est admis à faire valoir ses droits à la retraite. Il est alors l'un des plus anciens officiers de la Légion, parmi les plus populaires, la grande figure du Royal Étranger. Il se retire à Saumur où il meurt en 1979.

Rémy PORTE

VAUCHEZ, capitaine Joseph (1865-1903). – Saint-cyrien (promotion « de l'Annam », 1885-1887), Joseph Vauchez est nommé sous-lieutenant en octobre 1887 et connaît une première partie de carrière dans l'infanterie métropolitaine (67e régiment d'infanterie). Il fait ensuite le choix de passer dans la Légion étrangère et rejoint le 2e régiment étranger (RE) en Algérie en février 1900, alors qu'il est capitaine depuis déjà plus de trois ans. Il est d'abord envoyé au Tonkin, d'août 1900 à janvier 1902, à l'époque où la pacification du territoire est entrée dans sa phase finale, depuis 1896. À nouveau affecté en Algérie, il prend le commandement de la 22e compagnie montée du 2e Étranger.

À la tête de son unité, il nomadise pendant plusieurs années dans les vastes espaces peu peuplés mais si difficiles à soumettre du Sud algérien. Il est mortellement blessé le 2 septembre 1903 à El-Moungar, à la suite d'une attaque lancée par un très fort groupe d'insoumis contre sa colonne qui assure la protection d'un convoi de ravitaillement. Touché à trois reprises au début du combat, il agonise pendant de longues heures au milieu de ses légionnaires qui résistent toute la journée sous un soleil brûlant. À la nuit, les rebelles se dispersent, mais le 2e Étranger déplore déjà la mort d'un officier et 37 légionnaires. Le 3 septembre, à la mi-journée, le capitaine Vauchez meurt avant d'avoir pu être transféré auprès d'un médecin. Sa dépouille est alors rapportée à Taghit, où il est inhumé dès le 4, avant que le corps puisse être rapatrié dans l'Hexagone et définitivement enterré dans son village natal de Clairvaux-les-Lacs, dans le Jura.

Rémy PORTE

Bibl. : Jacques Gandini, *El-Moungar. Les combats de la Légion dans le Sud oranais, 1900-1903*, Extrem'sud Éditions, 1999.

VEILLÉE DE CAMERONE. – En 1948, le colonel Gaultier, commandant le dépôt commun des régiments étrangers (DCRE), fixe les règles de commémoration de la bataille de Camerone à la maison mère de la Légion. La traditionnelle veillée aux flambeaux, précédée par un défilé avec ou sans chars accompagné d'une fanfare, cède la place à une manifestation plus solennelle qui appelle au recueillement. Pour lui conserver son caractère intime – elle réunit les familles des légionnaires et les invités aux cérémonies et festivités de Camerone –, le public n'y est pas invité. Le commandant du dépôt commun la tient comme un lointain héritage de la veillée de prière du chevalier avant la cérémonie d'adoubement. Il en définit les orientations et désigne les responsables de sa préparation, de son organisation et de sa réalisation.

Quel que soit le thème retenu, une campagne et un combat, l'« esprit de Camerone » doit souffler sur la cérémonie. L'officier responsable n'a que l'embarras du choix. Il puise dans l'histoire de la Légion, riche de ses combats « emblématiques », le sujet de l'année qui donne l'occasion de mettre en valeur un personnage ou une unité, d'évoquer une campagne et revenir sur les « vertus » propres au légionnaire. La plus grande initiative est laissée aux responsables qui disposent à discrétion des infrastructures et des personnels du 1er régiment d'infanterie et du DCRE. L'attachement particulier de la Légion à l'Algérie – tous les régiments sont engagés dans la guerre à la fin de 1956 – donne une tonalité particulière à certaines des veillées des années 1950 dans le quartier Vienot. C'est notamment le cas en 1958 à Sidi-Bel-Abbès. Ainsi en est-il de l'appel solennel lancé devant les drapeaux massés devant le monument aux morts : « Ô France, si par moments égarée par des fous, tu doutes de ta cause, si par moments tu rougis de nommer ceux qui meurent pour toi parce qu'ils sont étrangers, si par moments, oubliant ton passé tu doutes de ton avenir : Regarde nos emblèmes et reprends ta confiance... » Elle préfigure la position de l'armée en général et de la Légion en particulier lors du 13 mai à Alger et dans les grandes villes où la Légion tient garnison.

La première veillée sur le sol métropolitain a lieu au théâtre de verdure de Gémenos (Bouches-du-Rhône) en 1963. De tradition récente, donc, la veillée évolue sensiblement et s'apparente peu à peu à un spectacle « son et lumière ». À l'origine, célébrée à la maison mère, elle est adoptée dans les autres régiments et connaît un certain succès, tout en contribuant à développer la cohésion en donnant en exemple les grandes figures de la Légion. Annuelle à ses débuts, elle n'a lieu qu'épisodiquement depuis quelques années.

André-Paul COMOR

Sources : Anonyme, *Veillée de Camerone 1958*, service information du 1er régiment étranger, Sidi-Bel-Abbès, 1958 • Paul Arnaud (de Foïard) et José Romero de Tejada, *La Légion étrangère présente. Veillée de Camerone*, réalisée par le service information de la Légion étrangère et représentée à Sidi-Bel-Abbès le 30 avril 1954, Presse de *Képi blanc*, Sidi-Bel-Abbès.

VERACRUZ. – Ville et port du Mexique, sur la baie de Campeche dans le golfe du Mexique, constituant la porte d'entrée – et de sortie – pour les conquérants européens depuis Hernán Cortés en 1519 jusqu'au départ de l'expédition française en 1867. Protégée par l'île et le fort de San Juan d'Ulloa, mais adossée à un arrière-pays semi-inondable et de climat inhospitalier, appelé les « terres chaudes », la ville de Veracruz ne se développa réellement qu'au XIXe siècle. Elle devint alors la cible de plusieurs attaques étrangères : celle d'une flotte française en 1838 lors de la « guerre des pâtisseries » ; celle d'une flotte américaine en 1847 lors de la guerre américano-mexicaine ; celle d'une flotte internationale en 1861 et enfin celle d'une nouvelle flotte américaine en 1914. Elle compte aujourd'hui plus de 500 000 habitants. Veracruz est aussi le nom d'un des États du Mexique – précisément Veracruz de Ignacio de la Llave – dont la capitale est Xalapa, ville située à 102 km du port de Veracruz et implantée par-delà les terres chaudes sur les premières pentes de la Sierra Madre orientale.

Malgré une défense conduite par le général La Llave, gouverneur de la ville, Veracruz est occupée par une escadre internationale franco-hispano-britannique, aux ordres de l'amiral Jurien de La Gravière, du général Prim et de l'amiral Dunlop, dès le mois de décembre 1861. La ville servit alors de base de départ aux forces terrestres chargées de marcher sur Mexico, mais arrêtées par la résistance opiniâtre de la ville de Puebla (2 mai 1862-19 mai 1863). Elle devint la plate-forme logistique du corps expéditionnaire français à partir de laquelle une voie de chemin de fer fut construite. Elle servit aussi de base de transit médical pour les nombreux malades du *vomito negro* (fièvre jaune), et le lazaret, aménagé sur l'île des sacrifices au milieu de la baie de Veracruz, fut rapidement le premier fournisseur du cimetière voisin.

Acheminé depuis Oran par les navires *Saint-Louis*, *Wagram* et *Finistère*, le régiment étranger du colonel

Jeanningros y débarqua le 28 mars 1863 et reçut pour mission la protection des communications de Veracruz au Chiquihuite, mission effective à compter du 31 mars. C'est au cours du premier mois d'exécution de cette mission que se déroula le combat de la 3e compagnie dans l'ancienne hacienda de la Trinidad à proximité du village de Camaron. Renforcé ensuite par un bataillon d'infanterie fourni par le vice-roi d'Égypte, dénommé officiellement « bataillon nègre d'Égypte », et par la contre-guérilla française au Mexique conduite par le colonel Dupin, auquel il céda la charge de cette région inhospitalière et peu adaptée à l'infanterie, le régiment étranger quitta Veracruz pour n'y revenir qu'à la fin de son parcours mexicain. Ce départ entamé en juin 1863 fut complet en avril 1864 lorsque le régiment étranger, renforcé et réorganisé, fut transféré à Puebla.

Toutefois, lorsque le colonel Jeanningros, chef de corps du régiment étranger, prit le commandement supérieur de Veracruz et des terres chaudes, à compter du 13 juin 1863 pour une durée de six mois, il conserva un petit détachement de légionnaires à Veracruz, chargé des tâches ordinaires de petit dépôt régimentaire et à l'occasion de peloton de discipline. Du fait des conditions sanitaires désastreuses dans lesquelles sa mission se déroula, ce détachement perdit trois de ses chefs successifs, les lieutenants Lèbre, Borgella Hura et Aubin, en moins de cinq mois. Il participa cependant à l'accueil des 3e et 4e bataillons du régiment étranger, restés en Algérie, qui ne rejoignirent, par échelons successifs, qu'entre janvier et août 1864. Près de trois ans plus tard, ce détachement fut réactivé pour l'organisation des opérations d'embarquement en fin de campagne qui se déroulèrent pour la Légion étrangère le 28 février 1867. Ce jour-là, les vaisseaux *Pomone*, *Var*, *Tarn* et *Aveyron* emportèrent les légionnaires loin du sol mexicain.

Philippe GUYOT

Bibl. : Alain Gouttman, *La Guerre du Mexique 1862-1867. Le mirage américain de Napoléon III*, Perrin, 2008.

VERDUN. – Place forte de Lorraine dans l'est de la France, sur l'axe direct entre Paris et Strasbourg, dont la défense fut un des deux épisodes marquants du front de l'Ouest lors de l'année 1916, mais qui ne fut dégagée définitivement que lors d'une série d'offensives limitées de la fin de l'été 1917, connues sous le nom de « seconde bataille de Verdun ». Au cours de celles-ci, le régiment de marche de la Légion étrangère (RMLE) conduit par son nouveau chef, le lieutenant-colonel Paul Rollet, s'illustra au point de recevoir sa sixième citation à l'ordre de l'armée : « Le 20 août 1917, sous l'énergique impulsion de son chef, le lieutenant-colonel Rollet, s'est élancé à l'assaut d'un village et d'un bois puissamment organisés. Malgré les difficultés du terrain, les a enlevés avec une telle fougue, qu'en dépit de nos propres barrages, il a dépassé l'objectif final qui lui avait été assigné à près de 3 kilomètres de son point de départ. Entreprenant aussitôt une nouvelle action qui n'avait été prévue que pour une date ultérieure et dans une direction toute différente, a fait preuve de ses belles qualités manœuvrières en se rendant maître d'une série de hauteurs, puis d'un village dont l'enlèvement avait coûté précédemment de lourds sacrifices à l'ennemi. A ainsi assuré la possession d'un front de 2 km 500 et la capture de 680 prisonniers, de 8 canons et de nombreuses mitrailleuses » (ordre 900 de la IIe armée du 20 septembre 1917).

Dans les faits, le 20 août 1917, le RMLE, dont les effectifs ont été complétés à 2 600 hommes, s'élance à 4 h 40. Il est le régiment le plus à droite dans le dispositif de la division marocaine et progresse entre la route de Forges, l'ancienne voie ferrée de Cumières et la rive gauche de la Meuse. Il assure aussi, au niveau de ce fleuve, la liaison entre le 16e corps d'armée (CA) dont il fait partie et le 15e CA qui progresse de l'autre côté de la Meuse dans la région de Champneuville. Les légionnaires attaquent, masque à gaz en place, puisque la préparation d'artillerie, qui dure depuis neuf jours, a donné lieu à une réplique allemande à base d'obus toxiques. Suivant au plus près le barrage d'artillerie, ils atteignent les lisières nord du village de Cumières en trente minutes, abordent la côte de l'Oie vers 6 heures puis, franchissant notre propre barrage d'artillerie, coiffent cette côte dans la région du bois de Cumières avec près de deux heures d'avance. Fixé face au col de la route de Forges, le 2e bataillon du chef de bataillon Waddel, officier néo-zélandais, arrête cependant plusieurs contre-attaques venant du nord dans la matinée, puis de nouveau à l'aube du 21. Pendant ce temps, la reprise de la préparation d'artillerie offre aux unités le délai pour se réorganiser, et, à 16 heures, par un nouvel assaut frontal sur le boyau Kiepert et celui de Forges, ainsi que par une manœuvre d'encerclement sur la position fortifiée de la cote 265, la côte de l'Oie tombe aux mains des légionnaires. L'attaque reprend le lendemain dans le double dessein de progresser vers Forges, au nord, et d'établir une liaison avec les troupes amies de l'autre côté de la Meuse, à l'est. Par une succession d'assauts à la grenade, le 3e bataillon du chef de bataillon Giudicelli progresse sur ces deux axes et ferme la boucle de la Meuse à Regnéville, tournant largement l'ennemi du fuseau voisin qui doit se replier en laissant plusieurs batteries d'artillerie entre nos mains : 4 pièces de 105 mm, 10 pièces de 77 mm et un canon de 380 mm sur voie ferrée. À la nuit tombée, le RMLE tient le Fond de Belleveaux et occupe Regnéville-sur-Meuse. Dès lors, l'ennemi n'a plus aucun observatoire à vue directe sur la citadelle de Verdun et ses routes d'approche. Cette offensive de dégagement est donc une réussite. Les jours suivants, le front est consolidé sur ces positions, ne gagnant que quelques hectomètres, mais surtout brisant les contre-attaques que les Allemands ne manquent pas de conduire. Après avoir bousculé ou repoussé les bataillons de quatre régiments allemands réputés d'élite (20e, 24e, 221e et 223e Infanterie Regiment), le RMLE est relevé en première ligne, le 4 septembre.

Ce premier succès du lieutenant-colonel Rollet est d'autant plus remarquable qu'il est obtenu en économisant le sang des légionnaires (75 morts et 350 blessés seulement) et surtout qu'il se déroule sous les yeux des généraux Pershing, de Castelnau et Pétain – ce dernier disant, en remettant la Légion d'honneur et la sixième palme au drapeau : « Légionnaires, vous ne vous arrêterez pas dans vos succès, je ne m'arrêterai pas non plus, dussé-je inventer pour vous de nouvelles récompenses, s'il le faut votre drapeau sera officier, commandeur de la Légion d'honneur » (27 septembre 1917). Le village de Cumières n'a jamais été reconstruit. À son emplacement ne reste que le cimetière devant lequel un monument porte l'inscription suivante : « Ici le Régiment de marche de la Légion étrangère a repris CUMIÈRES le 20 août 1917, Gloire à ses héros. »

Philippe GUYOT

• *Voir aussi* : Première Guerre mondiale.

VERHEUST, Richard (1912-1988). – Fils de charpentier, né à Ostende en Belgique, Richard Verheust est ouvrier du bâtiment et marié lorsqu'il s'engage dans l'armée belge puis signe un contrat de cinq ans dans la Légion étrangère en février 1939. Après son instruction au 1er régiment étranger, il sert au 6e régiment étranger d'infanterie au Levant. Fait prisonnier le 12 juin 1941 pendant la campagne de Syrie, il rallie les Forces françaises libres, le 25 juillet, et est versé à la 13e demi-brigade de Légion étrangère. Affecté au 2e bataillon de Légion étrangère (BLE) commandé par le chef de bataillon Babonneau, il participe à la campagne de Libye au cours de laquelle il se distingue le 27 mai 1942 lors de la bataille de Bir Hakeim en tirant sur un char, à courte portée, à la mitrailleuse, pour faciliter sa destruction par un canon de 75 mm voisin. Le 11 juin, le légionnaire Verheust est blessé par balle lors de la sortie de la garnison. Rétabli, il prend part en novembre 1942 à la bataille d'El-Alamein.

Promu caporal en janvier 1943, il combat en Tunisie, en Italie et en France jusqu'en mai 1945. Sergent depuis janvier 1945, rengagé par la suite, il sert en Indochine de mars 1946 jusqu'en mai 1948, puis à Madagascar et en Afrique du Nord. Il quitte le service en février 1957 pour reprendre son métier d'origine à Ostende. Il meurt le 28 mai 1988 à Namur.

Sans être une « figure » de la Légion, Verheust est représentatif du légionnaire qui a tenu – sans éclat particulier – ses engagements avec honneur et fidélité. Il convient aussi de rappeler que sa vie sans éclat a été celle de nombre de légionnaires, humbles soldats d'occasion, qui ont fait honneur à la France aux heures les plus sombres des années 1940.

Jean-Noël VINCENT

VERSAILLES, article 179 du traité de. – Le 7 mai 1919, les conditions de paix sont remises aux plénipotentiaires allemands à Versailles. Il leur semble rapidement « que les exigences de ce traité dépassent la force du peuple allemand ». Aussi des remarques sont-elles formulées : elles portent sur la perte des territoires et dans une moindre mesure sur les colonies, les réparations et la volonté de faire participer l'Allemagne à la Société des nations. Aussi, le 28 juin, quand l'Allemagne signe à contrecœur ce traité avec vingt-six puissances, la partie relative à ses forces armées lui est finalement une des moins douloureuses. Parmi les clauses militaires, l'article 179 est relativement important. Il clôt les mesures concernant la composition et l'entretien des forces. Ce paragraphe vise à empêcher l'Allemagne de se créer une armée en dehors de son territoire national. Ainsi doit-elle renoncer à l'accréditation des missions militaires, navales ou aéronautiques à l'étranger. De même, elle s'engage à empêcher l'enrôlement de ses membres dans une armée étrangère ou à apporter une assistance technique à une autre nation. De leur côté, les puissances alliées renoncent à enrôler des Allemands. Toutefois, la France ne peut pas se passer du contingent allemand, qui représente un véritable vivier. C'est pourquoi elle parvient à s'exonérer « légalement » de cet article fort embarrassant. En effet, elle convainc ses partenaires de lui accorder une dérogation. Un dernier alinéa suspensif est donc ajouté. Il stipule que « la présente disposition ne porte aucune atteinte au droit de la France de recruter la Légion étrangère conformément aux lois et règlements militaires français ». La France joue de ce privilège qui lui « permet fort habilement le recrutement de la Légion » ; elle s'en sert à la fois pour satisfaire ses besoins en effectifs et pour tenter de tarir le recrutement d'Allemands dans la légion espagnole.

Les autorités allemandes, confrontées aux désordres de l'après-guerre, réagissent après la crise de 1923-1924 alors qu'émerge une forte opposition nationaliste et que des campagnes de presse soulèvent le problème. L'objectif des autorités allemandes est alors de « supprimer la clause du traité de Versailles relative à la Légion étrangère ». Aussi des actions sont-elles menées auprès de la Société des nations dont l'Allemagne est devenue un membre permanent en 1926. L'Allemagne cherche à toucher les pays signataires du traité. Elle souhaite que cette clause soit intégrée aux discussions qui ont lieu dans le cadre du désarmement. Enfin, dépassant le contentieux franco-allemand, elle élargit son discours à l'ensemble du recrutement de la Légion et se présente comme le porte-parole des nations ayant le plus à souffrir de voir ses ressortissants porter les armes de la France. Finalement, malgré de nombreuses campagnes de propagande anti-Légion dans les pays aussi bien anglo-saxons que scandinaves ou d'Europe centrale, l'Allemagne ne parvient pas à fédérer et donc à abroger cette disposition particulièrement favorable à la France et à la Légion étrangère.

Alexis NEVIASKI

Sources : Centre de documentation de la Légion étrangère • SHD-Terre, 6N 79, 3H 259, 7N2 2054 (1) • Traité de paix entre les puissances alliées et associées et l'Allemagne et protocole signés à Versailles, 28 juin 1919.

VERT ET ROUGE. – *Voir* COULEURS.

VERT ET ROUGE, REVUE DE LA LÉGION ÉTRANGÈRE. – *Voir* KÉPI BLANC.

VICHY, régime de. – L'amorce du changement de régime est annoncée par le maréchal Pétain lors du Conseil des ministres du 14 juin 1940 : « l'Armistice est à mes yeux, la condition nécessaire de la pérennité de la France éternelle. » Quelques jours plus tard, le 28 juin, le général Weygand, ministre de la Défense nationale, écrit au nouveau chef de l'État que « l'ancien ordre des choses, c'est-à-dire un régime de compromissions maçonniques, capitalistes et internationales, nous a conduits où nous sommes, la France n'en veut plus. [...] [À] programme nouveau, hommes nouveaux ». La Révolution nationale, ordre nouveau, fer de lance de la politique du gouvernement de Vichy, impliquant l'élimination de l'« anti-France », c'est-à-dire les francs-maçons et les Juifs, est appliquée avec la plus grande rigueur en France et outre-mer. Cette mesure frappe l'armée, toutes armes confondues : 519 officiers et sous-officiers juifs et 189 maçons sont exclus de l'armée sans pension par mesure de persécution raciale.

Des négociations avec la commission allemande de Wiesbaden a résulté la limitation des effectifs de l'armée d'armistice à 100 000 hommes, organisée en huit divisions militaires, quatre régiments de cavalerie de réserve générale et le maintien de quatre régiments de volontaires étrangers : contrepartie sans doute à la livraison des légionnaires allemands et alsaciens-lorrains (quelques-uns ont été effectivement mis à l'abri). Dans l'esprit du régime de Vichy, l'armée d'armistice est l'armée du maintien de l'ordre. Les instructions du général Huntziger, ministre secrétaire d'État à la Guerre et commandant en chef des forces terrestres, sont diffusées auprès des grands subordonnés le 25 octobre 1940 sous le titre *Conduite morale et pratique de l'Armée*. Il y est rappelé que le maintien de l'ordre est la seule mission autorisée par la convention d'armistice : « Obéir aux ordres de ses chefs et à ceux du Chef de l'État ne veut pas dire exécuter avec plus ou moins de conviction des ordres qu'on ne peut éluder. L'époque ne saurait se contenter de tiédeur ni tolérer des réticences de cœur et de l'esprit. Elle exige de la ferveur », « elle se doit aujourd'hui de manifester son attachement au régime nouveau ». Le nouveau régime fait des militaires des outils de sa politique. Cette instruction est en contradiction avec la condition civique de tout soldat avant guerre qui faisait du militaire un exclus de la vie politique parce que ni électeur, ni éligible.

L'obéissance absolue est mise à mal lors de la guerre fratricide de Syrie en juillet 1941. À titre d'exemple, le 6e régiment étranger d'infanterie, une des unités de Légion des troupes du Levant sous les ordres du général Dentz, perd une part notable de ses hommes qui rejoignent les rangs des Forces françaises libres. La dissidence détermine le gouvernement de Vichy à exiger des officiers un serment de fidélité au chef de l'État, explicité dans une note d'Huntziger : « Aujourd'hui les apparences ne peuvent plus suffire [...], toute réticence intérieure serait une sorte de complicité, une amorce de trahison. » La note se termine par ces mots : « Suivez vos chefs avec foi, aveuglément. » Ce serment de fidélité est exigé des officiers qui, par voie de conséquence, engagent les hommes sous leurs ordres.

L'armée est mise à l'honneur par le nouveau régime. À Vichy notamment, où se multiplient les défilés et prises d'armes en présence des hauts dignitaires : le maréchal Pétain ou l'amiral Darlan, chef du gouvernement. Le premier anniversaire de la défense de Dakar est célébré le 25 septembre 1941 à la sortie de la messe en l'église Saint-Louis. D'autres suivront. C'est l'alliance du sabre et du goupillon dans l'exaltation du nouveau régime qui entraîne l'armée dans un processus politique de soutien absolu avec au besoin appel à la délation. Le refus et l'engagement dans la Résistance intérieure ou extérieure sont les autres alternatives.

Christine LEVISSE-TOUZÉ

BIBL. : Christian Bacheler, « L'armée française entre la victoire et la défaite », dans Jean-Pierre Azéma, François Bédarida (dir.), *La France des années noires*, t. I, *De la défaite à Vichy*, Le Seuil, 1993 • Jean Delmas, *Officier et historien, études, articles et cours*, Economica, 2001 • Olivier Forcade, Éric Duhamel, Philippe Vial (dir.), *Militaires en république, 1870-1962, les officiers, le pouvoir et la vie publique en France*, Publications de la Sorbonne, 1999.

VIEILLE LÉGION. – À la différence de la Vieille et de la Jeune Garde de Napoléon Ier, la vieille et la jeune Légion n'ont pas coexisté. Elles ne se sont pas même immédiatement succédé, car les régiments de marche de la Première Guerre mondiale s'intercalent entre elles. En 1920, les anciens qui continuent à servir et qui assurent la continuité s'associent à des nouveaux légionnaires pour renouveler une Légion qui sera dès lors quelque peu différente de celle de l'avant-guerre. Celle-ci sera appelée « vieille Légion » par opposition à celle qui se réalise alors, dite « jeune Légion ».

Cette vieille Légion est celle des conquêtes coloniales à partir de 1880. Ses qualités exaltées et ses défauts gommés, elle devient un modèle pour sa disponibilité, sa polyvalence et sa solidité. Elle est cependant dépassée sur le plan administratif, avec ses deux régiments indépendants l'un de l'autre – la formation du régiment de marche de la Légion étrangère en 1915 ouvre la voie à une unité de la Légion dont il faudra définir les modalités (ce sera l'œuvre du colonel Rollet). Par ce biais, l'expression : « Vieille Légion » prend une nuance péjorative qui s'accentuera après 1945.

La guerre d'Indochine transporte l'institution dans un autre univers. Paradoxalement, la création d'unités spécialisées (parachutistes, groupements amphibies, génie, train, matériel) condamne la tendance à l'autarcie qui s'est développée dans les années 1930. Les anciens qui s'accrochent à cette conception de la Légion (elle perdurera jusqu'en 1962) deviennent la « Vieille Légion » ou, par dérision, ceux qui « étaient en 1922 à la Montée ».

Cette impertinence, toutefois, est injuste : à la fin du conflit algérien, quand la Légion étrangère a dû faire face au putsch d'Alger, à l'Organisation armée secrète (OAS) et au repli sur la métropole, ce sont bel et bien quelques officiers dits « de la Vieille Légion » qui, par leur autorité, leur éthique et leur profonde connaissance des légionnaires, ont permis à celle-ci de surmonter l'épreuve, d'évoluer et, par là, de perdurer.

Henry DUTAILLY

VIENOT, colonel Raphaël (1804-1855). – Raphaël Vienot est le fils d'un adjudant de l'École spéciale militaire (ESM), alors à Fontainebleau où il naît le 31 août 1804. Au terme d'études faites au prytanée militaire de La Flèche, il est lui-même admis à l'ESM le 13 novembre 1823 et, classé parmi les premiers, affecté à sa sortie en 1825 au 4e régiment d'infanterie de ligne. Il y sert jusqu'à sa promotion au grade de chef de bataillon le 8 novembre 1846. Aucun élément de son dossier n'explique la lenteur de l'avancement de cet officier pourtant noté « fort capable, fort instruit, servant bien et de conduite exemplaire », si ce n'est qu'il a peu fait campagne : seulement trente mois en Algérie.

Dès 1847, toutefois, le chef de bataillon Vienot est jugé apte au grade supérieur. Et trois ans plus tard, le général qui le note estime qu'il fera un chef de corps (c'est-à-dire un colonel) distingué. Aussi est-il promu lieutenant-colonel le 9 janvier 1852 et colonel le 5 septembre 1854 pour succéder au colonel Bazaine à la tête du 1er régiment de la Légion étrangère (RLE). Comme cela semble être la règle à cette époque, il n'a jamais servi auparavant à la Légion. Confronté aux difficultés de tout ordre engendrées par le siège de Sébastopol (octobre 1854-septembre 1855), en Crimée, il s'adapte vite et réussit à coordonner l'action de son régiment dans trois domaines divergents : les travaux de siège, les opérations d'attaque et de défense et enfin l'organisation de la vie quotidienne au cours d'un hiver particulièrement rude.

Le 2 mai 1855, une opération est montée pour enlever des ouvrages russes qui prennent à revers les tranchées françaises. À gauche, six compagnies d'élite de la Légion s'emparent de leur objectif mais sont contre-attaquées et doivent faire appel à l'élément réservé formé par le 1er RLE et commandé par son chef de corps. Dès le début de cette action qui sera victorieuse, le colonel Vienot est tué d'une balle en pleine tête. Il était chevalier de la Légion d'honneur depuis 1842.

Son nom a été donné au « grand quartier » de Sidi-Bel-Abbès, au quartier d'Aubagne et à une promotion de candidats à Saint-Cyr du prytanée militaire de La Flèche.

Henry DUTAILLY

Sources : SHD-Terre, 3 Yf97.837.

VIGNES ET VIN. – *Voir* PUYLOUBIER.

VILAIN, sous-lieutenant Jean Nicolas Napoléon (1836-1863). – Jean Vilain naît le 3 août 1836 à Poitiers. Son père, ancien lieutenant de la Grande Armée décoré de la croix de la Légion d'honneur, décide d'attribuer à son descendant le prénom de l'Empereur. L'enfant puis l'adolescent est probablement éduqué dans l'idée du service des armes de son pays, dans la nostalgie de l'Empire et le culte du souvenir de son père qui meurt alors qu'il n'a que treize ans. Élève au prytanée militaire de La Flèche, le jeune homme a un caractère difficile et indiscipliné. Aussi, après plusieurs punitions souvent dues à son insolence, l'élève Vilain est-il renvoyé, car outre son caractère incorrigible il est trop âgé pour pouvoir espérer intégrer l'École spéciale militaire.

Le 27 mai 1854, il se rend à la mairie de La Flèche afin de s'engager à la Légion étrangère. Malgré sa petite taille – il mesure seulement 1,56 m –, ce candidat blond aux yeux bleus obtient un contrat de sept ans. Affecté au 2e régiment de la Légion étrangère le 5 juin, il passe ensuite au 1er régiment le 26 novembre, jour de son départ avec l'armée d'Orient pour la Crimée. Il a dix-neuf ans. Durant cette dure campagne qu'il fait dans sa totalité, le fougueux Brution indiscipliné est rentré dans le rang. Il délaisse son caractère immature pour se cuirasser de l'écorce rustique du soldat. La jeune recrue semble donner rapidement et complètement satisfaction. Et en effet, sa carrière est rapide : caporal le 8 juin 1855, il est promu sergent quatre mois plus tard (4 octobre) et sergent fourrier le 3 janvier 1856. En juillet, Jean Nicolas Napoléon Vilain retrouve l'Afrique et son premier régiment, le 2e Étranger, où il sert désormais au sein d'une compagnie de voltigeurs. Sergent-major le 4 décembre 1856, il participe à la pacification de l'Algérie. Le 19 avril 1859, il quitte à nouveau l'Afrique du Nord et appareille avec son régiment pour l'Italie afin de mener campagne contre les Autrichiens. Le 4 juin, la brigade de Légion étrangère est engagée dans la bataille de Magenta. Dans la journée, le sergent Vilain est blessé d'un coup de feu à la partie supérieure externe de la cuisse gauche. Treize jours plus tard, il est fait chevalier de l'ordre impérial de la Légion d'honneur. De retour en Algérie mais bientôt en fin de contrat, Jean Vilain décide de rengager pour sept ans à compter du 4 mai 1861. Il est alors autorisé à porter le premier chevron. Moins de deux ans plus tard, totalisant bientôt neuf ans de service, et après plusieurs propositions, il est promu sous-lieutenant. De plus, sensiblement au même moment, il est désigné pour prendre part à l'expédition du Mexique.

Affecté à la troisième compagnie, il prend les fonctions d'officier payeur par intérim, car le titulaire est victime du *vomito negro* (fièvre jaune) – comme d'ailleurs beaucoup d'autres personnels du régiment qui n'a pas encore un mois de présence sur le théâtre. Le 29 avril 1863, en toute logique puisque c'est sa compagnie qui est désignée pour se porter au-devant d'un important convoi, il est l'un des trois officiers du détachement. Le 30 avril, entre midi, heure de la mort du capitaine Danjou, et 14 heures, le sous-lieutenant Vilain prend le commandement de la défense de l'hacienda de Camaron de Tejeda. À 14 heures, celui qu'une balle autrichienne avait blessé quatre ans plus tôt meurt pour un prince autrichien. Alors qu'il est enterré au Mexique, les souvenirs personnels du glorieux sous-lieutenant sont restitués à sa famille le 21 mars 1864 à Paris. Par ailleurs, une plaque est apposée sur sa maison natale et, comme le stipule le récit officiel du combat : « L'empereur Napoléon III décida que le nom de Camerone serait inscrit sur le drapeau du régiment étranger et que, de plus, les noms de Danjou, Vilain et Maudet seraient gravés en lettres d'or sur les murs des Invalides à Paris. »

Alexis NEVIASKI

VILLEBOIS-MAREUIL, colonel Georges de (1847-1900). – Georges de Villebois-Mareuil n'a occupé qu'une place tardive dans la mémoire de la Légion étrangère. Il n'y servit que de mai à décembre 1895, comme colonel du 1er régiment, y laissant le souvenir d'un breveté brillant mais mal préparé à commander des légionnaires. Sa mort héroïque à Boshof (Transvaal) le 5 avril 1900 en avait fait un emblème de la France nationaliste. En 1867, à sa sortie de Saint-Cyr, il avait choisi l'infanterie de marine afin de rejoindre son oncle, l'amiral de Cornulier-Lucinière, gouverneur de Cochinchine, qui lui permit de regagner la métropole assez tôt pour participer à la guerre entre la France et la Prusse et s'illustrer à Blois le 28 janvier 1871. Blessé, soutenu par deux chasseurs, il conduisit, clairon sonnant, l'assaut du 25e corps. Promu capitaine, il reçut la croix de la Légion d'honneur le 7 février. Breveté de l'École supérieure de guerre en 1879, il poursuivit une carrière classique partagée entre temps d'état-major et temps de commandement.

En avril 1895, il obtint de passer au 1er Étranger dans l'espoir, bientôt déçu, de prendre part à l'expédition de Madagascar. Deux autres causes expliquent sa demande de mise à la retraite en décembre. D'une part, la mort, en 1893, de son épouse Paule Estranger, fille d'un des plus notables négociants marseillais, l'avait profondément affecté. Les étoiles lui paraissaient refusées, d'autre part, en raison de l'existence d'un frère député monarchiste. Il ne parvint pas à s'imposer en politique, malgré de très nombreuses publications, particulièrement dans *Le Correspondant*. Ses convictions l'avaient entraîné vers Charles Maurras, encore à la recherche du nationalisme intégral. Il remporta cependant un véritable succès avec la fondation de l'Union des sociétés régimentaires.

La guerre des Boers lui donna en 1899 l'occasion de combattre pour un petit pays injustement agressé, de venger de surcroît l'humiliation de Fachoda, de se dresser enfin contre « l'anti-France judéo-maçonnique ». Or, les Boers n'avaient que faire de cet aristocrate catholique dont la compétence militaire les gênait. Néanmoins, le 17 mars 1900, il reçut le commandement d'une « légion étrangère », qui se voulait le reflet de la Légion française et prétendait regrouper les nombreux volontaires européens venus servir la cause boer. Villebois-Mareuil lança alors un appel « Aux légionnaires qui m'ont connu ».

Ayant pris la tête d'un commando de 125 cavaliers, il fut encerclé, le 4 avril, sur les hauteurs de Boshof, par 750 Britanniques dotés de canons et de mitrailleuses. Il tomba après quatre heures d'un combat commandé debout, revolver au poing, car l'honneur militaire lui interdisait de se rendre – il ne pouvait rentrer vaincu et captif en France. La messe organisée à Paris par la Ligue de la Patrie française à Notre-Dame réunit 10 000 participants. Un symbole nationaliste bientôt balayé par l'Entente cordiale. Les édiles de Nantes, sa ville natale, ont érigé une statue à sa mémoire sur la place de la Bourse.

André MARTEL

Bibl. : Annette Keaney, *Le Lion et le sanglier. Deux héros de la guerre des Boers : Paul Kruger et Georges de Villebois-Mareuil*, France-Empire, 1991 • Bernard Lugan, *Villebois-Mareuil, le Héros de l'Afrique du Sud*, Monaco, Éditions du Rocher, 1990.

VITALIS PACHA, chef de bataillon Victor Vitalis, dit (1825-1899). – Issu d'une famille grecque de condition modeste, Victor Vitalis naît le 13 décembre 1825 à Constantinople. Doué d'une vive intelligence et d'un réel don pour les langues, il apprend dans sa ville natale le grec, le turc et le français auxquels s'ajouteront plus tard l'arabe, le bulgare et le russe. Esprit aventureux, il s'engage à Alger le 2 juin 1844 au 2e régiment de la Légion étrangère (RLE).

Au terme d'un premier engagement qu'il achève avec le grade de sergent, Victor Vitalis rentre dans sa famille à Constantinople puis rengage à Marseille le 24 octobre 1849 au 1er RLE. Il retrouve rapidement le grade de sergent, est promu sergent-major le 1er septembre 1851 puis nommé sous-lieutenant avant de partir pour la Crimée en 1854. Blessé deux fois au cours du siège de Sébastopol, il est promu lieutenant avant que les deux RLE ne fusionnent pour former le 2e régiment étranger (RE). Avec celui-ci, de retour en Algérie, il participe à l'assaut d'Icheriden (en Kabylie, le 24 juin 1857) et y est de nouveau blessé. Il est fait chevalier de la Légion d'honneur le 19 août 1857. Ensuite Victor Vitalis combat en Italie, du 3 mai au 8 août 1859, puis, nommé capitaine le 20 juin 1859 malgré son mauvais caractère et son indépendance, il est détaché auprès de l'armée ottomane du 8 mai 1860 au 4 août 1865.

Sa mission en Turquie terminée, le capitaine Vitalis rejoint le régiment étranger au Mexique et rentre avec lui en Algérie en 1867. Naturalisé français le 12 décembre 1868, il est aussitôt admis à servir à titre français, ce qui lui fait perdre son ancienneté de grade de capitaine et lui enlèverait tout espoir de promotion si la paix devait durer. Capitaine au 2e régiment de grenadiers de la Garde impériale, il participe à plusieurs batailles de l'armée du Rhin et est promu chef de bataillon le 2 octobre 1870. Fait prisonnier lors de la capitulation de Metz (27 octobre 1870), il s'évade, rejoint Paris assiégé et y commande un bataillon de zouaves. À la tête de celui-ci, il s'empare de deux canons prussiens au cours de la bataille de Villiers-sur-Marne (30 novembre-1er décembre 1870) – il est promu officier de la Légion d'honneur pour ce fait d'armes. À l'issue de la guerre, il sert dans plusieurs régiments avant de prendre sa retraite le 12 janvier 1875. Il se retire alors à Constantinople où il met en valeur des propriétés familiales tout en entretenant d'excellentes relations avec l'ambassadeur de France et le sultan.

Au terme de la première guerre balkanique (1877-1878) opposant la Russie à la Turquie, le congrès de Berlin impose un compromis : la Roumélie orientale majoritairement peuplée de Bulgares devient une principauté vassale de la Turquie. Elle est dirigée par un gouverneur civil et un gouverneur militaire chrétiens et non bulgares. Sujet ottoman d'origine grecque et chrétien orthodoxe, Vitalis Pacha, qui n'a pas renoncé à sa nationalité française, reçoit du sultan de hautes responsabilités dans l'armée ottomane. Consultée, la France accepte qu'il soit nommé général de division en Turquie. Le sultan lui confère la dignité de pacha. Le gouvernorat de Vitalis Pacha dure deux ans. Il est marqué par la formation d'une milice pour maintenir l'ordre, son combat pour lutter contre les intrigues destinées à rattacher la Roumélie orientale à la Bulgarie et la répression d'émeutes probulgares.

Henry Dutailly
& Christian Ridet

VOITURE BLINDÉE DE PRISE DE CONTACT BERLIET (et la fin de la conquête du Maroc, 1931-1934). – En 1929, le 1er régiment étranger de cavalerie (REC) passe graduellement du cheval au moteur, bien qu'il demeure unité mixte jusqu'en 1943. Il a détaché dans l'est du Maroc et à Colomb-Béchar deux de ses escadrons qui y jouent un rôle précurseur. Ces « escadrons-échantillons » reflètent la politique incohérente du ministère de la Guerre qui coûtera si cher en 1940. Le Maroc et le Sahara nord-occidental servent de banc d'essai pour des équipements hétéroclites. Ces matériels dépareillés sont toujours envoyés par petites fractions. Ainsi le 5e escadron possède-t-il, entre 1929 et 1934, sous le commandement du chef d'escadron Lennuyeux, un peloton de cinq camions blindés Panhard – premier essai réussi de transport de troupe blindé, tout-terrain, de l'armée française –, mais aussi trente camionnettes Citroën de types différents et à la conduite soit à gauche, soit à droite, six voitures de tourisme Renault Vivastella type Sahara, un véhicule Ford ancien modèle, un Berliet à chaînes et trois automitrailleuses White-Laffly hors d'âge… Mêmes dissemblances de matériels pour le 6e escadron, mais les deux unités ont pour base seize voitures blindées Berliet à partir de 1931, produites à 50 exemplaires, toutes utilisées en Afrique française du Nord, sauf 12 vendues à l'armée belge.

Cette VUDB (voiture blindée de prise de contact Berliet) est le seul véhicule du REC vraiment conçu pour le « bled ». Il présente des qualités tout-terrain en raison de ses quatre roues motrices, dont deux directrices, qui ont la particularité d'être indépendantes les unes des autres. Ce qui épargne à la VUDB de chasser et de sortir de zones pentues, sablonneuses ou accidentées. D'une longueur de 4,04 m, d'une largeur de 1,94 m (voie 1,61 m, empattement 3,07 m), ce blindé dispose d'un moteur de 2,5 litres à six cylindres (réservoir de 190 litres, rayon d'action inconnu), et offre la souplesse de huit vitesses avant et deux arrière. D'une vitesse de 53 km/h sur route (vitesse sur piste inconnue), si elle est d'un emploi plus flexible que les White-Laffly, aux yeux des anciens du REC cette VUDB est trop fragile. L'équilibre poids-moteur n'est pas atteint : 40 chevaux seulement pour 4,96 t. La carrosserie blindée, de 3 à 7 mm, est donc trop lourde pour un châssis surchargé par un second réservoir d'essence, un grand nombre de munitions et d'objets divers (propres aux véhicules des confins utilisés pour de longues missions où il faut être autonome et prévoir eau, vivres, etc.). En cas de conduite trop « dure », le demi-arbre casse ou les vitesses ne passent pas.

Cependant, bien mené, cet engin blindé est apprécié pour son armement : deux mitrailleuses Hotchkiss ou deux fusils-mitrailleurs 24/29 disposant de 4 000 cartouches. Ces armes sont placées sur des supports disposés sur les quatre parois blindées. Douze grenades complètent l'armement du sous-officier et des deux hommes d'équipage. Les deux escadrons savent tirer le maximum d'efficacité de ces VUDB, ce qui permet au REC de participer activement à la dernière phase de la conquête du Maroc où nomades et Chleuhs de la montagne opposent une vive et héroïque résistance.

En 1931, le 5e escadron participe au blocus du massif du Tafilalet, dernier refuge des djouchs du Sud orano-marocain. Le 31 mars, un peloton de reconnaissance et ses VUDB, accompagnés d'une demi-brigade de chars légers, surprennent des groupes de Berbères qui opposent une vive résistance avant de se disperser. De son côté, le 6e escadron prend part aux opérations de Taouz et de Gheris, lors de la « pacification » de Tadighoust et de l'oasis de Tilouine. En 1932, les deux escadrons assurent des missions d'accompagnement et de bouclage, dans le grand Atlas, région d'Outerbat et de la haute vallée de l'oued Ziz, où opèrent les unités légères, dont les 3e et 4e escadrons du REC, du groupe mobile du général Giraud. Puis, à l'été 1932, les deux escadrons motorisés sont constamment en course afin d'empêcher les derniers nomades résistants du Sud-Est marocain de gagner le Hoggar. Les matériels sont soumis à rude épreuve. Basé à Ksar-es-Souk, le 5e escadron n'a plus que deux VUDB en état de marche fin juillet. Détaché à Taghit, il assure la sécurité de la piste transsaharienne jusqu'à Beni-Abbès.

En 1933, les deux escadrons participent au blocus du djebel Sagho ; en février 1934, ils accompagnent l'ultime assaut sur ce massif en faisant partie du groupement commandé par le colonel Trinquet au sein du groupe mobile du général Giraud. Il s'élance de Icht, progresse à haute altitude malgré les tempêtes de neige, de pluie et parfois de sable. Devant un tel déploiement de forces, El Hanafin, le dernier chef irréductible des Chleuhs, demande l'aman. Peu après, le groupement Trinquet fait sa liaison avec le groupe mobile du général Catroux et se lance à la poursuite, dans le Tafilalet, ultime résistance à la conquête, des nomades Aït-Hammou et Aït-Khebbache. Le 10 mars, cette « campagne éclair » se termine et l'occupation de l'oasis de Tindouf suit peu après. Le 6e escadron s'y installe jusqu'en juillet. Il regagne ensuite Colomb-Béchar, puis la Tunisie, début novembre, où il est dissous, son matériel passant au 6e régiment de chasseurs d'Afrique. Le 5e escadron surveille jusqu'en 1939 les confins mauritaniens depuis Tinghir et Tazenaght. Le 1er juillet 1939, il passe au nouveau régiment créé à Midelt, le 2e REC.

Jean-Charles JAUFFRET

Bibl. : Jean-Charles Jauffret, *L'Idée d'une division de Légion étrangère et le Premier régiment étranger de cavalerie, 1836-1940*, Centre d'histoire militaire et d'études de défense nationale, Presses de l'université Paul-Valéry, 1978.

VOLONTAIRES ÉTRANGERS DANS L'ARMÉE FRANÇAISE. – Au-delà de la seule Légion étrangère, l'engagement d'étrangers au service armé de la France témoigne d'une grande permanence au fil des siècles, de la Monarchie à l'Empire et à la République. Le premier centre de rassemblement des volontaires étrangers qui constituent la « première Légion » est ouvert le 4 février 1831 à Langres et la Légion étrangère est officiellement créée le 10 mars suivant. Reconstitués après avoir été loués à l'Espagne puis licenciés en décembre 1838, réorganisés à plusieurs reprises, les compagnies, bataillons puis régiments de la Légion se distinguent au cours de toutes les campagnes extérieures, de la Crimée au Mexique et de l'Afrique du Nord au Tonkin.

C'est au cours de la campagne de 1870 que sont mis sur pied d'abord un 5e bataillon spécifique puis, par fusion de différents bataillons, un premier régiment de marche de la Légion (RMLE). Il se distingue devant Orléans les 10 et 11 octobre ; en son sein sert en particulier le sous-lieutenant Karageorgevitch, futur roi Pierre Ier de Serbie. Pour la première fois, la Légion étrangère intervient dans l'Hexagone et l'engagement de volontaires pour la durée de la guerre est reconnu. On compte alors plus de 3 600 engagés. Quant aux volontaires originaires des États d'Allemagne du Sud, ils ne sont déployés qu'en Afrique du Nord pour éviter qu'ils ne combattent les troupes confédérées autour de l'armée prussienne.

Au cours de la Première Guerre mondiale, le phénomène prend une plus grande ampleur, avec l'engagement de représentants de toutes les nationalités, soldats venus d'États souverains neutres – voire ennemis – (Brésiliens, Espagnols, Luxembourgeois, Mexicains, Néerlandais, Portugais, Roumains, Suisses, etc.) ou de communautés aspirant à l'indépendance (Arméniens, Croates, Polonais, Slovaques, Slovènes, Tchèques, etc.). Dès les premiers jours du conflit, immédiatement présenté par l'Entente comme la lutte de la liberté et du droit contre le militarisme, de très nombreux étrangers demandent à servir dans les rangs de l'armée française. Pour ne pas gêner le délicat processus de mobilisation qui entraîne des millions d'hommes vers les dépôts puis vers le front par voie ferroviaire, le gouvernement décide (loi du 8 août 1914) que les engagements de volontaires étrangers ne pourront être souscrits qu'à partir du vingt et unième jour de guerre. Ces volontaires sont pour l'immense majorité d'entre eux administrativement versés dans la Légion étrangère, seule entité susceptible de les accueillir afin qu'ils puissent bénéficier du statut de combattants, mais, à la différence des légionnaires ordinaires, ils s'engagent sous leur véritable identité en métropole et, à l'exception d'une infime minorité, ne connaîtront jamais les garnisons et dépôts nord-africains. Dès décembre 1914, plus de 8 000 hommes aptes au service sont incorporés dans les unités de marche de la Légion étrangère en formation. Pour former et encadrer ces recrues parfois un peu particulières, des cadres sont rappelés dans l'urgence de l'Empire colonial et des dépôts spécifiques sont créés en province, dans la zone de l'intérieur. Quatre régiments de marche de la Légion étrangère voient rapidement le jour : 2e régiment de marche du 1er Étranger, 2e régiment de marche du 2e Étranger, 3e et 4e régiments de marche du 1er Étranger. Dans un premier temps, les unités sont autant que possible organisées sur une base nationale homogène. Toutefois, à partir de l'automne 1915, du fait de la crise générale des effectifs (entre mai et juin 1915, le seul 2e régiment de marche du 2e Étranger perd près de 2 500 hommes) et pour prévenir tout problème de discipline, la règle générale devient le mélange des volontaires de différentes origines. Ils seront environ 45 000, représentant plus de 50 nationalités.

Parmi celles-ci, quelques situations particulières. Les Grecs, par exemple, constituent ainsi au début de l'année 1915 à la Valbonne une compagnie, puis un bataillon, placé sous les ordres du commandant Romieu, intégré au bataillon C du 2e régiment de marche du 1er Étranger et engagé à partir de juin dans le secteur d'Arras, avant d'être reversés à l'automne au sein du RMLE. Ils sont plus de 4 000 au total, servant notamment au sein du bataillon Karasevdas, qui combat à Gallipoli, parmi lesquels 800 hommes tombent au champ d'honneur.

Les Américains sont également présents dans les premiers jours. S'ils sont moins de 200 au début de la guerre, trois groupes sont rapidement formés avec de nouveaux engagés. Après avoir été instruits dans la région de Toulouse, où pour la première fois lors d'une prise d'armes le 30 septembre 1914 le drapeau américain flotte aux côtés du drapeau tricolore, ils rejoignent le 2e régiment de marche du 2e Étranger. Parmi les noms que l'histoire retiendra, celui du journaliste et poète Alan Seeger (« *I have a rendez-vous with Death, at some disputed barricade* », écrit-il peu avant de mourir au début de l'offensive de la Somme). Quelques-uns, voulant passer dans l'aviation, forment avec des pilotes et un commandement français le noyau de la prestigieuse escadrille La Fayette, créée en avril 1916. D'autres, hors Légion étrangère, arment des sections sanitaires automobiles auxquelles ils fournissent les matériels et dont ils financent le coût. Bien que non combattants, ils n'en circulent pas moins dans la zone des combats, à Verdun ou sur la Somme.

Les Italiens se pressent de même en nombre dès les premiers jours de la guerre. Leur montée au front sous le commandement du lieutenant-colonel Garibaldi à la Noël 1914 et les violents combats engagés dans le bois Bollante dès le lendemain sont entrés dans la « grande » histoire de la guerre. L'histoire du 4e régiment de marche du 1er régiment étranger, la « légion garibaldienne », est brève, puisque le régiment est dissous dès le 5 mars 1915, mais son comportement héroïque joint à une grande liberté de ton et au romantisme dont la propagande entoure son action lui fait une place à part dans la mémoire légionnaire comme dans l'historiographie générale de la Grande Guerre. Avec l'entrée en guerre de leur pays en avril 1915, plus de 2 500 Italiens demandent à rejoindre leur armée nationale, comme le font en janvier les Anglais ou en juillet les Belges et les Russes. Parmi les nouveaux volontaires, à partir de l'automne 1915, on compte également une centaine de Suisses et autant d'Espagnols chaque mois.

À la suite des pertes subies lors des durs combats de Champagne à l'automne 1915 et concomitamment à la réorganisation des régiments de marche, qui se traduit le 11 novembre par la naissance du célèbre régiment de marche de la Légion étrangère (RMLE), futur 3e régiment étranger d'infanterie (REI), de nombreux volontaires étrangers sont autorisés à servir dans différentes armes et différents services (infanterie, artillerie, service automobile, aéronautique). Ils ont en outre la possibilité d'être déliés de leur engagement pour rejoindre leur armée nationale, mais certains choisissent de continuer à servir sous le drapeau tricolore : l'Américain Capdevielle, devenu officier au 170e régiment d'infanterie, est ainsi le dernier volontaire américain mort au combat sous uniforme français le 3 octobre 1918.

Malgré l'armistice, le gouvernement français décide en décembre 1918 le maintien au RMLE des engagés volontaires étrangers pour la durée de la guerre jusqu'à la signature des traités de paix, mais cette disposition dérogatoire de la démobilisation déjà en cours pour les soldats français est annulée le mois suivant. Transféré en Algérie, le régiment rejoint en octobre 1919 les troupes d'occupation au Maroc. Au total, le RMLE (pour un effectif moyen de 2 800 hommes) a vu passer en trois ans plus de 42 000 volontaires originaires de 52 nationalités différentes. L'immense majorité d'entre eux quitte l'uniforme après l'Armistice, mais leur souvenir marque durablement l'armée et la population françaises, comme l'exprime Pascal Bonetti en 1920 :

Qui sait si l'inconnu
qui dort sous l'arche immense,
Mêlant sa gloire épique aux orgueils du passé
N'est pas cet étranger devenu fils de France
Non par le sang reçu mais par le sang versé ?

Les survivants entretiennent et conservent des liens étroits et se retrouvent nombreux autour du général Rollet le 31 octobre 1937 pour ranimer sous l'Arc de Triomphe la flamme du Soldat inconnu.

On observe un phénomène similaire au cours de la Seconde Guerre mondiale, même s'il n'atteint pas les mêmes proportions à la fois du fait de la relative brièveté des opérations sur le sol de France au printemps 1940 et de la place tenue par les troupes britanniques dans l'ensemble de la guerre. Toutefois, 83 000 étrangers se sont portés volontaires jusqu'en février 1940 ; beaucoup, jugés inaptes, sont refoulés. Plusieurs milliers d'étrangers réfugiés des régimes totalitaires vivent alors en France et cinq régiments peuvent ainsi être mis sur pied durant la drôle de guerre, sur la triple base d'un noyau d'active venu d'Afrique du Nord, d'anciens légionnaires rappelés à l'activité et de ces volontaires étrangers : le 11e REI le 1er novembre 1939 à la Valbonne et le 12e REI en février 1940. Les 21e, 22e et 23e régiments de marche de volontaires étrangers (RMVE), créés au Barcarès entre octobre 1939 et mai 1940, furent pour leur part presque exclusivement composés de volontaires étrangers. Parmi les nationalités les plus représentées, on compte des Espagnols, des Polonais, des Autrichiens et des réfugiés de plusieurs pays d'Europe centrale. Rapidement engagés après la rupture du front près de Sedan, bien que l'instruction ne soit parfois pas terminée et que les dotations n'aient pas été totalement perçues, les régiments de volontaires étrangers se comportent très honorablement au feu. Le 27 mai, le 11e REI se distingue aux bois d'Inor et du Ligant, imposant à la 55e division d'infanterie allemande renforcée près de 2 500 pertes. Quelques jours plus tard, le 3 juin, le 23e RMVE, qui n'a pas terminé sa montée en puissance, reçoit l'ordre de monter vers le front où il est engagé quatre jours plus tard au sud de Soissons. Le 6 juin, c'est le 12e REI qui bloque l'avance allemande dans le secteur du chemin des Dames, puis dans la nuit et durant toute la journée du lendemain tente d'interdire l'accès à Soissons. Le 18 juin, au lendemain du célèbre discours du maréchal Pétain (« C'est le cœur serré que je vous dis aujourd'hui qu'il faut cesser le combat ») et alors que, selon Churchill, « ce que le général Weygand a appelé la bataille de France a pris fin », le 11e REI résiste à nouveau seul à toute une division ennemie, ne se repliant qu'après avoir subi de très lourdes pertes. Sur cinq régiments de volontaires étrangers (voire quatre, puisque le 23e RMVE n'a participé qu'aux deux dernières semaines de campagne), trois seront cités à l'ordre de l'armée. Parmi ces volontaires étrangers figurent notamment le comte de Paris (légionnaire d'Orliac) et le prince Louis Bonaparte (légionnaire Blanchard). Quelques-uns de ces volontaires poursuivirent le combat dans la Résistance et les maquis plutôt qu'avec la France Libre : une plaque commémorative posée en 1946 à l'ambassade de Grèce à Paris rappelle ainsi le nom de 33 Grecs morts en France pendant l'Occupation et les combats de la Libération.

Rémy PORTE

Bibl. : André-Paul Comor, « Le volontaire étranger dans l'armée française au cours des deux guerres mondiales », dans Hubert Heyriès et Jean-François Muracciole (dir.), *Le Soldat volontaire en Europe au xxe siècle, de l'engagement politique à l'engagement professionnel*, Presses universitaires de la Méditerranée, 2007 • Maffeo Charles Poinsot, *Les Volontaires étrangers enrôlés au service de la France en 1914-1915*, Berger-Levrault, 1915 • Jean-François Rouiller, *Les Suisses célèbres à la Légion étrangère*, Romont (Suisse), éd. à compte d'auteur, 1991.

VOLONTAIRES RUSSES DANS LA LÉGION ÉTRANGÈRE. – Traditionnellement, mais aussi paradoxalement, les relations militaires entre la France et l'Empire autocratique des tsars ont été étroites depuis le début de la IIIe République. Nées d'une volonté commune de faire face à une éventuelle agression allemande, elles se développent rapidement à partir des années 1880 dans un contexte général très favorable, qui voit certes les échanges entre états-majors se multiplier, mais aussi les Français investir massivement en Russie et la littérature, les arts et la musique russes être particulièrement appréciés à Paris. Il n'est donc pas surprenant que dès la déclaration de guerre, et bien que les deux pays appartiennent à la même alliance, un grand nombre de Russes (vivant par exemple en France, ou dans l'impossibilité de rejoindre l'Empire) fassent le choix de servir sur le front occidental et de s'engager au service de l'armée française.

La Première Guerre mondiale. Relativement peu nombreux – 35 000 au recensement de 1911 –, les Russes ou considérés comme tels (en fait 63 % des personnes recensées) résident majoritairement dans les deux départements de la Seine et des Alpes-Maritimes, qui fournissent les plus forts contingents de volontaires (ainsi le dépôt de Blois pour le 2e régiment de marche du 2e Étranger accueille-t-il 31 % de Russes, parmi lesquels des Juifs d'Ukraine, des Biélorusses, des Baltes et des Polonais). Le contingent russe – des milliers de sans-grade, de condition souvent modeste – représente 15 % des engagés volontaires pour la durée de la guerre (EVDG) des dépôts de Paris, Blois, Orléans, Bayonne et Avignon, mais les estimations officielles sur les effectifs varient selon les sources : 3 393 engagés pour le service historique de la Défense (4N 44), soit 10,6 % ; 2 848 pour le député des Lyons de Feuchin (rapport de la commission de l'armée de la Chambre des députés, 1924). Ces volontaires « involontaires » se heurtent aux légionnaires d'Afrique, au point qu'un grave incident survenu au 2e régiment de marche du 2e Étranger le 18 juin 1915 parmi les Arméniens (se réclamant de leur qualité de sujets ottomans) et les Juifs russes (désirant servir dans des unités françaises) remet en cause la cohésion fragile d'une troupe insuffisamment amalgamée. Pour éviter de nouveaux incidents, le gouvernement décide à la fin du mois d'autoriser les engagés volontaires pour la durée de la guerre à quitter la Légion, sous condition de rejoindre leur armée nationale ou de souscrire un nouvel engagement dans un régiment français. Le 13 juillet, 334 sujets russes se portent volontaires pour leur armée nationale et 375 pour servir dans des unités françaises. Deux ans plus tard, le commandement tente de résoudre la crise des effectifs du régiment de marche (RMLE) en cherchant à recruter parmi les Russes : des « brigades russes » sont alors envoyées en renfort sur le front français au printemps 1916 mais démantelées à l'issue de la mutinerie du camp de la Courtine du 8 juillet au 19 septembre 1917. La crainte d'incorporer des bolcheviques explique les réticences de l'État-major, mais les nouvelles conditions d'engagement à la Légion adoptées par le décret du 17 juin 1918 permettent d'incorporer 664 hommes qui se révèlent être de piètres combattants selon le rapport du colonel Bouchez, commandant la 1re brigade marocaine, en date du 26 juillet 1918. Cependant les pertes au cours de combats – 313, soit plus de 10 % des effectifs totaux engagés – prouvent la bravoure de ces soldats qui n'ont pas réussi à gagner la totale confiance de leurs officiers.

Parmi les grandes figures, le futur général de corps d'armée Pechkoff, fils adoptif de Maxime Gorki, souscrit un premier engagement dans la Légion étrangère en août 1914 et fait la plus belle carrière militaire jusqu'aux plus hauts grades après la Seconde Guerre mondiale.

L'après-guerre (1918-1922). Avec les révolutions de 1917 puis la paix de Brest-Litovsk signée au début de l'année 1918, un nouveau flux de légionnaires originaires de l'Empire des tsars commence à apparaître. Dès la fin de la guerre, et jusqu'à l'automne 1919, quelque 300 Russes contractent un engagement, trouvant refuge auprès des forces des corps expéditionnaires alliés mis en place en Russie du Nord et du Sud ou auprès des unités de l'armée d'Orient. Toutefois, Clemenceau veut « écarter les propagandistes ou partisans d'idées contraires à la discipline des armées et de l'ordre public » – il faut entendre les bolcheviques – et demande de procéder à une sélection sévère des candidats (note du 16 juin 1919, SHD-Terre, 6N 53). La plupart des Russes s'engagent en deux vagues à Istanbul, occupée par les Anglais et les Français. Les premiers arrivent entre avril 1919 et février 1920 en provenance d'Odessa et de Sébastopol parmi les 16 000 soldats des armées blanches et les 25 000 civils évacués à la hâte. Les derniers réfugiés font partie des rescapés de l'armée du général Wrangel défaite en Crimée en novembre 1920. Malgré l'opposition de ce dernier, 1 682 militaires et civils se portent volontaires entre le 1er novembre 1920 et le 31 mars 1921. La source se tarit ensuite. Au total, 2 437 hommes intègrent la Légion jusqu'en mars 1922, soit 12 % environ à cette date des effectifs des régiments étrangers. Des cosaques du Don et du Kouban se mêlent aux Caucasiens ou autres Russes authentiques engagés à Istanbul, Sofia (Bulgarie) et Tien Tsin (Chine) et vont alimenter notamment le 1er régiment étranger de cavalerie. Le plus jeune est âgé de quinze ans et la moyenne d'âge est de vingt-quatre ans et six mois. Par ailleurs, contrairement à une idée reçue, seuls 11,3 % des Russes renouvellent leur contrat et 24,5 % quittent la Légion avant le terme des cinq ans. L'histoire a retenu en particulier le nom d'un lieutenant à titre étranger du 1er REC particulièrement significatif de ce recrutement, celui de Boris Khrechtchatizky, engagé en 1925 à l'âge de quarante ans, ancien général de l'armée russe de Nicolas II.

Au début de la Seconde Guerre mondiale, ils sont toujours nombreux au sein de la Légion, constituant en particulier une grande partie de l'encadrement des 21e, 22e et 23e régiments de marche et, venus des 1er et 2e régiments étrangers de cavalerie, du groupe de reconnaissance divisionnaire d'infanterie 97 (GRD 97). En septembre 1944, des déserteurs ukrainiens d'un bataillon de la 30e division SS, stationné à Vesoul, sont encore incorporés dans les trois régiments de Légion engagés dans la bataille des Vosges avant d'être remis en décembre aux autorités militaires soviétiques.

Jusqu'à la fin de la guerre froide, le recrutement de ressortissants de l'Union soviétique est suspendu. Il reprend après l'implosion du régime communiste en Europe au point de représenter une proportion importante du recrutement au début du XXIe siècle.

Rémy PORTE

Sources : SHD-Terre, 25N 517, 26N 861, 26N 862, 7N 2348 • Hoover Institution on War, Revolution and Peace, Stanford University, California, fonds du général baron Wrangel.

Bibl. : Michel Boyer, *Les Russes au service de la France, 1914-1921. Des brigades russes au recrutement russe de la Légion étrangère*, mémoire de DEA sous la direction d'André Martel, Institut d'études politiques d'Aix-en-Provence, 1997.

VOLONTARIAT. – La création de la Légion étrangère par la loi du 9 mars et l'ordonnance du 10 mars 1831 déroge à deux principes fondamentaux du recrutement des armées françaises de l'époque. D'une part, le texte précise que cette Légion est composée d'étrangers alors que la France privilégiait, depuis la Révolution et la loi Jourdan du 19 fructidor an VI (5 septembre 1798), une composition nationale de la troupe. D'autre part, les citoyens français étaient conscrits dans les conditions fixées par la loi du 10 mars 1818, dite loi Gouvion-Saint-Cyr, par tirage au sort et remplacement. Au contraire, l'article 4 de l'ordonnance du 10 mars proclame : « Tout étranger qui voudra faire partie de la Légion étrangère ne pourra y être admis qu'après avoir contracté [...] un engagement volontaire. »

Le volontariat qui caractérise l'engagement dans la Légion étrangère n'a, depuis, jamais été remis en cause – ce qui serait de toute façon contraire au droit international. Il a perdu son originalité avec la suspension du service militaire dans l'ensemble des armées françaises, le 1er janvier 2003. Il demeure cependant un trait caractéristique du légionnaire que l'on retrouve aussi bien dans le premier article du code d'honneur – « Légionnaire, tu es un volontaire servant la France avec honneur et fidélité » – que dans le chant de marche du 1er régiment étranger – *Nous sommes tous des volontaires.*

Les contempteurs de la Légion étrangère tentent fréquemment de discréditer ses principes de recrutement en assimilant le volontariat de soldats étrangers à une activité mercenaire. Or le mercenariat est défini avec précision aussi bien dans la sphère internationale que par la législation française. Le protocole additionnel du 8 juin 1977 aux conventions de Genève du 12 août 1949 définit le mercenaire comme « toute personne : a) qui est spécialement recrutée dans le pays ou à l'étranger pour combattre dans un conflit armé ; b) qui en fait prend une part directe aux hostilités ; c) qui prend part aux hostilités essentiellement en vue d'obtenir un avantage personnel et à laquelle est effectivement promise […] une rémunération matérielle nettement supérieure à celle qui est promise ou payée à des combattants ayant un rang et une fonction analogues dans les forces armées de cette Partie ; d) qui n'est ni ressortissant d'une Partie au conflit, ni résident du territoire contrôlé par une Partie au conflit ; e) qui n'est pas membre des forces armées d'une Partie au conflit ; et f) qui n'a pas été envoyée par un État autre qu'une Partie au conflit en mission officielle en tant que membre des forces armées dudit État ». Les points c) et e) écartent le cas du légionnaire : d'abord sa solde n'est pas nettement supérieure à celle des soldats nationaux, ensuite il appartient sans discussion à l'armée de terre française dont il porte l'uniforme.

La loi du 14 avril 2003 réprime les activités mercenaires de cinq années d'emprisonnement. Mais le dispositif, codifié à l'article L. 436-1 du code de la défense, exclut également de son champ d'application les membres des forces armées des États. Les documents parlementaires font état d'une volonté explicite de ne pas tenir pour mercenaire le volontaire étranger, légionnaire de France ou Gurkha du Royaume-Uni.

Julien Souplet

Sources : Sénat, rapport n° 142, Michel Pelchat, annexe au procès-verbal du 23 janvier 2003.

W

WAGNER, général Otto (1902-1976). – Au lendemain de la Seconde Guerre mondiale, certains légionnaires originaires d'Europe centrale, à l'image des Tchèques Victor Perner ou Otto Wagner, payèrent très cher leur engagement au profit de la France Libre. Le régime communiste tchèque, en particulier, s'employa, au début des années 1950, à casser les carrières des officiers qui avaient souscrit des engagements dans des armées occidentales, notamment les Forces françaises libres (FFL).

Né en 1911, fils d'officier tchèque, Victor Perner parvient à s'évader par la Pologne, après l'invasion de son pays par l'Allemagne, et à rejoindre la France en juin 1939. Il s'engage dans la Légion étrangère avant d'être mis à disposition de la 1re division tchécoslovaque en France. En juin 1940, il gagne l'Angleterre. Il sert d'abord à la Légion tchèque, puis s'engage dans les FFL en août 1942. Affecté au bataillon de marche nº 4 de la 1re division française libre (DFL), il combat en Italie, en Provence et dans les Alpes et subit deux graves blessures. Après la guerre, qu'il termine au grade de capitaine, il regagne son pays où il est nommé à l'État-major général avant de devenir professeur à l'École de guerre de Prague. Mais son séjour en Occident et son épouse française le rendent suspect aux yeux du régime communiste : en 1954, il est mis à la retraite d'office et doit gagner difficilement sa vie en travaillant dans l'agriculture. Il meurt en 1997. Victor Perner a été fait Compagnon de la Libération par décret en date du 16 octobre 1945.

Le destin de son compatriote Otto Wagner (homonyme du grand architecte autrichien de la fin du XIXe siècle) est encore plus singulier. Son attachement indéfectible à la France et à la Légion lui valut d'être deux fois emprisonné par le gouvernement tchèque, par celui de Beneš d'abord, par les communistes ensuite. Né en 1902 d'un père professeur, rapidement orphelin, Otto Wagner intègre Saint-Cyr en 1923 en qualité d'étranger (promotion « du Chevalier Bayard »). Il regagne ensuite son pays et gravit les échelons de l'armée tchèque jusqu'au grade de capitaine à la veille de la guerre. Au printemps 1939, après le démembrement par les nazis de ce qu'il reste de Tchécoslovaquie, il gagne clandestinement la Pologne avec d'autres officiers tchèques comme Edward Vazac (qui souscrira aussi un engagement à la 13e demi-brigade de Légion étrangère, ou DBLE). Les Polonais ayant refusé d'intégrer les Tchèques dans leur armée, cette poignée d'officiers finit par gagner la France au terme d'une véritable odyssée.

En septembre 1939, Wagner est autorisé à servir à titre étranger en qualité de capitaine, d'abord au 2e régiment d'infanterie (RI) puis, lors de la campagne de France, dans les rangs de la petite armée tchèque qui a pu être rapatriée. Regroupée dans la région de Béziers, mal armée, mal équipée, mal instruite, la 1re division tchécoslovaque se retrouve à la fin de mai 1940 sur le front de Villers-Cotterêts, avant de retraiter, harcelée par les panzers, jusqu'en Bretagne d'où elle est évacuée vers l'Angleterre (juin 1940). Tout au long de la campagne, Wagner manifeste un comportement au feu exemplaire, et se voit décerner la croix de guerre. Sur le sol britannique, il exprime le désir de rejoindre les FFL, ce qui conduit le gouvernement tchèque en exil à le faire interner pendant un an. En avril 1941, en compagnie d'une soixantaine d'officiers et sous-officiers tchèques, il peut enfin s'engager, d'abord au bataillon de chasseurs de Camberley, puis, un mois plus tard, à la 13e DBLE (6e compagnie du 2e bataillon).

Otto Wagner combat vaillamment à Bir Hakeim (sa compagnie ouvre la voie lors de la sortie du camp retranché, dans la nuit du 10 au 11 juin 1942) et subit une grave blessure à El-Alamein, lors de l'attaque de la position de Nagrala (novembre 1942). Au terme de sa convalescence, promu au grade de chef de bataillon, il est rapatrié en Angleterre (mars 1943) et reçoit diverses affectations : centre d'instruction de Camberley, compagnie portée du groupe motorisé, commandement du 3e bataillon de Légion étrangère (janvier 1944), direction des services spéciaux (mai 1944). En janvier 1945, il est affecté à l'état-major du général de Larminat, commandant en chef des forces de l'Ouest. À ce titre, il prend part à la réduction des poches de l'Atlantique et s'illustre de nouveau à Royan (avril 1945), à la tête d'un bataillon du 6e RI. Par décret du 7 août 1945, il est fait Compagnon de la Libération.

Après la guerre, il regagne son pays natal et poursuit une carrière militaire qui, après l'École de guerre tchécoslovaque, le conduit au grade de général de division en 1950. Mais son passé suspect aux yeux du pouvoir communiste lui vaut d'être emporté par les purges staliniennes de 1951. Emprisonné plusieurs mois, chassé de l'armée, il survit misérablement comme manœuvre. Il meurt le 20 mai 1974 à Jihlava. À sa demande, ses cendres ont été transférées au cimetière de la Légion, à Aubagne, en 1976.

Jean-François MURACCIOLE

Sources : Archives de l'ordre de la Libération.

Bibl. : Jean-Christophe Notin, *1 061 Compagnons, histoire des Compagnons de la Libération*, Perrin, 2000 • Otto Wagner, *S cizineckou Legii Proti Rommelovi*, Prague, Naše vojsko, 1970.

WALEWSKI, Alexandre (1810-1868). – Né à Walewice en Pologne le 4 mai 1810, il est le fils adultérin de Napoléon Ier et Marie Walewska, épouse légitime du staroste Athanase Walewski. À la mort de sa mère à Paris le 11 décembre 1817, il rentre en Pologne. Son ascendance fait de lui, dès l'adolescence, un porte-parole de la nation polonaise alors partagée entre la Prusse et la Russie. Lors de la révolution de 1831, il devient l'aide de camp du général Radziwill qui le charge d'obtenir le soutien de la France et de la Grande-Bretagne. Celui-ci étant refusé, la révolution est écrasée et il doit se réfugier en France.

Selon le vœu de son père naturel, Alexandre Walewski demande à servir dans l'armée française. Étant étranger, il y est admis à titre étranger avec le grade de capitaine le 10 août 1833 mais reste à Paris où il est nommé aide de camp du maréchal Gérard. Il rejoint la Légion étrangère en Algérie en 1834 puis, ayant été naturalisé français, est affecté au 2e régiment de chasseurs le 24 septembre 1834. Après avoir rempli une mission de nature diplomatique auprès d'Abd el-Kader, il rentre en France, est placé en non-activité pour infirmités et démissionne le 10 février 1841.

Grâce à l'appui de Thiers, il peut alors commencer une carrière diplomatique qui le conduit en Argentine, en Italie et en Grande-Bretagne. En 1855, Napoléon III le nomme ministre des Affaires étrangères. À ce titre, il anime le congrès de Paris qui met fin à la guerre de Crimée. Toutefois, en désaccord avec la politique italienne de l'empereur, il démissionne le 22 décembre 1859. Napoléon III ne lui en tient pas rigueur et le nomme ministre d'État : l'ancien diplomate devient un ministre de la Culture avant la lettre. Ayant démissionné de cet emploi, il se fait élire député et ses pairs le choisissent pour présider le Corps législatif.

Alexandre Walewski meurt subitement à Strasbourg en septembre 1868. Un de ses fils, Charles, d'abord officier de la garde mobile, passe par le titre étranger pour se faire intégrer dans l'armée active. Il y sert jusqu'à l'âge de la retraite qu'il prend avec le grade de lieutenant-colonel.

Henry DUTAILLY

Bibl. : Philippe Antoine d'Ornano, *La Vie passionnante du comte Walewski, fils de Napoléon...*, Les Éditions comtales, 1953.

WARD PRICE, George. – *Voir* PRICE.

WATTEL, Jean (1898-1940). – Né à Lille en 1898, Jean Wattel est ordonné prêtre en juillet 1923. Après avoir professé au collège de Marcq-en-Barœul pendant six ans, il devient vicaire dans des paroisses de centre-ville, d'abord à Lille puis, en 1938, à Roubaix. Mobilisé au début de 1940 dans un régiment régional, il demande à son évêque l'autorisation de solliciter un poste d'aumônier militaire. C'est ainsi qu'il est affecté en avril 1940 à la 6e division d'infanterie nord-africaine, où il rejoint le 11e régiment étranger d'infanterie. D'abord un peu inquiet à la perspective de servir dans la Légion étrangère, il s'adapte rapidement à son nouveau ministère : il est bientôt connu et apprécié de tout le régiment, affirmant être venu « pour partager [ses] joies, [ses] souffrances et [ses] peines ». Au bois d'Inor, où se déroulent de durs combats en mai 1940, il visite les postes avancés, relève le moral des légionnaires, impressionne par sa bravoure et s'active auprès des blessés. Le 26, il inhume l'autre prêtre du régiment, un adjudant-chef parisien. C'est justement en se penchant sur un blessé qu'il est tué d'un éclat d'obus le matin du 27.

Xavier BONIFACE

Sources : Archives diocésaines de Lille, dossier Wattel (communiqué par M. Frédéric Vienne).

WATTRINGUE, colonel Jules Alexandre (1830- ?). – Le colonel Wattringue mérite de figurer dans le panthéon légionnaire pour avoir ouvert la salle d'honneur du 1er régiment étranger (RE) pendant son bref passage à la Légion étrangère (octobre 1886-janvier

1890). Nouveau chef de corps du 1er Étranger venant de l'armée d'Afrique, il souhaite en effet célébrer les faits d'armes des régiments étrangers. Né le 26 avril 1830 à Saint-Laurent-Blangy (Pas-de-Calais), il fait partie des officiers sortis du rang qui vont faire carrière outre-mer sous le Second Empire et au début de la IIIe République et gagner leurs galons au feu.

Engagé volontaire au 7e bataillon de chasseurs à pied le 12 octobre 1850, caporal fourrier le 6 juillet 1951, il participe à l'expédition française décidée par Napoléon III afin de soutenir le pape Pie IX (juillet 1851-février 1853). Sa promotion est désormais rapide : il est promu au grade de sergent-major le 6 mars 1855 en Algérie et accède à l'épaulette au 61e régiment d'infanterie de ligne (RIL) six mois plus tard. Promu au grade de lieutenant le 21 mai 1859, il prend rang le 5 juillet en raison d'une permutation. Lors de la campagne d'Italie, son régiment est engagé à Solferino : ce 24 juin 1859, lieutenant depuis un mois, Wattringue est blessé deux fois et se fait remarquer pour sa bravoure. Il sert ensuite au 2e régiment de zouaves stationné en Algérie et est promu au grade de capitaine le 12 août 1864.

En 1870, lors de la guerre contre la Prusse, son régiment gagne la métropole. Il est blessé trois fois à Frœschwiller le 6 août 1870, encore grièvement blessé à Woerth le 12 août 1870, ce qui lui vaut d'être amputé de la main droite, fait prisonnier et incarcéré à Ulm. Libéré, il rentre de captivité le 10 mars 1871. Décoré de la croix d'officier de la Légion d'honneur, il est promu chef de bataillon au 72e RIL le 25 mars 1874. Il passe ensuite au 4e régiment de zouaves le 4 avril 1877 puis, promu au grade de lieutenant-colonel, au 3e RI le 23 février 1882, enfin au 1er RE le 14 octobre 1886, avec le grade de colonel.

Chef de corps du 1er RE, il crée donc la salle d'honneur qui inaugure une tradition qui perdure jusqu'à nos jours. Admis sur sa demande à faire valoir ses droits à la retraite le 3 mai 1890, il rejoint le 86e RI dans les réserves avec son grade en mai 1894. Il est définitivement rayé des cadres le 6 août 1899.

Charles RIDET

Sources : SHD-Terre, 5Yf 66 052.

WEEKS, Kenneth (1889-1915). – Né à Boston, Kenneth Weeks fait des études à l'université Harvard. Le jeune homme, amoureux de la culture française comme l'élite intellectuelle de la côte est des États-Unis, réside ensuite à Paris où il se destine à l'écriture. À la veille de la guerre, il a déjà publié des histoires courtes – *The Victory of Sedan*, *Driftwood*, *Esau & the Beacon* – et des textes aussi divers que *Five Unpractical Plays*, *Dramatic Inventions* et *Science, Sentiments and Senses*.

En août 1914, il rejoint avec quelques amis américains les rangs de l'armée française en s'engageant dans la Légion étrangère. Idéaliste mais d'une générosité désarmante, il est néanmoins un bon soldat qui contribue à maintenir le moral de ses camarades par son entrain et sa bonne humeur. Pendant les rares moments de détente, à l'arrière du front, le jeune légionnaire américain est ainsi surpris jouant de l'orgue dans des églises. Fauché en pleine jeunesse le 16 juin 1915 lors de l'assaut du bois du Cabaret-Rouge, il est vu pour la dernière fois se précipitant sur les tranchées de la troisième ligne allemande en train de lancer des grenades. Au mois de novembre, son corps est retrouvé entre les lignes dans les environs de Souchez. Il est titulaire de la croix de guerre et de la médaille militaire à titre posthume.

André-Paul COMOR

Bibl. : Paul Ayres Rockwell, *American Fighters in the Foreign Legion*, Boston et New York, The Riverside Press Cambridge, 1930.

WEIMAR, la Légion étrangère et la république de (1919-1933). – Au cours de la Première Guerre mondiale, le recrutement de légionnaires fut quasiment gelé à l'exception notable des étrangers sous contrat spécial. Le 8 août 1914, le gouvernement français publia un décret qui autorisait l'engagement dans la Légion étrangère pour la durée de la guerre. Près de 15 000 volontaires (essentiellement italiens, russes, suisses, belges, tchèques, polonais et espagnols) permirent de remplir les tableaux d'effectifs des régiments. En revanche, le recrutement d'Allemands ou de ressortissants d'autres États belligérants était explicitement interdit en 1915, si bien que la Légion en Afrique du Nord se trouva face à une crise des personnels. En 1919, la pacification du Maroc interrompue en 1914-1918 reprenait et la Légion était à nouveau réclamée par le général Lyautey qui avait tenu grâce aux bataillons de légionnaires. Il obtint de Paris les renforts demandés et le renforcement de la Légion dont les effectifs doublèrent dans les années 1920.

Dès la fin de l'année 1918-1919, l'État-major français porta son attention sur les régions occupées en Allemagne. En effet, le désarmement imposé par le traité de Versailles libérait un très grand nombre de soldats démobilisés, bientôt pris dans la crise économique due à l'occupation, en janvier 1923, de la région de la Ruhr par les Français et les Belges. La tentation était grande pour les chômeurs et anciens soldats désœuvrés ou désireux de reprendre du service de se laisser tenter par la propagande qui vantait les mérites de la Légion étrangère. Les officiers recruteurs en France s'appuyaient sur un alinéa de l'article 179 du traité de Versailles qui autorisait la France à recruter pour la Légion des citoyens allemands. Au début des années 1920, plus de 1 000 volontaires se présentaient chaque mois dans les bureaux de recrutement. Le pourcentage d'engagés d'origine allemande entre 1924 et 1937 reste particulièrement élevé puisque ceux-ci représentaient la moitié des volontaires admis au service dans les régiments étrangers. Bien que considérés comme d'excellentes recrues, donnant les meilleurs sous-officiers, les Allemands pouvaient être perçus comme une menace pour la sécurité de la Légion : il fallait éviter la formation de groupes nationaux au sein des régiments, plus particulièrement dans les petites garnisons isolées, afin de préserver l'esprit de corps et l'unité.

Les responsables politiques de la république de Weimar comme les chefs de la Reichswehr ne tardèrent pas à manifester leur agacement, tandis que certains milieux nationalistes n'hésitèrent pas à reprendre les thèmes de campagne contre la Légion développés avant la Première Guerre mondiale. La diffusion de brochures et de récits la plupart du temps inventés, émanant de prétendus anciens légionnaires, les cycles de conférences, la création d'associations anti-Légion et notamment des premiers films de cinéma, tels que celui tourné en 1921 et intitulé *Légionnaire Kisch*, reprenaient les mêmes thèmes destinés à mettre en garde une jeunesse susceptible d'être tentée par l'aventure légionnaire.

Les autorités allemandes gardaient officiellement leurs distances sans pour autant désavouer publiquement les activités de ces associations qui mettaient en accusation les forces d'occupation françaises. En réalité, nombre d'anciens légionnaires n'avaient d'autre choix que de témoigner pour éviter d'être considérés comme de mauvais Allemands. De surcroît, la crise économique rendait leur réinsertion dans la société plus problématique : ils donnaient des gages de bonne volonté en noircissant à dessein le tableau d'une Légion aux conditions de vie inhumaines et où les mauvais traitements étaient choses courantes. D'où la surenchère sur les effectifs présumés comme sur les méthodes de recrutement parfois comparées à la « presse », autrement dit la contrainte. Campagnes toutefois aussi contre-productives que sous le IIe Reich : la publicité faite sur la Légion avait pour effet d'attirer la curiosité des jeunes gens en quête d'expérience militaire ou tout simplement prêts à tenter l'aventure. Un autre thème de propagande antifrançaise retenait plus particulièrement l'attention du public lassé par ces procédés ; le gouvernement de la république de Weimar était plus sensible en effet au problème posé par la présence, parmi les troupes françaises d'occupation, de nombreuses unités de couleur de l'armée coloniale. Les campagnes sur le thème de la « honte noire » prirent alors le relais de celles sur la Légion, sans disparaître complètement jusqu'à l'arrivée d'Hitler en 1933. Cela dit, la plupart des Allemands restaient au mieux méfiants, au pis farouchement opposés à la Légion étrangère française.

Eckard MICHELS
(texte traduit de l'allemand
par Friedrich TAUBERT &
Jean-Luc SUSINI)

Bibl. : Eckard Michels, *Deutsche in der Fremdenlegion 1870-1965 : Mythen und Realitäten*, Paderborn, Schöningh Verlag, 2006 • Alexis Neviaski, « 1919-1939 : Le recrutement des légionnaires allemands », *Guerres mondiales et conflits contemporains*, n° 237, 2010, p. 39-61.

WEYGAND, lieutenant-colonel Jacques (1905-1970). – Fils unique du général Maxime Weygand, Jacques, à sa sortie de l'École spéciale militaire de Saint-Cyr dans la promotion « du Chevalier Bayard » (1923-1925), choisit l'arme de la cavalerie. Mais ses états de service au 1er régiment étranger de cavalerie (REC) justifient-ils à eux seuls la place qui lui est faite dans le présent dictionnaire ? D'aucuns pourront s'étonner que son nom côtoie ceux d'officiers illustres ou de personnalités qui figurent dans les historiques de la Légion, car le seul mérite d'avoir servi quelques années au 1er REC en Tunisie ne suffirait pas aux gardiens de la mémoire et du patrimoine pour le montrer en exemple. Comme nombre de ses pairs du Royal Étranger, il traîne surtout derrière lui la réputation largement répandue d'avoir introduit l'esprit de la cavalerie dans la Légion, à l'origine troupe d'infanterie de l'armée d'Afrique. Jacques Weygand sort de l'anonymat en 1951 en publiant *Légionnaire*, roman largement autobiographique. Son style alerte ne laisse pas indifférent le lecteur attiré par les promesses portées par un titre au parfum des secrets que cacheraient ces « hommes sans nom ». Sa connaissance intime du milieu explique la place qui lui est faite parmi les auteurs d'œuvres de fiction sur la Légion. Les portraits de légionnaires sont saisissants de vérité, de même la peinture de ce milieu militaire où les hommes de caractère – venus de la lointaine Russie tsariste et d'Europe centrale – ne manquent pas et donnent un relief particulier au tableau que brosse ce capitaine, marqué à jamais par son passage dans un régiment qui garde jalousement au XXIe siècle les deux traditions de la Légion étrangère et de la cavalerie.

André-Paul COMOR

Bibl. : Jacques Weygand, *Légionnaire*, Flammarion, 1951.

WHITE-LAFFLY, automitrailleuse. – Demeuré mixte jusqu'en 1943, le 1er régiment étranger de cavalerie (REC) entreprend sa motorisation en 1929. Lorsque les 3e, 4e, 5e et 6e escadrons sont détachés au Maroc pour participer à la dernière phase de la conquête de l'Atlas et affirmer la souveraineté de la France sur les confins et le Sahara nord-occidental, les deux derniers sont bel et bien motorisés. Leur premier matériel et l'élément feu le plus conséquent pour un régiment de cavalerie légère est l'automitrailleuse de découverte américaine White-Laffly. Elle est ainsi dénommée parce que montée sur deux types de châssis de cette marque de camions : le TAB, fabriqué de 1915 à 1919 aux États-Unis, et le TBC, construit à partir de 1915 jusqu'en 1922 sous licence en France par Renault. L'un et l'autre modèle se distinguent par la direction à gauche et par la largeur des châssis : 8,60 m pour le TAB et 1,06 m pour le TBC. Ce qui explique les différences de poids : 5,9 t pour le TBC et 6,6 t pour le TAB.

Les caractéristiques dimensionnelles de cette automitrailleuse sont de 3,9 m d'empattement pour une longueur totale de 5,60 m, une largeur de 2,70 m et une hauteur de 2,75 m. À l'origine, elle est montée sur bandage plein increvable Ducasble et à partir de 1925 sur pneumatiques. L'autonomie est de 250 km, pour une vitesse de 46 km/h sur route et de 12 à 20 km/h sur piste. La direction comporte un poste de conduite arrière, dit inverseur, qui lui permet, comme le futur EBR (engin blindé de reconnaissance), de se déplacer dans les deux sens sans faire demi-tour. Le moteur de 3,75 litres, d'une puissance de 30 à 35 chevaux, abrite six cylindres refroidis par eau, avec boîte de quatre vitesses avant et deux baladeurs. Selon le témoignage des anciens du REC, ce moteur est robuste, quoique trop faible pour le poids du véhicule, caractéristique de la sous-motorisation de l'époque. En raison de l'usure et de la vétusté de ces automitrailleuses conçues en pleine Grande Guerre, il faut constamment surveiller le niveau d'huile. Vu les délais invraisemblables de livraison des pièces de rechange, les mécaniciens du REC sont parfois contraints d'utiliser le « système D », propre à l'armée d'Afrique – en somme de « cannibaliser », c'est-à-dire sacrifier le véhicule le plus détérioré pour maintenir les autres en état. La tourelle et le reste du véhicule sont blindés à 8 mm. L'armement consiste en deux mitrailleuses disposant de 5 500 cartouches. La première est en réserve à l'intérieur, la seconde équipe la tourelle tous azimuts. À l'opposé de cette arme, la tourelle comprend aussi un canon de 37 mm pourvu de 198 obus.

Un sous-officier commande le véhicule. Il a sous ses ordres un conducteur de marche avant, son équivalent de marche arrière et un tireur au canon ou à la mitrailleuse. Pratiquement, c'est le chef de voiture qui ouvre le feu, car pour déplacer la tourelle il a besoin des épaules et des mains du tireur. Comme tous les autres blindés de l'armée d'Afrique, ces White-Laffly sont mieux aérées que les chars, mais souffrent de surchauffe. Se déplacer l'été dans la fournaise tient du supplice et on ne peut mettre la main sur la tôle sans se brûler. En peloton isolé, employé notamment lors de reconnaissances dans le Sahara ou le Sud marocain pour les relevés topographiques, tout en offrant une grande sécurité en raison de la puissance de ses armes embarquées, ce véhicule peut franchir une moyenne de 100 km/jour hors piste. Par ailleurs, les White-Laffly participent activement à la conquête des derniers réduits berbères dans l'Atlas, le haut oued Ziz, les massifs du Tafilalet et du djebel Sagho entre 1931 et 1934, tout en aidant au contrôle des oasis comme celle de Tindouf.

Jean-Charles JAUFFRET

Bibl. : Jean-Charles Jauffret, *L'Idée d'une division de Légion étrangère et le Premier régiment étranger de cavalerie, 1836-1940*, Montpellier, Centre d'histoire militaire et d'études de défense nationale, Presses de l'université Paul-Valéry, 1978.

WREN, Percival Christopher (1875-1941). – Percival Christopher Wren est anglais, la chose est certaine. Qu'il ait été légionnaire, en revanche, n'est rien moins que sûr. Une fiche établie en 1965 par les soins du bureau des statistiques de la Légion étrangère (BSLE) note bien qu'il aurait servi dans l'armée des Indes et aussi à la Légion étrangère « où il n'a pu être identifié ». Mais on raconte ailleurs qu'il a un jour essayé de se faire admettre – en vain – dans les services secrets afin d'imiter son personnage favori : Henri de Beaujolais ! Ce dernier en tout cas est un légionnaire avéré quoique parfaitement imaginaire. Il apparaît dans le roman le plus connu de l'auteur, *Beau Geste*, et dans quelques autres de ses textes.

Le responsable du BSLE estime que le livre « est favorable dans l'ensemble à la Légion, quoique la vie du légionnaire soit décrite d'une façon trop romanesque. *Beau Geste* est un livre très populaire en Angleterre et en Amérique. À une certaine époque, il aurait incité de nombreux lecteurs à s'engager à la Légion ». Simon Murray lui aussi a lu le livre, mais dès son entrée dans le centre de recrutement de Vincennes, en février 1960, un officier le met en garde : il doit oublier « *Beau Geste* et toutes ces histoires de dromadaires ».

Pourquoi donc des dromadaires ? En 1917, plusieurs années avant *Beau Geste*, Wren a fait paraître *Stepsons of France*, un recueil de nouvelles. La première d'entre elles est intitulée *Ten Little Legionnaires*. L'un des soldats intitule ainsi la comptine qu'il compose en s'inspirant de *Ten Little Niggers*, précédant de la sorte Agatha Christie dont le roman qui porte le titre exact de la chansonnette enfantine est sorti en 1939. Le légionnaire Jean Blondin s'est enfui vers la frontière du Maroc en entraînant à sa suite neuf camarades tous en proie au cafard, « *the desert madness of the Legion* ». Mais il y a un magot à la clef, dont il entend être le seul à profiter. Exploitant le moindre incident de parcours, il se débarrasse des soldats trop confiants, les uns après les autres. Chacune des strophes qu'il ne cesse de chantonner raconte comment il parvient à ses fins… Bientôt, ils ne sont plus que trois… « *When a hungry camel ate one* » – « quand un dromadaire affamé en mangea un » (et ils ne furent plus que deux). Quand Blondin se retrouve seul, encerclé par des Maures évidemment sanguinaires, il ne lui reste qu'à chanter, juste avant de rendre l'âme : « *One little legionnaire, to provide* le bon Dieu *fun, was killed* […] *and now there are none* » – « un petit légionnaire, pour amuser le Bon Dieu, a été tué ; maintenant il n'y en a plus du tout ». Cependant, à côté de la fantaisie du récit, un certain nombre d'annotations correspondent à une connaissance réelle du milieu décrit, qu'il soit saharien ou bien indochinois : il est réellement possible, par exemple, de déserter à Port-Saïd en plongeant du bateau faisant route vers l'Extrême-Orient, à condition d'atteindre le rivage anglais qui borde le canal de Suez ; du moins en ce temps qui est celui des expéditions françaises contre les Pavillons noirs au Tonkin, thème de plusieurs des nouvelles du recueil. L'auteur, tel que le salue la presse anglaise du temps, est-il donc un spécialiste du sujet ? Maîtrise-t-il bien les traditions de la Légion, le « *legionary lore* », lit-on dans un article du *Times* de 1917, comme on dit « *folklore* » pour parler du savoir et des traditions populaires ?

La plupart des informations qui circulent sur Percival Christopher Wren sont suspectes, peut-être erronées ; il n'est pas facile de distinguer la vérité de l'exagération. Il est né le 1er novembre 1875 dans le Deptford mais il aurait été déclaré sous l'identité plus simple de Percy Wren. Fils d'un enseignant, il suit des études à la West Kent School puis à Oxford, à la Delegacy of Non-Collegiate Students (qui deviendra plus tard le St Catherine College). Bachelor of Arts en 1898 (certains disent qu'il obtient un Master of Arts), il exerce ensuite une foule de ce qu'on appellerait aujourd'hui des « petits boulots ». On se plaît à transformer ses avatars professionnels en histoires extraordinaires l'amenant à rencontrer l'écrivain Jack London dans les mers du Sud et le président des États-Unis Theodore Roosevelt chassant la grosse bête en Afrique. De manière plus prosaïque bien que toujours exotique, il est recruté en 1903 dans le service de l'éducation aux Indes (Indian Educational Service) et obtient un poste à la High School de Karachi avant d'être nommé inspecteur puis assistant du directeur de l'instruction publique à Bombay. À cette époque, il change son prénom de Percy en Percival qui a certainement plus d'allure.

Du 1er décembre 1914 au 31 octobre 1915, il est capitaine de réserve dans l'infanterie de l'armée des Indes mais semble passer presque toute l'année 1915 en congé de maladie bien qu'on lui attribue au même moment différentes aventures africaines. Son passage à la Légion étrangère – éventuel sinon très problématique – se situerait à cette époque. Après un temps de direction à la Elphinstone High School de Bombay, il quitte les services de l'éducation. Il a commencé à écrire et publier quelques années auparavant ; désormais il entend se consacrer à cette nouvelle carrière. Elle a débuté avec quatre manuels sur l'enseignement de l'anglais ou l'organisation scolaire en Inde, dans lesquels il a fait preuve de beaucoup d'assurance quant à ses compétences, puis un roman, *Dew and Mildew*, en 1912, qui traite de la vie dans la colonie anglaise. Plus de trente autres titres vont suivre jusqu'en 1941 parmi lesquels *Beau Geste*, qui lui apporte le succès en 1924.

Ce n'est pas le premier, ni le dernier ouvrage de l'auteur (qui a maintenant ajouté Christopher à son nom) à exploiter une inspiration légionnaire. *The Wages of Virtue* l'a précédé en 1916 et, on l'a vu, *Stepsons of France*. De *Beau Geste*, certains se rappellent encore les premières pages, où l'on voit un officier français, Henri de Beaujolais (!), relater à un Anglais de rencontre l'aventure qui lui est arrivée quelque temps auparavant. Il lui a été demandé de porter assistance à un poste saharien tenu par une poignée de légionnaires. Encerclés par des guerriers rebelles, ils ont pu lancer un appel urgent à l'aide. Il est donc parti à leur secours. Mais lorsqu'il est parvenu à destination, c'est le silence qui l'a accueilli, un silence profond ; aucun signe ni de siège ni de combat ; seulement le fort, qui n'est plus défendu que par des cadavres… « Les morts font bonne garde. » Le roman commence donc comme une épopée teintée de fantastique. Il déroule ensuite les méandres d'une intrigue policière digne d'Agatha Christie, autour d'un saphir dérobé. Cependant, les détails véridiques abondent, ainsi la nécessité pour les hommes de garder quand ils dorment leur fusil relié à une chaîne dont ils s'entourent le poignet. En même temps le livre est tout pétri d'humour (anglais bien entendu). Certains passages pourraient avoir été composés par P.G. Woodehouse exposant les aventures burlesques de son « *butler* » Jeeves. De ce dernier, *Beau Geste* propose une sorte de « cousin » dont l'efficacité comique ne lui cède en rien : Burdon, le majordome de lady Brandon, la tante des frères Geste – Michael dit Beau, son jumeau Digby et John – qui tous trois deviennent légionnaires. Cette fantaisie légère ne fait pas forcément bonne équipe avec la Légion mais explique que le livre ait suscité la réalisation de plusieurs parodies filmées : *Beau Hunks* (1931) de Laurel et Hardy, *The Last Remake of Beau Geste* (1977) de Marty Feldman… Des autres adaptations cinématographiques, celle de 1939 est moins drôle mais plus célèbre du fait de la présence au générique de l'acteur américain Gary Cooper.

Beau Geste est suivi par *Beau Sabreur* (1926) et *Beau Ideal* (1928) que seul le décor légionnaire rattache au premier qui exposait le destin des frères Geste : deux d'entre eux dont Beau lui-même sont morts avant la fin du récit. Car le personnage favori de l'auteur est bien le narrateur, « le major Henri de Beaujolais », que l'on croise dans d'autres histoires. De l'officier héroïque, il présente un avatar quelque peu ridicule mais toujours vaillant, inventeur… des compagnies montées de la Légion, caractéristique qu'il partage avec le colonel de Joyeuse, le héros de Jean des Vallières. Ce dernier, un autre des personnages de Wren, dans *Stepsons of France*, l'évoque de par son identité : il s'appelle Jean Rien, autrement dit Jean « *without a name* », Jean, l'homme « sans nom ».

De nombreux titres suivront encore : *Good Gestes* (1929), *Soldiers of Misfortune* et *Valiant Dust* (1931), *Flawed Blades* et *Tales of the Foreign Legion* (1933). Très peu d'entre eux sont traduits en français. Cependant on peut s'arrêter un moment sur un autre ouvrage : *La Légion étrangère à Narvik*. Le récit de cette opération militaire de la fin de l'année 1939 est fait par Pierre-Olivier Lapie, avocat élu député de Nancy en 1936 et mobilisé en septembre 1939. Il part pour la Norvège. De l'expédition de Narvik, il rapporte ce livre qui bénéficie d'un avant-propos du général de Gaulle que l'auteur a rallié dès le 20 juin 1940. Quant à la préface, elle est signée par P.C. Wren, le « major Wren ».

Peu de temps après la parution d'un dernier titre (*Odd, But Even so*), Perceval Christopher Wren meurt le 22 novembre 1941 à Amberley, près de Stroud.

France Marie FRÉMEAUX

Bibl. : Notice biographique dans Christine Stephanie Nicholls (dir.), *Dictionary of National Biography*, New York, Oxford University Press, 1993 • Pierre-Olivier Lapie, *La Légion étrangère à Narvik*, Flammarion, 1945.

Y

YOUGOSLAVIE, ex-. – La participation de la Légion étrangère aux différentes opérations qui se déroulent sur le territoire de l'ex-Yougoslavie depuis 1992 s'inscrit dans une triple perspective, nationale, internationale et organisationnelle.

D'un point de vue national, la période considérée s'articule en deux temps, avant et après 1997, année qui met fin au processus législatif de suspension de la conscription. Cette césure entérine une pratique ancienne, systématisée par le président de la République pendant la guerre du Golfe de 1990-1991, qui limitait ou interdisait l'envoi des appelés du contingent, même volontaires, sur des théâtres d'opérations ou de guerre. La conséquence en fut un emploi systématique jusqu'en 1997 des unités constituées de soldats engagés, de la 9e division d'infanterie de marine (DIMa), de la 11e division parachutiste (DP) et de la 6e division légère blindée (DLB), donc à la Légion étrangère pour les deux dernières divisions citées. À partir de 1998, toutes les unités de l'armée de terre, sans restriction, purent être envoyées sur tous les théâtres d'opérations. Mais il fallut plusieurs années pour qu'il devienne possible de réduire la charge pesant sur les unités traditionnellement professionnelles comme la Légion étrangère.

La nature du confit qui ensanglante l'ex-Yougoslavie puis les modes d'intervention de la communauté internationale, principalement l'ONU et l'OTAN, dans une moindre mesure « l'Europe », se traduisent, pour la Légion étrangère, par deux formes principales d'engagement, selon qu'il s'agit de remplir des missions de « paix » ou de « combat », et ce quel qu'en soit le commanditaire, ONU, OTAN, Union européenne.

Enfin, la Légion doit adopter sur le théâtre d'opérations les structures imposées par les organisations internationales d'emploi qui, ayant des vocations spécifiques, sont différentes des structures militaires françaises. Ainsi le régiment, niveau d'emploi en théorie normal dans l'armée française, ne l'est jamais en ex-Yougoslavie. En règle générale, les unités élémentaires des régiments de la Légion sont réparties, majoritairement ou minoritairement, au sein de bataillons spécifiques dits « Bat. Inf. » ou « Bat. Gen. » dont l'organisation est plus ou moins bien adaptée au cadre d'emploi local. L'éclatement des régiments se fait parfois également au niveau de la section (mortiers lourds), du peloton (transport), voire des légionnaires détenteurs de compétences particulières. Les unités de Légion sont également à plusieurs reprises engagées après avoir été contraintes de laisser en France leur matériel majeur et avoir adopté celui laissé sur place par les unités auxquelles elles succèdent. Il en va ainsi du 1er régiment étranger de cavalerie (REC) qui utilise à Sarajevo, en lieu et place de ses AMX-10 RC, des ERC-90 Sagaie, ou du 2e régiment étranger de parachutistes (REP) dont les parachutistes se reconvertissent à l'emploi des VAB et des VBL (véhicules de l'avant blindés et blindés légers).

L'emploi de la Légion dans les missions de paix, le cas de la Forpronu. La participation de la Légion étrangère aux opérations internationales en ex-Yougoslavie commence avec la mise en œuvre de la résolution 743 du Conseil de sécurité du 21 février 1992 qui crée la Forpronu (« Force de protection des Nations unies »), initialement déployée en Croatie puis en Bosnie-Herzégovine et en Macédoine. Alors que les premières forces françaises se déploient à partir du mois de juillet 1992, la Légion est effectivement engagée lors de la première relève à Sarajevo en janvier 1993. Le cadre d'emploi y est strictement humanitaire. Il n'existe aucun ennemi au sens traditionnel du terme sauf lorsque les légionnaires, comme l'ensemble des casques bleus, deviennent « l'ennemi » des différents protagonistes dont ils perturbent les activités. La mission principale consiste à assurer la neutralité et la sécurité des zones démilitarisées dont la principale est l'aérodrome de Sarajevo. Ce qui est extrêmement délicat puisque celui-ci, bordé à l'époque au nord et au sud par des « zones bosniaques » et à l'ouest et à l'est par des « zones serbes », n'a été remis à l'ONU par les Serbes qu'à la condition qu'elle en fasse une zone strictement neutre. Cette mission principale n'en exclut pas d'autres, régulières ou conjoncturelles. Parmi elles, l'escorte des visiteurs de toute nature, du personnel et des convois de l'ONU, du Haut-Commissariat des Nations unies pour les réfugiés, mais encore l'acheminement de l'aide humanitaire et souvent l'accomplissement de missions humanitaires au profit de populations démunies ou de villages isolés par la guerre. Les événements conduisent également à l'accomplissement de missions spécifiques aussi complexes à organiser qu'à réaliser. Ainsi, en octobre 1993, les légionnaires du 2e régiment étranger d'infanterie (REI) participent, en présence de la Croix-Rouge internationale, à un échange de prisonniers croates et musulmans qui impose de coordonner, outre la compagnie d'éclairage et d'appui (CEA) du 2e REI (Bat. Inf. 2), l'action des troupes de marine du Bat. Inf. 4, d'un bataillon ukrainien et d'un bataillon espagnol. Il en va de même le 3 novembre suivant lorsque la 3e compagnie du 2e REI, les Sagaie du 1er REC et un groupe du 6e régiment étranger de génie (REG) renforcent les Suédois du 2e bataillon nordique à Vares (60 km au nord de Sarajevo) qui est confronté à des massacres de population, ou encore, trois jours plus tard, lorsque les légionnaires du Bat. Inf. 2 sont engagés en appui d'éléments suédois qui s'efforcent, avec succès, de récupérer trois des leurs faits prisonniers dans le village de Datsanko.

Les unités de la Légion étrangère au sein de la Forpronu. En janvier 1993, le « détachement de Sarajevo » de la Forpronu, constitué de trois bataillons, est commandé par un officier général égyptien. Le Bat. Inf. 2, constitué d'unités appartenant à la 9e DIMa, est relevé par le 2e REP. Ce dernier fournit, avec à sa tête son chef de corps, une unité de commandement et de soutien (UCS), formée à partir de sa compagnie de commandement et des services (CCS), d'éléments du 14e régiment parachutiste de commandement et de soutien (RPCS) et du 17e régiment de génie parachutiste (RGP), deux compagnies de combat (1re et 4e) et une section de la CEA. Les missions d'accompagnement et d'escorte imposent de reconvertir une partie du personnel à l'emploi des 52 VAB et 20 VBL laissés sur place à cet effet par la 9e DIMa. Elles sont menées hors de Sarajevo jusqu'à Gorazde, Kamenica ou Zepa, situées à plus de 100 km de la capitale bosniaque.

En mai 1993, la CEA du 2e REP rejoint Sarajevo, que les unités de ce 2e REP constitutives du Bat. Inf. 2 quittent au cours de l'été. La relève est opérée par le 2e REI avec une UCS (CCS/2e REI et renfort du 6e régiment de commandement et de soutien, ou RCS), la CEA et deux compagnies de combat (1re et 3e). Il est peu après renforcé par un détachement du 6e REG. En août, la participation de la Légion s'accroît d'un peloton de transport du 1er RE qui rejoint le 403e bataillon de soutien logistique constitué du 2e RCS renforcé par le 5e régiment d'infanterie (RI), le 501e régiment de chars de combat (RCC), le régiment de marche du Tchad (RMT) et le 1er régiment d'artillerie de marine (RAMa). Basé à Zagreb, le peloton (56 hommes, 34 véhicules) participe au ravitaillement des vingt bataillons de la Forpronu (environ 20 000 hommes). Lors des missions en direction de Sarajevo, il est régulièrement pris à partie par des tirs de harcèlement des snipers.

Au début de ce même mois d'août, les légionnaires du Bat. Inf. 2 reçoivent une nouvelle mission. Le dimanche 8 août, après vingt-cinq jours d'offensive serbe sur le mont Igman, les deux camps, serbe et bosniaque, acceptent en effet la mise en place d'un cessez-le-feu dont le Bat. Inf. 2 doit assurer l'exécution et le contrôle. La première unité engagée est un escadron du 1er régiment de hussards parachutistes (RHP) appuyé par les légionnaires du 6e REG. Dans les jours qui suivent, les Serbes acceptent d'évacuer toutes leurs positions sur le mont Igman à condition qu'elles soient occupées par les forces de l'ONU. Le 12 août, la 3/2e REI prend position sur le mont Igman. Alors que les négociations reprennent pour déterminer les modalités du retrait, les VAB de la Légion sont pris à partie par des tirs bosniaques qui ne causent aucune perte. Le 16 août, le Bat. Inf. 2 est progressivement relevé, dans cette mission spécifique, par les hommes du Bat. Inf. 4 (21e régiment d'infanterie de marine, ou RIMa, et 1er Spahis). De retour du mont Igman, il reçoit une mission nouvelle qui consiste à ouvrir, sur environ 160 km, l'axe Sarajevo-mer Adriatique via Mostar et Medjugorje.

Les unités de la Légion étrangère entrant dans la composition du Bat. Inf. 2 rentrent en France en janvier-février 1994, après six mois de présence en ex-Yougoslavie. La relève suivante est faite en janvier 1995. À l'issue, la participation de la Légion à la Forpronu est la suivante : à Sarajevo, le Bat. Inf. 2, commandé par le chef de corps du 1er REC, comprend, entre autres unités, l'escadron de commandement de soutien (ECS), les 1er, 4e et 5e escadrons du 1er REC (le 1er et le 4e étant transformés en compagnies d'infanterie), la 3/2e REI et la 6/6e REG. Le Bat. Inf. 4, quant à lui, essentiellement constitué par le 21e RIMa, incorpore le 3/1er REC, équipé d'ERC-90 Sagaie à la place de ses AMX-10 RC, et la 1/6e REG. Enfin le secteur de Sarajevo bénéficie du renfort de la compagnie d'appui du 6e REG, administrativement rattachée au Bat. Inf. 5. La contribution de la Légion étrangère à la Forpronu atteint alors son effectif maximal avec un peu plus de 1 000 légionnaires sur un total de quelque 39 000 hommes en provenance de 42 pays différents.

Un cas particulier, le 6e REG. Alors que la plupart des légionnaires servent au sein du Bat. Inf. 2, les unités du 6e REG sont réparties partout où la présence des sapeurs est nécessaire. Une compagnie arme en général le secteur de Sarajevo et une autre est régulièrement intégrée au Bat. Inf. 4. Le 6e REG remplit des missions militaires telles que l'ouverture d'itinéraires, le déminage ainsi que toutes les formes de « dépollution », la construction de logements au profit des unités de la Forpronu, etc. Il assure également des missions d'aide aux populations en rétablissant l'adduction d'eau, en évacuant épaves et déblais qui saturent une ville de 300 000 habitants en état de guerre depuis presque deux ans. Dans l'accomplissement de leurs missions, les sapeurs légionnaires sont amenés à utiliser leur matériel lourd ainsi que du matériel d'origine russe (BTR-60) et américaine (M-113).

Les missions de combat de la Légion étrangère. Les difficultés rencontrées par la Forpronu pour assurer sa propre sécurité comme les excès en tous genres commis par les différents protagonistes, de la prise en otages de casques bleus aux massacres contre la population, poussent à la création, par la résolution 998 du Conseil de sécurité (15 juin 1995), d'une Force de réaction rapide (FRR) chargée « d'assurer des actions ou réactions d'urgence en appui à des unités des Nations unies isolées ou menacées, d'aider au redéploiement d'éléments de la Forpronu et de contribuer au maintien de la liberté de mouvement ». Ces missions, qui peuvent en théorie aller jusqu'à l'opération de guerre au sens classique du terme, sont remplies dans un cadre particulier qui en contraint l'exécution. En effet, si les unités qui entrent dans la composition de la FRR sont engagées sous leur uniforme national, et disposent de l'intégralité de leurs moyens de combat, elles font partie de la Forpronu et relèvent donc de la chaîne de commandement militaire des Nations unies. Ce qui signifie que leur emploi est toujours réactif et qu'il tend à dissuader ou à persuader avant de chercher à neutraliser ou à détruire.

La Légion étrangère participe dans ce cadre à la constitution d'une brigade multinationale de la FRR qui comprend également un bataillon britannique. Sa participation s'élève à environ 1 300 hommes principalement regroupés au sein d'un bataillon de réaction rapide (BRR) mis en place par le transport de chalands et de débarquement (TCD) Ouragan dès la fin du mois de juin 1995 dans ce qui devient, pour la France, l'opération « Hermine ». Le BRR comprend la CCS, la CEA, les 1re, 2e et 4e compagnies du 2e REI, la 2e du 6e REG, le 2e escadron du 1er REC ainsi qu'une cinquantaine de spécialistes des 1er et 4e Étrangers et du 2e REP. Une section de mortiers lourds (SML) du 2e REI est de surcroît envoyée en renforcement du Bat. Inf. 5 sur le mont Igman et la CEA du 2e REP placée en « alerte Bosnie ». Le premier engagement opérationnel, strictement réactif, a lieu moins de un mois après la mise en place. Le 23 juillet 1995, deux officiers français sont tués à Sarajevo. En riposte, la SML du 2e REI (12 tubes) tire 90 obus de 120 mm et un sous-groupement franco-britannique de 900 hommes de la FRR – dont la 2/2e REI, le 2/1er REC avec 12 AMX-10 RC, une section du 6e REG, une SML et une section de VAB 20 mm – se déploie et se prépare à intervenir. Le 31 août, ce sont cette fois 600 obus qui sont tirés sur les positions serbes en réponse à des tirs sur le centre de Sarajevo et au refus d'évacuation des armes lourdes de la zone d'exclusion décrétée par l'ONU. Dans un autre registre, un tireur d'élite du 2e REI neutralise, le 5 septembre, une pièce de mortier « adverse » qui se met en batterie à plus de 2 000 m de sa position de combat.

La signature des accords de Dayton en décembre 1995 modifie *de jure* la subordination des unités françaises sans en changer *de facto* l'emploi, même si l'Implementation Force (IFOR) qui succède à la Forpronu est subordonnée à l'OTAN. Lors de la relève de novembre 1995, les éléments du 2e REP (CCS, 5e compagnie de maintenance, CEA, 2e, 3e, 4e compagnie de combat) et du 1er REC (3e escadron) sont simplement placés sous le commandement de l'IFOR qui doit, avec un mandat d'« environ » un an, gérer les mouvements de retraits entre Serbes et Bosniaques (Sarajevo) et entre Croates et Bosniaques (Mostar). La France assure le commandement d'une des trois divisions multinationales de l'IFOR. Les trois brigades de cette division sont installées à Mostar, Sarajevo et Gorazde. Les unités du 2e REP et du 1er REC sont intégrées à la brigade de Mostar. La 3/2e REI est intégrée au 21e RIMa au sein de la brigade Sarajevo. Enfin un Bat. Gen. est formé à partir du 6e REG (UCL, CA, 1re et 3e compagnie de combat) et directement rattaché à la division française comme élément organique divisionnaire (EOD). Il est déployé à Rajlovac. C'est la deuxième fois de son histoire que le 6e REG est engagé avec presque tous ses moyens réunis en une seule unité formant corps. En mars, les unités du 2e REP sont relevées par celles du 3e RIMa.

Au cours des années suivantes, la Légion étrangère continue à apporter sa contribution aux différentes « forces » qui œuvrent au lent rétablissement de la paix en ex-Yougoslavie – SFOR, opération « Forces alliées », EUROFOR, KFOR, etc. –, alternant, selon les périodes et les subordinations, mission de paix et mission de combat. Les effectifs engagés diminuent alors progressivement et le nombre des relèves se réduit au rythme de la baisse de la conflictualité en ex-Yougoslavie et de l'engagement sur ce théâtre d'opérations d'unités issues de la professionnalisation de l'armée française.

Frédéric GUELTON

YSQUIERDO, capitaine Antoine (1924-2001). – Type achevé de l'officier à titre étranger sorti du rang et admis à l'École spéciale militaire interarmes (qui, jusqu'à la réforme de 1961, admettait les candidats aux titres de guerre exceptionnels), né le 14 juillet 1924 à Fuente Alano dans la province de Murcia, en Espagne, le jeune Antoine Ysquierdo s'engage à la Légion étrangère le 21 juillet 1942. En mars 1943, au sein de la 2e compagnie du 1er bataillon du 1er régiment étranger d'infanterie (REI), il participe à la phase finale de la réduction des forces de l'Axe en Tunisie. Après ces combats, en juillet 1943, il rejoint le régiment de marche de la Légion étrangère (RMLE) avec lequel il fait les campagnes de France et d'Allemagne comme caporal puis sergent. Il y gagne une citation.

La guerre en Europe terminée, il rejoint le 3e REI au Maroc d'où il embarque pour l'Indochine avec le grade de sergent-chef. Il y gagne également une citation. Rapatrié en fin de séjour, il est admis sur concours à Saint-Cyr et est nommé sous-lieutenant à titre étranger le 1er octobre 1948. Il fait un deuxième séjour en Extrême-Orient, avec la 8e compagnie du 3e REI. Rapatrié, il est affecté à l'instruction à Mascara. En 1953, il est de nouveau en Indochine, devenu parachutiste au 2e bataillon étranger de parachutistes (BEP). Le 9 avril 1954, il est largué sur Diên Biên Phu. Plusieurs fois blessé, il sera fait chevalier de la Légion d'honneur. Disparu, puis signalé prisonnier au camp no 1, il est libéré le 2 septembre. Il se fait alors affecter au 1er BEP, que l'on reforme, et rentre avec lui en Algérie. Il passe au 1er REP par changement de structure de son unité et participe notamment à l'intervention sur Port-Saïd en Égypte, en 1956. Il sert au 1er REP jusqu'à sa dissolution, comme commandant de la 2e compagnie puis officier renseignement. Le 6 août 1961, il abandonne l'uniforme.

Commandeur de la Légion d'honneur, le capitaine Ysquierdo est titulaire de 14 citations dont 5 à l'ordre de l'armée et de nombreuses décorations françaises. Il est choisi pour accompagner le général Hallo, son ancien chef de section de 1944, porteur de la main du capitaine Danjou le 30 avril 1993. Il meurt le 7 juin 2001, rejoignant, d'après Hélie Denoix de Saint Marc dans l'hommage qu'il lui rend, « la phalange des hautes figures de la Légion, des hautes figures des parachutistes de la Légion étrangère ».

Charles RIDET

Bibl. : Antoine Ysquierdo, *Une guerre pour rien*, La Table ronde, 1966 • *Id.*, *Ces hommes de la Légion… qui meurent pour la gloire !*, Éditions du Camelot & de la Joyeuse Garde, 1993 • *Id.*, *Azor : ceux qui s'aiment, récoltent*, Godefroy de Bouillon, 1998.

Z

ZAATCHA, siège de (mai-novembre 1849). – Zaatcha est une petite oasis située en Algérie à 35 km au sud-ouest de Biskra. Bou Ziane, son ancien cheik qui avait été écarté par les Français, croit la France affaiblie par les journées révolutionnaires de 1848 et entreprend de soulever la population pour chasser les Français d'Algérie. Espérant tuer la rébellion dans l'œuf, le lieutenant Seroka l'arrête dans Zaatcha le 18 mai 1849, mais doit le relâcher sous la pression populaire.

Les populations environnantes se soulèvent ensuite, et Bou Ziane met Zaatcha en état de défense : il l'entoure d'un fossé large de 3 m empli d'eau par une nappe phréatique très peu profonde, perce le mur d'enceinte de nombreuses meurtrières et transforme la plupart des maisons en blockhaus. Le colonel Carbuccia est envoyé rétablir l'ordre avec deux petits bataillons dont un du 2e régiment de la Légion étrangère (RLE), à peine 1 000 hommes. Le 16 août, son attaque sans artillerie est arrêtée par le fossé et le feu nourri des défenseurs qui tue 32 hommes.

Ce nouvel échec renforce les rebelles mais leur chef ne sait pas exploiter son succès et demeure attaché à Zaatcha, qui va donc devoir essuyer un siège en règle. Le 7 octobre, le général Herbillon se présente devant l'oasis avec huit bataillons dont deux du 2e RLE, quatre escadrons et onze pièces d'artillerie. Il s'empare d'une zaouïa en lisière de la palmeraie. Le lendemain, une tranchée est ouverte et une batterie commence à battre le rempart pour y ouvrir deux brèches. Le 20, deux colonnes dont l'une comporte des unités du 2e RLE se lancent à l'assaut de Zaatcha. Elles sont repoussées. Des renforts sont nécessaires.

Le 9 novembre, le colonel Canrobert rejoint Zaatcha avec deux bataillons de zouaves. Dans la pratique, ceux-ci relèvent les deux bataillons de Légion qui sont chargés d'assurer la sûreté des communications entre Batna et Zaatcha. Un bataillon de chasseurs arrive en renfort tandis qu'une épidémie de choléra se déclare. Les défenseurs ne cessent de harceler les assaillants qui abattent les palmiers. Le 26 novembre, l'assaut est lancé par les deux brèches. Un combat de rues s'ensuit ; il faut réduire les résistances une à une. Les pertes sont élevées. Bou Ziane est tué ; Zaatcha conquise dans l'après-midi. Sa destruction commence le lendemain : le site ne sera pas réoccupé.

Henry DUTAILLY

Bibl. : Eugène E. Perret, *Les Français en Algérie. Récits algériens*, t. II, *1848-1886*, Bloud et Barral, 1887.

ZADKINE, Ossip (1890-1967). – « Zadkine est un artiste de talent et sa technique est très intéressante. Il a un sentiment profond de la sérénité plastique. » Ces lignes de Guillaume Apollinaire écrivant dans *Paris-Journal* le 9 juillet 1914 ne disent pas grand-chose en vérité d'Ossip Zadkine. Il est né en 1890 à Vitebsk. Son père est orthodoxe mais de parents juifs. Sa mère est d'origine anglaise, ce qui amène le jeune homme à passer quelque temps en Angleterre chez un cousin qui l'aide à s'initier à la sculpture et au travail du bois. En 1909, il arrive à Paris ; il entre à l'École des beaux-arts. Il prend ensuite un atelier dans l'immeuble de la Ruche avant d'aller rue de Vaugirard. En 1928, il s'installera au numéro 100 de la rue d'Assas où se trouve désormais le musée de ses sculptures.

Au début de l'année 1915, raconte-t-il dans ses souvenirs, il se rend à Bordeaux. La Légion étrangère y a un bureau de recrutement. Il s'engage : « Les jours les plus misérables de ma vie commencèrent alors. Casernes, casernes et encore casernes, puis Paris où l'on m'affecta à une ambulance russe. » Le terme « ambulance » désigne une unité de soins intégrée dans les trains de combat des grandes unités ; il y en a au moins quatre par corps d'armée. Celle où Ossip Zadkine devient brancardier est dirigée vers Reims, l'évacuation des blessés se faisant vers l'hôpital d'Épernay. En octobre, au cours de l'un des déplacements du convoi motorisé, il se trouve mal : il vient d'être atteint par les gaz. Les problèmes de santé qui s'ensuivent vont durer plus de un an, jusqu'en 1917 : après trois mois supplémentaires d'analyses et d'examens, le sculpteur est réformé définitivement. Il peut reprendre la pratique de son art. Cependant, les premières années sont difficiles. S'il grave une vingtaine d'eaux-fortes à partir des dessins qu'il a pu rapporter de la guerre, il n'arrive à vendre que dix des albums qu'il réalise de la sorte. Se voir conférer la nationalité française n'y change rien. La reconnaissance ne vient – progressivement – qu'à partir de 1920. C'est également l'année de son mariage avec Valentine Prax (1897-1981), elle-même peintre originaire de Bône en Algérie. Ensemble ils achètent une maison dans le Quercy. En 1934, ils s'installent dans le Lot où ils acquièrent une propriété pleine de charme du village des Arques. Mais Ossip Zadkine est obligé d'en partir, seul, en 1940 : les lois antijuives le menacent directement. Après de nombreuses péripéties, il arrive aux États-Unis, comme Jacques Lipchitz avec qui il partage le même marchand new-yorkais, en juillet 1941.

À New York, il éprouve l'angoisse, la misère du déraciné : « Je ne percevais que cris de chasseurs et hurlements de pourchassés », écrira-t-il plus tard, ajoutant : « Dans ma solitude, je hurlais comme un arlequin, et personne ne m'entendait. » *Arlequin hurlant* est le titre de l'une de ses sculptures de 1943. Plusieurs autres œuvres sont pareillement inspirées par la guerre, la Seconde, et particulièrement *La Prisonnière* (qui symbolise la France prisonnière) ou le *Monument pour une ville détruite* (c'est-à-dire Rotterdam).

Ossip Zadkine revient en France – à Paris et dans le Lot – en septembre 1945. Pendant son absence son épouse a survécu tant bien que mal ; elle a réussi à conserver l'atelier de la rue d'Assas et la maison des Arques. Quant au sculpteur lui-même, le séjour américain a été pour lui malheureux mais finalement bénéfique pour sa notoriété. Les commandes se multiplient. Parallèlement, il enseigne à l'académie de la Grande Chaumière où l'un de ses élèves se nomme Gaston-Louis Marchal. En 1950, il reçoit le grand prix de la Biennale de Venise. Ce n'est qu'après avoir atteint ses soixante-quinze ans, en 1965, qu'il se laisse aller au découragement. Cet âge lui paraît trop élevé, le sentiment de la vieillesse l'accable. Il meurt à Paris dans la nuit du 24 au 25 novembre 1967.

France Marie FRÉMEAUX

Bibl. : Gaston-Louis Marchal, *Ossip Zadkine, la sculpture... toute une vie*, Éditions du Rouergue, 1992 • Ossip Zadkine, *Le Maillet et le ciseau, souvenirs de ma vie*, Albin Michel, 1968.

ZIMMERMANN, légionnaire Heinz (?-1961). – Le légionnaire Heinz Zimmermann serait resté un anonyme et un inconnu du public si la Légion étrangère n'avait dû abandonner Sidi-Bel-Abbès en octobre 1962. Elle en a fait, sinon un héros, du moins un symbole au tournant de son histoire, dernier légionnaire tué au combat en terre algérienne, plus exactement dans la cité fondée par la Légion. Il n'en fallait pas plus pour que son cercueil accompagne ceux du général Rollet et du commandant Aage de Danemark le 29 septembre 1962 au cimetière de Puyloubier où ils sont transférés afin de représenter tous les morts de la Légion.

Né en Allemagne à Merseburg, il souscrit un contrat d'engagement au titre de la Légion étrangère le 9 juin 1957 au poste de recrutement de Strasbourg. À l'issue de son instruction à Saïda, il est affecté le 13 janvier 1959 à la 3e compagnie saharienne portée de Légion (CSPL) à Laghouat, en qualité de mitrailleur. Avec son unité, il prend part à la protection des champs pétrolifères du Sahara et gagne une citation à l'ordre du régiment, le 18 mars 1959. À son retour d'opérations, Zimmermann est affecté le 6 février 1961 à la police militaire (PM) du 1er régiment étranger (RE). Cette section d'intervention est notamment chargée d'assurer des escortes et de patrouiller en ville et dans ses environs. Le 11 août, une patrouille cycliste de la police locale, circulant à proximité d'un jardin public, repère quatre individus dont deux sont armés. Le groupe d'alerte de la PM est aussitôt alerté et arrive sur les lieux, rejoint par une patrouille motorisée du 1er RE. Le jardin est encerclé et l'un des rebelles capturé. Les trois autres se retranchent dans une maison. À plusieurs reprises, les légionnaires de la PM, appuyés par un détachement de la compagnie d'instruction des parachutistes, donnent l'assaut. Plusieurs hommes sont blessés, deux tués dont Zimmermann, cité à l'ordre de l'armée et médaillé militaire à titre posthume.

Charles RIDET

Sources : DHPLE, JMO du 1er RE.

ZOLA, François (1795-1847). – « La vie de Francesco, l'ingénieur, est plus romanesque que celle d'Émile, le romancier. » De qui parle en ces termes Armand Lanoux, né en 1913 et par ailleurs auteur d'une trilogie sur fond de guerre, *Margot l'enragée*, dont le dernier volume, *Quand la mer se retire*, a obtenu le prix Goncourt en 1969 ? Des deux Zola : le père, Francesco (François), et son fils Émile.

François Zola (qui s'orthographie alors Zolla, note le biographe d'Émile

Zola Henri Mitterand) est né le 7 août 1795 à Venise. Il commence sa vie sous le signe de l'épée. Perpétuant la tradition familiale (son père est officier dans le génie ; deux de ses oncles sont également officiers mais d'un grade plutôt subalterne), il entre à l'école militaire de Pavie, puis est nommé sous-lieutenant d'artillerie dans l'armée du vice-roi d'Italie, Eugène de Beauharnais. La Vénétie devenue autrichienne, il achève des études d'ingénieur à l'université de Padoue – son *Traité de nivellement* fait bientôt autorité – et travaille aux premiers chemins de fer en Autriche. Faute d'obtenir les financements nécessaires aux travaux qu'il entreprend, il part pour Alger : en juillet 1831, il est lieutenant à la Légion étrangère. Survient alors une mésaventure peut-être inventée, ou simplement amplifiée, voire aggravée par la presse à la fin du XIXe siècle – pendant l'affaire Dreyfus : au mois de mai 1832, François Zola est accusé de détournement de fonds au détriment de l'armée. On le soupçonnera même de désertion. Il semble qu'il y ait eu un trou dans la caisse du service auquel il était apparemment affecté (la direction des magasins de l'habillement de son régiment) et qu'on puisse le lui imputer. Sans doute a-t-il agi pour les beaux yeux de la femme d'un sergent fourrier peu scrupuleux en fin de contrat et en instance de départ pour la France. Sa démission le 4 novembre 1832, après qu'il a remboursé la somme manquante, étouffe rapidement l'affaire. François Zola peut s'embarquer pour la France. Il n'a plus aucun lien avec sa famille dont il ne se rapprochera qu'en 1836. Une installation à Marseille paraît préférable. Il ouvre un cabinet d'ingénieur. Cependant, il a du mal à faire aboutir ses projets. Quelques années plus tard, en 1843, il se fixe rue Silvacane à Aix-en-Provence où il va se ruiner à construire un canal – le canal Zola – afin d'alimenter la ville en eau. Il meurt le 27 mars 1847. Entre-temps, il a épousé à Paris – le 16 mars 1839 – Françoise-Émilie Aubert, de vingt-quatre ans sa cadette. Et le 2 avril 1840, à Paris, un fils leur est né : Émile Zola, grande voix de l'affaire Dreyfus et romancier des Rougon-Macquart.

Émile Zola est très jeune quand il devient orphelin, mais ce sont les qualités de son père qu'il conférera à son œuvre. « Son goût du monumental dans la modernité, sa ténacité dans l'entreprise, peut-être aussi son sens architectural de la composition », comme le dit Henri Mitterand, qui cite l'écrivain s'adressant en 1900 aux mânes de ses parents : « Puisque l'avenir est à moi, va ! père, dors en paix dans la tombe, où ma mère est allée te rejoindre. Dormez en paix côte à côte. Votre fils veille, et il se charge de vos mémoires. Vous serez honorés, parce qu'il aura dit vos actes et vos cœurs. » Il avait mis toute son énergie et tout son talent d'écrivain pour défendre la mémoire de son père à la suite de la publication dans *Le Petit Journal* d'Ernest Judet de lettres du colonel Combe – commandant de la Légion étrangère – sur l'affaire d'Alger.

France Marie FRÉMEAUX

Bibl. : Armand Lanoux, *Bonjour, monsieur Zola*, Hachette, 1954 • Henri Mitterand, *Zola*, Fayard, 3 vol., 1999-2002.

ZOLI, Corrado (1877-1951). – Le survivant du deuxième combat d'El-Moungar (2 septembre 1903), le « Camerone des sables », quitte la Légion étrangère à la fin de son contrat. On retrouve sa trace au début du régime fasciste comme sous-gouverneur de la province d'Oltregiuba en Somalie, de juillet 1924 à la fin de l'année 1926. Avant la Première Guerre mondiale, Zoli s'était frotté à l'« histoire immédiate » en publiant en 1913 *La Guerre* *turco-bulgare : étude critique du principal épisode de la guerre balkanique de 1912*. Journaliste de renom, il préside après guerre la Société royale de géographie. Entre juin 1928 et juillet 1930, il assume le commandement de Massaoua, le port d'Érythrée sur la mer Rouge que les légionnaires de la 13e demi-brigade de Légion étrangère prendront en avril 1941. Cacique du fascisme, il est connu comme un honorable ethnologue pour des travaux qui lui confèrent une certaine notoriété. Son parcours croise celui de Giuseppe Bottai, un autre dignitaire du régime fasciste qui trouve asile à la Légion après la mise à l'écart de Mussolini en juillet 1943.

André-Paul COMOR

- *Voir aussi* : El-Moungar.

ZWILLINGER, Frank Gerhard (1909-1989). – Contraint de s'exiler pour échapper aux persécutions des nazis arrivés au pouvoir en mars 1938, Frank Gerhard Zwillinger trouve refuge en France et s'engage dans la Légion étrangère devenue un asile pour de nombreux Juifs d'Europe centrale. Il sert pendant la guerre au Tonkin jusqu'au coup de force japonais du 9 mars 1945 au cours duquel il est blessé. Amputé d'une jambe et réformé, il choisit de s'installer en France où il entame une carrière chez L'Oréal tout en se consacrant à l'écriture. À partir de 1959, il entretient une longue correspondance avec un poète juif d'origine roumaine et de culture allemande, naturalisé français et lecteur à l'École normale supérieure, Paul Celan (de son vrai nom Paul Pessach Antschel). Auteur dramatique et poète, Zwillinger laisse une œuvre d'une douzaine de livres dont *La Grève de Dieu* (1968). Il meurt le 26 novembre 1989 à Garches dans la région parisienne. La Légion, en l'accueillant en son sein, aura bel et bien rempli pendant la Seconde Guerre mondiale l'une de ses missions – parfois contestée – d'asile pour les réfugiés politiques.

André-Paul COMOR

ANTHOLOGIE

ANTHOLOGIE

Établie et présentée par Jérôme Villeminoz
avec la collaboration de France Marie Frémeaux

Voici quelques morceaux choisis de la littérature légionnaire. En vain cherchera-t-on dans la composition de cette anthologie de prétention scientifique. Il s'agit simplement de livrer au lecteur des poèmes, des extraits de Mémoires, des anecdotes diverses, écrits pour la plupart par les légionnaires eux-mêmes. Ils ont été regroupés en quelques grands thèmes, de sorte, selon les cas, qu'ils se répondent, se suivent ou s'entrechoquent.

Peut-être en parcourant ces pages se mettra-t-on en devoir de laisser à la littérature la part qui lui revient : on considérera avec distance les actes d'héroïsme comme les récits d'exécution ; on sourira de ces pièces épiques, parfois maladroites, ou de ces vers mélancoliques ; et l'on finira par trouver convenus ces invraisemblables portraits et ces vies romanesques au dernier degré.

Car curieusement, quand il s'agit de la Légion, les mythes deviennent des lieux communs. Mais est-on bien certain, justement, qu'il s'agisse de mythes ? N'est-ce pas plutôt qu'ils disent quelque chose de ce que sont vraiment les légionnaires ?

La Légion, sans doute, est moins connue que sa légende ; mais une telle légende ne pouvait naître que d'un fascinant terreau. Voici ce qu'écrit un journaliste, mort au front dans les rangs de la Légion, dans des notes que rapporte le prince Aage de Danemark :

> La cause déterminante – celle qui parallèlement à la faim déclencha l'énergie avec laquelle ils volèrent jusqu'au bureau de recrutement – c'est, à coup sûr, la somme de littérature dont on a épaissi les traits du légionnaire. Je sais des jeunes gens qui, éblouis par cette mythographie que désavouent les officiers de la Légion, n'ont pas hésité à sacrifier cinq ans d'une existence équilibrée.

Pourtant, juste après ce témoignage que ce qu'on prend pour la Légion en est souvent une caricature, le journaliste confirme qu'il n'est nul besoin d'épaissir le trait pour peindre ces hommes en quête d'un horizon plus vaste :

Pourquoi ? Pour devenir ces héros de la grande Aventure !
Seuls quelques livres parus aux environs de 1921 ont su dessiner, sans le trahir, le visage du Légionnaire.
Un écrivain français a défini très exactement, me semble-t-il, ce démon intérieur que certains êtres n'arrivent à calmer que par le choix d'une existence âpre, dure, harassante, où le rêve, l'illusion, la méditation retrouvent leurs justes possibilités.
« Toute civilisation, écrit-il, a ses grands blessés. Dans tous les pays d'Europe et sans doute aussi en Amérique vivent des hommes pour qui la vie est un supplice… »
Des hommes pour qui la vie est un supplice.
C'est précisément cet air d'ancien « supplicié » enfin dégagé de son cauchemar que j'ai pu entrevoir sur le visage de mes camarades, lorsque, pour la première fois, ils arborent dans les rues de Siddi-Bel-Abbès l'uniforme kaki et la célèbre ceinture bleue.

Les pages qui suivent ne prétendent pas, bien sûr, suffire à « dessiner le visage du Légionnaire ». Mais au moins elles ne sauraient trahir ceux qui en furent les auteurs.

LEGIO PATRIA NOSTRA

Les Mercenaires

Dédié à Monsieur le général de Négrier

Nus, affamés, sans feu, ni lieu, sans espérance,
Aux maîtres comme aux lois ayant répondu : Non,
Traînant leur passé lourd comme on traîne un chaînon,
Des hommes, Dieu sait d'où, s'en viennent à la France.

Nous sommes las. Mourir est une délivrance ;
Veux-tu faire de nous de la chair à canon ?
Elle répond : c'est bien ; je sais votre souffrance,
Et je n'ai pas besoin de savoir votre nom.

Prenez, mangez. Dormez, sans rêve, sous la tente ;
Ce pain dur, ce lit dur, qui font l'âme contente,
Sont ceux de nos soldats : méritez leur tombeau.

Vous êtes en lieu sûr, et de vous je me charge,
Entrez – Et derrière eux, d'un geste simple et large,
Elle fait retomber un pli de son drapeau.

Capitaine de Borelli, 1885

La Légion

Étrangère ! non pas ! ô France, depuis quand
Le baptême du sang n'est-il plus un baptême ?
Qui donc vous renierait Français sans un blasphème,
Martyrs de Camaron, héros de Tuyen-Quan ?

Oui, vous êtes à nous, et nôtre est votre gloire ;
Les lauriers sont à nous dont vos fronts sont fleuris,
Et parmi les plus beaux feuillets de notre histoire
Notre orgueil compte ceux que vous avez écrits.

Et vous, qui sous les plis du drapeau de la France
Comme même regret, avez même espérance,
Vous nommer étrangers, quel traître l'osera ?

Enfants de notre Alsace et de notre Lorraine,
Augustes forgerons qui ressoudez la chaîne
Du grand-père français au fils qui le sera !

Henri Richardot (Dachères), 1912

Le Volontaire étranger

Le monde entier disait : la France est en danger ;
Les barbares demain, camperont dans ses plaines.
Alors, cet homme que nous nommions « l'étranger »
Issu des monts latins ou des rives hellènes

Ou des bords d'outre-mer, s'étant pris à songer
Au sort qui menaçait les libertés humaines,
Vint à nous, et, s'offrant d'un cœur libre et léger,
Dans nos rangs s'élança sur les hordes germaines.

Quatre ans, il a peiné, saigné, souffert.
Et puis un soir, il est tombé dans cet enfer…
Qui sait si l'inconnu qui dort sous l'arche immense,
Mêlant sa gloire épique aux orgueils du passé
N'est pas cet étranger devenu fils de France
Non par le sang reçu mais par le sang versé ?

Pascal Bonetti, 1920

Sous leur dolman poudreux

Sous leur dolman poudreux, voici les mercenaires
Dans un bled sans ombrage et sous un morne azur.
Ils reviennent des monts et de leurs travaux durs,
Traînant gaillardement leur joyeuse misère.

Mes amis, partagez une gloire en lambeaux.
Nous avons encerclé les Chleuhs dans leurs montagnes
Et les drapeaux ternis ont fait dure campagne.
Buvons au souvenir des soldats au tombeau.

Parmi les oliviers, la brise s'est levée
Pour caresser le front des mercenaires las.
Nous sommes les derniers conquérants de l'Atlas,
Où sont les vins épais de récente cuvée ?

Mais voici la saison de tenir garnison.
De fables on broda quelques fois notre histoire.
Bacchus un jour coiffa les ailes des victoires.
Ce mythe bien souvent nous tient lieu de raison.

Les mercenaires vont, fiers de leurs tatouages,
Messagers du mirage et des songes amers,
Poursuivant au-delà des palmiers et des mers
Un rêve centenaire amoureux des voyages.

Comme les gars de France, ils ont le cœur léger,
Avec le teint du bled et quelle ardeur coquette
Quand ils passent l'oued, joyau de leurs conquêtes,
Tous semblables enfin sous un masque étranger.

Reverrons-nous fleurir les îles Baléares,
Marseille et le Vieux-Port où nous fûmes reçus
Dans les conditions et les dessins conçus
Par la France éternelle écartant le Barbare.

Nous avons retrouvé la trace des Romains
Sur les sentiers bourbeux des montagnes berbères,
Gardons le souvenir d'autres nuits qui tombèrent
Avec le même obstacle au détour des chemins.

Des mendiants pieux rêvent sous l'olivier.
Les minarets de Fez, la ville aux cent mosquées,
Sortent des frondaisons dont elles sont masquées.
Des pieds souples et fins font grincer le gravier.

Contemplant les moissons, nous allons sous la brise,
Et voici que rendus aux travaux de la paix,
Nous poursuivons gaiement sous nos crânes épais,
Un rêve de conquête inscrit sur quelque frise.

Légionnaire Arthur Nicolet

Souvenir

Je souviens… c'est là-bas… quand fini la lumière
C'est parti dans le soir… quand la ciel c'est tout bleu
Bleu pas gai… mais bleu doux… un peu noir… rouge un peu
Bleu penser à des yeux… c'est peut-être ma mère.

La patrouille en avant… le cœur fait la prière
Mais la main tient PM… en marchant queue leu leu
On sentait grands et forts… quand le chef il le veut,
Petit homme souvent c'est fait grand légionnaire.

C'est retour au matin… le matin de la chance
Quand envie de crier et de faire la danse
Quand plus peur de la nuit… quand le maigre c'est gros.

Le retour de patrouille est le grand récompense
C'est plus que citation, car chacun sûr il pense
« Moi j'ai fait ça tout seul et c'est moi le héros. »

Légionnaire Horst Bleichert

Petit fleur blanc…

Petit fleur qui fais blanc sur la bord du chemin,
Petit fleur qui t'en fous que partout c'est la guerre…
Petit fleur, ton maman c'est Madame la Terre ;
Ton maman, petit fleur, il le tient par le main.

Mon maman il est loin… aujourd'hui et demain
Je marchais en avant, car moi c'est militaire.
Mon papa il est mort… et moi seul, légionnaire,
Képi blanc, godillot, fusil et quart de vin.

Petit fleur, tu parler pour moi maman la Terre
Tu parler que moi, Kurt, toujours c'est fait la guerre,
Que peut-être bientôt c'est fini mon saison…

Petit fleur, moi soldat, même chose ton frère ;
Moi aussi c'est fait blanc… képi blanc légionnaire,
Et bientôt habiter chez toi dans ton maison.

Légionnaire Kurt

Souvenir

Quand plus rien dans le cœur, quand courage il est bas
Quand envie de pleurer… mais la zieux il est sèche
Quand le poche il est vide et pour boire y a pas mèche
Seul penser la Légion… Indochine… là-bas.

C'est sentir moi grandi dans émoi du combat
Pour sauver les amis la Légion se dépêche
Jamais on ne laissait personne dans la dèche
Au baroud c'est pareil qu'après pour la nouba.

Tout le monde là-bas il retroussait la manche
Pour gagner sur le sort enfin le grand revanche
Des parias de la vie devenus des rupins.

Et ceux qui seuls dormaient toujours sous la croix blanche
Quartier libre pour eux… le travail du dimanche
Dans le coin plein de fleurs avec les bons copains.

Légionnaire Tadeusz Meczinsky

[Plus beau qu'un film[1]]

J'ai vu pas mal de films sur notre Légion étrangère. J'en suis encore à me demander où les marchands et barbouilleurs de pellicules vont puiser leurs inspirations pour nous jeter à la figure cette racaille d'assassins et de hors-la-loi, ces fantoches matriculés, ce monde interlope, sans foi ni âme, cette théorie de jeunes premiers plus ou moins photogéniques auxquels une prescription ministérielle devrait bien interdire de parodier aussi stupidement l'uniforme que nous portons.

Le talent excuse tout. C'est entendu.

Il est entendu aussi que l'ambition du metteur en scène n'est pas de faire vrai, mais vraisemblable, en d'autres termes, de rendre plausibles quelques aventures gratuites dont les héros n'ont, eux, pour tout uniforme qu'une couche de maquillage et de cabotinage !

Mais voyons, entre nous, est-ce qu'il est possible à un homme qui vient à la Légion, regarde assez superficiellement ce qui s'y passe, choisit au hasard quelques « types » bien campés, et s'en retourne en France ou en Amérique quinze jours ou trois semaines après, est-ce qu'il lui est vraiment possible, à cet homme-là, de dire : « La Légion !… je viens de l'enfermer dans les trois mille mètres de pellicules que je vous rapporte ! » ?

Malgré la réussite – certaine – de deux ou trois films récents, comme : *Le Grand Jeu* ou *La Bandera*, je réponds : « Non ! »

Pourtant, parmi tous les films qu'il m'a été donné de voir sur la Légion, il y en a un que je veux vous raconter.

Le nom du metteur en scène ? Je vous le dirai tout à l'heure.

Les personnages ? Ma foi, j'ai complètement oublié leurs noms. Je ne sais que celui des interprètes.

Peu importe d'ailleurs ! Ce qui, seul, compte dans cette histoire, c'est la somme d'âpre vérité, si mélodramatique qu'elle y apparaisse, qui s'en dégage.

Première image : une fenêtre.

Dans le cadre de cette fenêtre : le visage d'un jeune homme, ni beau ni laid, mais dont le regard semble chargé de rêves, d'inquiétude, de soucis…

1. Les titres entre crochets sont donnés par l'éditeur.

Où sommes-nous ?

Gros plan : une rue, un tram, des monuments…

Puis, fondu : la fenêtre et le visage disparaissent pour faire place au célèbre Manneken-Pis et à l'hôtel de ville de Bruxelles, où nous entrons, guidés par la caméra.

Nous voici dans la salle des mariages.

Au mur : des publications, affichées, de bans. Que de mariages en perspective ! L'œil de la caméra parcourt rapidement cette interminable tapisserie matrimoniale, s'arrête brusquement et fixe dans toute la surface de sa rétine une feuille de papier carrée.

Sur cette feuille comportant en surimpression le visage d'une jeune femme blonde, photogénique, ravissante, quelques lignes tapées à la machine :

« Projet de mariage entre Mlle Mollenbeek, sans profession, et M. Jean Vandenbrock, comptable. »

Dix secondes se passent qui permettent au metteur en scène de nous ramener par des plans successifs dans un dancing de la rue Saint-Sauveur.

Tourbillon. Rires. Brouhaha. Groupes et grappes de jeunes danseurs et de jeunes danseuses. On s'amuse là-dedans. On est heureux de vivre. Autour de cette guirlande de cheveux blonds et de regards bleus, un langoureux tango voluptueux.

Grâce à un ingénieux « travelling », la caméra parcourt la salle et, impitoyable, va en scruter un coin, tout au bout, tout au fond.

Devant une table, en face l'un de l'autre, deux visages, – l'un rieur, l'autre angoissé, – s'inclinent en confidences…

Le jeune homme que nous avons vu au début du film, Jean Vandenbrock, parle à voix basse à la jeune femme aussi évaporée que la surimpression qui nous l'a montrée tout à l'heure… Marie Mollenbeek, sans doute… Oui, c'est bien elle ! Mais quels propos tragiques peuvent-ils échanger dans cette atmosphère de griserie et de fête ?

Bien entendu, le film est « parlé ». Alors…

— Écoute, Marie… Je sais que tu vas rejoindre tous les après-midi, pendant que je travaille, mon ami Louis Pierrat. Ose dire le contraire.

Gros plan : les yeux de Marie remplis d'effronterie et de provocation.

— Bon. Bon. Tu me répètes ça chaque jour à présent. Tu commences à m'agacer, sais-tu ? Admettons que je rencontre Louis Pierrat. Et puis après ?

Le visage de Jean Vandenbrock se contracte, ses traits se creusent.

— Tu n'as pas honte !

— Honte ? Et pourquoi ?

— Et l'enfant que tu viens de mettre au monde !… De qui est-il ?…

— Alors, comme ça tu t'imagines que je vais te rester fidèle toute la vie, parce que tu n'as pas su être assez malin…

— Je n'ai pas été assez malin, c'est possible ! En tout cas, je suis assez propre pour « réparer » en t'épousant !

— M'épouser, moi ? Ah ! Non, alors ! J'ai changé d'avis depuis l'autre semaine, sais-tu ?…

Brusquement, nous voici projetés dans la campagne verte et dorée du Brabant. Des arbres, des vallons heureux, des jardins calmes, comme dans certains tableaux de Breughel.

Pataugeant dans l'herbe, à côté d'un bouvier des Flandres, une figure d'ange… Les gosses sont toujours émouvants au cinéma, parce qu'ils ignorent la présence de l'appareil !

Deux voix s'entrecroisent, se rapprochent, se confondent. Deux voix très vieillies, un peu cassées par l'âge. L'homme et la femme, le père et la mère, le mari et l'épouse.

— Qu'est-ce qu'on va en faire de ce gosse ?

— Que veux-tu qu'on en fasse ? On ne va tout de même pas le laisser crever !

— C'est égal ! Son père ou sa mère auraient tout de même pu s'en inquiéter depuis deux ans !

Vous avez compris, n'est-ce pas ? Le gosse de Jean Vandenbrock et de Marie Mollenbeek a été mis en nourrice chez ces braves paysans.

On a payé les mensualités pendant dix mois, quatorze mois peut-être, puis, un beau matin…

Mais les films ne brillent pas toujours par leur sens chronologique. Au cinéma, on passe en un clin d'œil de 1910 à 1923 et de 1925 à 1903 ! Quelle supériorité sur l'Histoire !

De nouveau, le paysage change.

Ce plan panoramique ?… Ma parole, c'est Marseille, la Canebière, le Vieux-Port, le fort Saint-Jean…

Entrons-y ! D'ailleurs, que nous le voulions ou non, il faut entrer. Ainsi le veut notre metteur en scène.

Brrr… Comme ils sont noirs tous ces escaliers en tunnels dont les murs suintent l'odeur des algues et du varech !

Heureusement qu'en arrivant au sommet, nous retrouvons le grand air, l'azur, la lumière.

Un portillon, à claire-voie, sur lequel éclate une grenade. Au-dessus, cette inscription : « Légion étrangère ».

Une immense chambrée où s'alignent des lits faits de quatre planches. La pièce est pleine de jeunes gens en uniforme qui discutent le « coup ».

Surprise : Jean Vandenbrock en légionnaire !

Comment, par quel enchaînement de circonstances, se trouve-t-il là ? Qu'est-ce qui l'a poussé à s'engager ?

Il y a des secrets que le cinéma ne peut pas, ne doit pas révéler.

À Bruxelles, une nuit, où son courage a flanché, Jean Vandenbrock s'est tiré deux balles dans la peau. Il s'est raté. Après avoir été hospitalisé pendant deux mois, il s'est mis à la recherche de Marie (Marie-son-angoisse) car il l'aime toujours. Il l'a dans le sang, dans la chair, dans le cœur. Comme ces chiens qui démêlent, pour retrouver leur maître, des odeurs, il essaie, pour la retrouver, de suivre, sur le boulevard Anspach et dans la rue des Bouchers, le sillage de son parfum. Hélas ! volatilisé, son parfum ! Et puis, les femmes changent de parfum, comme elles changent d'amour ! Tout le monde sait ça ! Alors, de nouveau, déchiré par la douleur (une douleur qui ne se voit pas, qui n'est pas bruyante, et qui ne coule pas en larmes de glycérine), il se précipite, un soir, vers dix heures, au bord du canal.

Il regarde, hébété, stupide, sans volonté, l'eau épaisse et visqueuse. Il réfléchit. Trois fois il va se jeter, les bras en avant, dans ce chemin liquide où dorment, tout noirs, les chalands. Trois fois, il se reprend. Il attend le petit matin. Dos courbé, il se dirige vers la gare du Midi. Un train pour Quiévy. Il monte. À la frontière, deux gendarmes.

— Le bureau de recrutement ?

— C'est pourquoi ?

— Légion étrangère.

Une heure après, un rapide le transporte à toute allure vers Paris, le jette comme un paquet sur le quai de la gare du Nord qui l'expédie à la gare de Lyon où il prend enfin le train pour Marseille.

Son enfant !... Y pense-t-il encore ? Bien sûr ! Il y pense, mais il a juré de tuer en lui tout ce qui peut lui rappeler Marie.

Revenons au film. Voulez-vous ?

La mer Méditerranée n'est belle que pour les voyageurs de luxe.

C'est exactement la réflexion que se fait Jean Vandenbrock, accoudé à la lisse du pont des quatrièmes, revêtu de son uniforme kaki et de son bonnet de police.

Dans un dernier sursaut où il lui faut déployer Dieu sait quelle énergie, il jure d'arracher de lui toutes les heures, même les plus heureuses (c'est le comble du renoncement !) de son passé.

Le souvenir de Marie Mollenbeek flotte un instant sur la frange mousseuse d'une vague, puis disparaît...

Voilà Jean Vandenbrock devenu légionnaire pour de bon !

Vous n'imaginerez jamais le talent, je dirai même le génie, déployé par notre metteur en scène pour décrire les différents stades militaires de notre héros. Il est vrai que ce dernier lui fournit (ça, c'est le talent du scénariste) une matière extraordinaire où vingt-cinq années durant, tandis que de noire, sa barbe devenait poivre et sel, le légionnaire Vandenbrock sut, grâce à sa bravoure, gagner la Légion d'honneur et la médaille militaire !

Tout simplement !

Et vous ne savez probablement pas qu'un officier a dit : « Pour qu'un simple soldat à la Légion décroche la Légion d'honneur, il faut qu'il apporte sa tête dans une musette ! »

Quelquefois, la nuit, le visage de Marie – toujours en surimpression ! – lui apparaît au bord du sommeil.

Alors, il se dépêche de vider une gourde remplie de pinard, pendue à la tête de son lit !

On l'entend murmurer entre ses dents :

— Sacrée garce, va !

C'est tout. Toute sa rancœur contre une femme qui l'a piétiné, bafoué, broyé, tué !

Vingt-cinq ans se sont écoulés…

C'est long, vingt-cinq ans, même à la Légion !

Je ne dis pas ça pour rire, parce que le temps passe très vite lorsqu'on est en plein bled. Au bout de ces vingt-cinq ans, Jean Vandenbrock s'est vaguement ratatiné. Regard éteint, bouche comprimée entre deux rides amères, crâne dépouillé de ses beaux cheveux d'antan…

C'est ainsi qu'un soir, dans des gorges sauvages qui ressemblent fort à celles de Recifa au Maroc, après un combat épouvantable qui faucha dix-huit officiers et deux cent cinquante légionnaires, Jean Vandenbrock, sur la brèche depuis dix-huit heures consécutives, se précipite vers le corps de son lieutenant.

Ce dernier vient d'être très grièvement blessé et sa bouche écume déjà de sang.

— Mon lieutenant !… Mon lieutenant ! Je vais vous transporter sur mon dos jusqu'à l'infirmerie. Il ne faut pas rester une minute de plus ici. Ils vous zigouilleraient comme un chacal.

Au moment où il éponge, avec son mouchoir, la blessure du lieutenant, une salve prolongée…

Jean Vandenbrock fait trois tours sur lui-même, perd l'équilibre, chancelle et s'abat, criblé de balles.

En hâte, quelqu'un accourt…

Un capitaine !

Il se penche. Fini. Morts. Plus rien à faire. Il hoche la tête.

Ce lieutenant dont la figure respire fraîcheur et jeunesse… est-ce que ce n'est pas une monstruosité de le voir étendu, là, inerte, pour toujours…

Et ce brave légionnaire à côté de lui, dont les balafres et les rides chantent vingt-cinq années « d'honneur et de fidélité »…

Avant tout, le capitaine doit faire son devoir !

Vite, il fouille les deux morts…

Au milieu de quelques papiers personnels, il trouve sur l'un et sur l'autre une photographie… de femme, naturellement !

Mais comme c'est drôle ! Contrairement à toute logique, celle qui sommeillait, jaunie, dans la poche du vieux briscard, représente une jeune créature, ravissante, photogénique, blonde, tandis que l'autre montre un visage encadré de cheveux blancs et alourdi de paupières très douces, un peu fatiguées, déjà flétries…

Instinctivement, il confronte les deux documents. Est-ce qu'il rêve ? Voyons ! Voyons ! Ce n'est pas possible ! Ces deux femmes se ressemblent au point que l'une – la vieille – paraît être une émanation de l'autre.

Sait-on jamais… la vie est si bizarre, surtout dans les films !

Le capitaine s'empare d'une loupe qu'il a, par hasard, sur lui.

Il analyse chaque trait, chaque détail, chaque inflexion.

Plus d'hésitation. C'est une certitude à présent !

Ces deux visages appartiennent à une seule et même femme, photographiée à vingt-cinq ans d'intervalle.

Sur une des photos elle est toute jeune…

Sur l'autre, elle a cinquante ans.

Il se lève, regarde encore ces deux hommes – le jeune et le vieux – étendus côte à côte dans la mort.

Oui, c'est bien ça… Maintenant il est tout à fait persuadé.

Mais comment, par quelle invraisemblable suite de péripéties, à cause de quel drame familial ?…

Chut ! Une seule chose compte en cette minute.

Deux hommes sont là, morts, l'un près de l'autre.

Le père et le fils !

Tous deux se sont retrouvés, sans se connaître autrement que par ce qui les séparait – leur grade – et ils ont été réunis dans cette grande famille : les morts de la Légion !

Et maintenant, écoutez-moi.

Cette histoire n'est pas un film. C'est une histoire authentique, vous entendez bien, au-then-ti-que !

Le metteur en scène dont je parle plus haut, c'est la vie avec un énorme V.

Jean Vandenbrock n'est pas un acteur. C'est un légionnaire, ayant réellement accompli vingt-cinq ans de service à la Légion.

Ce lieutenant n'est pas un mythe, mais un véritable officier, tué à l'ennemi dans les circonstances que je viens de rapporter.

Le champ de bataille où l'un et l'autre sont morts, presque dans les bras l'un de l'autre, c'est El-Mers.

La date : 24 juin 1923.

Et le capitaine qui les fouilla et découvrit sur eux ces deux photographies : c'est moi.

Aage de Danemark,
Mes souvenirs de la Légion étrangère,
Payot, 1936, p. 142-154.

[Le caporal Salaud]

Ah ! ces nuits sans contrainte où, autour d'un festin qui prenait des allures d'agapes royales, chacun racontait sa petite histoire, accompagné de chants nostalgiques surgis d'une guitoune. Chants italiens, allemands, français, reconstituant dans notre âme de légionnaire une géographie cordiale et sans frontières : la Légion !

Hirsch s'abandonnait au lyrisme littéraire que lui inspirait une nuit de révolution en Bavière, sa patrie, tandis que le Belge Vermehren mimait un combat au couteau dans les bouges d'Anvers. Mais la vedette de cette nuit-là fut, sans conteste, un vieux légionnaire totalisant vingt-deux ans de service : le Russe Balaji.

— Je vais vous dire, clama-t-il, d'une voix légèrement teintée de pinard, l'histoire du caporal Salaud !

Naturellement, il jura ses grands dieux que chaque virgule de cette histoire était marquée au coin de l'authenticité !

— Caporal Salaud… car c'était son nom, son vrai nom… était connu dans tout le Maroc ! On le prétendait déjà âgé quand il s'engagea à la Légion en 1912.

À cette époque-là, vous ne l'ignorez pas, on recrutait encore de la bonne graine à la Légion !

Balaji nous dédia un regard débordant de commisération.

— Oui… à présent… on prend des gosses, des gosses qui reçoivent des lettres de leur « maman » ou de leur fiancée !… quand ce ne sont pas des « chandails » ou des « chaussettes de laine » ! Bref, comme je viens de vous le dire, Salaud n'était pas un nom d'emprunt ou de guerre, mais un patronyme homologué le jour de sa naissance à la mairie ! Cet idiot-là, mécontent probablement du pittoresque trop direct de son nom, ne trouva rien de mieux, le jour de la signature de son contrat de cinq ans, que d'en inventer un autre. Et devinez lequel, je vous le donne en mille.

— Ton nom ? lui dit le major du bureau de recrutement.

— Cochon ! répondit simplement Salaud.

Vous pensez si nous, ses intimes, nous en faisions des gorges chaudes.

Quand il débarqua à Sidi-Bel-Abbès, il se fit tatouer en belles lettres bleues la paume de la main.

— Qu'est-ce que je dois écrire ? lui demanda son camarade.

— Écris « Salaud » !

— Et pourquoi « Salaud » ?

— Pour que ça saute aux yeux quand je ferai le salut militaire.

Bien entendu, nanti d'un pareil ornement, Salaud fut vite connu à la Légion. De la bonne espèce, je vous jure. À peine eut-il reçu des mains du sous-officier chargé de l'habillement son équipement complet, qu'il le vendit. On renouvela deux fois son barda. Deux fois il jugea plus profitable de traduire ses effets militaires en espèces sonnantes qu'il transformait, séance tenante, à la cantine, en pichets ruisselants ! Que voulez-vous !... c'était sa manie ! En outre, il supportait très mal la vue d'un supérieur, ce qui est, évidemment, beaucoup plus grave. Les insultes coulaient de sa bouche vineuse comme le pinard du tonneau des vivandières ! Il cultivait particulièrement – détail qui complétera son portrait ! – les rixes et les bagarres ! On eût dit qu'il les flairait de loin ! Inutile de vous dire, n'est-ce pas, que la carrière de Salaud fut brillante à la Légion. Quand il n'était pas en campagne, il ne fallait pas chercher longtemps pour le dénicher, car il couchait neuf nuits sur dix en prison. J'ajoute que, plus par habitude que par goût, il figurait avec une touchante régularité au rôle de toutes les sessions du Conseil de Guerre.

La chance se présenta à lui sous les espèces de la Grande Guerre. En tant que Français, il fut tout de suite désigné dans le premier contingent de Légion partant pour le front. C'était inespéré pour lui, car cette mesure représentait le pardon et la réhabilitation à brève échéance ! Mais Salaud se sentait l'âme d'un légionnaire. Et, pour rien au monde, il n'eût accepté de s'arracher au cadre qui en entretient et en exalte la psychologie !

— Je ne veux rien à voir avec la France, hurlait-il en s'époumonant ! Que la France aille au diable ! J'ai signé un contrat dont les termes sont formels. Si je « crève », je veux « crever » dans les colonies françaises !

Il se mit à boire comme une éponge, alternant le choix de ses domiciles d'une cellule ordinaire à une cellule de répression ! Son livret matricule était surchargé d'un palmarès de punitions agrémentées de motifs si longs qu'il fallut y coller vingt feuilles supplémentaires. On l'envoya ensuite au Maroc, où il se distingua, remportant des médailles et recueillant d'innombrables citations, ce qui n'était pas peu fait pour diminuer le volume de son copieux livret.

La guerre finie, en 1918, on l'éleva au grade de caporal. À cause de ses multiples condamnations, il restait à ce pauvre « Salaud » dix-sept ans de service supplémentaires pour remplir son contrat. Le soir de sa nomination, il se saoula tellement qu'il escalada, au plus fort de son état éthylique, la fenêtre de la chambre de son capitaine.

— Je veux me venger, vitupérait-il, je crèverai ou je me vengerai !

Malheureusement pour lui – ou heureusement – au lieu de trouver dans la chambre, son capitaine, il tomba sur la femme de ce dernier. Vous pensez si elle dut vivre quelques minutes de terreur sous le poing menaçant de Salaud qui ne cessait de répéter : « Je veux me venger ! Je veux me venger ! »

Il récolta soixante jours de prison et fut expédié par le premier convoi au poste de Scoura.

Je faisais partie de la même expédition.

Le hasard nous mit en présence, Salaud et moi, sous la même guitoune.

C'est là que j'eus la joie de le connaître. […]

Nous étions, poursuivit le vieux Balaji, trente hommes à Kelaa et la vérité m'oblige à dire que notre installation, si elle n'offrait aucune analogie avec celle du Claridge, n'en comportait pas moins un minimum de confort assez appréciable ! À part l'eau que nous devions aller chercher assez loin chaque jour, tout marchait comme sur des roulettes ! Un kilomètre environ séparait l'Oued du camp, mais sur tout le parcours fleurissaient ces damnés Chleuhs ! Quel que fût le chemin que nous empruntions, cette sale vermine nous tombait dessus ! De temps en temps, nous laissions fatalement un homme sur le carreau. Salaud était chargé de la répartition des vivres et il faut, à sa décharge, dire qu'il s'acquittait honorablement de sa tâche.

Juste ce qu'il fallait d'eau dans le vin. Ni trop ni trop peu. Dans la proportion de 1 à 5. En somme, très raisonnable !

Notre chef était un lieutenant qui se distinguait davantage par son grand âge que par ses qualités militaires, mais sa connaissance de la topographie marocaine rendait son concours précieux. Un beau jour, en plein bled, il s'avisa, pour satisfaire un besoin pressant, de risquer le bout de son nez hors des murs du blockhaus. Mal lui en prit. Une balle arabe, qu'il reçut en plein front, mit un terme à sa promenade.

En sa qualité d'ancien, Salaud prit le commandement de la section. L'enterrement de l'officier, simple et émouvant, servit de thème à notre nouveau chef, ou plutôt d'exutoire, à son refoulement, si j'ose dire, religieux.

La tombe creusée, on déposa le corps. Salaud jeta une pelletée de terre et psalmodia les paroles rituelles :

— *Dominus Vobiscum !*

Du coin de l'œil, il nous guignait, l'air de nous dire : « Hein ? Ça vous épate que je sache parler latin ! » puis, une dernière fois, il laissa tomber :

— *Ora pro nobis.*

Pourquoi ne pas insister sur le fait que Salaud commençait à prendre ses devoirs de chef très au sérieux ? Les corvées, les consignes, les relèves de la garde furent exécutées le plus strictement du monde. Trois attaques nocturnes furent repoussées. Après la dernière de ces trois échauffourées, il dicta au légionnaire, préposé à la rédaction du journal du poste, ce communiqué resté légendaire :

Attaqués cette nuit entre deux et trois heures par des forces ennemies supérieures. Aucune perte de notre côté. L'ennemi a laissé deux cadavres devant les barbelés. Consommation de munitions : 1 500 projectiles de 8 m/m 1/2, 6 grenades à fusil VB. À dix heures ce matin, trois femmes indigènes se sont présentées au poste pour réclamer les cadavres. Leur ai dit personnellement que ces deux cadavres étaient à leur disposition contre délivrance de 50 fusils et 600 cartouches, et cela avant un laps de temps de trois heures. À deux heures et demie, six autres femmes se présentaient accompagnées de trois jeunes bicots qui apportaient les armes et munitions demandées. En échange, je leur ai fait remettre les corps réclamés. Le chef de poste exprime sa satisfaction pour l'excellente tenue des soldats et accorde une augmentation de la ration journalière, à savoir trois quarts de litre de vin pour les simples soldats et un litre pour les caporaux. Le caporal chargé de la subsistance pourra, bien entendu, boire à sa soif.

Ce chef-d'œuvre de littérature militaire avait sans doute attisé la soif de Salaud, car pendant deux semaines consécutives, il n'arrêta pas de boire.

La provision de vin destinée à abreuver le poste pendant un an entier diminua à vue d'œil.

Un convoi de renfort, dirigé par le lieutenant Richard, nous rejoignit sur ces entrefaites.

La réception que Salaud réserva à ce nouveau chef mérite d'être mentionnée. Complètement ivre, comme à l'accoutumée, il n'en sut pas moins respecter le décorum d'usage. Tous les honneurs, avec tout ce qu'ils comportent de formes extérieures, furent rendus à l'officier.

Au garde-à-vous, dans une raideur impeccable, Salaud, le petit doigt touchant le rebord de son képi, saluait selon les meilleurs rites du manuel d'instruction.

Le lieutenant, interloqué à la vue de l'inscription étalée dans le creux de la main de son subordonné, ne put retenir un mouvement d'impatience :

— Qu'est-ce que c'est que cette plaisanterie ? Vous voulez que je vous colle quinze jours de boîte, caporal ? Hein ? Et d'abord, votre nom ! Allez… oust !

Salaud, impassible, répondit :

— Salaud, mon lieutenant !

Ainsi se scellèrent entre le gradé et le caporal des relations qui devaient devenir extrêmement amicales.

Jeune, le lieutenant était un homme d'une grande finesse et d'une très vive intelligence. Malgré sa bonté, il fut obligé, après la lecture de l'ordre du jour si original rédigé par Salaud, et ayant constaté la diminution excessive de la provision de vin, d'envoyer un rapport en bonne et due forme au quartier général. Ce rapport était accompagné d'une lettre personnelle par laquelle il s'efforçait de plaider en faveur du caporal.

Salaud bavardait peu. Sa capacité d'enthousiasme et d'expansion s'épuisait en libations et en rasades.

Souvent, je le voyais rôdant sans but à l'intérieur du fortin, le front sombre, les yeux fixes et hagards pareils à ceux d'un fou.

Un mois plus tard, la décision du colonel au sujet de l'affaire du caporal N° 29.988 nous parvint.

Cette décision faisait l'objet de deux paragraphes de l'ordre du jour.

Le lieutenant nous rassembla pour nous en lire, à haute et intelligible voix, le texte.

Chaque mot, chaque virgule, sont encore gravés dans ma mémoire !

Nous insistâmes pour que le vieux Balaji nous récitât, puisqu'il prétendait les connaître par cœur, ces deux citations.

— Eh bien, voici… nous dit-il, après s'être recueilli quelques instants. La première disait ceci : « Le caporal Salaud, grâce à son énergie et à son initiative, a su prendre, l'officier-chef de la section venant d'être tué, le commandement du blockhaus de Kelaa, mitraillé par l'ennemi. Audacieux, il intima à des femmes indigènes, venues chercher deux cadavres de leur tribu, l'ordre de lui apporter 600 cartouches et 50 fusils en échange des deux corps. Satisfaction fut obtenue. Le caporal Salaud a témoigné d'un rare courage et d'un esprit de décision qui lui fait honneur. Est cité à l'ordre du régiment. »

L'autre rapport décrivait très minutieusement comment Salaud, en tant que chef de poste, avait abusé de ses pouvoirs et de sa situation pour voler l'administration en s'arrogeant des provisions confiées à sa garde. La section était en outre blâmée d'avoir aidé Salaud dans son entreprise criminelle. Chose curieuse : ce texte, rédigé vraisemblablement par la même main, soulignait que « le caporal 29.988 était indigne de porter l'uniforme de légionnaire » et finissait sur ce point d'orgue : « 30 jours de prison à titre d'exemple ».

Ces deux citations furent lues le lendemain matin par le lieutenant et vinrent immédiatement enrichir le palmarès – déjà si lourd ! – du livret militaire de Salaud.

Aage de Danemark,
Mes souvenirs de la Légion étrangère,
Payot, 1936, p. 180-190.

[On peut tout obtenir d'un légionnaire]

Le commandant R… était, des pieds jusqu'à la tête, cousu de décorations.

Et le drapeau de son régiment !…

Un véritable musée de fourragères et de citations.

Le commandant R… avait deux marottes, Schumann et l'éternité.

Drôle d'association dont chaque partie représentait le contraire de sa signification courante.

L'éternité pour lui, c'était le présent, la minute qui s'écoule, la seconde fulgurante de vitesse qui se détache de nous aussi vite qu'elle y est entrée.

Il nous disait souvent : « Il y a dans le présent un intérêt auquel il faut savoir s'attacher fermement. Chacun de nos états d'âme et même de nos instants est d'une valeur infinie car il représente une éternité tout entière. »

Pour ce qui est de Schumann, quand les obligations militaires lui laissaient quelque loisir, il se mettait au piano…

— Schumann, proclamait-il, c'est tout ce qui dure au-delà de tout ce que nous pouvons voir et sentir… […]

Un piano à queue dont le couvercle noir et verni ressemblait à une aile gigantesque de chauve-souris, était ouvert au centre de la terrasse.

R… avait pris l'habitude de faire ainsi transporter son instrument préféré sur la terrasse des maisons qu'il louait au cours de ses déplacements ou de ses mutations.

Ce soir-là, il nous joua *Kreisleriana* (de Schumann, bien entendu, cela va sans dire) en réalisant le prodige de me faire entendre ces pages brûlantes pour la première fois.

Mais ce qui gâta un peu ma joie, ce fut d'entendre, jeté de la rue au beau milieu de la partition, un florilège d'expressions argotiques cueillies à Belleville ou à Ménilmontant. Les voix en chœur, légèrement éraillées par l'abus de l'alcool, donnaient nettement l'impression de se « tenir par le bras » pour éviter une culbute…

— Eh ! Là-haut, rétameur de cymbales !

— T'as pas honte de faire grincer tes tuyaux de poêle !

— Va donc, sentimental !

— Dégoise-nous plutôt la *Prière d'une Vierge* !

R…, sans s'émouvoir, continua jusqu'à la dernière note. Puis, penché de tout son long sur la balustrade de la terrasse pour essayer d'identifier les « rouspéteurs », il siffla entre ses dents :

— Très bien ! Bon ! Parfait ! 23.593 ! 12.655 ! 33.496 ! 23.145 !

À quoi pouvaient correspondre ces chiffres !

Il me mit la main sur l'épaule comme débarrassé d'un souci.

— Des salopards ! Ce sont des salopards. Toujours les mêmes, d'ailleurs. Mais, j'ai bonne mémoire, moi, vous avez vu au bridge tout à l'heure, hein ? Eh bien, moi, je les reconnais à leur voix, ou à leur silhouette, et comme je sais par cœur leur numéro matricule !...

Le fait est que le lendemain, à la faveur d'une revue de détail, le commandant R... s'arrêta pile devant les quatre fauteurs de la veille qui n'étaient autres que quatre légionnaires de son bataillon !

— Ton nom ?

— Vandenbloch !

— Le tien ?

— Pignatelli !

— Et toi ?

— Hindenmark !

— Toi ?

— Vanzitt !

— Bon ! Nés où ?

Avec un accent faubourien, magnifique d'inconscience, ils déclinèrent leur état civil, le petit doigt sur la couture du pantalon. L'un était soi-disant né à Anvers, l'autre à Naples, le troisième à Bruxelles et le dernier à Liège.

— Bon, très bien ! leur souffla R... en pleine figure. Il est possible que vous soyez nés là où vous dites que vous êtes nés, mais ce que je sais, moi, c'est que je pourrais vous f... en boîte pour quinze jours avec demande d'augmentation !

Il consulta leur livret matricule. L'un était boucher de son métier et les autres avaient accusé en s'engageant des professions vagues et indéterminées où, certes, la musique n'avait rien à voir !

— Bon, parfait !

Il s'adressa au sergent-chef de la compagnie...

— Vous allez me les f... à la musique jusqu'à ce qu'ils sachent jouer d'un instrument. Tenez... de la trompette, par exemple, ou de la grosse caisse... Hein ? Et si, dans un mois, ils ne sont pas à la hauteur, je les boucle pour trente jours. Compris ? Du reste, je vais les recommander au lieutenant de la Fanfare.

Puis, interpellant de nouveau les quatre légionnaires, sidérés du sale tour que le commandant leur jouait...

— ... Vous apprendrai, moi, à traiter la musique comme une moukère !

Que devinrent les quatre pseudo-Belges et Italiens ?

Il y a deux ans, à Bel-Abbès, je suivais du haut d'une petite pergola, nichée dans un angle du jardin de notre mess, le départ de deux compagnies de légionnaires pour le Maroc.

Cette scène se reproduit aussi souvent que les reportages filmés ou romancés qui vous la racontent !

Quelle ne fut pas ma stupéfaction d'apercevoir – moi aussi, j'ai bonne mémoire ! – mes quatre légionnaires en train de distribuer quelques promesses de « boudin » à leurs camarades.

Ils avaient pris de la bouteille et du ventre – du ventre, oui ! car on ne meurt pas de faim à la Légion comme veulent l'accréditer de stupides légendes ! – et ils faisaient, tous les quatre, partie de la Clique !

Plus de dix ans s'étaient écoulés depuis leur algarade. En d'autres termes, ils avaient « remis ça » pour cinq ans !

Ils s'époumonaient – décidément R… avait eu bon nez en les vouant à la trompette ! – et ils soufflaient à s'en faire éclater les cordes vocales, et tout dans leur mine, dans leur maintien, dans leur allure, indiquait assez « l'amende honorable » !

Selon toute vraisemblance, ils n'assimilaient plus à présent les amateurs de musique à des « rétameurs de cymbales ».

Ils s'en allaient vers la gare du PLM, là-bas, au bout de la ville, essayant de verser avec une bonne volonté confinant à l'héroïsme un peu de cet alcool brutal mais bienfaisant : *La Marche de la Légion*, à tous ces nouveaux venus dont quelques-uns, peut-être, qui sait ? ne reviendraient pas.

Derrière moi, des amis…

— Allons, mon commandant, est-ce que vous venez faire ce billard.

Mais j'avoue très sincèrement que je n'entendais que le bruit sourd des pas martelant les pavés et scandés par le couplet célèbre :

Viens, t'auras du boudin,
T'auras du boudin…

J'ai tiré involontairement une conclusion à cette histoire, née dans les sanglots de Schumann et finissant dans l'embouchure d'une trompette !

Cette conclusion la voici :

On peut tout obtenir d'un légionnaire.

Aage de Danemark,
Mes souvenirs de la Légion étrangère,
Payot, 1936, p. 51-61.

[Décrocher]

L'ordre était de « décrocher » à une heure fixée, ni avant, ni après. Devant nos positions, les Bulgares cependant montraient des velléités d'attaque. On les entendit jeter leurs hourras continuels, de loin, sauvagerie inutile lorsqu'elle n'accompagne pas immédiatement l'assaut, car elle n'a que le but grotesque d'intimider. Peu après, sur un fond étrange, violemment vermeil, de feux de Bengale bien inexplicables, ou d'incendies, on vit se profiler, apparaissant immenses, quelques hommes, puis d'autres, puis d'autres. Leurs hourras redoublaient. De nos tranchées, une compagnie de zouaves et une compagnie de légionnaires les observaient sans savoir comment les accueillir.

Le téléphone précisait : il ne fallait pas accepter le combat, car il fallait décrocher à l'heure indiquée. Les premiers éléments du régiment, en effet, marchaient déjà vers le premier objectif de la retraite. Puis, le téléphone aussi se tut. Le commandement du régiment était parti. Et les Bulgares paraissaient enfin déclencher l'attaque, sortir en masses des tranchées, pousser l'assaut.

Il manquait vingt minutes à l'heure où il fallait commencer à évacuer les positions, si l'on voulait rejoindre le gros ! Fuir ? Nul ne le voulait, et, du reste, cela n'eût abouti à rien. Le chef de bataillon regardait sa montre aux lueurs extraordinaires de l'ennemi, et celui-ci approchait. Tous les hommes ondoyaient, haletant entre la nécessité et l'envie de tirer, et l'ordre de ne pas bouger. Une inquiétude alourdissait tous les cœurs. Allait-on subir le choc, se laisser envahir ? Notre silence semblait encourager et à la fois retenir l'ennemi. Il apparaissait de plus en plus intensément noir, et plus nombreux, sur les clartés hautes, rouges et sinistres.

Alors, un sergent légionnaire, saisi d'un véritable délire épique, bondit sur le parapet, se redressa, et ouvrant sa capote comme pour s'agrandir, face aux Bulgares, entonna violemment le refrain de *La Marseillaise*. Sa voix déchaîna les voix. Tout le silence observé jusque-là éclata dans un grand souffle hurlant et chantant. Nos hommes se dégageaient avec fureur du manteau d'immobilité, générateur d'une sorte d'atmosphère de crainte, qui leur était imposé. Nos deux tranchées jetèrent ensemble à l'ennemi le fier refrain. On en scanda le rythme en lançant quelques grenades, tandis que les hommes se renvoyèrent des cris de « Vive la Légion ! Vivent les zouaves ! » tels que les grands feux rouges baissèrent et s'éteignirent, et l'on n'entendit plus rien de l'ennemi.

Alors, deux ou trois hommes, très sûrs, par tranchée, reçurent la mission de tirer n'importe où, mais aussi rapidement et régulièrement qu'une mitrailleuse en en imitant au moins le bruit. Les autres, bondissant en arrière, s'écoulaient pendant ce temps un à un, lames minuscules de la marée descendante, vers le gros du régiment en marche dans la plaine.

Toute lumière éteinte, toute gorge muette. On ne sait pas que de tristesse s'alourdit sur le troupier forcé, dans une marche, à ne pas fumer, ni fredonner, ni siffler, ni échanger ces hauts propos, de rang à rang, qui forment sa vengeance contre le poids du sac et de la marche, et qui l'allègent.

Les routes, si peu définies, étaient relevées de quelques centimètres d'une boue gluante, d'une argile très tenace. Sur la colonne en marche, on n'entendait que le murmure confus des jurons étouffés, des avertissements ou des ordres chuchotés, de bouche à oreille : « Faites passer : Est-ce que tout le monde suit ? » La question du chef traversait de lèvres en lèvres, comme un long souffle serpentin, toute la colonne. La réponse revenait, de même : « Faites passer : Tout le monde suit. »

On n'avait pas la conscience de la fuite. Il y avait dans ce départ un tour joué à l'ennemi. Il nous chercherait le matin. Il s'avancerait avec de grandes précautions, il tirerait contre un froissement de buissons, et puis il s'apercevrait qu'il avait été roulé. Une légère gaieté, pour cela, remuait l'émotion et la fatigue.

Ricciotto Canudo,
Combats d'Orient, Hachette,
1917, p. 199-203.

MARCHONS L'ÂME LÉGÈRE : LES FEMMES, LE PINARD, LES BAGARRES, LES CHANSONS ET LA PISTE

[La femme qui est derrière chaque légionnaire]

Une lune pleine et blafarde. L'Atlas étincelait. Les sentinelles restaient immobiles près des remparts, postées de huit mètres en huit mètres et reliées entre elles par leurs ombres portées sur les murailles de pierre. De temps en temps, le hurlement d'un chacal au fond de la vallée.

Le bruit de mes pas était le seul qui troublât régulièrement le silence de cette nuit…

J'étais là, me promenant, tenant à la main cette cigarette que j'avais accoutumé de fumer chaque soir. C'est presque un rite : à la dernière bouffée, je suis au seuil de ma guitoune, je jette derrière moi le bout de mégot, je soulève un pan de toile, et là, dans mon domaine, je m'étends sur ma couche et retrouve en des rêves où tout n'est que douceur et mélancolie le Danemark et ma jeunesse, ma famille et mes amis, les lieux que je hantais et jusqu'à l'ombre du lieutenant Selkahausen.

Il n'est pas tard. Un groupe de légionnaires est là en cercle ; ils sont accroupis et parlent à voix basse cependant qu'un peu plus loin un Italien chante, s'accompagnant d'une guitare.

Je m'arrête un instant, et je vois à mes pieds le corps d'un soldat engourdi de sommeil. Il dort comme un enfant, la tête appuyée sur ses mains jointes, le képi sur les yeux et comme agité par un douloureux cauchemar.

Il rêve. Ses mains agrippent désespérément le sol. Tout à coup, il laisse échapper, comme une plainte, un nom. Un nom de femme :

— « Paulette ! »

À cette minute seulement, je compris vraiment le rôle que joue la femme dans la vie du légionnaire.

Chaque soir, penché attentivement sur mes légionnaires endormis, s'il m'arrivait d'épier le tragique secret qui sortait de leurs lèvres, chaque soir c'était un nouveau nom de femme :

— « Greta ! »

— « Dolly ! »

— « Katia ! »

— « Dolorès ! »

— « Graziella ! »

Italienne, Espagnole, Russe, Anglaise ou Allemande, la femme est là.

On s'engage à la Légion souvent pour oublier ; mais on n'oublie jamais complètement. Le capitaine russe avait rudement raison : une fichue famille, les rêves ! L'esprit de chaque homme en est peuplé, là-bas, et des plus étranges. Car leur cœur ne vit que d'illusions.

Il est réel aussi qu'à la Légion le temps ne compte pas. Mais la *femme qui est derrière chaque légionnaire* s'est installée une fois pour toutes dans ses rêves et ne le quitte plus jusqu'à ce qu'une balle arabe coupe d'un trait net le film de sa vie ou encore jusqu'à ce que, emporté par une crise de cafard, on le retrouve un jour, comme Gealach, dans un four à chaux, la tempe trouée d'une balle.

La femme qui vient rejoindre chaque nuit le légionnaire dans son sommeil, qui le suit partout, en ville, en garnison, dans le bled, au « baroud », n'est pas forcément une femme qu'il a connue ou aimée ; c'est surtout une image, le plus souvent une réplique en rêve, de la petite photo qu'il conserve sur lui, entre les feuillets de son livret militaire.

J'ai connu ainsi un soldat, un Allemand à l'âme simple, qui gardait précieusement dans la poche de sa capote une de ces cartes postales glacées représentant un jeune homme à l'air équivoque, genou en terre devant une aimable demoiselle de magasin habillée à la mode de 1925. Ce jeune homme avait d'ailleurs été expurgé de la photo d'un coup de ciseau adroit et définitif.

C'est aussi le souvenir imprécis d'une forme ou d'un geste féminin. Peut-être, étant de garde à la porte de la caserne Viennot, le légionnaire a-t-il vu passer devant lui une moukère de seize ans, les reins cambrés, poussant devant elle un petit âne chargé de boîtes de lait. Plus anciennement se souvient-il d'une camarade d'enfance laissée au pays natal, en Ukraine ou en Bavière ; ou bien encore est-ce tout simplement une entraîneuse au visage fardé, encadré de cheveux roux, et qu'il a saisie aux épaules, jadis, entre deux tabourets de bar.

Toujours est-il qu'il a besoin dans sa vie de sentir une présence de femme, fût-elle illusoire.

Mais là encore, le contrôle militaire s'exerce. Il est nécessaire d'entretenir le légionnaire dans un certain état d'esprit qui est celui de la Légion : entre la bonne humeur collective et le solitaire cafard. L'institution du BMC prend alors sa valeur. On spécule sur la lâcheté des sens une fois que le soldat s'est laissé aller. De deux choses l'une : ou il verra dans le contentement de son désir une forme de la réalisation de ses rêves, l'horrible moukère symbolisant pour lui « la » femme (avec un grand F) ou bien il en sort écœuré, mais ayant acquis la preuve tangible que son cafard cède devant des réalités plus matérielles et que l'image idéale qui en est le centre s'est un peu, de ce fait, ternie !

Ce procédé est peut-être d'une sécurité relative – et cela est prouvé par l'amélioration notable de la santé dans les rangs de la Légion – mais il prive le légionnaire de son aspect, dirais-je, « romantique ».

Et cela tue naturellement les derniers sentiments de poésie qui peuvent sommeiller en lui.

Telle est l'impression première.

On s'aperçoit néanmoins que le sentiment ne perd jamais ses droits. Même dans ces antres arabes du vice et de la bestialité, où un relent de peau huilée se mêle à l'odeur de l'alcool, on peut trouver l'exemple d'un amour sensible et violent comme seul peut l'être l'amour d'un légionnaire.

L'histoire m'en fut contée par un vieux caporal dont les médailles résumaient vingt ans de service.

« — Il y a de ça quelques années, bien avant votre arrivée dans nos rangs, mon capitaine… Un légionnaire, un Allemand… Six ans de campagne et la médaille militaire… Nous le connaissions peu. On disait de lui qu'il avait été professeur de grec dans un lycée de Francfort-sur-le-Main.

« Il était parmi ceux qui buvaient volontairement, pour s'enivrer. Peut-être voulait-il oublier quelqu'un ou quelque chose ?

« Il était également de ceux qui se moquaient du service et de l'avancement. Il fuyait ses compatriotes et parlait peu aux autres camarades. Sa vie se partageait entre la cantine et la prison du régiment. Aucun signe ne faisait espérer qu'il changerait jamais.

« Un soir, après quelques verres, le hasard de ses pérégrinations chaloupées l'amena dans le quartier nègre de Sidi-Bel-Abbès, au *Chat noir*.

« Il aperçut une petite Espagnole de vingt-trois ans, vraie petite déesse du péché, dont les yeux noirs et perçants semblaient promettre aux hommes tous les plaisirs.

« Belle, certes, mais un peu petite. Une peau ocrée et un exquis visage de brune Andalouse. J'appris par la suite que cette enfant était malade depuis l'âge de seize ans !

« Cela éclata comme la foudre.

« Trois hommes se la partageaient déjà. Sous l'empire de la jalousie, ils allaient en venir aux mains, lorsque mon Allemand fonça, tête baissée, sur le groupe et rétablit l'équilibre du combat en cognant sur l'un et sur les autres.

« En un moment ce pugilat dégénéra en une splendide bagarre comme seules les annales de la Légion en enregistrent quotidiennement : les carafes, les bouteilles, les verres, les chaises zébraient l'air comme des météores !

« Attiré par le bruit, j'entrai. Mon héros, le képi de travers, les yeux brillants de désir et de joie, tenant dans ses bras le corps de la jeune femme évanouie, franchissait le seuil en beuglant.

« Ceci fut le début d'un amour dont la passion s'égala à celle des amours les plus légendaires.

« Mon Allemand entra tout d'abord à l'école des sergents afin d'avoir de l'avancement et de toucher une solde plus rondelette. Il devint très “service”. Il négligea totalement d'aller s'enivrer le soir au BMC et abandonna pour toujours le chemin de la prison.

« De son côté, elle avait décidé de gagner le plus d'argent possible, de faire des économies ; en un mot, de se racheter.

« Enfin ils eurent des économies. Elle put se libérer. Il était devenu sergent et elle manucure. Ils se marièrent.

« À quelque temps de là, il fut envoyé en colonne, au Maroc, où une balle ennemie termina son beau rêve.

« Le jour où elle apprit la nouvelle, la petite Espagnole se tua. On la retrouva le lendemain, un couteau catalan planté dans le cœur. »

Cette pauvre fille valait au fond bien mieux que la plupart des femmes qui sans le savoir poussèrent certains hommes vers l'anonymat d'un numéro matricule !

Aage de Danemark,
Mes souvenirs de la Légion étrangère,
Payot, 1936, p. 97-103.

[Autour d'un verre]

Sur ces entrefaites, deux bataillons du 1er Étranger débarquent à Marseille.

À la terrasse d'un bar du cours Saint-Louis, deux légionnaires sont attablés. Grant s'approche :

— Vous êtes de la Légion ?

— Oui, répond l'un d'eux, froidement.

— Vous n'avez pas chez vous le capitaine Bernard ?

Du regard, ils se consultent :

— Connaissons pas.

Richard a inventé ce nom comme prétexte pour entamer une conversation. Il s'assied :

— Que prenez-vous ?

Et comme les lascars le considèrent avec surprise et méfiance, il ajoute :

— Vous pouvez accepter. Je suis des vôtres. J'ai signé un engagement pour la durée de la guerre, à la Légion. Je rejoins dans quelques jours.

— Ben, mon vieux ! s'écrie le plus jeune, figure maigre et rouge, courtes moustaches blondes, yeux bleus. Ben, mon vieux, en v'là une idée !

Et s'adressant à son camarade :

— Quoi que tu prends, Wessman ? C'est un futur pote qui offre !

Wessman caresse sa barbe rougeâtre :

— Un vermouth-citron. Et toi, Poiret ?

— Moi itou ! Pour la circonstance.

Une fois servis :

— À ton équipement, commence Poiret, je devine que t'es un fils de famille qui auras fait des frasques ! Tu veux te « rhabiliter ».

Richard certifie qu'il n'en est rien, et parle des volontaires étrangers. Wessman murmure :

— Et nous, les vieux, on va les encadrer, ces petits mecs ! C'est malheureux de voir ça.

— Penses-tu ? ricane Poiret, on doit nous réserver un morceau de choix, à nous autres, t'sais !

Et se tournant vers Grant :

— En tout cas, tu t'embêteras pas à la Légion. C'est un tonnerre de Dieu de régiment, t'sais !

Grant demande ce qui différencie les légionnaires des fantassins.

— La ceinture bleue autour de la taille… c'est coquet, répond Poiret en cambrant ses reins, la grenade sur le képi, et les écussons verts.

— Puis, ajoute Wessman, il y a aussi le genre de boulot… marche ou crève !

— Et les officiers ! complète Poiret. Des officiers bath, t'sais… et qui sont un peu là…

Il n'est plus besoin de les interroger. Pendant une heure, ils vantent leur régiment, leurs chefs, leur installation de Bel-Abbès et de Saïda, leur musique et leur cuisine ; ils racontent leurs campagnes, leurs exploits et leurs bordées ; ils évoquent les individus curieux qu'ils ont rencontrés : un évêque, un grand-duc russe :

— Et pour un chic copain, t'sais, c'en était un, celui-là ! Pas fier… et du pognon ! Quand il a clamsé, un cuirassé est venu prendre le corps… et quand le cercueil, un bath de cercueil en chêne, est arrivé à bord, balancé au bout d'un palan, il y a eu du canon… une salve !

Entre deux anecdotes, Grant va acheter des cigarettes et des demi-londrès. Poiret s'écrie :

— Comme au temps du grand-duc, quoi !

Et Wessman déclare :

— Les londrès sont de bons petits cigares. Ce sont les plus réguliers.

Il compare alors les Upman aux Henry Clav ; les tabacs turcs aux tabacs égyptiens. Ses remarques dénotent un connaisseur. Grant l'en félicite.

Poiret hausse les épaules :

— Peuh ! nous autres, on fume de tout !... on mange de tout !... on boit de tout !...

Mais Wessman et Poiret ont assez bu de vermouth-citron. Ils en ont frigousse. Ils commandent trois litres de vin rouge. C'est eux qui régalent pour le coup. Les verres se vident. Les histoires succèdent aux histoires. Les langues s'empâtent, l'esprit reste vif.

— La Légion... t'sais, mon vieux, décrète Poiret, eh bien, la Légion c'est le premier régiment du monde, t'sais, mon vieux.

— Et puis t'es libre, appuie Wessman.

— Ah ! pour ça t'es libre, car t'sais, moi, je t'le dis. Écoute bien ce que je te dis... Il n'existe pas de force humaine ou divine qui empêchera un mec de chez nous de manger quand il a faim, de boire quand il a soif, de se saouler quand il a envie de se saouler, de foutre le camp quand il a le cafard...

— De bai...er... quand il en a envie, complète Poiret.

— Et pas plus tard qu'hier soir... on venait de débarquer... on nous a cantonnés au Parc des Expositions, au rond-point du Prado... dans un endroit entouré de palissades en planches... Défense de sortir, comme de juste... c'est la guerre... À l'extinction des feux, derrière les palissades, plein de poules...

— Ça nous renifle, les femelles, t'sais, mon vieux... et quelle bombe !...

— Mais, objecte Grant, les palissades...

— On avait repéré des nœuds dans le bois... on les a fait sauter... et par les petits trous... parce que t'sais, mon vieux, je te le répète, quand un mec de chez nous veut faire l'amour, eh ben, mon vieux, t'sais... il fait l'amour... et par les petits trous... l'autre nuit...

Deux nouveaux litres de rouge. L'exaltation augmente. Grant, Wessman, Poiret ne songent pas à acheter les feuilles du soir ! Ils sont indifférents à ce qui se passe autour d'eux. Ils sont en pleine épopée. Grant ne vit plus avec les Dieux. Il est descendu parmi les hommes. Il se sent heureux. On boit sans échanger une parole.

— Puis, ce qu'il y a de beau, chez nous, s'exclame soudainement Wessman, c'est la présentation au feu !...

Poiret tressaille ; abat son poing sur la table :

— Ah ! mon vieux, t'sais, ça, c'est vrai ! Une compagnie de Légion qui se présente au feu… eh ben, mon vieux, t'sais, ça c'est bath !… Ça fout tout par terre… Dans le bled…

— Dans le bled, dans la brousse ou ailleurs, nom de Dieu, gueule Wessman, on a une façon de dire : C'est nous : la Légion ! que les autres n'ont qu'à la boucler. Un point. C'est tout !

Des territoriaux s'arrêtent devant la terrasse du bar. Poiret les interpelle :

— Hé ! là-bas, vous autres, si c'est pas indiscret, de quelle classe que vous êtes ?

— 96.

— De 38 à 40, comme nous, dit Wessman.

Mais Poiret sort de sa poche un petit miroir rond, s'y examine complaisamment, puis :

— De même âge… mais on est plus girond ! On est ferme, on est sec… l'œil est bon ! Eux, ils ont le dos triste…

Wessman allume un second cigare et, la bouche déformée par une moue dédaigneuse, décrète :

— Que veux-tu ? ils doivent déjà penser à leur famille !

— Debout, là-dedans ! ordonne Poiret en sautant sur ses pieds.

Wessman et Grant obéissent.

— Où allez-vous ? interroge Grant.

— Au bordel ! réplique Poiret.

— Viens-tu ? invite Wessman.

Grant s'excuse. On se moque de lui. Il explique qu'il a une femme et des enfants.

— C'est sacré ! s'écrièrent simultanément les deux lascars.

Et après un court silence :

— Ta môme, murmura Wessman, c'est de la graine de veuve ; de la béquille d'éclopé ou du chien d'aveugle…

— À moins que ça ne devienne de la graine à putain ! ricana Poiret.

Grant quitta ses futurs frères d'armes. À ses oreilles sonnait l'accent dont avaient été proférées ces syllabes : « La présentation au feu ! C'est nous : la Légion ! »

Albert Erlande,
C'est nous : la Légion !,
Éditions du Temps, 1930, p. 16-21.

Le lit du général

C'était l'heureux temps où nous, humbles légionnaires, nous usions les brodequins de la République sur les sables, quelque part, dans les grands déserts d'Afrique entre Aïn-Sefra et In-Rahr.

Le soleil ne doit guère avoir changé depuis ce temps-là et le Sahara non plus.

Maintenant, la dune s'est prostituée aux autochenilles et le ciel du désert a été ébranlé par les hélices des avions.

À cette époque, l'astre du jour montait simplement tous les matins remplissant l'immensité saharienne de ses flots d'argent en fusion.

Les légionnaires de France faisaient la conquête du désert dans une ambiance de fournaise.

Aïn-Sefra s'épanouissait dans la vallée où un « oued secco » coulait mélancoliquement, jusqu'au jour où il débordait furieusement pour engloutir en quelques heures, gens, bêtes et maisons dans un tumultueux remous.

Les dunes qui entouraient la ville se paraient vers le soir d'un panache de sables que taquinait le lugubre et brûlant simoun.

La ville vivait alors couronnée d'or au fond de son trou où des rochers violacés disputaient une maigre parcelle sableuse à des herbes grisâtres et desséchées.

Çà et là, des îlots de verdure jetaient des taches d'émeraude sur les dunes cahotées.

N'importe ! C'était l'heureux temps où nous étions encore jeunes et où nous oubliions, perdus parmi les soldats de la Légion, les horreurs d'une vie malheureuse.

Le général Lyautey n'avait que cinq galons sur lesquels par coquetterie, il venait de faire fixer par le maître tailleur deux petites étoiles toutes neuves.

Ces étoiles scintillaient sous le soleil d'Afrique avec je ne sais quel éclat qui faisait pressentir la gloire du futur maréchal de France.

C'était l'époque merveilleuse où l'énigmatique Mademoiselle E… « vadrouillait » le Sahara, déguisée en « hadj », et de russe devenait musulmane femme légitime d'un Arabe.

Les légionnaires venaient de s'immortaliser à El Mounghar.

La « Môme qui pue » vendait près des quartiers excentriques d'étranges consommations que les soldats de la Légion qualifiaient d'« alfa », de « vert-de-gris », de « lait de tigre », et qu'ils absorbaient avec un courage héroïque.

Personne (ni Allah, ni le Cheïtan, ni le dieu des Youdis, ni le gouverneur général, ni l'Espagnol de la maison de tolérance) n'aurait pu prédire que la « Môme qui pue » aurait pu causer un désagrément quelconque au général.

Et pourtant, cela fut !

Le dieu du hasard, l'ange du bizarre d'Edgar Poe s'étaient certainement mêlés de cette histoire.

Un certain soir, un planton du général, vieux légionnaire à trois poils dont l'accent trahissait de vieilles souvenances de l'Oder, de la Vistule ou de la Forêt-Noire, s'en fut « bouffer son prêt et ses médailles », sur les tables de l'estaminet que tenait honorablement la « Môme qui pue ».

Il faisait chaud ce soir-là. L'absinthe du bistrot avait une appétissante apparence de purée de pois, mais elle était fraîche et le vieux légionnaire avait tellement soif !

Comment résister à la tentation d'en boire une autre, puis une autre encore ?

Avouez qu'il y avait là une impossibilité matérielle ; d'autant plus que ce coquin de simoun semblait distiller une invisible poussière de sable et l'amener, méchamment, juste dans le gosier des légionnaires.

Cette lutte obscure et entêtée entre les vertus des breuvages et la performance du vieux soldat se termina au désavantage de ce dernier.

Quoiqu'il « portât bien la toile », sa démarche au sortir du café n'avait de sensiblement géométrique qu'une préférence marquée pour la ligne brisée.

Il s'enfonça dans les rues noires, aussi ivre que le grand Alexandre, le vieux Frédérick, et dix mille Polonais.

En son esprit barbouillé par le formidable « cock-tail » qui s'alambiquait dans son organisme, il allait avec une seule idée nette : « cacher cette cuite infernale ».

De temps à autre, il arrêtait cette marche oscillante pour rectifier sa tenue ; car un bon légionnaire de 1re classe ne doit pas avoir une tenue débraillée.

Il allait au long des murs noirs, heurtant des Arabes pouilleux ou des Juifs puants qui s'écartaient, sortant un instant de leur apathie, ahuris, pour jeter un coup d'œil craintif sur ce légionnaire à la démarche incertaine.

Quel dieu funeste conduisit ses pas ?

Comment cette idée fixe de cacher à tous l'état flottant de son âme et de sa carcasse ballottée l'amena-t-elle dans le lieu le plus imprévu et sur le meuble le plus inattendu ?

Mystère et profanation !

Le général, rentrant du cercle ce soir-là trouva un légionnaire de 1re classe, formidablement saoul et cuvant son ivresse dans son propre lit.

Le « prafe léchion » partit en colonne et la « Môme qui pue » fut consignée.

Henri Lasvigne,
Monsieur Siwisky Soda, Nouvelles sur la Légion étrangère,
Hanoi, Impr. Trung-Bac-Tan-Van, 1932, p. 45-48.

Complainte noëllique

La vieille Légion à la voix enfantine,
Au son du quart et du flacon,
Aux Noëls de jadis chantait dans les cantines
Jusqu'au Mékong, jusqu'au Mékong.

Des palmes de Noël, un vieux légionnaire
Attendait que la tombola
Lui versât pour tout lot un flacon débonnaire
Qui le saoulât, qui le saoulât.

Ce vieux bouc tatoué portait sous la basane
Un papillon bleu d'outre-mer
Qui tirait tout son suc d'une rose ispahane
Sur son nez vert, sur son nez vert.

Les sept flammes grondaient dans son cœur de grenade,
Tabagineux et poivrotin,
Un fleuve d'or coulait de ses reins en cascade
Jusqu'au matin, jusqu'au matin.

Le vin qu'il avait bu passait toute mesure,
Noyant trahison et rancœur,
Il se souciait peu de réparer l'usure
De son vieux cœur, de son vieux cœur.

Un girond, près du bœuf et de l'âne mystiques,
Avec un sourire jocond,
Jouait la Sainte Vierge aux yeux myosotiques,
Près d'un flacon, près d'un flacon.

Sous le fard ingénu, sa candeur culottée,
Sous le voile sulpicien,
Eût déconfit le cœur endurci d'un athée
Par son maintien, par son maintien.

Le général Rollet, henryquatrain roi mage,
Portait l'Étoile au couvre-chef.
Un galant dromadaire apportait son hommage
En cette nef, en cette nef.

Devant l'Enfant Jésus et la Vierge Marie,
S'agenouillait le fier chameau,
À l'ombre d'un figuier d'Extrême-Barbarie,
Dans ce hameau, dans ce hameau.

Un petit Bavarois dans un coin de l'étable,
Pleurait, songeant à son clocher.

Sous son manteau de neige une rose de sable
Le vint chercher, le vint chercher.

Un braconnier du grand Jura mélancolique
Riait, songeant à son clapier
Qu'il avait dû quitter pour le désert biblique,
Toujours à pied, toujours à pied.

Le sapin de Noël, l'épicéa nordique,
Hantaient le cœur du vieux renard
Qui prenait sous le houx et le gui druidique
Grive ou canard, grive ou canard.

Les balais de sorcier et les ronds de sorcière
Tourbillonnaient dans son terroir,
Ivres, les souvenirs roulaient dans la poussière
D'un vieux tiroir, d'un vieux tiroir.

Un hardi Polonais, sandwich entre deux guerres,
Buvait cent litres de vin chaud,
Ruminant sa choucroute et ses pommes de terre
Près du réchaud, près du réchaud.

Un grognard du Tonkin blanchi dans les batailles,
Parmi les bergers et leurs chiens,
Gueulait, chien de fusil, sous son chapeau de paille,
Minuit, Chrétiens, minuit, Chrétiens.

Le Juif errant lui-même entra dans la paillote
Et se hissa sur l'escabeau
Pour entendre brailler par un chœur polyglotte
Le chant si beau, le chant si beau.

Derrière les fagots, Noé, Légionnaire,
Barbe de fleuve et képi blanc,
Tirait le vin d'un fût roulé par le tonnerre,
Au premier plan, au premier plan.

Sempiternellement sur le plancher des vaches,
L'hôte secret du noir cafard
Suçait un grain de sel au coin de sa moustache,
Toujours soiffard, toujours soiffard.

Barbu jusqu'au nombril, le vineux patriarche
Au port de Tulipopoli
Cuvait sous la guitoune où s'échoua son arche
Le vin d'oubli, le vin d'oubli.

Le vieux mec boucané fêtait à sa manière
L'Enfant au sourire divin,

Eucharistiquement il teignait sa bannière
Dans le bon vin, dans le bon vin.

Il n'apportait ni l'or ni l'encens ni la myrrhe,
Mais d'Outre-Monde l'Oiseau bleu,
Le tabac du Mexique et le vin de Palmyre,
Pour saouler Dieu, pour saouler Dieu.

D'une aussi merveilleuse et fabuleuse cuite,
Plus haute que le temps jadis,
Il n'osait ivre mort imaginer la suite
Au Paradis, au Paradis.

Le vieux blédard portait sans l'ombre d'un blasphème
L'Agneau dans son cœur innocent,
Mais ne reçut jamais que du feu le baptême
Couleur de sang, couleur de sang.

Le vin du vieux soudard au parvis des mystères,
Après quinze mille ans de bled,
Ne coule plus enfin qu'aux Noëls solitaires
Comme un oued, comme un oued.

Sa soif ne peut tarir le déluge biblique
Du vin tiré de l'arc-en-ciel
Où brille dans son cœur le sapin nostalgique
D'un vieux Noël, d'un vieux Noël.

Légionnaire Arthur Nicolet

Noël 1954

À Pierre Mac Orlan

Il me souvient des temps que nous fêtions, mes frères,
Sur les routes sans fin d'un vineux Paradis,
Les Noëls de toujours, l'Étoile de jadis,
Qui brille au dernier havre où commença notre ère.

La tombola versait un flacon à chacun
Des hardis compagnons qui portant l'uniforme
Chez la Mère Kasbyte et le Père Delorme
Ne s'enivraient jamais que sous un nom d'emprunt.

Dans tous les coins du monde aux échos nostalgiques
Brillaient mille sapins au fond des vieux hameaux.
Les bergers, et leurs chiens, les rois et leurs chameaux,
Vers l'étable, venaient des rivages magiques.

Un vent de nostalgie, un sirocco vermeil,

Me saisissent dans l'ombre au fond des solitudes
Où triste prisonnier des hivernages rudes,
Frileusement je guette un rayon de soleil.

Mes frères, ce fut là notre seule fortune.
Je reconnais le feu qui forge dans mon cœur
Les mots étincelants d'un poème vainqueur
Inspiré par les djinns qui dansent sur la dune.

La reine Fantaisie et l'Humour son valet
Échangeaient un clin d'œil en borgne intelligence
Et leur complicité favorisait la Chance
Qui portait le pinard sur le bât d'un mulet.

La Légion braillait, jouant à la belote,
Dans la confusion où Nicot et Bacchus,
Saoulant les nations fêtaient l'Enfant Jésus,
Un psaume merveilleux, unique et polyglotte.

La vieille Légion, Étoile de Noël,
Quand aux vents d'outre-mer grincent les girouettes,
Au milieu des combats comme un vol d'alouettes
Ainsi qu'à Diên Biên Phu se laisse choir du ciel.

Aux constellations sur les gués millénaires,
Ô Légion des morts, qui te dénombrera
Dans Tulipopoli, cité du Sahara,
Pour chanter les Noëls des vieux légionnaires ?

Légionnaire Arthur Nicolet, 1954

[« Hier, encore un duel... »]

Peu d'événements, ces dernières semaines.

Nous sommes rentrés dans la civilisation depuis quelques jours, et les choses ont repris leur train-train ordinaire.

Hier encore un duel.

Cela arrive par trop souvent à la Légion étrangère, où tout le monde a l'épiderme susceptible et où chacun tient à faire honneur à sa nationalité. Ajouter à cela le fait d'être soldat français, ce qui nous rend encore tous plus chatouilleux.

O'Kealy est un jeune Irlandais pur sang, bon diable à ses heures, très gai, mais passablement hargneux par boutades.

Hammer, grand Alsacien, ayant vécu dix ans à New York, est aussi un assez mauvais coucheur.

Tous deux connaissent la boxe et son emploi. Ils en ont appliqué les principes dans plusieurs rencontres, où leurs nez payaient l'écot.

Le colonel, ému de toutes ces tatouilles réitérées, ordonnait dernièrement de conduire ces deux sergents sur le terrain et de n'arrêter le combat qu'à la suite d'une blessure grave.

J'y étais en curieux.

Les deux combattants furent d'un calme et d'un sang-froid remarquables.

Il y eut plusieurs reprises sans résultats sérieux. Les parades arrivaient à temps pour empêcher les coups mortels, mais la pointe des épées avait touché la peau, et l'arme, violemment chassée, faisait des entailles d'où le sang coulait abondamment.

Bientôt les poitrines des deux sergents ne présentaient plus qu'un quadrillé sanglant, et le combat durait toujours.

L'officier surveillant était pâle d'énervement et nous n'en valions guère mieux.

On fut aux prises pendant plus de trente minutes.

Enfin, à la suite d'une parade fatiguée, l'épée de Hammer s'enfonce de plusieurs centimètres dans l'aîne de son adversaire.

O'Kealy n'a pas la force de riposter. Il se jette en arrière et de suite son bras est paralysé.

On arrête le combat.

Quinze jours après, O'Kealy, complètement guéri, provoquait Hammer et, avec deux classiques coups de poing, il lui bouchait un quinquet et lui aplatissait le nez.

Le colonel en fut désespéré.

Il leur mit à chacun huit jours de prison, en les menaçant du conseil de guerre, s'ils recommençaient.

Chartrand des Écorres,
Au pays des étapes, notes d'un légionnaire,
Charles-Lavauzelle, 1892, p. 102-106.

[« Encore une équipée »]

Ce grand Magny n'en fait jamais d'autres. Heureusement pour lui, qu'il a une voix de contre-basse, une moustache énorme, un cou de taureau, des épaules et des bras bien musclés.

Ici, à Mascara, le peuple qui s'amuse est très gai. Souvent des bals.

Nous y allons, Magny, le fourrier de la première et moi.

Nous voilà, dansant, tourbillonnant dans la poussière, enlaçant de belles Arabes, des Algériennes délurées, de brunes Espagnoles, valsant comme des enragés.

Ribo, le fourrier, serre de trop près une délicieuse Espagnole, à qui il parle dans sa langue, car Ribo, fils d'une cantinière du régiment, est espagnol par sa mère.

Les compatriotes de la belle fille s'offusquent, les autres s'en mêlent.

Ribo tient tête à tous, riposte avec violence et l'affaire se corse considérablement.

Le bal sévissait en plein air, à l'intérieur d'une enceinte en planche. Dans un angle, se dressaient une table en bois brut, un comptoir et plusieurs chaises.

Magny me dit :

— Nous ne sommes que trois, et ils sont une vingtaine. Ça va barder tout à l'heure. Ribo nous a fourrés là dans un sale pétrin. Il faut sortir d'ici cependant. Regarde bien et fais comme moi. Une, deux, trois, ça y est !…

Il empoigne une chaise, saute sur la table, criant à tue-tête : « À moi, la Légion », et s'élance dans le groupe qui entoure Ribo.

Il cogne de la chaise, des pieds, de la tête, des épaules, se démène et crie comme un fou furieux.

Son exemple me stimule et je l'imite, plein d'entrain. Ribo suit le mouvement.

C'est un concert de hurlements bien nourris.

Les femmes crient, se sauvent partout et se cachent dans les coins.

En un instant les fiers hidalgos se précipitent vers la porte, se cassent les ongles et les doigts dans leur précipitation pour l'ouvrir, y réussissent enfin, et les voilà dans la rue.

La porte se referme et nous restons tous trois maîtres de la place.

Les danseuses reviennent de leur frayeur. Surprises de nous voir seuls, elles s'approchent, nous questionnant :

— Où sont donc les soldats ?

Les naïves enfants avaient cru à l'envahissement du bal par les légionnaires.

Et aussi, cet animal de Magny, avec ses hurlements, les avait trompées. Il criait en basse, en ténor, en baryton, en contralto, puis de nouveau en basse, variant ses notes, multipliant ses coups et ses bousculades, faisant à lui seul plus de besogne que vingt hommes.

Sans compter que nous l'aidions bien un peu.

Nous étions maîtres des danseuses et de l'enceinte, mais il fallait en sortir.

Voilà le *hic*.

Ces fils des Espagnes sont habiles dans le guet-apens des coins de rue, et ils ont le couteau facile.

Mais le maître du lieu nous tire d'affaire en nous expédiant par une porte intime.

Et nous, les vainqueurs, nous quittons honteusement la position conquise, l'oreille basse, fuyant les vaincus.

En écrivant ceci, je prends la résolution de fuir la société de Magny, qui finirait par nous faire casser les reins un de ces jours.

Chartrand des Écorres,
Au pays des étapes, notes d'un légionnaire,
Charles-Lavauzelle, 1892, p. 173-177.

[Exécution d'une mauvaise tête]

Depuis quelques jours, je jouissais des délices somnolentes d'une garnison insipide. Un événement grave est venu me tirer de ma léthargie : on a fusillé dernièrement un légionnaire.

C'était le premier soldat que je voyais mourir légalement sous les balles des camarades. Il était peu digne d'intérêt, mais il est mort en brave, comme tout militaire doit le faire.

Mauvaise tête et Belge de nationalité, il avait fait partie de la Commune en 1870, comme capitaine. Après l'apaisement, ne trouvant pas assez de désordre à Paris pour y gagner son pain, il s'était engagé à la Légion.

Il ne tardait guère à montrer ici comme ailleurs son caractère indiscipliné, son esprit de mutinerie, et il eut bientôt l'occasion de faire valoir ces funestes défauts d'une manière ostensible.

Étant de garde un jour à la place, sixième d'un poste commandé par un caporal de vingt ans, il sut se procurer de l'absinthe et enivrer ses camarades.

Plus âgé que tous, il dominait ces jeunes gens par l'audace de ses propos, les éclats de sa voix et sa faconde bruyante d'ancien orateur populaire. Le caporal surtout, très impressionnable, l'écoutait ahuri et bouche bée.

Toutes les têtes, en feu, avaient complètement oublié le service ; on chantait et criait dans le corps de garde.

L'adjudant de place, un lieutenant de tirailleurs, averti de ce tapage, vient faire sa ronde. Il entre au poste et fait une semonce sévère au chef de poste et aux hommes.

Le Belge interpelle l'officier, excite le caporal et les soldats, et tous, transportés de fureur et d'ivresse, se ruent sur le lieutenant, le maltraitent, le frappent et le jettent, grièvement blessé, dans le violon du poste.

Puis on continua à boire, à chanter.

Le corps de garde était éloigné de toute habitation, et le malheureux officier aurait eu à souffrir jusqu'à la relève suivante sans la présence d'un sergent-major de ronde.

Celui-ci entre au corps de garde à quatre heures du matin. Pas de factionnaires, et tout le monde dormait sur le lit de camp. Il entend des plaintes au violon, y accourt et délivre le lieutenant. Se rendre au quartier, commander une nouvelle garde et venir relever les factieux fut l'affaire de quelques minutes.

Ils passèrent au conseil de guerre.

Le caporal eut vingt ans de travaux forcés, les hommes chacun cinq ans, sauf le communard, qui fut condamné à mort comme plus ancien et meneur de la bande.

La dégradation militaire, suite inévitable de la condamnation, fut prononcée contre tous.

Toute la garnison était sur pied.

À quatre heures du matin, une voiture d'ambulance escortée par la gendarmerie était venue prendre le prisonnier à la prison militaire pour le conduire au champ de tir, lieu de l'exécution.

Le malheureux légionnaire, très calme, décidé à mourir bravement, s'était habillé à la hâte.

Au champ de tir, les trois mille hommes de la garnison forment le carré qui s'ouvre pour donner passage au cortège funèbre.

Le condamné descend de voiture et se dirige seul, d'un pas ferme, vers le poteau. On présente les armes à celui qui va mourir, les tambours et clairons battent et sonnent aux champs. Un sergent l'attache et lui bande les yeux.

Douze hommes – quatre sergents, quatre caporaux et quatre soldats –, pris parmi les plus anciens, s'avancent silencieusement à huit pas du condamné ; un adjudant les commande.

Le sergent s'éloigne du poteau, l'adjudant étend le bras armé du sabre, jette un regard sur le piquet qui épaule le fusil, et crie : *Feu !*

Douze détonations éclatent, le légionnaire vacille un instant et s'écrase comme une masse.

Le plus ancien sergent s'approche, lui met son fusil à l'oreille et lui donne le coup de grâce. Le crâne éclate comme un vase qui se brise, la cervelle jaillit au loin et ses débris éclaboussent le poteau d'exécution. Le gazon, les habits du mort sont couverts de sang, un petit ruisseau rouge suinte lentement dans le sentier du champ de tir.

Le drame est fini.

Les troupes défilent devant le cadavre. Une lourde tristesse plane dans l'air, une émotion intense serre toutes les gorges. Silencieusement, au pas accéléré, le défilé continue. Les hommes tournent les yeux du côté du paquet informe qui, l'instant d'avant, était un de leurs camarades plein de vie.

Je me sentais suffoquer et un détail mesquin m'est resté à la mémoire. Dans l'émotion du moment suprême, dans la précipitation de la dernière toilette, le pauvre diable n'avait pas boutonné ses guêtres.

J'ai longtemps vu dans mes rêves, inertes, flasques comme une vieille défroque, les deux pieds du communard chaussés de leurs guêtres bâillantes, que retenaient seuls les deux boutons du sous-pied.

Chartrand des Écorres,
Au pays des étapes, notes d'un légionnaire,
Charles-Lavauzelle, 1892, p. 253-259.

[Chansons de route]

Aussi lorsque le régiment fut-il arrêté au point où l'on n'entendait plus la canonnade que comme un bruit sans conséquences, et que l'on eut la charitable pensée de faire cuire du bouillon en plein vent, on s'immobilisa dans la halte comme on eût continué à marcher, avec une résignation pesante. Chacun s'accroupit derrière les faisceaux, regardant étonné les feux flamboyants en trois endroits, où les trois bataillons avaient créé immédiatement leurs éphémères cuisines de marche. Les bidons fumants passèrent ensuite devant les compagnies, se vidèrent dans les gamelles.

Alors, on recommença à entendre des voix, des appels, des cris, et même quelques ébauches de chansons, fredonnées avec des lèvres humides de graisse chaude. Puis, un long coup de sifflet, suivi de douze coups plus courts, remit les compagnies sur pieds, les faisceaux disparurent. Ceux qui étaient à cheval reprirent leur monture, et la bête longue et moins lourde, bleue et grise, reprit la route à peine visible.

Quelques légionnaires regaillardis entonnèrent des chansons de route. Des chansons italiennes et des chansons françaises, pêle-mêle, l'une après l'autre, ou en même temps. Les chœurs se coudoyaient sans le moins du monde se gêner les uns les autres.

Une chanson, entre autres, revenait avec insistance, sous leurs pas plutôt qu'entre leurs lèvres. Elle a été créée au camp des Garrigues, dans le Gard. Elle est sortie un beau matin, on ne sait de quelle tente, composée on ne sait par qui, et elle a fait successivement fureur au camp des Garrigues, au camp de Mailly et en Argonne, car elle est admirablement cadencée sur la marche du soldat. C'est une chanson ironique, où le troupier se moque de lui-même, et détaille son équipement en couplets sans fin, et sans aucune envergure certes, que couronne un refrain amoureux absolument en dehors du sens de la chanson.

En français, ce serait à peu près ceci :

Le fusil que nous portons
Est le paratonnerre
De nous autres, les soldats

Le sac que nous portons
C'est le bouclier
De nous autres, les soldats

Les cartouchières que nous portons
Sont les porte-mégots
De nous autres, les soldats.

Et le refrain, insignifiant au possible, invoque :

Ô blondine, capricieuse, garibaldienne,
Tu es l'étoile
De nous autres, les soldats.

On peut entendre maintenant de nombreux enfants chanter cette obsédante chanson, dont la musique est vraiment parfaitement cadencée, et moins niaise que les paroles, dans les rues de Nîmes, de Montélimar, de Mailly, d'Avignon, de Bar-sur-Aube, partout où sont passés les « Garibaldiens », dans les pays où il y avait des enfants. Elle restera comme la chanson de la dernière aventure garibaldienne…

Une autre qui, étant française, a sur l'italienne l'avantage d'avoir plus de rythme guerrier et moins de mélodie sentimentale, réunissait aussi, depuis des mois, les suffrages unanimes. Elle était chantée avec un rare bonheur par un coryphée soutenu fortement par le chœur qui répétait chaque vers :

Avez-vous vu
Les casques à pointe
Qu'ont débarqué
Dans notr'Paris ?
Vous êtes témoins
Que ces sauvages
Ont des plumages
Jusqu'au nombril.

Je note volontiers ces chansons de soldats, rythme de la marche et rythme du repos. Ce sont des fleurs, populacières, banales, des fleurs à tige très basse, des fleurs à ras de terre, tachées de poussière ou de fange, mais des fleurs quand même, expression, quand même, d'un état d'âme élémentaire, d'une fonction humaine simple et large. Souvent, très souvent, le plus raffiné des officiers les chante avec ses soldats, pousse ceux-ci à les chanter, allume leur verve qui allège la monotone lourdeur des chemins. Souvent, très souvent, leur musique prenante vous tient dans de vastes filets de nostalgie. On les fredonne alors pendant des heures, la pensée vide, l'âme chargée de cette populaire et profonde tristesse qui rend humides les yeux de Jenny à sa fenêtre, et fait s'entreclore les yeux du laboureur dans la tiédeur d'un jour d'été.

Elles rythmèrent notre longue marche vers la grange qui devait nous abriter.

Tout à coup, la tête de notre colonne cessa ses musiques, et le silence, comme une nappe de fatigue, s'alourdit rapidement sur tous. On s'était tu. On n'osait plus chanter. On entrait dans Clermont-en-Argonne.

Ricciotto Canudo, *Mon âme pourpre*,
La Renaissance du Livre, s.d., p. 96-100.

Le Flottard[1]

Trois vieux du bataillon de marche du Siam,
Morts d'un dur coup de fièvre en partant pour Pack-Nam,
S'ennuyaient bien au ciel et ne savaient que faire.
L'archange saint Michel – bon pour le légionnaire –
Cherchait bien, quelquefois, à tromper leur cafard,
Mais au ciel, nom de nom ! on n'a pas de pinard :
Les bistros ont fermé car ils faisaient faillite !
On boit bien quelquefois un coup à la va-vite,
Mais, si saint Pierre arrive, on est vite bouclé :
Pas de prison, c'est vrai, mais pour huit jours au lait !
Nos trois vieux rouspétaient en se grattant la tête,
D'autant qu'on approchait de la célèbre fête,
Du trente avril et que, selon la tradition,
Le trente avril on boit toujours, à la Légion.
Tout d'un coup, l'un des trois, d'une voix gutturale,
Dit : « J'ai trouvé le truc pour nous rincer la dalle !
Saint Michel est bon prince et va nous pistonner
Pour avoir une perm'. S'il nous la fait donner,
On file à Bel-Abbès revoir les camarades,
On y passe le trente, on boit quelques rasades,
On se conduit fort bien pour montrer que les vieux
Étaient des gens mahousses et qu'on ne fait pas mieux,
On voit si les blancs-becs de mil neuf cent vingt-quatre
Ont pris nos traditions, car on savait se battre,
Puis l'on rentre sans bruit le soir du Premier Mai. »
Les deux autres, contents, approuvent tout à fait,
Et, comme saint Michel venait signer ses pièces,
Ils déposent les perm's et font maintes promesses.

1. Large pantalon de toile utilisé en Afrique du Nord.

Saint Michel, qui toujours aima bien la Légion,
Car il y fut jadis un très bon Centurion,
Prit la chose en riant et promit de tout faire
Pour tâcher de trouver si quelque circulaire
Du vieux Mathusalem, insérée au B.O.
Permettait d'accorder des permissions là-haut.
Saint Gédéon, qui fut Intendant Militaire,
Lui dit : « Je ne crois pas qu'on ait de circulaire,
Mais, si mes souvenirs ne sont pas en défaut,
On accorda, je crois, deux perm's en l'an zéro. »
Saint Michel s'en alla tout heureux, et faut croire
Qu'il fut bon avocat, car, le soir, pleins de gloire,
Nos trois briscards, ayant retrouvé leur gaîté,
Astiquaient leur fourbi, le képi bahuté :
La perm' était signée et la journée du trente
Les verrait de nouveau, la gorge bien en pente,
Déambulant joyeux et courant les bistros
Dans ce Babel Abbès adoré des cœurs chauds.
Dès le trente au matin, ils demandent la porte,
Et saint Pierre, ahuri, n'aimant pas que l'on sorte,
Croit devoir en deux mots leur rappeler qu'ici
Faut pas rater l'appel lorsque l'on est sorti.
Les vieux, au garde-à-vous – car ils savent y faire –
Écoutent le discours en parfaits légionnaires.
Enfin, la porte grince et les voilà dehors.
Comme il fait bon sortir du Paradis des morts !
De nuage en nuage ils filent vers la terre
Et découvrent au loin « l'abri du légionnaire » :
Babel Abbès ! d'en haut, la ville n'est pas mal,
Ils viennent atterrir près du Continental.
Avant de se montrer, ils font le tour des Halles
Et, pour se dégourdir, font deux fois les Cent Dalles.
« C'est pas tout, dit l'un d'eux, faut boire un vieux pernod.
Je crois que le meilleur est au quartier Vienot.
La cantine, jadis avait mille recettes,
Et nous aurons, à l'œil, de fameuses rincettes. »
Les autres sont d'accord et l'on file aussitôt,
Voir si le cantinier a toujours du pernod.
Soudain, en s'approchant des murs de la caserne,
Ils voient deux officiers, et leur œil devient terne.
« C'est lui, dit l'un d'entre eux. Pas possible ! C'est lui. »
« Mais… et la tradition ? qu'en fait-il ? Elle a fui. »
« Il en est le gardien, à la Légion, je pense ? »

« Faut croire qu'il l'oublie ! Ah ! ce n'est pas de chance »,
Dit le troisième, « il faut s'en aller au plus tôt,
J'aime encor mieux filer sans prendre de pernod ».
Reprenant leur essor et fuyant loin de terre,
Les trois anciens briscards reviennent vers saint Pierre,
L'œil mauvais, ronchonnant et fronçant le sourcil.
Saint Pierre en fut baba. « Comment ? Si vite ici ? »
Leur dit-il sans succès : il n'eut pas de réponse,
Tous trois filaient chez eux comme un taureau qui fonce.
Saint Michel, prévenu, fit sonner « Au rapport »
Par saint Jean-Bouche-d'Or, son trompette major.
Les trois anciens, furieux mais toujours militaires,
Vinrent prendre leur place en rentrant leurs colères.
« Eh quoi ? dit saint Michel, si vite de retour ?
La fête de Camerone a donc changé de jour ? »
« Non, dirent les briscards, mais on en avait marre ;
Après ce qu'on a vu, c'était temps qu'on se barre ! »
« J'y suis, dit saint Michel, l'uniforme kaki
De la jeune Légion vous déplaît. C'est ceci ? »
« Non, dirent les briscards, ce qu'on a vu c'est pire ! »
« Je vois, dit saint Michel, ce que vous voulez dire,
La ceinture de laine a perdu sa couleur,
Ce blanc n'est pas heureux, c'est là votre douleur ? »
« Non, dirent les briscards, c'est encor bien plus triste ! »
« Cette fois, je comprends et je suis sur la piste,
Dit saint Michel, c'est ce nouveau couvre-képi
Qui ne ressemble en rien à celui bien blanchi
Que vous portiez jadis, qui paraît vous déplaire ? »
« Non, dirent les briscards, la chose est plus amère. »
« Ma foi, je ne vois plus, dit le bon saint Michel. »
Alors, d'un ton hargneux, plein d'humeur et de fiel,
Le plus ancien des trois prit enfin la parole :
« Ce que nous avons vu, saint Michel, n'est pas drôle.
Notre ancien lieutenant devrait être là-bas
Gardien des traditions. Il ne s'en souvient pas !
Lui, le vieux légionnaire adoré de sa troupe,
Lui, qui venait toujours goûter à notre soupe,
Lui, qui n'était jamais, au combat, en retard,
Le colonel Forey… n'avait plus de flottard ! »

Auteur légionnaire inconnu

La Petite Patrouille

Je ne sais rien de gai comme une petite patrouille,
Quand il faut, voyez-vous, que chacun se débrouille.
D'abord c'est le départ, à peine pointe l'aube,
Le marchepied du Dodge sous le pied se dérobe,
Enfin, tant bien que mal, et en se débrouillant
On arrive à s'asseoir dans un café bouillant
Que, pour marquer sa place, un autre avait mis là
À côté de son sac et de son Moukhala…
On roule vers un banc et, quand le bac atteint,
« À terre », dit le lieutenant, c'est trop lourd, c'est certain.
« Je garde les bagages », crie l'un sans respirer
Et de narguer les autres à terre et murmurer.
Je ne sais rien de gai comme une petite patrouille,
Quand il faut, voyez-vous que chacun se débrouille.

Je ne sais rien de gai comme une petite patrouille
Quand le soleil rôtit et quand la flotte mouille…
La diguette traîtresse se dérobe à chaque pas
Et vous flanque dans la boue, qui ne s'y attend pas…
Mais au bout d'un moment, il faut passer le gué
De l'eau jusqu'au nombril, qu'y a-t-il de plus gai ?
Surtout pour celui qui, s'écartant du chemin
Disparaît dans le flot en vous tendant la main
Ce qui fait qu'au lieu d'un, barbotant en canard,
Il y en a bientôt deux, à sortir sans retard
Et qui, pour se sécher, s'arrosent copieusement
D'injures en toutes langues, durant un bon moment.
Je ne sais rien de gai comme une petite patrouille
Quand le soleil rôtit et quand la flotte mouille.

Je ne sais rien de gai comme une petite patrouille
Quand vers midi chacun fait sa petite tambouille…
Que ce soit Pacific, que ce soit ration K,
Les caisses à peine ouvertes, commencent les tracas…
C'est l'ouvre-boîtes qui, et personne ne l'explique,
Se trouve à l'intérieur d'une boîte métallique…
Ça tempête, ça rouspète « Encore de la choucroute ».
« Des ortolans, tu veux, toi, pour casser la croûte ? »
On ne trouve pas d'eau, hormis dans l'arroyo
Les bidons sont remplis, alors dans les chapeaux
Chacun s'en va puiser, et l'on prépare le jus…
Las : un pied maladroit et il n'y en a plus…

Je ne sais rien de gai comme une petite patrouille
Quand vers midi chacun fait sa petite tambouille…

Je ne sais rien de gai comme une petite patrouille
Quand le soleil rôtit et quand la flotte mouille…
Maintenant c'est la piste qui serpente et s'étire,
Tantôt entre deux baies, et c'est bien le pire,
Tantôt à découvert, ce qui ne vaut guère mieux
Il est bon dans ces cas de bien ouvrir les yeux.
Et puis voici la brousse, les racines traîtresses,
Les lianes qui vous enserrent pis qu'une maîtresse
Et vous font trébucher ; encore un petit effort,
Ça grimpe et c'est bien l'arrivée au Vieux Fort !…
Enfin la pause ? Non ! Message téléphoné :
« Rejoignez base départ… Patrouille terminée… »
Je ne sais rien de gai comme une petite patrouille
Quand le soleil rôtit et quand la flotte mouille…

Je ne sais rien de gai comme une petite patrouille
Qui revient au complet d'une petite vadrouille…
Oubliées les fatigues, oubliés les ennuis…
La diguette, rigolade, même passée la nuit.
La choucroute, c'est bon quand c'est mangé bien chaud…
Évidemment pour boire il n'y avait que de l'eau
T'as renversé le jus, mieux vaut ça qu'du pinard
On en boira ce soir, même si on arrive tard…
Quand tu as perdu pied, i'n'fallait pas t'frapper
J'étais là pour un coup et j't'ai bien rattrapé…
Ah ! vivement le pinard on ne l'a pas volé…
Chacun de dire son mot, chacun de rigoler…
Je ne sais rien de gai comme une petite patrouille
Qui revient au complet d'une petite vadrouille…

Auteur légionnaire inconnu

Adieu à l'Indochine

Mon régiment s'en va. D'innombrables combats
Ont clairsemé ses rangs, décimé ses soldats.
Pour le crêpe et les deuils nul ne songe à maudire,
Car sur ce thème il est d'autres choses à dire :
C'est qu'en t'abandonnant, nous sommes révoltés,
Terre ! dont bien des fils sont morts à nos côtés.
Il est vrai qu'un soldat ne doit jamais comprendre,
Mais il est vrai surtout qu'il n'aime pas se rendre…

Mon régiment s'en va. Son destin de bétail
L'a fait trimer du Sud au Nord, en pays thaï
Et, sur la piste longue ainsi qu'un mauvais rêve,
Il a marché longtemps – on a dit : « Marche ou crève. »
Les tertres et les croix jalonnent son chemin
Depuis la Cochinchine au golfe du Tonkin.
Il a gagné la gloire – on lui laisse la honte –
Mais pour ce camouflet : il faudra rendre compte !

Mon régiment s'en va. Mais il s'enorgueillit
De n'avoir pas cédé, de n'avoir pas failli,
Après neuf ans de lutte aux terribles fatigues,
S'il lui faut s'incliner, c'est devant les intrigues…
Mais l'offense ne peut cramoisir votre front :
Hommes, au képi blanc, sensibles à l'affront !
Car son rouge trop pâle à la couleur éteinte
Jamais, de votre sang, n'altérera l'empreinte.

Mon régiment s'en va. Mais il a mérité
Son altière devise – Honneur, Fidélité !
Nombreux sont ses enfants qui, sans une prière,
Reposent dans un coin de jungle ou de rizière.
Tombés au Champ d'Honneur, la Mort les a grandis ;
Mais il faut cependant – on n'est pas des bandits –
Pour nos frères entrés dans l'éternel silence,
Établir un bilan et faire la balance…

Mon régiment s'en va. Mais combien sont restés
Dont les derniers instants reviendront nous hanter :
Morts dans les hôpitaux, tués en embuscade,
Crevés de maladie ou d'éclats de grenade.
Quant à ceux du retour, tous ont payé tribut :
Au soleil, à la soif, à la balle, au palud !
Et vous – martyrs des camps de la Rouge Indochine –
Au corps cadavéreux dont se voûte l'échine !

Soyez sans amertume et partez sans rancœur ;
Mieux vaut être volé que d'être voleur !
Il faudra bien un jour que la question se pose
De connaître de qui l'on a servi la cause ?
Peut-être craignez-vous d'être encore humiliés
Après avoir creusé des tombes par milliers ?
Il faut s'attendre à tout quand se perd une guerre
Mais l'honneur est pour vous – le reste… au Ministère !

Et priez, dans vos cœurs, que le sang des copains
Retombe sur ceux-là qui s'en lavent les mains…

Auteur légionnaire inconnu

FRANÇAIS « PAR LE SANG VERSÉ »

[Mort d'Épaminondas]

Parmi les blessés de ce sanglant combat se trouvait Épaminondas. Il avait reçu deux blessures graves, son état était désespéré.

Dans la soirée on fut prévenu qu'il était à toute extrémité et, selon l'usage établi, les officiers et sous-officiers de la compagnie, non pris par le service, se rendirent auprès de lui à bord de l'*Éclair* transformé en ambulance.

En nous voyant il se souleva sur le coude : silencieux, nous lui serrâmes la main.

— Vous voyez, dit-il, je suis fichu : oh, je ne me plains pas, cela vaut même mieux. Personne ne m'attend, personne ne me pleurera.

« À la Légion, j'avais trouvé un foyer, une famille, mais bientôt il aurait fallu prendre ma retraite, m'en aller, que serais-je devenu alors ?

« Non, je ne me plains pas. Je n'ai pas été heureux dans la vie ; pourtant, je n'étais pas un mauvais bougre… j'ai été bon soldat… et je meurs… comme Épa… mi…

Il n'acheva pas, épuisé par cet effort, et sa tête retomba sur l'oreiller.

Mais tout à coup, comme poussé par une puissante, et presque surhumaine volonté, dans un dernier sursaut de vie, il se dressa sur son séant les yeux bien ouverts fixés devant lui, la main droite se porta d'un geste saccadé à hauteur du front, tout le corps se raidissant dans l'attitude du salut militaire. Puis il retomba sur sa couche, saluant toujours : il était mort.

À qui s'adressait ce salut suprême ? À quelle pensée dernière, à quelle vision fugitive répondait ce mouvement réflexe ?

Étranglés par l'émotion devant ce mort qui saluait, nous faisions le même geste, pendant qu'un marin disait une courte prière.

Peu à peu le bras glissa inerte le long du lit, les yeux se fermèrent, tout le corps se détendit, le visage crispé tout à l'heure prit une étonnante expression de calme et de douceur. Et il nous parut grand, ce soldat encore vêtu de sa pauvre capote usée par dix mois de campagne et trouée par les balles, mort en accomplissant son devoir.

En lui se personnifiait toute la Légion, son dévouement, son esprit de sacrifice : jamais mieux qu'à cette heure nous n'avions compris sa raison d'être, son action bienfaisante, véritable creuset où viennent se retremper les caractères et les âmes et qui, avec des déchets d'humanité, peut faire des héros.

Ainsi mourut le Légionnaire Michel, dit Épaminondas.

Bôn-Mat, *Souvenirs d'un légionnaire*,
A. Messein, 1914, p. 118-119.

[C'est pour demain]

Les journaux apprirent à Grant que le nombre des étrangers résolus à prendre du service dans l'armée française était tel, qu'il se fondait, à Paris et en province, des Sociétés chargées d'incorporer ces hommes, pour la durée des hostilités. Il acheta d'autres feuilles pour voir si cette nouvelle était confirmée : elle l'était. Un quotidien illustré publiait même des photos montrant des Suédois, des Danois et des Russes prêts à passer leur Conseil de révision. Certain de partir, désormais, Grant se remit, avec courage, à sa besogne de déménageur. Ses fonctions l'amenèrent dans une caserne. Le régiment partait pour le feu. Quand le drapeau, entouré par sa garde, franchit le portail, des femmes s'agenouillèrent. Grant s'entendit murmurer : « Je vais y aller, moi aussi ! » Il avait connu une exaltation semblable, quinze ans auparavant, quand s'imprimait, à ses frais, son premier recueil de poèmes.

Les jours que nul n'oubliera se succédèrent. Après l'apothéose de la mobilisation, ce fut, d'abord, le raid en Alsace ; puis l'envahissement de la Belgique ; puis la chute de ses forts ; puis Charleroi…

Les premiers envois de blessés arrivèrent à l'hôpital. Aucun de ces hommes ne sut donner, par ses récits, une impression de la guerre. Ils n'avaient, d'ailleurs, pris que légèrement contact avec l'ennemi ; avaient été touchés au cours de reconnaissances ou de patrouilles ; la plupart n'avaient jamais vu d'Allemands. Quand on les interrogeait sur une attaque, ils se contentaient d'imiter le sifflement des obus et des balles. La rapidité avec laquelle se cicatrisaient certaines blessures les étonnait ; mais tous affirmaient que, pour eux, la guerre était finie ; qu'avant la Noël, les Allemands seraient écrasés, et que les Russes, déjà maîtres de la Prusse-Orientale, nous attendraient à Berlin.

Néanmoins, les Huns s'avançaient vers Paris.

Le 22 août, la question des volontaires étrangers était résolue : ils pouvaient s'engager pour la durée de la guerre. Grant retourna au bureau de recrutement. Le capitaine le reconnut.

— Vous êtes content ? lui dit-il.

— Très, mon capitaine.

Il donna son état civil. Un auxiliaire lui tendit une fiche qui l'autorisait à passer devant un Conseil de révision, et, souriant :

— Cela ne vous engage à rien, fit-il, en esquissant une grimace qui signifiait nettement : « La Légion ! À votre âge ! Étant donné votre métier, avez-vous bien réfléchi ? C'est un suicide. »

Une heure après, Grant se présentait à la visite. Il se dévêtit dans une vaste salle et jeta, un peu vivement, son veston sur une table. Sa montre et son porte-cigarettes en acier bruni rendirent un bruit sourd et métallique. Le gendarme qui, les bras croisés, surveillait les recrues, s'élança vers Richard :

— Vous ! s'écria-t-il, vous avez un revolver. Montrez-le-moi !

Grant, amusé par la perfection classique du personnage, lui offrit son veston. Le gendarme n'y trouva que la montre et l'étui.

— Heureusement que vous n'avez pas de revolver ! Sans cela vous n'y coupiez pas !

Grant haussa les épaules et pénétra dans la chambre du Conseil.

Devant des majors, des officiers et des civils défilaient, nus, les échantillons les plus divers de la race humaine. Il y avait là des blancs, des noirs et des jaunes. Des grands et des petits ; des trapus et des élancés ; des individus propres et des individus sales. Le corps d'un Calabrais basané n'offre, recto et verso, pas un pouce de peau qui ne soit recouvert d'une mousse d'ébène. Quelqu'un s'écrie : « Un singe ! » – On s'esclaffe. Le singe, sans un mot, écarte alors ses mains qu'il tenait croisées sur son bas-ventre ; découvre un sexe énorme et gouaille : « Amenez vos poules ! »

Les rieurs sont de son côté. Il mesure, à la toise, 1,58 m. Il a l'allure d'un quadrumane. Grant songe au nain Sacullion qui fut le bouffon de Lucrèce et l'homme le plus fortement membré de son époque. Les futurs légionnaires n'examinent plus que les dimensions des verges, l'opulence des systèmes pileux. Les gars médiocrement montés excitent les plaisanteries. Ils sont honteux. On demande à un blondin danois s'il est garçon ou fille. Le gosse – il a dix-neuf ans – rougit. Il est prêt à pleurer. Le Calabrais le console : « Ça poussera ! »

Grant fut déclaré « bon pour le service ». On lui remit une feuille qui l'envoyait au fort Saint-Jean. Pendant qu'il se rhabillait, le gendarme s'avança vers lui ; et, derechef, demanda :

— N'auriez-vous pas, par hasard, un revolver dans votre pantalon ?

— Je ne vois pas, riposta Grant en belle humeur, pourquoi vous tenez absolument à ce que j'aie un revolver sur moi. Voici mon pantalon.

Le gendarme fouilla le pantalon consciencieusement, mais sans profit.

— C'est bien, dit-il.

Son examen terminé, il se tourna vers un Japonais qui lui demandait, en anglais, où siégeait le Conseil. Le gendarme expliqua, par gestes, qu'il ne comprenait pas. Richard lui vint en aide.

— Ah ! vous parlez le chinois ?

— C'est de l'anglais, répliqua Grant.

— Ah ! vous parlez l'anglais ?

— Je suis anglais.

— Ah ! vous êtes anglais ! s'écria le gendarme. Diable ! Il fallait le dire !

Le sens de cette exclamation demeura obscur pour Grant. Dans le système du monde élaboré par ce gendarme, les sujets britanniques étaient, peut-être, des gens autorisés à avoir, en dépit des lois, des revolvers sur eux.

À la Place, Grant reçut un bon de transport pour Avignon. Il lui fut déclaré, une fois encore, que cela « ne l'engageait à rien », car son engagement définitif n'était pas encore signé. Il accomplit cette formalité le lendemain même, au fort Saint-Jean. Un sous-officier le pria de prendre connaissance de ses obligations. Il lut qu'il contractait, à la Légion étrangère, un engagement pour la durée de la guerre, et qu'il devrait aller partout où le commandement l'exigerait. Il déclara n'avoir rien à objecter. Un planton le conduisit, alors, chez le colonel qui l'interrogea avec cordialité sur ses occupations, sa famille ; puis :

— Voulez-vous signer ?

Grant signa.

— Jurez de servir avec honneur et fidélité.

Grant jura. Le colonel se leva, et lui serrant la main :

— Bonne chance. […]

Un sergent légionnaire commandait la section de Grant. C'était un petit Corse blond, très fier de sa médaille militaire gagnée, à vingt-cinq ans, au Maroc. Grant manœuvrait en débutant. Aussi exécuta-t-il un « en ligne face à gauche » avec une maladresse qui lui valut une menace de Conseil de guerre et, en manière de conclusion : « le poteau avec douze balles dans la peau ! ». À la pause, Grant s'excusa :

— Je suis arrivé hier au soir…

— Il fallait le dire, interrompit le sergent, et ne pas te laisser engueuler ! À la Légion, quand on a quelque chose à dire, on le dit… un point c'est tout !

Puis, il ajouta :

— Je suis bon garçon, mais il ne faut pas se foutre de moi ! Je suis corse. Je m'appelle Lucca ! Faut pas l'oublier !

Un coup de sifflet annonça la fin de la pause.

L'instruction reprit.

À l'heure de la soupe, le château des Papes offrait un curieux spectacle. Dans la cour qu'entouraient les édifices dont les salles regorgeaient d'hommes, s'était installée une cantine où se débitaient du vin rouge et du vin blanc, des fromages et de la charcuterie ; plus loin, se dressaient des étalages de fruitiers : melons, pastèques, grenades et raisins formaient de belles taches de couleur sur les pierres blanches. Les escouades mangeaient séparément. Chacune avait sa salle à manger : des fragments de colonnes, des chapiteaux, des blocs de marbre servaient de tables et de chaises.

Quelle foule pittoresque ! Voici des Russes ; quelques-uns ont encore leur costume national et leurs cheveux longs ; certains offrent d'épais visages asiatiques ; d'autres, de délicates figures aux yeux caressants et gris. À côté des Grecs montagnards, coiffés de bonnets rouges à flot noir, chaussés de souliers à pompons, vêtus de la veste brodée et de la fustanelle, voici des ouvriers italiens ; des étudiants roumains ; des Polonais ; des Espagnols silencieux qui se tiennent à l'écart et dévorent des poivrons crus ; voici des Scandinaves (Danois, Suédois, Hollandais) blonds et roses ; voici quelques Arméniens timides, des Serbes et deux Bulgares ; des Suisses ; puis voici un moine du Liban. Un véritable moine du Liban à la barbe noire, opulente et calamistrée, aux yeux d'une désespérante tristesse ! Il a quitté son monastère et ses études pour suivre les armées françaises en qualité d'aumônier. Soit qu'il n'ait pas su s'expliquer, soit que l'on n'ait tenu aucun compte de ses réclamations, il est, pour l'instant, légionnaire de deuxième classe, sous la protection du caporal Saigne qui lui offre, chaque soir, une place dans son antre. Et là, le moine se dépouille de son costume militaire – il est le seul à en posséder un –, il endosse sa soutane et récite ses offices.

Le caporal Saigne calotin ? Non, certes ! Mais à son arrivée en Avignon le moine a été l'objet de telles plaisanteries que Saigne, superstitieux comme tous les aventuriers, en a été offusqué. Une femme, c'est une femme ; un soldat, c'est un soldat ; un curé, c'est un curé, dit-il. Il a vu crever des gens dans le bled, dit-il encore. Il avoue qu'il s'est confessé, là-bas, lui aussi. Où ? Il ne sait plus au juste ; il avoue, en outre, que le moine est bougrement sale et que s'il était une poule, il « ne ferait pas ça avec lui » ; et comme empoté, il se pose un peu là le bouc !

Au milieu des groupes, furieux et amusés, se démènent les caporaux venus d'Afrique, en uniforme ceux-là, et quelle allure ! Aucun d'eux n'oserait, cependant, rivaliser avec Saigne qui, debout sur des graviers amoncelés, le képi sur le crâne, l'œil allumé par les quarts de vin que ses « bleus » se font un honneur de lui offrir, le poil en éventail et les mains sur les hanches, murmure devant ce grouillement de civils :

— Faudrait tout de même équiper ces… !

Les jours suivants, Grant fut continuellement de corvée : transport de bottes de paille, de sacs, de ceinturons, de cartouchières, de capotes et de pantalons. Il dînait parfois au restaurant Hielly et attendait l'heure de l'appel ; parfois avec le caporal Saigne, dans un bistro ; parfois dans un café, en compagnie de di Giorgio qui avait renoncé au port de son monocle, et parlait de Paris et de la petite femme qu'il y avait laissée.

Un soir, après la soupe, Grant fut abordé par un jeune homme blond, à moitié chauve, courbé, de maintien emprunté, d'aspect débile et qui lui balbutia :

— Monsieur, veuillez avoir la complaisance de me prêter votre chapeau, pour un instant. On m'a dérobé le mien et je ne saurais sortir tête nue ! On n'a aucune espèce de considération pour moi. On ne respecte pas les personnalités, c'est fâcheux ! Pouvez-vous me rendre le service que je vous demande ? Je cours chez un chapelier et je reviens.

— Mais avec plaisir…

— Vous me sauvez ! Permettez-moi de me présenter, je suis Ignace M…

Il s'inclina, et s'en fut.

Un Russe, qui avait entendu ce discours, se mit à rire et apprit à Grant que ce garçon si poli était le neveu d'un des grands banquiers israélites de Petrograd ; qu'il vivait à Paris, était docteur en philosophie et en droit, et que la guerre avait interrompu ses études de médecine.

Peu après, Ignace était de retour. Il invita Grant à dîner. Pendant le repas, ils se découvrirent, « dans le monde de la littérature et des arts », quelques admirations communes. Au dessert, ils parlaient de Nyjinsky, de la Karsavina, de Strawinsky et de Bergson ! Au moment de se séparer :

— J'ai l'autorisation de coucher à l'hôtel, dit Ignace, mais cela ne durera pas longtemps. J'entrevois avec horreur le jour où il me faudra dormir sur la paille, me lever sans prendre mon bain ! Le contact des hommes me répugne. Heureusement que je vous ai rencontré ! Nous reprendrons notre dispute sur Bergson. À mon avis…

La retraite sonnait. Grant le quitta. Le lendemain, on entraîna Ignace dans une maison close. Il offrit galamment son bras à la fille qu'il avait choisie, en l'appelant « Madame ». Jamais, jusqu'alors, rire plus formidable n'avait « secoué les tripes » du caporal Saigne et des Africains qui avaient été les témoins de cette scène. […]

Grant s'ennuyait au milieu de tous ces étrangers. Aucune camaraderie possible… Espagnols, Grecs, Russes, etc. vivaient entre eux, soit par méfiance, soit par timidité. La solitude de Grant devint intolérable. Ah ! vivement là-haut ! Il essaya de se faire naturaliser, afin de suivre, dans un régiment régulier des cours d'élève officier. En vain. On le nomma chef d'escouade. Il tomba sur des Espagnols du Maroc et des hommes de la 8e. Il comprit bien vite qu'il fallait pour dresser des gaillards de cette trempe des gradés comme le caporal Saigne ou le père Charles – vingt ans d'Afrique.

Grant n'eut d'autres amis que les sergents français. Il s'était pris pour eux d'une affection très vive. Des individus bien particuliers que ces sous-offs d'Afrique. Ils lui expliquaient le mot de Poiret : « C'est nous : la Légion ! » Impitoyables sur les questions de discipline, criant, tempêtant, empruntant mais rendant fidèlement quand le fric rappliquait ; sacrant – chacun a son juron ou son blasphème : le « *bande de cons à toi tout seul* » du caporal Saigne, le « *tas de ballots* » du père Charles ; le lyrique « *sac…é bo…el à c…l de fo…u n… de D…* » de tel autre, menaçant, pour la moindre incartade ou la moindre maladresse du Conseil de guerre, de Biribi, du « poteau avec douze balles dans la peau », la stupidité ou l'imprévu d'une réplique, le pittoresque d'un « numéro », les désarmaient. Ils se montraient bons garçons et de cœur tendre. Souvent, ils appelaient à l'écart des hommes de mauvaise volonté ou d'intelligence épaisse pour exposer aux premiers les dangers de leur conduite, et pour expliquer aux autres ce qu'ils n'entendaient pas ! Un des côtés les plus attachants de leur caractère était le respect qu'ils vouaient aux plus braves de leurs officiers ; la simplicité avec laquelle ils appréciaient toute espèce de supériorité ; mais il ne fallait pas que l'on mésestimât celle qu'ils avaient acquise eux-mêmes : course, adresse au tir, saut en longueur ou en hauteur, goinfrerie et beuverie, chance à la manille, et surtout donjuanisme ! Sur ce chapitre, un volume serait nécessaire pour raconter les exploits d'un seul d'entre eux. Certains, engagés à dix-huit ans, avaient gagné leurs galons en campagne ; beaucoup avaient été rétrogradés ; et le motif de leur malheur était, le plus souvent : *The lamentable Thirst that was at the beginning of first causes*, comme le dit le Mulvaney de Kipling.

La D possède deux phénomènes : l'un Italien, l'autre Russe. L'Italien, ouvrier mécanicien, a été surnommé Paschino. Le Russe, Midowich, est cordonnier. Ses compatriotes l'ont surnommé Pétrouchka. Chacun, selon sa race, représente un type de bouffon. Midowich est doué d'une admirable voix de basse et du talent d'imitation. Ses traits sont exactement ceux du masque classique de Dante. Depuis qu'on lui a dit qui était le Dante, il est très fier de cette ressemblance. Quand le père Charles lui dit : « Ballot », ou le caporal Saigne – retour du Maroc – le traite de : « bande de cons à toi tout seul », Mido se rebiffe et, avec un irrésistible comique : « Moi pas-bal-lot ! Moi pas… ! Moi le Dante ! », et il chantait, dansait, se contorsionnait et faisait la critique des événements du jour. Furlotti se contentait de narrer ses aventures amoureuses et celles de ses maîtresses. Casanova de bastringue ; Faublas de bistro ! Mais comment lui refuser l'imagination et la verve ? Il était téméraire. En plein bombardement, trompant la surveillance, au mépris des ordres, il escaladait le parapet, sortait hors de la tranchée, rampait en terrain découvert, déterrait les fusées, les obus non éclatés et les apportait « à l'artillerie ». Arrosage plus soigné que d'habitude. Une horde de lapins affolés s'échappe des taillis. Dans le « no man's land » apparaît Furlotti qui, armé d'un gourdin, en assomme une douzaine. Il choisit les quatre plus beaux et les offre triomphalement au capitaine. Junot lui octroie quatre jours de prison. « Alors est-ce que j'emporte les lapins ? » interroge Furlotti. — « Laisse-les là et fous le camp ! » Il ne fut plus question de punition. Et, maintenant, voici un charmant personnage : un petit Kabyle de dix-sept ans. Il est tambour. Teint à peine bronzé, des traits réguliers, l'œil marron, lèvres simplement charnues, cheveux non crépus, mais frisés. Il a été élevé par les pères blancs de Carthage, s'est fait baptiser et a changé son nom musulman contre celui de Jean. Au bataillon, on l'appelle : « Jésus ». Il est très beau. Il a fréquemment excité la convoitise d'hommes et de vieilles rombières. On imagine, vu son physique et son séjour « chez les curés », de quelles plaisanteries l'abreuvaient le caporal Saigne, Wessman et Poiret qui, après avoir usé de tous les stratagèmes afin de passer un doux hiver au dépôt de Lyon, avaient été expédiés au bataillon où deux hommes, l'un évacué, l'autre tué, manquaient.

Albert Erlande, *C'est nous : la Légion !*,
Éditions de France, 1930, p. 11-105.

[C'est pour demain]

L'artillerie lourde tonne. Le tir est lent, mais régulier. À la tombée de la nuit, des nuages montent de l'horizon, se rejoignent, et un orage éclate. Au loin, les lueurs blanches et vacillantes des fusées se mêlent aux rouges lueurs des bouches à feu.

Le fracas du tonnerre roule dans celui des canons. L'ensemble formé par ces détonations et ces lueurs est tragique. Les hommes, au seuil des maisons ou sous les guitounes, regardent. La nuit se passe. Au matin, il pleut encore. Si ça continue, pourra-t-on partir ? Cette préoccupation met au second plan l'angoisse qui précède l'attaque. Vers midi, le soleil ! On ignore si l'on doit partir ou rester. Il n'y a pas d'ordre précis. L'indécision rend les hommes nerveux. On mange avec appétit, on boit beaucoup. Les nerfs se tendent à l'extrême. À huit heures du soir, arrive une note de la Division :

« Les bataillons de Légion resteront au cantonnement jusqu'à nouvel ordre… »

Une détente se produit.

On chante, on rit, on boit, on fume. On éprouve la gaieté, la sécurité qui règne dans les cellules des condamnés à mort, le samedi : on n'exécute pas le dimanche. On sera encore vivant, demain. La nuit qui vient, la journée qui suivra ne finiront jamais. Cette nuit, cette journée sont comme une promesse de vie éternelle. Mais l'artillerie, dirait-on, active, précipite son tir. On discute, derechef, le papelard de Joffre que confirment les rapports des « artiflots ». Tout sera écrasé quand on montera à l'assaut. Le reste sera expédié au couteau, à la baïonnette, à la grenade. Un ordre secret circule : pas de prisonniers. On sait ce que cela signifie. L'ordre, prétend-on, a été passé spécialement aux tirailleurs marocains. Les imaginations surchauffées brodent. Les sergents recommandent : « Graissez vos chaussures » comme si la réussite de l'attaque dépendait uniquement d'un bon graissage des chaussures ; et, ajoutent-ils aussi, attention : les Allemands ne reconnaissent pas les Légionnaires : pris, fusillés, l'avis vous en a été donné, déjà, en Champagne – et ces heures qui devaient être éternelles s'enfuient comme les autres. Des lettres, des colis, et l'ordre de départ. On lit gravement les lettres. On ne mange pas la dernière soupe avec appétit, mais avec voracité. L'attaque a trop tardé. L'exaltation se dissipe : le marasme menace. Il est temps d'en finir. Ceux qui n'ont jamais pensé à la mort y pensent soudain.

Albert Erlande, *C'est nous : la Légion !*,
Éditions de France, 1930, p. 194-196.

[Salgemma]

Des noms français et italiens, tragiquement, doucement mêlés, contiennent dans leur mélange toute une signification dont l'importance n'échappa point et n'échappera point aux Tudesques : Latapie, Bruno Garibaldi, Constant Garibaldi, Guillot, Cristini, de Raucourt, Lurgo, Legouay, Duranti… À côté de ces noms, qui ont dans leur assemblage une harmonie désormais historique, celui du petit Salgemma a un éclat particulier, livide et rouge.

Une nuit, l'adolescent légionnaire rampa avec la plus ferme décision au-delà de la tranchée, le fusil à la main. Ses compagnons le suivaient de leurs regards, prêts à bondir pour le défendre. Deux officiers, plus rapprochés, vécurent plus que les autres une heure de la plus tragique angoisse. Salgemma rampait toujours vers le corps de Bruno, invisible dans l'obscurité de la forêt. Le silence était absolu. Cependant, brisant le silence, les Allemands commencèrent à tirer.

On voyait la forme humaine qui remuait, puis tout d'un coup, on ne la voyait plus. On chuchotait de notre côté : « Il est mort… ça y est… Non, il remue… »

L'autre avançait avec une atroce lenteur, s'arrêtant en longues pauses, sous les rafales, reprenant ensuite son chemin opiniâtre.

On entendit tout à coup une voix étouffée « *Lo tengo... lo tengo...* » (Je le tiens… je le tiens…) L'ennemi aussi entendit cette voix de triomphe que le gamin n'avait pu retenir, et il commença de mitrailler furieusement l'inflexible sauveteur du mort. On ne respirait plus de notre côté, on ne voyait, on n'entendait plus rien. Cependant, le merveilleux enfant s'était fait une carapace du cadavre, s'y était couché dessus, et, avec le poids mortel comme bouclier, il nous revenait, centimètre par centimètre, mettant trois quarts d'heure pour rejoindre la tranchée, où il s'affaissa languissant de joie.

Il disparut quelques jours après, au combat de Courte-Chausse.

Ricciotto Canudo, *Mon âme pourpre*,
La Renaissance du Livre, s.d., p. 20-21.

[Un élan]

Soudain, l'air de plomb vivant se remua en grondant. Les Bulgares nous fusillaient d'assez près, s'efforçant d'arrêter l'attaque. Où étaient-ils ? Invisibles toujours, au plus haut de la crête.

Deux balles s'amusèrent. Un petit légionnaire, râblé, trapu, engoncé dans sa capote, suivait ses camarades en soutenant devant son ventre son tambour. Ses deux mains accrochées aux cordelettes, il semblait porter son inutile instrument comme un ostensoir, les yeux levés au sommet. Il apparaissait fabuleusement ventru, avec quelque chose de grotesque et de sacré dans l'aspect. Deux balles traversèrent la peau du tambour avec un bruit déchirant. On lui cria :

« T'es fou ? »

On pensait qu'il allait battre la charge. Il regarda son tambour éventré, et ne songea même pas à la chance qui venait de le toucher d'une main de grâce. Il hurla contre l'ennemi le grand mot de guerre :

« Merde ! »

La section s'arrêtait derrière un parapet naturel de rochers et suivait le feu. Le tambour décrocha de son épaule son mousqueton, se précipita en avant, et commença un feu d'enfer, pour venger son instrument. Peu à peu, tout notre front mouvant, plus ou moins abrité, ripostait aux Bulgares. Le fil téléphonique nous suivait. Les postes étaient immédiatement placés par ces équipes d'obscurs et sûrs héros que sont les téléphonistes. Rien ne peut égaler l'étrange sensation des voix, des actes, des commandements, des messages, que l'on peut attendre ainsi sur la ligne de feu encore incertaine, loin du gros des forces, en approchant à l'oreille le récepteur vaguant d'un poste à peine établi. Le capitaine d'une de nos compagnies d'attaque me parlait, de quatre cents mètres plus loin, m'annonçant sa situation et ses besoins, que je devais à mon tour transmettre à notre chef de bataillon, dont j'étais plus rapproché. Je reconnaissais bien sa voix, un peu haletante. Brusquement, j'entendis un bruit confus dans le téléphone. Une autre voix répondit à mes appels répétés, en criant :

« Le capitaine est tué ! »

Elle ajouta comme dans un hommage immédiat et suprême :

« Il s'est levé, se sentant touché à mort. Il a fait face aux Bulgares, en croisant les bras, et il est tombé… »

Notre artillerie, muette pendant l'ascension, recommença à arroser la crête. Et la fusillade ardente, dominée par la sécheresse régulière et précipitée des mitrailleuses, s'harmonisait avec le bruit du canon, l'éclatement successif des obus et le déchirement strident des shrapnells, pendant que tout le vacarme se fondait en une gamme profonde et longue d'échos, et se perdait à travers les montagnes. Une fugue d'échos, étrange dans les montagnes. Un bruit qui s'allonge et se renouvelle, d'énormes cascades d'eau. Des galopades rythmées par des saccades de ferraille. La mort nous venait des airs, et de la nature elle-même, majestueuse et terrible.

Nous dûmes nous arrêter. Les Bulgares, enfoncés dans la « tranchée grecque », une tranchée placée par les Grecs, paraît-il, pendant la seconde guerre balkanique, nous brûlaient de leurs feux.

Malheureusement, notre artillerie, qui devait précéder l'attaque, la préparant par l'arrosage intense des crêtes, et la suivre en allongeant son tir au fur et à mesure de la montée, n'avait pu écraser cette tranchée. L'ennemi nous harcelait maintenant de tous côtés, nous inondant de son tir.

Alors, d'un coup d'aile furieux, une de nos sections commandée par un sous-lieutenant fou d'énervement, arrêtée devant un âpre rocher à pic, se passa le mot, bondit sur la crête à force d'ongles, de dents, de coudes, sous la fusillade, dans une montée rageuse et superbe. Accrochée là, dans un repaire d'aigles, abritée derrière le roc, elle prenait l'ennemi en enfilade. Puis elle y organisa rapidement sa défense, et y demeura, attirant toute la compagnie, tandis que les Bulgares cessaient le feu.

Un élan. Le régiment a gagné le combat par cet élan.

Ricciotto Canudo, *Combats d'Orient*,
Hachette, 1917, p. 134-138.

I have a rendez-vous with Death...

I have a rendez-vous with Death
At some disputed barricade,
When Spring comes back with rustling shade
And apple-blossoms fill the air –
I have a rendez-vous with Death
When Spring brings back blue days and fair.

It may be he shall take my hand
And lead me into his dark land
And close my eyes and quench my breath –
It may be I shall pass him still.
I have a rendez-vous with Death
On some scarred slope of battered hill,
When Spring comes round again this year
And the first meadow-flowers appear.
God knows'twere better to be deep
Pillowed in silk and scented down,
Where Love throbs out in blissful sleep,
Pulse nigh to pulse, and breath to breath,
Where hushed awakenings are dear...
But I've a rendez-vous with Death
At midnight in some flaming town,
When Spring trips north again this year,
And I to my pledged word am true,
I shall not fail that rendez-vous.

J'ai un rendez-vous avec la Mort à quelque barricade disputée, quand le Printemps reviendra avec son ombre bruissante et que les fleurs de pommier voltigeront dans l'air ! J'ai un rendez-vous avec la Mort quand le Printemps ramènera les beaux jours azurés !

Il se peut qu'elle prenne ma main et me conduise vers son ténébreux domaine, qu'elle close mes yeux et arrête mon souffle... Il se peut que je passe encore auprès d'elle. J'ai un rendez-vous avec la Mort sur le versant déchiqueté de quelque colline délabrée, quand le Printemps reviendra faire son tour cette année et qu'apparaîtront les premières fleurs des prés !

Dieu sait qu'il serait meilleur d'être étendu au creux des coussins, dans la soie et le duvet parfumé, où l'amour palpite en un bienheureux sommeil, pouls contre pouls, souffle contre souffle, où les réveils silencieux sont chers… Mais j'ai un rendez-vous avec la Mort, à minuit, dans quelque ville en flammes, quand le Printemps repartira vers le nord, cette année, et je suis fidèle à la parole donnée : je ne manquerai pas ce rendez-vous !

Alan Seeger, 1915 (traducteur inconnu).

À mes hommes qui sont morts

Mes compagnons, c'est moi : mes bonnes gens de guerre,
C'est votre chef d'hier qui vient parler ici
De ce qu'on ne sait pas, ou que l'on ne sait guère ;
Mes Morts, je vous salue et je vous dis : Merci.

Il serait temps qu'en France on se prît de vergogne
À connaître aussi mal la vieille Légion,
De qui, pour l'avoir vue à sa rude besogne,
J'ai la très grande amour et la religion.

Or, écoutez ceci : Déserteurs ! Mercenaires !
« Ramassis d'Étrangers sans honneur et sans foi » !
C'est de vous qu'il s'agit, de vous, légionnaires !
Ayez-en le cœur net, et demandez pourquoi.

Sans honneur ? Ah ! passons ! Et sans foi ? Qu'est-ce à dire ?
Que fallait-il de plus et qu'aurait-on voulu ?
N'avez-vous pas tenu, tenu jusqu'au martyre
La parole donnée et le marché conclu ?

Mercenaires ? Sans doute : il faut manger pour vivre ;
Déserteurs ? Est-ce à nous de faire ce procès ?
Étrangers ? Soit. Après ? Selon quel nouveau livre
Le Maréchal de Saxe était-il donc Français ?

Et quand donc les Français voudront-ils bien entendre
Que la guerre se fait dent pour dent, œil pour œil.
Et que ces Étrangers qui sont morts, à tout prendre,
Chaque fois, en mourant, leur épargnaient un deuil.

Aussi bien c'est assez d'inutile colère,
Vous n'avez pas besoin d'être tant défendus ;
Voici le fleuve Rouge et la rivière Claire
Et je parle à vous seuls de vous que j'ai perdus !

Jamais Garde de Roi, d'Empereur, d'Autocrate,
De Pape ou de Sultan : jamais nul Régiment
Chamarré d'or, drapé d'azur ou d'écarlate,
N'alla d'un air plus mâle et plus superbement.

Vous aviez des bras forts et des tailles bien prises,
Que faisaient mieux valoir vos hardes en lambeaux ;
Et je rajeunissais à voir vos barbes grises,
Et je tressaillais d'aise à vous trouver si beaux.

Votre allure était simple et jamais théâtrale ;
Mais, le moment venu, ce qu'il eût fallu voir,
C'était votre façon, hautaine et magistrale,
D'aborder le « Céleste » ou de le recevoir.

On fait des songes fous, parfois, quand on chemine,
Et je me surprenais en moi-même à penser,
Devant ce style à part et cette grande mine,
Par où nous pourrions bien ne pas pouvoir passer ?

J'étais si sûr de vous ! Et puis, s'il faut tout dire,
Nous nous étions compris : aussi, de temps en temps,
Quand je vous regardais vous aviez un sourire,
Et moi je souriais de vous sentir contents.

Vous aimiez, troupe rude et sans pédanterie,
Les hommes de plein air et non les professeurs ;
Et l'on mettait, mon Dieu, de la coquetterie
À faire de son mieux, vous sachant connaisseurs.

Mais vous disiez alors : « La chose nous regarde,
Nous nous passerons bien d'exemples superflus ;
Ordonnez seulement, et prenez un peu garde.
On vous attend – et nous, on ne nous attend plus ! »

Et je voyais glisser sous votre front austère
Comme un clin d'œil ami doucement aiguisé,
Car vous aviez souvent épié le mystère
D'une lettre relue ou d'un portrait baisé.

N'ayant à vous ni nom, ni foyer, ni patrie,
Rien où mettre l'orgueil de votre sang versé,
Humble renoncement, pure chevalerie,
C'était dans votre chef que vous l'aviez placé.

Anonymes héros, nonchalants d'espérance,
Vous vouliez, n'est-ce pas ? qu'à l'heure du retour,
Quand il mettrait le pied sur la terre de France,
Ayant un brin de gloire, il eût un peu d'amour.

Quant à savoir si tout s'est passé de la sorte,
Et si vous n'êtes pas restés pour rien là-bas,
Si vous n'êtes pas morts pour une chose morte,
Ô mes pauvres Amis, ne le demandez pas !

Dormez dans la grandeur de votre sacrifice,
Dormez, que nul regret ne vienne vous hanter,
Dormez dans cette paix large et libératrice
Où ma pensée en deuil ira vous visiter.

Je sais où retrouver, à leur suprême étape
Tous ceux dont la grande herbe a bu le sang vermeil
Et ceux qu'ont engloutis les pièges de la sape,
Et ceux qu'ont dévorés la fièvre et le soleil.

Et ma piété fidèle, au souvenir unie,
Va, du vieux Wunderli qui tomba le premier,
En suivant une longue et rouge litanie,
Jusqu'à toi, mon Streibler, qu'on tua le dernier !

D'ici je vous revois, rangés à fleur de terre
Dans la fosse hâtive où je vous ai laissés,
Rigides, revêtus de vos habits de guerre
Et d'étranges linceuls faits de roseaux tressés.

Les survivants ont dit – et j'ai servi de prêtre ! –
L'adieu du camarade à votre corps meurtri ;
Certain geste fut fait bien gauchement peut-être,
Pourtant je ne crois pas que personne en ait ri !

Mais quelqu'un vous prenait dans sa gloire étoilée
Et vous montrait d'en haut ceux qui priaient en bas,
Quand je disais pour tous, d'une voix étranglée,
Le Pater et l'Ave – que tous ne savaient pas !

Compagnons, j'ai voulu vous parler de ces choses,
Et dire en quatre mots pourquoi je vous aimais :
Lorsque l'oubli se creuse au long des tombes closes,
Je veillerai du moins et n'oublierai jamais.

Si parfois dans la jungle où le tigre vous frôle
Et que n'ébranle plus le recul du canon
Il vous semble qu'un doigt se pose à votre épaule,
Si vous croyez entendre appeler votre nom,

Soldats qui reposez sous la terre lointaine,
Et dont le sang donné me laisse des remords,
Dites-vous simplement : « C'est notre capitaine
Qui se souvient de nous… et qui compte ses Morts. »

Capitaine de Borelli, 1885

La Ballade des képis blancs

Trois képis blancs dans la grand'foule
Ponctuent gaiement l'humaine houle,
En les voyant
Moindre passant
De plus âgé au simple enfant
Murmure tout bas :
Quels sont ces gars
Venus ici
En cœur Paris ?
C'est le Germain appelé Frantz
Et l'Espagnol, bien sûr, Ramon
Qui avec Jean de doulce France
Tirent leur bordée loin du canon.
Ô Damoiselle
La vie est belle
Guerre se finit
À nous les ris.

Deux képis blancs rue Catinat
Banal spectacle en ce temps-là,
S'y promenaient Jean le gaulois
Et Frantz aux poings faisant la loi ;
Mais il manquait Ramon le fier
Tombé de nuit dans la rizière.

Et le trio
Déjà dissous
Devient duo
Fortement saoul
Car dans le vin
S'oublient en vain
Les souvenirs
Longs à mourir.

Un képi blanc sur Canebière
C'est à vrai dire bien ordinaire,
En le croisant, simple passant
Ne savait pas que soldat Jean
Revoyait Frantz le blond Germain
Mort dans l'Aurès au clair matin.

Frantz et Ramon où êtes-vous ?
Mes compagnons trinquons un coup…

Pardon je rêve
N'êtes plus là
Mon képi lève
Pour vous les gars.

Je continue et marche ou crève,
Pour moi aussi vie sera brève…
Mais je m'en fous
Car après tout
Si ça m'arrive
L'on va revivre
Notre trio
Près du Très-Haut.

Trois képis blancs sur l'étagère ?
Pour un fourrier simple inventaire
Mais pour la Légion éternelle
Sont des Volontaires morts pour Elle.

Trois âmes en sang dominant foule
N'en ponctuent plus l'humaine houle
Mais dans le ciel d'obscurs héros
Elles font trio de coquelicots.

Jack La Bataille

Le Rêve

Saint Pierre m'a entrouvert – lui aussi a fauté –,
Une porte discrète du Paradis volé.
Bien qu'un peu titubant, Noé guida mes pas
Vers le Maître des lieux, un vieillard un peu las.

Le képi en bataille sur un œil égrillard
Et, bien qu'un peu confus, l'air encore trop paillard,
J'adressai au Seigneur un salut très martial
Qui fit fleurir, je crois, un sourire amical.

Un joli séraphin, d'une voix de fausset,
Se mit alors à lire, dans un bouquin fané,
Tout un tas de péchés et de fautes vénielles
Dont le plus innocent était au moins mortel.

J'ai bien pensé mentir en accusant autrui
Mais c'était mon vrai nom sur ce livre maudit.
Déjà Satan vers moi tendait ses doigts crochus.
Sans la Vierge Marie, j'étais vraiment foutu…

Que sa voix était douce, son sourire indulgent,
Quand elle dit à son fils : « Cet homme est innocent,
Comment peut-on prouver qu'il a ainsi péché ?
Ce n'est certes pas lui, il n'est pas rectifié... »

Sergent Henri Tanghe

La Messe des Morts et le chœur des corbeaux

Ce matin, jour des Morts, notre sergent brancardier, un père blanc, dit la messe des Morts devant la mosquée, en plein air. Le temps était si beau, resplendissant et chaud, qu'une véritable joie de vivre, une joie humaine toute printanière, s'est emparée de tout le monde ; et des oiseaux aussi, qui semblaient chantonner largement d'inconnues musiques.

Le sergent a préparé longuement son autel, aidé par des brancardiers. [...]

Lorsqu'il a mis sur son uniforme fatigué l'aube et la chasuble de campagne, sorties de sa musette, le soldat a disparu. Et l'apparition chrétienne a été si soudaine dans le soleil que nous nous sommes tous découverts, et d'un même mouvement les chéchias jaunes sont demeurées accrochées aux bras baissés le long des flancs.

La messe commençait.

Celui qui la servait n'était autre qu'un légionnaire. Un vieux légionnaire. Un mystère. D'où ? Un ancien prêtre, peut-être ? Un homme venu de quel pays, à la Légion ? D'une prison ou d'un cloître, ou de quelle catastrophe d'une vie ?

Et la conjonction des deux officiants, le prêtre et le servant, était si intense, que le jour clair et lumineux nous semblait rayonner une gloire mystique insoupçonnée, dans ce village tué par la crainte de ceux qui s'enfuirent et ranimé par la haine armée de nos troupes.

Au même endroit, hier, on fusillait des espions.

La mosquée, qui avait servi de prison aux condamnés à mort, élevait son étroit et haut minaret, si blanc que dans le soleil il paraissait s'allumer comme une torche pour notre messe. Le signe chrétien était marqué solennellement au milieu du village musulman.

L'autel minuscule et éphémère avait renoué immédiatement un groupe de guerriers aux siècles défunts. Des chrétiens, là, comme des croisés. Là, les trois bouts de chiffon, ramassés aussi qui sait où, blanc, bleu et rouge, que le père blanc avait posés devant le petit Crucifix, marquaient un autre signe, annonçaient fortement une autre présence, là : la France.

Curieuse messe, qui n'avait pas pour nous l'émotion terrible et cruelle de celle de la Chalade, en Argonne, où nous nous plaçâmes, avec le général Gouraud, au milieu des paquets de boue et de sang qui étaient nos morts de la veille.

Ici les morts étaient une idée. J'avais l'impression qu'une année finissait ici, en ouvrait une autre. Du jour des Morts au jour des Morts. N'est-ce pas, chez les perdus, la clé du bilan de la guerre ? N'est-elle pas, l'année, dans le nombre de ceux que l'on retranche du formidable tronc d'une nation, de la force mâle d'un peuple brisée, plongée dans les profondeurs de la terre, enfouie dans la masse inerte du sol, dans la masse de la destruction accomplie ? Du jour des Morts au jour des Morts. Une année de guerre ne peut se mesurer que sur le prix du sang, sur la quantité anéantie de la puissance réelle, charnelle, musculaire, d'une nation. Aujourd'hui une année de guerre s'est close, une autre s'ouvre ; entre les deux, il y a tous nos camarades tombés qui ne se sont pas relevés.

La cérémonie de ce matin avait donc la valeur idéale d'une fin et d'une continuation.

C'est pour cela que nous assistions tous à la messe que le grand air rendait si solennelle. Tête haute, les yeux fermés sur cette « continuation », chacun de nous, je crois, se sentait en fonction de la grande chose collective et mortelle, pour avoir consacré ce matin sa présence au sacrifice de la messe, simplement à ses consanguins perdus, car il était debout sur la masse invisible de ceux de la race.

Aucun temple n'est comparable, en émouvante splendeur, au plein air d'une riche nature ensoleillée. Tout acte y devient immédiatement sacré, rentre dans le rythme des choses immenses. L'étreinte d'un couple bestial ou humain, la plainte d'un convoi désespéré, ou la danse d'une collectivité en exultance, ou l'éclat d'une bataille, ou l'enterrement d'un guerrier, tout trouve dans le plein air sa grande, sa plus large vertu templaire.

Mais ce que chaque acte suprême gagne en étendue, il le perd naturellement en profondeur. Un temple clos, étant un réceptacle sublime, de vibrations qui durent identiques à elles-mêmes, accroît indéfiniment leur puissance en se perpétuant. C'est là la raison du réconfort immédiat qu'un vieux temple peut dispenser à celui qui en franchit le seuil.

Ce matin, pourtant, l'azur du ciel, cette impitoyable limpidité du ciel ici, se fermaient sur nous, nous créaient tout autour le mur divin d'un enclos d'âmes, tant notre recueillement était profond. Sur la cérémonie, il y eut une étrange liturgie musicale. Point de la gravité d'orgues, certes ; mais le canon très proche, cloche de mort, nous rappelant avec insistance que la nouvelle année des Morts avait commencé. Puis, un vol singulier de corbeaux vint se placer sur le châtaignier séculaire et formidable qui couvrait de son ombre la cérémonie. Jamais je n'ai entendu dans ce pays si riche de corbeaux, d'aigles, d'éperviers, un croassement de carnassiers aussi violent que celui de ce matin. Ils étaient innombrables. Comme en répondant à je ne sais quel appel, ils étaient venus se poser dans les branches gigantesques de l'arbre. Nous avons été frappés, tous, sans exception, par ce fait bizarre. Les corbeaux sont restés très longtemps dans l'arbre, déchirant l'azur de leurs cris terribles, posés sur nous, tonnant leur vaste tocsin, tournant en rond, secouant les branches, laissant tomber par milliers, sur nous, les feuilles mortes. Que voulaient-ils, ces charognards qui semblaient appeler à la mort ? Quelles paroles signifiaient les centaines de feuilles mortes qu'ils faisaient pleuvoir sur nous, sur l'autel, sur la blancheur sacrée de l'officiant ?

Mais, après les corbeaux, après le canon, au moment où le prêtre élevait et offrait le sacrifice de l'hostie resplendissante au soleil vif, chaud, le gazouillement d'autres oiseaux, des théories aimables d'oiselets, qui voletaient tout autour de nous, fut un salut presque joyeux.

Quelques-uns de nos camarades firent jouer le déclic de leur appareil photographique. Et la messe s'acheva ainsi, comme sur une apothéose pleine de grâce, et sur les paroles du père blanc qui saluait tous nos morts d'ici, et en particulier ceux, plus nombreux, tombés le 22 octobre à Hudovo, dans ce combat des hauteurs du Vardar qui a été le premier soutenu en Serbie par les troupes françaises et admirablement enlevé, de haute lutte, par le premier régiment de marche d'Afrique, zouaves et légionnaires.

Nous avons donné ainsi une pensée aux réprouvés. Et de cette journée de soleil presque printanier, au milieu des âpres chaînes qui dominent le Vardar, et que nous devons escalader, dompter, dépasser, à coups de combats, nous avons emporté la plus fière des impressions, quelque religion que fût la nôtre. Qu'on le veuille ou non, la guerre a renouvelé chez les hommes une soif éperdue d'idéal et de mysticisme.

Une heure d'élévation, de communion, dans les sphères supérieures à la vie, à la veille de l'attaque sur les crêtes qui nous ont été désignées pour demain 3 novembre.

Ricciotto Canudo, *Combats d'Orient*,
Hachette, 1917, p. 117-127.

Pour ceux qui sont morts

Seigneur, Dieu des Armées, Père des légionnaires,
Qui savez leur faiblesse, leurs péchés, leurs misères,
Ayez pitié de ceux que la mort a fauchés,
Prenez-les, souriant, dans vos bras crucifiés.

Vous qui avez souffert la mort ignominieuse,
Qui connaissez la peur et le froid du tombeau,
Ayez pitié de ceux dont la mort glorieuse
Rachète le passé peut-être pas très beau.

Ô Christ qui les jugez dans votre éternité,
Ne vous indignez pas s'ils ont été peu sages ;
Vous les avez créés dans leur humanité,
Donnez-leur, Père aimant, le divin apanage.

G. Tasse

BIBLIOGRAPHIE

BIBLIOGRAPHIE

Cette bibliographie sélective réunit tous les ouvrages qui ne sont pas cités dans les notices du dictionnaire et, pour la littérature, les œuvres de fiction les plus répandues.

Les lieux d'édition ne sont mentionnés que pour les titres étrangers.

DICTIONNAIRES, GUIDES ET ATLAS

Claire Andrieu, Philippe Braud et Guillaume Piketty (dir.), *Dictionnaire de Gaulle*, Robert Laffont, coll. « Bouquins », 2006.

Annuaire des communes d'Algérie et du Sahara, Charles-Lavauzelle, 1960.

Raymond Chirat (dir.), *Catalogue des films français de long métrage. Films sonores de fiction 1929-1939*, Bruxelles, Cinémathèque royale de Belgique, 1975.

Raymond Chirat et Roger Icart (dir.), *Catalogue des films français de long métrage. Films de fiction 1919-1929*, Cinémathèque de Toulouse, 1984.

Jean-Paul et Michèle Cointet (dir.), *Dictionnaire historique de la France sous l'Occupation*, Tallandier, 2000.

André Corvisier (dir.), *Dictionnaire d'art et d'histoire militaires*, PUF, 1988.

Dictionnaire des communes d'Algérie, Alger, 1915-1947.

Dictionnaire des communes d'Algérie, Gendarmerie nationale, Alger, 1957.

Jacques Garnier (dir.), *Dictionnaire des guerres et des batailles de l'histoire de France*, Perrin, 2004.

Hommes et destins : Dictionnaire biographique d'outre-mer, Publications de l'Académie des sciences d'outre-mer, 11 vol., 1975-1995.

Geneviève Maze-Censier, Christophe Brun, Joseph Valynseele *et al.*, *Dictionnaire des maréchaux de France du Moyen Âge à nos jours*, Perrin, 2000.

Douglas Porch, *Atlas des guerres. Les guerres des Empires*, Autrement, 2002.

Michel Prévost et Jean-Charles Roman d'Amat (dir.), *Dictionnaire de biographie française*, Librairie Letouzey et Ané, 1956.

Georges Reutt, *La Plaine de Sidi-Bel-Abbès*, Oran, Heintz, 1952.

Hugues Tertrais, *Atlas des guerres d'Indochine, 1940-1990*, Autrement, 2004.

Vladimir Trouplin (dir.), *Dictionnaire des Compagnons de la Libération*, Elytis, 2010.

Jean Tulard, *Dictionnaire du cinéma, les acteurs*, Robert Laffont, coll. « Bouquins », 2007.

— (dir.), *Dictionnaire Napoléon*, Fayard, 1987.

— (dir.), *Dictionnaire du Second Empire*, Fayard, 1995.

HISTOIRE GÉNÉRALE

Éric Anceau, *Napoléon III, un Saint-Simon à cheval*, Tallandier, 2008.

Gilbert Badia *et al.*, *Exilés en France. Souvenirs d'antifascistes allemands émigrés (1933-1945)*, Maspéro, 1982.

Gérard Bardy, *Les Moines-soldats du Général*, Plon, 2012.

Marc Olivier Baruch (dir.), *Une poignée de misérables. L'épuration de la société française après la Seconde Guerre mondiale*, Fayard, 2003.

Léon Bastide, *Bel-Abbès et son arrondissement : histoire, divisions administratives, travaux publics, services publics... commerce et industrie depuis leur création jusqu'à nos jours avec cartes, plans, tableaux synoptiques et chronologiques*, Oran, A. Perrier, 1880-1881.

Joseph Bérard, *Bel-Abbès : ne jamais oublier*, Pensée universelle, 1971.

Christian Bougeard, *René Pleven, un Français libre en politique*, Presses universitaires de Rennes, coll. « Histoire », 1994.

Doan Bui et Isabelle Monin, *Ils sont devenus français. Dans le secret des archives*, Jean-Claude Lattès, 2010.

Damien Carron, « Un contentieux franco-suisse. Les Suisses dans la Légion étrangère (1946-1962) », *Relations internationales*, n° 113, printemps 2003, p. 41-58.

Geneviève Dreyfus-Armand, *L'Exil des républicains espagnols. De la guerre civile à la mort de Franco*, Albin Michel, 1999.

Dominique Drouin, « L'information sur les camps allemands (1933-1940) », *Revue de recherches contemporaines*, n° 1, 1993.

Pierre Dufour, *La France au Levant des Croisades à nos jours*, Pygmalion, 2001.

Albert Fitte, *Spectrographie d'une propagande révolutionnaire, « El Moudjahid » des temps de guerre, juin 1956-mars 1962*, université Paul-Valéry, Montpellier, 1973.
André Fontaine, *Un camp de concentration à Aix-en-Provence ? Le camp d'étrangers des Milles 1939-1943*, Edisud, 1989.
Nancy L. Gran, « Les Juifs étrangers à Paris », dans André Kaspi et Antoine Marès (dir.), *Le Paris des étrangers depuis un siècle*, Impr. nationale, 1989, p. 108-198.
Jean-Jacques Jordi et Guy Pervillé, *Alger 1940-1962. Une ville en guerre*, Autrement, 1999.
R. Kaes, « Représentation de groupe. La geste du groupe héroïque », *Études philosophiques*, n° 1, 1974, p. 45-58.
Othon-Patrick Kremar, *Sidi-Bel-Abbès et les Bel-Abbésiens, une ville française 1843-1963*, Africa Nostra, 1925.
Louis Lacretelle, *Études sur la province d'Oran*, Impr. Vve Marius Olive, 1865.
Michèle Lagny, *Générique des années 30*, Presses universitaires de Vincennes, 1986.
Claude Laharie, *Le Camp de Gurs 1939-1945. Un aspect méconnu de l'histoire du Béarn*, Inficompo, 1985.
Pierre-Olivier Lapie, *Les Déserts de l'action*, Flammarion, 1946.
Claude Leroy Claude (dir.), *Blaise Cendrars et la guerre*, Armand Colin, 1995.
Pierre Milza, « La légion des volontaires italiens dans l'armée française : une antichambre du fascisme », dans *Les Italiens en France de 1914 à 1940*, Rome, École française de Rome, 1986, p. 143-154.
—, *L'« Année terrible »*, 2 vol., Perrin, 2009.
Pierre Nora (dir.), *Les Lieux de mémoire*, t. III, *Les France*, Gallimard, 1992.
Dominic M. Pedrazzini, « Les Suisses de France sous le Second Empire. Quelques amis suisses de Napoléon III », *Revue du souvenir napoléonien*, n° 44, février-mars 2003, p. 51-59.
Denis Peschanski, *La France des camps (1938-1946)*, Gallimard, 2002.
R. Pithon, « Opinions publiques et représentations culturelles de la puissance. Le témoignage français (1938-1939) », *Relations internationales*, printemps 1983.
Stéfanie Prezioso, « Les Italiens en France au prisme de l'engagement volontaire : les raisons de l'enrôlement dans la Grande Guerre (1914-1915) », *Cahiers de la Méditerranée*, 81, 2010, dossier « La Grande Guerre en Méditerranée », p. 147-163.
Munro Price, *Louis-Philippe, le prince et le roi : la France entre deux révolutions*, Éditions de Fallois, 2009.
Christophe Prochasson, *Au nom de la patrie. Les intellectuels et la Première Guerre mondiale (1910-1919)*, La Découverte, 1996.

François Robichon, *L'Armée française vue par les peintres, 1870-1914*, Herscher-ministère de la Défense, 1998.
Béatrice Rodier-Cormier, *Aux origines de la communication de défense, Indochine 1945-1954*, Éditions des Riaux, 2002.
William Serman, *La Commune de Paris*, Fayard, 1971.
André Thérive, *Essai sur les trahisons*, préface de Raymond Aron, Calmann-Lévy, 1951.
Voyage de SM Napoléon III en Algérie contenant la relation du séjour de Sa Majesté dans les trios provinces, Alger, Bastide Librairie éditeur, 1865.
Weygand Jacques, *Le Serment*, Flammarion, 1960.

HISTOIRE MILITAIRE

Éric Alary *et al.*, *Les Saints-cyriens dans la Résistance*, Lavauzelle, 2005.
Général d'Amade, *Campagne de 1908-1909 en Chaouïa. Rapport du général d'Amade commandant le corps de débarquement de Casablanca*, R. Chapelot, 1911.
ANAPI, *Les Soldats perdus. Prisonniers en Indochine 1945-1954*, Indo Éditions, 2005.
Serge Andolenko, *Recueil d'historiques de l'infanterie française*, Eurimprim, 1969.
Jean-Louis Armengaud, *Lang-Son. Journal des opérations qui ont précédé et suivi la prise de cette citadelle*, R. Chapelot, 1901.
Jean-David Avenel, *La Campagne du Mexique (1862-1867), la fin de l'hégémonie européenne en Amérique du Nord*, Economica, 1996.
Paul Azan, *L'Expédition de Fez*, Berger-Levrault, 1924.
—, « Les grands soldats de l'Algérie », *Cahiers du centenaire de l'Algérie*, IV, Alger, Publications du Comité national métropolitain du centenaire de l'Algérie, 1930.
Christian Benoit, Gilles Boëtsch, Antoine Champeaux et Éric Deroo (dir.), *Le Sacrifice du soldat, corps martyrisé, corps mythifié*, CNRS Éditions, 2009.
Jean Bernarchot, *Les Armées françaises en Orient après l'armistice de 1918*, Impr. nationale, 1970-1972.
Jean-Paul Bertaud et William Serman, *Nouvelle histoire militaire de la France 1789-1919*, Paris, 1998.
Jérôme Bodin, *Les Suisses au service de la France*, Albin Michel, 1988.
Michel Bodin, *Soldats d'Indochine, 1945-1954*, L'Harmattan, 1997.
—, « Le *Pasteur*, un transport de troupes de légende », *Revue Méditerranée*, 2001.

Théophile Boisset, *Tuyen Quang pendant le siège*, Fischbacher, 1885.
—, *Tuyen Quang pendant la guerre*, Garnier, 1889.
Xavier Boniface, « Au service de la nation et de l'armée : les aumôniers militaires français de 1914 à 1962 », *Guerres mondiales et conflits contemporains*, n° 187, 1997.
Robert Bonnafous, « Les prisonniers de guerre du CEFEO dans les camps viêt-minh, 1945-1954 », thèse de doctorat d'université, université Paul-Valéry, Centre d'histoire militaire et d'études de Défense nationale, Montpellier, coll. « La Jonque », 1985.
Charles Borcher, « Le siège de Zaatcha. Souvenirs de l'expédition dans les Ziban en 1849 », *Revue des Deux Mondes*, t. X, avril-juin 1851, p. 70-100.
Aldo Bragagnolo, *Transports de troupes vers l'Indochine : 1945-1954*, A. Bragagnolo, 1999.
Yves Bréhèret, *L'Odyssée de la colonne Alessandri : retraite de Chine mars 1945-mai 1945*, Presses de la Cité, 1990.
Yvan Cadeau (dir.), *Le Bataillon français de l'ONU en Corée : le combat méconnu des volontaires français 1950-1953*, SHD, ECPAD, 2010.
Louis Gabriel Adolphe Camps, *Le Siège de Tuyen Quang, récit anecdotique par un témoin oculaire*, Impr. militaire V. Freschard, 1902.
CEFEO, *Paroles d'officiers, 1950-1990. Des saint-cyriens témoignent*, préface d'Hélie Denoix de Saint Marc, promotion d'Extrême-Orient, 1991.
Philippe Chapleau, *Sociétés militaires privées. Enquête sur les soldats sans armées*, Éditions du Rocher, 2005.
A.B. Casso, « Na San, aérodrome retranché », *Revue du génie militaire*, mai-juin 1953.
Anthony Clayton, *Histoire de l'armée française en Afrique (1830-1962)*, traduit de l'anglais par le colonel Paul Gaujac, Albin Michel, 1994.
José Combes, *Indochine 1940-1945 : la longue marche ou l'épopée de la colonne Alessandri : Tong, Tonkin, 9 mars 1945, à Tsao-Pa, Chine, janvier* 1946, Association des anciens officiers de l'école militaire de Tong, Corbeil, 1994.
André Constantini, « La guerre de coalition contre la Russie et l'expédition de Crimée (1853-1856), *Revue internationale d'histoire militaire*, n° 35, 1976, p. 85-120.
André Corvisier (dir.), *Histoire militaire de la France*, t. III, Guy Pedroncini (dir.), *De 1871 à 1940*, PUF, 1992, et t. IV, André Martel (dir.), *De 1940 à nos jours*, PUF, 1994.
Georges Coudry, « Soldats de Vlassov et détachements soviétiques en France (1943-1945) », *Matériaux pour l'histoire de notre temps*, n° 39-40, juillet-décembre 1995.

Annie Crépin, *Construire l'armée française. Textes fondateurs des institutions militaires*, t. III, *De la Révolution à la fin du Second Empire*, Turnhout (Belgique), Brepols, 2006.
Michel-Christian Davet, *La Double Affaire de Syrie*, Fayard, 1967.
Jean-Marc Delaunay, *Méfiance cordiale. Les relations franco-espagnoles de la fin du* XIX*e siècle à la Première Guerre mondiale*, t. II, *Les Relations coloniales*, L'Harmattan, 2010.
Victor Bernard Derrecagaix, *Le Général comte de Martimprey*, Chapelot, 1913.
Jacques Dhur, *Le Père d'Émile Zola. Les prétendues lettres Combe(s). Lettre à M. le procureur de la République*, Société libre d'édition des gens de lettres, 1899.
Ghislain de Diesbach, *Service de France*, Émile-Paul, 1972.
Danièle Domergue-Cloarec, « Guerres, climat et pathologies. La guerre d'Indochine 1946-1954 », contribution au colloque international sur les risques pathologiques, les rythmes et les paroxysmes climatiques, faculté de médecine de Dijon, Éditions John Libbey Eurotext, 1992.
Jacques Doyon, *Les Soldats blancs d'Hô Chi Minh*, Fayard, 1973.
Louis Durteste, « Narvik, base d'essai des grands débarquements », *Revue historique des armées*, n° 219, 2000/2, p. 37-42.
Henry Dutailly, « Narvik avril-juin 1940 », dans Christine Levisse-Touzé (dir.), *La Campagne de 1940*, Tallandier, 2001.
Eugène-Jean Duval, *L'Armée de terre et son corps d'officiers, 1944-1994*, Addim, 1996.
—, *La Révolte des sagaies, Madagascar, 1947*, L'Harmattan, 2002.
Roger Faligot, *Markus, espion allemand*, Messidor-Temps actuels, 1984.
Jacques Favreau, *Nasan : la victoire oubliée, 1952-1953, base aéroterrestre au Tonkin*, Economica, 1999.
G. Félix, *Le Colonel de Villebois-Mareuil et la guerre sud-africaine*, Alfred Cattier, [1903].
Maïté Ferré-Lesné, « Les conseils de guerre spéciaux (1914-1932) », *Revue historique des armées*, n° 212, 1998/3, p. 49-59.
Olivier Forcade, *La République secrète. Histoire des services spéciaux français de 1918 à 1939*, Nouveau monde, 2008.
Jacques Frémeaux, *De quoi fut fait l'empire. Les guerres coloniales au* XIX*e siècle*, CNRS Éditions, 2010.
Fernand Gambiez et Serge Laroche, *Étude historique sur le moral des combattants*, Fondation pour les études de Défense nationale, n° 5, 1983.
Eugène Germain Garnot, *L'Expédition française de Formose en 1884-1885*, Delagrave, 1894.
Vincent Giraudier, « Sécurité et camps d'internement », dans Christine Levisse-Touzé (dir.), *La Campagne de 1940*, Tallandier, 2001.

Guévork Gotikian, « La légion d'Orient, le mandat français et l'expulsion des Arméniens (1916-1929) », *Revue d'histoire arménienne contemporaine*, III, 1995.

Eugène Louis Vincent Graulle, *Insurrection de Bou-Amama (avril 1881)*, Lavauzelle, 1905.

Kenneth Hamburger, « Le rôle du "bataillon de Corée" dans la guerre de Corée », *Revue historique des armées*, n° 246, 2007, p. 65-76.

Albert Hans, *La Guerre du Mexique selon les Mexicains*, Berger-Levrault, 1899.

Émile Herbillon, *Insurrection survenue dans le sud de la province de Constantine en 1849. Relation du siège de Zaatcha*, J. Dumaine, 1863.

Claude Hesse d'Alzon, *La Présence militaire française en Indochine (1940-1945). Contribution en guise de préambule à l'étude des guerres d'Indochine*, SHAT, 1985.

Eugène Hoc, Victor Almand et capitaine Jean-Eugène, *Le Service du génie dans les opérations en Algérie*, Berger-Levrault, 1894.

Antoine Jules Joseph Huré, *La Pacification du Maroc. Dernière étape, 1931-1934*, Berger-Levrault, 1952.

Robert Huré *et al.* (dir.), *L'Armée d'Afrique, 1830-1962*, Lavauzelle, 1977.

Vincent Joly, *Guerres d'Afrique*, Presses universitaires de Rennes, 2009.

Pierre Journoud et Hugues Tertrais, *Paroles de Diên Biên Phu. Les survivants témoignent*, Tallandier, coll. « Texto », 2012 [2004].

— (dir.), *1954-2004 : la bataille de Diên Biên Phu entre histoire et mémoire*, SFHOM, 2004.

Simon Kitson, *Vichy et la chasse aux espions nazis*, Autrement, 2004.

Pierre Lambert et Gérard Lemarec, *Les Français sous le casque allemand*, Grancher, 2002.

Jean-François Lecaillon, *Napoléon III et le Mexique. Les illusions d'un grand dessein*, L'Harmattan, 1994.

Pierre Le Goyet, « Débarquements en Scandinavie », *Revue internationale d'histoire militaire*, n° 35, 1976, p. 163-204.

Henri Le Mire, *Histoire militaire de la guerre d'Algérie*, Albin Michel, 1982.

André Loez, « Pour en finir avec le moral des combattants », dans Jean-François Muracciole (dir.), *Combats : hommage à Jules Maurin*, Michel Houdiard, 2010, p. 106-119.

Olivier Maestrati, *Indochine, autopsie d'un échec. Légion, paras*, Union, 1995.

Paul Malmassari, *Les Trains blindés, 1826-1989*, Heimdal, 1989.

Edmond Charles comte de Martimprey, *Souvenirs d'un officier d'état-major. Histoire de l'établissement de la domination française dans la province d'Oran, 1830-1847*, Maison Quantin, 1886.

Pilar Martínez-Vasseur, *L'Armée espagnole (XIXe et XXe siècles)*, Ellipses, 2003.

A. Martinien, *Guerres d'Algérie, du Maroc et de Tunisie (1830-1908). État nominatif des officiers tués ou blessés. Chronologie des batailles, combats et sièges*, Protat frères, 1910.
René Mary, *Les Bagnards d'Hô Chi Minh*, Albin Michel, 1986.
—, *Nos évadés d'Indochine. Des soldats français évadés des camps viets parlent*, Grancher, 1992.
Ambroise Massy, *Manuel patriotique du citoyen et du soldat*, Lavauzelle, 1892.
Ernest Mercier, *Les Deux Sièges de Constantine (1836-1837)*, L. Poulet, 1896.
Albert Merglen, « Soldats français sous uniformes allemands 1941-1945, LVF et Waffen SS français », *Revue d'histoire de la Seconde Guerre mondiale*, n° 8, 1977.
Léon Merlin, *La Langue verte du troupier. Dictionnaire d'argot militaire*, Charles-Lavauzelle, 1886.
Henri Mordacq, *Le Ministère Clemenceau, journal d'un témoin*, t. III, *Novembre 1918-juin 1919*, Plon, 1931.
Jacques Mordal, *La Campagne de Norvège*, préface du général Weygand, Self, 1949.
—, *Narvik*, Presses de la Cité, 1960.
Alexis Neviaski, « L'audace du rail : les trains blindés du Sud-Annam », *Revue historique des armées*, n° 234, 2004/1, p. 25-36.
Gustave Niox, *L'Expédition du Mexique, 1861-1867. Récit politique et militaire*, J. Dumaine, 1874.
Jean-Christophe Notin, *La Campagne d'Italie (1943-1945). Les victoires oubliées de la France*, Perrin, 2002.
—, *Les vaincus seront les vainqueurs. Les Français en Allemagne, 1945*, Perrin, 2004.
Philippe Oulmont (dir.) et Fondation Charles-de-Gaulle, *Larminat, un fidèle hors-série*, LBM, 2008.
Paul Paillole, *Services spéciaux (1935-1945)*, Robert Laffont, 1975.
Robert O. Paxton, *L'Armée de Vichy. Le corps des officiers français, 1940-1944*, Tallandier, 2004.
Guy Pedroncini, « Les cours martiales pendant la Grande Guerre », *Revue historique*, n° 512, octobre-décembre 1974, p. 393-408.
Maffeo Charles Poinsot, *Au service de la France, les volontaires étrangers de 1914*, Dordon-Aîné, [1915].
Jacques Ragot, *De Gaulle, la Légion, l'Algérie. Souvenirs d'un officier*, chez l'auteur, 1984.
Colonel Rémy, *Compagnons de l'honneur*, France-Empire, 1965.
Giorgio Rochat, *Les Guerres italiennes en Libye et en Éthiopie. Études militaires, 1921-1939*, traduit de l'italien par Gisèle Fleurence, SHAA, 1994.

Olivier Rochereau (dir.), *Mémoire des Français libres, du souvenir des hommes à la mémoire d'un pays*, Nouveau monde, 2006.
Denis Rolland, *La Grève des tranchées. Les mutineries de 1917*, Imago, 2005.
François Roth, *La Guerre de 1870*, Fayard, 1993.
Jules Roy, *La Bataille de Diên Biên Phu*, Julliard, 1963.
Odile Roynette, *Les Mots des soldats*, Belin, 2004.
Alain Ruscio et Serge Tignères, *Diên Biên Phu, mythes et réalités. Cinquante ans de passion française*, Les Indes savantes, 2005.
Stato maggiore dell'esercito, Ufficio storico, *Seconda controffensiva italo-tedesca in Africa settentrionale da El Agheila a El Alamein : (gennaio-settembre 1942)*, Rome, 1951.
—, *Terza offensiva britannica in Africa settentrionale. La battaglia di El Alamein e il ripiegamento in Tunisia (6 settembre 1942-4 febbraio 1943)*, t. I, Rome, 1961.
Louis Stien, *Les Soldats oubliés. De Cao Bang aux camps de rééducation du Viêt-minh*, Albin Michel, coll. « Les combattants », 1993.
Vincent Suard, « La justice militaire française et la peine de mort au début de la Première Guerre mondiale », *Revue d'histoire moderne et contemporaine*, janvier-mars 1994, p. 136-153.
Christelle Taraud, *La Prostitution coloniale. Algérie, Tunisie, Maroc, 1830-1962*, Payot, 2003.
Charles Antoine Thoumas, *Récits de guerre 1862-1867. Les Français au Mexique*, Bloud & Barral, [1891].

LÉGION ÉTRANGÈRE

Pierre Accoce, *Médecins à Diên Biên Phu*, Presses de la Cité, 1992.
Rémi Adam, *Histoire des soldats russes en France, 1915-1920. Les damnés de la guerre*, L'Harmattan, 1996.
Eugène Arthur Émile Amiable, *Légionnaire au Mexique, 1865-1867*, Bruxelles, C. Dessart, 1942.
Lieutenant Andolenko, *La Filiation des bataillons de la Légion étrangère, 1831-1936*, Sidi-Bel-Abbès, Presse régimentaire du 1er régiment étranger d'infanterie, 1936.
—, *La Grande Équipe. Chronique du régiment de marche de la Légion étrangère, 1943-1945*, Guy Le Prat, 1946.
Hagop Arakélian (dir.), *Les Combattants officiers étrangers au service de la France, 1914-1918, 1939-1945. Honneur, Fidélité*, Association des officiers combattants de l'armée française à titre étranger, 1977.

Jules Aronssohn, « Lettres inédites d'un médecin-major de l'expédition de 1863 », dans Étienne Micard, *La France au Mexique, étude sur les expéditions militaires, l'influence et le rôle économique de la France au Mexique, précédée d'un aperçu général de la géographie et de l'histoire mexicaines*, Éditions du monde moderne, 1927.

Au service de la France, édité à l'occasion du 10e anniversaire de l'Union des engagés volontaires et anciens combattants juifs 1939-1945 (France), UEVACJ, 1955.

Alphonse-Michel Blanc, *La Légion étrangère*, Téqui, 1890.

Georges Blond, *Histoire de la Légion étrangère, 1831-1981*, préface d'Étienne de Montety, Perrin, coll. « Tempus », 2012 [1981].

Isi Blum-Cleitman *et al.*, *Le Combattant volontaire juif, 1939-1945*, édité à l'occasion du 25e anniversaire de l'Union des engagés volontaires et des anciens combattants juifs 1939-1945, UEVACJ, 1971.

Pierre Bonnette, *Légion étrangère (1831-1834). Ses prouesses, ses maladies, ses médecins*, Impr. tourangelle, 1934.

Erwin Borchers, « Camarade, comment trouves-tu la nourriture ? », *Le Courrier du Vietnam*, Hanoi, juin 1977.

Roger Bruge, *Les Hommes de Diên Biên Phu*, Perrin, 1999.

Jean Brunon, « Camerone et l'Aigle du Régiment étranger 1862-1870 », tiré à part du *Carnet de la Sabretache*, Crépin-Leblond, imprimeur-éditeur, 1936.

Ricciotto Canudo (capitaine Oudanc), *Jours gris et nuits rouges dans l'Argonne. Douze fresques de l'action garibaldienne*, Hélios, 1916.

Béatrice Capelle (éd.), *La Légion étrangère, 175 ans d'histoire*, EPA, 2007.

Jules Caplain, *Villebois-Mareuil, son idée, son geste*, Levé, 1902.

Pierre Carles, « Les tenues que nous avons portées. La compagnie montée de la Légion étrangère – 1946-1949 », *La Sabretache*, nº 115 (1), 1993, p. 6-11.

Damien Carron, « Les dossiers de jugement de légionnaires suisses. Sources inédites pour une histoire de la torture pendant la guerre d'Algérie (1954-1962) », dans Mauro Cerutti, Jean-François Fayet, et Michel Porret (dir.), *Penser l'archive. Histoires d'archives, archives d'histoire*, Lausanne, Antipodes, 2006, p. 303-314.

André-Pierre Chavatte, *Capitaine Philippe Louis Maine, caporal à Camerone. Un militaire dans les conflits du XIXe siècle*, Aparis, 2009.

Jacques Chevtchenko, *Légionnaires ukrainiens à Peynier*, ADVULE, 2011.

Philippe Coët, « Légion étrangère, brigades internationales et service étranger », *Revue militaire suisse*, nos 4 et 5, 2004.

Jean-Pierre Collignon et Léon Guilbert, *La Campagne du Mexique. Étapes d'un volontaire, 3 février 1863-3 mai 1867*, J.-P. Collignon, 2000.

Louis Combe, *Le Soldat d'Afrique*, t. II, *Le Légionnaire, le tirailleur*, Charles-Lavauzelle, 1921.

André-Paul Comor, « Le volontaire étranger dans l'armée française au cours des deux guerres mondiales », dans Hubert Heyriès et Jean-François Muracciole (dir.), *Le Soldat volontaire en Europe au XXe siècle. De l'engagement politique à l'engagement professionnel*, Presses universitaires de la Méditerranée, 2007.

—, « La Légion étrangère dans la guerre d'Algérie, 1954-1962 », *Guerres mondiales et conflits contemporains*, n° 237, janvier-mars 2010.

—, *Camerone*, Tallandier, 2012.

Jean-Louis Crémieux-Brilhac, « L'engagement militaire des Italiens et des Espagnols dans les armées françaises de 1939 à 1945 », dans Pierre Milza et Denis Peschanski (dir.), *Exils et migration : Italiens et Espagnols en France, 1938-1946*, L'Harmattan, 1994, p. 505-517.

Pierre Dufour, préface du général Compagnon, *De pourpre et d'or. Les conquêtes de la gloire*, Elor, 1990.

—, *La Légion en Algérie*, Lavauzelle, 2002.

—, *La Légion en 14-18*, Pygmalion, 2003.

Henry Dugard, *La Légion étrangère*, Les Marches de l'Est, 1914.

Christophe Dutrône, « Les parachutistes de la Légion en Indochine », *Ligne de front*, hors-série n° 4, « Le 2e BEP en Indochine », 2008.

Charles Fouvez, « Les Belges à la Légion étrangère », *Revue belge d'histoire militaire*, n° XVII-1, mars 1967.

Franc-Nohain et Paul Delay, *Histoire anecdotique de la guerre de 1914-1915*, III, *Les Alsaciens-Lorrains et les étrangers au service de la France*, P. Lethielleux, 1915.

Jacques Gandini, *El-Moungar, les combats de la Légion dans le Sud oranais, 1900-1903*, Extrêm'Sud Éditions, 2000.

Alain Gandy, *Royal Étranger. Légionnaires cavaliers au combat (1921-1984)*, Presses de la Cité, coll. « Troupes de choc », 1985.

Les Garibaldiens au service de la France (1870-1914), Œuvre des garibaldiens de l'Argonne, 1937.

François Garijo, *La Légion et les spahis dans la conquête du Maroc*, La Plume du Temps, 2003.

Louis Gaultier et Charles Jacquot, *C'est la Légion*, Impressions françaises, 1963.

François Gerin-Roze, « La vietnamisation : la participation des autochtones à la guerre d'Indochine (1945-1954) », dans Maurice Vaïsse *et al.*, *L'Armée française dans la guerre d'Indochine (1946-1954) : adaptation ou inadaptation ?*, Bruxelles, Complexe, 2000.

Jean Gisclon, *De « l'escadrille La Fayette » au « La Fayette Squadron », 1916-1945*, France-Empire, 1975.

Léonce Grandin, *Mémoires d'un chef de partisans. De Vera-Cruz à Mazatlan*, Zolra, 1895.

Georges Gugliotta et Jean-Charles Jauffret, « Des unités de légende… les compagnies montées, 1881-1950 », *Revue historique des armées*, n° 142, 1981/1, p. 90-120.

Claude Guigues, « Les étrangers chez le Viêt-minh », *Indochine-Sud-Est asiatique*, n° 11, janvier 1953, p. 48-53.

Raymond Guyader, *La Légion étrangère en Indochine 1946-1956 (uniformes et insignes)*, Heimdal, 2011.

Philippe Guyot et Éric Labayle, *Répertoire des corps de troupe de l'armée française pendant la Grande Guerre*, t. III, *La Légion étrangère*, C. Bonnaud, 2002.

Philippe Guyot, « D'un régiment de marche de la Légion étrangère (RMLE) à l'autre, répétition ou évolution de l'histoire ? », *Revue historique des armées*, n° 265, 2011, p. 24-34.

Albert Hans, *La Guerre du Mexique selon les Mexicains*, Berger-Levrault, 1899.

Henry-Jacques Hardouin, *L'Épopée garibaldienne. 10e DI française. Argonne 1914-1915*, préface du général Gouraud, René Debresse, 1939.

Gerald Harnden, *La Légion au Mexique*, Coleford, Ditchfield, 1975.

Historique du Régiment de marche de la Légion étrangère. 3e régiment étranger d'infanterie, Berger-Levrault, 1926.

Jacques Hortes, *Historique et combats des compagnies montées de la Légion étrangère. Du Mexique au Maroc, 1866-1950*, Gandini, 2001.

Abel Huard, *Souvenirs de la guerre du Mexique, 1862-1867 : le combat de Camerone, 1er mai 1863, la prise de Puebla, 17 mai 1863*, Imp. de A. Gout, 1906.

Louis Huot et Paul Voivenel, *Le Cafard*, Grasset, 1918.

Simon Ioffé, *La Phalange tchèque. Comment se sacrifièrent les premiers volontaires tchécoslovaques*, Berger-Levrault, 1919.

Hubert Ivanoff, « Le 1er escadron du 1er régiment étranger de cavalerie en Indochine », *Revue historique des armées*, n° 1, 1981, p. 243-261.

Jean-Charles Jauffret (dir.), *Des hommes et des femmes en guerre d'Algérie*, Autrement, 2003.

Yves Jeanclos (dir.), *La France et les soldats d'infortune au XXe siècle*, Economica, 2003.

Capitaine Joliet, *Historique de la 2e compagnie montée du 1er régiment étranger pendant la guerre 1914-1918*, Charles-Lavauzelle, 1920.

Général de La Hayrie, *Le Combat de Camerone (30 avril 1863)*, L. Danel, 1889.

Lucien-Louis Lande, « La Hacienda de Camaron », *Revue des Deux Mondes*, 15 juillet 1878, p. 197-237.

—, *Souvenirs d'un soldat*, H. Lecène et H. Oudin, 1887.
Jean Efrem Lanusse, *Les Héros de Camaron*, Flammarion, 1891.
Jean Lanzi, Michel Honorin et Claude Coubaud (avec la collaboration de), *Les Grandes Énigmes du temps jadis*, 14, *Massacre de la brigade légère, le sacrifice de Camerone, la guerre télécommandée de Cuba,* Genève, Éditions de Crémille, 1973.
Marie Larroumet, « Première représentation de la Légion étrangère, 1831-1914 », *Revue méditerranéenne d'études politiques*, n° 4, hiver 1997.
Jean-François Lecaillon, *Napoléon III et le Mexique. Les illusions d'un grand dessein*, L'Harmattan, 1994.
—, *La Campagne du Mexique. Récits de soldats 1862-1867*, Bernard Giovanangeli, 2006.
Daniel Lérault, *De Waterloo à la Légion étrangère : le singulier destin des colonels Stoffel*, Librairie historique Teissèdre-Clavreuil, 2008.
Le Livre d'or de nos légionnaires 1914-1918, Hemecht, Luxembourg, Gustave Soupert, 1936.
Henri Loizillon, *Lettres sur l'expédition du Mexique, 1862-1867*, L. Baudoin et Cie, 1890.
Peter Mackarell et Gerald Harnden, *La Légion au Mexique*, Coleford, Ditchfield, 1975.
Georges R. Manue, *Sous la grenade à sept flammes. Comment on crée un corps d'élite*, Sequana, 1941.
—, « Pèlerinage à Camerone », *Revue des Deux Mondes*, 15 mai et 1er juin 1963.
Evelyne Maradan, « Coexistence milices-professionnalisme : les Suisses à la Légion étrangère, 1831-1931 », *Travaux d'histoire militaire et de polémologie*, Lausanne, Centre d'histoire et de prospective militaires de Pully, t. V, 1983.
Auguste Marie, « Les aliénés à la Légion étrangère », *Revue de psychiatrie*, septembre 1900.
François Martineau, *Un pont sur le Sông Chay*, Presses de la Cité, 1985.
François Maspero, *L'Honneur de Saint-Arnaud*, Le Seuil, 1995.
Ambroise Massy, *Manuel patriotique du citoyen et du soldat*, H. Charles-Lavauzelle, 1892.
Capitaine Maurel, *Les Compagnies montées du Sud oranais*, Chapelot, 1913.
Le Mémorial de la Légion étrangère, Éditions du Panthéon, 1966.
Gérard Mignard, « La Légion étrangère sous le Second Empire », *Nouveaux cahiers du Second Empire*, n° 40.
Pierre Montagnon, *Histoire de la Légion de 1831 à nos jours*, Tallandier, coll. « Texto », 2012 [1999].

H.-P. Moutet et M. Morali, « Des étranges légionnaires ? Quelques aspects psychopathologiques des engagés à la Légion étrangère », *Année psychanalytique*, n° 3, 1988, p. 127-131.

Maurice Muret, « Les Allemands à la Légion étrangère », *Revue hebdomadaire*, novembre 1898, p. 171-198.

Alexis Neviaski, *Képi blanc, casque d'acier et croix gammée*, Fayard, 2012.

Louis Noir, *Campagne du Mexique. Puebla (souvenir d'un zouave)*, A. Faure, 1867.

Youri Obraztsov, *La Légion étrangère, 180 ans au service de la France*, ETAI, 2011.

Premier régiment étranger de cavalerie. Historique et campagnes, récits de combats, chansons de la Légion, Fasquelle, 1947.

José Montes Ramos, *La Legión : Marruecos, 1920, Bosnia-Herzegovina 1993*, Madrid, Agualarga, 1996.

Légionnaire Raoul Ravon, *À moi la Légion ! Du panache, de la boue, de la mort*, préfaces du maréchal Juin et du capitaine André Wastin, Documents du Monde, 1955.

E. Rouffiandis, *L'Expertise médicale et l'identification des volontaires à la Légion étrangère*, 1912.

Jean-François Rouiller, *Les Suisses célèbres à La Légion étrangère*, Romont, J.-F. Rouiller, 1991.

Louis Saurel, *La Légion étrangère*, Rouff, 1965.

Heinz Schütte, « Les Doktors germaniques dans le Viêt-minh », *Aséanie*, n° 15, Bangkok, 2005, p. 61-85.

Paul Simonin, *Les Bérets blancs de la Légion en Indochine*, Albin Michel, 2002.

Jean A. Tardieu, *La Légion étrangère*, Willeb, 1946.

Émile Vanson, *Crimée, Italie, Mexique : lettres de campagnes, 1854-1867*, Berger-Levrault, 1905.

Guy Weber, *Les Belges et la Légion étrangère*, Bruxelles, L. Musin, 1984.

Jan René Westh, *Danske Frivillige Frankrig 1914-1918* : volontaires danois en France 1914-1918, Frederiksberg (Danemark), Ordenshistorisk Forlag, 1998.

John Robert Young, Erwan Bergot et Jocelyne de Pass, *La Légion étrangère. Voyage à l'intérieur d'un corps d'élite*, Robert Laffont, 1984.

Charles Zédé, « Souvenirs de ma vie », *Carnet de la Sabretache. Revue d'histoire militaire rétrospective*, n°s 366, 367, 371, 373 et 374, 1933-1935.

Biographies

Dario Achury Valenzuela, *Cita en la trinchera con la muerte. Vida y muerte del poeta legionario colombiano Hernando de Bengoechea, muerto in accion por la causa de Francia (1889-1915)*, Bogotá, Instituto Colombiano de Cultura, 1973.

Laurent Beccaria, *Hélie de Saint Marc*, Perrin, 1988.

Annette Becker, *Apollinaire, une biographie de guerre*, Tallandier, 2009.

Paul Belot, *Trente ans de baroud. Histoire militaire du général Colombat*, B. Arthaud, 1945.

Miriam Cendrars, *Blaise Cendrars*, Balland, 1984.

Louis de Charbonnières, *Une grande figure. Saint-Arnaud, maréchal de France*, Nouvelles Éditions latines, 1960.

Victor Degorgue, « Des neiges d'Alsace aux sables du Sahara. L'épopée du commandant Faurax », *Cahiers du Rhône*, n° 89, 1994, p. 22-29.

Gustave Derudder, *Vie du commandant Charles Clemmer, un soldat d'Afrique*, Impr. des Orphelins, 1899.

Éric Deschodt, *L'Orgueil du guerrier : Claude Barrès*, Perrin, 1994.

Edme des Vollerons, *Le Général Monclar, un condottiere du XXe siècle*, Economica, 2000.

Jean-Pierre Dorian, *Le Colonel Maire, un héros de la Légion*, Albin-Michel, 1981.

Pétrus Durel, *Le Colonel Combes, un soldat d'Afrique*, Imp. de Waltener et Cie, 1899.

Georges Fleury, *Le Guerrier*, Livre de Poche, 1989 [1981] (biographie du colonel Raphanaud).

Louis Gabriel-Robinet, *Kœnig. Un chevalier*, France-Empire, 1973.

Bruno Goyet, *Henri d'Orléans, comte de Paris (1908-1999). Le prince impossible*, Odile Jacob, 2001.

Eugénie de Grèce, *Pierre Napoléon Bonaparte, 1815-1881*, Hachette, 1963.

Bénédicte Helcégé, *Capitaine Bonelli, l'arbre à papillons*, L'esprit du livre, 2009.

Hugues Kéraly, *Hervé de Blignières, un combattant dans les tourmentes du siècle*, Albin Michel, 1990.

Daniel Lérault, *De Waterloo à la Légion étrangère : le singulier destin des colonels Stoffel*, D. Lérault, 2008.

Nicolas Lieber *et al.*, *Les Tscharner de Berne. Un livre de famille*, Genève, s.n., 2003.

Olivier Maestrati, *Commandant Raffalli, « De cœur et de feu »*, O. Maestrati, 2001.

Louis Mézière, *Un soldat d'Afrique : le colonel Mathieu Butet*, Impr. E Menard, 1909.

Bernard Michal (avec la collaboration de Max Clos, Jean Renald, Michel Honorin), *Kœnig*, Genève, Famot, 1974.

Raymond Muelle, *Lieutenant-colonel Jeanpierre, soldat de légende*, L'esprit du livre, 2007.

Georges Philippot, « Paul Agostini, colonel de gendarmerie, commandeur de la Légion d'honneur, 1re classe de la Légion étrangère », *Carnet de la Sabretache*, nº 158, décembre 2003, p. 200-204.

Pierre Pralon sj, *Lionel Hart, engagé volontaire glorieusement tombé au Tonkin, à vingt ans*, Desclée de Brouwer, 1889.

Théodore Pruvost, *Le Général Deplanque, 1820-1899, Crimée, Mexique, Algérie, armée de la Loire*, Lavauzelle, 1902.

Maurice Quatrelles L'Épine, *Le Maréchal de Saint-Arnaud*, Plon, 2 vol., 1928.

Pierre-Yves Roubert, *André Lalande, 1913-1995, droit fil dans la trace de l'histoire*, Écritures, 1997.

Guillemette de Sairigné, *Mon illustre inconnu. Enquête sur un père de légende*, Fayard, 1998.

—, *La Circassienne, vie de la comtesse du Luart*, Robert Laffont, 2010.

Pierre Sergent, *Un étrange Monsieur Frey*, Fayard, 1982.

Marc Tolédano, *L'Officier de Magdebourg*, France-Empire, 1984.

Albert Valensin, *Une âme sacerdotale. Le P. Louis Rivet, de la Compagnie de Jésus, professeur à l'Université grégorienne, lieutenant au 1er Régiment étranger, tombé pour la France à Neuville-Saint-Vaast, le 9 mai 1915*, Librairie catholique Emmanuel Vitte, 1917.

Benjamin Vallotton, *Patience !... (Vie du légionnaire Froidevaux)*, 1922.

Johann Wallisch et Laurent Grasser, *Enfant du Danube, fils de France*, Preurschdorf, 2009 (biographie de Johann Wallisch).

Olivier Weber, *Lucien Bodard. Un aventurier dans le siècle*, Plon, 1997.

Henri de Zerezo, *Albert-Édouard Jaeglé, mort à l'ennemi. Combat de Beni-Ouziek, 13 mai 1908*, Oran, s.n., [1908].

Témoignages, Mémoires et souvenirs (publications en français)

Serge Adam (avec la collaboration de François Rezay), *Pour une poignée de boudin*, Ramsay, 1977.

Walter Adrian, *Au soleil d'Allah. Aventures réelles d'un légionnaire suisse au Maroc*, Lausanne, Spes, 1942.

Henry Ainley, *Mourir pour rien. Avec la Légion étrangère en Indochine*, traduit de l'anglais par Antoine Gentien, Stock, 1966.

Arnold Annaheim, *Souvenirs d'un ancien légionnaire*, Bâle, Eigenverlag, 1982.

Jean-Louis Armengaud, *Le Sud oranais. Journal d'un légionnaire. Treize mois de colonne pendant l'insurrection des Ouled-Sidi-Cheikh soulevés par le marabout Bou-Amama, 1881-1882*, Charles-Lavauzelle, 1893.
Georges Arroyo, *Croisière indochinoise avec la Légion étrangère (1951-1952)*, 3 Orangers, 2006.
Louis-Ernest Augustin, *Sur le front français, 1917-1918. Combattant volontaire suisse au régiment de marche de la Légion étrangère*, Lausanne, Impr. centrale, 1934.
Roger Barberot, *À bras le cœur*, Robert Laffont, 1972.
Henri Philippe Beausire, *Le Fils du facteur*, La Pensée universelle, 1980.
Erwan Bergot, *2e classe à Diên Biên Phu*, La Table ronde, 1964.
Jean Bern, *L'Expédition du Dahomey (août-décembre 1892). Notes éparses d'un volontaire*, Sidi-Bel-Abbès, C. Lavenue, 1893.
Ernest Bolis, *Mémoires d'un sous-officier. Mes campagnes en Afrique et en Asie de 1889 à 1899*, Impr. du *Courrier de Saône-et-Loire*, 1905.
Jean Bollon, *Souliko : sans famille*, C. Alzieu, 1998.
Pierre Napoléon Bonaparte, *Un mois en Afrique*, Pagnerre, 1850.
Jacques Bourry, *Itinéraire de soldat*, P. Tacussel, 1989.
Raoul Brice, *Un Lorrain à la Légion étrangère*, Ambert, 1913.
Hans Bringolf (adaptation de Blaise Cendrars), *Feu le lieutenant Bringolf*, traduit de l'allemand par Paul Budry, Au Sans Pareil, 1930.
—, *Un aventurier suisse sous les drapeaux de l'étranger*, traduit de l'allemand par Jean Bühler, Lausanne, L'Abbaye du Livre, 1943.
Bernard Cabiro (présentation de Jeannine Balland), *Sous le béret vert*, Plon, 1987.
— (édition établie par Olivier Cabiro), *Une vie de guerres, 1940-1961*, préface de Pierre Schoendoerffer, Indo Éditions, 2011.
Capitaine Camps, *Le Siège de Tuyen Quang par un témoin oculaire*, Freschard, 1902.
Bruno Carpentier, *Détachement Iskoutir : aventures en Dankali*, Éditions Italiques, 2002.
A. Casset, *Dans le Sud oranais, Souvenirs d'un médecin militaire*, Bureaux du *Réveil médical*, 1911.
Pierre de Castellane, *Souvenirs de la vie militaire en Afrique*, V. Lecou, 1854.
Mauro Carra, *Une vie de légionnaire*, Calmann-Lévy 1990.
Georges Cazalot, *Et la terre a bu leur sang !*, Éditions du Trident, 1987.
Mauro Carra, *Une vie de légionnaire*, Paris, Calmann-Lévy, 1990.
Jean Charles-Dominé, *Ces soldats de l'impossible : cinquante ans avec la Légion étrangère*, Albin Michel, 1997.
Pierre Charton, *RC4 : Indochine 1950. La tragédie de l'évacuation de Cao Bang*, Société de production littéraire, 1975.
—, *Il y a la Légion*, La Pensée universelle, 1978.

Svend R. Christensen, *Sahara, Narvik, Brest, Den Haag*, La Haye, s.n., s.d.
Rajko Cibic, *De Ljubljana à Mougins : le parcours aventureux d'un légionnaire slovène*, Ljubljana, Mladinska knjiga Tiskarna, 2002.
Claude Clément, *Faites l'amour et plus la guerre*, Fayard, 1971.
Guy de Cockborne, *Souvenirs d'un soldat de l'Empire*, La Renaissance, 1993.
Luc Dangy, *Moi légionnaire et marsouin : Algérie, Nouvelle-Calédonie, Nouvelles-Hébrides, 1902-1913*, Eugène Figuière, 1932.
Georges Dejean, *La Confession d'un légionnaire*, Albin Michel, 1920.
Louis Delarue, *Avec les paras du 1er REP et du 2e RPIMa*, Nouvelles Éditions latines, 1961.
Pierre Marie de Ocampo, *Chambrée 28. Mémoire de Légion, Indo 1945-1950*, Éditions de Paris, 2006.
Xavier Derfner, *Les Mémoires d'un légionnaire garibaldien*, Impr. Delmas, 1961.
Edmond Marc Dominé, *Journal du siège de Tuyen-Quang*, Charles-Lavauzelle, 1885.
Bennett J. Doty, *La Légion des damnés*, traduit de l'anglais par Marcel Prévost, Stock, 1930.
Jean-Baptiste Emmanuelli, *Et j'ai cassé mon fusil*, Robert Laffont, coll. « Vécu », 1974.
Albert Erlande, *En campagne avec la Légion étrangère*, Payot, 1917.
Jacques Favreau, *Lieutenant au 1er REP*, Éditions Italiques, 2007.
Charles Favrel, *Ci-devant légionnaire*, Presses de la Cité, 1962.
Christian Fjerdingstad, *Escapade dans le passé ou la Vie d'un Danois en France*, Monaco, Éditions du Rocher, 1967.
Arnold Frank, *L'Étrange Destin d'un Juif allemand*, Gil Wern, 1997.
José Gadéa, *La Légion en avant*, Le Scorpion, 1961.
José Gadéa, *T'auras du boudin (Je suis un homme heureux)*, Éditions de la Seine, 1958.
Max Gaudron, *Légionnaire au Nord-Tonkin. La Légion en Indochine, 1949-1950*, Copernic, 1980.
Raymond Genel, *Le Journal de mon père*, Lavauzelle, 1990.
Hugo Geoffrey, *Sur le chemin des étoiles à la Légion étrangère*, Klopp, 1997.
Louis Georis, *Du sang dans la boue. Témoignages recueillis par Gaston Bunnens*, Bruxelles, Paris-Livre, 1958.
Jacqueline Gervais-Geoffrey, *J'ai épousé un légionnaire*, La Bruyère, 1994.
Renée Girard, *Marraine de légionnaires*, préface du général Rollet, Fernand Sorlot, 1938.
Pierre Giudicelli, *Médecin de bataillon en Indochine, 1947-1951*, Éditions l'Albatros, 1991.

Claude Goëldhieux (Claude Bergerat, connu sous le nom de Claude Dejacques), *Quinze mois prisonnier chez les Viets. Choses vues*, Julliard, 1953.
Paul Grauwin, *J'étais médecin à Diên Biên Phu*, France-Empire, 1954.
Jean-Pierre Hallo, *I comme Isidore. Carnets de guerre d'un officier de la Légion étrangère*, Éditions Italiques, 2002.
Boris Holban, *Testament. Après 45 ans de silence, le chef militaire des FTP-MOI de Paris parle*, Calmann-Lévy, 1989.
Maths Holmström, *Un pays de gel et de soleil*, Berger-Levrault, 1930.
René Henry, *Un Malouin à la Légion étrangère*, La Découvrance, 2008.
Charles Hora, *Mon tour du monde en 80 barouds. 20 ans de Légion*, La Pensée moderne, 1961.
—, *Debout la Légion !*, La Pensée moderne, préface du général Gardy, 1971.
Abel Huard, *D'une démission à une réinstallation, ou Trois années d'entracte au Mexique et en Afrique*, chez Georges Michau, 1990.
Jacques Jauffret, *Crabes et alligators dans les rizières*, Lavauzelle, 1999.
Jean Jaunâtre, *Un officier de Légion à l'épreuve des conflits*, L'esprit du livre, 2007.
Ernst Jünger, *Jeux africains*, traduit de l'allemand par Henri Thomas, préface de Marcel Jouhandeau, Gallimard, 1970.
Édouard Junod, *Lettres et souvenirs*, Georges Crès, 1918.
Janos Kemencei, *Légionnaire, en avant !*, Jacques Grancher, 1985.
Imre Kovacs (édité et présenté par Frédéric Ploquin), *Le Vengeur. À la poursuite de criminels nazis*, Fayard, 2006.
Sergent Kubiak, « Opération Castor. Verdun 1954 », *Képi blanc*, n°s 184 à 195, août 1962-juillet 1963.
Paul Kunstenaar, *Les Ruines d'Angkor, suivi de Cho' Qua'n*, Rhode-Saint-Genèse (Belgique), Le Roseau vert, 2002.
Louis Lamborelle, *Cinq ans en Afrique : souvenirs militaires d'un Belge au service de la France*, Bruxelles, s.n., 1863.
Gustave Léon Langlois, *Souvenirs de Madagascar*, Charles-Lavauzelle, 1897.
Pierre-Olivier Lapie, *La Légion étrangère à Narvik*, avant-propos du général de Gaulle, Londres, John Murray, 1941.
Victor Lebedev, *Souvenirs d'un volontaire russe dans l'armée française*, Librairie académique, 1917.
François Le Berre, *Cravate verte et képi blanc*, Jacques Grancher, 1991.
Marcel Le Page, *Cao Bang : la tragique épopée de la colonne Le Page*, Nouvelles Éditions latines, 1981.
John Patrick Le Poer, *À la Légion étrangère : journal d'un Irlandais*, Juvens, 1906.

Jean Luthi, *Un légionnaire. Souvenir de cinq ans de service dans la Légion étrangère de France*, traduit de l'allemand par Charles Rollier, Impr. de la société typographique, 1888.
Georges-R. Manue, *Têtes brûlées, cinq ans de Légion*, Nouvelle Société d'édition, 1929.
—, *Sur les marches du Maroc insoumis*, Gallimard, 1930.
—, *La Retraite au désert, récit*, A. Redier, 1932.
Adolphe Marolf, *Gustave Marolf, capitaine mitrailleur au 1er Étranger, 1884-1916. Lettres, récits, souvenirs,* Genève, Impr. centrale, 1943.
Jean Martin, *Je suis un légionnaire*, Fayard, 1938.
Antoine Mattei (avec la collaboration de Robert Lalfert et Pierre Plavian), *« Tu survivras longtemps ». Les baroudeurs de la Légion en Indochine*, Olivier Orban, 1975.
A. Paul Maury, *Mes campagnes au Tonkin*, Witte et Pérussel, 1888.
Charles de Menditte, *La Vie militaire dans le haut Tonkin à travers les écrits de Charles Menditte, officier du 1er bataillon étranger*, préface du général Alain Fauveau, SHAT, 2003.
Aristide Merolli, *La Grenade héroïque, avant la tourmente*, Casablanca-Fès, A. Moynier, 1937.
Emilio Montanari, *Soldat pour la gamelle*, Paris, La Bruyère, 1996.
Simon Murray, *Légionnaire. Un Anglais dans la Légion étrangère*, traduit de l'anglais par Didier Sénéchal, Pocket, 2002.
Giorgio Adamo Muzzati, *Douce-amère. Rêveries et souvenirs d'un légionnaire*, Éditions Italiques, 2001.
—, *Là où l'on meurt... peut-être*, Éditions Italiques, 2004.
—, *Dernier baroud pour l'honneur*, Éditions Italiques, 2005.
Bruno Nardella, *Douze ans à la Légion*, Alternance, 1960.
Bruno Noli, *De l'enfer d'Indochine aux prisons suisses. Journal d'un légionnaire*, Breitenbach, Impr. Jeger-Moll, 1957.
Pierre Marie de Ocampo, *Chambrée 28, mémoire de Légion : Indo 1945-1950*, Éditions de Paris, 2006.
José Vicente Ortuño, *Mémoires de ma haine*, Julliard, 2 vol., 1971-1973.
Antonio Palomeque, *Mémoires ordinaires d'un légionnaire*, Didot, 2001.
Zinovi Pechkoff, *La Légion étrangère au Maroc*, Marcelle Lesage, 1927.
Cléophas Pépin, *Mes cinq ans à la Légion : histoire véridique vécue par l'auteur lui-même*, Québec, s.n., 1932.
Daniel Ply, *Légion étrangère matricule 173 964*, Éditions des écrivains, 2001.
Henri Pouliot, *Légionnaire ! Histoire véridique et vécue d'un Québécois simple soldat à la Légion étrangère*, Québec, Le Soleil, 1931.
Jacques Ragot, *De Gaulle. La Légion. L'Algérie. Souvenirs d'un officier*, J. Ragot, 1984.

Léon Randin, *À la Légion étrangère*, Neuchâtel, Delachaux et Niestlé, 1905.
Joseph Ratz, *La France que je cherchais : les impressions d'un Russe engagé volontaire en France*, Impr. A. Bontemps, 1945.
André Raulet, *Légion über alles ! Souvenirs sur la Légion étrangère*, Charles-Lavauzelle, 1934.
Gustave Jean Reybaz, *Le 1er Mystérieux. Souvenirs de guerre d'un légionnaire suisse*, André Barry, 1932.
Louis Robatel, *Mémoires de Louis Robatel (1788-1877), officier valaisan au service d'Espagne, puis de France*, Martigny, Impr. Pillet, 1966.
Philip Rosenthal, *Il était une fois un légionnaire*, traduit de l'allemand par Louis Mézeray, Albin Michel, 1982.
Jean Rossi, *Matricule 80546. Journal de campagnes d'un légionnaire au service de la France (1939-1945)*, Ouest-France, 2000.
Jean Rudloff, *Le hasard ça n'existe pas et d'autres contes de la giberne*, Éditions Italiques, 2005.
Arnaud Jacques Leroy de Saint-Arnaud, *Lettres du maréchal de Saint-Arnaud, 1832-1854*, Calmann-Lévy, 1895.
Hélie de Saint Marc, avec la collaboration de Laurent Beccaria, *Mémoires. Les champs de braises*, Perrin, 1995.
—, *Les Sentinelles du soir*, avec la collaboration de Laurent Beccaria, Les Arènes, 1999.
Philippe Schaut, *Pour l'honneur et par fidélité*, Indo Éditions, 2008.
Markus Selder, *Mes étrangers*, Société des écrivains, 2003.
Jean-Marie Selosse, *L'Arbre de proie*, Éditions Italiques, 2002.
Léon Silbermann, *Cinq ans à la Légion étrangère, dix ans dans l'infanterie de marine : souvenirs de campagne*, lettre préface du général Gallieni, Plon, 1910.
Giuli Cesare Silvagni, *La Peau des mercenaires*, Gallimard, 1954.
Heinrich Spinner, *Souvenirs d'un vieux soldat*, Neuchâtel, H. Messeiller, 1906.
Rolf Steiner (récit recueilli par Yves-Guy Bergès), *Carré rouge. Du Biafra au Soudan, le dernier condottiere*, Robert Laffont, 1976.
Claude Tenne, *Mais le diable marche avec nous*, La Table ronde, 1968.
Hubert Tourret, *Rizière et rivière : un lieutenant de Légion en Indochine, 1953-1954*, Lavauzelle, 2001.
Paul Virès, *Souvenirs de la Légion étrangère*, Genève, Centre d'éducation ouvrière, 1928.
Heinz Weil-Bernard, *Contre moi de la tyrannie... Souvenirs 1913-1990*, Nouvelles Éditions latines, 1991.
Antoine Ysquierdo, *Une guerre pour rien*, La Table ronde, 1966.

Littérature, reportages, cinéma

Henry Allainmat, *L'Épreuve, le « bagne » de la Légion*, Balland, 1977.
Anonyme, *Le Disciplinaire*, préface de Louis Dandrel, Olivier Orban, 1976.
Jean-Claude Avérous, *Et je l'ai dit au vent qui féconde la plaine*, Presses de la Renaissance, 1990.
Raoul Béric, *Les Routiers. La Légion étrangère, source d'admiration et de pitié*, l'Édition moderne, 1907.
Gisèle Bienne, *La Ferme de Navarin*, Gallimard, 2008.
Albert Bonneau, *Sambor le légionnaire*, dans *Voyages et Aventures*, n° 296, 1939.
Paul Bonnecarrère, *La Guerre cruelle. La Légion étrangère en Algérie*, Livre de Poche, 1974.
—, *Douze légionnaires*, Fayard, 1974.
—, *Par le sang versé. La Légion étrangère en Indochine*, Le Livre de Poche, 1977.
Henry Bonnier, *L'Enfant soldat*, Albin Michel, 1987.
Pierre Boulanger, *Le Cinéma colonial de* L'Atlantide *à* Lawrence d'Arabie, Seghers, 1975.
Maurice du Bourg, *Sergent*, France-Empire, 1960.
Charles Bourgeon, *Camerone*, La Pensée moderne, 1963.
Brieux, *Soldat de l'ordre*, Éditions Rupture, 1979.
Aristide Bruant, *Serrez vos rangs !*, Jules Tallandier, 1936.
Philippe Brussac, *La Légion étrangère*, Éditions de Minuit, 1954.
Antoine Camus, *La Légion étrangère.* Deuxième série des Bohèmes du drapeau, P. Brunet, 1864.
Gaston Chéreau, *Sa destinée*, Albin Michel, 1934.
Maurice Chevrier, *Stances à la Légion étrangère, suivies d'autres poèmes*, F. Bernouard, 1927.
Bernard Clavel, *Lettre à un Képi blanc*, Robert Laffont, 1975.
Contes de Noël de la Légion étrangère, Éditions Italiques, 2005.
Francis Courtade, *Les Malédictions du cinéma français : une histoire du cinéma français parlant (1928-1978)*, Alain Moreau, 1978.
André Desfeuilles, *L'Évasion du prince Napoléon. 1942*, J. Peyronnet, 1954.
Émile Détanger, *Le Conquérant. Journal d'un « indésirable » au Maroc*, Calmann-Lévy, 1916.
Colette Durand Rameau, *Légionnaire à 16 ans*, Éditions Casimir, 1999.
Dominique Farale, *La Légion a la peau dure*, France-Empire, 1964.
—, *Mystérieuse Légion étrangère, de 1831 à nos jours. Une épopée combattante et humanitaire*, DIE, 2005.
Charles Favrel, « Ceux de Cao Bang... », *Le Monde*, 13 octobre 1950.

—, « La première affaire de Dong Khé aurait dû nous épargner la seconde », *Le Monde*, 15-16 octobre 1950.
— *et al.*, « Pour ceux qui tombent pour une guerre ignorée », *Paris Match*, 28 octobre 1950.
—, « Petit lexique du combattant d'Indochine », *Paris Match*, 18 novembre 1950.
—, « À la Légion où tous les hommes ne parlent pas tous la même langue, ce sont les morts qui commandent », *Paris Match*, 9 décembre 1950.
—, « L'épopée de Hoa Binh », *Le Monde*, 26 février 1952.
—, « Huit ans ils ont fait face pour leur seule vérité de soldats », *Le Monde*, 22 juillet 1954.
Ferri-Pisani, *Avec ceux de la Légion*, Éditions de France, 1932.
Jean Feuga, *La Guerre sans armes*, Alphonse Lemerre, 1933.
C.L. Flavian, *De la nuit vers la lumière*, Jean Peyronnet et Cie, 1946.
—, *Ils furent des hommes*, Nouvelles Éditions latines, 1948.
Jacques Fontelroye, *Des morts au soleil*, Calmann-Lévy, 1926.
Jacques Gandini, *Sidi-Bel-Abbès de ma jeunesse, 1935-1962*, J. Gandini, 1998.
Alain Gandy, *La Dernière Rafale*, France Loisirs, 1986.
—, *Quand la Légion écrivait sa légende*, Presses de la Cité, 1995.
Michel Garder, *Les Camarades*, La Table ronde, 1964.
Gaston-Jean Gautier, *Le facteur s'en va-t-en guerre*, France-Empire, 1966.
André Glarner, *De Montmartre à Tripoli. Journal du correspondant de guerre de l'*Exchange Telegraph*, 1939-1943*, Le Caire, Middle East Publications, 1943.
Friedrich Glauser, *Gourrama, un roman de la Légion*, traduit de l'allemand par Philippe Giraudon, Le Promeneur, 2002.
Louis Guiffray, *Le Briseur de frontières*, France-Empire, 1967.
Pierre Guinle, *Filmografia della Legione Straniera*, Rimini, Cineteca del Comune di Rimini, 1992.
Dominique Hennemont, *Le Sabre de l'Islam*, André Martel, 1952.
Alain Illido, *Les Orties sacrées*, Jean-Jacques Pauvert, 1971.
Serapio Iniesta, *Flon flon*, Barcelone, Bruguera, 1972.
Robert Jean-Boulan, *La Fille de la Légion*, J. Ferenczi, [1939].
William Earl Johns, *Biggles dans la Légion*, traduit de l'anglais par Robert J. Marieux, Presses de la Cité, 1955.
Jean-Joseph Julaud, *Camarón*, Le Cherche Midi, 2008.
Robert Keller, *Le Cirque aux képis blancs*, Éditions du Scorpion, 1959.
Jean Lacouture, *Une vie de rencontres*, Le Seuil, 2005.
Jean-Louis Lafitte, *Le Déserteur*, Gallimard, 1966.
Eugène Lanusse, *Des braves*, Flammarion, 1899.
Henri Laroque, *Marche ou crève*, Alger, Éditions du Forum, 1950.

Jacques Lauzière, « La nouvelle Légion étrangère », *Mercure de France*, 1er avril 1924.
Marius Lottaz, *Le Bourlingueur*, Lausanne, Éditions d'en bas, 1983.
Pierre Mac Orlan, *La Bandera*, Gallimard, 1931.
—, *La Légion étrangère*, Flammarion, 1933.
—, *Le Carrefour des trois couteaux*, Librairie des Champs-Élysées, 1940.
—, *Le Rire jaune, suivi de La Bête conquérante*, Liège-Paris, Maréchal, 1944.
—, *Pages de gloire de la Légion étrangère*, préface du général Kœnig, André Martel, 1952.
Jean-Paul Mahuault, *Légionnaires sahariens, 1939-1963*, Esprit du livre, 2011.
José Martinez, *Arken ou la Vie antérieure*, Julliard, 1961.
René Masson, *Le Grand Jeu*, Marabout, 1957.
Jean-Marie Mawem, *Les Poèmes d'un légionnaire*, La Pensée universelle, 1994.
Patrick Meney, *La Rafale*, Denoël, 1990.
Jean-Luc Messager, *Français par le sang versé. Les hommes de la Légion étrangère*, Éditions du Coteau, 2011.
René Mittenaere, *L'Héroïque Épopée*, Promotion et édition, 1967.
Gösta Moberg, *La Légion étrangère et son pays d'élection*, traduit du suédois par Mlle Dagmar Hard de Segerstad, Charles-Lavauzelle, 1956.
Pierre Montagnon, *Pas même un caillou*, Pygmalion-G. Watelet, 1990.
Marcel Montarron, *Ciel de cafard*, Gallimard, 1932.
Jean-Marie Montbarbut, *L'Adieu au Viêt-nam*, Montréal, Balzac-Le Griot, 1997.
Étienne de Montety, *Des hommes irréguliers*, Perrin, 2006.
Arthur Nicolet, *L'Œil de bronze. Aventures d'un légionnaire en Hitlercynie*, Lausanne-Paris, Éditions de l'échiquier, 1946.
—, *Mektoub, roman argotique de la Légion étrangère*, Éditions des Antipodes, 1948.
—, *Du haut de ma potence*, Éditions du Jura libre, 1961.
Henry Noullet, *Le Viet*, Jean-Claude Lattès, 1987.
Georges d'Ostoya, *Les Mercenaires à la Légion étrangère*, La Renaissance du livre, 1920.
Charles Poplimont, *Lettres sur la campagne d'Italie en 1859*, Charles Tanera, 1860.
Élysée Prêtre, *Les Cafardeux (ceux de la Légion)*, La Renaissance moderne, 1929.
Jean Renaud, *Les Héroïques Fripouilles*, préface du commandant Driant, Éditions de l'armée moderne, 1911.
—, *Les Errants*, Grasset, 1912.
Léon Riegel, *Guerre et littérature. Le bouleversement des consciences dans la littérature romanesque inspirée par la Grande Guerre, litté-*

ratures française, anglaise, anglo-saxonne et allemande, 1910-1930, Klincksieck, coll. « Bibliothèque du XXe siècle », 1978.
Pascal de Seigne, *Au nom de ma horde*, Jean-Cyrille Godefroy, 1991.
Roger Spilmont, *Les Sept Flammes*, Éditions Drareg, 1964.
Guy de Téramond, *La Glorieuse Canaille*, H. Simonis Empis, 1902.
Patrick Turnbull, *Un fortin à That-Ninh*, traduit de l'anglais par Bruno Martin, Fleuve noir, 1967.
Jean des Vallières, *Les Rendez-vous du hasard*, Albin Michel, 1955.
Benjamin Vallotton, *Le Légionnaire héroïque*, Lausanne-Genève, Payot, 1964.
Luc Vernon, *Tombeau légionnaire*, Albin Michel, 1982.

Bandes dessinées

Dino Battaglia, *L'Homme de la Légion*, Dargaud, 1978.
Jean Bucquoy et Daniel Hulet, *Les Chemins de la gloire*, t. III, *La Kermesse ensablée*, Glénat, 1990.
Edgar Rice Burroughs, *Tarzan et la Légion étrangère*, traduit de l'anglais par Gilbert Viala, s.l., 1994.
Lax et Franck Giroud, *Les Oubliés d'Annam*, Dupuis, 2000.
Philippe Glogowski et Marien Puisaye, *Histoire de la Légion étrangère (1831-1918). 1. Camerone*, Éditions du triomphe, 2002.
—, *Histoire de la Légion étrangère (1919-1945). 2. Bir Hakeim*, Éditions du triomphe, 2003.
—, *Histoire de la Légion étrangère (1945-1962). 3. Diên Biên Phu,* Éditions du triomphe, 2004.
—, *Histoire de la Légion étrangère de 1963 à demain. 4. Kolwezi*, Éditions du triomphe, 2005.
Jean-Pierre Gourmelen et Antonio Hernández Palacios, *Camerone*, Dargaud, 1983.
Jean Graton, *Vive la Légion !*, dans *Tintin*, n° 20, 1954.
Martin Lodewick, Didier Attanasio, *La Légion étrangère*, Bruxelles, Loup, 2004.
Roger Melliès, *Le Légionnaire de Bir Hakeim*, Artima, 1956.
Ted Osborne et Floyd Gottfredson, *Donald, champion de la Légion*, dans *Mickey-Parade*, n° 49, 1984.
—, *Genius légionnaire*, dans *Mickey-Parade*, n° 82, 1986.
Albéric de Palmaert et Jean-François Biard, *La Première Victoire. Norvège 1940*, Lavauzelle, 1990.
Tomic, *La Charge des képis blancs*, Artima, 1958.

Ouvrages en allemand (Allemagne et Suisse)

Albert Attinger, *Selbander nach Marseille*, Zurich, Fraumünster Verlag, 1942.

—, *Kampf in der Wüste. Fremdenlegion*, Zurich, Schweizer Druck und Verlagshaus, 1947.

Werner Bäcker, *Nur der Tod kann dich befreien*, Ares, 2008.

C. Bamberg, *Aus Afrika und Spanien. Erlebnisse und Schilderungen eines früheren Capitäns des Fremdenlegion, zugleich als Beitrag zur Geschichte der Kämpfe dieser Legion in Algerien und Spanien*, Iena, Chez Friedrich Mauke, 2 vol., 1870.

Georg Beer, *Die französische Fremdenlegion. Eine Warnung für Deutschlands Jugend*, Leipzig, chez Richard Sattler, 1911

E. Behm, *Die Schicksale eines Fremdenlegionärs nach dessen Berichten erzäh*, Hambourg, W. Behm, 1895.

Joseph Berger, *Unter den modernen Landsknechten. Bilder und Skizzen aus dem Soldatenleben der französischen Fremdenlegion. Tagebuchblätter eines ehemaligen Legionärs*, Brunswick, Albert Limbach, 1895.

Eugen Brause, *Honneur et Fidélité. Unter der grün-roten Fahne*, ouvrage à compte d'auteur, 2003.

G. Conrath, *Ewig ist nur der staub*, Saarlouis, Hausen Verlag, 1965.

Paul Eggenberg, *Fremdenlegionär Anton Weidert*, Zurich, Schweizerisches Jugendschriftenwerk, 1955.

Peter Eggenberger, *Mord in der Fremdenlegion*, Herisau, Appenzeller Verlag, 2000.

Ernst Frey, *Vietnam, mon amour. Ein Wiener Jude in Dienst von Hô Chi Minh*, Vienne, Czernin, 2001.

Wolfgang Genschorek, *Im Alleingang durch die Wüste. Das Forscherleben des Gerhard Rohlfs*, Leipzig, A Brockhaus Verlag, 1982.

Theodor Habicher, *In der französischen Fremdenlegion. Erlebnisse und Erinnerungen*, Essen, Fredebeul & Koenen, 1905.

Mario Haldemann, *Die Mutter und die Wüste, Friedrich Glausers « Gourrama » und die Deutschschweizer Fremdenlegionsliteratur*, Berne, Peter Lang, 1991.

Günter Halle, *Légion étrangère, Tatsachenbericht nach erlebnissen und dokumente von rückkehrern aus Vietnam*, Berlin (DDR), Verlag Volk und Welt, 1953.

Walter Herrmann, *Vom Tode zurück. Die Beichte eines Gestrandeten*, Berlin, Verlagsgesellschaft des Deutschen Metallarbeiterverbandes, 1933.

Arnold Hirtz, *Warnung vor der französischen Fremdenlegion*, Hamm, de Breer et Thiemann, 1911.

Peter Hornung, *Die Legion. Europas letzte Söldner*, Munich, Meyster, 1981.

Adolf Hunziker, *Erlebnisse und schilderungen aus der französischen Fremdenlegion*, Olten, Im Eigen-Verlag des Verfassers, 1935.

E.W. Hurter, *Das wahre gesicht der Freemdenlegion*, Lucerne, à compte d'auteur, s.d.

René Keller (dir.), *Dokumentationen zum Kampf gegen den Eintritt junger Schweizer in die Fremdenlegion*, Aarau, Sauerländer, 1963.

Alphonse Kinsky, *Vier Jahre in der Fremdenlegion nach Selbst. Erlebnissen erzoehlt*, Berlin, Schoenfeldt, 1896.

Hermann K. Kling, *Tagebuch ohne Datum*, Munich, Arabellastr. 5 H. K. Kling 2003.

Josef Komaromi, *Erinnerungen eines Fremdenlegionärs*, Prolitera, 2004.

Ferdinand Kugler, *Erlebnisse eines schweizers in den Dardanellen und an der Französischen front*, Zurich, Art. Institut Orell-Fussli, 1916.

Stefan Küttel, *Auf dem falschen Zug : im Dienste der französischen Fremdenlegion während des Freiheitskampfes in Algerien*, Altdorf, Gisler, 2002.

Ehrmann Muller, *Fünf jahre Fremdenlegionär in Algier, Marokko und Tunis*, Stuttgart, Belserche Verlagsbuchhandlung, 1911.

Franky Müller, *Töten war mein täglich Brot*, Witten, Volxbibel Verlag, 2007.

Fritz Ohle, *Weisse Sklaven. Schilderungen aus der französischen Fremdenlegion*, Leipzig, Richard Sattler, 1906.

Hans Paasche et Friedrich Hussong, *Die abenteuer des Fremdenlegionärs Kirsch Paasche Hans*, Berlin, August Scherl, 2 vol., s.d.

Leopold Raif, *Im Fremdendienst Erlebnisse aus der französischen Fremdenlegion*, Karlsruhe, 1897.

Victor Reven, *Die Fremdenlegion. Eine sozialpolitische, völkerrechtliche und weltpolitische Untersuchung*, Stuttgart, R. Lutz, 1911.

Franz Rispy, *Fremdenlegionär 000/518 ; Entführung aus der Fremdenlegion,* Zurich, Riza-Verlag, 1956

—, *Sie klagen an ! Erschütternde Tatsachenberichte geflüchteter Fremdenlegionäre über die Tragödie von Algerien*, Zurich, Riza Verlag, 1958.

Graf von Rohden, *Sechs Jahre Fremdenlegionär. Erlebnisse und Abenteuer* ; Leipzig, 1910.

Armin Ronai, *Erlebnisse eines Fremdenlegionärs*, Reutlingen, Ensslin und Laiblins, 1924.

Erwin Rosen, *In der Fremdenlegion. Erinnerungen und Eindrücke*, Stuttgart, Robert Lutz, 1909.

Gottlieb von Rosen, *Bilder aus Algier und der Fremdenlegion*, Kiel, Bünsow, 1842.

—, *Bilder aus Spanien und der Fremdenlegion*, Kiel, Bünsow, 2 vol., 1843.

Albert Rothen, *6 jahre in der Fremdenlegion*, Schwarzenburg, H. Gerber, 1935.

Horst Schluckner, *Abenteuer Fremdenlegion*, Engelsdorfer, 2004.

Hans L. Seiler, *Fünf jahre in der Französischen Fremdenlegion. Aus meinen Tagebuchblättern*, s.l., 1921.

Guido Schmidt, *Der Cafard. Als Fallschirmjäger bei der Fremdenlegion*, Stuttgart, Motorbuch Verlag, 1997.

F. Simon, *Was ich als Deutscher in der Französischen Fremdenlegion erlebte und wie ich durch Flucht aus den krallen der Franzosen die deutsche Heimat erreichte*, Hambourg-Schiffbek, Ferdinand Schulz, 1931.

G.A. Spengler, *Verkaufte Menschen. Aus dem Tagebuche eines Fremdenlegionärs*, Zurich, Aktienbuchdr, [1905].

Dietrich Stahlbaum, *Der Ritt auf dem Ochsen oder auch Moskitos töten wir nicht. Ein Roman*, Aix-la-Chapelle, K. Fischer, 2000.

Paul Strupler, *Tollhaus Fremdenlegion. Erlebnisse und Typen aus der französischen Fremdenlegion*, Arbon, Eichenverlag, 1933.

Henryk Szarek, *Ein Soldatenleben*, Düsseldorf, Barett Verlag, 1988.

Willy Theisinger, *Legio Patria Nostra. Das Buch der Fremdenlegion*, Neu-Ulm, Vert-Rouge, 1970.

Thomas Trent, *Hölle von Tonkin. Ein deutsches Legionärsschicksal in Indochina : nach Tatsachenberichten deutscher Indochinakämpfer*, Göttingen, Fischer, 1955.

Horst Triebe, *Fremdenlegionär Peter Karste Erlebnisse eines Fallschirmjägers*, Norderstedt Books on Demand 2008.

Wilhelm von Trotha, *Frankreichs Fremdenlegion*, Wittenberg, A. Ziemsen, 1929.

John D. Verden, *Strandgut in Algier*, Weltspiegel-Verlag, 1962.

Albert Verbeet, *Freiwillige in den Tod. Ein Deutscher erlebt die Dschungelhölle von Indochina*, Oberhausen-Osterfeld, à compte d'auteur, 1954.

Erwin Zwicky, *Fremdenlegionär Nr. 51206*, Glarus, à compte d'auteur, [1930].

Ouvrages en anglais (Royaume-Uni et États-Unis)

Henry Ainlay, *In Order to Die*, Londres, Burke, 1965.

Roy Claude Anderson, *Devils, not Men. The History of the French Foreign Legion*, Londres, Robert Hale, 1987.

Leslie Aparvary, *A Legionnaire's Journey*, Calgary, Detselig Enterprises, 1989.

James Mackinley Armstrong, *Legion of Hell. Ex-Legionnaire James Mackinley Armstrong as Told to William J. Elliott*, Londres, Sampson Low Marston, 1936.
Charles Calvert Bayley, *Mercenaries for the Crimea, the German, Swiss and Italian Legions in British Service, 1854-1856*, Montréal, McGill-Queen's University Press, 1977.
Wyatt Blassingame, *The French Foreign Legion*, New York, Random House, 1955.
Geoffrey Bocca, *La Légion ! The French Foreign Legion and the Men who Made It Glorious*, New York, Thomas Y. Crowell Company, 1964.
Douglas Boyd, *The French Foreign Legion*, Londres, Sutton Publishing, 2006.
Edgar Rice Burroughs, *Tarzan and the Foreign Legion*, New York, Ballantines Books, 1964.
Martin Chadzynski et Carli Laklan, *Runaway !*, New York, Mc Graw-Hill Book Company, 1979.
Rickards Colin, *The Hand of Captain Danjou, Cameron and the French Foreign Legion in Mexico, 30 april 1863*, Ramsbury, Crowood, 2005.
Jack Autrey Dabbs, *The French Army in Mexico, 1861-1867. A Study in Military Government*, La Haye, Mouton, 1963.
Yves Debay, *The French Foreign Legion Today*, Londres, Windrow & Greene, 1992.
Draycott Montagu Dell, *For the Glory of the Legion*, Londres, George Newnes, 1934.
John Ehle, *The Survivor. The Story of Eddy Hukov*, New York, Holt, 1958.
George Robert Elford, *Devil's Guard*, New York, Delacorte Press, 1971.
Ex-Legionnaire 75,645 (*i.e.* Weston), *Slaves of Morocco*, Londres, Sampson Low Marston, 1938.
Ex-Legionnaire 1384 of the Légion étrangère (*i.e.* John Henry Harvey), avec la collaboration de W.J. Blackledge, *Hell Hounds of France*, Londres, Sampson Low Marston, 1932.
—, avec la collaboration d'Anton Lind, *Legion of the Lost*, Londres, Sampson Low Marston, 1934.
Reginald R. Forbes, *Red Horizon. By Ex-Legionnaire No. 9372 Reginald R. Forbes*, Londres, Sampson Low Marston, 1935.
Edmond Genet, John Jay Chapman et Grace Ellery Channing, *War Letters of Edmond Genet, the First American Aviator Killed Flying the Stars and Stripes*, New York, Charles Scribner's Sons, 1918.
Tony Geraghty, *March or Die. A New History of the French Foreign Legion*, New York-Oxford, Facts on File Publications, 1987.
John Gibbons, *The Truth about the Legion*, Londres, Methuen and Co, 1933.
Hans Habe, *A Thousand Shall Fall*, New York, Harcourt Brace and Company, 1941.

John Harvey, *With the French Foreign Legion in Syria*, Londres, Hutchinson, 1928.

John F. Hasey, *Yankee Fighter. The Story of an American in the Free French Foreign Legion*, Boston, Little, Brown and Co., 1942.

Camilla Hope, *Long Shadows*, Cleveland, International Fiction Library, 1929.

Robin Hunter, *True Stories of the Foreign Legion*, Londres, Virgin Books 1997.

Sheldon Jaffery (éd.), *Theodore Roscoe's Toughest in the Legion*, Mercer Island, Starmont House, 1988.

Christian Jennings, *Mouthful of Rocks : Modern Adventures in the French Foreign Legion*, New York, The Atlantic Monthly Press, 1989.

Walter Kanitz, *The White Kepi. A Casual History of the French Foreign Legion*, Chicago, Henry Regnery Company, 1956.

George Armstrong Kelly, *Lost Soldiers. The French Army and Empire in Crisis 1947-1962*, Cambridge (MA), MIT Press, 1965.

Fritz Klose, *The Legion Marches. The Woes and Wrongs of the Foreign Legion*, Londres, John Hamilton, 1932.

John Laffin, *The Foreign Legion*, New York, Barnes & Noble, 1974.

Ernst Friedrich Löhndorff, *Hell in the Foreign Legion*, New York, Greenberg, 1932.

Maurice Magnus, *Memoirs of the Foreign Legion*, introduction de D.H. Lawrence, Londres, M. Secker, 1924.

George Manington, *A Soldier of the Legion. An Englishman's Adventures under the French Flag in Algeria and Tonquin*, Londres, Murray, 1907.

John S. Mannet, *Dread Outpost*, Londres, Trojan Publications, 1955.

Frederic Marlyn, *Life in Legion from Soldier's Point of View*, New York, Charles Scribner Sons, 1911.

Angus McLean, *Vive la Légion*, Londres, Sampson Low Marston, 1937.

Hugh McLeave, *The Damned Die hard*, New York, *Saturday Review* Press, 1973.

Charles Mercer, *Legion of Strangers. The Vivid History of a Unique Military Tradition. The French Foreign Legion*, New York, Holt, Rinehart and Winston, 1964.

Edwin W. Morse, *The Vanguard of American Volunteers in the Fighting Lines and in Humanitarian Service. August 1914-April 1917*, New York, Charles Scribner Sons, 1922.

John Dimmock Newsom, *Drums of the Legion*, Londres, William Heinemann, 1928.

—, *Garde à vous ! (On Guard !). A Novel*, New York, Doubleday Doran, 1928.

—, *Wiped out, Stories of the Foreign Legion*, New York, Dell Publishing Co, 1947.

Thomas Nigel, *The Foreign Legion*, New York, St. Martins Press, 1977.
Edgar O' Ballance, *The Story of the French Foreign Legion*, Londres, Faber and Faber, 1961.
Padraig O'Keeffe, *Hidden Soldier. An Irish Legionnaire's War from Bosnia to Iraq*, Dublin, O'Brien Press, 2007.
Stefan Olivier, *Lost Sons*, Londres, Anthony Blond, 1961.
James O'Neill, *Garrison Tales from Tonquin. An American's Stories of the French Foreign Legion in Vietnam in the 1890s*, Baton Rouge, Louisiana State University Press, 2006.
Septimus O'Reilly et William J. Elliot, *The Tiger of the Legion. Being the Life Story of « Tiger » O'Reilly*, Londres, Samson Low Marston, 1935.
Ouida, *Under two Flags. A Novel*, New York, Stein & Day, 1967.
John Parker, *Inside the Foreign Legion. The Sensational Story of the World's Toughest Army*, Londres, Judy Piatkus, 1998.
Bill Parris, *Making of a Legionnaire. My Life in the French Foreign Legion Parachute Regiment*, Londres, Weidenfeld & Nicolson, 2004.
Alfred Perrott-White, *French Legionnaire*, Londres, John Murray, 1953.
Paul Ayres Rockwell, *American Fighters in the Foreign Legion, 1914-1918*, Boston-New York, The Riverside Press Cambridge, 1930.
Erwin Rosen, *In the Foreign Legion*, Londres, Duckworth & Co, 1910.
James W. Ryan, *Camerone : the French Legion's Great Battle*, Londres, Greenwood-Praeger, 1996.
—, *The Last Cartridge. The French Foreign Legion in Mexico*, Philadelphie, Xlibris, 2000.
Jaime Salazar, *Legion of the Lost. The True Experience of an American in the French Foreign Legion*, New York, Berkeley Caliber Book, 2005.
Alan Seeger, *Letters and Diary of Alan Seeger*, New York, Christian Scribner's Sons, 1917.
Howard R. Simpson, *The Paratroopers of the French Foreign Legion. From Vietnam to Bosnia*, Washington (DC), Brassey's, 1997.
David Henry Slavin, *Colonial Cinema and Imperial France, 1919-1939. White Blind Spots, Male Fantasies, Settler Myths*, Baltimore, Johns Hopkins University Press, 2001.
Tony Sloane, *The Naked Soldier. My Life in the French Foreign Legion*, Londres, Vision, 2004.
A.G. Storer, *I Wear the Burnous*, Londres, Sampson Lo, Marston, 1937.
Howard Swiggett, *March or Die*, New York, Putnam, 1953.
Zosa Szajkowski, *Jews and the French Foreign Legion*, New York, Ktav Publishing House, 1975.
Ensio Tiira, *Raft of Despair*, Londres, Hutchinson & Co, 1954.
Arthur Cheney Train, *The Horns of Ramadan*, New York, Charles Scribner's Sons, 1928.

Edward Clarence Tralawney-Ansell, *The Cohort of the Damned. From « Blev » to Capitaine*, Londres, Samson Low Marston, 1939.
Patrick Turnbull, *The Foreign Legion. A History of the Foreign Legion*, Londres, Heinemann, 1964.
Francis A. Waterhouse, *Bloodspots in the Sand. Further pages from the life of Francis A. Waterhouse, ex-légionnaire 1484*, Londres, Sampson Low Marston, s.d.
Paul Watkins, *In the Blue Light of African Dreams*, Boston, Houghton Mifflin, 1990.
Martin Windrow, Wayne Braby et Kevin Lyles, *French Foreign Legion Paratroops*, Londres, Osprey Publishing, 1985.
Martin Windrow et Mike Chappell, *The French Foreign Legion since 1945*, Londres, Osprey Publishing, 1996.
Charles N. Williamson et A.M. Williamson, *A Soldier of the Legion*, New York, Dobleday Page and Co, 1914.
Percival Christopher Wren, *Port O' Missing Men. Strange Tales of the Stranger Regiment*, Londres, J. Murray, 1934.
—, *Stories of the Foreign Legion*, Londres, Vallancey Press, 1945.
John Robert Young, *The French Foreign Legion. The Inside Story of the World-Famous Fighting Force*, New York, Thames & Hudson, 1988.

Ouvrages en espagnol

Gustavo Adolfo Baz, Eduardo L. Gallo et César Macazaga Ordoño, *Historia del ferrocarril mexicano, riqueza de México en la zona del Golfo a la mesa central, bajo su aspecto geológico, agrícola, manufacturero y comercial : estudios científicos, históricos y estadísticos*, Mexico, Editorial Cosmos, 1877.
Emilio Condado Madera, *La intervención francesa en España, 1835-1839*, Madrid, Editorial Fundamentalos, 2002.
Julio Crespo Machicado, *Por los caminos de la aventura : un Boliviano en la Legión extranjera*, Cochabamba (Bolivie), Editorial Canelas, 1980.
Enrique Gómez Carillo, *La gesta de la legión : los hispanoamericanos en la guerra*, Madrid, Mundo latino, 1921.
Joaquim Mañes Postigo, *El mito de Camerone*, Huelva, Hergué Editores, 2004.
—, *Españoles en la Legión extranjera*, Madrid, Inédita Ediciones, 2009.
David Martínez i Fiol, *Els « Volontaris catalans » a la Gran Guerra (1914-1918)*, Barcelone, Abadia de Montserrat, 1991.
José Montes Ramos, *La Legión. Marruecos 1920 / Boznia-Herzegovina 1993*, Madrid, Agualarga, 1996.

Luis Páez Brotchie, *Valiosos documentos tapatíos sobre la intervención francesa*, Mexico, Sociedad mexicana de geografía y estadística, sección de historia, 1963.

Marcel Penette et Jean Castaingt, *La Legión extranjera en la intervención francesa (historia militar) 1863-1867*, Mexico, Sociedad mexicana de geografía y estadística, sección de historia, 1962.

Ernesto Tarrago M. *et al.*, *La intervención francesa*, Mexico, Sociedad mexicana de geografía y estadística, sección de historia, 1963.

Alfonso Vidal y Planas, *Odisea del legionario Adolfo Torres, herido en la guerra*, Madrid, Imprenta de Juan Pueyo, 1915.

Travaux universitaires : mémoires et thèses non publiés

Rémi Adam, *La Situation morale et matérielle des soldats du corps expéditionnaire russe en France de septembre à décembre 1917 à travers les archives du contrôle postal*, mémoire de l'IEP de Grenoble sous la direction de Pierre Broué, 1987.

Philippe Alix, *La Pacification du Sud marocain (colonnes Giraud et Catroux)*, mémoire de maîtrise de l'université Rennes-II, 1995.

Honoré Benoît, *La Légion étrangère et la professionnalisation de l'armée française*, mémoire de master II de l'IEP d'Aix-en-Provence sous la direction d'André-Paul Comor, 2009.

Georg Bislin, *Der unerlaubte Eintritt in fremden Militärdienst als Schwächung der Wehrkraft*, thèse, Berne, 1938.

Michel Bodin, *Le Corps expéditionnaire français en Indochine 1945-1954*, thèse de doctorat d'État sous la direction de Guy Pedroncini, université Paris-I, 1991.

François Borot, *L'Armée française et son cinéma entre 1915 et 1940*, thèse sous la direction de Marc Ferro, université Paris-X, 1987.

Benjamin Bouckenhooghe, *La Ligne Pédron ou le barrage ouest pendant la guerre d'Algérie 1956-1962*, mémoire de maîtrise d'histoire, université Paul-Valéry Montpellier-III, 1995.

Michel Boyer, *Les Russes au service de la France : 1914-1921. Des brigades russes au recrutement russe de la Légion étrangère*, mémoire de DEA de l'IEP d'Aix-en-Provence sous la direction du professeur André Martel, 1997.

Pierre Brière-Loth, *Édition critique et commentaire d'une expérience d'un lieutenant de Légion étrangère à travers les 60 lettres inédites du lieutenant Rollet (Oranais et Sud oranais) du 14 décembre 1899 au 24 décembre 1901*, mémoire de maîtrise sous la direction de Bernard Lugan, université Louis-Lumière, Lyon-III, 1989.

Roger Cabrol, *L'Adaptation à la Légion étrangère : étude sociopsychopathologique*, thèse pour le doctorat de médecine, université Bordeaux-II, 1971.

Éric Chiarada, *L'Entourage du général de Gaulle (juin 1958-avril 1969)*, thèse de l'université de Bordeaux, 2006.

Daniel Couleur, *Les Troupes russes en France pendant la Première Guerre mondiale*, mémoire de DESS de la Sorbonne sous la direction de Jean-Baptiste Duroselle, 1968.

Christophe Delabroye, *Approche d'un univers mental d'une génération d'officiers, 1954-1962. La guerre d'Algérie. Enquête orale sur dix-neuf officiers français*, mémoire de maîtrise sous la direction de Robert Hilbert, université Aix-Marseille-I, 1989.

Jean-Philippe Deuwell, *Approche des officiers de la Légion étrangère en Indochine, 1945-1954 : étude statistique de la totalité des officiers morts pendant cette guerre*, mémoire de maîtrise sous la direction de Marc Michel et André-Paul Comor, université de Provence, Aix-en-Provence, 1991.

Pierre-Louis Dubois, *Les Services de renseignement de la Légion étrangère pendant l'entre-deux-guerres*, mémoire de l'ESM de Saint-Cyr sous la direction d'Olivier Forcade, 1998.

Nicolas Dufour, *Nasan. Base aéroterrestre. 20 octobre 1952-12 avril 1953*, mémoire de maîtrise sous la direction de Georges-Henri Soutou, université Paris-IV, 1996.

Christophe Dutrône, *La Guerre des postes en Cochinchine, un maillon de la pacification dans le Sud-Vietnam 1945-1954*, mémoire de DEA sous la direction d'André Martel, IEP d'Aix-en-Provence, 1996.

Beat Fenner, *Der Tatbestand des Eintritts in fremden Militärdienst*, thèse, Zurich, 1972-1973.

Élisabeth Ferraud, *Cérémonial de la Légion : la remise des képis blancs*, mémoire de maîtrise de l'université de Toulouse, 1992.

—, *Les Relations entre la ville de Castelnaudary et le 4e régiment étranger*, mémoire de DEA de l'université de Toulouse, 1994.

Claire Fredj, *Médecins en campagne, médecine des lointains. Le service de santé des armées dans les expéditions lointaines du Second Empire (Crimée, Cochinchine, Mexique)*, thèse de l'EHSS, 2006.

Marc-Olivier Gelmann, *Le Service de santé pendant la bataille de Diên Biên Phu*, thèse d'exercice de la médecine sous la direction de Mme le professeur Marie-José Huart, Paris-VII, Bichat, 1997.

Stéphane Jarlaud, *La Formation de base des engagés volontaires dans la Légion étrangère*, mémoire de l'IEP de Toulouse sous la direction de Lucien Mandeville, 1991.

Yan Kiefer-Aydat (chef de bataillon), *La Légion étrangère. Situation et perspectives*, mémoire de DEA de l'IEP d'Aix-en-Provence sous la direction d'André-Paul Comor, 2001.

Christophe Lafaye, *Mémoire sur le III/13e DBLE en Indochine de septembre 1953 à mars 1954. Disparition d'un bataillon d'élite*, mémoire de maîtrise sous la direction de Sylvie Guillaume, université Michel-Montaigne Bordeaux-III, 1999.

Rémy Lagorio, *Les Officiers de la Légion étrangère de 1962 à nos jours*, mémoire de DEA sous la direction de Jules Maurin, université Paul-Valéry Montpellier-III, 2004.

Frédéric Lalmy, *Les Mécanismes psychologiques d'affiliation à la Légion étrangère*, étude de psychologie clinique et pathologique, mémoire de maîtrise, université Paris-V, 2006.

Enrico Leone, « *Patrioti italiani nella legione straniera in Algeria* », *Recrutement, mentalités, sociétés, Actes du colloque international d'histoire militaire 18-22 septembre 1974*, Centre d'histoire militaire et d'études de Défense nationale de Montpellier, université Paul-Valéry Montpellier-III.

Jean-Éric Lundy, *Le Traitement pénal dans l'armée française sous la IIIe République (corps d'épreuve, corps disciplinaires, établissements pénitentiaires)*, essai de synthèse, mémoire de criminologie, université Paris-V, 1987.

—, *Rapports du tatouage au contrat narcissique dans la Légion étrangère (à partir de la notion d'affiliation)*, mémoire pour le CES de psychiatrie sous la direction du professeur J.-P. Olié, Paris-V, 1989.

Paul Malmassari, *Une expérience militaire sous-estimée : les trains blindés français, de la révolution industrielle à la décolonisation. Étude technique et tactique comparée, 1826-1962*, thèse de l'université Paul-Valéry Montpellier-III, 2007.

Jean-François Nativité, *Culture d'ordre et identités régionales : la gendarmerie dans les départements pyrénéens (1939-1944)*, thèse de doctorat d'histoire, sous la direction de Jules Maurin, université Paul-Valéry Montpellier-III, 2010.

Mireille Nicoud, *L'Emploi de la Légion étrangère en Indochine 1945-1955*, thèse de doctorat sous la direction de Jean-Charles Jauffret, université Paul-Valéry Montpellier-III, 1997.

Thierry Noulens, *L'Arme blindée et cavalerie (ABC) en guerre d'Algérie : adaptation d'un système d'arme entre archaïsme et modernité (1954-1962)*, thèse de doctorat sous la direction de Jacques Frémeaux et Jean-Charles Jauffret, université Paris-IV, 2011.

Charlotte Paymal, *Les Mécanismes de reconnaissance des services rendus par les militaires servant à titre étranger*, mémoire de master II droit de la défense, parcours « conseiller juridique aux armées », sous la direction du lieutenant-colonel Naudin, université Paul-Cézanne Aix-Marseille-III, 2011.

Marie Radenne, *La Légion étrangère : problèmes humains, politiques et sociaux. Perspectives nouvelles en 1963*, mémoire de l'IEP d'Aix-en-Provence sous la direction du professeur Geouffre de La Pradelle, 1963.

Manuel Rodriguez, *Les Engagés volontaires latino-américains pendant la Grande Guerre*, mémoire de master II de l'IEP de Paris, 2010.

Philippe Rogers (lieutenant-colonel), *L'Escadrille La Fayette : unité volontaire de combat oubliée de l'Amérique*, mémoire de DEA sous la direction d'Hervé Coutau-Bégarie, EHPE, 2002.

Georges Rolland, *Combats et travaux du Génie à la Légion étrangère*, mémoire de DEA de l'IEP d'Aix-en-Provence sous la direction d'André-Paul Comor, 2003.

Miloud Karin Rouina, *Essai d'étude comparative de la guerre d'indépendance de l'Algérie de 1954 à 1962 à travers deux villes Oran et Sidi-Bel-Abbès*, thèse de 3e cycle sous la direction d'André Martel, université Paul-Valéry Montpellier-III, 1980.

Vincent Saint-Denis (capitaine), *Typologie des chants Légion, 1831-1997*, mémoire de DEA, université Paul-Valéry Montpellier-III, 1997.

Vincent Saule, *L'Appareil du discours ou le savoir du savoir-faire Légion*, mémoire de DESS, Toulouse, 1993.

Bernard Savelli, *La Légion étrangère au Tonkin des origines à 1914*, mémoire de maîtrise sous la direction de Pierre Guiral, université de Provence, 1971.

Gérald Sawicki, *Les Services de renseignement à la frontière allemande (1871-1914)*, thèse de doctorat sous la direction de François Roth, université Nancy-II, 2006.

Lydia Scher-Zembitska, *Les Polonais au service de la France de 1732 à 1832*, thèse d'histoire sous la direction d'André Corvisier, université Paris-IV, 1993.

Michel Soulas, *Les Engagements de Pierre Kœnig*, thèse sous la direction de Carol Iancu, université Paul-Valéry Montpellier-III, 2010.

Tibor Szecsko, *Implantation et engagement de la Légion étrangère au Tonkin : 1914-1941*, thèse de doctorat d'université sous la direction d'André Martel, université Paul-Valéry Montpellier-III, 1987.

Sarah Tcherkechian, *Le Conseil juridique à la Légion étrangère : un conseil empreint des spécificités de la Légion étrangère*, mémoire de master II droit de la défense, parcours « conseiller juridique aux armées », université Paul-Cézanne Aix-Marseille-III, 2008.

François Thesmar, *L'Ordre de la Libération ou les Compagnons par eux-mêmes, suivi du journal de Jean Silvy*, thèse de l'IEP de Paris sous la direction de Jean-Paul Azéma, 1991.

Blanca Margarita Torres Rodríguez, *La participación de la Legión extranjera en la batalla de Camarón (30 de abril de 1863)*, université de Vera cruz, 1994.

LÉGION ESPAGNOLE

Archives nationales de Catalogne-Barcelone à Sant Cugat del Vallés : fonds Solé i Pla.

Les archives principales de la légion se trouvent à Ceuta. Les registres anciens de personnel sont conservés à Ségovie. Les journaux d'opération de la guerre civile ont été transférés de Madrid à Ávila.

La Legión, revue officielle et trimestrielle de la légion espagnole, Madrid, depuis 1959.

Antonio Martínez de la Casa (dir.), *La legión española. 75 años de historia (1920-1995)*, 3 vol., 2001-2003.

José Luis Rodríguez Jiménez, *A mí la Legión ! De Millán Astray a las misiones de paz*, Barcelone, Planeta, 2005.

Filmographie sur la légion espagnole (établie par Jean-Marc Delaunay)

El heroe de la Legión (« Le héros de la Légion »), de Juan Solá Mestre (muet), 1922.

Por la Patria y por el Rey o Memorias de un legionario (« Pour la Patrie et le Roi, ou Mémoires d'un légionnaire »), de Rafael Salvador (muet), 1923.

Los heroes de la Legión (« Les héros de la Légion »), de Rafael López Rienda (muet), 1927.

La Bandera, de Julien Duvivier, avec Jean Gabin et Annabella (tourné en partie à Dar Riffien et dédié à Franco, alors chef d'état-major de l'armée espagnole, qui avait permis le tournage), 1935.

A mí la Legión ! (« À moi la Légion ! ») de Juan de Orduña, 1942.

Póker de ases (« Poker d'as »), de Ramón Barreiro, 1948.

Truhanes de honor (« Truands d'honneur ») de Eduardo García Maroto, 1950.

Balarrasa (« Forte tête »), de José Antonio Nieves Conde, avec Fernando Fernán Gómez, 1951.

Novios de la muerte (« Les fiancés de la mort ») de Rafael Gil, 1975.

A la Legión le gustan las mujeres... y a las mujeres, les gusta la legión (« La Légion aime bien les femmes… et les femmes aiment bien la Légion ») de Rafael Gil, 1976.

FILMOGRAPHIE

FILMOGRAPHIE

établie par Jean-Luc Messager

Titre original	Date	Pays d'origine	Réalisateur	Scénariste
Under Two Flags	1912	États-Unis	Lucius Henderson	Lloyd Lonergan
Le Légionnaire	1914	France	Henri Pouctal	
The Unknown	1915	États-Unis	George Melford	Margaret Turnbull
Under Two Flags	1916	États-Unis	J. Gordon Edwards	George Edwardes-Hall, Ouida, Arthur Shirley
L'Atlantide	1921	France	Jacques Feyder	Jacques Feyder
Under Two Flags	1922	États-Unis	Tod Browning	Elliott J. Clawson, Edward T. Lowe Jr.
Scorching Sands	1923	États-Unis	Hal Roach	Robin Williamson
À l'horizon du Sud	1923	France	Marco de Gastyne	Marco de Gastyne
A Society Scandal	1924	États-Unis	Allan Dwan	Alfred Sutro
Les Fils du soleil	1924	France	René Le Somptier	
The Winding Stair	1925	États-Unis	John Griffith Wray	Julian La Mothe
Beau Geste	1926	États-Unis	Herbert Brenon	Herbert Brenon, John Russell, Paul Schofield
Legionnaires in Paris	1927	États-Unis	Arvid E. Gillstrom	Jefferson Moffitt
Beau Sabreur	1928	États-Unis	Charles Edgar Schoenbaum	Tom J. Geraghty
Hangman's House	1928	États-Unis	John Ford	Marion Orth
The Foreign Legion	1928	États-Unis	Edward Sloman	Jack Jarmuth, Charles Kenyon
The Legion of the Condemned	1928	États-Unis	William A. Wellman	Jean de Limu, George Marion Jr.

Acteurs principaux	Couleur ou noir & blanc	Durée (min)	Type	Société
William Russell, Katherine Horn, William Garwood	NB		Muet	Thanhouser Film Corporation
	NB		Muet	
Lou Tellegen, Theodore Roberts, Dorothy Davenport	NB	50	Muet	Jesse L. Lasky Feature Play Company
Theda Bara, Herbert Heyes	NB	60	Muet	Fox Film Corporation
Jean Angelo, Stacia de Napierkowska, Georges Melchior, René Lorsay	NB	136	Muet	Thalman et Cie
Priscilla Dean, James Kirkwood	NB	80	Muet	Universal Film Manufacturing
Stan Laurel, James Finlayson	NB	10	Muet	Hal Roach Studios
Pierre Skrypitzine, Yvonne Simon, Choura Milena	NB		Muet	Art et cinéma
Gloria Swanson, Rod La Rocque, Ricardo Cortez, Allan Simpson	NB		Muet	Paramount Pictures
Georges Charlia, Marquisette Bosky	NB		Muet	Société des cinéromans
Alma Rubens, Edmund Lowe, Warner Oland	NB	60	Muet	Fox Film Corporation
Ronald Colman, Neil Hamilton, Ralph Forbes	NB	101	Muet	Paramount Pictures
Al Cooke, Kit Guard, Louise Lorraine	NB	60	Muet	Film Booking Offices of America
Gary Cooper, Evelyn Brent, Noah Beery, William Powell	NB	60	Muet	Paramount Pictures
John Wayne, Victor Mac Laglen, June Collyer, Earle Foxe	NB	71		
Norman Kerry, Lewis Stone Crauford Kent	NB	80	Muet	Universal Pictures
Gary Cooper, Fay Wray Barry Norton	NB	80	Muet	Paramount Famous Lasky Corporation

Titre original	Date	Pays d'origine	Réalisateur	Scénariste
Flucht in die Fremdenlegion	1929	Allemagne	Louis Ralph	Curt Siodmak
Morocco	1930	États-Unis	Josef von Sternberg	Benno Vigny, Jules Furthman
Renegades	1930	États-Unis	Victor Fleming	Jules Furthman
Beau Hunks	1931	États-Unis	James W. Horne	H.M. Walker
Beau Ideal	1931	États-Unis	Herbert Brenon	Paul Schofield, Elizabeth Meehan
Die Herrin von Atlantis	1932	Allemagne	Georg Wilhelm Pabst	Ladislas Vajda
Le Sergent X	1932	France/ Allemagne	Vladimir Strijewsky	Ivan Loukach, Vladimir Strijewsky
Arabian Tights	1933	États-Unis	Hal Roach	
The Devil's in Love	1933	États-Unis	William Dieterle	Howard Estabrook
The Three Musketeers	1933	États-Unis	Armand Schaeffer	Norman Hall, Colbert Clark, Ben Cohn
Le Grand Jeu	1934	France	Jacques Feyder	Jacques Feyder, Charles Spaak
Le Prince Jean	1934	France	Jean de Marguenat	Paul Schiller
La Bandera	1935	France	Julien Duvivier	Julien Duvivier, Charles Spaak
Valborgsmässoafton	1935	Suède	Lars Hanson	Oscar Rydqvist, Gustaf Edgren
Un de la Légion	1936	France	Christian-Jaque	Paul Fékété
Under Two Flags	1936	États-Unis	Frank Lloyd	
We're in the Legion Now	1936	États-Unis	Crane Wilbur	Roger Whately

Acteurs principaux	Couleur ou noir & blanc	Durée (min)	Type	Société
Hans Stüwe, Alexander Murski, Eva von Berne	NB		Muet	Ideal-Film GmbH
Marlene Dietrich, Gary Cooper, Adolphe Menjou, Ullrich Haupt	NB	91		Paramount Pictures
Warner Baxter, Myrna Loy	NB	84		Fox Film Corporation
Stan Laurel, Oliver Hardy	NB	37		Metro-Goldwyn-Mayer
Ralph Forbes, Loretta Young, Irene Rich	NB	82		RKO Radio Pictures
Gustav Diessl, Heinz Klingenberg, Tela-Tchai, Vladimir Sokoloff	NB	87		Nero-Film AG/ Societé Internat. cinématographique
Ivan Mosjoukine, Suzy Vernon, Jean Angelo, Suzanne Stanley, Bill Bocket	NB	87		Gloria Film
Charley Chase, Muriel Evans, Carlton Griffin	NB	20		Hal Roach Studios
Victor Jory, Loretta Young, Vivienne Osborne	NB	70		Fox Film Corporation
Jack Mulhall, Raymond Hatton, Francis X. Bushman Jr., John Wayne	NB	210	Série	Mascot Pictures
Pierre Richard-Willm, Marie Bell, Charles Vanel, Françoise Rosay	NB	120		Films de France
Natalie Paley, Pierre Richard-Willm, Roger Karl, Arnaudy	NB	105		Fox Film
Jean Gabin, Annabella, Robert Le Vigan, Raymond Aimos, Pierre Renoir, Viviane Romance	NB	110		Société nouvelle de cinématographie
Lars Hanson, Ingrid Bergman, Victor Sjöström	NB	82		Svensk Filmindustri
Fernandel, Paul Azaïs, Suzy Prim, Robert Le Vigan	NB	91		Productions Calamy
Nigel Bruce, John Carradine, Ronald Colman, Claudette Colbert	NB	112		Twentieth Century Fox
Reginald Denny, Esther Ralston, Robert Frazer	C	56		George A. Hirliman Productions

Titre original	Date	Pays d'origine	Réalisateur	Scénariste
Les Hommes sans nom	1937	France	Jean Vallée	Jean des Vallières
The Legion of Missing Men	1937	États-Unis	Hamilton MacFadden	Harry O. Hoyt
Trouble in Morocco	1937	États-Unis	Ernest B. Schoedsack	
Wee Wee Monsieur	1938	États-Unis	Del Lord	Searle Kramer
Adventure in Sahara	1938	États-Unis	D. Ross Lederman	
Die frau und der tod	1938	Allemagne/ Suisse	Léo Lapaire	
Raphaël le tatoué	1938	France	Christian-Jaque	Curt Alexander, Jean Nohain
Beau Geste	1939	États-Unis	William A. Wellman	Robert Carson
Face au destin	1939	France	Henri Fescourt	Jean des Vallières
Juarez	1939	États-Unis	William Dieterle	Aeneas MacKenzie, John Huston
La Grande Inconnue	1939	France	Jean d'Esme	Jean d'Esme
Le Chemin de l'honneur	1939	France	Jean-Paul Paulin	Jean Rentès
The Flying Deuces	1939	États-Unis	A. Edward Sutherland	Ralph Spence, Charley Rogers, Fred Schiller, Harry Langdon
¡ A mí la legión !	1942	Espagne	Juan de Orduña	Luis Lucia
Fort de la solitude	1948	France	Robert Vernay	Bernard Zimmer
Rogues' Regiment	1948	États-Unis	Robert Florey	Robert Buckner, Robert Florey
Outpost in Morocco	1949	États-Unis	Robert Florey	
Abbott and Costello in the Foreign Legion	1950	États-Unis	Charles Lamont	John Grant, Martin Ragaway, Leonard Stern
La Soif des hommes	1950	France	Serge de Poligny	

Acteurs principaux	Couleur ou noir & blanc	Durée (min)	Type	Société
Constant Rémy, Tania Fédor, Thomy Bourdelle, Lucas Gridoux	NB	94		
Ralph Forbes, Ben Alexander Hala Linda	NB	62		Monogram Pictures
Jack Holt	NB	62		Larry Darmour Productions
Moe Howard, Larry Fine, Curly Howard, Vernon Dent, William Irving	NB	18		Columbia Pictures
Paul Kelly, C. Henry Gordon, Lorna Gray, Robert Fiske	NB	60		Columbia Pictures
Katharina Merker, Rudolf Klein-Rogg, Karl Dannemann	NB			Eoscop-Film
Fernandel, Raymond Aimos, Pierre Stephen, René Génin	NB	90		Pan Ciné
Gary Cooper, Ray Milland, Robert Preston, Brian Donlevy	NB	112		Paramount Pictures
Gaby Sylvia, Georges Rigaud, Josseline Gael	NB	84		Compagnie cinématographique de France
Paul Muni, Bette Davis, Brian Aherne, John Garfield	NB	125		Warner Bros
Charles Denin, Oreste Giblini	NB		Docu	
Henri Garat, Renée Saint-Cyr, René Bergeron, Constant Remy	NB	105		Productions HG
Stan Laurel, Oliver Hardy, Jean Parker	NB	69		RKO Radio Pictures
Alfredo Mayo, Luis Peña, Manuel Luna, Miguel Pozanco	NB	72		Compañía Industrial Film Español S.A.
Claudine Dupuis, Lucien Nat, Paul Bernard	NB	90		Tamara Films/UGC
Dick Powell, Märta Torén, Vincent Price	NB	86		Universal-International
George Raft, Marie Windsor	NB	92		Moroccan Pictures
Lou Costello, Bud Abbott, Patricia Medina, Walter Slezak	NB	80		Universal Pictures
Georges Marchal, Dany Robin, Jean Vilar	NB			Ciné Sélection

Titre original	Date	Pays d'origine	Réalisateur	Scénariste
Ten tall Men	1951	États-Unis	Willis Goldbeck	Frank Davis
Desert Legion	1953	États-Unis	Joseph Pevney	
Fort Algiers	1953	États-Unis	Lesley Selander	Theodore St. John
Sidi-Bel-Abbès	1953	France	Jean Alden-Delos	Jean Alden-Delos
South of Algiers	1953	Grande-Bretagne	Jack Lee	Robert Westerby
The Desert Song	1953	États-Unis	H. Bruce Humberstone	Roland Kibbee
Totò sceicco	1953	Italie	Mario Mattoli	Marcello Marchesi
Geliebte feindin	1954	Allemagne	Rolf Hansen	Jacob Geis
Le Grand Jeu	1954	France/ Italie	Robert Siodmak	Jacques Feyder
Captain Gallant of the Foreign Legion	1955	États-Unis	Lester Fuller	
Desert Sands	1955	États-Unis	Lesley Selander	George W. George, George F. Slavin et Danny Arnold
Jump into Hell	1955	États-Unis	David Butler	Irving Wallace
Assignment Foreign Legion	1956	Grande-Bretagne	Don Chaffey	
China Gate	1957	États-Unis	Samuel Fuller	Samuel Fuller
Sénéchal le Magnifique	1957	France	Jean Boyer	Jean-Jacques Rouff
Los legionarios	1958	Mexique	Miguel Morayta	
Lafayette Escadrille	1958	États-Unis	William A. Wellman	A.S. Fleischman
Legion of the Doomed	1958	États-Unis	Thor L. Brooks	Fred Eggers, Tom Hubbard

Acteurs principaux	Couleur ou noir & blanc	Durée (min)	Type	Société
Burt Lancaster, Jody Lawrance, Gerald Mohr	C	97		Columbia Pictures
Alan Ladd, Richard Conte, Arlene Dahl	C	86		Universal Pictures
Yvonne De Carlo, Carlos Thompson, Raymond Burr	NB	78		Edward L. Alperson Productions
Marc Valbel, Leila Farida, Marco Villa, Roland Toutain	C	90	Docu	Mapfilms
Van Heflin, Eric Portman, Wanda Hendrix	C	88		Mayflower Pictures/ ABPC
Kathryn Grayson, Gordon MacRae	C	110		Warner Bros
Toto, Tamara Lees, Laura Gore, Ubaldo Lay	NB	95		Manenti Films
Ruth Leuwerik, Thomas Holtzmann, Hans Quest	NB	100		Neue Deutsche Filmgesellschaft
Gina Lollobrigida, Jean-Claude Pascal, Arletty	C	100		Rizzoli Film/Spéva Films
Buster Crabbe, Fuzzy Knight, Cullen Crabbe	NB	30	Série TV	NBC
Ralph Meeker, Ron Randell, John Carradine, J. Carrol Naish, Marla English	NB	87		Bel-Air Production
Jacques Sernas, Kurt Kasznar, Arnold Moss	NB	93		Warner Bros
Merle Oberon, Martin Benson, Lionel Jeffries	NB		Série	26 épisodes
Gene Barry, Angie Dickinson, Nat King Cole, Lee Van Cleef	NB	97		20th Century Fox
Fernandel, Nadia Gray, Jeanne Aubert, Georges Chamarat	NB	78		Chronos Film/France Cinéma Prod./Rizzoli Film
Pedro de Aguillón, María Antonieta Pons				Producciones Zacarias SA
Tab Hunter, Etchika Choureau, Marcel Dalio, David Janssen, Clint Eastwood	NB	93		Warner Bros
Bill Williams, Dawn Richard, Anthony Caruso	NB			William F. Broidy Pictures

Titre original	Date	Pays d'origine	Réalisateur	Scénariste
Madeleine und der Legionär	1958	Allemagne	Wolfgang Staudte	Emil Burri
Flucht aus der Hölle	1960	Allemagne	Hans-Erich Korbschmitt	Hans-Erich Korbschmitt
Sergent X	1960	France	Bernard Borderie	Ivan Loukach
Due della legione straniera	1962	Italie	Lucio Fulci	Roberto Bianchi Montero, Lucio Fulci
Marcia o crepa	1962	États-Unis/ Italie	Frank Wisbar	William Denby, Mino Guerrini, Milton Krims, Giuseppe Mangione
Légionnaire	1964	France		
Beau Geste	1966	États-Unis	Douglas Heyes	P.C. Wren, Douglas Heyes
Le facteur s'en va-t-en guerre	1966	France	Claude-Bernard Aubert	Claude Accursi
Objectif 500 millions	1966	France	Pierre Schoendoerffer	
Follow that camel	1967	Grande-Bretagne	Gerald Thomas	Talbot Rothwell
Le Tatoué	1968	France	Denys de La Patellière	Alphonse Boudard
Il sergente Klems	1971	Italie	Sergio Grieco	Bruno Di Geronimo, Sergio Grieco
A la legion le gustan las mujeres... y a las mujeres, les gusta la legión	1976	Espagne	Rafael Gil	Rafael Garcia Serrano
Les Douze Légionnaires	1976	France	Bernard Borderie	Paul Bonnecarrère
March or Die	1977	États-Unis	Dick Richards	David Zelag Goodman
The Last Remake of Beau Geste	1977	États-Unis	Marty Feldman	

Acteurs principaux	Couleur ou noir & nlanc	Durée (min)	Type	Société
Hildegard Knef, Bernhard Wicki, Hannes Messemer, Helmut Schmid, Joachim Hansen	NB	101		Melodie Film
Horst Weinheimer, Armin Stahl-Mueller, Wolfgang Sasse, Erich Gerberding	NB		Série TV	
Noëlle Adam, Christian Marquand, Paul Guers	NB	90		Les Films Marceau
Franco Franchi, Ciccio Ingrassia, Alighiero Noschese, Rosalba Neri	NB	97		Sicilia Cinematografica/ Titanus/Ultra Film
Stewart Granger, Dorian Grey, Carlos Casarvilla	NB	101		Midega Film/ Monachia Zeynfilm/ Tempo Film
	C	20		Gouvernement général de l'Algérie
Guy Stockwell, Doug McClure, Leslie Nielsen, Telly Savalas	C	103		Universal Pictures
Charles Aznavour, Daniel Ceccaldi, Jacques Richard	C	95		Alcinter/Les Films J.-J. Vital/Regina Production
	NB			Laetitia Film/Rome-Paris Film/SNC
Phil Silvers, Kenneth Williams, Jim Dale, Charles Hawtrey	C	95		The Rank Organisation
Jean Gabin, Louis de Funès	C	90		Ascot/Cineraid/Les Films Copernic
Peter Strauss, Tina Aumont, Pier Paolo Capponi				Julia Film
Luis Valera, Francisco Cecilio, Ricardo Palacio, Rafael Hernandez	NB	95		Coral Producciones Cinematográficas
Yves Vincent, Henry Czarniak, Daniel Perche			Série TV	
Gene Hackman, Catherine Deneuve, Terence Hill	C	107		Columbia Pictures
Ann-Margret, Peter Ustinov, Sinéad Cusack, Spike Milligan, Burt Kwouk	C	85		Universal Pictures

Titre original	Date	Pays d'origine	Réalisateur	Scénariste
Et vive la liberté !	1978	France	Serge Korber	Jacques Lanzmann
Les Hommes sans nom	1979	France	Jean-François Chauvel	Anne de Boismillon
La Légion saute sur Kolwezi	1980	France	Raoul Coutard	André G. Brunelin
Faut s'les faire ces légionnaires	1981	France	Alain Naurois	Victor Béniard
Beau Geste	1982	Grande-Bretagne		Benedict Taylor, Anthony Calf, Jonathon Morris
Le Matelot 512	1984	France	René Allio	René Allio
Les Morfalous	1984	France	Henri Verneuil	Michel Audiard, Pierre Siniac
Il était une fois... des légionnaires	1989	France	Jean-Marc Cara	Pierre Carnajac
Isolde	1989	Danemark	Jytte Rex	Christian Braad Thomsen
A Man Called Sarge	1990	États-Unis	Stuart Gillard	Stuart Gillard
Les Bêtes de guerre	1990	France	Jean Bertolino	Patrick Forestier
Lionheart	1990	États-Unis	Sheldon Lettich	S.N. Warren, Jean-Claude Van Damme, Sheldon Lettich
Un pas vers le néant	1991	France	Valérie Fourniou	Jean-Louis Melin
Diên Biên Phu	1992	France	Pierre Schoendoerffer	Pierre Schoendoerffer
Isabelle Eberhardt	1992	France/ Australie	Ian Pringle	Stephen Sewell
La Légion	1993	France	Alain Decaux	
Léa	1996	Allemagne	Ivan Fila	Ivan Fila
Légionnaire	1998	États-Unis	Peter MacDonald	Sheldon Lettich, Rebecca Morrison, Jean-Claude Van Damme

Acteurs principaux	Couleur ou noir & blanc	Durée (min)	Type	Société
Gérard Rinaldi, Jean Sarrus, Gérard Filipelli, Philippe Brizard	C	90		Belstar Productions
			Docu	
Jacques Perrin, Bruno Cremer, Laurent Mallet, Pierre Vaneck	C	96		SNC
Henri Garcin, Dany Carrel, Jean-Claude Martin	C	86		Carthago Films/ Stardust Productions
Benedict Taylor, Anthony Calf, Jonathon Morris	C		Série TV	BBC
Dominique Sanda, Jacques Penot, Bruno Cremer, Laure Duthilleul	C	100		
Jean-Paul Belmondo, Michel Constantin, Marie Laforêt, Michel Creton, Jacques Villeret	C	106		Carthago Films/Cerito Films/Soprofilms
			Docu	
Pia Vieth, Kim Jansson, Claus Flygare, Carsten Bang	C	96		
Gary Kroeger, Gretchen German, Jennifer Runyon	C	88		MGM
		52	Docu	52 sur la une/TF1
Jean-Claude Van Damme, Harrison Page, Deborah Rennard, Brian Thompson	C	105		Universal Pictures
			Docu	
Donald Pleasence, Patrick Catalifo, Jean-François Balmer	C	125		Flach Film/France 2 Cinéma
Mathilda May, Tchéky Karyo, Peter O'Toole, Claude Villers, Richard Moir	C	113		Les Films Aramis
			Docu	
Christian Redl, Lenka Vlasakova, Miroslav Donutil	C	100		
Jean-Claude Van Damme, Adewale Akinnuoye-Agbaje	C	98		Edward R. Pressman/ Long Road Production

Titre original	Date	Pays d'origine	Réalisateur	Scénariste
Savior	1998	Grande-Bretagne	Predrag Antonijević	Robert Orr
Beau travail	1999	France	Claire Denis	Claire Denis
Straight Shooter	1999	Allemagne	Thomas Bohn	Thomas Bohn
The Mummy	1999	États-Unis	Stephen Sommers	Stephen Sommers
Der Krieger und die Kaiserin	2000	Allemagne	Tom Tykwer	Tom Tykwer
Simon : An English Legionnaire	2000	États-Unis	Martin Huberty	Simon Murray, Axel Aylwen
Warriors of the Foreign Legion	2000	États-Unis	Scott Hiller	Michaël Schlossman
Fremmedlegionaeren : The French Foreign Legionnaire	2001	Norvège	Elisabeth Nord	Elisabeth Nord
Secondhand Lions	2003	États-Unis	Tim McCanlies	Tim McCanlies
Flyboys	2006	États-Unis	Tony Bill	Phil Sears, Blake Evans, David S. Ward
The Foreign Legion Thougher than the Rest	2007	Grande-Bretagne	Elisabeth Nord	Elisabeth Nord, Vibeke Strøm
Kolwezi, chronique d'une prise d'otages	2008	France	Véronqiue Lhorme	
Kolwezi, la part de la Légion	2008	France	Frédéric Bouquet	Jean-Luc Messager
Français par le sang versé	2011	France	Marcela Feraru	Marcela Feraru

Acteurs principaux	Couleur ou noir & blanc	Durée (min)	Type	Société
Dennis Quaid, Stellan Skarsgård, Nastassja Kinski	C	103		Lions Gate Films
Denis Lavant, Michel Subor, Grégoire Colin	C	90		Pyramide Distribution
Heino Ferch, Katja Flint, Dennis Hopper	C	88		Perathon Film-und Fernsehproduktions
Brendan Fraser, Rachel Weisz, John Hannah	C	125		Universal Pictures
Benno Fürmann, Joachim Krol, Lars Rudolph, Melchior Belson	C	135		X-Filme Creative Pool/WDR
Paul Fox, Tom Hardy, Kate Maberly	C	90		Simon Films
	C	50	Docu	
Kenneth Gudmundsen	C	25	Docu	Nordisk Film
Haley Joel Osment, Robert Duvall, Michael Caine, Kyra Sedgwick	C	111		New Line Cinema
James Franco, Jean Reno, Augustin Legrand, Martin Henderson	C	140		Electric Entertainment/ Flyboys Film
Paul McGann	C	47	Docu	
	C	52	Docu	La cuisine aux images/ECPAD
Szlatko Sabljic, Jean Rodet-Loëw, Yannick Lallemand	C	52	Docu	ECPAD
Mariusz Nowakowski, Antonio Ribeiro, Lui Zhang, Marceau Long, Jean-Louis Picheral	C	52	Docu	Kilhaom Productions

DISCOGRAPHIE

DISCOGRAPHIE

Établie par Thierry Bouzard
avec le concours d'Hervé Pignel-Dupont,
de Lionel Michaux et de Francis Adam

Voici la première discographie des enregistrements des chants et musiques légionnaires. N'ont été retenus que les pressages dont la thématique est exclusivement légionnaire. Malgré la consultation du dépôt légal de la Bibliothèque nationale de France et des archives de collectionneurs, cette liste ne prétend pas à l'exhaustivité : certains pressages en effet n'ont pas fait l'objet d'un dépôt légal ou n'ont pas été mis dans le commerce.

À noter que les premiers pressages Decca ont fait l'objet de plusieurs rééditions.

78 tours

— *Marche du 5e régiment étranger*, *Vieux Blédard, Le Régiment de la Légion étrangère française*, publication : CMPAK, CMPAK 152 (réf. BNF), s.l., s.n., s.d.
Direction : Joseph Giraud.
— *Marche de Légion étrangère*, Columbia, D 11 086 (matrices WLX 874 & WLX 876), 1929.
Interprètes : Musique principale de la Légion étrangère-Musique de la Légion étrangère.
— *Marche de la Légion étrangère*, La Voix de son maître, K-5897, 1931.
Interprètes : MPLE-MLE. Direction : Dœring, Quéru / M. Courtade.
— *Marche de la Légion étrangère*, Pathé, X.96.177 (matrices 301.541 & 301.542), 1932.
Interprètes : MPLE-MLE. Direction : Quéru / Lucien Flot.
— *Nous sommes des volontaires*, *La rue appartient*, *Képi blanc*, *Sidi-Bel-Abbès*, LE 1 / LE 2, 1950.
Interprètes : Peloton 1 A du 1er REI.
— *En marchant... Oh ! Légionnaires*, *Képi blanc*, *Sidi-Bel-Abbès*, LE 8 / LE 9, 1950.

Interprètes : les chœurs du 1er REI.
— *Souvenir qui passe*, *En avant, parcourons le monde*, *Képi blanc*, *Sidi-Bel-Abbès*, LE 10 / LE 11, 1950.
Interprètes : les chœurs du 1er REI.
— *Marche de la Légion étrangère*, *Marche de la garde consulaire*, *Képi blanc*, *Sidi-Bel-Abbès*, LE 16 : 2.210-1 ACP / 2.211-3 ACP, 1952.
Direction : Marcel Lasalmonie.
— *La Guitoune*, *Le Baroudeur*, *Képi blanc*, *Sidi-Bel-Abbès*, LE 17 : 2.212 - 2 ACP / 2.213 - 1 ACP, 1952.
Direction : Marcel Lasalmonie, Van Hoorsbeke.
— *Chant du 1er REC*, *Le Boudin*, *Képi blanc*, *Sidi-Bel-Abbès*, LE 18 : 2.214 - 2 ACP / 2.215-2 ACP, 1952.
Direction : Marcel Lasalmonie.
— *Marche de la Légion étrangère*, Philips, n° P 70.041 H, 1955.
Direction : Marcel Lasalmonie. Contient : *Marche de la Légion*, *Le Baroudeur*.
— *Chant du 1er REC*, Philips, n° P 70. 056 H, *Chant du régiment étranger de cavalerie*, *Le Boudin*, s.d.

25 cm

— *Huit célèbres marches militaires*, Philips, n° Deluxe P 76.119 R, 1954.
Musique de la Légion étrangère, direction : chef de musique Marcel Lasalmonie, *Marche de la Légion étrangère*, *Marche de la garde consulaire à Marengo*, *La Guitoune*. Musique de l'armée de l'air, direction commandant Robert Clérisse, *Marche de la 2e DB*, *Le Régiment de Sambre et Meuse*, *Saint-Cyr*, *Marche lorraine*.
— *Légion étrangère ses marches et ses chants par la musique de la Légion étrangère*, édition Decca, 123.593, 1957.
Direction : lieutenant Marcel Lasalmonie. Contient : *Le Salut au caïd*, *Figuid*, *La Guitoune*, *Marche de la Légion étrangère*, *Le Criquet*, pot-pourri de chants légionnaires.
— *Légion étrangère ses marches et ses chants 2 par la musique de la Légion étrangère*, édition Decca, 123.735, 1957.
Direction : lieutenant Marcel Lasalmonie. Contient : Présentation, *Vers le bled*, *La Légion des brêles*, *Honneur et fidélité*, *Refrain de la Légion étrangère*, *La victoire est à nous*, *Le Chant du Premier étranger de cavalerie*, *Cravate verte et képi blanc*.
— *Légion étrangère ses marches et ses chants 3 par la musique de la Légion étrangère*, édition Decca 123.947, 1960.
Direction : lieutenant Marcel Lasalmonie. Contient : *La Légion marche*, *Extrême-Orient*, *Anne-Marie*, *Nos képis blancs*, *Les Vieux Blédards*, *Royal rigaudon*.

45 tours

— *Légion étrangère n° 1*, Decca 450.549, 1957.
Musique de la Légion étrangère, direction : lieutenant Marcel Lasalmonie. Contient : *Le Salut au caïd*, *Le Criquet*, *Marche de la Légion étrangère*. Le même enregistrement est commercialisé sous la référence MAR-3 quand il est joint à l'ouvrage *Pages de gloire de la Légion étrangère* (André Martel, 1952).
— *13e DBLE*, Decca 450.674, 1957.
Musique de la 13e DBLE, direction : lieutenant André Semler-Collery. Contient : *Nos képis blancs (marche de la 13e DBLE)*, *Défilé de la 1re DFL*.
— *Légion étrangère n° 2*, Decca 450.730, 1958.
Musique de la Légion étrangère, direction : lieutenant Marcel Lasalmonie. Contient : *Refrain de la Légion étrangère*, *Cravate verte et képi blanc*, *Les Vieux Blédards*, *Honneur et fidélité*.
— *Marche des anciens de la Légion étrangère (n° 3)*, Decca 450.806, 1958. Direction : capitaine Marcel Lasalmonie. Contient : *Marche des anciens légionnaires*, *Le Drapeau de la Légion*, *La Gloire de la Légion*.
— Disque-carte *Le Boudin*, 45 T Mexisonor n° 88-190, vers 1960.
Direction : capitaine Marcel Lasalmonie.
— *En avant la musique !*, Philips 424.130 PE, 1960.
Direction : commandant Marcel Lasalmonie. Contient : *Marche de la Légion étrangère*, *Marche de la garde consulaire à Marengo*, *Le Baroudeur*, *La Guitoune*.
— *1er REP*, Decca 451.075 Standard, 1962.
Interprètes : les chœurs du 1er REP. Contient : *Le Boudin*, *Chant du 1er REP* (*Contre les Viets*), *Chant du 2e REP* (*La Légion marche*), *Chant du 1er REC* (*La Colonne*).
— *Marche de la Légion étrangère et Le Baroudeur*, Philips 373.366, 1964.
Direction : commandant Marcel Lasalmonie.
— *Fremdenlegionäre*, Quellux 87302, s.d. (vers 1970).
Der Chor des Strafbataillons und das Orchester Robby Broos, direction : Harry Zeller. Contient : *Marsch der Verdammten*, *Gefangen in maurischer Wüste*, *Heimweh*, *Im Feldquartier auf hartem Stein*, *Verlassen*, *Ich bin ein Legionär*, *Das letzte Signal*.
— *Musique du 5e RMP Génie-Légion et... Tahiti*, n° PMP 4.015, s.d. (vers 1970).
Musique du 5e RMP, direction : adjudant Carlo Vigorelli. Contient : *Marche du 5e REI*, *Les Sapeurs du génie*, *Hoe ana* (chant des piroguiers), *Mauruuru a vau* (chant des adieux).

33 tours

— *Régiment du Tonkin n° 1*, édition 5e REI Medersa de Nedroma (Algérie), n° LPL 144-LPL 145, 1956 (édition hors commerce).
Musique du 5e REI, direction : lieutenant Alphonse Daubricourt. Contient : *Le Salut au caïd*, *Marche du 5e REI*, *Anne-Marie*, *Képi blanc*, *La Pêcheuse du lac de Constance*, *Marche des parachutistes belges*, *Souvenirs de Mascara*, *Le Criquet*, *Guitares*, *Accordéon*, *La Légende de la source*, *Le Boudin (chœurs)*, *Chantons pour passer le temps*, *Jazz*.
— *Régiment du Tonkin n° 2*, édition 5e REI Medersa de Nedroma (Algérie), n° LPL 146-LPL 147, 1956 (édition hors commerce).
Musique du 5e REI, direction : lieutenant Alphonse Daubricourt. Contient : *Stille Nacht*, *Noël de Prétorius*, *Les Adieux*, *T'en fais pas la Marie*, *Fanchon*, *Chant du 1er REC*, *Clairon*, *Sans peur*, *Drei Lilien*, *Le Menuet (favori de Mozart)*, *Adieu vieille Europe*, *Cravate verte et képi blanc*, *Marche de la Légion étrangère*.
— *Chants d'honneur et de fidélité, Souvenirs du fort de Nogent, les officiers du 1er régiment étranger de parachutistes chantent*, sans éditeur (tirage à 300 exemplaires numérotés hors commerce), 1961.
Réalisation : lieutenant Henry Lobel. Contient : Présentation, *Le Boudin*, *Contre les Viets* (1er REP), *La Légion marche* (2e REP), *Chant du 1er REC*, *En Algérie*, *Westerwald*, *En Afrique*, Fin du rapport du commandant de Saint Marc (28 avril 1961), *Je ne regrette rien*, *Légionnaires du 1er REP*, *Képis blancs*, *Discours (air tristement connu)*, *À mes hommes qui sont morts*, *Ich hatt' einen Kameraden*.
— *1er REP, Chants d'honneur et de fidélité*, SERP n° HF 70 SE 444 (K7 audio, KHF 70 / SE 444), 1961.
Interprètes : les officiers du 1er REP, enregistrement du lieutenant Lobel. Contient : *Le Boudin*, *Contre les Viets*, *La Légion marche*, *La Colonne*, *En Algérie*, *Westerwald*, *En Afrique*, Fin du rapport du commandant de Saint Marc, *Je ne regrette rien*, *Légionnaires du 1er REP*, *Les Képis blancs*, Poème du vicomte de Borelli, *Ich hatt' einen Kameraden*.
— *Centenaire de Camerone*, SERP HF n° 3 (K7A P.R.E.S. 1995), texte de Jean des Vallières (diction sur fond de chants et musiques légionnaires), 1964.
— *Quand défile la Légion n° 1*, Decca n° ACL 818, Ace of Clubs, 1966 – autre édition : Decca, n° 100.002 Excellence, 1968 (enregistrements de 1954 et 1956).
Direction : capitaine Marcel Lasalmonie. Présentation par Jean de Faucon. Contient : *Refrain de la Légion étrangère*, *Le Salut au caïd*, *La Légion marche*, *Chant du 1er étranger de cavalerie*, *La Légende des bresles*, *Marche de la Légion étrangère*, *Le Criquet*, *Figuid*, pot-pourri de chants légionnaires.

— *Quand défile la Légion n° 2*, Decca n° ACL 826, Ace of Clubs, 1966 – autre édition : Decca n° 100.004 Excellence, 1968.
Les chœurs du 1er REP, direction : capitaine Marcel Lasalmonie. Contient : *Honneur et fidélité*, *Le Boudin*, *La Guitoune*, *Vers le bled*, *Extrême-Orient*, *Nos képis blancs*, *Cravate verte et képi blanc*, *Les Vieux Blédards*, *Anne-Marie*.
— *Légion étrangère*, Janeret n° 92.001, 1968.
Musique de la Légion étrangère, direction : capitaine André Semler-Collery, lieutenant Janssen. Contient : *Premier partout*, *Le Boudin*, *Défilé du 3e Étranger*, *Sidi-Bel-Abbès*, *La Colonne*, *Colonel Vienot*, *La Légion marche*, *Gai légionnaire*, *Contre les Viets*, *Le Grand Atlas*, *Camerone 1963*, *Le Salut au caïd*, *Marche du 5e REI*, *Marche de la Légion étrangère*.
— *Légion étrangère*, Janeret n° 2001, 1968.
Musique de la Légion étrangère, direction : capitaine André Semler-Collery. Contient : *Premier partout* (marche du 1er REI), *Le Boudin*, *Défilé du 1er Étranger*, *Sidi-Bel-Abbès*, *La Colonne* (chant du 1er REC), *Colonel Vienot*, *La Légion marche*, *Gai légionnaire*, *Contre les Viets*, *Le Grand Atlas*, *Camerone 1963*, *Le Salut au caïd*, *Marche du 5e REI*, *Marche de la Légion étrangère*.
— *Légion étrangère*, Janeret n° 92.012 Excellence, 1969.
Direction : chef de musique 1re classe Gully, 3e classe Coudié. Contient : *En Algérie*, *Veronika*, pot-pourri de chants légionnaires, *Eugénie*, *Le Grand Atlas* (marche du 4e REI), *Monika*, *Gai légionnaire*, *En Afrique*, *Le Boudin*.
— *2e REP, chants de marche et de tradition de la Légion étrangère par le 2e REP*, Janeret n° 92.027 (K 7 KHF 70 / SE 444), 1969.
Chœurs du 2e REP, direction : lieutenant Bernachot ; musique du 2e REP, direction : adjudant Norenberg. Contient : *Chant du 2e REP*, *Nous sommes de la Légion*, *La Petite Piste*, *Un légionnaire monte la garde* (*Loin de chez nous*), *La lune est claire*, *Connaissez-vous ces hommes*, Chant des légionnaires parachutistes (*Le Soleil brille*), *En Afrique*, *Eugénie*, *Les Cosaques*, *Je revois mon village*, *Westerwald*, *Ich hatt' einen Kameraden*, *Stille Nacht*, *Adeste fideles*, *O du selige*, *O Tannenbaum*.
— *La Légion n° 1*, Decca n° 115.140, 1969 (réédition Decca de 1956 ; réédition Carrère n° 67.644, 1981 ; K7, CA 641, 1982).
Musique de la Légion étrangère, direction : capitaine Marcel Lasalmonie. Contient : Présentation de Jean de Faucon, *Refrain de la Légion étrangère*, *Le Salut au caïd*, *La Légion marche*, *La Colonne*, *La Légende des bresles*, *Marche de la Légion étrangère*, *Le Criquet*, *Figuid*, pot-pourri de chants légionnaires.
— *La Légion n° 2*, Decca n° 115.145, 1969 (réédition Decca de 1956 ; Carrère n° 67.645, 1982 ; K7, CA 341 70.845).
Musique de la Légion étrangère, direction : capitaine Marcel Lasalmonie ; chœurs du 2e REP. Contient : *Honneur fidélité*, *Le Boudin*, *La Guitoune*,

Vers le bled, Extrême-Orient, Nos képis blancs, Cravate verte et képi blanc, Les Vieux Blédards, Anne-Marie.

— *La Légion n° 3*, Decca n° 115.204, 1969 (réédition Carrère n° 67.653, 1982 ; K7, 1982).

Musique de la Légion étrangère, direction : chef de musique 1re classe Gully, 3e classe Coudié. Contient : *En Algérie*, *Veronika*, pot-pourri de chants légionnaires, *Eugénie*, *Le Grand Atlas*, *Monika*, *Gai légionnaire*, *En Afrique*, *Le Boudin.*

— Concert Festival de musique à Mulhouse le 7 septembre 1969, chef de musique 1re classe Gully. Éditeur : D.33T 30 XXX – Mulhouse, 1969 (réédité en CD sans référence).

— *Fern der Heimat*, Baccarola n° 73819 ZU, 1973.

Colonel Fleur und sein Orchester, Chor der Legion. Interprètes : Corporal André, les Camerades Jean & Jacques, das Mädschen Simone. Contient : *Marsch der Legion*, *Auf einem Wüstengrab, da blühen keine Rosen*, *Im Dschungel von Indochine*, *Zwei Legionäre, Ich hab' Sehnsucht nach keinen Regen*, *Brief eines Legionärs*, *Zu schwer ist das Gewehr*, *Brennend heißer Wüstensand*, *Mein Legionär*, *Fata Margana*, *Gefangen in maurischer Wüste*, *Jawohl, mon général.*

— *La Légion n° 4*, Decca n° 115.211, 1975 (réédition Carrère n° 67.655, 1982 ; K7A Carrère 70.655, 1982, Véga 340043, 1968).

Direction : capitaine André Semler-Collery, lieutenant Janssen. Contient : *Premier partout*, *Le Boudin*, *Défilé du 3e Étranger*, *Sidi-Bel-Abbès*, *La Colonne*, *Colonel Vienot*, *La Légion marche*, *Gai légionnaire*, *Contre les Viets*, *Le Grand Atlas*, *Camerone 1963*, *Le Salut au caïd*, *Marche du 5e REI*, *Marche de la Légion étrangère.*

— *25e anniversaire de l'institution des invalides de la Légion étrangère*, n° 1, Corélia n° CC 79095 (K7 audio CCK 79095), 1979.

Direction : chef de musique des armées P. Gully, chef de musique 1re classe A. Coudié. Contient : *Marche du 1er Étranger*, *Anne-Marie* (1er REI), *Le Criquet*, *Marche du 5e Étranger d'infanterie*, *Le Grand Atlas* (4e REI), *La Légion marche* (2e REP), *Nos képis blancs* (13e DBLE), *Gai légionnaire* (2e REI), *Marche du 1er REC*, *Marche de la Légion étrangère.*

— *Chants de marche et de tradition de la Légion étrangère*, n° 2, Corélia n° CC 80251 (K7 audio CCK 80251), 1980.

Musique principale de la Légion étrangère, direction : commandant Coudié. Contient : *Marche du 1er Étranger*, *Anne-Marie* (3e REI), *La Légion marche*, *Marche du 1er REP*, *Le Grand Atlas*, *Nos képis blancs*, *La Petite Piste*, *Sidi-Bel-Abbès*, *La Lune est claire*, *Gai légionnaire*, *Marche de la Légion étrangère.*

— *150e anniversaire Légion étrangère*, n° 3, Corélia n° CC 81260 (K7 audio CCK 81260), 1981.

Musique principale de la Légion étrangère, direction : commandant Coudié. Contient : *Marche des mousquetaires noirs*, Marches de l'Empire (*La Grenadière, Pas cadencé des sans-culottes, Marche des éclopés, Rigaudon d'honneur*), *Eugénie, Gai légionnaire, Adieu Bel-Abbès, Marche de la Légion étrangère, Contre les Viets, Marche du 3ᵉ REI, Adieu vieille Europe, Chant du 1ᵉʳ REC.*

— *Concert Musique principale de la Légion étrangère*, nº 4, Corélia nº CC 83404 (K7 Audio CCK 83404), 1983.

Direction : commandant Coudié, lieutenant Lison. Contient : *Le Caïd* et le *Refrain du Boudin, Aïda, Rêverie galop, Le Boléro militaire, Ode à la joie, Nabucco, Le Jardin des succès, De Guello, Amazing Grace, Gai légionnaire, Marche de la Légion étrangère.*

— *La Musique principale de la Légion étrangère*, nº 5, Corélia nº CC 85505 (K7A, CCK 85505), 1985.

Direction : lieutenant-colonel Coudié, lieutenant Lison. Contient : *Le Salut au caïd* et *Refrain du Boudin, Ma patrie, Trois fanfares pour les proclamations de Napoléon* (*Campagne d'Italie, Les Adieux à la garde, 18 juin 1815, bataille de Waterloo*), *Marche du 6ᵉ REG, Marche de Leipzig, Concerto pour deux trompettes, 1ᵉʳ Étranger, Eugénie, Marche de la Légion étrangère.*

— *La Légion étrangère*, Festival A 394, 1987 (réédition des enregistrements Decca 1956-1959), 2 vinyles (K 7, MU 538, 403944, 1987).

Musique et chœurs de la Légion étrangère, direction : capitaine André Semler-Collery, capitaine Marcel Lasalmonie, lieutenant Janssen. Contient : *Premier partout (marche du 1ᵉʳ REI), Le Boudin, Défilé du 3ᵉ REI, Sidi-Bel-Abbes (défilé du centenaire de la Légion étrangère), Le Chant du 1ᵉʳ REC, Colonel Vienot, La Légion marche (marche du 2ᵉ REP), Gai légionnaire (marche du 2ᵉ étranger), Contre les Viets (marche du 1ᵉʳ REP), Le Grand Atlas (marche du 4ᵉ étranger), Camerone 1963 (marche du centenaire de Camerone), Le Criquet, Figuid, Le Salut au caïd, Marche du 5ᵉ REI, Marche de la Légion étrangère, Honneur et fidélité (marche officielle du dépôt commun de la Légion), Vers le bled, Nos képis blancs (marche de la 13ᵉ DBLE), Cravate verte et képi blanc, Les Vieux Blédards, Anne-Marie.*

K7

Pour ne pas allonger inutilement la discographie, ne figurent que les références des titres exclusivement édités en K7 audio. Les références des titres faisant l'objet d'une édition conjointe en 30 cm ou en disque compact sont indiquées dans ces listes respectives.

— *La Légion étrangère*, GIP K 11550, 1979.

Contient : *Marche de la Légion étrangère, Le Boudin, La Colonne, Contre les Viets…*

— *Les Conquêtes de la gloire en chantant. Chants et marches de la Légion étrangère*, ELOR / SERP n° KSP 29 / SE 444-Saint-Vincent/ Oust (compilation), 1979.
Chorales diverses dont celle du 2e REI et musique principale de la Légion étrangère, direction : lieutenant-colonel Coudié. Contient : *Marche de la Légion étrangère, Eugénie, Légionnaire de l'Afrique, Adieu Bel-Abbès, Sous le soleil brûlant d'Afrique, Cravate verte et képi blanc, Marche du 6e REG, Le Caïd, La Lune est claire, Nous sommes de la Légion, Chant du 1er REC, Nous sommes tous des volontaires, Képi blanc, Gai légionnaire.*
— *Son et lumière à Orange, 23 avril 1987, 1er REC*, 1987. 1er régiment étranger de cavalerie avec le concours de la Musique principale de la Légion étrangère.
— *Chants traditionnels de la Légion étrangère, 2e REI*, Pres (Serp) KSP 28, 1990.
Chœurs des compagnies du 2e REI, sergent-chef Larre. Contient : *Le Boudin, Anne-Marie (2e REI), À l'appel de leur destin, En avant légionnaire de l'Afrique, Mon régiment, En Afrique, Les Cailloux, Soldats de la Légion étrangère, Adieu vieille Europe, Cravate verte et képi blanc, Les Chacals, La Petite Piste, Schwarze Rose.*
— *Gloire aux légionnaires*, K7A 2e REI, Nîmes, 1991.
Contient : *Gloire aux légionnaires, La Font de Nîmes, Nîmes belles, La Feria de Nîmes, La Coupo santo.*
— *Chants et musique militaire*, Joseph La Picirella, K7 s.l.n.d. (vers 1980).
Musique principale de la Légion étrangère, direction : chef de musique des armées Coudié. Contient : *Le Chant des partisans, La Marseillaise, Michel Strogoff, La Sidi-Brahim, Les Allobroges, Alsace et Lorraine, Les Africains, La Marche de la Légion étrangère, Marche de la 2e DB, Rhin et Danube, Marche de la 1re DFL, Nabucco (arrgt Coudié), La Légion marche, Sidi-Bel-Abbès, Gai légionnaire.*

Disques compacts

— *Légion étrangère*, Accord 139224, Semler/Jansen/Lasalmonie, 1986 (réédition).
Contient : *Premier partout, Le Boudin, Défilé du 3e REI, Sidi-Bel-Abbès, Chant du 1er REC, Colonel Vienot, La Légion marche, Gai légionnaire, Contre les Viets, Le Grand Atlas, Camerone 1963, Le Criquet, Figuig, Le Salut au caïd, Marche du 5e REI, Marche de la Légion étrangère.*
— *La Musique principale de la Légion étrangère en divertissement*, Corélia CC 90669, 1990 (K 7, CCK 90669).
Direction : lieutenant-colonel Alain Coudié. Contient : *Le Caïd* et 16 mesures du *Boudin*, *La Le Corre*, *Ma patrie*, pot-pourri de chants légion-

naires, *Concerto pour un été, Slawa fantaisie, Christdivertis, Marche des soldats de Robert Bruce, les Cigalons, Marche de la Légion étrangère.*
— *Marches et chants de la Légion étrangère*, Corélia CC 92720, 1992 (K 7, CCK 92720).
Direction : lieutenant-colonel Alain Coudié. Contient : *Le Salut au caïd* et *Le Boudin, Anne-Marie, La Légion marche, Marche du 1er REP, Le Grand Atlas, Nos Képis blancs, La Petite Piste, La Lune est claire, Gai légionnaire, Marche de Sidi-Bel-Abbès, Marche du 1er RE, Marche du 6e REG, 1er Étranger, Eugénie, Adieu Bel-Abbès, Marche du 3e REI, Adieu vieille Europe, La Colonne, Marche de la Légion étrangère.*
— *Chants de la Légion étrangère, 6e REG*, Corélia CC 894751, 1994 (K 7, CCK 594751).
Direction : lieutenant-colonel Alain Coudié. Contient : *Le Boudin, Eugénie, Aux légionnaires, Le Fanion de la Légion, En avant légionnaire de l'Afrique, Pour faire un vrai légionnaire, Adieu, adieu, Le Soleil brille, Quand on a une fille dans le cuir, Nous sommes de la Légion, La Lune est claire, Chant du 4e escadron, Monika, Sarie Mares, Souvenir qui passe, La Petite Piste, Dans la brume la rocaille, En Afrique, Nous sommes tous des volontaires, C'est le 4, La Colonne, Sous le soleil brûlant d'Afrique, Sapeurs, mineurs et bâtisseurs, J'avais un camarade.*
— *Képi blanc ! Chants de la Légion étrangère*, PRES disques CMC 7128, 1998 (K7 audio, PRES/SERP, KMC 7128).
Contient : *Adieu vieille Europe, Eugénie, Connaissez-vous ces hommes, Cravate verte et képi blanc, Sarie Mares, Soldats de la Légion étrangère, Chant du diable, Les Cailloux, La Colonne, Frédéri, Képi blanc, Anne-Marie (2e REI), Sous le soleil brûlant d'Afrique, Adieu, adieu, Le Boudin.*
— *Camerone' 99*, chant de la CSLE, B. Carpentier-D. Naujok, Aubagne, 1999 (hors commerce).
Contient : *La Légion monte à l'assaut.*
— *Chants de la Légion étrangère*, édition Képi blanc, Aubagne, 1999 (2 CD).
Contient : *Nous sommes tous des volontaires, Anne-Marie (2e REI), Anne-Marie (3e REI), C'est le 4, Le Front haut et l'âme fière, La Colonne, Képi blanc, Sapeurs, mineurs et bâtisseurs, Pour être le premier, Sous le soleil brûlant d'Afrique, Soldats de la Légion étrangère, Le Boudin, Adieu vieille Europe, Aux légionnaires, Eugénie, Il est un moulin, Es steht eine Mühle im Schwarzwäldertal, The Windmill, Le Fanion de la Légion, En avant légionnaire de l'Afrique, Les Cailloux, Monika, Pour faire un vrai légionnaire, Premier chant du 1er REC, Susanna, Veronika, Adieu, adieu, Chez nous au troisième, Connaissez-vous ces hommes, Contre les Viets, Cravate verte et képi blanc, Kameraden, Képi blanc, Le Soleil brille, Massari Marie, Quand on a une fille dans le cuir, Défilé du 3e REI, En Afrique, En Algérie, L'Edelweiss, La Lune est claire, Nous sommes de*

la Légion, Venu volontaire, Dans la brume la rocaille, La Petite Piste, J'avais un camarade, Ich hatt' einen Kameraden.
— *La Légion en musique. Marches régimentaires, Anthologie n° 6*, Omega Studio, CD 2670004, 2000. Direction : chef de musique des armées Marc Sury, chef de musique militaire Patrick Auneau. Contient : *Marche du 1er RE, Gai légionnaire (marche du 2e RE), Défilé du 3e REI, Le Grand Atlas (marche du 4e RE), Marche du 1er REC, Marche du 5e RE, Nos képis blancs (marche de la 13e DBLE), Marche du 1er REP, La Légion marche (marche du 2e REP), Marche du 1er REG, Marche du 2e REG, Marche des volontaires étrangers, Cravate verte et képi blanc, Anne-Marie, Le Criquet, La Légion monte à l'assaut (marche de la CSLE), Sidi-Bel-Abbès, COMLE (marche du commandement de la Légion étrangère), Le Boudin (marche de la Légion étrangère).*
— *La Légion en musique Live I*, Omega Studio, 2670101, 2000.
Direction : chef de musique des armées Marc Sury. Contient : *Bands Around the World, Farandole de l'Arlésienne, Rondo, Thème de Sébastien, Train de plaisir, 8 ½, Vatra, Adieu Shanghai, Carmen in pop, African Symphonie, Lawrence of Arabia, Mexican Trumpets, Int the Mood, Rio, Mauruuru a vau, Le Boudin.*
— *Chants du 2e REG*, Omega Studio, 2670102, 2001.
Direction : lieutenant-colonel Autran, lieutenant-colonel David. Contient : *Chant du 2e régiment étranger de génie (Rien n'empêche), Honneur fidélité, Képi blanc, Le Fanion de la Légion, En Afrique, Eho, Dans la brume la rocaille, Veronika, Monika, Pour faire un vrai légionnaire, L'Edelweiss, Il est un moulin, Adieu, adieu, La Lune est claire, Aux légionnaires.*
— *La Légion en musique Live II*, Omega Studio, 2670201, 2001.
Direction : chef de musique des armées Marc Sury. Contient : *Ouverture To New Age* (Jan De Haan), *Aida Theme* (Giuseppe Verdi), *Les Misérables* (Claude Michel Schonberg), *Le Réveil de la garde*, *Benitenor* (Michele Netti), *So In Love* (Cole Porter), *Forrest Gump Suite* (Alan Silvestri), *Willow* (James Horner), *Backdraft* (Hans Zimmer), *Batman* (Danny Elfman et Prince), *Indiana Jones Selection* (John Williams), *Le Gai Légionnaire*, *Anne-Marie*, *Le Volontaire étranger*, *Le Boudin.*
— *La Musique de la Légion étrangère, hommage à la médaille de la Légion d'honneur, concert en la basilique de Saint-Maximin*, Omega Studio, 2670205, 2002.
Contient : *La Royale* (grandes orgues), *Marcia del Signor Giovanni Paisiello, Marche de la garde consulaire à Marengo, Marche du sacre de Napoléon Ier, Marche militaire en* fa *et pas redoublé en* ré *mineur, Batteries de l'Empire, Fifres et tambours, Symphonie pour musique militaire, 4e marche pour le mariage de Napoléon Ier, Marche des cent-*

suisses, Hymne de la Légion d'honneur, Hymne à la Légion d'honneur, Toccata en fa (grandes orgues).
— *French Legion Military Marches*, Military Archives records, MAR FLM 1863, 2002 (réédition 1957, 1970 et 1994).
Contient : Le Salut au caïd, Premier partout, Le Boudin, Le Fanion de la Légion, Marche en colonne, Marche du 1er RE, Anne-Marie, Adieu Bel-Abbès, Marche de Camerone, Marche de la Légion, Pour faire un vrai légionnaire, Nos képis blancs, Défilé du 3e RE, Vers le bled, Chant du 4e RE, Marche du 5e RE, Le Grand Atlas, Nous sommes de la Légion, Monika, Extrême-Orient, Nous sommes tous des volontaires, Défilé de la Légion.
— *Chants des légionnaires* (*Chants des armées françaises*, vol. 2), France Productions, Paris, 2003 (compilation).
Contient : *Le Boudin, Eugénie, Képi blanc, En avant légionnaire de l'Afrique, La Lune est claire, Mon régiment, Soldats de la Légion étrangère, Sous le soleil brûlant d'Afrique, Connaissez-vous ces hommes, Les Cailloux, La Colonne, Adieu, adieu, Anne-Marie (2e REI), Cravate verte et képi blanc, Jeunes chefs, Schwarze Rose, Frédéri, J'avais un camarade.*
— *La Légion en musique Live III*, Omega Studio, 2670301, 2003.
Direction : chef de musique des armées Marc Sury. Contient : *Cavalerie légère, Symphonie pour musique militaire, Marche du sacre de Napoléon Ier, 4e marche pour le mariage de Napoléon Ier, Marche militaire en* fa *et pas redoublé en* ré *mineur, 1941, The Gladiators, Les Métamorphoses espagnoles, Live and Let Die, Aznavour, Headliner, The X-Jet, Trombone Polka, Gentle Ballad, Le Boudin.*
— *La Légion étrangère chante Noël*, CHIC et cellule audiovisuelle (CAV) du 4e REI, no 014RE2003, 2003.
Contient : *L'Esprit de Noël* (texte), *Minuit chrétien, Glory alleluia, Noël légionnaire* (texte), *Adeste fideles, Ave Maria (Gounod), Noël légionnaire* (texte), *Les Anges dans nos campagnes, Asearà pe (Noël roumain), La Rose de Noël* (texte), *Mon beau sapin, L'Enfant au tambour, Car l'enfant était là* (texte), *Ave Maria (Schubert), Douce nuit, Noël 1954* (texte), *Il est né le divin enfant.*
— *La Légion en musique Live IV*, Omega Studio, 2670402, 2004.
Direction : chef de musique des armées Marc Sury, *Le Jour le plus long, Folks Dances, Sinatra, Inchon, In the Miller Mood, Salut de Moscou, Un pont trop loin, God Bless Rugby, Concert March from 1941, Marche du 1er REP, Theme from the Schindler List, Le Boudin.* Nathalie Lhermitte chante : *Mon Légionnaire, Le Fanion de la Légion, Non, je ne regrette rien.*
— *175 ans au service de la France*, Oméga Studio, 2670603, 2006.
Direction : chef de musique militaire principal Jean-Claude Leberruyer, adjudant-chef Jean-Philippe Dantin, adjudant-chef Jean-Luc Buisan Y

Peralta. Contient : *Marche des cent-suisses*, *Sarabande* (Händel), *Marche pour la cérémonie des Turcs* (Lully), *Le Salut au caïd*, *Premier partout*, *Les Vieux Blédards*, *Défilé du 3e REI*, *Marche du 1er REC*, *Gai légionnaire*, *Le Criquet*, *Marche de la 13e DBLE*, *Sidi-Bel-Abbès*, *Jeune chef*, *Marche du 1er REG*, *Marche du 2e REP*, *Marche du 1er RE*, *Le Boudin*.
— *Autour du monde*, Oméga Studio, 2670803, 2008.
Direction : adjudant-chef Jean-Philippe Dantin et adjudant-chef Jérôme Dumont. Contient : *Marche du 1er RE*, *Fehrbelliner Reitermarsch*, *Marche des hussards Petrov*, *Le Criquet*, *Carillon*, *Tipperary*, *Eugénie*, *De Guello*, *The Marine's Hymn*, *Anne-Marie*, *Signal March*, *Kong Frederick den IX Honnormarch*, *Jeune chef*, *Arirang Marche*, *Méditerranée*, *Marche de la Légion étrangère*.
— *Légion étrangère, musique et chants* (6 CD). Oméga Studio, (2670902/1 à 6), 2009 (réédition remasterisée des 25 cm Decca et des deux 30 cm du 5e REI de 1956).
Vol. 1 : *Refrain de la Légion étrangère*, *Le Salut au caïd*, *La Légion marche*, *Le chant du 1er REC*, *La Légende des bresles*, *Marche de la Légion étrangère*, *Le Criquet*, *Figuig*, pot-pourri de chants légionnaires.
Vol. 2 : *Honneur et fidélité*, *Le Boudin*, *La Guitoune*, *Vers le bled*, *Extrême-Orient*, *Nos képis blancs*, *Cravate verte et képi blanc*, *Les Vieux Blédards*, *Anne-Marie*.
Vol. 3 : *En Algérie*, *Veronika*, *Chants légionnaires*, *Eugénie*, *Le Grand Atlas*, *Monika*, *Gai légionnaire*, *En Afrique*, *Le Boudin*.
Vol. 4 : *Premier partout*, *Le Boudin*, *Défilé du 1er Étranger*, *Sidi-Bel-Abbès*, *Chant du 1er REC*, *Colonel Vienot*, *La Légion marche*, *Gai légionnaire*, *Contre les Viets*, *Le Grand Atlas*, *Camerone 1963*, *Le Salut au caïd*, *Marche du 5e REI*, *Marche de la Légion étrangère*.
Vol. 5 : *Le Salut au caïd*, *Marche du 5e REI*, *Anne-Marie*, *Képi blanc*, *La Pêcheuse du lac de Constance*, *Marche des parachutistes belges*, *Souvenirs de Mascara*, *Le Criquet*, *Guitares*, *Accordéon*, *La Légende de la source*, *Le Boudin (chœurs)*, *Chantons pour passer le temps*, *Jazz*.
Vol. 6 : *Clairon*, *Sans peur*, *Drei Lilien*, *Le Menuet (favori de Mozart)*, *Adieu vieille Europe*, *Cravate verte et képi blanc*, *Marche de la Légion étrangère*.
— *Légionnaires de tous les horizons*, Le chant de Linos, CL 1053, 2009.
Musique de la Légion étrangère, direction : commandant Émile Lardeux, adjudant-chef Philippe Dantin, adjudant-chef Dumont. Contient : *Marche florentine*, *Train de plaisir*, *Boléro militaire*, *Rigodons d'Empire (la Grenadière, Le Drapeau d'Austerlitz, Rigodon des manchots)*, *Veronika*, *Trois danses (Danse des bouquetières, Mascarade, Gopak)*, *Csardas*, *Le Terminal*, *GSBD*, *Marche du 2e REP*, *Bugler's Holiday*, *Taptoe Majorette*, *Lassus trombone*, *Do-Ré-Mi*, *Portrait of Morricone*, *Le Boudin*, *Félicie*.

— *Légion étrangère, chants et marches*, RDM édition, réf. 212, 2010 (réédition Decca 1957).
Musique de la Légion étrangère, direction : lieutenant Antoine. Contient : *Le Salut au caïd, Figuig, La Guitoune, Marche de la Légion étrangère, Le Criquet, Les Chants légionnaires.*
— *La Légion*, RDM édition, réf. 281, 2010 (réédition Decca 1957).
Contient : Présentation par Jean de Faucon, Texte de Pascal Bonetti, extrait du livre *Pages de gloire de la Légion étrangère* (André Martel, 1952), *Refrain de la Légion étrangère, Le Salut au caïd, La Légion marche – Défilé légionnaire, Le Chant du Régiment étranger, La Légende des bresles –, À la gloire des régiments étrangers, Marche de la Légion étrangère, Le Criquet, Figuig, Les Chants légionnaires.*
— *Chants d'honneur et de fidélité, Souvenirs du fort de Nogent, les officiers du 1er régiment étranger de parachutistes chantent*, Italiques, ISBN : 978-2-910536-97-8, 2010 (réédition du pressage original de 1961 accompagnée d'un DVD et d'un livret).
Contient : Présentation, *Le Boudin, Contre les Viets* (1er REP), *La Légion marche* (2e REP), *Chant du 1er REC, En Algérie, Westerwald, En Afrique*, Fin du rapport du commandant de Saint Marc (28 avril 1961), *Je ne regrette rien, Légionnaires du 1er REP, Képis blancs*, Discours (*air tristement connu*), *À mes hommes qui sont morts, Ich hatt' einen Kameraden.*
— *Cérémonial et traditions*, Le Chant de Linos, SABAM CL 1164, 2011.
Contient : *Marche du 1er RE, Gai légionnaire, Défilé du 3e RI, Grand Atlas, Nos képis blancs, Eugénie, Marche du 1er REC, Marche du 1er REG, Marche du 2e REG, Veronika, La Légion marche, Marche du DLEM, Marche du GRLE, Adieu, adieu, Marche de la Légion étrangère.* Cérémonial : *Garde à vous, Au drapeau, À l'étendard, Honneurs au fanion du GRLE, Aux champs, Le Rappel, La Marseillaise, Marche de revue, Le Ban, Aux morts*, 16 mesures du *Boudin*, refrains des régiments, *Le Salut au caïd, Les Adieux.*
— *Bons baisers de Russie, concert au Comœdia*, Le Chant de Linos, 2012.
Direction : commandant Émile Lardeux, chef de musique principal, adjudant-chef Jean-Philippe Dantin, chef adjoint, adjudant-chef Jérôme Dumont, tambour-major. Contient : *Défilé du 3, New baroque suite, Chant du 5e REI, Ciocalia, Marche russe, L'Armée des ombres, Marche de la DSPLE, Calembour musical, À moi la Légion, James Bond Theme, Preobrazhensky March, Les Nuits moscovites, Arma invicta, Mancini spectacular, Marche de la Légion étrangère.*

INDEX

A

B

C

D

E

F

G

H

I

J

M

N

O

P

Q

R

S

T

U

V

W

Y

Z

TABLE DES CARTES & DES ILLUSTRATIONS

• Cartes (réalisées par Émilie Gallet-Moron) :

• Illustrations :

Reproduction d'un acte d'engagement de 1863, p. 333
Reproduction de l'ordonnance du 10 mars 1831, p. 674
« Plan de Bel-Abbès et ses environs », p. 846

Les illustrations suivantes, dues au peintre Pierre Benigni, sont issues du fonds documentaire du musée de l'Empéri, à Salon-de-Provence (anciennes collections Jean et Raoul Brunon, collections du musée de l'Armée) :

« Le serment de Camerone », p. 191
« Chapeau chinois », p. 225
« Compagnie montée », p. 252
« Ischeriden », p. 462
« Mexique », p. 609

Les reproductions d'insigne figurent à l'entrée de leur régiment, celui de la 13e demi-brigade de Légion étrangère, par exemple, se trouve p. 289 dans l'article « 13e DBLE ».

TABLE DES MATIÈRES

Composé par Nord Compo Multimédia
7, rue de Fives, 59650 Villeneuve-d'Ascq

Cet ouvrage a été achevé d'imprimer en mars 2013
sur les presses de Normandie Roto Impression s.a.s.
61250 Lonrai
N° d'impression : 130848

Imprimé en France

